W0203404

go [gəʊ] <*irr* goes, went, gone> … **goes** [gəʊz] *3. Person Präsens Singular von go.*
went [went] *s.* **go**
gone [gɒn] **I.** *pp of* **go II.** *adj* **1.** vergangen; vorbei **2.** tot; **be ~ on s.o.** (*sl*) in jdn verknallt sein; **it's ~ six o'clock** es ist sechs Uhr vorbei; **he is ~** er ist fort; …

Unregelmäßige Verbformen sind bei der Grundform in Spitzklammern < > in der Reihenfolge Präsens, Präteritum, Partizip Perfekt angegeben. Sie werden auch am alphabetischen Ort aufgeführt und zur Grundform verwiesen.

good [gʊd] <*Komparativ* better, *Superlativ* best> …
bet·ter ['betə(r)] <*Komparativ von* good, well> **I,** *adj* besser; mehr (*than* als); **II,** *s* …
best [best] <*Superlativ von* good, well> **I.** *adj* beste(r, s); **II.** *s* …

Unregelmäßige Steigerungsformen der englischen Adjektive sind in Spitzklammern < > angegeben. Sie werden auch am alphabetischen Ort aufgeführt und zur Grundform verwiesen.

event [ɪ'vent] *s* **1.** Ereignis, Geschehnis *nt,* Begebenheit *f* **2.** (SPORT) Veranstaltung *f;* Wettkampf *m;* Disziplin *f;* …

Bei den **deutschen Substantiven** ist das Geschlecht angegeben; bei mehreren aufeinander folgenden, mit Komma voneinander getrennten Substantiven gleichen Geschlechts steht die Geschlechtsangabe hinter dem letzten Substantiv.

angry ['æŋgrɪ] *adj* **1.** ärgerlich, zornig (*at s.th.* über etw, *with s.o.* auf jdn) **2.** (MED) entzündet **3.** (*See*) aufgewühlt; **be ~** sich ärgern, ärgerlich sein; böse sein (*at, with* auf, mit); …

Präpositionale Anschlüsse von Verben, Substantiven und Adjektiven werden angegeben.

Die Verwendung des Stichworts und seiner Übersetzungen im Satzzusammenhang wird durch zahlreiche Hinweise erklärt, z. B. durch

mild [maɪld] *adj* **1.** *(Charakter)* mild, sanft; **2.** *(Geschmack)* leicht, schwach; **3.** *(Klima)* mild; **4.** *(Tadel)* leicht; **~ ale** leichtes dunkles Bier

- **zusätzliche Erklärungen,**

group [gruːp] **I.** *s* **1.** Gruppe *f* **2.** (*Br*) Geschwader *nt;* (*Am*) Gruppe *f* **3.** (COM) Konsortium *nt;* Unternehmensgruppe *f;* Konzern *m* **4.** (THEAT) Ensemble *nt;* …

- **Sachgebietsangaben,**

fab·ri·cate [ˌfæbrɪkeɪt] *vt* **1.** herstellen, fabrizieren; **2.** *fig* erdichten, erfinden

- **Kennzeichnung von Wörtern mit übertragener Bedeutung,**

cracked [krækt] *adj* **1.** gesprungen; gebrochen, rissig; **2.** *fam* verrückt

- **Kennzeichnung von Stilschichten**, die von der Standardsprache abweichen *(fam, sl, lit usw.).*

PONS

Kompaktwörterbuch für alle Fälle

Englisch - Deutsch

Neubearbeitung 2002

Ernst Klett Sprachen
Barcelona · Budapest · London · Posen · Sofia · Stuttgart

PONS Kompaktwörterbuch für alle Fälle Englisch-Deutsch
herausgegeben von Prof. Dr. Erich Weis †

Englisch-Deutsch von Prof. Dr. Erich Weis †
Mitarbeit: Cornelia Enz, Veronika Schnorr

Neubearbeitung 1991: Hugh Keith, Elisabeth Meyer-Koch

Neubearbeitung 1997: Gudrun Küper, Rupert Livesey
unter Mitwirkung und Leitung von Andrea Ender

Neubearbeitung 2000: Mitwirkung und Leitung von Andrea Ender

Neubearbeitung 2002: Rupert Livesey
unter Mitwirkung und Leitung von Andrea Ender

Warenzeichen
Wörter, die unseres Wissens eingetragene Warenzeichen darstellen, sind als solche gekennzeichnet. Es ist jedoch zu beachten, dass weder das Vorhandensein noch das Fehlen derartiger Kennzeichnungen die Rechtslage hinsichtlich eingetragener Warenzeichen berührt.

Die Deutsche Bibliothek - CIP-Einheitsaufnahme

Ein Titeldatensatz für diese Publikation ist
bei der Deutschen Bibliothek erhältlich

5. neu bearbeitete Auflage 2002 – Nachdruck 2002 (1,02)

© Ernst Klett Sprachen GmbH, Stuttgart 2002
Alle Rechte vorbehalten

Internet: www.pons.de
E-Mail: info@pons.de

Projektleitung: Andrea Ender
Sprachdatenverarbeitung: Andreas Lang, conTEXT AG
für Informatik und Kommunikation, Zürich
Einbandgestaltung: Ira Häußler, Stuttgart;
Logoentwurf: Erwin Poell, Heidelberg
Satz und Datentechnik: Dörr und Schiller GmbH, Stuttgart
Druck: Clausen und Bosse, Leck
Printed in Germany
ISBN 3-12-517144-X

Inhalt

Englisch-Deutsch

Anhang

Erläuterungen

I. Schriftarten

Fettdruck	für die Stichwörter;
Halbfettdruck	für die englischen Anwendungsbeispiele und Redewendungen und für die römischen und arabischen Ziffern;
Kursivschrift:	für Angaben von Wortart und Genus etc., für Erklärungen, für Bezeichnungen der Sprachebene;
Grundschrift	für die deutschen Übersetzungen der englischen Stichwörter, Anwendungsbeispiele und Redewendungen;
Grundschrift	für die Formen der starken und unregelmäßigen englischen Verben, für Unregelmäßigkeiten der Steigerung bei englischen Adjektiven und für unregelmäßige Pluralformen der englischen Substantive.
Beispiel:	**bag** [bæg] **I.** *s* **1.** Tasche *f;* (*sack*) Beutel, Sack *m;* (*paper* ~) Tüte *f;* (*hand* ~) Handtasche *f;* **~s** Gepäck *nt* **2.** (*game*~) Jagdbeute *f;* **~s of** (*fam*) jede Menge; **the whole ~ of tricks** die ganze Trickkiste; **let the cat out of the ~** die Katze aus dem Sack lassen; **a ~ of bones** Haut und Knochen; **old ~** (*pej*) alte Schachtel **II.** *vt* **1.** in den Sack stecken; (*fig*) einstecken **2.** (*sl*) sich unter den Nagel reißen **3.** erbeuten, erlegen **III.** *vi* sich ausbeulen
KAPITÄLCHEN	für Sachgebietsangaben, z. B. (SCHULE)

II. Stichwortanordnung und Gliederung der Einträge

Alle fett gedruckten Stichwörter sind alphabetisch angeordnet.

Die römischen Ziffern dienen zur Unterscheidung der verschiedenen Wortarten, denen ein Stichwort angehört, und zur Gliederung der Verben (*vt, vi, vr, impers. mit Präposition*).

Beispiel: **vault²** [vɔːlt] **I.** *s* (SPORT) Sprung *m* **II.** *vt* überspringen, springen über **III.** *vi* springen

Grundlegend verschiedene Bedeutungen eines Stichworts sind durch arabische Ziffern differenziert.

Beispiel: **ac·com·plish** [əˈkʌmplɪʃ] *vt* **1.** vollenden **2.** vollbringen, zu Stande bringen, leisten **3.** (*Zweck, Aufgabe*) erfüllen; (*Plan*) verwirklichen, ausführen; (*Arbeit*) verrichten

III. Tilde ~

Die Tilde ~ ersetzt in Anwendungsbeispielen und Redewendungen das vorhergehende fett gedruckte Stichwort.

Beispiel: **ba·con** [ˈbeɪkən] *s* (durchwachsener) Speck *m;* **save one's ~** (*fam*) mit heiler Haut davonkommen

IV. Geschlechtsbezeichnung

Alle deutschen Substantive sind mit der Geschlechtsbezeichnung *(m, f, nt)* versehen, wobei nur das letzte von zwei oder mehreren gleichgeschlechtlichen, durch Kommas getrennten Substantiven die Geschlechtsbezeichnung erhält.

Beispiel: **re·jec·tion** [rɪˈdʒekʃn] *s* **1.** Ablehnung, Zurückweisung *f* **2.** Abweisung *f;* Verwerfen *nt* **3.** (MED) Abstoßung *f*

Männliche Substantive, die wie Adjektive dekliniert werden, sind folgendermaßen gekennzeichnet:

Beispiel: Beamte(r) *m* = der Beamte, ein Beamter

Substantive, die wie Adjektive dekliniert werden und sowohl eine männliche als auch eine weibliche Form haben, sind folgendermaßen gekennzeichnet:

Beispiel: Angestellte(r) *f m* = der Angestellte, ein Angestellter
die Angestellte, eine Angestellte

Substantive, die die weibliche Form mit **-in** bilden, sind folgendermaßen gekennzeichnet:

Beispiel: Ingenieur(in) *m(f)*
Chirurg(in) *m(f)*
Agent(in) *m(f)*

Besteht die Übersetzung aus einem Adjektiv und einem Substantiv, wird auf die Geschlechtsangabe verzichtet, da sich das Geschlecht des Substantivs an der deklinierten Form des Adjektivs ersehen lässt.

Beispiel: **va·cancy** ['veɪkənsɪ] *s* **1.** Leere *f* **2.** (*Hotel*) freies Zimmer **3.** (*Firma*) offene Stelle **4.** (*fig*) geistige Leere …

V. Bezeichnung der Ergänzungen des Verbs, des Adjektivs und des Substantivs

Die Präposition, die ein Verb, Adjektiv oder Substantiv oft ergänzt, wird mit ihrer deutschen Entsprechung nach der deutschen Übersetzung in Klammern angegeben.

Beispiel: **re·sult** … sich ergeben, resultieren (*from* aus)
re·sult·ant … sich ergebend, resultierend (*from* aus)
re·ac·tion … Reaktion *f* (*to* auf, *against* gegen)

VI. Phrasal Verbs

Feste Verbindungen von Verb und Präposition im Englischen (Phrasal Verbs) werden am Ende des Eintrags in einer eigenen Kategorie zusammengefasst. Transitiver und intransitiver Gebrauch wird unterschieden, grundlegende Bedeutungsunterschiede werden mit arabischen Ziffern differenziert. Beispielsätze stehen am Ende des jeweiligen Phrasal-Verb-Eintrags. Die Phrasal Verbs sind innerhalb der Kategorie alphabetisch geordnet. Um ein Auffinden des jeweiligen Phrasal Verbs zu erleichtern, ist in jedem neuen Untereintrag das Stichwort ausgeschrieben. In den Beispielsätzen steht für das Verb eine Tilde, die Präposition wird wiederholt.

Beispiel: **close²** [kləʊz] **I.** *vt* **1.** schließen, zumachen; (*Straße*) sperren **2.** in Verbindung, Berührung bringen; (ELEK: *Stromkreis*) schließen **3.** beenden, ab-, beschließen; (*Versammlung, Sitzung*) schließen **4.** (*Fabrik*) stilllegen **5.** (COM) abschließen, saldieren, liquidieren **6.** (*Hypothek*) löschen; ~ **a deal** ein Geschäft abschließen; ~ **one's eyes to s.th.** (*fig*) die Augen vor etw verschließen **II.** *vi* **1.** schließen; sich schließen **2.** aufhören, zu Ende gehen **3.** zumachen; (*Betrieb*) stillgelegt werden **4.** sich nähern **III.** *s* **1.** (Ab)Schluss *m*, Ende *nt* **2.** Handgemenge *nt*; **bring to a** ~ zu Ende bringen; **draw to** ~ zu Ende gehen; **close down** *vt* **1.** (*Betrieb*) stilllegen **2.** (*Geschäft*) schließen; **close in I.** *vi* **1.** näher kommen **2.** (*Winter*) anbrechen; (*Nacht*) hereinbrechen **3.** (*Tage*) kürzer werden **II.** *vt* umgeben; ~ **in on s.o.** jdm zu Leibe rücken; **close off** *vt* abriegeln, absperren; **close up I.** *vt* (ver)sperren, blockieren **II.** *vi* **1.** nahe rücken **2.** (MIL) aufschließen; **close with** *vi* schließen mit; ~ **with s.o.** mit jdm zu einem Kompromiss kommen; ~ **with an offer** ein Angebot annehmen

VII. Aussprache

Zur Bezeichnung der Aussprache wurden die phonetischen Zeichen des IPA *(International Phonetic Alphabet)* verwendet. Für die Umschrift der einzelnen Wörter wurden *Everyman's English Pronouncing Dictionary, Daniel Jones & A. C. Gimson* und *Advanced Learner's Dictionary of Current English* zu Rate gezogen. Jedes Hauptstichwort hat die volle phonetische Umschrift; eine Teilumschrift wird bei Derivativen angegeben und leitet sich von der vorhergehenden Aussprache ab. Bei zusammengesetzten Wörtern, deren einzelne Teile an anderer Stelle im Wörterbuch mit der Umschrift versehen sind, wird auf die Wiederholung der Ausspracheangabe verzichtet.

VIII. Silbentrennung

Die Silbentrennung der englischen Stichwörter ist durch einen Silbentrennpunkt gekennzeichnet. Bei zusammengesetzten Wörtern, deren einzelne Teile an anderer Stelle im Wörterbuch eigene Einträge sind, findet man die mögliche Trennung dort angegeben.

Liste der Abkürzungen

a.	auch	*also*
Abk	Abkürzung	*abbreviation*
acc	Akkusativ	*accusative*
adj	Adjektiv	*adjective*
adv	Adverb	*adverb*
AGR	Landwirtschaft	*agriculture*
allg	allgemein	*generally*
Am	amerikanisches Englisch	*American English*
ANAT	Anatomie	*anatomy*
ARCH	Architektur	*architecture*
ASTR	Astronomie, Astrologie	*astronomy, astrology*
attr	attributiv	*attributive*
AUTO	Auto und Verkehr	*cars and traffic*
aux	Hilfsverb	*auxiliary verb*
AVIAT	Luftfahrt	*aviation*
bes.	besonders	*particularly*
BIOL	Biologie	*biology*
BOT	Botanik	*botany*
Br	britisches Englisch	*British English*
CH	schweizerdeutsch	*Swiss German*
CHEM	Chemie	*chemistry*
COM	Handel	*commerce*
conj	Konjunktion	*conjunction*
dat	Dativ	*dative*
ECCL	kirchlich	*ecclesiastical*
ELEK	Elektrizität	*electricity*
etc.	und so weiter	*et cetera*
etw	etwas	*something*
euph	euphemistisch, verhüllend	*euphemistic*
f	Femininum	*feminine gender*
fam	umgangssprachlich, familiär	*colloquial*
fig	bildlich, figurativ	*figurative*
FILM	Film	*film*
FIN	Finanzwesen	*finances*
GEOG	Geografie	*geography*
GEOL	Geologie	*geology*
gen	Genitiv	*genitive*
GRAM	Grammatik	*grammar*
hist	historisch	*historical*
hum	humoristisch	*humorously*
impers	unpersönlich	*impersonal*
inf	Infinitiv	*infinitive*
INFORM	Informatik	*computer science*

interj	Interjektion	*interjection*
iro	ironisch	*ironical*
irr	unregelmäßig	*irregular*
jd	jemand	*someone*
jdm	jemandem	*someone('s)*
jdn	jemanden	*someone*
jds	jemandes	*someone's*
JUR	juristisch	*legal*
LING	Linguistik	*linguistics*
LIT	literarisch, Literatur	*literary, literature*
m	Maskulinum	*masculine gender*
MAR	Seefahrt	*marine*
MARKT	Marketing	*marketing*
MATH	Mathematik	*mathematics*
MED	Medizin	*medicine*
METE	Meteorologie	*meteorology*
MIL	Militärwesen	*military*
MIN	Mineralogie, Bergbau	*mineralogy, mining*
MUS	Musik	*music(al)*
nt	Neutrum	*neuter gender*
num	Zahlwort	*numeral*
obs	veraltet	*obsolete*
o, od	oder	*or*
OPT	Optik	*optics*
ORN	Vogelkunde	*ornithology*
o.s.	sich	*oneself*
österr	österreichisch	*Austrian*
PARL	parlamentarisch	*parliamentary*
pej	pejorativ, abwertend	*pejorative*
PHILOS	Philosophie	*philosophy*
PHOT	Fotografie	*photography*
PHYS	Physik	*physics*
PHYSIOL	Physiologie	*physiology*
pl	Plural	*plural*
pl mit sing	Plural mit Singularkonstruktion	*plural with singular construction*
poet	poetisch	*poetical*
POL	Politik	*politics*
pp	Partizip Perfekt	*past participle*
ppr	Partizip Präsens	*present participle*
pred	prädikativ	*predicative*
pref	Präfix, Vorsilbe	*prefix*
prep	Präposition	*preposition*
pron	Pronomen	*pronoun*
prov	Sprichwort	*proverb*
PSYCH	Psychologie	*psychology*

RADIO	Rundfunk, Radio	*radio*
RAIL	Eisenbahnwesen	*railway, railroad*
REL	Religion	*religion*
RR	Rechtschreibreform	*German spelling reform*
S	Sache	*thing*
s	Substantiv	*noun*
s.	siehe	*see*
SCHULE	Schule	*school*
sing	Singular	*singular*
sl	Slang	*slang*
s. o.	jemand(en, em)	*someone*
s. o.'s	jemandes	*someone's*
SPORT	Sport	*sports*
s.th.	etwas	*something*
TECH	technisch	*technical*
TELE	Nachrichtentechnik	*telecommunications*
THEAT	Theater	*theatre*
TV	Fernsehen	*television*
TYP	Typografie, Buchdruck	*typography*
u., u.	und	*and*
v	Verb	*verb*
VET	Tiermedizin	*veterinary medicine*
vi	intransitives Verb	*intransitive verb*
vr	reflexives Verb	*reflexive verb*
vt	transitives Verb	*transitive verb*
vulg	vulgär	*vulgar*
®	Warenzeichen	*trademark*
ZOO	Zoologie	*zoology*

Liste der Lautschriftzeichen

Vokale und Diphthonge		**Konsonanten**	
[ɑː]	plant, farm, father	[b]	been, boat
[aɪ]	five, life	[d]	do, had
[aʊ]	house, mouse	[ð]	this, father
[æ]	man, sad	[f]	father, wolf
[e]	get, bed	[g]	go, beg
[eɪ]	name, same	[ŋ]	long, sing
[ə]	ago, better	[h]	house
[ɜː]	bird, her	[j]	youth
[eə]	there, care	[k]	keep, milk
[ʌ]	but, son	[l]	lamp, oil, ill
[ɪ]	it, wish	[m]	man, am
[iː]	bee, see, me, beat,	[n]	no, manner
	belief	[p]	paper, happy
[ɪə]	here, near	[r]	red, dry
[əʊ]	no, low	[s]	stand, sand, yes
[ɒ]	not, long	[ʃ]	ship, station
[ɔː]	law, all	[t]	tell, fat
[ɔɪ]	boy, oil	[tʃ]	church, catch
[ʊ]	push, look	[v]	voice, live
[uː]	you, do	[w]	water, we, which
[ʊə]	poor, sure	[z]	zeal, these, gaze
		[ʒ]	pleasure
		[dʒ]	jam, object
		[θ]	thank, youth

ː bezeichnet die Länge des vorausgehenden Vokals.
Das Zeichen ˈ gibt den Hauptton, das Zeichen ˌ den Nebenton an.

Das englische Alphabet

a [eɪ] **b** [biː] **c** [siː] **d** [diː] **e** [iː] **f** [ef] **g** [dʒiː] **h** [eɪtʃ] **i** [aɪ] **j** [dʒeɪ] **k** [keɪ] **l** [el] **m** [em] **n** [en] **o** [əʊ] **p** [piː] **q** [kjuː] **r** [ɑː] **s** [es] **t** [tiː] **u** [juː] **v** [viː] **w** [ˈdʌbljuː] **x** [eks] **y** [waɪ] **z** [zed, *Am* ziː]

A

A

A, a [eɪ] <*pl* -'s> *s* **1.** (*a.* MUS) A, a *nt* **2.** (*Schulnote*) eins, sehr gut; **from A to Z** von A bis Z; **A1** (MAR) erstklassig, Ia

a, an [ə, *betont* eɪ, ən, *betont* æn] *art* ein, eine, ein; **five pounds ~ week** fünf Pfund pro Woche; **in ~ day or two** in ein paar Tagen; **he is an Englishman** er ist Engländer; **he is ~ teacher** er ist Lehrer; **~ Mr Myer** ein (gewisser) Herr Myer; **in ~ sense** in gewissem Sinne

aback [ə'bæk] *adv:* **be taken ~** verblüfft sein

aban·don [ə'bændən] **I.** *vt* verlassen; aussetzen; aufgeben; verzichten (*s.th.* auf etw) **II.** *vr:* **~ o.s.** sich hingeben (*to despair* der Verzweiflung) **III.** *s:* **with ~** leidenschaftlich, mit Leib und Seele; **aban·doned** [ə'bændənd] *adj* **1.** verlassen **2.** (*Leben*) lasterhaft, liederlich

abashed [ə'bæʃt] *adj:* **feel ~** sich schämen

abate [ə'beɪt] **I.** *vt* vermindern; (*Schmerz*) mildern **II.** *vi* (*Wind*) abnehmen, abflauen, sich legen; **abate·ment** [-mənt] *s* **1.** Abnahme *f* **2.** (JUR: *Übelstand*) Beseitigung *f;* **noise ~** Lärmbekämpfung *f*

ab·at·toir ['æbətwɑː(r), *Am* ˌæbə'twɑː(r)] *s* Schlachthof *m*

ab·bess ['æbes] *s* Äbtissin *f;* **ab·bey** ['æbɪ] *s* Abtei *f;* **ab·bot** ['æbət] *s* Abt *m*

ab·brevi·ate [ə'briːvɪeɪt] *vt* abkürzen, verkürzen; **ab·brevi·ation** [əˌbriːvɪ'eɪʃn] *s* Abkürzung *f*

ABC [ˌeɪbiː'siː] *s* **1.** Abc, Alphabet *nt* **2.** (*fig*) Anfangsgründe *mpl* **3.** (RAIL) alphabetischer Fahrplan **4.** (*atomic, biological and chemical*) ABC; **ABC weapons** ABC-Waffen *fpl*

ab·di·cate ['æbdɪkeɪt] **I.** *vt:* **~ responsibility** sich der Verantwortung entziehen; **~ the throne** abdanken **II.** *vi* abdanken; **ab·di·ca·tion** [ˌæbdɪ'keɪʃn] *s* Abdankung *f*

ab·do·men ['æbdəmən] *s* **1.** (Unter)Leib, Bauch *m* **2.** (*Insekt*) Hinterleib *m;* **ab·do·mi·nal** [æb'dɒmɪnl] *adj* abdominal, Unterleibs-

ab·duct [æb'dʌkt] *vt* entführen; **ab·duc·tion** [æb'dʌkʃn] *s* Entführung *f*

ab·er·ra·tion [ˌæbə'reɪʃn] *s* **1.** Abweichung *f* **2.** Verirrung *f,* Irrweg *m* **3.** (*mental ~*) geistige Verwirrung

abet [ə'bet] *vt* (*Verbrechen*) begünstigen; **aid and ~ a criminal** einen Täter begünstigen

abey·ance [ə'beɪəns] *s:* **in ~** in der Schwebe; **fall into ~** außer Kraft treten

ab·hor [əb'hɔː(r)] *vt* verabscheuen; **ab·hor·rence** [əb'hɒrəns] *s* Abscheu *m;* **hold in ~** verabscheuen

abide [ə'baɪd] **I.** *vi:* **~ by** festhalten an; treu bleiben *dat* **II.** *vt:* **he can't ~ him** er kann ihn nicht ausstehen

abil·ity [ə'bɪlətɪ] *s* **1.** Fähigkeit *f* (*for* für, zu) **2.** Talent *nt,* Klugheit *f;* Können *nt;* **to the best of one's ~** nach besten Kräften

ab·ject ['æbdʒekt] *adj* **1.** elend, erbärmlich **2.** verworfen, gemein; **in ~ poverty** in tiefster Armut

ablaze [ə'bleɪz] *adv, adj pred* **1.** in Flammen; lodernd **2.** (*fig*) glänzend, funkelnd (*with* von, vor); **set ~** entflammen

able ['eɪbl] *adj* **1.** fähig, kompetent **2.** talentiert, begabt; tüchtig, gewandt; **an ~ teacher** ein talentierter Lehrer; **be ~ to** können, vermögen, in der Lage sein zu; **able-bodied** [-'bɒdɪd] *adj* (körperlich) kräftig, gesund; **~ seaman** Vollmatrose *m*

ab·nor·mal [æb'nɔːml] *adj* anomal, abnorm; ungewöhnlich; **ab·nor·mal·ity** [ˌæbnə'mælɪtɪ] *s* **1.** Regelwidrigkeit *f* **2.** (MED) Abnormität *f*

aboard [ə'bɔːd] *adv, prep* an Bord, im Zug, Omnibus, Flugzeug; **go ~** an Bord gehen, sich einschiffen; (*in Zug, Bus, Flugzeug*) einsteigen; **all ~!** alle Mann an Bord!; (RAIL) alles einsteigen!

abode [ə'bəʊd] *s* Aufenthalt *m;* **with** [*o* **of**] **no fixed ~** ohne festen Wohnsitz

ab·ol·ish [ə'bɒlɪʃ] *vt* abschaffen; **ab·oli·tion** [əbəl'ɪʃn] *s* Abschaffung *f*

abom·in·able [ə'bɒmɪnəbl] *adj* scheußlich, widerwärtig; **abom·in·ate** [ə'bɒmɪneɪt] *vt* verabscheuen; **abom·in·ation** [əˌbɒmɪ'neɪʃn] *s* **1.** Abscheu *m* (*of* vor) **2.** Gräuel *m*

abo·rig·inal [ˌæbə'rɪdʒənl] **I.** *adj* **1.** eingeboren, ursprünglich **2.** einheimisch **II.** *s* Ureinwohner(in) *m(f)*

Abo·ri·gi·ne [ˌæbə'rɪdʒɪnɪ] *s* Ureinwohner(in) *m(f)* Australiens

abort [ə'bɔːt] **I.** *vt* (*Embryo*) abtreiben; (*Schwangerschaft, Mission*) abbrechen **II.** *vi* **1.** abtreiben **2.** fehlgebären; **abor·tion** [ə'bɔːʃn] *s* **1.** (MED) Früh-, Fehlgeburt *f* **2.** Schwangerschaftsabbruch *m,* Abtreibung *f* **3.** Fehlschlag *m;* **abort·ive**

[ə'bɔːtɪv] *adj* erfolglos

abound [ə'baʊnd] *vi* **1.** im Überfluss vorhanden sein; reich sein (*in* an) **2.** Überfluss haben an, wimmeln (*with* von)

about [ə'baʊt] **I.** *prep* **1.** (*räumlich*) um, um ... herum, über ... hin, auf allen Seiten; **a fence ~ the garden** ein Zaun um den Garten herum **2.** nahe bei, nicht weit von; an **3.** (*Zeit, Maß*) um, ungefähr, etwa, gegen; (**at**) **~ five o'clock** gegen fünf Uhr; **it is ~ the same** es ist ungefähr dasselbe; **~ my size** etwa meine Größe **4.** bei sich, an sich; **have you any money ~ you?** haben Sie Geld bei sich? **5.** in, an; **her hair is the worst thing ~ her** ihr Haar ist das Hässlichste an ihr **6.** (*hinweisend, bezüglich*) von, über, in Bezug auf, betreffend, wegen; **what do you know ~ him?** was wissen Sie über ihn?; **what is it all ~?** um was handelt es sich?; **how ~ money?** wie steht es mit Geld?; **what ~ dinner?** was ist mit dem Abendessen? **II.** *adv* **1.** herum, umher **2.** ringsherum, rundherum, im Kreise **3.** ungefähr, fast, beinahe, nahezu; gleich **4.** abwechselnd; **be ~** sich handeln um; im Begriff sein; auf den Beinen sein; im Umlauf sein, verbreitet sein; **bring ~** zu Wege, zu Stande bringen; **all ~** überall; **round ~** ringsum; **just ~ enough** gerade noch genug; **that will just ~ do** das reicht gerade noch; **about-face/about-turn** [ə'baʊtfeɪs, ə'baʊttɜːn] *s* **1.** Kehrtwendung *f* **2.** (*fig*) (völliger) Umschwung *m*

above [ə'bʌv] **I.** *adv* **1.** oben, droben, oberhalb; aufwärts, hinauf; darüber **2.** (*Rang, Bedeutung, Stellung*) höher **3.** stromaufwärts; **as** (**mentioned**) **~** wie oben erwähnt **II.** *prep* **1.** über; höher als **2.** mehr als; stärker als **3.** nördlicher als; **~ all** vor allem; **over and ~** obendrein; **~ ten minutes** mehr als 10 Minuten; **be ~ s.o.** jdm überlegen sein, jdn übertreffen; **he is ~ it** er steht darüber; **it is ~ me** das geht über meinen Horizont **III.** *adj* obig; oben erwähnt **IV.** *s:* **the ~ is confirmed** Obiges wird bestätigt; **it follows from the ~** aus Vorstehendem ergibt sich; **above board** [ˌ-'bɔːd] *adj pred* ehrlich, redlich; **everything is ~** alles ist einwandfrei; **above-men·tioned** [ˌ-'menʃnd] *adj* oben erwähnt

ab·rasion [ə'breɪʒn] *s* **1.** Abschleifen *nt* **2.** (MED) Abschürfung, Schürfwunde *f;* **ab·ras·ive** [ə'breɪsɪv] **I.** *s* Schleifmittel *nt* **II.** *adj* **1.** (ab)schleifend, schmirgelartig **2.** (*Person*) scharfzüngig

abreast [ə'brest] *adv* Seite an Seite; nebeneinander; **keep ~ of** [*o* **with**] Schritt halten mit

abridge [ə'brɪdʒ] *vt* **1.** (ab-, ver)kürzen **2.** (*Buch*) zusammenfassen; **ab·ridg(e)ment** [-mənt] *s* **1.** (Ab-, Ver)Kürzung *f* **2.** (*Buch*) gekürzte Ausgabe

abroad [ə'brɔːd] *adv* **1.** im [*o* ins] Ausland **2.** weit umher, (weit) verbreitet; **from ~** aus dem Ausland; **the news quickly spread ~** die Nachricht breitete sich rasch aus; **at home and ~** im In- u. Ausland

abrupt [ə'brʌpt] *adj* **1.** plötzlich, unerwartet, abrupt **2.** (*Verhalten*) schroff, unhöflich, barsch **3.** (*Fels, Pfad*) sehr steil

ABS [ˌeɪbiː'es] *s Abk. von* **antilock braking system** ABS *nt*

ab·scess ['æbses] *s* (MED) Abszess *m,* Geschwür *nt*

ab·scond [əb'skɒnd] *vi* flüchten (*from* vor), sich davonmachen

ab·seil ['æbsaɪl] *vr* sich abseilen

ab·sence ['æbsəns] *s* **1.** Abwesenheit *f* (*from* von) **2.** Fernbleiben *nt* **3.** Fehlen, Nichtvorhandensein *nt* **4.** (*~ of mind*) Zerstreutheit, Unachtsamkeit *f;* **in ~ of** mangels *+gen;* **on leave of ~** auf Urlaub; **ab·sent** ['æbsənt] **I.** *adj* **1.** abwesend, fehlend **2.** geistesabwesend, zerstreut; **be ~** fehlen, abwesend sein; **be ~ without leave** (MIL) sich unerlaubt von der Truppe entfernt haben **II.** [əb'sent] *vr:* **~ o.s. from** fernbleiben von; **ab·sen·tee** [ˌæbsən'tiː] *s* Abwesende(r) *f m;* **ab·sen·tee·ism** [-ɪzəm] *s* **1.** (dauernde) Abwesenheit *f* **2.** unentschuldigtes Fernbleiben; **ab·sen·tee land·lord** *s* nicht ortsansässiger Grund-, Hausbesitzer; **ab·sent-minded** [ˌæbsənt'maɪndɪd] *adj* zerstreut, geistesabwesend

ab·so·lute ['æbsəluːt] **I.** *adj* **1.** absolut, völlig, vollkommen **2.** (CHEM) unvermischt **3.** (POL) absolut, unumschränkt **II.** *s* Absolutum *nt;* **ab·so·lute·ly** [-lɪ, *alleinstehend:* ˌæbsə'luːtlɪ] *adv* **1.** absolut **2.** völlig, vollkommen; **~!** (*fam*) genau!; **ab·sol·ution** [ˌæbsə'luːʃn] *s* Absolution *f;* **ab·so·lut·ism** ['æbsəluːtɪzəm] *s* (POL) Absolutismus *m*

ab·solve [əb'zɒlv] *vt* **1.** los-, freisprechen **2.** (*von Versprechen*) entbinden (*from* von)

ab·sorb [əb'sɔːb] *vt* **1.** ein-, aufsaugen **2.** (*fig*) ganz in Anspruch nehmen **3.** (*fig*) verdauen, aufnehmen; **ab·sorbed** [əb'sɔːbd] *adj* (*fig*) vertieft; **ab·sorb·ent** [əb'sɔːbənt] *adj* absorbierend; **ab·sorb·ing** [-ɪŋ] *adj* (*fig*) fesselnd, interessant; **ab·sorp·tion** [əb'sɔːpʃn] *s* **1.** (CHEM) Absorption *f* **2.** (*fig*) Vertieftsein *nt;* eindringliche Beschäftigung (*in* mit)

ab·stain [əb'steɪn] *vi* sich enthalten (*from s.th.* einer Sache)

ab·stemi·ous [əb'stiːmɪəs] *adj* mäßig; enthaltsam

ab·sten·tion [əb'stenʃn] *s* **1.** Enthaltung *f* (*from* von) **2.** (POL) Stimmenthaltung *f*; **ab·sten·tion party** *s* Partei *f* der Nichtwähler

ab·sti·nence ['æbstɪnəns] *s* Enthaltsamkeit *f* (*from* von)

ab·stract ['æbstrækt] **I.** *adj* abstrakt **II.** *s* (*Buch*) Auszug, Abriss *m*; Zusammenfassung *f*; **in the** ~ abstrakt **III.** [əb'strækt] *vt* **1.** einen Auszug machen (*from* von) **2.** (*fam*) entwenden; **ab·stracted** [æb'stræktɪd] *adj* (*fig*) geistesabwesend; **ab·strac·tion** [əb'strækʃn] *s* **1.** Abstraktion *f* **2.** (*fig*) Zerstreutheit *f* **3.** Entwendung *f* **4.** abstrakter Begriff

ab·struse [əb'struːs] *adj* schwerverständlich; abstrus

ab·surd [əb'sɜːd] *adj* absurd, unsinnig; **ab·surd·ity** [əb'sɜːdətɪ] *s* Unsinn *m*

abun·dance [ə'bʌndəns] *s* Überfluss *m*, Fülle *f* (*of* an); **abun·dant** [ə'bʌndənt] *adj* **1.** reich (*in* an), üppig **2.** reichlich versehen (*with* mit)

abuse [ə'bjuːz] **I.** *vt* **1.** missbrauchen; falsch anwenden **2.** beschimpfen, beleidigen **II.** [ə'bjuːs] *s* **1.** Missbrauch *m*; Missstand *m* **2.** Beschimpfung *f*; **abusive** [ə'bjuːsɪv] *adj* beleidigend; ~ **language** Schimpfworte *ntpl*

abut [ə'bʌt] *vi* (an)grenzen (*on, upon* an)

abys·mal [ə'bɪzməl] *adj* (*fig*) entsetzlich (schlecht); ~ **ignorance** grenzenlose Unwissenheit

abyss [ə'bɪs] *s* Abgrund *m*

aca·demic [ˌækə'demɪk] **I.** *adj* **1.** akademisch **2.** wissenschaftlich; geistig; **that is** ~ das ist nicht direkt relevant **II.** *s* Akademiker(in) *m(f)*; **acad·emy** [ə'kædəmɪ] *s* Akademie *f*; **riding** ~ Reitschule *f*; ~ **of music** Musikhochschule *f*

ac·cede [æk'siːd] *vi*: **he ~d to the office of mayor** er trat das Amt des Bürgermeisters an

ac·cel·er·ate [ək'seləreɪt] **I.** *vt* beschleunigen **II.** *vi* schneller werden; **ac·cel·er·ation** [əkˌselə'reɪʃn] *s* Beschleunigung *f*; **ac·cel·er·ator** [ək'seləreɪtə(r)] *s* **1.** (AUTO) Gaspedal *nt* **2.** (PHYS) Beschleuniger *m*

ac·cent ['æksənt] **I.** *s* Ton *m*; Betonung *f*; Akzent *m* **II.** [æk'sent] *vt* betonen; **ac·cen·tu·ate** [ək'sentʃʊeɪt] *vt* betonen, heraus-, hervorheben

ac·cept [ək'sept] *vt* **1.** annehmen, akzeptieren; in Empfang nehmen **2.** einverstanden sein (*s.th.* mit etw), glauben (*s.th.* an etw) **3.** (*Tatsache*) anerkennen, gelten lassen; **ac·cept·able** [-əbl] *adj* **1.** annehmbar **2.** angenehm, zufrieden stellend; **ac·cept·ance** [ək'septəns] *s* **1.** Annahme, Entgegennahme *f* **2.** Zustimmung, Einwilligung *f* **3.** (COM) Zusage *f*

ac·cess ['ækses] **I.** *s* **1.** Zutritt *m* (*to* zu) **2.** (~ *road*) Zugang *m*, Zugangsstraße, f; Zufahrt *f* **3.** (INFORM) Zugriff *m*; ~ **privileges** (INTERNET) Zugriffsberechtigung *f* **II.** *vt* (INFORM: *Daten*) zugreifen (auf); **ac·cess·ibil·ity** [ækˌsesə'bɪlətɪ] *s* Erreichbarkeit, Zugänglichkeit *f*; **ac·cess·ible** [ək'sesəbl] *adj* zugänglich; erreichbar (*to* für); **ac·ces·sion** [æk'seʃn] *s* (*Bibliothek*) Zugang *m*, Neuerwerbung *f*; ~ **to power** Machtergreifung, -übernahme *f*; ~ **to the throne** Thronbesteigung *f*

ac·ces·sory [ək'sesərɪ] *s* **1.** Mitschuldige(r) *f m* **2.** Zubehör *nt*; **motor-car accessories** Autozubehör *nt*; **toilet accessories** Toilettenartikel *pl*

ac·ci·dent ['æksɪdənt] *s* **1.** Zufall *m* **2.** Unglück *nt*; Unfall *m*; **by** ~ zufällig; **in an** ~ bei einem Unfall; **without** ~ unfallfrei; **meet with an** ~ einen Unfall erleiden; ~ **insurance** Unfallversicherung *f*; ~ **prevention** Unfallverhütung *f*; **be ~-prone** vom Pech verfolgt sein; **ac·ci·den·tal** [ˌæksɪ'dentl] *adj* zufällig; unabsichtlich, versehentlich; unfallbedingt

ac·claim [ə'kleɪm] *vt* zujubeln (*s.o.* jdm); ~ **s.o. king** jdn zum König ausrufen; **ac·cla·ma·tion** [ˌæklə'meɪʃn] *s* **1.** lauter Beifall, Zustimmung *f* **2.** (POL) Zuruf *m*; **elect by** ~ durch Akklamation wählen

ac·cli·mate ['æklɪmeɪt] (*Am*) (an)gewöhnen, akklimatisieren (*to* an); **ac·cli·ma·tion** [ˌæklaɪ'meɪʃn] *s* (*Am*) Akklimatisierung *f* (*to* an); **ac·cli·mat·iz·ation** [əˌklaɪmətaɪ'zeɪʃn] *s* (*Br*) Akklimatisierung *f* (*to* an); **ac·cli·mat·ize** [ə'klaɪmətaɪz] *vt* (*Br*) (an)gewöhnen, akklimatisieren (*to* an)

ac·com·mo·date [ə'kɒmədeɪt] *vt* **1.** anpassen (*to* an) **2.** einen Dienst, einen Gefallen erweisen (*s.o.* jdm), gefällig sein (*with* mit) **3.** beherbergen, unterbringen **4.** Platz haben für; **ac·com·mo·dat·ing** [-ɪŋ] *adj* **1.** gefällig **2.** zuvorkommend; **ac·com·mo·da·tion** [əˌkɒmə'deɪʃn] *s* **1.** Platz *m* **2.** Einigung, Übereinkunft *f* **3.** Unterbringung(smöglichkeit), Unterkunft *f*, (Fremden)Zimmer *nt*

ac·com·pani·ment [ə'kʌmpənɪmənt] *s* (MUS) Begleitung *f* (*to, for* zu); **ac·com·pan·ist** [ə'kʌmpənɪst] *s* Begleiter(in) *m(f)*; **ac·com·pany** [ə'kʌmpənɪ] *vt* **1.** (*a.* MUS) begleiten (*on* auf) **2.** verbinden (*with* mit); **be accompanied with** verbunden sein mit

ac·com·plice [ə'kʌmplɪs] *s* Mittäter(in) *m(f)*, Komplize *m*, Komplizin *f*
ac·com·plish [ə'kʌmplɪʃ] *vt* **1.** vollenden **2.** vollbringen, zu Stande bringen, leisten **3.** (*Zweck, Aufgabe*) erfüllen; (*Plan*) verwirklichen, ausführen; (*Arbeit*) verrichten; **ac·com·plished** [ə'kʌmplɪʃt] *adj* **1.** (*a. fig*) vollendet **2.** kultiviert, vielseitig; **ac·com·plish·ment** [-mənt] *s* **1.** Durchführung, Realisierung *f* **2.** **~s** Fähigkeiten, Fertigkeiten *fpl*
ac·cord [ə'kɔːd] **I.** *vi* übereinstimmen (*with* mit) **II.** *vt* gewähren, zugestehen **III.** *s* (JUR) Abkommen *nt* (*with* mit, *between* zwischen); **in ~ with** in Einklang mit; **of one's own ~** aus eigenem Antrieb, von sich aus; **with one ~** einstimmig; **ac·cord·ance** [ə'kɔːdəns] *s*: **in ~ with** entsprechend; gemäß; **ac·cord·ing** [ə'kɔːdɪŋ] *prep* gemäß, laut, entsprechend (*to dat*); **~ to all appearances** allem Anschein nach; **~ to schedule** fahrplanmäßig; **ac·cord·ing·ly** [-lɪ] *adv* dementsprechend; danach
ac·cord·ion [ə'kɔːdɪən] *s* (MUS) Akkordeon, Schifferklavier *nt*
ac·cost [ə'kɒst] *vt* ansprechen
ac·count [ə'kaʊnt] **I.** *s* **1.** Rechnung, Berechnung *f* **2.** Konto, Guthaben *nt* (*with* bei); (INTERNET) Benutzerkonto *nt* **3.** Rechenschaft, Darlegung *f*; Bericht *m* **4.** **~s** (COM) Buchhaltung, -führung *f*; Bücher *ntpl*; **of no ~** unwichtig, unbedeutend; **not on any ~, on no ~** auf keinen Fall; **on ~ of** wegen, auf Grund *+gen*; **on this ~** aus diesem Grund; **on one's ~** für eigene Rechnung; **call to ~** zur Rechenschaft ziehen (*for* wegen); **give an ~ of s.th.** über etw Bericht erstatten; über etw Rechenschaft ablegen; **open an ~ with the bank** ein Bankkonto eröffnen; **take into ~** in Betracht ziehen, berücksichtigen; **current ~** Girokonto *nt* **II.** *vi* **1.** Bericht erstatten (*for* über), erklären (*for s.th.* etw) **2.** Rechenschaft ablegen (*for* über); **how do you ~ for that?** wie erklären Sie (sich) das?; **that ~s for it** das ist die Erklärung dafür; **there's no ~ing for tastes** über Geschmack lässt sich streiten; **ac·count·abi·li·ty** [əˌkaʊntə'bɪlɪtɪ] *s* Verantwortlichkeit *f*; **ac·count·able** [-əbl] *adj* verantwortlich (*for* für); **ac·count·ancy** [ə'kaʊntənsɪ] *s* Buchhaltung *f*; **ac·count·ant** [ə'kaʊntənt] *s* Buchhalter(in) *m(f)*; **certified public ~** Wirtschaftsprüfer(in) *m(f)*; **ac·count·ing** *s* Buchführung *f*, Buchhaltung *f*; **account(s) book** *s* Geschäftsbuch *nt*
ac·cred·it [ə'kredɪt] *vt* **1.** beglaubigen; (POL) akkreditieren (*to* bei) **2.** zuschreiben (*s.o. with s.th.* jdm etw); **ac·credi·ta·tion** [əˌkredɪ'teɪʃn] *s* Beglaubigung *f*; **reciprocal ~ of study** gegenseitige Anerkennung von Studiengängen
ac·crue [ə'kruː] *vi* (*Betrag*) an-, zufallen (*to s.o.* jdm), sich ansammeln
ac·cu·mu·late [ə'kjuːmjʊleɪt] **I.** *vt* auf-, anhäufen; ansammeln **II.** *vi* sich (an)sammeln, anwachsen; **ac·cu·mu·la·tion** [əˌkjuːmjʊ'leɪʃn] *s* Anhäufung, Ansammlung *f*; **ac·cu·mu·la·tor** [ə'kjuːmjʊleɪtə(r)] *s* (TECH) Akku(mulator) *m*
ac·cu·racy ['ækjərəsɪ] *s* Genauigkeit *f*; **ac·cu·rate** ['ækjərət] *adj* genau, exakt
ac·cu·sa·tion [ˌækjuː'zeɪʃn] *s* Anklage *f*; **bring an ~ against s.o.** gegen jdn Anklage erheben
ac·cus·ative [ə'kjuːzətɪv] *s* (GRAM) Akkusativ *m*
ac·cus·at·ory [ækjuː'zeitəri] *adj* vorwurfsvoll
ac·cuse [ə'kjuːz] *vt* **1.** anklagen, beschuldigen (*of a crime* eines Verbrechens, *of having done s.th.* etw getan zu haben) **2.** vorwerfen (*of being s.th.* etw zu sein); **ac·cused** [ə'kjuːzd] *s sing u. pl* Angeklagte(r) *f m*
ac·cus·tom [ə'kʌstəm] *vt* gewöhnen (*to* an); **ac·cus·tomed** [ə'kʌstəmd] *adj* gewohnt; **be ~** gewohnt sein (*to* an); **get ~** sich gewöhnen (*to* an)
AC/DC[1] [ˌeɪsiː'diːsiː] *s Abk. von* **alternating current/direct current** Allstrom-
AC/DC[2] [ˌeɪsiː'diːsiː] *adj* (*sl*) bi(sexuell)
ace [eɪs] *s* **1.** (*Spielkarte*) Ass *nt*; (*auf Würfeln*) Eins *f* **2.** (*Experte*) Ass *nt*; **serve an ~** ein Ass spielen; **within an ~** um Haaresbreite; **~!** (*fam*) Spitze!
acet·ate ['æsɪteɪt] *s* (CHEM) Azetat *nt*; **acetic** [ə'siːtɪk] *adj* (CHEM): **~ acid** Essigsäure *f*; **acety·lene** [ə'setəliːn] *s* (CHEM) Azetylen *nt*
ache [eɪk] **I.** *s*: **~s and pains** Schmerzen *mpl* **II.** *vi*: **my foot ~s** mein Fuß tut mir weh
achieve [ə'tʃiːv] *vt* zu Stande bringen; erreichen; (*Ziele*) verwirklichen; (*Erfolg*) erzielen; **achieve·ment** [-mənt] *s* **1.** Vollendung, Ausführung *f* **2.** Leistung *f*; Errungenschaft *f*
acid ['æsɪd] **I.** *adj* sauer, herb, scharf, beißend; **~ drops** saure Drops *pl*; **~ rain** saurer Regen; **~ test** (*fig*) Feuerprobe *f* **II.** *s* **1.** Säure *f* **2.** (*LSD*) Acid *nt*; **acid·ic** [ə'sɪdɪk] *adj* sauer, säurehaltig, Säure-; **acid·ify** [ə'sɪdɪfaɪ] *vt* übersäuern; **acid·ity** [ə'sɪdətɪ] *s* Säuregehalt, -grad *m*
ac·knowl·edge [ək'nɒlɪdʒ] *vt* **1.** anerkennen (*s.o. to be s.th.* jdn als etw) **2.** bestäti-

gen; quittieren **3.** sich erkenntlich zeigen (*s.th. to s.o.* jdm für etw); **this is to ~ receipt of** ich bestätige hiermit den Empfang *+gen;* **ac·knowl·edg(e)·ment** [-mənt] *s* **1.** Anerkennung *f* **2.** Bestätigung *f;* **in ~ of** zum Zeichen der Anerkennung für

acne ['æknɪ] *s* (MED) Akne *f*

acorn ['eɪkɔːn] *s* (*Frucht der Eiche*) Eichel *f*

acous·tic [ə'kuːstɪk] **I.** *adj* akustisch **II.** *s pl* Akustik *f;* **acous·tic coup·ler** ['kʌplə(r)] *s* (INFORM) Akustikkoppler *m;* **acoustic gui·tar** *s* Akustikgitarre *f;* **acoustic nerve** *s* Gehörnerv *m*

ac·quaint [ə'kweɪnt] *vt* bekannt, vertraut machen (*with* mit); **be ~ed with s.th.** mit etw vertraut sein; **become** [*o* **get**] **~ed with s.o.** mit jdm bekannt werden; **ac·quaint·ance** [ə'kweɪntəns] *s* Bekanntschaft *f;* Bekannte(r) *f m;* **make s.o.'s ~** jds Bekanntschaft machen

ac·qui·esce [ˌækwɪ'es] *vi* sich abfinden (*in* mit); **ac·qui·es·cence** [ˌækwɪ'esns] *s* Einwilligung *f* (*in* in); **ac·qui·es·cent** [ˌækwɪ'esnt] *adj* fügsam, nachgiebig

ac·quire [ə'kwaɪə(r)] *vt* **1.** erlangen; erwerben **2.** (*Kenntnisse*) sich aneignen; **~ a taste for s.th.** Geschmack an etw finden; **caviar is an ~d taste** Kaviar ist etwas für Kenner; **acquired immunity** *s* erworbene Immunität; **ac·qui·si·tion** [ˌækwɪ'zɪʃn] *s* **1.** Erwerb *m,* Erwerbung *f* **2.** Anschaffung *f;* **ac·quis·itive** [ə'kwɪzətɪv] *adj* habsüchtig, gierig (*of* auf)

ac·quit [ə'kwɪt] **I.** *vt* (JUR) freisprechen (*of a charge* von einer Anklage) **II.** *vr* sich verhalten; **~ o.s. well** seine Schuldigkeit tun; seine Sache gut machen; **ac·quit·tal** [ə'kwɪtl] *s* (JUR) Freispruch *m*

acre ['eɪkə(r)] *s* Morgen *m* (= *160 square poles = 43 560 square feet = 0,40467 ha*); **acre·age** ['eikrədʒ] *s* Fläche *f*

ac·rid ['ækrɪd] *adj* scharf, ätzend

ac·ri·moni·ous [ˌækrɪ'məʊnɪəs] *adj* (*fig*) scharf, bitter, beißend; **ac·ri·mony** ['ækrɪmənɪ] *s* (*fig*) Schärfe, Bitterkeit *f*

ac·ro·bat ['ækrəbæt] *s* Akrobat(in) *m(f);* **ac·ro·batic** [ˌækrə'bætɪk] **I.** *adj* akrobatisch **II.** *s pl* Akrobatik *f*

across [ə'krɒs] **I.** *adv* quer durch; jenseits; drüben **II.** *prep* quer über, quer durch; auf der anderen Seite *+gen,* jenseits *+gen,* über; **~ the board** pauschal; **come ~** stoßen auf; **come ~ as** (**being**) **nervous** nervös wirken; **come ~ s.o.** jdm begegnen; **put ~** durchbringen, -drücken; **get s.th. ~ to s.o.** jdm etw klarmachen; **just ~** gerade gegenüber; **right ~** quer durch; **live ~ the street** gegenüber wohnen; **ten metres ~** zehn Meter breit

act [ækt] **I.** *s* **1.** Handlung, Tat *f* **2.** (THEAT) Akt, Aufzug *m* **3.** (JUR) Gesetz *nt;* Rechtshandlung *f;* **caught in the ~** auf frischer Tat ertappt; **get your ~ together!** reiß dich zusammen!; **in the ~ of going** gerade dabei zu gehen; **in on the ~** mit von der Partie; **don't put on an ~!** spiel doch nicht Komödie!; **the Acts** (**of the Apostles**) die Apostelgeschichte; **~ of God** höhere Gewalt **II.** *vt* **1.** (THEAT: *eine Rolle*) spielen; (*Stück*) aufführen **2.** so tun (*a child* wie ein Kind) **III.** *vi* **1.** sich benehmen, sich verhalten (*like* wie) **2.** sich in Szene setzen **3.** handeln, tun, tätig werden (*as* als) **4.** einwirken (*on* auf), beeinflussen (*on s.th.* etw); **~ for s.o.** in jds Namen, für jdn handeln; **~ on** (be)folgen; sich richten, handeln nach; **~ up** (*fam*) Ärger machen; sich schlecht benehmen; **act·ing** ['æktɪŋ] **I.** *adj* stellvertretend, geschäftsführend **II.** *s* Schauspielkunst *f*

ac·tion ['ækʃn] *s* **1.** Tätigkeit *f;* Handeln *nt;* Tat *f* **2.** Wirkung *f* **3.** (JUR) Klage *f;* Prozess *m* **4.** (MIL) Kampf(handlung *f*) *m* **5.** Handlungsweise *f;* **for further ~** zur weiteren Veranlassung; **out of ~** (TECH) außer Betrieb; **bring s.th. into** [*o* **put s.th. in**] **~** etw in Gang setzen; **take ~** Schritte unternehmen, Maßnahmen ergreifen; **take** [*o* **bring**] **an ~ against s.o.** gegen jdn eine Klage einreichen; **field** [*o* **sphere**] **of ~** Tätigkeitsbereich *m;* **where's the ~?** (*sl*) wo geht's ab?; **actionable** [-əbl] *adj* (JUR) verfolgbar, klagbar; **action-packed** *adj* aktionsgeladen; **~ holiday** Aktivurlaub *m;* **action replay** *s* (TV) Wiederholung *f*

ac·ti·vate ['æktɪveɪt] *vt* (*a.* CHEM) aktivieren; **ac·tive** ['æktɪv] *adj* **1.** tätig, aktiv, handelnd **2.** betriebsam **3.** (*Geist*) beweglich, lebendig; **take an ~ part in s.th.** an etw regen Anteil nehmen; **~ agent** Wirkstoff *m;* **ac·tive·wear** ['æktɪvˌweə(r)] *s* Sportkleidung *f;* **ac·tiv·ist** ['æktɪvɪst] *s* Aktivist(in) *m(f);* **ac·tiv·ity** [æk'tɪvətɪ] *s* Tätigkeit *f;* Geschäftigkeit, Aktivität *f;* **there is little ~** es ist wenig los

ac·tor ['æktə(r)] *s* (THEAT) Schauspieler *m;* **ac·tor-di·rec·tor** *s* regieführende(r) Schauspieler(in); **ac·tress** ['æktrɪs] *s* Schauspielerin *f*

ac·tual ['æktʃʊəl] *adj* wirklich, tatsächlich (vorhanden); eigentlich; **ac·tual·ly** ['æktʃʊlɪ] *adv* **1.** eigentlich, übrigens **2.** tatsächlich, wirklich

actuarial [ˌæktʃʊ'eərɪəl] *adj* versicherungsmathematisch; **ac·tu·ary** ['æktʃʊərɪ] *s* Versicherungsmathematiker(in) *m(f)*

ac·tu·ate ['æktʃʊeɪt] *vt* in Gang bringen; auslösen, betätigen

acu·punc·ture ['ækjʊpʌŋktʃə(r)] *s* (MED) Akupunktur *f*
acute [ə'kjuːt] *adj* **1.** spitz **2.** (*Sinne*) scharf **3.** (*Frage*) brennend **4.** (*Ton*) schrill **5.** (*Winkel*) spitz **6.** (MED) akut
ad [æd] *s* (*fam*) *s.* **advertisement** Anzeige *f*
AD *s Abk. von* **Anno Domini** n. Chr.
adagio [ə'dɑːdʒɪəʊ] *adj, adv* adagio
Adam ['ædəm] *s* Adam *m;* **not to know s.o. from ~** jdn überhaupt nicht kennen
ada·mant ['ædəmənt] *adj* (*fig*) unnachgiebig (*to* gegenüber)
Adam's apple *s* Adamsapfel *m*
adapt [ə'dæpt] *vt* **1.** anpassen (*to* an) **2.** (*Roman*) bearbeiten; **adapt·able** [-əbl] *adj* anpassungsfähig (*to* an); **adapt·abil·ity** [əˌdæptə'bɪlətɪ] *s* Anpassungsfähigkeit *f;* **ad·ap·ta·tion** [ˌædæp'teɪʃn] *s* **1.** Anpassung *f* (*to* an) **2.** (THEAT) Bearbeitung *f;* **adapter, adaptor** [ə'dæptə(r)] *s* **1.** Bearbeiter *m* **2.** (TECH) Adapter *m;* **universal ~ plug** Sammelstecker *m*
add [æd] **I.** *vt* **1.** hinzusetzen, -tun, -fügen (*to* zu) **2.** (*~ up*) zusammenzählen, addieren **II.** *vi* beitragen (*to* zu), vermehren (*to s.th.* etw); **~ up to** sich belaufen auf; **ad·den·dum** [ə'dendəm, *pl* ə'dendə] <*pl* -da> *s* Zusatz, Nachtrag *m*
ad·der ['ædə(r)] *s* (*ungiftige Schlange*) Natter *f*
ad·dict ['ædɪkt] *s* Süchtige(r); Abhängige(r) *f m;* **ad·dic·ted** [ə'dɪktɪd] *adj* süchtig; **~ to drugs** rauschgiftsüchtig; **ad·dic·tion** [ə'dɪkʃən] *s* Sucht *f*
ad·ding-ma·chine ['ædɪŋmə'ʃiːn] *s* Addier-, Rechenmaschine *f*
ad·di·tion [ə'dɪʃn] *s* **1.** Bei-, Zugabe *f;* Beifügung *f* **2.** Zusatz *m* **3.** (MATH) Addition *f* **4.** (*Familie*) Zuwachs *m;* **in ~** außerdem (noch); dazu; **in ~ to** (zusätzlich) zu; **ad·di·tional** [ə'dɪʃənl] *adj* zusätzlich; ergänzend; **~ charge** Preiszuschlag *m;* **ad·di·tion·ally** [ə'dɪʃənəlɪ] *adv* zusätzlich; außerdem; **ad·di·tive** ['ædɪtɪv] *s* Zusatz *m*
ad·dress [ə'dres] **I.** *vt* **1.** (*Brief*) adressieren **2.** (*Person*) anreden; eine Ansprache halten an (*a meeting* eine Versammlung) **3.** (*Anfrage*) richten (*to* an); **~ o.s. to** sich wenden an; ansprechen **II.** [*Am* 'ædres] *s* **1.** Anrede, Ansprache *f* **2.** Anschrift, Adresse *f;* **deliver an ~** eine Ansprache halten; **business ~** Geschäftsadresse *f;* **form of ~** Anredeform *f;* **home** [*o* **private**] **~** Privatanschrift *f;* **ad·dressee** [ˌædre'siː] *s* Empfänger(in) *m(f)*, Adressat(in) *m(f)*
ad·duce [ə'djuːs] *vt* (*Beispiel*) anführen; (*Beweis*) erbringen
ad·en·oids ['ædɪnɔɪdz] *s pl* (MED) Rachenmandeln, Polypen *pl*
adept ['ædept] **I.** *s* Kenner(in) *m(f)*, Sachverständige(r) *f m* **II.** *adj* erfahren; sehr geschickt (*in* in, *at doing s.th.* etw zu tun)
ad·equacy ['ædɪkwəsɪ] *s* Angemessenheit *f;* **ad·equate** ['ædɪkwət] *adj* ausreichend (*to* für)
ad·here [əd'hɪə(r)] *vi* **1.** haften, kleben (*to* an) **2.** (*fig*) festhalten (*to* an), bleiben (*to* bei); **~ to an opinion** bei einer Meinung bleiben; **ad·her·ence** [əd'hɪərəns] *s* Festhalten *nt* (*to* an); **ad·her·ent** [əd'hɪərənt] *s* Anhänger(in) *m(f)*
ad·hes·ive [əd'hiːsɪv] **I.** *adj* klebend; haftend; **~ plaster** Heftpflaster *nt;* **~ tape** Kleb(e)streifen *m* **II.** *s* Klebstoff *m*
adi·pose tis·sue ['ædɪpəʊsˌtɪʃuː] *s* Fettgewebe *nt*
ad·jac·ent [ə'dʒeɪsnt] *adj* angrenzend, anliegend, anstoßend (*to* an); **be ~ to** angrenzen an
ad·jec·tival [ˌædʒɪk'taɪvl] *adj* adjektivisch; **ad·jec·tive** ['ædʒɪktɪv] *s* Adjektiv, Eigenschaftswort *nt*
ad·join [ə'dʒɔɪn] **I.** *vt* angrenzen an; sehr nahe liegen bei **II.** *vi* nahe beieinander liegen; **ad·join·ing** [-ɪŋ] *adj* benachbart
ad·journ [ə'dʒɜːn] *vt, vi* vertagen (*for a week* um eine Woche)
ad·junct *s* Zusatz *m*, Ergänzung *f*
ad·just [ə'dʒʌst] **I.** *vt* **1.** anpassen, verstellen; abstimmen (*to* auf); (TECH) einstellen **2.** richtig stellen; in Ordnung bringen; (*Rechnung*) berichtigen **II.** *vr:* **~ o.s. to** sich anpassen, sich gewöhnen an; sich einstellen auf; **ad·just·able** [-əbl] *adj* regulierbar; ein-, verstellbar; **adjustable spanner** *s* Engländer *m;* **ad·just·ment** [-mənt] *s* **1.** Anpassung, Angleichung *f* **2.** (TECH) Einstellung, Regulierung *f;* **~ range** (AUTO) Einstellbereich *m*
ad·ju·tant ['ædʒʊtənt] *s* Adjutant *m*
ad-lib [ˌæd'lɪb] **I.** *vt, vi* improvisieren **II.** *adv* aus dem Stegreif
ad·man ['ædmæn] <*pl* -men> *s* Anzeigen-, Werbefachmann *m;* **ad-mass** ['ædmæs] *s* durch Werbung leicht zu beeinflussende Menschen *pl*
ad·min·is·ter [əd'mɪnɪstə(r)] *vt* **1.** verwalten; (*Amt*) versehen **2.** (*Trost*) spenden **3.** (*Medizin*) verabreichen; **~ justice** Recht sprechen; **the oath was ~ed to him** er wurde vereidigt; **ad·min·is·trate** [əd'mɪnɪstreɪt] *vt* (*Am*) verwalten, kontrollieren; **ad·min·is·tra·tion** [ədˌmɪnɪ'streɪʃn] *s* **1.** Verwaltung *f;* Amtsführung, -zeit *f;* Behörde *f* **2.** (POL) Regierung *f* **3.** (*Medizin*) Eingeben *nt* **4.** (*Sakrament*) Spenden *nt* **5.** (*Eid*) Abnahme *f;* **~ of**

A

justice Rechtspflege *f;* **ad·min·is·tra·tive** [əd'mɪnɪstrətɪv] *adj* verwaltungsmäßig; **through ~ channels** auf dem Verwaltungsweg; **administrative building** *s* Verwaltungsgebäude *nt;* **ad·min·is·tra·tor** [əd'mɪnɪstreɪtə(r)] *s* **1.** Verwalter(in) *m(f),* Leiter(in) *m(f)* **2.** (*~ of an estate*) Nachlassverwalter(in) *m(f)*

ad·mir·able ['ædmərəbl] *adj* wunderbar, herrlich; bewundernswert

ad·miral ['ædmərəl] *s* (MAR: *a. Schmetterling*) Admiral *m;* **Ad·miral·ty** ['ædmərəltɪ] *s* (*in GB*) Marineministerium *nt;* **First Lord of the ~** (*in GB*) Marineminister *m*

ad·mir·ation [ˌædmə'reɪʃn] *s* Bewunderung *f* (*of, for* für); **ad·mire** [əd'maɪə(r)] *vt* bewundern (*for* wegen); **ad·mirer** [əd'mɪərə(r)] *s* Bewunderer *m,* Bewunderin *f*

ad·miss·ible [əd'mɪsəbl] *adj* zulässig, statthaft; **ad·mis·sion** [əd'mɪʃn] *s* **1.** Einlass, Eintritt, Zutritt *m* **2.** Eintrittspreis *m,* -geld *nt* **3.** Ein-, Zugeständnis *nt;* **gain ~ to** Zutritt erhalten zu; **~ free** Eintritt frei; **no ~!** Eintritt verboten!

ad·mit [əd'mɪt] **I.** *vt* **1.** hereinlassen (*into a house* in ein Haus), aufnehmen (*to a club* in einen Klub) **2.** (*Saal*) Raum haben für **3.** zugeben, ein-, zugestehen; **~ to the Bar** als Rechtsanwalt, -anwältin zulassen **II.** *vi* gestatten, erlauben (*of no doubt* keinen Zweifel); **~ of no other meaning** keine andere Bedeutung zulassen; **ad·mit·tance** [əd'mɪtns] *s* Einlass, Zutritt *m;* **no ~!** Zutritt verboten!; **no ~ except on business** kein Zutritt für Unbefugte!; **ad·mit·ted·ly** [əd'mɪtɪdlɪ] *adv* zugegebenermaßen

ad·mon·ish [əd'mɒnɪʃ] *vt* **1.** ermahnen **2.** verwarnen; **ad·mo·ni·tion** [ˌædmə'nɪʃn] *s* **1.** Ermahnung *f* **2.** Warnung *f;* Verwarnung *f*

ado [ə'du:] *s:* **much ~ about nothing** viel Lärm um nichts; **without further ~** ohne weitere Umstände

ado·les·cence [ˌædə'lesns] *s* Jugend *f;* Pubertät *f;* **ado·les·cent** [ˌædə'lesnt] **I.** *adj* jugendlich **II.** *s* Jugendliche(r) *f m*

adopt [ə'dɒpt] *vt* **1.** (JUR) adoptieren, an Kindes statt annehmen **2.** (*Bericht*) billigen; (*Gedanken*) übernehmen; (*Maßnahmen*) ergreifen; **~ a motion** einen Antrag annehmen; **adop·tion** [ə'dɒpʃn] *s* **1.** Adoption *f;* Annahme *f* an Kindes statt **2.** Annahme, Billigung *f*

ador·able [ˌə'dɔ:rəbl] *adj* **1.** liebenswert **2.** reizend, entzückend; **ador·ation** [ˌædə'reɪʃn] *s* Anbetung *f;* Verehrung *f;* **adore** [ə'dɔ:(r)] *vt* **1.** anbeten; verehren **2.** (*fam*) sehr gern haben; **ador·ing** [ə'dɔ:rɪŋ] *adj* bewundernd

adorn [ə'dɔ:n] *vt* (ver)zieren, schmücken, verschönern; **adorn·ment** [-mənt] *s* Schmuck *m;* Verzierung *f*

ad·ren·alin(e) [ə'drenəlɪn] *s* Adrenalin *nt;* **ad·ren·alin junkie** *s* jemand, der den ständigen Nervenkitzel braucht

adrift [ə'drɪft] *adv, adj pred* (MAR) (ab)treibend; **come adrift** (*fig*) sich lösen; (*Pläne*) fehlschlagen

adroit [ə'drɔɪt] *adj* gewandt, geschickt

adu·la·tion [ˌædjʊ'leɪʃn] *s* Verherrlichung *f*

adult ['ædʌlt] **I.** *adj* erwachsen; ausgewachsen; (*fig*) reif **II.** *s* **1.** Erwachsene(r) *f m* **2.** ausgewachsenes Tier; **adult education** *s* Erwachsenenbildung *f*

adul·ter·ate [ə'dʌltəreɪt] *vt* verfälschen; (*Wein*) panschen; **adul·ter·ation** [əˌdʌltə'reɪʃn] *s* (Ver)Fälschung *f*

adul·terer [ə'dʌltərə(r)] *s* Ehebrecher *m;* **adul·ter·ess** [ə'dʌltərɪs] *s* Ehebrecherin *f;* **adul·ter·ous** [ə'dʌltərəs] *adj* ehebrecherisch; **adul·tery** [ə'dʌltərɪ] *s* Ehebruch *m*

adul·tes·cents *s Erwachsene, die sich in Kleidung und Verhalten an der Jugendkultur orientieren*

adult film *s* Film *m* nur für Erwachsene

ad·vance [əd'vɑ:ns] **I.** *vt* **1.** vorrücken **2.** befördern **3.** (*Meinung*) vorbringen, äußern; (*Grund*) anführen, vortragen **4.** (*Geld*) vorschießen, -strecken **II.** *vi* **1.** vorgehen, -stoßen, -dringen **2.** Fortschritte machen **3.** (*Preise*) steigen; (*Qualität*) besser werden **III.** *s* **1.** Vorrücken *nt* **2.** Fortschritt *m,* Besserung, Aufwärtsentwicklung *f* **3.** (Preis)Erhöhung *f* **4.** Vorschuss *m;* An-, Vorauszahlung *f;* Darlehen *nt* **5.** (*Beamter*) Beförderung *f;* **in ~** im Voraus; **be in ~ of one's times** seiner Zeit voraus sein; **be on the ~** (COM) im Steigen begriffen sein; **book in ~** vorausbestellen, -belegen; **make ~s to s.o.** (*fig*) an jdn herantreten; (*pej*) sich an jdn ranmachen; **ad·vance booking** *s* Vor(aus)bestellung *f;* Vorverkauf *m;* **ad·vanced** [əd'vɑ:nst] *adj* **1.** (*Alter*) vorgeschritten **2.** fortschrittlich; **ad·vance·ment** [əd'vɑ:nsmənt] *s* Förderung *f;* (*beruflich*) Beförderung *f;* **advance notice** *s* Voranzeige, Voranmeldung, -kündigung *f;* **ad·vance payment** *s* Vorauszahlung *f*

ad·van·tage [əd'vɑ:ntɪdʒ] *s* **1.** Vorteil *m* **2.** Vorzug *m;* Überlegenheit *f* (*over, of* über) **3.** günstige Gelegenheit; **to s.o.'s ~** zu jds Gunsten; **to the best ~** so vorteilhaft wie möglich; **be of ~** von Nutzen, nützlich sein; **have an ~ over s.o.** jdm gegenüber im Vorteil sein; **take ~ of** übervorteilen (*s.o.* jdn), ausnutzen (*s.th.* etw); **turn to** ~ Vorteil, Nutzen ziehen aus; **ad·van·tage·ous** [ˌædvən'teɪdʒəs] *adj* vorteilhaft

ad·vent ['ædvənt] *s* Anbruch *m;* **Advent** Advent *m*

ad·ven·ture [əd'ventʃə(r)] *s* Abenteuer *nt;* **ad·ven·ture ad·dict** *s* Abenteuersüchtige(r) *f m;* **ad·ven·turer** [əd'ventʃərə(r)] *s* 1. Abenteurer(in) *m(f)* 2. Hochstapler(in) *m(f);* **ad·ven·tur·ous** [əd'ventʃərəs] *adj* abenteuerlich

ad·verb ['ædvɜːb] *s* Adverb *nt;* **ad·verb·ial** [æd'vɜːbɪəl] *adj* adverbial

ad·ver·sary ['ædvəsərɪ] *s* Gegner(in) *m(f);* **ad·verse** ['ædvɜːs] *adj* ungünstig, nachteilig; (*Umstände*) widrig; **ad·ver·sity** [əd'vɜːsətɪ] *s* Unglück, Missgeschick *nt;* Elend *nt,* Not *f*

ad·ver·tise ['ædvətaɪz] **I.** *vt* 1. anzeigen, ankündigen 2. werben für; annoncieren **II.** *vi* 1. inserieren; annoncieren 2. Reklame machen, Werbung betreiben; ~ **for** inserieren nach; durch eine Zeitungsanzeige suchen; **ad·ver·tise·ment** [əd'vɜːtɪsmənt, *Am* ˌædvər'taɪzmənt] *s* 1. (Zeitungs)Anzeige *f,* Inserat *nt,* Annonce *f* 2. Reklame, Werbung *f;* **TV ~s** Werbefernsehen *nt;* **ad·ver·tiser** ['ædvətaɪzə(r)] *s* 1. Inserent *m* 2. Anzeigenkunde *m;* **ad·ver·tis·ing** ['ædvəˌtaɪzɪŋ] *s* Werbung, Reklame *f;* **radio** ~ Rundfunkreklame *f;* **advertising agency** *s* Werbeagentur *f;* **advertising campaign** *s* Werbekampagne *f;* **advertising hoarding** *s* Reklametafel, Plakatwand *f;* **advertising media** *s* Werbemittel *ntpl;* **advertising space** *s* Reklamefläche *f;* (*Zeitung*) Inseratenteil, Anzeigenteil *m*

ad·ver·to·rial [ˌædvɜː'tɔːrɪəl] *s* Werbetext *m* (*in Form eines Leitartikels*)

ad·vice [əd'vaɪs] *s* 1. Rat(schlag) *m* 2. Gutachten *nt* 3. (COM) Benachrichtigung *f* (*from* von); **a piece** [*o* **a bit**] **of** ~ ein Rat; **act on s.o.'s** ~ jds Rat befolgen; **ask s.o.'s** ~ jdn um Rat fragen; **take medical** ~ einen Arzt aufsuchen; **ad·vis·able** [əd'vaɪzəbl] *adj* ratsam, empfehlenswert; **ad·vise** [əd'vaɪz] *vt* 1. raten, empfehlen 2. (COM) benachrichtigen; **be well ~d** wohl beraten sein; **we strongly** ~ **you to ...** wir raten Ihnen dringend, ... zu; **ad·viser** [əd'vaɪzə(r)] *s* Berater(in) *m(f);* **my legal** ~ mein(e) Rechtsanwalt (-anwältin) *m (f);* **my medical** ~ mein(e) (Haus)Arzt (-Ärztin) *m (f);* **ad·vis·ory** [əd'vaɪzərɪ] *adj* beratend; **in an** ~ **capacity** in beratender Eigenschaft; ~ **committee** Beratungsausschuss *m;* Beirat *m*

ad·vo·cacy *s* Befürwortung *f,* Eintreten *nt;* **advocacy group** *s* Lobby *f*

ad·vo·cate ['ædvəkət] **I.** *s* 1. Fürsprecher(in) *m(f),* Verfechter(in) *m(f)* 2. Anwalt *m,* Anwältin *f* **II.** ['ædvəkeɪt] *vt* eintreten (*s.th.* für etw), befürworten

ad-writer ['ædraɪtə(r)] *s* Texter(in) *m(f)*

aegis ['iːdʒɪs] *s* (*fig*) Schirmherrschaft *f*

aeon ['iːən] *s* Ewigkeit *f*

aer·ate ['eəreɪt] *vt* 1. lüften 2. mit Kohlensäure versetzen

aer·ial ['eərɪəl] **I.** *adj* 1. Luft- 2. (*Kabel*) oberirdisch **II.** *s* (*Br*) Antenne *f;* **aerial view** *s* Luftbild *nt*

aero- ['eərə] *PRÄF* Luft-, Flug-, Aero-

aero·bics [eə'rəʊbɪks] *s pl* Aerobic *ntsing*

aero·drome ['eərədrəʊm] *s* Flugplatz *m;* **aero·dy·nam·ics** [ˌeərəʊdaɪ'næmɪks] *s pl mit sing* Aerodynamik *f;* **aero·naut·ic(al)** ['eərənɔːtik(l)] *adj* aeronautisch; ~ **engineering** Luftfahrttechnik *f;* ~ **medicine** Luftfahrtmedizin *f;* **aero·naut·ics** [ˌeərə'nɔːtɪks] *s pl mit sing* Aeronautik *f;* **aero·plane** ['eərəpleɪn] *s* Flugzeug *nt;* **aero·sol** ['eərəsɒl] *s* Sprühdose *f*

aes·thet·ic(al) [iːs'θetɪk(l)] *adj* ästhetisch; **aes·thet·ics** [iːs'θetɪks] *s pl mit sing* Ästhetik *f*

afar [ə'fɑː(r)] *adv:* **from** ~ aus der Ferne

affa·bil·ity [ˌæfə'bɪlətɪ] *s* Leutseligkeit, Umgänglichkeit *f;* **af·fable** ['æfəbl] *adj* umgänglich

af·fair [ə'feə(r)] *s* 1. Angelegenheit, Sache *f* 2. Veranstaltung *f* 3. (*love* ~) Verhältnis *nt* 4. Affäre *f,* Skandal *m;* **foreign ~s** (POL) auswärtige Angelegenheiten *fpl;* **Secretary of State for Foreign Affairs** Außenminister(in) *m(f)*

af·fect [ə'fekt] *vt* 1. beeinflussen, in Mitleidenschaft ziehen 2. (MED) angreifen, befallen 3. einen tiefen Eindruck machen (*s.o.* auf jdn), bewegen, (be)rühren 4. vortäuschen, vorgeben; **af·fec·ta·tion** [ˌæfek'teɪʃn] *s* 1. Verstellung *f* 2. Künstelei *f;* **af·fected** [ə'fektɪd] *adj* 1. geziert, affektiert 2. in Mitleidenschaft gezogen; angegriffen, erkrankt; **af·fec·tion** [ə'fekʃn] *s* (Zu)Neigung *f;* Liebe *f* (*for, towards* zu); **af·fec·tion·ate** [ə'fekʃənət] *adj* liebevoll, herzlich, zärtlich; **yours ~ly** mit herzlichen Grüßen

af·fi·da·vit [ˌæfɪ'deɪvɪt] *s* (JUR) eidesstattliche Versicherung

af·fili·ate [ə'fɪlɪeɪt] **I.** *vt* 1. angliedern 2. (*Mitglied*) aufnehmen (*to, with* in) **II.** *vi* eng verbunden sein (*to, with* mit), ein Mitglied sein (*to, with* bei) **III.** *s* (*Am*) Tochter(gesellschaft) *f;* **af·fili·ated** [ə'fɪlɪeɪtɪd] *adv* angeschlossen, verbunden, Schwester-;

af·fili·ation [əˌfɪlɪ'eɪʃn] *s* **1.** Verbindung *f,* Anschluss *m* **2.** Angliederung *f*
af·fin·ity [ə'fɪnətɪ] *s* **1.** Verwandtschaft *f* **2.** Neigung *f* (*for, to* zu) **3.** (CHEM) Affinität *f*
af·firm [ə'fɜːm] **I.** *vt* (nachdrücklich) erklären; versichern, bestätigen **II.** *vi* (JUR) feierlich versichern; **af·firm·ation** [ˌæfə'meɪʃn] *s* **1.** Bestätigung, Versicherung *f* **2.** (JUR) Erklärung *f* an Eides statt; **af·firm·ative** [ə'fɜːmətɪv] *adj* bejahend; **answer in the** ~ mit „Ja" antworten
af·fix [ə'fɪks] **I.** *vt* anheften, anbringen (*to* an); (*Stempel*) aufdrücken; (*Unterschrift*) beifügen **II.** ['æfɪks] *s* (GRAM) Affix *nt*
af·flict [ə'flɪkt] *vt* betrüben, kränken; heimsuchen; **~ed with a disease** von einer Krankheit geplagt; **~ed by doubts** von Zweifeln geplagt; **the ~ed** die Leidenden *pl;* **af·flic·tion** [ə'flɪkʃn] *s* **1.** Leiden *nt,* Pein *f* **2.** Kummer *m,* Betrübnis *f* **3.** Gebrechen *nt*
af·flu·ence ['æflʊəns] *s* Reichtum *m;* Fülle *f;* Überfluss *m;* **af·flu·ent** ['æflʊənt] *adj* reich (*in, of, with* an); ~ **society** Wohlstandsgesellschaft *f*
af·ford [ə'fɔːd] *vt* **1.** sich erlauben, sich leisten **2.** (*Vergnügen*) geben, gewähren; (*Gewinn*) einbringen; **I can't ~ it** ich kann es mir nicht leisten; **you can ~ to laugh** Sie haben gut lachen; **af·ford·able** [ə'fɔːdəbl] *adj* leicht erschwinglich
af·for·est [ə'fɒrɪst] *vt* aufforsten; **af·for·est·ation** [əˌfɒrɪ'steɪʃn] *s* Aufforstung *f*
af·front [ə'frʌnt] **I.** *vt* beleidigen **II.** *s* Beleidigung *f*
Af·ghan ['æfgæn] **I.** *s* **1.** Afghane *m,* Afghanin *f* **2.** (*Hund*) Afghane *m* **II.** *adj* afghanisch; **Af·ghani·stan** [æf'gænɪstæn] *s* Afghanistan *nt*
afield [ə'fiːld] *adv* in die Ferne; fort, weg; **far** ~ weit weg
aflame [ə'fleɪm] *adv, adj pred* in Flammen
afloat [ə'fləʊt] *adv, adj pred* **1.** schwimmend **2.** überflutet **3.** (*fig*) in Umlauf; **set rumours** ~ Gerüchte ausstreuen
afoot [ə'fʊt] *adv, adj pred* im Gange
afore·men·tioned, afore·said [əˌfɔː'menʃnd, əˌfɔːsed] *adj* oben genannt
afraid [ə'freɪd] *adj pred:* **be** ~ (sich) fürchten, Angst haben (*of* vor); **I am ~ I have to go** ich muss leider gehen; **don't be ~ to …** scheuen Sie sich nicht zu …
afresh [ə'freʃ] *adv* wieder, erneut
Af·ri·ca ['æfrɪkə] *s* Afrika *nt;* **Af·ri·can** ['æfrɪkən] **I.** *s* Afrikaner(in) *m(f)* **II.** *adj* afrikanisch; **Af·ri·can-Ameri·can** *s* Afroamerikaner(in) *m(f)*
af·ter ['ɑːftə(r)] **I.** *adv* hinterher, darauf, danach, nachher **II.** *prep* **1.** (*räumlich*) hinter, nach, hinter … her **2.** (*zeitlich*) nach **3.** (*Reihenfolge*) hinter **4.** (*Verhältnis*) entsprechend **5.** (*Grund*) auf Grund von, infolge; bei **6.** (*Gegensatz*) trotz; **day ~ day** Tag für Tag; **the day ~ tomorrow** übermorgen; **one ~ another** einer nach dem andern; **time ~ time** immer wieder; **~ all** schließlich, eben, doch; letzten Endes; **~ hours** nach Geschäftsschluss; **~ that** danach, nachher, daraufhin **III.** *conj* nachdem; **after-care** ['ɑːftəkeə(r)] *s* (MED) Nachbehandlung *f;* **after-din·ner** [ˌɑːftə'dɪnə(r)] *adj* nach Tisch; **~ speech** Tischrede *f;* **after-ef·fect** ['ɑːftərɪˌfekt] *s* Nachwirkung *f;* **after-life** ['ɑːftəlaɪf] *s* Leben *nt* nach dem Tod; **af·ter·mar·ket** ['ɑːfterˌmɑːrkɪt] *s* Nachbörse *f;* **after·math** ['ɑːftəmæθ] *s* (*fig*) Nachwirkungen *fpl;* **after·noon** [ˌɑːftə'nuːn] *s* Nachmittag *m;* **in the ~(s)** nachmittags, am Nachmittag (*at* um); **this** ~ heute Nachmittag; **good ~!** Guten Tag!; **after-sales service** [ˌɑːftə'seilz] *s* Kundendienst *m*
after·shock ['ɑːftəʃɒk] *s* Nachbeben *nt;* **after·thought** ['ɑːftəθɔːt] *s* nachträgliche Überlegung
after·wards ['ɑːftəwədz] *adv* danach, später
again [ə'gen] *adv* wieder; noch einmal, nochmals; **as much** ~ noch einmal so viel; **never** ~ nie wieder, nie mehr; **now and** ~ dann und wann; **over and over ~, time and time ~, ~ and ~** immer wieder
against [ə'genst] *prep* gegen, wider; entgegen(gesetzt zu); **be for or ~ s.th.** für oder gegen etw sein; **I'm not ~ it** ich habe nichts dagegen
ag·ate ['ægət] *s* Achat *m*
age [eɪdʒ] **I.** *s* **1.** Alter *nt* **2.** Zeitalter *nt;* Epoche *f;* **at the ~ of** im Alter von; **for ~s** (*fam*) ewig lang; **in ~s to come** in künftigen Zeiten; **over** ~ über der Altersgrenze; **under** ~ minderjährig; **be** [*o* **take**] **~s** ewig brauchen; **come of** ~ mündig, volljährig werden; **~-related illness** altersbedingte Krankheit; **the Ice Age** die Eiszeit; **the Stone Age** die Steinzeit; **the Middle Ages** das Mittelalter **II.** *vi* alt, reif werden; altern; **~ing population** Alterung *f* der Bevölkerung **III.** *vt* alt werden lassen, altern; (*Kleidung*) alt machen; (*Käse, Wein*) lagern, reifen; **age-bracket, age-group** *s* Jahrgang *m;* **age-gap** ['eɪdʒˌgæp] *s* Altersunterschied *m*
aged[1] [eɪdʒd] *adj* im Alter von
aged[2] ['eɪdʒɪd] **I.** *adj* **1.** bejahrt, betagt **2.** (*Gebäude, Auto*) sehr alt **II.** *s:* **the ~** die alten Leute

age·ism ['eɪdʒɪzm] *s* Diskriminierung *f* auf Grund des Alters; **age·less** ['eɪdʒlɪs] *adj* zeitlos; nicht alternd; **age limit** *s* Altersgrenze *f;* **age-long** ['eɪdʒlɒŋ] *adj* ewig dauernd

agency ['eɪdʒənsɪ] *s* **1.** Geschäftsstelle *f;* Vertretung *f,* Büro *nt;* Agentur *f;* (*government* ~) Behörde, Dienststelle *f* **2.** Tätigkeit, Wirkung *f;* **by** [*o* **through**] **the** ~ **of** durch Vermittlung von; **tourist** [*o* **travel**] ~ Reisebüro *nt*

agenda [ə'dʒendə] *s* Tagesordnung *f;* **be on the** ~ auf der Tagesordnung stehen; **place** [*o* **put**] **on the** ~ auf die Tagesordnung setzen; **item on the** ~ Tagesordnungspunkt *m*

agent ['eɪdʒənt] *s* **1.** Mittel, Agens *nt;* (CHEM) Wirkstoff *m* **2.** Vertreter(in) *m(f),* Repräsentant(in) *m(f),* Beauftragte(r) *f m,* Agent(in) *m(f);* **estate** ~ Grundstücks-, Immobilienmakler(in) *m(f);* **forwarding** ~ Spediteur *m;* **insurance** ~ Versicherungsagent(in) *m(f),* -vertreter(in) *m(f);* **sole** ~ Alleinvertreter *m;* **travel** ~ Reiseverkehrskaufmann *m,* -frau *f*

ag·glom·er·ate [ə'glɒməreɪt] **I.** *vt, vi* zusammenballen, (sich) anhäufen **II.** [ə'glɒmərət] *adj* an-, aufgehäuft; zusammengeballt **III.** [ə'glɒmərət] *s* (GEOL) Agglomerat *nt;* **ag·glom·er·ation** [əˌglɒmə'reɪʃn] *s* Zusammenballung, Anhäufung *f*

ag·gra·vate ['ægrəveɪt] *vt* **1.** verschlimmern **2.** ärgern; reizen; **ag·gra·vat·ing** [-ɪŋ] *adj* ärgerlich, lästig; **ag·gra·va·tion** [ˌægrə'veɪʃn] *s* **1.** Verschlimmerung *f;* Erschwerung *f* **2.** Ärger *m*

ag·gre·gate ['ægrɪgɪt] **I.** *adj* gesamt, ganz; ~ **amount** Gesamtbetrag *m;* ~ **weight** Gesamtgewicht *nt* **II.** *s* **1.** (*a.* GEOL) Aggregat *nt* **2.** Menge, Summe, Masse *f;* Gesamtheit *f;* Gesamtsumme *f* **III.** ['ægrɪgeɪt] *vt* **1.** anhäufen, vereinigen, verbinden (*to* mit) **2.** sich belaufen (auf)

ag·gres·sion [ə'greʃn] *s* Aggression *f;* Angriff *m;* **ag·gres·sive** [ə'gresɪv] *adj* aggressiv; **ag·gres·sive·ness** [-nəs] *s* Aggressivität *f;* **ag·gres·sor** [ə'gresə(r)] *s* Angreifer(in) *m(f)*

ag·grieved [ə'gri:vd] *adj* **1.** betrübt (*at, by* über) **2.** verletzt (*at, by* durch); (*Blick, Stimme*) gekränkt; **the** ~ (**party**) (JUR) der/die Beschwerte

aghast [ə'gɑ:st] *adj pred* entsetzt, bestürzt (*at* über)

agile ['ædʒaɪl, *Am* 'ædʒl] *adj* beweglich, wendig; flink, behände; **agil·ity** [ə'dʒɪlətɪ] *s* Beweglichkeit, Wendigkeit *f,* Behändigkeit *f*

agi·tate ['ædʒɪteɪt] **I.** *vt* **1.** auf-, erregen, beunruhigen (*about* wegen) **2.** schütteln, rütteln **II.** *vi* agitieren (*against* gegen, *for* für); **agi·ta·tion** [ˌædʒɪ'teɪʃn] *s* **1.** Auf-, Erregung *f* **2.** Beunruhigung *f;* Agitation *f;* **agi·ta·tor** ['ædʒɪteɪtə(r)] *s* Aufrührer, Agitator *m*

aglow [ə'gləʊ] *adj pred* **1.** glühend **2.** (*fig*) erregt (*with* von, vor)

ag·nos·tic [æg'nɒstɪk] *s* Agnostiker(in) *m(f)*

ago [ə'gəʊ] *adv* vor; **three months** ~ vor drei Monaten; **a long time** ~ schon lange her; (**just**) **a moment** ~ eben noch; **not long** ~ vor kurzem, unlängst; **a while** ~ vor einer Weile; **how long ~?** wie lange ist es her?

agog [ə'gɒg] *adj pred* gespannt; **be** ~ **with curiosity** vor Neugier fast platzen; **set s.o.** ~ jdn auf die Folter spannen

ag·on·ize ['ægənaɪz] *vi* sich quälen; **ag·onized** ['ægənaɪzd] *adj* gequält; **ag·on·iz·ing** ['ægənaɪzɪŋ] *adj* quälend; **ag·ony** ['ægənɪ] *s* **1.** Qual *f* **2.** Todeskampf *m*

agree [ə'gri:] *vi* **1.** einverstanden sein (*to* mit), einwilligen (*to* in), übereinstimmen (*with* mit) **2.** sich einigen, einig sein (*on* über) **3.** verabreden, vereinbaren (*on s.th.* etw) **4.** (*Speisen*) gut bekommen (*with s.o.* jdm); **I don't** ~ **with children staying up late** ich bin dagegen, dass Kinder lange aufbleiben; **agreeable** [-əbl] *adj* **1.** angenehm **2.** liebenswürdig; **be** ~ einverstanden sein (*to* mit); **agree·ment** [-mənt] *s* **1.** Vereinbarung *f,* Übereinkommen *nt,* Übereinkunft *f,* Abkommen *nt,* Abmachung *f;* Vertrag *m* **2.** Zustimmung, Verständigung, Einigung *f,* Einverständnis, Einvernehmen *nt;* **by mutual** ~ in gegenseitigem Einverständnis; **come to an** ~ zu einem Übereinkommen gelangen, sich verständigen (*with* mit)

ag·ri·bio·tech ['ægri:ˌbaɪətek] *s* Agrobiotechnologie *f;* **ag·ri·busi·ness** ['ægrɪˌbɪznɪs] *s* Agroindustrie *f*

ag·ri·cul·tural [ˌægrɪ'kʌltʃərəl] *adj* landwirtschaftlich; **ag·ri·cul·ture** ['ægrɪkʌltʃə(r)] *s* Landwirtschaft *f*

agrono·my [ə'grɒnəmɪ] *s* Agronomie *f*

ag·ro·tour·ism [ˌəgrɒ'tʊərɪzm] *s* Ferien auf dem Bauernhof

aground [ə'graʊnd] *adj pred* gestrandet; **run** ~ auf Grund laufen

ah [ɑ:] *interj* ach! ah!; **aha** [ɑ:'hɑ:] *interj* aha!

ahead [ə'hed] *adv* vor, voran, voraus; ~ **of** vor; **full speed** ~ volle Kraft voraus; ~ **of time** vorzeitig; **be** ~ **of s.o.** jdm voraus

A

sein; **get** ~ vorwärtskommen; **go** ~ voran-, vorausgehen; weitermachen, fortfahren; **go ~ and tell her** sag's ihr doch!; **straight** ~ geradeaus; **way** ~ weit voraus

ahem [ə'həm] *interj* hm!

ahoy [ə'hɔɪ] *interj* (MAR) ahoi!

AI [ˌeɪ'aɪ] *s* **1.** (MED) *Abk. von* **artificial insemination** künstliche Befruchtung **2.** (INFORM) *Abk. von* **artificial intelligence** künstliche Intelligenz

aid [eɪd] **I.** *vt* helfen (*s.o.* jdm, *in* bei) **II.** *s* Hilfe, Unterstützung *f;* **in ~ of** zu Gunsten, zur Unterstützung von; **give first** ~ erste Hilfe leisten; **grant in** ~ staatliche Subvention; **aid convoy** *s* Hilfskonvoi *m*

Aids, AIDS [eidz] *s Abk. von* **Acquired Immune Deficiency Syndrome** (MED) Aids *nt,* Immunschwächekrankheit *f*

ail [eɪl] **I.** *vt* schmerzen; **what's ~ing him?** was fehlt ihm? **II.** *vi* kränkeln

aileron ['eɪlərɒn] *s* (AVIAT) Querruder *nt*

ail·ing ['eɪlɪŋ] *adj* leidend; (*fig: Wirtschaft, Industrie*) krank, krankend; **ail·ment** ['eɪlmənt] *s* Gebrechen, Leiden *nt;* **all his little ~s** all seine kleinen Wehwehchen

aim [eɪm] **I.** *vi, vt* **1.** zielen (*at* auf, nach) **2.** (*Anstrengungen*) richten (*at* auf, *to do* zu tun) **3.** beabsichtigen, bezwecken (*at doing, to do* zu tun) **II.** *s* Ziel *nt;* Zweck *m,* Absicht *f;* **take ~ at** zielen auf, aufs Korn nehmen; **aim·less** ['eɪmlɪs] *adj* ziellos

air [eə(r)] **I.** *s* **1.** Luft *f;* (*a. fig*) Atmosphäre *f* **2.** (RADIO) Äther *m* **3.** Miene *f,* Aussehen *nt;* **a breath of fresh** ~ (*a. fig*) frische Luft; **by** ~ auf dem Luftweg; mit dem Flugzeug; **in the** ~ in der Schwebe, unentschieden; allgemein bekannt; in der Luft liegend; **in the open** ~ unter freiem Himmel; **on the** ~ über den Rundfunk; **be on the** ~ im Rundfunk gesendet werden; **put on** [*o* **give o.s.**] **~s** sich wichtig machen; **take some** ~ frische Luft schnappen; **walk on** ~ (*fam*) überglücklich sein; **open-~** (**theatre**) Freilichtbühne *f;* **prevention of ~ pollution** Reinhaltung *f* der Luft **II.** *vt* **1.** (aus-, durch)lüften **2.** (*fig*) bekannt machen; **air bag** *s* (AUTO) Luftsack, Airbag *m;* **air·borne** ['eəbɔːn] *adj* in der Luft; Luftlande-; **air·brake** ['eəbreɪk] *s* Luftdruckbremse *f;* **air bubble** *s* Luftblase *f;* **air-con·di·tioned** ['eəkən'dɪʃnd] *adj* klimatisiert; **air-con·di·tion·ing** ['eəkən'dɪʃnɪŋ] *s* Klimatisierung *f;* (*~ plant*) Klimaanlage *f;* **air-cooled** ['eəkuːld] *adj* luftgekühlt; **air corridor** *s* Luftkorridor *m;* **air·craft** ['eəkrɑːft] *s* Flugzeug *nt;* **air·craft car·rier** *s* Flugzeugträger *m;* **air·craft industry** *s* Flugzeugindustrie *f;* **air·crew** ['eəkruː] *s* (Flugzeug)Besatzung *f;* **air cushion** *s* Luftkissen *nt;* **air fan** *s* Ventilator *m;* **air·field** ['eəfiːld] *s* Flugplatz *m;* **air filter** *s* Luftfilter *m;* **air force** *s* Luftwaffe *f;* **air freight** *s* Luftfracht *f;* **air gun** *s* Luftgewehr *nt;* **air hole** *s* Luftloch *nt;* **air host·ess** *s* Stewardess *f;* **air lift** *s* Luftbrücke *f;* **air·line** ['eəlaɪn] *s* Fluglinie, -gesellschaft *f;* **air·liner** ['eəlaɪnə(r)] *s* Verkehrsflugzeug *nt;* **air·mail** ['eəmeɪl] **I.** *vt* mit Luftpost senden **II.** *s* Luftpost *f;* **air·man** ['eəmən] <*pl* **-men**> *s* Flieger, Flugzeugführer *m;* **air·plane** ['eəpleɪn] *s* (*Am*) Flugzeug *nt;* **air pollutant** *s* Luftschadstoff *m;* **air pollution** *s* Luftverschmutzung *f;* **air·port** ['eəpɔːt] *s* Flughafen *m;* **air quality** *s* Luftqualität *f;* **air·raid** *s* Luft-, Fliegerangriff *m;* **air·sick** ['eəsɪk] *adj* luftkrank; **air·sick·ness** ['eəˌsɪknɪs] *s* Luftkrankheit *f;* **air space** *s* Luftraum *m;* **air spam** *s* (*sl*) Spamming *nt* auf dem Handy (*unerwünschte Werbebotschaft auf dem Handy, die den potenziellen Käufer direkt zum Anbieter dirigieren soll*)*;* **air·strip** ['eəstrɪp] *s* Start- und Landebahn *f;* **air terminal** *s* Flughafen(abfertigungsgebäude *nt*) *m;* **air ticket** *s* Flugschein *m;* **air·tight** ['eətaɪt] *adj* luftdicht; **air traffic** *s* Flugverkehr *m;* **air-traffic controller** *s* Fluglotse *m;* **air·way** ['eəweɪ] *s* Fluglinie, -gesellschaft *f;* **air·worthi·ness** ['eəˌwɜːðɪnɪs] *s* Flugtüchtigkeit *f;* **airworthy** ['eəˌwɜːðɪ] *adj* flugtüchtig

airy ['eərɪ] *adj* **1.** luftig **2.** (*fig*) lässig, blasiert; (*Versprechen, Theorie*) vage

airy-fairy ['eərɪ'feərɪ] *adj* versponnen; unausgegoren

aisle [aɪl] *s* Gang *m;* **lead a woman down the** ~ eine Frau zum Altar führen

ajar [ə'dʒɑː(r)] *adv* halboffen; angelehnt

akim·bo [ə'kɪmbəʊ] *adv:* **with arms** ~ mit in die Seite gestemmten Armen

akin [ə'kɪn] *adj pred* verwandt (*to* mit), ähnlich, gleich

alac·rity [ə'lækrətɪ] *s* Bereitwilligkeit *f;* **accept with** ~ ohne weiteres annehmen

alarm [ə'lɑːm] **I.** *s* **1.** Alarm *m;* Warnung *f;* (*~ signal*) Alarmsignal *nt* **2.** Beunruhigung *f,* Schreck *m* **3.** (*~ clock*) Wecker *m;* **give the** ~ Alarm schlagen **II.** *vt* alarmieren; beunruhigen, erschrecken (*at* über); **alarm·ing** [-ɪŋ] *adj* beunruhigend, alarmierend; **alarm·ism** [ə'lɑːmɪzm] *s no pl* Schwarzmalerei *f;* **alarm·ist** [-ɪst] **I.** *s* Panik-Macher(in) *m(f)* **II.** *adj* Panikstimmung erzeugend

alas [ə'læs] *interj* ach! leider!

Al·ba·nia [æl'beɪnɪə] *s* Albanien; **Al·ba·ni·an** [-n] **I.** *s* **1.** (das) Albanisch(e) **2.** Alban(i)er(in) *m(f)* **II.** *adj* albanisch

al·ba·tross ['ælbətrɒs] *s* (*großer Sturmvogel*) Albatros *m*
al·beit *conj* obgleich
al·bino [æl'bi:nəʊ] <*pl* **-binos**> *s* Albino *m*
al·bum ['ælbəm] *s* Album *nt*
al·bu·men ['ælbjʊmɪn] *s* Eiweiß *nt;* (CHEM) Albumin *nt*
al·co·hol ['ælkəhɒl] *s* Alkohol *m;* **blood ~ level** Blutalkoholkonzentration *f;* **al·co·holic** [ˌælkə'hɒlɪk] **I.** *adj* alkoholisch **II.** *s* Alkoholiker(in) *m(f);* **al·co·hol·ism** [-ɪzəm] *s* Alkoholismus *m;* **al·co·pop** ['ælkəpɒp] *s* Limonade mit Alkoholzusatz
al·cove ['ælkəʊv] *s* Alkoven *m;* Nische *f*
al·der ['ɔ:ldə(r)] *s* (*Baum oder Strauch*) Erle *f*
al·der·man ['ɔ:ldəmən] <*pl* **-men**> *s* Ratsherr *m*
ale [eɪl] *s* Ale, Bier *nt;* **real ~** biologisch gebrautes Bier, Real Ale *nt*
alert [ə'lɜ:t] **I.** *adj* lebhaft; aufgeweckt **II.** *s* Alarm *m,* Alarmsignal *nt;* **be on the ~** auf der Hut sein **III.** *vt* alarmieren; warnen
alga ['ælgə, *pl* 'ældʒi:] <*pl* **algae**> *s* Alge *f;* **al·gal bloom** ['ælgəlˌblu:m] *s* Algenblüte, Algenpest *f*
al·ge·bra ['ældʒɪbrə] *s* Algebra *f;* **al·ge·bra·ic** [ˌældʒɪ'breɪɪk] *adj* algebraisch
Al·ge·ria [æl'dʒɪərɪə] *s* Algerien *nt;* **Al·ge·ri·an** [-n] **I.** *s* Algerier(in) *m(f)* **II.** *adj* algerisch
ali·as ['eɪlɪəs] **I.** *adv* sonst ... genannt, alias **II.** *s* Deckname *m*
ali·bi ['ælɪbaɪ] *s* (JUR) Alibi *nt*
Alice band ['ælɪsˌbænd] *s* Haarreif *m*
al·ien ['eɪlɪən] **I.** *s* Ausländer(in) *m(f),* außerirdisches Wesen **II.** *adj* **1.** ausländisch; außerirdisch **2.** fremd, unbekannt (*to dat*); **al·ien·ate** ['eɪlɪəneɪt] *vt* **1.** befremden; (*Gefühle*) zerstören **2.** (JUR) veräußern; **~ o.s. from s.th.** sich einer S entfremden; **al·ien·ation** [ˌeɪlɪə'neɪʃn] *s* **1.** Entfremdung *f* (*from* von) **2.** (*Eigentum*) Veräußerung *f*
alight[1] [ə'laɪt] *adj pred* **1.** brennend **2.** (*Gesicht*) glühend, strahlend; **be ~** brennen; in Flammen stehen; **set ~** in Brand setzen, stecken; **keep ~** nicht ausgehen lassen
alight[2] [ə'laɪt] *vi* **1.** ab-, aussteigen (*from* von) **2.** (*Vogel, Flugzeug*) landen **3.** zufällig stoßen, treffen (*upon* auf)
align [ə'laɪn] **I.** *vt* (*a. fig*) in eine Linie bringen, (aus)richten (*with* nach) **II.** *vr:* **~ o.s.** sich anschließen (*with* an); **align·ment** [-mənt] *s* **1.** (*a. fig*) Ausrichtung *f* **2.** Orientierung, Gruppierung *f;* **out of ~** nicht richtig ausgerichtet (*with* nach)
alike [ə'laɪk] **I.** *adj pred* ähnlich, gleich **II.** *adv* in gleicher Weise; ohne Unterschied; **treat ~** gleich behandeln
ali·mony ['ælɪmənɪ] *s* Unterhalt *m;* Alimente *pl*
aline [ə'laɪn] **I.** *vt* in eine Linie bringen, (aus)richten (*with* nach) **II.** *vr:* **~ o.s.** sich anschließen (*with* an)
A-list ['eɪlɪst] *s:* **be on the ~** zu der Crème de la Crème gehören
alive [ə'laɪv] *adj meist pred* **1.** lebend(ig) **2.** tätig, unternehmend; **be ~ to s.th.** sich etwas bewusst sein; **be ~ with s.th.** von etw wimmeln; **keep ~** am Leben erhalten
al·kali ['ælkəlaɪ] *s* (CHEM) Alkali *nt,* Lauge *f;* **al·kal·ine** ['ælkəlaɪn] *adj* alkalisch
all [ɔ:l] **I.** *adj* (*mit Plural*) alle; (*mit Singular*) ganze(r, s); (*mit Possessivpronomen*) all; **~ the children** alle Kinder; **~ the butter** die ganze Butter, all die Butter, alle Butter; **~ my friends** alle meine Freunde; **~ my life** mein ganzes Leben (lang); **~ London** ganz London; **with ~ possible speed** so schnell wie möglich; **for ~ her beauty** trotz (all) ihrer Schönheit **II.** *pron* alles; alle *pl;* **~ of them** sie alle; **~ of it** alles; **~ of Germany** ganz Deutschland; **~ of five minutes** ganze fünf Minuten; **richest of ~** am reichsten; **I like that best of ~** das mag ich am meisten **III.** *adv* ganz; **~ dirty** ganz schmutzig; **~ round** rundum; **~ the same** trotzdem; **not as stupid as ~ that** gar nicht so dumm; **I'm ~ for it** ich bin ganz dafür; **~ the hotter** umso heißer; noch heißer **IV.** *s* alles; **give one's ~** alles geben **V.** (*Wendungen*): **above ~** vor allem, vor allen Dingen; **after ~** trotzdem; schließlich (und endlich); **at ~** überhaupt; **for ~ that** trotzdem; **from ~ over** von überall her; **in ~** insgesamt; **not at ~** keineswegs; überhaupt nicht; nicht im Geringsten; keine Ursache!; **once and for ~** ein für alle Mal; **~ in ~** alles in allem; im Ganzen genommen; **~ alone** ganz allein; **~ but** beinahe, nahezu; alle, alles außer; **~ day/night long** den ganzen Tag/die ganze Nacht hindurch; **~ at once** plötzlich; **~ right** in Ordnung; schön; einverstanden; **~ the same** ganz gleich, ganz einerlei; trotzdem; **~ of a sudden** auf einmal; **~ the time** die ganze Zeit; **~ told** alles zusammengenommen; alles in allem; **~ over (the place)** überall; **~ over the world** in der ganzen Welt; **be ~ ears** ganz Ohr sein; **be ~ there** auf Draht, schlau, gewitzt sein; **tremble ~ over** an allen Gliedern zittern; **you of ~ people** vor allem du; **in June, of ~ times** ausgerechnet im Juni; **he isn't ~ there** er ist nicht richtig im Oberstübchen; **is that ~ right with you?** ist Ihnen das

recht?; **don't worry, it'll be ~ right** mach dir keine Sorgen, es kommt schon alles in Ordnung; **it's ~ over with him** er ist erledigt, fertig, ruiniert; **~ hands on deck!** alle Mann an Deck!; **if that's ~ there is to it** wenn's weiter nichts ist; **that's ~ I needed** das hat mir gerade noch gefehlt; **our plans are ~ set** unsere Pläne stehen fest

all clear [ˌɔːl'klɪə(r)] *s* (MIL) Entwarnung *f*

al·le·ga·tion [ˌælɪ'geɪʃn] *s* Behauptung *f;* **al·lege** [ə'ledʒ] *vt* behaupten; **al·leged** [ə'ledʒd] *adj,* **al·leged·ly** [ə'ledʒɪdlɪ] *adv* angeblich

al·le·giance [ə'liːdʒəns] *s* Treue *f;* **oath of ~** Treueeid *m*

al·le·goric(al) [ˌælɪ'gɒrɪk(l)] *adj* allegorisch; **al·le·gory** ['ælɪgərɪ] *s* Allegorie *f*

al·le·luia [ˌælɪ'luːjə] *s* Hallelujah *nt*

al·ler·gen ['ælədʒən] *s* (MED) Allergen *nt;* **al·ler·genic** [ælə'dʒenɪk] *adj* (MED) allergen; **al·ler·gic** [ə'lɜːdʒɪk] *adj* (*a.fig*) allergisch (*to* gegen); **al·lergy** ['ælədʒɪ] *s* (MED) Allergie *f;* **he suffers from an ~** er ist Allergiker

al·levi·ate [ə'liːvɪeɪt] *vt* (*Schmerz*) lindern, mildern

al·ley ['ælɪ] *s* **1.** Gasse *f* **2.** (*bowling ~*) Kegelbahn *f;* **blind ~** Sackgasse *f;* (*fig*) ausweglose Lage; **alley cat** *s* **1.** streunende Katze **2.** (*sl*) Nutte *f*

All Fools' Day [ˌɔːl'fuːlzdeɪ] *s* der erste April; **All Hallows'** [ˌɔːl'hæləuz] *s* Allerheiligen *nt*

al·liance [ə'laɪəns] *s* **1.** Bündnis *nt* **2.** (*Familien*) Verbindung, Verschwägerung *f* **3.** Zusammenschluss *m*

al·lied ['ælaɪd] *adj* **1.** verbündet, alliiert **2.** verwandt (*to* mit); **the Allied Forces** die Alliierten

al·li·ga·tor ['ælɪgeɪtə(r)] *s* Alligator *m*

all-in [ɔːl'ɪn] *adj* einschließlich, gesamt, global; **I'm ~** (*fam*) ich bin völlig erledigt

all-nighter [ɔːl'naɪtə] *s* etwas, das die ganze Nacht dauert; (*Person*) jemand, der die ganze Nacht durchmacht

al·lo·cate ['æləkeɪt] *vt* an-, zuweisen; **al·lo·ca·tion** [ˌælə'keɪʃn] *s* **1.** Zuteilung *f;* An-, Zuweisung *f* **2.** Quote *f;* zugeteilter Betrag

al·lot [ə'lɒt] *vt* **1.** zu-, anweisen; verteilen **2.** zubilligen; **al·lot·ment** [-mənt] *s* **1.** Zu-, Verteilung *f* **2.** An-, Zuweisung *f;* Anteil *m* **3.** (*Br*) Parzelle *f;* Schrebergarten *m*

all-out [ɔːl'aʊt] *adj* (*fam*) umfassend, total

all-over *adj* gleichmäßig

al·low [ə'laʊ] **I.** *vt* **1.** erlauben, gestatten (*s.o. to do, doing s.th.* jdm etw), zulassen **2.** bewilligen; anerkennen **3.** (*Betrag*) einkalkulieren, vorsehen, ansetzen (*for* für); **will you ~ me?** darf ich? **II.** *vi* **1.** erlauben, gestatten, zulassen (*of s.th.* etw) **2.** berücksichtigen, in Betracht ziehen (*for s.th.* etw) **III.** *vr:* **~ o.s. s.th** sich etw gönnen; sich etw erlauben; **allow·able** [-əbl] *adj* statthaft, zulässig; **allowable expenses** *s pl* abzugsfähige Geschäftsausgaben *fpl;*

allow·ance [ə'laʊəns] *s* **1.** Bewilligung, Genehmigung *f* **2.** Zuteilung *f;* Zuschuss *m;* Taschengeld *nt;* Beihilfe, Unterstützung *f* **3.** Nachlass, Abzug, Rabatt *m* **4.** (TECH) Toleranz *f;* **make ~(s) for s.th.** etw berücksichtigen; **children's ~** Kindergeld *nt;* **daily ~** Tagessatz *m;* **family ~** Familienzulage *f;* **tax ~** Steuerfreibetrag *m*

alloy ['ælɔɪ] *s* Legierung *f*

all-pur·pose [ɔːl'pɜːpəs] *adj attr* Allzweck-; **all right I.** *adj* **1.** anständig, zuverlässig **2.** in Ordnung, okay **II.** *adv* schon; ganz gut; **are you feeling ~?** fehlt Ihnen etwas?; **all-round** [ˌɔːl'raʊnd] *adj* vielseitig; **all-roun·der** [ɔːl'raʊndə(r)] *s* Multitalent *nt,* Allroundsportler(in) *m(f);* **All Saints' Day** *s* Allerheiligen *nt;* **all-seater stadium** *s* Stadion *nt* ohne Stehplätze; **All Souls' Day** *s* Allerseelen *nt;* **all-time high** [ˌɔːlˌtaɪm'haɪ] *s* Höchstleistung *f,* -stand *m;* **all-time low** [ˌɔːlˌtaɪm'ləʊ] *s* absoluter Tiefstand

allude [ə'luːd] *vi* anspielen (*to* auf)

allure [ə'lʊə(r)] *s* Reiz, Zauber *m;* **allur·ing** [ə'lʊərɪŋ] *adj* verlockend, verführerisch

al·lu·sion [ə'luːʒn] *s* Anspielung *f* (*to* auf)

all-weather [ˌɔːl'weðə(r)] *adj attr* Allwetter-

ally ['ælaɪ] **I.** *s* Bundesgenosse, Verbündete(r) *m;* (HIST) Alliierte(r) *m* **II.** [ə'laɪ] *vt* verbünden; vereinigen (*to, with* mit)

al·ma·nac ['ɔːlmənæk] *s* Almanach, Kalender *m*

al·mighty [ɔːl'maɪtɪ] **I.** *adj* allmächtig **II.** *s:* **the Almighty** der Allmächtige

almond ['ɑːmənd] *s* Mandel(baum *m*) *f*

al·most ['ɔːlməʊst] *adv* fast, beinahe

aloe vera [ˌaləʊ'vɪərə] *s* (*tropische Pflanze*) Aloe Vera *f*

alone [ə'ləʊn] *adv, adj* allein; nur, bloß; **leave it ~!** lassen Sie es bleiben!; **leave me ~!** lass mich in Ruhe!; **let ~ ...** ganz abgesehen von ...

along [ə'lɒŋ] **I.** *prep* entlang, längs; an ... entlang **II.** *adv* geradeaus, weiter; vorwärts; längs; **all ~** schon immer; **~ here** in dieser Richtung; **~ with** zusammen mit; **come ~** mitkommen; **get ~** Fortschritte machen (*with* mit), auskommen, fertig werden (*with* mit), durchkommen, leben; **take ~** mitnehmen; **how are you getting ~?** wie geht es Ihnen denn?; **along·side**

[əˌlɒŋ'saɪd] **I.** *prep* neben **II.** *adv* Seite an Seite; daneben; (MAR) längsseits

aloof [ə'lu:f] **I.** *adv* abseits, entfernt, von weitem, fern **II.** *adj* unnahbar, zurückhaltend; **stand** [*o* **hold o.s.**] ~ **from s.th.** sich von etw zurückhalten

aloud [ə'laʊd] *adv* laut; **read** ~ vorlesen

al·pha ['ælfə] *s* Alpha *nt;* **al·pha·bet** ['ælfəbet] *s* Alphabet, Abc *nt;* **al·pha·be·ti·cal** [ˌælfə'betɪkl] *adj* alphabetisch; **alpha male** *s* dominanter Mann; **al·pha·nu·mer·ic** [ˌælfənju:'merɪk] *adj* alphanumerisch; **alpha ray** *s* Alphastrahl *m*

al·pine ['ælpaɪn] *adj* alpin

Alps [ælps] *s pl* die Alpen *pl*

al·ready [ɔ:l'redɪ] *adv* schon, bereits

al·sa·tian [æl'seɪʃn] *s* (*Br*) Schäferhund *m;* **Al·sa·tian** *adj* elsässisch

also ['ɔ:lsəʊ] *adv* auch, ebenfalls

al·tar ['ɔ:ltə(r)] *s* Altar *m*

al·ter ['ɔ:ltə(r)] **I.** *vt* (ab-, um-, ver)ändern **II.** *vi* sich wandeln, sich (ver)ändern; **al·ter·able** ['ɔ:ltərəbl] *adj* veränderlich; **al·ter·ation** [ˌɔ:ltə'reɪʃn] *s* Änderung *f;* (*an Gebäude*) Umbau *m;* **subject to** ~ Änderungen vorbehalten

al·ter·ca·tion [ˌɔ:ltə'keɪʃn] *s* Auseinandersetzung *f*

al·ter·nate [ɔ:l'tɜ:nət] **I.** *adj* abwechselnd; **on** ~ **days** jeden zweiten Tag **II.** ['ɔ:ltəneɪt] *vt* abwechseln lassen **III.** ['ɔ:ltəneɪt] *vi* abwechseln (*with* mit); **al·ter·nat·ing** ['ɔ:ltəneɪtɪŋ] *adj* wechselnd; ~ **current** Wechselstrom *m;* **al·ter·na·tive** [ɔ:l'tɜ:nətɪv] **I.** *adj* alternativ; sich gegenseitig ausschließend **II.** *s* Alternative *f;* **there is no** ~ es gibt keine andere Möglichkeit; **al·ter·na·tive·ly** [-lɪ] *adv* im anderen Falle; **alter·nator** ['ɔ:ltəneɪtə(r)] *s* (ELEK) Wechselstromgenerator *m;* (AUTO) Lichtmaschine *f*

al·though [ɔ:l'ðəʊ] *conj* obgleich, wenn auch, obschon

al·tim·eter ['æltɪmi:tə(r)] *s* Höhenmesser *m*

al·ti·tude ['æltɪtju:d] *s* Höhe *f;* Höhenlage *f;* **fly at an** ~ **of ...** in einer Höhe von ... fliegen

alto ['æltəʊ] <*pl* **altos**> *s* (MUS) Alt *m;* **alto clef** *s* (MUS) Altschlüssel *m*

al·to·gether [ˌɔ:ltə'geðə(r)] *adv* **1.** gänzlich, ganz und gar, völlig **2.** alles in allem, insgesamt, im Ganzen

alto saxophone *s* Altsaxophon *nt*

al·tru·ism ['æltru:ɪzəm] *s* Selbstlosigkeit *f,* Altruismus *m;* **al·tru·ist** ['æltru:ɪst] *s* Altruist *m;* **al·tru·is·tic** [ˌæltru:'ɪstɪk] *adj* altruistisch, selbstlos

alu·min·ium [ˌæljʊ'mɪnɪəm] *s* Aluminium *nt;* **aluminium oxide** *s* Tonerde *f;* **alu·mi·num** [ə'lu:mɪnəm] *s* (*Am*) Aluminium *nt;* **alu·mi·nize** [ə'lu:mɪˌnaɪz] *vt* aluminieren, mit Aluminium überziehen

al·ways ['ɔ:lweɪz] *adv* **1.** immer, stets, (be)ständig **2.** von jeher, schon immer

am [əm, *betont* æm] *1. Person Singular Präsens* **be**

a.m. *Abk. von* **ante meridiem** vormittags

amal·gam [ə'mælgəm] *s* **1.** (CHEM) Amalgam *nt* **2.** (*fig*) Mischung *f;* **amal·ga·mate** [ə'mælgəmeɪt] **I.** *vt* vermischen; vereinigen, verschmelzen **II.** *vi* **1.** sich vereinigen, verschmelzen **2.** (COM) fusionieren; **amal·ga·ma·tion** [əˌmælgə'meɪʃn] *s* **1.** Amalgamierung *f* **2.** Vereinigung, Verschmelzung, Fusion *f,* Fusionieren *nt*

amass [ə'mæs] *vt* an-, aufhäufen; zusammentragen, -bringen

ama·teur ['æmətə(r)] *s* Amateur *m;* **ama·teur·ish** ['æmətərɪʃ] *adj* dilettantisch

amaze [ə'meɪz] *vt* verblüffen, sehr überraschen; **be ~d at** erstaunt sein über; **amaze·ment** [-mənt] *s* Erstaunen *nt,* Verblüffung *f;* **amaz·ing** [-ɪŋ] *adj* erstaunlich

Am·azon ['æməzən] *s* (GEOG) Amazonas *m*

am·bas·sa·dor [æm'bæsədə(r)] *s* Botschafter *m;* **am·bas·sa·dress** [æm'bæsədrɪs] *s* Botschafterin *f*

am·ber ['æmbə(r)] **I.** *s* **1.** Bernstein *m* **2.** (*Verkehrsampel*) Gelb *nt* **II.** *adj* bernsteinfarben

am·bi·dex·trous [ˌæmbɪ'dekstrəs] *adj* beidhändig

am·bi·guity [ˌæmbɪ'gju:ətɪ] *s* Mehr-, Doppeldeutigkeit *f;* Zweideutigkeit *f;* **am·bi·gu·ous** [æm'bɪgjʊəs] *adj* mehr-, doppel-, zweideutig

am·bi·tion [æm'bɪʃn] *s* Ehrgeiz *m;* **be filled with** ~ ehrgeizig sein; **am·bi·tious** [æm'bɪʃəs] *adj* ehrgeizig

amble ['æmbl] *vi* schlendern

am·bu·lance ['æmbjʊləns] *s* Kranken-, Sanitätswagen *m*

am·bush ['æmbʊʃ] **I.** *s* Hinterhalt *m;* **lie in** ~ im Hinterhalt liegen **II.** *vt* aus dem Hinterhalt überfallen

ameba *s* (*Am*) Amöbe *f;* **amebic** *adj* (*Am*): ~ **dysentery** Amöbenruhr *f*

ameli·or·ate [ə'mi:lɪəreɪt] *vt* verbessern; **ameli·or·ation** [əˌmi:lɪə'reɪʃn] *s* Verbesserung *f*

amen [ɑ:'men, *Am* eɪ'men] *s* Amen *nt*

amen·able [ə'mi:nəbl] *adj* zugänglich (*to* für)

amend [ə'mend] *vt* **1.** verbessern **2.** (*Gesetze*) (ab)ändern; **amend·ment** [-mənt] *s* **1.** Verbesserung, Richtigstellung *f* **2.** Änderung *f*

A

amen·ity [ə'mi:nətɪ] *s* **1.** öffentliche Einrichtung **2.** angenehme Lage; **close to all amenities** in günstiger (Einkaufs- und Verkehrs)Lage; **a house with every** ~ ein Haus mit allem Komfort; **high ~ district** gute Wohngegend

Ameri·ca [ə'merɪkə] *s* Amerika *nt;* **Ameri·can** [ə'merɪkən] **I.** *s* Amerikaner(in) *m(f)* **II.** *adj* amerikanisch; **Ameri·can·ism** [-ɪzəm] *s* amerikanischer Ausdruck, Amerikanismus *m;* **Ameri·can·ize** [-aɪz] *vt* amerikanisieren

am·ethyst ['æmɪθɪst] *s* (MIN) Amethyst *m*

amia·bil·ity [ˌeɪmɪə'bɪlətɪ] *s* Freundlichkeit, Liebenswürdigkeit *f;* **ami·able** ['eɪmɪəbl] *adj* liebenswürdig

amic·able ['æmɪkəbl] *adj* freundschaftlich, friedlich

amid(st) [ə'mɪd(st)] *prep* mitten unter, inmitten

amiss [ə'mɪs] **I.** *adj pred* in Unordnung, schlecht; mangelhaft; **there's something** ~ da stimmt irgendetwas nicht **II.** *adv:* **take s.th.** ~ etw übelnehmen

am·me·ter ['æmɪtə(r)] *s* (ELEK) Amperemeter *nt*

am·mo·nia [ə'məʊnɪə] *s* (CHEM) Ammoniak *nt*

am·mu·ni·tion [ˌæmjʊ'nɪʃn] *s* Munition *f;* **ammunition dump** *s* Munitionslager *nt*

am·nesia [æm'ni:zɪə] *s* (MED) Amnesie *f,* Gedächtnisschwund *m*

am·nesty ['æmnəstɪ] *s* Amnestie *f*

amoeba [ə'mi:bə] *s* Amöbe *f;* **amoebic** [ə'mi:bɪk] *adj:* ~ **dysentery** Amöbenruhr *f*

amok [ə'mɒk] *s:* **run** ~ Amok laufen

among(st) [ə'mʌŋ(st)] *prep* **1.** unter, zwischen; in; bei **2.** zusammen mit; ~ **other things** unter anderem; **be popular** ~ **them** bei ihnen populär sein; **they agreed** ~ **themselves** sie kamen untereinander überein; **settle that** ~ **yourselves!** machen Sie das unter sich aus!

amoral [ˌeɪ'mɒrəl] *adj* amoralisch

am·or·ous ['æmərəs] *adj* amourös

amor·phous [ə'mɔ:fəs] *adj* **1.** (CHEM MIN) amorph **2.** gestaltlos

amor·ti·za·tion [əˌmɔ:tɪ'zeɪʃn] *s* Amortisation, Tilgung *f;* **amor·tize** [ə'mɔ:taɪz] *vt* amortisieren, tilgen

amount [ə'maʊnt] **I.** *s* **1.** Betrag *m,* Summe *f* **2.** Menge *f;* **any** ~ **of** beliebig viel; **up to the** ~ **of** bis zum Betrag von; **large ~s of money** beträchtliche Geldsummen **II.** *vi* **1.** sich belaufen (*to* auf), (den Betrag) erreichen (*to* von), betragen, ausmachen (*to s.th.* etw) **2.** hinauslaufen (*to* auf), bedeuten (*to s.th.* etw); ~ **to nothing** belanglos sein; **amount carried forward** *s* (COM) Übertrag *m*

am·pere ['æmpeə(r)] *s* Ampere *nt*

am·pheta·mine [æm'fetəmi:n, -mɪn] *s* Amphetamin *nt*

am·phib·ian [æm'fɪbɪən] *s* Amphibie *f;* Amphibienfahrzeug *nt;* **am·phibi·ous** [æm'fɪbɪəs] *adj* amphibisch

amphi·theatre ['æmfɪˌθɪətə(r)] *s* Amphitheater *nt*

ample ['æmpl] *adj* **1.** geräumig, ausgedehnt **2.** reichlich; ausreichend, genügend; **we've (got)** ~ **time** wir haben reichlich Zeit

am·pli·fi·ca·tion [ˌæmplɪfɪ'keɪʃn] *s* **1.** Erweiterung, Ausdehnung *f* **2.** zusätzliche Einzelheiten, weitere Ausführungen *fpl* (*upon* über) **3.** (ELEK) Verstärkung *f;* **am·pli·fier** ['æmplɪfaɪə(r)] *s* (ELEK) Verstärker *m;* **am·plify** ['æmplɪfaɪ] *vt* **1.** (*a.* ELEK) verstärken **2.** erweitern, ausdehnen, vergrößern **3.** (*Thema*) näher ausführen, ausführlich darstellen

am·pli·tude ['æmplɪtju:d] *s* **1.** Weite, Größe *f,* Umfang *m;* Fülle *f* **2.** (PHYS) Amplitude *f*

am·poule ['æmpu:l] *s* (MED) Ampulle *f*

am·pul·la [æm'pʊlə] <*pl* **-lae**> *s* Ampulle *f*

am·pu·tate ['æmpjʊteɪt] *vt* amputieren; **am·pu·ta·tion** [ˌæmpjʊ'teɪʃn] *s* (MED) Amputation *f*

amuck [ə'mʌk] *adv:* **run** ~ Amok laufen

amu·let ['æmjʊlɪt] *s* Amulett *nt*

amuse [ə'mju:z] **I.** *vt* belustigen, amüsieren; **be ~d at** [*o* **by**] **s.th.** sich freuen über etw **II.** *vr* sich die Zeit vertreiben (*by doing s.th.* mit etw); **amu·se·ment** [-mənt] *s* Belustigung, Unterhaltung *f;* Zeitvertreib *m;* Vergnügen *nt* (*at* über); **amu·se·ment ar·cade** *s* Spielhalle *f;* **amus·ing** [-ɪŋ] *adj* unterhaltend, belustigend, amüsant (*to* für)

an [ən, *betont* æn] *art s.* **a**

ana·bol·ic ster·oid [ˌænə'bɒlɪk'stɪərɔɪd] *s* Anabolikum *nt*

anach·ron·ism [ə'nækrənɪzəm] *s* Anachronismus *m;* **anach·ron·is·tic** [əˌnækrə'nɪstɪk] *adj* anachronistisch

ana·conda [ˌænə'kɒndə] *s* (*Riesenschlange*) Anakonda *f*

anae·mia [ə'ni:mɪə] *s* (MED) Anämie, Blutarmut *f;* **anaemic** [ə'ni:mɪk] *adj* blutarm

an·aes·thesia [ˌænɪs'θi:zɪə] *s* (MED) Narkose, Anästhesie *f;* **an·aes·thetic** [ˌænɪs'θetɪk] **I.** *adj* betäubend **II.** *s* Betäubungsmittel *nt;* **anaes·the·tize** [ə'ni:sθətaɪz] *vt* betäuben, narkotisieren

ana·gram ['ænəgræm] *s* Anagramm *nt*

anal ['eɪnəl] *adj* anal, Anal-

an·al·gesic [ˌænæl'dʒi:sɪk] **I.** *s* schmerzstillendes Mittel, Analgetikum *nt* **II.** *adj* schmerzstillend

an·a·log ['ænəlɒg] *adj* (INFORM) analog; **anal·og·ic(al)** [ˌænə'lɒdʒɪk(l)] *adj* analog; **anal·og·ous** [ə'næləgəs] *adj* analog, entsprechend; **anal·ogy** [ə'nælədʒɪ] *s* Analogie, Ähnlichkeit *f;* **on the ~ of** analog zu

ana·lyse ['ænəlaɪz] *vt* **1.** analysieren, zergliedern, zerlegen **2.** (*fig*) untersuchen; (*Bericht*) auswerten; **analy·sis** [ə'næləsɪs, *pl* -siːz] <*pl* **-ses**> *s* **1.** Analyse *f* **2.** Untersuchung, Auswertung *f;* **ana·lyst** ['ænəlɪst] *s* Analytiker(in) *m(f)*, Psychotherapeut(in) *m(f);* **food ~** Lebensmittelchemiker(in) *m(f);* **ana·lyti·c(al)** [ˌænə'lɪtɪkl] *adj* analytisch; **ana·lyze** (*Am*) *s.* **analyse**

an·archic, **an·archi·cal** [ə'nɑːkɪk(l)] *adj* anarchisch; **an·arch·ism** ['ænəkɪzəm] *s* Anarchismus *m;* **an·arch·ist** ['ænəkɪst] *s* Anarchist(in) *m(f);* **an·arch·istic** [ˌænə'kɪstɪk] *adj* anarchistisch; **an·archy** ['ænəkɪ] *s* Anarchie *f*

ana·tomi·cal [ˌænə'tɒmɪkl] *adj* anatomisch; **ana·to·mize** [ə'nætəmaɪz] *vt* **1.** sezieren **2.** (*fig*) in allen Einzelheiten prüfen; **anat·omy** [ə'nætəmɪ] *s* **1.** Anatomie *f* **2.** (*fig*) Aufbau *m*

an·ces·tor ['ænsestə(r)] *s* Vorfahr *m;* **an·ces·tral** [æn'sestrəl] *adj* angestammt, seiner/ihrer Vorfahren; **~ home** Stammsitz *m;* **an·ces·try** ['ænsestrɪ] *s* Vorfahren *mpl*, Abstammung *f*

an·chor ['æŋkə(r)] **I.** *s* Anker *m;* **at ~** vor Anker; **cast** [*o* **drop**] **~** Anker werfen; **ride at ~** vor Anker liegen; **weigh ~** den Anker lichten **II.** *vt* verankern **III.** *vi* ankern; **an·chor·age** ['æŋkərɪdʒ] *s* Liege-, Ankerplatz *m;* Anker-, Liegegebühren *fpl;* **an·chor·man**, **an·chor·woman** ['æŋkəmæn, -wʊmən] <*pl* **-men, -women**> *s* (TV) Koordinator(in) *m(f)*

an·chovy ['æntʃəvɪ] *s* Anschovis, Sardelle *f*

ancient ['eɪnʃənt] **I.** *adj* **1.** alt, aus alter Zeit; antik **2.** (*Person*) uralt **II.** *s:* **the ~s** Menschen *m pl* des Altertums

an·cil·lary [æn'sɪlərɪ, *Am* 'ænsəlerɪ] *adj* **1.** zusätzlich, ergänzend (*to* für) **2.** Neben-, Hilfs-

and [ən, ənd, *betont* ænd] *conj* und; und auch; und dazu; **for days ~ days** tagelang; **years ~ years** jahrelang; **nice ~ warm** schön warm; **~ so on** und so weiter (usw.); **try ~ do it** versuch's doch mal!; **wait ~ see** abwarten

an·dro·gyne ['ændrəˌdʒaɪn] *s* Zwitter *m*

an·dro·pause ['ændrəˌpɔːz] *s* Wechseljahre des Mannes

an·ec·do·tal [ˌænɪk'dəʊtl] *adj* anekdotisch; **an·ec·dote** ['ænɪkdəʊt] *s* Anekdote *f*

ane·mia [ə'niːmɪə] *s* (*Am:* MED) Anämie, Blutarmut *f;* **anemic** [ə'niːmɪk] *adj* (*Am*) blutarm

ane·mom·eter [ˌænɪ'mɒmɪtə(r)] *s* Anemometer *nt*, Windmesser *m*

anem·one [ə'nemənɪ] *s* Anemone *f*

an·es·thesia [ˌænɪs'θiːʒə] *s* (*Am:* MED) Narkose, Anästhesie *f;* **an·esthetic I.** *adj* (*Am*) betäubend **II.** *s* Betäubungsmittel *nt;* **an·es·the·tize** *vt* (*Am*) betäuben, narkotisieren

anew [ə'njuː] *adv* wieder, von neuem

angel ['eɪndʒl] *s* (*a. fig*) Engel *m;* **angelic** [æn'dʒelɪk] *adj* engelhaft

anger ['æŋgə(r)] **I.** *s* Ärger, Zorn *m*, Wut *f* (*at* über); **in** (**a moment of**) **~** im Zorn **II.** *vt* wütend machen, ärgern

angle[1] ['æŋgl] **I.** *s* **1.** Winkel *m* **2.** Ecke *f* **3.** Seite *f* **4.** Standpunkt *m*, Position *f;* **at an ~ of** in einem Winkel von; **at an ~** schräg; **consider s.th. from all ~s** etw von allen Seiten betrachten **II.** *vt* **1.** ausrichten, einstellen **2.** (*Information*) färben

angle[2] ['æŋgl] *vi* angeln; **~ for** (*fig*) fischen nach, aus sein auf

ang·ler ['æŋglə(r)] *s* Angler(in) *m(f)*

Ang·li·can ['æŋglɪkən] **I.** *s* Anglikaner(in) *m(f)* **II.** *adj* anglikanisch; **Anglican Church** *s* anglikanische Kirche

ang·li·cism ['æŋglɪsɪzəm] *s* Anglizismus *m;* **ang·li·cist** ['æŋglɪsɪst] *s* Anglist(in) *m(f);* **ang·li·cize** ['æŋglɪsaɪz] *vt* anglisieren

Anglo [ˌæŋgləʊ] *PRÄF* Anglo-; englisch-; **anglo·phile I.** *s* Anglophile(r) *f m*, Englandfreund *m* **II.** *adj* anglophil, englandfreundlich; **anglo·pho·bia** [ˌæŋgləʊ'fəʊbɪə] *s* Anglophobie *f*, Englandhass *m;* **Anglo-Saxon** [ˌæŋgləʊ'sæksən] **I.** *s* Angelsachse *m*, Angelsächsin *f* **II.** *adj* angelsächsisch

An·go·la [æŋ'gəʊlə] *s* Angola *nt;* **An·go·lan** [æŋ'gəʊlən] **I.** *adj* angolanisch **II.** *s* Angolaner(in) *m(f)*

an·gora [æŋ'gɔːrə] *s* Angorawolle *f;* **angora cat** *s* Angorakatze *f*

angry ['æŋgrɪ] *adj* **1.** verärgert (*at s.th.* über etw, *with s.o.* auf jdn) **2.** (MED) entzündet **3.** (*See*) aufgewühlt; **be ~** sich ärgern, ärgerlich sein; böse sein (*at, with* auf, mit); **what are you ~ about?** worüber ärgern Sie sich?

an·guish ['æŋgwɪʃ] *s* Schmerz *m*, Qual *f;* **be in ~** Qualen ausstehen

angu·lar ['æŋgjʊlə(r)] *adj* **1.** wink(e)lig; eckig **2.** (*Mensch*) knochig

ani·mal ['ænɪml] **I.** *s* Tier *nt* **II.** *adj* tierisch, animalisch; **animal husbandry** *s* Viehwirtschaft *f;* **animal kingdom** *s* Tierreich *nt*

ani·mate ['ænɪmeɪt] **I.** *vt* **1.** beleben, mit Leben erfüllen **2.** aufmuntern, ermutigen, begeistern **3.** (FILM) animieren **II.** ['ænɪmət] *adj* belebt, lebendig; **ani·ma·ted** ['ænɪmeɪtɪd] *adj* **1.** lebhaft, rege; angeregt **2.** beseelt (*by, with* von); ~ **cartoon** (Zeichen)Trickfilm *m*

ani·mat·ics [ˌænɪ'mætɪks] *s* (INFORM: *Computerdesign einer Filmszene*) Animatics *pl*

ani·ma·tion [ˌænɪ'meɪʃn] *s* **1.** Aufmunterung *f;* Lebhaftigkeit *f* **2.** (FILM) Animation *f;* **ani·ma·tor** ['ænɪmeɪtə(r)] *s* Animator(in) *m(f)*

ani·ma·tron·ic [ænɪmə'trɒnɪk] *adj* computeranimiert

ani·mos·ity [ˌænɪ'mɒsətɪ] *s* Feindseligkeit *f;* starke Abneigung (*against* gegen, *between* zwischen)

an·ise ['ænɪs] *s* Anis *m;* **ani·seed** ['ænɪsiːd] *s* Anis(samen) *m*

an·kle ['æŋkl] *s* Fußknöchel *m;* **sprain one's** ~ sich den Fuß verstauchen; **ankle-biter** *s* (*Aus: sl*) Kind *nt;* **ankle·bone** ['æŋklbəʊn] *s* Sprungbein *nt;* **ankle-deep** *adj, adv* knöcheltief, bis zum Knöchel; **ankle sock** *s* Söckchen *nt*

anklet ['æŋklɪt] *s* Fußkettchen *nt*

an·nal·ist ['ænəlɪst] *s* Chronist(in) *m(f);* **an·nals** ['ænlz] *s pl* Annalen *pl;* (*von Verein*) Bericht *m*

an·neal [ə'niːl] *vt* kühlen; (aus)glühen, tempern; (*fig*) stählen

an·nex ['æneks] **I.** *s* **1.** (ARCH) Anbau *m,* Nebengebäude *nt* **2.** Anhang *m;* Nachtrag *m* (*to* zu) **II.** [ə'neks] *vt* **1.** (POL) annektieren **2.** anhängen, beifügen; **an·nex·ation** [ˌænek'seɪʃn] *s* (POL) Annexion *f*

an·ni·hi·late [ə'naɪəleɪt] *vt* vernichten; auslöschen; **an·ni·hi·la·tion** [əˌnaɪə'leɪʃn] *s* Vernichtung, Zerstörung, Zerschlagung *f*

an·ni·ver·sary [ˌænɪ'vɜːsərɪ] *s* Jahrestag *m;* **wedding** ~ Hochzeitstag *m*

an·no·tate ['ænəteɪt] *vt* mit Anmerkungen versehen, kommentieren; **anno·ta·tion** [ˌænə'teɪʃn] *s* Anmerkung *f,* Kommentar *m;* **an·no·ta·tor** ['ænəteɪtə(r)] *s* Kommentator(in) *m(f)*

an·nounce [ə'naʊns] *vt* **1.** ankündigen, melden; ansagen, durchgeben **2.** bekannt geben, machen, anzeigen; **an·nounce·ment** [-mənt] *s* **1.** Ankündigung, Anzeige, Bekanntmachung *f* **2.** (RADIO) Durchsage, Ansage *f;* **an·noun·cer** [ə'naʊnsə(r)] *s* (RADIO) Ansager(in) *m(f)*

an·noy [ə'nɔɪ] *vt* ärgern; aufregen; belästigen; **be** ~**ed** sich ärgern (*at s.th.* über etw, *with s.o.* über jdn); **get** ~**ed** sich aufregen; **an·noy·ance** [-əns] *s* **1.** Ärger *m* **2.** Belästigung, Plage *f;* **an·noy·ing** [-ɪŋ] *adj* lästig, störend; ärgerlich

an·nual ['ænjʊəl] **I.** *adj* jährlich; ~ **general meeting** Jahreshauptversammlung *f;* ~ **ring** (*von Baumstämmen*) Jahresring *m;* ~ **salary** Jahresgehalt *nt;* ~ **work contract** Jahresarbeitszeitverhältnis *nt* **II.** *s* **1.** Jahrbuch *nt* **2.** einjährige Pflanze; **an·nual·ly** ['ænjʊəlɪ] *adv* jährlich; **twice** ~ zweimal im Jahr, zweimal jährlich

an·nu·ity [ə'njuːətɪ] *s* Jahresrente, Annuität *f;* **life** ~ Lebens-, Leibrente *f*

an·nul [ə'nʌl] *vt* annullieren, aufheben, für ungültig erklären; **an·nul·ment** [-mənt] *s* Annullierung, Aufhebung, Nichtigkeitserklärung *f;* Abschaffung *f*

An·nun·ci·ation [əˌnʌnsɪ'eɪʃn] *s* Mariä Verkündigung *f* (*25. März*)

an·ode ['ænəʊd] *s* (ELEK) Anode *f*

ano·dyne ['ænədaɪn] **I.** *s* schmerzstillendes Mittel **II.** *adj* schmerzstillend, beruhigend; (*fig*) harmlos

anoint [ə'nɔɪnt] *vt* salben

anom·al·ous [ə'nɒmələs] *adj* unregelmäßig; anomal; **anom·aly** [ə'nɒməlɪ] *s* Anomalie *f*

an·omie ['ænʊəmɪ] *s* Anomie *f*

ano·nym·ity [ˌænə'nɪmətɪ] *s* Anonymität *f;* **anony·mous** [ə'nɒnɪməs] *adj* anonym

an·or·ak ['ænəræk] *s* Anorak *m*

an·or·exia [ˌɑnə'reksɪə] *s* Magersucht, Anorexie *f*

an·other [ə'nʌðə(r)] **I.** *adj* **1.** noch eine(r, s) **2.** ein Zweiter **3.** ein anderer; **at** ~ **time** zu einer anderen Zeit; **in** ~ **place** an einem anderen Ort **II.** *pron* ein anderer; **one** ~ einander, sich

answer ['ɑːnsə(r)] **I.** *s* **1.** Antwort *f;* Entgegnung, Erwiderung *f* **2.** (*Problem*) Lösung *f;* **in** ~ **to** als Antwort auf **II.** *vi* **1.** antworten, erwidern, entgegnen **2.** geeignet sein, taugen; ~ **to the name of …** auf den Namen … hören **III.** *vt* **1.** beantworten, antworten auf; antworten (*s.o.* jdm) **2.** (*einer Beschreibung, einem Zweck*) entsprechen; (*Verpflichtungen*) nachkommen; (*den Anforderungen*) genügen; (*Hoffnung*) erfüllen; (*Gebet*) erhören; (*Bedürfnis*) befriedigen **3.** (JUR) sich verantworten wegen; ~ **the door** die Tür öffnen; ~ **the telephone** ans Telefon gehen; ~ **a description** einer Beschreibung entsprechen; **answer back** *vi* widersprechen; frech sein; **don't** ~ **back!** keine Widerrede!; ~ **s.o. back** jdm widersprechen; jdm eine freche Antwort geben; **answer for** *vi* **1.** verantwortlich sein für, verantworten **2.** sich verbürgen für; sprechen für; **he has a lot to** ~ **for** er hat einiges auf dem Gewissen; ~ **to s.o. for s.th.** jdm für etw Rechenschaft schuldig sein; ~ **to the controls** auf die Steuerung ansprechen; ~ **to a description** einer Beschreibung entsprechen; **answer·able** ['ɑːnsərəbl] *adj* **1.** beantwortbar **2.** (JUR) verantwortlich; **be** (**held**) ~ **to s.o. for s.th.** für etw gegenüber jdm verantwortlich sein; **answer·ing ma·chine** ['ɑːnsərɪŋ mə'ʃiːn] *s* Anrufbeantworter *m*

ant [ænt] *s* Ameise *f*

an·tag·on·ism [æn'tæɡənɪzəm] *s* Gegensatz *m;* Feindseligkeit *f;* **be in** ~ **with** im Gegensatz stehen zu; **an·tag·on·is·tic** [æn,tæɡə'nɪstɪk] *adj* feindselig; (*Macht*) gegnerisch, feindlich; (*Interessen*) widerstreitend; **an·tag·on·ize** [æn'tæɡənaɪz] *vt* zu seinem Gegner machen

ant·arc·tic [æn'tɑːktɪk] **I.** *s:* **the Antarctic** die Antarktis **II.** *adj* antarktisch; **Antarctic Circle** *s* Südpolarkreis *m;* **Antarctic Ocean** *s* Südpolarmeer *nt*

ant·eater ['ænt,iːtə(r)] *s* Ameisenbär *m*

ante·ced·ent [,æntɪ'siːdnt] **I.** *adj* früher (*to* als), vorangehend **II.** *s pl* Vorleben *nt;* Abstammung *f*

ante·cham·ber ['æntɪʃeɪmbə(r)] *s* Vorzimmer *nt*

ante·di·luvian [,æntɪdɪ'luːvɪən] *adj* **1.** (*a. fig*) vorsintflutlich **2.** altmodisch

ante·lope ['æntɪləʊp] *s* Antilope *f*

ante·na·tal [,æntɪ'neɪtl] *adj* vor der Geburt; ~ **clinic** Klinik *f* für schwangere Frauen

an·tenna[1] [æn'tenə, *pl* æn'teniː] <*pl* -tennae> *s* Fühler *m*

an·tenna[2] [æn'tenə] <*pl* -tennas> *s* (TECH) Antenne *f*

an·ter·ior [æn'tɪərɪə(r)] *adj* **1.** (*Ort*) vordere(r, s) **2.** (*Zeit*) vorhergehend, früher (*to* als)

ante·room ['æntɪrʊm] *s* Vor-, Wartezimmer *nt*

an·them ['ænθəm] *s* Hymne *f*

an·ther ['ænθə(r)] *s* (BOT) Staubbeutel *m*

ant·hill ['ænthɪl] *s* Ameisenhaufen *m*

an·thol·ogy [æn'θɒlədʒɪ] *s* Anthologie *f*

an·thra·cite ['ænθrəsaɪt] *s* (MIN) Anthrazit *m*

an·thro·poid ['ænθrəpɔɪd] **I.** *adj* menschenähnlich **II.** *s* Menschenaffe *m;* **an·thro·po·logi·cal** [,ænθrəpə'lɒdʒɪkl] *adj* anthropologisch; **an·thro·pol·ogy** [,ænθrə'pɒlədʒɪ] *s* Anthropologie *f*

anti ['æntɪ, *Am* 'æntaɪ] *prep* gegen; **anti-** *PRÄF* Anti-, anti-; **anti-air·craft** [,æntɪ'eəkrɑːft] *adj attr* Flugabwehr-; ~ **artillery** Flak *f;* ~ **defence** Luftverteidigung *f;* ~ **fire** Flakfeuer *nt;* ~ **gun** Flak *f;* **anti·biotic** [,æntɪbaɪ'ɒtɪk] *s* Antibiotikum *nt;* **anti-blem·ish stick** [,æntɪ'blemɪʃ-,stɪk] *s* Antipickelstift *m;* **anti-body** ['æntɪbɒdɪ] *s* Antikörper *m*

an·tic ['æntɪk] *s meist pl* dummer Streich, Posse *f*

an·ti·car·cino·gen·ic [,æntɪ'kɑːsɪnʊədʒenɪk] *adj* (MED) antikarzinogen, Krebs hemmend

Anti·christ ['æntɪkraɪst] *s* Antichrist *m*

an·tici·pate [æn'tɪsɪpeɪt] *vt* **1.** erwarten **2.** (*zeitlich*) vorwegnehmen, zuvorkommen (*s.th.* einer Sache) **3.** vorausberechnen, vorhersehen; voraussehen; ahnen **4.** im Voraus bezahlen; im Voraus verbrauchen; **an·tici·pated** *adj* erwartet, vorhergesehen; **an·tici·pa·tion** [æn,tɪsɪ'peɪʃn] *s* **1.** Erwartung, Voraussicht, Ahnung *f;* Erwartungshaltung *f* **2.** Vorwegnahme *f;* Zuvorkommen *nt* **3.** Vorausberechnung *f;* **in** ~ im Voraus; in Erwartung (*of +gen*); **an·tici·pa·tory** [æn,tɪsɪ'peɪtərɪ] *adj* vorwegnehmend

anti·cleri·cal [,æntɪ'klerɪkl] *adj* antiklerikal; **anti·cli·max** [,æntɪ'klaɪmæks] *s* Enttäuschung *f;* (*lit*) Antiklimax *m;* **anti-clock·wise** [,æntɪ'klɒkwaɪz] *adj, adv* entgegen dem Uhrzeigersinn; **anti·coa·gu·lant** [,æntɪkəʊ'æɡjʊlənt] **I.** *s* Antikoagulans *nt* **II.** *adj* blutgerinnungshemmend; **anti·cor·ros·ive** [,æntɪkə'rəʊsɪv] *adj* Korrosionsschutz-; **anti·cyc·lone** [,æntɪ'saɪkləʊn] *s* Hoch(-druckgebiet) *nt;* **anti·dazzle** [,æntɪ'dæzl] *adj* blendfrei; ~ **mirror** blendfreier Spiegel; **anti·dis·cri·mi·na·tion** [,æntɪdɪ,skrɪmɪ'neɪʃn] *adj* Antidiskriminierungs-; **an** ~ **law** ein Antidiskriminierungsgesetz; **anti·dote** ['æntɪdəʊt] *s* Gegenmittel, Gegengift *nt* (*against, for, to* gegen); **anti·freeze** ['æntɪfriːz] *s* Frostschutzmittel *nt;* **anti·gen** ['æntɪdʒən] *s* (BIOL) Abwehrstoff *m;* **an·ti·glob·al·ist** [,æntɪ'ɡleʊblɪst] *s* Globalisierungsgegner(in) *m(f);* **anti·his·ta·mine** [,æntɪ'hɪstə,miːn] *s* Antihistamin *nt;* **an·ti·knock** [,æntɪ'nɒk] *adj* (*Benzin*) klopffest; **anti·lock brak·ing sys·tem** [æntɪ-'lɒk 'breɪkɪŋ 'sɪstəm] *s* (AUTO) Antiblockiersystem, ABS *nt*

anti·mat·ter ['æntɪmætə(r)] *s* Antimaterie *f;* **anti·mis·sile** [,æntɪ'mɪsaɪl] *adj* Raketenabwehr-; **anti·oxi·dant** [,æntɪ'ɒksɪdənt] *s* Antioxydationsmittel *nt*

an·tipa·thy [æn'tɪpəθɪ] *s* Antipathie, Abneigung *f;* Widerwillen *m* (*to, towards, against* gegen); **anti·per·spir·ant** [,æntɪ-'pɜːspərənt] *s* Deodorant *nt*

an·tipo·des [æn'tɪpədiːz] *s pl* entgegengesetzte Teile *m pl* der Erde

anti·quar·ian [,æntɪ'kweərɪən] **I.** *adj* antiquarisch **II.** *s* Antiquitätenhändler(in) *m(f);* **anti·quary** ['æntɪkwərɪ] *s* **1.** Antiquar(in) *m(f)* **2.** Altertumsforscher(in) *m(f);* **anti·quated** ['æntɪkweɪtɪd] *adj* antiquiert; altmodisch; rückständig; **an·tique** [æn'ti:k] **I.** *s* Antiquität *f* **II.** *adj* antik; ~ **dealer** Antiquitätenhändler(in) *m(f);* **an·tiquity** [æn'tɪkwətɪ] *s* **1.** Altertum *nt* **2. antiquities** Altertümer *pl*

anti-rust [ˌæntɪ'rʌst] *adj* Rostschutz-; ~ **agent** Rostschutzmittel *nt;* ~ **protection** Rostschutz *m;* ~ **paint** Rostschutzfarbe *f;* **anti-Sem·ite** [ˌæntɪ'si:maɪt] *s* Antisemit *m;* **anti-Sem·itic** [ˌæntɪsɪ'mɪtɪk] *adj* antisemitisch; **anti-Sem·it·ism** [æntɪ'semɪtɪsm] *s* Antisemitismus *m;* **anti·sep·tic** [ˌæntɪ'septɪk] **I.** *adj* (MED) antiseptisch, keimtötend **II.** *s* keimtötendes Mittel, Antiseptikum *nt;* **anti·so·cial** [ˌæntɪ'səʊʃl] *adj* unsozial; ungesellig; asozial; **anti·static** [ˌæntɪ'stætɪk] *adj* antistatisch; **anti·tank** [ˌæntɪ'tæŋk] *adj* Panzerabwehr-

anti·thes·is [æn'tɪθəsɪs, *pl* æn'tɪθəsi:z] <*pl* **-eses**> *s* Antithese *f,* Gegensatz *m;* **anti·theti·cal** [ˌæntɪ'θetɪkl] *adj* gegensätzlich

anti·toxin [ˌæntɪ'tɒksɪn] *s* Gegengift *nt*

anti·trust law *s* (*esp Am*) Kartellgesetz *nt*

anti-wrinkle cream [ˌæntɪ'rɪŋklˌkri:m] *s* Antifaltencreme *f*

ant·ler ['æntlə(r)] *s* Geweihsprosse *f;* **~s** Geweih *nt*

an·to·nym ['æntənɪm] *s* Antonym, Gegensatzwort *nt*

anus ['eɪnəs] *s* (ANAT) After *m*

an·vil ['ænvɪl] *s* (*a.* ANAT) Amboss *m*

anxiety [æŋ'zaɪətɪ] *s* **1.** Besorgnis, Angst(-gefühl *nt*) *f* (*for, about* um) **2.** (dringender) Wunsch, Verlangen *nt* (*for* nach); **with** ~ angstvoll, besorgt; **anxious** ['æŋkʃəs] *adj* **1.** besorgt, beunruhigt (*about* wegen) **2.** begierig (*for* nach), gespannt (*for* auf); **be** ~ bestrebt sein (*to do s.th.* etw zu tun), besorgt sein, sich Sorgen machen (*about* um)

any ['enɪ] **I.** *adj* **1.** (*in Frage- u. Bedingungssätzen, in verneinenden Sätzen*) irgendein(e); irgendwelche; etwas; **not** ~ kein(e); **have you** ~ **other questions?** haben Sie noch eine Frage?; **do you have** ~ **money with you?** haben Sie Geld bei sich?; **if it's** ~ **help** (**at all**) wenn das irgendwie hilft **2.** jede(r, s) beliebige; alle; **come at** ~ **time** kommen Sie zu jeder (beliebigen) Zeit; **in** ~ **case** jederzeit; auf jeden Fall; **at** ~ **rate** auf jeden Fall; **do it** ~ **way you like** mach es wie du willst **II.** *pron* ein(e), welche(r, s) **III.** *adv* **1.** noch; **not** ~ **colder** nicht kälter; ~ **more?** noch mehr? **2.** überhaupt

any·body ['enɪbɒdɪ] *s, pron* **1.** irgendjemand; **is** ~ **ill?** ist jemand krank? **2.** jeder (beliebige); ~ **can do that** jeder kann das; ~ **else** (irgend)ein anderer; **if** ~ wenn überhaupt jemand; **not** ~ niemand; (*einzelne*) keine(r, s)

any·how ['enɪhaʊ] *adv* **1.** jedenfalls, trotzdem; ~**, you can try** du kannst es trotzdem versuchen; **he did it** ~ er tat es doch **2.** irgendwie; **he does his work** ~ er erledigt seine Arbeit schlecht und recht

any·one ['enɪwʌn] *s, pron* **1.** irgendjemand; **is** ~ **ill?** ist jemand krank? **2.** jeder (beliebige); ~ **can do that** jeder kann das; ~ **else** (irgend)ein anderer; **if** ~ wenn überhaupt jemand; **not** ~ niemand; (*einzelne*) keine(r, s)

any·thing ['enɪθɪŋ] **I.** *pron* (irgend) etwas, jedes beliebige; alles; **is there** ~ **new?** gibt es etwas Neues?; **is** ~ **left over?** ist noch was übrig?; **if** ~ womöglich, noch; eher, sogar; **not** ~ nichts; **not for** ~ um keinen Preis; **scarcely** ~ fast nichts; kaum etwas; ~ **but** alles andere als; nichts weniger als; ~ **else** noch etwas, sonst etwas **II.** *adv* irgendwie, in irgendeiner Art, überhaupt; **it isn't** ~ **like him** das sieht ihm überhaupt nicht ähnlich; **it's not worth** ~ **like that** es ist bei weitem nicht so viel wert

any·way ['enɪweɪ] *adv* irgendwie; ohnehin, sowieso; trotzdem; (*fam: Satzanfang*) auf jeden Fall; **I didn't want to go** ~ ich wollte sowieso nicht gehen; **I did it** ~ ich tat es trotzdem

any·where ['enɪweə(r)] *adv* irgendwo(hin); wo ... auch (immer); überall (hin); **are you going** ~ **tomorrow?** gehen Sie morgen irgendwohin?; ~ **you go** wohin Sie auch gehen; **he'll never get** ~ er kommt nie auf einen grünen Zweig; **that won't get you** ~ damit erreichen Sie gar nichts; **it isn't** ~ **near the truth** es kommt der Wahrheit auch nicht einmal annähernd nahe; **it isn't** ~ **near as nice** es ist bei weitem nicht so schön; **if** ~ wenn überhaupt (irgendwo); **not** ~ nirgendwo(hin); nirgends

A-OK ['eɪˌəʊ'keɪ] *adj* (*Am: fam*) eins a

aor·ta [eɪ'ɔ:tə] *s* (ANAT) Aorta *f*

apart [ə'pɑ:t] *adv* **1.** auseinander, getrennt **2.** zur Seite; abseits (*from* von) **3.** abgesehen von; ~ **from** abgesehen von; **know** ~ auseinander halten können; **live** ~ getrennt leben; **set** ~ beiseite legen; **stand** ~ beiseite, abseits stehen (*from* von); **take** ~ auseinander nehmen, zerlegen; beiseite nehmen; **joking** ~**!** Scherz beiseite!

apart·heid [ə'pɑ:theɪt] *s* Apartheid *f*

apart·ment [ə'pɑ:tmənt] *s* **1.** (*Am*)

(Miet)Wohnung, Etagenwohnung *f* **2.** (*Br*) Zimmer *nt;* Apartment *nt;* **apart·ment house** *s* (*Am*) Mietshaus *nt*

apa·thetic [ˌæpəˈθetɪk] *adj* apathisch, teilnahmslos; **apa·thy** [ˈæpəθɪ] *s* Apathie, Teilnahmslosigkeit *f* (*to* gegen)

ape [eɪp] **I.** *s* Affe *m* **II.** *vt* nachäffen

ap·er·ture [ˈæpətʃə(r)] *s* **1.** Öffnung *f* **2.** (PHOT) Blende *f*

apex [ˈeɪpeks, *pl* ˈeɪpɪsiːz] <*pl* **apexes, apices**> *s* Spitze *f;* (*a. fig*) Höhepunkt *m*

aph·or·ism [ˈæfərɪzəm] *s* Aphorismus *m;* **apho·rize** [ˈæfəˌraɪz] *vi* viele Aphorismen (Sinnsprüche) verwenden

api·ar·ist [ˈeɪpɪərɪst] *s* Bienenzüchter(in) *m(f),* Imker(in) *m(f);* **api·ary** [ˈeɪpɪərɪ] *s* Bienenhaus *nt;* **api·cul·ture** [ˈeɪpɪkʌltʃə(r)] *s* Bienenzucht *f*

apiece [əˈpiːs] *adv* je Stück; pro Kopf

apoca·lypse [əˈpɒkəlɪps] *s* Apokalypse *f;* **apoca·lyp·tic** [əˌpɒkəˈlɪptɪk] *adj* apokalyptisch; ~ **mood** Weltuntergangsstimmung *f*

apoc·rypha [əˈpɒkrəfə] *s pl* **1.** Schriften zweifelhafter Herkunft **2.** (REL) Apokryphen *pl*

apo·gee [ˈæpədʒiː] *s* **1.** (ASTR) Apogäum *nt* **2.** (*fig*) Höhepunkt *m*

apolo·getic [əˌpɒləˈdʒetɪk] *adj,* **apolo·ge·ti·cal·ly** [-əlɪ] *adv* entschuldigend; **apolo·gize** [əˈpɒlədʒaɪz] *vi* sich entschuldigen (*to s.o. for s.th.* bei jdm wegen etw); **apol·ogy** [əˈpɒlədʒɪ] *s* **1.** Entschuldigung *f* **2.** Rechtfertigung *f;* **offer s.o. an** ~ jdn um Verzeihung bitten; **make apologies** sich entschuldigen; **an** ~ **for a …** ein armseliges Exemplar

apo·plec·tic [ˌæpəˈplektɪk] *adj* (MED) apoplektisch

apostle [əˈpɒsl] *s* Apostel *m*

apos·trophe [əˈpɒstrəfɪ] *s* Apostroph *m*

ap·pal [əˈpɔːl] *vt,* **ap·pall** (*Am*) erschrecken; entsetzen; **ap·palled** [-d] *adj* entsetzt; **ap·pal·ling** [-ɪŋ] *adj,* **ap·pal·ling·ly** [-ɪŋlɪ] *adv* schrecklich, furchtbar, entsetzlich

ap·par·atus [ˌæpəˈreɪtəs] *s* Apparat *m,* Gerät *nt,* Vorrichtung *f*

ap·parel [əˈpærəl] *s* (*Am*) Kleidung *f*

ap·par·ent [əˈpærənt] *adj* **1.** offenbar, offensichtlich **2.** scheinbar; vermeintlich; **ap·par·ent·ly** [-lɪ] *adv* anscheinend

ap·par·ition [ˌæpəˈrɪʃn] *s* Erscheinung *f;* Gespenst *nt;* Geist *m*

ap·peal [əˈpiːl] **I.** *s* **1.** dringende Bitte (*for* um), Aufruf, Appell *m* **2.** (*fig*) Anziehungskraft *f* **3.** (JUR) Einspruch *m;* Berufung, Revision *f* (*from* gegen) **4.** Flehen *nt;* **without further** ~ in letzter Instanz; **lodge an** ~ Berufung einlegen (*with* bei) **II.** *vt* (JUR): ~ **the case** Berufung einlegen **III.** *vi* **1.** sich wenden, appellieren (*to* an), anrufen (*to s.o.* jdn) **2.** (*fig*) zusagen, gefallen (*to s.o.* jdm), Anklang finden (*to* bei) **3.** (JUR) Berufung einlegen (*against* gegen); **ap·peal·ing** [-ɪŋ] *adj* **1.** flehentlich **2.** reizvoll, ansprechend; **ap·peal·ing·ly** [-ɪŋlɪ] *adv* bittend

ap·pear [əˈpɪə(r)] *vi* **1.** (*a.* JUR) erscheinen; zum Vorschein kommen, sichtbar werden, auftauchen **2.** scheinen, den Anschein haben **3.** (*Zeitung*) erscheinen, veröffentlicht werden; (*Buch*) herauskommen; stehen (*in the list* auf der Liste) **4.** (THEAT) auftreten; ~ **for s.o.** jdn als Anwalt vor Gericht vertreten; **ap·pear·ance** [əˈpɪərəns] *s* **1.** Erscheinen, Auftauchen *nt* **2.** (*Schauspieler*) Auftritt *m* **3.** Aussehen *nt;* Äußere(s) *nt* **4.** ~**s** Anschein, Schein *m;* ~**s can deceive** der Schein trügt; **by his** ~ seinem Aussehen, seinem Äußeren nach; **to all** [*o* **by all**] [*o* **from all**] ~**s** allem Anschein nach; **judge by** ~**s** nach dem Äußeren urteilen; **keep up** ~**s** den äußeren Schein wahren; **make an** ~ sich zeigen

ap·pease [əˈpiːz] *vt* **1.** beruhigen, beschwichtigen **2.** (*Neugier*) befriedigen; **ap·pease·ment** [-mənt] *s* Beruhigung *f;* Befriedigung *f;* **appeasement policy** *s* Beschwichtigungspolitik *f*

ap·pel·lant [əˈpelənt] *s* (JUR) Berufungskläger(in) *m(f)*

ap·pend [əˈpend] *vt* anhängen; beifügen; **ap·pend·age** [əˈpendɪdʒ] *s* Beifügung *f;* Anhang *m;* **ap·pen·di·ci·tis** [əˌpendɪˈsaɪtɪs] *s* Blinddarmentzündung *f;* **ap·pen·dix** [əˈpendɪks, *pl* əˈpendɪsiːz] <*pl* **-dices**> *s* **1.** Anhang *m;* Zusatz *m* (*to* zu) **2.** (ANAT) Blinddarm *m*

ap·per·tain [ˌæpəˈteɪn] *vi* **1.** gehören (*to* zu) **2.** betreffen; sich beziehen (*to* auf)

ap·pe·tite [ˈæpɪtaɪt] *s* Appetit *m;* Lust *f* (*for* auf), Verlangen *nt* (*for* nach); **lose one's** ~ keinen Appetit haben; **appetite suppressant** *s* Appetitzügler *m;* **ap·pe·tizer** [ˈæpɪtaɪzə(r)] *s* Appetithappen *m;* **ap·pe·tiz·ing** [ˈæpɪtaɪzɪŋ] *adj* appetitanregend

ap·plaud [əˈplɔːd] *vi, vt* Beifall klatschen; applaudieren (*s.o.* jdm); **applause** [əˈplɔːz] *s* Beifall, Applaus *m*

apple [ˈæpl] *s* Apfel *m;* **the** ~ **of s.o.'s eye** (*fig*) jds Liebling; **the Big Apple** (*fam*) New York *nt;* **apple·cart** *s:* **upset the** ~ alles über den Haufen werfen; **apple·juice** *s* Apfelsaft *m;* **apple·pie** *s* gedeckter Apfelkuchen; **apple·sauce** *s* Apfelmus *nt;* **apple·tree** *s* Apfelbaum *m*

A

ap·pli·ance [ə'plaɪəns] *s* Gerät *nt* (*for doing s.th.* um etw zu tun), Apparat *m,* Vorrichtung *f;* **domestic ~s** Haushaltsgeräte *ntpl*

ap·pli·cable ['æplɪkəbl] *adj* zutreffend, anwendbar (*to* auf); **ap·pli·cant** ['æplɪkənt] *s* Bewerber(in) *m(f)* (*for* um), Antragsteller(in) *m(f),* Kandidat(in) *m(f);* **ap·pli·ca·tion** [ˌæplɪ'keɪʃn] *s* **1.** An-, Verwendung *f,* Gebrauch *m* (*to* für, auf) **2.** Antrag *m* (*for* auf), Gesuch *nt;* Bewerbung *f* (*for* um), Bewerbungsschreiben *nt* **3.** (*Verband*) Anlegung *f;* (*Salbe*) Auftragen *nt;* Umschlag *m* **4.** Fleiß, Eifer *m* (*in* bei); **on ~ to** auf Antrag, auf Ansuchen an; **file an ~** eine Bewerbung, einen Antrag, eine Anmeldung einreichen (*with* bei); **for external ~** (MED) äußerlich; **this has no ~ to** dies findet keine Anwendung auf; **field of ~** Anwendungsgebiet *nt,* -bereich *m;* **letter of ~** Bewerbungsschreiben *nt;* **~ form** Bewerbungs-, Antragsformular *nt;* **~ program** (INFORM) Anwendungsprogramm *nt*

ap·plied [ə'plaɪd] *adj* angewandt

ap·ply [ə'plaɪ] **I.** *vt* **1.** anwenden (*to* auf); (*Mittel*) benutzen, verwenden **2.** (*Farbe*) auftragen; (*Pflaster*) auflegen **3.** (*Bremse*) betätigen; **~ one's mind** seinen Kopf anstrengen **II.** *vi* **1.** sich beziehen, zutreffen (*to* auf), gelten (*to* für) **2.** sich wenden (*to* an), sich bewerben (*for* um) **3.** beantragen (*for s.th.* etw), bitten, nachsuchen (*for* um); **~ to** Näheres bei **III.** *vr* sich anstrengen

ap·point [ə'pɔɪnt] *vt* **1.** ernennen, bestellen, berufen (*s.o. judge* jdn zum Richter), anstellen **2.** (*Arbeit*) zuteilen **3.** (*Termin*) verabreden; vereinbaren; **ap·pointed** [-ɪd] *adj:* **well/badly ~** gut/dürftig ausgestattet; **ap·point·ment** [-mənt] *s* **1.** Ernennung *f;* Bestellung *f* **2.** Stelle, Anstellung *f* (*in a firm* bei einer Firma) **3.** Termin *m;* Verabredung, Vereinbarung *f* **4.** *meist pl* Ausstattung *f;* Mobiliar *nt;* **break an ~** eine Verabredung nicht einhalten; **have an ~** eine Verabredung haben (*with* mit), bestellt sein (*at the dentist's* zum Zahnarzt); **keep an ~** eine Verabredung einhalten; **make an ~** eine Verabredung treffen; sich anmelden (*with* bei); **appointment book** *s* Terminkalender *m*

ap·por·tion [ə'pɔːʃn] *vt* gleichmäßig, anteilmäßig zu-, verteilen

ap·po·site ['æpəzɪt] *adj* passend; (*Bemerkung*) treffend; **ap·po·si·tion** [ˌæpə'zɪʃn] *s* (GRAM) Apposition, Beifügung *f*

ap·prai·sal [ə'preɪzl] *s* Schätzung, Bewertung *f;* **ap·praise** [ə'preɪz] *vt* abschätzen, taxieren (*to* auf)

ap·preci·able [ə'priːʃəbl] *adj* merkbar, merklich; **it makes an ~ difference** es macht einen fühlbaren Unterschied; **ap·preci·ate** [ə'priːʃɪeɪt] **I.** *vt* **1.** schätzen, (zu) würdigen (wissen) **2.** gut verstehen, gut begreifen **3.** anerkennen; dankbar sein (*s.th.* für etw); **I would ~ it, if** es wäre mir lieb, wenn; **I quite ~ that** ich verstehe ganz gut, dass **II.** *vi* im Wert steigen; **ap·preci·ation** [əˌpriːʃɪ'eɪʃn] *s* **1.** Ab-, Einschätzung *f* **2.** Würdigung *f;* Verständnis *nt* (*of* für) **3.** Dank *m,* Anerkennung *f* **4.** (COM) Wertzuwachs *m;* **ap·preci·ative** [ə'priːʃɪətɪv] *adj* **1.** verständnisvoll (*of* für) **2.** dankbar

ap·pre·hend [ˌæprɪ'hend] *vt* **1.** festnehmen, verhaften **2.** begreifen, erfassen **3.** (be)fürchten; **ap·pre·hen·sion** [ˌæprɪ'henʃn] *s* **1.** Verständnis *nt* **2.** *oft pl* Furcht, Besorgnis *f* **3.** Festnahme *f;* **ap·pre·hen·sive** [ˌæprɪ'hensɪv] *adj* besorgt (*for* um, *of* wegen)

ap·pren·tice [ə'prentɪs] **I.** *s* Lehrling *m,* Auszubildende(r) *f m* **II.** *vt* in die Lehre geben (*to* bei); **ap·pren·tice·ship** [ə'prentɪʃɪp] *s* Lehrzeit *f;* Lehre, Ausbildung *f*

ap·proach [ə'prəʊtʃ] **I.** *vi* sich nähern **II.** *vt* **1.** sich wenden, herantreten (*s.o. about s.th.* an jdn wegen etw) **2.** herangehen (*a problem* an ein Problem) **3.** zugehen auf **III.** *s* **1.** Herannahen, Heranrücken *nt;* Annäherung *f* **2.** Zugang *m;* (*a. fig:* **~ road**) Zufahrt(sstraße) *f* **3.** (*fig*) Weg *m,* Methode *f* (*to* zu), Einstellung *f* (*to* zu) **4.** (AVIAT) Landeanflug *m;* **easy/difficult of ~** leicht/schwer zugänglich; (*fig*) leicht, schwer ansprechbar; **make ~es to s.o.** an jdn herantreten; Annäherungsversuche machen; **ap·proach·able** [-əbl] *adj* **1.** zugänglich, erreichbar **2.** umgänglich

ap·pro·ba·tion [ˌæprə'beɪʃn] *s* Billigung *f*

ap·pro·pri·ate [ə'prəʊprɪət] **I.** *adj* passend, geeignet, zweckdienlich (*to, for* für); (*Bemerkung*) angebracht **II.** [ə'prəʊprɪeɪt] *vt* **1.** sich aneignen **2.** (*Geld*) bestimmen, anweisen, zuteilen (*for* für); **ap·pro·pri·ation** [əˌprəʊprɪ'eɪʃn] *s* **1.** Aneignung *f* **2.** Verwendung *f;* (*~ of funds*) (Geld)Zuteilung, Zuweisung, Bereitstellung *f*

ap·pro·val [ə'pruːvl] *s* Zustimmung, Einwilligung, Billigung, Genehmigung *f* (*of s.th.* für, zu etw); **on ~** zur Ansicht, auf Probe; **does it meet with your ~?** sind Sie damit einverstanden?; **approve** [ə'pruːv] **I.** *vt* billigen, genehmigen **II.** *vi* zustimmen (*of dat*), einverstanden sein (*of* mit), billigen (*of s.th.* etw); **ap·proved** [ə'pruːvd] *adj:* **read and ~** gelesen und genehmigt; **~ school** (*Br obs*) Erziehungsheim *nt;*

ap·prov·ing·ly [ə'pruːvɪŋlɪ] *adv* zustimmend, billigend

ap·proxi·mate [ə'prɒksɪmət] **I.** *adj* annähernd, ungefähr **II.** [ə'prɒksɪmeɪt] *vt, vi* nahe kommen, sich nähern (*to*); (*Summe*) ungefähr betragen; **ap·proxi·mate·ly** [ə'prɒksɪmətlɪ] *adv* ungefähr, etwa; **ap·proxi·ma·tion** [əˌprɒksɪ'meɪʃn] *s* Annäherung *f* (*to* an)

apri·cot ['eɪprɪkɒt] *s* Aprikose *f*

April ['eɪprəl] *s* April *m;* ~ **fool!** April, April!

apron ['eɪprən] *s* **1.** Schürze *f* **2.** (AVIAT) Vorfeld *nt* **3.** (THEAT: ~ *stage*) Vorbühne *f;* **apron-strings** *s pl* Schürzenbänder *ntpl*

apse [æps] *s* (ARCH) Apsis *f*

apt [æpt] *adj* **1.** fähig (*to do* zu tun) **2.** geeignet, geschickt (*at* in) **3.** (*Bemerkung*) treffend, passend; **be ~ to do s.th.** dazu neigen etw zu tun; **I'm ~ to be out** (*Am*) es kann sein, dass ich nicht da bin; **ap·ti·tude** ['æptɪtjuːd] *s* **1.** Fähigkeit, Tauglichkeit, Eignung *f* **2.** Begabung *f,* Talent *nt* (*for* für); **aptitude test** *s* Eignungsprüfung *f*

aqua·cul·ture ['ækwəˌkʌltʃə(r)] *s* Aquakultur *f;* **aqu·aerobics** [ˌækweə'rəʊbɪks] *s* Wasseraerobic *nt;* **aqua·lung** ['ækwəlʌŋ] *s* Tauchgerät *nt;* **aqua·mar·ine** [ˌækwəmə'riːn] **I.** *s* (MIN) Aquamarin *m* **II.** *adj* aquamarin(blau); **aqua·plan·ing** [ˌækwə'pleɪnɪŋ] *s* Aquaplaning *nt;* **aqua·rium** [ə'kweərɪəm] *s* Aquarium *nt;* **Aquar·ius** [ə'kweərɪəs] *s* (ASTR) Wassermann *m;* **aqua·tic** [ə'kwætɪk] *adj* im Wasser lebend; Wasser-; ~ **sports** Wassersportarten *fpl*

aque·duct ['ækwɪdʌkt] *s* Aquädukt *m*

aqui·line ['ækwɪlaɪn] *adj* Adler-; ~ **nose** Adlernase *f*

Arab ['ærəb] **I.** *s* Araber(in) *m(f)* **II.** *adj* arabisch; **ara·besque** [ˌærə'besk] *s* Arabeske *f;* **Ara·bian** [ə'reɪbɪən] *adj* arabisch; **the ~ Nights** Tausendundeine Nacht; **Ara·bic** ['ærəbɪk] **I.** *s* (das) Arabisch(e), arabische Sprache **II.** *adj* arabisch

ar·able ['ærəbl] *adj* bebaubar, Acker-

ar·bi·ter ['ɑːbɪtə(r)] *s* Schiedsrichter(in) *m(f)* (*of* über); **ar·bit·rary** ['ɑːbɪtrərɪ] *adj* **1.** willkürlich **2.** tyrannisch; **ar·bi·trate** ['ɑːbɪtreɪt] **I.** *vt* schlichten, schiedsrichterlich entscheiden **II.** *vi* Schiedsrichter sein; **ar·bi·tra·tion** [ˌɑːbɪ'treɪʃn] *s* Schiedsspruch *m;* Schlichtung *f;* **ar·bi·tra·tor** ['ɑːbɪtreɪtə(r)] *s* Schiedsrichter(in) *m(f),* Schlichter(in) *m(f)*

ar·bor *s* (*Am*) Laube *f*

arbori·cul·ture ['ɑːbərɪˌkʌltʃə(r)] *s* Baumkultur *f*

ar·bour ['ɑːbə(r)] *s* Laube *f*

arc [ɑːk] *s* Bogen *m*

ar·cade [ɑː'keɪd] *s* Arkade *f;* Bogengang *m*

arch[1] [ɑːtʃ] **I.** *s* **1.** (ARCH) Bogen *m;* Gewölbe(bogen *m*) *nt* **2.** (~ *of the foot*) Fußrücken *m* **3.** (*triumphal* ~) Triumphbogen *m* **II.** *vt* wölben **III.** *vi* sich wölben

arch[2] [ɑːtʃ] *adj* schelmisch, schalkhaft

arch[3] [ɑːtʃ] *adj attr* Erz-; ~ **enemy** Erzfeind *m*

ar·chae·ologi·cal [ˌɑːkɪə'lɒdʒɪkl] *adj* archäologisch; **ar·chae·ol·ogist** [ˌɑːkɪ'ɒlədʒɪst] *s* Archäologe *m,* Archäologin *f;* **ar·chae·ol·ogy** [ˌɑːkɪ'ɒlədʒɪ] *s* Archäologie *f*

ar·chaic [ɑː'keɪɪk] *adj* altertümlich; veraltet, archaisch

arch·angel ['ɑːkeɪndʒl] *s* Erzengel *m*

arch·bishop [ˌɑːtʃ'bɪʃəp] *s* Erzbischof *m;* **arch·bishop·ric** [-rɪk] *s* Erzbistum *nt;* **arch·deacon** [ˌɑːtʃ'diːkən] *s* Archidiakon *m;* **arch·dio·cese** [ˌɑːtʃ'daɪəsɪs] *s* Erzdiözese *f*

archer ['ɑːtʃə(r)] *s* Bogenschütze *m;* **arch·ery** ['ɑːtʃərɪ] *s* Bogenschießen *nt*

arche·type ['ɑːkɪtaɪp] *s* (PSYCH) Archetyp *m;* Urbild *nt*

archi·pel·ago [ˌɑːkɪ'peləgəʊ] <*pl* -ago(e)s> *s* Archipel *m,* Inselgruppe *f*

archi·tect ['ɑːkɪtekt] *s* Architekt(in) *m(f),* Baumeister(in) *m(f);* **archi·tec·ture** ['ɑːkɪtektʃə(r)] *s* Baukunst, Architektur *f*

ar·chives ['ɑːkaɪvz] *s pl* Archiv *nt;* **ar·chi·vist** ['ɑːkɪvɪst] *s* Archivar(in) *m(f)*

arch·way ['ɑːtʃweɪ] *s* (ARCH) Bogengang *m;* gewölbter Eingang

arc·lamp *s* Bogenlampe *f*

arc·tic ['ɑːktɪk] **I.** *adj* arktisch; Polar- **II.** *s:* **the Arctic** die Arktis; **Arc·tic Cir·cle** *s* Polarkreis *m;* **Arc·tic Ocean** *s* Nordpolarmeer *nt*

arc·weld·ing *s* (Licht)Bogenschweißung *f*

ar·dent ['ɑːdnt] *adj* leidenschaftlich; enthusiastisch, begeistert; brennend, heftig

ar·dor *s* (*Am*), **ar·dour** ['ɑːdə(r)] *s* **1.** Eifer *m,* Leidenschaft *f;* große Begeisterung (*for* für) **2.** (*fig*) Wärme, Glut, Inbrunst *f*

ar·du·ous ['ɑːdjʊəs] *adj* anstrengend; mühsam

are [ə(r), *betont* ɑː(r)] *2. Person Singular, 1., 2., 3. Person Plural Präsens* **be**

area ['eərɪə] *s* **1.** (*a. fig*) Gebiet *nt,* Bereich *m* **2.** Teil *m;* Raum *m* **3.** (Grund-, Boden)Fläche *f;* Flächenraum, -inhalt *m* **4.** (*Haus*) Vorplatz *m;* **city ~** Stadtgebiet *nt;* **depressed ~** Notstandsgebiet *nt;* **penalty ~** (*Fußball*) Strafraum *m;* **postal ~** Postbezirk *m;* ~ **of responsibility** Verantwortungsbereich *m;* **area code** *s* (TELE) Vorwahl *f*

arena [ə'riːnə] *s* (*a. fig*) Arena *f;* **boxing-~**

Boxkampfarena *f*

Ar·gen·ti·na [ˌɑːdʒənˈtiːnə] *s* Argentinien *nt;* **Ar·gen·tine** [ˈɑːdʒəntaɪn] *s:* **the** ~ Argentinien *nt;* **Ar·gen·tin·ian** [ˌɑːdʒənˈtɪnɪən] **I.** *s* Argentinier(in) *m(f)* **II.** *adj* argentinisch

ar·gu·a·bly [ˈɑːgjuːəblɪ] *adv* wohl; **ar·gue** [ˈɑːgjuː] **I.** *vi* **1.** diskutieren, sich auseinander setzen (*with* mit, *about* über, *against* gegen) **2.** sich streiten (*about* über) **II.** *vt* **1.** überreden (*s.o. into doing s.th.* jdn, etw zu tun) **2.** bestreiten **3.** (*Gesichtspunkt*) ausführen, darlegen **4.** behaupten (*that* dass); ~ **s.o. out of s.th.** jdm etw ausreden; **ar·gu·ment** [ˈɑːgjʊmənt] *s* **1.** Argument *nt* (*in his favour* zu seinen Gunsten, *against* gegen) **2.** Beweisführung, Erörterung, Debatte *f* (*about* über) **3.** Auseinandersetzung *f;* Wortwechsel *m* **4.** Thema *nt;* Inhaltsangabe *f;* **he doesn't want an** ~ **with you** er will nicht mit Ihnen streiten; **have an** ~ sich streiten; **ar·gu·men·ta·tive** [ˌɑːgjʊˈmentətɪv] *adj* (*Person*) streitsüchtig

aria [ˈɑːrɪə] *s* (MUS) Arie *f*

arid [ˈærɪd] *adj* **1.** trocken, dürr; wasserarm **2.** (*fig*) langweilig; reizlos

Aries [ˈeəriːz] *s* (ASTR) Widder *m*

arise [əˈraɪz] <*irr:* **arose, arisen**> *vi* **1.** hervorkommen, -gehen, entstehen (*from, out of* aus) **2.** (*Schwierigkeiten*) sich zeigen, sich ergeben; (*Problem*) aufkommen, auftauchen; herrühren (*from* von)

arisen [əˈrɪzn] *pp of* **arise**

ar·is·toc·racy [ˌærɪˈstɒkrəsɪ] *s* Aristokratie *f;* **ar·is·to·crat** [ˈærɪstəkræt] *s* Aristokrat(in) *m(f);* **ar·is·to·cratic** [ˌærɪstəˈkrætɪk] *adj* aristokratisch

arith·me·tic [əˈrɪθmətɪk] *s* Arithmetik *f,* Rechnen *nt;* **ar·ith·meti·cal** [ˌærɪθˈmetɪkl] *adj* arithmetisch

ark [ɑːk] *s* Arche *f;* **Noah's** ~ die Arche Noah; ~ **of the Covenant** Bundeslade *f*

arm[1] [ɑːm] *s* **1.** Arm *m* **2.** Ärmel *m* **3.** (~ *of the sea*) (Meeres)Arm *m* **4.** (*Baum*) dicker Ast; ~ **in** ~ Arm in Arm; **hold** [*o* **keep**] **s.o. at ~'s length** sich jdn vom Leibe halten; **welcome s.o. with open ~s** jdn mit offenen Armen empfangen

arm[2] [ɑːm] **I.** *vt* bewaffnen (*with* mit); **~ed with patience** mit Geduld gewappnet **II.** *vi* aufrüsten **III.** *s s.* **arms**

ar·ma·ment [ˈɑːməmənt] *s* **1.** Bewaffnung *f;* Ausrüstung *f* **2.** Aufrüstung *f;* **~s industry** Rüstungsindustrie *f*

ar·ma·ture [ˈɑːmətʃʊə(r)] *s* (ELEK) Anker *m,* Armatur *f*

arm·chair [ˈɑːmˌtʃeə(r)] *s* Lehnstuhl *m;* **armchair politician** *s* Stammtischpolitiker(in) *m(f)*

armed [ɑːmd] *adj* bewaffnet; ~ **forces** Streitkräfte *fpl*

arm·ful [ˈɑːmfʊl] *s* Arm voll *m;* **arm·hole** *s* Armloch *nt*

arm·ing [ˈɑːmɪŋ] *s* Bewaffnung, Ausrüstung *f*

ar·mis·tice [ˈɑːmɪstɪs] *s* Waffenstillstand *m*

ar·mor *s* (*Am*), **ar·mour** [ˈɑːmə(r)] *s* **1.** Panzer *m* **2.** (HIST) Rüstung *f* **3.** (MIL) Panzertruppe *f;* **ar·mour-clad** [ˈɑːməˈklæd] *adj* Panzer-, gepanzert; **ar·moured** [ˈɑːməd] *adj* Panzer-, gepanzert

arm·pit [ˈɑːmpɪt] *s* Achselhöhle *f;* **arm·rest** [ˈɑːmrest] *s* Armlehne *f*

arms [ɑːmz] *s pl* **1.** Waffen *fpl* **2.** Wappen *nt;* **take up** ~ zu den Waffen greifen; (*fig*) zum Angriff übergehen; **be up in** ~ **about s.th.** über etw empört sein; **be under** ~ unter Waffen stehen; **arms control** *s* Rüstungskontrolle *f;* **arms control talks** *s pl* Rüstungskontrollverhandlungen *fpl;* **arms conversion** *s* Rüstungskonversion *f;* **arms limitation** *s* Rüstungsbegrenzung *f;* **arms race** *s* Wettrüsten *nt,* Rüstungswettlauf *m;* **arms reduction** *s* Rüstungsabbau *m*

army [ˈɑːmɪ] *s* **1.** Armee *f;* Heer *nt;* Militär *nt* **2.** (*fig*) Menge, große Zahl *f,* Heer *nt;* **Salvation Army** Heilsarmee *f;* ~ **headquarters** Armeeoberkommando *nt;* **be in the** ~ beim Militär sein; **join the** ~ zum Militär gehen

aroma [əˈrəʊmə] *s* Aroma *nt;* **aro·ma·ther·apy** [əˌrəʊməˈθerəpɪ] *s* Aromatherapie *f;* **aro·matic** [ˌærəˈmætɪk] *adj* aromatisch, würzig

arose [əˈrəʊz] *s.* **arise**

around [əˈraʊnd] **I.** *adv* ringsherum, rundherum; nach, auf allen Seiten; überall; (*fam*) in der Nähe; **is he ~?** ist er da?; **he's been ~!** der kennt sich aus! **II.** *prep* **1.** um … herum, ringsum; am Rande **2.** ungefähr, etwa um; **somewhere** ~ **here** irgendwo hierherum

arouse [əˈraʊz] *vt* **1.** (auf)wecken **2.** erregen

ar·range [əˈreɪndʒ] *vt* **1.** (an)ordnen; aufstellen **2.** verabreden, planen, arrangieren (*to do s.th., for doing s.th.* dass etw getan wird) **3.** (MUS) umsetzen, bearbeiten **4.** (*Streit*) schlichten; **as ~d** wie abgesprochen; ~ **it so that** richten Sie es so ein, dass; **ar·range·ment** [-mənt] *s* **1.** Ordnung *f;* Anordnung, Gruppierung *f* **2.** **~s** Vorkehrungen *fpl* **3.** Abmachung, Abrede, Vereinbarung, Übereinkunft *f* **4.** (MUS) Bearbeitung *f;* **come to an** ~ zu einer Einigung kommen; **make ~s** Vorbereitungen treffen

ar·ray [ə'reɪ] **I.** *s* **1.** (An)Ordnung, Aufstellung *f* **2.** (*Kleider*) Staat *m* **3.** Ansammlung *f* **II.** *vt* (an)ordnen; bereitstellen; (*Truppen*) aufstellen

ar·rears [ə'rɪəz] *s pl* **1.** Rückstände *mpl* **2.** unerledigte Sachen *fpl;* **be in** ~ im Rückstand sein

ar·rest [ə'rest] **I.** *vt* **1.** auf-, anhalten; verhindern, hemmen **2.** (*Aufmerksamkeit*) fesseln **3.** (JUR) festnehmen, verhaften **II.** *s* Verhaftung, Festnahme *f;* **under** ~ in Haft; **grant a warrant of** ~ einen Haftbefehl erlassen; **ar·rest·ing** [-ɪŋ] *adj* fesselnd, auffallend, interessant

ar·ri·val [ə'raɪvl] *s* **1.** Ankunft *f;* Eintreffen *nt;* (*Waren*) Eingang *m* **2.** Ankömmling *m;* (*Hotel*) neuer Gast; **on** ~ bei Ankunft; **~s and departures** (RAIL) Ankunft/Abfahrt *f;* (AVIAT) Ankunft *f*/Abflug *m;* **~s board** Ankunftstafel *f;* **ar·rive** [ə'raɪv] *vi* **1.** ankommen (*at, in* in), eintreffen **2.** (*fig*) gelangen, kommen (*at a decision* zu einer Entscheidung) **3.** Erfolg haben; ~ **home** nach Hause kommen

ar·ri·viste [ˌæriː'viːst] *s* Emporkömmling *m*

ar·ro·gance ['ærəgəns] *s* Arroganz *f,* Hochmut *m;* **ar·ro·gant** ['ærəgənt] *adj* arrogant, überheblich

ar·row ['ærəʊ] *s* Pfeil *m;* **ar·row·head** [-hed] *s* Pfeilspitze *f*

arse [ɑːs] *s* (*vulg*) Arsch *m*

ar·senal ['ɑːsənl] *s* **1.** Arsenal *nt* **2.** Waffen-, Munitionsfabrik *f*

ar·senic ['ɑːsnɪk] *s* (CHEM) Arsen(ik) *nt*

ar·son ['ɑːsn] *s* Brandstiftung *f*

art [ɑːt] *s* **1.** Kunst *f* **2.** Kunstfertigkeit *f;* Geschicklichkeit *f* **3.** Verschlagenheit, List *f* **4.** **~s** Geisteswissenschaften *fpl* **5.** **~s** Kniffe, Schliche *mpl;* **~s and crafts** Kunstgewerbe *nt;* **work of** ~ Kunstwerk *nt;* ~ **of printing** Druckkunst *f;* **art collection** *s* Kunstsammlung *f;* **art critic** *s* Kunstkritiker(in) *m(f);* **art dealer** *s* Kunsthändler(in) *m(f)*

arte·fact ['ɑːtɪfækt] *s* Artefakt *nt*

ar·ter·ial [ɑː'tɪərɪəl] *adj* (MED) Arterien-, Schlagader-; ~ **road** Hauptverkehrsstraße *f;* **ar·terio·scler·osis** [ɑːˌtɪərɪəʊsklə'rəʊsɪs] *s* Arterienverkalkung *f;* **ar·tery** ['ɑːtərɪ] *s* **1.** (MED) Arterie, Schlagader *f* **2.** Verkehrsader *f*

ar·tesian well [ɑː'tiːzɪən'wel] *s* artesischer Brunnen

art·ful ['ɑːtfl] *adj* verschlagen, listig

ar·thri·tic [ɑː'θrɪtɪk] *adj* arthritisch; **ar·thri·tis** [ɑː'θraɪtɪs] *s* Gelenkentzündung, Arthritis *f*

ar·ti·choke ['ɑːtɪtʃəʊk] *s* Artischocke *f*

ar·ticle ['ɑːtɪkl] **I.** *s* **1.** (*a.* GRAM JUR COM) Artikel *m;* Gegenstand *m,* Objekt *nt* **2.** Aufsatz *m;* (*newspaper* ~) Zeitungsartikel *m* **3.** (GRAM) Geschlechtswort *nt* **4.** (JUR) Klausel, Bestimmung *f,* Abschnitt, Paragraf *m* **II.** *vt* in die Lehre geben (*to* bei)

ar·ticu·late [ɑː'tɪkjʊlət] **I.** *adj* klar, gegliedert; unterteilt; deutlich, artikuliert **II.** [ɑː'tɪkjʊleɪt] *vt* **1.** durch ein Gelenk verbinden **2.** gliedern **3.** artikulieren; deutlich aussprechen; **~d lorry** Sattelschlepper *m;* **~d bus** Gelenkbus *m;* **ar·ticu·la·tion** [ɑːˌtɪkjʊ'leɪʃn] *s* **1.** Gelenkverbindung *f* **2.** (*Sprache*) Aussprache, Artikulation *f*

ar·ti·fice ['ɑːtɪfɪs] *s* **1.** List *f* **2.** Gewandtheit, Geschicklichkeit *f;* **ar·ti·ficial** [ˌɑːtɪ'fɪʃl] *adj* **1.** künstlich **2.** unnatürlich; geziert, gekünstelt, unecht; ~ **ice** Kunsteis *nt;* ~ **insemination** künstliche Befruchtung; ~ **intelligence** (INFORM) künstliche Intelligenz; ~ **leather** Kunstleder *nt;* ~ **leg** Beinprothese *f;* ~ **manure** Kunstdünger *m;* ~ **respiration** künstliche Atmung; **ar·ti·fici·al·ity** [ˌɑːtɪfɪʃɪ'ælətɪ] *s* künstlicher Charakter; Unnatürlichkeit *f*

ar·til·lery [ɑː'tɪlərɪ] *s* Artillerie *f;* **ar·til·le·ry·man** [ɑː'tɪlərɪmən] <*pl* **-men**> *s* Artillerist *m*

ar·ti·san [ˌɑːtɪ'zæn] *s* Handwerker(in) *m(f)*

art·ist ['ɑːtɪst] *s* **1.** Künstler(in *f*) *m* **2.** Könner *m*

art·iste [ɑː'tiːst] *s* Artist(in) *m(f),* Sänger(in) *m(f),* Tänzer(in) *m(f)*

ar·tis·tic [ɑː'tɪstɪk] *adj* **1.** künstlerisch; geschmackvoll **2.** kunstverständig; **art·istry** ['ɑːtɪstrɪ] *s* Kunstsinn *m;* Kunstfertigkeit *f;* künstlerische Fähigkeiten *fpl*

art·less ['ɑːtlɪs] *adj* einfach, natürlich, harmlos

art·work ['ɑːtwɜːk] *s* (*book*) Bildmaterial *nt*

arty ['ɑːtɪ] *adj* (*fam*) gewollt künstlerisch

Aryan ['eərɪən] **I.** *adj* arisch **II.** *s* Arier(in) *m(f)*

as [əz, *betont* æz] **I.** *adv* wie, als; wie zum Beispiel; ~ **…** ~ (eben)so … wie; **not so …** ~ nicht so … wie; ~ **long** ~ so lang(e) wie; ~ **much** (**many**) **…** ~ ebenso viel(e) … wie; bis zu …; ~ **yet** bis jetzt; bisher; **not** ~ **yet** noch nicht; ~ **well** auch; ~ **well** ~ sowie, dazu, (und) außerdem; ~ **far** ~ bis (zu); so viel; so weit; **I thought** ~ **much** das dachte ich mir doch **II.** *conj* da, weil; als, während; (in der Art) wie, genauso wie; wie, als; obgleich; als (ob); ~ **it were** sozusagen, gleichsam; ~ **if** [*o* **though**] als ob; ~ **…** **so** wie …, so; ~ **soon** ~ sobald (als), sowie; **everything stands** ~ **it was** alles bleibt beim Alten **III.** *prep* als; in der Eigenschaft als; ~ **for** [*o* **to**] was … anbetrifft; hinsichtlich; ~ **to whether** ob; **so ~ to** um zu; **so ~ to be sure** um sicher zu sein **IV.** *pron* welche(r, s); was; wie; **in proportion** ~ in dem Maße, wie

as·bes·tos [æz'bestɒs] *s* Asbest *m*

as·bes·tos·is [ˌæsbes'təʊsɪs] *s* (MED) Asbestose, Asbestlunge *f*

as·cend [ə'send] **I.** *vi* **1.** auf-, ansteigen, sich erheben (*from* von) **2.** (*Ton*) steigen **II.** *vt* **1.** be-, ersteigen; erklettern **2.** (*Thron*) besteigen; **as·cend·ancy, as·cend·ency** [-ənsɪ] *s* (*fig*) Vormachtstellung, Vorherrschaft *f;* **as·cend·ant, as·cend·ent** [-ənt] *adj* aufsteigend; **in the** ~ im Aufgehen

As·cen·sion [ə'senʃn] *s* Christi Himmelfahrt *f*

as·cent [ə'sent] *s* Aufsteigen *nt,* Aufstieg *m*

as·cer·tain [ˌæsə'teɪn] *vt* feststellen, ermitteln, herausfinden

as·cetic [ə'setɪk] **I.** *adj* asketisch **II.** *s* Asket *m;* **as·ceti·cism** [ə'setɪsɪzəm] *s* Askese *f*

As·cot heater® ['æskət] *s* (ELEK) Durchlauferhitzer *m*

as·crib·able [ə'skraɪbəbl] *adj* zuzuschreiben; **as·cribe** [ə'skraɪb] *vt* zuschreiben, beimessen (*to s.o.* jdm); **as·crip·tion** [ə'skrɪpʃn] *s* Zuschreiben *nt* (*to s.o.* jdm)

ASEAN *s Abk. von* **Association of South-East Asian Nations** Verband Südostasiatischer Nationen, ASEAN; ~ **members** ASEAN-Staaten

asex·ual [ˌeɪ'sekʃʊəl] *adj* geschlechtslos

ash[1] [æʃ] *s* (~ *tree*) Esche *f*

ash[2] [æʃ] *s* **1.** Asche *f* **2.** ~**es** Asche *f,* sterbliche Überreste *mpl*

ashamed [ə'ʃeɪmd] *adj pred* beschämt; **be** ~ sich schämen (*of s.th.* einer S, *to do s.th.* etw zu tun); **you ought to be ~ of yourself** du solltest dich schämen

ash bin ['æʃbɪn] *s* Ascheneimer *m;* **ashcan** ['æʃkæn] *s* (*Am*) Ascheneimer *m*

ashore [ə'ʃɔː(r)] *adv* am Ufer, an Land; **go** ~ an Land gehen

ash-pan ['æʃpæn] *s* Aschenkasten *m;* **ash-tray** *s* Aschenbecher *m;* **Ash Wednesday** *s* Aschermittwoch *m*

Asia ['eɪʃə] *s* Asien *nt;* **Asia Minor** *s* Kleinasien *nt;* **Asian, Asi·atic** ['eɪʃn, ˌeɪʃɪ'ætɪk] **I.** *adj* asiatisch **II.** *s* Asiat(in) *m(f)*

aside [ə'saɪd] *adv* beiseite; abseits; auf die Seite; weg, fort; ~ **from** (*Am*) abgesehen von; außer; (**all**) **joking ~!** Spaß beiseite!; **lay** ~ beiseite legen; (*Gewohnheit*) ablegen, aufgeben; **put** ~ auf die Seite legen, beiseite legen; (*Waren, Geld*) zurücklegen; **set** ~ weg-, beiseite legen; (*Geld*) beiseite legen, zurücklegen; (*Anspruch*) abweisen; (*Einwand*) verwerfen; (*Urteil*) aufheben; **stand** [*o* **step**] ~ zur die Seite gehen

ask [ɑːsk] **I.** *vt* **1.** fragen (*s.o. for s.th., s.o. s.th.* jdn nach etw); (*Frage*) stellen **2.** einladen **3.** bitten (*s.th. of s.o.* jdn um etw, *s.o. to do s.th.* jdn, etw zu tun), erbitten; erwarten, fordern, verlangen **4.** (*Preis*) verlangen; ~ **s.o.'s advice** jdn um Rat fragen; ~ **me another!** frag mich bloß das nicht! **II.** *vi* fragen (*for* nach), sich erkundigen (*about, after, for* nach), sich informieren (*about* über); ~ **after** sich erkundigen nach; ~ **for permission** um Erlaubnis bitten; ~ **for trouble** Schwierigkeiten heraufbeschwören

askance [ə'skæns] *adv:* **look ~ at s.th.** etw misstrauisch, missbilligend betrachten

askew [ə'skjuː] *adv* schief, quer, schräg

ask·ing ['ɑːskɪŋ] *s:* **it's yours for the** ~ Sie brauchen nur darum zu bitten; ~ **price** Verkaufspreis *m*

aslant [ə'slɑːnt] **I.** *adv* schief, schräg **II.** *prep* quer über, quer durch

asleep [ə'sliːp] *adj pred* **1.** schlafend **2.** (*Glieder*) eingeschlafen; **be** ~ schlafen; **fall** ~ einschlafen

as·para·gus [ə'spærəgəs] *s* Spargel *m*

as·pect ['æspekt] *s* **1.** Aussehen *nt,* Erscheinung *f;* Anblick *m* **2.** (*eines Problems*) Seite *f,* Aspekt, Stand-, Gesichtspunkt *m* **3.** (ASTR GRAM) Aspekt *m* **4.** (*Haus*) Seite, Lage, Fläche *f*

as·pen ['æspən] *s* Espe, Zitterpappel *f*

as·per·ity [æ'sperətɪ] *s* **1.** Rauheit, Unebenheit *f* **2.** (*fig*) Schroffheit, Strenge, Härte *f*

as·per·sion [ə'spɜːʃn] *s:* **cast ~s on s.o.** jdn verleumden

as·phalt ['æsfælt] **I.** *s* Asphalt *m* **II.** *vt* asphaltieren

as·phyxia [æs'fɪksɪə] *s* (MED) Erstickung, Asphyxie *f;* **as·phyxi·ate** [əs'fɪksɪeɪt] *vt* ersticken; **as·phyxi·ation** [əsˌfɪksɪ'eɪʃn] *s* Erstickung *f*

as·pir·ant [ə'spaɪərənt] *s* Bewerber(in) *m(f)* (*to, after* um), Anwärter(in) *m(f)* (*to, after* auf); **as·pir·ation** [ˌæspə'reɪʃn] *s* Verlangen, Streben *nt,* Sehnsucht *f* (*after, for* nach); **as·pire** [ə'spaɪə(r)] *vi* streben, trachten (*after, at, to* nach)

as·pirin ['æsprɪn] *s* (MED) Aspirin *nt*

as·pir·ing [ə'spaɪərɪŋ] *adj* ehrgeizig; strebend (*after, to* nach)

ass [æs] *s* **1.** (*a. fig*) Esel *m* **2.** (*fig*) Dummkopf *m;* **make an ~ of o.s.** sich lächerlich machen

as·sail [ə'seɪl] *vt* angreifen, überfallen; ~ **s.o. with questions** jdn mit Fragen bestürmen; **be ~ed by doubts** von Zweifeln geplagt sein; **as·sail·able** [-əbl] *adj* angreifbar; anfechtbar

as·sas·sin [ə'sæsɪn] *s* (Meuchel)Mörder(in)

m(f); **as·sas·sin·ate** [ə'sæsɪneɪt] *vt* ermorden; **as·sas·sin·ation** [əˌsæsɪ'neɪʃn] *s* Ermordung *f,* Attentat *nt*

as·sault [ə'sɔ:lt] **I.** *s* **1.** (Sturm)Angriff, Überfall *m* (*upon* auf) **2.** (JUR) tätliche Beleidigung **II.** *vt* **1.** angreifen, überfallen **2.** (JUR) angreifen; sich vergehen an; **assault and battery** *s* (JUR) Körperverletzung *f*

as·semble [ə'sembl] **I.** *vt* **1.** versammeln **2.** (TECH) montieren; zusammensetzen **3.** (*Parlament*) einberufen **II.** *vi* sich versammeln; **as·sem·bly** [ə'semblɪ] *s* **1.** Versammlung *f;* Zusammenkunft, Veranstaltung *f* **2.** (POL) gesetzgebende Körperschaft **3.** (TECH) Montage *f;* Zusammensetzen *nt;* ~ **line** Fließ-, Montageband *nt;* ~ **hall** Aula *f*

as·sent [ə'sent] **I.** *vi* einwilligen (*to* in), zustimmen (*to dat*), billigen (*to s.th.* etw), beipflichten (*to an opinion* einer Meinung) **II.** *s* Zustimmung, Einwilligung, Billigung *f;* **by common** ~ mit Zustimmung aller; **with one** ~ einmütig

as·sert [ə'sɜ:t] **I.** *vt* **1.** feststellen; bestehen auf, behaupten **2.** (*Recht*) geltend machen; beanspruchen; (*Forderung*) durchsetzen **II.** *vr* sich durchsetzen; auf seinem Recht bestehen; **as·ser·tion** [ə'sɜ:ʃn] *s* **1.** Erklärung *f;* Behauptung, Feststellung *f* **2.** (*Rechte*) Geltendmachung *f;* **make an** ~ eine Behauptung aufstellen; **as·sert·ive** [ə'sɜ:tɪv] *adj* bestimmt; **as·sert·ive·ness** [ə'sɜ:tɪvnɪs] *s* Bestimmtheit *f*

as·sess [ə'ses] *vt* **1.** bewerten, den Wert feststellen (*s.th.* einer S) **2.** festsetzen, feststellen (*at* auf), (ab)schätzen, veranschlagen **3.** (*fig*) einschätzen; **as·sess·ment** [-mənt] *s* **1.** Feststellung, Festsetzung *f* **2.** Ab-, Einschätzung *f* **3.** Bemessung, Veranlagung *f;* **as·sessor** [ə'sesə(r)] *s* **1.** (~ *of taxes*) Steuerbeamte(r) *m,* -beamtin *f* **2.** (JUR) Beisitzer(in) *m(f)*

as·set ['æset] *s* **1.** (*fig*) Vorteil *m,* Plus *nt* **2.** ~**s** Aktivposten *mpl,* Aktiva *pl,* Vermögensstand *m,* Aktivvermögen *nt;* **capital** ~**s** Anlagevermögen *nt;* ~**s and liabilities** Aktiva u. Passiva *pl*

as·si·du·ity [ˌæsɪ'dju:ətɪ] *s* Fleiß, Eifer *m;* **as·sidu·ous** [ə'sɪdjʊəs] *adj* fleißig, eifrig; gewissenhaft

as·sign [ə'saɪn] *vt* **1.** festlegen, festsetzen, bestimmen **2.** an-, zuweisen; zuteilen; (*Aufgabe*) beauftragen mit **3.** (*Ursache*) zuschreiben, bezeichnen (*as* als); (*Bedeutung*) beilegen **4.** (JUR) übertragen, abtreten **5.** ernennen (*to a post* auf einen Posten); **as·signed** *adj* zugeteilt, zugewiesen; **as·sign·ment** [-mənt] *s* **1.** Zuteilung *f;* An-, Zuweisung *f* **2.** zugewiesene Aufgabe, Auftrag *m* **3.** Ernennung *f;* Posten *m* **4.** (JUR) Übertragung *f*

as·simi·late [ə'sɪməleɪt] *vt* **1.** aufnehmen, einverleiben, integrieren **2.** assimilieren **3.** (geistig) verdauen; **as·simi·la·tion** [əˌsɪmə'leɪʃn] *s* **1.** Angleichung, Assimilation *f* **2.** Übereinstimmung *f*

as·sist [ə'sɪst] **I.** *vt* **1.** helfen (*s.o.* jdm), unterstützen, behilflich sein (*s.o.* jdm) **2.** mitwirken (*in doing s.th.* etw zu tun, *in* bei) **II.** *vi* **1.** Hilfe leisten **2.** beiwohnen; teilnehmen (*at* an); **as·sis·tance** [ə'sɪstəns] *s* Hilfe, Unterstützung *f;* **as·sis·tant** [ə'sɪstənt] **I.** *s* Assistent(in) *m(f),* Helfer(in) *m(f),* Mitarbeiter(in) *m(f)* **II.** *adj* stellvertretend; ~ **director** stellvertretende(r) Direktor(in); ~ **member** außerordentliches, assoziiertes Mitglied; ~ **physician** Assistenzarzt *m,* -ärztin *f;* ~ **professor** (*Am*) Assistenzprofessor(in) *m(f);* **as·sisted liv·ing** *s* betreutes Wohnen

as·sizes [ə'saɪzɪz] *s pl* Schwurgerichtssitzungen *f pl* des High Court of Judges

as·so·ci·ate [ə'səʊʃɪət] **I.** *s* **1.** Mitarbeiter(in) *m(f)* **2.** (COM) Partner(in) *m(f),* Teilhaber(in) *m(f)* **II.** *adj* verbündet, beigeordnet; ~ **professor** (*Am*) außerordentliche(r) Professor(in) **III.** [ə'səʊʃɪeɪt] *vt* **1.** vereinigen, verbinden **2.** hinzufügen; zuordnen; in Zusammenhang bringen (*with* mit) **IV.** [ə'səʊʃɪeɪt] *vi* verkehren (*with s.o.* mit jdm); **he never did** ~ **with us very much** er war nie mit uns besonders befreundet; **as·so·ci·ation** [əˌsəʊsɪ'eɪʃn] *s* **1.** Vereinigung *f,* Verein *m;* Gesellschaft *f;* Genossenschaft *f* **2.** Umgang, Verkehr *m* (*with* mit), Beziehung *f* (*with* zu) **3.** Gedankenverbindung, Assoziation *f;* **call up** ~**s** Erinnerungen wachrufen; **join an** ~ einem Verein beitreten; ~ **football** Fußball *m,* Soccer *nt*

as·so·nance ['æsənəns] *s* Assonanz *f*

as·sorted [ə'sɔ:tɪd] *adj* **1.** sortiert; geordnet **2.** verschiedenartig; gemischt; **ill-**~ schlecht zusammenpassend; **well-**~ gut zusammenpassend; **as·sort·ment** [ə'sɔ:tmənt] *s* **1.** Sortieren, Klassifizieren *nt* **2.** Auswahl *f,* Sortiment *nt*

as·sume [ə'sju:m] *vt* **1.** voraussetzen; annehmen, vermuten **2.** vorgeben, unterstellen **3.** (*Macht*) sich anmaßen; (*Amt*) antreten; (*Verantwortung*) übernehmen; (*Namen*) annehmen; **assuming that it is true** angenommen, es stimmt; **as·sumed** [ə'sju:md] *adj* (*Name*) angenommen

as·sump·tion [ə'sʌmpʃn] *s* **1.** An-, Übernahme *f* **2.** Aneignung *f* **3.** Vermutung, Annahme, Voraussetzung *f* **4.** Anmaßung *f;* Überheblichkeit *f;* **the Assumption** (Mariä) Himmelfahrt *f;* **on the ~ that** unter der Annahme, Voraussetzung, dass

as·sur·ance [əˈʃʊərəns] *s* **1.** Versicherung, Beteuerung, Zusicherung *f* **2.** Sicherheit, Gewissheit *f,* Vertrauen *nt;* Selbstsicherheit *f* **3.** Überheblichkeit *f* **4.** (COM) Versicherung *f;* **life ~** Lebensversicherung *f;* **as·sure** [əˈʃʊə(r)] *vt* **1.** versichern (*s.o. of s.th.* jdm etw), beteuern **2.** garantieren; bürgen für; zusichern **3.** beruhigen **4.** (COM) versichern; **as·sur·ed·ly** [əˈʃʊərɪdlɪ] *adv* sicherlich

as·ter·isk [ˈæstərɪsk] *s* (TYP) Sternchen *nt*

astern [əˈstɜːn] *adv* (MAR) achtern

as·ter·oid [ˈæstərɔɪd] *s* (ASTR) Asteroid *m*

asthma [ˈæsmə] *s* (MED) Asthma *nt;* **asth·matic** [æsˈmætɪk] *adj* asthmatisch

as·ton·ish [əˈstɒnɪʃ] *vt* in Erstaunen setzen, überraschen; **be ~ed** erstaunt, überrascht sein; sich wundern (*at* über); **as·ton·ish·ing** [-ɪŋ] *adj* erstaunlich, verwunderlich; **it's ~ to me** das überrascht mich; **as·ton·ish·ment** [-mənt] *s* Erstaunen *nt,* Verwunderung *f* (*at* über)

astound [əˈstaʊnd] *vt* erstaunen

astray [əˈstreɪ] *adj:* **go ~** in die Irre gehen; **lead ~** vom rechten Weg abführen

astride [əˈstraɪd] *adv, prep, adj pred* rittlings (auf)

as·trin·gent [əˈstrɪndʒənt] *adj* **1.** adstringierend **2.** (*fig: Humor*) ätzend

as·trol·oger [əˈstrɒlədʒə(r)] *s* Astrologe *m,* -login *f;* **as·tro·logi·cal** [ˌæstrəˈlɒdʒɪkl] *adj* astrologisch; **as·trol·ogy** [əˈstrɒlədʒɪ] *s* Astrologie *f;* **as·tro·naut** [ˈæstrənɔːt] *s* Astronaut(in) *m(f);* **as·tro·naut·ics** [ˌæstrəˈnɔːtɪks] *s pl mit sing* Astronautik, Raumfahrt *f;* **as·tron·omer** [əˈstrɒnəmə(r)] *s* Astronom(in) *m(f);* **as·tro·nomi·cal** [ˌæstrəˈnɒmɪkl] *adj* (*a. fig*) astronomisch; **as·tron·omy** [əˈstrɒnəmɪ] *s* Astronomie *f*

as·tute [əˈstjuːt] *adj* schlau; scharfsinnig; **as·tute·ness** [-nɪs] *s* **1.** Schlauheit, List *f* **2.** Scharfsinn *m*

asy·lum [əˈsaɪləm] *s* **1.** Asyl *nt* **2.** (Irren)Anstalt *f;* **ask for ~** um Asyl bitten; **apply for ~** Asyl beantragen; **~ seeker** Asylbewerber(in) *m(f)*

at [ət] *prep* **1.** (*Ort*) in, bei, an, auf, zu; **~ Oxford** in Oxford; **~ a distance** in einer Entfernung; **~ school** in der Schule; **~ sign** (INTERNET) Klammeraffe *m,* @-Symbol *nt;* **~ the office** im Büro; **~ the dentist's** beim Zahnarzt; **~ work** bei der Arbeit; **~ the sight** beim Anblick (*of +gen*); **~ the next corner** an der nächsten Ecke; **~ the station** auf dem Bahnhof; **~ home** zu Hause **2.** (*Art und Weise*) in, zu; **be ~ a loss** in Verlegenheit sein; **~ his request** auf seine Bitte (hin) **3.** (*zeitlich*) um; in; zu; **~ midnight** um Mitternacht; **~ night** in der Nacht; **~ noon** mittags; **~ the age of** im Alter von; **~ Christmas** zu Weihnachten **4.** (*Zustand*) in; **~ peace** im Frieden; **~ rest** in Ruhe; **I feel ~ ease** mir ist wohl zu Mute **5.** (*Richtung*) nach, gegen, zu, an, auf; **aim ~** zielen nach; **arrive ~ a decision** zu einer Entscheidung kommen; **be astonished ~** erstaunt sein über; **he is mad ~ me** er ist wütend auf mich **6.** (*bei Zahlangabe*) zu; **buy ~ a pound** zu einem Pfund kaufen **7.** (*Wendungen*): **~ all** überhaupt; **not ~ all** gar nicht, durchaus nicht; **not ~ all!** gern geschehen!; **~ best** bestenfalls; **~ first** zuerst; **~ last** endlich; **~ least** mindestens, wenigstens; **~ most** höchstens; (**all**) **~ once** sofort; auf einmal

ata·vism [ˈætəvɪzəm] *s* Atavismus *m;* **ata·vis·tic** [ˌætəˈvɪstɪk] *adj* atavistisch

ate [et, *Am* eɪt] *s.* **eat**

athe·ism [ˈeɪθɪɪzəm] *s* Atheismus *m;* **athe·ist** [ˈeɪθɪɪst] *s* Atheist *m;* **athe·is·tic** [ˌeɪθɪˈɪstɪk] *adj* atheistisch

ath·lete [ˈæθliːt] *s* Athlet(in) *m(f),* Leichtathlet(in) *m(f),* Sportler(in) *m(f);* **ath·letic** [æθˈletɪk] **I.** *adj* sportlich; athletisch **II.** *s pl a. mit sing* (Leicht)Athletik *f*

At·lan·tic [ətˈlæntɪk] **I.** *s* Atlantischer Ozean, Atlantik *m* **II.** *adj* atlantisch

at·las [ˈætləs] *s* (GEOG) Atlas *m*

ATM [ˌeɪtiːˈem] *s Abk. von* **automated teller machine** Geldautomat, Bankomat *m*

at·mos·phere [ˈætməsfɪə(r)] *s* (*a. fig*) Atmosphäre *f;* **at·mos·pheric** [ˌætməsˈferɪk] *adj* atmosphärisch; **~ conditions** Witterung *f;* **~ pollution** Luftverschmutzung, Luftbelastung *f;* **~ pressure** Luftdruck *m;* **~ resistance** Luftwiderstand *m;* **at·mos·pher·ics** [ˌætməsˈferɪks] *s pl* (TECH) atmosphärische Störungen *fpl*

atoll [ˈætɒl] *s* (GEOG) Atoll *nt*

atom [ˈætəm] *s* **1.** (CHEM) Atom *nt* **2.** (*fig*) winzige Kleinigkeit; **atom bomb** *s* Atombombe *f;* **atomic** [əˈtɒmɪk] *adj* atomar; Atom-; **~ energy** Atomenergie *f;* **~ fission** Atomspaltung *f;* **~ nucleus** Atomkern *m;* **~ power** Atomkraft *f;* **~ reactor** Atomreaktor *m;* **~ weight** Atomgewicht *nt;* **at·om·ize** [ˈætəmaɪz] *vt* atomisieren; zerstäuben; **at·om·izer** [ˈætəmaɪzə(r)] *s* Zerstäuber *m*

atone [əˈtəʊn] *vi* sühnen (*for* für); **atone·ment** [-mənt] *s* Sühne, Buße *f*

atro·cious [əˈtrəʊʃəs] *adj* **1.** grausam **2.** (*fam*) abscheulich, scheußlich; **atro·city** [əˈtrɒsətɪ] *s* **1.** Grausamkeit *f* **2.** Gräueltat *f*

A

atro·phy ['ætrəfɪ] **I.** *s* (MED) Atrophie *f* **II.** *vi* verkümmern **III.** *vt* verkümmern lassen

at-seat TV [æt,si:t'ti:vi:] *s* (*im Flugezug, ICE*) in der Rückenlehne eingebauter Fernseher

at·tach [ə'tætʃ] *vt* **1.** anheften, befestigen (*to* an); (*einem Schriftstück*) beifügen **2.** (*Bedeutung*) beilegen, beimessen **3.** (MIL) abkommandieren; ~ **o.s. to** sich anschließen an; (*Partei*) beitreten *dat;* **be ~ed** eng verbunden sein (*to* mit), hängen (*to* an); ~ **value to** Wert legen auf; **attached** *adj* beigefügt, beigeheftet

at·taché [ə'tæʃeɪ] *s* (POL) Attaché *m;* **attaché case** *s* Aktentasche *f*

at·tach·ment [ə'tætʃmənt] *s* **1.** Befestigung, An-, Beifügung *f* **2.** Bei-, Anlage *f;* (INTERNET) Anlage *f* **3.** (*fig*) Zuneigung *f* **4.** (TECH) Zusatzvorrichtung *f,* -gerät *nt*

at·tack [ə'tæk] **I.** *vt* **1.** (*a.* CHEM) angreifen; sich stürzen (*s.th.* auf etw) **2.** (*Aufgabe*) anpacken, in Angriff nehmen **3.** (*Krankheit*) befallen **II.** *s* **1.** Angriff *m* (*on* auf, gegen) **2.** (*Arbeit*) Inangriffnahme *f* **3.** (*Krankheit*) Anfall *m;* **heart** ~ Herzanfall *m;* Herzinfarkt *m;* **attack-dog** [ə'tækdɒg] *adj* (*fig fam*) hinterlistig

at·tain [ə'teɪn] **I.** *vt* erreichen, erlangen; vollenden; ~ **power** an die Macht gelangen **II.** *vi* gelangen (*to* bis zu); ~ **a very great age** sehr alt werden; **at·tain·able** [-əbl] *adj* erreichbar; **at·tain·ment** [-mənt] *s* **1.** (*Ziel*) Erreichen *nt;* Erlangung *f* **2.** ~**s** Kenntnisse, Fähigkeiten, Fertigkeiten *fpl*

at·tempt [ə'tempt] **I.** *vt* versuchen; wagen; sich bemühen (*to do, at doing s.th.* etw zu tun) **II.** *s* **1.** Versuch *m* (*at* mit) **2.** Anschlag *m;* **make an ~ on s.o.'s life** auf jdn einen Anschlag verüben

at·tend [ə'tend] **I.** *vt* **1.** (*Schule*) besuchen; beiwohnen (*a meeting* einer Versammlung); (*Vorlesung*) hören **2.** betreuen, bedienen, pflegen; (*Arzt*) behandeln **3.** (*fig*) begleiten **II.** *vi* **1.** anwesend, zugegen sein (*at* bei) **2.** aufpassen, sich konzentrieren, hören, Acht geben (*to* auf) **3.** beachten, einhalten (*to s.th.* etw) **4.** sich befassen (*to* mit), sorgen (*to* für), sich kümmern (*to* um), besorgen, erledigen (*to s.th.* etw) **5.** erfüllen (*to one's duties* seine Pflicht), ausführen (*to an order* einen Auftrag) **6.** bedienen (*to a customer* einen Kunden); **at·tend·ance** [ə'tendəns] *s* **1.** Anwesenheit *f;* Besuch *m* **2.** (Zu)Hörerschaft *f* (*at* bei), Beteiligung *f* (*at* bei, an) **3.** Dienerschaft, Begleitung *f* **4.** (TECH) Wartung *f* **5.** (MED) Behandlung *f;* **be in** ~ Dienst haben (*at* bei); **the ~ at the meeting was poor** die Versammlung war schwach besucht; **medical** ~ ärztliche Behandlung; ~ **at school** Schulbesuch *m;* ~ **list** [*o* **book**] Anwesenheitsliste *f;* **at·tend·ant** [ə'tendənt] **I.** *adj* **1.** begleitend, dazugehörig **2.** anwesend; ~ **circumstances** Begleitumstände *mpl* **II.** *s* **1.** Diener(in) *m(f),* Wärter(in) *m(f),* Aufseher(in) *m(f)* **2.** Begleiter(in) *m(f)* **3.** Anwesende(r) *f m*

at·ten·tion [ə'tenʃn] *s* **1.** Aufmerksamkeit *f* **2.** Berücksichtigung, Beachtung *f* **3.** (MIL) Habachtstellung *f;* ~**!** (MIL) stillgestanden!; **without attracting** ~ unauffällig; **attract** ~ Aufmerksamkeit erregen; **call** [*o* **draw**] **s.o.'s ~ to s.th.** jdn auf etw hinweisen; (**for the**) ~ **of** (*Brief*) zu Händen von; **pay** ~ Acht geben, aufpassen; **pay ~ to s.o.** jdm aufmerksam zuhören; **pay ~ to s.th.** etw beachten, auf etw achten; **attention deficit disorder** *s* Aufmerksamkeitsdefizitsyndrom *nt;* **at·tent·ive** [ə'tentɪv] *adj* **1.** aufmerksam (*to* auf) **2.** zuvorkommend, gefällig (*to* gegenüber)

at·tenu·ate [ə'tenjʊeɪt] *vt* **1.** verdünnen; schwächen **2.** verkleinern, verringern **3.** (*fig*) abschwächen

at·test [ə'test] **I.** *vt* **1.** bestätigen; beweisen; klarlegen **2.** beglaubigen, bescheinigen, beurkunden **II.** *vi* bezeugen (*to s.th.* etw); **at·tes·ta·tion** [,æte'steɪʃn] *s* **1.** Bescheinigung, Bestätigung *f;* Beurkundung, Beglaubigung *f* **2.** Beweis *m*

at·tic ['ætɪk] *s* Dachboden, Speicher *m*

at·ti·tude ['ætɪtju:d] *s* Haltung *f;* Verhalten *nt,* Einstellung *f* (*towards* gegenüber); **adopt an** ~ eine Haltung einnehmen; **strike an** ~ sich affektiert benehmen

at·tor·ney [ə'tɜ:nɪ] *s* (JUR) **1.** Bevollmächtigte(r) *f m* **2.** Rechtsanwalt *m,* -anwältin *f;* **letter** [*o* **power**] **of** ~ Vollmacht *f*

at·tract [ə'trækt] *vt* **1.** (*a. fig*) anziehen **2.** (*Aufmerksamkeit*) erregen, auf sich lenken **3.** (*fig*) fesseln, reizen, anlocken; **without ~ing attention** unauffällig; **at·trac·tion** [ə'trækʃn] *s* **1.** (*a.* PHYS) Anziehung *f;* (*power of* ~) Anziehungskraft *f* **2.** Reiz, Zauber *m* **3.** (THEAT) Attraktion, Zugnummer *f;* **at·tract·ive** [ə'træktɪv] *adj* **1.** fesselnd, anziehend **2.** (*fig*) verlockend, attraktiv

at·tri·bute [ə'trɪbju:t] **I.** *vt* zuschreiben, beimessen (*to s.th.* einer S) **II.** ['ætrɪbju:t] *s* **1.** Eigenschaft *f,* Merkmal *nt;* (*a.* GRAM) Attribut *nt* **2.** Kennzeichen *nt;* **at·tribu·tive** [ə'trɪbjʊtɪv] **I.** *adj* (GRAM) attributiv **II.** *s* (GRAM) Attribut *nt*

at·tri·tion [ə'trɪʃn] *s* Abnutzung *f,* Verschleiß *m;* (*fig*) Zermürbung *f;* **war of** ~ Zermürbungskrieg *m*

au·ber·gine ['əʊbəʒiːn] *s* Aubergine *f*
au·burn ['ɔːbən] *adj* rotbraun, kastanienbraun
auc·tion ['ɔːkʃn] **I.** *s* Auktion, (öffentliche) Versteigerung *f;* **buy by** ~ ersteigern; **sell by** ~ versteigern **II.** *vt* (~ *off*) versteigern; **auc·tion·eer** [ˌɔːkʃə'nɪə(r)] *s* Auktionator(in) *m(f)*
aud·acious [ɔː'deɪʃəs] *adj* **1.** kühn, wagemutig **2.** frech, dreist; **aud·ac·ity** [ɔː'dæsətɪ] *s* **1.** Kühnheit *f,* Wagemut *m* **2.** Dreistigkeit *f*
aud·ible ['ɔːdəbl] *adj* hörbar; vernehmlich
audi·ence ['ɔːdɪəns] *s* **1.** Publikum *nt;* Zuhörer(schaft *f*) *mpl;* (TV) Zuschauer *mpl;* (RADIO) Hörer *mpl* **2.** Audienz *f* (*with* bei)
audio- [ˌɔːdɪəʊ] *PRÄF* Ton-, Radio-, Hör-; ~**-visual aids** Anschauungsmaterial *nt;* audiovisuelle Hilfsmittel *ntpl*
au·dit ['ɔːdɪt] **I.** *s* Buchprüfung *f;* (~ *of accounts*) Rechnungsprüfung *f* **II.** *vt* prüfen
aud·ition [ɔː'dɪʃn] **I.** *s* **1.** (Zu-, An)Hören *nt* **2.** (THEAT) Sprech-, Hörprobe *f* **II.** *vt* vorsprechen, vorsingen lassen
au·di·tor ['ɔːdɪtə(r)] *s* **1.** Wirtschafts-, Buchprüfer(in) *m(f)* **2.** (*Am: Universität*) Gasthörer(in) *m(f)*
au·di·tor·ium [ˌɔːdɪ'tɔːrɪəm] *s* **1.** Hörsaal *m,* Auditorium *nt* **2.** Vortrags-, Konzertsaal *m*
aug·ment [ɔːg'ment] **I.** *vt* vermehren, vergrößern **II.** *vi* zunehmen, sich vergrößern; **aug·men·ta·tion** [ˌɔːgmen'teɪʃn] *s* Vermehrung, Steigerung, Vergrößerung *f;* Zunahme *f*
au·gur ['ɔːgə(r)] **I.** *vt* weissagen, vorhersagen **II.** *vi* ein Vorzeichen sein; ~ **ill/well** ein schlechtes/gutes Vorzeichen sein (*for* für); **au·gury** ['ɔːgjʊrɪ] *s* Vorzeichen *nt*
au·gust [ɔː'gʌst] *adj* erhaben
Au·gust ['ɔːgəst] *s* August *m;* **in** ~ im August
aunt [ɑːnt, *Am* ænt] *s* Tante *f*
aura ['ɔːrə] *s* Aura *f*
au·ral ['ɔːrəl] *adj* Ohr-; ~ **surgeon** Ohrenarzt *m*
aur·icle ['ɔːrɪkl] *s* **1.** (*Herz*) Vorhof *m* **2.** Ohrmuschel *f;* **aur·icu·lar** [ɔː'rɪkjʊlə(r)] *adj* Ohr-
aur·ora [ɔː'rɔːrə] *s:* ~ **australis** Südlicht; ~ **borealis** Nordlicht *nt*
aus·pices ['ɔːspɪsɪz] *s pl:* **under the** ~ **of s.o.** unter jds Schirmherrschaft; **aus·pi·cious** [ɔː'spɪʃəs] *adj* Erfolg versprechend
aus·tere [ɔː'stɪə(r)] *adj* **1.** streng **2.** schmucklos, einfach; **aus·ter·ity** [ɔː'sterətɪ] *s* **1.** Strenge *f;* Ernst *m* **2.** Schmucklosigkeit, strenge Einfachheit *f* **3.** (COM) Sparmaßnahmen *fpl*
Aus·tralia [ɒ'streɪlɪə] *s* Australien *nt;* **Aus·tral·ian** [ɒ'streɪlɪən] **I.** *s* Australier(in) *m(f)* **II.** *adj* australisch
Aus·tria ['ɒstrɪə] *s* Österreich *nt;* **Aus·trian** ['ɒstrɪən] **I.** *s* Österreicher(in) *m(f)* **II.** *adj* österreichisch
auth·en·tic [ɔː'θentɪk] *adj* authentisch; echt; verbürgt; **auth·en·ti·cate** [ɔː'θentɪkeɪt] *vt* **1.** beglaubigen **2.** die Echtheit nachweisen (*s.th. +gen*); **auth·en·ti·ca·tion** [ɔːˌθentɪ'keɪʃn] *s* Beglaubigung *f;* **auth·en·tic·ity** [ˌɔːθən'tɪsətɪ] *s* Echtheit *f*
author ['ɔːθə(r)] *s* **1.** Autor(in) *m(f),* Verfasser(in) *m(f),* Schriftsteller(in) *m(f)* **2.** Urheber(in) *m(f);* **author·ess** ['ɔːθərɪs] *s* Schriftstellerin *f*
auth·ori·tar·ian [ɔːˌθɒrɪ'teərɪən] *adj* autoritär; **auth·ori·tat·ive** [ɔː'θɒrɪtətɪv] *adj* **1.** maßgebend; zuverlässig **2.** gebieterisch; entschieden; **auth·or·ity** [ɔː'θɒrətɪ] *s* **1.** (Amts-, Befehls)Gewalt *f* **2.** Befugnis, Vollmacht *f* **3.** Ansehen *nt,* Autorität *f* **4.** Kapazität, Autorität *f,* Experte *m,* Expertin *f* (*on* auf dem Gebiet *+gen*) **5.** zuverlässige Quelle, Nachweis *m* **6.** *meist pl* Behörde(n) *f (pl);* **from competent** ~ von maßgebender Seite; **on one's own** ~ auf eigene Verantwortung; **under the** ~ **of** im Auftrag von; **without** ~ unbefugt, unberechtigt; **apply to the proper** ~ sich an die zuständige Stelle wenden; **have** ~ befugt, ermächtigt sein (*to do* zu tun); **parental** ~ elterliche Gewalt
auth·or·iz·ation [ˌɔːθəraɪ'zeɪʃn] *s* Ermächtigung *f;* **give s.o.** ~ jdn ermächtigen (*to do* zu tun, *for* zu); **auth·or·ize** ['ɔːθəraɪz] *vt* **1.** bevollmächtigen, ermächtigen; die Befugnis erteilen (*s.o.* jdm) **2.** genehmigen, bewilligen; **through** ~**d channels** auf dem Dienstweg; **be** ~**d** befugt, ermächtigt, autorisiert sein (*to* zu); ~**d to sign** zeichnungsberechtigt
author·ship ['ɔːθəʃɪp] *s* **1.** Verfasserschaft *f* **2.** Schriftstellerberuf *m*
auto- ['ɔːtəʊ] *pref* selbst(tätig); Auto-, auto-
auto·bio·graphi·cal [ˌɔːtəbaɪə'græfɪkl] *adj* autobiografisch; **au·to·bi·ogra·phy** [ˌɔːtəbaɪ'ɒgrəfɪ] *s* Autobiografie *f*
auto-bronzer ['ɔːtəbrɒnzə(r)] *s* Selbstbräuner *m;* **auto-bronzing cream** *s* Selbstbräunungscreme *f*
au·toc·racy [ɔː'tɒkrəsɪ] *s* Autokratie, Selbstherrschaft *f;* **au·to·crat** ['ɔːtəkræt] *s* Autokrat(in) *m(f);* **au·to·cratic** [ˌɔːtə'krætik] *adj* autokratisch
au·to·cue ['ɔːtəˌkjuː] *s* (TV) Teleprompter *m*
au·to·graph ['ɔːtəgrɑːf] **I.** *s* Autogramm *nt*

II. *vt* signieren
au·to·mate ['ɔːtəmeɪt] *vt* automatisieren; **au·to·ma·ted** ['ɔːtəmeɪtɪd] *adj* automatisiert; **automated teller machine, ATM** *s* Geldautomat, Bankomat *m;* **au·to·matic** [ˌɔːtə'mætɪk] **I.** *adj* **1.** automatisch, selbsttätig **2.** (*fig*) mechanisch; ~ **choke** Startautomatik *f;* ~ **pilot** Autopilot *m;* ~ **dialling** (TELE) Wählautomatik *f;* ~ **exposure** (PHOT) Belichtungsautomatik *f;* ~ **gear change** (AUTO) Automatikschaltung *f;* ~ **rewind** (*Kamera, Video*) Rückspulautomatik *f* **II.** *s* Maschinenwaffe *f;* Automatikwagen *m;* Waschautomat *m;* **au·to·ma·tion** [ˌɔːtə'meɪʃn] *s* Automatisierung *f;* **au·to·ma·ton** [ɔː'tɒmətən] *s* Automat, Roboter *m*
au·to·mo·bile ['ɔːtəməbiːl] *s* Auto(mobil) *nt;* **auto·mo·tive** [ˌɔːtə'məʊtɪv] *adj* selbstbeweglich; mit Selbstantrieb; Kfz-
au·ton·omous [ɔː'tɒnəməs] *adj* autonom; **au·ton·omy** [ɔː'tɒnəmɪ] *s* Autonomie *f*
au·topsy ['ɔːtɒpsɪ] *s* (MED) Autopsie *f*
au·tumn ['ɔːtəm] *s* (*a. fig*) Herbst *m;* **in** ~ im Herbst; **au·tum·nal** [ɔː'tʌmnəl] *adj* herbstlich
aux·ili·ary [ɔːg'zɪlɪərɪ] **I.** *adj* Hilfs-; zusätzlich **II.** *s* **1.** (~ *verb*) Hilfszeitwort *nt* **2. auxiliaries** (MIL) Hilfstruppen *fpl*
avail [ə'veɪl] **I.** *vr* Gebrauch machen (*of* von) **II.** *vi* helfen **III.** *s:* **of no** ~ nutzlos; erfolglos; **to no** [*o* **without**] ~ vergeblich; **be of little** ~ von geringem Nutzen sein (*to* für); **avail·able** [ə'veɪləbl] *adj* **1.** verfügbar **2.** (COM) lieferbar, erhältlich; **by all** ~ **means** mit allen verfügbaren Mitteln; **no longer** ~ (*Buch*) vergriffen; (*Ware*) nicht mehr lieferbar; **be** ~ erhältlich sein; **avail·abil·ity** *s* Lieferbarkeit *f;* **subject to** ~ nur solange Vorrat reicht
ava·lanche ['ævəlɑːnʃ] *s* (*a. fig*) Lawine *f*
avant-garde [ˌævɒŋ'gɑːd] *adj* avantgardistisch
av·ar·ice ['ævərɪs] *s* Habsucht *f;* Geiz *m;* **av·ar·icious** [ˌævə'rɪʃəs] *adj* habsüchtig; geizig
avenge [ə'vendʒ] **I.** *vt* rächen; strafen **II.** *vr* sich rächen (*on* an)
av·enue ['ævənjuː] *s* **1.** Allee *f* **2.** (*fig*) Weg, Zugang *m* (*to* zu)
av·er·age ['ævərɪdʒ] **I.** *s* Durchschnitt *m;* **on (an)** ~ durchschnittlich, im Durchschnitt; **be above (below) (the)** ~ über (unter) dem Durchschnitt liegen **II.** *adj* durchschnittlich, Durchschnitts- **III.** *vt* **1.** im Durchschnitt betragen **2.** den Durchschnitt nehmen von; im Durchschnitt ausmachen, im Mittel ergeben **3.** durchschnittlich verdienen
averse [ə'vɜːs] *adj* abgeneigt (*to dat*), zuwider; **aver·sion** [ə'vɜːʃn] *s* **1.** Widerwille *m,* Abneigung *f* (*to* gegen), Widerstreben *nt* **2.** Gräuel *m*
avert [ə'vɜːt] *vt* **1.** abwenden (*from* von) **2.** verhindern, verhüten
avi·ary ['eɪvɪərɪ] *s* Vogelhaus *nt*
avi·ation [ˌeɪvɪ'eɪʃn] *s* Luftfahrt *f,* Fliegen, Flugwesen *nt;* **civil** ~ Zivilluftfahrt; **commercial** ~ Verkehrsluftfahrt *f;* ~ **fuel** Flugbenzin *nt*
avid ['ævɪd] *adj* gierig (*for, of* nach), begierig (*for* auf, *of* nach); **avid·ity** [ə'vɪdətɪ] *s* Begierde *f;* Gier *f* (*of, for* nach)
avo·ca·do [ˌævə'kɑːdəʊ] *s* Avocado *f*
avoid [ə'vɔɪd] *vt* **1.** meiden, aus dem Wege gehen (*s.o.* jdm), ausweichen (*s.o.* jdm) **2.** vermeiden (*doing s.th.* etw zu tun); (*Schaden*) verhüten; **avoid·able** [-əbl] *adj* vermeidbar; **avoid·ance** [-əns] *s* (Ver)Meiden *nt;* Verhütung *f;* **tax** ~ Umgehung *f* von Steuern
avow [ə'vaʊ] *vt* anerkennen, zugeben, eingestehen; **avowal** [ə'vaʊəl] *s* Eingeständnis *nt;* **avow·ed·ly** [ə'vaʊɪdlɪ] *adv* zugegebener-, eingestandenermaßen
AWACS ['eɪwæks] *s Abk. von* **Airborne Warning and Control System** Frühwarnsystem, AWACS *nt*
await [ə'weɪt] *vt* **1.** erwarten, warten auf **2.** abwarten
awake [ə'weɪk] <*irr:* **awoke, awoken (awaked)**> **I.** *vt* aufwecken **II.** *vi* aufwachen **III.** *adj pred* wach, munter; **be** ~ wach sein; **be** ~ **to s.th.** sich einer S bewusst sein; **wide** ~ hellwach; **awaken** [ə'weɪkən] **I.** *vt* aufwecken **II.** *vi* aufwachen; **awaken·ing** [ə'weɪknɪŋ] *s* (*a. fig*) Erwachen *nt*
award [ə'wɔːd] **I.** *s* **1.** Preis *m;* Auszeichnung *f* **2.** (JUR) Urteilsspruch *m;* (Sachverständigen)Gutachten *nt* **3.** Stipendium *nt* **II.** *vt* **1.** zuerkennen, zusprechen **2.** (*Preis*) verleihen (*s.o.* jdm); **award-winning** *adj* preisgekrönt
aware [ə'weə(r)] *adj pred* bewusst; **I'm** ~ **of that** ich bin mir dessen bewusst; **awa·re·ness** [ə'weənɪs] *s* Bewusstsein *nt*
away [ə'weɪ] *adv* **1.** weg, fort **2.** entfernt, abseits **3.** abwesend; **far** ~ weit weg; **far and** ~ bei weitem; **right** [*o* **straight**] ~ auf der Stelle; sofort; **do** ~ **with** abschaffen; beseitigen; **give** ~ verschenken (*s.th.* etw); **give o.s.** ~ sich verraten; **go** ~ weg-, fortgehen; **take** ~ weg-, fortnehmen; **work** ~ unablässig arbeiten; **away match** *s* (SPORT) Auswärtsspiel
awe [ɔː] **I.** *s* Ehrfurcht *f;* Scheu *f;* **keep s.o. in** ~ jdm imponieren; **stand** [*o* **be**] **in** ~ **of**

s.o. jdn fürchten; **strike s.o. with** ~ jdm Furcht einflößen **II.** *vt* Ehrfurcht einflößen (*s.o.* jdm); **be ~d** eingeschüchtert sein;
awe-in·spir·ing ['ɔːɪnˌspaɪərɪŋ] *adj*, **awe·some** ['ɔːsəm] *adj* Ehrfurcht gebietend; **what did you think of it? – ~!** (*sl*) wie war's? – geil!; **awe·struck** ['ɔːstrʌk] *adj* tief beeindruckt
aw·ful ['ɔːfl] *adj* **1.** furchtbar **2.** (*fam*) scheußlich; **aw·fully** ['ɔːflɪ] *adv* **1.** schrecklich **2.** (*fam*) furchtbar, schrecklich; äußerst, sehr
awk·ward ['ɔːkwəd] *adj* **1.** linkisch, unpraktisch, ungeschickt **2.** (*Situation*) peinlich, unangenehm; (*Frage*) schwierig; peinlich; ~ **age** schwieriges Alter
awn·ing ['ɔːnɪŋ] *s* **1.** Plane *f* **2.** (MAR) Sonnensegel *nt* **3.** Markise *f*
awoke, **awoken** [ə'wəʊk, ə'wəʊkən] *s.* **awake**
awry [ə'raɪ] *adj pred, adv* schief, krumm; **go** ~ schiefgehen
ax *s* (*Am*), **axe** [æks] **I.** *s* Axt *f;* Beil *nt;* Hacke *f;* **get the** ~ (*fam*) entlassen, hinausgeworfen werden; **have an** ~ **to grind** persönliche Interessen verfolgen **II.** *vt* (*fig*) stark beschneiden, kürzen, abbauen, streichen
ax·iom ['æksɪəm] *s* Axiom *nt,* Grundsatz *m*
axis ['æksɪs, *pl* 'æksiːz] <*pl* **axes**> *s* **1.** (PHYS POL) Achse *f* **2.** (MATH) Mittellinie *f*
axle ['æksl] *s* (Rad)Achse, Welle *f*
ay·a·tol·lah [ˌaɪjə'tɔlə] *s* Ajatollah *m*
aye [aɪ] **I.** *interj* jawohl! **II.** *s* (PARL) Jastimme *f;* **the ~s have it** die Mehrzahl ist dafür
aza·lea [ə'zeɪlɪə] *s* Azalee *f*
az·ure ['æʒə(r)] **I.** *s* Himmelblau *nt,* Azur *m* **II.** *adj* himmelblau, azurblau

B

B, b [biː] <*pl* -'s> *s* **1.** B, b *nt* **2.** (MUS) H, h *nt* **3.** (SCHULE) gut

baa [bɑː] *vi* (*Schaf*) blöken

babble ['bæbl] **I.** *vt, vi* **1.** stammeln, lallen, plappern; schwatzen **2.** (*Wasser*) murmeln, plätschern **II.** *s* Geplapper *nt;* Geschwätz *nt*

babe [beɪb] *s* **1.** (*poet*) Kind *nt* **2.** (*fam*) netter Käfer, Puppe *f;* ~ **in arms** Säugling *m*

babel ['beɪbl] *s* Wirrwarr *m,* Durcheinander *nt*

ba·boon [bə'buːn] *s* (*großer Affe*) Pavian *m*

ba·by ['beɪbɪ] **I.** *s* **1.** Baby *nt,* Säugling *m* **2.** (*fam*) Schätzchen *nt* **3.** (*sl*) Sache *f;* **carry** [*o* **hold**] **the** ~ (*fam*) die Sache am Hals haben **II.** *vt* verzärteln, verhätscheln; **baby carriage** *s* (*Am*) Kinderwagen *m;* **baby cleansing wipe** *s* Babypflegetuch *nt;* **baby food** *s* Babykost *f;* **baby·hood** ['beɪbɪhʊd] *s* Säuglingsalter *nt;* **baby pants** *s pl* Gummihöschen *nt;* **baby-sit·ter** ['beɪbɪˌsɪtə(r)] *s* Babysitter(in) *m(f);* **baby stroller** *s* (zusammenklappbarer) Kindersportwagen; **baby wipe** *s* Babypflegetuch *nt*

bach·elor ['bætʃələ(r)] *s* **1.** Bakkalaureus *m* (*unterster akad. Grad*) **2.** Junggeselle *m*

ba·cil·lus [bə'sɪləs, *pl* bə'sɪlaɪ] <*pl* -li> *s* Bazillus *m*

back [bæk] **I.** *s* **1.** (*a. fig*) Rücken *m* **2.** Rückgrat *nt* **3.** Rücklehne *f* **4.** (AUTO) Rücksitz *m* **5.** Rückseite *f;* Hintergrund *m* **6.** (*fig*) Kehrseite *f* **7.** (*Fußball*) Verteidiger *m;* **get s.o.'s ~ up** jdn auf die Palme bringen; **put one's ~ into s.th.** (*fam*) sich in eine S hineinknien; ~ **of a book/hill** Buch-/Bergrücken *m;* ~ **of the hand** Handrücken *m;* ~ **to** ~ Rücken an Rücken; **at the ~ of** hinter; (*fig*) hinter dem Rücken von; **behind s.o.'s** ~ (*fig*) hinter jds Rücken; **with one's ~ to the wall** (*fig*) in der Klemme **II.** *adj* **1.** rückwärtig; hinter **2.** (*Betrag*) rückständig **3.** abgelegen, fern **III.** *adv* rückwärts; zurück (*from* von), hinten; wieder; **5 years** ~ vor fünf Jahren; ~ **and forth** hin u. her; **answer** ~ frech antworten; widersprechen; **stand** [*o* **keep**] **~!** zurück(bleiben)!; **go ~ on one's word** sein Versprechen nicht halten **IV.** *vt* **1.** (unter)stützen **2.** (~ *up*) den Rücken decken, beistehen (*s.o.* jdm) **3.** zurückschieben; (AUTO) zurückstoßen **4.** wetten (*s.th.* auf etw); **back away** *vi* zurückweichen; **back down** *vi* klein beigeben; **back on to** *vi* hinten angrenzen an; **back out of** *vi* (*fig*) aussteigen aus; (AUTO) rückwärts herausfahren aus; **back up I.** *vi* (AUTO) zurückstoßen **II.** *vt* **1.** unterstützen; (*Geschichte*) bestätigen; (*Theorie*) untermauern **2.** (AUTO) zurückfahren **3.** (INFORM) sichern

back·bencher [ˌbæk'bentʃə(r)] *s* (PARL) Hinterbänkler(in) *m(f);* **back·bit·ing** ['bækˌbaɪtɪŋ] *s* Verleumdung *f;* **back·bone** ['bækbəʊn] *s* (*a. fig*) Rückgrat *nt;* **back catalogue** *s* (*von Künstler*) Repertoire *nt;* **back·cloth** ['bækˌklɒθ] *s* (THEAT) Hintergrund(vorhang) *m;* **back·door** [ˌbæk'dɔː(r)] **I.** *adj* (*fig*) heimlich, verstohlen **II.** *s* (*a. fig*) Hintertür *f*

backer ['bækə(r)] *s* **1.** Helfer(in) *m(f),* Förderer *m,* Förderin *f* **2.** (COM) Geldgeber(in) *m(f)* **3.** Wettende(r) *f m*

back·fire [ˌbæk'faɪə(r)] **I.** *s* (AUTO) Fehlzündung *f* **II.** *vi* **1.** fehlzünden **2.** schief gehen; (*fam*) ins Auge gehen; **back·gam·mon** [bæk'gæmən] *s* Backgammon *nt* (*Spiel*)

back·ground ['bækgraʊnd] *s* **1.** Hintergrund *m;* (*a. fig*) Umwelt *f,* Milieu *nt* **2.** (*fig*) berufliche Erfahrung, Aus-, Vorbildung *f* **3.** Vorgeschichte *f* **4.** Zusammenhänge *mpl;* **keep in the** ~ im Hintergrund bleiben; **background check** *s* Nachforschungen *pl*

back·hand ['bækhænd] **I.** *s* (*Tennis*) Rückhand *f* **II.** *adj* Rückhand-; **back·hander** [-ə(r)] *s* Schmiergeld *nt*

back·ing ['bækɪŋ] *s* **1.** Stütze, Unterstützung, Hilfe *f;* Rückhalt *m* **2.** (MUS) Begleitung *f* **3.** Rücken(verstärkung *f*) *m*

back·lash ['bæklæʃ] *s* **1.** (TECH) Gegenschlag *m* **2.** Gegenreaktion *f;* **back·log** ['bæklɒg] *s* (COM) Rückstände *mpl;* **back matter** *s* **1.** Anhang *m* **2.** Nachspann *m;* **back·number** *s* **1.** (*Zeitung*) alte Nummer **2.** (*fam fig*) altmodischer Mensch; **back·pack** ['bækpæk] *s* (*Am*) Rucksack *m;* **back-packer** *s* (*Am*) Rucksacktourist(in) *m(f);* **back·packing** *s* Rucksacktourismus *m;* **back pay** *s* Nachzahlung *f;* **back·seat** [bæk'siːt] *s* Rücksitz *m;* **take a** ~ sich zurückhalten; **back·seat driver** *s* (*fig*) Besserwisser(in) *m(f);* **back·side** ['bæksaɪd] *s* *(fam)* Hintern *m;* **back·slap·per** ['bæk,slæpə] *s (fam)* kumpelhafter Typ; **back-slap·ping** *adj* kumpelhaft; **back·space** ['bækspeɪs] *vi* (INFORM) zurücksetzen; **back·stage** [bæk'steɪdʒ] *adj, adv* hinter der Bühne; **back·stairs** [,bæk'steəz] *s pl* Hintertreppe *f;* **back·stroke** ['bækstrəʊk] *s* Rückenschwimmen *nt;* **back·talk** ['bæktɔːk] *s (Am)* unverschämte Antwort; **back·track** ['bæktræk] *vi* umkehren; sich zurückziehen; **back-up** ['bækʌp] *s* **1.** Unterstützung **2.** (INFORM) Sicherung *f;* **back-up copy** *s* (INFORM) Sicherungskopie *f*

back·ward ['bækwəd] *adj* **1.** rückwärtig; rückwärts gerichtet **2.** zurückgeblieben, rückständig, spät entwickelt; **back·wards** ['bækwədz] *adv* rückwärts, zurück; ~ **and forwards** hin u. her

back·wash ['bækwɒʃ] *s* **1.** zurücklaufende Strömung **2.** *(fig)* Nach-, Rückwirkung *f;* **back·water** ['bæk,wɔːtə(r)] *s* **1.** Rückstau *m;* Stauwasser *nt* **2.** *(fig)* Stillstand *m;* Stagnation *f* **3.** rückständiges Nest; **back·woods** ['bækwʊdz] *s pl* abgelegene Gegend; **back·woods·man** ['bækwʊdzmən] *s* Hinterwäldler *m;* **back·yard** [,bæk'jɑːd] *s* Hinterhof *m*

ba·con ['beɪkən] *s* (durchwachsener) Speck *m;* **save one's** ~ *(fam)* mit heiler Haut davonkommen; **bac·teria** [bæk'tɪərɪə] *s pl* Bakterien *fpl;* **bac·teri·ol·ogist** [bæk,tɪərɪ'ɒlədʒɪst] *s* Bakteriologe *m,* -login *f;* **bac·ter·ium** [bæk'tɪərɪəm] <*pl* **-ia**> *s* Bakterie *f*

bad [bæd] <*Komparativ* **worse,** *Superlativ* **worst**> **I.** *adj* **1.** schlecht **2.** übel **3.** böse, schlimm **4.** *(Fehler)* schwer **5.** widerlich, -wärtig, ärgerlich **6.** unanständig; ungezogen **7.** verdorben; *(Ei)* faul **8.** unpässlich; krank **9.** *(sl)* toll, geil; ~ **debt** uneinbringliche Forderung; ~ **news** *(sl)* übel; **from ~ to worse** immer schlimmer; **in ~ faith** wider Treu u. Glauben; **in a ~ temper** wütend; verärgert; **not (half) ~** *(fam)* nicht übel; **go ~** schlecht werden, verderben; **I feel ~** mir ist nicht wohl; **he feels very ~ about it** es tut ihm sehr Leid; **that is too ~!** das ist zu dumm!; ~ **luck** Pech *nt;* ~ **hair day** *(fam)* Tag, an dem alles schief geht **II.** *s* (das) Böse, Schlechte

bad(e) [bæd] *s.* **bid**[2]

badge [bædʒ] *s* Abzeichen *nt,* Button *m,* Kennzeichen, Merkmal *nt*

badg·er ['bædʒə(r)] **I.** *s* Dachs *m* **II.** *vt* plagen

bad·ly ['bædlɪ] <*Komparativ* **worse,** *Superlativ* **worst**> *adv* **1.** schlecht, schlimm **2.** arg, dringend; **come off ~** schlecht wegkommen; **be ~ off** finanziell schlecht dran sein; **want ~** dringend brauchen [*o* benötigen]; ~ **beaten** vernichtend geschlagen

bad·min·ton ['bædmɪntən] *s* Federball, Badminton *nt*

baf·fle ['bæfl] **I.** *vt* **1.** vor den Kopf stoßen; aus dem Konzept bringen **2.** verblüffen, verwirren **3.** *(Pläne)* durchkreuzen, vereiteln; **I am completely ~d** ich stehe vor einem Rätsel **II.** *s* (AUTO) Umlenkblech *nt;* **baf·fling** [-ɪŋ] *adj* **1.** verwirrend; unverständlich **2.** rätselhaft

bag [bæg] **I.** *s* **1.** Tasche *f;* *(sack)* Beutel, Sack *m;* *(paper ~)* Tüte *f;* *(hand ~)* Handtasche *f;* **~s** Gepäck *nt* **2.** *(game-~)* Jagdbeute *f;* **~s of** *(fam)* jede Menge; **the whole ~ of tricks** die ganze Trickkiste; **let the cat out of the ~** die Katze aus dem Sack lassen; **a ~ of bones** Haut und Knochen; **old ~** *(pej)* alte Schachtel **II.** *vt* **1.** in den Sack stecken; *(fig)* einstecken **2.** *(sl)* sich unter den Nagel reißen **3.** erbeuten, erlegen **III.** *vi* sich ausbeulen

bag·gage ['bægɪdʒ] *s (Am)* (Reise)Gepäck *nt;* **baggage car** *s (Am)* Gepäckwagen *m;* **baggage check** *s (Am)* Gepäckkontrolle *f;* **baggage check-in counter** *s* Abfertigungs-, Abflugschalter *m;* **baggage claim** *s* Gepäckausgabe *f;* **baggage room** *s* Gepäckaufbewahrung *f*

bag·gy ['bægɪ] *adj* bauschig; ausgebeult; sackartig

bag·lady ['bægleɪdɪ] *s* Stadtstreicherin *f*

bag·piper ['bægpaɪpə(r)] *s* Dudelsackpfeifer(in) *m(f);* **bag·pipes** ['bægpaɪps] *s pl* Dudelsack *m*

Ba·ha·mas [bə'hɑːməz] *s pl* Bahamas, Bahamainseln *pl*

Bah·rain [bɑː'reɪn] *s* Bahrain *nt*

bail[1] [beɪl] **I.** *s* (JUR) Bürgschaft, Kaution *f;* **out on ~** auf freiem Fuß gegen Sicherheitsleistung; **go ~ for** Bürgschaft leisten für **II.** *vt:* **~ out** gegen Bürgschaft freibekommen; *(fig)* retten

bail[2] [beɪl] *s (Kricket)* Querholz *nt*

bail[3] [beɪl] *vi, vt* **1.** *(Wasser)* schöpfen **2.** bündeln

baili·wick ['beɪlɪwɪk] *s* Spezialgebiet *nt;* **be the ~ of s.th.** *(Am)* zu etw gehören, etw zugeordnet werden

bai·liff ['beɪlɪf] *s* **1.** Gerichtsvollzieher(in) *m(f),* Gerichtsdiener(in) *m(f)* **2.** (Guts)Verwalter(in) *m(f)*

bait [beɪt] **I.** *vt* **1.** mit einem Köder versehen **2.** (mit Hunden) hetzen **3.** *(Menschen)* quälen **II.** *s* Köder *m;* *(fig)* (Ver)Lockung, Versuchung *f;* **rise to the ~** anbeißen, sich ködern lassen

bake [beɪk] **I.** *vt* **1.** backen **2.** *(durch Hitze)* härten; dörren; (*Ziegel*) brennen **II.** *vi* backen; (*a. fig*) braten; **baker** ['beɪkə(r)] *s* Bäcker(in) *m(f);* **bak·ery** ['beɪkərɪ] *s* Bäckerei *f;* **bak·ing** ['beɪkɪŋ] **I.** *s* Backen *nt;* Brennen *nt* **II.** *adj* glühend heiß; **baking powder** *s* Backpulver *nt*

bal·ance ['bæləns] **I.** *s* **1.** (*a. fig*) Waage *f* **2.** Gleichgewicht *nt* **3.** (innere) Ausgeglichenheit *f;* Gleichmut *m* **4.** (COM) Überschuss *m;* Saldo *m;* Guthaben *nt;* Bilanz *f;* Rechnungs-, Kontenabschluss *m* **5.** Rest, Überschuss *m;* **in the** ~ in der Schwebe; **on** ~ alles in allem; **be (thrown) off** ~ das Gleichgewicht verloren haben; **draw the ~, make up the ~, strike the** ~ die Bilanz ziehen; **hold the** ~ das Zünglein an der Waage bilden; **lose one's** ~ das Gleichgewicht, den Kopf verlieren; **credit** ~ Habensaldo *m;* **cash** ~ Kassenbestand *m;* ~ **of payments** Zahlungsbilanz *f* **II.** *vt* **1.** ins Gleichgewicht bringen **2.** (COM) ausgleichen; (*Rechnung*) abschließen **3.** (TECH) auswuchten **III.** *vi* **1.** sich im Gleichgewicht halten **2.** (COM) sich ausgleichen; **bal·anced** ['bælənst] *adj* ab-, ausgeglichen, ausgewogen; **bal·ance sheet** *s* (COM) Bilanz *f;* ~ **totals** *pl* Bilanzsumme *f*

bal·anc·ing *s:* ~ **act** Balanceakt *m*

bal·cony ['bælkənɪ] *s* Balkon *m*

bald [bɔːld] *adj* (*Kopf*) kahl; (*Stil*) knapp

bald-head ['bɔːldhed] *s* Kahlkopf *m;* **bald-headed** [ˌbɔːld'hedɪd] *adj* kahlköpfig; **bald·ly** [bɔːldlɪ] *adv* frei heraus, unverblümt; **bald·ness** ['bɔːldnɪs] *s* **1.** Kahlköpfigkeit *f* **2.** (*fig*) Dürftigkeit, Knappheit *f*

bale[1] [beɪl] **I.** *s* (COM) Ballen *m;* Bündel *nt* **II.** *vt* bündeln

bale[2] [beɪl] *vt:* ~ **out** (AVIAT) abspringen

ba·leen [bə'liːn] *s* Barte *f;* **baleen whale** *s* Bartenwal *m*

bale·ful [beɪlfʊl] *adj* unheilvoll; übel, böse

balk, baulk [bɔːk] **I.** *s* **1.** Balken *m* **2.** Hindernis *nt;* Hemmschuh *m* **II.** *vt* vereiteln, hemmen **III.** *vi* zurückschrecken (*at* vor); (*Pferd*) scheuen (*at* vor)

Balkan States ['bɔlkən steɪts] *s pl* Balkanländer *ntpl*

ball[1] [bɔːl] *s* **1.** Kugel *f;* Knäuel *m* **2.** (SPORT) (Spiel)Ball *m* **3.** (~ *of the thumb, of the foot*) Hand-, Fußballen *m* **4.** (*sl: Testikel*) Ei *nt;* **on the** ~ (*fam*) auf Draht; **keep the ~ rolling** das Gespräch in Gang halten; **play** ~ (*fam*) mitmachen, zusammenarbeiten; **set the ~ rolling** den Stein ins Rollen bringen; **the ~ is in his court** er ist am Ball; **~s!** (*sl*) Quatsch!

ball[2] [bɔːl] *s* (Tanz)Ball *m*

bal·lad ['bæləd] *s* Ballade *f;* **bal·lad·eer** [ˌbælə'dɪə] *s* Liedermacher(in) *m(f)*

bal·last ['bæləst] **I.** *s* **1.** Ballast *m* **2.** Schotter *m* **II.** *vt* mit Ballast beladen

ball-bear·ing [ˌbɔːl'beərɪŋ] *s* (TECH) Kugellager *nt*

bal·let ['bæleɪ] *s* Ballett *nt*

ball field ['bɔːlfiːld] *s* (*Am*) Baseballplatz *m;* **ball game** *s* Ballspiel *nt;* (*Am*) Baseballspiel *nt*

bal·lis·tic [bə'lɪstɪk] **I.** *adj* ballistisch; ~ **missile** Flugkörper *m;* **go** ~ (*fam*) an die Decke gehen, in die Luft gehen **II.** *s pl meist mit sing* Ballistik *f*

bal·loon [bə'luːn] *s* **1.** Ballon *m* **2.** Sprechblase *f;* **bal·loon·ist** [-ɪst] *s* Ballonfahrer(in) *m(f)*

bal·lot ['bælət] **I.** *s* **1.** Stimmzettel *m* **2.** (Geheim)Abstimmung *f;* Stimmen(-zahl *f*) *fpl;* **take a** ~ (geheim) abstimmen; **~-box** Wahlurne *f;* ~ **paper** Wahlzettel, Stimmzettel *m* **II.** *vi* (geheim) abstimmen (*for* über)

ball player ['bɔːlˌpleɪə(r)] *s* Ballspieler(in) *m(f);* (*Am*) Baseballspieler(in) *m(f);* **ball·point-pen** [ˌbɔːlpɔɪnt'pen] *s* Kugelschreiber *m*

ball·room ['bɔːlrʊm] *s* Ballsaal *m*

balls-up ['bɔːlzʌp] *s* (*Br sl*) Durcheinander *nt*

balm [bɑːm] *s* Balsam *m;* **balmy** ['bɑːmɪ] *adj* **1.** balsamisch **2.** mild; lindernd, heilend

bal·us·trade [ˌbælə'streɪd] *s* Balustrade *f*

bam·boo [bæm'buː] *s* Bambus(rohr *nt*) *m*

bam·boozle [bæm'buːzl] *vt* (*fam*) beschwindeln (*out of s.th.* um etw), verblüffen; hereinlegen

ban [bæn] **I.** *s* Verbot *nt;* Bann *m;* **place** [*o* **put**] **under a** ~ verbieten **II.** *vt* **1.** verbieten **2.** (SPORT) sperren

ba·nal [bə'nɑːl] *adj* banal, abgedroschen; **ba·nal·ity** [bə'nælətɪ] *s* Banalität *f;* Gemeinplatz *m*

ba·nana [bə'nɑːnə] *s* Banane *f;* **banana republic** *s* Bananenrepublik *f*

band [bænd] **I.** *s* **1.** Band *nt* **2.** Ring, Streifen *m;* Leiste *f;* Binde *f;* Gurt *m* **3.** (RADIO ANAT) Band *nt* **4.** Bande, Schar *f* **5.** (Musik)Kapelle *f* **II.** *vt, vi* zusammenbinden; ~ **together** sich zusammenschließen

ban·dage ['bændɪdʒ] **I.** *s* Bandage, Binde *f;* Verband *m* **II.** *vt* verbinden

ban·dit ['bændɪt] *s* Bandit, Räuber *m*

band·master ['bændmɑːstə(r)] *s* Kapellmeister *m;* **bands·man** ['bændzmən] <*pl* -men> *s* Musiker *m;* **band·stand** ['bændstænd] *s* Musikpavillon *m*

band·wagon ['bændwægən] *s* (*Am*) Festwagen *m* mit Musikkapelle; **climb** [*o* **jump**] **on the** ~ sich dranhängen, zur siegreichen Partei übergehen

band·width ['bænd,wɪdθ] *s* Bandbreite *f*
bandy ['bændɪ] **I.** *vt* (*Worte, Blicke, Schläge*) tauschen, wechseln; ~ **about** (*Nachricht*) verbreiten, herumerzählen; (*Gerüchte*) unter die Leute bringen **II.** *adj* krumm; ~**-legged** O-beinig
bang [bæŋ] **I.** *s* **1.** (heftiger) Schlag *m* **2.** (lauter) Knall *m;* **go off with a** ~ ein Bombenerfolg sein **II.** *vt* **1.** heftig schlagen (*on s.th.* an etw) **2.** (*Tür*) zuschlagen; **he** ~**ed his fist on the table** er schlug mit der Faust auf den Tisch **III.** *vi* **1.** (laut) knallen **2.** heftig stoßen (*against* gegen) **IV.** *adv* heftig, mit lautem Knall; **go** ~ knallen **V.** *interj* peng! bums!
banger ['bæŋə(r)] *s* **1.** (Brat)Wurst *f* **2.** (*fam*) Klapperkiste *f*
bangle ['bæŋgl] *s* Arm-, Fußring *m*
bang-up *adj* (*Am: sl*) prima, klasse
ban·ish ['bænɪʃ] *vt* **1.** ausweisen (*from* aus), verbannen **2.** (*Gedanken*) vertreiben; **ban·ish·ment** [-mənt] *s* Verbannung, Ausweisung *f*
ban·is·ter ['bænɪstə(r)] *s a. pl* Treppengeländer *nt*
ban·jo ['bændʒəʊ] <*pl* **banjo(e)s**> *s* (MUS) Banjo *nt*
bank[1] [bæŋk] **I.** *s* **1.** (Fluss-, See)Ufer *nt;* Böschung *f* **2.** Damm, Deich *m* **3.** (*sand~*) (Sand)Bank *f;* (~ *of snow*) (Schnee)Verwehung *f;* (*cloud* ~) (Wolken)Bank *f* **II.** *vt* aufschütten, anhäufen **III.** *vi* (AVIAT) in die Kurve gehen; **bank up I.** *vt* aufhäufen **II.** *vi* (*Schnee*) sich anhäufen; (*Wolken*) sich auftürmen
bank[2] [bæŋk] **I.** *s* **1.** Bank(haus, -geschäft *nt*) *f* **2.** (*Spiel*) Bank *f* **3.** (MED: *blood* ~) (Blut)Bank *f* **4.** Reserven *fpl* **II.** *vt* (*Geld*) auf die Bank bringen, einzahlen **III.** *vi* **1.** ein Bankkonto haben **2.** (*Spiel*) die Bank halten; ~ **with s.o.** bei jdm ein Konto haben; ~ (**up**)**on** sich verlassen auf, rechnen mit, zählen auf
bank[3] [bæŋk] *s* **1.** Ruderbank *f* **2.** Reihe *f*
bank ac·count ['bæŋkəkaʊnt] *s* Bankkonto *nt;* **bank balance** *s* Kontostand *m;* **bank-book** *s* Sparbuch *nt;* **bank charges** *s pl* Bankgebühren *fpl;* **bank clerk** *s* Bankangestellte(r) *f m;* **bank code** (**number**) *s* Bankleitzahl *f;* **banker** ['bæŋkə(r)] *s* Bankier *m;* ~**'s order** Zahlungsauftrag *m;* **bank holiday** *s* (*Br*) Feiertag *m;* (*Am*) Bankfeiertag *m;* **bank·ing** ['bæŋkɪŋ] *s* **1.** Bankwesen *nt* **2.** (AVIAT) Schräglage *f;* **banking hall** *s* Schalterhalle *f;* **banking hours** *s pl* Schalterstunden *fpl;* **bank manager** *s* Bankdirektor(in) *m(f);* **banknote** ['bæŋknəʊt] *s* Banknote *f;* **bankrate** *s* Diskontsatz *m;* **bank robber** *s* Bankräuber(in) *m(f);* **bank robbery** *s* Banküberfall *m*
bank·rupt ['bæŋkrʌpt] **I.** *s* Bankrotteur *m;* (*a. fig*) Gemein-, Konkursschuldner(in) *m(f)* **II.** *adj* bankrott, zahlungsunfähig; **go** [*o* **become**] ~ in Konkurs gehen **III.** *vt* zu Grunde richten; **bank·ruptcy** ['bæŋkrəpsɪ] *s* **1.** Bankrott, Konkurs *m* **2.** (*fig*) Schiffbruch, Ruin *m;* **bankruptcy proceedings** *s pl* Konkursverfahren *nt*
bank statement [bæŋksteɪtmənt] *s* Kontoauszug *m;* **bank transfer** *s* Banküberweisung *f*
ban·ner ['bænə(r)] *s* **1.** Banner *nt;* Fahne *f* **2.** Spruch-, Reklametafel *f;* Spruchband *nt;* (INTERNET) Werbebanner *nt;* **banner headlines** *s pl* (*Zeitung*) Schlagzeilen *fpl*
banns [bænz] *s pl* (kirchliches) Aufgebot *nt*
ban·quet ['bæŋkwɪt] *s* Bankett, Festessen *nt;* **banquet-hall** *s* Speise-, Festsaal *m*
ban·tam ['bæntəm] *s* Zwerghuhn *nt;* ~ **weight** (*Boxen*) Bantamgewicht *nt*
ban·ter ['bæntə(r)] **I.** *s* Geplänkel *nt* **II.** *vi* Spaß, Ulk machen, scherzen (*with* mit)
bap·tism ['bæptɪzəm] *s* (*a. fig*) Taufe *f;* **Bap·tist** ['bæptɪst] *s* Baptist(in) *m(f);* **bap·tize** [bæp'taɪz] *vt* taufen
bar [bɑ:(r)] **I.** *s* **1.** Stange *f* **2.** (*Schokolade*) Tafel *f* **3.** Querriegel *m;* Schlagbaum *m;* Schranke, Barriere *f;* (Straßen)Sperre *f* **4.** Sandbank *f* **5.** (*fig*) Hindernis *nt* (*to* für), Schranke *f* **6.** Querstrich *m;* Querstreifen *m* **7.** (MUS) Taktstrich *m* **8.** Gerichtsschranke *f,* Gericht *nt* **9.** Ausschank, Schanktisch *m;* Büfett *nt;* Bar, Theke *f;* Tresen *m;* **the Bar** der Anwaltsberuf, der Stand der Barrister; **at the Bar** vor Gericht; **prisoner at the Bar** Angeklagte(r) *f m;* **be called to the Bar** als Anwalt/Anwältin vor Gericht zugelassen werden; **read for the Bar** Jura studieren; **parallel** ~**s** (SPORT) Barren *m;* **toll** ~ Zollschranke *f* **II.** *vt* **1.** (*Tür, Fenster*) verriegeln, ab-, ver-, zusperren; zumachen, schließen **2.** (*Weg*) (ver)sperren **3.** (*fig*) verbieten, untersagen; (*Person*) hindern (*from* an) **III.** *prep* (*fam*) abgesehen von, außer; ~ **none** ohne Ausnahme; ~ **one** außer einem
barb [bɑ:b] *s* **1.** (*Angel, Pfeil*) Widerhaken *m* **2.** (*fig*) Schärfe, Spitze *f*
Bar·ba·dos [bɑ:'bəɪdɒs] *s* Barbados *nt*
bar·bar·ian [bɑ:'beərɪən] **I.** *s* Barbar(in) *m(f)* **II.** *adj* barbarisch; roh, ungesittet; **bar·baric** [bɑ:'bærɪk] *adj* barbarisch, roh; **bar·bar·ity** [bɑ:'bærətɪ] *s* Barbarei *f;* Unmenschlichkeit, Rohheit *f;* **bar·bar·ous** ['bɑ:bərəs] *adj* barbarisch, unmenschlich, grausam
bar·be·cue ['bɑ:bɪkju:] **I.** *s* **1.** Grill *m*

2. Grillfleisch *nt* **3.** Grillparty *f* **II.** *vt* auf dem Rost braten, grillen

barbed [bɑːbd] *adj* mit Widerhaken; ~ **wire** Stacheldraht *m*

bar·ber ['bɑːbə(r)] *s* (Herren)Friseur *m;* **barber('s) shop** *s* Friseursalon *m*

bar·bitu·rate [bɑː'bɪtjʊrɪt] *s* Barbiturat *nt*

bar code ['bɑːkəʊd] *s* Strichcode *m;* **bar code scanner** *s* Strichcodeleser *m*

bare [beə(r)] **I.** *adj* **1.** nackt, bloß **2.** kahl; ohne, entblößt (*of* von) **3.** (*Raum*) unmöbliert, leer **4.** schmucklos **5.** (*fig*) unverhüllt, offen; (*Tatsachen*) nackt **6.** (*Mehrheit*) knapp **7.** bloß, nur ..., ... allein; **lay ~** entblößen; aufdecken, offen darlegen; **a ~ ten people** nur [*o* gerade] zehn Leute **II.** *vt* **1.** entblößen; aufdecken **2.** (*fig*) enthüllen, bloßlegen; **~ one's heart** sein Herz ausschütten; **bare·back** ['beəbæk] *adj, adv* (*Pferd*) ohne Sattel; **bare·faced** ['beəfeɪst] *adj* unverfroren, unverschämt; **bare·foot(ed)** [ˌbeə'fʊt[ɪd]] *adj, adv* barfuß; **bare·headed** [ˌbeə'hedɪd] *adj* barhäuptig; **bare-knuckled** *adj* **1.** ohne Boxhandschuhe **2.** (*fig*) brutal; **bare·ly** ['beəlɪ] *adv* **1.** kaum, knapp **2.** dürftig, spärlich; **bare·ness** ['beənɪs] *s* **1.** Nacktheit, Blöße *f* **2.** Ärmlichkeit, Dürftigkeit *f*

bar·gain ['bɑːgɪn] **I.** *s* **1.** Handel *m;* Geschäft(sabschluss *m*) *nt* **2.** günstiges Angebot, Gelegenheitskauf *m;* **into the ~** obendrein, noch dazu; **drive a hard ~** hart handeln; **make the best of a bad ~** (*fig*) sich so gut wie möglich aus der Affäre ziehen; **make a good ~** ein gutes Geschäft machen; **it's a ~!** abgemacht!; **it's a ~ at that price!** das ist geschenkt zu dem Preis!; **a ~'s a ~!** abgemacht ist abgemacht! **II.** *vi* **1.** handeln, feilschen (*with s.o. for s.th.* mit jdm um etw) **2.** verhandeln; abmachen (*with s.o. for s.th., to do* mit jdm, etw zu tun); **~ away** mit Verlust verkaufen; verspielen; veräußern; **~ for** handeln, feilschen um; rechnen mit, zählen auf, erwarten; **bargain-bin** *s* Wühlkorb *m;* **bargain counter** *s* (*Warenhaus*) Sonderangebotstisch *m;* **bargaining table** *s* Verhandlungstisch *m;* **bargain price** *s* Sonderpreis *m;* **bargain sale** *s* Ausverkauf *m*

barge [bɑːdʒ] **I.** *s* **1.** Last-, Schleppkahn *m;* Barke *f* **2.** Hausboot *nt* **II.** *vi* (*fam*): **~ about** herumtrampeln; **~ in** dazwischenplatzen, sich einmischen; **~ into** hineinrennen in, hineinplatzen

bar·hop·ping ['bɑːrˌhɒpɪŋ] *s* (*Am: fam*) Kneipenbummel *m*

bari·tone ['bærɪtəʊn] *s* Bariton *m*

bark¹ [bɑːk] **I.** *s* (*Baum*) Rinde, Borke *f* **II.** *vt* **1.** ab-, entrinden **2.** wund reiben, wund scheuern

bark² [bɑːk] **I.** *s* Bellen *nt;* **his ~ is worse than his bite** (*prov*) Hunde, die bellen, beißen nicht **II.** *vi* **1.** bellen, kläffen **2.** anfahren (*at s.o.* jdn); **~ up the wrong tree** auf dem Holzweg sein

bar·keeper ['bɑːkiːpə(r)] *s* Barmann *m;* Gastwirt *m*

bar·ley ['bɑːlɪ] *s* Gerste *f*

bar·maid ['bɑːmeɪd] *s* Bardame *f;* Bedienung *f;* **bar·man** ['bɑːmən] <*pl* **-men**> *s* Barmann *m;* Kellner *m*

barn [bɑːn] *s* Scheune, Scheuer *f;* (*Am*) Stall *m;* **barn-yard** *s* (Bauern)Hof *m*

ba·rom·eter [bə'rɒmɪtə(r)] *s* (*a. fig*) Barometer *nt;* **baro·met·ric(al)** [ˌbærə'metrɪk(l)] *adj* barometrisch; **~ pressure** Luftdruck *m*

bar·on ['bærən] *s* **1.** Baron *m* **2.** (*fig*) Magnat *m;* **bar·on·ess** ['bærənɪs] *s* Baronin *f;* **bar·onet** ['bærənɪt] *s* Baronet *m;* **bar·o·nial** [bə'rəʊnɪəl] *adj* freiherrlich; großartig, prächtig

ba·roque [bə'rɒk] **I.** *adj* (*Kunst*) barock **II.** *s* Barock(stil *m*) *nt*

bar·rack ['bærək] **I.** *s meist pl* **1.** (MIL) Kaserne *f* **2.** (Miets)Kaserne *f* **II.** *vt* **1.** kasernieren **2.** (SPORT) auspfeifen

bar·rage ['bærɑːʒ] *s* **1.** Damm *m;* Talsperre *f* **2.** (*~ fire*) Sperrfeuer *nt* **3.** (*fig*) Flut *f;* **tidal ~** Gezeitensperrmauer *f;* **~ of questions** Flut von Fragen

bar·rel ['bærəl] *s* **1.** Fass *nt* **2.** (TECH) Tank *m* **3.** (Kanonen)Rohr *nt;* (Gewehr)Lauf *m* **4.** (*Maßeinheit für Öl*) Barrel *nt;* **barrel-organ** *s* Drehorgel *f*

bar·ren ['bærən] *adj* **1.** unfruchtbar; (*a. fig*) steril **2.** dürr, karg **3.** (*fig*) unergiebig, unproduktiv, unrentabel; **bar·ren·ness** [-nɪs] *s* **1.** Unfruchtbarkeit *f* **2.** (*fig*) Dürftigkeit *f;* Unergiebigkeit *f;* Unproduktivität *f*

bar·ri·cade [ˌbærɪ'keɪd] **I.** *s* Barrikade *f* **II.** *vt* (*Straße*) verbarrikadieren

bar·rier ['bærɪə(r)] *s* **1.** Schranke, Sperre *f;* Barriere *f* **2.** (*fig*) Schranke *f;* Hindernis *nt* (*to* für); **barrier cream** *s* (Haut)Schutzcreme *f*

bar·ring ['bɑːrɪŋ] *prep* außer *+dat,* ausgenommen *+acc,* abgesehen von

bar·ris·ter ['bærɪstə(r)] *s* (*~-at-law*) (vor Gericht auftretende(r)) Anwalt *m,* Anwältin *f*

bar·row ['bærəʊ] *s* (*hand~*) (Trag)Bahre *f;* (*wheel~*) Schubkarren *m*

bar·ten·der ['bɑːtendə(r)] *s* Barkeeper *m*

bar·ter ['bɑːtə(r)] **I.** *vt* (aus-, ein)tauschen (*against, for* gegen); **~ away** verspielen **II.** *vi* Tauschhandel betreiben **III.** *s* Tausch(handel) *m*

ba·salt ['bæsɔ:lt] *s* (GEOL) Basalt *m*
base [beɪs] **I.** *s* **1.** (*a.* MATH) Basis *f*, Grundlinie, Grundfläche *f;* Grundzahl *f* **2.** Fundament *nt;* (ARCH) Fuß, Sockel *m* **3.** (~ *plate*) Grundplatte *f* **4.** Grund(-lage *f*) *m*, Basis *f;* Ausgangspunkt *m* **5.** (MIL) Basis *f;* Stützpunkt *m* **6.** (SPORT) Mal *nt;* Standlinie *f* **7.** (TECH) Grundstoff *m* **8.** (CHEM) Base *f* **II.** *adj* **1.** niedrig; gewöhnlich, gemein **2.** gering-, minderwertig; (*Münze*) falsch, unecht; (*Metall*) unedel **III.** *vt* basieren, gründen, stützen (*on* auf); ~ **o.s. on** sich stützen auf
base·ball ['beɪsbɔ:l] *s* Baseball *m;* **base-camp** ['beiskæmp] *s* Basis-, Versorgungslager *nt;* **base coat** *s* Unter(nagel)lack *m*
base·less ['beɪslɪs] *adj* grundlos, unbegründet
base·ment ['beɪsmənt] *s* **1.** (ARCH) Fundament *nt* **2.** Kellergeschoss *nt*
base·ness ['beɪsnɪs] *s* **1.** Niedrigkeit *f;* Gemeinheit, Niedertracht *f* **2.** Minderwertigkeit *f* **3.** Unechtheit *f*
base rate ['beisreit] *s* (FIN) Leitzins *m*
bash [bæʃ] **I.** *vt* (*fam*) heftig schlagen **II.** *s* heftiger Schlag; **have a ~!** (*fam*) probier mal!
bash·ful ['bæʃfl] *adj* **1.** scheu, schüchtern **2.** verlegen, befangen; **bash·ful·ness** ['bæʃfʊlnɪs] *s* Schüchternheit *f;* Befangenheit *f*
ba·sic ['beɪsɪk] *adj* **1.** grundsätzlich (wichtig), prinzipiell; fundamental, elementar **2.** (CHEM) basisch; **ba·si·cally** [-lɪ] *adv* im Grunde; **basic idea** *s* Grund-, Leitgedanke *m;* **basic pay** *s* Grundgehalt *nt;* Grundlohn *m;* **basic research** *s* Grundlagenforschung *f;* **basic vocabulary** *s* Grundwortschatz *m;* **basic wage(s)** *s* (*a. pl*) Grundlohn *m*
ba·sil·ica [bə'zɪlɪkə] *s* (ARCH) Basilika *f*
ba·sin ['beɪsn] *s* **1.** Schale, Schüssel *f;* Waschbecken *nt* **2.** (GEOG) Becken *nt* **3.** Bucht *f;* Hafenbecken *nt*
ba·sis ['beɪsɪs, *pl* 'beɪsi:z] <*pl* **bases**> *s* **1.** Basis, Grundlage *f;* Fundament *nt* **2.** Grund *m;* **on the ~ of** auf Grund *+gen*, auf der Grundlage *+gen;* **serve as a ~** als Grundlage dienen
bask [bɑ:sk] *vi* (*a. fig*) sich sonnen; ~ **in the sun** ein Sonnenbad nehmen
bas·ket ['bɑ:skɪt] *s* Korb *m;* **clothes-~** Wäschekorb *m;* **basket·ball** *s* (SPORT) Basketball *m*
bass[1] [bæs] *s* Flussbarsch *m*
bass[2] [beɪs] *s* (MUS) Bass *m*
bas·soon [bə'su:n] *s* (MUS) Fagott *nt*
bas·tard ['bɑ:stəd] **I.** *s* **1.** Bastard *m* **2.** (*sl*) Schweinehund *m* **II.** *adj* unehelich
baste [beɪst] *vt* **1.** heften **2.** (*bratendes Fleisch*) mit Fett begießen **3.** verprügeln; beschimpfen
bas·tion ['bæstɪən] *s* Bastion *f*
bat[1] [bæt] *s* Fledermaus *f;* **blind as a ~** stockblind
bat[2] [bæt] **I.** *s* (SPORT) Schlagholz *nt;* **off one's own ~** auf eigene Faust **II.** *vt* (SPORT) (mit dem Schlagholz) schlagen
bat[3] [bæt] *vt:* **not to ~ an eyelid** nicht mal mit der Wimper zucken
batch [bætʃ] *s* **1.** (*Bäckerei*) Schub *m* **2.** Haufen, Stoß, Stapel *m;* **batch pro·ces·sing** *s* (INFORM) Stapelverarbeitung *f*
bated ['beɪtɪd] *adj:* **with ~ breath** mit angehaltenem Atem, voller Spannung
bath [bɑ:θ] **I.** *s* **1.** (*a.* CHEM PHOT) Bad *nt* **2.** Badewanne *f;* Badezimmer *nt* **3.** **~s** (Stadt)Bad *nt;* Badeanstalt *f* **4.** Kurort *m;* **have** [*o* **take**] **a ~** ein Bad nehmen **II.** *vt* baden; **bath cube** *s* Würfel *m* Badesalz
bathe [beɪð] **I.** *vt* baden, *a. vi*, befeuchten, benetzen; **go bathing** schwimmen, baden gehen **II.** *s* Baden *nt;* Schwimmen *nt;* **bather** ['beɪðə(r)] *s* Badende(r) *f m;* **bath·ing** ['beɪðɪŋ] *s* Baden *nt;* **bathing-cap** *s* Badehaube *f;* **bathing-costume** *s* Badeanzug *m;* **bathing-trunks** *s pl* Badehose *f*
bath·robe ['bɑ:θrəʊb] *s* Bademantel *m;* **bath·room** ['bɑ:θru:m] *s* Badezimmer *nt;* **bath towel** *s* Badetuch *nt;* **bath·tub** ['bɑ:θtʌb] *s* Badewanne *f*
ba·tik [bə'ti:k] *s* (*Textil*) Batik(druck) *m*
baton ['bætən] *s* **1.** Kommando-, Marschallstab *m* **2.** Taktstock *m* **3.** (SPORT) (Staffel)Stab *m*
bats·man ['bætsmən] <*pl* **-men**> *s* (SPORT) Schlagmann *m*
bat·tal·ion [bə'tælɪən] *s* (MIL) Bataillon *nt*
bat·ten ['bætn] **I.** *s* Leiste, Latte *f* **II.** *vt* (~ *down*) mit Brettern verstärken **III.** *vi:* ~ **on** schmarotzen bei
bat·ter ['bætə(r)] **I.** *vt, vi* **1.** heftig, wiederholt schlagen, verprügeln **2.** (~ *down, in*) nieder-, einschlagen **3.** trommeln (*at the door* gegen die Tür) **4.** böse zurichten **II.** *s* **1.** (*Spiel*) Schlagmann *m* **2.** Teig *m* (*aus Eiern, Milch und Mehl*); **bat·tered** ['bætəd] *adj* **1.** stark mitgenommen, abgenutzt **2.** (*fig*) ausgemergelt, abgezehrt; misshandelt; ~ **babies** misshandelte Kinder *ntpl;* ~ **wives** verprügelte Frauen *fpl;* **bat·ter·ing** ['bætərɪŋ] *s* Schläge *mpl;* **child ~** Kindesmisshandlung *f;* **battering ram** ['bætəriŋræm] *s* (HIST) Sturmbock *m*
bat·tery ['bætərɪ] *s* **1.** (MIL, ELEK) Batterie *f* **2.** Reihe, Serie *f* **3.** (JUR) tätlicher Angriff; Tätlichkeiten *fpl* **4.** (AGR) Legebatterie *f;*

B

battery charger *s* (ELEK) Ladegerät *nt;* **battery hen** *s* (AGR) Batteriehuhn *nt;* **battery powered** *adj* batteriebetrieben

bat·ting ['bætɪŋ] *s* **1.** (Baumwoll)Watte *f* **2.** (SPORT) Schlagen *nt*

battle ['bætl] **I.** *s* **1.** Schlacht *f* (*of* bei), Gefecht *nt* (*for* um) **2.** (*fig*) Kampf *m* (*for* um); **give** [*o* **offer**] ~ sich zum Kampf stellen **II.** *vi* sich schlagen, kämpfen, streiten (*for* um, *with* mit); **battle-axe** *s* **1.** Streitaxt *f* **2.** Hausdrachen *m;* **battle-cry** *s* Schlachtruf *m;* **battle·dress** ['bætldres] *s* Kampfanzug *m;* **battle·field**, **battle·ground** ['bætlfi:ld, 'bætlgraʊnd] *s* Schlachtfeld *nt;* **battle·ments** [-mənts] *s pl* (ARCH MIL HIST) Zinnen *fpl;* **battle·ship** ['bætlʃɪp] *s* Schlachtschiff *nt*

baulk [bɔ:k] **I.** *s* **1.** Balken *m* **2.** Hindernis *nt;* Hemmschuh *m* **II.** *vt* vereiteln, hemmen **III.** *vi* zurückschrecken (*at* vor); (*Pferd*) scheuen (*at* vor)

baux·ite ['bɔ:ksaɪt] *s* (MIN) Bauxit *m*

bawdy ['bɔ:dɪ] *adj* derb, obszön

bawl [bɔ:l] **I.** *vt* (~ *out*) herausschreien, brüllen **II.** *vi* brüllen, grölen; anschreien (*at s.o.* jdn)

bay[1] [beɪ] *s* Lorbeer(baum) *m*

bay[2] [beɪ] *s* Bucht, Bai *f*

bay[3] [beɪ] *s* **1.** Erker *m* **2.** (RAIL) Abstellgleis *nt* **3.** (AVIAT) Schacht *m*

bay[4] [beɪ] **I.** *s* Bellen *nt;* **at** ~ (*Wild*) gestellt; (*fig*) ohne Ausweg; **hold** [*o* **keep**] **at** ~ in Schach halten **II.** *vi* bellen

bay[5] [beɪ] *adj* (*Pferd*) rotbraun

bay·leaf *s* Lorbeerblatt *nt*

bay·onet ['beɪənɪt] *s* Bajonett, Seitengewehr *nt*

bay win·dow [ˌbeɪ'wɪndəʊ] *s* Erkerfenster *nt*

ba·zaar [bə'zɑ:(r)] *s* **1.** Basar *m* **2.** Kaufhaus *nt* **3.** (Wohltätigkeits)Basar *m*

be [bi:] <*irr:* am, are, is, are, being, was, were, been> *aux, vi* **1.** sein, existieren, leben, vorhanden sein; sich befinden **2.** (*Zustand*) herrschen; bleiben **3.** (*beruflich*) sein; (*in Zukunft*) werden **4.** stattfinden, geschehen, sich ereignen **5.** gehören **6.** betragen, ausmachen; kosten **7.** bedeuten; gelten (*to s.o.* jdm) **8.** müssen, sollen (*to do* tun); (*verneint*) nicht dürfen **9.** (*Passiv*) werden; ~ **about** in der Nähe sein; ~ **about to do s.th.** im Begriff sein, etw zu tun; ~ **after s.th.** hinter etw her sein; ~ **at s.th.** bei, an etw sein; ~ **at s.o.** an jdm herumnörgeln; ~ **behind** im Rückstand, zu spät dran sein; ~ **by s.o.** jdm zur Seite stehen; ~ **doing** gerade tun; ~ **down** schlecht dran sein; niedergeschlagen sein; ~ **for** eintreten für; (MAR) bestimmt sein nach; ~ **in** zu Hause sein; (PARL) einen Sitz im Parlament haben; (*fig*) am Ruder sein; ~ **in for** sich beteiligen an; zu erwarten haben; ~ **long** viel Zeit brauchen; ~ **off** weggehen; ~ **on to s.o.** jdm auf die Schliche gekommen sein; ~ **out** nicht zu Hause sein; (PARL) seinen Sitz im Parlament verlieren; Unrecht haben, auf dem Holzweg sein; ~ **out for s.th.** auf der Suche nach etw sein; ~ **up** aufgestanden sein, auf sein; ~ **up to s.o.** jds Aufgabe sein; ~ **up to s.th.** etw im Schilde führen; etw bewältigen können; **it is me** das bin ich; **as it is** wie die Dinge liegen; **here you are!** siehst du! sehen Sie!; **how is he?** wie geht es ihm?; **how is it that ...?** wie kommt es, dass ...?; **how much will that ~?** wie viel macht das?; **let it ~!** lass sein!; **that is his** das gehört ihm; **that is to say** das heißt; **there is/there are ...** es gibt ...; **there you are!** da haben Sie's!; da sind Sie ja!; **when is that to ~?** wann soll das sein?; ~ **that as it may!** wie dem auch sei!; ~ **off with you!** fort mit dir/euch! raus!; **his wife to** ~ seine Zukünftige

beach [bi:tʃ] **I.** *s* Strand *m* **II.** *vt* (*Schiff*) auf den Strand setzen; **beach·comber** ['bi:tʃkəʊmə(r)] *s* **1.** Strandwelle *f* **2.** (*fam*) Strandgutsammler(in) *m(f);* **beach·head** ['bi:tʃhed] *s* (MIL) Landekopf *m;* **beach·wear** ['bi:tʃweə(r)] *s* Strandkleidung *f*

bea·con ['bi:kən] *s* **1.** Leuchtfeuer, Lichtsignal *nt* **2.** (AVIAT MAR) Bake *f* **3.** Verkehrs-, Warnsignal *nt*

bead [bi:d] *s* **1.** Perle *f* **2.** Tropfen *m;* **say** [*o* **tell**] **one's ~s** den Rosenkranz beten; **bead·ing** ['bi:dɪŋ] *s* Perlschnur *f;* Perlstab *m;* **beady** ['bi:dɪ] *adj:* ~ **eyes** Kulleraugen *ntpl;* **cast one's** ~ **eyes on s.th.** sich etw (gut) ansehen

beak [bi:k] *s* **1.** Schnabel *m* **2.** (*sl*) Kadi *m*

beaker ['bi:kə(r)] *s* Becherglas *nt*

beam [bi:m] **I.** *s* **1.** Balken *m* **2.** (~ *of balance*) Waagebalken *m* **3.** (*Schiff*) Deck-, Querbalken *m* **4.** (MAR, AVIAT) (größte) Breite *f* **5.** (~ *of light*) (Licht)Strahl *m* **6.** (RADIO) Leit-, Richtstrahl *m* **7.** (*fig*) strahlender Blick; **off** ~ vom Kurs abgekommen; **on** ~ auf Kurs; **be on one's ~-ends** (*fig*) aus dem letzten Loch pfeifen; **broad in the** ~ breit gebaut (*Mensch*) **II.** *vt* (TV) ausstrahlen, senden **III.** *vi* (übers ganze Gesicht) strahlen (*with joy* vor Freude); **beam·ing** ['-ɪŋ] *adj* (*Mensch*) strahlend (*with* vor)

bean [bi:n] *s* **1.** Bohne *f* **2.** (*sl*) Birne *f;* **spill the ~s** (*fam*) nicht dichthalten; **I haven't a** ~ (*fam*) ich bin (völlig) abgebrannt; **full of ~s** in guter Laune, übermütig

bean-feast *s* Festessen *nt;* **bean sprout** *s* Sojasprosse *f,* Sojabohnenkeim *m*

bear[1] [beə(r)] **I.** *s* **1.** Bär *m* **2.** (*fig*) (grober) Klotz *m* **3.** (COM) Baissespekulant(in) *m(f)* **II.** *vi* auf Baisse spekulieren

bear[2] [beə(r)] <*irr:* bore, borne> **I.** *vt* **1.** tragen; (*Namen, Waffe*) führen, tragen; (*Zeichen*) tragen **2.** (*Amt*) ausüben, innehaben **3.** (*Gefühl*) hegen (*against* gegen) **4.** (*Frucht*) tragen, (hervor)bringen; (*Zinsen, Geld*) (ein)bringen, eintragen **5.** (*fig*) (v)ertragen, aushalten, erdulden, leiden **6.** ertragen, dulden, zulassen, gestatten **7.** (*Menschen*) ausstehen, leiden (können); ~ **comparison** einem Vergleich standhalten (*with* mit); ~ **s.o. a grudge** jdm grollen, jdm böse sein; ~ **s.o. in mind** an jdn denken; ~ **s.th. in mind** etw berücksichtigen; ~ **s.o. out** jds Aussagen bestätigen; ~ (**a**) **resemblance to** gleichen *dat,* ähneln, ähnlich sein *dat;* ~ **witness** Zeugnis ablegen (*to* für) **II.** *vi* **1.** sich wenden, sich halten (*to the right* nach rechts, rechts), eine Richtung einschlagen (*to* nach) **2.** sich stützen; sich drücken **3.** (*fig*) lasten (*on* auf) **4.** einen Einfluss haben (*on* auf); sich beziehen (*on* auf); **bring pressure to** ~ Druck ausüben (*on* auf); **bear down** *vi* sich stürzen, losgehen (*on* auf); (*fig*) belasten (*on s.o.* jdn); **bear off** *vt* davontragen; entfernen; (*fig*) gewinnen; **bear up** *vi* sich tapfer zeigen; standhaft bleiben; **bear upon** *vi* Bezug haben auf; Bedeutung haben für; **bear with** *vi* Geduld haben mit

bear·able ['beərəbl] *adj* erträglich

beard [bɪəd] *s* Bart *m;* **bearded** ['-ɪd] *adj* bärtig; **beard·less** ['-lɪs] *adj* bartlos

bearer ['beərə(r)] *s* **1.** Träger(in) *m(f)* **2.** (COM) Überbringer(in) *m(f)*

bear·ing ['beərɪŋ] *s* **1.** Ertragen, Dulden, Aushalten *nt* **2.** Verhalten, Auftreten, Benehmen *nt* **3.** Bezeichnung *f,* Bezug *m* (*on* auf) **4.** Tragweite *f;* Wirkung *f;* Einfluss *m* (*on* auf) **5.** ~**s** Lage *f;* Kompasskurs *m* **6.** (TECH) Lager(ung *f*) *nt;* **beyond** [*o* **past**] **all** ~ unerträglich; **have a** ~ **upon** von Bedeutung sein für, Einfluss haben auf; **have lost one's** ~**s** sich verlaufen haben; (*fig*) nicht mehr aus noch ein wissen; **take one's** ~**s** sich orientieren

bear·skin ['beəskɪn] *s* Bärenfellmütze *f*

beast [biːst] *s* **1.** (wildes) Tier *nt* **2.** (*fig*) Biest *nt;* **beast·ly** ['-lɪ] *adj* **1.** (*fig*) viehisch **2.** (*fam*) grässlich, abscheulich

beat [biːt] <*irr:* beat, beat(en)> **I.** *vt* **1.** schlagen; (*Pfad*) trampeln; (*Weg*) bahnen; (*Teppich*) klopfen; (*Regen*) peitschen (*against the trees* gegen die Bäume), schlagen (*the windows* an die Fenster); (*Eier, Feind*) schlagen **2.** (*Wild*) aufstöbern **3.** (*den Takt*) schlagen **4.** hauen, verhauen, prügeln; (*fam*) verdreschen **5.** (*Gegend*) absuchen **6.** (MIL SPORT) schlagen, besiegen; ~ **s.th. into s.o.** jdm etw einbläuen; ~ **s.o. to s.th.** jdm bei etw zuvorkommen; ~ **a retreat** das Weite suchen; ~ **time** den Takt schlagen; ~ **it!** hau ab! **II.** *vi* **1.** schlagen (*on* an, gegen), klopfen (*a. Herz*), pochen (*at* an) **2.** stürmen, tosen **3.** (*Regen*) prasseln, klatschen (*on* an, auf) **4.** (MAR) lavieren, kreuzen **III.** *s* **1.** Schlag(en *nt*) *m;* Klopfen, Pochen *nt* **2.** (Herz)Schlag *m* **3.** Takt *m* **4.** (~ *music*) Beat *m* **5.** Rundgang *m;* Runde *f;* (Jagd)Revier *nt* **IV.** *adj* (*sl*) ausgepumpt, geschafft, fertig; **dead** ~ (*fam: Mensch*) völlig erledigt, total kaputt; **beat about, beat around** *vi* um sich schlagen; ~ **about the bush** wie die Katze um den heißen Brei herumschleichen; **beat back** *vt* zurückschlagen; **beat down** *vt* ein-, niederschlagen; (*Preis*) drücken; **beat in** *vt* (*Tür, Wand*) einschlagen, -stoßen; **beat off** *vt* abwehren; **beat up** *vt* (*Küche*) kräftig verrühren; (*Menschen*) verdreschen

beaten ['biːtn] **I.** *pp of* **beat II.** *adj* **1.** geschlagen **2.** (*Weg*) ausgetreten **3.** (*fig*) geschlagen; **off the** ~ **track** (*fig*) weit abgelegen; **beater** ['biːtə(r)] *s* **1.** Schläger, Klopfer *m* **2.** (*Jagd*) Treiber(in) *m(f)*

bea·tif·ic [bɪə'tɪfɪk] *adj* (glück)selig; **bea·ti·fi·ca·tion** [bɪˌætɪfɪ'keɪʃn] *s* Seligsprechung *f;* **be·ati·fy** [bɪ'ætɪfaɪ] *vt* selig sprechen

beat·ing ['biːtɪŋ] *s* Schlagen *nt;* Prügel *pl;* **give s.o. a good** ~ jdm eine tüchtige Tracht Prügel geben

beat·nik ['biːtnɪk] *s* Beatnik *m*

beau·tician [bjuː'tɪʃn] *s* Kosmetiker(in) *m(f);* **beau·ti·ful** ['bjuːtɪfl] *adj* schön; herrlich, wundervoll; **beau·tify** ['bjuːtɪfaɪ] *vt* verschönern; **beauty** ['bjuːtɪ] *s* **1.** Schönheit *f* **2.** Prachtexemplar *nt;* **a** ~ etw Schönes; ~ **is only skin-deep** der äußere Schein kann trügen; **Sleeping Beauty** Dornröschen *nt;* **beauty contest** *s* Schönheitswettbewerb *m;* **beauty parlo(u)r, beauty salon** *s* Schönheitssalon *m;* **beauty-spot** *s* Schönheitspflästerchen *nt;* schöne Gegend

bea·ver ['biːvə(r)] *s* Biber *m;* **eager** ~ Streber(in) *m(f),* Enthusiast(in) *m(f)*

be·calmed [bɪ'kɑːmd] *adj:* **be** ~ (*Schiff*) in eine Flaute geraten sein

be·came [bɪ'keɪm] *s.* **become**

be·cause [bɪ'kɒz] **I.** *conj* weil, da **II.** *prep:* ~ **of** wegen, infolge +*gen;* ~ **of her/him**

ihret-/seinetwegen

beck [bek] *s:* **be at s.o.'s ~ and call** nach jds Pfeife tanzen

beckon ['bekən] *vt* (zu)winken (*s.o.* jdm)

be·come [bɪ'kʌm] <*irr:* **became, become**> **I.** *vi* werden **II.** *vt* **1.** (gut) stehen (*s.o.* jdm), kleiden, passen (*s.o.* jdm) **2.** sich schicken für; **be·com·ing** [-ɪŋ] *adj* kleidsam; **be ~ to s.o.** jdm sehr gut stehen; sich für jdn schicken

bec·querel ['bekərel] *s* Becquerel *nt*

bed [bed] **I.** *s* **1.** Bett *nt* **2.** (Blumen)Beet *nt* **3.** (*river ~*) Flussbett *nt;* Meeresboden *m* **4.** (TECH) Unterbau *m,* -lage *f;* **get out of ~** aufstehen; **go to ~** zu Bett, schlafen gehen; **put to ~** zu Bett bringen; **take to one's ~** sich ins Bett legen (müssen); **double ~** Doppelbett *nt* **II.** *vt* setzen, pflanzen; **bed down** *vt* das Bett machen für; **bed in** *vt* einbetten; **bed and breakfast** *s* Zimmer *nt* mit Frühstück

be·daubed [bɪ'dɔːbd] *adj* beschmiert (*with* mit)

bed-clothes ['bedkləʊðz] *s pl* Bettwäsche *f,* -zeug *nt;* **bed·ding** ['bedɪŋ] *s* **1.** Bettzeug *nt,* -wäsche *f* **2.** Streu *f*

be·deck [bɪ'dek] *vt* schmücken, zieren

be·dev·il [bɪ'devl] *vt:* **be ~(l)ed** durcheinander gebracht, gestört sein

bed-fellow ['bed,feləʊ] *s* Schlafkamerad(in) *m(f);* (*fig*) Freund(in) *m(f)*

bed·lam ['bedləm] *s* (*fig*) Tollhaus, Chaos *nt*

bed·linen ['bed,lɪnɪn] *s* Bettwäsche *f*

Bed·ouin ['bedʊɪn] **I.** *s* Beduine *m,* Beduinin *f* **II.** *adj* beduinisch

be·drag·gled [bɪ'drægld] *adj* beschmutzt

bed·ridden ['bed,rɪdn] *adj* bettlägerig; **bed-rock** ['bedrɒk] *s* **1.** (GEOL) gewachsener Fels **2.** (*fig*) Grundlage *f;* **bed·room** ['bedrʊm] *s* Schlafzimmer *nt;* **bed·side** ['bedsaɪd] *s:* **have a good ~ manner** (*Arzt*) gut mit Kranken umzugehen verstehen; **sit at s.o.'s ~** an jds Bett sitzen; **bedside lamp** *s* Nacht(tisch)lampe *f;* **bedside rug** *s* Bettvorleger *m;* **bedside table** *s* Nachttisch *m;* **bed·sit·ting-room, bed·sit·ter** [,bed'sɪtɪŋrʊm, ,bed'sɪtə(r)] *s* Wohn-Schlaf-Zimmer *nt;* möbliertes Zimmer; **bed·sore** ['bedsɔː(r)] *s* wundgelegene Stelle; **bed·spread** ['bedspred] *s* Tagesdecke *f;* **bed·stead** ['bedsted] *s* Bettgestell *nt;* **bed·time** ['bedtaɪm] *s* Schlafenszeit *f*

bee [biː] *s* **1.** Biene *f* **2.** (*Am*) Zirkel *m,* Kränzchen *nt;* **busy as a ~** fleißig wie eine Biene; **have a ~ in one's bonnet** einen Tick haben; **queen ~** Bienenkönigin *f*

Beeb [biːb] *s* (*fam*) BBC *f*

beech [biːtʃ] *s* Buche(nholz *nt*) *f;* **beech·nut** ['biːtʃnʌt] *s* Buchecker *f*

beef [biːf] **I.** *s* **1.** Rindfleisch *nt* **2.** (*fam: Mensch*) (Muskel)Kraft *f* **II.** *vi* (*sl*) meckern (*about* über); **beef·cake** ['biːfkeɪk] *s* (*sl*) leicht bekleidete Männer (*bes. in Zeitschriften*); **beef·eater** ['biːf,iːtə(r)] *s* Tower-Wärter *m;* **beef·steak** [,biːf'steɪk] *s* Beefsteak *nt;* **beef(steak) tomato** *s* Fleischtomate *f;* **beefy** ['biːfɪ] *adj* fleischig

bee·hive ['biːhaɪv] *s* Bienenstock *m;* **bee·keeper** ['biː,kiːpə(r)] *s* Imker(in) *m(f),* Bienenzüchter(in) *m(f);* **bee-line** *s:* **make a ~ for** gerade(wegs) zugehen auf

been [biːn] *s.* **be**

beer [bɪə(r)] *s* Bier *nt;* **beery** ['bɪərɪ] *adj* in Bierlaune, bierselig

bees·wax ['biːzwæks] *s* Bienenwachs *nt*

beet [biːt] *s* Rübe *f;* **red ~** rote Rübe, Bete; **sugar ~** Zuckerrübe *f*

beetle[1] ['biːtl] *s* Ramme *f;* Stampfer *m*

beetle[2] ['biːtl] **I.** *s* Käfer *m* **II.** *vi* überhängen, hervorragen, überstehen; **~ off** abschwirren, abziehen; **beetle-browed** ['biːtl,braʊd] *adj* mit buschigen Augenbrauen

beet·root ['biːtruːt] *s* rote Bete; **beet sugar** *s* Rübenzucker *m*

be·fall [bɪ'fɔːl] *irr vt* widerfahren (*s.o.* jdm); **what has befallen him?** was ist ihm zugestoßen?

be·fit [bɪ'fɪt] *vt* angebracht, passend sein (*the occasion* für die Gelegenheit); **be·fit·ting** [-ɪŋ] *adj* angemessen, schicklich

be·fore [bɪ'fɔː(r)] **I.** *prep* (*zeitlich, räumlich*) vor; **the day ~ yesterday** vorgestern; **~ long** bald, in Bälde; **business ~ pleasure** (*prov*) erst die Arbeit, dann das Vergnügen **II.** *adv* vorn; voran; voraus; (*zeitlich*) (schon) früher, vorher, zuvor; ehemals; **the day ~** am Tag vorher; **long ~** lange vorher, viel früher **III.** *conj* bevor, eher; ehe; **be·fore·hand** [bɪ'fɔːhænd] *adv* im Voraus, (schon) vorher

be·friend [bɪ'frend] *vt* als Freund behandeln; helfen, unterstützen

beg [beg] **I.** *vt* erbitten; bitten um; **~ a favour of s.o.** jdn um etw bitten; **~ leave to** um Erlaubnis bitten zu; **I ~ your pardon** Verzeihung! wie bitte?; **we ~ to inform you** wir gestatten uns Ihnen mitzuteilen **II.** *vi* **1.** bitten (*for* um) **2.** betteln (gehen) (*for* um); **it is going ~ging** es ist noch zu haben

be·gan [bɪ'gæn] *s.* **begin**

be·get [bɪ'get] <*irr:* **begot, begot(ten)**> *vt* (er)zeugen, hervorbringen

beg·gar ['begə(r)] **I.** *s* **1.** Bettler(in) *m(f)*

2. (*fam*) Bürschchen *nt,* Kerl(chen *nt*) *m* **II.** *vt* an den Bettelstab bringen, ruinieren; **beg·gar·ly** ['begəlɪ] *adj* ärmlich, arm(selig); (*a. fig*) dürftig

be·gin [bɪ'gɪn] <*irr:* **began, begun**> **I.** *vt* beginnen, anfangen; starten **II.** *vi* **1.** seinen Anfang nehmen; entstehen; beginnen **2.** ausgehen (*at* von); ~ **again** (wieder) von vorn anfangen; **to ~ with** erstens; zunächst; **he began by saying ...** zuerst sagte er ...; **be·gin·ner** [bɪ'gɪnə(r)] *s* Anfänger(in) *m(f);* **be·gin·ning** [-ɪŋ] *s* **1.** Beginn *m;* Anfang *m* **2.** Ausgangspunkt, Ursprung *m;* **at the very ~** ganz am Anfang; **from the ~** von Anfang an; **from ~ to end** von Anfang bis Ende; **in the ~** anfangs, am Anfang

be·gonia [bɪ'gəʊnɪə] *s* Begonie *f*

be·got, be·got·ten [bɪ'gɒt, bɪ'gɒtn] *s.* **beget**

be·grudge [bɪ'grʌdʒ] *vt* beneiden (*s.o. s.th.* jdn um etw); nicht gönnen (*s.o. s.th.* jdm etw); ~ **doing s.th.** etw widerwillig tun

be·guile [bɪ'gaɪl] *vt* **1.** täuschen, betrügen **2.** verführen, verleiten (*into doing s.th.* etw zu tun) **3.** (*Zeit*) vertreiben

be·gun [bɪ'gʌn] *s.* **begin**

be·half [bɪ'hɑːf] *s:* **on ~ of** im Interesse, zu Gunsten, im Sinne von; für; im Namen von

be·have [bɪ'heɪv] **I.** *vi* **1.** sich betragen, sich (gut) benehmen **2.** (*Sache*) gehen, laufen, funktionieren; **he doesn't know how to ~** er weiß sich nicht zu benehmen **II.** *vr* sich benehmen; **~ yourself!** benimm dich!; **be·hav·ior** *s* (*Am*), **be·hav·iour** [bɪ'heɪvɪə(r)] *s* Verhalten, Betragen, Benehmen *nt* (*to, towards* gegen); **be on one's best ~** sich von seiner besten Seite zeigen; **be·hav·iour·ism** [-ɪzəm] *s* Behaviorismus *m* (*psychol. Richtung*); **behaviour pattern** *s* Verhaltensweise *f*

be·head [bɪ'hed] *vt* enthaupten

be·hind [bɪ'haɪnd] **I.** *prep* hinter (*a. zeitlich, Reihenfolge*); (*Rangfolge*) unter; **he has s.o. ~ him** hinter ihm steht jemand; **who's ~ that scheme?** wer steckt hinter dem Plan?; **~ time** zu spät; **be ~ the times** hinter seiner Zeit zurück sein **II.** *adv* hinten; nach hinten, zurück; dahinter; (*a. fig*) hinterher; rückständig (*with, in* mit); **be ~ in** [*o* **with**] **s.th.** mit einer Sache im Rückstand sein; **fall ~** zurückbleiben; **my watch is ten minutes ~** meine Uhr geht zehn Minuten nach **III.** *s* (*fam*) Hintern *m;* **be·hind·hand** [bɪ'haɪndhænd] *adv* zurück, im Rückstand (*with* mit)

be·hookie [biː'hʊkɪ] *s* (*Am: fam*) Hintern *m*

beige [beɪʒ] *adj* beige

be·ing ['biːɪŋ] **I.** *ppr of* **be II.** *s* **1.** Dasein *nt* **2.** Wesen *nt,* Natur *f;* Existenz *f* **3.** (Lebe)Wesen, Geschöpf *nt;* **in ~** existierend, vorhanden; **this ~ so ...** da dies (nun einmal) so ist ...; **the time ~** zum gegenwärtigen Zeitpunkt; zurzeit; **for the time ~** einstweilen; **come into ~** entstehen

Be·la·rus [ˌbelə'rʌs] *s* Weißrussland *nt;* **Be·la·rus·sian** [ˌbelə'rʌʃn] **I.** *adj* weißrussisch **II.** *s* Weißrusse *m,* -russin *f*

be·lated [bɪ'leɪtɪd] *adj* verspätet

belch [beltʃ] **I.** *vi* rülpsen, aufstoßen **II.** *vt* von sich geben, ausstoßen, auswerfen **III.** *s* **1.** Aufstoßen *nt* **2.** (*Vulkan*) Ausbruch *m*

be·leaguer [bɪ'liːgə(r)] *vt* belagern

bel·fry ['belfrɪ] *s* Glockenturm *m*

Bel·gian ['beldʒən] **I.** *s* Belgier(in) *m(f)* **II.** *adj* belgisch; **Bel·gium** ['beldʒəm] *s* Belgien *nt*

be·lie [bɪ'laɪ] *vt* **1.** belügen, hintergehen **2.** Lügen strafen

be·lief [bɪ'liːf] *s* **1.** (*a.* REL) Glaube(n) *m* (*in* an), Vertrauen *nt* (*in* zu), Zuversicht *f* **2.** Meinung, Überzeugung *f;* **beyond** [*o* **past**] **all ~** unglaublich; **to the best of one's ~** nach bestem Wissen u. Gewissen; **be·liev·able** [bɪ'liːvəbl] *adj* glaubhaft, glaubwürdig; **be·lieve** [bɪ'liːv] **I.** *vi* **1.** glauben (*in* an), vertrauen (*in* auf), überzeugt sein (*in* von) **2.** der Meinung sein (*that* dass); **~ in** Vertrauen haben zu; **I ~ so** ich glaube Ja; **I ~ not** ich glaube Nein **II.** *vt* **1.** glauben **2.** denken, meinen **3.** halten für; **would you ~ it!** hätten Sie das für möglich gehalten!; **be·liever** [bɪ'liːvə(r)] *s* Gläubige(r) *f m;* **he is a great ~** er glaubt fest (*in* an)

be·little [bɪ'lɪtl] *vt* herabsetzen, -würdigen, schmälern

bell [bel] *s* **1.** Glocke *f;* Schelle, Klingel *f* **2.** Läuten *nt* **3.** (Blüten)Kelch *m* **4.** (MAR) Schiffsglocke *f;* **answer the ~** die (Haus)Tür öffnen; **this rings a ~** das kommt mir bekannt vor; **sound as a ~** gesund u. munter

bella·donna [ˌbelədɒnə] *s* Tollkirsche *f*

bell·boy ['belbɔɪ] *s* Page *m;* **bell-flower** *s* Glockenblume *f*

bel·li·cose ['belɪkəʊs] *adj* kriegerisch

bel·liger·ent [bɪ'lɪdʒərənt] *adj* Krieg führend; (*Mensch*) aggressiv

bel·low ['beləʊ] **I.** *vi* brüllen; (*vor Schmerz*) heulen **II.** *s* Gebrüll *nt*

bel·lows ['beləʊz] *s pl* Blasebalg *m*

bell-push ['belpʊʃ] *s* Klingelknopf *m*

belly ['belɪ] *s* **1.** Bauch *m* **2.** Magen *m;* Unterleib *m* **3.** Ausbauchung *f;* **belly·ache I.** *s* Leibschmerzen *mpl;* (*fam*) Bauchweh *nt*

B

II. *vi* mächtig jammern, klagen; **belly button** *s* (*fam*) Bauchnabel *m;* **belly dancer** *s* Bauchtänzerin *f;* **belly landing** *s* Bauchlandung *f*

be·long [bɪ'lɒŋ] *vi* **1.** gehören (*to s.o.* jdm) **2.** (*einer Gemeinschaft*) angehören (*to dat*), dazugehören **3.** zukommen, gebühren (*to s.o.* jdm); ~ **here** hergehören, am rechten Platz sein; **I ~ here** ich bin von hier; **where does that ~?** wohin gehört das?; **be·long·ings** [-ɪŋz] *s pl* Eigentum *nt,* Habe *f,* Sachen *fpl;* **my ~** meine Habseligkeiten *fpl*

be·loved [bɪ'lʌvɪd] **I.** *adj* (innig) geliebt, (heiß) geliebt (*of, by* von) **II.** *s* Geliebte(r) *f m,* Liebling *m*

be·low [bɪ'ləʊ] **I.** *prep* (*Ort, Rang, Wert*) unter; unterhalb +*gen,* niedriger; geringer; ~ **him** unter seiner Würde; ~ **the mark** von geringer Qualität **II.** *adv* unten; nach unten, abwärts; hinunter, hinab; niedriger im Rang; **see ~** siehe unten; **go ~** unter Deck gehen

belt [belt] **I.** *s* **1.** Gürtel *m;* Riemen *m;* Gurt *m* **2.** (SPORT) Gürtellinie *f* **3.** Zone *f,* (Anbau)Gebiet *nt* **4.** (TECH) Treibriemen *m;* **below the ~** unter der Gürtellinie; (*fig*) unfair; **hit s.o. below the ~** jdm einen Tiefschlag versetzen; **tighten one's ~** (*a. fig*) den Gürtel enger schnallen; **fasten your seat ~s!** anschnallen!; **green ~** Grüngürtel *m* (*einer Stadt*)*;* **safety ~** Sicherheitsgurt *m* **II.** *vt* **1.** um-, anschnallen **2.** verdreschen, verprügeln; **belt out** *vt* (*fam*) schmettern; **belt up** *vi* (*sl*) die Klappe halten

belter ['beltə(r)] *s* (*sl*) stimmungsvolles Lied

be·moan [bɪ'məʊn] *vt* beklagen, bedauern

be·mused [bɪ'mju:zd] *adj* verwirrt

bench [bentʃ] *s* **1.** (Sitz)Bank *f* **2.** Richteramt *nt,* Richter *mpl,* Gericht *nt* **3.** Werkbank *f;* **be on the ~** Richter sein; (SPORT) auf der Reservebank sein; **be raised to the ~** zum Richter bestellt werden; **carpenter's ~** Hobelbank *f;* **bench·mark** *s* (*fig*) Maßstab *m;* ~ **price** Richtpreis *m;* **bench test** *s* Test *m* auf dem Prüfstand

bend [bend] <*irr:* **bent, bent**> **I.** *vt* **1.** biegen, beugen, knicken, krümmen; abbiegen (*from* von); (*Bogen*) spannen; (*Kopf*) wenden (*towards us* uns zu) **2.** unterwerfen (*s.o. to one's will* jdn seinem Willen); ~ **s.th. out of shape** etwas verbiegen; ~ **the law** das Gesetz beugen **II.** *vi* **1.** sich biegen, sich beugen, sich neigen; sich krümmen **2.** (*fig*) sich unterwerfen **3.** (*Fluss, Straße, Bahn*) eine Biegung machen **III.** *s* Biegung, Krümmung *f;* Kurve *f;* **round the ~** (*fam*) verrückt; **bend back** *vi* sich zurückbiegen; **bend down** *vi* sich bücken; **bended** ['bendɪd] *adj* gebeugt; **on one's ~ knees** kniefällig

be·neath [bɪ'ni:θ] **I.** *prep* (*Ort und Rang*) unter, unterhalb; **that's ~ him** das ist unter seiner Würde **II.** *adv* (weiter) unten, tiefer

bene·dic·tion [ˌbenɪ'dɪkʃn] *s* Segen(sspruch) *m;* Segnung *f*

bene·fac·tion [ˌbenɪ'fækʃn] *s* **1.** Wohltat *f* **2.** (Geld)Spende *f;* **bene·fac·tor, bene·fac·tress** ['benɪfæktə(r), -trɪs] *s* Wohltäter(in) *m(f),* Förderer *m,* Förderin *f*

be·nefi·cence [bɪ'nefɪsns] *s* Mildtätigkeit, Wohltätigkeit *f;* **be·nefi·cent** [bɪ'nefɪsnt] *adj* wohltätig

bene·fi·cial [ˌbenɪ'fɪʃl] *adj* **1.** nützlich; wohltuend, gesund **2.** (JUR) nutznießend; **bene·fi·ci·ary** [ˌbenɪ'fɪʃərɪ] *s* (JUR) Begünstigte(r) *f m,* Nutznießer(in) *m(f)*

bene·fit ['benɪfɪt] **I.** *s* **1.** Wohltat *f;* Gunst *f;* Hilfe *f* **2.** Nutzen, Vorteil, Gewinn *m* **3.** (*finanziell*) Unterstützung, Beihilfe *f* **4.** (THEAT) Benefizvorstellung *f;* **for the ~ of** zum Nutzen von; **for the public ~** im öffentlichen Interesse; **sickness ~** Krankengeld *nt;* **unemployment ~** Arbeitslosengeld *nt* **II.** *vt* gut tun, nützen (*s.o.* jdm) **III.** *vi* Nutzen ziehen (*by* aus), begünstigt sein (*by* durch)

ben·ev·ol·ence [bɪ'nevələns] *s* Güte *f;* Wohltätigkeit *f;* **ben·ev·ol·ent** [bɪ'nevələnt] *adj* wohlwollend; wohltätig, hilfsbereit; ~ **fund** Unterstützungsfonds *m*

be·nign [bɪ'naɪn] *adj* **1.** gütig, hilfsbereit, gefällig **2.** (*Klima*) mild, gesund **3.** (MED) gutartig

bent [bent] **I.** *pt, pp of* **bend II.** *s* (*fig*) Neigung *f,* Hang *m;* Begabung *f* (*for* zu, für); **follow one's ~** seinen Neigungen nachgehen **III.** *adj* versessen (*on* auf); **be ~ on doing s.th.** entschlossen sein etw zu tun

be·numbed [bɪ'nʌmd] *adj* **1.** steif (gefroren), starr, erstarrt (*with cold* vor Kälte) **2.** (*fig*) benommen, wie gelähmt

ben·zene ['benzi:n] *s* (CHEM) Benzol *nt;* **ben·zine** ['benzi:n] *s* Benzin *nt* (*bes. Reinigungsmittel*)

be·queath [bɪ'kwi:ð] *vt* vererben; **be·quest** [bɪ'kwest] *s* Hinterlassenschaft *f*

be·rate [bɪ'reɪt] *vt* ausschimpfen

be·reave [bɪ'ri:v] <*irr:* **bereft, bereft**> *vt* **1.** berauben (*of* +*gen*) **2.** rauben, nehmen (*s.o. of s.o.* jdm jdn); **the ~d** die Hinterbliebenen *pl;* **be·reave·ment** [-mənt] *s* Trauerfall *m;* schmerzlicher Verlust

be·reft [bɪ'reft] *pt, pp of* **bereave**

beret ['bereɪ] *s* Baskenmütze *f,* Béret *nt*

Ber·mu·da shorts [bɜ:'mju:dəʃɔ:ts] *s pl*

Bermudashorts *pl*

berry ['berɪ] *s* Beere *f*

ber·serk [bə'sɜːk] *adj:* **go ~** rabiat werden

berth [bɜːθ] **I.** *s* **1.** (MAR) Koje *f;* (RAIL) Schlafwagenplatz *m* **2.** Liege-, Ankerplatz *m;* **give s.th. a wide ~** einen weiten Bogen um etw machen **II.** *vi* (*Schiff*) anlegen

be·seech [bɪ'siːtʃ] <*irr:* beseeched (besought) , beseeched (besought)> *vt* (*Person*) ersuchen, anflehen (*for* um); **be·seech·ing** [-ɪŋ] *adj* flehentlich

be·set [bɪ'set] <*irr:* beset, beset> *vt* bedrängen, heimsuchen; **~ with difficulties** mit Schwierigkeiten überhäuft; **be·set·ting** [-ɪŋ] *adj:* **~ sin** Gewohnheitslaster *nt*

be·side [bɪ'saɪd] *prep* **1.** (*örtlich*) neben, (nahe) an, bei, dicht bei **2.** (*fig*) neben, verglichen mit; **be ~ oneself** außer sich sein; **that is ~ the point** [*o* **question**] das hat nichts mit der Sache zu tun

be·sides [bɪ'saɪdz] **I.** *prep* außer, neben; abgesehen von **II.** *adv* außerdem, ferner, (noch) dazu, überdies, sonst

be·siege [bɪ'siːdʒ] *vt* (*a. fig*) belagern; **~ s.o. with questions** jdn mit Fragen bestürmen

be·smirch [bɪ'smɜːtʃ] *vt* (*meist fig*) beschmutzen, besudeln

be·sot·ted [bɪ'sɒtɪd] *adj* **1.** betrunken, betäubt (*with* von) **2.** vernarrt (*with* in)

be·sought [bɪ'sɔːt] *pt, pp of* **beseech**

best [best] <*Superlativ von* good, well> **I.** *adj* beste(r, s) **II.** *s:* **the ~** der, die, das Beste **III.** *adv* am besten; am meisten **IV.** *vt* (*fam*) übertreffen, übertrumpfen **V.** (*Wendungen*): **at ~** bestenfalls, höchstens; **~ before date** Haltbarkeitsdatum *nt;* **in one's (Sunday) ~** im Sonntagsstaat; **to the ~ of one's knowledge** nach bestem Wissen; **to the ~ of one's power** [*o* **ability**] so gut man kann; **with the ~ of them** so gut wie nur einer; **be at one's ~** ganz auf der Höhe sein; **do one's ~** sein Bestes, Möglichstes tun; **make the ~ of it** das Beste aus der Sache machen; **put one's ~ foot forward** (*fig*) sein Bestes tun; **the ~ part of s.th.** das meiste von etwas; **like ~** am liebsten mögen; **you had ~ ...** du würdest am besten, du solltest ...

bes·tial ['bestɪəl] *adj* tierisch; unmenschlich; bestialisch; **bes·ti·al·ity** [ˌbestɪ'ælətɪ] *s* **1.** Bestialität, Brutalität *f* **2.** Perversität *f*

be·stir [bɪ'stɜː(r)] *vr* sich rühren, sich regen

be·stow [bɪ'stəʊ] *vt* verleihen (*s.th. on s.o.* jdm etw); **be·stowal** [bɪ'stəʊəl] *s* Verleihung, Übertragung *f*

best-seller ['bestselə(r)] *s* Bestseller *m*

bet [bet] <*irr:* bet (betted), bet (betted)> **I.** *vi, vt* wetten; **I ~ five pounds on that horse** ich setze fünf Pfund auf das Pferd; **he ~ me five pounds** er wettete mit mir um fünf Pfund; **you ~!** (*fam*) aber sicher!; **you can ~ your bottom dollar** (*fam*) darauf können Sie Gift nehmen!; **I ~ you (ten to one) that ...** ich wette mit Ihnen (zehn gegen eins), dass ... **II.** *s* Wette *f;* Wetteinsatz *m;* **that's your best ~!** das ist Ihre beste Chance!

beta-blocker ['biːtɜ'blɒkə(r)] *s* (MED) Betablocker *m*

beta·carot·ene [ˌbiːtə'kærətiːn] *s* Beta-Karotin *nt*

be·tray [bɪ'treɪ] *vt* **1.** verraten (*to* an) **2.** (*Geheimnis*) preisgeben; (*Vertrauen*) missbrauchen; (*Versprechen*) nicht halten **3.** untreu werden (*s.o.* jdm); **~ o.s.** sich verraten; **be·trayal** [bɪ'treɪəl] *s* Verrat *m* (*of* an)

bet·ter ['betə(r)] <*Komparativ von* good, well> **I.** *adj* besser; mehr (*than* als) **II.** *s:* **the ~** der, die, das Bessere; **one's ~s** Höhergestellte *pl* **III.** *adv* besser **IV.** *vt* (ver)bessern; übertreffen; **~ o.s.** sich (beruflich) verbessern; vorwärtskommen **V.** (*Wendungen*): **for ~ (f)or worse** in Freud u. Leid; **change for the ~** sich zum Besseren wenden; **get the ~ of s.o.** jdn übertreffen; **I am getting ~ now** es geht mir (gesundheitlich) (wieder) besser; **I know ~** da lasse ich mir nichts vormachen; **he thought ~ of it** er überlegte es sich noch einmal; **all the ~, so much the ~** umso besser; **~ off** besser dran; wohlhabender, reicher; **the sooner the ~** je eher, desto besser; **the ~ part** [*o* **half**] **of** der größere Teil *+gen,* mehr als die Hälfte; **~ and ~** immer besser; **like ~** lieber haben, vorziehen; **you had ~ go, you ~ go now** du tätest besser daran jetzt zu gehen; **you had ~ not!** das will ich dir nicht geraten haben!

bet·ter, bet·tor ['betə(r)] *s* Wettende(r) *f m*

bet·ter·ment ['betəmənt] *s* **1.** Verbesserung *f* **2.** (Wert)Steigerung *f,* Zuwachs *m*

bet·ting ['betɪŋ] *s* Wetten *nt;* **betting office** *s* Wettbüro *nt*

be·tween [bɪ'twiːn] **I.** *prep* (*zeitlich, örtlich, der Menge, dem Grad nach*) zwischen, unter; dazwischen, darunter; **far ~** in großen Abständen; **few and far ~** (*fig*) dünn gesät; **in ~** dazwischen; inmitten; **~ you and me** unter uns (gesagt) **II.** *adv* dazwischen, darunter; mittendrin

bevel ['bevl] **I.** *s* (TECH) Abschrägung *f* **II.** *vt* (*Kante*) abschrägen

bev·er·age ['bevərɪdʒ] *s* Getränk *nt*

bevvy ['bevɪ] *s* **1.** (*Br fam*) (alkoholisches) Getränk *nt* **2.** (*Br fam*) Saufabend *m*

be·wail [bɪ'weɪl] *vt* beklagen

be·ware [bɪ'weə(r)] *vi* (*nur im Imperativ inf*) sich in Acht nehmen; ~ **what you say!** gib Acht auf das, was du sagst!; ~ **of the dog!** Achtung, bissiger Hund!; ~ **of pickpockets!** vor Taschendieben wird gewarnt!

be·wil·der [bɪ'wɪldə(r)] *vt* verwirren; verblüffen; **be·wil·dered** [bɪ'wɪldəd] *adj* verwirrt; verblüfft; **be·wil·der·ing** [-ɪŋ] *adj* verwirrend; verblüffend; **be·wil·der·ment** [-mənt] *s* Verwirrung *f;* Verblüffung *f*

be·witch [bɪ'wɪtʃ] *vt* bezaubern, verhexen; **be·witch·ing** [-ɪŋ] *adj* bezaubernd, hinreißend

be·yond [bɪ'jɒnd] **I.** *prep* **1.** jenseits +*gen,* über ... hinaus; (*a. fig*) außerhalb +*gen,* weiter als **2.** (*örtlich*) nach **3.** (*zeitlich*) länger als (bis), später als **4.** mehr als; außer, neben; ~ **belief** unglaublich; ~ **control** unkontrollierbar; ~ **hope** hoffnungslos; ~ **imagination** unvorstellbar; **be** ~ **s.o.** jdn übertreffen; **live** ~ **one's income** über seine Verhältnisse leben; **he is** ~ **help** ihm ist nicht (mehr) zu helfen; **that is** ~ **me** das ist mir zu hoch **II.** *adv* jenseits; darüber hinaus **III.** *s:* **the** ~ das Jenseits

bi- [ˌbaɪ] *PRÄF* Zwei-, Doppel-; **bi-an·nual** [ˌbaɪ'ænjʊəl] *adj* halbjährlich

bias ['baɪəs] **I.** *s* (*fig*) **1.** Neigung *f,* Hang *m* (*towards* zu), Vorliebe *f* (*towards* für) **2.** Voreingenommenheit *f* **II.** *adj* schräg; quer verlaufend **III.** *vt* **1.** beeinflussen, in eine bestimmte Richtung lenken **2.** einnehmen (*towards the plan* für den Plan); **bias(s)ed** ['baɪəst] *adj* **1.** (*fig*) voreingenommen (*against* gegen) **2.** (JUR) befangen

bib [bɪb] *s* **1.** Lätzchen *nt* **2.** (Schürzen)Latz *m*

Bible ['baɪbl] *s* Bibel *f;* **bib·li·cal** ['bɪblɪkl] *adj* biblisch

bib·li·ogra·pher [ˌbɪblɪ'ɒgrəfə(r)] *s* Bibliograf(in) *m(f);* **bib·li·ogra·phic(al)** [ˌbɪblɪɒ'græfɪk(l)] *adj* bibliografisch; **bib·li·ogra·phy** [ˌbɪblɪ'ɒgrəfɪ] *s* Bibliografie *f;* **bib·lio·phile** ['bɪblɪəfaɪl] *s* Bibliophile(r) *f m,* Bücherfreund(in) *m(f)*

bi·car·bon·ate [ˌbaɪ'kɑ:bənət] *s* (CHEM): ~ **of soda** Natron *nt*

bi·cen·ten·ary [ˌbaɪsen'ti:nərɪ] *s* Zweihundertjahrfeier *f*

bi·ceps ['baɪseps] *s* (ANAT) Bizeps *m*

bicker ['bɪkə(r)] *vi* (sich herum)zanken; **bicker·ing** [-ɪŋ] *s* Gezänk *nt*

bi·coast·al [baɪ'kəʊstəl] *adj* (*Am*) an der Ost- und Westküste der USA

bi·cycle ['baɪsɪkl] *s* Fahrrad *nt;* **ride a** ~ Rad fahren

bid[1] [bɪd] <*irr:* bid, bid> **I.** *vt* **1.** bieten (*for* auf) **2.** (*Kartenspiel*) reizen **II.** *vi* bieten **III.** *s* **1.** (*Auktion*) Gebot *nt* **2.** Preisangebot *nt* **3.** (*Karten*) Reizen *nt* **4.** Versuch *m,* Bewerbung, Bemühung *f* (*for* um); **make a** ~ **for power** nach der Macht greifen

bid[2] [bɪd] <*irr:* bad(e), bidden> *vt* (*Gruß*) entbieten (*s.o.* jdm); ~ **s.o. farewell** jdm Lebewohl sagen

bidden ['bɪdn] *pp of* **bid**[2]

bid·der ['bɪdə(r)] *s* (*Auktion*) Bieter(in) *m(f);* **bid·ding** ['bɪdɪŋ] *s* **1.** (*Auktion*) Gebot *nt* **2.** Geheiß *nt,* Befehl *m*

bide [baɪd] *vt:* ~ **one's time** seine Zeit, Gelegenheit abwarten

bi·en·nial [baɪ'enɪəl] *adj* **1.** zweijährlich **2.** zweijährig

bier [bɪə(r)] *s* (Toten)Bahre *f*

bi·focals [baɪ'fəʊklz] *s pl* Bifokalbrille *f*

big [bɪg] **I.** *adj* **1.** groß, dick **2.** groß, erwachsen **3.** groß, bedeutend, wichtig **4.** großzügig, -mütig **5.** hochmütig, anmaßend; **have** ~ **ideas** große Pläne haben; ~ **with** voller, voll von; **the Big Apple** (*fam*) New York **II.** *adv* aufgeblasen, großspurig; **talk** ~ (*fam*) große Töne reden, spucken

big·am·ist ['bɪgəmɪst] *s* Bigamist *m;* **big·amy** ['bɪgəmɪ] *s* Bigamie *f*

big busi·ness [ˌbɪg'bɪznɪs] *s* Großkapital *nt;* **big game** *s* Hochwild *nt*

bigot ['bɪgət] *s* **1.** engstirniger Mensch **2.** (*pej*) Frömmler(in) *m(f);* **bigoted** [-ɪd] *adj* engstirnig; bigott; **bigotry** [-rɪ] *s* **1.** Engstirnigkeit *f;* Fanatismus *m* **2.** Bigotterie *f*

big pic·ture [ˌbɪg'pɪktʃə(r)] *s* (*fam*) Überblick *m;* **big-screen tv** [bɪg'skri:nˌti:vi:] *s* Großbildschirmfernseher *m;* **big shot** ['bɪgʃɒt] *s* (*fam*) Bonze *m;* **big-time** *adj* (*fam*) Haupt-, Star-; **big top** *s* (*Zirkus*) Hauptzelt *nt;* **big·wig** ['bɪgwɪg] *s* (*sl*) großes Tier

bike [baɪk] *s* (*fam*) (Fahr)Rad *nt;* **bike lane** *s* Radweg *m;* **biker boot** *s* Motorradstiefel *m*

bi·kini [bɪ'ki:nɪ] *s* Bikini *m*

bi·lat·eral [ˌbaɪ'lætərəl] *adj* bilateral, zweiseitig

bil·berry ['bɪlbərɪ] *s* Heidel-, Blaubeere *f*

bile [baɪl] *s* **1.** (MED) Galle *f* **2.** (*fig*) schlechte Laune

bil·har·zia [bɪl'hɑ:zɪə] *s* (MED) Bilharzia, Bilharziose *f*

bi·lin·gual [baɪ'lɪŋgwəl] *adj* zweisprachig

bil·ious ['bɪlɪəs] *adj* **1.** Gallen- **2.** (*fig: Mensch*) gallig, reizbar; ~ **attack** Gallenkolik *f*

bilk [bɪlk] *vt* prellen

bill[1] [bɪl] *s* Schnabel *m*

bill[2] [bɪl] **I.** *s* **1.** Rechnung *f* **2.** Anschlag(zettel) *m,* Plakat *nt* **3.** (Theater-, Konzert)Programm *nt* **4.** (PARL) Gesetzesvorlage *f,* -entwurf *m* **5.** (COM: ~ *of exchange*) Wechsel *m* **6.** (*Am*) Banknote *f,* Geldschein *m;* **cash** [*o* **honour**] **a** ~ einen Wechsel einlösen; **draw a** ~ **on s.o.** einen Wechsel auf jdn ziehen; **fit** [*o* **fill**] **the** ~ (*fig*) passen; **foot the** ~ (*fam*) dafür aufkommen; **pass a** ~ ein Gesetz verabschieden; **stick a** ~ ein Plakat ankleben; **post no ~s!** Plakate ankleben verboten!; **the ~, please!** bitte zahlen!; ~ **of lading** (MAR) Seefrachtbrief *m;* ~ **of entry** Zolleinfuhrerklärung, -deklaration *f;* ~ **of fare** Speisekarte *f;* ~ **of health** Gesundheitsbescheinigung *f,* -pass *m;* ~ **of sale** Kaufurkunde *f* **II.** *vt* **1.** (*durch Anschlag*) bekannt machen, geben; anschlagen **2.** (~ *for*) in Rechnung stellen

bill·board ['bɪlbɔːd] *s* Anschlag-, Plakattafel *f*

bil·let[1] ['bɪlɪt] **I.** *s* **1.** (MIL) Quartierschein *m;* (Privat)Quartier *nt* **2.** (*fam*) Stellung, Arbeit *f* **II.** *vt* einquartieren, unterbringen (*on s.o.* bei jdm, *in, at* in)

bil·let[2] ['bɪlɪt] *s* (Holz)Scheit *m*

bill·fold ['bɪlfəʊld] *s* (*Am*) Brieftasche *f*

bil·liards ['bɪlɪədz] *s pl mit sing* Billard(spiel) *nt;* **a game of** ~ eine Partie Billard

bil·lion ['bɪlɪən] *s* Milliarde *f*

bil·low ['bɪləʊ] **I.** *s* (*lit*) Woge *f* **II.** *vi* **1.** wogen **2.** sich (auf)türmen; **bil·lowy** ['bɪləʊɪ] *adj* wogend

bill-poster, bill-sticker ['bɪlˌpəʊstə(r), 'bɪlˌstɪkə(r)] *s* Plakat-, Zettelankleber *m;* **bill·post·ing** ['bɪlˌpəʊstɪŋ] *s* Plakatankleben *nt*

billy ['bɪlɪ] *s* (~-*can*) Kochgeschirr *nt;* **billy-goat** *s* Ziegenbock *m*

bimbo ['bɪmbəʊ] *s* (*pej sl*) Puppe *f*

bi-month·ly [ˌbaɪ'mʌnθlɪ] *adj* zweimonatlich

bin [bɪn] *s* **1.** Behälter *m* **2.** Mülltonne *f*

bi·nary ['baɪnərɪ] *adj* binär; **binary code** *s* (INFORM) Binärcode *f*

bind [baɪnd] <*irr:* **bound, bound**> **I.** *vt* **1.** binden (*a. Buch*) **2.** befestigen (*to, on* an) **3.** (*Küche*) binden **4.** verbinden **5.** einfassen (*with* mit) **6.** (*fig*) binden, verpflichten; ~ **o.s. to s.th.** sich zu etw verpflichten; ~ **over** rechtlich verpflichten; ~ **together** zusammenbinden; (*fig*) verbinden; ~ **up** an-, hoch-, zu-, zusammenbinden **II.** *vi* fest, hart werden; **binder** ['baɪndə(r)] *s* **1.** (Buch)Binder(in) *m(f)* **2.** Band *nt;* Binde *f* **3.** Aktendeckel *m* **4.** (AGR) Mähbinder *m* **5.** (TECH) Bindemittel *nt;* **bind·ery** ['baɪndərɪ] *s* Buchbinderei *f;* **bind·ing** ['baɪndɪŋ] **I.** *adj* bindend, verbindlich, verpflichtend (*on* für); **be** ~ **for s.o.** für jdn rechtsverbindlich sein; **legally** ~ rechtsverbindlich; **not** ~ unverbindlich **II.** *s* **1.** (*Buch*) Einband *m* **2.** Besatz *m;* Saum *m* **3.** (*Ski*) Bindung *f*

bind·weed ['baɪndwiːd] *s* (*Kletterpflanze*) Winde *f*

binge [bɪndʒ] *s* (*sl*) Sauferei *f*

bingo ['bɪŋgəʊ] *s* Bingo *nt* (*Spiel*)

bin·ocu·lars [bɪ'nɒkjʊləz] *s:* **pair of** ~ Fernglas *nt*

bi·nomial [baɪ'nəʊmɪəl] *adj* (MATH) binomisch

bio- [ˌbaɪəʊ] *PRÄF* Bio-, Lebens-

bio·aer·ation [ˌbaɪəʊeə'reɪʃn] *s* Belebtschlammverfahren *nt,* Schlammbelebung *f;* **bio·chemi·cal** [ˌbaɪəʊ'kemɪkl] *adj* biochemisch; **bio·chem·ist** [ˌbaɪəʊ'kemɪst] *s* Biochemiker(in) *m(f);* **bio·chem·is·try** [ˌbaɪəʊ'kemɪstrɪ] *s* Biochemie *f;* **bio·chip** ['baɪəʊtʃɪp] *s* (*chips loaded with DNA*) Biochip *m;* **bio·degrad·able** [ˌbaɪəʊdɪ'greidəbl] *adj* biologisch abbaubar; **bio·degrade** [ˌbaɪəʊdɪ'greid] *vi* sich (biologisch) abbauen; **bio·de·ter·gent** [ˌbaɪəʊdɪ'tɜːdʒənt] *s* biologisches Wasch-, Reinigungsmittel; **bio·di·ver·sity** [ˌbaɪəʊdaɪ'vɜːsətɪ] *s* Artenvielfalt *f;* **bio·dy·nam·ic** [ˌbaɪəʊdainæmik] *adv* biodynamisch; **bio·en·gin·eer·ing** [ˌbaɪəʊendʒɪ'nɪərɪŋ] *s* Biotechnik *f;* **bio·eth·ics** [baɪəʊ'eθɪks] *s pl* Bioethik *f;* **bio·feed·back** [ˌbaɪəʊ'fiːdbæk] *s* Biofeedback *nt;* **bio·fuel** ['baɪəʊˌfjuːl] *s* Biobrennstoff *m*

bi·og ['baɪɔːg] *s Abk. von* **biography** Biografie *f;* (*Person*) Biograf(in) *m(f)*

bio·gas ['baɪəʊˌgæs] *s* Biogas *nt*

bio·graphi·cal [ˌbaɪə'græfɪkl] *adj* biografisch; **bi·ogra·phy** [baɪ'ɒgrəfɪ] *s* Biografie, Lebensbeschreibung *f*

bio·in·for·mat·ics [ˌbaɪə(ʊ)ɪnfə'mætɪks] *s* Bioinformatik *f*

bio·logi·cal [ˌbaɪə'lɒdʒɪkl] *adj* biologisch; **biological control, biocontrol** *s* biologische Schädlingsbekämpfung; **biological indicator** *s* Bioindikator *m;* **bi·ol·ogist** [baɪ'ɒlədʒɪst] *s* Biologe *m,* Biologin *f;* **bi·ol·ogy** [baɪ'ɒlədʒɪ] *s* Biologie *f*

bio·mass [ˌbaiəmæs] *s* Biomasse *f;* **bio·medi·cine** [baɪəʊ'med(ɪ)sɪn] *s* Biomedizin *f;* **bio·morph·ic** [ˌbaɪəʊ'mɔːfɪk] *adj* biomorph; **bio·pes·ti·cide** [ˌbaɪəʊ'pestɪsaɪd] *s* Pflanzenschutzmittel *nt* auf Naturstoffbasis; **bio·physics** [ˌbaɪəʊ'fɪzɪks] *s pl mit sing* Biophysik *f*

bio·pic ['baɪəʊˌpɪk] *s* Filmbiographie *f*

bio·rhythm ['baɪəriðəm] *s meist pl* Biorhythmus *m;* **bio·sphere** ['baɪəsfiːə(r)] *s* Biosphäre *f;* **bio·tech·no·lo·gy** [ˌbaɪəʊtek'nɒlədʒɪ] *s* Biotechnik *f;* **bio·tope** ['baɪətəʊp] *s* Biotop *nt;* **bio·weap·on** ['baɪəʊwepn] *s* biologische Waffe

bi·par·ti·san [ˌbaɪpɑːtɪ'zæn] *adj* (POL) Zweiparteien-

bi·ped ['baɪped] *s* (ZOO) Zweifüßler *m*

bi·plane ['baɪpleɪn] *s* (AVIAT) Doppeldecker *m*

bi·polar [ˌbaɪ'pəʊlə(r)] *adj* bipolar, zweipolig

bi·ra·cial [baɪ'reɪʃl] *adj* gemischtrassig

birch [bɜːtʃ] **I.** *s* **1.** Birke(nholz *nt*) *f* **2.** (*~-rod*) (Birken)Rute *f* **II.** *vt* mit der Rute schlagen

bird [bɜːd] *s* **1.** Vogel *m* **2.** (*sl*) Puppe, Biene *f* **3.** (*fam*) Kauz *m;* **kill two ~s with one stone** (*fig*) zwei Fliegen mit einer Klappe schlagen; **~s of a feather flock together** (*prov*) Gleich und Gleich gesellt sich gern; **a ~ in the hand is worth two in the bush** (*prov*) der Spatz in der Hand ist besser als die Taube auf dem Dach; **early ~** Frühaufsteher(in) *m(f);* **~ of passage** Zugvogel *m;* **~ of prey** Raub-, Greifvogel *m;* **bird-cage** *s* Vogelkäfig *m,* -bauer *nt;* **birdie** ['bɜːdɪ] *s* **1.** Vögelchen *nt* **2.** (*Golf*) Birdie *nt;* **Bird of Paradise** *s* Paradiesvogel *m;* **bird·seed** ['bɜːdsiːd] *s* Vogelfutter *nt;* **bird's-eye view** [ˌbɜːdzaɪ'vjuː] *s* Vogelperspektive *f;* **bird's nest** *s* Vogelnest *nt;* **bird table** *s* Futterhäuschen *nt*

birth [bɜːθ] *s* **1.** (*a. fig*) Geburt *f* **2.** Abstammung, Herkunft *f,* Ursprung *m* **3.** Entstehung *f,* Aufkommen *nt;* Ausgangspunkt, Anbruch *m;* **at ~** bei der Geburt; **by ~** von Geburt; **from his ~** von Geburt an; **give ~ to** zur Welt bringen; (*fig*) ins Leben rufen; **date of ~** Geburtsdatum *nt;* **place of ~** Geburtsort *m;* **premature ~** Frühgeburt *f;* **birth certificate** *s* Geburtsurkunde *f;* **birth-control** *s* Geburtenregelung, -kontrolle *f;* **birth·day** ['bɜːθdeɪ] *s* Geburtstag *m;* **birthday party** *s* Geburtstagsfeier, -party *f;* **birthday present** *s* Geburtstagsgeschenk *nt;* **birthday suit** *s* (*hum*) Adamskostüm *nt;* **birth·mark** *s* Muttermal *nt;* **birth·place** *s* Geburtsort *m,* -haus *nt;* **birth·rate** *s* Geburtenziffer *f;* **falling ~** Geburtenrückgang *m;* **birth·stone** ['bɜːθstəʊn] *s* Monatsstein *m*

bis·cuit ['bɪskɪt] *s* Keks *m;* (*Am*) Brötchen *nt*

bi·sect [baɪ'sekt] *vt* in zwei Teile teilen, halbieren; **bi·sec·tion** [baɪ'sekʃn] *s* Halbierung *f*

bi·sex·ual [ˌbaɪ'sekʃʊəl] **I.** *adj* bisexuell **II.** *s* Bisexuelle(r) *f m*

bishop ['bɪʃəp] *s* **1.** (REL) Bischof *m* **2.** (*Schach*) Läufer *m;* **bishop·ric** [-rɪk] *s* Bistum *nt*

bi·son ['baɪsn] *s* Wisent *m;* (*in den USA*) Bison *m*

bit[1] [bɪt] *s* **1.** (*Pferd*) Gebiss *nt* **2.** Bohrer *m;* **take the ~ between one's teeth** (*fig*) sich ins Zeug legen

bit[2] [bɪt] *s* Bissen *m;* Stückchen *nt;* **a ~** ein bisschen; ein Weilchen; **a ~ at a time, ~ by ~** Stück für Stück, schrittweise; **not a ~** kein bisschen, nicht im Geringsten; **do one's ~** seine Pflicht tun; **smash to ~s** kurz u. klein schlagen; **he's a ~ better** es geht ihm etwas besser; **I'm going to sleep for a ~** ich gehe eine Weile schlafen

bit[3] [bɪt] *s* (INFORM) Bit *nt*

bit[4] [bɪt] *s.* **bite**

bitch [bɪtʃ] **I.** *s* **1.** Hündin *f* **2.** (*sl pej*) Weibsstück *nt* **II.** *vi* (*sl*) meckern

bite [baɪt] <*irr:* **bit, bitten**> **I.** *vt* **1.** beißen **2.** (*Insekt*) stechen **3.** (TECH) ätzen, zerfressen; **~ the dust** (*fam*) ins Gras beißen; **~ one's lips** sich auf die Lippen beißen; **~ one's nails** an den Nägeln kauen; **~ off** abbeißen; **once bitten twice shy** (*prov*) ein gebranntes Kind scheut das Feuer **II.** *vi* **1.** (hinein-, zu)beißen (*into, at* in), schnappen (*at s.th.* nach etw) **2.** brennen, stechen **3.** (TECH) eingreifen (*in* in) **4.** (*Fisch*) anbeißen **III.** *s* **1.** Biss(wunde *f*) *m;* Stich *m* **2.** (*Angel*) Anbiss *m* **3.** Happen, Imbiss *m* **4.** (TECH) Eingreifen *nt;* Ätzen *nt;* Fassen *nt* **5.** (*fig*) Schärfe, Bitterkeit *f;* **bit·ing** ['-ɪŋ] *adj* **1.** (*Wind, Kälte*) schneidend **2.** (*fig: Worte*) scharf, beißend; **bite-sized** ['baɪtˌsaɪzd] *adj* mundgerecht

bit-map ['bɪtmæp] *vt* als digitales Muster speichern; **~ped graphics** als digitales Muster gespeicherte Grafik

bit·ten ['bɪtn] *s.* **bite**

bit·ter ['bɪtə(r)] **I.** *adj* **1.** bitter **2.** (*fig*) schmerzlich, hart, schwer **3.** sarkastisch, scharf, heftig **4.** (*Wind*) scharf, rau; (*Kälte*) streng; **to the ~ end** bis zum bitteren Ende; **a ~ pill to swallow** eine bittere Pille **II.** *s* dunkles Bier; **bit·ter·ly** [-lɪ] *adv* bitterlich; **bit·ter·ness** [-nɪs] *s* **1.** Bitterkeit, Herbheit *f* **2.** (*fig*) Verbitterung *f*

bitu·men ['bɪtjʊmən] *s* Bitumen *nt;* **bit·umi·nous** [bɪ'tjuːmɪnəs] *adj* (GEOL) bituminös; **~ coal** Fettkohle *f*

bi·valve ['baivælv] *s* zweischalige Muschel

biv·ouac ['bɪvʊæk] *s* (MIL) Biwak *nt*

bi·week·ly [ˌbaɪ'wiːklɪ] *adj* **1.** vierzehntäglich **2.** zweimal wöchentlich

bi·zarre [bɪ'zɑː(r)] *adj* bizarr

blab [blæb] **I.** *vi* schwatzen, plappern **II.** *vt* ausplaudern

black [blæk] **I.** *adj* **1.** schwarz **2.** dunkel, düster, finster **3.** schmutzig, dreckig **4.** dunkel(häutig) **5.** (*fig*) unheimlich, unheilvoll, drohend **6.** ärgerlich, mürrisch; böse, abscheulich; ~ **ice** Glatteis *nt;* **give s.o. a ~ look** jdn finster anblicken; **have s.th. down in ~ and white** etw schwarz auf weiß haben; **he is not so ~ as he is painted** er ist nicht so schlecht wie sein Ruf **II.** *s* **1.** Schwarz *nt,* schwarze Farbe, Schwärze *f* **2.** (*Person*) Schwarze(r) *f m;* **in the ~** (FIN) in den schwarzen Zahlen **III.** *vt* schwarz machen, schwärzen; (*Schuhe*) wichsen; **black out I.** *vt* verdunkeln **II.** *vi* ohnmächtig werden; **black·ball** ['blækbɔːl] *vt* stimmen gegen; **black·berry** ['blækbərɪ] *s* Brombeere *f;* **black·bird** ['blækbɜːd] *s* Amsel *f;* **black·board** ['blækbɔːd] *s* Wandtafel *f;* **write on the ~** an die Tafel schreiben; **black book** *s:* **be in s.o.'s ~s** bei jdm auf der schwarzen Liste stehen; **black·cur·rant** [ˌblæk'kʌrənt] *s* schwarze Johannisbeere; **blacken** ['blækən] **I.** *vt* **1.** schwarz machen, schwärzen **2.** (*fig*) anschwärzen, schlecht sprechen von **II.** *vi* schwarz, dunkel werden; **black·eye** *s* blaues Auge

black·guard ['blægɑːd] **I.** *s* Schuft, Schurke, Lump *m* **II.** *vt* heruntermachen, schlecht machen (*s.o.* jdn)

black·head ['blækhed] *s* Mitesser *m;* **black·ing** ['blækɪŋ] *s* schwarze Schuhcreme, -wichse *f;* **black·ish** ['blækɪʃ] *adj* schwärzlich; **black·jack** ['blækˌdʒæk] *s* (*Am*) Totschläger *m* (*Waffe*); **black-lead** [ˌblæk'led] *s* Graphit *m;* **black·leg** ['blækleg] **I.** *s* (*Br*) Streikbrecher(in) *m(f)* **II.** *vi* (*Br*) Streikbrecher sein; **black·list** ['blæklɪst] **I.** *s* schwarze Liste **II.** *vt* auf die schwarze Liste setzen; **black·mail** ['blækmeɪl] **I.** *s* Erpressung *f* **II.** *vt* erpressen; **black·mailer** ['blækmeɪlə(r)] *s* Erpresser(in) *m(f);* **black mark** *s* (*fig*) Minuspunkt *m,* schlechte Note; **black market** *s* schwarzer Markt; **black mar·ke·teer** [ˌblækˌmɑːkɪ'tɪə(r)] *s* Schwarzhändler(in) *m(f)*

black·ness ['blæknɪs] *s* Schwärze *f*

black·out ['blækaʊt] *s* **1.** Stromausfall *m;* Blackout *m;* Verdunkelung *f* **2.** Bewusstlosigkeit *f* **3.** (*Zensur*) Streichung, Nachrichtensperre *f;* **black pudding** *s* Blutwurst *f;* **Black Sea** *s* Schwarzes Meer; **black sheep** *s* (*fig*) schwarzes Schaf; **black·smith** ['blæksmɪθ] *s* (Grob)Schmied *m;* **black·thorn** ['blækθɔːn] *s* Schwarzdorn *m*

blad·der ['blædə(r)] *s* (ANAT) Blase *f*

blade [bleɪd] **I.** *s* **1.** Klinge *f* **2.** (Ruder-, Säge)Blatt *nt;* (Turbinen)Schaufel *f;* (Propeller)Flügel *m* **3.** (*shoulder-~*) (Schulter)Blatt *nt* **4.** (BOT) Halm *m* **II.** *vi* (*fam*) Inliners fahren

blag [blæg] *vt* (*Br: sl*) schnorren

blah [blɑː] *s* (*fam*) Quatsch *m,* Geschwafel *nt*

blame [bleɪm] **I.** *vt* **1.** tadeln (*for* wegen) **2.** die Schuld geben (*s.o. for s.th.* jdm an etwas) **3.** Vorwürfe machen (*s.th. on s.o.* jdm wegen etw), vorwerfen (*s.th. on s.o.* jdm etw); **be to ~ (for)** schuld sein (an); **I'm not blaming you for anything** ich werfe Ihnen nichts vor **II.** *s* **1.** Tadel *m,* Rüge *f,* Verweis *m* **2.** Schuld *f* (*on, for* an); **bear the ~** Schuld haben; **lay the ~ for s.th. on s.o.** jdm die Schuld an etw geben; **take the ~ for s.th.** die Schuld für etw auf sich nehmen; **blame·less** ['bleɪmlɪs] *adj* untadelig; schuldlos; **blame·worthy** ['bleɪmwɜːðɪ] *adj* tadelnswert

blanch [blɑːntʃ] **I.** *vt* **1.** weiß machen, bleichen **2.** (*durch Brühen*) schälen, enthülsen; (*Küche*) blanchieren **II.** *vi* erbleichen, erblassen

blanc·mange [blə'mɒnʒ] *s* Pudding *m*

bland [blænd] *adj* **1.** freundlich, umgänglich, angenehm, nett **2.** (*Klima*) mild **3.** nichtssagend **4.** (*Geschmack*) fade; **bland·ish·ment** ['blændɪʃmənt] *s* Schmeichelei *f*

blank [blæŋk] **I.** *adj* **1.** weiß, leer, unbeschrieben, unausgefüllt **2.** ausdruckslos; inhaltsleer **3.** verblüfft; ~ **cheque** Blankoscheck *m;* ~ **form** unausgefülltes Formular, Vordruck *m;* ~ **space** freier Raum, frei gelassene Stelle; ~ **verse** Blankvers *m* **II.** *s* **1.** (*Buch, Blatt, Papier*) leere Stelle, freier Raum **2.** (*Lotterie*) Formblatt, Formular *nt* zum Ausfüllen, Vordruck *m* **3.** (*~ cartridge*) Platzpatrone *f;* **draw a ~** eine Niete ziehen

blan·ket ['blæŋkɪt] **I.** *s* (Woll)Decke *f;* **wet ~** Spiel-, Spaßverderber(in) *m(f);* ~ **of snow** Schneedecke *f* **II.** *adj attr* allgemein, umfassend, pauschal **III.** *vt* be-, über-, zudecken; einhüllen

blare [bleə(r)] **I.** *vt, vi* **1.** (*Trompete*) schmettern **2.** grölen **II.** *s* Schmettern *nt;* Lärm *m*

blas·pheme [blæs'fiːm] **I.** *vt* (*Gott*) lästern **II.** *vi* fluchen; lästern (*against* gegen); **blas·phemer** [blæs'fiːmə(r)] *s* Gotteslästerer *m,* -lästerin *f;* **blas·phem·ous** ['blæsfəməs] *adj* (*Mensch*) lästernd; **blas·phemy** ['blæsfəmɪ] *s* Gotteslästerung *f*

blast [blɑːst] **I.** *s* **1.** Windstoß *m* **2.** Knall *m,* Druckwelle, Explosion *f* **3.** Trompetenstoß *m;* Hornsignal *nt;* **in** [*o* **at**] **full** ~ auf vollen Touren **II.** *vt* **1.** sprengen **2.** verdorren; erfrieren lassen; vernichten **III.** *vi* (~ *off*) starten (*Rakete*) **IV.** *interj* (*sl*): ~ (**it**)! verflucht!; **blasted** ['blɑːstɪd] *adj* (*sl*) verflixt, verdammt; **blast-furnace** *s* Hochofen *m;* **blast-off** ['blɑːstɒf] *s* (*Rakete*) Abschuss *m;* **blast wave** *s* Druckwelle *f*

bla·tant ['bleɪtnt] *adj* **1.** geräuschvoll, laut; aufdringlich **2.** (*Unrecht*) krass, schreiend, offensichtlich

blaze¹ [bleɪz] **I.** *s* **1.** (lodernde) Flamme *f;* Glut *f* **2.** Feuer *nt,* Brand *m* **3.** heller Schein **II.** *vi* (*Sonne*) brennen; **blaze away** *vi* drauflos feuern (*at* auf); **blaze up** *vi* aufflammen

blaze² [bleɪz] **I.** *s* (*Pferd, Rind*) Blesse *f* **II.** *vt* (*Baum*) markieren; ~ **a trail** einen Weg bezeichnen

blazer ['bleɪzə(r)] *s* Blazer *m,* leichte Sportjacke

blaz·ing ['bleɪzɪŋ] *adj* **1.** brennend; lodernd; auffallend **2.** (*Lüge*) offenkundig; **in the** ~ **sun** in der prallen Sonne; ~ **hot** glühend heiß

bleach [bliːtʃ] **I.** *s* Bleichmittel *nt* **II.** *vt* bleichen; **bleach·ers** ['bliːtʃəz] *s pl* (*Am:* SPORT) Zuschauersitze *mpl* (*im Freien*); **bleach·ing** [-ɪŋ] *s* Bleichen *nt*

bleak [bliːk] *adj* **1.** kahl, öde **2.** kalt, rau **3.** (*fig*) unfreundlich, trostlos, trübe

bleary ['blɪərɪ] *adj* unscharf, undeutlich, verschwommen; (*Auge*) trüb; **bleary-eyed** [ˌblɪərɪ'aɪd] *adj* trübäugig

bleat [bliːt] **I.** *vi* **1.** (*Schaf*) blöken; (*Ziege*) meckern **2.** weinerlich reden **II.** *s* Blöken, Meckern *nt*

bled [bled] *pt, pp of* **bleed**

bleed [bliːd] <*irr:* **bled, bled**> **I.** *vi* **1.** bluten (*from* von) **2.** (BOT) Saft verlieren **3.** (*fig:* ~ *for*) leiden (mit); ~ **to death** verbluten **II.** *vt* **1.** zur Ader lassen **2.** (*fig*) schröpfen **3.** (TECH) entlüften; ~ **s.o. white** (*fam*) jdn total ausnehmen; **bleeder** ['bliːdə(r)] *s* (MED) Bluter(in) *m(f);* **a cheeky little** ~ (*fam*) ein frecher Lümmel; **bleed·ing** ['-ɪŋ] **I.** *adj* (*sl*) verdammt **II.** *s* **1.** Blutung *f;* Aderlass *m* **2.** (TECH) Entlüften *nt*

bleep [bliːp] *vt* anpiepsen; **bleeper** ['blɪːpə(r)] *s* (TELE) Piepser *m*

blem·ish ['blemɪʃ] **I.** *s* **1.** Fehler, Mangel, Makel *m* **2.** Hautfleck *m* **II.** *vt* entstellen, verunstalten, beflecken; **blemished** *adj:* ~ **skin** unreine Haut

blench [blentʃ] *vi* bleich werden

blend [blend] **I.** *vt* **1.** (*Tee, Kaffee, Tabak*) mischen; (*Wein*) verschneiden **2.** übergehen lassen (*into* in) **II.** *vi* **1.** sich (ver)mischen (*with* mit) **2.** (*Farben*) harmonieren (*with* mit) **III.** *s* Mischung *f;* **blender** [blendə(r)] *s* Mixer *m*

bless [bles] *vt* **1.** segnen **2.** preisen; **blessed** ['blesɪd] *adj* **1.** gesegnet, (glück)selig, glücklich **2.** (REL) heilig; selig **3.** Glück bringend **4.** (*sl*) verflixt; **be** ~ **with** gesegnet sein mit; **bless·ing** ['-ɪŋ] *s* **1.** Segen *m;* Gnade *f* **2.** (*fig*) Wohltat *f* (*to* für); **a** ~ **in disguise** Glück *nt* im Unglück

blew [bluː] *s.* **blow**

blight [blaɪt] **I.** *s* **1.** (BOT) Mehltau *m* **2.** schädlicher Einfluss **II.** *vt* (*fig*) vereiteln, zunichte machen; **blighter** ['blaɪtə(r)] *s* (*sl*) Ekel *nt;* Kerl *m;* **blight·rid·den** [blaɪt'rɪdn] *adj* (*fam*) trostlos

bli·mey ['blaɪmɪ] *interj* (*sl*) verdammt!; Mensch!

blind [blaɪnd] **I.** *adj* **1.** blind **2.** (*fig*) uneinsichtig, verständnislos (*to* gegenüber) **3.** planlos; sinnlos **4.** (*Kurve*) unübersichtlich; **be** ~ **in one eye** auf einem Auge blind sein **II.** *s* Blende *f;* Markise *f;* Rollo *nt;* **the** ~ die Blinden *pl;* ~ **sight** sechster Sinn der Blinden **III.** *vt* **1.** blind machen (*to* für), blenden **2.** (*fig*) verblenden; **blind alley** *s* (*a. fig*) Sackgasse *f;* **that's leading up a** ~ das führt in eine Sackgasse; **blinder** ['blaɪndə(r)] *s* (*Am*) Scheuklappe *f;* **blind flying** *s* (AVIAT) Blindflug *m;* **blind·fold** ['blaɪndfəʊld] **I.** *vt* die Augen verbinden (*s.o.* jdm) **II.** *adj* mit verbundenen Augen **III.** *s* Augenbinde *f;* **blind landing** *s* (AVIAT) Blindlandung *f;* **blind-man's buff** [ˌblaɪndmænz'bʌf] *s* Blindekuh(spiel *nt*) *f;* **blind·ness** ['-nɪs] *s* Blindheit *f;* **blind spot** *s* (ANAT) blinder Fleck; (AUTO) toter Winkel; (*fig*) schwacher Punkt; **blind·worm** ['blaɪndwɜːm] *s* Blindschleiche *f*

blink [blɪŋk] **I.** *vt, vi* **1.** blinzeln, zwinkern (*one's eyes* mit den Augen) **2.** (*Licht, Stern*) flimmern; (*Licht*) blinken **3.** (*fig*) nicht sehen wollen, übergehen (*at s.th.* etw) **II.** *s* Blinzeln *nt;* **blink·ers** ['blɪŋkəz] *s pl* Scheuklappen *fpl;* **blink·ing** ['-ɪŋ] *adj* (*sl*) verflixt

bliss [blɪs] *s* (Glück)Seligkeit *f;* **bliss·ful** ['blɪsfl] *adj* (glück)selig, überglücklich

blis·ter ['blɪstə(r)] **I.** *s* (MED) Blase *f;* Bläschen *nt* **II.** *vt* Blasen bilden auf **III.** *vi* Blasen bekommen; (TECH) Blasen werfen

blith·er·ing ['blɪðərɪŋ] *adj* (*fam*) blöde, dämlich; **a** ~ **idiot** ein Vollidiot

blitz [blɪts] **I.** *s* Blitzkrieg *m;* Luftangriff *m;* (*fig fam*) Blitzaktion *f* **II.** *vt* heftig bombardieren; ~**ed town** zerbombte Stadt

bliz·zard ['blɪzəd] *s* Schneesturm *m*

bloated ['bləʊtɪd] *adj* aufgedunsen (*with* von)

bloater ['bləʊtə(r)] *s* (*geräucherter Hering*) Bückling *m*
blob [blɒb] *s* Tropfen, Klecks *m*
bloc [blɒk] *s* (POL) Block *m*
block [blɒk] **I.** *s* **1.** (Holz)Klotz *m;* (Fels)Block *m;* Hack-, Hauklotz *m* **2.** Richtblock *m* **3.** Wohn-, Häuserblock *m* **4.** (*writing* ~) Schreibblock *m* **5.** (Verkehrs)Hindernis *nt,* Sperre *f* **6.** (TECH) Flaschenzug *m* **7.** (TYP) (Druck)Stock *m,* Klischee *nt* **8.** (*Spielzeug*) Bauklotz *m* **9.** (*fig*) Block *m,* geschlossene Gruppe, Satz *m* **10.** (MED) Verlegung *f;* ~ **of flats** Wohnblock *m* **II.** *vt* **1.** blockieren, verstopfen, aufhalten, (ver)sperren **2.** (*Ball*) abfangen; **block off** *vt* abschirmen, absperren; **block up** *vt* einsperren; zumauern; versperren
block·ade [blɒ'keɪd] **I.** *s* Blockade *f* **II.** *vt* blockieren; (ver)sperren; **block·age** ['blɒkɪdʒ] *s* (MED) Verlegung *f*
block·house ['blɒkhaʊs] *s* Blockhaus *nt;* **block letters** *s pl* Blockschrift *f*
bloke [bləʊk] *s* (*sl*) Kerl, Bursche *m*
blond [blɒnd] *adj* (*Mann*) blond; **blonde** [blɒnd] **I.** *adj* (*Frau*) blond **II.** *s* Blondine *f*
blood [blʌd] *s* **1.** Blut *nt* **2.** Abstammung, Herkunft *f;* Rasse *f;* **in cold** ~ kaltblütig; **make bad** ~ **between** Unfrieden stiften zwischen; **my** ~ **ran cold** ich war starr vor Schrecken; **his** ~ **was up** er war sehr erregt; **it made my** ~ **boil** ich kochte vor Wut; **circulation of the** ~ Blutkreislauf *m;* **my own flesh and** ~ mein eigenes Fleisch u. Blut; **blood alcohol** *s* Blutalkohol *m;* **blood bank** *s* (MED) Blutbank *f;* **blood clot** *s* Blutgerinnsel *nt;* **blood-curd·ling** ['blʌdˌkɜːdlɪŋ] *adj* haarsträubend; **blood-donor** *s* Blutspender(in) *m(f);* **blood-group** *s* Blutgruppe *f;* **blood·hound** ['blʌdhaʊnd] *s* Bluthund *m*
blood·less ['blʌdlɪs] *adj* **1.** blutleer; bleich **2.** unblutig
blood-poison·ing ['blʌdˌpɔɪznɪŋ] *s* Blutvergiftung *f;* **blood pressure** *s* Blutdruck *m;* **blood-relation** *s* Blutsverwandte(r) *f m;* **blood·shed** ['blʌdʃed] *s* Blutvergießen *nt;* **blood·shot** ['blʌdʃɒt] *adj* blutunterlaufen; **blood·stained** ['blʌdsteɪnd] *adj* blutbefleckt; **blood-stock** *s* Vollblutpferde *ntpl;* **blood·stream** *s* (MED) Blutstrom *m;* **blood-sucker** *s* **1.** (*Ringelwurm*) Blutegel *m* **2.** (*fig*) Blutsauger *m;* **blood sugar** *s* Blutzucker *m;* **blood test** *s* Blutprobe; Blutuntersuchung *f;* **blood-thirsty** ['blʌdˌθɜːstɪ] *adj* blutdurstig; **blood-transfusion** *s* Blutübertragung *f;* **blood-vessel** *s* (ANAT) Blutgefäß *nt*
bloody ['blʌdɪ] **I.** *adj* **1.** blutig, blutend **2.** (*vulg*) verdammt, verflucht; ~ **hell!** (*sl*) verdammt! Menschenskind! **II.** *adv* (*vulg*) sehr; **bloody-minded** [ˌblʌdɪ'maɪndɪd] *adj* (*fam*) stur
bloom [bluːm] **I.** *s* **1.** Blüte; (*a. fig*) Blume *f* **2.** Schimmer *m;* **in** (**full**) ~ in (voller) Blüte **II.** *vi* (*a. fig*) blühen
bloomer ['bluːmə(r)] *s* (*sl*) Bock, Schnitzer *m*
bloom·ing ['bluːmɪŋ] *adj* **1.** (*a. fig*) blühend **2.** (*sl*) verflixt, verteufelt
blos·som ['blɒsəm] **I.** *s* (Baum)Blüte *f;* **in** ~ in (voller) Blüte **II.** *vi* **1.** (auf)blühen **2.** (*fig:* ~ *out*) erblühen, sich entwickeln, sich entfalten (*into* zu)
blot [blɒt] **I.** *s* **1.** Fleck, Klecks *m* **2.** (*fig*) Makel, Schandfleck *m* **II.** *vt* **1.** einen Klecks machen (*s.th.* auf etw) **2.** ablöschen; ~ **out** unleserlich machen, verdecken
blotch [blɒtʃ] *s* Klecks, Fleck *m;* **blotchy** ['blɒtʃɪ] *adj* fleckig
blot·ter ['blɒtə(r)] *s* **1.** Löscher *m* **2.** (*Am*) Kladde *f;* **blot·ting** ['blɒtɪŋ] *adj:* ~ **pad** Schreibunterlage *f;* ~ **paper** Löschpapier *nt*
blotto ['blɒtəʊ] *adj* (*sl*) sternhagelvoll
blouse [blaʊz] *s* Bluse *f*
blo·vi·ate ['bləʊviːeɪt] *vi* (*Am: pej*) schwafeln
blow[1] [bləʊ] <*irr:* blew, blown> **I.** *vi* **1.** (*Wind*) wehen, blasen, pfeifen; stürmen **2.** (*im Wind*) wegfliegen **3.** (*Blasinstrument*) ertönen **4.** heftig atmen, keuchen, blasen, pusten **5.** (ELEK: *Sicherung*) durchbrennen **II.** *vt* **1.** blasen, wehen **2.** (*Feuer*) anblasen, anfachen **3.** (MUS: *Instrument*) blasen **4.** (*sl: Geld*) verpulvern; ~ **the horn** (AUTO) hupen; ~ **hot and cold** nicht wissen, was man will; ~ **one's nose** sich die Nase putzen; ~ **it!** verdammt noch mal!; ~ **the expense!** egal, was es kostet! **III.** *s* Blasen *nt;* **go for a** ~ an die (frische) Luft gehen; **blow away I.** *vi* (*im Wind*) wegfliegen **II.** *vt* **1.** wegwehen, -blasen, -fegen **2.** (*Am sl*) erschießen **3.** (*Am sl*) vernichtend schlagen; **blow down** *vt* (*Sturm*) umwerfen; **blow off I.** *vi* (*im Wind*) wegfliegen **II.** *vt* wegwehen, -blasen, -fegen; **blow out I.** *vi* (*Reifen*) platzen **II.** *vt* (*Streichholz*) ausblasen; ~ **one's brains out** sich eine Kugel durch den Kopf jagen; **blow over** *vi* vorbei-, vorübergehen; **blow up I.** *vt* **1.** aufblasen, -pumpen **2.** sprengen, in die Luft jagen **3.** (PHOT) vergrößern **II.** *vi* (*a. fig*) explodieren
blow[2] [bləʊ] *s* (*a. fig*) Schlag, Stoß *m;* **at one** ~ auf einen Schlag; **without striking a** ~ ohne jede Gewalt; **come to** ~**s** sich in die Haare geraten; **strike a** ~ **for s.th.** ei-

ner Sache einen großen Dienst erweisen
blow-dry ['bləʊˌdraɪ] *vt* fönen
blower ['bləʊə(r)] *s* **1.** Bläser *m* **2.** Gebläse *nt*
blow·fly ['bləʊflaɪ] *s* Schmeißfliege *f;* **blow·hole** ['bləʊhəʊl] *s* **1.** (*Wal*) Nasenloch *nt* **2.** Luftloch *nt;* **blow·lamp** ['bləʊlæmp] *s* Schweißbrenner *m;* **blown** [bləʊn] *s.* **blow**[1]; **blow·out** ['bləʊaʊt] *s* **1.** (ELEK) Durchschmelzen *nt* **2.** (AUTO) Reifenpanne *f* **3.** (*sl*) Schlemmerei *f;* **blow-pipe** ['bləʊpaɪp] *s* **1.** Lötrohr *nt* **2.** Blasrohr *nt;* **blow·torch** ['bləʊtɔːtʃ] *s* Schweißbrenner *m;* **blow-up** ['bləʊʌp] *s* **1.** Explosion *f* **2.** (*fam*) Zornesausbruch *m* **3.** (PHOT) Vergrößerung *f*
blub·ber ['blʌbə(r)] **I.** *s* Walfischspeck *m* **II.** *vi* weinen, heulen
bludgeon ['blʌdʒən] **I.** *s* Knüppel *m* **II.** *vt* **1.** niederknüppeln **2.** zwingen (*into doing s.th.* etw zu tun)
blue [bluː] **I.** *adj* **1.** blau **2.** (*fig*) trübsinnig, schwermütig, niedergeschlagen **3.** unanständig, zweideutig; **dark/light** ~ dunkel-/hellblau; **once in a** ~ **moon** alle Jubeljahre (einmal) **II.** *s* **1.** Blau *nt,* blaue Farbe **2.** (POL) Konservative(r) *f m* **3.** **~s** Trübsinn *m,* Schwermut *f;* **out of the** ~ aus heiterem Himmel, unerwartet; **have the ~s** (*Am*) Trübsal blasen; **like a bolt from the** ~ wie ein Blitz aus heiterem Himmel; **blue·berry** ['bluːbərɪ] *s* Blau-, Heidelbeere *f;* **blue·bottle** ['bluːˌbɒtl] *s* Schmeißfliege *f;* **Blue Flag** *s* (EU) blaue Flagge; **blue mussel** *s* Miesmuschel *f;* **blue pencil** *vt* ausstreichen, korrigieren; zensieren; **blue·print** ['bluːprɪnt] *s* **1.** Blaupause *f* **2.** Plan, Entwurf *m*
blues [bluːz] *s* (MUS) Blues *m*
Bluetooth ['bluːtuːθ] *s* (TECH) Bluetooth-Technologie *f* (*drahtlose Verbindung elektronischer Geräte*)
bluff[1] [blʌf] **I.** *s* Steilufer *nt;* Klippe *f* **II.** *adj* **1.** (*Klippe*) schroff, abschüssig **2.** (*fig*) rau, aber herzlich
bluff[2] [blʌf] **I.** *vi* bluffen **II.** *s* Bluff *m;* **I'd call his** ~ ich würde ihn auf die Probe stellen
bluffer ['blʌfə(r)] *s* Angeber(in) *m(f)*
blu·ish ['bluːɪʃ] *adj* bläulich
blun·der ['blʌndə(r)] **I.** *vi* **1.** stolpern (*on, against* gegen, *into* in) **2.** (~ *in*) hineingeraten **3.** einen Bock schießen **II.** *s* (dummer) Fehler, Schnitzer *m;* **blun·derer** ['blʌndərə(r)] *s* Tölpel, Stümper(in) *m(f)*
blunt [blʌnt] **I.** *adj* **1.** stumpf **2.** geradeheraus, unverblümt **II.** *vt* stumpf machen **III.** *vi* (*fig*) abstumpfen; **blunt·ly** [-lɪ] *adv* ganz offen, frei heraus, unverblümt; **blunt·ness** [-nɪs] *s* **1.** (*a. fig*) Stumpfheit *f* **2.** (*fig*) Unverblümtheit *f*
blur [blɜː(r)] **I.** *vt* **1.** trüben **2.** trübe, undeutlich, unscharf, verschwommen machen **3.** verwischen, verschmieren **II.** *s* **1.** undeutliches, verschwommenes Bild **2.** Trübung, Verschwommenheit *f* **3.** Fleck *m*
blurb [blɜːb] *s* Waschzettel, Klappentext *m*
blurred [blɜːd] *adj* verschwommen, unscharf
blurt [blɜːt] *vt:* ~ **out** herausplatzen (*s.th.* mit einer S)
blush [blʌʃ] **I.** *vi* **1.** erröten, (scham)rot werden (*with, for* vor) **2.** sich schämen **II.** *s* Schamröte *f;* Erröten *nt;* **at (the) first** ~ auf den ersten Blick; **blusher** [-ə(r)] *s* Rouge *nt;* **blusher brush** *s* Rougepinsel *m;* **blush·ing** [-ɪŋ] *adj* errötend
blus·ter ['blʌstə(r)] **I.** *vi* **1.** brausen, toben **2.** schimpfen, poltern **II.** *s* **1.** Toben, Heulen *nt* **2.** Wutgeheul, -geschrei *nt*
boa ['bəʊə] *s* (*Riesenschlange; langer Federschal*) Boa *f*
boar [bɔː(r)] *s* Eber *m;* Keiler *m*
board [bɔːd] **I.** *s* **1.** Brett *nt;* Diele, Planke *f* **2.** Karton *m,* Pappe *f* **3.** (Anschlag-, Wand)Tafel *f* **4.** Spielbrett *nt* **5.** Platte *f* **6.** Kost, Verpflegung *f* **7.** Ausschuss *m;* Kommission *f;* Behörde *f;* Ministerium *nt;* Vorstand *m* **8.** (MAR) Bord *m;* Deck *nt;* **the ~s** (THEAT) die Bretter *ntpl;* **above** ~ offen, ehrlich; **on** ~ **(a) ship** an Bord eines Schiffes; **be a member of the** ~ Mitglied des Vorstandes sein; **go by the** ~ (*fig*) fallen gelassen werden; **go on** ~ **ship** sich einschiffen; **sweep the** ~ (*fig*) alle Preise gewinnen; **advisory** ~ Beratungsausschuss *m;* **arbitration** ~ Schlichtungsausschuss *m;* **bulletin** ~ (*Am*) schwarzes Brett; **chess-**~ Schachbrett *nt;* **examination** ~ Prüfungskommission *f;* **school** ~ Schulbehörde *f;* **Board of Admiralty** Marineministerium *nt;* **Board of Trade** Wirtschaftsministerium *nt;* ~ **of directors** Vorstand *m,* Aufsichtsrat *m* **II.** *vt* **1.** verschalen, dielen **2.** an Bord gehen (*a ship* eines Schiffes), besteigen, einsteigen (*the train* in den Zug) **III.** *vi* **1.** in Pension sein (*with* bei) **2.** Internatsschüler(in) sein **3.** (AVIAT) die Maschine besteigen; **flight LH 283 now ~ing** Aufruf für Passagiere des Fluges LH 283; ~ **out** in Pension wohnen; **boarder** ['bɔːdə(r)] *s* **1.** Kostgänger(in) *m(f)* **2.** Internatsschüler(in) *m(f);* **board·ing** ['-ɪŋ] *s* **1.** Täfelung *f,* Dielen *fpl* **2.** Verpflegung, Kost *f;* **boarding-card** *s* (AVIAT) Bordkarte *f;* **boarding house** *s* **1.** Pension *f* **2.** Wohngebäude *nt* eines Internats; **boarding-**

B

school *s* Internat *nt;* **board meeting** *s* Vorstandssitzung *f;* **board·room** ['bɔːdrʊm] *s* Sitzungssaal *m;* **board·walk** ['bɔːdwɔːk] *s* (*Am*) Holzsteg *m*

boast [bəʊst] **I.** *s* **1.** Prahlerei *f* **2.** Stolz *m* **II.** *vi* prahlen (*of* mit) **III.** *vt* **1.** sich rühmen (*s.th.* einer S) **2.** prahlen; **boaster** ['bəʊstə(r)] *s* Aufschneider, Prahlhans *m;* **boast·ful** ['bəʊstfl] *adj* prahlerisch

boat [bəʊt] *s* **1.** Boot *nt;* Kahn *m* **2.** Schiff *nt;* Dampfer *m* **3.** (*gravy* ~) Soßenschüssel *f;* **in the same** ~ (*fig*) in der gleichen Lage; **cargo** ~ Frachtdampfer *m;* **motor-**~ Motorboot *nt;* **rowing** ~ Ruderboot *nt;* **sailing** ~ Segelboot *nt;* **~s for hire** Bootsverleih *m;* **boat-hook** *s* Bootshaken *m;* **boat-house** *s* Bootshaus *nt;* **boat·ing** ['bəʊtɪŋ] *s* Bootfahren *nt;* **boat·man** ['bəʊtmən] <*pl* -men> *s* **1.** Bootsverleiher *m* **2.** Ruderer *m,* Ruderin *f;* **boat-people** ['bəʊtpɪːpl] *s pl* Bootsflüchtlinge *mpl;* **boat race** *s* (Ruder)Regatta; **boat·swain** ['bəʊsn] *s* (MAR) Bootsmann *m;* **boat-train** ['bəʊtˌtreɪn] *s* Zug *m* mit Schiffsanschluss; **boat trip** *s* Bootsfahrt *f*

bob¹ [bɒb] **I.** *vi* **1.** sich auf- u. abbewegen **2.** knicksen; ~ **up** auftauchen **II.** *vt* nicken mit **III.** *s* **1.** Knicks *m* **2.** Nicken *nt*

bob² [bɒb] *s* Bubikopf(frisur *f*) *m*

bob³ [bɒb] *s* (SPORT) Bob *m;* Kufe *f;* **two-man** ~ Zweierbob *m*

bob⁴ [bɒb] *s* (*Br fam*) Shilling *m*

bob·bin ['bɒbɪn] *s* (Garn)Spule *f;* Rolle *f*

bobble hat ['bɒblˌhæt] *s* Pudel-, Bommelmütze *f*

bobby ['bɒbɪ] *s* (*Br fam*) Polizist *m;* **bobby pin** *s* Haarklemme *f*

bob·sled, bob·sleigh ['bɒbsled, 'bɒbsleɪ] *s* (SPORT) Bob *m*

bob·tail ['bɒbteɪl] *s* Stutzschwanz *m*

bode [bəʊd] *vt:* ~ **ill** ein schlechtes (Vor)Zeichen sein (*for* für)

bod·ice ['bɒdɪs] *s* Mieder, Leibchen *nt;* Oberteil *nt*

bodi·less ['bɒdɪlɪs] *adj* körperlos

bod·ily ['bɒdəlɪ] **I.** *adj* körperlich, leiblich; **grievous** ~ **harm** (JUR) schwere Körperverletzung **II.** *adv* **1.** in Person, persönlich; leibhaftig **2.** geschlossen; im Ganzen, als Ganzes **3.** gewaltsam

bo·dy ['bɒdɪ] *s* **1.** Körper, Leib *m* **2.** Rumpf *m* **3.** (*dead* ~) Leiche *f;* Leichnam *m* **4.** (*fam*) Person *f,* Mensch *m* **5.** (JUR) Körperschaft *f;* Gremium *nt;* Organ *nt* **6.** (MIL) (Truppen)Verband *m* **7.** (Menschen)Gruppe, Ansammlung, Masse *f* **8.** Komplex *m;* Material *nt;* Masse *f* **9.** (AUTO) Karosserie *f* **10.** (*fig*) Gehalt *m;* Stärke, Güte *f* **11.** (PHYS) Körper *m;* **in a** ~ im Ganzen, zusammen, insgesamt; **governing** ~ Direktion, Leitung *f;* **heavenly** ~ Himmelskörper *m;* **legislative** ~ gesetzgebende Körperschaft; **body-bag** *s* Leichensack *m;* **body-building** *s* Bodybuilding *nt;* **body-guard** ['bɒdɪgɑːd] *s* Leibwache *f;* **body language** *s* Körpersprache *f;* **body lotion** *s* Körperlotion *f;* **body politic** *s* Staat(swesen *nt*) *m;* **body search** *s* Leibesvisitation *f;* **body(suit)** ['bɒdɪ(ˌsuːt)] *s* Body(suit) *m;* **body·work** ['bɒdɪwɜːk] *s* (AUTO) Karosserie *f;* **body-wrap** ['bɔːdiːˌræp] *s* Ganzkörperpackung *f*

bof·fo ['bɔːfəʊ] *adj* (*Am: sl*) Super-, eins a

bog [bɒg] *s* **1.** Sumpf, Morast *m;* Moor *nt* **2.** (*Br fam*) Klo *nt;* **peat** ~ Torfmoor *nt;* **bog down** *vt:* **be ~ged down** feststecken; (*fig*) sich festgefahren haben; **get ~ged down** steckenbleiben; (*fig*) sich festfahren

bog·gle ['bɒgl] *vi* sprachlos sein; **the mind ~s** das ist ja Wahnsinn

bog·gy ['bɒgɪ] *adj* sumpfig

bo·gie ['bəʊgɪ] *s* (RAIL) Drehgestell *nt*

bo·gus ['bəʊgəs] *adj* falsch, unecht

bogy, bo·gey ['bəʊgɪ] *s* **1.** Kobold *m;* (*fig*) Schreckgespenst *nt* **2.** (*Golf*) Bogey *nt* **3.** (*sl*) Popel *m*

Bo·he·mi·an [bəʊ'hiːmɪən] *s* **1.** (GEOG) Böhme *m,* Böhmin *f* **2. b**~ Bohemien, Künstlertyp *m*

boil [bɔɪl] **I.** *vi, vt* **1.** kochen, sieden **2.** (*fig: vor Wut*) kochen, schäumen (*with* vor) **3.** (*Fluten*) wogen, toben; **make s.o.'s blood** ~ jdn rasend machen **II.** *s* Siedepunkt *m;* **be on the** ~ kochen; **come to the** ~ zu kochen anfangen; **bring s.th. to the** ~ etw aufkochen lassen; **boil away** *vi* verkochen, verdampfen; weiterkochen; **boil down I.** *vt* einkochen **II.** *vi* dickflüssig werden; ~ **down to s.th.** (*fig*) auf etw hinauslaufen; **boil over** *vi* überkochen; (*fig*) sich zuspitzen; (*Mensch*) explodieren; **boil up** *vi* aufkochen; (*fig: Wut*) sich steigern; **boil·er** ['bɔɪlə(r)] *s* **1.** Warmwasserbereiter, Boiler *m* **2.** (MAR) Kessel *m* **3.** (*Küche*) Suppenhuhn *nt;* **boiler·house** *s* (MAR) Kesselhaus *nt;* **boiler·man** ['bɔɪləmən] <*pl* -men> *s* Heizer *m;* **boil-er·plate** ['bɔɪləpleɪt] **I.** *adj* Standard- **II.** *s no pl* (*Am*) klischeebehaftete Sprache; **boiler-room** *s* Kesselraum *m;* Heizungskeller *m;* **boiler-suit** *s* Overall *m,* blauer Anton; **boil·ing** [-ɪŋ] *adj* kochend, siedend; ~ **hot** (*fam*) kochend, siedend, glühend heiß; **~-point** (*a. fig*) Siedepunkt *m*

bois·ter·ous ['bɔɪstərəs] *adj* **1.** heftig, stürmisch **2.** lärmend, laut, ausgelassen

bold [bəʊld] *adj* **1.** kühn, tapfer, mutig

2. forsch; keck; gewagt; dreist 3. (*Farbe, Muster*) kräftig; fest umrissen; (*Stil*) ausdrucksvoll 4. (TYP) fett; halbfett; **make (so)** ~ es wagen (*as to* zu), sich erkühnen; **as ~ as brass** frech wie Oskar; **bold·ness** [-nɪs] *s* 1. Kühnheit, Tapferkeit *f* 2. Unverfrorenheit *f* 3. (*fig*) Kräftigkeit *f;* Ausdruckskraft *f*

bole [bəʊl] *s* (Baum)Stamm *m*

bo·le·ro [bə'leərəʊ] *s* Bolero *m*

Bo·liv·ia [bə'lɪvɪə] *s* Bolivien *nt;* **Bo·liv·ian** [bə'lɪvɪən] **I.** *adj* boliv(ian)isch **II.** *s* Boliv(an)er(in) *m(f)*

bol·ster ['bəʊlstə(r)] **I.** *s* Nackenrolle *f* **II.** *vt* (~ *up*) unterstützen, Mut machen (*s.o.* jdm); (*Währung*) stützen; (*Stellung, Ansehen*) aufbessern

bolt [bəʊlt] **I.** *s* 1. (Tür)Riegel *m* 2. Bolzen *m* 3. (*a. fig*) Blitz(strahl) *m* 4. (*Stoff*) Ballen *m* 5. (*fam*) Satz *m,* plötzlicher Sprung; **make a ~ for it** Fersengeld geben; **a ~ from the blue** ein Blitz aus heiterem Himmel **II.** *vi* 1. davonstürzen, abhauen 2. (*Pferd*) durchgehen **III.** *vt* 1. (~ *down*) hinunterschlingen 2. verriegeln 3. ver-, festschrauben; **bolt-hole** *s* Schlupfloch *nt;* **bolt upright** *adv* kerzengerade

bomb [bɒm] **I.** *s* Bombe *f;* **go like a ~** (*sl*) ein Bombenerfolg sein; **cost a ~** (*sl*) ein Heidengeld kosten **II.** *vt* bombardieren; **~ out** ausbomben **III.** *vi* (*fam*) durchfallen

bom·bard [bɒm'bɑːd] *vt* 1. (*a. fig*) bombardieren 2. (*fig*) bestürmen, überschütten; **bom·bard·ment** [bɒm'bɑːdmənt] *s* Bombardierung *f*

bom·bast ['bɒmbæst] *s* Schwulst, Bombast *m;* **bom·bas·tic** [bɒm'bæstɪk] *adj* bombastisch, schwülstig

bomb cra·ter ['bɒmˌkreɪtə(r)] *s* Bombenkrater *m;* **bombed** [bɒmd] *adj* (*sl*) besoffen, high; **bomber** ['bɒmə(r)] *s* 1. Bomber *m,* Bombenflugzeug *nt* 2. Bombenattentäter(in) *m(f);* **bomb·ing** [-ɪŋ] *s* Bombenabwurf *m;* **bomb-proof** *adj* bombensicher; **bomb·shell** ['bɒmʃel] *s* (*fig*) Überraschung *f;* **the news came like a ~** die Nachricht schlug ein wie eine Bombe

bona fide [ˌbəʊnə'faɪdɪ] *adj* (JUR) bona fide, ehrlich, aufrichtig, gutgläubig

bon·anza [bə'nænzə] **I.** *s* Goldgrube *f;* **oil ~** Ölboom *m* **II.** *adj attr* ergiebig, ertragreich, Boom-

bond [bɒnd] **I.** *s* 1. Übereinkommen *nt* 2. (Ver)Bindung *f,* Band *nt* 3. (COM) Verbindlichkeit, Verpflichtung *f* 4. Pfandbrief *m,* Obligation *f;* festverzinsliches Wertpapier 5. Zollverschluss *m* 6. Haftfestigkeit *f* 7. **~s** Fesseln *fpl;* **in ~** unter Zollverschluss **II.** *vt* 1. verpfänden 2. unter Zollverschluss nehmen

bond·age ['bɒndɪdʒ] *s* Knechtschaft *f*

bonded ['bɒndɪd] *adj:* **~ warehouse** Zollspeicher *m;* **bond-holder** ['bɒndˌhəʊldə(r)] *s* Inhaber(in) *m(f)* von Wertpapieren

bone [bəʊn] **I.** *s* 1. Knochen *m* 2. (*Fisch*) Gräte *f* 3. (*Substanz*) Bein *nt* 4. **~s** Gebeine *ntpl;* **to the ~** bis auf die Knochen, völlig; **be nothing but skin and ~s** nur noch Haut u. Knochen sein; **have a ~ to pick with s.o.** mit jdm ein Hühnchen zu rupfen haben; **as dry as a ~** knochentrocken **II.** *vt* 1. entbeinen; (*Fisch*) entgräten 2. (*sl*) klauen, mopsen **III.** *vi:* **~ up on** (*sl*) pauken, büffeln; **bone fracture** *s* Knochenbruch *m;* **bone-head** *s* (*sl*) Dummkopf *m;* **bone-headed** *adj* (*sl*) blöd; **bone idle** *adj* (*sl*) stinkfaul; **bone·less** ['-lɪs] *adj* ohne Knochen; (*Fisch*) ohne Gräten; **bone-meal** ['bəʊnmiːl] *s* Knochenmehl *nt;* **boner** ['bəʊnə] *s* (*sl Am, Aus*) Schnitzer *m;* **bone·shaker** ['bəʊnˌʃeɪkə(r)] *s* (*fam*) Klapperkasten *m;* **bone·yard** *s* (*sl*) Friedhof *m*

bon·fire ['bɒnfaɪə(r)] *s* Freudenfeuer *nt;* Feuer *nt* im Freien

bon·net ['bɒnɪt] *s* 1. Haube *f* 2. (AUTO) Motorhaube *f* 3. Wollmützchen

bonny ['bɒnɪ] *adj* schön, gut aussehend

bo·nus ['bəʊnəs] *s* 1. Bonus *m,* Gratifikation, Prämie *f* 2. (COM) Sonderdividende *f;* **Christmas ~** Weihnachtsgratifikation *f;* **cost-of-living ~** Teuerungszulage *f*

bony ['bəʊnɪ] *adj* 1. voller Knochen; (*Fisch*) voller Gräten 2. knochig 3. knochendürr

boo [buː] **I.** *interj* bah! pah! buh! **II.** *vt* auspfeifen, -buhen **III.** *vi* buhen

boob [buːb] **I.** *s* 1. (*fam*) Schnitzer *m* 2. (*fam*) Brust *f* **II.** *vi* einen Schnitzer machen; **boob job** *s* (*sl*) kosmetische Brustoperation; **booby** ['buːbɪ] *s* Tölpel, Trottel *m;* **booby prize** *s* Trostpreis *m*

book [bʊk] **I.** *s* 1. Buch *nt* 2. Heft *nt;* Block *m* 3. **~s** (COM) Bücher *ntpl* 4. Wettliste *f* 5. (~ *of matches*) (Streichholz)Heftchen *nt* 6. (MUS) Textbuch *nt;* **balance the ~s** die Bücher abschließen; **be in s.o.'s black/good ~s** bei jdm schlecht/gut angeschrieben sein; **in my ~** meines Wissens nach; **keep ~s** Bücher führen; **~ of stamps** Briefmarkenheft *nt;* **~ of tickets** Fahrscheinheft *nt;* **the (good) Book** das Buch der Bücher **II.** *vt* 1. buchen 2. auf-, niederschreiben; notieren; vormerken 3. (*Platz*) (vor)bestellen, buchen, belegen; (*Karte*) bestellen; (*Gepäck*) aufgeben; (*Fahrkarte*) lösen; **book in I.** *vi* sich eintragen; absteigen (*at* in) **II.** *vt* 1. eintragen 2. reservieren lassen (*s.o.* jdm); **book through** *vi* direkt lösen (*to* bis); **book up** **I.** *vi* buchen **II.** *vt* reservieren lassen; **be ~ed up** ausgebucht sein; ausverkauft sein; **book·able** [-əbl] *adj* im Vorverkauf erhältlich; **book·binder** ['bʊkˌbaɪndə(r)] *s* Buchbinder(in) *m(f)*; **book-bind·ing** ['bʊkˌbaɪndɪŋ] *s* Buchbinderei *f*; **book·case** ['bʊkkeɪs] *s* Bücherschrank *m*; **book-club** *s* Buchklub *m*; Lesering *m*; **book-end** *s* Bücherstütze *f*

bookie ['bʊkɪ] *s* (*sl*) Buchmacher *m*

book·ing ['bʊkɪŋ] *s* Buchung, Bestellung *f*; Reservierung *f*; **booking clerk** *s* Fahrkartenverkäufer(in) *m(f)*; **booking office** *s* Fahrkartenschalter *m*; Vorverkaufsstelle *f*

book·ish ['bʊkɪʃ] *adj* **1.** lesefreudig **2.** gelehrt **3.** (*Stil*) papieren

book·keeper ['bʊkˌkiːpə(r)] *s* Buchhalter(in) *m(f)*; **book·keep·ing** ['bʊk ˌkiːpɪŋ] *s* Buchhaltung, -führung *f*

book·let ['bʊklɪt] *s* Broschüre *f*

book·maker ['bʊkˌmeɪkə(r)] *s* Buchmacher(in) *m(f)*; **book·mark** ['bʊkmɑːk] *s* (*a.* INTERNET) Lesezeichen *nt*; **book of matches** *s* Streichholzheftchen *nt*; **book·plate** ['bʊkpleɪt] *s* Exlibris *nt*; **book review** *s* Buchbesprechung *f*; **book reviewer** *s* Kritiker(in) *m(f)*; **book·seller** ['bʊkˌselə(r)] *s* Buchhändler(in) *m(f)*; **book·shelf** <*pl* **-shelves**> *s* Bücherregal, -bord *nt*; **book·shop** *s* Buchhandlung *f*; **book·stall** ['bʊkstɔːl] *s* Buchverkaufsstand *m*; Zeitungskiosk *m*; **book·store** ['bʊkstɔː(r)] *s* (*Am*) Buchhandlung *f*; **book token** *s* Büchergutschein *m*; **book trade** *s* Buchhandel *m*; **book·worm** ['bʊkwɜːm] *s* (*a. fig*) Bücherwurm *m*

boom[1] [buːm] *s* (TECH) **1.** (*derrik* ~) Ladebaum *m*; Ausleger *m* **2.** Sperre *f* **3.** Galgen *m* für Mikrofon

boom[2] [buːm] **I.** *s* Brausen, Donnern *nt*; ~ **boom** (AVIAT) Schallknall *m* **II.** *vi* brausen, hallen, dröhnen **III.** *vt:* ~ **out** dröhnen

boom[3] [buːm] **I.** *s* (COM) Boom, Aufschwung *m*; Hochkonjunktur *f* **II.** *vi* einen Aufschwung nehmen; in die Höhe schnellen; **be ~ing** florieren, im Aufschwung begriffen sein, boomen

boom box *s* (*Am: sl*) Ghettoblaster *m*

boom·er·ang ['buːməræŋ] *s* (*a. fig*) Bumerang *m*

boom·let ['buːmlɪt] *s* Miniboom *m*

boon [buːn] *s* Wohltat *f*, Segen *m*

boor [bʊə(r)] *s* Rüpel *m*; **boor·ish** [-ɪʃ] *adj* rüpel-, lümmelhaft

boost [buːst] **I.** *vt* **1.** (*Preise*) in die Höhe treiben **2.** ankurbeln **3.** (ELEK: *Strom, Leistung*) verstärken **II.** *s* **1.** Auftrieb *m* **2.** (ELEK) Verstärkung *f*; **that was a ~ to my ego** das hat mir Auftrieb gegeben; **booster** ['buːstə(r)] *s* **1.** (MED) Wiederholungsimpfung *f* **2.** (ELEK) Puffersatz *m*; (RADIO) Zusatzverstärker *m*; (AUTO) Kompressor *m*; Gebläse *nt* **3.** (AVIAT) Zusatztriebwerk *nt*; **booster rocket** *s* Start-, Trägerrakete *f*; **booster seat** *s* Stuhlaufsatz *m*

boot [buːt] **I.** *s* **1.** Stiefel *m* **2.** (*Br*) Kofferraum *m*; **die with one's ~s on** in den Sielen sterben; **get the ~** (*sl*) rausgeschmissen werden; **give s.o. the ~** (*sl*) jdn rausschmeißen; **the ~ is on the other foot** (*fig*) es ist gerade andersherum **II.** *vt* **1.** einen Fußtritt geben (*s.th.* einer S); (*Ball*) kicken **2.** (INFORM) urladen, hochladen; **boot out** *vt* (*fam*) rausschmeißen; **boot·black** ['buːtblæk] *s* Schuhputzer *m*

bootee ['buːtiː] *s* **1.** Halbstiefel *m* **2.** gestrickter Babyschuh

booth [buːð] *s* (Markt)Bude *f*; Messestand *m*; **interpreter's ~** Dolmetscherkabine *f*; **polling** [*o* **voting**] **~** Wahlzelle, -kabine *f*; **telephone ~** Fernsprech-, Telefonzelle *f*

boot·jack ['buːtdʒæk] *s* Stiefelknecht *m*; **boot·lace** ['buːtleɪs] *s* Schnürsenkel *m*; **boot·leg** ['buːtleg] *vt* schwarz brennen; schwarz herstellen; schwarz verkaufen; **boot·licker** ['buːtlɪkə(r)] *s* Speichellecker(in) *m(f)*; **boot-maker** *s* Schuhmacher(in) *m(f)*

booty ['buːtɪ] *s* (*a. fig*) Beute *f*

booze [buːz] **I.** *vi* (*fam*) saufen **II.** *s* (*fam*) **1.** Alkohol *m* **2.** (~*-up*) Sauferei *f*; **boozer** ['buːzə(r)] *s* (*fam*) **1.** Säufer(in) *m(f)* **2.** (*sl*) Kneipe *f*; **boozy** ['buːzɪ] *adj* (*fam*) be-, versoffen

bor·der ['bɔːdə(r)] **I.** *s* **1.** Kante *f*; Rand(streifen) *m* **2.** (Landes)Grenze *f* **3.** Saum *m*; Einfassung *f* **4.** (*Garten*) Rabatte *f*; **~ control** Grenzkontrolle *f* **II.** *vt* begrenzen; einfassen **III.** *vi:* **~ on** (*a. fig*) grenzen an; **bor·derer** ['bɔːdərə(r)] *s* Grenzbewohner(in) *m(f)*; **bor·der·ing** [-ɪŋ] *adj* angrenzend (*on* an); **bor·der·land** ['bɔːdəlænd] *s* Grenzgebiet *nt*; **bor·der·line** ['bɔːdəlaɪn] *s* Grenzlinie *f*; **borderline case** *s* Grenzfall *m*

bore[1] [bɔː(r)] **I.** *vt* **1.** ausbohren, -höhlen **2.** (~ *through*) durchbohren **3.** (*Loch*) bohren **II.** *vi* bohren (*for* nach) **III.** *s* **1.** Kaliber *nt*; lichte Weite; Durchmesser *m* **2.** (~*-hole*) Bohrloch *nt*

bore[2] [bɔː(r)] **I.** *vt* langweilen; **~ s.o. to death** jdn zu Tode langweilen; **be ~d** sich langweilen **II.** *s* langweiliger Mensch, Langweiler *m*

bore[3] [bɔː(r)] *s.* **bear**[2]

bore·dom ['bɔːdəm] *s* Langeweile *f*

borer ['bɔːrə(r)] *s* (TECH) Bohrer *m*

boric ['bɔːrɪk] *adj* Bor-; **~ acid** Borsäure *f*

bor·ing ['bɔːrɪŋ] *adj* langweilig
born [bɔːn] *adj* geboren; **be ~** geboren werden; (*fig*) entstehen; **where were you ~?** wo sind Sie geboren?; **he was ~ in the year 1940** er wurde im Jahre 1940 geboren; **he was ~ blind** er ist von Geburt blind; **born-again** ['bɔːnəgen] *adj* wieder geboren
borne [bɔːn] *s.* **bear**[2]
boron ['bɔːrɒn] *s* (CHEM) Bor *nt*
bor·ough ['bʌrə] *s* Bezirk *m;* Stadt(gemeinde) *f*
bor·row ['bɒrəʊ] *vt* borgen, (aus-, ent)leihen, entlehnen (*of, from* von); **bor·rower** ['bɒrəʊə(r)] *s* **1.** Borger(in) *m(f),* (Ent)Leiher(in) *m(f)* **2.** (COM) Kreditnehmer(in) *m(f);* **bor·row·ing** [-ɪŋ] *s* Ausborgen *nt;* Anleihe *f*
Bos·nia ['bɒznɪə] *s* Bosnien *nt;* **Bos·nian** ['bɒznɪən] **I.** *adj* bosnisch **II.** *s* Bosnier(in) *m(f)*
bosom ['bʊzəm] *s* **1.** (*a. fig*) Busen *m* **2.** (*Kleid*) Brustteil *m* **3.** (*fig*) (das) Innere; **in the ~ of one's family** im Schoße der Familie; **~ friend** Busenfreund(in) *m(f)*
boss[1] [bɒs] **I.** *s* (*fam*) Boss, Chef *m* **II.** *vt* arrangieren, leiten; **~ around** herumkommandieren
boss[2] [bɒs] *s* Knauf, Buckel *m*
bossy ['bɒsɪ] *adj* (*fam*) herrschsüchtig; rechthaberisch
bo'sun ['bəʊsn] *s* (MAR) Bootsmann *m*
bot·an·ical [bə'tænɪkl] *adj* botanisch; **bot·an·ist** ['bɒtənɪst] *s* Botaniker(in) *m(f);* **bot·any** ['bɒtənɪ] *s* Botanik, Pflanzenkunde *f*
botch [bɒtʃ] **I.** *s* Flickwerk *nt,* Pfuscherei *f* **II.** *vt* (*~ up*) verpfuschen; **botcher** ['bɒtʃə(r)] *s* Stümper(in) *m(f),* Pfuscher(in) *m(f)*
both [bəʊθ] **I.** *adj, pron* beide; beides; **we ~ can go, we can ~ go** wir beide können gehen; **~ (the) brothers** beide Brüder; **on ~ sides** auf beiden Seiten **II.** *adv:* **~ ... and** sowohl ... als auch
bother ['bɒðə(r)] **I.** *s* **1.** Mühe, Schererei, Schwierigkeit *f* **2.** Plage *f* **II.** *vt* **1.** lästig sein (*s.o.* jdm), belästigen; plagen, quälen **2.** aufregen, aus der Ruhe bringen **III.** *vi* sich Sorgen machen (*about* um), sich kümmern (*about* um); **~ (it)!** zum Kuckuck!; **don't ~!** bemühen Sie sich nicht!; **bother·ation** [ˌbɒðə'reɪʃn] *interj* verflixt!; **bother·some** ['bɒðəsəm] *adj* ärgerlich, lästig
Bot·swa·na [ˌbɒt'swɑːnə] *s* Botswana *nt;* **Bot·swa·nan** [ˌbɒt'swɑːnən] **I.** *adj* botswanisch **II.** *s* Botswaner(in) *m(f)*
bottle ['bɒtl] **I.** *s* Flasche *f;* **lose one's ~** (*sl*) die Nerven verlieren **II.** *vt* in Flaschen füllen; **~ up** (*fig*) in sich hineinfressen; **bottle bank** *s* Altglascontainer *m;* **bottle brush** *s* Flaschenbürste *f;* **bottled** ['bɒtld] *adj* in Flaschen; **bottle-feed·ing** ['bɒtlˌfiːdɪŋ] *s* Füttern *nt* mit der Flasche; **bottle-green** *adj* flaschengrün; **bottle heater** *s* Fläschchenwärmer *m;* **bottle-neck** ['bɒtlnek] *s* (*a. fig*) Engpass *m;* **bottle-party** *s* Bottleparty *f* (*Party, bei der jeder Gast ein Getränk mitbringt*)
bot·tom ['bɒtəm] **I.** *s* **1.** Boden, Grund *m* (*a. eines Gewässers*) **2.** Basis *f;* unteres Ende, Fuß *m* (*bes. eines Berges*) **3.** Schiffsboden *m* **4.** Sitz *m;* Sitzfläche *f* **5.** Hintern *m* **6.** (*fig*) Grundlage *f;* Kern *m;* Ursache *f;* **at ~** (*fig*) im Grunde; **from top to ~** von oben bis unten; **from the ~ of my heart** aus tiefstem Herzen; **be at the ~ of s.th.** hinter etw stecken; **get to the ~ of s.th.** einer Sache auf den Grund gehen; **knock the ~ out of s.th.** etw widerlegen **II.** *adj attr* letzte(r, s), unterste(r, s), niedrigste(r, s) **III.** *vi:* **~ out** den tiefsten Stand erreichen; **bot·tom·less** [-lɪs] *adj* **1.** grundlos; ohne Boden **2.** (*fig*) unergründlich; **a ~ pit** ein Fass ohne Boden; **bot·ty** ['bɒtɪ] *s* (*fam: bottom*) Po(po) *m*
botu·lism ['bɒtjʊlɪzəm] *s* Lebensmittelvergiftung *f,* Botulismus *m*
bough [baʊ] *s* Ast, Zweig *m*
bought [bɔːt] *s.* **buy**
boul·der ['bəʊldə(r)] *s* Felsblock *m*
bounce [baʊns] **I.** *vi* **1.** auf-, zurückprallen **2.** springen; stürzen **3.** hochschnellen **4.** (*fam: Scheck*) platzen; **~ back** (*fig*) sich nicht unterkriegen lassen **II.** *vt* **1.** aufprallen lassen **2.** (*sl*) an die Luft setzen **III.** *s* **1.** Rückprall, -stoß *m* **2.** Elastizität *f* **3.** Aufprall *m;* **bouncer** ['baʊnsə(r)] *s* (*fam*) Rausschmeißer *m;* **bounc·ing** [-ɪŋ] *adj* (*fam*) stramm, drall; **bouncing cradle** *s* Babywippe *f*
bound[1] [baʊnd] **I.** *s* (*a. fig*) Grenze *f;* **out of ~s** Betreten verboten (*im Lokal*)*;* **within the ~s** innerhalb der Grenzen **II.** *vt* begrenzen
bound[2] [baʊnd] **I.** *s* Sprung, Satz *m* **II.** *vi* springen, einen Satz machen
bound[3] [baʊnd] *adj pred:* **be ~ for** auf dem Weg sein nach; gehen nach; **homeward ~** auf der Heimreise, -fahrt; **outward ~** auf der Ausreise
bound[4] [baʊnd] **I.** *pt, pp of* **bind** **II.** *adj* verpflichtet, gebunden; **be ~ to do s.th.** etw bestimmt tun; **it's ~ to happen** das muss so kommen; **~ up in** sehr interessiert an; **be ~ up with** ganz in Anspruch genommen sein von

bound·ary ['baʊndrɪ] *s* Grenze, Trennungslinie *f*
bound·less ['baʊndlɪs] *adj* grenzen-, maßlos; unbeschränkt
boun·te·ous ['baʊntɪəs] *adj,* **boun·ti·ful** ['baʊntɪfl] *adj* freigebig, großzügig; **boun·ty** ['baʊntɪ] *s* **1.** Freigebigkeit, Großzügigkeit *f* **2.** großzügige Gabe **3.** Zulage *f*
bou·quet [bʊ'keɪ] *s* **1.** Bukett *nt,* (Blumen)Strauß *m* **2.** Bukett *nt;* Blume *f* (*des Weines*)
bout [baʊt] *s* **1.** (MED) Anfall *m* **2.** Runde *f* (*Boxen*)
bov·ine ['bəʊvaɪn] *adj* **1.** Rind(er)-, Ochsen- **2.** (*fig*) blöd(e), doof, dumm; ~ **spongiform encephalopathy** (**BSE**) (VET: *Rinderkrankheit*) Bovine-Spongiform-Enzephalopathie *f*
bow¹ [baʊ] *s* (MAR) Bug *m*
bow² [bəʊ] **I.** *s* **1.** (*Waffe*) Bogen *m* **2.** (MUS) Geigenbogen *m* **3.** (*rain~*) Regenbogen *m* **4.** Knoten *m;* Schleife *f;* **have two strings to one's** ~ (*fig*) zwei Eisen im Feuer haben **II.** *vi* den Bogen führen
bow³ [baʊ] **I.** *s* Verbeugung *f* **II.** *vi* **1.** sich verbeugen, sich verneigen **2.** sich biegen **3.** (*fig*) sich beugen; **have a ~ing acquaintance** sich nur flüchtig kennen; ~ **out** sich verabschieden **III.** *vt:* ~ **one's head** den Kopf senken
bowd·ler·ize ['baʊdləraɪz] *vt* (*Buch*) von anstößigen Stellen säubern
bowel ['baʊəl] *s meist pl* Eingeweide *pl;* **bowel movement** *s* Stuhl(gang) *m;* **the ~s of the earth** das Erdinnere
bower ['baʊə(r)] *s* Laube *f*
bowl¹ [bəʊl] *s* **1.** Schüssel *f;* Napf *m;* Schale *f* **2.** Schöpfteil *m*
bowl² [bəʊl] **I.** *s* **1.** (schwere) Holzkugel *f* **2. ~s** Bowling *nt* (*Kugelspiel auf dem Rasen*) **II.** *vt* (SPORT: *Ball*) werfen; (*Kugel*) schieben, rollen; ~ **over** umwerfen, -stoßen; (*fig*) aus dem Konzept bringen; **be ~ed over** sprachlos sein **III.** *vi* Bowling spielen; werfen; ~ **along** (dahin)rollen
bow-legged [ˌbəʊ'legd] *adj* o-beinig
bowler ['bəʊlə(r)] *s* **1.** (*Kricket*) Ballmann, Werfer *m* **2.** (~ *hat*) Melone *f* (*Hut*)
bowl·ing ['bəʊlɪŋ] *s* **1.** Bowlingspiel *nt* **2.** (*Kricket*) Werfen *nt* des Balles; **bowling alley** *s* Kegelbahn *f;* **bowling-green** *s* Rasenplatz *m* für Bowling
bow·man ['bəʊmən] <*pl* **-men**> *s* Bogenschütze *m;* **bow·string** ['bəʊstrɪŋ] *s* Bogensehne *f;* **bow tie** *s* Fliege *f;* **bow window** *s* Erkerfenster *nt*
bow-wow [ˌbaʊ'waʊ] **I.** *interj* wauwau! **II.** *s* (*Kindersprache*) Wauwau *m*
box¹ [bɒks] *s* Buchsbaum *m*
box² [bɒks] **I.** *s* **1.** Schachtel *f* **2.** Kiste *f;* Kasten, Behälter *m;* Karton *m* **3.** Etui, Futteral *nt* **4.** Koffer *m* **5.** (Wahl)Urne *f* **6.** Fach *nt;* Feld *nt;* Rubrik *f* **7.** (*letter~*) Briefkasten *m* **8.** (*money~*) Kasse, Geldkassette *f* **9.** (TECH) Gehäuse *nt* **10.** (THEAT) Loge *f* **11.** (JUR) Zeugenstand *m* **12.** (*Stall, Garage*) Box *f* **13.** (*Am*) Postfach *nt* **II.** *vt* in eine Schachtel packen; **box in** *vt* einklemmen; (*a. fig*) einengen; **box off** *vt* unterteilen; **box up** *vt* einschließen
box³ [bɒks] **I.** *vt, vi* boxen; ~ **s.o.'s ears** jdn ohrfeigen **II.** *s* Stoß, Schlag *m;* ~ **on the ear** Ohrfeige *f*
box calf ['bɒkskɑːf] *s* Boxkalf *nt* (*Leder*)
boxer ['bɒksə(r)] *s* Boxer *m;* **box·ing** ['bɒksɪŋ] *s* Boxen *nt,* Boxsport *m;* **Box·ing Day** *s* zweiter Weihnachtsfeiertag; **box-ing-gloves** *s pl* Boxhandschuhe *mpl;* **boxing-match** *s* Boxkampf *m*
box-num·ber ['bɒksnʌmbə(r)] *s* **1.** Chiffre(-nummer) *f* **2.** Postfach *nt;* **box-office** *s* (Theater)Kasse *f;* ~ **hit** Kassenschlager *m*
boy [bɔɪ] *s* **1.** Knabe, Junge *m* **2.** Bursche *m;* **my ~!** (*fam*) mein Lieber!; **old ~!** (*fam*) alter Junge!; **oh, ~!** Junge! Junge!
boy·cott ['bɔɪkɒt] **I.** *s* (COM POL) Boykott *m* **II.** *vt* boykottieren
boy·friend ['bɔɪfrend] *s* Freund *m;* **boy·hood** ['bɔɪhʊd] *s* Knabenalter *nt;* **boy·ish** ['bɔɪɪʃ] *adj* knaben-, jungenhaft; **boy scout** *s* Pfadfinder *m*
bra [brɑː] *s* Büstenhalter, BH *m*
brace [breɪs] **I.** *s* **1.** Klammer *f* **2.** (TECH) Strebe, Stütze *f,* Stützbalken *m,* Versteifung *f* **3.** (~ *and bit*) Bohrer *m* **4.** Klammer, Spange *f* (*für Zähne*) **5. ~s** (*Br: pair of ~s*) Hosenträger *mpl* **6.** geschweifte Klammer **II.** *vt* **1.** verklammern; befestigen; (ver)spannen; (ab)stützen, verstreben **2.** festigen; (*a. fig*) stärken; **brace up** *vi* sich zusammenreißen, -nehmen
brace·let ['breɪslɪt] *s* Armband *nt*
bracken ['brækn] *s* Adlerfarn *m*
bracket ['brækɪt] **I.** *s* **1.** Träger, Arm *m;* Konsole *f* **2.** (TYP) Klammer *f* **3.** (*fig*) (Einkommens)Klasse, Gruppe, Schicht *f;* **in ~s** in Klammern; **income** ~ Einkommensgruppe *f;* **round** ~ runde Klammer; **square** ~ eckige Klammer **II.** *vt* **1.** einklammern **2.** (zu einer Gruppe) zusammenstellen
brack·ish ['brækɪʃ] *adj* brackig
brag [bræg] **I.** *vi* prahlen (*of, about s.th.* mit einer S), angeben **II.** *s* Prahlerei *f;* **brag·gart** ['brægət] *s* Prahler(in) *m(f),* Aufschneider(in) *m(f)*
braid [breɪd] **I.** *s* **1.** Litze, Kordel, Tresse, Borte *f* **2.** (Band, Haar)Flechte *f* **II.** *vt*

B

1. mit Litze besetzen **2.** (*Litze, Haar*) flechten

braille [breɪl] *s* Blinden-, Brailleschrift *f*

brain [breɪn] *s* **1.** Gehirn *nt* **2.** (*fig: meist pl*) Geist, Verstand *m;* Intelligenz *f;* Fähigkeiten *fpl;* **rack one's ~(s)** sich den Kopf zerbrechen; **blow one's ~s out** sich eine Kugel durch den Kopf jagen; **have ~s** Köpfchen haben, intelligent sein; **have s.th. on the ~** auf etw versessen, erpicht sein; **pick s.o.'s ~** sich von jdm inspirieren lassen; **brain-child** *s* Geistesprodukt *nt;* Idee *f;* **brain dead** *adj* (MED) hirntot; **brain death** *s* (MED) Hirntod *m;* **brain drain** *s* Abwanderung *f* von Wissenschaftlern; **brain fever** *s* Hirnhautentzündung *f;* **brain·less** ['-lɪs] *adj* gedankenlos; dumm; **brain scan** *s* (MED) Brain-, Gehirnscan *nt;* **brain-storm** *s* **1.** verrückte Idee **2.** geistige Verwirrung; **brain·storm·ing** ['breɪnstɔ:mɪŋ] *s* Brainstorming *nt;* **brains trust** *s* Podiumsdiskussion *f;* **brain tumo(u)r** *s* (MED) Gehirntumor *m;* **brain·wash·ing** ['breɪnwɒʃɪŋ] *s* Gehirnwäsche *f;* **brain·wave** ['breɪnweɪv] *s* Geistesblitz *m;* **brain-worker** *s* Kopf-, Geistesarbeiter(in) *m(f);* **brainy** ['breɪnɪ] *adj* klug

braise [breɪz] *vt* (*Küche*) schmoren

brake[1] [breɪk] *s* Unterholz *nt*

brake[2] [breɪk] **I.** *s* (TECH) Bremse *f;* **put on the ~s** die Bremsen betätigen, bremsen **II.** *vt, vi* bremsen; **brake block** *s* Bremsklotz *m;* **brake fluid** *s* (AUTO) Bremsflüssigkeit *f;* **brake shoe** *s* Bremsschuh *m*

brak·ing ['breɪkɪŋ] *s* Bremsen *nt;* **braking distance** *s* Bremsweg *m*

bramble ['bræmbl] *s* Brombeerstrauch *m;* Brombeere *f*

bran [bræn] *s* Kleie *f*

branch [brɑ:ntʃ] **I.** *s* **1.** Zweig, Ast *m* **2.** Nebenfluss *m;* (Fluss)Arm *m* **3.** (*Straße, Bahn*) Abzweigung, Nebenstrecke *f* **4.** (*fig*) Zweig *m;* Abschnitt *m* **5.** (COM) Branche *f,* Zweig *m* **II.** *vi* sich gabeln; **branch off** *vi* abzweigen, auseinander gehen; **branch out** *vi* sein Geschäft erweitern, vergrößern; **branch line** *s* (RAIL) Zweiglinie, Nebenstrecke *f;* **branch office** *s* Zweigstelle *f,* -geschäft *nt,* Filiale *f*

brand [brænd] **I.** *s* **1.** Marke *f;* Warenzeichen *nt* **2.** Brandmal *nt* **II.** *vt* **1.** (*a. fig*) brandmarken, ein Zeichen einbrennen (*the cattle* dem Vieh) **2.** mit dem Waren-, Gütezeichen versehen

bran·dish ['brændɪʃ] *vt* schwingen

brand man·age·ment *s* Markenpositionierung *f;* **brand name** ['brændneɪm] *s* (COM) Markenname *m,* Marke *f*

brand-new [ˌbrænd'nju:] *adj* (funkel)nagelneu

brandy ['brændɪ] *s* Weinbrand *m;* **brandy snap** *s* Ingwerwaffel *f*

brash [bræʃ] *adj* nassforsch, frech; unverschämt

brass [brɑ:s] **I.** *s* **1.** Messing *nt* **2.** (MUS: *the ~*) Blasinstrumente *ntpl* **3.** (*sl*) Geld *nt,* Zaster *m* **II.** *adj* Messing-, aus Messing; **brass band** *s* Blaskapelle *f;* **brass hat** *s* (MIL: *sl*) hohes Tier

brass·iere ['bræsɪə(r)] *s* Büstenhalter *m*

brass plate [ˌbrɑ:s'pleɪt] *s* Messing-, Türschild *nt;* **brass-ware** *s* Messingwaren *fpl;* **brassy** ['brɑ:sɪ] *adj* **1.** messingartig **2.** (*Ton*) blechern **3.** (*fam*) frech

brat [bræt] *s* (*pej*) ungezogenes Kind

bra·vado [brə'vɑ:dəʊ] *s* forsches Auftreten, Draufgängertum *nt*

brave [breɪv] **I.** *adj* tapfer, mutig, unerschrocken, furchtlos **II.** *vt* mutig entgegentreten, trotzen (*s.th.* einer S); **~ it out** mutig die Stirn bieten; **brav·ery** ['breɪvərɪ] *s* Tapferkeit *f;* (Wage)Mut *m*

bravo [ˌbrɑ:'vəʊ] <*pl* **bravo(e)s**> **I.** *interj* bravo! **II.** *s* Bravo *nt*

brawl [brɔ:l] **I.** *s* Schlägerei *f* **II.** *vi* **1.** sich zanken, streiten **2.** (*Fluss*) rauschen, tosen; **brawl·ing** [-ɪŋ] *s* Schlägereien *fpl*

brawn [brɔ:n] *s* **1.** Muskeln *mpl* **2.** (*fig*) (Muskel)Kraft *f* **3.** Sülze *f;* **brawny** ['brɔ:nɪ] *adj* muskulös; kräftig

bray [breɪ] **I.** *s* Iahen *nt* **II.** *vi* (*Esel*) iahen

braze ['breɪz] *vt* hartlöten

brazen ['breɪzn] **I.** *adj* **1.** ehern; metallen **2.** (*~-faced*) schamlos, unverschämt **II.** *vt:* **~ it out** frech leugnen

braz·ier ['breɪzɪə(r)] *s* Kohlenbecken *nt*

Bra·zil [brə'zɪl] *s* Brasilien *nt;* **Bra·zil·ian** [brə'zɪlɪən] **I.** *s* Brasilianer(in) *m(f)* **II.** *adj* brasilianisch

breach [bri:tʃ] **I.** *s* **1.** (*fig*) Bruch *m* **2.** (*fig*) Verstoß *m,* Verletzung *f* **3.** Lücke *f;* (MIL) Bresche *f;* **commit ~ of contract** vertragsbrüchig werden; **stand in** [*o* **step into**] **the ~** in die Bresche springen; **~ of promise** Bruch *m* des Eheversprechens; **~ of the peace** öffentliche Ruhestörung, Friedensbruch *m* **II.** *vt* eine Bresche schlagen in, durchbrechen

bread [bred] **I.** *s* **1.** Brot *nt* **2.** Lebensunterhalt *m;* **earn one's ~** seinen Lebensunterhalt verdienen; **know which side one's ~ is buttered** wissen, wo man seinen Vorteil hat; **the daily ~** das tägliche Brot; **a loaf/slice/piece of ~** ein Laib/eine Scheibe/ein Stück Brot **II.** *vt* panieren; **bread and butter** *s* **1.** Butterbrot *nt* **2.** (*fam*) Lebensunterhalt *m;* **bread-basket** *s* **1.** Brotkorb *m* **2.** (*sl*) Magen *m;*

bread·bin ['bredbɪn] *s* Brotkasten *m;* **bread·crumb** ['bredkrʌm] *s* **1.** Brotkrume *f* **2. ~s** Paniermehl *nt*

breadth ['bretθ] *s* **1.** Breite *f;* Weite *f* **2.** (*fig*) Großzügigkeit *f;* **in ~** breit, in der Breite; **~ of mind** Weitherzigkeit *f*

bread·win·ner ['bred,wɪnə(r)] *s* Ernährer(in) *m(f)*

break [breɪk] <*irr:* **broke, broken**> **I.** *vt* **1.** (zer)brechen, zerreißen, zerstoßen, aufschlagen **2.** ruinieren, zu Grunde richten; kaputtmachen **3.** (*Fensterscheibe*) einschlagen **4.** (*fig: Gesetz*) übertreten; (*sein Wort, Versprechen*) nicht halten; (*Verabredung*) nicht einhalten; (*Vertrag*) verletzen **5.** (*Verlobung*) auflösen **6.** unter-, abbrechen **7.** (*Rekord*) brechen **8.** (ELEK) abschalten **9.** (*Tier*) zähmen, abrichten **10.** abgewöhnen (*s.o. of s.th.* jdm etw) **11.** (*Weg*) bahnen **12.** mitteilen, eröffnen; (*fam*) beibringen **13.** (*Banknote*) klein machen; **be broken** kaputt, ruiniert sein; **~ camp** das Lager abbrechen; **~ one's neck** sich den Hals brechen; **~ the news** die Nachricht eröffnen **II.** *vi* **1.** (zer)brechen, zu Bruch gehen; zerreißen **2.** (*Tag*) anbrechen, beginnen **3.** (*Unwetter*) aus-, los-, hereinbrechen **4.** (*Wetter*) sich ändern, wechseln **5.** aufhören, zu Ende gehen; **my heart ~s** es tut mir in der Seele weh **III.** *s* **1.** Bruch(stelle *f*) *m,* Sprung, Riss, Knick *m* **2.** Lücke *f;* Nische *f;* Lichtung *f* **3.** Unterbrechung *f;* Pause *f;* Urlaub *m* **4.** Absatz *m* (*in Schrift und Druck*) **5.** Anbruch, Beginn *m* **6.** Wechsel, Umschwung *m,* Wende *f;* (Wetter)Umbruch *m;* **without a ~** ununterbrochen; **give us a ~!** (*fam*) halt mal die Luft an!; **at ~ of day** bei Tagesanbruch; **bad ~** Pech *nt;* **break away** *vi* **1.** ab-, ausbrechen; abreißen **2.** sich losreißen, sich trennen, sich lossagen (*from* von) **3.** (*Gewohnheiten*) aufgeben (*from s.th.* etw); **break down I.** *vt* **1.** abbrechen, zusammenschlagen; auseinander nehmen, abmontieren **2.** (*fig: Widerstand*) brechen **3.** (*Kosten, Rechnung*) aufgliedern **II.** *vi* **1.** aufhören zu funktionieren; kaputtgehen **2.** (AUTO) eine Panne haben **3.** (*fig*) versagen, ausfallen; (*Mensch*) zusammenbrechen; **break even** *intr* (COM) kostendeckend arbeiten, die Ertragsschwelle erreichen; **break forth** *vi* **1.** ausbrechen (*in cheers* in Hochrufe) **2.** hervorbrechen; **break in I.** *vt* **1.** aufbrechen **2.** abrichten, dressieren **3.** (*Person*) einarbeiten **4.** (*Schuhe*) einlaufen **II.** *vi* **1.** einbrechen **2.** unterbrechen; **break into** *vi* **1.** einbrechen in **2.** plötzlich beginnen mit **3.** (*Geld*) anbrechen; **break loose I.** *vt* los-, abbrechen **II.** *vi* ausbrechen; **break off I.** *vt* **1.** abbrechen **2.** (*fig: Verlobung*) aufheben, lösen **II.** *vi* (*in der Rede*) aufhören, abbrechen; **break out** *vi* **1.** (*Gefangener, Feuer, Krieg*) ausbrechen **2.** (MED: **~** *out in a rash*) einen Ausschlag bekommen **3.** (*fig*) losplatzen; **break through** *vt* durchstoßen, -brechen; **break up I.** *vt* **1.** auf-, er-, zerbrechen, zerstören **2.** (TECH) auseinander nehmen **3.** (*fig: Veranstaltung*) abbrechen, aufheben; (*Versammlung*) auflösen **4.** unterteilen (*into* in), aufschlüsseln, aufgliedern **II.** *vi* **1.** in Stücke gehen, zerschellen **2.** (*fig*) nachlassen, abnehmen, zusammenfallen **3.** in die Ferien gehen

break·able ['breɪkəbl] *adj* zerbrechlich; **break·age** ['breɪkɪdʒ] *s* **1.** Bruch(stelle *f*) *m* **2.** Bruch(schaden) *m;* **break-away** ['breɪkəweɪ] *s* (POL) Absplitterung *f;* **break·down** ['breɪkdaʊn] *s* **1.** Versagen *nt;* Ausfall *m;* (Betriebs)Störung *f;* (AUTO) Panne *f* **2.** (*fig*) Versagen, Scheitern *nt* **3.** (MED) Zusammenbruch *m* **4.** listenmäßige Aufstellung; Aufgliederung, Aufschlüsselung *f;* **break·down lorry** *s* Abschleppwagen *m;* **break·down service** *s* Pannendienst *m*

breaker ['breɪkə(r)] *s* (*Welle*) Brecher *m*

break·fast ['brekfəst] **I.** *s* Frühstück *nt;* **have ~** frühstücken **II.** *vi* frühstücken

break·ing ['breɪkɪŋ] *s* Bruch *m;* **breaking-off** *s* Abbruch *m;* **breaking-test** *s* Bruch-, Zerreißprobe *f;* **break·neck** ['breɪknek] *adj* halsbrecherisch; **break·through** ['breɪkθruː] *s* Durchbruch *m;* **break·up** ['breɪkʌp] *s* **1.** Auf-, Zerbrechen, Zerreißen *nt* **2.** (*a. fig*) Zerfall *m,* Auflösung *f* **3.** Zusammenbruch *m* **4.** (*Ehe*) Zerrüttung *f;* (*zwischen Freunden*) Bruch *m;* **break·water** ['breɪkwɔːtə(r)] *s* Wellenbrecher *m*

breast [brest] **I.** *s* Brust *f;* (*a. fig*) Busen *m;* **make a clean ~ of s.th.** sich etw vom Herzen reden **II.** *vt* die Stirn bieten, trotzen (*s.th.* einer S); **breast·bone** ['brestbəʊn] *s* (ANAT) Brustbein *nt;* **breast cancer** *s* (MED) Brustkrebs *m;* **breast·feed** ['brestfiːd] *vt, vi* (*Säugling*) stillen; **breastfed child** Brustkind *nt;* **breast pocket** *s* Brusttasche *f;* **breast screening** *s* (MED) Vorsorge-, Reihenuntersuchung *f* auf Brustkrebs; **breast·stroke** ['breststrəʊk] *s* Brustschwimmen *nt*

breath [breθ] *s* **1.** Atem(zug *m,* -luft *f*) *m* **2.** (Luft)Hauch *m* **3.** (*fig*) Spur *f,* Anflug *m;* **bad ~** Mundgeruch *m;* **below** [*o* **under**] **one's ~** leise, flüsternd; **out of ~** außer Atem, atemlos; **catch one's ~** verschnaufen; **gasp for ~** nach Luft schnappen; **save**

B

one's ~ sich seine Worte sparen; **waste one's** ~ seine Worte verschwenden; **take** ~ Atem holen; **take a deep** ~ tief Luft holen; **it took my** ~ **away** (*fig*) es verschlug mir den Atem

breath·alyze ['breθəlɑɪz] *vt* (MED) jdm eine Atemprobe abnehmen; **breath·alyz·er** ['breθəlaɪzə(r)] *s* (AUTO) Alkoholtest *m;* Promillemesser *m*

breathe [bri:ð] **I.** *vi* **1.** atmen **2.** Luft holen; ~ **again** [*o* **freely**] (*fig*) aufatmen **II.** *vt* **1.** einatmen **2.** atmen **3.** flüstern; ~ **one's last** den letzten Atemzug tun; **don't** ~ **a word about ...** verrate kein Wort über ...; **breather** ['bri:ðə(r)] *s* Atem-, Verschnaufpause *f;* **take a** ~ verschnaufen; **breath·ing** ['-ɪŋ] *s* Atmung *f;* **breathing apparatus** *s* Sauerstoffgerät *nt;* **breathing space** *s* Atem-, Ruhepause *f;* **breath·less** ['breθlɪs] *adj* **1.** außer Atem, atemlos **2.** (*fig*) atemberaubend; **breath·tak·ing** ['breθteɪkɪŋ] *adj* atemberaubend; **breath test** *s* (AUTO) Alkoholtest *m*

bred [bred] *s.* **breed**

breech [bri:tʃ] **I.** *s* (*Gewehr*) Verschluss *m* **II.** *adj attr* (MED) Steiß-

breeches ['brɪtʃɪz] *s pl* Kniehose *f*

breed [bri:d] <*irr:* **bred, bred**> **I.** *vi* **1.** sich fortpflanzen, sich vermehren **2.** Junge bekommen **II.** *vt* **1.** (AGR) züchten **2.** (*fig*) hervorbringen, erzeugen, die Ursache sein +*gen* **III.** *s* Zucht *f;* Rasse *f;* Art *f;* **breeder** ['bri:də(r)] *s* **1.** Züchter(in) *m(f)* **2.** (PHYS) Brüter *m;* **breed·ing** ['-ɪŋ] *s* **1.** Fortpflanzung *f;* (*a.* PHYS) Brüten *nt* **2.** (AGR) Zucht *f* **3.** (*fig*) Erziehung *f* **4.** Benehmen *nt;* Bildung *f*

breeze [bri:z] *s* Brise *f;* **there's not a** ~ **stirring** es weht kein Lüftchen; **breeze in** *vi* fröhlich hereinschneien; **breeze block** [brɪ:z blɒk] *s* Ytong® *m;* **breezy** ['bri:zɪ] *adj* **1.** (leicht) windig; (*Platz*) luftig **2.** (*fig*) lebhaft, flott; kess

breth·ren ['breðrən] *s pl* Brüder *mpl*

breve [bri:v] *s* (MUS) Brevis *f*

brevi·ary ['bri:vɪərɪ] *s* Brevier *nt*

brev·ity ['brevətɪ] *s* Kürze *f*

brew [bru:] **I.** *vt* **1.** (*Bier*) brauen **2.** (*Getränk*) zubereiten **3.** (*fig*) zu Stande bringen; ausbrüten, -hecken **II.** *vi* **1.** brauen **2.** (*fig*) sich zusammenbrauen, im Anzug sein, in der Luft liegen **III.** *s* Gebräu *nt;* **brew up** *vi* (*fam*) Tee machen; **brewer** ['bru:ə(r)] *s* Brauer(in) *m(f);* **brew·ery** ['brʊərɪ] *s* Brauerei *f*

briar ['braɪə(r)] *s* Dornstrauch *m;* Heckenrose *f*

bribe [braɪb] **I.** *s* Schmier-, Bestechungsgeld *nt* **II.** *vt* **1.** bestechen **2.** (*fig*) verleiten, verführen; **bri·bery** ['braɪbərɪ] *s* Bestechung *f;* **attempt at** ~ Bestechungsversuch *m;* (**not**) **open to** ~ (un)bestechlich

bric-a-brac ['brɪkəbræk] *s* Nippes, Nippsachen *pl*

brick [brɪk] *s* **1.** Ziegel, Backstein *m* **2.** Block, Riegel *m* **3.** Bauklotz *m* (*Spielzeug*); **drop a** ~ (*fam*) ins Fettnäpfchen treten; **brick in, brick up** *vt* zu-, vermauern; **brickie** ['brɪkɪ] *s* (*fam*) Maurer(in) *m(f);* **brick·layer** ['brɪkˌleɪə(r)] *s* Maurer(in) *m(f);* **brick·work** ['brɪkwɜ:k] *s* Maurerarbeit *f;* Mauern *fpl;* **brick·works, brick·yard** ['brɪkwɜ:ks, 'brɪkjɑ:d] *s* Ziegelei *f*

bri·dal ['braɪdl] *adj* Braut-; hochzeitlich; **bride** ['braɪd] *s* Braut *f;* **bride·groom** ['braɪdgrʊm] *s* Bräutigam *m;* **brides·maid** ['braɪdzmeɪd] *s* Brautjungfer *f*

bridge [brɪdʒ] **I.** *s* **1.** (*a.* ELEK SPORT) Brücke *f* **2.** (MAR) Kommandobrücke *f* **3.** (*Geige, Brille*) Steg *m* **4.** Nasenrücken *m* **5.** (*Zahnprothese*) Brücke *f* **6.** (*Kartenspiel*) Bridge *nt* **II.** *vt* **1.** eine Brücke schlagen/ bauen über +*acc* **2.** (*fig*) überbrücken; **bridg·ing loan** ['brɪdʒiŋ'ləʊn] *s* Überbrückungskredit *m*

bridle ['braɪdl] **I.** *s* Zaum(zeug *nt*) *m* **II.** *vt* **1.** (auf)zäumen **2.** (*fig*) im Zaum halten, zügeln **III.** *vi* **1.** den Kopf hoch tragen **2.** sich entrüstet wehren (*at* gegen); **bridlepath** *s* Reitweg *m*

brief [bri:f] **I.** *s* **1.** (JUR) Auftrag *m;* Unterlagen *f pl* zu einem Fall; (*Br sl*) Anwalt *m,* Anwältin *f* **2.** (COM) Auftrag *m* **3.** (MIL AVIAT) Flugbesprechung *f* **II.** *vt* **1.** einen Auftrag geben (*s.o.* jdm) **2.** einweisen, instruieren, unterrichten **III.** *adj* **1.** kurz **2.** kurz gefasst, knapp, gedrängt; **in** ~ in Kürze, kurz, *adj;* **be** ~ sich kurz fassen; **brief·case** ['bri:fkeɪs] *s* Aktentasche, -mappe *f;* **brief·ing** ['-ɪŋ] *s* **1.** Einsatzbesprechung *f* **2.** Einweisung, Instruktion *f,* Briefing *nt;* **brief·ly** ['-lɪ] *adv* kurz; in Kürze, mit wenigen Worten; **brief·ness** ['-nɪs] *s* Kürze *f;* Gedrängtheit *f*

briefs [bri:fs] *s pl* Damenschlüpfer, Slip *m*

brier, briar ['braɪə(r)] *s* Dornstrauch *m;* Heckenrose *f*

brig·ade [brɪ'geɪd] *s* **1.** (MIL) Brigade *f* **2.** Kolonne *f;* Trupp *m;* **fire** ~ Feuerwehr *f*

bright [braɪt] *adj* **1.** leuchtend, strahlend, hell **2.** (*Wetter*) heiter; klar **3.** glücklich, freudig **4.** aufgeweckt, gescheit, klug; **brighten** (**up**) ['braɪtn (ʌp)] **I.** *vt* **1.** hell, glänzend machen, aufhellen, (auf)polieren **2.** aufheitern, glücklich machen **II.** *vi* **1.** (*Himmel*) sich aufhellen **2.** (*Gesicht*) aufleuchten; **brightener** [-ə(r)] *s* (optischer) Aufheller; **bright·ness** ['-nɪs] *s* **1.** Glanz *m;* Klarheit, Helligkeit *f* **2.** (*fig*) Aufgewecktheit *f*

brill ['brɪl] *adj* (*fam*) prima, toll, Spitze!

bril·liance, **bril·liancy** ['brɪlɪəns, 'brɪlɪənsɪ] *s* **1.** heller Glanz, Leuchtkraft *f* **2.** (*fig*) geistige Wendigkeit; Brillanz *f;* **bril·liant** ['brɪlɪənt] *adj* **1.** hell leuchtend **2.** (*fig*) glänzend, brillant; (*Mensch*) geistreich

brim [brɪm] **I.** *s* **1.** Rand *m* (*eines Gefäßes*) **2.** (*Hut*) Krempe *f;* **full to the ~** randvoll **II.** *vi* voll sein; **~ over** überfließen (*with* mit); **brim·ful** [ˌbrɪm'fʊl] *adj* randvoll; **he is ~ of new ideas** er steckt voller Ideen

brine [braɪn] *s* Lake, Sole *f*

bring [brɪŋ] <*irr:* **brought, brought**> *vt* **1.** (mit-, her)bringen **2.** mitführen, bei sich haben **3.** im Gefolge haben **4.** verschaffen, schenken, geben **5.** (*Gründe*) vorbringen; (*Gewinn*) einbringen; (*Preis*) erzielen **6.** (*Person*) dazu bringen, veranlassen, bewegen; **~ upon o.s.** sich zuziehen; sich zuzuschreiben haben; sich aufladen; **~ an action against s.o.** gegen jdn eine Klage einreichen; **~ to bear** anwenden (*on* auf), anbringen (*on* bei), geltend machen; **~ to an end** beenden; **~ home to s.o.** jdm verständlich machen; jdn überzeugen; **~ to light** ans Licht bringen; **~ into the open** an die Öffentlichkeit bringen; **~ into play** ins Spiel bringen; ins Feld führen; **~ s.o. to his senses** jdn zur Vernunft bringen; **bring about** *vt* verursachen; zu Stande, zu Wege bringen; **bring along** *vt* mitbringen; **bring back** *vt* **1.** ins Gedächtnis (zurück)rufen **2.** (*Gegenstand*) zurückbringen; **~ s.o. back to health** jdn wieder gesund machen; **bring down** *vt* **1.** herunterbringen, -holen **2.** (*Preis*) herabsetzen **3.** (*Tier*) zur Strecke bringen; **~ down the house, ~ the house down** (THEAT) die Zuschauer mitreißen; **bring forth** *vt* **1.** zur Welt, hervorbringen **2.** verursachen; **bring forward** *vt* **1.** vorbringen **2.** vorverlegen **3.** zur Sprache bringen **4.** (COM) über-, vortragen; **bring in** *vt* **1.** (*finanziell*) einbringen, abwerfen **2.** hereinbringen **3.** einführen **4.** (*Gesetzesvorlage*) einbringen; **bring off** *vt* **1.** retten, wegbringen **2.** zu Stande, zu Wege bringen; **bring on** *vt* **1.** verursachen, bewirken **2.** zur Sprache bringen **3.** fördern, weiterbringen; **bring out** *vt* **1.** klar, deutlich machen **2.** (*Standpunkt*) vorbringen **3.** (*Buch*) herausbringen **4.** (*Ware*) auf den Markt bringen; **~ s.o. out of himself** jdm die Hemmungen nehmen; **bring over** *vt* umstimmen, überzeugen; **bring round** *vt* **1.** wieder zu Bewusstsein bringen **2.** umstimmen **3.** bringen (*to* auf); **bring through** *vt* (*Kranken*) durchbringen; **bring to** *vt* **1.** (*Ohnmächtigen*) wieder zu sich bringen **2.** (MAR) beidrehen; **bring under** *vt* **1.** unterwerfen **2.** bringen unter; **bring up** *vt* **1.** auf-, erziehen **2.** zum Stillstand bringen **3.** zur Sprache bringen **4.** erbrechen **5.** (*Truppen*) einsetzen; **~ up the rear** als Letzter kommen

brink [brɪŋk] *s* (*a. fig*) Rand *m;* **on the ~ of disaster** am Rande des Abgrunds

briny ['braɪnɪ] *adj* salz(halt)ig

bri·quet(te) [brɪ'ket] *s* Brikett *m*

brisk [brɪsk] *adj* **1.** lebhaft, munter **2.** schnell, rasch, flott **3.** belebend, anregend, feurig; **brisk·ness** [-nɪs] *s* Lebhaftigkeit *f*

bristle ['brɪsl] **I.** *s* Borste *f* **II.** *vi* **1.** (*Haar*) (sich) sträuben **2.** strotzen (*with* vor) **3.** (*~ with anger*) zornig werden; **brist·ly** ['brɪslɪ] *adj* stachelig; struppig

Brit [brɪt] *s* (*fam*) Brite *m,* Britin *f*

Brit·ain ['brɪtn] *s* Großbritannien *nt;* **Bri·tan·nic** [brɪ'tænɪk] *adj:* **Her/His ~ Majesty** Ihre/Seine Britannische Majestät; **Brit·ish** ['brɪtɪʃ] **I.** *adj* britisch **II.** *s:* **the ~** die Briten *pl;* **British Broadcasting Corporation, BBC** *s* britische Rundfunkgesellschaft, BBC *f;* **Briton** ['brɪtn] *s* Brite *m,* Britin *f*

brittle ['brɪtl] *adj* **1.** zerbrechlich, spröde **2.** (*fig*) reizbar

broach [brəʊtʃ] *vt* **1.** anzapfen, -stechen **2.** (*Thema*) anschneiden

broad [brɔːd] *adj* **1.** breit; weit **2.** allgemein, umfassend **3.** grob, vage **4.** großzügig, tolerant **5.** klar, deutlich, unmissverständlich **6.** (*Sprache*) breit; **in ~ outline** in groben Zügen; **~ hint** deutlicher Wink; **~ daylight** helles Tageslicht; **~-leaved tree** Laubbaum *m;* **the ~ of the back** die Schultergegend; **broad bean** *s* dicke Bohne, Saubohne *f*

broad·cast ['brɔːdkɑːst] <*irr:* **broadcast, broadcast**> **I.** *s* Rundfunk-, Fernsehübertragung *f* **II.** *vt* **1.** senden, übertragen, im Rundfunk, Fernsehen übertragen **2.** an die große Glocke hängen, ausposaunen **III.** *vi* **1.** senden **2.** im Rundfunk, Fernsehen auftreten; **broad·caster** ['brɔːdkɑstə(r)] *s* Fernseh-, Rundfunksprecher(in) *m(f);* **news ~** Nachrichtensprecher(in) *m(f);* **broad·cast·ing** [-ɪŋ] *s* Rundfunk-, Fernsehübertragung *f;* **broadcasting station** *s* Sender *m*

broaden ['brɔːdn] **I.** *vi* sich verbreitern, sich erweitern **II.** *vt* verbreitern, erweitern

broad·ly ['brɔːdlɪ] *adv* **1.** allgemein **2.** beträchtlich; **~ speaking** ganz allgemein ge-

B

sprochen
broad-minded [ˌbrɔːd'maɪndɪd] *adj* tolerant; **broad·sheet** ['brɔːdʃiːt] *s* großformatige Zeitung; ~ **format** Planobogen *m;* **broad·side** ['brɔːdsaɪd] *s* **1.** (MAR) Breitseite *f* **2.** (*fam*) Schimpfkanonade *f*
bro·cade [brə'keɪd] *s* Brokat *m*
broc·coli ['brɒkəlɪ] *s* Brokkoli *pl*
bro·chure ['brəʊʃə(r)] *s* Broschüre *f*
brogue [brəʊg] *s* derber (Arbeits)Schuh
broil [brɔɪl] *vt* auf dem Rost braten, grillen; **broiler** ['brɔɪlə(r)] *s* **1.** Brathuhn *nt* **2.** Grill *m*
broke [brəʊk] **I.** *pt of* **break II.** *adj* (*sl*) abgebrannt, pleite; **go** ~ Pleite gehen; **bro·ken** ['brəʊkn] **I.** *pp of* **break II.** *adj* **1.** kaputt, gebrochen, zerbrochen **2.** (*Stimmung*) gedrückt; (*Gesundheit*) zerrüttet **3.** (*Gelände*) uneben; ~ **English** gebrochenes Englisch; ~ **sleep** unterbrochener Schlaf; **broken-down** *adj* (*Maschine*) nicht betriebs-, gebrauchsfähig; **broken-hearted** *adj* mit gebrochenem Herzen; untröstlich
bro·ker ['brəʊkə(r)] *s* **1.** Makler(in) *m(f),* Agent(in) *m(f),* Vermittler(in) *m(f)* **2.** Gerichtsvollzieher(in) *m(f);* **real estate** ~ Grundstücksmakler(in) *m(f);* **bro·ker·age** ['brəʊkərɪdʒ] *s* **1.** Maklergeschäft *nt* **2.** Maklergebühr, Courtage *f*
brol·la·bil·ity [ˌbrɒlə'bɪlɪtɪ] *s* (*Br: fam*) Wahrscheinlichkeit, dass es regnen wird; **brol·ly** ['brɒlɪ] *s* (*Br: fam*) Schirm *m*
bro·mide ['brəʊmaɪd] *s* **1.** (CHEM) Bromid *nt* **2.** Beruhigungsmittel *nt* **3.** (*fam*) Banalität *f*
bro·mine ['brəʊmiːn] *s* Brom *nt*
bron·chi ['brɒŋkaɪ, *sing* -kəs] <*sing* **bronchus**> *s pl* (ANAT) Bronchien *fpl;* **bron·chial** ['brɒŋkɪəl] *adj* Bronchial-; **bron·chi·tis** [brɒŋ'kaɪtɪs] *s* Bronchitis *f,* Bronchialkatarrh *m*
bronze [brɒnz] **I.** *s* Bronze *f* **II.** *adj* bronzen; bronzefarben; **Bronze Age** *s* Bronzezeit *f*
brooch [brəʊtʃ] *s* Brosche *f*
brood [bruːd] **I.** *s* (*a. pej*) Brut *f* **II.** *vi* (*a. fig*) brüten (*on, over* über); **broody** ['bruːdɪ] *adj* (*a. fig*) brütend
brook[1] [brʊk] *s* Bach *m*
brook[2] [brʊk] *vt* (*meist verneint*) ertragen, dulden
broom [bruːm] *s* **1.** Ginster *m* **2.** Besen *m;* **a new ~ sweeps clean** neue Besen kehren gut; **broom·stick** ['bruːmstɪk] *s* Besenstiel *m*
broth [brɒθ] *s* (Fleisch)Brühe *f*
brothel ['brɒθl] *s* Bordell *nt*
brother ['brʌðə(r)] *s* **1.** (*a. fig*) Bruder *m* **2.** ~**s** (COM) Gebrüder *mpl;* ~(**s**) **and sister**(**s**) Geschwister *pl;* **brother·hood** [-hʊd] *s* **1.** Brüderschaft *f* **2.** Brüderlichkeit *f;* **brother-in-law** ['brʌðərɪnlɔː] <*pl* **brothers-in-law**> *s* Schwager *m;* **brother·ly** ['-lɪ] *adj* brüderlich; ~ **love** Nächstenliebe *f*
brought [brɔːt] *s.* **bring**
brow [braʊ] *s* **1.** Augenbraue *f* **2.** (*a. fig*) Stirn *f* **3.** Vorsprung *m;* (Berg)Kuppe *f;* **knit one's ~s** die Stirn runzeln; **brow·beat** ['braʊbiːt] <*irr:* **browbeat, browbeaten**> *s* unter Druck setzen (*into doing s.th.* etw zu tun)
brown [braʊn] **I.** *adj* braun **II.** *s* Braun *nt* **III.** *vt* bräunen; (*Fleisch*) anbraten; **I'm ~ed off** (*fam*) das hängt mir zum Hals raus **IV.** *vi* braun werden; **brown bread** *s* Misch-, Graubrot *nt;* **brown goods** [ˌbraʊn'gʊdz] *s pl* Unterhaltungselektronik *f*
brownie ['braʊnɪ] *s* Wichtel *m;* ~ **points** Pluspunkte *mpl*
brown-nose ['braʊnˌnəʊz] *vi* (*Am: sl*) hinten reinkriechen; **brown-noser** *s* (*Am: sl*) Arschkriecher *m*
brown paper ['braʊn'peɪpə(r)] *s* Packpapier *nt;* **brown rice** *s* Naturreis *m;* **brown·stone** ['braʊnstəʊn] *s* (*Am*) brauner Sandstein
browse [braʊz] *vi* **1.** weiden **2.** (*fig*) sich umsehen; (*in Büchern*) (herum)schmökern; **browser** *s* (INTERNET) Browser *m*
bruise [bruːz] **I.** *s* (MED) Quetschung *f;* blauer Fleck **II.** *vt* **1.** quetschen; stoßen **2.** grün u. blau schlagen **III.** *vi* blaue Flecke bekommen; **bruiser** ['bruːzə(r)] *s* (*fam*) Schläger *m*
brunch [brʌntʃ] *s* (*fam*) Brunch *nt* (*Frühstück u. Mittagessen zugleich*)
bru·nette [bruː'net] **I.** *adj* brünett **II.** *s* Brünette *f*
brunt [brʌnt] *s:* **bear the ~ of s.th.** die Hauptlast einer S tragen
brush [brʌʃ] **I.** *s* **1.** Bürste *f* **2.** Pinsel *m* **3.** Abbürsten *nt* **4.** (Fuchs)Schwanz *m* **5.** Gestrüpp, Unterholz *nt* **6.** Zusammenstoß *m* **II.** *vt* **1.** bürsten **2.** fegen, kehren **3.** streifen; ~ **one's teeth** sich die Zähne putzen; **brush aside** *vt* zur Seite schieben, abtun; **brush away** *vt* abbürsten; **brush off** *vt* **1.** abbürsten **2.** (*fam*) abblitzen lassen; **brush up** *vt* **1.** aufkehren **2.** (*fig*) auffrischen; **brush-off** ['brʌʃɒf] *s* Abfuhr *f;* **give sb the** ~ (*fam*) jdm eine Abfuhr erteilen; **brush·wood** ['brʌʃwʊd] *s* Unterholz, Dickicht *nt*
brusque [bruːsk] *adj* brüsk, barsch; **brusque·ness** [-nɪs] *s* Schroffheit *f*

Brus·sels ['brʌslz] *s* Brüssel *nt;* **Brussels sprouts** *s pl* Rosenkohl *m*
bru·tal ['bru:tl] *adj* roh, brutal; **bru·tal·ity** [bru:'tælətɪ] *s* Rohheit, Brutalität *f;* **bru·tal·ize** ['bru:təlaɪz] *vt* brutal behandeln
brute [bru:t] **I.** *s* **1.** Tier, Vieh *nt* **2.** Rohling *m* **II.** *adj* viehisch, grausam, brutal; roh; stumpf, gefühllos; **by ~ force** mit roher Gewalt; **brut·ish** ['bru:tɪʃ] *adj* tierisch, viehisch; roh
B-school ['bi:sku:l] *s* (*Am: fam*) *Wirtschaftskurs an einer Universität*
BSE *s Abk. von* **bovine spongiform encephalopathy** BSE *f*
B2B [ˌbi:tə'bi:] *s Abk. von* **business to business** Firmenkundengeschäft *nt*
B2C [ˌbi:tə'si:] *s Abk. von* **business to customer** Endkundengeschäft *nt*
B2E [ˌbi:tə'i:] *s Abk. von* **business to employee** *Aktionen zwischen Unternehmen und ihren Mitarbeitern*
bubble ['bʌbl] **I.** *s* **1.** (Luft, Seifen)Blase *f* **2.** (*fig*) Schwindel *m* **II.** *vi* sprudeln, blubbern, schäumen; **bubble over** *vi* überfließen, -sprudeln; **bubble bath** *s* Schaumbad *nt;* **bubble gum** *s* Bubblegum *m;* **bub·bly** ['bʌblɪ] **I.** *adj* sprudelnd **II.** *s* (*fam*) Schampus *m*
bu·bonic [bju:'bɒnɪk] *adj:* **~ plague** Beulenpest *f*
buc·ca·neer [ˌbʌkə'nɪə(r)] *s* Seeräuber *m*
buck [bʌk] **I.** *s* **1.** Bock *m* (*Reh- und Steinwild*); (*Hase*) Rammler *m* **2.** (*old ~*) Geck, Stutzer *m* **3.** (*Am sl*) Dollar *m;* **earn a fast ~** schnelles Geld machen; **pass the ~** die Verantwortung abschieben (*to* auf) **II.** *vi* **1.** (*Pferd*) bocken **2.** (*Mensch*) bocken, sich sträuben; **buck up I.** *vi* (*fam*) **1.** sich beeilen **2.** sich zusammenreißen **II.** *vt* **1.** Dampf machen (*s.o.* jdm) **2.** aufmuntern
bucket ['bʌkɪt] **I.** *s* **1.** Eimer, Kübel *m* **2.** (TECH) Schaufel *f;* **kick the ~** (*sl*) ins Gras beißen **II.** *vt* (*Pferd*) zu Schanden reiten; **bucket·ful** [-fʊl] *s* Eimervoll *m*
buckle ['bʌkl] **I.** *s* Schnalle, Spange *f* **II.** *vt* **1.** an-, um-, zuschnallen **2.** (TECH) (ver)biegen, krümmen **III.** *vi* (TECH) sich werfen; sich verziehen; **~ down to s.th.** etw ernsthaft in Angriff nehmen
buck·shot ['bʌkʃɒt] *s* Rehposten *m;* **buck·skin** ['bʌkskɪn] *s* Wildleder *nt*
buck·wheat ['bʌkwi:t] *s* Buchweizen *m*
bud [bʌd] **I.** *s* Knospe *f;* **in (the) ~** voller Knospen; **nip in the ~** (*fig*) im Keim ersticken **II.** *vi* knospen; (*a. fig*) keimen; **bud·ding** [-ɪŋ] *adj* (*fig*) angehend
buddy ['bʌdɪ] *s* (*Am fam*) Kumpel *m;* **buddy system** *s* (*Am*) Klüngelei *f*
budge [bʌdʒ] *vt:* **I can't ~ it** ich kann es nicht von der Stelle bringen; **it won't ~** es lässt sich nicht bewegen
bud·geri·gar ['bʌdʒərɪgɑ:(r)] *s* Wellensittich *m*
budget ['bʌdʒɪt] **I.** *s* Etat, Finanzplan *m,* Budget *nt* **II.** *vi* haushalten; **~ for s.th.** etw im Haushaltsplan vorsehen; **budget·ary** ['bʌdʒɪtərɪ] *adj* Haushalts-, Budget-
buff [bʌf] **I.** *s* **1.** dickes, weiches Leder **2.** (*fam*) bloße Haut **3.** stumpfes Gelbbraun; **in the ~** im Adamskostüm **II.** *adj* lederfarben **III.** *vt* polieren
buf·falo ['bʌfələʊ] <*pl* **buffalo(e)s**> *s* Büffel *m;* Bison *m*
buf·fer ['bʌfə(r)] *s* **1.** (TECH) Puffer, Prellbock *m* **2.** (INFORM) Puffer, Zwischenspeicher *m* **3.** Polierpfeile *f*
buf·fet[1] ['bʌfɪt] **I.** *s* (*a. fig*) Schlag *m* **II.** *vt* hin- u. herwerfen
buf·fet[2] ['bʊfeɪ] *s* **1.** Büfett *nt;* Theke, Bar *f* **2.** kaltes Büfett; **buffet car** *s* (*Br:* RAIL) Speisewagen *m*
buf·foon [bə'fu:n] *s* Possenreißer, Clown *m*
bug [bʌg] **I.** *s* **1.** Wanze *f* **2.** (*allgemein*) Insekt *nt;* (*Am*) Käfer *m* **3.** (*fam*) Bazillus *m* **4.** (*sl a.* INFORM) Fehler, Defekt *m* **5.** (*big ~*) hohes Tier **6.** (*Abhörgerät*) Wanze *f* **II.** *vt* **1.** eine Wanze einbauen in **2.** (*fam*) ärgern
bug·bear ['bʌgbeə(r)] *s* Schreckgespenst *nt*
bug·ger ['bʌgə(r)] **I.** *s* (*sl*) Kerl, Bursche *m;* (*als Schimpfwort*) Scheißkerl *m;* **you lucky ~!** da hast du aber Schwein gehabt! **II.** *vt* anal verkehren mit; **(oh,) ~!** (*vulg*) Scheiße!; **bugger off** *vi* (*sl*) abhauen; **bugger up** *vt* (*sl*) versauen; **bug·gery** ['bʌgərɪ] *s* Sodomie *f*
bugging ['bʌgɪŋ] *s* Abhöraktion *f;* **bugging system** *s* Abhörsystem *nt*
buggy ['bʌgɪ] *s* **1.** Buggy *m* **2.** (*Am*) Kinderwagen *m*
bugle ['bju:gl] *s* (MUS) Waldhorn *nt;* **bugler** ['bju:glə(r)] *s* Hornist(in) *m(f)*
build [bɪld] <*irr:* **built, built**> **I.** *vt* **1.** bauen (*of* aus) **2.** auf-, erbauen, errichten **II.** *vi* (ein Haus) bauen **III.** *s* Körperbau *m;* Figur *f;* **build in** *vt* einbauen, einplanen; **build on** *vt* anbauen; **build up I.** *vt* **1.** aufbauen, aufbessern **2.** steigern, erhöhen, kräftigen **3.** bebauen **II.** *vi* **1.** entstehen, zunehmen **2.** sich verdichten
builder ['bɪldə(r)] *s* **1.** Erbauer(in) *m(f)* **2.** Baumeister(in) *m(f)* **3.** Bauunternehmer(in) *m(f)* **4.** (*fig*) (Be)Gründer(in) *m(f)*
build·ing ['bɪldɪŋ] *s* **1.** Bau *m,* Bauen *nt;* Baukunst *f* **2.** Bau(werk *nt*) *m,* Gebäude *nt;* **building contractor** *s* Bauunternehmer(in) *m(f);* **building site** *s* Baustelle *f;* **building society** *s* Bausparkasse *f*

B

build-up ['bɪldʌp] *s* **1.** Reklame; Propaganda *f* **2.** Steigerung *f;* **give s.o. a ~** jdn aufbauen; **a ~ of traffic** eine Verkehrsverdichtung

built [bɪlt] *s.* **build**; **built-in** ['bɪlt'ɪn] *adj* eingebaut; **built-up** ['bɪltʌp] *adj:* **~ area** bebautes Gelände; geschlossene Ortschaft

bulb [bʌlb] *s* **1.** (Blumen)Zwiebel, Knolle *f* **2.** (Glas)Kolben *m* **3.** (Glüh)Birne *f;* **bul·bous** ['bʌlbəs] *adj* (BOT) zwiebelförmig

Bul·garia [bʌl'geərɪə] *s* Bulgarien *nt;* **Bul·gar·ian** [bʌl'geərɪən] **I.** *s* Bulgare *m,* Bulgarin *f* **II.** *adj* bulgarisch

bulge [bʌldʒ] **I.** *s* **1.** Ausbuchtung *f;* Rundung *f;* Beule *f* **2.** Zunahme *f* **II.** *vi* anschwellen, sich wölben; einen Wulst bilden; **bulg·ing** [-ɪŋ] *adj* prall gefüllt

bul·imia [bʊlɪ:mɪə] *s* (MED) Bulimie *f*

bulk [bʌlk] **I.** *s* **1.** Masse *f;* Umfang *m;* Volumen *nt;* Größe *f* **2.** Hauptteil *m;* Mehrzahl *f* (*of+gen*); **in ~** unverpackt, lose; in großen Mengen; (COM) en gros; **the ~ of** der größte Teil *+gen* **II.** *vi:* **~ large** bedeutend erscheinen; **bulk buying** *s* Großeinkauf *m;* **bulked-up** ['bʌlktʌp] *adj* gestärkt

bulk·head ['bʌlkhed] *s* (MAR) Schott *nt*

bulky ['bʌlkɪ] *adj* **1.** umfangreich, massig **2.** unhandlich; sperrig

bull¹ [bʊl] **I.** *s* **1.** Stier, Bulle *m* **2.** (COM) Haussespekulant *m;* **like a ~ in a china shop** wie ein Elefant im Porzellanladen *m;* **take the ~ by the horns** (*fig*) den Stier bei den Hörnern packen **II.** *vi* (COM) auf Hausse spekulieren **III.** *vt* die Kurse in die Höhe treiben

bull² [bʊl] *s* (REL) Bulle *f*

bull·dog ['bʊldɒg] *s* Bulldogge *f*

bull·doze ['bʊldəʊz] *vt* planieren; **~ s.o. into doing s.th.** jdn zwingen etw zu tun; **bull·dozer** ['bʊldəʊzə(r)] *s* Planierraupe *f,* Bulldozer *m*

bul·let ['bʊlɪt] *s* Gewehrkugel *f;* Geschoss *nt*

bull·etin ['bʊlətɪn] *s* **1.** amtlicher Bericht, Bulletin *nt* **2.** Tages-, Krankenbericht *m;* **bulletin board** *s* (*Am*) schwarzes Brett

bul·let·proof *adj* kugelsicher; **bullet train** *s* japanischer Hochgeschwindigkeitszug

bull·fight ['bʊlfaɪt] *s* Stierkampf *m;* **bull·fighter** ['bʊlfaɪtə(r)] *s* Stierkämpfer *m;* **bull·finch** ['bʊlfɪntʃ] *s* Dompfaff *m;* **bull-headed** [ˌbʊl'hedɪd] *adj* starrsinnig, starrköpfig

bull·lion ['bʊlɪən] *s* Gold-, Silberbarren *m*

bull-neck ['bʊlnek] *s* Stiernacken *m*

bul·lock ['bʊlək] *s* Ochse *m*

bull·ring ['bʊlrɪŋ] *s* Stierkampfarena *f;* **bull's-eye** ['bʊlzaɪ] *s* Scheibenmittelpunkt *m*

bull·shit **I.** *s* (*vulg*) Scheiße *f;* **~!** Quatsch! **II.** *vi* (*vulg*) Scheiß erzählen

bully¹ ['bʊlɪ] **I.** *s* Tyrann *m;* (*in der Schule*) Rabauke *m* **II.** *vt* einschüchtern; schikanieren; fertig machen

bully² ['bʊlɪ] *s* (*~ beef*) Cornedbeef *nt*

bully³ ['bʊlɪ] *interj* (*fam*) prima!; **~ for you!** gratuliere!

bul·rush ['bʊlrʌʃ] *s* Binse *f*

bul·wark ['bʊlwək] *s* **1.** Bollwerk *nt* **2.** (MAR) Schanzkleid *nt*

bum¹ [bʌm] *s* (*fam*) Gesäß *nt,* Hintern *m*

bum² [bʌm] **I.** *s* (*sl*) Penner *m* **II.** *adj* (*sl*) mies, erbärmlich, schlecht **III.** *vi* (*sl*) **1.** rumgammeln **2.** schnorren (*off s.o.* bei jdm)

bum·ble around ['bʌmblˌəraʊnd] *vi* (*Br: fam*) herumwursteln

bum·ble-bee ['bʌmblbi:] *s* Hummel *f*

bumf [bʌmf] *s* (*sl*) Papierkram *m*

bummed *adj* (*Am: sl*) stinksauer

bump [bʌmp] **I.** *vt* **1.** stoßen (*s.th.* gegen etw), rammen **2.** auffahren **II.** *vi* **1.** stoßen, bumsen (*against, into* gegen, an) **2.** (*Wagen*) rumpeln, holpern **III.** *s* **1.** Stoß, Puff, Bums *m* **2.** Beule *f* (*on the head* am Kopf) **3.** (AVIAT) Bö *f* **4.** (*Straße*) Unebenheit *f* **IV.** *adv* mit einem Ruck; **bump off** *vt* (*sl*) um die Ecke bringen

bum·per ['bʌmpə(r)] **I.** *s* Stoßstange *f* **II.** *adj:* **~ crop** Rekordernte *f;* **bumper car** *s* (Auto)Scooter *m;* **bumper-to-bumper** *adj* Stoßstange an Stoßstange

bumph *s* (*sl*) Papierkram *m*

bump·kin ['bʌmpkɪn] *s* Tölpel *m*

bump·tious ['bʌmpʃəs] *adj* überheblich, anmaßend

bumpy ['bʌmpɪ] *adj* holp(e)rig

bun [bʌn] *s* **1.** (*England*) süßes Brötchen **2.** (Haar)Knoten *m*

bunch [bʌntʃ] **I.** *s* **1.** Büschel, Bündel *nt* **2.** (*Blumen*) Strauß *m* **3.** (*fam*) Haufen *m,* Gruppe *f;* Trupp, Schwarm *m;* **the best of the ~** das Beste an der ganzen Sache, das Allerbeste; **a ~ of people** eine Menschengruppe; **~ of grapes** Weintraube *f;* **~ of keys** Schlüsselbund *m* **II.** *vt:* **~ together** zusammenfassen **III.** *vi* sich bauschen

bundle ['bʌndl] **I.** *s* (*a. fig*) Bündel *nt,* Paket *nt* **II.** *vt* **1.** (zusammen)bündeln, zusammenbinden **2.** (unordentlich) (hinein)stopfen (*into* in) **3.** (*Menschen*) verfrachten; **~ away/off/out** (schnell) weg-/fort-/hinausbefördern; **~ s.o. off to bed** jdn ins Bett packen

bung [bʌŋ] **I.** *s* **1.** Spund *m* **2.** (*sl*) Schmiergeld *nt* **II.** *vt* verspunden; **~ up** verstopfen; **~ed-up** geschwollen; verstopft

bun·ga·low ['bʌŋgələʊ] *s* Bungalow *m*

B

bun·gee jump·ing ['bʌndʒɪˌdʒʌmpɪŋ] *s* Bungeespringen *nt*
bung-hole ['bʌŋhəʊl] *s* Spundloch *nt*
bungle ['bʌŋgl] **I.** *vi* pfuschen, stümpern **II.** *vt* verpfuschen **III.** *s* Pfuscherei, Pfuscharbeit *f;* **bung·ler** ['bʌŋglə(r)] *s* Pfuscher(in) *m(f),* Stümper(in) *m(f);* **bungl·ing** ['-ɪŋ] *adj* stümperhaft
bunk[1] [bʌŋk] *s* Koje *f;* **bunk bed** *s* Etagen-, Stockbett *nt*
bunk[2] [bʌŋk] *s:* **do a ~** (*sl*) türmen; **bunk off** *vt* (*sl*) schwänzen
bunker ['bʌŋkə(r)] **I.** *s* **1.** (MAR) Kohlenbunker *m* **2.** (MIL) Bunker *m* **3.** (*Golf*) Bunker *m* **II.** *vt:* **be ~ed** in der Klemme sitzen; **bunker mentality** *s* Bunker-Mentalität *f*
bun·kum ['bʌŋkəm] *s* Blödsinn *m*
bunny ['bʌnɪ] *s* (*Kindersprache*) Kaninchen *nt*
bunt·ing ['bʌntɪŋ] *s* Fahnentuch *nt*
buoy [bɔɪ] **I.** *s* **1.** (MAR) Boje, Bake *f* **2.** (*life-~*) Rettungsring *m* **II.** *vt* (*~ out*) durch Bojen bezeichnen; **~ up** über Wasser halten; (*fig*) Auftrieb geben, Mut zusprechen (*s.o.* jdm); **buoy·ancy** ['bɔɪənsɪ] *s* **1.** (*Wasser*) Tragfähigkeit *f;* (*Gegenstand*) Schwimmfähigkeit *f* **2.** (*fig*) Spannkraft *f,* Schwung, Lebensmut *m;* **buoy·ant** ['bɔɪənt] *adj* **1.** (*Wasser*) tragend; (*Gegenstand*) schwimmend **2.** (*fig*) schwungvoll **3.** (COM) steigend; lebhaft
bur(r) [bɜː(r)] *s* **1.** (*a. fig*) Klette *f* **2.** (TECH) Grat *m*
burb [bɜːb] *s* (*fam: kurz für suburb*) Vorort *m*
burble ['bɜːbl] **I.** *vi* **1.** murmeln, plätschern; gurgeln **2.** (*fam*) daherquasseln **II.** *s* Plätschern *nt*
bur·den ['bɜːdn] **I.** *s* **1.** (*a. fig*) Last *f* **2.** (*Schiff*) Tragkraft *f,* Tonnengehalt *m* **3.** Kehrreim, Refrain *m* **4.** Leitgedanke *m;* **be a ~ on s.o.** jdm zur Last fallen; **~ of proof** Beweislast *f* **II.** *vt* (*a. fig*) belasten; **bur·den·some** [-səm] *adj* lästig, beschwerlich
bureau ['bjʊərəʊ] *s* **1.** Schreibtisch *m* **2.** Büro *nt;* **information** [*o* **tourist**] **~** Auskunft *f*
bureau·cracy [bjʊə'rɒkrəsɪ] *s* Bürokratie *f;* **bureau·crat** ['bjʊərəkræt] *s* Bürokrat(in) *m(f);* **bureau·cratic** [ˌbjʊərə'krætɪk] *adj* bürokratisch
bur·geon ['bɜːdʒən] *vi* (*lit*) knospen, keimen, sprießen
bur·ger ['bɜːgə(r)] *s* Hamburger *m*
bur·glar ['bɜːglə(r)] *s* Einbrecher(in) *m(f);* **bur·glar·ize** ['bɜːgləraɪz] *vt* (*Am*) einbrechen (*a house* in ein Haus); **bur·glary** ['bɜːglərɪ] *s* Einbruch(sdiebstahl) *m;* **bur·gle** ['bɜːgl] *vt* einbrechen in; **we were ~d** bei uns wurde eingebrochen
burial ['berɪəl] *s* Begräbnis *nt,* Bestattung, Beerdigung *f;* **burial ground** *s* Friedhof *m;* **burial place** *s* Grabstätte *f;* **burial service** *s* Trauerfeier *f;* **burial site** *s* Endlager *nt*
bur·lesque [bɜː'lesk] **I.** *s* **1.** Burleske, Posse *f* **2.** (*Am*) Varietee *nt* **II.** *adj* possenhaft
burly ['bɜːlɪ] *adj* stämmig, kräftig
burn [bɜːn] <*irr:* **burnt (burned), burnt (burned)**> **I.** *vt* **1.** verbrennen **2.** anbrennen, anzünden, in Brand stecken; (*ein Loch in eine S*) brennen **3.** (*Kohle*) verfeuern; (*Ziegel*) brennen **4.** (*den Mund, die Finger*) sich verbrennen **5.** (*Speise*) anbrennen lassen **6.** (*Hitze*) versengen, verdorren lassen, ausdörren; **~ one's fingers** sich die Finger verbrennen **II.** *vi* **1.** brennen, in Flammen stehen **2.** (*Licht*) brennen, eingeschaltet sein **3.** (*Speise*) anbrennen **4.** (*fig*) darauf brennen (*to* zu) **5.** (*vor Wut*) kochen, schäumen **III.** *s* Brandwunde, Verbrennung *f;* **burn away** *vi* ab-, aus-, verbrennen; **burn down** *vt, vi* ab-, niederbrennen; **burn out** *vt, vi* **1.** völlig aus-, verbrennen, ausgehen **2.** (ELEK) durchbrennen; **~ o.s. out** sich kaputtmachen; **burn up** **I.** *vt* **1.** verbrennen **2.** (*fig*) verzehren **II.** *vi* **1.** in Flammen aufgehen; wieder aufflammen **2.** verglühen; **burner** ['bɜːnə(r)] *s* Brenner *m;* **burn·ing** ['bɜːnɪŋ] *adj* **1.** (*a. fig*) brennend, glühend **2.** (*fig*) leidenschaftlich, feurig **3.** (*Schmach*) empörend; **~ hot** glühend heiß; **~ issue** [*o* **question**] brennende Frage
bur·nish ['bɜːnɪʃ] *vt* polieren
burnt [bɜːnt] **I.** *pt, pp of* **burn** **II.** *adj* verbrannt; **have a ~ taste** angebrannt schmecken
burp [bɜːp] *vi* (*fam*) rülpsen
burr [bɜː(r)] *s* **1.** (*a. fig*) Klette *f* **2.** (TECH) Grat *m*
bur·row ['bʌrəʊ] **I.** *s* Bau *m* **II.** *vt* (*Bau*) graben **III.** *vi* **1.** sich einwühlen, -graben **2.** (*fig*) sich vergraben (*into* in)
bur·sar ['bɜːsə(r)] *s* Schatzmeister(in) *m(f),* Quästor(in) *m(f);* **bur·sary** ['bɜːsərɪ] *s* **1.** Quästur *f* **2.** Stipendium *nt*
burst [bɜːst] <*irr:* **burst, burst**> **I.** *vi* **1.** bersten, (zer)platzen, reißen, zerspringen; explodieren **2.** (*Knospe*) aufbrechen; (*Sturm*) ausbrechen; (*Gewitter*) sich entladen **3.** (*a. fig*) bersten, platzen (*with* vor); **~ open** aufbrechen; **be ~ing with health** vor Gesundheit strotzen; **be ~ing to** darauf brennen zu; **~ into tears** in Tränen ausbrechen **II.** *vt* sprengen; bersten, platzen lassen; **~ one's side(s) with laughter** vor Lachen platzen; **~ its banks** über die

Ufer treten **III.** *s* **1.** Bersten, Zerspringen *nt* **2.** (MIL: ~ *of fire*) Feuerstoß *m* **3.** (*fig*) Ausbruch, Anfall *m;* ~ **of applause** Beifallssturm *m;* **burst forth** *vi* ausbrechen (*into* in); **burst in** *vi* **1.** hereinstürzen **2.** dazwischenplatzen; **burst out** *vi* ausbrechen in, ausrufen, (plötzlich) schreien; ~ **out crying** in Tränen ausbrechen; ~ **out laughing** sich vor Lachen nicht halten können; loslachen

Bu·run·di [bʊ'rʊndɪ] *s* Burundi *nt;* **Bu·run·dian** [bʊ'rʊndɪən] **I.** *adj* burundisch **II.** *s* Burundier(in) *m(f)*

bury ['berɪ] *vt* **1.** begraben, beerdigen **2.** ein-, vergraben **3.** verbergen **4.** (*fig*) vergessen, auf sich beruhen lassen; ~ **o.s. in one's books** sich in seinen Büchern vergraben; **buried in thought** gedankenversunken

bus [bʌs] <buses, busses *Am*> **I.** *s* **1.** Bus, Omnibus, Autobus *m* **2.** (AUTO: *fam*) Kiste *f;* **go by** ~ mit dem Bus fahren; **miss the** ~ (*fam*) den Anschluss verpassen **II.** *vt* mit dem Bus befördern; **bus driver** *s* Busfahrer(in) *m(f)*

bush [bʊʃ] *s* **1.** Busch, Strauch *m;* Gebüsch *nt* **2.** Busch *m* (*in Afrika*) **3.** Haarschopf *m;* **beat about the** ~ (*fig*) wie die Katze um den heißen Brei herumschleichen

bushel ['bʊʃl] *s* Scheffel *m* (*36,37 l*)*;* **hide one's light under a** ~ (*prov*) sein Licht unter den Scheffel stellen

Bush·man ['bʊʃmən] <*pl* -men> *s* Buschmann *m;* **bushy** ['bʊʃɪ] *adj* buschig

busi·ly ['bɪzɪlɪ] *adv* geschäftig, eifrig

busi·ness ['bɪznɪs] *s* **1.** Geschäftsleben *nt,* Handel *m,* Gewerbe *nt* **2.** geschäftliches Unternehmen, Geschäftsbetrieb *m,* gewerblicher Betrieb **3.** Aufgabe *f;* Angelegenheit, Sache *f* **4.** Problem *nt;* **in** ~ im Geschäftsleben; **on** ~ geschäftlich; **be in** ~ Geschäftsmann sein; **do** ~ Geschäfte machen; **have no** ~ **to** kein Recht haben zu; **get down to** ~ zur Sache kommen; **mean** ~ es ernst meinen; **retire from** ~ sich aus dem Geschäftsleben zurückziehen; **set up in** ~ ein Geschäft anfangen; **mind your own** ~**!** kümmern Sie sich um Ihre eigenen Angelegenheiten!; **send s.o. about his** ~ jdn in seine Schranken weisen; **that's none of your** ~**!** das geht Sie nichts an!; **what's his** ~**?** was macht, wovon lebt er?; **what's your** ~ (**with me**)? was führt Sie zu mir?; **what** ~ **is he in?** in welcher Branche arbeitet er?; **business address** *s* Geschäftsadresse *f;* **business card** *s* Visitenkarte *f;* **business end** *s* scharfes Ende; **business expenses** *s pl* Geschäftskosten *pl;* **business hours** *s pl* Geschäftszeit(en) *f* (*pl*)*;* **business letter** *s* Geschäftsbrief *m;* **busi·ness·like** [-laɪk] *adj* **1.** geschäftstüchtig **2.** praktisch (veranlagt), gewandt; **busi·ness·man** [-mæn] <*pl* -men> *s* Geschäftsmann *m;* **business park** *s* Industriegelände *nt;* **business transaction** *s* Geschäftsvorfall *m;* **business trip** *s* Geschäftsreise *f;* **busi·ness·woman** [-wʊmən, *pl* -wɪmɪn] <*pl* -women> *s* Geschäftsfrau *f*

busker ['bʌskə(r)] *s* Straßenmusikant(in) *m(f)*

bus·load ['bʌsləʊd] *s* Busladung *f;* **by the** ~**, in** ~**s** busweise; **busman's holiday** *s* Fortsetzung *f* der Berufstätigkeit in den Ferien; **bus service** *s* Busverbindung *f;* **bus station** *s* Busbahnhof *m;* **bus stop** *s* Bushaltestelle *f*

bust[1] [bʌst] *s* **1.** Busen *m* **2.** (*Kunst*) Büste *f*

bust[2] [bʌst] **I.** *vt* **1.** kaputtmachen **2.** (*Am*) eine Razzia durchführen (in) **II.** *vi* kaputtgehen; **go** ~ Pleite gehen

bustle ['bʌsl] **I.** *vi* sich geschäftig bewegen, sich tummeln; ~ **about** sehr geschäftig tun **II.** *s* Geschäftigkeit, Eile, Hetze *f*

bust-up ['bʌstʌp] *s* (*sl*) Krach, Streit *m*

busy ['bɪzɪ] **I.** *adj* **1.** beschäftigt **2.** bewegt, belebt **3.** (*Straße*) verkehrsreich, belebt; (*Tag*) voll ausgefüllt; (*Mensch*) ausgelastet **4.** (TELE) besetzt; **be** ~ **doing s.th.** gerade etw tun **II.** *vr* sich beschäftigen (*with* mit); **busy·body** ['bɪzɪˌbɒdɪ] *s* Gschaftlhuber(in) *m(f),* Wichtigtuer(in) *m(f)*

but [bʌt] **I.** *conj* **1.** aber, dennoch, (je)doch, indessen, nichtsdestoweniger, andererseits **2.** sondern; außer dass; ohne dass, ohne zu; wenn nicht **3.** (*nach Verneinung*) dass; ~ **that** außer dass, ohne dass; **not only … ~ also** nicht nur …, sondern auch **II.** *prep* außer; **anything** ~ nichts weniger als; **nothing** ~ nichts als; **the last** ~ **one** der Vorletzte; **all** ~ **one** alle bis auf einen; ~ **for** ohne **III.** *adv* nur, bloß; **all** ~ beinahe, fast, nahezu; ~ **then** dafür aber **IV.** *pron* (*nach verneintem Hauptsatz*)**: there was not one** ~ **was wounded** es war nicht einer da, der nicht verwundet war **V.** *s* Aber *nt*

bu·tane ['bjuːteɪn] *s* Butan(gas) *nt*

butch [bʊtʃ] *adj* (*sl*) maskulin

butcher ['bʊtʃə(r)] **I.** *s* **1.** Metzger(in) *m(f),* Fleischer(in) *m(f),* Schlachter(in) *m(f)* **2.** (*fig*) Schlächter *m;* ~**'s shop** Fleischerei, Metzgerei *f;* **at the** ~**'s** beim Fleischer **II.** *vt* (*Menschen*) (hin)schlachten, niedermetzeln; **butchery** ['bʊtʃərɪ] *s* **1.** Metzgerhandwerk *nt* **2.** (*fig*) Gemetzel *nt*

but·ler ['bʌtlə(r)] *s* Butler *m*

butt[1] [bʌt] *s* **1.** großes Fass **2.** Tonne *f*

3. (~-*end*) stumpfes Ende
butt² [bʌt] *s* **1.** (Gewehr)Kolben *m* **2.** Zigarettenstummel *m*
butt³ [bʌt] *s* **1.** Schießscheibe *f* **2. ~s** Kugelfang *m* **3.** (*fig*) Zielscheibe *f*
butt⁴ [bʌt] **I.** *vt* mit dem Kopf stoßen **II.** *vi* (*fam*): ~ **in** sich einmischen; ~ **into** dazwischenplatzen; ~ **out!** (*Am*) hau ab! verpiss dich!; ~ **out** (*a cigarette, Am: fam*) eine Zigarette ausmachen
but·ter ['bʌtə(r)] **I.** *s* Butter *f*; **peanut-~** Erdnussbutter *f* **II.** *vt* mit Butter bestreichen; ~ **up** schmeicheln (*s.o.* jdm); **but·ter·cup** ['bʌtəkʌp] *s* Butterblume *f*, Hahnenfuß *m*; **butter-dish** *s* Butterdose *f*; **but·ter·fin·gers** ['bʌtəˌfɪŋgəz] *s sing* Schussel *m*
but·ter·fly ['bʌtəflaɪ] *s* **1.** Schmetterling *m* **2.** (SPORT) Schmetterlings-, Delphinstil *nt*
but·ter·milk ['bʌtəmɪlk] *s* Buttermilch *f*
but·tery ['bʌtərɪ] *s* **1.** Speisekammer *f* **2.** Cafeteria *f*
but·tock ['bʌtək] *s* **1.** Hinterbacke *f* **2.** *meist pl* Hinterteil, Gesäß *nt*
but·ton ['bʌtn] **I.** *s* **1.** Knopf *m* **2.** junger Champignon **3.** (ELEK) Klingel-, Schaltknopf *m* **4. ~s** (*fam*) Page *m*; **press the** ~ auf den Knopf drücken **II.** *vt* zuknöpfen; ~ **your lip!** (*sl*) halt den Mund! **III.** *vi* sich knöpfen lassen; ~ **up** (zu)knöpfen; (*fam: Aufgabe*) erledigen, fertigbringen; **but·toned-down** *adj* **1.** (*Kragen*) mit angeknöpften Enden **2.** (*Am: fam*) fantasielos; **but·ton·hole** [-həʊl] **I.** *s* **1.** Knopfloch *nt* **2.** Sträußchen *nt* im Knopfloch **II.** *vt* (*fig*) sich schnappen
but·tress ['bʌtrɪs] **I.** *s* **1.** (ARCH) Strebepfeiler *m* **2.** (*fig*) Stütze *f* **II.** *vt* (*a. fig*) stützen
buxom ['bʌksəm] *adj* drall, vor Gesundheit strotzend
buy [baɪ] <*irr:* bought, bought> **I.** *vt* **1.** kaufen; erwerben, erstehen **2.** (*Fahrkarte*) lösen **3.** (*fig*) erkaufen (*with* mit); ~ **at an auction** ersteigern; ~ **at a loss/profit** mit Verlust/Gewinn kaufen; ~ **s.th.** (*fig*) etw akzeptieren; etw glauben **II.** *s* (*fam*) (guter) Kauf; **buy back** *vt* zurückkaufen; **buy in** *vt* einkaufen; **buy off** *vt* (*fam*) bestechen; **buy out** *vt* auszahlen; aufkaufen; (*Gefangene*) freikaufen; **buy up** *vt* aufkaufen; **buyer** ['baɪə(r)] *s* **1.** Käufer(in) *m(f)*, Abnehmer(in) *m(f)* **2.** Einkäufer(in) *m(f)*; **~'s market** Käufermarkt *m*
buzz [bʌz] **I.** *vi* summen, surren, schwirren, brausen, brummen **II.** *vt* **1.** durch Summer herbeirufen **2.** (AVIAT) niedrig fliegen (*a field* über ein Feld) **III.** *s* **1.** Summen, Brausen, Brummen *nt* **2.** Gemurmel, Stimmengewirr *nt* **3.** (*fam*) (Telefon)Anruf *m*; **give s.o. a** ~ (*fam*) jdn anrufen; **buzz about** *vi* herumschwirren; **buzz off** *vi* (*sl*) abhauen
buz·zard ['bʌzəd] *s* Bussard *m*
buzzer ['bʌzə(r)] *s* (TECH) Summer *m*; **buzz word** *s* Schlagwort *nt*
by [baɪ] **I.** *prep* **1.** (*örtlich*) bei, an, neben; ~ **the sea** an der See; **close** ~ **the river** dicht am Fluss; **sit** ~ **me** setz dich zu mir, neben mich **2.** (*örtlich*) durch, über; **I went** ~ **Paris** ich bin über Paris gefahren **3.** (*örtlich*) an … vorbei; **I walked** ~ **the post-office** ich bin an der Post vorbeigegangen **4.** (*zeitlich*) während, in, an; ~ **day** bei, am Tage, tagsüber **5.** (*zeitlich*) vor, bis (zu), spätestens an, um; ~ **tomorrow** bis morgen; ~ **now** bisher, bis jetzt; ~ **then** bis dahin **6.** (*je*): ~ **the day** am Tag, täglich, pro Tag; ~ **the pound** pfundweise **7.** (*Ausdehnung*): **four feet** ~ **six** vier zu sechs Fuß **8.** von, durch, mit, (ver)mittels, an; **a tragedy** ~ **Shakespeare** eine Tragödie von Shakespeare; ~ **car/rail/train/tram/bus/boat** mit dem Wagen/der Bahn/dem Zug/der Straßenbahn/dem Bus/dem Schiff; ~ **plane** im Flugzeug; ~ **land/sea/air** zu Lande/zu Wasser/auf dem Luftwege; **live** ~ **bread** von Brot leben **9.** nach (*einer S urteilen*); **swear** ~ **s.th.** (*fig*) auf etw schwören; **what do you mean** ~ **that?** was meinen Sie damit? was wollen Sie damit sagen?; **judge** ~ **appearances** nach dem Äußeren urteilen **II.** (*Wendungen*): (**all**) ~ **o.s.** (ganz) allein; ohne Hilfe; **day** ~ **day** Tag für Tag, täglich; **little** ~ **little** nach u. nach, langsam, allmählich, stufen-, schrittweise; **one** ~ **one** einer nach dem andern; **step** ~ **step** Schritt für Schritt, schrittweise; ~ **chance** zufällig; ~ **degrees** stufenweise; ~ **the dozen** dutzendweise, im Dutzend; ~ **far** bei weitem, (sehr) viel; ~ **all/no means** auf jeden/keinen Fall; ~ **name** dem Namen nach; ~ **the name of** unter dem Namen +*gen*; ~ **nature** von Natur (aus); ~ **right** von Rechts wegen; ~ **the way** [*o* **by**(**e**)] übrigens **III.** *adv* vorbei; **I can't get** ~ ich kann, komme nicht vorbei; **in days gone** ~ in vergangener, früherer Zeit; **stand** ~ in der Nähe, bereit sein; **put** [*o* **lay**] ~ (*fig*) auf die Seite legen, sparen; ~ **and** ~ nach und nach; ~ **and large** im Großen und Ganzen
bye [baɪ] *s* **1.** etw Nebensächliches **2.** (*Kricket*) angerechneter Lauf für einen vorbeigelassenen Ball
bye-bye ['bar'baɪ] **I.** *s* (*Kindersprache*) Heia *f*, Bettchen *nt* **II.** *interj* auf Wiedersehen!
by(e)-law ['baɪlɔː] *s* Verordnung *f*; **by-elec·tion** ['baɪɪlekʃn] *s* (PARL) Nachwahl *f*;

by·gone ['baɪgɒn] **I.** *adj* vergangen **II.** *s:* **let ~s be ~s** lasst die Vergangenheit begraben sein; **by·pass** ['baɪpɑːs] **I.** *s* **1.** Umgehungsstraße *f* **2.** (MED) Bypass *m* **II.** *vt* **1.** umfahren, herumfahren um, umleiten **2.** (*fig*) umgehen; **by·pass op·era·tion** *s* (MED) Bypassoperation *f;* **by·path** ['baɪpɑːθ] *s* Neben-, Seitenweg *m;* **by·play** ['baɪpleɪ] *s* Nebenhandlung *f;* **by-prod·uct** ['baɪprɒdʌkt] *s* Nebenprodukt *nt;* **by-road** ['bəɪrəʊd] *s* Neben-, Seitenstraße *f;* **by·stander** ['baɪstændə(r)] *s* Zuschauer(in) *m(f);* **byte** [baɪt] *s* (INFORM) Byte *nt;* **by-way** ['baɪweɪ] *s* Seitenweg *m;* **by·word** ['baɪwɜːd] *s* Inbegriff *m;* **become a ~ for** gleichbedeutend werden mit

C

C

C, c [siː] <*pl* -'s> *s* **1.** (*a.* MUS) C, c *nt* **2.** (*Schulnote*) befriedigend
cab [kæb] *s* **1.** (*taxi-~*) Taxe *f,* Taxi *nt* **2.** (RAIL) Führerstand *m* (*a. Kran, Bagger*) **3.** (*Lastkraftwagen*) Führerhaus *nt;* **go by** ~ mit der Taxe fahren
cab·aret ['kæbəreɪ] *s* Kabarett *nt*
cab·bage ['kæbɪdʒ] *s* **1.** Kohl *m* **2.** (*fam*) geistiger Krüppel
cabby ['kæbɪ] *s* (*fam*) Taxifahrer(in) *m(f)*
cabin ['kæbɪn] *s* **1.** Hütte *f* **2.** Wochenendhaus *nt* **3.** (MAR) Kabine, Kajüte *f* **4.** Führerhaus *nt;* (AVIAT) Kanzel *f;* **cabin attendant** *s* Steward *m,* Stewardess *f;* **cabin-class** *s* (MAR) zweite Klasse; **cabin cruiser** *s* Motorboot *nt* mit Kabine
cabi·net ['kæbɪnɪt] *s* **1.** Glasschrank *m,* Vitrine *f* **2.** Schrank *m;* Kasten *m* **3.** (*radio*) Gehäuse *nt;* **Cabinet** (POL) Kabinett *nt;* **filing** ~ Aktenschrank *m;* **shadow** ~ Schattenkabinett *nt;* **cabi·net-maker** [-ˌmeɪkə(r)] *s* Möbeltischler(in) *m(f),* -schreiner(in) *m(f)*
cable ['keɪbl] **I.** *s* **1.** Tau *nt;* (Draht)Seil *nt* **2.** Ankertau *nt,* -kette *f;* Trosse *f* **3.** (TELE) Kabel *nt;* Kabelnachricht *f* **4.** (ELEK) Kabel *nt;* Leitung *f;* **by** ~ durch Kabel, telegrafisch **II.** *vt, vi* (TELE) kabeln; **cable car** *s* Wagen *m* einer (Draht)Seilbahn, Straßenbahn; **cable·gram** ['keɪblgræm] *s* Kabel *nt;* **cable network** *s* Kabelnetz *nt;* **cable railway** *s* Drahtseilbahn *f;* **cable stitch** *s* Zopfmuster *nt;* **cable television** *s* Kabelfernsehen *nt*
ca·boodle [kə'buːdl] *s:* **the whole** ~ (*fam*) der ganze Kram; der ganze Haufen
cab-rank, cab-stand ['kæbræŋk, 'kæbstænd] *s* Taxi-, Taxenstand *m*
cab·rio·let [ˌkæbrɪəʊ'leɪ] *s* (AUTO) Kabriolett *nt*
ca·cao [kə'kɑːəʊ] *s* **1.** (*~ bean*) Kakaobohne *f* **2.** (*~-tree*) Kakaobaum *m*
cache [kæʃ] **I.** *s* Versteck *nt;* versteckter Vorrat **II.** *vt* verstecken, verbergen
ca·chet ['kæʃeɪ] *s* **1.** (Qualitäts-, Herkunfts)Stempel *m* **2.** (MED) Kapsel *f*
cackle ['kækl] **I.** *s* Gegacker *nt;* (*fig*) Gekicher *nt* **II.** *vi* gackern; (*fig*) plappern; kichern
ca·coph·ony [kæ'kɒfənɪ] *s* Missklang *m,* Kakophonie *f*
cac·tus ['kæktəs, *pl* 'kæktaɪ] <*pl* **-tuses, -ti**> *s* Kaktus *m*
CAD *s Abk. von* **computer-aided design** CAD *nt*
ca·daver [kə'deɪvə(r)] *s* Kadaver *m;* **cadaver bag** *s* (*Am*) Leichensack *m*
caddie ['kædi] *s* (*Golf*) Caddie *m*
caddy ['kædɪ] *s* Teebüchse *f*
ca·dence ['keɪdns] *s* **1.** Kadenz *f* **2.** Rhythmus *m* **3.** Tonfall *m*
ca·det [kə'det] *s* (MIL) Kadett *m*
cadge [kædʒ] *vi, vt* schnorren; **cad·ger** ['kædʒə(r)] *s* Schnorrer(in) *m(f)*
cad·mium ['kædmjəm] *s* Cadmium *nt*
cadre ['kɑːdə(r)] *s* Kader *m*
Caesar·ian [sɪ'zeərɪən] *s, adj:* ~ **section** (MED) Kaiserschnitt *m*
cae·sium ['sɪːzjəm] *s* Cäsium *nt*
café ['kæfeɪ] *s* **1.** Café *nt* **2.** Restaurant *nt;* **cafe·teria** [ˌkæfɪ'tɪərɪə] *s* Selbstbedienungsrestaurant *nt,* Cafeteria *f;* **caf·fein(e)** ['kæfiːn] *s* Koffein *nt;* **caf·fei·nate** ['kæfɜːˌneɪt] *vt* (*sl*) Kaffee trinken
cage [keɪdʒ] **I.** *s* **1.** Käfig *m* **2.** (*Aufzug*) Kabine *f* **3.** (MIN) Förderkorb *m* **4.** (*Hockey*) Tor *nt* **II.** *vt* in einen Käfig sperren; **cagey** ['keɪdʒɪ] *adj* **1.** (*fam*) zurückhaltend **2.** berechnend **3.** (*Am*) gerissen
ca·hoots [kə'huːts] *s* (*fam*): **be in ~ with s.o.** mit jdm unter einer Decke stecken
cairn [keən] *s* Steinpyramide *f*
ca·jole [kə'dʒəʊl] *vt* schmeicheln (*s.o.* jdm); ~ **s.o. into/out of doing s.th.** jdn dazu bringen etw zu tun/zu unterlassen; ~ **s.th. out of s.o.** jdm etw abbetteln
cake [keɪk] **I.** *s* **1.** Kuchen *m* **2.** Stück *nt* (*of soap* Seife), Riegel *m;* Tafel *f* (*of chocolate* Schokolade) **3.** (TECH) Masse *f,* Klumpen *m;* **be a piece of** ~ (*fam*) kinderleicht sein **II.** *vi* zusammenbacken, einen Klumpen bilden
ca·lam·ity [kə'læmətɪ] *s* **1.** Unglück *nt;* Schicksalsschlag *m* **2.** Not *f,* Elend *nt*
cal·ci·fer·ous [kæl'sɪfərəs] *adj* kalkhaltig; **cal·cify** ['kælsɪfaɪ] *vt, vi* verkalken; **cal·cium** ['kælsɪəm] *s* (CHEM) Kalzium *nt;* ~ **carbide** Kalziumkarbid *nt*
cal·cu·lable ['kælkjʊləbl] *adj* berechenbar; kalkulierbar; **cal·cu·late** ['kælkjʊleɪt] **I.** *vi* rechnen (*on* mit); (*fig*) sich verlassen (*on* auf) **II.** *vt* aus-, be-, errechnen; veranschlagen, kalkulieren; **be ~d to** (*mit inf*) darauf berechnet, zugeschnitten sein, zu, dass;

cal·cu·lated [-ɪd] *adj* berechnet, vorbedacht, absichtlich; **take a ~ risk** ein kalkulierbares Risiko eingehen; **cal·cu·lat·ing** [-ɪŋ] *adj* berechnend; überlegt; ~ **error** Rechenfehler *m;* ~-**machine** Rechenmaschine *f;* **cal·cu·la·tion** [ˌkælkjʊ'leɪʃn] *s* **1.** Kalkulation, (Be)Rechnung *f* **2.** Überschlag, Voranschlag *m* **3.** Überlegung *f;* ~ **of cost** Kostenberechnung *f;* **cal·cu·la·tor** ['kælkjʊleɪtə(r)] *s* **1.** Kalkulator *m* **2.** Rechner *m;* Rechentabelle *f* **3.** Taschenrechner *m;* **cal·cu·lus** ['kælkjʊləs, *pl* -liː] <*pl* -li> *s* **1.** (MED) Stein *m* **2.** (MATH) Rechnungsart *f;* Differenzialrechnung *f*

cal·en·dar ['kælɪndə(r)] *s* **1.** Kalender *m* **2.** Verzeichnis, Register *nt,* Liste *f* **3.** (JUR) Terminkalender *m;* ~ **of events** Veranstaltungskalender *m;* **ca·len·dri·cal** [kæ'lendrɪkl] *adj* kalendarisch; **calendar month** *s* Kalendermonat *m*

calf¹ [kɑːf, *pl* kɑːvz] <*pl* calves> *s* **1.** Kalb *nt* **2.** (*Mensch*) Ochse, Esel *m* **3.** (~-*skin*) Kalbleder *nt* **4.** Eisscholle *f;* **in** [*o* **with**] ~ (*Kuh*) trächtig

calf² [kɑːf, *pl* kɑːvz] <*pl* calves> *s* Wade *f*

calf-love ['kɑːflʌv] *s* Jugendliebe *f*

cali·ber *s* (*Am*) **1.** Kaliber *nt* **2.** (*fig*) Format *nt,* Bedeutung *f,* Kaliber *nt* (*eines Menschen*)

cali·brate ['kælɪbreɪt] *vt* kalibrieren; (*Messgerät*) eichen; **cal·ibre** ['kælɪbə(r)] *s* **1.** Kaliber *nt* **2.** (*fig*) Format *nt,* Bedeutung *f,* Kaliber *nt* (*eines Menschen*)

cal·ico ['kælɪkəʊ] <*pl* -ico(e)s> *s* Kaliko *m;* (*Am*) Kattun *m*

call [kɔːl] **I.** *vt* **1.** rufen; (TELE) anrufen; (*Namen*) aufrufen; (*Schauspieler vor den Vorhang*) herausrufen **2.** (*Arzt, Taxe*) holen, rufen **3.** wecken **4.** nennen; bezeichnen **5.** betrachten, ansehen als, halten für **6.** (*in ein Amt*) berufen **7.** (*Versammlung*) einberufen **8.** (*Pause*) einlegen; **be ~ed** heißen, genannt werden (*after s.o.* nach jdm); ~ **to account** zur Rechenschaft ziehen; ~ **attention to** aufmerksam machen auf; ~ **into being** ins Leben rufen; ~ **it a day** Feierabend machen; ~ **to mind** sich erinnern an; ~ **s.o. names** jdn be-, ausschimpfen; ~ **to order** zur Ordnung rufen; ~ **into question** in Frage stellen **II.** *vi* **1.** rufen **2.** kurz besuchen, vorsprechen **3.** (TELE) anrufen **III.** *s* **1.** Ruf *m* **2.** (TELE) Anruf *m,* (Telefon)Gespräch *nt* **3.** (dringende) Bitte, Aufforderung *f* **4.** Abruf *m;* Aufruf *m* **5.** An-, Nachfrage *f* (*for* nach) **6.** Anspruch *m* (*for, on* auf) **7.** (THEAT) Vorhang *m* **8.** (JUR) Aufruf *m* (*of a case* einer Sache) **9.** (kurzer) Besuch *m* **10.** (RAIL) Aufenthalt, Halt *m* **11.** (MAR, AVIAT) Zwischenlandung *f* **12.** Signal *nt* **13.** (*meist verneint*) Notwendigkeit, Gelegenheit *f,* Grund *m,* Ursache *f* (*for, to* zu); **at** ~ bereit; verfügbar, greifbar; **at** [*o* **on**] ~ (FIN) auf tägliche Kündigung; **on** ~ auf Abruf, auf Anforderung; in Bereitschaft; **within** ~ in Ruf-, Hörweite; **give s.o. a** ~ (TELE) jdn anrufen; **local** ~ (TELE) Ortsgespräch *nt;* **roll** ~ namentlicher Aufruf; **trunk** [*o* **long-distance**] ~ Ferngespräch *nt;* ~ **for help** Hilferuf *m;* ~ **to order** Ordnungsruf *m;* **call at** *vi* **1.** vorsprechen bei **2.** (*einem Ort*) halten in; (*einen Hafen*) anlaufen; (AVIAT) anfliegen; **call away** *vt* ab-, wegrufen; **call back** *vt* zurückrufen; **call down** *vt* **1.** herunterrufen **2.** (*Zorn*) auf sich ziehen; **call for** *vt* **1.** fragen nach, (dringend) verlangen **2.** benötigen, erfordern **3.** (*Konferenz*) einberufen, ansetzen **4.** (*Menschen*) abholen; **to be ~ed for** postlagernd; **call forth** *vt* **1.** einsetzen, anwenden **2.** hervorbringen **3.** erfordern; ~ **forth all one's energy** seine ganze Kraft zusammennehmen; **call in I.** *vt* **1.** hereinrufen; herbeirufen, -holen **2.** (*einen Arzt*) holen, zuziehen **3.** (*Geld*) zurückfordern; einziehen **II.** *vi* vorsprechen (*on* bei); **call off** *vt* **1.** ab-, wegrufen **2.** (*Veranstaltung*) absagen, abblasen, abbrechen; **call on** *vi* **1.** auf-, besuchen (*at s.o.'s home, office* in jds Heim, Büro), vorsprechen bei **2.** sich wenden an **3.** auffordern (*s.o.* jdn); **call out I.** *vt* **1.** herausrufen **2.** in Aktion bringen **3.** (*Namen*) (auf)rufen **4.** (*Haltestelle*) ausrufen **5.** (*Truppen*) einsetzen **6.** (*Am: Schauspieler*) herausrufen **7.** (*Feuerwehr*) herbeirufen **8.** zum Streiken auffordern **II.** *vi* (laut) aufschreien; **call up** *vt* **1.** aufrufen **2.** (TELE) anrufen **3.** ins Gedächtnis rufen **4.** (*fig*) hervorrufen, wachrufen; aufwecken **5.** (MIL) einberufen

call-box ['kɔːlbɒks] *s* Telefonzelle *f;* **call diversion** *s* Rufumleitung *f;* **called** [kɔːld] *adj* genannt; **many are** ~ viele sind berufen; **caller** ['kɔːlə(r)] *s* **1.** Besucher(in) *m(f)* **2.** (TELE) Anrufer(in) *m(f);* **caller ID** *s no pl* Anruferkennung *f;* **call-girl** ['kɔːlgɜːl] *s* Callgirl *nt*

cal·ligra·phy [kə'lɪgrəfɪ] *s* Kalligrafie *f*

call·ing ['kɔːlɪŋ] *s* Berufung *f;* **calling card** *s* Visitenkarte *f*

cal·lous ['kæləs] *adj* **1.** schwielig **2.** (*fig*) gefühllos, abgestumpft (*to* gegen)

call-sign ['kɔːlsaɪn] *s* (RADIO) Sendezeichen *nt;* **call-up** ['kɔːlʌp] *s* Einberufung *f*

cal·lus ['kæləs] *s* **1.** Schwiele *f* **2.** Hornhaut *f* **3.** (MED) Kallus *m*

call waiting *s* (TELE) Anklopfen *nt*

calm [kɑːm] **I.** *s* **1.** Ruhe, Stille *f* **2.** Windstille, Flaute *f* **3.** (*fig*) (innere) Ruhe *f* **II.** *adj* **1.** ruhig **2.** (wind)still **3.** (*fig*) ruhig, friedlich **III.** *vt* beruhigen; ~ **down** sich beruhigen; (*Wind*) abflauen; **calm·ness** [-nɪs] *s* (innere) Ruhe *f;* Stille *f*

cal·oric ['kælərɪk] *adj* kalorisch; Wärme-; **cal·orie** ['kælərɪ] *s* Kalorie *f;* **cal·or·if·ic** [ˌkælər'ɪfək] *adj* wärmeerzeugend; ~ **value** Heizwert *m*

cal·umny ['kæləmnɪ] *s* Verleumdung *f*

Cal·vary ['kælvərɪ] *s* Golgatha *nt;* Kalvarienberg *m*

calve [kɑːv] *vi* kalben (*a. Eisberg, Gletscher*)

Cal·vin·ism ['kælvɪnɪzəm] *s* Kalvinismus *m;* **Cal·vin·ist** ['kælvɪnɪst] *s* Kalvinist(in) *m(f)*

CAM ['kæm] *s Abk. von* **computer-aided manufacture** computergestützte Fertigung

cam [kæm] *s* (TECH) Nocken, Mitnehmer, Daumen *m*

cam·ber ['kæmbə(r)] **I.** *s* **1.** Wölbung, Schweifung *f* **2.** (AUTO) Radsturz *m* **II.** *vt* wölben

Cam·bo·dia [kæm'bəʊdɪə] *s* Kambodscha *nt;* **Cam·bo·dian** [kæm'bəʊdɪən] **I.** *adj* kambodschanisch **II.** *s* Kambodschaner(in) *m(f)*

cam·cord ['kæmˌkɔːrd] *vt* (mit einer Videokamera) filmen; **cam·cor·der** ['kæmkɔːdə(r)] *s* Camcorder *m*

came [keɪm] *s.* **come**

camel ['kæml] *s* Kamel *nt;* **camel·hair** *s* Kamelhaar *nt*

cameo ['kæmɪəʊ] *s* Kamee *f*

cam·era ['kæmərə] *s* Kamera *f;* Fotoapparat *m;* **in** ~ (JUR) unter Ausschluss der Öffentlichkeit; **camera angle** *s* Blickwinkel *m;* **cam·era·man** <*pl* -men> *s,* **cam·era·wo·man** *s* **1.** (FILM) Kameramann *m,* Kamerafrau *f* **2.** Pressefotograf(in) *m(f),* Bildberichter(in) *m(f);* **camera-ready copy, CRC** *s* (TYP) reproreife Vorlage; **camera shot** *s* Einstellung *f;* **camera-shy** *adj* kamerascheu

Came·roon [ˌkæmə'ruːn] *s* Kamerun *nt;* **Came·roo·nian** [ˌkæmə'ruːnɪən] **I.** *adj* kamerunisch **II.** *s* Kameruner(in) *m(f)*

camo·mile ['kæməmaɪl] *s* Kamille *f*

cam·ou·flage ['kæməˌflɑːʒ] **I.** *s* (MIL) Tarnung *f* **II.** *vt* (MIL) tarnen

camp[1] [kæmp] **I.** *s* **1.** (Zelt)Lager *nt;* Lagerplatz *m* **2.** (*fig*) (Partei)Lager *nt;* **break up** [*o* **strike**] ~ das Lager abbrechen; **training** ~ Ausbildungslager *nt* **II.** *vi* lagern; kampieren; (~ *out*) zelten

camp[2] [kæmp] **I.** *adj* **1.** schwul **2.** tuntenhaft **3.** übertrieben; manieriert **II.** *vt:* ~ **up** übertrieben darstellen; (*fam*) aufmotzen; ~ **it up** übertreiben; sich weibisch benehmen

cam·paign [kæm'peɪn] **I.** *s* **1.** Feldzug *m;* (*fig*) Kampagne, Aktion *f* **2.** (*electoral* ~) Wahlkampf *m* **3.** (TECH) Kampagne *f;* **advertising** ~ Werbekampagne *f* **II.** *vi* **1.** an einem Feldzug teilnehmen **2.** (*fig*) agitieren, sich einsetzen (*for* für); **cam·paigner** [kæm'peɪnə(r)] *s* **1.** Feldzugsteilnehmer(in) *m(f),* Kämpfer(in) *m(f)* **2.** Befürworter(in) *m(f),* Gegner(in) *m(f),* Wahlhelfer(in) *m(f)*

camp-bed ['kæmpˌbed] *s* Feldbett *nt;* Campingliege *f;* **camp-chair** *s* Campingstuhl *m;* **camper** ['kæmpə(r)] *s* **1.** Camper(in) *m(f)* **2.** Campingbus *m,* Wohnmobil *nt;* **camp-fever** *s* (MED) Typhus *m;* **camp-fire** *s* Lagerfeuer *nt;* **camp-follower** ['kæmpˌfɒləʊə(r)] *s* **1.** Schlachtenbummler(in) *m(f)* **2.** (MIL) Marketender(in) *m(f)* **3.** (POL) Mitläufer(in) *m(f)*

cam·phor ['kæmfə(r)] *s* (MED) Kampfer *m*

camp·ing ['kæmpɪŋ] *s* Zelten, Camping *nt;* **go** ~ zelten; **~-ground** Camping-, Zeltplatz; ~ **van** Wohnmobil *nt;* **camp·site** ['kæmpsait] *s* Camping-, Lager-, Zeltplatz *m;* **camp-stool** *s* Campingstuhl *m*

cam·pus ['kæmpəs] *s* Universitätsgelände *nt,* Campus *m*

cam·shaft ['kæmʃɑːft] *s* Nocken-, Steuerwelle *f*

can[1] [kæn] **I.** *s* **1.** Kanne *f;* Behälter *m* **2.** (Konserven)Dose, Büchse *f* **3.** Kanister *m* **4.** Mülleimer *m* **5.** (*Am sl*) Kittchen *nt* **6.** (*Am sl*) Klosett *nt;* **carry the** ~ (*fam*) den Kopf hinhalten **II.** *vt* **1.** eindosen **2.** (*Am sl*) aufhören mit

can[2] [kən, *betont* kæn] <*irr:* could> *aux* können; **you can't go** du darfst nicht gehen; **could I look at it?** darf ich es mir ansehen?; **I could have kissed her** ich hätte sie küssen können

Cana·da ['kænədə] *s* Kanada *nt;* **Ca·na·dian** [kə'neɪdɪən] **I.** *adj* kanadisch **II.** *s* Kanadier(in) *m(f)*

ca·nal [kə'næl] *s* **1.** Kanal *m* **2.** (ANAT) Röhre *f,* Gang *m;* **ca·nal·iz·ation** [ˌkænəlaɪ'zeɪʃn] *s* Kanalisierung *f;* **ca·nal·ize** ['kænəlaɪz] *vt* **1.** kanalisieren **2.** (*fig*) lenken (*into* in), dirigieren

ca·nary [kə'neərɪ] **I.** *s* Kanarienvogel *m* **II.** *adj* hellgelb; **canary seed** *s* (Kanarien)Vogelfutter *nt*

ca·nasta [kə'næstə] *s* Kanasta *nt* (*Kartenspiel*)

can·cel ['kænsl] **I.** *vt* **1.** (aus-, durch)streichen; ungültig machen **2.** (*Briefmarke*) entwerten **3.** rückgängig machen, abbestellen; widerrufen, annullieren; (COM) stornie-

C

ren **4.** (*Veranstaltung*) absagen **5.** (*Vertrag*) lösen **6.** (*Anordnung*) zurückziehen **7.** (MATH: *in einem Bruch, einer Gleichung*) streichen, kürzen **8.** (INFORM) abbrechen, löschen **II.** *vi* absagen; stornieren; sich (gegenseitig) aufheben; **can·cel·la·tion** [ˌkænsəˈleɪʃn] *s* **1.** Streichung *f* **2.** Entwertung *f* **3.** Absage *f* **4.** Kündigung *f* **5.** Annullierung *f*, Abbestellung *f*; (COM) Stornierung *f*; ~ **clause** Rücktrittsklausel *f*

can·cer [ˈkænsə(r)] *s* **1.** (MED) Krebs *m* **2.** (*fig*) Krebsgeschwür, Übel *nt* **3.** (ASTR) Krebs *m*; **cancer check-up** *s* Krebsvorsorge(untersuchung) *f*; **cancer clinic** *s* Krebsklinik *f*; **can·cer·ous** [ˈkænsərəs] *adj* krebsartig; **cancer research** *s* Krebsforschung *f*; **cancer screening** *s* Krebsvorsorgeuntersuchung *f*

can·de·la·brum [ˌkændɪˈlɑːbrəm, *pl* ˌkændɪˈlɑːbrə] <*pl* -bra> *s* Kandelaber *m*

can·did [ˈkændɪd] *adj* **1.** aufrichtig, ehrlich **2.** unvoreingenommen **3.** freimütig **4.** (PHOT) unbemerkt aufgenommen

can·di·dacy [ˈkændɪdəsɪ] *s* Kandidatur *f*; **can·di·date** [ˈkændɪdət] *s* Kandidat(in) *m(f)*, Bewerber(in) *m(f)*, Anwärter(in) *m(f)*, Prüfling *m*; **can·di·da·ture** [ˈkændɪdətʃə(r)] *s* (*Br*) Bewerbung, Kandidatur *f*

can·died [ˈkændɪd] *adj* (*Früchte*) kandiert, überzuckert

candle [ˈkændl] *s* Kerze *f*; **light a** ~ eine Kerze anzünden; **burn the** ~ **at both ends** (*fig*) sich keine Ruhe gönnen; **it is not worth the** ~ es lohnt sich nicht; **candle·light** *s* Kerzenlicht *nt*; **Candle·mas** [ˈkændlməs] *s* Lichtmess *f*; **candle·power** *s* Licht-, Kerzenstärke *f* (*Lichteinheit*); **candle·stick** *s* Leuchter *m*; **candle·wick** [ˈkændlˌwɪk] *s* Kerzendocht *m*

can·dor *s* (*Am*), **can·dour** [ˈkændə(r)] *s* Aufrichtigkeit, Offenheit, Ehrlichkeit *f*

candy [ˈkændɪ] **I.** *s* **1.** (*sugar-~*) Kandis(zucker) *m* **2.** (*Am*) Bonbon *m*; (*sweets*) Süßigkeiten *fpl* **II.** *vt* **1.** (*Früchte*) kandieren, überzuckern **2.** (*Zucker*) kristallisieren; **candy floss** [ˈkændɪˌflɒs] *s* (*Br*) Zuckerwatte *f*; **candy store** *s* (*Am*) Süßwarenhandlung *f*

cane [keɪn] **I.** *s* **1.** (Schilf-, Zucker)Rohr *nt* **2.** (Spazier-, Rohr)Stock *m* **II.** *vt* **1.** (ver)prügeln **2.** das Rohr einziehen in (*einen Stuhlrahmen*); ~ **s.th. into s.o.** jdm etw einbläuen; **cane chair** *s* Rohrstuhl *m*; **cane sugar** *s* Rohrzucker *m*

can·is·ter [ˈkænɪstə(r)] *s* Kanister *m*, Blechbüchse, -dose *f*

can·na·bis [ˈkænəbɪs] *s* **1.** Hanf *m* **2.** Cannabis *m*

can·ned [kænd] *adj* **1.** eingemacht, eingedost; Büchsen- **2.** mechanisch konserviert, Konserven- **3.** serienmäßig hergestellt **4.** (*sl*) besoffen; ~ **meat** Büchsenfleisch *nt*; ~ **milk** Büchsenmilch *f*; ~ **music** (*fam*) Musikberieselung *f*; **canner** [ˈkænə(r)] *s* Konservenfabrikant, -arbeiter *m*; **can·nery** [ˈkænərɪ] *s* Konservenfabrik *f*

can·ni·bal [ˈkænɪbl] **I.** *s* Kannibale *m* **II.** *adj* kannibalisch; **can·ni·bal·ism** [ˈkænɪbəlɪzəm] *s* Kannibalismus *m*; **can·ni·bal·ize** [ˈkænɪbəlaɪz] *vt* (AUTO) ausschlachten

can·ning [ˈkænɪŋ] *adj*: ~ **factory** Konservenfabrik *f*; ~ **industry** Konservenindustrie *f*

can·non [ˈkænən] **I.** *s* **1.** Kanone *f*, Geschütz *nt* **2.** (TECH) Zylinder *m* **3.** (*Br: Billard*) Karambolage *f* **II.** *vi* **1.** karambolieren **2.** (*fig*) zusammenstoßen (*into s.th.* mit etw); **cannon-ball** *s* Kanonenkugel *f*; **can·non·fod·der** [ˈkænənfɒdə(r)] *s* Kanonenfutter *nt*

can·not [ˈkænɒt] *verneinte Form von* **can**

canny [ˈkænɪ] *adj* **1.** schlau, pfiffig **2.** vorsichtig **3.** sparsam

ca·noe [kəˈnuː] **I.** *s* Kanu, Paddelboot *nt* **II.** *vi* Kanu fahren; paddeln; **ca·noe·ing** [-ɪŋ] *s* Kanufahren *nt*; **ca·noe·ist** [-ɪst] *s* Kanufahrer(in) *m(f)*

canon·iz·ation [ˌkænənaɪˈzeɪʃn] *s* Heiligsprechung *f*; **canon·ize** [ˈkænənaɪz] *vt* heilig sprechen

can opener [ˈkænˌəʊpənə(r)] *s* Büchsenöffner *m*

can·opy [ˈkænəpɪ] *s* **1.** Baldachin *m*; Betthimmel *m* **2.** (ARCH) Vordach *nt* **3.** Überdachung *f* **4.** (AVIAT) Kabinendach *nt* **5.** (BOT) Kronenschluss *m*, Kronen-, Laubdach *nt*

can't [kɑːnt] = **cannot**

cant[1] [kænt] **I.** *s* **1.** geneigte Fläche; Schräglage *f* **2.** (*Straße*) Kurvenüberhöhung *f* **II.** *vt* **1.** abschrägen **2.** verkanten **III.** *vi* sich verkanten, umkippen

cant[2] [kænt] *s* **1.** Zunftsprache *f*; Jargon *m* **2.** Gaunersprache *f* **3.** Geschwätz *nt* **4.** Heuchelei, Scheinheiligkeit *f* **5.** Redensart *f*

can·tank·er·ous [kænˈtæŋkərəs] *adj* zänkisch, streitsüchtig; rechthaberisch

can·tata [kænˈtɑːtə] *s* (MUS) Kantate *f*

can·teen [kænˈtiːn] *s* **1.** Kantine *f* **2.** (MIL) Feldflasche *f*; Kochgeschirr *nt* **3.** Besteckkasten *m*

can·ter [ˈkæntə(r)] **I.** *s* Handgalopp *m* **II.** *vi* Handgalopp reiten

can·ti·lever [ˈkæntɪliːvə(r)] **I.** *s* (ARCH)

Frei-, Konsol-, Kragträger *m;* (*Brückenbau*) Ausleger *m* **II.** *adj* freitragend

can·vas ['kænvəs] *s* **1.** Kanevas *m* **2.** Segeltuch *nt* **3.** Zeltbahn *f,* -tuch *nt* **4.** Packleinwand *f* **5.** (*Malerei*) Leinwand *f*

can·vass ['kænvəs] **I.** *vt* **1.** (*Kunden, Wähler*) werben, besuchen **2.** (*Wahlstimmen*) werben **3.** Wahlwerbung machen in (*einem Gebiet*) **II.** *vi* **1.** (COM POL) werben (*for* für), sich um Aufträge bemühen **2.** einen Wahlfeldzug führen **3.** sich bewerben (*for* um) **III.** *s* **1.** (Stimmen-, Kunden)Werbung *f* **2.** Werbe-, Wahlfeldzug *m* **3.** (*Am*) Wahlprüfung *f;* **can·vasser** ['kænvəsə(r)] *s* **1.** (Kunden-, Abonnenten)Werber(in) *m(f)* **2.** (POL) Propagandist(in) *m(f)* **3.** (*Am*) Wahlprüfer(in) *m(f);* **can·vass·ing** [-ɪŋ] *s* **1.** (Stimmen-, Kunden)Werbung *f;* (Wahl)Propaganda *f* **2.** (COM) Werbefeldzug *m;* ~ **for votes** Stimmenfang *m*

can·yon ['kænjən] *s* Cañon *m;* Schlucht *f*

CAP ['kæp] *s Abk. von* **Common Agricultural Policy** (EU) gemeinsame Agrarpolitik

cap [kæp] **I.** *s* **1.** Mütze, Kappe, Haube *f;* Barett *nt;* (Sport-, Klub)Mütze *f* **2.** (TECH) Aufsatz, Deckel *m;* Kappe, Haube *f* **3.** Kapsel *f;* (*a. einer Flasche*) Verschluss *m* **4.** Spreng-, Zündkapsel *f* **5.** Gipfel *m,* Spitze *f* **6.** (*Empfängnisverhütung*) Pessar *nt;* **set one's ~ at s.o.** (*fam*) jdn angeln **II.** *vt* **1.** eine Mütze aufsetzen (*s.o.* jdm) **2.** mit einem Deckel, einer Kappe versehen **3.** (*fig*) übertreffen **4.** einen akademischen Grad verleihen (*s.o.* jdm) **5.** (FIN POL) eine Obergrenze setzen **6.** (*Br*) einen Höchstsatz setzen; ~ **everything** alles übertreffen

ca·pa·bil·ity [ˌkeɪpə'bɪlətɪ] *s* **1.** Fähigkeit *f* (*of* zu) **2. capabilities** Begabung *f;* **ca·pable** ['keɪpəbl] *adj* **1.** fähig, tüchtig **2.** befähigt; geeignet **3.** (*pej*) fähig (*of* zu); **be ~ of** im Stande sein zu; können (*singing* singen); ~ **of earning** erwerbsfähig; ~ **of work** arbeitsfähig; **he is ~ of anything** er ist zu allem fähig

ca·pac·ity [kə'pæsətɪ] *s* **1.** Inhalt *m,* Volumen *nt* **2.** Fassungskraft *f,* -vermögen *nt* **3.** (*fig*) Umfang *m* **4.** Fähigkeit *f;* geistige Fähigkeiten *fpl* **5.** (TECH) Leistung(sfähigkeit) *f;* Tragkraft *f;* Produktionsvermögen *nt* **6.** (AUTO) Hubraum *m* **7.** (ELEK) Kapazität *f* **8.** (JUR) Befugnis *f* **9.** Funktion, Aufgabe, Stellung *f;* **in my ~ as** in meiner Eigenschaft als; **buying ~** Kaufkraft *f;* **filled to ~** (THEAT) voll (besetzt); **have a seating ~ of 600** 600 Sitzplätze haben

cape[1] [keɪp] *s* Umhang *m,* Cape *nt*

cape[2] [keɪp] *s* Kap *nt*

ca·per[1] ['keɪpə(r)] *s* Kapernstrauch *mpl;* (*Gewürz*) Kapern *fpl*

ca·per[2] ['keɪpə(r)] **I.** *s* **1.** Luftsprung *m* **2.** *meist pl* Kapriolen *fpl,* Streiche *mpl* **II.** *vi* (*cut ~s, a ~*) Luftsprünge machen, herumtollen; (*fig*) Kapriolen machen; (*fam*) ein Ding drehen

cap·il·lary [kə'pɪlərɪ] **I.** *adj* haarfein; Kapillar- **II.** *s* (ANAT) Kapillargefäß *nt*

capi·tal ['kæpɪtl] **I.** *s* **1.** Kapital, Vermögen *nt* **2.** Hauptstadt *f* **3.** Großbuchstabe *m* **4.** (ARCH) Kapitell *nt;* **federal ~** Bundeshauptstadt *f;* **fixed ~** Anlagekapital *nt* **II.** *adj* **1.** (*Strafe, Urteil*) Todes-; (*Verbrechen*) todeswürdig, schwer **2.** verhängnisvoll **3.** hauptsächlich; Haupt- **4.** (*fam*) glänzend, prächtig, tadellos, famos **5.** (*Buchstabe*) groß **6.** Kapital-; **capital assets** *s pl* Anlagevermögen *nt;* **capital crime** *s* Kapitalverbrechen *nt;* **capital gains tax** *s* Kapitalertragssteuer *f;* **capital investment** *s* Kapitalanlage *f;* **capital investment company** *s* Kapitalbeteiligungsgesellschaft *f*

capi·tal·ism ['kæpɪtəlɪzəm] *s* Kapitalismus *m;* **capi·tal·ist** ['kæpɪtəlɪst] **I.** *s* Kapitalist(in) *m(f)* **II.** *adj* kapitalistisch; **capi·tal·is·tic** [ˌkæpɪtə'lɪstɪk] *adj* kapitalistisch

capi·tal·iz·ation [ˌkæpɪtəlaɪ'zeɪʃn] *s* **1.** Kapitalisierung *f* **2.** Großschreibung *f;* **capi·tal·ize** ['kæpɪtəlaɪz] **I.** *vi* Nutzen ziehen (*on* aus) **II.** *vt* **1.** kapitalisieren **2.** groß schreiben

capi·tal let·ter ['kæpɪtl 'letə(r)] *s* Großbuchstabe *m;* **capital punishment** *s* Todesstrafe *f*

ca·pitu·late [kə'pɪtʃʊleɪt] *vi* kapitulieren (*to* vor); **ca·pitu·la·tion** [kəˌpɪtʃʊ'leɪʃn] *s* Kapitulation, Übergabe *f*

ca·price [kə'priːs] *s* Laune *f;* (lustiger, launiger) Einfall *m;* **ca·pri·cious** [kə'prɪʃəs] *adj* launisch, launenhaft

Cap·ri·corn ['kæprɪkɔːn] *s* (ASTR) Steinbock *m*

cap·size [kæp'saɪz] **I.** *vi* (*Schiff*) kentern **II.** *vt* kentern lassen

cap·stan ['kæpstən] *s* (MAR) Gangspill *nt,* Ankerwinde *f*

cap·sule ['kæpsjuːl] *s* **1.** (ANAT BOT MED) Kapsel *f* **2.** (BOT) Hülse *f* **3.** (Flaschen)Kapsel *f*

cap·tain ['kæptɪn] **I.** *s* **1.** (MIL) Hauptmann *m* **2.** (MAR) Kapitän *m* **3.** (AVIAT) Flugzeugführer, -kapitän *m* **4.** Führer(in) *m(f),* Leiter(in) *m(f)* **5.** (SPORT) Kapitän *m,* Mannschaftsführer(in) *m(f)* **6.** (SCHULE) Sprecher(in) *m(f)* **II.** *vt* **1.** (SPORT: *die Mannschaft*) führen **2.** (MAR) befehligen

cap·tion ['kæpʃn] **I.** *s* **1.** (*Buch*) Kapitelüberschrift *f;* (*Zeitung*) Beitrags-, Artikelüberschrift *f* **2.** Titel, Kopf *m,* Schlagzeile *f* **3.** (Bild)Erklärung *f;* Bildunterschrift *f*

4. (FILM) Untertitel, (erläuternder) Zwischentext *m* **II.** *vt* mit einer Überschrift versehen

cap·ti·vate ['kæptɪveɪt] *vt* (*fig*) fesseln, faszinieren, bezaubern; **cap·tive** ['kæptɪv] **I.** *adj* gefangen **II.** *s* Gefangene(r) *f m;* **hold ~** gefangen halten; **take ~** gefangen nehmen; **cap·tiv·ity** [kæp'tɪvətɪ] *s* Gefangenschaft, Haft *f;* **cap·ture** ['kæptʃə(r)] **I.** *s* **1.** Gefangennahme *f* **2.** (MAR) Prise *f* **3.** Eroberung *f;* Beute *f,* Raub *m* **4.** Fang *m* **II.** *vt* **1.** gefangen nehmen **2.** (*Tier, Augenblick, Atmosphäre*) einfangen **3.** (*Stadt*) einnehmen; (*Schatz*) erobern; (*Schiff*) kapern **4.** (*Preis, Stimmen*) erbeuten; (*Aufmerksamkeit*) an sich reißen **5.** (INFORM) erfassen

car [kɑː(r)] *s* **1.** (Kraft)Wagen *m,* Auto(mobil) *nt* **2.** (Straßenbahn)Wagen *m;* (*Am*) (Eisenbahn)Wagen, Waggon *m* **3.** (*Ballon*) Gondel *f* **4.** (*Aufzug*) Fahrstuhl *m;* **by ~** mit dem Wagen, Auto; **drive a ~** einen Wagen fahren, Auto fahren; **put the ~ in the garage** das Auto in die Garage fahren; **car accessories** *s pl* Ersatzteile *pl;* **car aerial** *s* Autoantenne *f*

ca·rafe ['kærəf] *s* Karaffe *f*

cara·mel ['kærəmel] *s* **1.** Karamel(zucker) *m* **2.** Karamelbonbon *m*

carat ['kærət] *s* Karat *nt*

cara·van ['kærəvæn] *s* **1.** Karawane *f* **2.** (*Br*) Wohnwagen *m* **3.** Zigeuner-, Zirkus-, Wanderschauwagen *m;* **cara·van·sary, cara·van·serai** [ˌkærər'vænsərɪ] *s* Karawanserei *f*

cara·way ['kærəweɪ] *s* Kümmel *m;* **caraway seeds** *s pl* (*Gewürz*) Kümmel *m*

car·bide ['kɑːbaɪd] *s* (CHEM) Karbid *nt*

car·bine ['kɑːbaɪn] *s* Karabiner *m*

car body ['kɑːbɒdɪ] *s* Karosserie *f*

carbo·hy·drate [ˌkɑːbəʊ'haɪdreɪt] *s* Kohlehydrat *nt;* **car·bolic** [kɑː'bɒlɪk] *adj* (CHEM) Karbol-; **~ acid** Karbolsäure *f,* Phenol *nt*

car bomb ['kɑːbɒm] *s* Autobombe *f*

car·bon ['kɑːbən] *s* **1.** (CHEM) Kohlenstoff *m* **2.** (ELEK) Kohlestift *m* (*für Bogenlicht*) **3.** (*~ paper*) Kohlepapier *nt* **4.** (*~ copy*) Durchschlag *m,* -schrift *f;* **~ trading** (POL) Kohlenstoffhandel *m;* **car·bon·ated** ['kɑːbəneɪtɪd] *adj* mit Kohlensäure; **carbon copy** *s* Durchschlag *m;* (*fig*) Ebenbild *nt;* **carbon-copy crime** *s* Nachahmungstat *f;* **carbon dating** *s* Kohlenstoffdatierung *f;* **carbon dioxide** *s* (CHEM) Kohlendioxyd *nt;* **car·bonic** [kɑː'bɒnɪk] *adj* (CHEM) Kohlen-; **~ acid** Kohlensäure *f;* **~ oxide** Kohlenoxyd *nt;* **car·bon·ize** ['kɑːbənaɪz] *vt* **1.** verkohlen **2.** (*Kohle*) verkoken; **carbon monoxide** *s* Kohlenmonoxyd *nt;* **carbon paper** *s* Kohle-, Durchschreibepapier *nt*

car-boot sale ['kɑːbuːtˌseɪl] *s privater Flohmarkt, bei dem der Kofferraum als Verkaufsfläche dient*

car·buncle ['kɑːbʌŋkl] *s* **1.** (MIN) Karfunkel *m* **2.** (MED) Karbunkel *m*

car·bu·ret ['kɑːbjʊˌret] *vt* **1.** (CHEM) karburieren **2.** (AUTO) vergasen; **car·bu·ret(t)or** [ˌkɑːbjʊ'retə(r)] *s* Vergaser *m*

car·cass, car·case ['kɑːkəs] *s* **1.** Leiche *f;* Tierleiche *f,* Kadaver *m* **2.** (*Metzgerei*) Rumpf *m* **3.** (*Haus, Schiff*) Gerippe *nt,* Skelett *nt;* Rohbau *m* **4.** (*Reifen*) Karkasse *f* **5.** (*fig*) Trümmer *pl*

car·ci·no·gen ['kaːsinəˌdʒen] *s* Karzinogen *nt;* **car·ci·no·gen·ic** [-ɪk] *adj* karzinogen, krebserzeugend

car·ci·noma [ˌkɑːsɪ'nəʊmə] *s* (MED) Karzinom *nt,* Krebs(geschwulst) *m* (*f*)

card [kɑːd] *s* **1.** (Spiel-, Post-, Besuchs)Karte *f* **2.** (SPORT) Programm(nummer *f*) *nt* **3.** Pappe *f* **4. ~s** (Arbeits)Papiere *ntpl;* **on the ~s** wahrscheinlich, möglich; **have a ~ up one's sleeve** etw in petto haben; **play (at) ~s** Karten spielen; **put** [*o* **lay**] **one's ~s on the table** seine Karten aufdecken; **game of ~s** Kartenspiel *nt;* **picture post-~** Ansichtskarte *f;* **reply ~** Antwortkarte *f;* **visiting-** [*o* **business**] **~** Visitenkarte *f;* **card·board** ['kɑːdbɔːd] *s* Pappe *f;* **~ box** Pappschachtel *f,* -karton *m*

car deck ['kɑːˌdek] *s* Autodeck *nt*

car·diac ['kɑːdɪæk] *adj* (MED) Herz-; **~ arrest** Herzstillstand *m*

car·di·gan ['kɑːdɪgən] *s* Wolljacke, -weste *f*

car·di·nal ['kɑːdɪnl] **I.** *adj* **1.** hauptsächlich; Haupt- **2.** hochrot **II.** *s* Kardinal *m;* **cardinal number** *s* Kardinalzahl *f;* **cardinal points** *s pl* Himmelsrichtungen *fpl*

card in·dex ['kɑːdˌɪndeks] *s* Kartei, Kartothek *f*

car·dio·gram ['kɑːdɪəʊgræm] *s* Kardiogramm *nt*

car door ['kɑːdɔː(r)] *s* Wagentür *f*

card·phone ['kɑːdfəʊn] *s* Kartentelefon *nt;* **card punch** ['kɑːdˌpʌntʃ] *s* Lochkartenmaschine *f;* **card reader** *s* Lesemaschine *f;* **card table** *s* Kartenspieltisch *m*

care [keə(r)] **I.** *s* **1.** Sorgfalt, Achtsamkeit *f* **2.** Pflege *f;* Wartung *f* **3.** Fürsorge *f* **4.** Obhut *f* **5.** Anteilnahme *f,* Interesse *nt* **6.** Sorge, Besorgnis *f,* Not *f,* Kummer *m;* **free from ~s** ohne Sorgen, sorgenfrei; **in** [*o* **under**] **s.o.'s ~** in jds Obhut; **(in) ~ of, c/o** c/o, bei; **take ~** vorsichtig sein, sich hüten, aufpassen; sorgen (*of* für), sich kümmern (*of* um), Acht geben (*of* auf, *that* dass), erledigen (*of s.th.* etw), aufbewahren (*of s.th.* etw); **take ~!** pass auf dich auf!; **take ~ of o.s.** sich pflegen; **that takes ~ of that** damit wäre das erledigt **II.** *vi, vt* sich Sorgen, sich Gedanken machen (*about* über); **~ about** Interesse haben an, Lust haben zu; sich kümmern um; **~ for** sorgen für, aufpassen auf, sich kümmern um; pflegen; (*fragend und verneint*) gern haben, mögen, Interesse haben an; wünschen, haben wollen; **be ~d for** versorgt, aufgehoben sein; **~ to** Lust haben zu; **not to ~ a rap** sich keinen Deut kümmern (*whether* ob, *for* um); **I don't ~** das ist mir gleich; **what do I ~!** was geht's mich an!; **who ~s?** wen interessiert das schon?; **would you ~ to ...?** macht es Ihnen etwas aus zu ...?; würden Sie vielleicht gerne ...?

ca·reer [kə'rɪə(r)] **I.** *s* **1.** Laufbahn, Karriere *f;* Beruf *m* **2.** voller Galopp; **in full ~** in vollem Galopp; **enter upon a ~** eine Laufbahn einschlagen **II.** *vi* laufen, eilen, rennen, rasen; **~ about/along/over/through** umher-/entlang-/hinüber-/hindurchrasen; **ca·reer·ist** [kə'rɪərɪst] *s* Karrieremacher(in) *m(f),* Streber(in) *m(f);* **career woman** *s* Karrierefrau *f*

care·free ['keəfri:] *adj* ohne Sorgen, sorglos; **care·ful** ['keəfl] *adj* sorgfältig; achtsam; sorgsam; **be ~** vorsichtig sein, aufpassen; **I was ~ not to go** ich habe mich gehütet zu gehen; **care·ful·ness** [-nɪs] *s* Sorgfalt *f;* Achtsamkeit, Um-, Vorsicht *f;* **care·less** ['keəlɪs] *adj* **1.** sorglos; gleichgültig, gedankenlos; achtlos **2.** unachtsam (*of* gegen), unvorsichtig; nachlässig **3.** sorgenfrei; **care·less·ness** [-nɪs] *s* Sorglosigkeit *f;* Unachtsamkeit *f;* Nachlässigkeit *f*

ca·ress [kə'res] **I.** *s* Liebkosung *f* **II.** *vt* liebkosen, streicheln

care·taker ['keə,teɪkə(r)] *s* **1.** Verwalter, Aufseher *m* **2.** Hausmeister *m;* **~ government** Interimsregierung *f;* **care·worn** ['keəwɔ:n] *adj* erschöpft, ausgemergelt

car ferry *s* Autofähre *f*

car·go ['kɑ:gəʊ] <*pl* **-go(e)s**> *s* (AVIAT MAR) Fracht, (Schiffs)Ladung *f;* **cargo aircraft, cargo plane** *s* Transportflugzeug *nt;* **cargo boat** *s* Frachtschiff *nt;* **cargo trousers** *s pl* Cargohose *f*

car hire ['kɑ:,haɪə(r)] *s* Autovermietung *f*

Car·ib·bean [,kærɪ'bi:ən, *Am* ,kæ'rɪbi:ən] **I.** *adj* karibisch **II.** *s* Karibik *f*

cari·ca·ture ['kærɪkətjʊə(r)] **I.** *s* Karikatur *f* **II.** *vt* karikieren; **cari·ca·tur·ist** [-ɪst] *s* Karikaturist(in) *m(f),* Karikaturenzeichner(in) *m(f)*

car·ies ['keəri:z] *s* (MED) Karies *f;* **dental ~** Zahnfäule *f*

car insurance ['kɑ:ɪn,ʃʊərəns] *s* Kraftfahrzeug-, Autoversicherung *f*

car·nal ['kɑ:nl] *adj* fleischlich; sinnlich, geschlechtlich

car·na·tion [kɑ:'neɪʃn] *s* (*Blume*) Nelke *f*

car·ni·val ['kɑ:nɪvl] *s* **1.** Karneval, Fasching *m* **2.** Rummel *m,* Volksfest *nt*

car·ni·vore ['kɑ:nɪvɔ:(r)] *s* (ZOO) Fleischfresser *m;* **car·ni·vor·ous** [kɑ:'nɪvərəs] *adj* (ZOO BOT) Fleisch fressend

carol ['kærəl] **I.** *s* **1.** frohes Lied **2.** (*Christmas ~*) Weihnachtslied *nt* **II.** *vi* jubilieren; **carol singers** *s pl* Sternsinger *pl*

car owner ['kɑ:rəʊnə(r)] *s* Autobesitzer(in) *m(f)*

carp[1] [kɑ:p] *s* Karpfen *m*

carp[2] [kɑ:p] *vi* nörgeln, etwas auszusetzen haben (*at* an)

car·pal tun·nel syn·drome *s no pl* Karpaltunnelsyndrom *nt*

car park ['kɑ:pɑ:k] *s* Parkplatz *m;* **multistorey ~** Parkhaus *nt;* **underground ~** Tiefgarage *f*

car·pen·ter ['kɑ:pəntə(r)] **I.** *s* Zimmermann *m,* Tischler(in) *m(f)* **II.** *vt, vi* zimmern; **car·pen·try** ['kɑ:pəntrɪ] *s* Zimmerhandwerk *nt,* -arbeit *f*

car·pet ['kɑ:pɪt] **I.** *s* Teppich *m,* Läufer *m;* **be on the ~** zur Debatte, zur Diskussion stehen; **have s.o. on the ~** (*fam*) sich jdn vorknöpfen, -nehmen; **sweep s.th. under the ~** (*fig*) etw unter den Teppich kehren **II.** *vt* **1.** mit einem Teppich, einem Läufer belegen **2.** (*fam*) herunterputzen; **car·pet-bag** ['kɑ:pɪtbæg] *s* Reisetasche *f;* **car·pet·bag·ger** ['kɑ:pɪt,bægə(r)] *s* (*Am*) politischer Abenteurer; Schwindler *m;* **carpet bombing** *s* Flächenbombadierung *f;* **car·pet·ing** ['kɑ:pɪtɪŋ] *s* Teppich, Teppichboden *m;* Teppiche *mpl;* **car·pet-sweeper** ['kɑ:pɪt,swi:pə(r)] *s* Teppichkehrmaschine *f*

car pool ['kɑ:pu:l] *s* **1.** (*Am*) Fahrgemeinschaft *f* **2.** Fuhrpark *m*

car·riage ['kærɪdʒ] *s* **1.** (*Güter*) Transport *m;* Beförderung *f* **2.** Fracht *f* **3.** Transportgebühr *f,* Frachtkosten *pl,* Fuhrlohn *m,* Rollgeld *nt* **4.** Wagen *m;* Waggon *m;* (Eisenbahn-, Personen)Wagen *m;* Kutsche *f* **5.** Wagengestell, Laufwerk *nt;* Laufkatze *f* **6.** (MIL: *gun-~*) Lafette *f* **7.** (TECH) Wagen (*a. d. Schreibmaschine*), Schlitten *m;* (AVIAT: *under~*) Fahrgestell *nt* **8.** (Körper)Haltung *f;* Auftreten *nt;* Verhalten, Betragen *nt;* **~ free** [*o* **paid**] frachtfrei; **~ by air/by rail/by sea** Luft-/Bahn-/Seetransport *m;* **carriage return** *s* (*Schreibmaschine*) Wagenrücklauf *m;* **carriage-way** ['kærɪdʒ'weɪ] *s* Fahrbahn *f;* **dual ~** Schnellstraße *f*

car·rier ['kærɪə(r)] *s* **1.** (Last-, Gepäck-, Aus)Träger; (*a.* ELEK) Bote *m* **2.** Fuhrmann

C

m; Fuhrunternehmer, Spediteur *m* **3.** (MED) Bazillenträger(in) *m(f)* **4.** (TECH) Mitnehmer, Schlitten *m* **5.** Tragnetz, -gestell *nt* **6.** (*Fahrrad*) Gepäckständer, -träger *m* **7.** (*aircraft* ~) Flugzeugträger *m* **8.** (~-*pigeon*) Brieftaube *f;* **carrier-bag** *s* Tragetasche *f*

car·rion ['kærɪən] *s* Aas *nt;* **carrion crow** *s* Rabenkrähe *f*

car·rot ['kærət] *s* Mohrrübe, Karotte *f;* **the stick and the** ~ (*fig*) Zuckerbrot u. Peitsche; **car·roty** ['kærətɪ] *adj* rötlich, rot(haarig)

carry ['kærɪ] **I.** *vt* **1.** tragen, fahren, befördern, transportieren; (über)bringen **2.** (*Wasser, Strom, Öl*) leiten, führen **3.** (bei sich) haben (*about one* mit sich), führen, tragen **4.** (*Kopf, Körper*) halten **5.** (ARCH TECH) halten, stützen, tragen; (*Gewicht, Last*) aushalten **6.** (*Buchung*) über-, vortragen **7.** (*den Sieg*) davontragen; (*Preis*) gewinnen; (*Argument*) (erfolgreich) behaupten **8.** (*Menschen*) für sich einnehmen, gewinnen, überzeugen, mitreißen **9.** (PARL: *Antrag*) durchbringen **10.** (*Am: Ware*) führen, auf Lager haben **11.** (*Nachrichten in Zeitungen*) drucken, bringen; ~ **the can** (*fig*) es ausbaden müssen; ~ **coals to Newcastle** (*fig*) Eulen nach Athen tragen; ~ **consequences** Folgen haben; ~ **conviction** überzeugend wirken; ~ **current** Strom führen; ~ **interest** Zins(en) tragen; ~ **one's point** seine Ansicht durchdrücken; ~ **weight** Gewicht haben, von (ausschlaggebender) Bedeutung sein; **be carried** (*Antrag*) durchgehen, angenommen werden **II.** *vi* (*bis zu einer bestimmten Entfernung*) reichen, gehen, tragen, dringen **III.** *s* **1.** Trag-, Reichweite *f* **2.** (*Golf*) Flug(strecke *f*) *m* (*des Balles*) **3.** (*Am*) Tragen *nt* eines Bootes; **carry along**, **carry away** *vt* **1.** wegtragen, -bringen, -schaffen **2.** (*fig*) mitreißen, begeistern; **carry forward** *vt* **1.** fortsetzen **2.** (*Buchung*) vor-, übertragen; (**amount**) **carried forward** Übertrag *m;* **carry off** *vt* **1.** wegschleppen, weg-, mitnehmen, entführen **2.** (*Preis*) gewinnen; ~ **it off well** eine Schwierigkeit glänzend meistern; **carry on I.** *vt* **1.** fortsetzen, weiterführen **2.** (*Gespräch, Krieg*) führen **3.** (*Geschäft*) betreiben **4.** (*Beruf*) ausüben **II.** *vi* **1.** weitermachen **2.** (*fam*) sich aufregen; die Nerven verlieren; verrückt spielen, den wilden Mann markieren **3.** unaufhörlich reden **4.** es haben (*with* mit); **carry out** *vt* aus-, durchführen; (*Versprechen*) halten; (*Drohung*) wahrmachen; **carry over** *vt* **1.** (*Buchung*) vor-, übertragen **2.** vertagen; **carry through** *vt* **1.** durchführen, zu Ende bringen **2.** durchhelfen (*s.o.* jdm)

carry-cot ['kærɪˌkɒt] *s* Tragbettchen *nt;* **carry-forward** [ˌkærɪ'fɔːwəd] *s* (COM) Saldovortrag *m;* **carry·ing** ['kærɪɪŋ] *s* **1.** Beförderung *f,* Transport *m,* Fracht *f;* Spedition *f* **2.** (~ *fees*) Transportkosten *pl,* Fracht *f* **3.** (*Gesetzesvorlage*) Annahme *f;* ~**s-on** (*fam*) Getue *nt;* Lärm *m;* Treiben *nt;* **carrying agent** *s* Spediteur *m;* **carrying capacity** *s* Tragfähigkeit *f;* Nutzlast *f;* Platzzahl *f;* **carrying trade** *s* Fuhrunternehmen *nt;* **carry-over** [ˌkærɪ'əʊvə(r)] *s* (COM) **1.** Übertrag *m* **2.** Rest *m* **3.** Prolongation(sgeschäft *nt*) *f*

cart [kɑːt] **I.** *s* Karren *m;* (zweirädriger) Wagen *m;* **put the** ~ **before the horse** (*fig*) das Pferd am Schwanz aufzäumen **II.** *vt* befördern, transportieren

car·tel [kɑː'tel] *s* **1.** (FIN) Kartell *nt,* Ring *m* **2.** (~ *agreement*) Kartellvertrag *m*

car·ter ['kɑːtə(r)] *s* Fuhrmann *m;* **cart-horse** ['kɑːtˌhɔːs] *s* Zugpferd *nt*

car·ti·lage ['kɑːtɪlɪdʒ] *s* (ANAT) Knorpel *m*

cart-load ['kɑːtˌləʊd] *s* Fuhre *f*

car·togra·pher [kɑː'tɒgrəfə(r)] *s* Kartograf(in) *m(f);* **car·togra·phy** [kɑː'tɒgrəfɪ] *s* Kartografie *f*

car·ton ['kɑːtn] *s* Karton *m,* Pappschachtel *f;* (*Milch*) Tüte *f;* (*Zigaretten*) Stange *f*

car·toon [kɑː'tuːn] *s* **1.** (*Kunst*) Karton, Entwurf *m* **2.** (politische) Karikatur, Cartoon *m* **3.** (Zeichen)Trickfilm *m;* Trickzeichnung *f,* -bild *nt;* **car·toon·ist** [-ɪst] *s* (Karikaturen-, Trickfilm)Zeichner(in) *m(f);* **car·toony** *adj* wie ein Cartoon

car·tridge ['kɑːtrɪdʒ] *s* **1.** (MIL) Patrone *f* **2.** (PHOT) Kassette *f;* (*Füllfederhalter*) Patrone *f* **3.** (*Plattenspieler*) Tonabnehmer *m;* **cartridge case** *s* Patronenhülse *f;* **cartridge paper** *s* (starkes) Zeichenpapier *nt*

cart-wheel ['kɑːtˌwiːl] *s* (Wagen)Rad *nt;* **turn a** ~ (SPORT) Rad schlagen

carve [kɑːv] *vt* **1.** schnitzen (*on/in(to)/out of wood* in/aus Holz), meißeln (*on, in(to) stone* in Stein), hauen (*out of stone* aus Stein) **2.** (*Name*) (ein)ritzen, (ein)schneiden **3.** (*zubereitetes Fleisch*) (zer)schneiden, tranchieren, zerlegen **4.** (~ *up*) einteilen; in Stücke schneiden; ~ **out** (*fig*) erkämpfen, erarbeiten; **carver** ['kɑːvə(r)] *s* **1.** Bildschnitzer(in) *m(f)* **2.** Tranchiermesser *ntpl,* Tranchierbesteck *nt;* **carv·ing** [-ɪŋ] *s* Schnitzerei *f;* **carving-knife** *s* Tranchiermesser *nt*

car·wash ['kɑːwɒʃ] *s* Autowäsche *f;* Autowaschanlage *f*

cas·cade [kæ'skeɪd] **I.** *s* **1.** Kaskade *f,* Wasserfall *m* **2.** (TECH: ~ *connection*) Stufen-,

Kaskadenschaltung *f* **II.** *vi* in Kaskaden herunterfallen

case¹ [keɪs] *s* **1.** Fall *m* **2.** (GRAM) Fall, Kasus *m* **3.** (Rechts)Fall *m,* Sache *f;* Prozess *m* **4.** (Krankheits)Fall *m;* Kranke(r) *f m,* Patient(in) *m(f),* Betroffene(r) *f m* **5.** (*fam*) sonderbarer Mensch; (**just**) **in** ~ im Falle, für den Fall dass; **in** ~ **of** im Fall +*gen;* **in** ~ **of doubt** im Zweifelsfall; **in** ~ **of emergency** im Notfall; **in any** ~ auf jeden Fall; **close the** ~ die Beweisaufnahme schließen; **make out one's** ~ **for** seine Gründe darlegen für; **put the** ~ **that** den Fall annehmen, dass; **that's not the** ~ das ist nicht der Fall; **as the** ~ **stands** so wie die Dinge liegen

case² [keɪs] **I.** *s* **1.** Behälter *m* **2.** Hülle, Hülse, Kapsel *f* **3.** Etui, Futteral *nt,* Scheide *f* **4.** Gehäuse *nt;* Fach *nt;* Tasche *f,* Beutel, Sack *m;* Mappe *f* **5.** Schachtel *f,* Kästchen *nt,* Kasten *m,* Kiste *f* **6.** (*glass* ~) Glas-, Schaukasten *m* **7.** (TECH) Be-, Umkleidung *f,* Mantel *m* **II.** *vt* **1.** in einen Behälter stecken **2.** (TECH: ~ *up, over*) überziehen, be-, umkleiden

case-book ['keɪsˌbʊk] *s* Patientenbuch *nt;* Buch *nt,* in dem die Fälle aufgezeichnet werden; **case law** ['keisˌlɔː] *s* Fallrecht *nt;* **case study** ['keɪsˌstʌdɪ] *s* Fallstudie *f*

cash [kæʃ] **I.** *s* Bargeld *nt;* Kasse *f;* Barzahlung *f;* Sofortzahlung *f;* **against/for/in/in ready** ~/~ **down** (gegen, in) bar; **in** ~ bei Kasse; **out of** ~ nicht bei Kasse, ohne Geld; ~ **on delivery** per Nachnahme; **buy for** ~ (gegen) bar kaufen; **pay** (**in**) ~ bar (be)zahlen; **I have no** ~ **with me** ich habe kein Geld bei mir; ~ **in hand** Bar-, Kassenbestand *m;* **discount for** ~ Rabatt bei Barzahlung; Skonto *nt* **II.** *vt* **1.** einwechseln; (*Scheck*) einlösen **2.** (ein)kassieren, einziehen; **cash down**, **cash over** *vt* (*Am fam*) das Geld auf den Tisch legen für; **cash in I.** *vt* einlösen **II.** *vi* (*sl*) abkratzen, ins Gras beißen (müssen); **cash in on** profitieren von; nach Kräften ausnutzen

cash-and-carry [ˌkæʃn'kærɪ] *s* Cash-and-Carry, Abhol-, Mitnahme-, Verbrauchermarkt *m;* **cash balance** *s* Kassenbestand *m;* **adverse** ~ Kassendefizit *nt;* **cash box** *s* (Geld)Kassette *f;* **cash card** *s* Geldautomatenkarte *f;* **cash cow** *s* (COM) Milchkuh *f;* **cash crop** *s* für den Markt erzeugte Ernte; **cash dispenser** [di'spensə] *s* Geldautomat *m*

ca·shew ['kæʃuː] *s* Nierenbaum *m,* Cashewnuss *f*

cash flow ['kæʃˌfləʊ] *s* Cashflow *m*

cash·ier¹ [kæ'ʃɪə(r)] *s* Kassierer(in) *m(f)*

cash·ier² [kæ'ʃɪə(r)] *vt* entlassen

cash·mere ['kæʃmɪə] *s* Kaschmir(schal, -stoff) *m*

cash pay·ment ['kæʃˌpeɪmənt] *s* Barzahlung *f;* **cash point** *s* Geldautomat *m;* **cash register** *s* Registrierkasse *f;* **cash sale** *s* Barverkauf *m*

C

cas·ing ['keɪsɪŋ] *s* **1.** (TECH) Be-, Umkleidung, Umhüllung, Hülle *f,* Futteral *nt,* Mantel *m* **2.** Überzug *m;* Gehäuse *nt* **3.** (ARCH) (Ver)Schalung *f;* Auskleidung *f* **4.** Tür-, Fensterrahmen *m* **5.** (AUTO) (Reifen)Mantel *m* **6.** ~**s** Därme *mpl* (*als Wursthüllen*)

ca·sino [kə'siːnəʊ] <*pl* **-sinos**> *s* Kasino *nt*

cask [kɑːsk] *s* Fass *nt;* Tonne *f;* **cas·ket** ['kɑːskɪt] *s* **1.** (Schmuck)Kästchen *nt* **2.** Urne *f* **3.** (*Am*) Sarg *m*

cas·ser·ole ['kæsərəʊl] *s* Kasserolle *f,* Schmortopf *m*

cas·sette [kə'set] *s* (Film-, Tonband-, Video)Kassette *f;* **cassette deck** *s* Kassettendeck; **cassette recorder** *s* Kassettenrecorder *m*

cast [kɑst] <*irr:* **cast, cast**> **I.** *vt* **1.** (ab-, weg)werfen; (*Netze, Angel*) auswerfen **2.** (*Zahn, Huf*) verlieren **3.** (*Junge*) werfen **4.** (TECH) gießen **5.** formen, gestalten **6.** (*Schauspieler*) einteilen (*for* für); (*Rolle*) besetzen (*to* mit); ~ **anchor** Anker werfen; ~ **dice** würfeln; ~ **an eye** [*o* **a glance**] **at** [*o* **on**] [*o* **over**] **s.th.** einen Blick auf etw werfen; ~ **a horoscope** ein Horoskop erstellen; ~ **light/a shadow on** Licht/seinen Schatten werfen auf; ~ **lots** Lose ziehen; das Los entscheiden lassen; ~ **one's skin** (*Schlange*) sich häuten; ~ **a spell on s.o.** jdn verhexen; ~ **a vote** [*o* **ballot**] seine (Wahl)Stimme abgeben **II.** *vi* **1.** (*Holz*) sich werfen, sich verziehen **2.** würfeln **3.** die Angel auswerfen **4.** die Rollen besetzen **III.** *s* **1.** Wurf(weite *f*) *m;* Auswerfen *nt* (*Angel, Netz*) **2.** Wurf *m* (*beim Würfeln*) **3.** (ZOO) (das) Abgeworfene; (*von Raubvögeln*) Gewölle *nt* **4.** (TECH) Gussform *f;* Abguss *m* **5.** (*plaster* ~) Gipsverband *m* **6.** (THEAT) (Rollen)Besetzung *f;* Ensemble *nt* **7.** (*fig*) Neigung, Anlage, Eigenart *f* **8.** (Farb)Nuance, Schattierung *f,* Schimmer, Anstrich *m* **9.** Eigenschaft *f,* Charakter, Wesenszug *m;* (~ *of features*) Gesichtszüge *mpl;* (~ *of mind*) Geistes-, Wesensart *f;* **cast about** *vi* (herum)suchen (*for* nach), (hin u. her) überlegen; **cast aside** *vt* wegwerfen; (*fig*) ablegen; (*Person*) fallen lassen; **cast away** *vt* wegwerfen; **be** ~ **away** gestrandet sein; **cast down** *vt* **1.** niederwerfen **2.** (*Augen*) senken **3.** (*fig*) niederschmettern, deprimieren; **be** ~ **down** niedergeschlagen, traurig sein; **cast in** *vt* (*fig*)

teilen (*one's lot with s.o.* sein Los mit jdm);
cast off **I.** *vt* **1.** (*alte Kleider*) ablegen **2.** (*Masche beim Stricken*) abketten **3.** (TYP: *Manuskript*) be-, ausrechnen (*in Druckseiten*) **4.** (*fig*) verstoßen **II.** *vi* in See stechen; **cast on** *vt* (*Maschen*) anschlagen; **cast out** *vt* hinauswerfen; vertreiben; **cast up** *vt* **1.** hochwerfen **2.** (*die Augen*) nach oben richten; (*den Kopf*) hochwerfen **3.** (*an den Strand*) anspülen **4.** vorhalten (*to s.o.* jdm)

cast·an·ets [kæstə'nets] *s pl* Kastagnetten *pl*

cast·away ['kɑːstəweɪ] **I.** *s* **1.** Verworfene(r), Ausgestoßene(r) *f m* **2.** Schiffbrüchige(r) *f m* **II.** *adj* **1.** verstoßen; unnütz **2.** schiffbrüchig, gestrandet

caste [kɑːst] *s* **1.** (REL) Kaste *f* **2.** Kaste, Gesellschaftsschicht *f* **3.** soziale Stellung, Rang *m*

cas·ter ['kɑːstə(r)] *s* **1.** (TECH) Gießer *m* **2.** Streuer *m* **3.** (Lauf)Rolle *f;* **caster sugar** *s* Raffinade *f*

cas·ti·gate ['kæstɪgeɪt] *vt* **1.** züchtigen **2.** (*fig*) heruntermachen; **cas·ti·ga·tion** [ˌkæstɪ'geɪʃn] *s* **1.** Züchtigung *f* **2.** heftiger Tadel

cast·ing ['kɑːstɪŋ] *s* **1.** Guss *m* **2.** ~**s** Gusseisen *nt;* Abguss *m* **3.** (THEAT) Rollenverteilung *f* **4.** roher Bewurf **5.** Auswerfen *nt* der Angel **6.** (~ *of votes*) Stimmabgabe *f;* **casting vote** *s* (PARL) entscheidende Stimme; **the chairman has the** ~ die Stimme des Vorsitzenden entscheidet

cast iron [ˌkɑːst'aɪən] **I.** *s* Gusseisen *nt* **II.** *adj:* (**cast-iron**) gusseisern; (*fig*) hart, unbeugsam; (*Wille*) eisern

castle ['kɑːsl] **I.** *s* **1.** Burg *f;* (festes) Schloss *nt* **2.** (*Schach*) Turm *m;* ~**s in the air** [*o* **in Spain**] Luftschlösser *pl* **II.** *vi* (*Schach*) rochieren

cast-off [ˌkɑːst'ɒf] **I.** *s* **1.** Verstoßene(r) *f m* **2.** (das) Weggeworfene **3.** ~**s** abgelegte Kleider *ntpl* **4.** Umfangsberechnung *f* **II.** *adj* abgelegt

castor ['kɑːstə(r)] *s* **1.** Laufrolle *f* **2.** (Salz)Streuer *m;* **castor oil** *s* (MED) Rizinusöl *nt;* **castor stand** *s* (*Am*) Menage *f;* **castor sugar** *s* (*Br*) Sandzucker *m;* Raffinade *f*

cas·trate [kæ'streɪt] *vt* kastrieren

cas·ual ['kæʒʊəl] **I.** *s* **1.** Gelegenheitsarbeiter(in) *m(f)* **2.** ~**s** Freizeitkleidung *f;* Slipper *mpl* **II.** *adj* **1.** zufällig, unerwartet **2.** gelegentlich **3.** (*Bekanntschaft*) flüchtig **4.** zwanglos **5.** lässig; **casual labour, casual work** *s* Gelegenheitsarbeit *f;* **casual labourer, casual worker** *s* Gelegenheitsarbeiter *m*

casu·al·ty ['kæʒʊəltɪ] *s* **1.** Un(glücks)fall *m* **2.** Verunglückte(r), Verletzte(r) *f m;* (*Krieg*) Gefallene(r) *f m,* Opfer *nt* **3. casualties** (MIL) Ausfälle, Verluste *mpl,* Opfer *ntpl* **4.** (~ *list*) Verlustliste *f;* ~ **insurance** Schadensversicherung *f;* ~ **report** Verlustmeldung *f;* ~ (**ward**) Unfallstation *f* (*Krankenhaus*)

cat [kæt] *s* **1.** Katze *f* **2.** (AUTO: *catalytic converter*) Katalysator *m* **3.** Raupenschlepper *m;* **let the** ~ **out of the bag** (*fig*) die Katze aus dem Sack lassen; **there is not room to swing a** ~ man kann sich dort nicht umdrehen; **it's raining** ~**s and dogs** es regnet in Strömen

cata·combs ['kætəkuːmz] *s pl* Katakomben *fpl*

cata·log(ue) ['kætəlɒg] **I.** *s* **1.** Katalog *m,* Verzeichnis *nt;* (*price* ~) Preisliste *f;* Prospekt *m* **2.** (*Am*) Vorlesungsverzeichnis *nt* **II.** *vt* katalogisieren

ca·ta·ly·sis [kə'tæləsɪs] *s* (CHEM) Katalyse *f;* **cata·lyst** ['kætəlɪst] *s* **1.** (CHEM) Katalysator *m* **2.** (*fig*) beschleunigender Faktor; **ca·ta·ly·tic** *adj* katalytisch; ~ **converter** Katalysator *m*

cata·maran [ˌkætəmə'ræn] *s* **1.** Katamaran *m* **2.** Floß *nt*

cat·a·pult ['kætəpʌlt] **I.** *s* (AVIAT) Katapult *nt* **II.** *vt* (AVIAT: ~ *off*) katapultieren; (heraus)schleudern

cata·ract ['kætərækt] *s* **1.** Katarakt *m;* Wasserfall *m* **2.** (MED) grauer Star

ca·tarrh [kə'tɑː(r)] *s* (MED) Katarr *m*

ca·tas·trophe [kə'tæstrəfɪ] *s* Katastrophe *f;* (*a.* THEAT) Schicksalsschlag *m,* großes Unglück; **cata·strophic** [ˌkætə'strɒfɪk] *adj* katastrophal

cat·call ['kætkɔːl] **I.** *s* (THEAT) Pfeifen, Zischen *nt* **II.** *vt* auspfeifen, -zischen

catch [kætʃ] <*irr:* caught, caught> **I.** *vt* **1.** (auf-, ein)fangen **2.** ergreifen, packen, schnappen **3.** (fest)halten; (*Finger*) einklemmen **4.** treffen (*on* auf), einholen, erreichen **5.** (*Ball*) abfangen **6.** (*Zug, Bus*) (noch) erreichen **7.** ertappen, erwischen (*at* bei) **8.** hängen bleiben (*a coat* mit einem Mantel) **9.** erlangen, erhalten, bekommen **10.** (*Krankheit*) sich holen, sich zuziehen; (*Gewohnheit*) annehmen **11.** mitkriegen, hören, verstehen; ~ **in the act** [*o* **red-handed**] auf frischer Tat ertappen; ~ (**a**) **cold** sich einen Schnupfen holen; ~ **s.o.'s eye** jds Blick, Aufmerksamkeit auf sich ziehen; ~ **fire** Feuer fangen; ~ **hold of** ergreifen, packen, anfassen; ~ **it** (*fam*) eins abkriegen; ausgeschimpft, bestraft werden; ~ **the Speaker's eye** (PARL) das Wort erhalten; **I caught my breath** mir stockte der Atem; ~ **me!** denkste! das fällt mir nicht im Traum ein! **II.** *vi* **1.** sich verfangen (*on a nail* an einem Nagel), sich einklemmen, eingeklemmt werden **2.** (*Schloss, Riegel*) einschnappen, einrasten **3.** (*Schlag*) treffen (*on the nose* auf die Nase) **4.** in Brand geraten, Feuer fangen **5.** (MED) anstecken(d sein) **III.** *s* **1.** (*a. fig*) Fang *m* **2.** (*Ball*) Fangen *nt* **3.** Beute *f,* Fang *m* **4.** (SPORT) Fangball *m* **5.** (PHOT) Verschluss *m* **6.** (TECH) Anschlag *m,* Arretierung, Sperre *f* **7.** (Tür)Klinke *f;* (Fenster)Griff *m* **8.** (*fig*) Haken, Nachteil *m;* (~ *question*) Fangfrage *f* **9.** (*Frau*) Partie *f;* **there is a ~ in it** die Sache hat einen Haken; **~-22 situation** Zwickmühle *f;* **catch at** *vi* greifen, fassen, haschen nach; **catch on** *vi* **1.** begreifen, verstehen **2.** Anklang finden, Mode werden; **catch out** *vt* **1.** (*Kricket*) abfangen **2.** (*fig*) ertappen; erwischen; **catch up** *vt* **1.** (*Gewohnheit*) annehmen **2.** (*Redenden*) unterbrechen **3.** aufholen (*s.o., with s.o.* jdn), einholen; (SPORT) überholen

catch·all ['kætʃɔːl] *s* **1.** (*Am*) Rumpelkammer *f* **2.** (~ *phrase*) allgemeine Bezeichnung; **catcher** ['kætʃə(r)] *s* (*a.* SPORT) Fänger *m;* **catch·ing** ['kætʃɪŋ] *adj* ansteckend; **catch·ment** ['kætʃmənt] *s* (Wasser)Stauung *f;* Reservoir *nt;* (~ *area*) Einzugsgebiet *nt;* **~-basin** Staubecken *nt;* **catch phrase** *s* Schlagwort *nt;* **catch question** *s* Fangfrage *f*

catch·up ['kætʃəp] *s* (*Am*) Ketchup *nt/m,* Ketschup *nt/m;* **catch·word** ['kætʃˌwɜːd] *s* **1.** Schlagwort *nt* **2.** Stichwort *nt;* **catchy** ['kætʃɪ] *adj* **1.** eingängig; anziehend, einnehmend, gefällig **2.** verfänglich **3.** schwierig

cat·echism ['kætɪkɪzəm] *s* Katechismus *m;* **put s.o. through his ~** (*fig*) jdn genau ausfragen

cat·egori·cal [ˌkætɪ'gɒrɪkl] *adj* kategorisch; **cat·egory** ['kætɪgərɪ] *s* Kategorie *f;* Klasse *f*

cater ['keɪtə(r)] *vi* **1.** be-, heranschaffen, liefern (*for* für), für Verpflegung sorgen **2.** bringen, beschaffen, geben (*to dat*); **~ for** beliefern; sorgen für; (*Bedürfnisse*) befriedigen; **caterer** ['keɪtərə(r)] *s* Lieferfirma *f* für Speisen und Getränke; **cater·ing** ['keɪtərɪŋ] *s* Versorgung *f* mit Speisen und Getränken; Partyservice *m*

cat·er·pil·lar ['kætəpɪlə(r)] *s* (*a.* TECH) Raupe *f;* **caterpillar tractor** *s* Raupenschlepper *m*

cat·er·waul ['kætəwɔːl] **I.** *vi* miauen **II.** *s* Miauen *nt*

cat·gut ['kætgʌt] *s* **1.** (MUS, SPORT) Darmsaite *f* **2.** (MED) Katgut *nt*

ca·the·dral [kə'θiːdrəl] *s* Kathedrale *f,* Dom *m*

cath·erine-wheel ['kæθərɪnˌwiːl] *s* **1.** (ARCH) Rosette *f* **2.** (*Feuerwerk*) Feuerrad *nt*

cath·eter ['kæθɪtə(r)] *s* (MED) Katheter *m*

cath·ode ['kæθəʊd] *s* (ELEK) Kathode *f;* **cathode ray** *s* Kathodenstrahl *m*

cath·olic ['kæθəlɪk] *adj* **1.** universal, allgemein **2.** verständnisvoll, tolerant; **Cath·olic** ['kæθəlɪk] **I.** *adj* katholisch **II.** *s* Katholik(in) *m(f);* **Ca·tholi·cism** [kə'θɒləsɪzəm] *s* Katholizismus *m*

cat·kin ['kætkɪn] *s* (*von Weiden*) Kätzchen *nt;* **cat litter** *s* Katzenstreu *f;* **cat·nap** ['kætˌnæp] *s* kurzes Schläfchen; **cat's cradle** [ˌkæts'kreɪdl] *s* Katzenleiter *f,* Abnehmespiel *nt;* **cat's eye** ['kætsaɪ] *s* (AUTO) Katzenauge *nt;* **cat·tery** ['kætərɪ] *s* Katzenheim *nt*

cat·tle ['kætl] *s pl* Rind(vieh) *nt;* **raise ~** Vieh züchten; **10 (head of) ~** 10 Stück Rindvieh; **cattle-breeder** *s* Viehzüchter(in) *m(f);* **cattle-breeding** *s* Rinderzucht *f;* **cattle-car** *s* (RAIL) Viehwagen *m;* **cattle range** *s* Weidegründe *mpl;* **cattle-thief** *s* Viehdieb *m*

cat·ty ['kætɪ] *adj* **1.** katzenhaft **2.** (*fig*) giftig, boshaft, gehässig; **cat-walk** ['kætˌwɔːk] *s* Laufsteg *m*

Cau·ca·sian [kɔː'keɪzɪən] **I.** *adj* **1.** weiß **2.** kaukasisch **II.** *s* **1.** Weiße(r) *f m* **2.** Kaukasier(in) *m(f)*

cau·cus ['kɔːkəs] *s* (*Am*) **1.** Parteiführerversammlung *f* **2.** Partei-, Wahlausschuss *m* **3.** Clique *f*

caught [kɔːt] *s.* **catch**

caul·dron ['kɔːldrən] *s* großer Kessel

cau·li·flow<.<er ['kɒlɪflaʊə(r)] *s* Blumenkohl *m*

caulk [kɔːk] *vt* abdichten; (MAR) kalfatern

causal ['kɔːzl] *adj* ursächlich; kausal; **cau·sal·ity** [kɔː'zælətɪ] *s* Kausalzusammenhang *m;* **cau·sa·tive** ['kɔːzətɪv] *adj* **1.** verursachend **2.** (GRAM) kausativ

cause [kɔːz] **I.** *s* **1.** Ursache *f* **2.** Veranlassung *f;* Grund, Anlass *m* (*for* zu) **3.** Sache, Angelegenheit *f* **4.** (JUR) Prozess, Streitfall *m;* **be the ~ of s.th.** Anlass zu etw sein; **make common ~ with s.o.** mit jdm gemeinsame Sache machen; **plead a ~** (*vor Gericht*) eine Sache vertreten; **~ of divorce** Scheidungsgrund *m* **II.** *vt* **1.** verursachen; (*Schaden*) zufügen, anrichten **2.** veranlassen **3.** (*Überraschung*) hervorrufen, erregen

cause·way ['kɔːzˌweɪ] *s* (Straßen)Damm *m*

caus·tic ['kɔːstɪk] **I.** *adj* **1.** ätzend **2.** (*fig*) beißend, scharf, sarkastisch; ~ **lime/potash/soda** Ätzkalk *m*/-kali/-natron *nt* **II.** *s* Ätzmittel *nt*

cau·ter·ize ['kɔːtəraɪz] *vt* **1.** (MED) ausbrennen, ätzen **2.** (*fig*) abstumpfen

cau·tion ['kɔːʃn] **I.** *s* **1.** Vorsicht, Bedachtsamkeit, Umsicht *f* **2.** (JUR) Verwarnung *f* **II.** *vt* **1.** warnen (*against* vor) **2.** verwarnen; **cau·tious** ['kɔːʃəs] *adj* vorsichtig, umsichtig

cav·al·cade [ˌkævl'keɪd] *s* Kavalkade *f*; **cav·alry** ['kævlrɪ] *s* Reiterei, Kavallerie *f*; **cav·alry·man** [-mən] <*pl* -men> *s* Kavallerist *m*

cave [keɪv] **I.** *s* **1.** Höhle *f* **2.** (*Br:* POL) Parteispaltung *f* **II.** *vt* aushöhlen **III.** *vi* **1.** (POL) sich abspalten **2.** zusammensacken **3.** (~ *in*) einsinken, -stürzen; **cave·dweller** *s* Höhlenbewohner(in) *m(f)*; **cave-in** ['keɪvɪn] *s* Einsturz *m*; **cave·man** [-mæn] <*pl* -men> *s* Höhlenmensch *m*; (*fig*) primitiver Mensch; **cave painting** *s* Höhlenmalerei *f*; **caver** ['keɪvə(r)] *s* Höhlenforscher(in) *m(f)*

cav·ern ['kævən] *s* (große) Höhle *f*; **cav·ern·ous** [-əs] *adj* **1.** höhlenreich **2.** porös **3.** (*Augen*) hohl, tief(liegend); (*Wangen*) eingefallen **4.** (*Dunkelheit*) tief

caviar(e) ['kævɪɑː(r)] *s* Kaviar *m*

cav·ity ['kævɪtɪ] *s* **1.** Hohlraum *m*, Höhlung *f* **2.** (*Zahn*) Loch *nt*; **abdominal** ~ Bauchhöhle *f*

ca·vort [kə'vɔːt] *vi* (*fam*) herumtollen

caw [kɔː] **I.** *vi* (*Rabe, Krähe*) krächzen **II.** *s* Krächzen *nt*

cay·enne [keɪ'en] *s* (~ *pepper*) Cayennepfeffer *m*

CB *s Abk. von* **citizens' band radio** CB-Funk *m*

CCTV [ˌsiːsiːtiː'viː] *s Abk. von* **closed circuit TV** Fernsehüberwachungsanlage *f*

CD *s Abk. von* **compact disc** CD *f*; **CD player** *s* CD-Gerät *nt*, CD-Spieler *m*; **CD recorder** *s* CD-Brenner *m*; **CD-ROM** *s Abk. von* **compact disc read-only memory** CD-ROM *f*; **CD-ROM player** [ˌsiːdiː'rɒmˌpleɪə(r)] *s* CD-ROM-Laufwerk *nt*; **CD-RW** [ˌsiːdiːɑ'dʌbljuː] *s Abk. von* **compact disc-rewritable** CD-RW *f*

cease [siːs] **I.** *vi* **1.** aufhören **2.** ablassen (*from* von) **II.** *vt* einstellen, aufhören mit; ~ **payment** (FIN) die Zahlungen einstellen; ~ **work** die Arbeit(en) einstellen; **cease-fire** [ˌsiːs'faɪə(r)] *s* (MIL) Feuereinstellung *f*; Waffenruhe *f*; **cease·less** ['siːslɪs] *adj* unaufhörlich, pausenlos

CEECs *s Abk. von* **Central and Eastern European countries** mittel- und osteuropäische Länder, MOEL

cedar ['siːdə(r)] *s* Zeder *f*; (~-*wood*) Zedernholz *nt*

cede [siːd] *vt* abtreten, überlassen (*to* an)

ceil·ing ['siːlɪŋ] *s* **1.** (Zimmer)Decke *f* **2.** (*Schiffbau*) Innenbeplankung *f* **3.** (AVIAT) untere Wolkengrenze **4.** (AVIAT) Gipfelhöhe *f* **5.** (FIN) oberste Grenze; Höchstpreis *m*; Plafond *m*

ce·leb [sɪ'leb] *s* (*kurz für celebrity*) berühmte Persönlichkeit

cel·ebrate ['selɪbreɪt] *vi, vt* **1.** (*Messe*) zelebrieren **2.** feiern; **cel·ebrated** [-ɪd] *adj* gefeiert; berühmt (*for* für, wegen); **cel·ebra·tion** [ˌselɪ'breɪʃn] *s* Feier *f*; **cel·eb·rity** [sɪ'lebrətɪ] *s* Berühmtheit *f* (*a. Person*)

ce·leriac [sə'lerɪæk] *s* (Kollen)Sellerie *m od f*; **ce·le·ry** ['selərɪ] *s* Stangensellerie *m od f*

ce·les·tial [sɪ'lestɪəl] *adj* **1.** (ASTR) Himmels- **2.** himmlisch; **celestial body** *s* Himmelskörper *m*

celi·bacy ['selɪbəsɪ] *s* Ehelosigkeit *f*, Zölibat *nt*; **celi·bate** ['selɪbət] *adj* ehelos

cell [sel] *s* Zelle *f*

cel·lar ['selə(r)] **I.** *s* Keller *m*; **keep a good** ~ einen guten Tropfen (im Keller) haben **II.** *vt* einkellern

cel·list ['tʃelɪst] *s* Cellist(in) *m(f)*

cell nu·cleus ['selˌnjuːklɪəs] *s* Zellkern *m*

cel·lo ['tʃeləʊ] <*pl* cellos> *s* (MUS) Cello *nt*

cel·lo·phane ['seləfeɪn] *s* Zellophan *nt*

cell phone ['seləˌfəʊn] *s* (*Am*) Handy *nt*

cel·lu·lar ['seljʊlə(r)] *adj* **1.** (BIOL) zellular **2.** netzförmig; ~ **telephone** Funktelefon *nt*; ~ **therapy** Frischzellentherapie *f*

cel·lu·loid ['seljʊlɔɪd] *s* Zelluloid *nt*

cel·lu·lose ['seljʊləʊs] *s* Zellulose *f*, Zellstoff *m*

Celt [kelt, selt] *s* Kelte *m*, Keltin *f*; **Celtic** ['keltɪk, 'seltɪk] **I.** *s* (das) Keltisch(e) **II.** *adj* keltisch

ce·ment [sɪ'ment] **I.** *s* **1.** Zement *m* **2.** Kitt *m*; Bindemittel *nt* **3.** (*fig*) Band *nt* **II.** *vt* **1.** (aus)zementieren; (ver)kitten, kleben **2.** (*fig*) festigen, zusammenhalten; **cement mixer** *s* Betonmischmaschine *f*

cem·etery ['semətrɪ] *s* Friedhof *m*

cen·ser ['sensə(r)] *s* Weihrauchfass *nt*

cen·sor ['sensə(r)] **I.** *s* Zensor *m* **II.** *vt* zensieren; prüfen; **cen·sori·ous** [sen'sɔːrɪəs] *adj* kritisch; **cen·sor·ship** [-ʃɪp] *s* Zensur *f*; **cen·sus** ['sensəs] *s* (Volks)Zählung *f*, Zensus *m*

cent [sent] *s* Cent *m*; **I don't care a** ~ das ist mir völlig egal; **per** ~ von Hundert

cen·ten·ar·ian [ˌsentɪ'neərɪən] **I.** *adj* (*Mensch*) hundertjährig **II.** *s* Hundertjährige(r) *f m*; **cen·ten·ary** [sen'tiːnərɪ], **cen·ten·nial** [sen'tenɪəl] **I.** *adj* hundertjährig **II.** *s* Jahrhundert *nt;* Hundertjahrfeier *f*

cen·ter I. *s* (*Am*) **1.** Mittelpunkt *m,* Zentrum *nt;* Mitte *f* **2.** Zentrale, Zentralstelle *f* **3.** Sitz, Herd *m* **4.** (SPORT: ~ *forward*) Mittelstürmer *m;* **business** ~ Geschäftszentrum *nt;* ~ **back** Vorstopper *m;* **shopping** ~ Einkaufszentrum *nt;* ~ **of gravity** [*o* **mass**] Schwerpunkt *m;* ~ **half** (SPORT) Mittelläufer *m;* **~-line** Mittellinie *f* **II.** *vi* **1.** seinen Mittelpunkt haben (*in* in), beruhen (*on* auf) **2.** sich drehen (*round* um) **3.** sich konzentrieren (*on* auf) **III.** *vt* **1.** in den Mittelpunkt stellen **2.** konzentrieren **3.** (SPORT) zur Mitte abspielen **4.** (INFORM) zentrieren; **be ~ed on** sich drehen, kreisen um

cen·ti·grade ['sentɪgreɪd] *adj* (*Thermometer*) Celsius-; **degree** ~ Grad *m* Celsius; **cen·ti·gram(me)** ['sentɪgræm] *s* Zentigramm *nt;* **cen·ti·meter** (*Am*), **centimetre** ['sentɪˌmiːtə(r)] *s* Zentimeter *m;* **cen·ti·pede** ['sentɪpiːd] *s* Tausendfüß(l)er *m*

cen·tral ['sentrəl] **I.** *adj* in der Mitte gelegen, zentral, Haupt-; **Central Bank** Zentralbank *f;* ~ **corridor** [*o* **gangway**] (RAIL) Mittelgang *m;* **Central European country** mitteleuropäisches Land; ~ **heating** Zentralheizung *f;* ~ **locking** (AUTO) Zentralverriegelung *f;* ~ **processing unit, CPU** (INFORM) Zentraleinheit *f;* ~ **processor** (INFORM) Zentraleinheit *f;* ~ **reserve** [*o* **reservation**] Mittel-, Grünstreifen *m* (*auf Autobahn*)*;* ~ **station** Hauptbahnhof *m;* (ELEK) Kraftwerk *nt* **II.** *s* (*Am:* TELE) Zentrale, Vermittlung *f;* (*Am*) Vermittler(in) *m(f);* **cen·tral·i·zation** [ˌsentrəlaɪ'zeɪʃn] *s* Zentralisierung *f;* **cen·tral·ize** ['sentrəlaɪz] *vt* zentralisieren

cen·tre ['sentə(r)] **I.** *s* **1.** Mittelpunkt *m,* Zentrum *nt;* Mitte *f* **2.** Zentrale, Zentralstelle *f* **3.** Sitz, Herd *m* **4.** (SPORT: ~ *forward*) Mittelstürmer *m;* **business** ~ Geschäftszentrum *nt;* ~ **back** (*Fußball*) Vorstopper *m;* ~ **forward** (*Fußball*) Mittelstürmer *m;* ~ **of gravity** [*o* **mass**] Schwerpunkt *m;* ~ **half** (SPORT) Mittelläufer *m;* **~-line** Mittellinie *f;* **shopping** ~ Einkaufszentrum *nt* **II.** *vi* **1.** seinen Mittelpunkt haben (*in* in), beruhen (*on* auf) **2.** sich drehen (*round* um) **3.** sich konzentrieren (*on* auf) **III.** *vt* **1.** in den Mittelpunkt stellen **2.** konzentrieren **3.** (SPORT) zur Mitte abspielen **4.** (INFORM) zentrieren; **be ~ed on** sich drehen, kreisen um

cen·tri·fu·gal [sen'trɪfjʊgl] *adj* zentrifugal; ~ **force** Fliehkraft *f;* **cen·tri·fuge** ['sentrɪfjuːdʒ] *s* Zentrifuge *f;* **cen·tri·pe·tal** [sen'trɪpɪtl] *adj* zentripetal

cen·tury ['sentʃərɪ] *s* **1.** Jahrhundert *nt* **2.** (*Kricket*) 100 Läufe *mpl*

CEO [ˌsiːiː'əʊ] *s Abk. von* **chief executive officer** Generaldirektor(in) *m(f)*

ce·ramic [sɪ'ræmɪk] **I.** *adj* keramisch **II.** *s* **1.** **~s** Keramik *f* **2.** **~s** Töpferwaren *fpl;* ~ **hob** Kochfeld *nt*

cer·eal ['sɪərɪəl] **I.** *adj* Getreide- **II.** *s* **1.** **~s** Getreide *nt;* Getreideflocken *fpl* **2.** Getreideflocken *pl* (*Cornflakes, Müsli etc*)

cer·ebel·lum [ˌserɪ'beləm] *s* Kleinhirn *nt;* **cer·ebral** ['serɪbrəl] *adj* Gehirn-; **cer·ebrum** ['serɪbrəm] *s* Großhirn *nt*

cer·emo·nial [ˌserɪ'məʊnɪəl] **I.** *adj* **1.** zeremoniell, feierlich **2.** förmlich **II.** *s* Zeremoniell *nt;* **cer·emo·ni·ous** [ˌserɪ'məʊnɪəs] *adj* **1.** feierlich **2.** rituell **3.** zeremoniös, steif; **cer·e·mo·ny** ['serɪmənɪ] *s* Zeremonie *f;* Feierlichkeit *f;* Förmlichkeit *f;* **without** ~ zwanglos; **stand (up)on** ~ auf Äußerlichkeiten Wert legen; **no ~, please!** bitte keine Umstände!

cert [sɜːt] *s* (*sl*) todsichere Sache

cer·tain ['sɜːtn] *adj* **1.** bestimmt; gewiss; sicher **2.** verlässlich, zuverlässig **3.** überzeugt, sicher (*of +gen, that* dass); **a** ~ ein(e) gewisse(r, s); **for** ~ bestimmt, (ganz) sicher, *adj;* **to a ~ extent** bis zu einem gewissen Grade; **under ~ circumstances** unter bestimmten Umständen; **make** ~ sich vergewissern; **cer·tain·ly** [-lɪ] *adv* sicher(lich), gewiss, wirklich, bestimmt; **I ~ won't do it** ich tue es bestimmt nicht; **cer·tain·ty** [-tɪ] *s* **1.** Gewissheit, Sicherheit, Bestimmtheit *f* **2.** unbestrittene Tatsache; **for a** ~ ohne jeden Zweifel

cer·ti·fi·able [ˌsɜːtɪ'faɪəbl] *adj* **1.** feststellbar **2.** (*fam*) unzurechnungsfähig; **cer·ti·fied** *adj* geprüft; ~ **cheque** bestätigter Scheck; ~ **mail** (*Am*) Einschreiben *nt*

cer·ti·fi·cate [sə'tɪfɪkət] **I.** *s* Zeugnis *nt,* Bescheinigung *f,* Attest *nt;* Urkunde *f;* **birth/marriage** ~ Geburts-/Heiratsurkunde *f;* **school** ~ Schulzeugnis *nt;* ~ **of origin** Ursprungszeugnis *nt* **II.** [sə'tɪfɪˌkeɪt] *vt* bescheinigen, beurkunden; eine Bescheinigung ausstellen (*s.o.* jdm); **cer·ti·fi·ca·tion** [ˌsɜːtɪfɪ'keɪʃn] *s* **1.** Bescheinigung *f* **2.** Beglaubigung, Beurkundung *f*

cer·tify ['sɜːtɪfaɪ] *vt* **1.** bestätigen; bescheinigen **2.** beurkunden; **this is to** ~ hiermit wird bescheinigt; **certified copy** beglaubigte Abschrift; **certified public accountant** (*Am*) Wirtschaftsprüfer(in) *m(f)*

cer·ti·tude ['sɜːtɪtjuːd] *s* Gewissheit *f*

cer·vical ['sɜːvɪkl, sɜː'vaɪkl] *adj* zervikal, Gebärmutterhals-; ~ **smear** Abstrich *m;*

cer·vix ['sɜːvɪks, *pl* 'sɜːvɪsiːz] <*pl* **-vixes,**

C

-vices> *s* Gebärmutterhals *m*

ce·sium ['sɪːzjəm] *s* (*Am*) Cäsium *nt*

ces·sa·tion [se'seɪʃn] *s* Aufhören *nt;* Stillstand *m*

cess·pit, cess·pool ['sespɪt, 'sespuːl] *s* **1.** Senkgrube *f* **2.** (*fig*) (Sünden)Pfuhl *m*

Cey·lon [sɪ'lɒn] *s* Ceylon *nt;* **Cey·lo·nese** [sɪlɒ'niːz] **I.** *adj* ceylonesisch **II.** *s* Ceylonese *m,* Ceylonesin *f*

CFC [ˌsiːef'siː] *s Abk. von* **chlorofluorocarbon** FCKW *nt;* **CFC-free** *adj* FCKW-frei

Chad [tschæd] *s* Tschad *m*

chafe [tʃeɪf] **I.** *vt* **1.** wund reiben, wund scheuern **2.** reizen, ärgern **II.** *vi* **1.** sich reiben (*on, against* an), sich wund scheuern **2.** sich auf-, erregen, sich ärgern **3.** aufgeregt, -gebracht sein, toben **III.** *s* wund geriebene Stelle

chafer ['tʃeɪfə(r)] *s* **1.** (Mai)Käfer *m* **2.** (*rose-~*) Rosenkäfer *m*

chaff[1] [tʃɑːf] *s* (AGR) **1.** Spreu *f* **2.** Häcksel *m* **3.** Abfall, Plunder *m*

chaff[2] [tʃɑːf] **I.** *s* Neckerei *f* **II.** *vt* necken

chaf·finch ['tʃæfɪntʃ] *s* Buchfink *m*

chain [tʃeɪn] **I.** *s* **1.** Kette *f* **2.** Schmuck-, Halskette *f* **3.** (*fig*) (Gedanken)Kette, Folge, Reihe *f* **4.** **~s** Ketten, Fesseln *fpl* **5.** (COM) Ladenkette *f;* **in ~s** in Ketten; **~ of mountains** Bergkette *f* **II.** *vt* (an)ketten, fesseln; (*~ up*) anketten, an die Kette legen; **chain·mail** [ˌtʃeɪn'meɪl] *s* (HIST) Panzerhemd *nt;* **chain reaction** *s* Kettenreaktion *f;* **chain saw** *s* Kettensäge *f;* **chain·smoker** *s* Kettenraucher(in) *m(f)*

chair [tʃeə(r)] **I.** *s* **1.** Stuhl *m;* Sessel *m* **2.** (*fig*) Lehrstuhl *m* **3.** Vorsitzende(r) *f m,* Vorsitz *m* **4.** (*Am: electric ~*) elektrischer Stuhl; **with Mr. X in the ~** unter dem Vorsitz von Herrn X; **leave the ~** die Sitzung beenden; **take a ~** Platz nehmen; **take the ~** den Vorsitz übernehmen; die Sitzung eröffnen **II.** *vt* **1.** den Vorsitz führen bei **2.** im Triumph umhertragen; **chair lift** *s* Sessellift *m;* **chair·man** ['tʃeəmən] <*pl* -men> *s* Vorsitzende(r) *m;* **act as ~** den Vorsitz führen; **chair·man·ship** ['tʃeəmənʃɪp] *s* Vorsitz *m;* **chair·per·son** *s* Vorsitzende(r) *f m;* **chair·woman** ['tʃeəwʊmən, *pl* -wɪmɪn] <*pl* -women> *s* Vorsitzende *f*

chalet ['ʃæleɪ] *s* **1.** Sennhütte *f* **2.** Schweizerhaus *nt* **3.** Ferienhaus *nt*

chalk [tʃɔːk] **I.** *s* Kreide *f;* **as like as ~ and cheese** grundverschieden, sehr ungleich; **by a long ~** bei weitem **II.** *vt* mit Kreide zeichnen, markieren; **chalk out** *vt* skizzieren, entwerfen; **chalk up** *vt* ankreiden (*against s.o.* jdm); **chalky** ['tʃɔːkɪ] *adj* kreidehaltig; voll Kreide, Kalk

chal·lenge ['tʃælɪndʒ] **I.** *s* **1.** Aufforderung *f;* Anruf *m* (*durch einen Posten*) **2.** (*Jagd*) Anschlagen *nt* (*der Hunde*) **3.** Herausforderung *f* **4.** Anzweifeln, Infragestellen *nt* **5.** Wettstreit *m;* Probe *f* **6.** lockende Aufgabe; Problem *nt,* Schwierigkeit *f* **7.** Ablehnung *f* (*of a juror* eines Geschworenen), Anfechtung *f* **II.** *vt* **1.** auffordern **2.** (*Posten*) anrufen **3.** herausfordern **4.** beanspruchen, verlangen **5.** in Frage stellen, bezweifeln, bestreiten, anfechten **6.** (*Aufgabe*) reizen **7.** Einwendungen machen gegen, einen Einwand erheben gegen; (JUR) (als befangen) ablehnen; **I ~ anybody else to do that!** das soll mir jemand nachmachen!; **chal·len·ger** ['tʃælɪndʒə(r)] *s* Herausforderer(in) *m(f),* Konkurrent(in) *m(f),* Gegner(in) *m(f);* **chal·leng·ing** [-ɪŋ] *adj* **1.** herausfordernd **2.** (*fig*) lockend; faszinierend **3.** schwierig

cham·ber ['tʃeɪmbə(r)] *s* **1.** (POL) Kammer *f;* gesetzgebende Körperschaft; (Handels)Kammer *f* **2.** **~s** (JUR) Richterzimmer *nt* **3.** (TECH: *Schusswaffe*) Kammer *f* **4.** Zimmer *nt* **5.** **~s** (JUR) Rechtsanwaltskanzlei *f;* **cham·ber·lain** ['tʃeɪmbəlɪn] *s* Kammerherr *m;* **cham·ber·maid** ['tʃeɪmbəmeɪd] *s* Zimmermädchen *nt;* **chamber music** *s* Kammermusik *f;* **chamber-pot** *s* Nachttopf *m*

cha·mel·eon [kə'miːlɪən] *s* Chamäleon *nt;* **cha·me·le·on·ic** [kəˌmiːlɪ'ɒnɪk] *adj* (*sl*) sehr wechselhaft

cham·ois ['ʃæmwɑː, *Am* 'ʃæmɪ] <*pl* -> *s* **1.** Gämse *f* **2.** (*~-leather*) Sämisch-, Fensterleder *nt*

champ [tʃæmp] **I.** *vt, vi* geräuschvoll kauen **II.** *vi* mit den Zähnen knirschen; **at the bit** sich ungeduldig gebärden **III.** *s* (*sl*) Meister *m;* Sportskanone *f*

cham·pagne [ʃæm'peɪn] *s* Champagner *m*

cham·pion ['tʃæmpɪən] **I.** *s* **1.** Verfechter(in) *m(f)* **2.** (SPORT) Meister(in) *m(f)* **II.** *adj* Meister-; Preis-; beste(r, s), erste(r, s) **III.** *vt* sich einsetzen für, verfechten; verteidigen; **cham·pion·ship** [-ʃɪp] *s* **1.** Eintreten (*of* für), Verfechten *nt* **2.** (SPORT) Meisterschaft *fpl,* Meisterschaftskämpfe *mpl*

chance [tʃɑːns] **I.** *s* **1.** Zufall *m* **2.** Möglichkeit, Aussicht, Chance *f;* Gelegenheit *f;* Glück(sfall *m*) *nt* **3.** Wagnis, Risiko *nt* **4.** Los *nt;* **by ~** zufällig, durch Zufall; **on the ~ of** im Falle *+gen,* in der Hoffnung auf; **give s.o. a ~** jdm eine Chance geben; **give s.o. a fair ~** jdm jede Möglichkeit geben; **stand a (good, fair) ~** Aussichten, Chancen haben; **take a ~** es darauf ankommen lassen; **take one's ~** sein Glück versuchen; **the ~s are against it** vieles spricht dagegen; **not a ~!** keine Spur!; ~ **of winning** Gewinnaussichten, -chancen *fpl* **II.** *adj* zufällig **III.** *vi* zufällig geschehen; ~ (**up**)**on** stoßen auf, zufällig finden; **I ~d to be** zufällig war ich **IV.** *vt:* ~ **it** es riskieren, wagen; es darauf ankommen lassen; **chance acquaintance** *s* Zufallsbekanntschaft *f;* **chance hit** *s* Zufallstreffer *m*

chan·cel·lor ['tʃɑːnsələ(r)] *s* Kanzler(in) *m(f);* **Chancellor of the Exchequer** Schatzkanzler(in) *m(f);* **chan·cel·lory** ['tʃɑːnsəlrɪ] *s* Kanzlei *f* (*eines Konsulats, einer Botschaft*), Kanzleramt *nt*

chancy ['tʃɑːnsɪ] *adj* (*fam*) riskant

chan·de·lier [ˌʃændə'lɪə(r)] *s* Kronleuchter *m*

change ['tʃeɪndʒ] **I.** *s* **1.** (Ver)Änderung *f;* (Ver)Wandlung *f* **2.** Wandel, Wechsel, Umschwung *m* **3.** Abwechs(e)lung *f;* Unterschied *m* **4.** frische Wäsche, Kleidung *f* **5.** Kleingeld, Wechselgeld *nt;* Wechselkurs *m* **6.** Börse *f;* **for a** ~ zur Abwechs(e)lung; **bring about a** ~ Wandel schaffen; **give** ~ **for** herausgeben auf; **ring the ~s** (*fig*) dasselbe immer wieder in anderer Form tun [*o* sagen]; **many ~s have taken place** es hat sich viel verändert; **can you give me** ~ (**for a pound**)? können Sie (ein Pfund) wechseln?; ~ **for the better** Besserung *f;* ~ **of direction** Richtungsänderung *f;* (*fig*) Kurswechsel *m;* ~ **of leadership** (POL) Führungswechsel *m;* ~ **of life** Wechseljahre *ntpl;* ~ **in values** Wertewandel *m;* ~ **in the weather** Wetterwechsel, -umschwung *m* **II.** *vt* **1.** (ab-, um-, ver)ändern; um-, verwandeln (*into* in) **2.** (aus-, um)tauschen; (*Geld*) (um)wechseln **3.** (*Bett*) frisch überziehen; (*andere Kleider*) anziehen **4.** (TECH) umschalten **5.** (*Baby*) wickeln; ~ **hands** den Besitzer wechseln; ~ **one's mind** seine Meinung ändern; **I've ~d my mind** ich hab's mir anders überlegt **III.** *vi* **1.** sich (ver)ändern **2.** (*trains, buses*) umsteigen **3.** sich umziehen; ~ **over** die Stellung wechseln; ~ **up/down** (AUTO) in einen höheren/niederen Gang schalten; ~ **for the better** sich verbessern; ~ **for the worse** sich verschlechtern; **all ~, please!** bitte alle aussteigen!; **change·able** ['tʃeɪndʒəbl] *adj* **1.** veränderlich **2.** wankelmütig; **change machine** ['tʃeɪndʒməʃɪn] *s* (Geld)Wechselautomat *m;* **change·over** ['tʃeɪndʒəʊvə(r)] *s* Umstellung, -schaltung *f* (*to* auf); Übergang, Wechsel *m;* **chang·ing** ['tʃeɪndʒɪŋ] *s:* ~ **cubicle** Umkleidekabine *f;* ~ **mat** Wickelmulde *f;* ~ **of the guard** Wachablösung *f;* ~ **room** Umkleideraum *m*

chan·nel ['tʃænl] **I.** *s* **1.** (MAR) Kanal *m* **2.** Fluss-, Kanalbett *nt;* Fahrrinne *f* **3.** Rinne *f,* Graben *m* **4.** (ARCH) Hohlkehle *f* **5.** (RADIO) Kanal *m* **6.** (*fig*) Weg *m,* Verbindung, Vermittlung, Übertragung *f;* **through official ~s** auf dem Dienstweg; ~ **of communication** Nachrichtenverbindung *f;* ~ **of distribution** Absatzweg *m;* **the** (**English**) **Channel** der (Ärmel)Kanal **II.** *vt* **1.** (*Rinne*) graben **2.** (ARCH) auskehlen **3.** hinleiten (*to* zu); **channel-surf** *vi* (TV) ständig umschalten; **Channel Tunnel** *s* (Ärmel)Kanaltunnel *m*

chant [tʃɑːnt] **I.** *s* **1.** Gesang *m* **2.** Singsang *m* **II.** *vt, vi* **1.** singen **2.** (*pej*) (herunter-, her)leiern

chan·te·relle [ˌtʃæntə'rel] *s* (*Speisepilz*) Pfifferling *m*

chaos ['keɪɒs] *s* Chaos *nt,* völliges Durcheinander, Wirrwarr *m;* **Chaos Theory** *s* (PHYS) Chaostheorie *f;* **cha·otic** [keɪ'ɒtɪk] *adj* chaotisch, wirr

chap[1] [tʃæp] *s* **1.** Riss, Sprung *m* **2.** *meist pl* Kinnbacken *m* (*bes. d. Tiere*)

chap[2] [tʃæp] *s* (*fam*) Kerl, Bursche, Junge *m*

chapel ['tʃæpl] *s* **1.** (REL) Kapelle *f;* (nichthochkirchliches) Gotteshaus *nt* (*in Großbritannien*) **2.** betriebliche Druckergewerkschaft

chap·er·on(**e**) ['ʃæpərəʊn] *s* Anstandsdame *f*

chap·lain ['tʃæplɪn] *s* (Haus)Kaplan *m*

chap·ter ['tʃæptə(r)] *s* **1.** Kapitel *nt* **2.** (*fig*) Stück (*einer Erzählung*), (ausgewähltes) Kapitel, Thema *nt* **3.** (REL) Domkapitel *nt* **4.** (*Am*) Ortsgruppe *f;* **give** ~ **and verse for s.th.** etw genau belegen; **chapter-house** *s* **1.** Domstift *nt* **2.** Klubhaus *nt*

char [tʃɑː(r)] **I.** *vt* verkohlen; schwärzen **II.** *vi* reinemachen, putzen **III.** *s* (~*woman*) Reinemache-, Putzfrau *f*

char·ac·ter ['kærəktə(r)] *s* **1.** Kennzeichen *nt* **2.** Anlage, Natur *f,* Wesen(sart *f*) *nt;* Charakter *m;* (PSYCH) Verhaltensweise *f* **3.** Persönlichkeit, Person *f* **4.** (THEAT) (handelnde) Person, Rolle *f* **5.** Stellung *f,* Rang, Stand *m* **6.** Zeugnis *nt,* Empfehlung *f* (*eines Arbeitgebers*) **7.** Name, Ruf (*of, for +gen*), guter Ruf *m* **8.** Schriftzeichen *nt,* Buchstabe *m;* Ziffer *f;* **in the** ~ **of** in der Eigenschaft als; **it is out of** ~ es passt nicht; **character actor** *s* Charakterdarsteller(in) *m(f);* **char·ac·ter·is·tic** [ˌkærəktə'rɪstɪk] **I.** *adj* charakteristisch, be-, kennzeichnend, typisch (*of* für) **II.** *s* Kennzeichen, Merkmal *nt,* Besonderheit *f;* **char·ac·ter·is·ti·cally** [ˌkærəktə'rɪstɪklɪ] *adv* bezeichnenderweise; **char·ac·ter·iz·ation** [ˌkærəktəraɪ'zeɪʃən] *s* Charakterisierung, Beschreibung *f;* **char·ac·ter·ize** ['kærəktəraɪz] *vt* **1.** charakterisieren, beschreiben (als) **2.** kennzeichnen

char·coal ['tʃɑːkəʊl] *s* **1.** Holzkohle *f* **2.** Kohlestift *m;* **charcoal-burner** *s* Köhler *m*

charge [tʃɑːdʒ] **I.** *s* **1.** Ladung *f;* (TECH) Beschickung, Füllung *f;* Einsatz *m* **2.** (*oft pl*) Lasten *fpl,* Kosten *pl,* Preis *m* **3.** (*Konto*) Belastung *f;* Lastschrift *f;* Gebühr, Taxe *f* **4.** Amt *nt,* Pflicht, Verpflichtung, Verantwortung *f* **5.** Auftrag, Befehl *m* **6.** (Polizei)Aufsicht *f,* Gewahrsam *m;* Überwachung, Obhut, Fürsorge *f* **7.** anvertraute Person/Sache; Schützling *m,* Mündel *nt* **8.** (REL) Schafe *ntpl,* Herde *f* **9.** anvertrautes Gut **10.** Ermahnung, Anweisung *f;* Vorwurf *m;* Beschuldigung, Anklage(punkt *m*) *f* **11.** (JUR) Rechtsbelehrung *f* (*der Geschworenen*) **12.** (MIL) Angriff(ssignal *nt*), Sturm *m;* **at s.o.'s ~** zu jds Lasten; auf jds Kosten; **under s.o.'s ~** unter jds Aufsicht; **be in ~ of s.th.** die Aufsicht über, die Verantwortung für etw haben; **bring a ~ against s.o.** jdn anklagen; **have ~ of s.th.** für etw verantwortlich sein; **take ~ of s.th.** für etw die Verantwortung übernehmen; **there's no ~** es kostet nichts; Eintritt frei; **free of ~** gebührenfrei; gratis; **overhead ~s** allgemeine Unkosten *pl;* **travelling ~s** Reisekosten *pl* **II.** *vt* **1.** (be)laden; belasten (*with* mit) **2.** (*Schusswaffe*) laden; (*Batterie*) aufladen **3.** (CHEM) sättigen **4.** (TECH) beschicken **5.** (COM: *Preis*) fordern, verlangen; rechnen für (*eine Ware, Arbeit*), berechnen (*too much* zu viel); (*~ upon, against s.o.*) jdm aufrechnen **6.** (*Abnehmer*) belasten mit **7.** (*~ off*) abschreiben, abbuchen **8.** anvertrauen (*s.o. with s.th.* jdm etw), beauftragen **9.** anweisen, befehlen (*s.o.* jdm) **10.** ermahnen **11.** zur Last legen, vorwerfen (*s.o. with s.th., s.th. on s.o.* jdm etw), beschuldigen, anklagen **12.** angreifen (*s.o., at s.o.* jdn), anstürmen; (SPORT) (an)rempeln; **~ to s.o.'s account** auf jds Rechnung setzen **III.** *vi* **1.** (einen Preis) fordern; berechnen (*for s.th.* etw) **2.** sich stürzen (*at* auf *+acc*), angreifen (*at s.o.* jdn); **charge·able** ['tʃɑːdʒəbl] *adj* **1.** zu Lasten (*to* von) **2.** gebührenpflichtig **3.** strafbar; **to whom is this ~?** wer soll das bezahlen?; **charge account** *s* Kunden(kredit)konto *nt;* **charge card** *s* Kunden(kredit)karte *f*

chargé d'affaires [ʃɑːʒeɪdæ'feə(r)] *s* (POL) Geschäftsträger *m*

chari·table ['tʃærɪtəbl] *adj* **1.** wohl-, mildtätig **2.** nachsichtig; **char·ity** ['tʃærətɪ] *s* **1.** Nächstenliebe *f* **2.** Wohltätigkeit *f* **3.** Almosen *ntpl;* **charity (organisation)** *s* Wohltätigkeitsverein *m,* karitative Organisation

charm [tʃɑːm] **I.** *s* **1.** Zauber *m* **2.** Amulett *nt* **3.** Anmut *f,* Reiz, Zauber, Charme *m* **II.** *vt* **1.** verzaubern **2.** bezaubern, entzücken; **~ s.th. out of s.o.** jdm etw entlocken **III.** *vi* reizend sein; **charmer** ['tʃɑːmə(r)] *s* **1.** (*fig*) Zauberer *m;* Charmeur *m* **2.** bezaubernde Frau; **snake ~** Schlangenbeschwörer *m;* **charm·ing** [-ɪŋ] *adj* berückend, betörend; bezaubernd, entzückend, reizend, charmant

chart [tʃɑːt] **I.** *s* **1.** (MAR) Seekarte *f* **2.** Schaubild *nt,* grafische Darstellung, Diagramm *nt* **3.** Tabelle *f* **4. ~s** Hitliste *f* **II.** *vt* **1.** in einer Karte darstellen **2.** entwerfen, skizzieren

char·ter ['tʃɑːtə(r)] **I.** *s* **1.** Grundgesetz *nt,* Verfassungsurkunde *f* **2.** bewilligtes Recht, Vorrecht, Privileg *nt* **3.** (MAR, AVIAT) Charter(vertrag) *m* **II.** *vt* **1.** ein (Vor)Recht verleihen (*s.o.* jdm) **2.** (*Schiff, Flugzeug*) chartern; **charter company** *s* (AVIAT) Chartergesellschaft *f;* **char·ter·ed** ['tʃɑːtəd] *adj:* **~ accountant** (vereidigte(r)) Wirtschaftsprüfer(in) *m(f);* **char·terer** ['tʃɑːtərə(r)] *s* Befrachter *m;* **charter flight** *s* (AVIAT) Charterflug *m*

chary ['tʃeərɪ] *adj* **1.** vorsichtig **2.** zurückhaltend (*of* gegenüber)

chase [tʃeɪs] **I.** *s* **1.** Verfolgung *f* **2.** Jagd *f* **3.** verfolgtes Schiff **II.** *vt* **1.** verfolgen; (nach)jagen (*s.o.* jdm, *s.th.* einer S) **2.** hetzen **3.** (*~ away*) weg-, verjagen, vertreiben **III.** *vi* herrennen (*after s.o.* hinter jdm), nachlaufen (*after s.o.* jdm); (*~ about*) herumrennen

chasm ['kæzəm] *s* **1.** (Erd)Spalt, Abgrund *m* **2.** (*fig*) Lücke *f*

chas·sis ['ʃæsɪ] <*pl* -> *s* Fahrgestell, Chassis *nt*

chaste [tʃeɪst] *adj* **1.** keusch **2.** (*fig*) streng, einfach

chas·ten ['tʃeɪsn] *vt* **1.** züchtigen **2.** mäßigen **3.** reinigen; vereinfachen

chas·tise [tʃæ'staɪz] *vt* züchtigen, strafen

chas·tity ['tʃæstətɪ] *s* **1.** Keuschheit *f* **2.** Reinheit, Unberührtheit *f*

chat [tʃæt] **I.** *s* **1.** Geplauder *nt* **2.** (INTERNET) Chat *m* **II.** *vi* plaudern, sich unterhalten; **~ s.o. up** (*fam*) anquatschen; **chat partner** *s* Chatpartner(in) *m(f);* **chat room** *s* Chatroom *m*

chat·tel ['tʃætl] *s meist pl:* **goods and ~s** Hab u. Gut *nt*

chat·ter ['tʃætə(r)] **I.** *vi* **1.** (*Menschen*) schnattern, plappern, quasseln **2.** (*Zähne, a.* TECH) klappern **II.** *s* Geschnatter, Geplapper *nt;* ~-**box** Plappermaul *nt;* **chatty** ['tʃætɪ] *adj* **1.** redselig, geschwätzig **2.** familiär, formlos

chauf·feur ['ʃəʊfə(r)] *s* Chauffeur(in) *m(f),* Fahrer(in) *m(f)*

chau·vin·ism ['ʃəʊvɪnɪzəm] *s* Chauvinismus *m;* **chau·vin·ist** ['ʃəʊvɪnɪst] *s* Chauvinist *m;* **male** ~ (**pig**) (*fam*) Chauvi *m*

cheap [tʃiːp] *adj, adv* **1.** billig; preiswert **2.** verbilligt **3.** minderwertig, schlecht **4.** kitschig **5.** schäbig, gemein; **on the** ~ sehr billig; **feel** ~ sich schäbig vorkommen; **get off** ~ billig davonkommen; **hold** ~ geringschätzen; **dirt** ~ (*fam*) spottbillig; **cheapen** ['tʃiːpən] **I.** *vt* verbilligen, herabsetzen **II.** *vi* billiger werden; **cheap-jack** ['tʃiːpdʒæk] *adj* Ramsch-; **cheap labour** *s* billige Arbeitskräfte *pl;* **cheap·ness** ['tʃiːpnɪs] *s* Billigkeit *f;* Minderwertigkeit *f;* Schäbigkeit *f;* **cheap·skate** ['tʃiːpˌskeɪt] *s* (*sl*) Knicker, Knauser *m*

cheat [tʃiːt] **I.** *vt* betrügen (*of, out of* um); ~ **s.o. out of s.th.** jdn um etw bringen, betrügen, prellen **II.** *vi* mogeln, betrügen **III.** *s* **1.** Betrug, Schwindel *m* **2.** Betrüger(in) *m(f),* Schwindler(in) *m(f);* **cheat sheet** *s* (INFORM) Spickzettel *m*

check [tʃek] **I.** *vt* **1.** zum Stillstand bringen, Einhalt gebieten (*s.th.* einer S), hindern, zurückhalten, unterbinden **2.** eindämmen, hemmen; (TECH) drosseln **3.** tadeln, einen Verweis erteilen (*s.o.* jdm) **4.** (nach-, über)prüfen, kontrollieren, nachrechnen; (prüfend) vergleichen (*by* mit) **5.** anstreichen, markieren, abhaken **6.** (*Gepäck*) ab-, aufgeben; (*Hut*) an der Garderobe abgeben **7.** Schach bieten (*s.o.* jdm) **II.** *vi* **1.** übereinstimmen **2.** (*Am*) einen Scheck ausstellen (*for, against an amount* über einen Betrag, *upon s.o.* auf jdn) **III.** *s* **1.** Schach *nt* **2.** Stillstand, Aufschub, Rückschlag *m* **3.** Misserfolg *m;* (*fam*) Schlappe *f* **4.** Hindernis *nt,* Widerstand *m* **5.** (Nach-, Über)Prüfung *f;* Kontrolle *f* (*on* über), Probe *f;* (prüfender) Vergleich *m* **6.** Prüf-, Kontrollzeichen *nt,* -marke *f,* Haken *m* **7.** (*Am*) Gepäckschein *m;* Garderobenmarke *f* **8.** (*Textil*) Karo *nt* (*Muster*), karierter Stoff **9.** (*Am*) Scheck *m;* (*bill*) Rechnung *f;* **act as a** ~ **on** hemmend, nachteilig wirken auf; **hold** [*o* **keep**] **in** ~ (*fig*) in Schach halten; **spot** ~ Stichprobe *f;* **check in** *vi* (*Hotel*) sich eintragen, ankommen; (AVIAT) einchecken; **check off** *vt* abhaken; (nach)zählen; **check out** *vi* (*Hotel*) die Rechnung bezahlen und abreisen; (*Gepäck*) abholen; weggehen; **check through** *vt* **1.** durchsehen, durchgehen **2.** (*Gepäck*) durchchecken; **check up** *vi* im Einzelnen nachprüfen, genau vergleichen (*on s.th.* etw)

check·book ['tʃekˌbʊk] *s* (*Am*) Scheckheft *nt*

checker·board ['tʃekə(r)ˌbɔːd] *s* (*Am*) Schach-, Damebrett *nt;* **check·ered** ['tʃekə(r)d] *adj* (*Am*) kariert; (*history*) bewegt; **check·ers** ['tʃekəz] *s pl mit sing* (*Am*) Dame(spiel *nt*) *f*

check-in desk ['tʃekinˌdesk] *s* (AVIAT) Abfertigungsschalter *m*

check·ing ['tʃekɪŋ] *s* Kontrolle *f;* **checking account** *s* (*Am*) Girokonto *nt;* **checking form**, **checking slip** *s* Kontrollzettel, -abschnitt *m*

check-in time ['tʃekinˌtaim] *s* (AVIAT) Eincheckzeit *f*

check-list ['tʃekˌlɪst] *s* **1.** Kontrollliste *f* **2.** (POL) Wahlliste *f*

check·mate ['tʃekmeɪt] **I.** *s* (Schach) Matt *nt;* (*fig*) hoffnungslose Lage **II.** *vt* matt setzen

check·out *s* (*Supermarkt*) Kasse *f*

check·point ['tʃekpɔɪnt] *s* Kontrollstelle *f;* **check room** *s* (*Am*) **1.** (RAIL) Gepäckaufbewahrung *f,* -schalter *m* **2.** (*Hotel*) Gepäckraum *m;* **check·up** ['tʃekʌp] *s* **1.** genaue Prüfung, Kontrolle *f* **2.** (MED) gründliche Untersuchung **3.** (TECH) Nachuntersuchung *f*

cheek [tʃiːk] **I.** *s* **1.** (*a.* TECH) Backe, Wange *f* **2.** (*fig fam*) Unverschämtheit, Frechheit *f;* **he said that tongue in** ~ das hat er nicht ernst gemeint **II.** *vt* frech sein gegen; **cheek·bone** ['tʃiːkbəʊn] *s* Backenknochen *m;* **cheeky** ['tʃiːkɪ] *adj* (*fam*) frech, unverschämt

cheep [tʃiːp] *vi* piepen

cheer [tʃɪə(r)] **I.** *s* **1.** (gute) Stimmung *f;* Frohsinn *m,* Freude *f* **2.** Hoch, Hurra(ruf *m*) *nt* **3.** Jubel, Beifall(sruf) *m* **4.** Ermutigung *f;* **be of good** ~ guten Mutes, voller Hoffnung sein; **give three ~s for s.o.** ein dreifaches Hoch auf jdn ausbringen; **give s.o. a** ~ jdn hochleben lassen; **three ~s** ein dreifaches Hoch (*for* für); **cheers!** prosit!; (*als Dank*) danke! **II.** *vt* **1.** in gute Stimmung versetzen **2.** (*a.* ~ *up*) auf-, ermuntern **3.** zujubeln (*s.o.* jdm), laut Beifall zollen (*s.o.* jdm) **4.** (*Nachricht*) freudig begrüßen **III.** *vi* Hurra schreien, jubeln (*at the news* bei der Nachricht); ~ **up** froh werden; Mut fassen, Hoffnung schöpfen; ~ **up!** Kopf hoch!; **cheer·ful** ['tʃɪəfʊl] *adj* **1.** fröhlich **2.** gut aufgelegt; aufgeräumt **3.** erfreulich, angenehm **4.** gefällig, entgegenkommend; **cheer·ful·ness**, **cheeriness** [-nɪs, 'tʃɪərɪnɪs] *s* Heiterkeit *f;* **cheer·io** [ˌtʃɪərɪ'əʊ] *interj* (*fam*) mach's gut!; **cheer leader** s (*Am*) *Teilnehmerin am organisierten Beifall bei College-Sportwettkämpfen;* **cheery** ['tʃɪərɪ] *adj* heiter

cheese [tʃi:z] s Käse *m;* **hard ~!** Pech!; **~-and-tomato sandwich** Käse-Tomatensandwich *nt;* **cheese·burg·er** s Cheeseburger *m;* **cheese·cake** s **1.** Käsekuchen *m* **2.** (*sl*) leichtbekleidete Frauen (*bes. in Zeitschriften*); **cheese·cloth** ['tʃi:zklɒθ] s indische Baumwolle; **cheesed-off** [ˌtʃi:zd'ɒf] *adj* (*fam*) angeödet; **I'm ~** mir stinkt's; **cheese fries** s *pl* (*Am*) Pommes mit Käse überbacken; **cheese-paring** ['tʃi:zˌpeərɪŋ] s Knauserei *f;* **cheesy** *adj* (*Am: sl*) albern, klischeehaft

chee·tah ['tʃɪ:tə] s Gepard *m*

chef [ʃef] s Küchenchef *m;* Koch *m*

chemi·cal ['kemɪkl] **I.** *adj* chemisch; **~ warfare** chemische Kriegführung; **~ weapons** Chemiewaffen *pl* **II.** s *pl* Chemikalien *fpl;* **chem·ist** ['kemɪst] s **1.** Chemiker(in) *m(f)* **2.** (*Br*) Drogist(in) *m(f);* (*dispensing ~*) Apotheker(in) *m(f);* **~'s shop** Drogerie *f;* Apotheke *f;* **chem·is·try** ['kemɪstrɪ] s Chemie *f*

chemo·thera·py [] s (MED) Chemotherapie *f*

cheque [tʃek] s Scheck *m* (*for* auf); **cash a ~** einen Scheck einlösen; **give a blank ~ to s.o.** jdm einen Blankoscheck geben; (*fig*) jdm Blankovollmacht geben, (völlig) freie Hand lassen; **make out a ~** einen Scheck ausstellen; **crossed ~** Verrechnungsscheck *m;* **traveller's ~** Reisescheck *m;* **cheque·account** s Girokonto *nt;* **cheque-book** s Scheckbuch *nt;* **cheque card** s Scheckkarte *f*

chequ·ered ['tʃekəd] *adj* **1.** kariert **2.** abwechslungsreich; **a ~ career** eine bewegte Karriere

cher·ish ['tʃerɪʃ] *vt* **1.** hegen (u. pflegen) **2.** hängen an, (großen) Wert legen auf

che·root [ʃə'ru:t] s Stumpen *m* (*Zigarre*)

cherry ['tʃerɪ] **I.** s Kirsche *f;* (*~-tree*) Kirschbaum *m* **II.** *adj* kirschrot; **cherry-blossom** s Kirschblüte *f;* **cherry brandy** s Kirschlikör *m;* **cherry·stone** s Kirschkern *m*

cherub[1] ['tʃerəb, *pl* 'tʃerəbɪm] <*pl* cherubim> s (*Engel*) Cherub *m*

cherub[2] ['tʃerəb] <*pl* -s> s Putte *f;* Engelskopf *m*

cher·vil ['tʃɜ:vɪl] s Kerbel *m*

chess [tʃes] s Schach(spiel) *nt;* **play (at) ~** Schach spielen; **chess-board** s Schachbrett *nt;* **chess·man** <*pl* -men> s, **chess·piece** s Schachfigur *f*

chest [tʃest] s **1.** Kiste *f,* Kasten, Behälter *m* **2.** Brust(kasten *m*) *f;* **that's a load off my ~** da fällt mir ein Stein vom Herzen; **~ of drawers** Kommode *f*

chest·nut ['tʃesnʌt] **I.** s **1.** Kastanie *f* **2.** (*~-tree, -wood*) Kastanie(nbaum *m*, -nholz *nt*) *f* **3.** Braune(r) *m* (*Pferd*) **4.** (*fam*) alte Geschichte **II.** *adj* kastanienbraun

chesty ['tʃestɪ] *adj* **1.** (*fam*) erkältet; (*Husten*) rau, tief **2.** (*Frau*) mit großen Brüsten

chew [tʃu:] **I.** *vt, vi* **1.** kauen **2.** nachdenken, -sinnen (*upon, over* über) **II.** s Kauen *nt;* Priem *m;* **chew·ing-gum** ['tʃu:ɪŋgʌm] s Kaugummi *m*

chic [ʃi:k] *adj* schick, elegant

chi·cane [ʃɪ'kein] s (SPORT) Schikane; **chi·can·ery** [ʃɪ'keɪnərɪ] s Schikane *f*

chick [tʃɪk] s **1.** Küken *nt;* junger Vogel **2.** (*fam*) Kind(chen) *nt;* **chick·en** ['tʃɪkɪn] s **1.** Huhn *nt;* Küken *nt;* Hähnchen, Hühnchen *nt* **2.** (*fig*) Gänschen *nt* **3.** (*sl*) Feigling *m;* **I'm no ~** ich bin (doch) kein Kind mehr; **she is no ~** sie ist nicht mehr die Jüngste; **chicken out** *vi* (*fam*) kneifen; **chicken-broth** s Hühnersuppe *f;* **chicken-farm** s Hühnerfarm *f;* **chicken-feed** s lächerliche Summe, Lappalie *f;* **chicken-hearted, chicken-livered** [ˌtʃɪkɪn'hɑ:tɪd, ˌtʃɪkɪn'lɪvəd] *adj* bange, feige; **chicken-pox** s Windpocken *pl;* **chicken-run** s Hühnerhof *m*

chick-pea ['tʃɪkpi:] s Kichererbse *f*

chic·ory ['tʃɪkərɪ] s Chicorée *m od f;* Zichorie *f*

chief [tʃi:f] <*pl* -s> **I.** s **1.** Chef *m,* (Ober)Haupt *nt,* (An)Führer(in) *m(f);* Leiter(in) *m(f),* Vorgesetzte(r) *f m* **2.** Häuptling *m* (*eines Stammes*) **II.** *adj* erste(r, s), oberste(r, s); führend, leitend; **chief accent** s (MUS) Hauptton *m;* **chief clerk** s Büro-, Kanzleivorsteher(in) *m(f);* **chief editor** s Hauptschriftleiter(in) *m(f);* **chief executive officer, CEO** s Generaldirektor(in) *m(f);* **chief justice** s Gerichtspräsident(in) *m(f);* **chief·ly** [-lɪ] *adv* hauptsächlich, besonders

chief·tain ['tʃi:ftən] s **1.** Häuptling *m* **2.** Oberhaupt *nt,* Älteste(r) *f m*

chil·blain ['tʃɪlbleɪn] s Frostbeule *f*

child [tʃaɪld] <*pl* children> s Kind *nt;* **give birth to a ~** ein Kind zur Welt bringen; **children's allowance** Kinderzulage *f;* **child abuse** ['tʃaildəbju:s] s Kindesmisshandlung *f;* **child-bear·ing** ['tʃaɪldbeərɪŋ] **I.** s Mutterschaft *f* **II.** *adj* (*Alter*) gebärfähig; (*Becken*) gebärfreudig; **child-birth** ['tʃaɪldbɜ:θ] s Entbindung, Niederkunft *f,* Kindbett *nt;* **child-hood** ['tʃaɪldhʊd] s Kindheit *f;* **childish** ['tʃaɪldɪʃ] *adj* kindisch; **child·less** ['tʃaɪldlɪs] *adj* kinderlos; **child·like** ['tʃaɪlaɪk] *adj* kindlich; einfach; **child minder** s Tagesmutter *f;* **child-**

proof *adj* kindersicher; **chil·dren** ['tʃɪldrən] *s pl von* **child**; **child-resistant** *adj* kindersicher; **child (safety) seat** *s* Kindersitz *m* im Auto; **child's play** *s* Kinderspiel *nt*

Chile ['tʃɪlɪ] *s* Chile *nt;* **Chil·ean** ['tʃɪlɪən] **I.** *adj* chilenisch **II.** *s* Chilene *m,* Chilenin *f*

chili ['tʃɪlɪ] *s* (*Am*) Peperoni *f;* (*Gewürz*) Chili *m;* **chili dog** *s* (*Am*) Hotdog *m* mit Chilisauce

chill [tʃɪl] **I.** *s* **1.** Frost *m,* Kälte *f* **2.** Kältegefühl, Frösteln *nt* **3.** Erkältung *f* **4.** (*fig*) abgekühlte Atmosphäre **5.** (TECH) Gussform, Kokille *f* **II.** *adj* **1.** kühl **2.** (*fig*) (gefühls)kalt, frostig **III.** *vt* **1.** kühlen **2.** (*Blut*) erstarren lassen **3.** (*fig: Atmosphäre, Begeisterung*) abkühlen **4.** (TECH) abschrecken

chilli ['tʃɪlɪ] *s* Peperoni *f;* (*Gewürz*) Chili *m*

chill(i)·ness ['tʃɪl(ɪ)nɪs] *s* (*a. fig*) Kälte *f*

chill out [ˌtʃɪl'aʊt] *vi* (*sl*) sich entspannen

chil·ly ['tʃɪlɪ] *adj* **1.** frostig **2.** (*fig*) kühl; **feel ~** frösteln

chime [tʃaɪm] **I.** *s* Geläut, Glockenspiel *nt* **II.** *vt* **1.** (*die Glocken*) läuten **2.** (*Stunde*) schlagen **III.** *vi* **1.** (*Glocke*) schlagen, läuten **2.** ertönen **3.** (*~ in, together*) in Einklang sein, übereinstimmen (*with* mit); **~ in** sich einschalten

chim·ney ['tʃɪmnɪ] *s* Rauchfang, Kamin *m* (*a. im Hochgebirge*), Schornstein *m;* **chimney pot** *s* Schornsteinaufsatz *m;* **chimney stack** *s* Fabrikschornstein *m;* **chimney-sweep(er)** [-ˌswiːpə(r)] *s* Schornsteinfeger(in) *m(f)*

chim·pan·zee [ˌtʃɪmpæn'ziː] *s* Schimpanse *m*

chin ['tʃɪn] *s* Kinn *nt;* **~ up!** Kopf hoch!

china ['tʃaɪnə] **I.** *s* (*~-ware*) Porzellan *nt* **II.** *adj* Porzellan-

China ['tʃaɪnə] *s* China *nt*

chin·chil·la [tʃɪn'tʃɪlə] *s* Chinchilla *f*

Chi·nese [tʃaɪ'niːz] **I.** *adj* chinesisch **II.** *s* **1.** Chinese *m,* Chinesin *f* **2.** (das) Chinesisch(e); **Chinese cabbage** *s* Chinakohl *m;* **Chinese lantern** *s* Lampion *m;* **Chinese mushroom** *s* Austernpilz *m;* **Chinese restaurant** *s* Chinarestaurant *nt*

chink [tʃɪŋk] **I.** *s* **1.** Ritze *f,* Spalt, Schlitz *m* **2.** Klang *m* **II.** *vt, vi* klingen lassen; (*Gläser*) anstoßen

Chink [tʃɪŋk] *s* (*sl pej*) Chinese *m,* Chinesin *f*

chintz [tʃɪnts] *s* Chintz *m*

chin·wag ['tʃɪnˌwæg] *s* (*sl*) Schwatz *m*

chip [tʃɪp] **I.** *s* **1.** Splitter *m;* Span *m;* Scherbe *f* **2.** (*Porzellan, Glas*) lädierte Stelle **3.** **~s** Pommes frites *pl;* (*Am*) Kartoffelchip *m* **4.** Spielmarke *f* **5.** (INFORM) Chip *nt;* **carry a ~ on one's shoulder** einen Komplex haben; **he is a ~ off the old block** (*prov*) der Apfel fällt nicht weit vom Stamm **II.** *vt* **1.** (*Holz*) zerhacken, spalten **2.** (*Geschirr*) anschlagen, lädieren, ausbrechen (*off, from* aus) **III.** *vi* (*Porzellan, Glas*) (leicht) angestoßen, beschädigt werden; **~ in** (*fam*) ins Wort fallen; (*fam*) Geld (her)geben (*für eine S*), beitragen (zu etw); **chip-basket** *s* Fritiersieb *nt;* **chip buttie** *s* (*Br*) Brötchen *nt* mit Pommes; **chip·munk** ['tʃɪpmʌŋk] *s* Chipmunk *m* (*nordamerik. Erdhörnchen*); **chip-pan** *s* Friteuse *f;* **chipped** ['tʃɪpt] *adj* (*Porzellan, Glas*) angestoßen, angeschlagen; **chip·ping** ['tʃɪpɪŋ] *s* **1.** (*Am*) Einschnitt *m* **2.** **~s** Splitter *mpl,* Späne *mpl,* (Straßen)Schotter *m;* **chippy** ['tʃɪpɪ] **I.** *adj* **1.** trocken, langweilig **2.** reizbar **II.** *s* (*fam*) Fisch- u. Pommes frites-Bude *f*

chi·rop·odist [kɪ'rɒpədɪst] *s* Fußpfleger(in) *m(f);* **chi·rop·ody** [kɪ'rɒpədɪ] *s* Fußpflege *f*

chi·ro·prac·tic ['kaɪrəpræktɪk] *s* Chiropraktik *f;* **chi·ro·prac·tor** ['kaɪrəpræktə(r)] *s* Chiropraktiker(in) *m(f)*

chirp [tʃɜːp] **I.** *vi, vt* zirpen, zwitschern; (*Lied*) trällern **II.** *s* Gezirp, Gezwitscher *nt;* **chirpy** ['tʃɜːpɪ] *adj* lebhaft, munter

chir·rup ['tʃɪrəp] *vi* zwitschern, zirpen

chisel ['tʃɪzl] **I.** *s* Meißel *m* **II.** *vt* **1.** (aus)meißeln **2.** (*sl*) begaunern, betrügen (*out of* um)

chit [tʃɪt] *s* **1.** (*fam*) Kindchen *nt* **2.** (*pej*) junges, freches Ding **3.** Notiz *f,* Zettel *m;* abgezeichnete Rechnung (*bes. des Kellners*); **chit-chat** ['tʃɪtˌtʃæt] *s* Geplauder *nt*

chiv·al·rous ['ʃɪvlrəs] *adj* ritterlich; **chiv·al·ry** ['ʃɪvlrɪ] *s* **1.** Rittertum *nt* **2.** Ritterlichkeit *f*

chives [tʃaɪvz] *s pl* Schnittlauch *m*

chlor·ide ['klɔːraɪd] *s* Chlorid *nt;* **chlor·in·ate** ['klɔːrɪneɪt] *vt* chlorieren, chloren; **chlor·ine** ['klɔːriːn] *s* Chlor *nt;* **chloro·fluoro·carbon** ['klɔrəˌfluːərəˌkɑːbən] *s* (CHEM) Fluorchlorkohlenwasserstoff *m;* **chloro·form** ['klɒrəfɔːm] **I.** *s* Chloroform *nt* **II.** *vt* chloroformieren; **chloro·phyll** ['klɒrəfɪl] *s* Chlorophyll, Blattgrün *nt;* **chlo·rous** ['klɔːrəs] *adj* chlorig

choc-ice ['tʃɒkˌaɪs] *s* Eis *nt* mit Schokoladenüberzug

chock [tʃɒk] **I.** *s* (*~-block*) Bremsklotz, -schuh *m* **II.** *vt* (*~ up*) verkeilen; **chock-a-block, chock-full** [ˌtʃɒkə'blɒk, tʃɒk'fʊl] *adj* (*fam*) gerammelt, gedrängt voll (*with* von)

choc·olate ['tʃɒklət] **I.** *s* **1.** Schokolade *f* **2.** Praline *f;* **bar of ~** Tafel *f* Schokolade; **~ bar** Schoko(laden)riegel *m;* **a box of ~s**

eine Schachtel Pralinen **II.** *adj* schokoladenbraun

choice ['tʃɔɪs] **I.** *s* **1.** (Aus)Wahl *f* **2.** (das) Beste, (die) Auslese; **by ~** vorzugsweise; **have no ~** keine andere Wahl haben; **make a ~** eine Wahl treffen; **I have no ~** es bleibt mir nichts anderes übrig; **he is my ~** ich habe ihn gewählt (*for* als); **a large ~** eine große Auswahl; **ladies' ~** Damenwahl *f* **II.** *adj* vorzüglich, ausgezeichnet; (aus)gewählt, ausgesucht

choir ['kwaɪə(r)] *s* **1.** (MUS) (Kirchen)Chor *m* **2.** (ARCH) Chor *m;* **choir·mas·ter** ['kwaɪəˌmɑːstə(r)] *s* Chordirigent *m;* **choir stalls** *s pl* Chorgestühl *nt*

choke [tʃəʊk] **I.** *vt* **1.** (er)würgen, ersticken **2.** (~ *up*) verstopfen, versperren, vollpfropfen (*with* mit) **3.** (*Gefühl*) unterdrücken, ersticken **4.** (TECH) (ab)drosseln **II.** *vi* (zu) ersticken (drohen), keine Luft bekommen; würgen **III.** *s* **1.** Würgen *nt* **2.** (AUTO) Choke, Starterzug *m;* **choke back** *vt* unterdrücken, herunterschlucken (*the tears* die Tränen); **choke down** *vt* hinunterwürgen; (*Gefühl*) unterdrücken; **choke off** *vt* (*fig*) anschnauzen; abschrecken; **choke up** *vt* verstopfen, ersticken; **choker** ['tʃəʊkə(r)] *s* Halsreif *m*

chol·era ['kɒlərə] *s* (MED) Cholera *f*

chol·eric ['kɒlərɪk] *adj* cholerisch, jähzornig

cho·les·terol [kə'lestərɒl] *s* Cholesterin *nt;* **cholesterol level** *s* Cholesterinspiegel *m*

choose [tʃuːz] <*irr:* chose, chosen> **I.** *vt* **1.** (aus)wählen, aussuchen **2.** vorziehen, lieber wollen, sich entscheiden für **II.** *vi* wählen; **have to ~ between** die Wahl haben zwischen; **I cannot ~ but** mir bleibt nichts anderes übrig als zu; **choosey** ['tʃuːzɪ] *adj,* **choosy** *adj* (*fam*) wählerisch

chop [tʃɒp] **I.** *vt* **1.** hacken; (*Holz*) spalten **2.** (~ *up*) zerkleinern; (*fig: Wort, Satz*) zerhacken **II.** *vi* hacken, hauen, schlagen (*at* nach); **~ and change** wechseln, schwanken, unbeständig sein **III.** *s* **1.** Hieb, Schnitt *m;* Schlag *m* **2.** Kotelett *nt* **3.** **~s** Kiefer *mpl;* (*fig*) Rachen *m* **4.** (*Indien, China*) Siegel *nt,* Stempel *m;* **first-~/second-~** erstklassig/zweitklassig; **get the ~** (*sl*) rausgeschmissen werden; **chop away** *vt* wegschneiden, -hacken; **chop down** *vt* umhacken, -legen; (*Baum*) fällen; **chop off** **I.** *vt* abhacken, -schneiden, -hauen **II.** *vi* (*Wind*) umschlagen; **chop-chop** *interj* (*fam*) dalli, dalli!; **chop·per** ['tʃɒpə(r)] *s* Hackmesser *nt;* (*fam*) Helikopter *m;* **chop·ping** [-ɪŋ] *s:* **~ block** Hackklotz *m;* Block *m;* **~ board** Hackbrett *nt;* **choppy** ['tʃɒpɪ] *adj* **1.** unbeständig **2.** (*See*) kabbelig **3.** (*Worte, Sätze*) abgehackt; **chopsticks** ['tʃɒpstɪks] *s pl* Essstäbchen *ntpl*

chop·suey [ˌtʃɒp 'suːɪ] *s* Chopsuey *nt* (*chinesisches Gericht*)

choral ['kɔːrəl] **I.** *adj* Chor- **II.** *s* Choral *m*

chord ['kɔːd] *s* **1.** (ANAT) Band *nt* **2.** (MATH) Sehne *f* **3.** (*fig*) Saite *f* **4.** (MUS) Akkord *m* **5.** (TECH) Gurt(ung *f*) *m;* **strike the right ~** (*fig*) die richtige Saite anklingen lassen; **does that strike a ~?** erinnert dich das an etwas?; **spinal ~** Rückenmark *nt;* **vocal ~** Stimmband *nt*

chore [tʃɔː(r)] *s meist pl* **1.** unangenehme Arbeit **2.** Hausarbeit *f*

chor·eogra·pher [ˌkɒrɪ'ɒgrəfə(r)] *s* Choreograf(in) *m(f);* **chor·eogra·phy** [ˌkɒrɪ'ɒgrəfɪ] *s* Choreografie *f;* Tanz-, Ballettkunst *f*

chor·is·ter ['kɒrɪstə(r)] *s* Chorsänger(in) *m(f),* Chorknabe *m;* **chorus** ['kɔːrəs] **I.** *s* **1.** (*a.* THEAT) Chor *m* **2.** Chorgesang *m* **3.** Refrain *m* **4.** (*Revue*) Tanzgruppe *f;* **in ~** im Chor, alle zusammen; **~ girl** Revuetänzerin *f* **II.** *vt, vi* im Chor singen, (auf)sagen, sprechen

chose, chosen [tʃəʊz, 'tʃəʊzn] *s.* **choose**

chow [tʃaʊ] *s* **1.** (~-~) Chow-Chow *m* (*Hunderasse*) **2.** (*sl*) Futter *nt;* Fraß *m*

chow·der ['tʃaʊdə(r)] *s* (*Am*) dicke (Fisch)Suppe

Christ [kraɪst] **I.** *s* Christus *m* **II.** *interj* Herrgott!; **christen** ['krɪsn] *vt* taufen; **Christen·dom** ['krɪsndəm] *s* die Christenheit; **christen·ing** ['krɪsnɪŋ] *s* Taufe *f*

Chris·tian ['krɪstʃən] **I.** *adj* christlich **II.** *s* Christ(in) *m(f);* **Christian burial** *s* kirchliches Begräbnis; **Christian era** *s* christliche Zeitrechnung; **Chris·ti·an·ity** [ˌkrɪstɪ'ænətɪ] *s* das Christentum; **Chris·tian·ize** ['krɪstʃənaɪz] *vt* christianisieren; **Christian name** *s* Vorname *m*

Christ·mas, Xmas ['krɪsməs] *s* Weihnachten *nt;* **at ~** an Weihnachten; **merry ~!** frohe Weihnachten!; **Father ~** der Weihnachtsmann; **Christmas carol** *s* Weihnachtslied *nt;* **Christmas Day** *s* der 1. Weihnachtstag (*25. Dez.*); **Christmas Eve** *s* der Heilige Abend (*24. Dez.*); **Christmas pudding** *s* Plumpudding *m;* **Christmas tree** *s* Weihnachts-, Christbaum *m*

chro·matic [krəʊ'mætɪk] *adj* (PHYS MUS) chromatisch; **chrome** [krəʊm] *s* (CHEM) Chrom *nt;* **chro·mium** ['krəʊmɪəm] *s* (CHEM) Chrom *nt*

chro·mo·some ['krəʊməsəʊm] *s* (BIOL) Chromosom *nt*

chron·ic ['krɒnɪk] *adj* **1.** (MED) chronisch **2.** dauernd, (be)ständig **3.** (*sl*) widerlich

chroni·cle ['krɒnɪkl] *s* Chronik *f;* **chro-**

ni·cler ['krɒnɪklə(r)] *s* Chronist(in) *m(f)*
chrono·logi·cal [ˌkrɒnə'lɒdʒɪkl] *adj* chronologisch; **in ~ order** in zeitlicher Folge; **~ chart** Zeittafel *f;* **chrono·logy** [krə'nɒlədʒɪ] *s* Chronologie *f;* chronologische Übersicht; **chrono·psy·chol·ogy** [ˌkrəʊnə(ʊ)saɪ'kɒlədʒi] *s no pl* Chronopsychologie *f* (*untersucht den natürlichen Körperrhythmus*)
chry·sa·lis ['krɪsəlɪs] *s* (*Insektenlarve*) Puppe *f*
chry·san·the·mum [krɪ'sænθəməm] *s* Chrysantheme *f*
chubby ['tʃʌbɪ] *adj* pausbäckig
chuck [tʃʌk] **I.** *vt* **1.** wegwerfen **2.** loswerden; **~ s.o. under the chin** jdn ans Kinn schlagen; **~ it!** (*fam*) lass das! **II.** *s* **1.** Schlag *m* ans Kinn **2.** Wurf *m* **3.** (*sl*) Entlassung *f,* Hinauswurf *m;* **chuck away** *vt* (*Gelegenheit*) verpassen, versäumen; (*Sachen*) wegwerfen; **chuck out** *vt* (*Menschen*) hinauswerfen; **chuck up** *vt* wegwerfen; (*Arbeitsplatz*) aufgeben; **chucker-out** [ˌtʃʌkər'aʊt] *s* (*sl*) Rausschmeißer *m*
chuckle ['tʃʌkl] **I.** *vi* **1.** kichern; (*~ to o.s.*) in sich hineinlachen **2.** (*Henne*) glucksen **II.** *s* Gekicher, Glucksen *nt*
chug [tʃʌg] **I.** *s* Blubbern, Tuckern *nt* **II.** *vi* (*Motor*) blubbern, tuckern; (*Maschine*) stampfen; **~ along** entlangzockeln; (*Schiff*) entlangtuckern; (*fig fam*) (gut) vorankommen
chug·alug ['tʃʌgəlʌg] *vt* (*Am: sl*) runterkippen
chum [tʃʌm] *s* (Schul)Kamerad *m;* (*fam*) Kumpel *m;* **chum up with/around with** *vi* (*Am fam*) sich (eng) anschließen an; **chummy** ['tʃʌmɪ] *adj* (*fam*) eng befreundet
chump [tʃʌmp] *s* **1.** (Holz)Klotz *m* **2.** Keule *f* **3.** (*fam*) Trottel *m;* **be off one's ~** eine Meise haben
chunk [tʃʌŋk] *s* **1.** Brocken *m;* Klumpen *m;* (Holz)Klotz *m* **2.** ziemlich hoher Betrag; **chunky** ['tʃʌŋkɪ] *adj* (*fam*) untersetzt; dick
Chun·nel ['tʃʌnl] *s s.* **Channel Tunnel** (*fam*) Kanaltunnel *m*
church [tʃɜːtʃ] *s* **1.** Kirche *f* **2.** Gottesdienst *m* **3.** (die) Christen *mpl* **4.** Geistlichkeit *f;* **at** [*o* **in**] **~** in der Kirche, beim Gottesdienst; **in the ~** in der Kirche; **go to ~** in die Kirche gehen, den Gottesdienst besuchen; **church·goer** ['tʃɜːtʃˌgəʊə(r)] *s* Kirchgänger(in) *m(f);* **church·war·den** [ˌtʃɜːtʃ'wɔːdn] *s* Kirchenvorsteher, -älteste(r) *m;* **church·yard** [ˌtʃɜːtʃ'jɑːd] *s* Kirchhof *m*
churl [tʃɜːl] *s* ungehobelter Kerl
churl·ish ['tʃɜːlɪʃ] *adj* **1.** flegelhaft **2.** filzig, knauserig **3.** mürrisch
churn [tʃɜːn] **I.** *s* **1.** Butterfass *nt* **2.** (*Br*) große Milchkanne **II.** *vt* **1.** zu Butter verarbeiten **2.** (*~ up*) auf-, umwühlen **III.** *vi* **1.** buttern **2.** schäumen **3.** sich heftig bewegen
chute [ʃuːt] *s* **1.** Stromschnelle *f* **2.** Rutsche *f* **3.** (SPORT) Rutschbahn *f* **4.** (*fam*) Fallschirm *m*
chut·ney ['tʃʌtnɪ] *s* Chutney *m*
cider ['saɪdə(r)] *s* Apfelwein, Most *m*
cigar [sɪ'gɑː(r)] *s* Zigarre *f;* **cigar·box** [sɪ'gɑːbɒks] *s* Zigarrenkiste *f;* **cigar·case** *s* Zigarrenetui *nt;* **cigar-cutter** *s* Zigarrenabschneider *m*
ciga·rette [ˌsɪgə'ret, *Am* 'sɪgəret] *s* Zigarette *f;* **cigarette-case** *s* Zigarettenetui *nt;* **cigarette end** *s* Zigarettenstummel *m;* (*fam*) Kippe *f;* **cigarette holder** *s* Zigarettenspitze *f;* **cigarette paper** *s* Zigarettenpapier *nt*
ciga·rillo [sɪgə'rɪləʊ] *s* Zigarillo *nt*
cin·der ['sɪndə(r)] *s* **1.** Schlacke *f* **2.** verkohltes Stück Holz **3.** **~s** Asche *f;* **~-track** (SPORT) Aschenbahn *f*
Cin·de·rella [ˌsɪndə'relə] *s* Aschenbrödel, -puttel *nt*
cine- ['sɪnɪ] *PRÄF* Film-, Kino-; **cin·east(e)** ['sɪnɪˌæst] *s* Kinoliebhaber(in) *m(f);* **cine camera** *s* Filmkamera *f;* **cine film** *s* Schmalfilm *m;* **cin·ema** ['sɪnəmə] *s* Kino, Film-, Lichtspieltheater *nt;* **cinema·goer** *s* Kinobesucher(in) *m(f);* **Cin·ema·scope®** ['sɪnɪməˌskəʊp] *s* Breit- (lein)wand *f;* **cin·ema·tic** [ˌsɪnə'mætɪk] *adj* Film-; **cine-pro·jec·tor** ['sɪnɪprəˌdʒektə(r)] *s* Filmprojektor *m*
cin·na·mon ['sɪnəmən] *s* Zimt *m*
ci·pher, cy·pher ['saɪfə(r)] **I.** *s* **1.** (MATH) Ziffer, Zahl *f;* Null(zeichen *nt*) *f* **2.** (*fig*) Null *f,* völlig unbedeutender Mensch **3.** Chiffre *f;* Chiffrierverfahren *nt* **4.** (*~-key*) Schlüssel *m* (*einer Geheimschrift*) **II.** *vt* verschlüsseln, chiffrieren; **cipher code** *s* Chiffrierschlüssel *m*
cir·ca·dian [sɜː'keɪdiən] *adj* (*recurring at approximately 24-hour cycles*) zirkadian, im 24-Stunden-Rhythmus
cir·cle ['sɜːkl] **I.** *s* **1.** (MATH) Kreis *m* **2.** (ASTR) Kreisbahn *f* **3.** Ring *m;* Reif *m* **4.** (SPORT) Rundlauf *m* **5.** (THEAT) Rang *m* **6.** Kreis *m,* Gebiet *nt* **7.** (*~ of friends*) Freundes-, Bekanntenkreis *m* **8.** Wirkungskreis *m,* (Einfluss)Sphäre *f;* Spielraum, Bereich *m;* **full ~** rundherum, im Kreise; **square the ~** (*fig*) das Unmögliche versuchen; **dress ~** (THEAT) 1. Rang *m* **II.** *vt* umkreisen; sich bewegen um; umfahren, umgeben **III.** *vi* fahren, segeln, fliegen (*round, about s.th.* um etw), sich im Kreis bewegen; (*Vogel, Flug-*

zeug) kreisen

cir·cuit ['sɜːkɪt] **I.** *s* **1.** Umkreis, Umfang *m* **2.** Gebiet *nt,* Bezirk *m* **3.** Runde *f,* Rundgang *m,* -fahrt *f,* -flug *m* (*of* um), Rundreise *f* **4.** (JUR) Rundreise *f* (eines Richters); Gerichtsbezirk *m* **5.** (*Am: methodistischer*) (Kirchen)Sprengel *m* **6.** Ring *m;* Kreislauf *m;* Periode *f* **7.** Theater-, Kinoring *m* **8.** (SPORT) Rennbahn *f;* Turnierrunde *f* **9.** (ELEK) Stromkreis *m;* Schaltung *f;* **short ~** (ELEK) Kurzschluss *m* **II.** *vt* umfahren, -schiffen, -segeln, -fliegen **III.** *vi* eine Runde, Rundfahrt, -reise machen; sich im Kreis bewegen; **circuit board** *s* (ELEK) Schaltplatte *f;* **circuit breaker** *s* (ELEK) Stromkreisunterbrecher *m;* **circuit diagram** *s* (ELEK) Schaltplan *m;* **cir·cu·itous** [sɜː'kjuːɪtəs] *adj* weitschweifig; weitläufig; umständlich

cir·cu·lar ['sɜːkjʊlə(r)] **I.** *adj* kreisförmig, rund **II.** *s* Rundschreiben *nt;* **circular letter** *s* Rundschreiben *nt;* **circular saw** *s* Kreissäge *f;* **circular ticket** *s* Rundreisekarte *f;* **circular tour, circular trip** *s* Rundreise, -fahrt *f;* **cir·cu·late** ['sɜːkjʊleɪt] **I.** *vi* **1.** zirkulieren (*a. Blut*), umlaufen **2.** die Runde machen **3.** herumreisen **II.** *vt* in Umlauf setzen; **cir·cu·lat·ing** [-ɪŋ] *adj* (FIN) umlaufend; **~ capital** Umlaufkapital *nt;* **cir·cu·la·tion** [ˌsɜːkjʊ'leɪʃn] *s* **1.** (Blut)Zirkulation *f,* Kreislauf *m* **2.** (*Zeitung*) Verbreitung *f;* Auflage(nhöhe, -ziffer) *f* **3.** (Geld)Umlauf *m;* **out of ~** außer Kurs; **with a wide ~** mit hoher Auflage; **be in ~** in Umlauf sein; **put into ~** in Umlauf setzen, in Verkehr bringen; **withdraw from ~** außer Kurs setzen; **cir·cu·la·tory** [ˌsɜːkjʊ'leɪtərɪ] *adj* Kreislauf-; **~ system** Blutkreislauf *m*

cir·cum- ['sɜːkəm] *PRÄF* (her)um-; Um-; **cir·cum·cise** ['sɜːkəmsaɪz] *vt* (REL MED) beschneiden; **cir·cum·ci·sion** [ˌsɜːkəm'sɪʒn] *s* Beschneidung *f;* **cir·cum·fer·ence** [sə:'kʌmfərəns] *s* (MATH) Umfang *m,* Peripherie *f;* **cir·cum·lo·cu·tion** [ˌsɜːkəmlə'kjuːʃn] *s* Umschreibung *f;* Weitschweifigkeit *f;* **cir·cum·navi·gate** [ˌsɜːkəm'nævɪgeɪt] *vt* umschiffen, -segeln; **cir·cum·navi·ga·tion** [ˌsɜːkəmˌnævɪ'geɪʃn] *s* Umschiffung, Umsegelung *f;* **cir·cum·scribe** ['sɜːkəmskraɪb] *vt* **1.** (MATH: *Figur*) einen Kreis beschreiben um **2.** begrenzen, einschränken **3.** definieren; **cir·cum·scrip·tion** [ˌsɜːkəm'skrɪpʃn] *s* **1.** (MATH) Umschreibung *f* **2.** Ab-, Begrenzung, Beschränkung *f* **3.** (*Münze*) Umschrift *f;* **cir·cum·spect** ['sɜːkəmspekt] *adj* umsichtig; bedachtsam, vorsichtig

cir·cum·stance ['sɜːkəmstəns] *s* **1.** Umstand *m,* Tatsache *f;* Sachverhalt *m* **2. ~s** Einzelheiten, Gegebenheiten *fpl,* Verhältnisse *ntpl,* Fall *m;* **in** [*o* **under**] **the ~s** unter diesen Umständen; **in** [*o* **under**] **no ~s** auf keinen Fall; **in all ~s** unter allen Umständen; **in easy/good/flourishing ~s** in angenehmen/guten Verhältnissen; **in bad~s** in schlechten Verhältnissen; **the ~ that** der Umstand, dass; **that depends on ~s** das kommt darauf an; **aggravating/extenuating ~s** (JUR) erschwerende/mildernde Umstände *mpl;* **cir·cum·stan·tial** [ˌsɜːkəm'stænʃl] *adj* **1.** genau, eingehend, ausführlich **2.** zufällig, nebensächlich; **~ evidence** (JUR) Indizienbeweis *m*

cir·cum·vent [ˌsɜːkəm'vent] *vt* umgehen

cir·cus ['sɜːkəs] *s* **1.** Zirkus *m* **2.** (*Br*) runder Platz

cir·rho·sis [sɪ'rəʊsɪs] *s* (MED) Leberzirrhose *f*

cir·rus ['sɪrəs, *pl* 'sɪraɪ] <*pl* **-ri**> *s* **1.** (BOT) Ranke *f* **2.** (*~ cloud*) Zirrus(wolke *f*) *m,* Federwolke *f*

CIS [ˌsiːaɪ'es] *s Abk. von* **Commonwealth of Independent States** GUS *f*

cis·sy ['sɪsɪ] **I.** *s* (*pej*) Waschlappen *m,* Weichling *m* **II.** *adj* (*pej: Mann*) weibisch, verweichlicht

cis·tern ['sɪstən] *s* Zisterne *f;* (*Toilette*) Spülkasten *m*

cita·del ['sɪtədəl] *s* Zitadelle *f*

ci·ta·tion [saɪ'teɪʃn] *s* **1.** (JUR) (Vor)Ladung *f* **2.** Anführung *f;* Zitat *nt* **3.** (MIL) ehrenvolle Erwähnung; **cite** [saɪt] *vt* **1.** (JUR) vorladen (*before* vor) **2.** zitieren, anführen; sich berufen (*s.th.* auf etw)

citi·zen ['sɪtɪzn] *s* **1.** Bürger(in) *m(f)* **2.** Staatsangehörige(r) *f m;* **citi·zens' band** *s* CB-Funk *m*

citi·zen·ship [-ʃɪp] *s* Bürgerrecht *nt;* Staatsangehörigkeit *f*

cit·ric ['sɪtrɪk] *adj:* **~ acid** Zitronensäure *f;*

cit·rus ['sɪtrəs] *s* (*~ fruit*) Zitrusfrucht *f*

city ['sɪtɪ] *s* **1.** (große, bedeutende) Stadt *f* **2.** Stadtgemeinde *f* **3.** Zentrum *nt,* Altstadt *f,* Geschäftsviertel *nt,* City *f;* **city-father** *s* Stadtrat *mpl,* Stadtväter *mpl;* **city hall** *s* Rathaus *m;* **city planner** *s* (*Am*) Stadtplaner(in) *m(f)*

civic ['sɪvɪk] **I.** *adj* (staats)bürgerlich; städtisch **II.** *s pl mit sing* Staatsbürgerkunde *f*

civ·ies ['sɪvɪz] *s pl* (*sl*) Zivilkleidung *f*

civil ['sɪvl] *adj* **1.** (staats)bürgerlich **2.** zivil(rechtlich) **3.** zivil, bürgerlich **4.** höflich, gesittet; **civil action** *s* Zivilprozess *m,* zivilrechtliche Klage; **civil aviations** *s pl* Zivilluftfahrt *f;* **civil court** *s* Zivilgericht *nt;* **civil defence** *s* Zivilschutz *m;* **civil disobedience** *s* passiver Widerstand, ziviler Ungehorsam; **civil engineer** *s* Bauingenieur(in) *m(f)*

ci·vil·ian [sɪ'vɪlɪən] **I.** *s* Zivilist(in) *m(f)* **II.** *adj* bürgerlich
ci·vil·ity [sɪ'vɪlətɪ] *s* Höflichkeit *f*
civi·li·za·tion [ˌsɪvəlaɪ'zeɪʃn] *s* Zivilisation, Kultur *f;* **civi·lize** ['sɪvəlaɪz] *vt* zivilisieren
civil law ['sɪvl'lɔː] *s* bürgerliches Recht; **civil marriage** *s* standesamtliche Trauung; **civil population** *s* Zivilbevölkerung *f;* **civil rights** *s pl* Bürgerrechte, bürgerliche Ehrenrechte *ntpl;* **civil rights movement** *s* Bürgerrechtsbewegung *f;* **civil servant** *s* (Staats)Beamte(r) *f m;* **civil service** *s* Staatsdienst *m;* **civil war** *s* Bürgerkrieg *m*
civ·vies ['sɪvɪz] *s pl* (*sl*) Zivilkleidung *f*
clack [klæk] **I.** *s* **1.** Klappern *nt* **2.** Plappern *nt* **3.** Ventil(klappe *f*) *nt* **II.** *vi* **1.** klappern **2.** (*fam*) schwatzen
claim [kleɪm] **I.** *s* **1.** Anspruch *m* (*to* auf) **2.** Forderung *f* (*on s.o.* gegen jdn) **3.** Behauptung *f* **4.** Anrecht *nt* **5.** (MIN) (beanspruchte) Parzelle *f;* Mutung *f;* Kux *m* **6.** (JUR) Schadenssumme *f,* Klage, Mängelrüge, Reklamation *f;* **baggage ~** (AVIAT) Gepäckausgabe *f;* **lay ~ to, make a ~ to** Anspruch erheben auf; **~ for damages** Schadensanspruch *m* **II.** *vt* **1.** (*Person*) Anspruch erheben auf **2.** (*Unterstützung*) beantragen; beanspruchen **3.** verlangen, fordern, geltend machen **4.** behaupten, versichern; **~ attention** Aufmerksamkeit erfordern; **where do I ~ my baggage?** wo bekomme ich mein Gepäck? **III.** *vi* Schadensersatz verlangen; **~ for s.th.** sich etw erstatten lassen; **claim·ant** ['kleɪmənt] *s* Antragsteller(in) *m(f),* Anspruchsberechtigte(r) *f m,* Kläger(in) *m(f)*
clair·voy·ance [kleə'vɔɪəns] *s* Hellsehen *nt;* **clair·voy·ant** [kleə'vɔɪənt] *s* Hellseher(in) *m(f)*
clam [klæm] *s* **1.** Venusmuschel *f* **2.** (*Am sl*) maulfauler Mensch; **clam up** *vi* das Maul halten
clam·ber ['klæmbə(r)] *vi* (mühsam) klettern
clam chow·der ['klæmˌtʃaʊdə(r)] *s* (*Am*) Suppe *f* mit Venusmuscheln
clammy ['klæmɪ] *adj* feucht(kalt)
clam·or·ous ['klæmərəs] *adj* lärmend, schreiend; **clam·our** ['klæmə(r)] **I.** *s* Geschrei *nt,* Lärm *m* **II.** *vi* schreien, lärmen **III.** *vi, vt* laut fordern, rufen (*s.th., for s.th.* nach etw), laut protestieren (*s.th., against s.th.* gegen etw)
clamp [klæmp] **I.** *s* **1.** (Eisen)Klammer *f;* Klemme, (Schraub)Zwinge *f;* (*Kabel*) Schelle *f* **2.** (*Ski*) Strammer *m* **II.** *vt* **1.** (ver)klammern; festklemmen; (ein)spannen **2.** (*Auto*) mit einer Parkkralle festsetzen; **clamp down** *vi* (*fam*) strenger vorgehen (*on s.o.* gegen jdn)
clan [klæn] *s* **1.** (*in Schottland*) Clan *m* **2.** Sippschaft *f;* Clique *f*
clan·des·tine [klæn'destɪn] *adj* heimlich, geheim
clang [klæŋ] **I.** *s* Klang *m,* Klirren, Rasseln *nt* **II.** *vi* klingen, klirren, rasseln **III.** *vt* klappern lassen; (*Glocke*) läuten; **clanger** ['klæŋgə(r)] *s* (*Br fam*) Fauxpas, Schnitzer *m;* **drop a ~** ins Fettnäpfchen treten; **clan·gor** *s* (*Am*), **clang·our** ['klæŋə(r)] *s* Klirren *nt,* Schall *m;* (*Trompete*) Geschmetter *nt*
clank [klæŋk] **I.** *s* Geklirr, Gerassel *nt* **II.** *vi* klirren, rasseln **III.** *vt* klirren lassen
clap [klæp] **I.** *vt* **1.** (zusammen)schlagen **2.** einen Klaps geben (*s.o.* jdm) **3.** beklatschen, Beifall spenden (*s.o.* jdm); **~ eyes on s.o.** jdn erblicken; **~ one's hands** in die Hände klatschen; **~ s.o. on the shoulder** jdm (freundschaftlich) auf die Schulter klopfen; **he ~ped his hat on** er setzte rasch seinen Hut auf **II.** *vi* (Beifall) klatschen **III.** *s* **1.** (lauter) Schlag *m* **2.** (Hände)Klatschen *nt;* Beifall, Applaus *m* **3.** Klaps, leichter Schlag *m* **4.** (*sl*) Tripper *m;* **~ of thunder** Donnerschlag *m;* **clap·ped-out** [ˌklæpt'aʊt] *adj* (*fam*) **1.** erschöpft **2.** (*Auto*) klapprig; **clap·per** ['klæpə(r)] *s* **1.** (*Glocke*) Klöppel *m* **2.** (Vogel)Klapper *f;* **run like the ~s** mit einer Affengeschwindigkeit rennen; **clap·per·board** *s* (FILM) Klappe *f;* **clap·trap** ['klæptræp] *s* Geschwätz *nt;* Unsinn *m*
claret ['klærət] *s* roter Bordeauxwein
clari·fi·ca·tion [ˌklærɪfɪ'keɪʃn] *s* **1.** Klärung *f* **2.** Klarstellung, Verdeutlichung *f;* **clar·ify** ['klærɪfaɪ] **I.** *vt* **1.** abklären, läutern, reinigen **2.** aufklären **II.** *vi* **1.** sich klären **2.** (*fig*) sich aufklären
clari·net [ˌklærɪ'net] *s* (MUS) Klarinette *f*
clar·ity ['klærətɪ] *s* Klarheit, Deutlichkeit *f*
clash [klæʃ] **I.** *vi* **1.** klirren, rasseln **2.** (zusammen-, aufeinander) prasseln, prallen (*with* mit) **3.** aneinander stoßen, zusammenstoßen, kollidieren **4.** (*fig*) (zeitlich) zusammenfallen **5.** sich widersprechen **6.** nicht zusammenpassen, zueinander passen (*with* mit) **7.** (*Farben*) sich beißen **8.** sich streiten **II.** *s* **1.** Klirren *nt* **2.** Zusammenprall, -stoß *m* **3.** (*fig*) Widerstreit *m;* Disharmonie, Diskrepanz *f* **4.** Kollision *f* **5.** (zeitliches) Zusammentreffen *nt*
clasp [klɑːsp] **I.** *vt* **1.** fest-, an-, einhaken **2.** umklammern, umfassen; fassen, (er)greifen; fest drücken (*to* an); **~ s.o. in one's arms** jdn in die Arme schließen; **~ s.o.'s hand** jdm die Hand drücken; **~ one's hands** die Hände falten **II.** *s* **1.** Haken (u.

Öse *m*) *f,* Klammer *f;* Schnalle *f;* Spange *f* **2.** Umklammerung *f;* Umarmung *f;* Händedruck *m;* **clasp knife** <*pl* **-knives**> *s* Klappmesser *nt*

class [klɑːs] **I.** *s* **1.** Klasse *f* **2.** (Gesellschafts)Klasse, Schicht *f* **3.** (SCHULE RAIL) Klasse *f;* Unterrichts-, Schulstunde *f;* Vorlesung *f;* Kurs *m* **4.** (*Br: Universität*) Klassifizierung *f* im Examen **5.** (*Am*) Jahrgang *m* **6.** Qualität, Klasse, Güte, Sorte *f;* **in a ~ by itself** von besonderer Qualität; einzigartig; **not to be in the same ~ with** sich nicht messen können mit **II.** *vt* **1.** einstufen, in Gruppen einteilen; einordnen **2.** betrachten (*as* als); **class-conscious** *adj* klassenbewusst; **class distinctions** *s pl* Klassenunterschiede *mpl*

classic [ˈklæsɪk] **I.** *adj* klassisch **II.** *s* Klassiker *m;* **clas·si·cal** [ˈklæsɪkl] *adj* **1.** klassisch **2.** (*Bildung*) humanistisch **3.** (ARCH) klassizistisch; **clas·si·cism** [ˈklæsɪsɪzəm] *s* Klassik *f;* Klassizismus *m;* **clas·si·cist** [ˈklæsɪsɪst] *s* Altphilologe *m,* -philologin *f;* **clas·sics** [ˈklæsɪks] *s pl mit sing* Altphilologie *f*

clas·si·fi·ca·tion [ˌklæsɪfɪˈkeɪʃn] *s* Klassifizierung, Einteilung *f;* **clas·si·fied** [ˈklæsɪfaɪd] *adj* **1.** (MIL) geheim **2.** in Klassen eingeteilt; **~ ad(vertisement)** Kleinanzeige *f;* **~ directory** Branchenverzeichnis *nt;* **clas·sify** [ˈklæsɪfaɪ] *vt* klassifizieren, einteilen

class·less [ˈklɑːʃlɪs] *adj* klassenlos; **class·mate** [ˈklɑːsmeɪt] *s* Klassen-, Schulkamerad, Schulfreund *m;* **class·room** [ˈklɑːsrʊm] *s* Klassenzimmer *nt;* **class struggle** *s* Klassenkampf *m*

classy [ˈklɑːsɪ] *adj* (*fam*) Klasse, prima, in Ordnung

clat·ter [ˈklætə(r)] **I.** *s* **1.** Klappern, Rasseln, Rattern *nt* **2.** Lärm, Tumult *m* **II.** *vi* klappern, rasseln, rattern; **~ along** dahinrattern, -rasseln **III.** *vt* klappern, rattern, rasseln mit

clause [klɔːz] *s* **1.** Satz *m* **2.** (JUR) Vertragsbestimmung, Klausel *f;* Absatz, Paragraf *m;* **jurisdiction ~** Gerichtsstandklausel *f;* **main ~, subordinate ~** Haupt-, Nebensatz *m*

claus·tro·pho·bia [ˌklɔːstrəˈfəʊbɪə] *s* Klaustrophobie, Platzangst *f*

clav·icle [ˈklævɪkl] *s* (ANAT) Schlüsselbein *nt*

claw [klɔː] **I.** *s* **1.** Kralle, Klaue *f;* (*a.* TECH) Tatze, Pfote *f,* (Krebs)Schere *f* **2.** (TECH) Haken *m* **II.** *vt* **1.** packen **2.** zerkratzen **3.** reißen (*a hole* ein Loch) **III.** *vi* greifen (*at* nach), zerren (*at* an)

clay [kleɪ] *s* Lehm *m;* Ton *m;* **clay pigeon** *s* Tontaube *f*

clean [kliːn] **I.** *adj* **1.** sauber **2.** frisch, neu, unbenutzt **3.** (*Papier*) weiß, unbeschrieben **4.** (*fig*) einwand-, fehlerfrei, tadellos, anständig; fair **5.** unschuldig **6.** vorbehaltlos, uneingeschränkt; (*Wechsel*) einwandfrei **7.** (*Bruch, Schnitt*) sauber; (*Linien*) klar **8.** umweltschonend **9.** geschickt, gewandt; gekonnt; **have ~ hands/a ~ slate** (*fig*) eine reine Weste haben; **have a ~ record** eine tadellose Vergangenheit haben; **keep ~** sauber halten; **make a ~ breast of s.th.** sich etw vom Herzen reden; **make a ~ copy of s.th.** etw ins Reine schreiben; **make a ~ sweep of s.th.** mit einer S vollständig aufräumen **II.** *adv* **1.** vollkommen, -ständig, völlig, ganz **2.** sauber, rein **III.** *vt* **1.** reinigen, säubern, putzen **2.** (*Fisch, Geflügel*) ausnehmen; **clean down** *vt* abwischen, -bürsten; gründlich abwaschen; **clean out** *vt* beseitigen, aus-, aufräumen; (*Geld*) aufbrauchen; **~ s.o. out** (*fam*) jdn ausnehmen; **be ~ed out** (*fam*) blank sein, kein Geld mehr haben; **clean up I.** *vt* **1.** sauber machen **2.** (*fam*) fertig machen **3.** (*sl: als Gewinn*) einstecken, in die Tasche stecken, absahnen **II.** *vi* aufräumen; sich waschen

clean-cut [ˌkliːnˈkʌt] *adj* **1.** wohlgeformt; gut aussehend **2.** scharf umrissen **3.** (*fig*) klar; **cleaner** [ˈkliːnə(r)] *s* **1.** Reiniger *m* **2.** Putzfrau *f;* **dry-~'s** chemische Reinigung *f* (*Geschäft*); **take s.o. to the ~'s** (*fam*) jdn übers Ohr hauen, reinlegen; **clean·ing** [kliːnɪŋ] *s* Reinigung, Säuberung *f;* **cleaning lady, cleaning woman** *s* Putzfrau *f;* **clean·li·ness** [ˈklenlɪnɪs] *s* Reinlichkeit, Sauberkeit *f;* **clean·ly** [ˈklenlɪ] **I.** *adv* sauber **II.** *adj* reinlich, sauber; **cleanse** [ˈklenz] *vt* reinigen, säubern; (*Bibel: vom Aussatz*) heilen, rein machen; (*fig*) läutern; (*von Sünde*) frei machen; **cleanser** [ˈklenzə(r)] *s* Reinigungsmittel *nt;* **clean-shaven** [ˈkliːnˈʃeɪvn] *adj* glatt rasiert; **cleansing cream** *s* Reinigungscreme *f;* **cleansing tissue** *s* Erfrischungstuch *nt;* **clean-up** [ˈkliːnʌp] *s* **1.** Reine-, Saubermachen *nt* **2.** (*fam*) Säuberungsaktion *f*

clear [klɪə(r)] **I.** *adj* **1.** klar; hell, rein **2.** deutlich, scharf, fest umrissen **3.** verständlich; eindeutig **4.** (*Straße*) frei; (*Weg*) offen, frei (*of* von) **5.** sicher, zuversichtlich, entschlossen (*of, on* in, hinsichtlich) **6.** frei von Schuld, unschuldig **7.** (*Zeit, Summe*) voll; schuldenfrei **8.** (*Gewinn*) Rein-; Netto- **9.** (*Himmel*) wolkenlos **II.** *adv* **1.** (voll u.) ganz, völlig, vollständig **2.** (*fam*) geradeswegs, mitten durch **III.** *s* **1.** Klartext *m* **2.** (*Am*) Lichtung *f* **3.** lichte Weite **IV.** *vt* **1.** klar, hell, deutlich machen; auf-, erhellen 2. (*Straße*) freimachen; räumen 3. (*Wald*) roden 4. (*Weg*) bahnen 5. (*Konto*) ausgleichen; (*Schuld*) bereinigen, begleichen 6. säubern; (*Tisch*) abräumen; aufräumen 7. (INFORM) löschen 8. (COM: *Lager*) räumen 9. überholen, springen über, vorbeikommen an 10. (*fig*) freimachen, befreien (*of, from* von) 11. (JUR) entlasten, freisprechen (*of* von) 12. für unbedenklich erklären; genehmigen; freigeben 13. (FIN) bezahlen, begleichen; einlösen; (*Grundstück*) von Belastungen freimachen 14. (rein) gewinnen, einnehmen 15. (RADIO: *Sendezeit*) kaufen 16. (*Ware*) verzollen; zollamtlich abfertigen 17. (TECH) entstören; (*Störung*) beseitigen; (*Aufnahme*) löschen **V.** *vi* 1. klar, hell, deutlich werden 2. (*Himmel: ~ up*) aufklaren 3. (*Schiff*) absegeln, -fahren; klarkommen; (*~ in, out*) Hafengebühren bezahlen **VI.** (*Wendungen*): **in the** ~ aus allem heraus; **come out of a ~ sky** aus heiterem Himmel kommen; **get ~ of s.th.** etw loswerden; **keep ~ of s.th.** etw meiden; **make o.s. ~** sich verständlich machen; ~ **the hurdle** die Schwierigkeiten überwinden; ~ **one's throat** sich räuspern; **all ~!** Gefahr vorbei!; ~ **the decks!** (MAR) klar Deck!; **a ~ conscience** ein reines Gewissen; **three ~ days** drei volle Tage; ~ **profit** [*o* **gain**] Reingewinn *m;* **clear away** *vt* 1. ab-, wegräumen 2. (*fig: Zweifel*) beseitigen 3. (*Schwierigkeiten*) überwinden; **clear off I.** *vt* wegbringen, beseitigen, weg-, fortschaffen **II.** *vi* (*fam*) abhauen, türmen; **clear out I.** *vt* säubern, reinigen; ausräumen **II.** *vi* sich aus dem Staub machen; **clear up** *vt* aufräumen; ins Reine, in Ordnung bringen; (auf)klären

clear·ance ['klɪərəns] *s* 1. (Auf)Räumung(sarbeiten *f*) *pl,* Beseitigung *f* 2. (COM) Räumung *f* des Lagers 3. (FIN) Tilgung *f;* Deckungsbestätigung *f* (*von Scheck*) 4. Rodung *f* 5. (*Brücke*) lichte Höhe 6. (TECH) Spiel(raum *m*) *nt,* Abstand, Zwischenraum, freier Raum *m* 7. Genehmigung, Erlaubnis *f* 8. (*a.* AVIAT) Verzollung, Zollabfertigung, Freigabe, Abfertigung *f* 9. (*bill of ~*) Zoll(abfertigungs)schein *m* 10. (AVIAT) Starterlaubnis, -freigabe *f;* **clearance sale** *s* Räumungs-, Ausverkauf *m*

clear-cut ['klɪə'kʌt] **I.** *adj* 1. scharf geschnitten 2. (*fig*) klar, eindeutig **II.** *vt* kahl schlagen, abholzen; **clear-fell** *vt* kahl schlagen, abholzen; **clear film** *s* Klarsichtfolie *f;* **clear-headed** [ˌklɪə'hedɪd] *adj* einsichtig, verständig

clear·ing ['klɪərɪŋ] *s* 1. Ab-, Verrechnung *f,* Clearing *nt* 2. Rodung *f;* Lichtung *f;* **clearing bank** *s* Clearingbank *f;* **clearing-house** *s* Verrechnungsstelle *f;* **clearing office** *s* Ausgleichs-, Ab-, Verrechnungsstelle *f*

clear·ly ['klɪəlɪ] *adv* 1. klar (und deutlich) 2. eindeutig; **clear·ness** ['klɪənɪs] *s* Klarheit, Deutlichkeit *f;* **clear-sighted** [ˌklɪə'saɪtɪd] *adj* 1. klar sehend 2. scharfsichtig

cleav·age ['kli:vɪdʒ] *s* 1. (Auf)Spaltung *f,* Spalte *f* 2. Dekolletee *nt*

cleave [kli:v] <*irr:* **cleft (cleaved, clove), cleft (cleaved)**> **I.** *vt* 1. (auf)spalten, zerhacken, auseinander brechen, zerbrechen 2. (*Weg*) bahnen 3. (*Menschen*) trennen **II.** *vi* sich spalten

clef [klef] *s* (MUS) (Noten)Schlüssel *m*

cleft [kleft] **I.** *pt, pp of* **cleave II.** *s* Spalte *f,* Riss *m;* Kluft *f*

cle·ma·tis ['klemətɪs] *s* Klematis *f;* Waldrebe *f*

clem·ency ['klemənsɪ] *s* Milde *f;* Nachsicht *f;* **clem·ent** ['klemənt] *adj* milde; nachsichtig

clench [klentʃ] *vt* 1. (fest) zusammendrücken, -pressen 2. ergreifen, packen

clergy ['klɜ:dʒɪ] *s sing mit pl* Klerus *m,* Geistlichkeit *f;* **clergy·man** [-mən] <*pl* -men> *s* Geistliche(r) *m;* **clergy·woman** [-wʊmən] *s* Pfarrerin *f*

cleric ['klerɪk] *s* Geistliche(r) *f m*

cleri·cal ['klerɪkl] *adj* 1. geistlich 2. (POL) klerikal 3. Büro-, Schreib-; **clerical error** *s* Schreibfehler *m;* **clerical staff** *s* Büropersonal *nt;* **clerical work** *s* Büroarbeit *f*

clerk [klɑ:k, *Am* klɜ:rk] *s* 1. Büroangestellte(r) *f m,* Sekretär(in) *m(f)* 2. Buchhalter(in) *m(f),* Kontorist(in) *m(f)* 3. Leiter(in) *m(f),* Vorsteher(in) *m(f)*

clev·er ['klevə(r)] *adj* 1. klug, gescheit (*a. Rede, Schrift*) 2. begabt 3. geschickt, gewandt (*at* in) 4. tüchtig 5. gewieft, raffiniert; **clever dick** *s* (*fam*) Besserwisser *m;* **clever·ness** [-nɪs] *s* 1. Klugheit *f* 2. Geschicklichkeit, Gewandtheit *f* 3. Raffinesse *f*

cliché ['kli:ʃeɪ] *s* 1. Klischee *nt* 2. (*fig*) (abgedroschene) Redensart *f,* Gemeinplatz *m*

click [klɪk] **I.** *s* 1. Klicken *nt;* Knacken *nt;* Schnalzen *nt* 2. Sperrhaken *m,* -klinke *f* **II.** *vi* 1. klicken; knacken; zuschnappen 2. (*sl*) zusammenpassen; erfolgreich ankommen (*for* bei) 3. (*fam*) sich verknallen **III.** *vt* schnalzen (*one's tongue* mit der Zunge); ~ **one's heels** die Hacken zusammenschlagen; **click around** *vi* (*mit der Maus*) herumklicken; **click on** *vt* (INFORM) anklicken

cli·ent ['klaɪənt] *s* 1. Klient(in) *m(f),* Mandant(in) *m(f)* (*eines Rechtsanwalts*) 2. Pa-

tient(in) *m(f)* **3.** Kunde *m,* Kundin *f;*
cli·en·tele [ˌkliːɒnˈtel] *s* **1.** Kundschaft *f* **2.** (JUR) Klientel *f* **3.** (MED) Patienten *pl*
cliff [klɪf] *s* Klippe *f;* **cliff-hanger** [ˈklɪfhæŋə(r)] *s spannender Schluss ohne Lösung des Rätsels*
cli·mac·ter·ic [klaɪˈmæktərɪk] **I.** *adj* **1.** kritisch, entscheidend **2.** (PHYSIOL) klimakterisch **II.** *s* **1.** Wechseljahre *pl* **2.** (*fig*) kritische Zeit; **cli·mac·tic** [ˌklaɪˈmæktɪk] *adj:* **a ~ scene** ein Höhepunkt *m*
cli·mate [ˈklaɪmɪt] *s* **1.** Klima *nt* **2.** (*fig*) Stimmung, Atmosphäre *f;* **cli·mate change** *s* Klimaveränderungen *pl;* **~ levy** *eine Art Ökosteuer;* **cli·mat·ic** [klaɪˈmætɪk] *adj* klimatisch; **cli·ma·tol·ogist** [ˌklaɪməˈtɔlədʒist] *s* Klimatologe *m,* Klimatologin *f,* Klimaforscher(in) *m(f);* **cli·ma·tol·ogy** [ˌklaɪməˈtɒlədʒɪ] *s* Klimatologie *f*
cli·max [ˈklaɪmæks] **I.** *s* **1.** Höhepunkt *m* **2.** Orgasmus *m* **II.** *vi* seinen Höhepunkt erreichen
climb [klaɪm] **I.** *vt* **1.** ersteigen, erklimmen, erklettern **2.** steigen, klettern (*the tree* auf den Baum) **II.** *vi* **1.** klettern **2.** (*Straße*) steigen; (empor-, auf)steigen **3.** rasch hineinschlüpfen (*into* in) **III.** *s* **1.** Klettern *nt;* Steigung *f;* Steigen *nt* **2.** Aufstieg *m* **3.** Kletterpartie *f;* **climb down** *vi* hinab-, hinunterklettern, -steigen; (*fig*) nachgeben; zurücktreten; **climber** [ˈklaɪmə(r)] *s* **1.** Kletterer *m;* Bergsteiger(in) *m(f)* **2.** (*social ~*) Aufsteiger *m* **3.** Kletterpflanze *f;* **climb·ing** [ˈklaɪmɪŋ] *s* **1.** Klettern *nt;* Bergsteigen *nt* **2.** (AVIAT) Steigflug *m;* **climbing iron** *s* Steigeisen *nt*
clinch [klɪntʃ] **I.** *vt* **1.** (*Boxkampf*) umklammern; festhalten **2.** (*Nagel*) krumm schlagen **3.** (*Tau*) festmachen **4.** (*fig*) fest abmachen; (*Geschäft*) abschließen **II.** *s* **1.** (*Boxkampf*) Clinch *m* **2.** (*sl*) Umarmung *f;* **have s.th. in a ~** etw fest in der Hand haben; **clincher** [ˈklɪntʃə(r)] *s* entscheidendes Argument; **that's a ~** damit ist der Fall erledigt
cling [klɪŋ] <*irr:* clung, clung> *vi* **1.** haften, sich klammern (*to* an) **2.** (*fig*) hängen, festhalten (*to* an); **~ together** (fest) zusammenhalten; **cling film** [ˈkliŋfilm] *s* Frischhaltefolie *f;* **cling·ing** [-ɪŋ] *adj* **1.** (*Kleidung*) eng anliegend **2.** (*fig*) (sehr) anhänglich
cli·nic [ˈklɪnɪk] *s* **1.** (MED) klinisches Praktikum **2.** Klinik *f;* Poliklinik *f;* **speech ~** Beratungsstelle *f* für Sprachgestörte; **cli·ni·cal** [ˈklɪnɪkl] *adj* **1.** klinisch **2.** (*fig*) kühl, unpersönlich; steril; **~ thermometer** Fieberthermometer *nt*
clink [klɪŋk] **I.** *vi* klirren, klinge(l)n **II.** *vt* klirren lassen; klimpern mit; **~ glasses** anstoßen **III.** *s* **1.** Klirren *nt* **2.** (*sl*) Kittchen *nt*
clinker [ˈklɪŋkə(r)] *s* **1.** Klinker *m* **2.** Schlacke *f* **3.** (*Am sl*) Fehler *m*
clip[1] [klɪp] **I.** *s* **1.** Halter *m;* Klammer *f;* Spange *f* **2.** (*paper ~*) Büroklammer *f;* (*laundry ~*) Wäscheklammer *f* **3.** (*Rohr*) Schelle *f* **4.** (RAIL) Lasche *f* **5.** (MIL) Ladestreifen *m* **6.** (Ohr)Klips *m;* **~(-on) earring** Klipp, Clip *m* **II.** *vt* festklammern, -klemmen, -halten
clip[2] [klɪp] **I.** *vt* **1.** (*Haar*) schneiden; (*Hund*) scheren **2.** stutzen; kappen; (*Hecke*) beschneiden **3.** (*Fahrschein*) knipsen **4.** (*aus einer Zeitung*) ausschneiden **5.** (*fig: Laut, Silbe*) verschlucken **II.** *s* **1.** (Schaf)Schur *f;* Schneiden *nt;* Stutzen *nt* **2.** Klaps, Schlag *m* **3.** (Film)Ausschnitt *m* **4.** (*fam*) hohes Tempo
clip·board [ˈklipbɔːd] *s* Klemmbrett *nt*
clip·per [ˈklɪpə(r)] *s* **1.** Klipper, Schnellsegler *m* **2.** (AVIAT) Verkehrsflugzeug *nt* **3. ~s** Schere *f;* **nail-~s** Nagelzwicker *m*
clip·ping [ˈklɪpɪŋ] *s* **1.** (Zeitungs)Ausschnitt *m* **2. ~s** Abfälle *mpl*
clique [kliːk] *s* Clique *f,* Klüngel *m;* **cliquish, cliquey** [ˈkliːkɪʃ, ˈkliːkɪ] *adj* cliquenhaft
clit·oris [ˈklɪtərɪs] *s* (ANAT) Klitoris *f*
cloak [kləʊk] **I.** *s* **1.** Umhang, (weiter) Mantel *m* **2.** (*fig*) Deckmantel, Vorwand *m* (*for* für); **under the ~ of** unter dem Vorwand, im Schutz von; **~ and dagger operation** Nacht-und-Nebel-Aktion *f* **II.** *vt* (*fig*) verbergen, bemänteln; **cloak·room** [ˈkləʊkrʊm] *s* **1.** Garderobe *f* **2.** (*Br*) Toilette *f*
clob·ber [ˈklɒbə(r)] **I.** *s* (*sl*) **1.** Kram *m* **2.** Kleider *ntpl* **II.** *vt* (*fam*) **1.** (vollkommen) erledigen, fertigmachen **2.** verprügeln
clock [klɒk] **I.** *s* **1.** (*Wand-, Turm-*) Uhr *f* **2.** (*fam*) Tacho(meter) *m;* **it is ten o'~** es ist 10 Uhr; **round the ~** rund um die Uhr; **put the ~ back** die Uhr zurückstellen, *fig* -drehen; **alarm-~** Wecker *m;* **cuckoo ~** Kuckucksuhr *f* **II.** *vt* mit der Stoppuhr messen, abstoppen; (*Zeit*) registrieren; **clock in** *vi* einstempeln; **clock out** *vi* ausstempeln; **clock up** *vt* **1.** (*Entfernung*) zurücklegen **2.** (*Geschwindigkeit*) erreichen **3.** (*Schulden*) machen **4.** (*Erfolg*) verbuchen; **clock·face** *s* Zifferblatt *nt;* **clock radio** *s* Radiowecker *m;* **clock timer** *s* Schaltuhr *f;* **clock-watcher** *s jd, der dauernd auf die Uhr schaut;* **clock·wise** [ˈklɒkwaɪz] *adj, adv* im Uhrzeigersinn;

clock·work ['klɒkwɜːk] *s* Uhrwerk *nt;* **like** ~ (*fig*) wie am Schnürchen; ~ **toy** mechanisches Spielzeug

clod [klɒd] *s* **1.** (Erd)Klumpen *m* **2.** (*Mensch*) Trottel *m;* Trampel *m*

clog [klɒg] **I.** *s* **1.** (Holz)Klotz *m* **2.** (*fig*) Klotz *m* am Bein, Hindernis *nt* **3.** Holzschuh *m* **II.** *vt* **1.** (*fig*) hemmen **2.** (TECH) verstopfen, verschmieren; blockieren; **be ~ged up** verstopft sein **III.** *vi* **1.** sich (zusammen)ballen **2.** verstopfen; blockiert werden; **clog-dance** ['klɒgdɑːns] *s* Holzschuhtanz *m*

clois·ter ['klɔɪstə(r)] **I.** *s* **1.** Kloster *nt* **2.** Kreuzgang *m* **II.** *vt* ins Kloster stecken **III.** *vr:* ~ **o.s.** (**away**) sich von der Welt verschließen

clone [kləʊn] **I.** *s* Klon *m* **II.** *vt* klonen; **clon·ing** ['kləʊnɪŋ] *s* Klonen *nt*

close[1] [kləʊs] **I.** *adj* **1.** (*örtlich, zeitlich*) nahe **2.** (ab-, ein)geschlossen; (*Kleidung*) eng (anliegend) **3.** knapp **4.** (*Deckel*) dicht schließend **5.** (*Gelände*) bedeckt, bewachsen **6.** (*fig*) beschränkt, begrenzt **7.** eng (stehend), eng aneinander gerückt **8.** (*fig*) scharf, streng (bewacht) **9.** vertraut, eng befreundet; (eng) zusammenhängend **10.** voll(ständig), völlig, vollkommen **11.** genau, sorgfältig **12.** sparsam, geizig **13.** verborgen, geheim **14.** zurückhaltend, verschlossen **15.** (POL) in scharfem Wettbewerb befindlich **16.** (*Luft*) verbraucht, stickig **17.** (*Übersetzung*) getreu, genau **18.** (*Aufmerksamkeit*) gespannt **19.** (*Am fam*) tüchtig **II.** *adv* dicht, nahe (*by* dabei), dicht, eng zusammen **III.** (*Wendungen*): ~ **by** in der Nähe; ~ **on** nahezu; beinahe; ~ **to** dicht, nahe bei; ~ **up to** dicht heran an; **from ~ up** aus der Nähe; ~ **together** dicht beisammen; ~ **to the ground** dicht am Boden; **~-to-the-vest behaviour** Heimlichtuerei *f;* **after ~ consideration** nach reiflicher Überlegung; **at ~ quarters** in nächster Nähe; **in ~ confinement** unter strenger Bewachung; **in ~ contact** in enger Berührung; **come ~r together** zusammenrücken; **cut ~** glatt abschneiden; **drive up ~** dicht heranfahren; **have a ~ shave** (*fig*) mit knapper Not davonkommen; **press s.o. ~** jdn streng behandeln; **sit ~** eng beieinander sitzen; **stick ~ to s.o.** sich eng an jdn halten; **that was a ~ call!** das war knapp!; **he is a ~ friend of mine** er und ich, wir sind eng miteinander befreundet

close[2] [kləʊz] **I.** *vt* **1.** schließen, zumachen; (*Straße*) sperren **2.** in Verbindung, Berührung bringen; (ELEK: *Stromkreis*) schließen **3.** beenden, ab-, beschließen; (*Versammlung, Sitzung*) schließen **4.** (*Fabrik*) stilllegen **5.** (COM) abschließen, saldieren, liquidieren **6.** (*Hypothek*) löschen; ~ **a deal** ein Geschäft abschließen; ~ **one's eyes to s.th.** (*fig*) die Augen vor etw verschließen **II.** *vi* **1.** schließen; sich schließen **2.** aufhören, zu Ende gehen **3.** zumachen; (*Betrieb*) stillgelegt werden **4.** sich nähern **III.** *s* **1.** (Ab)Schluss *m,* Ende *nt* **2.** Handgemenge *nt;* **bring to a ~** zu Ende bringen; **draw to ~** zu Ende gehen; **close down** *vt* **1.** (*Betrieb*) stilllegen **2.** (*Geschäft*) schließen; **close in I.** *vi* **1.** näher kommen **2.** (*Winter*) anbrechen; (*Nacht*) hereinbrechen **3.** (*Tage*) kürzer werden **II.** *vt* umgeben; ~ **in on s.o.** jdm zu Leibe rücken; **close off** *vt* abriegeln, absperren; **close up I.** *vt* (ver)sperren, blockieren **II.** *vi* **1.** nahe rücken **2.** (MIL) aufschließen; **close with** *vi* schließen mit; ~ **with s.o.** mit jdm zu einem Kompromiss kommen; ~ **with an offer** ein Angebot annehmen

closed [kləʊzd] *adj* **1.** geschlossen; gesperrt **2.** (ELEK) eingeschaltet, geschlossen; **declare (a debate, a meeting) ~** (eine Aussprache, eine Sitzung) für beendet erklären; **road ~!** Straße gesperrt!; **~-circuit television** interne Fernsehanlage *f;* Fernsehüberwachungsanlage *f;* **~-shop system** Gewerkschaftszwang *m;* **close-down** ['kləʊzdaʊn] *s* **1.** Betriebsstilllegung *f* **2.** (RADIO) Ende *nt* (*der Sendung*)*;* **close-knit** [ˌkləʊs'nɪt] *adj* (*fig*) eng zusammengehörig; **close·ly** [ˌkləʊslɪ] *adv* **1.** dicht, eng **2.** streng **3.** genau; **close·ness** ['kləʊsnɪs] *s* **1.** Enge, Knappheit *f* **2.** Nähe *f* **3.** Schärfe, Strenge *f* **4.** Lückenlosigkeit *f;* Vollständigkeit, Genauigkeit, Sorgfalt *f* **5.** Schwüle *f;* **close season** *s* (*Jagd*) Schonzeit *f*

closet ['klɒzɪt] **I.** *s* **1.** eingebauter (Wand)Schrank **2.** (*water-~*) WC *nt,* Abort *m* **II.** *vt, vr:* ~ **o.s.** sich zurückziehen (*with* mit) **III.** *adj:* **a ~ liberal** ein heimlicher Liberaler; **be ~ed** eine vertrauliche Besprechung haben

close-up ['kləʊsʌp] *s* (FILM) Nahaufnahme *f*

clos·ing ['kləʊzɪŋ] *s* Schließung, Beendigung *f;* (Ab)Schluss *m;* **early ~ day** Tag *m* mit frühem Ladenschluss; ~ **of an account** Abschluss *m* eines Kontos; **closing date** *s* Einsendeschluss *m;* **clos·ing down** *s* (*Firma*) Schließung *f;* **clos·ing-down sale** *s* Räumungsverkauf *m;* **closing price** *s* (*Börse*) Schlusskurs *m;* **closing time, closing hour** *s* Geschäfts-, Ladenschluss *m;* Polizeistunde *f*

clo·sure ['kləʊʒə(r)] *s* **1.** (Ver)Schließen *nt;* Schließung *f* **2.** (TECH) (Ver)Schluss *m* **3.** (PARL) Schluss *m* der Debatte; **apply**

(**the**) ~ **to a debate** eine Debatte schließen; **move the** ~ Antrag auf Schluss der Debatte stellen

clot [klɒt] **I.** *s* **1.** Klümpchen *nt;* Blutgerinnsel *nt* **2.** (*sl*) Depp *m* **II.** *vi* gerinnen **III.** *vt* gerinnen lassen

cloth [klɒθ] *s* **1.** Tuch *nt,* Stoff *m* **2.** Tuch *nt,* Lappen *m* **3.** Geistlichkeit *f*

clothe [kləʊð] *vt* **1.** kleiden, mit Kleidung versorgen **2.** ankleiden, anziehen **3.** (*fig*) (ein)hüllen **4.** (*fig: Gedanken*) einkleiden

clothes [kləʊðz] *s pl* **1.** Kleider *ntpl,* Kleidung *f* **2.** Wäsche *f;* **put on/take off one's** ~ sich anziehen/ausziehen; **bed-**~ Bettwäsche *f;* **clothes hanger** *s* Kleiderbügel *m;* **clothes-horse** *s* Wäscheständer *m;* **clothes-line** *s* Wäscheleine *f;* **clothes moth** *s* Kleidermotte *f;* **clothes peg, clothes·pin** *s* Wäscheklammer *f*

cloth·ing ['kləʊðɪŋ] *s* Kleidung *f;* **cloth·ing industry** *s* Bekleidungsindustrie *f*

cloud [klaʊd] **I.** *s* **1.** Wolke *f* **2.** trüber Fleck, Schleier *m* **3.** (*Vögel*) Schwarm *m* **4.** (*Pfeile*) Hagel *m* **5.** (*fig*) Schatten *m,* Drohung *f;* **on a** ~ (*fam*) im sieb(en)ten Himmel; **be on** ~ **nine, have one's head in the** ~**s** überglücklich sein; (*fig*) in den Wolken schweben, (mit den Gedanken) ganz woanders sein; **there's more** ~ **today than yesterday** es ist heute wolkiger als gestern; ~ **of dust** Staubwolke *f;* ~ **of flies** Fliegenschwarm *m* **II.** *vt, vi* **1.** (~ *over, up*) (sich) bewölken **2.** (TECH) trüben **3.** (*fig*) (sich) umwölken, (sich) umschatten, (sich) verdüstern; **cloud·burst** *s* Wolkenbruch *m;* **cloud-capped** ['klaʊdkæpt] *adj* (*Berggipfel*) in Wolken gehüllt; **cloud-cuckoo-land** [klaʊd'kʊku:lænd] *s* Wolkenkuckucksheim *nt;* **clouded** ['klaʊdɪd] *adj* **1.** bewölkt, bedeckt, wolkig **2.** (*fig*) trübe; **cloud·less** ['klaʊdlɪs] *adj* wolkenlos; ungetrübt; **cloudy** ['klaʊdɪ] *adj* **1.** wolkig, bewölkt **2.** trübe **3.** verschwommen, unklar **4.** düster

clout [klaʊt] **I.** *s* **1.** Lappen *m* **2.** (*fam*) Schlag *m* **3.** (*sl*) Kleidungsstück *nt* **4.** (POL) Einfluss *m* **II.** *vt* (*fam*) schlagen

clove[1] [kləʊv] *s* **1.** (Gewürz)Nelke *f* **2.** (BOT) Brutzwiebel *f;* ~ **of garlic** Knoblauchzehe *f*

clove[2] [kləʊv] *s.* **cleave; clo·ven** ['kləʊvn] **I.** *pp of* **cleave II.** *adj* gespalten; ~ **hoof** gespaltener Huf

clo·ver ['kləʊvə(r)] *s* Klee *m;* **be** [*o* **live**] **in** ~ wie die Made im Speck leben; **clover-leaf** <*pl* **-leaves**> *s* Kleeblatt *nt*

clown [klaʊn] **I.** *s* **1.** Clown *m* **2.** Tölpel *m* **II.** *vi* **1.** (*Clown*) seine Späße machen **2.** (*fig*) sich dumm benehmen; **clown·ish** ['klaʊnɪʃ] *adj* **1.** tölpelhaft, ungeschliffen **2.** töricht, dumm

club [klʌb] **I.** *s* **1.** Keule *f* **2.** (Golf)Schläger *m* **3.** (Gummi)Knüppel *m* **4.** Klub, Verein *m,* Gesellschaft *f;* (~*-house, -rooms*) Klub-, Vereinshaus *nt,* Klubräume *mpl* **5.** ~**s** (*Spielkarten*) Kreuz, Treff *nt,* Eichel(n *pl*) *f;* **Indian** ~**s** (SPORT) Keulen *fpl;* **join the** ~**!** ach, du auch! **II.** *vt* **1.** mit der Keule, mit dem Gewehrkolben schlagen **2.** beisteuern, -tragen **3.** (*Geld*) zusammenlegen **III.** *vi* (~ *together*) sich zusammentun

club·bing *s no pl:* **go** ~ in die Disko gehen, clubben gehen

club-foot <*pl* **-feet**> *s* Klumpfuß *m*

clue [klu:] *s* **1.** Anhaltspunkt, Schlüssel *m* (*to* zu) **2.** (roter) Faden, Verlauf *m* (*der Ereignisse*)*;* **he hasn't a** ~ er hat keine Ahnung; **clue up** *vt* informieren; **all** ~**d up** bestens informiert; **clue·less** ['klu:lɪs] *adj* (*fam*) unbedarft

clump [klʌmp] **I.** *s* **1.** (Erd)Klumpen *m,* (Holz)Klotz *m* **2.** (Baum)Gruppe *f* **3.** (~*-sole*) Doppelsohle *f* **4.** schwerer Tritt **5.** Bakterien *fpl* **II.** *vi* schwer auftreten **III.** *vt* **1.** zusammenballen; anhäufen **2.** (*Bäume, Büsche*) massieren **3.** (*Schuhe*) doppelt sohlen

clum·si·ness ['klʌmzɪnɪs] *s* **1.** Schwerfälligkeit *f;* Ungeschicktheit *f* **2.** Taktlosigkeit *f;* **clumsy** ['klʌmzɪ] *adj* **1.** plump, schwerfällig **2.** unelegant; ungeschickt **3.** taktlos

clung [klʌŋ] *s.* **cling**

clus·ter ['klʌstə(r)] **I.** *s* **1.** Traube *f,* Büschel, Bündel *nt* **2.** Gruppe *f,* Schwarm *m* **II.** *vi* **1.** in Trauben wachsen **2.** (~ *together*) sich scharen um

clutch [klʌtʃ] **I.** *s* **1.** fester Griff **2.** (TECH) Klaue *f* **3.** (AUTO) Kupplung *f* **4.** Gelege *nt;* (*Eier*) Brut *f* **5.** ~**es** (*fig*) Hände, Klauen *fpl,* Gewalt *f;* **fall into s.o.'s** ~**es** jdm in die Hände fallen; **let in/disengage the** ~ (AUTO) ein-/auskuppeln; **slip the** ~ (AUTO) die Kupplung schleifen lassen **II.** *vt* (er)greifen, packen, festhalten, umklammern **III.** *vi* greifen, schnappen (*at* nach); ~ **at a straw** sich an einen Strohhalm klammern

clut·ter ['klʌtə(r)] **I.** *s* Wirrwarr *m,* Unordnung *f;* **be in a** ~ in Unordnung sein **II.** *vt* **1.** anhäufen **2.** (~ *up*) in Unordnung bringen

coach [kəʊtʃ] **I.** *s* **1.** Reise(omni)bus *m* **2.** (SPORT) Trainer *m* **3.** (Eisenbahn)Wagen *m* **4.** Kutsche *f;* (*stage*-~) Postkutsche *f* **II.** *vt* **1.** aufs Examen vorbereiten **2.** trainieren; **coach·builder** ['kəʊtʃbɪldə(r)] *s* Karosseriebauer *m;* **coach car** *s* (RAIL) Großraumwagen *m;* **coach·ing** [-ŋ] *s* Trainieren *nt;* **coach·man** ['kəʊtʃmən] <*pl* **-men**> *s*

Kutscher *m;* **coach-work** *s* (AUTO) Karosserie *f*

co·agu·late [kəʊ'ægjʊleɪt] **I.** *vi* gerinnen **II.** *vt* gerinnen lassen; **co·agu·lation** [kəʊˌægjʊ'leɪʃn] *s* Gerinnen *nt,* Verdichtung *f*

coal [kəʊl] **I.** *s* (Stein)Kohle(n *pl*) *f;* **haul s.o. over the ~s** jdm die Leviten lesen; **carry ~s to Newcastle** (*fig*) Eulen nach Athen tragen; **heap ~s of fire on s.o.'s head** (*fig*) feurige Kohlen auf jds Haupt sammeln **II.** *vt* (MAR) mit Kohlen versorgen **III.** *vi* (MAR) Kohlen einnehmen; **coal-bed, coal-seam** *s* Kohlenflöz *nt;* **coal-box** *s* Kohlenkasten *m;* **coal-bunker** *s* Kohlenbunker *m;* **coal-face** *s* Streb *m;* **at the ~** im Streb; (*fig*) vor Ort; **coal-fired power station** *s* Kohlekraftwerk *nt*

co·ali·tion [ˌkəʊə'lɪʃn] *s* **1.** Vereinigung *f* **2.** (POL) Koalition *f*

coal-mine, coal-pit ['kəʊlmaɪn, -pɪt] *s* Kohlenbergwerk *nt,* Zeche *f;* **coal-miner** *s* Bergmann *m;* **coal-mining** *s* Kohlenbergbau *m;* **coal-tar** ['kəʊltɑː(r)] *s* Steinkohlenteer *m;* **~ soap** Teerseife *f*

coarse [kɔːs] *adj* **1.** rau, grob **2.** (ganz) gewöhnlich, sehr einfach **3.** grob(körnig) **4.** (*fig*) derb, unfein; **coarsen** ['kɔːsn] **I.** *vt* vergröbern **II.** *vi* sich vergröbern; **coarseness** ['kɔːsnɪs] *s* Grobheit, Rohheit *f*

coast [kəʊst] **I.** *s* **1.** Küste *f;* Meeresufer *nt;* Küstenlandstrich *m* **2.** (*Am*) (Ski)Abfahrt *f;* **on the ~** an der Küste; **the ~ is clear** (*fig*) die Luft ist rein **II.** *vi* **1.** (MAR) an der Küste entlang fahren **2.** (hinunter)rodeln **3.** (AUTO) im Leerlauf fahren; ausrollen **4.** sich ziellos bewegen; **coastal** ['kəʊstl] *adj* Küsten-; **~ navigation/trade** Küstenschiffahrt *f,* -handel *m;* **~ waters** Küstengewässer *ntpl;* **coaster** ['kəʊstə(r)] *s* **1.** (MAR) Küstenfahrzeug *nt* **2.** (*für ein Glas*) Untersetzer *m* **3.** (*Am*) Berg-und-Tal-Bahn *f;* **coast-guard** *s* Küstenwache *f;* **coast-line** *s* Küstenlinie *f*

coat [kəʊt] **I.** *s* **1.** Jacke *f* **2.** Mantel *m* **3.** (*von Pelztieren*) Fell *nt,* Pelz *m* **4.** Hülle *f,* Überzug *m,* Decke *f;* Anstrich *m;* **cut one's ~ according to one's cloth** sich nach der Decke strecken; **~ of arms** Wappen *nt;* **~ of paint** Anstrich *m* **II.** *vt* **1.** bestreichen (*with* mit) **2.** mit einem Überzug versehen; (ein)hüllen (*with* in), umkleiden; **coat check** *s* (*Am*) Garderobe *f;* **coated** ['kəʊtɪd] *adj* **1.** überzogen **2.** bedeckt (*with* mit) **3.** beschichtet **4.** (MED) belegt; **coat-hanger** *s* Kleiderbügel *m;* **coat·ing** ['kəʊtɪŋ] *s* **1.** Jacken-, Mantelstoff *m* **2.** Überzug *m,* Hülle *f;* (äußere) Schicht *f* **3.** Belag *m;* Anstrich *m;* (Ver)Putz *m*

coax [kəʊks] *vt* **1.** überreden (*s.o. to do, into doing s.th.* dass jd etw tut), beschwatzen **2.** schmeicheln (*s.o.* jdm); **~ s.th. out of** [*o* **from**] **s.o.** jdm etw abschmeicheln

cob [kɒb] *s* **1.** (männlicher) Schwan *m* **2.** kurzbeiniges Pferd **3.** (*~-nut*) (große) Haselnuss *f* **4.** Stück, Klümpchen *nt* **5.** (*corn on the ~*) Maiskolben *m*

co·balt ['kəʊbɔːlt] *s* **1.** (CHEM) Kobalt *nt* **2.** (*~-blue*) Kobaltblau *nt*

cob·ble ['kɒbl] **I.** *s* **1.** Kopfstein *m* **2. ~s** Eier-, Nusskohlen *fpl* **II.** *vt:* **~ together** (*fam*) zusammenschustern

cob·bler ['kɒblə(r)] *s* **1.** Flickschuster *m* **2.** (*fig*) Stümper *m* **3.** (*Getränk*) Cobbler *m;* **a load of old ~s** (*sl*) Unsinn *m*

cobble·stone ['kɒblstəʊn] *s* Pflaster-, Kopfstein *m;* **~ pavement** Kopfsteinpflaster *nt*

co·bra ['kəʊbrə] *s* (*Giftschlange*) Kobra *f*

cob·web ['kɒbweb] *s* **1.** Spinn(en)gewebe *nt,* -faden *m* **2.** (*fig*) Hirngespinst *nt;* **blow the ~s away** sich einen klaren Kopf schaffen

coca ['kəʊkə] *s* Koka(strauch *m*) *f;* **Coca-Cola®** [ˌkəʊkə'kəʊlə] *s* Coca-Cola *nt;* **co·caine** [kəʊ'keɪn] *s* Kokain *nt*

cock [kɒk] **I.** *s* **1.** Hahn *m* **2.** (Vogel)Männchen *nt* **3.** (An)Führer *m* **4.** (Wasser)Hahn *m* **5.** (*Gewehr*) Abzug *m* **6.** (*weather ~*) Wetterfahne *f* **7.** Aufrichten *nt* **8.** (*Augen*) Zwinkern *nt* **9.** Neigung, Schräglage *f* **10.** (*sl*) Mensch, Kamerad *m* **11.** (*sl*) Penis *m* **12.** Heuhaufen *m;* **go off at half ~** ohne genügende Vorbereitung handeln **II.** *vt* **1.** (*~ up*) aufrichten **2.** (*Gewehr*) spannen; **~ one's ears** die Ohren spitzen; **~ one's eye at s.o.** jdm zublinzeln; **~ one's hat** den Hut schief aufsetzen; **~ one's nose** die Nase rümpfen; **he knocked all my plans into a ~ed hat** (*sl*) er machte alle meine Pläne zur Sau

cock·ade [kɒ'keɪd] *s* Kokarde *f*

cock-a-doodle-doo [ˌkɒkəˌduːdl'duː] *s* Kikeriki *nt;* Hahn *m;* **cock-a-hoop** [ˌkɒkə'huːp] *adj, adv* außer sich vor Freude; frohlockend; (*Am*) in Unordnung

cock-and-bull story [ˌkɒkən'bʊlˌstɔːrɪ] *s* Lügengeschichte *f*

cocka·too [ˌkɒkə'tuː] *s* Kakadu *m*

cock·chafer ['kɒktʃeɪfə(r)] *s* Maikäfer *m*

cock-crow ['kɒkkrəʊ] *s* **1.** Hahnenschrei *m* **2.** (Morgen)Dämmerung *f*

cocker ['kɒkə(r)] *s* (*~ spaniel*) Cockerspaniel *m*

cock·erel ['kɒkərəl] *s* junger Hahn; **cock·eyed** ['kɒkaɪd] *adj* **1.** schielend **2.** schief **3.** doof; **cock·fight(ing)** *s* Hahnenkampf *m;* **cocki·ness** ['kɒkɪnɪs] *s* Keckheit, Frechheit, Arroganz *f*

C

cockle ['kɒkl] *s* **1.** (*corn~*) Kornrade *f* **2.** (*~-shell*) Herzmuschel *f* **3.** (*~boat*) Nussschale *f;* Jolle *f;* **delight** [*o* **warm**] **the ~s of s.o.'s heart** jdm wird es warm ums Herz

cock·ney ['kɒknɪ] *s* Cockney *m,* (gebürtige(r)) Londoner(in) *m(f)*

cock·pit ['kɒkpɪt] *s* **1.** (Hahnen)Kampfplatz *m* **2.** (AVIAT) Cockpit *nt,* Kanzel *f* **3.** (*Rennwagen*) Cockpit *nt,* Fahrersitz *m* **4.** (*Jacht*) Cockpit *nt,* Kabinenvorraum *m*

cock·roach ['kɒkrəʊtʃ] *s* Küchenschabe *f*

cocks·comb ['kɒkskəʊm] *s* **1.** Kamm *m* (*des Hahnes*) **2.** (*fam: versch. Pflanzen*) Hahnenkamm *m;* **cock·sure** [ˌkɒk'ʃʊə(r)] *adj* **1.** todsicher **2.** felsenfest überzeugt (*of, about* von) **3.** von sich überzeugt; **cock·tail** ['kɒkteɪl] *s* Cocktail *m;* ~ **cabinet** Hausbar *f;* **cock-up** ['kɒkʌp] *s* (*sl*) völliges Durcheinander; **cocky** ['kɒkɪ] *adj* keck, dreist, frech

coco ['kəʊkəʊ] <*pl* cocos> *s* (*~(nut) tree*) Kokospalme *f*

co·coa ['kəʊkəʊ] *s* Kakao(pulver *nt*) *m;* Kakaobohne *f*

coco·nut ['kəʊkənʌt] *s* Kokosnuss *f;* **coconut butter** *s* Kokosbutter *f;* **coconut matting** *s* Kokosmatte *f;* **coconut milk** *s* Kokosmilch *f;* **coconut palm** *s* Kokospalme *f;* **coconut shy** *s* Wurfbude *f*

co·coon·ing [kə'ku:nɪŋ] *s* Cocooning *nt* (*Zurückziehen in die eigenen vier Wände*)

cod [kɒd] <*pl* -> *s* (*~fish*) Kabeljau, Dorsch *m;* **dried** ~ Stockfisch *m;* **~-liver oil** Lebertran *m*

COD ['si:əʊ'di:] *Abk. von* **cash/collect on delivery** per Nachnahme

coddle ['kɒdl] *vt* **1.** verweichlichen; verhätscheln, verwöhnen **2.** (*Ei*) pochieren

code [kəʊd] **I.** *s* **1.** Kodex *m,* Gesetzbuch *nt* **2.** Chiffre *f,* Code, Kode *m* **3.** Telegrafenschlüssel *m* **4.** (INFORM) Code *m;* ~ **of conduct** Verhaltenskodex *m;* ~ **of honour** Ehrenkodex *m* **II.** *vt* (ver)schlüsseln, chiffrieren; **code name** *s* Deckname *m;* **code number** *s* Kennnummer *f*

co-de·ter·mi·na·tion [ˌkəʊdɪtɜ:mɪ'neɪʃn] *s* Mitbestimmung *f*

code word *s* Kennwort *nt*

codi·fy ['kəʊdɪfaɪ] *vt* kodifizieren

cod·ing ['kəʊdɪŋ] *s* (MATH) Kodierung *f*

co-ed ['kəʊed] *s* gemischte Schule; **co-edu·ca·tion** [ˌkaʊˌedʒʊ'keɪʃn] *s* Koedukation *f*

co-ef·fi·cient [ˌkəʊɪ'fɪʃnt] *s* (MATH PHYS) Koeffizient *m,* Kennzahl *f*

co·erce [kəʊ'ɜ:s] *vt* **1.** (*Person*) zwingen, nötigen (*into doing* zu tun) **2.** (*Verhalten*) erzwingen; unterdrücken; **co·ercion** [kəʊ'ɜ:ʃn] *s* Zwang *m,* Gewalt *f;* **under** ~ unter Zwang, gezwungenermaßen

co·exist [ˌkəʊɪg'zɪst] *vi* gleichzeitig, zusammen (vorhanden) sein, bestehen (*with* mit); **co·exist·ence** [ˌkəʊɪg'zɪstəns] *s* (POL) Koexistenz *f;* **co·exist·ent** [ˌkəʊɪg'zɪstənt] *adj* gleichzeitig (bestehend, vorhanden)

cof·fee ['kɒfɪ] *s* Kaffee *m;* **wake up and smell the** ~ (*fam*) sich plötzlich einer [oft schwierigen] Situation bewusst werden; **coffee bar** *s* (kleines) Café *nt;* **coffee bean** *s* Kaffeebohne *f;* **coffee break** *s* Kaffeepause *f;* **coffee cup** *s* Kaffeetasse *f;* **coffee grinder** *s* Kaffeemühle *f;* **coffee grounds** *s pl* Kaffeesatz *m;* **coffee machine** *s* Kaffeemaschine *f;* **coffee pot** *s* Kaffeekanne *f;* **coffee set** *s* Kaffeeservice *nt;* **coffee shop** *s* Café *nt;* **coffee table** *s* Kaffeetisch *m*

cof·fer ['kɒfə(r)] *s* **1.** Kiste *f,* Kasten *m* (*für Wertsachen*) **2.** Kasse *f,* Geldschrank *m* **3.** (TECH) Caisson *m* **4.** **~s** Tresor(raum) *m*

cof·fin ['kɒfɪn] *s* Sarg *m;* **drive a nail into s.o.'s** ~ jds Untergang sein

cog [kɒg] *s* **1.** (TECH) (Rad)Zahn *m* **2.** (*fig: ~ in the machine*) Rädchen *nt* (*Mensch*)

co·gency ['kəʊdʒənsɪ] *s* Stichhaltigkeit *f;* **co·gent** ['kəʊdʒənt] *adj* **1.** (*Beweis*) zwingend **2.** (*Grund*) triftig

cogi·tate ['kɒdʒɪteɪt] *vi* (tief) nachdenken, nachsinnen (*upon* über); **cogi·tation** [ˌkɒdʒɪ'teɪʃn] *s* **1.** (Nach)Denken, Nachsinnen *nt* **2.** **~s** Überlegungen *fpl*

cog·nac ['kɒnjæk] *s* Kognak *m*

cog·nate ['kɒgneɪt] **I.** *adj* verwandt **II.** *s* **1.** Verwandte(r) *m* **2.** verwandtes Wort

cog·ni·tion [kɒg'nɪʃn] *s* Erkenntnis(vermögen *nt*) *f;* **cog·ni·tive** ['kɒgnɪtɪv] *adj* kognitiv

cog·no·men [kɒg'nəʊmən] *s* Zu-, Bei-, Spitzname *m*

cog-wheel ['kɒgwi:l] *s* Zahnrad *nt*

co·habit [kəʊ'hæbɪt] *vi* ehelich zusammenwohnen; **co·habi·ta·tion** [ˌkəʊhæbɪ'teɪʃn] *s* **1.** eheliches Zusammenwohnen **2.** Beischlaf *m*

co·here [kəʊ'hɪə(r)] *vi* **1.** (miteinander) verbunden sein **2.** zusammenhängen; **co·her·ence** [kəʊ'hɪərəns] *s* Stimmigkeit; Kohärenz *f;* **co·her·ent** ['kəʊ'hɪərənt] *adj* **1.** zusammenhängend, innerlich verbunden **2.** klar gegliedert u. verständlich **3.** (*Argument*) stimmig; **co·he·sion** [kəʊ'hi:ʒn] *s* **1.** (PHYS) Kohäsion *f* **2.** (*fig*) Zusammenhalt *m;* **Cohesion Fund** (EU) Kohäsionsfonds *m;* **co·he·sive** [kəʊ'hi:sɪv] *adj* **1.** (PHYS) Kohäsions- **2.** (*fig*) geschlossen

coil [kɔɪl] **I.** *s* **1.** Spirale *f;* Spule *f* **2.** (MED)

Spirale **3.** Windung *f* **II.** *vt* (~ *up*) (auf)wickeln, -rollen **III.** *vi* sich winden, sich zusammenrollen; **coil spring** *s* Sprungfeder *f*

coin [kɔɪn] **I.** *s* **1.** Münze *f* **2.** Metall-, Hartgeld *nt;* **pay s.o. back in his own ~** (*fig*) jdm mit gleicher Münze heimzahlen **II.** *vt* **1.** (*Geld, Wort*) prägen **2.** (*fig*) ausdenken, ersinnen; **be ~ing money** (*fig fam*) das Geld scheffeln; **coin·age** ['kɔɪnɪdʒ] *s* **1.** Prägen (*des Geldes*), Ausmünzen *nt* **2.** (*fig*) Erfindung, Prägung *f* (*neuer Wörter*); **coin-box telephone** *s* Münzfernsprecher *m*

co·incide [ˌkəʊɪn'saɪd] *vi* **1.** (*räumlich*) sich decken **2.** (*zeitlich*) zusammenfallen **3.** (*fig*) übereinstimmen; **co·inci·dence** [kəʊ'ɪnsɪdəns] *s* **1.** Zusammentreffen *nt* **2.** Übereinstimmung *f* **3.** Zufall *m;* **what a ~!** so ein Zufall!; **co·inci·dent** [kəʊ'ɪnsɪdənt] *adj* **1.** gleichzeitig; zusammentreffend **2.** übereinstimmend; **co·inci·den·tal** [kəʊˌɪnsɪ'dentl] *adj* **1.** zufällig **2.** übereinstimmend

co·itus ['kəʊɪtəs] *s* Beischlaf, Koitus *m*

coke [kəʊk] *s* **1.** Koks *m* **2.** (*sl*) Kokain *nt*

Coke® [kəʊk] *s* (*fam*) Coca-Cola *nt*

col·an·der ['kɒləndə(r)] *s* Durchschlag *m,* (Küchen)Sieb *nt*

cold [kəʊld] **I.** *adj* **1.** kalt **2.** (*fig*) kühl, leidenschaftslos **3.** (*Empfang*) eisig, frostig **4.** (*sl*) besinnungslos **5.** frigid; **be** [*o* **feel**] ~ frieren; **I am ~** ich friere, mir ist kalt; **be ~ to s.o.** kühl zu jdm sein; **in ~ blood** kaltblütig; **get ~ feet** (*fig*) kalte Füße kriegen; **give s.o. the ~ shoulder** jdm die kalte Schulter zeigen; **~ sweat** Angstschweiß *m* **II.** *adv:* **refuse ~** rundweg ablehnen; **make s.o.'s blood run ~** jdn erschaudern lassen; **come ~ to s.th.** unvorbereitet an etw herangehen; **stop ~** plötzlich stehen bleiben, anhalten **III.** *s* **1.** Kälte *f* **2.** Erkältung *f,* Schnupfen *m;* (**shivering**) **with ~** (zitternd) vor Kälte; **be left out in the ~** links liegen gelassen werden; **catch** (**a**) **~** sich erkälten, sich einen Schnupfen holen; **suffer from the ~** unter der Kälte leiden; **cold-blooded** [ˌkəʊld'blʌdɪd] *adj* **1.** (*Tier, a.fig*) kaltblütig **2.** (*fig*) gefühl-, herzlos; **cold cream** *s* Coldcream *f;* **cold cuts** *s pl* kalter Aufschnitt, kalte Platte; **cold front** *s* (METE) Kaltfront *f;* **cold-hearted** [ˌkəʊld'hɑːtɪd] *adj* gefühl-, herzlos; kaltherzig; **cold·ish** ['kəʊldɪʃ] *adj* etwas kalt, kühl; **cold·ness** ['kəʊldnɪs] *s* Kälte *f;* **cold start** *s* (INFORM AUTO) Kaltstart *m;* **cold storage** *s* Lagerung *f* im Kühlraum; **put in ~** (*fig*) auf Eis legen; **cold store** *s* Kühlhaus *nt;* **cold turkey** *adj* (*sl*): ~ (**cure**) (*sl: Drogen*) totale Entziehung; **cold war** *s* kalter Krieg; **cold wave** *s* (METE) Kältewelle *f*

cole·slaw ['kəʊlslɔː] *s* Krautsalat *m*

colic ['kɒlɪk] *s* Kolik *f*

col·lab·or·ate [kə'læbəreɪt] *vi* zusammenarbeiten (*with* mit); **col·lab·or·ation** [kəˌlæbə'reɪʃn] *s* Zusammenarbeit *f;* (MIL) Kollaboration *f;* **in ~ with** in Zusammenarbeit mit; **col·lab·or·ator** [kə'læbəreɪtə(r)] *s* Mitarbeiter *m;* (MIL) Kollaborateur *m*

col·lapse [kə'læps] **I.** *s* **1.** Einsturz *m* **2.** (*fig*) Zusammenbruch *m* **3.** (MED) Kollaps, Nervenzusammenbruch *m* **4.** (*Börse*) Krach, Sturz *m* **II.** *vi* **1.** zusammen-, einstürzen, zusammenbrechen **2.** einen (Nerven)Zusammenbruch haben; **col·laps·ible** [-əbl] *adj* zusammenlegbar, zusammenklappbar; ~ **boat** Faltboot *nt;* ~ **chair** Klappstuhl *m*

col·lar ['kɒlə(r)] **I.** *s* **1.** Kragen *m* **2.** (*Hund*) Halsband *nt* **3.** (*Pferd*) Kum(me)t *nt* **4.** (TECH) Ring, Reif(en) *m,* Manschette, Muffe *f;* **hot under the ~** (*fam*) aufgeregt; **blue-~ worker** Arbeiter(in) *m(f);* **white-~ worker** Büroangestellte(r) *f m* **II.** *vt* **1.** beim Kragen nehmen **2.** festhalten **3.** (*sl*) sich unter den Nagel reißen; **collar-bone** *s* (ANAT) Schlüsselbein *nt*

col·lat·eral [kə'lætərəl] **I.** *adj* **1.** seitlich **2.** parallel **3.** zusätzlich **4.** entsprechend **II.** *s* **1.** (Seiten)Verwandte(r) *f m* **2.** Sicherheit, Deckung *f;* **col·lat·eral loan** *s* (FIN) Lombardkredit *m;* **col·lat·erally** [kə'lætərəlɪ] *adv* in der Seitenlinie; zusätzlich

col·league ['kɒliːg] *s* Kollege *m,* Kollegin *f*

col·lect [kə'lekt] **I.** *vt* **1.** (ein)sammeln; zusammentragen, zusammenfassen **2.** beschaffen; abholen, mitnehmen; (*Geld*) einkassieren **3.** (*Briefmarken, Gedanken*) sammeln; ~ **information** sich orientieren; ~ **the mail** den Briefkasten, die Briefkästen leeren **II.** *vi* **1.** sich (an)sammeln; zusammenkommen **2.** Geld einziehen **III.** ['kɒlekt] *s* Kollekte *f* **IV.** *adj, adv* (*Am*): **telephone ~** ein R-Gespräch führen; ~ **on delivery** (**COD**) gegen Nachnahme; **collect call** *s* (*Am*) R-Gespräch *nt;* **col·lected** [kə'lektɪd] *adj* (*fig*) gefasst; **col·lec·tion** [kə'lekʃn] *s* **1.** Sammlung *f;* Sammeln *nt;* Ansammlung *f* **2.** Abholung *f;* (Briefkasten)Leerung *f* **3.** Einziehung *f,* Einkassieren *nt;* (*Steuer*) Erhebung *f* **4.** (*Nachrichten*) Beschaffung *f* **5.** (COM) Kollektion *f* **6.** (Geld-, Spenden)Sammlung *f,* Kollekte *f;* **stamp ~** Briefmarkensammlung *f;* ~ **agent** Inkassobevollmächtigte(r) *f m;* **col·lec·tive** [kə'lektɪv] **I.** *adj* gemeinsam, gemeinschaftlich; vereint, kollektiv; ~ **agreement** Kollektivvertrag *m;* ~ **bargaining** Tarifverhandlungen *fpl;* ~ **consignment** Sammel-

C

ladung *f;* ~ **farm** Kolchos(e *f*) *m;* ~ **ownership** Gemeineigentum *nt;* ~ **responsibility** gemeinsame Verantwortung **II.** *s* **1.** Sammelbegriff *m* **2.** (POL) Kollektiv *nt* **3.** Gruppe, Gemeinschaft *f;* **col·lec·tor** [kə'lektə(r)] *s* **1.** Sammler(in) *m(f)* **2.** (ELEK) Stromabnehmer *m;* ~**'s item** Liebhaberstück *nt*

col·lege ['kɒlɪdʒ] *s* **1.** College *nt* **2.** (kleinere) Universität, Akademie *f;* (Fach)Hochschule *f* **3.** Universitäts-, Schulgebäude *nt* **4.** Kolleg(ium) *nt;* **col·le·giate** [kə'li:dʒɪət] *adj* College-, Universitäts-

col·lide [kə'laɪd] *vi* **1.** kollidieren, zusammenstoßen, -prallen (*with* mit) **2.** (*fig*) in Widerspruch stehen (*with* zu)

col·lie ['kɒlɪ] *s* Collie, schottischer Schäferhund *m*

col·lier ['kɒlɪə(r)] *s* **1.** Bergmann *m* **2.** Kohlenschiff *nt;* **col·liery** ['kɒlɪərɪ] *s* (Kohlen)Grube, Zeche *f*

col·li·sion [kə'lɪʒn] *s* **1.** Zusammenstoß, -prall *m* **2.** (*fig*) Widerspruch, Konflikt *m*

col·lo·quial [kə'ləʊkwɪəl] *adj* umgangssprachlich, familiär; **col·lo·quial·ism** [-ɪzəm] *s* umgangssprachlicher Ausdruck; **col·lo·quy** ['kɒləkwɪ] *s* Gespräch *nt,* Konferenz *f,* Kolloquium *nt*

col·lu·sion [kə'lu:ʒn] *s* geheimes Einverständnis

Co·lom·bia [kə'lʌmbɪə] *s* Kolumbien *nt;* **Co·lom·bian** [kə'lʌmbɪən] **I.** *adj* kolumb(ian)isch **II.** *s* Kolumbi(an)er(in) *m(f)*

co·lon ['kəʊlən] *s* **1.** (ANAT) Dickdarm *m* **2.** (TYP) Doppelpunkt *m*

co·lo·nel ['kɜ:nl] *s* Oberst *m*

co·lo·nial [kə'ləʊnɪəl] *adj* kolonial; **co·lo·nial·ism** [-ɪzəm] *s* Kolonialismus *m;* **col·on·ist** ['kɒlənɪst] *s* Kolonist(in) *m(f),* Siedler(in) *m(f);* **col·on·iz·ation** [ˌkɒlənaɪ'zeɪʃn] *s* Kolonisation, Besiedlung *f;* **col·on·ize** ['kɒlənaɪz] **I.** *vt* kolonisieren **II.** *vi* eine Kolonie gründen; (sich an)siedeln; **col·on·izer** ['kɒlənaɪzə(r)] *s* Kolonisator *m*

co·lon·os·copy <*pl* -pies> [ˌkɒlən'ɒskəpi] *s* Darmspiegelung *f*

col·ony ['kɒlənɪ] *s* **1.** Kolonie, (An)Siedlung *f* **2.** Kolonie *f* (*einer Landsmannschaft*) **3.** (ZOO) Kolonie *f;* (*a.* BOT) Volk *nt;* ~ **of ants** Ameisenvolk *nt;* ~ **of artists** Künstlerkolonie *f*

color ['kʌlə(r)] (*Am*) *s.* **colour**

Colo·rado beetle [ˌkɒlə'rɑ:dəʊ'bi:tl] *s* Kartoffelkäfer *m*

col·ora·tion [ˌkʌlə'reɪʃn] *s* Färbung *f*

co·los·sal [kə'lɒsl] *adj* kolossal, gewaltig, gigantisch; **co·los·sus** [kə'lɒsəs, *pl* -'lɒsaɪ] <*pl* -suses, -si> *s* Koloss *m*

col·our ['kʌlə(r)] **I.** *s* **1.** Farbe *f* **2.** *meist pl* Farbe *f,* Farbstoff *m* **3.** Haut-, Gesichtsfarbe *f* **4.** (Farb)Ton *m,* Färbung *f* **5.** (*fig*) Anstrich, (An)Schein *m,* Ausrede *f* **6.** (*fig*) Wesen *nt,* Charakter *m;* Eigenart *f* **7.** Schattierung *f,* Kolorit *nt* **8.** ~**s** Farben *fpl* (*als Kennzeichen*) **9.** ~**s** Fahne, Flagge *f;* **be off** ~ (*fam*) sich nicht wohl fühlen; **change** ~ rot werden; **give** [*o* **lend**] ~ **to** (*fig*) unterstreichen; glaubhaft machen; **lose** ~ blass werden; **see s.th. in its true** ~**s** (*fig*) etw im rechten Licht sehen; **what** ~ **is it?** welche Farbe hat es? **II.** *vt* **1.** färben **2.** (*fig*) einen Anstrich geben (*s.th.* einer S), färben **3.** (*fig*) entstellen; ~ **in** anmalen **III.** *vi* sich (ver)färben; erröten; **colo(u)r-bar** *s* Rassenschranke *f;* **colo(u)r-blind** *adj* farbenblind; **colo(u)r-blindness** *s* Farbenblindheit *f;* **colo(u)r consultant** *s* Farbberater(in) *m(f);* **Coloured** ['kʌləd] *s* Farbige(r) *f m;* **col·o(u)red** ['kʌləd] *adj* farbig; ~ **pencil** Farbstift *m,* Buntstift *m;* ~ **people** Farbige *pl;* **col·o(u)r·fast** ['kʌlə(r)fɑ:st] *adj* farbecht; **colo(u)r filter** *s* Farbfilter *m;* **col·o(u)rful** ['kʌləfl] *adj* **1.** bunt **2.** (*fig*) farbig; **col·o(u)r·ing** ['kʌlərɪŋ] *s* **1.** Färbung *f,* Farbton *m,* Schattierung *f* **2.** (Gesichts-, Augen-, Haar)Farbe *f* **3.** (*fig*) Färbung, Darstellungsweise *f;* Schein *m;* ~ **cream** Tönungscreme *f;* **col·o(u)r·less** ['kʌləlɪs] *adj* (*a. fig*) farblos; **colo(u)r line** *s* (*Am*) Rassentrennung *f;* **colo(u)r scheme** *s* Farbgebung, Farbzusammenstellung *f;* **colo(u)r slide** *s* Farbdia *nt;* **colo(u)r television** *s* Farbfernsehen *nt;* (~ *set*) Farbfernseher *m*

colt [kəʊlt] *s* Hengstfohlen *nt*

col·umn ['kɒləm] *s* **1.** (*a. fig*) Säule *f* **2.** (TYP) Spalte *f* **3.** regelmäßig erscheinender Zeitungsartikel **4.** (MIL MATH) Kolonne *f;* ~ **of figures** Zahlenreihe *f;* ~ **of mercury** Quecksilbersäule *f;* ~ **of smoke** Rauchsäule *f;* **col·um·nist** ['kɒləmnɪst] *s* Kolumnist(in) *m(f)*

coma ['kəʊmə] *s* (MED) Koma *nt,* tiefe Bewusstlosigkeit; **coma·tose** ['kəʊmə təʊs] *adj* im Koma befindlich

comb [kəʊm] **I.** *s* **1.** Kamm *m* **2.** (TECH: *Textil*) (Hechel)Kamm *m* **3.** (Hahnen)Kamm *m* **4.** (*fig*) (Berg-, Wellen)Kamm *m* **5.** (*honey*~) Honigwabe *f;* **your hair needs a good** ~ du solltest dich kämmen **II.** *vt* **1.** kämmen; (*Pferd*) striegeln **2.** (*Textil*) hecheln, (aus)kämmen **3.** (*fig*) durchkämmen, -suchen; ~ **out** auskämmen

com·bat ['kɒmbæt] **I.** *s* Kampf *m;* Gefecht *nt;* Einsatz *m;* **close** ~ Nahkampf *m* **II.** *vi* kämpfen **III.** *vt* bekämpfen, kämpfen gegen; **combat aircraft** *s* Kampfflugzeug *nt;*

com·bat·ant ['kɒmbətənt] **I.** *adj* kämpfend **II.** *s* Kämpfer(in) *m(f)*

com·bi·na·tion [ˌkɒmbɪ'neɪʃn] *s* **1.** Zusammensetzung *f;* (CHEM) Verbindung *f;* (MATH) Kombination *f* **2.** gemeinsames Handeln, gemeinsame Aktion, Zusammenwirken *nt* **3.** (POL COM) (Interessen)Verband *m;* Kartell *nt* **4.** (~ *lock*) Kombinationsschloss *nt* **5.** Motorrad *nt* mit Beiwagen **6.** ~**s** Hemdhose *f;* **com·bine** [kəm'baɪn] **I.** *vt* **1.** zusammenstellen; (miteinander) verbinden; verknüpfen; vermischen **2.** (CHEM) verbinden **3.** kombinieren **II.** *vi* **1.** sich verbinden; (*a.* CHEM) sich vereinigen, sich zusammenschließen (*with* mit) **2.** zusammenarbeiten **III.** ['kɒmbaɪn] *s* **1.** Verband, Ring *m,* Kartell *nt,* Trust *m* **2.** Finanzgruppe *f* **3.** (*Am*) Mähdrescher *m;* **com·bined** [kəm'baɪnd] *adj* gemeinsam; kombiniert; ~ **board** vermischter Ausschuss

com·bust·ible [kəm'bʌstəbl] **I.** *adj* **1.** brennbar; entzündlich **2.** (*fig*) erregbar **II.** *s meist pl* Brennmaterial *nt;* **com·bus·tion** [kəm'bʌstʃən] *s* Verbrennung *f;* **combustion chamber** *s* Brennkammer *f*

come [kʌm] <*irr:* came, come> *vi* **1.** (an-, her-, herbei)kommen **2.** erreichen (*to s.th.* etw) **3.** sich belaufen (*to* auf), hinauslaufen (*to* auf) **4.** (*der Ordnung nach*) kommen, folgen **5.** geschehen, sich ereignen, stattfinden **6.** die Folge sein (*of doing* davon dass, wenn man tut) **7.** sich zeigen, sich erweisen als; ~ **of age** mündig werden; ~ **to an agreement** zu einer Vereinbarung gelangen; ~ **to blows** handgreiflich werden; ~ **to a decision** sich entscheiden; ~ **to s.o.'s ear**(**s**) jdm zu Ohren kommen; ~ **to the fore** ins Blickfeld geraten; ~ **into effect** [*o* **force**] in Kraft treten; ~ **to an end** zu Ende kommen, aufhören; ~ **into fashion** [*o* **style**] Mode werden; ~ **to grief** [*o* **harm**] zu Schaden kommen, Schaden (er)leiden; ~ **to grips with** klarkommen mit; ~ **into s.o.'s head** jdm in den Kopf kommen, einfallen; ~ **home** heimkommen, nach Hause kommen; ~ **home to s.o.** jdm einleuchten; ~ **to s.o.'s knowledge** [*o* **notice**] Kenntnis erhalten, erfahren; ~ **to light** ans Licht kommen; ~ **to nothing** ins Wasser fallen; (*fig*) fehlschlagen; ~ **to pass** sich ereignen, geschehen; ~ **and see,** ~ **to see** besuchen; ~ **short of** nicht erreichen, nicht befriedigen, hinter den Ansprüchen zurückbleiben; ~ **into sight** in Sicht kommen, auftauchen; ~ **to a standstill** zum Stillstand kommen; ~ **to terms with s.o.** mit jdm einig werden; ~ **true** wahr werden; in Erfüllung gehen; **how ~s it that ...?** wie kommt es, dass ...?; ~ **what may!** komme, was (da) wolle!; **I don't know whether I'm coming or going** (*fig*) ich weiß nicht, wo mir der Kopf steht; ~**!** hör mal! hör zu!; ~**,** ~**!** komm, mach keinen Unsinn!; **come about** *vi* sich ereignen, geschehen, passieren; **come across** *vi* **1.** (zufällig) treffen, begegnen (*s.o.* jdm), stoßen auf **2.** (*Rede*) gut ankommen **3.** den Eindruck machen (*as ...* dass ...); ~ **across with** (*fam*) blechen für, bezahlen; **come again** *vi* wiederkommen; ~ **again!** sag es noch mal!; **come along** *vi* **1.** mitkommen, -gehen (*with s.o.* mit jdm) **2.** (*Gelegenheit*) sich zufällig ergeben **3.** gesünder werden **4.** (*Arbeit*) vorangehen, gedeihen; ~ **along!** los!, vorwärts!; **everything's coming along fine** alles geht gut; **come apart** *vi* auseinander gehen, in Stücke gehen; **come around** *vi* **1.** (zufällig) vorbeikommen, hereinschauen; gelegentlich wiederkommen **2.** (*einer Auffassung*) sich anschließen (*to dat*) **3.** nachgeben, einlenken **4.** sich wieder erholen, wieder auf die Beine kommen; **come at** *vi* **1.** kommen, gelangen zu, erreichen **2.** herfallen über, anfallen, -greifen; **come away** *vi* **1.** weggehen **2.** abgehen, sich lösen; **come back** *vi* **1.** zurückkehren, wiederkommen **2.** wieder einfallen **3.** es heimzahlen; die passende Antwort geben; **come by** *vi* **1.** kommen zu **2.** vorbei-, vorübergehen; **come down** *vi* **1.** herunterkommen, heruntergehen, -reichen (*to* bis) **2.** mit dem Preis heruntergehen **3.** (*durch Überlieferung*) kommen (*to* auf) **4.** (ein)stürzen, fallen **5.** (*fig: sozial*) (ab)sinken; ~ **down** (**up**)**on s.o.** jdn tadeln, bestrafen, zur Rechenschaft ziehen; sich auf jdn stürzen; ~ **down with influenza** sich die Grippe geholt haben; ~ **down in favour of s.o.** jdn unterstützen; **come forward** *vi* **1.** vortreten **2.** sich freiwillig melden; **come from** *vi* (her)kommen von; abstammen von; **come in** *vi* **1.** hereinkommen **2.** (*Geld*) hereinkommen **3.** aufkommen; (*Kleidung*) modern werden; ~ **in for** erhalten (*Erbschaft*); ~ **in handy** [*o* **useful**] nützlich sein; ~ **in second** (SPORT) Zweiter werden, den zweiten Platz belegen; **he came in on the plan** er machte bei dem Projekt mit; **where do I ~ in?** und was ist mit mir?; ~ **in!** herein!; **come into** *vt* erben; ~ **into one's own** zu seinem Recht kommen; **come of** *vi* **1.** die Folge sein +*gen* **2.** stammen aus; **come off** *vi* **1.** (*Knopf*) abgehen **2.** sich ereignen, stattfinden **3.** eintreten, in Erfüllung gehen **4.** Erfolg haben, ins Schwarze treffen; ~ **off it!** das ist doch nicht dein Ernst!; **come on**

vi **1.** an die Reihe kommen **2.** nachkommen **3.** anfangen, beginnen; (*Dunkelheit*) hereinbrechen **4.** vorankommen **5.** (*Frage*) sich erheben, sich ergeben **6.** (THEAT) auftreten; ~ **on!** los! komm schon!; **come out** *vi* **1.** herauskommen **2.** (*Fleck*) herausgehen **3.** hervorgehen (*aus einem Examen*), an den Tag treten, sich zeigen, bekanntwerden, offenkundig werden **4.** (*Zeitung, Druckschrift*) erscheinen, herauskommen **5.** (*als junge Dame*) in die Gesellschaft eingeführt werden **6.** in (den) Streik treten **7.** sich als Homosexueller/Lesbierin bekennen; ~ **out against** sich erklären gegen; ~ **out with** gestehen; herausrücken mit; veröffentlichen; auf den Markt bringen; **he came out third** er wurde Dritter; **come over** *vi* **1.** herüberkommen **2.** übergehen (*to* zu) **3.** (*Gefühle*) überkommen; **what's ~ over you?** was ist in dich gefahren?; **come round** *vi* **1.** außen herumkommen **2.** zu Besuch vorbeikommen **3.** wieder zu sich kommen **4.** sich eines anderen belehren lassen; ~ **round to doing s.th.** dazu kommen etw zu tun; **come through** *vi* **1.** durchkommen, das Ziel erreichen **2.** überstehen **3.** den Erwartungen entsprechen; **come to** *vi* **1.** dazu kommen (*to do* zu tun), führen zu **2.** (wieder) zu sich kommen **3.** sich belaufen auf; **come under** *vi* **1.** fallen unter **2.** unter Aufsicht kommen *+gen;* **come up** *vi* **1.** heraufkommen **2.** (*Gewitter*) im Anzug sein **3.** in die Stadt kommen **4.** die Universität beziehen **5.** (*fig: Mode*) aufkommen **6.** (*Gedanke*) zur Sprache kommen; ~ **up against** stoßen auf; ~ **up to** reichen bis zu; sich belaufen auf; (*den Erwartungen*) entsprechen; (*seinen Platz*) ausfüllen; ~ **up with** erreichen, einholen; vorschlagen, zur Sprache bringen; **something has ~ up** es ist etwas dazwischengekommen; **come upon** *vt* **1.** überfallen, überraschen **2.** in Anspruch nehmen **3.** zufällig treffen, stoßen auf; **come·back** ['kʌmbæk] *s* **1.** Wieder-, Rückkehr *f* **2.** (THEAT FILM) Comeback *nt* **3.** Antwort *f*

com·edian [kə'miːdɪən] *s* Komiker(in) *m(f)*

come-down ['kʌmdaʊn] *s* **1.** (*fig*) Abstieg *m* **2.** Reinfall *m*

com·edy ['kɒmədɪ] *s* **1.** Lustspiel *nt,* Komödie *f* **2.** komische Geschichte

come·li·ness ['kʌmlɪnɪs] *s* Anmut *f;* **come·ly** ['kʌmlɪ] *adj* (*Mensch*) gut aussehend, hübsch

come-on ['kʌmɒn] *s* **1.** Lockmittel *nt* **2.** Einladung, Aufforderung *f*

comet ['kɒmɪt] *s* (ASTR) Komet *m*

com·fort ['kʌmfət] **I.** *s* **1.** Trost *m,* Beruhigung *f* (*to* für) **2.** Stütze, Hilfe *f* **3.** Zufriedenheit, Ausgeglichenheit *f* **4.** Bequemlichkeit *f,* Komfort *m;* **live in ~** in angenehmen Verhältnissen leben **II.** *vt* trösten, beruhigen; **com·fort·able** ['kʌmftəbl] *adj* **1.** bequem, behaglich, gemütlich **2.** komfortabel, gut eingerichtet **3.** auskömmlich **4.** sorgenfrei **5.** (*Patient*) ohne Beschwerden; **make yourself ~** machen Sie sich's bequem!; **com·fort·ably** ['kʌmftəblɪ] *adv:* **be ~ off** wohlhabend sein; ~ **warm** angenehm warm; **com·forter** ['kʌmfətə(r)] *s* **1.** Tröster *m* **2.** Schnuller *m* **3.** wollenes Halstuch **4.** (*Am*) Steppdecke *f;* Deckbett *nt;* **com·fort·ing** ['kʌmfətɪŋ] *adj* tröstlich; **com·fort·less** ['kʌmfətlɪs] *adj* ohne Komfort; unbehaglich, ungemütlich; **comfort station** *s* (*Br fam*) Pinkelpause *f;* **comfy** ['kʌmfɪ] *adj* (*fam*) behaglich

com·ic ['kɒmɪk] **I.** *adj* **1.** komisch **2.** spaßig, lustig **II.** *s* **1.** Komiker(in) *m(f)* **2.** Comicheft *nt* **3. ~s** (*Am*) Comics *mpl;* **comi·cal** ['kɒmɪkl] *adj* **1.** amüsant, lustig **2.** drollig, komisch; **comic book** *s* Comicheft *nt;* **comic strip** *s* Comic(strip) *m*

com·ing ['kʌmɪŋ] **I.** *adj* kommend, (zu)künftig **II.** *s* Kommen *nt;* Ankunft *f;* **~s and goings** Kommen *nt* und Gehen *nt;* **~ of age** Mündigwerden *nt* **III.** *interj* ja! (ich) komme gleich! sofort!

com·ma ['kɒmə] *s* Komma *nt*

com·mand [kə'mɑːnd] **I.** *s* **1.** Befehl *m* **2.** Befehlsgewalt *f,* Oberbefehl *m* **3.** Führung, Leitung *f* **4.** Beherrschung *f;* Überblick *m,* Übersicht *f* **5.** Herrschaft *f* (*of* über) **6.** (MIL) Befehlsbereich *m;* **at my ~** zu meiner Verfügung; auf mein Kommando; **by ~** auf Befehl (*of +gen*); **under s.o.'s ~** unter jds Befehl; **be in ~** die Befehlsgewalt, das Kommando haben (*of* über); **have a good ~ of s.th.** etw beherrschen; **take ~ of** die Befehlsgewalt, das Kommando übernehmen über **II.** *vt* **1.** befehlen (*s.o. to do s.th.* jdm etw zu tun) **2.** kommandieren **3.** verfügen über; beherrschen, herrschen über **4.** (*fig: Gefühl*) beherrschen, in der Gewalt haben **5.** (*Achtung*) fordern, gebieten; (*Mitgefühl*) verdienen **6.** (*Preis*) erzielen **III.** *vi* **1.** befehlen; herrschen **2.** (MIL) kommandieren; **com·man·dant** [ˌkɒmən'dænt] *s* (MIL) Kommandant *m;* Befehlshaber *m;* **com·mander** [kə'mɑːndə(r)] *s* (MIL) **1.** (*Einheit*) Kommandeur *m;* (Truppen)Führer *m,* Führer *m* einer Einheit **2.** (MAR) Fregattenkapitän *m* **3.** (*Panzer, Flugzeug*) Kommandant *m;* **~-in-chief** Oberbefehlshaber *m;* **com·mand·ing**

[kə'mɑːndɪŋ] *adj* **1.** kommandierend; befehlshabend **2.** (*Anhöhe, Stellung*) beherrschend **3.** (*fig*) gebieterisch

command key *s* (INFORM) Befehlstaste *f*

com·mand·ment [kə'mɑːndmənt] *s* Gebot *nt;* Vorschrift *f;* **the Ten Commandments** die Zehn Gebote *pl;* **command module** *s* (*Raumschiff*) Kommandokapsel *f;* **com·mando** [kə'mɑːndəʊ] <*pl* -mandos> *s* (Angehöriger eines) Kommando-, Sabotagetrupp(s) *m;* **command post** *s* Gefechtsstand *m;* **command prompt** *s* (INFORM) Befehlseingabeformat *nt*

com·mem·or·ate [kə'meməreɪt] *vt* **1.** gedenken (*s.o., s.th.* jds, einer S), feiern **2.** (*Sache*) erinnern an; **com·mem·or·ation** [kə,memə'reɪʃn] *s* (*a.* REL) Gedenk-, Gedächtnisfeier *f;* **in ~ of s.o.** zur Erinnerung an jdn; **com·mem·or·ative** [kə'memərətɪv] *adj* erinnernd (*of* an); **~ plaque** Gedenktafel *f;* **~ stamp** Sondermarke *f*

com·mence [kə'mens] *vt, vi* beginnen, anfangen (*to do/doing s.th.* etw zu tun); **com·mence·ment** [-mənt] *s* **1.** Anfang, Beginn *m* **2.** Promotion(stag *m*, -feier *f*)

com·mend [kə'mend] *vt* **1.** anvertrauen; (an)empfehlen **2.** empfehlen, loben; **com·mend·able** [-əbl] *adj* empfehlens-, lobenswert; **com·men·da·tion** [,kɒmen'deɪʃn] *s* **1.** Empfehlung *f* **2.** Lob *nt,* Preis *m;* **com·men·da·tory** [kə'mendətrɪ] *adj* empfehlend; **~ letter** Empfehlungsschreiben *nt*

com·men·sur·able [kə'menʃərəbl] *adj* vergleichbar (*with, to* mit, dat); **com·men·sur·ate** [kə'menʃərət] *adj* **1.** angemessen, entsprechend (*with, to dat*) **2.** im richtigen, rechten Verhältnis (*with, to* zu)

com·ment ['kɒment] **I.** *s* **1.** Bemerkung *f* **2.** Kommentar *m,* Stellungnahme *f* **3.** Erklärung, Erläuterung *f;* **no ~!** ich habe nichts dazu zu sagen! kein Kommentar! **II.** *vi* **1.** kommentieren (*on s.th.* etw) **2.** seine Meinung äußern (*on* über); **com·men·tary** ['kɒməntrɪ] *s* Kommentar *m* (*on* zu); **com·men·tate** ['kɒmənteɪt] *vt* kommentieren; **com·men·ta·tor** ['kɒmənteɪtə(r)] *s* Kommentator(in) *m(f)*

com·merce ['kɒmɜːs] *s* Handel *m;* (Geschäfts)Verkehr *m;* **com·mer·cial** [kə'mɜːʃl] **I.** *adj* **1.** geschäftlich, kaufmännisch, kommerziell, Handels- **2.** gewerbsmäßig **3.** auf Gewinn aus; gewinnbringend; **~ building** Geschäftsgebäude *nt;* **~ company** Handelsgesellschaft *f;* **~ correspondence** Handelskorrespondenz *f;* **~ firm** [*o* **house**] Handelshaus *nt;* **~ interests** Geschäftsinteressen *ntpl;* **~ television** Privatfernsehen *nt;* **~ vehicle** Nutzfahrzeug *nt* **II.** *s* **1.** Funk-, Fernsehwerbung *f* **2.** Werbespot *m;* **com·mer·ciali·zation** [kə,mɜːʃəlaɪ'zeɪʃn] *s* Vermarktung, Kommerzialisierung *f;* **com·mer·cial·ize** [kə'mɜːʃəlaɪz] *vt* kommerzialisieren

com·miser·ate [kə'mɪzəreɪt] *vi* Mitleid haben (*with* mit); **com·miser·ation** [kə,mɪzə'reɪʃn] *s* Mitleid *nt*

com·mis·sion [kə'mɪʃn] **I.** *s* **1.** Auftrag *m,* Instruktion *f* **2.** Amt *nt,* Funktion *f* **3.** Indienststellung *f* (*eines Schiffes*) **4.** (Offiziers)Patent *nt* **5.** Kommission *f,* Ausschuss *m* **6.** (COM) Bestellung *f,* Auftrag *m,* Order *f* **7.** Kommission *f;* Provision *f* **8.** (JUR) Begehung, Verübung *f;* **by ~** im Auftrag; **in ~** in Betrieb; **in** [*o* **on**] **~** (COM) gegen Provision; **on** [*o* **by**] **way of ~** (COM) in Kommission, im Auftrag; **out of ~** außer Betrieb; **appoint a ~** eine Kommission einsetzen; **carry out a ~** einen Auftrag ausführen; **give/take in ~** (COM) in Kommission geben/nehmen; **European ~** EU-Kommission *f* **II.** *vt* **1.** beauftragen, den Auftrag erteilen (*s.o.* jdm) **2.** ermächtigen, bevollmächtigen **3.** (*Schiff*) in Dienst stellen **4.** (MIL) (zum Offizier) befördern **5.** (COM) bestellen; **com·mis·sion·aire** [kə,mɪʃə'neə(r)] *s* (uniformierter) Portier *m;* **com·mis·sioned** [kə'mɪʃnd] *adj:* **~ officer** (durch Patent bestallter) Offizier *m;* **com·mis·sioner** [kə'mɪʃənə(r)] *s* **1.** Beauftragte(r), Bevollmächtigte(r) *f m* **2.** Kommissions-, Ausschussmitglied *nt* **3.** Regierungsvertreter(in) *m(f)* **4.** (*Europäische Union*) Kommissar *m;* **~ for oaths** (*Br*) Notar(in) *m(f)*

com·mit [kə'mɪt] **I.** *vt* **1.** übergeben, anvertrauen **2.** einem Ausschuss überweisen **3.** (*Verbrechen*) begehen, verüben; **~ to earth/to the flames** der Erde/den Flammen übergeben; **~ to memory** dem Gedächtnis einprägen; **~ to paper/print/writing** niederschreiben; **~ to prison** ins Gefängnis einliefern, festnehmen **II.** *vr* sich festlegen (*on* auf); **~ o.s. to do** [*o* **to doing**] **s.th.** sich verpflichten etw zu tun; **be ~ted to s.th.** sich für etw einsetzen; **com·mit·ted** *adj* engagiert; **com·mit·ment** [-mənt] *s* **1.** Verpflichtung, Bindung *f* **2.** (FIN) Verbindlichkeit *f* **3.** (PARL) Überweisung *f* (an einen Ausschuss) **4.** Einlieferung *f* (*ins Gefängnis*) **5.** Einweisung *f* (*to* in) **6.** Inhaftierung *f;* **without ~** unverbindlich

com·mit·tee [kə'mɪtɪ] *s* Ausschuss *m,* Kommission *f,* Komitee *nt;* **appoint** [*o* **set up**] **a ~** einen Ausschuss, eine Kommission einsetzen; **be** [*o* **sit**] **on a ~** einem Ausschuss, einer Kommission angehören; **arbitration** ~ Schlichtungsausschuss *m;* ~ **of experts** Fach-, Sachverständigenausschuss *m*

com·mode [kə'məʊd] *s* **1.** Kommode *f* **2.** (*Am*) Waschtisch *m* **3.** (*night-*~) Nachtstuhl *m* **4.** (*Am*) Toilette *f*

com·modi·fi·ca·tion [kəˌmɒdɪfɪ'keɪʃn] *s* Kommodifikation *f*

com·modi·ous [kə'məʊdɪəs] *adj* geräumig; **com·mod·ity** [kə'mɒdətɪ] *s* **1.** (Gebrauchs)Artikel *m* **2. commodities** Waren *fpl,* Produkte, Verbrauchsgüter *ntpl;* ~ **exchange** Warenbörse *f;* ~ **market** Waren-, Rohstoffmarkt *m*

com·mo·dore ['kɒmədɔː(r)] *s* **1.** (MAR) Flottillenadmiral *m* **2.** (*dienstältester*) Kapitän *m* (*a. einer Schifffahrtslinie*) **3.** Präsident *m* eines Jachtklubs

com·mon ['kɒmən] **I.** *adj* **1.** gemein(sam, -schaftlich) **2.** öffentlich; allgemein, (weit) verbreitet **3.** häufig, alltäglich, abgedroschen **4.** ordinär, vulgär, niedrig; **by** ~ **consent** mit Zustimmung aller; **for the** ~ **good** im allgemeinen Interesse; für das allgemeine Wohl; **be** ~ **practice** allgemein üblich sein; **make** ~ **cause with** gemeinsame Sache machen mit; **it is** ~ **knowledge that** es ist allgemein bekannt, dass **II.** *s* **1.** Gemeindeland *nt,* -weide *f* **2.** ~**s** (das) gemeine Volk, (die) Bürgerschichten *fpl* **3.** Gemeinschaftsverpflegung *f;* **the (House of) Commons** das Unterhaus; **have s.th. in** ~ etw gemein haben; **have interests in** ~ gemeinsame Interessen haben; **Common Agricultural Policy, CAP** *s* (EU) gemeinsame Agrarpolitik; **common denominator** *s* (MATH) gemeinsamer Nenner

com·moner ['kɒmənə(r)] *s* Bürgerliche(r) *f m*

common ground *s* gemeinsame Diskussions-, Verhandlungsgrundlage; **common land** *s* Gemeindeland *nt;* **common law** *s* Gewohnheitsrecht *nt;* **common-law wife** *s* in eheähnlicher Gemeinschaft lebende Frau; **com·mon·ly** ['kɒmənlɪ] *adv* gewöhnlich; im Allgemeinen, allgemein; **Common Market** *s* (HIST) Gemeinsamer Markt, EG *f;* **com·mon·or·gar·den** [ˌkɒmənə'gɑːdn] *adj* ganz gewöhnlich; **com·mon·place** ['kɒmənpleɪs] **I.** *s* Gemeinplatz *m,* Banalität *f;* alltägliche Sache **II.** *adj* alltäglich; uninteressant; **common room** *s* Gemeinschaftsraum *m;* (SCHULE) Lehrerzimmer *nt;* **common sense** *s* gesunder Menschenverstand; **common stock** *s* (FIN) Stammaktien *fpl;* **com·mon·wealth** ['kɒmənwelθ] *s* Gemeinwesen *nt;* **the Commonwealth of Nations** das Commonwealth; **Commonwealth of Independent States, CIS** Gemeinschaft unabhängiger Staaten, GUS *f*

com·mo·tion [kə'məʊʃn] *s* **1.** (heftige) Erregung, Erschütterung *f* **2.** Tumult, Aufruhr *m*

com·mu·nal ['kɒmjʊnl] *adj* **1.** Gemeinde-, Kommunal-; kommunal; gemeindeeigen **2.** Gemeinschafts-; öffentlich

com·mune¹ [kə'mjuːn] *vi* **1.** sich vertraulich unterhalten (*with* mit, *together* miteinander) **2.** (*Am*) kommunizieren

com·mune² ['kɒmjuːn] *s* Kommune *f*

com·muni·cable [kə'mjʊːnikəbl] *adj* (*Idee, Gefühle*) vermittelbar; (*Krankheit*) übertragbar

com·muni·cate [kə'mjuːnɪkeɪt] **I.** *vt* **1.** mitteilen **2.** (*a.* PHYS MED) übertragen (*to* auf) **3.** (*Gefühl, Botschaft*) rüberbringen **II.** *vi* **1.** (REL) das Abendmahl empfangen **2.** in Verbindung stehen (*with* mit), sich besprechen (*with* mit) **3.** (*Zimmer*) durch eine Tür miteinander verbunden sein

com·muni·ca·tion [kəˌmjuːnɪ'keɪʃn] *s* **1.** Mitteilung *f* (*to* an) **2.** (PHYS MED) Übertragung *f* **3.** Verbindung *f,* Verkehr *m* **4.** Unterredung, Besprechung *f;* Mitteilung, Nachricht *f* **5.** Verbindung(sweg *m*) *f,* Verkehr(sweg *m,* -mittel *nt*) *m* **6.** Fernmeldewesen *nt;* Fernmeldeeinrichtungen *fpl;* ~(**s**) **centre** (MIL) Nachrichtensammelstelle *f;* Fernmeldezentrale *f;* ~ **cord** (RAIL) Notbremse *f;* ~ **line** Verbindungslinie *f;* ~ **network** Kommunikationsnetz *nt;* ~ **satellite** Kommunikations-, Nachrichtensatellit *m;* **com·muni·cat·ive** [kə'mjuːnɪkətɪv] *adj* mitteilsam, gesprächig

com·mu·nion [kə'mjuːnɪən] *s* **1.** Gemeinschaft *f* **2.** enge Beziehungen *fpl,* Gedankenaustausch *m* **3.** Glaubensgemeinschaft *f* **4.** (*Holy* ~) (heilige) Kommunion *f;* Abendmahl *nt;* **go to** ~ zur Kommunion, zum Abendmahl gehen

com·mu·niqué [kə'mjuːnɪkeɪ] *s* Kommunikee *nt,* amtliche Mitteilung

com·mu·nism ['kɒmjʊnɪzəm] *s* Kommunismus *m;* **com·mu·nist** ['kɒmjʊnɪst] **I.** *s* Kommunist(in) *m(f)* **II.** *adj* kommunistisch

com·mu·nity [kə'mjuːnətɪ] *s* **1.** Gemeinschaft *f* **2.** Gemeinwesen *nt* **3.** Gemeinsamkeit *f;* (Interessen)Gemeinschaft *f* **4.** (REL) Gemeinde *f* **5.** (BIOL) Lebensgemeinschaft *f;* **the** ~ die Allgemeinheit, die Öffentlichkeit, der Staat; **community centre** *s* Gemeindehaus, -zentrum *nt;* **community home** *s* Erziehungsheim *nt;* **community singing** *s* gemeinschaftliches Liedersingen; **Community Support Frameworks, CSFs** *s pl* (EU) Gemeinschaftliche Förderkonzepte, GFK; **community worker** *s* Sozialarbeiter(in) *m(f)*

com·mut·able [kə'mjuːtəbl] *adj* umwandelbar; **com·mu·ta·tion** [ˌkɒmjuː'teɪʃn] *s* **1.** (Aus-, Um)Tausch *m* **2.** Ablösung(ssumme) *f* **3.** (Straf)Umwandlung, Herabsetzung *f*; (*Am*) Benutzung *f* einer Zeitkarte; ~ **ticket** (*Am*) Zeitkarte *f*; **com·mute** [kə'mjuːt] **I.** *vt* **1.** (aus-, ein-, um)tauschen (*for* gegen) **2.** (FIN) ablösen **3.** (JUR: *Strafe*) umwandeln, herabsetzen (*to, into* in) **II.** *vi* pendeln; **com·muter** [kɒ'mjuːtə(r)] *s* Pendler(in) *m(f)*; **commuter belt** *s* städtischer Einzugsbereich; **commuter train** *s* Pendler-, Vorort(s)zug *m*

com·pact[1] ['kɒmpækt] **1.** (*powder* ~) Puderdose *f* **2.** (*Am*) Kompaktwagen *m*

com·pact[2] ['kɒmpækt] *s* Vertrag *m*, Abkommen *nt*

com·pact[3] [kəm'pækt] **I.** *adj* **1.** kompakt **2.** (*Stil*) gedrängt **3.** (*Schnee, Masse*) fest **II.** *vt* fest zusammenpressen, -drängen; **be ~ed of** sich zusammensetzen aus; ~ **camera** Kompaktkamera *f*; ~ **disc** Compact-Disc, CD *f*; ~ **disc player** CD-Spieler *m*; **com·pact·ness** [kəm'pæktnɪs] *s* **1.** (*fig*) Knappheit *f*; Gedrängtheit *f* **2.** Festigkeit, Dichte *f*

com·pan·ion [kəm'pænɪən] *s* **1.** Begleiter(in) *m(f)*, Genosse *m*, Genossin *f*; Gefährte *m*, Gefährtin *f* **2.** Gesellschafter(in) *m(f)* **3.** Gegenstück, Pendant *nt* **4.** Ratgeber, Leitfaden *m* (*Buch*); **travelling** ~ Reisebegleiter(in), -gefährte *m*, -gefährtin *f*, Mitreisende(r) *f m*; **com·pan·ion·able** [-əbl] *adj* gesellig, umgänglich; **com·pan·ion·ship** [-ʃɪp] *s* Gesellschaft *f*; **com·pan·ion·way** [-weɪ] *s* Kajütentreppe *f*

com·pany ['kʌmpənɪ] *s* **1.** Gesellschaft, Begleitung *f*; Umgang, Verkehr *m* **2.** Gäste *mpl*, Besuch *m* **3.** (Handels)Gesellschaft, Firma *f* **4.** (Schauspieler)Truppe *f* **5.** (*ship's* ~) Besatzung *f* **6.** (MIL) Kompanie *f*; **for** ~ zur Gesellschaft; **in** ~ zusammen, gemeinsam; **be good/bad/poor** ~ ein guter/schlechter Gesellschafter sein; **keep** ~ **with** verkehren mit; **part** ~ sich trennen (*with* von)

com·par·able ['kɒmpərəbl] *adj* vergleichbar; ähnlich; entsprechend; **com·para·tive** [kəm'pærətɪv] **I.** *adj* **1.** vergleichend **2.** verhältnismäßig, relativ **II.** *s* (GRAM: ~ *degree*) Komparativ *m*; **com·para·tive·ly** [-lɪ] *adv* vergleichsweise; verhältnismäßig; **com·pare** [kəm'peə(r)] **I.** *vt* **1.** (*prüfend*) vergleichen (*with, to* mit) **2.** gleichstellen, auf eine Stufe stellen (*to* mit) **3.** (GRAM) steigern **II.** *vi* sich vergleichen (lassen) (*with* mit); ~ **favo(u)rably with** bei einem Vergleich günstig abschneiden mit **III.** *s:* **beyond** [*o* **past**] ~ [*o* **without**] unvergleichlich, *adv;* **com·pari·son** [kəm'pærɪsn] *s* **1.** Vergleich *m* (*to, with* mit) **2.** Gegenüberstellung *f* **3.** (GRAM) Steigerung *f* **4.** (INFORM) Abgleich *m;* **by** ~ vergleichsweise, verhältnismäßig, *adv;* **in** ~ **with** im Vergleich zu; **bear** [*o* **stand**] ~ **with** sich vergleichen lassen, den Vergleich aushalten mit; **there is no** ~ **between them** sie lassen sich nicht vergleichen

com·part·ment [kəm'pɑːtmənt] *s* **1.** Abteilung *f* **2.** Fach, Feld *nt* **3.** (RAIL) Abteil *nt* **4.** (MAR) Schott *nt*

com·pass ['kʌmpəs] *s* **1.** Umfang, -kreis *m* **2.** Um-, Einfassung, Begrenzung *f* **3.** Bezirk *m*, Gebiet *nt*, Bereich *m* **4.** (MUS) Stimmumfang *m* **5.** (*mariner's* ~) (Schiffs)Kompass *m* **6.** ~**es** Zirkel *m* (*Gerät*)

com·pas·sion [kəm'pæʃn] *s* Mitleid, -gefühl *nt* (*for* mit); **have** [*o* **take**] ~ **on** Mitleid haben mit; **com·pas·sion·ate** [kəm'pæʃənət] *adj* mitleid(s)voll, mitfühlend; ~ **leave** (*Br:* MIL) Sonderurlaub *m* aus familiären Gründen

com·pati·bil·ity [kəmˌpætə'bɪlətɪ] *s* **1.** Vereinbarkeit *f* **2.** Verträglichkeit *f* **3.** Kompatibilität *f*; **com·pat·ible** [kəm'pætəbl] *adj* **1.** vereinbar, verträglich (*with* mit), in Übereinstimmung (*with* mit) **2.** angemessen (*with s.th.* einer S) **3.** kompatibel

com·patriot [kəm'pætrɪət] *s* Landsmann *m*, -männin *f*

com·pel [kəm'pel] *vt* **1.** zwingen (*to do* zu tun) **2.** erzwingen (*from* von); **com·pel·ling** [-ɪŋ] *adj* **1.** zwingend **2.** (*fig*) verlockend; unwiderstehlich

com·pen·dium [kəm'pendɪəm, *pl* kəm'pendɪə] <*pl* **-diums, -dia**> *s* **1.** Zusammenfassung, Übersicht *f* **2.** Grundriss, Leitfaden *m*

com·pen·sate ['kɒmpənseɪt] **I.** *vt* **1.** ausgleichen, ersetzen; aufwiegen **2.** (PSYCH TECH) kompensieren **3.** (FIN) entschädigen **4.** (*Schaden*) ersetzen; vergüten **II.** *vi* **1.** ausgleichen (*for s.th.* etw) **2.** wieder gutmachen (*for s.th.* etw), Ersatz leisten; **com·pen·sa·tion** [ˌkɒmpen'seɪʃn] *s* **1.** Ausgleich, Ersatz *m* **2.** (PSYCH TECH) Kompensation *f* **3.** (FIN) Entschädigung *f*, Schadenersatz *m;* Vergütung *f* **4.** (*Am*) (Be)Zahlung, Entlohnung *f*; Lohn *m*, Gehalt *nt;* **as** [*o* **by way of**] ~ **for** als Ersatz, als Entschädigung für

com·pere ['kɒmpeə(r)] **I.** *s* Ansager(in) *m(f)* **II.** *vt* ansagen

com·pete [kəm'piːt] *vi* **1.** sich mitbewerben (*for* um) **2.** teilnehmen (*in a contest* an einem Wettbewerb) **3.** wetteifern (*with s.o. for s.th.* mit jdm um etw), konkurrieren, sich messen (*against s.o. in a race* mit jdm bei einem Rennen)

com·pet·ence ['kɒmpɪtəns] *s* **1.** Kompetenz *f;* Können, Geschick *nt;* Befähigung, Qualifikation *f* (*for s.th.* zu etw) **2.** (JUR) Zuständigkeit *f;* **com·pet·ent** ['kɒmpɪtənt] *adj* **1.** kompetent; geschickt, fähig; befähigt, qualifiziert (*for s.th.* zu etw, *to do* zu tun) **2.** genügend, ausreichend, entsprechend **3.** (JUR) zuständig; (*Zeuge, Beweise*) zulässig

com·pe·ti·tion [,kɒmpə'tɪʃn] *s* **1.** Wettbewerb, -streit, -kampf *m* (*for* um) **2.** (COM) Konkurrenz(kampf *m*) *f* **3.** Preisausschreiben *nt;* **be in ~ with** im Wettbewerb stehen mit; **enter into ~ with** in Wettbewerb treten mit; **keen ~** scharfer Wettbewerb; harte Konkurrenz; **~ rules** *pl* Wettbewerbsregeln *pl;* **com·peti·tive** [kəm'petətɪv] *adj* **1.** konkurrierend **2.** konkurrenzfähig; **~ spirit** Wettbewerbs-, Konkurrenzgeist *m;* Kampfgeist *m;* **com·peti·tive·ness** [kəm'petətivnəs] *s* Wettbewerbsfähigkeit *f;* **com·peti·tor** [kəm'petɪtə(r)] *s* **1.** Mitbewerber(in) *m(f)* **2.** (COM) Konkurrent(in) *m(f)* **3.** (SPORT) Wettkämpfer(in) *m(f),* Teilnehmer(in) *m(f)* (*for* um)

com·pi·la·tion [,kɒmpɪ'leɪʃn] *s* Auf-, Zusammenstellung *f;* Kompilation *f;* **com·pile** [kəm'paɪl] *vt* **1.** (*Material*) zusammentragen **2.** (*Liste*) zusammenstellen; **com·pil·er** [,kɒm'pɪlə(r)] *s* (INFORM) Compiler *m*

com·pla·cence, com·pla·cency [kəm'pleɪsns(ɪ)] *s* Selbstzufriedenheit, -gefälligkeit *f;* **com·pla·cent** [kəm'pleɪsnt] *adj* selbstzufrieden, -gefällig

com·plain [kəm'pleɪn] *vi* **1.** klagen, sich beklagen (*of* über) **2.** sich beschweren (*of, about* über, *to* bei) **3.** jammern **4.** (COM) reklamieren; **com·plain·ant** *s* (JUR) Kläger(in) *m(f);* **com·plaint** [kəm'pleɪnt] *s* **1.** Klage, Beschwerde, Beanstandung *f* **2.** (COM) Reklamation, Mängelrüge *f* **3.** (JUR) Klage, Strafanzeige *f* (*against* gegen) **4.** (MED) Beschwerden *fpl,* Leiden *nt;* **make** [*o* **lodge**] **a ~ against s.o.** sich über jdn beschweren; **~ book** Beschwerdebuch *nt*

com·plais·ance [kəm'pleɪzəns] *s* Gefälligkeit *f;* **com·plais·ant** [kəm'pleɪzənt] *adj* gefällig, entgegenkommend, willfährig

com·ple·ment ['kɒmplɪmənt] **I.** *s* **1.** (*a.* MATH GRAM) Ergänzung *f* **2.** (MAR) Bemannung *f* **3.** (MIL) Sollstärke *f* **4.** (AVIAT) volle Besatzung **II.** ['kɒmplɪment] *vt* ergänzen, vervollständigen; **com·ple·ment·ary** [,kɒmplɪ'mentrɪ] *adj* Ergänzungs-; sich ergänzend; **~ colours** Komplementärfarben *fpl*

com·plete [kəm'pliːt] **I.** *adj* **1.** vollständig, -kommen, völlig, ganz **2.** vollendet, fertig (gestellt), zu Ende (gebracht), abgeschlossen; **~ with** mitsamt, komplett mit **II.** *vt* **1.** vervollständigen, vollständig machen, abschließen **2.** (*Formular*) ausfüllen **3.** beenden, fertig stellen, fertig machen; **com·plete·ly** [-lɪ] *adv* völlig, ganz (u. gar), vollständig, vollkommen; **com·plete·ness** [-nɪs] *s* Vollständigkeit *f;* Vollkommenheit *f;* **com·ple·tion** [kəm'pliːʃn] *s* **1.** Vervollständigung *f* **2.** Abschluss *m;* (*a.* JUR) Erledigung, Fertigstellung, Vollendung *f* **3.** Ergänzung, Vervollständigung *f* **4.** Ausfüllung *f* (*eines Formulars*) **5.** (*Vertrag*) Erfüllung *f;* **on ~ of** bei Beendigung *+gen;* **be nearing ~** vor dem Abschluss stehen

com·plex ['kɒmpleks] **I.** *adj* **1.** komplex; vielschichtig, vielseitig **2.** kompliziert, verwickelt **II.** *s* (das) Ganze; (*a.* PSYCH) Komplex *m*

com·plexion [kəm'plekʃn] *s* **1.** (Haut-, Gesichts)Farbe *f,* Aussehen *nt* **2.** (*fig*) Aspekt, Anstrich *m*

com·plex·ity [kəm'pleksətɪ] *s* Komplexität *f;* Kompliziertheit *f*

com·pli·ance [kəm'plaɪəns] *s* **1.** (*Gesetz*) Befolgung *f* **2.** Einverständnis *nt,* Willfährigkeit *f;* **in ~ with** in Übereinstimmung mit; entsprechend, gemäß *+dat;* **com·pli·ant** [kəm'plaɪənt] *adj* nachgiebig; willfährig

com·pli·cate ['kɒmplɪkeɪt] *vt* komplizieren, (noch) verwickelter, schwieriger machen; **that ~s matters** das macht die Sache noch schwieriger; **com·pli·cated** [-ɪd] *adj* kompliziert; verwickelt; **com·pli·ca·tion** [,kɒmplɪ'keɪʃn] *s* Komplikation *f*

com·plic·ity [kəm'plɪsətɪ] *s* Mitschuld (*in* an), Mittäterschaft *f* (*in* bei)

com·pli·ment ['kɒmplɪmənt] **I.** *s* **1.** Kompliment *nt* **2.** Anerkennung *f,* Lob *nt* **3.** Ehrenerweisung *f* **4. ~s** (*in Briefen*) Grüße *mpl,* Gruß *m;* Empfehlung *f;* **angle** [*o* **fish**] **for ~s** Komplimente hören wollen; **pay a ~ to s.o.** jdm ein Kompliment machen; **with the ~s of the season** mit den besten Wünschen zum Fest **II.** ['kɒmplɪment] *vt* **1.** ein Kompliment machen (*s.o.* jdm) **2.** beglückwünschen (*on* zu); **com·pli·men·tary** [,kɒmplɪ'mentrɪ] *adj* **1.** höflich, artig **2.** Ehren-; Gratis-; **~ copy** Freiexemplar *nt;* **~ ticket** Frei-, Ehrenkarte *f;* **compliments slip** *s* (Firmen)Begleitkarte *f*

com·ply [kəm'plaɪ] *vi* **1.** Folge leisten (*with dat*) **2.** einwilligen (*with* in), zustimmen (*with dat*) **3.** (*Wunsch, Bedingung, Bitte*) erfüllen (*with s.th.* etw)

com·po·nent [kəm'pəʊnənt] **I.** *adj* einzeln; Einzel-, Teil- **II.** *s* Bestandteil *m;* **additional** ~ (AUTO) Nachrüstsatz *m;* **component parts** *s pl* Zubehör-, Einzelteile *ntpl*

com·pose [kəm'pəʊz] **I.** *vt* **1.** zusammensetzen **2.** (an)ordnen, bilden **3.** ab-, verfassen, aufsetzen, dichten **4.** (MUS) komponieren **5.** (TYP) setzen **6.** (*Streit*) (gütlich) beilegen, schlichten, (glücklich) beenden **7.** (*Gedanken*) sammeln; **be ~d of** bestehen aus **II.** *vi* **1.** schriftstellern; dichten **2.** (MUS) komponieren **III.** *vr* sich beruhigen, sich fassen; **com·posed** [kəm'pəʊzd] *adj* gefasst, ruhig, gelassen; **com·poser** [kəm'pəʊzə(r)] *s* **1.** (MUS) Komponist(in) *m(f)* **2.** Verfasser(in) *m(f);* **com·pos·ite** ['kɒmpəzɪt] *adj* zusammengesetzt; vielfältig; ~ **photograph** Fotomontage *f;* **com·po·si·tion** [ˌkɒmpə'zɪʃn] *s* **1.** Zusammensetzung, (An)Ordnung, Anlage, Bildung *f* **2.** Abfassung *f* **3.** (MUS) Komposition *f* **4.** (TYP) (Schrift)Satz *m* **5.** (Schul)Aufsatz *m* **6.** Übersetzung *f* **7.** Zusammensetzung *f,* (Auf)Bau *m* **8.** (PSYCH) Anlage, Art *f,* Wesen *nt* **9.** (JUR) Verständigung *f,* Vergleich *m;* **com·po·si·tor** [kəm'pɒzɪtə(r)] *s* (TYP) (Schrift)Setzer(in) *m(f)*

com·post ['kɒmpɒst] *s* Kompost *m*

com·po·sure [kəm'pəʊʒə(r)] *s* Fassung, Gelassenheit, (Gemüts)Ruhe *f*

com·pound ['kɒmpaʊnd] **I.** *adj* **1.** zusammengesetzt; aus einzelnen Teilen bestehend **2.** gemischt **3.** (TECH) Verbund- **II.** *s* **1.** Zusammensetzung *f;* Mischung *f* **2.** (*chemische*) Verbindung *f* **3.** (GRAM: ~ *word*) zusammengesetztes Wort **4.** eingefriedeter Platz **III.** [kəm'paʊnd] *vt* **1.** zusammensetzen; verbinden; mischen **2.** (*Streit*) beilegen **3.** (*Schuld*) tilgen; in Raten abzahlen **4.** (*Zinsen*) kapitalisieren **5.** verschlimmern; **this only ~s our difficulties** das erschwert unsere Lage noch zusätzlich **IV.** *vi* **1.** sich vergleichen, sich einigen, sich verständigen (*with* mit) **2.** pauschalieren (*for s.th.* etw); **compound fracture** *s* (MED) komplizierter Bruch; **compound interest** *s* (FIN) Zinseszins *m*

com·pre·hend [ˌkɒmprɪ'hend] *vt* **1.** verstehen, einsehen **2.** umfassen, einschließen

com·pre·hen·sible [ˌkɒmprɪ'hensəbl] *adj* verständlich, begreiflich; **com·pre·hen·sion** [ˌkɒmprɪ'henʃn] *s* **1.** Verstehen, Begreifen *nt* **2.** Verständnis *nt* (*of* für), Einsicht *f;* Fassungs-, Begriffsvermögen *nt* **3.** (Bedeutungs-, Begriffs)Umfang *m;* **beyond** ~ unbegreiflich

com·pre·hen·sive [ˌkɒmprɪ'hensɪv] *adj* umfassend; ~ **coverage** ausführliche Berichterstattung; ~ **insurance** kombinierte Haftpflicht- und Vollkaskoversicherung; ~ **school** Gesamtschule *f*

com·press¹ [kəm'pres] *vt* zusammendrücken, (zusammen)pressen, komprimieren

compress² ['kɒmpres] *s* (MED) Kompresse *f*

com·pressed [kəm'prest] *adj* zusammengedrückt; zusammengepresst; ~ **air** Pressluft *f;* **com·pres·sor** [kəm'presə(r)] *s* (TECH) Kompressor *m*

com·prise [kəm'praɪz] *vt* **1.** umfassen; bestehen aus **2.** einschließen (*within* in)

com·pro·mise ['kɒmprəmaɪz] **I.** *s* Kompromiss *m;* Übereinkunft *f,* Vergleich *m* **II.** *vi* einen Kompromiss, einen Vergleich schließen (*on* über) **III.** *vt* **1.** kompromittieren; (*Ruf*) schaden (*s.th.* einer S) **2.** gefährden

comp·trol·ler [kən'trəʊlə(r)] *s* Controller *m,* Rechnungsprüfer(in) *m(f)*

com·pul·sion [kəm'pʌlʃn] *s* Zwang *m;* **under** ~ unter Zwang; **com·pul·sive** [kəm'pʌlsɪv] *adj* Zwangs-; zwingend; **com·pul·sory** [kəm'pʌlsərɪ] *adj* obligatorisch; zwingend, bindend; ~ **auction** Zwangsversteigerung *f;* ~ **education** Schulpflicht *f;* ~ **insurance** Pflichtversicherung *f;* ~ **schooling** allgemeine Schulpflicht; ~ **subject** (SCHULE) Pflichtfach *nt*

com·punc·tion [kəm'pʌŋkʃn] *s* Schuldgefühl *nt;* Gewissensbisse *mpl,* Reue *f;* **with no** ~ ohne sich schuldig zu fühlen

com·pu·ta·tion [ˌkɒmpjʊ'teɪʃn] *s* (Be-, Er)Rechnung *f;* Überschlag *m,* Schätzung *f;* **com·pu·ta·tion·al** *adj* Computer-; **com·pute** [kəm'pju:t] *vt, vi* **1.** (aus-, be-, er)rechnen **2.** überschlagen, schätzen, veranschlagen (*at* auf); **com·puter** [kəm'pju:tə(r)] *s* Computer *m;* Rechner *m;* Datenverarbeitungsanlage *f;* **~-aided design, CAD** computergestützter Entwurf; **digital** ~ digitale Rechenanlage; **personal** ~ PC *m;* **computer-aided** *adj* rechnergestützt; **computer centre** *s* Rechenzentrum *nt;* **computer crime** *s* Computerkriminalität *f;* **computer freak** [fri:k] *s* Computerfreak *m;* **computer game** *s* Computerspiel *nt;* **computer-generated** *adj* computergeneriert; **computer graphics** *s pl* Computergrafik *f;* **com·puter·iz·ation** [kəmˌpju:tərar'zeɪʃn] *s* Computerisierung *f;* **com·puter·ize** [kəm'pju:təraɪz] *vt* **1.** auf Computer umstellen **2.** in einen Computer eingeben; **computer network** *s* Computernetzwerk *nt,* Rechnerverbund *m;* **computer programmer** *s* Programmierer(in) *m(f);* **computer science** *s* Informatik *f;* **computer scientist** *s* Informatiker(in) *m(f);* **computer search** *s* Rasterfahndung *f;* **computer tomography** *s* Computertomographie *f;* **computer virus** *s* Computervirus *m;* **computer workstation** *s* Computerarbeitsplatz *m,* Workstation *f*

com·rade ['kɒmreɪd] *s* **1.** Kamerad(in) *m(f)* **2.** (POL) Genosse *m,* Genossin *f;* **com·rade·ship** ['kɒmreɪdʃɪp] *s* Kameradschaft *f*

con[1] [kɒn] **I.** *vt* betrügen (*out of* um) **II.** *s* Schwindel, Betrug *m*

con[2] [kɒn]: **pros and ~s** Für *nt* und Wider *nt*

con art·ist [ˌkɒn'ɑːtɪst] *s* Hochstapler(in) *m(f)*

con·cat·ena·tion [kɒnˌkætɪ'neɪʃn] *s* Verkettung *f;* Kette, Folge *f*

con·cave ['kɒnkeɪv] *adj* konkav; **con·cav·ity** [kən'kævɪtɪ] *s* Konkavität *f*

con·ceal [kən'siːl] *vt* verstecken, verbergen; verheimlichen (*from* vor); **concealer stick** *s* Abdeckstift *m;* **con·ceal·ment** [-mənt] *s* **1.** Verbergen *nt;* Verheimlichung *f* **2.** Geheimhaltung *f* **3.** Versteck *nt*

con·cede [kən'siːd] **I.** *vt* **1.** einräumen, zugeben, anerkennen (*that* dass) **2.** zugestehen **3.** nachgeben (*a point* in einem Punkt) **4.** (SPORT: *Punkte*) vorgeben **5.** (SPORT: *sl*) verlieren; **~ defeat** die Niederlage eingestehen **II.** *vi* sich geschlagen geben

con·ceit [kən'siːt] *s* Selbstgefälligkeit, Einbildung *f;* **con·ceited** [-ɪd] *adj* eingebildet

con·ceiv·able [kən'siːvəbl] *adj* denkbar, vorstellbar; **con·ceive** [kən'siːv] **I.** *vt* **1.** aus-, erdenken, ersinnen **2.** (*Gedanken*) fassen; in Worte fassen **3.** sich denken, sich vorstellen, meinen **4.** begreifen, verstehen **5.** (*Kind*) empfangen **II.** *vi* **1.** schwanger werden **2.** sich vorstellen (*of s.th.* etw)

con·cen·trate ['kɒnsəntreɪt] **I.** *vt* **1.** konzentrieren **2.** (CHEM) verdichten, eindicken, kondensieren **3.** (*Strahlen*) bündeln **II.** *vi* sich sammeln, sich konzentrieren (*upon, on* auf), seine Gedanken zusammennehmen **III.** *s* Konzentrat *nt;* **con·cen·trated** [-ɪd] *adj* **1.** konzentriert **2.** (*fig*) stark; **con·cen·tration** [ˌkɒnsn'treɪʃn] *s* **1.** Ansammlung *f* **2.** Konzentration *f;* **lacking in ~** unkonzentriert; **concentration camp** *s* Konzentrationslager *nt*

con·cen·tric [kən'sentrɪk] *adj* konzentrisch

con·cept ['kɒnsept] *s* Begriff *m;* Vorstellung, Idee *f;* **con·cep·tion** [kən'sepʃn] *s* **1.** (geistige) Gestaltungskraft *f;* Vorstellungsvermögen *nt,* Fassungskraft *f* **2.** Begriff *m;* Auffassung, Vorstellung, Idee *f;* Gedanke *m* **3.** Plan, Entwurf *m* **4.** (PHYSIOL) Empfängnis *f;* **con·cep·tual** [kən'septjʊəl] *adj* Begriffs-; **con·cep·tua·lize** [kən'septjʊəlaɪz] *vt* sich eine Vorstellung machen von; einen Plan fassen von

con·cern [kən'sɜːn] **I.** *vt* **1.** betreffen, angehen, interessieren; wichtig sein für **2.** beunruhigen; **be ~ed about** sich Gedanken, Sorgen machen um; **~ o.s. about** sich bemühen, sich Mühe machen um; **~ o.s. with** sich befassen, zu tun haben, sich abgeben mit; **as ~s** was … betrifft, betreffend, betreffs; **as far as I am ~ed** was mich angeht, von mir aus; **to whom it may ~** an die zuständige Stelle **II.** *s* **1.** Beziehung *f,* Bezug *m* **2.** Interesse *nt,* Anteil *m* **3.** Sorge, Besorgnis, Beunruhigung *f* (*over* wegen) **4.** Angelegenheit, Sache *f* **5.** Geschäft, Unternehmen *nt,* Betrieb *m* **6.** (*fam*) Kram, Plunder, Dreck *m;* **with deep ~** sehr besorgt, *adv;* **have a ~ in** interessiert sein, Anteil haben an; **that is no ~ of yours** das geht Sie nichts an; **business ~s** Geschäftsinteressen *ntpl;* **going ~** gutgehendes Geschäft, Unternehmen; **con·cerned** [kən'sɜːnd] *adj* **1.** betroffen (*in* von), beteiligt (*in* an) **2.** besorgt, in Unruhe (*at, for s.o.* um jdn, *about s.th.* wegen einer S); **all ~** alle Beteiligten *mpl;* **the persons ~** die Interessenten *mpl,* die Betroffenen *mpl;* **con·cern·ing** [-ɪŋ] *prep* betreffend, betreffs; bezüglich, in Bezug auf

con·cert[1] ['kɒnsət] *s* Konzert *nt;* **in ~** im Chor; gemeinsam; live; **work in ~ with** zusammenarbeiten mit

con·cert[2] [kən'sɜːt] *vt* (*Kräfte*) vereinigen; **con·certed** [kən'sɜːtɪd] *adj* gemeinsam; (POL) konzertiert

con·cert grand ['kɒnsət grænd] *s* Konzertflügel *m;* **con·cer·tina** [ˌkɒnsə'tiːnə] *s* Ziehharmonika, Konzertina *f;* **con·cert·mas·ter** [ˌkɒnsət'mæstə(r)] *s* Konzertmeister *m;* **con·certo** [kən'tʃeətəʊ] *<pl* -certos> *s* Konzert *nt;* **concert pitch** *s* (MUS) Kammerton *m*

con·ces·sion [kən'seʃn] *s* **1.** (behördliche) Bewilligung, Genehmigung, Konzession *f* **2.** Einräumung *f,* Zugeständnis, Entgegenkommen *nt;* **grant a ~** eine Konzession erteilen; **make ~s** Zugeständnisse machen; **tax ~** Steuervergünstigung *f*

con·cili·ate [kən'sɪlɪeɪt] *vt* **1.** beschwichtigen, besänftigen **2.** in Übereinstimmung, in Einklang bringen; **~ s.o.** jds Wohlwollen gewinnen; **con·cili·ation** [kənˌsɪlɪ'eɪʃn] *s* Ausgleich *m;* Einigung *f;* Schlichtung *f;* **conciliation board** *s* Schlichtungskommission *f;* **con·cili·atory** [kən'sɪlɪətərɪ] *adj* versöhnlich, vermittelnd, ausgleichend

con·cise [kən'saɪs] *adj* kurz (u. bündig), knapp, gedrängt, prägnant; **con·cise·ness, con·cision** [kən'saɪsnɪs, kən'sɪʒən] *s* Kürze, Knappheit, Prägnanz *f*

con·clave ['kɒnkleɪv] *s* Konklave *nt;* **sit in ~** eine Geheimsitzung abhalten

con·clude [kən'klu:d] **I.** *vt* **1.** beenden, (be-, ab)schließen, zu Ende führen **2.** (*Vertrag*) (ab)schließen **3.** (*Am*) beschließen, entscheiden **II.** *vi* **1.** schließen, den Schluss ziehen, folgern (*that* dass, *from* aus) **2.** enden, aufhören **3.** zu einem Entschluss, zu einem Ergebnis kommen; **con·clud·ing** [-ɪŋ] *adj* abschließend, Schluss-

con·clusion [kən'klu:ʒn] *s* **1.** Beendigung *f;* (Ab)Schluss *m* **2.** Abschluss *m* (*eines Vertrages*) **3.** Beschluss, Entscheid(ung *f*) *m* **4.** Schluss(folgerung *f*) *m,* Folgerung *f* **5.** Ende, Ergebnis *nt;* **in ~** zuletzt, schließlich; zum Schluss; **bring to a ~** zum Abschluss bringen; **come to a ~** zu einer Ansicht, Überzeugung kommen; **draw the ~ from** den Schluss, die Folgerung ziehen aus; **jump to ~s** voreilige Schlüsse ziehen; **con·clus·ive** [kən'klu:sɪv] *adj* **1.** abschließend, endgültig; entscheidend **2.** (*Beweis*) schlüssig

con·coct [kən'kɒkt] *vt* **1.** zusammenbrauen **2.** (*fig*) austüfteln, aushecken; **con·coc·tion** [kən'kɒkʃn] *s* **1.** Zusammenbrauen *nt* **2.** Gebräu *nt* **3.** (*fig*) Aushecken *nt;* Erfindung, Idee *f*

con·course ['kɒŋkɔ:s] *s* **1.** Zusammentreffen *nt* **2.** (Menschen)Auflauf *m,* Gewühl, Gedränge *nt;* Menge, Masse *f* **3.** (*Am*) Aufmarschgelände *nt;* (großer) freier Platz, breite Straße, Durchfahrt *f;* (RAIL) Bahnhofshalle *f*

con·crete[1] ['kɒnkri:t] *adj* **1.** fest (geworden), (ver)dicht(et), kompakt **2.** real, wirklich; konkret, gegenständlich **3.** (*Zahl*) benannt

con·crete[2] ['kɒnkri:t] **I.** *s* Beton *m* **II.** *adj* Beton- **III.** *vt* betonieren; **concrete mixer** *s* Betonmischmaschine *f*

con·cu·bine ['kɒŋkjʊbaɪn] *s* Konkubine *f;* Nebenfrau *f*

con·cur [kən'kɜ:(r)] *vi* **1.** zusammenkommen, -treffen, -fallen **2.** zusammen-, mitwirken, (mit) dazu beitragen (*to do s.th.* etw zu tun) **3.** beipflichten, -stimmen (*with s.o.* jdm) **4.** übereinstimmen (*with* mit); **con·cur·rence** [kən'kʌrəns] *s* **1.** Zusammentreffen, -fallen *nt* **2.** Zusammenwirken *nt,* Mitwirkung *f* **3.** Einverständnis *nt;* **con·cur·rent** [kən'kʌrənt] **I.** *adj* **1.** gleichzeitig; zusammentreffend, -fallend **2.** mitwirkend **3.** übereinstimmend **II.** *s* Begleitumstand *m*

con·cuss [kən'kʌs] *vt* erschüttern; **con·cus·sion** [kən'kʌʃn] *s* Gehirnerschütterung *f;* Erschütterung *f*

con·demn [kən'dem] *vt* **1.** verurteilen, missbilligen, ablehnen **2.** (JUR) für schuldig erklären, verurteilen (*to* zu) **3.** für abbruchreif erklären; für nicht mehr seetüchtig erklären **4.** (*Kranken*) aufgeben **5.** (*Am*) beschlagnahmen; enteignen; **con·dem·na·tion** [ˌkɒndem'neɪʃn] *s* **1.** Missbilligung, Ablehnung *f* **2.** (JUR) Verurteilung *f* **3.** (*Am*) Beschlagnahme *f;* Enteignung *f*

con·den·sa·tion [ˌkɒnden'seɪʃn] *s* **1.** Verdichtung, Kondensation *f* **2.** Kondensat *nt;* Schwitzwasser *nt* **3.** (*fig*) Zusammenfassung, Straffung *f;* **con·dense** [kɒn'dens] **I.** *vi* kondensieren, sich niederschlagen **II.** *vt* **1.** kondensieren **2.** (*fig*) zusammenfassen; **~d milk** Kondens-, Büchsenmilch *f;* **con·denser** [kɒn'densə(r)] *s* **1.** (CHEM) Kühler *m* **2.** (OPT RADIO ELEK) Kondensator *m*

con·de·scend [ˌkɒndɪ'send] *vi* sich herablassen (*to do* zu tun); **con·de·scend·ing** [-ɪŋ] *adj* herablassend

con·di·ment ['kɒndɪmənt] *s* Gewürz *nt,* Würze *f;* Zutat *f*

con·di·tion [kən'dɪʃn] **I.** *s* **1.** Bedingung, Voraussetzung *f* (*of* für) **2.** Zustand *m,* Beschaffenheit *f* **3.** Stand *m,* Stellung *f,* Rang *m;* Personenstand *m* **4.** (SPORT) gute Form **5.** (JUR) Vorbehalt *m,* Klausel *f* **6. ~s** Umstände *mpl,* Gegebenheiten *fpl,* Lage *f;* **in good ~** in gutem Zustand, gut erhalten; (SPORT) in Form; **on ~ (that)** unter der Voraussetzung [*o* Bedingung] (, dass); **on** [*o* **under**] **no ~** unter keinen Umständen, auf keinen Fall; unter keiner Bedingung; **out of ~** in schlechter Verfassung; (SPORT) in schlechter Form; **under favo(u)rable ~s** unter günstigen Umständen; **answer** [*o* **fulfil**] **a ~** eine Bedingung erfüllen; **be in no ~ to** nicht in der Lage sein zu; **keep in good ~** gut im Stande halten; **make s.th. a ~** etw zur Voraussetzung machen **II.** *vt* **1.** zur Bedingung machen (*to do* zu tun), an eine Bedingung knüpfen **2.** in einen guten Zustand versetzen, in Form bringen **3.** regeln, bestimmen **4.** gewöhnen (*to* an) **5.** (TECH) konditionieren **6.** (*fig*) programmieren (*to, for* auf) **7.** (COM: *Waren*) prüfen; **con·di·tional** [kən'dɪʃənl] *adj* **1.** an eine Bedingung geknüpft **2.** bedingt (*on* durch), abhängig (*on* von); **con·di·tion·al·ly** [kən'dɪʃənəlɪ] *adv* bedingt, unter gewissen Bedingungen; **con·di·tioned** [kən'dɪʃənd] *adj* **1.** bedingt; abhängig (*upon* von) **2.** beschaffen, geartet **3.** (TECH)

C

klimatisiert **4.** (PSYCH) gewöhnt (*to* an), konditioniert; **con·di·tion·er** [kən'dɪʃənə(r)] *s* **1.** (*für Wäsche*) Weichspüler *m* **2.** (*für Haare*) Spülung *f*

con·do [ˌkɒndəʊ] *s* (*Am*) Eigentumswohnung *f*

con·dol·ence [kən'dəʊləns] *s meist pl* Beileid *nt*

con·dom ['kɒndəm] *s* Kondom *nt*

con·do·min·ium [ˌkɒndə'mɪnɪəm] *s* (POL) Kondominium *nt;* Kondominat *nt*

con·done [kən'dəʊn] *vt* **1.** verzeihen **2.** (mit Absicht) nicht beachten **3.** (*Fehler*) stillschweigend dulden

con·duc·ive [kən'dju:sɪv] *adj* dienlich, zuträglich (*to* für)

con·duct [kən'dʌkt] **I.** *vt* **1.** führen; leiten **2.** (*Unternehmen*) (durch)führen, leiten **3.** (*Geschäft*) führen **4.** (*Orchester, Chor*) leiten; dirigieren **II.** *vr* sich betragen, sich benehmen **III.** ['kɒndʌkt] *s* **1.** Führung, Leitung, Verwaltung *f* **2.** Handhabung *f* **3.** Verhalten, Betragen, Benehmen *nt;* Führung *f;* **con·duc·tive** [kən'dʌktɪv] *adj* (PHYS ELEK) leitend; **con·duc·tor** [kən'dʌktə(r)] *s* **1.** Führer(in) *m(f),* Leiter(in) *m(f),* Direktor(in) *m(f)* **2.** (MUS) Dirigent(in) *m(f)* **3.** Schaffner(in) *m(f);* (*Am*) Zugführer(in) *m(f)* **4.** (PHYS ELEK) (Wärme)Leiter *m;* Blitzableiter *m* **5.** (*Kabel*) Ader *f;* **con·duc·tress** [kən'dʌktrɪs] *s* Schaffnerin *f*

cone [kəʊn] *s* **1.** (MATH) Kegel *m;* Konus *m* **2.** (Berg)Kegel *m* **3.** Eistüte *f* **4.** (BOT) Zapfen *m* **5.** (*Verkehr*) Pylon *m;* ~ **of light** Lichtkegel *m*

con·fec·tion [kən'fekʃn] *s* Konfekt *nt;* **con·fec·tioner** [kən'fekʃnə(r)] *s* Konditor(in) *m(f);* **con·fec·tion·ery** [kən'fekʃənərɪ] *s* **1.** Süßwaren *fpl* **2.** Süßwarenhandlung, Konditorei *f*

con·fed·er·acy [kən'fedərəsɪ] *s* **1.** Bund *m,* Bündnis *nt* **2.** Verschwörung *f;* **con·fed·er·ate** [kən'fedərət] **I.** *adj* konföderiert; verbündet **II.** *s* **1.** Bundesgenosse, Alliierte(r) *m* **2.** Komplize, Verschwörer *m;* **the Confederates** (HIST) die Konföderierten *mpl;* **con·fed·er·ation** [kənˌfedə'reɪʃn] *s* Bund *m,* Bündnis *nt;* Staatenbund *m*

con·fer [kən'fɜ:(r)] **I.** *vt* verleihen, übertragen (*on, upon s.o.* jdm) **II.** *vi* sich beraten, verhandeln (*with* mit); **con·fer·ence** ['kɒnfərəns] *s* **1.** Tagung, Konferenz *f* **2.** Besprechung, Unterredung, Verhandlung *f;* **be in** ~ bei einer Besprechung sein; **conference call** *s* Konferenzschaltung *f*

con·fess [kən'fes] **I.** *vt* **1.** bekennen, (ein-, zu)gestehen (*to have, to having* zu haben) **2.** (REL) beichten **3.** die Beichte abnehmen (*s.o.* jdm); **I must** ~ ich muss zugeben **II.** *vi* **1.** seine Schuld, seinen Fehler eingestehen **2.** ein Geständnis ablegen; **con·fess·ed·ly** [-ɪdlɪ] *adv* zugestandenermaßen; **con·fes·sion** [kən'feʃn] *s* **1.** Bekenntnis, Geständnis *nt* **2.** (REL) Beichte *f* **3.** Bekenntnis *nt,* Konfession *f;* **make a full** ~ ein volles Geständnis ablegen; **con·fes·sional** [kən'feʃənl] *s* Beichtstuhl *m;* **con·fes·sor** [kən'fesə(r)] *s* Beichtvater *m*

con·fetti [kən'fetɪ] *s* Konfetti *nt*

con·fi·dant [ˌkɒnfɪ'dænt] *s* Vertraute(r) *m;* **con·fi·dante** [ˌkɒnfɪ'dænt] *s* Vertraute *f;* **con·fide** [kən'faɪd] **I.** *vt* anvertrauen (*to s.o.* jdm) **II.** *vi* **1.** vertrauen (*in s.o.* jdm) **2.** sich verlassen (*in s.o.* auf jdn); **con·fi·dence** ['kɒnfɪdəns] *s* **1.** Vertrauen (*in* auf), Zutrauen *nt* (*in* zu) **2.** Zuversicht, Überzeugung *f;* Selbstsicherheit *f* **3.** vertrauliche Mitteilung, Geheimnis *nt;* **in strict** ~ streng vertraulich; **place** ~ **in s.o.** in jdn Vertrauen setzen; **take s.o. into** ~ jdn ins Vertrauen ziehen; **question of** ~ (POL) Vertrauensfrage *f;* ~ **trick** Schwindel *m;* ~ **trickster** [*o* **man**] Schwindler *m;* **con·fi·dent** ['kɒnfɪdənt] *adj* **1.** sicher, überzeugt (*of* von) **2.** zuversichtlich **3.** selbstsicher **4.** überheblich

con·fi·den·tial [ˌkɒnfɪ'denʃl] *adj* **1.** (*Mitteilung*) vertraulich, geheim **2.** vertraut, eingeweiht; **con·fid·en·tial·ly** [ˌkɒnfɪ'denʃəlɪ] *adv* im Vertrauen; **con·fid·ing** [kən'faɪdɪŋ] *adj* vertrauensvoll

con·figu·ra·tion *s* Konfiguration *f;* (ASTR) Anordnung *f,* Aspekt *f*

con·fine ['kɒnfaɪn] **I.** *s meist pl* Grenze *f;* Grenzstreifen *m;* (*fig*) Grenzgebiet *nt* **II.** [kən'faɪn] *vt* **1.** begrenzen, beschränken (*to* auf) **2.** einsperren, gefangenhalten (*in, to* in); **be ~d** niederkommen, entbunden werden; **be ~d to one's bed** ans Bett gefesselt sein; **be ~d to one's room** das Zimmer nicht verlassen können; ~ **o.s. to** sich beschränken auf; **con·fine·ment** [kən'faɪnmənt] *s* **1.** Einschränkung, Beschränkung *f* **2.** Haft *f;* Einsperren *nt;* Einweisung *f;* Gefangenschaft *f* **3.** Niederkunft *f,* Wochenbett *nt*

con·firm [kən'fɜ:m] *vt* **1.** bestätigen **2.** (*Entschluss*) bekräftigen (*in* in), (be)stärken, festigen **3.** (REL) konfirmieren; firmen; **con·fir·ma·tion** [ˌkɒnfə'meɪʃn] *s* **1.** Bestätigung, Bekräftigung *f* **2.** Festigung *f* **3.** (REL) Konfirmation *f;* Firmung *f;* **confirmed** [kən'fɜ:md] *adj* **1.** eingefleischt **2.** (MED) chronisch **3.** unverbesserlich

con·fis·cate ['kɒnfɪskeɪt] *vt* beschlagnahmen

con·flict ['kɒnflɪkt] **I.** *s* **1.** Zusammenstoß, Kampf *m* **2.** Streit, Konflikt *m;* Meinungsverschiedenheit *f;* Widerstreit *m* (*der Gefühle*)*;* **in ~ with** im Gegensatz zu; **~ of interests** Interessenkonflikt *m* **II.** [kən'flɪkt] *vi* **1.** im Widerspruch stehen (*with* zu), kollidieren (*with* mit) **2.** sich widersprechen; **conflict attenuation** *s* Konfliktbegrenzung, -eindämmung *f;* **con·flict·ing** [kən'flɪktɪŋ] *adj* (*Gefühle*) widerstreitend; widersprechend

con·flu·ence ['kɒnflu:əns] *s* Zusammenfluss *m*

con·form [kən'fɔ:m] **I.** *vt* in Übereinstimmung bringen (*to* mit), anpassen (*to* an) **II.** *vi* **1.** übereinstimmen (*to* mit), entsprechen (*to dat*) **2.** sich anpassen (*to* an); **con·form·ist** [kən'fɔ:mɪst] *s* Anpasser(in) *m(f),* Konfirmist(in) *m(f);* **con·form·ity** [kən'fɔ:mɪtɪ] *s* **1.** Übereinstimmung *f* (*with* mit) **2.** Anpassung *f* (*to* an); **in ~ with** gemäß, übereinstimmend mit

con·found [kən'faʊnd] *vt* **1.** verwechseln (*with* mit) **2.** durcheinander bringen, durcheinander werfen **3.** verwirren, aus der Fassung bringen **4.** zunichte machen; **~ it!** verdammt (noch mal)!; **con·found·ed** [-ɪd] *adj* (*fam*) verdammt, verflixt; abscheulich

con·front [kən'frʌnt] *vt* **1.** gegenüberstellen (*with dat*), konfrontieren (*with* mit) **2.** gegenüber-, entgegentreten (*s.th.* einer S), ins Auge sehen (*danger* der Gefahr); **con·fron·ta·tion** [ˌkɒnfrʌn'teɪʃn] *s* Konfrontation *f;* **con·fron·ta·tional** [ˌkɒnfrʌn'teɪʃnəl] *adj* Konfrontations-

con·fuse [kən'fju:z] *vt* **1.** durcheinander bringen, durcheinander werfen **2.** verwechseln (*with* mit); **con·fused** [kən'fju:zd] *adj* **1.** verwirrt **2.** in Verlegenheit **3.** verworren, unklar; **con·fusion** [kən'fju:ʒn] *s* **1.** Verwirrung *f,* Durcheinander *nt* **2.** Aufruhr, Tumult *m* **3.** Verworrenheit *f* **4.** Verwirrtheit, Bestürzung *f* **5.** Verwechs(e)lung *f*

con·geal [kən'dʒi:l] **I.** *vt* (*Kälte*) erstarren lassen **II.** *vi* **1.** (vor Kälte) erstarren, steif werden **2.** (*Flüssigkeit*) fest werden, (ge)frieren **3.** gerinnen

con·gen·ial [kən'dʒi:nɪəl] *adj* **1.** geistesverwandt (*with, to s.o.* jdm) **2.** freundlich, sympathisch **3.** (*Sache*) angenehm, zusagend **4.** passend, angemessen (*to dat*)

con·gested [kən'dʒestɪd] *adj* **1.** überfüllt; übervölkert **2.** sehr dicht besiedelt **3.** (*Straßen*) verstopft **4.** (MED) mit Blutandrang; **con·ges·tion** [kən'dʒestʃən] *s* **1.** (MED) Blutandrang *m* **2.** Überfüllung *f* **3.** (*~ of traffic*) (Verkehrs)Stauung, Stockung, Verstopfung *f* **4.** (*~ of population*) Übervölkerung *f*

con·glom·er·ate [kən'glɒmərət] **I.** *adj* zusammengewürfelt; (*Sprache*) Misch- **II.** *s* Konglomerat *nt;* (*fig*) zusammengewürfelte Masse; (COM) (Misch)Konzern *m* **III.** [kən'glɒməreɪt] *vi* sich zusammenballen, verschmelzen; **con·glom·er·ation** [kənˌglɒmə'reɪʃn] *s* Zusammenballung, Anhäufung *f;* Konglomerat *nt*

Con·go ['kɒŋgəʊ] *s* Kongo *m;* **Con·go·lese** [ˌkɒŋgəʊ'li:z] **I.** *adj* kongolesich **II.** *s* Kongolese *m,* Kongolesin *f*

con·gratu·late [kən'grætʃʊleɪt] *vt* Glück wünschen (*s.o.* jdm), gratulieren (*s.o.* jdm, *on* zu); **~ o.s. on s.th.** sich über etw freuen, über etw froh sein; **con·gratu·lation** [kənˌgrætʃʊ'leɪʃn] *s meist pl* Glückwunsch *m,* Gratulation *f;* **~s on passing the exam!** ich gratuliere zum bestandenen Examen!

con·gre·gate ['kɒŋgrɪgeɪt] *vi* zusammenkommen, sich versammeln (*round* um *+acc*); **con·gre·ga·tion** [ˌkɒŋgrɪ'geɪʃn] *s* **1.** Ansammlung *f;* Zusammenkunft, Versammlung *f* **2.** (REL) Gemeinde *f;* **con·gre·ga·tional** [ˌkɒŋgrɪ'geɪʃənl] *adj* (REL) Gemeinde-

con·gress ['kɒŋgres] *s* Zusammenkunft, Tagung *f;* Kongress *m;* Parteitag *m;* **Congress** (*Am*) der Kongress; **Con·gress·man** [-mən] <*pl* -men> *s* Kongressabgeordnete(r) *m;* **Con·gress·woman** [-wʊmən, *pl* -wɪmɪn] <*pl* -women> *s* Kongressabgeordnete *f*

con·gru·ence ['kɒŋgrʊəns] *s* **1.** (*a.* GRAM) Übereinstimmung *f* **2.** (MATH) Kongruenz *f;* **con·gru·ent** ['kɒŋgrʊənt] *adj* **1.** (*a.* GRAM) übereinstimmend (*with* mit) **2.** entsprechend, gemäß (*with dat*), passend (*with* zu) **3.** (MATH) kongruent

conical ['kɒnɪkl] *adj* konisch, kegelförmig

coni·fer ['kɒnɪfə(r)] *s* Nadelbaum *m;* **co·nif·erous** [kə'nɪfərəs] *adj* (BOT) zapfentragend; **~ tree** Nadelbaum *m*

con·jec·tural [kən'dʒektʃərəl] *adj* mutmaßlich; **con·jec·ture** [kən'dʒektʃə(r)] **I.** *s* Vermutung, Mutmaßung *f* **II.** *vt* mutmaßen, vermuten **III.** *vi* Vermutungen anstellen

con·ju·gal ['kɒndʒʊgl] *adj* ehelich

con·ju·gate ['kɒndʒʊgeɪt] **I.** *vt* (GRAM) konjugieren **II.** *vi* (BIOL) sich paaren; **con·ju·ga·tion** [ˌkɒndʒʊ'geɪʃn] *s* **1.** (BIOL) Paarung *f* **2.** (GRAM) Konjugation *f*

con·junc·tion [kən'dʒʌŋkʃn] *s* **1.** Verbindung *f* **2.** Zusammentreffen, -fallen *nt* **3.** (GRAM ASTR) Konjunktion *f;* **in ~ with** in Verbindung mit

C

con·junc·ti·vitis [kən,dʒʌŋktɪ'vaɪtɪs] *s* (MED) Bindehautentzündung *f*

con·jure ['kʌndʒə(r)] *vt, vi* zaubern; **conjure away** *vt* wegzaubern; **conjure up** *vt* hervorzaubern; (*fig*) heraufbeschwören; (*Geist*) beschwören; **con·jurer** ['kʌndʒərə(r)] *s* **1.** Zauberkünstler(in) *m(f)*, Taschenspieler(in) *m(f)* **2.** Zauberer *m*, Zauberin *f*; **con·jur·ing** [-ɪŋ] *s* Zaubern *nt*; Zauberei *f*; **conjuring trick** *s* Zauberkunststück *nt*; **con·juror** ['kʌndʒərə(r)] *s* **1.** Zauberkünstler(in) *m(f)*, Taschenspieler(in) *m(f)* **2.** Zauberer *m*, Zauberin *f*

conk [kɒŋk] **I.** *vt* (*fam*) hauen **II.** *s* (*fam*) Zinken *m*; **conk out** *vi* **1.** (*fam*) versagen; (AUTO) stehenbleiben **2.** (*fam: Mensch*) umkippen; sterben

conker ['kɒŋkə(r)] *s* Rosskastanie *f*

con·man ['kɒnmæn] <*pl* -men> *s* Schwindler, Hochstapler *m*

con·nect [kə'nekt] **I.** *vt* **1.** verbinden (*with* mit); (TELE) anschließen (*with* an) **2.** (TECH) koppeln, kuppeln (*with* mit), an-, einschalten **3.** (*fig*) miteinander in Verbindung, in Zusammenhang bringen; ~ **through** (TELE) durchschalten; **be ~ed with** in Verbindung stehen mit; **be well ~ed** gute Beziehungen haben **II.** *vi* **1.** in Verbindung stehen (*with* mit) **2.** (*Zug*) Anschluss haben (*with* an) **3.** landen (*with a blow* einen Schlag); **con·nec·ted** [-ɪd] *adj* **1.** verbunden **2.** verwickelt (*with* in) **3.** verwandt **4.** (*fig*) zusammenhängend, logisch aufgebaut; **con·nect·ing** [-ɪŋ] *adj:* ~ **flight** Anschlussflug *m*; ~ **link** Zwischen-, Bindeglied *nt*; ~ **rod** Pleuelstange *f*; ~ **train** Anschlusszug *m*

con·nec·tion, **con·nex·ion** [kə'nekʃn] *s* **1.** Verbindung *f*; (TELE, RAIL) Anschluss *m* **2.** Zusammenhang *m* **3.** (*a. pl*) Beziehungen *f* (*with* zu), Verbindungen *fpl* **4.** Kundenkreis *m*, Kundschaft *f* **5.** Bekanntschaft *f*; Bekanntenkreis *m*; Verwandtschaft *f*; **in this** ~ in diesem Zusammenhang; **in ~ with** im Zusammenhang mit; in Bezug auf; **with good ~s** mit guten Beziehungen; **establish a** ~ sich einen Kundenkreis schaffen; **what is the ~ between ...?** welcher Zusammenhang besteht zwischen, wie hängen ... zusammen?; **parallel** ~ (ELEK) Parallelschaltung *f*; **rail/train** ~ Bahn-/Zugverbindung *f*; **telephone** ~ Fernsprechverbindung *f*; ~ **by air/by sea** Flug-/Schiffsverbindung *f*; **con·nect·or** [kə'nektə(r)] *s* (ELEK) Lüsterklemme *f*

con·niv·ance [kə'naɪvəns] *s* (sträfliche) Nachsicht (*at, in* mit), Begünstigung *f*; **con·nive** [kə'naɪv] *vi* (*Unrecht*) mit Absicht übersehen (*at s.th.* etw), stillschweigend dulden (*at s.th.* etw), Vorschub leisten (*at s.th.* einer S)

con·nois·seur [,kɒnə'sɜː(r)] *s* Kenner *m*

con·no·ta·tion [,kɒnə'teɪʃn] *s* Nebenbedeutung, Assoziation *f*; (LING) Konnotation *f*

con·quer ['kɒŋkə(r)] **I.** *vt* **1.** erobern **2.** besiegen, überwältigen, überwinden (*Schwierigkeit*) **3.** (*fig*) Herr werden über **II.** *vi* siegen, siegreich sein; **con·queror** ['kɒŋkərə(r)] *s* Eroberer *m*, Eroberin *f*; Sieger(in) *m(f)*

con·quest ['kɒŋkwəst] *s* **1.** (*a. fig*) Eroberung *f* **2.** (JUR) Errungenschaft *f*

con·science ['kɒnʃəns] *s* Gewissen *nt*; **in all** ~ (*fam*) alles, was recht ist; **have on one's** ~ auf dem Gewissen haben; **have no** ~ gewissenlos sein; **con·scien·tious** [,kɒnʃɪ'enʃəs] *adj* gewissenhaft; **con·scien·tious·ness** [-nɪs] *s* Gewissenhaftigkeit *f*; **conscientious objector** *s* Kriegs-, Wehrdienstverweigerer *m*

con·scious ['kɒnʃəs] *adj* **1.** bewusst **2.** absichtlich, wissentlich; vorsätzlich **3.** (MED) bei Bewusstsein; **be ~ of s.th.** sich über etw im Klaren sein; **con·scious·ness** ['kɒnʃəsnɪs] *s* **1.** Bewusstsein *nt* (*of +gen, that* dass) **2.** Wissen *nt* (*of* um), Kenntnis *f* (*of* von)

con·script [kən'skrɪpt] **I.** *vt* (MIL) einziehen, einberufen **II.** ['kɒnskrɪpt] *s* Wehrdienstpflichtige(r) *m*; **con·scrip·tion** [kən'skrɪpʃn] *s* **1.** Einberufung *f* **2.** Wehrpflicht *f*

con·se·crate ['kɒnsɪkreɪt] *vt* **1.** (REL) weihen, konsekrieren **2.** widmen **3.** heiligen; **con·se·cra·tion** [,kɒnsɪ'kreɪʃn] *s* **1.** (REL) Weihe, Konsekration *f* **2.** Hingabe *f* (*to* an)

con·secu·tive [kən'sekjʊtɪv] *adj* aufeinander folgend, fortlaufend; ~ **clause** (GRAM) Konsekutivsatz *m*; ~ **interpreting** Konsekutivdolmetschen *nt*; **consecu·tive·ly** [-lɪ] *adv* nacheinander; fortlaufend

con·sen·sus [kən'sensəs] *s* **1.** Übereinstimmung *f* **2.** (~ *of opinion*) übereinstimmende Meinung, allgemeine Ansicht

con·sent [kən'sent] **I.** *vi* einwilligen (*to* in), einverstanden sein (*to* mit) **II.** *s* Einwilligung *f* (*to* in), Einverständnis *nt* (*to* mit), Zustimmung *f* (*to* zu); **by mutual** ~ in gegenseitigem Einvernehmen; **give one's ~ to** seine Zustimmung erteilen zu

con·se·quence ['kɒnsɪkwəns] *s* **1.** Folge, Konsequenz *f*; Ergebnis *nt* **2.** Folgerung *f*, Schluss *m* **3.** Bedeutung, Wichtigkeit *f*, Einfluss *m*; **in** ~ folglich; **in ~ of** infolge *+gen*; **of** ~ bedeutend, wichtig (*to* für); **of no** ~ unwichtig, unbedeutend; **be the ~ of s.th.** die Folge einer S sein; **have serious ~s** ernste Folgen haben; **bear the ~s**

die Folgen tragen; **that's of no further** ~ das fällt nicht weiter ins Gewicht; **con·se·quent** ['kɒnsɪkwənt] *adj* folgend (*upon* auf), sich ergebend (*upon* aus); **con·se·quen·tial** [ˌkɒnsɪ'kwenʃl] *adj* **1.** sich ergebend (*on* aus) **2.** dünkelhaft **3.** folgerichtig; **con·se·quent·ly** ['kɒnsɪkwəntlɪ] *adv* folglich

con·ser·va·tion [ˌkɒnsə'veɪʃn] *s* **1.** Erhaltung, Bewahrung *f;* Schutz *m* **2.** Umweltschutz *m* **3.** Konservierung *f;* **soil** ~ Bodenmelioration *f;* ~ **area** Naturschutzgebiet *nt;* Gebiet *nt* unter Denkmalschutz; **con·ser·va·tion·ist** [ˌkɒnsə'veɪʃənɪst] *s* Umweltschützer(in) *m(f),* Denkmalpfleger(in) *m(f);* **conservation technology** *s* Umweltschutztechnik *f*

con·ser·va·tism [kən'sɜːvətɪzəm] *s* (*bes.* POL) Konservat(iv)ismus *m;* **con·ser·va·tive** [kən'sɜːvətɪv] **I.** *adj* **1.** (*a.* POL) konservativ **2.** vorsichtig, zurückhaltend **II.** *s* (POL) Konservative(r) *f m*

con·ser·va·toire [kən'sɜːvətwɑː(r)] *s* (*Br*) Musikhochschule *f*

con·ser·va·tory [kən'sɜːvətrɪ] *s* **1.** Treibhaus *nt;* Wintergarten *m* **2.** (MUS) Konservatorium *nt,* Musik(hoch)schule *f*

con·serve [kən'sɜːv] **I.** *vt* **1.** erhalten, bewahren **2.** sparsam umgehen mit **3.** konservieren, einmachen, -kochen **II.** *s meist pl* (das) Eingemachte

con·sider [kən'sɪdə(r)] **I.** *vt* **1.** betrachten, erwägen, bedenken **2.** reiflich überlegen, prüfen **3.** berücksichtigen, Rücksicht nehmen auf **4.** ansehen, betrachten als, halten für; **all things ~ed** wenn man alles in Betracht zieht; **I** ~ ich bin der Auffassung (*that* dass) **II.** *vi* nachdenken, überlegen; **con·sider·able** [kən'sɪdərəbl] *adj* **1.** bedeutend **2.** beachtlich, beträchtlich; **con·siderate** [kən'sɪdərət] *adj* rücksichtsvoll, aufmerksam, zuvorkommend (*of* gegen); **be** ~ **of** Rücksicht nehmen auf; **con·sider·ation** [kənˌsɪdə'reɪʃn] *s* **1.** Überlegung, Erwägung *f* **2.** Gesichtspunkt *m* **3.** Beweggrund, Anlass *m;* Umstand *m* **4.** Rücksicht(nahme), Aufmerksamkeit, Zuvorkommenheit *f* (*of* gegenüber) **5.** Vergütung *f,* Entgelt *nt;* Gegenleistung *f;* **after long** ~ nach reiflicher Überlegung; **in** ~ **of** in Anbetracht +*gen,* im Hinblick, mit Rücksicht auf; **for a** ~ entgeltlich; **of no** ~ (**at all**) (völlig) belanglos, unerheblich; **on** [*o* **under**] **no** ~ auf keinen Fall, unter keinen Umständen; **on further** ~ bei näherer Überlegung; **out of** ~ **for** mit Rücksicht auf; in Anbetracht +*gen;* **be** (**still**) **under** ~ noch nicht entschieden sein; **come into** ~ in Frage, in Betracht kommen; **give careful** ~ **to s.th.** etw sorgfältig erwägen, überdenken; **take into** ~ in Betracht, in Erwägung ziehen; berücksichtigen; **con·sidered** [kən'sɪdəd] *adj* überlegt; **your** ~ **opinion** Ihre geschätzte Meinung; **con·sider·ing** [kən'sɪdərɪŋ] **I.** *prep* in Anbetracht +*gen,* in Hinblick auf **II.** *adv* (*fam*) den Umständen nach **III.** *conj* da

con·sign·ment [kən'saɪnmənt] *s* **1.** Versand *m,* Zustellung, Aushändigung *f* **2.** (Waren)Sendung *f* **3.** Kommission *f;* Konsignation *f*

con·sist [kən'sɪst] *vi* bestehen, sich zusammensetzen (*of* aus); ~ **in** bestehen in; **con·sist·ency** [kən'sɪstənsɪ] *s* **1.** Dichte, Festigkeit, Konsistenz *f* **2.** Übereinstimmung *f* **3.** logische Folge, Zusammenhang *m,* Folgerichtigkeit *f* **4.** Beständigkeit, Einheitlichkeit *f;* **con·sist·ent** [kən'sɪstənt] *adj* **1.** in Übereinstimmung, in Einklang, vereinbar (*with* mit) **2.** beständig, gleich bleibend **3.** konsequent (*about s.th.* in etw)

con·so·la·tion [ˌkɒnsə'leɪʃn] *s* Trost *m;* **consolation prize** *s* Trostpreis *m;* **con·so·la·tory** [kən'sɒlətərɪ] *adj* tröstend

con·sole[1] ['kɒnsəʊl] *s* **1.** Konsole *f* **2.** Wandgestell *nt* **3.** Musiktruhe *f* **4.** (RADIO) Gehäuse *nt* **5.** (TECH) Steuerpult *nt*

con·sole[2] [kən'səʊl] *vt* trösten (*for* über)

con·soli·date [kən'sɒlɪdeɪt] *vt* **1.** stärken, festigen **2.** miteinander verbinden, vereinigen, zusammenschließen; (*a.* FIN) zusammenlegen **3.** (FIN) fundieren, konsolidieren; **con·soli·dated** [-ɪd] *adj* **1.** (FIN) fundiert, konsolidiert **2.** (*Am*) gemeinsam, für mehrere Betriebe arbeitend; **con·soli·da·tion** [kənˌsɒlɪ'deɪʃn] *s* **1.** Stärkung, Festigung *f* **2.** Verbindung, Vereinigung *f,* Zusammenschluss *m,* Fusion *f;* (*a.* FIN) Zusammenlegung *f* **3.** (FIN) Konsolidierung *f*

con·sommé [kən'sɒmeɪ] *s* (klare) Fleischbrühe *f*

con·so·nance ['kɒnsənəns] *s* (MUS) Wohlklang *m,* Konsonanz *f*

con·son·ant ['kɒnsənənt] **I.** *adj* **1.** übereinstimmend (*with* mit) **2.** harmonisch **3.** (GRAM) konsonantisch **II.** *s* (GRAM) Konsonant *m*

con·sort [kən'sɔːt] **I.** *vi* **1.** Umgang haben, verkehren (*with* mit) **2.** in Einklang stehen, harmonieren (*with* mit) **II.** ['kɒnsɔːt] *s* **1.** Gemahl(in *f*) *m* **2.** (MAR) Begleitschiff *nt;* **prince** ~ Prinzgemahl *m;* **con·sor·tium** [kən'sɔːtɪəm] *s* Konsortium *nt*

con·spicu·ous [kən'spɪkjʊəs] *adj* **1.** deutlich sichtbar **2.** auffällig, auffallend **3.** bemerkenswert (*by, for* durch, wegen); **be** ~ **by one's absence** durch Abwesenheit glänzen; **make o.s.** ~ sich auffällig beneh-

C

men

con·spir·acy [kən'spɪrəsɪ] *s* Verschwörung *f;* **con·spira·tor** [kən'spɪrətə(r)] *s* Verschwörer(in) *m(f);* **con·spire** [kən'spaɪə(r)] *vi* **1.** sich verschwören (*against* gegen) **2.** (*fig*) zusammenwirken

con·stable ['kʌnstəbl] *s* Polizist(in) *m(f);* **con·sta·bu·lary** [kən'stæbjʊlərɪ] *s* Polizei *f*

con·stancy ['kɒnstənsɪ] *s* **1.** Standhaftigkeit, Beständigkeit *f* **2.** Treue *f* **3.** Stabilität *f;* Dauerhaftigkeit *f*

con·stant ['kɒnstənt] **I.** *adj* **1.** standhaft, beständig **2.** ununterbrochen, fortwährend, dauernd **3.** gleich bleibend, konstant **II.** *s* (MATH PHYS) Konstante *f;* **con·stant·ly** [-lɪ] *adv* (be)ständig, immer(zu), unaufhörlich

con·stel·la·tion [ˌkɒnstə'leɪʃn] *s* Sternbild *nt;* (*a. fig*) Konstellation *f*

con·ster·na·tion [ˌkɒnstə'neɪʃn] *s* Bestürzung, Fassungslosigkeit *f*

con·sti·pate ['kɒnstɪpeɪt] *vt* (MED) verstopfen; **be ~d** Verstopfung haben; **con·sti·pa·tion** [ˌkɒnstɪ'peɪʃn] *s* Verstopfung *f*

con·sti·tu·ency [kən'stɪtjʊənsɪ] *s* **1.** Wähler(schaft *f*) *mpl* (*eines Wahlbezirks*) **2.** Wahlbezirk, -kreis *m;* **con·sti·tu·ent** [kən'stɪtjʊənt] **I.** *adj* **1.** wählend **2.** verfassunggebend **3.** (*Teil*) einzeln **II.** *s* **1.** Wähler(in) *m(f)* **2.** Auftrag-, Vollmachtgeber(in) *m(f),* Mandant(in) *m(f)* **3.** (*~ part*) Grundbestandteil *m;* Bauteil *m;* Komponente *f;* Satzteil *m*

con·sti·tute ['kɒnstɪtju:t] *vt* **1.** (*Person*) einsetzen, ernennen **2.** (*Körperschaft*) konstituieren, begründen; (*Ausschuss*) bilden; (*Einrichtung*) schaffen **3.** (*Gesetz*) in Kraft setzen **4.** (*ein Ganzes*) ausmachen, bilden, darstellen **5.** (*Summe*) betragen

con·sti·tu·tion [ˌkɒnstɪ'tju:ʃn] *s* **1.** (Auf)Bau *m,* Struktur *f* **2.** (*Mensch*) Konstitution *f* **3.** Wesensart *f,* Charakter *m* **4.** Gesellschafts-, Staats-, Regierungsform *f* **5.** Verfassung *f,* (Staats) Grundgesetz *nt;* Satzung *f;* **con·sti·tu·tional** [ˌkɒnstɪ'tju:ʃənl] **I.** *adj* **1.** Verfassungs-; (*Monarchie*) konstitutionell; (*Regierung, Vorgang*) verfassungsmäßig **2.** (MED) konstitutionell, der Veranlagung entsprechend; (*Abneigung*) naturgegeben; **it's not ~** das ist verfassungswidrig **II.** *s* Spaziergang *m*

constrain [kən'streɪn] *vt* (er)zwingen; nötigen; **be ~ed by circumstances** Sachzwängen unterliegen; **find o.s. ~ed** sich gezwungen, genötigt sehen; **con·straint** [kən'streɪnt] *s* **1.** Zwang *m* **2.** Verlegenheit, Befangenheit *f;* Zurückhaltung *f* **3.** Einschränkung *f;* **under ~** unter Zwang, zwangsweise; **be under ~** sich in einer Zwangslage befinden

con·strict [kən'strɪkt] *vt* **1.** einengen **2.** zusammenziehen **3.** beschränken; **con·stric·tion** [kən'strɪkʃn] *s* **1.** Einengung *f* **2.** Zusammenziehen *nt* **3.** Beschränkung *f;* **con·strictor** [-ə(r)] *s* (MED) Schließmuskel, Konstriktor *m*

con·struct[1] [kən'strʌkt] *vt* **1.** (auf-, er)bauen, errichten, konstruieren **2.** (*fig*) aus-, erdenken, ersinnen; (*Theorie*) entwickeln **3.** (GRAM: *Satz*) konstruieren

con·struct[2] ['kɒnstrʌkt] *s* Gedankengebäude *nt*

con·struc·tion [kən'strʌkʃn] *s* **1.** Bau *m,* Erbauung, Errichtung *f;* Konstruktion *f* **2.** Gestaltung, Konstruktion *f;* Bauart, -weise, Ausführung *f;* Aufbau *m* **3.** Gebäude *nt,* Bau(werk *nt*) *m,* Anlage *f* **4.** (*fig*) Deutung, Erklärung, Auslegung *f* **5.** (GRAM) Konstruktion *f;* Satzbau *m;* **under** [*o* **in the course of**] **~** im Bau; **put a** (**good, wrong**) **~ on** (günstig, falsch) auslegen; **~ material** Baumaterial *nt;* **~ supervision** Bauaufsicht *f;* **con·struc·tional** [kən'strʌkʃnl] *adj* baulich; **~ drawing** Konstruktionszeichnung *f;* **~ element** Bauelement *nt;* **construc·tive** [kən'strʌktɪv] *adj* **1.** (*fig*) aufbauend, konstruktiv, positiv **2.** (*Mensch*) schöpferisch, erfinderisch **3.** (JUR) hypothetisch; **~ dismissal** fingierte Entlassung; **con·structor** [kən'strʌktə(r)] *s* Erbauer(in) *m(f);* Konstrukteur(in) *m(f)*

con·strue [kən'stru:] **I.** *vt* **1.** (*Satz*) konstruieren **2.** wörtlich übersetzen **3.** erklären, deuten, auslegen **II.** *vi* (*Satz*) sich konstruieren lassen

con·sul ['kɒnsl] *s* Konsul *m;* **con·su·lar** ['kɒnsjʊlə(r)] *adj* konsularisch; **con·su·late** ['kɒnsjʊlət] *s* Konsulat *nt;* **consulate general** *s* Generalkonsulat *nt;* **consul general** <*pl* -s-> *s* Generalkonsul *m*

con·sult [kən'sʌlt] **I.** *vt* **1.** um Rat fragen, zu Rate ziehen, konsultieren **2.** (*Buch*) nachschlagen in **3.** beachten, berücksichtigen, bedenken **II.** *vi* sich beraten (*with s.o. about s.th.* mit jdm über etw); **con·sul·tan·cy** [kən'sʌltənsɪ] *s* Beratung *f;* Beratungsbüro *nt;* **con·sul·tant** [kən'sʌltənt] **I.** *adj* beratend **II.** *s* **1.** Berater(in) *m(f),* (Rechts)Konsulent(in) *m(f)* **2.** (MED) Spezialist(in) *m(f),* Facharzt *m,* -ärztin *f;* **con·sul·ta·tion** [ˌkɒnsʌl'teɪʃn] *s* **1.** Befragung, Konsultation, Beratung *f* (*with* mit) **2.** Konferenz (*on* über), Sitzung *f;* **on ~ with** nach Rücksprache mit; **~ hour** Sprechstunde *f;* **con·sult·ing**

[kən'sʌltɪŋ] *adj* beratend; ~-**room** (MED) Sprechzimmer *nt*

con·sume [kən'sjuːm] *vt* **1.** verzehren, konsumieren **2.** ver-, aufbrauchen **3.** (*Geld, Zeit, Kraft*) verbrauchen **4.** (*Zeit*) in Anspruch nehmen **5.** zerstören, vernichten; (*Feuer*) verzehren; **con·sumer** [kən'sjuːmə(r)] *s* Verbraucher(in) *m(f)*, Konsument(in) *m(f)*, Abnehmer(in) *m(f)*; ~-**friendly** verbraucherfreundlich; ~ **resistance** Kaufunlust *f*; ~ **society** Konsumgesellschaft *f*; ~ **durables** langlebige Gebrauchsgüter *ntpl*; ~-**goods** Konsum-, Verbrauchsgüter *pl*; ~ **protection** Verbraucherschutz *m*; ~ **advice centre** Verbraucherzentrale *f*; ~ **spending** Verbraucherausgaben *pl*; **con·sumer·ism** [-ɪzəm] *s* Konsumsteigerung *f*; Konsumverhalten *nt*; **con·sum·er·ist** *adj* Konsum-

con·sum·mate ['kɒnsəmeɪt] **I.** *vt* **1.** vollenden **2.** (JUR: *Ehe*) vollziehen **II.** [kən'sʌmət] *adj* vollständig, vollkommen, vollendet; **con·sum·ma·tion** [ˌkɒnsə'meɪʃn] *s* **1.** Vollendung *f*; (*a.* COM) Abschluss *m*, Ende *nt* **2.** (JUR) Vollziehung *f* (der Ehe) **3.** (*fig*) Höhepunkt *m*; Erfüllung *f*

con·sump·tion [kən'sʌmpʃn] *s* **1.** Verbrauch, Konsum *m* (*of* an), Absatz *m* **2.** (MED) Schwindsucht *f*; ~ **of energy/fuel/materials/water** Energie-/Brennstoff-/Material-/Wasserverbrauch *m*; **con·sump·tive** [kən'sʌmptɪv] *adj* schwindsüchtig, tuberkulös

con·tact ['kɒntækt] **I.** *s* **1.** Kontakt *m*; (*a.* ELEK) Berührung *f*; (ELEK) Kontakt *m* **2.** (*fig*) Verbindung (*with* mit), Beziehung *f* (*with* zu), Kontaktperson *f*; Verbindungsmann *m* **3.** (MED) Kontaktperson *f* **4.** Ansprechpartner(in) *m(f)*; **be in ~ with** in Verbindung stehen mit; **make ~** Verbindung anknüpfen (*with* mit); (ELEK) Kontakt herstellen **II.** *vt* Fühlung nehmen, in Verbindung treten mit; sich wenden an; ~ **by telephone** sich telefonisch in Verbindung setzen mit, anrufen; **try to ~ s.o.** versuchen, jdn zu erreichen; **contact-breaker** *s* (ELEK) Unterbrecher *m*; **contact lens** *s* Kontaktlinse *f*; **contact man** <*pl* -men> *s* Verbindungsmann *f*; **contact print** *s* (PHOT) Kontaktabzug *m*

con·tagion [kən'teɪdʒən] *s* **1.** (MED) Ansteckung, Übertragung *f*; ansteckende Krankheit, Seuche *f* **2.** (*fig*) verderblicher Einfluss; **con·tagious** [kən'teɪdʒəs] *adj* (*a. fig*) ansteckend, übertragbar

con·tain [kən'teɪn] **I.** *vt* **1.** enthalten **2.** (um)fassen, einschließen, in sich begreifen **3.** (*Gefühl*) beherrschen, zügeln **4.** begrenzen, einschließen **II.** *vr* sich beherrschen, sich in der Gewalt haben, sich zurückhalten; **con·tainer** [kən'teɪnə(r)] *s* **1.** Behälter *m*; Gefäß *nt*; (Benzin)Kanister *m* **2.** (COM) Container *m*; **con·tainer·ize** [kən'teɪnəraɪz] *vt* **1.** auf Containerbetrieb umstellen **2.** in Containern transportieren; **container ship** *s* Containerschiff *nt*; **con·tain·ment** [kən'teinmənt] *s* **1.** (MIL) Abwehr *f*; In-Schach-Halten *nt* **2.** (*in Kernkraftwerk*) Sicherheitsbehälter *m*

con·tami·nate [kən'tæmɪneɪt] *vt* **1.** verschmutzen, verunreinigen **2.** (MED) verseuchen; (*Gelände*) (radioaktiv) verseuchen **3.** (*fig*) verderben; **~ed by radiation** strahlenverseucht; **con·tami·na·tion** [kənˌtæmɪ'neɪʃn] *s* **1.** Verschmutzung, Verunreinigung *f* **2.** (radioaktive) Verseuchung *f* **3.** Ansteckung *f*; verderblicher Einfluss **4.** (GRAM) Kontamination *f*

con·tem·plate ['kɒntempleɪt] **I.** *vt* **1.** betrachten, beschauen **2.** nachdenken, (nach)sinnen über **3.** ins Auge fassen, vorhaben, beabsichtigen **4.** erwarten, rechnen mit **II.** *vi* (nach)sinnen, meditieren (*on* über); **con·tem·pla·tion** [ˌkɒntem'pleɪʃn] *s* **1.** Betrachtung *f* **2.** Nachdenken, (Nach)Sinnen *nt* **3.** Beschaulichkeit *f* **4.** Absicht *f* **5.** Erwartung *f*; **con·tem·pla·tive** [kən'templətɪv] *adj* nachdenklich, besinnlich, beschaulich

con·tem·por·ary [kən'temprərɪ] **I.** *adj* **1.** gleichzeitig (*with* mit) **2.** zeitgenössisch **3.** gleichaltrig **II.** *s* Zeit-, Altersgenosse *m*, -genossin *f*

con·tempt [kən'tempt] *s* **1.** Verachtung, Geringschätzung *f* **2.** Schande *f* **3.** (~ *of court*) Missachtung *f* des Gerichts; Beeinflussung *f* der Rechtspflege; **con·tempt·ible** [kən'temptəbl] *adj* verächtlich, verachtenswert; **con·temptu·ous** [kən'temptʃʊəs] *adj* verächtlich, geringschätzig

con·tend [kən'tend] **I.** *vi* **1.** kämpfen, ringen **2.** sich bewerben (*for* um) **3.** streiten, disputieren (*with s.o. about s.th.* mit jdm über etw); ~ **with s.o./s.th.** mit jdm/etw fertig werden **II.** *vt* verfechten; behaupten (*that* dass)

con·tent[1] ['kɒntent] *s meist pl* **1.** Rauminhalt *m*, Volumen, Fassungsvermögen *nt* **2.** Inhalt *m* **3.** Inneneinrichtung *f* **4.** (*fig*) Gehalt *m*; **table of ~s** (*Buch*) Inhaltsverzeichnis *nt*; ~ **monitoring schemes** *pl* Überwachung der Inhalte (im Internet)

con·tent[2] [kən'tent] **I.** *adj* **1.** zufrieden (*with* mit) **2.** geneigt, bereit, gewillt (*to do zu tun*) **II.** *s* Zufriedenheit *f*; **to one's heart's ~** nach Herzenslust **III.** *vt* zufrieden stellen, befriedigen; ~ **o.s. with** zufrie-

C

den sein, sich begnügen mit; **con·tented** [kən'tentɪd] *adj* zufrieden (*with* mit)

con·ten·tion [kən'tenʃn] *s* **1.** Streit, Zank *m* **2.** Disput *m,* Wortgefecht *nt,* Kontroverse *f* **3.** Streitpunkt *m* **4.** (JUR) Behauptung *f;* **con·ten·tious** [kən'tenʃəs] *adj* **1.** streitsüchtig **2.** (JUR) streitig; (*Sache*) strittig, umstritten

con·tent·ment [kən'tentmənt] *s* Zufriedenheit *f*

con·test [kən'test] **I.** *vt* **1.** umkämpfen, kämpfen um **2.** sich bemühen, sich bewerben, wetteifern um **3.** bestreiten, in Frage stellen; (*Wahl*) anfechten; ~ **a seat in Parliament** für einen Sitz im Unterhaus kandidieren **II.** *vi* streiten, kämpfen (*with, against s.o.* mit jdm) **III.** ['kɒntest] *s* **1.** Kampf, Streit *m* **2.** Wettkampf, -streit, -bewerb *m* (*for* um); **con·testant** [kən'testənt] *s* **1.** Wettkämpfer(in) *m(f)* **2.** Kandidat(in) *m(f)* **3.** Bewerber(in) *m(f);* **contested takeover** *s* (COM) angefochtene Übernahme

con·text ['kɒntekst] *s* **1.** (Satz-, Sinn)Zusammenhang *m* **2.** Milieu *nt;* Umgebung *f;* Rahmen *m;* **in this** ~ in diesem Zusammenhang; **con·tex·tual** [kən'tekstʃʊəl] *adj* Kontext-; **con·tex·tual·ize** [-ɑɪz] *vt* in einen Zusammenhang setzen

con·ti·nent¹ ['kɒntɪnənt] *adj* **1.** zurückhaltend; enthaltsam; keusch **2.** (MED) fähig, Stuhl u. Harn zurückzuhalten

con·ti·nent² ['kɒntɪnənt] *s* Festland *nt,* Kontinent *m;* **the Continent** (Kontinental)Europa *nt;* **con·ti·nen·tal** [ˌkɒntɪ'nentl] **I.** *adj* kontinental, europäisch; ~ **climate** Landklima *nt;* ~ **quilt** Steppdecke **II.** *s* Bewohner *m* des Kontinents; (Festlands)Europäer(in) *m(f)*

con·tin·gency [kən'tɪndʒənsɪ] *s* **1.** Möglichkeit *f* **2.** Zufälligkeit *f;* Zufall *m;* Eventualität *f* **3. contingencies** unvorhergesehene Ausgaben *fpl;* **be prepared for all contingencies** für alle Eventualitäten vorbereitet sein; ~ **plan** Ausweichplan *m;* **con·tin·gent** [kən'tɪndʒənt] **I.** *adj* **1.** möglich, eventuell; unsicher, ungewiss; zufällig **2.** abhängig (*on, upon* von), bedingt **II.** *s* Kontingent *nt,* Quote *f,* Anteil *m*

con·tin·ual [kən'tɪnjʊəl] *adj* **1.** wiederholt, ständig wiederkehrend **2.** fortwährend, beständig, dauernd; **con·tin·ual·ly** [-lɪ] *adv* immer wieder; ohne Unterbrechung; **con·tinu·ation** [kənˌtɪnjʊ'eɪʃn] *s* **1.** Fortsetzung, Weiterführung *f* **2.** Fortdauer *f,* -bestehen *nt,* -bestand *m* **3.** Beibehaltung *f* **4.** Erweiterung *f,* Zusatz *m;* Verlängerung *f* **5.** (COM) Prolongation *f;* **con·tinue** [kən'tɪnju:] **I.** *vt* **1.** fortsetzen, fortfahren, weitermachen mit **2.** verlängern, ausdehnen **3.** wiederaufnehmen **4.** (bei)behalten **5.** (JUR) vertagen; ~ **to do s.th.** etw weiterhin tun; ~ **to read** weiterlesen; **to be ~d** Fortsetzung folgt **II.** *vi* **1.** fortfahren, weitermachen; fortdauern, anhalten **2.** (ver)bleiben; weiterhin sein, sich weiterhin befinden **3.** weitergehen, fortgeführt werden **4.** sich fortsetzen, sich (weiter) erstrecken **5.** wieder anfangen, fortfahren; ~ **on** (**one's way**) weiterfahren, -reisen;

con·ti·nu·ity [ˌkɒntɪ'nju:ətɪ] *s* **1.** (Fort)Dauer, Beständigkeit, Stetigkeit *f* **2.** natürliche Folge, Zusammenhang *m* **3.** (FILM) Anschluss *m* **4.** (RADIO) Ansagen *fpl* **5.** (*fig*) roter Faden; **in** ~ im Zusammenhang, in der richtigen Reihenfolge; **out of** ~ nicht im Zusammenhang; ~ **of programme** Sendefolge *f;* ~ **girl** Scriptgirl *nt;* **con·tinu·ous** [kən'tɪnjʊəs] *adj* **1.** zusammenhängend, durchgehend, -laufend **2.** stetig, beständig; fortlaufend; ununterbrochen, dauernd **3.** kontinuierlich; ~ **current** (ELEK) Gleichstrom *m;* ~ **paper** [*o* **stationery**] (INFORM) Endlospapier *nt;* ~ **performance** (FILM) durchgehende Vorstellung; **present/past** ~ Verlaufsform *f* Präsens/Vergangenheit

con·tort [kən'tɔ:t] *vt* **1.** verdrehen, verzerren **2.** (TECH) verformen; **con·tor·tion** [kən'tɔ:ʃn] *s* **1.** Verzerrung *f;* Krümmung *f* **2.** (TECH) Verformung *f* **3.** Verrenkung *f;* **con·tor·tion·ist** [kən'tɔ:ʃənɪst] *s* Schlangenmensch *m*

con·tour ['kɒntʊə(r)] **I.** *vt* **1.** umreißen **2.** (TECH) formen, profilieren **3.** (GEOG) einer Höhenlinie folgen lassen **II.** *s* Umriss(linie *f*) *m;* **contour line** *s* (GEOG) Höhenlinie *f;* **contour map** *s* Höhenschichtkarte *f*

contra·band ['kɒntrəbænd] *s* **1.** Schmuggel *m* **2.** Schmuggelware *f*

contra·cep·tion [ˌkɒntrə'sepʃn] *s* Empfängnisverhütung *f;* **contra·cep·tive** [ˌkɒntrə'septɪv] **I.** *adj* empfängnisverhütend **II.** *s* Verhütungsmittel *nt*

con·tract¹ [kən'trækt] **I.** *vt* **1.** zusammenziehen, verkürzen **2.** enger machen, einengen **3.** (*Pupille*) verengen **4.** (*Schulden*) ansammeln **5.** (*Krankheit*) erkranken (an); entwickeln **II.** *vi* **1.** sich zusammenziehen; zusammenschrumpfen; einlaufen **2.** enger werden, sich verenge(r)n

contract² ['kɒntrækt] **I.** *s* **1.** Vertrag *m,* Abkommen *nt,* Kontrakt *m* **2.** Übereinkunft, Vereinbarung *f* **3.** (Liefer-, Werk)Vertrag *m* **4.** (*Bridge*) Kontrakt *m;* **by** ~ vertraglich; **enter into** [*o* **make a**] ~ einen Vertrag abschließen; **breach of** ~ Vertragsbruch *m;* **marriage** ~ Ehevertrag *m;* ~ **of carriage**

Frachtvertrag *m;* ~ **of employment** Arbeits-, Anstellungsvertrag *m* **II.** *adj* vertraglich festgelegt, vereinbart **III.** [kən'trækt] *vt* **1.** (*Schulden*) machen **2.** (*Krankheit*) sich zuziehen, bekommen **3.** (*Angewohnheit, Laster*) annehmen; (*Vorliebe*) entwickeln **4.** (*Freundschaft*) schließen; (*Ehe*) eingehen; (*Bekanntschaft*) machen **5.** (*Verpflichtung*) übernehmen **IV.** [kən'trækt] *vi* **1.** sich vertraglich verpflichten **2.** sich verbünden; **contract in** *vi* sich anschließen; (*einer Versicherung*) beitreten; **contract out I.** *vi* austreten (*of* aus) **II.** *vt* (*Arbeit*) (außer Haus) vergeben

con·trac·tion [kən'trækʃn] *s* **1.** Zusammenziehung *f;* (*Pupille*) Verengung *f* **2.** (GRAM) Verkürzung *f* **3.** (MED) Wehe *f;* (*von Krankheit*) Erkrankung *f* (*of* an)

con·tractor [kən'træktə(r)] *s* **1.** Vertragschließende(r) *f m,* Lieferant(in) *m(f)* **2.** (Bau)Unternehmer(in) *m(f);* **con·trac·tual** [kən'træktʃʊəl] *adj* vertraglich

con·tra·dict [ˌkɒntrə'dɪkt] *vt* **1.** widersprechen (*s.o.* jdm) **2.** für unrichtig erklären **3.** im Widerspruch stehen (*s.o., s.th.* zu jdm, zu einer S), unvereinbar sein (*s.th.* mit einer S); **con·tra·dic·tion** [ˌkɒntrə'dɪkʃn] *s* **1.** Widerspruch *m,* Widerrede *f* **2.** Unvereinbarkeit *f;* **con·tra·dic·tory** [ˌkɒntrə'dɪktərɪ] *adj* (sich) widersprechend, widerspruchsvoll

con·tralto [kən'træltəʊ] <*pl* -traltos> *s* Alt(stimme *f*) *m;* Altistin *f*

con·trap·tion [kən'træpʃn] *s* (*fam pej*) Apparat *m;* komisches Ding(s)

con·trary[1] ['kɒntrərɪ] **I.** *adj* **1.** entgegengesetzt, gegenteilig; gegensätzlich **2.** ungünstig **3.** entgegen, gegen; ~ **to** entgegen +*dat,* gegen; ~ **to expectations** wider Erwarten; ~ **to order** [*o* **rule**] befehls-/regelwidrig **II.** *s* Gegenteil *nt* (*to* von); **on the** ~ im Gegenteil; **to the** ~ im entgegengesetzten Sinn; **proof to the** ~ Gegenbeweis *m*

con·trary[2] [kən'treərɪ] *adj* widerspenstig, bockig

con·trast [kən'trɑːst] **I.** *vt* vergleichen (*with* mit), gegenüberstellen (*with dat*), in Gegensatz stellen (*with* zu) **II.** *vi* sich (stark) abheben (*with* von), abstechen (*with* von, gegen), kontrastieren; im Widerspruch stehen (*with* zu) **III.** ['kɒntrɑːst] *s* Gegensatz *m* (*to* zu), Kontrast *m;* **by** ~ **with** im Vergleich zu; **in** ~ **to** im Gegensatz zu; **contrast control** *s* Kontrastregelung *f;* Kontrastregler *m*

con·tra·vene [ˌkɒntrə'viːn] *vt* **1.** zuwiderhandeln (*s.th.* einer S), verstoßen (*a law* gegen ein Gesetz); (*Bestimmung, Vorschrift*) nicht beachten **2.** widersprechen (*s.th.* einer S), in Abrede stellen, Stellung nehmen (*s.th.* gegen etw) **3.** im Widerspruch stehen (*s.th.* zu einer S); **con·tra·ven·tion** [ˌkɒntrə'venʃn] *s* Zuwiderhandlung *f,* Verstoß *m;* **in** ~ **of the rules** entgegen den Vorschriften

con·trib·ute [kən'trɪbjuːt] **I.** *vt* **1.** geben (*to* für), beitragen, beisteuern **2.** (*einen Beitrag*) liefern **II.** *vi* **1.** mitwirken, helfen (*to* bei) **2.** beitragen (*to* zu); ~ **to a newspaper** für eine Zeitung schreiben; **con·tri·bu·tion** [ˌkɒntrɪ'bjuːʃn] *s* **1.** Mitwirkung *f* **2.** Beitrag *m* (*to* zu) **3.** Spende *f;* Beitragsleistung, Beisteuer *f* **4.** (COM) Einlage *f;* **con·tribu·tor** [kən'trɪbjuːtə(r)] *s* (*Zeitschrift*) Mitarbeiter(in) *m(f);* (*Geld*) Spender(in) *m(f)*

con·tribu·tory [kən'trɪbjʊtrɪ] *adj* **1.** beitragend (*to* zu) **2.** mitwirkend (*to* an), mitverursachend

con·trite ['kɒntraɪt] *adj* zerknirscht; reumütig; **con·trition** [kən'trɪʃn] *s* **1.** Zerknirschung *f,* Schuldbewusstsein *nt* **2.** Reue *f*

con·triv·ance [kən'traɪvəns] *s* **1.** Erfindung(sgabe) *f* **2.** Plan, Entwurf, Gedanke *m,* Idee *f* **3.** Kunstgriff, Kniff, Dreh *m* **4.** Erfindung, Vorrichtung *f,* Apparat *m;* **con·trive** [kən'traɪv] **I.** *vt* **1.** ausdenken, ersinnen **2.** erfinden; planen, entwerfen **3.** zu Stande, zu Wege bringen, bewerkstelligen **II.** *vi:* **he ~d to escape** es gelang ihm zu fliehen; **she ~d to shock me** sie brachte es fertig, mich zu schockieren

con·trol [kən'trəʊl] **I.** *vt* **1.** beherrschen, in seiner Gewalt haben **2.** einen beherrschenden, entscheidenden Einfluss haben auf **3.** leiten, lenken, dirigieren, steuern **4.** in Schranken halten; zügeln, mäßigen, einschränken **5.** beaufsichtigen, überwachen; prüfen, kontrollieren **6.** (TECH) regulieren, regeln, steuern **II.** *s* **1.** Herrschaft, Gewalt, Macht *f* (*of* über) **2.** Beherrschung *f,* beherrschender, entscheidender Einfluss (*of* auf) **3.** Leitung, Lenkung, Führung, Steuerung *f* **4.** Bewirtschaftung *f* **5.** Zurückhaltung, Zügelung, Mäßigung, Einschränkung *f* **6.** Aufsicht (*of, over* über), Beaufsichtigung, Überwachung *f;* Kontrolle *f* **7.** (TECH) Regulierung, Steuerung, Betätigung, Bedienung *f;* Schaltung *f;* Regler *m* **8.** (AVIAT) Steuerung *f* **9.** (~ *room*) Zentrale *f;* (~ *tower*) Kontrollturm *m;* **out of** ~ herren-, führerlos; **under** ~ unter Aufsicht; **gain** ~ **over, get** ~ **of** die Herrschaft gewinnen über; **bring** [*o* **get**] **under** ~ unter Kontrolle bringen; **lose** ~ **of** [*o* **over**] die Gewalt, die Herrschaft verlieren über; **remote** ~ Fernlenkung, -steuerung *f;* (TV) Fernbedienung *f;* **volume** ~ (RADIO) Lautstärkeregler *m;* **control board** *s* Schalttafel *f;* **control centre** *s* Schaltzentrale *f;* Kontrollzentrum *nt;* **control character** *s* (INFORM) Steuerzeichen *nt;* **control column** *s* Steuersäule *f;* **control desk** *s* Schaltpult *nt;* (TV) Regiepult *nt;* **control freak** *s* (*sl*) Kontrollfreak *m;* **con·trol·lable** [-əbl] *adj* **1.** lenkbar; regulierbar **2.** kontrollierbar; **con·trolled** [kən'trəʊld] *adj* beherrscht; kontrolliert; (*Preise*) gebunden; ~ **thermonuclear fusion** kontrollierte Kernfusion; **con·trol·ler** [kən'trəʊlə(r)] *s* **1.** Leiter(in) *m(f),* Aufseher(in) *m(f),* Aufsichtführende(r) *f m* **2.** Rechnungsprüfer(in) *m(f)* **3.** Kontrolleur(in) *m(f)* **4.** (ELEK) Steuer-, Fahrschalter, Regler *m;* **control lever** *s* Schalthebel *m;* **control light** *s* Kontrolllampe *f;* **control panel** *s* Schalttafel *f;* (AVIAT TV) Bedienungsfeld *nt;* (AUTO) Armaturenbrett *nt;* (INFORM) Betriebs-, Steuerpult *nt;* **control point** *s* Kontrollpunkt *m,* -stelle *f;* **control switch** *s* Kontrollschalter *m;* **control tower** *s* (AVIAT) Kontrollturm *m;* **control unit** *s* (INFORM) Steuer-, Leitwerk *nt*

con·tro·ver·sial [ˌkɒntrə'vɜːʃl] *adj* **1.** strittig, umstritten **2.** polemisch, streitlustig; ~ **issue** Reizthema, umstrittenes Thema *nt;* **be highly** ~ stark umstritten sein; **con·tro·versy** ['kɒntrəvɜːsɪ, kən'trɒvəsɪ] *s* **1.** Streitfrage *f;* Kontroverse *f* **2.** (Wort)Streit, Disput *m,* (erregte) Debatte *f;* Polemik *f;* **beyond** ~ unumstritten

con·tusion [kən'tjuːʒn] *s* Quetschung, Prellung *f*

co·nun·drum [kə'nʌndrəm] *s* Scherzfrage *f;* knifflige Frage

con·ur·ba·tion [ˌkɒnɜː'beɪʃn] *s* Ballungsraum *m*

con·va·lesce [ˌkɒnvə'les] *vi* genesen, (wieder) gesund werden; **he is convalescing** er ist auf dem Wege der Besserung; **con·va·les·cence** [ˌkɒnvə'lesns] *s* Genesung, Rekonvaleszenz *f;* **con·vales·cent** [ˌkɒnvə'lesnt] **I.** *adj* genesend **II.** *s* Rekonvaleszent(in) *m(f)*

con·vec·tion *s* (PHYS) Konvektion *f;* **convection oven** *s* Heißluftherd *nt*

con·vec·tor (heater) [kən'vektə(r)-'hiːtə(r)] *s* Heizstrahler *m*

con·vene [kən'viːn] **I.** *vi* zusammenkommen, sich versammeln **II.** *vt* **1.** zusammenkommen lassen; (*eine Versammlung*) einberufen **2.** (JUR) (vor)laden; **con·vener** [kən'viːnə(r)] *s* Einberufende(r) *f m*

con·veni·ence [kən'viːnɪəns] *s* **1.** Bequemlichkeit, Annehmlichkeit *f;* Vorteil *m* **2.** *meist pl* Bequemlichkeiten *fpl,* Komfort *m* **3.** Waschgelegenheit *f;* Klosett *nt;* **at your earliest** ~ möglichst bald; **at your (own)** ~ wenn es Ihnen recht ist [*o* passt]; **make a** ~ **of s.o.** jdn ausnutzen; (**public**) ~ öffentliche Toilette; **with all modern ~s** mit allem modernen Komfort; **con·veni·ent** [kən'viːnɪənt] *adj* **1.** passend, geeignet; (*Zeit*) gelegen **2.** (*Werkzeug, Gerät*) praktisch, leicht zu handhaben(d); **if it is ~ for you** wenn es Ihnen recht ist

con·venor [kən'viːnə(r)] *s* Einberufende(r) *f m*

con·vent ['kɒnvənt] *s* (Nonnen)Kloster *nt*

con·ven·tion [kən'venʃn] *s* **1.** Versammlung *f;* Tagung *f,* Kongress *m;* (*Am:* POL) Parteitag *m* **2.** Übereinkommen, Abkommen *nt;* Vereinbarung, Konvention *f;* Vertrag *m* **3.** Sitte *f,* Brauch *m,* Gewohnheit *f;* **con·ven·tional** [kən'venʃənl] *adj* **1.** konventionell, förmlich **2.** üblich, herkömmlich, traditionell

con·verge [kən'vɜːdʒ] *vi* konvergieren, zusammenlaufen; **con·ver·gence** [kən'vɜːdʒəns] *s* **1.** (MATH) Konvergenz(-punkt *m*) *f* **2.** Annäherung *f,* Konvergenz *f;* **con·ver·gent** [kən'vɜːdʒent] *adj* zusammenlaufend; konvergent

con·ver·sant [kən'vɜːsnt] *adj* **1.** vertraut, bekannt (*with* mit) **2.** erfahren (*with* in)

con·ver·sa·tion [ˌkɒnvə'seɪʃn] *s* Gespräch *nt,* Unterhaltung *f;* **make** ~ sich unterhalten; **in** ~ **with** im Gespräch mit; **enter into a** ~ ein Gespräch anknüpfen; **con·ver·sa·tional** [ˌkɒnvə'seɪʃənl] *adj* **1.** gesprächig; im Plauderton **2.** (*Sprache*) Umgangs-, gesprochen; **con·ver·sa·tion·al·ly** [-lɪ] *adv* im Plauderton

con·verse[1] [kən'vɜːs] *vi* sprechen, sich unterhalten (*with s.o. on, about s.th.* mit jdm über etw)

con·verse[2] ['kɒnvɜːs] **I.** *adj* entgegengesetzt, umgekehrt **II.** *s* Gegenteil *nt*

con·ver·sion [kən'vɜːʃn] *s* **1.** Umwandlung *f* (*from* von, *into* in), Umbau *m;* Umstellung *f;* Umrüstung *f* **2.** (TECH) Umformung *f* **3.** (MATH FIN) Umrechnung *f* **4.** (REL) Bekehrung *f,* Übertritt *m;* ~ **rate** Umrechnungskurs *m;* ~ **table** Umrechnungstabelle *f*

con·vert [kən'vɜːt] **I.** *vt* **1.** ver-, umwandeln (*into* in) **2.** umbauen, umrüsten; umstellen **3.** (MATH FIN) umrechnen **4.** (REL) bekehren (*to* zu) **5.** (TECH) umformen, umsetzen (*into* in) **II.** ['kɒnvɜːt] *s* Konvertit *m;* Bekehrte(r) *f m;* **con·verter** [kən'vɜːtə(r)] *s* **1.** Konverter *m,* Bessemerbirne *f* **2.** (ELEK) Umformer *m;* Gleichrichter *m* **3.** (AUTO: *catalytic* ~) Katalysator *m;* **con·vert·ible** [kən'vɜːtəbl] **I.** *adj* **1.** umwandelbar **2.** (FIN) konvertierbar; einlösbar (*into* in) **II.** *s* (AUTO) Kabrio(lett) *nt*

con·vex ['kɒnveks] *adj* konvex

con·vey [kən'veɪ] *vt* **1.** befördern, transportieren, verfrachten **2.** (über-, weg)bringen, hinschaffen **3.** mitteilen **4.** (*Nachricht*) übermitteln **5.** (*Sinn, Gedanken*) vermitteln **6.** (*Trost*) spenden **7.** (*Eigentum, Vermögen*) übertragen, abtreten, übereignen (*to* an); **con·vey·ance** [kən'veɪəns] *s* **1.** Beförderung *f,* Transport *m,* Spedition *f* **2.** (TECH) Zuführung, Leitung *f* **3.** Übermitt(e)lung, Mitteilung *f* **4.** (JUR) Übertragung, Abtretung *f;* ~ **of passengers** Personenbeförderung *f;* **conveyancing** [-ɪŋ] *s* (JUR) (Eigentums)Übertragung *f;* **con·veyor** [kən'veɪə(r)] *s* **1.** Übermittler, Beförderer *m* **2.** Fuhrunternehmer, Spediteur *m* **3.** (TECH) Förderband *nt,* -anlage *f;* ~ **belt** Fließ-, Förderband *nt*

con·vict ['kɒnvɪkt] **I.** *s* Sträfling *m,* Strafgefangene(r) *f m* **II.** [kən'vɪkt] *vt* **1.** überführen (*of a crime* eines Verbrechens) **2.** für schuldig befinden [*o* erklären]; verurteilen (*on a criminal charge* wegen einer strafbaren Handlung, *of murder* wegen Mords); **con·vic·tion** [kən'vɪkʃn] *s* **1.** (JUR) Überführung *f;* Verurteilung *f* **2.** (feste) Überzeugung *f;* **by** ~ aus Überzeugung; **carry** ~ überzeugend wirken; **have a previous** ~ vorbestraft sein (*for* wegen)

con·vince [kən'vɪns] *vt* überzeugen (*of* von); **be ~d (of)** überzeugt sein (von); ~ **o.s. (of)** sich überzeugen (von); **con·vinc·ing** [-ɪŋ] *adj* überzeugend; (*Beweis*) schlagend

con·voy ['kɒnvɔɪ] **I.** *vt* (BES. MAR) geleiten, eskortieren **II.** *s* Konvoi *m;* Geleit *nt*

con·vulse [kən'vʌls] *vt* **1.** erschüttern **2.** (*Gesicht*) verzerren; **con·vul·sion** [kən'vʌlʃn] *s* **1.** (*a. fig*) Erschütterung *f* **2.** (Nerven)Zuckung *f;* Verkrampfung *f;* **~s of laughter** Lachanfall, -krampf *m;* **con·vul·sive** [kən'vʌlsɪv] *adj* krampfhaft, konvulsivisch; ~ **laughter** Lachkrämpfe *mpl*

coo [kuː] **I.** *vi* (*Taube*) gurren **II.** *s* Gurren *nt*

cook [kʊk] **I.** *vt, vi* kochen; sich kochen lassen; **what's ~ing?** (*Am fam*) was gibt's Neues? **II.** *vt* **1.** (*Essen*) zubereiten; braten, backen **2.** (*fam:* ~ *up*) zusammenbrauen, aushecken, -brüten **3.** verfälschen, (auf)frisieren; (*Konten*) frisieren **III.** *s* Koch *m,* Köchin *f;* **cook·book** ['kʊkbʊk] *s* (*Am*) Kochbuch *nt;* **cooker** ['kʊkə(r)] *s* **1.** Kocher, Kochapparat *m;* Herd *m* **2. ~s** Kochapfel *nt;* **cook·ery** ['kʊkərɪ] *s* Kochen *nt,* Kochkunst, Küche *f;* **cookery book** *s* Kochbuch *nt;* **cookie** ['kʊkɪ] *s* (*Am*) **1.** Keks *m,* Plätzchen *nt* **2.** (INTERNET) Cookie *nt* **3.** (*Mensch*) Typ, Kerl *m;* **that's the way the ~ crumbles** so ist das nun mal; **cook·ing** ['kʊkɪŋ] *s* **1.** Kochen *nt* **2.** Küche *f,* Essen *nt*

cool [kuːl] **I.** *adj* **1.** kühl, frisch **2.** (*fig*) kühl; zurückhaltend; ablehnend **3.** kaltblütig **4.** (*sl*) prima, klasse; **a ~ …** (*fam: vor einer Zahlenangabe*) lausige, lumpige, bloß(e), nur; rund …; **keep ~** Ruhe bewahren; **play it ~** die Nerven nicht verlieren **II.** *s* Kühle *f;* **blow** [*o* **lose**] **one's ~** die Nerven verlieren **III.** *vt* (~ *off*) abkühlen (lassen); **~ it!** (*sl*) nun mach mal halb lang! **IV.** *vi* kühl werden, abkühlen; ~ **down** [*o* **off**] (*fig*) ruhiger werden; **cooler** ['kuːlə(r)] *s* **1.** Kühler *m* **2.** (*sl*) Gefängnis *nt,* Bau *m;* **cool-headed** [ˌkuːl'hedɪd] *adj* besonnen; **cool·ing** ['kuːlɪŋ] *s* (Ab)Kühlung *f;* **~-off period** Rücktrittsfrist *f;* **cooling fan** *s* **1.** (AUTO) Lüfter *m* **2.** (INFORM) Kühlgebläse *nt;* **cooling tower** *s* Kühlturm *m;* **cool·ness** ['kuːlnɪs] *s* **1.** Kühle *f* **2.** (*fig*) Kaltblütigkeit *f*

coop [kuːp] **I.** *s* Hühnerstall *m* **II.** *vt* (~ *in, up*) einsperren, einschließen

cooper ['kuːpə(r)] *s* Küfer, Böttcher *m*

co·op·er·ate [kəʊ'ɒpəreɪt] *vi* **1.** zusammenarbeiten (*with* mit) **2.** mitarbeiten, -wirken, -helfen (*in* an); **co·op·er·ation** [kəʊˌɒpə'reɪʃn] *s* **1.** Zusammenarbeit, Mitwirkung *f* **2.** Zusammenschluss *m;* (COM) Genossenschaft *f;* **in ~ with** in Zusammenarbeit mit; **co·op·er·ative** [kəʊ'ɒpərətɪv] **I.** *adj* **1.** zusammenarbeitend, mitwirkend **2.** hilfsbereit, kooperativ **3.** genossenschaftlich **II.** *s* Genossenschaft *f;* **building ~** Baugenossenschaft *f;* **distributive** [*o* **marketing**] ~ Absatzgenossenschaft *f;* ~ **shop** [*o* **store**] Konsum(vereinsladen) *m*

co-opt [kəʊ'ɒpt] *vt* hinzuwählen, kooptieren

co·or·di·nate [ˌkəʊ'ɔːdɪnət] **I.** *adj* **1.** gleichrangig, -gestellt, -geordnet **2.** bei-, zugeordnet **II.** *s* **1.** (das) Zugeordnete **2.** (MATH) Koordinate *f* **III.** [ˌkəʊ'ɔːdɪneɪt] *vt* **1.** gleichstellen; bei-, zuordnen, koordinieren **2.** (aufeinander) abstimmen, einander angleichen; **co·or·di·na·tion** [ˌkəʊˌɔːdɪ'neɪʃn] *s* **1.** Gleichstellung *f* **2.** Zuordnung *f,* Koordinierung *f* **3.** Koordination *f*

coot [kuːt] *s* Wasserhuhn *nt;* **as bald as a ~** (*fam*) ratzekahl

cop [kɒp] **I.** *s* (*sl*) Polizist(in) *m(f);* **not much ~** nichts Besonderes **II.** *vt* (*sl*) erwischen, schnappen (*at* bei); ~ **it** Prügel bekommen; bestraft werden

co-part·ner ['kəʊ'pɑːtnə(r)] *s* Teilhaber(in) *m(f);* **co·part·ner·ship** ['kəʊ'pɑːtnəʃɪp] *s*

1. Teilhaberschaft *f* **2.** Beteiligung *f* **3.** Mitbestimmung *f*

cope [kəʊp] *vi* sich messen (können) (*with* mit), gewachsen sein (*with dat*), es aufnehmen (*with* mit)

Copenhagen [ˌkəʊpən'heɪgən] *s* Kopenhagen *nt*

copier ['kɒpɪə(r)] *s* Kopierer *m;* Kopiergerät *nt*

co-pilot ['kəʊ'paɪlət] *s* (AVIAT) Kopilot(in) *m(f)*

copi·ous ['kəʊpɪəs] *adj* **1.** reich(lich), massenhaft, in Mengen **2.** weitschweifig **3.** (*fig*) viel produzierend

cop·per ['kɒpə(r)] **I.** *s* **1.** Kupfer *nt* **2.** Kupfermünze *f* **3.** Kupferkessel *m* **4.** Kupferfarbe *f* **5.** (*sl*) Polizist(in) *m(f)* **II.** *adj* kupfern; **copper beech** *s* Blutbuche *f;* **copper-ore** *s* Kupfererz *nt;* **copperplate** ['kɒpəpleɪt] *s* (TYP) Kupferstichplatte *f;* Kupferstich *m;* **copper-smith** *s* Kupferschmied(in) *m(f)*

cop·pice ['kɒpɪs] *s* Dickicht *nt;* (~ *wood*) Unterholz *nt*

copu·late ['kɒpjʊleɪt] *vi* sich paaren; **copu·la·tion** [ˌkɒpjʊ'leɪʃn] *s* Paarung, Begattung *f*

copy ['kɒpɪ] **I.** *s* **1.** Nachbildung, -ahmung *f* **2.** Kopie, Abschrift *f* **3.** Durchschrift *f,* -schlag *m;* Ausfertigung *f* **4.** (PHOT) Abzug *m* **5.** (Druck)Manuskript *nt;* (Werbe)Text *m* **6.** (*Buch, Druck*) Exemplar *nt;* (*Zeitung, Zeitschrift*) Nummer *f* **7.** (*Presse*) Stoff *m;* Artikel *m* **8.** Muster, Modell *nt;* **clean** [*o* **fair**] ~ Reinschrift *f;* **rough** ~ Konzept *nt;* **specimen** ~ Probenummer *f* **II.** *vt, vi* **1.** nachahmen, nachmachen; imitieren; nachbilden **2.** (~ *down*) kopieren, abschreiben **3.** vervielfältigen; durchpausen; ab-, nachzeichnen; (INFORM) kopieren **4.** (PHOT) einen Abzug machen von; ~ **out** ab-, ins Reine schreiben; **copy·book I.** *s* Schreibheft *nt;* **blot one's** ~ sich etwas zuschulden kommen lassen **II.** *adj* mustergültig; **copy·cat** *s* (*fam*) Nachahmer(in) *m(f),* Trittbrettfahrer(in) *m(f);* **copy desk** *s* Redaktionstisch *m;* **copy editor** *s* Redakteur(in) *m(f);* **copy·ing** [-ɪŋ] *adj,* **copying ink** *s* Kopiertinte *f;* **copying paper** *s* Durchschlagpapier *nt;* **copying pencil** *s* Kopierstift *m;* **copy-protection** *s* (INFORM) Kopierschutz *m;* **copy·right** ['kɒpɪraɪt] **I.** *s* Urheber-, Verlagsrecht *nt* (*in* an); ~ **reserved** Nachdruck verboten **II.** *vt* urheberrechtlich schützen **III.** *adj* urheberrechtlich geschützt; **copy·writer** ['kɒpɪraɪtə(r)] *s* Texter(in) *m(f)*

coral ['kɒrəl] **I.** *s* Koralle *f* **II.** *adj* (~-*red*) korallenrot; **coral island** *s* Koralleninsel *f;* **coral reef** *s* Korallenriff *nt*

cord [kɔːd] *s* **1.** Seil *nt,* Strick *m* **2.** Bindfaden *m;* (*österreichisch*) Spagat *m* **3.** Leine, Kordel *f;* Litze *f* **4.** (ELEK) Schnur *f,* Kabel *nt* **5.** (ANAT) Band *nt,* Strang *m;* (*umbilical* ~) Nabelschnur *f* **6.** Klafter *m od nt* **7.** Cordsamt *m*

cor·dial ['kɔːdɪəl] **I.** *adj* **1.** (*fig*) freundlich **2.** (MED) (herz)stärkend **II.** *s* **1.** herzstärkendes Mittel **2.** Fruchtlikör *m;* Fruchtsaftkonzentrat *nt;* **cor·dial·ity** [ˌkɔːdɪ'ælətɪ] *s* Freundlichkeit *f*

cord·less *adj* drahtlos, schnurlos; ~ **telephone** schnurloses Telefon

cor·don ['kɔːdn] **I.** *s* **1.** Polizei-, Absperrkette *f,* Kordon *m* **2.** Ordensband *nt* **3.** Kordon, Schnurbaum *m* **II.** *vt* (~ *off*) absperren, -riegeln

cor·du·roy ['kɔːdərɔɪ] **I.** *s* **1.** Cord(samt) *m* **2.** ~**s** Cordhose *f* **II.** *adj* Cord-

core [kɔː(r)] **I.** *s* **1.** (BOT) Kerngehäuse, -haus *nt* **2.** (ELEK) Eisenkern *m;* (Kabel)Ader, Seele *f* **3.** (*fig*) Kern(stück *nt*) *m,* Herz, Mark, (das) Inner(st)e **4.** (*Atomanlage*) Reaktorkern *nt;* **to the** ~ durch u. durch, voll u. ganz **II.** *vt* (*Apfel*) entkernen; **core memory** *s* (INFORM) Kernspeicher *m;* **core subject** *s* Pflichtfach *nt;* **core time** *s* Kern(arbeits)zeit *f*

cork [kɔːk] **I.** *s* **1.** (*Material*) Kork *m* **2.** (*Stöpsel*) Korken *m* **3.** Angelkork, Schwimmer *m* **II.** *vt* (~ *up*) ver-, zukorken; **cork·age** ['kɔkədʒ] *s* Korkengeld *nt;* **cork·screw** ['kɔːkskruː] **I.** *s* Korkenzieher *m* **II.** *adj* spiralig; (*Locken*) Korkenzieher-

corn[1] [kɔːn] *s* **1.** Korn, Getreide *nt;* (*England meist*) Weizen *m;* (*Schottland, Irland meist*) Hafer *m;* (*Amerika meist*) Mais *m* **2.** Korn(schnaps) *m*

corn[2] [kɔːn] *s* (MED) Hühnerauge *nt;* **tread on s.o.'s** ~**s** (*fig*) jdm auf die Füße treten

corn[3] [kɔːn] *s* (*fam*) Schmalz, Kitsch *m*

corn·cob *s* Maiskolben *m*

cor·nea ['kɔːnɪə] *s* (ANAT) Hornhaut *f*

cor·ner ['kɔːnə(r)] **I.** *s* **1.** Ecke *f;* Winkel *m;* (*street*-~) (Straßen)Ecke *f* **2.** (AUTO) Kurve *f* **3.** (finsterer, heimlicher) Winkel *m,* (abgelegene) Gegend *f* **4.** (*tight* ~) Klemme, schwierige Lage *f* **5.** (COM) (spekulative) Aufkäufe *mpl* **6.** (SPORT: ~ *kick*) Eckball *m;* **just round the** ~ gleich um die Ecke; **cut** ~**s** Kurven schneiden; (*fig*) das Verfahren abkürzen; **turn the** ~ (*fig*) es überstehen, über den Berg kommen; **he's in a** ~ er sitzt in der Patsche **II.** *vt* **1.** in die Enge treiben **2.** (COM) aufkaufen **III.** *vi* **1.** eine Ecke bilden **2.** (AUTO) um eine Kurve biegen; **cor·nered** ['kɔːnəd] *adj* (*fig*) in der Klemme; **corner house** *s* Eckhaus *nt;* **corner seat** *s* Eckplatz *m;* **corner shop** *s* Tante-

Emma-Laden *m;* **cor·ner·stone** ['kɔːnəstəʊn] *s* **1.** Eck-, Grundstein *m* **2.** (*fig*) Grundlage *f,* Fundament *nt*

cor·net ['kɔːnɪt] *s* (MUS) Kornett *nt*

corn·flakes ['kɔːnfleɪks] *s pl* Cornflakes *pl;* **corn·flour** ['kɔːnflaʊə(r)] *s* Maisstärke *f,* Stärkemehl *nt;* **corn-flower** *s* Kornblume *f*

cornice ['kɔːnɪs] *s* Gesims *nt*

corn poppy *s* Klatschmohn *m;* **corny** ['kɔːnɪ] *adj* **1.** kornreich **2.** (*fam*) altmodisch, abgedroschen; rührselig; kitschig; (*Witz*) doof

cor·oll·ary [kər'ɒlərɪ] *s* (MATH) Korollar *nt;* logische Folgerung *f*

cor·on·ary ['kɒrənrɪ] **I.** *adj* (MED) koronar; ~ **thrombosis** Herzinfarkt *m* **II.** *s* Herzinfarkt *m*

cor·on·ation [ˌkɒrə'neɪʃn] *s* Krönung *f,* Krönungsfeierlichkeiten *fpl*

cor·oner ['kɒrənə(r)] *s* (amtlicher) Leichenbeschauer *m;* ~**'s inquest** (*bei Todesfall*) amtliche Untersuchung

cor·po·ral ['kɔːpərəl] **I.** *adj* körperlich, leiblich; ~ **punishment** körperliche Züchtigung **II.** *s* Ober-, Hauptgefreite(r) *f m*

cor·por·ate ['kɔːpərət] *adj* **1.** vereinigt, zusammengeschlossen **2.** körperschaftlich, gesellschaftlich, korporativ **3.** gemeinsam, gemeinschaftlich **4.** (*of a company*) Firmen-; ~ **body** Körperschaft *f;* ~ **culture** Unternehmenskultur *f;* ~ **identity** Firmenimage *nt;* ~ **network** Firmennetzwerk *nt;* **cor·por·ation** [ˌkɔːpə'reɪʃn] *s* **1.** Körperschaft *f;* juristische Person **2.** Innung, Gilde *f* **3.** Gemeindevertretung *f,* -rat *m* **4.** Unternehmen *nt,* Kapitalgesellschaft *f;* (*Am*) Aktiengesellschaft *f;* **corporation bus** *s* städtischer Bus; **corporation tax** *s* Körperschaftssteuer *f*

corps [kɔː(r)] *s* **1.** (MIL) (Armee)Korps *nt;* Truppe *f* **2.** Körperschaft *f;* Korps *nt;* **medical** ~ Sanitätstruppe *f;* **corps de ballet** [ˌkɔːdə'bæleɪ] *s* Ballettgruppe *f*

corpse [kɔːps] *s* Leiche *f,* Leichnam *m*

cor·pus ['kɔːpəs, *pl* 'kɔːpərə] <*pl* -pora> *s* **1.** (MED) Körper *m* **2.** (FIN) Kapitalbetrag *m* **3.** geschlossenes Ganze(s) **4.** Korpus *nt,* (Gesetzes)Sammlung *f;* **Corpus Christi** *s* Fronleichnam *m*

cor·puscle ['kɔːpʌsl] *s* **1.** (PHYS) Korpuskel, Masseteilchen *nt* **2.** (PHYSIOL) Blutkörperchen *nt*

cor·ral [kə'rɑːl] **I.** *s* **1.** Umzäunung *f,* Pferch *m* **2.** Wagenburg *f* **II.** *vt* (*Vieh*) in einen Pferch einsperren, einpferchen

cor·rect [kə'rekt] **I.** *adj* **1.** richtig, korrekt, genau **2.** (*Antwort*) zutreffend **3.** (*Verhalten*) einwandfrei; (*Kleidung*) vorschriftsmäßig, korrekt **II.** *vt* **1.** verbessern, korrigieren, richtig stellen **2.** (*Uhr*) stellen; (*Fehler*) ausschalten, abstellen **3.** zurechtweisen, tadeln, (be)strafen **4.** ausgleichen; **cor·rec·tion** [kə'rekʃn] *s* **1.** Verbesserung, Korrektur, Berichtigung, Richtigstellung *f* **2.** Zurechtweisung *f,* Tadel *m* **3.** Strafe, Züchtigung *f;* **correction fluid** *s* Korrekturflüssigkeit *f;* **cor·rect·ly** [kə'rektlɪ] *adv* mit Recht; richtig; **cor·rect·ness** [kə'rektnɪs] *s* Richtigkeit, Korrektheit *f*

cor·re·late ['kɒrəleɪt] **I.** *vt* (miteinander) in Beziehung, in Zusammenhang bringen; aufeinander abstimmen **II.** *vi* in Wechselbeziehung stehen (*to, with* zu), sich gegenseitig bedingen; **cor·re·la·tion** [ˌkɒrə'leɪʃn] *s* Wechselbeziehung *f*

cor·re·spond [ˌkɒrɪ'spɒnd] *vi* **1.** entsprechen (*to dat*), übereinstimmen, in Einklang stehen (*with, to* mit) **2.** den Anforderungen genügen (*to +gen*) **3.** in Briefwechsel stehen, korrespondieren (*with* mit); **cor·re·spon·dence** [ˌkɒrɪ'spɒndəns] *s* **1.** Übereinstimmung *f,* Einklang *m* (*with* mit, *between* zwischen) **2.** Entsprechung *f;* Verbindung *f;* Zusammenhang *m* **3.** Schriftverkehr, Briefwechsel *m,* Korrespondenz *f;* Post *f* **4.** (*Zeitung*) Leserbriefe *mpl;* **take care of the** ~ die Post erledigen; **be in** ~ **with** in Briefwechsel stehen, korrespondieren mit; ~ **clerk** Korrespondent(in) *m(f);* ~ **course** Fernkurs *m;* ~ **school** Fernlehrinstitut *nt;* **cor·re·spon·dent** [ˌkɒrɪ'spɒndənt] **I.** *adj* entsprechend **II.** *s* **1.** Briefpartner(in) *m(f)* **2.** (*Zeitung*) Korrespondent(in) *m(f),* Berichterstatter(in) *m(f),* Einsender(in) *m(f)* **3.** Geschäftsfreund(in) *m(f);* **foreign** ~ Auslandskorrespondent(in) *m(f);* **cor·re·spond·ing** [ˌkɒrɪ'spɒndɪŋ] *adj* **1.** entsprechend (*to dat*), in Einklang (*with* mit) **2.** korrespondierend

cor·ri·dor ['kɒrɪdɔː(r)] *s* **1.** (*a.* POL) Gang, Korridor, Flur *m* **2.** (*air* ~) Luftkorridor *m,* Flugschneise *f*

cor·rie ['kɒrɪ] *s* (GEOL) Kar *nt*

cor·rob·or·ate [kə'rɒbəreɪt] *vt* bestätigen, bekräftigen, erhärten; **cor·rob·or·ation** [kəˌrɒbə'reɪʃn] *s* Bestätigung, Bekräftigung *f;* **cor·rob·or·at·ive** [kə'rɒbərətɪv] *adj* bestätigend, bekräftigend

cor·rode [kə'rəʊd] **I.** *vt* **1.** zerfressen, -nagen, -setzen; angreifen, ätzen **2.** (*fig*) verderben, schädigen, beeinträchtigen **II.** *vi* sich zersetzen; korrodieren, rosten; **cor·ro·sion** [kə'rəʊʒn] *s* **1.** Zerfressen *nt,* Korrosion *f,* Rosten *nt* **2.** Zerstörung *f;* **cor·ros·ive** [kə'rəʊsɪv] *adj* **1.** zerfressend, -setzend **2.** (*fig*) nagend, bohrend, quälend

cor·ru·gated ['kɒrəgeɪtɪd] *adj* gerillt, gerif-

C

felt, gewellt; ~ **cardboard** [*o* **paper**] ~ Wellpappe *f;* ~ **iron** Wellblech *nt*

cor·rupt [kə'rʌpt] **I.** *adj* **1.** verdorben, verrottet, faul **2.** (*fig*) (sittlich) verkommen; schlecht, böse **3.** unredlich, unehrenhaft **4.** bestechlich, käuflich; korrupt **5.** (*Text*) entstellt, verfälscht **II.** *vt* **1.** verderben **2.** anstecken, ungünstig beeinflussen, untergraben **3.** bestechen **4.** (*Text*) entstellen, verfälschen **III.** *vi* **1.** verderben, (ver)faulen **2.** (*fig*) verkommen; **cor·rup·tion** [kə'rʌpʃn] *s* **1.** Fäulnis, Verwesung *f* **2.** (Sitten)Verderbnis *f;* Verkommenheit, Verdorbenheit *f;* Verführung *f* **3.** Bestechung *f;* Käuflichkeit *f;* Korruption *f* **4.** (*Text*) Entstellung, Verfälschung *f*

cor·set ['kɔːsɪt] *s* Korsett *nt*

cor·ti·sol ['kɔːtɪsɒl] *s no pl* Cortisol *nt,* Hydrocortison *nt*

co-signa·tory [ˌkəʊ'sɪgnətərɪ] *s* Mitunterzeichner(in) *m(f)*

co·sine ['kəʊsaɪn] *s* (MATH) Kosinus *m*

cosi·ness ['kəʊzɪnɪs] *s* Gemütlichkeit *f*

cos let·tuce ['kɒsˌletɪs] *s* Romagnasalat *m,* römischer Salat

cos·metic [kɒz'metɪk] **I.** *adj* kosmetisch **II.** *s* **1.** Schönheitsmittel *nt* **2.** ~**s** Kosmetik *f;* **cos·me·tician** [ˌkɒzmə'tɪʃn] *s* Kosmetiker(in) *m(f)*

cos·mic ['kɒzmɪk] *adj* **1.** kosmisch **2.** riesig, gewaltig, ungeheuer **3.** (wohl)geordnet, harmonisch; **cos·mo·logy** [kɒz'mɒlədʒɪ] *s* Kosmologie *f;* **cos·mo·naut** ['kɒzmənɔːt] *s* Kosmonaut(in) *m(f)*

cos·mo·poli·tan [ˌkɒzmə'pɒlɪtən] **I.** *adj* weltbürgerlich, kosmopolitisch **II.** *s* Weltbürger(in) *m(f),* Kosmopolit(in) *m(f);* **cos·mos** ['kɒzmɒs] *s* Kosmos *m,* Weltall *nt*

cost [kɒst] <*irr:* **cost, cost**> **I.** *vt* **1.** kosten **2.** (*fig: Zeit, Mühe*) (er)fordern **3.** (*Schaden, Ärger*) einbringen, machen **4.** (COM) kalkulieren, den Kostenpreis festsetzen; **that will ~ him dearly** das wird ihn teuer zu stehen kommen **II.** *s* **1.** Preis *m,* Kosten *pl,* Selbstkostenpreis *m* **2.** Ausgaben, -lagen *fpl* **3.** (*fig*) Einsatz *m;* Schaden, Nachteil, Verlust *m,* Opfer *nt* **4.** ~**s** Kosten *pl,* Gerichtskosten *pl;* **at ~** zum Selbstkostenpreis; **at the ~ of** auf Kosten *+gen;* **at all ~s, at any ~** um jeden Preis; **without ~** kostenlos, gratis; **bear** [*o* **pay**] **the ~** die Kosten tragen; **carry ~s** Kosten nach sich ziehen; **spare no ~** keine Kosten scheuen; **overhead** [*o* **operating**] [*o* **running**] [*o* **working**] **~s** Betriebs(un)kosten *pl;* **~-benefit analysis** Kosten-Nutzen-Analyse *f;* **~-effective** kostendeckend; **~-effectiveness** Preis-Leistungsverhältnis *nt;* **~ of living** Lebenshaltungskosten *pl;* **~-of-living bonus** Teuerungszulage *f;* **~-of-living index** Lebenshaltungsindex *m*

co-star [ˌkəʊ'stɑː(r)] **I.** *vi* eine zweite Hauptrolle spielen **II.** *s* zweite(r) Hauptdarsteller(in)

costly ['kɒstlɪ] *adj* **1.** kostspielig, teuer **2.** wertvoll, kostbar

cost price ['kɒstˌpraɪs] *s* Einkaufs-, Selbstkostenpreis *m*

cos·tume ['kɒstjuːm] *s* **1.** Tracht *f* **2.** Kostüm *nt;* ~ **jewel**(**le**)**ry** Modeschmuck *m*

cosy ['kəʊzɪ] **I.** *adj* gemütlich, behaglich, mollig **II.** *s* (*tea-~*) Tee-, Kaffeewärmer *m;* **egg-~** Eierwärmer *m;* **cosy up** *vi* (*Br: fam*) sich einschmeicheln

cot [kɒt] *s* **1.** (*Br*) Kinderbett *nt* **2.** (*Am*) Klapp-, Feldbett *nt*

co·tan·gent ['kəʊˌtændʒənt] *s* (MATH) Kotangens *m*

cot death *s* Krippentod *m*

cot·tage ['kɒtɪdʒ] *s* kleines Landhaus; Ferien-, Sommerhaus *nt;* **cottage cheese** *s* Hüttenkäse *m;* **cottage industry** *s* Heimindustrie *f*

cot·ton ['kɒtn] **I.** *s* **1.** Baumwolle *f* **2.** (*~ yarn*) Baumwollgarn *nt* **3.** (*absorbent ~*) Watte *f* **II.** *adj* Baumwoll-; **cotton on** *vi* (*fam*) es kapieren; **cotton bud** *s* Wattestäbchen *nt;* **cotton-grower** *s* Baumwollpflanzer *m;* **cotton mill** *s* Baumwollspinnerei *f;* **cotton·seed** *s* Baumwollsamen *m;* **cotton swab** *s* **1.** (*Br*) Tupfer *m* **2.** (*Am*) Wattestäbchen *nt;* **cotton wool** *s* **1.** (*Br*) Watte *f* **2.** (*Am*) Rohbaumwolle *f*

couch [kaʊtʃ] **I.** *s* **1.** Couch *f,* Liegesofa *nt* **2.** Bett *nt* **II.** *vt* (*Gedanken*) ausdrücken; abfassen (*in* in) **III.** *vi* (*Tiere*) (nieder)kauern; **couch·ette** [kuː'ʃet] *s* (RAIL) **1.** Liegewagen *m* **2.** Liegewagenplatz *m;* **couch potato** *s* (*sl*) Dauerglotzer(in) *m(f)*

cough [kɒf] **I.** *s* Husten *m;* **have a bad ~** einen schlimmen Husten haben **II.** *vi* husten; **cough out** *vt* aushusten; **cough up** *vt* (*sl: Geld*) herausrücken; **cough drop** *s* Hustenbonbon *nt;* **cough mixture** *s* Hustensaft *m;* **cough sweet** *s* Hustenbonbon *nt*

could [kʊd] *s.* **can**[2]

coun·cil ['kaʊnsl] *s* **1.** Rat(sversammlung *f*) *m;* beratende Versammlung; Beratung *f* **2.** (*church ~*) Kirchenrat *m* **3.** Vorstand, Ausschuss *m;* **be in ~** beraten; **meet in ~** eine Sitzung abhalten; **cabinet ~** Kabinetts-, Ministerrat *m;* **municipal ~** Stadtrat *m;* **council estate** *s* Siedlung *f* des sozialen Wohnungsbaus; **council flat, council house** *s* Sozialwohnung *f;* **council housing** *s* sozialer Wohnungsbau;

coun·cil·lor ['kaʊnsələ(r)] *s* Rat(smitglied *nt*) *m;* Stadtrat *m,* -rätin *f;* **coun·cil·or** *s* (*Am*) **1.** Berater(in) *m(f),* Ratgeber(in) *m(f)* **2.** (*in den USA*) (Rechts)Anwalt *m,* Anwältin *f;* **Council of the Economic and Finance Minister** *s* Rat *m* der Wirtschafts- und Finanzminister; **Council of Europe** *s* Europarat *m;* **Council of Ministers** *s* Ministerrat *m;* **council tax** *s* (*Br*) Gemeindesteuer *f*

coun·sel ['kaʊnsl] **I.** *s* **1.** Beratung *f* **2.** Rat(schlag) *m* **3.** (*pl: ohne s*) (Rechts)Anwalt *m,* Anwältin *f;* **keep one's own ~** seine Meinung für sich behalten; **~ for the defence** Verteidiger(in) *m(f);* **~ for the prosecution** Staatsanwalt *m,* -anwältin *f* **II.** *vt* (*Sache*) raten, empfehlen; (*Person*) beraten; **coun·sel·ling** ['kaʊnsəlɪŋ] *s* soziale Beratung; **coun·sel·or** ['kaʊnsələ(r)] *s* **1.** Berater(in) *m(f),* Ratgeber(in) *m(f)* **2.** (*Irland, Amerika*) (Rechts)Anwalt *m,* Anwältin *f*

count¹ [kaʊnt] *s* Graf *m*

count² [kaʊnt] **I.** *vt* **1.** zählen; (**~ up**) zusammenzählen, -rechnen; (*Geld*) (nach)zählen **2.** (**~ in**) (mit)rechnen, einschließen **3.** halten für, ansehen als; in Rechnung stellen **II.** *vi* **1.** (mit)zählen; rechnen **2.** ins Gewicht fallen, wichtig sein; **that doesn't ~** das macht nichts; das gilt nicht **III.** *s* **1.** (Zusammen)Zählung *f;* (Be)Rechnung *f* **2.** Gesamtzahl *f;* Summe *f,* Ergebnis *nt* **3.** (JUR) (An)Klagepunkt *m;* **on all ~s** in jeder Beziehung; **take no ~ of s.th.** etw nicht berücksichtigen; **take the ~** (*Boxen*) ausgezählt werden; **count against s.o.** sich gegen jdn auswirken; **count me in** ich mache mit; **count off** *vt* abzählen; **count out** *vt* **1.** nicht rechnen mit **2.** (*Geldstücke*) zusammenzählen **3.** (*Boxen*) auszählen

count-down ['kaʊntdaʊn] *s* Countdown *m*

coun·ten·ance ['kaʊntɪnəns] **I.** *s* **1.** Gesicht(sausdruck *m*) *nt,* Miene *f* **2.** innere Haltung, Fassung *f* **3.** Unterstützung, Ermunterung *f;* **change (one's) ~** den Gesichtsausdruck wechseln; **give ~ to** billigen, unterstützen; **keep (one's) ~** Haltung, die Fassung bewahren; **lose ~** die Fassung verlieren **II.** *vt* **1.** billigen, gutheißen **2.** unterstützen, ermutigen

counter ['kaʊntə(r)] **I.** *s* **1.** Zähler *m;* Zählapparat *m,* -werk *nt* **2.** Spielmarke *f* **3.** Laden-, Zahltisch *m;* Theke *f,* Büfett *nt;* (Bank)Schalter *m* **4.** (*Fechten*) Parade *f;* (*Boxen*) Konter *m* **5.** Erwiderung *f;* **at the ~** an der Theke; **sold over the ~** rezeptfrei; **under the ~** unter dem Ladentisch, heimlich **II.** *adv* entgegen, zuwider; **~ to s.th.** gegen etw, entgegen einer S **III.** *adj* entgegengesetzt **IV.** *vt* **1.** entgegenarbeiten **2.** entgegnen; kontern (*s.o.* jdm) **3.** zuwiderhandeln; durchkreuzen **V.** *vi* kontern

counter·act [ˌkaʊntər'ækt] *vt* **1.** entgegen-, zuwiderhandeln, entgegenarbeiten (*s.o.* jdm, *s.th.* einer S) **2.** neutralisieren; unwirksam machen; **counter·ac·tive** [ˌkaʊntər'æktɪv] *adj* entgegenwirkend; **~ measure** Gegenmaßnahme *f;* **counter-at·tack** ['kɑːʊntərətæk] **I.** *s* Gegenangriff *m* **II.** *vi* einen Gegenangriff machen **III.** *vt* einen Gegenangriff machen auf; kontern; **counter·bal·ance** ['kaʊntəbæləns] **I.** *s* Gegengewicht *nt* (*to* gegen) **II.** *vt* ein Gegengewicht bilden (*s.th.* zu etw), aufwiegen, ausgleichen, kompensieren; **counter·charge** ['kaʊntətʃɑːdʒ] *s* **1.** (JUR) Gegenklage *f* **2.** Gegenangriff *m;* **counter-check** ['kauntətʃek] *s* Gegenkontrolle *f;* **counter-clock·wise** [ˌkaʊntə 'klɒkwaɪz] *adj, adv* (*Am*) gegen den Uhrzeigersinn; **counter-espion·age** [ˌkaʊntər-'espɪənɑːʒ] *s* (Spionage)Abwehr *f;* **counter-espionage service** *s* militärischer Abschirmdienst *m*

counter·feit ['kaʊntəfɪt] **I.** *adj* **1.** gefälscht **2.** falsch; **~ money** Falschgeld *nt* **II.** *s* Fälschung *f* **III.** *vt* **1.** fälschen **2.** vortäuschen, heucheln

counter·foil ['kaʊntəfɔɪl] *s* (Kontroll)Abschnitt *m*

counter-in·tel·li·gence [ˌkaʊntər ɪn'telɪdʒəns] *s* (Spionage)Abwehr *f*

counter·mand [ˌkaʊntə'mɑːnd] *vt* **1.** (*Befehl*) widerrufen; (*Anordnung*) aufheben; (*Bestellung*) zurückziehen **2.** abbestellen; absagen

counter·measure ['kaʊntəmeʒə(r)] *s* Gegenmaßnahme *f;* **counter·part** ['kaʊntəpɑːt] *s* **1.** Gegenstück *nt* (*of* zu) **2.** Gegenüber *nt* **3.** Ergänzung *f* (*of +gen*) **4.** Ebenbild *nt;* **counter·point** ['kaʊntəpɔɪnt] *s* (MUS) Kontrapunkt *m;* **counter·poise** ['kaʊntəpɔɪz] *s* **1.** (*a. fig*) Gegengewicht *nt* (*to* zu) **2.** Gleichgewicht *nt;* **counter-pro·duc·tive** [ˌkaʊntəprə'dʌktɪv] *adj* unsinnig, das Gegenteil bewirkend, destruktiv; **counter-rev·ol·ution** [ˌkaʊntəˌrevə'luːʃn] *s* Gegenrevolution *f;* **counter·sign** ['kaʊntəsaɪn] **I.** *s* **1.** Gegenzeichnung *f* **2.** (MIL) Losung, Parole *f* **II.** *vt* **1.** gegenzeichnen **2.** (*fig*) bestätigen; **counter·sink** ['kaʊntəsɪŋk] **I.** *s* (TECH) Versenker *m* **II.** *vt* (*Schraube*) versenken; (*Loch*) senken

counter-terrorism *s* Terrorismusbekämpfung *f*

C

count·ess ['kaʊntɪs] *s* Gräfin *f*
count·less ['kaʊntlɪs] *adj* zahllos, unzählig
coun·try ['kʌntrɪ] *s* **1.** Land *nt* **2.** Heimat(land *nt*) *f,* Vaterland *nt;* Staat *m;* Volk *nt* **3.** *ohne pl* Land(strich *m*) *nt,* Gegend(en *pl*) *f;* (*a. fig*) Gebiet *nt;* **the ~** das Land (*im Gegensatz zur Stadt*), die Nation; **from all over the ~** aus allen Teilen des Landes; **in the ~** auf dem Land; **go to the ~** (*Br:* PARL) Neuwahlen ausschreiben; **industrial ~** Industriestaat *m;* **member ~** Mitgliedstaat *m;* **~ of destination** (*Post*) Bestimmungsland *nt;* **~ of origin** Herkunfts-, Ursprungsland *nt;* **country bumpkin** *s* Bauerntrampel *m,* Bauerntölpel *m,* Hinterwäldler(in) *m(f),* Landpomeranze *f;* **country club** *s* Klub *m* auf dem Lande (für Städter); **country dance** *s* Volkstanz *m;* **country folk** *s* Landvolk *nt;* **country house** *s* Landhaus *nt;* **coun·try·man** ['kʌntrɪmən] <*pl* -men> *s* **1.** Landsmann *m* **2.** Landmann *m;* **coun·try road** *s* Landstraße *f;* **coun·try·side** ['kʌntrɪsaɪd] *s* Landschaft, Gegend *f;* Land *nt;* **in the ~** auf dem Lande; **country-wide** *adj* über das ganze Land; landesweit; **coun·try·woman** ['kʌntrɪwʊmən, *pl* -wɪmɪn] <*pl* -women> *s* **1.** Landsmännin *f* **2.** Landfrau *f*
county ['kaʊntɪ] *s* Grafschaft *f,* (Land)Kreis *m;* (*Am*) (Verwaltungs-, Regierungs)Bezirk *m* (*eines Staates*); **county borough** *s* ≈ kreisfreie Stadt, Stadtkreis *m;* **county council** *s* ≈ Kreis-, Bezirkstag *m;* **county court** *s* ≈ Amtsgericht *nt;* **county seat** *s* (*Am*) Kreisstadt *f;* **county town** *s* (*Br*) Bezirkshauptstadt *f*
coup [ku:] *s* Coup, Putsch *m;* **coup de grace** [ˌku:də'grɑ:s] *s* Gnadenstoß *m;* Gnadenschuss *m;* **coup d'état** [ˌku:deɪ'tɑ:] *s* (POL) Staatsstreich *m*
coupé ['ku:peɪ] *s* (AUTO) Schrägheck, Coupé *nt*
couple ['kʌpl] **I.** *s* **1.** Paar *nt* **2.** (*married ~*) Ehepaar *nt;* **a ~ of** (*fam*) zwei; ein paar **II.** *vt* **1.** (ver)koppeln **2.** verheiraten **3.** (*fig*) verbinden, in Verbindung bringen (*with* mit) **4.** (TECH) kuppeln, koppeln **III.** *vi* sich paaren; heiraten
coup·let ['kʌplɪt] *s* Reimpaar *nt*
coup·ling ['kʌplɪŋ] *s* **1.** Verbindung *f* **2.** (AUTO) Kupp(e)lung *f* **3.** (RADIO CHEM) Kopp(e)lung *f* **4.** Paarung *f*
cou·pon ['ku:pɒn] *s* **1.** Abschnitt, Coupon *m* **2.** Zinsschein *m* **3.** Gutschein *m* **4.** Wettschein *m;* **reply ~** Antwortschein *m*
cour·age ['kʌrɪdʒ] *s* Mut *m;* Unerschrockenheit *f;* Tapferkeit *f;* **lose ~** den Mut verlieren; **pluck up** [*o* **muster up**] [*o* **take**] **~** Mut, sich ein Herz fassen; **cou·rageous** [kə'reɪdʒəs] *adj* mutig, tapfer, furchtlos, unerschrocken
cour·gette [kʊə'ʒet] *s* Zucchini *mpl*
cour·ier ['kʊrɪə(r)] *s* **1.** Kurier, (Eil)Bote *m* **2.** Reiseleiter(in) *m(f);* **by ~** durch Boten
course[1] [kɔ:s] *s* **1.** Gang, Lauf *m,* Fahrt *f* **2.** (*fig*) Ablauf *m;* Fortschritt *m* **3.** Verlauf *m* (*einer Linie, einer Straße*); (*Fluss*) Lauf *m* **4.** Kurs *m,* Richtung, Strecke *f* **5.** (*fig*) Weg *m,* Möglichkeit *f;* (Verhaltens-, Lebens)Weise *f* **6.** (*Mahlzeit*) Gang *m* **7.** Reihe, Folge *f* **8.** (*~ of instruction*) Kurs(us), Lehrgang *m* **9.** (SPORT) Bahn *f,* Sportplatz *m* **10.** (ARCH) (Stein)Lage *f;* **in the ~ of** im Verlauf *+gen,* während *+gen;* **in due ~** zu seiner, zu gegebener Zeit; **in the ~ of construction** im Bau (befindlich); **in the ~ of time** im Laufe der Zeit; **of ~** natürlich, selbstverständlich; gewiss, sicher; **run its ~** seinen Gang gehen, seinen Verlauf nehmen; **set ~ for s.th.** etw ansteuern; **stay the ~** (*fig*) nicht aufgeben; **take its ~** seinen Verlauf nehmen; **a matter of ~** eine Selbstverständlichkeit; **as a matter of ~** selbstverständlich; **~ of a disease** Krankheitsverlauf *m;* **the ~ of events** der Gang der Ereignisse; **the ~ of life** der Lauf des Lebens
course[2] [kɔ:s] **I.** *vt* (*Wild*) hetzen, jagen **II.** *vi* **1.** strömen, fließen **2.** jagen
court [kɔ:t] **I.** *s* **1.** Hof *m;* Lichthof *m* **2.** (SPORT) (Tennis)Platz *m;* Spielfeld *nt* **3.** (Fürsten)Hof *m;* Hofstaat *m;* Empfang *m* bei Hof **4.** Aufwartung, Aufmerksamkeit *f* **5.** Werben *nt,* Werbung *f* **6.** Gericht(shof *m*) *nt;* Gerichts-, Justizgebäude *nt;* Gerichtssitzung *f;* **at ~** bei Hof; **in ~** vor, bei Gericht; **bring to ~** vor Gericht bringen; **represent s.o. in ~** jdn vor Gericht vertreten; **the ~ is sitting** das Gericht tagt; **juvenile ~** Jugendgericht *nt;* **~ of arbitration** Schiedsgericht *nt;* **Court of Justice of the European Communities, CJ** Gerichtshof der Europäischen Gemeinschaften, EuGH **II.** *vt* **1.** den Hof machen (*s.o.* jdm), werben um **2.** (*fig*) sich bemühen um **3.** (*Gelegenheit*) erspähen; (*Gefahr, Unheil*) herausfordern **III.** *vi* jung verliebt sein; auf Freiersfüßen gehen; **when we were ~ing** als wir jung verliebt waren
cour·teous ['kɜ:tɪəs] *adj* höflich, gesittet; aufmerksam, gefällig, freundlich, nett;
cour·tesy ['kɜ:təsɪ] *s* **1.** Höflichkeit, Freundlichkeit *f* **2.** Gefälligkeit *f;* **by ~ of** mit freundlicher Genehmigung von; **courtesy bus** *s* gebührenfreier Bus; **courtesy call** *s Anruf von einem Telefonverkäufer/*

einer Telefonverkäuferin um neue Kunden zu werben; **courtesy light** *s* (AUTO) Innenleuchte *f;* **courtesy title** *s* Höflichkeitstitel *m*

court hear·ing [ˌkɔːtˈhɪərɪŋ] *s* Gerichtstermin *m;* **court house** *s* Gerichtsgebäude *nt*

court·ier [ˈkɔːtɪə(r)] *s* Höfling *m*

court-mar·tial [ˌkɔːtˈmɑːʃl] **I.** *vt* vor ein Kriegsgericht stellen **II.** *s* Kriegsgericht *nt;* **court of appeal** *s* Berufungs-, Revisionsgericht *nt;* **court room** *s* Gerichtssaal *m;* **court·yard** [ˈkɔːtjɑːd] *s* Hof(raum) *m;* **in the** ~ auf dem Hof

cousin [ˈkʌzn] *s* Cousin *m,* Cousine *f*

cove [kəʊv] *s* **1.** kleine Bucht **2.** Schlupfwinkel, Unterschlupf *m* **3.** (ARCH) Wölbung *f*

cov·en·ant [ˈkʌvənənt] **I.** *s* **1.** (feierlicher) Vertrag, Pakt *m;* Ab-, Übereinkommen *nt* **2.** Vertragsklausel *f* **3.** (REL) Bund *m* **II.** *vt, vi* **1.** einen Vertrag schließen, übereinkommen, vereinbaren (*with* mit) **2.** sich (vertraglich) verpflichten (*with s.o.* jdm gegenüber)

Cov·en·try [ˈkɒvntrɪ] *s:* **send s.o. to** ~ jdn schneiden

cover [ˈkʌvə(r)] **I.** *vt* **1.** be-, zudecken; be-, überziehen (*with* mit), ausbreiten über **2.** sich verbreiten, sich erstrecken über **3.** einschlagen, einwickeln, umhüllen (*with* mit), einhüllen (*with* in) **4.** abschirmen, schützen, decken; verdecken, verbergen **5.** (*finanziell*) sichern, decken, ausreichen für **6.** (*Strecke*) zurücklegen **7.** (MIL SPORT) decken **8.** (*Radar*) erfassen; (*mit Feuer*) belegen; (*Waffe*) richten auf (*with s.th.* etw), in Schach halten (*with* mit); (*Person*) decken, Feuerschutz geben (*s.o.* jdm) **9.** (*Tier*) decken, bespringen **10.** (*fig*) umfassen, einbeziehen, einschließen, decken; vorhersehen **11.** einen Bericht zusammenstellen, berichten über **II.** *s* **1.** Decke *f;* Deckel *m;* Überzug *m,* (Schutz)Hülle *f,* Umschlag *m,* Futteral *nt* **2.** (*Buch*) Einband(decke *f,* -deckel *m*) **3.** (Brief)Umschlag *m;* Verpackung *f* **4.** Deckung *f,* Schutz *m;* Zuflucht *f,* Unterschlupf *m,* Obdach *nt* **5.** Gebüsch, Dickicht, Unterholz *nt* **6.** Schutz-, Deckmantel, Vorwand *m;* Tarnung *f* **7.** (FIN) Deckung, Sicherheit *f* **8.** Gedeck *nt;* **from** ~ **to** ~ (*Buch*) von Anfang bis Ende; **under the** ~ **of** im Schutz (von) *+gen;* **under the same** ~ beiliegend, als Anlage; **under separate** ~ getrennt; **without** ~ (FIN) ungedeckt; **break** ~ die Deckung verlassen; **take** ~ in Deckung gehen, Schutz suchen; **cover for** *vt* einspringen für; **cover in** *vt* (*mit Erde*) auffüllen; überdachen; **cover over** *vt* abdecken, -dichten; zudecken; **cover up I.** *vt* **1.** zudecken, verhüllen **2.** (*fig*) verbergen, vertuschen **II.** *vi* **1.** sich warm einwickeln, anziehen **2.** alles vertuschen; ~ **up for s.o.** jdn decken

cover·age [ˈkʌvərɪdʒ] *s* **1.** Geltungs-, Anwendungsbereich *m* **2.** Umfang *m* eines Versicherungsschutzes **3.** (*durch die Medien*) Berichterstattung *f* (*of* über) **4.** Erfassung *f* **5.** (TELE RADIO) Empfangs-, Sendebereich *m;* Reichweite *f*

cover charge [ˈkʌvətʃɑːdʒ] *s* Preis *m* eines Gedecks, Gedeck *nt*

covered [ˈkʌvəd] *adj* **1.** bedeckt; überdacht **2.** (TECH) umsponnen; isoliert; **period** ~ Berichtszeit *f;* ~ **wagon** Planwagen *m*

cover girl [ˈkʌvəgɜːl] *s* Titelblattmädchen *nt* (*auf Illustrierten*)

cover·ing [ˈkʌvərɪŋ] *s* **1.** Decke, Hülle *f;* Verkleidung *f,* Überdachung *f* **2.** (TECH) Verschalung *f;* Überzug *m* **3.** (*Fußboden*) Belag *m;* **covering letter** *s* Begleitbrief *m,* -schreiben *nt*

cover note [ˈkʌvənəʊt] *s* vorläufiger Versicherungsschein; Versicherungsdoppelkarte *f;* **cover story** *s* Titelgeschichte *f*

cov·ert [ˈkʌvət] **I.** *adj* (*fig*) versteckt, verborgen, verschleiert, heimlich **II.** *s* Versteck *nt*

cover-up [ˈkʌvərʌp] *s* Verschleierung, Vertuschung *f*

cov·et [ˈkʌvɪt] *vt* (heftig) begehren; versessen sein auf; **cov·eted** *adj* begehrt

cow[1] [kaʊ] *s* **1.** Kuh *f* **2.** (*pej: Frau*) blöde Kuh; gemeine Ziege; **wait till the ~s come home** warten bis man schwarz wird

cow[2] [kaʊ] *vt* einschüchtern, verängstigen

cow·ard [ˈkaʊəd] *s* Feigling *m;* **cow·ard·ice** [ˈkaʊədɪs] *s* Feigheit, Angst *f;* **cow·ard·ly** [ˈkaʊədlɪ] *adj* feige

cow·boy [ˈkaʊbɔɪ] *s* **1.** Cowboy *m* **2.** (*fig fam*) Gauner, Schwindler *m;* **cow·dung** *s* Kuhmist *m*

cower [ˈkaʊə(r)] *vi* (nieder-, zusammen)kauern, sich ducken

cow·herd [ˈkaʊhɜːd] *s* Kuhhirt *m;* **cow·hide** [ˈkaʊhaɪd] *s* **1.** Kuhhaut *f,* -leder *nt* **2.** (*Am*) Ochsenziemer *m*

cowl [kaʊl] *s* **1.** (Mönchs)Kutte *f* **2.** Kapuze *f* **3.** Kaminkappe *f;* **cowl·ing** [-ɪŋ] *s* (AVIAT) Getriebe-, Motorhaube *f*

cow·man [ˈkaʊmən] <*pl* -men> *s* **1.** (*Am*) Rinder-, Viehzüchter *m* **2.** Stallknecht *m;* **cow·shed** [ˈkaʊʃed] *s* Kuhstall *m;* **cow·slip** [ˈkaʊslɪp] *s* **1.** (*Br*) Schlüsselblume *f* **2.** (*Am*) Sumpfdotterblume *f*

cox, cox·swain [ˈkɒksn] *s* **1.** Boots-, Steuermann *m* **2.** Bootsführer *m*

coy [kɔɪ] *adj* **1.** schüchtern; zurückhaltend

C

2. (*Frau*) verschämt; spröde

coy·ote [kɔɪ'əʊt, *Am* kaɪ'əʊtɪ] *s* Steppenwolf, Kojote *m*

cozy ['kəʊzɪ] *adj* (*Am*) gemütlich, behaglich; **cozy up** *vi* (*Am: fam*) sich einschmeicheln

CPU [ˌsiːpiː'juː] *s Abk. von* **central processing unit** (INFORM) Zentraleinheit *f*

crab[1] [kræb] *s* **1.** Krabbe *f;* Taschenkrebs *m* **2.** (TECH) Hebezeug *nt;* Winde *f* **3.** (~ *louse*) Filzlaus *f* **4.** (SPORT) Brücke *f*

crab[2] [kræb] **I.** *s* Miesmacher *m;* Nörgler *m* **II.** *vi* (*fam*) meckern, nörgeln, schimpfen

crab (apple) ['kræbˌæpl] *s* Holzapfel *m;* **crab·bed** ['kræbɪd] *adj* **1.** mürrisch, griesgrämig **2.** kompliziert, schwierig **3.** schwerverständlich, schlecht lesbar; **crabby** ['kræbɪ] *adj* mürrisch, sauertöpfisch; querköpfig; **crab louse** <*pl* -lice> *s* Filzlaus *f*

crack [kræk] **I.** *vi* **1.** rissig werden; (*Glas*) springen **2.** (auf)platzen, bersten, brechen **3.** knallen, krachen **4.** (*Stimme*) brechen; umschlagen, überschnappen **5.** zusammenklappen, -brechen **6.** rasen; **get ~ing!** (*fam*) los! voran! **II.** *vt* **1.** (zer)brechen; beschädigen, zerstören **2.** (*Nuss*) knacken; (*Ei*) aufschlagen; (*Öl*) kracken **3.** knallen lassen **4.** herausschreien; (*die Stimme*) überschnappen lassen **5.** (*fam*) eine knallen (*s.o.* jdm) **6.** (*fam*) rauskriegen, klären, lösen **7.** (*fam: Stellung*) bekommen, erringen **8.** (*Am fam*) ohne Eintrittskarte, uneingeladen besuchen **9.** (*Geld*) wechseln; ~ **a bottle** einer Flasche den Hals brechen; ~ **a joke** (*fam*) einen Witz reißen; **he didn't ~ a smile** er verzog keine Miene **III.** *s* **1.** Sprung, Riss, Spalt *m;* Ritze *f* **2.** Knall, Krach, (Donner)Schlag *m;* Schlag, Stoß *m* **3.** (*Stimme*) Überschnappen *nt;* (*Peitsche*) Knallen *nt* **4.** (*sl*) Versuch *m* **5.** (*fam*) Moment, Augenblick *m,* Sekunde *f* **6.** (*sl*) Pfunds-, Prachtkerl *m;* hervorragender Spieler, Schütze **7.** (*sl*) Witz, Spaß *m;* bissige Bemerkung **8.** (*Droge*) Crack *m;* **at the ~ of dawn** bei Tagesanbruch; beim Morgengrauen; **in a ~** im Nu; **have a ~ at s.th.** etw versuchen; **what's the ~?** (*sl*) was läuft? **IV.** *adj* (*fam*) großartig; prachtvoll, fantastisch; prima **V.** *interj* krach!; **crack down** *vi* (*fam*) fest anpacken, scharf anfassen (*on s.o.* jdn), vorgehen (*on* gegen); **crack up I.** *vi* (*fam*) durchdrehen; zusammenbrechen **II.** *vt* (*fam*) herausstreichen, hochjubeln

crack·down ['krækdaʊn] *s* scharfes Vorgehen (*on* bei); **cracked** [krækt] *adj* **1.** gesprungen; gebrochen; rissig **2.** (*fam*) verrückt

cracker ['krækə(r)] *s* **1.** Knall-, Feuerwerkskörper *m* **2.** (INTERNET) Cracker *m* **3.** (salziger) Keks *m* **4.** Knallbonbon *nt* **5.** (*fam*) tolles Ding; toller Mann; tolle Frau

crack·er·jack ['krækədʒæk] *adj* (*fam*) klasse, fantastisch; **crackers** ['krækəz] **I.** *adj* (*fam*) übergeschnappt **II.** *s* Nussknacker *m*

crackle ['krækl] *vi* knistern, prasseln, knattern; **crack·ling** ['kræklɪŋ] *s* **1.** Geknister, Geprassel *nt* **2.** knusprige Kruste (*des Schweinebratens*)

crack·pot ['krækpɒt] **I.** *s* Spinner(in) *m(f)* **II.** *adj* verrückt, irre; **crack-up** ['krækʌp] *s* Zusammenbruch, Kollaps *m*

cradle ['kreɪdl] **I.** *s* **1.** (*a. fig*) Wiege *f* **2.** (*fig*) Kindheit *f;* Ursprung *m* **3.** (TECH) Gestell *nt;* Schlitten *m;* Telefongabel *f;* **from the ~** von klein auf; **in the ~** in frühester Jugend **II.** *vt* **1.** an sich drücken, halten **2.** (*auf den Armen*) wiegen

craft [krɑːft] *s* **1.** Geschick(lichkeit *f*) *nt,* (Hand-, Kunst)Fertigkeit *f* **2.** Handwerk, Gewerbe, Kunstgewerbe *nt;* (~-*guild*) Zunft, Innung *f* **3.** Schiff(e *pl*) *nt;* Flugzeug(e *pl*) *nt* **4.** (*fig*) Verschlagenheit, List *f;* **crafti·ness** ['-ɪnɪs] *s* Schlauheit, List *f;* **craft·shop** ['krɑːftʃɒp] *s* Kunstgewerbeladen *m;* **crafts·man** ['krɑːftsmən] <*pl* -men> *s* Handwerker *m;* **crafty** ['krɑːftɪ] *adj* listig, schlau, gerissen

crag [kræg] *s* Felsspitze *f;* Klippe *f;* **craggy** ['krægɪ] *adj* zerklüftet; steil, schroff; (*Gesicht*) kantig

cram [kræm] **I.** *vt* **1.** hineinstopfen; (voll)stopfen, vollpfropfen (*s.th. into s.th.* etw mit einer S) **2.** stopfen, nudeln, mästen **3.** (*fam*) einpauken **II.** *vi* **1.** pauken, ochsen, büffeln **2.** verschlingen; **cram·full** [ˌkræm'fʊl] *adj* vollgepfropft; **cram·mer** ['kræmə(r)] *s* **1.** Büffler(in) *m(f)* **2.** Einpauker *m* **3.** Paukbuch *m* **4.** Paukschule *f*

cramp[1] [kræmp] **I.** *s* (MED) Krampf *m* **II.** *vt* **1.** zusammenpferchen **2.** (MED) Krämpfe verursachen in **3.** (*fig*) hindern, hemmen, be-, einengen; ~ **s.o.'s style** jdm hinderlich sein

cramp[2] [kræmp] **I.** *s* Krampe, Klammer *f* **II.** *vt* klammern; **cram·pons** ['kræmpɒnz] *s pl* Steigeisen *ntpl*

cran·berry ['krænbərɪ] *s* Preiselbeere *f*

crane [kreɪn] **I.** *s* **1.** Kranich *m* **2.** (TECH) Kran *m* **II.** *vt, vi* (den Hals) recken (*for* nach); **crane·fly** ['kreɪnflaɪ] *s* Schnake *f*

cran·ium ['kreɪnɪəm, *pl* 'kreɪnɪə] <*pl* -ia> *s* (ANAT) Schädel *m*

crank[1] [kræŋk] *s* Verrückte(r) *f m*

crank[2] [kræŋk] **I.** *s* (TECH) Kurbel *f* **II.** *vt* (*Motor:* ~ *up*) ankurbeln; **crank·case** ['kræŋkkeɪs] *s* Kurbelgehäuse *nt,* -wanne *f;*

crank·shaft ['kræŋkʃɑːft] *s* Kurbelwelle *f*
cranky ['kræŋkɪ] *adj* **1.** (TECH) nicht in Ordnung **2.** (*fam*) komisch
cranny ['krænɪ] *s* Riss *m*, Ritze *f*, Spalt(e *f*) *m*
crap [kræp] **I.** *s* **1.** (*sl*) Unsinn, Schwindel *m;* Käse, Mist *m* **2.** (*vulg*) Kacke *f* **II.** *vi* (*vulg*) scheißen
crape [kreɪp] *s* **1.** Krepp, Flor *m* **2.** (~ *of mourning*) Trauerflor *m*
crappy ['kræpɪ] *adj* (*sl*) beschissen
crash [kræʃ] **I.** *vi* **1.** zusammenbrechen, (zusammen)krachen **2.** (*Flugzeug, Computer*) abstürzen **3.** krachen, stürzen (*against* gegen) **4.** (AUTO) einen Unfall haben **5.** brechen (*through* durch), einbrechen (*into* in) **6.** (wirtschaftlich, finanziell) zusammenbrechen **II.** *vt* **1.** zerschmettern **2.** (AVIAT) zum Absturz bringen; (AUTO) einen Unfall haben mit **3.** (*sl*) eindringen, sich einschleichen in (*eine Veranstaltung*) **4.** (*sl*) pennen **III.** *s* **1.** Krachen *nt;* Krach *m* **2.** Zusammenbrechen *nt*, (Ein)Sturz *m* **3.** Zusammenstoß *m* **4.** (AVIAT) Absturz *m;* (AUTO) Unfall *m;* (INFORM) Programm-, Systemabsturz *m* **5.** (FIN) Zusammenbruch, Crash *m;* ~ **of thunder** Donnerschlag *m* **IV.** *adj* gewaltsam; unter Einsatz aller Kräfte **V.** *adv* mit einem Krach; **crash barrier** *s* Leitplanke *f;* **crash course** *s* Intensivkurs *m;* **crash diet** *s* Radikalkur *f;* **crash helmet** *s* (AUTO) Sturzhelm *m;* **crash·ing** [-ɪŋ] *adj* (*fam*) fürchterlich; **crash-land** [ˌkræʃ'lænd] *vi* (AVIAT) bruchlanden; **crash-land·ing** [ˌkræʃ'lændɪŋ] *s* (AVIAT) Bruchlandung *f;* **crash programme** *s* Intensivprogramm *nt;* **crash-test dum·my** ['kræʃtestˌdʌmi] *s* Dummy *m*, Autocrashpuppe *f*
crass [kræs] *adj* grob; krass; absolut
crate [kreɪt] *s* **1.** Lattenkiste *f* **2.** Packkorb *m* **3.** (*fam: Auto, Flugzeug*) Kiste *f*
cra·ter ['kreɪtə(r)] *s* **1.** (GEOL) Krater *m* **2.** Granat-, Bombentrichter *m*
cra·vat [krə'væt] *s* Halstuch *nt*
crave [kreɪv] **I.** *vt* erbitten, erflehen **II.** *vi* sich sehnen (*for* nach), sehnlichst wünschen (*for s.th.* etw); **crav·ing** ['kreɪvɪŋ] *s* Verlangen *nt*, Sehnsucht *f* (*for* nach)
crawl [krɔːl] **I.** *vi* **1.** kriechen (*to* vor), krabbeln; schleichen **2.** (*Ort*) wimmeln (*with* von) **3.** (*Haut*) kribbeln **4.** (SPORT) kraulen **II.** *s* **1.** Kriechen *nt* **2.** (SPORT) Kraul *nt;* **go at a** ~ im Schneckentempo fahren; **crawler** ['krɔːlə(r)] *s* **1.** (SPORT) Kraulstilschwimmer *m* **2.** (*fig*) Kriecher(in) *m(f)*, Speichellecker(in) *m(f)*, Schleimer(in) *m(f)* **3.** ~**s** Spielanzug *m;* **crawler lane** *s* (AUTO) Kriechspur *f;* **crawlers** ['krɔːləz] *s pl* Strampelanzug, Strampler *m;* **crawling suit** ['krɔːlɪŋˌsuːt] *s* Strampelanzug, Strampler *m*
cray·fish ['kreɪfɪʃ] *s* **1.** (Fluss)Krebs *m* **2.** Languste *f*
crayon ['kreɪən] **I.** *s* Zeichen-, Pastellstift *m* **II.** *vt* **1.** mit Kreide zeichnen **2.** (*fig*) skizzieren
craze [kreɪz] **I.** *vt* **1.** den Verstand rauben (*s.o.* jdm) **2.** (*Glasur*) krakelieren **II.** *s* Manie, fixe Idee *f;* Hobby *nt;* Fimmel *m;* **be the** ~ sehr beliebt sein; **the latest** ~ der letzte Schrei; **crazed** [kreɪzd] *adj* wahnsinnig, verrückt (*with* vor); **crazi·ness** ['kreɪzɪnɪs] *s* Wahnsinn *m*, Verrücktheit *f;* **crazy** ['kreɪzɪ] *adj* **1.** wahnsinnig, verrückt (*with* vor, *about* nach) **2.** versessen (*about* auf), wild (*about* nach); ~ **paving** mit unregelmäßigen Platten belegter Weg; **drive** [*o* **send**] **s.o.** ~ jdn wahnsinnig machen; **go** ~ verrückt werden; **at a** ~ **angle** völlig schief
CRC [ˌsiːɑː'siː] *s Abk. von* **camera-ready copy** (TYP) reporeife Vorlage
creak [kriːk] **I.** *vi* knarren; quietschen **II.** *s* Knarren *nt;* Quietschen *nt;* **creaky** ['kriːkɪ] *adj* knarrend; quietschend
cream [kriːm] **I.** *s* **1.** Sahne *f*, Rahm *m* **2.** Creme, Schaum-, Süßspeise *f* **3.** (Haut)Creme *f;* **the** ~ das Beste, die Spitze, die Auslese **II.** *adj* cremefarben **III.** *vi* sahnig werden **IV.** *vt* **1.** entrahmen **2.** eincremen **3.** (*fig: off*) das Beste abschöpfen von **4.** Sahne tun an, in **5.** schaumig schlagen; **cream cheese** *s* Frisch-, Rahmkäse *m;* **cream-colo(u)red** *adj* cremefarben; **cream·ery** ['kriːmərɪ] *s* **1.** Molkerei *f* **2.** Milchgeschäft *nt;* **creamy** ['kriːmɪ] *adj* sahnig
crease [kriːs] **I.** *s* **1.** Falte *f;* Kniff *m* **2.** Bügelfalte *f* **3.** Eselsohr *nt* **4.** (SPORT) (Tor)Linie *f* **II.** *vt* **1.** falten **2.** (*Hose*) bügeln **3.** zerknittern **III.** *vi* knittern
cre·ate [kriː'eɪt] **I.** *vt* **1.** (er)schaffen **2.** hervorbringen, herstellen, machen **3.** ins Leben rufen; hervorrufen, verursachen, bewirken **4.** machen, ernennen (*s.o. s.th.* jdn zu etw) **5.** gründen, errichten **6.** (THEAT: *Rolle*) zum erstenmal spielen **II.** *vi* (*sl*) Theater, Tamtam machen (*about* um); **cre·ation** [kriː'eɪʃn] *s* **1.** Erschaffung *f* **2.** Werk *nt;* Kreation, Modeschöpfung *f* **3.** Erzeugung, Hervorbringung, Herstellung *f* **4.** Verursachung, Bewirkung *f;* Schaffung, Bildung, Gestaltung *f* **5.** (Be)Gründung, Errichtung *f* **6.** Ernennung *f* **7.** (THEAT) Kreieren *nt* (*einer Rolle*); **the Creation** die Schöpfung; **crea·tive** [kriː'eɪtɪv] *adj* kreativ, schöpferisch; produktiv (*of* in); ~ **writing** dichterisches Schreiben; **crea·tive di·rec·tor** *s* Kreativ-

direktor(in) *m(f)*; **cre·ator** [kri:'eɪtə(r)] *s* Schöpfer, Erzeuger, Hersteller *m;* Modeschöpfer *m;* **the Creator** der Schöpfer, Gott *m*

crea·ture ['kri:tʃə(r)] *s* Geschöpf *nt,* Kreatur *f;* **living** ~ Lebewesen *nt;* **lovely** ~ herrliches Geschöpf; **creature comfort** *s* leibliches Wohl

crèche [kreɪʃ] *s* Kinderhort *m*

cre·dence ['kri:dns] *s:* **give** ~ **to** Glauben schenken *dat;* **cre·den·tials** [krɪ'denʃlz] *s pl* **1.** Empfehlungs-, Beglaubigungsschreiben *nt* **2.** Zeugnisse *ntpl,* (Ausweis)Papiere *ntpl*

credi·bil·ity [ˌkredɪ'bɪlətɪ] *s* Glaubwürdigkeit *f;* **cred·ible** ['kredəbl] *adj* glaubwürdig, zuverlässig

cred·it ['kredɪt] **I.** *s* **1.** Glaube *m,* Vertrauen *nt* **2.** Glaubwürdigkeit *f* **3.** Ansehen *nt,* Geltung *f,* (guter) Name, (guter) Ruf *m* **4.** Verdienst *nt,* Ehre *f,* Ruhm *m;* Einfluss *m* **5.** Namensnennung, Quellenangabe *f* **6.** (*Am:* ~ *point*) Gutpunkt *m* **7.** (FIN) Kredit *m;* Guthaben *nt,* -schrift *f* **8.** (COM) Haben *nt;* **on** ~ auf Kredit; **to s.o.'s** ~ zu jds Gunsten; **allow/give/grant/open** ~ **to s.o.** jdm Kredit gewähren/einräumen/eröffnen; **do** ~ Ehre machen; **give s.o.** ~ **for s.th.** jdm etw zutrauen, -schreiben; jdm etw zugute halten; **give s.th. on** ~ etw auf Kredit geben, kreditieren **II.** *vt* **1.** glauben, Glauben schenken, (ver)trauen (*s.o., s.th.* jdm, einer S) **2.** Anerkennung bringen (*s.o.* jdm), (ehrenvoll) erwähnen **3.** (*Am: Universität*) anrechnen **4.** (FIN) Kredit geben (*s.o.* jdm); (COM) gutschreiben, kreditieren; ~ **s.th. to s.o.** [*o* **s.o. with s.th.**] jdm etw zutrauen, -schreiben; **credi·table** ['kredɪtəbl] *adj* rühmlich, anerkennenswert (*to* für); **credit agency** *s* Kreditschutzverein *m;* **credit card** *s* Kreditkarte *f;* **credit department** *s* Kreditabteilung *f;* **credit facilities** *s pl* Kreditmöglichkeiten *fpl;* **credit limit** *s* Kredit-, Verfügungsrahmen *m;* **credit note** *s* Gutschrift(sanzeige) *f;* **credi·tor** ['kredɪtə(r)] *s* Gläubiger(in) *m(f);* **creditor bank** *s* Gläubigerbank *f;* **credit page** *s* Herausgeber-, Mitarbeiterseite *f;* **credit rating** *s* Kreditwürdigkeit *f;* **credit side** *s* Habenseite *f;* **on his** ~ zu seinen Gunsten; **credit terms** *s pl* Kreditbedingungen *fpl;* **credit-worthy** ['kredɪtwɜ:ðɪ] *adj* kreditwürdig

cre·du·lity [krɪ'dju:lətɪ] *s* Leichtgläubigkeit *f;* **credu·lous** ['kredjʊləs] *adj* leichtgläubig

creed [kri:d] *s* **1.** (Glaubens)Bekenntnis *nt* **2.** Überzeugung *f*

creek [kri:k] *s* **1.** kleine Bucht **2.** Flüsschen *nt;* **be up the** ~ aufgeschmissen sein; sich völlig vertan haben

creep [kri:p] <*irr:* **crept, crept**> **I.** *vi* **1.** kriechen (*Zeit*) **2.** schleichen **3.** (*Pflanze*) sich ranken **4.** (*Haut*) kribbeln; **it makes my flesh** ~ da bekomme ich eine Gänsehaut **II.** *s* **1.** Kriechen *nt* **2.** (*fam*) widerlicher Mensch **3.** ~**s** Kribbeln *nt,* Schauder *m;* **it gave me the** ~**s** es überlief mich (eis)kalt, ich bekam eine Gänsehaut; **creep into** *vi* (*fig*) sich einschleichen in; **creep up** *vi* heranschleichen, sich heranarbeiten (*to* an); **creeper** ['kri:pə(r)] *s* **1.** Kriechtier *nt* **2.** Kletterpflanze *f* **3.** ~**s** Steigeisen *ntpl* **4.** ~**s** Schuhe *m pl* mit Kreppsohlen; **creep·ing** [-ɪŋ] *adj* (*Krankheit*) schleichend; **creepy** ['kri:pɪ] *adj* schaurig; gruselig

cre·mate [krɪ'meɪt] *vt* (*Leiche*) einäschern; **cre·ma·tion** [krɪ'meɪʃn] *s* Einäscherung, Feuerbestattung *f;* **cre·ma·tor·ium** [ˌkremə'tɔ:rɪəm] *s* Krematorium *nt;* **cre·ma·tory** ['kremətərɪ] *s* (*Am*) Krematorium *nt*

crept [krept] *s.* **creep**

cre·scen·do *vi* (*reach a peak*) den Höhepunkt erreichen

cres·cent ['kresnt] *s* **1.** Mondsichel *f;* Halbmond *m* **2.** (*Br*) bogenförmig geschwungene Häuserreihe

cress [kres] *s* Kresse *f*

crest [krest] *s* **1.** (*Hühner*) Kamm *m* **2.** (*von Vögeln*) Haube *f;* (*von Pferden, Löwen*) Mähne *f* **3.** (*auf Helm*) Helmbusch *m* **4.** (*mountain* ~) Bergkamm, -rücken *m* **5.** (~ *of a wave*) Wellenkamm *m* **6.** (ARCH) Bekrönung *f* **7.** (*fig*) Höchst-, Scheitelpunkt, Gipfel *m;* **on the** ~ **of the wave** (*fig*) auf dem Gipfel des Glücks; **crestfallen** ['krestˌfɔ:lən] *adj* (*fig*) tief enttäuscht

Crete [kri:t] *s* Kreta *nt*

cre·tin ['kretɪn] *s* **1.** Kretin *m,* Schwachsinnige(r) *f m* **2.** (*sl*) Idiot *m*

cre·vasse ['krɪvæs] *s* Gletscherspalte *f*

crev·ice ['krevɪs] *s* Spalte, Ritze *f*

crew [kru:] **I.** *s* **1.** (MAR AVIAT) Besatzung, Crew *f;* (SPORT) Mannschaft *f* **2.** Gruppe *f* **II.** *vi* der Vorschormann sein **III.** *vt* die Mannschaft sein von; **crew-cut** *s* Bürstenschnitt *m;* **crew-member** *s* Besatzungsmitglied *nt*

crib [krɪb] **I.** *s* **1.** Krippe *f* **2.** (*Am*) Kinderbett *nt* **3.** Lachsreuse *f* **4.** (*Am*) Behälter *m* (*für Mais*) **5.** (*fam*) Plagiat *nt* **6.** (SCHULE) Spickzettel *m;* ~ **death** (*Am*) Krippentod *m* **II.** *vt, vi* **1.** (*fam*) plagiieren **2.** (SCHULE) abschreiben

crib·bage ['krɪbɪdʒ] *s* (*Kartenspiel*) Cribbage *nt*

crick [krɪk] *s:* **have a** ~ **in the neck** einen

steifen Hals haben

cricket[1] ['krɪkɪt] *s* Grille *f*

cricket[2] ['krɪkɪt] *s* (SPORT) Kricket *nt;* **not ~** (*fam*) unfair; **cricket·bat** *s* (Kricket)Schläger *m;* **cricketer** ['krɪkɪtə(r)] *s* Kricketspieler(in) *m(f);* **cricket ground** *s* (Rasen)Spielfeld *nt;* **cricket pitch** *s* Wurfbahn *f*

crier ['kraɪə(r)] *s* **1.** Schreihals *m* **2.** Ausrufer *m;* Gerichtsdiener *m*

crime [kraɪm] *s* **1.** Verbrechen *nt* **2.** Sünde, Schande *f;* Frevel *m;* **commit a ~** ein Verbrechen begehen; **crime-busting** *s* Verbrechensbekämpfung *f;* **crime prevention** *s* präventive Verbrechensbekämpfung; **crime-rid·den** ['kraɪm,rɪdn] *adj* mit einer hohen Kriminalitätsrate; **crime wave** *s* Welle *f* von Verbrechen

crimi·nal ['krɪmɪnl] **I.** *adj* **1.** verbrecherisch, kriminell; strafbar **2.** (*fam*) schändlich; **~ assault** Körperverletzung *f;* **Criminal Investigation Department** (**CID**) (*Br*) Kriminalpolizei *f;* **~ code** Strafgesetzbuch *nt;* **~ law** Strafrecht *nt;* **have a ~ record** vorbestraft sein **II.** *s* Verbrecher(in) *m(f);* **crimi·nali·ty** [,krɪmɪ'nælətɪ] *s* Kriminalität *f;* **crimi·nol·og·ist** [krɪmɪ'nɒlədʒɪst] *s* Kriminologe *m;* Kriminologin *f;* **crimi·nol·ogy** [,krɪmɪ'nɒlədʒɪ] *s* Kriminologie *f*

crimp [krɪmp] *vt* **1.** fälteln **2.** (*Haar*) wellen

crim·son ['krɪmzn] **I.** *adj* purpurrot; blutrot **II.** *vt* rot färben **III.** *vi* rot werden; erröten

cringe [krɪndʒ] *vi* **1.** zurückschrecken (*at* vor) **2.** (*fig*) schaudern, sich schütteln **3.** kriechen, katzbuckeln; **make s.o. ~** jdn schaudern lassen, jdm weh tun

crinkle ['krɪŋkl] **I.** *vi* faltig werden; knittern **II.** *vt* zerknittern; **crin·kly** ['krɪŋklɪ] *adj* wellig, faltig; zerknittert

cripple ['krɪpl] **I.** *s* Krüppel *m* **II.** *vt* **1.** zum Krüppel machen **2.** (*fig*) lähmen; schwächen, behindern

cri·sis ['kraɪsɪs, *pl* 'kraɪsi:z] <*pl* **-ses**> *s* Krise *f;* Wendepunkt, entscheidender Augenblick *m;* **bring to a ~** zu einer Entscheidung bringen; **pass through a ~** eine Krise durchmachen; **financial ~** Finanzkrise *f;* **crisis management** *s* Krisenmanagement *nt*

crisp [krɪsp] **I.** *adj* **1.** knusp(e)rig **2.** (*Luft*) frisch **3.** (*Stil*) lebendig **4.** (*Benehmen*) entschieden, klar **5.** kraus; wellig, faltig **II.** *s* (*Br*) Kartoffelchip *m* **III.** *vt* **1.** knusp(e)rig machen **2.** kräuseln; **crisp·bread** ['krɪsbred] *s* Knäckebrot *nt;* **crispy** ['krɪspɪ] *adj* **1.** knusp(e)rig **2.** kraus

criss-cross ['krɪskrɒs] **I.** *adj* sich kreuzend, gekreuzt **II.** *adv* kreuzweise; durcheinander **III.** *vt* kreuzweise durchziehen

cri·terion [kraɪ'tɪərɪən, *pl* -'tɪərɪə] <*pl* **-teria**> *s* **1.** Kriterium *nt* **2.** Merkmal, Kennzeichen *nt*

critic ['krɪtɪk] *s* **1.** Kunstkenner(in) *m(f),* -sachverständige(r) *f m* **2.** Kritiker(in) *m(f);* **criti·cal** ['krɪtɪkl] *adj* **1.** kritisch; (*Augenblick*) entscheidend; ernst, bedenklich **2.** tadelsüchtig (*of s.o.* jdm gegenüber); **at the ~ moment** im entscheidenden Augenblick; **in a ~ situation** in einer schwierigen Lage; **criti·cism** ['krɪtɪsɪzəm] *s* **1.** Kritik *f* (*of* an, über) **2.** negative Beurteilung; **literary ~** Literaturkritik *f;* **criti·cize** ['krɪtɪsaɪz] *vt* **1.** kritisieren **2.** sich kritisch äußern über; tadeln; **cri·tique** [krɪ'ti:k] *s* Kritik, Besprechung, Rezension *f*

croak [krəʊk] **I.** *s* Quaken *nt,* Krächzen *nt* **II.** *vi* **1.** (*Frosch*) quaken **2.** (*Rabe*) krächzen **3.** (*sl*) abkratzen

Croat ['krəʊæt] *s* Kroate *m,* Kroatin *f;* **Croa·tia** [krəʊ'eɪʃɪə] *s* Kroatien *nt;* **Croa·tian** [krəʊ'eɪʃɪən] **I.** *adj* kroatisch **II.** *s* Kroate *m,* Kroatin *f*

cro·chet ['krəʊʃeɪ] **I.** *vt, vi* häkeln **II.** *s* (*~-work*) Häkelarbeit *f;* **crochet·hook** *s* Häkelnadel *f*

crock [krɒk] *s* **1.** Topf *m,* -scherbe *f* **2.** (AUTO: *fam*) alte Kiste **3.** (*Mensch*) Klappergestell *nt;* **crock·ery** ['krɒkərɪ] *s* Töpferware *f;* Geschirr *nt*

croco·dile ['krɒkədaɪl] *s* Krokodil *nt;* **walk in a ~** (*Br*) zwei und zwei hintereinander gehen; **crocodile tears** *s pl* Krokodilstränen *fpl*

cro·cus ['krəʊkəs] *s* Krokus *m*

croft [krɒft] *s* **1.** eingefriedetes Feld **2.** kleiner Bauernhof; **crofter** ['krɒftə(r)] *s* Kleinpächter(in) *m(f)*

crois·sant ['krwɑ:sɒŋ] *s* Hörnchen, Croissant *nt*

crook [krʊk] **I.** *s* **1.** Haken *m* **2.** Hirtenstab *m;* (REL) Krummstab *m* **3.** (*Fluss*) Krümmung, Biegung *f;* (*Arm*) Beuge *f* **4.** (*fam*) Schwindler, Gauner *m* **II.** *vt* krümmen, biegen **III.** *adj* **1.** (*fam*) unehrlich **2.** (*Australien*) krank; kaputt; schlecht; wütend; **crooked** ['krʊkɪd] *adj* **1.** gekrümmt, gebeugt **2.** krumm, schief **3.** buck(e)lig **4.** (*fig: Wege*) krumm **5.** unehrlich

croon [kru:n] *vt, vi* schmalzig singen; **crooner** ['kru:nə(r)] *s* Schlager-, Schnulzensänger(in) *m(f)*

crop [krɒp] **I.** *s* **1.** (*Vogel*) Kropf *m* **2.** Feldfrüchte *fpl,* Getreide *nt* **3.** Ertrag *m,* Ernte *f;* Ausbeute *f* **4.** Haufen *m,* Menge *f* **5.** Peitschenstiel *m;* Reitpeitsche *f* **6.** kurzer Haarschnitt; **~ rotation** Fruchtwechsel *m* **II.** *vt* **1.** kurz abschneiden, stutzen, scheren **2.** ab-, kahlfressen, abgrasen; **crop out** *vi* auftauchen; (GEOL) zutage treten; **crop up** *vi* auftauchen; (*fam*) aufkreuzen; dazwischenkommen

crop·per ['krɒpə(r)] *s* **1.** Kropftaube *f* **2.** (*Mensch*) Anbauer *m* **3.** (*fam*) furchtbarer Sturz **4.** (*fam*) Misserfolg, Reinfall *m;* **be a good/bad** ~ (AGR) gut/schlecht tragen; **come a** ~ (*fam*) furchtbar (hin)fallen; versagen; (*im Examen*) durchsausen, rasseln

crop top ['krɒpˌtɒp] *s* bauchfreies Top

cro·quet ['krəʊkeɪ] *s* (SPORT) Krocket *nt*

cross[1] [krɒs] **I.** *s* **1.** Kreuz *nt* **2.** Querstrich *m* (*z.B. beim t*) **3.** (*fig*) Kreuz, Leiden *nt* **4.** Ordenskreuz *nt* **5.** (BIOL) (Rassen)Kreuzung *f* **6.** (ELEK) Überbrückung *f;* **the Cross** das Kreuz (Christi); **the sign of the Cross** das Kreuzzeichen; **bear one's** ~ sein Kreuz auf sich nehmen **II.** *adj* **1.** quer verlaufend, schräg; sich überschneidend **2.** entgegengesetzt, im Widerspruch (*to* zu) **III.** *vt* **1.** kreuzen, durch-, überqueren, überschreiten **2.** das Kreuz machen (*s.th.* über etw) **3.** (*die Beine*) kreuzen, übereinander schlagen **4.** (*Brücke*) überspannen, hinüberführen (*s.th.* über etw) **5.** mit einem Querstrich versehen **6.** übersetzen (*s.th.* über), überfliegen **7.** (~ *off,* ~ *out*) (durch)streichen **8.** (*Scheck*) zur Verrechnung ausstellen **9.** (*Plan*) durchkreuzen, vereiteln **10.** (*Person*) in den Weg, entgegentreten (*s.o.* jdm), begegnen (*s.o.* jdm) **11.** (BIOL: *Rassen*) kreuzen; ~ **s.o.'s mind** jdm in den Sinn kommen, einfallen; ~ **s.o.'s path** jds Weg kreuzen, jdm begegnen; ~ **one's t's and dot one's i's** (*fig*) es (ganz) genau nehmen, (sehr) genau sein; ~ **your heart!** Hand aufs Herz!; **I'll keep my fingers ~ed** (*fig*) ich halte den Daumen! **IV.** *vi* **1.** hinüberfahren (*from ... to* von ... nach), (die Straße) überqueren **2.** sich treffen, sich begegnen, sich kreuzen **3.** sich überschneiden **4.** (*Briefe*) sich kreuzen **V.** *vr* sich bekreuzigen; **cross off, cross out** *vt* (aus-, durch)streichen; **cross over** *vi* hinübergehen; überwechseln (*to* zu)

cross[2] [krɒs] *adj* ärgerlich, wütend, böse; **be** ~ **with s.o.** mit jdm, auf jdn böse sein

cross·bar ['krɒsbɑː(r)] *s* **1.** Querholz *nt,* -balken *m,* -stange *f* **2.** (SPORT) Torlatte *f;* **cross·beam** ['krɒsbiːm] *s* Querbalken *m;* (SPORT) Schwebebalken *m;* **cross-bor·der** *adj* grenzüberschreitend; ~ **collaboration** grenzüberschreitende Zusammenarbeit; **cross·bow** ['krɒsbəʊ] *s* (HIST) Armbrust *f;* **cross·breed** ['krɒsbriːd] **I.** *s* (BIOL) Kreuzung *f;* Mischrasse *f;* Mischling *m* **II.** *vt* kreuzen; **cross-check I.** *vt* doppelt kontrollieren **II.** *s* Gegenprobe *f;* **cross-coun·try** [ˌkrɒs'kʌntrɪ] **I.** *adj* **1.** querfeldein **2.** (AUTO) geländegängig; ~ **ski** Langlauf-, Tourenski *m;* ~ **skiing** Skilanglauf *m;* ~ **skier** Skilangläufer(in) *m(f);* ~ **ski run** (Langlauf)Loipe *f;* ~ **flight** (AVIAT) Überlandflug *m;* ~ **race** Querfeldeinrennen *nt* **II.** *adv* querfeldein **III.** *s* Querfeldeinrennen *nt;* **cross-current** *s* Gegenströmung *f;* **cross-disciplinary** *adj* interdisziplinär; **cross-examination** *s* Kreuzverhör *nt;* **cross-examine** *vt* ins Kreuzverhör nehmen; **cross-eyed** ['krɒsaɪd] *adj* schielend; **be** ~ schielen; **cross-fertilization** *s* Fremdbestäubung *f;* (*fig*) gegenseitige Befruchtung; **cross·fire** ['krɒsfaɪə(r)] *s* (*a. fig*) Kreuzfeuer *nt;* **cross-grained** [ˌkrɒs'greɪnd] *adj* **1.** quer gemasert **2.** (*fig*) eigensinnig; widerborstig, mürrisch; **cross·ing** ['krɒsɪŋ] *s* **1.** Kreuzung *f* **2.** Kreuz-, Schnittpunkt *m* **3.** Überquerung *f,* -gang *m,* -fahrt *f* **4.** (RAIL) Überführung *f;* (Fußgänger)Überweg *m* **5.** (ARCH) Vierung *f;* **level** ~ schienengleicher Bahnübergang; **cross-legged** [ˌkrɒs'legd] *adj* mit übergeschlagenen Beinen; **cross·over** ['krɒsəʊvə(r)] *s* **1.** Kreuzungsstelle *f* **2.** Überführung *f;* **cross-promotional** *adj* cross-promotional (*verkaufsfördernd für beide Seiten*); **cross-pur·poses** [ˌkrɒs'pɜːpəsɪz] *s pl:* **be at** ~ **with s.o.** mit jdm eine Meinungsverschiedenheit haben; **talk at** ~ aneinander vorbeireden; **cross-reference** *s* (*Buch*) Verweis *m;* **cross·roads** ['krɒsrəʊdz] *s sing od pl* Wege-, Straßenkreuzung *f;* **at the** ~ (*fig*) am Scheideweg; **cross section** *s* Querschnitt *m;* **cross·talk** ['krɒstɔːk] *s* Wortgefecht *nt;* (TELE) Nebensprechen *nt;* **cross·walk** *s* (*Am*) Fußgängerüberweg *m;* **cross·ways** ['krɒsweɪz] *adv* quer; **cross·wind** ['krɒswɪnd] *s* (AVIAT) Seitenwind *m;* **cross·wise** ['krɒswaɪz] *adv* quer hinüber; kreuzweise; **cross·word (puzzle)** ['krɒswɜːd(pʌzl)] *s* Kreuzworträtsel *nt*

crotch [krɒtʃ] *s* **1.** Gabel(ung) *f* **2.** (*Hose*) Schritt *m*

crotchet ['krɒtʃɪt] *s* **1.** (MUS) Viertelnote *f* **2.** (*fig*) Marotte, Schrulle *f;* ~ **rest** (MUS) Viertelpause *f*

crotchety ['krɒtʃɪtɪ] *adj* schrullenhaft; schlecht gelaunt; quengelig

crouch [kraʊtʃ] **I.** *vi* sich ducken, sich (nieder)kauern **II.** *s* geduckte Stellung

croup [kruːp] *s* **1.** (MED) Krupp *m,* Halsbräune *f* **2.** (*Pferd*) Kruppe *f*

crou·pier ['kruːpɪeɪ] *s* Croupier *m*

crow [krəʊ] **I.** *s* **1.** Krähe *f* **2.** (~-*bar*) Brecheisen *nt;* **as the ~ flies** in der Luftlinie **II.** *vi* **1.** krähen **2.** jubeln, triumphieren (*over* über) **3.** (*Kind*) juchzen

crow·bar ['krəʊbɑ:(r)] *s* Brecheisen *nt*

crowd [kraʊd] **I.** *s* **1.** (Menschen)Menge *f,* Menschenmassen *fpl* **2.** Gedränge, Gewühl, Gewimmel *nt* **3.** (die) große Masse, (das) gemeine Volk **4.** (*fam*) Gruppe *f,* Haufen, Verein *m,* Gesellschaft *f* **5.** Haufen, Berg, Stoß, Stapel *m;* **follow the ~** (*fig*) der Masse folgen, mitlaufen **II.** *vi* (*~ round*) sich ansammeln, zusammenströmen; (sich) drängen (*round* um, *into* in); (*~ forward*) vorwärtsdrängen, -stürmen **III.** *vt* **1.** drängen, stoßen, schieben **2.** voll stopfen **3.** (*fam: Menschen*) unter Druck setzen, auf den Leib rücken (*s.o.* jdm); **be ~ed with** wimmeln von; **crowd out** *vt* ausschließen, wegdrängen, verdrängen; **crowd up** *vt* (*Am: Preise*) in die Höhe treiben; **crowded** [-ɪd] *adj* gedrängt, zum Brechen voll (*with* von), zusammengepfercht; **~ to capacity** bis auf den letzten Platz gefüllt; **crowd·puller** *s* (*fam*) Publikumsmagnet *m*

crown [kraʊn] **I.** *s* **1.** Krone *f* **2.** (Sieger)Kranz *m* **3.** Fünfshillingstück *nt* **4.** oberer Teil, Krone *f,* Gipfel *m* **5.** Scheitel, Schädel *m* **6.** Scheitelpunkt *m;* (Dach)First *m;* (Straßen)Kuppe *f* **7.** (Zahn)Krone *f* **8.** (Baum)Krone *f* **9.** (*fig*) Höhepunkt *m,* Krone *f,* Gipfel *m,* Krönung *f* **II.** *vt* **1.** krönen **2.** (*fig*) die Krone aufsetzen (*s.th.* einer S), vollenden **3.** (*Zahn*) mit einer Krone versehen **4.** (*sl*) eins aufs Dach geben (*s.o.* jdm); **to ~ it all** um der Sache die Krone aufzusetzen; **~ s.o. king** jdn zum König krönen; **crown cap** *s* Kronkorken *m;* **crown colony** *s* Kronkolonie *f;* **crown cork** *s* Kronkorken *m;* **crown·ing** [-ɪŋ] *adj* krönend; **crown jewels** *s pl* Kronjuwelen *pl;* **crown prince** *s* Kronprinz *m;* **crown witness** *s* Kronzeuge *m,* Zeuge *m* der Anklage

crow's feet ['krəʊzfi:t] *s pl* Krähenfüße *mpl* (*im Gesicht*)*;* **crow's nest** *s* (MAR) Mastkorb *m*

cru·cial ['kru∫l] *adj* entscheidend, kritisch, ernst; **at the ~ moment** im entscheidenden Augenblick; **put to a ~ test** einer entscheidenden Prüfung unterziehen

cru·cible ['kru:sɪbl] *s* **1.** Schmelztiegel *m* **2.** (*fig*) Feuer-, Bewährungsprobe *f*

cru·ci·fix [ˌkru:sɪ'fɪks] *s* Kruzifix *nt;* **cru·ci·fixion** [ˌkru:sɪ'fɪk∫n] *s* Kreuzigung *f;* **cru·cify** ['kru:sɪfaɪ] *vt* **1.** kreuzigen **2.** (*fig*) fertig machen, keinen guten Faden lassen an

cruddy ['krʌdɪ] *adj* (*sl*) mies

crude [kru:d] *adj* **1.** roh **2.** (*fig*) ungeformt, unfertig; unreif, nicht durchdacht **3.** (*Mensch*) grob, ungeschliffen, ungebildet **4.** geschmacklos; **~ iron** Roheisen *nt;* **~ oil** Rohöl *nt;* **crud·ity** ['kru:dətɪ] *s* **1.** Rohheit *f* **2.** grobe Bemerkung, Grobheit *f*

cruel [krʊəl] *adj* **1.** grausam; unmenschlich, erbarmungs-, mitleid(s)los, herzlos (*to* gegen) **2.** (*Wind, Schicksal*) heftig; schrecklich, furchtbar; **cruelty** ['krʊəltɪ] *s* Grausamkeit *f,* Unmenschlichkeit, Herzlosigkeit *f;* **~ to animals** Tierquälerei *f*

cruise [kru:z] **I.** *vi* **1.** (MAR) kreuzen **2.** umherfahren **3.** mit Reisegeschwindigkeit fahren, fliegen; **~ the internet** surfen **II.** *s* Kreuz-, Vergnügungsfahrt, Schiffsreise *f;* **go on** [*o* **for**] **a ~** eine Vergnügungsfahrt machen; **cruise missile** *s* (MIL) Marschflugkörper *m;* **cruiser** ['kru:zə(r)] *s* **1.** (MAR) Kreuzer *m* **2.** Jacht *f;* Motorboot *nt* **3.** (*Am*) Funkstreifenwagen *m;* **cruis·ing** [-ɪŋ] *adj:* **~ speed** Reisegeschwindigkeit *f*

crul·ler ['krʌlə] *s* (*Am*) länglicher Berliner mit Zuckerglasur

crumb [krʌm] *s* **1.** Stück(chen) *nt,* Krume *f,* Krümel *m* **2.** (*fig*) Fetzen *m,* Stück *nt,* Brocken *m* **3.** (*sl*) Lump *m* **4.** kleine Geldsumme; **a ~ of** ein bisschen ..., ein wenig ...

crumble ['krʌmbl] **I.** *vt, vi* zerkrümeln, zerbröckeln **II.** *vi* **1.** zer-, verfallen **2.** (*fig*) einstürzen, zusammenbrechen **3.** (*Preise*) abbröckeln; **crum·bly** ['krʌmblɪ] **I.** *adj* krümelig, bröckelig **II.** *s* (*sl*) Grufti *m*

crummy ['krʌmɪ] *adj* (*sl*) **1.** schäbig, dürftig, elend **2.** krank, angeschlagen

crum·pet ['krʌmpɪt] *s kleines rundes Hefegebäck zum Toasten*

crumple ['krʌmpl] **I.** *vt* zerknittern, faltig machen; zusammenknüllen; eindrücken **II.** *vi* **1.** knittern **2.** (*fam: ~ up*) zusammenbrechen, zusammensacken **3.** zusammengedrückt werden; **crumple zone** *s* (AUTO) Knautschzone *f*

crunch [krʌnt∫] **I.** *vt* knacken, zerbeißen; mampfen **II.** *vi* knirschen, krachen **III.** *s* **1.** Knacken, Knirschen *nt* **2.** (*fam*) Zusammenstoß *m* **3.** (*sl*) Krise *f* **4.** Knackpunkt *m;* **when it comes to the ~** wenn es darauf ankommt

cru·sade [kru:'seɪd] **I.** *s* (*a.fig*) Kreuzzug *m* (*against* gegen, *for* für) **II.** *vi* sich an einem Kreuzzug beteiligen; **cru·sader** [kru:'seɪdə(r)] *s* Kreuzfahrer *m*

crush [krʌ∫] **I.** *vt* **1.** (zer-, zusammen)drücken, (zer)quetschen, zermalmen, zerschmettern **2.** zerkleinern **3.** (zer)knüllen, zerknittern **4.** (*fig*) zerstören, vernichten; niederschmettern; unterdrücken **II.** *vi*

1. sich drängen, sich stürzen 2. knittern III. *s* 1. (starker) Druck, Stoß *m* 2. Gedränge *nt*, (Menschen)Menge *f*, Massen *fpl* 3. Fruchtsaftgetränk *nt* 4. (*fam*) große Gesellschaft, Haufen *m* 5. (*sl*) Schwärmerei *f*; (*Person*) Schwarm *m*; **have a ~ on s.o.** (*sl*) für jdn schwärmen; **crush down** *vt* niederdrücken; zerkleinern; (*fig*) unterdrücken; **crush out** *vt* (*Frucht*) auspressen; (*fig*) auslöschen, völlig vernichten; **crush up** *vt* zermahlen, zerstampfen; **crush barrier** *s* Absperrung *f*; **crush boy** *s* (*Am: sl*) *Junge, in den sich Mädchen verknallen;* **crush·ing** [-ɪŋ] *adj* überwältigend; erdrückend; niederschmetternd

crust [krʌst] I. *s* 1. (Brot)Kruste, Rinde *f* 2. Stück *nt* trockenes Brot 3. Kruste *f* 4. (MED) Schorf *m* 5. (BOT ZOO) Schale *f* 6. Ablagerung *f*; Weinstein *m* 7. (*sl*) Unverschämtheit *f* II. *vi* verkrusten; (*Schnee*) verharschen; ~ **over** zufrieren; verkrusten; **crus·ta·cean** [krʌ'steɪʃn] *s* Krebs-, Schalentier *nt*

crusty ['krʌstɪ] I. *adj* 1. verkrustet 2. knusprig 3. (*fig*) mürrisch II. *s* junge(r) Obdachlose(r)

crutch [krʌtʃ] *s* (*a. fig*) Krücke *f*; **go on ~es** an Krücken gehen

crux [krʌks] *s* 1. Crux *f*, Haken *m* 2. schwieriges Problem

cry [kraɪ] I. *vi* 1. schreien (*for* nach) 2. verlangen (*for* nach) 3. weinen (*with* vor, *for* um), heulen, jammern (*over* über) 4. (*Hund*) anschlagen; ~ **for the moon** Unmögliches verlangen; ~ **o.s. to sleep** sich in den Schlaf weinen; ~ **over spilt milk** Vergangenem nachweinen; ~ (**for**) **vengeance** nach Rache schreien II. *vt* 1. (aus)rufen, schreien 2. verkünden; ~ **one's eyes** [*o* **heart**] **out** sich die Augen aus dem Kopf weinen III. *s* 1. Schrei, Ruf *m* 2. Geschrei *nt* (*for* nach) 3. Ausrufen, Verkünden *nt* 4. Parole *f*, Schlachtruf *m* 5. Weinen, Heulen, Geheul *nt* 6. (*Tier*) Gebell *nt*; (*Jagdhunde*) Anschlag *m* 7. Koppel, Meute *f*; **be a far ~ from ...** ganz anders sein als ...; **in full ~** in vollem Eifer; **within ~** in Rufweite; **follow in the ~** mit der großen Masse mitlaufen; **have a good ~** sich ausweinen; **cry down** *vt* herabsetzen, schlecht machen; niederschreien; **cry for** *vt* dringend gebrauchen, benötigen; verlangen nach; **cry off** *vt* widerrufen; es sich anders überlegen; sich zurückziehen; **cry out** *vt* aufschreien; ~ **out against** scharf protestieren gegen; ~ **out for** schreien nach; dringend verlangen; **cry·ing** ['kraɪɪŋ] I. *adj* (himmel)schreiend; dringend; **it is a ~ shame** es ist eine wahre Schande II. *s* Weinen *nt*; Schreien *nt*

cryo·gen·ic [ˌkraiə(ʊ)'dʒenɪk] *adj* Kälte erzeugend

crypt [krɪpt] *s* (ARCH) Krypta *f*

cryp·tic ['krɪptɪk] *adj* geheim, verborgen; hintergründig, rätselhaft

crys·tal ['krɪstl] *s* 1. Kristall *m* 2. (~ *glass*) Kristall(glas) *nt* 3. (*Am*) Uhrglass *nt*; **crystal ball** *s* Glaskugel *f* (*des Hellsehers*); **crystal-clear** *adj* glasklar; **crys·tal·line** ['krɪstəlaɪn] *adj* kristallinisch; **crys·tal·li·za·tion** [ˌkrɪstəlaɪ'zeɪʃn] *s* Kristallbildung *f*; Kristallisierung *f*; **crystal·lize** ['krɪstəlaɪz] I. *vt* 1. kristallisieren, auskristallisieren 2. (*fig*) eine endgültige Gestalt geben (*s.th.* einer S) II. *vi* 1. Kristalle bilden 2. (*fig*) sich herauskristallisieren; feste Form annehmen

cub [kʌb] *s* 1. Junge(s) *nt* (*eines Raubtieres*) 2. (*Pfadfinder*) Wölfling *m* 3. Neuling, Anfänger *m*

Cuba ['kjuːbə] *s* Kuba *nt*

Cuban ['kjuːbən] I. *adj* kubanisch II. *s* Kubaner(in) *m(f)*

cubby-hole ['kʌbɪhəʊl] *s* 1. Kämmerchen *nt* 2. Fach *nt*

cube [kjuːb] I. *s* 1. Würfel *m* 2. (MATH) Kubikzahl *f*, dritte Potenz; ~ **root** (MATH) Kubikwurzel *f* II. *vt* 1. (MATH) in die dritte Potenz erheben 2. in Würfel schneiden; **cu·bic** ['kjuːbɪk] *adj* würfelförmig; kubisch; Raum-, Kubik-; ~ **metre** Kubikmeter *m*; ~ **capacity** Fassungsvermögen *nt*; (AUTO) Hubraum *m*

cu·bicle ['kjuːbɪkl] *s* Kabine *f*

cuckoo ['kʊkuː] I. *s* Kuckuck(sruf) *m* II. *adj* (*sl*) verrückt, blöd; **cuckoo-clock** *s* Kuckucksuhr *f*

cu·cum·ber ['kjuːkʌmbə(r)] *s* Gurke *f*; (**as**) **cool as a ~** völlig ungerührt

cud [kʌd] *s*: **chew the ~** wiederkäuen; (*fig*) gründlich überlegen

cuddle ['kʌdl] I. *vt* hätscheln, liebkosen; schmusen mit II. *vi* schmusen III. *s* Umarmung *f*; **give s.o. a ~** jdn umarmen; mit jdm schmusen

cud·gel ['kʌdʒəl] I. *s* Keule *f*, Knüppel *m*; **take up the ~s for s.o.** für jdn Partei ergreifen II. *vt* (ver)prügeln

cue [kjuː] *s* 1. (THEAT) Stichwort *nt* 2. Fingerzeig, Hinweis *m* 3. Billardstock *m*, Queue *nt* 4. (MUS) Einsatz *m*; **give s.o. his ~** jdm nahelegen, was er zu tun hat; **take one's ~ from s.o.** sich nach jdm richten

cuff [kʌf] I. *s* 1. Manschette *f* 2. (*Am*) Hosenaufschlag *m* 3. Handschelle *f* 4. Schlag *m*, Ohrfeige *f*; **off the ~** (*sl*) aus dem Stegreif II. *vt* schlagen, ohrfeigen; **cuff-link** ['kʌflɪŋk] *s* Manschettenknopf *m*

cui·sine [kwɪ'ziːn] *s* Küche, Kochkunst *f*
cul-de-sac ['kʌldəsæk] *s* (*a. fig*) Sackgasse *f*
cu·li·nary ['kʌlɪnerɪ] *adj* kulinarisch
cull [kʌl] **I.** *vt* **1.** (*Blumen*) pflücken **2.** (*fig*) auswählen; ausmerzen; ~ **seals** Robbenschlag betreiben **II.** *s* **1.** Auslese *f* **2.** Ausmerzen *nt*
cul·mi·nate ['kʌlmɪneɪt] *vi* **1.** (*a. fig*) kulminieren **2.** (*fig*) seinen Höhepunkt erreichen, gipfeln (*in* in); **cul·mi·na·tion** [ˌkʌlmɪ'neɪʃn] *s* **1.** (ASTR) Kulmination *f* **2.** (*fig*) Höhepunkt, Gipfel *m*
cu·lottes [kjuː'lɒts] *s pl* Hosenrock *m*
culp·able ['kʌlpəbl] *adj* strafbar, schuldhaft; ~ **negligence** (JUR) grobe Fahrlässigkeit; ~ **homicide** fahrlässige Tötung; **cul·prit** ['kʌlprɪt] *s* **1.** Angeklagte(r) *f m* **2.** Missetäter(in) *m(f)*, Übeltäter(in) *m(f)*
cult [kʌlt] *s* **1.** (REL) Kult *m* **2.** Verehrung *f*; **make a ~ out of s.th.** einen Kult mit etw treiben; **cult figure** *s* Kultfigur *f*
cul·ti·vate ['kʌltɪveɪt] *vt* **1.** (AGR) kultivieren, an-, bebauen **2.** (*fig*) kultivieren, pflegen; **cul·ti·vated** [-ɪd] *adj* **1.** (AGR) bebaut; gezüchtet **2.** (*fig*) gebildet, kultiviert; **cul·ti·va·tion** [ˌkʌltɪ'veɪʃn] *s* **1.** (AGR) Anbau *m* **2.** Pflege, Förderung *f* **3.** Kultiviertheit *f*; **cul·ti·va·tor** ['kʌltɪveɪtə(r)] *s* **1.** Landwirt(in) *m(f)* **2.** (AGR) Kultivator *m*; **a ~ of the fine arts** jd, der die schönen Künste pflegt
cul·tural ['kʌltʃərəl] *adj* kulturell; **culture** ['kʌltʃə(r)] *s* **1.** (AGR) Kultur *f*, Anbau *m*, Zucht *f* **2.** (*fig*) Bildung, Kultur *f* **3.** (BIOL) (Bakterien)Kultur *f*; **physical ~** Körperkultur *f*; ~ **medium** Nährboden *m*; **cul·tured** ['kʌltʃəd] *adj* **1.** gebildet, kultiviert **2.** gezüchtet; ~ **pearl** Zuchtperle *f*; **culture vulture** *s* (*pej*) Kulturfanatiker(in) *m(f)*; Kulturkonsument(in) *m(f)*
cum·ber·some, **cum·brous** ['kʌmbəsəm, 'kʌmbrəs] *adj* **1.** lästig, beschwerlich, mühsam **2.** sperrig, unhandlich **3.** schwerfällig
cumin ['kʌmɪn] *s* Kreuzkümmel *m*
cumu·lat·ive ['kjuːmjʊlətɪv] *adj* **1.** sich (an)häufend, zunehmend **2.** kumulativ; **cumu·lus** ['kjumjʊləs, *pl* 'kjuːmjʊlaɪ] <*pl* -li> *s* Haufenwolke *f*, Kumulus *m*
cun·ning ['kʌnɪŋ] **I.** *adj* schlau, listig; (*fam*) gerissen **II.** *s* Schläue, Gerissenheit *f*
cunt [kʌnt] *s* (*vulg: Vagina*) Fotze *f*, Möse *f*; (*als Schimpfwort*) Arschloch *nt*
cup [kʌp] *s* **1.** Tasse *f* **2.** Becher *m* **3.** (SPORT) Pokal *m* **4.** (REL) Kelch *m*; **that's not my ~ of tea** (*fam*) das ist nicht nach meinem Geschmack; **in one's ~s** angezecht; **cup·board** ['kʌbəd] *s* Schrank *m*; **cup final** *s* Pokalendspiel *nt*; **cup·ful** ['kʌpfʊl] *s* Tasse *f*
cu·pola ['kjuːpələ] *s* (ARCH) Kuppel *f*
cuppa ['kʌpə] *s* (*fam*) Tasse *f* Tee
cup-tie ['kʌptaɪ] *s* (SPORT) Pokalspiel *nt*
cup win·ner ['kʌpˌwɪnə(r)] *s* Pokalsieger *m*
cur [kɜː(r)] *s* **1.** Köter *m* **2.** (*fig*) gemeiner Kerl
cura·bil·ity [ˌkjʊərə'bɪlətɪ] *s* Heilbarkeit *f*; **cur·able** ['kjʊərəbl] *adj* heilbar
cu·rate ['kjʊərət] *s* **1.** Kurat *m* **2.** Vikar *m*
curb [kɜːb] **I.** *s* **1.** (*Pferd*) Kandare *f* **2.** (*fig*) Zügel *mpl* **3.** Beschränkung *f* **4.** (*Am*) Bordstein *m* **II.** *vt* **1.** an die Kandare nehmen **2.** (*fig*) zügeln, im Zaum halten; bändigen; ~ **one's temper** sich im Zaum halten; **curb bit** *s* Kandare *f*; **curb·stone** ['kɜːbstəʊn] *s* (*Am*) Bordstein *m*
curd [kɜːd] *s oft pl* Quark *m*; **curdle** [kɜːdl] **I.** *vt* gerinnen (lassen) **II.** *vi* gerinnen, sauer werden; **my blood ~d** es durchlief mich eiskalt
cure ['kjʊə(r)] **I.** *s* **1.** (MED) Heilung(sprozess *m*) *f*; Heilmittel, -verfahren *nt*, Heilmethode *f* **2.** Kur *f* (*for* gegen) **3.** (*fig*) Mittel *nt* (*for* gegen), Abhilfe *f* (*for* für) **4.** Pfarrstelle *f*; Seelsorge *f*; **past ~** unheilbar; ~ **of souls** Seelsorge *f*; **there is no ~ for** es gibt kein Mittel gegen **II.** *vt* **1.** heilen **2.** (*fig*) abhelfen (*s.th.* einer S), beheben **3.** pökeln, einsalzen; räuchern; konservieren, haltbar machen **4.** (TECH) vulkanisieren; **cure-all** ['kjʊərɔːl] *s* Allheilmittel *nt*
cur·few ['kɜːfjuː] *s* Sperrstunde *f*; Ausgehverbot *nt*, -sperre *f*
curi·os·ity [ˌkjʊərɪ'ɒsətɪ] *s* **1.** Neugier(de) *f*; Wissensdurst *m* **2.** Seltenheit, Rarität *f*; ~ **shop** Kuriositätengeschäft *nt*; ~ **killed the cat** (*prov*) man soll nicht so neugierig sein; **curi·ous** ['kjʊərɪəs] *adj* **1.** neugierig; wissbegierig **2.** seltsam, eigenartig, ungewöhnlich **3.** (*fam*) komisch; **be ~ about s.th.** auf etw gespannt sein
curl [kɜːl] **I.** *s* **1.** Locke *f* **2.** Kräuselung *f*; **in ~s** gekräuselt; gelockt; ~ **of smoke** Rauchwölkchen *ntpl* **II.** *vt* kräuseln **III.** *vi* sich kräuseln; ~ **up** (sich) zusammenrollen; **curlers** ['kɜːləz] *s pl* Lockenwickler *mpl*
cur·lew ['kɜːljuː] *s* Brachvogel *m*
curl·ing ['kɜːlɪŋ] *s* **1.** Kräuselung *f* **2.** (SPORT) Curling *nt*; **curling iron** *s* Lockenstab *m*; **curly** ['kɜːlɪ] *adj* lockig, wellig
cur·rant ['kʌrənt] *s* **1.** Korinthe *f* **2.** Johannisbeere *f*
cur·rency ['kʌrənsɪ] *s* **1.** (FIN) Währung *f*, Zahlungsmittel *nt*, Geldsorte, Valuta *f* **2.** Laufzeit, Gültigkeit *f* **3.** (Geld-, Noten)Umlauf *m*; **gain ~** in Umlauf, in Gebrauch kommen; ~ **control** Devisenkontrolle *f*; ~ **depreciation/devaluation**

Geldentwertung/Geldabwertung *f;* ~ **reform** Währungsreform *f;* **cur·rent** ['kʌrənt] **I.** *adj* **1.** laufend; im Umlauf befindlich **2.** aktuell; gebräuchlich, üblich **3.** (allgemein)gültig, landläufig **II.** *s* **1.** Strom *m,* Strömung *f;* Luftzug *m* **2.** (ELEK) Strom *m* **3.** Ab-, Verlauf *m;* (*fig*) Tendenz, Richtung *f;* **current account** *s* Girokonto *nt;* **current events** *s pl* Tagesgeschehen *nt;* **current expenses** *s pl* laufende Ausgaben *fpl;* **cur·rent·ly** [-lɪ] *adv* gegenwärtig, jetzt; **current opinion** *s* öffentliche Meinung; **current rate** *s* (Tages-, laufender) Kurs *m*

cur·ricu·lum [kə'rɪkjʊləm, *pl* kə'rɪkjʊlə] <*pl* -la> *s* Studien-, Lehrplan *m;* **curriculum vitae** [kə'rɪkjʊləm 'vi:taɪ] *s* Lebenslauf *m*

curry ['kʌrɪ] **I.** *s* (~ *powder*) Curry *m od nt* **II.** *vt* **1.** (*Pferd*) striegeln **2.** (*Leder*) zurichten **3.** prügeln; ~ **favour with s.o.** sich bei jdm einzuschmeicheln suchen

curse [kɜ:s] **I.** *s* **1.** Verwünschung *f* **2.** Fluch *m,* Unglück *nt* (*to* für) **3.** Fluch(wort *nt*) *m* **II.** *vt* **1.** verfluchen, verdammen **2.** fluchen über **III.** *vi* fluchen; **cursed** ['kɜ:sɪd] *adj* **1.** verflucht **2.** (*fam*) verflixt

cursor ['kɜ:sə(r)] *s* (INFORM) Cursor *m*

cur·sory ['kɜ:sərɪ] *adj* flüchtig, oberflächlich

curt [kɜ:t] *adj* **1.** kurz, knapp **2.** barsch (*to* gegen)

cur·tail [kɜ:'teɪl] *vt* **1.** kürzen **2.** (*Rechte*) schmälern **3.** (*Lohn*) herabsetzen; **cur·tail·ment** [-mənt] *s* **1.** (Ab)Kürzung, Verkleinerung *f* **2.** Einschränkung, Schmälerung *f*

cur·tain ['kɜ:tn] **I.** *s* **1.** Gardine *f,* Vorhang *m* **2.** (*fig*) Schleier *m;* **lift the** ~ (*fig*) den Schleier lüften; **the** ~ **rises/falls** (THEAT) der Vorhang geht auf/fällt; **it will be ~s** (*sl*) dann ist es endgültig aus **II.** *vt* mit einem Vorhang versehen; ~ **off** mit einem Vorhang abteilen; **curtain-call** *s* (THEAT) Vorhang *m;* **curtain-raiser** *s* **1.** (THEAT) Eröffnungseinakter *m* **2.** (FILM) Vorspann *m* **3.** Vorspiel *nt*

curt·s(e)y ['kə:tsɪ] **I.** *s* Knicks *m* **II.** *vi* knicksen; **drop a** ~ einen Knicks machen (*to* vor)

cur·va·ture ['kɜ:vətʃə(r)] *s* Krümmung *f;* ~ **of the spine** Rückgrat(ver)krümmung *f;*

curve [kɜ:v] **I.** *s* Kurve, Biegung, Krümmung *f* **II.** *vt* biegen; wölben; krümmen **III.** *vi* sich biegen; sich wölben, sich krümmen

cushion ['kʊʃn] **I.** *s* **1.** (*a.* TECH) Kissen *nt,* Polster *nt* **2.** (TECH) Puffer *m* **3.** (*Billard*) Bande *f* **II.** *vt* **1.** polstern **2.** abschirmen, -decken **3.** (TECH) (ab)federn; (*Stoß*) abfangen **4.** (*Billard*) auf Bande spielen

cushy ['kʊʃɪ] *adj* (*sl*) bequem, leicht

cuss [kʌs] **I.** *s* (*fam*) Fluch *m;* **not worth a tinker's** ~ keinen Heller wert **II.** *vi* (*fam*) fluchen; **cuss·word** ['kʌs,wɜ:d] *s* (*Am: fam*) Schimpfwort *nt*

cus·tard ['kʌstəd] *s* Vanillesoße *f*

cus·tod·ian [kʌ'stəʊdɪən] *s* **1.** Kustos *m* **2.** Verwalter(in) *m(f),* Treuhänder(in) *m(f)* **3.** Pfleger(in) *m(f)* **4.** Hüter(in) *m(f)* **5.** Aufseher(in) *m(f)* **6.** (*Am*) Raumpfleger(in) *m(f);* **cus·tody** ['kʌstədɪ] *s* **1.** Obhut, Verwahrung *f* **2.** Aufsicht(spflicht) *f* (*of* über +*acc*) **3.** (JUR) Sorgerecht *nt* **4.** (JUR) Gewahrsam *m,* Haft *f;* **release from** ~ aus der Haft entlassen; **take into** ~ verhaften

cus·tom ['kʌstəm] **I.** *s* **1.** Sitte *f,* Brauch *m,* Gewohnheit *f* **2.** (JUR) Gewohnheitsrecht *nt* **3.** (*commercial, trade* ~) Handelsbrauch *m,* Usance *f* **4.** (COM) Kundschaft *f;* Kundenkreis *m;* Klientel *f* **5.** (*pl*) Zoll *m,* Zollverwaltung *f,* Zollgebühren *fpl;* **pass through ~s** den Zoll passieren; **it is his** ~ **to do** er pflegt zu tun **II.** *adj* (*Am: Kleidung*) Maß-; **cus·tomary** ['kʌstəmərɪ] *adj* üblich, gebräuchlich, gewöhnlich; **custom-built** ['kʌstəm,bɪlt] *adj* spezialangefertigt

cus·tomer ['kʌstəmə(r)] *s* **1.** Kunde *m,* Kundin *f,* Käufer(in) *m(f),* Abnehmer(in) *m(f)* **2.** (*fam*) Kerl *m;* **a queer** ~ (*fam*) ein komischer Kauz; **~-oriented outlook** an den Bedürfnissen des Kunden orientierte Managementstruktur; **regular** ~ Stammkunde *m,* -kundin *f;* **stray** ~ Laufkunde *m,* -kundin *f;* **customer number** *s* Kundennummer *f;* **customer service** *s* Kundendienst *m*

cus·tom·ize ['kʌstəmaɪz] *vt* (AUTO) individuell aufmachen; **customized** [-d] **1.** (AUTO) individuell aufgemacht, getunt **2.** kundenspezifisch

custom-made ['kʌstəm'meɪd] *adj* nach Maß angefertigt, spezialangefertigt; **custom-made clothes** *s pl* (*Am*) Maßkleidung *f*

customs barrier ['kʌstəmz'bærɪə(r)] *s* Zollschranke *f;* **customs clearance** *s* Zollabfertigung *f;* **customs declaration** *s* Zollerklärung *f;* **customs documents** *s pl* Zollbegleitpapiere *pl;* **customs dues, customs duties** *s pl* Zollgebühren *fpl;* **customs examination** *s* Zollkontrolle *f;* **custom(s)house** *s* Zollamt *nt;* **customs investigation** *s* Zollfahndung *f;* **customs investigator** *s* Zollfahnder(in) *m(f);* **customs officer** *s* Zollbeamter *m,* -beamtin *f;* **customs matters** *s pl* Zollbereich *m*

cut [kʌt] <*irr:* cut, cut> **I.** *vt* **1.** (ab-, durch-, zer)schneiden **2.** (*Hecke*) stutzen **3.** (*Gras*) mähen **4.** (*Holz*) hacken, spalten **5.** trennen, (zer)teilen; (auf)schlitzen; abhauen **6.** (*Tier*) verschneiden, kastrieren **7.** (*Stoff*) zuschneiden; (*Film*) schneiden **8.** schnitzen, (ein)gravieren **9.** (*Karten*) abheben **10.** (SPORT: *Ball*) schneiden **11.** (*Getränk*) verschneiden, verdünnen **12.** (*fig*) beschneiden, verringern, verkleinern; (*Gehalt*) kürzen; (*Preise*) herabsetzen, ermäßigen, reduzieren **13.** (*fam: Menschen*) schneiden, nicht sehen wollen **14.** (*fam: Schule*) schwänzen **15.** (*sl*) stoppen, Schluss machen, aufhören mit; ~ **corners** einsparen (*on* bei); ~ **a figure** Eindruck schinden [*o* machen]; ~ **a tooth** zahnen; ~ **one's teeth on s.th.** sich mit etw versuchen; ~ **it fine** (*fam*) es gerade (so) schaffen; ~ **the ground from under s.o.** [*o* **s.o.'s feet**] (*fig*) jdm den Boden unter den Füßen wegziehen; ~ **no** [*o* **not much**] **ice** (*fam*) nicht viel ausrichten; ~ **the record** den Rekord brechen; ~ **a record** eine Schallplattenaufnahme machen (*of* von); ~ **both ways** (*fig*) ein zweischneidiges Schwert sein; für beide gelten **II.** *vi* **1.** scharf sein, schneiden **2.** (*Wind*) schneiden; (~ *through*) pfeifen durch **3.** (*fam*) abhauen; (*Schule*) schwänzen **4.** (*Karten*) abheben; ~ **and run** (*fam*) abhauen; ~ **loose** (MAR) losmachen; (*fig*) sich freimachen; (*Am*) loslegen **III.** *adj* **1.** (ab-, aus-, ein)geschnitten; be-, zerschnitten; behauen **2.** beschnitten, kastriert **3.** (*fig*) vekleinert, verringert, reduziert, gekürzt **IV.** *s* **1.** Schnitt *m;* Stich *m* **2.** (Ein)Schnitt *m* **3.** (Schnitt)Wunde *f* **4.** Schnittfuge *f* **5.** (*Fleisch*) Scheibe *f* **6.** (*Schafe*) Schur *f* **7.** Durchstich, Graben *m* **8.** (Druck)Platte *f,* (Kupfer-, Stahl)Stich *m;* Holzschnitt *m* **9.** (*Kleidung*) (Zu)Schnitt *m* **10.** (*Karten*) Abheben *nt* **11.** (*short* ~) Abkürzung *f* **12.** (*fig*) Verringerung *f;* Kürzung *f;* **a** ~ **above** (*fam*) ein bisschen besser als; **salary** ~ Gehaltskürzung *f;* **wage** ~ Lohnkürzung *f;* ~ **in prices** Preissenkung *f;* **cut across** *vt* laufen über, überqueren; widersprechen (*s.th.* einer S); **cut away** *vt* weg-, abschneiden; **cut back I.** *vt* **1.** zurück-, beschneiden **2.** einschränken; ab-, unterbrechen **II.** *vi* **1.** (FILM) zurückblenden **2.** (*Ausgaben, Essen*) sich einschränken; **cut down I.** *vt* **1.** ab-, umhauen; (*Baum*) fällen **2.** niederhauen, -schlagen **3.** (*fig*) kleiner machen, verkleinern, (ver)kürzen, verringern; herabsetzen, einschränken **4.** herunterhandeln **II.** *vi* sich einschränken; **cut in** *vi* **1.** unterbrechen **2.** (AUTO) nach dem Überholen zu rasch einbiegen; schneiden **3.** (*beim Tanzen*) abklatschen; ~ **in on s.o.'s market** jdm Konkurrenz machen; ~ **s.o. in on s.th.** jdn bei etw beteiligen; **cut into** *vt* **1.** anschneiden **2.** (*Gespräch*) sich einschalten in **3.** (*Verkehr*) sich hineindrängeln in **4.** (*fig: Reserven*) angreifen; **cut off** *vt* **1.** abschneiden, -hauen, -trennen **2.** plötzlich unterbrechen; (TELE) unterbrechen **3.** (*Gas, Strom*) abstellen **4.** enterben; **cut out I.** *vt* **1.** ausschneiden; wegschneiden, entfernen **2.** streichen, weg-, auslassen **3.** (*Weg*) bahnen **4.** (*Stoff*) zuschneiden **5.** (*Rivalen*) ausstechen; übertrumpfen, verdrängen **6.** (*das Rauchen*) aufgeben **II.** *vi* (TECH) aussetzen; **be ~ out for s.th.** für etw geschaffen sein; ~ **it out!** hör auf damit!; **have one's work ~ out** alle Hände voll zu tun haben; **cut short** *vt* **1.** abkürzen, unterbrechen **2.** plötzlich beenden; **cut up** *vt* **1.** zerschneiden, -legen **2.** vernichten **3.** (*seelisch*) mitnehmen, aufwühlen; (*fam*) fertigmachen **4.** heftig kritisieren, herunterreißen **5.** (*Am sl*) dumme Witze machen; ~ **up rough** massiv werden; ~ **up well** reich sterben

cut-and-dried [ˌkʌtn'draɪd] *adj* eindeutig, fix und fertig; (*Meinung*) vorgefasst; **cut·away** ['kʌtəweɪ] (TECH) aufgeschnitten; ~ **drawing** Schnittzeichnung *f;* ~ **model** Schnittmodell *nt;* **cut·back** ['kʌtbæk] *s* **1.** Kürzung, Verminderung *f;* Einschränkung *f* **2.** (FILM) Rückblende *f*

cute [kju:t] *adj* **1.** gewitzt, helle **2.** (*Am fam*) süß; niedlich; hübsch; **cut(e)y, cutie** ['kju:tɪ] *s* (*Am sl*) süße Maus

cut flowers [ˌkʌt'flaʊəz] *s pl* Schnittblumen *fpl*

cu·ticle ['kju:tɪkl] *s* **1.** (ANAT BOT) Oberhaut *f* **2.** Nagelhaut *f*

cut·lass ['kʌtləs] *s* Entermesser *nt*

cut·lery ['kʌtlərɪ] *s* Besteck *nt*

cut·let ['kʌtlɪt] *s* **1.** Schnitzel *nt* **2.** Hacksteak *nt*

cut-off ['kʌtɒf] *s* **1.** (*Am*) Abkürzung *f* **2.** (TECH) Ausschaltung *f;* **cut·out** ['kʌtaʊt] *s* **1.** Ausschnitt *m* **2.** Ausschneidemodell *nt;* Ausschneidepuppe *f* **3.** (ELEK) Schalter *m;* (~ *switch*) Unterbrecher *m* **4.** (TECH) Aussetzen *nt;* **cut-price** *adj* zu Schleuderpreisen; **cut-rate** *adj* verbilligt; **cut-sheet feed** *s* (INFORM) Einzelblatteinzug *m*

cut·ter ['kʌtə(r)] *s* **1.** Schneidende(r) *f m,* Schneider(in) *m(f);* Zuschneider(in) *m(f)* **2.** (FILM) Cutter(in) *m(f)* **3.** (TECH) Schneidwerkzeug *nt* **4.** (MAR) Kutter *m;* Beiboot *nt;* (*Am*) Küstenschutzboot *nt*

cut-throat I. *s* Mörder(in) *m(f)* **II.** *adj* mörderisch

cut·ting ['kʌtɪŋ] **I.** *s* **1.** Schneiden *nt;*

C

Schnitt *m* **2.** Einschnitt *m;* Durchstich *m* (*für eine Straße*) **3.** (FILM) Schnitt *m* **4.** (*Br*) (Zeitungs)Ausschnitt *m* **5.** (AGR) Ableger *m* **6.** (*pl*) Abfälle *mpl* **II.** *adj* **1.** (*Kälte, Wind*) schneidend **2.** (*Messer, Kante*) scharf **3.** (*fig*) beißend, verletzend

cuttle·fish ['kʌtlfɪʃ] *s* Tintenfisch *m*

CV [siː'viː] *s Abk. von* **curriculum vitae** Lebenslauf *m*

cy·an·ide ['saɪənaɪd] *s* (CHEM) Zyanid *nt;* **potassium** ~ Zyankali *nt*

cy·ber- ['saɪbə] *adj* Cyber-, Internet-; **cy·ber·ca·fé** ['saɪbəˌkæfeɪ] *s* (INTERNET) Internetcafé *nt;* **cy·ber·cash** ['saɪbəˌkæʃ] *s* (INTERNET) Cybercash *m;* **cy·ber·net·ics** [ˌsaɪbə'netɪks] *s pl mit sing* Kybernetik *f;* **cy·ber·naut** ['saɪbənɔːt] *s* Cybernaut *m;* **cy·ber·punk** ['saɪbəˌpʌŋk] *s* Cyberpunk *m* (*Mailboxkommunikation in der Sciencefictionszene*); **cy·ber·sex** ['saɪbəˌseks] *s* (INTERNET) Cybersex *m;* **cy·ber·shop** ['saɪbəʃɒp] *vi* Internetgeschäft *nt;* **cy·ber·space** ['saɪbəˌspeɪs] *s* (INTERNET) Cyberspace *m* (*vom Computer simulierter dreidimensionaler Raum*)

cy·cla·men ['sɪkləmən] *s* Alpenveilchen *nt*

cy·cle ['saɪkl] **I.** *s* **1.** Kreis(lauf), Zyklus *m* **2.** Periode *f* **3.** Arbeitsgang *m* **4.** (ASTR) (Kreis)Bahn *f* **5.** (LIT) Sagen-, Legendenkreis *m* **6.** (*fam*) (Fahr)Rad *nt;* **economic** [*o* **trade**] [*o* **business**] ~ Konjunkturzyklus *m* **II.** *vi* Rad fahren, radeln

cy·clic(al) ['saɪklɪk(l)] *adj* **1.** zyklisch, periodisch **2.** (COM) konjunkturbedingt

cy·cling ['saɪklɪŋ] *s* Radfahren *nt;* ~ **shorts** Radlerhose *f;* **cy·clist** ['saɪklɪst] *s* Radfahrer(in) *m(f)*

cy·clone ['saɪkləʊn] *s* Wirbelsturm, Zyklon *m*

cyg·net ['sɪgnɪt] *s* junger Schwan

cyl·in·der ['sɪlɪndə(r)] *s* **1.** (MATH TECH AUTO) Zylinder *m* **2.** (TECH) Walze, Trommel, Rolle *f;* **cylinder block** *s* (AUTO) Zylinderblock *m;* **cylinder capacity** *s* (AUTO) Hubraum *m;* **cylinder head** *s* (AUTO) Zylinderkopf *m;* **cy·lin·dri·cal** [sɪ'lɪndrɪkl] *adj* zylindrisch, walzenförmig

cym·bals ['sɪmblz] *s pl* (MUS) Becken *nt*

cyn·ic ['sɪnɪk] **I.** *s* Zyniker(in) *m(f)* **II.** *adj* zynisch; **cyni·cal** ['sɪnɪkl] *adj* zynisch; **cyni·cism** ['sɪnɪsɪzəm] *s* Zynismus *m;* zynische Bemerkung *f*

cy·pher ['saɪfə(r)] **I.** *s* **1.** (MATH) Ziffer, Zahl *f;* Null(zeichen *nt*) *f* **2.** (*fig*) Null *f,* völlig unbedeutender Mensch **3.** Chiffre *f;* Chiffrierverfahren *nt* **4.** (~*-key*) Schlüssel *m* (*einer Geheimschrift*) **II.** *vt* verschlüsseln, chiffrieren; **cipher code** *s* Chiffrierschlüssel *m*

cy·press ['saɪprəs] *s* Zypresse *f*

Cyp·ri·ot ['sɪprɪət] **I.** *adj* zypriotisch, zyprisch **II.** *s* Zypriot(in) *m(f),* Zyprer(in) *m(f);* **Cy·prus** ['saɪprəs] *s* Zypern *nt*

cyst [sɪst] *s* (MED) Zyste *f;* **cys·ti·tis** [sɪs'taɪtɪs] *s* (MED) Blasenentzündung *f*

czar [zɑː(r)] *s* Zar *m;* **czar·ina** ['zɑː'riːnə] *s* Zarin *f*

Czech [tʃek] **I.** *adj* tschechisch **II.** *s* **1.** Tscheche *m,* Tschechin *f* **2.** (das) Tschechisch(e); **Czech Republic** *s* die Tschechische Republik

D

D, d [diː] <*pl* -'s> *s* **1.** (*a.* MUS) D, d *nt* **2.** (*Schulnote*) ausreichend
dab¹ [dæb] **I.** *vt* **1.** leicht berühren **2.** ab-, betupfen (*with s.th.* mit etw) **II.** *s* **1.** Klecks *m* **2.** Tupfer *m*
dab² [dæb] *adj* (*fam*): **be a ~ hand at doing s.th.** sich darauf verstehen etw zu tun
dabble ['dæbl] **I.** *vt* plantschen **II.** *vi:* **~ in s.th.** sich nebenbei mit etw beschäftigen
dad(dy) ['dædɪ] *s* (*fam*) Papi, Vati *m*
daddy-long-legs [ˌdædɪ'lɒŋlegz] *s sing* Schnake *f;* (*Am*) Weberknecht *m*
dae·mon ['diːmən] *s* Dämon *m*
daf·fo·dil ['dæfədɪl] *s* Narzisse, Osterglocke *f*
daft [dɑːft] *adj* (*fam*) dumm, blöd
dag·ger ['dægə(r)] *s* **1.** Dolch *m* **2.** (TYP) Kreuz *nt;* **be at ~s drawn with s.o.** mit jdm auf Kriegsfuß stehen; **look ~s at** feindselige Blicke werfen auf
dah·lia ['deɪlɪə] *s* Dahlie *f*
daily ['deɪlɪ] **I.** *adj, adv* täglich; Tages-; **~ dozen** Morgengymnastik *f;* **one's ~ bread** das tägliche Brot **II.** *s* **1.** (*~ paper*) Tageszeitung *f* **2.** (*fam*) Zugehfrau *f*
dainti·ness ['deɪntɪnɪs] *s* **1.** Zierlichkeit, Zartheit *f* **2.** Anmutigkeit *f;* **dainty** ['deɪntɪ] **I.** *adj* **1.** (*Person*) zierlich; anmutig **2.** wählerisch (*about* in) **3.** appetitlich **4.** zerbrechlich **II.** *s pl* Leckerbissen *mpl*
dairy ['deərɪ] *s* **1.** Molkerei *f* **2.** Milchgeschäft *nt;* **dairy cattle** *s pl* Milchvieh *nt;* **dairy·man** [-mən] <*pl* -men> *s* Melker *m,* Molkereiangestellte(r) *f m;* **dairy produce** *s* Molkereiprodukte *ntpl*
dais ['deɪɪs] *s* Podium *nt*
daisy ['deɪzɪ] *s* Gänseblümchen *nt;* **push up the daisies** (*sl*) die Radieschen von unten begucken; **daisy wheel** *s* Typenrad *nt;* **daisy-wheel typewriter** *s* Typenradschreibmaschine *f*
dally ['dælɪ] *vi* **1.** tändeln, flirten (*with* mit) **2.** die Zeit vertrödeln (*over one's work* bei der Arbeit)
dam [dæm] **I.** *s* **1.** Damm *m;* Talsperre *f* **2.** Stausee *m* **II.** *vt* **1.** (*~ in, up*) stauen, eindämmen **2.** (*fig: ~ back*) unterdrücken; (*~ up*) aufstauen
dam·age ['dæmɪdʒ] **I.** *s* **1.** Schaden *m* **2. ~s** Schadensersatz *m;* **what's the ~?** (*fam*) was kostet der Spaß? **II.** *vt* **1.** beschädigen **2.** schaden (*s.th.* einer S); **damage limitation** *s* Schadensbegrenzung *f*
dam·ask ['dæməsk] *s* Damast *m*
dame [deɪm] *s* **1.** (Titel *m* einer) Ordensinhaberin *f* **2.** (*obs*) Dame *f*
damn [dæm] **I.** *vt* **1.** (*a.* REL) verdammen **2.** verurteilen; verreißen **3.** (*sl*): **~ it!** verdammt!; **~ it all!** zum Donnerwetter!; **I'll be ~ed if I go** ich denk' nicht dran zu gehen **II.** *s:* **not to care** [*o* **give**] **a ~** sich einen Dreck daraus machen **III.** *adj, adv* (*sl*) verdammt; **dam·nable** ['dæmnəbl] *adj* abscheulich; **dam·na·tion** [dæm'neɪʃn] **I.** *s* (*a.* REL) Verdammung *f* **II.** *interj* (*sl*) verdammt!; **damned** [dæmd] **I.** *adj* (*sl*) verdammt **II.** *adv* (*sl*) äußerst, sehr **III.** *s:* **the ~** die Verdammten *pl*
damp [dæmp] **I.** *adj* feucht **II.** *s* **1.** Feuchtigkeit *f* **2.** (*fire ~*) schlagende Wetter *ntpl* **III.** *vt* **1.** an-, befeuchten **2.** (PHYS TECH: *~ down*) drosseln **3.** (ELEK) dämpfen; **damp-course** *s* (ARCH) Isolierschicht *f;* **dampen** ['dæmpən] *vt* drosseln, dämpfen; **damper** ['dæmpə(r)] *s* Dämpfer *m* (*to* für); **cast a ~ over** entmutigen; **damp·ness** ['dæmpnɪs] *s* Feuchtigkeit *f*
dance [dɑːns] **I.** *vi, vt* **1.** tanzen (*with* mit) **2.** hüpfen (*for, with* vor); **~ attendance on s.o.** sich um jdn unablässig bemühen **II.** *s* **1.** Tanz *m* **2.** Tanzparty *f;* **lead s.o. a pretty ~** jdm Scherereien machen; **dance band** *s* Tanzkapelle *f;* **dance music** *s* Tanzmusik *f;* **dancer** ['dɑːnsə(r)] *s* Tänzer(in) *m(f);* **danc·ing** [-ɪŋ] **I.** *s* Tanzen *nt* **II.** *adj attr* Tanz-; **dancing master** *s* Tanzlehrer *m;* **dancing partner** *s* Tanzpartner(in) *m(f);* **dancing shoes** *s pl* Tanzschuhe *mpl*
dan·de·lion ['dændɪlaɪən] *s* Löwenzahn *m*
dan·druff ['dændrʌf] *s* Kopfschuppen *fpl*
dandy ['dændɪ] **I.** *s* Dandy *m* **II.** *adj* (*fam*) prima
Dane [deɪn] *s* Däne *m,* Dänin *f*
dan·ger ['deɪndʒə(r)] *s* Gefahr *f* (*to* für); **in ~** in Gefahr; **out of ~** außer Gefahr; **be a ~ to** eine Gefahr bilden für; **be in ~ of losing** Gefahr laufen zu verlieren; **caution, ~!** Achtung, Lebensgefahr!; **danger area** *s* Gefahrenzone *f;* **danger money** *s* Gefahrenzulage *f;* **dan·ger·ous** ['deɪndʒərəs] *adj* gefährlich (*to* für)
dangle ['dæŋgl] **I.** *vt* **1.** baumeln lassen

2. (*fig*) in Aussicht stellen (*before s.o.* jdm) **II.** *vi* baumeln
Dan·ish ['deɪnɪʃ] **I.** *adj* dänisch **II.** *s* (das) Dänisch(e)
dank [dæŋk] *adj* nasskalt
Danube ['dænju:b] *s* Donau *f*
dap·per ['dæpə(r)] *adj* elegant; gepflegt
dapple ['dæpl] *vt* sprenkeln
dare [deə(r)] **I.** *vi* es wagen, sich trauen; **don't you ~ !** unterstehen Sie sich! **II.** *vt* **1.** wagen, riskieren (*to do s.th.* etw zu tun) **2.** trotzen, herausfordern; **I ~ say** ich könnte mir denken; vermutlich **III.** *s* Herausforderung *f;* **do s.th. for a ~** etw als Mutprobe tun; **dare-devil** ['deə,devl] *s* Draufgänger(in) *m(f)*
dar·ing ['deərɪŋ] **I.** *adj* (toll)kühn, waghalsig, gewagt **II.** *s* Wagemut *m*
dark [dɑ:k] **I.** *adj* **1.** dunkel, finster **2.** (*Farbe, Haut, Haare*) dunkel **3.** (*fig*) verborgen, versteckt **4.** mutlos, niedergeschlagen, traurig **5.** düster; **~ horse** unbekannte Größe **II.** *s* **1.** Dunkelheit, Finsternis *f* **2.** (*fig*) Dunkel *nt;* **before ~** vor Einbruch der Dunkelheit; **after ~** nach Einbruch der Dunkelheit; **be in the ~ about s.th.** keine Ahnung haben von etw; **Dark Ages** *s pl:* **the ~** das Mittelalter; **Dark Continent** *s:* **the ~** der Schwarze Kontinent; **darken** ['dɑ:kən] **I.** *vt* dunkel machen; ver-, abdunkeln; **~ s.o.'s door** zu jdm auf Besuch kommen **II.** *vi* dunkel werden; **darkly** ['dɑ:klɪ] *adv* dunkel; finster; **dark·ness** ['dɑ:knɪs] *s* **1.** Dunkelheit, Finsternis *f* **2.** (*fig*) Düsterkeit *f;* **dark-room** *s* (PHOT) Dunkelkammer *f;* **dark-skinned** [,dɑ:k-'skɪnd] *adj* dunkelhäutig
dar·ling ['dɑ:lɪŋ] **I.** *s* Liebling *m;* Schatz *m* **II.** *adj* lieb, reizend
darn[1] [dɑ:n] **I.** *vt* (*Strümpfe*) stopfen **II.** *s* gestopfte Stelle
darn[2] [dɑ:n] *interj* (*Am sl*): **~ it!** zum Kuckuck noch mal!; **well I'll be ~ed!** zum Donnerwetter!
darn·ing ['dɑ:n:ɪŋ] *s* Stopfen *nt;* **darning-needle** ['dɑ:nɪŋni:dl] *s* Stopfnadel *f*
dart [dɑ:t] **I.** *vt* **1.** (*Blick*) werfen **2.** mit einem Pfeil schießen **II.** *vi* sausen, flitzen; schnellen **III.** *s* **1.** Sprung, Satz *m* **2.** Pfeil *m* **3.** **~s** (SPORT) Darts, Pfeilwurfspiel *nt* **4.** (*Textil*) Abnäher *m;* **dart board** *s* Dartscheibe *f*
dash [dæʃ] **I.** *vt* **1.** schleudern; (zer)schlagen **2.** (*fig*) zunichte machen **3.** (*Brief:* **~ off**) rasch hinwerfen; **~ it!** (*fam*) verdammt! **II.** *vi* schlagen, prallen (*against* gegen) **III.** *s* **1.** Jagd *f* **2.** Schuss *m;* Spritzer *m;* etwas, ein bisschen **3.** (*fig*) Schwung, Elan *m* **4.** Gedankenstrich *m* **5.** (*Morsealphabet*) Strich *m;* **at a ~** wie der Wind; **make a ~** losstürzen; **the ~** der Kurzstreckenlauf; **at one ~** in einem Zug; **cut a ~** eine schneidige Figur machen; **dash-board** ['dæʃbɔ:d] *s* (AUTO) Armaturenbrett *nt;* **dash·ing** ['dæʃɪŋ] *adj* **1.** schwungvoll **2.** lebhaft; schneidig
das·tard·ly ['dæstədlɪ] *adj* hinterhältig, gemein
DAT [,di:eɪ'ti:] *s Abk. von* **digital audio tape** DAT *nt*
data ['deɪtə] *s pl oft sing* **1.** Einzelheiten, Tatsachen, Gegebenheiten *fpl* **2.** Daten *pl,* Angaben *fpl;* **data archaeology** *s no pl* Datenarchivierung *f;* **data bank** *s* (INFORM) Datenbank *f;* **data·base** *s* (INFORM) Datenbasis *f,* Datenbestand *m;* **data bus** *s* Datenbus *m;* **data carrier** *s* (INFORM) Datenträger *m;* **data file** *s* Datei *f;* **data glove** *s* Datenhandschuh *m;* **data network** *s* (INFORM) Datennetz *nt,* Datenverbund *m;* **data processing** *s* (INFORM) Datenverarbeitung *f;* **data protection** *s* Datenschutz *m;* Datensicherheit *f;* **data retrieval** *s* (INFORM) Datenabruf *m;* **data transfer** *s* (INFORM) Datentransfer *m,* Datenübertragung *f*
date[1] [deɪt] **I.** *s* **1.** Datum *nt,* Zeitangabe *f;* Jahreszahl *f* **2.** Termin, Zeitpunkt *m* **3.** (*fam*) Verabredung *f;* **at that ~** zu jener Zeit; damals; **of recent ~** neueren Datums; **out-of-~** überholt, veraltet, altmodisch; **up-to-~** auf dem neuesten Stand, aktuell; **up to ~** modisch, aktuell; **out of ~** aus der Mode; **fix** [*o* **set**] **a ~** eine Frist festlegen; einen Zeitpunkt bestimmen; **have** [*o* **make**] **a ~** sich verabreden; **what is the ~ of ... ?** wann war ... ?; **what is the ~ today?** welches Datum, den Wievielten haben wir heute?; **to ~** bis heute; **~ of birth** Geburtsdatum *nt* **II.** *vt* **1.** datieren; zeitlich festlegen **2.** ausgehen (*s.o.* mit jdm) **III.** *vi:* **~ from** stammen aus; **~ back to** zurückgehen auf
date[2] [deɪt] *s* Dattel *f*
dated ['deɪtɪd] *adj* altmodisch; **date-line** *s* (GEOG) Datumsgrenze *f;* **date stamp** *s* Datumsstempel *m*
da·tive ['deɪtɪv] **I.** *s* Dativ *m* **II.** *adj* dativisch, Dativ-
daub [dɔ:b] **I.** *vt* (be)schmieren; (be)sudeln **II.** *s* **1.** Schmiererei *f* **2.** (ARCH) Bewurf *m*
daugh·ter ['dɔ:tə(r)] *s* Tochter *f;* **daughter-in-law** ['dɔ:tərɪnlɔ:] <*pl* -s-in-law> *s* Schwiegertochter *f*
daunt [dɔ:nt] *vt* entmutigen; **nothing ~ed** unverzagt; **daunt·less** ['dɔ:ntlɪs] *adj* unerschrocken
dawdle ['dɔ:dl] **I.** *vi* (herum)trödeln, -bummeln **II.** *vt:* **~ away** (*Zeit*) vertrödeln,

-bummeln; **daw·dler** ['dɔːdlə(r)] *s* Trödler(in) *m(f)*

dawn [dɔːn] **I.** *s* **1.** (Morgen)Dämmerung *f,* Tagesanbruch *m* **2.** (*fig*) Beginn *m;* **at ~** bei Tagesanbruch **II.** *vi* **1.** dämmern **2.** (*fig*) heraufkommen, beginnen, anbrechen **3.** (*Sinn*) dämmern (*on, upon s.o.* jdm)

day [deɪ] *s* **1.** Tag *m* **2.** Termin *m* **3.** Epoche, (Blüte)Zeit *f* **4. ~s** Zeiten *fpl;* (**three times**) **a ~** (dreimal) täglich; **all ~** den ganzen Tag; **by ~** am Tag(e), bei Tage; **at the present ~** gegenwärtig; **at this time of ~** zu dieser Stunde; **every ~** jeden Tag, täglich; **from ~ to ~** von Tag zu Tag; **these ~s** heute, heutzutage; **in those ~s** damals; **in my young ~s** in meiner Jugendzeit; **in ~s to come** in Zukunft; **one ~** eines Tages; einmal; **one of these ~s** in den nächsten Tagen; einmal; **the other ~** kürzlich, neulich; **the present ~** die Gegenwart; **the ~ after tomorrow** übermorgen; **this ~ week/month/year** heute in acht Tagen/vier Wochen/einem Jahr; **up to this ~** bis heute; **~ after** [*o* **by**] **~** Tag für Tag; **the ~ before** der, am Vortag; **~ in, ~ out** tagein, tagaus; **call it a ~** Feierabend, Schluss machen; **have a nice ~!** (ich wünsche Ihnen) einen schönen Tag!; **that'll be the ~** das möcht' ich sehen; **those were the ~s** das waren noch Zeiten; **what ~ of the week is it?** welchen Wochentag haben wir?; **business ~** Werk-, Arbeitstag *m;* Markt-, Börsentag *m;* **present-~** heutig, von heute; **rainy ~** Regentag *m;* **~ of arrival** Ankunftstag *m;* **~ of birth** Geburtstag *m;* **~ of death** Sterbetag *m;* **day·break** ['deɪbreɪk] *s* Tagesanbruch *m;* **at ~** bei Tagesanbruch; **day care centre** *s* Tagesstätte *f;* **day·dream** ['deɪdriːm] **I.** *s* Tagtraum *m* **II.** *vi* mit offenen Augen träumen; **day job** *s* (*fam*) *Job, den man tagsüber ausübt;* **day·light** ['deɪlaɪt] *s* Tageslicht *nt;* **by ~** bei Tageslicht; **in broad ~** am hellichten Tage; **see ~** (*fam*) kapieren; (wieder) Land sehen; **~saving time** (*Am*) Sommerzeit *f;* **day nursery** *s* Tagesheim *nt* für Kleinkinder; Kindertagesstätte *f;* **day release** *s tageweise Freistellung von Angestellten zur Weiterbildung;* **day return** *s* (Tages)Rückfahrkarte *f;* **day·school** *s* Tagesschule *f;* **day shift** *s* Tagschicht *f;* **day·time** *s* Tag *m;* **day·time cream** *s* Tagescreme *f;* **during** [*o* **in**] **the ~** bei Tage; **day trip** *s* Kaffeefahrt *f;* Tagesausflug *m*

daze [deɪz] **I.** *vt* benommen machen **II.** *s* Benommenheit *f;* **in a ~** ganz benommen

dazzle ['dæzl] **I.** *vt* blenden **II.** *s* Blenden *nt*

DC *s s.* **direct current**

DDT [ˌdiːdiː'tiː] *s Abk. von* **dichlorodiphenyltrichloroethane** DDT *nt*

dea·con ['diːkən] *s* Diakon *m;* **dea·con·ess** ['diːkənɪs] *s* Diakonissin *f*

dead [ded] **I.** *adj* **1.** tot, verstorben **2.** (*Materie*) unbelebt **3.** (*Glieder*) taub, abgestorben **4.** (*Sprache*) tot **5.** (*Maschine*) nicht in Betrieb **6.** reg(ungs)los **7.** öde, langweilig, leblos **8.** (*Schlaf*) tief **9.** (*Wasser*) stehend **10.** (*Feuer*) erloschen **11.** (*Zigarre*) ausgegangen **12.** (ELEK) spannungslos **13.** unproduktiv, unergiebig; **shoot s.o. ~** jdn erschießen; **strike s.o. ~** jdn erschlagen; **he is ~ to pity** er kennt kein Mitleid; **~ to the world** (*fig*) vollkommen weggetreten; **be in a ~ faint** völlig bewusstlos sein; **come to a ~ stop** völlig zum Stillstand kommen **II.** *adv* **1.** genau **2.** total, völlig; **~ tired** todmüde; **~drunk** (*fam*) stockvoll; **~ against** völlig dagegen; **~ on target** genau ins Ziel; **~ slow!** Schritt fahren! **III.** *s:* **the ~** die Toten *mpl;* **in the ~ of night** mitten in der Nacht; **in the ~ of winter** mitten im Winter; **dead-beat** [ˌded'biːt] *adj* völlig kaputt, erschöpft; **dead centre** *s* Mittelpunkt *m*

deaden ['dedn] *vt* mildern, abschwächen; abstumpfen (*to* gegen)

dead end [ˌded'end] *s* Sackgasse *f;* **come to a ~** (*fig*) in eine Sackgasse geraten; **dead-end** ['dedend] *adj:* **~ street** Sackgasse *f;* **~ job** Arbeitsplatz *m* ohne Aufstiegsmöglichkeit; **dead heat** *s* (SPORT) totes Rennen; **dead·line** ['dedlaɪn] *s* letzter Termin; Einsendeschluss *m;* **fix** [*o* **set**] **a ~** eine Frist setzen; **meet the ~** den Termin einhalten; **dead·lock** ['dedlɒk] *s* völliger Stillstand; **come to** [*o* **reach**] **a ~** auf den toten Punkt gelangen, sich festfahren

deadly ['dedlɪ] **I.** *adj* **1.** tödlich **2.** Tod- **3.** (*fam*) todlangweilig **II.** *adv:* **~ pale** totenbleich

dead·pan [ˌded'pæn] **I.** *s* ausdrucksloses Gesicht **II.** *adj* unbewegt **III.** *vi* (*sl*) Witze reißen, ohne dabei zu lachen; **Dead Sea** *s* das Tote Meer; **dead·wood** ['dedˌwʊd] *s* **1.** morsches Holz **2.** (*fig*) Ballast *m*

deaf [def] **I.** *adj* taub (*to* für, gegen); **be ~ in one ear** auf einem Ohr taub sein; **turn a ~ ear to** nichts hören wollen von; **~ and dumb** taubstumm **II.** *s:* **the ~** die Tauben *pl;* **deaf-aid** *s* Hörapparat *m;* **deafen** ['defn] *vt* taub machen; **deafen·ing** ['defnɪŋ] *adj* ohrenbetäubend; **deaf-mute** [ˌdef'mjuːt] *s* Taubstumme(r) *f m;* **deaf·ness** ['defnɪs] *s* Taubheit *f* (*to* gegenüber)

deal[1] [diːl] <*irr:* **dealt, dealt**> **I.** *vt* (*~ out*) aus-, verteilen; ausgeben; **~ s.o. a blow** jdm einen Schlag versetzen **II.** *vi* **1.** (*Kar-*

D

ten) geben **2.** (*Drogen*) dealen; ~ **well by s.o.** jdn gut behandeln; ~ **badly by s.o.** schlecht behandeln **III.** *s* **1.** Handel *m,* Geschäft *nt;* Abmachung *f* **2.** (Karten)Geben *nt;* **make a good** ~ ein gutes Geschäft machen; **give s.o. a square** ~ jdn fair behandeln; **who's** ~ **is it?** wer ist am Geben?; **deal in** *vt* handeln mit; **deal out** *vt* verteilen; **deal with** *vt* **1.** verhandeln mit **2.** sich kümmern um; sich befassen mit; fertig werden mit **3.** handeln von

deal[2] [diːl] **I.** *s* Menge *f;* **a good** [*o* **a great**] ~ eine Menge, viel **II.** *adj:* **a good** ~ ziemlich viel

dealer ['diːlə(r)] *s* **1.** Händler(in) *m(f)* (*in* mit) **2.** (*mit Drogen*) Dealer(in) *m(f)* **3.** (*Am: Börse*) Makler(in) *m(f)* **4.** Kartengeber(in) *m(f);* **wholesale** ~ Großhändler(in) *m(f),* Grossist(in) *m(f);* **deal·ing** ['diːlɪŋ] *s* **1.** Handel *m;* (*Drogen a.*) Dealen *nt* (*in* mit) **2.** (*Am*) Effektenhandel *m* **3.** ~**s** Geschäfte *ntpl,* Umgang *m;* **have ~s with s.o.** mit jdm in (Geschäfts)Verbindung stehen; **dealt** [delt] *s.* **deal**[1]

dean [diːn] *s* **1.** (*Kirche, Universität, College*) Dekan *m* **2.** (POL) Doyen *m*

dear [dɪə(r)] **I.** *adj* **1.** lieb, teuer **2.** kostspielig, teuer **3.** (*in der Briefanrede*) liebe(r); sehr geehrte(r); **Dear Mr X,** Sehr geehrter Herr X! **II.** *s* Liebling, Schatz *m;* **give it to me, there's a** ~ gib es mir, sei so lieb **III.** *adv* teuer **IV.** *interj:* **oh, ~!** ~ **me!** ~**,** ~**!** ach du liebe Zeit!; **dear·ly** [-lɪ] *adv* **1.** teuer **2.** von ganzem Herzen; **dear·ness** [-nɪs] *s* hoher Preis

dearth [dɜːθ] *s* Mangel *m* (*of* an)

deary, dearie ['dɪərɪ] *s* (*fam*) Liebling *m*

death [deθ] *s* **1.** Tod *m;* Todesfall *m* **2.** (*fig*) Ende *nt,* Vernichtung *f;* **at ~'s door** an der Schwelle des Todes; **on pain of** ~ bei Todesstrafe; **be burnt/frozen/starved to** ~ verbrennen/erfrieren/verhungern; **die a natural** ~ eines natürlichen Todes sterben; **die a violent** ~ eines gewaltsamen Todes sterben; **he'll be the** ~ **of me yet** er bringt mich noch ins Grab; **put s.o. to** ~ jdn hinrichten; **death-bed** *s* (*a. fig*) Totenbett *nt;* **death-blow** *s* Todesstoß *m* (*to* für); **death-certificate** *s* Totenschein *m;* **death-duties** *s pl* Erbschaftssteuer *f;* **deathly** *adj, adv* tödlich; **death penalty** *s* Todesstrafe *f;* **death-rate** *s* Sterblichkeit(sziffer), Sterberate *f;* **death row** *s* Todestrakt *m;* **death sentence** *s* Todesurteil *nt;* **death squad** *s* Todesschwadron *f,* Todeskommando *nt;* **death-trap** *s* Todesfalle *f*

de·bacle [deɪ'bɑːkl] *s* (*fig*) Untergang *m,* Debakel *nt*

de·bar [dɪ'bɑː(r)] *vt* ausschließen (*from doing s.th.* etw zu tun)

de·base [dɪ'beɪs] *vt* **1.** entwürdigen, erniedrigen **2.** (*Münze*) den Wert mindern

de·bat·able [dɪ'beɪtəbl] *adj* **1.** umstritten **2.** strittig; **de·bate** [dɪ'beɪt] **I.** *s* Debatte, Diskussion *f;* **open the** ~ (PARL) die Debatte eröffnen **II.** *vi* diskutieren, debattieren (*with s.o. on s.th.* mit jdm über etw) **III.** *vt* debattieren, diskutieren; **de·bater** [dɪ'beɪtə(r)] *s* Debattierer(in) *m(f)*

de·bauch [dɪ'bɔːtʃ] **I.** *s* Ausschweifung, Orgie *f* **II.** *vt* verderben; **de·bauch·ery** [dɪ'bɔːtʃərɪ] *s* Ausschweifung *f*

de·ben·ture [dɪ'bentʃə(r)] *s* **1.** (kurzfristiger) Schuldschein *m* **2.** (COM) Rückzollschein *m;* **debenture stock** *s* Schuldverschreibung *f;* (*Am*) Vorzugsaktie *f*

de·bili·tate [dɪ'bɪlɪteɪt] *vt* schwächen, entkräften; entnerven; **de·bil·ity** [dɪ'bɪlətɪ] *s* (*a. fig*) Schwäche *f*

debit ['debɪt] **I.** *s* Debet, Soll *nt,* Lastschrift *f;* ~ **and credit** Soll und Haben *nt* **II.** *vt* belasten; ~ **s.o.'s account with s.th.** jds Konto mit etw belasten; **debit-side** *s* Passivseite *f*

deb·on·air [ˌdebə'neə(r)] *adj* umgänglich, freundlich

de·bris ['deɪbriː] *s* **1.** Schutt *m* **2.** (GEOL) Geröll *nt*

debt [det] *s* (COM) Schuld *f;* **out of** ~ schuldenfrei; **be in** ~ verschuldet sein; **run** [*o* **get**] **into** ~ Schulden machen; **pay off a** ~ eine Schuld abzahlen; **debt burden** *s* Schuldenlast *f;* **debt-collecting agency** *s* Inkassobüro *nt;* **debt-collector** *s* Inkassobeauftragte(r) *f m;* **debtor** ['detə(r)] *s* Schuldner(in) *m(f);* **debtor nation** *s* Schuldnerstaat *m;* **debt servicing** *s* (FIN) Schuldendienst *m;* **debt-strapped** *adj* mit Schulden beladen

de·bug [ˌdiː'bʌg] *vt* **1.** (TECH) den Defekt beheben (*s.th.* bei etw) **2.** (*fig*) entwanzen

de·bunk [diː'bʌŋk] *vt* den Nimbus nehmen (*s.o.* jdm)

debut ['deɪbjuː] *s* Debüt *nt;* **debu·tante** ['debjuːtɑːnt] *s* Debütantin *f*

dec·ade ['dekeɪd] *s* Dekade *f,* Jahrzehnt *nt*

deca·dence ['dekədəns] *s* Dekadenz *f;* **deca·dent** ['dekədənt] *adj* dekadent

de·caf ['diːkæf] *s* (*fam*) koffeinfreier Kaffee

de·caf·fein·ated [ˌdiː'kæfɪneɪtɪd] *adj* koffeinfrei, entkoffeiniert

de·camp [dɪ'kæmp] *vi* sich (auf und) davon-, sich aus dem Staub(e) machen

de·cant [dɪ'kænt] *vt* umfüllen; **de·canter** [dɪ'kæntə(r)] *s* Karaffe *f*

de·capi·tate [dɪ'kæpɪteɪt] *vt* enthaupten; **de·capi·ta·tion** [dɪˌkæpɪ'teɪʃn] *s* Enthauptung *f*

de·cath·lete [dɪ'kæθliːt] *s* (SPORT) Zehnkämpfer(in) *m(f)*; **de·cath·lon** [dɪ'kæθlən] *s* (SPORT) Zehnkampf *m*

de·cay [dɪ'keɪ] **I.** *vi* **1.** sich zersetzen, verfaulen; schlecht werden **2.** verwittern; verblühen, vergehen **3.** (*a. fig*) verfallen **4.** (*fig*) untergehen, auseinander gehen; verkümmern **II.** *s* **1.** Zersetzung *f;* Verfall, Zerfall *m* **2.** Niedergang, Verfall *m;* **tooth-~** Zahnfäule, Karies *f*

de·cease [dɪ'siːs] *s* Ableben *nt,* Tod *m;* **de·ceased** [dɪ'siːst] **I.** *adj* verstorben **II.** *s:* **the ~** der, die Verstorbene

de·ceit [dɪ'siːt] *s* Täuschung *f;* Betrug *m;* **de·ceit·ful** [dɪ'siːtfl] *adj* **1.** unaufrichtig, betrügerisch **2.** irreführend

de·ceive [dɪ'siːv] **I.** *vt* täuschen, irreführen, hintergehen **II.** *vi* trügen; **de·ceiver** [dɪ'siːvə(r)] *s* Betrüger(in) *m(f)*

de·cel·er·ate [diː'seləreɪt] *vt, vi* langsamer werden; verlangsamen

De·cem·ber [dɪ'sembə(r)] *s* Dezember *m;* **in ~** im Dezember

de·cency ['diːsnsɪ] *s* Anstand *m,* Anständigkeit, Schicklichkeit *f;* **de·cent** ['diːsnt] *adj* **1.** anständig **2.** (*fam*) ganz nett, (ganz) ordentlich; annehmbar

de·cen·tra·liz·ation [ˌdiːˌsentrəlaɪ'zeɪʃn] *s* Dezentralisation, Dezentralisierung *f;* **de·cen·tra·lize** [ˌdiː'sentrəlaɪz] *vt* dezentralisieren; **de·cen·tra·lized** [-d] *adj* dezentral

de·cep·tion [dɪ'sepʃn] *s* Irreführung, Täuschung *f,* Betrug *m;* **practise ~ on s.o.** jdn irreführen; **de·cep·tive** [dɪ'septɪv] *adj* täuschend, trügerisch, irreführend

deci·bel ['desɪbel] *s* (TECH) Dezibel *nt*

de·cide [dɪ'saɪd] **I.** *vt* (sich) entscheiden (*between* zwischen, *for, in favour of* zugunsten, *against* gegen); **~ s.o.'s fate** jds Schicksal bestimmen; **~ s.o. to do s.th.** jdn veranlassen etw zu tun **II.** *vi* sich entscheiden, sich entschließen; **~ on** sich entscheiden für; **de·cided** [dɪ'saɪdɪd] *adj* **1.** entschieden; deutlich **2.** entschlossen, bestimmt

de·cidu·ous [dɪ'sɪdjʊəs] *adj* jährlich die Blätter abwerfend; **~ tree** Laubbaum *m*

deci·mal ['desɪml] *adj* Dezimal-; **~ fraction** Dezimalbruch *m;* **~ key** Dezimaltaste *f;* **~ point** Komma *nt;* **~ system** Dezimalsystem *nt;* **deci·mal·ize** ['desɪməlaɪz] *vt* auf das Dezimalsystem umstellen

deci·mate ['desɪmeɪt] *vt* dezimieren

de·cipher [dɪ'saɪfə(r)] *vt* entziffern

de·ci·sion [dɪ'sɪʒn] *s* **1.** Entscheidung *f* (*over* über) **2.** Entschluss *m;* Beschluss *m* **3.** Entschlusskraft, Entschlossenheit *f;* **make a ~** eine Entscheidung treffen; **arrive at** [*o* **come to**] **a ~** zu einer Entscheidung kommen; **decision maker** *s* Entscheidungsträger *m;* **decision making** *s* Entscheidungsfindung *f*

de·ci·sive [dɪ'saɪsɪv] *adj* **1.** entscheidend, ausschlaggebend (*for* für) **2.** entschieden, entschlossen

deck [dek] **I.** *s* **1.** (MAR) Deck *nt* **2.** Verdeck *nt* **3.** Spiel *nt* Karten; **on ~** auf Deck; **clear the ~s** (*fig*) sich bereit machen **II.** *vt* schmücken, verzieren; **~ o.s. out** sich herausputzen (*with* mit); **deck chair** *s* Liegestuhl *m*

de·claim [dɪ'kleɪm] **I.** *vt* vortragen **II.** *vi* deklamieren; **~ against s.th.** gegen etw wettern; **dec·la·ma·tion** [ˌdeklə'meɪʃn] *s* Deklamation, Tirade *f;* **de·clama·tory** [dɪ'klæmətərɪ] *adj* deklamatorisch, pathetisch

dec·lar·ation [ˌdeklə'reɪʃn] *s* **1.** Erklärung, Aussage *f* **2.** (*Zoll*) Deklaration *f;* **give** [*o* **make**] **a ~** eine Erklärung abgeben; **~ of independence** Unabhängigkeitserklärung *f;* **~ of intent** Absichtserklärung *f;* **~ of love** Liebeserklärung *f;* **de·clare** [dɪ'kleə(r)] **I.** *vt* **1.** erklären; bekannt geben **2.** (*Zoll*) angeben, deklarieren **3.** beteuern, erklären; **have you anything to ~?** haben Sie etwas zu verzollen?; **~ war** (**on s.o.**) (jdm) den Krieg erklären; **I ~ this meeting closed** ich erkläre die Sitzung für geschlossen **II.** *vi* sich erklären, sich entscheiden (*against, for* gegen, für)

de·cline [dɪ'klaɪn] **I.** *vi* **1.** verfallen; verblassen **2.** nachlassen, abnehmen; geringer werden **3.** (*Preise*) zurückgehen, sinken, fallen **4.** ablehnen **5.** (GRAM) deklinieren; **in declining health** bei schlechter werdender Gesundheit **II.** *vt* ablehnen, ausschlagen (*doing, to do* zu tun) **III.** *s* **1.** Rückgang *m;* Abnahme *f;* Niedergang, Verfall *m* **2.** Schwächung *f* (*der Gesundheit*); **be on the ~** abnehmen; (*Preise*) fallen; **~ of the birthrate** Geburtenrückgang *m*

de·clutch [ˌdiː'klʌtʃ] *vi* (TECH) auskuppeln

de·code [ˌdiː'kəʊd] *vt* entschlüsseln; **de·coder** [diː'kəʊdə(r)] *s* (INFORM) Decoder *m*

de·coke [ˌdiː'kəʊk] *vt* (TECH: *fam*) entkohlen

de·col·on·iz·ation [diːˌkɒlənaɪ'zeɪʃn] *s* Dekolonisation *f*

de·com·mis·sion [ˌdiːkə'mɪʃn] *vt* stilllegen

de·com·pose [ˌdiːkəm'pəʊz] **I.** *vt* zerlegen, aufspalten **II.** *vi* sich zersetzen; **de·com·po·si·tion** [ˌdiːkɒmpə'zɪʃn] *s* **1.** Aufspaltung, Zerlegung *f* **2.** Zersetzung, Fäulnis *f*

D

de·com·press [ˌdiːkəmˈpres] *vt* den Druck *+gen* vermindern; **de·com·pres·sion** [ˌdiːkəmˈpreʃn] *s* Druckminderung *f;* **decompression chamber** *s* Unterdruckkammer *f*

de·con·struc·tion [ˌdiːkənˈstrʌkʃn] *s no pl* Dekonstruktion *f*

de·con·tami·nate [ˌdiːkənˈtæmɪneɪt] *vt* entgiften, entseuchen; **de·con·tami·na·tion** [ˌdiːkənˌtæmɪˈneɪʃn] *s* Entseuchung, Entgiftung *f*

de·con·trol [ˌdiːkənˈtrəʊl] *vt* die Preisüberwachung aufheben; freigeben

dec·or·ate [ˈdekəreɪt] *vt* **1.** dekorieren, schmücken, verzieren **2.** (*Wände*) bemalen; tapezieren **3.** (*mit einem Orden*) auszeichnen (*with* mit); **dec·ora·tion** [ˌdekəˈreɪʃn] *s* **1.** Verzierung, Dekoration *f* **2.** Auszeichnung *f,* Orden *m;* **dec·or·ative** [ˈdekərətɪv] *adj* dekorativ; **dec·or·ator** [ˈdekəreɪtə(r)] *s* Maler(in); Tapezierer(in) *m(f),* Dekorateur(in) *m(f)*

dec·or·ous [ˈdekərəs] *adj* anständig, schicklich; **de·corum** [dɪˈkɔːrəm] *s* Anstand *m,* Schicklichkeit *f*

de·coy [ˈdiːkɔɪ] **I.** *s* **1.** (*a. fig*) Lockvogel *m* **2.** (*fig*) Köder *m* **II.** *vt* (ver)locken (*into doing s.th.* etw zu tun)

de·crease [dɪˈkriːs] **I.** *vi* abnehmen, nachlassen; zurückgehen; **in decreasing order of importance** in der Reihenfolge ihrer Bedeutung **II.** *vt* verringern, reduzieren, herabsetzen **III.** [ˈdiːkriːs] *s* Abnahme, Verringerung *f,* Rückgang *m* (*in* an); **on the ~** im Abnehmen; **~ in population** Bevölkerungsrückgang *m*

de·cree [dɪˈkriː] **I.** *s* **1.** Erlass *m,* Verordnung, Verfügung *f* **2.** Gerichtsbeschluss, -entscheid *m;* Urteil *nt;* **issue a ~** eine Verordnung erlassen **II.** *vt* anordnen, verfügen; **decree nisi** [-ˈnaɪsaɪ] *s* (JUR) vorläufiges Scheidungsurteil

de·crepit [dɪˈkrepɪt] *adj* altersschwach; (*fig: Strukturen*) verkrustet; **de·crepi·tude** [dɪˈkrepitjuːd] *s* Altersschwäche, Verkrustung *f*

de·crimi·na·lize [ˌdiːˈkrɪmɪnəlaɪz] *vt* entkriminalisieren

de·cruit [diːˈkruːt] *vt* (*Personal*) entlassen; **de·cruit·ment** [dɪˈkruːtmənt] *s* (*Am*) Abbau *m* von Arbeitsplätzen

de·cry [dɪˈkraɪ] *vt* anprangern; schlecht machen

dedi·cate [ˈdedɪkeɪt] *vt* **1.** (REL) weihen **2.** (*Buch*) widmen; **~ one's life to s.th.** sein Leben einer Sache widmen; **dedi·cat·ed** *adj* (*fan*) treu; **a ~ follower of fashion** ein Modefreak; **dedi·ca·tion** [ˌdedɪˈkeɪʃn] *s* **1.** Einweihung *f* (*to* an) **2.** (*Buch*) Widmung *f* **3.** Hingabe *f*

de·duce [dɪˈdjuːs] *vt* **1.** ab-, herleiten (*from* von) **2.** folgern, schließen (*from* aus); **de·duc·ible** [dɪˈdjuːsəbl] *adj* ableitbar

de·duct [dɪˈdʌkt] *vt* **1.** abziehen (*from* von) **2.** (*Betrag*) einbehalten; **de·duct·ible** [dɪˈdʌktəbl] *adj* absetzbar; abziehbar; **de·duc·tion** [dɪˈdʌkʃn] *s* **1.** Abzug *m* **2.** (COM) Rabatt, Nachlass *m* **3.** Schlussfolgerung *f;* **after ~ of** nach Abzug von; **de·duct·ive** [dɪˈdʌktɪv] *adj* deduktiv, zu folgern(d), sich ergebend

deed [diːd] **I.** *s* **1.** Tat, Handlung *f* **2.** Leistung *f* **3.** (JUR) Übertragungsurkunde *f;* **in word and ~** in Wort und Tat; **~ of convenant** Vertragsurkunde *f* **II.** *vt* (*Am*) notariell übertragen; **deed poll** *s* (JUR) einseitige Erklärung

deem [diːm] *vt:* **~ s.o. s.th.** jdn für etw erachten

deep [diːp] **I.** *adj* **1.** tief **2.** (*Schlaf*) tief **3.** (tief)sinnig, tiefgründig **4.** schwerverständlich; **take a ~ breath** tief atmen; **have ~ pockets** viel Geld haben; **a two-metre ~ trench** ein zwei Meter tiefer Graben; **go off the ~ end** (*fig*) aufbrausen **II.** *adv* tief; **still waters run ~** (*prov*) stille Wasser sind tief; **~ into the night** bis tief in die Nacht hinein; **~ in debt** tief verschuldet; **~ in love** sehr verliebt **III.** *s:* **the ~** das Meer; **in the ~ of winter** mitten im tiefsten Winter; **deep-acting** [ˌdiːpˈæktɪŋ] *adj* mit Tiefenwirkung

deepen [ˈdiːpən] **I.** *vt* **1.** vertiefen **2.** (*Farben*) verdunkeln **II.** *vi* sich vergrößern

deep-freeze [ˌdiːpˈfriːz] **I.** *s* Tiefkühlschrank *m;* Tiefkühltruhe *f* **II.** *vt* einfrieren; **deep-frozen** [ˌdiːpˈfreʊzn] *adj* tiefgefroren; **deep-frozen foods** *s pl* Tiefkühlkost *f;* **deep-fry** *vt* im Fett schwimmend braten; **deep·ly** [ˈdiːplɪ] *adv* (zu)tief(st); gründlich; **~ hurt** schwer gekränkt; **deep·ness** [ˈdiːpnɪs] *s* **1.** Tiefe *f* **2.** (*fig*) Scharfsinn *m,* Tiefsinnigkeit *f;* **deep-rooted** [ˌdiːpˈruːtɪd] *adj* tief verwurzelt; **deep-sea** *adj* Tiefsee-, Hochsee-; **~ fishing** Hochseefischerei *f;* **deep-seated** [ˌdiːpˈsiːtɪd] *adj* tief sitzend; **deep space** *s* äußerer Weltraum

deer [dɪə(r)] <*pl* **deer**> *s* Hirsch *m;* Reh *nt;* **red ~** Rotwild *nt;* **deer-stalker** [ˈdɪəˌstɔːkə(r)] *s* **1.** (*Person*) Jäger auf der Pirsch **2.** (*Hut*) Sherlock-Holmes-Mütze *f*

def [def] *adj* (*Am: sl*) toll, geil

de·face [dɪˈfeɪs] *vt* verunstalten

defa·ma·tion [ˌdefəˈmeɪʃn] *s* Verleumdung, Diffamierung *f;* **de·fama·tory** [dɪˈfæmətrɪ] *adj* verleumderisch, beleidigend; **de·fame** [dɪˈfeɪm] *vt* verleumden

de·fang [dɪ'fæŋ] *vt* abschwächen
de·fault [dɪ'fɔːlt] **I.** *s* **1.** Nichteinhaltung, Nichterfüllung *f;* Versäumnis *nt* **2.** Nichterscheinen, Ausbleiben *nt;* **in ~ of** in Ermangelung *+gen;* **judgement by ~** Versäumnisurteil *nt* **II.** *vi* **1.** säumig sein **2.** vor Gericht nicht erscheinen **3.** (SPORT) nicht antreten; **~ in one's payments** seinen Zahlungsverpflichtungen nicht nachkommen; **default value** *s* (INFORM) Standardwert *m*
de·feat [dɪ'fiːt] **I.** *vt* **1.** besiegen, schlagen **2.** (*Plan*) vereiteln, zunichte machen **II.** *s* **1.** Sieg *m* **2.** Ablehnung *f* **3.** Vereitelung *f* **4.** Niederlage *f;* **suffer a ~** eine Niederlage erleiden; **de·feat·ist** [-ɪst] **I.** *adj* defätistisch **II.** *s* Defätist, Miesmacher *m*
de·fe·cate ['defəkeɪt] *vi* den Darm entleeren; **def·eca·tion** [ˌdefə'keɪʃn] *s* (MED) Darmentleerung *f*
de·fect[1] ['diːfekt] *s* Fehler, Defekt *m* (*in* an); **physical ~** körperlicher Schaden
de·fect[2] [dɪ'fekt] *vi* sich absetzen, abfallen; **~ to the enemy** zum Feind übergehen, überlaufen; **de·fec·tion** [dɪ'fekʃn] *s* Abfall *m,* Überlaufen *nt* (*from* von)
de·fec·tive [dɪ'fektɪv] *adj* **1.** fehlerhaft, schadhaft, defekt **2.** geistesgestört
de·fence [dɪ'fens] *s* **1.** (*a.* SPORT) Verteidigung *f* **2.** Befestigung, Schutzmaßnahme *f* **3.** (JUR) Verteidigung *f;* **body's ~s** Abwehrkräfte (des Körpers); **in s.o.'s ~** zu jds Rechtfertigung; **come to s.o.'s ~** jdn verteidigen; **speak** [*o* **say**] **in s.o.'s ~** für jdn sprechen; jdn verteidigen; **de·fence·less** [-lɪs] *adj* schutzlos; **defence minister** *s* Verteidigungsminister(in) *m(f)*
de·fend [dɪ'fend] *vt* **1.** (*a.* JUR) verteidigen (*against* gegen) **2.** rechtfertigen; **de·fend·ant** [dɪ'fendənt] *s* Angeklagte(r), Beklagte(r) *f m;* **de·fense** [dɪ'fens] *s* (*Am*) **1.** (*a.* SPORT) Verteidigung *f* **2.** Befestigung, Schutzmaßnahme *f* **3.** (JUR) Verteidigung *f;* **body's ~s** Abwehrkräfte (des Körpers); **in s.o.'s ~** zu jds Rechtfertigung; **come to s.o.'s ~** jdn verteidigen; **speak** [*o* **say**] **in s.o.'s ~** für jdn sprechen; jdn verteidigen; **Defense Secretary** *s* (*in den USA*) Verteidigungsminister *m;* **de·fens·ible** [dɪ'fensəbl] *adj* zu verteidigen; vertretbar; **de·fens·ive** [dɪ'fensɪv] **I.** *adj* defensiv; **~ measures** Schutzmaßnahmen *fpl;* **~ weapon** Verteidigungswaffe *f* **II.** *s* Defensive *f;* **on the ~** in der Defensive
de·fer[1] [dɪ'fɜː(r)] *vt* auf-, hinaus-, verschieben (*doing s.th.* etw zu tun), verlegen
de·fer[2] [dɪ'fɜː(r)] *vi* sich fügen (*to s.o.* jdm, *to s.th.* in etw)
de·fer·ence ['defərəns] *s* Achtung *f,* Respekt *m;* **in** [*o* **out of**] **~ to** aus Achtung vor; **pay ~ to s.o.** jdm Achtung erweisen; **de·fer·en·tial** [ˌdefə'renʃl] *adj* ehrerbietig (*to* gegenüber)
de·ferred [dɪ'fɜːd] *adj:* **~ terms** Teilzahlung *f;* **~ payment** Ratenzahlung *f*
de·fiance [dɪ'faɪəns] *s* Trotz *m* (*of* gegenüber), Missachtung *f;* **in ~ of** trotz, ungeachtet *+gen;* **de·fiant** [dɪ'faɪənt] *adj* **1.** herausfordernd **2.** aufsässig, trotzig
de·fi·ciency [dɪ'fɪʃnsɪ] *s* **1.** Mangel *m* **2.** (COM) Defizit *nt,* Fehlbetrag *m* **3.** Fehlbestand *m;* **de·fi·cient** [dɪ'fɪʃnt] *adj* unzulänglich; fehlerhaft; **be ~ in** Mangel haben an; **mentally ~** schwachsinnig
defi·cit ['defɪsɪt] *s* Defizit *nt;* **show a ~** ein Defizit aufweisen
de·file[1] [dɪ'faɪl] *vt* be-, verschmutzen; schänden
de·file[2] ['diːfaɪl] **I.** *s* Hohlweg *m* **II.** *vi* hintereinander marschieren
de·fine [dɪ'faɪn] *vt* **1.** scharf abgrenzen; näher bestimmen, festlegen **2.** klarlegen, -stellen; definieren; **be ~d against** sich abheben von, gegen; **~ one's position** seinen Standpunkt darlegen; **define down** *vt* (*Am*) verharmlosen
defi·nite ['defɪnət] *adj* **1.** definitiv; fest **2.** klar, deutlich, unmissverständlich **3.** bestimmt, sicher; **it's ~ that** es ist sicher, dass; **for a ~ period** für eine bestimmte Zeit; **defi·nite·ly** [-lɪ] *adv* **1.** fest, definitiv **2.** sicherlich, zweifellos
defi·ni·tion [ˌdefɪ'nɪʃn] *s* **1.** Definition *f* **2.** scharfe Abgrenzung; Festlegung *f* **3.** (Bild-, Ton)Schärfe *f*
de·fini·tive [dɪ'fɪnətɪv] *adj* **1.** entscheidend; maßgeblich **2.** endgültig, definitiv
de·flate [dɪ'fleɪt] **I.** *vt* **1.** (die) Luft lassen aus **2.** (*Notenumlauf*) verringern, vermindern **II.** *vi* (FIN) eine Deflation herbeiführen; **de·fla·tion** [dɪ'fleɪʃn] *s* (FIN) Deflation *f;* **de·fla·tion·ary** [ˌdɪ'fleɪʃnərɪ] *adj* deflationär, deflationistisch
de·flect [dɪ'flekt] *vt* um-, ablenken (*from* von); **de·flec·tion** [dɪ'flekʃn] *s* Ablenkung *f*
de·foli·ant [ˌdiː'fəʊlɪənt] *s* Entlaubungsmittel *nt;* **de·foli·ate** [ˌdiː'fəʊlɪeɪt] *vt* entlauben
de·for·est [ˌdiː'fɒrɪst] *vt* abholzen, entwalden; **de·for·est·ation** [diːˌfɒrɪ'steɪʃn] *s* Abholzung, Entwaldung *f*
de·form [dɪ'fɔːm] *vt* **1.** deformieren, verformen **2.** entstellen, verunstalten; **de·for·ma·tion** [ˌdiːfɔː'meɪʃn] *s* **1.** Deformation *f* **2.** (TECH) Verformung *f;* **de·formed** [-d] *adj* deformiert; **de·form·ity** [dɪ'fɔːmətɪ] *s* **1.** Missbildung, Entstellung *f* **2.** Abartigkeit *f*

D

de·fraud [dɪˈfrɔːd] *vt* betrügen, hintergehen (*s.o. of s.th.* jdn um etw)
de·fray [dɪˈfreɪ] *vt* (*Kosten*) bestreiten, tragen
de·frost [ˌdiːˈfrɒst] *vt* **1.** enteisen **2.** auftauen
deft [deft] *adj* gewandt, geschickt
de·funct [dɪˈfʌŋkt] *adj* verstorben
defy [dɪˈfaɪ] *vt* **1.** sich widersetzen, trotzen (*s.o.* jdm) **2.** widerstehen, trotzen, spotten (*s.th.* einer S) **3.** herausfordern
de·gen·er·ate [dɪˈdʒenərət] **I.** *adj* degeneriert, entartet **II.** *s* degenerierter Mensch **III.** [dɪˈdʒenəreɪt] *vi* degenerieren, entarten (*into* in, zu); **de·gen·er·ation** [dɪˌdʒenəˈreɪʃn] *s* Entartung, Degeneration *f*
de·grade [dɪˈgreɪd] *vt* **1.** degradieren **2.** (*fig*) erniedrigen **3.** (GEOL) abtragen **4.** (CHEM) abbauen
de·gree [dɪˈgriː] *s* **1.** (MATH PHYS) Grad *m* **2.** Maß *nt* **3.** akademischer Grad **4.** Rang, Stand *m* **5.** (MUS) Stufe *f* (auf einer Tonleiter); **by ~s** nach und nach, allmählich; **to a certain** ~ bis zu einem gewissen Grade; **to some** ~ einigermaßen; **to such a** ~ in solchem Maße, dermaßen; **drop five ~s** um fünf Grad fallen; **study for a** ~ studieren; **get one's** ~ seinen akademischen Grad erhalten; **first/second ~ murder** Mord *m*/Totschlag *m*; ~ **of development** Entwicklungsstufe *f*; ~ **of latitude** Breitengrad; ~ **of longitude** Längengrad *m*; **degree course** *s Studiengang, der zu einem akademischen Grad führt*
de·hu·man·ize [ˌdiːˈhjuːmənaɪz] *vt* entmenschlichen
de·hy·drate [ˌdiːˈhaɪdreɪt] *vt* Wasser entziehen (*s.th.* einer S); **de·hy·drated** [ˌdiːhaɪˈdreɪtɪd] *adj* Trocken-; pulverisiert; ausgetrocknet; **be** ~ Nachdurst haben; **de·hy·dra·tion** [ˌdiːhaiˈdreiʃn] *s* Austrocknung; Dehydration *f*
de-ice [ˌdiːˈaɪs] *vt* (AUTO AVIAT) enteisen
deign [deɪn] *vt:* ~ **to do s.th.** geruhen, sich herablassen etw zu tun
de·ism [ˈdiːɪzəm] *s* Deismus *m*
de·ity [ˈdiːɪtɪ] *s* Gottheit *f*
de·ject [dɪˈdʒekt] *vt* deprimieren; **de·ject·ed** [-ɪd] *adj* bedrückt, niedergeschlagen; **de·jec·tion** [dɪˈdʒekʃn] *s* Niedergeschlagenheit *f*
de·lay [dɪˈleɪ] **I.** *vt* **1.** ver-, aufschieben (*doing s.th.* etw zu tun) **2.** aufhalten; **he ~ed writing the letter** er schob den Brief auf **II.** *vi:* ~ **in doing s.th.** es verschieben etw zu tun; **don't ~!** verlieren Sie keine Zeit! **III.** *s* **1.** Aufenthalt *m* **2.** (*Verkehr*) Stockung *f* **3.** (*Zug*) Verspätung *f;* **without** ~ sofort, unverzüglich; **admit of no** ~ keinen Aufschub dulden; **have a** ~ aufgehalten werden; **a two-hour** ~ eine zweistündige Verspätung; **delayed-action** *adj* (*Bombe*) mit Zeitzünder; ~ **shutter release** (PHOT) Selbstauslöser *m;* **de·lay·ing** [-ɪŋ] *adj* hinhaltend; ~ **tactics** Verzögerungstaktik *f*
de·lec·table [dɪˈlektəbl] *adj* köstlich; **de·lec·ta·tion** [ˌdiːlekˈteɪʃn] *s* Vergnügen *nt;* **for your** ~ um Ihnen eine Freude zu machen
del·egate **I.** [ˈdelɪgeɪt] *vt* **1.** delegieren **2.** (*Vollmacht*) erteilen; (*Befugnisse*) übertragen (*to s.o.* jdm) **II.** [ˈdelɪgət] *s* Delegierte(r) *f m,* bevollmächtigte(r) Vertreter(in) *m(f);* **del·ega·tion** [ˌdelɪˈgeɪʃn] *s* Abordnung, Delegation *f*
de·lete [dɪˈliːt] *vt* **1.** streichen (*from* aus) **2.** (INFORM) löschen; **de·le·tion** [dɪˈliːʃn] *s* Streichung *f*
deli [ˈdelɪ] *s s.* **delicatessen** (*fam*) Delikatessengeschäft *nt*
de·lib·er·ate [dɪˈlɪbəreɪt] **I.** *vi* nachdenken (*on, upon* über), sich beraten **II.** *vt* bedenken, erwägen **III.** [dɪˈlɪbərət] *adj* **1.** bewusst, absichtlich **2.** (wohl)überlegt; bedächtig; **de·lib·er·ation** [dɪˌlɪbəˈreɪʃn] *s* **1.** Überlegung *f* **2.** Beratungen *fpl* (*on* über) **3.** Bedächtigkeit *f;* **after due** ~ nach reiflicher Überlegung
deli·cacy [ˈdelɪkəsɪ] *s* **1.** Feinheit, Zartheit *f* **2.** Anfälligkeit *f* **3.** Zart-, Feingefühl *nt* **4.** Delikatesse *f;* **of great** ~ heikel, schwierig; **deli·cate** [ˈdelɪkət] *adj* **1.** fein, zart; empfindlich **2.** (MED) empfindlich, anfällig **3.** (*Situation*) heikel, schwierig **4.** (*Instrument*) empfindlich **5.** (*fig*) feinfühlig, zartfühlend **6.** (*Essen*) delikat; **deli·ca·tessen** [ˌdelɪkəˈtesn] *s* Delikatessengeschäft *nt*
de·li·cious [dɪˈlɪʃəs] *adj* **1.** herrlich, wunderbar **2.** (*Essen*) schmackhaft, lecker
de·light [dɪˈlaɪt] **I.** *vt* erfreuen **II.** *vi* seine Freude, seinen Spaß haben (*in doing s.th.* etw zu tun) **III.** *s* Freude *f,* Vergnügen *nt;* **to my** ~ zu meiner Freude; **take** ~ Freude, Spaß haben (*in doing s.th.* etw zu tun); **give s.o.** ~ jdn erfreuen; **de·light·ed** *adj* erfreut; **absolutely** ~ hocherfreut; **be** ~ **to do s.th.** etw sehr gern tun; **de·light·ful** [dɪˈlaɪtfl] *adj* entzückend, reizend, bezaubernd
de·limit [diːˈlɪmɪt] *vt* abgrenzen
de·lin·eate [dɪˈlɪnɪeɪt] *vt* **1.** skizzieren, entwerfen **2.** beschreiben, schildern
de·lin·quency [dɪˈlɪŋkwənsɪ] *s* **1.** Pflichtvergessenheit *f,* Versäumnis *nt* **2.** Kriminalität *f;* **juvenile** ~ Jugendkriminalität *f;* **de·lin·quent** [dɪˈlɪŋkwənt] **I.** *adj* **1.** straf-

fällig **2.** (*Am: Steuern*) rückständig **II.** *s* Delinquent *m*

de·liri·ous [dɪˈlɪrɪəs] *adj* **1.** im Delirium, phantasierend **2.** (*fig*) außer sich (*with* vor); **de·liri·ous·ly** [-lɪ] *adv:* ~ **happy** überglücklich; **de·lirium** [dɪˈlɪrɪəm] *s* **1.** Delirium *nt* **2.** (*fig*) Taumel *m*

de·liver [dɪˈlɪvə(r)] *vt* **1.** (ab-, aus)liefern, übergeben, zustellen **2.** (*Post*) austragen, zustellen **3.** befreien (*from* von) **4.** (*Rede, Vortrag*) halten **5.** (MED) zur Welt bringen **6.** aushändigen, übergeben **7.** (*Schlag*) versetzen; ~ **the goods** (*fig*) es bringen, schaffen; **delivered** *adj* geliefert, zugestellt; **be** ~ **of** entbunden werden von; ~ **free** frei Haus; **de·liver·ance** [dɪˈlɪvərəns] *s* Befreiung, Erlösung *f* (*from* von); **de·liverer** [dɪˈlɪvərə(r)] *s* **1.** (COM) Lieferant(in) *m(f)* **2.** Erlöser(in) *m(f);* **de·liv·ery** [dɪˈlɪvərɪ] *s* **1.** (Aus)Lieferung *f;* Zustellung *f* **2.** (MED) Entbindung *f* **3.** Vortrag *m,* Vortragsweise *f* **4.** Wurf *m* (*eines Balles*)*;* **on** ~ bei Lieferung; **take** ~ **of** in Empfang nehmen; **cash on** ~ gegen Nachnahme; **delivery note** *s* Lieferschein *m;* **delivery room** *s* Kreißsaal *m;* **delivery service** *s* Zustelldienst *m;* **delivery van** *s* (*Br*) Lieferwagen *m*

delta [ˈdeltə] *s* (Fluss)Delta *nt;* **delta wing** *s* (AVIAT) Deltaflügel *m*

de·lude [dɪˈluːd] *vt* täuschen, irreführen; ~ **s.o. into thinking s.th.** jdn dazu verleiten etw zu glauben; ~ **o.s.** sich etwas vormachen

del·uge [ˈdeljuːdʒ] **I.** *s* **1.** Überschwemmung *f* **2.** (*fig*) Flut *f,* Schwall *m;* **the Deluge** die Sintflut **II.** *vt* überfluten; (*a. fig*) überschwemmen (*with* mit)

de·lusion [dɪˈluːʒn] *s* **1.** Täuschung, Irreführung *f* **2.** Wahn *m;* **be under a** ~ in einem Wahn leben; ~**s of grandeur** Größenwahn *m*

de luxe [dɪˈlʌks] *adj* Luxus-

delve [delv] *vi* sich vertiefen (*into, among* in), durchforschen (*into s.th.* etw)

dema·gog *s* (*Am*) Demagoge *m;* **demagogic** [ˌdeməˈgɒgɪk] *adj* demagogisch; **dema·gogue** [ˈdeməgɒg] *s* Demagoge *m;* **dema·gogy** [ˈdeməgɒgɪ] *s* Demagogie *f*

de·mand [dɪˈmɑːnd] **I.** *vt* **1.** (*Person*) fordern, verlangen, beanspruchen **2.** (*Sache*) erfordern, verlangen, beanspruchen **II.** *s* **1.** Forderung *f;* Verlangen *nt* (*for* nach) **2.** (COM) Bedarf *m,* Nachfrage *f* (*for* nach); **on** ~ auf Verlangen; bei Sicht; **be in great** ~ sehr gefragt sein; **create a** ~ **for s.th.** eine Nachfrage für etw schaffen; **demand note** *s* Zahlungsaufforderung *f*

de·mar·cate [ˈdiːmɑːkeɪt] *vt* abgrenzen (*from* von, gegen); **de·mar·ca·tion** [ˌdiːmɑːˈkeɪʃn] *s* Abgrenzung *f;* **demarcation line** *s* Demarkationslinie *f*

de·mean [dɪˈmiːn] *vr* sich erniedrigen

de·mean·or *s* (*Am*), **de·mean·our** [dɪˈmiːnə(r)] *s* Benehmen, Betragen *nt*

de·mented [dɪˈmentɪd] *adj* wahnsinnig, verrückt

de·merit [diːˈmerɪt] *s* Fehler, Mangel *m*

de·mesne [dɪˈmeɪn] *s* Grundbesitz *m*

demi- [ˈdemɪ] *PRÄF* halb-; **demi·god** *s* Halbgott *m*

de·mili·tar·ize [ˌdiːˈmɪlɪtəraɪz] *vt* entmilitarisieren

de·mise [dɪˈmaɪz] *s* Tod *m,* Ableben *nt*

de·mist [ˌdiːˈmɪst] *vt* (AUTO: *Windschutzscheibe*) freimachen; **de·mist·er** [-ə(r)] *s* (AUTO) Gebläse *nt*

de·mo [ˈdeməʊ] *s* Demo *nt*

de·mo·bil·ize [diːˈməʊbəlaɪz] *vt* demobilisieren

democ·racy [dɪˈmɒkrəsɪ] *s* Demokratie *f;* **demo·crat** [ˈdeməkræt] *s* Demokrat(in) *m(f);* **demo·cratic** [ˌdeməˈkrætɪk] *adj* demokratisch; **de·moc·ra·ti·za·tion** [-eɪʃn] *s* Demokratisierung *f;* **de·moc·ra·tize** [dɪˈmɒkrətaɪz] *vt* demokratisieren

de·mo·graphic sur·vey [ˌdeməgræfɪkˈsɜːveɪ] *s* demographische Erhebung

de·mol·ish [dɪˈmɒlɪʃ] *vt* **1.** (*Gebäude*) abbrechen, niederreißen **2.** (*fig*) zunichte machen; **demo·li·tion** [ˌdeməˈlɪʃn] *s* Abbruch *m*

de·mon [ˈdiːmən] *s* **1.** Dämon *m* **2.** (*fam*) Besessene(r) *f m;* ~ **for work** Arbeitstier *nt*

de·mon·iac [dɪˈməʊnɪæk] *adj,* **de·monic** [diːˈmɒnɪk] *adj* dämonisch

de·mon·strable [ˈdemənstrəbl] *adj* nachweisbar, offensichtlich; **dem·on·strate** [ˈdemənstreɪt] **I.** *vt* **1.** be-, nachweisen; zeigen **2.** vorführen, demonstrieren **II.** *vi* (POL) demonstrieren; **dem·on·stra·tion** [ˌdemənˈstreɪʃn] *s* **1.** Beweis(führung *f*) *m;* Vorführung *f* **2.** (POL) Kundgebung, Demonstration *f;* **give a** ~ etw demonstrieren; **hold a** ~ eine Demonstration veranstalten; **demonstration model** *s* Vorführmodell *nt;* **de·mon·stra·tive** [dɪˈmɒnstrətɪv] *adj* **1.** demonstrativ **2.** (*Mensch*) offen; **de·mon·stra·tor** [ˈdemənstreɪtə(r)] *s* **1.** (COM) Vorführer(in) *m(f)* **2.** (POL) Demonstrant(in) *m(f)*

de·moral·ize [dɪˈmɒrəlaɪz] *vt* demoralisieren, entmutigen

de·mote [ˌdiːˈməʊt] *vt* degradieren (*to* zu)

de·mure [dɪˈmjʊə(r)] *adj* **1.** ernst, gesetzt **2.** spröde

den [den] *s* **1.** Höhle *f* **2.** (Räuber)Höhle *f*

D

3. (*fam*) Bude *f*

de·nation·al·ize [ˌdiːˈnæʃənəlaɪz] *vt* (*Industrie*) entnationalisieren, reprivatisieren

de·nial [dɪˈnaɪəl] *s* **1.** Leugnen *nt;* Dementi *nt* **2.** Ablehnung *f,* abschlägige Antwort **3.** Verleugnung *f;* **give an official** ~ offiziell dementieren (*to s.th.* etw); **de·nied** *adj* **1.** verweigert **2.** geleugnet

deni·grate [ˈdenɪgreɪt] *vt* verunglimpfen

denim [ˈdenɪm] *s* **1.** Zwil(li)ch, Köper *m* **2.** ~**s** Jeans *pl;* **denim jacket** *s* Jeansjacke *f*

deni·zen [ˈdenɪzn] *s* (*a.* ZOO BOT) Bewohner *m*

Den·mark [ˈdenmɑːk] *s* Dänemark *nt*

de·nomi·na·tion [dɪˌnɒmɪˈneɪʃn] *s* **1.** (REL) Konfession *f* **2.** Benennung, Bezeichnung *f* **3.** (COM) Nennbetrag *m* **4.** Klasse, Gruppe *f;* **de·nomi·na·tional** [dɪˌnɒmɪˈneɪʃənl] *adj* konfessionell

de·nomi·na·tor [dɪˈnɒmɪneɪtə(r)] *s* (MATH) Nenner *m;* (**lowest**) **common** ~ gemeinsamer Nenner

de·nota·tion [ˌdiːnəʊˈteɪʃn] *s* Begriffsumfang *m,* Denotation *f;* **de·note** [dɪˈnəʊt] *vt* **1.** be-, kennzeichnen; benennen **2.** bedeuten

de·nounce [dɪˈnaʊns] *vt* **1.** heftig kritisieren, anprangern **2.** (JUR) anzeigen, denunzieren **3.** (*Abkommen*) kündigen

dense [dens] *adj* **1.** dicht, eng **2.** (*fig*) schwer von Begriff, beschränkt; **dense·ly** [-lɪ] *adv* dicht; ~ **populated** dicht bevölkert, dicht besiedelt; **den·sity** [ˈdensətɪ] *s* Dichte *f;* ~ **of population** Bevölkerungs-, Besiedlungsdichte *f;* ~ **of traffic** Verkehrsdichte *f;* **single/double** ~ **disk** (INFORM) Diskette *f* mit einfacher/doppelter Schreibdichte

dent [dent] **I.** *s* Beule, Delle *f;* **a** ~ **in one's pride** (*fig*) verletzter Stolz **II.** *vt* eindrücken, -beulen

den·tal [ˈdentl] **I.** *adj* **1.** Zahn- **2.** (GRAM) dental; ~ **floss** Zahnseide *f;* ~ **plate** Zahnprothese *f* **II.** *s* Zahnlaut *m;* **den·tist** [ˈdentɪst] *s* Zahnarzt *m,* -ärztin *f;* **at the** ~(**'s**) beim Zahnarzt; **den·tistry** [ˈdentɪstrɪ] *s* Zahnmedizin *f;* **den·ti·tion** [denˈtɪʃn] *s* **1.** Gebissform *f* **2.** Zahnen *nt;* **den·tures** [ˈdentʃəz] *s pl* Gebiss *nt*

de·nu·clear·ize [dɪˈnjuːklɪəˌraɪz] *vt* atomwaffenfrei machen

de·nude [dɪˈnjuːd] *vt* **1.** entblößen, bloßlegen (*of* von), freilegen **2.** (*fig*) berauben (*of* +*gen*)

de·nunci·ation [dɪˌnʌnsɪˈeɪʃn] *s* **1.** (JUR) Anzeige, Denunziation *f* **2.** Kündigung *f* (*eines Vertrages*) **3.** Verurteilung *f*

deny [dɪˈnaɪ] *vt* **1.** (ver)leugnen, bestreiten **2.** ablehnen, -schlagen, verweigern (*to* zu); ~ **o.s.** sich selbst verleugnen; ~ **all responsibility** jede Verantwortung ablehnen; ~ **a request** eine Bitte abschlagen

de·odor·ant [diːˈəʊdərənt] **I.** *adj* desodorierend; ~ **spray** Deospray *nt* **II.** *s* Deodorant *nt;* **roll-on** ~ Deoroller *m;* **de·odor·ize** [diːˈəʊdəraɪz] *vt* desodorieren

de·part [dɪˈpɑːt] *vi* **1.** abreisen, -fahren; wegfahren **2.** (*fig*) abgehen, abweichen (*from* von); ~ **from the truth** von der Wahrheit abweichen; **be ready to** ~ startbereit sein; **de·parted** [-ɪd] **I.** *adj* verstorben **II.** *s:* **the** ~ der, die Verstorbene

de·part·ment [dɪˈpɑːtmənt] *s* **1.** Abteilung *f;* Ressort *nt* **2.** Fach, Gebiet *nt;* **men's clothing** ~ Abteilung *f* für Herrenkleidung; **de·part·mental** [ˌdiːpɑːtˈmentl] *adj* Abteilungs-; **department store** *s* Waren-, Kaufhaus *nt*

de·par·ture [dɪˈpɑːtʃə(r)] *s* **1.** Aufbruch *m,* Weg-, Abgang *m* **2.** Abreise, -fahrt *f,* -flug *m* **3.** Abweichen *nt* (*from* von) **4.** (*fig*) Richtung *f;* Ansatz *m* **5.** ~**s** Abfahrt *f,* Abflug *m;* **departure gate** *s* (AVIAT) Flugsteig *m;* **departure lounge** *s* (AVIAT) Abflughalle *f;* **departure time** *s* Abfahrts-, Abflugzeit *f*

de·pend [dɪˈpend] *vi* **1.** abhängen, abhängig sein (*on* von) **2.** sich verlassen (*on, upon* auf); ~ **upon it!** verlassen Sie sich darauf!; **that** [*o* **it all**] ~**s** das kommt drauf an, je nachdem; **de·pend·abil·ity** [dɪˌpendəˈbɪlətɪ] *s* Zuverlässigkeit *f;* **de·pend·able** [dɪˈpendəbl] *adj* zuverlässig

de·pend·ant, de·pend·ent [dɪˈpendənt] *s* Abhängige(r) *f mpl,* Familienangehörige *pl;* **de·pend·ence** [dɪˈpendəns] *s* **1.** Abhängigkeit *f* (*on, upon* von) **2.** Vertrauen *nt* (*on* auf); **de·pend·ency** [dɪˈpendənsɪ] *s* **1.** Abhängigkeit *f* **2.** Kolonie *f,* Schutzgebiet *nt;* **de·pend·ent** [dɪˈpendənt] **I.** *adj* abhängig (*on* von); **be** ~ **on** abhängen von; abhängig sein von **II.** *s* Abhängige(r) *f mpl,* Familienangehörige *pl*

de·pict [dɪˈpɪkt] *vt* **1.** abbilden **2.** schildern, beschreiben; **de·pic·tion** [dɪˈpɪkʃn] *s* Schilderung, Beschreibung *f*

de·pila·tory [dɪˈpɪlətrɪ] *s* Enthaarungsmittel *nt;* **depilatory cream** *s* Enthaarungscreme *f*

de·plete [dɪˈpliːt] *vt* (aus-, ent)leeren; erschöpfen, vermindern; **de·ple·ted** [-d] *adj* **1.** entleert; erschöpft **2.** (*Uran*) abgereichert; **de·ple·tion** [dɪˈpliːʃn] *s* Erschöpfung; Verminderung *f;* ~ **of natural resources** intensive Nutzung der natürlichen Ressourcen

de·plor·able [dɪˈplɔːrəbl] *adj* bedauerns-,

beklagens-, bejammernswert; **de·plore** [dɪ'plɔː(r)] *vt* bedauern, beklagen

de·ploy [dɪ'plɔɪ] **I.** *vt* (MIL) einsetzen, aufmarschieren lassen, stationieren **II.** *vi* sich aufstellen; **de·ploy·ment** [-mənt] *s* (MIL) Einsatz *m;* Stationierung *f*

de·popu·late [ˌdiː'pɒpjʊleɪt] *vt* entvölkern

de·port [dɪ'pɔːt] **I.** *vt* ausweisen, abschieben, deportieren **II.** *vr* sich benehmen; **de·port·ation** [ˌdiːpɔː'teɪʃn] *s* Deportation, Abschiebung *f;* **de·portee** [ˌdiːpɔː'tiː] *s* Ausgewiesene(r), Deportierte(r) *f m;* **de·port·ment** [dɪ'pɔːtmənt] *s* **1.** Betragen, Benehmen *nt* **2.** Haltung *f*

de·pose [dɪ'pəʊz] **I.** *vt* aus dem Amt entfernen, absetzen (*from* von) **II.** *vi* (JUR) unter Eid aussagen

de·posit [dɪ'pɒzɪt] **I.** *vt* **1.** hinlegen; hinstellen **2.** (*Geld*) deponieren (*with* bei) **3.** (COM) einzahlen, hinterlegen (*at the bank* bei der Bank) **4.** (GEOL) ablagern (*on* auf) **II.** *s* **1.** Einlage *f,* Guthaben *nt* **2.** (COM) Anzahlung *f;* Sicherheit, Kaution *f* **3.** (GEOL) Ablagerung *f;* **have money on ~** ein Guthaben haben; **put down a ~** eine Anzahlung leisten; **leave** [*o* **pay**] **a ~** eine Anzahlung machen; **deposit account** *s* Spar-, Depositenkonto *nt;* **de·posi·tion** [ˌdepə'zɪʃn] *s* **1.** Entthronung *f;* Absetzung *f* **2.** (JUR) Aussage *f* unter Eid **3.** (GEOL) Ablagerung *f* **4.** (REL: *Kunst*): **~ from the cross** Kreuzabnahme *f;* **de·posi·tor** [dɪ'pɒzɪtə(r)] *s* Einleger(in) *m(f),* Einzahler(in) *m(f)*

depot ['depəʊ] *s* (Waren)Lager, Depot, Magazin *nt*

de·prave [dɪ'preɪv] *vt* verderben; **de·praved** [-d] *adj* verworfen; verderbt; **de·prav·ity** [dɪ'prævətɪ] *s* Verderbtheit, Sittenlosigkeit *f*

dep·re·cate ['deprəkeɪt] *vt* missbilligen, ablehnen; **dep·re·cat·ing** [-ɪŋ] *adj* **1.** missbilligend **2.** abwehrend; **dep·reca·tion** [ˌdeprə'keɪʃn] *s* Missbilligung *f;* **dep·re·ca·tory** [ˌdeprə'keɪtərɪ] *adj* **1.** missbilligend **2.** abwehrend

de·pre·ci·ate [dɪ'priːʃɪeɪt] **I.** *vt* **1.** im Wert mindern, ent-, abwerten **2.** herabsetzen **II.** *vi* an Wert verlieren; **de·pre·ci·ation** [dɪˌpriːʃɪ'eɪʃn] *s* **1.** Entwertung, Wertminderung *f,* -verlust *m* **2.** Herabsetzung *f;* **~ of money** Geldentwertung *f*

dep·re·da·tion [ˌdeprə'deɪʃn] *s oft pl* Verheerung, Verwüstung *f*

de·press [dɪ'pres] *vt* **1.** nieder-, herunterdrücken **2.** deprimieren, entmutigen **3.** (*im Preis*) herabsetzen; **de·pres·sant** [dɪ'presnt] **I.** *s* Beruhigungsmittel *nt* **II.** *adj* beruhigend; **de·pressed** [dɪ'prest] *adj* **1.** (*fig*) deprimiert, niedergeschlagen **2.** (COM) flau; notleidend; **~ area** Notstandsgebiet *nt;* **de·press·ing** [-ɪŋ] *adj* bedrückend, deprimierend; **de·press·ion** [dɪ'preʃn] *s* **1.** (*a.* MED) Depression *f* **2.** Vertiefung, Senke, Mulde *f* **3.** (COM) Flaute, Krise *f* **4.** (METE) Tief(druckgebiet) *nt;* **de·press·ive** [dɪ'presɪv] *adj* depressiv

D

depri·va·tion [ˌdeprɪ'veɪʃn] *s* **1.** Beraubung *f;* Verlust *m;* Entzug *m* **2.** Entbehrung *f,* Mangel *m;* **de·prive** [dɪ'praɪv] *vt:* **~ s.o. of s.th.** jdm etw entziehen; jdn um etw bringen; **~ o.s. of s.th.** sich etw nicht gönnen; **de·prived** [dɪ'praɪv] *adj* benachteiligt; **from ~ backgrounds** aus einem sozial benachteiligten Umfeld

depth [depθ] *s* **1.** Tiefe *f* **2.** (*fig*) Kraft, Tiefe *f;* **~s** (*fig*) Tiefen *fpl;* **at a ~ of** in einer Tiefe von; **get out of one's ~** (*fig*) den Boden unter den Füßen verlieren; **with great ~ of feeling** sehr gefühlvoll; **~ of field** (PHOT) Tiefenschärfe, Schärfentiefe *f;* **in ~** eingehend, intensiv; **in the ~s of winter** mitten im Winter; **depth charge** *s* Wasserbombe *f*

depu·ta·tion [ˌdepjʊ'teɪʃn] *s* Abordnung *f;* **de·pute** [dɪ'pjuːt] *vt* **1.** abordnen, delegieren **2.** (*Befugnisse*) übertragen (*to s.o.* jdm); **depu·tize** ['depjʊtaɪz] **I.** *vt* ernennen **II.** *vi* vertreten (*for s.o.* jdn); **dep·uty** ['depjʊtɪ] *s* **1.** Stellvertreter(in) *m(f)* **2.** (POL) Delegierte(r) *f m*

de·rail [dɪ'reɪl] **I.** *vt* entgleisen lassen **II.** *vi* entgleisen; **de·rail·ment** [dɪ'reɪlmənt] *s* Entgleisung *f*

de·range [dɪ'reɪndʒ] *vt* **1.** verrückt machen **2.** (*Plan*) durcheinander bringen; **de·ranged** [dɪ'reɪndʒd] *adj* gestört, verwirrt; **be mentally ~** geistesgestört sein; **de·range·ment** [-mənt] *s* **1.** Geistesgestörtheit *f* **2.** Unordnung *f*

Derby ['dɑːbɪ, *Am* 'dɜːrbɪ] *s* **1.** Derbyrennen *nt* in Epsom **2.** Pferderennen *nt;* **local ~** Lokalderby *nt*

de·regu·la·tion [ˌdɪregjʊ'leɪʃn] *s* **1.** Deregulierung *f* **2.** Wettbewerbsfreiheit *f*

der·el·ict ['derəlɪkt] **I.** *adj* **1.** baufällig, verfallen **2.** verlassen **II.** *s* (*a. fig*) Wrack *nt;* **der·el·ic·tion** [ˌderə'lɪkʃn] *s* Verfall *m;* **~ of duty** Pflichtversäumnis *nt*

de·ride [dɪ'raɪd] *vt* sich lustig machen über, verhöhnen; **de·rision** [dɪ'rɪʒn] *s* Spott, Hohn *m;* **object of ~** Zielscheibe *f* des Spottes; **de·ris·ive** [dɪ'raɪsɪv] *adj* spöttisch; **de·ris·ory** [dɪ'raɪsərɪ] *adj* (*Angebot*) lächerlich

deri·va·tion [ˌderɪ'veɪʃn] *s* **1.** (*Wort, Sprache*) Ableitung *f* **2.** Herkunft *f,* Ursprung *m;* **de·riva·tive** [dɪ'rɪvətɪv] **I.** *adj* abgeleitet; nachgeahmt **II.** *s* Ableitung *f;* Derivat *nt;* **de·rive** [dɪ'raɪv] **I.** *vt* **1.** ab-, herleiten (*from* von) **2.** (*Gefallen*) gewinnen, erhalten (*from* von); ~ **benefit/profit from** Nutzen/Vorteile ziehen aus **II.** *vi:* ~ **from** sich ableiten von; herkommen von; **derived** *adv* abgeleitet; ~ **from** gewonnen aus

der·ma·ti·tis [ˌdɜːmə'taɪtɪs] *s* Hautentzündung *f;* **der·ma·tol·ogist** [ˌdɜːmə'tɒlədʒɪst] *s* Dermatologe *m,* Dermatologin *f,* Hautarzt *m,* -ärztin *f;* **der·ma·tol·ogy** [ˌdɜːmə'tɒlədʒɪ] *s* Dermatologie *f*

dero·gate ['derəgeɪt] *vi* beeinträchtigen (*from s.th.* etw), schaden (*from s.o.* jdm); **dero·ga·tion** [ˌderə'geɪʃn] *s* Beeinträchtigung *f,* Abbruch *m;* **de·roga·tory** [dɪ'rɒgətrɪ] *adj* nachteilig, abträglich (*to* für), abfällig

der·rick ['derɪk] *s* **1.** (Lade)Kran *m* **2.** Bohrturm *m*

de·sal·in·ate [ˌdɪ'sælɪneɪt] *vt* entsalzen; **de·sal·in·ation** [ˌdɪsælɪ'neɪʃn] *s* Entsalzung *f;* **desalination plant** *s* (Meerwasser)Entsalzungsanlage *f*

de·scale [ˌdiː'skeɪl] *vt* entkalken

des·cant ['deskænt] **I.** *s* (MUS) Diskant *m* **II.** [dɪ'skænt] *vi* sich (lobend) auslassen (*on, upon* über)

de·scend [dɪ'send] **I.** *vi* **1.** herab-, hinabsteigen, herabkommen; hinunterfahren; heruntergehen **2.** abstammen (*from* von) **3.** (*Eigentum*) übergehen (*from* von, *to* auf), vererbt werden **4.** herfallen (*on, upon* über), überfallen (*on s.o.* jdn), hereinbrechen (*on* über) **5.** sich erniedrigen, herablassen (*to* zu); ~ **to details** in die Einzelheiten gehen **II.** *vt* (*Treppe*) hinuntergehen, -steigen; **de·scend·ant** [-ənt] *s* Nachkomme, Abkömmling *m;* **de·scent** [dɪ'sent] *s* **1.** Abstieg *m;* Hinuntergehen, Absteigen *nt;* Abfall *m* **2.** Abstammung, Herkunft *f* **3.** Vererbung, Übertragung *f* (*to* auf) **4.** Überfall *m* (*on, upon* auf) **5.** (*fig*) Niedergang, Verfall *m*

de·scribe [dɪ'skraɪb] *vt* **1.** beschreiben; schildern, darstellen **2.** bezeichnen (*as* als) **3.** (*Kreis*) beschreiben; **de·scrip·tion** [dɪ'skrɪpʃn] *s* **1.** Beschreibung *f;* Schilderung *f* **2.** Bezeichnung *f* **3.** (*fam*) Art, Sorte *f;* **beyond** ~ unbeschreiblich; **of every** ~ jeder Art; **answer to a** ~ einer Beschreibung entsprechen; **de·scrip·tive** [dɪ'skrɪptɪv] *adj* **1.** beschreibend **2.** anschaulich; ~ **writing** Beschreibung *f*

des·ecrate ['desɪkreɪt] *vt* (REL) entweihen; **des·ecra·tion** [ˌdesɪ'kreɪʃn] *s* Entweihung *f*

de·seg·re·gate [ˌdiː'segrɪgeɪt] *vt* die Rassentrennung aufheben in; **de·seg·re·ga·ti·on** [ˌdiː'segrɪgeɪʃn] *s* Aufhebung *f* der Rassentrennung, Desegregation *f*

de·sen·si·tize [ˌdiː'sensɪtaɪz] *vt* **1.** (PHOT) lichtunempfindlich machen **2.** (MED) desensibilisieren

de·sert[1] [dɪ'zɜːt] **I.** *vt* verlassen, im Stich lassen; ~**ed street** verlassene Straße **II.** *vi* desertieren

des·ert[2] ['dezət] **I.** *s* Wüste *f* **II.** *adj* **1.** unfruchtbar; Wüsten- **2.** unbewohnt

de·serter [dɪ'zɜːtə(r)] *s* Deserteur *m;* **de·ser·ti·fi·ca·tion** [dɪ'zɜːtɪfɪkeɪʃn] *s* (GEOG) Desertifikation, Wüstenbildung *f*

de·ser·tion [dɪ'zɜːʃn] *s* **1.** (böswilliges) Verlassen *nt* **2.** Desertion, Fahnenflucht *f*

de·serts [dɪ'zɜːts] *s pl* Verdienste *ntpl,* verdiente Belohnung; **according to one's** ~ nach seinen Verdiensten; **get one's (just)** ~ das bekommen, was man verdient hat

de·serve [dɪ'zɜːv] *vt* verdienen; **he** ~**s to be punished** er verdient es bestraft zu werden; **de·serv·ed·ly** [dɪ'zɜːvɪdlɪ] *adv* verdientermaßen, gebührend; **de·serv·ing** [dɪ'zɜːvɪŋ] *adj* verdienstvoll

de·sign [dɪ'zaɪn] **I.** *s* **1.** Zeichnung, Skizze *f* **2.** Entwurf, Plan *m* **3.** Konstruktion *f* **4.** Design *nt;* Muster *nt* **5.** (*fig*) Absicht *f,* Vorhaben *nt;* **by** ~ mit Absicht, absichtlich; **at the** ~ **stage** im Stadium der Konstruktion; **have** ~**s on** [*o* **against**] etw im Schilde führen gegen **II.** *vt* skizzieren; entwerfen; konstruieren; ~ **for s.th.** für etw vorsehen **III.** *vi* planen

des·ig·nate[1] ['dezɪgneɪt] *vt* **1.** be-, kennzeichnen **2.** bestimmen, ernennen (*s.o. as s.th.* jdn zu etw)

des·ig·nate[2] ['dezɪgnɪt] *adj* (*nach Substantiven*) designiert; **des·ig·na·tion** [ˌdezɪg'neɪʃn] *s* **1.** Bezeichnung *f;* Name *m;* Kennzeichnung *f* **2.** Bestimmung, Ernennung *f*

de·sign·ed·ly [dɪ'zaɪnɪdlɪ] *adv* absichtlich; vorsätzlich

de·signer [dɪ'zaɪnə(r)] *s* **1.** Designer(in) *m(f)* **2.** Konstrukteur(in) *m(f)* **3.** (THEAT) Dekorateur(in) *m(f);* ~ **drug** Designerdroge *f;* **de·sign·ing** [dɪ'zaɪnɪŋ] **I.** *adj* intrigant; verschlagen **II.** *s* Entwerfen *nt;* Planen, Konstruieren *nt*

de·sir·able [dɪ'zaɪərəbl] *adj* **1.** wünschens-, begehrens-, erstrebenswert **2.** (*Haus*) reizvoll, attraktiv; **de·sire** [dɪ'zaɪə(r)] **I.** *vt* **1.** wünschen **2.** begehren, verlangen nach; **it leaves much to be** ~**d** das lässt viel zu wünschen übrig **II.** *s* **1.** Wunsch *m;* Sehnsucht *f* **2.** Verlangen, Begehren *nt* (*for* nach); **de·sir·ous** [dɪ'zaɪərəs] *adj:* **be** ~ **of** den Wunsch haben zu

de·sist [dɪ'zɪst] *vi* Abstand nehmen (*from* von)

desk [desk] *s* **1.** Schreibtisch *m* **2.** (*Geschäft*) Kasse *f* **3.** (*Presse*) Ressort *nt* **4.** (*Hotel*) Empfang *m;* **ask at the information ~** sich bei der Auskunft erkundigen; **desk lamp** *s* Schreibtischlampe *f;* **desk·top pub·lish·ing** ['desktɒp 'pʌblɪʃɪŋ] *s* (INFORM) Desktoppublishing *nt;* **desk rage** *s Wutanfall eines gestressten Büroangestellten, der seinen Frust an seinem Computer abreagiert;* **desk work** *s* Büroarbeit *f*

deso·late ['desəleɪt] **I.** *vt* untröstlich machen, sehr betrüben **II.** ['desələt] *adj* **1.** verwüstet, verlassen, trostlos **2.** (*Mensch*) tieftraurig, zu Tode betrübt; **deso·la·tion** [ˌdesə'leɪʃn] *s* **1.** Verwüstung *f* **2.** Öde, Trostlosigkeit *f* **3.** Verlassenheit, Einsamkeit *f*

des·pair [dɪ'speə(r)] **I.** *vi* verzweifeln (*of* an); **~ of s.th.** alle Hoffnung auf etw aufgeben **II.** *s* Verzweiflung, Hoffnungslosigkeit *f* (*at* über); **in ~** verzweifelt; **give up in ~** verzweifeln, aufgeben; **be the ~ of s.o.** jdn zur Verzweiflung bringen; **des·pair·ing** [-ɪŋ] *adj* verzweifelt

des·per·ado [ˌdespə'rɑːdəʊ] <*pl* -ado(e)s> *s* Bandit, Desperado *m*

des·per·ate ['despərət] *adj* **1.** verzweifelt **2.** zum Äußersten entschlossen **3.** (*Lage*) hoffnungslos, ausweglos **4.** (*fig*) extrem; **get ~** verzweifeln; **des·per·ation** [ˌdespə'reɪʃn] *s* Verzweiflung *f;* **in ~** aus Verzweiflung; **drive to ~** zur Verzweiflung bringen

des·pic·able [dɪ'spɪkəbl] *adj* verabscheuungswürdig, widerwärtig

des·pise [dɪ'spaɪz] *vt* verachten, verschmähen

des·pite [dɪ'spaɪt] *prep* trotz

de·spoil [dɪ'spɔɪl] *vt* berauben (*of s.th.* einer S), plündern

de·spon·dent [dɪ'spɒndənt] *adj* mut-, hoffnungslos, niedergeschlagen

des·pot ['despɒt] *s* Despot *m;* **des·potic** [dɪ'spɒtɪk] *adj* despotisch, tyrannisch; **des·pot·ism** ['despətɪzəm] *s* Despotismus *m,* Tyrannei *f*

des·sert [dɪ'zɜːt] *s* Nachtisch *m,* Dessert *nt;* **des·sert·spoon** [dɪ'zɜːtˌspuːn] *s* Dessertlöffel *m*

de·sta·bil·iz·ation [ˌdiː'steɪbəlaɪz'eɪʃn] *s* Destabilisierung *f;* **de·sta·bil·ize** [ˌdiː'steɪbəlaɪz] *vt* destabilisieren

des·ti·na·tion [ˌdestɪ'neɪʃn] *s* Bestimmung(sort *m*) *f;* Reiseziel *nt;* **port of ~** Bestimmungshafen *m*

des·tine ['destɪn] *vt* ausersehen (*for* für, zu), bestimmen; **be ~d to do s.th.** dazu bestimmt sein etw zu tun; **it was ~d to happen** es sollte so kommen

des·tiny ['destɪnɪ] *s* Schicksal, Geschick, Los *nt;* **it was his ~** es war sein Schicksal

des·ti·tute ['destɪtjuːt] *adj* **1.** notleidend; mittellos **2.** bar (*of +gen*); **des·ti·tu·tion** [ˌdestɪ'tjuːʃn] *s* Not *f;* Mittellosigkeit *f*

de·stroy [dɪ'strɔɪ] *vt* **1.** zerstören, vernichten; ruinieren; kaputtmachen **2.** (*Tier*) einschläfern; **de·stroyer** [dɪ'strɔɪə(r)] *s* (*a.* MAR) Zerstörer *m*

de·struc·tible [dɪ'strʌktəbl] *adj* zerstörbar; **de·struc·tion** [dɪ'strʌkʃn] *s* **1.** Zerstörung, Vernichtung *f* **2.** (*fig*) Verwüstung *f;* **de·struc·tive** [dɪ'strʌktɪv] *adj* zerstörerisch; destruktiv; **de·struc·tive·ness** [-nɪs] *s* zerstörende Wirkung, Destruktivität *f*

de·sul·phur·iz·ation [diːˌsʌlfəraɪ'zeɪʃn] *s* (CHEM) Entschwefelung *f*

des·ul·tory ['desəltrɪ] *adj* flüchtig; halbherzig; vereinzelt

de·tach [dɪ'tætʃ] *vt* **1.** losmachen; abtrennen; herausnehmen (*from* aus) **2.** (MIL) (ab)kommandieren; **~ o.s. from a group** sich von einer Gruppe lösen; **de·tach·able** [-əbl] *adj* ablösbar, abtrennbar, abnehmbar (*from* von); **de·tached** [dɪ'tætʃt] *adj* **1.** distanziert, unvoreingenommen, kühl **2.** (*Haus*) freistehend; **de·tach·ment** [dɪ'tætʃmənt] *s* **1.** Ablösung, Abtrennung *f;* Herausnehmen *nt* **2.** (*fig*) Distanz *f,* Abstand *m* **3.** (MIL) Abordnung *f*

de·tail ['diːteɪl] **I.** *s* **1.** Detail *nt;* Einzelheit *f;* Ausschnitt *m* **2.** unwichtige Einzelheit **3.** (MIL) Sondertrupp *m;* **in ~** im Einzelnen, im Detail; **in every ~** Punkt für Punkt; **go into ~s** auf Einzelheiten eingehen **II.** *vt* **1.** genau erzählen, berichten **2.** (MIL) abkommandieren (*for* zu); **de·tailed** ['diːteɪld] *adj* ausführlich, detailliert

de·tain [dɪ'teɪn] *vt* **1.** (*Person*) zurückhalten, aufhalten **2.** (JUR) inhaftieren; festnehmen; **de·tainee** [ˌdiːteɪ'niː] *s* Häftling *m*

de·tect [dɪ'tekt] *vt* **1.** entdecken; feststellen **2.** ausfindig machen; wahrnehmen; **de·tect·able** [-əbl] *adj* feststellbar; **de·tec·tion** [dɪ'tekʃn] *s* **1.** Auf-, Entdeckung *f;* Feststellung *f* **2.** Ermittlung *f;* **escape ~** nicht gefasst werden; **de·tec·tive** [dɪ'tektɪv] *s* Kriminalbeamte(r) *m,* -beamtin *f;* Detektiv(in) *m(f);* **detective inspector** *s* Kriminalkommisar *m;* **detective novel** *s* Kriminalroman *m;* **detective story** *s* Kriminalroman *m;* **detective superintendent** *s* Kriminalrat *m,* -rätin *f;* **de·tector** [dɪ'tektə(r)] *s* (RADIO) Detektor *m*

de·ten·tion [dɪ'tenʃn] *s* **1.** (JUR) Haft *f*, Gewahrsam *m* **2.** (SCHULE) Nachsitzen *nt* **3.** (*fig*) Verzögerung *f*; **detention centre** *s* (*Br*) Jugendstrafanstalt *f*

de·ter [dɪ'tɜ:(r)] *vt* **1.** abhalten, hindern (*from* an) **2.** abschrecken

de·ter·gent [dɪ'tɜ:dʒənt] *s* Reinigungsmittel *nt*; Waschmittel *nt*; Waschpulver *nt*

de·terio·rate [dɪ'tɪərɪəreɪt] *vi* **1.** sich verschlechtern, sich verschlimmern **2.** verfallen; **de·terio·ra·tion** [dɪˌtɪərɪə'reɪʃn] *s* **1.** Verschlechterung, Verschlimmerung *f* **2.** Verfall *m*

de·ter·min·able [dɪ'tɜ:mɪnəbl] *adj* bestimmbar; **de·ter·mi·nant** [dɪ'tɜ:mɪnənt] **I.** *adj* determinierend **II.** *s* entscheidender Faktor, Determinante *f*; **de·ter·mi·nate** [dɪ'tɜ:mɪnət] *adj* bestimmt, begrenzt, festgelegt; **de·ter·mi·na·tion** [dɪˌtɜ:mɪ'neɪʃn] *s* **1.** Entschlossenheit *f*; Entschlusskraft *f* **2.** Bestimmung *f* (*of* von), Festlegung *f*; **de·ter·mine** [dɪ'tɜ:mɪn] **I.** *vt* **1.** bestimmen, entscheiden **2.** (*Preis*) festlegen, -setzen **3.** ermitteln **4.** (*Person*) veranlassen **5.** beschließen **6.** (*Vertrag*) (auf)lösen **II.** *vi:* ~ **on** sich entschließen zu; **de·ter·mined** [dɪ'tɜ:mɪnd] *adj* entschlossen (*to do* zu tun)

de·ter·rence [dɪ'terəns] *s* (MIL) Abschreckung *f*; **de·ter·rent** [dɪ'terənt] **I.** *adj* abschreckend **II.** *s* Abschreckungsmittel *nt*

de·test [dɪ'test] *vt* verabscheuen, hassen; **de·test·able** [-əbl] *adj* abscheulich, scheußlich; **de·tes·ta·tion** [ˌdi:te'steɪʃn] *s* Abscheu *m*

de·throne [ˌdi:'θrəʊn] *vt* entthronen

det·on·ate ['detəneɪt] **I.** *vi* zünden, detonieren **II.** *vt* explodieren lassen; **deton·ation** [ˌdetə'neɪʃn] *s* Zündung, Detonation *f*; **det·on·ator** ['detəneɪtə(r)] *s* Zündkapsel *f*

de·tour ['di:tʊə(r)] **I.** *s* Abstecher, Umweg *m*; Umleitung *f* **II.** *vt* umleiten

de·tox·ify [dɪ'tɒksɪfaɪ] *vt* entgiften

de·tract [dɪ'trækt] *vi:* ~ **from s.th.** etw beeinträchtigen, einer S Abbruch tun; **de·tract·or** [dɪ'træktə(r)] *s* Kritiker(in) *m(f)*, Gegner(in) *m(f)*

det·ri·ment ['detrɪmənt] *s* Nachteil, Schaden *m* (*to* für); **to s.o.'s** ~ zu jds Nachteil, Schaden; **without** ~ **to** ohne Schaden für; **det·ri·men·tal** [ˌdetrɪ'mentl] *adj* nachteilig, ungünstig, schädlich (*to* für)

de·tri·tus [dɪ'traɪtəs] *s* Geröll *nt*; Schutt *m*

deuce [dju:s] *s* **1.** (*Spielkarten, Würfel*) Zwei *f* **2.** (*Tennis*) Einstand *m*

de·val·u·ate [ˌdi:'væljʊeɪt] *vt* abwerten; **de·valu·ation** [ˌdi:væljʊ'eɪʃn] *s* (COM) Abwertung *f*; **de·value** [ˌdi:'vælju:] *vt* abwerten

dev·as·tate ['devəsteɪt] *vt* verwüsten, verheeren; **dev·as·tat·ing** [-ɪŋ] *adj* **1.** (*fig*) verheerend, vernichtend **2.** (*fam*) umwerfend; **dev·as·ta·tion** [ˌdevə'steɪʃn] *s* Verwüstung *f*

de·vel·op [dɪ'veləp] **I.** *vt* **1.** (*a.* PHOT) entwickeln **2.** (*Idee*) entfalten, ausweiten, ausbauen **3.** (*Boden*) erschließen **4.** (*Haus*) erweitern, ausbauen; sanieren **5.** (*fig*) ausarbeiten, auswerten **6.** (*Krankheit*) sich zuziehen **II.** *vi* **1.** sich entwickeln (*from* aus, *into* zu) **2.** (*Talent*) sich entfalten **3.** entstehen **4.** sich herausstellen, sich zeigen, bekannt werden; **de·vel·oper** [dɪ'veləpə(r)] *s* (*a.* PHOT) Entwickler *m*; **de·vel·op·ing** [dɪ'veləpɪŋ] *adj* aufkommend, entstehend; ~ **country** Entwicklungsland *nt*; **de·vel·op·ment** [dɪ'veləpmənt] *s* **1.** Entwicklung *f*; Wachstum *nt* **2.** Ausführung *f*; Entfaltung *f* **3.** Nutzbarmachung, Erschließung *f*, Ausbau *m*; ~ **area** Erschließungs-, Fördergebiet *nt*

de·vi·ate ['di:vɪeɪt] *vi* abweichen, abkommen (*from* von); **de·vi·ation** [ˌdi:vɪ'eɪʃn] *s* **1.** (*fig*) Abweichung *f* **2.** (*vom Kurs*) Abkommen *nt*; **de·vi·ation·ist** [-ɪst] *s* (POL) Abweichler *m*

de·vice [dɪ'vaɪs] *s* **1.** Gerät *nt*, Vorrichtung *f* **2.** Kunstgriff, Trick *m*; **leave s.o. to his own ~s** jdn sich selbst überlassen

devil ['devl] **I.** *s* **1.** Teufel *m* **2.** Teufelskerl *m*; **between the ~ and the deep blue sea** in der Klemme; **like the ~** wie ein Verrückter; **play the ~ with** ruinieren; **go to the ~ !** geh zum Teufel!; **run like the ~** wie ein geölter Blitz sausen; **work like the ~** wie ein Pferd schuften; **what the ~?** was zum Teufel?; **there'll be the ~ to pay** das dicke Ende kommt noch **II.** *vt* scharf gewürzt grillen **III.** *vi* Handlangerdienste tun (*for* für); **devil·ish** ['devəlɪʃ] **I.** *adj* teuflisch, niederträchtig, gemein **II.** *adv* (*fam*) verdammt, mächtig, sehr; **devil-may-care** [ˌdevlmeɪ'keə(r)] *adj* leichtsinnig; **devil·ment** ['devlmənt] *s* grober Unfug; **full of ~** voller Übermut; **dev·ilry** ['devlrɪ] *s* grober Unfug; Teufelei *f*

de·vi·ous ['di:vɪəs] *adj* **1.** indirekt, gewunden **2.** (*fig*) krumm **3.** (*Mensch*) unaufrichtig, verschlagen; **by ~ ways** auf krummen Wegen; **take a ~ route** einen Umweg machen

de·vise [dɪ'vaɪz] *vt* **1.** sich ausdenken **2.** (JUR) vermachen, hinterlassen

de·void [dɪ'vɔɪd] *adj* ohne; ~ **of fear** furchtlos

de·vol·ution [ˌdi:və'lu:ʃn] *s* **1.** Übertragung *f* (*from … to* von … auf) **2.** (POL) Dezentralisierung *f;* **de·volve** [dɪ'vɒlv] **I.** *vt* übertragen (*on* auf) **II.** *vi* übergehen (*to,* (*up*)*on* auf)

de·vote [dɪ'vəʊt] *vt* **1.** widmen (*to dat*) **2.** verwenden (*to* für); **de·voted** [dɪ'vəʊtɪd] *adj* **1.** voller Hingabe (*to* an) **2.** ergeben, treu; **be ~ to s.o.** sehr an jdm hängen; **devo·tee** [ˌdevə'tiː] *s* Verehrer(in) *m(f),* Anhänger(in) *m(f),* Liebhaber(in) *m(f);* **de·vo·tion** [dɪ'vəʊʃn] *s* **1.** Hingabe *f* (*to* an), Ergebenheit *f* (*to* gegenüber) **2.** Verwendung *f* **3. ~s** Andacht *f;* **~ to duty** Pflichteifer *m;* **de·vo·tional** [dɪ'vəʊʃənl] *adj* religiös

de·vour [dɪ'vaʊə(r)] *vt* **1.** ver-, hinunterschlingen **2.** (*fig*) verschlingen; **be ~ed** erfüllt sein, verzehrt sein (*by hate* von Hass); **de·vour·ing** [-ɪŋ] *adj* (*fig*) verzehrend

de·vout [dɪ'vaʊt] *adj* **1.** fromm, religiös **2.** aufrichtig, echt

dew [djuː] *s* Tau *m;* **dew·drop** *s* Tautropfen *m;* **dewy** ['djuːɪ] *adj* taufeucht; **~-eyed** schmachtend; naiv

dex·ter·ity [ˌdek'sterətɪ] *s* Geschicklichkeit, Gewandtheit *f;* **dex·ter·ous, dex·trous** ['dekstrəs] *adj* geschickt, gewandt

dex·trose ['dekstrəʊz] *s* Traubenzucker *m,* Dextrose *f*

dia·betes [ˌdaɪə'biːtɪz] *s* (MED) Diabetes *m;* **dia·betic** [ˌdaɪə'betɪk] **I.** *s* Diabetiker(in) *m(f)* **II.** *adj* zuckerkrank

dia·bolic(al) [ˌdaɪə'bɒlɪk(l)] *adj* **1.** teuflisch **2.** (*fam*) widerlich, abscheulich

dia·dem ['daɪədem] *s* Diadem *nt*

di·ag·nose ['daɪəgnəʊz] *vt* (MED) diagnostizieren; **di·ag·no·sis** [ˌdaɪəg'nəʊsɪs, *pl* daɪəg'nəʊsiːz] <*pl* **-noses**> *s* Diagnose *f;* **di·ag·nos·tic** [ˌdaɪəg'nɒstɪk] *adj* diagnostisch

di·ag·onal [daɪ'ægənl] **I.** *adj* diagonal **II.** *s* (MATH) Diagonale *f*

dia·gram ['daɪəgræm] *s* grafische Darstellung; Schaubild, Diagramm *nt*

dial ['daɪəl] **I.** *s* **1.** Zifferblatt *nt* **2.** Skala *f* **3.** (TELE) Wählscheibe *f* **4.** (RADIO) Einstellskala *f* **5.** (*sl*) Fresse *f;* Gesicht *nt* **II.** *vt* (TELE) wählen; **~ direct** durchwählen

dia·lect ['daɪəlekt] *s* Dialekt *m,* Mundart *f;* **dia·lectal** [ˌdaɪə'lektl] *adj* mundartlich, dialektal

dia·lec·ti·cal [ˌdaɪə'lektɪkl] *adj* dialektisch

dial·ling ['daɪəlɪŋ]: **~ code** Vorwahlnummer *f;* **~ tone** Amtszeichen *nt,* Wählton *m*

dia·log *s* (*Am*), **dia·logue** ['daɪəlɒg] *s* (*a. fig*) Dialog *m*

di·al·ys·is [daɪ'æləsɪs] *s* (MED) Dialyse *f*

di·am·eter [daɪ'æmɪtə(r)] *s* Durchmesser *m;* **be one metre in ~** einen Durchmesser von einem Meter haben; **dia·metri·cal·ly** [ˌdaɪə'metrɪklɪ] *adv* diametral; **~ opposed** genau entgegengesetzt

dia·mond ['daɪəmənd] *s* **1.** Diamant *m* **2.** (MATH) Rhombus *m* **3.** (*Spielkarten*) Karo *nt* **4.** (*Baseball*) Innenfeld *nt;* **rough ~** Rohdiamant *m;* (*fig*) *Mensch mit gutem Kern in rauher Schale;* **diamond cutter** *s* Diamantschleifer *m;* **diamond wedding** *s* diamantene Hochzeit

dia·per ['daɪəpə(r)] *s* (*Am*) Windel *f*

di·apha·nous [daɪ'æfənəs] *adj* durchscheinend, durchsichtig

dia·phragm ['daɪəfræm] *s* **1.** (ANAT PHYS CHEM) Diaphragma *nt* **2.** (ANAT) Zwerchfell *nt* **3.** (PHYS) Membran *f* **4.** (PHOT) Blende *f* **5.** Pessar *nt*

dia·rist ['daɪərɪst] *s* Tagebuchschreiber(in) *m(f)*

di·ar·rhea *s* (*Am*), **di·ar·rhoea** [ˌdaɪə'rɪə] *s* (MED) Durchfall *m*

diary ['daɪərɪ] *s* **1.** (*a.* COM) Tagebuch *nt* **2.** Terminkalender *m*

dia·tonic [ˌdaɪə'tɒnɪk] *adj* (MUS) diatonisch

dia·tribe ['daɪətraɪb] *s* Schmährede *f*

dice [daɪs] **I.** *s pl* Würfel *mpl;* **play ~** Würfel spielen **II.** *vi* würfeln; **~ with death** mit dem Tod(e) spielen **III.** *vt* in Würfel schneiden

dicey ['daɪsɪ] *adj* (*fam*) riskant

di·chot·omy [daɪ'kɒtəmɪ] *s* Trennung *f*

dick [dɪk] *s* **1.** (*vulg*) Penis, Schwanz *m* **2.** (*Am sl*) Detektiv *m;* **clever ~** (*fam*) Schlaumeier *m*

dick·ens ['dɪkɪnz] *s:* **what the ~!** was zum Teufel!

dicky ['dɪkɪ] *adj* (*fam*) angeknackst

dic·ta·phone® ['dɪktəfəʊn] *s* Diktafon *nt*

dic·tate [dɪk'teɪt] **I.** *vt* diktieren **II.** *vi:* **~ to s.o.** jdm diktieren, Vorschriften machen **III.** ['dɪkteɪt] *s meist pl* Diktat, Gebot *nt;* **dic·ta·tion** [dɪk'teɪʃn] *s* Diktat *nt;* **take a ~** ein Diktat aufnehmen

dic·ta·tor [dɪk'teɪtə(r)] *s* Diktator(in) *m(f);* **dic·ta·torial** [ˌdɪktə'tɔːrɪəl] *adj* diktatorisch; **dic·ta·tor·ship** [-ʃɪp] *s* Diktatur *f*

dic·tion ['dɪkʃn] *s* Ausdruck(sweise *f*) *m,* Diktion *f*

dic·tion·ary ['dɪkʃənrɪ] *s* Wörterbuch *nt*

did [dɪd] *s.* **do**

di·dac·tic [dɪ'dæktɪk] *adj* didaktisch

diddle ['dɪdl] *vt* (*fam*) beschwindeln, übers Ohr hauen

didn't [dɪdnt] = **did not**

die¹ [daɪ] *vi* **1.** sterben (*of* an); (*im Krieg*) fallen **2.** (*Liebe*) vergehen, erlöschen **3.** (*Sitte*) aussterben; untergehen; **~ of hunger** vor Hunger sterben; **be dying** im Sterben liegen; **be dying to do s.th.** darauf brennen, etw zu tun; ~ **hard** nicht totzukriegen sein; ~ **in one's bed** eines natürlichen Todes sterben; **die away** *vi* nachlassen; schwächer werden; **die back** *vi* absterben; **die down** *vi* **1.** nachlassen; herunterbrennen **2.** (*Lärm*) schwächer werden **3.** (*Aufregung*) sich legen; **die off** *vi* wegsterben; **die out** *vi* aussterben

die[2] [daɪ, *pl* daɪs] <*pl* **dice**> *s* Würfel *m;* **the ~ is cast** die Würfel sind gefallen

die[3] [daɪ, *pl* daɪz] <*pl* **dies**> *s* Gussform *f;* Prägestempel *m*

die·back ['daɪˌbæk] *s* Baum-, Waldsterben *nt*

die·hard ['daɪhɑːd] *s* zäher Kämpfer

die·sel ['diːzl] *s* **1.** Dieselmotor *m* **2.** Dieselkraftstoff *m;* **diesel engine** *s* Dieselmotor *m;* **diesel oil** *s* Dieselöl *nt*

diet[1] ['daɪət] **I.** *s* **1.** Nahrung *f* **2.** Diät *f;* Abmagerungskur *f;* **keep to a strict ~** strenge Diät halten; **put s.o. on a ~** jdm eine Diät verordnen; **he is on a ~** er lebt Diät; er macht eine Abmagerungskur **II.** *vi* Diät leben; eine Abmagerungskur machen

diet[2] ['daɪət] *s* Abgeordnetenversammlung *f*

die·tary ['daɪətərɪ] *adj* diätetisch; **dietary fibre** *s* Ballaststoffe *pl;* **die·tet·ic** [ˌdaɪə'tetɪk] *adj* diätetisch; **die·tet·ics** [ˌdaɪə'tetɪks] *s pl mit sing* Diätetik *f;* **die·tician** [ˌdaɪə'tɪʃn] *s* Diätist(in) *m(f)*

dif·fer ['dɪfə(r)] *vi* **1.** verschieden sein (*in, as to* in) **2.** sich unterscheiden, abweichen (*from* von) **3.** verschiedener, entgegengesetzter Meinung sein (*on, about, over* über); **agree to ~** verschiedene Meinungen zugestehen; **I beg to ~** Verzeihung, da bin ich anderer Ansicht

dif·fer·ence ['dɪfrəns] *s* **1.** Unterschied *m* (*between* zwischen); (*a.* MATH) Differenz *f,* Verschiedenheit *f* **2. ~s** Meinungsverschiedenheiten *fpl;* **with the ~ that** mit dem Unterschied, dass; **settle one's ~s** die Meinungsverschiedenheiten beilegen; **split the ~** (*fig*) sich auf halbem Wege einigen; **I can't see much ~** ich sehe keinen großen Unterschied; **make a ~ to s.th.** einen Unterschied bei etw machen; **does it make any ~ if …?** macht es was aus, wenn …?; **what's the ~?** was macht das schon?; **pay the ~** den Rest bezahlen; **~ in age** Altersunterschied *m*

dif·fer·ent ['dɪfrənt] *adj* **1.** andere(r, s); anders (*from, to* als) **2.** verschieden, unterschiedlich; **that's a ~ matter** das ist etwas anderes; **in what way are they ~?** wie unterscheiden sie sich?

dif·fer·en·tial [ˌdɪfə'renʃl] **I.** *adj* unterschiedlich, verschieden; **~ calculus** Differenzialrechnung *f* **II.** *s* **1.** Unterschied *m* **2.** (MATH) Differenzial *nt* **3.** (AUTO) Differenzial-, Ausgleichsgetriebe *nt;* **wage/salary ~** Lohn-/Gehaltsunterschiede *mpl*

dif·fer·en·ti·ate [ˌdɪfə'renʃɪeɪt] **I.** *vt* **1.** unterscheiden, trennen **2.** (*a.* MATH) differenzieren **II.** *vi* sich unterscheiden (*from* von); **dif·fer·en·ti·ation** [ˌdɪfərenʃɪ'eɪʃn] *s* Differenzierung, Unterscheidung *f*

dif·fi·cult ['dɪfɪkəlt] *adj* **1.** schwer, schwierig **2.** (*Mensch*) schwierig; anspruchsvoll **3.** (*Lage*) schwierig, heikel; **it's ~ to know whether** es ist schwer zu sagen, ob; **dif·fi·culty** ['dɪfɪkəltɪ] *s* **1.** Schwierigkeit *f* (*in walking* beim Gehen) **2.** schwierige Angelegenheit; **with ~** mit Mühe; **be in difficulties** Schwierigkeiten haben; **get into difficulties** in Schwierigkeiten geraten; **work under difficulties** unter schwierigen Umständen arbeiten

dif·fi·dent ['dɪfɪdənt] *adj* zaghaft, schüchtern; **be ~** kein Selbstvertrauen haben (*about doing s.th.* etw zu tun)

dif·fract [dɪ'frækt] *vt* (*Licht*) brechen, beugen

dif·fuse [dɪ'fjuːz] **I.** *vt* **1.** ausstrahlen, verbreiten **2.** (*Flüssigkeit*) ausgießen **3.** (*Parfüm*) verbreiten **II.** *vi* **1.** ausstrahlen, sich ausbreiten **2.** (PHYS) diffundieren **3.** (*fig*) sich verbreiten **III.** [dɪ'fjuːs] *adj* **1.** diffus **2.** (*fig*) weitschweifig, langatmig, wortreich; **dif·fu·sion** [dɪ'fjuːʒn] *s* (OPT) Diffusion *f;* Streuung *f*

dig [dɪg] <*irr:* **dug, dug**> **I.** *vt* **1.** (aus-, um)graben **2.** (*Graben*) ausheben **3.** stoßen, schubsen **4.** (*sl*) stehen auf; **~ s.o. in the ribs** jdn in die Rippen stoßen **II.** *vi* **1.** graben (*for* nach) **2.** stöbern, suchen (*for* nach) **3.** (TECH) schürfen **4.** (*fam*) wohnen, hausen **III.** *s* **1.** Puff, Stoß *m* **2.** (*fig*) Seitenhieb *m* (*at* auf) **3.** Ausgrabung *f;* **dig at** *vi* anmeckern; **dig in I.** *vi* **1.** (*beim Essen*) zugreifen **2.** (MIL) sich eingraben **II.** *vt* eingraben; **~ one's heels in** (*fig*) sich sperren gegen; **dig into** *vt* **1.** wühlen in **2.** (*fam*) herfallen über; **dig out** *vt* ausgraben; **dig up** *vt* **1.** (*Erde*) aufwühlen, umgraben **2.** (*fig*) ausgraben, ausfindig machen

dig·er·ati [ˌdɪdʒə'rɑːti] *s pl* Digerati, Computer-/Internetexperten, -innen *m, f*

di·gest [dɪ'dʒest, daɪ'dʒest] **I.** *vt* **1.** verdauen **2.** (*fig*) geistig verarbeiten **II.** *vi* verdauen **III.** ['daɪdʒest] *s* Zusammenfassung *f,* Abriss *m;* **di·gest·ible** [dɪ'dʒestəbl] *adj* verdaulich; **di·ges·tion** [dɪ'dʒestʃən] *s* Verdauung *f;* **di·ges·tive** [dɪ'dʒestɪv] *adj* verdauungsfördernd; **~ trouble** Verdauungsstörungen *fpl*

dig·ger ['dɪgə(r)] *s* **1.** Goldgräber(in) *m(f)* **2.** Bagger *m*

dig·it ['dɪdʒɪt] *s* **1.** Finger *m;* Zehe *f* **2.** (MATH) Ziffer *f;* **digi·tal** ['dɪdʒɪtl] *adj* digital; ~ **age** digitales Zeitalter; ~ **audio tape, DAT** digitales Tonband, DAT *nt;* ~ **computer** Digitalrechner *m;* ~ **divide** *Kluft zwischen Nutzern und Nichtnutzern digitaler Medien;* ~ **recording** Digitalaufnahme *f;* ~ **technology** Digitaltechnik *f;* ~ **TV** Digitalfernsehen *nt;* ~ **video disk** DVD *f;* ~ **watch/clock** Digitaluhr *f;* ~ **watermark** digitales Wasserzeichen; **digi·tal·ize** ['dɪdʒɪtəlaɪz] *vt* digitalisieren

dig·ni·fied ['dɪgnɪfaɪd] *adj* würdig; würdevoll; **dig·nify** ['dɪgnɪfaɪ] *vt* ehren, herausstreichen

dig·ni·tary ['dɪgnɪtərɪ] *s* Würdenträger(in) *m(f);* **dig·nity** ['dɪgnətɪ] *s* **1.** Würde *f* **2.** Rang *m;* Stellung *f;* **beneath s.o.'s** ~ unter jds Würde; **stand** (**up**)**on one's** ~ förmlich sein

di·gress [daɪ'gres] *vi* abschweifen (*from* von); **di·gress·ive** *adj* abschweifend, abweichend

dike [daɪk] **I.** *s* **1.** (Wasser)Graben *m* **2.** Deich, Damm *m* **3.** (*sl*) Lesbe *f* **II.** *vt* eindeichen

dil·api·dated [dɪ'læpɪdeɪtɪd] *adj* verfallen, baufällig

di·late [daɪ'leɪt] **I.** *vt* weiten, erweitern; dehnen **II.** *vi* sich weiten, sich erweitern; **di·la·tion** [daɪ'leɪʃn] *s* **1.** Ausdehnung *f* **2.** (MED) Erweiterung *f* **3.** (MATH) Streckung *f*

dila·tory ['dɪlətərɪ] *adj* **1.** hinhaltend **2.** (*Person*) langsam

di·lemma [dɪ'lemə, daɪ'lemə] *s* Dilemma *nt,* Verlegenheit *f;* **place s.o. in a** ~ jdn in eine Klemme bringen

dil·et·tante [ˌdɪlɪ'tæntɪ, *pl* ˌdɪlɪ'tæntɪ] <*pl* **-tanti**> *s* Dilettant(in) *m(f)*

dili·gence ['dɪlɪdʒəns] *s* **1.** Fleiß *m* **2.** Sorgfalt *f;* **dili·gent** ['dɪlɪdʒənt] *adj* **1.** fleißig **2.** sorgfältig, gewissenhaft

dill [dɪl] *s* Dill *m*

dilly-dally ['dɪlɪdælɪ] *vi* (*fam*) (herum)trödeln, bummeln

di·lute [daɪ'ljuːt] **I.** *vt* **1.** verdünnen (*to* auf) **2.** verwässern **3.** (*fig*) abschwächen, mildern **II.** *adj* verdünnt; **di·lu·tion** [daɪ'ljuːʃn] *s* **1.** Verdünnung *f;* Verwässerung *f* **2.** (*fig*) Abschwächung *f*

dim [dɪm] **I.** *adj* **1.** trübe, matt **2.** (*Lampe*) schwach, dunkel **3.** undeutlich, verschwommen **4.** (*Erinnerung*) blass, verschwommen **5.** (*fam fig*) schwer von Begriff; **take a** ~ **view of s.th.** nicht viel von etw halten **II.** *vi* (*Licht*) schwächer werden **III.** *vt* **1.** verdunkeln **2.** (*Licht*) abblenden **3.** (*Sinn*) trüben

dime [daɪm] *s* (*in den USA*) Zehncentstück *nt,* Dime *m*

di·men·sion [dɪ'menʃn, daɪ'menʃn] *s* **1.** (*a.* MATH) Dimension *f* **2.** Abmessung *f,* Maß *nt;* Ausdehnung *f,* Umfang *m,* Größe *f* **3.** ~**s** Ausmaße *ntpl;* **of great** ~**s** sehr groß; **-di·men·sional** [dɪ'menʃənl, daɪ'menʃənl] *adj* (*Suffix*) -dimensional

dim·in·ish [dɪ'mɪnɪʃ] **I.** *vi* **1.** sich vermindern, sich verringern **2.** abnehmen (*in* an) **3.** nachlassen **II.** *vt* **1.** vermindern, verringern **2.** herabsetzen **3.** (*fig*) dämpfen; **diminished responsibility** *s* verminderte Zurechnungsfähigkeit; **dim·in·ution** [ˌdɪmɪ'njuːʃn] *s* **1.** Verminderung, Verringerung *f* **2.** Abnahme *f* (*in* an) **3.** (*fig*) Nachlassen *nt;* **dim·inu·tive** [dɪ'mɪnjʊtɪv] **I.** *adj* sehr klein, winzig **II.** *s* (GRAM) Verkleinerungsform *f*

dim·mer ['dɪmə(r)] *s* Abblendschalter *m,* -vorrichtung *f;* Dimmer *m;* **dim·ness** ['dɪmnɪs] *s* **1.** Mattheit *f;* Schwäche *f;* Trübheit *f* **2.** (*fig*) Undeutlichkeit, Verschwommenheit *f*

dimple ['dɪmpl] *s* Grübchen *nt*

din [dɪn] **I.** *s* Lärm *m,* Getöse *nt,* Tumult *m* **II.** *vt:* ~ **s.th. into s.o.** jdm etw einbläuen **III.** *vi* lärmen, toben, dröhnen (*in the ears* in den Ohren)

dine [daɪn] **I.** *vi* speisen; ~ **out** auswärts speisen **II.** *vt* bewirten; **diner** ['daɪnə(r)] *s* **1.** Speisende(r) *f m* **2.** (RAIL) Speisewagen *m*

din·ghy ['dɪŋgɪ] *s* Ding(h)i *nt;* **collapsible** ~ Schlauchboot *nt*

din·go ['dɪŋgəʊ] <*pl* **-goes**> *s* australischer Wildhund, Dingo *m*

dingy ['dɪndʒɪ] *adj* schmuddelig

dining ['daɪnɪŋ]: ~ **car** Speisewagen *m,* Zugrestaurant *nt;* ~ **room** Ess-, Speisezimmer *nt;* ~ **table** Esstisch *m*

dinkies *s pl* (*fam*) *s.* **double income no kids** Doppelverdiener *pl* ohne Kinder; (*fam*) Dinks *pl*

dinky ['dɪŋkɪ] *adj* (*fam*) hübsch, nett, reizend

din·ner ['dɪnə(r)] *s* Hauptmahlzeit *f;* (Mittag-, Abend)Essen *nt;* **after** ~ nach Tisch; **at** ~ beim Essen; **be having one's** ~ zu Abend, Mittag essen; **for** ~ zum (Mittag-, Abend)Essen; **ask to** ~ zum (Mittag-, Abend)Essen einladen; ~ **is served** bitte zu Tisch!; **dinner jacket** *s* Smoking *m;* **dinner party** *s* Abendgesellschaft *f;* **dinner service** *s* Essservice, Tafelgeschirr *nt;* **dinner table** *s* Tafel *f;* **dinner time** *s* Essenszeit *f*

dino·saur ['daɪnəsɔː(r)] *s* Dinosaurier *m*

dint [dɪnt]: **by** ~ **of** (ver)mittels, mit Hilfe +*gen,* durch

D

dio·cese ['daɪəsɪs] *s* Diözese *f*
di·ox·ide [daɪ'ɒksaɪd] *s* (CHEM) Dioxyd *nt;* **carbon** ~ Kohlendioxyd *nt*
di·oxin [daɪ'ɒksɪn] *s* (CHEM) Dioxin *nt*
dip [dɪp] **I.** *vt* **1.** (ein)tauchen, (ein)tunken (*in* in) **2.** (*Hand*) stecken **3.** (MAR: *Fahne*) dippen **4.** (AUTO: *Licht*) abblenden **5.** (*Kerzen*) ziehen **II.** *vi* **1.** (*Preise*) fallen **2.** (~ *down*) sich neigen, sich senken; **the sun ~ped below the horizon** die Sonne verschwand hinter dem Horizont **III.** *s* **1.** (Ein-, Unter)Tauchen *nt* **2.** (Wasser-, Farb)Bad *nt;* Desinfektionslösung *f* **3.** Senke, Mulde *f* **4.** (MAR) Dippen *nt* **5.** (*Soße*) Dip *m;* **have** [*o* **go for**] **a** ~ [*o* **take**] baden gehen; **dip into** *vi* **1.** greifen in **2.** einen kurzen Blick werfen in; ~ **into one's pocket** tief in die Tasche greifen; ~ **into one's savings** seine Ersparnisse angreifen
diph·theria [dɪf'θɪərɪə] *s* (MED) Diphtherie *f*
diph·thong ['dɪfθɒŋ] *s* Diphthong *m*
di·ploma [dɪ'pləʊmə] *s* Diplom *nt* (*in* in)
di·plo·macy [dɪ'pləʊməsɪ] *s* (POL) Diplomatie *f;* **diplo·mat** ['dɪpləmæt] *s* Diplomat(in) *m(f);* **diplo·matic** [ˌdɪplə'mætɪk] *adj* (*adv:* ~*ally*) diplomatisch; **the ~ corps** das Diplomatische Korps; ~ **answer** diplomatische Antwort; **di·plo·ma·tist** [dɪ'pləʊmətɪst] *s* Diplomat(in) *m(f)*
dip·per ['dɪpə(r)] *s* **1.** Schöpflöffel *m,* Kelle *f* **2.** (AUTO) Abblendschalter *m* **3.** Wasseramsel *f;* **the Big Dipper** (*Am:* ASTR) der Große Bär; **the Little Dipper** (*Am:* ASTR) der Kleine Bär; **big** ~ Achterbahn *f*
dip·so·mania [ˌdɪpsə'meɪnɪə] *s* Trunksucht *f;* **dip·so·maniac** [ˌdɪpsə'meɪnɪæk] *s* Trunksüchtige(r) *f m*
dip·stick ['dɪpstɪk] *s* (AUTO) Ölmessstab *m;* **dip-switch** *s* (AUTO) Abblendschalter *m*
dire ['daɪə(r)] *adj* **1.** schrecklich, furchtbar **2.** äußerste(r, s); **be in ~ need** in großer Verlegenheit sein
di·rect [dɪ'rekt, daɪ'rekt] **I.** *adj* **1.** direkt **2.** unmittelbar **3.** (*Zug*) durchgehend **4.** (*Bemerkung*) gerade, offen, deutlich; **be a ~ descendant of s.o.** ein direkter Nachkomme von jdm sein; **~-mail advertising** Postwurfsendung *f* **II.** *adv* direkt, gerade, unmittelbar; **the flight goes ~ to Paris** es ist ein Direktflug nach Paris **III.** *vt* **1.** richten (*towards* auf) **2.** lenken, leiten **3.** (*Verkehr*) regeln **4.** anweisen, anordnen (*s.o. to do s.th.* jdn etw zu tun), befehlen **5.** (*Worte*) richten (*to* an) **6.** (*Brief*) adressieren, schicken (*to* an) **7.** (*Orchester*) dirigieren, leiten **8.** (*Film*) Regie führen bei; ~ **one's remark(s) to s.o.** jdn anreden; ~ **one's steps to s.th.** auf etw zugehen; ~ **s.o.'s attention to s.th.** jds Aufmerksamkeit auf etw lenken; **as ~ed** (MED) wie verordnet; ~ **a play** Regie führen; **direct action** *s* direkte Aktion; **direct current** *s* (ELEK) Gleichstrom *m;* **direct debit** *s* Direktabbuchung *f;* **direct dial phone** *s* Telefon *nt* mit Direktdurchwahl; **direct hit** *s* Volltreffer *m;* **direct in·sur·ance en·ter·prise** *s* Direktversicherungsunternehmen *nt*
di·rec·tion [dɪ'rekʃn] *s* **1.** Richtung *f* **2.** Leitung, Führung *f* **3.** (THEAT FILM) Regie *f* **4.** ~**s** Anweisungen *fpl,* Angaben *fpl,* Gebrauchsanweisung *f;* **by ~ of** auf Anweisung, Anordnung *+gen;* **in the opposite ~** in entgegengesetzter Richtung; **under the ~ of** unter Leitung von; **sense of ~** Orientierungssinn *m;* **di·rec·tional** [dɪ'rekʃənl] *adj* gerichtet; ~ **microphone** Richtmikrofon *nt*
di·rec·tive [dɪ'rektɪv] *s* Weisung, Direktive, Richtlinie *f*
di·rect·ly [dɪ'rektlɪ] **I.** *adv* **1.** direkt, unmittelbar **2.** sofort, gleich **II.** *conj* sobald wie
di·rect-mar·ket·ing *s* Direktmarketing *nt,* Direktverkauf *m*
di·rec·tor [dɪ'rektə(r)] *s* **1.** Direktor(in) *m(f),* Leiter(in) *m(f)* **2.** (THEAT FILM) Regisseur(in) *m(f);* **board of ~s** Verwaltungsrat *m;* Vorstand *m;* ~ **general** Generaldirektor(in) *m(f);* **di·rec·tor·ate** [dɪ'rektərət] *s* **1.** Direktorenstelle *f* **2.** Aufsichtsrat *m;* **di·rec·tor·ship** [-ʃɪp] *s* Direktorstelle *f*
di·rec·tory [dɪ'rektərɪ] *s* **1.** Adressbuch, Verzeichnis *nt* **2.** (*telephone* ~) Telefonbuch *nt;* **trade** ~ Branchenverzeichnis *nt;* **directory enquiries** *s pl* Telefonauskunft *f*
dirt [dɜːt] *s* **1.** Schmutz, Dreck *m* **2.** Unrat, Kehricht *m* **3.** (*fig*) Schmutz *m;* schmutzige Wäsche; **treat s.o. like** ~ jdn wie Dreck behandeln; **eat** ~ sich widerspruchslos demütigen lassen; **fling** [*o* **throw**] ~ **at s.o.** jdn in den Schmutz ziehen; **dirt-cheap** [ˌdɜːt'tʃiːp] *adj* spottbillig; **dirt road** *s* unbefestigte Straße; **dirt track** *s* Feldweg *m;* (SPORT) Aschenbahn *f;* **dirty** ['dɜːtɪ] **I.** *adj* **1.** schmutzig, verschmutzt **2.** (*fig*) unflätig, zotig **3.** (*fig*) niederträchtig, gemein **4.** (*Wetter*) stürmisch, windig; **give s.o. a ~ look** jdm einen bösen Blick zuwerfen; **play a ~ trick on s.o.** jdm einen üblen Streich spielen; ~ **weather** Dreckwetter *nt;* ~ **work** Schmutzarbeit *f* **II.** *vt* schmutzig machen, verschmutzen **III.** *s:* **do the ~ on s.o.** jdn reinlegen
dis·abil·ity [ˌdɪsə'bɪlətɪ] *s* **1.** Unfähigkeit *f,* Unvermögen *nt* **2.** Behinderung *f;* Invalidität *f;* ~ **for work** Arbeitsunfähigkeit *f;* **dis·able** [dɪs'eɪbl] *vt* **1.** unfähig, untauglich, unbrauchbar machen **2.** (JUR) für unfä-

hig erklären (*from doing s.th.* etw zu tun);
dis·abled [dɪs'eɪbld] **I.** *adj* **1.** behindert **2.** unbrauchbar **3.** (JUR) nicht rechtsfähig; ~ **person** Behinderte(r) *f m;* **seriously** ~ schwerbeschädigt **II.** *s:* **the** ~ die Behinderten *pl;* **dis·able·ment** [-mənt] *s* Behinderung *f*
dis·abuse [ˌdɪsə'bju:z] *vt:* ~ **s.o. of s.th.** jdn von etw befreien
dis·ad·van·tage [ˌdɪsəd'vɑ:ntɪdʒ] **I.** *vt* benachteiligen **II.** *s* **1.** Nachteil *m* **2.** Schaden *m;* **at a** ~ im Nachteil; **to s.o.'s** ~ zu jds Nachteil; **put at a** ~ benachteiligen; **sell at a** ~ mit Verlust verkaufen; **dis·ad·van·taged** [-d] *adj* benachteiligt; **dis·ad·van·tage·ous** [ˌdɪsˌædvən'teɪdʒəs] *adj* nachteilig, ungünstig, unvorteilhaft (*to* für)
dis·af·fected [ˌdɪsə'fektɪd] *adj* unzufrieden; entfremdet; **dis·af·fec·tion** [ˌdɪsə'fekʃn] *s* Unzufriedenheit *f;* Entfremdung *f*
dis·agree [ˌdɪsə'gri:] *vi* **1.** nicht übereinstimmen (*with* mit), nicht einverstanden sein **2.** eine Meinungsverschiedenheit haben **3.** schlecht bekommen, unzuträglich sein (*with s.o.* jdm); **dis·agree·able** [ˌdɪsə'gri:əbl] *adj* **1.** unangenehm, widerwärtig **2.** (*Wetter*) hässlich **3.** (*Mensch*) unsympathisch; **dis·agree·ment** [ˌdɪsə'gri:mənt] *s* **1.** Unstimmigkeit *f;* Uneinigkeit *f* **2.** Meinungsverschiedenheit *f,* Streit *m*
dis·al·low [ˌdɪsə'laʊ] *vt* nicht gelten lassen, nicht anerkennen
dis·ap·pear [ˌdɪsə'pɪə(r)] *vi* ent-, verschwinden (*from* von, aus); **dis·ap·pear·ance** [ˌdɪsə'pɪərəns] *s* Verschwinden *nt*
dis·ap·point [ˌdɪsə'pɔɪnt] *vt* **1.** enttäuschen **2.** (*Absicht, Plan*) durchkreuzen, zunichte machen; **dis·ap·pointed** [ˌdɪsə'pɔɪntɪd] *adj* **1.** enttäuscht (*in s.o.* von jdm) **2.** (*Hoffnung*) getäuscht; **dis·ap·point·ing** [-ɪŋ] *adj* enttäuschend; **dis·ap·point·ment** [ˌdɪsə'pɔɪntmənt] *s* Enttäuschung *f*
dis·ap·pro·ba·tion [ˌdɪsˌæprə'beɪʃn] *s* Missbilligung *f*
dis·ap·prove [ˌdɪsə'pru:v] **I.** *vt* missbilligen **II.** *vi* dagegen sein; ~ **of s.th.** etw missbilligen
dis·arm [dɪs'ɑ:m] **I.** *vt* entwaffnen **II.** *vi* abrüsten; **dis·arma·ment** [dɪs'ɑ:məmənt] *s* Abrüstung *f;* **disarmament talks** *s pl* Abrüstungsverhandlungen *fpl*
dis·arm·ing [dɪs'ɑ:mɪŋ] *adj* (*fig*) entwaffnend
dis·ar·range [ˌdɪsə'reɪndʒ] *vt* durcheinanderbringen
dis·ar·ray [ˌdɪsə'reɪ] **I.** *s* Unordnung *f* **II.** *vt* in Unordnung bringen
dis·as·ter [dɪ'zɑ:stə(r)] *s* **1.** Katastrophe *f* **2.** Unglück *nt;* Fiasko *nt;* ~ **area** Katastrophengebiet *nt;* **dis·as·trous** [dɪ'zɑ:strəs] *adj* katastrophal, verheerend
dis·be·lief [ˌdɪsbɪ'li:f] *s* Zweifel *m;* Ungläubigkeit *f;* **dis·be·lieve** [ˌdɪsbɪ'li:v] *vt* an-, bezweifeln; nicht glauben; **dis·be·liever** [ˌdɪsbɪ'li:və(r)] *s* Ungläubige(r) *f m*
dis·burse [dɪs'bɜ:s] *vt* aus(be)zahlen; **dis·burse·ment** [-mənt] *s* Auszahlung *f*
disc, disk [dɪsk] *s* **1.** Scheibe *f* **2.** (ANAT) Bandscheibe *f* **3.** (Schall)Platte *f* **4.** (INFORM) Diskette *f;* (*hard* ~) Platte *f*
dis·card [dɪ'skɑ:d] **I.** *vt* **1.** (*Karte, Kleider*) ablegen, abwerfen **2.** (*fam*) ausrangieren **II.** ['dɪskɑ:d] *s* **1.** abgelegte Karten *fpl* **2.** Ausschussre *f*
disc brake ['dɪskbreɪk] *s* (AUTO) Scheibenbremse *f*
dis·cern [dɪ'sɜ:n] *vt* **1.** deutlich sehen, wahrnehmen **2.** klar erkennen; **dis·cern·ible** [-əbl] *adj* wahrnehmbar; klar erkennbar; **dis·cern·ing** [-ɪŋ] *adj* **1.** anspruchsvoll **2.** (*Auge*) fein; **dis·cern·ment** [-mənt] *s* **1.** Urteilskraft, -fähigkeit *f* **2.** Wahrnehmung *f;* Erkennen *nt*
dis·charge [dɪs'tʃɑ:dʒ] **I.** *vt* **1.** entladen; (*Ladung, Last*) ab-, ausladen; (MAR) löschen **2.** (ELEK) entladen **3.** (*Schuss*) abfeuern **4.** (*Gas*) ausströmen lassen **5.** (*Eiter*) ausscheiden **6.** (*Patienten*) entlassen **7.** (*Angeklagten*) freisprechen **8.** (*Schuld*) begleichen **9.** (*Pflicht*) erfüllen **II.** *vi* (*Wunde*) eitern **III.** ['dɪstʃɑ:dʒ] *s* **1.** Ab-, Entladen *nt;* (MAR) Löschen *nt* **2.** (ELEK) Entladung *f* **3.** (*Gas*) Aus-, Entströmen *nt* **4.** (MED) Ausfluss *m;* Absonderung *f* **5.** (*Patient*) Entlassung *f* **6.** (JUR) Freispruch *m* **7.** (*Schuld*) Begleichung *f* **8.** (*Pflicht*) Erfüllung *f*
dis·ciple [dɪ'saɪpl] *s* **1.** Anhänger(in) *m(f)* **2.** (REL) Jünger *m*
dis·ci·plin·ary ['dɪsɪplɪnərɪ] *adj* disziplinarisch; ~ **measures** disziplinarische Maßnahmen *fpl;* **dis·ci·pline** ['dɪsɪplɪn] **I.** *s* **1.** Disziplin *f,* Lehrfach *nt* **2.** Zucht, Disziplin *f* **3.** disziplinarische Maßnahmen *fpl;* **keep** [*o* **maintain**] ~ die Disziplin aufrechterhalten **II.** *vt* **1.** disziplinieren; unter Kontrolle halten **2.** bestrafen
disc jockey ['dɪskdʒɒkɪ] *s* Diskjockey *m*
dis·claim [dɪs'kleɪm] *vt* **1.** abstreiten; von sich weisen **2.** (JUR) verzichten auf; ~ **all responsibility** jede Verantwortung von sich weisen; **dis·claimer** [dɪs'kleɪmə(r)] *s* Dementi *nt;* **issue a** ~ eine Gegenerklärung abgeben
dis·close [dɪs'kləʊz] *vt* **1.** enthüllen **2.** bekannt machen, mitteilen; **dis·clos·ure** [dɪs'kləʊʒə(r)] *s* Enthüllung *f;* Mitteilung *f*

D

disco ['dɪskəʊ] <*pl* **discos**> *s* Disko *f*
dis·color (*Am*), **dis·col·our** [dɪs'kʌlə(r)] **I.** *vt* verfärben **II.** *vi* sich verfärben
dis·com·fit [dɪs'kʌmfɪt] *vt* Unbehagen verursachen (*s.o.* jdm); **dis·com·fi·ture** [dɪs'kʌmfɪtʃə(r)] *s* Unbehagen *nt*
dis·com·fort [dɪs'kʌmfət] *s* **1.** Un-, Missbehagen *nt* **2.** Beschwerden *fpl*
dis·con·cert [ˌdɪskən'sɜːt] *vt* aus der Fassung bringen
dis·con·nect [ˌdɪskə'nekt] *vt* **1.** trennen (*from, with* von) **2.** (TECH) auskuppeln **3.** (ELEK) aus-, abschalten **4.** (*Wasser*) abstellen; **dis·con·nected** [-ɪd] *adj* **1.** unzusammenhängend **2.** abgeschaltet, abgestellt
dis·con·tent [ˌdɪskən'tent] *s* Unzufriedenheit *f* (*at, with* mit); **dis·con·tented** [-ɪd] *adj* unzufrieden (*with, about* mit); **dis·con·tent·ment** [-mənt] *s* Unzufriedenheit *f*
dis·con·tinue [ˌdɪskən'tɪnjuː] *vt* **1.** unterbrechen, aussetzen mit, aufhören (*doing* zu tun) **2.** (*Geschäft*) aufgeben **3.** (JUR: *Klage*) einstellen; **dis·con·tinued** *adj* abgebrochen, eingestellt; ~ **line** (COM) ausgelaufene Serie; **dis·con·ti·nuity** [ˌdɪskəntɪ'njuːɪtɪ] *s* Diskontinuität *f*; **dis·con·ti·nu·ous** [ˌdɪskən'tɪnjʊəs] *adj* nicht kontinuierlich
dis·cord ['dɪskɔːd] *s* **1.** Uneinigkeit *f* **2.** (MUS) Missklang *m,* Dissonanz *f*; **dis·cor·dant** [dɪ'skɔːdənt] *adj* **1.** nicht übereinstimmend, widersprechend **2.** (MUS) disharmonisch
dis·co·theque ['dɪskətek] *s* Diskothek *f*
dis·count ['dɪskaʊnt] **I.** *s* **1.** Nachlass, Skonto, Rabatt *m* (*on* auf) **2.** (~ *rate, rate of* ~) Diskontsatz *m;* **at a** ~ auf Rabatt; **give a** ~ **on s.th.** Rabatt auf etw geben; ~ **for cash** Skonto bei Barzahlung; **bank** ~ Bankdiskont *m;* **trade** ~ Händlerrabatt *m* **II.** [dɪs'kaʊnt] *vt* **1.** einen Rabatt gewähren (*s.th.* für etw) **2.** (*Rechnung*) diskontieren **3.** (*fig*) unberücksichtigt lassen; **discount store** *s* Discountladen *m*
dis·cour·age [dɪ'skʌrɪdʒ] *vt* **1.** entmutigen, mutlos machen **2.** abraten (*s.o. from s.th.* jdm von etw) **3.** abhalten, abschrecken (*from* von), zu verhindern suchen; **become** ~**d** den Mut verlieren; **dis·cour·age·ment** [-mənt] *s* **1.** Mutlosigkeit *f* **2.** Abraten *nt* **3.** Verhinderung *f*; **dis·cour·ag·ing** [-ɪŋ] *adj* entmutigend
dis·course ['dɪskɔːs] **I.** *s* **1.** Diskurs *m,* Rede *f* **2.** Vorlesung *f* **3.** Abhandlung *f* **II.** *vi* **1.** einen Vortrag, eine Vorlesung halten **2.** abhandeln (*upon s.th.* etw)
dis·cour·teous [dɪs'kɜːtɪəs] *adj* unhöflich; **dis·cour·tesy** [dɪs'kɜːtəsɪ] *s* Unhöflichkeit *f*
dis·cover [dɪ'skʌvə(r)] *vt* **1.** entdecken; finden **2.** (*fig*) ausfindig machen; **dis·coverer** [dɪ'skʌvərə(r)] *s* Entdecker(in) *m(f)*; **dis·covery** [dɪ'skʌvərɪ] *s* Entdeckung *f*
dis·credit [dɪs'kredɪt] **I.** *vt* **1.** an-, bezweifeln; keinen Glauben schenken (*s.o.* jdm) **2.** in Misskredit bringen (*with* bei) **II.** *s* **1.** Zweifel *m;* Misstrauen *nt* **2.** Misskredit *m;* **bring** ~ **on s.o.** jdn in Misskredit bringen; **be a** ~ **to s.o.** eine Schande für jdn sein; **dis·credit·able** [-əbl] *adj* schändlich, diskreditierend
dis·creet [dɪ'skriːt] *adj* diskret, rücksichtsvoll
dis·crep·ancy [dɪ'skrepənsɪ] *s* Diskrepanz *f* (*between* zwischen)
dis·cre·tion [dɪ'skreʃn] *s* **1.** Diskretion *f* **2.** Ermessen *nt;* **be at s.o.'s** ~ in jds Ermessen stehen; **leave to s.o.'s** ~ jdm anheim stellen; **it is within your own** ~ es liegt bei Ihnen
dis·crimi·nate [dɪ'skrɪmɪneɪt] **I.** *vt* unterscheiden (*from* von) **II.** *vi* **1.** kritisch sein **2.** Unterschiede machen; ~ **between** unterscheiden zwischen; ~ **in favour of s.o.** jdn bevorzugen; ~ **against s.o.** jdn benachteiligen; **dis·crimi·nat·ing** [-ɪŋ] *adj* urteilsfähig, kritisch; **dis·crimi·na·tion** [dɪˌskrɪmɪ'neɪʃn] *s* **1.** Unterscheidungsvermögen *nt* **2.** unterschiedliche Behandlung; Diskriminierung; Ungleichbehandlung *f*; **racial** ~ Rassendiskriminierung *f*; **dis·crimi·na·tory** [dɪ'skrɪmɪnətərɪ] *adj* diskriminierend
dis·cur·sive [dɪ'skɜːsɪv] *adj* weitschweifig
dis·cus ['dɪskəs] *s* (SPORT) Diskus *m*
dis·cuss [dɪ'skʌs] *vt* diskutieren, erörtern, besprechen; ~ **a question with s.o.** mit jdm eine Frage erörtern; **dis·cussion** [dɪ'skʌʃn] *s* **1.** Diskussion *f* **2.** Besprechung, Beratung *f*; **open/close a** ~ eine Diskussion eröffnen/schließen; **be under** ~ zur Diskussion stehen; **after much** ~ nach langen Diskussionen
dis·cus thrower *s* Diskuswerfer(in) *m(f)*
dis·dain [dɪs'deɪn] **I.** *vt* **1.** verachten **2.** verschmähen (*to do* zu tun) **II.** *s* Geringschätzung *f*; **dis·dain·ful** [-fʊl] *adj* verächtlich
dis·ease [dɪ'ziːz] *s* Krankheit *f*; **dis·eased** [dɪ'ziːzd] *adj* krank
dis·em·bark [ˌdɪsɪm'bɑːk] **I.** *vt* ausschiffen **II.** *vi* von Bord gehen; **dis·em·bar·ka·tion** [ˌdɪsˌembɑː'keɪʃn] *s* Landung *f*
dis·en·chant [ˌdɪsɪn'tʃɑːnt] *vt* ernüchtern, enttäuschen
dis·en·fran·chise [ˌdɪsən'fræntʃaɪz] *vt* die bürgerlichen Ehrenrechte aberkennen (*s.o.*

jdm)

dis·en·gage [ˌdɪsɪn'geɪdʒ] **I.** *vt* **1.** losmachen, lösen **2.** auskuppeln, -rücken, -klinken **3.** (MIL) abziehen **II.** *vi* (MIL) auseinanderrücken; **dis·en·gage·ment** [-mənt] *s* **1.** (Los)Lösung *f* **2.** (POL) Disengagement *nt;* Abrücken *nt*

dis·en·tangle [ˌdɪsɪn'tæŋgl] *vt* **1.** los-, freimachen, befreien (*from* von) **2.** entwirren, ordnen

dis·favor (*Am*), **dis·favour** [ˌdɪs'feɪvə(r)] *s* **1.** Missfallen *nt* **2.** Ungnade *f;* **fall into ~ with** in Ungnade fallen bei; **look with ~ on s.th.** etw missbilligend betrachten

dis·figure [dɪs'fɪgə(r)] *vt* entstellen, verunstalten; **dis·fig·ure·ment** [dɪs'fɪgə(r)mənt] *s* Entstellung, Verunstaltung *f*

dis·fran·chise [dɪs'fræntʃaɪz] *vt* die bürgerlichen Ehrenrechte aberkennen (*s.o.* jdm)

dis·gorge [dɪs'gɔːdʒ] **I.** *vt* **1.** ausspeien **2.** (*fig*) herausrücken **II.** *vi* (*Fluss*) sich ergießen (*into* in)

dis·grace [dɪs'greɪs] **I.** *s* **1.** Ungnade *f* **2.** Schande *f* (*to* für); **bring ~ on s.o.** jdm Schande machen; **be in ~** in Ungnade sein **II.** *vt* Schande bringen über **III.** *vr* sich blamieren; **be ~d** blamiert sein; **dis·grace·ful** [dɪs'greɪsfl] *adj* schändlich; skandalös

dis·gruntled [dɪs'grʌntld] *adj* verstimmt (*at* über, *with s.o.* mit jdm)

dis·guise [dɪs'gaɪz] **I.** *vt* verstellen, tarnen **II.** *vr* sich verkleiden (*as* als) **III.** *s* Verkleidung *f;* Verstellung *f;* **in ~** verkleidet, maskiert

dis·gust [dɪs'gʌst] **I.** *s* Ekel *m* (*at* vor), Widerwille *m;* **go away in ~** sich voller Empörung abwenden **II.** *vt* anekeln, anwidern; **be ~ed with s.o.** über jdn empört sein; **dis·gust·ing** [-ɪŋ] *adj* ekelhaft, widerlich

dish [dɪʃ] **I.** *s* **1.** Schüssel, Schale *f* **2.** Gericht *nt,* Speise *f* **3.** **~es** Geschirr *nt* **4.** (*sl*) duftes Mädchen; **do the ~es** das Geschirr spülen **II.** *vt* **1.** anrichten **2.** (*Plan*) verpatzen; **dish aerial** *s* Parabolantenne *f,* Schüssel *f;* **dish of the day** *s* Tagesgericht *nt;* **dish out** *vt* austeilen; **dish up** *vt* **1.** auftragen **2.** (*fig*) auftischen

dis·ha·bille [ˌdɪsæ'biːl] *s* nachlässige Kleidung

dis·har·moni·ous [ˌdɪshɑː'məʊnɪəs] *adj* disharmonisch; **dis·har·mony** [dɪs'hɑːmənɪ] *s* Disharmonie *f*

dish·cloth ['dɪʃklɒθ] *s* Spültuch *nt;* (*Br*) Geschirrtuch *nt*

dis·hearten [dɪs'hɑːtn] *vt* entmutigen

di·shev·eled (*Am*), **di·shev·elled** [dɪ'ʃevld] *adj* **1.** (*Kleidung*) in Unordnung **2.** (*Haare*) zerzaust

dis·hon·est [dɪs'ɒnɪst] *adj* **1.** unredlich, unehrlich **2.** (*fig*) unsauber; **dis·hon·esty** [dɪs'ɒnɪstɪ] *s* **1.** Unredlichkeit, Unehrlichkeit *f* **2.** Unlauterkeit *f*

dis·honor (*Am*), **dis·hon·our** [dɪs'ɒnə(r)] **I.** *s* Schande, Unehre *f;* **bring ~ upon s.o.** Schande über jdn bringen **II.** *vt* **1.** Schande bringen über **2.** (*Wechsel*) nicht einlösen; **dis·honor·able** *adj* (*Am*), **dis·hon·our·able** [-əbl] *adj* unehrenhaft

dish·proof [dɪʃpruːf] *adj* spülmaschinenfest; **dish·towel** *s* (*Am*) Geschirrtuch *nt;* **dish·washer** *s* **1.** Tellerwäscher(in) *m(f)* **2.** Geschirrspülmaschine *f;* **dish·water** *s* Spül-, Abwaschwasser *nt*

dis·il·lusion [ˌdɪsɪ'luːʒn] **I.** *vt* desillusionieren **II.** *s* Desillusion *f;* **dis·il·lusioned** [-d] *adj* desillusioniert; **dis·il·lusion·ment** [-mənt] *s* Desillusionierung *f*

dis·in·cli·na·tion [ˌdɪsɪnklɪ'neɪʃn] *s* Abneigung *f* (*for* gegen)

dis·in·clined ['dɪsɪn'klaɪnd] *adj* abgeneigt

dis·in·fect [ˌdɪsɪn'fekt] *vt* (MED) desinfizieren; **dis·in·fec·tant** [ˌdɪsɪn'fektənt] *s* Desinfektionsmittel *nt;* **dis·in·fec·tion** [ˌdɪsɪn'fekʃn] *s* Desinfektion *f*

dis·in·genu·ous [ˌdɪsɪn'dʒenjʊəs] *adj* unaufrichtig

dis·in·herit [ˌdɪsɪn'herɪt] *vt* enterben

dis·in·te·grate [dɪs'ɪntɪgreɪt] **I.** *vt* auflösen, zersetzen **II.** *vi* **1.** zerfallen **2.** (GEOL) verwittern; **dis·in·te·gra·tion** [dɪsˌɪntɪ'greɪʃn] *s* Auflösung, Zersetzung *f,* Zerfall *m*

dis·in·ter·ested [dɪs'ɪntrəstɪd] *adj* **1.** uneigennützig, selbstlos **2.** unparteiisch, unvoreingenommen

dis·jointed [dɪs'dʒɔɪntɪd] *adj* zusammenhanglos

disk [dɪsk] *s* **1.** Scheibe *f* **2.** (ANAT) Bandscheibe *f* **3.** (Schall)Platte *f* **4.** (INFORM) Diskette *f;* (*hard ~*) Platte *f;* **single/double-sided ~** einseitig/beidseitig beschreibbare Diskette; **disk drive** *s* Diskettenlaufwerk *nt;* **diskette** [dɪs'kæt] *s* Diskette *f*

dis·like [dɪs'laɪk] **I.** *vt* nicht leiden können, nicht gern haben; **~ doing s.th.** etw ungern tun **II.** *s* Abneigung *f,* Widerwille *m,* Antipathie *f* (*of, for* gegen); **take a ~ to** eine Abneigung fassen, einen Widerwillen bekommen gegen

dis·lo·cate ['dɪsləkeɪt] *vt* **1.** (MED) aus-, verrenken **2.** (*fig*) durcheinander bringen; **dis·lo·ca·tion** [ˌdɪslə'keɪʃn] *s* **1.** (MED) Verrenkung *f* **2.** (*fig*) Durcheinanderbringen *nt*

dis·lodge [dɪs'lɒdʒ] *vt* **1.** (*Stein*) entfernen, lösen **2.** herausstochern

dis·loyal [dɪs'lɔɪəl] *adj* nicht loyal (*to* gegen)
dis·mal ['dɪzməl] *adj* **1.** düster, trübe **2.** (*fig*) pessimistisch
dis·mantle [dɪs'mæntl] *vt* **1.** leer machen, ausräumen **2.** auseinander nehmen, zerlegen; demontieren
dis·may [dɪs'meɪ] **I.** *s* Bestürzung *f;* **in ~** bestürzt **II.** *vt* bestürzen
dis·mem·ber [dɪs'membə(r)] *vt* **1.** zerstückeln **2.** (*Gebiet*) aufteilen
dis·miss [dɪs'mɪs] *vt* **1.** (*aus einer Stellung*) entlassen **2.** (*Thema*) fallen lassen; abtun **3.** (JUR) abweisen; **dis·missal** [dɪs'mɪsl] *s* **1.** Entlassung *f;* Kündigung *f;* Abschied *m* **2.** Abtun *nt* **3.** (JUR) Abweisung *f*
dis·mount [ˌdɪs'maʊnt] **I.** *vt* (*Reiter*) abwerfen **II.** *vi* absteigen
dis·obedi·ence [ˌdɪsə'biːdjəns] *s* Ungehorsam *m;* **civil ~** ziviler Ungehorsam; **dis·obedi·ent** [ˌdɪsə'biːdjənt] *adj* ungehorsam (*to* gegen)
dis·obey [ˌdɪsə'beɪ] *vt* **1.** nicht gehorchen (*s.o.* jdm) **2.** sich widersetzen (*an order* einem Befehl)
dis·oblige [ˌdɪsə'blaɪdʒ] *vt* keinen Gefallen tun (*s.o.* jdm); **dis·oblig·ing** [-ɪŋ] *adj* ungefällig, unhöflich
dis·order [dɪs'ɔːdə(r)] **I.** *s* **1.** Unordnung *f,* Durcheinander *nt* **2.** (MED) Funktionsstörung *f* **3. ~s** (POL) Unruhen *fpl;* **mental ~** Geistesgestörtheit *f;* **in ~** durcheinander **II.** *vt* **1.** in Unordnung bringen **2.** (MED) angreifen; **dis·order·ly** [dɪs'ɔːdəlɪ] *adj* **1.** unordentlich, unaufgeräumt **2.** (*Menge*) aufrührerisch **3.** (*Benehmen*) ungehörig; **~ house** Bordell *nt*
dis·or·gan·ize [ˌdɪs'ɔːgənaɪz] *vt* durcheinander bringen
dis·orient, dis·orien·tate [dɪs'ɔːrɪənt, dɪs'ɔːrɪənteɪt] *vt* verwirren
dis·own [dɪs'əʊn] *vt* ab-, verleugnen; nichts zu tun haben wollen mit
dis·par·age [dɪ'spærɪdʒ] *vt* herabsetzen, -würdigen; **dis·par·age·ment** [-mənt] *s* Herabsetzung *f;* **dis·par·ag·ing** [-ɪŋ] *adj* geringschätzig
dis·par·ate ['dɪspərət] *adj* verschiedenartig, ungleich; **dis·par·ity** [dɪ'spærətɪ] *s* Ungleichheit *f;* **~ in age** Altersunterschied *m;* **~ in rank** Rangunterschied *m*
dis·pas·sion·ate [dɪ'spæʃənət] *adj* unparteiisch
dis·patch [dɪ'spætʃ] **I.** *vt* **1.** abschicken, -senden; aufgeben **2.** (*Zug*) abfertigen **3.** schnell erledigen **4.** töten **II.** *s* **1.** Abschicken, Absenden, Aufgeben *nt* **2.** Abfertigung, Erledigung *f* **3.** Telegramm *nt,* Depesche *f;* **with ~** prompt; **dispatch note** *s* Versandanzeige *f,* -auftrag *m*
dis·pel [dɪ'spel] *vt* vertreiben, zerstreuen, auflösen
dis·pens·able [dɪ'spensəbl] *adj* entbehrlich
dis·pens·ary [dɪ'spensərɪ] *s* **1.** Apotheke *f* **2.** Arzneiausgabe(stelle) *f*
dis·pen·sa·tion [ˌdɪspen'seɪʃn] *s* **1.** Aus-, Verteilung *f* **2.** (REL) Befreiung *f* (*from* von) **3.** Fügung *f* (*des Schicksals*) **4.** Glaubenssystem *nt*
dis·pense [dɪ'spens] **I.** *vt* **1.** ausgeben, aus-, verteilen **2.** (*Arznei*) zubereiten, ausgeben **3.** (REL) spenden **4.** befreien, dispensieren (*from* von) **II.** *vi:* **~ with** verzichten auf; **dis·penser** [dɪ'spensə(r)] *s* **1.** Apotheker(in) *m(f)* **2.** (*Automat*) Spender *m;* **cash ~** Geldautomat *m*
dis·per·sal [dɪ'spɜːsl] *s* Zerstreuung, Auflösung *f;* **dis·perse** [dɪ'spɜːs] **I.** *vt* **1.** ver-, zerstreuen **2.** (*Nebel*) auflösen **3.** (*Licht*) streuen **4.** (*fig*) verbreiten **II.** *vi* sich zerstreuen, auseinander gehen; **dis·per·sion** [dɪ'spɜːʃn] *s* **1.** Zerstreuung, Auflösung *f* **2.** (OPT) Dispersion, Streuung *f*
dis·pirit·ed [dɪ'spɪrɪtɪd] *adj* mutlos, niedergedrückt
dis·place [dɪs'pleɪs] *vt* **1.** versetzen, -legen, -lagern, -schieben **2.** ablösen, ersetzen; **~d person** Verschleppte(r) *f m;* **dis·place·ment** [dɪs'pleɪsmənt] *s* **1.** Verschiebung *f;* Verlagerung *f* **2.** (*Arbeitskräfte*) Freisetzung *f* **3.** Ablösung *f,* Ersatz *m* **4.** (PSYCH) Verdrängung *f* **5.** (MAR) Wasserverdrängung *f;* **~ of labour** Freisetzung *f* von Arbeitskräften
dis·play [dɪ'spleɪ] **I.** *vt* **1.** (offen) zeigen, zur Schau stellen; ausstellen **2.** (*Macht*) demonstrieren **3.** (*Kleider*) vorführen **4.** (INFORM) anzeigen **II.** *s* **1.** Zeigen *nt;* Zurschaustellung *f* **2.** (*fig*) Demonstration *f* **3.** Ausstellung *f* **4.** (COM) Auslage *f* **5.** (TYP) Hervorhebung *f* **6.** (INFORM) Display *nt;* Anzeige *f;* **be on ~** ausgestellt sein; **display case** *s* Vitrine *f;* **display window** *s* Schaufenster *nt*
dis·please [dɪs'pliːz] *vt* **1.** missfallen (*s.o.* jdm) **2.** verstimmen, verärgern; **be ~d with s.o.** über jdn verärgert sein; **dis·pleas·ing** [-ɪŋ] *adj* unangenehm, lästig; **dis·pleasure** [dɪs'pleʒə(r)] *s* Missfallen *nt* (*at* über)
dis·pos·able [dɪ'spəʊzəbl] *adj* **1.** wegwerfbar; Papier-; Einweg-; Wegwerf- **2.** verfügbar; **~ income** verfügbares Einkommen; **~ lenses** Einweglinsen *pl;* **~ nappy** Wegwerfwindel *f;* **dis·posal** [dɪ'spəʊzl] *s* **1.** Loswerden *nt;* Beseitigung *f;* Veräußerung *f* **2.** Verfügung(sgewalt) *f* (*of* über)

3. Anordnung *f*, Arrangement *nt;* **be at s.o.'s** ~ zu jds Verfügung stehen; **waste-~ unit** Müllschlucker *m;* **dis·pose** [dɪ'spəʊz] **I.** *vt* (an)ordnen; aufstellen; ~ **s.o. to do s.th.** jdn geneigt machen etw zu tun **II.** *vi:* ~ **of** loswerden; beseitigen; veräußern; erledigen; (*Zeit*) verfügen über; **dis·posed** [dɪ'spəʊzd] *adj* bereit; **be well ~ towards s.o.** jdm wohl wollen; **be ill ~ towards s.o.** jdm übel wollen; **dis·po·si·tion** [ˌdɪspə'zɪʃn] *s* **1.** Anordnung *f;* Aufstellung *f* **2.** Veranlagung *f;* Neigung *f*, Hang *m* **3.** Verfügungsgewalt *f;* **her cheerful** ~ ihre freundliche Art

dis·pos·sess [ˌdɪspə'zes] *vt* enteignen

dis·proof [dɪs'pruːf] *s* Widerlegung *f*

dis·pro·por·tion·ate [ˌdɪsprə'pɔːʃənət] *adj:* **be** ~ in keinem (richtigen) Verhältnis stehen (*to* zu)

dis·prove [ˌdɪs'pruːv] *vt* widerlegen

dis·put·able [dɪ'spjuːtəbl] *adj* anfechtbar; zweifelhaft; **dis·pu·ta·tion** [ˌdɪspjuː'teɪʃn] *s* Disput, Streit *m;* **dis·pu·ta·tious** [ˌdɪspjuː'teɪʃəs] *adj* streitsüchtig; **dis·pute** [dɪ'spjuːt] **I.** *vi* disputieren, streiten (*with, against* mit, *on, about* über) **II.** *vt* **1.** bestreiten, anfechten **2.** (*Frage*) sich streiten über **3.** streitig machen (*s.th. to s.o.* jdm etw) **III.** *s* Kontroverse, Meinungsverschiedenheit *f;* Streit *m;* **beyond** [*o* **past**] ~ unbestritten; **without** ~ zweifellos; **in** ~ strittig; fraglich; **settle a** ~ einen Streit beilegen; **wages** ~ Tarifauseinandersetzungen *fpl*

dis·quali·fi·ca·tion [dɪsˌkwɒlɪfɪ'keɪʃn] *s* **1.** Disqualifizierung *f* **2.** Untauglichkeit, Unfähigkeit *f* **3.** (SPORT) Ausschluss *m;* **dis·qual·ify** [dɪs'kwɒlɪfaɪ] *vt* **1.** untauglich machen (*from* für) **2.** (SPORT) disqualifizieren; ~ **s.o. from driving** jdm den Führerschein entziehen

dis·quiet [dɪs'kwaɪət] **I.** *vt* beunruhigen **II.** *s* Unruhe, Besorgnis *f;* **dis·quiet·ing** [-ɪŋ] *adj* beunruhigend

dis·re·gard [ˌdɪsrɪ'gɑːd] **I.** *vt* **1.** nicht beachten, ignorieren **2.** (*Gefahr*) missachten **II.** *s* **1.** Nichtbeachtung *f* **2.** Missachtung *f* **3.** Geringschätzung *f*

dis·re·pair [ˌdɪsrɪ'peə(r)] *s* Baufälligkeit *f;* **fall into** ~ verfallen; **in a state of** ~ baufällig

dis·repu·table [dɪs'repjʊtəbl] *adj* verrufen; anrüchig; **dis·re·pute** [ˌdɪsrɪ'pjuːt] *s* schlechter Ruf; **fall into** ~ in Verruf kommen

dis·re·spect [ˌdɪsrɪ'spekt] *s* Respektlosigkeit *f* (*to* gegenüber); **dis·re·spect·ful** [-fʊl] *adj* respektlos

dis·rupt [dɪs'rʌpt] *vt* stören; unterbrechen; **dis·rup·tion** [dɪs'rʌpʃn] *s* Störung *f;* Unterbrechung *f;* **dis·rup·tive** [dɪs'rʌptɪv] *adj* störend

dis·sat·is·fac·tion [ˌdɪsˌsætɪs'fækʃn] *s* Unzufriedenheit *f* (*with* mit); **dis·sat·is·fied** [dɪs'sætɪsfaɪd] *adj* unzufrieden (*with* mit)

dis·sect [dɪ'sekt] *vt* **1.** (ANAT) sezieren **2.** (*fig*) zergliedern; **dis·sec·tion** [dɪ'sekʃn] *s* **1.** (ANAT) Sektion *f* **2.** (*fig*) Zergliederung *f*

dissed [dɪsd] *adj* (*sl*) gedisst, schlecht gemacht

dis·semble [dɪ'sembl] *vt* (*Gedanken, Gefühle, Absichten*) verbergen, verhehlen

dis·semi·nate [dɪ'semɪneɪt] *vt* (*fig*) verbreiten; **dis·semi·na·tion** [dɪˌsemɪ'neɪʃn] *s* Verbreitung *f*

dis·sen·sion [dɪ'senʃn] *s* Meinungsverschiedenheit, Differenz *f;* **dis·sent** [dɪ'sent] **I.** *vi* **1.** anderer Ansicht sein (*from* als) **2.** (REL) sich weigern, die Staatskirche anzuerkennen **II.** *s* andere Ansicht; **express one's** ~ erklären, dass man (mit etw) nicht übereinstimmt; **dis·senter** [dɪ'sentə(r)] *s* **1.** Dissident(in) *m(f)* **2.** (REL) Dissenter(in) *m(f)*

dis·ser·ta·tion [ˌdɪsə'teɪʃn] *s* Dissertation *f* (*on* über)

dis·ser·vice [dɪs'sɜːvɪs] *s:* **do s.o. a** ~ jdm einen schlechten Dienst erweisen

dis·si·dent ['dɪsɪdənt] **I.** *adj* dissident, regimekritisch **II.** *s* Dissident(in) *m(f)*

dis·simi·lar [dɪ'sɪmɪlə(r)] *adj* unterschiedlich, verschieden (*to* von); **dis·simi·lar·ity** [ˌdɪsɪmɪ'lærətɪ] *s* Unterschiedlichkeit, Verschiedenheit *f*

dis·simu·la·tion [dɪˌsɪmjʊ'leɪʃn] *s* Verstellung, Heuchelei *f*

dis·si·pate ['dɪsɪpeɪt] **I.** *vt* **1.** zerstreuen; auflösen **2.** (*Energie*) verschwenden, vergeuden **II.** *vi* **1.** sich auflösen **2.** (*fig*) sich zerstreuen; **dis·si·pated** ['dɪsɪpeɪtɪd] *adj* zügellos, ausschweifend; leichtlebig; **dis·si·pa·tion** [ˌdɪsɪ'peɪʃn] *s* **1.** Zerstreuung, Auflösung *f* **2.** (*Energie*) Verschwendung *f* **3.** Ausschweifung *f*

dis·so·ci·ate [dɪ'səʊʃɪeɪt] *vt* **1.** trennen (*from* von) **2.** (CHEM) dissoziieren; ~ **o.s. from s.o.** sich von jdm distanzieren; **dis·so·cia·tion** [dɪˌsəʊsɪ'eɪʃn] *s* **1.** Trennung *f* **2.** (CHEM) Spaltung *f*

dis·so·lute ['dɪsəljuːt] *adj* ausschweifend, zügellos; **dis·so·lu·tion** [dɪsəl'juːʃn] *s* Auflösung *f*

dis·solve [dɪ'zɒlv] **I.** *vt* **1.** verflüssigen; auflösen **2.** (*Ehe*) scheiden **3.** (*Versammlung*) aufheben **4.** (FILM) überblenden **II.** *vi* **1.** sich (auf)lösen **2.** (*fig*) sich in nichts auflösen; ~ **into tears** in Tränen zerfließen

dis·son·ance ['dɪsənəns] *s* Missklang *m,*

Dissonanz *f;* **dis·son·ant** ['dɪsənənt] *adj* **1.** unharmonisch **2.** (*Meinung*) unvereinbar

dis·suade [dɪ'sweɪd] *vt* ausreden (*s.o. from s.th.* jdm etw), abbringen (*from doing s.th.* etw zu tun)

dis·tance ['dɪstəns] **I.** *s* **1.** Abstand *m,* Entfernung *f;* Distanz *f* **2.** Zeitraum *m* **3.** (*fig*) Unterschied *m;* **at** [*o* **from a**] ~ von fern, von weitem; **at some** ~ in einiger Entfernung; **in the** ~ in der Ferne; **it's no** ~ es ist nur ein Katzensprung; **it's within walking** ~ es ist zu Fuß erreichbar; **cover a** ~ eine Strecke zurücklegen; **keep one's** ~ Abstand halten; **what is the** ~ **to ...?** wie weit ist es nach ...?; **keep s.o. at a** ~ jdn auf Distanz halten; ~ **runner** Langstreckenläufer(in) *m(f)* **II.** *vt* (SPORT) hinter sich lassen; (*beim Rennen*) abhängen; **dis·tant** ['dɪstənt] *adj* **1.** weit entfernt, fern **2.** (*fig*) weit zurückliegend **3.** (*Verwandter*) weitläufig, entfernt **4.** (*fig*) zurückhaltend; **have a** ~ **view of s.th.** etw in der Ferne sehen; **in the** ~ **future** in ferner Zukunft; **dis·tant·ly** [-lɪ] *adv* **1.** entfernt, fern **2.** (*fig*) kühl, zurückhaltend; ~ **related** entfernt, weitläufig verwandt

dis·taste [dɪs'teɪst] *s* Abneigung *f,* Widerwille *m* (*for* gegen); **dis·taste·ful** [dɪs'teɪstfl] *adj* widerwärtig; zuwider, unangenehm

dis·temper[1] [dɪ'stempə(r)] *s* (VET) Staupe *f*

dis·temper[2] [dɪ'stempə(r)] *s* Temperafarbe *f*

dis·tend [dɪ'stend] *vi* sich blähen; **dis·ten·sion** [dɪ'stenʃn] *s* (*Magen*) Blähung *f*

dis·til [dɪ'stɪl] **I.** *vi* **1.** sich herausdestillieren **2.** langsam heraustropfen **II.** *vt* **1.** destillieren; brennen **2.** tropfenweise absondern; **dis·till** (*Am*) *s.* **distil**; **dis·til·la·tion** [ˌdɪstɪ'leɪʃn] *s* Destillation *f;* Brennen *nt;* Destillat *nt;* **dis·til·ler** [dɪ'stɪlə(r)] *s* Destillateur *m;* Whisky-, Branntweinbrenner *m;* **dis·til·lery** [dɪ'stɪlərɪ] *s* Whisky-, Branntweinbrennerei *f*

dis·tinct [dɪ'stɪŋkt] *adj* **1.** deutlich, klar; ausgeprägt; merklich **2.** verschieden **3.** (*fig*) eigen, individuell; **as** ~ **from** im Unterschied zu; **dis·tinc·tion** [dɪ'stɪŋkʃn] *s* **1.** Unterscheidung *f;* Unterschied *m* **2.** Rang *m;* Vornehmheit *f* **3.** Auszeichnung *f;* **of** ~ ausgezeichnet, von Rang; **without** ~ ohne Unterschied; **award s.o. academic ~s** jdm akademische Auszeichnungen verleihen; **draw a** ~ **between** einen Unterschied machen zwischen; **make ~s** Unterschiede machen, unterscheiden; **dis·tinc·tive** [dɪ'stɪŋktɪv] *adj* kennzeichnend, charakteristisch; unverwechselbar

dis·tin·guish [dɪ'stɪŋgwɪʃ] **I.** *vt* **1.** unterscheiden **2.** erkennen, wahrnehmen, bemerken **3.** auseinander halten, unterscheiden (*from* von) **II.** *vi* unterscheiden (*between, among* zwischen) **III.** *vr* sich auszeichnen, sich hervortun; **dis·tin·guish·able** [-əbl] *adj* **1.** unterscheidbar **2.** zu erkennen, erkennbar; **dis·tin·guished** [dɪ'stɪŋgwɪʃt] *adj* **1.** von hohem Rang; hervorragend **2.** vornehm

dis·tort [dɪ'stɔ:t] *vt* **1.** verdrehen **2.** verzerren **3.** entstellen; **dis·tort·ed** *adj* verzerrt; (*joint*) verformt; (*face*) entstellt; **dis·tor·tion** [dɪ'stɔ:ʃn] *s* Verzerrung, Entstellung *f*

dis·tract [dɪ'strækt] *vt* ablenken (*from* von); **dis·tracted** [dɪ'stræktɪd] *adj* besorgt, beunruhigt; außer sich (*with* vor); **dis·trac·tion** [dɪ'strækʃn] *s* **1.** Unaufmerksamkeit *f* **2.** Ablenkung *f;* Zerstreuung, Unterhaltung *f* **3.** (*fig*) Zerstreutheit, Verwirrung *f;* **to** ~ bis zur Raserei, aufs Äußerste

dis·traught [dɪ'strɔ:t] *adj* verzweifelt, außer sich

dis·tress [dɪ'stres] **I.** *s* **1.** Kummer *m;* Verzweiflung *f* **2.** Not *f,* Elend *nt* **3.** Notlage *f;* **in** ~ (*Schiff*) in Seenot; **be in great** ~ sehr leiden **II.** *vt* Kummer machen, Sorge bereiten (*s.o.* jdm); **dis·tressed** [dɪ'strest] *adj* bekümmert; ~ **area** Notstandsgebiet *nt;* **dis·tress·ing** [-ɪŋ] *adj* Besorgnis erregend; (*stärker*) erschütternd

dis·trib·ute [dɪ'strɪbju:t] *vt* **1.** ver-, aus-, zuteilen **2.** (*Film*) verleihen **3.** (*Dividende*) ausschütten **4.** (COM) vertreiben, absetzen; **dis·tribu·tion** [ˌdɪstrɪ'bju:ʃn] *s* **1.** Ver-, Zuteilung *f* **2.** (*Film*) Verleih *m* **3.** (*Dividende*) Ausschüttung *f* **4.** (COM) Vertrieb, Absatz *m;* **distribution area** *s* Absatzgebiet *nt;* **distribution channel** *s* Absatzweg *m;* **distribution rights** *s pl* (COM) Vertriebsrechte *ntpl;* **dis·tribu·tive** [dɪ'strɪbjʊtɪv] *adj* verteilend; **dis·tribu·tor** [dɪ'strɪbjʊtə(r)] *s* **1.** (*a.* AUTO) Verteiler *m* **2.** (COM) Großhändler *m* **3.** Filmverleiher *m*

dis·trict ['dɪstrɪkt] *s* **1.** Gebiet, Land(strich *m*) *nt* **2.** (Stadt)Viertel *nt* **3.** (Verwaltungs)Bezirk *m;* **electoral** [*o* **polling**] ~ Wahlbezirk *m;* **postal** ~ Post-, Zustellbezirk *m;* **rural** ~ Landbezirk *m;* **district attorney** *s* (*Am*) Bezirksanwalt *m,* -anwältin *f;* **district council** *s* (*Br*) Bezirksregierung *f;* **district court** *s* (*Am*) Bezirksgericht *nt*

dis·trust [dɪs'trʌst] **I.** *s* Misstrauen *nt* (*of, towards* gegen) **II.** *vt* misstrauen (*s.o.* jdm); **dis·trust·ful** [-fʊl] *adj* misstrauisch (*of* gegenüber)

dis·turb [dɪ'stɜ:b] *vt* **1.** stören; unterbrechen **2.** beunruhigen, verwirren **3.** (*fig*)

aufwirbeln; durcheinanderbringen;
dis·turb·ance [dɪ'stɜːbəns] *s* **1.** Störung *f* **2.** ~**s** (POL) Unruhen *fpl;* **cause a ~** eine Ruhestörung verursachen; **dis·turbed** [dɪ'stɜːbd] *adj* **1.** geistig gestört **2.** beunruhigt; **dis·turbing** [-ɪŋ] *adj* beunruhigend; störend

dis·unite [ˌdɪsjuː'naɪt] *vt* spalten, entzweien; **dis·unity** [dɪs'juːnətɪ] *s* Uneinigkeit *f*

dis·use [dɪs'juːs] außer Gebrauch kommen; **dis·used** [dɪs'juːzd] *adj* **1.** außer Gebrauch **2.** (*Bergwerk*) stillgelegt

ditch [dɪtʃ] **I.** *s* Graben *m* **II.** *vt* (*sl*) abservieren; wegschmeißen

dither ['dɪðə(r)] **I.** *vi* (*fam*) zaudern, schwanken **II.** *s* (*fam*): **be all of a ~** ganz aufgeregt sein; ganz verdattert sein

dit·sy ['dɪtzɪ] *adj* (*Am: sl*) einfältig, dumm

ditto ['dɪtəʊ]: **I'd like tea – ~** ich möchte Tee – ich auch

ditty ['dɪtɪ] *s* Liedchen *nt*

di·ur·nal [daɪ'ɜːnl] *adj* Tages-

di·van [dɪ'væn] *s* Diwan *m;* **divan bed** *s* Liege *f*

dive [daɪv] **I.** *vi* **1.** springen; einen Kopfsprung machen **2.** tauchen **3.** (*U-Boot*) untertauchen **4.** (*fig*) plötzlich verschwinden (*into* in); **~ in** hineinspringen; **he ~d into his pocket** er fischte in seiner Tasche **II.** *s* **1.** Sprung *m;* Kopfsprung *m* **2.** Tauchen *nt* **3.** (*fam*) Spelunke *f;* **make a ~ for s.th.** sich auf etw stürzen; **diver** ['daɪvə(r)] *s* Taucher(in) *m(f);* Turmspringer(in) *m(f);* Kunstspringer(in) *m(f)*

di·verge [daɪ'vɜːdʒ] *vi* auseinander gehen; divergieren; abweichen (*from* von); **di·ver·gence** [daɪ'vɜːdʒəns] *s* Abweichung *f;* Divergenz *f;* **di·ver·gent** [daɪ'vɜːdʒənt] *adj* divergierend; abweichend

di·verse [daɪ'vɜːs] *adj* verschieden(artig); **di·ver·si·fi·ca·tion** [daɪˌvɜːsɪfɪ'keɪʃn] *s* **1.** (COM) Diversifikation *f;* Streuung *f* **2.** Abwechslung *f;* **di·ver·sify** [daɪ'vɜːsɪfaɪ] *vt* **1.** (COM) diversifizieren; auffächern **2.** verschieden(artig), abwechslungsreich gestalten

di·ver·sion [daɪ'vɜːʃn] *s* **1.** Umleitung *f* **2.** (*fig*) Unterhaltung *f;* Ablenkung, Zerstreuung *f*

di·ver·sity [daɪ'vɜːsətɪ] *s* Mannigfaltigkeit, Vielfalt *f*

di·vert [daɪ'vɜːt] *vt* **1.** (*Verkehr*) umleiten **2.** ablenken (*from* von) **3.** (*fig*) ablenken; zerstreuen; **di·vert·ing** [-ɪŋ] *adj* unterhaltsam, amüsant

di·vest [daɪ'vest] **I.** *vt* **1.** entkleiden **2.** berauben (*s.o. of s.th.* jdn einer S) **II.** *vr* sich trennen (*of* von)

di·vide [dɪ'vaɪd] **I.** *vt* **1.** trennen **2.** teilen (*into* in) **3.** (*Geld*) auf-, verteilen **4.** (MATH) dividieren **5.** (*fig*) entzweien; **~ the House** (*im brit. Parlament*) durch Hammelsprung abstimmen lassen **II.** *vi* **1.** sich teilen, sich gliedern (*into* in) **2.** (MATH) sich dividieren lassen **III.** *s* Wasserscheide *f;* **divide off** *vi* sich abtrennen; **divide out** *vt* aufteilen (*among* unter); **divide up** *vi* sich teilen; **di·vid·ed** [dɪ'vaɪdɪd] *adj* **1.** getrennt **2.** (*fig*) gespalten; geteilt; **be ~ on a question** in einer Frage geteilter Meinung sein

divi·dend ['dɪvɪdend] *s* **1.** (FIN) Dividende *f* **2.** (MATH) Dividend *m;* **pay a ~** eine Dividende ausschütten

di·vid·ing [dɪ'vaɪdɪŋ] *adj:* **~ line** Trenn(ungs)linie *f;* **~ wall** Trennwand *f*

div·i·na·tion [ˌdɪvɪ'neɪʃn] *s* Weissagung, Prophezeiung *f;* **di·vine** [dɪ'vaɪn] **I.** *vt* **1.** weissagen, prophezeien **2.** vermuten, erraten **II.** *s* Geistliche(r) *f m* **III.** *adj* göttlich; **~ service** Gottesdienst *m;* **di·viner** [dɪ'vaɪnə(r)] *s* Wahrsager(in) *m(f)*

div·ing ['daɪvɪŋ] *s* Tauchen *nt;* Wasserspringen *nt;* **div·ing-bell** ['daɪvɪŋbel] *s* Taucherglocke *f;* **div·ing-board** ['daɪvɪŋbɔːd] *s* Sprungbrett *nt;* **div·ing-suit** ['daɪvɪŋsjuːt] *s* Taucheranzug *m*

di·vin·ing-rod [dɪ'vaɪnɪŋ'rɔd] *s* Wünschelrute *f*

di·vin·ity [dɪ'vɪnətɪ] *s* **1.** Göttlichkeit *f* **2.** Gottheit *f* **3.** Theologie *f*

di·vis·ible [dɪ'vɪzəbl] *adj* (*a.* MATH) teilbar (*by* durch)

di·vi·sion [dɪ'vɪʒn] *s* **1.** (Ein-, Ver)Teilung *f* **2.** (MATH) Division *f* **3.** Abteilung *f;* Sparte *f;* Fach *nt;* Kategorie *f* **4.** (MIL) Division *f* **5.** Trennungsstrich *m;* Trennlinie, Grenze *f* **6.** (PARL) Abstimmung *f* durch Hammelsprung **7.** (*fig*) Uneinigkeit, Spaltung *f;* **division of labour** *s* Arbeitsteilung *f*

di·vorce [dɪ'vɔːs] **I.** *s* **1.** (Ehe)Scheidung *f* **2.** (*fig*) Trennung *f;* **apply** [*o* **sue**] **for a ~** die Scheidungsklage einreichen; **~ proceedings** Scheidungsprozess *m* **II.** *vt* **1.** sich scheiden lassen von **2.** (*fig*) trennen (*from* von); **get ~d** sich scheiden lassen; **he ~d his wife** er ließ sich von seiner Frau scheiden; **they have been ~d** sie haben sich scheiden lassen; **di·vor·cee** [dɪˌvɔː'siː] *s* Geschiedene(r) *f m*

di·vot ['dɪvət] *s* (*Golf*) Divot *nt*

di·vulge [daɪ'vʌldʒ] *vt* bekannt machen, veröffentlichen

DIY *s Abk. von* **do-it-yourself** Heimwerken *nt*

diz·zi·ness ['dɪzɪnɪs] *s* Schwindel(anfall) *m;* **dizzy** ['dɪzɪ] *adj* **1.** schwind(e)lig

2. (*Höhe*) schwindelerregend **3.** verrückt; ~ **spell** Schwindelanfall *m;* **feel** ~ schwindlig sein

DNA *s Abk. von* **desoxyribonucleic acid** DNS *f*

do [du:] <*irr:* does, did, done> **I.** *vt* **1.** tun, machen; **what are you ~ing now?** was machst du nun?; **I will ~ what I can** ich werde tun, was ich kann; **I have nothing to ~** ich habe nichts zu tun **2.** (*ausführen*) machen; **~ a play** ein Stück aufführen; **~ the housework** die Hausarbeit tun; **~ the shopping** einkaufen gehen, die Einkäufe erledigen; **what can I ~ for you?** was kann ich für Sie tun?; **what do you want me to ~?** und was soll ich tun? **3.** (SCHULE) durchnehmen, behandeln **4.** lösen **5.** (*richten*): **~ one's hair** sich frisieren; **~ one's nails** sich die Nägel schneiden; **~ the shoes** die Schuhe putzen **6.** (*beim Friseur*): **I will ~ you next, sir** Sie kommen als Nächster an die Reihe **7.** (*vollenden*): **the work's done now** die Arbeit ist gemacht **8.** (*Museum*) besuchen **9.** (*Geschwindigkeit*) fahren, machen **10.** passen (*s.o.* jdm) **11.** (THEAT) spielen **12.** übers Ohr hauen; **you've been done!** du bist reingelegt worden **13.** (*bearbeiten*): **we don't ~ letters** wir können keine Briefe annehmen **14.** (*Essen*) machen, kochen **15.** (*ermüden*): **he's absolutely done!** er ist völlig geschafft! **II.** *aux* **1.** (*zur Bildung von Frage- und verneinten Sätzen*): **~ you understand?** verstehen Sie?; **I ~ not** [*o* **don't**] **understand** ich verstehe nicht **2.** (*zur Betonung*): **~ stop the noise!** hör' mit dem Lärm auf!; **but I ~ like it** aber es gefällt mir wirklich **3.** (*um die Wiederholung des Verbs zu vermeiden*): **you speak better than I ~** Sie sprechen besser als ich **4.** (*zur Bestätigung*): **he lives in London, doesn't he?** er lebt doch in London?; **so you know him, ~ you?** Sie kennen ihn also, oder? **5.** (*um bei Antworten das Verb zu ersetzen*): **they speak English – ~ they really?** sie sprechen Englisch – wirklich?; **may I come in? – ~!** darf ich hereinkommen? – ja, bitte! **III.** *vi* **1.** handeln; **he did right** er hat richtig gehandelt **2.** (*Mensch, Lage, Geschäfte*): **how are you ~ing?** wie geht es Ihnen?; **the business is ~ing well** das Geschäft geht gut **3.** (*Essen*) fertig sein **4.** gehen; **that will never ~!** das geht nicht!; **nothing ~ing** nichts zu machen **5.** reichen; **that'll ~!** jetzt reicht's aber! **IV.** *s* **1.** (*sl*) Schwindel *m* **2.** (*fam*) Veranstaltung, Fete *f* **3.** Sitte *f;* **the ~s and don'ts** was man tun und nicht tun sollte; **fair ~s** (*sl*) gleiches Recht; **do away with** *vt* **1.** abschaffen; vernichten **2.** (*Menschen*) aus dem Wege räumen, erledigen; **do by** *vi:* **~ well by s.o.** jdn gut behandeln; **~ badly by s.o.** jdn schlecht behandeln; **do down** *vt* (*fam*) schlecht machen; **do for** *vi* **1.** (*Person*) fertig machen **2.** putzen für; **be done for** erledigt sein; **do in** *vt* (*sl*) umlegen, killen; **be done in** fertig, geschafft sein; **do out** *vt* aufräumen, reinigen, putzen; **~ s.o. out of his job** jdn um eine Stelle bringen; **do over** *vt* **1.** neu be-, überziehen **2.** (*sl*) zusammenschlagen; **do up** *vt* **1.** zumachen **2.** (*Waren*) zusammenpacken; einwickeln **3.** neu herrichten; **~ o.s. up** sich zurechtmachen; **do with** *vt* **1.** brauchen **2.** vertragen; **he can't be ~ing with this noise** er kann den Lärm nicht ausstehen; **what has that got to ~ with it?** was hat das damit zu tun?; **I could ~ with a cup of tea** ich könnte eine Tasse Tee vertragen; **she didn't know what to ~ with herself** sie wusste nichts mit sich anzufangen; **do without** *vt* nicht brauchen, nicht nötig haben, auskommen ohne

doc·ile ['dəʊsaɪl, *Am* 'dɒsl] *adj* **1.** sanftmütig **2.** gelehrig; **doc·il·ity** [dəʊ'sɪlətɪ] *s* **1.** Sanftmut *f* **2.** Gelehrigkeit *f*

dock[1] [dɒk] **I.** *s* **1.** (MAR) Dock *nt;* Kai *m* **2. ~s** Hafen *m* **II.** *vt* docken **III.** *vi* (MAR) anlegen

dock[2] [dɒk] *s* (JUR) Anklagebank *f;* **stand in the ~** auf der Anklagebank sitzen

dock[3] [dɒk] **I.** *vt* **1.** (*Schwanz*) stutzen **2.** (*Lohn*) kürzen **II.** *s* gestutzter Schweif

dock[4] [dɒk] *s* Ampfer *m*

docker ['dɒkə(r)] *s* Docker, Hafenarbeiter *m*

docket ['dɒkɪt] **I.** *s* **1.** (JUR) Urteilsregister *nt* **2.** (COM) Bestell-, Lieferschein *m;* Laufzettel *m* **3.** Zollquittung *f* **II.** *vt* **1.** (JUR) zusammenfassen **2.** (COM) etikettieren

dock·ing ['dɒkɪŋ] *s* (*Raumfahrt*) Ankoppelung *f*

dock·yard ['dɒkjɑ:d] *s* Werft *f*

doc·tor ['dɒktə(r)] **I.** *s* **1.** (*akademischer Grad*) Doktor *m* **2.** Doktor(in) *m(f),* Arzt *m,* Ärztin *f;* **take one's ~'s degree** promovieren; **lady** [*o* **woman**] **~** Ärztin *f* **II.** *vt* **1.** (*Erkältung*) behandeln **2.** (*fig*) manipulieren, zurechtbiegen; (*Dokumente*) frisieren, fälschen; **doc·tor·ate** ['dɒktərət] *s* Doktorgrad *m*

doc·tri·naire [ˌdɒktrɪ'neə(r)] *adj* doktrinär; **doc·trine** ['dɒktrɪn] *s* Doktrin *f,* Grundsatz *m*

docu·ment ['dɒkjʊmənt] **I.** *s* Urkunde *f,* Dokument *nt* **II.** *vt* **1.** beurkunden **2.** mit Papieren versehen; **docu·men·tary** [ˌdɒkjuˈmentərɪ] **I.** *adj* urkundlich, dokumentarisch **II.** *s* Dokumentarfilm *m;* **docu·men·ta·tion** [ˌdɒkjumenˈteɪʃn] *s* Dokumentation *f;* **document folder** *s* Aktenmappe *f*

docu·soap [ˈdokjuːˌsəʊp] *s* realistische Seifenoper

dod·dery [ˈdɒdərɪ] *adj* vertrottelt

dodge [dɒdʒ] **I.** *vt* **1.** schnell ausweichen (*s.th.* einer S) **2.** (*fig*) sich drücken vor **II.** *vi* ausweichen **III.** *s* **1.** Sprung *m* zur Seite, rasches Ausweichen **2.** Trick *m;* **be up to all the ~s** mit allen Wassern gewaschen sein; **dodge around** *vi* (*Br: sl*): **~ with s.o.** mit jdm herumhängen; **dodger** [ˈdɒdʒə(r)] *s* Schlaumeier, Schlawiner *m*

dodgy [ˈdɒdʒɪ] *adj* (*fam*) **1.** (*Situation*) vertrackt **2.** (*Maschine*) nicht einwandfrei

doe [dəʊ] *s* **1.** Reh *nt,* Hirschkuh *f* **2.** Häsin *f*

doer [ˈduːə(r)] *s* (*fam*) Macher *m;* aktiver Mensch

does [dʌz] *3. Person Singular Präsens von* **do**

doe·skin [ˈdəʊskɪn] *s* Rehleder *nt*

doesn't [ˈdʌznt] = **does not**

dog [dɒg] **I.** *s* **1.** Hund, Rüde *m* **2.** (*fam*) Kerl *m* **3.** **~s** Hunderennen *nt* **4.** (TECH) Klammer *f;* **a ~'s dinner/breakfast** (*fam*) Schlamassel *m;* **die like a ~** im Elend sterben; **lead a ~'s life** ein Hundeleben führen; **go to the ~s** vor die Hunde gehen; **give a ~ a bad name** wer einmal in Verruf kommt; **~ in the manger** Spielverderber(in) *m(f);* **every ~ has his day** jeder hat einmal Glück; **let sleeping ~s lie** (*prov*) man soll schlafende Hunde nicht wecken; **hot ~** Hot dog *m;* **lucky ~** Glückspilz *m;* **dirty ~** gemeiner Hund **II.** *vt:* **~ s.o.** jdm hart auf den Fersen sein; **dog biscuit** *s* Hundekuchen *m;* **dog col·lar** *s* **1.** Hundehalsband *nt* **2.** weißer Stehkragen (*eines Geistlichen*); **dog days** *s pl* Hundstage *mpl;* **dog-eared** [ˈdɒgˌɪərd] *adj* (*Buch*) mit Eselsohren

dog·ged [ˈdɒgɪd] *adj* verbissen, hartnäckig

dog·gerel [ˈdɒgərəl] *s* Knittelvers *m*

dogma [ˈdɒgmə] *s* Dogma *nt,* Glaubens-, Lehrsatz *m;* **dog·matic** [dɒgˈmætɪk] *adj* dogmatisch; **dog·ma·tism** [ˈdɒgmətɪzəm] *s* Dogmatismus *m*

dogs·body [ˈdɒgzˌbɒdɪ] *s* Mädchen *nt* für alles; **dog-tired** [ˌdɒgˈtaɪəd] *adj* hundemüde

do·ing [ˈduːɪŋ] *s* Tun *nt;* **this is your ~** das ist dein Werk; **it was none of my ~** ich hatte nichts damit zu tun; **do·ings** [ˈduːɪŋz] *s pl* (*fam*) Handlungen, Taten *fpl*

do-it-your·self [ˈduːɪtjɔːˈself] **I.** *s* Heimwerken *nt* **II.** *adj* Bastler-, Hobby-

dol·drums [ˈdɒldrəmz] *s pl* (GEOG) Kalmenzone *f;* **be in the ~** Trübsal blasen; (COM) in einer Flaute stecken

dole [dəʊl] **I.** *s* Stempelgeld *nt;* **go** [*o* **be**] **on the ~** stempeln gehen **II.** *vt:* **~ out** austeilen; **dole-out** *s* (*pej*) Almosen *pl*

dole·ful [ˈdəʊlfl] *adj* traurig, trübselig

doll [dɒl] **I.** *s* Puppe *f;* **~'s house** Puppenhaus *nt* **II.** *vt:* **~ up** (*fam*) herausputzen

dol·lar [ˈdɒlə(r)] *s* Dollar *m*

dol·lop [ˈdɒləp] *s* (*fam*) Schlag *m*

dolly [ˈdɒlɪ] *s* **1.** (*Kindersprache*) Püppchen *nt* **2.** (FILM) Kamerawagen *m;* **dolly-bird** *s* (*fig fam*) Puppe *f*

dol·phin [ˈdɒlfɪn] *s* Delfin, Delphin *m*

dolt [dəʊlt] *s* Tölpel *m;* **dolt·ish·ly** [ˈdəʊltɪʃlɪ] *adj* tölpelhaft

do·main [dəʊˈmeɪn] *s* **1.** Domäne *f* **2.** (*fig*) Gebiet *nt,* Bereich *m* **3.** (INTERNET) Domain *f;* **do·main name** *s* Domain-Name *m,* Internetadresse *f*

dome [dəʊm] *s* (ARCH) Kuppel *f*

do·mes·tic [dəˈmestɪk] *adj* **1.** häuslich **2.** (POL COM) Innen-; Inland-; Binnen-; einheimisch **3.** Haus-; **~ animal** Haustier *nt;* **~ appliance** Haushaltsgerät *nt;* **~ disturbance** Ehekrach *m;* **~ flight** Inlandsflug *m;* **~ policy** Innenpolitik *f;* **~ refuse** [*o* **rubbish**] Hausmüll *m;* **~ science** Hauswirtschaftslehre; **~ servant** Hausangestellte(r) *f m;* **do·mes·ti·cate** [dəˈmestɪkeɪt] *vt* **1.** ans Haus gewöhnen **2.** (*Tiere*) zähmen

domi·cile [ˈdɒmɪsaɪl] **I.** *s* **1.** Wohnsitz *m* **2.** (FIN) Zahlungsort *m* **II.** *vt* **1.** unterbringen (*with* bei) **2.** (FIN) domizilieren

domi·nance [ˈdɒmɪnəns] *s* Vorherrschaft, Dominanz *f;* **domi·nant** [ˈdɒmɪnənt] *adj* **1.** (be)herrschend, bestimmend; dominierend **2.** (*Gesichtszug*) hervorstechend **3.** (MUS) dominant

domi·nate [ˈdɒmɪneɪt] **I.** *vt* beherrschen **II.** *vi* dominieren; **domi·na·tion** [ˌdɒmɪˈneɪʃn] *s* (Vor)Herrschaft *f*

domi·neer [ˌdɒmɪˈnɪə(r)] *vi* den Ton angeben; **~ over** beherrschen, tyrannisieren; **domi·neer·ing** [-ɪŋ] *adj* **1.** tonangebend, herrisch **2.** tyrannisch

Do·min·ican Re·pub·lic [dəˈmɪnɪkənˌrɪˈpʌblɪk] *s* Dominikanische Republik

do·min·ion [dəˈmɪnɪən] *s* **1.** Herrschaft, Souveränität *f* (*over* über) **2.** Herrschaftsgebiet *nt,* -bereich *m*

dom·ino [ˈdɒmɪnəʊ] <*pl* -inoes> *s* **1.** Domino(stein) *m* **2.** (*Kostüm*) Domino *m;* **play ~es** Domino spielen; **domino effect** *s* Dominoeffekt *m*

D

do·nate [dəʊ'neɪt] *vt* spenden; stiften; **do·na·tion** [dəʊ'neɪʃn] *s* **1.** Spenden *nt;* Stiften *nt* **2.** Spende *f*

done [dʌn] **I.** *pp of* **do II.** *adj* **1.** getan; erledigt; abgemacht **2.** fertig; gar **3.** (*fam*) erschöpft, kaputt

do·ner ke·bab ['dəʊnə(r)kə'bæb] *s* Dönerkebab *m*

don·key ['dɒŋkɪ] *s* Esel *m;* **~'s years** eine Ewigkeit; **don·key jacket** ['dɒŋki,dʒækət] *s* dicke (gefütterte) Jacke; **donkey-work** *s* Routinearbeit; (*pej*) Dreckarbeit *f*

do·nor ['dəʊnə(r)] *s* **1.** (JUR) Stifter(in) *m(f)* **2.** (MED) Spender(in) *m(f)*

don't [dəʊnt] = **do not**

doodle ['du:dl] **I.** *vi* Männchen malen **II.** *s* Gekritzel *nt*

doom [du:m] **I.** *s* Verhängnis, Schicksal *nt;* **go to one's ~** seinem Verhängnis entgegengehen **II.** *vt* verurteilen, verdammen; **be ~ed** verloren sein; **~ed to die** dem Tode geweiht; **dooms·day** ['du:mzdeɪ] *s* der Jüngste Tag

door [dɔ:(r)] *s* **1.** Tür *f;* Eingang *m* **2.** (*fig*) Weg *m* (*to* zu); **go from ~ to ~** von Tür zu Tür gehen; **live two ~s away** zwei Häuser weiter wohnen; **next ~** nebenan; **next ~ to** (*fig*) beinahe, fast; **open the ~ to s.th.** einer S Tür und Tor öffnen; **lay s.th. at s.o.'s ~** (*fig*) jdm etw zum Vorwurf machen; **show s.o. the ~** jdn vor die Tür setzen; **back ~** Hintertür *f;* **front ~** Haustür *f;* **door·bell** ['dɔ:bel] *s* Türklingel *f;* **door·frame** *s* Türrahmen *m;* **door·keep·er** *s* Portier *m;* **door·knob** *s* Türknopf *m;* **door·man** ['dɔ:mən] <*pl* **-men**> *s* Pförtner, Portier *m;* **door·mat** *s* Türvorleger *m;* **door·nail**: **~ dead as a ~** mausetot; **door·plate** *s* Türschild *nt;* **door·step** ['dɔ:step] *s* Türstufe *f;* **door-to-door** [,dɔ:tə'dɔ:(r)] *adj:* **~ sales** Haustürgeschäft *nt;* **~ salesman** Vertreter *m;* **door·way** ['dɔ:weɪ] *s* **1.** Eingang *m* **2.** (*fig*) Weg *m*

doozy ['dəʊzɪ] *s* (*Am: sl*) Prachtexemplar *nt*

dope [dəʊp] **I.** *s* **1.** Rauschgift *nt,* Stoff *m* **2.** (*sl*) Information *f,* Tip *m* **3.** (*sl*) Trottel *m* **4.** Lack *m* **II.** *vt* **1.** (*Pferde, Sportler*) dopen **2.** Aufputschmittel, Dopingmittel geben (*s.o.* jdm); **dope peddler, dope pusher** *s* Drogenhändler(in) *m(f),* Dealer(in) *m(f);* **dopey, dopy** ['dəʊpɪ] *adj* (*fam*) **1.** bekloppt, blöd **2.** benommen, benebelt

dop·ing ['dəʊpɪŋ] *s no pl* (*fam*) Doping *nt*

do-rag [du:'ræg] *s* (*Am: sl*) Stirnband *nt*

dor·mant ['dɔ:mənt] *adj* **1.** (BOT) ruhend **2.** (*Vulkan*) untätig **3.** (*Energie*) verborgen, latent; **lie ~** (*fig*) schlummern

dor·mer (-win·dow) ['dɔ:mə(r)(wɪndəʊ)] *s* Mansardenfenster *nt*

dor·mi·tory ['dɔ:mɪtrɪ] *s* **1.** Schlafsaal *m* **2.** (*Am*) (Studenten)Wohnheim *nt;* **~ town** Schlafstadt *f;* **dor·mo·bile**® ['dɔ:məʊbi:l] *s* Wohnmobil *nt*

dor·mouse ['dɔ:maʊs] <*pl* **-mice**> *s* Haselmaus *f*

dor·sal ['dɔ:sl] *adj* (ANAT) Rücken-; **~ fin** Rückenflosse *f*

DOS [dɒs] *s Abk. von* **Disk Operating System** (INFORM) Diskettenbetriebssystem, DOS *nt*

dos·age ['dəʊsɪdʒ] *s* Dosis *f;* Dosierung *f;* **dose** [dəʊs] **I.** *s* Dosis *f* **II.** *vt* Arznei geben (*s.o.* jdm); **~ o.s.** Medikamente schlucken

doss [dɒs] *vi* (*sl*) pennen; **dos·ser** ['dɒsə(r)] *s* (*Br sl*) Penner(in) *m(f);* **doss·house** *s* (*Br sl*) billige Unterkunft

dos·sier ['dɒsɪeɪ] *s* Dossier *nt*

dot [dɒt] **I.** *s* **1.** Punkt *m* **2.** Pünktchen *nt;* **on the ~** auf die Minute **II.** *vt* **1.** punktieren **2.** (*fig*) übersäen (*with* mit); **~ an i** einen i-Punkt setzen; **~ one's i's and cross one's t's** (*fig*) peinlich genau sein; **sign on the ~ted line** (*fig*) formell zustimmen

dot·com ['dɒtkɒm] *s* Dotcom-Firma *f*

dote [dəʊt] *vi:* **~ on** vernarrt sein in; **dot·ing** ['dəʊtɪŋ] *adj* vernarrt, heftig verliebt (*on* in)

dot-matrix print·er ['dɒt'meɪtrɪks 'prɪntə(r)] *s* (INFORM) Matrixdrucker *m*

dot·ty ['dɒtɪ] *adj* (*fam*) schrullig

dou·ble ['dʌbl] **I.** *adj* **1.** doppelt, zweifach **2.** Doppel- **3.** (*Blume*) gefüllt **4.** (*fig*) zweideutig; scheinheilig; **have a ~ meaning** doppeldeutig sein; **lead a ~ life** ein Doppelleben führen **II.** *adv* doppelt, noch einmal so (viel); **see ~** doppelt sehen; **he's ~ your age** er ist doppelt so alt wie du **III.** *s* **1.** (das) Doppelte, (das) Zweifache **2.** Ebenbild *nt;* Doppelgänger(in) *m(f)* **3.** (THEAT FILM) Double *nt* **4.** (MIL) Laufschritt *m* **5.** (*Tennis*) Doppel(spiel) *nt;* **~ or quits** doppelt oder nichts; **at the ~** im Laufschritt **IV.** *vt* **1.** verdoppeln **2.** (*Papier*) (einmal) falten **3.** (THEAT FILM) das Double sein (*s.o.* jds) **4.** (MAR) umschiffen **5.** (*Kartenspiel*) verdoppeln **V.** *vi* **1.** sich verdoppeln **2.** (MUS) zwei Instrumente spielen; **~ for s.o.** (THEAT FILM) jds Double sein; **double back** *vi* kehrtmachen, zurückgehen; **double up I.** *vi* **1.** sich krümmen, sich biegen (*with laughter* vor Lachen) **2.** (*Zimmer*) sich teilen, gemeinsam benutzen **II.** *vt* (*Papier*) falten, knicken

dou·ble-bar·rel·led [,dʌbl'bærəld] *adj*

1. (*Gewehr*) doppelläufig 2. (*Nachname*) Doppel-; **dou·ble bass** *s* Kontrabass *m;* **dou·ble bed** *s* Doppelbett *nt;* **dou·ble-breasted** [-'brestɪd] *adj* (*Jacke*) zweireihig; **dou·ble-check** *vt* doppelt prüfen; **dou·ble chin** *s* Doppelkinn *nt;* **dou·ble-cross** I. *vt* (*fam*) ein Doppelspiel treiben mit II. *s* (*fam*) Doppelspiel *nt;* **dou·ble-crosser** *s* (*fam*) falscher Hund; **dou·ble-dealer** *s* Betrüger(in) *m(f);* **dou·ble-dealing** I. *s* Betrügerei *f* II. *adj* betrügerisch; **dou·ble-decker** *s* Doppeldecker (*a. Brötchen*); **dou·ble-Dutch** *s* (*fam*) Kauderwelsch *nt;* **dou·ble-edged** [-'edʒd] *adj* zweischneidig; **dou·ble-entry book-keeping** *s* doppelte Buchführung; **dou·ble feature** *s* Programm *nt* mit zwei Hauptfilmen; **dou·ble-glaze** *vt* doppelt verglasen; **dou·ble glazing** *s* Doppelverglasung *f,* Doppelfenster *ntpl;* **dou·ble-jointed** [-'dʒɔɪntɪd] *adj* sehr gelenkig; **dou·ble-park** *vi* in der zweiten Reihe parken; **dou·ble-quick** I. *adv* sehr schnell II. *adj:* **in ~ time** im Nu

dou·bles ['dʌblz] *s sing od pl* (SPORT) Doppel *nt*

dou·ble-sided *adj* doppelseitig

dou·ble take [ˌdʌbl'teɪk] *s* (*fig fam*) Spätzündung *f;* **do a ~** zweimal hingucken (müssen); **dou·ble talk** *s* doppeldeutiges Gerede; **dou·ble think** *s* widersprüchliches Denken; **dou·ble time** *s* doppelter Lohn

dou·bly ['dʌblɪ] *adv* doppelt

doubt [daʊt] I. *s* Zweifel *m* (*of, about* an); **be in great ~ as to s.th.** schwere Bedenken hinsichtlich einer S haben; **I am in ~ as to whether ...** ich habe so meine Zweifel, ob ...; **in ~** zweifelhaft; **cast ~ on s.th.** etw in Zweifel ziehen; **no ~ he will come tomorrow** höchstwahrscheinlich kommt er morgen; **without** (**a**) **~** ohne Zweifel; **beyond** (**all**) **~** ohne (jeden) Zweifel II. *vt* bezweifeln; anzweifeln, Zweifel haben an; **I ~ whether he will come** ich bezweifle, dass er kommen wird III. *vi* Zweifel haben; **doubt·ful** ['daʊtfl] *adj* 1. unsicher, zweifelhaft; ungewiss 2. (*Charakter*) zweifelhaft; zwielichtig; **be ~ about s.th.** einer S gegenüber Zweifel hegen; **look ~** skeptisch aussehen; **doubt·less** ['daʊtlɪs] *adv* ohne Zweifel, zweifellos

dough [dəʊ] *s* 1. Teig *m* 2. (*sl*) Moneten *pl;* **dough·nut** ['dəʊnʌt] *s* Berliner (Pfannkuchen) *m;* **doughy** ['dəʊɪ] *adj* 1. teigig 2. (*fam*) käsig, bleich

dour [dʊə(r)] *adj* 1. mürrisch 2. (*Kampf*) hart

douse [daʊs] *vt* 1. eintauchen; Wasser gießen über 2. (*fam: Licht*) auslöschen

dove[1] [dəʊv] (*Am*) *s.* **dive**

dove[2] [dʌv] *s* Taube *f;* **dove·cot**(**e**) ['dʌvkəʊt] *s* Taubenschlag *m*

dove·tail ['dʌvteɪl] I. *s* (TECH) Schwalbenschwanz *m* II. *vt* 1. (TECH) (ver)zinken, verschwalben 2. (*fig*) koordinieren (*with* mit) III. *vi* (*Pläne*) übereinstimmen

dowa·ger ['daʊədʒə(r)] *s* adlige Witwe

dowdy ['daʊdɪ] *adj* schlampig; schlecht gekleidet

dowel ['daʊəl] *s* Dübel *m*

down[1] [daʊn] *s* Daunen *fpl,* Flaum *m*

down[2] [daʊn] *s meist pl* Hügelland *nt*

down[3] [daʊn] I. *adv* 1. her-, hinunter; nach unten 2. (*statische Position*) unten 3. (*an einen anderen Punkt*): **on the way ~ from London** auf dem Weg von London hierher; **~ South** im Süden; **go ~ to the sea** an die See fahren 4. (INFORM) ausgefallen 5. (*im Volumen, in der Menge*): **be worn ~** abgetragen sein; **the wind died ~** der Wind nahm ab; **the fire is burning ~** das Feuer erlischt; **the tyres are ~** die Reifen sind platt; **the price of fruit is ~** der Obstpreis ist gefallen 6. (*Schreiben*): **write s.th. ~** etw aufschreiben; **get s.th. ~** etw notieren; **be ~ for the next race** für das nächste Rennen gemeldet sein 7. (*zeitlich*): **from 1900 ~ to the present** seit 1900 bis zur Gegenwart; **~ through the ages** von jeher 8. (*Wendungen*): **fall ~** herunterfallen; **~ there** da unten; **he's ~ with flu** er liegt mit Grippe im Bett; **the sun is ~** die Sonne ist untergegangen; **head ~** mit dem Kopf nach unten; **pay s.th. ~** etw anzahlen; **up and ~** hin und her; auf und ab; **be ~ on s.o.** auf jdn sauer sein; **be ~ in the mouth** niedergeschlagen sein II. *prep* 1. her-, hinunter 2. nach unten; **go ~ the hill** den Berg hinuntergehen; **he lives ~ the street** er wohnt ein Stückchen weiter die Straße entlang; **he was walking ~ the street** er ging die Straße entlang; **she's ~ the shops** (*sl*) sie ist einkaufen gegangen; **~ the ages** durch die Jahrhunderte (hindurch); **ups and ~s** gute und schlechte Zeiten III. *vt* niederschlagen; **~ tools** die Arbeit niederlegen; **~ a glass of beer** ein Glas Bier runterkippen

down-and-out ['daʊnənaʊt] I. *s* Penner(in) *m(f)* II. *adj* heruntergekommen; **down·cast** ['daʊnkɑːst] *adj* 1. niedergedrückt 2. (*Augen*) niedergeschlagen; **down·fall** ['daʊnfɔːl] *s* 1. Sturz, Fall *m* 2. (*fig*) Ruin *m;* Untergang *m* 3. (*Regen*) Regenschauer, Platzregen *m;* **down·grade** [ˌdaʊn'greɪd] *vt* (*Arbeit*) herunterstufen; degradieren; **down·hearted** [ˌdaʊn-

D

'hɑːtɪd] *adj* niedergeschlagen, gedrückt; **down·hill** [ˌdaʊn'hɪl] *adv* bergab, abwärts; **go** ~ bergab gehen; (*fig*) auf dem absteigenden Ast sein; **down·load** *vt* (INTERNET) herunterladen, downloaden; **down-mar·ket** [ˌdaʊn'mɑːkɪt] *adj* Billig-, Massen-; **down payment** *s* Anzahlung *f;* **down·pour** ['daʊnpɔː(r)] *s* Platzregen *m;* **down·right** ['daʊnraɪt] **I.** *adj* **1.** (*Lüge*) glatt **2.** (*Lügner*) ausgesprochen **II.** *adv* (*unhöflich*) ausgesprochen; **down-shift·er** ['daʊnʃɪftə(r)] *s* Aussteiger(in) *m(f);* **down·side** ['daʊnsaɪd] *s* Nachteil *m;* **down·siz·ing** ['daʊnsaɪzɪŋ] *s* Stellenabbau *m*

Down's Syn·drome ['daʊnz'sɪndrəʊm] *s* (MED) (Morbus)Down-Syndrom *nt*

down·stairs [ˌdaʊn'steəz] **I.** *adv* die Treppe hinunter; (nach) unten **II.** *adj* Parterre-; **the ~ rooms** die unteren Zimmer **III.** *s* Parterre *m;* **down·stream** [ˌdaʊn'striːm] *adv* stromabwärts; **down·time** ['daʊntaɪm] *s* (INFORM COM) Ausfallzeit *f;* **down-to-earth** [ˌdaʊntə'ɜːθ] *adj* praktisch veranlagt; wirklichkeitsnah; nüchtern; **down·town** ['daʊntaʊn] **I.** *adv:* **go** ~ in die Innenstadt gehen; **live** ~ im Zentrum wohnen **II.** *adj:* ~ **district** Zentrum *nt;* (*Am*) Geschäftsviertel *nt* **III.** *s* Geschäftsviertel *nt;* **down·trod·den** ['daʊntrɒdn] *adj* (*Volk*) unterdrückt; **down·turn** ['daʊntɜːn] *s* (COM) Abflauen *nt;* **down·ward** ['daʊnwəd] **I.** *adj* **1.** abwärtsführend, geneigt **2.** (*fig*) absteigend **II.** *adv* (*a. downwards*) abwärts, bergab; **from the 10th century** ~ seit dem 10. Jahrhundert

downy ['daʊnɪ] *adj* flaumig

dowry ['daʊərɪ] *s* Aussteuer, Mitgift *f*

dowse[1] [daus] *vt* **1.** eintauchen; Wasser gießen über **2.** (*fam: Licht*) auslöschen

dowse[2] [daʊs] *vi* mit der Wünschelrute suchen; **dows·er** ['daʊsə(r)] *s* Rutengänger(in) *m(f);* **dows·ing** ['daʊsɪŋ] *s* Rutengehen *nt*

doyen ['dɔɪən] *s* Doyen *m*

doze [dəʊz] **I.** *vi* (vor sich hin) dösen; ~ **off** einnicken **II.** *s* Nickerchen *nt*

dozen ['dʌzn] *s* Dutzend *nt;* **~s of times** x-mal, tausendmal; **talk nineteen to the** ~ unaufhörlich reden

dozy ['dəʊzɪ] *adj* schläfrig

drab [dræb] *adj* **1.** graubraun **2.** (*fig*) trüb(e), düster

dra·co·nian [drə'kəʊnɪən] *adj* drakonisch

draft [drɑːft] **I.** *s* **1.** Skizze *f,* Entwurf *m* **2.** (FIN) Wechsel *m* **3.** (MIL) Sonderkommando *nt* **4.** (*Am:* MIL) Rekruten *mpl,* Einberufung zum Wehrdienst **5.** (*Am*) (Luft)zug *m* **II.** *vt* **1.** skizzieren, entwerfen **2.** (*Am:* MIL) rekrutieren, einberufen; ~ **s.o. to do s.th.** jdn beauftragen etw zu tun; **draft·ee** [ˌdrɑː'ftiː] *s* (*Am:* MIL) Einberufene(r), Wehrpflichtige(r) *f m;* **drafts·man** *s* (*Am*) Zeichner *m;* (*of documents*) Verfasser *m;* **drafty** *adj* (*Am*) zugig; **it's ~ in here** hier zieht es

drag [dræg] **I.** *s* **1.** Schlepp-, Baggernetz *nt* **2.** Hemmklotz *m* **3.** (*fig*) Hemmschuh *m,* Hindernis *nt* (*on s.o.* für jdn) **4.** (AVIAT) Luftwiderstand *m* **5.** (*sl: Zigarette*) Zug *m* **6.** (*sl*) Frauenkleidung *f* (von Männern getragen); **what a ~!** (*fam*) Mann, ist das langweilig; so'n Mist **II.** *vt* **1.** (hinter sich her)ziehen, schleppen **2.** (*Gewässer*) absuchen (*for* nach); ~ **one's feet** schlurfen; ~ **anchor** vor Anker treiben **III.** *vi* **1.** schleifen, schlurfen **2.** hinterherhinken **3.** (*Zeit*) sich hinziehen; sich in die Länge ziehen; **drag along** *vt* mitschleppen; **drag away** *vt* wegschleppen, -ziehen; **drag behind** *vi* zurück sein, hinterherhinken; **drag down** *vt* herunterziehen; **drag in** *vt* hineinziehen; **drag lift** *s* Schlepplift *m;* **drag off** *vt* wegzerren; **drag on** *vi* sich in die Länge ziehen; sich hinschleppen; **drag out** *vt* in die Länge ziehen; **drag up** *vt* **1.** (*Skandal*) ausgraben **2.** (*fam: Kind*) mehr schlecht als recht aufziehen

dragon ['drægən] *s* (*a. fig*) Drache *m*

drag·on·fly ['drægənflaɪ] *s* Libelle *f*

dra·goon [drə'guːn] **I.** *s* Dragoner *m* **II.** *vt* zwingen (*into doing* zu tun)

drain [dreɪn] **I.** *s* **1.** Rohr *nt;* Abflussrohr *nt* **2.** **~s** Kanalisation *f* **3.** (*fig*) Belastung *f;* **go down the** ~ vor die Hunde gehen; **brain** ~ Abwanderung *f* von Wissenschaftlern, Braindrain *m* **II.** *vt* **1.** (*a.* MED) drainieren, entwässern, trockenlegen **2.** (*Gemüse*) abgießen **3.** (*Boiler*) das Wasser ablassen von **4.** (*Glas*) leeren; ~ **s.o. of strength** an jds Kräften zehren; ~ **s.o. dry** jdn ausnehmen **III.** *vi* **1.** (*Gemüse*) abtropfen **2.** (*Land*) entwässert werden; **drain away** *vi* ablaufen; (*fig*) dahinschwinden; **drain off** *vt* abgießen; abtropfen lassen; **drain·age** ['dreɪnɪdʒ] *s* **1.** Entwässerung, Dränage *f* **2.** Entwässerungssystem *nt;* Kanalisation *f* **3.** Abwasser *nt;* **drainage basin** *s* (GEOG) Einzugsgebiet *nt;* **drain·ing board** ['dreɪnɪŋ'bɔːd] *s* Ablauf *m;* **drain·pipe** *s* Abflussrohr *nt;* **drainpipe trousers** *s pl* Röhrenhose *f*

drake [dreɪk] *s* Enterich, Erpel *m*

dram [dræm] *s* Schluck *m* (*Whisky*)

drama ['drɑːmə] *s* (*a. fig*) Drama *nt;* **drama school** *s* Schauspielschule *f;* **dra·mat·ic** [drə'mætɪk] *adj* **1.** dramatisch

2. schauspielerisch; **dra·mati·cal·ly** *adv* dramatisch, extrem; **dra·mat·ics** [drə'mætɪks] *s pl mit sing* theatralisches Getue; **drama·tis per·sonae** [ˌdræmətɪspɜː'səʊnaɪ] *s pl* Personen *f pl* der Handlung; **drama·tist** ['dræmətɪst] *s* Dramatiker(in) *m(f)*; **drama·tiz·ation** [ˌdræmətaɪ'zeɪʃn] *s* Dramatisierung *f*; **drama·tize** ['dræmətaɪz] *vt* dramatisieren

drank [dræŋk] *s.* **drink**

drape [dreɪp] *vt* 1. drapieren; mit Vorhängen versehen 2. hüllen; ~ **s.th. over s.th.** etw über etw drapieren; **dra·per** ['dreɪpə(r)] *s* (*Br*) Textilkaufmann *m*, -kauffrau *f*; **dra·pery** ['dreɪpərɪ] *s* 1. Tuch *nt*, Stoff *m* 2. (*Geschäft*) Stoffladen *m*

dras·tic ['dræstɪk] *adj* 1. drastisch, durchgreifend 2. bedrohlich

drat [dræt] *interj* (*fam*) zum Teufel mit ...!

draught [drɑːft] *s* 1. (Luft)Zug *m*, Zugluft *f* 2. Schluck, Zug *m* 3. (*von Fischen*) Fischzug *m* 4. (MAR) Tiefgang *m* 5. Fassbier *nt* 6. ~**s** (*Br*) Damespiel *nt*; **drink in one** ~ in einem Zug, auf einmal austrinken; **beer on** ~ Bier vom Fass, Fassbier *nt*

draught board *s* (*Br*) Damebrett *nt*; **draughts·man** ['drɑːftsmən] <*pl* -men> *s* 1. Zeichner *m*; Verfasser *m* 2. (*Br*) Damestein *m*; **draughty** ['drɑːftɪ] *adj* zugig

draw[1] [drɔː] <*irr:* drew, drawn> *vt* zeichnen; (*Linie*) ziehen

draw[2] <*irr:* drew, drawn> **I.** *vt* 1. (an-, herab-, heran-, zu)ziehen (*from* aus), zurückschieben 2. (*Wasser*) holen 3. (*Interesse*) erregen 4. (*Menge*) anlocken 5. einatmen 6. (*fig*) herausbringen 7. (*Schluss*) ziehen 8. (MAR) Tiefgang haben 9. (*Tier*) ausnehmen 10. (*Fuchs*) aufstöbern; ~ **one's belt tighter** den Gürtel enger schnallen; ~ **a bath** Badewasser einlassen; ~ **money from the bank** Geld abheben; ~ **first prize** den ersten Preis gewinnen; ~ **comfort from s.th.** sich mit etw trösten; **feel** ~**n towards s.o.** sich zu jdm hingezogen fühlen; ~ **s.o. into s.th.** jdn in etw hineinziehen; ~ **a deep breath** tief Luft holen; ~ **conclusions** Schlüsse ziehen; ~ **a match** unentschieden spielen; ~ **s.th. to a close** etw beenden **II.** *vi* 1. (*Zeit, Person*) kommen 2. (*Pfeife, Tee*) ziehen 3. (SPORT) unentschieden spielen; ~ **round the table** sich um den Tisch versammeln; ~ **to a close** dem Ende zugehen; ~ **nearer** näher kommen **III.** *s* 1. (*Lotterie*) Ziehung *f* 2. (SPORT) Unentschieden *nt* 3. (*Film*) Schlager *m*; **be quick on the** ~ (*fig*) schlagfertig sein; **draw apart** *vi* sich lösen; sich auseinander leben; **draw aside** *vt* beiseite nehmen; **draw away** **I.** *vi* 1. losfahren 2. (*Läufer*) davonziehen 3. (*Person*) sich entfernen **II.** *vt* weglocken; **draw down** *vt* (*Vorhang*) herunterlassen; **draw in** **I.** *vi* 1. (*Zug*) einfahren 2. (*Tage*) kürzer werden **II.** *vt* 1. (*Luft*) einziehen 2. (*fig*) anziehen; **draw off** **I.** *vi* losfahren **II.** *vt* ausziehen; **draw on** **I.** *vt* sich stützen auf **II.** *vt* (*Schuhe*) anziehen; **as the night drew on** mit fortschreitender Nacht; **draw out** **I.** *vt* 1. herausziehen 2. ziehen; in die Länge ziehen **II.** *vi* 1. (*Tag*) länger werden 2. (RAIL) abfahren; ~ **s.o. out** jdn aus der Reserve locken; **draw together** *vt* miteinander verknüpfen; **draw up** **I.** *vi* anhalten **II.** *vt* 1. (*Plan*) entwerfen, ausarbeiten 2. (*Stuhl*) heranziehen 3. (*Truppen*) aufstellen 4. (*Dokumente*) ausstellen; ~ **o.s. up** sich aufrichten

draw·back ['drɔːbæk] *s* Nachteil *m*; **draw·bridge** ['drɔːbrɪdʒ] *s* Zugbrücke *f*

drawer ['drɔː(r)] *s* 1. Schublade *f* 2. Zeichner(in) *m(f)* 3. (FIN) Aussteller(in) *m(f)* 4. ~**s** (*obs*) Unterhosen *fpl*

draw·ing ['drɔːɪŋ] *s* Zeichnung *f*; **drawing board** *s* Reißbrett *nt*; **go back to the** ~ (*fam*) wieder von vorne anfangen; **drawing pin** *s* (*Br*) Reißzwecke *f*; **drawing room** *s* Wohnzimmer *nt*; Salon *m*

drawl [drɔːl] **I.** *s* schleppende Sprache **II.** *vi* schleppend sprechen

drawn [drɔːn] **I.** *pp of* **draw** **II.** *adj* 1. abgespannt 2. (*Spiel*) unentschieden

dread [dred] **I.** *vt* (be)fürchten, Angst haben vor; **he** ~**s going to the dentist** er hat Angst zum Zahnarzt zu gehen **II.** *s* Furcht *f*; Grauen *nt* (*of* vor); **live in** ~ **of** in ständiger Angst leben vor; **dread·ful** ['dredfl] *adj* furchtbar, schrecklich; **dread·fully** ['dredfəlɪ] *adv* (*fam*) sehr, schrecklich

dream [driːm] <*irr:* dreamed (dreamt), dreamed (dreamt)> **I.** *s* 1. Traum *m* 2. Wunsch(bild *nt*) *m* 3. (*fig*) Traum *m*, Gedicht, Wunder *nt*; **have a bad** ~ schlecht träumen; **have a** ~ **about s.th.** von etw träumen; **lost in** ~**s** traumverloren; **go into a** ~ zu träumen anfangen **II.** *vi* träumen (*of* von) **III.** *vt* erträumen, träumen von; **dream away** *vt* verträumen; **dream up** *vt* sich einfallen lassen, ausdenken; **dreamer** ['driːmə(r)] *s* Träumer(in) *m(f)*; **dream·land** ['driːmlænd] *s* Traumland *nt*; **dream·less** ['driːmlɪs] *adj* traumlos; **dream·like** ['driːmlaɪk] *adj* traumähnlich; traumhaft; **dreamt** [dremt] *s.* **dream**; **dream team** *s* (SPORT) Traummannschaft *f*; **dreamy** ['driːmɪ] *adj* 1. verträumt 2. (*Musik*) zum Träumen 3. traumhaft

dreary ['drɪərɪ] *adj* eintönig; trüb
dredge¹ [dredʒ] **I.** *s* **1.** Schleppnetz *nt* **2.** Bagger *m* **II.** *vt* **1.** (~ *for*) mit dem Schleppnetz fischen **2.** ausbaggern; ~ **up** ausbaggern; (*fig*) ausgraben
dredge² [dredʒ] *vt* (*Küche*) bestreuen (*over* über), panieren (*with* mit)
dredger¹ ['dredʒə(r)] *s* **1.** Schleppnetzfischer *m* **2.** Baggerschiff *nt;* Bagger *m*
dredger² ['dredʒə(r)] *s* Streubüchse *f*
dregs [dregz] *s pl* **1.** Bodensatz *m* **2.** (*fig*) Abschaum *m*
drench [drentʃ] *vt:* **be ~ed to the skin** bis auf die Haut durchnässt sein
dress [dres] **I.** *vt* **1.** (an-, be)kleiden, anziehen **2.** mit Kleidung versorgen **3.** schmücken; (heraus)putzen, dekorieren (*a. Schaufenster*) **4.** (*Wunde*) verbinden **5.** her-, zurichten, vorbereiten **6.** (*Salat*) anmachen **7.** (*Geflügel*) putzen, rupfen u. ausnehmen **8.** (MIL: *Front*) ausrichten **9.** (MAR) beflaggen; **~ed to kill** in Schale, herausgeputzt; ~ **in one's (Sunday) best** seinen Sonntagsstaat anziehen **II.** *vi* **1.** sich anziehen, -kleiden **2.** Abendkleidung anziehen **III.** *s* **1.** Kleidung *f,* Kleider *ntpl* **2.** (Damen)Kleid *nt;* **in full** ~ in Gala; **dress down I.** *vt* (*fam*) abkanzeln; (*Pferd*) striegeln **II.** *vi* sich unauffällig anziehen; **dress up I.** *vi* **1.** Gesellschaftskleidung anziehen; sich fein machen **2.** sich verkleiden **II.** *vt* (*fig: Tatsachen*) ausschmücken; interessant machen; frisieren; **dress circle** *s* (THEAT) erster Rang; **dress coat** *s* Frack *m;* **dresser** ['dresə(r)] *s* **1.** (THEAT) Gardobier(e) *m (f)* **2.** (MED) Assistent(in) *m(f)* **3.** (Schaufenster)Dekorateur(in) *m(f)* **4.** Anrichte *f,* (Küchen)Büfett *nt* **5.** (*Am*) Frisierkommode *f;* **be an elegant** ~ sich elegant kleiden
dress·ing ['dresɪŋ] *s* **1.** Ankleiden *nt* **2.** Verbinden *nt;* Verband *m;* Verbandszeug *nt* **3.** Putzen *nt;* Zurichten *nt* **4.** (AGR) Düngung *f* **5.** (*Textil*) Appretur *f* **6.** (Salat)Soße *f* **7.** (*Geflügel*) Füllung *f* **8.** (*fam*) Prügel *pl;* **dressing-down** [ˌdresɪŋ'daʊn] *s* **1.** (*fam*) Rüffel *m* **2.** (*fam*) Tracht *f* Prügel; **dressing gown** *s* Morgenrock *m;* **dressing room** *s* Ankleidezimmer *nt;* (THEAT) Garderobe *f;* (SPORT) Umkleidekabine *f;* **dressing table** *s* Frisierkommode *f*
dress·maker ['dresˌmeɪkə(r)] *s* (Damen)Schneider(in) *m(f);* **dress·mak·ing** ['dresmeɪkɪŋ] *s* Damenschneiderei *f;* **dress rehearsal** *s* (THEAT) Generalprobe *f;* **dress shirt** *s* Frackhemd *nt;* **dress suit** *s* Gesellschaftsanzug *m;* **dress uniform** *s* Gala-Uniform *f;* **dressy** ['dresɪ] *adj* **1.** geschniegelt **2.** (*Kleidung*) fein, elegant, fesch
drew [druː] *s.* **draw**
dribble ['drɪbl] **I.** *vt* tröpfeln, rinnen lassen **II.** *vi* **1.** sabbern, geifern **2.** tröpfeln, rinnen **3.** (SPORT) dribbeln **III.** *s* **1.** Tröpfchen *nt* **2.** Rinnsal *nt* **3.** (SPORT) Dribbling *nt*
drib·let ['drɪblɪt]: **a** ~ ein bisschen, ein wenig, etwas; **in ~s** nach und nach
dribs [drɪbz] *s pl:* **pay in ~ and drabs** abstottern; in kleinen Beträgen zahlen; **in ~ and drabs** kleckerweise
dried [draɪd] *adj* getrocknet; ~ **fruit** Dörr-, Backobst *nt;* ~ **milk** Milchpulver *nt;* **dried-up** [ˌdraɪd'ʌp] *adj* (*fig*) eingetrocknet
drier, dryer ['draɪə(r)] *s* **1.** Trockenapparat *m* **2.** Trockenmittel *nt;* **hair-~** Föhn *m*
drift [drɪft] **I.** *s* **1.** Strömung *f* **2.** Fahrtrichtung *f,* Abdrift *f* **3.** Tendenz *f;* (*Ereignisse*) Gang *m;* Absicht *f;* Einfluss *m* **4.** (Schnee)Verwehung *f* **5.** (GEOL) Geschiebe *nt* **6.** Treibsand *m* **7.** (*fig*) Ziellosigkeit *f;* ~ **from the land** Landflucht *f* **II.** *vi* **1.** getrieben werden; verweht werden **2.** (AVIAT) vom Kurs abweichen **3.** (*fig*) sich treiben lassen; (~ *along*) plan-, ziellos umherwandern; **let things** ~ die Dinge laufen lassen **III.** *vt* (zusammen)treiben; aufhäufen; **drift apart** *vi* (*fig*) sich auseinander leben; **drift in** *vi* hereinschneien; **drift off** *vi* (*fam*) sich verkrümeln; **drifter** ['drɪftə(r)] *s* **1.** Logger *m;* Treibnetzfischer *m* **2.** Gammler, Tunichtgut *m;* **drift-ice** *s* Treibeis *nt;* **drift-sand** *s* Treibsand *m;* **drift-wood** *s* Treibholz *nt*
drill¹ [drɪl] **I.** *s* **1.** Bohrer *m* **2.** (MIL) Drill *m* **II.** *vt, vi* **1.** bohren **2.** drillen **3.** einpauken; ~ **for oil** nach Öl bohren
drill² [drɪl] *s* **1.** (AGR) Furche, Rille *f* **2.** (*Textil*) Drillich *m*
drill·ing rig ['drɪlɪŋˌrɪg] *s* **1.** Bohrturm *m* **2.** Bohrinsel *f*
drink [drɪŋk] <*irr:* drank, drunk> **I.** *vt* **1.** trinken **2.** (*Tier*) saufen **3.** (~ *off*) austrinken, leeren **4.** auf-, einsaugen, absorbieren; ~ **s.o.'s health** auf jds Gesundheit trinken **II.** *vi* trinken; saufen; ~ **to s.o.** jdm zutrinken; ~ **to s.th.** auf etw trinken **III.** *s* **1.** Trunk *m* (*Wasser*), Schluck *m* **2.** Getränk *nt;* Drink *m;* **the** ~ (*sl*) der Große Teich (*Ozean*); **have a** ~ ein Gläschen trinken; **take to** ~ zu trinken anfangen; **drink in** *vt* (*fig*) begierig aufnehmen; **drink·able** [-əbl] *adj* trinkbar; **drinker** ['drɪŋkə(r)] *s* Trinker(in) *m(f)*
drink·ing ['drɪŋkɪŋ] *s* Trinken *nt;* **drinking fountain** *s* Trinkwasserspender *m;* **drinking song** *s* Trinklied *nt;* **drinking straw** *s* Trinkhalm *m;* **drinking water** *s* Trinkwas-

ser *nt;* **drinking-water supply** *s* Trinkwasserversorgung *f*

drip [drɪp] **I.** *vi* **1.** tropfen, tröpfeln (*from* von) **2.** (*fig*) triefen (*with* von) **II.** *vt:* ~ **sweat** von Schweiß triefen **III.** *s* **1.** Tropfen, Tröpfeln *nt* **2.** Tropfgeräusch *nt* **3.** (*sl*) doofer Kerl; **drip-dry** [ˌdrɪpˈdraɪ] **I.** *adj* bügelfrei **II.** *vt* tropfnass aufhängen; **dripping** [ˈdrɪpɪŋ] **I.** *adj* **1.** (~ *wet*) patschnass **2.** (*Hahn, Baum*) tropfend **II.** *s* **1.** Bratenfett *nt* **2.** Tröpfeln, Tropfen *nt*

drive [draɪv] <*irr:* **drove, driven**> **I.** *vt* **1.** (an-, be)treiben **2.** stoßen, jagen, hetzen **3.** (*Auto, Passagier*) fahren **4.** (*Regen*) peitschen **5.** (*Wolken*) jagen **6.** (*Pfahl*) einrammen **7.** (*fig*) drängen, an-, aufstacheln, aufhetzen **8.** zwingen, veranlassen (*to do* zu tun) **9.** hineinschlagen (*into* in) **10.** (*Sache*) energisch betreiben, durchsetzen, -führen, zum Abschluss bringen; ~ **a hard bargain** hart verhandeln; ~ **into a corner** (*fig*) in die Enge treiben; ~ **home** nach Hause fahren, heimfahren; (*fig*) nahelegen (*s.o. s.th.* jdm etw); (*Nagel*) einschlagen; ~ **one's point home** seinen Standpunkt überzeugend darlegen; ~ **crazy** [*o* **mad**] verrückt machen **II.** *vi* **1.** eilen, stürmen, jagen **2.** (*im Wind*) treiben **3.** (*Fahrzeug, Fahrer*) fahren **4.** schwer arbeiten (*at* an); **can you ~?** können Sie Auto fahren? **III.** *s* **1.** Fahren *nt* **2.** (Spazier)Fahrt *f* **3.** Fahrstraße *f,* -weg *m* **4.** Auf-, Ausfahrt *f* **5.** (AUTO TECH) Antrieb *m,* Triebwerk *nt* **6.** (SPORT) heftiger Schlag, Stoß **7.** (PSYCH) Trieb *m;* Schwung, Unternehmungsgeist *m,* Energie, Tatkraft *f* **8.** Kampagne *f,* (Werbe-, Propaganda)Feldzug *m* (*against* gegen) **9.** (INFORM) Laufwerk; **go for a ~** spazieren fahren; **drive at** *vt* hinauswollen auf; **what are you driving at?** worauf wollen Sie denn hinaus?; **drive off** *vi* wegfahren; wegjagen; **drive out** *vi* hinausfahren (*into the country* aufs Land); **drive up I.** *vt* hinauf-, in die Höhe treiben; hinauffahren (auf) **II.** *vi* vorfahren (*to* bei, vor), hinauffahren

drive-by *adj* aus dem fahrenden Auto

drive-in [ˈdraɪvɪn] *s* Drive-in-Restaurant *nt;* **drive-in bank** *s* Bank *f* mit Autoschalter; **drive-in cinema** *s* Autokino *nt*

drivel [ˈdrɪvl] **I.** *vi* faseln **II.** *s* Unsinn *m*

driven [ˈdrɪvn] *s.* **drive**

driver [ˈdraɪvə(r)] *s* **1.** (Auto)Fahrer(in) *m(f),* Chauffeur(in) *m(f)* **2.** (*Golf*) Schläger *m;* **~'s cab** Führerstand *m,* -haus *nt;* **~'s license** (*Am*) Führerschein *m;* **~'s seat** Fahrersitz *m*

driving [ˈdraɪvɪŋ] **I.** *adj* **1.** (TECH) treibend **2.** heftig, stark; ~ **rain** peitschender Regen **II.** *s* Fahren *nt;* **driving ban** *s* Führerscheinentzug *m;* **driving force** *s* Trieb-, treibende Kraft *f;* **driving instructor** *s* Fahrlehrer(in) *m(f);* **driving lessons** *s pl* Fahrstunden *fpl;* **driving licence** *s* (*Br*) Führerschein *m;* **driving pool** *s* Fahrgemeinschaft *f;* **driving school** *s* Fahrschule *f;* **driving test** *s* Fahrprüfung *f*

drizzle [ˈdrɪzl] **I.** *vi* nieseln **II.** *s* Sprühregen *m;* **driz·zly** [ˈdrɪzlɪ] *adj* feucht u. neblig

droll [drəʊl] *adj* drollig, ulkig; komisch

drom·edary [ˈdrɒmədərɪ] *s* Dromedar *nt*

drone [drəʊn] **I.** *s* **1.** (*Männchen der Honigbiene*) Drohne *f* **2.** Summen, Brummen *nt* **II.** *vi* **1.** summen, brummen **2.** monoton reden **3.** faulenzen

drool [druːl] **I.** *vi* faseln **II.** *s* Unsinn *m*

droop [druːp] **I.** *vi* **1.** herabsinken; herunterhängen (*over* über) **2.** kraftlos, welk werden **3.** (*Preise*) fallen; (*Kurse*) nachgeben **4.** (*fig*) den Kopf hängen lassen **II.** *vt* hängen lassen

drop [drɒp] **I.** *s* **1.** Tropfen *m* **2.** ein bisschen, ein wenig, etwas **3.** Sinken, Fallen *nt;* Fall, (Ab)Sturz *m* **4.** (COM) Rückgang *m;* (*Börse*) Baisse *f* **5.** Vorhang *m;* ~ **of blood** Blutstropfen *m;* **a ~ in the bucket** [*o* **in the ocean**] ein Tropfen auf den heißen Stein; ~ **in prices** Preissturz *m;* ~ **in production** Produktionsrückgang *m;* ~ **in performance** Leistungsabfall *m;* ~ **of rain** Regentropfen *m;* ~ **in the temperature** Temperatursturz *m* **II.** *vi* **1.** (herab)tropfen, tröpfeln **2.** (herab-, herunter)fallen (*out of the window* aus dem Fenster) **3.** hineingeraten (*into* in), stoßen (*into* auf) **4.** hin-, umfallen; zusammenbrechen, tot umfallen (*from exhaustion* vor Erschöpfung) **5.** schwächer werden, nachlassen; (*Wind*) abflauen **6.** (*Temperatur*) fallen, sinken **III.** *vt* **1.** tropfen, tröpfeln; besprengen **2.** fallen lassen; (*fig*) fallen lassen; (hin)werfen **3.** (*Arbeit*) niederlegen **4.** (*Bomben*) abwerfen **5.** (*Geld*) verlieren **6.** (*Fahrgäste*) absetzen **7.** zu Boden strecken; abschießen **8.** (*Äußerung*) fallen lassen **9.** (*Thema*) auf sich beruhen lassen **10.** (*Gewohnheit*) aufgeben **11.** (*Buchstaben, Wort*) auslassen **12.** (*Brief*) einwerfen (*in the letter-box* in den Briefkasten) **13.** (*Junge*) werfen; **let ~** fallen lassen, aufgeben; ~ **anchor** den Anker werfen; ~ **a brick** [*o* **a clanger**] (*fam*) eine Dummheit machen; ~ **a hint** eine Andeutung fallen lassen; ~ **a line** ein paar Zeilen schreiben; **not to be ~ped!** nicht stürzen!; **~ped curb** abgeflachter Gehweg (für Rollstuhlfahrer); ~ **it!** lass das!; **drop across** *vt* (*fam*) treffen; in die Arme laufen (*s.o.* jdm); **drop behind** *vi* zurückbleiben

D

(hinter); **drop down** *vi* niedersinken; herunterfallen; **drop in** *vi* besuchen; **drop off** *vi* **1.** sich zurückziehen **2.** nachlassen, zurückgehen; ~ **s.th. off** etw abgeben (*at* bei); ~ **s.o. off** jdn aussteigen lassen; **drop out** *vi* **1.** nicht mehr teilnehmen (*of* an) **2.** (aus der Gesellschaft) aussteigen **3.** ausfallen **4.** ausscheiden

drop-dead ['drɒp,ded] *adj* (*sl*) umwerfend

drop-in *adj* ohne Voranmeldung; **drop-in centre** *s* Beratungsstelle *f*

drop kick ['drɒpkɪk] *s* (SPORT) Dropkick, Prellstoß *m;* **drop·let** ['drɒlɪt] *s* Tröpfchen *nt;* **drop·out** ['drɒpaʊt] *s* Aussteiger(in) *m(f);* (*pej*) Asoziale(r) *f m,* Studienabbrecher(in) *m(f);* **drop·per** ['drɒpə(r)] *s* Pipette *f;* Tropfer *m;* **drop·pings** ['drɒpɪŋz] *s pl* Dung, Dünger, Mist *m;* **drop shot** *s* (SPORT) Stoppball *m*

dross [drɒs] *s* **1.** (Metall)Schlacken *fpl* **2.** (*fig*) Tand *m*

drought [draʊt] *s* Trockenheit *f;* Dürre(periode, -zeit) *f*

drove¹ [drəʊv] *s.* **drive**

drove² [drəʊv] *s* **1.** Herde *f* (*Vieh*) **2.** Menschenmenge, Masse *f;* **they came in ~s** sie kamen in Scharen; **drover** ['drəʊvə(r)] *s* Viehtreiber *m*

drown [draʊn] **I.** *vt* **1.** ertränken **2.** überfluten **3.** einweichen **4.** (*fig*) übertönen, ersticken (*a. in Tränen*); (*Kummer*) betäuben; **be ~ed** ertrinken **II.** *vi* ertrinken

drowse [draʊz] **I.** *s* Schläfrigkeit *f;* Halbschlaf *m* **II.** *vi* schläfrig sein; dösen; ~ **off** eindösen; **drowsy** ['draʊzɪ] *adj* **1.** schläfrig **2.** einschläfernd **3.** (*fig*) schlafmützig

drudge [drʌdʒ] **I.** *s* (*fig*) **1.** (*Mensch*) Arbeitstier *nt* **2.** (*Arbeit*) Schufterei *f* **II.** *vi* sich placken, sich (ab)schinden; **drudg·ery** ['drʌdʒərɪ] *s* Plackerei *f*

drug [drʌg] **I.** *s* Medikament *nt;* Droge *f,* Rauschgift *nt;* **be on ~s** Medikamente einnehmen; drogensüchtig sein; ~ **on the market** Ladenhüter *m* **II.** *vt* **1.** (*Speise, Getränk*) etwas zusetzen (*s.th.* einer S) **2.** betäuben, narkotisieren **3.** (*Patienten*) Medikamente geben (*s.o.* jdm); **drug abuse** *s* Medikamenten-, Drogenmissbrauch *m;* **drug addict** *s* Rauschgiftsüchtige(r) *f m;* **drug addiction** *s* Rauschgiftsucht, Drogenabhängigkeit *f;* **drug consumption** *s* Drogenkonsum *m;* **drug culture** *s* Drogenkultur *f;* **drug dealer** *s* Dealer *m;* **drug dependency** *s* Medikamenten-, Drogensucht, Medikamenten-, Drogenabhängigkeit *f;* **drug manufacturer** *s* Pharmahersteller *m;* **drug pusher** *s* Pusher, Dealer *m;* **drug squad** *s* Rauschgiftdezernat *nt;* Drogenfahndungsbehörde *f;* **drug·store** ['drʌgstɔ:(r)] *s* (*in den USA*) Drugstore *m;* **drug tak·ing** *s* Einnehmen *nt* von Drogen, Rauschgift; **drug traf·fic, drug traf·fick·ing** *s* Drogen-, Rauschgifthandel *m;* **drug traf·fick·er** *s* Drogenhändler(in) *m(f);* **drug pre·ven·tion** *s* Drogenprävention *f*

druid ['dru:ɪd] *s* Druide *m*

drum [drʌm] **I.** *s* **1.** (*a.* TECH) Trommel *f* **2.** (ANAT: *ear~*) Trommelfell *nt* **3.** **~s** Schlagzeug *nt* **II.** *vi, vt* **1.** trommeln (*s.th., on s.th.* auf etw) **2.** (~ *up*) ausfindig machen; zusammentrommeln **3.** einhämmern (*s.th. into s.o.* jdm etw); ~ **up business** die Werbetrommel rühren; **drum·beat** ['drʌmbi:t] *s* Trommeln *nt;* **drum brake** *s* Trommelbremse *f;* **drum·head** ['drʌmhed] *s* Trommelfell *nt;* **drum·major** *s* Tambourmajor *m;* **drum·mer** ['drʌmə(r)] *s* Trommler(in) *m(f),* Schlagzeuger(in) *m(f);* **drum·stick** ['drʌmstɪk] *s* **1.** Trommelstock *m* **2.** (*Geflügel*) Schlegel *m*

drunk [drʌŋk] **I.** *pp of* **drink II.** *adj* **1.** betrunken **2.** (*fig*) trunken (*with* vor); **get ~** sich betrinken; ~ **as a lord** sternhagelvoll **III.** *s* Betrunkene(r) *f m,* Säufer(in) *m(f);* **drunk·ard** ['drʌŋkəd] *s* Trinker(in) *m(f);* **drunken** ['drʌŋkən] *adj* betrunken; trunksüchtig; feuchtfröhlich

drunken·ness ['drʌŋkənɪs] *s* Trunkenheit *f,* Rausch *m*

dry [draɪ] **I.** *adj* **1.** trocken **2.** (*Holz*) dürr **3.** ausgetrocknet **4.** (*fig*) trocken, langweilig **5.** (*Wein*) herb, trocken **6.** durstig (machend); (**as**) ~ **as dust** todlangweilig; **keep ~!** vor Feuchtigkeit zu schützen **II.** *vt* (ab)trocknen **III.** *vi* trocknen, trocken werden; **dry up I.** *vi* abtrocknen **II.** *vt* (*a. fig*) austrocknen; (THEAT) stecken bleiben; ~ **up!** (*sl*) halt's Maul!

dryad ['draɪəd] *s* Dryade *f*

dry cell ['draɪ,sel] *s* (ELEK) Trockenelement *nt;* **dry cell battery** *s* Trockenbatterie *f;* **dry-clean** *vt* reinigen; **dry-cleaner's** *s* chemische Reinigung (*Geschäft*); **dry-cleaning** *s* chemische Reinigung (*Vorgang*); **dry dock** *s* (MAR) Trockendock *nt*

dryer ['draɪə(r)] *s* Wäschetrockner *m;* (*spin ~*) Wäscheschleuder *f*

dry goods ['draɪ'gʊdz] *s pl* (*Am*) Manufakturwaren *fpl,* Textilien *pl,* Kurzwaren *fpl;* **dry ice** *s* Trockeneis *nt;* **dry land** *s* fester Boden; **dry measure** *s* Trockenmaß *nt;* **dry·ness** ['draɪnɪs] *s* Trockenheit *f;* **dry rot** *s* **1.** (BOT) Trockenfäule *f* **2.** (*fig*) Verfall *m,* Entartung *f;* **dry-shod** ['draɪʃɒd] *adj* trockenen Fußes; **dry-stone wall** *s* Trockenmauer *f*

DTP [,di:ti:'pi:] *s Abk. von* **desktop publi-**

shing DTP *nt*

dual ['dju:əl] *adj* zweifach, doppelt; **dual carriageway** *s* (*Br*) vierspurige Straße, Schnellstraße *f;* **dual-currency period** *s* Doppelwährungsphase *f;* **dual-deck** *adj* mit Doppelkassettendeck; **dual·fuel** *adj* (AUTO) mit zwei verschiedenen Brennstoffen; **dual·ism** ['djʊəlɪzəm] *s* Dualismus *m;* **dual-use goods** *s pl* Güter mit doppeltem Verwendungszweck

dub [dʌb] *vt* **1.** zum Ritter schlagen **2.** einen Spitznamen geben (*s.o.* jdm) **3.** (FILM) synchronisieren; **dub·bing** ['dʌbɪŋ] *s* (FILM) Synchronisation *f*

du·bious ['dju:bɪəs] *adj* **1.** zweifelhaft, fraglich **2.** verdächtig **3.** (*Zukunft, Ergebnis*) ungewiss **4.** unsicher, im Zweifel (*of, about* über)

duch·ess ['dʌtʃɪs] *s* Herzogin *f;* **duchy** ['dʌtʃɪ] *s* Herzogtum *nt*

duck [dʌk] **I.** *s* **1.** Ente *f* **2.** (*fam*) Liebling *m;* **like a ~ takes to water** (*fig*) mit der größten Selbstverständlichkeit; **like water off a ~'s back** wirkungs-, eindruckslos **II.** *vi* **1.** sich ducken **2.** (kurz) untertauchen **III.** *vt* **1.** (*den Kopf*) schnell einziehen **2.** ins Wasser tauchen **3.** (*sl*) aus dem Wege gehen (*s.o.* jdm, *s.th.* einer S); **duck·boards** ['dʌkbɔ:dz] *s pl* Lattenrost *m;* **duck·ling** ['dʌklɪŋ] *s* Entchen *nt;* **roast ~** Entenbraten *m;* **duck(y)** ['dʌkɪ] *s* (*fam*) Liebling *m*

duct [dʌkt] *s* **1.** Rohr(leitung *f*) *nt* **2.** (ANAT) Gang *m;* Kanal *m*

dud [dʌd] *s* **1.** (*sl*) Versager(in) *m(f)* **2.** (*Bombe*) Blindgänger *m* **3.** (*sl*) ungedeckter Scheck

dude [dju:d] *s* (*Am*) **1.** Städter *m* **2.** feiner Pinkel

due [dju:] **I.** *adj* **1.** (*Gelder, Arbeit*) fällig **2.** zahlbar **3.** (*Verkehrsmittel*) planmäßig ankommend, fällig (*at noon* um 12 Uhr mittags) **4.** gebührend, gehörig **5.** zu verdanken(d), zuzuschreiben(d) (*to dat*), zurückzuführend (*to* auf); **after ~ consideration** nach reiflicher Überlegung; **in ~ course** im rechten Augenblick; **in ~ form** ordnungsgemäß; **in ~ time** zu gegebener Zeit; **when ~** (FIN) bei Fälligkeit; **when is the baby ~?** wann kommt das Kind?; **when is the train ~?** wann soll der Zug ankommen?; **~ east** (MAR) genau Ost; **be ~ to** sollen, müssen; (*Am*) im Begriff sein zu; **be ~ to s.o.** jdm zustehen, gebühren; **be ~ to s.th.** auf etw beruhen; **become** [*o* **fall**] **~** fällig werden; **the train is ~ at ...** die planmäßige Ankunft(szeit) des Zuges ist ...; **the plane is already ~** das Flugzeug müsste schon da sein **II.** *s* **1.** *ohne pl* (das) Geschuldete; (das) Zustehende **2.** **~s** Abgaben, Gebühren *fpl,* Zoll *m,* Zollgebühren *pl;* (Mitglieds)Beitrag *m* **3.** **~s** auszuliefernde Bestellungen *pl*

duel ['dju:əl] *s* **1.** Duell *nt* **2.** (*fig*) Kampf, Streit *m*

duet [dju:'et] *s* (MUS) Duett *nt;* Duo *nt*

duf·fel bag ['dʌflbæg] *s* Matchsack *m;* **duffel coat** *s* Dufflecoat *m*

duf·fer ['dʌfə(r)] *s* Dummkopf *m*

dug[1] [dʌg] *s* Zitze *f*

dug[2] [dʌg] *s.* **dig**; **dug-out** ['dʌgaʊt] *s* **1.** (MIL) Schützengraben *m* **2.** (*Boot*) Einbaum *m*

duke [dju:k] *s* Herzog *m*

dull [dʌl] **I.** *adj* **1.** schwerfällig, langsam **2.** langweilig **3.** (*Person*) lustlos **4.** (*Licht*) trüb; matt **5.** (*Wetter*) grau **6.** (*Schmerz*) dumpf **7.** (COM) flau, lustlos; **as ~ as ditch water** sterbenslangweilig **II.** *vt* **1.** (*Sinne*) abstumpfen **2.** (*Schmerz*) lindern **3.** (*Lärm*) dämpfen; **dull·ard** ['dʌləd] *s* Dummkopf *m;* **dull·ness** ['dʌlnɪs] *s* **1.** Schwerfälligkeit, Langsamkeit *f* **2.** Langweiligkeit *f* **3.** Lustlosigkeit *f* **4.** Trübheit, Mattheit *f* **5.** Grauheit *f* **6.** Dumpfheit *f* **7.** Flauheit *f*

duly ['dju:lɪ] *adv* **1.** entsprechend; gebührend, ordnungsgemäß **2.** zur rechten Zeit, rechtzeitig

dumb [dʌm] *adj* **1.** stumm **2.** schweigend, sprachlos (*with* vor); **be struck ~** sprachlos sein

dumb-bell ['dʌmbel] *s* (SPORT) Hantel *f*

dumbed-down *adj* vereinfacht

dumb·found [dʌm'faʊnd] *vt* verblüffen; **be ~ed** sprachlos sein

dumb show ['dʌmʃəʊ] *s* Pantomime *f*

dumb·size ['dʌm,saɪz] *vi die Belegschaft derartig reduzieren, dass nicht mehr effektiv gearbeitet werden kann*

dumb·struck, **dumb·stricken** ['dʌmstrʌk, 'dʌmstrɪkən] *adj* sprachlos

dumb waiter [,dʌm'weɪtə(r)] *s* **1.** Serviertisch *m,* stummer Diener **2.** (*Am*) Speisenaufzug *m*

dum·found *vt* (*Am*) verblüffen; **be ~ed** sprachlos sein

dummy ['dʌmɪ] **I.** *s* **1.** Attrappe *f;* Schaufensterpuppe *f;* Blindband *m* **2.** (*für Babys*) Schnuller *m* **3.** (*Kartenspiel*) Strohmann *m* **4.** (*Am: pej*) Dummkopf *m* **II.** *adj attr* unecht; **~ run** Probe *f*

dump [dʌmp] **I.** *vt* **1.** (*Abfall*) (hin)werfen, abladen **2.** (*Last*) ausladen, auskippen **3.** (COM) zu Dumpingpreisen verkaufen **II.** *s* **1.** Schutthaufen *m;* Müllkippe *f* **2.** (MIL) Depot *nt* **3.** (*sl*) Dreckloch *nt;* Bruchbude *f;* **be down in the ~s** deprimiert sein; **dumper** ['dʌmpə(r)] *s* Kipper *m;* **dump-**

D

ing [-ɪŋ] *s* **1.** (COM) Dumping *nt* **2.** (TECH: *Abfallstoffe*) Verklappung *f;* **"no ~"** „Schutt abladen verboten"; **dumping ground** *s* Schuttabladeplatz *m*

dump·ling ['dʌmplɪŋ] *s* **1.** Knödel, Kloß *m* **2.** (*apple ~*) Apfel *m* im Schlafrock **3.** (*fam*) Dickerchen *nt*

dumpy ['dʌmpɪ] *adj* pummelig

dun¹ [dʌn] *adj* graubraun

dun² [dʌn] *vt* anmahnen

dunce [dʌns] *s* langsame(r) Schüler(in) *m(f),* Dummkopf *m*

dune [dju:n] *s* Düne *f*

dung [dʌŋ] *s* Dung, Mist *m*

dunga·rees [ˌdʌŋgə'ri:z] *s pl* Latzhosen *fpl*

dun·geon ['dʌndʒən] *s* Verlies *nt*

dung·hill ['dʌŋhɪl] *s* Misthaufen *m*

dunk [dʌŋk] *vt* (ein)tunken

duo ['dju:əʊ] <*pl* **duos**> *s* Duo *nt*

duo·denum [ˌdju:ə'di:nəm] *s* Zwölffingerdarm *m*

dupe [dju:p] **I.** *s* Betrogene(r) *f m* **II.** *vt* betrügen

du·plex ['dju:pleks] *adj* doppelt; **~ apartment** (*Am*) zweistöckige Wohnung

du·pli·cate ['dju:plɪkət] **I.** *adj* doppelt, zweifach; **~ key** Zweitschlüssel *m* **II.** *s* Duplikat *nt,* Kopie *f;* **in ~** in doppelter Ausfertigung **III.** ['dju:plɪkeɪt] *vt* **1.** kopieren; vervielfältigen **2.** eine Zweitschrift anfertigen von; **du·pli·ca·tor** ['dju:plɪkeɪtə(r)] *s* Vervielfältigungsapparat *m;* **du·plic·ity** [dju:'plɪsətɪ] *s* Doppelspiel *nt*

dura·bil·ity [ˌdjʊərə'bɪlətɪ] *s* Dauer *f;* Haltbarkeit *f;* Widerstandsfähigkeit *f;* **dur·able** ['djʊərəbl] *adj* dauerhaft, haltbar; widerstandsfähig

dur·ation [djʊ'reɪʃn] *s* Dauer, Laufzeit *f;* **for the ~** für die Dauer

dur·ess [djʊ'res] *s* Zwang *m,* Nötigung *f*

dur·ing ['djʊərɪŋ] *prep* während

dusk [dʌsk] *s* (Abend)Dämmerung *f;* **at ~** bei Einbruch der Dunkelheit; **dusky** ['dʌskɪ] *adj* dunkel, schwärzlich

dust [dʌst] **I.** *s* Staub *m;* **throw ~ in s.o.'s eyes** jdm Sand in die Augen streuen; **give s.th. a ~** etw abstauben **II.** *vt* **1.** abstauben **2.** (*Kuchen*) pudern **III.** *vi* Staub wischen; **dust·bin** ['dʌstbɪn] *s* (*Br*) Mülltonne *f;* **dust·cart** *s* (*Br*) Müllwagen *m;* **dust coat** *s* Kittel *m;* **dust cover, dust jacket** *s* Schutzumschlag *m*

duster ['dʌstə(r)] *s* Staubtuch *nt*

dust·man ['dʌstmən] <*pl* **-men**> *s* Müllmann *m;* **dust·pan** *s* Kehrschaufel *f;* **dust storm** *s* Sandsturm *m;* **dust-up** ['dʌstʌp] *s* (*fam*) Streit *m*

dusty ['dʌstɪ] *adj* staubig; verstaubt

Dutch [dʌtʃ] **I.** *adj* holländisch, niederländisch; **go ~** getrennte Kasse machen; **~ courage** angetrunkener Mut **II.** *s* **1.** (das) Holländisch(e), Niederländisch(e) **2.** (*Menschen*): **the ~** die Holländer, Niederländer *pl;* **Dutch·man** [dʌtʃmən] <*pl* **-men**> *s* Holländer, Niederländer *m;* **the Flying ~** der Fliegende Holländer; **Dutch·woman** ['dʌtʃˌwʊmən, *pl* -ˌwɪmɪn] <*pl* **-women**> *s* Holländerin, Niederländerin *f*

duti·able ['dju:tɪəbl] *adj* zollpflichtig

duti·ful ['dju:tɪfl] *adj* pflichtgetreu, -bewusst; gehorsam

duty ['dju:tɪ] *s* **1.** Pflicht *f* **2.** Aufgabe, Obliegenheit *f* **3.** (FIN) Zoll *m;* **do one's ~** seine Pflicht tun; **as in ~ bound** pflichtgemäß; **free from ~** zollfrei; **off ~** außer Dienst; dienstfrei; **on ~** im Dienst; **duty call** *s* Höflichkeitsbesuch *m;* **duty-free** *adj* zollfrei; **~ shop** Dutyfreeshop *m;* **duty roster** *s* Dienstplan *m*

du·vet ['du:vet] *s* Duvet, Federbett *nt*

DVD [di:vi:'di:] *s s.* **digital video disk** DVD *f;* **DVD player** *s* DVD-Player *m*

dwarf [dwɔ:f, *pl* dwɔ:vz] <*pl* **dwarves**> **I.** *s* Zwerg *m* **II.** *vt* klein erscheinen lassen **III.** *adj* zwergenhaft

dweeb [dwi:b] *s* (*Am: sl*) Depp *m,* Blödmann *m*

dwell [dwel] <*irr:* **dwelt, dwelt**> *vi* wohnen, leben; **~ on** verweilen, sich länger aufhalten bei; **dweller** ['dwelə(r)] *s* Bewohner(in) *m(f);* **dwell·ing** [-ɪŋ] *s* Wohnsitz *m;* **dwelling house** *s* Wohnhaus *nt;* **dwelt** [dwelt] *s.* **dwell**

dwindle ['dwɪndl] *vi* abnehmen; schwinden; zurückgehen

dye [daɪ] **I.** *s* Farbstoff *m;* **hair ~** Haarfärbemittel *nt* **II.** *vt* färben; **dyed-in-the-wool** *adj* (*fig*) durch und durch; **dye-works** *s pl* Färberei *f*

dy·ing ['daɪɪŋ] *adj* **1.** sterbend **2.** (*Rasse*) aussterbend **3.** (*Zivilisation*) untergehend

dyke¹ [daɪk] **I.** *s* **1.** (Wasser)Graben *m* **2.** Deich, Damm *m* **II.** *vt* eindeichen

dyke² *s* (*Am sl*) Lesbe *f*

dy·namic [daɪ'næmɪk] *adj* dynamisch; **dy·namics** [daɪ'næmɪks] *s pl mit sing* (*a. fig*) Dynamik *f*

dyna·mite ['daɪnəmaɪt] **I.** *s* Dynamit *nt* **II.** *vt* sprengen

dy·namo ['daɪnəməʊ] <*pl* **-namos**> *s* Dynamo(maschine *f*) *m*

dyn·asty ['dɪnəstɪ] *s* Dynastie *f*

dys·en·tery ['dɪsəntrɪ] *s* (MED) Ruhr *f*

dys·lex·ia [dɪs'leksɪə] *s* Legasthenie *f;* **dys·lex·ic** [dɪs'leksɪk] **I.** *adj* legasthenisch **II.** *s* Legastheniker(in) *m(f)*

dys·pep·sia [dɪs'pepsɪə] *s* Verdauungsstörung *f*

E

E, e [iː] <*pl* -'s> *s* **1.** (*a.* MUS) E, e *nt* **2.** (SCHULE) mangelhaft

each [iːtʃ] **I.** *adj, pron* **1.** jede(r, s) (Einzelne); ~ **and every one** jede(r, s) Einzelne **2.** ~ **other** einander, sich (gegenseitig); **with** ~ **other** miteinander **II.** *adv* je

eager ['iːgə(r)] *adj* **1.** eifrig **2.** begierig (*about, after, for* auf, nach); **be** ~ begierig sein; darauf brennen (*to do* zu tun); **eager beaver** *s* (*fam*) Streber(in) *m(f)*; **eagerness** [-nɪs] *s* Eifer *m;* Ungeduld *f*

eagle ['iːgl] *s* Adler *m;* (*Golf*) Eagle *nt;* **eagle-eyed** ['iːglaɪd] *adj* **1.** scharfsichtig **2.** (*fig*) sehr aufmerksam

ear[1] [ɪə(r)] *s* **1.** Ohr *nt* **2.** Gehör *nt* (*for* für); **be all ~s** ganz Ohr sein; **be out on one's** ~ (*fam*) plötzlich seinen Job los sein; **have one's** ~ **to the ground** Augen u. Ohren offen halten; **play it by** ~ (*fig*) improvisieren; **his ~s must be burning** (*fig*) seine Ohren müssen ihm klingen; **I pricked up my ~s** ich spitzte die Ohren

ear[2] [ɪə(r)] *s* (*Getreide*) Ähre *f*

ear·ache ['ɪəreɪk] *s* Ohrenschmerzen *mpl;* **ear·bashing** *s:* **give s.o. an** ~ (*sl*) jdm ein Ohr abreden; **ear·drum** *s* Trommelfell *nt;* **ear infection** *s* Ohrenentzündung *f*

earl [ɜːl] *s* (englischer) Graf *m*

ear·lobe ['ɪələʊb] *s* Ohrläppchen *nt*

early ['ɜːlɪ] **I.** *adv* früh(zeitig); bald; **as** ~ **as May** schon im Mai; **very** ~ **on** zu sehr früher Zeit; ~ **in life** in jungen Jahren **II.** *adj* früh(zeitig); baldig; **at your earliest convenience** sobald wie möglich; **at the earliest possible date** zum frühest möglichen Zeitpunkt; **in** ~ **summer** im Frühsommer; ~ **closing** (**day**) halber Geschäftstag; ~ **morning call** telefonischer Weckruf; ~ **retirement** vorzeitige Pensionierung; vorgezogener Ruhestand; ~ **retirement scheme** Vorruhestandsregelung *f;* ~ **stage** Anfangs-, Frühstadium *nt;* ~ **warning system** (MIL) Frühwarnsystem *nt*

ear·mark ['ɪəmɑːk] **I.** *s* **1.** Eigentumszeichen *nt* am Ohr (*eines Haustieres*) **2.** (*fig*) Kennzeichen *nt* **II.** *vt* reservieren, zurücklegen, bereitstellen; **~ed funds** zweckgebundene Mittel *ntpl;* **ear·muffs** *s pl* Ohrenschützer *mpl*

earn [ɜːn] *vt* **1.** (sich) verdienen; (sich) erwerben **2.** (*Zinsen*) bringen; **earned income** ['ɜːnd'ɪnkʌm] *s* Einkünfte *pl* aus Erwerbstätigkeit

ear·nest ['ɜːnɪst] **I.** *adj* **1.** ernsthaft; ernst **2.** aufrichtig, ehrlich **II.** *s:* **in** ~ im Ernst; **in dead** ~ in vollem Ernst; **are you in** ~**?** ist das Ihr Ernst?; **ear·nest·ly** [-lɪ] *adv* ernstlich; inständig

earn·ing ['ɜːnɪŋ] *adj:* ~ **capacity** [*o* **power**] Erwerbs-, Ertragsfähigkeit *f;* **earn·ings** [-ɪŋz] *s pl* Einkommen *nt;* Einkünfte *pl,* Einnahme(n *pl*) *f;* Arbeitslohn *m;* **earnings-related** *adj* gehalts-, lohnbezogen

ear·phones ['ɪəfəʊnz] *s pl* (TELE RADIO) Kopfhörer *mpl;* **ear·piece** ['ɪəpiːs] *s* (TELE) Hörer *m;* **ear·plug** *s* Ohrenstöpsel *m;* Oropax® *nt;* **ear·ring** ['ɪərɪŋ] *s* Ohrring *m;* **ear·shot** ['ɪərʃɒt] *s:* **out of/within** ~ außer/in Hörweite

earth [ɜːθ] **I.** *s* **1.** Erde *f* **2.** (festes) Land *nt;* (Erd)Boden *m;* Erde *f* **3.** (Fuchs-, Dachs)Bau *m;* **on** ~ auf der Erde; auf Erden; **to** (**the**) ~ auf die Erde, zu Boden; **be down to** ~ mit beiden Füßen fest auf der Erde stehen; **come down to** ~ (*fig*) auf den Boden der Tatsachen zurückkehren; **move heaven and** ~ Himmel u. Hölle in Bewegung setzen; **it cost the** ~ es kostete einen Haufen Geld; **down to** ~ praktisch; nüchtern; sachlich; **why on** ~ warum auch **II.** *vt* **1.** (ELEK RADIO) erden **2.** (*Kartoffeln:* ~ *up*) häufeln; **earth-bound** ['ɜːθbaʊnd] *adj* erdgebunden; ~ **journey** Flug *m* zur Erde; **earthen·ware** ['ɜːθnweə(r)] *s* Tongeschirr *nt;* **earthiness** ['ɜːθɪnɪs] *s* Derbheit *f;* **earth·ling** ['ɜːθlɪŋ] *s* (*pej*) Erdenwurm *m;* **earthly** ['ɜːθlɪ] **I.** *adj* irdisch, weltlich; **of no** ~ **use** völlig unnütz **II.** *s* (*fam*): **he hasn't an** ~ er hat nicht die geringste Chance; **earth-orbit** ['ɜːθɔːbɪt] *s* Erdumlaufbahn *f;* **earth·quake** ['ɜːθkweɪk] *s* Erdbeben *nt;* **earthquake zone** *s* Erdbebengürtel *m;* **earth-shat·ter·ing** ['ɜːθʃætrɪŋ] *adj* welterschütternd; **earth·work** ['ɜːθwɜːk] *s* Erdarbeiten *fpl;* (MIL) Schanze *f;* **earth·worm** ['ɜːθwɜːm] *s* Regenwurm *m;* **earthy** ['ɜːθɪ] *adj* erdig; (*fig: Mensch, Humor*) derb

ear·wax ['ɪəwæks] *s* Ohrenschmalz *nt;* **ear·wig** ['ɪəwɪg] *s* Ohrwurm *m*

ease [iːz] **I.** *s* **1.** Bequemlichkeit *f;* Behagen *nt* **2.** Leichtigkeit, Mühelosigkeit *f;* **at** ~ frei, ungezwungen; behaglich; (**stand**) **at**

~! (MIL) rührt euch!; **with** ~ mit Leichtigkeit; mühelos; **be (ill) at** ~ sich (nicht) wohl fühlen; **live at** ~ in angenehmen Verhältnissen leben; **take one's** ~ es sich bequem machen **II.** *vt* **1.** entlasten, befreien (*of* von) **2.** (*Schmerz*) lindern **3.** erleichtern **4.** ermäßigen, herabsetzen **5.** (~ *down*) verlangsamen **6.** vorsichtig, behutsam bewegen; lockern **III.** *vi* **1.** (*Börsenkurse*) nachgeben **2.** (*Lage*) sich entspannen; **ease off, ease up** *vi* **1.** langsamer werden; sich verlangsamen **2.** (*Lage*) sich entspannen **3.** (*Geschäfte*) ruhiger werden **4.** (*Schmerz, Regen*) nachlassen

easel ['i:zl] *s* Staffelei *f*

eas·ily ['i:zəlɪ] *adv* **1.** leicht, mühelos **2.** zweifellos; bestimmt, bei weitem; **easiness** ['i:zɪnɪs] *s* Leichtigkeit *f*

east ['i:st] **I.** *s* Ost(en) *m;* **the East** der Osten, der Orient; **to the** ~ im Osten, östlich (*of* von) **II.** *adj* östlich; Ost- **III.** *adv* ostwärts, nach Osten; **east-bound** ['i:stbaʊnd] *adj* in Richtung Osten

Easter ['i:stə(r)] *s* Ostern *nt;* **at** ~ an Ostern; **Easter Day, Sunday** *s* Ostersonntag *m;* **Easter egg** *s* Osterei *nt;* **Easter holidays** *s pl* Osterferien *pl;* **Easter Islands** *s pl* Osterinseln *fpl*

east·er·ly ['i:stəlɪ] **I.** *adj* östlich **II.** *adv* nach, von Osten **III.** *s* Ostwind *m;* **east·ern** ['i:stən] *adj* östlich; **(the)** ~ **(states of) Germany** die neuen Bundesländer; **east·erner** ['i:stənə(r)] *s* (*in den USA*) Bewohner(in) *m(f)* der Oststaaten; **east·ern·most** ['i:stənməʊst] *adj* östlichste(r, s)

East Ger·ma·ny [ˌi:st'dʒɜ:mənɪ] *s* Ostdeutschland *nt;* (POL HIST) DDR

east·ward ['i:stwəd] *adj* östlich; **east·ward(s)** ['i:stwəd(z)] *adv* ostwärts, nach Osten

easy ['i:zɪ] **I.** *adj* **1.** leicht (*zu tun*), nicht schwer, nicht schwierig **2.** frei von Schmerzen **3.** sorglos, unbekümmert **4.** angenehm, behaglich **5.** (*Kleidung*) bequem **6.** zwanglos **7.** (*Geld*) leicht verdient **8.** (*Börse*) freundlich **9.** (*Zahlungsbedingungen*) günstig; **in** ~ **circumstances,** *Am* **on** ~ **street** in angenehmen Verhältnissen; **on** ~ **terms** (COM) zu günstigen Bedingungen; ~ **on the eye/ear** angenehm zu sehen/zu hören; **I'm** ~ (*fam*) mir ist es eigentlich egal; **it's** ~ **for you to talk** Sie haben gut reden **II.** *adv:* ~! ~ **does it!** (immer) sachte!; **take things** ~ sich schonen; **take it** ~! immer mit der Ruhe! nimm's nicht so tragisch!; **go** ~ **on** [*o* **with**] **s.th** mit etw sparsam umgehen; **go** ~ **on s.o.** jdn nicht zu streng behandeln; **easy-care** *adj* (*Textilien*) pflegeleicht; **easy-chair** *s* Lehnstuhl *m;* **easy-go·ing** ['i:zɪˌgəʊɪŋ] *adj* (*fig*) gelassen, lässig; großzügig; **easy-to-use** *adj* benutzerfreundlich

eat [i:t] <*irr:* **ate, eaten**> **I.** *vt* **1.** essen; (~ *up*) aufessen, verzehren **2.** (~ *into*) zerfressen; sich hineinfressen in **3.** (~ *away, up*) aufessen; verbrauchen; vernichten **4.** (*Feuer*) verzehren **5.** (*Wasser*) fortspülen **6.** (*Kilometer*) verschlingen, fressen; ~ **dirt** (*fam*) eine Beleidigung hinunterschlucken; ~ **humble pie** klein beigeben müssen; ~ **one's heart out** sich in Kummer verzehren; ~ **one's words** das Gesagte zurücknehmen; **what's ~ing you?** (*fam*) was hast du denn? **II.** *vi* essen; speisen; ~ **out** zum Essen ausgehen **III.** *s pl* (*fam*) Essen *nt;* Esswaren *fpl;* **eat·able** [-əbl] **I.** *adj* ess-, genießbar **II.** *s meist pl* Essen *nt;* Nahrung *f,* Nahrungsmittel *ntpl;* **eat-by date** ['i:tbaɪˌdeɪt] *s* Haltbarkeitsdatum *nt;* **eaten** ['i:tn] *s.* **eat; eater** ['i:tə(r)] *s* **1.** Esser(in) *m(f)* **2.** Tafelobst *nt;* **a big/poor** ~ ein starker/schwacher Esser; **eat·ing** ['i:tɪŋ] *s* Essen *nt;* **eating disorder** *s* Essstörung *f*

eaves [i:vz] *s pl* Dachvorsprung *m*

eaves·drop ['i:vzdrɒp] *vi* horchen, lauschen; ~ **on s.th.** etw belauschen; **eaves·drop·per** ['i:vzdrɒpə(r)] *s* Horcher(in) *m(f)*

ebb [eb] **I.** *s* **1.** (~*-tide*) Ebbe *f* **2.** (*fig*) Tiefstand *m;* **at a low** ~ auf einem Tiefstand **II.** *vi* **1.** zurückfluten (*from* von), verebben **2.** (*fig:* ~ *away*) nachlassen

Eb·onics ['ebənɪks] *s* Black English *nt* (*das gesprochene Englisch der Afro-Amerikaner*)

eb·ony ['ebənɪ] *s* Ebenholz *nt*

eBook ['i:bʊk] *s* E-Book *nt* (*digitalisiertes Buch*)

ebul·lient [ɪ'bʌlɪənt] *adj* (*fig*) übersprudelnd (*with* von), enthusiastisch, überschwänglich

EC [i:'si:] *s Abk. von* **European Community** (HIST) EG *f*

e-cash ['i:kæʃ] *s* (INTERNET) *s.* **electronic cash** elektronisches Geld, Cybergeld *nt*

ECB *s Abk. von* **European Central Bank** EZB *m*

ec·cen·tric [ɪk'sentrɪk] **I.** *adj* exzentrisch **II.** *s* **1.** Exzentriker(in) *m(f)* **2.** (TECH) Exzenter *m;* **ec·cen·tric·ity** [ˌeksen'trɪsətɪ] *s* (*fig*) Überspanntheit *f*

ec·clesi·as·tic [ɪˌkli:zɪ'æstɪk] *s* Geistliche(r) *f m;* **ec·clesi·as·ti·cal** [ɪˌkli:zɪ'æstɪkl] *adj* kirchlich; geistlich

ECG *s Abk. von* **electrocardiogram** EKG *nt*

eche·lon ['eʃəlɒn] *s* **1.** Gliederung, Staffelung *f* **2.** (*fig*) Ebene *f;* **the higher ~s** die höheren Ränge

echo ['ekəʊ] <*pl* echoes> **I.** *s* Echo *nt;* (*fig*) Anklang *m* **II.** *vi* widerhallen (*with* von) **III.** *vt* **1.** (*Schall*) zurückwerfen **2.** (*fig*) wiederholen; **echo chamber** *s* Hallraum *m;* **echo-sounder** ['ekəʊˌsaʊndə(r)] *s* Echolot *nt*

eclipse [ɪ'klɪps] **I.** *s* **1.** (ASTR) Verfinsterung *f;* Finsternis *f* **2.** (*fig*) Verdunkelung *f;* (Ver)Schwinden *nt;* **~ of the sun/moon** Sonnen-/Mondfinsternis *f* **II.** *vt* **1.** verfinstern **2.** (*fig*) in den Schatten stellen

eco-friend·ly *adj* umweltfreundlich; **eco-la·bel** *s* Umweltzeichen, Ökozeichen *nt;* **eco·lim·it** *s* Ökogrenze *f* (*höchste Belastbarkeitsgrenze*)

eco·logi·cal [ˌiːkə'lɒdʒɪkl] *adj* ökologisch, Öko-; **~ disaster** Umweltkatastrophe *f;* **eco·logi·cally** [ˌiːkə'lɒdʒɪklɪ] *adv:* **~ harmless** (*Produkte, Stoffe*) umweltverträglich; **~ beneficial** umweltfreundlich; **ecol·ogist** [iː'kɒlədʒɪst] *s* Ökologe *m,* Ökologin *f;* **ecol·ogy** [iː'kɒlədʒɪ] *s* Ökologie *f;* **ecol·ogy movement** *s* Umweltbewegung *f;* **ecology party** *s* Ökopartei *f;* **ecology tax** *s* Umweltsteuer *f*

e-com·merce [iː'kɒmɜːs] *s* E-commerce *m*

eco·nom·ic [ˌiːkə'nɒmɪk] *adj* ökonomisch, (volks)wirtschaftlich; Wirtschafts-; **~ adviser** Wirtschaftsberater(in) *m(f);* **~ agreement** Handels-, Wirtschaftsabkommen *nt;* **~ aid** Wirtschaftshilfe *f;* **Economic and Monetary Union** Wirtschafts- und Währungsunion *f;* **Economic and Social Committee** Wirtschafts- und Sozialausschuss *m;* **~ boom** Konjunkturaufschwung *m;* **~ cohesion** wirtschaftlicher Zusammenhalt; **~ commission** Wirtschaftskommission *f;* **~ control** Wirtschaftslenkung *f;* (**world**) **~ crisis** (Welt)Wirtschaftskrise *f;* **~ cycle** Konjunkturzyklus *m;* **~ divergence** ökonomischer Unterschied; **~ downswing** Konjunkturabschwung *m;* **~ feasibility study** Wirtschaftlichkeitsanalyse *f;* **~ fluctuations** Konjunkturschwankungen *fpl;* **~ growth** Wirtschaftswachstum *nt;* **~ planning** gesamtwirtschaftliche Planung; **~ policy** Wirtschaftspolitik *f;* **~ profit** Grenzkostenergebnis *nt;* **~ recovery** Wirtschaftsbelebung *f;* **~ refugee** Wirtschaftsflüchtling *m;* **~ situation** Wirtschaftslage *f;* **~ structure** Wirtschaftsstruktur *f;* **~ union** Wirtschaftsunion *f;* **~ upswing** Konjunkturaufschwung *m;* **eco·nomi·cal** [ˌiːkə'nɒmɪkl] *adj* wirtschaftlich, sparsam (*with* mit); **eco·nom·ics** [ˌiːkə'nɒmɪks] *s pl* **1.** *mit sing* Wirtschaftswissenschaften *fpl,* Volkswirtschaft(slehre) *f* **2.** *mit pl* Wirtschaftlichkeit *f;* **econo·mist** [ɪ'kɒnəmɪst] *s* Wirtschaftswissenschaftler(in) *m(f),* Volkswirt(in) *m(f);* **econo·mize** [ɪ'kɒnəmaɪz] *vi* sparsam sein (*in, on* mit)

econo·my [ɪ'kɒnəmɪ] *s* **1.** Wirtschaft *f* **2.** Wirtschaftlichkeit; Sparsamkeit *f* **3.** Sparmaßnahme, Einsparung *f;* **make economies** sparen; **the state of the ~** die Wirtschafts-, Konjunkturlage *f;* **controlled** [*o* **planned**] **~** Planwirtschaft *f;* **market ~** Marktwirtschaft *f;* **national ~** Volkswirtschaft *f;* **world ~** Weltwirtschaft *f;* **~ class** (AVIAT) Touristenklasse *f;* **~-class syndrome** Economy-Class-Syndrom *nt,* Reisethrombose *f;* **~ drive** Sparaktion *f;* **~ price** Sparpreis *m;* **~ size** Sparpackung *f;* **~ study** Wirtschaftlichkeitsberechnung *f*

eco·sys·tem ['iːkəʊsɪstəm] *s* Ökosystem *nt;* **eco·tour·ism** ['iːkəʊtʊərɪzm] *s* Ökotourismus *m;* **eco·war·ri·or** [ˌiːkəʊ'wɒrɪə] *s* aktiver Umweltschützer

ec·sta·sy ['ekstəsɪ] *s* **1.** (*a.* REL) Verzückung, Ekstase *f* **2.** Begeisterung(staumel *m*) *f* **3.** (*Droge*) Ecstasy *nt;* **ec·stat·ic** [ɪk'stætɪk] *adj* ekstatisch; begeistert, verzückt, hingerissen

ec·to·morph·ic [ˌektə(ʊ)'mɔːfɪk] *adj* ektomorph, schlankwüchsig

ECU ['eɪkjuː, 'iːkjuː] *s Abk. von* **European Currency Unit** ECU *m*

Ecua·dor ['ekwədɔː(r)] *s* Ecuador *nt;* **Ecua·dor·ian** [ˌekwə'dɔːrɪən] **I.** *adj* ecuadorianisch **II.** *s* Ecuadorianer(in) *m(f)*

ecu·meni·cal [ˌiːkjuː'menɪkl] *s* ökumenisch

ec·zema ['eksɪmə] *s* (MED) Ekzem *nt,* Ausschlag *m*

eddy ['edɪ] **I.** *s* Wirbel, Strudel *m* **II.** *vi* wirbeln, strudeln

Eden ['iːdn] *s:* **the Garden of ~** der Garten Eden, das Paradies

edge [edʒ] **I.** *s* **1.** (*Klinge*) Schneide *f* **2.** Kante *f* **3.** (*Buch*) Schnitt *m* **4.** Rand *m* **5.** Ufer *nt* **6.** (*fam*) Vorteil *m* (*on* vor); **at the ~ of** am Rande +*gen;* **on ~** hochkant; (*fig*) nervös, ungeduldig; **have the ~ on s.o.** (*fam*) jdm gegenüber im Vorteil, besser sein; **set s.o.'s teeth on ~** jdm unangenehm sein; **take the ~ off** abschwächen **II.** *vt* **1.** (um)säumen, einfassen **2.** (*Messer*) schleifen **3.** schieben, rücken; **~ one's way through** sich zwängen durch **III.** *vi* sich einen Weg bahnen; sich schieben, vorrücken; **edge away** *vi* sich davonmachen; **~ away from s.o.** von jdm abrücken; **edge forward** *vi* sich vorschieben, vorrücken; **edge off** *vi* ab-, wegrücken;

edge·ways, edge·wise ['edʒweɪz, 'edʒwaɪz] *adv* **1.** seitwärts, von der Seite **2.** hochkant; **get a word in ~** zu Worte kommen

edg·ing ['edʒɪŋ] *s* Rand, Saum *m;* Borte *f*

edgy ['edʒɪ] *adj* (*fig*) nervös, gereizt

ed·ible ['edɪbl] **I.** *adj* ess-, genießbar **II.** *s pl* Lebensmittel *ntpl*

edict ['iːdɪkt] *s* Erlass *m;* Edikt *nt*

edi·fi·ca·tion [ˌedɪfɪ'keɪʃn] *s* (*fig*) Erbauung *f*

edi·fice ['edɪfɪs] *s* Bauwerk *nt*

edify ['edɪfaɪ] *vt* (geistig) erbauen; **edify·ing** [-ɪŋ] *adj* erbaulich

edit ['edɪt] *vt* **1.** (*Buch*) herausgeben **2.** (*Zeitung*) redigieren **3.** (FILM) zusammenstellen **4.** (INFORM: *Daten*) edi(ti)eren, aufbereiten; **edi·tion** [ɪ'dɪʃn] *s* **1.** (*Buch*) Ausgabe *f* **2.** Auflage *f;* **morning/evening** ~ Morgen-/Abendausgabe *f;* **pocket** ~ Taschenausgabe *f;* **edi·tor** ['edɪtə(r)] *s* **1.** Herausgeber(in) *m(f)* **2.** Redakteur(in) *m(f),* Schriftleiter(in) *m(f)* **3.** (INFORM) Editor *m* **4.** (*Film*) Cutter(in) *m(f);* **chief** ~, ~ **in chief** Chefredakteur(in) *m(f);* **letter to the** ~ Leserbrief *m;* **edi·tor·ial** [ˌedɪ'tɔːrɪəl] **I.** *adj* redaktionell; ~ **assistant** Redaktionsassistent(in) *m(f);* ~ **staff** Redaktionsstab *m* **II.** *s* (*Zeitung*) Leitartikel *m*

edu·cate ['edʒʊkeɪt] *vt* erziehen, (aus-, heran)bilden; **edu·ca·ted** ['edʒʊkeɪtɪd] *adj* gebildet; ~ **guess** auf Tatsachen beruhende Vermutung; **edu·ca·tion** [ˌedʒʊ'keɪʃn] *s* **1.** (*Prozess*) Erziehung, (Aus-, Heran)Bildung *f* **2.** (*Fachgebiet*) Erziehungswissenschaft, Pädagogik *f;* **adult** ~ Erwachsenenbildung *f;* **compulsory** ~ Schulpflicht *f;* **general** ~ Allgemeinbildung *f;* **ministry of** ~ Kultusministerium *nt;* **edu·ca·tional** [ˌedʒʊ'keɪʃənl] *adj* **1.** erzieherisch **2.** pädagogisch **3.** (*Film, Spiel*) Lehr- **4.** Lehrbuch-; ~ **experience** lehrreiche Erfahrung; ~ **background** Bildungsgang *m;* Vorbildung *f;* ~ **establishment** Bildungsanstalt *f;* ~ **leave** Bildungsurlaub *m;* **edu·ca·tion(·al)·ist** [ˌedʒʊ'keɪʃən(əl)ɪst] *s* Pädagoge *m,* Pädagogin *f;* Erziehungswissenschaftler(in) *m(f);* **edu·ca·tor** ['edʒʊkeɪtə(r)] *s* Erzieher(in) *m(f);* **edu·tain·ment** *s* Edutainment *nt* (*Verbindung von Wissensvermittlung und Unterhaltung*)

EEC [iːiː'siː] *s Abk. von* **European Economic Community** (HIST) EWG *f*

eel [iːl] *s* Aal *m*

eerie, eery ['ɪərɪ] *adj* schaurig, gespenstisch

ef·face [ɪ'feɪs] **I.** *vt* **1.** ausradieren **2.** auslöschen, streichen, tilgen **II.** *vr* sich zurückhalten

ef·fect [ɪ'fekt] **I.** *s* **1.** Wirkung *f* (*on* auf) **2.** Folge *f,* Ergebnis *nt* (*of +gen*) **3.** Eindruck, Effekt *m* **4.** (JUR) Gültigkeit *f* **5.** (TECH) (Nutz)Effekt *m;* Leistung *f* **6.** ~**s** Gegenstände *ntpl,* Sachen *fpl,* Besitz *m,* (bewegliches) Eigentum *nt,* Habe *f;* Effekten *pl;* **in** ~ in Wirklichkeit; (*Gesetz*) gültig, in Kraft; **of no** ~ wirkungslos; **to this** ~ zu dem Zweck; **a letter to the** ~ ein Brief des Inhalts; **words to that** ~ etwas in diesem Sinne; **with** ~ **from ...** mit Wirkung vom ...; **come into** [*o* **take**] ~ in Kraft treten; **put into** ~ in Kraft setzen **II.** *vt* **1.** bewirken; zu Stande bringen **2.** aus-, durchführen; **ef·fec·tive** [ɪ'fektɪv] *adj* **1.** wirksam **2.** wirkungs-, eindrucksvoll **3.** tatsächlich, effektiv; **cost** ~ kostenwirksam; ~ **immediately** mit sofortiger Wirkung; **be** ~ gelten; **become** ~ in Kraft treten; **ef·fec·tive·ness** [-nɪs] *s* Wirksamkeit *f;* **cost** ~ Kostenwirksamkeit *f;* **ef·fec·tual** [ɪ'fektʃʊəl] *adj* wirksam; gültig, in Kraft; **be** ~ die gewünschte Wirkung haben; **ef·fec·tuate** [ɪ'fektʃʊeɪt] *vt* bewirken, zu Stande bringen

ef·femi·nacy [ɪ'femɪnəsɪ] *s* (*pej*) Unmännlichkeit *f;* **ef·femi·nate** [ɪ'femɪnət] *adj* (*pej*) unmännlich, weibisch

ef·fer·vesce [ˌefə'ves] *vi* **1.** perlen, sprudeln, moussieren; aufbrausen, -wallen **2.** (*fig*) überschäumen; **ef·fer·ves·cence** [ˌefə'vesns] *s* **1.** Sprudeln, Aufwallen *nt* **2.** (*fig*) Munterkeit, Lebhaftigkeit *f;* **ef·fer·ves·cent** [ˌefə'vesnt] *adj* **1.** sprudelnd, aufbrausend **2.** (*fig*) überschäumend

ef·fete [ɪ'fiːt] *adj* schwach; saft- und kraftlos

ef·fi·ca·cious [ˌefɪ'keɪʃəs] *adj* wirksam; **ef·fi·cacy** ['efɪkəsɪ] *s* Wirksamkeit, Wirkungskraft *f*

ef·fi·ciency [ɪ'fɪʃnsɪ] *s* **1.** Leistungsfähigkeit, Effizienz *f* **2.** Tüchtigkeit *f* **3.** (TECH) Wirkungsgrad *m* **4.** Produktivität *f* **5.** Wirtschaftlichkeit *f;* Rentabilität *f;* ~ **bonus** Leistungszulage *f;* ~**-minded** leistungsorientiert; **ef·fi·cient** [ɪ'fɪʃnt] *adj* **1.** wirksam, effizient **2.** rationell, wirtschaftlich **3.** leistungsfähig, ergiebig **4.** (*Mensch*) tüchtig, fähig

ef·fi·gy *s* Bildnis *nt*

ef·flu·ent ['eflʊənt] *s* Abwasser *nt,* Abfluss *m*

ef·fort ['efət] *s* **1.** Anstrengung, Mühe *f* **2.** Kraftaufwand *m* **3.** (TECH) Leistung *f* **4.** Bemühung *f* **5.** Werk *nt,* Tat, Leistung *f;* **without** ~ mühelos; **be worth the** ~ der Mühe wert sein; **make every** ~ sich alle Mühe geben; **spare no** ~ keine Mühe scheuen; **ef·fort·less** [-lɪs] *adj* mühelos

ef·front·ery [ɪ'frʌntərɪ] *s* Unverschämtheit, Frechheit *f*

ef·fu·sion [ɪ'fju:ʒn] *s* Erguss *m;* **ef·fu·sive** [ɪ'fju:sɪv] *adj* (*fig*) überschwänglich

EFT [ˌi:ef'ti:] *s Abk. von* **electronic funds transfer** elektronischer Zahlungsverkehr

EFTA ['eftə] *s Abk. von* **European Free Trade Association** EFTA *f*

e.g. [ˌi:'dʒi:] *s Abk. von* **exempli gratia** z. B.

egg [eg] *s* **1.** (Hühner)Ei *nt* **2.** (BIOL) Ei(zelle *f*) *nt;* **have ~ on one's face** (*fam*) sich blamieren; **put all one's ~s in one basket** (*fig*) alles auf eine Karte setzen; **teach one's grandmother to suck ~s** das Ei will klüger sein als die Henne; **a bad ~** (*sl*) ein Strolch, ein Taugenichts; **scrambled ~s** Rührei *nt;* **boiled/fried ~s** gekochte Eier/Spiegeleier *ntpl;* **egg on** *vt* aufstacheln, -hetzen; aufmuntern; **egg cell** *s* (BIOL) Eizelle *f;* **egg cup** *s* Eierbecher *m;* **egg·head** ['eghed] *s* (*fam*) Intellektuelle(r) *f m;* **egg·plant** *s* (*Am*) Aubergine *f;* **egg·shell** *s* Eierschale *f;* **egg spoon** *s* Eierlöffel *m;* **egg timer** *s* Eieruhr *f;* **egg yolk** *s* Eidotter *m,* Eigelb *nt*

ego ['egəʊ, *Am* 'i:gəʊ] <*pl* egos> *s* Ich *nt;* Selbstbewusstsein *nt;* **ego·cen·tric** [ˌegəʊ'sentrɪk] *adj* egozentrisch; **ego·ism** ['egəʊɪzəm] *s* Egoismus *m;* **ego·ist** ['egəʊɪst] *s* Egoist(in) *m(f);* **ego·istic(al)** [ˌegəʊ'ɪstɪk(l)] *adj* egoistisch; **ego·tism** ['egəʊtɪzəm] *s* Ichbezogenheit *f;* **ego·tist** ['egəʊtɪst] *s* ichbezogener Mensch, Egozentriker(in) *m(f);* **ego·tis·tic(al)** [ˌegə'tɪstɪk(l)] *adj* geltungsbedürftig; überheblich; **ego trip** ['egəʊtrɪp] *s* (*fam*) Egotrip *m;* **be on an ~** sich selbst beweihräuchern

Egypt ['i:dʒɪpt] *s* Ägypten *nt;* **Egyp·tian** [ɪ'dʒɪpʃn] **I.** *adj* ägyptisch **II.** *s* Ägypter(in) *m(f)*

eh [eɪ] *interj* **1.** nanu? hm! **2.** (*unhöflich*) was?

eider ['aɪdə(r)] *s* (**~** *duck*) Eiderente *f;* **eider·down** ['aɪdədaʊn] *s* Daunendecke *f;* Federbett *nt*

eight [eɪt] **I.** *adj* acht **II.** *s* Acht *f;* **have had one over the ~** (*sl*) einen sitzen haben; **eight·een** [ˌeɪ'ti:n] *adj* achtzehn; **eighth** [eɪtθ] *adj* achte(r, s); **eight-hour day** *s* Achtstundentag *m;* **eight·ieth** ['eɪtɪəθ] **I.** *adj* achtzigste(r, s) **II.** *s* Achtzigstel *nt;* Achtzigste(r, s); **eighty** ['eɪtɪ] **I.** *adj* achtzig **II.** *s* Achtzig *f;* **the eighties** die Achtzigerjahre

Eire ['æərə] *s* (*gälischer Name*) Irland *nt*

either ['aɪðə(r)] **I.** *pron, adj* eine(r, s) von beiden; jede(r, s), beide(s) **II.** *adv* (*mit Verneinung*) auch nicht; **I shall not go ~** ich gehe auch nicht **III.** *conj:* **~ ... or** entweder ... oder

ejacu·late [ɪ'dʒækjʊleɪt] *vt* **1.** (*Wort*) ausstoßen **2.** (PHYSIOL) ejakulieren; **ejacu·la·tion** [ɪˌdʒækjʊ'leɪʃn] *s* **1.** (PHYSIOL) Samenerguss *m* **2.** (Auf)Schrei *m*

eject [ɪ'dʒekt] **I.** *vt* **1.** (*Menschen*) hinauswerfen (*from* aus) **2.** (JUR) exmittieren **3.** (*Flammen, Rauch*) ausstoßen; (*Patrone*) auswerfen **4.** (TECH) auswerfen; (*Piloten*) herausschleudern **II.** *vi* (*Pilot*) den Schleudersitz betätigen; **ejec·tor** [ɪ'dʒektə(r)] *s* (TECH) Auswerfer *m;* **ejector seat** *s* (AVIAT) Schleudersitz *m*

eke out [i:k aʊt] *vt* **1.** verlängern, abrunden (*with, by* durch) **2.** (*Vorrat*) strecken; **~ a living** sich mühsam durchschlagen

elab·or·ate[1] [ɪ'læbərət] *adj* **1.** sorgfältig, genau ausgearbeitet **2.** ausführlich **3.** kunstvoll **4.** vielgestaltig

elab·or·ate[2] [ɪ'læbəreɪt] **I.** *vt* sorgfältig ausarbeiten **II.** *vi* genauere Einzelheiten (an)geben (*on, upon* über), näher ausführen (*on, upon s.th.* etw); **elab·or·ation** [ɪˌlæbə'reɪʃn] *s* genauere Angaben *fpl,* Einzelheiten *fpl*

elapse [ɪ'læps] *vi* (*Zeit*) vergehen, verfließen, verstreichen

elas·tic [ɪ'læstɪk] **I.** *adj* **1.** biegsam, dehnbar **2.** elastisch; **~ band** Gummiband *nt;* **~ stockings** Gummistrümpfe *mpl* **II.** *s* Gummiband *nt;* **elas·tic·ity** [ˌelæ'stɪsətɪ] *s* **1.** Elastizität *f* **2.** (*fig*) Spannkraft *f* **3.** Anpassungsfähigkeit *f*

elate [ɪ'leɪt] *vt:* **be ~d** stolz, froh, begeistert sein; **ela·tion** [ɪ'leɪʃn] *s* Begeisterung, Freude *f;* Stolz *m*

el·bow ['elbəʊ] **I.** *s* **1.** Ellbogen *m* **2.** (TECH) Knie(stück) *nt;* **at one's ~** bei der Hand, dicht dabei; **rub ~s with s.o.** mit jdm in nähere Berührung kommen **II.** *vt* sich bahnen (*one's way through* einen Weg durch); **~ s.o. out of the way** jdn zur Seite drängen; **elbow grease** *s* (*hum*) **1.** (körperliche) Kraft *f* **2.** Schufterei *f;* **elbow room** *s* Bewegungsfreiheit *f;* Spielraum *m*

el·der[1] ['eldə(r)] **I.** *adj attr* (*unter Verwandten*) älter **II.** *s:* **my ~s** ältere Leute als ich

el·der[2] ['eldə(r)] *s* Holunder *m*

el·der·berry ['eldəberɪ] *s* Holunderbeere *f;* **elderberry wine** *s* Holunderbeerwein *m*

el·der·ly ['eldəlɪ] *adj* ältlich, ältere(r)

el·dest ['eldɪst] *adj attr* (*unter Verwandten*) älteste(r, s)

elect [ɪ'lekt] **I.** *adj* (*nachgestellt*) designiert, zukünftig **II.** *s* Auserwählte(r) *f m* **III.** *vt* wählen (*president* zum Präsidenten); **elec·tion** [ɪ'lekʃn] *s* Wahl *f;* **hold an ~** eine Wahl durchführen; **stand for ~** kandidieren; **election address, speech** *s* Wahlrede *f;* **election booth** *s* Wahlzelle *f;* **elec-**

E

tion campaign *s* Wahlkampf *m;* **election commission, committee** *s* Wahlausschuss *m;* Wahlkomitee *nt;* **election day** *s* Wahltag *m;* **election defeat** *s* Wahlniederlage *f;* **elec·tion·eer** [ɪˌlekʃəˈnɪə(r)] *vi* Wahlpropaganda treiben; **elec·tion·eer·ing** [ɪˌlekʃəˈnɪərɪŋ] *s* Wahlpropaganda *f;* Wahlkampf *m;* **election manifesto** *s* Wahlprogramm *nt;* **election meeting** *s* Wahlversammlung *f;* **election platform, program(me)** *s* Wahlprogramm *nt;* **election poster** *s* Wahlplakat *nt;* **election results, returns** *s pl* Wahlergebnis *nt*

elec·tive [ɪˈlektɪv] **I.** *adj* **1.** Wahl- **2.** (*Am:* SCHULE) wahlfrei **II.** *s* (*Am:* SCHULE) Wahlfach *nt*

elec·tor [ɪˈlektə(r)] *s* **1.** (*Br*) Wähler(in) *m(f)* **2.** (*Am*) Wahlmann *m;* **Elector** (HIST) Kurfürst *m;* **elec·toral** [ɪˈlektərəl] *adj* Wahl-; ~ **ballot** Wahl-, Abstimmungsergebnis *nt;* ~ **campaign** Wahlkampf *m;* ~ **college** Wahlkollegium *nt;* (*Am*) Wahlmänner *mpl;* ~ **commission** [*o* **committee**] Wahlausschuss *m;* Wahlkomitee *nt;* ~ **defeat** Wahlniederlage *f;* ~ **district** Wahlbezirk *m;* ~ **list** Wählerliste *f;* ~ **rally** Wahlversammlung *f;* ~ **register** [*o* **roll**] Wählerliste *f;* ~ **system** Wahlsystem *nt;* **elec·tor·ate** [ɪˈlektərət] *s* Wähler(schaft *f*) *mpl*

elec·tric [ɪˈlektrɪk] *adj* **1.** elektrisch **2.** (*fig*) elektrisierend; ~ **arc** Lichtbogen *m;* ~ **blanket** Heizdecke *f;* ~ **car** Elektroauto *nt;* ~ **light bulb** Glühbirne *f;* ~ **chair** elektrischer Stuhl; ~ **cooker** Elektroherd *m;* ~ **current** elektrischer Strom; ~ **motor** Elektromotor *m;* ~ **razor** elektrischer Rasierapparat; ~ **shock** elektrischer Schlag; (MED) Elektroschock *m;* ~ **shock treatment** (MED) Elektroschockbehandlung *f;* **elec·tri·cal** [ɪˈlektrɪkl] *adj* elektrisch; ~ **appliances** Elektrogeräte *ntpl;* ~ **engineer** Elektroingenieur(in) *m(f);* ~ **engineering** Elektrotechnik *f;* ~ **shop** Elektrowerkstatt *f;* **elec·tri·cian** [ɪˌlekˈtrɪʃn] *s* Elektriker(in) *m(f);* **elec·tric·ity** [ɪˌlekˈtrɪsətɪ] *s* Elektrizität *f;* Strom *m;* ~ **cut** Stromsperre *f;* Stromausfall *m;* ~ **meter** Stromzähler *m;* ~ **supply** Stromversorgung *f;* ~ **works** Elektrizitätswerk *nt*

elec·tri·fi·ca·tion [ɪˌlektrɪfɪˈkeɪʃn] *s* Elektrifizierung *f;* **elec·trify** [ɪˈlektrɪfaɪ] *vt* **1.** elektrisieren **2.** elektrifizieren **3.** unter Strom setzen

elec·tro·analy·sis [ɪˌlektrəʊəˈnælɪsɪs] *s* Elektrolyse *f;* **elec·tro·cardio·gram** [ɪˌlektrəʊˈkɑːdɪəʊgræm] *s* Elektrokardiogramm, EKG *nt;* **elec·tro·cute** [ɪˈlektrəkjuːt] *vt* auf dem elektrischen Stuhl hinrichten; durch elektrischen Strom töten; **elec·tro·cu·tion** [ɪˌlektrəˈkjuːʃn] *s* Tod *m* durch Stromschlag; Hinrichtung *f* durch den elektrischen Stuhl; **elec·trode** [ɪˈlektrəʊd] *s* Elektrode *f;* **elec·tro·en·ce·pha·lo·gram** [ɪˌlektrəʊenˈsefələˌgræm] *s* Elektroenzephalogramm, EEG *nt;* **elec·tro·ly·sis** [ɪˌlekˈtrɒləsɪs] *s* Elektrolyse *f;* **elec·tro·mag·net** [ɪˈlektrəʊˈmægnɪt] *s* Elektromagnet *m;* **elec·tro·mag·netic** [ɪˌlektrəʊmægˈnetɪk] *adj* elektromagnetisch; **elec·tron** [ɪˈlektrɒn] *s* Elektron *nt;* **elec·tron·ic** [ˌɪlekˈtrɒnɪk] **I.** *adj* elektronisch; ~ **brain** Elektronen(ge)hirn *nt;* ~ **commerce** elektronischer Geschäftsverkehr; ~ **data processing, EDP** elektronische Datenverarbeitung, EDV *f;* ~ **funds transfer, EFT** elektronischer Zahlungsverkehr; ~ **mail** (INFORM) elektronische Post; ~ **mailbox** (INFORM) elektronischer Briefkasten; ~ **music** elektronische Musik **II.** *s pl mit sing* Elektronik *f;* **elec·tronics** [ˌɪlekˈtrɒnɪks] *s* Elektronik *f;* **electron microscope** *s* Elektronenmikroskop *nt;* **elec·tro·plate** [ɪˈlektrəʊpleɪt] *vt* galvanisieren; **elec·tro·scope** [ɪˈlektrəʊˌskəʊp] *s* Elektroskop *nt;* **elec·tro·ther·apy** [ɪˌlektrəʊˈθerəpɪ] *s* Elektrotherapie *f*

el·egance [ˈelɪgəns] *s* Eleganz *f;* **el·egant** [ˈelɪgənt] *adj* elegant

el·egiac [ˌelɪˈdʒaɪək] **I.** *adj* elegisch **II.** *s pl* elegische Verse *mpl;* **el·egy** [ˈelədʒɪ] *s* Elegie *f*

el·ement [ˈelɪmənt] *s* **1.** (*a.* MATH CHEM ELEK) Element *nt;* Grundstoff *m* **2.** Bestandteil *m* **3.** Faktor, Umstand *m* **4.** (JUR) Tatbestandsmerkmal *nt* **5.** (TECH) Bauelement, -teil *nt;* **the ~s** die Elemente *ntpl,* Anfangsgründe *mpl,* Grundlagen *fpl* (*einer Wissenschaft*), die Natur(gewalten *pl*) *f;* **in/out of one's ~** in seinem/nicht in seinem Element; ~ **of surprise** Überraschungsmoment *nt;* **el·emen·tal** [ˌelɪˈmentl] *adj* **1.** elementar **2.** urgewaltig **3.** einfach; **ele·men·tary** [ˌelɪˈmentərɪ] *adj* **1.** elementar; einführend **2.** einfach; ~ **particle** Elementarteilchen *nt;* ~ **school** (*Am*) Volks-, Grundschule *f;* ~ **training** Grundausbildung *f*

el·eph·ant [ˈelɪfənt] *s* Elefant *m;* **white ~** nutzloser Gegenstand; Fehlinvestition *f;* **el·ephan·ti·asis** [ˌelɪfənˈtaɪəsɪs] *s* (MED) Elefantiasis *f;* **ele·phan·tine** [ˌelɪˈfæntaɪn] *adj* (*fig*) schwerfällig; **elephant's ear** *s* Begonie *f*

el·ev·ate [ˈelɪveɪt] *vt* **1.** (hoch)heben **2.** (*Person*) befördern (*to* zu) **3.** (*fig*) erbauen **4.** auf eine höhere Stufe heben; **el·ev·ated** [ˈelɪveɪtɪd] *adj* erhaben, würdevoll, würdig; gehoben; ~ **railway** Hochbahn *f;* ~ **motorway** (*Br*) Hochstraße *f;* **el·ev·ation** [ˌelɪ'veɪʃn] *s* **1.** Erhebung *f* **2.** Anhöhe *f* **3.** Hoheit, Würde *f;* Erhabenheit *f* **4.** (GEOG) Höhe *f* über dem Meeresspiegel **5.** (ARCH) Aufriss *m;* **front** ~ Vorderansicht *f;* **el·ev·ator** ['elɪveɪtə(r)] *s* **1.** (AVIAT) Höhenruder *nt* **2.** (TECH) Winde *f* **3.** (*Am*) Aufzug, Fahrstuhl *m* **4.** (*Am*) (Getreide)Silo *nt*

eleven [ɪ'levn] **I.** *adj* elf **II.** *s* (*a.* SPORT) Elf *f;* **elev·enses** [ɪ'levnzɪz] *s pl* (*Br fam*) zweites Frühstück; **elev·enth** [ɪ'levnθ] **I.** *adj* elfte(r, s); **at the** ~ **hour** in letzter Minute **II.** *s* Elftel *nt;* Elfte(r, s)

elf [elf, *pl* elvz] <*pl* elves> *s* Elfe *f;* Kobold *m;* **elf·ish** ['elfɪʃ] *adj* **1.** elfenhaft **2.** koboldhaft, schelmisch

eli·cit [ɪ'lɪsɪt] *vt* ent-, hervorlocken, herausholen (*from* aus)

el·igi·bil·ity [ˌelɪdʒə'bɪlətɪ] *s* **1.** Wählbarkeit *f* **2.** Berechtigung *f;* **eli·gible** ['elɪdʒəbl] *adj* **1.** wählbar **2.** (teilnahme)berechtigt (*for* für), geeignet; **be** ~ in Frage kommen; ~ **bachelor** gute Partie

elim·in·ate [ɪ'lɪmɪneɪt] *vt* **1.** entfernen **2.** ausscheiden, -schalten, -lassen, beseitigen (*from* aus) **3.** ausschließen **4.** (MATH) eliminieren **5.** (*Feind, Gegner*) ausschalten, eliminieren; **elim·in·ation** [ɪˌlɪmɪ'neɪʃn] *s* **1.** Ausschaltung *f* **2.** Ausmerzung, Beseitigung *f;* Streichung *f;* Nichtberücksichtigung *f* **3.** (MED SPORT) Ausscheidung *f;* **elimination contest** *s* Ausscheidungswettbewerb *m*

elite [eɪ'li:t] *s* Elite *f;* **elit·ism** [ei'li:tɪsm] *s* Elitedenken *nt;* **elit·ist** [ei'li:tɪst] *adj* elitär

elixir [ɪ'lɪksə(r)] *s* Elixier *nt*

elk [elk] *s* **1.** Elch *m* **2.** (*Am*) Wapiti *m*

el·lipse [ɪ'lɪps] *s* (MATH) Ellipse *f;* **el·lip·tic(al)** [ɪ'lɪptɪk(l)] *adj* elliptisch

elm [elm] *s* (~ *tree*) Ulme *f*

elo·cu·tion [ˌelə'kju:ʃn] *s* Vortragskunst, -weise *f;* Sprecherziehung *f*

elon·gate ['i:lɒŋgeɪt] **I.** *vt* verlängern **II.** *vi* länger werden; sich strecken

elope [ɪ'ləʊp] *vi* durchbrennen (um zu heiraten)

elo·quent ['eləkwənt] *adj* **1.** beredsam, redegewandt **2.** vielsagend, ausdrucksvoll (*of* für)

El Sal·va·dore [el'sælvəˌdɔ:(r)] *s* El Salvador *nt*

else [els] *adv* **1.** sonst, weiter, außerdem, noch **2.** andere(r, s); **anybody** ~**?** sonst noch jemand?; **anything** ~**?** sonst noch etwas?; **everybody** ~ alle anderen; **everything** ~ alles andere; **nobody** ~ sonst niemand; **nothing** ~ nichts weiter; **or** ~ sonst, andernfalls; **somebody** ~ jemand anders; **somewhere** ~ woanders; woandershin; **what** ~**?** was noch? was sonst? was weiter?; **else·where** [ˌels'weə(r)] *adv* **1.** anderswo, sonst wo, woanders **2.** anderswohin

elu·ci·date [ɪ'lu:sɪdeɪt] *vt* erklären, erläutern

elu·sive [ɪ'lu:sɪv] *adj* **1.** ausweichend **2.** schwer zu begreifen(d), zu (er)fassen(d)

elv·ish ['elvɪʃ] *adj* koboldhaft

em·aci·ated [ɪ'meɪʃɪeɪtɪd] *adj* abgemagert

email ['i:meɪl] *s* E-Mail *f/nt,* elektronische Post; **email address** *s* E-Mail-Adresse *f*

ema·nate ['eməneɪt] *vi* **1.** ausfließen, -strömen **2.** ausstrahlen, ausgehen (*from* von) **3.** (*fig*) herrühren, herstammen (*from* von)

eman·ci·pate [ɪ'mænsɪpeɪt] *vt* **1.** emanzipieren **2.** befreien; **eman·ci·pated** [-ɪd] *adj* **1.** emanzipiert **2.** (*Sklave*) frei(gelassen); **eman·ci·pa·tion** [ɪˌmænsɪ'peɪʃn] *s* Emanzipation *f*

em·balm [ɪm'bɑ:m] *vt* (ein)balsamieren

em·bank·ment [ɪm'bæŋkmənt] *s* **1.** Ufermauer *f,* Damm *m* **2.** Uferstraße *f*

em·bargo [ɪm'bɑ:gəʊ] <*pl* -bargoes> *s* **1.** Embargo *nt* **2.** (*fig*) Sperre *f;* **under an** ~ mit einem Embargo belegt; **lay** [*o* **put**] **an** ~ **on** ein Embargo verhängen über; **export/import** ~ Aus-/Einfuhrsperre *f*

em·bark [ɪm'bɑ:k] **I.** *vt* einschiffen; verladen (*for* nach), an Bord nehmen **II.** *vi* **1.** sich einschiffen (*for* nach) **2.** abreisen, -fahren (*for* nach) **3.** (*fig*) anfangen (*upon* mit); **em·bar·ka·tion** [ˌembɑ:'keɪʃn] *s* Einschiffung *f;* Verladung *f*

em·bar·rass [ɪm'bærəs] *vt* **1.** in Verlegenheit, aus der Fassung bringen **2.** (be)hindern; lästig sein (*s.o.* jdm) **3.** in finanzielle Schwierigkeiten bringen; **em·bar·rassed** [ɪm'bærəst] *adj* **1.** in Verlegenheit; verlegen **2.** in Geldverlegenheit; **em·bar·rass·ing** [-ɪŋ] *adj* peinlich, unangenehm; **em·bar·rass·ment** [-mənt] *s* **1.** Verlegenheit *f* **2.** Geldverlegenheit *f;* **be an** ~ **to s.o.** jdn blamieren

em·bassy ['embəsɪ] *s* (POL) Botschaft *f*

em·bed [ɪm'bed] *vt* einbetten, einlagern; **be** ~**ded in s.th.** in etw fest verankert sein; ~ **in concrete** einbetonieren

em·bel·lish [ɪm'belɪʃ] *vt* verschönern, ausschmücken

em·ber ['embə(r)] *s* **1.** verglühendes Stück Holz **2.** ~**s** Glut *f*

em·bezzle [ɪm'bezl] *vt* unterschlagen; **em·bezzle·ment** [-mənt] *s* Unterschlagung *f;* **em·bezzler** [ɪm'bezlə(r)] *s* Veruntreuer(in) *m(f)*

em·bit·ter [ɪm'bɪtə(r)] *vt* verbittern; (*Verhältnis*) vergiften

em·blem ['embləm] *s* Sinnbild, Symbol, Emblem *nt*
em·bodi·ment [ɪm'bɒdɪmənt] *s* Verkörperung *f;* **em·body** [ɪm'bɒdɪ] *vt* **1.** verkörpern; Gestalt geben (*s.th.* einer S) **2.** ausdrücken **3.** enthalten, einschließen
em·bo·lism ['embəlɪsm] *s* (MED) Embolie *f*
em·boss [ɪm'bɒs] *vt* **1.** erhaben arbeiten **2.** (*dünnes Metall, Leder*) bossieren, prägen
em·brace [ɪm'breɪs] **I.** *vt* **1.** umarmen **2.** (*Gelegenheit, Beruf*) ergreifen **3.** (*Glauben, Angebot*) annehmen **4.** (*Hoffnung*) hegen **5.** umgeben, einschließen **6.** (*fig*) enthalten, umfassen **II.** *s* Umarmung *f*
em·bro·ca·tion [ˌembrə'keɪʃn] *s* Einreibemittel *nt*
em·broider [ɪm'brɔɪdə(r)] *vt* **1.** besticken **2.** (*fig*) ausschmücken; **em·broidery** [ɪm'brɔɪdərɪ] *s* **1.** Stickerei *f* **2.** (*fig*) Ausschmückung *f*
em·bryo ['embrɪəʊ] <*pl* -bryos> *s* Embryo *m;* **in** ~ (*fig*) in den Anfängen; **em·bry·onic** [ˌembrɪ'ɒnɪk] *adj* **1.** (PHYSIOL) embryonal **2.** (*fig*) (noch) unentwickelt
emend [ɪ'mend] *vt* verbessern, berichtigen
em·er·ald ['emərəld] **I.** *s* Smaragd *m* **II.** *adj* smaragdgrün
emerge [ɪ'mɜːdʒ] *vi* **1.** auftauchen **2.** entstehen (*from, out of* aus) **3.** (*fig*) in Erscheinung treten, sichtbar werden; bekannt werden; **emerg·ence** [ɪ'mɜːdʒəns] *s* Auftauchen *nt,* Entstehung *f*
emerg·ency [ɪ'mɜːdʒənsɪ] *s* Dringlichkeits-, Notfall *m;* Notlage *f;* **in an** [*o* **in case of**] ~ im Not-, im Ernstfall; **provide for emergencies** für Notfälle Vorsorge treffen; **state of** ~ Notstand *m;* ~ **aid** Soforthilfe *f;* ~ **brake** Notbremse *f;* ~ **call** Notruf *m;* ~ **dressing** Notverband *m;* ~ **exit** Notausgang *m;* ~ **landing** (AVIAT) Notlandung *f;* ~ **measure** Notmaßnahme *f;* ~ **power** (ELEK) Notstrom *m;* ~ **power generator** (ELEK) Notstromaggregat *nt;* ~ **ration** eiserne Ration; ~ **sale** Notverkauf *m;* ~ **seat** Notsitz *m;* ~ **service** Not-, Hilfsdienst *m;* ~ **stop** Vollbremsung *f;* ~ **tank** Reservetank *m;* ~ **telephone** Notrufsäule *f*
emerg·ent [ɪ'mɜːdʒənt] *adj* (*Land*) aufstrebend
em·ery ['emərɪ] *s* (MIN) Schmirgel *m;* **emery board** *s* Papiernagelfeile *f;* **emery paper** *s* Schmirgelpapier *nt*
em·etic [ɪ'metɪk] *s* Brechmittel *nt*
EMI [ˌiːem'aɪ] *s Abk. von* **European Monetary Institute** EWI *nt*
emi·grant ['emɪgrənt] *s* Auswanderer *m,* -wand(r)erin *f,* Emigrant(in) *m(f);* **emi·grate** ['emɪgreɪt] *vi* auswandern, emigrieren (*from* aus, *to* nach); **emi·gra·tion** [ˌemɪ'greɪʃn] *s* Auswanderung, Emigration *f*
emi·nence ['emɪnəns] *s* **1.** (An)Höhe *f* **2.** Ansehen *nt,* Berühmtheit *f;* **Eminence** (REL) Eminenz *f;* **emi·nent** ['emɪnənt] *adj* hervorragend, bedeutend, ausgezeichnet (*in* in, *for* durch); (*Person*) angesehen, berühmt; **emi·nent·ly** [-lɪ] *adv* in hohem Maße
em·iss·ary ['emɪsərɪ] *s* Bote *m,* Botin *f,* Abgesandte(r) *f m*
emission [mɪʃn] *s* **1.** (FIN) Ausgabe, Emission *f* **2.** (PHYS) Emission, Ausstrahlung *f;* (*Wärme, Schall*) Abgabe *f* **3.** Ausströmen *nt;* Ausfluss, Austritt *m*
emit [ɪ'mɪt] *vt* **1.** ausströmen, ausfließen lassen; ausstrahlen; abgeben **2.** (*Gebrüll*) ausstoßen **3.** (FIN) in Umlauf setzen
emolu·ment [ɪ'mɒljʊmənt] *s* Vergütung *f,* Honorar *nt*
emote [ɪ'məʊt] *vt* (*fam*) dramatisieren
emo·ti·con *s* (INTERNET) Emoticon *nt,* Smiley *nt,* :-)
emot·ing [ɪ'məʊtɪŋ] *s no pl* Gefühlsausdruck *m*
emo·tion [ɪ'məʊʃn] *s* **1.** Erregung, (innere) Bewegung, Erregtheit *f* **2.** (starkes) Gefühl *nt;* **emo·tion·al** [ɪ'məʊʃənl] *adj* **1.** gefühlsbetont **2.** (leicht) erregbar **3.** gefühlvoll; **emo·tion·al·ly** *adv:* ~ **constipated** (emotional) verkorkst; **emo·tion·less** [-lɪs] *adj* gefühllos
emot·ive [ɪ'məʊtɪv] *adj* gefühlserregend
em·pa·thy ['empəθɪ] *s* Einfühlung(svermögen *nt*) *f*
em·peror ['empərə(r)] *s* Kaiser *m*
em·pha·sis ['emfəsɪs] *s* Betonung *f* (*on* auf); **put** [*o* **lay**] ~ **on s.th.** die Betonung auf etw legen; **em·pha·size** ['emfəsaɪz] *vt* Nachdruck legen auf; hervorheben, unterstreichen; **em·phatic** [ɪm'fætɪk] *adj* **1.** emphatisch; nachdrücklich, betont **2.** eindeutig **3.** entscheidend, auffallend; **be** ~ **about s.th.** etw nachdrücklich betonen
em·pire ['empaɪə(r)] *s* **1.** Reich *nt* **2.** Macht *f* **3.** (*fig*) Imperium *nt*
em·piri·cal [ɪm'pɪrɪkl] *adj* empirisch; erprobt
em·ploy [ɪm'plɔɪ] *vt* **1.** gebrauchen, benutzen; an-, verwenden **2.** beschäftigen (*in* mit) **3.** (*Arbeitskraft*) an-, einstellen; einsetzen; **be ~ed in doing s.th.** damit beschäftigt sein etw zu tun; **be ~ed part-time** teilzeitbeschäftigt sein; **em·ployee** [ˌɪmplɔɪ'iː] *s* Arbeitnehmer(in) *m(f),* Angestellte(r) *f m;* **em·ployer** [ɪm'plɔɪə(r)] *s* Unternehmer(in) *m(f),* Arbeitgeber(in) *m(f);* **~'s contribution** Arbeitgeberanteil *m;*

em·ploy·ment [ɪm'plɔɪmənt] *s* **1.** Beschäftigung *f* **2.** Verwendung *f* **3.** Arbeit(sverhältnis *nt*), Stellung *f;* **out of** ~ arbeits-, stellungslos; **full** ~ Vollbeschäftigung *f;* **full-time** ~ Ganztagsbeschäftigung *f;* **permanent** ~ Dauerbeschäftigung *f,* feste(s) Anstellung(sverhältnis *nt*) *f;* ~ **agency** [*o* **bureau**] Arbeitsvermittlung *f;* ~ **contract** Arbeitsvertrag *m;* ~ **exchange** Arbeitsamt *nt;* ~ **freeze** Einstellungssperre *f,* Einstellungsstopp *m*

em·por·ium [ɪm'pɔːrɪəm] *s* **1.** Handelsplatz *m;* Markt *m* **2.** Warenhaus *nt*

em·power [ɪm'paʊə(r)] *vt* berechtigen, ermächtigen (*to do* zu tun); **em·power·ment** [im'paʊəmənt] *s* Ermächtigung *f*

em·press ['emprɪs] *s* Kaiserin *f*

emp·ti·ness ['emptɪnɪs] *s* Leere *f;* **empty** ['emptɪ] **I.** *adj* **1.** leer; leer stehend **2.** (*fig*) inhaltslos, leer; **on an** ~ **stomach** auf nüchternen Magen; **feel** ~ Hunger haben; sich innerlich leer fühlen; ~ **of** ohne **II.** *s pl* Leergut *nt* **III.** *vt* (~ *out*) (aus-, ent)leeren **IV.** *vi* **1.** sich leeren **2.** (*Fluss*) sich ergießen, münden (*into* in); **empty-handed** [ˌemptɪ'hændɪd] *adj* mit leeren Händen; **empty-headed** [ˌemptɪ'hedɪd] *adj* hohlköpfig; **empty phrase** *s* Leerformel *f;* **empty weight** *s* Eigen-, Leergewicht *nt*

EMU [ˌiːem'juː] *s Abk. von* **European Monetary Union** EWU *f,* Europäische Währungsunion

emu·late ['emjʊleɪt] *vt* nacheifern (*s.o.* jdm), wetteifern (*s.o.* mit jdm); **emu·la·tion** [ˌemjʊ'leɪʃn] *s* Nacheiferung *f;* Wetteifer *m*

emul·si·fier [ɪ'mʌlsifaɪə(r)] *s* Emulgator *m;* **emul·sify** [ɪ'mʌlsɪfaɪ] *vt* emulgieren; **emul·sion** [ɪ'mʌlʃn] *s* **1.** Emulsion *f* **2.** (~ *paint*) Emulsionsfarbe *f*

en·able [ɪ'neɪbl] *vt* **1.** in den Stand setzen, befähigen (*to do* zu tun) **2.** ermöglichen, möglich machen (*s.o. to* jdm zu) **3.** berechtigen, ermächtigen (*to* zu); **be ~d to** in der Lage sein zu; **enabling act** (JUR) Ermächtigungsgesetz *nt*

en·act [ɪ'nækt] *vt* **1.** verfügen, verordnen; (*Gesetz*) erlassen **2.** (THEAT) aufführen; (*Rolle*) spielen; **en·act·ment** [-mənt] *s* Erlass *m* (*eines Gesetzes*)

en·amel [ɪ'næml] **I.** *s* **1.** Emaille *f;* Glasur *f;* Nagellack *m* **2.** (Zahn)Schmelz *m* **II.** *vt* emaillieren

en·amour [ɪ'næmə(r)] *vt:* **be/become ~ed of** verliebt sein/sich verlieben in

en·camp [ɪn'kæmp] **I.** *vt* (in einem Lager) unterbringen **II.** *vi* ein Lager aufschlagen; **en·camp·ment** [-mənt] *s* (Zelt)Lager *nt;* Lagern *nt*

en·cap·su·late *vt* (*fig*) zusammenfassen

en·case [ɪn'keɪs] *vt:* **be ~d in** eingehüllt sein in

en·cepha·li·tis [ˌensefə'laɪtɪs] *s* Gehirnentzündung, Enzephalitis *f*

en·chant [ɪn'tʃɑːnt] *vt* verzaubern; **be ~ed** entzückt sein (*by, with* über); **en·chanter** [ɪn'tʃɑːntə(r)] *s* Zauberer *m;* **en·chanting** [-ɪŋ] *adj* faszinierend; bezaubernd, entzückend; **en·chant·ment** [-mənt] *s* **1.** Zauber *m* **2.** Entzücken *nt;* **en·chant·ress** [ɪn'tʃɑːntrɪs] *s* **1.** Zauberin *f* **2.** bezaubernde Frau

en·cipher [ɪn'saɪfə(r)] *vt* verschlüsseln

en·circle [ɪn'sɜːkl] *vt* **1.** ein-, umschließen **2.** umgeben (*with* mit) **3.** umzingeln, umfassen; **en·circle·ment** [-mənt] *s* Einkesselung *f;* Einkreisung *f*

en·close [ɪn'kləʊz] *vt* **1.** umgeben, einschließen (*in* in) **2.** (*einem Brief*) beilegen; **en·closed** [ɪn'kləʊzd] *adj:* **please find** ~ in der Anlage erhalten Sie; ~ **area** umbauter Raum; **en·clos·ure** [ɪn'kləʊʒə(r)] *s* **1.** Einzäunung *f* **2.** Gehege **3.** (*Brief*) Anlage *f*

en·code [ɪn'kəʊd] *vt* verschlüsseln

en·compass [ɪn'kʌmpəs] *vt* **1.** ein-, umschließen **2.** umfassen

en·core ['ɒŋkɔː(r)] *s* Dakapo *nt;* Zugabe *f*

en·coun·ter [ɪn'kaʊntə(r)] **I.** *vt* **1.** (unerwartet) treffen **2.** (*Schwierigkeiten*) stoßen auf **II.** *s* **1.** Begegnung *f* **2.** Gefecht *nt;* ~ **group** Selbsterfahrungsgruppe *f*

en·cour·age [ɪn'kʌrɪdʒ] *vt* **1.** ermutigen **2.** bestärken (*in* in), unterstützen, helfen (*s.o.* jdm) **3.** begünstigen, fördern; **en·cour·age·ment** [-mənt] *s* **1.** Ermutigung *f* **2.** Unterstützung, Förderung *f* **3.** Ansporn *m* (*to* für); **en·cour·ag·ing** [ɪn'kʌrɪdʒɪŋ] *adj* ermutigend; viel versprechend

en·croach [ɪn'krəʊtʃ] *vi* **1.** (unberechtigt) übergreifen (*on, upon* auf), eingreifen (*on, upon* in) **2.** beeinträchtigen, verletzen (*on, upon s.th.* etw); **en·croach·ment** [-mənt] *s* **1.** Über-, Eingriff *m* **2.** Beeinträchtigung *f*

en·cum·ber [ɪn'kʌmbə(r)] *vt* **1.** (be)hindern, belasten **2.** (*fig: Grundstück mit einer Hypothek*) belasten; **be ~ed** überfüllt sein (*with* mit), belastet sein (*with debts* mit Schulden)

en·cy·clo·p(a)edia [ɪnˌsaɪklə'piːdɪə] *s* Enzyklopädie *f;* **en·cy·clo·p(a)edic** [ɪnˌsaɪklə'piːdɪk] *adj* enzyklopädisch

end [end] **I.** *s* **1.** Ende *nt;* Schluss *m* **2.** Ende *nt,* Rest *m;* Stummel *m* **3.** Zweck *m,* Ziel *nt,* Absicht *f* **4.** Ergebnis *nt,* Folge, Konsequenz *f;* **at the** ~ am Ende; **at an** ~ been-

E

det; **a few loose ~s** einige Kleinigkeiten; **for** [*o* **to**] **this** ~ zu diesem Zweck; **in the** ~ schließlich, am Ende; **no** ~ **of** unendlich viel(e) ...; sehr groß; endlos; **on** ~ aufrecht, aufgerichtet; (*Kiste*) hochkant; ohne Unterbrechung; ~ **on** mit dem Ende voran; **to the** ~ **that** zu dem Zweck, dass; damit; **without** ~ endlos; **be at an** ~ zu Ende sein; **be at a loose** ~ (*fam*) gerade nichts (Besonderes) vorhaben; **come to an** ~ zu Ende gehen; **keep one's** ~ **up** seinen Mann stehen; **put an** ~ **to** ein Ende, Schluss machen mit; **make ~s meet** gerade (mit seinem Geld) auskommen; **stand on** ~ (*Haare*) zu Berge stehen, sich sträuben; **there is no** ~ **to it** es nimmt kein Ende; **the** ~ **justifies the means** (*prov*) der Zweck heiligt die Mittel; ~ **of the month** Monatsende *nt;* **~-of-season sale** Saisonschlussverkauf *m;* **~-of-year adjustment** Rechnungsabgrenzung *f* **II.** *vt* beenden; beschließen **III.** *vi* **1.** enden; zu Ende sein, gehen; Schluss machen **2.** sein Leben beschließen; ~ **in s.th.** mit etw enden; **end off** *vt* zum Abschluss bringen; **end up** *vi* landen; schließlich werden zu; enden; ~ **up doing s.th.** schließlich etw tun; ~ **up with the wrong thing** schließlich das Falsche haben

en·dan·ger [ɪn'deɪndʒə(r)] *vt* gefährden; **endangered species** *s* vom Aussterben bedrohte Art(en)

en·dear·ing [ɪn'dɪərɪŋ] *adj* gewinnend, einnehmend; **en·dear·ment** [ɪn'dɪəmənt] *s* **1.** Zärtlichkeit *f* **2.** (*term of* ~) Kosewort *nt*

en·dea·vor (*Am*), **en·deav·our** [ɪn'devə(r)] **I.** *vi* sich bemühen, sich anstrengen **II.** *s* Anstrengung *f* (*to do, at doing* etw zu tun)

en·demic [en'demɪk] *adj* endemisch

end·ing ['endɪŋ] *s* **1.** Ende *nt;* Ausgang *m* **2.** (GRAM) Endung *f*

en·dive ['endɪv, *Am* 'endaɪv] *s* Endivie *f*

end·less ['endlɪs] *adj* **1.** endlos, ohne Ende **2.** unendlich; ~ **belt** Transport-, Förderband *nt*

end mat·ter ['end,mætə(r)] *s* **1.** Anhang *m* **2.** (TYP) Nachspann *m*

en·dorse [ɪn'dɔːs] *vt* **1.** indossieren **2.** (*auf dem Führerschein*) einen Strafvermerk eintragen **3.** billigen, zustimmen, beipflichten (*s.th.* einer S) **4.** unterstützen, sich anschließen (*s.th.* an etw); **en·dorsee** [ɪn,dɔː'siː] *s* (FIN) Indossat(ar) *m;* **en·dorse·ment** [-mənt] *s* **1.** (FIN) Indossament *nt* **2.** (*im Führerschein*) Strafvermerk *m* **3.** Bestätigung, Billigung, Zustimmung *f* **4.** (*Versicherung*) Nachtrag *m;* **en·dorser** [ɪn'dɔːsə(r)] *s* Indossant *m*

endo·scop·ic [,endə(ʊ)'skɒpɪk] *adj* endoskopisch; ~ **sympathectomy** endoskopische Sympathektomie [*o* Grenzstrangsektion]

en·dow [ɪn'daʊ] *vt* **1.** ausstatten **2.** stiften; **be ~ed with** begabt sein mit; **en·dow·ment** [-mənt] *s* **1.** Ausstattung, Dotierung *f* **2.** Stiftung *f* **3.** Begabung *f,* Talent *nt,* Anlage *f;* ~ **fund** Stiftungsvermögen *nt;* ~ **insurance** Erlebensversicherung *f;* ~ **mortgage** mit einer Lebensversicherung gekoppelte Hypothek

end·paper ['endpeɪpə(r)] *s* Vorsatzpapier, -blatt *nt;* **end product** *s* Endprodukt *nt;* **end result** *s* Endergebnis *nt*

en·dur·able [ɪn'djʊərəbl] *adj* erträglich; **en·dur·ance** [ɪn'djʊərəns] *s* Ausdauer, Geduld *f;* (Stand)Festigkeit *f;* **past** [*o* **beyond**] ~ nicht auszuhalten(d), unerträglich; ~ **test** Belastungsprobe *f;* **en·dure** [ɪn'djʊə(r)] **I.** *vt* **1.** ertragen, aushalten **2.** durchmachen; (*verneint*) ausstehen **II.** *vi* Bestand haben; durchhalten

en·ema ['enɪmə] *s* (MED) **1.** Einlauf *m,* Klistier *nt* **2.** Klistierspritze *f*

en·emy ['enəmɪ] *s* Feind *m;* **make enemies** sich Feinde machen; **he is his own worst** ~ er schadet sich selbst am meisten

en·er·getic [,enə'dʒetɪk] *adj* energisch, tatkräftig, energiegeladen; **en·er·gize** ['enədʒaɪz] *vt* **1.** Energie verleihen (*s.o.* jdm) **2.** (ELEK) Energie liefern an

en·ergy ['enədʒɪ] *s* **1.** Arbeitskraft, Tatkraft, Energie *f* **2.** (PHYS) Kraft, Energie *f* **3. energies** (persönliche) Kraft *f,* Kräfte *fpl;* ~ **bar** (*Am*) Energieriegel *m;* ~ **conscious** energiebewusst; ~ **conservation** Energieeinsparung *f;* ~ **consumption** Energieverbrauch *m;* ~ **crisis** Energiekrise *f;* ~ **demand** Energiebedarf *m;* **~-efficient** energiewirksam; ~ **gap** Energielücke *f;* ~ **policy** Energiepolitik *f;* ~ **saving** energiesparend; ~ **shortage** Energieknappheit *f;* ~ **supplies** Energievorräte *mpl;* ~ **supply company** Energieversorgungsunternehmen *nt*

en·er·vate ['enəveɪt] *vt* schwächen; entnerven; **en·er·va·ting** [-ɪŋ] *adj* nervenaufreibend

en·feeble [ɪn'fiːbl] *vt:* **be ~d by** geschwächt sein durch

en·force [ɪn'fɔːs] *vt* **1.** erzwingen (*upon s.o.* von jdm), Geltung verschaffen (*s.th.* einer S) **2.** durchsetzen, durchführen **3.** (JUR) vollstrecken; **en·force·able** [-əbl] *adj* vollstreckbar, erzwingbar, einklagbar; **en·force·ment** [-mənt] *s* **1.** Erzwingung *f;* (gewaltsame) Durchsetzung *f* **2.** (*Urteil*)

Vollstreckung *f* **3.** (*Forderung*) Geltendmachung *f;* ~ **order** Vollstreckungsbescheid *m*

en·fran·chise [ɪn'fræntʃaɪz] *vt* **1.** befreien **2.** das Bürgerrecht, Wahlrecht zuerkennen (*s.o.* jdm)

en·gage [ɪn'geɪʤ] **I.** *vt* **1.** verpflichten **2.** (*sein Wort*) verpfänden **3.** an-, einstellen, engagieren **4.** (*Zimmer*) sich nehmen **5.** (*in eine S*) verwickeln, dazu bringen **6.** in Anspruch nehmen; (*die Aufmerksamkeit*) fesseln **7.** (*Truppen*) einsetzen **8.** (TECH) einrücken, kuppeln; ~ **a gear** einen Gang einlegen; ~ **the clutch** kuppeln; ~ **o.s. to do s.th.** sich verpflichten, etw zu tun **II.** *vi* **1.** sich verpflichten (*to do* zu tun) **2.** sich einlassen (*in* auf), sich abgeben (*with* mit), sich beschäftigen, sich befassen (*with* mit) **3.** (TECH) ineinander greifen; **en·gaged** [ɪn'geɪʤd] *adj* **1.** verlobt **2.** beschäftigt, nicht zu sprechen **3.** (*Platz*) belegt **4.** (TELE) besetzt **5.** (TECH) gekuppelt; **be** ~ damit beschäftigt sein (*in doing s.th.* etw zu tun); verlobt sein; **become** ~ **to s.o.** sich mit jdm verloben; ~ **couple** Verlobte *pl;* ~ **signal** [*o* **tone**] (TELE) Besetztzeichen *nt;* **en·gage·ment** [ɪn'geɪʤmənt] *s* **1.** Verpflichtung *f* **2.** Verlobung *f* (*to* mit) **3.** Abmachung, Vereinbarung *f* **4.** Verabredung *f;* Termin *m* **5.** Beschäftigung, (An)Stellung, Stelle *f,* Engagement *nt* **6.** (TECH) Einkuppeln *nt* **7.** (MIL) Gefecht *nt* **8.** *meist pl* (FIN COM) (finanzielle) Verpflichtungen, Verbindlichkeiten *fpl;* **meet** [*o* **carry out**] **one's ~s** seinen Verpflichtungen nachkommen; **I have a previous** ~ ich bin schon verabredet; **engagement book, diary** *s* Terminkalender *m;* **engagement ring** *s* Verlobungsring *m;* **en·gag·ing** [ɪn'geɪʤɪŋ] *adj* gewinnend, gefällig; reizend, reizvoll

en·gen·der [ɪn'ʤendə(r)] *vt* hervorrufen, verursachen, erzeugen

en·gine ['enʤɪn] *s* **1.** Maschine *f;* Motor *m;* Triebwerk *nt* **2.** (RAIL) Lokomotive *f;* **start/shut off the** ~ den Motor anlassen/abstellen; ~ **block** Motorblock *m;* ~ **bonnet** Motorhaube *f;* ~ **driver** Lok(omotiv)führer(in) *m(f);* ~ **failure** (TECH) Maschinenschaden *m;* (AUTO) Motorschaden *m;* ~ **hood** (*Am*) Motorhaube *f;* ~ **room** (MAR) Maschinenraum *m;* ~ **trouble** Motorstörung *f;* **en·gi·neer** [ˌenʤɪ'nɪə(r)] **I.** *s* **1.** Ingenieur(in) *m(f),* Techniker(in) *m(f),* Maschinist(in) *m(f)* **2.** (MIL) Pionier *m* **II.** *vt* **1.** planen, konstruieren, bauen **2.** (*fig fam*) geschickt einfädeln, organisieren; **en·gin·eer·ing** [ˌenʤɪ'nɪərɪŋ] *s* **1.** Ingenieurwesen *nt;* Technik *f* **2.** (*mechanical* ~) Maschinenbau *m* **3.** (*fam*) Manipulation *f;* Organisation *f;* **civil** ~ Hoch- und Tiefbau *m;* **electrical** ~ Elektrotechnik *f;* ~ **and design department** technische Abteilung und Konstruktionsbüro; **human** ~ *Anwendung psychologischer Erkenntnisse auf betriebliche menschliche Probleme;* **industrial** ~ Fertigungstechnik *f;* ~ **manager** technische(r) Direktor(in) *m f;* **engineering works** *s mit sing od pl* Maschinenfabrik *f*

Eng·land ['ɪŋglənd] *s* England *nt;* **Eng·lish** ['ɪŋglɪʃ] **I.** *adj* englisch; **the** ~ **Channel** der Ärmelkanal; **he's** ~ er ist Engländer **II.** *s* (das) Englisch(e), die englische Sprache; **the** ~ die Engländer *mpl;* **in plain** ~ schlicht u. einfach (ausgedrückt); (*fig*) unverblümt; **Eng·lish·man** [-mən] <*pl* -men> *s* Engländer *m;* **Eng·lish·woman** [-wʊmən, *pl* -wɪmɪn] <*pl* -women> *s* Engländerin *f*

en·grave [ɪn'greɪv] *vt* **1.** (ein)gravieren (*on* in) **2.** (*fig*) fest einprägen (*on, upon* in); **en·graver** [ɪn'greɪvə(r)] *s* Graveur(in) *m(f),* Stecher(in) *m(f),* Radierer(in) *m(f),* (Holz)Schneider(in) *m(f);* **en·grav·ing** [ɪn'greɪvɪŋ] *s* **1.** Gravieren, Radieren *nt* **2.** (Kupfer-, Stahl)Stich *m,* Radierung *f* **3.** (*wood* ~) Holzschnitt *m*

en·gross [ɪn'grəʊs] *vt* ganz in Anspruch nehmen; ausschließlich beschäftigen; **be ~ed** ganz vertieft sein (*in* in), ausschließlich beschäftigt sein (*in* mit)

en·gulf [ɪn'gʌlf] *vt* verschlingen

en·hance [ɪn'hɑːns] *vt* **1.** steigern; erhöhen, vergrößern **2.** verschönern; **en·hance·ment** *s* Steigerung *f*

enigma [ɪ'nɪgmə] *s* (*fig*) Rätsel *nt;* **enig·matic(al)** [ˌenɪg'mætɪk(l)] *adj* rätselhaft, unerklärlich, mysteriös

en·joy [ɪn'ʤɔɪ] **I.** *vt* genießen; sich erfreuen (*s.th.* an etw, einer S), sich freuen (*seeing* zu sehen); **how are you ~ing London?** wie gefällt es Ihnen in London? **II.** *vr* sich gut unterhalten, sich amüsieren; ~ **yourself!** viel Vergnügen!; **en·joy·able** [-əbl] *adj* angenehm; unterhaltsam; **en·joy·ment** [ɪn'ʤɔɪmənt] *s* **1.** Freude *f,* Spaß *m* **2.** (JUR) Genuss *m*

en·large [ɪn'lɑːʤ] **I.** *vt* vergrößern; verbreitern; ausweiten, ausdehnen; erweitern **II.** *vi* sich vergrößern; sich ausdehnen; sich erweitern; ~ (**up**)**on** näher eingehen auf; **en·large·ment** [-mənt] *s* Erweiterung, Ausdehnung *f;* (PHOT) Vergrößerung *f*

en·lighten [ɪn'laɪtn] *vt* (*fig*) aufklären, belehren (*on, as to* über); **en·lightened** [ɪn'laɪtnd] *adj* aufgeklärt; **en·lighten·ment** [-mənt] *s* Aufklärung *f;* **the En-**

lightenment (HIST) die Aufklärung

en·list [ɪn'lɪst] **I.** *vt* **1.** (MIL) anwerben; (MAR) anmustern **2.** (*Hilfe*) in Anspruch nehmen **3.** interessieren (*for* an) **II.** *vi* **1.** sich freiwillig melden (*in the navy* zur Marine) **2.** eintreten (*in* für)

en·liven [ɪn'laɪvn] *vt* **1.** beleben, aufmuntern **2.** (*fig*) er-, aufheitern

en·mesh [ɪn'meʃ] *vt* (*fig*): **be ~ed in** verstrickt sein in

en·mity ['enmətɪ] *s* Feindschaft *f*

en·noble [ɪ'nəʊbl] *vt* adeln, in den Adelsstand erheben

enor·mity [ɪ'nɔːmətɪ] *s* **1.** Ungeheuerlichkeit *f* **2.** Greuel *m* **3.** (*fig*) großer Umfang; **enor·mous** [ɪ'nɔːməs] *adj* riesig, enorm, gewaltig, ungeheuer

enough [ɪ'nʌf] **I.** *adv* genug, genügend; **good ~!** sehr gut!; **likely ~** sehr wahrscheinlich, höchstwahrscheinlich; **true ~** nur zu wahr; **sure ~** freilich, gewiss, allerdings; **surprisingly ~** überraschenderweise; **well ~** ziemlich gut; nicht schlecht; **be kind ~ to come** sei so gut und komm!; **he's good ~ in his way** er ist nicht übel **II.** *adj* aus-, hinreichend, hinlänglich, genügend; **more than ~** mehr als genug; **be ~** genug sein, genügen, langen; **I had ~ to do** ich hatte genug, alle Hände voll zu tun; **that's quite ~** mir langt's jetzt

en·quire, in·quire [ɪn'kwaɪə(r)] **I.** *vi* sich erkundigen (*about, after* nach), fragen (*about* nach); **~ for** fragen nach; **~ into** untersuchen **II.** *vt* sich erkundigen nach, fragen nach; **~ s.th. of s.o.** sich bei jdm nach etw erkundigen

en·quiry, in·quiry [ɪn'kwaɪərɪ] *s* **1.** Anfrage *f* (*about* über) **2.** Erkundigung *f* (*about* über) **3.** Untersuchung *f*; **on ~** auf Anfrage; **make enquiries** Erkundigungen einziehen; Nachforschungen anstellen (*about s.o.* über jdn); **court of ~** Untersuchungskommission *f*; **hold an ~ into s.th.** eine Untersuchung über etw durchführen

en·rage [ɪn'reɪdʒ] *vt* wütend, rasend machen; **en·raged** [ɪn'reɪdʒd] *adj* wütend, aufgebracht, entrüstet (*at, by, with* über)

en·rap·ture [ɪn'ræptʃə(r)] *vt* hinreißen, bezaubern

en·rich [ɪn'rɪtʃ] *vt* **1.** reicher machen **2.** (*fig*) bereichern, befruchten **3.** anreichern

en·rol [ɪn'rəʊl] **I.** *vt* **1.** eintragen, registrieren **2.** anwerben **II.** *vi* **1.** sich einschreiben, sich immatrikulieren lassen **2.** Mitglied werden; **en·roll** (*Am*) *s.* **enrol**; **en·roll·ment** *s* (*Am*), **en·rol·ment** [-mənt] *s* **1.** Beitrittserklärung *f* **2.** Hörer-, Schülerzahl *f*

en route [ˌɒn'ruːt] *adj* auf dem Weg (*to, for* nach, zu)

en·semble [ɒn'sɒmbl] *s* Ensemble *nt*

en·sign ['ensən] *s* **1.** Fahne, Flagge *f* **2.** (*Am*) Fähnrich *m* zur See

en·slave [ɪn'sleɪv] *vt* **1.** versklaven; knechten **2.** unterdrücken

en·snare [ɪn'sneə(r)] *vt* **1.** (*in einer Schlinge*) fangen **2.** (*fig*) verstricken, umgarnen

en·sue [ɪn'sjuː] *vi* **1.** (unmittelbar) folgen **2.** sich ergeben (*from* aus); **en·su·ing** [-ɪŋ] *adj* (darauf) folgend; nächste(r, s)

en suite (bath·room) [ˌɒn'swiːtˌbɑːθruːm] *s* eigenes Bad

en·sure [ɪn'ʃʊə(r)] *vt* **1.** (ver)sichern, sicherstellen (*against, from* gegen) **2.** garantieren (*s.th.* etw) **3.** schützen (*against* gegen)

en·tail [ɪn'teɪl] *vt* **1.** zur Folge haben, mit sich bringen (*on* für) **2.** (JUR) als Erbgut vererben (*on s.o.* jdm)

en·tangle [ɪn'tæŋgl] *vt* **1.** verwickeln **2.** hineinziehen (*in* in), verstricken (*in* in); **~ o.s., get ~d** sich verwickeln, sich verfangen (*in* in); **en·tangle·ment** [-mənt] *s* (*fig*) Verwick(e)lung *f*

en·ter ['entə(r)] **I.** *vt* **1.** betreten **2.** eindringen in, durchbohren **3.** einschreiben, -tragen, auf die Liste setzen **4.** zu Protokoll geben **5.** (COM) buchen **6.** (*Daten*) eingeben **7.** eintreten in, Mitglied werden in; **~ one's name** sich eintragen, -schreiben (lassen); **~ a protest** Einspruch, Protest erheben; **it never ~ed my head** das ist mir nie in den Sinn gekommen **II.** *vi* **1.** eintreten, hereinkommen; einsteigen **2.** eindringen **3.** (*Schiff*) einlaufen; **~ into details** auf Einzelheiten eingehen; **~ for an examination** sich einer Prüfung unterziehen; **~ for** sich melden für; **enter into** *vi* **1.** sich einlassen auf; eingehen auf; teilnehmen an **2.** einen Teil bilden, eine Rolle spielen bei **3.** (*Vereinbarung*) treffen **4.** (*Geschäft*) (ab)schließen **5.** (*Vergleich*) eingehen; **~ into correspondence with** in Briefwechsel treten mit; **~ into an engagement** eine Verpflichtung übernehmen; **~ into relations with** in Beziehung treten zu; **enter up** *vt* eintragen; **enter (up)on** *vt* **1.** anfangen, beginnen, in Angriff nehmen **2.** (*Laufbahn*) einschlagen **3.** (*Besitz, Erbe*) antreten **4.** (*Sache*) eingehen auf; (*Thema*) anschneiden

en·ter key *s* (INFORM) Entertaste, Eingabetaste *f*

en·ter·prise ['entəpraɪz] *s* **1.** Unternehmen, Vorhaben *nt*, Pläne *mpl* **2.** Unternehmen *nt*, Unternehmung *f*, Geschäft *nt*, Betrieb *m* **3.** (*spirit of ~*) Unternehmungsgeist *m*; **free** [*o* **private**] **~** Privatunternehmen *nt;* Privatwirtschaft *f;* freies Unternehmertum; **Enterprise Allowance Scheme** *s Programm, wobei Arbeitslose, die eine Firma gründen wollen und bereit sind, im ersten Jahr eine bestimmte Summe darin zu investieren, wöchentlich eine Beihilfe bekommen;* **enterprise culture** *s* eine das Unternehmertum fördernde Gesellschaft; **en·ter·pris·ing** [-ɪŋ] *adj* unternehmungslustig, einfallsreich

en·ter·tain [ˌentəˈteɪn] *vt* **1.** unterhalten, belustigen **2.** bewirten; einladen **3.** (*Verdacht*) hegen **4.** (*Ansicht*) haben, vertreten **5.** (*Vorschlag*) in Erwägung ziehen; **they ~ a great deal** sie haben sehr oft Gäste; **en·ter·tainer** [ˌentəˈteɪnə(r)] *s* Unterhaltungskünstler(in) *m(f);* **en·ter·tain·ing** [-ɪŋ] *adj* unterhaltend, unterhaltsam; **en·ter·tain·ment** [-mənt] *s* **1.** Unterhaltung *f;* Vergnügen *nt* **2.** Darbietung *f* **3.** Bewirtung *f;* **~ allowance** Aufwandspauschale *f;* **~ expenses** Bewirtungskosten *pl*

en·thral(l) [ɪnˈθrɔːl] *vt* (*fig*) fesseln

en·throne [ɪnˈθrəʊn] *vt* auf den Thron setzen

en·thuse [ɪnˈθjuːz] *vi* begeistert sein; schwärmen (*about* für, von); **en·thusi·asm** [ɪnˈθjuːzɪæzəm] *s* Begeisterung *f,* Enthusiasmus *m;* **en·thusi·ast** [ɪnˈθjuːzɪæst] *s* Enthusiast(in) *m(f),* begeisterte(r) Anhänger(in) *m f;* **en·thusi·astic** [ɪnˌθjuːzɪˈæstɪk] *adj* begeistert (*at, about* von)

en·tice [ɪnˈtaɪs] *vt* (an-, ver)locken, verführen, verleiten (*into s.th.* zu etw, *to do, into doing* zu tun); **~ away** abspenstig machen (*from* von); (COM) abwerben; **en·tice·ment** [-mənt] *s* **1.** Verführung *f;* (Ver)Lockung *f* **2.** Abwerbung *f;* **en·tic·ing** [-ɪŋ] *adj* verlockend, verführerisch

en·tire [ɪnˈtaɪə(r)] *adj* **1.** ganz; vollständig **2.** völlig, gesamt, total **3.** (*Zustimmung*) uneingeschränkt; **en·tire·ly** [-lɪ] *adv* gänzlich; **~ different** grundverschieden; **en·tirety** [ɪnˈtaɪə(r)ətɪ] *s* Gesamtheit *f;* **in its ~** in seiner Gesamtheit, in vollem Umfang

en·title [ɪnˈtaɪtl] *vt* **1.** betiteln **2.** berechtigen (*to* zu); **en·titled** [ɪnˈtaɪtld] *adj:* **be ~ to** Anspruch haben auf, berechtigt sein zu; **~ to inherit/to a pension/to vote** erb-/pensions-/stimmberechtigt; **en·title·ment** [-mənt] *s* Berechtigung *f;* Anspruch *m*

en·tity [ˈentətɪ] *s* Wesen *nt;* **legal ~** juristische Person

ento·mol·ogy [ˌentəˈmɒlədʒɪ] *s* Insektenkunde *f*

en·trails [ˈentreɪlz] *s pl* Eingeweide *ntpl*

en·train [enˈtreɪn] *vt* (*Truppen*) verladen

en·trance[1] [ˈentrəns] *s* **1.** Eingang *m* **2.** (THEAT) Auftritt *m* **3.** Zugang *m* (*into* zu), Eingang(stür *f*) *m* **4.** Einfahrt *f,* Tor *nt* **5.** Eintritt(sgeld *nt*) *m;* **make one's ~** eintreten; **no ~!** Eintritt verboten!; **no ~ except on business** Unbefugten ist der Eintritt verboten

en·trance[2] [ɪnˈtrɑːns] *vt* hin-, mitreißen (*with* vor); **be ~d by** entzückt sein von

en·trance exam·in·ation [ˈentrəns ɪgˌzæmɪˈneɪʃn] *s* Aufnahmeprüfung *f;* **entrance fee** *s* Eintrittsgeld *nt;* Aufnahme-, Einschreib(e)gebühr *f;* **entrance form** *s* Anmeldeformular *nt;* **entrance hall** *s* Vorhalle *f;* Hausflur *m;* **entrance requirement** *s* Zulassungsanforderung *f*

en·trant [ˈentrənt] *s* **1.** Berufsanfänger(in) *m(f)* **2.** (*Wettkampf*) Teilnehmer(in) *m(f)*

en·treat [ɪnˈtriːt] *vt* dringend bitten, ersuchen (*for* um); **en·treaty** [ɪnˈtriːtɪ] *s* dringende Bitte

en·trench [ɪnˈtrentʃ] *vt* (*a. fig*) verschanzen (*behind* hinter); **be ~ed** sich eingebürgert haben

en·tre·pre·neur [ˌɒntrəprəˈnɜː(r)] *s* Unternehmer(in) *m(f);* **en·tre·pre·neur·ial spir·it** *s* Unternehmergeist *m;* **en·tre·pre·neur·ship** *s* Unternehmertum *nt*

en·trust [ɪnˈtrʌst] *vt* **1.** betrauen (*s.o. with s.th.* jdn mit einer S) **2.** anvertrauen (*s.th. to s.o.* jdm etw)

en·try [ˈentrɪ] *s* **1.** Eintritt *m;* Einfahrt *f;* Einreise *f* **2.** (*Am*) Einfahrt *f;* Eingang(stür *f*) *m* **3.** Eingangshalle *f,* Flur *m* **4.** (THEAT) Auftritt *m* **5.** Eintrag(ung *f*) *m;* (*Lexikon*) Stichwort *nt* **6.** Anmeldung *f* **7.** Aufnahme *f* **8.** Antritt *m* **9.** Namensliste *f* **10.** (*bei einem Wettkampf*) Bewerber(in) *m(f);* **as per ~** laut Eintrag; **make an ~ of s.th.** etw buchen; **make an ~ in** eintragen in; **no ~** kein Zugang!; **credit/debit ~** Gut-/Lastschrift *f;* **entry fee** *s* Eintrittsgeld *nt;* (SPORT) Nenngeld *nt;* **entry form** *s* Anmeldeformular *nt;* (SPORT) Nennungsformular *nt;* **entry-level** *s* Anfängerniveau *nt;* **an ~ human being** ein ganz normaler Mensch; **~ computer** Computer *m* für Einsteiger; **entry permit** *s* Einreiseerlaubnis *f;* **entry·phone** [ˈentrɪfəʊn] *s* Türsprech-, Wechselsprechanlage *f;* **entry regulations** *s pl* Einreisebestimmungen *fpl;* **entry test** *s* Zulassungsprüfung *f*

en·twine [ɪnˈtwaɪn] *vt* **1.** umschlingen, umwinden (*with* mit) **2.** winden (*about, around* um)

enu·mer·ate [ɪˈnjuːməreɪt] *vt* (auf)zählen; einzeln aufführen; **enu·mer·ation** [ɪˌnjuːməˈreɪʃn] *s* (Auf)Zählung *f*

E

enun·ci·ate [ɪ'nʌnsɪeɪt] **I.** *vt* **1.** klar formulieren **2.** aussprechen **3.** (*Behauptung*) aufstellen **II.** *vi* deutlich sprechen

en·velop [ɪn'veləp] *vt* **1.** einwickeln, -hüllen; verhüllen **2.** einschließen

en·vel·ope ['envələʊp] *s* **1.** Decke, Hülle *f* **2.** (Brief)Umschlag *m*

en·vi·able ['envɪəbl] *adj* beneidens-, begehrenswert; **en·vi·ous** ['envɪəs] *adj* missgünstig, neidisch (*of* auf)

en·vi·ron·ment [ɪn'vaɪərənmənt] *s* **1.** Umgebung *f* **2.** (BIOL) Umwelt *f* **3.** (PSYCH) Milieu *nt;* ~ **related job** Arbeitsplatz *m* im Umweltbereich; **en·vi·ron·mental** [ɪnˌvaɪərən'mentl] *adj:* ~ **awareness** [*o* **consciousness**] Umweltbewusstsein *nt;* ~ **conditions** Umweltbedingungen *fpl;* ~ **degradation** Verschlechterung *f* der Umwelt; ~ **forecasting** Umweltplanung *f;* ~**-friendly practice** umweltverträgliches Verfahren; ~ **influences** Umwelteinflüsse *mpl;* ~ **pollutant** Umweltgift *nt;* ~ **pollution** Umweltverschmutzung *f;* ~ **protection** Umweltschutz *m;* ~ **standards** *pl* Umweltnormen *pl;* **en·vi·ron·ment·alist** [ɪnˌvaɪərən'mentəlɪst] *s* Umweltschützer(in) *m(f);* **en·vi·ron·ment·al stress** *s* Elektrosmog *m;* **en·vi·ron·ment·al·ly** *adv* umwelt-; ~ **compatible technology** umweltschonende Technologie; **en·virons** [ɪn'vaɪərənz] *s pl* Umgebung, Umgegend *f*

en·vis·age [ɪn'vɪzɪdʒ] *vt* (*fig*) im Geiste sehen, sich vorstellen

en·voy ['envɔɪ] *s* (POL) Gesandte(r) *f m*

envy ['envɪ] **I.** *s* Neid *m* (*at, of s.o., s.th.* auf jdn, über etw), Missgunst *f;* **out of** ~ aus Neid; **be the** ~ **of s.o.** jds Neid erregen **II.** *vt* beneiden (*s.o. s.th.* jdn um etw), missgönnen (*s.o. s.th.* jdm etw)

en·zyme ['enzaɪm] *s* (CHEM) Enzym *nt*

ephem·er·al [ɪ'femərəl] *adj* kurzlebig

epic ['epɪk] **I.** *s* Epos *nt* **II.** *adj* **1.** episch **2.** heldenhaft

epi·cen·ter *s* (*Am*), **epi·centre** ['epɪsentə(r)] *s* Epizentrum *nt*

epi·cycle ['epɪsaɪkl] *s* Epizykel *m*

epi·demic [ˌepɪ'demɪk] **I.** *adj* epidemisch **II.** *s* Epidemie, Seuche *f*

epi·der·mis [ˌepɪ'dɜːmɪs] *s* (ANAT) Epidermis, Oberhaut *f*

epi·gram ['epɪgræm] *s* Epigramm *nt*

epi·lepsy ['epɪlepsɪ] *s* Epilepsie *f;* **epi·lep·tic** [ˌepɪ'leptɪk] **I.** *adj* epileptisch **II.** *s* Epileptiker(in) *m(f)*

epi·log(ue) ['epɪlɒg] *s* Epilog *m*

Epiph·any [ɪ'pɪfənɪ] *s* Dreikönigsfest *nt*

epis·co·pacy [ɪ'pɪskəpəsɪ] *s* Episkopat *nt;* **epis·co·pal** [ɪ'pɪskəpl] *adj* bischöflich; **Epis·co·pa·lian** [ɪˌpɪskə'peɪlɪən] *s* Anhänger(in) *m(f)* der Episkopalkirche

epi·sode ['epɪsəʊd] *s* Episode *f;* Fortsetzung *f;* **epi·sodic** [ˌepɪ'sɒdɪk] *adj* episodisch

epistle [ɪ'pɪsl] *s* Epistel *f;* **epis·tol·ary** [ɪ'pɪstələrɪ] *adj* Brief-

epi·taph ['epɪtɑːf] *s* Grabschrift *f*

epi·thet ['epɪθet] *s* Beiwort, Epitheton *nt*

epit·ome [ɪ'pɪtəmɪ] *s:* **be the** ~ **of s.th.** die Verkörperung von etw sein; **epit·om·ize** [ɪ'pɪtəmaɪz] *vt* (*fig*) verkörpern

ep·och ['iːpɒk] *s* Epoche *f,* Zeitabschnitt *m;* **ep·och-mak·ing** ['iːpɒkˌmeɪkɪŋ] *adj* Aufsehen erregend, umwälzend, bahnbrechend

equabil·ity [ekwə'bɪlɪtɪ] *s* (*fig*) (innere) Ausgeglichenheit *f,* Gleichmut *m;* **equable** ['ekwəbl] *adj* **1.** gleichmäßig, gleichförmig **2.** (*fig*) (innerlich) ausgeglichen

equal ['iːkwəl] **I.** *adj* **1.** gleich **2.** gleichgestellt; ebenbürtig (*to +dat*) **3.** (POL) gleichberechtigt (*to, with s.o.* jdm) **4.** gewachsen (*to s.th.* einer S), in der Lage, fähig, im Stande (*to doing* zu tun); ~ **opportunities for men and women** Chancengleichheit *f* von Männern und Frauen; **in** ~ **parts** zu gleichen Teilen; **on** ~ **terms** zu gleichen Bedingungen; **be** ~ **to the occasion** der Lage gewachsen sein **II.** *s* Gleichgestellte(r) *f m;* **be the** ~ **of s.th./be s.o.'s** ~ einer S/jdm gleich sein; **my** ~**s** meinesgleichen; **he has no** ~ er hat nicht seinesgleichen **III.** *vt* **1.** gleichen, gleich sein (*s.o., s.th.* jdm, einer S) **2.** (*Leistung*) erreichen; gleichkommen (*s.o.* jdm); (SPORT) gleichziehen (*s.th.* mit etw); **equal·ity** [ɪ'kwɒlətɪ] *s* **1.** Gleichheit *f;* Gleichsetzung *f* **2.** (POL) Gleichberechtigung *f;* ~ **of opportunity** Chancengleichheit *f;* **equal·iz·ation** [ˌiːkwəlaɪ'zeɪʃn] *s* Ausgleich *m;* **equal·ize** ['iːkwəlaɪz] *vt* ausgleichen; angleichen; **the equalizing goal** das Ausgleichstor; **equal·izer** ['iːkwəlaɪzə(r)] *s* **1.** (SPORT) Ausgleich *m;* Ausgleichstor *nt* **2.** (ELEK) Equalizer *m;* **equally** ['iːkwəlɪ] *adv* **1.** gleich **2.** ebenso, genauso; **equal opportunities** *s pl* Chancengleichheit *f;* **equal(s) sign** *s* (MATH) Gleichheitszeichen *nt*

equa·nim·ity [ˌekwə'nɪmətɪ] *s* Gleichmut *m;* Ausgeglichenheit *f*

equate [ɪ'kweɪt] *vt* (*a.* MATH) gleichsetzen (*to, with* mit); **equa·tion** [ɪ'kweɪʒn] *s* **1.** (MATH CHEM) Gleichung *f* **2.** Gleichsetzung, -stellung *f*

equa·tor [ɪ'kweɪtə(r)] *s* Äquator *m;* **equa·tor·ial** [ˌekwə'tɔːrɪəl] *adj* äquatorial

eques·trian [ɪ'kwestrɪən] *adj* Reiter-; Reit-; ~ **statue** Reiterstandbild *nt;* ~ **sport** Pferde-, Reitsport *m*

equi·dis·tant [ˌiːkwɪˈdɪstənt] *adj* gleich weit entfernt; **equi·lat·eral** [ˌiːkwɪˈlætərəl] *adj* (MATH) gleichseitig

equi·lib·rium [ˌiːkwɪˈlɪbrɪəm, *pl* -rɪə] <*pl* -riums, -ria> *s* (*a. fig*) Gleichgewicht *nt;* **in ~** im Gleichgewicht

equi·noc·tial [ˌiːkwɪˈnɒkʃl] *adj* Äquinoktial-; **equi·nox** [ˈiːkwɪnɒks] *s* Tagundnachtgleiche *f*

equip [ɪˈkwɪp] *vt* **1.** ausrüsten, -statten **2.** vorbereiten (*to* zu); **be well ~ped for a job** das nötige Rüstzeug für einen Beruf haben; **equip·ment** [-mənt] *s* **1.** Ausstattung, Ausrüstung *f* **2.** Einrichtung *f* **3.** Ausrüstung *f* **4.** Anlage *f*, Rüstzeug *nt* **5.** (COM) Investitionsgüter *ntpl;* **camping ~** Campingausrüstung *f;* **office ~** Büroeinrichtung *f*

equi·table [ˈekwɪtəbl] *adj* gerecht; **equity** [ˈekwətɪ] *s* **1.** Billigkeit, Gerechtigkeit *f* **2.** (COM) Eigenkapital *nt* **3.** (JUR) Billigkeitsrecht *nt*

equiv·al·ence [ɪˈkwɪvələns] *s* (*a.* CHEM) Gleichwertigkeit *f*, Entsprechung *f;* **~ relation** (MATH) Äquivalenzrelation *f;* **equiv·al·ent** [ɪˈkwɪvələnt] **I.** *adj* **1.** gleich(wertig) **2.** gleichbedeutend (*to* mit) **3.** entsprechend; **be ~ to s.th.** einer S gleichkommen; einer S entsprechen **II.** *s* **1.** Gegenwert *m;* (*a.* CHEM ELEK) Äquivalent *nt* **2.** Gegenstück *nt* (*of, to* zu)

equivo·cal [ɪˈkwɪvəkl] *adj* **1.** mehrdeutig **2.** fragwürdig; unsicher; zweifelhaft; **equivo·cate** [ɪˈkwɪvəkeɪt] *vi* zweideutig reden; **equivo·ca·tion** [ɪˌkwɪvəˈkeɪʃn] *s* Zwei-, Mehrdeutigkeit *f*

era [ˈɪərə] *s* Ära *f;* (*a.* GEOL) Zeitalter *nt*

eradi·cate [ɪˈrædɪkeɪt] *vt* ausrotten, völlig vernichten

erase [ɪˈreɪz] *vt* **1.** ausradieren **2.** vertilgen, entfernen **3.** (*fig*) auslöschen (*from* aus) **4.** (INFORM) löschen; **~ key** (INFORM) Löschtaste *f;* **eraser** [ɪˈreɪzə(r)] *s* **1.** Radiergummi *m* **2.** Tafelwischer *m;* **eras·ure** [ɪˈreɪʒə(r)] *s* **1.** Radieren *nt* **2.** radierte Stelle

erect [ɪˈrekt] **I.** *adj* **1.** aufrecht, senkrecht **2.** aufgerichtet **3.** (PHYSIOL) erigiert **II.** *vt* **1.** (*Gebäude*) errichten; aufrichten **2.** senkrecht stellen **3.** (*Maschine*) montieren; **erec·tion** [ɪˈrekʃn] *s* **1.** Errichtung *f*, Bau *m* **2.** Montage *f* **3.** Bau(werk *nt*) *m*, Gebäude *nt* **4.** (PHYSIOL) Erektion *f*

erg [ɜːg] *s* (PHYS: *Arbeitseinheit*) Erg *nt*

ergo·nom·ic [ˌɜgəˈnɒmɪk] *adj* ergonomisch; **ergo·nom·ics** [ˌɜːgəˈnɒmɪks] *s pl mit sing* Ergonomie *f*

er·mine [ˈɜːmɪn] *s* **1.** (*Wiesel*) Hermelin *nt* **2.** (*Pelz*) Hermelin *m*

erode [ɪˈrəʊd] *vt* **1.** zerfressen, -nagen **2.** (GEOL: ~ *away*) auswaschen

erogen·ous [ɪˈrɒdʒənəs] *adj* (PHYSIOL) erogen

ero·sion [ɪˈrəʊʒn] *s* **1.** (GEOL) Erosion *f* **2.** (*fig*) langsamer Verlust (*of* an)

erotic [ɪˈrɒtɪk] *adj* erotisch; **eroti·cism** [ɪˈrɒtɪsɪzəm] *s* Erotik *f*

err [ɜː(r)] *vi* **1.** (sich) irren (*in* in) **2.** (REL) fehlen

er·rand [ˈerənd] *s* Botengang *m*, Besorgung *f;* **run ~s** Botengänge, (kleine) Besorgungen machen; **errand boy** *s* Laufbursche *m*

er·rant [ˈerənt] *adj* **1.** umherstreifend **2.** sündig; fehlgeleitet; **knight ~** fahrender Ritter

er·ratic [ɪˈrætɪk] *adj* **1.** unberechenbar **2.** (*Denken*) sprunghaft **3.** (*Arbeit*) ungleichmäßig **4.** (GEOL) erratisch

er·ratum [eˈrɑːtəm, *pl* eˈrɑːtə] <*pl* errata> *s* Schreib-, Druckfehler *mpl*, Druckfehler(verzeichnis *nt*) *mpl*

er·ron·eous [ɪˈrəʊnɪəs] *adj* irrig, falsch; **~ judg(e)ment** Fehlurteil *nt*

er·ror [ˈerə(r)] *s* Irrtum *m;* Fehler *m*, Versehen *nt;* **by trial and ~** durch Ausprobieren; **in** [*o* **through** an] **~** versehentlich, irrtümlich; **be in ~** im Irrtum sein; **free from ~** fehlerfrei, -los; **error message** *s* (INFORM) Fehleranzeige, Fehlermeldung *f;* **error-prone** [ˈerə(r)prəʊn] *adj* fehleranfällig; **error rate** *s* Fehlerquote *f*

eru·dite [ˈeruːdaɪt] *adj* gelehrt; **eru·di·tion** [ˌeruːˈdɪʃn] *s* Gelehrsamkeit *f*

erupt [ɪˈrʌpt] *vi* **1.** hervorbrechen **2.** (*Vulkan, Streit, Krieg*) ausbrechen **3.** (*Haut*) einen Ausschlag bekommen **4.** (*Person*) explodieren; **erup·tion** [ɪˈrʌpʃn] *s* **1.** Ausbruch *m* **2.** (Haut)Ausschlag *m*

es·ca·late [ˈeskəleɪt] **I.** *vi* **1.** (*Preise*) ansteigen **2.** (POL) sich ausweiten **II.** *vt* **1.** ausweiten, eskalieren **2.** (*Preise*) sprunghaft steigen lassen; **es·ca·la·tion** [ˌeskəˈleɪʃn] *s* Eskalation *f;* **es·ca·la·tor** [ˈeskəleɪtə(r)] *s* Rolltreppe *f*

es·ca·lope [ˈeskələp] *s* Schnitzel *nt*

es·ca·pade [ˌeskəˈpeɪd] *s* toller, dummer Streich

es·cape [ɪˈskeɪp] **I.** *vi* **1.** entfliehen, flüchten, entweichen, entkommen (*from* aus) **2.** entgehen (*from s.th.* einer S), davonkommen (*with* mit) **3.** (*Flüssigkeit, Gas*) ausströmen, auslaufen (*from* aus) **4.** entschlüpfen, entschwinden (*from +dat*) **II.** *vt* **1.** entfliehen (*s.th.* einer S), ausweichen (*s.th.* einer S), vermeiden **2.** (*Name*) entfallen (*s.o.* jdm) **III.** *s* **1.** Flucht *f;* Entkommen *nt* **2.** Rettung *f* (*from* von) **3.** Fluchtweg *m*

E

4. (TECH) undichte Stelle; **have a narrow** ~ mit knapper Not davonkommen; ~ **attempt** Fluchtversuch *m;* ~ **chute** (AVIAT) Notrutsche *f;* ~ **notice** unbemerkt bleiben; ~ **valve** Sicherheitsventil *nt;* ~ **velocity** Fluchtgeschwindigkeit *f* (*aus dem Schwerefeld*); **es·capee** [ɪˌskeɪ'piː] *s* entwichene(r) Gefangene(r) *f m;* **es·cap·ism** [ɪ'skeɪpɪzəm] *s* Flucht *f* aus der Wirklichkeit, Eskapismus *m;* **es·cap·ist** [-ɪst] *s* Aussteiger(in) *m(f)*

es·carp·ment [ɪ'skɑːpmənt] *s* Steilabhang *m;* Böschung *f*

es·chew [ɪ'stʃuː] *vt* **1.** (ver)meiden, ausweichen (*s.th.* einer S) **2.** unterlassen; sich enthalten (*s.th.* einer S)

es·cort[1] ['eskɔːt] *s* **1.** Begleiter(in) *m(f)* **2.** (MIL) Geleitschutz *m,* Eskorte *f*

es·cort[2] [ɪ'skɔːt] *vt* **1.** begleiten **2.** decken, eskortieren

es·cutcheon [ɪ'skʌtʃən] *s* Wappen(schild) *nt;* **have a blot on one's** ~ (*fig*) keine reine Weste haben

Es·kimo ['eskɪməʊ] <*pl* -kimo(e)s> *s* Eskimo *m,* Eskimofrau *f*

esopha·gus [iː'sɒfəgəs] *s* (*Am*) Speiseröhre *f*

eso·teric [ˌesəʊ'terɪk] *adj* esoterisch

es·pa·drille ['espədrɪl] *s* Espadrille *f*

es·pecial [ɪ'speʃl] *adj* **1.** besondere(r, s) **2.** un-, außergewöhnlich; **es·pecial·ly** [ɪ'speʃəlɪ] *adv* (ganz) besonders, vor allem

espion·age ['espɪənɑːʒ] *s* Spionage *f;* **industrial** ~ Werkspionage *f*

es·pla·nade [ˌesplə'neɪd] *s* Esplanade, (Ufer)Promenade *f*

es·pousal [ɪ'spaʊzl] *s* Parteiergreifung, -nahme *f* (*of* für); **es·pouse** [ɪ'spaʊz] *vt* Partei ergreifen, eintreten für

es·presso [e'spresəʊ] <*pl* -pressos> *s* Espresso *m*

Esq., Es·quire [ɪ'skwaɪə(r), *Am* 'eskwaɪər] *s* (*auf Briefumschlägen*): **John Brown** ~ Herrn John Brown

es·say[1] [e'seɪ] **I.** *vt* versuchen; erproben **II.** *s* Versuch *m* (*at s.th.* an einer S, *at doing s.th.* etw zu tun)

es·say[2] ['eseɪ] *s* Essay *m;* Aufsatz *m;* **es·say·ist** [-ɪst] *s* Essayist(in) *m(f)*

es·sence ['esns] *s* **1.** Wesen *nt* (*einer S*) **2.** (das) Wesentliche **3.** Essenz *f;* **in** ~ (im) wesentlich(en); **be of the** ~ sehr wesentlich, wichtig sein; **es·sen·tial** [ɪ'senʃl] **I.** *adj* **1.** wesentlich (*to* für) **2.** unentbehrlich; (lebens)notwendig, unerlässlich; ~ **goods** Güter *nt pl* des täglichen Bedarfs; **not** ~ nicht unbedingt erforderlich **II.** *s* (das) Wesentliche, Wichtigste, Notwendigste; Hauptsache *f;* wesentliche Umstände *mpl;* ~**s of life** das Lebensnotwendige; **es·sen·tial·ly** [ɪ'senʃəlɪ] *adv* (im) wesentlich(en), in der Hauptsache

es·tab·lish [ɪ'stæblɪʃ] **I.** *vt* **1.** er-, einrichten, gründen **2.** (*Geschäft*) eröffnen **3.** (*Regelung*) einführen; (*Verbindung*) herstellen, aufnehmen **4.** (*Theorie*) aufstellen **5.** (*Ordnung*) herstellen **6.** (*Frieden*) stiften **7.** (*Autorität*) sich verschaffen **8.** (*Regierung*) bilden **9.** (*Rekord*) aufstellen **10.** (*Ausschuss*) einsetzen **11.** be-, nachweisen, begründen **12.** (*Fakten*) ermitteln **13.** Geltung verschaffen (*s.th.* einer S) **II.** *vr* sich niederlassen, sich selbstständig machen (*as a grocer* als Lebensmittelhändler), ein Geschäft gründen; **es·tab·lished** [ɪ'stæblɪʃt] *adj* **1.** feststehend **2.** (*Ruf*) gesichert **3.** (*Brauch*) althergebracht **4.** (*Gesetze*) geltend; (*Ordnung*) bestehend; **Established Church** Staatskirche *f;* **es·tab·lish·ment** [ɪ'stæbliʃmənt] *s* **1.** Er-, Einrichtung, Gründung *f;* Eröffnung *f* **2.** (*Regierung*) Bildung *f* **3.** Fest-, Klarstellung *f;* Begründung *f;* Beweis *m* **4.** Haus(halt *m*) *nt,* Wohnung *f* **5.** Geschäft(shaus) *nt,* Firma *f,* Unternehmen *nt,* Betrieb *m* **6.** Anstalt, Institution *f* **7.** (Verwaltungs-, Beamten)Apparat, Personalbestand *m;* Truppenstärke *f* **8.** (*der brit. Gesellschaft*) (das) Establishment; **educational** ~ Lehranstalt *f;* **industrial** ~ Industrieunternehmen *nt*

es·tate [ɪ'steɪt] *s* **1.** Besitz *m,* Eigentum, Vermögen *nt* **2.** Grund-, Landbesitz *m,* (Land)Gut *nt* **3.** Gelände *nt* **4.** Nachlass *m,* Hinterlassenschaft, Erbmasse *f* **5.** (*bankrupt's* ~) Konkursmasse *f* **6.** Stand, Rang *m;* **family** ~ Familienbesitz *m;* **housing** ~ Wohnsiedlung *f;* **leasehold** ~ Pachtgrundstück *nt;* **real** ~ Grundbesitz *m;* Immobilien *pl;* **estate agent** *s* Grundstücksmakler(in) *m(f);* **estate car** *s* Kombi(wagen) *m;* **estate duty** *s,* **estate tax** *s* (*Am*) Erbschaftssteuer *f*

es·teem [ɪ'stiːm] **I.** *vt* **1.** hochschätzen, sehr schätzen **2.** ansehen als, erachten für **II.** *s* (Hoch)Achtung *f* (*for, of* vor), Wertschätzung *f* (*for, of*+*gen*), Ansehen *nt*

es·ti·mable ['estɪməbl] *adj* schätzens-, achtenswert; abschätzbar

es·ti·mate[1] ['estɪmeɪt] **I.** *vt* **1.** (ab-, ein)schätzen; taxieren **2.** veranschlagen (*at* auf) **3.** beurteilen **II.** *vi* schätzen

es·ti·mate[2] ['estɪmət] *s* **1.** (Ab)Schätzung, Bewertung *f* **2.** Kostenvoranschlag *m* **3.** (*Lage*) Beurteilung *f* **4.** statistische Messzahl; **at** [*o* **on**] **a rough** ~ grob überschlagen; **rough** ~ Überschlag *m;* ~ **of damages** Schadensberechnung *f;*

es·ti·ma·ted ['estɪmeɪtɪd] *adj* **1.** geschätzt **2.** voraussichtlich; ~ **cost** Sollkosten *pl;* ~ **time of arrival, ETA** (AVIAT) voraussichtliche Ankunftszeit; ~ **useful life** geschätzte Nutzungsdauer; ~ **value** Taxwert *m;* **es·ti·ma·tion** [ˌestɪ'meɪʃn] *s* **1.** Beurteilung *f* **2.** Ansicht, Meinung *f* **3.** Hochschätzung, Achtung *f,* Respekt *m;* **in my** ~ meines Erachtens

Es·to·nia [e'stəʊnɪə] *s* Estland *nt;* **Es·to·ni·an** [e'stəʊnɪən] **I.** *adj* estnisch, estländisch **II.** *s* Este *m,* Estin *f*

es·trange [ɪ'streɪndʒ] *vt* entfremden (*from s.o.* jdm); **become ~d from s.o.** sich jdm entfremden; **es·trange·ment** [-mənt] *s* Entfremdung *f*

es·tro·gen ['iːstrəʊdʒən] *s* (*Am*) Östrogen *nt*

es·tu·ary ['estʃʊərɪ] *s* Mündung *f*

et cet·era [ɪt'setərə] und so weiter, und so fort, usw.

etch [etʃ] *vt, vi* **1.** (*Kunst*) radieren **2.** ätzen (*on* auf) **3.** (*fig*) einprägen (*in* in); **etcher** ['etʃə(r)] *s* Radierer(in) *m(f);* **etch·ing** [-ɪŋ] *s* Radierung *f;* Kupferstich *m*

eter·nal [ɪ'tɜːnl] *adj* ewig; immer während; **eter·nal·ly** [ɪ'tɜːnəlɪ] *adv* **1.** für immer **2.** (*fam*) ununterbrochen; **eter·nity** [ɪ'tɜːnətɪ] *s* Ewigkeit *f*

ether ['iːθə(r)] *s* Äther *m;* **ethe·real** [ɪ'θɪərɪəl] *adj* (*fig*) ätherisch

ethi·cal ['eθɪkl] *adj* moralisch, ethisch; **eth·ics** ['eθɪks] *s pl a. mit sing* Ethik, Moral *f*

Ethio·pia [ˌiːθɪ'əʊpɪə] *s* Äthiopien *nt;* **Ethio·pian** [ˌiːθɪ'əʊpɪən] **I.** *adj* äthiopisch **II.** *s* **1.** Äthiopier(in) *m(f)* **2.** (das) Äthiopisch(e)

ethnic ['eθnɪk] *adj* **1.** ethnisch **2.** (*Atmosphäre*) urtümlich **3.** (*Restaurant*) folkloristisch; **eth·nol·ogy** [eθ'nɒlədʒɪ] *s* Ethnologie *f*

ethos ['iːθɒs] *s* Ethos *nt*

ethyl ['eθɪl] *s* (CHEM) Äthyl *nt*

eti·quette ['etɪket] *s* Etikette *f;* **breach of professional** ~ standeswidriges Verhalten

ety·mo·logi·cal [ˌetɪmə'lɒdʒɪkl] *adj* etymologisch; **ety·mol·ogy** [ˌetɪ'mɒlədʒɪ] *s* Etymologie *f*

EU [ˌiː'juː] *s Abk. von* **European Union** EU *f;* ~ **member state** EU-Mitgliedstaat *m*

euca·lyptus [ˌjuːkə'lɪptəs] *s* Eukalyptus *m;* **eucalyptus oil** *s* Eukalyptusöl *nt*

Eu·char·ist ['juːkərɪst] *s* (das) heilige Abendmahl

eu·logize ['juːlədʒaɪz] *vt* übermäßig loben; **eu·logy** ['juːlədʒɪ] *s* Lobrede *f,* hohes Lob

eu·nuch ['juːnək] *s* Eunuch *m*

eu·phem·ism ['juːfəmɪzəm] *s* Euphemismus *m;* **eu·phem·is·tic** [ˌjuːfə'mɪstɪk] *adj* euphemistisch, beschönigend

eu·phony ['juːfənɪ] *s* Wohlklang *m*

eu·phoria [juː'fɔːrɪə] *s* Euphorie *f;* **euphoric** [juː'fɒrɪk] *adj* euphorisch

Eur·asia [jʊə'reɪʒə] *s* Eurasien *nt;* **Eurasian** [jʊə'reɪʒn] **I.** *adj* eurasisch **II.** *s* Eurasier(in) *m(f)*

Eur·at·om [jʊə'rætəm] *s Abk. von* **European Atomic Energy Community** Euratom *f*

eu·rhyth·mics [juː'rɪðmɪks] *s pl mit sing* Eurhythmie *f*

Eu·ro ['jʊərəʊ] *adj* Euro-; ~ **Info Centre, EIC** Euro-Info-Centre *nt*

eu·ro ['jʊərəʊ] *s* Euro *m;* **eu·ro bank·note** *s* Euro-Banknote *f;* **eu·ro cent** *s* Cent *m*

Euro·cheque ['jʊrətʃek] *s* Eurocheque *m;* ~ **card** Eurochequekarte, ec-Karte *f;* **eu·ro coin** *s* Euro-Münze *f;* **Euro·crat** ['jʊərəʊkræt] *s* Eurokrat(in) *m(f);* **euro·cur·ren·cy** ['jʊrəʊˌkʌrənsɪ] *s* Euro-Währung *f;* **eu·ro-cur·ren·cy area** *s* Euro-Währungsgebiet *nt;* **Euro·dol·lar** ['jʊərəʊdɒlə(r)] *s* Eurodollar *m;* **eu·ro note** *s* Euro-Schein *m*

Europe ['jʊərəp] *s* Europa *nt;* **the Council of** ~ der Europarat; **Euro·pean** [ˌjʊərə'pɪən] **I.** *adj* europäisch; ~ **Audit Office** Europäischer Rechnungshof *m;* ~ **Central Bank** Europäische Zentralbank *f;* ~ **Central Bank System** Europäisches System der Zentralbanken *m;* ~ **Commission** Europäische Kommission *f;* ~ **Communities** Europäische Gemeinschaften *fpl;* ~ **Coal and Steel Community** Montanunion *f;* ~ **Council** Europäischer Rat; ~ (**Economic**) **Community, E**(**E**)**C** (HIST) Europäische (Wirtschafts)Gemeinschaft, E(W)G *f;* ~ **Court** Europäischer Gerichtshof *m;* ~ **Court of Auditors, ECA** Europäischer Rechnungshof, ERH *m;* ~ **elections** Europawahlen *fpl;* ~ **Intercity Train** EuroCity(-Zug), EC *m;* ~ **Investment Bank, EIB** Europäische Investitionsbank, EIB *f;* ~ **Monetary Agreement** Europäisches Währungsabkommen; ~ **Monetary Institute** Europäisches Währungsinstitut *nt;* ~ **Monetary System, EMS** Europäisches Währungssystem, EWS *f;* ~ **Monetary Union, EMU** Europäische Währungsunion, EWU *f;* ~ **Ombudsman** Europäische(r) Bürgerbeauftragte(r) *mf;* ~ **Parliament** Europaparlament *nt,* Europäisches Parlament *nt;* ~ **Police Office** Europäisches Polizeiamt; ~ **Regional Development Fund, ERDF** Europäischer Fonds für regionale Entwicklung, EFRE *m;* ~ **Union, EU** Europäische Union, EU *f;* ~

Union Council Rat *m* der Europäischen Union; ~ **Union Member State** EU-Mitgliedstaat *m* **II.** *s* Europäer(in) *m(f)*

Eu·ro·pol [ˈjʊərəʊpɒl] *s Abk. von* **European Police Office** Europol *nt,* Europäisches Polizeiamt

eu·ro zone *s* Eurozone *f;* **euro-zone countries** Länder der Eurozone

eu·tha·nasia [ˌjuːθəˈneɪzɪə] *s* Euthanasie *f*

evacu·ate [ɪˈvækjʊeɪt] *vt* **1.** räumen; (*Bevölkerung*) evakuieren **2.** (*Darm*) entleeren; **evacu·ation** [ɪˌvækjʊˈeɪʃn] *s* **1.** Räumung *f,* Evakuierung *f* **2.** (Darm)Entleerung *f;* **evacuee** [ɪˌvækjuːˈiː] *s* Evakuierte(r) *f m*

evade [ɪˈveɪd] *vt* **1.** aus dem Wege gehen, ausweichen (*s.th.* einer S) **2.** sich entziehen (*s.th.* einer S) **3.** umgehen, vermeiden (*doing s.th.* etw zu tun) **4.** (*Steuern*) hinterziehen

evalu·ate [ɪˈvæljʊeɪt] *vt* **1.** (ab)schätzen, bewerten, taxieren **2.** auswerten **3.** beurteilen; **evalu·ation** [ɪˌvæljʊˈeɪʃn] *s* **1.** Abschätzung, Taxierung *f* **2.** Wertberechnung, -bestimmung, Bewertung *f*

evan·geli·cal [ˌiːvænˈdʒelɪkl] *adj* evangelisch; **evan·gel·ist** [ɪˈvændʒəlɪst] *s* **1.** Evangelist(in) *m(f)* **2.** (Wander)Prediger(in) *m(f);* **evan·gelize** [ɪˈvændʒəlaɪz] **I.** *vt* bekehren **II.** *vi* das Evangelium predigen

evap·or·ate [ɪˈvæpəreɪt] **I.** *vt* **1.** verdampfen lassen **2.** (*Milch*) kondensieren; **~d milk** Dosen-, Kondensmilch *f* **II.** *vi* **1.** verdampfen, verdunsten; sich verflüchtigen **2.** (*fig*) (dahin)schwinden, vergehen

evas·ion [ɪˈveɪʒn] *s* **1.** Ausweichen *nt;* Umgehen, Vermeiden *nt* (*of +gen*) **2.** Ausflucht, Ausrede *f* **3.** (*Steuer*) Hinterziehung *f;* **evas·ive** [ɪˈveɪsɪv] *adj* **1.** ausweichend **2.** (*Bedeutung*) schwer zu fassen(d); **he is so ~** er weicht dauernd aus

eve [iːv] *s* Vorabend *m;* **on the ~ of** am Vorabend *+gen,* (unmittelbar) vor; am Tage vor

even [ˈiːvn] **I.** *adj* **1.** eben, flach, glatt **2.** gleichmäßig; gleichförmig; regelmäßig **3.** (*Mensch*) ausgeglichen, ruhig **4.** gleich (groß) **5.** (*Zahl*) gerade **6.** (*Maßangabe*) genau; **be ~ with s.o.** mit jdm quitt sein; **break ~** sein Geld wieder herausbekommen; kostendeckend arbeiten; **get ~** abrechnen (*with s.o.* mit jdm); **make s.th. ~** etw ebnen; etw glätten; **~ score** (SPORT) punktgleich, unentschieden; **I'm ~ with you** wir beide sind quitt; **odd or ~** gerade oder ungerade **II.** *vt* **1.** einebnen, gleichmachen **2.** gleichstellen **III.** *vi* **1.** eben, auf gleicher Ebene sein **2.** gleich sein **IV.** *adv* **1.** sogar, selbst **2.** gerade, genau **3.** noch, sogar (*mit Komparativ*) **4.** nämlich; gleich; **never ~ …** nie auch nur …; **not ~** nicht einmal; selbst … nicht; **~ if** selbst wenn; **~ now** sogar jetzt; gerade jetzt; **~ so** trotzdem; **even out I.** *vi* **1.** eben werden **2.** (*Preise*) sich einpendeln **II.** *vt* **1.** ausgleichen **2.** glätten; eben machen **3.** gleichmäßig verteilen; **even up** *vt* ausgleichen; aufrunden; (*Schulden*) bezahlen

even·ing [ˈiːvnɪŋ] *s* **1.** Abend *m* **2.** Abend(veranstaltung, -gesellschaft *f*) *m;* **in the ~** am Abend; **on Sunday ~** Sonntagabend; **one ~** eines Abends; **this/yesterday/tomorrow ~** heute, gestern, morgen Abend; **evening class** *s* Abendschule *f;* Abendkurs *m;* **evening dress** *s* Abendkleid *nt;* Abendanzug *m;* **evening paper** *s* Abendzeitung *f;* **evening star** *s* Abendstern *m*

even·ly [ˈiːvənlɪ] *adv* **1.** gleichmäßig **2.** ruhig, gelassen; **even·ness** [ˈiːvnnɪs] *s* **1.** Ausgeglichenheit *f,* Gleichmut *m* **2.** Ebenheit *f* **3.** Gleichmäßigkeit *f;* Regelmäßigkeit *f;* **evens** *s pl:* **it's ~ that** es steht 50:50, dass

event [ɪˈvent] *s* **1.** Ereignis, Geschehnis *nt,* Begebenheit *f* **2.** (SPORT) Veranstaltung *f;* Wettkampf *m;* Disziplin *f;* **at all ~s, in any ~** auf alle Fälle, jedenfalls, sowieso; **in the ~ of** im Falle *+gen,* bei; **in either ~** in dem einen oder anderen Falle; **athletic ~s** Leichtathletikkämpfe *mpl*

even-tem·pered [ˈiːvənˈtempəd] *adj* ausgeglichen

event·ful [ɪˈventfl] *adj* ereignisreich; **event planner** *s* Veranstaltungsplaner(in) *m(f)*

event·ual [ɪˈventʃʊəl] *adj* schließlich; **event·ual·ity** [ɪˌventʃʊˈælətɪ] *s* Möglichkeit, Eventualität *f,* Fall *m;* **event·ual·ly** [ɪˈventʃʊəlɪ] *adv* schließlich

ever [ˈevə(r)] *adv* **1.** je(mals) **2.** immer **3.** (*fam*) zum Kuckuck; unheimlich; **as ~** wie immer; **for ~ (and ~)** für alle Zeiten; für immer; **hardly ~** fast nie; **not … ~** noch nie; **~ since** seitdem; **~ and again** immer wieder; **~ so kind** unheimlich nett; **what~/wherever/who~ … ?** was/wo/wer … bloß?

ever·glade [ˈevəgleɪd] *s* (*Am*) Sumpf *m;* **ever·green** [ˈevəgriːn] *s* **1.** (BOT) immergrüne Pflanze **2.** (MUS) Evergreen *m;* **ever·last·ing** [ˌevəˈlɑːstɪŋ] *adj* **1.** beständig, dauernd **2.** unverwüstlich; **ever·more** [ˌevəˈmɔː(r)] *adv* immer; **for ~** für immer

every [ˈevrɪ] *adj* **1.** jede(r, s) (mögliche) **2.** alle; **each and ~ one** jede(r, s) einzelne; **~ bit** genauso; **~ now and then** [*o* **again**] ab und zu, von Zeit zu Zeit; **~ one of**

them sie alle ohne Ausnahme; ~ **other day** jeden zweiten Tag; ~ **other week** alle vierzehn Tage; **he has** ~ **reason** er hat allen Grund; ~ **time** jedesmal; **in** ~ **way** in jeder Hinsicht; **every·body**, **every·one** ['evrɪbɒdɪ, 'evrɪwʌn] *pron* jeder, alle; jedermann; **everybody else** *s* alle anderen, alle übrigen; **every·day** ['evrɪdeɪ] *adj attr* alltäglich, gewöhnlich; **every·one** ['evrɪwʌn] *s s.* **everybody**; **every·thing** ['evrɪθɪŋ] *pron* alles; **she is** ~ **to him** sie ist sein Ein und Alles; ~ **new** alles Neue; **money is** ~ das Geld ist das Wichtigste; **every·where** ['evrɪweə(r)] *adv* überall; wo(hin) auch immer; ~ **I tried** wo ich es auch versucht habe

evict [ɪ'vɪkt] *vt* zur Räumung zwingen

evi·dence ['evɪdəns] *s* **1.** Beweis *m* **2.** Anhaltspunkt, Nachweis *m* **3.** (JUR) Beweismaterial *nt;* Beweisstück *nt;* Zeugenaussage *f;* **for lack of** ~ aus Mangel an Beweisen; **in** ~ deutlich sichtbar, offenkundig; (*fig*) im Vordergrund; (JUR) als Beweis; **be in** ~ auffallen; **call s.o. in** ~ jdn als Zeugen aufrufen; **furnish** ~ den Beweis erbringen (*of* für); **give** ~ eine Aussage machen (*for* für, *against* gegen); **bear** ~ **of** Zeugnis ablegen für; deutliche Anzeichen zeigen von; **offer** [*o* **tender**] ~ den Beweis antreten; **produce** ~ Beweise erbringen; **turn King's/Queen's/State's** ~ (*Am*) als Kronzeuge aussagen; ~ **to the contrary** Gegenbeweis *m*

evi·dent ['evɪdənt] *adj* offenkundig, augenscheinlich

evil ['i:vl] **I.** *adj* **1.** schlecht, böse **2.** übel, schlimm **II.** *adv* schlecht, übel **III.** *s* **1.** (das) Böse; Übel *nt* **2.** Schlechtigkeit *f* **3.** Unheil *nt;* **wish s.o.** ~ jdm Böses wünschen; **deliver us from** ~ erlöse uns von dem Bösen; **the lesser** ~ das kleinere Übel; **evil-doer** [ˌi:vl'du:ə(r)] *s* Übeltäter(in) *m(f);* **evil-minded** [ˌi:vl'maɪndɪd] *adj* **1.** boshaft **2.** (*Bemerkung*) hämisch; **evil-tem·pered** [ˌi:vl'tempəd] *adj* schlechtgelaunt

evince [ɪ'vɪns] *vt* an den Tag legen; zur Schau tragen

evoca·tion [ˌevə'keɪʃn] *s* Heraufbeschwören *nt*

evoca·tive [ɪ'vɒkətɪv] *adj:* **be** ~ **of s.th.** an etw erinnern; **evoke** [ɪ'vəʊk] *vt* hervorrufen, wachrufen, erinnern an

evol·ution [ˌi:və'lu:ʃn] *s* **1.** Entwicklung *f* **2.** Entfaltung, Evolution *f*

evolve [ɪ'vɒlv] **I.** *vt* **1.** entwickeln, entfalten (*into* zu) **2.** (*Plan*) ausarbeiten **II.** *vi* **1.** sich entwickeln **2.** entstehen (*from* aus)

ewe [ju:] *s* (Mutter)Schaf *nt*

ewer ['ju:ə(r)] *s* Wasserkrug *m,* -kanne *f*

ex [eks] **I.** *prep* (FIN COM) **1.** ohne, ausschließlich; frei von **2.** ab; **price** ~ **works** Preis ab Werk **II.** *s* (*fam*) Verflossene(r) *f m*

ex- [eks] *PRÄF* ehemalige(r, s), frühere(r, s)

ex·acer·bate [ɪg'zæsəbeɪt] *vt* **1.** verschärfen, verschlimmern **2.** verbittern, verärgern

exact [ɪg'zækt] **I.** *adj* **1.** genau, exakt **2.** pünktlich **3.** gewissenhaft; ~ **fare** passendes Fahrgeld **II.** *vt* **1.** (*Forderung*) eintreiben **2.** (*Geld*) erpressen (*from, of* von) **3.** fordern, verlangen; **exact·ing** [-ɪŋ] *adj* anspruchsvoll; **be** ~ es sehr genau nehmen; viel verlangen; **exacti·tude** [ɪg'zæktɪtju:d] *s* Genauigkeit *f;* **exact·ly** [ɪg'zæktlɪ] *adv* **1.** so ist es, allerdings **2.** genau, ganz; **not** ~ **friendly** nicht gerade freundlich; **not** ~ **sure** nicht ganz sicher; **exact·ness** [ɪg'zæktnɪs] *s* **1.** Genauigkeit *f* **2.** Pünktlichkeit *f*

exag·ger·ate [ɪg'zædʒəreɪt] *vt, vi* übertreiben; **exag·ger·ated** [ɪg'zædʒəreɪtɪd] *adj* übertrieben; **exag·ger·ation** [ɪgˌzædʒə'reɪʃn] *s* Übertreibung *f*

ex·alt [ɪg'zɔ:lt] *vt* **1.** (*fig*) erhöhen; (*in einen Stand*) erheben (*to* in) **2.** preisen; **exal·ta·tion** [ˌegzɔ:l'teɪʃn] *s* Begeisterung *f;* **ex·alted** [ɪg'zɔ:ltɪd] *adj* **1.** hoch **2.** überschwenglich, exaltiert

exam [ɪg'zæm] *s* Prüfung *f;* **exam·in·ation** [ɪgˌzæmɪ'neɪʃn] *s* **1.** Prüfung *f,* Examen *nt* (*in* in) **2.** Untersuchung, Überprüfung *f;* Kontrolle *f* **3.** (JUR) Vernehmung *f;* (**up**)**on** ~ bei näherer, eingehender Prüfung; **be under** ~ geprüft, vernommen, untersucht werden; **fail** (**in**) **an** ~ bei einer Prüfung durchfallen; **pass an** ~ eine Prüfung bestehen; **undergo an** ~ (MED) sich einer Untersuchung unterziehen; ~ **of accounts** Rechnungsprüfung *f;* ~ **of the books** Bücherrevision *f;* ~ **paper** (schriftliche) Prüfungsarbeit *f;* ~ **question** Prüfungsfrage *f;* ~ **of witnesses** Zeugenverhör *nt;* **exam·ine** [ɪg'zæmɪn] *vt* **1.** prüfen **2.** untersuchen **3.** besichtigen **4.** verhören, vernehmen; **ex·ami·nee** [ɪgˌzæmɪ'ni:] *s* Prüfling *m;* (Examens)Kandidat(in) *m(f);* **exam·iner** [ɪg'zæmɪnə(r)] *s* **1.** Prüfer(in) *m(f)* **2.** Revisor(in) *m(f)* **3.** (JUR) vernehmende(r) Richter(in) *m f;* **exam·in·ing** [ɪg'zæmɪnɪŋ] *adj:* ~ **body** Prüfungsausschuss *m,* -kommission *f;* ~ **magistrate** Untersuchungsrichter(in) *m(f)*

example [ɪg'zɑ:mpl] *s* **1.** Beispiel *nt* **2.** Muster *nt* (*of* für) **3.** Vorbild *nt* **4.** warnendes Beispiel; **without** ~ beispiellos; **for** ~ zum Beispiel; **be an** ~ **to s.o.** für jdn ein Beispiel sein; **give** [*o* **set**] **an** ~ mit gutem

Beispiel vorangehen; **make an ~ of** ein Exempel statuieren an

exas·per·ate [ɪg'zɑːspəreɪt] *vt* verzweifeln lassen, zur Verzweiflung bringen; **exas·per·ating** [ɪg'zɑːspəreɪtɪŋ] *adj* ärgerlich; **he can be ~** er kann einen zur Verzweiflung bringen; **exas·per·ation** [ɪgˌzɑːspə'reɪʃn] *s* **1.** Erbitterung *f* **2.** Ärger *m;* **in ~** verzweifelt

ex·ca·vate ['ekskəveɪt] *vt* ausbaggern, -graben; **ex·ca·va·tion** [ˌekskə'veɪʃn] *s* **1.** Ausschachtung, Ausbaggerung *f* **2.** Höhlung, Höhle *f* **3.** Ausgrabung *f;* **ex·ca·vator** ['ekskəveɪtə(r)] *s* Trockenbagger *m*

ex·ceed [ɪk'siːd] *vt* **1.** überschreiten; übersteigen **2.** übertreffen (*s.o.'s expectations* jds Erwartungen); **ex·ceed·ing·ly** [-ɪŋlɪ] *adv* äußerst, (ganz) besonders, außerordentlich

ex·cel [ɪk'sel] **I.** *vt* übertreffen, überragen (*in* in); **~ o.s.** sich selbst übertreffen **II.** *vi* sich auszeichnen, sich hervortun (*at* bei, *in* in, *as* als); **ex·cel·lence** ['eksələns] *s* **1.** Vorzüglichkeit *f* **2.** Fähigkeit *f;* hervorragende Leistung (*at, in* in); **Ex·cel·lency** ['eksələnsɪ] *s* (*Titel*) Exzellenz *f;* **ex·cel·lent** ['eksələnt] *adj* ausgezeichnet, hervorragend

ex·cept [ɪk'sept] **I.** *vt* **1.** ausnehmen, ausschließen (*from* aus) **2.** eine Ausnahme machen mit **II.** *prep* außer, ausgenommen; **~ for** bis auf; mit Ausnahme *+gen* **III.** *conj* (*fam*) (je)doch; **ex·cept·ing** [-ɪŋ] *prep* außer, ausgenommen; **ex·cep·tion** [ɪk'sepʃn] *s* **1.** Ausnahme *f* (*to* von) **2.** Einwand *m;* Einwendung *f;* Beanstandung *f* **3.** (JUR) Einrede *f* **4.** Anstoß *m;* **as an** [*o* **by way of**] **~** als Ausnahme; ausnahmsweise; **with the ~ of** mit Ausnahme *+gen,* mit der Ausnahme, dass; **with certain ~s** mit bestimmten Ausnahmen; **without ~** ausnahmslos; **be an ~ to s.th.** eine Ausnahme von etw bilden; **make an ~ to s.th.** von etw eine Ausnahme machen; **take ~** Anstoß nehmen (*to* an), beanstanden (*to s.th.* etw), Einwendungen erheben (*to* gegen); **the ~ proves the rule** (*prov*) Ausnahmen bestätigen die Regel; **ex·cep·tion·able** [ɪk'sepʃənəbl] *adj* anfechtbar; **ex·cep·tional** [ɪk'sepʃənl] *adj* außergewöhnlich; **~ case** Ausnahmefall *m;* **ex·cep·tion·ally** [ɪk'sepʃnəlɪ] *adv* außergewöhnlich, ungewöhnlich

ex·cerpt ['eksɜːpt] *s* Auszug *m,* Exzerpt *nt*

ex·cess [ɪk'ses] **I.** *s* **1.** Übermaß *nt* (*of* an) **2.** Überschuss *m* **3.** **~es** Exzesse *mpl,* Ausschweifungen *fpl;* (POL) Ausschreitungen *fpl;* **in ~ of** mehr als, über … hinaus; **be in ~ of** hinausgehen über, überschreiten; **carry to ~** übertreiben; über das Ziel hinausschießen (*s.th.* mit etw); **~ of exports** Exportüberschuss *m;* **~ of population** Bevölkerungsüberschuss *m;* **~ of purchasing power** Kaufkraftüberhang *m* **II.** *adj* überschüssig; **excess amount** *s* Mehrbetrag, Überschuss *m;* **excess baggage** *s* Übergewicht *nt* (*Gepäck*); **excess charge** *s* zusätzliche Gebühr; (*Post*) Nachporto *nt;* **excess expenditure** *s* Mehrausgaben *fpl;* **ex·cess·ive** [ɪk'sesɪv] *adj* übermäßig, übertrieben; **excess production** *s* Produktionsüberschuss *m;* **excess supply** *s* Überangebot *nt*

ex·change [ɪk'stʃeɪndʒ] **I.** *vt* **1.** (aus-, ein-, um)tauschen (*with* mit) **2.** (aus-, ein-, um)wechseln (*for* gegen); **~ blows** sich schlagen; **~ words** einen Wortwechsel haben **II.** *s* **1.** (Aus-, Um)Tausch *m;* Tauschgeschäft *nt* **2.** (Geld)Wechseln *nt;* Wechselstube *f* **3.** (*foreign ~*) Valuta *f,* Devisen *pl,* ausländische Zahlungsmittel *ntpl* **4.** Börse *f* **5.** (TELE) Vermittlung *f;* Zentrale *f;* Fernamt *nt* **6.** Wortwechsel *m;* **in ~ for** im Tausch gegen, für; als Entschädigung für; **give in ~** in Tausch geben, einwechseln; **obtain in ~ for s.th.** im Tausch gegen etw erhalten; **bill of ~** Wechsel *m;* Tratte *f;* **corn/cotton ~** Getreide-/Baumwollmarkt *m;* **labo(u)r ~** Arbeitsamt *nt;* **rate of ~, ~ rate** Wechselkurs *m;* **stock ~** Börse *f;* **~ of goods** Güter-, Warenaustausch *m;* **~ of letters** Briefwechsel *m;* **~ of views** Meinungsaustausch *m* **III.** *adj attr* **1.** Austausch- **2.** Börsen-; Wechsel-; Devisen-; **ex·change·able** [ɪk'stʃeɪndʒəbl] *adj* austauschbar; umtauschbar; **exchange broker, dealer** *s* Devisenmakler(in) *m(f);* **exchange control** *s* Devisenkontrolle *f;* **exchange course mechanism** *s* Wechselkursmechanismus *m;* **exchange market** *s* Devisenmarkt *m;* **exchange rate** *s* Wechselkurs *f;* **exchange regulations** *s pl* Devisenbestimmungen *fpl,* Börsenordnung *f;* **exchange restrictions** *s pl* Devisenbeschränkungen *fpl;* **exchange student** *s* Austauschstudent(in) *m(f);* **exchange teacher** *s* Austauschlehrer(in) *m(f);* **exchange value** *s* Tausch-, Gegenwert *m*

ex·chequer [ɪks'tʃekə(r)] *s* **1.** Staatskasse *f,* Fiskus *m* **2.** (*fam*) Geldmittel *ntpl;* **the Exchequer** (*in GB*) das Finanzministerium; **the Chancellor of the Exchequer** der (die) Finanzminister(in)

ex·cise[1] ['eksaɪz] *s* **1.** (*~ tax*) Verbrauchssteuer *f* **2.** (*in GB*) Abteilung *f* für indirekte Steuern; **~-man** [*o* **-officer**] Steuereinnehmer *m;* **~ duty** Verbrauchsteuer *f*

ex·cise[2] [ek'saɪz] *vt* (her)ausschneiden

ex·cit·able [ɪk'saɪtəbl] *adj* erregbar; reizbar; **ex·cite** [ɪk'saɪt] *vt* **1.** hervorrufen, erregen **2.** aufregen, nervös machen **3.** begeistern **4.** (PHYSIOL) reizen, erregen; **ex·cit·ed** [ɪk'saɪtɪd] *adj* aufgeregt; erregt; **get** ~ sich aufregen (*over* über); **be** ~ **about prospects/ideas** Aussichten aufregend finden/von Ideen begeistert sein; **ex·cite·ment** [ɪk'saɪtmənt] *s* Aufregung *f;* Erregung *f;* Reizung *f;* **ex·cit·ing** [ɪk'saɪtɪŋ] *adj* aufregend; spannend; erregend

ex·claim [ɪk'skleɪm] *vt, vi* **1.** (aus)rufen **2.** (auf)schreien (*in pain* vor Schmerz); **ex·cla·mation** [ˌekskləˈmeɪʃn] *s* Ausruf *m;* ~ **mark,** *Am* ~ **point** Ausrufezeichen *nt*

ex·clude [ɪk'skluːd] *vt* ausschließen; ausgrenzen (*from* aus); ~ **all possibility of doubt** jeden Zweifel ausschließen; **be** ~**d** nicht zugelassen, ausgeschlossen sein (*from* von); **ex·clud·ing** [ɪk'skluːdɪŋ] *adj* nicht inbegriffen; ausgenommen; **ex·clu·sion** [ɪk'skluːʒn] *s* Ausschluss *m;* Ausgrenzung *f;* **to the** ~ **of** unter Ausschluss *+gen;* ~**s from gross income** steuerfreie Einkünfte; **ex·clus·ive** [ɪk'skluːsɪv] *adj* **1.** ausschließend, ausschließlich **2.** exklusiv **3.** vornehm, elegant **4.** (*fam: Laden*) teuer; ~ **of** ausschließlich *+gen;* **be mutually** ~ sich gegenseitig ausschließen; ~ **agent** Alleinvertreter(in) *m(f);* ~ **report** Exklusivbericht *m;* ~ **right** Exklusivrecht *nt* (*to* auf)

ex·com·muni·cate [ˌekskəˈmjuːnɪkeɪt] *vt* exkommunizieren; **ex·com·muni·ca·tion** [ˌekskəˌmjuːnɪˈkeɪʃn] *s* Exkommunikation *f*

excre·ment ['ekskrəmənt] *s* Kot *m,* Ausscheidung *f,* Fäkalien *pl*

ex·cres·cence [ɪk'skresns] *s* Auswuchs *m,* Wucherung *f*

ex·creta [ɪk'skriːtə] *s pl* Exkremente *ntpl;* **ex·crete** [ɪk'skriːt] *vt* (PHYSIOL) ausscheiden, absondern; **ex·cre·tion** [ɪk'skriːʃn] *s* Ausscheidung, Absonderung *f;* Exkret *nt*

ex·cru·ciat·ing [ɪk'skruːʃɪeɪtɪŋ] *adj* qualvoll, schmerzhaft

ex·cur·sion [ɪk'skɜːʃn] *s* **1.** Ausflug *m* **2.** Rundfahrt, -reise *f* **3.** (~ *trip*) Gesellschaftsfahrt *f;* **go on** [*o* **make**] **an** ~ einen Ausflug machen; **excursion ticket** *s* verbilligte Karte; verbilligtes Ticket; **excursion train** *s* Sonderzug *m*

ex·cus·able [ɪk'skjuːzəbl] *adj* verzeihlich

ex·cuse[1] [ɪk'skjuːz] **I.** *vt* **1.** entschuldigen (*for* wegen, *for being late* für das Zuspätkommen) **2.** verzeihen (*s.o.* jdm) **3.** Nachsicht üben gegen, in Schutz nehmen **4.** rechtfertigen, verteidigen **5.** erlassen (*s.o. from s.th.* jdm etw), befreien (*from* von); ~ **me!** entschuldigen Sie!; **you may be** ~**d now** Sie können jetzt gehen **II.** *vr* sich entschuldigen

ex·cuse[2] [ɪk'skjuːs] *s* Entschuldigung *f;* Rechtfertigung *f;* Ausrede *f;* **in** ~ **of** als Entschuldigung; **without** ~ unentschuldigt; **make** [*o* **offer**] **an** ~ sich entschuldigen (*to* bei); **make** ~**s for s.o.** jdn entschuldigen; **make s.th. one's** ~ etw zur Entschuldigung vorbringen; ~**s,** ~**s!** nichts als Ausreden!

ex·di·rec·tory [ˌeksdɪˈrektərɪ] *adj* nicht im Telefonbuch eingetragen

ex·ecrable ['eksɪkrəbl] *adj* abscheulich, grässlich; **ex·ecrate** ['eksɪkreɪt] *vt* **1.** verfluchen, verwünschen **2.** verabscheuen

ex·ecute ['eksɪkjuːt] *vt* **1.** (*Arbeit*) ausführen; (*Auftrag*) durchführen, erledigen; (*Verkauf*) tätigen **2.** (*Gesetz*) anwenden; (*Amt*) ausüben **3.** (*Urteil*) vollstrecken; (*Verbrecher*) hinrichten **4.** (*Dokumente*) unterzeichnen; (*Vertrag*) ausfertigen; (*Testament*) vollstrecken **5.** (MUS) vortragen; (THEAT) darstellen, aufführen; **ex·ecu·tion** [ˌeksɪˈkjuːʃn] *s* **1.** Aus-, Durchführung, Erledigung *f* **2.** (JUR) Vollstreckung *f;* Pfändung *f* **3.** Hinrichtung *f* **4.** Unterzeichnung, Ausfertigung *f* **5.** (*Kunst*) Ausführung, Technik *f,* Vortrag *m,* Darstellung *f,* Spiel *nt;* **carry** [*o* **put**] **into** ~ vollenden, aus-, durchführen, bewerkstelligen; ~ **of contract** Vertragserfüllung *f;* **ex·ecu·tioner** [ˌeksɪˈkjuːʃnə(r)] *s* Scharfrichter *m*

ex·ecu·tive [ɪg'zekjʊtɪv] **I.** *adj* **1.** (POL) ausführend, exekutiv **2.** (COM) geschäftsführend; (*Stellung*) leitend; ~ **ability** Führungsqualität *f;* ~ (**brief**)**case** Aktentasche *f,* -koffer *m;* ~ **board** Vorstand *m;* ~ **committee** Vorstand *m;* ~ **suite** Vorstandsetage *f;* ~ **functions** Führungsaufgaben *fpl;* ~ **staff** leitende Angestellte *pl* **II.** *s* **1.** (POL) vollziehende Gewalt; (~ *branch*) Exekutive *f* **2.** leitende(r) Angestellte(r) *f m,* Geschäftsführer(in) *m(f);* **top** ~ Spitzenkraft *f*

execu·tor [ɪg'zekjʊtə(r)] *s* Testamentsvollstrecker(in) *m(f)*

exemp·lary [ɪg'zemplərɪ] *adj* **1.** musterhaft, -gültig **2.** exemplarisch

exemp·lifi·ca·tion [ɪgˌzemplɪfɪˈkeɪʃn] *s* (Erläuterung *f* durch ein) Beispiel *nt;* **exemp·lify** [ɪg'zemplɪfaɪ] *vt* **1.** durch ein Beispiel erläutern **2.** (*Am*) eine beglaubigte Abschrift anfertigen von

exempt [ɪg'zempt] **I.** *vt* befreien, freistellen (*from* von) **II.** *adj* befreit, ausgenommen (*from* von); ~ **from charges** spesen-, kostenfrei; ~ **from duty** gebühren-, abgaben-, zollfrei; ~ **from postage** portofrei; ~

E

from taxation steuerfrei; von den Steuern befreit; **exemp·tion** [ɪg'zempʃn] *s* **1.** Befreiung, Freistellung *f* (*from* von) **2.** (COM) Steuerfreibetrag *m;* ~ **from duty** Gebühren-, Abgabenfreiheit *f;* ~ **from liability** Haftungsausschluss *m;* ~ **from taxation** Steuerfreiheit *f*

ex·er·cise ['eksəsaɪz] **I.** *s* **1.** Übung *f;* (MUS) Etude *f;* (SCHULE) (Schul)Aufgabe *f* **2.** Bewegung *f* **3.** ~**s** (Leibes)Übungen *fpl* **4.** (MIL) Übung *f* **5.** Anwendung *f,* Gebrauch *m;* Ausübung *f* **II.** *vt* **1.** üben; (MIL) exerzieren; (*Hund*) spazieren führen **2.** praktizieren; ausüben; gebrauchen **3.** (*Geduld*) aufbringen **4.** (*Pflichten*) erfüllen **5.** ausbilden, einexerzieren **III.** *vi* sich üben (*in* in), sich Bewegung verschaffen; **exercise book** *s* Heft *nt;* **ex·er·ciser** ['eksəsaɪzə(r)] *s* Trainingsgerät *nt,* Heimtrainer *m*

exert [ɪg'zɜːt] **I.** *vt* **1.** anwenden **2.** (*Druck*) ausüben **3.** (*Einfluss*) aufbieten; zur Geltung bringen **II.** *vr* sich anstrengen; **exer·tion** [ɪg'zɜːʃn] *s* **1.** Anstrengung *f* **2.** Anwendung *f;* Ausübung *f;* Aufbietung *f*

ex·fo·liant [ɪks'fəʊlɪənt] *s* Peelingpräparat *nt;* **ex·fo·li·ating cream** [eksˌfəʊlɪ'eɪtɪŋˌkriːm] *s* Peelingcreme *f;* **ex·fo·li·ation** [eksˌfəʊlɪ'eɪʃn] *s* Abschilferung *f,* Peeling *nt*

ex·ha·la·tion [ˌekshə'leɪʃn] *s* **1.** Ausatmung *f,* -atmen *nt* **2.** Ausdünstung *f;* Dunst *m;* **ex·hale** [eks'heɪl] *vi, vt* ausatmen

ex·haust [ɪg'zɔːst] **I.** *vt* **1.** erschöpfen **2.** aufbrauchen **3.** (*Thema*) erschöpfen(d behandeln) **II.** *s* (TECH, AUTO) **1.** Auspuff(rohr *nt*) *m* **2.** Abgas *nt* **3.** Abdampf *m;* **ex·hausted** [-ɪd] *adj* **1.** aufgebraucht **2.** erschöpft; **be** ~ erschöpft sein; **exhaust fumes** *s pl* Abgase *ntpl;* **ex·haust·ing** [-ɪŋ] *adj* mühsam, anstrengend, ermüdend; **ex·haus·tion** [ɪg'zɔːstʃn] *s* **1.** Verbrauchen *nt* **2.** Erschöpfung, Ermattung *f;* **ex·haus·tive** [ɪg'zɔːstɪv] *adj* erschöpfend; vollständig; **exhaust pipe** *s* Auspuffrohr *nt;* **exhaust system** *s* Auspuff *m*

ex·hibit [ɪg'zɪbɪt] **I.** *vt* **1.** zeigen, sehen lassen, zur Schau stellen **2.** ausstellen; (*Ware*) auslegen **3.** (*Papiere*) vorzeigen, -legen; einreichen **4.** (JUR: *Klage*) ein-, vorbringen **II.** *vi* ausstellen **III.** *s* **1.** Ausstellungsstück *nt,* -gegenstand *m* **2.** (JUR) Beweisstück *nt;* **ex·hi·bi·tion** [ˌeksɪ'bɪʃn] *s* **1.** Ausstellung *f;* (COM: *Waren*) Auslage *f* **2.** Vorlage, Einreichung *f* **3.** Vorführung *f* **4.** (*Br*) Stipendium *nt;* **make an** ~ **of o.s.** sich lächerlich machen; **put on an** ~ eine Ausstellung veranstalten; **art** ~ Kunstausstellung *f;* **universal** ~ Weltausstellung *f;* ~ **hall** Ausstellungshalle *f;* ~ **of paintings** Gemäldeausstellung *f;* ~ **room** Ausstellungsraum *m*

ex·hi·bi·tion·ism [ˌeksɪ'bɪʃnɪzəm] *s* **1.** Angeberei *f* **2.** (MED) Exhibitionismus *m;* **ex·hi·bi·tion·ist** [ˌeksɪ'bɪʃnɪst] *s* **1.** Angeber(in) *m(f)* **2.** (MED) Exhibitionist(in) *m(f);* **she's a real** ~ sie stellt sich gern zur Schau

ex·hibi·tor [ɪg'zɪbɪtə(r)] *s* Aussteller(in) *m(f)*

ex·hil·ar·at·ing [ɪg'zɪləreɪtɪŋ] *adj* erhebend; **ex·hil·aration** [ɪg'zɪləreɪʃn] *s* erhebendes Gefühl

ex·hort [ɪg'zɔːt] *vt* ermahnen, mahnen; **ex·hor·ta·tion** [ˌeksɔː'teɪʃn] *s* (Er)Mahnung *f*

ex·hu·ma·tion [ˌekshjuː'meɪʃn] *s* Exhumierung *f;* **ex·hume** [eks'hjuːm] *vt* exhumieren

exi·gence, exi·gency ['eksɪdʒəns, 'ekzɪdʒənsɪ] *s* **1.** Dringlichkeit *f* **2.** Notwendigkeit, Notlage *f;* dringendes Bedürfnis, Erfordernis *nt;* **exi·gent** ['eksɪdʒənt] *adj* dringend; streng

exigu·ous [eg'zɪgjʊəs] *adj* **1.** klein, winzig **2.** dürftig

exile ['eksaɪl] **I.** *s* **1.** Verbannung *f,* Exil *nt* **2.** Verbannte(r) *f m;* **live in** ~ im Exil leben **II.** *vt* verbannen (*from* aus)

exist [ɪg'zɪst] *vi* **1.** bestehen, existieren **2.** leben (*on* von), auskommen (*on* mit) **3.** vorkommen, vorhanden sein; **does that** ~**?** gibt es das?; **exist·ence** [ɪg'zɪstəns] *s* **1.** Dasein *nt,* Existenz *f* **2.** Leben(sweise *f*) *nt;* Vorhandensein *nt;* **be in** ~ bestehen; **bring** [*o* **call**] **into** ~ ins Leben rufen; **come** [*o* **spring**] **into** ~ (plötzlich) auftreten; ~ **theorem** (MATH) Existenzsatz *m;* **exist·ent** *adj* bestehend, vorhanden; **exis·ten·tial** [ˌegzɪ'stenʃl] *adj* existenziell; **exis·ten·tial·ism** [ˌegzɪ'stenʃəlɪzəm] *s* Existenzialismus *m;* **exist·ing** [ɪg'zɪstɪŋ] *adj* bestehend, vorhanden; **under** ~ **circumstances** unter den gegebenen Umständen

exit ['eksɪt] **I.** *s* **1.** (THEAT) Abgang *m* **2.** Ausreise *f* **3.** Ausgang *m* (*aus einem Gebäude*) **II.** *vi* **1.** hinausgehen **2.** (*Bühnenanweisung*) (er, sie geht) ab **3.** (INFORM) Programm, beenden; **exit documents** *s pl* Ausreisepapiere *ntpl;* **exit permit** *s* Ausreisegenehmigung *f;* **exit visa** *s* Ausreisevisum *nt*

ex·odus ['eksədəs] *s* Auszug *m;* Abwanderung *f* (*of, from* aus); (*a. fig*) Exodus *m;* **mass** ~ Massenabwanderung *f;* ~ **of capital** Kapitalflucht *f*

ex of·fi·cio [ˌeks ə'fɪʃɪəʊ] *adj, adv* von Amts wegen, dienstlich

exon·er·ate [ɪg'zɒnəreɪt] *vt* **1.** (JUR) entlasten **2.** (*von einer Verbindlichkeit*) befreien, entbinden (*from* von); **ex·on·er·ation** [ɪgˌzɒnəˈreɪʃn] *s* **1.** Entlastung *f* **2.** Befreiung *f* (*from* von)

exor·bi·tance [ɪgˈzɔːbɪtəns] *s* Übermaß *nt;* Maßlosigkeit *f;* **exor·bi·tant** [ɪgˈzɔːbɪtənt] *adj* übertrieben, maßlos; ~ **price** Wucherpreis *m*

ex·or·cism [ˈeksɔːsɪzəm] *s* Exorzismus *m;* **ex·or·cist** [ˈeksɔːsɪst] *s* Exorzist *m;* **ex·or·cize** [ˈeksɔːsaɪz] *vt* exorzieren; (*einen bösen Geist*) austreiben (*from, out of* aus)

exotic [ɪgˈzɒtɪk] *adj* fremdartig, exotisch

ex·pand [ɪkˈspænd] **I.** *vt* **1.** ausbreiten; (aus)dehnen **2.** vergrößern **3.** erweitern (*into* zu) **II.** *vi* **1.** sich ausdehnen (*with heat* durch Hitze) **2.** sich (aus)weiten; sich erweitern, sich verbreitern; zunehmen **3.** gesprächig werden **4.** sich näher auslassen (*on* über); **ex·pand·able** [ɪkˈspændəbl] *adj* **1.** erweiterbar; ausdehnbar **2.** (INFORM) aufrüstbar; **ex·pander** [ɪkˈspændə(r)] *s* Expander *m;* **ex·panse** [ɪkˈspæns] *s* (große) Ausdehnung *f;* weiter Raum; **ex·pan·sion** [ɪkˈspænʃn] *s* **1.** Ausdehnung *f* **2.** (*a.* MATH) Erweiterung *f* **3.** (POL) Expansion *f;* **ex·pan·sion·ism** [ɪkˈspænʃənɪzəm] *s* Expansionspolitik *f;* **ex·pan·sive** [ɪkˈspænsɪv] *adj* **1.** dehnbar, expansiv **2.** mitteilsam

ex·patri·ate[1] [eksˈpætrɪeɪt] *vt* ausbürgern

ex·patri·ate[2] [eksˈpætrɪət] **I.** *adj* im Ausland lebend **II.** *s* im Ausland Lebende(r) *f m*

ex·pect [ɪkˈspekt] *vt* **1.** erwarten; rechnen mit **2.** zumuten (*from s.o.* jdm) **3.** annehmen, meinen, vermuten; **be ~ing** in andern Umständen sein; ~ **s.o. to do s.th.** von jdm erwarten, dass er etw tut; **I ~ed as much** das habe ich erwartet; **I can't be ~ed** man kann nicht von mir erwarten; **ex·pect·ancy** [-ənsɪ] *s* Erwartung *f;* **life** ~ Lebenserwartung *f;* **ex·pect·ant** [-ənt] *adj* (er)wartend; ~ **mother** werdende Mutter; **ex·pec·ta·tion** [ˌekspekˈteɪʃn] *s* **1.** *oft pl* Erwartung, Aussicht(en *pl*) *f* **2.** Anwartschaft *f* (*of* auf); **against** [*o* **contrary**] **to** ~(**s**) wider Erwarten; **beyond** ~(**s**) über Erwarten; **in** ~ **of** in Erwartung +*gen;* **answer** [*o* **come up to**] [*o* **meet**] **s.o.'s ~s** jds Erwartungen entsprechen; **fall short of s.o.'s ~s** jds Erwartungen nicht entsprechen; ~ **of life** Lebenserwartung *f*

ex·pec·tor·ate [ɪkˈspektəreɪt] *vt, vi* ausspeien

ex·pedi·ence, ex·pedi·ency [ɪkˈspiːdɪəns, ɪkˈspiːdɪənsɪ] *s* **1.** Zweckmäßigkeit *f* **2.** eigenes Interesse; **ex·pedi·ent** [ɪkˈspiːdɪənt] **I.** *adj* angebracht, zweckmäßig (*to* für) **II.** *s* Ausweg *m;* (Not)Behelf *m*

ex·pedite [ˈekspɪdaɪt] *vt* **1.** beschleunigen **2.** absenden; **ex·pedit·ing** [-ɪŋ] *s* Terminüberwachung *f*

ex·pedi·tion [ˌekspɪˈdɪʃn] *s* Expedition *f;* Forschungsreise *f;* Feldzug *m;* **go on an** ~ auf (eine) Expedition gehen

ex·pedi·tious [ˌekspɪˈdɪʃəs] *adj* eilig, prompt; flink

ex·pel [ɪkˈspel] *vt* **1.** ausweisen **2.** ausschließen (*from* aus) **3.** (*Gas, Flüssigkeit*) ausstoßen

ex·pen·di·ture [ɪkˈspendɪtʃə(r)] *s* **1.** Ausgabe(n *pl*) *f;* Aufwendung *f* **2.** Aufwand *m* (*of* an); **administrative** ~ Verwaltungskosten *pl;* **capital** ~ Investitionsaufwendungen *fpl;* **cash** ~ Geld-, Barausgabe *f;* **social** ~ Soziallasten *fpl*

ex·pense [ɪkˈspens] *s* **1.** Kosten *pl,* Auslagen, Aufwendungen *fpl* **2. ~s** (Un)Kosten *pl,* Lasten *fpl* **3. ~s** Auslagen *fpl,* Spesen *pl;* **at s.o.'s** ~ auf jds Kosten; **free of** ~ kosten-, spesenfrei; **bear** [*o* **meet**] [*o* **pay**] **the** ~(**s**) die Kosten tragen; **go to great** ~ sich in Unkosten stürzen; **spare no** ~ keine Kosten scheuen; **travelling ~s** Reisekosten *pl;* **expense account** *s* Spesenkonto *nt;* **expense allowance** *s* Aufwandsentschädigung *f;* **ex·pens·ive** [ɪkˈspensɪv] *adj* kostspielig, teuer

ex·peri·ence [ɪkˈspɪərɪəns] **I.** *s* **1.** Erfahrung *f* (*in, of* in) **2.** Praxis, Sachkenntnis *f* **3.** Erlebnis *nt* **4.** (COM) Kenntnisse, praktische Fertigkeiten *fpl;* **from** ~ aus Erfahrung; **gain** ~ Erfahrungen sammeln; **have** (**a**) **wide** ~ über umfangreiche Erfahrungen verfügen; **learn by** ~ aus der Erfahrung lernen; **business** ~ Geschäftserfahrung *f;* **driving** ~ Fahrpraxis *f;* **professional** ~ Berufserfahrung *f* **II.** *vt* **1.** erfahren; erleben **2.** mit-, durchmachen **3.** (*Verluste*) erleiden **4.** (*Schwierigkeiten*) stoßen (auf); **ex·peri·enced** [ɪkˈspɪərɪənst] *adj* erfahren, sachkundig; (COM) versiert

ex·peri·ment [ɪkˈsperɪmənt] **I.** *s* Versuch *m,* Experiment *nt* **II.** *vi* Versuche anstellen; experimentieren (*on* an, *with* mit); **animal** ~ Tierversuch *m;* **conduct an** ~ einen Versuch durchführen; **ex·peri·men·tal** [ɪkˌsperɪˈmentl] *adj* experimentell; **for** ~ **purposes** zu Versuchszwecken; ~ **farm** Versuchsfarm *f;* ~ **stage** Versuchsstadium *nt;* **ex·peri·men·ta·tion** [ɪkˌsperɪmenˈteɪʃn] *s* Experimentieren *nt*

ex·pert [ˈekspɜːt] **I.** *adj* **1.** sachkundig, -verständig **2.** geübt, geschickt (*in, at* in, *with* an); **be** ~ **at driving** ein ausgezeichneter Fahrer sein **II.** *s* **1.** Sachverständige(r) *f m,*

Experte *m*, Expertin *f*, Fachmann *m*, Fachfrau *f* (*in a field* auf einem Gebiet) **2.** Gutachter(in) *m(f)*; **expert advice** *s* fachmännischer Rat; **ex·pert·ise** [ˌekspɜːˈtiːz] *s* Expertise *f*; **expert knowledge** *s* Sachkenntnis *f*, Fachwissen *nt*; **expert opinion** *s* Sachverständigengutachten *nt*; **experts** *s pl* Fachwelt *f*; **expert system** *s* (INFORM) Expertensystem *nt*; **expert witness** *s* (JUR) sachverständiger Zeuge

ex·pi·ate [ˈekspɪeɪt] *vt* sühnen, büßen (für); **ex·pi·ation** [ˌekspɪˈeɪʃn] *s* Sühne *f*

ex·pir·ation [ˌekspɪˈreɪʃn] *s* **1.** Ende *nt*, Ablauf *m* **2.** (FIN) Verfall *m*; **at the ~ of** nach Ablauf +*gen*; **upon ~** bei Verfall; **ex·pire** [ɪkˈspaɪə(r)] *vi* enden; ablaufen; ungültig werden; **ex·pired** *adj* abgelaufen; **ex·piry** [ɪkˈspaɪərɪ] *s* Ablauf *m*; **expiry date** *s* Ablauftermin *m*; Verfallsdatum *nt*

ex·plain [ɪkˈspleɪn] **I.** *vt* **1.** erklären, erläutern **2.** begründen, rechtfertigen; **~ away** rechtfertigen; **that ~s everything** damit wird alles klar **II.** *vr* seine Gründe angeben, sich rechtfertigen; **ex·pla·na·tion** [ˌekspləˈneɪʃn] *s* **1.** Erklärung, Erläuterung *f* **2.** Begründung *f* (*of* für); **in ~ of** zur Erklärung +*gen*; **ex·plana·tory** [ɪkˈsplænətrɪ] *adj* erklärend, erläuternd

ex·ple·tive [ɪkˈspliːtɪv] *s* Füllwort *nt*; Ausruf *m*; Kraftausdruck *m*

ex·plic·able [ekˈsplɪkəbl] *adj* erklärbar; **ex·pli·cate** [ˈeksplɪkeɪt] *vt* erklären

ex·plicit [ɪkˈsplɪsɪt] *adj* **1.** eindeutig, klar **2.** ausdrücklich **3.** (*Sprache, Filmszene*) unverhüllt; **be ~ about s.th.** detaillierte Angaben über etw machen

ex·plode [ɪkˈspləʊd] **I.** *vi* **1.** explodieren, (zer)platzen **2.** ausbrechen (*with laughter* in Gelächter) **3.** (*Mensch*) bersten (*with* vor) **II.** *vt* **1.** in die Luft jagen, sprengen **2.** (*fig*) zerstören; **ex·plod·ed** [ɪkˈspləʊdɪd] *adj*: **~ view** Ansicht *f* der Einzelteile

ex·ploit¹ [ˈeksplɔɪt] *s* Heldentat *f*

ex·ploit² [ɪksˈplɔɪt] *vt* **1.** aus-, benutzen; verwerten **2.** (MIN) abbauen **3.** (*pej*) ausbeuten; **ex·ploi·ta·tion** [ˌeksplɔɪˈteɪʃn] *s* **1.** Nutzung *f*; Verwertung *f* **2.** (MIN) Abbau *m* **3.** Ausnutzung *f*; Ausbeutung *f*

ex·plo·ra·tion [ˌekspləˈreɪʃn] *s* **1.** Erforschung *f* **2.** (*a.* MED) Untersuchung *f*; **ex·plora·tory** [ɪkˈsplɒrətrɪ] *adj* Forschungs-, Untersuchungs-; **~ talks** Sondierungsgespräche *pl*; **ex·plore** [ɪkˈsplɔː(r)] *vt* **1.** erforschen **2.** (*a.* MED) untersuchen; **~ every possibility** jede Möglichkeit genau prüfen; **ex·plorer** [ɪkˈsplɔːrə(r)] *s* Forschungsreisende(r) *f m*

ex·plosion [ɪkˈspləʊʒn] *s* **1.** Explosion *f* **2.** (*fig*) Ausbruch *m*; **~ of laughter** Lachanfall *m*; **~ of wrath** Zornesausbruch *m*; **ex·plos·ive** [ɪkˈspləʊsɪv] **I.** *adj* **1.** explosiv **2.** (*fig*) jähzornig; aufbrausend **II.** *s* **1.** Sprengstoff *m* **2.** (GRAM) Verschlusslaut *m*

ex·po·nent [ɪkˈspəʊnənt] *s* **1.** Vertreter(in) *m(f)* **2.** (MATH) Exponent *m*; **ex·po·nen·tial curve** [ˌekspəʊˈnenʃəl ˈkɜːv] *s* Exponentialkurve *f*; **ex·po·nen·tiate** [ˌekspəʊˈnenʃɪeɪt] *vt* (MATH) potenzieren

ex·port¹ [ɪkˈspɔːt] *vt* ausführen, exportieren

ex·port² [ˈekspɔːt] *s* Ausfuhr *f*, Export *mpl*, Ausfuhrgüter *ntpl*, (Gesamt)Ausfuhr *f*; **invisible ~s** unsichtbare Ausfuhren *fpl*; **ex·port·able** [ɪkˈspɔːtəbl] *adj* exportfähig; **ex·por·ta·tion** [ˌekspɔːˈteɪʃn] *s* Ausfuhr *f*, Export *m* (*from* aus, *of* von); **export business** *s* Exportgeschäft *f*; **exporter** [ikˈspɔːtə(r)] *s* Exporteur(in) *m(f)*; **export goods** *s pl* Exportwaren *fpl*; **export licence** *s* Ausfuhrgenehmigung *f*; **export marketing** *s* Auslandsmarketing *nt*; **export regulations** *s pl* Ausfuhrbestimmungen *fpl*; **export surplus** *s* Exportüberschuss *m*; **export trade** *s* Exporthandel *m*

ex·pose [ɪkˈspəʊz] *vt* **1.** (*Kind, a. fig*) aussetzen (*to a danger* einer Gefahr) **2.** entblößen; freilegen **3.** (*fig*) enthüllen, aufdecken **4.** (*Person*) bloßstellen, entlarven (*as* als) **5.** (PHOT) belichten **6.** (COM) ausstellen, -legen, feilbieten; **be ~d for sale** zum Verkauf ausliegen; **~ to ridicule** der Lächerlichkeit preisgeben; **ex·posed** [ɪkˈspəʊzd] *adj* **1.** exponiert, gefährdet; ungeschützt **2.** (*Waren*) ausgestellt; (*Teile*) sichtbar **3.** (PHOT) belichtet; **~ to the weather** dem Wetter ausgesetzt; **ex·po·si·tion** [ˌekspəˈzɪʃn] *s* **1.** Darlegung, -stellung *f*; Erklärung *f* **2.** (COM) Ausstellung, Schau *f*

ex·postu·late [ɪkˈspɒstjʊleɪt] *vi* protestieren; disputieren (*with s.o.* mit jdm)

ex·po·sure [ɪkˈspəʊʒə(r)] *s* **1.** Ausgesetztsein *nt* (*to the rain* dem Regen) **2.** (*fig*) Enthüllung, Bloßstellung *f* **3.** Lage *f* (*eines Gebäudes*) **4.** (PHOT) Belichtung(szeit) *f* **5.** Publicity *f*; **die of ~** erfrieren; **indecent ~** Exhibitionismus *m*; Erregung *f* öffentlichen Ärgernisses; **southern ~** Südlage *f*; **time ~** (PHOT) Zeitaufnahme *f*; **exposure meter** *s* (PHOT) Belichtungsmesser *m*

ex·pound [ɪkˈspaʊnd] *vt* ausführlich erörtern; erläutern

ex·press [ɪkˈspres] **I.** *vt* **1.** ausdrücken, zum Ausdruck bringen, äußern **2.** (*Zeichen*) bedeuten **3.** durch Eilboten, als Eilgut schicken **4.** (*Orange*) auspressen **II.** *vr* sich ausdrücken, sich verständlich machen **III.**

adj **1.** ausdrücklich; bestimmt, unmissverständlich **2.** Eil-, Schnell-, Express- **IV.** *adv* (*by ~*) durch Eilboten; als Eilgut **V.** *s* **1.** Eilbote *m* **2.** (*~ train*) Schnell-, D-Zug *m* **3.** (*~ bus*) durchfahrender Bus **4.** (*Br: ~ delivery*) Eilgutzustellung, -beförderung *f* **5.** (*Am: ~ company*) Speditionsgesellschaft *f*

ex·press·ion [ɪk'spreʃn] *s* **1.** Ausdruck *m;* Redewendung *f* **2.** Äußerung *f* **3.** (MATH) Formel *f;* **beyond** [*o* **past**] ~ unaussprechlich, unbeschreiblich; **facial** ~ Gesichtsausdruck *m;* **find ~ in** zum Ausdruck kommen in; **give ~ to** zum Ausdruck bringen

ex·press·ion·ism [ɪk'spreʃənɪzəm] *s* Expressionismus *m;* **ex·press·ion·ist** [ɪk'spreʃənɪst] *s* Expressionist(in) *m(f)*

ex·press·ion·less [ɪk'spreʃənlɪs] *adj* ausdruckslos; **ex·press·ive** [ɪk'spresɪv] *adj* **1.** ausdrucksvoll **2.** ausdrückend (*of s.th.* etw)

ex·press·ly [ɪk'spreslɪ] *adv* ausdrücklich (*for* für)

ex·press·way [ɪk'spresweɪ] *s* (*Am*) Autobahn *f*

ex·pro·pri·ate [eks'prəʊprɪeɪt] *vt* enteignen; **ex·pro·pri·ation** [eks'prəʊprɪeɪʃn] *s* Enteignung *f*

ex·pul·sion [ɪk'spʌlʃn] *s* **1.** Vertreibung *f;* Ausweisung *f* **2.** Ausschluss *m* (*from* aus)

ex·quis·ite ['ekskwɪzɪt] *adj* **1.** fein (gearbeitet) **2.** ausgezeichnet, herrlich **3.** feinfühlig, empfindlich **4.** (*Schmerz*) stechend

ex-ser·vice·man [ˌeks'sɜːvɪsmən] <*pl* -men> *s* Veteran, ehemaliger Soldat *m*

ex·tant [ek'stænt] *adj* noch vorhanden

ex·tem·por·aneous [ekˌstempə'reɪnɪəs] *adj* unvorbereitet, aus dem Stegreif; **ex·tem·pore** [ek'stempərɪ] *adj, adv* aus dem Stegreif; improvisiert; **ex·tem·po·rize** [ɪk'stempəraɪz] **I.** *vi* aus dem Stegreif sprechen **II.** *vt* improvisieren

ex·tend [ɪk'stend] **I.** *vt* **1.** (aus)dehnen, strecken, verlängern **2.** erweitern, verbreitern, ausbreiten **3.** (*Geschäft, Gebäude*) ausbauen; (*Haus*) anbauen (an) **4.** (*Hand*) ausstrecken, hinhalten **5.** (*Sympathie*) zeigen **6.** (*Freundlichkeit*) erweisen **7.** (*Glückwünsche, Einladung*) aussprechen **8.** (COM) prolongieren; Frist verlängern *+gen* **9.** (*Kredit*) gewähren **10.** (*Saldo*) vor-, übertragen **11.** (*Urkunde*) ausfertigen **12.** (*Küche*) verlängern, strecken **13.** zur Höchstleistung anspornen **II.** *vi* sich erstrecken, (hinaus)reichen (*beyond* über, *to* bis); **ex·tend·ed** [-ɪd] *adj* verlängert; (COM) prolongiert; ~ **coverage** erweiterter Versicherungsschutz; ~ **credit** verlängerter Kredit; langfristiges Zahlungsziel; ~ **family** Großfamilie *f*

ex·ten·sion [ɪk'stenʃn] *s* **1.** Ausdehnung, Verlängerung *f* (*a. zeitlich*) **2.** Erweiterung, Vergrößerung *f;* An-, Ausbau *m* **3.** Bedeutungsumfang *m* (*eines Wortes*) **4.** (*Wechsel*) Prolongation *f;* Fristverlängerung *f* **5.** (TELE) (Neben)Anschluss, Apparat *m;* (*österreichisch*) Klappe *f* **6.** An-, Erweiterungsbau *m;* ~ **of business** Geschäftserweiterung, -ausweitung *f;* ~ **of credit** Kreditgewährung *f;* ~ **of leave** Nachurlaub *m;* ~ **of time** Nachfrist *f;* ~ **for payment** Stundung *f;* ~ **3295** Apparat 3295; **extension cable, cord, flex** *s* (*Br:* ELEK) Verlängerungskabel *nt,* -schnur *f;* **extension course** *s* **1.** (*Br*) weiterführender Kurs **2.** (*Am*) Fernlehrgang *m;* **extension ladder** *s* Ausziehleiter *f*

ex·ten·sive [ɪk'stensɪv] *adj* **1.** ausgedehnt **2.** (*fig*) umfassend **3.** (AGR) extensiv

ex·tent [ɪk'stent] *s* **1.** Ausdehnung, Größe *f,* Umfang *m* **2.** Grad *m;* Ausmaß *nt;* **to a certain** ~ bis zu einem gewissen Grad; **to such an ~ that** in solchem Maße, dass; **to the full** ~ in vollem Umfang; **to a great** ~ in hohem Maße; **to some** ~ bis zu einem gewissen Grad; **to what ~?** inwieweit?; **to the ~ of** bis zu

ex·tenu·ate [ɪk'stenjʊeɪt] *vt* abschwächen, mildern; **ex·tenu·ating** [-ɪŋ] *adj:* ~ **circumstances** (JUR) mildernde Umstände *mpl;* **ex·tenu·ation** [ɪkˌstenjʊ'eɪʃn] *s:* **in ~ of** zur Entschuldigung *+gen*

ex·terior [ɪk'stɪərɪə(r)] **I.** *adj* **1.** äußere(r, s) **2.** außerhalb gelegen (*to s.th.* einer S) **3.** auswärtig, fremd **II.** *s* **1.** (das) Äußere; Außenseite *f;* Außenansicht *f* **2.** (äußerer) Schein *m* **3.** (FILM) Außenaufnahme *f*

ex·ter·mi·nate [ɪk'stɜːmɪneɪt] *vt* vertilgen, ausrotten; **ex·ter·mi·na·tion** [ɪkˌstɜːmɪ'neɪʃn] *s* Vertilgung, Ausrottung *f*

ex·ter·nal [ɪk'stɜːnl] **I.** *adj* **1.** äußere(r, s) **2.** (MED) äußerlich **3.** (COM) außerbetrieblich **4.** auswärtig **5.** (*Prüfung, Kandidat*) extern **II.** *s pl* Äußerlichkeiten *fpl;* **ex·ter·nal·ize** [ɪk'stɜːnəlaɪz] *vt* Ausdruck geben (*s.th.* einer S); **external world** *s* (PSYCH) Außenwelt *f*

ex·ter·ri·tor·ial [ˌeksˌterɪ'tɔːrɪəl] *adj* (POL) exterritorial

ex·tinct [ɪk'stɪŋkt] *adj* **1.** (*Vulkan*) erloschen **2.** (*Tier*) ausgestorben **3.** (*fig*) abgeschafft; erloschen; **become** ~ erlöschen; aussterben; **ex·tinc·tion** [ɪk'stɪŋkʃn] *s* **1.** (*Feuer*) Löschen *nt* **2.** Aussterben *nt* **3.** Vernichtung *f;* ~ **of species** Artenschwund *m*

ex·tin·guish [ɪk'stɪŋgwɪʃ] *vt* **1.** (*Feuer*) (aus)löschen **2.** (ELEK) abschalten **3.** auslöschen, vernichten **4.** (*Schuld*) tilgen; **ex·tin·guisher** [ɪk'stɪŋgwɪʃə(r)] *s* Feuerlöscher *m*

ex·tir·pate ['ekstəpeɪt] *vt* ausrotten, ausmerzen; beseitigen

ex·tol [ɪk'stəʊl] *vt* preisen, rühmen

ex·tort [ɪk'stɔːt] *vt* erpressen (*from* von); **ex·tor·tion** [ɪk'stɔːʃn] *s* Erpressung *f;* **ex·tor·tion·ate** [ɪk'stɔːʃənət] *adj* erpresserisch, wucherisch

extra ['ekstrə] **I.** *adj* zusätzlich; übrig, Reserve-; Außer-; **a few ~ books** ein paar Bücher mehr; **~-parliamentary** außerparlamentarisch **II.** *adv* besonders; extra; **be charged ~ for** gesondert berechnet werden **III.** *s* **1.** Zuschlag *m;* Sonderleistung *f;* Extra *nt* **2.** zusätzliche Arbeitskraft; (FILM THEAT) Statist *m* **3.** Extrablatt *nt,* Sondernummer *f* **4. ~s** Nebenausgaben, -einnahmen *fpl* **5. ~s** (*Küche*) Beilagen *fpl;* **extra allowance** *s* Sondervergütung *f;* **extra charge** *s* Aufschlag *m;* (RAIL) Zuschlag *m*

ex·tract¹ [ɪk'strækt] *vt* **1.** (her)ausziehen, herauslösen **2.** (*Zahn*) ziehen **3.** (MATH: *Wurzel*) ziehen **4.** (*Saft*) auspressen **5.** herausnehmen (*from* aus) **6.** herausbekommen (*from s.o.* aus jdm) **7.** (*Geständnis*) erpressen (*from* von) **8.** (*Zitat*) entnehmen (*from a book* einem Buch), einen Auszug machen (*from* aus)

ex·tract² ['ekstrækt] *s* **1.** (*Küche*) Extrakt *m* **2.** (*Buch*) Auszug *m;* **ex·trac·tion** [ɪk'strækʃn] *s* **1.** Ausziehen *nt* **2.** Zahnziehen *nt* **3.** Auszug, Extrakt *m* **4.** Herkunft, Abstammung *f* **5.** (TECH) Gewinnung *f* **6.** (*fig*) Herauslocken *nt*

extra·cur·ricu·lar [ˌekstrəkə'rɪkjʊlə(r)] *adj* außerhalb des Lehrplans; **~ activity** Arbeitsgemeinschaft *f*

ex·tra·dite ['ekstrədaɪt] *vt* (*Person*) ausliefern; **ex·tra·dition** [ekstrə'dɪʃn] *s* Auslieferung *f*

extra·mari·tal [ˌekstrə'mærɪtl] *adj* außerehelich

extra·mural [ˌekstrə'mjʊərəl] *adj:* **~ course** Universitätskurs *m* für Nicht-Studenten; Volkshochschulkurs *m*

ex·traneous [ɪk'streɪnɪəs] *adj* **1.** fremd **2.** nicht gehörig (*to* zu)

extra·ordi·nary [ɪk'strɔːdnrɪ] *adj* **1.** außerordentlich **2.** außer-, ungewöhnlich **3.** merkwürdig, seltsam **4.** außerplanmäßig

extra pay ['ekstrəˌpeɪ] *s* (*Lohn*) Zulage *f*

ex·trapo·late [ek'stræpəleɪt] *vt* extrapolieren

extra·sen·sory [ˌekstrə'sensərɪ] *adj:* **~ perception** außersinnliche Wahrnehmung

extra·ter·res·trial ['ekstrətɪ'restrɪəl] *adj* außerirdisch

extra·terri·tor·ial [ˌekstrəˌterɪ'tɔːrɪəl] *adj* (POL) exterritorial

extra time ['ekstrətaɪm] *s* (SPORT) Verlängerung *f*

ex·trava·gance [ɪk'strævəgəns] *s* **1.** Luxus *m* **2.** Verschwendung *f* **3.** Ausgefallenheit *f;* Übertriebenheit *f* **4.** Extravaganz *f;* **ex·trava·gant** [ɪk'strævəgənt] *adj* **1.** übertrieben, übermäßig **2.** überspannt, extravagant **3.** verschwenderisch; **ex·trava·gan·za** [ɪkˌstrævə'gænzə] *s* (THEAT) Ausstattungsstück *nt*

ex·treme [ɪk'striːm] **I.** *adj* **1.** äußerste(r, s) **2.** höchste(r, s), größte(r, s) **3.** extrem, radikal; **at the ~ end** am äußersten Ende (*of +gen*); **resort to ~ measures** zu den äußersten Maßnahmen greifen; **the ~ left** (POL) die äußerste Linke; **the Extreme Unction** die Letzte Ölung **II.** *s* **1.** Extrem *nt* **2.** höchster Grad **3.** (das) Äußerste; **in the ~** im höchsten Grade; **go to ~s** bis zum Äußersten gehen; **ex·treme·ly** [-lɪ] *adv* äußerst, höchst; **extreme sport** *s* Extremsportart *f;* **ex·trem·ism** [ɪk'striːmɪzəm] *s* Extremismus *m;* **ex·trem·ist** [ɪk'striːmɪst] *s* Extremist(in) *m(f);* **ex·trem·ity** [ɪk'stremətɪ] *s* **1.** äußerstes Ende **2.** höchster Grad **3.** höchste Not **4. ~s** äußerste Maßnahmen *fpl* **5. ~s** Extremitäten *fpl*

ex·tri·cate ['ekstrɪkeɪt] *vt* **1.** befreien (*from* aus, von) **2.** losmachen, freimachen

ex·tro·vert ['ekstrəvɜːt] *adj* extrovertiert

ex·trude [eks'truːd] **I.** *vt* ausstoßen; herauspressen **II.** *vi* herausragen, -stehen

ex·uber·ance [ɪg'zjuːbərəns] *s* **1.** Lebendigkeit *f* **2.** Überschwang *m* **3.** Überfluss *m;* **ex·uber·ant** [ɪg'zjuːbərənt] *adj* **1.** übersprudelnd; lebendig **2.** überschwänglich

ex·ude [ɪg'zjuːd] *vt* **1.** absondern **2.** (*fig*) ausstrahlen, -strömen

ex·ult [ɪg'zʌlt] *vi* jubeln (*at, over, in* über); **ex·ult·ant** [-ənt] *adj* jubelnd, triumphierend; **ex·ul·ta·tion** [ˌegzʌl'teɪʃn] *s* Jubel, Triumph *m*

eye [aɪ] **I.** *s* **1.** Auge *nt* **2.** Gesicht(ssinn *m*) *nt* **3.** Auge *nt* (*an einer Kartoffel*) **4.** Knospe *f* **5.** Pfauenauge *nt* (*auf der Feder*) **6.** Öhr *nt,* Öse, Schlinge *f* **7.** (Sturm)Kern *m;* **in s.o.'s ~s** nach jds Ansicht; **under the very ~s of s.o.** direkt unter jds Augen; **up to the ~s** bis über die Ohren; **with an ~ to** mit Rücksicht auf; in der Hoffnung auf; in der Absicht zu; **with the naked ~** mit bloßem Auge; **be all ~s** aufpassen wie ein Luchs; große Augen machen; **be in the public ~** im Brennpunkt des öffentlichen Interesses stehen; **catch s.o.'s ~** jds Blick auf sich ziehen; jds Aufmerksamkeit auf sich lenken; **catch the Speaker's** ~ (PARL) das Wort erhalten; **clap** [*o* **set**] **~s on s.o.** jdn anschauen; **close one's ~s to** nicht sehen wollen; **have an** ~ **for** ein Auge haben für; **have an** ~ **on s.th.** auf etw ein (wachsames) Auge haben; **keep an** ~ **on** (*fig*) im Auge behalten; **make ~s at s.o.** jdm verliebte Blicke zuwerfen; **open s.o.'s ~s** (*fig*) jdm die Augen öffnen; **run an** ~ **over s.th.** etw überfliegen; **see** ~ **to** ~ **with s.o.** mit jdm einer Meinung sein; **see s.th. in one's mind's** ~ sich etw vorstellen können; **black** ~ blaues Auge **II.** *vt* mustern; anstarren; ~ **up** begutachten; ~ **up and down** von oben bis unten mustern; **eye·ball** *s* Augapfel *m;* ~ **to** ~ Auge in Auge (*with* mit); **drugged up to the ~s** (*sl*) total breit, bekifft; **eye·brow** ['aɪbraʊ] *s* Augenbraue *f;* **raise one's ~s** (*fig*) die Stirne runzeln; ~ **pencil** Augenbrauenstift *m;* **eye-catcher** ['aɪkætʃə(r)] *s* Blickfang *m;* **eye contact** *s* Blick-, Sichtkontakt *m;* **eye·ful** ['aɪfʊl] *s* (*sl*): **get an** ~ etwas Hübsches sehen; **I had an** ~ ich hatte genug gesehen; **eye·glass** ['aɪglɑːs] *s* **1.** (OPT) Linse *f* **2. ~es** Augengläser *ntpl,* Brille *f;* **eye·lash** ['aɪlæʃ] *s* Wimper *f;* ~ **curler** Wimpernformer *m;* **eye·let** ['aɪlɪt] *s* Öhr *nt,* Öse *f;* **eye·lid** ['aɪlɪd] *s* Augenlid *nt;* **eye liner** ['aɪlaɪnə(r)] *s* Eyeliner, Lidstrich *m;* **eye-opener** ['aɪˌəʊpnə(r)] *s* (*fam*) Überraschung *f* (*to* für); **eye-opening** *adj* aufschlussreich; **eye·piece** ['aɪpiːs] *s* Okular *nt;* **eye·shadow** ['aɪˌʃædəʊ] *s* Lidschatten *m;* **eye·sight** ['aɪsaɪt] *s* Sehkraft, -schärfe *f;* **bad** ~ schlechte Augen *ntpl;* **eye·sore** ['aɪsɔː(r)] *s* Schandfleck *m;* **it's an** ~ das tut den Augen weh; **eye·strain** *s* Ermüdung *f* der Augen; **eye·tooth** <*pl* -teeth> *s* Eckzahn *m;* **eye·wash** ['aɪwɑʃ] *s* **1.** (MED) Augenwasser *nt* **2.** (*fam*) fauler Zauber; Augenwischerei *f;* **eye·witness** *s* Augenzeuge *m*

eyrie, **eyry** ['eərɪ] *s* Horst *m*

e-zine ['iːziːn] *s* (INTERNET) elektronische Zeitschrift

E

F

F, f [ef] <*pl* -'s> *s* **1.** (*a.* MUS) F, f *nt* **2.** (*Am: Schulnote*) ungenügend

fable ['feɪbl] *s* **1.** Fabel *f* **2.** Märchen *nt;* Sage *f;* **fabled** ['feɪbld] *adj* sagenhaft

fab·ric ['fæbrɪk] *s* **1.** Gewebe *nt,* Stoff *m* **2.** Struktur *f,* Gefüge *nt*

fab·ri·cate ['fæbrɪkeɪt] *vt* **1.** herstellen, fabrizieren **2.** (*fig*) erdichten, erfinden

fabu·lous ['fæbjʊləs] *adj* **1.** sagenhaft, legendär **2.** (*fig*) fantastisch; unglaublich

fa·cade [fə'sɑːd] *s* (*a. fig*) Fassade *f*

face [feɪs] **I.** *s* **1.** Gesicht *nt* **2.** Gesichtsausdruck *m* **3.** Zifferblatt *nt* **4.** Vorderseite *f;* ~ **to** ~ Auge in Auge; **come** ~ **to** ~ **with s.o.** jdn treffen; **look s.o. in the** ~ jdn ansehen; **in the** ~ **of** angesichts; **pull a** ~ das Gesicht verziehen; **set one's** ~ **against s.o.** sich gegen jdn stemmen; **save one's** ~ das Gesicht wahren; **have the** ~ **to do s.th.** die Stirn haben etw zu tun **II.** *vt* **1.** gegenüberstehen, -liegen **2.** (*Fenster*) gehen nach **3.** (*Raum*) liegen nach **4.** (*fig*) rechnen müssen mit **5.** (*Gefahr*) sich stellen (*s.th.* einer S) **6.** (*Karten*) aufdecken; **be ~d with s.th.** sich einer S gegenübersehen; ~ **the facts** den Tatsachen ins Auge blicken; ~ **doing s.th.** es fertig bringen etw zu tun **III.** *vi* sehen, blicken (*to, towards* nach); **face up to** *vt* ins Gesicht sehen; sich abfinden mit; **face-cloth** *s* Waschlappen *m;* **face-cream** *s* Gesichtscreme *f;* **face-lift** *s* Gesichtsstraffung *f;* **face-pack** *s* Gesichtspackung *f;* **face-powder** *s* (Gesichts)Puder *m*

facet ['fæsɪt] *s* **1.** Fassette *f* **2.** (*fig*) Seite *f,* Aspekt *m*

fa·cetious [fə'siːʃəs] *adj* scherzend, scherz-, spaßhaft, spaßig

face-to-face ['feistə'feɪs] *adj* persönlich; ~ **discussion** Gespräch *nt* unter vier Augen

face value ['feɪsvæljuː] *s* (FIN) Nennwert *m;* **take at** ~ wörtlich, für bare Münze nehmen

fa·cial care [ˌfeɪʃəl'keə(r)] *s* Gesichtspflege *f*

fac·ile ['fæsaɪl] *adj* **1.** leicht, mühelos **2.** (*Stil*) gewandt **3.** oberflächlich

fa·cili·tate [fə'sɪlɪteɪt] *vt* erleichtern; **fa·cili·ta·tor** [fə'sɪlɪteɪtə(r)] *s* Moderator(in) *m(f);* **fa·cil·ities** *s pl* Einrichtungen *pl;* **cooking** ~ Kochgelegenheit *f;* **offer** ~ Möglichkeiten bieten; **fa·cil·ity** [fə'sɪlətɪ] *s* **1.** Leichtigkeit, Mühelosigkeit *f* **2.** Einrichtung *f;* ~ **in learning** leichte Auffassungsgabe

fac·ing ['feɪsɪŋ] *s* **1.** Besatz(stoff) *m* **2.** (ARCH) Verputz *m*

fac·sim·ile [fæk'sɪməlɪ] *s* Faksimile *nt;* Telefax *nt,* Fern-, Telekopie *f;* **facsimile machine terminal** *s* Telefaxgerät *nt*

fact [fækt] *s* **1.** Tatsache *f;* Umstand *m* **2.** Wirklichkeit, Realität *f* **3.** **~s** (JUR) Tatbestand *m;* **as a matter of** ~ in Wirklichkeit, tatsächlich; **in** ~ eigentlich; **stick to the ~s** sachlich bleiben; **founded on** ~ auf Tatsachen beruhend; **hard ~s** nackte Tatsachen *fpl;* **matter-of-~** sachlich; **~s of the case** Sachverhalt *m;* ~ **of life** Tatsache *f;* **the ~s of life** sexuelle Aufklärung; **teach s.o. the ~s of life** jdn aufklären; **fact-find·ing** ['fæktfaɪndɪŋ] *adj* Untersuchungs-; Erkundungs-

fac·tion ['fækʃn] *s* **1.** Gruppe *f,* Splittergruppe *f* **2.** interne Unstimmigkeiten *fpl*

fac·tor ['fæktə(r)] *s* **1.** Faktor *m* **2.** (BIOL) Erbfaktor *m* **3.** (COM) Makler(in) *m(f)*

fac·tory ['fæktərɪ] *s* Fabrik(anlage) *f;* Werk *nt;* **Factory Act** Arbeitsschutzgesetz *nt;* ~ **building** Fabrikgebäude *nt;* ~ **hand** [*o* **worker**] Fabrikarbeiter(in) *m(f);* ~ **farming** (voll)automatisierte Viehhaltung; ~ **inspector** Gewerbeaufsichtsbeamte(r) *m,* -beamtin *f;* ~ **ship** Fabrikschiff *nt*

fac·to·tum [fæk'təʊtəm] *s* Mädchen *nt* für alles, Faktotum *nt*

fac·tual ['fæktʃʊəl] *adj* sachlich; tatsächlich

fac·ulty ['fæklti] *s* **1.** Fähigkeit *f,* Vermögen *nt;* Begabung *f,* Talent *nt* **2.** (*Universität*) Fakultät *f* **3.** (*Am:* SCHULE) Lehrkörper *m;* **have a** ~ **for doing s.th.** ein Talent dafür haben etw zu tun

fad [fæd] *s* Laune *f,* Tick *m;* **latest** ~ letzter Schrei; **faddish** ['fædɪʃ], **faddy** ['fædɪ] *adj* wählerisch

fade [feɪd] **I.** *vi* **1.** verblassen; verbleichen **2.** (*Blume*) (ver)welken **3.** (*fig*) schwächer werden; verblassen **4.** (TV) aus-, überblenden **5.** (*Bremsen*) nachlassen **II.** *vt* ausbleichen; **fade away** *vi* schwinden, verblassen; verklingen; **fade in** *vi, vt* (FILM RADIO TV) einblenden; **fade out** *vi, vt* (FILM RADIO TV) abblenden; **fade up** *vt* (FILM RADIO TV) aufblenden

faeces ['fiːsiːz] *s pl* Kot *m*

faff about [ˌfæfəˈbaʊt] *vi* (*fam*) herumwursteln; **faf·fi·ness** [ˈfæfɪnɪs] *s* (*fam*) Getue *nt*

fag [fæg] **I.** *vi* **1.** schuften, sich abrackern **2.** (*Schüler*) Burschendienste tun **II.** *vt* (~ *out*) erschöpfen, schlauchen **III.** *s* **1.** Schufterei *f* **2.** (*Br sl*) Kippe *f*; **fag-end** *s* **1.** (*fig*) letztes Ende **2.** (*sl*) Kippe *f*

fag·got [ˈfægət] *s*, **fagot** (*Am*) **1.** Reisigbündel *nt* **2.** (*Küche*) Frikadelle *f* **3.** (*Am sl: pej*) Schwule(r) *m*

fail [feɪl] **I.** *vi* **1.** versagen (*of* in), keinen Erfolg haben **2.** (*Plan*) fehlschlagen, scheitern, misslingen **3.** (*Ernte*) schlecht ausfallen **4.** (*im Examen*) durchfallen **5.** (*Gesundheit*) sich verschlechtern; schwächer werden **6.** (TECH) ausfallen; versagen; **I ~ed** es gelang mir nicht; ~ **in one's duty** seine Pflicht nicht tun; **if all else ~s** wenn alle Stricke reißen **II.** *vt* **1.** (*Prüfung*) durchfallen lassen **2.** (*fig*) im Stich lassen; ~ **to do s.th.** etw nicht tun **III.** *s*: **without** ~ ganz bestimmt; **failed** *adj* gescheitert; (*in exam*) durchgefallen; **fail·ing** [ˈfeɪlɪŋ] **I.** *s* Fehler *m*; Schwäche *f* **II.** *prep* in Ermangelung *+gen*, ohne, mangels; ~ **this** sonst; **fail-safe** [ˈfeɪlseɪf] *adj* (ab)gesichert; **fail·ure** [ˈfeɪljə(r)] *s* **1.** Misserfolg *m*; Fehlschlag *m*; Scheitern *nt* **2.** (*Mensch*) Versager(in) *m(f)*, Niete *f* **3.** (TECH) Ausfall *m*, Versagen *nt* **4.** (COM) Bankrott *m*; **end in** ~ mit einem Misserfolg enden; **he is a** ~ er taugt nicht viel; ~ **of crops** Missernte *f*; ~ **to answer** nicht erfolgte Antwort

faint [feɪnt] **I.** *adj* **1.** schwach; kraftlos **2.** (*Hoffnung*) gering **3.** (*Farbe*) matt **4.** (*Ton*) schwach; leise; **he looked** ~ er schien einer Ohnmacht nahe; **I haven't the ~est idea** ich habe keine Ahnung **II.** *s* Ohnmacht *f* **III.** *vi* ohnmächtig werden (*from, with hunger* vor Hunger); **faint-hearted** [ˌfeɪntˈhɑːtɪd] *adj* zaghaft

fair¹ [feə(r)] **I.** *adj* **1.** gerecht, fair **2.** ganz ordentlich; ziemlich **3.** (*Wetter*) schön, heiter, sonnig **4.** (*Haare*) blond; hell; **a ~ amount** ziemlich viel; **be ~ to s.o.** jdm gegenüber gerecht sein; ~ **enough!** na schön!; **that's only** ~ das ist nur recht und billig **II.** *adv* den Regeln entsprechend, fair; **play** ~ fair spielen; ~ **and square** offen und ehrlich

fair² [feə(r)] *s* **1.** (Jahr)Markt *m* **2.** (COM) Messe *f*

fair copy [ˌfeəˈkɒpɪ] *s* Reinschrift *f*; **fair game** *s* **1.** jagdbares Wild **2.** (*fig*) Freiwild *nt*

fair·ground [ˈfeəgraʊnd] *s* Rummelplatz *m*

fair·ly [ˈfeəlɪ] *adv* **1.** gerecht **2.** ziemlich

fair-minded [ˌfeəˈmaɪndɪd] *adj* gerecht; **fair·ness** [ˈfeənɪs] *s* **1.** Gerechtigkeit, Fairness *f* **2.** (*Haar*) Blondheit *f*; **fair play** *s* faires Verhalten, Fair play *nt*

fair·way [ˈfeəweɪ] *s* **1.** (MAR) Fahrrinne *f* **2.** (*Golf*) Spielbahn *f*

fairy [ˈfeərɪ] *s* **1.** Fee *f* **2.** (*sl*) Homosexuelle(r) *m*; **fairy-lamps** *s pl* bunte Lichter *ntpl*; **fairy·land** [ˈfeərɪlænd] *s* Wunderland, Zauberreich *nt*; **fairy-tale** *s* Märchen *nt*

faith [feɪθ] *s* **1.** (REL) Glaube(n) *m* (*in* an) **2.** Vertrauen *nt* (*in* zu) **3.** Treue *f*; **have ~ in s.o.** auf jdn vertrauen; **faith cure** *s* Gesundbeten *nt*; **faith·ful** [ˈfeɪθfl] **I.** *adj* **1.** treu, ergeben (*to s.o.* jdm) **2.** (*Abschrift*) genau **II.** *s*: **the** ~ die Gläubigen *pl*; **faith·fully** [ˈfeɪθfəlɪ] *adv* treu; **yours** ~ hochachtungsvoll, mit freundlichen Grüßen; **faith healer** *s* Gesundbeter(in) *m(f)*; **faith·less** [ˈfeɪθlɪs] *adj* treulos (*to* gegenüber)

fake [feɪk] **I.** *vt* fälschen; erfinden; vortäuschen **II.** *s* Fälschung *f*

fakir [ˈfeɪkɪə(r)] *s* Fakir *m*

fal·con [ˈfɔːlkən] *s* Falke *m*

Falk·land Is·lands *s pl* Falklandinseln, Malvinas *pl*

fall [fɔːl] <*vi:* **fell, fallen**> **I.** *vi* **1.** (herab-, hinunter)fallen; stürzen **2.** (*im Kampf*) fallen **3.** sich senken (*a. Stimme*) **4.** (*Wind*) sich legen **5.** (*Temperatur, Preise*) sinken, fallen **6.** (*Land*) eingenommen werden **7.** (*Nacht*) hereinbrechen **8.** (*auf einen Tag*) fallen (*on* auf) **9.** (*Preis, Gewinn*) fallen (*to s.o.* auf jdn) **10.** zerfallen, eingeteilt sein (*into* in); **his face fell** er machte ein langes Gesicht; ~ **in battle** fallen; **the blame for that ~s on him** ihn trifft die Schuld daran; ~ **asleep** einschlafen; ~ **ill** krank werden; ~ **in love with** sich verlieben in; ~ **silent** still werden; ~ **into despair** verzweifeln; ~ **to pieces** verfallen; aus den Fugen geraten **II.** *s* **1.** Fall, Sturz *m* **2.** Einnahme, Eroberung *f* **3.** (*der Nacht*) Einbruch *m* **4.** (*der Preise*) Sinken, Fallen *nt* **5.** (*Sitte*) Verfall *m* **6.** (*Hang*) Gefälle *nt* **7.** (*Am*) Herbst *m* **8.** *meist pl* Wasserfall *m*; ~ **in the birthrate** Geburtenrückgang *m*; ~ **in price** Preisrückgang *m*; ~ **in prices** (*Börse*) Kursrückgang *m*; ~ **of rain/of snow** Regen-/Schneefall *m*; **fall about** *vi* sich krank lachen; **fall away** *vi* abbröckeln; abfallen; **fall back** *vi* zurückweichen; **fall back on** *vt* zurückgreifen auf; **fall behind** *vi* **1.** zurückbleiben **2.** (*mit Zahlungen*) im Rückstand bleiben (*with* mit); **fall down** *vi* **1.** hinfallen, herunterfallen **2.** (*Treppe*) hinunterfallen **3.** (*fig*) versagen; **fall for** *vt* (*fam*) **1.** sich vergaffen in **2.** hereinfallen auf; **fall in** *vi* **1.** hineinfallen **2.** einstürzen **3.** (MIL) antreten; **fall in with** *vt* **1.** sich anschließen (*s.o.* jdm) **2.** mitmachen bei; **fall off** *vi* zurückgehen, schwächer werden, nachlassen, abnehmen; **fall on** *vt* **1.** herfallen über **2.** (*Verantwortung*) zufallen (*s.o.* jdm); **fall out** *vi* **1.** herausfallen **2.** sich streiten (*with* mit) **3.** sich ergeben; **it fell out that** es geschah, dass; **fall over** *vi* **1.** (*Person*) hinfallen **2.** fallen über; ~ **over backwards to do s.th.** sich die größte Mühe geben etw zu tun; **fall through** *vi* (*fig*) fehlschlagen, ins Wasser fallen; **fall to** *vi* **1.** beginnen, anfangen; reinhauen **2.** zufallen, obliegen (*s.o.* jdm)

fal·lacious [fə'leɪʃəs] *adj* trügerisch; irreführend; **fal·lacy** ['fæləsɪ] *s* Irrtum *m;* Trugschluss *m*

fallen ['fɔːlən] **I.** *pp of* **fall II.** *adj* gefallen **III.** *s:* **the Fallen** die Gefallenen *pl;* **fall guy** *s* (*Am*) armes Opfer; Sündenbock *m*

fal·lible ['fæləbl] *adj* fehlbar

fall·ing star ['fɔːlɪŋ'stɑː(r)] *s* Sternschnuppe *f*

fall-off ['fɔːlɒf] *s* **1.** Rückgang *m,* Abnahme *f* **2.** Nachlassen *nt*

Fal·lo·pian tube [fə'ləʊpɪən'tjuːb] *s* Eileiter *m*

fall·out ['fɔːlaʊt] *s* radioaktiver Niederschlag, Fall-Out *m;* **fallout shelter** *s* Atombunker *m*

fal·low ['fæləʊ] *adj* (AGR) brach; **lie** ~ brachliegen

fal·low deer ['fæləʊdɪə(r)] *s* Damwild *nt*

false [fɔːls] **I.** *adj* **1.** falsch; treulos **2.** unrichtig, unwahr; **put s.o. in a** ~ **position** jdn in eine Position drängen, die er sonst nicht vertritt; **sail under** ~ **colours** unter falscher Flagge segeln; **a** ~ **bottom** ein doppelter Boden **II.** *adv:* **play s.o.** ~ mit jdm ein falsches Spiel treiben; **false alarm** *s* blinder Alarm; **false·hood** ['fɔːlshʊd] *s* **1.** Unwahrheit *f* **2.** Lügen *nt;* **false·ness** ['fɔːlsnɪs] *s* **1.** Falschheit *f* **2.** Treulosigkeit *f;* **false start** *s* Fehlstart *m;* **false teeth** *s pl* (künstliches) Gebiss *nt*

fal·setto [fɔːl'setəʊ] <*pl* **-settos**> *s* Fistelstimme *f;* Falsett *nt*

falsi·fi·ca·tion [ˌfɔːlsɪfɪ'keɪʃn] *s* (Ver)Fälschung *f;* **fals·ify** ['fɔːlsɪfaɪ] *vt* **1.** (ver)fälschen **2.** widerlegen

fals·ity ['fɔːlsətɪ] *s* **1.** Falschheit *f* **2.** Unrichtigkeit *f*

fal·ter ['fɔːltə(r)] *vi* **1.** (sch)wanken; stolpern **2.** (*Stimme*) stocken; **fal·ter·ing** ['fɔːltərɪŋ] *adj* stockend

fame [feɪm] *s* Ruhm *m;* **famed** ['feɪmd] *adj* berühmt (*for* wegen, durch)

fam·il·iar [fə'mɪlɪə(r)] **I.** *adj* **1.** vertraut; gewohnt, bekannt **2.** vertraulich, familiär **3.** (*Freunde*) eng; **be** ~ **with s.th.** sich in etw auskennen; **make o.s.** ~ **with s.th.** sich mit etw vertraut machen **II.** *s* Vertraute(r) *f m;* **fam·ili·ar·ity** [fəˌmɪlɪ'ærətɪ] *s* **1.** Vertrautheit *f* **2.** Vertraulichkeit, Intimität *f* **3.** *meist pl* Aufdringlichkeit *f;* **fam·il·iar·ize** [fə'mɪlɪəraɪz] *vr:* ~ **o.s. with s.th.** sich mit etw vertraut, bekannt machen

fam·ily ['fæməlɪ] *s* **1.** Familie *f* **2.** Verwandtschaft *f* **3.** Abstammung *f;* **of good** ~ aus gutem Hause; **it runs in the** ~ das liegt in der Familie; **family allowance** *s* Kindergeld *nt;* **family doctor** *s* Hausarzt *m,* -ärztin *f;* **family man** *s* häuslicher Mensch; **family name** *s* Familienname *m;* **family planning** *s* Familienplanung *f;* **family-run** *adj:* ~ **business** Familienbetrieb *m;* **family tree** *s* Stammbaum *m*

fam·ine ['fæmɪn] *s* Hungersnot *f;* **fam·ish** ['fæmɪʃ] *vi* verhungern; **fam·ished** ['fæmɪʃt] *adj* (*fam*) ver-, ausgehungert

fa·mous ['feɪməs] *adj* berühmt (*for* durch, wegen); **fa·mous·ly** [-lɪ] *adv* (*fam*) prima, erstklassig

fan[1] [fæn] **I.** *s* **1.** Fächer *m* **2.** Ventilator *m* **3.** (AUTO) Gebläse *nt* **II.** *vt* **1.** (an)fächeln **2.** (*Feuer, Leidenschaft*) an-, entfachen (*into* zu); ~ **out** fächerförmig ausbreiten **III.** *vi* (MIL: ~ *out*) ausschwärmen

fan[2] [fæn] *s* (*fam*) Fan *m*

fa·natic [fə'nætɪk] **I.** *adj* fanatisch **II.** *s* Fanatiker(in) *m(f);* **fa·nati·cal** [-əl] *adj* fanatisch; **fa·nati·cism** [fə'nætɪsɪzəm] *s* Fanatismus *m*

fan belt ['fænbelt] *s* Keilriemen *m*

fan·cied ['fænsɪd] *adj* eingebildet

fan·cier ['fænsɪə(r)] *s* Liebhaber(in) *m(f)*

fan·ci·ful ['fænsɪfl] *adj* **1.** fantasiebegabt, einfallsreich **2.** (*Idee*) fantastisch

fan club ['fænklʌb] *s* Fanclub *m*

fancy ['fænsɪ] **I.** *s* **1.** Einbildungskraft, Fantasie *f* **2.** Vorliebe, Neigung *f* **3.** Laune *f,* Einfall *m;* **a passing** ~ nur so eine Laune; **take a** ~ **to** Gefallen, Geschmack finden an; **take s.o.'s** ~ jdm gefallen **II.** *adj* **1.** kunstvoll; ausgefallen **2.** (*Idee*) überspannt; seltsam **3.** (*Am*) Delikatess-; ~ **prices** gepfefferte Preise; **a big** ~ **car** ein toller Schlitten **III.** *vt* **1.** sich vorstellen **2.** meinen, sich einbilden; ~ **doing that!** so was zu tun!; ~ **him doing that** nicht zu fassen, dass er das getan hat; ~ **that!** denk mal an!; **he fancies that car** das Auto gefällt ihm; **he fancies doing that** er möchte das gern tun **IV.** *vr* von sich eingenommen sein; sich halten für; **fancy dress** *s* Maskenkostüm *nt;* **fancy-free** *adj* ungebunden, frei; **fancy goods** *s pl* Geschenkartikel *mpl;* **fancy man** <*pl* -men> *s* Liebhaber *m*

fan·fare ['fænfeə(r)] *s* Fanfare *f*

fang [fæŋ] *s* **1.** Fangzahn *m* **2.** (*Schlange*) Giftzahn *m*

fan light ['fænlaɪt] *s* Oberlicht *nt*

fan mail ['fænmeɪl] *s* Verehrerpost *f*

fan·tasia [fæn'teɪzɪə] *s* Fantasie *f;* **fan·tas·tic** [fæn'tæstɪk] *adj* **1.** fantastisch **2.** unwahrscheinlich **3.** (*fam*) toll; **fan·tasy** ['fæntəsɪ] *s* **1.** Fantasie, Einbildung *f* **2.** Hirngespinst *nt*

fan vault·ing ['fæn,vɔːltɪŋ] *s* (ARCH) Fächergewölbe *nt*

fan·zine ['fænziːn] *s* (*fam*) Fanmagazin *nt*

FAQ *s Abk. von* **frequently asked question** (INTERNET) FAQ *f*

far [fɑː(r)] <further, furthest> **I.** *adj* **1.** weiter entfernt; hintere(r,s) **2.** weit entfernt; **the ~ end of the room** das andere Ende des Zimmers; **in the ~ distance** in weiter Ferne; **it's a ~ cry from ...** das ist etwas ganz anderes als ...; **in the ~ future** in ferner Zukunft **II.** *adv* **1.** weit (weg, entfernt), in weiter Ferne; weit her; weit weg **2.** lange hin, lange her **3.** bei weitem, beträchtlich, (sehr) viel; **~ and wide** weit und breit; **~ away** weit entfernt; **as ~ back as 1900** schon 1900; **~ better** weit besser; **as ~ as I am concerned** was mich betrifft; **by ~** bei weitem; **from ~** von weitem; von weit her; **in so ~ as** insofern; **so ~** so weit, bis dahin, bis hierher; bis jetzt; **so ~ so good** so weit, so gut; **~ afield** weit weg; **get ~ from a subject** von einem Gegenstand weit abschweifen; **~ and away** bei weitem; **~ and near** überall; nah u. fern; **~ from** alles andere als; **~ from it** weit davon entfernt; **~ into the night** bis spät in die Nacht hinein; **go ~** lange reichen; (*fig*) es weit bringen; **that's going too ~** das geht zu weit; **I am ~ from doing it** ich denke nicht daran es zu tun; **I wouldn't carry things too ~** ich würde die Sache nicht auf die Spitze treiben

far·away ['fɑːrəweɪ] *adj* **1.** weit entfernt, abgelegen **2.** verträumt, (geistes)abwesend

farce [fɑːs] *s* Farce *f;* **far·ci·cal** ['fɑːsɪkl] *adj* possenhaft; (*fig*) absurd

fare [feə(r)] **I.** *vi:* **he ~d well** es ging ihm gut **II.** *s* **1.** Fahrgeld *nt,* -preis *m* **2.** Fahrgast *m;* **~s, please!** noch jemand zugestiegen?; **have your ~s ready** Fahrgeld bereithalten!; **what's the ~?** was kostet die Fahrt?; **bill of ~** Speisekarte *f*

Far East [,fɑː(r)'iːst] *s* Ferner Osten

fare·well [,feə'wel] **I.** *s* Abschied *m;* **make one's ~s** sich verabschieden **II.** *interj* lebe(n Sie) wohl!

fare zone ['feə(r)zəʊn] *s* Tarifzone *f*

far-fetched [,fɑː'fetʃt] *adj* weit hergeholt; **far-flung** [,fɑː'flʌŋ] *adj* **1.** weit ausgedehnt **2.** abgelegen

farm [fɑːm] **I.** *s* Bauern-, Gutshof *m;* Farm *f* **II.** *vt* (*Land*) bestellen; bewirtschaften **III.** *vi* Landwirtschaft betreiben; **farm out** *vt* (*Arbeit*) vergeben; **farmer** ['fɑːmə(r)] *s* **1.** Bauer *m,* Bäuerin *f,* Landwirt(in) *m(f)* **2.** Pächter(in) *m(f);* **~'s wife** Bäuerin *f;* **~s' cooperative** landwirtschaftliche Genossenschaft; **farm·hand** *s* Landarbeiter(in) *m(f);* **farm·house** *s* Bauernhaus *nt;* **farm·ing** ['fɑːmɪŋ] *s* Landwirtschaft *f;* Ackerbau *m;* **farm·stead** ['fɑːmsted] *s* Bauernhof *m;* **farm·yard** ['fɑːmjɑːd] *s* Hof *m*

far-off ['fɑːrɒf] *adj* (weit) entfernt

far-reach·ing [,fɑː'riːtʃɪŋ] *adj* weitreichend; **far-right** [,fɑː'ɐaɪt] *adj* rechtsextrem; **far-see·ing** [,fɑː'siːɪŋ] *adj* weitblickend; **far-sighted** [,fɑː'saɪtɪd] *adj* **1.** weitsichtig **2.** (*fig*) weitblickend, vorausschauend

fart [fɑːt] **I.** *s* (*vulg*) Furz *m* **II.** *vi* (*vulg*) furzen

far·ther ['fɑːðə(r)] <*Komparativ von* far> **I.** *adj* weiter entfernt **II.** *adv* weiter (weg); **far·thest** ['fɑːðɪst] <*Superlativ von* far> **I.** *adj* entfernteste(r, s), weiteste(r, s); am weitesten weg **II.** *adv* am weitesten entfernt, weg

far·thing ['fɑːðɪŋ] *s* (*obs*) Viertelpenny *m*

fas·cia ['feɪʃə] *s* Armaturenbrett *nt*

fas·ci·nate ['fæsɪneɪt] *vt* fesseln, faszinieren, begeistern; **fas·ci·nat·ing** [-ɪŋ] *adj* faszinierend, spannend, fesselnd; **fas·ci·na·tion** [,fæsɪ'neɪʃn] *s* Faszination *f;* Zauber *m*

fas·cism ['fæʃɪzəm] *s* Faschismus *m;* **fas·cist** ['fæʃɪst] **I.** *s* Faschist(in) *m(f)* **II.** *adj* faschistisch

fash·ion ['fæʃn] **I.** *s* **1.** Art und Weise *f* **2.** Mode *f* **3.** Sitte *f,* Brauch *m;* **after** [*o* **in**] **a ~** in gewisser Weise; **in the usual ~** wie üblich; **in ~** in Mode, modern; **out of ~** aus der Mode, unmodern; **come into ~** Mode werden; **go out of ~** unmodern werden; **set the ~** den Ton angeben; **a man of ~** ein modischer Herr **II.** *vt* formen, gestalten; **fash·ion·able** ['fæʃnəbl] *adj* modern, modisch; elegant, schick; **fashion-designer** *s* Modezeichner(in) *m(f),* Modedesigner(in) *m(f);* **fash·ion·ista** *s* Modefan *m;* **fashion-parade, fashion-show** *s* Mode(n)schau *f*

fast[1] [fɑːst] **I.** *adj* **1.** fest **2.** (*Material*) farbecht **3.** (*Freundschaft*) gut **II.** *adv* fest;

stick ~ festsitzen; **stand** ~ standhaft bleiben; **play** ~ **and loose with s.o.** mit jdm ein doppeltes Spiel treiben; **be** ~ **asleep** tief schlafen

fast[2] [fɑːst] **I.** *adj* **1.** schnell **2.** (PHOT) hoch empfindlich; lichtstark **3.** (*Mensch, Lebenswandel*) locker; ~ **breeder (reactor)** schneller Brüter; ~ **developing nation** Schwellenland *nt;* ~ **food** Schnellimbiss *m;* Fastfood *nt;* ~ **food restaurant** Schnellgaststätte *f;* ~ **forward** (*Tonband*) Schnellvorlauf *m;* ~ **lane** Überholspur *f;* ~ **rewind** (*Tonband*) Schnellrücklauf *m;* **be** ~ (*Uhr*) vorgehen **II.** *adv* schnell; **live** ~ locker leben

fast[3] [fɑːst] **I.** *vi* fasten **II.** *s* Fasten *nt;* Fastenzeit *f;* **break one's** ~ das Fasten brechen; ~ **day** Fasttag *m*

fas·ten ['fɑːsn] **I.** *vt* **1.** befestigen; anbinden (*to* an) **2.** (*Knopf*) zumachen **3.** (*fig*) zuwenden (*on s.o.* jdm); ~ **the blame on s.o.** jdm die Schuld zuschieben; ~ **one's seat-belt** sich anschnallen **II.** *vi* sich schließen lassen; **fasten down** *vt* festmachen; **fasten in** *vt* festschnallen; **fasten on** *vt* befestigen, festmachen; (*fig*) herumhacken auf; **fasten up** *vt* zumachen

fas·tener ['fɑːsnə(r)] *s* Verschluss *m;* **zip** ~ Reißverschluss *m*

fas·tid·ious [fə'stɪdɪəs] *adj* heikel, wählerisch, anspruchsvoll

fast·ness ['fɑːstnɪs] *s* **1.** Feste *f* **2.** Farbechtheit *f*

fast-paced [fɑːst'peɪsd] *adj* tempogeladen

fat [fæt] **I.** *adj* **1.** fett **2.** (*Band*) dick **3.** (*Gewinn*) üppig; **get** ~ dick werden; **a** ~ **lot of good you are!** (*iro*) Sie sind ja 'ne schöne Hilfe! **II.** *s* (*a.* CHEM) Fett *nt;* **live off the** ~ **of the land** wie Gott in Frankreich leben; **the** ~ **is in the fire** jetzt ist der Teufel los; **vegetable** ~ Pflanzenfett *nt*

fatal ['feɪtl] *adj* **1.** verhängnisvoll, fatal (*to* für) **2.** tödlich, vernichtend (*to* für)

fatal·ism ['feɪtəlɪzəm] *s* Fatalismus *m;* **fatal·ist** ['feɪtəlɪst] *s* Fatalist(in) *m(f)*

fatal·ity [fə'tælətɪ] *s* **1.** Unglück(sfall *m*) *nt,* Tod(esfall) *m* **2.** Unabwendbarkeit *f;* **fatal·ly** ['feɪtəlɪ] *adv* tödlich

fat cat [ˌfæt'kæt] *s* (*sl*) Geldsack *m*

fate [feɪt] *s* **1.** Schicksal, Los *nt* **2.** Untergang, Tod *m;* **as sure as** ~ todsicher; **fat·ed** ['feɪtɪd] *adj* unglückselig; vom Schicksal bestimmt; **be** ~ **to fail** zum Scheitern verurteilt sein; **fate·ful** ['feɪtfl] *adj* verhängnisvoll; entscheidend

fat·head ['fæthed] *s* Dummkopf *m*

fa·ther ['fɑːðə(r)] **I.** *s* **1.** Vater *m* **2.** ~**s** Väter *pl,* Vorfahren *pl* **3.** (Be)Gründer *m* **4.** (REL) Pfarrer *m;* Pater *m;* **Father** (REL) Vater *m* **II.** *vt* zeugen; Urheber sein von; **Father Christmas** *s* Weihnachtsmann *m;* **father figure** *s* (PSYCH) Vaterfigur *f;* **fa·ther·hood** ['fɑːðəhʊd] *s* Vaterschaft *f;* **fa·ther-in-law** ['fɑːðərɪnlɔː] <*pl* -s-in-law> *s* Schwiegervater *m;* **father·land** ['fɑːðəlænd] *s* Vaterland *nt;* **fa·ther·less** ['fɑːðəlɪs] *adj* vaterlos; **fa·ther·ly** ['fɑːðəlɪ] *adj* väterlich

fathom ['fæðəm] **I.** *s* (*Längenmaß*) Faden *m* **II.** *vt* **1.** (*die Wassertiefe*) loten **2.** (*fig*) ergründen, erfassen; **I can't** ~ **him** ich verstehe ihn überhaupt nicht; **fathom·less** [-lɪs] *adj* unergründlich

fa·tigue [fə'tiːg] **I.** *s* **1.** Ermüdung, Erschöpfung *f* **2.** (MIL) Arbeitsdienst *m* **3.** (*Metall*) Ermüdung *f* **II.** *vt* ermüden, strapazieren; **fatigue dress**, **fatigues** *s pl* (MIL) Arbeitsanzug *m*

fat·less ['fætlɪs] *adj* fettlos; **fat stock** *s* Mastvieh *nt;* **fatted** ['fætɪd] *adj:* **kill the** ~ **calf** einen Willkommensschmaus veranstalten; **fatten** ['fætn] **I.** *vt* mästen **II.** *vi* fett, dick werden; **fat·ten·ing** ['fætnɪŋ] *adj* dick machend; **fatty** ['fætɪ] **I.** *adj* fett(ig); fetthaltig; ~ **acid** Fettsäure *f;* ~ **degeneration** (MED) Verfettung *f;* ~ **tissue** Fettgewebe *nt* **II.** *s* (*fam*) Dickerchen *nt*

fa·tu·ity [fə'tjuːətɪ] *s* Albernheit *f;* **fatuous** ['fætʃʊəs] *adj* albern

fau·cet ['fɔːsɪt] *s* (*Am*) (Wasser)Hahn *m*

fault [fɔːlt] **I.** *s* **1.** Fehler *m;* Mangel *m;* Defekt *m* **2.** Schuld *f;* Verschulden *nt* **3.** (GEOL) Verwerfung *f;* **at** ~ im Irrtum; **to a** ~ im Übermaß; **through no** ~ **of mine** ohne mein Verschulden; **find** ~ **with** etw auszusetzen haben; **the** ~ **lies with** die Schuld liegt bei; **it's not my** ~ es ist nicht meine Schuld **II.** *vt* Fehler finden an, etw auszusetzen haben an **III.** *vi* (GEOL) sich verwerfen; **fault-finder** *s* Krittler(in) *m(f);* **fault-finding** *s* Nörgelei, Meckerei *f;* **fault-indicator** ['fɔːlt'ɪndɪkeɪtə(r)] *s* (TECH) Störungsanzeige *f;* **fault·less** ['fɔːltlɪs] *adj* fehlerfrei, untadelig, tadellos; **faulty** ['fɔːltɪ] *adj* fehler-, mangelhaft; defekt; ~ **circuit** (ELEK) Fehlschaltung *f*

faun [fɔːn] *s* Faun *m*

fauna ['fɔːnə] *s* Fauna *f*

fa·vor (*Am*) *s.* **favour**; **fa·vor·able** (*Am*) *s.* **favourable**; **fa·vored** (*Am*) *s.* **favoured**; **fa·vor·ite** (*Am*) *s.* **favourite**; **fa·vor·it·ism** (*Am*) *s.* **favouritism**

fa·vour ['feɪvə(r)] **I.** *s* **1.** Gunst *f,* Wohlwollen *nt* **2.** Vergünstigung *f* **3.** Gefallen *m,* Gefälligkeit *f* **4.** Schleife *f;* **win s.o.'s** ~ jds Gunst erlangen; **find** ~ **with s.o.** bei jdm Anklang finden; **be in** ~ **with s.o.** bei jdm gut angeschrieben sein; **fall out of** ~ in Ungnade fallen; **be out of** ~ nicht mehr beliebt sein; **be in** ~ **of s.th.** für etw sein; **ask a** ~ **of s.o.** jdn um einen Gefallen bitten; **do s.o. a** ~ jdm einen Gefallen tun; **as a** ~ **to him** ihm zuliebe **II.** *vt* **1.** für gut halten; bevorzugen **2.** begünstigen **3.** beehren **4.** ähnlich sehen (*s.o.* jdm); **I don't** ~ **the idea** ich halte nichts von der Idee

fa·vour·able ['feɪvərəbl] *adj* **1.** günstig, vorteilhaft (*to* für) **2.** (*Antwort*) positiv

fa·voured ['feɪvəd] *adj:* **a** ~ **few** einige Auserwählte; **a** ~ **friend** ein besonderer Freund

fa·vour·ite ['feɪvərɪt] **I.** *s* **1.** Liebling *m;* Günstling *m* **2.** (SPORT) Favorit(in) *m(f);* **this one is my** ~ das habe ich am liebsten **II.** *adj attr* Lieblings-; **fa·vour·it·ism** [-ɪzəm] *s* Vetternwirtschaft *f*

fawn[1] [fɔːn] **I.** *s* **1.** Rehkitz, Hirschkalb *nt* **2.** Beige *nt* **II.** *adj* beige

fawn[2] [fɔːn] *vi* **1.** mit dem Schwanz wedeln **2.** (*Mensch*) schmeicheln (*on, upon s.o.* jdm); **fawn·ing** ['fɔːnɪŋ] *adj* kriecherisch

fax [fæks] **I.** *vt* fernkopieren, (tele)faxen **II.** *s* **1.** (*Gerät*) (Tele)Fax *nt* **2.** Telekopie, Fernkopie *f;* **fax machine** *s* Telefax(gerät) *nt;* **fax subscriber** *s* Telefaxteilnehmer(in) *m(f)*

fear [fɪə(r)] **I.** *s* **1.** Angst, Furcht *f;* Schreck *m* **2.** Scheu, Ehrfurcht *f;* **for** ~ **that** aus Angst, dass; **go in** ~ **of s.o.** Angst vor jdm haben; **no** ~**!** (nur) keine Angst!; **in** ~ **and trembling** mit schlotternden Knien; **without** ~ **or favour** ganz gerecht **II.** *vt* **1.** (be)fürchten **2.** Ehrfurcht haben vor **III.** *vi:* ~ **for** fürchten um; **fear·ful** ['fɪəfl] *adj* **1.** furchtbar, schrecklich **2.** ängstlich (*of* vor); **be** ~ **for one's life** um sein Leben fürchten; **fear·less** ['fɪəlɪs] *adj* furchtlos (*of* vor); **fear·some** ['fɪəsəm] *adj* Furcht erregend

feasi·bil·ity [ˌfiːzə'bɪlətɪ] *s* **1.** Aus-, Durchführbarkeit *f* **2.** Wahrscheinlichkeit *f;* **feasibility study** *s* Machbarkeitsstudie *f;* **feas·ible** ['fiːzəbl] *adj* **1.** machbar, durchführbar; realisierbar **2.** (*Entschuldigung*) glaubhaft, plausibel

feast [fiːst] **I.** *s* **1.** (REL) Fest *nt* **2.** Festmahl, -essen, Bankett *nt* **II.** *vt* festlich bewirten; ~ **one's eyes on** seine Augen weiden an **III.** *vi* **1.** (ein Fest) feiern **2.** sich ergötzen (*on* an)

feat [fiːt] *s* Leistung *f;* Kunststück *nt*

feath·er ['feðə(r)] **I.** *s* Feder *f;* Gefieder *nt;* **as light as a** ~ federleicht; **they are birds of a** ~ sie sind vom gleichen Schlag; **show the white** ~ Angst verraten; **a** ~ **in one's cap** Leistung *f*, auf die man stolz sein kann **II.** *vt* **1.** mit Federn versehen [*o* schmücken] **2.** (*Ruder*) flach werfen; ~ **one's nest** sein Schäfchen ins Trock(e)ne bringen; **feath·er bed I.** *s* mit Federn gefüllte Matratze **II.** *vt* verhätscheln; unnötig subventionieren; **feath·er·brained** ['feðəbreɪnd] *adj* dumm; leichtsinnig; **feath·er·weight** ['feðəweɪt] *s* **1.** (*Boxen*) Federgewicht *nt* **2.** (*fig*) Leichtgewicht *nt;* **feath·ery** ['feðərɪ] *adj* federleicht

fea·ture ['fiːtʃə(r)] **I.** *s* **1.** (Gesichts)Zug *m* **2.** Charakterzug *m,* Kennzeichen, Merkmal *nt* **3.** Charakteristikum *nt* **4.** (TV) Dokumentarbericht *m,* Feature *nt* **5.** (*Zeitung*) Sonderbericht *m;* **a** ~ **of his style is …** sein Stil ist durch … gekennzeichnet; **make a** ~ **of s.th.** etw besonders hervorheben **II.** *vt* **1.** (*Geschichte*) bringen **2.** (*Rolle*) spielen, darstellen; **fea·ture film** *s* Spielfilm *m;* **fea·ture·less** ['fiːtʃəlɪs] *adj* ohne besondere Merkmale; **fea·ture story** *s* Sonderbericht *m;* **fea·tur·ing** *adj* (FILM) in den Hauptrollen

feb·rile ['fiːbraɪl] *adj* fieberhaft, fiebernd

Feb·ru·ary ['febrʊərɪ] *s* Februar *m*

feces ['fiːsiːz] *s pl* (*Am*) Kot *m*

feck·less ['feklɪs] *adj* nutzlos

fed [fed] *s.* **feed**

fed·eral ['fedərəl] *adj* bundesstaatlich; (*System*) föderalistisch; **Federal Bureau of Investigation** (**FBI**) (*in den USA*) Bundeskriminalamt *nt;* **the Federal Republic of Germany** die Bundesrepublik Deutschland; ~ **state** (*Am*) (Einzel)Staat *m;* **fed·eral·ism** ['fedərəlɪzəm] *s* Föderalismus *m;* **federal·ist** ['fedərəlɪst] *s* Föderalist(in) *m(f);* **fed·er·ate** ['fedəreɪt] **I.** *vt* zu einem Bund zusammenschließen **II.** *vi* sich zu einem Bund zusammenschließen; **fed·er·ation** [ˌfedə'reɪʃn] *s* **1.** Zusammenschluss *m* **2.** Föderation *f*, Bund *m*

fed up [ˌfed'ʌp] *adj:* **I'm** ~ ich habe die Nase voll; **I'm** ~ **with it** es hängt mir zum Hals heraus

fee [fiː] *s* **1.** Gebühr *f* **2.** Honorar *nt* **3.** (*Schauspieler*) Gage *f*, Bezüge *pl;* **on payment of a small** ~ gegen eine geringe Gebühr; **school** ~**s** Schulgeld *nt*

feeble ['fiːbl] *adj* **1.** schwach **2.** (*Stimme*) matt; **feeble-minded** [-'maɪndɪd] *adj* dümmlich; **feeble·ness** ['fiːblnɪs] *s* Schwäche *f*

feed [fiːd] <*irr:* **fed, fed**> **I.** *s* **1.** Füttern *nt,* Fütterung *f* **2.** (*eines Babys*) Mahlzeit *f*, Essen *nt* **3.** (*eines Tieres*) Futter *nt* **4.** (TECH) Beschickung *f;* Versorgung *f;* Eingabe *f* **II.** *vt* **1.** verpflegen; ernähren **2.** (*Person, Tier*) füttern; (*Baby a.*) stillen **3.** (TECH) versorgen; beschicken; füttern **4.** Geld einwerfen in **5.** (*fig*) Nahrung geben *dat,* nähren; ~

o.s. sich selbst verpflegen; ~ **an animal** einem Tier zu fressen geben; ~ **s.o. with information** jdn mit Informationen versorgen **III.** *vi* (*Tier*) fressen; **feed back** *vt* zurückleiten; rückkoppeln; **feed in** *vt* einführen, -geben, -speisen; **feed on I.** *vi* sich (er)nähren von **II.** *vt* füttern mit; **feed up** *vt* mästen

feed·back ['fi:dbæk] *s* Rückkopp(e)lung *f;* Feedback *nt,* Rückmeldung *f;* ~ **of information** Rückinformation *f;* **feeder** ['fi:də(r)] *s* **1.** Versorger *m* **2.** (Saug)Flasche *f* **3.** (TECH) Zuführung(svorrichtung), Speiseleitung *f* **4.** (*Verkehr*) Zubringer *m;* ~ **road** Zubringerstraße *f*

feed·ing bottle ['fi:dɪŋ,bɒtl] *s* Babyfläschchen *nt*

feed·ing·stuffs *s* Tierernährung *f*

feel [fi:l] <*irr:* **felt, felt**> **I.** *vt* **1.** (be)fühlen, betasten **2.** spüren, empfinden **3.** leiden unter; empfinden **4.** glauben; ~ **one's way** sich vortasten; **what do you ~ about it?** was halten Sie davon? **II.** *vi* **1.** sich fühlen; sich anfühlen **2.** meinen; ~ **well** sich wohl fühlen; ~ **hungry** hungrig sein; **I ~ hot** mir ist heiß; ~ **hard** sich hart anfühlen; **how do you ~ about him?** was halten Sie von ihm?; **what do you ~ about it?** was halten Sie davon?; ~ **like** Lust haben auf; ~ **like doing s.th.** Lust haben etw zu tun; **I ~ as if** mir ist, als ob; **I'm ~ing much better** es geht mir viel besser **III.** *s* Gefühl *nt;* Gefühlseindruck *m;* **have a ~ for s.th.** ein Gefühl für etw haben; **feel about** *vi* umhertasten; **feel for** *vi* fühlen mit

feeler ['fi:lə(r)] *s* (*von Insekten und Schnecken*) Fühler *m;* **put out ~s** seine Fühler ausstrecken

feel·good fac·tor ['fi:lgʊd,fæktə(r)] *s* Faktor *m* des allgemeinen Wohlbefindens

feel·ing ['fi:lɪŋ] *s* **1.** Gefühl *nt* **2.** Empfindung *f* **3.** Mitgefühl *nt* **4.** Meinung, Ansicht *f;* **bad** [*o* **ill**] ~ Ablehnung, Bitterkeit *f;* **I have a ~ that ...** ich habe das Gefühl, dass ...; **I hope you haven't any hard ~s** ich hoffe, Sie sind (mir) nicht böse; **hurt s.o.'s ~s** jdn verletzen

feet [fi:t] *s pl* **foot**

feign [feɪn] *vt* **1.** heucheln, simulieren **2.** (*Krankheit*) vortäuschen; **feigned** ['feɪnd] *adj* vorgetäuscht, simuliert, geheuchelt

feint [feɪnt] *s* Finte *f;* **make a ~ of doing** so tun, als ob man tut

fel·ici·ta·tion [fə,lɪsɪ'teɪʃn] *s meist pl* Glückwunsch *m* (*on, upon* zu)

fel·ici·tous [fə'lɪsɪtəs] *adj* (*Ausdruck*) treffend; **fel·ic·ity** [fə'lɪsətɪ] *s* Glück *nt,* Glückseligkeit *f*

fe·line ['fi:laɪn] *adj* Katzen-; katzenartig

fell[1] [fel] *s.* **fall**

fell[2] [fel] *s* Fell *nt*

fell[3] [fel] *adj* (*lit*) fürchterlich

fell[4] [fel] *vt* **1.** (*Baum*) fällen **2.** (*Mensch*) niederschlagen

fell[5] [fel] *s* Berg *m;* Moorland *nt*

fel·low ['feləʊ] *s* **1.** Bursche, Kerl *m* **2.** Gefährte, Kamerad *m* **3.** Gegenstück *nt;* **a Fellow** ein Mitglied eines College; **my dear** [*o* **good**] **~!** mein lieber Mann!; **old ~!** alter Junge!; **poor ~!** armer Kerl!; **school-~** Schulkamerad *m;* **fellow being** *s* Mitmensch *m;* **fellow citizen** *s* Mitbürger(in) *m(f);* **fellow countryman** *s* Landsmann *m,* -männin *f;* **fellow countrymen** *s pl* Landsleute *pl;* **fellow feeling** *s* Mitgefühl *nt,* Sympathie *f;* **fellow member** *s* Klubkamerad(in) *m(f);* **fellow passenger** *s* Mitreisende(r) *f m;* **fel·low·ship** ['feləʊʃɪp] *s* **1.** Kameradschaft *f;* Gemeinschaft *f* **2.** Gesellschaft *f* **3.** Forschungsstipendium *nt;* **fellow traveller** *s* **1.** Mitreisende(r) *f m* **2.** (POL) Mitläufer *m;* **fellow worker** *s* Kollege *m,* Kollegin *f*

felon ['felən] *s* (*obs*) (Schwer)Verbrecher(in) *m(f);* **fel·oni·ous** [fɪ'ləʊnɪəs] *adj* (*obs*) verbrecherisch; **fel·ony** ['felənɪ] *s* (*obs*) Verbrechen *nt*

felt[1] [felt] *s.* **feel**

felt[2] [felt] *s* Filz *m;* **felt-tip** (**pen**) *s* Filzschreiber, Filzstift *m*

fe·male ['fi:meɪl] **I.** *adj* weiblich; ~ **screw** Schraubenmutter *f* **II.** *s* **1.** (*von Tieren*) Weibchen *nt* **2.** (*pej*) Weib *nt;* **female suffrage** *s* Frauenstimmrecht *nt*

femi·nine ['femənɪn] *adj* feminin, weiblich; **femi·nin·ity** [,femə'nɪnətɪ] *s* Weiblichkeit *f;* **femi·nism** ['femɪnɪzəm] *s* Feminismus *m;* **femi·nist** ['femɪnɪst] **I.** *adj* feministisch, Frauen- **II.** *s* Feminist(in) *m(f),* Frauenrechtler(in) *m(f)*

fe·mur ['fi:mə(r)] *s* (ANAT) Oberschenkelknochen *m*

fen [fen] *s* Fenn, Moorland *nt*

fence [fens] **I.** *s* **1.** Zaun *m;* Hindernis *nt* **2.** (*sl*) Hehler *m;* **sit on the ~** neutral bleiben **II.** *vt* **1.** (~ *in*) ein-, umzäunen **2.** (*sl*) hehlen; ~ **off** absperren **III.** *vi* **1.** (SPORT) fechten **2.** (*fig*) ausweichen (*with a question* einer Frage) **3.** (*sl*) Hehlerei treiben; **fencer** ['fensə(r)] *s* Fechter(in) *m(f);* **fenc·ing** ['fensɪŋ] *s* **1.** (SPORT) Fechten *nt* **2.** Zaun *m,* Umzäunung *f*

fend [fend] *vi:* ~ **for o.s.** für sich sorgen; **fend off** *vt* abwehren

fend·er ['fendə(r)] *s* **1.** Kamingitter *nt* **2.** (MAR) Fender *m* **3.** (*Am:* AUTO) Kotflügel *m*

fen·nel ['fenl] *s* Fenchel *m*
feoff [fi:f] *s* Lehen *nt*
fer·ment [fə'ment] **I.** *vt* **1.** gären lassen, vergären **2.** (*fig*) anwachsen lassen **II.** *vi* gären **III.** ['fɜ:ment] *s* **1.** Ferment *nt* **2.** Gärung *f* **3.** (*fig*) Unruhe, Erregung *f;* **fer·men·ta·tion** [ˌfɜ:men'teɪʃn] *s* **1.** Gärung *f* **2.** (*fig*) Erregung, Unruhe *f*
fern [fɜ:n] *s* Farn(kraut *nt*) *m*
fer·ocious [fə'rəʊʃəs] *adj* wild, grimmig, heftig; **fer·oc·ity** [fə'rɒsətɪ] *s* Wildheit, Grimmigkeit *f*
fer·ret ['ferɪt] **I.** *s* Frettchen *nt* **II.** *vi* **1.** mit dem Frettchen jagen **2.** (~ *about*) herumstöbern, -schnüffeln; ~ **out** aufstöbern
fer·ro·con·crete [ˌferəʊ'kɒŋkri:t] *s* Eisenbeton *m*
fer·rous ['ferəs] *adj* eisenhaltig
fer·rule ['feru:l] *s* Metallring *m*
ferry ['ferɪ] **I.** *s* Fähre *f* **II.** *vt* **1.** (mit der Fähre) übersetzen **2.** transportieren; **ferry-boat** *s* Fähre *f;* **ferry·man** <*pl* -men> *s* Fährmann *m*
fer·tile ['fɜ:taɪl] *adj* **1.** fruchtbar, ertragreich **2.** reich (*of, in* an); **fer·til·ity** [fə'tɪlətɪ] *s* Fruchtbarkeit *f;* Ergiebigkeit *f;* **fer·ti·liz·ation** [ˌfɜ:təlaɪ'zeɪʃn] *s* **1.** Düngung *f* **2.** (BIOL) Befruchtung *f;* **fer·til·ize** ['fɜ:təlaɪz] *vt* **1.** düngen **2.** (BIOL) befruchten; **fer·ti·lizer** ['fɜ:təlaɪzə(r)] *s* Dünger *m*
fer·vent ['fɜ:vənt] *adj* **1.** heiß, glühend **2.** (*Wunsch*) inbrünstig; leidenschaftlich; **fer·vid** ['fɜ:vɪd] *adj* leidenschaftlich; **fer·vor** *s* (*Am*), **fer·vour** ['fɜ:və(r)] *s* **1.** Glut, Hitze *f* **2.** Inbrunst, Leidenschaft *f*
fes·ter ['festə(r)] *vi* **1.** eitern **2.** (*fig: Ärger*) fressen, nagen (*in* in)
fes·ti·val ['festɪvl] *s* **1.** Fest *nt;* Feier *f* **2.** (MUS THEAT) Festspiele *ntpl;* **music** ~ Musikfestspiele *ntpl;* **Church** ~**s** Feiertage *mpl;* **fes·tive** ['festɪv] *adj* festlich; **fes·tiv·ity** [fe'stɪvətɪ] *s* **1.** Fest *nt,* Feier *f* **2.** **festivities** Festlichkeiten, Feierlichkeiten *fpl*
fes·toon [fe'stu:n] **I.** *s* Girlande *f* **II.** *vt* mit Girlanden verzieren
fe·tal ['fi:tl] *adj* (*Am*) fötal
fetch [fetʃ] **I.** *vt* **1.** holen, bringen **2.** (*Schrei*) ausstoßen **3.** (*Geld*) einbringen; ~ **s.o. a blow** jdm eine langen **II.** *vi:* ~ **and carry for s.o.** bei jdm Mädchen für alles sein; **fetch·ing** ['fetʃɪŋ] *adj* (*fam*) bezaubernd
fête [feɪt] **I.** *s* (Garten)Fest *nt* **II.** *vt* feiern
fetid ['fetɪd] *adj* übelriechend
fet·ish ['fetɪʃ] *s* Fetisch *m;* **fet·ish·ism** ['fetɪʃɪzəm] *s* Fetischismus *m;* **fet·ish·ist** ['fetɪʃɪst] *s* Fetischist(in) *m(f)*
fet·ter ['fetə(r)] **I.** *s* **1.** ~**s** (Fuß)Fesseln *fpl* **2.** (*fig*) Fesseln *fpl* **II.** *vt* **1.** fesseln **2.** (*fig*) in Fesseln legen
fettle ['fetl] *s:* **in fine** [*o* **good**] ~ in guter Verfassung
fe·tus ['fi:təs] *s* (*Am*) Fötus, Fetus *m*
feud [fju:d] **I.** *s* Fehde *f* **II.** *vi* sich befehden
feu·dal ['fju:dl] *adj* feudal; Feudal-, Lehns-; **feu·dal·ism** [-ɪzəm] *s* Lehnswesen *nt*
fe·ver ['fi:və(r)] *s* **1.** Fieber *nt* **2.** (*fig*) Erregung *f;* **be at** ~ **pitch** in höchster Erregung sein; **be in a** ~ **of excitement** in fieberhafter Aufregung sein; **fe·ver·ish** ['fi:vərɪʃ] *adj* **1.** fiebernd **2.** (*fig*) fieberhaft
few [fju:] **I.** *adj* wenige; ~ **and far between** dünn gesät; **as** ~ **as** genauso wenig wie; **a** ~ ein paar; **a** ~ **times** ein paar Male; **quite a** ~ ziemlich viele; **every** ~ **days** alle paar Tage **II.** *pron* wenige; **a** ~ ein paar; **quite a** ~ eine ganze Menge; **a** ~ **more** ein paar mehr; **fewer** ['fju:ə(r)] *adj, pron* weniger; **no** ~ **than** nicht weniger als; **fewest** ['fju:ɪst] *adj, pron* die Wenigsten
fi·ancé [fɪ'ɒnseɪ] *s* Verlobte(r) *m;* **fiancée** [fɪ'ɒnseɪ] *s* Verlobte *f*
fi·asco [fɪ'æskəʊ] <fiascos, fiascoes *Am*> *s* Fiasko *nt*
fib [fɪb] **I.** *s* (*fam*) Schwindelei *f* **II.** *vi* flunkern, schwindeln; **fib·ber** ['fɪbə(r)] *s* Flunkerer *m*
fiber *s* (*Am*), **fibre** ['faɪbə(r)] *s* **1.** Faser *f* **2.** (*fig*) Charakter *m,* Wesen *nt;* **cotton** ~ Baumwollfaser *f;* **dietary** ~ Ballaststoffe *pl;* **glass** ~ Glasfiber, -faser *nt;* **moral** ~ Charakterstärke *f*
fibre·glass ['faɪbəglɑ:s] *s* Fiberglas *nt*
fibre op·tic cable ['faɪbə(r)'ɒptɪk'keɪbl] *s* Glasfaserkabel *nt;* **fibre optics** ['faɪbə(r)ɒptɪks] *s pl* Glasfaseroptik *f*
fib·ula ['fɪbjʊlə] *s* (ANAT) Wadenbein *nt*
fickle ['fɪkl] *adj* wankelmütig, unbeständig
fic·tion ['fɪkʃn] *s* **1.** (*a.* JUR) Fiktion *f* **2.** Erzähl-, Prosaliteratur *f;* **fic·tion·al** ['fɪkʃənl] *adj* erfunden, erdichtet
fic·ti·tious [fɪk'tɪʃəs] *adj* **1.** fiktiv, frei erfunden **2.** falsch
fiddle ['fɪdl] **I.** *s* **1.** Fiedel, Geige *f* **2.** (*sl*) Schiebung *f;* **be fit as a** ~ gesund und munter sein; **play first/second** ~ (*fig*) die erste/die zweite Geige spielen **II.** *vi* **1.** (MUS) fiedeln **2.** herumspielen; ~ **about** herumspielen, -fummeln **III.** *vt* (*Bilanz*) frisieren; manipulieren; **fid·dler** ['fɪdlə(r)] *s* **1.** Geiger(in) *m(f)* **2.** (*sl*) Gauner(in) *m(f);* **fid·dling** ['fɪdlɪŋ] *adj* (*fam*) läppisch; **fid·dly** ['fɪdlɪ] *adj* (*fam*) knifflig
fi·del·ity [fɪ'deləti] *s* **1.** Treue *f* **2.** Genauigkeit *f;* **high** ~ Klangtreue *f*
fidg·et ['fɪdʒɪt] **I.** *s* (*fam*) Zappelphilipp *m*

II. *vi* nervös sein; zappeln; **fidg·ety** ['fɪdʒɪtɪ] *adj* zappelig; nervös

fief, **feoff** [fi:f] *s* Lehen *nt*

field [fi:ld] **I.** *s* **1.** Feld *nt,* Acker *m;* Wiese *f;* Weide *f* **2.** Platz *m* **3.** (MIL) Feld *nt* **4.** (*fig*) (Fach)Gebiet *nt,* Bereich, Sektor *m* **5.** (COM) Außendienst *m* **6.** (SPORT) Feld *nt;* (*Baseball*) Fängerpartei *f;* **in this ~** (*fig*) auf diesem Gebiet, in diesem Bereich; **working in the ~** auf dem Feld arbeiten; **wheat ~** Weizenfeld *nt;* **~ of battle** Schlachtfeld *nt;* **~ of vision** Blick-, Gesichtsfeld *nt;* **magnetic ~** Magnetfeld *nt;* **take the ~** (SPORT) das Spiel eröffnen; **~ of activity** Tätigkeits-, Wirkungsbereich *m;* Arbeitsgebiet *nt* **II.** *vt* **1.** (*Kricket, Baseball*) auffangen und zurückwerfen **2.** (*Spieler*) als Fänger im Ausfeld einsetzen **III.** *vi* als Fänger spielen; **field day** *s* **1.** (MIL) Manöver *nt* **2.** (*fig*) großer Tag; **fielder** *s* (*Kricket*) Fänger(in) *m(f);* **field events** *s pl* (SPORT) Springen, Stoßen u. Werfen *nt;* **field glasses** *s pl* Feldstecher *m;* **field mouse** <*pl* -mice> *s* Feldmaus *f;* **fields·man** ['fi:ldzmən] <*pl* -men> *s* (*Kricket*) Fänger *m;* **field sports** *s pl* Jagd *f,* Schießen *nt,* Fischfang *m;* **field·work** ['fi:ldwɜ:k] *s* **1.** Arbeit *f* im Gelände **2.** (*von Soziologen*) Feldforschung *f;* **field·worker** ['fi:ldwɜ:kə(r)] *s* Praktiker(in) *m(f)*

fiend [fi:nd] *s* **1.** Unhold, Satan *m* **2.** (*fam*) Fanatiker(in) *m(f);* **fresh-air/jazz ~** Frischluft-/Jazzfanatiker(in) *m(f);* **fiend·ish** ['fi:ndɪʃ] *adj* teuflisch

fierce [fɪəs] *adj* **1.** (*Erscheinung*) wild **2.** (*Blick*) böse **3.** (*Hund*) scharf **4.** (*Kampf*) heftig **5.** (*Konkurrenz*) erbittert; **fier·ce·ness** ['fɪəsnɪs] *s* Wildheit *f;* Heftigkeit *f;* Grimmigheit *f;* Schärfe *f*

fiery ['faɪərɪ] *adj* **1.** feurig, glühend, heiß **2.** (*fig*) erregt, aufwühlend

fife [faɪf] *s* (MUS) Querpfeife *f*

fif·teen [ˌfɪf'ti:n] *adj* fünfzehn; **fif·teenth** [ˌfɪf'ti:nθ] *adj* fünfzehnte(r,s)

fifth [fɪfθ] **I.** *adj* fünfte(r, s) **II.** *s* Fünftel *nt;* Fünfte(r, s)

fif·ti·eth ['fɪftɪəθ] *adj* fünfzigste(r, s); **fifty** ['fɪftɪ] *adj* fünfzig; **go ~-~ with s.o.** mit jdm halbe-halbe machen

fig [fɪg] *s* Feige *f;* **I don't care a ~** (*fam*) ich kümmere mich einen Dreck darum

fight [faɪt] <*irr:* fought, fought> **I.** *s* **1.** Kampf *m,* Gefecht *nt* **2.** Kampfkraft *f,* -geist *m;* **have a ~ with s.o.** sich mit jdm schlagen; **put up a ~** sich zur Wehr setzen **II.** *vi* kämpfen; sich streiten; **~ for one's life** um sein Leben kämpfen; **~ shy of s.th.** einer S aus dem Weg gehen **III.** *vt* **1.** kämpfen mit **2.** bekämpfen; ankämpfen gegen; **fight back** *vi* zurückschlagen; sich wehren; **fight off** *vt* abwehren; ankämpfen gegen; **fight on** *vi* weiterkämpfen

fighter ['faɪtə(r)] *s* **1.** Kämpfer(in) *m(f)* **2.** (AVIAT) Jagdflugzeug *nt;* **fight·ing** ['faɪtɪŋ] *s* Kampf *m,* Gefecht *nt*

fig·ment ['fɪgmənt] *s* Einbildung, Erfindung *f;* **a ~ of the imagination** pure Einbildung

figu·rat·ive ['fɪgjərətɪv] *adj* bildlich, übertragen; **figu·rat·ive·ly** [-lɪ] *adv* in übertragener Bedeutung

fig·ure ['fɪgə(r)] **I.** *s* **1.** Zahl, Ziffer *f* **2.** Figur, Form, Gestalt *f* **3.** Persönlichkeit *f* **4.** (*Modell*) Figur *f* **5.** (*Tanz*) Figur *f* **6.** **~s** Rechnen *nt* **7.** (MUS) Motiv *nt;* **be good at ~s** ein guter Rechner sein; **she has a good ~** sie hat eine gute Figur; **~-hugging** figurbetont; **~ of fun** Witzfigur *f;* **~ of speech** Redensart *f* **II.** *vt* **1.** formen, gestalten; (figürlich) darstellen **2.** sich vorstellen **III.** *vi* in Erscheinung treten; **he ~d in a play** er trat in einem Stück auf; **figure out** *vt* begreifen, verstehen; ausrechnen

fig·ure·head ['fɪgəhed] *s* (*a. fig*) Galionsfigur *f;* **figure skater** ['fɪgəˌskeɪtə(r)] *s* Eiskunstläufer(in) *m(f);* **fig·ure skat·ing** *s* Eiskunstlauf *m*

fila·ment ['fɪləmənt] *s* **1.** (BOT) Staubfaden *m* **2.** (ELEK) Glüh-, Heizfaden *m*

filch [fɪltʃ] *vt* (*fam*) mausen, stibitzen

file[1] [faɪl] **I.** *s* Feile *f* **II.** *vt* feilen; **~ smooth** glatt feilen

file[2] [faɪl] **I.** *s* **1.** Aktenhefter, Aktenordner *m* **2.** Akte *f* (*on s.o.* über jdn) **3.** (INFORM) Datei *f;* **on ~** aktenkundig; **keep a ~ on s.o.** eine Akte über jdn führen **II.** *vt* **1.** ablegen, abheften **2.** (JUR) einreichen; **~ away** zu den Akten legen; **~ a suit** Klage erheben

file[3] [faɪl] *s* Reihe *f;* **in Indian** [*o* **single**] **~** im Gänsemarsch; **file in** *vi* hereinmarschieren; **file out** *vi* hinausgehen

file name *s* (INFORM) Dateiname *m*

fil·ial ['fɪlɪəl] *adj* Kindes-; **~ duty** Kindespflicht *f*

fili·bus·ter ['fɪlɪbʌstə(r)] **I.** *s* (PARL) Obstruktion, Dauerrede *f;* (*Person*) Obstruktionspolitiker(in) *m(f)* **II.** *vi* (PARL) Obstruktion treiben

fili·gree ['fɪlɪgri:] *s* Filigran(arbeit *f*) *nt*

fil·ing ['faɪlɪŋ] *s* **1.** Ablegen, Abheften *nt* **2.** (JUR) Einreichnung *f;* **filing cabinet** *s* Aktenschrank *m*

fil·ings ['faɪlɪŋz] *s pl* Späne *mpl*

Fi·li·pi·no [fɪlɪ'pi:nəʊ] **I.** *adj* filipinisch **II.** *s* Filipino *m,* Filipina *f*

fill [fɪl] **I.** *vt* **1.** füllen, stopfen **2.** (*Zahn*) füllen, plombieren **3.** (*Loch*) zustopfen **4.** erfüllen **5.** (*Stelle*) besetzen, einnehmen, innehaben; **~ed with anger** von Zorn erfüllt **II.** *vi* voll werden, sich füllen **III.** *s:* **drink one's ~** seinen Durst löschen; **have had one's ~** gut satt sein; **I've had my ~ of it** ich habe davon die Nase voll; **fill in** *vt* **1.** (*Loch*) auffüllen **2.** (*Formular*) ausfüllen **3.** (*Namen*) einsetzen; **~ in for s.o.** für jdn einspringen; **~ s.o. in on s.th.** jdn über etw ins Bild setzen; **fill out I.** *vi* sich blähen; dicker werden **II.** *vt* (*Am: Formular*) ausfüllen; **fill up I.** *vt* **1.** vollfüllen; volltanken **2.** (*Formular*) ausfüllen **II.** *vi* sich (an)füllen, voll werden

fill·er ['fɪlə(r)] *s* **1.** Trichter *m* **2.** Spachtelmasse *f* **3.** (CHEM) Füllstoff *m;* **filler cap** *s* Tankdeckel *m*

fil·let ['fɪlɪt] **I.** *s* **1.** Stirnband *nt* **2.** (*Küche*) Filet, Lendenstück *nt* **II.** *vt* (*Fleisch, Fisch*) in Filets schneiden

fill·ing ['fɪlɪŋ] **I.** *s* Plombe, Füllung *f* **II.** *adj* sättigend; **filling station** *s* Tankstelle *f*

fil·lip ['fɪlɪp] *s* Ansporn *m,* Aufmunterung *f*

film [fɪlm] **I.** *s* **1.** Film *m,* Schicht *f;* dünner Belag **2.** (PHOT FILM) Film *m;* **make** [*o* **shoot**] **a ~** einen Film drehen **II.** *vt* (ver)filmen **III.** *vi* sich verfilmen lassen; **film camera** *s* Filmkamera *f;* **film·og·ra·phy** <*pl* -phies> [fɪlm'ɒgrəfi] *s* Filmografie *f;* **film speed** *s* Lichtempfindlichkeit *f;* **film star** *s* Filmstar *m;* **film studio** *s* Filmatelier, -studio *nt*

fil·ter ['fɪltə(r)] **I.** *s* Filter *m* **II.** *vt* filtern **III.** *vi* **1.** durch-, einsickern **2.** (*Br*) sich einordnen; **filter in** *vi* langsam eindringen; einsickern; **filter out I.** *vt* herausfiltern **II.** *vi* langsam herausgehen; **filter through** *vi* durchsickern

fil·ter bed *s* Filterbett *nt,* Filter(schütt)schicht *f;* **filter lane** *s* Abbiegespur *f;* **filter pad** *s* Filtereinsatz *m;* **filter paper** *s* Filterpapier *nt;* **filter tip** *s* Filtermundstück *nt,* Filter *m*

filth [fɪlθ] *s* **1.** Schmutz, Dreck *m* **2.** (*fig*) Schweinerei *f;* **filthy** ['fɪlθɪ] *adj* **1.** schmutzig, dreckig **2.** (*fig*) unanständig, schweinisch; **~ rich** (*fam*) stinkreich

fil·tra·tion [fɪl'treɪʃn] *s* Filtration *f,* Filtern *nt*

fin [fɪn] *s* **1.** (*a.* AVIAT MAR) Flosse *f;* Finne *f* **2.** (*Heizkörper*) Rippe *f*

fi·nal ['faɪnl] **I.** *adj* **1.** letzte(r, s); Schluss- **2.** letztendlich **3.** endgültig; **~ word** letztes Wort **II.** *s pl* **1.** Abschlussprüfung *f* **2.** (SPORT) Endspiel, Finale *nt* **3.** (*Zeitung*) Spätausgabe *f*

fi·nale [fɪ'nɑːlɪ] *s* (MUS) Finale *nt;* Schlussszene *f*

fi·nal·ist ['faɪnəlɪst] *s* (SPORT) Teilnehmer(in) *m(f),* an der Schlussrunde

fi·nal·ity [faɪ'nælətɪ] *s* **1.** Endgültigkeit *f* **2.** Entschiedenheit *f*

fi·nal·ize ['faɪnəlaɪz] *vt* abschließen; fertig machen, beenden

fi·nal·ly ['faɪnəlɪ] *adv* **1.** endlich, schließlich **2.** endgültig, unwiderruflich

fi·nance ['faɪnæns] **I.** *s* **1.** Finanzwesen *nt* **2. ~s** Finanzen *fpl;* **~ company** Finanzierungsgesellschaft *f* **II.** *vt* finanzieren;

fi·nan·cial [faɪ'nænʃl] *adj* finanziell; Finanz-; **~ adviser** Finanzberater(in) *m(f);* **~ assistance** Finanzhilfe *f;* **~ markets** Finanzmärkte; **~ resources** Finanzmittel *ntpl;* **the ~ year** das Rechnungsjahr;

fi·nan·ci·er [faɪ'nænsɪə(r)] *s* Finanzier *m*

finch [fɪntʃ] *s* (*kleiner Singvogel*) Fink *m*

find [faɪnd] <*irr:* found, found> **I.** *vt* **1.** finden **2.** besorgen **3.** (heraus)finden, ausfindig machen **4.** bemerken, gewahr werden **5.** halten für, ansehen als **6.** (JUR) befinden (*guilty* für schuldig); **it is not to be found** es lässt sich nicht finden; **~ one's feet** sich zurechtfinden; **~ fault with** etw auszusetzen haben an; **~ one's voice** [*o* **tongue**] die Sprache wiederfinden; **~ one's way** seinen Weg finden; **this tree is found everywhere** diesen Baum findet man überall; **~ o.s. unable** sich außer Stande sehen; **he found himself in hospital** er fand sich im Krankenhaus wieder **II.** *vi:* **~ for the accused** den Angeklagten freisprechen **III.** *s* Fund *m;* **find out I.** *vt* **1.** herausfinden **2.** (*Person*) erwischen **II.** *vi* dahinterkommen

finder ['faɪndə(r)] *s* Finder(in) *m(f);*

find·ing ['faɪndɪŋ] *s* **1. ~s** Ergebnis *nt,* Befund *m;* Feststellung *f* **2.** (JUR) Urteil *nt*

fine¹ [faɪn] **I.** *adj* **1.** fein, schön (*a. Wetter*) **2.** ausgezeichnet, hervorragend, prächtig **3.** (*Material*) fein, zart **4.** gesund **5.** in Ordnung, gut **6.** fein, scharf, spitz; **one ~ day** eines schönen Tages; **that's a ~ excuse** das ist ja eine schöne Ausrede; **~ clothes** feine Kleider; **~ dust** feiner Staub; **that's ~!** das ist prima!; **~ feelings** Feingefühl *nt* **II.** *adv* (*fam*) sehr gut, prima; **chop s.th. up ~** etw fein zerhacken; **that will suit me ~** das passt mir gut; **I'm feeling ~** mir geht's bestens; **you're looking very ~ today** du siehst heute gut aus; **fine down** *vt* abfeilen; straffen; reduzieren

fine² [faɪn] **I.** *s* (JUR) Bußgeld *nt,* Geldstrafe *f* **II.** *vt* mit einer Geldstrafe belegen

fine art [ˌfaɪn'ɑːt] *s meist pl* schöne Künste *fpl*

fine·ness ['faɪnnɪs] *s* **1.** Schönheit *f* **2.** Güte *f;* Feinheit *f* **3.** (*Material*) Zartheit *f* **4.** (*Sand*) Feinheit *f* **5.** Dünnheit *f*

F

fin·ery ['faɪnərɪ] *s* **1.** Putz, Staat *m* **2.** (TECH) Frischofen *m*

fi·nesse [fɪ'nes] *s* **1.** Geschicklichkeit *f* **2.** (*Karten*) Schneiden *nt*

fine-tooth comb [ˌfaɪn'tu:θkəʊm] *s:* **go through s.th. with a** ~ etw genau unter die Lupe nehmen

fin·ger ['fɪŋgə(r)] **I.** *s* Finger *m;* **cut one's** ~ sich in den Finger schneiden; **burn one's ~s** (*fig*) sich die Finger verbrennen; **have a ~ in the pie** die Hand im Spiel haben; **lay a ~ on s.o.** jdn berühren; **let s.th. slip through one's ~s** sich etw entgehen lassen; **twist s.o. around one's (little) ~** jdn um den kleinen Finger wickeln; **put the ~ on s.o.** (*sl*) jdn verpfeifen **II.** *vt* **1.** befühlen, betasten **2.** (MUS) mit dem Fingersatz bezeichnen; **fin·ger·ing** ['fɪŋgərɪŋ] *s* (MUS) Fingersatz *m;* **fin·ger·mark** *s* Fingerabdruck *m;* **finger·nail** *s* Fingernagel *m;* **finger·print** ['fɪŋgəprɪnt] **I.** *s* Fingerabdruck *m* **II.** *vt* einen Fingerabdruck nehmen (*s.o.* von jdm); **fin·ger·tip** ['fɪŋgətɪp] *s* Fingerspitze *f;* **have s.th. at one's ~s** etw aus dem Effeff kennen; etw parat haben

fin·icky ['fɪnɪkɪ] *adj* wählerisch, verwöhnt (*about* in)

fin·ish ['fɪnɪʃ] **I.** *s* **1.** Ende *nt,* Schluss *m* **2.** (SPORT) Endkampf, Endspurt *m;* Ziel *nt* **3.** Schliff *m;* Verarbeitung *f;* Vollendung *f* **4.** (TECH) Oberflächenbehandlung *f;* **be in at the ~** (*fig*) beim Ende dabei sein; **fight to the ~** bis zum letzten Augenblick kämpfen; **his manners lack ~** seinen Manieren fehlt der Schliff **II.** *vt* **1.** beenden; aufhören (*doing s.th.* etw zu tun) **2.** (*Arbeit*) erledigen, vollenden **3.** fertig stellen, den letzten Schliff geben (*s.th.* einer S); **have ~ed doing s.th.** mit etw fertig sein; **~ writing** fertig schreiben **III.** *vi* **1.** zu Ende sein; fertig sein; aufhören **2.** (SPORT) das Ziel erreichen (*with* mit); **finish off I.** *vi* aufhören, Schluss machen **II.** *vt* **1.** fertig machen **2.** (*Essen*) aufessen **3.** (*Tier*) den Gnadenschuss geben *dat* **4.** (*fig*) den Rest geben (*s.o.* jdm); **finish up** *vt* aufessen; **~ up with a brandy** zum Abschluss einen Brandy trinken; **finish with** *vt* nicht mehr brauchen; (*fig*) fertig sein mit, nichts mehr zu tun haben wollen mit

fin·ished ['fɪnɪʃt] *adj* **1.** fertig; bearbeitet **2.** (*Erscheinung*) vollendet; **be ~** fertig, erledigt sein; **~ goods** Fertigerzeugnisse *ntpl;* **a ~ performance** eine makellose Aufführung; **~ product** Fertigprodukt *nt*

fin·ish·ing line ['fɪnɪʃɪŋˌlaɪn] *s* Ziellinie *f;* **fin·ish·ing post** ['fɪnɪʃɪŋˌpəʊst] *s* Zielpfosten *m*

fi·nite ['faɪnaɪt] *adj* **1.** (*a.* MATH) begrenzt; endlich **2.** (GRAM) finit

Fin·land ['fɪnlənd] *s* Finnland *nt*

Finn [fɪn] *s* Finne *m,* Finnin *f;* **Finn·ish** ['fɪnɪʃ] **I.** *adj* finnisch **II.** *s* (das) Finnisch(e)

fiord [fɪ'ɔ:d] *s* Fjord *m*

fir [fɜ:(r)] *s* **1.** Tanne *f* **2.** Tanne(nholz *nt*), Fichte(nholz *nt*) *f;* **fir-cone** *s* Tannenzapfen *m*

fire ['faɪə(r)] **I.** *s* **1.** Feuer *nt;* Brand *m* **2.** Kaminfeuer *nt* **3.** (MIL) Feuer *nt* **4.** Erregung, Leidenschaft *f;* **between two ~s** zwischen zwei Feuern; **on ~** in Brand; **be on ~** in Flammen stehen; **come under ~** unter Beschuss geraten; **catch ~** Feuer fangen; **go through ~ and water for s.o.** für jdn durchs Feuer gehen; **play with ~** (*fig*) mit dem Feuer spielen; **set ~ to, set on ~** in Brand stecken; anzünden; **danger of ~** Brandgefahr *f;* **liable to catch ~** feuergefährlich **II.** *vt* **1.** anzünden, in Brand stecken **2.** (*Ofen*) befeuern **3.** (*Ziegel*) brennen **4.** (*fig*) anfeuern; beflügeln; entzünden **5.** (*Feuerwaffe, Geschoss*) abfeuern **6.** (*fam*) feuern, entlassen **III.** *vi* **1.** (*Schuss*) feuern, schießen **2.** (*Maschine*) zünden; **fire away** *vi* (*fam*) losschießen; **fire off** *vt* abschießen

fire alarm ['faɪərəˌlɑ:m] *s* **1.** Feueralarm *m* **2.** Feuermelder *m;* **fire·arm** *s* Feuer-, Schusswaffe *f;* **fire·ball** ['faɪəbɔ:l] *s* (*Atom*) Feuerball *m;* **fire·brand** ['faɪəbrænd] *s* **1.** Feuerbrand *m* **2.** (*fig*) Unruhestifter(in) *m(f);* **fire·break** ['faɪəbreɪk] *s* Feuerschneise *f;* **fire·brick** ['faɪəˌbrɪk] *s* Schamottenstein *m;* **fire brig·ade** *s* Feuerwehr *f;* **fire·cracker** *s* Knallkörper *m;* **fire·damp** *s* (MIN) Grubengas *nt;* schlagende Wetter *ntpl;* **fire department** *s* (*Am*) Feuerwehr *f;* **fire-eater** *s* Feuerschlucker *m;* **fire engine** *s* Feuerwehrauto *nt;* **fire escape** *s* Feuertreppe, Feuerleiter *f;* **fire extinguisher** *s* Feuerlöscher *m;* **fire·fighter** *s* Feuerwehrmann *m;* **fire·fly** ['faɪəflaɪ] *s* Leuchtkäfer *m;* **fire·guard** *s* Ofenschirm *m;* **fire hazard** *s* Feuersgefahr *f;* **fire house** *s* (*Am*) Feuerwache *f;* **fire insurance** *s* Feuerversicherung *f;* **fire irons** *s pl* Kaminbesteck *nt;* **fire·man** ['faɪəmən] <*pl* -men> *s* **1.** Feuerwehrmann *m* **2.** Heizer *m;* **fire·place** ['faɪəpleɪs] *s* Kamin *m;* **fire plug** *s* (*Am*) Hydrant *m;* **fire·proof** *adj* feuerfest, -sicher; **fire-raiser** ['faɪəreɪsə(r)] *s* Brandstifter(in) *m(f);* **fire-raising** ['faɪəreɪsɪŋ] *s* Brandstiftung *f;* **fire·side** ['faɪəsaɪd] *s* Platz *m* um den Kamin; **by the ~** am Kamin; **fire·wall** *s* (INTERNET) Firewall *f;* **fire·water** *s* (*fam*) Feuerwasser *nt;* **fire-**

woman ['faɪəwʊmən, *pl* -wɪmɪn] <*pl* -women> *s* Feuerwehrfrau *f;* **fire·wood** ['faɪəwʊd] *s* Brennholz *nt;* **fire·work** *s* **1.** Feuerwerkskörper *m* **2.** *meist pl* Feuerwerk *nt*

firing ['faɪrɪŋ] *s* (MIL) Feuern *nt;* **firing line** *s* Feuer-, Schusslinie *f;* **firing squad** *s* Exekutionskommando *nt*

firm[1] [fɜːm] **I.** *adj* **1.** fest; hart; stabil **2.** (*Freundschaft*) beständig, unaufhörlich **3.** (*Basis*) standhaft, unerschütterlich **4.** (COM) fest, stabil **II.** *vi* fest werden **III.** *adv:* **stand ~ on s.th.** fest bei etw bleiben

firm[2] [fɜːm] *s* Firma *f,* Unternehmen *nt*

fir·ma·ment ['fɜːməmənt] *s* Firmament *nt*

firm·ness ['fɜːmnɪs] *s* Festigkeit *f;* Beständigkeit *f*

first [fɜːst] **I.** *adj* erste(r, s); **at ~ hand** aus erster Hand; **at ~ sight** auf den ersten Blick; **for the ~ time** zum ersten Mal; **~ things ~** eins nach dem anderen; **not to know the ~ thing about s.th.** keinen blassen Schimmer von etw haben; **in the ~ place** an erster Stelle; zunächst **II.** *adv* **1.** zuerst, als Erste(r, s) **2.** als Erstes, zunächst **3.** zum ersten Mal **4.** (zu)erst **5.** eher, lieber; **~ of all, ~ and foremost** zuallererst; **~ come, ~ served** (*prov*) wer zuerst kommt, mahlt zuerst; **come in ~** das Rennen gewinnen; **I must finish this ~** ich muss das erst fertig machen **III.** *s* **1.** (*the ~*) der, die, das Erste **2.** (SCHULE) Eins *f* **3.** (AUTO) erster Gang; **at ~** zuerst, zunächst; **from ~ to last** von Anfang bis Ende; **first aid** *s* (MED) erste Hilfe; **~ box** Verbandskasten *m;* **~ kit** Erste-Hilfe-Ausrüstung *f;* **~ station** Sanitätswache *f;* **first-born** ['fɜːstbɔːn] *adj* erstgeboren; **first-class** [ˌfɜːst'klɑːs] **I.** *adj* erstklassig; **~ compartment** Abteil *nt* erster Klasse **II.** *adv* erster Klasse; **first cousin** *s* Cousin(e) *m (f)* ersten Grades; **first-hand** [ˌfɜːst'hænd] *adj, adv* aus erster Hand; **First Lady** *s* (*in den USA*) Gemahlin des Präsidenten

first·ly ['fɜːstlɪ] *adv* erstens

first name ['fɜːst neɪm] *s* Vorname *m;* **be on ~ terms** sich mit dem Vornamen anreden, sich duzen; **first night** *s* (THEAT) Erstaufführung *f;* **first offender** *s* (JUR) Ersttäter(in) *m(f),* Nichtvorbestrafte(r) *f m;* **first option** *s* Vorhand *f;* **first-person narrator** *s* Icherzähler(in) *m(f);* **first-rate** [ˌfɜːst'reɪt] *adj* **1.** erstrangig, -klassig **2.** (*fam*) prima, großartig; **first strike** *s* (MIL: *Atomwaffen*) Ersteinsatz, Erstschlag *m*

firth [fɜːθ] *s* Meeresarm *m,* Förde *f*

fis·cal ['fɪskl] *adj* fiskalisch; Finanz-

fish [fɪʃ] <*pl* **fish (fishes)**> **I.** *s* Fisch *m;* **the Fishes** (ASTR) die Fische *pl;* **feel like a ~ out of water** sich fehl am Platze vorkommen; **have other ~ to fry** wichtigere Dinge zu tun haben; **neither ~ nor fowl** weder Fisch noch Fleisch; **a pretty kettle of ~** (*iro*) eine schöne Bescherung; **~ and chips** (fritierter) Fisch und Pommes frites; **~ farming** Aquakultur *f* **II.** *vi* **1.** fischen **2.** angeln (*for* nach); **~ in troubled waters** im Trüben fischen **III.** *vt* fischen, angeln in; **~ out** herausfischen; **~ up** herausziehen; hervorkramen; **fish·bone** ['fɪʃbəʊn] *s* Fischgräte *f;* **fish·cake** ['fɪʃkeɪk] *s* Fischfrikadelle *f*

fisher·man ['fɪʃəmən] <*pl* -men> *s* Fischer, Angler *m*

fish·ery ['fɪʃərɪ] *s* **1.** Fischerei *f,* Fischfang *m* **2.** Fischereizone *f;* **inshore/deep-sea ~** Küsten-/Hochseefischerei *f*

fish fin·ger [ˌfɪʃ'fɪŋgə(r)] *s* Fischstäbchen *nt;* **fish-hook** *s* Angelhaken *m*

fish·ing ['fɪʃɪŋ] *s* Fischen *nt;* Angeln *nt;* **fishing·grounds** *s pl* Fischgründe *mpl;* **fishing·line** *s* Angelschnur *f;* **fishing rod** *s* Angelrute *f;* **fishing tackle** *s* Angelgerät *nt*

fish·mon·ger ['fɪʃmʌŋgə(r)] *s* (*Br*) Fischhändler(in) *m(f);* **fish·pond** *s* Fischteich *m*

fishy ['fɪʃɪ] *adj* **1.** fischartig **2.** (*fam*) verdächtig, faul

fis·sile ['fɪsaɪl] *adj* spaltbar; **fis·sion** ['fɪʃn] *s* **1.** (BIOL) (Zell)Teilung *f* **2.** (PHYS) (Kern)Spaltung *f;* **fis·sion·able** [-əbl] *adj* spaltbar; **fission material** *s* Spaltmaterial *nt*

fis·sure ['fɪʃə(r)] *s* Spalt(e *f*) *m,* Kluft *f*

fist [fɪst] *s* Faust *f;* **shake one's ~ at s.o.** jdm mit der Faust drohen

fit[1] [fɪt] *s* (MED) Anfall *m;* **by** [*o* **in**] **~s and starts** stoßweise; **give s.o. a ~** (*fam*) jdm einen Schrecken einjagen; **~ of anger** Wutanfall *m;* **~ of coughing** Hustenanfall *m;* **~ of laughter** Lachkrampf *m*

fit[2] [fɪt] **I.** *adj* **1.** geeignet; günstig **2.** passend, ratsam, angebracht **3.** gesund; in Form; **be ~** geeignet, tauglich sein; **be ~ to be seen** sich sehen lassen können; **keep ~** in Form bleiben; **~ to drink** trinkbar; **~ for a position** für eine Stelle geeignet; **~ for work** arbeitsfähig **II.** *vt* **1.** passen auf; passen in **2.** (*Kleid*) passen (*s.o.* jdm) **3.** anbringen; montieren; einbauen **4.** (*Tatsachen*) entsprechen (*s.th.* einer S); **~ a dress on s.o.** jdm ein Kleid anprobieren; **~ a key in a lock** einen Schlüssel ins Schloss stecken **III.** *vi* **1.** passen **2.** zusammenpassen **IV.** *s* Passform *f;* **fit in I.** *vt* **1.** unterbringen **2.** (TECH) einbauen **II.** *vi* **1.** passen (*with* zu) **2.** in Einklang, in Übereinstimmung sein (*with* mit) **3.** harmonieren; **fit**

F

out *vt* ausrüsten, ausstatten; **fit together** *vi* zusammenpassen; **fit up** *vt* **1.** (*Haus*) einrichten, möblieren **2.** ausrüsten (*with* mit) **3.** (*Maschine*) montieren

fit·ful ['fɪtfl] *adj* **1.** unregelmäßig; unbeständig **2.** (*Schlaf*) unruhig

fit·ment ['fɪtmənt] *s* Einrichtungsgegenstand *m;* Möbel(stück) *nt*

fit·ness ['fɪtnɪs] *s* **1.** Tauglichkeit, Geeignetheit *f* **2.** Gesundheit *f;* Fitness, Kondition *f*

fit·ted ['fɪtɪd] *adj* **1.** eingerichtet, ausgestattet (*with* mit) **2.** (*Person*) geeignet **3.** (*Hemd*) tailliert; ~ **carpet** Teppichboden *m;* ~ **kitchen** Einbauküche *f;* ~ **sheet** Spannbetttuch *nt*

fit·ter ['fɪtə(r)] *s* **1.** Schneider(in) *m(f)* **2.** (TECH) Monteur(in) *m(f),* Schlosser(in) *m(f)* **3.** Installateur(in) *m(f)*

fit·ting ['fɪtɪŋ] **I.** *adj* angebracht, angemessen, geeignet **II.** *s* **1.** (*Kleider*) Anprobe *f* **2.** Zubehörteil *nt;* ~**s** Ausstattung *f;* Einrichtung *f;* **go in for a** ~ zur Anprobe gehen

five [faɪv] *adj* fünf; ~**-day week** Fünftagewoche *f;* ~**fold** fünffach; ~; **-speed gearbox** (AUTO) Fünfganggetriebe *nt;* **fiver** ['faɪvə(r)] *s* (*fam*) Fünfpfundnote *f*

fix [fɪks] **I.** *vt* **1.** festmachen, befestigen (*to* an), anbringen **2.** (*Bild*) aufhängen **3.** heften, richten (*one's eyes* den Blick, *on, upon* auf) **4.** (*Preis*) festsetzen, festlegen (*at* auf) **5.** (*Aufmerksamkeit*) fesseln **6.** vereinbaren, abmachen **7.** (*Besprechung*) ansetzen, anberaumen **8.** (CHEM PHOT) fixieren **9.** in Ordnung bringen **10.** (*fam*) drehen, schieben, manipulieren; ~ **the blame on s.o.** die Schuld auf jdn schieben; ~ **s.th. in one's mind** sich etw fest einprägen; ~ **a date** ein Treffen vereinbaren; ~ (**up**) **one's face** (*sl*) sich schminken; ~ **one's hair** sich frisieren; ~ **the meal** das Essen fertig machen; **I'll** ~ **him!** ich werde es ihm schon geben! **II.** *s* **1.** (*fam*) Klemme *f* **2.** (*sl: Drogen*) Fix *m* **3.** (MAR AVIAT) Standortbestimmung *f;* **in a** ~ in einer Klemme; **fix down** *vt* befestigen; **fix on I.** *vt* festmachen; anstecken **II.** *vi* sich entscheiden für; **fix up** *vt* **1.** anbringen **2.** arrangieren, festmachen; ~ **s.o. up for the night** jdn für die Nacht unterbringen; ~ **s.o. up with s.th.** jdm etw besorgen

fix·ation [fɪk'seɪʃn] *s* Fixierung *f*

fixed [fɪkst] *adj* **1.** fest **2.** (*Idee*) fix **3.** (*Lächeln*) starr; ~ **expenses** Fixkosten *pl;* ~ **interest securities** (FIN) Rentenwerte *pl;* ~ **term contract** befristeter Arbeitsvertrag; ~ **term deposit** (FIN) Termingeld *nt;* ~ **rate of interest** (FIN) Festzins(satz) *m;* **fix·ed·ly** ['fɪksɪdlɪ] *adv* starr, unbeweglich

fixer ['fɪksə(r)] *s* **1.** (PHOT) Fixiermittel *nt* **2.** (*Drogen*) Fixer(in) *m(f);* **fix·ing bath** ['fɪksɪŋˌbɑːθ] *s* Fixierbad *nt*

fix·ity ['fɪksətɪ] *s:* ~ **of purpose** Zielstrebigkeit *f*

fix·ture ['fɪkstʃə(r)] *s* **1.** Ausstattung *f,* unbewegliches Inventar **2.** (SPORT) Spiel *nt;* **lighting** ~**s** elektrische Anschlüsse *mpl;* **be a** ~ (*hum*) zum Inventar gehören

fizz [fɪz] **I.** *vi* zischen; sprudeln, moussieren **II.** *s* **1.** Zischen *nt* **2.** Sprudel *m*

fizzle ['fɪzl] *vi* zischen, spucken; ~ **out** verpuffen; im Sand verlaufen

fizzy ['fɪzɪ] *adj* sprudelnd

fjord [fɪ'ɔːd] *s* Fjord *m*

flab·ber·gast ['flæbəgɑːst] *vt* (*fam*) verblüffen, umhauen

flabby ['flæbɪ] *adj* **1.** schlaff, schlapp **2.** (*fig*) saft- und kraftlos; **flabby cheek** *s* Hängebacke *f*

flac·cid ['flæksɪd] *adj* lose hängend; schlaff

flag[1] [flæg] **I.** *s* Flagge *f;* Fahne *f;* ~ **of convenience** (COM MAR) Billigflagge *f;* **keep the** ~ **flying** die Stellung halten; **show the** ~ seine Anwesenheit dokumentieren **II.** *vt* beflaggen; ~ **down** anhalten; ~ **up** markieren

flag[2] [flæg] *s* (~*stone*) Steinplatte *f*

flag[3] [flæg] *s* Schwertlilie *f*

flag[4] [flæg] *vi* **1.** (*Pflanze*) welken **2.** (*fig*) ermatten, nachlassen

flag day ['flægdeɪ] *s* (*in GB*) *Tag, an dem eine Sammlung für karitative Zwecke durchgeführt wird;* **Flag Day** (*in den USA*) 14. Juni, *Gedenktag der Einführung der amerikanischen Nationalflagge*

flagel·late ['flædʒəleɪt] *vt* geißeln

flagon ['flægən] *s* bauchige Kanne

flag·pole ['flægpəʊl] *s* Fahnenstange *f*

fla·gran·cy ['fleɪgrənsɪ] *s* eklatante Offensichtlichkeit; Unverhohlenheit *f;* **fla·grant** ['fleɪgrənt] *adj* **1.** (*Verbrechen*) himmelschreiend, empörend **2.** skandalös, eklatant

flag·staff ['flægstɑːf] *s* Fahnenstange *f,* -mast *m*

flail [fleɪl] **I.** *s* Dreschflegel *m* **II.** *vt* dreschen

flair [fleə(r)] *s* Gespür *nt;* Fingerspitzengefühl *nt;* **have a** ~ **for s.th.** eine Nase für etw haben

flake [fleɪk] **I.** *s* **1.** Flocke *f* **2.** (*Metall*) Span *m* **3.** (*Rost*) Splitter *m* **II.** *vt* (*Schokolade*) raspeln **III.** *vi* abbröckeln; abblättern; **flake out** *vi* (*fam*) abschlaffen; **flaky** ['fleɪkɪ] *adj* flockig; schuppig; (*Am sl*) verrückt; ~ **pastry** Blätterteig *m*

flam·boy·ant [flæm'bɔɪənt] *adj* prunkvoll, (farben)prächtig; üppig

flame [fleɪm] **I.** *s* **1.** Flamme *f* **2.** (*fig*) Leidenschaft *f* **3.** (*fam*) Geliebte, Flamme *f;* **be in ~s** in Flammen stehen; **burst into ~s** in Flammen aufgehen **II.** *vi* flammen, lodern; **~ up** auflodern; (*fig*) in Wut geraten; **flame·out** ['fleɪmˌaʊt] *s* Versagen *nt;* **flam·ing** ['fleɪmɪŋ] *adj* **1.** flammend, lodernd; glühend **2.** (*sl*) verdammt

fla·mingo [flə'mɪŋgəʊ] <*pl* -mingo(e)s> *s* Flamingo *m*

flam·mable ['flæməbl] *adj* leicht brennbar

flan [flæn] *s* Obstkuchen *m*

flange [flændʒ] *s* **1.** (TECH) Flansch *m* **2.** (*am Rad*) Spurkranz *m*

flank [flæŋk] **I.** *s* **1.** (ANAT) Flanke *f* **2.** (MIL) Seite, Flanke *f* **II.** *vt* **1.** flankieren **2.** (MIL) umgehen

flan·nel ['flænl] **I.** *s* **1.** Flanell *m* **2.** Waschlappen *m* **3.** **~s** Flanellhose *f* **4.** (*sl*) Geschwafel *nt* **II.** *vi* (*fig*) schwafeln; **flan·nel·ette** [ˌflænə'let] *s* Baumwollflanell *m*

flap [flæp] **I.** *s* **1.** Klappe *f* **2.** (*~ of skin*) Hautlappen *m* **3.** Klaps *m,* Schlagen *nt* **4.** (AVIAT) Landeklappe *f* **5.** (*sl*) Aufregung , Nervosität *f;* **get into a ~** in helle Aufregung geraten **II.** *vi* **1.** schlagen; flattern **2.** in heller Aufregung sein; **his ears were ~ping** er spitzte die Ohren; **~ away** davonfliegen **III.** *vt:* **~ its wings** mit den Flügeln schlagen; **flap·jack** ['flæpdʒæk] *s* Haferflockenplätzchen *nt*

flare [fleə(r)] **I.** *vi* **1.** aufflackern, auflodern **2.** (*Hose*) ausgestellt sein; **~ up** aufflackern; (*fig*) aufbrausen **II.** *s* **1.** Aufleuchten *nt;* Aufflackern *nt* **2.** Leuchtkugel, Leuchtrakete *f;* Leuchtsignal *nt* **3.** (*Mode*) ausgestellter Schnitt; **flare-up** ['fleərʌp] *s* **1.** Aufflackern *nt* **2.** (*fig*) Wutausbruch *m*

flash [flæʃ] **I.** *vi* **1.** (auf)blitzen, blinken, funkeln (*with anger* vor Zorn) **2.** (*fig*) sausen, flitzen; **~ in and out** rein und raus sausen; **a smile ~ed across his face** ein Lächeln huschte über sein Gesicht; **~ by** vorbeisausen; **the time ~ed past** die Zeit verflog im Nu; **the idea ~ed through my mind** es fuhr mir durch den Sinn; **~ back** zurückblenden **II.** *vt* **1.** aufblitzen, aufleuchten lassen **2.** (*Ring*) blitzen lassen **III.** *s* **1.** Aufblinken *nt;* Blitzen *nt* **2.** (PHOT) Blitz(licht *nt*) *m* **3.** (AUTO) Lichthupe *f* **4.** (*news ~*) Kurzmeldung *f* **5.** (MIL) Abzeichen *nt* **6.** (*Am*) Taschenlampe *f* **7.** **~es** Szenen *fpl,* aus einem Film; **~ of lightning** Blitz *m;* **a ~ in the pan** ein Strohfeuer *nt;* **a ~ of wit** ein Geistesblitz *m;* **in a ~** im Nu; **as quick as a ~** blitzschnell; **flash·back** ['flæʃbæk] *s* (FILM) Rückblende *f;* **flash·bulb** ['flæʃbʌlb] *s* (PHOT) Blitzbirne *f;* **flash cube** *s* (PHOT) Blitz(licht)würfel *m;* **flasher** ['flæʃə(r)] *s* **1.** (AUTO) Lichthupe *f* **2.** (*sl*) Exhibitionist *m;* **flash·gun** ['flæʃgʌn] *s* Blitzlichtgerät *nt;* **flash·light** ['flæʃlaɪt] *s* **1.** Blinklicht *nt* **2.** (*Am*) Taschenlampe *f* **3.** (PHOT) Blitzlicht *nt;* **flash·point** ['flæʃpɔɪnt] *s* Flammpunkt *m;* **flashy** ['flæʃɪ] *adj* auffallend, auffällig

flask [flɑːsk] *s* **1.** Flachmann *m;* Thermosflasche *f* **2.** (CHEM) Glaskolben *m*

flat[1] [flæt] **I.** *adj* **1.** flach, platt, eben **2.** (*fig*) fade, matt, stumpf **3.** (*Absage*) glatt, deutlich **4.** (COM) pauschal **5.** (MUS) zu tief; **~ fish** Plattfisch *m;* **~ screen** (TV) Flachbildschirm *m* **II.** *adv* (*Ablehnung*) rundweg, kategorisch; **sing ~** zu tief singen; **he told me ~ that …** er sagte mir klipp und klar, dass …; **~ broke** (*fam*) total pleite; **~ out** total erledigt; **work ~ out** auf Hochtouren arbeiten **III.** *s* **1.** Fläche *f;* flache Seite **2.** (GEOG) Ebene *f* **3.** (MUS) Erniedrigungzeichen *nt* **4.** platter Reifen **5.** (THEAT) Kulisse *f*

flat[2] [flæt] *s* (*Br*) Wohnung *f*

flat-bot·tomed [ˌflæt'bɒtəmd] *adj* (*Kahn*) flach; **flat feet** *s pl* Plattfüße *mpl;* **flat-footed** [-'fʊtɪd] *adj* plattfüßig

flat·let ['flætlɪt] *s* Kleinwohnung *f*

flat·ness ['flætnɪs] *s* **1.** Flachheit, Plattheit *f* **2.** Fadheit, Abgedroschenheit *f*

flat panel, **flat screen** *s* (*monitor*) Flachbildschirm *m;* (*tv*) Fernsehgerät *nt* mit Flachbildschirm; **15-inch ~ monitor** 15-Zoll-Flachbildschirm *m*

flat·ten ['flætn] **I.** *vt* **1.** planieren; zu Boden drücken; umwerfen **2.** (*Stadt*) dem Erdboden gleichmachen **II.** *vi* flach(er) werden

flat·ter ['flætə(r)] *vt* schmeicheln (*s.o.* jdm); **feel ~ed** sich geschmeichelt fühlen; **~ o.s. that …** sich einbilden, dass …; **flat·terer** ['flætərə(r)] *s* Schmeichler(in) *m(f);* **flat·ter·ing** [-ɪŋ] *adj* schmeichelhaft; **flat·tery** ['flætərɪ] *s* Schmeichelei *f*

flatu·lence ['flætjʊləns] *s* (PHYSIOL) Blähung *f*

flaunt [flɔːnt] *vt* zur Schau stellen; prahlen, großtun mit

flaut·ist ['flɔːtɪst] *s* Flötist(in) *m(f)*

fla·vor (*Am*) *s.* **flavour**; **fla·vor·ing** (*Am*) *s.* **flavouring**

fla·vour ['fleɪvə(r)] **I.** *s* **1.** Geschmack *m;* Aroma *nt* **2.** (*fig*) Beigeschmack *m* **II.** *vt* würzen; **fla·vour·ing** [-ɪŋ] *s* Aroma *nt;* Aromastoff *m;* **artificial ~** künstlicher Aromastoff

flaw [flɔː] *s* **1.** Sprung, Riss *m* **2.** (Material)Fehler, Defekt, Mangel *m;* **flaw·less** ['flɔːlɪs] *adj* fehlerlos, makellos

flax [flæks] *s* Flachs *m;* **flaxen** ['flæksn] *adj* flachsfarben; **~ hair** Flachshaar *nt*

flay [fleɪ] *vt* **1.** die Haut abziehen (*s.o.* jdm) **2.** (*fig*) keinen guten Faden lassen an
flea [fliː] *s* Floh *m;* **send s.o. off with a ~ in his ear** jdn wie einen begossenen Pudel abziehen lassen; **flea·bite** *s* **1.** Flohbiss *m* **2.** (*fig*) Bagatelle *f;* **flea-bitten** [ˈfliːbɪtn] *adj* (*fig*) vergammelt; **flea market** *s* Flohmarkt *m*
fleck [flek] **I.** *s* **1.** Fleck(en), Tupfen *m* **2.** Teilchen *nt* **II.** *vt* sprenkeln
fled [fled] *s.* **flee**
fledged [fledʒd] *adj* flügge; **fully ~** (*fig*) vollentwickelt; **fledg(e)·ling** [ˈfledʒlɪŋ] *s* **1.** Jungvogel *m* **2.** (*fig*) Grünschnabel *m*
flee [fliː] <*irr:* **fled, fled**> **I.** *vi* entfliehen, flüchten (*from* vor) **II.** *vt* fliehen vor, aus; entfliehen
fleece [fliːs] **I.** *s* Vlies, Schaffell *nt* **II.** *vt* **1.** scheren **2.** (*fig*) übers Ohr hauen; schröpfen (*of* um)
fleet¹ [fliːt] *s* **1.** Flotte *f;* Geschwader *nt* **2.** Fuhr-, Wagenpark *m*
fleet² [fliːt] *adj* schnell, flink
fleet·ing [ˈfliːtɪŋ] *adj* flüchtig, vergänglich
flesh [fleʃ] *s* **1.** Fleisch *nt* **2.** (*von Obst*) (Frucht)Fleisch *nt;* **in the ~** leibhaftig; in Person; **go the way of all ~** den Weg allen Fleisches gehen; **one's own ~ and blood** sein eigenes Fleisch und Blut; **have one's pound of ~** alles auf Heller und Pfennig bekommen; **flesh·colo(u)red** *adj* fleischfarben; **flesh-pots** *s pl* (*fig*) Fleischtöpfe *mpl;* **flesh-wound** *s* Fleischwunde *f;* **fleshy** [ˈfleʃɪ] *adj* fleischig; fett
flew [fluː] *s.* **fly², fly³**
flex [fleks] **I.** *vt* biegen, beugen **II.** *s* (ELEK) Kabel *nt*
flexi·bil·ity [ˌfleksəˈbɪlətɪ] *s* **1.** Elastizität, Biegsamkeit *f* **2.** (*fig*) Anpassungsfähigkeit, Flexibilität *f;* **flex·ible** [ˈfleksəbl] *adj* **1.** biegsam, elastisch **2.** (*fig*) anpassungsfähig, flexibel; **flexi·time** [ˈfleksɪtaɪm] *s* gleitende Arbeitszeit, Gleitzeit *f*
flick [flɪk] **I.** *s* **1.** (Peitschen)Knall *m* **2.** (*mit Fingern*) Schnipsen *nt* **3. ~s** (*sl*) Kino *nt* **II.** *vt* **1.** schnalzen mit **2.** wegschnippen
flicker [ˈflɪkə(r)] **I.** *vi* **1.** flattern **2.** (*Flamme*) flackern; flimmern; zucken **II.** *s* Flackern, Flimmern, Zucken *nt;* **~ of hope** Hoffnungsschimmer *m*
flick knife [ˈflɪknaɪf] <*pl* **-knives**> *s* Klappmesser *nt*
flier [ˈflaɪə(r)] *s* **1.** Flieger(in) *m(f)* **2.** Schnellzug *m* **3.** fliegender Start **4.** Handzettel *m;* **high~** (*fam*) Senkrechtstarter *m*
flight¹ [flaɪt] *s* **1.** Flug *m,* Fliegen *nt* **2.** Flugstrecke *f* **3.** (*Vögel*) Schar *f,* Schwarm *m* **4.** (*fig*) Höhenflug *m* **5.** (*~ of stairs*) Treppenflucht *f;* **in ~** im Flug; **in the first ~** (*fig*) an der Spitze
flight² [flaɪt] *s* Flucht *f;* **put to ~** in die Flucht schlagen; **take (to) ~** die Flucht ergreifen; **~ of capital** Kapitalflucht *f*
flight attendant *s* Flugbegleiter(in) *m(f);* **flight controller** *s* Fluglotse *m,* -lotsin *f;* **flight deck** [ˈflaɪtdek] *s* Flugdeck *nt;* **flight engineer** *s* Bordmechaniker(in) *m(f);* **flight·less** [-lɪs] *adj* (*Vogel*) flugunfähig; **flight number** *s* Flugnummer *f*
flighty [ˈflaɪtɪ] *adj* flatterhaft
flim·si·ness [ˈflɪmzɪnɪs] *s* **1.** Dünne *f;* Leichtigkeit *f;* Dürftigkeit *f* **2.** (*fig*) Fadenscheinigkeit *f;* **flimsy** [ˈflɪmzɪ] **I.** *adj* **1.** dünn; leicht; düftig; nicht stabil **2.** (*Ausrede*) fadenscheinig **II.** *s* Durchschlagpapier *nt*
flinch [flɪntʃ] *vi* **1.** zurückzucken **2.** (*fig*) zurückschrecken (*from* vor); **without ~ing** ohne eine Miene zu verziehen
fling [flɪŋ] <*irr:* **flung, flung**> **I.** *s* **1.** Wurf *m,* Schleudern *nt* **2.** (*fig*) Versuch, Anlauf *m;* **have a ~ at** sich versuchen an; **have one's ~** sich austoben **II.** *vt* schleudern; **~ the window open** das Fenster aufstoßen; **~ s.th. at s.o.** jdm etw an den Kopf werfen; **~ into prison** ins Gefängnis werfen; **~ o.s. into a chair** sich in einen Sessel werfen; **fling away** *vt* wegwerfen; **fling off** *vt* abwerfen; abschütteln; **fling on** *vt* (*Kleider*) schnell überwerfen; **fling open** *vt* (*Tür*) aufreißen; **fling out** *vt* hinauswerfen
flint [flɪnt] *s* Feuerstein *m*
flip [flɪp] **I.** *vt* **1.** (*~ off*) wegschnippen **2.** (*Pfanne: ~ over*) wenden **II.** *vi* **1.** schnipsen **2.** (*sl*) ausflippen **III.** *adj* (*fam*) schnippisch **IV.** *s* **1.** Schnipser *m* **2.** (*fam*) Rundflug *m* **3.** (*Getränk*) Flip *m* **4.** Salto *m;* **flip·chart** *s* Flipchart *nt*
flip-flop [ˈflɪpflɒp] *s* **1.** (ELEK) Flipflop *m* **2.** (*fam*) Latsche, Sandale *f* **3.** (SPORT) Flickflack *m* **4.** plötzlicher Gesinnungswandel
flip·pancy [ˈflɪpənsɪ] *s* Keckheit *f;* **flip·pant** [ˈflɪpənt] *adj* leichtfertig, schnoddrig
flip·per [ˈflɪpə(r)] *s* Flosse *fpl,* (Schwimm)Flossen *pl*
flip side [ˈflɪpsaɪd] *s* (*Schallplatte*) Rückseite *f*
flirt [flɜːt] **I.** *vi* flirten; **~ with an idea** mit einem Gedanken spielen **II.** *s:* **he is just a ~** er will nur flirten; **flir·ta·tion** [flɜːˈteɪʃn] *s* Flirt *m;* **flir·ta·tious** [flɜːˈteɪʃəs] *adj* kokett
flit [flɪt] *vi* **1.** (*Vögel*) flattern, huschen **2.** (*fig*) bei Nacht und Nebel ausziehen
float [fləʊt] **I.** *s* **1.** (TECH) Schwimmer *m;* Schwimmkork *m* **2.** (*Fisch*) Schwimmblase *f* **3.** (AVIAT) Schwimmwerk *nt* **4.** Fest-

zugswagen *m* **5.** (COM) Wechselgeld *nt* **II.** *vi* **1.** schwimmen; treiben; schweben **2.** (COM) floaten **III.** *vt* **1.** flottmachen **2.** (COM) in Umlauf bringen; (*Anleihe*) auflegen; (*Handelsgesellschaft*) gründen; (*Wechselkurs*) freigeben; **float around** *vi* im Umlauf sein; herumschweben; **float off** *vi* abtreiben; davonschweben; **flo(a)·ta·tion** [fləʊ'teɪʃn] *s* (COM) *Gesellschaftsgründung durch Aktienemission an der Börse;* **float·ing** ['fləʊtɪŋ] *adj* **1.** schwimmend, schwebend **2.** (*Bevölkerung*) fluktuierend **3.** (COM) freigegeben; ~ **capital** Umlaufvermögen *nt;* ~ **dock** Schwimmdock *nt;* ~ **kidney** (MED) Wanderniere *f;* ~ **voter** Wechselwähler(in) *m(f)*

flock[1] [flɒk] **I.** *s* **1.** Herde *f* **2.** (*Vögel*) Schwarm *m* **3.** (*von Personen*) Schar *f,* Haufen *m* **4.** (REL) Herde *f* **II.** *vi* in Scharen kommen; ~ **in** hineinströmen; ~ **together** zusammenströmen; ~ **around s.o.** sich um jdn scharen

flock[2] [flɒk] *s* Flocke *f*

floe [fləʊ] *s* Treibeis *nt,* Eisscholle *f*

flog [flɒg] *vt* **1.** (aus)peitschen, verprügeln **2.** (*sl*) verschachern; **you're ~ging a dead horse** Sie verschwenden Ihre Zeit; **flog·ging** [-ɪŋ] *s* Tracht *f* Prügel

flood [flʌd] **I.** *s* **1.** Hochwasser *nt,* Überschwemmung *f* **2.** (MAR) Flut *f* **3.** (*fig*) Flut *f,* Schwall *m;* **the Flood** die Sintflut **II.** *vt* **1.** überschwemmen, überfluten **2.** (*fig*) überschütten (*with* mit); ~ **out** überfluten, unter Wasser setzen; ~ **the market** den Markt überschwemmen; **be ~ed out** durch das Hochwasser vertrieben werden **III.** *vi* (*Fluss*) über die Ufer treten; ~ **in** hereinstürmen; hineinströmen; **flood·light** ['flʌdlaɪt] **I.** *s* Scheinwerfer(licht *nt*) *m,* Flutlicht *nt* **II.** *vt* anstrahlen, beleuchten

floor [flɔː(r)] **I.** *s* **1.** Fußboden *m;* Tanzboden *m* **2.** Stockwerk *nt* **3.** (*von Preisen*) Minimum *nt* **4.** (PARL) Sitzungssaal *m;* **give s.o. the ~** jdm das Wort erteilen; **take the ~** auf den Tanzboden gehen; (PARL) das Wort ergreifen; **wipe the ~ with s.o.** (*fam*) jdn am Boden zerstören; **may I have the ~?** (PARL) ich bitte ums Wort **II.** *vt* **1.** (*Haus*) mit einem Fußboden versehen **2.** zu Boden strecken, niederschlagen **3.** (*fig*) die Sprache verschlagen (*s.o.* jdm), verblüffen; **floor·board** ['flɔːbɔːd] *s* Diele *f;* **floor·ing** [-ɪŋ] *s* Fußbodenbelag *m;* **floor lamp** *s* Stehlampe *f;* **floor polish** *s* Bohnerwachs *nt;* **floor show** *s* Nachtklubvorstellung *f;* **floor·walker** *s* Abteilungsleiter(in) *m(f)* (*in Warenhaus*)

flop [flɒp] **I.** *vi* **1.** fallen; sich fallenlassen **2.** (THEAT) durchfallen; nicht ankommen; ~ **down on the bed** sich auf das Bett fallen lassen **II.** *s* **1.** Plumps *m* **2.** (*fam*) Reinfall, Misserfolg *m;* **floppy** ['flɒpɪ] *adj* schlaff, schlapp; ~ **disk** (INFORM) Floppydisk, Diskette *f*

flora ['flɔːrə] *s* Flora *f;* **floral** ['flɔːrəl] *adj* Blumen-; geblümt

florid ['flɒrɪd] *adj* **1.** (*Aussehen*) blühend, rosig **2.** (*Kunst*) überladen; blumig, schwülstig

flor·ist ['flɒrɪst] *s* Blumenhändler(in) *m(f);* **~'s shop** Blumenladen *m*

flo·tel [fləʊ'tel] *s* Hotelschiff *nt*

flo·tilla [flə'tɪlə] *s* Flottille *f*

flot·sam ['flɒtsəm] *s* Treibgut *nt;* ~ **and jetsam** Strandgut *nt*

flounce[1] [flaʊns] **I.** *vi* stolzieren; ~ **in** hereinstolzieren **II.** *s:* **leave the room with a ~** aus dem Zimmer stolzieren

flounce[2] [flaʊns] **I.** *s* Volant *m* **II.** *vt* mit einem Volant besetzen

floun·der[1] ['flaʊndə(r)] *s* Flunder *f*

floun·der[2] ['flaʊndə(r)] *vi* sich abstrampeln, sich abzappeln; (*fig*) ins Schwimmen kommen

flour ['flaʊə(r)] **I.** *s* Mehl *nt* **II.** *vt* mit Mehl bestreuen

flour·ish ['flʌrɪʃ] **I.** *vi* **1.** sich gut entwickeln, gedeihen **2.** (*fig*) eine Blütezeit haben; erfolgreich sein **II.** *vt* (*Fahne*) schwenken **III.** *s* **1.** Schnörkel *m;* (*a. fig*) Floskel *f* **2.** (MUS) Fanfare *f* **3.** schwungvolle Bewegung; **flour·ish·ing** ['flʌrɪʃɪŋ] *adj* blühend, florierend

flour mill ['flaʊəmɪl] *s* Getreidemühle *f;* **floury** ['flaʊərɪ] *adj* mehlig

flout [flaʊt] *vt* sich hinwegsetzen über, missachten

flow [fləʊ] **I.** *vi* **1.** fließen, strömen **2.** münden (*into the lake* in den See) **3.** (*Tränen*) rinnen **4.** (*Flut*) steigen **5.** (*Haar*) fließen, wallen; ~ **down** (*Haar*) herunterhängen; ~ **in** hereinströmen **II.** *s* **1.** Fließen, Strömen *nt* **2.** Fluss, Strom *m* **3.** (*fig*) Redefluss *m;* ~ **of business** Geschäftsgang *m;* ~ **of traffic** Verkehrsstrom *m;* **go with the ~** (*fam*) mit dem Strom schwimmen; **flow chart** *s* Flussdiagramm *nt*

flower ['flaʊə(r)] **I.** *s* **1.** Blume, Blüte *f* **2.** (*fig*) Blüte *f;* **in ~** in Blüte; **say it with ~s** lasst Blumen sprechen; **in the ~ of youth** in der Blüte der Jugend **II.** *vi* blühen; **flower arrangement** *s* Blumengesteck *nt;* **flower·bed** ['flaʊəbed] *s* Blumenbeet *nt;* **flow·ered** ['flaʊəd] *adj* geblümt; **flower garden** *s* Blumengarten *m;* **flower·pot** ['flaʊəpɒt] *s* Blumentopf *m;* **flower show** *s* Blumenschau *f;* **flower**

F

tub *s* Blumenkübel *m;* **flowery** ['flaʊərɪ] *adj* **1.** blumenreich, blumig **2.** (*Stil*) bilderreich

flown [fləʊn] *s.* **fly**[2], **fly**[3]

flu [flu:] *s* (*fam*) Grippe *f*

flub around [ˌflʌbə'raʊnd] *vt* (*Am: fam*) vermasseln

fluc·tu·ate ['flʌktʃʊeɪt] *vi* schwanken, fluktuieren; **fluc·tu·ation** [ˌflʌk tʃʊ'eɪʃn] *s* Schwanken *nt,* Schwankung *f;* Fluktuation *f;* ~ **of prices/of temperature** Preis-/Temperaturschwankungen *fpl*

flue [flu:] *s* Rauchfang, -abzug *m;* **flue gas** *s* Rauchgas *nt;* ~ **desulphurization** Rauchgasentschwefelung *f*

flu·ency ['flu:ənsɪ] *s* (Rede)Gewandtheit *f;* **flu·ent** ['flu:ənt] *adj* **1.** (*Stil*) flüssig **2.** (*Redner*) gewandt; **speak** ~ **English** fließend Englisch sprechen

fluff [flʌf] **I.** *s* **1.** (Staub)Flocke *f* **2.** Flaum *m* **II.** *vt* **1.** (~ *out*) aufplustern **2.** (*Auftritt*) verpfuschen; **fluffy** ['flʌfɪ] *adj* flaumig

fluid ['flu:ɪd] **I.** *adj* **1.** flüssig **2.** (*fig*) veränderlich, ungewiss **II.** *s* (CHEM) Flüssigkeit *f*

flung [flʌŋ] *s.* **fling**

flunk [flʌŋk] **I.** *vt* (*fam*) durchfallen lassen **II.** *vi* (*fam*) durchfallen

flu·or·escence [flʊə'resns] *s* Fluoreszenz *f;* **flu·or·escent** [flʊə'resnt] *adj* fluoreszierend; ~ **tube** Neonröhre *f*

flu·ori·da·tion [ˌflʊərɪ'deɪʃn] *s* (*Trinkwasser*) Fluoridbehandlung *f;* **flu·o·ride** ['flʊəraɪd] *s* (CHEM) Fluorid *nt;* **flu·o·rine** ['flʊəri:n] *s* (CHEM) Fluor *nt;* **flu·oro·car·bon** [ˌflʊərə'kɑ:bən] *s* (CHEM) Fluorkohlenwasserstoff *m*

flurry ['flʌrɪ] **I.** *s* **1.** (~ *of wind*) Windstoß *m* **2.** Schneegestöber *nt* **3.** (*fig*) plötzliches Durcheinander, Aufregung *f;* **in a** ~ (**of alarm/of excitement**) in (großer) Aufregung **II.** *vt* verwirrt machen, aufregen

flush[1] [flʌʃ] **I.** *vi* rot werden, rot anlaufen **II.** *vt* **1.** (aus-, durch)spülen **2.** (*Gesicht*) röten; ~ **out** (*Dieb*) aufstöbern, aufspüren **III.** *s* **1.** (Wasser)Guss *m,* Spülung *f* **2.** Auf-, Erblühen *nt;* Blüte *f* **3.** Erregung *f,* Aufwallen *nt* **4.** Röte *f;* **in the first** ~ **of victory** im ersten Siegestaumel

flush[2] [flʌʃ] *adj pred* in gleicher Ebene; bündig; **be** ~ gut bei Kasse sein

flush[3] [flʌʃ] *vt* (*Vögel*) aufscheuchen

flush[4] [flʌʃ] *s* (*Poker*) Flush *m*

flushed ['flʌʃt] *adj* rot; gerötet

flus·ter ['flʌstə(r)] **I.** *vt* nervös machen **II.** *s* Verwirrung, Nervosität *f;* **all in a** ~ ganz verwirrt

flute [flu:t] **I.** *s* Querflöte *f* **II.** *vt* (*Pfeiler*) kannelieren; **flut·ing** [-ɪŋ] *s* (ARCH) Kannelierung *f;* **flut·ist** ['flu:tɪst] *s* (*Am*) Flötist(in) *m(f)*

flut·ter ['flʌtə(r)] **I.** *vi* **1.** (*a.* MED) flattern **2.** (*Person*) tänzeln **II.** *vt* flattern mit; wedeln mit **III.** *s* **1.** (*a.* MED) Flattern *nt* **2.** Erregung, Unruhe, Aufregung *f;* **have a** ~ (*fam*) sein Glück beim Wetten versuchen; **in a** ~ in heller Aufregung

flu·vial ['flu:vɪəl] *adj* Fluss-

flux [flʌks] *s* **1.** Fluss *m,* Fließen *nt* **2.** (MED) Ausfluss *m* **3.** (TECH) Flussmittel *nt;* **be in a state of** ~ sich ständig ändern

fly[1] [flaɪ] *s* Fliege *f;* **a** ~ **in the ointment** ein Haar in der Suppe; **there are no flies on him** (*fig*) ihn legt man nicht so leicht rein

fly[2] [flaɪ] <*irr:* flew, flown> **I.** *vi* **1.** fliegen **2.** (*Zeit*) verfliegen; sausen **3.** (*Fahne*) wehen **4.** (*sl*) super ankommen, ein Hit sein; ~ **past** vorbeisausen; ~ **into a rage** einen Wutanfall bekommen; ~ **at s.o.** auf jdn losgehen; **the door flew open** die Tür flog auf; ~ **in the face of reason** sich über jede Vernunft hinwegsetzen; jeder Vernunft entbehren **II.** *vt* **1.** fliegen lassen **2.** (*Drachen*) steigen lassen **3.** (*Flugzeug*) fliegen; überfliegen **4.** (*Flagge*) wehen lassen **III.** *s:* **go for a** ~ fliegen; **fly away** *vi* wegfliegen; abfliegen; **fly in** *vt* einfliegen; **fly off** *vi* abfliegen; wegfliegen; **fly out** **I.** *vi* ausfliegen **II.** *vt* hinfliegen

fly[3] [flaɪ] <*irr:* flew, flown> **I.** *vi* fliehen, flüchten **II.** *vt:* ~ **the country** aus dem Land flüchten

fly[4] [flaɪ] *s* **1.** (Hosen)Schlitz *m* **2.** (*Zelt*) Überdach *nt*

fly[5] [flaɪ] *adj* (*sl*) clever, gerissen

fly·away ['flaɪəweɪ] *adj* flatternd, wehend; **fly-by-night** ['flaɪbaɪnaɪt] **I.** *s* flüchtiger Schuldner; Windhund *m* **II.** *adj* **1.** unzuverlässig **2.** (COM) windig, zweifelhaft; **fly·catcher** ['flaɪˌkætʃə(r)] *s* **1.** (*Vogel*) Fliegenschnäpper *m* **2.** Fliegenfänger *m*

flyer ['flaɪə(r)] *s* **1.** Flieger(in) *m(f)* **2.** Schnellzug *m* **3.** fliegender Start **4.** Handzettel *m;* **high**~ (*fam*) Senkrechtstarter *m*

fly·ing ['flaɪɪŋ] *s* Fliegen *nt;* **pass with** ~ **colours** glänzend abschneiden; **flying boat** *s* Flugboot *nt;* **flying buttress** *s* Strebebogen *m;* **flying fish** *s* fliegender Fisch; **flying fox** *s* Flughund *m;* **flying picket** *s* mobiler Streikposten; **flying saucer** *s* fliegende Untertasse; **flying squad** *s* Überfallkommando *nt;* **flying start** *s* fliegender Start; **he's got off to a** ~ er hat einen hervorragenden Start; **flying time** *s* Flugzeit *f;* **flying visit** *s* Blitzbesuch *m*

fly·leaf ['flaɪli:f] <*pl* -leaves> *s* (*Buch*) Vorsatzblatt *nt;* **fly·over** ['flaɪəʊvə(r)] *s* (*Straße*) Überführung *f;* **fly·paper** *s* Fliegenfänger *m;* **fly·past** ['flaɪpɑːst] *s* Flugparade *f;* **fly·sheet** *s* (*Zelt*) Überdach *nt;* **fly·trap** *s* Fliegenfalle *f;* **fly·weight** ['flaɪweɪt] *s* (*Boxen*) Fliegengewicht *nt;* **fly·wheel** ['flaɪwiːl] *s* (TECH) Schwungrad *nt*

foal [fəʊl] *s* Fohlen, Füllen *nt;* **in ~** (*Stute*) trächtig

foam [fəʊm] **I.** *s* Schaum *m;* Gischt *f* **II.** *vi* schäumen (*with rage* vor Wut); **foam bath** *s* Schaumbad *nt;* **foam rubber** *s* Schaumgummi *m;* **foamy** ['fəʊmɪ] *adj* schäumend

fob [fɒb] **I.** *s* Uhrtasche *f* **II.** *vt:* **~ s.o. off** jdn abspeisen; **~ s.th. off on s.o.** jdm etw andrehen

fo·cal ['fəʊkl] *adj* im Brennpunkt; **~ length** Brennweite *f;* **~ point** Brennpunkt *m;* **fo·cus** ['fəʊkəs, *pl* 'fəʊsaɪ] <*pl* **focuses, foci**> **I.** *s* **1.** (MATH OPT) Brennpunkt *m* **2.** (*fig*) Brennpunkt, Herd *m,* Zentrum *nt;* **in (out of) ~** (un)scharf eingestellt; **bring into ~** scharf einstellen **II.** *vt* **1.** (OPT PHOT) einstellen (*on* auf) **2.** (*fig*) konzentrieren (*on* auf); **focus group** *s* (*in marketing*) [ausgewählte] Testgruppe

fod·der ['fɒdə(r)] *s* Futter *nt*

foe·tal ['fiːtl] *adj* fötal; **foe·tus** ['fiːtəs] *s* Fötus *m*

fog [fɒg] **I.** *s* **1.** Nebel *m* **2.** (PHOT FILM) (Grau)Schleier *m* **II.** *vt* **1.** (*glass:* ~ *up*) beschlagen **2.** (*fig*) trüben, verdunkeln **3.** (PHOT) verschleiern **III.** *vi* **1.** sich beschlagen **2.** (PHOT) einen Grauschleier bekommen; **fog·bank** ['fɒgbæŋk] *s* Nebelbank *f;* **fog·bound** ['fɒgbaʊnd] *adj* (MAR AVIAT) durch Nebel behindert

fogey ['fəʊgɪ] *s:* **old ~** alter Kauz

foggy ['fɒgɪ] *adj* **1.** neb(e)lig **2.** (*fig*) undeutlich, verwirrt; **I haven't the foggiest (idea)** ich habe nicht die mindeste Ahnung; **fog·horn** ['fɒghɔːn] *s* (MAR) Nebelhorn *nt;* **fog·lamp** ['fɒglæmp] *s* (AUTO) Nebellampe *f;* **rear ~** Nebelschlussleuchte *f*

fogy *s* (*Am: fam*): **old ~** alter Kauz

foible ['fɔɪbl] *s* (*fig*) Eigenheit *f*

foil[1] [fɔɪl] *vt* **1.** einen Strich durch die Rechnung machen (*s.o. in s.th.* jdm bei einer S) **2.** (*Plan*) durchkreuzen

foil[2] [fɔɪl] *s* Florett *nt*

foil[3] [fɔɪl] *s* **1.** Folie *f* **2.** (*fig*) Hintergrund *m* (*to* für); **aluminium ~** Alufolie *f*

foist [fɔɪst] *vt:* **~ s.th. off on s.o.** jdm etw andrehen; **~ o.s. on s.o.** sich jdm aufdrängen

fold[1] [fəʊld] **I.** *s* **1.** Falte *f,* Falz, Kniff *m* **2.** (GEOL) Bodenfalte *f* **II.** *vt* **1.** zusammenfalten, -legen, -klappen **2.** (*die Arme*) kreuzen, verschränken **3.** (*die Hände*) falten **4.** (*~ in one's arms*) in die Arme schließen **5.** einhüllen, -wickeln, -schlagen **III.** *vi* **1.** sich zusammenlegen, zusammengelegt werden **2.** (*Geschäft*) eingehen; **fold up** *vi* (*Geschäft*) eingehen; abgesetzt werden

fold[2] [fəʊld] *s* **1.** Pferch *m* **2.** (REL) Herde, Gemeinde *f;* **return to the ~** (*fig*) in den Schoß der Gemeinde zurückkehren

folder ['fəʊldə(r)] *s* **1.** Schnellhefter, Aktendeckel *m* **2.** Merkblatt *nt*

fold·ing ['fəʊldɪŋ] *adj* zusammenklappbar; **~ boat** Faltboot *nt;* **~ chair** Klappstuhl *m;* **~ doors** Falttür *f;* **~ table** Klapptisch *m*

fo·li·age ['fəʊlɪɪdʒ] *s* Blätter *ntpl,* Laubwerk *nt*

fo·lio ['fəʊlɪəʊ] <*pl* **folios**> *s* **1.** Folio *nt* **2.** Foliant *m*

folk [fəʊk] *s pl* Leute *pl;* **my ~s** (*fam*) meine Leute; **a lot of ~ think …** viele denken …; **folk dance** *s* Volkstanz *m;* **folk·lore** ['fəʊklɔː(r)] *s* Folklore *f;* **folk music** *s* Volksmusik *f;* **folk song** *s* Volkslied *nt;* **folksy** ['fəʊksɪ] *adj* (*fam*) volkstümlich

fol·low ['fɒləʊ] **I.** *vt* **1.** folgen, nachkommen (*s.o.* jdm) **2.** sich anschließen (*s.o.* jdm) **3.** verfolgen **4.** (*einem Weg*) folgen **5.** (*Beruf*) ausüben, nachgehen **6.** (*Mode*) mitmachen, folgen **7.** (*Serie*) verfolgen; sich interessieren für; **have s.o. ~ed** jdn verfolgen lassen; **~ one's nose** der Nase nach gehen; **do you ~ me?** können Sie mir folgen? **II.** *vi* **1.** (er)folgen, sich ergeben (*from* aus) **2.** folgen (*on s.th.* auf etw); **as ~s** wie folgt; folgendermaßen; **it ~s that** daraus folgt, es ergibt sich, dass; **follow on** *vi* später folgen, nachkommen; sich ergeben; **follow out** *vt* zu Ende verfolgen, durchziehen; **follow through** *vt* zu Ende führen; **follow up** *vt* **1.** nachgehen **2.** sich näher beschäftigen mit; weiterverfolgen **3.** (*Erfolg*) fortsetzen, ausbauen **4.** (*Vorteil*) (aus)nutzen

fol·lower ['fɒləʊə(r)] *s* **1.** Anhänger(in) *m(f)* **2.** (*pej*) Mitläufer(in) *m(f);* **fol·low·ing** ['fɒləʊɪŋ] **I.** *adj* folgend, weiter, im Anschluss an; **~ wind** Rückenwind *m* **II.** *s* Anhängerschaft *f;* Anhang *m;* **he said the ~** er sagte Folgendes; **fol·low-up** ['fɒləʊˌʌp] *s* **1.** Weiterverfolgen *nt* **2.** (*Brief*) Nachfassschreiben *nt* **3.** (MED) Nachuntersuchung *f* **4.** Nachfolge-

folly ['fɒlɪ] *s* Torheit, Narrheit *f*

fond [fɒnd] *adj* **1.** zärtlich, liebevoll **2.** vernarrt (*of* in) **3.** zu nachsichtig; **be ~ of** gern haben, mögen; lieben; **be ~ of doing s.th.** etw gern tun; **~est regards** mit lieben Grüßen

fondle ['fɒndl] *vt* (zärtlich, liebevoll) strei-

F

cheln; hätscheln

fond·ness ['fɒndnɪs] *s* **1.** Begeisterung *f* **2.** Vorliebe *f* (*for* für) **3.** Zuneigung *f*

font [fɒnt] *s* **1.** Taufstein *m* **2.** (TYP) Schrift(art) *f*

food [fu:d] *s* **1.** Essen *nt;* Futter *nt;* Nahrung *f* **2.** Nahrungsmittel *ntpl* **3.** (*fig*) Nahrung *f;* **food chain** *s* Nahrungskette *f*

foodie ['fʊdɪ] *s* (*fam*) Feinschmecker(in) *m(f)*

food poisoning *s* Lebensmittelvergiftung *f;* **food processor** *s* Küchenmaschine *f;* **food·stuff** *s* Nahrungs-, Lebensmittel *ntpl*

fool [fu:l] **I.** *s* Dummkopf, Narr *m;* **be a ~ for one's pains** sich umsonst geplagt haben; **live in a ~'s paradise** in einem Traumland leben; **make a ~ of o.s.** sich lächerlich machen; **make a ~ of s.o.** jdn zum Besten haben; **go on a ~'s errand** einen nutzlosen Gang tun; **April Fools' Day** der 1. April; **April Fool!** April, April! **II.** *adj* (*Am fam*) dumm, doof **III.** *vi* herumalbern; Blödsinn machen; **stop ~ing!** lass den Blödsinn!; **~ about** [*o* **around**] herumtrödeln; herumalbern **IV.** *vt* **1.** zum Narren halten; seinen Spaß haben mit **2.** hereinlegen, betrügen; **fool·hardy** ['fu:lhɑ:dɪ] *adj* tollkühn; **fool·ish** ['fu:lɪʃ] *adj* dumm, töricht, unklug; **fool·proof** ['fu:lpru:f] *adj* narrensicher, idiotensicher

fools·cap ['fu:lskæp] *s* Akten-, Kanzleipapier *nt*

foot [fʊt] <*pl* **feet**> **I.** *s* **1.** Fuß *m* **2.** unterer Teil, Ende *nt* **3.** Fußende *nt* **4.** Versfuß *m;* **at the ~ of the page** unten auf der Seite; **on ~** zu Fuß; **under ~** unter den Füßen; auf dem Boden; **be on one's feet** (*nach einer Krankheit*) wieder auf den Beinen sein; (*finanziell*) auf eigenen Füßen stehen; **put one's ~ down** ein Machtwort sprechen; es strikt verbieten; **put one's best ~ forward** die Beine unter den Arm nehmen; (*fig*) sich anstrengen; **put one's ~ in it** ins Fettnäpfchen treten; **have one ~ in the grave** mit einem Bein im Grab(e) stehen; **find one's feet** sich eingewöhnen **II.** *vt* (**~ *it***) (zu Fuß) gehen; **~ the bill** (*fam*) für die Rechnung aufkommen

foot·age ['fʊtɪdʒ] *s* Filmmaterial *nt*

foot-and-mouth dis·ease ['fʊtænd 'maʊðdɪ'zi:z] *s* Maul- und Klauenseuche *f*

foot·ball ['fʊtbɔ:l] *s* **1.** Fußball *m* **2.** amerikanischer Fußball, Football *m;* **football hooligan** *s* Fußballrowdy *m;* **football pools** *s pl* Fußballtoto *nt;* **foot·board** ['fʊtbɔ:d] *s* Trittbrett *nt;* **foot·bridge** ['fʊtbrɪdʒ] *s* Fußgängerbrücke *f;* **foot·care** ['fʊtkeə(r)] *s* Fußpflege *f;* **foothills** *s pl* Gebirgsausläufer *mpl;* **foot·hold** ['fʊthəʊld] *s* **1.** Halt *m* **2.** (*fig*) fester Stand

foot·ing ['fʊtɪŋ] *s* **1.** Stand, Halt *m* **2.** (*fig*) Grundlage, Basis *f* **3.** Beziehungen *fpl;* **be on a friendly ~ with s.o.** mit jdm auf freundschaftlichem Fuß(e) stehen; **be on the same ~ with s.o.** mit jdm auf gleichem Fuß stehen; **lose one's ~** den Halt verlieren

foot·lights ['fʊtlaɪts] *s pl* **1.** (THEAT) Rampenlicht *nt* **2.** (*fig*) die Bretter *pl,* Bühne *f*

foot·ling ['fu:tlɪŋ] *adj* läppisch; albern

foot·loose ['fʊtlu:s] *adj:* **~ and fancy-free** frei und ungebunden; **foot·man** [-mən] <*pl* -men> *s* Lakai, Diener *m;* **foot·note** ['fʊtnəʊt] *s* Fußnote, Anmerkung *f;* **foot·path** ['fʊtpɑ:θ] *s* Fuß-, Gehweg *m;* **foot·print** ['fʊtprɪnt] *s* Fußabdruck *m;* **foot·rest** ['fʊtrest] *s* Fußstütze *f*

footsie ['fʊtsɪ] *s:* **play ~ with s.o.** mit jdm füßeln

foot·slog ['fʊtslɒg] *vi* (*fam*) latschen; **foot·sore** ['fʊtsɔ:(r)] *adj:* **be ~** wunde Füße haben; **foot·step** ['fʊtstep] *s* Schritt, Tritt *m;* **follow in s.o.'s ~s** in jds Fußstapfen treten; **foot·stool** ['fʊtstu:l] *s* Fußschemel *m;* **foot·wear** ['fʊtweə(r)] *s* Schuhwerk *nt;* **foot·work** ['fʊtwɜ:k] *s* (SPORT) Beinarbeit *f*

for [fɔ:(r)] **I.** *prep* **1.** für; zu; nach; **go ~ a walk** spazieren gehen; **make ~ home** sich auf den Heimweg machen; **the train ~ Glasgow** der Zug nach Glasgow; **the struggle ~ existence** der Kampf ums Dasein; **what ~?** zu welchem Zweck? **2.** für; **it's not ~ me to say** es steht mir nicht zu mich dazu zu äußern; **a letter ~ you** ein Brief für dich; **are you ~ or against it?** sind Sie dafür oder dagegen **3.** (*betreffend*): **anxious ~ s.o.** um jdn besorgt; **as ~ him** was ihn betrifft **4.** (*Grund*) aus; **~ this reason** aus diesem Grund; **shout ~ joy** vor Freude jauchzen **5.** trotz; **~ all her money** trotz all ihres Geldes; **~ all that** trotzdem **6.** (*im Austausch*) für **7.** (*zeitlich*) seit; für; **I haven't been there ~ three years** ich bin seit drei Jahren nicht dort gewesen; **I'm going to be here ~ three weeks** ich bin für drei Wochen hier **8.** (*Entfernung*): **we walked ~ two miles** wir sind zwei Meilen weit gelaufen **9.** (*in Verbverbindung*): **hope ~ news** auf Nachrichten hoffen; **wait ~ s.o.** auf jdn warten **10.** (*Wunsch*): **a weakness ~** eine Schwäche für **11.** (*mit Infinitivkonstruktion*): **~ this to be possible** damit dies möglich wird; **the best would be ~ you to go** das Beste wäre, wenn Sie weggingen **12. ~ example** zum Beispiel; **he is in ~ it** er ist dran, fällig **II.** *conj* denn

for·age ['fɒrɪdʒ] **I.** *s* Futter *nt* **II.** *vi* nach Futter suchen

for·ay ['fɒreɪ] *s* (Raub)Überfall *m*

for·bad(e) [fə'bæd] *s.* **forbid**

for·bear [fɔː'beə(r)] <*irr:* **forbore, forborne**> *vi:* **we begged him to ~** wir baten ihn darauf zu verzichten; **for·bearance** [fɔː'beərəns] *s* Nachsicht *f*

for·bears ['fɔːbeəz] *s* Vorfahren, Ahnen *mpl*

for·bid [fə'bɪd] <*irr:* **forbad(e), forbidden**> *vt* **1.** verbieten (*s.o. s.th.* jdm etw) **2.** verhindern; **God ~!** Gott bewahre!; **it is ~den to ...** es ist verboten zu ...; **for·bidden** [fə'bɪdn] **I.** *pp of* **forbid** **II.** *adj* verboten; **~ fruit** verbotene Früchte *pl;* **for·bid·ding** [fə'bɪdɪŋ] *adj* bedrohlich; unfreundlich; grauenhaft

for·bore, for·borne [fɔː'bɔː(r), fɔː'bɔːn] *s.* **forbear**

force [fɔːs] **I.** *s* **1.** Stärke, Kraft *f* **2.** Gewalt *f;* Zwang, Druck *m* **3.** Überzeugungskraft *f;* Eindringlichkeit *f* **4.** Macht *f* **5.** (JUR) Gültigkeit *f;* **the ~s** die Streitkräfte *pl;* **by ~** mit Gewalt; **in ~** in voller Stärke; **in full ~** in voller Stärke; vollzählig; **come into/be in ~** rechtskräftig werden/sein; **join ~s** sich zusammentun; **resort to** [*o* **use**] **~** Gewalt anwenden; **~ of character** Charakterstärke *f;* **~ of gravity** Schwerkraft *f;* **the ~ of habit** Macht *f* der Gewohnheit **II.** *vt* **1.** zwingen, Zwang antun (*s.o.* jdm) **2.** erzwingen, mit Gewalt verschaffen **3.** (*~ open*) aufbrechen **4.** aufzwingen, -drängen, -nötigen (*on s.o.* jdm) **5.** überfordern, -anstrengen **6.** (*Pflanzen*) zu beschleunigtem Wachstum anregen **7.** (*Preise*) in die Höhe treiben; **~ the issue** die Entscheidung erzwingen; **~ the pace** den Schritt beschleunigen; **~ one's way through** sich gewaltsam einen Weg bahnen; **~ an entry** sich gewaltsam Zutritt verschaffen; **~ s.th. upon s.o.** jdm etw aufdrängen, aufzwingen; **he was ~d to resign** er wurde gezwungen zurückzutreten; **you can't ~ things** das lässt sich nicht übers Knie brechen; **force into** *vt* hineindrücken, -pressen; **force off** *vt* mit Gewalt abmachen; **force on, force upon** *vt* aufdrängen (*s.th. on s.o.* jdm etw); **force out** *vt* hinausdrängen

forced [fɔːst] *adj* **1.** erzwungen **2.** (*Lächeln*) gezwungen; **~ landing** Notlandung *f;* **~ march** Gewaltmarsch *m;* **force-feed** ['fɔːsfiːd] <*irr:* **force-fed, force-fed**> *vt* zwangsernähren; **force·ful** ['fɔːsfl] *adj* kraftvoll, energisch; stark; eindringlich

for·ceps ['fɔːseps] *s pl u. sing* (MED) Zange *f;* **forceps delivery** *s* Zangengeburt *f*

forc·ible ['fɔːsəbl] *adj* **1.** gewaltsam, erzwungen **2.** (*Stil*) eindringlich, überzeugend; **forc·ib·ly** ['fɔːsəblɪ] *adv* zwangsweise, gewaltsam

ford [fɔːd] **I.** *s* Furt *f* **II.** *vt* durchwaten

fore [fɔː(r)] **I.** *adv* (MAR) vorn; **~ and aft** (MAR) längsschiffs **II.** *adj* vordere(r, s) **III.** *s* Vorderteil *nt;* **to the ~** (*fig*) im Vordergrund, an der Spitze; **come to the ~** ins Blickfeld geraten

fore·arm[1] ['fɔːrɑːm] *s* Unterarm *m*

fore·arm[2] [ˌfɔːr'ɑːm] *vt* vorbereiten; **~ o.s.** sich wappnen

fore·bear [fɔː'beə(r)] (*Am*) *s.* **forbear**

fore·bears ['fɔːbeəz] (*Am*) *s.* **forbears**

fore·bode [fɔː'bəʊd] *vt* ein Zeichen sein für, deuten auf; **fore·bod·ing** [-ɪŋ] *s* Vorahnung *f,* Vorgefühl *nt*

fore·cast ['fɔːkɑːst] <*irr:* **forecast (forecasted), forecast (forecasted)**> **I.** *vt* vorausplanen; vorhersehen; vorhersagen **II.** *s* **1.** Vorhersage, Prognose *f* **2.** (METE) (Wetter)Voraus-, Vorhersage *f;* **fore·cast·er** [-ə(r)] *s* (METE) Meteorologe *m,* Meteorologin *f*

fore·castle ['fəʊksl] *s* (MAR) Vorschiff *nt*

fore·close [fɔː'kləʊz] *vt* (*Darlehen*) kündigen

fore·court ['fɔːkɔːt] *s* Vorhof *m*

fore·father ['fɔːfɑːðə(r)] *s* Ahnherr, Vorfahr *m*

fore·fin·ger ['fɔːfɪŋgə(r)] *s* Zeigefinger *m*

fore·foot ['fɔːfʊt] <*pl* **-feet**> *s* Vorderfuß *m*

fore·front ['fɔːfrʌnt] *s:* **in the ~** im Vorfeld

fore·go [fɔː'gəʊ] <*irr:* **forewent, foregone**> *vt* verzichten auf; **fore·go·ing** ['fɔːgəʊɪŋ] *adj* vorausgehend, vorangehend; **fore·gone** [fɔː'gɒn] **I.** *pp of* **forego** **II.** ['fɔːgɒn] *adj:* **be a ~ conclusion** von vornherein feststehen

fore·ground ['fɔːgraʊnd] *s* Vordergrund *m;* **in the ~** im Vordergrund

fore·hand ['fɔːhænd] *s* (*Pferd, Tennis*) Vorhand *f*

fore·head ['fɒrɪd] *s* Stirn *f*

for·eign ['fɒrən] *adj* **1.** fremd, nicht (da)zugehörig **2.** auswärtig, ausländisch; **~ person** Ausländer(in) *m(f);* **foreign affairs** *s pl* (POL) Außenpolitik *f;* **foreign correspondent** *s* Auslandskorrespondent(in) *m(f);* **foreign currency** *s* Devisen *fpl,* Fremdwährung *f;* **foreigner** ['fɒrənə(r)] *s* Ausländer(in) *m(f);* **foreign exchange** *s* Devisen *pl;* **foreign language** *s* Fremdsprache *f;* **Foreign Office** *s* (*in GB*) Außenministerium *nt;* **foreign policy** *s* Außenpolitik *f;* **Foreign Secretary** *s* (*in GB*) Außenminister(in) *m(f)*

F

fore·knowl·edge [ˌfɔːˈnɒlɪdʒ] *s* vorherige Kenntnis *f*
fore·man [ˈfɔːmən] <*pl* -men> *s* Vorarbeiter, Meister, Polier *m*
fore·most [ˈfɔːməʊst] **I.** *adj* **1.** vorderste(r, s) **2.** (*fig*) führend **II.** *adv* zuerst; **first and** ~ in erster Linie
fore·name [ˈfɔːneɪm] *s* Vorname *m*
for·en·sic [fəˈrensɪk] *adj* gerichtsmedizinisch; forensisch; ~ **medicine** Gerichtsmedizin *f*
fore·or·dain [ˌfɔːrɔːˈdeɪn] *vt* vorherbestimmen (*to* zu)
fore·paw [ˈfɔːpɔː] *s* Vorderpfote *f*
fore·play [ˈfɔːpleɪ] *s* Vorspiel *nt*
fore·run·ner [ˈfɔːrʌnə(r)] *s* **1.** Vorläufer, -reiter *m* **2.** Vorbote *m*, -zeichen *nt*
fore·sail [ˈfɔːseɪl] *s* Focksegel *nt*
fore·see [fɔːˈsiː] <*irr:* foresaw, foreseen> *vt* vorhersehen; **fore·see·able** [-əbl] *adj* vorhersehbar, absehbar; **in the** ~ **future** in absehbarer Zeit
fore·shadow [fɔːˈʃædəʊ] *vt* ahnen lassen, andeuten
fore·sight [ˈfɔːsaɪt] *s* Voraussicht *f;* Weitsicht *f*
fore·skin [ˈfɔːskɪn] *s* (ANAT) Vorhaut *f*
for·est [ˈfɒrɪst] *s* Wald, Forst *m*
fore·stall [fɔːˈstɔːl] *vt* zuvorkommen (*s.o., s.th.* jdm, einer S), vorbeugen; vorwegnehmen
for·est blight (**dieback**) *s* Waldsterben *nt*
for·est·er [ˈfɒrɪstə(r)] *s* Förster(in) *m(f);* **for·est man·age·ment** *s no pl* Forstwirtschaft *f;* **for·est rang·er** *s* Förster(in) *m(f);* **for·est·ry** [ˈfɒrɪstrɪ] *s* Forstwirtschaft *f*
fore·taste [ˈfɔːteɪst] *s* Vorgeschmack *m*
fore·tell [fɔːˈtel] <*irr:* foretold, foretold> *vt* vorhersagen
for·ever [fəˈrevə(r)] *adv* **1.** immer, ewig, ständig **2.** (*Am*) (für) immer
fore·warn [fɔːˈwɔːn] *vt* vorher warnen (*of* vor)
fore·went [fɔːˈwent] *s.* **forego**
fore·woman [ˈfɔːwʊmən, *pl* ˈfɔːwɪmɪn] <*pl* forewomen> *s* Meisterin, Vorarbeiterin *f*
fore·word [ˈfɔːwɜːd] *s* Vorwort *nt*
for·feit [ˈfɔːfɪt] **I.** *s* **1.** Strafe, Buße *f* **2.** (*fig*) Einbuße *f* **3.** ~**s** Pfänderspiel *nt* **II.** *adj* (JUR): **be** ~ verfallen sein **III.** *vt* **1.** (JUR) verwirken; verlustig gehen (*s.th.* einer S) **2.** (*fig*) einbüßen; **for·feit·ure** [ˈfɔːfɪtʃə(r)] *s* Verwirkung *f;* Verlust *m*
for·gather [fɔːˈgæðə(r)] *vi* sich begegnen, zusammentreffen
for·gave [fəˈgeɪv] *s.* **forgive**
forge [fɔːdʒ] **I.** *s* Schmiede *f* **II.** *vt* **1.** schmieden **2.** (*Banknote*) nachmachen, fälschen **III.** *vi:* ~ **ahead** Fortschritte machen; vorwärts kommen; (SPORT) vorstoßen; **forger** [ˈfɔːdʒə(r)] *s* Fälscher(in) *m(f);* **forg·ery** [ˈfɔːdʒərɪ] *s* Fälschung *f;* Fälschen *nt;* ~ **of documents** Urkundenfälschung *f*
for·get [fəˈget] <*irr:* forgot, forgotten> **I.** *vt* vergessen (*to do, about doing s.th.* etw zu tun), verlernen **II.** *vi* es vergessen **III.** *vr* sich vergessen, aus der Rolle fallen; **for·get·ful** [fəˈgetfl] *adj* vergesslich; **for·get-me-not** [fəˈgetmɪnɒt] *s* Vergissmeinnicht *nt*
for·give [fəˈgɪv] <*irr:* forgave, forgiven> *vt* **1.** vergeben, verzeihen (*s.o. s.th.* jdm etw) **2.** (*Schuld*) erlassen; ~ **and forget** vergeben und vergessen; **for·given** [fəˈgɪvn] *pp of* **forgive**; **for·giv·ing** [-ɪŋ] *adj* nachsichtig; versöhnlich
forgo [fɔːˈgəʊ] <*irr:* forwent, forgone> *s.* **forego**
for·got [fəˈgɒt] *s.* **forget**; **for·got·ten** [fəˈgɒtn] *s.* **forget**
fork [fɔːk] **I.** *s* **1.** Gabel *f* **2.** Gabelung, Abzweigung *f* **II.** *vi* **1.** sich gabeln **2.** abbiegen (*left* nach links) **III.** *vt* mit einer Gabel aufladen; ~ **out** (*fam*) zahlen, blechen; **forked** [fɔːkt] *adj* **1.** gegabelt **2.** (*Zunge*) gespalten **3.** (*Blitz*) zickzackförmig; **fork-lift truck** *s* Gabelstapler *m*
for·lorn [fəˈlɔːn] *adj* **1.** verlassen **2.** (*Versuch*) verzweifelt; ~ **hope** aussichtsloses Unternehmen
form [fɔːm] **I.** *s* **1.** Form, Gestalt, Figur *f* **2.** (An)Ordnung *f*, Schema *nt* **3.** (GRAM) Form *f* **4.** Umgangsform *f* **5.** Formblatt, Formular *nt*, Vordruck *m* **6.** (SPORT) Form, (körperliche) Verfassung *f* **7.** (*Br*) Bank (ohne Lehne) *f* **8.** (*Br*) (Schul)Klasse *f;* **in due** ~ vorschriftsmäßig; **without** ~ formlos; **be in good** ~ in guter Verfassung sein; **be out of** ~ nicht in Form sein; **fill in a** ~ ein Formular ausfüllen; **application** ~ Antragsformular *nt;* **that is good** (**bad**) ~ das gehört sich (nicht); **a** (**mere**) **matter of** ~ eine (bloße) Formsache **II.** *vt* **1.** formen, bilden, gestalten **2.** (*Idee*) entwickeln; annehmen **3.** (*Freundschaft*) schließen **4.** (*Eindruck*) gewinnen **5.** bilden, konstituieren, organisieren; (*Gesellschaft*) gründen; (*Regierung*) bilden; ~ **an idea/a plan** einen Gedanken/einen Plan fassen; ~ **a judg(e)ment/an opinion** sich ein Urteil/eine Meinung bilden **III.** *vi* sich bilden, sich entwickeln; (feste) Gestalt annehmen; ~ **up** (sich) aufstellen
for·mal [ˈfɔːml] *adj* **1.** formell, förmlich **2.** offiziell **3.** (*Unterschied*) formal; **make a** ~ **apology** sich in aller Form entschuldi-

gen; ~ **dress** Gesellschaftskleidung *f*

for·mal·de·hyde [fɔː'mældɪhaɪd] *s* (CHEM) Formaldehyd *m*

for·mal·ity [fɔː'mæləti] *s* **1.** Förmlichkeit *f* **2.** Formalität, Formsache *f;* **as a** ~ der (bloßen) Form wegen; **it's a mere** ~ es ist eine reine Formsache; **for·mal·ize** ['fɔːməlaɪz] *vt* formalisieren; zur Formsache machen

for·mat ['fɔːmæt] **I.** *s* (*Buch*) Format *nt;* Aufmachung *f* **II.** *vt* (INFORM) formatieren

for·ma·tion [fɔː'meɪʃn] *s* **1.** Bildung *f;* Gestalt(ung) *f* **2.** Struktur, (An)Ordnung, Gliederung *f,* Aufbau *m* **3.** (*Gesellschaft*) Gründung *f* **4.** (GEOL) Formation *f;* **battle** ~ Gefechtsaufstellung *f;* **formation dancing** *s* Formationstanzen *nt*

for·ma·tive ['fɔːmətɪv] **I.** *adj* bildend, gestaltend, plastisch; Bildungs-; ~ **years** entscheidende Jahre *ntpl* **II.** *s* Wortbildungselement *nt*

for·mer ['fɔːmə(r)] **I.** *adj* **1.** früher, ehemalig **2.** erstere(r, s), erstgenannte(r, s); **in** ~ **times** früher **II.** *s:* **the** ~ der, die, das Erstere

for·mer·ly ['fɔːməlɪ] *adv* früher, ehemals

form feed *s* (INFORM) Formularvorschub *m*

for·mic acid ['fɔːmɪk'æsɪd] *s* Ameisensäure *f*

for·mi·dable ['fɔːmɪdəbl] *adj* **1.** furchtbar **2.** (*Gegner*) fürchterlich, schrecklich, entsetzlich **3.** (*fam*) gewaltig, riesig

form·less ['fɔːmlɪs] *adj* formlos

for·mula ['fɔːmjʊlə, *pl* 'fɔːmjʊliː] <*pl* **formulas, formulae**> *s* **1.** Formel *f* **2.** (*Medikament*) Rezept *nt*

for·mu·late ['fɔːmjʊleɪt] *vt* formulieren; **for·mu·la·tion** [ˌfɔːmjʊ'leɪʃn] *s* Formulierung *f*

for·ni·cate ['fɔːnɪkeɪt] *vi* Unzucht treiben

for·sake [fə'seɪk] <*irr:* **forsook, forsaken**> *vt* sich trennen von, verlassen; aufgeben; **forsaken** [fə'seɪkən] *pp of* **forsake**; **forsook** [fə'sʊk] *pt of* **forsake**

for·swear [fɔː'sweə(r)] *irr vt* **1.** abschwören (*s.th.* einer S) **2.** unter Eid verneinen

for·sythia [fɔː'saɪθɪə] *s* Forsythie *f*

fort [fɔːt] *s* Fort *nt;* **hold the** ~ (*fig*) die Stellung halten

forte ['fɔːteɪ] *s* starke Seite

forth [fɔːθ] *adv:* **and so** ~ und so weiter; **back and** ~ vor und zurück, hin und her; **from this day** ~ von heute an

forth·com·ing [ˌfɔːθ'kʌmɪŋ] *adj* **1.** (unmittelbar) bevorstehend **2.** (*Buch*) in Kürze erscheinend **3.** (*fig*) mitteilsam; ~ **books** Neuerscheinungen *fpl;* **the money/help is** ~ das Geld/Hilfe kommt

forth·right ['fɔːθraɪt] *adj* **1.** offen, aufrichtig **2.** (*Antwort*) unverblümt

forth·with [ˌfɔːθ'wɪθ] *adv* sofort, umgehend

for·ti·eth ['fɔːtɪəθ] *adj* vierzigste(r, s)

for·ti·fi·ca·tion [ˌfɔːtɪfɪ'keɪʃn] *s* Befestigung *f;* Festungsanlagen *fpl;* **for·tify** ['fɔːtɪfaɪ] *vt* **1.** (*fig*) bestärken, bekräftigen **2.** (MIL) befestigen **3.** (*Nahrungsmittel*) anreichern

for·ti·tude ['fɔːtɪtjuːd] *s* innere Kraft, Stärke

fort·night ['fɔːtnaɪt] *s* vierzehn Tage, zwei Wochen; **for a** ~ für, auf 14 Tage; **today/tomorrow/next Monday** ~ heute/morgen/Montag in 14 Tagen; **fort·night·ly** [-lɪ] **I.** *adj* vierzehntägig; halbmonatlich **II.** *adv* alle 14 Tage (stattfindend, erscheinend)

for·tress ['fɔːtrɪs] *s* Festung *f*

for·tu·itous [fɔː'tjuːɪtəs] *adj* zufällig

for·tu·nate ['fɔːtʃənət] *adj* glücklich; **be** ~ **in s.th.** bei etw Glück haben; **it was** ~ **that ...** es war ein Glück, dass ...; **for·tu·nate·ly** [-lɪ] *adv* glücklicherweise

for·tune ['fɔːtʃuːn] *s* **1.** Geschick, Schicksal *nt;* Zufall *m* **2.** (*Geld*) Wohlstand, Reichtum *m,* Vermögen *nt;* **by good** ~ glücklicherweise; **have good** (**bad**) ~ (kein) Glück haben; **the ~s of war** das Auf und Ab des Krieges; **have one's** ~ **told** sich die Zukunft sagen lassen; **make a** ~ ein Vermögen verdienen; **marry a** ~ eine gute Partie machen; **come into a** ~ ein Vermögen erben; **fortune hunter** *s* Mitgiftjäger *m;* **fortune teller** *s* Wahrsager(in) *m(f)*

forty ['fɔːtɪ] *adj* vierzig; **have** ~ **winks** (*fam*) ein Nickerchen machen

fo·rum ['fɔːrəm] *s* (*a. fig*) Forum *nt*

for·ward ['fɔːwəd] **I.** *adj* **1.** vordere(r, s) **2.** (*zeitlich*) früh-, vorzeitig; Voraus-; fortgeschritten **3.** dreist **4.** (COM) auf Ziel; Termin-; ~ **gear** Vorwärtsgang *m* **II.** *adv* **1.** (*a.* ~*s*) vorwärts, nach vorn **2.** in die Zukunft; **from that** [*o* **this**] **time** ~ seitdem; **bring** ~ vorbringen; **step** ~ vortreten; **come** ~ sich melden **III.** *s* (SPORT) Stürmer(in) *m(f)* **IV.** *vt* **1.** (*Plan*) voran-, weiterbringen; fördern, unterstützen **2.** (*Waren*) befördern, schicken **3.** (*Brief*) nachschicken; **please** ~**!** bitte nachsenden!

for·ward·ing ['fɔːwədɪŋ] *s* Beförderung *f;* Versand *m,* Spedition *f;* ~ **address** Nachsendeanschrift *f;* ~ **agent** Spediteur *m;* ~ **instructions** Lieferanweisungen *fpl*

for·ward-look·ing ['fɔːwədˌlʊkɪŋ] *adj* fortschrittlich; vorausblickend; **for·ward·ness** ['fɔːwədnɪs] *s* Dreistigkeit *f;* **for·wards** ['fɔːwədz] *adv s.* **forward**

for·went [fɔː'went] *s.* **forgo**

fos·sil ['fɒsl] **I.** *s* Fossil *nt* **II.** *adj* versteinert; ~ **fuel** fossiler Brennstoff; **fos·sil·ized**

['fɒsəlaɪzd] *adj* versteinert; (*fig*) verknöchert

fos·ter ['fɒstə(r)] *vt* **1.** (*Kind*) in Pflege nehmen **2.** (*fig*) fördern, begünstigen **3.** (*Idee*) hegen; **foster-brother** *s* Pflegebruder *m;* **foster-child** <*pl* -children> *s* Pflegekind *nt;* **foster-father** *s* Pflegevater *m;* **foster-mother** *s* Pflegemutter *f;* **foster-sister** *s* Pflegeschwester *f*

fought [fɔːt] *s.* **fight**

foul [faʊl] **I.** *adj* **1.** übel, schlecht **2.** (*Essen*) übelriechend; verdorben **3.** (*Luft*) verbraucht **4.** (*Person*) gemein, fies **5.** (*Wetter*) schlecht **6.** (*Wind*) ungünstig, widrig **7.** (*Sprache*) anstößig, gemein **8.** (SPORT) unfair; ungültig **9.** verwickelt; **fall** [*o* **run**] ~ **of s.o.** mit jdm in Konflikt geraten; ~ **play** (SPORT) Foul *nt* **II.** *s* (SPORT) Foul *nt* **III.** *vt* **1.** (*Luft*) verpesten **2.** (*Kamin*) verstopfen **3.** (*Ruf*) lädieren **4.** rammen **5.** (SPORT) verstoßen gegen; ~ **up a chance** eine Chance vermasseln **IV.** *vi* **1.** (*Seil*) sich verwickeln **2.** (SPORT) foulen

fou·lard [fuː'lɑːd] *s* Foulard *m* (*feines, weiches Gewebe*)

foul-mouthed ['faʊlmaʊðd] *adj* unflätig, vulgär; **foul·ness** ['faʊlnɪs] *s* **1.** Verdorbenheit *f;* Fauligkeit *f* **2.** Unflätigkeit *f*

found¹ [faʊnd] *vt* gründen; errichten; ~ **s.th. on s.th.** etw auf etw gründen, stützen

found² [faʊnd] *vt* (*Metall*) schmelzen und gießen

found³ [faʊnd] *s.* **find**

foun·da·tion [faʊn'deɪʃn] *s* **1.** Gründung *f;* Errichtung *f* **2.** Schenkung, Stiftung *f* **3.** ~**s** Grundmauer *f,* Fundament *nt* **4.** (*fig*) Grundlage, Basis *f;* **foundation cream** *s* Grundierungscreme *f;* **foundation stone** *s* Grundstein *m;* **foundation subject** *s* Pflichtfach *nt*

foun·der¹ ['faʊndə(r)] *s* Gründer(in) *m(f),* Stifter(in) *m(f)*

foun·der² ['faʊndə(r)] *vi* **1.** sinken, untergehen **2.** (*Pferd*) straucheln **3.** (*Plan*) scheitern

foun·der³ ['faʊndə(r)] *s* (*Metall*) Gießer(in) *m(f)*

Found·ing Fa·ther [ˌfaʊndɪŋ'fɑːðə(r)] *s* (HIST) Gründungsvater *m*

foun·dry ['faʊndrɪ] *s* Gießerei *f*

fount [faʊnt] *s* **1.** (*lit*) Born *m;* Quelle *f* **2.** (TYP) Schrift(art) *f*

foun·tain ['faʊntɪn] *s* **1.** Springbrunnen *m;* Fontäne *f* **2.** (*drinking* ~) (Trinkwasser)Brunnen *m;* **fountain pen** *s* Füller, Füllfederhalter *m*

four [fɔː(r)] *adj* vier; **on all** ~**s** auf allen vieren; **four-by-four** [ˌfɔːbaɪ'fɔː(r)] *s* Kraftfahrzeug *nt* mit Vierradantrieb; **four-door car** ['fɔː(r)dɔː(r) kɑː] *s* viertüriges Auto; **four·fold** ['fɔːfəʊld] *adj, adv* vierfach, -fältig; **four-footed** [ˌfɔː'fʊtɪd] *adj* vierfüßig; **four-handed** [ˌfɔː'hændɪd] *adj* (*a.* MUS) vierhändig; **four-leaf clover** *s* vierblättriges Kleeblatt; **four-letter word** *s* unanständiges Wort; **four·some** ['fɔːsəm] *s* Quartett *nt;* Viererspiel *nt;* **four·square** ['fɔːskweə(r)] *adj* **1.** viereckig **2.** (*Entscheidung*) entschlossen, unnachgiebig; **four·teen** [ˌfɔː'tiːn] *adj* vierzehn; **four·teenth** [ˌfɔː'tiːnθ] *adj* vierzehnte(r, s); **fourth** [fɔːθ] **I.** *adj* vierte(r, s) **II.** *s* Viertel *nt;* Vierte(r, s); **four-wheel drive** *s* Allrad-, Vierradantrieb *m*

fowl [faʊl] *s* Geflügel *nt;* **fowl·pest** ['faʊlpest] *s* Hühnerpest *f*

fox [fɒks] **I.** *s* **1.** Fuchs *m* **2.** Fuchspelz *m* **II.** *vt* täuschen, hereinlegen; verblüffen; **fox·glove** ['fɒksglʌv] *s* Fingerhut *m;* **fox hunt** ['fɒkshʌnt] **I.** *s* Fuchsjagd *f* **II.** *vi* auf die Fuchsjagd gehen; **fox terrier** *s* Foxterrier *m;* **fox·trot** ['fɒkstrɒt] *s* Foxtrott *m;* **foxy** ['fɒksɪ] *adj* schlau, listig

foyer ['fɔɪeɪ] *s* (THEAT) Foyer *nt;* Empfangshalle *f*

fra·cas ['frækɑː, *pl* 'frækɑːz] <*pl* fracas> *s* Aufruhr, Tumult *m*

frac·tal ['fræktl] *s* (MATH) Fraktal *nt*

frac·tion ['frækʃn] *s* **1.** (*fig*) Bruchteil *m* **2.** (MATH) Bruch *m;* **frac·tional** ['frækʃənl] *adj* **1.** (*fig*) geringfügig **2.** (MATH) Bruch-

frac·tious ['frækʃəs] *adj* mürrisch, verdrießlich

frac·ture ['fræktʃə(r)] **I.** *s* **1.** Bruch *m* **2.** (MED) Bruch *m,* Fraktur *f;* ~ **of the skull** Schädelbruch *m* **II.** *vt, vi* brechen

frag·ile ['frædʒaɪl] *adj* **1.** zerbrechlich, empfindlich **2.** (TECH) brüchig **3.** (MED) anfällig, schwach; **fra·gil·ity** [frə'dʒɪlətɪ] *s* Zerbrechlichkeit *f*

frag·ment ['frægmənt] **I.** *s* Bruchstück *nt,* -teil *m;* Scherbe *f* **II.** [fræg'ment] *vi* zersplittern, zerbrechen, in Stücke brechen **III.** [fræg'ment] *vt* in Teile zerlegen; in Stücke schlagen; **frag·men·tary** ['frægməntrɪ] *adj* bruchstückhaft, fragmentarisch

fra·grance ['freɪgrəns] *s* Duft *m;* **fra·grant** ['freɪgrənt] *adj* wohlriechend

frail [freɪl] *adj* **1.** zart; zerbrechlich **2.** (*fig*) gering; schwach; **frailty** ['freɪltɪ] *s* Zartheit *f;* Zerbrechlichkeit *f;* Schwäche *f*

frame [freɪm] **I.** *vt* **1.** (*Bild*) rahmen **2.** entwerfen, ausarbeiten, formulieren **3.** (*Gesicht*) ein-, umrahmen **4.** (*Wort*) bilden, formen **5.** (*sl*) fälschlich bezichtigen **II.** *vi* sich entwickeln **III.** *s* **1.** Gerüst *nt;* Gestell *nt;* Rahmen *m* **2.** Fassung *f* **3.** Körperbau *m,* Figur, Gestalt *f* **4.** (Auf)Bau *m,* Konstruktion *f,* Anordnung, Gestaltung *f* **5.** (~ *of mind*) Veranlagung *f;* Temperament *nt* **6.** (*Gärtnerei*) Frühbeet *nt* **7.** (PHOT FILM) (Einzel)Aufnahme *f* **8.** (AUTO) Rahmen *m* **9.** (*Statistik*) Erhebungsgrundlage *f* **10.** (INTERNET) Frame *m;* **frame-up** ['freɪmʌp] *s* (*fam*) Komplott *nt,* Machenschaften *fpl;* **frame·work** ['freɪmwɜːk] *s* **1.** Gerüst, Gerippe *nt* **2.** (*fig*) Gefüge *nt,* Struktur *f,* Rahmen *m;* **within the ~ of** im Rahmen von

France [frɑːns] *s* Frankreich *nt*

fran·chise ['fræntʃaɪz] *s* **1.** Wahlrecht *nt* **2.** (COM) Konzession *f*

Fran·cis·can [fræn'sɪskən] *s* Franziskaner(in) *m(f)*

Franco- ['fræŋkəʊ] *PRÄF* Französisch-; ~-**German** deutsch-französisch

frank[1] [fræŋk] *adj* **1.** frei(mütig), offen **2.** (*Meinung*) ehrlich, aufrichtig; **to be ~** aufrichtig gesagt, offen gestanden

frank[2] [fræŋk] *vt* frankieren

frank·furter ['fræŋkfɜːtə(r)] *s* Frankfurter (Würstchen *nt*) *f*

frank·in·cense ['fræŋkɪnsens] *s* Weihrauch *m*

frank·ing-ma·chine ['fræŋkɪŋmə'ʃiːn] *s* Frankiermaschine *f*

fran·tic ['fræntɪk] *adj* **1.** verzweifelt; rasend **2.** (*Person*) außer Fassung; **go ~** außer sich geraten; **be ~ with pain** vor Schmerz fast wahnsinnig sein; **drive s.o. ~** jdn zur Verzweiflung treiben

fra·ter·nal [frə'tɜːnl] *adj* brüderlich; **fra·ter·nity** [frə'tɜːnətɪ] *s* **1.** Brüderlichkeit *f* **2.** (REL) Bruderschaft *f* **3.** (*Am*) (studentische) Verbindung *f;* **frat·er·niz·ation** [ˌfrætənaɪ'zeɪʃn] *s* Verbrüderung *f;* **frat·er·nize** ['frætənaɪz] *vi* sich verbrüdern; **frat·ri·cide** ['frætrɪsaɪd] *s* **1.** Brudermord *m* **2.** Brudermörder(in) *m(f)*

fraud [frɔːd] *s* **1.** Betrug *m;* Schwindel *m* **2.** Betrüger(in) *m(f);* **fraudu·lence** ['frɔːdjʊləns] *s* Betrügerei *f;* **fraudu·lent** ['frɔːdjʊlənt] *adj* betrügerisch

fraught [frɔːt] *adj* geladen (*with* mit); **~ with danger** gefahrvoll

fray[1] [freɪ] *s* Schlägerei *f;* Kampf *m;* **eager for the ~** kampflustig

fray[2] [freɪ] **I.** *vt* ausfransen **II.** *vi* **1.** ausfransen; sich durchscheuern **2.** (*fig*) sich erregen

frazzed [frɑːzd] *adj* (*Am: fam*) mitgenommen, aufgewühlt

freak [friːk] **I.** *s* **1.** Laune *f,* Einfall *m* **2.** Missbildung *f,* Monstrum *nt* **3.** (*fam*) verrückter Kerl **II.** *adj* ungewöhnlich; abnorm; verrückt **III.** *vi:* **~ out** (*sl*) ausflippen; **freaked** [friːkt] *adj* (*sl*) verängstigt

freckle ['frekl] *s* Sommersprosse *f;* **freckled** ['frekld] *adj* sommersprossig

free [friː] **I.** *adj* **1.** frei (*from, of* von) **2.** unabhängig **3.** frei beweglich, lose, locker **4.** ungehindert, zwanglos, ungebunden **5.** (*Platz, Zimmer*) frei, nicht besetzt **6.** (*Bewegung*) ungezwungen, leicht, anmutig **7.** freigebig, großzügig (*with* mit) **8.** gratis, kostenlos, umsonst; **~ from pain** schmerzfrei; **~ of s.th.** frei von etw; **~ of chemical weapons** chemiewaffenfrei; **get s.th. ~** etw umsonst bekommen; **give s.o. a ~ hand** jdm freie Hand lassen; **you're ~ to choose** die Wahl steht Ihnen frei; **set ~** freilassen; **admission ~** Eintritt frei; **~ delivery** freier Versand; (**nuclear**) **weapon-~ zone** (atom)waffenfreie Zone; **~ sample** Gratisprobe *f;* **~ and easy** ungezwungen; **~ on board** frei an Bord; **have one's hands ~** (*fig*) freie Hand haben; **be ~ with one's money** großzügig mit seinem Geld umgehen **II.** *vt* **1.** freilassen, befreien **2.** (*Straße*) (wieder) freimachen **3.** (*Knoten*) lösen; **free·bie** ['friːbiː] *s* (*fam*) kostenloser Gegenstand; Werbegeschenk *nt;* **free·booter** ['friːbuːtə(r)] *s* Freibeuter *m;* **free collective bargaining** *s* Tarifautonomie *f*

free·dom ['friːdəm] *s* **1.** Freiheit *f* **2.** Unabhängigkeit, Ungebundenheit *f* **3.** Offenheit, Aufrichtigkeit *f;* **give s.o. the ~ of one's house** jdm sein Haus zur freien Verfügung stellen; **~ of action** Handlungsfreiheit *f;* **~ of assembly** Versammlungsfreiheit; **~ of opinion** Meinungsfreiheit *f;* **~ of the press** Pressefreiheit *f;* **~ of religion** Religionsfreiheit *f;* **the ~ of the city** die Ehrenbürgerrechte *ntpl*

free en·ter·prise [ˌfrɪː'entəpraɪz] *s* freie Marktwirtschaft; **free fall** *s* freier Fall; **free-for-all** ['friːfərˌɔːl] *s* Gerangel *nt;* **free·hold** ['friːhəʊld] *s* (freier) Grundbesitz; **free·holder** ['friːhəʊldə(r)] *s* Grundeigentümer(in) *m(f);* **free kick** *s* (SPORT) Freistoß *m;* **free labour** *s* nicht organisierte Arbeiter *mpl*

free·lance ['friːlɑːns] **I.** *s* Freiberufler(in) *m(f),* Freischaffende(r) *f m* **II.** *vi* freiberuflich tätig sein **III.** *adv, adj* freiberuflich

free·load ['friːləʊd] *vi* (*fam*) schmarotzen; **free·loader** *s* Schmarotzer(in) *m(f)*

free·ly ['friːlɪ] *adv* **1.** reichlich, großzügig **2.** frei; ungehindert

free·man ['friːmən] <*pl* -men> *s* (Ehren)Bürger *m;* **free market economy** *s* freie Marktwirtschaft; **Free·ma·son** ['friːmeɪsn] *s* Freimaurer *m;* **free port** *s* Freihafen *m;* **free-range** *adj* **1.** (*Huhn*)

F

freilaufend **2.** (*Ei*) aus Bodenhaltung *f;* ~ **egg** Freilandei *nt;* **free·sheet** *s* kostenlose Zeitung; **free speech** *s* Redefreiheit *f;* **free-spoken** [ˌfriːˈspəʊkən] *adj* freimütig; **free-stand·ing** [ˌfriːˈstændɪŋ] *adj* frei stehend; **free·style** [ˈfriːstaɪl] *s* (SPORT) Freistil *m;* **free-thinker** *s* Freidenker, -geist *m;* **free-thinking** *adj* freidenkerisch; **free trade** *s* Freihandel *m;* **free·ware** [ˈfriːˌweə] *s* (INFORM) Freeware *f* (*kostenlose Software*); **free·way** [ˈfriːweɪ] *s* (*Am*) (gebührenfreie) Autobahn *f;* **free·wheel** **I.** *vi* (*Fahrrad*) im Freilauf fahren **II.** *s* (*Fahrrad*) Freilauf *m;* **free will** *s* freier Wille; **of one's own** ~ aus freien Stücken

freeze [friːz] <*irr:* froze, frozen> **I.** *vi* **1.** (ge)frieren **2.** anfrieren (*to* an) **3.** (*Wasserleitung*) einfrieren **4.** (*Blut*) erstarren **5.** (*fig*) starr werden (*with* vor) **6.** (*Flüssigkeit*) dick, steif werden; **it is freezing hard** es herrscht starker Frost; ~ **onto** (*fam*) sich anklammern an; ~ **over** überfrieren; ~ **up** zufrieren; **make s.o.'s blood** ~ jdm das Blut in den Adern erstarren lassen; **I'm freezing** ich friere, mich friert **II.** *vt* **1.** gefrieren lassen; einfrieren **2.** (*Lohn*) einfrieren, stoppen **3.** (*Wunde*) vereisen; ~ **s.o. with a look** jdm einen eisigen Blick zuwerfen; ~ **out** herausekeln **III.** *s* **1.** (METE) Frost(periode *f*) *m* **2.** Lohn-, Preisstopp *m;* **freezer** [ˈfriːzə(r)] *s* Tiefkühltruhe *f;* Gefrierschrank *m;* **freeze-up** [ˈfriːzʌp] *s* Dauerfrost *m;* **freez·ing** [ˈfriːzɪŋ] **I.** *adj* eisig, eiskalt **II.** *s* Einfrieren *nt;* **below** ~ unter dem Gefrierpunkt; ~**-point** Gefrierpunkt *m*

freight [freɪt] **I.** *s* **1.** (MAR, AVIAT) Frachtgut *nt* **2.** Frachtkosten *pl;* ~ **charges** Frachtkosten *pl* **II.** *vt* **1.** (*Waren*) verfrachten **2.** (*Boot*) beladen; **freight car** *s* Güterwagen *m;* **freighter** [ˈfreɪtə(r)] *s* **1.** Frachtschiff *nt,* Frachter *m* **2.** Transportflugzeug *nt;* **freight train** *s* Güterzug *m*

French [frentʃ] **I.** *adj* französisch **II.** *s* (das) Französisch(e); **the** ~ die Franzosen *mpl;* **French bean** *s* grüne Bohne; **French chalk** *s* Schneiderkreide *f;* **French dressing** *s* Salatdressing *nt,* Vinaigrette *f;* **French fried potatoes, French fries** *s pl* Pommes frites *pl;* **French horn** *s* (MUS) Waldhorn *nt;* **French leave** *s:* **take** ~ sich auf französisch empfehlen; **French letter** *s* Kondom *nt;* **French·man** [ˈfrentʃmən] <*pl* -men> *s* Franzose *m;* **French window** *s* Verandas-, Balkontür *f;* **Frenchwoman** [ˈfrentʃwʊmən, *pl* -wɪmɪn] <*pl* -women> *s* Französin *f*

fren·etic [frəˈnetɪk] *adj* frenetisch, rasend

fren·zied [ˈfrenzɪd] *adj* wahnsinnig; rasend;

frenzy [ˈfrenzɪ] *s* Raserei *f;* Wahnsinn *m;* **in a** ~ **of despair** in wilder Verzweiflung; **rouse to** ~ in Raserei versetzen

fre·quency [ˈfriːkwənsɪ] *s* **1.** Häufigkeit *f* **2.** (ELEK) Frequenz *f;* **frequency band** *s* Frequenzband *nt;* **frequency modulation** *s* Frequenzmodulation *f;* **fre·quent** [ˈfriːkwənt] **I.** *adj* häufig; landläufig **II.** [frɪˈkwent] *vt* häufig besuchen; **fre·quent user** *s* häufiger Benutzer/häufige Benutzerin

fresco [ˈfreskəʊ] <*pl* fresco(e)s> *s* Freskomalerei *f,* -gemälde *nt*

fresh [freʃ] **I.** *adj* **1.** frisch **2.** neu **3.** kühl, erfrischend; ~ **water** Süßwasser *nt;* **in the** ~ **air** an der frischen Luft; **make a** ~ **start** neu anfangen; **a** ~ **arrival** ein Neuankömmling *m* **II.** *adv* frisch; ~ **from the oven** ofenfrisch; **freshen** [ˈfreʃn] *vi* (*Wind*) auffrischen; ~ **up** sich auffrischen; **fresh·man** [ˈfreʃmən] <*pl* -men> *s* Student *m* im ersten Studienjahr; **fresh·ness** [ˈfreʃnɪs] *s* Frische *f*

fret[1] [fret] **I.** *vt* nagen an **II.** *vi* sich Sorgen machen; unruhig sein **III.** *s:* **be in a** ~ beunruhigt, besorgt sein

fret[2] [fret] *vt* laubsägen

fret[3] [fret] *s* (MUS) Griffleiste *f*

fret·ful [ˈfretfl] *adj* in Sorge; unruhig

fret·saw [ˈfretsɔː] *s* Laubsäge *f;* **fret·work** [ˈfretwɜːk] *s* Laubsägearbeit *f*

friar [ˈfraɪə(r)] *s* Mönch *m*

frica·tive [ˈfrɪkətɪv] *s* Reibelaut *m*

fric·tion [ˈfrɪkʃn] *s* **1.** (*a.* TECH) Reibung *f* **2.** (*fig*) Reibungen, Spannungen *fpl*

Fri·day [ˈfraɪdɪ] *s* Freitag *m;* **on** ~**s** freitags; **Good** ~ Karfreitag *m*

fridge [frɪdʒ] *s* (*Br fam*) Kühlschrank *m*

fried [fraɪd] *adj* gebraten; **fried chicken** *s* Brathähnchen *nt;* **fried egg** *s* Spiegelei *nt*

friend [frend] *s* **1.** Freund(in) *m(f)* **2.** Bekannte(r) *f m;* **Friends** Quäker *pl;* **be** ~**s with** befreundet sein mit; **be great** ~**s** eng miteinander befreundet sein; **make** ~**s with** sich anfreunden mit; **make** ~**s again** sich wieder vertragen, sich (wieder) versöhnen; **friend·less** [-lɪs] *adj* ohne Freunde; **friend·ly** [ˈfrendlɪ] *adj* **1.** freundschaftlich **2.** freundlich; angenehm; **be on** ~ **terms with s.o.** mit jdm auf freundschaftlichem Fuß stehen; ~ **society** Versicherungsverein *m;* **friend·ship** [ˈfrendʃɪp] *s* Freundschaft *f*

fries [fraɪs] *s pl* (*Am: fam*) Pommes *pl*

frieze [friːz] *s* **1.** Zierstreifen *m* **2.** (ARCH) Fries *m* **3.** (*schwerer Wollstoff*) Fries *m*

frig·ate [ˈfrɪgət] *s* (MAR) Fregatte *f*

fright [fraɪt] *s* **1.** Schreck(en) *m* **2.** (*Person*) Vogelscheuche *f;* **get off with a bad** ~ mit dem Schrecken davonkommen; **give s.o. a ~** jdn erschrecken; **take ~** erschrecken; **frighten** ['fraɪtn] **I.** *vt* erschrecken; Angst machen (*s.o.* jdm), ängstigen; ~ **away** abschrecken; ~ **s.o. into doing s.th.** jdn dazu treiben, dass er etw tut; **be ~ed of s.th.** vor etw Angst haben; **be ~ed by s.th.** vor etw erschrecken; **in a ~ed voice** mit angsterfüllter Stimme **II.** *vi:* **she doesn't ~ easily** so leicht fürchtet sie sich nicht; **fright·ful** ['fraɪtfl] *adj* schrecklich, fürchterlich

frigid ['frɪdʒɪd] *adj* **1.** (eis)kalt; frostig **2.** (*fig*) frostig, kühl **3.** (PHYSIOL) frigid(e); **frigid·ity** [frɪ'dʒɪdətɪ] *s* **1.** Kühle *f* **2.** (PHYSIOL) Frigidität *f*

frill [frɪl] *s* **1.** Manschette *f;* Rüsche *f* **2.** (*am Hals eines Tieres*) Kragen *m;* **with all the ~s** mit allem Drum und Dran

fringe [frɪndʒ] **I.** *s* **1.** (*fig*) Rand *m* **2.** Ponyfrisur *f,* Pony *m* **II.** *vt* mit Fransen besetzen; **fringe benefits** *s pl* zusätzliche Nebenleistungen *fpl;* **fringe group** *s* Randgruppe *f;* **fringe theatre** *s* unkonventionelles Theater

frip·pery ['frɪpərɪ] *s* Tand *m,* Kinkerlitzchen *pl*

frisk [frɪsk] **I.** *vi* herumtollen **II.** *vt* (*fam*) abtasten, durchsuchen; **frisky** ['frɪskɪ] *adj* verspielt

frit·ter[1] ['frɪtə(r)] *s* Beignet *m*

frit·ter[2] ['frɪtə(r)] *vt* (~ *away*) vergeuden; verschwenden

fritz [frɪts] *s* (*sl*): **go on the ~** kaputtgehen

friv·ol·ity [frɪ'vɒlətɪ] *s* Frivolität *f;* **friv·ol·ous** ['frɪvələs] *adj* **1.** frivol **2.** (*Mensch*) leichtfertig, -sinnig

frizzy ['frɪzɪ] *adj* kraus, gekräuselt

fro [frəʊ] *adv:* **to and ~** hin und her, auf und ab

frock [frɒk] *s* **1.** (Mönchs)Kutte *f* **2.** Kleid *nt*

frog [frɒg] *s* **1.** Frosch *m* **2.** Schnürverschluss *m;* **have a ~ in one's throat** einen Frosch im Hals haben; **frog·man** ['frɒgmən] <*pl* -men> *s* Froschmann *m;* **frog·march** ['frɒgmɑːtʃ] *vt* abschleppen; wegschleifen; **frog·spawn** *s* Froschlaich *m*

fro·lic ['frɒlɪk] <frolicking, frolicked> **I.** *s* Herumtollen *nt;* Ausgelassenheit *f* **II.** *vi* umhertoben; **fro·lic·some** ['frɒlɪksəm] *adj* lustig, ausgelassen

from [frɒm] *prep* **1.** (*Ausgangspunkt*) von; aus **2.** (*zeitlich*) seit; ab, von … an **3.** (*Entfernung*) von … weg; von … entfernt **4.** (*wegnehmen*) von; aus **5.** (*Quellenangabe*) von; aus **6.** (*Modell*) nach **7.** (*unterste Grenze angebend*) ab **8.** (*Grund*) wegen; infolge; ~ **house to house** von Haus zu Haus; **where are you ~ ?** wo sind Sie her?; ~ **his childhood** von Kindheit an; ~ **time to time** von Zeit zu Zeit; **go away ~ home** von zu Hause weggehen; **steal s.th. ~ s.o.** jdm etw stehlen; **quotations ~ Shakespeare** Zitate nach Shakespeare; **judge ~ appearances** nach dem Äußeren urteilen; **drink ~ a glass** aus einem Glas trinken; **translated ~ the English** aus dem Englischen übersetzt; **painted ~ life** nach dem Leben gemalt; ~ **the age of 18 upwards** von 18 Jahren aufwärts; **escape ~ prison** aus dem Gefängnis entkommen; **go ~ bad to worse** immer schlimmer werden; **weak ~ hunger** schwach vor Hunger; ~ **experience** aus Erfahrung; ~ **what I heard** nach dem, was ich gehört habe; **prevent s.o. ~ doing s.th.** jdn daran hindern etw zu tun; ~ **inside** von innen; ~ **beneath s.th.** unter etw hervor; ~ **among the trees** zwischen den Bäumen hervor

front [frʌnt] **I.** *s* **1.** (*a.* ARCH) Stirn-, Vorderseite, Vorderfront *f* **2.** (MIL POL METE) Front *f* **3.** Uferpromenade *f* **4.** (*a. fig*) Fassade *f* **5.** Hemdbrust *f* **6.** (THEAT) Zuschauerraum *m* **7.** Strohmann *m* **8.** (*lit*) Stirn *f;* **in ~ of s.o.** vor jdm; **in ~** vorne; **at the ~ of** vorn; an der Spitze von; **be in ~** vorne sein; **be sent to the ~** an die Front geschickt werden; **cold ~** (METE) Kaltluftfront *f;* **come to the ~** (*fig*) hervortreten, bekannt werden; **put on a bold ~** eine tapfere Miene zur Schau stellen **II.** *vi:* **the windows ~ onto the street** die Fenster gehen auf die Straße hinaus **III.** *vt* der Frontmann sein **IV.** *adj* vorderste(r, s); erste(r, s); ~ **brake** Vorderbremse *f;* ~ **garden** Vorgarten *m* **V.** *adv:* **up ~** vorne (*upon, towards* nach)

front·age ['frʌntɪdʒ] *s* (ARCH) Vorderfront, Frontseite *f*

frontal ['frʌntl] *adj* Frontal-; Stirn-

front bench [ˌfrʌnt'bentʃ] *s* (PARL) Regierungsbank *f;* **front door** *s* Haustür *f;* **front end** *s* (INFORM) Benutzeroberfläche *f*

fron·tier ['frʌntɪə(r)] *s* Grenze, Landesgrenze *f;* Grenzgebiet *nt;* **frontier district** *s* Grenzgebiet *nt,* -bezirk *m;* **frontier police** *s* Grenzpolizei *f;* **fron·tiers·man** ['frʌntɪəzmən] <*pl* -men> *s* Grenzbewohner *m;* **frontier station** *s* Grenzbahnhof *m*

front·is·piece ['frʌntɪspiːs] *s* (*Buch*) Titelbild *nt*

front line [ˌfrʌnt'laɪn] *s* (*a. fig*) Front *f;* **front·list** ['frʌntlɪst] *s* (*Verlagswesen*) Neuerscheinungen *fpl;* **front page I.** *s* (*Zeitung*) Titel-, Vorderseite *f* **II.** *adj:* **front-page** auf der ersten Seite **III.** *vt* (*Am:*

in der Zeitung) groß herausstellen; **front rank** *s:* **be in the ~** (*fig*) zur Spitze zählen; **front runner** *s* Läufer(in) *m(f)*, an der Spitze; (*fig*) Spitzenreiter(in) *m(f)*; **front spoiler** [ˌfrʌnt'spɔɪlə(r)] *s* (AUTO) Frontspoiler *m*; **front-wheel drive** *s* Vorderradantrieb *m*

frost [frɒst] **I.** *s* **1.** Frost, Raureif *m* **2.** (*fig*) Kühle, Kälte *f* **3.** (*fam*) Reinfall *m*, Versager *m* **II.** *vt* **1.** (*Glas*) mattieren **2.** mit Reif überziehen **3.** (*Kuchen*) glasieren; **frost·bite** *s* Frostbeulen *fpl*; **frost-bitten** ['frɒstbɪtn] *adj* erfroren; **frost-bound** ['frɒstbaʊnd] *adj* festgefroren; **frosted** ['frɒstɪd] *adj* **1.** mit Zuckerguss überzogen **2.** (*Essen*) tiefgekühlt **3.** (*Pflanzen*) erfroren; ~ **glass** Milchglas *nt*; **frost·ing** ['frɒstɪŋ] *s* Zuckerguss *m*; Glasur *f*; **frosty** ['frɒstɪ] *adj* kalt; frostig, eisig

froth [frɒθ] **I.** *s* **1.** Schaum *m* **2.** (*fig*) leeres Gerede; **the dog has ~ at the mouth** der Hund hat Schaum vor dem Maul **II.** *vi* schäumen; **frothy** ['frɒθɪ] *adj* **1.** schaumig, schäumend **2.** (*Gerede*) hohl, albern

frown [fraʊn] **I.** *vi* die Stirn runzeln (*at* über); ~ **on** missbilligen **II.** *s* Stirnrunzeln *nt*

frowzy ['fraʊzɪ] *adj* schmutzig, schlampig

froze [frəʊz] *s.* **freeze**; **frozen** ['frəʊzn] **I.** *pp of* **freeze II.** *adj* **1.** (zu)gefroren, vereist **2.** (*Körper*) erfroren **3.** eisig, sehr kalt **4.** (*fig*) eiskalt **5.** (*Löhne*) eingefroren, blockiert, gesperrt; **I'm ~** mir ist eiskalt; ~ **foods** Tiefkühlkost *f*; ~ **meat** Gefrierfleisch *nt*; ~ **assets** (FIN) festliegendes Kapital; eingefrorenes Guthaben

fru·gal ['fruːgl] *adj* **1.** sparsam, genügsam **2.** (*Essen*) einfach, schlicht, frugal; **fru·gal·ity** [fruː'gælətɪ] *s* Sparsamkeit *f*; Einfachheit *f*

fruit [fruːt] **I.** *s* **1.** Frucht *f*; Obst *nt* **2.** (*fig*) Ergebnis *nt*, Folge *f*; **the ~s of the earth** Früchte *f pl* des Feldes; **bear ~** Früchte tragen **II.** *vi* Früchte tragen; **fruit·cake** *s* englischer Kuchen; **nutty as a ~** (*sl*) total bekloppt; **fruit·erer** ['fruːtərə(r)] *s* Obsthändler(in) *m(f)*; **fruit·ful** ['fruːtfl] *adj* fruchtbar, ertragreich

fru·ition [fruː'ɪʃn] *s* Verwirklichung, Erfüllung *f*; **bring to ~** verwirklichen; **his hopes came to ~** seine Hoffnungen erfüllten sich

fruit knife ['fruːtnaɪf] <*pl* **-knives**> *s* Obstmesser *nt*; **fruit·less** ['fruːtlɪs] *adj* **1.** unfruchtbar **2.** (*fig*) fruchtlos, ergebnislos; **fruit salad** *s* Obstsalat *m*

fruity ['fruːtɪ] *adj* **1.** fruchtartig; fruchtig **2.** (*fam: Geschichte*) gesalzen **3.** (*Stimme*) rauchig

frump [frʌmp] *s* (*fig*) Vogelscheuche *f*

frus·trate [frʌ'streɪt] *vt* **1.** (*Hoffnung*) zunichte machen **2.** (*Plan*) durchkreuzen **3.** (PSYCH) frustieren; **frus·trated** [frʌ'streɪtɪd] *adj* frustriert; **frus·tra·tion** [frʌ'streɪʃn] *s* **1.** Zerschlagung *f* **2.** (PSYCH) Frustration *f*

fry[1] [fraɪ] **I.** *vt* in der Pfanne braten, backen; **fried eggs** Spiegeleier *ntpl*; **fried potatoes** Bratkartoffeln *fpl* **II.** *vi* braten

fry[2] [fraɪ] *s* kleine Fische *mpl*

fry·ing-pan ['fraɪŋpæn] *s* Bratpfanne *f*; **out of the ~ into the fire** vom Regen in die Traufe

fuchsia ['fjuːʃə] *s* Fuchsie *f*

fuck [fʌk] **I.** *vt, vi* (*vulg*) ficken; ~ **about** verarschen **II.** *s* (*vulg*): **not to care a ~** sich einen Dreck kümmern um **III.** *interj* (*vulg*) verdammte Scheiße!; **fuck off** *vi* (*sl*) sich verpissen; **~!** verpiss dich!; **fuck·er** ['fʌkə(r)] *s* (*vulg*) Arschloch *nt*; **fuck·up** [fʌk'ʌp] *s* (*vulg*) Versager(in) *m(f)*

fuddled ['fʌdld] *adj* verwirrt; beschwipst

fuddy-duddy ['fʌdɪdʌdɪ] *s* (*fam*) altmodischer Kauz

fudge [fʌdʒ] **I.** *s* **1.** Fondant *m* **2.** (*Zeitung*) Spalte *f* für letzte Meldungen **II.** *vt* sich aus den Fingern saugen

fuel ['fjuːəl] **I.** *s* **1.** Heiz-, Brennmaterial *nt*; Brennstoff *m* **2.** Kraftstoff *m*; Benzin *nt* **3.** (*fig*) Nahrung *f*; **add ~ to the flames** (*fig*) Öl ins Feuer gießen **II.** *vt* mit Brenn-, Kraftstoff versorgen **III.** *vi* tanken; **fuel capacity** *s* Tankfassungsvermögen *nt*; **fuel cell** *s* Brennstoffzelle *f*; **fuel consumption** *s* Benzinverbrauch *m*; **fuel element** *s* Brennelement *nt*; **fuel gauge** *s* Benzinuhr *f*; **fuel-injection engine** *s* (AUTO) Einspritzmotor *m*; **fuel oil** *s* Heizöl *nt*; **fuel pump** *s* Benzinpumpe *f*; **fuel rod** *s* Brennstab *m*

fug [fʌg] *s* Mief *m*; **fuggy** ['fʌgɪ] *adj* muffig

fu·git·ive ['fjuːdʒətɪv] **I.** *adj* **1.** flüchtig, entflohen **2.** (*fig*) vergänglich **II.** *s* Flüchtling *m*

fugue [fjuːg] *s* (MUS) Fuge *f*

ful·fil [fʊl'fɪl], **ful·fill** *vt* **1.** (*Wunsch*) erfüllen **2.** (*Aufgabe*) ausführen **3.** (*Versprechen*) einlösen **4.** (*Verpflichtung*) einhalten; ~ **o.s.** sich selbst verwirklichen; **ful·fill·ment** (*Am*), **ful·fil·ment** [-mənt] *s* Erfüllung *f*

full [fʊl] **I.** *adj* **1.** voll, (voll)gefüllt **2.** (*Bericht*) vollständig **3.** (*Sympathie*) vollste(r, s) **4.** wimmelnd (*of* von) **5.** (*Figur*) füllig **6.** (*Segel*) gebläht; **be ~ of ...** voller, voll von ... sein; ~ **house** (THEAT) ausverkauft; ~ **up** vollbesetzt; **I'm ~ up** ich bin satt; **at ~ speed** in voller Fahrt; **fall ~ length** der

Länge nach hinfallen; **in ~ bloom** in voller Blüte; **~ sail** mit vollen Segeln; **~ steam ahead** Volldampf voraus; **~ to overflowing** bis zum Überlaufen voll; **be in ~ swing** in vollem Gange sein; **come to a ~ stop** plötzlich stehen bleiben; **pay in ~** voll bezahlen **II.** *adv:* **I know it ~ well** ich weiß es sehr wohl; **look s.o. ~ in the face** jdm voll in die Augen sehen **III.** *s:* **in ~** ganz, vollständig; **write one's name in ~** seinen Namen ausschreiben; **to the ~** vollständig; **full-back** ['fʊlbæk] *s* (SPORT) Verteidiger(in) *m(f);* **full-blooded** [ˌfʊl'blʌdɪd] *adj* **1.** kräftig **2.** Vollblut-; **full-blown** [ˌfʊl'bləʊn] *adj* **1.** (*Blüten*) voll aufgeblüht **2.** (*fig*) ausgewachsen; **full-bodied** [ˌfʊl'bɒdɪd] *adj* (*Wein*) würzig, schwer; **full-cream milk** [ˌfʊl'kri:m] *s* Vollmilch *f;* **full-dress** *adj* **1.** Gala- **2.** (*fig*) wichtig; **full-faced** [ˌfʊl'feɪst] *adj* rundgesichtig; **full(y)-fledged** [ˌfʊl'fledʒd] *adj* **1.** flügge **2.** (*fig*) voll entwickelt; **full-frontal** [ˌfʊl'frʌntl] *adj* oben und unten ohne; **full-grown** [ˌfʊl'grəʊn] *adj* voll ausgewachsen; **full-length** *adj* **1.** (*Portrait*) lebensgroß **2.** (*Film*) abendfüllend; **full moon** *s* Vollmond *m*

full·ness ['fʊlnɪs] *s* Vollständigheit *f;* Sattheit *f;* **in the ~ of time** zu gegebener Zeit

full-page [ˌfʊl'peɪdʒ] *adj* ganzseitig; **full-scale** *adj* in Lebensgröße; **full score** *s* (MUS) Gesamtpartitur *f;* **full stop** *s* Punkt *m;* **full time** *s* (SPORT) Abpfiff *m;* **full-text search** [ˌfʊltekst'sɜ:tʃ] *s* Volltextsuche *f;* **full-time** *adj* ganztägig; vollberuflich

fully ['fʊlɪ] *adv* **1.** völlig, ganz **2.** (*bei Zahlangabe*) mindestens, mehr als; **~ fashioned** mit Passform; **~ qualified** voll qualifiziert

ful·mi·nate ['fʌlmɪneɪt] *vi* (*fig*) donnern, wettern (*against* gegen)

ful·some ['fʊlsəm] *adj* (*Lob, Schmeichelei*) übertrieben

fumble ['fʌmbl] **I.** *vi* (*~ about*) umhertasten, -tappen **II.** *vt* vermasseln; **fumbler** ['fʌmblə(r)] *s* Stümper(in) *m(f)*

fume [fju:m] **I.** *s meist pl* Rauch, Dampf *m;* Abgase *ntpl* **II.** *vi* **1.** rauchen, dampfen **2.** (*fig*) aufgebracht, wütend sein (*about, over* über)

fu·mi·gate ['fju:mɪgeɪt] *vt* ausräuchern

fun [fʌn] *s* Spaß *m;* Vergnügen *nt,* Belustigung *f;* **for ~** zum Spaß; **he is great ~** man hat mit ihm viel zu lachen; **make ~ of s.o., poke ~ at s.o.** sich über jdn lustig machen; **he's ~** er ist ein lustiger Kerl; **have ~!** viel Spaß!

func·tion ['fʌŋkʃn] **I.** *s* **1.** Funktion, Tätigkeit *f* **2.** Aufgaben, Pflichten *fpl* **3.** Veranstaltung *f;* Feier *f* **4.** (MATH) Funktion *f* **II.** *vi* funktionieren, laufen; arbeiten; **~ as** fungieren als; **func·tional** ['fʌŋkʃənl] *adj* **1.** (PHYSIOL) funktionsfähig **2.** funktionell; zweckmäßig; **func·tion·ary** ['fʌŋkʃənərɪ] *s* Funktionär(in) *m(f);* **function key** *s* (INFORM) Funktionstaste *f*

fund [fʌnd] **I.** *s* **1.** Vorrat, Schatz *m* **2.** (FIN) Fonds *m* **3. ~s** Gelder, Geldmittel *ntpl* **4. ~s** Staatspapiere *ntpl;* **the public ~s** öffentliche Mittel *ntpl;* **no ~s** ohne Deckung; **be in ~s** zahlungsfähig sein; **raise ~s** Mittel aufbringen **II.** *vt* **1.** (*Geld*) anlegen, investieren **2.** (*Schuld*) ausgleichen, bezahlen

fun·da·men·tal [ˌfʌndə'mentl] **I.** *adj* **1.** grundlegend, fundamental **2.** wesentlich (*to* für) **3.** hauptsächlich; elementar; **~ tone** (MUS) Grundton *m;* **~ research** Grundlagenforschung *f* **II.** *s meist pl* Grundlage, Basis *f;* **fun·da·men·tal·ism** [ˌfʌndə'mentəlɪzəm] *s* Fundamentalismus *m;* **fun·da·men·tal·ist** [ˌfʌndə'mentəlɪst] **I.** *adj* fundamentalistisch **II.** *s* **1.** Fundamentalist(in) *m(f)* **2.** (*fam*) Fundi; **fun·da·men·tal·ly** [ˌfʌndə'mentəlɪ] *adv* grundlegend; im Grunde genommen, im Wesentlichen

fund·ing [fʌndɪŋ] *s* Finanzierung *f*

fu·ner·al ['fju:nərəl] *s* Beerdigung *f,* Begräbnis *nt,* Beisetzung *f;* **that's his ~** (*fig*) das ist sein Problem; **funeral director** *s* Beerdigungsunternehmer(in) *m(f);* **funeral march** *s* Trauermarsch *m;* **funeral parlour** *s* Leichenhalle *f;* **funeral pyre** *s* Scheiterhaufen *m*

fu·ner·eal [fju:'nɪərɪəl] *adj* traurig, trübselig

fun·fair ['fʌnfeə(r)] *s* Rummelplatz *m*

fun·gi·cide ['fʌŋgɪsaɪd] *s* Pilzvernichtungsmittel *nt;* **fun·gus** ['fʌŋgəs, *pl* 'fʌŋgaɪ] <*pl* **fungi**> *s* Pilz *m*

fu·nicu·lar [fju:'nɪkjʊlə(r)] (*~ railway*) Seilbahn *f*

funk [fʌŋk] **I.** *s* **1.** (*fam*) Schiss *m,* Mordsangst *f* (*of* vor) **2.** (MUS) Funk *m;* **he is in a ~** ihm schlottern die Knie **II.** *vt* (*fam*) sich drücken vor; **funky** ['fʌŋkɪ] *adj* **1.** (*fam*) feige **2.** (*sl: Musik*) irre

fun-lov·ing ['fʌnˌlʌvɪŋ] *adj* lebenslustig

funnel ['fʌnl] **I.** *s* **1.** Trichter *m* **2.** (MAR RAIL) Schornstein *m* **II.** *vt* (*Flüssigkeit*) leiten; schleusen

funnies ['fʌnɪz] *s pl* (*fam*) Witze *mpl,* Witzseite *f;* **funny** ['fʌnɪ] *adj* **1.** lustig, komisch **2.** seltsam, komisch **3.** unwohl; **funny-bone** *s* (ANAT) Musikantenknochen *m*

fur [fɜ:(r)] **I.** *s* **1.** Fell *nt;* Pelz *m* **2.** (MED) Belag *m* **3.** Kesselstein *m* **4. ~s** Pelzwaren *fpl;* **make the ~ fly** (*fig*) einen Streit vom

F

Zaun brechen **II.** *vi:* ~ **up** Kesselstein ansetzen; pelzig werden

fur·bish [ˈfɜːbɪʃ] *vt* **1.** blank putzen, polieren **2.** aufpolieren

furi·ous [ˈfjʊərɪəs] *adj* **1.** wütend **2.** (*See*) stürmisch, wild **3.** (*Geschwindigkeit*) rasant; **fast and** ~ wild, toll, ausgelassen

furl [fɜːl] *vt* **1.** (*Flagge*) aufrollen **2.** (*Schirm*) zusammenrollen

fur·long [ˈfɜːlɒŋ] *s* Achtelmeile *f* (*201 m*)

fur·lough [ˈfɜːləʊ] *s* (MIL) Urlaub *m;* **on** ~ auf Urlaub

fur·nace [ˈfɜːnɪs] *s* Hochofen *m;* Schmelzofen *m*

fur·nish [ˈfɜːnɪʃ] *vt* **1.** (*Haus*) einrichten **2.** (*Informationen*) liefern, geben; ~ **s.o. with s.th.** jdn mit etw versorgen, jdm etw liefern; ~**ed room** möbliertes Zimmer; **fur·nish·ings** [ˈfɜːnɪʃɪŋz] *s pl* Einrichtung *f;* Mobiliar *nt*

fur·ni·ture [ˈfɜːnɪtʃə(r)] *s* Möbel *pl;* **a piece of** ~ ein Möbelstück *nt;* **furniture van** *s* (*Br*) Möbelwagen *m*

fur·rier [ˈfʌrɪə(r)] *s* Kürschner(in) *m(f)*

fur·row [ˈfʌrəʊ] **I.** *s* **1.** (Acker)Furche *f* **2.** Furche, Runzel *f* **II.** *vt* **1.** (zer)furchen; pflügen **2.** runzeln

furry [ˈfɜːrɪ] *adj* Pelz-; belegt, pelzig

fur·ther [ˈfɜːðə(r)] <*Komparativ von* far> **I.** *adj* weiter (entfernt), hintere(r, s); **till** ~ **notice** bis auf weiteres; ~ **particulars** weitere Einzelheiten; ~ **education** Weiter-, Fortbildung *f* **II.** *adv* **1.** weiter, ferner **2.** darüber hinaus; überdies; ~ **on** weiter; ~ **back** weiter zurück; früher; **get** ~ **and** ~ **away** sich immer weiter entfernen; **and** ~ **...** und darüber hinaus; **until you hear** ~ bis auf weiteres **III.** *vt* fördern, unterstützen; **fur·ther·ance** [ˈfɜːðərəns] *s* Förderung, Unterstützung *f;* **fur·ther·more** [ˌfɜːðəˈmɔː(r)] *adv* überdies; ferner; **fur·ther·most** [ˈfɜːðəməʊst] *adj* äußerste(r, s)

fur·thest [ˈfɜːðɪst] <*Superlativ von* far> **I.** *adj:* **the** ~ **way round** den längsten Weg **II.** *adv* am weitesten weg; **he went the** ~ er ging am weitesten

fur·tive [ˈfɜːtɪv] *adj* verstohlen, heimlich; **fur·tive·ness** [-nɪs] *s* Heimlichkeit *f*

fury [ˈfjʊərɪ] *s* **1.** Wut, Raserei *f;* Heftigkeit *f* **2.** Wutanfall, -ausbruch *m;* **be in a** ~ wütend sein; **fly into a** ~ in Wut geraten; **like** ~ wie verrückt

fuse [fjuːz] **I.** *vt* **1.** verschmelzen **2.** (*fig*) vereinigen, verbinden; ~ **the lights** die Sicherung durchbrennen lassen **II.** *vi* **1.** sich verbinden **2.** (ELEK) durchbrennen **III.** *s* **1.** (ELEK) Sicherung *f* **2.** Zündschnur *f;* **blow the** ~ die Sicherung durchbrennen lassen; **fuse box** *s* Sicherungskasten *m*

fu·sel·age [ˈfjuːzəlɑːʒ] *s* (AVIAT) Rumpf *m*

fu·sion [ˈfjuːʒn] *s* **1.** Verschmelzung *f,* Fusion *f* **2.** (PHYS) Kernfusion *f;* **fusion bomb** *s* Wasserstoffbombe *f;* **fusion reactor** *s* (TECH) Fusionsreaktor *m*

fuss [fʌs] **I.** *s* Umstände *pl,* Wirbel *m;* Getue *nt;* **make** [*o* **kick up**] **a** ~ ein wahres Theater aufführen; **make a** ~ **about s.th.** viel Aufhebens um etw machen; **don't make so much** ~ mach kein Theater!; **be in a** ~ Zustände haben **II.** *vi* **1.** sich aufregen (*about, over* über) **2.** Umstände machen; ~ **over s.o.** jdn bemuttern; ~ **around** herumfuhrwerken; ~ **with s.th.** nervös an etw herummachen **III.** *vt* (*fam*) nervös, verrückt machen; **fuss-free** [ˌfʌsˈfriː] *adj* (*fam*) unkompliziert, problemlos; **fuss·pot** [ˈfʌspɒt] *s* Umstandskrämer *m;* **fussy** [ˈfʌsɪ] *adj* **1.** kleinlich, pingelig **2.** (*Kleid*) verspielt; **be** ~ **about s.th.** mit etw heikel, wählerisch sein

fusty [ˈfʌstɪ] *adj* (*a. fig*) muffig

fu·tile [ˈfjuːtaɪl] *adj* **1.** sinnlos, nutzlos, vergeblich **2.** unerheblich, nebensächlich; **fu·til·ity** [fjuːˈtɪlətɪ] *s* **1.** Sinnlosigkeit, Nutzlosigkeit *f* **2.** Vergeblichkeit *f*

fu·ture [ˈfjuːtʃə(r)] **I.** *adj* (zu)künftig, kommend, bevorstehend **II.** *s* **1.** Zukunft *f;* Aussichten *fpl* **2.** (GRAM) Zukunft *f,* Futur *nt;* **in** ~ in Zukunft; **in the near** ~ in naher Zukunft; ~ **prospects** Zukunftsperspektive *fsing;* **futures market** *s* (FIN) Terminbörse *f;* **fu·tur·ism** [ˈfjuːtʃərɪzəm] *s* Futurismus *m;* **fu·tur·istic** [ˌfjuːtʃəˈrɪstɪk] *adj* futuristisch

fuze [fjuːz] **I.** *vt* (*Am*) **1.** verschmelzen **2.** vereinigen, verbinden; ~ **the lights** die Sicherung durchbrennen lassen **II.** *vi* **1.** sich verbinden **2.** (ELEK) durchbrennen **III.** *s* **1.** (ELEK) Sicherung *f* **2.** Zündschnur *f;* **blow the** ~ die Sicherung durchbrennen lassen; **fuze box** *s* Sicherungskasten *m*

fuzz [fʌz] *s* **1.** Flaum *m* **2.** Wuschelkopf *m* **3.** (*sl: Polizei*) Bulle *m;* **fuzzy** [ˈfʌzɪ] *adj* **1.** (*Bild*) unklar **2.** (*Haar*) kraus

f-word [ˈefˌwɜːd] *s verhüllende Umschreibung für das Wort fuck*

G

G, g [dʒiː] <*pl* -'s> *s* (*a.* MUS) G, g *nt*

gab [gæb] *s* Gequassel *nt;* **have the gift of the** ~ (*fam*) ein gutes Mundwerk haben; ~ **session** (*Am: fam*) ungezwungenes Treffen

gab·ar·dine [ˌgæbəˈdiːn] *s* Gabardine *m*

gabble [ˈgæbl] *vi* **1.** plappern **2.** (*Gänse*) schnattern

gable [ˈgeɪbl] *s* Giebel *m*

Ga·bon [gæˈbɒn] *s* Gabun *nt*

gad·about [ˈgædəbaʊt] *s* (*fam*) Herumtreiber(in) *m(f);* **gad about, gad around** [gæd əˈbaʊt, gæd əˈraʊnd] *vi* umherschweifen

gad·fly [ˈgædflaɪ] *s* Viehbremse *f*

gadg·et [ˈgædʒɪt] *s* (*fam*) **1.** Gerät *nt,* Apparat *m;* Vorrichtung *f* **2.** Dingsda *nt;* **gadg·eteer** [ˌgædʒɪˈtɪə] *s* Technikfreak *m;* **gadg·et·ry** [ˈgædʒɪtrɪ] *s* Apparate *mpl,* technische Spielereien *fpl*

Gaelic [ˈgeɪlɪk] **I.** *adj* gälisch; ~ **coffee** Irishcoffee *m* **II.** *s* (das) Gälisch(e)

gaff [gæf] *s* Fischhaken *m;* **blow the** ~ (*sl*) nicht dichthalten

gaffe [gæf] *s* Fauxpas *m;* Taktlosigkeit *f*

gaffer [ˈgæfə(r)] *s* **1.** (*fam*) Chef *m;* Vorarbeiter *m* **2.** alter Mann

gag [gæg] **I.** *s* **1.** Knebel *m* **2.** (*fig*) Maulkorb *m* **3.** witziger Einfall; Gag *m* **II.** *vt* **1.** knebeln **2.** (*fig*) mundtot machen **III.** *vi* **1.** einen Witz, Spaß machen **2.** würgen (*on s.th.* an etw)

gaga [ˈgɑːgɑː] *adj* (*fam*) plemplem, meschugge; **go** ~ senil werden; **go** ~ **over s.o.** in jdn vernarrt sein

gage [geɪdʒ] **I.** *s* (*Am*) **1.** Messgerät *nt* **2.** (TECH) Lehre *f;* (*für Ring*) Ringmaß *nt;* (*für Wasser*) Pegel *m* **3.** (*Draht, Blech*) Dicke, Stärke *f* **4.** (RAIL) Spurweite *f* **5.** (*fig*) Maß(stab *m*) *nt;* **narrow** ~ Schmalspur *f;* **standard** ~ Normalspur *f;* **pressure** ~ Druckmesser *m;* **petrol** ~ Benzinuhr *f;* **temperature** ~ Temperaturanzeiger *m* **II.** *vt* **1.** messen **2.** beurteilen, (ab)schätzen

gag·ging or·der *s* Nachrichtensperre *f*

gag·gle [ˈgægl] **I.** *s* Gänseschar *f* **II.** *vi* (*Gans*) schnattern

gai·ety [ˈgeɪətɪ] *s* **1.** Heiterkeit *f* **2.** *meist pl* Festlichkeiten *fpl;* **gaily** [ˈgeɪlɪ] *adv* fröhlich

gain [geɪn] **I.** *s* **1.** Gewinn *m;* Vorteil *m* **2.** Steigerung, Zunahme *f* **3.** ~**s** Gewinn *m;* Verdienst *m;* **for** ~ aus Berechnung; des Geldes wegen; ~ **in weight** (Gewichts)Zunahme *f* **II.** *vt* gewinnen; (sich) erwerben; erlangen; erreichen; ~ **a footing** festen Fuß fassen; ~ **ground** (*fig*) Fortschritte machen; sich durchsetzen; ~ **the upper hand** die Oberhand gewinnen; ~ **speed** schneller werden **III.** *vi* **1.** (*an Gewicht*) zunehmen **2.** vorankommen, Fortschritte machen **3.** näherkommen (*on, upon* an) **4.** einen Vorteil erlangen (*on* über) **5.** Vorsprung gewinnen (*on, upon* vor) **6.** (*Uhr*) vorgehen **7.** (AUTO) aufholen; **gain·ful** [ˈgeɪnfl] *adj* einträglich, gewinnbringend; ~ **employment** Erwerbstätigkeit *f;* **gain·ings** [ˈgeɪnɪŋz] *s pl* Gewinn(e *pl*) *m*

gait [geɪt] *s* Gang *m;* Haltung *f*

gai·ter [ˈgeɪtə(r)] *s* Gamasche *f*

gala [ˈgɑːlə] *s* Fest(lichkeit *f*) *nt,* Feier *f;* Galaveranstaltung *f*

ga·lac·tic [gəˈlæktɪk] *adj* (ASTR) galaktisch

gal·axy [ˈgæləksɪ] *s* **1.** (ASTR) Sternsystem *nt* **2.** (*fig*) Schar *f*

gale [geɪl] *s* Sturm *m;* **it is blowing a** ~ es stürmt; ~**-force wind** stürmischer Wind; ~**s of laughter** schallendes Gelächter; **gale warning** *s* Sturmwarnung *f*

gall [gɔːl] **I.** *s* **1.** Galle *f* **2.** (*fig*) Bitterkeit *f,* Groll *m* **3.** Wunde, wundgeriebene Stelle *f* **4.** Gallapfel *m* **5.** (*fam*) Frechheit *f* **II.** *vt* **1.** wund reiben **2.** (*fig*) ärgern

gal·lant [ˈgælənt] *adj* **1.** prächtig; stattlich; tapfer **2.** galant; **gal·lantry** [ˈgæləntrɪ] *s* **1.** Tapferkeit *f* **2.** Ritterlichkeit *f*

gall blad·der [ˈgɔːlblædə(r)] *s* Gallenblase *f*

gal·leon [ˈgælɪən] *s* (MAR HIST) Galeone *f*

gal·lery [ˈgælərɪ] *s* **1.** (*Kunst*) Galerie *f* **2.** (THEAT) oberster Rang, Galerie *f* **3.** Tribüne *f;* Empore *f;* Galerie *f* **4.** Säulenhalle *f;* Korridor, Gang *m* **5.** (MIL) Schießstand *m* **6.** Stollen *m;* **play to the** ~ Effekthascherei treiben

gal·ley [ˈgælɪ] *s* **1.** (HIST) Galeere *f* **2.** Kombüse *f* **3.** (TYP) Setzschiff *nt;* **gal·ley proof** [ˈgælɪpruːf] *s* (TYP) Fahnenabzug *m,* Fahne *f*

gal·li·vant [ˌgælɪˈvænt] *vi* sich herumtreiben

gal·lon [ˈgælən] *s* Gallone *f* (*4,55 l, Am 3,79 l*)

gal·lop [ˈgæləp] **I.** *s* (*Pferd*) Galopp *m;* **at a**

~ im Galopp **II.** *vi:* **ride at a** ~ galoppieren; ~**ing inflation** galoppierende Inflation
gal·lows ['gæləʊz] *s pl meist mit sing* Galgen *m*
gall·stone ['gɔːlstəʊn] *s* Gallenstein *m*
Gal·lup poll ['gæləp pəʊl] *s* Meinungsumfrage *f*
ga·lore [gə'lɔː(r)] *adv* in Hülle und Fülle
ga·loshes [gə'lɒʃɪz] *s pl* Gummi-, Überschuhe *mpl*
ga·lumph [gə'lʌmf] *vi* (*fam*) trapsen
gal·van·ize ['gælvənaɪz] *vt* **1.** galvanisieren **2.** (*fig*) aufschrecken
Gambia ['gæmbɪə] *s* Gambia *nt;* **Gamb·ian** ['gæmbɪən] **I.** *adj* gambisch **II.** *s* Gambier(in) *m(f)*
gam·bit ['gæmbɪt] *s* **1.** (*Schach*) Gambit *nt* **2.** (*fig*) Schachzug *m*
gamble ['gæmbl] **I.** *vi* **1.** (um Geld) spielen **2.** (*fig*) etw riskieren, wagen; spekulieren (*on* auf); ~ **with s.th** etw aufs Spiel setzen **II.** *vt* (~ *away*) verspielen **III.** *s* gewagtes Spiel, Risiko *nt;* **gam·bler** ['gæmblə(r)] *s* Spieler(in) *m(f),* Spekulant(in) *m(f),* Spielernatur *f;* **gam·bling** [-ɪŋ] *s* **1.** Spielen *nt* **2.** gewagtes Spiel **3.** Spekulieren *nt;* **gambling debts** *s pl* Spielschulden *pl;* **gambling den** *s* Spielhölle *f*
gam·bol ['gæmbl] **I.** *s* Luftsprung *m* **II.** *vi* umherspringen, -tollen
game[1] [geɪm] *s* **1.** Spiel *nt* **2.** (SPORT) Sportart *f;* Spiel *nt;* Runde, Partie *fpl;* (SCHULE) Sport *m* **3.** (*fig*) Vorhaben *nt,* Plan *m* **4.** Wild(bret) *nt;* **be on/off one's game** in Form/nicht in Form sein; **give the** ~ **away** (*fam*) alles verraten; **play the** ~ fair spielen; **the** ~ **is up** (*fig*) das Spiel ist aus; **two can play at that** ~ wie du mir, so ich dir; **big** ~ Großwild *nt;* **the Olympic Games** die Olympischen Spiele *ntpl;* ~ **of chance/of skill** Glücks-/Geschicklichkeitsspiel *nt;* **a** ~ **of chess** eine Partie Schach
game[2] [geɪm] *adj* mutig; **be** ~ mitmachen; **be** ~ **for anything** für alles zu haben sein; **be** ~ **to do s.th.** bereit sein etw zu tun
game[3] [geɪm] *adj* lahm
game-cock ['geɪmkɒk] *s* Kampfhahn *m;* **game·keeper** ['geɪmˌkiːpə(r)] *s* Wildhüter(in) *m(f);* **game war·den** *s* Jagdaufseher(in) *m(f)*
gaming ['geɪmɪŋ] *s* (Glücks)Spiel *nt* (*um Geld*); **gaming table** *s* Spieltisch *m*
gamma rays ['gæmə'reɪz] *s pl* Gammastrahlen *mpl*
gam·mon ['gæmən] *s* gesalzener, geräucherter Schinken, Speckseite *f*
gammy ['gæmɪ] *adj* (*fam*) lahm
gamut ['gæmət] *s* **1.** Tonleiter *f* **2.** (*fig*) Skala *f*
gan·der ['gændə(r)] *s* **1.** Gänserich *m* **2.** (*sl*) Blick *m*
gang [gæŋ] **I.** *s* **1.** (*Menschen*) Gruppe *f* **2.** (*Arbeiter*) Rotte, Kolonne *f* **3.** (*Gefangene*) Trupp *m* **4.** (*Verbrecher*) Bande *f* **II.** *vi* (~ *up*) sich zusammentun; ~ **up on s.o.** auf jdn losgehen; sich gegen jdn verschwören; **ganger** ['gæŋə(r)] *s* Vorarbeiter *m*
gan·gling ['gæŋglɪŋ] *adj* schlaksig
gan·glion ['gæŋglɪən, *pl* -lɪə] <*pl* **-glia**> *s* **1.** (MED) Ganglion *nt* **2.** (*fig*) Kräftezentrum *nt*
gang·plank ['gæŋplæŋk] *s* Laufplanke *f*
gan·grene ['gæŋgriːn] *s* (MED) Brand *m;* **gan·gren·ous** ['gæŋgrɪnəs] *adj* (MED) brandig
gang·ster ['gæŋstə(r)] *s* Gangster *m,* Verbrecher(in) *m(f);* **gang war·fare** *s* Bandenkrieg *m*
gang·way ['gæŋweɪ] *s* **1.** Gang *m* (*zwischen Sitzreihen*), Korridor *m* **2.** Landungsbrücke *f* **3.** (AVIAT MAR) Gangway *f;* **clear the** ~ Platz machen
gan·try ['gæntrɪ] *s* (TECH) Gerüst *nt,* Bock *m;* Abschussrampe *f;* Schilderbrücke *f*
gaol [dʒeɪl] *s* Gefängnis *nt;* **in** ~ im Gefängnis
gap [gæp] *s* **1.** Lücke *f,* Spalt(e *f*) *m,* Loch *nt* **2.** Abstand *m* **3.** (Gebirgs)Schlucht *f* **4.** Lücke, Unterbrechung *f* **5.** (*Ansichten*) Auseinandergehen, -klaffen *nt;* **bridge** [*o* **fill**] [*o* **stop**] **a** ~ eine Lücke schließen
gape [geɪp] **I.** *vi* anstarren (*at s.o.* jdn); ~ **open** aufklaffen; auseinander gehen **II.** *s* **1.** Loch *nt;* geplatzte Stelle **2.** Starren *nt;* **gap·ing** *adj* (*Wunde*) klaffend; (*Loch*) gähnend; **gap year** *s mit Reisen oder Jobs verbrachte Zeit zwischen Schulabschluss und Hochschulstudium*
gar·age ['gærɑːʒ, *Am* gə'rɑːʒ] **I.** *s* **1.** Garage *f* **2.** Autoreparaturwerkstatt *f;* Tankstelle *f* **II.** *vt* in die Garage stellen
garb [gɑːb] **I.** *s* Tracht, Kleidung *f* **II.** *vt* kleiden (*in* in)
gar·bage ['gɑːbɪdʒ] *s* **1.** Abfälle *mpl,* Müll *m* **2.** (*fig*) Schund *m;* Unsinn *m;* **garbage can** *s* (*Am*) Mülleimer *m,* -tonne *f;* **garbage chute, garbage disposer** *s* Müllschlucker *m;* **garbage collector** *s* (*Am*) Müllkutscher *m;* **garbage dump** *s* Mülldeponie *f;* **garbage truck** *s* (*Am*) Müllauto *nt*
garble ['gɑːbl] *vt* (*Bericht*) durcheinander bringen, entstellen
gar·den ['gɑːdn] **I.** *s* **1.** Garten *m* **2.** ~**s** Anlagen *fpl,* Park *m;* **lead s.o. up the** ~ **path** (*fam*) jdn an der Nase herumführen; **market** ~ Handelsgärtnerei *f;* **vegetable** ~ Gemüsegarten *m* **II.** *vi* im Garten arbeiten;

garden city *s* Gartenstadt *f;* **gar·dener** ['gɑːdnə(r)] *s* Gärtner(in) *m(f)*
gar·denia [gɑː'diːnɪə] *s* Gardenie *f*
gar·den·ing ['gɑːdnɪŋ] *s* Gartenarbeit *f;* **garden party** *s* Gartenfest *nt,* -party *f*
gar·gan·tuan [gɑː'gæntjʊən] *adj* riesig, gewaltig
gargle ['gɑːgl] **I.** *vi* gurgeln (*with* mit) **II.** *s* Mundwasser *nt*
gar·goyle ['gɑːgɔɪl] *s* (ARCH) Wasserspeier *m*
gar·ish ['geərɪʃ] *adj* (*Farbe*) grell, schreiend
gar·land ['gɑːlənd] **I.** *s* Kranz *m;* Girlande *f* **II.** *vt* bekränzen
gar·lic ['gɑːlɪk] *s* Knoblauch *m;* **garlic press** *s* Knoblauchpresse *f*
gar·ment ['gɑːmənt] *s* Kleidungsstück *nt*
gar·net ['gɑːnɪt] *s* (MIN) Granat *m*
gar·nish ['gɑːnɪʃ] **I.** *vt* (*Küche*) garnieren **II.** *s* (*Küche*) Garnierung *f*
gar·ret ['gærət] *s* Dachkammer *f*
gar·ri·son ['gærɪsn] **I.** *s* (MIL) **1.** Garnison *f,* Standort *m* **2.** (~ *town*) Garnison(sstadt) *f* **II.** *vt* mit einer Garnison belegen; (*Soldaten*) in Garnison legen
gar·ru·lous ['gærələs] *adj* schwatzhaft
gar·ter ['gɑːtə(r)] *s* **1.** Strumpfband *nt* **2.** (*Am*) Strumpf-, Sockenhalter *m;* **(the Order of) the Garter** der Hosenbandorden; **garter stitch** *s* Rippenmuster *nt*
gas [gæs] **I.** *s* **1.** Gas *nt* **2.** (*Am*) Benzin *nt* **3.** (*fig sl*) leeres Gerede; tolle Geschichte; **cook by** ~ auf Gas kochen; **step on the** ~ (*Am fam:* AUTO) Gas geben; **turn on/off the** ~ den Gashahn auf-/zudrehen **II.** *vt* vergasen **III.** *vi* (*sl*) faseln; **gas·bag** *s* (*fig pej*) Schwätzer *m;* **gas chamber** *s* Gaskammer *f;* **gas cooker** *s* Gaskocher *m;* **gas·eous** ['gæsɪəs] *adj* gasförmig; **gas fire** *s* Gasofen *m;* **gas-fitter** *s* Installateur(in) *m(f),* Rohrleger(in) *m(f)*
gash [gæʃ] **I.** *s* klaffende Wunde; tiefe Kerbe; Schlitz *m* **II.** *vt* aufschlitzen; eine tiefe Wunde beibringen (*s.o.* jdm)
gas heat·ing ['gæshiːtɪŋ] *s* Gasheizung *f;* **gas-holder** *s* Gasometer *m*
gas·ket ['gæskɪt] *s* **1.** (TECH) Dichtung *f* **2.** (MAR) Zeising *nt*
gas lamp ['gæslæmp] *s* Gaslampe *f;* Gaslaterne *f;* **gas lighter** *s* Gasfeuerzeug *nt;* **gas·man** ['gæsmən] <*pl* -men> *s* Gasmann *m;* **gas·mask** *s* Gasmaske *f;* **gas meter** *s* Gaszähler *m,* Gasuhr *f*
gaso·line, gaso·lene ['gæsəliːn] *s* (*Am*) Benzin *nt;* **gasoline gauge** *s* Benzinuhr *f;* **gasoline tank** *s* Benzintank *m*
gas·ometer [gə'sɒmɪtə(r)] *s* (*Br*) Gasometer *m*
gasp [gɑːsp] **I.** *vi* keuchen; nach Luft schnappen; ~ **for breath** nach Luft schnappen; **I ~ed in surprise** mir stockte der Atem vor Überraschung (*at* über) **II.** *vt* (*Worte:* ~ *out*) mühsam hervorbringen **III.** *s* Keuchen, schweres Atmen *nt;* **at one's last** ~ in den letzten Zügen
gas pipe ['gæspaɪp] *s* Gasrohr *nt,* -leitung *f;* **gas pump** ['gæspʌmp] *s* (*Am*) Zapfsäule *f;* **gas ring** ['gæsrɪŋ] *s* Gasbrenner *m;* **gas station** ['gæssteɪʃn] *s* (*Am*) Tankstelle *f;* **gas station operator** *s* Tankwart *m;* **gas stove** *s* Gasherd *m;* **gas·sy** ['gæsɪ] *adj* **1.** (*sl*) geschwätzig **2.** kohlensäurehaltig, mit Gas gefüllt
gas·tric ['gæstrɪk] *adj:* ~ **acid** Magensäure *f;* ~ **juice** (PHYSIOL) Magensaft *m;* ~ **ulcer** Magengeschwür *nt;* **gas·tri·tis** [gæ'straɪtɪs] *s* Gastritis *f;* **gas·tro·en·ter·itis** [ˌgæstrəʊˌentə'raɪtɪs] *s* Magen-Darm-Katarrh *m*
gas·tron·omic [ˌgæstrə'nɒmɪk] *adj* gastronomisch; **gas·tron·omy** [gæ'strɒnəmɪ] *s* Gastronomie *f*
gas·tro·sco·py [ˌgæs'trəʊskɒpɪ] *s* Magenspiegelung *f*
gas·works ['gæswɜːks] *s pl mit sing* Gaswerk *nt*
gate [geɪt] **I.** *s* **1.** (*fig*) Tor *nt,* Zugang *m* (*to* zu) **2.** (enge) Durchfahrt *f,* Durchlass *m* **3.** Sperre *f;* (Bahn)Schranke *f* **4.** (AVIAT) Flugsteig *m* **5.** Schleusentor *nt* **6.** (*Fußball*) Besucherzahl *f* **7.** (*Eintrittsgeld*) Gesamteinnahme *f* **II.** *vt:* **be ~d** Ausgangsverbot erhalten; **gate·crash** ['geɪtkræʃ] *vi, vt* ungebeten erscheinen (*in* bei); **gate·crasher** ['geɪtkræʃə(r)] *s* ungebetener Gast; **gate-house** *s* Tor-, Pförtnerhaus *nt;* **gate-keeper** *s* **1.** Torwärter(in) *m(f),* Pförtner(in) *m(f)* **2.** (*Am*) Bahnwärter(in) *m(f);* **gate-legged table** [ˌgeɪtlegd'teɪbl] *s* Klapptisch *m;* **gate money** *s* Eintrittsgeld *nt;* **gate·post** *s* Torpfosten *m;* **between you, me and the** ~ in strengstem Vertrauen, unter uns gesagt; **gate·way** ['geɪtweɪ] *s* **1.** Torweg *m,* Einfahrt *f* **2.** (*fig*) Weg *m* (*to* zu); **gate·way drug** *s* Einstiegsdroge *f*
gather ['gæðə(r)] **I.** *vt* **1.** versammeln **2.** zusammenbringen, anhäufen **3.** (*Ernte*) einbringen **4.** (*Geld*) einziehen, kassieren **5.** (*Eindruck*) gewinnen **6.** schließen (*from* aus), den Schluss ziehen (*that* dass) **7.** zunehmen an (*Kraft, Umfang*) **8.** fälteln, kräuseln; ~ **information** Erkundigungen einziehen; ~ **speed** an Geschwindigkeit zunehmen **II.** *vi* **1.** sich versammeln, zusammenkommen **2.** (*Wolken*) sich zusammenziehen **3.** (*Wunde*) eitern **4.** (*Stirn*) sich in Falten legen **III.** *s* Falte *f;* **gather·ing** [-ɪŋ] *s* Versammlung *f*

G

GATT *s Abk. von* **General Agreement on Tariffs and Trade** GATT *nt*
gauche [gəʊʃ] *adj* unbeholfen, ungeschickt; linkisch
gaudy [ˈgɔːdɪ] *adj* geschmacklos, protzig
gauge [geɪʤ] **I.** *s* **1.** Messgerät *nt;* Eichmaß *nt* **2.** (TECH) Lehre *f;* (*für Ring*) Ringmaß *nt;* (*für Wasser*) Pegel *m* **3.** (*Draht, Blech*) Dicke, Stärke *f* **4.** (RAIL) Spurweite *f* **5.** (*fig*) Maß(stab *m*) *nt;* **narrow** ~ Schmalspur *f;* **standard** ~ Normalspur *f;* **pressure** ~ Druckmesser *m;* **petrol** ~ Benzinuhr *f;* **temperature** ~ Temperaturanzeiger *m* **II.** *vt* **1.** messen **2.** beurteilen, (ab)schätzen
gaunt [gɔːnt] *adj* **1.** hager; hohlwangig **2.** finster, trostlos
gaunt·let [ˈgɔːntlɪt] *s* **1.** (HIST) Fehdehandschuh *m* **2.** Stulpenhandschuh *m;* **throw down the** ~ herausfordern (*to s.o.* jdn); **pick** [*o* **take**] **up the** ~ die Herausforderung annehmen; **run the** ~ Spießruten laufen
gauze [gɔːz] *s* **1.** Gaze *f;* ~ **bandage** Verband(s)mull *m* **2.** feines Drahtgeflecht; **gauzy** [ˈgɔːzɪ] *adj* hauchdünn, -zart, durchscheinend
gave [geɪv] *s.* **give**
gavel [ˈgævl] *s* (kleiner) Hammer *m*
gawk [gɔːk] *vi* blöde starren; **gawky** [ˈgɔːkɪ] *adj* ungeschickt, linkisch
gay [geɪ] **I.** *adj* **1.** lustig, vergnügt, fröhlich **2.** lebenslustig **3.** farbenfroh, bunt **4.** schwul **II.** *s* Schwule(r) *m*
gaze [geɪz] **I.** *vi* starren, glotzen (*at, on, upon* auf) **II.** *s* starrer Blick
ga·zelle [gəˈzel] *s* Gazelle *f*
ga·zette [gəˈzet] **I.** *s* Amtsblatt *nt;* Zeitung *f* **II.** *vt* amtlich bekannt geben; **ga·zet·teer** [ˌgæzəˈtɪə(r)] *s* alphabetisches Ortsverzeichnis
ga·zil·lion [gəˈzɪljən] *s* (*sl*): **a** ~ eine Unmenge
ga·zump [gəˈzʌmp] *vt* (*Hauskauf*) *den Preis nachträglich heraufsetzen und an jdn anderen verkaufen*
GB [ʤiːˈbiː] *s Abk. von* **Great Britain** GB
GDP [ˌʤiːdiːˈpiː] *s Abk. von* **gross domestic product** BIP *nt,* Bruttoinlandsprodukt *nt*
GDR [ˌʤiːdiːˈɑː(r)] *s Abk. von* **German Democratic Republic** (HIST) DDR *f*
gear [gɪə(r)] **I.** *s* **1.** Gerät *nt;* Ausrüstung *f;* (*fam*) Sachen *fpl,* Zeug *nt* **2.** (TECH) Getriebe *nt* **3.** (AUTO) Gang *m* **4.** (*Fahrrad*) Übersetzung *f;* **landing** ~ Fahrgestell *nt;* **go** [*o* **shift**] **into first** ~ (AUTO) den ersten Gang einlegen; **shift** [*o* **change**] ~ (AUTO) schalten; **first/second/top/reverse** ~ (AUTO) erster/zweiter/vierter Gang/Rückwärtsgang *m* **5.** (*fam: Kleidung*) Sachen *fpl* **II.** *vt* **1.** (TECH) mit einem Getriebe versehen; einkuppeln **2.** (*fig*) ausrichten (*to* auf) **III.** *vi* (TECH) ineinander greifen, eingreifen (*into* in); **gear-box, gear·case** [ˈgɪəbɒks, ˈgɪəkeɪs] *s* (AUTO) Getriebe *nt;* **geared** [ˈgɪəd] *adj* **1.** eingestellt (*to* auf) **2.** gerüstet (*to* für); **I was all** ~ **up** ich war ganz gespannt; **gearing** [ˈgɪərɪŋ] *s* (*Gänge*) Auslegung *f;* **gear lever** *s* (*Am*), **gear·shift, gear stick** *s* Schaltknüppel *m;* Schalthebel *m;* **gear·wheel** *s* Zahnrad *nt*
gee [ˈʤiː] *interj* **1.** (*fam*) Mensch, Mann! **2.** (*zu Pferd*) hü!; ~ **whizz!** Mensch Meier!
geek [giːk] *s* (*Am: pej*) Waschlappen *m*
geezer [ˈgiːzə(r)] *s* (*sl*) Typ, Kerl *m;* **old** ~ Mummelgreis *m*
geisha [ˈgeɪʃə] *s* Geisha *f*
gela·tine [ˌʤeləˈtiːn] *s* Gelatine *f;* **gel·ati·nous** [ʤɪˈlætɪnəs] *adj* gallert(art)ig
geld [geld] *vt* kastrieren; **geld·ing** [-ɪŋ] *s* Wallach *m*
gem [ʤem] *s* **1.** (geschliffener) Edelstein *m* **2.** (*fig*) Perle *f,* Prachtstück *nt*
Gem·ini [ˈʤemɪnɪ] *s* (ASTR) Zwillinge *mpl*
gen [ʤen] *s* (*Br fam*) Information *f;* **gen up** *vt* informieren
gen·der [ˈʤendə(r)] *s* (GRAM) Geschlecht *nt;* ~ **balance** ausgewogene Mitwirkung von Männern und Frauen; ~ **gap** Ungleichbehandlung *f* der Geschlechter; ~**-specific** geschlechtsspezifisch
gene [ʤiːn] *s* (BIOL) Gen *nt*
ge·nea·logi·cal [ˌʤiːnɪəˈlɒʤɪkl] *adj* genealogisch; ~ **tree** Stammbaum *m;* **ge·nea·lo·gist** [ˌʤiːnɪˈæləʤɪst] *s* Genealoge *m,* Genealogin *f,* Stammbaumforscher(in) *m(f);* **ge·neal·ogy** [ˌʤiːnɪˈæləʤɪ] *s* Genealogie *f*
gene bank [ʤiːn-] *s* Genbank *f;* **gene patent** [ʤiːn-] *s* Genpatent *nt*
gen·eral [ˈʤenrəl] **I.** *adj* **1.** allgemein **2.** üblich, gewöhnlich, normal **3.** unbestimmt, allgemein gehalten; **as a** ~ **rule, in** ~ im Allgemeinen; **consul**(**ate**) ~ Generalkonsul(at *nt*) *m;* **secretary** ~ Generalsekretär(in) *m(f)* **II.** *s* (MIL) General *m;* **general agency** *s* Generalvertretung *f;* **general agent** *s* **1.** Generalagent *m* **2.** Generalbevollmächtigte(r) *f m;* **general anaesthetic** *s* Vollnarkose *f;* **general assembly** *s* Voll-, Generalversammlung *f;* **general delivery** *adj* (*Am*) postlagernd; **general director, general manager** *s* Generaldirektor(in) *m(f);* **general editor** *s* Hauptschriftleiter(in) *m(f);* **general election** *s* Parla-

mentswahlen *fpl;* **general endorsement** *s* Blankoindossament *nt;* **general headquarters** *s pl oft mit sing* (MIL) großes Hauptquartier

gen·er·al·ity [ˌdʒenəˈræləti] *s* Allgemeingültigkeit *f;* **the ~ of** die Masse, Mehrheit, Mehrzahl *+gen*

gen·er·al·iz·ation [ˌdʒenərəlaizˈeɪʃn] *s* Verallgemeinerung *f;* **gen·er·al·ize** [ˈdʒenərəlaɪz] *vt* verallgemeinern; allgemein verbreiten

gen·eral·ly [ˈdʒenrəlɪ] *adv* im Allgemeinen, allgemein, gemeinhin, gewöhnlich; ganz allgemein

gen·eral man·age·ment [ˈdʒenrəl ˈmænɪdʒmənt] *s* Geschäftsleitung *f;* **general partnership** *s* offene Handelsgesellschaft; **General Post Office** *s* Hauptpost *f;* **general practitioner** *s* praktischer Arzt, praktische Ärztin, Arzt *m,* Ärztin *f* für Allgemeinmedizin; **general staff** *s* (MIL) Generalstab *m;* **general store** *s* Gemischtwarengeschäft *nt;* **general strike** *s* Generalstreik *m;* **general view** *s* Gesamtbild *nt,* -ansicht *f,* Überblick *m*

gen·er·ate [ˈdʒenəreɪt] *vt* **1.** (BIOL) (er)zeugen **2.** hervorbringen, -rufen **3.** (TECH) erzeugen **4.** (*fig*) verursachen; **gen·erat·ing sta·tion** [ˈdʒenəreɪtɪŋ ˌsteɪʃn] *s* Kraftwerk *nt;* **gen·era·tion** [ˌdʒenəˈreɪʃn] *s* **1.** Generation *f* **2.** (BIOL) Zeugung *f* **3.** (TECH) Erzeugung *f;* **generation-X** [ˌdʒenəreɪʃnˈeks] *s no pl* Generation X *f* (*Altersgruppe der etwa zwischen 1965 und 1975 Geborenen, denen Orientierungslosigkeit und Desinteresse unterstellt werden*); **gen·er·at·ive** [ˈdʒenərətɪv] *adj* **1.** (GRAM) generativ **2.** (BIOL) Zeugungs- **3.** (ELEK) Erzeugungs-; **gen·er·ator** [ˈdʒenəreɪtə(r)] *s* Generator *m*

gen·eric [dʒɪˈnerɪk] **I.** *adj:* ~ **term** Gattungsbegriff *m* **II.** *s* (MED: ~ *drug*) Generikum *nt*

gen·er·os·ity [ˌdʒenəˈrɒsətɪ] *s* **1.** Großmut *f* **2.** Großzügigkeit *f;* **gen·er·ous** [ˈdʒenərəs] *adj* **1.** großmütig (*to* gegenüber) **2.** großzügig, freigebig (*of, with* mit) **3.** (*Boden*) fruchtbar **4.** reichlich

gen·esis [ˈdʒenəsɪs, *pl* ˈdʒenɪsiːz] <*pl* **geneses**> *s* Entstehung *f*

gene ther·apy [ˌdʒiːnˈθerəpɪ] *s* Gentherapie *f*

ge·net·ic [dʒɪˈnetɪk] **I.** *adj* genetisch; ~ **blueprint** genetischer Fingerabdruck; ~ **code** genetischer Code; ~ **engineering** Gentechnologie *f;* ~ **fingerprint** genetischer Fingerabdruck; ~ **heritage** Erbanlage *f;* ~ **information** Erbinformation *f;* ~ **manipulation** Genmanipulation *f;* ~ **research** Genforschung *f;* ~ **transfer** Gentransfer *m* **II.** *s pl mit sing* Genetik *f;* **ge·neti·cal·ly modified** *adj* genmanipuliert; **ge·neti·cist** [dʒɪˈnetɪsɪst] *s* Genetiker(in) *m(f)*

Ge·ne·va [dʒiːˈniːvə] *s* Genf *nt;* ~ **Convention** Genfer Abkommen *nt*

ge·nial [ˈdʒiːnɪəl] *adj* **1.** angenehm, heiter, froh **2.** (*Mensch*) freundlich, leutselig **3.** (*Klima*) mild, warm; **ge·nial·ity** [ˌdʒiːnɪˈælətɪ] *s* **1.** Heiterkeit *f,* Frohsinn *m* **2.** Freundlichkeit, Herzlichkeit *f* **3.** (*Wetter*) Milde *f*

ge·nie [ˈdʒiːnɪ] *s* dienstbarer Geist

geni·tals [ˈdʒenɪtlz] *s pl* Genitalien *pl*

geni·tive [ˈdʒenətɪv] *s* (GRAM) Genitiv *m*

gen·ius [ˈdʒiːnɪəs, *pl* ˈdʒiːnɪaɪ] <*pl* **geniuses, genii**> *s* **1.** Schutzgeist *m* **2.** Genius *m,* Anlage *f;* Fähigkeit *f* (*for, to* zu) **3.** Genie *nt,* genialer Mensch

genned-up [ˌdʒendˈʌp] *adj* (*fam*) gut informiert (*about* über)

geno·cide [ˈdʒenəsaɪd] *s* Völkermord *m*

ge·nom·ic [dʒiːˈnɒmɪk] *adj* genomisch, Erb-; **the ~ information** die Informationen des Genoms, die Erbinformationen

genre [ˈʒɑːnrə] *s* (*Kunst*) Gattung *f;* **genre painting** *s* Genremalerei *f*

gent [dʒent] *s* (*fam*) Gentleman *m;* **the Gents** die Herrentoilette

gen·teel [dʒenˈtiːl] *adj* vornehm; affektiert

gen·tian [ˈdʒenʃn] *s* Enzian *m*

Gen·tile [ˈdʒentaɪl] **I.** *adj* nicht jüdisch **II.** *s* Nichtjude *m,* -jüdin *f*

gentle [ˈdʒentl] *adj* **1.** sanft; mild **2.** wohlerzogen; gebildet; **gentle·folk** [ˈdʒentlfəʊk] *s pl* feine Leute *pl;* **gentle·man** [ˈdʒentlmən] <*pl* **-men**> *s* Herr *m;* Ehrenmann *m;* (**Ladies and**) **Gentlemen!** meine (Damen und) Herren!; **gentlemen's agreement** stillschweigendes Abkommen; **~-farmer** Gutsbesitzer *m;* **gentle·man·ly** [ˈdʒentlmənlɪ] *adj* höflich, zuvorkommend; **gentle·ness** [ˈdʒentlnɪs] *s* Sanftheit *f;* Zartheit *f;* Freundlichkeit *f;* **gentle·woman** [ˈdʒentlwʊmən, *pl* -wɪmɪn] <*pl* **-women**> *s* Dame *f;* Hofdame *f;* Zofe *f*

gen·try [ˈdʒentrɪ] *s* niederer Adel

genu·ine [ˈdʒenjʊɪn] *adj* **1.** echt; unverfälscht **2.** aufrichtig, ehrlich

ge·nus [ˈdʒiːnəs, *pl* ˈdʒenərə] <*pl* **genera**> *s* (ZOO BOT) Gattung *f*

geo·cen·tric [ˌdʒiːəʊˈsentrɪk] *adj* geozentrisch

geo·des·ic [ˌdʒɪːəʊˈdesɪk] *adj* geodätisch; ~ **dome** Traglufthalle *f*

ge·ogra·pher [dʒɪˈɒgrəfə(r)] *s* Geograf(in)

G

m(f); **geo·graphic(al)** [ˌdʒɪə'græfɪk(l)] *adj* geographisch; **ge·ogra·phy** [dʒɪ'ɒgrəfɪ] *s* Erdkunde, Geografie *f;* **economic** ~ Wirtschaftsgeografie *f*

geo·logi·cal [ˌdʒɪə'lɒdʒɪkl] *adj* geologisch; **ge·ol·ogist** [dʒɪ'ɒlədʒɪst] *s* Geologe *m,* Geologin *f;* **ge·ol·ogy** [dʒɪ'ɒlədʒɪ] *s* Geologie *f*

geo·met·ric(al) [ˌdzɪə'metrɪk(l)] *adj* geometrisch; **ge·ometry** [dʒɪ'ɒmətrɪ] *s* Geometrie *f*

geo·physi·cal [ˌdʒɪə'fɪzɪkl] *adj* geophysikalisch; **geo·phys·ics** [ˌdʒiːəʊ'fɪzɪks] *s pl mit sing* Geophysik *f*

geo·ther·mal [ˌdʒiːəʊ'θɜːməl] *adj* geothermal

ger·anium [dʒə'reɪnɪəm] *s* Geranie *f*

geria·tri·cian [ˌdʒerɪə'trɪʃn] *s* Facharzt *m,* -ärztin *f* für Geriatrie; **geri·atrics** [ˌdʒerɪ'ætrɪks] *s pl mit sing* Geriatrie *f*

germ [dʒɜːm] **I.** *s* **1.** (*a. fig*) Keim *m* **2.** Bakterie *f;* **in** ~ (*fig*) im Keim; **free from ~s** keimfrei **II.** *vi* (*fig*) keimen

Ger·man ['dʒɜːmən] **I.** *adj* deutsch **II.** *s* **1.** (das) Deutsch(e) **2.** Deutsche(r) *f m;* **do you speak ~?** sprechen Sie Deutsch?; **translated into** ~ ins Deutsche übersetzt; ~ **Democratic Republic** (HIST) Deutsche Demokratische Republik

ger·mane [dʒə'meɪn] *adj* von Belang (*to* für)

Ger·manic [dʒə'mænɪk] *adj* germanisch; **German measles** *s pl* (MED) Röteln *pl;* **German shepherd** *s* (*Am*) deutscher Schäferhund; **Ger·ma·ny** ['dʒɜːmənɪ] *s* Deutschland *nt;* **Federal Republic of** ~ Bundesrepublik Deutschland; **the two Germanies** (HIST) die zwei deutschen Staaten

germ·free ['dʒɜːmfriː] *adj* keimfrei; **ger·mi·cid·al** [ˌdʒɜːmɪ'saɪdəl] *adj* keimtötend; **ger·mi·cide** ['dʒɜːmɪsaɪd] *s* Desinfektionsmittel *nt*

ger·mi·nal ['dʒɜːmɪnəl] *adj* (*fig*) im Anfangsstadium (befindlich)

ger·mi·nate ['dʒɜːmɪneɪt] **I.** *vi* keimen **II.** *vt* keimen lassen; **ger·mi·na·tion** [ˌdʒɜːmɪ'neɪʃn] *s* Keimen *nt*

germ·line en·gi·neer·ing ['dʒɜːmlaɪnˌendʒɪ'nɪərɪŋ] *s no pl* (*as science*) Keimbahnmanipulation *f;* (*as therapy*) Keimbahntherapie *f*

germ war·fare *s* bakteriologische Kriegsführung

ger·on·tol·ogist [ˌdʒerɒn'tɒlədʒɪst] *s* Gerontologe *m,* Gerontologin *f;* **ger·on·tol·ogy** [ˌdʒerɒn'tɒlədʒɪ] *s* Gerontologie *f*

gerry·man·der ['dʒerɪmændə(r)] **I.** *vt* (POL: *Wahlkreis*) willkürlich neu einteilen **II.** *vi* Wahlkreisschiebungen vornehmen

ger·und ['dʒerənd] *s* (GRAM) Gerundium *nt*

ges·ta·tion [dʒe'steɪʃn] *s* **1.** Trächtigkeit *f* **2.** Schwangerschaft *f*

ges·ticu·late [dʒe'stɪkjʊleɪt] *vi* gestikulieren; **ges·ticu·la·tion** [dʒeˌstɪkjʊ'leɪʃn] *s* Gestikulieren *nt*

ges·ture ['dʒestʃə(r)] *s* Gebärde *f;* Geste *f*

get [get] <got, got, gotten *Am*> **I.** *vt* **1.** bekommen, erhalten, empfangen **2.** verdienen, gewinnen, erwerben **3.** besorgen, beschaffen **4.** (zu) fassen (kriegen), schnappen **5.** verstehen, begreifen **6.** veranlassen, überreden, (dazu) bewegen; bringen (*to* zu) **7.** (*Essen*) (fertig) machen **8.** (*fam*) drankriegen; fertig machen; totschlagen **9.** (*fam*) nicht aus dem Sinn gehen (*s.o.* jdm) **10.** (*Junge*) werfen; **have got** (*fam*) haben, besitzen; (*fam*) müssen (*to do* tun) **II.** *vi* **1.** kommen (*from* von, *at* zu, *to* nach) **2.** gelangen (*to* nach) **3.** erreichen (*to acc*) **4.** herankönnen (*at* an) **5.** (*in eine Lage*) kommen, versetzt werden, gelangen, geraten **III.** (*Wendungen*): ~ **s.o.'s back up** jdn auf die Palme bringen; ~ **the better of s.o.** jdn kleinkriegen; ~ **the boot** (*fam*) entlassen werden; ~ **to the bottom of s.th.** einer S auf den Grund gehen; ~ **done with** fertig werden mit; ~ **even with s.o.** mit jdm abrechnen; ~ **going** in Gang setzen; ~ **one's hair cut** sich die Haare schneiden lassen; ~ **hold of** zu fassen kriegen; ~ **home** heimkommen, nach Hause kommen; (*fig*) zum springenden Punkt kommen; ~ **to know** in Erfahrung bringen; ~ **married** heiraten; ~ **there** (*fam*) sein Ziel erreichen; ~ **one's own way** seinen Kopf durchsetzen; ~ **the worst of it** am schlechtesten wegkommen; **it's ~ting warmer** es wird wärmer; **I ~ it** ich begreife schon; **I've got it!** ich hab's!; **I'll ~ him for that!** dem werde ich es besorgen!; **get about** *vi* **1.** (viel) herumkommen **2.** (*Nachricht*) sich verbreiten; **get across I.** *vt* **1.** hinüberbringen; hinüberkommen über **2.** (*fig*) verständlich machen; (*Witz*) ankommen mit **II.** *vi* **1.** hinüberkommen **2.** (*fig*) sich verständlich machen; (*Witz*) ankommen; **get ahead** *vi* vorwärts kommen, vorankommen; überholen, -treffen, -runden (*of s.o.* jdn); **get along** *vi* **1.** weiter-, vorankommen, vorwärts kommen (*with* mit) **2.** auskommen, fertig werden, sich vertragen (*with s.o.* mit jdm); **how are you ~ting along?** wie kommen Sie zurecht?; ~ **along with you!** (*fam*) ach, erzähl mir doch nichts!; **get around I.** *vt* herumkriegen, gewinnen **II.** *vi s.* **get about**: ~ **around s.o.** um jdn herumkommen; ~ **around to doing s.th.** dazu kommen, etw zu tun; **get at s.o.** *vi* (*sl*) jdn erreichen; jdn beeinflussen, auf seine Seite ziehen; auf jdm herumhacken; **get at s.th.** *vi* **1.** an etw herankommen; etw herausfinden **2.** (*fig*) auf etw hinauswollen; **stop ~ting at me!** lass mich endlich in Ruhe!; **what are you ~ting at?** worauf willst du hinaus?; **get away I.** *vt* entfernen; wegbringen **II.** *vi* sich aus dem Staube machen; ~ **away from s.o.** von jdm loskommen; ~ **away with s.th.** sich etw erlauben können; ~ **away!** (*fam*) sag bloß!; **get back I.** *vt* zurückbekommen **II.** *vi* zurückkehren, -kommen; ~ **back at s.o.** (*fam*) es jdm heimzahlen; **get behind** *vi* **1.** unterstützen **2.** (*in der Arbeit*) zurückfallen; **get by** *vi* **1.** vorbeigehen **2.** (*fam*) durchkommen **3.** (*mit Geld*) auskommen **4.** noch den Anforderungen entsprechen; **get down I.** *vt* **1.** hinunterbringen; schlucken **2.** (*fig*) entmutigen **II.** *vi* hinuntersteigen (*from* von); ~ **down to** sich konzentrieren auf; ~ **s.o. down** jdn deprimieren; **get in I.** *vt* hineinbringen; hereinbekommen; (*Ernte*) einbringen **II.** *vi* **1.** hineinkommen, -gelangen **2.** (*Zug, Flug*) ankommen; (*Zug*) einfahren **3.** sich einlassen (*with* mit) **4.** (PARL) gewählt werden (*for* in); ~ **in on s.th.** (*fig*) bei etw einsteigen; **he doesn't let you ~ a word in edgeways** er lässt einen überhaupt nicht zu Wort kommen; **get into** *vi* **1.** (*Gewohnheit*) annehmen **2.** (*Schule*) zugelassen werden zu **3.** (*Auto*) einsteigen in; ~ **into a temper** wütend werden; **I'll ~ into the way of things** ich werde mich schon daran gewöhnen; **what's got into him?** was ist mit ihm los?; **get off I.** *vt* (*Brief*) abschicken **II.** *vi* **1.** herunter-, ab-, aussteigen **2.** weggehen **3.** davonkommen **4.** (~ *off work*) mit der Arbeit aufhören; **tell s.o. where to ~ off** jdm die Meinung sagen; ~ **off with s.o.** mit jdm anbändeln; **get on I.** *vt* (*Kleidung*) anziehen **II.** *vi* **1.** aufsitzen **2.** auf-, einsteigen **3.** weiterführen (*with s.th.* etw) **4.** weiterkommen, Erfolg haben **5.** es gut verstehen (*with* mit), auskommen (*with* mit); ~ **on for eighty** auf die Achtzig zugehen; **they don't ~ on** sie verstehen sich nicht; **get out I.** *vt* **1.** herausbringen, -bekommen **2.** vorbereiten, ausarbeiten **3.** veröffentlichen **4.** herausbekommen (*out of s.th.* aus etw) **II.** *vi* **1.** aussteigen **2.** weggehen **3.** entkommen (*of s.th.* einer S) **4.** (*Geheimnis*) herauskommen; ~ **that out of your head!** schlagen Sie sich das aus dem Kopf!; **get over I.** *vt* hinwegkommen über; fertig werden mit **II.** *vi* durchkommen; **get round** *vt* (*Sache*) umgehen; (*Person*) umstimmen; **get straight** *vt* in Ordnung bringen; sich im Klaren sein über; **get through I.** *vt* **1.** durchkriegen, -bringen **2.** (*Geld*) ausgeben **II.** *vi* **1.** durchkommen **2.** (TELE) Anschluss bekommen; **get together I.** *vt* zusammenbringen **II.** *vi* **1.** zusammenkommen, sich treffen **2.** einig werden (*on* über); **get up I.** *vt* **1.** zu Wege bringen **2.** zurechtmachen, aufputzen; inszenieren **3.** verstärken, erhöhen (*speed* die Geschwindigkeit) **4.** durcharbeiten **II.** *vi* **1.** aufstehen **2.** Fortschritte machen **3.** (*Wind*) auffrischen **4.** (*bei der Lektüre*) kommen (*to* bis); ~ **o.s. up** sich kostümieren; **get up to** *vi* **1.** gelangen bis **2.** anstellen; **what have you been ~ting up to?** was hast du getrieben?

get-at-able [ˌget'ætəbl] *adj* (*fam*) (leicht) erreichbar, zugänglich; **get·away** ['getəweɪ] *s* Entkommen *nt;* **get·away car** *s* Fluchtwagen *m;* **get·to·gether** ['gettə'geðə(r)] *s* (zwangloses) Treffen *nt,* Zusammenkunft *f;* **get-up** ['getʌp] *s* **1.** Aufmachung, Ausstattung *f* **2.** (*Kleidung*) Aufzug *m*

gey·ser ['giːzə(r)] *s* **1.** Geysir *m* **2.** (*Br*) Durchlauferhitzer, Boiler *m*

Gha·na ['gɑːnə] *s* Ghana *nt;* **Gha·na·ian** [gɑː'neɪən] **I.** *adj* ghanaisch **II.** *s* Ghanaer(in) *m(f)*

ghast·ly ['gɑːstlɪ] *adj* **1.** gespenstisch **2.** entsetzlich, schrecklich; grässlich

gher·kin ['gɜːkɪn] *s* Essig-, Gewürzgurke *f*

ghetto ['getəʊ] <*pl* **ghettos**> *s* G(h)etto *nt;* **ghetto blaster** ['getəʊblɑːstə(r)] *s* tragbares Stereogerät *nt,* Ghettoblaster *m*

ghost [gəʊst] **I.** *s* **1.** Geist *m* (*eines Verstorbenen*), Gespenst *nt* **2.** Schatten *m,* Spur *f;* **give up the ~** den Geist aufgeben; **not a ~ of a chance** nicht die geringsten Aussichten *fpl* (*with s.o.* bei jdm) **II.** *vi* (*fam*) für einen anderen Reden aufsetzen, Artikel schreiben **III.** *vt* (*Buch, Rede*) für einen anderen schreiben; **ghost·ly** ['gəʊstlɪ] *adj* geisterhaft; **ghost·writer** *s* Ghostwriter *m*

ghoul [guːl] *s* **1.** Ghul *m* **2.** (*fig*) Mensch mit schaurigen Gelüsten

G.I. [ˌdʒiː'aɪ] *s* (*fam*) amerikanischer Soldat

gi·ant ['dʒaɪənt] **I.** *s* Riese *m* **II.** *adj* riesig; **a ~ packet** ein Riesenpaket *nt;* **gi·ant·ess** ['dʒaɪəntes] *s* Riesin *f*

gib·ber ['dʒɪbə(r)] *vi* schnattern; brabbeln; **gib·ber·ish** ['dʒɪbərɪʃ] *s* Quatsch *m;* Kauderwelsch *nt*

gib·bet ['dʒɪbɪt] *s* Galgen *m*

gib·bon ['gɪbən] *s* Gibbon *m* (*Affe*)

gibe [dʒaɪb] **I.** *vi* verspotten (*at s.o.* jdn) **II.**

G

s Spott *m;* Stichelei *f*
gib·lets ['dʒɪblɪts] *s pl* Geflügelinnereien *fpl*
Gi·bral·tar [dʒɪ'brɔːltə(r)] *s* Gibraltar *nt*
gid·di·ly *adv* (*fig*) leichtfertig, unbesonnen; **gid·dy** ['gɪdɪ] *adj* **1.** schwind(e)lig (*with* von, vor) **2.** (*Höhe*) schwindelerregend **3.** leichtfertig, leichtsinnig
gift [gɪft] *s* **1.** Geschenk *nt;* Gabe *f;* Spende *f* **2.** (*fig*) Gabe, Veranlagung, Anlage *f,* Talent *nt* (*for* zu) **3.** (JUR) Schenkung *f* **4.** (COM: *free* ~) Werbegeschenk *nt;* **I wouldn't take that as a** ~ das möchte ich nicht geschenkt haben; **it's a** ~**!** es ist geschenkt!; **the** ~ **of the gab** ein gutes Mundwerk; **gifted** ['gɪftɪd] *adj* begabt, talentiert; **gift-horse** ['gɪfthɔːs] *s:* **don't look a** ~ **in the mouth** (*prov*) einem geschenkten Gaul schaut man nicht ins Maul; **gift shop** *s* Geschenkartikelladen *m;* **gift token**, **gift voucher** *s* Geschenkgutschein *m*
gig [gɪg] *s* (*fam*) Gig *m,* Konzert *nt*
gi·ga·hype ['gaɪgəˌhaɪp] *s* völlig überzogener Medienrummel
gi·gan·tic [dʒaɪ'gæntɪk] *adj* riesig; ungeheuer, gewaltig
giggle ['gɪgl] **I.** *vi* kichern **II.** *s* Kichern, Gekicher *nt;* **do s.th. for a** ~ etw zum Spaß tun
gild [gɪld] <*pp* **gilded (gilt)**> *vt* vergolden
gill[1] [dʒɪl] *s* Viertelpint *nt* (*0,14 l, Am 0,12 l*)
gill[2] [gɪl] *s* **1.** (*von Fischen*) Kieme *f* **2.** **~s** (*Pilz*) Lamellen *fpl;* **go green about the ~s** sehr schlecht aussehen
gilt [gɪlt] **I.** *pp of* **gild** **II.** *s* Vergoldung *f;* **take the** ~ **off the gingerbread** der Sache den Reiz nehmen; **gilt-edged** [ˌgɪlt'edʒd] *adj:* ~ **securities** mündelsichere Wertpapiere *ntpl*
gim·crack ['dʒɪmkræk] *adj* (*fam*) billig, minderwertig
gim·let ['gɪmlɪt] *s* (Hand)Bohrer *m;* **gim·let-eyed** [ˌgɪmlɪt'aɪd] *adj* mit stechenden Augen
gim·mick ['gɪmɪk] *s* Trick, Knüller *m;* Spielerei *f;* effekthaschender Gag; **gim·micky** ['gɪmɪkɪ] *adj* werbewirksam
gin[1] [dʒɪn] *s* Wacholderschnaps, Gin *m;* ~ **and tonic** Gin Tonic *m*
gin[2] [dʒɪn] *s* **1.** Schlinge *f,* Netz *nt,* Falle *f* **2.** (*cotton* ~) Entkörnmaschine *f*
gin·ger ['dʒɪndʒə(r)] **I.** *s* **1.** Ingwer *m* **2.** Schwung, Schneid *m* **II.** *vt* (~ *up*) aufmöbeln, in Schwung bringen **III.** *adj* rötlich; **ginger ale** *s* Gingerale *nt;* **ginger beer** *s* Gingerbeer *nt,* Ingwerlimonade *f;* **gin·ger·bread** ['dʒɪndʒəbred] *s* Pfefferkuchen *m;* **ginger group** *s* (POL) Aktionsgruppe *f;* **ginger-haired** ['dʒindʒə(r)heə(r)d] *adj* rothaarig; **gin·ger·ly** ['dʒɪndʒəlɪ] *adj, adv* vorsichtig, behutsam; **ginger-nut**, **ginger-snap** *s* Ingwerkeks *m*
gin·gi·vi·tis [ˌdʒɪndʒɪ'vaɪtɪs] *s* Zahnfleischentzündung *f*
ginned up [ˌdʒɪnd'ʌp] *vi* (*fam*): **get** ~ **up about s.th.** sich für etw begeistern
gin·seng ['dʒɪnseŋ] *s* Ginseng *m*
gipsy, **gypsy** ['dʒɪpsɪ] *s* Zigeuner(in) *m(f)*
gi·raffe [dʒɪ'rɑːf] *s* Giraffe *f*
girder ['gɜːdə(r)] *s* Träger, Binder *m*
girdle ['gɜːdl] **I.** *s* **1.** Gurt, Gürtel *m* **2.** Hüftgürtel *m* **II.** *vt* (~ *about, in, round*) umgürten; umgeben, einfassen
girl [gɜːl] *s* **1.** Mädchen *nt* **2.** Tochter *f* **3.** (junge) Frau *f* **4.** Angestellte, Arbeiterin, Verkäuferin *f* **5.** Hausgehilfin *f;* **girl Friday** *s* Allround-Sektretärin *f;* **girl-friend** ['gɜːlfrend] *s* Freundin *f;* **Girl Guide** *s* (*Br*) Pfadfinderin *f;* **girl·hood** ['gɜːlhʊd] *s* Mädchenzeit *f,* -jahre *ntpl;* **girlie** ['gɜːlɪ] *s* Mädchen; **girlie magazine** *s* (*fam*) Zeitschrift *f* mit Fotos von nackten Mädchen; **girl·ish** ['gɜːlɪʃ] *adj* mädchenhaft
giro ['dʒaɪrəʊ] *s* Giro-, Postgiroverkehr *m;* **giro account** *s* Giro-, Postgirokonto *nt;* **giro system** *s* Giro-, Postgiroverkehr *m;* **giro transfer** *s* Giro-, Postüberweisung *f*
girth [gɜːθ] *s* **1.** Sattelgurt *m* **2.** Umfang *m*
gist [dʒɪst] *s* (JUR) Haupt-, Kernpunkt *m;* (das) Wesentliche; **the** ~ **of the matter** der Kern der Sache
give [gɪv] <*irr:* **gave, given**> **I.** *vt* **1.** (ab-, über)geben; übermitteln **2.** schenken; übertragen **3.** bewilligen **4.** spenden **5.** hervorbringen, liefern **6.** veranlassen, verursachen **7.** einräumen, ein-, zugestehen **8.** vorbringen **9.** (*Grund*) angeben **10.** (THEAT MUS) aufführen; ~ **o.s. airs** sich aufspielen; ~ **birth to** entbinden; das Leben schenken *dat;* ~ **credit** Glauben schenken (*to +dat*), zugute halten (*for s.th.* etw); ~ **an example to s.o.** jdm ein Beispiel geben; ~ **ground** (*a.* MIL) sich zurückziehen; ~ **s.o. a hand** jdm helfen; ~ **it to s.o.** jdm gehörig die Meinung sagen; ~ **s.o. a lift** (AUTO) jdn mitnehmen; ~ **notice** ankündigen; ~ **place** Platz machen (*to* für), das Feld überlassen (*to* an), Ursache sein (*to* für); ~ **a report** einen Bericht erstatten; ~ **rise to** veranlassen; erzeugen, hervorbringen; ~ **s.o. trouble** jdm Unannehmlichkeiten bereiten; ~ **to understand** zu verstehen geben; ~ **voice** Ausdruck verleihen (*to +dat*); ~ **way** weichen; nachgeben; (*Preis*) fallen; ~ **her my regards** bestellen Sie ihr Grüße von mir; I

don't ~ a damn ich scher' mich den Teufel darum; **nobody's going to ~ a hoot about that** kein Hahn wird danach krähen **II.** *vi* **1.** (gern) geben **2.** elastisch sein; sich dehnen **3.** nachgehen; (*Schnur*) reißen, (*Kraft, Stimme*) versagen **4.** (*fam*): **what ~s?** was gibt's? **III.** *s* Elastizität *f;* **give away** *vt* **1.** weggeben, verschenken **2.** (*Gelegenheit*) verpassen **3.** preisgeben, verraten; **~ o.s. away** sich verraten; **~ away one's daughter** die Hand seiner Tochter geben (*to s.o.* jdm); **give back** *vt* **1.** zurückgeben **2.** widerhallen; **give in I.** *vt* **1.** einreichen **2.** (*Name*) eintragen **II.** *vi* nachgeben; **give off** *vt* **1.** von sich geben **2.** (*Licht*) ausstrahlen **3.** (*Geruch*) ausströmen; **give out I.** *vt* **1.** ausgeben, verteilen **2.** veröffentlichen **3.** ausströmen **II.** *vi* **1.** zu Ende gehen **2.** sich erschöpfen, nachlassen, ermatten **3.** müde, erschöpft sein; **~ o.s. out as** [*o* **for**] [*o* **to be**] sich ausgeben für/als; **give over I.** *vt* **1.** übergeben, aushändigen, abliefern **2.** aufgeben **II.** *vi* aufhören; es aufgeben (*doing s.th.* etw zu tun); **do ~ over!** hör endlich auf!; **be given over** gänzlich verfallen sein (*to s.th.* einer S); **give up I.** *vt* aufgeben; **~ it up for s.o.** (*fam*) jdm applaudieren **II.** *vi* **1.** aufgeben; aufhören **2.** sich abgewöhnen (*doing s.th.* etw zu tun) **3.** verzichten (auf); **~ o.s. up** sich stellen; **I don't ~ up that easily** so leicht werfe ich die Flinte nicht ins Korn; **I ~ up on you** Sie sind ein hoffnungsloser Fall

give-and-take [ˌgɪvən'teɪk] *s* gegenseitiges Entgegenkommen, Kompromiss(bereitschaft *f*) *m*

give-away ['gɪvəweɪ] *s* **1.** unbeabsichtigte Preisgabe, Verplappern *nt* **2.** (COM) Gratisprobe *f;* **~ articles** Werbegeschenke *ntpl;* **~ price** Schleuderpreis *m;* **~ show** (*Am*) Preisrätselsendung *f;* **be a real ~** sich verraten

given ['gɪvn] **I.** *pp of* **give II.** *adj* **1.** gegeben, ausgefertigt (*at* zu) **2.** festgesetzt, bestimmt; **be ~ to doing s.th.** die Gewohnheit haben etw zu tun; **~ that** vorausgesetzt, angenommen, dass; (**if**) **~ the chance** sofern sich die Möglichkeit ergibt; **~ name** Vorname *m*

giver ['gɪvə(r)] *s* Geber(in) *m(f)*

glacé ['glæseɪ] *adj* **1.** glasiert; kandiert **2.** (*Leder*) Glacé-

gla·cial ['gleɪsɪəl] *adj* **1.** eiszeitlich **2.** eisig; **~ epoch** [*o* **era**] Eiszeit *f;* **gla·cier** ['glæsɪə(r)] *s* Gletscher *m*

glad [glæd] *adj* **1.** froh, glücklich (*about, at, of* über, *that* dass) **2.** erfreulich, angenehm **3.** gern bereit (*to do* zu tun); **be ~** sich freuen; dankbar sein (*of* für); **give s.o. the ~ eye** jdm verliebte Blicke zuwerfen; **I am so ~** das freut mich; **~ to meet you!** sehr angenehm!; **glad·den** ['glædn] *vt* erfreuen

glade [gleɪd] *s* **1.** Lichtung *f* **2.** (*Am*) Sumpfland *nt,* -niederung *f*

gladi·ator ['glædɪeɪtə(r)] *s* (HIST) Gladiator *m*

gladi·olus [ˌglædɪ'əʊləs, *pl* -'əʊlaɪ] <*pl* **-oluses, -oli**> *s* Gladiole *f*

glad·ly ['glædlɪ] *adv* gern(e); **glad·ness** ['glædnɪs] *s* Freude *f;* frohe, freudige Stimmung, Fröhlichkeit *f;* **glad rags** *s pl* (*fam*) Sonntagsstaat *m*

glam·or *s* (*Am*) Glamour, Zauber *m;* **glam·or·ize** ['glæməraɪz] *vt* idealisieren; besonders reizvoll erscheinen lassen; **glam·or·ous** ['glæmərəs] *adj* zauberhaft, blendend; **glam·our** ['glæmə(r)] *s* Glamour, Zauber *m;* **glamour boy** *s* Schönling *m;* **glamour girl** *s* Glamourgirl *nt*

glance [glɑːns] **I.** *s* (flüchtiger) Blick *m;* **at a ~** auf einen Blick; **give s.o. an angry ~** jdm einen wütenden Blick zuwerfen **II.** *vi* sehen, blicken; **~ at s.o./s.th.** jdn/etw kurz ansehen; **~ over s.th.** etw überfliegen; **~ round** sich umsehen; **~ at a problem** ein Problem (nur) streifen; **glance off** *vi* abprallen; abgleiten; (*Licht*) reflektiert werden

gland [glænd] *s* (ANAT) Drüse *f;* **glandu·lar** ['glændjʊlə(r)] *adj* Drüsen-; **~ fever** Drüsenfieber *nt;* **~ secretion** Drüsensekretion *f*

glare [gleə(r)] **I.** *vi* **1.** hell glänzen **2.** (an)starren (*at s.o.* jdn) **3.** wütend, böse anblicken (*at s.o.* jdn) **4.** (*fig*) ins Auge springen (*at s.o.* jdm) **II.** *s* **1.** blendender Glanz; grelles Licht **2.** wütender, starrer Blick; **glar·ing** [-ɪŋ] *adj* **1.** blendend hell, grell **2.** glänzend, strahlend **3.** auffällig, auffallend; eklatant; **a ~ error** ein grober Fehler

glass [glɑːs] *s* **1.** Glas *nt* **2.** Glaswaren *fpl* **3.** (Trink)Glas *nt* **4.** (*pane of ~*) (Fenster)Scheibe *f* **5.** (*looking-~*) Spiegel *m* **6.** (Vergrößerungs-, Fern)Glas *nt* **7.** Wetterglas *nt* **8.** **~es** (*eye-~es*) Brille *f;* **~ ceiling** (*fig*) unsichtbare Barriere für die Karriere (besonders für Frauen); **glass-blower** *s* Glasbläser(in) *m(f);* **glass-cutter** *s* Glasschneider(in) *m(f),* Glasschleifer(in) *m(f);* **glass fibre** *s* Glasfaser *f;* **glass·ful** ['glɑːsfʊl] *s* Glasvoll *nt;* **glass·house** ['glɑːshaʊs] *s* Treib-, Gewächshaus *nt;* **sit in a ~** (*fig*) im Glashaus sitzen; **glass·ware** ['glɑːsweə(r)] *s* Glaswaren *fpl;* **glass·works** ['glɑːswɜːks] *s pl* Glashütte *f;*

G

glassy ['glɑːsɪ] *adj* **1.** gläsern **2.** (*Augen*) glasig **3.** (*Wasser*) klar

glau·coma [glɔː'kəʊmə] *s* (MED) grüner Star, Glaukom *nt;* **glau·cous** ['glɔːkəs] *adj* **1.** blaugrün **2.** (BOT) bereift

glaze [gleɪz] **I.** *vt* **1.** verglasen **2.** glasieren **3.** mit Zuckerguss bestreichen; **~d paper** Glanzpapier *nt;* **~d tile** Kachel, Fliese *f* **II.** *vi* glasig, trübe werden **III.** *s* **1.** Glasur *f* **2.** Politur *f* **3.** Satinierung *f;* **glaz(i)er** ['gleɪzə(r)] *s* Glaser(in) *m(f);* **~'s putty** Glaserkitt *m*

gleam [gliːm] **I.** *s* Lichtschein, Schimmer *m;* (*a. fig*) Schimmer *m;* (*~ of hope*) Hoffnungsschimmer *m* **II.** *vi* **1.** strahlen, leuchten, schimmern **2.** blinken, aufleuchten

glean [gliːn] **I.** *vi* Ähren lesen **II.** *vt* **1.** (*Ähren*) lesen **2.** sammeln **3.** (*fig*) erfahren (*from* von); **glean·ings** [-ɪŋz] *s pl* Nachlese *f;* (das) Gesammelte, Ausbeute *f*

glee [gliː] *s* **1.** Freude *f* **2.** (*pej*) Schadenfreude *f* **3.** (MUS) mehrstimmiges Lied; **glee·ful** ['gliːfəl] *adj* **1.** fröhlich **2.** (*pej*) schadenfroh, hämisch

glen [glen] *s* enges Tal

glib [glɪb] *adj* **1.** glatt; (rede)gewandt **2.** oberflächlich, wenig überzeugend

glide [glaɪd] **I.** *vi* **1.** gleiten; schweben **2.** (AVIAT) im Gleitflug niedergehen; segeln **II.** *s* Gleiten *nt;* Schweben *nt;* Gleitflug *m;* **glider** ['glaɪdə(r)] *s* Segelflugzeug *nt;* **glider pilot** *s* Segelflieger(in) *m(f);* **glid·ing** ['glaɪdɪŋ] *s* Segelfliegen *nt;* **gliding club** *s* Segelflugverein *m*

glim·mer ['glɪmə(r)] **I.** *vi* flimmern; schimmern **II.** *s* Flimmern *nt;* (*a. fig*) Schimmer *m;* **a ~ of interest** eine Spur von Interesse

glimpse [glɪmps] **I.** *s* **1.** flüchtiger Einblick **2.** kurzer Blick; **catch a ~ of s.th.** etw flüchtig zu sehen bekommen **II.** *vt* im Vorübergehen sehen **III.** *vi:* **~ at s.o./s.th.** einen Blick auf jdn/etw werfen

glint [glɪnt] **I.** *vi* glitzern, funkeln **II.** *s* Schimmer *m;* Glanz *m*

glis·san·do [glɪ'sændəʊ] **I.** *adj* (MUS) glissando (*gleitend*) **II.** *s* (MUS) Glissando *nt*

glis·ten ['glɪsn] *vi* glänzen, schimmern, funkeln

glit·ter ['glɪtə(r)] **I.** *vi* glitzern, funkeln **II.** *s* **1.** Schimmer, Glanz *m,* Funkeln *nt* **2.** (*fig*) Pracht *f;* **glit·ter·ing** [-ɪŋ] *adj* **1.** glitzernd **2.** (*fig*) glänzend

glitz [glɪts] *s* Pomp *m,* Glitzerwelt *f;* **glitzy** [glɪtsɪ] *adj* glamourös

gloat [gləʊt] *vi* **1.** sich hämisch freuen, sich weiden (*on, upon, over* an) **2.** sich großtun; sich brüsten (*over* mit)

glo·bal ['gləʊbl] *adj* **1.** weltweit **2.** umfassend, global; **~ backdrop** Weltlage *f;* **~ change** globale Veränderungen; **Global Navigation Satellite System, GNSS** globales Navigationssatellitensystem, GNSS *nt;* **~ sum** Gesamtsumme *f;* **~ warming** globaler Temperaturanstieg

glo·bali·za·tion ['gləʊbəˌlaɪzeɪʃən] *s* Globalisierung *f*

globe [gləʊb] *s* **1.** Kugel *f* **2.** Erdball *m;* Globus *m* **3.** Kugelglas *nt;* Glaskugel *f* **4.** (runder) Lampenschirm *m;* **globe-trotter** *s* Weltenbummler(in) *m(f)*

glob·ule ['glɒbjuːl] *s* Kügelchen *nt;* Tröpfchen *nt*

gloom [gluːm] *s* **1.** Dunkel(heit *f*) *nt* **2.** (*fig*) Traurigkeit, Schwermut *f;* **an atmosphere of ~** eine düstere, gedrückte Stimmung; **cast a ~ over** einen Schatten werfen auf; **gloomi·ness** ['gluːmɪnəs] *s* Düsterkeit *f;* **gloomy** ['gluːmɪ] *adj* **1.** dunkel, düster, trüb(e) **2.** verdrießlich, trübselig; melancholisch **3.** hoffnungslos

glori·fi·ca·tion [ˌglɔːrɪfɪ'keɪʃn] *s* **1.** Verherrlichung *f* **2.** (REL) Lobpreisung *f;* **glor·ify** ['glɔːrɪfaɪ] *vt* **1.** rühmen, preisen **2.** verherrlichen **3.** herausstreichen; **a glorified hut** eine bessere Hütte; **glori·ous** ['glɔːrɪəs] *adj* **1.** ruhmreich **2.** prächtig, majestätisch **3.** (*fam*) großartig, pfundig; **glory** ['glɔːrɪ] **I.** *s* **1.** Ruhm *m* **2.** (*a.* REL) Ehre *f* **3.** Herrlichkeit *f,* Glanz *m* **4.** (*fig*) Stolz *m* **II.** *vi* **1.** sehr stolz sein **2.** frohlocken (*in* über); **~ in one's ability** auf sein Können stolz sein; **~ in s.o.'s success** sich in jds Erfolg sonnen; **glory-hole** *s* (*fam*) Rumpelkammer *f*

gloss[1] [glɒs] **I.** *s* **1.** Glanz *m* **2.** (*fig*) äußerer Schein **II.** *vt* (*fig:* *~ over*) beschönigen, bemänteln

gloss[2] [glɒs] *s* Glosse, Fußnote *f;* **gloss·ary** ['glɒsərɪ] *s* Glossar *nt*

gloss paint *s* Glanzlack *m*

glossy ['glɒsɪ] *adj* **1.** glänzend **2.** (*Papier*) Glanz-; **be ~** glänzen; **~ (magazine)** (Hochglanz)Magazin *nt*

glot·tal stop ['glɒtl'stɒp] *s* Knacklaut *m;* **glot·tis** ['glɒtɪs] *s* (ANAT) Stimmritze *f*

glove [glʌv] *s* Handschuh *m;* **fit like a ~** wie angegossen sitzen; **with the ~s off** schonungslos; **handle with (kid) ~s** (*fig*) mit Glacéhandschuhen, seidenen Handschuhen anfassen; **throw down the ~ to s.o.** jdm den Fehdehandschuh hinwerfen; **he is hand in ~ with her** er und sie sind ein Herz und eine Seele; **boxing ~** Boxhandschuh *m;* **rubber ~** Gummihandschuh *m;* **glove-compartment** *s* Handschuhfach *nt;* **glover** ['glʌvə(r)] *s* Handschuhmacher(in) *m(f)*

glow [gləʊ] **I.** *vi* **1.** glühen **2.** leuchten

(*with* vor) **3.** rot werden, erröten **II.** *s* **1.** Glut *f;* helles Licht **2.** (*Farben*) Lebhaftigkeit, Frische *f* **3.** (*fig*) Glut, Heftigkeit *f* (*des Gefühls*)

glower ['glaʊə(r)] *vi* böse anstarren, wütend anblicken (*at s.o.* jdn)

glow·light ['gləʊlaɪt] *s* Nachtlicht *nt*

glow-worm ['gləʊwɜːm] *s* Glühwürmchen *nt*

glu·cose ['gluːkəʊs] *s* Traubenzucker *m*

glue [gluː] **I.** *s* Klebstoff *m;* Leim *m* **II.** *vt* **1.** leimen; kleben (*on* auf, *to* an) **2.** (*fig*) heften (*to* auf); **be ~d to s.o.** jdm nicht von der Seite weichen; **his eyes were ~d to the screen** er sah wie gebannt auf die Leinwand; **as if ~d to the spot** wie angewurzelt; **glue sniffing** *s* (*fam*) Schnüffeln, Sniefen *nt;* **glue stick** *s* Klebestift *m*

glum [glʌm] *adj* **1.** verdrießlich, mürrisch **2.** niedergedrückt

glut [glʌt] **I.** *vt* (*fig: den Markt*) überschwemmen; **~ o.s. with** [*o* **on**] sich vollstopfen mit **II.** *s* (COM) Schwemme *f,* Überangebot *nt*

glu·ten ['gluːtən] *s* Gluten *nt,* Kleber *m;* **glu·ti·nous** ['gluːtɪnəs] *adj* klebrig

glut·ton [glʌtn] *s* **1.** Vielfraß *m,* unersättlicher Mensch **2.** (*Marderart*) Vielfraß *m;* **be a ~ for work** von der Arbeit nicht genug kriegen können; **a ~ for punishment** ein Masochist; **glut·ton·ous** ['glʌtənəs] *adj* **1.** gefräßig **2.** gierig (*of* nach); **glut·tony** ['glʌtənɪ] *s* Gefräßigkeit *f*

gly·cer·in(e) ['glɪsəriːn] *s* Glyzerin *nt*

gly·col ['glaɪkɒl] *s* (CHEM) Glykol *nt*

GM *adj Abk. von* **genetically modified** genetisch verändert; **GMO** *s Abk. von* **genetically modified organism** genetisch veränderter Organismus

gnarled [nɑːld] *adj* knorrig, knotig

gnash [næʃ] *vt* knirschen (*one's teeth* mit den Zähnen)

gnat [næt] *s* (*Br*) (Stech)Mücke *f;* **strain at a ~** über Kleinigkeiten nicht hinwegkommen

gnaw [nɔː] **I.** *vt* (zer)nagen; (zer)fressen **II.** *vi* nagen, fressen (*at, on* an); **gnaw·ing** [-ɪŋ] *adj* (*Schmerz*) nagend; (*fig*) quälend

gneiss [naɪs] *s* (MIN) Gneis *m*

gnome [nəʊm] *s* Gnom, Zwerg *m*

GNP [ˌdʒiːen'piː] *s Abk. von* **gross national product** Bruttosozialprodukt *nt*

gnu [nuː] *s* Gnu *nt*

go [gəʊ] <*irr:* **goes, went, gone**> **I.** *vi* **1.** gehen **2.** (*~ on horseback*) reiten **3.** fahren (*by train* mit dem Zug) **4.** (*~ by air*) fliegen; reisen **5.** (*Maschine*) in Betrieb sein; funktionieren **6.** sich erstrecken, reichen (*to* bis zu) **7.** (*Weg*) führen (*to* nach) **8.** darauf hinausgehen, -laufen (*to* zu) **9.** übergehen (*to* auf) **10.** zuteil werden (*to s.o.* jdm); (*Preis*) zufallen, gehen (*to* an) **11.** verlaufen **12.** (*Zeit*) verstreichen **13.** (um)laufen, kursieren **14.** (*örtlich*) kommen, gehören (*into* in) **15.** sich befinden; leben (*in fear* in dauernder Furcht) **16.** sich richten (*by, upon* nach) **17.** weggehen, aufbrechen, abreisen **18.** verschwinden **19.** (*Ware*) weggehen, verkauft werden **20.** (*Material, Maschine*) kaputtgehen; (*Augen, Gesundheit*) schlechter werden; (*Bremsen*) versagen **21.** (*blind, verrückt*) werden **22.** (*Bewegung, Geräusch*) machen; **there you ~!** bitte schön! **II.** *aux* (*zur Futurbildung*) werden, wollen; **I am ~ing to write soon** ich werde bald schreiben; **he was ~ing to do it** er wollte es machen **III.** *vt* (*Weg, Strecke*) gehen; fahren; **~ it alone** selbstständig vorgehen; **~ it strong** energisch auftreten **IV.** *s* **1.** Schwung, Schneid *m,* Tatkraft, Energie *f* **2.** Versuch *m;* **all systems ~** (AVIAT) wir sind startklar; **on the ~** immer auf Trab; **from the word ~** (*fam*) von Anfang an; **have a ~ at s.th.** (*fam*) etw versuchen; **it's all ~** (*fam*) es ist immer was los; **it's no ~** (*fam*) da ist nichts zu machen; **is it a ~?** (*fam*) abgemacht?; **let me have a ~** (*fam*) lass mich mal! **V.** (*Wendungen*): **let ~** laufen lassen; aufgeben; **let o.s. ~** sich gehen lassen; **let s.o. ~** jdn laufen lassen; **~ on the air** (RADIO) senden; **~ bad** schlecht werden, verderben; **~ from bad to worse** immer schlechter werden; **~ for a drive** ausfahren; **~ into effect** in Kraft treten; **~ halves** [*o* **shares**] ehrlich teilen; **~ off one's head** den Verstand verlieren; **~ to law** den Rechtsweg beschreiten; **~ mad** verrückt werden; **~ to pieces** in Stücke gehen, zerbrechen; durchdrehen; (SPORT) abbauen; **~ to see** besuchen; **~ shopping** einkaufen gehen; **~ to sleep** einschlafen; **~ for a song** für ein Butterbrot weggehen; **~ for a swim** schwimmen gehen; **~ with the tide** mit der Zeit gehen; **~ unnoticed** unbemerkt bleiben; **~ on a visit** einen Besuch machen; **~ for a walk** spazieren gehen; ausgehen; **~ to waste** in den Abfall kommen; **~ wrong** schief gehen; sich irren; **as things ~** wie die Dinge nun einmal liegen; **we'll let it ~ at that** wir wollen es dabei belassen; **just ~ and try!** versuchen Sie es nur!; **let ~!** (*fam*) los!; **~ easy!** übernimm dich nicht!; **where do you want it to ~?** wo soll es hin(gestellt werden)?; **here ~es!** nun los!; **who ~es there?** wer da?; **one, two, three ~!** (SPORT) Achtung – fertig – los!; **go about** *vi* **1.** (umher)gehen

G

2. sich umwenden **3.** (*Gerücht*) im Umlauf sein **4.** sich befassen mit **5.** anfassen, behandeln **6.** herangehen an; **go abroad** *vi* **1.** (*Gerücht*) sich verbreiten **2.** ins Ausland gehen; **go after** *vi* (*fam*) nachsteigen (*s.o.* jdm); **go against** *vi* widerstreben; ungünstig sein für; **the case went against him** es wurde gegen ihn entschieden; **go ahead** *vi* **1.** anfangen **2.** vorangehen **3.** Fortschritte machen **4.** weitermachen; ~ **ahead!** vorwärts! los!; **go along** *vi* **1.** weitermachen **2.** Fortschritte machen **3.** begleiten (*with s.o.* jdn), unterstützen (*with s.o.* jdn); **go around** *vi* **1.** herumgehen **2.** (aus)reichen; **there's enough bread to ~ around** es ist genug Brot für alle da; **go at** *vi* **1.** losgehen (*s.o.* auf jdn) **2.** anpacken (*s.th.* etw) **3.** verkauft werden zu; **go away** *vi* weggehen; abreisen; **go back** *vi* **1.** zurückkehren; zurückgehen **2.** nachlassen, schwächer werden **3.** (*zeitlich*) sich zurückführen lassen (*to* auf); ~ **back on one's word** sein Wort brechen; ~ **back on s.o.** jdn im Stich lassen; **go between** *vi* vermitteln; **go beyond** *vi* hinausgehen über; **go by** *vi* **1.** vorüber-, vorbeigehen (*a. Zeit*) **2.** (*Zeit*) vergehen **3.** sich richten nach **4.** (*Namen*) führen; **go down** *vi* **1.** hinab-, hinuntergehen **2.** (MED) sich hinlegen (*with flu* mit Grippe) **3.** (*Schiff, Sonne*) untergehen **4.** unterliegen (*before s.o.* jdm) **5.** an Qualität verlieren **6.** (*Wind, Preise*) nachlassen **7.** (*Universität*) abgehen **8.** Beifall finden (*with* bei) **9.** zurückgehen (*to* bis auf); ~ **down in history** in die Geschichte eingehen; **that won't ~ down with me** das lasse ich mir nicht gefallen; **that didn't ~ down too well** das kam nicht so gut an; **go far** *vi* **1.** es zu etwas bringen **2.** viel beitragen (*towards s.th.* zu etw); **not to ~ far** nicht weit reichen; **go for** *vi* **1.** holen (*s.th.* etw) **2.** (*sl*) sich interessieren für **3.** gelten als **4.** hinauslaufen auf **5.** (*sl*) losgehen (*s.o.* auf jdn); ~ **for a drive** ausfahren; ~ **for nothing** umsonst sein; **how much did it ~ for?** für wie viel wurde es verkauft?; **go in** *vi* **1.** hineingehen **2.** sich interessieren (*for* für), Spaß haben (*for* an) **3.** studieren (*for s.th.* etw) **4.** teilnehmen (*in an exam* an einer Prüfung); **go into** *vi* **1.** untersuchen (*s.th.* etw) **2.** eingehen auf **3.** einsteigen in **4.** gehen, fahren zu; **go off** *vi* **1.** weg-, hinausgehen **2.** stattfinden, sich ereignen, verlaufen **3.** einschlafen; das Bewusstsein verlieren **4.** (*Veranstaltung*) zu Ende gehen **5.** (*Licht, Heizung*) ausgehen **6.** (*Ware*) weg-, abgehen, Absatz finden **7.** (*Zug*) (ab)gehen **8.** losgehen, sich entladen; explodieren **9.** nachlassen, schlechter werden **10.** (*Lebensmittel*) schlecht werden; ~ **well/badly** auf Zustimmung/Ablehnung stoßen; ~ **off into a fit of laughter** laut loslachen; ~**es off** (THEAT) ab; **go on** *vi* **1.** weitermachen, fortfahren (*with* mit) **2.** (*Zeit*) vorrücken, weitergehen; fortfahren (*talking* zu reden) **3.** vor sich gehen, geschehen, stattfinden, sich ereignen **4.** (*fam*) meckern **5.** sich aufführen, sich benehmen **6.** sich stützen auf; ~ **on to do** als Nächstes tun; ~ **on the road** (COM) auf die Reise gehen; (THEAT) auf Tournee gehen; **be ~ing on (for) fifty** auf die Fünfzig zugehen; **this can't ~ on any longer** das kann nicht mehr so weitergehen; ~ **on, do it** tu's doch; **what's ~ing on?** was ist los?; **he went on and on about it** er hat unentwegt davon geredet; **go out** *vi* **1.** hinausgehen **2.** auswandern (*to* nach) **3.** (*zum Vergnügen*) ausgehen **4.** (POL: ~ *out of office*) zurücktreten **5.** (*on strike*) streiken **6.** (*Feuer, Licht*) ausgehen **7.** (~ *out of fashion*) aus der Mode kommen **8.** (*Jahr*) zu Ende gehen, ausgehen **9.** (*Am*) zusammenbrechen **10.** (*Herz*) sich hängen (*to* an) **11.** sich bemühen (*for* um), wollen (*for s.th.* etw); ~ **out of one's way** sich besonders anstrengen; ~ **out to work** arbeiten gehen; **my heart went out to him** ich habe mit ihm mitgefühlt; **go over** *vi* **1.** durchgehen, -sehen, (über)prüfen, untersuchen **2.** wiederholen **3.** übergehen (*to the other party* zur anderen Partei), hinübergehen (*to* zu) **4.** (*fam*) Erfolg haben; (*Rede*) gut ankommen; (*Theaterstück*) einschlagen; ~ **over the figures** nachrechnen; **go through** *vi* **1.** durchgehen, -sehen **2.** durchführen **3.** (*Gesuch, Gesetz*) durchgehen, angenommen werden **4.** durchmachen, erleiden **5.** zu Ende führen, vollenden (*with s.th.* etw); ~ **through ten editions** (*Buch*) zehn Auflagen erleben; **go to** *vi* zufallen (*s.o.* jdm); ~ **to the country** Neuwahlen ausschreiben; ~ **to court** vor Gericht gehen; ~ **to expense** sich in Unkosten stürzen; **go together** *vi* **1.** zusammenpassen; sich (gut) vertragen **2.** (*fam: Verliebte*) zusammen gehen; **go under I.** *vi* **1.** untergehen, sinken **2.** zugrunde gehen, eingehen **II.** *vt* (*Namen*) führen; **go up** *vi* **1.** hinaufgehen; hinaufsteigen **2.** (*im Preis*) steigen **3.** in die Luft fliegen **4.** die Universität beziehen; ~ **up in the air** (*fig*) wütend werden; ~ **up in flames/in smoke** in Flammen/in Rauch aufgehen; **go with** *vi* **1.** gehen mit; Hand in Hand gehen mit **2.** gehören zu **3.** passen zu; **go without** *vi* **1.** nicht haben **2.** sich behelfen müssen ohne, entbehren müssen; **that goes without saying** das versteht sich von selbst; ~ **without food** nichts essen; **I'll have to** ~ **without it** darauf werde ich verzichten müssen

goad [gəʊd] **I.** *s* **1.** (*fig*) Stachel, Ansporn, Antrieb *m* **2.** (*für Tiere*) Stachelstock *m* **II.** *vt* (*fig*) aufreizen; ~ **on** (*fig*) antreiben, anstacheln

go-ahead ['gəʊəhed] **I.** *s* freie Bahn; **give s.o. the** ~ jdm grünes Licht geben **II.** *adj* **1.** unternehmungslustig **2.** fortschrittlich

goal [gəʊl] *s* **1.** (SPORT) Tor *nt* **2.** (*fig*) Ziel *nt;* **score a** ~ ein Tor schießen; **win by three** ~**s to one** 3 : 1 gewinnen; **keep** [*o* **play in**] ~ Torwart sein; ~ **area** Torraum *m;* **goalie** ['gəʊlɪ] *s* (*fam*) Torwart(in) *m(f);* **goal·keeper** *s* Torwart(in) *m(f),* -hüter(in) *m(f);* **goal line** *s* Torlinie *f;* **goal-oriented** *adj* zielorientiert; **goal post** *s* Torpfosten *m*

goat [gəʊt] *s* **1.** Ziege *f* **2.** (*he*-~) (Ziegen)Bock *m* **3.** (*fig*) geiler Bock; **the Goat** (ASTR) der Steinbock; **get s.o.'s** ~ (*sl*) jdn auf die Palme bringen; **play the giddy** ~ (*fam*) sich albern benehmen; **goat·ee** [gəʊ'tiː] *s* Spitzbart *m*

gob [gɔːb] *s* (*Br: fam*): ~**s of s.th.** Haufen von etw

gob·ble ['gɒbl] **I.** *vi* (*Puter*) kollern **II.** *vt* (~ *down*) hinunter-, verschlingen; **gob·ble·dy·gook** ['gɒbldɪguːk] *s* (*fam*) Kauderwelsch *nt*

go-be·tween ['gəʊbɪtwiːn] *s* Vermittler(in) *m(f)*

gob·let ['gɒblɪt] *s* Pokal *m;* Kelch(glas *nt*) *m*

gob·lin ['gɒblɪn] *s* Kobold *m*

go-cart *s* **1.** Seifenkiste *f;* Go-kart *m* **2.** (*Am*) Laufstuhl *m;* (Kinder)Sportwagen *m*

god [gɒd] *s* **1.** (heidnischer) Gott *m,* Gottheit *f* **2.** (*fig*) Abgott, Götze *m;* **God** Gott; **make a** ~ **of s.o./s.th.** jdn/etw zu seinem (Ab)Gott machen, vergötzen; **God willing** so Gott will; **God forbid** Gott bewahre; **God knows who** weiß der Himmel, wer; **for God's sake!** um Himmels willen!; **god·aw·ful** ['gɒd'ɔːfl] *adj* (*Am*) fürchterlich, beschissen; **god·child** ['gɒdtʃaɪld] <*pl* -children> *s* Patenkind *nt;* **god·dam(ned)** ['gɒd'dæm(d)] *adj* (*Am sl*) Scheiß-, beschissen; **god·daughter** ['gɒd,dɔːtə(r)] *s* Patentochter *f;* **god·dess** ['gɒdɪs] *s* Göttin *f;* **god·father** ['gɒd,fɑːðə(r)] *s* Pate *m;* **god-fear·ing** ['gɒdfɪərɪŋ] *adj* gottesfürchtig; **god·for·saken** ['gɒdfə,seɪkən] *adj* (*fam*) gottverlassen; **god·head** ['gɒdhed] *s* Gottheit *f;* **god·less** ['gɒdlɪs] *adj* gottlos; **god·like** ['gɒdlaɪk] *adj* göttlich; erhaben; **god·ly** ['gɒdlɪ] *adj* fromm; **god·mother** ['gɒd,mʌðə(r)] *s* Patin *f;* **god·parent** ['gɒd,peərənt] *s* Pate *m,* Patin *f;* **god·send** ['gɒdsend] *s* **1.** Retter *m* in der Not **2.** unerwartetes Glück; **god·son** ['gɒdsʌn] *s* Patensohn *m*

goer ['gəʊə(r)] *s* **1.** Geher *m* **2.** unternehmender Mensch; **my car is a nice** ~ mein Wagen läuft gut; **goes** [gəʊz] *3. Person Singular Präsens* **go**

go-get·ter [,gəʊ'getə(r)] *s* Tatmensch *m;* (*pej*) Ellbogentyp *m*

go-gett·ing [,gəʊ'getɪŋ] *adj* dynamisch

goggle ['gɒgl] *vi* glotzen, starren (*at* auf); **goggle-box** *s* (*sl*) Glotze *f;* **goggle-eyed** ['gɒglaɪd] *adj* (*fam*) **1.** (*very surprised*) mit weit aufgerissenen Augen **2.** (*pej*) glotzäugig; **goggles** ['gɒglz] *s pl* Schutzbrille *f*

go-go dancer ['gəʊgəʊ'dɑːnsə(r)] *s* Go-go-Girl *nt,* Go-go-Tänzerin *f;* **go-go dancing** *s* Go-Go *nt*

go·ing ['gəʊɪŋ] **I.** *adj* **1.** in Gang; funktionierend **2.** in Tätigkeit, in Betrieb **3.** vorhanden, erhältlich **4.** gängig **5.** (*Unternehmen*) florierend **6.** (*Leben*) üblich; **get** ~ (*fam*) in Gang kommen; **set** (**a**-)~ in Gang bringen; ~**!** ~**! gone!** (*Versteigerung*) zum Ersten! zum Zweiten! zum Dritten! **II.** *s* **1.** Ab-, Weggang *m;* Aufbruch *m* **2.** Abreise, -fahrt *f* **3.** Gang(art *f*) *m,* Geschwindigkeit *f* **4.** Fortbewegung *f,* Weiterkommen *nt;* **going price** *s* **1.** Marktpreis *m* **2.** Tageskurs *m;* **go·ings-on** [,gəʊɪŋz'ɒn] *s pl:* **such** ~ derartige Betätigungen, Zustände

goi·ter *s* (*Am*), **goitre** ['gɔɪtə(r)] *s* (MED) Kropf *m*

go-kart ['gəʊkɑːt] *s* Gokart *m*

gold [gəʊld] **I.** *s* Gold *nt;* **be as good as** ~ sehr brav sein **II.** *adj* **1.** golden **2.** gold(farb)en; **gold·brick** *s* (*Am fam*) Schwindel *m;* **gold bullion** *s* Goldbarren *m;* **gold coin** *s* Goldmünze *f;* **gold content** *s* Goldgehalt *m;* **gold-digger** *s* **1.** Goldsucher(in) *m(f)* **2.** (*fig pej: Frau*) eine, die aufs Geld aus ist; **gold dust** *s* Goldstaub *m;* **golden** ['gəʊldən] *adj* **1.** golden **2.** gold(farb)en **3.** (*Gelegenheit*) günstig; **the** ~ **age** das goldene Zeitalter; **the** ~ **calf** das goldene Kalb; ~ **handshake,** *Am* ~ **parachute** großzügige Abfindung bei Entlassung; ~ **hello** Einstellungsprämie *f;* **the** ~ **mean** die goldene Mitte; ~ **ratio** goldener Schnitt; **Golden Triangle** goldenes Dreieck; ~ **wedding** goldene Hochzeit; **gold·finch** ['gəʊldfɪntʃ] *s* Distelfink *m;* **gold·fish** ['gəʊldfɪʃ] *s* Goldfisch *m;* **gold foil** *s* Goldfolie *f;* **gold**

leaf *s* Blattgold *nt;* **gold medal** *s* Goldmedaille *f;* **gold mine** ['gəʊldmaɪn] *s* Goldgrube *f;* **gold nugget** *s* Goldklumpen *m;* **gold plating** *s* Vergoldung *f;* **gold reserves** *s pl* Goldreserven *fpl;* **gold·smith** ['gəʊldsmɪθ] *s* Goldschmied *m;* **gold standard** *s* Goldwährung *f*

golf [gɒlf] **I.** *s* Golf(spiel) *nt* **II.** *vi* (*go ~ing*) Golf spielen; **golf ball** *s* (SPORT) Golfball *m;* (*Schreibmaschine*) Kugelkopf *m;* **golfball typewriter** *s* Kugelkopfschreibmaschine *f;* **golf club** *s* **1.** Golfschläger *m* **2.** Golfklub *m;* **golf course** *s pl* Golfplatz *m;* **golfer** ['gɒlfə(r)] *s* Golfspieler(in) *m(f),* Golfer(in) *m(f);* **golf links** *s pl* Küstengolfplatz *m*

Gol·iath [gə'laɪəθ] *s* (*fig*) Riese, Goliath *m*

gol·li·wog ['gɒlɪwɒg] *s* Negerpuppe *f*

golly ['gɒlɪ] *interj* Donnerwetter!

go·loshes [gə'lɒʃɪz] *s pl* Gummischuhe *mpl*

gon·do·la ['gɒndələ] *s* **1.** (*a.* AVIAT) Gondel *f* **2.** (*Am*) flacher Lastkahn **3.** (*Am:* RAIL) Niederbordwagen *m;* **gon·do·lier** [ˌgɒndə'lɪə(r)] *s* Gondoliere *m*

gone [gɒn] **I.** *pp of* **go II.** *adj* **1.** vergangen; vorbei **2.** tot; **be ~ on s.o.** (*sl*) in jdn verknallt sein; **it's ~ six o'clock** es ist sechs Uhr vorbei; **he is ~** er ist fort; **goner** ['gɒnə(r)] *s* (*sl*) hoffnungsloser Fall

gong [gɒŋ] *s* **1.** Gong *m* **2.** (*sl*) Blech *nt,* Orden *m*

gon·or·rh(o)ea [ˌgɒnə'rɪə] *s* (MED) Tripper *m,* Gonorrhö(e) *f*

gon·zo ['gɔːnzəʊ] *adj* (*Am: fam*) verrückt; (*Stil*) egozentrisch

goo [guː] *s* (*fam*) **1.** Papp *m* **2.** (*fig*) Schmalz *m*

good [gʊd] <better, best> **I.** *adj* **1.** gut **2.** ausgezeichnet, vorteilhaft; günstig **3.** geeignet, passend (*for* für) **4.** ausreichend, genügend **5.** (*Nahrungsmittel*) frisch; bekömmlich **6.** kräftig, stark **7.** tüchtig, geschickt, gewandt **8.** brauchbar, zuverlässig; pflichtbewusst **9.** artig, wohlerzogen **10.** wohlwollend, freundlich **11.** erfreulich, angenehm, glücklich **12.** (*Kaufmann*) kredit-, zahlungsfähig; **a ~ deal** ziemlich viel, eine Menge; **a ~ many** ziemlich viele, eine Menge; **all in ~ time** alles zu seiner Zeit; **as ~ as** so gut wie; **for ~** für immer; endgültig; **for ~ and all** ein für allemal; **in ~ faith** in gutem Glauben, gutgläubig, *adv;* **no ~** nichts wert, unbrauchbar; **~ and ...** (*fam*) mächtig, sehr; recht, (voll und) ganz; **be ~** gelten, gültig sein; **be ~ enough to** so gut sein und; **be ~ at figures** gut im Rechnen sein; **have ~ looks** gut aussehen; **have a ~ time** sich gut unterhalten; **make ~** es schaffen; bewerkstelligen; wieder gutmachen; bestätigen; (*Versprechen*) erfüllen; Erfolg haben; sich durchsetzen; aufkommen für, gutmachen; **~ for you!** gut so! bravo!; **~ gracious!** ach du meine Güte!; **is it any ~ trying? what ~ is it?** hat es Sinn, Zweck?; **a ~ half** gut die Hälfte; **a ~ hour** eine gute Stunde; **too much of a ~ thing** zu viel des Guten; **that's a ~ one** das ist ein guter Witz; wer's glaubt, wird selig; **~ fortune** Glück *nt;* **~ nature** Gutmütigkeit *f;* **feel ~** sich wohl fühlen; **that's not ~ enough** so geht das nicht; **be a ~ boy!** sei brav, artig!; **~ morning/evening!** guten Morgen/Abend!; **~ to see you** schön, dich zu sehen **II.** *s* **1.** (das) Gute **2.** Wohl *nt;* **the ~** die Guten *pl;* **the common ~** das allgemeine Wohl; **that's all to the ~** umso besser

good·by (*Am*), **good·bye** [ˌgʊd'baɪ] **I.** *s* Lebewohl *nt;* **bid** [*o* **say**] **~ to s.o.** jdm Lebewohl sagen **II.** *interj* auf Wiedersehen!; **good-for-no·thing** ['gʊd fəˌnʌθɪŋ] *s* Taugenichts *m;* **Good Friday** *s* Karfreitag *m;* **good-hu·mored** *adj* (*Am*), **good-hu·moured** [ˌgʊd'hjuːməd] *adj* gutgelaunt, gutmütig; **good-look·ing** [ˌgʊd'lʊkɪŋ] *adj* gut aussehend; **good looks** *s pl* gutes Aussehen; **good·ly** ['gʊdlɪ] *adj* ziemlich, beträchtlich; **a ~ number** viele; **good-na·tured** [ˌgʊd'neɪtʃəd] *adj* gutmütig; freundlich, entgegenkommend; **good·ness** ['gʊdnɪs] *s* **1.** Güte *f;* Gütigkeit *f* **2.** (*von Nahrungsmitteln*) Nährgehalt *m;* **would you have the ~ to do that** hätten Sie die Güte das zu tun; **~ gracious, ~ me!** (ach) du meine Güte!; **for ~ sake** um Gottes, um Himmels willen!

goods [gʊdz] *s pl* **1.** Güter *pl,* Waren *fpl;* (RAIL) Fracht *f* **2.** Sachen *fpl,* (bewegliche) Habe *f;* **~ and chattels** bewegliche Habe; **leather/knitted ~** Leder-/Strickwaren *fpl*

good-sized [ˌgʊd'saɪzd] *adj* ziemlich groß

goods station *s* (*Br*) Güterbahnhof *m;* **goods traffic** *s* Güter-, Frachtverkehr *m;* **goods train** *s* (*Br*) Güterzug *m*

good-tem·pered [ˌgʊd'tempəd] *adj* umgänglich; freundlich; **good·will** [ˌgʊd'wɪl] *s* **1.** guter Wille, Verständigungsbereitschaft *f* **2.** (POL COM) Goodwill *m;* **goody** ['gʊdɪ] **I.** *s* **1.** Tugendbold *m* **2. goodies** Süßigkeiten, Leckereien *fpl* **II.** *interj* prima!

gooey ['guːɪ] *adj* **1.** klebrig; pappig **2.** (*fig*) sentimental, schmalzig

goof [guːf] **I.** *s* (*fam*) **1.** Depp *m* **2.** Dummheit *f,* Schnitzer *m* **II.** *vi* (*fam*) Mist machen; **goof up** *vt* (*fam*) vermurksen

goofy ['guːfɪ] *adj* **1.** doof, dämlich **2.** (*Zäh-*

ne) vorstehend

goolies ['gu:li:z] *s pl* (*sl*) Eier *ntpl*

goon [gu:n] *s* (*fam*) **1.** komischer Kauz **2.** (*Am sl*) Schläger *m*

goose [gu:s, *pl* gi:s] <*pl* **geese**> *s* **1.** Gans *f* **2.** dumme Person; **be unable to say boo to a** ~ ein Angsthase sein; **cook s.o.'s** ~ (*fam*) jds Pläne durchkreuzen; **all his geese are swans** bei ihm ist alles so viel besser; **goose·berry** ['gʊzbərɪ] *s* Stachelbeere *f*; **play** ~ den Anstandswauwau spielen; **goose-flesh**, **goose-pimples** *s pl* Gänsehaut *f*; **goose-step** *s* Stechschritt *m*; **goos·ey**, **goosy** ['gu:sɪ] *adj* dumm, blöd(e)

gore[1] [gɔ:(r)] *s* Blut *nt*

gore[2] [gɔ:(r)] *s* Zwickel *m*

gore[3] [gɔ:(r)] *vt* (*mit den Hörnern*) durchbohren, aufspießen

gorge [gɔ:dʒ] **I.** *s* Schlucht, Klamm *f*; **my** ~ **rises** mir wird übel (*at* bei) **II.** *vr* schlingen, gierig essen; schlemmen **III.** *vt* vollstopfen; hinunter-, verschlingen; **be** ~**d** satt sein; vollgefressen sein

gorg·eous ['gɔ:dʒəs] *adj* **1.** prächtig, prachtvoll **2.** (*fam*) fabelhaft, großartig

gor·illa [gə'rɪlə] *s* Gorilla *m*

gorm·less ['gɔ:mlɪs] *adj* (*fam*) stupid

gorse [gɔ:s] *s* (Stech)Ginster *m*

gory ['gɔ:rɪ] *adj* blutig; blutrünstig

gosh [gɒʃ] *interj* Donnerwetter!

gos·ling ['gɒzlɪŋ] *s* Gänschen *nt*

go-slow ['gəʊsləʊ] *s* Bummelstreik *m*

gos·pel ['gɒspl] *s* **1.** Evangelium *nt* **2.** (MUS) Gospel *m*; **the Gospel according to St Luke** das Evangelium nach Lukas; **St Luke's Gospel** das Lukasevangelium; **it's the** ~ **truth** das ist die reine Wahrheit; ~ **singer** Gospelsänger(in) *m(f)*

gos·sa·mer ['gɒsəmə(r)] *s* **1.** feine Gaze **2.** Altweibersommer *m*, Marienfäden *mpl*

gos·sip ['gɒsɪp] **I.** *s* **1.** Klatschbase *f* **2.** Klatsch *m* **II.** *vi* klatschen; **gossip column** *s* Klatschspalte *f*; **gos·sipy** ['gɒsɪpɪ] *adj* geschwätzig, klatschhaft

got [gɒt] *s.* **get**

Gothic ['gɒθɪk] **I.** *adj* gotisch; ~ **arch** Spitzbogen *m*; ~ **novel** Schauerroman *m* **II.** *s* **1.** Gotik *f* **2.** (TYP) Fraktur *f*

gotten ['gɒtən] (*Am*) *pp* **get**

gouge [gaʊdʒ] **I.** *vt* bohren; ~ **s.o.'s eyes out** jdm die Augen ausstechen **II.** *s* Hohlmeißel *m*

gou·lash ['gu:læʃ] *s* Gulasch *nt*

gourd [gʊəd] *s* Kürbis *m*; Kürbisflasche *f*

gour·mand ['gʊəmənd] *s* Schlemmer(in) *m(f)*; **gour·met** ['gʊəmeɪ] *s* Feinschmecker(in) *m(f)*

gout [gaʊt] *s* Gicht *f*

gov·ern ['gʌvn] *vt* **1.** (*a.* GRAM) regieren **2.** leiten, lenken **3.** bestimmen **4.** (*fig*) beherrschen, zügeln; **be** ~**ed by** sich leiten lassen von; geregelt werden durch; **gov·ern·ance** *s* Kontrolle *f*, Regierungsgewalt *f*; **gov·er·ness** ['gʌvənɪs] *s* Gouvernante *f*; **gov·ern·ing** [-ɪŋ] *adj* regierend; führend, leitend; ~ **body** Direktion *f*, Vorstand *m*; Führungsgremium *nt*; ~ **idea** Leitgedanke *m*

gov·ern·ment ['gʌvənmənt] *s* **1.** Regierung *f* **2.** Regierungsform *f* **3.** Staat *m* **4.** Führung, Leitung *f*; **form a** ~ eine Regierung bilden; **overthrow a** ~ eine Regierung stürzen; **the** ~ **has resigned** die Regierung ist zurückgetreten; **coalition** ~ Koalitionsregierung *f*; **local** ~ Gemeindeverwaltung *f*; ~ **bond** Staatsanleihe *f*; Bürgschaft *f* der Regierung; ~ **borrowing** Kreditaufnahme *f* der öffentlichen Hand; ~ **expenditure** Staatsausgaben *fpl*; ~ **monopoly** Staatsmonopol *nt*; **Government Procurement Agreement, GPA** Übereinkommen *nt* über das öffentliche Beschaffungswesen; ~ **revenue** Staatseinnahmen *fpl*; ~ **securities** (*Br*) Wertpapiere *nt pl* der öffentlichen Hand; ~ **spending** öffentliche Ausgaben *fpl*; ~ **spokesman** Regierungssprecher(in) *m(f)*; **gov·ern·mental** [ˌgʌvn'mentl] *adj* Regierungs-, behördlich; ~ **budget** öffentlicher Haushalt; **gov·ernor** ['gʌvənə(r)] *s* **1.** Gouverneur *m* **2.** Leiter, Direktor *m* **3.** (*fam*) Chef *m* **4.** (TECH) Regler *m*

gown [gaʊn] *s* **1.** Kleid *nt*; Robe *f*; Talar *m* **2.** (*dressing-*~) Morgenrock *m* **3.** (*night-*~) Nachthemd *nt*

goy·ish [gɔɪ'jɪʃ] *adj* (*Am: sl pej*) nichtjüdisch

GP [dʒi:'pi:] *s Abk. von* **General Practitioner** praktischer Arzt, praktische Ärztin

GPO [ˌdzi:pi:'əʊ] *s Abk. von* **General Post Office** (*in GB*) Hauptpostamt *nt*

GPS [ˌdzi:pi:'es] *s Abk. von* **Global Positioning System** GPS *nt*

grab [græb] **I.** *vt* **1.** packen, schnappen **2.** an sich reißen; **how does that music** ~ **you?** wie gefällt Ihnen diese Musik? **II.** *vi* die Hand legen (*at* auf), greifen (*at* nach); **the brakes are** ~**bing** die Bremsen greifen **III.** *s* (TECH) Greifer *m*; **be up for** ~**s** zu haben sein; **make a** ~ **at s.th.** nach etw greifen

grace [greɪs] **I.** *s* **1.** Anmut, Grazie *f*, Charme *m* **2.** Anstand *m* **3.** Gefälligkeit *f*, Entgegenkommen *nt* **4.** (REL) Gnade *f*; Tischgebet *nt* **5.** (FIN) Aufschub *m*, Nachfrist *f*; **give s.o. a day's** ~ jdm einen Tag Aufschub gewähren; **say** ~ das Tischgebet

G

sprechen; **do s.th. with good/bad** ~ etw anstandslos/widerwillig tun; **Your Grace** Euer Gnaden **II.** *vt:* **be ~d with** geehrt sein durch; **grace·ful** ['greɪsfl] *adj* anmutig; reizend; **grace·less** ['greɪslɪs] *adj* **1.** schwerfällig, ungeschickt **2.** unpassend, unangebracht

gra·cious ['greɪʃəs] *adj* **1.** gütig; gefällig **2.** gnädig; (**good**) ~ [*o* **me**] ach du liebe Güte!

gra·da·tion [grə'deɪʃn] *s* **1.** Stufenfolge *f;* Abstufung *f* **2.** Übergang *m;* Schattierung, Tönung *f;* **grade** [greɪd] **I.** *s* **1.** Stufe *f,* Schritt *m* **2.** Grad *m;* Rang *m* **3.** (Güte)Klasse, Sorte, Qualität *f* **4.** (*Am*) (Schul)Klasse *f;* Zensur *f* **5.** (*Am*) (Schul)note *f* **6.** (*Am*) Steigung, Neigung *f,* Gefälle *nt;* **at** ~ (*Am*) auf gleicher Höhe; **on the upgrade/downgrade** steigend/fallend; **up to** ~ (*fig*) dem Standard entsprechend; **make the** ~ (*fig*) die Schwierigkeiten überwinden; es schaffen; ~ **crossing** (*Am*) schienengleicher Bahnübergang; ~ **school** (*Am*) Grundschule *f* **II.** *vt* **1.** ab-, einstufen, sortieren **2.** bewerten **3.** staffeln; einteilen, klassifizieren **4.** (*Am:* SCHULE) zensieren **5.** (*Am*) abflachen, (ein)ebnen; ~ **up** verbessern; in eine höhere Gruppe einstufen; **gradi·ent** ['greɪdɪənt] *s* Steigung, Neigung *f,* Gefälle *nt;* **grad·ing** ['greɪdɪŋ] *s* **1.** Einstufung, Eingruppierung, Staffelung, Klassi(fizi)erung *f* **2.** (COM) Güteklasseneinteilung *f*

grad·ual ['grædʒʊəl] *adj* **1.** graduell, stufen-, schrittweise **2.** allmählich; **grad·ual·ly** ['grædʒʊlɪ] *adv* stufen-, schrittweise; allmählich

grad·uate[1] ['grædʒʊət] *s* **1.** Universitätsabsolvent(in) *m(f)* **2.** (*Am*) Schulabsolvent(in) *m(f)* **3.** Graduierte(r) *f m*

grad·uate[2] ['grædʒʊeɪt] **I.** *vi* **1.** einen Grad erlangen; promovieren **2.** absolvieren (*from high school* die höhere Schule) **II.** *vt* **1.** graduieren, promovieren, einen Grad verleihen (*s.o.* jdm) **2.** (*Messgerät*) einteilen

gradu·ated ['grædʒʊeɪtɪd] *adj* Mess-; mit Messeinteilung; abgestuft; ~ **price** Staffelpreis *m;* ~ **tariff** Staffeltarif *m*

gradu·ation [ˌgrædʒʊ'eɪʃn] *s* **1.** Erlangung *f* eines akademischen Grades **2.** Universitäts-, *Am* Schul-, Lehrgangsabschluss *m* **3.** (Grad)Einteilung *f*

graf·fiti [grə'fi:tɪ] *s pl* Graffiti *pl*

graft [grɑ:ft] **I.** *s* **1.** Pfropfreis *nt* **2.** (MED) Transplantat *nt* **3.** (*Am*) Bestechung *f;* Schmiergelder *ntpl* **4.** (*fam*) Schufterei *f;* **hard** ~ Knochenarbeit *f* **II.** *vt* **1.** (auf)pfropfen (*in* in, *on* auf), okulieren **2.** (MED) verpflanzen **3.** (*Bestechungsgelder*) erhalten, annehmen **III.** *vi* (*fam*) schuften; **grafter** ['grɑ:ftə(r)] *s* **1.** (*Am*) bestechlicher Beamte(r) *m* **2.** (*fam*) Arbeitstier *nt,* Malocher *m*

grail [greɪl] *s:* **the Holy Grail** der Heilige Gral

grain [greɪn] *s* **1.** (Samen-, Getreide)Korn *nt* **2.** Getreide, Korn *nt* **3.** (Sand-, Salz)Korn *nt* **4.** Gran *nt* (*0,065 g*) **5.** (*Holz*) Struktur, Maserung *f* **6.** (*Fleisch*) Faser *f* **7.** (*Leder*) Narbe *f;* **a** ~ **of** ein (kleines) bisschen; **against the** ~ gegen den Strich; **be without a** ~ **of sense** nicht ein Fünkchen Vernunft haben; **it goes against the** ~ **with me** das geht mir gegen den Strich; **a** ~ **of truth** ein Körnchen Wahrheit; **grain elevator** *s* (*Am*) Getreidesilo *m;* **grain export** *s* Getreideausfuhr *f;* **grain market** *s* Getreidemarkt *m*

gram·mar ['græmə(r)] *s* Grammatik *f;* **his** ~ **is awful** er drückt sich grammat(ikal)isch völlig falsch aus; **grammar book** *s* Grammatik *f,* Sprachlehrbuch *nt;* **gram·mar·ian** [grə'meərɪən] *s* Grammatiker(in) *m(f);* **grammar school** *s* Gymnasium *nt;* **gram·mati·cal** [grə'mætɪkl] *adj* grammat(ikal)isch

gram(me) [græm] *s* (*Masse*) Gramm *nt*

gramo·phone ['græməfəʊn] *s* Plattenspieler *m*

gram·pus ['græmpəs] *s* Schwertwal *m;* **wheeze like a** ~ (*fam*) wie ein Walross schnauben

gran [græn] *s* (*fam*) Oma *f*

gran·ary ['grænərɪ] *s* **1.** Getreide-, Kornspeicher *m* **2.** (*fig*) Kornkammer *f;* **granary loaf** *s* Mehrkornbrot *nt*

grand [grænd] **I.** *adj* **1.** groß; bedeutend; berühmt **2.** prächtig, prachtvoll **3.** (*fam*) großartig, fantastisch **4.** vollständig, endgültig **II.** *s* **1.** (~ *piano*) Flügel *m* **2.** (*sl*) tausend Dollar *mpl,* tausend Pfund *ntpl*

grand·child ['græntʃaɪld] <*pl* -children> *s* Enkelkind *nt;* **gran·dad, grand·dad** ['grændæd] *s* Opa, Opi *m;* **grand·daughter** ['grænˌdɔ:tə(r)] *s* Enkelin *f*

gran·dee [græn'di:] *s* Grande *m*

gran·deur ['grændʒə(r)] *s* **1.** Größe, Erhabenheit *f* **2.** Würde *f;* **delusions of** ~ Größenwahn *m*

grand·father ['grændˌfɑ:ðə(r)] *s* Großvater *m;* ~(**'s**) **clock** Standuhr *f*

gran·dilo·quent [græn'dɪləkwənt] *adj* hochtrabend, prahlerisch

gran·di·ose ['grændɪəʊs] *adj* bombastisch, hochtrabend

grand jury [ˌgrænd 'dʒʊərɪ] *s* (*Am*) Großes Geschworenengericht; **grand larceny** *s*

(JUR) schwerer Diebstahl; **grand·ma** ['grænmɑː] *s* Oma *f;* **grand master** *s* Großmeister *m;* **grand·mother** ['græn,mʌðə(r)] *s* Großmutter *f;* **grand·pa** ['grænpɑː] *s* Opa *m;* **grand·parents** ['græn,peərənts] *s pl* Großeltern *pl;* **grand piano** *s* (MUS) Flügel *m;* **grand·son** ['grænsʌn] *s* Enkel *m;* **grand·stand** *s* Haupttribüne *f;* **grand total** *s* Gesamt-, Endsumme *f*

grange [greɪndʒ] *s* Bauernhof *m,* -haus *nt*

gran·ite ['grænɪt] *s* (MIN) Granit *m*

granny, gran·nie ['grænɪ] *s* (*fam*) Oma *f*

grant [grɑːnt] **I.** *vt* **1.** bewilligen, gewähren **2.** (*Bescheinigung*) ausstellen **3.** (*Eigentum*) übertragen **4.** (*einem Gesuch*) entsprechen **5.** zugeben, einräumen; **take for ~ed** (fest) annehmen; als selbstverständlich voraussetzen; **~ed** (**that**) angenommen, zugegeben (dass) **II.** *s* **1.** Bewilligung, Gewährung, Erteilung *f* **2.** Verleihung *f;* Übertragung *f* **3.** Konzession *f* **4.** bewilligte Gelder *ntpl,* Stipendium *nt;* **~-aided** gefördert, subventioniert; **~-in-aid** staatliche Beihilfe, Zuschuss *m*

granu·lar ['grænjʊlə(r)] *adj* körnig, granulös; **granu·lated** ['grænjʊleɪtɪd] *adj* gekörnt, granuliert; **~ sugar** Kristallzucker *m;* **gran·ule** ['grænjuːl] *s* Körnchen *nt*

grape [greɪp] *s* **1.** Weinbeere *f* **2. ~s** Weintrauben *fpl;* **grape·fruit** ['greɪpfruːt] *s* Grapefruit, Pampelmuse *f;* **grape juice** *s* Traubensaft *m;* **grape·vine** *s* Weinstock *m,* Weinrebe *f;* **hear s.th. on the ~** etw gerüchteweise hören

graph [grɑːf] **I.** *s* grafische Darstellung, Schaubild *nt;* Graph *m;* **~ paper** Millimeterpapier *nt* **II.** *vt* grafisch darstellen; **graphic** ['græfɪk] *adj* **1.** grafisch **2.** anschaulich; **~ art**(**s**) Grafik *f;* **~ artist** Grafiker(in) *m(f);* **~orient**(**at**)**ed** grafikorientiert; **graphics** ['græfɪks] *s pl* Grafik *f;* **graphics card** *s* (INFORM) Grafikkarte *f;* **graphics screen** *s* (INFORM) Grafikbildschirm *m*

graph·ite ['græfaɪt] *s* (MIN) Grafit *m*

graph·ol·ogist [græ'fɒlədʒɪst] *s* Grafologe *m;* Grafologin *f;* **graph·ol·ogy** [græ'fɒlədʒɪ] *s* Grafologie *f*

grapple ['græpl] *vi* **1.** raufen, ringen **2.** (*fig*) sich herumschlagen (*with* mit); **grappling** [-ɪŋ] *s:* **~-iron** [*o* **-hook**] Enterhaken *m*

grasp [grɑːsp] **I.** *vt* **1.** (er)greifen, fassen, packen **2.** (*fig*) begreifen, verstehen **II.** *vi* **1.** greifen, trachten **2.** streben (*at* nach) **3.** schnappen (*at* nach) **III.** *s* **1.** (Zu)Griff *m* **2.** (*fig*) Reichweite, Gewalt *f* **3.** Verständnis *nt;* **within s.o.'s ~** in jds Gewalt; greifbar nahe; **have a good ~ of s.th.** etw sehr gut beherrschen; **lose one's ~** loslassen; **grasp·ing** [-ɪŋ] *adj* habgierig

grass [grɑːs] **I.** *s* **1.** Gras *nt* **2.** Rasen *m;* Weide(land *nt*) *f* **3.** (*sl*) Spitzel *m* **4.** (*sl: Marihuana*) Gras *nt;* **out at ~** auf der Weide; **go to ~** weiden (gehen); (*fig*) sich ausruhen; **put out to ~** auf die Weide treiben; (*altem Pferd*) das Gnadenbrot geben; (*fig: Menschen*) aufs Abstellgleis schieben; **the ~ is always greener on the other side** (*prov*) man will immer das haben, was man nicht hat; **let the ~ grow under one's feet** sich Zeit lassen; **keep off the ~** Betreten des Rasens verboten! **II.** *vt* mit Gras einsäen **III.** *vi* (*sl*) singen; **~ on s.o.** jdn verpfeifen; **grass·hop·per** ['grɑːshɒpə(r)] *s* Heuschrecke *f;* **grass·roots** [,grɑːs'ruːts] **I.** *s pl* gewöhnliches Volk *nt;* (POL) Basis *f;* **get down to ~** zum Kern der Sache kommen **II.** *adj* volksnah; **at ~ level** an der Basis; **~ democracy** Basisdemokratie *f;* **grass snake** *s* Ringelnatter *f;* **grass widow** *s* Strohwitwe *f;* **grass widower** *s* Strohwitwer *m;* **grassy** ['grɑːsɪ] *adj* grasbewachsen

grate[1] [greɪt] **I.** *vt* **1.** kratzen, reiben, schaben **2.** (*Küche*) reiben; raspeln **3.** knirschen (*one's teeth* mit den Zähnen) **4.** reizen, ärgern **II.** *vi* **1.** kratzen; knirschen; quietschen; streifen **2.** reizen, aufregen (*on s.o.* jdn); **~ on s.o.'s nerves** an jds Nerven zerren

grate[2] [greɪt] *s* **1.** (Fenster-, Tür)Gitter *nt* **2.** (Feuer)Rost *m*

grate·ful ['greɪtfl] *adj* dankbar (*to s.o.* jdm)

grater ['greɪtə(r)] *s* Reibeisen *nt;* Raspel *f*

grati·fi·ca·tion [,grætɪfɪ'keɪʃn] *s* Genugtuung, Befriedigung *f* (*at* über); **grat·ify** ['grætɪfaɪ] *vt* **1.** erfreuen, befriedigen **2.** (*Wunsch*) erfüllen; **be gratified** sich freuen; **grat·ify·ing** [-ɪŋ] *adj* erfreulich, angenehm (*to* für)

grat·ing ['greɪtɪŋ] *s* Gitter *nt*

gra·tis ['greɪtɪs] *adv, adj* gratis, umsonst; kostenlos, unentgeltlich

grati·tude ['grætɪtjuːd] *s* Dankbarkeit *f* (*to* gegenüber, *for* für); **in ~ for** aus Dankbarkeit für

gra·tu·itous [grə'tjuːɪtəs] *adj* **1.** überflüssig, unnötig **2.** unerwünscht

gra·tu·ity [grə'tjuːətɪ] *s* **1.** Trinkgeld *nt* **2.** Gratifikation *f;* **no gratuities!** kein Trinkgeld!

grave[1] [greɪv] *adj* **1.** ernst(haft); besorgniserregend **2.** wichtig, schwerwiegend

grave[2] [greɪv] *s* Grab *nt;* **from the cradle to the ~** von der Wiege bis zur Bahre; **dig one's own ~** sein eigenes Grab schaufeln; **have one foot in the ~** (*fig*) mit einem

G

Fuß im Grabe stehen; **silent as the** ~ totenstill; **turn in one's** ~ sich im Grabe umdrehen; **s.o. is walking over my** ~ mich [*o* mir] schaudert; **grave-digger** *s* Totengräber *m*

gravel ['grævl] **I.** *s* **1.** Kies *m* **2.** (MED) Harngrieß *m* **II.** *vt* mit Kies bestreuen; **gravel-pit** *s* Kiesgrube *f;* **gravel-stone** *s* Kieselstein *m*

grave mound ['greɪvmaʊnd] *s* Grabhügel *m;* **grave robber** *s* Grabschänder *m;* **grave·stone** ['greɪvstəʊn] *s* Grabstein *m;* **grave·yard** ['greɪvjɑːd] *s* Friedhof *m*

grav·ing dock ['greɪvɪŋˌdɒk] *s* Trockendock *nt*

gravi·tate ['grævɪteɪt] *vi* **1.** angezogen werden (*to*(*wards*) von) **2.** (*fig*) tendieren, streben (*to, towards* zu) **3.** (CHEM) sich setzen; **gravi·ta·tion** [ˌgrævɪ'teɪʃn] *s* Schwerkraft, Gravitation *f;* **gravi·ta·tional** [ˌgrævɪ'teɪʃənl] *adj* Gravitations-; ~ **field** Schwerefeld *nt;* ~ **force** Schwerkraft *f;* ~ **pull** Anziehungskraft *f;* **grav·ity** ['grævətɪ] *s* **1.** Ernst *m* **2.** (PHYS) Anziehungs-, Schwerkraft *f;* **specific** ~ spezifisches Gewicht

gra·vure [grə'vjʊə(r)] *s* Gravüre *f*

gravy ['greɪvɪ] *s* **1.** Fleischsaft *m* **2.** (Braten)Soße *f* **3.** (*Am sl*) Spesen *pl,* Schmiergelder *ntpl;* **get on the** ~ **train** auch ein Stück vom Kuchen abbekommen; **gravy boat** *s* Soßenschüssel *f*

gray *adj* (*Am*) grau

graze[1] [greɪz] **I.** *vt* **1.** (*Vieh*) weiden lassen **2.** (*Gras, Weide*) abweiden lassen **II.** *vi* grasen, weiden

graze[2] [greɪz] **I.** *vt* **1.** streifen **2.** (MED) (ab)schürfen **II.** *s* Schramme, Schürfwunde *f*

grease [griːs] **I.** *s* **1.** Fett *nt* **2.** Schmierfett *nt* **II.** *vt* **1.** (ein)fetten **2.** (TECH) schmieren; **like** ~**d lightning** wie ein geölter Blitz; ~ **s.o.'s palm** jdm Schmiergelder zahlen; **grease-gun** *s* Fettpresse *f;* **grease mark** *s* Fettfleck *m;* **grease-paint** *s* (THEAT) Schminke *f;* **grease·proof paper** *s* Butterbrotpapier *nt;* **grease spot** *s* Fettfleck *m;* **greasy** ['griːsɪ] *adj* **1.** fettig, ölig; schmierig **2.** glitschig, schlüpfrig **3.** (*fig*) aalglatt

great [greɪt] **I.** *adj* **1.** groß **2.** beträchtlich, ausgedehnt **3.** (*Zeit*) lange, lange dauernd **4.** mächtig, gewaltig **5.** hervorragend, bedeutend **6.** eindrucksvoll **7.** (*Freund*) eng, intim **8.** (*fam*) (ganz) groß (*in* in), geschickt (*at* bei, in), beschlagen (*at* in), interessiert (*on* an) **9.** (*fam*) großartig, prima; gewaltig, herrlich, mächtig; **a** ~ **deal** eine (ganze) Menge, viel; **a** ~ **many** sehr viele; **no** ~ **matter** nichts von Bedeutung; **that's** ~**!** das ist (ja) prima! **II.** *s* (*fam*): **the** ~ die Großen *pl;* **great-aunt** *s* Großtante *f;* **Great Bear** *s* (ASTR): **the** ~ der Große Bär; **Great Britain** *s* Großbritannien *nt;* **great·coat** ['greɪtkəʊt] *s* (Winter)Mantel *m;* **Great Depression** *s* Weltwirtschaftskrise *f;* **Greater Lon·don** ['greɪtə 'lʌndən] *s* Groß-London *nt;* **great-grandchild** <*pl* **-children**> *s* Urenkel(in) *m(f);* **great-grandparents** *s pl* Urgroßeltern *pl;* **great-great-grandparents** *s pl* Ururgroßeltern *pl;* **great·ly** ['greɪtlɪ] *adv* sehr, in hohem Grade; **great-nephew** *s* Großneffe *m;* **great·ness** ['greɪtnɪs] *s* Größe, Bedeutung *f;* **great-niece** *s* Großnichte *f;* **great-uncle** *s* Großonkel *m*

Gre·cian ['griːʃn] *adj,* **Greece** [griːs] *s* Griechenland *nt*

greed, **greedi·ness** [griːd, 'griːdɪnɪs] *s* **1.** Gier *f* (*for* nach) **2.** Habgier *f* **3.** Gefräßigkeit *f;* **greedy** ['griːdɪ] *adj* **1.** gierig (*for* nach) **2.** gefräßig; **be** ~ **for s.th.** auf etw begierig sein, nach etw gieren

Greek [griːk] **I.** *adj* griechisch **II.** *s* **1.** Grieche *m,* Griechin *f* **2.** (das) Griechisch(e); **it's all** ~ **to me** das sind für mich böhmische Dörfer

green [griːn] **I.** *adj* **1.** grün (*with* vor) **2.** unreif **3.** unerfahren (*at* in); **give s.o. the** ~ **light** jdm freie Fahrt geben; **he was** ~ **with envy** er platzte vor Neid **II.** *s* **1.** Grün *nt,* grüne Farbe **2.** Grünfläche *f,* Rasen *m* **3.** ~**s** grünes Gemüse; **green·back** ['griːnbæk] *s* (*Am sl*) Geldschein *m;* **green belt** *s* Grüngürtel *m;* **green card** *s* **1.** (AUTO) grüne Versicherungskarte *f* **2.** (*Am*) Aufenthalts- und Arbeitserlaubnis *f;* **greenery** ['griːnərɪ] *s* (das) Grün (*in der Natur*); **green-eyed** [ˌgriːn'aɪd] *adj* (*fig*) eifersüchtig; **the** ~ **monster** der Neid; **green fingers** *s pl* gärtnerisches Geschick; **green·fly** ['griːnflaɪ] *s* grüne Blattlaus; **green·gage** ['griːngeɪʤ] *s* Reineclaude *f;* **green·grocer** ['griːnˌgrəʊsə(r)] *s* (Obst-u.) Gemüsehändler(in) *m(f);* **green·horn** ['griːnhɔːn] *s* Grünschnabel *m;* Anfänger(in) *m(f);* **green·house** ['griːnhaʊs] *s* Gewächs-, Treibhaus *nt;* ~ **effect** Treibhauseffekt *m;* ~ **gas emissions** Treibhausgasemissionen; **green·ish** ['griːnɪʃ] *adj* grünlich; **green issue** *s* Umweltfrage *f*

Green·land ['griːnlənd] *s* Grönland *nt;* **Green·lander** ['griːnləndə(r)] *s* Grönländer(in) *m(f)*

green·ness ['griːnnɪs] *s* (*fam*) Umweltfreundlichkeit *f*

green pep·per [ˌgriːn'pepə(r)] *s* (grüne) Paprikaschote *f;* **green policy** *s* grüne Politik; **green politics** *s* Umweltpolitik *f;*

green thumb *s* (*Am*) gärtnerisches Geschick
Green·wich ['grɪnɪtʃ] *s Vorort von London;* **Greenwich mean time, G.M.T** *s* westeuropäische Zeit
green·wood ['gri:nwʊd] *s* Laubwald *m*
greet [gri:t] *vt* **1.** (be)grüßen (*on behalf of* im Namen von) **2.** empfangen, entgegenkommen (*s.o.* jdm) **3.** sich darbieten (*her eyes* ihren Augen); **greet·ing** [-ɪŋ] *s* Begrüßung *f;* Gruß *m;* (*Am: Brief*) Anrede *f;* ~**s-card** Glückwunschkarte *f*
greg·ari·ous [grɪ'geərɪəs] *adj* **1.** (*Tiere*) in Herden lebend **2.** (*Mensch*) gesellig
gre·nade [grɪ'neɪd] *s* (Hand)Granate *f;* **grena·dier** [ˌgrenə'dɪə(r)] *s* Grenadier *m*
grew [gru:] *s.* **grow**
grey [greɪ] **I.** *adj* **1.** grau **2.** trüb(e), düster **3.** grauhaarig; **turn** ~ grau werden **II.** *s* Grau *nt;* (*Pferd*) Grauschimmel *m;* **grey·beard** ['greɪˌbɪəd] *s* Graubart *m;* **grey·hound** ['greɪhaʊnd] *s* Windhund *m;* **grey·ish** ['greɪɪʃ] *adj* gräulich; **grey matter** *s* **1.** (ANAT) graue Hirnsubstanz **2.** (*fam*) graue Zellen *fpl*
grid [grɪd] *s* **1.** (*a.* RADIO) Gitter *nt* **2.** (ELEK) Stromnetz *nt;* Leitungsnetz *nt* **3.** (*Karte*) Gitter *nt* **4.** (AUTO) Start(platz) *m* **5.** (THEAT) Schnürboden *m* **6.** (TECH) Netz *nt*
griddle ['grɪdl] *s* (rundes) Kuchenblech *nt;* **griddle-cake** *s* Pfannkuchen *m*
grid·iron ['grɪdaɪən] *s* (Brat)Rost, Grill *m;* **grid square** *s* Planquadrat *nt*
grief [gri:f] *s* Kummer, Gram *m,* Leid *nt;* **come to** ~ zu Schaden kommen; (*Plan*) scheitern
griev·ance ['gri:vns] *s* **1.** Beschwerde(grund *m*) *f* **2.** Missstand *m;* **nurse a ~ against s.o.** gegen jdn einen Groll haben; **grieve** [gri:v] **I.** *vt* **1.** bekümmern, betrüben **2.** traurig stimmen; **it ~s me** es stimmt mich traurig **II.** *vi* **1.** bekümmert sein **2.** trauern (*at, for, over* um); **griev·ous** ['gri:vəs] *adj* **1.** schmerzlich **2.** bedauerlich **3.** (*Fehler*) schwer; ~ **bodily harm, GBH** (JUR) schwere Körperverletzung
grif·fin, grif·fon, gry·phon ['grɪfɪn, 'grɪfən] *s* Greif *m* (*Fabeltier*); **grif·fon** ['grɪfən] *s* **1.** Gänsegeier *m* **2.** Affenpinscher *m*
grift·er ['grɪftə] *s* (*Am: sl*) unbedeutender Dieb
grill [grɪl] **I.** *s* **1.** Grill *m* **2.** gegrilltes Fleisch **3.** (*~room*) Grillroom *m* **II.** *vt* **1.** grillen **2.** (*fam fig*) streng verhören **III.** *vi* **1.** (*Fleisch*) grillen **2.** (*von der Sonne*) sich braun brennen lassen
grille [grɪl] *s* Gitter *nt*
grilling ['grɪlɪŋ] *s* strenges Verhör; **give s.o. a** ~ jdn in die Zange nehmen
grim [grɪm] *adj* **1.** grimmig, erbarmungslos **2.** hart, streng **3.** abschreckend, abstoßend; **hold on like ~ death** nicht lockerlassen
gri·mace [grɪ'meɪs] **I.** *s* Grimasse *f* **II.** *vi* Grimassen schneiden
grime [graɪm] **I.** *s* Ruß *m;* Schmutz *m* **II.** *vt* verschmutzen; **grimy** ['graɪmɪ] *adj* schmutzig, verschmutzt
grin [grɪn] **I.** *vi* grinsen (*with pleasure* vor Vergnügen); ~ **from ear to ear** über das ganze Gesicht grinsen; **I had to ~ and bear it** ich musste gute Miene zum bösen Spiel machen **II.** *s* **1.** Grinsen *nt* **2.** gezwungenes Lächeln; **wipe that ~ off your face!** lach mich nicht aus!
grind [graɪnd] *<irr:* ground, ground> **I.** *vt* **1.** (zer)mahlen, zerstoßen, zerreiben **2.** schleifen, wetzen **3.** (*Absatz*) bohren (*into the earth* in die Erde) **4.** (*Kaffeemühle, Leierkasten*) drehen **5.** (*fig*) quälen, bedrücken, plagen; ~ **one's teeth** mit den Zähnen knirschen (*in anger* vor Wut) **II.** *vi* **1.** sich mahlen lassen **2.** (*fam*) pauken, büffeln, ochsen; sich abplagen **III.** *s* **1.** (*fam*) Schinderei, Plackerei *f* **2.** Paukerei, Büffelei *f* **3.** (*Am fam*) Büffler *m;* **grind down** *vt* unterdrücken; **grind out** *vt* mühsam hervorbringen; fabrizieren; **grinder** ['graɪndə(r)] *s* **1.** Schleifer *m;* Schleifmaschine *f;* Schleifstein *m* **2.** Mühle *f;* Fleischwolf *m* **3.** Backenzahn *m;* **grind·stone** ['graɪndstəʊn] *s* Schleifstein *m;* **keep** [*o* **put**] **one's nose to the** ~ schuften; büffeln
grin·go ['grɪŋgəʊ] <*pl* -gos> *s* (Nord)Amerikaner, Gringo *m*
grip [grɪp] **I.** *s* **1.** (fester, Zu)Griff *m* **2.** Greifen, Packen *nt* **3.** (*fig*) Fassungskraft *f;* Verständnis *nt* **4.** Herrschaft *f* (*of, on* über) **5.** (TECH) Greifer *m* **6.** Handgriff *m* **7.** Haarklemmchen *nt* **8.** (AUTO) Griffigkeit *f* **9.** Reisetasche *f;* **come to ~s** handgemein werden; aneinander geraten; **come to ~s with** (*fig*) in den Griff bekommen; **get a ~ on o.s.** sich wieder beherrschen; **lose one's** ~ den Halt verlieren; (*fig*) nachlassen; **lose one's ~ on the situation** die Situation nicht mehr unter Kontrolle haben **II.** *vt* **1.** (er)greifen, packen, fassen, festhalten **2.** (*die Aufmerksamkeit*) fesseln
gripe [graɪp] **I.** *vi* **1.** Magenschmerzen haben **2.** (*fam*) meckern **II.** *s* **1.** (*fam*) Beschwerde *f* **2.** ~**s** (*fam*) Magenschmerzen *mpl,* Kolik *f*
grip·ping ['grɪpɪŋ] *adj* (*Buch*) spannend, fesselnd
gris·ly ['grɪzlɪ] *adj* grässlich, schrecklich
grist [grɪst] *s:* **it's all ~ to his mill** er kann alles brauchen; das ist Wasser auf seine

G

Mühle
gristle ['grɪsl] *s* Knorpel *m*
grit [grɪt] **I.** *s* **1.** Staub *m;* (feiner) Kies *m;* Streusand *m* **2.** (*fam*) Mut, Schneid *m,* Entschlossenheit *f* **3. ~s** (*Am*) Hafergrütze *f* **II.** *vt* mit Sand, Kies bestreuen; ~ **one's teeth** die Zähne zusammenbeißen
grizzle ['grɪzl] **I.** *s* graues Haar; Grau *nt* **II.** *vi* (*fam: Kind*) flennen, quengeln; **griz·zled** ['grɪzld] *adj* grau(meliert); **griz·zly** ['grɪzlɪ] **I.** *adj* **1.** grau, gräulich **2.** (*fam*) quengelig **II.** *s* (~ *bear*) Grisly-, Graubär *m*
groan [grəʊn] **I.** *vi* **1.** seufzen, stöhnen, ächzen (*with* vor) **2.** brummen, murren **3.** (zu) leiden (haben), seufzen (*under* unter) **II.** *vt* (~ *out*) stöhnend hervorbringen, erzählen **III.** *s* **1.** Seufzen *nt* **2.** Ächzen *nt*
groats [grəʊts] *s pl* (Hafer)Grütze *f;* Schrot *m*
grocer ['grəʊsə(r)] *s* Lebensmittelhändler(in) *m(f);* **grocery** ['grəʊsərɪ] *s* **1.** Lebensmittelgeschäft *nt* **2. groceries** Lebensmittel *ntpl*
grog [grɒg] *s* Grog *m*
groggy ['grɒgɪ] *adj* **1.** benommen, schwindlig **2.** wack(e)lig **3.** (SPORT: *fam*) groggy
groin[1] [grɔɪn] *s* **1.** (ANAT) Leiste(ngegend) *f* **2.** (ARCH) Grat *m;* Gewölberippe *f*
groin[2] [grɔɪn] *s* (MAR) Buhne *f*
grok [grɒk] *vt* (*sl*) schnallen
groom [gru:m] **I.** *s* **1.** Stallbursche *m* **2.** Bräutigam *m* **II.** *vt* **1.** (*Pferd*) pflegen **2.** (*Menschen, Frisur, Kleidung*) pflegen **3.** vorbereiten (*for* für); **well ~ed** gepflegt
groove [gru:v] **I.** *s* **1.** Furche, Rille, Nut, Rinne *f* **2.** Tonspur *f* **3.** (*fig*) Routine, Gewohnheit *f* **II.** *vt* auskehlen, riefeln, nuten
groovy ['gru:vɪ] *adj* (*sl*) toll, klasse; modisch
grope [grəʊp] **I.** *vt* (*fam*) befummeln **II.** *vi* **1.** (~ *about*) (herum)tappen **2.** (*a. fig*) suchen (*for* nach); ~ **in the dark** im Dunkeln tappen; ~ **one's way** tastend den Weg suchen; **grop·ing·ly** ['grəʊpɪŋlɪ] *adj* **1.** tastend **2.** (*fig*) unsicher
gross[1] [grəʊs] *s* Gros *nt,* 12 Dutzend *pl*
gross[2] [grəʊs] **I.** *adj* **1.** dick, fett, korpulent **2.** schwer(fällig), plump **3.** grob, rau, roh, unfein **4.** vulgär, unanständig **5.** (*Fehler*) schwer, grob; (*Ungerechtigkeit*) krass, ungeheuer(lich); (*Fehler, Nachlässigkeit*) grob **6.** (*Vegetation*) üppig **7.** (*Essen*) unappetitlich **8.** (COM) brutto **II.** *vt* einen Bruttogewinn haben von; **gross amount** *s* Bruttobetrag *m;* **gross cash flow** *s* Bruttocashflow *m* (*einschließlich Abschreibung*); **gross domestic product**, **GDP** *s* Bruttoinlandsprodukt *nt;* **gross income**, **gross receipts** *s pl* Bruttoverdienst *m,* -einkommen *nt,* -gewinn *m;* **gross·ly** ['grəʊslɪ] *adv* **1.** sehr stark, stark, schwer **2.** (*sich benehmen*) derb; **eat** ~ (*sl*) essen wie ein Schwein; **gross national product**, **GNP** *s* Bruttosozialprodukt *nt;* **gross negligence** *s* grobe Fahrlässigkeit; **gross pay** *s* Bruttolohn *m;* **gross profit** *s* Bruttogewinn, Rohgewinn *m;* **gross ton** *s* Bruttoregistertonne *f* (= *2240 pounds*)
grot ['grɒt] *s* (*sl*) Schrott *m*
gro·tesque [grəʊ'tesk] **I.** *adj* **1.** grotesk, bizarr, fantastisch **2.** komisch, lächerlich **II.** *s* **1.** Groteske *f* **2.** (TYP) Grotesk *f*
grotto ['grɒtəʊ] <*pl* **grotto(e)s**> *s* Grotte *f*
grot·ty ['grɒtɪ] *adj* (*sl*) mies
grouch [graʊtʃ] **I.** *vi* (*fam*) meckern; nörgeln **II.** *s* **1.** Meckerer *m,* Nörgler(in) *m(f)* **2.** Grund *m* zur Klage; **grouchy** ['graʊtʃɪ] *adj* (*fam*) meckerig, brummig, mürrisch
ground[1] [graʊnd] *pp of* **grind**
ground[2] [graʊnd] **I.** *s* **1.** Grund *m;* Boden *m* **2.** Meeresboden *m* **3.** (Erd)Boden *m,* Erde *f;* Land *nt* **4.** Grund und Boden *m* **5.** (*a. fig*) Gebiet *nt* **6.** (*Kunst*) Untergrund *m,* Grundierung *f* **7.** (*fig*) Grundlage, Basis *f* **8.** (Beweg)Grund *m* (*for* für, zu), Motiv *nt,* Ursache *f,* Anlass *m* **9. ~s** Grundstück *nt;* Gelände *nt* **10. ~s** Anlagen *fpl,* Gärten *mpl* **11. ~s** (Boden)Satz *m;* (Kaffee)Satz *m* **12.** (Rechts)Grund *m;* Begründung *f;* **above** ~ über der Erde; über Tage; am Leben; **below** ~ unter der Erde; unter Tage; tot; **down to the** ~ (*fam*) voll und ganz; **on the ~s of** auf Grund +*gen,* wegen; **on one's own** ~ (*a. fig*) zu Hause; **on firm** ~ (*fig*) auf festem Boden; **be on common** ~ (*fig*) auf gleichem Boden stehen; **be forbidden** ~ (*fig*) tabu sein; **break fresh** ~ (*fig*) in Neuland vorstoßen; **cover** (**much**) ~ eine (große) Strecke zurücklegen; (gute) Fortschritte machen; viel umfassen; **cut the** ~ **from under s.o.'s feet** (*fig*) jdm den Boden unter den Füßen wegziehen; **fall to the** ~ (*fig: Plan*) scheitern; **gain** ~ (*fig*) um sich greifen; an Boden gewinnen; **get off the** ~ (*fig*) einen guten Anfang machen; **give** ~ nachgeben, weichen; **hold** [*o* **keep**] [*o* **stand**] **one's** ~ seinen Platz behaupten; seinen Mann stehen; **keep one's feet on the** ~ mit den Füßen auf festem Boden bleiben; **lose** ~ an Boden verlieren; **that suits me down to the** ~ genau das wollte ich; das passt mir ausgezeichnet; **coffee-~s** Kaffeesatz *m;* **fishing-~s** Fischgründe *mpl;* ~ **for divorce** Scheidungsgrund *m;* ~ **for suspicion** Verdachtsmo-

ment *nt* **II.** *vt* **1.** (*Schiff*) auf Grund auflaufen lassen **2.** (AVIAT) nicht starten lassen **3.** (ELEK) erden **4.** (*fig*) begründen; basieren (*on* auf) **5.** die Grundlagen beibringen (*s.o.* jdm, *in* in) **6.** (*Am fam*) ans Haus fesseln; **be ~ed** nicht ausgehen dürfen, Stubenarrest haben; **be well ~ed in** gute Vorkenntnisse haben in **III.** *vi* (*Schiff*) auflaufen; **ground bass** *s* (MUS) Grundbass *m;* **ground control** *s* Bodenkontrolle *f;* **ground crew** *s* Bodenpersonal *nt;* **ground floor** *s* Erdgeschoss *nt;* **get in on the ~** (*fig fam*) gleich zu Beginn einsteigen; **ground fog** *s* Bodennebel *m;* **ground frost** *s* Bodenfrost *m;* **ground·ing** ['graʊndɪŋ] *s* **1.** Grundkenntnisse *fpl* **2.** (AVIAT) Startverbot *nt;* Hinderung *f* am Start; (*Pilot*) Sperren *nt;* **give s.o. a ~ in German** jdm die Grundlagen des Deutschen beibringen; **ground keeper** *s* (SPORT) Platzwart *m;* **ground·less** ['graʊndlɪs] *adj* grundlos, unbegründet, ungerechtfertigt; **ground·nut** *s* Erdnuss *f;* **ground personnel** *s* Bodenpersonal *nt;* **ground·sheet** ['graʊndʃiːt] *s* Zeltboden *m;* **grounds·man** ['graʊndzmən] <*pl* -men> *s* Platzwart *m;* **ground staff** *s* (AVIAT) Bodenpersonal *nt;* **ground-station** *s* (AVIAT) Bodenstation *f;* **ground-swell** ['graʊndswel] *s* Dünung *f;* (*fig*) Anschwellen *nt,* Zunahme *f;* **ground temperature** *s* Bodentemperatur *f;* **ground-to-air missile** *s* Boden-Luft-Rakete *f;* **ground-to-ground missile** *s* Boden-Boden-Flugkörper *m;* **ground troup** *s* Bodentruppe *f;* **ground water** *s* Grundwasser *nt;* **ground·work** ['graʊndwɜːk] *s* (*fig*) Grundlage, Basis *f*

group [gruːp] **I.** *s* **1.** Gruppe *f* **2.** (*Br*) Geschwader *nt;* (*Am*) Gruppe *f* **3.** (COM) Konsortium *nt;* Unternehmensgruppe *f;* Konzern *m* **4.** (THEAT) Ensemble *nt* **II.** *vt* gruppieren; anordnen; **group booking** *s* Gruppenbuchung *f;* **group captain** *s* (MIL: *Luftwaffe*) Oberst *m;* **group dynamics** *s pl* Gruppendynamik *f*

groupie ['gruːpɪ] *s* (weiblicher) Fan *m;* Groupie *nt*

group·ing ['gruːpɪŋ] *s* (Ein)Gruppierung, (An)Ordnung *f*

group prac·tice ['gruːpˌpræktɪs] *s* (MED) Gemeinschaftspraxis *f;* **group therapy** *s* (MED) Gruppentherapie *f;* **group ticket** *s* Sammelfahrschein *m*

grouse[1] [graʊs] <*pl* grouse> *s* Moorhuhn *nt*

grouse[2] [graʊs] **I.** *s* Klage *f;* **have a ~** sich beklagen **II.** *vi* meckern, nörgeln, murren (*about* über)

grove [grəʊv] *s* Wäldchen *nt;* **olive ~** Olivenhain *m*

grovel ['grɒvl] *vi* **1.** liegen (*at s.o.'s feet* jdm zu Füßen, *before s.o.* vor jdm) **2.** (*a. fig*) kriechen (*in the dirt, dust* im Staube)

grow [grəʊ] <*irr:* grew, grown> **I.** *vi* **1.** wachsen **2.** (*fig*) zunehmen, sich entwickeln **3.** sich ausdehnen; sich vergrößern; sich vermehren **4.** werden (*into* zu), erwachsen (*from* aus); **~ into fashion** Mode werden; **~ into a habit** zur Gewohnheit werden; **~ on s.o.** jdm ans Herz wachsen; **~ out of fashion/use** aus der Mode/aus dem Gebrauch kommen **II.** *vt* **1.** züchten **2.** (an)bauen **3.** (*Bart*) sich wachsen lassen; **grow away from** *vi* sich entfremden von; **grow down** *vi* zurückgehen, abnehmen; **grow into** *vi* **1.** heranwachsen zu **2.** hineinwachsen in; **grow out of** *vi* **1.** herauswachsen aus **2.** (*eine Gewohnheit*) verlieren **3.** (*fig*) entstehen aus; herrühren von; **grow up** *vi* **1.** auf-, heranwachsen **2.** (*fig*) sich entwickeln; **~ up!** sei nicht kindisch; **grow worse** *vi* sich verschlimmern

grower ['grəʊə(r)] *s* Züchter(in) *m(f),* Erzeuger(in) *m(f);* **grow·ing** ['grəʊɪŋ] *adj* wachsend; steigend; **growing pains** *s pl* Wachstumsschwierigkeiten *fpl;* (*fig*) Kinderkrankheiten *fpl*

growl [graʊl] **I.** *s* **1.** Brummen *nt* **2.** (*Hund*) Knurren *nt* **3.** (*Donner*) Rollen *nt* **II.** *vi* **1.** knurren; brummen, murren **2.** (*Donner*) grollen; **~ at s.o.** (*Hund*) jdn anknurren **III.** *vt* (*~ out*) hervorstoßen

grown [grəʊn] **I.** *pp of* **grow II.** *adj* **1.** herangewachsen **2.** bewachsen (*with* mit); **grown-up** ['grəʊnʌp] **I.** *adj* erwachsen **II.** *s* Erwachsene(r) *f m*

growth [grəʊθ] *s* **1.** Wachstum *nt* **2.** Heranwachsen *nt;* Entwicklung *f* **3.** Züchtung, Erzeugung *f;* Ernte *f* **4.** (*fig*) Zunahme *f,* Zuwachs *m* (*in* an) **5.** (MED) Tumor *m,* Gewächs *nt;* **growth industries** *s pl* Wachstumsindustrien, -branchen *fpl;* **growth rate** *s* Wachstumsrate *f;* **growth stock** *s* (FIN) Wachstumsaktie *f*

groyne [grɔɪn] *s* (MAR) Buhne *f*

grub [grʌb] **I.** *vi* **1.** graben **2.** (herum)wühlen, stöbern **II.** *vt* ausgraben, -roden; **~ out** [*o* **up**] ausgraben **III.** *s* **1.** Larve, Made *f* **2.** (*sl*) Fraß *m,* Futter *nt;* **grubby** ['grʌbɪ] *adj* schmutzig, unsauber

grudge [grʌdʒ] **I.** *vt* nicht gönnen (*s.o. s.th.* jdm etw); **not ~ s.o. s.th.** jdm etw gönnen; **~ doing s.th.** etw ungern, widerwillig tun; **I ~ the time** es ist mir Leid um die Zeit **II.** *s* **1.** Groll *m* **2.** Neid *m;* **bear s.o. a ~** jdm etw nachtragen; **grudg·ing·ly** ['grʌdʒɪŋlɪ] *adv* (nur) ungern, widerwillig

G

gruel ['gru:əl] *s* Haferschleim *m*

gruel·ling ['gru:əlɪŋ] *adj* zermürbend, aufreibend

grue·some ['gru:səm] *adj* grausig, schauerlich, schaurig

gruff [grʌf] *adj* **1.** bärbeißig, schroff **2.** grob, barsch **3.** (*Stimme*) rau

grumble ['grʌmbl] **I.** *vi* **1.** brummen; nörgeln, murren (*at, about, over* über) **2.** (*Donner*) (g)rollen; **mustn't ~!** (*fam*) ich kann mich nicht beschweren! **II.** *vt* murrend sagen **III.** *s* **1.** Murren *nt;* Nörgeln *nt* **2.** Grollen *nt*

grump [grʌmp] *vi* (*fam*) meckern; **grumpy** ['grʌmpɪ] *adj* verdrießlich, mürrisch, reizbar

grunt [grʌnt] **I.** *vi* **1.** grunzen **2.** (*Mensch*) stöhnen **II.** *vt* (~ *out*) brummend sagen **III.** *s* **1.** Grunzen *nt* **2.** Stöhnen *nt*

gry·phon ['grɪfən] *s* (Vogel) Greif

G-string ['dʒi:strɪŋ] *s* **1.** (MUS) G-Saite *f* **2.** Minislip *m*

guar·an·tee [ˌgærən'ti:] **I.** *s* **1.** Garantie *f;* Bürgschaft *f;* Gewähr(leistung) *f;* Kaution *f* **2.** Beweis *m,* Sicherheit *f* **3.** Garant(in) *m(f),* Bürge *m,* Bürgin *f;* Gewährsmann *m;* **conditional ~** Ausfallbürgschaft *f;* **joint ~** Mitgarant, -bürge *m;* **~ of a bill of exchange** Wechselbürgschaft *f,* -bürge *m;* **~ deposit** Kaution *f* **II.** *vt* garantieren, gewährleisten, bürgen für; Garantie leisten für; **he can't ~ that** dafür kann er nicht garantieren; **guar·an·teed** [ˌgærən'ti:d] *adj* garantiert; gesichert; **~ annual wages** garantierter Jahreslohn; **~ mortgage** Hypothekenpfandbrief *m;* **guar·an·tor** [ˌgærən'tɔ:(r)] *s* Garant(in) *m(f),* Bürge *m,* Bürgin *f;* **stand as ~ for s.o.** für jdn Bürgschaft leisten; **guar·an·ty** ['gærəntɪ] *s* (JUR) Garantie *f,* Kaution, Bürgschaft *f;* **~ of collection** Ausfallbürgschaft *f*

guard [gɑ:d] **I.** *vt* **1.** wachen über; bewachen **2.** behüten, beschützen (*from, against* vor) **3.** (*Gefangene*) bewachen **4.** beaufsichtigen **II.** *s* **1.** Wache *f* **2.** Wachsamkeit, Vorsicht *f* **3.** Wache, Wachmannschaft *f;* Wachmann, Posten *m* **4.** (Gefangenen)Wärter(in) *m(f)* **5.** (RAIL) Schaffner(in) *m(f),* Zugführer(in) *m(f);* (*Am*) Bahnwärter(in) *m(f);* **be on/off one's ~** auf/nicht auf der Hut sein; **stand** [*o* **keep**] **~** Wache stehen; **his ~ was up** (**down**) er war (nicht) auf der Hut; **guard against** *vi* **1.** sich in Acht nehmen vor; sich hüten vor **2.** (*Krankheit, Missverständnis*) vorbeugen (*s.th.* einer S) **3.** (*Unfall*) verhüten; **guard dog** *s* Wachhund *m;* **guard duty** *s* Wachdienst *m;* **be on ~** Wache haben, auf Wache sein; **guarded** ['gɑ:dɪd] *adj* **1.** zurückhaltend **2.** (*Antwort*) vorsichtig; **guard-house** *s* Wache *f*

guard·ian ['gɑ:dɪən] *s* **1.** Wächter(in) *m(f),* Wärter(in) *m(f)* **2.** Vormund *m,* Pfleger(in) *m(f);* **guardian angel** *s* Schutzengel *m;* **guard·ian·ship** [-ʃɪp] *s* Vormundschaft *f;* Pflegschaft *f;* **place under ~** unter Vormundschaft stellen

guard·rail ['gɑ:dreɪl] *s* Geländer *nt;* **guard·room** *s* Wachraum *m,* -stube *f;* **guards·man** ['gɑ:dsmən] <*pl* -men> *s* Gardist *m*

Gua·te·ma·la [ˌgwɑ:tɪ'mɑ:lə] *s* Guatemala *nt;* **Gua·te·ma·lan** [ˌgwɑ:tɪ'mɑ:lən] **I.** *adj* guatemaltekisch **II.** *s* Guatemalteke *m,* Guatemaltekin *f*

guer·(r)illa [gə'rɪlə] *s* Guerilla *f;* Guerillakämpfer(in) *m(f),* Freischärler(in) *m(f);* **guerilla warfare** *s* Guerillakrieg *m*

guess [ges] **I.** *vt* **1.** (er)raten; schätzen; vermuten, ahnen **2.** (*fam*) annehmen, glauben, meinen **II.** *vi* **1.** raten **2.** schätzen (*at s.th.* etw); **I ~** (*Am fam*) ich glaube; **I ~ so** vermutlich! **III.** *s* Vermutung, Annahme *f;* Schätzung *f;* **at a** [*o* **by**] **~** aufs Geratewohl; schätzungsweise; **make a ~ at s.th.** etw raten; über etw Vermutungen äußern; **have a ~!** rate mal!; **I'll give you three ~es** dreimal darfst du raten; **it's anybody's ~** niemand weiß etwas Genaues; **your ~ is as good as mine** ich weiß so wenig wie Sie; **gues·sing game** ['gesɪŋˌgeɪm] *s* Ratespiel *nt;* (*fig*) Raterei *f;* **guess·ti·mate** ['gestɪmɪt] *s* grobe Schätzung; **guess·work** *s* Vermutung, Mutmaßung *f*

guest [gest] **I.** *s* Gast *m;* **paying ~** Pensionsgast *m;* **be my ~!** bitte sehr! **II.** *vi* als Gast mitwirken; **guest-house** *s* (Privat)Pension *f,* Gästehaus *nt;* **guest-room** *s* Gäste-, Fremdenzimmer *nt;* **guest worker** *s* Gastarbeiter(in) *m(f)*

guf·faw [gə'fɔ:] **I.** *s* schallendes Gelächter *nt* **II.** *vi* schallend lachen

guid·ance ['gaɪdns] *s* **1.** Anleitung *f;* Beratung *f* **2.** Studienberatung *f;* **for s.o.'s ~** zu jds Orientierung; **under s.o.'s ~** unter jds Leitung; **spiritual ~** geistiger Rat; **pray for ~** um Erleuchtung beten; **~ system** Steuerungssystem *nt* (*an Rakete*); **vocational ~** Berufsberatung *f*

guide [gaɪd] **I.** *s* **1.** (Fremden)Führer(in) *m(f)* **2.** Vorbild *nt* **3.** (*~-book*) Reiseführer *m* (*Buch*) **4.** Leitfaden *m* (*Buch*) **5.** Anhaltspunkt, Hinweis *m* **6.** (*Br: girl ~*) Pfadfinderin *f* **II.** *vt* **1.** führen, leiten, lenken **2.** beraten **3.** Anweisungen geben (*s.o.* jdm) **4.** (TECH) (fern)steuern; **guided** ['gaɪdɪd] *adj* (TECH) (fern)gelenkt, gesteuert; **be**

~ **by** sich leiten lassen von; ~ **missile** ferngelenktes Geschoss; ~ **tour** Führung *f;* **guide-dog** *s* Blindenhund *m;* **guide-line** *s* Richtlinie *f;* Richtwert *m;* **guide-posts** *s pl* Wegweiser *mpl;* **guide·rope** *s* Schlepptau *nt;* **guid·ing hand** ['gaɪdɪŋ 'hænd] *s* leitende Hand; **guid·ing prin·ciple** ['gaɪdɪŋ 'prɪnsəpl] *s* Leitmotiv *nt*

guild [gɪld] *s* **1.** Gilde, Zunft, Innung *f* **2.** Vereinigung *f*

guilder ['gɪldə(r)] *s* (holländischer) Gulden *m*

guile [gaɪl] *s* Hinterlist *f;* **guile·ful** ['gaɪlfl] *adj* arg-, hinterlistig; **guile·less** ['gaɪllɪs] *adj* arglos, (frei und) offen

guillo·tine ['gɪləti:n] **I.** *s* **1.** Fallbeil *nt,* Guillotine *f* **2.** Papierschneidemaschine *f* **3.** (PARL) Befristung *f* der Debatten **II.** *vt* **1.** mit dem Fallbeil hinrichten **2.** (PARL: *Debatten*) abkürzen

guilt [gɪlt] *s* Schuld *f;* **admit one's** ~ sich schuldig bekennen; **guilt·less** [-lɪs] *adj* schuldlos, unschuldig (*of* an); **guilt out** [gɪlt'aʊt] *vi:* **get ~ed out** sich sehr schuldig fühlen; **guilty** ['gɪltɪ] *adj* schuldig; (*Blick*) schuldbewusst; **feel** ~ ein schlechtes Gewissen haben; **plead** ~ sich schuldig bekennen; **guilty conscience** *s* schlechtes Gewissen; **guilty secret** *s* dunkles Geschäft

Guinea ['gɪnɪ] *s* Guinea *nt*

guinea ['gɪnɪ] *s* Guinee *f* (*21 Shilling*); **guinea-fowl** *s* Perlhuhn *nt;* **guinea-pig** *s* **1.** Meerschweinchen *nt* **2.** (*fig*) Versuchskaninchen *nt*

guise [gaɪz] *s:* **in a new** ~ (*fig*) in neuem Gewand(e); **in the** ~ **of** in der Maske *+gen,* in Gestalt von

guitar [gɪ'tɑ:(r)] *s* Gitarre *f;* **guitar·ist** [gɪ'tɑ:rɪst] *s* Gitarrist(in) *m(f),* Gitarrenspieler(in) *m(f)*

gulch [gʌltʃ] *s* (*Am*) Schlucht, Klamm *f*

gulf [gʌlf] *s* **1.** Meerbusen, Golf *m* **2.** Kluft *f;* (*a. fig*) Abgrund *m;* **the Golf Stream** der Golfstrom; **the Persian Golf** der Persische Golf; **the Golf War** der Golfkrieg

gull [gʌl] **I.** *s* **1.** (*sea~*) Möwe *f* **2.** (*fig*) Gimpel *m* **II.** *vt* **1.** hereinlegen, betrügen **2.** verleiten (*into* zu)

gul·let ['gʌlɪt] *s* Speiseröhre *f*

gull·ible ['gʌləbl] *adj* leichtgläubig

gully ['gʌlɪ] *s* **1.** (tiefe) (Wasser)Rinne *f* **2.** Schlucht *f* **3.** Abzugsgraben *m;* (Abzugs)Kanal *m*

gulp [gʌlp] **I.** *vt* **1.** (~ *down*) hinunter-, verschlingen **2.** (*Seufzer:* ~ *back*) unterdrücken **3.** (*Getränk*) hinunterstürzen **II.** *vi* würgen **III.** *s* (großer) Schluck *m;* **empty at one** ~ in einem Zug leeren

gum[1] [gʌm] **I.** *s* **1.** Kautschuk *m* **2.** Gummi(lösung *f*), Klebstoff *m* **3.** (*Am*) Kaugummi *m* **4. ~s** (*Am*) Gummi-, Überschuhe *mpl* **II.** *vt* **1.** gummieren **2.** ankleben (*to* an); **gum up** *vt* verkleben; ~ **up the works** alles verkleben; (*fig*) alles durcheinander bringen; **be ~med up** (*Pläne*) undurchführbar sein

gum[2] [gʌm] *s* Zahnfleisch *nt;* **gum·boil** ['gʌmbɔɪl] *s* Zahngeschwür *nt*

gum·drop ['gʌmdrɒp] *s* Geleebonbon *m od nt;* **gummy** ['gʌmɪ] *adj* klebrig

gump·tion ['gʌmpʃn] *s* (*fam*) **1.** Pfiffigkeit *f,* Grips *m* **2.** Unternehmungsgeist *m*

gum·shield ['gʌmʃi:ld] *s* Zahnschutz *m*

gum·shoe ['gʌmʃu:] *s* **1.** Gummi-, Überschuh *m* **2.** Turnschuh *m* **3.** (*fam*) Detektiv(in) *m(f),* Schnüffler(in) *m(f);* **gum·tree** ['gʌmtri:] *s* Gummibaum *m;* **be up a** ~ (*sl*) in der Patsche sitzen, in der Klemme sein

gun [gʌn] **I.** *s* **1.** Kanone *f,* Geschütz *nt;* Gewehr *nt* **2.** (*fam*) Pistole *f,* Revolver *m* **3.** (TECH) Spritzpistole *f;* Fettpresse *f* **4.** Schütze *m;* Pistolenheld *m;* **jump the** ~ voreilig sein; **spike s.o.'s ~s** (*fig*) jdn matt setzen; **stick to one's ~s** (*fig*) durchhalten; bei der Stange bleiben; **carry a** ~ bewaffnet sein; **draw a** ~ **on s.o.** jdn mit der Waffe bedrohen; **big** ~ (*fig*) hohes Tier; **be going great ~s** gut in Schuss sein **II.** *vt* (~ *down*) erschießen; abschießen **III.** *vi* (*sl*) sausen, schießen; **he's ~ning for you** (*fig*) er hat dich auf dem Korn; **gun barrel** *s* Kanonenrohr *nt;* Gewehrlauf *m;* Pistolenlauf *m;* **gun-fight** *s* Schießerei *f;* Schusswechsel *m;* **gun·fire** *s* Schüsse *mpl,* Geschützfeuer *nt*

gunky ['gʌŋkɪ] *adj* (*fam*) schmierig, schleimig

gun-licence *s* Waffenschein *m;* **gun-man** ['gʌnmən] <*pl* -men> *s* Bewaffnete(r) *m;* **gun·ner** ['gʌnə(r)] *s* **1.** Kanonier *m* **2.** (AVIAT) Bordschütze *m;* **gun·powder** ['gʌn,paʊdə(r)] *s* Schießpulver *nt;* **gun-runner** *s* Waffenschmuggler *m;* **gun-running** *s* Waffenschmuggel *m;* **gun·shot** ['gʌnʃɒt] *s* **1.** Schuss *m* **2.** (*Entfernung*) Schussweite *f;* **gunshot wound** *s* Schusswunde *f;* **gun·slinger** ['gʌn,slɪŋə(r)] *s* Revolverheld *m*

gurgle ['gɜ:gl] **I.** *vi* glucksen; gurgeln **II.** *s* Gluckern *nt;* Gurgeln *nt*

guru ['gʊru] *s* Guru *m*

gush [gʌʃ] **I.** *vi* **1.** herausspritzen, -sprudeln **2.** sich ergießen (*from* aus) **3.** überfließen (*with* von) **4.** (*fig*) schwärmen (*over* von) **II.** *s* **1.** Guss *m* **2.** (*fig*) Erguss *m,* Schwärmerei *f;* **gusher** ['gʌʃə(r)] *s* **1.** (sprudelnde) Ölquelle *f* **2.** (*fig*) Schwärmer(in) *m(f)*; **gush·ing** [-ɪŋ] *adj* **1.** sprudelnd **2.** (*fig*) schwärmerisch; überspannt, überschwenglich; **gushy** ['gʌʃɪ] *adj* schwärmerisch

gus·set ['gʌsɪt] *s* **1.** Zwickel *m* **2.** Eckblech *nt*

gust [gʌst] *s* **1.** Windstoß *m*, Bö *f* **2.** Ausbruch *m*

gusto ['gʌstəʊ] *s* **1.** Genuss *m*; Vorliebe *f* (*for* für) **2.** Vergnügen *nt*; **do s.th. with ~** etw mit Begeisterung tun

gusty ['gʌstɪ] *adj* stürmisch

gut [gʌt] **I.** *s* **1.** Darm *m* **2.** Darmsaite *f* **3. ~s** (*fam*) Eingeweide *ntpl* **4. ~s** Mut *m* **5. ~s** (AUTO) Bestandteile *mpl*, eines Motors; **hate s.o.'s ~s** (*fam*) jdn nicht ausstehen können; **have the ~s to do something** den Mut haben etw zu tun; **work one's ~s out** (*fam*) wie verrückt schuften; **~ reaction** gefühlsmäßige Reaktion **II.** *vt* **1.** ausweiden, -nehmen **2.** im Innern völlig zerstören; **be ~ted by fire** ausgebrannt sein; **gut·less** [-lɪs] *adj* feige; **gutsy** ['gʌtsɪ] *adj* **1.** (*fam*) mutig **2.** (*fam*) verfressen

gut·ter ['gʌtə(r)] **I.** *s* **1.** Dachrinne *f* **2.** Rinnstein *m*; (*a. fig*) Gosse *f* **II.** *vi* (*Kerze*) tropfen; (*Flamme*) flackern; **gutter journalism** *s* Kloakenjournalismus *m*; **gutter press** *s* Skandalpresse *f*

gut·tural ['gʌtərəl] *adj* guttural

guy[1] [gaɪ] *s* **1.** (MAR) Backstag *m*; Geitau *nt* **2.** (*~-rope*) Haltetau *nt*; Halterung *f*; Zeltleine *f*

guy[2] [gaɪ] **I.** *s* **1.** (*Am fam*) Kerl, Typ, Bursche *m* **2.** Guy-Fawkes-Puppe *f*; (*fig*) Schießbudenfigur *f* **II.** *vt* lächerlich machen

guzzle ['gʌzl] *vi, vt* saufen; fressen

gym [dʒɪm] *s* **1.** (*fam*) Turnhalle *f* **2.** Turnen *nt*, Turnstunde *f* **3.** Fitnessraum *m*

gym·khana [dʒɪm'kɑːnə] *s* Reiterfest *nt*

gym·nasium [dʒɪm'neɪzɪəm] *s* Turnhalle *f*; **gym·nast** ['dʒɪmnæst] *s* Turner(in) *m(f)*, (Leicht)Athlet(in) *m(f)*; **gym·nas·tic** [dʒɪm'næstɪk] *adj* turnerisch, (leicht)athletisch, gymnastisch; **gym·nas·tics** [dʒɪm'næstɪks] *s pl meist mit sing* Turnen *nt*; Leibesübungen *fpl*; **gym shoes** *s pl* Turnschuhe *mpl*; **gym shorts** *s pl* Turnhose *f*

gyn(a)e·co·logi·cal [ˌgaɪnɪkə'lɒdʒɪkl] *adj* gynäkologisch; **gyn(a)e·colo·gist** [ˌgaɪnɪ'kɒlədʒɪst] *s* Frauenarzt *m*, -ärztin *f*, Gynäkologe *m*, Gynäkologin *f*; **gyn(a)e·col·ogy** [ˌgaɪnɪ'kɒlədʒɪ] *s* Gynäkologie *f*

gyp [dʒɪp] **I.** *s* (*sl*) Schwindel *m*, Gaunerei *f*; **give s.o. ~** (*fam*) jdn fertig machen **II.** *vt* (*sl*) beschwindeln, begaunern

gyp·sum ['dʒɪpsəm] *s* Gips *m*

gypsy ['dʒɪpsɪ] *s* Zigeuner(in) *m(f)*

gy·rate [ˌdʒaɪ'reɪt] *vi* **1.** rotieren **2.** sich drehen, wirbeln (*round* um); **gy·ra·tion** [ˌdʒaɪ'reɪʃn] *s* **1.** Rotation, Kreisbewegung *f* **2.** Wirbel *m*; **gy·ro·com·pass** ['dʒaɪrəʊ'kɒmpəs] *s* Kreiselkompass *m*; **gyro·scope** ['dʒaɪrəskəʊp] *s* Gyroskop *nt*

H

H, h [eɪtʃ] <*pl* -'s> *s* H, h *nt*

ha [hɑː] *interj* ha! ah!

ha·beas cor·pus [ˌheɪbɪəs'kɔːpəs] *s* (JUR: *writ of ~*) Vorführungsbefehl *m*

hab·er·dasher ['hæbədæʃə(r)] *s* **1.** (*Br*) Kurzwarenhändler(in) *m(f)* **2.** (*Am*) Inhaber *m* eines Herrenartikelgeschäfts; **hab·er·dashery** [ˌhæbə'dæʃərɪ] *s* **1.** (*Br*) Kurzwaren(handlung *f*) *fpl* **2.** (*Am*) Herrenartikel(geschäft *nt*) *mpl*

habit ['hæbɪt] *s* **1.** Angewohnheit, Gewohnheit(ssache) *f* **2.** Gewand *nt;* (kirchliche) Tracht *f;* **from** [*o* **out of**] ~ aus Gewohnheit; **be in the** ~ die Angewohnheit haben (*of doing s.th.* etw zu tun); **~s of consumption** Verbraucher-, Konsumgewohnheiten; **get into the ~ of doing s.th.** sich etw angewöhnen; **get out of the ~ of doing s.th.** sich etw abgewöhnen

hab·it·able ['hæbɪtəbl] *adj* (*Haus*) bewohnbar

habi·tat ['hæbɪtæt] *s* (BIOL) Habitat *nt,* Standort *m;* Verbreitungsgebiet *nt;* **~s of species under threat** Lebensräume bedrohter Tiere

habi·ta·tion [ˌhæbɪ'teɪʃn] *s* (Be)Wohnen *nt;* **fit for** ~ bewohnbar

ha·bit·ual [hə'bɪtʃʊəl] *adj* **1.** gewohnt, üblich **2.** gewohnheitsmäßig; ~ **criminal** Gewohnheitsverbrecher(in) *m(f);* ~ **drunkard** Gewohnheitstrinker(in) *m(f);* **ha·bitu·ate** [hə'bɪtʃʊeɪt] *vt* gewöhnen (*to* an, *to do, doing* daran, zu tun)

hack¹ [hæk] **I.** *vt* **1.** (zer)hacken (*to pieces* in Stücke) **2.** (*Fußball*) vors Schienbein treten (*s.o.* jdm) **II.** *vi* trocken husten; **~ing cough** trockener Husten **III.** *s* **1.** Hieb *m* **2.** Tritt *m* vors Schienbein

hack² [hæk] **I.** *s* **1.** Schindmähre *f* **2.** (*pej*) Schreiberling *m* **II.** *vi* über Land reiten

hack³ [hæk] *vt* (INFORM) hacken; **hacker** [-ə(r)] *s* (INFORM) Hacker(in) *m(f)*

hackles ['hæklz] *s pl* Nackenfedern *fpl;* **with his ~ up** mit gesträubten Federn; (*fig*) kampfbereit; **get s.o.'s ~ up** jdn verärgern

hack·ney ['hæknɪ] *s* Reit-/Kutschpferd *nt;* **hackney carriage** *s* (Pferde)Droschke *f;* Taxi *nt;* **hack·neyed** ['hæknɪd] *adj* abgedroschen

hack·saw ['hæksɔː] *s* Metallsäge *f*

hack·ti·vism *s* Hacktivismus *m* (*politischer Aktivismus in Form von Hacker-Angriffen im Internet*)

had [həd, *betont* hæd] *s.* **have**

had·dock ['hædək] <*pl* -> *s* Schellfisch *m*

hadn't ['hædnt] = **had not**

hae·ma·tite ['hemətaɪt] *s* (MIN) Roteisenstein *m;* Roteisenerz *nt;* **hae·mo·glo·bin** [ˌhiːmə'gləʊbɪn] *s* Hämoglobin *nt,* roter Blutfarbstoff; **hae·mo·philia** [ˌhiːmə'fɪlɪə] *s* Bluterkrankheit *f;* **hae·mo·phil·iac** [ˌhiːməʊ'fɪlɪæk] *s* Bluter *m;* **hae·mor·rhage** ['hemərɪdʒ] **I.** *s* (schwere) Blutung *f;* Blutsturz *m* **II.** *vi* stark bluten; **hae·mor·rhoids** ['hemərɔɪdz] *s pl* (MED) Hämorrhoiden *fpl*

haft [hɑːft] *s* Griff *m,* Heft *nt,* Stiel *m*

hag [hæg] *s* Hexe *f*

hag·gard ['hægəd] *adj* hohläugig, -wangig; abgespannt; verhärmt

hag·gis ['hægɪs] *s mit Schafsinnereien und Haferschrot gefüllter Schafsmagen*

haggle ['hægl] *vi* **1.** sich auseinander setzen, streiten **2.** feilschen (*about, over, with* über, um)

haha ['hɑːhɑː] **I.** *interj* ha-ha! **II.** *s* versenkter Grenzzaun

hail¹ [heɪl] **I.** *s* Hagel *m* **II.** *vi* hageln **III.** *vt* (*fig: ~ down*) hageln, niederprasseln, -gehen lassen (*on, upon* auf)

hail² [heɪl] **I.** *vt* **1.** zujubeln (*s.o.* jdm) **2.** begrüßen (*as winner* als Sieger) **3.** zurufen (*s.o.* jdm); ~ **a taxi** ein Taxi rufen **II.** *vi* **1.** (MAR) ein Signal geben **2.** (*Schiff*) (her)stammen (*from* aus, von); **hail-fel-low-well-met** *adj* sich anbiedernd, plumpvertraulich; **be** ~ mit allen gut Freund sein

hair [heə(r)] *s* **1.** (*a.* BOT) Haar *nt* **2.** (die) Haare *pl* **3.** Behaarung *f;* **by a ~'s breadth** um Haaresbreite; **do one's** ~ sich frisieren; **get s.o. by the short ~s** (*fam*) jdn kleinkriegen; **get in s.o.'s** ~ jdn ärgern; **have one's ~ cut** sich die Haare schneiden lassen; **let one's ~ down** (*fig*) aus sich herausgehen; **split ~s** Haarspalterei treiben; **his ~ stood on end** die Haare standen ihm zu Berge; **it turned on a** ~ es hing an einem Faden; **hair·brush** ['heəbrʌʃ] *s* Haarbürste *f;* **hair conditioner** *s* Pflegespülung *f;* **hair curler** *s* Lockenwickler *m;* **hair·cut** ['heəkʌt] *s* Haarschnitt *m;* **have a** ~ sich die Haare schneiden lassen; **hair·do**

['heədu:] <*pl* -dos> *s* Frisur *f;* **hair·dres·ser** ['heə,dresə(r)] *s* Friseur *m;* Friseurin, Friseuse *f;* **hair·dress·ing** ['heədresɪŋ] *s* Frisieren *nt;* **hairdressing salon** *s* Frisiersalon *m;* **hair-dryer** ['heədraɪə(r)] *s* Föhn *m;* **hair·grip** *s* Haarklammer *f;* **hair·less** ['heəlɪs] *adj* kahl; **hair·line** *s* **1.** Haaransatz *m* **2.** haarfeine Linie; senkrechter Strich *pl,* Fadenkreuz *nt;* **hairline crack** *s* Haarriss *m;* **hair·net** ['heənet] *s* Haarnetz *nt;* **hair·piece** ['heəpi:s] *s* Haarteil *nt;* Toupet *nt;* **hair·pin** ['heəpɪn] *s* Haarnadel *f;* **hairpin bend** *s* Haarnadelkurve *f;* **hair·rais·ing** ['heəreɪzɪŋ] *adj* haarsträubend; **hair re·mover** ['heərɪ,mu:və(r)] *s* Haarentfernungsmittel *nt;* **hair re·storer** ['heərɪ,stɔ:rə(r)] *s* Haarwuchsmittel *nt;* **hair roller** *s* Lockenwickler *m;* **hair slide** *s* Haarspange *f;* **hair-split·ting** ['heəsplɪtɪŋ] *s* Haarspalterei, Wortklauberei *f;* **hair·spray** ['heəspreɪ] *s* Haarspray *m od nt;* **hair·style** ['heəstaɪl] *s* Frisur *f;* **hairy** ['heərɪ] *adj* **1.** behaart; haarig **2.** (*fig*) haarsträubend **3.** riskant

Hai·ti ['heɪtɪ] *s* Haiti *nt;* **Hai·tian** ['heɪʃən] **I.** *adj* hait(ian)isch **II.** *s* **1.** Haitianer(in) *m(f)* **2.** (das) Haitisch(e)

hake [heɪk] <*pl* -> *s* Hechtdorsch *m*

hale [heɪl] *adj:* ~ **and hearty** gesund und munter

half [hɑ:f, *pl* 'hɑ:vz] <*pl* halves> **I.** *s* **1.** Hälfte *f* **2.** (SPORT) Halbzeit *f* **3.** (~-*back*) Läufer *m* **4.** (RAIL) Abschnitt *m* der Fahrkarte; Fahrkarte *f* zum halben Preis **II.** *adj* halb; die Hälfte +*gen;* (*in Zusammensetzungen*) Halb- **III.** *adv* halb; zur Hälfte **IV.** (*Wendungen*): ~ **an hour** eine halbe Stunde; **at** [*o* **for**] ~ **the price** zum halben Preis; **too good by** ~ viel zu gut; **in** ~**, into halves** in zwei gleiche Teile; **not** ~ sehr; **not** ~ **bad** (*fam*) gar nicht (mal) so schlecht; ~ **as much again** noch mal so viel; ~ **asleep** halb im Schlaf; ~ **past three** halb vier; **cut in** ~**, cut in**(**to**) **halves** halbieren; **go halves** halbe-halbe machen (*with s.o. in s.th.* mit jdm in einer S); **not do things by halves** keine halben Sachen machen; **half-back** *s* (*Fußball*) Läufer *m;* **half-baked** [,hɑ:f'beɪkt] *adj* unfertig; unreif, unerfahren; **half-breed**, **half-caste** *s* Halbblut *nt,* Mischling *m;* **half-brother** *s* Halbbruder *m;* **half-cock** *s:* **go off at** ~ eine Pleite sein; **half-crown** [,hɑ:f'kraʊn] *s* (HIST) Zweieinhalbschillingstück *nt;* **half-cut** *adj* (*Br: sl*) ganz schön blau; **half-dozen** *s* halbes Dutzend; **half-empty** *adj* halb leer; **half fare** *s* halber Fahrpreis; **half-full** *adj* halb voll; **half-hearted** [,hɑ:f'hɑ:tɪd] *adj* wenig interessiert; ohne Schwung; **half-life** *s* (COM) Lebensdauer *f;* **half-mast** *s:* **at** ~ (auf) halbmast; **half-moon** *s* Halbmond *m;* **half-note** *s* (*Am:* MUS) halbe Note; **half·penny** ['heɪpnɪ] *s* (*obs*) halber Penny; **half-price** *s* halber Preis; **at** ~ zum halben Preis; **half rest** *s* (*Am:* MUS) halbe Pause; **half-sister** *s* Halbschwester *f;* **half-tim·bered** [,hɑ:f'tɪmbəd] *adj* Fachwerk-; **half-time** [,hɑ:f'taɪm] *s* **1.** (SPORT) Halbzeit *f* **2.** (*Industrie*) Kurzarbeit *f;* **at** ~ (SPORT) bei Halbzeit; **half-title** [,hɑ:f'taɪtl] *s* (TYP) Schmutztitel *m;* **half-tone** *s* Halbton *m;* **half·way** **I.** *adj* **1.** auf halbem Wege liegend **2.** (*fig*) unvollständig, halb **II.** *adv* **1.** halbwegs **2.** (*fig*) (nur) halb, *fam* (auch nur) einigermaßen; **meet s.o.** ~ (*fig*) jdm entgegenkommen; **half-wit** *s* (*pej*) Einfaltspinsel *m;* **half-yearly** *adj, adv* halbjährlich

hali·but ['hælɪbət] <*pl* -> *s* Heilbutt *m*

hali·tosis [,hælɪ'təʊsɪs] *s* übler Mundgeruch

hall [hɔ:l] *s* **1.** Halle *f,* Saal *m* **2.** (*in einem College*) Speisesaal *m* **3.** (Eingangs)Halle *f,* Flur, Korridor *m* **4.** Herrensitz *m* **5.** Gutshaus *nt* **6.** Versammlungs-/Sitzungssaal *m;* **booking** ~ Schalterhalle *f;* **city** ~ Rathaus *nt;* **music** ~ Varietee *nt;* (*Am*) Konzertsaal *m;* ~ **of residence** (Studenten)Wohnheim *nt*

hal·le·lu·jah [,hælɪ'lu:jə] **I.** *interj* halleluja! **II.** *s* Halleluja *nt*

hall·mark ['hɔ:lmɑ:k] **I.** *s* **1.** (*Edelmetall*) (Feingehalts)Stempel *m* **2.** (*fig*) (untrügliches) Kennzeichen *nt* **II.** *vt* stempeln; kennzeichnen

hallo [hə'ləʊ] *interj* hallo!

hal·low ['hæləʊ] *vt* heiligen; weihen; **Hal·low·e'en** [,hæləʊ'i:n] *s* Abend *m* vor Allerheiligen (*31. Okt.*)

hal·luci·nate [hə'lu:sɪneɪt] *vi* halluzinieren; **hal·luci·na·tion** [hə,lu:sɪ'neɪʃn] *s* Halluzination, Wahnvorstellung *f;* **hal·luci·no·genic** [hə,lu:sɪnə'dʒenɪk] *adj* Halluzinationen hervorrufend, halluzinogen

halo ['heɪləʊ] <*pl* halo(e)s> *s* **1.** (ASTR) Hof *m* **2.** Heiligenschein *m*

halo·gen ['heɪləʊdʒɪn] *s* Halogen *nt;* **halogen bulb** *s* (ELEK) Halogenbirne *f;* **halogen lamp** *s* (ELEK) Halogenlampe *f;* (AUTO) Halogenscheinwerfer *m*

halt [hɔ:lt] **I.** *s* **1.** kurze Rast **2.** (Bus)Haltestelle *f;* (RAIL) Haltepunkt *m;* **come to a** ~ (an)halten, stehen bleiben, zum Stillstand kommen **II.** *vi* (an)halten **III.** *vt* halten lassen, stoppen; ~ **sign** Stoppschild *nt*

hal·ter ['hɔ:ltə(r)] *s* **1.** Halfter *m od nt* **2.** Schlinge *f;* **halter-neck** *adj* rückenfrei und zum Binden im Nacken

halt·ing ['hɔːltɪŋ] *adj* (*fig*) unsicher; zögernd

halve [hɑːv] *vt* **1.** halbieren **2.** (*Zeit*) um die Hälfte verkürzen **3.** teilen (*with* mit)

hal·yard ['hæljəd] *s* (MAR) **1.** Fall *nt* **2.** Flaggleine *f*

ham [hæm] **I.** *s* **1.** Schinken *m* **2.** (*sl*) übertreibend spielende(r) Schauspieler(in) *m(f)* **3.** (*sl*) Funkamateur(in) *m(f);* ~ **and eggs** Schinken *m* mit Ei **II.** *vt* (*sl: Rolle*) übertreibend spielen; ~ **up** (*fig*) übertreiben; dick auftragen

ham·burger ['hæmbɜːgə(r)] *s* Hamburger *m;* Frikadelle *f*

ham-fisted, **ham-handed** [ˌhæm'fɪstɪd, ˌhæm'hændɪd] *adj* täppisch, ungeschickt

ham·let ['hæmlɪt] *s* Weiler *m*

ham·mer ['hæmə(r)] **I.** *s* Hammer *m;* ~ **and tongs** mit aller Kraft; **bring under the** ~ unter den Hammer bringen; **throwing the** ~ (SPORT) Hammerwerfen *nt;* ~ **and sickle** (POL HIST) Hammer und Sichel **II.** *vt* **1.** hämmern (auf), schlagen **2.** (*fig*) einhämmern, einbleuen (*s.th. into s.o.* jdm etw) **3.** (*fig*) besiegen, schlagen **III.** *vi* **1.** hämmern (*at the door* gegen die Tür) **2.** (~ *away*) angestrengt, unermüdlich arbeiten (*at* an) **3.** ununterbrochen reden (*at* über); **hammer in** *vt* (*Nagel*) einschlagen; (*fig*) einhämmern; **hammer out** *vt* herausschlagen; (*fig*) (her)ausarbeiten, klarstellen; **ham·mer·drill** ['hæmədrɪl] *s* Schlagbohrmaschine *f;* **ham·mer·head (shark)** ['hæməhed(ʃɑːk)] *s* Hammerhai *m*

ham·mock ['hæmək] *s* Hängematte *f*

ham·per[1] ['hæmpə(r)] *s* (großer) Deckelkorb *m;* Geschenkkorb *m*

ham·per[2] ['hæmpə(r)] *vt* **1.** hindern **2.** (*fig*) behindern; hinderlich sein (*s.o.* jdm)

ham·ster ['hæmstə(r)] *s* Hamster *m*

ham·string ['hæmstrɪŋ] <*irr:* **hamstrung, hamstrung**> **I.** *s* (ANAT) Kniesehne *f;* (*Tier*) Achillessehne *f* **II.** *vt* **1.** verkrüppeln **2.** (*fig*) lähmen, hemmen

hand [hænd] **I.** *s* **1.** Hand *f* **2.** Seite *f;* Richtung *f* **3.** Hilfeleistung *f* **4.** Handfertigkeit *f,* Geschick *nt* **5.** Einfluss *m;* Macht *f* **6.** Arbeiter *m;* Mann *m;* (*Schiff*) Besatzungsmitglied *nt* **7.** Experte, Kenner *m;* (*fam*) Kapazität *f* **8.** Handschrift *f* **9.** (THEAT: *fam*) Beifall, Applaus *m* **10.** (*Kartenspiel*) Hand *f,* Karten *fpl* (*eines Spielers*), Spieler *m* **11.** (Uhr)Zeiger *m;* **at** ~ zur Hand, greifbar, in Reichweite; (*zeitlich*) in greifbarer Nähe; **at one's right/left** ~ rechter/linker Hand, rechts/links; linker Hand, links; **at first/second** ~ aus erster/zweiter Hand; **in** ~ zur Verfügung; in Arbeit; unter Kontrolle; **on** ~ in Reichweite; (COM) auf Lager, vorrätig; **on either** ~ auf beiden Seiten; **on all ~s** auf allen Seiten; **out of** ~ außer Kontrolle; **lend s.o. a** ~ jdm helfen (*in, with* bei); **change ~s** in andere Hände übergehen; **force s.o.'s** ~ (*fig*) jdn zwingen mit offenen Karten zu spielen; **get the upper** ~ **of** die Oberhand gewinnen über; **give s.o. a** ~ jdm Beifall spenden, jdm behilflich sein (*with* bei); **have s.th. on one's ~s** (*fig*) etw am Hals haben; **lay ~s on s.o.** jdn schlagen; jdn zu fassen kriegen; (REL) jdm die Hand auflegen, jdn segnen; **play a good** ~ ein guter Spieler sein; **play into s.o.'s ~s** (*fig*) jdm in die Hände spielen; **shake s.o.'s ~, shake ~s with s.o.** jdm die Hand drücken; jdm die Hand geben; **show one's** ~ (*fig*) seine Karten aufdecken; **take a** ~ **in** mitarbeiten, -wirken an, bei; **take in** ~ in die Hand, in Angriff nehmen; **win ~s down** leichtes Spiel haben; **he can turn his** ~ **to anything** er ist in allen Sätteln gerecht; er kennt sich in allen Gebieten aus; **the matter is out of his ~s** er kann in der Sache nichts mehr tun; **keep your ~s off that!** lass die Finger davon!; **~s off!** Hände weg!; **~s up!** Hände hoch!; **all ~s** die ganze Mannschaft; **minute** ~ Minutenzeiger *m* **II.** *vt* **1.** aus-,einhändigen, übergeben **2.** ausliefern; ~ **it to s.o.** jdm etw zugestehen, *sl* zutrauen; **hand around** *vt* herumreichen; **hand back** *vt* zurückgeben; **hand down** *vt* **1.** hinunterreichen, -geben **2.** (*fig*) überliefern; vererben **3.** (*Am*) öffentlich bekannt geben; **hand in** *vt* abliefern, abgeben; (*Gesuch*) einreichen; **hand on** *vt* weitergeben; übergeben; **hand out** *vt* **1.** ausgeben, verteilen **2.** (*Rat*) geben **3.** (*Strafe*) verhängen; **hand over I.** *vt* weitergeben; abgeben; aushändigen; übergeben **II.** *vi* die Regierung, das Amt übergeben; (TV) übergeben; **hand round** *vt* herumreichen; austeilen

hand·bag ['hændbæg] *s* Handtasche *f;* **hand·ball** ['hændbɔːl] *s* Handball(spiel *nt*) *m;* **hand-bar·row** ['hændˌbærəʊ] *s* Schubkarre, Handkarre *f;* **hand·bill** ['hændbɪl] *s* Reklamezettel *m;* Handzettel *m;* Flugblatt *nt;* **hand·book** ['hændbʊk] *s* Handbuch *nt;* Reiseführer *m* (*to* für); **hand·brake** ['hændbreɪk] *s* Handbremse *f;* **hand·cart** ['hændkɑːt] *s* Handwagen *m;* **hand·cuff** ['hændkʌf] **I.** *s meist pl* Handschellen *fpl* **II.** *vt* Handschellen anlegen (*s.o.* jdm); **hand-eye coordination** *s* visuell-motorische Koordination; **hand·ful** ['hændfʊl] *s* Handvoll *f;* (*Leute*) ein paar;

H

they're a real ~ sie halten einen ganz schön in Trab; **hand-grenade** *s* Handgranate *f*

handi·cap ['hændɪkæp] **I.** *s* **1.** (SPORT) Handikap *nt;* Vorgabe *f;* Vorgaberennen *nt* **2.** Behinderung *f;* (*fig*) Benachteiligung *f,* Handikap *nt* (*to* für) **II.** *vt* **1.** behindern **2.** (*fig*) benachteiligen; **~ped people** Behinderte *pl;* **mentally/physically ~ped** geistig/körperlich behindert

handi·craft ['hændɪkrɑːft] *s* **1.** Handfertigkeit *f* **2.** (Kunst)Handwerk *nt*

handi·work ['hændɪwɜːk] *s* **1.** Handarbeit *f;* eigene Arbeit **2.** (*fig*) Werk *nt*

hand·ker·chief ['hæŋkətʃɪf] *s* Taschentuch *nt*

handle ['hændl] **I.** *s* **1.** Griff *m;* (Tür)Klinke *f* **2.** (*Besen, Kamm, Topf*) Stiel *m* **3.** (*Korb, Tasse*) Henkel *m* **4.** (Pumpen)Schwengel *m* **5.** (AUTO) Kurbel *f* **6.** (*fig*) Handhabe *f* (*against* gegen) **7.** (gute) Gelegenheit *f* **8.** Vorwand *m* **9.** (*fam: ~ to one's name*) Titel *m;* **fly off the ~** (*fam*) aufbrausen, wütend werden **II.** *vt* **1.** anfassen; handhaben **2.** manipulieren **3.** (*fig*) in die Hand nehmen, erledigen **4.** (*Sache*) behandeln, sich befassen mit **5.** (*Geschäft*) erledigen **6.** (*Thema*) abhandeln; handeln von **7.** (*Verkehr*) abwickeln **8.** (COM) handeln mit; (*Waren*) führen **9.** (*Menschen*) behandeln, umgehen mit; **glass! ~ with care!** Vorsicht, Glas!; **handle·bar(s)** ['hændlbɑː(z)] *s pl* (*Fahrrad*) Lenkstange *f;* **~ moustache** Schnauzbart *m;* **han·dling** ['hændlɪŋ] *s* **1.** Handhabung, Manipulation *f;* Behandlung *f* **2.** Bearbeitung *f* **3.** (Waren)Umschlag *m;* **handling charge, handling fee** *s* Bearbeitungsgebühr *f;* **hand luggage** *s* Handgepäck *nt*

hand·made [ˌhænd'meɪd] *adj* handgearbeitet; **hand-me-down** ['hændmɪdaʊn] *s* (*fam*) abgelegtes Kleidungsstück; **hand-operated** *adj* handbedient; **hand·out** ['hændaʊt] *s* **1.** Almosen *nt;* Geldzuwendung *f* **2.** Handzettel *m;* Flugblatt *nt;* Zusammenfassung *f;* **hand-picked** [ˌhænd'pɪkt] *adj* erlesen, ausgesucht; **hand·rail** ['hændreɪl] *s* Geländer *nt;* **hand saw** *s* Fuchsschwanz *m;* **hand·shake** ['hændʃeɪk] *s* Händedruck *m*

hand·some ['hænsəm] *adj* **1.** stattlich, gut aussehend **2.** großzügig **3.** ansehnlich, beträchtlich, bedeutend; **hands-on** [ˌhændz'ɒn] *adj* praxisorientiert; **hand-spring** ['hændsprɪŋ] *s* (Handstand)Überschlag *m*

hand·stand ['hændstænd] *s* Handstand *m;* **hand-to-mouth** *adj* von der Hand in den Mund (lebend); **hand·work** ['hændwɜːk] *s* Handarbeit *f;* **hand·writing** ['hændˌraɪtɪŋ] *s* Handschrift *f;* **hand·writ·ten** [ˌhænd'rɪtn] *adj* handgeschrieben

handy ['hændɪ] *adj* **1.** geschickt, praktisch **2.** günstig gelegen; in nächster Nähe **3.** praktisch; handlich; **come in ~** sich als nützlich erweisen; **handy·man** ['hændɪmæn] <*pl* -men> *s* Faktotum *nt,* Mädchen *nt* für alles; Bastler *m*

hang¹ [hæŋ] <hanged, hanged> *vt* (*mit einem Strick*) hängen, aufhängen; **~ o.s.** sich erhängen

hang² [hæŋ] <*irr:* hung, hung> **I.** *vt* **1.** (auf)hängen (*by* an) **2.** (*Tür*) einhängen (*on* in) **3.** (*frisch geschlachtetes Tier*) abhängen lassen **4.** (*Wand*) behängen (*with* mit) **5.** (*~ with paper*) tapezieren **6.** (*Tapete*) ankleben; **~ s.th. from s.th.** etw an etw aufhängen; **~ one's head** den Kopf hängen lassen; **~ fire** das Feuer einstellen; (*fig*) zögern, abwarten; **~ with s.o.** (*fam*) mit jdm herumhängen; **~ it!** verdammt noch mal! **II.** *vi* **1.** hängen; aufgehängt sein **2.** (*Kleidungsstück*) fallen **3.** (*Verbrecher*) gehenkt, gehängt werden; **~ a left** (*sl*) links abbiegen; **~ by a thread** (*fig*) an einem (seidenen) Faden hängen; **~ in there!** bleib am Ball! **III.** *s* Sitz *m* (*eines Kleidungsstückes*)**;** **get the ~ of s.th.** (*fam*) etw herauskriegen; **I don't give a ~** das ist mir ganz egal; **hang about, hang around** *vi* **1.** sich herumtreiben; sich herumdrücken **2.** warten; **he doesn't ~ about** er ist ganz schön schnell; **hang back** *vi* zögern; sich zurückhalten; **hang behind** *vi* zurückbleiben, bummeln; **hang on** *vi* **1.** sich (fest)halten (*to* an) **2.** warten; durchhalten **3.** (TELE) am Apparat bleiben; **~ on s.o.'s lips** (*fig*) an jds Lippen hängen; **~ on to s.th.** etw halten; etw behalten; **hang out** *vi* **1.** heraushängen **2.** hinauslehnen **3.** (*fam*) wohnen; zu finden sein **4.** nicht aufgeben; **let it all ~ out** (*sl*) die Sau rauslassen; **hang over** *vi* **1.** übrig geblieben sein (*from the old days* aus früheren Zeiten) **2.** drohen, bevorstehen (*s.o.* jdm); **hang together** *vi* **1.** zusammenhängen, ein Ganzes bilden, zusammenpassen **2.** (*Menschen*) zusammenhalten; **hang up** *vt, vi* **1.** aufhängen **2.** (TELE) (den Hörer) auflegen; **be hung up on** [*o* **about**] (*sl*) einen Komplex haben wegen; **he hung up on me** er legte einfach auf; **~ s.th. up** (*fam*) etw aufgeben

hang·ar ['hæŋə(r)] *s* (Flugzeug)Halle *f,* Hangar *m*

hang·dog ['hæŋdɒg] *adj* trübsinnig; beschämt

hang·er ['hæŋə(r)] *s* **1.** Aufhänger *m*

2. Kleiderbügel *m;* **hangers-on** [ˌhæŋərs-ˈɒn] *s pl* Gefolge *nt*
hang-glider [ˈhæŋglaɪdə(r)] *s* (SPORT) Drachen *m;* Drachenflieger(in) *m(f);* **hang-glid·ing** [ˈhæŋglaɪdɪŋ] *s* (SPORT) Drachenfliegen *nt*
hang·ing [ˈhæŋɪŋ] *s* **1.** Erhängen *nt,* Hinrichtung *f* **2. ~s** Vorhänge *m pl* und Tapeten *fpl*
hang·man [ˈhæŋmən] <*pl* -men> *s* Henker *m;* **hang·nail** [ˈhæŋneɪl] *s* Niednagel *m;* **hang·out** [ˈhæŋaʊt] *s* (*sl*) **1.** Stammkneipe *f,* -lokal *nt* **2.** Wohnung *f;* **hang·over** [ˈhæŋˌəʊvə(r)] *s* **1.** Überbleibsel *nt,* Rest *m* **2.** (*sl*) Katzenjammer, Kater *m;* **hang·up** [ˈhæŋʌp] *s* (*fam*) Komplex *m;* Fimmel *m*
hank [hæŋk] *s* (*Garn*) Strähne *f*
han·ker [ˈhæŋkə(r)] *vi* sich sehnen (*after, for* nach); **han·ker·ing** [-ɪŋ] *s* Sehnsucht *f,* Verlangen *nt* (*after, for* nach)
hankie, hanky [ˈhæŋkɪ] *s* (*fam*) Taschentuch *nt*
hanky-panky [ˌhæŋkɪˈpæŋkɪ] *s* (*fam*) **1.** Hokuspokus *m* **2.** Schwindel *m* **3.** Techtelmechtel *nt* **4.** Fummelei *f,* Geknutsche *nt*
hap·haz·ard [hæpˈhæzəd] *adj* ganz zufällig; planlos, aufs Geratewohl
hap·pen [ˈhæpən] *vi* sich ereignen, geschehen; ~ **to s.o.** jdm zustoßen; ~ **to do** zufällig tun; ~ (**up**)**on s.o./s.th.** zufällig auf jdn, etw stoßen; **how does it ~ that ...?** wie kommt es, dass ...?; **he ~ed to be there** er war zufällig(erweise) dort; **it never ~ed** es geschah nie; (*Spiel, Party*) es fand nie statt; **hap·pen·ing** [ˈhæpənɪŋ] *s* **1.** Ereignis *nt,* Vorfall *m* **2.** Happening *nt*
hap·pily [ˈhæpɪlɪ] *adv* **1.** glücklicherweise **2.** glücklich; **hap·pi·ness** [ˈhæpɪnɪs] *s* Glück *nt;* **happy** [ˈhæpɪ] *adj* **1.** glücklich **2.** zufrieden (*about* mit) **3.** gelungen, glücklich (gewählt), passend, treffend, geschickt; **feel ~ about s.th.** über etw erfreut sein; ~ **medium** goldener Mittelweg; ~ **birthday!** herzlichen Glückwunsch zum Geburtstag!; ~ **Christmas!** frohe Weihnachten!; **happy-go-lucky** *adj* sorglos, unbekümmert
har·ass [ˈhærəs] *vt* beunruhigen, aufreiben, quälen; nicht zur Ruhe kommen lassen; **har·assed** [ˈhærəst] *adj* abgespannt; von Sorgen gequält; geplagt; **har·ass·ment** [ˈhærəsmənt] *s* **1.** Belästigung *f* **2.** Schikane *f* **3.** Kleinkrieg *m*
har·bin·ger [ˈhɑːbɪndʒə(r)] *s* **1.** Herold *m* **2.** (*fig*) Vorbote *m*
har·bor *s* (*Am*), **har·bour** [ˈhɑːbə(r)] **I.** *s* **1.** Hafen *m* **2.** (*fig*) Unterschlupf *m* **II.** *vt* **1.** Unterschlupf gewähren (*s.o.* jdm) **2.** (*Groll*) hegen
hard [hɑːd] **I.** *adj* **1.** hart **2.** fest, starr, widerstandsfähig, unnachgiebig **3.** kräftig, stark, robust **4.** (*Schlag, Stoß*) stark, heftig, kraftvoll **5.** anstrengend, mühsam **6.** schwierig, verzwickt **7.** hart, schwer (zu ertragen); (*Winter*) streng; (*Zeiten*) schlecht **8.** hart(herzig), gefühllos, streng, unerbittlich **9.** energisch, tüchtig, fleißig **10.** (*Wasser*) hart **11.** (*alkoholisches Getränk*) stark, berauschend **12.** (COM) fest, beständig; **be ~ to sell** schwer verkäuflich sein; **be ~** (**up**)**on s.o.** mit jdm streng sein; **be ~ on s.th.** etw strapazieren; **do s.th. the ~ way** nicht den einfachen Weg wählen; **drive a ~ bargain** viel verlangen; hart verhandeln; **he is ~ to deal with** mit ihm ist schlecht Kirschen essen; ~ **to believe** kaum zu glauben; **a ~ drinker** ein Säufer *m;* **the ~ facts** die harten Tatsachen *fpl;* ~ **and fast** (*Brauch*) streng; (*Regel*) starr, unumstößlich; **a ~ fight** ein schwerer Kampf; ~ **luck!** ~ **lines!** Pech gehabt!; Pech *nt;* **a ~ nut to crack** (*fig*) eine harte Nuss, ein schweres Problem; ~ **to please** schwer zufrieden zu stellen **II.** *adv* **1.** heftig, kräftig **2.** unverdrossen, unermüdlich, zäh; ~ **by** dicht dabei; ~ **up** in arger Bedrängnis, in großer Not; ~ **upon** dicht auf den Fersen; kurz danach; **be ~ put to s.th.** mit etw seine Schwierigkeiten haben; **be ~ up** sehr knapp sein (*for* an); **die ~** ein zähes Leben haben; **run s.o. ~** jdm dicht auf den Fersen sein; **try ~** sich große Mühe geben; **work ~** schwer, tüchtig arbeiten; **it will go ~** es wird Schwierigkeiten geben; **it comes ~ to ...** es ist schwierig zu ...; **it goes ~ with him** es fällt ihm schwer zu; **she's taking it ~** sie trägt es schwer; ~ **of hearing** schwerhörig
hard·back [ˈhɑːdbæk] *s* (TYP) gebundene Ausgabe; **hard-bit·ten** [ˌhɑːdˈbɪtn] *adj* abgebrüht; **hard·board** [ˈhɑːdbɔːd] *s* Pressspanplatte *f;* **hard-boiled** [ˌhɑːdˈbɔɪld] *adj* **1.** (*Ei*) hart gekocht **2.** (*fig fam*) hartgesotten, kalt berechnend; nüchtern; **hard cash** *s* Bargeld *nt;* **hard copy** *s* Computerausdruck *m;* **hard core** *s* **1.** Schotter *m* **2.** (*fig*) harter Kern **3.** harter Porno; **hard court** *s* Hartplatz *m;* **hard currency** *s* harte Währung; **hard disk** *s* (INFORM) Festplatte *f;* **hard drink, liquor** *s* scharfes Getränk; **hard drinker** *s* starke(r) Trinker(in); **hard drug** *s* harte Droge; **hard-earned** [ˌhɑːdˈɜːnd] *adj* (*Lohn*) sauer verdient; (*Sieg*) hart erkämpft
harden [ˈhɑːdn] **I.** *vt* **1.** härten **2.** (*Zement*) abbinden **3.** abhärten, stählen **4.** (*fig*) stär-

H

ken, festigen **5.** hart, streng, unerbittlich machen; **become ~ed** abgehärtet werden (*to* gegen); **~ed criminal** Gewohnheitsverbrecher(in) *m(f)* **II.** *vi* **1.** hart werden **2.** (*fig*) streng, unerbittlich werden **3.** (*Preise*) anziehen

hard feel·ings [ˌhɑːd'fiːlɪŋz] *s pl:* **no ~** nichts für ungut; **hard-fought** [ˌhɑːd'fɔːt] *adj* erbittert; hart; **hard-hearted** [ˌhɑːd'hɑːtɪd] *adj* hartherzig; **hard-hit** *adj* schwer getroffen; **hard labour** *s* Zwangsarbeit *f;* **hard line** *s* unnachgiebige, harte Haltung; **take a ~** einen harten Kurs einschlagen; **hardliner** [ˌhɑːd'laɪnə(r)] *s* Hardliner *m*

hard·ly ['hɑːdlɪ] *adv* **1.** (nur) mit Mühe **2.** kaum, fast nicht; **~ any** fast kein; **~ ever** kaum je(mals), fast nie

hard·ness ['hɑːdnɪs] *s* **1.** Härte *f* **2.** Strenge *f* **3.** Schwierigkeit *f*

hard·scrab·ble [ˌhɑːd'skræbl] *adj* (*Am*) **1.** (*Erde*) ertragsarm **2.** (*Leben*) mühselig

hard sell ['hɑːdˌsel] *s* aggressive Verkaufstaktik, Hardsell *m*

hard·ship ['hɑːdʃɪp] *s* **1.** Mühsal, Plage, Härte *f* **2.** Not(lage), Bedrängnis, schwierige Lage *f* **3. ~s** schwierige Umstände *mpl*

hard shoul·der [ˌhɑːd'ʃəʊldə(r)] *s* (*Br: Autobahn*) Rand-/Seitenstreifen *m;* **hard·top** ['hɑːdtɒp] *s* (AUTO) Hardtop *nt od m;* **hard·ware** ['hɑːdweə(r)] *s* **1.** Eisen-/Stahlwaren *fpl* **2.** (INFORM) Hardware *f;* **hard-wear·ing** [ˌhɑːd'weərɪŋ] *adj* strapazierfähig; **hard·wired** ['hɑːrd'waɪrd] *adj:* **be ~ for s.th.** etw in sich haben; **hard·wood** ['hɑːdwʊd] *s* Hartholz *nt;* **hard-work·ing** [ˌhɑːd'wɜːkɪŋ] *adj* arbeitsam, emsig, fleißig

hardy ['hɑːdɪ] *adj* **1.** ausdauernd, zäh, unempfindlich, abgehärtet; mutig **2.** (BOT) winterfest

hare [heə(r)] *s* Hase *m;* **be mad as a (March) ~** (*fam*) total verrückt sein; **run with the ~ and hunt with the hounds** (*prov*) auf beiden Schultern Wasser tragen; **hare-brained** ['heəbreɪnd] *adj* verrückt; **hare·lip** ['heəlɪp] *s* (MED) Hasenscharte *f*

harem ['hɑːriːm] *s* Harem *m*

hark [hɑːk] *vi* lauschen; **~!** horch!; **~ at s.o.** jdn anhören; **~ back to** (*fig*) zurückdenken, -gehen auf

harm [hɑːm] **I.** *s* **1.** Schaden *m;* Verletzung *f* **2.** Nachteil *m;* **do ~** Schaden anrichten; **do ~ to s.o.** jdn verletzen; jdm schaden; **mean no ~** es nicht böse meinen; **there's no ~ in trying** es kann nichts schaden, wenn man's mal versucht **II.** *vt* **1.** verletzen **2.** Schaden zufügen (*s.o.* jdm); **harm·ful** ['hɑːmfl] *adj* schädlich, nachteilig; **harm·less** [-lɪs] *adj* harmlos, unschädlich

har·monic [hɑː'mɒnɪk] **I.** *adj* (*a.* MUS) harmonisch **II.** *s* (MUS) Oberton *m;* **har·mon·ica** [hɑː'mɒnɪkə] *s* Mundharmonika *f;* **har·moni·ous** [hɑː'məʊnɪəs] *adj* harmonisch; **har·mo·nium** [hɑː'məʊnɪəm] *s* Harmonium *nt;* **har·mo·ni·za·tion** [ˌhɑːmənɪ'zeɪʃn] *s* Harmonisierung *f;* **har·mon·ize** ['hɑːmənaɪz] **I.** *vt* **1.** harmonisieren **2.** in Einklang, *fig* auf einen Nenner bringen **II.** *vi* in Einklang sein; harmonisieren; übereinstimmen; **har·mony** ['hɑːmənɪ] *s* (*a.* MUS) Harmonie *f,* Einklang *m;* **be in ~** in Einklang stehen; auskommen (*with* mit)

har·ness ['hɑːnɪs] **I.** *s* **1.** (Pferde)Geschirr *nt* **2.** Gurtwerk *nt;* Laufgurt *m;* **be back in ~** wieder bei der Arbeit sein **II.** *vt* **1.** (*Pferd*) anschirren **2.** (*Naturkraft*) nutzbar machen

harp [hɑːp] **I.** *s* Harfe *f* **II.** *vi* (*fig*) herumreiten (*on, upon* auf), jammern, lamentieren

har·poon [hɑː'puːn] **I.** *s* Harpune *f* **II.** *vt* harpunieren

harp·si·chord ['hɑːpsɪkɔːd] *s* Cembalo *nt*

har·row ['hærəʊ] *s* Egge *f;* **har·row·ing** [-ɪŋ] *adj* erschütternd, grauenhaft

harsh [hɑːʃ] *adj* **1.** rau **2.** grell **3.** schrill **4.** roh; hart

hart [hɑːt] *s* Hirsch *m*

harum-scarum [ˌheərəm'skeərəm] *adj, adv* eilig; Hals über Kopf

har·vest ['hɑːvɪst] **I.** *s* **1.** Ernte(zeit) *f* **2.** Ernte *f,* (Ernte)Ertrag *m;* **bad ~** Missernte *f* **II.** *vt* ernten, einbringen **III.** *vi* ernten; **har·vester** ['hɑːvɪstə(r)] *s* **1.** Mähmaschine *f;* (*combine ~*) Mähdrescher *m* **2.** Erntearbeiter(in) *m(f);* **harvest festival** *s* Erntedankfest *nt;* **harvest moon** *s* Vollmond *m* (*im September*)

has [həz, *betont* hæz] *3. Person Singular Präsens* **have**; **has-been** ['hæzbiːn] *s* (*fam*) Größe *f* von gestern

hash [hæʃ] **I.** *vt* (*Fleisch*) hacken; **~ up** durcheinander bringen **II.** *s* **1.** Haschee *nt* **2.** (*fam fig*) aufgewärmte Geschichte **3.** Durcheinander *nt;* **make (a) ~ of** vermasseln; **hash browns** *s pl* (*Am*) Rösti *nt*

hash·ish ['hæʃiːʃ] *s* Haschisch *nt*

hasn't ['hæznt] = **has not**

has·sle ['hæsl] **I.** *vt* ärgern, belästigen **II.** *s* **1.** Auseinandersetzung *f* **2.** (*fam*) Mühe *f;* **it's such a ~** das ist so mühsam

has·sock ['hæsək] *s* **1.** Kniekissen *nt* **2.** Grasbüschel *nt*

haste [heɪst] *s* Hast, Eile *f;* **make ~** sich beeilen; **more ~ less speed** (*prov*) eile mit Weile; **hasten** ['heɪsn] **I.** *vt* beschleunigen; **he ~ed to say** er sagte schnell **II.** *vi* (sich be)eilen; **hasty** ['heɪstɪ] *adj* **1.** eilig, schnell **2.** hastig, überhastet, voreilig **3.** hitzig

hat [hæt] *s* Hut *m;* **keep s.th. under one's ~** etw für sich behalten; **pass round the ~** Geld (ein)sammeln (*for* für); **take one's ~ off** den Hut abnehmen (*to* vor); **talk through one's ~** (*fam*) Unsinn reden; **I'll eat my ~ if ...** ich fresse einen Besen, wenn ...; **my ~!** glaubste!

hatch[1] [hætʃ] **I.** *vt* **1.** ausbrüten **2.** (*fig*) ausdenken, *pej* aushecken **II.** *vi* **1.** brüten **2.** (*aus dem Ei*) ausschlüpfen **III.** *s* **1.** Brüten *nt* **2.** Brut *f*

hatch[2] [hætʃ] *s* **1.** (*a.* MAR) Klapp-/Falltür *f* **2.** (*Flugzeug*) Einstieg *m;* Luke *f* **3.** Durchreiche *f;* **down the ~!** (*fam*) hoch die Tassen!

hatch[3] [hætʃ] *vt* schraffieren

hatch·back ['hætʃbæk] *s* (AUTO) Fließheck-, Schrägheckmodell *nt;* Hecktür *f*

hatch·et ['hætʃɪt] *s* Beil *nt;* **bury the ~** (*fig*) das Kriegsbeil begraben; **hatchet-face** *s* scharfgeschnittenes Gesicht; **hatchet man** <*pl* -men> *s* gedungener Mörder; (*fig*) Vollstreckungsbeamte(r) *m*

hatch·ing ['hætʃɪŋ] *s* Schraffur, Schraffierung *f*

hate [heɪt] **I.** *vt* **1.** hassen, verabscheuen **2.** nicht mögen; **~ to do** [*o* **doing**] **s.th.** etw nicht gern, ungern tun; etw mit Bedauern tun; jdm sehr peinlich sein etw zu tun **II.** *s* Hass *m;* **he is my pet ~** ich kann ihn auf den Tod nicht ausstehen; **hate group** *s* von Hass getriebene Gruppierung; **hate·ful** ['heɪtfl] *adj* ekelhaft; **hatred** ['heɪtrɪd] *s* **1.** Hass *m* **2.** Abscheu, Ekel *m* (*of* vor)

hat stand ['hætstænd] *s* Garderobenständer *m*

hat·ter ['hætə(r)] *s* Hutmacher(in) *m(f);* **as mad as a ~** total verrückt

hat-trick ['hættrɪk] *s* (SPORT) Hattrick *m*

haughty ['hɔːtɪ] *adj* stolz, hochmütig, anmaßend

haul [hɔːl] **I.** *vt* **1.** ziehen, zerren (*at, upon* an) **2.** (be)fördern, transportieren **3.** (MIN) fördern **4.** (MAR) den Kurs ändern (*a ship* eines Schiffes); **~ s.o. over the coals** jdn abkanzeln **II.** *s* **1.** Ziehen, Zerren *nt* **2.** Fisch-/Beutezug *m* **3.** Fang *m,* Beute *f* **4.** Transportweg *m;* **make a good ~** reiche Beute machen; **short/long ~** kurzer/weiter Weg (*to* nach); **short/long/medium ~ aircraft** Kurz-/Lang-/Mittelstreckenflugzeug *nt;* **haul away** *vi* kräftig ziehen (*at* an); **~ away!** hau ruck!; **haul down** *vt* **1.** (*Flagge*) einziehen, niederholen **2.** herunterziehen; **haul off** *vi* (MAR) abdrehen; **haul up** *vt* **1.** hochziehen; (*Segel*) hissen **2.** (*fig*) schleppen (*before* vor)

haul·age ['hɔːlɪdʒ] *s* **1.** Beförderung *f,* Transport *m* **2.** (MIN) Förderung *f* **3.** Beförderungs-, Transportkosten *pl,* Rollgeld *nt;* **haulage business, haulage firm** *s* Transportunternehmen *nt,* Speditionsfirma *f;* **haulage contractor** *s* Transportunternehmer *m*

hauler, haul·ier ['hɔːlə(r), 'hɔːlɪə(r)] *s* Spediteur *m*

haunch [hɔːntʃ] *s* **1.** Hüftpartie *f;* Gesäß *nt* **2.** Lendenstück *nt,* Keule *f*

haunt [hɔːnt] **I.** *vt* **1.** häufig besuchen **2.** (dauernd) verfolgen **3.** (*Erinnerung*) haften an **4.** (*Gespenst*) umgehen in **II.** *s* häufig besuchter Ort; gewöhnlicher Aufenthalt(sort); **haunt·ed** [-əd] *adj:* **a ~ house** Spukhaus *nt,* Haus *nt,* in dem es spukt; **a ~ look** ein gequälter Blick; **haunt·ing** [-ɪŋ] *adj* quälend; (*Melodie, Dichtung*) eindrucksvoll

have [həv, *betont* hæv] <*irr:* has, had, had> **I.** *vt* **1.** haben (*about one* bei sich, *on one* bei, an sich) **2.** haben, wissen (*from* von) **3.** haben, besitzen **4.** wissen, können, verstehen **5.** versichern, behaupten **6.** bekommen, erhalten, *fam* kriegen **7.** lassen, zulassen, erlauben, gestatten **8.** betrügen, reinlegen; **~ a bath** ein Bad nehmen; **~ a cold** erkältet sein; **~ had it with s.o. (s.th.)** (*fam*) die Nase von jdm (etw) voll haben; **~ to do with s.o./s.th.** mit jdm/einer S zu tun haben; **~ no doubt** nicht (be)zweifeln; **~ a game** ein Spiel machen; **~ it** (beim Spiel) gewonnen haben; sich erinnern; **~ it in for s.o.** jdn auf dem Kieker haben; **~ a look** mal sehen, schauen, gucken; **~ a swim** schwimmen, baden; **~ tea** Tee trinken; **~ a walk** spazieren gehen; **you ~ it** so ist's; **you've been had!** (*fam*) da hat man dich über's Ohr gehauen!; **let him ~ it!** (*fam*) gib's ihm!; **he's had it** er ist erledigt; **thank you for having me** vielen Dank für Ihre Gastfreundschaft **II.** *aux* **1.** (*zur Bildung der Vergangenheit*) haben; (*bei Verben der Bewegung*) sein **2.** (*modal, mit Infinitiv*) müssen; **he has seen/gone** er hat gesehen/er ist gegangen; **~ been** gewesen sein; **he has been living there** er hat da gewohnt; **~ done** fertig sein; **~ got** haben; **you ~ taken it, haven't you?** du hast das doch genommen, oder?; **you haven't taken it, ~ you?** du hast es doch nicht genommen, oder?; **you ~ to do it** du musst das machen; **I don't ~ to if I don't want to** wenn ich nicht will, muss ich es nicht machen; **you had better go** du

H

gehst jetzt besser; **what would you ~ me do?** was soll(te) ich denn machen?; **have around** *vt* zu Besuch haben; einladen; **you are a good person to ~ around** es ist praktisch, wenn du da bist; **have back** *vt* zurückbekommen; **have in** *vt* **1.** hereinholen **2.** hineintun **3.** im Haus haben; **~ it in for s.o.** jdn auf dem Kieker haben; **have off** *vt* **1.** wegbringen, -schaffen **2.** auswendig gelernt haben; **~ it off with s.o.** (*sl*) mit jdm schlafen; **have on** *vt* **1.** (*Kleidung*) anhaben **2.** (*Radio*) anhaben **3.** vorhaben **4.** (*sl*) beschummeln; auf den Arm nehmen; **~ s.th. on s.o.** gegen jdn eine Handhabe haben; **have out** *vt* herausnehmen lassen, hinausschaffen; **~ it out with s.o.** sich mit jdm aussprechen; **have over** *vi* zu Besuch haben; einladen; **have up** *vi:* **be had up** vor den Richter kommen (*for* wegen)

ha·ven ['heɪvn] *s* (*fig*) Zufluchtsort *m,* Oase *f*

have-not ['hævnɒt] *s* Habenichts *m*

haven't ['hævnt] = **have not**

haves [hævz] *s pl* (*fam*) Betuchte, reiche Leute *pl*

havoc ['hævək] *s* Chaos *nt;* **wreak ~ on, make ~ of, play ~ with** verheerend wirken auf; durcheinander bringen

haw [hɔː] *vi* summen; (*traffic*) brausen; (*engine*) brummen

Ha·waii [hə'waɪiː] *s* Hawaii *nt;* **Ha·wai·ian** [hə'waɪjən] **I.** *adj* hawaiisch, Hawaii- **II.** *s* **1.** Hawaiianer(in) *m(f)* **2.** (das) Hawaiisch(e)

hawk¹ [hɔːk] *s* **1.** Habicht *m;* Sperber *m;* Falke *m* **2.** (POL) Falke *m*

hawk² [hɔːk] *vt* hausieren mit; feilbieten; ausschreien; **~ about** verbreiten, ausposaunen

hawker ['hɔːkə(r)] *s* Straßenhändler(in) *m(f),* Hausierer(in) *m(f),* Marktschreier(in) *m(f)*

hawk-eyed [ˌhɔːk'aɪd] *adj* mit scharfen Augen; scharfsichtig

hawk moth ['hɔːkmɒθ] *s* Schwärmer *m*

haw·ser ['hɔːzə(r)] *s* (MAR) Tau, Kabel *nt,* Trosse *f*

haw·thorn ['hɔːθɔːn] *s* Weiß-/Hagedorn *m*

hay [heɪ] *s* Heu *nt;* **make ~** Heu machen; **hit the ~** (*fam*) schlafen gehen; **make ~ while the sun shines** (*prov*) das Eisen schmieden, solange es heiß ist; **hay·cock, hay·rick, hay·stack** ['heɪkɒk, 'heɪrɪk, 'heɪstæk] *s* Heuhaufen *m;* **hay fever** *s* Heuschnupfen *m;* **hay·wire** ['heɪwaɪə(r)] *adj:* **be ~** durcheinander sein; **go ~** durcheinander geraten; (*Mensch*) durchdrehen, wahnsinnig werden; (*Maschine*) verrückt spielen

haz·ard ['hæzəd] **I.** *s* **1.** Risiko *nt,* Gefahr *f* **2.** (SPORT) Hindernis *nt;* **at all ~s** unter allen Umständen; **by ~** durch Zufall; **occupational ~** Berufsrisiko *nt* **II.** *vt* aufs Spiel setzen (*s.th. on* etw für), wagen, riskieren; **~ a guess** wagen, eine Vermutung anstellen; **haz·ard·ous** ['hæzədəs] *adj* gewagt, gefährlich, riskant; **hazard warning lights** *s pl* (AUTO) Warnlichtanlage *f*

haze [heɪz] *s* **1.** Dunst, leichter Nebel *m* **2.** (*fig*) Verwirrtheit *f;* Unklarheit *f*

hazel ['heɪzl] **I.** *s* Haselnuss(strauch *m*) *f* **II.** *adj* nussbraun; **hazel·nut** ['heɪzlnʌt] *s* Haselnuss *f*

hazy ['heɪzɪ] *adj* **1.** dunstig, diesig **2.** verschwommen, vage, unklar (*about* über)

HDTV [ˌeɪtʃdiːtiː'viː] *s Abk. von* **high definition television** hochauflösendes Fernsehen

he [hiː] **I.** *pron* er; **~ who** derjenige, welcher **II.** *s* Männchen *nt;* **the baby is a ~** das Baby ist ein Junge; **he'll** [hiːl] = **he shall; he will**; **he's** [hiːz] = **he is; he has**

head [hed] **I.** *s* **1.** Kopf *m* **2.** (*fig*) Vernunft *f,* Verstand, Kopf *m* **3.** (*Vieh*) Stück *nt* **4.** Haupt *nt,* (An)Führer(in) *m(f),* Chef(in) *m(f),* Direktor(in) *m(f)* **5.** Führung, Leitung, führende Stellung, Spitze *f* (*einer Organisation*) **6.** ober(st)er Teil, oberes Ende, Spitze *f,* Gipfel *m* **7.** (Baum)Wipfel *m,* Krone *f* **8.** Schaum(krone *f*) *m* (*auf dem Bier*) **9.** (Kohl-, Salat)Kopf *m* **10.** (Stecknadel)Kopf *m;* (*Nagel*) Kopf *m* **11.** vorderes Ende, Spitze *f;* (*Schiff*) Bug *m;* (*Bett*) Kopfende *nt* **12.** Landspitze *f,* Kap, Vorgebirge *nt* **13.** Quelle *f;* Mühlteich *m;* Wasserstand *m* **14.** Schlagzeile *f;* (Kapitel)Überschrift *f* **15.** Rubrik, Kategorie *f* **16.** Abschnitt *m,* Kapitel *nt,* Hauptteil *m* **17.** Thema *nt,* (Haupt)Punkt *m* **18.** (*fig*) Höhe-, Wendepunkt *m,* Krisis *f* **19.** (*sl*) Junkie *m;* **a** [*o* **per**] **~** pro Kopf; **at the ~ of** an der Spitze *+gen,* oben, am oberen Ende *+gen;* **by a short ~** um eine Kopflänge; **~ first** kopfüber; **~ over heels** kopfüber; (*fig*) bis über beide Ohren, Hals über Kopf; **be off** [*o* **out of**] **one's ~** aus dem Häuschen sein; den Verstand verloren haben; **be ~ and shoulders above s.o.** (*fig*) weit über jdm stehen; **bring to a ~** zur Entscheidung bringen; **come to a ~** (*Geschwür*) reif werden; (*fig*) sich zuspitzen; zum Krach kommen; **go to one's ~** (*Getränk*) zu Kopf steigen; **go over s.o.'s ~** über jds Kopf hinweg handeln; **have a ~ for business** einen guten Geschäftssinn haben; **have a ~ for figures** mathematisch begabt sein; **have a ~ for heights** schwindelfrei sein; **have a poor ~**

for keine Begabung haben für; **keep one's ~ above water** sich über Wasser halten; **put one's ~s together** (*fig*) die Köpfe zusammenstecken; **lose one's ~** (*fig*) den Kopf verlieren; **be unable to make ~ or tail of** nicht schlau werden aus; **put s.th. into s.o.'s ~** jdm etw in den Kopf setzen; **put s.th. out of one's/s.o.'s ~** sich etw aus dem Kopf schlagen; jdn von etw abbringen; **shake one's ~** den Kopf schütteln (*at* zu); **take the ~** die Führung übernehmen; **take it into one's ~** sich etw in den Kopf setzen; **laugh one's ~ off** sich fast totlachen; **talk one's ~ off** sich dumm u. dämlich reden; **turn s.o.'s ~** (*fig*) jdm den Kopf verdrehen; **my ~ is spinning** mir dreht sich alles; **~s or tails?** Kopf oder Zahl (*einer Münze*)*;* **top of the ~** Scheitel *m;* **~ of the department** Abteilungsleiter(in) *m(f);* **~ of the government** Regierungschef(in) *m(f);* **~ of hair** (Haar)Schopf *m;* **~ of a letter** Briefkopf *m* **II.** *adj* hauptsächlich; Haupt-, Ober-; Spitzen- **III.** *vt* **1.** anführen; vorstehen (*s.th.* einer S) **2.** als Erster stehen (*a list* auf einer Liste), der Erste sein (*a class* in einer Klasse) **3.** steuern, lenken **4.** mit einer Überschrift versehen **5.** (SPORT: *Ball*) köpfen **IV.** *vi* sich bewegen, fahren (*for* in Richtung auf); **where are you ~ed?** wo wollen Sie hin?; **head back** *vi* zurückgehen, -fahren; **head for** *vi* **1.** (*Schiff*) Kurs halten auf **2.** (*a. fig*) auf dem Weg sein zu, zusteuern auf; **head off** *vt* abfangen; (*fig*) abwenden; ablenken; **head up** *vt* leiten, führen

head·ache ['hedeɪk] *s* **1.** Kopfweh *nt,* Kopfschmerzen *mpl* **2.** (*fam*) Sorgen *fpl,* Schwierigkeit *f;* **have a bad ~** schlimme Kopfschmerzen haben; **head·band** ['hedbænd] *s* Stirnband *nt;* **head·banger** ['hed,bæŋə(r)] *s* **1.** Bekloppte(r) *f m* **2.** Heavymetalfan *m;* **head·butt** ['hedbʌt] *s* Kopfstoß *m;* **head cold** *s* Kopfgrippe *f;* **head·count** ['hed,kaʊnt] *s* (*sl*) Belegschaft *f;* **have/take a ~** abzählen; **head·dress** ['heddres] *s* Kopfputz *m;* **head·er** ['hedə(r)] *s* **1.** (*Fußball*) Kopfball *m* **2.** Kopfsprung *m* **3.** (INFORM) Kopfzeile *f;* **head·first** ['hed'fɜːst] *adv* **1.** mit dem Kopf voraus **2.** (*fig*) geradewegs; **head·hunt** ['hedhʌnt] *vt* abwerben; **head-hunter** *s* Kopfjäger *m*

head·ing ['hedɪŋ] *s* **1.** (TYP) Titel *m,* Überschrift *f,* Kopf *m* **2.** (COM) Posten *m,* Position *f* **3.** (SPORT) Köpfen *nt;* **head·land** [,hedlænd] *s* Landspitze *f;* **head·less** ['hedlɪs] *adj* kopflos; **head·light, head·lamp** ['hedlaɪt, 'hedlæmp] *s* Scheinwerfer *m;* **head·line** ['hedlaɪn] *s* **1.** (TYP) Schlagzeile *f* **2.** **~s** (das) Wichtigste in Schlagzeilen; **hit** [*o* **make**] **the ~s** Schlagzeilen machen; **headline inflation** *s* (*Br*) *System der Inflationsratenbestimmung;* **head·long** ['hedlɒŋ] *adj, adv* **1.** kopfüber **2.** überstürzt, übereilt; **head·mas·ter** [,hed'mɑːstə(r)] *s* (SCHULE) (Di)Rektor, Schulleiter *m;* **head·mis·tress** [,hed'mɪstrɪs] *s* (SCHULE) (Di)Rektorin, Schulleiterin *f;* **head-office** *s* Hauptbüro *nt,* Zentrale *f;* **head-of-state** [,hedəf'steɪt] *s* Staatsoberhaupt *nt;* **head-on** [,hed'ɒn] *adj, adv* **1.** (*Zusammenstoß*) frontal, Frontal- **2.** (*Konfrontation*) direkt; **~ collision** Frontalzusammenstoß *m;* **head-phones** ['hedfəʊnz] *s pl* Kopfhörer *mpl;* **head·quar·ters** [,hed'kwɔːtəz] *s pl oft mit sing* **1.** Hauptquartier *nt* **2.** Zentrale *f,* Stammhaus *nt;* Hauptgeschäftsstelle *f* **3.** Parteizentrale *f;* **police ~** Polizeidirektion *f;* **head·rest** ['hedrest] *s,* **head·re·straint** ['hedrɪ,streɪnt] *s* Kopfstütze *f;* **head·room** ['hedrʊm] *s* lichte Höhe; (AUTO) Kopfraum *f;* **head·scarf** [,hedskɑːf, *pl* -skɑːvz] <*pl* **-scarves**> *s* Kopftuch *nt;* **head·set** ['hedset] *s* Kopfhörer *mpl;* **head·ship** [,hedʃɪp] *s* Schulleiterstelle *f;* **head·shrinker** ['hed,ʃrɪŋkə(r)] *s* (*sl*) Psychiater *m;* **head start** *s* (*fig*) Vorsprung *m;* **head·stone** ['hedstəʊn] *s* Grabstein *m;* **head·strong** ['hedstrɒŋ] *adj* eigenwillig; **head waiter** *s* Oberkellner *m;* **head·water** [,hed'wɔːtə(r)] *s* Quellfluss *m;* **head·way** ['hedweɪ] *s:* **make ~** vorwärts kommen, vorankommen; (*fig*) Fortschritte machen; **head·wind** ['hedwɪnd] *s* Gegenwind *m;* **head·word** ['hedwɜːd] *s* (*Wörterbuch*) Stichwort *nt*

heady ['hedɪ] *adj* **1.** eigenwillig, impulsiv **2.** (*Getränk*) berauschend

heal [hiːl] **I.** *vt* **1.** heilen; befreien (*von Kummer, Ärger*) **2.** (*Streit*) beilegen **II.** *vi* (**~ over**) (zu)heilen

health [helθ] *s* Gesundheit(szustand *m*) *f;* **~ and safety regulations** Arbeitsschutzvorschriften *fpl;* **~ and safety standards** Arbeitsschutz *m;* **be in poor ~** kränklich sein; **drink** (**to**) **s.o.'s ~** auf jds Wohl trinken; **your ~! good ~!** zum Wohl!; **health care** *s* Gesundheitsfürsorge *f;* **health centre** *s* Ärztezentrum *nt;* **health certificate** *s* ärztliches Attest; **health club** *s* Fitnesscenter *nt;* **health farm** *s* Gesundheitsfarm *f;* **health food** *s* Natur-/Reformkost *f;* **health food shop** *s* Naturkostladen *m;* **health hazard** *s* Gefahr *f* für die Gesundheit; **health insurance** *s* Krankenversicherung *f;* **health resort** *s* Kurort *m;* **Health Service** *s* (*Br*) (das) Gesundheitswesen; **health visitor** *s* Sozialarbeiter(in) *m(f)*; **healthy** ['helθɪ] *adj* **1.** gesund **2.** zuträglich **3.** natürlich

heap [hi:p] **I.** *s* Haufen *m;* **~s of** (*fam*) ein(en) Haufen, massig; **in ~s** in Haufen, haufenweise; **be struck** [*o* **knocked**] **all of a ~** (*fam*) (völlig) platt, ganz verblüfft sein **II.** *vt* **1.** (*~ up, together*) an-, aufhäufen **2.** (*fig*) überhäufen (*with praise* mit Lob)

hear [hɪə(r)] <*irr:* heard, heard> **I.** *vt* **1.** hören (*of* von, *doing, do* tun) **2.** anhören **3.** zuhören (*s.th.* einer S) **4.** Acht geben auf; zur Notiz, zur Kenntnis nehmen **5.** erfahren **6.** (JUR) verhandeln; (*Zeugen*) vernehmen; verhören; **~ out** bis zu Ende anhören **II.** *vi* **1.** (zu)hören **2.** erfahren (*of, about* von) **3.** Bescheid bekommen (*from* von); **~! ~!** (PARL) hört! hört! ausgezeichnet! bravo!; **he won't ~ of it** er will davon nichts wissen; **let me ~ from you** lassen Sie von sich hören

heard [hɜ:d] *pt, pp of* **hear**

hear·ing ['hɪərɪŋ] *s* **1.** Gehör(sinn *m*) *nt* **2.** (An)Hören *nt;* Anhörung *f* **3.** (JUR) Verhör *nt,* Vernehmung *f;* Verhandlung *f* **4.** Hörweite *f;* **within/out of ~** in/außer Hörweite; **hard of ~** schwerhörig; **gain** [*o* **get**] **a ~** sich Gehör verschaffen; **his ~ is poor** er hört schlecht; **hearing-aid** *s* Hörgerät *nt*

hear·say ['hɪəseɪ] *s* Gerede, Gerücht *nt;* **by** [*o* **from**] **~** vom Hörensagen

hearse [hɜ:s] *s* Leichenwagen *m*

heart [hɑ:t] *s* **1.** Herz *nt* **2.** (*fig*) Brust *f* **3.** (das) Innere, tiefste Gefühle *ntpl,* Gedanken *mpl* **4.** Mut *m,* Energie, Kraft *f* **5.** Liebling, Schatz *m* **6.** Mittelpunkt *m;* Hauptsache *f;* (das) Wesentliche, (der) Kern **7. ~s** (*Kartenspiel*) Herz *nt;* **after one's own ~** nach Herzenslust; **at ~** im Innersten; im Grunde genommen; **by ~** auswendig; **to one's ~'s content** nach Herzenslust; **with all one's ~** von ganzem Herzen; **be near to s.o.'s ~** jdm am Herzen liegen; **eat one's ~ out** vor Kummer vergehen; **get to the ~ of s.th.** einer S auf den Grund kommen; **have a ~** (*fig*) ein Herz haben; Verständnis haben; **not to have the ~ to** es nicht übers Herz bringen zu; **set one's ~ on** sein Herz hängen an; **take to ~** sich zu Herzen nehmen; **wear one's ~ on one's sleeve** das Herz auf der Zunge tragen; **he had his ~ in his boots** das Herz rutschte ihm in die Hose; **don't lose ~!** verlier den Mut nicht!; **heart-ache** ['hɑ:teɪk] *s* Kummer *m;* **heart attack** *s* (MED) Herzanfall *m;* Herzinfarkt *m;* **heart·beat** ['hɑ:tbi:t] *s* (PHYSIOL) Puls-, Herzschlag *m;* **heart·break** ['hɑ:tbreɪk] *s* großer Kummer, Leid *nt;* **heart·break·ing** ['hɑ:tbreɪkɪŋ] *adj* herzzerreißend; **heart-broken** ['hɑ:tˌbrəʊkən] *adj* untröstlich; **heart·burn** ['hɑ:tbɜ:n] *s* Sodbrennen *nt;* **heart disease** *s* Herzleiden *nt,* -krankheit *f;* **heart·en·ing** ['hɑ:tnɪŋ] *adj* ermutigend; **heart failure** *s* (MED) Herzversagen *nt;* **heart·felt** ['hɑ:tfelt] *adj* aufrichtig; tief empfunden

hearth [hɑ:θ] *s* **1.** Feuerstelle *f;* Kamin *m* **2.** (*fig*) (häuslicher) Herd *m;* **~ and home** Haus und Herd; **hearth-rug** *s* Kaminvorleger *m*

heart·ily ['hɑ:tɪlɪ] *adv* herzhaft, tüchtig; sehr; **heart·less** ['hɑ:tlɪs] *adj* herzlos

heart murmur *s* Herzgeräusch *nt;* **heart-rend·ing** ['hɑ:tˌrendɪŋ] *adj* herzzerreißend; **heart-search·ing** ['hɑ:tˌsɜ:tʃɪŋ] *s* Selbstprüfung *f;* **heart·strings** ['hɑ:tstrɪŋz] *s pl:* **tug at s.o.'s ~** jdn zutiefst bewegen, jdn rühren; **heart-throb** *s* (*fam*) Schwarm *m;* **heart-to-heart I.** *adj* offenherzig **II.** *s* freimütiges Gespräch; **heart transplant** *s* (MED) Herztransplantation *f;* **heart-warm·ing** ['hɑ:tˌwɔ:mɪŋ] *adj* tröstlich; erfreulich; **hearty** ['hɑ:tɪ] *adj* **1.** herzlich **2.** tüchtig, gesund **3.** (*Essen*) reichlich **4.** (*fam*) lärmend, lustig

heat [hi:t] **I.** *s* **1.** Hitze *f;* (PHYS) Wärme *f;* (*von Speise*) Schärfe *f* **2.** (*fig*) Erregung *f,* Eifer *m,* Leidenschaft *f* **3.** (*fam*) Druck *m;* Gefahr *f* **4.** Brunst, Brunft *f* **5.** (Vor)Runde, Vorentscheidung *f;* **in** [*o* **on**] **~** brünstig, läufig; **in the ~ of the debate** in der Hitze, im Eifer des Gefechts; **dead ~** unentschiedenes Rennen; **final ~** (SPORT) Ausscheidungskampf *m* **II.** *vt* erhitzen, heiß, warm machen; heizen; beheizen; **heat up I.** *vt* erwärmen; warm machen; (*fig*) anheizen **II.** *vi* warm werden; (*Motor*) heißlaufen; **heat·ed** ['hi:tɪd] *adj* **1.** geheizt; beheizt **2.** (*fig*) hitzig, erregt; **get ~** sich erhitzen; **heat·ed·ly** ['hi:tɪdlɪ] *adv* in Erregung, hitzig; **heater** ['hi:tə(r)] *s* Ofen *m;* Heizkörper *m;* (*Auto*) Heizung *f;* **heat exchanger** ['hi:təksˌtʃeɪndʒə(r)] *s* (TECH) Wärmetauscher *m*

heath [hi:θ] *s* Heide *f*

hea·then ['hi:ðn] *s* **1.** Heide *m,* Heidin *f* **2.** (*fam*) Barbar *m;* **hea·then·ish** ['hi:ðənɪʃ] *adj* heidnisch

heather ['heðə(r)] *s* Heide(kraut *nt*), Erika *f*

heat·ing ['hi:tɪŋ] *s* **1.** Heizung *f* **2.** (Be)Heizen *nt;* (*Materien*) Erwärmung *f;* **heating engineer** *s* Heizungsinstallateur(in) *m(f);* **heating system** *s* **1.** Heizungssystem *nt* **2.** Heizungsanlage *f;* **heat pump** *s* Wärme-

pumpe *f;* **heat rash** *s* Hitzebläschen *nt*
heat·re·sis·tant, **heat·re·sisting** ['hiːtrɪˌzɪstənt] *adj* hitzebeständig; **heat-seek·ing** ['hiːtsiːkɪŋ] *adj* wärmesuchend; **heat shield** *s* Hitzeschild *m;* **heat·stroke** ['hiːtstrəʊk] *s* Hitzschlag *m;* **heat treat-ment** *s* (TECH MED) Wärmebehandlung *f;* **heat·wave** ['hiːtweɪv] *s* Hitzewelle *f*
heave [hiːv] <*irr:* **hove, hove**> **I.** *vt* **1.** heben, an-, hochheben; schleppen **2.** (MAR) hieven **3.** (*Schiff*) den Anker lichten **4.** (*Brust*) dehnen, weiten **5.** (*Seufzer*) ausstoßen **6.** (*Stein*) werfen **II.** *vi* **1.** ziehen **2.** sich heben und senken, wogen **3.** hieven (*at* an) **4.** (*Magen*) sich umdrehen **5.** (*Körper*) sich krümmen **6.** (MAR: ~ *alongside*) längsseit gehen **III.** *s* **1.** Heben *nt* **2.** Wogen, Anschwellen *nt* **3.** (GEOL) Verschiebung *f;* **heave to** *vt* (MAR) beidrehen; abstoppen; **heave up I.** *vi* sich übergeben **II.** *vt* **1.** hochhieven; hochstemmen **2.** (PHYSIOL) von sich geben
heaven ['hevn] *s* **1.** (REL) Himmel *m* **2.** **~s** Firmament *nt;* **Heaven** der Himmel; **in** ~ im Himmel; **in** (**one's seventh**) ~ im siebten Himmel; **move** ~ **and earth** Himmel und Hölle in Bewegung setzen; **for** **~'s sake!** um Himmels [*o* Gottes] Willen!; **good ~s!** du meine Güte!; **thank ~!** Gott sei Dank!; **heav·en·ly** ['hevnlɪ] *adj* **1.** (REL) himmlisch **2.** (*fig*) wunderbar; ~ **bodies** Himmelskörper *mpl;* **heav·en-sent** ['hevnˌsent] *adj* ideal, wie gerufen, ein Geschenk des Himmels
heavy ['hevɪ] **I.** *adj* **1.** schwer **2.** gewichtig, stark, fest **3.** heftig; stark **4.** grob, dick, massiv **5.** schwer (zu ertragen), drückend, lästig, unangenehm, unerfreulich **6.** schwer (zu tun), anstrengend **7.** niedergedrückt, (tief) bekümmert **8.** (*Schlaf*) tief **9.** (*Speise*) schwer **10.** (*Geruch*) durchdringend **11.** (*Himmel*) bedeckt **12.** (*Regen*) heftig **13.** (*Boden*) schwer **14.** (*Straße*) schlammig, schwer passierbar **15.** (*Verkehr*) stark **16.** schwerfällig **17.** (COM: *Absatz*) lebhaft **18.** (*Geldstrafe, Verluste, Steuern*) hoch **19.** (*Am sl*) prima; **with a** ~ **heart** schweren Herzens; **be** ~ **on oil** (AUTO TECH) viel Öl verbrauchen; **make** ~ **weather of s.th.** etw unnötig erschweren; **a** ~ **sea** eine schwere See **II.** *adv* schwer; **lie** ~ (*fig*) schwer liegen, lasten (*on* auf); **time hangs** ~ **on his hands** die Zeit schleicht für ihn dahin **III.** *s* **1.** (THEAT) Bösewicht *m* **2.** (*fam*) Schläger *m;* **heavy-duty** *adj* strapazierfähig; Hochleistungs-; **heavy-going** *adj* **1.** mühsam **2.** nicht gesprächig; **heavy goods vehicle** *s* Lastkraftwagen *m;* **heavy-handed** [ˌhevɪ'hændɪd] *adj* unbeholfen, ungeschickt; **heavy-hearted** [ˌhevɪ'hɑːtɪd] *adj* traurig, (nieder)gedrückt; **heavy industry** *s* Schwerindustrie *f;* **heavy metal** *s* **1.** Schwermetall *nt* **2.** Heavy Metal *nt;* **heavy water** *s* schweres Wasser; **heavy·weight** ['hevɪweɪt] **I.** *s* **1.** (SPORT) Schwergewichtler *m* **2.** (*fig fam*) hohes Tier **II.** *adj* **1.** (SPORT) Schwergewichts- **2.** (*fig*) einflussreich
He·brew [hiː'bruː] **I.** *adj* hebräisch **II.** *s* **1.** Hebräer(in) *m(f)* **2.** (das) Hebräisch(e)
Heb·ri·des ['hebrɪdiːz] *s pl* Hebriden *pl*
heck [hek] *interj* (*fam*) verflixt!
heckle ['hekl] *vt* durch Zwischenrufe stören; **heck·ler** ['heklə(r)] *s* Zwischenrufer(in) *m(f)*
hec·tare ['hekteə(r)] *s* Hektar *nt od m*
hec·tic ['hektɪk] *adj* hektisch; **have a** ~ **time** keinen Augenblick Ruhe haben
hec·to·li·ter *s* (*Am*), **hec·to·li·tre** ['hektəʊˌliːtə(r)] *s* Hektoliter *m*
he'd [hiːd] = **he had; he would**
hedge [hedʒ] **I.** *s* **1.** Hecke *f* **2.** (*fig*) Schutz *m* **II.** *vt* **1.** mit einer Hecke umgeben **2.** (*fig*) absichern **III.** *vi* ausweichen; **hedge about**, **hedge around** *vt* **1.** mit einer Hecke umgeben **2.** (*fig*) erschweren; einengen; **hedge in** *vt* **1.** mit einer Hecke umgeben **2.** (*fig*) behindern; in seiner Freiheit einengen; **hedge·hog** ['hedʒhɒg] *s* Igel *m;* **hedge·row** ['hedʒrəʊ] *s* Hecke *f*
hedg·ing ['hedʒɪŋ] *s* (FIN) Hedgegeschäft, Hedging *nt*
heebie-jeebies ['hiːbɪ'dʒiːbɪz] *s pl* (*fam*) Angst *f;* **give s.o. the** ~ jdm Angst und Bange machen
heed [hiːd] **I.** *vt* (*give, pay* ~ *to, take* ~ *of*) beachten; hören auf **II.** *s* Beachtung *f;* **heed·ful** ['hiːdfl] *adj* aufmerksam, behutsam; **be** ~ **of s.th.** auf etw achten, hören; **heed·less** [-lɪs] *adj* sorglos, leichtsinnig
hee·haw ['hiːhɔː] **I.** *s* Iah *nt* (*des Esels*) **II.** *vi* iahen
heel [hiːl] **I.** *s* **1.** Ferse *f* **2.** (*Schuh*) Absatz *m;* unterster Teil **3.** (*sl*) Schuft *m;* **at** [*o* (**up**)**on**] **s.o.'s ~s** jdm auf den Fersen; **down at** ~ schäbig, heruntergekommen; **bring to** ~ zum Gehorsam zwingen, *fam* kleinkriegen; **come to** ~ klein beigeben; **cool** [*o* **kick**] **one's ~s** (*fam*) sich die Beine in den Leib [*o* Bauch] stehen; warten müssen; Däumchen drehen; **~!** (bei) Fuß!; **kick up one's ~s** vor Freude tanzen; **show a clean pair of ~s** Fersengeld geben; **turn on one's** ~(**s**) sich plötzlich umdrehen **II.** *vt* **1.** mit Absätzen versehen **2.** auf den Fersen folgen (*s.o.* jdm); **heel bar** *s* Absatzbar *f*

hef·ty ['heftɪ] *adj* **1.** schwer **2.** stämmig
heifer ['hefə(r)] *s* Färse *f*
height [haɪt] *s* **1.** (*a.* GEOG ASTR) Höhe *f* **2.** (Körper)Größe *f* **3.** (*fig*) Höhepunkt *m* **4.** (An)Höhe, Erhebung *f*; **at its ~** auf seinem/ihrem Höhepunkt; **he is six feet in ~** er ist 6 Fuß groß; **~ of fashion** neueste Mode; **the ~ of folly** der Gipfel der Torheit; **heighten** ['haɪtn] *vt* (*meist fig*) erhöhen; verstärken
hei·nie ['haɪni:] *s* (*Am: sl*) Hintern *m*
hei·nous ['heɪnəs] *adj* abscheulich; schändlich
heir [eə(r)] *s* Erbe *m* (*to, of s.o.* jds); **appoint s.o. one's ~** jdn als Erben einsetzen; **become s.o.'s ~** jdn beerben; **~ apparent** gesetzlicher Erbe, gesetzliche Erbin; **~ apparent to the throne** Thronfolger(in) *m(f)*; **sole** [*o* **universal**] **~** Alleinerbe *m*, -erbin *f*; **heir·ess** ['eərɪs] *s* Erbin *f*; **heir·loom** ['eəlu:m] *s* Erbstück *nt*
heist [haɪst] *s* (*Am sl*) Raubüberfall *m*
held [held] *s.* **hold**
heli·cop·ter ['helɪkɒptə(r)] *s* Hubschrauber, Helikopter *m*
Heli·go·land ['helɪgəʊlænd] *s* Helgoland *nt*
heli·pad ['helɪpæd] *s* Hubschrauberlandeplatz *m*
heli·port ['helɪpɔ:t] *s* Hubschrauber-Flugplatz, Heliport *m*; **heli-ski·ing** ['heli:ˌski:ɪŋ] *s mit einem Hubschrauber auf einen Berg gelangen und mit Skiern wieder herunterfahren*
he·lium ['hi:lɪəm] *s* (CHEM) Helium *nt*
hell [hel] **I.** *s* Hölle *f*; **go to ~!** scher dich zum Teufel!; **what the ~ are you doing here?** was zum Teufel machen Sie denn hier?; **a ~ of a noise** ein Höllenlärm; **for the ~ of it** (*fam*) nur zum Spaß; **like ~** verdammt, sehr; nicht im mindesten; **~ for leather** wie ein Wilder; **give s.o. ~** jdm die Hölle heiß machen; **play ~ with s.o.** (*sl*) jdm übel mitspielen; auf jdn wütend sein; **he suffers ~ on earth** ihm ist das Leben zur Hölle geworden **II.** *interj* verdammt (noch mal)!; **oh, ~!** verdammte Schweinerei!
he'll [hi:l] = **he will; he shall**
hell-bent [ˌhel'bent] *adj* (*sl*) **1.** versessen, erpicht (*on, for* auf) **2.** verrückt (*on, for* nach); **hell-fire** *s* Höllenfeuer *nt*; (*Strafe*) Höllenqualen *fpl*; **hell·ish** ['helɪʃ] *adj* **1.** höllisch, teuflisch **2.** (*fam*) entsetzlich; **hell·ish·ly** [-lɪ] *adv* (*fam*) verteufelt, verdammt
hello [hə'ləʊ] *interj* hallo!; **say ~ to your mother** grüße deine Mutter von mir
helm [helm] *s* **1.** Steuer(rad, -ruder) *nt* **2.** (*fig*) Ruder *nt*
hel·met ['helmɪt] *s* **1.** Helm *m* **2.** (*beim Fechten*) Maske *f*; **crash ~** Sturzhelm *m*
helms·man ['helmzmən] <*pl* -men> *s* Steuermann *m*
help [help] **I.** *vt* **1.** helfen, behilflich sein (*s.o.* jdm) **2.** förderlich sein (*s.th.* einer S), fördern; **~ s.o. to food** (*bei Tisch*) jdn bedienen; **I can't ~ it** ich kann nichts dafür; ich kann nichts daran ändern; **can I ~ you?** womit kann ich Ihnen dienen? kann ich Ihnen behilflich sein?; **I can't ~ smiling** ich muss lächeln; **that can't be ~ed** das lässt sich nicht ändern; **so ~ me God!** so wahr mir Gott helfe! **II.** *vr* sich selbst helfen; sich bedienen; wegnehmen; **~ yourself!** bedienen Sie sich! **III.** *vi* helfen; behilflich sein; nützlich sein **IV.** *s* **1.** Hilfe, Unterstützung *f* **2.** Bedienung *f* **3.** Hilfe *f* im Haushalt **4.** Personal *nt*; **help out I.** *vi* aushelfen (*with* bei) **II.** *vt* helfen (*s.o.* jdm, *with* mit); **helper** ['helpə(r)] *s* Helfer(in) *m(f)*; **help·ful** ['helpfl] *adj* **1.** behilflich **2.** nützlich; **help·ing** ['helpɪŋ] **I.** *s* Portion *f*; **take a second ~** sich noch einmal nehmen **II.** *adj* helfend, hilfreich; **give s.o. a ~ hand** jdm helfen; **help·less** ['helplɪs] *adj* hilflos; **help·line** ['helplaɪn] *s* **1.** Notruf *m* **2.** Informationsdienst *m*
hel·ter-skel·ter [ˌheltə'skeltə(r)] **I.** *adv* Hals über Kopf **II.** *s* **1.** Durcheinander *nt* **2.** (*Br*) Rutschbahn *f*
hem [hem] **I.** *s* Saum *m*; **take the ~ up** (*Kleid*) kürzer machen **II.** *vt* säumen; **hem about, hem in** *vt* einschließen, einkesseln; (*fig*) einengen
he-man ['hi:mæn] <*pl* -men> *s* echter Mann
hemi·sphere ['hemɪsfɪə(r)] *s* Hemisphäre *f*
hem·line ['hemlaɪn] *s* Rocklänge *f*
hem·lock ['hemlɒk] *s* (*sehr giftige Pflanze*) Schierling *m*
hemo- (*Am*) Hämo-, Blut-
hemp [hemp] *s* **1.** Hanf *m* **2.** Cannabis *m*
hen [hen] *s* **1.** Henne *f*, Huhn *nt* **2.** (Vogel)Weibchen *nt*; **hen battery** *s* Legebatterie *f*
hence [hens] *adv* also; folglich, deshalb; **two years ~** in zwei Jahren; **hence·forth, hence·for·ward** [ˌhens'fɔ:θ, ˌhens'fɔ:wəd] *adv* nunmehr, in Zukunft
hench·man ['hentʃmən] <*pl* -men> *s* (*pej*) Kumpan *m*
hen·coop, hen·house ['henku:p, 'henhaʊs] *s* Hühnerstall *m*
henna ['henə] **I.** *s* **1.** Hennastrauch *m* **2.** (*Haarfärbemittel*) Henna *f* **II.** *vt* mit Henna färben
hen night ['hennaɪt] *s Frauenparty für die*

Braut vor der Hochzeit
hen party ['henpɑ:tɪ] *s* (*fam*) Damenkränzchen *nt;* (*pej*) Kaffeeklatsch *m;* **hen·peck** ['henpek] *vt* unter dem Pantoffel haben; **be ~ed** unter dem Pantoffel stehen; **a ~ed husband** ein Pantoffelheld *m*
hepa·ti·tis [ˌhepə'taɪtɪs] *s* Hepatitis *f*
hep·tath·lon [hep'tæθlɒn] *s* Siebenkampf *m*
her [hɜ:(r)] *pron* **1.** sie *acc,* ihr *dat* **2.** (*adjektivisch*) ihr; **with ~ children around ~** mit ihren Kindern um sich; **it's ~** sie ist es
her·ald ['herəld] **I.** *s* **1.** Herold *m* **2.** (*fig*) (Vor)Bote *m* **II.** *vt* ankündigen
her·al·dic [he'rældɪk] *adj* heraldisch; **her·aldry** ['herəldrɪ] *s* Wappenkunde *f*
herb [hɜ:b] *s* (Heil)Kraut *nt;* **her·ba·ceous** [hɜ:'beɪʃəs] *adj* krautig; **~ border** Staudenrabatte *f;* **her·ba·lism** ['hɜ:bəlɪzəm] *s* Naturheilkunde *f;* **herb·al·ist** ['hɜ:bəlɪst] *s* Kräuterhändler(in) *m(f),* Naturheilkundige(r) *f m;* **herbi·cide** ['hɜ:bɪsaɪd] *s* Herbizid *nt;* **her·bi·vor·ous** [hɜ:'bɪvərəs] *adj* Pflanzen fressend
her·cu·lean [ˌhɜ:kjʊ'li:ən] *adj* herkulisch; **a ~ task** eine Herkulesarbeit
herd [hɜ:d] **I.** *s* **1.** Herde *f,* Rudel *nt* **2.** (*fig pej*) breite Masse, Menge *f* **II.** *vt* **1.** (*Vieh*) hüten, weiden **2.** (hinein)treiben (*into* in); **herd together I.** *vi* sich zusammendrängen **II.** *vt* zusammentreiben; **herd instinct** *s* Herdentrieb *m;* **herds·man** ['hɜ:dzmən] <*pl* **-men**> *s* Hirt *m*
here [hɪə(r)] **I.** *adv* **1.** hier(her); her **2.** (*zeitlich*) an dieser Stelle, jetzt, nun; **~ and there** hier(hin) und dort(hin); hier u. da; **~, there and everywhere** vielerorts; **~ we go again!** es geht (schon) wieder los!; **neither ~ nor there** unwichtig, unbedeutend; **come ~!** komm her!; **look ~!** sieh [*o* schau] mal (her)!; **~ he comes!** da kommt er (ja)!; **~ you are!** bitte schön! da sind Sie ja!, da haben Sie es!; **~ goes!** auf!; **~'s to Peter!** auf Peters Wohl! **II.** *interj* hier!; **here·abouts** [ˌhɪərə'baʊts] *adv* hier herum; **here·after** [hɪər'ɑ:ftə(r)] *adv* von jetzt an; später; in Zukunft; **the ~** das Diesseits; **here·by** [hɪə'baɪ] *adv* hiermit
her·ed·itary [hɪ'redɪtrɪ] *adj* **1.** (ver)erblich **2.** (*fig*) überkommen; **~ disease** Erbkrankheit *f;* **~ peer** Peer *m* mit ererbtem Adelstitel; **her·ed·ity** [hɪ'redətɪ] *s* (*a.* BIOL) Erblichkeit *f,* Vererbung *f*
here·in [ˌhɪər'ɪn] *adv* hierin; **here·of** [hɪər'ɒv] *adv* hiervon
her·esy ['herəsɪ] *s* Ketzerei *f;* **her·etic** ['herətɪk] *s* Ketzer(in) *m(f);* **her·eti·cal** [hɪ'retɪkl] *adj* ketzerisch
here·upon [ˌhɪərə'pɒn] *adv* hierauf; **here·with** [ˌhɪə'wɪð] *adv* hiermit
heri·tage ['herɪtɪdʒ] *s* Erbschaft *f;* Erbgut, Erbe *nt;* Erbrecht *nt*
her·maph·ro·dite [hɜ:'mæfrədaɪt] **I.** *s* (*a.* BOT) Zwitter *m* **II.** *adj* zwittrig
her·metic [hɜ:'metɪk] *adj* hermetisch (abgeschlossen); luftdicht; **~ally sealed** hermetisch abgeschlossen
her·mit ['hɜ:mɪt] *s* Einsiedler, Eremit *m;* **her·mit·age** [-ɪdʒ] *s* Einsiedelei *f;* **hermit crab** *s* Einsiedlerkrebs *m*
her·nia ['hɜ:nɪə] *s* (MED) Bruch *m,* Hernie *f*
hero ['hɪərəʊ] <*pl* **heroes**> *s* Held *m;* **her·oic** [hɪ'rəʊɪk] *adj* **1.** heroisch; heldenhaft; heldenmütig **2.** hochtrabend
her·oin ['herəʊɪn] *s* Heroin *nt;* **heroin addict** *s* Heroinsüchtige(r) *f m*
hero·ine ['herəʊɪn] *s* Heldin *f*
hero·ism ['herəʊɪzəm] *s* Heldenhaftigkeit *f,* -mut *m*
heron ['herən] *s* Reiher *m*
her·pes ['hɜ:pi:z] *s* (MED) Herpes *m*
her·ring ['herɪŋ] <*pl* **-ring(s)**> *s* Hering *m;* **red ~** (*fig*) Ablenkungsmanöver *nt;* **that's a red ~** das führt vom Thema ab; **her·ring·bone** ['herɪŋbəʊn] *s* **1.** Fischgrätenmuster *nt* **2.** (ARCH) Zickzackband *nt;* **herring gull** *s* Silbermöwe *f*
hers [hɜ:z] *pron* ihre(r, s); der, die, das Ihre/Ihrige; **a friend of ~** einer ihrer Freunde, ein Freund von ihr; **the book is ~** das Buch gehört ihr
her·self [hɜ:'self] *pron* **1.** sich *acc/dat* **2.** (*betont*) (sie) selbst; (**all**) **by ~** (ganz) allein; ohne Hilfe; **she's not ~ today** sie ist heute nicht wie sonst; **she'll do it ~** sie macht das selbst; **she ~ said it** sie hat es selbst gesagt
he's [hi:z] = **he is; he has**
hesi·tant ['hezɪtənt] *adj* zögerlich; **hesi·tant·ly** [-lɪ] *adv* zögerlich; **hesi·tate** ['hezɪteɪt] *vi* **1.** stocken; zaudern, zögern (*about doing, to do* zu tun) **2.** unsicher, unentschlossen, unschlüssig sein (*about, over* wegen); **hesi·ta·tion** [ˌhezɪ'teɪʃn] *s* **1.** Unschlüssigkeit, Unentschlossenheit *f* **2.** Zögern *nt;* **without a moment's ~** ohne einen Augenblick zu zögern; **have no ~** keine Bedenken tragen (*in doing s.th.* etw zu tun)
hes·sian ['hesɪən, *Am* 'heʃn] *s* Rupfen *m,* Sackleinwand *f*
het·ero·gen·eous [ˌhetərə'dʒi:nɪəs] *adj* verschiedenartig; heterogen
het·ero·pho·bia [ˌhetrə(ʊ)'fəʊbiə] *s* (*fam*) Heterophobie *f* (*krankhafte Angst vor einer Begegnung mit einem Angehörigen des anderen Geschlechts*)
het·ero·sex·ual [ˌhetərə'sekʃʊəl] **I.** *adj* he-

H

terosexuell **II.** *s* Heterosexuelle(r) *f m*

het-up [ˌhet'ʌp] *adj* (*fam*) aufgeregt, erregt

hew [hjuː] <*irr:* **hewed, hewn (hewed)**> *vt* **1.** hauen, schlagen **2.** (*Baum:* ~ *down*) fällen; ~ **to pieces** in Stücke schlagen; ~ **one's way** sich einen Weg bahnen; **hewer** ['hjuːə(r)] *s* **1.** (Holz)Hauer *m* **2.** (MIN) Häuer *m;* **hewn** ['hjuːn] *s.* **hew**

hex [heks] **I.** *s* (*Am sl*) Zauber, Fluch *m;* **put a** ~ **on s.th.** etw verhexen **II.** *vt* verhexen

hexa·gon ['heksəgən] *s* Sechseck *nt;* **hex·ag·onal** [heks'ægənl] *adj* sechseckig; **hex·am·eter** [heks'æmɪtə(r)] *s* Hexameter *m*

hey [heɪ] *interj* he! hei! hallo!

hey·day ['heɪdeɪ] *s* Höhepunkt *m,* Glanzzeit *f;* **in his** ~ in der Blüte seines Lebens

hey presto ['heɪ'prestəʊ] *adv* plötzlich; sofort

hi [haɪ] *interj* (*fam*) hallo!

hi·ber·nate ['haɪbəneɪt] *vi* Winterschlaf halten; **hi·ber·na·tion** [ˌhaɪbə'neɪʃn] *s* Winterschlaf *m*

hi·bis·cus [hɪ'bɪskəs] *s* Hibiskus, Eibisch *m*

hic·cup, hic·cough ['hɪkʌp] **I.** *vi* den Schluckauf haben **II.** *s* Schluckauf *m*

hick·ey ['hɪkeɪ] *s* **1.** (*Am: sl*) Dings(bums) *nt* **2.** (*Am: sl*) Knutschfleck *m*

hid [hɪd] *vt, vi s.* **hide**[1]

hidden ['hɪdn] *adj* verborgen; versteckt; verdeckt; ~ **assets** stille Rücklagen *fpl*

hide[1] [haɪd] <*irr:* **hid, hidden**> **I.** *vt* **1.** verstecken, verbergen (*from* vor) **2.** verheimlichen (*from* vor) **II.** *vi* sich verbergen, sich verstecken **III.** *s* Versteck *nt* (*des Jägers*); **hide away I.** *vi* sich verstecken **II.** *vt* verstecken; **hide out, hide up** *vi* sich verstecken; sich versteckt halten

hide[2] [haɪd] *s* Haut *f,* Fell *nt;* **save one's own** ~ die eigene Haut retten

hide-and-seek [ˌhaɪdn'siːk] *s* Versteckspiel *nt;* **play (at)** ~ Versteck spielen; **hideaway** ['haɪdəweɪ] *s* Unterschlupf *m*

hid·eous ['hɪdɪəs] *adj* scheußlich, gräßlich; abscheulich, widerlich

hide-out ['haɪdaʊt] *s* Versteck *nt,* Schlupfwinkel, Unterschlupf *m*

hid·ing[1] ['haɪdɪŋ]: **go into** ~ sich verstecken; **be in** ~ sich versteckt halten

hid·ing[2] ['haɪdɪŋ] *s* (*fam*) Tracht *f* Prügel

hi·er·archic(al) [ˌhaɪə'rɑːkɪk(l)] *adj* hierarchisch; **hi·er·archy** ['haɪərɑːkɪ] *s* Hierarchie *f*

hi·ero·glyph ['haɪərəglɪf] *s* Hieroglyphe *f*

hi-fi [ˌhaɪ'faɪ] **I.** *adj* Hi-Fi- **II.** *s* Hi-Fi-Gerät *nt;* Hi-Fi-Anlage *f*

hig·gledy-pig·gledy [ˌhɪgldɪ'pɪgldɪ] *adv, adj* drunter und drüber, durcheinander

high [haɪ] **I.** *adj* **1.** hoch **2.** (*fig*) hoch, erhaben (*above* über) **3.** (*Ton*) hoch, schrill, scharf **4.** (*fig*) hochgestellt; überragend **5.** vornehm **6.** mächtig, gewaltig **7.** intensiv **8.** (*Fleisch*) leicht angegangen **9.** kostspielig, teuer **10.** (*sl*) angeheitert, im Drogenrausch, high; **in** ~ **favo(u)r** in hoher Gunst; **in** ~ **spirits** in guter Laune; ~ **and dry** (MAR) gestrandet; (*fig*) hilflos, sich selbst überlassen; **be on one's** ~ **horse** (*fig*) auf dem hohen Ross sitzen; **it is** ~ **time** es ist höchste Zeit; ~ **and mighty** (*fam*) hochnäsig, übermütig **II.** *adv* **1.** hoch, stark, sehr **2.** in hohem Maße; ~ **and low** überall; **feelings ran** ~ es herrschte eine gereizte Stimmung **III.** *s* **1.** Höchststand *m;* Rekord(höhe *f*) *m;* **on** ~ im Himmel **2.** (METE) Hoch(druckgebiet) *nt* **3.** (*sl: Drogen*): **have** [*o* **be on**] **a** ~ high sein

high·ball ['haɪbɔːl] *s* Whisky *m* (mit) Soda; **high beam** *s* (AUTO) Fernlicht *nt;* **high·boy** ['haɪbɔɪ] *s* (*Am*) Kommode *f;* **high·brow** ['haɪbraʊ] **I.** *adj* intellektuell, hochgestochen **II.** *s* Intellektuelle(r) *f m;* **high·chair** ['haɪtʃeə(r)] *s* Hochstuhl *m* (*für Kinder*); **High Church** *s* (anglikanische) Hochkirche *f;* **high court** *s* oberster Gerichtshof; **high definition television, HDTV** *s* hochauflösendes Fernsehen; **high density** *adj* (INFORM) mit hoher Schreibdichte; **high diving** *s* Turmspringen *nt;* **high-end** ['haɪend] *adj* nobel, luxuriös; ~ **hotel** Luxushotel *nt;* ~ **restaurant** Nobelrestaurant *nt;* **higher-up** ['haɪərʌp] *s* (*fam*) Höhergestellte(r) *f m;* **high-falu·tin** [ˌhaɪfə'luːtn] *adj* (*fam*) geschwollen, hochtrabend; **high-fibre** [ˌhaɪ'faɪbə(r)] *adj* ballaststoffreich; **high-fidelity** *s* High-Fidelity, Tontreue *f;* **high-flier** [ˌhaɪ'flaɪə(r)] *s* (*fig*) Senkrechtstarter *m,* Hochbegabte(r) *f m;* **high-flown** ['haɪfləʊn] *adj* hochfliegend; hochgesteckt; hochtrabend; **high frequency I.** *s* (ELEK) Hochfrequenz *f* **II.** *adj* Hochfrequenz-; **High German** *s* (das) Hochdeutsch(e); **high-handed** [ˌhaɪ'hændɪd] *adj* anmaßend; willkürlich; **high-hand·ed·ness** [ˌhai'hændɪdnɪs] *s* Anmaßung *f;* **high heels** *s pl* hohe Absätze *mpl*

high·jack ['haɪdʒæk] *vt* entführen

high jump *s* (SPORT) Hochsprung *m;* **high·lands** ['haɪləndz] *s pl* Hochland *nt;* **high level** *adj* (*Gespräche*) auf höchster Ebene; (*Straße, Bahn*) Hoch-; **high-level heat-generating waste** hochaktive wärmeerzeugende Abfälle *pl;* **high life** *s* Leben *nt* in großem Stil; Highlife *nt;* **high·light** ['haɪlaɪt] **I.** *s* **1.** Glanzlicht *nt* **2.** (*im Haar*) Strähne *f* **3.** (*fig*) Glanz-/Höhepunkt *m* **II.** *vt* (stark) hervorheben, herausstellen; **high·light·er** [-ə(r)] *s* Leucht-/Markierstift *m*

high·ly ['haɪlɪ] *adv* in hohem Maße, stark, sehr, äußerst; **speak ~ of s.o.** von jdm in den höchsten Tönen reden; **think ~ of s.o.** große Stücke auf jdn halten; **Highly Indebted Poor Countries, HIPC** hoch verschuldete arme Länder; ~ **strung** überreizt, nervös; ~**-targeted** hoch angesetzt

High Mass [ˌhaɪ'mæs] *s* Hochamt *nt*

high·ness ['haɪnɪs] *s* **1.** Höhe *f* **2.** (*a. Anrede*) Hoheit *f*

high noon *s* **1.** (*time of day*) zwölf Uhr mittags **2.** (*fig*) Zeitpunkt *m* der Abrechnung; **it's** ~ es ist höchste Zeit

high-octane [ˌhaɪ'ɒkteɪn] *adj* hyper-dynamisch; **high-performance** *adj* Hochleistungs-; **high-pitched** [haɪ'pɪtʃt] *adj* (*Stimme*) hoch, schrill, hell; **high point** *s* Höhepunkt *m;* **high-powered** [ˌhaɪ'paʊəd] *adj* **1.** (*Auto*) mit starkem Motor **2.** (*fig*) Spitzen-; sehr anspruchsvoll, hochintellektuell; **high-pressure** *adj* Hochdruck-; ~ **area** Hochdruckgebiet *nt;* ~ **sales talk** aggressives Verkaufsgespräch; **high priest** *s* Hohepriester *m;* **high protein** *adj* eiweißreich; **high qual·ity** *adj* hochwertig; **high-rank·ing** ['haɪˌræŋkɪŋ] *adj* von hohem Rang; **high-res·ol·ution** [ˌhaɪrezə'luːʃən] *adj* (*Bildschirm*) hochauflösend; **high-rise building, high-rise flats** *s pl* Hochhaus *nt;* **high-risk** [ˌhaɪ'rɪsk] *adj* riskoreich; **high school** *s* (*Am*) *Oberschule* (*normalerweise 10. bis 12. Klasse*)*;* **high seas** *s pl* hohe See; **high season** *s* Hochsaison *f;* **high-security wing** *s* (*in Gefängnis*) Hochsicherheitstrakt *m;* **high society** *s* bessere Gesellschaft, High-Society *f;* **high-sound·ing** ['haɪˌsaʊndɪŋ] *adj* klangvoll; **high-speed train** *s* Hochgeschwindigkeitszug *m;* **high-spirited** [ˌhaɪ'spɪrɪtɪd] *adj* **1.** temperamentvoll **2.** (*Pferd*) feurig; **high spirits** *s pl* gehobene Stimmung; **high spot** *s* Höhepunkt *m;* **hit the ~s** sich gründlich amüsieren; **high street** *s* Hauptstraße *f;* **high-strung** [ˌhaɪ'strʌŋ] *adj* (*Am*) nervös; **high summer** *s* Hochsommer *m;* **high·tail** ['haɪteɪl] *vi* (*Am sl*) abhauen; **high tea** *s* (Fünfuhr)Tee *m* mit Imbiss; **high-tech** [ˌhaɪ'tek] **I.** *adj* Hightech- **II.** *s* Hightech *nt;* **high technology** *s* Spitzentechnologie *f;* **high-tension** *s* (ELEK) Hochspannung *f;* **high tide** *s* Flut *f;* **high treason** *s* Hochverrat *m;* **high-up** ['haɪʌp] **I.** *s* hochgestellte Persönlichkeit **II.** *adj* hochgestellt; **high water** *s* Hochwasser *nt;* **come hell or** ~ komme, was da wolle; **high-water mark** *s* Hochwasserstand *m;* (*fig*) Höchststand *m;* **high·way** ['haɪweɪ] *s* Landstraße *f;* Haupt(durchgangs)straße *f;* **high·way code** *s* Straßenverkehrsordnung *f;* **high·way·man** ['haɪweɪmən] <*pl* -men> *s* (HIST) Straßenräuber, Wegelagerer *m;* **highway robbery** *s* Straßenraub *m;* (*fig*) Wucher, Nepp *m*

hi·jack ['haɪdʒæk] **I.** *vt* **1.** (AVIAT) entführen **2.** überfallen; berauben **II.** *s* **1.** (Flugzeug)Entführung *f* **2.** Überfall *m;* **hi·jacker** ['haɪdʒækə(r)] *s* **1.** Luftpirat(in) *m(f),* Flugzeugentführer(in) *m(f)* **2.** Räuber(in) *m(f);* **hi·jack·ing** [-ɪŋ] *s* Entführung *f*

hike [haɪk] **I.** *s* Wanderung *f* **II.** *vi* wandern; **hiker** ['haɪkə(r)] *s* Wanderer *m,* Wanderin *f;* **hik·ing** ['haɪkɪŋ] *s* Wandern *nt*

hil·ari·ous [hɪ'leərɪəs] *adj* fröhlich, lustig, vergnügt, heiter; **hil·ar·ity** [hɪ'lærətɪ] *s* Lustigkeit, Fröhlichkeit *f*

hill [hɪl] *s* Hügel, Berg *m;* (An)Höhe *f;* **as old as the ~s** steinalt; **be over the** ~ seine beste Zeit hinter sich haben

hill·billy ['hɪlbɪlɪ] *s* (*Am fam*) Hinterwäldler(in) *m(f)*

hill·ock ['hɪlək] *s* (kleiner) Hügel *m*

hill·side ['hɪlsaɪd] *s* Hang, Berghang *m;* **hill·top** ['hɪltɒp] *s* Berggipfel *m;* **hill-walk·ing** ['hɪlwɔːkɪŋ] *s* Bergwandern *nt;* **hilly** ['hɪlɪ] *adj* hüg(e)lig, bergig

hilt [hɪlt] *s* Griff *m,* Heft *nt;* (**up**) **to the** ~ bis an den Hals; völlig, gänzlich

him [hɪm] *pron* ihn *acc,* ihm *dat;* **it's** ~ er ist es; **with his pupils around** ~ mit seinen Schülern um sich

Hi·ma·la·yas [ˌhɪmə'leɪəz] *s pl* Himalaya *m*

him·self [hɪm'self] *pron* **1.** sich *acc/dat* **2.** (*betont*) (er) selbst; (**all**) **by** ~ (ganz) allein; ohne (fremde) Hilfe; **he is quite beside** ~ er ist ganz außer sich; **he's not ~ today** er ist heute nicht wie sonst; **he'll do it** ~ er macht es selbst; **he ~ said it** er hat es selbst gesagt

hind¹ [haɪnd] *s* Hindin, Hirschkuh *f*

hind² [haɪnd] *adj* hinter, Hinter-

hin·der ['hɪndə(r)] *vt* **1.** verhindern; verhüten **2.** hindern (*from* an)

Hindi ['hɪndiː] *s* Hindi *nt* (*Sprache*)

hind legs [ˌhaɪnd'legz] *s pl* Hinterbeine *ntpl;* **get up on one's** ~ den Mund aufmachen; **talk the ~ off a donkey** reden wie ein Buch; **hind·most** ['haɪndməʊst] *adj* hinterste(r, s); **hind·quar·ters** [ˌhaɪnd'kwɔːtəz] *s pl* (*Pferd*) Hinterhand *f*

hin·drance ['hɪndrəns] *s* **1.** Behinderung *f* **2.** Hemmnis, Hindernis *nt* (*to* für)

hind·sight ['haɪndsaɪt] *s:* **with** ~ im Nachhinein

Hin·du ['hɪnduː] **I.** *adj* hinduistisch **II.** *s*

H

Hindu *m;* **Hin·duism** ['hɪnduːɪzəm] *s* Hinduismus *m*

hinge [hɪndʒ] **I.** *s* **1.** (Tür)Angel *f;* Scharnier *nt;* Gelenk *nt* **2.** (*fig*) Angelpunkt *m* **II.** *vt* **1.** drehbar aufhängen **2.** (*fig*) abhängig machen (*upon* von) **III.** *vi* **1.** (*fig*) abhängen (*on, upon* von) **2.** sich drehen (*on, upon* um)

hint [hɪnt] **I.** *s* **1.** Hinweis, Wink, Fingerzeig *m* **2.** Andeutung, Anspielung *f* (*at* auf); **drop a ~** eine Bemerkung fallenlassen; **take a ~** es sich gesagt sein lassen; **a broad ~** ein Wink mit dem Zaunpfahl **II.** *vt* andeuten; anspielen auf **III.** *vi* Andeutungen, Anspielungen machen (*at* auf)

hip[1] [hɪp] *s* (ANAT) Hüfte *f;* **~-hugging** an der Hüfte eng anliegend; **~ pocket** Gesäßtasche *f*

hip[2] [hɪp] *s* Hagebutte *f*

hip[3] [hɪp] *interj:* **~, ~, hooray!** hipp, hipp, hurra!

hip[4] [hɪp] *adj* (*fam*) auf dem Laufenden; modern

hip·bone ['hɪpˌbəʊn] *s* Hüftbein *nt,* Hüftknochen *m;* **hip-flask** *s* Taschenflasche *f;* (*fam*) Flachmann *m*

hip·pie ['hɪpɪ] *s* Hippie *m*

hip·po ['hɪpəʊ] <*pl* -pos> *s* (*fam*) Nilpferd *nt*

hip·po·pota·mus [ˌhɪpə'pɒtəməs, *pl* -'pɒtəmaɪ] <*pl* -muses, -mi> *s* Fluss-, Nilpferd *nt*

hip·py ['hɪpɪ] *s* Hippie *m;* **hip·py·ish** ['hɪpɪˌɪʃ] *adj* (*Br: fam*) wie ein Hippie

hire ['haɪə(r)] **I.** *s* **1.** Mieten *nt;* Leihen *nt* **2.** Mietpreis *m* **3.** Einstellen *nt* **4.** (Arbeits)Lohn *m;* (MAR) Heuer *f;* **for ~** zu vermieten; (*Taxi*) frei; **let (out) on ~** vermieten; **take (out) on ~** mieten **II.** *vt* **1.** mieten; (*Auto, Anzug*) leihen **2.** engagieren, einstellen; **~d car** Mietwagen *nt;* **~d assassin** gedungener Mörder; **~d hand** Lohnarbeiter *m;* **hire out I.** *vt* vermieten; verleihen **II.** *vi* (*Am*) sich verdingen; **hire purchase** *s* Ratenkauf, Teilzahlungskauf *m;* **on ~** auf Raten, auf Abzahlung; **hire purchase agreement** *s* Teilzahlungs(kauf)vertrag *m*

his [hɪz] *pron* **1.** sein(e, r); der, die, das Seine, Seinige **2.** (*adjektivisch*) sein; **a friend of ~** einer seiner Freunde, ein Freund von ihm; **the book is ~** das Buch gehört ihm

His·pan·ic [hɪs'pænɪk] **I.** *adj* hispanisch **II.** *s* Hispano-Amerikaner(in) *m(f)*

hiss [hɪs] **I.** *vi* zischen; (*Katze*) fauchen **II.** *vt* (*~ at, off*) auszischen **III.** *s* Zischen *nt;* Fauchen *nt*

his·ta·mine ['hɪstəmiːn] *s* (MED) Histamin *nt*

his·tor·ian [hɪ'stɔːrɪən] *s* Historiker(in) *m(f),* Geschichtsschreiber(in) *m(f);* **his·toric** [hɪ'stɒrɪk] *adj* (*a.* GRAM) historisch; **his·tori·cal** [hɪ'stɒrɪkl] *adj* historisch, geschichtlich; **~ novel** historischer Roman; **his·tory** ['hɪstrɪ] *s* **1.** Geschichte *f* **2.** (*life ~*) Lebensgeschichte *f,* Werdegang *m* **3.** (MED PSYCH) Vorgeschichte *f;* **ancient/medi(a)eval/modern ~** alte/mittlere/neuere Geschichte; **~ of art** Kunstgeschichte *f;* **~ of literature** Literaturgeschichte *f;* **make ~** Geschichte machen

his·tri·on·ic [ˌhɪstrɪ'ɒnɪk] *adj* theatralisch

hit [hɪt] <*irr:* hit, hit> **I.** *vt* **1.** schlagen **2.** aufschlagen auf **3.** treffen **4.** (*fig: Ziel*) erreichen **5.** (*in einer Stadt*) ankommen **6.** (*Schicksalsschlag*) treffen; in Mitleidenschaft ziehen **7.** (*jds Geschmack*) treffen; (*einem Wunsch*) genau entsprechen **8.** (*s.o.*) (jdm) auffallen; (jdm) aufgehen **9.** (*sl*) töten, umlegen **10.** (*Am fam*) anpumpen (*for* um); **be hard ~** schwer in Mitleidenschaft gezogen werden; **~ s.o. where it hurts** jdn an der schwachen Stelle angreifen; **~ s.o. below the belt** (*Boxen*) jdm einen Tiefschlag versetzen; **~ the bottle** (*fam*) zur Flasche greifen; **~ one's head against s.th.** mit dem Kopf gegen etw schlagen [*o* stoßen]; mit dem Kopf auf etw aufschlagen; **~ the ceiling** (*fig*) aus der Haut fahren; **it ~s you in the eye** das springt einem ins Auge; **~ the road** sich auf den Weg machen; auf die Reise gehen; **you've ~ it!** du hast es getroffen; **he ~ the nail on the head** er hat den Nagel auf den Kopf getroffen; **~ the papers** Schlagzeilen machen **II.** *vi* **1.** schlagen **2.** zusammenstoßen **3.** (*fig*) losschlagen **III.** *s* **1.** Schlag *m* **2.** Treffer *m* **3.** (*fig*) Erfolg *m;* (MUS) Schlager, Hit *m* **4.** (INTERNET) Hit *m;* **that's a ~ at me** das galt mir, das war auf mich gemünzt; **make [*o* be] a ~ with s.o.** bei jdm gut ankommen; **hit back** *vi* zurückschlagen; **hit off** *vt:* **~ it off** sich gut verstehen (*with* mit); **hit out** *vi* losschlagen (*at s.o.* auf jdn); (*fig*) angreifen (*at s.o.* jdn); **hit (up)on** *vi* stoßen auf

hit-and-run [ˌhɪtən'rʌn] *adj* (*Fahrer*) unfallflüchtig, fahrerflüchtig; **~ accident** Unfall *m* mit Fahrerflucht; **~ raid** Blitzüberfall *m*

hitch [hɪtʃ] **I.** *vi* **1.** hängenbleiben, sich (ver)fangen (*to* an) **2.** per Anhalter fahren (*across Europe* durch Europa) **II.** *vt* an-, festhaken, befestigen (*to* an, *round* um); **get ~ed** (*fam*) heiraten; **~ a lift** [*o Am* **ride**] per Anhalter fahren **III.** *s* **1.** Ruck, Stoß *m,* Ziehen *nt* **2.** Hindernis *nt* **3.** Schwierigkeit *f;* Haken *m* **4.** Knoten *m;*

without a ~ ohne Störung, reibungslos, glatt; **technical** ~ technisches Versagen; **hitch up** *vt* **1.** (*Pferde*) anspannen **2.** (*Hose*) hochziehen; **hitcher** ['hɪtʃər] *s* (*fam*) Anhalter(in) *m(f),* Tramper(in) *m(f);* **hitch·hike** ['hɪtʃhaɪk] *vi* per Anhalter fahren; Autostopp machen; trampen; **hitch·hiker** ['hɪtʃhaɪkə(r)] *s* Anhalter(in) *m(f),* Tramper(in) *m(f);* **hitch-hik·ing** [-ɪŋ] *s* Autostopp *m,* Trampen *nt*

hi(gh) tech [ˌhaɪ'tek] *s* Hightech *nt*

hither ['hɪðə(r)] *adv* hierher/-hin; ~ **and thither** hierhin und dorthin; **hither to** [ˌhɪðə'tu:] *adv* bisher, bis jetzt

hit·man ['hɪtmæn] <*pl* **-men**> *s* (*sl*) Killer *m;* **hit-or-miss** *adj* aufs Geratewohl; (*pej: Planung*) schlampig; **hit parade** *s* Schlagerparade, Hitparade *f*

HIV [ˌeɪtʃaɪ'vi:] *s Abk. von* **human immunodeficiency virus** HIV *nt*

hive [haɪv] *s* **1.** (*bee~*) Bienenstock, -korb *m;* Bienenvolk *nt,* -schwarm *m* **2.** (*fig*) (Menschen)Menge *f;* belebte Gegend; **hive off I.** *vi* weggehen, verschwinden **II.** *vt* (COM) absondern, ausgliedern; verselbstständigen

hives [haɪvz] *s pl* Nesselsucht *f,* -fieber *nt*

ho [həʊ] *interj* oh! oha! he! holla! heda!; **westward** ~**!** auf nach Westen!

hoar [hɔ:(r)] *s* Reif *m*

hoard [hɔ:d] **I.** *s* (stille) Reserve *f,* Vorrat *m;* Schatz *m* **II.** *vt, vi* hamstern, horten

hoard·ing[1] ['hɔ:dɪŋ] *s* Hamstern, Horten *nt*

hoard·ing[2] ['hɔ:dɪŋ] *s* (*Br*) **1.** Bau, Bretterzaun *m* **2.** Reklametafel/-fläche *f*

hoar·frost [ˌhɔ:'frɒst] *s* (Rau)Reif *m*

hoarse [hɔ:s] *adj* rau; heiser; **hoarse·ness** [-nɪs] *s* Rauheit *f;* Heiserkeit *f*

hoary ['hɔ:rɪ] *adj* **1.** grau-, weißhaarig; altersgrau **2.** (*fig*) uralt

hoax [həʊks] **I.** *s* Scherz, Ulk *m;* Streich *m;* blinder Alarm **II.** *vt* einen Streich spielen (*s.o.* jdm); **hoaxer** [-ə(r)] *s jemand, der einen blinden Alarm auslöst*

hob [hɒb] *s* Kochfeld *nt*

hobble ['hɒbl] **I.** *vi* humpeln **II.** *vt* eine Fußfessel anlegen (*a horse* einem Pferd)

hob·by ['hɒbɪ] *s* Hobby, Steckenpferd *nt;* **hob·by·craft** ['hɒbɪ'krɑ:ft] *s* (Kunst)handwerksarbeiten *pl;* **hobby-horse** ['hɒbɪhɔ:s] *s* Steckenpferd *nt;* (*fig*) Lieblingsthema *nt*

hob·gob·lin [ˌhɒb'gɒblɪn] *s* Kobold *m*

hob·nailed ['hɒbneɪld] *adj* genagelt

hob·nob ['hɒbnɒb] *vi* **1.** zusammensitzen (*with* mit) **2.** auf du und du stehen (*with* mit)

hobo ['həʊbəʊ] <*pl* **hobo(e)s**> *s* (*Am*) **1.** Wanderarbeiter(in) *m(f)* **2.** (*pej*) Penner(in) *m(f)*

Hob·son's choice [ˌhɒbsnz'tʃɔɪs] *s:* **take** ~ keine Wahl haben

hock[1] [hɒk] *s* (*Pferd*) Sprunggelenk *nt*

hock[2] [hɒk] *s* (weißer) Rheinwein *m*

hock[3] [hɒk] **I.** *s* (*sl*) Pfand *nt;* **in** ~ verpfändet **II.** *vt* verpfänden, versetzen

hockey ['hɒkɪ] *s* (SPORT) Hockey *nt;* **ice** ~ Eishockey *nt;* **hockey stick** *s* Hockeyschläger *m*

ho·cus-po·cus [ˌhəʊkəs'pəʊkəs] *s* Hokuspokus, Schwindel *m,* Gaunerei *f;* fauler Zauber

hodge·podge ['hɒdʒpɒdʒ] *s* Mischmasch *m,* Durcheinander *nt*

hoe [həʊ] **I.** *s* (AGR) Hacke *f* **II.** *vt, vi* hacken

hog [hɒg] **I.** *s* **1.** (Mast)Schwein *nt* **2.** (*fig pej fam*) Schwein *nt;* schmutziger Kerl; Saukerl *m;* **go the whole** ~ (*sl*) aufs Ganze gehen; **road** ~ rücksichtslose(r) Fahrer(in) **II.** *vt* (*fam*) an sich reißen; ~ **the road** in der Mitte der Straße fahren

Hog·ma·nay ['hɒgməneɪ] *s* (*schottisch*) Silvester(abend *m*) *nt*

hogs·head ['hɒgzhed] *s* großes Fass (*238 oder 245 l*); **hog·wash** ['hɒgwɒʃ] *s* **1.** Schweinefutter *nt* **2.** (*fam*) Gewäsch, (dummes) Gerede *nt*

ho-hum ['həʊˌhʌm] *adj* (*fam*) belanglos

hoi pol·loi [ˌhɔɪpə'lɔɪ] *s* Pöbel, Plebs *m*

hoist [hɔɪst] **I.** *vt* **1.** auf-, hochziehen **2.** (MAR) hissen **II.** *s* **1.** Auf-, Hochziehen *nt* **2.** Aufzug *m,* Winde *f,* Flaschenzug *m;* (Lade)Kran *m*

hoity-toity [ˌhɔɪtɪ'tɔɪtɪ] *adj* anmaßend, arrogant

hold [həʊld] <*irr:* **held, held**> **I.** *vt* **1.** (fest)halten; (*a.* ARCH) nicht fallen lassen, tragen **2.** besitzen, innehaben, einnehmen, bekleiden **3.** (*Funktion, Amt*) ausüben, innehaben **4.** (*Versammlung*) abhalten **5.** (*Gespräch*) führen **6.** (*Stellung*) halten, behaupten **7.** enthalten; (*Raum, Gefäß*) fassen **8.** (*fig*) im Sinne haben; betrachten als, halten für **9.** der Ansicht sein; meinen, glauben (*that* dass) **10.** (*Ansicht, Meinung*) vertreten **11.** (JUR) entscheiden; vertraglich verpflichten **12.** (COM: *Waren*) zurücklegen; ~ **s.o.'s attention** jds Aufmerksamkeit fesseln; **be left ~ing the baby** [*o* **bag**] (*Am*) für den Schaden einstehen müssen; ~ **one's breath** den Atem anhalten; ~ **cheap** gering achten; keinen Wert legen auf; ~ **dear** wertschätzen; ~ **one's ground** [*o* **one's own**] sich behaupten; ~ **hands** sich an der Hand halten; Händchen halten; ~ **the line** (TELE) am Apparat bleiben; ~ **office** (*Partei*) an der Macht, im Amt sein; ~ **the record** den Rekord halten (*for the high jump* im Hochsprung); ~ **the road well** (AUTO) eine gute Straßenlage haben; ~ **water** wasserdicht sein; (*fig*) stichhaltig sein; **there's no ~ing him** er ist nicht zu halten; ~ **it!** halt!; **he can't ~ his drink liquor** [*o* **liquor** *Am*] er verträgt nichts **II.** *vi* **1.** festhalten, sich halten (*by, to* an) **2.** halten, nicht reißen, nicht brechen **3.** (*Preise, Wetter*) sich halten **4.** (*Recht*) Geltung haben, in Kraft sein **5.** übereinstimmen (*with* mit) **6.** billigen (*with s.th.* etw); ~ **true** zutreffen, gelten **III.** *s* **1.** Griff *m* **2.** Halt *m* **3.** (*fig*) Gewalt, Macht *f*, starker Einfluss (*on* auf) **4.** (MAR) Laderaum *m*; **catch/get/lay/take ~ of s.th.** etw fassen/packen/ergreifen, etw in seine Gewalt bringen; **get a ~ of o.s.** sich in den Griff bekommen; **keep ~ of s.th.** etw festhalten; **let go one's ~, lose ~ of s.th.** etw loslassen; **miss one's ~** fehlgreifen; **hold against** *vt* verübeln (*s.o.* jdm); **hold back I.** *vt* **1.** zurückhalten; unter Kontrolle halten **2.** geheim halten **3.** hindern (*from* an) **II.** *vi* **1.** sich zurückhalten (*from* von) **2.** zögern; **hold down** *vt* **1.** niederhalten, unter Kontrolle halten; unterdrücken **2.** (*Preise*) niedrig halten **3.** (*Stelle*) halten; behalten; **hold forth** *vi* reden (*on* über); **hold in** *vt* (*Bauch*) einziehen; (*Gefühle*) unterdrücken, beherrschen; **hold off I.** *vt* **1.** ab-, fernhalten; abwehren **2.** (*Entscheidung*) verschieben **II.** *vi* **1.** sich abseits halten, sich fernhalten **2.** warten; nicht angreifen **3.** (*Regen*) nicht anfangen, ausbleiben; **hold on** *vi* **1.** (sich) festhalten (*to* an) **2.** durchhalten, ausdauern **3.** warten **4.** (TELE) am Apparat bleiben; **hold out I.** *vi* **1.** Bestand haben, sich halten, ausdauern, bleiben **2.** standhalten, aushalten; sich behaupten (*against* gegen) **3.** (*Vorräte*) reichen **4.** abwarten (*for s.th.* etw) **II.** *vt* **1.** (*Hand*) ausstrecken **2.** an-/darbieten **3.** (*Angebot, Hoffnung*) machen; ~ **out on s.o.** (*fam*) jdm etw verschweigen; **hold over** *vt* **1.** auf-, verschieben **2.** reservieren **3.** (*Film*) verlängern **4.** (*Waren*) zurücklegen **5.** (*Wechsel*) prolongieren; **hold to** *vi* festhalten an; **hold together** *vt, vi* zusammenhalten; **hold under** *vt* (*Volk*) unterdrücken; **hold up I.** *vt* **1.** hoch, aufrecht halten, stützen **2.** hochhalten, hochheben **3.** zeigen, preisgeben (*to ridicule* der Lächerlichkeit) **4.** (*Am*) als Kandidaten aufstellen **5.** anhalten; aufhalten; verzögern **6.** überfallen (und ausrauben) **II.** *vi* **1.** stehen bleiben; halten **2.** (*fig*) standhalten; sich halten lassen; **be held up** aufgehalten werden; **hold with** *vi* übereinstimmen mit, billigen

hold·all ['həʊldɔːl] *s* Reisetasche *f*

holder ['həʊldə(r)] *s* **1.** Inhaber(in) *m(f)*, Besitzer(in) *m(f)*, Pächter(in) *m(f)* **2.** (*Gegenstand*) Halter *m*; (Zigaretten)Spitze *f*; Übertopf *m*; ~ **of shares** Aktionär(in) *m(f)*

hold·ing ['həʊldɪŋ] *s* **1.** Pachtgut *nt* **2.** *meist pl* (Grund)Besitz *m*, Grundstück *nt* **3.** Guthaben *nt*, (Kapital)Einlage, (Aktien)Beteiligung *f* **4.** (*Boxen*) Festhalten *nt*; ~ **capacity** Fassungsvermögen *nt*; ~ **company** Holdinggesellschaft *f*; ~ **of stocks** Lagerhaltung *f*; Wertpapierbesitz *m*; ~ **spray** Fixierspray *m*

hold·over ['həʊldəʊvə(r)] *s* (*Am: fam*) Überbleibsel *nt*; **hold-up** ['həʊldʌp] *s* **1.** Verzögerung *f* **2.** (*traffic* ~) Stau *m* **3.** (bewaffneter) Raubüberfall *m*

hole [həʊl] **I.** *s* **1.** (*a.* GOLF) Loch *nt*, Lücke *f*; Öffnung *f* **2.** Höhle *f*; Bau *m* **3.** Elendsquartier *nt*; (*fam*) Loch *nt* **4.** (*Ort*) Kaff *nt* **5.** (*fam*) Patsche, Klemme, schwierige Situation *f*; **make a ~ in s.th.** (*fig*) ein (großes) Loch in etw reißen; **pick ~s in s.th.** (*fig*) an etw herumkritisieren **II.** *vt* **1.** durchlöchern **2.** (aus)höhlen **3.** durchbohren **4.** (*Ball*) in ein Loch spielen; **hole up** *vi* sich verkriechen; sich verstecken; sich verschanzen

holi·day ['hɒlədeɪ] **I.** *s* **1.** Feiertag *m* **2.** arbeitsfreier Tag, Ruhetag *m* **3.** **~s** Ferien *pl*, Urlaub *m*; **on ~** in Urlaub; in den Ferien; **be on ~** in Urlaub sein; Ferien haben; **take a ~** Urlaub nehmen; **bank ~** Bankfeiertag *m*; **public ~** gesetzlicher Feiertag; **~s with pay** bezahlter Urlaub **II.** *vi* die Ferien verbringen; **holiday address** *s* Ferienanschrift *f*; **holiday camp** *s* Ferienlager *nt*; **holiday course** *s* Ferienkurs *m*; **holiday destination** *s* Reiseziel *nt*; **holiday entitlement** *s* Urlaubsanspruch *m*; **holiday flat** *s* Ferienwohnung *f*; **holiday house** *s* Ferienhaus *nt*; **holiday-maker** *s* Feriengast *m*, Urlauber(in) *m(f)*; **holiday mood** *s* Ferienstimmung *f*; **holiday resort** *s* Ferienort *m*

holi·ness ['həʊlɪnɪs] *s* Heiligkeit *f*

ho·lism ['həʊlɪzəm] *s* Holismus *m*; **ho·lis·tic** [həʊ'lɪstɪk] *adj* holistisch, ganzheitlich

Holland ['hɒlənd] *s* Holland *nt*

hol·ler ['hɒlə(r)] **I.** *s* (*fam*) Schrei *m* **II.** *vi, vt* (*fam*) schreien, brüllen

hol·low ['hɒləʊ] **I.** *adj* **1.** hohl **2.** (*Wangen*) eingefallen **3.** (*fig*) leer, hohl, falsch, unaufrichtig; **beat ~** (*fam*) völlig besiegen **II.** *s* Höhlung, Vertiefung *f*; Loch *nt*, Grube *f* **III.** *vt* (~ *out*) aushöhlen; vertiefen

holly ['hɒlɪ] *s* Stechpalme *f*

holly·hock ['hɒlɪhɒk] *s* Rosenmalve *f*

holm oak ['həʊm,əʊk] *s* Steineiche *f*
holo·caust ['hɒləkɔːst] *s* **1.** Brandkatastrophe *f*, Inferno *nt* **2.** Massenvernichtung *f*, -mord *m* **3.** (HIST) Holocaust *m*
holo·gram ['hɒləgræm] *s* Hologramm *nt*
hol·ster ['həʊlstə(r)] *s* (Pistolen)Halfter *nt*
holy ['həʊlɪ] *adj* **1.** heilig; geweiht **2.** gottgefällig; **a ~ terror** entsetzlicher Mensch; **Holy Communion** *s* heilige Kommunion; **Holy See** *s* (der) Heilige Stuhl; **Holy Week** *s* (die) Karwoche
hom·age ['hɒmɪdʒ] *s* Huldigung *f;* Ehrerbietung *f;* **do** [*o* **pay**] **~ to s.o.** jdm huldigen
home [həʊm] **I.** *s* **1.** Heim *nt,* Wohnung *f* **2.** Heimat *f* **3.** Haus *nt;* Familie *f;* Haushalt *m* **4.** Anstalt *f;* Heim *nt* **5.** (ZOO BOT) Standort *m;* **at ~** daheim, zu Hause; **not at ~** nicht zu Hause (*to* für); **at ~ and abroad** im In- u. Ausland; **be/feel at ~** (*fig*) zu Hause sein/sich zu Hause fühlen; **make o.s. at ~** es sich bequem machen; **his ~ is in Vienna** er ist in Wien zu Hause; **away from ~** von zu Hause weg **II.** *adj* **1.** einheimisch, inländisch **2.** häuslich **III.** *adv* heim, nach Hause; zu Hause, daheim; **bring** [*o* **get**] **s.th. ~ to s.o.** jdm etw klarmachen; **drive ~** (*Nagel*) einschlagen; **drive s.o. home** jdn (mit dem Auto) nach Hause bringen; **drive s.th. ~ to s.o.** jdm etw beibringen; **go ~** nach Hause, heimgehen; **see s.o. ~** jdn nach Hause begleiten; **it has come ~ to me** ich bin mir darüber im Klaren; **nothing to write ~ about** nichts Besonderes **IV.** *vi* heimfinden **V.** *vt* (*Rakete*) automatisch ins Ziel steuern; **home in** *vi* (MIL) sich ausrichten (*on* auf); **~ in on a target** ein Ziel ansteuern; **~ in on a point** (*fig*) einen Punkt herausgreifen; **home address** *s* Heimatanschrift *f;* Privatanschrift *f;* **home affairs** *s pl* (*Br:* POL) innere Angelegenheiten *fpl;* **home-baked** [,həʊm'beɪkt] *adj* selbst gebacken; **homebanking** *s* Homebanking *nt;* **home birth** *s* Hausgeburt *f;* **home·body** *s* (*fam*) häuslicher Mensch; **home-brew** [,həʊm'bruː] *s* selbst gebrautes Bier; **home·com·ing** ['həʊm,kʌmɪŋ] *s* Heimkehr *f;* **home computer** *s* Heimcomputer *m;* **home cooking** *s* Hausmannskost *f;* **Home Counties** *s pl* (*Br*) *an London angrenzende Grafschaften;* **home economics** *s* Hauswirtschaft(slehre) *f;* **home exercise machine** *s* Heimtrainer *m;* **home-grown** [,həʊm'grəʊn] *adj* selbst gezogen; **~ produce** einheimisches Erzeugnis; **home help** *s* Haushaltshilfe *f;* **home·land** ['həʊmlænd] *s* Heimat(land *nt*) *f;* **home·less** ['həʊmlɪs] *adj* obdachlos; heimatlos; **home·like** ['həʊmlaɪk] *adj* heimelig, behaglich; **home loan** *s* Hypothek *f;* **home·ly** ['həʊmlɪ] *adj* **1.** häuslich, heimisch **2.** einfach, schlicht; **~ fare** bürgerliche Küche; **home-made** [,həʊm'meɪd] *adj* selbst gemacht; **home·maker** ['həʊm,meɪkə(r)] *s* (*Am*) Hausfrau *f;* **home market** *s* (*Br*) Inlandsmarkt *m*
ho·meo- ['həʊmɪə] (*Am*) Homöo-, homöo-
Home Of·fice ['həʊm'ɒfɪs] *s* (*Br*) Innenministerium *nt*
ho·meo·path *s* (*Am*) Homöopath(in) *m(f);* **ho·me·opathy** *s* (*Am*) Homöopathie *f*
ho·meo·sta·sis [,həʊmiə(ʊ)'steɪsɪs] *s no pl* physiologisches Gleichgewicht
home·page *s* (INTERNET) Homepage *f*
home plate *s* (*Baseball*) Schlagmal *nt;* **Home Rule** *s* (POL) Selbstverwaltung *f;* **home run** *s* (*Baseball*) Vier-Mal-Lauf *m;* **Home Secretary** *s* (*Br*) Innenminister(in) *m(f);* **home·school** *vt* (*esp Am*): **~ s.o.** jdn zu Hause unterrichten; **home shop·ping** *s* Homeshopping *nt* (*online einkaufen*)*;* **home·sick** ['həʊmsɪk] *adj:* **be ~** Heimweh haben; **home·sick·ness** ['həʊmsɪknɪs] *s* Heimweh *nt;* **home-spun** ['həʊmspʌn] *adj* **1.** handgesponnen **2.** (*fig*) einfach; (*pej*) hausbacken; **home·stead** ['həʊmsted] *s* **1.** Heimstätte *f* **2.** (*Am*) zugewiesenes Freiland (*160 acres*)*;* **home straight, home stretch** *s* (SPORT) Zielgerade *f;* **we are on the ~** (*fig*) wir haben's bald geschafft; **home team** *s* Heimmannschaft *f;* **home town** *s* Heimatstadt *f;* **home truth** *s* bittere Wahrheit; **home·ward** ['həʊmwəd] *adj* Heim-, Nachhause-, Rück-; **home·wards** ['həʊmwədz] *adv* heim, nach Hause, zurück; **home·work** ['həʊmwɜːk] *s* **1.** Heimarbeit *f* **2.** (SCHULE) Hausaufgaben *fpl;* **do one's ~** seine Hausaufgaben machen; (*fig*) sich mit der Materie vertraut machen; **home-worker** ['həʊmwɜːkə(r)] *s* Heimarbeiter(in) *m(f)*
homey ['həʊmɪ] *adj* (*Am fam*) behaglich, heimelig
homi·cidal [,hɒmɪ'saɪdl] *adj* gemeingefährlich; **in a ~ mood** in Mordstimmung; **a ~ maniac** gemeingefährlicher Verbrecher;
homi·cide ['hɒmɪsaɪd] *s* **1.** Totschlag *m;* Mord *m* **2.** Mörder *m*
hom·ing ['həʊmɪŋ] *adj* **1.** heimkehrend **2.** (MIL) zielsuchend; **homing pigeon** *s* Brieftaube *f*
ho·moeo·path ['həʊmɪəpæθ] *s* Homöopath(in) *m(f);* **ho·moeo·pathic** [,həʊmɪə'pæθɪk] *adj* homöopathisch; **ho·moe·opathy** [,həʊmɪ'ɒpəθɪ] *s* Homöopathie *f*

H

ho·mo·gene·ous [ˌhɒməˈdʒiːnɪəs] *adj* gleichartig, homogen; **hom·ogen·ize** [həˈmɒdʒɪnaɪz] *vt* (*Milch*) homogenisieren

homo·graph [ˈhɒməgrɑːf] *s* Homograph *nt;* **homo·nym** [ˈhɒmənɪm] *s* Homonym *nt;* **homo·phone** [ˈhɒməfəʊn] *s* Homophon *nt*

homo·sex·ual [ˌhɒməˈsekʃʊəl] **I.** *adj* homosexuell **II.** *s* Homosexuelle(r) *f m;* **homo·sex·ual·ity** [ˌhɒməsekʃʊˈælətɪ] *s* Homosexualität *f*

Hon·du·ran [hɒnʊdjʊərən] **I.** *adj* honduranisch **II.** *s* Honduraner(in) *m(f)*

Hon·du·ras [hɒnˈdjʊərəs] *s* Honduras *nt*

hone [həʊn] **I.** *vt* (*Messerklinge*) (fein)schleifen; (*fig*) schärfen **II.** *s* Schleifstein *m*

hon·est [ˈɒnɪst] *adj* **1.** ehrlich, aufrichtig **2.** zuverlässig, vertrauenswürdig **3.** anständig; ehrenhaft; **hon·est·ly** [-lɪ] *adv* **1.** auf ehrliche Weise **2.** wirklich, tatsächlich; **to tell you** ~ offen gestanden; **hon·est-to-good·ness** [ˈɒnɪsttəˈgʊdnɪs] *adj* (*fam*) echt, natürlich; unvermischt; **hon·esty** [ˈɒnɪstɪ] *s* **1.** Ehrlichkeit, Aufrichtigkeit *f* **2.** Zuverlässigkeit *f*

honey [ˈhʌnɪ] *s* **1.** Honig *m* **2.** (*fig*) Schätzchen *nt* **3.** (*Am*) Pfundssache *f;* **honey·bee** [ˈhʌnɪbiː] *s* Honigbiene *f;* **honey·comb** [ˈhʌnɪkəʊm] *s* Honigwabe *f;* **honey·dew melon** [ˈhʌnɪdjuː ˈmelən] *s* Honigmelone *f;* **honey·moon** [ˈhʌnɪmuːn] **I.** *s* Flitterwochen *fpl* **II.** *vi* die Flitterwochen verbringen; **honey·suckle** [ˈhʌnɪsʌkl] *s* Geißblatt *nt*

honk [hɒŋk] **I.** *s* **1.** Schrei *m* der Wildgans **2.** (AUTO) Hupen *nt* **II.** *vi* **1.** (*Wildgans*) schreien **2.** (AUTO) hupen

honor (*Am*) *s.* **honour**

hon·or·ary [ˈɒnərərɪ] *adj* ehrenamtlich; Ehren-; ~ **member** Ehrenmitglied *nt*

hon·our [ˈɒnə(r)] **I.** *s* **1.** Ehre *f;* Auszeichnung *f* **2.** Unbescholtenheit *f* **3.** ~**s** öffentliche Ehrungen *fpl* **4.** ~**s** (SCHULE) Auszeichnung *f;* (*Universität*) *dem Staatsexamen vergleichbarer Abschluss;* **Your Honour** Euer Gnaden (*Anrede für einen Richter*); **do s.o. the** ~ **of coming** jdm die Ehre erweisen zu kommen; **do the** ~**s** die Honneurs machen; **take** ~**s in** (*Universität*) sich spezialisieren in; **in** ~ **bound** moralisch verpflichtet; **guest of** ~ Ehrengast *m;* **man of** ~ Ehrenmann *m;* **word of** ~ Ehrenwort *nt;* ~ **where** ~ **is due** (*prov*) Ehre, wem Ehre gebührt **II.** *vt* **1.** ehren; (hoch)achten, hochschätzen **2.** eine Ehrung zuteil werden lassen (*s.o.* jdm) **3.** (FIN) honorieren, einlösen; **hon·o(u)r·able** [ˈɒnərəbl] *adj* ehrenhaft, -voll, -wert; **my Honourable friend the member for ...** (*Br:* PARL) der Abgeordnete für ...; **hon·ours degree** *s* ≈ Staatsexamen *nt;* **hon·ours list** *s* **1.** (*Br:* POL) Liste *f* der verliehenen Titel **2.** (*Universität*) *Liste der Kandidaten, die das „honours degree" erworben haben*

hood [hʊd] *s* **1.** Kapuze *f* **2.** (TECH) Haube, Kappe *f,* Aufsatz *m* **3.** (AUTO) Verdeck *nt* **4.** (*Am:* AUTO) Motorhaube *f* **5.** (*von Vögeln*) Kamm *m,* Haube *f* **6.** (*sl*) Gangster *m* **7.** (*sl*) Rowdy *m*

hood·lum [ˈhuːdləm] *s* (*sl*) **1.** Rowdy *m* **2.** Gangster *m*

hood·wink [ˈhʊdwɪŋk] *vt* (*fig*) Sand in die Augen streuen (*s.o.* jdm), täuschen; betrügen

hoof [huːf] <*pl* **hoofs, hooves**> **I.** *s* Huf *m;* **on the** ~ (*Vieh*) lebend **II.** *vt, vi* (*fam:* ~ *it*) latschen

hoo-ha [ˈhuːhɑː] *s* (*Br fam*) Krach *m*

hook [hʊk] **I.** *s* **1.** Haken *m,* Kleiderhaken *m;* (*fish*~) Angelhaken *m* **2.** Sichel *f* **3.** gekrümmte Landspitze/-zunge **4.** (*Boxen*) Haken *m;* **by** ~ **or by crook** ganz gleich, gleichgültig, wie; mit allen Mitteln; **off the** ~ (*sl*) aus den Schwierigkeiten heraus; **leave the phone off the** ~ nicht auflegen; ~**, line, and sinker** (*fam*) vollkommen, vollständig, *adv;* ~ **and eye** Haken *m* u. Öse *f* **II.** *vt* **1.** an-, fest-, zuhaken **2.** fangen; angeln **3.** (*Wagen*) anhängen (*on to* an) **4.** hakenförmig biegen **5.** (SPORT: *Ball*) einen Haken schlagen lassen **6.** (*Boxen*) einen Haken versetzen (*s.o.* jdm); **get/be** ~**ed** (*sl*) abhängig werden/sein; toll finden (*on s.th.* etw); **be** ~**ed on an idea** von einer Idee besessen sein; ~ **it** (*sl*) abhauen **III.** *vi* **1.** (hakenförmig) gekrümmt sein **2.** mit (einem) Haken befestigt sein; **hook on I.** *vi* angehängt, angehakt werden; sich festhaken **II.** *vt* anhaken; anhängen; mit einem Haken befestigen; **hook up I.** *vi* **1.** mit einem Haken zugemacht werden **2.** (RADIO TV) gemeinsam ausstrahlen **II.** *vt* **1.** zuhaken **2.** (*Anhänger*) ankoppeln, anhängen **3.** (RADIO TV) anschließen (*with* an)

hooked [hʊkt] *adj* **1.** hakenförmig, krumm **2.** mit Haken versehen **3.** süchtig; **hooker** [ˈhʊkə(r)] *s* (*Am sl*) Prostituierte *f;* **hook-up** [ˈhʊkʌp] *s* (RADIO) Sendergruppe, Ringsendung *f;* **hooky** [ˈhʊkɪ]: **play** ~ (*Am fam*) die Schule schwänzen

hoo·li·gan [ˈhuːlɪgən] *s* Rowdy *m;* **hoo·li·gan·ism** [-ɪzm] *s* Rowdytum *nt*

hoop [huːp] **I.** *s* **1.** Reif(en) *m;* Bügel, Ring *m* **2.** (SPORT) (Krocket)Tor *nt;* **go through the** ~**s** (*fam*) eine schwere Zeit durchma-

chen **II.** *vt* die Reifen auftreiben (*a barrel* auf ein Fass); **hoop earing** *s* Kreole *f*
hoo·poe ['hu:pu:] *s* Wiedehopf *m*
hoose·gow ['hu:sgaʊ] *s* (*Am: sl*) Knast *m*
hoot [hu:t] **I.** *vi* **1.** schreien **2.** hupen **3.** johlen; sich kaputtlachen **II.** *vt* ausbuhen **III.** *s* **1.** Ruf, Schrei *m* **2.** **~s** Gejohle *nt* **3.** (TECH) Hupen *nt;* **I don't care a ~** das ist mir völlig egal; **he's a ~** er ist zum Schreien komisch; **hoot down** *vt* niederschreien; **hooter** ['hu:tə(r)] *s* **1.** (TECH) Sirene *f* **2.** (AUTO) Hupe *f* **3.** (*sl*) Nase *f*
hoov·er® ['hu:və(r)] **I.** *vt* staubsaugen **II.** *s* Staubsauger *m*
hop¹ [hɒp] **I.** *vi* **1.** hüpfen **2.** eine kurze Reise machen **II.** *vt* springen über; **~ it!** hau ab! **III.** *s* **1.** Sprung *m* **2.** (*fam*) Tänzchen *nt* **3.** (AVIAT: *fam*) kurzer Flug; **catch s.o. on the ~** (*fam*) jdn unvorbereitet erwischen, treffen; **on the ~** fleißig; in Bewegung; **~, step, and jump** (SPORT) Dreisprung *m;* **hop about, hop around** *vi* umherhüpfen; **hop in** *vi* hineinhüpfen; (*fam*) einsteigen; **hop out** *vi* heraushüpfen; (*fam*) aussteigen
hop² [hɒp] *s* **1.** Hopfen *m* (*Pflanze*) **2.** **~s** Hopfen *m* (*Bierzusatz*)
hope [həʊp] **I.** *s* **1.** Hoffnung *f* (*of* auf) **2.** Vertrauen *nt* (*in* zu), Zuversicht *f;* **past** [*o* **beyond**] **~** hoffnungslos; **hold out a ~** Hoffnung haben; **live in ~ of s.th.** auf etw hoffen; **there's no ~ of that** da braucht man sich keine Hoffnungen zu machen; **what a ~!** schön wär's! **II.** *vt* hoffen auf; erhoffen; ersehnen **III.** *vi* **1.** hoffen (*for* auf), erhoffen (*for s.th.* etw) **2.** vertrauen (*in* auf); **I ~ so** hoffentlich!; **I ~ not** hoffentlich nicht!; **~ against ~** trotz allem die Hoffnung nicht aufgeben; **hope·ful** ['həʊpfl] **I.** *adj* hoffnungsvoll; viel versprechend; **be ~** sich Hoffnungen machen, hoffen **II.** *s:* **a young ~** hoffnungsvoller junger Mensch; viel versprechendes Talent; **hope·ful·ly** ['həʊpfəlɪ] *adv* **1.** hoffnungsvoll **2.** hoffentlich; **hope·less** ['həʊplɪs] *adj* **1.** hoffnungslos **2.** aussichtslos **3.** nutzlos **4.** unverbesserlich; **hope·less·ly** [-lɪ] *adv* hoffnungslos
hopper ['hɒpə(r)] *s* (TECH) Einfüll-, Speisetrichter *m*
hop-picker ['hɒp,pɪkə(r)] *s* Hopfenpflücker(in) *m(f)*
hop·ping mad ['hɒpɪŋ 'mæd] *adj* (*fam*) fuchsteufelswild
hop·pole ['hɒp,pəʊl] *s* Hopfenstange *f*
hop·scotch ['hɒpskɒtʃ] *s* Himmel u. Hölle-Spiel *nt*
horde [hɔ:d] *s* Horde *f;* Menge *f*
hor·izon [hə'raɪzn] *s* (*a. fig*) Horizont *m;*
hori·zon·tal [,hɒrɪ'zɒntl] *adj* horizontal, waagerecht; **~ bar** (SPORT) Reck *nt;* **~ hold** (TV) Zeilenfang *m*
hor·mone ['hɔ:məʊn] *s* Hormon *nt*
horn [hɔ:n] *s* **1.** Horn *nt* **2.** (*Schnecke*) Fühler *m* **3.** (Trink)Horn *nt* **4.** Füllhorn *nt* **5.** (MUS) Horn *nt* **6.** (AUTO) Hupe *f;* (MAR) Signalhorn *nt* **7.** (*Mondsichel*) Spitze *f;* **~s** Hörner *ntpl,* Geweih *nt;* **be caught on the ~s of a dilemma** in einer Zwickmühle sitzen; **blow** [*o* **sound**] **the ~** (AUTO) hupen; **~ of plenty** Füllhorn *nt;* **horn in** *vi* mitmachen; sich einmischen; **~ in on a conversation** sich in eine Unterhaltung einmischen
hor·net ['hɔ:nɪt] *s* Hornisse *f;* **stir up a ~'s nest** (*fig*) in ein Wespennest stechen
horn·less ['hɔ:nlɪs] *adj* hornlos; **horn-rimmed** ['hɔ:nrɪmt] *adj:* **~ spectacles** Hornbrille *f;* **horny** ['hɔ:nɪ] *adj* **1.** horn(art)ig **2.** schwielig **3.** (*sl*) scharf, spitz, geil
horo·scope ['hɒrəskəʊp] *s* Horoskop *nt;* **cast a ~** ein Horoskop stellen
hor·ren·dous [hɒ'rendəs] *adj* **1.** (*Verbrechen*) entsetzlich **2.** (*Preise, Lüge*) horrend
hor·rible ['hɒrəbl] *adj* **1.** schrecklich, furchtbar, entsetzlich **2.** ekelhaft, unfreundlich; **hor·rid** ['hɒrɪd] *adj* abscheulich, ekelhaft; abstoßend; **hor·rific** [hə'rɪfɪk] *adj* schrecklich; **hor·rify** ['hɒrɪfaɪ] *vt* **1.** entsetzen, Schrecken einjagen (*s.o.* jdm) **2.** (*fam*) schockieren (*at, by* von); **hor·ror** ['hɒrə(r)] *s* **1.** Schrecken *m,* Entsetzen, Grauen *nt* **2.** Abscheu, Ekel *m* (*of* vor) **3.** (*Person*) Ekel *nt* **4.** **~s** Grausen *nt;* **~ film** Horrorfilm *m;* **it gives me the ~s** es läuft mir kalt über den Rücken; **hor·ror-stricken, hor·ror-struck** ['hɒrəstrɪkn, 'hɒrəstrʌk] *adj* von Entsetzen gepackt
hors d'œuvre [ɔ:'dɜ:v(r)] *s* Hors d'œuvre *nt,* Vorspeise *f*
horse [hɔ:s] *s* **1.** (*a.* SPORT) Pferd *nt* **2.** Ständer *m,* Gestell *nt;* **straight from the ~'s mouth** (*fig*) direkt von der Quelle; **wild ~s would not drag me there** dahin würden mich keine zehn Pferde bringen; **back the wrong ~** (*fig*) aufs falsche Pferd setzen; **eat like a ~** fressen wie ein Scheunendrescher; **flog a dead ~** (*fig*) seine Zeit verlieren; **put the cart before the ~** (*fig*) das Pferd beim Schwanz aufzäumen; **work like a ~** arbeiten wie ein Pferd; **a dark ~** (*fig*) unbeschriebenes Blatt; (SPORT) Außenseiter *m;* **horse about, horse around** *vi* herumalbern; **horse·back** ['hɔ:sbæk] *s:* **on ~** zu Pferde; **go on ~** reiten; **get on ~** aufsitzen; **horse·box** ['hɔ:sbɒks] *s* (RAIL) Pferdetransportwagen

H

m; **horse-chestnut** *s* Rosskastanie *f;* **horse-drawn** ['hɔːsdrɔːn] *adj* von Pferden gezogen; **horse·fly** ['hɔːsflaɪ] *s* Pferdebremse *f;* **horse·hair** ['hɔːsheə(r)] *s* Rosshaar *nt;* **horse-laugh** ['hɔːslɑːf] *s* wieherndes Gelächter; **horse·man** ['hɔːsmən] <*pl* -men> *s* Reiter *m;* **horse·man·ship** ['hɔːsmənʃɪp] *s* Reitkunst *f;* **horse play** *s* grober Unfug; **horse·pow·er** ['hɔːspaʊə(r)] *s* Pferdestärke *f;* **horse race** *s* Pferderennen *nt;* **horse racing** *s* **1.** Pferderennsport *m* **2.** Pferderennen *nt;* **horse·rad·ish** *s* Meerrettich *m;* **horse sense** *s* gesunder Menschenverstand; **horse·shoe** ['hɔːsʃuː] *s* Hufeisen *nt;* **horse trading** *s* (*fig*) Kuhhandel *m;* **horsewhip** ['hɔːswɪp] *s* Reitpeitsche *f;* **horse woman** ['hɔːsˌwʊmən, *pl* -wɪmɪn] <*pl* -women> *s* Reiterin *f*

hors(e)y ['hɔːsɪ] *adj* **1.** pferdeartig **2.** pferdeliebend

hor·ti·cul·tural [ˌhɔːtɪ'kʌltʃərəl] *adj:* ~ **exhibition** Gartenschau *f;* **hor·ti·cul·ture** ['hɔːtɪkʌltʃə(r)] *s* Gartenbau *m*

ho·sanna [həʊ'zænə] **I.** *s* Hosianna *nt* **II.** *interj* hosianna!

hose[1] [həʊz] **I.** *vt* abspritzen **II.** *s* (Gummi)Schlauch *m*

hose[2] [həʊz] *s* **1.** (*Sammelbegriff*) Strumpfwaren *fpl* **2.** (*historisch*) Kniehose *f;* **ho·sier** ['həʊzɪə(r)] *s* Strumpfwarenhändler(in) *m(f);* **ho·siery** ['həʊzɪərɪ] *s* Strumpf-, Wirkwaren *fpl*

hos·pice ['hɒspɪs] *s* Pflegeheim *nt* für unheilbar Kranke

hos·pit·able [hɒ'spɪtəbl] *adj* gastlich, gastfreundlich

hos·pi·tal ['hɒspɪtl] *s* Klinik *f,* Krankenhaus *nt;* **be in** ~ im Krankenhaus sein

hos·pi·tal·ity [ˌhɒspɪ'tælətɪ] *s* Gastlichkeit *f;* Gastfreundschaft *f*

hos·pi·tal·iz·ation [ˌhɒspɪtəlaɪz'eɪʃn] *s* **1.** Einlieferung *f* in ein Krankenhaus **2.** Krankenhausaufenthalt *m;* **hos·pi·tal·ize** ['hɒspɪtlaɪz] *vt* in ein Krankenhaus einliefern

hospital ship *s* Lazarettschiff *nt;* **hospital train** *s* Lazarettzug *m*

host[1] [həʊst] **I.** *s* **1.** Gastgeber *m* (*to* für) **2.** (BIOL) Wirt(stier *nt*) *m* **3.** (TV) Showmaster *m* **II.** *vt* Gastgeber sein bei

host[2] [həʊst] *s:* **a** ~ **of,** ~**s of ...** eine Unzahl ...; sehr viel ...

Host [həʊst] *s* Hostie *f*

hos·tage ['hɒstɪdʒ] *s* Geisel *f;* **take s.o.** ~ jdn als Geisel nehmen

host country ['həʊstˌkʌntrɪ] *s* **1.** Gastland *nt* **2.** (*von Flüchlingen*) Aufnahmeland *nt*

hos·tel ['hɒstl] *s* Wohnheim *nt;* **youth**~ Jugendherberge *f;* **hos·tel·ler** ['hɒstələ(r)] *s* Heimbewohner(in) *m(f),* (Jugend)Herbergsgast *m*

host·ess ['həʊstɪs] *s* **1.** Gastgeberin *f;* Dame *f* des Hauses **2.** Empfangsdame *f;* Hostess *f* **3.** (AVIAT) Stewardess *f*

hos·tile ['hɒstaɪl] *adj* **1.** feindlich **2.** feindselig (*to* gegen); **hos·til·ity** [hɒ'stɪlətɪ] *s* **1.** Feindschaft *f* (*to, towards, against* gegen) **2. hostilities** Feindseligkeiten *fpl*

hot [hɒt] *adj* **1.** heiß; (*Wasserhahn, Mahlzeit*) warm **2.** brennend, beißend **3.** stark gewürzt, scharf **4.** (*fig*) heiß(blütig), feurig, leicht erregbar **5.** (hell) begeistert; leidenschaftlich **6.** (*fam*) erpicht, scharf (*on* auf) **7.** (*sl*) lüstern; sexuell erregend **8.** (*Kampf*) heiß, heftig **9.** (*Motor*) heißgelaufen **10.** radioaktiv **11.** (MUS) heiß **12.** (SPORT) geschickt, gewandt **13.** (*Spur*) heiß **14.** (*fam: Mensch*) fähig, gut; (*Sache*) toll **15.** (*sl*) gestohlen, heiß; **not so** ~ (*fam*) ergebnislos; wirkungslos; nicht gerade umwerfend; ~ **and bothered** beunruhigt; **blow** ~ **and cold** nicht wissen, was man will; **get** ~ **under the collar** verärgert werden; **get into** ~ **water** (*fig*) in Teufels Küche kommen; **make a place** [*o* **things**] ~ **for s.o.** jdm die Hölle heiß machen; **I'm** ~ **on his trail** ich bin ihm dicht auf den Fersen; **it's too** ~ **to handle** das ist ein heißes Eisen; **hot up** *vi* an Intensität zunehmen; gefährlich werden

hot air [ˌhɒt'eə(r)] *s* **1.** Heißluft *f* **2.** (*fam*) leeres Gerede, Angeberei *f;* **hot·bed** ['hɒtbed] *s* **1.** Mistbeet *nt* **2.** (*fig*) Brutstätte *f;* **hot-blooded** [ˌhɒt'blʌdɪd] *adj* heißblütig, feurig

hotch·potch ['hɒtʃpɒtʃ] *s* (*fig*) Mischmasch *m*

hot dog [ˌhɒt'dɒg] *s* heißes Würstchen, Hotdog *m;* **hot-dogging** ['hɒtˌdɒgɪŋ] *s* (*Ski*) Freestyle *m*

ho·tel [həʊ'tel] *s* Hotel *nt;* **hotel accommodation** *s* Unterbringung *f* im Hotel; **hotel bill** *s* Hotelrechnung *f;* **ho·tel·ier** [hɒ'teljeɪ] *s* Hotelier *m;* **hotel industry** *s* Hotelgewerbe *nt;* **hotel keeper** *s* Hotelbesitzer(in) *m(f);* **hotel register** *s* Hotelverzeichnis *nt;* **hotel staff** *s* Hotelpersonal *nt*

hot·foot ['hɒtfʊt] **I.** *adv* in aller Eile **II.** *vt, vi* (~ *it*) schnell gehen, sich beeilen; **hot·head** ['hɒthed] *s* Hitzkopf *m;* **hot-headed** [ˌhɒt'hedɪd] *adj* hitzköpfig; **hot·house** ['hɒthaʊs] *s* Treibhaus *nt;* **hot jazz** *s* Hot Jazz *m;* **hot key** *s* Hot Key *m* (*vorprogrammierte Tastenkombination*); ~**-combination** Tastenkombination *f;* **hot line** *s* (POL) heißer Draht; **hot·ly** ['hɒtlɪ] *adv:* ~ **contested** heiß umkämpft; ~ **deba-**

ted heiß umstritten; ~ **denied** heftig bestritten; **hot metal** *s* (TYP) Blei *nt;* Bleisatz *m;* **hot·plate** ['hɒtpleɪt] *s* Heiz-, Kochplatte *f;* Warmhalteplatte *f;* **hot potato** *s* (*fig fam*) heißes Eisen; **hot·rod** ['hɒtrɒd] *s* (AUTO) Auto *nt* mit frisiertem Motor; **hot seat** *s* **1.** (*fig*) Schleudersitz *m;* schwierige Position **2.** (*Am sl*) elektrischer Stuhl; **hot·shot** ['hɒtʃɒt] *s* (*sl*) Kanone *f,* As *nt;* **hot spot** *s* (*sl*) **1.** Nachtlokal *nt* **2.** (POL) Krisenherd *m;* **hot stuff** *s* (*sl*) **1.** tolles Ding; tolle Frau **2.** Zündstoff *m;* **hot-tempered** [ˌhɒt'tempə(r)d] *adj* jähzornig; **hot-water bottle** *s* Bett-, Wärmflasche *f*

hound [haʊnd] **I.** *s* **1.** Jagdhund *m* **2.** (*fig*) Schurke, Hund *m;* **ride to ~s** mit der Meute jagen **II.** *vt* (beständig) hetzen; **hound down** *vt* Jagd machen auf; erjagen; erwischen

hour ['aʊə(r)] *s* **1.** Stunde *f* **2.** Zeit *f;* Zeitpunkt *m* **3.** Uhr(zeit) *f;* **after ~s** nach Geschäftsschluss; (*Kneipe*) nach der Polizeistunde; (*Arzt*) außerhalb der Sprechstunde; **at all ~s** zu jeder Stunde; **at the eleventh** ~ in letzter Minute; **by the** ~ stundenweise; **for ~s** stundenlang; **every ~ on the** ~ jeweils zur vollen Stunde; **keep late ~s** spät zu Bett gehen; **the rush** ~ die Hauptgeschäfts-, Hauptverkehrs-, Stoßzeit *f;* **opening ~s** Geschäftszeiten *fpl,* Öffnungszeiten *fpl,* Schalterstunden *fpl,* Sprechstunde *f;* **the small ~s** die frühen Morgenstunden *fpl;* **working ~s** Arbeitszeit *f;* Dienststunden *fpl;* **his ~ has come** seine Stunde ist gekommen; sein letztes Stündchen hat geschlagen; **hour hand** *s* Stundenzeiger *m;* **hour·ly** ['aʊəlɪ] *adj, adv* stündlich; ~ **wage** Stundenlohn *m*

house [haʊs, *pl* 'haʊzɪz] <*pl* houses> **I.** *s* **1.** Haus *nt* **2.** Dynastie *f* **3.** Geschäft(shaus) *nt,* Firma *f* **4.** (THEAT) Vorstellung *f,* Publikum, Theater *nt* **5.** (*Universität*) College *nt;* Wohngebäude *nt* (*eines Internats*) **6.** (Abgeordneten)Haus, Parlament *nt;* **on the** ~ auf Kosten des Hauses; **like a ~ on fire** (*fam*) bestens; **bring the ~ down** (THEAT) großen Beifall ernten; **keep** ~ haushalten (*for s.o.* jdm); **set one's ~ in order** reinen Tisch machen; **apartment-~** Mietshaus *nt;* **boarding-~** Pension *f;* ~ **of cards** (*fig*) Kartenhaus *nt;* **the House of Commons** (*in GB*) das Unterhaus; **the House of Lords** (*in GB*) das Oberhaus; **the Houses of Parliament** (*in GB*) das Parlamentsgebäude; **Lower/Upper House** Unter-/Oberhaus *nt;* **the House of Representatives** (*in den USA*) das Repräsentantenhaus **II.** *vt* unterbringen; verstauen; **house·boat** ['haʊsbəʊt] *s* Hausboot *nt;* **house·breaker** ['haʊsˌbreɪkə(r)] *s* Einbrecher(in) *m(f);* **house·break·ing** ['haʊsˌbreɪkɪŋ] *s* Einbruch *m;* **house·coat** ['haʊskəʊt] *s* Morgenrock *m;* Hauskleid *nt;* **house·fly** ['haʊsflaɪ] *s* Stubenfliege *f*

house·hold ['haʊshəʊld] *s* Haushalt *m;* ~ **articles** Haushaltsgegenstände *mpl;* **it's a ~ name** [*o* **word**] das ist ein Begriff; **house·holder** ['haʊshəʊldə(r)] *s* Haus-, Wohnungsinhaber(in) *m(f)*

house-hunt ['haʊshʌnt] *vi* auf Wohnungssuche sein; **house-husband** ['haʊshʌzbənd] *s* Hausmann *m;* **house·keeper** ['haʊsˌki:pə(r)] *s* Haushälterin *f;* (*Institution*) Wirtschaftsleiterin *f;* **house·keeping** ['haʊsˌki:pɪŋ] *s* Führung *f* eines Haushalts, Haushalten *nt;* ~ **money** Haushaltsgeld *nt;* **house·maid** ['haʊsmeɪd] *s* Hausgehilfin *f;* **~'s knee** (MED) Schleimbeutelentzündung *f;* **houseman** ['haʊsmən] *s* (*Br*) Medizinalassistent *m;* **house martin** *s* Mehlschwalbe *f;* **house physician** *s* Anstaltsarzt *m,* -ärztin *f;* **house plant** *s* Zimmerpflanze *f;* **house·proud** ['haʊspraʊd] *adj* auf (die) Ordnung im Haus bedacht; **house·room** ['haʊsrʊm] *s* (*Br*): **I would not give it** ~ das möchte ich nicht geschenkt haben; **house rules** *s pl* Hausordnung *f;* **house running** *s* (SPORT) House Running *nt;* **house starts** *s pl* Neubauten *pl;* **house surgeon** *s* Krankenhauschirurg(in) *m(f);* **house-to-house** *adj:* ~ **collection** Haussammlung *f;* ~ **search** Suche *f* von Haus zu Haus; ~ **selling** Direktverkauf *m* an der Haustür, Haustürgeschäft *nt;* **house·top** ['haʊstɒp] *s* (Haus)Dach *nt;* **shout s.th. from the ~s** etw ausposaunen; **house·trained** ['haʊstreɪnd] *adj* (*Tier*) stubenrein; **house-warm·ing** ['haʊsˌwɔ:mɪŋ] *s* Einzugsfest *nt*

house·wife[1] ['haʊswaɪf] <*pl* -wives> *s* Hausfrau *f;* Haushälterin, Wirtschafterin *f*

house·wife[2] ['hʌsɪf, *pl* 'hʌsɪvz] <*pl* -wives> *s* Nähzeug *nt*

house·work ['haʊswɜ:k] *s* Hausarbeit *f*

hous·ing ['haʊzɪŋ] *s* **1.** Unterbringung, Unterkunft, Wohnung *f* **2.** Wohnungsbeschaffung *f* **3.** (*Waren*) (Ein)Lagerung *f* **4.** (TECH) Gehäuse *nt;* **housing association** *s* Wohnungsbaugesellschaft *f;* **housing benefit** *s* Wohnbeihilfe *f,* Wohngeld *nt;* **housing conditions** *s pl* Wohnverhältnisse *ntpl;* **housing development** *s* (*Am*), **housing estate** *s* (*Br*) (Wohn)Siedlung *f;* **housing problem** *s* Wohnungsproblem *nt;* **housing programme** *s* Wohnungsbeschaffungsprogramm *nt;* **housing scheme** *s* **1.** (Wohn)Siedlung *f* **2.** Siedlungsbauvorhaben *nt;* **housing shortage** *s* Wohnraummangel *m*

hove [həʊv] *vt, vi* (MAR) wenden

hovel ['hɒvl] *s* (*pej*) Bruchbude *f*, Loch *nt*

hover ['hɒvə(r)] *vi* **1.** schweben (*about, over* über) **2.** herumlungern, sich herumtreiben (*about, near* in der Nähe +*gen*) **3.** (*fig*) schwanken (*between* zwischen) **4.** (*fig*) schweben (*between life and death* zwischen Leben und Tod); **hover·craft** ['hɒvəkrɑːft] *s* Luftkissenfahrzeug, Hovercraft *nt;* **hover·port** ['hɒvəpɔːt] *s* Hafen *m* für Luftkissenfahrzeuge; **hover·train** ['hɒvətreɪn] *s* Schwebebahn *f*

how [haʊ] *adv* **1.** wie; wieso **2.** (*fam*) was? warum?; **and ~!** (*sl*) und wie!; **~ about ...?** wie wäre es mit ...?; **~ come ...?** (*sl*) wie kommt es ...?; **~ is it ...?** wie kommt es ...?; **~ many?** wie viele?; **~ much?** wie viel?; **~ are you?** wie geht's?, guten Tag!; (*bei einer Vorstellung*) sehr erfreut!; **how-d'ye-do** ['haʊdjədu:] *s* (*fam*) Theater *nt*, Krach *m*

how·ever [haʊ'evə(r)] **I.** *adv* wie auch immer; **~ big/intelligent** wie groß/intelligent auch immer **II.** *conj* indessen; jedoch, aber; trotzdem

howl [haʊl] **I.** *vi* **1.** heulen **2.** brüllen, schreien **II.** *s* Geheul *nt;* **howl down** *vt* niederbrüllen, -schreien; **howler** ['haʊlə(r)] *s* (*fam*) Schnitzer, dummer Fehler *m;* **howl·ing** [-ɪŋ] **I.** *s* Gebrüll, Geschrei *nt;* Heulen *nt* **II.** *adj* **1.** heulend **2.** (*fam*) gewaltig; (*Ungerechtigkeit*) schreiend; (*Erfolg*) toll

HP, hp [ˌeɪtʃ'pi:] *s* **1.** *Abk. von* **hire purchase** **2.** *Abk. von* **horse power**

HTML *s Abk. von* **Hypertext Markup Language** (INTERNET) HTML *f*

hub [hʌb] *s* **1.** (*Rad*) Nabe *f* **2.** (*fig*) Mittelpunkt *m*

hub·bub ['hʌbʌb] *s* Stimmengewirr *nt;* Tumult *m*

hub·by *s* (*fam: husband*) Mann *m*

hub·cap ['hʌbkæp] *s* (AUTO) Radkappe *m*

huckle·berry ['hʌklbərɪ] *s* amerikanische Heidelbeere

huck·ster ['hʌkstə(r)] *s* **1.** (Straßen)Händler(in) *m(f)* **2.** (*Am: pej*) Reklamefritze *m*

huddle ['hʌdl] **I.** *vi* **1.** sich drängen, sich drücken **2.** sich schmiegen (*to* an) **II.** *s* Durcheinander *nt;* **huddle down** *vi* sich hinkuscheln; **huddle together** *vi* sich aneinander schmiegen; **huddle up** *vi* sich zusammenkauern; **~ up against** sich kauern an

hue [hju:] *s* **1.** Farbe *f;* Färbung *f* **2.** Farbton *m;* Schattierung *f;* **~ and cry** lautes Geschrei; **raise a ~ and cry against s.o.** gegen jdn heftig protestieren

huff [hʌf] **I.** *vi* blasen, pusten **II.** *s* Groll *m;* **go into a ~** schmollen, beleidigt sein; **huf·fy** ['hʌfɪ] *adj* leicht beleidigt, leicht eingeschnappt, empfindlich

hug [hʌg] **I.** *vt* **1.** umarmen **2.** sich dicht halten (*the shore* am Ufer) **3.** (*fig*) hängen an, festhalten an **II.** *vr* stolz sein (*over* auf) **III.** *s* **1.** Umarmung *f* **2.** (SPORT) Griff *m*

huge [hju:dʒ] *adj* riesig, gewaltig; ungeheuer; **huge·ly** [-lɪ] *adv* ungeheuer; **huge·ness** [-nɪs] *s* gewaltige Größe

hulk [hʌlk] *s* **1.** (Schiffs)Rumpf *m* **2.** schwerfälliger Mensch, Klotz, Trampel *m;* **hulk·ing** [-ɪŋ] *adj* unförmig; plump

hull[1] [hʌl] **I.** *s* (BOT) Hülse, Schale *f;* Schote *f* **II.** *vt* enthülsen, schälen

hull[2] [hʌl] *s* Schiffskörper *m;* Flugzeugrumpf *m*

hul·la·ba·loo [ˌhʌləbə'lu:] *s* Lärm, Tumult *m*

hullo [hə'ləʊ] *interj* hallo! nanu!

hum [hʌm] **I.** *vi* **1.** summen **2.** (er)dröhnen (*with* von) **3.** (*fam*) geschäftig sein **4.** (*sl*) stinken; **make things ~** (*fam*) den Laden in Schwung bringen; **~ and haw** herumdrucksen; **things are always ~ming** es ist immer Betrieb **II.** *vt* (*Melodie*) summen (*to o.s.* vor sich hin) **III.** *s* Summen, Brummen *nt*

hu·man ['hju:mən] **I.** *adj* menschlich; **to err is ~** (*prov*) Irren ist menschlich; **I'm only ~** ich bin auch nur ein Mensch; **~ chain** Menschenkette *f;* **~ error** menschliches Versagen; **Human Genum Project** *Forschungsprojekt: menschliche Gene;* **~ rights** Menschenrechte *ntpl* **II.** *s* (*~ being*) Mensch *m;* **hu·mane** [hju:'meɪn] *adj* menschlich, human; **hu·man·ism** ['hju:mənɪzəm] *s* Humanismus *m;* **hu·man·istic** [ˌhju:mə'nɪstɪk] *adj* humanistisch; **hu·mani·tar·ian** [hju:ˌmænɪ'teərɪən] *adj* menschenfreundlich; humanitär; **hu·man·ity** [hju:'mænətɪ] *s* **1.** die Menschheit **2.** Menschlichkeit *f;* **the humanities** die Geisteswissenschaften *pl;* **hu·man·ize** ['hju:mənaɪz] *vt* humanisieren; **hu·man·ly** ['hju:mənlɪ] *adv:* **~ possible** menschenmöglich

humble ['hʌmbl] **I.** *adj* **1.** demütig **2.** bescheiden **3.** unbedeutend; **eat ~ pie** zurückstecken, klein beigeben **II.** *vt* demütigen; **humble·ness** [-nɪs] *s* Bescheidenheit *f;* Einfachheit *f;* Demut *f*

hum·bug ['hʌmbʌg] *s* **1.** Schwindel, Humbug *m* **2.** Quatsch *m* **3.** Schwindler(in) *m(f)*, Hochstapler(in) *m(f)* **4.** (*Br*) Pfefferminzbonbon *m od nt*

hum·drum ['hʌmdrʌm] *adj* eintönig, monoton, langweilig

hu·mid ['hju:mɪd] *adj* feucht; **hu·mid·ifier** [hju:mɪdɪfaɪə(r)] *s* Verdunster *m;* Luftbefeuchtungsanlage *f;* **hu·mid·ify** [hju:'mɪdɪfaɪ] *vt* an-, befeuchten; **hu·mid·ity** [hju:'mɪdətɪ] *s* Feuchtigkeit *f*
hu·mili·ate [hju:'mɪlɪeɪt] *vt* demütigen; **hu·mili·ation** [hju:ˌmɪlɪ'eɪʃn] *s* Demütigung *f;* **hu·mil·ity** [hju:'mɪlətɪ] *s* Demut *f;* Bescheidenheit *f*
hum·ming·bird ['hʌmɪŋbɜ:d] *s* Kolibri *m*
hum·mock ['hʌmək] *s* (kleiner) Hügel *m*
hu·mon·gous [hju:'mʌŋɪs] *adj* (*Am: sl*) Riesen-, riesig
hu·mor (*Am*) *s.* **humour**
hu·mor·ist ['hju:mərɪst] *s* Humorist(in) *m(f);* **hu·mor·ous** ['hju:mərəs] *adj* humorvoll, amüsant, komisch; **hu·mour** ['hju:mə(r)] **I.** *s* **1.** (*sense of* ~) Humor *m* **2.** Stimmung, Laune *f;* **be out of** ~ nicht in Stimmung sein **II.** *vt* nachgeben (*s.o.* jdm gegenüber), den Willen lassen (*s.o.* jdm); **hu·mour·less** [-lɪs] *adj* humorlos, trocken
hump [hʌmp] **I.** *s* **1.** (*Kamel*) Höcker *m* **2.** (*Mensch*) Buckel *m* **3.** Hügel *m* **4.** schlechte Laune, Ärger, Verdruss *m;* **be over the** ~ (*fig*) über den Berg sein **II.** *vt* **1.** krümmen **2.** schleppen; auf die Schulter nehmen; **hump·back** ['hʌmpbæk] *s* **1.** Buckel *m* **2.** Bucklige(r) *f m;* ~ (**whale**) Buckelwal *m;* **hump·backed** ['hʌmpbækt] *adj* bucklig; ~ **bridge** gewölbte Brücke
humph [hʌmpf, mm] *interj* hm!
Hun [hʌn] *s* **1.** (HIST) Hunne *m,* Hunnin *f* **2.** (*pej*) Deutsche(r) *f m*
hunch [hʌntʃ] **I.** *vt* wölben, krümmen; ~ **one's back** einen Buckel machen **II.** *s* (*fam*) (Vor)Ahnung *f;* **have a** ~ eine Ahnung haben; **play one's** ~ einer Intuition folgen; **hunch·back** ['hʌntʃbæk] *s* **1.** Buckel *m* **2.** Bucklige(r) *f m;* **be a** ~ bucklig sein, einen Buckel haben
hun·dred ['hʌndrəd] **I.** *adj* hundert **II.** *s* (das) Hundert; **a** ~ hundert; **one** ~ einhundert; ~**s of …** Hunderte von …; **hun·dred·fold** ['hʌndrədfəʊld] *adj, adv* hundertfach; hundertfältig; **hun·dredth** ['hʌndrədθ] **I.** *adj* hundertste(r, s) **II.** *s* Hundertstel *nt;* Hundertste(r, s); **hun·dred·weight** ['hʌndrədweɪt] *s* Zentner *m* (= *112 Pfund bzw. 50,8 kg, Am = 100 Pfund bzw. 45,36 kg*)
hung [hʌŋ] *s.* **hang**
Hun·gar·ian [hʌŋ'geərɪən] **I.** *adj* ungarisch **II.** *s* **1.** (*Mensch*) Ungar(in) *m(f)* **2.** (*Sprache*) (das) Ungarisch(e); **Hun·gary** ['hʌŋgərɪ] *s* Ungarn *nt*
hun·ger ['hʌŋgə(r)] **I.** *s* **1.** Hunger *m* **2.** (*fig*) Verlangen *nt* (*for, after* nach); **die of** ~ verhungern; **feel** ~ hungrig sein; ~ **strike** Hungerstreik *m* **II.** *vi* sich sehnen, (heftig) verlangen (*for, after* nach)
hung par·lia·ment [ˌhʌŋ'pɑ:ləmənt] *s* *Parlament ohne klare Mehrheitsverhältnisse*
hun·gry ['hʌŋgrɪ] *adj* **1.** hungrig **2.** verlangend, (be)gierig (*for* nach) **3.** (*Boden*) mager; **be** ~ Hunger haben, hungrig sein
hunk [hʌŋk] *s* **1.** dickes Stück, Ranken *m* (*bes. Brot*) **2.** (*sl*) geiler Typ
hunky-dory ['hʌŋkɪˌdɔ:rɪ] *adj* (*fam*): **everything's** ~ alles ist in Butter
hunt [hʌnt] **I.** *vt* **1.** jagen; hetzen **2.** verfolgen **3.** eifrig suchen **4.** durchjagen, -streifen **II.** *vi* **1.** auf die Jagd gehen, jagen **2.** suchen, forschen (*for* nach); **go ~ing** auf die Jagd gehen **III.** *s* **1.** Jagd *f;* Fuchsjagd *f* **2.** (*fig*) Jagd, Suche *f* (*for* nach); **hunt down** *vt* zur Strecke bringen; **hunt out** *vt* ausfindig machen; **hunt up** *vt* aufstöbern; **hunter** ['hʌntə(r)] *s* **1.** Jäger *m* **2.** Jagdpferd *nt;* **hunt·ing** [-ɪŋ] *s* **1.** Jagen *nt,* Jagd *f* **2.** Suche *f;* **hunt·ing-ground** *s* Jagdgründe *mpl;* **hunt·ing-licence** *s* Jagdschein *m;* **hunt·ing-season** *s* Jagdzeit *f;* **hunt·ress** ['hʌntrɪs] *s* Jägerin *f;* **hunts·man** ['hʌntsmən] <*pl* -men> *s* **1.** Jäger *m* **2.** Aufseher *m* der Jagdhunde
hurdle ['hɜ:dl] *s* **1.** (AGR SPORT) Hürde *f* **2.** (*fig*) Hindernis *nt,* Hürde *f;* ~**s** (SPORT) Hürdenlauf *m;* **hundred meters~s** 100-m-Hürden(lauf); **hur·dler** ['hɜ:dlə(r)] *s* Hürdenläufer(in) *m(f);* **hurdle race** *s* Hürdenlauf *m,* Hindernisrennen *nt*
hurdy-gurdy ['hɜ:dɪgɜ:dɪ] *s* Leierkasten *m;* Drehorgel *f*
hurl [hɜ:l] **I.** *vt* **1.** schleudern **2.** hinausbrüllen, -schreien **3.** (*Worte*) ausstoßen (*at* gegen) **II.** *s* Schleudern, Stoßen *nt*
hurly-burly ['hɜ:lɪbɜ:lɪ] *s* Lärm, Tumult *m*
hur·rah, hur·ray [hʊ'rɑ:, hʊ'reɪ] **I.** *interj* hurra! **II.** *s* Hurra(ruf *m*) *nt*
hur·ri·cane ['hʌrɪkən] *s* Wirbelsturm, Orkan *m;* **hurricane lamp** *s* Sturmlaterne *f;* **hurricane warning** *s* Sturmwarnung *f*
hur·ried ['hʌrɪd] *adj* **1.** hastig; eilig **2.** übereilt
hurry ['hʌrɪ] **I.** *s* **1.** Eile, Hast *f* **2.** Übereilung, Überstürzung *f* **3.** Drängen *nt,* Ungeduld *f;* **in a** ~ in (großer) Eile, überstürzt; **in no** ~ (*fam*) nicht von sich aus, nicht ohne Not, nicht freiwillig; **be in a** ~ es sehr eilig haben (*to do s.th.* etw zu tun); **there is no** ~ damit hat's keine Eile; **why (all) this ~?** warum diese Eile? **II.** *vi* sich beeilen; **don't** ~ immer mit der Ruhe! **III.** *vt* **1.** (~ *up*) beschleunigen; antreiben

H

2. (*Person*) rasch schicken (*to* zu); **hurry along I.** *vi* sich beeilen **II.** *vt* drängen; zur Eile antreiben; vorantreiben; **hurry away, hurry off I.** *vi* forteilen **II.** *vt* schnell wegbringen; **hurry on I.** *vi* schnell weitergehen, weiterreden, weiterlesen **II.** *vt* antreiben; **hurry up I.** *vi* sich beeilen **II.** *vt* zur Eile antreiben; vorantreiben

hurt [hɜːt] <*irr:* hurt, hurt> **I.** *vt* **1.** weh tun (*s.o.* jdm) **2.** verletzen, verwunden **3.** schaden, Schaden zufügen (*s.o.* jdm) **4.** (*fig*) verletzen, kränken, wehtun (*s.o.* jdm); **feel ~** sich gekränkt [*o* verletzt] fühlen; **~ s.o.'s feelings** jdn kränken [*o* verletzen] **II.** *vi* wehtun; **that won't ~** das schadet nichts **III.** *s* **1.** Schmerz *m* **2.** Verletzung, Verwundung *f* **3.** (*fig*) Kummer *m*, Leid *nt* **4.** Schaden, Nachteil *m* (*to* für); **hurt·ful** ['hɜːtfl] *adj* **1.** verletzend **2.** schädlich, nachteilig (*to* für)

hurtle ['hɜːtl] *vi* rasen

hus·band ['hʌzbənd] **I.** *s* (Ehe)Mann, Gatte *m;* **~ and wife** Eheleute *pl* **II.** *vt* sparsam umgehen mit

hus·bandry ['hʌzbəndrɪ] *s* Landwirtschaft *f;* **animal ~** Viehzucht *f*

hush [hʌʃ] **I.** *vt* zum Schweigen bringen **II.** *vi* verstummen **III.** *s* Stille *f* **IV.** *interj* still! Ruhe (da)!; **hush up** *vt* vertuschen, verheimlichen; **hush-hush** [ˌhʌʃ'hʌʃ] *adj* streng (vertraulich und) geheim; **hush-money** ['hʌʃmʌnɪ] *s* Schweigegeld *nt*

husk [hʌsk] **I.** *s* **1.** (BOT) Hülse, Schote *f* **2.** (*fig*) Schale *f* **II.** *vt* enthülsen, schälen

husky[1] ['hʌskɪ] *adj* **1.** (*Stimme*) belegt **2.** (*fam*) kräftig, stämmig

husky[2] ['hʌskɪ] *s* Eskimohund *m*

hussy ['hʌsɪ] *s* **1.** (*pej*) Flittchen *nt* **2.** (*brazen ~*) freches Ding

hust·ings ['hʌstɪŋz] *s pl* (POL) Wahlkampf *m*

hus·tle ['hʌsl] **I.** *vt* **1.** drängen (*into* zu) **2.** (*Am: Kunden*) fangen **II.** *vi* **1.** sich beeilen, eilen **2.** sich einen Weg bahnen (*through* durch) **3.** (*Am fam*) wie toll schuften **4.** (*Am sl*) betteln, stehlen **III.** *s* Gedränge *nt;* Hetze *f;* **~ and bustle** reges Treiben, Betriebsamkeit *f;* **hustle up** *vt* (*Am: fam*) auftreiben; **hus·tler** ['hʌslə(r)] *s* **1.** Strichmädchen *nt;* Strichjunge *m* **2.** (*Am fam*) Arbeitstier *nt* **3.** (*Am fam*) Gauner *m;* **hustling** ['hʌslɪŋ] *s* Prostitution *f;* (*fam*) Strich *m*

hut [hʌt] *s* Hütte *f;* Baracke *f*

hutch [hʌtʃ] *s* Käfig *m;* (Kaninchen)Stall *m*

hya·cinth ['haɪəsɪnθ] *s* Hyazinthe *f*

hy·aena [haɪ'iːnə] *s* Hyäne *f*

hy·brid ['haɪbrɪd] *s* **1.** (BOT) Hybride, Kreuzung *f* **2.** (ZOO) Kreuzung *f* **3.** (*fig*) Mischung *f*

hy·drangea [haɪ'dreɪndʒə] *s* Hortensie *f*

hy·drant ['haɪdrənt] *s* Hydrant *m*

hy·drate ['haɪdreɪt] *s* (CHEM) Hydrat *nt*

hy·drau·lic [haɪ'drɒlɪk] *adj* hydraulisch; **hy·drau·lics** [-] *s pl a. mit sing* Hydraulik *f*

hy·dro·car·bon [ˌhaɪdrə'kɑːbən] *s* Kohlenwasserstoff *m;* **hy·dro·chloric** [ˌhaɪdrə'klɒrɪk] *adj:* **~ acid** Salzsäure *f;* **hy·dro·elec·tric** [ˌhaɪdrəʊɪ'lektrɪk] *adj* hydroelektrisch; **~ power-station** Wasserkraftwerk *nt;* **hy·dro·foil** ['haɪdrəfɔɪl] *s* Tragflächen-, Tragflügelboot *nt*

hy·dro·gen ['haɪdrədʒən] *s* Wasserstoff *m;* **hydrogen bomb** *s* Wasserstoffbombe *f;* **hydrogen peroxide** *s* Wasserstoffperoxyd *nt;* **hydrogen sulphide** *s* Schwefelwasserstoff *m*

hy·dro·pho·bia [ˌhaɪdrə'fəʊbɪə] *s* **1.** Wasserscheu *f* **2.** (MED) Tollwut *f*

hy·dro·pon·ics [ˌhaɪdrə'pɒnɪks] *s* Hydrokultur *f*

hy·ena [haɪ'iːnə] *s* Hyäne *f*

hy·giene ['haɪdʒiːn] *s* Gesundheitspflege, Hygiene *f;* **personal ~** Körperpflege *f;* **hy·gienic** [haɪ'dʒiːnɪk] *adj* hygienisch

hy·gro·meter [haɪ'grɒmɪtə(r)] *s* Feuchtigkeitsmesser *m;* **hy·gro·scope** ['haɪgrəskəʊp] *s* Hygroskop *nt*

hymn [hɪm] *s* Hymne *f;* Loblied *nt;* **hym·nal, hymn·book** ['hɪmnəl, 'hɪmbʊk] *s* Gesangbuch *nt*

hype [haɪp] *s* (reißerische) Publicity *f*, Reklamerummel *m*

hy·per·ac·tive [ˌhaɪpə'æktɪv] *adj* sehr aktiv; hyperaktiv

hy·per·bola [haɪ'pɜːbələ] *s* (MATH) Hyperbel *f;* **hy·per·bole** [haɪ'pɜːbəlɪ] *s* (*stilistische*) Übertreibung, Hyperbel *f;* **hy·per·bolic** [haɪpə'bɒlɪk] *adj* **1.** (*Stil*) übertreibend **2.** (MATH) Hyperbel-

hy·per·criti·cal [ˌhaɪpə'krɪtɪkl] *adj* überstreng urteilend; schwer zu befriedigen(d)

hy·per·link [ˌhaɪpə'lɪŋk] *s* (INTERNET) Hyperlink *f*, Link *f*

hy·per·mar·ket ['haɪpəmɑːkɪt] *s* (*Br*) Groß-, Verbrauchermarkt *m*

hy·per·real·ity [ˌhaɪpəri'æləti] *s* Hyperrealität *f*, Überwirklichkeit *f*

hy·per·sen·si·tive [ˌhaɪpə'sensətɪv] *adj* überempfindlich

hy·per·sen·si·tize [ˌhaɪpə'sensɪtaɪz] *vt:* **~ s.o. to s.th.** jdn gegen etw *akk* [hyper]sensibilisieren

hy·per·text [ˌhaɪpə'tekst] *s* (INTERNET) Hypertext *m*

hy·per·ven·ti·late [ˌhaɪpə'ventɪleɪt] *vi:* **~ over s.th.** auf etw total überreagieren

hy·phen ['haɪfn] *s* **1.** Bindestrich *m* **2.** Trennstrich *m;* (TYP) Divis *nt;*

hy·phen·ate ['haɪfəneɪt] *vt* mit einem Bindestrich schreiben

hyp·no·sis [hɪp'nəʊsɪs, *pl* -si:z] <*pl* -ses> *s* Hypnose *f;* **hyp·no·ther·apy** [ˌhɪpnə'θerəpɪ] *s* Hypnotherapie *f;* **hyp·notic** [hɪp'nɒtɪk] *adj* hypnotisch; **hyp·not·ist** ['hɪpnətɪst] *s* Hypnotiseur(in) *m(f);* **hyp·not·ize** ['hɪpnətaɪz] *vt* hypnotisieren

hy·po·al·ler·gen·ic [ˌhaɪpəʊælɜː'dʒenɪk] *adj* (MED) hypoallergen

hy·po·chon·dria [ˌhaɪpə'kɒndrɪə] *s* Hypochondrie *f,* Einbildung *f* krank zu sein; **hy·po·chon·driac** [ˌhaɪpə'kɒn drɪæk] **I.** *adj* hypochondrisch **II.** *s* Hypochonder *m*

hy·poc·risy [hɪ'pɒkrəsɪ] *s* Heuchelei *f;* **hyp·ocrite** ['hɪpəkrɪt] *s* Heuchler(in) *m(f),* Scheinheilige(r) *f m;* **hy·po·criti·cal** [ˌhɪpə'krɪtɪkl] *adj* heuchlerisch

hy·po·der·mic [ˌhaɪpə'dɜːmɪk] *adj* subkutan; ~ **syringe** (Subkutan)Spritze *f*

hy·pot·en·use [ˌhaɪ'pɒtənjuːz] *s* (MATH) Hypotenuse *f*

hy·po·ther·mia [ˌhaɪpə'θɜːmɪə] *s* Unterkühlung *f;* Kältetod *m*

hy·poth·esis [haɪ'pɒθəsɪs, *pl* -əsiːz] <*pl* -eses> *s* Hypothese *f;* **hy·po·theti·cal** [ˌhaɪpə'θetɪkl] *adj* hypothetisch

hys·ter·ec·to·my [ˌhɪstə'rektəmɪ] *s* Totaloperation, Hysterektomie *f*

hys·teria [hɪ'stɪərɪə] *s* Hysterie *f;* **hys·ter·ic** [hɪ'sterɪk] **I.** *adj* hysterisch **II.** *s* Hysteriker(in) *m(f);* **go into ~s** einen hysterischen Anfall bekommen; **have a fit of ~s** einen hysterischen Anfall haben; (*fig fam*) sich totlachen; **hys·teri·cal** [hɪ'sterɪkl] *adj* **1.** hysterisch **2.** (*fam*) irrsinnig komisch

I

I, i [aɪ] <*pl* -'s> *s* I, i *nt*
I [aɪ] *pron* ich
ibex ['aɪbeks] *s* Steinbock *m*
ice [aɪs] **I.** *s* **1.** Eis *nt* **2.** Speiseeis *nt;* **be skating on thin** ~ (*fig*) sich aufs Glatteis begeben; **break the** ~ (*fig*) das Eis brechen; **cut no** ~ keine Wirkung haben; **put on** ~ (*fig*) auf Eis legen, aufschieben **II.** *vt* **1.** tiefkühlen **2.** mit Eis kühlen **3.** (*Kuchen*) glasieren **III.** *vi* (~ *up,* ~ *over, a.* AVIAT) zufrieren, vereisen; **Ice Age** *s* Eiszeit *f;* **ice axe** *s* Eispickel *m;* **ice·berg** ['aɪsbɜ:g] *s* Eisberg *m;* **ice·bound** ['aɪsbaʊnd] *adj* (ein-, zu)gefroren; **ice·box** ['aɪsbɒks] *s* **1.** (*Br*) Eisfach *nt* **2.** (*Am*) Eisschrank *m;* **ice·breaker** ['aɪsˌbreɪkə(r)] *s* Eisbrecher *m;* **ice·cap** ['aɪskæp] *s* (GEOG) Eiskappe *f;* **ice-cold** *adj* eiskalt; **ice-cream** *s* Eis *nt,* Eiscreme *f;* **ice-cream parlour** *s* Eisdiele *f,* Eiscafé *nt;* **ice cube** ['aɪskju:b] *s* Eiswürfel *m;* **iced** [aɪst] *adj* **1.** eisgekühlt **2.** glasiert; ~ **coffee** Eiskaffee *m;* **ice floe** ['aɪsfləʊ] *s* Treibeisscholle *f;* **ice hockey** *s* Eishockey *nt*
Ice·land ['aɪslənd] *s* Island *nt;* **Ice·lander** ['aɪsləndə(r)] *s* Isländer(in) *m(f);* **Ice·landic** [aɪs'lændɪk] **I.** *adj* isländisch **II.** *s* (das) Isländisch(e)
ice lolly [ˌaɪs'lɒlɪ] *s* (*Br*) Eis *nt* am Stil; **ice pack** ['aɪspæk] *s* **1.** (GEOG) Packeis *nt* **2.** (MED) Eisbeutel *m;* **ice rink** ['aɪsrɪŋk] *s* Eis-, Schlittschuhbahn *f;* **ice-skate** **I.** *vi* Schlittschuh laufen **II.** *s* Schlittschuh *m;* **ice-skat·ing** ['aɪskeɪtɪŋ] *s* Eislauf *m,* Schlittschuhlaufen *nt*
icicle ['aɪsɪkl] *s* Eiszapfen *m*
icing ['aɪsɪŋ] *s* **1.** Zuckerguss *m,* Glasur *f* **2.** (AVIAT RAIL) Eisbildung, Vereisung *f;* **icing sugar** *s* Puderzucker *m*
icon ['aɪkɒn] *s* **1.** (REL) Ikone *f* **2.** (INFORM) Ikon *nt*
icono·clast [aɪ'kɒnəklæst] *s* Bilderstürmer *m;* **icono·clast·ic** [aɪˌkɒnə'klæstɪk] *adj* (*fig*) bilderstürmerisch
icy ['aɪsɪ] *adj* **1.** (*Straße*) vereist; gefroren **2.** (*fig*) eisig
I'd [aɪd] = **I had; I would**
ID card [aɪ'di:ˌka:d] *s* Personalausweis *m*
idea [aɪ'dɪə] *s* **1.** Gedanke *m,* Idee *f* **2.** Begriff *m* **3.** Auffassung, Meinung *f;* Vorstellung *f* **4.** Ahnung *f;* **form an** ~ sich eine Vorstellung machen (*of* von); **get** ~**s into one's head** sich trügerischen Hoffnungen hingeben; **I have an** ~ **that** mir ist (so), als ob; **I have no** ~ ich habe keine Ahnung; **I haven't the faintest** [*o* **slightest**] ~ ich habe nicht die leiseste [*o* geringste] Ahnung; **that's the** ~ darum dreht es sich; **what an** ~**!** was für eine Idee!; **according to his** ~ seiner Meinung nach; **a man of** ~**s** ein Denker *m*
ideal [aɪ'dɪəl] **I.** *adj* ideal, vorbildlich **II.** *s* Ideal *nt;* **ideal·ism** [aɪ'dɪəlɪzəm] *s* Idealismus *m;* **ideal·ist** [aɪ'dɪəlɪst] *s* Idealist(in) *m(f);* **ideal·ist·ic** [ˌaɪdɪə'lɪstɪk] *adj* idealistisch; **ideal·ize** [aɪ'dɪəlaɪz] *vt* idealisieren
iden·ti·cal [aɪ'dentɪkl] *adj* identisch, völlig gleich; ~ **twins** eineiige Zwillinge *mpl*
iden·ti·fi·able [aɪ'dentɪˌfaɪəbl] *adj* erkennbar; identifizierbar; **iden·ti·fi·ca·tion** [aɪˌdentɪfɪ'keɪʃn] *s* **1.** Identifizierung *f* **2.** Ausweispapiere *ntpl,* Legitimation *f* **3.** Identifikation *f;* **identification papers** *s pl* Ausweispapiere *ntpl;* **identification parade** *s* Gegenüberstellung *f;* **iden·ti·fier** [aɪ'dentɪfaɪə(r)] *s* (INFORM) Kennzeichen *nt*
iden·ti·fy [aɪ'dentɪfaɪ] *vt* **1.** identifizieren **2.** (*Gegenstand*) wiedererkennen **3.** (*Pflanzen*) kennzeichnen **4.** gleichsetzen (*with* mit); ~ **o.s.** sich ausweisen; ~ **o.s. with s.o.** sich mit jdm identifizieren;
iden·ti·kit® [aɪ'dentɪkɪt] **I.** *s* Phantombild *nt* **II.** *adj* (*pej*) ein Abklatsch von ...;
iden·ti·ty [aɪ'dentətɪ] *s* **1.** Identität *f* **2.** Gleichheit, Übereinstimmung *f;* **prove one's** ~ sich ausweisen; **identity card** *s* (Personal)Ausweis *m*
ideo·logi·cal [ˌaɪdɪə'lɒdʒɪkl] *adj* ideologisch; **ideolo·gist** [ˌaɪdɪ'ɒlədʒɪst] *s* Ideologe *m,* Ideologin *f;* **ideol·ogy** [ˌaɪdɪ'ɒlədʒɪ] *s* Ideologie, Weltanschauung *f*
idi·ocy ['ɪdɪəsɪ] *s* **1.** (MED) Schwachsinn *m* **2.** Dummheit *f,* Unsinn *m*
id·iom ['ɪdɪəm] *s* **1.** idiomatische Redewendung **2.** Sprache *f;* Sprech-, Ausdrucksweise *f;* **idio·matic** [ˌɪdɪə'mætɪk] *adj* idiomatisch
idio·syn·crasy [ˌɪdɪəʊ'sɪŋkrəsɪ] *s* Eigenart, Eigenheit *f;* **idio·syn·crat·ic** [ˌɪdɪəʊsɪŋ'krætɪk] *adj* eigenartig
id·iot ['ɪdɪət] *s* **1.** (MED) Schwachsinnige(r) *f m* **2.** Idiot, Dummkopf *m;* **idi·otic** [ˌɪdɪ'ɒtɪk] *adj* blöd(sinnig), idiotisch

idle ['aɪdl] **I.** *adj* **1.** müßig, untätig **2.** faul, träge **3.** unbeschäftigt; stillstehend **4.** (TECH) nicht in Betrieb **5.** (*Worte*) leer; nutzlos, vergeblich; **lie ~** (*Geld*) nicht arbeiten; **stand ~** stillstehen, außer Betrieb sein; **~ fear** unbegründete Angst; **~ wish** Wunschtraum *m* **II.** *vi* **1.** (*~ about*) müßig gehen, faulenzen; untätig sein **2.** (TECH) leer laufen **III.** *vt* (*Zeit: ~ away*) vertun, vertrödeln; **idle·ness** ['aɪdlnɪs] *s* **1.** Muße *f* **2.** Faul-, Trägheit *f;* **idler** ['aɪdlə(r)] *s* Müßiggänger(in) *m(f)*

idol ['aɪdl] *s* **1.** Götter-, Götzenbild *nt* **2.** Idol *nt;* **idol·atrous** [aɪ'dɒlətrəs] *adj* **1.** Götzen verehrend **2.** (*fig*) leidenschaftlich ergeben; **idolatry** [aɪ'dɒlətrɪ] *s* **1.** Götzendienst *m* **2.** (*fig*) Vergötterung *f;* **idol·ize** ['aɪdəlaɪz] *vt* (*fig*) vergöttern

idyll ['ɪdɪl] *s* **1.** (*lit*) Idylle *f* **2.** (*fig*) Idyll *nt;* **idyl·lic** [ɪ'dɪlɪk] *adj* idyllisch

i.e. [aɪ'iː] *s Abk. von* **id est** d. h.

if [ɪf] **I.** *conj* wenn, falls; für den Fall, dass …; ob; **I wonder ~ he'll come** ich bin gespannt, ob er kommt; **as ~** als ob, als wenn; **as ~ by chance** wie zufällig; **~ so** wenn ja; **~ not** falls nicht; **and ~ …!** und ob …!; **even ~** auch wenn; **~ only** wenn doch nur **II.** *s* Wenn *nt;* **~s and buts** Wenn und Aber; **iffy** ['ɪfɪ] *adj* (*fam*) **1.** (*Sache*) fraglich, zweifelhaft **2.** (*Person*) skeptisch (*about* gegenüber)

ig·loo ['ɪgluː] *s* Iglu *m od nt*

ig·neous ['ɪgnɪəs] *adj* (GEOL) vulkanisch; **~ rocks** Eruptivgestein *nt*

ig·nite [ɪg'naɪt] **I.** *vt* entzünden **II.** *vi* sich entzünden; **ig·ni·tion** [ɪg'nɪʃn] *s* **1.** Entzünden *nt* **2.** (AUTO) Zündung *f;* **ignition coil** *s* (AUTO) Zündspule *f;* **ignition key** *s* Zündschlüssel *m;* **ignition switch** *s* Zündschalter *m*

ig·noble [ɪg'nəʊbl] *adj* gemein, schändlich

ig·nom·ini·ous [ˌɪgnə'mɪnɪəs] *adj* schändlich, schmachvoll; **ig·nom·iny** ['ɪgnəmɪnɪ] *s* Schmach, Schande *f*

ig·nor·amus [ˌɪgnə'reɪməs] *s* Ignorant(in) *m(f);* **ig·nor·ance** ['ɪgnərəns] *s* Unwissenheit *f;* Mangel *m* an Bildung, Ignoranz *f;* Unkenntnis *f;* **~ (of the law) is no excuse** Unkenntnis schützt vor Strafe nicht; **ig·nor·ant** ['ɪgnərənt] *adj* **1.** unwissend, ungebildet **2.** nicht informiert (*in* über); **be ~ of** nicht wissen, nicht kennen; **ig·nore** [ɪg'nɔː(r)] *vt* ignorieren; hinwegsehen über; nicht beachten

iguana [ɪ'gwɑːnə] *s* Leguan *m*

ilk [ɪlk] *s:* **of that ~** von der Art; solche(r, s)

ill [ɪl] **I.** *adj* **1.** krank **2.** schlecht, schlimm, übel; **fall** [*o* **be taken**] **~** erkranken (*with s.th.* an etw), krank werden; **feel ~** sich unwohl fühlen; **~ feeling** böses Blut; **~ humo(u)r** schlechte Laune; **~ nature** Übellaunigkeit *f* **II.** *adv* schlecht **III.** *s* **1.** Übel *nt,* (das) Böse **2. ~s** Missstände, Übel *pl;* **speak/think ~ of s.o.** Schlechtes über jdn sagen/denken

I'll [aɪl] = **I will; I shall**

ill-ad·vised [ˌɪləd'vaɪzd] *adj* unklug, unvernünftig; **ill-as·sorted** [ˌɪlə'sɔːtɪd] *adj* nicht zusammenpassend; **ill-at-ease** [ˌɪlət'iːz] *adj* unbehaglich; **ill-bred** [ˌɪl'bred] *adj* ungezogen, schlecht erzogen; **ill-breed·ing** [ˌɪl'briːdɪŋ] *s* schlechte Erziehung *f*

il·legal [ɪ'liːgl] *adj* unerlaubt; ungesetzlich, illegal; **il·legal·ity** [ˌɪlɪ'gælətɪ] *s* Gesetzwidrigkeit *f;* Illegalität *f*

il·leg·ible [ɪ'ledʒəbl] *adj* unleserlich

il·legit·imate [ˌɪlɪ'dʒɪtɪmət] *adj* **1.** (*Kind*) unehelich **2.** (JUR) unrechtmäßig, ungesetzlich **3.** (*Argument*) unzulässig

ill-fated [ˌɪl'feɪtɪd] *adj* unglücklich; unglückselig; **ill-fa·vored** (*Am*), **ill-favoured** [ˌɪl'feɪvəd] *adj* unschön; **ill-gotten gains** *s pl* unrechtmäßiger Gewinn

il·lib·eral [ɪ'lɪbərəl] *adj* **1.** unduldsam, intolerant **2.** geizig, knauserig

il·licit [ɪ'lɪsɪt] *adj* unerlaubt, verboten; **~ trade** Schwarzhandel *m*

il·limit·able [ɪ'lɪmɪtəbl] *adj* grenzenlos, unbeschränkt; unermesslich

ill-in·formed ['ɪlɪnˌfɔːmd] *adj* schlecht informiert; wenig sachkundig

il·lit·er·acy [i'lɪtərəsɪ] *s* Analphabetentum *nt;* **illiteracy rate** *s* Analphabetismus *m;* **il·lit·er·ate** [ɪ'lɪtərət] **I.** *adj* des Schreibens und Lesens unkundig **II.** *s* Analphabet(in) *m(f)*

ill-man·nered [ˌɪl'mænəd] *adj* schlecht erzogen; **ill-na·tured** [ˌɪl'neɪtʃəd] *adj* (*Mensch*) launisch

ill·ness ['ɪlnɪs] *s* Krankheit *f*

il·logi·cal [ɪ'lɒdʒɪkl] *adj* unlogisch; **il·logi·cal·ity** [ɪˌlɒdʒɪ'kælɪtɪ] *s* mangelnde Logik, Unlogik *f*

ill-omened [ˌɪl'əʊmend] *adj* von schlechten Vorzeichen begleitet; **ill-starred** [ˌɪl'stɑːd] *adj* unter einem ungünstigen Stern geboren; **ill-tem·pered** [ˌɪl'tempəd] *adj* launisch, launenhaft; **ill-timed** [ˌɪl'taɪmd] *adj* ungelegen, unpassend, unangebracht; **ill-treat** [ˌɪl'triːt] *vt* misshandeln; **ill-treat·ment** [ˌɪl'triːtmənt] *s* Misshandlung *f*

il·lumi·nate [ɪ'luːmɪneɪt] *vt* **1.** be-, erleuchten, erhellen **2.** (*fig*) erklären, erläutern **3.** illuminieren, festlich beleuchten; **~d display** Leuchtanzeige *f;* **il·lumi·nat·ing** [ɪ'luːmɪneɪtɪŋ] *adj* (*fig*) aufschlussreich; **il·lumi·na·tion** [ɪˌluːmɪ'neɪʃn] *s* **1.** Aus-,

I

Beleuchtung *f* **2.** (*fig*) Erläuterung, Erklärung *f* **3.** Festbeleuchtung *f*

il·lu·sion [ɪ'luːʒn] *s* **1.** Illusion *f;* trügerische Hoffnung **2.** (Sinnes)Täuschung *f;* **have no ~s about** keine falschen Vorstellungen haben von; **be under the ~ that …** sich einbilden, dass …; **il·lu·sion·ist** [ɪ'luːʒənɪst] *s* Illusionist(in) *m(f);* **il·lu·sive, il·lu·sory** [ɪ'luːsɪv, ɪ'luːsərɪ] *adj* illusorisch, trügerisch

il·lus·trate ['ɪləstreɪt] *vt* **1.** (*fig*) erklären, erläutern, veranschaulichen **2.** (*Buch*) illustrieren, bebildern; **il·lus·tra·tion** [ˌɪlə'streɪʃn] *s* **1.** Erklärung *f* **2.** Abbildung, Illustration *f;* **by way of ~** als Beispiel; **il·lus·tra·tive** ['ɪləstrətɪv] *adj* erklärend, erläuternd; anschaulich; **il·lus·tra·tor** ['ɪləstreɪtə(r)] *s* Illustrator(in) *m(f)*

il·lus·tri·ous [ɪ'lʌstrɪəs] *adj* berühmt, gefeiert

I'm [aɪm] = **I am**

im·age ['ɪmɪdʒ] *s* **1.** Bild *nt* **2.** Bildwerk, Standbild *nt* **3.** Ebenbild, Abbild *nt* **4.** Vorstellung, Auffassung, Idee *f* **5.** Verkörperung, Versinnbildlichung *f,* Sinnbild *nt* **6.** Inbegriff *m;* **be the spitting ~ of s.o.** jdm wie aus dem Gesicht geschnitten sein; **speak in ~s** in Bildern sprechen; **~ and sound processing** Bild- und Tonverarbeitung *f;* **im·age·maker** ['ɪmɪdʒ'meɪkə(r)] *s* Imagedesigner(in) *m(f);* **im·agery** ['ɪmɪdʒərɪ] *s* Metaphorik *f*

im·agin·able [ɪ'mædʒɪnəbl] *adj* vorstellbar; **everything ~** alles Erdenkliche

im·agin·ary [ɪ'mædʒɪnərɪ] *adj* (*a.* MATH) unwirklich, imaginär

im·agin·ation [ɪˌmædʒɪ'neɪʃn] *s* Einbildung, Fantasie *f;* **im·agin·ative** [ɪ'mædʒɪnətɪv] *adj* fantasievoll, schöpferisch, einfallsreich

im·ag·ine [ɪ'mædʒɪn] *vt* **1.** sich vorstellen, sich ausdenken **2.** sich denken, annehmen, glauben; **just ~!** denken Sie nur (mal)!; **I ~ so** ich glaube schon

im·bal·ance [ˌɪm'bæləns] *s* Ungleichgewicht *nt;* Unausgeglichenheit *f*

im·be·cile ['ɪmbəsiːl] **I.** *adj* schwachsinnig **II.** *s* Schwachsinnige(r) *f m;* **im·be·cil·ity** [ˌɪmbə'sɪlətɪ] *s* Schwachsinn *m*

im·bibe [ɪm'baɪb] *vt* **1.** auf-, einsaugen **2.** (*fig: geistig*) aufnehmen

im·bro·glio [ɪm'brəʊlɪəʊ] *s* <*pl* -glios> Verwirrung *f;* verwickelte Lage

im·bue [ɪm'bjuː] *vt* durchdringen, erfüllen; **be ~d** erfüllt sein (*with* mit)

IMF [ˌaɪem'ef] *s Abk. von* **International Monetary Fund** IWF *m*

imi·tate ['ɪmɪteɪt] *vt* **1.** nachahmen, nachmachen; imitieren **2.** kopieren; fälschen; **imi·ta·tion** [ˌɪmɪ'teɪʃn] **I.** *s* Nachahmung, Imitation *f;* **in ~ of** nach dem Vorbild +*gen* **II.** *adj* unecht, künstlich, falsch; **~ leather** Kunstleder *nt;* **imi·tat·ive** ['ɪmɪtətɪv] *adj* nachgeahmt, imitierend; **imi·ta·tor** ['ɪmɪtətə(r)] *s* Imitator(in) *m(f),* Nachahmer(in) *m(f)*

im·macu·late [ɪ'mækjʊlət] *adj* **1.** fleckenlos, rein **2.** fehlerlos, untadelig

im·ma·nence ['ɪmənəns] *s* (PHILOS) Immanenz *f;* **im·ma·nent** ['ɪmənənt] *adj* immanent

im·ma·terial [ˌɪmə'tɪərɪəl] *adj* **1.** (PHILOS) immateriell **2.** (*Fragen*) unwesentlich, unerheblich, unwichtig

im·ma·ture [ˌɪmə'tjʊə(r)] *adj* **1.** unreif; unentwickelt **2.** (*Ideen*) unausgegoren; **im·ma·tur·ity** [ˌɪmə'tjʊərətɪ] *s* Unreife *f*

im·measur·able [ɪ'meʒərəbl] *adj* unermesslich; unmessbar

im·medi·acy [ɪ'miːdɪəsɪ] *s* Unmittelbarkeit, Unvermitteltheit *f;* **im·medi·ate** [ɪ'miːdɪət] *adj* **1.** unmittelbar, unvermittelt, direkt **2.** (*Nachbarn*) nächste(r, s) **3.** (*Antwort*) umgehend, prompt; **im·medi·ate·ly** [-lɪ] **I.** *adv* direkt, unmittelbar; unverzüglich, sofort; **~ after** unmittelbar danach **II.** *conj* sobald, sowie

im·mem·or·ial [ˌɪmə'mɔːrɪəl] *adj* unvordenklich; **from time ~** seit undenklichen Zeiten

im·mense [ɪ'mens] *adj* ungeheuer (groß), gewaltig; immens; **im·men·sity** [ɪ'mensətɪ] *s* Unermesslichkeit *f*

im·merse [ɪ'mɜːs] *vt* **1.** ein-, untertauchen **2.** (*fig*) sich stürzen (*in* in); **be ~d in one's work** in seine Arbeit vertieft sein; **be ~d in water** unter Wasser sein; **im·mer·sion** [ɪ'mɜːʃn] *s* **1.** Ein-, Untertauchen *nt* **2.** (*fig*) Versunkenheit *f;* **immersion heater** *s* **1.** (*Br*) Boiler, Heißwasserspeicher *m* **2.** Tauchsieder *m*

im·mi·grant ['ɪmɪgrənt] **I.** *adj attr:* **~ worker** ausländische(r) Arbeitnehmer(in) *m(f),* Gastarbeiter(in) *m(f)* **II.** *s* Einwanderer *m,* Einwanderin *f;* **im·mi·grate** ['ɪmɪgreɪt] *vi* einwandern (*into* in, nach); **im·mi·gra·tion** [ˌɪmɪ'greɪʃn] *s* Einwanderung *f;* **immigration country** *s* Einwanderungsland *nt*

im·mi·nence ['ɪmɪnəns] *s* nahes Bevorstehen; **im·mi·nent** ['ɪmɪnənt] *adj* nahe bevorstehend; **be ~** nahe bevorstehen

im·mo·bile [ɪ'məʊbaɪl] *adj* unbeweglich; reglos, immobil; **im·mo·bil·ity** [ˌɪmə'bɪlətɪ] *s* Unbeweglichkeit *f;* **im·mo·bi·lize** [ɪ'məʊbəlaɪz] *vt* **1.** (*Verkehr*) lahm legen **2.** (*Geld*) festlegen **3.** (*Armee*) bewegungsunfähig machen **4.** (*Auto, Arm*) stilllegen

im·mod·er·ate [ɪ'mɒdərət] *adj* unmäßig, maßlos, übertrieben, unvernünftig
im·mod·est [ɪ'mɒdɪst] *adj* **1.** unbescheiden **2.** unverschämt **3.** unanständig
im·mo·late ['ɪməleɪt] *vt* (REL) opfern
im·moral [ɪ'mɒrəl] *adj* **1.** unmoralisch **2.** (*Person a.*) sittenlos **3.** (*Benehmen a.*) unsittlich
im·mor·tal [ɪ'mɔːtl] *adj* **1.** unsterblich **2.** (*Ruhm*) unvergänglich; **im·mor·tal·ity** [ˌɪmɔː'tæləti] *s* **1.** Unsterblichkeit *f* **2.** Unvergänglichkeit *f*; **im·mor·tal·ize** [ɪ'mɔːtəlaɪz] *vt* unsterblich machen
im·mov·able [ɪ'muːvəbl] *adj* **1.** unbeweglich; unüberwindlich **2.** (*Mensch*) fest, beharrlich
im·mune [ɪ'mjuːn] *adj* **1.** (MED) immun (*against, to* gegen) **2.** (*fig*) unempfindlich; sicher (*from* vor); ~ **defence** (MED) Immunabwehr *f*; ~ **system** Immunsystem *nt*; **im·mun·ity** [ɪ'mjuːnəti] *s* **1.** (MED) Immunität *f* **2.** (JUR) Immunität, Straffreiheit *f* **3.** (*fig*) Unempfindlichkeit *f*; Sicherheit *f*; **im·mu·nize** ['ɪmjʊnaɪz] *vt* immunisieren (*against* gegen); **im·mu·no-** ['ɪmjʊnəʊ] *adj* (MED) Immun-; ~**deficiency** Immunschwäche *f*; ~ **deficiency syndrome** Immunschwächekrankheit *f*; **im·mu·no·logi·cal** [ˌɪmjʊnəʊ'lɒdʒɪkl] *adj* immunologisch; **im·mu·no·logist** [ˌɪmjʊ'nɒlədʒɪst] *s* Immunologe *m*, Immunologin *f*
im·mure [ɪ'mjʊə(r)] *vt* einkerkern; ~ **o.s.** sich vergraben (*in* in)
im·mut·able [ɪ'mjuːtəbl] *adj* unveränderlich, unwandelbar
imp [ɪmp] *s* Kobold *m*; kleiner Schelm
im·pact ['ɪmpækt] *s* **1.** Stoß *m*; Aufschlag, -prall *m* **2.** (*fig*) (Aus)Wirkung *f*, Eindruck, Einfluss *m* **3.** Einschlag *m*; **im·pact·ed** [ɪm'pæktɪd] *adj* eingekeilt, eingeklemmt
im·pair [ɪm'peə(r)] *vt* **1.** (*Gehör*) verschlechtern, verschlimmern **2.** beeinträchtigen; **im·pair·ment** *s* **1.** Schaden *m* **2.** Beeinträchtigung *f*
im·pale [ɪm'peɪl] *vt* durchbohren
im·pal·pable [ɪm'pælpəbl] *adj* **1.** unfühlbar **2.** (*fig*) unbegreiflich, unfassbar
im·part [ɪm'pɑːt] *vt* **1.** verleihen (*s.o. s.th.* jdm etw) **2.** (*Information*) mitteilen **3.** (*Geheimnis*) preisgeben
im·par·tial [ɪm'pɑːʃl] *adj* unparteiisch; vorurteilslos; **im·par·tial·ity** [ˌɪmˌpɑːʃɪ'æləti] *s* Unparteilichkeit, Unvoreingenommenheit *f*
im·pass·able [ɪm'pɑːsəbl] *adj* unpassierbar
im·passe ['æmpɑːs, *Am* 'ɪmpæs] *s* (*fig*) Sackgasse *f*
im·pas·sioned [ɪm'pæʃnd] *adj* leidenschaftlich
im·pass·ive [ɪm'pæsɪv] *adj* gelassen
im·pa·tience [ɪm'peɪʃns] *s* **1.** Ungeduld *f* **2.** Unduldsamkeit *f* (*of* gegen); **im·pa·tient** [ɪm'peɪʃnt] *adj* **1.** ungeduldig **2.** unduldsam (*of* gegen)
im·peach [ɪm'piːtʃ] *vt* **1.** (JUR) anklagen **2.** (*Motiv*) in Zweifel ziehen; **im·peach·ment** [-mənt] *s* Anklage *f* (*wegen eines Amtsvergehens*)
im·pec·cable [ɪm'pekəbl] *adj* untadelig
im·pe·cuni·ous [ˌɪmpɪ'kjuːnɪəs] *adj* mittellos, unbemittelt
im·pede [ɪm'piːd] *vt* **1.** verhindern **2.** (*Erfolg*) behindern, erschweren; **im·pedi·ment** [ɪm'pedɪmənt] *s* **1.** Hindernis *nt* **2.** (MED) Behinderung *f*
im·pel [ɪm'pel] *vt* zwingen, veranlassen
im·pend [ɪm'pend] *vi* bevorstehen
im·pen·etrable [ɪm'penɪtrəbl] *adj* **1.** undurchdringlich; undurchlässig **2.** (*fig*) unerforschlich, unverständlich
im·peni·tent [ɪm'penɪtənt] *adj* reuelos, ohne Reue
im·pera·tive [ɪm'perətɪv] **I.** *adj* **1.** gebieterisch **2.** (*Wunsch*) dringend, unerlässlich **II.** *s* (GRAM) Imperativ *m*
im·per·cep·tible [ˌɪmpə'septəbl] *adj* nicht wahrnehmbar, unmerklich
im·per·fect [ɪm'pɜːfɪkt] **I.** *adj* **1.** unvollständig, unvollkommen **2.** (*Fehler*) mangelhaft **3.** (*Wettbewerb*) ungleich **II.** *s* (GRAM) Imperfekt *nt*; **im·per·fec·tion** [ˌɪmpə'fekʃn] *s* Mangel, Fehler *m*; Unvollkommenheit *f*
im·perial [ɪm'pɪərɪəl] *adj* **1.** Reichs-; kaiserlich **2.** (*des British Empire*) Empire- **3.** (*Gewichte, Maße*) englisch; **im·peri·al·ism** [ɪm'pɪərɪəlɪzəm] *s* Imperialismus *m*; **im·per·ial·is·t(ic)** [ɪm'pɪərɪəlɪst, ɪmˌpɪərɪə'lɪstɪk] *adj* imperialistisch
im·peril [ɪm'perəl] *vt* gefährden
im·peri·ous [ɪm'pɪərɪəs] *adj* gebieterisch
im·per·ish·able [ɪm'perɪʃəbl] *adj* (*fig*) unvergänglich
im·per·ma·nent [ɪm'pɜːmənənt] *adj* unbeständig
im·per·me·able [ɪm'pɜːmɪəbl] *adj* undurchlässig (*to* für)
im·per·sonal [ˌɪm'pɜːsənl] *adj* unpersönlich; sachlich
im·per·son·ate [ɪm'pɜːsəneɪt] *vt* **1.** (THEAT) darstellen **2.** nachahmen, nachmachen; **im·per·son·ator** [-ə(r)] *s* Imitator(in) *m(f)*, Nachahmer(in) *m(f)*
im·per·ti·nent [ɪm'pɜːtɪnənt] *adj* **1.** ungehörig, unverschämt **2.** irrelevant
im·per·turb·able [ˌɪmpə'tɜːbəbl] *adj* unerschütterlich
im·per·vi·ous [ɪm'pɜːvɪəs] *adj* **1.** undurch-

I

dringlich, undurchlässig (*to* für) **2.** (*fig: Mensch*) unzugänglich (*to* für)

im·petu·ous [ɪm'petʃʊəs] *adj* **1.** ungestüm, heftig **2.** (*Entscheidung*) übereilt, impulsiv

im·pe·tus ['ɪmpɪtəs] *s* **1.** Wucht *f;* Schwung *m* **2.** (*fig*) Impuls *m;* **give an ~ to s.th.** einer S Impulse geben

im·pi·ety [ɪm'paɪətɪ] *s* **1.** Gottlosigkeit *f* **2.** Respektlosigkeit *f*

im·pinge [ɪm'pɪndʒ] *vi* sich auswirken (*on, upon* auf)

im·pi·ous ['ɪmpɪəs] *adj* **1.** gottlos **2.** respektlos

imp·ish ['ɪmpɪʃ] *adj* **1.** koboldhaft **2.** (*Lächeln*) spitzbübisch

im·plac·able [ɪm'plækəbl] *adj* unversöhnlich; **im·plac·ably** [-ɪ] *adv:* **he was ~ opposed to the idea** er war ein erbitterter Gegner der Idee

im·plant [ɪm'plɑːnt] **I.** *vt* **1.** (MED) einpflanzen, übertragen **2.** (*fig*) einprägen **II.** ['ɪmplɑːnt] *s* Implantat *nt*

im·plaus·ible [ɪm'plɔːzɪbl] *adj* unglaubhaft, unglaubwürdig

im·ple·ment ['ɪmplɪmənt] **I.** *s* Gerät, Werkzeug *nt* **II.** [ɪmplɪ'ment] *vt* **1.** aus-, durchführen **2.** (*Vertrag*) erfüllen **3.** (*Gesetz*) vollziehen; **im·ple·men·ta·tion** [ˌɪmplɪmen'teɪʃn] *s* Aus-, Durchführung *f;* Erfüllung *f;* Vollzug *m*

im·pli·cate ['ɪmplɪkeɪt] *vt:* **~ s.o. in s.th.** jdn in etw verwickeln; **im·pli·ca·tion** [ˌɪmplɪ'keɪʃn] *s* **1.** Verwicklung *f* **2.** Bedeutung *f* **3.** (*von Gesetzen*) Auswirkung *f;* **by ~** implizit

im·pli·cit [ɪm'plɪsɪt] *adj* **1.** stillschweigend, implizit **2.** (*Drohung*) indirekt, unausgesprochen **3.** (*Gehorsam*) unbedingt

im·plied [ɪm'plaɪd] *adj* **1.** stillschweigend **2.** indirekt

im·plode [ɪm'pləʊd] *vi* implodieren

im·plore [ɪm'plɔː(r)] *vt* anflehen; dringend bitten (*for* um); **im·plor·ing** [ɪm'plɔːrɪŋ] *adj* flehend, flehentlich

im·plo·sion [ɪm'pləʊʒn] *s* Implosion *f*

im·ply [ɪm'plaɪ] *vt* **1.** andeuten, implizieren **2.** schließen lassen auf **3.** bedeuten

im·po·lite [ˌɪmpə'laɪt] *adj* unhöflich; **im·po·lite·ness** [-nɪs] *s* Unhöflichkeit *f*

im·poli·tic [ɪm'pɒlətɪk] *adj* unklug

im·pon·der·able [ɪm'pɒndərəbl] **I.** *adj* (*fig*) unwägbar **II.** *s* unberechenbare Größe; **~s** Imponderabilien *pl*

im·port [ɪm'pɔːt] **I.** *vt* **1.** (COM) einführen, importieren (*into, in* nach) **2.** (*fig*) bedeuten **II.** ['ɪmpɔːt] *s* **1.** (COM) Einfuhr *f,* Import *m* **2.** **~s** Einfuhr-, Importartikel *mpl* **3.** (*fig*) Bedeutung *f,* Sinn *m*

im·port·ance [ɪm'pɔːtns] *s* **1.** Wichtigkeit *f* **2.** Grund *m,* Bedeutung *f;* **of no ~** bedeutungs-, belanglos; **attach ~ to s.th.** einer S Bedeutung beimessen; **im·port·ant** [ɪm'pɔːtnt] *adj* **1.** wichtig (*to* für) **2.** einflussreich; **im·port·ant·ly** [-lɪ] *adv* **1.** (*pej*) wichtigtuerisch **2.** entscheidend

im·port·ation [ˌɪmpɔː'teɪʃn] *s* (COM) Einfuhr *f,* Import *m;* **import duty** *s* Einfuhrzoll *m*

im·por·tu·nate [ɪm'pɔːtʃʊnət] *adj* auf-, zudringlich; **im·por·tune** [ˌɪmpə'tjuːn] *vt* mit Bitten belästigen; bestürmen

im·pose [ɪm'pəʊz] **I.** *vt* **1.** (*Steuer*) erheben (*on* auf) **2.** (*Bedingungen*) auferlegen, aufzwingen (*on s.o.* jdm) **3.** aufzwingen, aufdrängen (*on, upon s.o.* jdm) **II.** *vi* ausnützen; zur Last fallen (*on s.o.* jdm); **im·pos·ing** [-ɪŋ] *adj* eindrucksvoll, imponierend, imposant; **im·po·si·tion** [ˌɪmpə'zɪʃn] *s* **1.** Steuer *f* **2.** Auferlegung *f;* Aufzwingen *nt* **3.** Zumutung *f*

im·possi·bil·ity [ɪmˌpɒsə'bɪlətɪ] *s* Unmöglichkeit *f;* **im·poss·ible** [ɪm'pɒsəbl] *adj* **1.** unmöglich **2.** (*fam*) unausstehlich, unerträglich

im·pos·tor [ɪm'pɒstə(r)] *s* Betrüger(in) *m(f),* Hochstapler(in) *m(f);* **im·pos·ture** [ɪm'pɒstʃə(r)] *s* Betrug, Schwindel *m*

im·po·tence ['ɪmpətəns] *s* **1.** Schwäche, Machtlosigkeit *f* **2.** (MED) Impotenz *f;* **im·po·tent** ['ɪmpətənt] *adj* **1.** schwach, unfähig **2.** (MED) impotent

im·pound [ɪm'paʊnd] *vt* **1.** (*Vieh*) einsperren, -schließen **2.** (*Waren*) beschlagnahmen; in Verwahrung nehmen

im·pov·er·ish [ɪm'pɒvərɪʃ] *vt* **1.** arm machen **2.** (*Kultur*) verkümmern lassen **3.** (*Boden*) erschöpfen; **be ~ed** verarmen

im·prac·ti·cable [ɪm'præktɪkəbl] *adj* **1.** impraktikabel; nicht anwendbar; praxisfern, praxisfremd **2.** (*Straße*) ungangbar, unwegsam

im·prac·ti·cal [ɪm'præktɪkl] *adj* unpraktisch

im·pre·ca·tion [ˌɪmprɪ'keɪʃn] *s* Verwünschung *f,* Fluch *m;* **hurl ~s at s.o.** jdn verwünschen, verfluchen

im·pre·cise [ˌɪmprɪ'saɪs] *adj* ungenau

im·preg·nable [ɪm'pregnəbl] *adj* uneinnehmbar

im·preg·nate ['ɪmpregneɪt] *vt* **1.** (*Ei*) befruchten **2.** (*fig*) durchdringen, erfüllen **3.** tränken

im·pre·sario [ˌɪmprɪ'sɑːrɪəʊ] *s* <*pl* **-sarios**> Impresario *m*

im·press [ɪm'pres] **I.** *vt* **1.** (ein)drücken, (ein)prägen (*on* auf) **2.** imponieren (*s.o.* jdm), beeindrucken **3.** einschärfen (*on s.o.* jdm) **4.** (*Meinung*) aufzwingen (*on s.o.*

jdm) **II.** ['ɪmpres] *s* Abdruck *m;* **im·pres·sion** [ɪm'preʃn] *s* **1.** Prägung, Abdruck *m* **2.** (*fig*) Eindruck *m* **3.** Ahnung *f,* unbestimmtes Gefühl **4.** (*eines Buches*) Nachdruck *m;* **give the** ~ den Eindruck erwecken; **be under the** ~ den Eindruck haben; **im·pres·sion·able** [ɪm'preʃənəbl] *adj* leicht zu beeindrucken

im·pres·sion·ism [ɪm'preʃnɪzəm] *s* Impressionismus *m;* **im·pres·sion·ist** [ɪm'preʃnɪst] *s* Impressionist(in) *m(f);* **im·pres·sion·is·tic** [ɪm,preʃə'nɪstɪk] *adj* impressionistisch

im·pres·sive [ɪm'presɪv] *adj* eindrucksvoll

im·print [ɪm'prɪnt] **I.** *vt* **1.** (auf)drücken (*on* auf), prägen; bedrucken **2.** einprägen (*on s.o.'s memory* in jds Gedächtnis) **II.** ['ɪmprɪnt] *s* **1.** Abdruck *m;* Aufdruck *m* **2.** (TYP) Impressum *nt,* Druckvermerk *m*

im·prison [ɪm'prɪzn] *vt* einsperren; gefangen halten; inhaftieren; **im·prison·ment** [-mənt] *s* Inhaftierung *f;* Gefangenschaft *f;* **sentence s.o. to one year's** ~ jdn zu einem Jahr Gefängnis verurteilen; **life** ~ lebenslängliche Freiheitsstrafe

im·prob·abil·ity [ɪm,prɒbə'bɪlətɪ] *s* Unwahrscheinlichkeit *f;* **im·prob·able** [ɪm'prɒbəbl] *adj* unwahrscheinlich

im·promptu [ɪm'prɒmptju:] **I.** *adj, adv* aus dem Stegreif; improvisiert **II.** *s* (MUS) Impromptu *nt*

im·proper [ɪm'prɒpə(r)] *adj* **1.** unpassend, unangebracht (*to* für) **2.** unrichtig, unzutreffend **3.** unanständig; **im·pro·pri·ety** [,ɪmprə'praɪətɪ] *s* **1.** Unangebrachtheit *f* **2.** Ungehörigkeit *f* **3.** Unanständigkeit *f*

im·prove [ɪm'pru:v] **I.** *vt* **1.** (ver)bessern, (an)heben **2.** (COM) veredeln **3.** (*Beziehungen*) ausbauen **4.** (*Essen*) verfeinern **II.** *vi* sich bessern; schöner werden; sich erhöhen; ~ (**up**)**on** übertreffen, überbieten; besser machen; ~ **on acquaintance** bei näherer Bekanntschaft gewinnen; **im·prove·ment** [-mənt] *s* **1.** Verbesserung *f* **2.** (COM) Vered(e)lung *f* **3.** Steigerung, Anhebung, Vervollkommnung *f* **4.** (*Gehalt*) Aufbesserung *f* **5.** (*Preise*) Anziehen *nt* **6.** Fortschritt *m* (*on, over* gegenüber); **an** ~ **in pay** eine Gehaltsaufbesserung; **make** ~**s** Verbesserungen erzielen; **carry out** ~**s** Ausbesserungsarbeiten vornehmen

im·provi·dent [ɪm'prɒvɪdənt] *adj* leichtsinnig, sorglos

im·pro·vis·ation [,ɪmprəvaɪ'zeɪʃn] *s* Improvisation *f,* Improvisieren *nt;* **im·pro·vise** ['ɪmprəvaɪz] *vt, vi* improvisieren

im·prud·ent [ɪm'pru:dnt] *adj* unklug, unüberlegt

im·pu·dence ['ɪmpjʊdəns] *s* Unverschämtheit, Frechheit *f;* **im·pu·dent** ['ɪmpjʊdənt] *adj* unverschämt, frech

im·pugn [ɪm'pju:n] *vt* bestreiten, anfechten; angreifen

im·pulse ['ɪmpʌls] *s* **1.** Anstoß, Antrieb, Impuls *m* **2.** (PSYCH) Trieb, Drang *m;* **act on** ~ impulsiv handeln; ~ **buy**(**ing**) Impulskauf *m;* **im·pul·sion** [ɪm'pʌlʃn] *s* Antrieb, Drang *m;* Antriebskraft *f;* **im·pul·sive** [ɪm'pʌlsɪv] *adj* impulsiv, spontan

im·pun·ity [ɪm'pju:nətɪ] *s* Straflosigkeit *f;* **with** ~ straflos

im·pure [ɪm'pjʊə(r)] *adj* **1.** (*a.* REL) unrein **2.** (*Motiv*) unsauber **3.** (*Essen*) verunreinigt; **im·pur·ity** [ɪm'pjʊərətɪ] *s* **1.** Unreinheit *f* **2.** (TECH) Verunreinigung *f*

im·pu·ta·tion [,ɪmpjʊ'teɪʃn] *s* **1.** Unterstellung *f* **2.** Be-, Anschuldigung *f* (*on* gegen); **im·pute** [ɪm'pju:t] *vt* zuschreiben, zur Last legen (*to dat*)

in [ɪn] **I.** *prep* **1.** (*räumlich*) in; ~ **the house** im Hause; ~ **the street** auf der Straße; **sitting** ~ **the window** am Fenster sitzend; ~ **bed** im Bett **2.** (*zeitlich*) in; während; ~ **1999** 1999; ~ **July** im Juli; ~ **the morning/afternoon/evening** morgens/nachmittags/abends; ~ **the beginning** am Anfang **3.** (*Zukunft*) in; innerhalb von; ~ **a week** in einer Woche **4.** (*Art, Zustand*): **speak** ~ **a loud voice** laut, mit lauter Stimme sprechen; **speak** ~ **German** Deutsch reden; ~ **this way** so; ~ **anger** im Zorn; ~ **black** in Schwarz gekleidet; **write** ~ **ink** mit Tinte schreiben **5.** (*Ausmaß*): ~ **some measure** in gewisser Weise; ~ **part** teilweise **6.** (*betreffend*): **a rise** ~ **prices** ein Preisanstieg **II.** *adv* daheim, zu Hause; **the train is** ~ der Zug ist angekommen; **strawberries are** ~ **now** es ist Erdbeerzeit; **the Liberal candidate is** ~ der liberale Kandidat ist gewählt; **the fire is still** ~ das Feuer brennt noch; **green is** ~ Grün ist in; **be** ~ **for s.th.** etw zu erwarten, zu befürchten haben; **be** ~ **on s.th.** an einer Sache beteiligt sein; über etw Bescheid wissen; **are you** ~ **on it, too?** sind Sie auch dabei?; **be** ~ **with s.o.** mit jdm auf gutem Fuße stehen; **now you are** ~ **for it!** jetzt geht's dir aber schlecht! **III.** *adj* innen befindlich; (*Tür*) nach innen gehend **IV.** *s:* **know the** ~**s and outs of a matter** in, bei einer S genau Bescheid wissen

in·abil·ity [,ɪnə'bɪlətɪ] *s* Unfähigkeit *f,* Unvermögen *nt;* ~ **to pay** Zahlungsunfähigkeit *f*

in·ac·cess·ible [,ɪnæk'sesəbl] *adj* (*a. fig*) unzugänglich (*to* für)

in·ac·cur·acy [ɪn'ækjʊrəsɪ] *s* Unrichtigkeit, Ungenauigkeit *f;* **in·ac·cur·ate** [ɪn'ækjərət] *adj* unrichtig, ungenau

in·ac·tion [ɪn'ækʃn] *s* Untätigkeit *f,* Nichtstun *nt;* **in·ac·tive** [ɪn'æktɪv] *adj* **1.** untätig **2.** (*Mensch*) müßig **3.** (*Kapital*) brachliegend **4.** (*Vulkan*) erloschen; **in·ac·tiv·ity** [ˌɪnæk'tɪvətɪ] *s* **1.** Untätigkeit *f* **2.** (COM) Flaute *f*

in·ad·equacy [ɪn'ædɪkwəsɪ] *s* **1.** Unangemessenheit *f* **2.** Unzulänglichkeit *f;* **in·ad·equate** [ɪn'ædɪkwət] *adj* **1.** unangemessen **2.** unzulänglich **3.** unzureichend, ungenügend **4.** nicht geeignet; **feel ~** sich nicht gewachsen fühlen (*for s.th, to do s.th.* einer S)

in·ad·miss·ible [ˌɪnəd'mɪsəbl] *adj* unzulässig

in·ad·ver·tent [ˌɪnəd'vɜːtənt] *adj* unbeabsichtigt, ungewollt

in·ad·vis·able [ˌɪnəd'vaɪzəbl] *adj* unratsam, nicht zu empfehlen

in·alien·able [ɪn'eɪlɪənəbl] *adj* unveräußerlich

in·ane [ɪ'neɪn] *adj* **1.** dumm **2.** (*fam: Vorschlag*) hirnverbrannt

in·ani·mate [ɪn'ænɪmət] *adj* **1.** leblos **2.** (*Natur*) unbelebt

in·an·ity [ɪ'nænətɪ] *s* **1.** Dummheit *f* **2.** Hirnverbranntheit *f*

in·ap·pli·cable [ɪn'æplɪkəbl] *adj* unzutreffend; nicht anwendbar (*to* auf)

in·ap·pro·pri·ate [ˌɪnə'prəʊprɪət] *adj* **1.** unangemessen, unangebracht **2.** (*Zeit*) unpassend, ungelegen

in·apt [ɪn'æpt] *adj* **1.** unpassend **2.** ungeschickt; **in·ap·ti·tude** [ɪn'æptɪtjuːd] *s* **1.** Unfähigkeit *f* **2.** Untauglichkeit *f* **3.** Ungeschicktheit *f*

in·ar·ticu·late [ˌɪnɑː'tɪkjʊlət] *adj* **1.** undeutlich; schlecht ausgedrückt **2.** (ZOO) nicht gegliedert; **he is very ~** er kann sich nur schlecht ausdrücken

in·ar·tis·tic [ˌɪnɑː'tɪstɪk] *adj* unkünstlerisch

in·as·much [ˌɪnəz'mʌtʃ] *adv:* **~ as** da, weil

in·at·ten·tion [ˌɪnə'tenʃn] *s* Unaufmerksamkeit *f* (*to* gegenüber); **in·at·ten·tive** [ˌɪnə'tentɪv] *adj* unaufmerksam (*to* gegenüber)

in·aud·ible [ɪn'ɔːdəbl] *adj* unhörbar

in·aug·ural [ɪ'nɔːgjʊrəl] **I.** *adj* Antritts-, Eröffnungs- **II.** *s* (*~ address, lecture*) Antrittsrede, -vorlesung *f;* **in·au·gur·ate** [ɪ'nɔːgjʊreɪt] *vt* **1.** (ins Amt) einsetzen **2.** (*Gebäude*) eröffnen, einweihen **3.** (*Ära*) einleiten; **in·aug·ur·ation** [ɪˌnɔːgjʊ'reɪʃn] *s* **1.** Amtseinführung *f* **2.** Einweihung *f;* Eröffnung *f* **3.** Beginn, Anfang *m*

in·aus·pi·cious [ˌɪnɔː'spɪʃəs] *adj* unheil verheißend

in·board ['ɪnbɔːd] **I.** *adj* Innenbord- **II.** *s* Innenbordmotor *m*

in·born [ˌɪn'bɔːn] *adj* angeboren

in·bred [ˌɪn'bred] *adj* **1.** angeboren **2.** aus Inzucht hervorgegangen; **inbreed·ing** [ˌɪn'briːdɪŋ] *s* Inzucht *f*

in-built ['ɪnbɪlt] *adj* **1.** eingebaut, integriert **2.** instinktiv, angeboren

in·cal·cu·lable [ɪn'kælkjʊləbl] *adj* **1.** (*Charakter*) unberechenbar **2.** (*Betrag*) unschätzbar; unabsehbar **3.** (MATH) nicht berechenbar

in·can·descent [ˌɪnkæn'desnt] *adj* **1.** weißglühend **2.** (*fig*) leuchtend; **~ bulb** Glühbirne *f*

in·can·ta·tion [ˌɪnkæn'teɪʃn] *s* **1.** Beschwörung *f* **2.** Zauberspruch *m*

in·capa·bil·ity [ɪnˌkeɪpə'bɪlətɪ] *s* Unfähigkeit *f;* Unvermögen *nt;* **in·capable** [ɪn'keɪpəbl] *adj* **1.** unfähig, nicht im Stande, nicht in der Lage (*of doing* zu tun) **2.** untauglich, ungeeignet (*of* für); **~ of working** arbeitsunfähig; **drunk and ~** volltrunken

in·ca·paci·tate [ˌɪnkə'pæsɪteɪt] *vt* **1.** unfähig machen (*for* für, *from doing* zu tun) **2.** disqualifizieren; **physically ~d** körperlich behindert; **in·ca·pac·ity** [ˌɪnkə'pæsətɪ] *s* **1.** Unfähigkeit *f* **2.** (JUR) mangelnde Berechtigung

in·car·cer·ate [ɪn'kɑːsəreɪt] *vt* einkerkern

in·car·nate [ɪn'kɑːneɪt] **I.** *adj* verkörpert, personifiziert, leibhaftig **II.** *vt* verkörpern; Gestalt geben; **in·car·na·tion** [ˌɪnkɑː'neɪʃn] *s* **1.** (REL) Fleisch-, Menschwerdung *f* **2.** (*fig*) Verkörperung *f,* Inbegriff *m;* Inkarnation *f*

in·cau·tious [ɪn'kɔːʃəs] *adj* unvorsichtig; unbedacht

in·cen·di·ary [ɪn'sendɪərɪ] **I.** *adj* **1.** aufrührerisch **2.** Brand-; **~ bomb** Brandbombe *f* **II.** *s* **1.** Brandstifter(in) *m(f)* **2.** (*fig*) Aufwiegler(in) *m(f)*

in·cense¹ ['ɪnsens] *s* Weihrauch *m*

in·cense² [ɪn'sens] *vt* wütend machen, erbosen

in·cen·tive [ɪn'sentɪv] *s* Anreiz *m* (*to* zu); **incentive scheme** *s* (*Industrie*) leistungsabhängiges Schema

in·cep·tion [ɪn'sepʃn] *s* Anfang, Beginn *m*

in·cer·ti·tude [ɪn'sɜːtɪtjuːd] *s* Unsicherheit *f*

in·cess·ant [ɪn'sesnt] *adj* unablässig, unaufhörlich

in·cest ['ɪnsest] *s* Blutschande *f;* **in·ces·tu·ous** [ɪn'sestjʊəs] *adj* blutschänderisch, inzestuös

inch [ɪntʃ] **I.** *s* **1.** Zoll *m* (*= 2,54 cm*) **2.** ein bisschen, (ein) wenig; **~ by ~** Zentimeter um Zentimeter; **the car missed me by**

~**es** das Auto hat mich um Haaresbreite verfehlt; **he is every ~ a soldier** er ist jeder Zoll ein Soldat; **within an ~ of** um ein Haar, beinahe **II.** *vt* (langsam) schieben **III.** *vi* sich (langsam) bewegen

in·ci·dence [ˈɪnsɪdəns] *s* **1.** Vorkommen *nt,* Verbreitung, Häufigkeit *f* **2.** (OPT) Einfall *m;* **in·ci·dent** [ˈɪnsɪdənt] **I.** *adj* **1.** verbunden (*to* mit) **2.** (OPT) einfallend **II.** *s* **1.** Vorfall *m,* Ereignis, Geschehen *nt* **2.** Zwischenfall *m*

in·ci·den·tal [ˌɪnsɪˈdentl] **I.** *adj* **1.** zufällig, beiläufig **2.** nebensächlich **3.** verbunden (*to* mit); ~ **music** Begleitmusik *f;* ~ **expenses** Nebenkosten *pl* **II.** *s pl* Nebenausgaben *fpl;* **in·ci·den·tally** [ˌɪnsɪˈdentlɪ] *adv* übrigens, nebenbei gesagt

in·cin·er·ate [ɪnˈsɪnəreɪt] *vt* einäschern, verbrennen; **in·cin·er·ator** [ɪnˈsɪnəreɪtə(r)] *s* Verbrennungsofen *m;* (*Müll*) Verbrennungsanlage *f*

in·cipi·ent [ɪnˈsɪpɪənt] *adj* anfangend, beginnend; (*Probleme*) einsetzend

in·cise [ɪnˈsaɪz] *vt* **1.** (ein)schneiden (*into* in) **2.** einritzen; einschnitzen; **in·ci·sion** [ɪnˈsɪʒn] *s* (*a.* MED) Einschnitt *m*

in·cis·ive [ɪnˈsaɪsɪv] *adj* **1.** (*Verstand*) scharf; ausgeprägt **2.** (*Bemerkung*) beißend; scharfsinnig

in·cisor [ɪnˈsaɪzə(r)] *s* (ANAT) Schneidezahn *m*

in·cite [ɪnˈsaɪt] *vt* aufwiegeln, aufhetzen (*to* zu); **in·cite·ment** [-mənt] *s* Aufwiegelung, Aufhetzung *f* (*to* zu)

in·civ·il·ity [ˌɪnsɪˈvɪlətɪ] *s* Unhöflichkeit *f*

in·clem·ent [ɪnˈklemənt] *adj* (*Wetter*) rau, streng

in·cli·na·tion [ˌɪnklɪˈneɪʃn] *s* **1.** Neigung *f,* Hang *m* **2.** (*fig*) Vorliebe *f* (*for* für) **3.** Gefälle *nt;* **she follows her ~s** sie tut das, wozu sie Lust hat; **in·cline** [ˈɪnklaɪn] **I.** *s* (Ab)Hang *m,* Gefälle *nt* **II.** [ɪnˈklaɪn] *vi* **1.** (*Fläche*) sich neigen; abfallen **2.** neigen; **he ~s to leanness** er neigt zu Magerkeit **III.** [ɪnˈklaɪn] *vt* **1.** (*Dach*) neigen **2.** (*fig*) veranlassen, bewegen; **in·clined** [ɪnˈklaɪnd] *adj* geneigt; **be ~ to do s.th.** Lust haben etw zu tun; dazu neigen etw zu tun; **I am ~ to think that …** ich neige zu der Ansicht, dass …; **be well ~ towards s.o.** jdm gewogen sein

in·close [ɪnˈkləʊz] *vt* **1.** umgeben, einschließen (*in* in) **2.** (*einem Brief*) beilegen

in·clude [ɪnˈkluːd] *vt* einschließen, umfassen, enthalten; einbeziehen (*in* in); **the children ~d** einschließlich der Kinder; **in·clud·ing** [ɪnˈkluːdɪŋ] *prep* einschließlich, inklusive, inbegriffen; **in·clu·sion** [ɪnˈkluːʒn] *s* Aufnahme *f;* Einbeziehung *f;* **in·clus·ive** [ɪnˈkluːsɪv] *adj* eingerechnet, einschließlich, inklusive; **be ~ of** einschließen; **Monday to Friday ~** von Montag bis einschließlich Freitag; ~ **terms** Pauschalpreis *m*

in·cog·nito [ˌɪnkɒgˈniːtəʊ] **I.** *adv* inkognito **II.** *s* Inkognito *nt*

in·co·her·ent [ˌɪnkəʊˈhɪərənt] *adj* **1.** zusammenhanglos; unzusammenhängend **2.** (*Rede*) wirr

in·come [ˈɪŋkʌm] *s* Einkommen *nt,* Einkünfte *pl* (*from* aus); **live within one's ~** seinen Verhältnissen entsprechend leben; **income group** *s* Einkommensklasse *f;* **income support** *s* Sozialhilfe *f;* **income tax** *s* Lohnsteuer *f;* Einkommensteuer *f;* ~ **return** Einkommenssteuererklärung *f*

in·com·ing [ˈɪnˌkʌmɪŋ] *adj* **1.** hereinkommend **2.** (*Zug*) einfahrend; (*Schiff*) einlaufend **3.** nachfolgend; ~ **tide** Flut *f*

in·com·ings [ˈɪnˌkʌmɪŋz] *s pl* Einkünfte, Einnahmen *pl*

in·com·men·sur·ate [ˌɪnkəˈmenʃərət] *adj* unzureichend; **be ~ with s.th.** in keinem Verhältnis zu etw stehen

in·com·muni·cado [ˌɪnkəˌmjuːnɪˈkɑːdəʊ] *adj* ohne Verbindung zur Außenwelt; nicht zu sprechen

in·com·par·able [ɪnˈkɒmprəbl] *adj* nicht vergleichbar (*to, with* mit), unvergleichlich

in·com·pati·bil·ity [ˌɪnkəmˌpætəˈbɪlɪtɪ] *s* Unvereinbarkeit *f;* Unverträglichkeit *f;* **in·com·pat·ible** [ˌɪnkəmˈpætəbl] *adj* **1.** unvereinbar (*with* mit), nicht zueinander passend **2.** (*Farben*) unverträglich

in·com·pe·tence, in·com·pe·tency [ɪnˈkɒmpɪtəns(ɪ)] *s* **1.** Unfähigkeit *f;* Untauglichkeit *f* **2.** (JUR) Unzuständigkeit *f;* **in·com·pe·tent** [ɪnˈkɒmpɪtənt] *adj* **1.** unfähig; untauglich **2.** (JUR) unzuständig (*to* für)

in·com·plete [ˌɪnkəmˈpliːt] *adj* unvollständig, unvollkommen

in·com·pre·hen·sible [ˌɪnˌkɒmprɪˈhensəbl] *adj* unverständlich, unbegreiflich

in·con·ceiv·able [ˌɪnkənˈsiːvəbl] *adj* **1.** unvorstellbar, undenkbar **2.** unfassbar

in·con·clus·ive [ˌɪnkənˈkluːsɪv] *adj* nicht überzeugend, nicht schlüssig; unbestimmt; ergebnislos

in·con·gru·ity [ˌɪnkɒŋˈgruːətɪ] *s* **1.** Unvereinbarkeit *f* **2.** Missverhältnis *nt* **3.** Unstimmigkeit *f*

in·con·gru·ous [ɪnˈkɒŋgrʊəs] *adj* **1.** nicht zusammenpassend, unvereinbar **2.** fehl am Platz

in·con·sequent [ɪnˈkɒnsɪkwənt] *adj* **1.** inkonsequent, unlogisch **2.** (*Bemerkung*) nicht zur Sache gehörend; **in·con·sequen·tial** [ɪnˌkɒnsɪˈkwenʃl] *adj* bezie-

I

hungslos; belanglos, unwichtig

in·con·sider·able [ˌɪnkən'sɪdrəbl] *adj* unbedeutend, belanglos

in·con·sider·ate [ˌɪnkən'sɪdərət] *adj* **1.** unaufmerksam **2.** rücksichtslos

in·con·sist·ency [ˌɪnkən'sɪstənsɪ] *s* **1.** Widersprüchlichkeit *f* **2.** Unbeständigkeit *f;* **in·con·sist·ent** [ˌɪnkən'sɪstənt] *adj* **1.** widersprüchlich **2.** (*Arbeit*) unbeständig, ungleich; **be ~ with s.th.** mit etw nicht übereinstimmen

in·con·sol·able [ˌɪnkən'səʊləbl] *adj* untröstlich

in·con·spicu·ous [ˌɪnkən'spɪkjʊəs] *adj* unauffällig; unscheinbar

in·con·stant [ɪn'kɒnstənt] *adj* **1.** unbeständig **2.** schwankend **3.** (*Wetter*) wechselhaft

in·con·test·able [ˌɪnkən'testəbl] *adj* unbestreitbar, unanfechtbar

in·con·ti·nent [ɪn'kɒntɪnənt] *adj* **1.** (*Wünsche*) zügellos **2.** (MED) inkontinent

in·con·tro·vert·ible [ɪnˌkɒntrə'vɜːtəbl] *adj* unbestreitbar, unleugbar

in·con·ven·ience [ˌɪnkən'viːnɪəns] **I.** *s* Unannehmlichkeit *f;* **put s.o. to great ~** jdm große Umstände bereiten **II.** *vt* Umstände bereiten (*s.o.* jdm); **in·con·ven·ient** [ˌɪnkən'viːnɪənt] *adj* **1.** ungelegen, ungünstig **2.** unbequem, unpraktisch

in·cor·por·ate [ɪn'kɔːpəreɪt] *vt* **1.** aufnehmen, einbauen, integrieren **2.** vereinigen, enthalten **3.** (JUR) gesellschaftlich organisieren; **~ a company** (*Am*) als Aktiengesellschaft eintragen; **~d company** (*Am*) Aktiengesellschaft *f;* **in·cor·por·ation** [ɪnˌkɔːpə'reɪʃn] *s* **1.** Aufnahme, Integration *f* **2.** Verbindung, Vereinigung *f* **3.** (JUR) Gründung *f*

in·cor·por·eal [ˌɪnkɔː'pɔːrɪəl] *adj* unkörperlich, immateriell

in·cor·rect [ˌɪnkə'rekt] *adj* **1.** falsch; fehlerhaft; unzutreffend **2.** inkorrekt

in·cor·ri·gible [ɪŋ'kɒrɪdʒəbl] *adj* unverbesserlich

in·cor·rupt·ible [ˌɪnkə'rʌptəbl] *adj* **1.** unbestechlich **2.** (*Substanz*) unzerstörbar

in·crease [ɪn'kriːs] **I.** *vi* **1.** (an)wachsen, (an)steigen, zunehmen **2.** sich vergrößern; sich vermehren, sich erhöhen (*to* auf); **~ in volume** umfangreicher werden; **~ in height** höher werden **II.** *vt* **1.** vergrößern, erhöhen **2.** (*Freude*) vermehren **3.** (*Bemühung*) verstärken **4.** (*Firma*) erweitern **5.** (*Preis*) erhöhen; **~d demand** verstärkte Nachfrage; **~d standard of living** höherer Lebensstandard **III.** ['ɪŋkriːs] *s* **1.** Wachstum *nt,* Vergrößerung *f* **2.** Erhöhung, Steigerung *f* (*on* gegenüber) **3.** Zunahme *f;* Zuwachs *m* **4.** Anwachsen *nt;* **be on the ~** ständig zunehmen; **~ in population** Bevölkerungszunahme *f;* **~ in value** Wertsteigerung *f,* -zuwachs *m;* **in·creas·ing** [-ɪŋ] *adj* zunehmend, steigend

in·cred·ible [ɪn'kredəbl] *adj* **1.** unglaubhaft **2.** unglaublich

in·cred·ul·ity [ˌɪnkrɪ'djuːlətɪ] *s* Ungläubigkeit *f;* **in·credu·lous** [ɪn'kredjʊləs] *adj* ungläubig, skeptisch

in·cre·ment ['ɪŋkrəmənt] *s* **1.** Zuwachs *m,* Zunahme *f* (*of* an) **2.** Gehaltserhöhung *f;* **in·cre·men·tal** *adv* **1.** stufenweise, schrittweise **2.** zunehmend

in·crimi·nate [ɪn'krɪmɪneɪt] *vt* belasten

in·cu·bate ['ɪnkjʊbeɪt] **I.** *vt* **1.** ausbrüten **2.** (*fig*) ausreifen lassen **II.** *vi* **1.** ausgebrütet werden **2.** (*fig*) reifen; **in·cu·ba·tion** [ˌɪnkjʊ'beɪʃn] *s* **1.** Ausbrüten *nt* **2.** (*fig*) Ausreifen *nt;* **incubation period** *s* (MED) Inkubationszeit *f;* **in·cu·ba·tor** ['ɪŋkjʊbeɪtə(r)] *s* Brutapparat, -kasten *m*

in·cul·cate ['ɪnkʌlkeɪt] *vt* einschärfen (*in s.o.* jdm)

in·cum·bent [ɪŋ'kʌmbənt] **I.** *adj* obliegen **II.** *s* Amtsinhaber(in) *m(f)*

in·cur [ɪn'kɜː(r)] *vt* sich zuziehen, auf sich laden; **~ debts** Schulden machen; **~ heavy expenses** sich in große Unkosten stürzen; **~ a loss** einen Verlust erleiden; **~ a risk** ein Risiko eingehen; **heavy costs can be ~red** hohe Kosten können entstehen; **in·curred** *adj:* **expenses ~** entstandene Kosten

in·cur·able [ɪn'kjʊərəbl] **I.** *adj* unheilbar; (*fig*) unverbesserlich **II.** *s* unheilbar Kranke(r) *f m*

in·cur·sion [ɪn'kɜːʃn] *s* plötzlicher Angriff; Einfall *m*

in·debted [ɪn'detɪd] *adj* **1.** (COM) verschuldet (*to* bei) **2.** (*fig*) verpflichtet; **be ~ to s.o. for s.th.** jdm für etw zu Dank verpflichtet sein; **in·debtedness** [-nɪs] *s* **1.** Verpflichtung *f* **2.** (COM) Verschuldung *f*

in·de·cen·cy [ɪn'diːsənsɪ] *s* Unanständigkeit *f;* **in·de·cent** [ɪn'diːsnt] *adj* **1.** (JUR) unsittlich **2.** anstößig, unanständig; **~ assault** Notzucht *f;* **with ~ haste** mit ungebührlicher Eile

in·de·cipher·able [ˌɪndɪ'saɪfrəbl] *adj* nicht zu entziffern

in·de·ci·sion [ˌɪndɪ'sɪʒn] *s* Unentschlossenheit *f;* **in·de·cis·ive** [ˌɪndɪ'saɪsɪv] *adj* **1.** unentschlossen, unschlüssig **2.** (*Entscheidung*) ergebnislos

in·de·clin·able [ɪndɪ'klaɪnəbl] *adj* indeklinabel

in·dec·or·ous [ɪn'dekərəs] *adj* unschicklich

in·deed [ɪn'diːd] *adv* in der Tat, tatsächlich, wirklich; **thank you very much ~** vielen herzlichen Dank; **who is she, ~?** wer mag sie wohl sein?; **what ~!** was wohl!; **~?** ach so?; **if ~ ...** falls ... wirklich; **yes, ~!** ja, natürlich sehr!

in·de·fati·gable [ˌɪndɪ'fætɪgəbl] *adj* unermüdlich

in·de·fens·ible [ˌɪndɪ'fensəbl] *adj* **1.** unhaltbar **2.** (*fig: Benehmen*) unentschuldbar

in·defin·able [ˌɪndɪ'faɪnəbl] *adj* unbestimmbar, undefinierbar

in·defi·nite [ɪn'defɪnət] *adj* **1.** (*Zeit*) unbegrenzt; unbestimmt **2.** (*fig*) unklar

in·del·ible [ɪn'deləbl] *adj* **1.** (*Schrift, Farbe*) nicht zu entfernen, dauerhaft **2.** (*fig*) unauslöschlich; **~ ink** Wäschetinte *f;* **~ pencil** Tintenstift *m*

in·dem·nify [ɪn'demnɪfaɪ] *vt* **1.** entschädigen, Schaden(s)ersatz leisten (*for* für); (*Kosten*) erstatten **2.** versichern (*against, from* gegen); **in·dem·nity** [ɪn'demnətɪ] *s* **1.** Schaden(s)ersatz *m,* Entschädigung *f;* Abfindung *f* **2.** Versicherung *f;* **pay full ~ to s.o.** jdm den Schaden in voller Höhe ersetzen

in·dent [ɪn'dent] *s* **1.** (ein)kerben, auszacken **2.** (*Zeile*) einrücken **3.** (COM) bestellen; **in·den·ta tion** [ˌɪnden'teɪʃn] *s* **1.** Einkerbung, Auszackung *f* **2.** Ausbuchtung *f* **3.** (TYP) Einrückung *f;* Absatz *m*

in·den·ture [ɪn'dentʃə(r)] *s* Ausbildungs-, Lehrvertrag *m*

in·de·pen·dence [ˌɪndɪ'pendəns] *s* Unabhängigkeit *f* (*from* von); **Independence Day** (*in den USA*) Unabhängigkeitstag *m* (*4. Juli 1776*); **in·de·pen·dent** [ˌɪndɪ'pendənt] **I.** *adj* **1.** unabhängig (*of* von), selbständig; autonom **2.** (POL) parteilos; **Independent Television, ITV** *kommerzielle britische Fernsehanstalt;* **~ suspension** (AUTO) Einzelradaufhängung *f* **II.** *s* (POL) Parteilose(r) *f m,* Autonome(r) *f m,* Unabhängige(r) *f m*

in-depth ['ɪndepθ] *adj* eingehend, gründlich

in·de·scrib·able [ˌɪndɪ'skraɪbəbl] *adj* unbeschreiblich

in·de·struct·ible [ˌɪndɪ'strʌktəbl] *adj* unzerstörbar

in·de·ter·min·able [ˌɪndɪ'tɜːmɪnəbl] *adj* unbestimmbar; **in·de·ter·mi·nate** [ˌɪndɪ'tɜːmɪnət] *adj* **1.** unbestimmt **2.** (*Konzept*) unklar, vage

in·dex ['ɪndeks] <*pl* **indexes (indices)**> **I.** *s* **1.** (*pl: indexes*) Register *nt,* Index *m;* Quellenverzeichnis *nt;* Katalog *m* **2.** (*pl: indices*) Hinweiszeichen *nt;* Anzeiger *m* **3.** Index *m,* Messzahl *f* **4.** (MATH: *pl: indices*) Exponent *m;* **be an ~ of s.th.** ein Gradmesser für etw sein; **cost-of-living ~** Lebenshaltungsindex *m* **II.** *vt* mit einem Register versehen; registrieren, katalogisieren; **in·dex·ation** [ˌindek'seɪʃn] *s* Indexbindung, Indexierung *f;* **index card** *s* Karteikarte *f;* **in·dex·er** ['indeksə(r)] *s* Indexverfasser *m;* **index finger** *s* Zeigefinger *m;* **index-linked** *adj* (*Rente*) dynamisch; der Inflationsrate angeglichen; **index print** *s* Fotoindex *m*

In·dia ['ɪndɪə] *s* Indien *nt;* **In·dian** ['ɪndɪən] **I.** *adj* **1.** indisch **2.** indianisch **II.** *s* **1.** Inder(in) *m(f)* **2.** Indianer(in) *m(f);* **Indian club** *s* (SPORT) Keule *f;* **Indian corn** *s* (*Am*) Mais *m;* **Indian file** *s:* **in ~** im Gänsemarsch; **Indian ink** *s* Tusche *f;* **Indian Ocean** *s* Indischer Ozean; **Indian summer** *s* Altweiber-, Nachsommer *m;* **India paper** *s* Dünndruckpapier *nt;* **India rubber** *s* **1.** Kautschuk *m* **2.** Radiergummi *m*

in·di·cate ['ɪndɪkeɪt] *vt* **1.** hinweisen, zeigen, deuten auf **2.** (*Gefühle*) andeuten; zum Ausdruck bringen **3.** (TECH) anzeigen; (AUTO) blinken **4.** angezeigt, ratsam, nützlich erscheinen lassen **5.** (MED) indizieren; **in·di·ca·tion** [ˌɪndɪ'keɪʃn] *s* **1.** Hinweis *m,* Andeutung *f,* Anzeichen *nt* **2.** Anzeigen, Erkennenlassen *nt* **3.** Kennzeichen, Merkmal *nt* **4.** (MED) Indikation, Anzeige *f* (*of* für); **in·dica·tive** [ɪn'dɪkətɪv] *adj* hinweisend (*of* auf), bezeichnend (*of s.th.* für etw); **be ~ of** ein Hinweis sein für; **in·di·cator** ['ɪndɪkeɪtə(r)] *s* **1.** Anzeiger *m* **2.** (COM, CHEM) Indikator *m* **3.** (AUTO) Fahrtrichtungsanzeiger, Blinker *m* **4.** (*fig*) Anzeichen *nt*

in·di·ces ['ɪndɪsiːz] *s pl* **index**

in·dict [ɪn'daɪt] *vt* (JUR) anklagen (*for* wegen); **in·dict·able** [ɪn'daɪtəbl] *adj* (*Person*) strafrechtlich verfolgbar; (*Vergehen*) strafbar; **in·dict·ment** [-mənt] *s* (JUR) Anklageschrift *f*

in·die ['ɪndi] *adj s.* **independent** (*film, industry, music*) Indie-

in·dif·fer·ence [ɪn'dɪfrəns] *s* Gleichgültigkeit *f* (*to, towards* gegen), Interesselosigkeit *f;* **in·dif·fer·ent** [ɪn'dɪfrənt] *adj* **1.** gleichgültig (*to, towards* gegenüber) **2.** desinteressiert, interesselos **3.** mittelmäßig, durchschnittlich

in·digen·ous [ɪn'dɪdʒɪnəs] *adj* **1.** (BOT ZOO) eingeboren **2.** einheimisch (*to* in) **3.** Landes-

in·di·gest·ible [ˌɪndɪ'dʒəstəbl] *adj* (*a. fig*) unverdaulich; **in·di·ges·tion** [ˌɪndɪ'dʒəstʃən] *s* Magenverstimmung *f*

indig·nant [ɪn'dɪgnənt] *adj* aufgebracht, entrüstet, empört (*at, over, about* über etw); **in·dig·na·tion** [ˌɪndɪg'neɪʃn] *s* Entrüstung, Empörung *f* (*at/over/about*

I

über); **in·dig·ni·ty** [ɪn'dɪgnɪtɪ] *s* Demütigung *f*
in·direct [ˌɪndɪ'rekt] *adj* **1.** indirekt, mittelbar **2.** (GRAM) indirekt; **by ~ means** auf Umwegen; **~ speech** (GRAM) indirekte Rede; **indirect taxes** *s pl* indirekte Steuern *fpl*
in·dis·cern·ible [ˌɪndɪ'sɜːnəbl] *adj* nicht wahrnehmbar, unmerklich
in·dis·ci·pline [ɪn'dɪsɪplɪn] *s* Mangel *m* an Disziplin
in·dis·creet [ˌɪndɪ'skriːt] *adj* indiskret; taktlos; **in·dis·cre·tion** [ˌɪndɪ'skreʃn] *s* Indiskretion *f;* Taktlosigkeit *f*
in·dis·crimi·nate [ˌɪndɪ'skrɪmɪnət] *adj* unterschiedslos; wahllos; kritiklos; willkürlich
in·dis·pens·able [ˌɪndɪ'spensəbl] *adj* unbedingt notwendig; unentbehrlich
in·dis·posed [ˌɪndɪ'spəʊzd] *adj* **1.** unpässlich, unwohl **2.** abgeneigt (*to dat*); **in·dis·po·sition** [ˌɪndɪspə'zɪʃn] *s* **1.** Unpässlichkeit *f* **2.** Abneigung *f* (*to, towards* gegen)
in·dis·put·able [ˌɪndɪ'spjuːtəbl] *adj* unbestreitbar, unstreitig
in·dis·tinct [ˌɪndɪ'stɪŋkt] *adj* **1.** undeutlich, unscharf, verschwommen **2.** (*Geräusch*) schwach
in·dis·tin·guish·able [ˌɪndɪ'stɪŋgwɪʃ əbl] *adj* nicht zu unterscheiden; nicht erkennbar
in·di·vid·ual [ˌɪndɪ'vɪdʒʊəl] **I.** *adj* **1.** einzeln, getrennt **2.** persönlich, individuell, eigen; **give ~ help** jedem Einzeln helfen **II.** *s* Individuum *nt;* Einzelne(r) *f m,* Person *f;* **individual case** *s* Einzelfall *m*
in·di·vid·ual·ism [ˌɪndɪ'vɪdʒʊəlɪzəm] *s* Individualismus *m;* **in·di·vid·ual·ist** [ˌɪndɪ'vɪdʒʊəlɪst] *s* Individualist(in) *m(f);* **in·di·vid·ual·is·tic** [ˌɪndɪˌvɪdʒʊə'lɪstɪk] *adj* individualistisch
in·di·vidu·al·ity [ˌɪndɪˌvɪdʒʊ'æləti] *s* Individualität *f;* **in·di·vid·ual·ize** [ˌɪndɪ'vɪdʒʊəlaɪz] *vt* **1.** individualisieren **2.** einzeln, gesondert betrachten **3.** eine persönliche Note verleihen (*s.th.* einer S)
in·di·vis·ible [ˌɪndɪ'vɪzəbl] *adj* unteilbar
Indo- ['ɪndəʊ-] *PRÄF* Indo-; **~-China** Indochina *nt*
in·doc·tri·nate [ɪn'dɒktrɪneɪt] *vt* indoktrinieren; **in·doc·tri·nat·ion** [ɪnˌdɒktrɪ'neɪʃn] *s* Indoktrination *f*
in·do·lent ['ɪndələnt] *adj* träge, arbeitsscheu, faul
in·domi·table [ɪn'dɒmɪtəbl] *adj* unbezähmbar, unbezwingbar
Indo·nesia [ˌɪndəʊ'niːzɪə] *s* Indonesien *nt;* **Indo·nesian** [-n] **I.** *adj* indonesisch **II.** *s* **1.** Indonesier(in) *m(f)* **2.** (*Sprache*) (das) Indonesisch(e)
in·door ['ɪndɔː(r)] *adj* Innen-, Haus-; **~ aerial** Zimmerantenne *f;* **~ games** (SPORT) Hallenspiele *ntpl;* **~ swimming-pool** Hallenbad *nt;* **in·doors** [ˌɪn'dɔːz] *adv* im, zu Hause; drinnen; **stay ~** zu Hause bleiben
in·dubi·table [ɪn'djuːbɪtəbl] *adj* unzweifelhaft; **in·dubi·tab·ly** [ɪn'djuːbɪtəblɪ] *adv* zweifellos, zweifelsohne
in·duce [ɪn'djuːs] *vt* **1.** veranlassen, überreden **2.** (*Reaktion*) herbeiführen, bewirken, hervorrufen, verursachen **3.** die Folgerung ziehen (*from* von, aus) **4.** (PHYS ELEK) induzieren **5.** (MED: *Geburt*) einleiten; **~ed sleep** künstlicher Schlaf; **in·duce·ment** [-mənt] *s* **1.** Veranlassung *f;* Überredung *f* **2.** (*Motiv*) Anreiz, Ansporn *m*
in·duc·tion [ɪn'dʌkʃn] *s* **1.** (Amts)Einsetzung *f* **2.** (*Am:* MIL) Einberufung *f* **3.** (PHILOS) Induktion *f* **4.** Veranlassung, Herbeiführung *f;* **induction coil** *s* (ELEK) Induktionsspule *f;* **induction course** *s* Einführungskurs *m;* **in·duc·tive** [ɪn'dʌktɪv] *adj* induktiv
in·dulge [ɪn'dʌldʒ] **I.** *vt* **1.** nachgeben (*a desire* einem Verlangen) **2.** nachsichtig sein mit; verwöhnen **3.** (FIN) Zahlungsaufschub gewähren **II.** *vi:* **~ in s.th.** sich etw gönnen; sich einer S hingeben; sich (den Luxus) erlauben (*in* zu); **in·dul·gence** [ɪn'dʌldʒəns] *s* **1.** Nachsicht *f;* Nachgiebigkeit *f* **2.** Verwöhnung *f* **3.** Genuss *m;* Luxus *m* **4.** Einwilligung *f* **5.** (REL) Ablass *m;* **in·dul·gent** [ɪn'dʌldʒənt] *adj* **1.** nachsichtig; nachgiebig (*to* gegen) **2.** gutmütig
in·dus·trial [ɪn'dʌstrɪəl] *adj* gewerblich, industriell; Industrie-; Arbeits-; Betriebs-; **~ action** Streikmaßnahmen *fpl;* **~ democracy** Demokratie *f* im Betrieb; **~ dispute** Arbeitskonflikt, -kampf *m;* **~ energy tax** Ökosteuer *f;* **~ estate** Industriegelände *nt,* -park *m;* **~ fair** Industriemesse *f;* **~ injury** Berufsschaden *m;* **~ insurance** Unfallversicherung *f;* **~ pollution** Umweltverschmutzung *f* durch die Industrie; **~ relations** Arbeitgeber-Arbeitnehmer-Beziehungen *fpl;* **Industrial Revolution** industrielle Revolution; **~ robot** Industrieroboter *m;* **~ technologies** industrielle Verfahren; **~ tribunal** Arbeitsgericht *nt;* **~ union** Industriegewerkschaft *f;* **~ waste** Industriemüll *m;* **indus·trial·ism** [ɪn'dʌstrɪəlɪzəm] *s* Industrie *f;* **in·dus·trial·ist** [-ɪst] *s* Industrielle(r) *f m;* **in·dus·triali·zation** [ɪnˌdʌstrɪəlaɪ'zeɪʃn] *s* Industrialisierung *f;* **in·dus·trial·ize** [ɪn'dʌstrɪəlaɪz] *vt* industrialisieren; **~d country** Industrieland *nt,* -nation *f*

in·dus·tri·ous [ɪn'dʌstrɪəs] *adj* arbeitsam, betriebsam, fleißig
in·dus·try ['ɪndəstrɪ] *s* **1.** Industrie *f;* gewerbliche Wirtschaft **2.** Industrie-, Wirtschaftszweig *m;* Branche *f* **3.** Fleiß *m;* **automobile** ~ Auto-, Kraftfahrzeugindustrie *f;* **heavy** ~ Schwerindustrie *f;* **hotel** ~ Hotelgewerbe *nt;* **light** ~ Leichtindustrie *f;* **tourist** ~ Tourismusbranche, Touristik *f*
in·ebri·ate [ɪ'ni:brɪeɪt] **I.** *vt* betrunken machen, berauschen **II.** [ɪ'ni:brɪət] *adj* betrunken
in·ed·ible [ɪn'edəbl] *adj* ungenießbar
in·ed·uc·able [ɪn'edʒʊkəbl] *adj* bildungsunfähig
in·ef·fable [ɪn'efəbl] *adj* unaussprechlich
in·ef·fec·tive [ˌɪnɪ'fektɪv] *adj* **1.** unwirksam, wirkungslos **2.** (*Person*) untauglich, unfähig
in·ef·fec·tual [ˌɪnɪ'fektʃʊəl] *adj* ineffektiv
in·ef·fi·cien·cy [ˌɪnɪ'fɪʃənsɪ] *s* Unfähigkeit, Ineffizienz *f;* **in·ef·fic·ient** [ˌɪnɪ'fɪʃnt] *adj* **1.** (*Person*) unfähig; inkompetent **2.** (*Maschine*) unrentabel, unwirtschaftlich **3.** (*Betrieb*) unrationell
in·el·egant [ˌɪn'elɪgənt] *adj* **1.** unelegant **2.** (*Stil*) schwerfällig, ungeschliffen
in·eli·gible [ɪn'elɪdʒəbl] *adj* **1.** nicht wählbar **2.** (*für ein Amt*) ungeeignet; nicht qualifiziert **3.** (*für Leistungen*) nicht berechtigt
in·eluc·table [ˌɪnɪ'lʌktəbl] *adj* unentrinnbar, unausweichlich
in·ept [ɪ'nept] *adj* **1.** untauglich, unfähig (*at s.th.* für etw) **2.** (*Bemerkung*) unangebracht, unpassend
in·equal·ity [ˌɪnɪ'kwɒlətɪ] *s* (*a.* MATH) Ungleichheit *f,* Unterschied *m*
in·equi·table [ɪn'ekwɪtəbl] *adj* ungerecht; **in·equity** [ɪn'ekwətɪ] *s* Ungerechtigkeit *f*
in·eradi·cable [ˌɪnɪ'rædɪkəbl] *adj* unausrottbar
in·ert [ɪ'nɜ:t] *adj* **1.** (*a.* PHYS) träge, unbeweglich **2.** (CHEM) inaktiv; ~ **gas** Edelgas *nt;* **in·er·tia** [ɪ'nɜ:ʃə] *s* Trägheit *f;* **inertia (reel) seat belt** *s* (AUTO) Automatikgurt *m*
in·es·cap·able [ˌɪnɪ'skeɪpəbl] *adj* unentrinnbar, unvermeidbar
in·es·sen·tial [ˌɪnɪ'senʃl] *adj* unwesentlich, unwichtig
in·es·ti·mable [ɪn'estɪməbl] *adj* unschätzbar
in·evi·table [ɪn'evɪtəbl] *adj* unvermeidbar; zwangsläufig
in·ex·act [ˌɪnɪg'zækt] *adj* ungenau
in·ex·cus·able [ˌɪnɪk'skju:zəbl] *adj* unentschuldbar, unverzeihlich
in·ex·haust·ible [ˌɪnɪg'zɔ:stəbl] *adj* unerschöpflich
in·exor·able [ˌɪn'eksərəbl] *adj* unerbittlich
in·ex·pedi·ency [ˌɪnɪk'spi:dɪənsɪ] *s* Unzweckmäßigkeit *f;* **in·ex·pedi·ent** [ˌɪnɪk'spi:dɪənt] *adj* unzweckmäßig
in·ex·pen·sive [ˌɪnɪk'spensɪv] *adj* billig, preiswert
in·ex·pe·ri·enced [ˌɪnɪk'spɪərɪənst] *adj* unerfahren
in·ex·pert [ɪn'ekspɜ:t] *adj* **1.** (*Behandlung*) unsachgemäß **2.** unfachmännisch, laienhaft
in·ex·plic·able [ˌɪnɪk'splɪkəbl] *adj* unerklärlich, unfasslich
in·ex·tri·cable [ˌɪnɪk'strɪkəbl] *adj* **1.** unentwirrbar **2.** (*Schwierigkeiten*) unlösbar
in·fal·lible [ɪn'fæləbl] *adj* **1.** unfehlbar **2.** (*Methoden*) zuverlässig
in·fa·mous ['ɪnfəməs] *adj* **1.** berüchtigt **2.** schändlich; niederträchtig; **in·famy** ['ɪnfəmɪ] *s* **1.** Verrufenheit *f* **2.** Niedertracht *f*
in·fancy ['ɪnfənsɪ] *s* **1.** frühe Kindheit **2.** (JUR) Minderjährigkeit *f* **3.** (*fig*) Anfänge *mpl;* **flying was still in its** ~ die Fliegerei steckte noch in den Kinderschuhen
in·fant ['ɪnfənt] *s* **1.** Kleinkind *nt;* Säugling *m* **2.** (JUR) Minderjährige(r) *f m;* ~ **mortality** Säuglingssterblichkeit *f*
in·fan·ti·cide [ɪn'fæntɪsaɪd] *s* **1.** Kindesmord *m* **2.** Kindesmörder(in) *m(f)*
in·fan·tile ['ɪnfəntaɪl] *adj* **1.** kindisch, infantil **2.** (MED) Kinder-
in·fan·try ['ɪnfəntrɪ] *s* Infanterie *f;* **in·fan·try·man** [-mən] *s* <*pl* -men> Infant(e)rist *m*
in·fatu·ated [ɪn'fætʃʊeɪtɪd] *adj* verblendet, vernarrt, verknallt (*with* in); **become** ~ **with s.o.** sich in jdn unsterblich verlieben
in·fect [ɪn'fekt] *vt* **1.** (MED) infizieren; anstecken (*with* mit) **2.** (*Wasser*) verseuchen, verunreinigen **3.** (*Essen*) verderben **4.** (*fig*) anstecken; **become** [*o* **get**] ~**ed** angesteckt werden (*by, with* von); **in·fec·tion** [ɪn'fekʃn] *s* **1.** Ansteckung, Infektion *f* **2.** Verseuchung *f;* Verunreinigung *f;* **spread of** ~ Durchseuchung *f;* **in·fec·tious** [ɪn'fekʃəs] *adj* ansteckend, infektiös; ~ **disease** Infektionskrankheit *f*
in·fe·lici·tous [ˌɪnfɪ'lɪsɪtəs] *adj* unglücklich, unpassend
in·fer [ɪn'fɜ:(r)] *vt* **1.** folgern, ableiten, entnehmen (*from* aus) **2.** darauf schließen lassen; andeuten; **in·fer·ence** ['ɪnfərəns] *s* Folgerung *f,* Schluss *m*
in·ferior [ɪn'fɪərɪə(r)] **I.** *adj* **1.** (rang)niedriger, untergeordnet (*to dat*) **2.** gering(wertig)er, weniger wert (*to* als) **3.** (*Qualität*) minderwertig; **be** ~ **to s.o.** jdm unterlegen sein; jdm untergeordnet sein **II.** *s* Untergebene(r) *f m;* **in·ferior·ity** [ɪnˌfɪərɪ'ɒrətɪ] *s*

Minderwertigkeit *f;* Unterlegenheit *f;* **in·feriority complex** *s* Minderwertigkeitskomplex *m*

in·fer·nal [ɪn'fɜ:nl] *adj* **1.** höllisch; Höllen- **2.** (*fig*) infernalisch; **in·ferno** [ɪn'fɜ:nəʊ] *s* <*pl* **-fernos**> Hölle *f,* Inferno *nt*

in·fer·tile [ɪn'fɜ:taɪl] *adj* unfruchtbar; **in·fer·til·ity** [ˌɪnfə'tɪlətɪ] *s* Unfruchtbarkeit *f*

in·fest [ɪn'fest] *vt* herfallen über; befallen; heimsuchen; (*fig*) überschwemmen; **be ~ed with rats** mit Ratten verseucht sein; **be ~ed** mit Ungeziefer verseucht sein; **in·fes·ta·tion** [ˌɪnfes'teɪʃn] *s* Verseuchung *f*

in·fi·del ['ɪnfɪdəl] *s* Ungläubige(r) *f m*

in·fi·del·ity [ˌɪnfɪ'delətɪ] *s* Untreue *f*

in·fight·ing ['ɪnfaɪtɪŋ] *s* interner Machtkampf

in·fil·trate ['ɪnfɪltreɪt] *vt* **1.** einsickern in, durchdringen **2.** (POL) unterwandern; sich einschleusen (*into* in); **in·fil·tra·tion** [ˌɪnfɪl'treɪʃn] *s* **1.** Infiltration *f* **2.** Eindringen *nt;* **in·fil·tra·tor** [-ə(r)] *s* Eindringling *m,* Unterwanderer *m*

in·fi·nite ['ɪnfɪnət] *adj* **1.** (*a.* MATH) unendlich, unbegrenzt **2.** (*Vergnügen*) grenzenlos

in·fini·tesi·mal [ˌɪnfɪnɪ'tesɪml] *adj* unendlich klein; **~ calculus** Infinitesimalrechnung *f*

in·fini·tive [ɪn'fɪnətɪv] *s* (GRAM) Infinitiv *m*

in·fin·ity [ɪn'fɪnətɪ] *s* **1.** Unendlichkeit *f* **2.** (MATH) das Unendliche

in·firm [ɪn'fɜ:m] *adj* schwach, gebrechlich; **in·firm·ary** [ɪn'fɜ:mərɪ] *s* **1.** Krankenhaus *nt* **2.** (*in Schulen*) Krankenstube *f;* **in·firm·ity** [ɪn'fɜ:mətɪ] *s* **1.** Schwäche, Gebrechlichkeit *f* **2.** Gebrechen *nt*

in·flame [ɪn'fleɪm] *vt* **1.** (MED) entzünden **2.** (*Person*) erzürnen, aufbringen **3.** (*Ärger*) erregen; **~d with passion** von glühender Leidenschaft erfasst

in·flam·mable [ɪn'flæməbl] *adj* **1.** leicht entzündbar, feuergefährlich **2.** (*fig*) leicht erregbar, reizbar

in·flam·ma·tion [ˌɪnflə'meɪʃn] *s* (MED) Entzündung *f*

in·flam·ma·tory [ɪn'flæmətrɪ] *adj* (*fig*) aufreizend, aufrührerisch

in·flat·able [ɪn'fleitəbl] *adj* aufblasbar; (*Boot*) Schlauch-; **in·flate** [ɪn'fleɪt] *vt* **1.** aufblasen, -blähen **2.** aufpumpen **3.** (*Geldumlauf*) steigern **4.** (*Preise*) überhöhen; **in·flated** [ɪn'fleɪtɪd] *adj* **1.** aufgebläht **2.** inflationär **3.** (*fig*) geschwollen, bombastisch; **in·fla·tion** [ɪn'fleɪʃn] *s* **1.** Aufblähung *f* **2.** (FIN) Inflation *f;* **~ rate** Inflationsrate *f;* **in·fla·tion·ary** [ɪn'fleɪʃnrɪ] *adj* inflationär, inflationistisch

in·flect [ɪn'flekt] *vt* **1.** (*Stimme*) modulieren **2.** (GRAM) flektieren, beugen; **in·flec·tion** [ɪn'flekʃn] *s* (MUS) Tonfall *m*

in·flexi·bil·ity [ɪnˌfleksə'bɪlətɪ] *s* **1.** Steifheit, Starre *f* **2.** (*fig*) Unbeugsamkeit *f;* **in·flex·ible** [ɪn'fleksəbl] *adj* **1.** steif, starr **2.** (*fig*) halsstarrig, unnachgiebig, starr

in·flict [ɪn'flɪkt] *vt* **1.** (*Schmerz*) zufügen **2.** (*Strafe*) auferlegen (*on, upon s.o.* jdm); **~ s.th. on s.o.** jdm etw aufdrängen; **in·flic·tion** [ɪn'flɪkʃn] *s* **1.** Zufügen *nt* **2.** (*Strafe*) Auferlegung, Verhängung *f* **3.** Plage *f,* Kreuz *nt*

in·flu·ence ['ɪnflʊəns] **I.** *s* Einfluss *m* (*over* auf); **be a good ~** einen guten Einfluss haben; **bring one's ~ to bear on s.o.** seinen Einfluss bei jdm geltend machen; **under the ~** (**of alcohol**) unter Alkoholeinfluss **II.** *vt* beeinflussen; **in·flu·ential** [ˌɪnflʊ'enʃl] *adj* einflussreich

in·flu·enza [ˌɪnflʊ'enzə] *s* Grippe *f*

in·flux ['ɪnflʌks] *s* Einfluss, Zustrom *m;* Zufuhr *f;* **~ of visitors** Besucherstrom *m*

in·fo·mer·cial *s* als Informationssendung getarntes Werbevideo

in·form [ɪn'fɔ:m] **I.** *vt* **1.** informieren, unterrichten (*about* über), in Kenntnis setzen (*of* von) **2.** Nachricht, Bescheid geben, Mitteilung machen (*s.o. of s.th.* jdm von einer S); **be better ~ed** einen Informationsvorsprung haben; **keep s.o. ~ed** jdn auf dem Laufenden halten **II.** *vi* anzeigen, denunzieren (*against s.o., s.th.* jdn, etw)

in·for·mal [ɪn'fɔ:ml] *adj* **1.** informell; inoffiziell **2.** (*Party*) form-, zwanglos; **in·for·mal·ity** [ˌɪnfɔ:'mælətɪ] *s* Form-, Zwanglosigkeit, Ungezwungenheit *f;* inoffizieller Charakter

in·form·ant [ɪn'fɔ:mənt] *s* Gewährsmann *m;* Informant(in) *m(f)*

in·for·ma·tion [ˌɪnfə'meɪʃn] *s* Nachricht, Auskunft *f;* Information *f;* **a piece of ~** eine Auskunft; **for s.o.'s ~** zur Kenntnisnahme; **get ~ about s.o.** sich über jdn informieren; **lack of ~** Informationsdefizit *nt;* **so far as my ~ goes** soviel ich weiß; **~ content** Informationsgehalt *m;* **~ market sources** Informationsmarktquellen; **~ retrieval** (INFORM) Datenabruf *m;* **~ science**(**s**) Informatik *f;* **Information Society** Informationsgesellschaft *f;* **~ storage** Datenspeicherung *f;* **~ superhighway** Datenautobahn *f;* **~ technology** Informationstechnologie *f;* **in·forma·tive** [ɪn'fɔ:mətɪv] *adj* belehrend, informativ; aufschlussreich; **in·former** [ɪn'fɔ:mə(r)] *s* Denunziant(in) *m(f),* Spitzel *m*

in·fo·tain·ment [ˌɪnfəʊ'teɪnmənt] *s no pl*

Infotainment *nt*
infra dig [ˌɪnfrəˈdɪg] *adj* (*fam*) unter meiner/seiner/ihrer Würde
in·fra-red [ˈɪnfrəˈred] *adj* (PHYS) infrarot
in·fra·struc·ture [ˈɪnfrəˌstrʌktʃə(r)] *s* Infrastruktur *f*
in·fre·quent [ɪnˈfriːkwənt] *adj* gelegentlich
in·fringe [ɪnˈfrɪndʒ] **I.** *vt* (*Gesetz*) verstoßen gegen; verletzen, übertreten **II.** *vi* ein-, übergreifen (*upon s.o.'s rights* in jds Rechte); **in·fringe·ment** [-mənt] *s* Übertretung, Verletzung *f;* Verstoß *m* (*of* gegen); ~ **of a contract** Vertragsbruch *m*
in·furi·ate [ɪnˈfjʊərɪeɪt] *vt* wütend, rasend machen
in·fuse [ɪnˈfjuːz] **I.** *vt* **1.** (*Tee*) aufgießen, -brühen **2.** (*fig*) einflößen (*into s.o.* jdm) **II.** *vi* (*Tee*) ziehen; **in·fu·sion** [ɪnˈfjuːʒn] *s* **1.** Aufguss *m* **2.** Einflößung *f* **3.** (MED) Infusion *f*
in·geni·ous [ɪnˈdʒiːnɪəs] *adj* **1.** scharfsinnig, genial **2.** erfinderisch **3.** (*Sache*) sinnreich, originell; **in·ge·nuity** [ˌɪndʒɪˈnjuːətɪ] *s* **1.** Scharfsinn *m,* Genialität *f* **2.** Erfindungsgabe *f*
in·genu·ous [ɪnˈdʒenjʊəs] *adj* **1.** aufrichtig, gerade **2.** naiv
ingle·nook [ˈɪŋglnʊk] *s* Kaminecke *f*
in·glori·ous [ɪnˈglɔːrɪəs] *adj* schimpflich, unehrenhaft
in·going [ˈɪngəʊɪŋ] *adj* (*Post*) eingehend, einlaufend
in·got [ˈɪŋgət] *s* Barren *m*
in·grained [ˌɪnˈgreɪnd] *adj* **1.** (*fig*) (fest) eingewurzelt; eingefleischt **2.** (*Schmutz*) tiefsitzend
in·grati·ate [ɪnˈgreɪʃɪeɪt] *vr* sich einschmeicheln (*with s.o.* bei jdm)
in·grati·tude [ɪnˈgrætɪtjuːd] *s* Undank(barkeit *f*) *m*
in·gredi·ent [ɪnˈgriːdɪənt] *s* **1.** Bestandteil *m;* Ingredienz *f* **2.** (*Küche*) Zutat *f*
in-group [ˈɪngruːp] *s* maßgebliche Leute *pl,* Spitze *f*
in·grow·ing [ˈɪngrəʊɪŋ] *adj:* ~ **toenail** eingewachsener Zehennagel
in·habit [ɪnˈhæbɪt] *vt* bewohnen; leben in; **in·hab·it·able** [-əbl] *adj* bewohnbar; **in·habit·ant** [ɪnˈhæbɪtənt] *s* Be-, Einwohner(in) *m(f)*
in·hale [ɪnˈheɪl] **I.** *vt* einatmen, inhalieren **II.** *vi* einen Lungenzug machen; **in·haler** [ɪnˈheɪlə(r)] *s* (MED) Inhalator *m*
in·har·moni·ous [ˌɪnhɑːˈməʊnɪəs] *adj* unharmonisch
in·here [ɪnˈhɪə(r)] *vi:* ~ **in s.th.** einer S innewohnen; **in·herent** [ɪnˈhɪərənt] *adj* innewohnend, inhärent
in·herit [ɪnˈherɪt] *vt, vi* erben (*s.th. from s.o.* etw von jdm); **in·her·it·able** [-əbl] *adj* (JUR BIOL) erblich, vererbbar; **in·herit·ance** [ɪnˈherɪtəns] *s* Erbschaft *f,* Erbe *nt;* **come into an** ~ eine Erbschaft machen
in·hibit [ɪnˈhɪbɪt] *vt* **1.** unterdrücken, verhindern **2.** (PSYCH) hemmen; ~ **s.o. from doing s.th.** jdn daran hindern, etw zu tun; **in·hi·bi·tion** [ˌɪnɪˈbɪʃn] *s* (PSYCH) Hemmung *f*
in·hos·pi·table [ˌɪnhɒˈspɪtəbl] *adj* **1.** ungastlich **2.** (*Gegend*) unwirtlich
in-house [ˈɪnhaʊs] *adj* (betriebs)intern, innerbetrieblich
in·hu·man [ɪnˈhjuːmən] *adj* unmenschlich, gefühllos; menschenverachtend; **in·hu·mane** [ˌɪnhjuːˈmeɪn] *adj* inhuman; menschenunwürdig; **in·hu·man·ity** [ˌɪnhjuːˈmænətɪ] *s* Unmenschlichkeit *f*
in·imi·cal [ɪˈnɪmɪkl] *adj* **1.** feindselig **2.** nachteilig (*to* für)
in·imi·table [ɪˈnɪmɪtəbl] *adj* unnachahmlich
in·iqui·tous [ɪˈnɪkwɪtəs] *adj* ungeheuerlich; **in·iquity** [ɪˈnɪkwətɪ] *s* Ungeheuerlichkeit *f*
in·itial [ɪˈnɪʃl] **I.** *adj* anfänglich; ~ **letter** Anfangsbuchstabe *m* **II.** *s* Initiale *f;* Anfangsbuchstabe *m* **III.** *vt* abzeichnen; (*Vertrag*) paraphieren; **ini·tial·ize** [ɪˈnɪʃəlaɪz] *vt* (INFORM) initialisieren; **in·itial·ly** [ɪˈnɪʃəlɪ] *adv* anfangs, am Anfang; **in·iti·ate** [ɪˈnɪʃɪeɪt] **I.** *vt* **1.** einweihen, -führen (*into* in) **2.** (feierlich) aufnehmen **3.** den Anstoß geben zu, initiieren **II.** *s* Eingeweihte(r) *f m,* Neuaufgenommene(r) *f m;* **in·iti·ation** [ɪˌnɪʃɪˈeɪʃn] *s* **1.** Einführung, Einweihung *f* (*into* in) **2.** Aufnahme *f* **3.** Einleitung *f;* **in·iti·at·ive** [ɪˈnɪʃətɪv] *s* Initiative *f;* **on one's own** ~ aus eigenem Antrieb; **take the** ~ die Initiative ergreifen
in·ject [ɪnˈdʒekt] *vt* **1.** (MED) einspritzen (*into* in) **2.** (*Bemerkung*) ein-, dazwischenwerfen; ~ **s.o. with s.th.** jdm etw injizieren; **in·jec·tion** [ɪnˈdʒekʃn] *s* Einspritzung, Injektion, Spritze *f;* **fuel** ~ (AUTO) (Benzin)Einspritzung *f;* **engine with fuel** ~ Einspritzmotor *m;* ~ **of money** Finanzspritze *f;* **injection moulding** *s* (TECH) Spritzguss *m*
in·ju·di·cious [ˌɪndʒuːˈdɪʃəs] *adj* unklug
in·junc·tion [ɪnˈdʒʌŋkʃn] *s* Anordnung *f;* gerichtliche Verfügung; **in·junc·tive** *adj* angeordnet; (JUR) gerichtlich verfügt
in·jure [ˈɪndʒə(r)] *vt* **1.** verletzen **2.** (*fig*) kränken, Unrecht tun (*s.o.* jdm); **the ~d party** (JUR) der, die Geschädigte; **injury** [ˈɪndʒərɪ] *s* **1.** Verletzung *f* (*to* an) **2.** Kränkung *f,* Unrecht *nt;* **do s.o. an** ~ jdn verletzen

I

in·jus·tice [ɪn'dʒʌstɪs] *s* **1.** Ungerechtigkeit *f* **2.** Unrecht *nt;* **do s.o. an ~** jdm Unrecht tun

ink [ɪŋk] *s* **1.** Tinte *f* **2.** Tusche *f* **3.** Stempelfarbe *f* **4.** (*printer's ~*) Druckerschwärze *f;* **in ~** mit Tinte; **ink bottle** *s* Tintenfass *nt;* **ink-jet** ['ɪŋkdʒet] *s* Tintenstrahl *m;* **ink-jet printer** *s* Tintenstrahldrucker *m*

ink·ling ['ɪŋklɪŋ] *s* Wink *m,* dunkle Ahnung; **have no ~ of s.th.** von etw keine Ahnung haben

ink-pad ['ɪŋkpæd] *s* Stempelkissen *nt;* **ink·stain** ['ɪŋksteɪn] *s* Tintenfleck *m;* **inky** ['ɪŋkɪ] *adj* **1.** (tief)schwarz **2.** tintenbeschmiert

in·laid [ˌɪn'leɪd] **I.** *pt, pp of* **inlay II.** *adj* eingelegt; **~ work** Einlegearbeit *f*

in·land ['ɪnlənd] **I.** *adj* **1.** Binnen- **2.** inländisch; einheimisch; Inland(s)- **II.** *adv* landeinwärts; **Inland Revenue** *s* (*Br*) Finanzamt *nt;* **inland trade** *s* Binnenhandel *m*

in-laws ['ɪnlɔːz] *s pl* (*fam*) angeheiratete Verwandte *pl,* Schwiegereltern *pl*

in·lay [ˌɪn'leɪ] <*irr:* **inlaid, inlaid**> **I.** *vt* einlegen **II.** *s* **1.** Einlegearbeit *f* **2.** Plombe *f* (*im Zahn*)

in·let ['ɪnlet] *s* **1.** Meeres-, Flussarm *m* **2.** Öffnung *f* **3.** (TECH) Zuleitung *f*

in-line skat·ing *s* Inlineskating *nt*

in·mate ['ɪnmeɪt] *s* Insasse *m,* Insassin *f*

inn [ɪn] *s* Gast-, Wirtshaus *nt;* Herberge *f*

in·nards ['ɪnədz] *s pl* Innereien *pl,* Eingeweide *pl*

in·nate [ɪ'neɪt] *adj* angeboren

in·ner ['ɪnə(r)] *adj* **1.** innere(r, s); Innen- **2.** (*fig*) innere(r, s); verborgen; Seelen-; **~ circle of friends** engster Freundeskreis; **the ~ man** das Innere; **in·ner·most** ['ɪnəməʊst] *adj* innerste(r, s) geheimste(r, s); **inner tube** *s* (AUTO) Schlauch *m*

in·nings ['ɪnɪŋz] *s sing od pl* (SPORT) Durchgang *m;* **have one's ~** (*fig*) an der Reihe sein; **have a good ~** (*fig*) ein langes, ausgefülltes Leben haben

in·no·cence ['ɪnəsns] *s* Unschuld *f;* **in·no·cent** ['ɪnəsnt] **I.** *adj* **1.** unschuldig; unabsichtlich **2.** naiv, ahnungslos; **as ~ as a new-born babe** unschuldig wie ein Lamm **II.** *s* Unschuld *f*

in·nocu·ous [ɪ'nɒkjʊəs] *adj* harmlos

in·no·vate ['ɪnəveɪt] *vi* Neuerungen einführen; **in·no·va·tion** [ˌɪnə'veɪʃn] *s* Innovation *f;* Neuerung *f;* **in·no·va·tive** ['ɪnəvətɪv] *adj* innovativ

in·nu·endo [ˌɪnjuː'endəʊ] *s* <*pl* **-endoes**> versteckte Andeutung

in·numer·able [ɪ'njuːmərəbl] *adj* unzählig; **in·numer·ate** [ɪ'njuːmərət] *adj:* **be ~** nicht rechnen können

in·ocu·late [ɪ'nɒkjʊleɪt] *vt* (MED: *Menschen*) impfen (*against* gegen); **inocu·la·tion** [ɪˌnɒkjʊ'leɪʃn] *s* (MED) Impfung *f*

in·of·fen·sive [ˌɪnə'fensɪv] *adj* harmlos

in·op·er·able [ˌɪn'ɒpərəbl] *adj* **1.** (MED) nicht operierbar **2.** (*Plan*) nicht durchführbar

in·op·er·at·ive [ˌɪn'ɒpərətɪv] *adj* **1.** außer Kraft, ungültig **2.** (*Maschine*) außer Betrieb

in·op·por·tune [ˌɪn'ɒpətjuːn] *adj* ungelegen; inopportun; unpassend

in·or·di·nate [ɪ'nɔːdɪnət] *adj* unmäßig, maßlos

in·or·ganic [ˌɪnɔː'gænɪk] *adj* (CHEM) anorganisch

in·pa·tient ['ɪnpeɪʃnt] *s* stationär behandelter Patient

in·put ['ɪnpʊt] *s* **1.** (TECH) Energiezufuhr *f* **2.** (INFORM) Input *m* **3.** (COM) Investition *f* **4.** Arbeitsaufwand *m;* **input data** *s pl* (INFORM) Eingabedaten *pl;* **input device** *s* (INFORM) Eingabegerät *nt*

in·quest ['ɪnkwest] *s* gerichtliche Untersuchung

in·quire, en·quire [ɪn'kwaɪə(r)] **I.** *vi* sich erkundigen (*about, after* nach), fragen (*about* nach); **~ for** fragen nach; **~ into** untersuchen **II.** *vt* sich erkundigen nach, fragen nach; **~ s.th. of s.o.** sich bei jdm nach etw erkundigen; **in·quiry, enquiry** [ɪn'kwaɪərɪ] *s* **1.** Anfrage *f* (*about* über) **2.** Erkundigung *f* (*about* über) **3.** Untersuchung *f;* **on ~** auf Anfrage; **make inquiries** Erkundigungen einziehen; Nachforschungen anstellen (*about s.o.* über jdn); **court of ~** Untersuchungskommission *f;* **hold an ~ into s.th.** eine Untersuchung über etw durchführen

in·qui·si·tion [ˌɪnkwɪ'zɪʃn] *s* (*a.* JUR) Untersuchung *f,* Inquisition *f*

in·quisi·tive [ɪn'kwɪzətɪv] *adj* wissbegierig; neugierig

in·road ['ɪnrəʊd] *s* **1.** Ein-, Überfall *m* (*into* in) **2.** (*fig*) Eingriff *m* (*on* in); **make ~s on the market** in den Markt eindringen; **make ~s upon s.o.'s savings** ein Loch in jds Ersparnisse reißen

in·rush ['ɪnrʌʃ] *s* Zustrom *m*

in·sa·lubri·ous [ˌɪnsə'luːbrɪəs] *adj* (*Klima*) unzuträglich

in·sane [ɪn'seɪn] *adj* geisteskrank, wahnsinnig

in·sani·tary [ɪn'sænɪtrɪ] *adj* unhygienisch

in·san·ity [ɪn'sænətɪ] *s* **1.** Geisteskrankheit *f* **2.** (*fig*) Wahnsinn *m*

in·sa·tiable [ɪn'seɪʃəbl] *adj* unersättlich

in·scrip·tion [ɪn'skrɪpʃn] *s* **1.** Aufschrift *f;* Inschrift *f* **2.** Widmung *f*

in·scru·table [ɪn'skru:təbl] *adj* unergründlich, unerklärlich

in·sect ['ɪnsekt] *s* Insekt *nt;* ~ **bite** Insektenstich *m;* ~ **repellent** Insektenschutzmittel *nt;* **in·sec·ticide** [ɪn'sektɪsaɪd] *s* Insektenbekämpfungsmittel, Insektengift *nt*

in·se·cure [ˌɪnsɪ'kjʊə(r)] *adj* **1.** unsicher **2.** (*Gebäude*) nicht sicher; **in·se·cur·ity** [ˌɪnsɪ'kjʊərətɪ] *s* Unsicherheit *f*

in·semi·nate [ɪn'semɪneɪt] *vt* befruchten; besamen; **in·semi·na·tion** [ɪnˌsemɪ'neɪʃn] *s* Befruchtung *f;* Besamung *f*

in·sen·sible [ɪn'sensəbl] *adj* **1.** bewusstlos; unempfindlich **2.** unempfänglich (*of, to* für) **3.** unmerklich

in·sen·si·tive [ɪn'sensətɪv] *adj* **1.** unempfindlich, gefühllos (*to* gegen) **2.** unempfänglich

in·sep·ar·able [ɪn'seprəbl] *adj* unzertrennlich; untrennbar

in·sert [ɪn'sɜ:t] **I.** *vt* **1.** einsetzen, -fügen, -schalten **2.** hineinstecken **3.** (*Münze*) einwerfen; ~ **an advertisement in a paper** eine Anzeige in eine Zeitung setzen **II.** ['ɪnsɜ:t] *s* Beilage *f;* Inserat *nt;* Einlage *f;* **in·ser·tion** [ɪn'sɜ:ʃn] *s* **1.** Einfügung, -schaltung *f* **2.** (*in einem Kleid*) Einsatz *m* **3.** Inserat *nt,* Anzeige *f* **4.** (*Münze*) Einwurf *m* **5.** Hineinstecken *nt*

in-service ['ɪnsɜvɪs] *adj attr:* ~ **training** innerbetriebliche Fortbildung

in·shore [ˌɪn'ʃɔ:(r)] **I.** *adj* Küsten- **II.** *adv* in Küstennähe

in·side [ɪn'saɪd] **I.** *s* **1.** (das) Innere; Innenseite *f* **2.** (*fam*) Eingeweide *pl;* **the wind blew her umbrella** ~ **out** der Wind hat ihren Schirm umgestülpt; **turn s.th.** ~ **out** (*fig*) etw auf den Kopf stellen; **know s.th.** ~ **out** etw in- und auswendig kennen **II.** ['ɪnsaɪd] *adj* innere(r, s); Innen-; **an** ~ **job** (*fig*) ein Werk von Insidern; ~ **lane** [*o* **track**] (SPORT) Innenbahn *f;* ~ **left** (SPORT) Halblinke(r) *m* **III.** *adv* innen, im Innern; drin(nen); **come** ~**!** kommen Sie herein!; **be** ~ (*sl*) (im Gefängnis) sitzen **IV.** *prep* **1.** innen in; in **2.** (*zeitlich*) innerhalb *+gen;* **go** ~ **the house** ins Haus gehen; **in·sider** [ɪn'saɪdə(r)] *s* Insider *m,* Eingeweihte(r) *f m;* ~ **dealing** [*o* **trading**] Insiderhandel *m*

in·sidi·ous [ɪn'sɪdɪəs] *adj* hinterhältig, heimtückisch

in·sight ['ɪnsaɪt] *s* **1.** Verständnis *nt* **2.** Einsicht *f,* Einblick *m* (*into* in)

in·sig·nia [ɪn'sɪgnɪə] *s pl* Insignien *pl*

in·sig·nifi·cance [ˌɪnsɪg'nɪfɪkəns] *s* Bedeutungslosigkeit *f;* **in·sig·nifi·cant** [ˌɪnsɪg'nɪfɪkənt] *adj* **1.** bedeutungslos **2.** (*Summe*) unerheblich, geringfügig

in·sin·cere [ˌɪnsɪn'sɪə(r)] *adj* unaufrichtig, falsch

in·sinu·ate [ɪn'sɪnjʊeɪt] *vt* andeuten, anspielen auf; **what is he insinuating?** was will er damit sagen?; ~ **o.s. into s.o.'s favo(u)r** jds Gunst erschleichen; **in·sinu·ation** [ɪnˌsɪnjʊ'eɪʃn] *s* Anspielung *f*

in·sipid [ɪn'sɪpɪd] *adj* **1.** fade **2.** (*fig*) geistlos

in·sist [ɪn'sɪst] *vt, vi* bestehen, beharren, großen Wert legen (*on, upon* auf); ~ **on one's innocence** auf seiner Unschuld bestehen; **if you** ~ wenn Sie darauf bestehen; ~ **on a point** auf einem Punkt beharren; ~ **on doing s.th.** darauf bestehen etw zu tun; **in·sist·ence** [ɪn'sɪstəns] *s* Bestehen *nt* (*on* auf); **I did it at her** ~ ich tat es auf ihr Drängen; **in·sist·ent** [ɪn'sɪstənt] *adj* **1.** beharrlich, hartnäckig **2.** eindringlich, eindrucksvoll; **be** ~ darauf bestehen (*that* dass); **he was most** ~ er hat nicht lockergelassen

in·so·far [ˌɪnsə'fɑ:(r)] *adv:* ~ **as** soweit

in·sole ['ɪnsəʊl] *s* Brand-, Einlegesohle *f*

in·so·lence ['ɪnsələns] *s* Unverschämtheit, Frechheit *f;* **in·so·lent** ['ɪnsələnt] *adj* unverschämt, frech

in·sol·uble [ɪn'sɒljʊbl] *adj* **1.** un(auf)löslich **2.** (*Problem*) unlösbar

in·sol·vency [ɪn'sɒlvənsɪ] *s* Zahlungsunfähigkeit, Insolvenz *f;* **in·sol·vent** [ɪn'sɒlvənt] *adj* zahlungsunfähig, insolvent

in·som·nia [ɪn'sɒmnɪə] *s* Schlaflosigkeit *f;* **in·som·niac** [ɪn'sɒmnɪæk] *s jemand, der an Schlaflosigkeit leidet*

in·so·much [ˌɪnsəʊ'mʌtʃ] *adv:* ~ **as** (in)sofern, soweit

in·spect [ɪn'spekt] *vt* **1.** kontrollieren, prüfen **2.** (MIL) inspizieren; **in·spec·tion** [ɪn'spekʃn] *s* **1.** Prüfung, Kontrolle *f* **2.** (MIL) Inspektion *f;* **on** ~ bei näherer Betrachtung; **for your** ~ zur Einsicht; **customs** ~ Zollkontrolle *f;* ~ **copy** Ansichtsexemplar *nt*

in·spec·tor [ɪn'spektə(r)] *s* **1.** Kontrolleur(in) *m(f),* Prüfungs-, Aufsichtsbeamte(r) *m* **2.** Inspektor(in) *m(f);* **customs** ~ Zollinspektor(in) *m(f);* **police** ~ Polizeikommissar(in) *m(f);* ~ (**of police**) Polizeikommisar(in) *m(f)*

in·spi·ra·tion [ˌɪnspə'reɪʃn] *s* (*a.* REL) Eingebung, Inspiration *f;* **have a sudden** ~ eine plötzliche Erleuchtung haben; **in·spire** [ɪn'spaɪə(r)] *vt* **1.** (*a.* REL) inspirieren **2.** (*Gefühl*) wecken; hervorrufen; einflößen (*into s.o.* jdm); ~ **s.o. with hope** jdn mit Hoffnung erfüllen

in·sta·bil·ity [ˌɪnstə'bɪlətɪ] *s* Instabilität *f;* Unbeständigkeit *f;* Labilität *f*

in·stall [ɪn'stɔ:l] *vt* **1.** (*in ein Amt*) einsetzen **2.** (TECH) installieren, einbauen; anschließen; ~ **o.s.** sich einrichten, sich niederlassen; **in·stal·la·tion** [ˌɪnstəˈleɪʃn] *s* **1.** Amtseinsetzung *f* **2.** Einrichtung, Installation *f* **3.** Anlage *f* **4.** Auf-, Einbau *m*

in·stall·ment *s* (*Am*) *s.* **instalment**; **installment plan** *s* (*Am*) Teilzahlungsgeschäft *nt;* **in·stal·ment** [ɪnˈstɔːlmənt] *s* **1.** Raten-, Teilzahlung *f* **2.** (*Veröffentlichung*) Fortsetzung *f;* Sendefolge *f;* **by** [*o* **in**] **~s** auf Raten; **appear in ~s** in Fortsetzungen erscheinen; **monthly** ~ Monatsrate *f*

in·stance [ˈɪnstəns] **I.** *s* **1.** Beispiel *nt;* Fall *m* **2.** Ersuchen *nt* **3.** (JUR) Instanz *f;* **at s.o.'s** ~ auf jds Veranlassung; **for** ~ zum Beispiel; **in the first** ~ in erster Linie, vor allem, zunächst **II.** *vt* (als Beispiel) anführen

in·stant [ˈɪnstənt] **I.** *adj* **1.** unmittelbar **2.** (*Essen*) Instant- **3.** (COM) dieses Monats; ~ **coffee** Pulver-, Instantkaffee *m;* ~ **food** Fertiggerichte *ntpl;* **an** ~ **success** ein sofortiger Erfolg **II.** *s* Augenblick, Moment *m;* **at this** ~ in diesem Augenblick; **in an** ~ im Augenblick; im Nu

in·stan·ta·neous [ˌɪnstənˈteɪnɪəs] *adj* augenblicklich, sofortig, unmittelbar; **death was** ~ der Tod trat sofort ein; **in·stan·ta·neous·ly** [-lɪ] *adv* unverzüglich, sofort

in·stant·ly [ˈɪnstəntlɪ] *adv* sofort, augenblicklich

in·stead [ɪnˈsted] **I.** *adv* stattdessen, dafür **II.** *prep:* ~ **of** statt, anstelle von; ~ **of doing …** statt … zu tun

in·step [ˈɪnstep] *s* (ANAT) Spann, Rist *m*

in·sti·gate [ˈɪnstɪgeɪt] *vt* **1.** anspornen, aufhetzen (*to* zu) **2.** anstiften (*to a crime* zu einem Verbrechen) **3.** veranlassen; **in·sti·ga·tion** [ˌɪnstɪˈgeɪʃn] *s* Anstiftung *f;* **at his** ~ auf sein Betreiben

in·stil [ɪnˈstɪl], **in·still** *vt* (*fig*) nahe bringen, beibringen

in·stinct [ˈɪnstɪŋkt] *s* Instinkt *m;* **by** [*o* **from**] ~ instinktiv; **have an ~ for** einen Instinkt haben für; **in·stinc·tive** [ɪnˈstɪŋktɪv] *adj* instinktiv

in·sti·tute [ˈɪnstɪtjuːt] **I.** *vt* **1.** aufstellen, einrichten, (be)gründen **2.** (JUR) einleiten, in die Wege leiten; ~ **divorce proceedings** die Scheidung einreichen **II.** *s* Einrichtung *f;* Institut *nt*

in·sti·tu·tion [ˌɪnstɪˈtjuːʃn] *s* **1.** Einrichtung, Institution *f* **2.** Errichtung, Gründung *f* **3.** Institut *nt,* Anstalt *f* **4.** (*fam*) altbekannte Person; **in·sti·tu·tional** [ˌɪnstɪˈtjuːʃənl] *adj* institutionell; ~ **advertising** (*Am*) Prestigewerbung *f;* **in·sti·tu·tional·ize** [ˌɪnstɪˈtjuːʃənəlaɪz] *vt* institutionalisieren

in·struct [ɪnˈstrʌkt] *vt* **1.** unterrichten, belehren **2.** anleiten, unterweisen **3.** die Anweisung geben (*s.o.* jdm) **4.** unterrichten, informieren (*of s.th.* von einer S); **in·struc·tion** [ɪnˈstrʌkʃn] *s* **1.** Unterricht *m,* Schulung *f* **2.** Belehrung, Instruktion *f* **3.** Anordnung, Anweisung, Vorschrift *f;* **~s for use** Gebrauchsanweisung, -anleitung *f;* **according to ~s** auftrags-, weisungsgemäß; **instruction book** *s* Bedienungs-, Gebrauchsanweisung *f;* **instruction leaflet** *s* Beipackzettel *nt;* **in·struc·tive** [ɪnˈstrʌktɪv] *adj* instruktiv; **in·struc·tor** [ɪnˈstrʌktə(r)] *s* **1.** Lehrer(in) *m(f)* **2.** (*Am*) Dozent(in) *m(f);* **driving** ~ Fahrlehrer(in) *m(f);* **in·struc·tress** [ɪnˈstrʌktrɪs] *s* **1.** Lehrerin *f* **2.** (*Am*) Dozentin *f*

in·stru·ment [ˈɪnstrʊmənt] *s* **1.** Werkzeug, Instrument *nt;* Gerät *nt* **2.** (Musik)Instrument *nt* **3.** (*fig*) Mittel, Werkzeug *nt* **4.** (JUR) Urkunde *f,* Dokument *nt*

in·stru·men·tal [ˌɪnstrʊˈmentl] *adj* **1.** brauchbar, förderlich; behilflich **2.** (MUS) instrumental; Instrumental-; **be ~ in s.th.** bei einer S behilflich sein; zu einer S beitragen; ~ **music** Instrumentalmusik *f*

in·stru·men·ta·tion [ˌɪnstrʊmenˈteɪʃn] *s* (MUS) Instrumentation *f*

in·stru·ment board, **in·stru·ment pan·el** *s* Armaturenbrett *nt*

in·sub·or·di·nate [ˌɪnsəˈbɔːdɪnət] *adj* ungehorsam; widersetzlich

in·sub·stan·tial [ˌɪnsəbˈstænʃl] *adj* **1.** unwirklich, imaginär; wenig substanziell **2.** (*Anklage*) gegenstandslos

in·suf·fer·able [ɪnˈsʌfrəbl] *adj* unerträglich

in·suf·fi·ciency [ˌɪnsəˈfɪʃnsɪ] *s* **1.** Mangel *m* (*of* an) **2.** Unzulänglichkeit *f;* **in·suf·fi·cient** [ˌɪnsəˈfɪʃnt] *adj* **1.** ungenügend **2.** unzulänglich

in·su·lar [ˈɪnsjʊlə(r)] *adj* **1.** insular; Insel- **2.** (*fig*) engstirnig; **in·su·lar·ity** [ˌɪnsjʊˈlærətɪ] *s* **1.** insulare Lage, Insellage *f* **2.** (*fig*) Engstirnigkeit *f*

in·su·late [ˈɪnsjʊleɪt] *vt* **1.** isolieren, absondern (*from* von) **2.** (ELEK) isolieren (*from, against* gegen); **in·su·lat·ing** [ˈɪnsjʊleɪtɪŋ] *adj* (ELEK) isolierend; nichtleitend; ~ **tape** Isolierband *nt;* **in·su·la·tion** [ˌɪnsjʊˈleɪʃn] *s* **1.** (ELEK) Isolation, Isolierung *f;* Isoliermaterial *nt* **2.** (*fig*) Geschütztheit *f* (*from* gegen)

in·su·lin [ˈɪnsjʊlɪn] *s* Insulin *nt*

in·sult [ˈɪnsʌlt] **I.** *s* **1.** Beleidigung *f* **2.** Verunglimpfung *f* (*to s.o.* jds) **II.** [ɪnˈsʌlt] *vt* **1.** beleidigen **2.** verunglimpfen

in·sup·er·able [ɪnˈsjuːprəbl] *adj* unüberwindlich

in·sup·port·able [ˌɪnsəˈpɔːtəbl] *adj* unerträglich

in·sur·ance [ɪnˈʃʊərəns] *s* **1.** Versicherung *f* **2.** Versicherungssumme *f;* **take out an ~** eine Versicherung abschließen; **insurance agent** *s* Versicherungsvertreter(in) *m(f);* **insurance broker** *s* Versicherungsmakler(in) *m(f);* **insurance company** *s* Versicherungsgesellschaft *f;* **insurance cover** *s* Versicherungsschutz *m;* **insurance policy** *s* Versicherungspolice, -schein *m,* Police *f;* **insurance premium** *s* Versicherungsbeitrag *m,* -prämie *f;* **in·sure** [ɪnˈʃʊə(r)] *vt* versichern (*against fire* gegen Feuer); **in·sured** [ɪnˈʃʊəd] **I.** *adj* versichert **II.** *s* Versicherte(r) *f m,* Versicherungsnehmer(in) *m(f);* **in·surer** [ɪnˈʃʊərə(r)] *s* Versicherer *m*

in·sur·mount·able [ˌɪnsəˈmaʊntəbl] *adj* unüberwindlich

in·sur·rec·tion [ˌɪnsəˈrekʃn] *s* Aufstand *m,* Revolte *f*

in·tact [ɪnˈtækt] *adj* unbeschädigt; unversehrt, intakt

in·take [ˈɪnteɪk] *s* **1.** (*von Wasser*) Aufnahme *f;* aufgenommene Menge **2.** Zuflussrohr *nt* **3.** (MIL) Rekrutierung *f;* Aufnahme *f;* **air ~** Luftzufuhr *f;* **food ~** Nahrungsaufnahme *f*

in·tan·gible [ɪnˈtændʒəbl] *adj* **1.** nicht greifbar **2.** (*Gefühle*) unbestimmbar; **~ assets** immaterielle Werte *mpl*

in·te·ger [ˈɪntɪdʒə(r)] *s* (MATH) ganze Zahl

in·te·gral [ˈɪntɪgrəl] *adj* wesentlich; vollständig, ganz; **~ calculus** Integralrechnung *f*

in·te·grate [ˈɪntɪgreɪt] **I.** *vt* integrieren, eingliedern **II.** *vi* (*in den USA*) auch für Schwarze zugänglich werden; **in·te·grated** [ˈɪntɪgreɪtɪd] *adj* **1.** einheitlich; ein Ganzes bildend **2.** ohne Rassentrennung; **~ circuit** integrierter Schaltkreis; **~ system** Verbundsystem *nt;* **in·te·gra·tion** [ˌɪntɪˈgreɪʃn] *s* **1.** Integration *f;* (MATH) Einbindung *f;* Eingliederung *f* **2.** (*in den USA*) Aufhebung *f* der Rassenschranken

in·teg·rity [ɪnˈtegrətɪ] *s* **1.** Integrität *f* **2.** Einheit *f*

in·tel·lect [ˈɪntəlekt] *s* **1.** Verstand, Intellekt *m* **2.** (*Mensch*) großer Geist; **in·tel·lec·tual** [ˌɪntəˈlektʃʊəl] **I.** *adj* intellektuell; **~ property** geistiges Eigentum **II.** *s* Intellektuelle(r) *f m*

in·tel·li·gence [ɪnˈtelɪdʒəns] *s* **1.** Intelligenz, Auffassungsgabe *f* **2.** Nachricht, Information, Auskunft *f* **3.** Nachrichten-, Geheimdienst *m;* **intelligence quotient, IQ** *s* Intelligenzquotient *m;* **intelligence service** *s* Nachrichten-, Geheimdienst *m;* **intelligence test** *s* Intelligenztest *m;*

in·tel·li·gent [ɪnˈtelɪdʒənt] *adj* intelligent, klug; **in·tel·li·gent·sia** [ɪnˌtelɪˈdʒentsɪə] *s* die Intellektuellen *pl,* Intelligenz *f*

in·tel·li·gible [ɪnˈtelɪdʒəbl] *adj* verständlich, klar (*to s.o.* jdm)

in·tend [ɪnˈtend] *vt* **1.** beabsichtigen wollen **2.** fest vorhaben, beabsichtigen (*to do* zu tun); **we ~ him to go with us** wir haben vor ihn mitzunehmen; er soll mit uns mitkommen; **what do you ~ doing today?** was haben Sie heute vor?; **he is ~ed for the medical profession** er soll einmal den Arztberuf ergreifen; **this book is ~ed for you** dieses Buch ist für dich bestimmt; **he ~s to win** er hat fest vor zu gewinnen; **in·tended** [ɪnˈtendɪd] *adj* **1.** beabsichtigt, geplant **2.** (*Ehemann, -frau*) zukünftig

in·tense [ɪnˈtens] *adj* **1.** intensiv; (*Angst, Freude etc*) äußerst groß **2.** ernsthaft; **in·ten·sify** [ɪnˈtensɪfaɪ] **I.** *vt* **1.** verstärken, intensivieren **2.** (*Beziehungen*) vertiefen **II.** *vi* sich steigern, zunehmen; **in·ten·sity** [ɪnˈtensətɪ] *s* Intensität *f;* **in·ten·sive** [ɪnˈtensɪv] *adj* intensiv; **~ care** Intensivpflege *f;* **~ care unit** Intensivstation *f;* **~ course** Intensivkurs *m;* **~ livestock farming** Massentierhaltung *f*

in·tent [ɪnˈtent] **I.** *adj* **1.** (*Blick*) durchdringend **2.** fest entschlossen (*on* zu) **II.** *s* Absicht *f;* Vorsatz, Zweck *m;* **to this ~** in dieser Absicht; **to the ~ that** in der Absicht, dass; **to all ~s and purposes** in jeder Hinsicht; **with ~** absichtlich; mit der Absicht (*to* zu); **in·ten·tion** [ɪnˈtenʃn] *s* Absicht *f,* Vorhaben *nt;* **with the best of ~s** in der besten Absicht; **in·ten·tional** [ɪnˈtenʃənl] *adj* absichtlich, vorsätzlich

in·ter·act [ˌɪntərˈækt] *vi* aufeinander wirken; **in·ter·ac·tion** [ˌɪntərˈækʃn] *s* gegenseitige Beeinflussung, Wechselwirkung *f;* (PSYCH) Interaktion *f;* **in·ter·ac·tive TV** [ˌɪntəræktɪvtiːˈviː] *s* interaktives Fernsehen

in·ter·agen·cy [ˌɪntəˈeɪdʒənsɪ] *adj* zwischen den Organisationen

in·ter·breed [ˌɪntəˈbriːd] **I.** *vt* kreuzen **II.** *vi* sich kreuzen

in·ter·cede [ˌɪntəˈsiːd] *vi* sich einsetzen (*with, for* für)

in·ter·cept [ˌɪntəˈsept] *vt* abfangen; **in·ter·cep·tion** [ˌɪntəˈsepʃn] *s* Abfangen *nt;* **in·ter·cep·tor** [ˌɪntəˈseptə(r)] *s* (AVIAT) Abfangjäger *m*

in·ter·ces·sion [ˌɪntəˈseʃn] *s* Fürsprache *f*

in·ter·change [ˌɪntəˈtʃeɪndʒ] **I.** *vt* austauschen; vertauschen **II.** [ˈɪntətʃeɪndʒ] *s* **1.** Austausch *m* **2.** (*von Straßen*) Kreuzung *f;* **motorway ~** Autobahnkreuz *nt;* **in·ter·change·able** [ˌɪntəˈtʃeɪndʒəbl] *adj*

I

austauschbar, auswechselbar

inter·city [ˌɪntəˈsɪtɪ] *adj:* ~ **train** Intercityzug, IC *m;* ~ **supplement** IC-Zuschlag *m*

in·ter·com [ˈɪntəkɒm] *s* Gegensprechanlage *f;* **in·ter·com·mu·ni·cate** [ˌɪntəkəˈmjuːnɪkeɪt] *vi* miteinander in Verbindung stehen

in·ter·con·ti·nen·tal [ˌɪntəˌkɒntɪˈnentl] *adj* interkontinental; ~ **ballistic missile, ICBM** Interkontinentalrakete *f*

in·ter·course [ˈɪntəkɔːs] *s* Verkehr, Umgang *m* (*with* mit); **commercial** ~ Handelsbeziehungen *fpl;* **sexual** ~ Geschlechtsverkehr *m*

in·ter·cut [ˌɪntəˈkʌt] *vt* einblenden

in·ter·de·nomi·na·tional [ˌɪntədɪˌnɒmɪˈneɪʃənl] *adj* interkonfessionell

in·ter·de·part·mental [ˈɪntəˌdiːpɑːtˈmentl] *adj* mehrere Abteilungen betreffend

in·ter·de·pen·dence [ˌɪntədɪˈpendəns] *s* Interdependenz *f,* wechselseitige Abhängigkeit; **in·ter·de·pen·dent** [ˌɪntə dɪˈpendənt] *adj* gegenseitig, voneinander abhängig

in·ter·dict [ˌɪntəˈdɪkt] **I.** *vt* **1.** verbieten, untersagen (*from doing* zu tun) **2.** (REL) suspendieren **II.** [ˈɪntədɪkt] *s* **1.** Verbot *nt* **2.** (REL) Interdikt *nt*

in·ter·est [ˈɪntrəst] **I.** *s* **1.** Interesse *nt* (*in* für) **2.** (COM) Anrecht *nt,* Anteil *m* **3.** Bedeutung, Wichtigkeit *f* **4.** (FIN) Zinsen *mpl;* **take an** ~ **in s.o.** sich für jdn interessieren; **in the** ~ **of** im Interesse *+gen;* **of public** ~ von öffentlichem Interesse; **rate of** ~ Zinssatz *m;* **bear** [*o* **bring**] [*o* **carry**] ~ Zinsen tragen; **have an** ~ **in** beteiligt sein, Anteil haben an; **pay** ~ **on s.th.** etw verzinsen; **this is of no** ~ **to me** das interessiert mich nicht; **sphere of** ~ Interessengebiet *nt,* -sphäre *f;* ~**-bearing** verzinslich, zinstragend; ~**-free** zinslos **II.** *vt* interessieren (*in* für, an); **in·ter·ested** [ˈɪntrəstɪd] *adj* **1.** interessiert (*in* an) **2.** beteiligt; **in·ter·esting** [-ɪŋ] *adj* interessant, fesselnd

inter·face [ˈɪntəfeɪs] *s* (INFORM) Schnittstelle *f,* Interface *nt*

in·ter·fere [ˌɪntəˈfɪə(r)] *vi* **1.** sich einmischen (*in* in), sich zu schaffen machen **2.** stören, beeinträchtigen (*with s.th.* etw); **in·ter·fer·ence** [ˌɪntəˈfɪərəns] *s* **1.** Einmischung, Intervention *f* **2.** (*a.* RADIO) Störung; Beeinträchtigung *f* (*with +gen*)

in·terim [ˈɪntərɪm] **I.** *s* Zwischenzeit *f* **II.** *adj* vorläufig, einstweilig; Interims-; ~ **dividend** Abschlags-, Zwischendividende *f;* ~ **payment** Abschlags-, Interimszahlung *f;* ~ **report** Zwischenbericht *m*

in·terior [ɪnˈtɪərɪə(r)] **I.** *adj* Innen-; Binnen- **II.** *s* **1.** (das) Innere **2.** (*Kunst*) Interieur *nt* **3.** (PHOT) Innenaufnahme *f;* **the Department of the Interior** (*in den USA*) das Innenministerium; **Interior Minister** Innenminister(in) *m(f);* **interior decoration** *s* Raumausstattung *f;* **interior designer** *s* Innenarchitekt(in) *m(f)*

in·ter·ject [ˌɪntəˈdʒekt] *vt* (*Frage*) ein-, dazwischenwerfen

in·ter·jec·tion [ˌɪntəˈdʒekʃn] *s* (GRAM) Interjektion *f*

in·ter·lace [ˌɪntəˈleɪs] **I.** *vt* verflechten; verbinden **II.** *vi* sich miteinander verflechten

in·ter·leave *vt* mit Zwischenblättern versehen

inter·li·brary loan [ɪntəˈlaɪbrərɪˌləʊn] *s* Fernleihe *f*

in·ter·locu·tor [ˌɪntəˈlɒkjʊtə(r)] *s* Gesprächspartner(in) *m(f)*

in·ter·lo·per [ˈɪntələʊpə(r)] *s* Eindringling *m*

in·ter·lude [ˈɪntəluːd] *s* **1.** (THEAT MUS) Zwischenspiel *nt;* Intermezzo *nt* **2.** Pause *f* **3.** Unterbrechung *f* (*of* durch)

in·ter·marry [ˌɪntəˈmærɪ] *vi* **1.** untereinander heiraten **2.** (*nahe Verwandte*) sich heiraten

in·ter·medi·ary [ˌɪntəˈmiːdɪərɪ] **I.** *adj* vermittelnd **II.** *s* Vermittler(in) *m(f),* Mittelsmann *m;* Makler(in) *m(f)*

in·ter·medi·ate [ˌɪntəˈmiːdɪət] *adj* dazwischenliegend; Zwischen-; ~**-range missile** Mittelstreckenrakete *f;* ~ **stage** Zwischenstadium *nt;* ~ **waste** mittelradioaktiver Abfall

in·ter·mezzo [ˌɪntəˈmetsəʊ] *s* <*pl* **-mezzos**> (MUS) Intermezzo *nt*

in·ter·mi·nable [ɪnˈtɜːmɪnəbl] *adj* endlos

in·ter·mis·sion [ˌɪntəˈmɪʃn] *s* Unterbrechung, Pause *f;* **without** ~ pausenlos, ununterbrochen

in·ter·mit·tent [ˌɪntəˈmɪtnt] *adj* periodisch auftretend; ~ **fever** Wechselfieber *nt*

in·tern[1] [ɪnˈtɜːn] *vt* internieren

in·tern[2] [ˈɪntɜːn] *s* (*Am*) Medizinalassistent(in) *m(f)*

in·ter·nal [ɪnˈtɜːnl] *adj* **1.** innere(r, s); innerlich; intern **2.** (*Handel*) inländisch, (ein)heimisch; ~ **affairs** (POL) innere Angelegenheiten *fpl;* ~**-combustion engine** Verbrennungsmotor *m;* ~ **flight** Inlandflug *m;* ~ **market** Binnenmarkt *m;* ~ **medicine** innere Medizin; **Internal Revenue Service, IRS** (*in den USA*) Finanzamt *nt;* ~ **telephone** Haustelefon *nt;* ~ **trade** Binnenhandel *m*

in·ter·na·tional [ˌɪntəˈnæʃnəl] **I.** *adj* international **II.** *s* (SPORT) Länderspiel *nt;* Nationalspieler(in) *m(f);* ~ **call** Auslandsgespräch *nt;* **International Court of Justice**

Internationaler Gerichtshof; ~ **date line** Datumsgrenze *f;* ~ **dialling code** internationale Vorwahl; ~ **financial system** internationales Finanzsystem; ~ **law** Völkerrecht *nt;* **International Monetary Fund, IMF** Weltwährungsfonds *m;* ~ **monetary system** internationales Währungssystem; **International Olympic Committee, IOC** Internationales Olypmpisches Komitee; ~ **reply coupon** internationaler Postantwortschein

in·ter·na·tional·ize [ˌɪntəˈnæʃnəlaɪz] *vt* internationalisieren

in·ter·naut [ˈɪntənɔːt] *s* Internetsurfer(in) *m(f)*

in·ter·ne·cine war [ɪntəˈniːsaɪnˌwɔː(r)] *s* gegenseitiger Vernichtungskrieg

in·ternee [ˌɪntɜːˈniː] *s* Internierte(r) *f m*

in·ter·net [ˈɪntənet] *s* (INFORM) Internet *nt;* **internet-based learning** *s* Online-Lernen *nt;* **in·ter·net re·tail·er** *s* Internethändler *m,* Internetvertriebsunternehmen *nt*

in·tern·ist [ɪnˈtɜːnɪst] *s* (*Am*) Internist(in) *m(f)*

in·tern·ment [ɪnˈtɜːnmənt] *s* Internierung *f;* ~ **camp** Internierungslager *nt*

in·tern·ship *s* (*Am*) Zeit als Assistenzarzt/-ärztin

in·ter·pel·la·tion [ɪnˌtɜːpəˈleɪʃn] *s* (PARL) Interpellation *f*

in·ter·phone [ˈɪntəfəʊn] *s* (*Am*) Gegensprechanlage *f*

in·ter·plan·etary [ˌɪntəˈplænɪtrɪ] *adj* interplanetarisch

in·ter·play [ˈɪntəpleɪ] *s* Wechselspiel *nt*

In·ter·pol [ˈɪntəpɒl] *s* Interpol *f*

in·ter·po·late [ɪnˈtɜːpəleɪt] *vt* (*Text*) einschieben, -schalten; **in·ter·po·la·tion** [ɪnˌtɜːpəˈleɪʃn] *s* Einschaltung, -schiebung *f*

in·ter·pret [ɪnˈtɜːprɪt] *vt* **1.** erklären, darlegen, interpretieren **2.** dolmetschen; **in·ter·pre·ta·tion** [ɪnˌtɜːprɪˈteɪʃn] *s* **1.** Interpretation, Deutung, Auslegung *f* **2.** Dolmetschen *nt;* **consecutive/simultaneous** ~ Konsekutiv-/Simultandolmetschen *nt;* **in·ter·preter** [ɪnˈtɜːprɪtə(r)] *s* Dolmetscher(in) *m(f);* **in·ter·pret·ing** [ɪnˈtɜ ːprɪtɪŋ] *s* Dolmetschen *nt;* **consecutiv/simultaneous** ~ Konsekutiv-/Simultandolmetschen *nt*

inter-rail [ˈɪntəreɪl] *adj:* ~ **ticket** Interrailkarte *f*

in·ter·re·late [ˌɪntərɪˈleɪt] *vt* zueinander in Beziehung bringen, setzen; ~**d facts** zusammenhängende Tatsachen *fpl*

in·ter·ro·gate [ɪnˈterəgeɪt] *vt* verhören, vernehmen; **in·ter·ro·ga·tion** [ɪnˌterəˈgeɪʃn] *s* Verhör *nt,* Vernehmung *f;* **interrogation mark** *s* Fragezeichen *nt;* **in·ter·roga·tive** [ˌɪntəˈrɒgətɪv] **I.** *adj* fragend **II.** *s* (GRAM) Frage(für)wort *nt;* **in·ter·ro·ga·tor** [ɪnˈterəgeɪtə(r)] *s* Vernehmungsbeamte(r) *m;* **in·ter·roga·tory** [ˌɪntəˈrɒgətrɪ] *adj* fragend

in·ter·rupt [ˌɪntəˈrʌpt] *vt* **1.** unterbrechen **2.** ins Wort fallen (*s.o.* jdm) **3.** (*Arbeit*) stören; hindern; **in·terrupter** [ˌɪntəˈrʌptə(r)] *s* (ELEK) Unterbrecher *m;* **in·ter·rup·tion** [ˌɪntəˈrʌpʃn] *s* **1.** Unterbrechung *f* **2.** (Betriebs)Störung *f;* **without** ~ ununterbrochen

in·ter·sect [ˌɪntəˈsekt] **I.** *vt* **1.** durchschneiden **2.** (MATH) schneiden **II.** *vi* sich (über)schneiden, sich kreuzen; **in·ter·sec·tion** [ˌɪntəˈsekʃn] *s* **1.** (MATH) Schnittpunkt *m* **2.** (*Straße, Bahn*) Kreuzung *f;* (*Autobahn*) Kreuz *nt*

in·ter·sperse [ˌɪntəˈspɜːs] *vt* einstreuen (*between, among* unter); ~**d with s.th.** mit etw dazwischen

in·ter·state [ˌɪntəˈsteɪt] *adj* (*in den USA*) zwischenstaatlich; ~ **highway** *Autobahn, die mehrere Bundesstaaten verbindet*

in·ter·stel·lar [ˌɪntəˈstelə(r)] *adj* interstellar

in·ter·stice [ɪnˈtɜːstɪs] *s* **1.** Zwischenraum *m* **2.** Lücke *f,* Spalt(e *f*) *m*

in·ter·twine [ˌɪntəˈtwaɪn] *vt* verflechten; verknoten (*with* mit)

inter·ur·ban [ˌɪntəˈɜːbən] *adj* städteverbindend

in·ter·val [ˈɪntəvl] *s* **1.** Zwischenraum, Abstand *m* **2.** (*a.* THEAT) Pause *f* **3.** (MUS) Intervall *nt;* **after a week's** ~ eine Woche später; **at** ~**s** in Abständen; **sunny** ~**s** (METE) Aufheiterungen *pl;* **in·ter·val switch** *s* Intervallschalter *m,* -schaltung *f*

in·ter·vene [ˌɪntəˈviːn] *vi* **1.** eingreifen, einschreiten, intervenieren **2.** (*Ereignis*) eintreten, sich ereignen; **in·ter·ven·ing** [-ɪŋ] *adj* dazwischenliegend; **in·ter·ven·tion** [ˌɪntəˈvenʃn] *s* **1.** Eingreifen *nt* **2.** (POL) Einmischung, Intervention *f;* **in·ter·ven·tion·ist** [-ɪst] **I.** *s* (POL) Interventionist(in) *m(f)* **II.** *adj* interventionistisch

in·ter·view [ˈɪntəvjuː] **I.** *s* **1.** Unterredung *f;* Vorstellungsgespräch *nt* **2.** Interview *nt,* Befragung *f;* **give an** ~ ein Interview geben **II.** *vt* **1.** ein Vorstellungsgespräch führen mit **2.** interviewen; **in·ter·viewee** [ˌɪntəvjuːˈiː] *s* (*Bewerbung*) Kandidat(in) *m(f);* (TV RADIO) Interviewte(r) *f m;* **in·ter·viewer** [ˈɪntəvjuːə(r)] *s* Interviewer(in) *m(f)*

in·ter·weave [ˌɪntəˈwiːv] *irr vt* **1.** verweben **2.** ineinander schlingen

in·tes·tate [ɪnˈtesteɪt] *adj:* **die** ~ ohne Testament sterben

in·tes·tine [ɪn'testɪn] *s meist pl* Darm *m;* **large/small** ~ Dick-/Dünndarm *m*

in·ti·macy ['ɪntɪməsɪ] *s* Vertraulichkeit *f;* Intimität *f*

in·ti·mate[1] ['ɪntɪmət] **I.** *adj* **1.** vertraut, intim, innig **2.** persönlich, privat **3.** (*Wissen*) gründlich **II.** *s* Vertraute(r) *f m*

in·ti·mate[2] ['ɪntɪmeɪt] *vt* ankündigen, andeuten, zu verstehen geben, nahe legen; **in·ti·ma·tion** [ˌɪntɪ'meɪʃn] *s* Andeutung *f,* Wink *m*

in·timi·date [ɪn'tɪmɪdeɪt] *vt* einschüchtern (*into doing s.th.* etw zu tun); **in·timi·da·tion** [ɪnˌtɪmɪ'deɪʃn] *s* Einschüchterung *f*

into ['ɪntʊ] *prep* in; gegen; **he's ~ jazz** (*sl*) er steht auf Jazz; **three ~ six goes twice** sechs durch drei gibt zwei; **work late ~ the night** bis tief in die Nacht arbeiten

in·tol·er·able [ɪn'tɒlərəbl] *adj* unerträglich; **in·tol·er·ance** [ɪn'tɒlərəns] *s* (*a.* MED) Unduldsamkeit, Intoleranz *f* (*of* gegenüber); **in·tol·er·ant** [ɪn'tɒlərənt] *adj* intolerant (*of* gegenüber)

in·ton·ation [ˌɪntə'neɪʃn] *s* Intonation *f;* Tonfall *m;* Stimmlage *f;* **in·tone** [ɪn'təʊn] *vt* anstimmen

in·toxi·cant [ɪn'tɒksɪkənt] *s* Rauschmittel *nt;* **in·toxi·cate** [ɪn'tɒksɪkeɪt] *vt* berauschen; **in·toxi·cat·ing** [ɪn'tɒksɪkeɪtɪŋ] *adj* berauschend; **in·toxi·ca·tion** [ɪnˌtɒksɪ'keɪʃn] *s* Trunkenheit *f;* Rausch *m*

in·trac·table [ˌɪn'træktəbl] *adj* (*Mensch*) eigenwillig, halsstarrig; (*Problem*) hartnäckig

in·tracu·tan·eous [ɪntrækju:'teɪnəs] *adj* intrakutan

in·tra·mural [ˌɪntrə'mjʊərəl] *adj* innerhalb der Universität

in·tra·net [ˌɪntrə'net] *s* Intranet *nt*

in·tran·si·gence [ɪn'trænsɪdʒəns] *s* Unnachgiebigkeit *f;* **in·tran·si·gent** [ɪn'trænsɪdʒənt] *adj* unnachgiebig

in·tran·si·tive [ɪn'trænsətɪv] *adj* (GRAM) intransitiv

intra·uter·ine [ˌɪntra'ju:təraɪn] *adj:* ~ **device, IUD** Intrauterinpessar *nt*

in·tra·venous [ˌɪntrə'vi:nəs] *adj* (MED) intravenös

in-tray ['ɪntreɪ] *s* Eingänge *mpl*

in·trepid [ɪn'trepɪd] *adj* unerschrocken

in·tri·cacy ['ɪntrɪkəsɪ] *s* Kompliziertheit, Schwierigkeit *f;* **in·tri·cate** ['ɪntrɪkət] *adj* kompliziert, schwierig

in·trigue [ɪn'tri:g] **I.** *vi* intrigieren **II.** *vt* neugierig machen; fesseln **III.** ['ɪntri:g] *s* Intrige *f;* **in·trigu·ing** [ɪn'tri:gɪŋ] *adj* sehr spannend; höchst interessant

in·trin·sic [ɪn'trɪnsɪk] *adj* wesentlich, eigentlich, wirklich

in·tro·duce [ˌɪntrə'dju:s] *vt* **1.** einführen **2.** (*Menschen*) vorstellen (*to s.o.* jdm) **3.** vertraut machen mit **4.** zur Sprache bringen; (*Thema*) anschneiden **5.** einleiten, beginnen, eröffnen **6.** (PARL: *Vorlage*) einbringen (*into* in) **7.** (TECH) einführen, hineinstecken; ~ **into the market** auf den Markt bringen; **in·tro·duc·tion** [ˌɪntrə'dʌkʃn] *s* **1.** Einführung, Einleitung *f* (*a. eines Buches*) **2.** (MUS) Introduktion *f* **3.** Vorstellung *f* (*eines Menschen*) **4.** (PARL) Einbringung *f;* **in·tro·duc·tory** [ˌɪntrə'dʌktərɪ] *adj* einführend, -leitend; ~ **offer** Einführungsangebot *nt*

in·tro·spec·tion [ˌɪntrə'spekʃn] *s* Selbstbeobachtung *f;* **in·tro·spec·tive** [ˌɪntrə'spektɪv] *adj* selbstbeobachtend

in·tro·vert [ˌɪntrə'vɜ:t] **I.** *vt* nach innen richten, einwärts kehren **II.** ['ɪntrəvɜ:t] *s* Introvertierte(r) *f m;* **in·tro·vert·ed** [-əd] *adj* introvertiert

in·trude [ɪn'tru:d] **I.** *vi* sich eindrängen (*into* in) **II.** *vt* (*Bemerkung*) einwerfen; ~ **on s.o.** jdn stören; ~ **on a conversation** sich in eine Unterhaltung einmischen; ~ **s.th. upon s.o.** jdm etw aufdrängen; **in·truder** [ɪn'tru:də(r)] *s* Eindringling *m;* **in·tru·sion** [ɪn'tru:ʒn] *s* **1.** Aufdrängen *nt* **2.** Störung *f;* Verletzung *f;* **in·tru·sive** [ɪn'tru:sɪv] *adj* aufdringlich

in·tu·ition [ˌɪntju:'ɪʃn] *s* **1.** Intuition *f* **2.** Ahnung *f;* **in·tu·itive** [ɪn'tju:ɪtɪv] *adj* intuitiv

in·un·date ['ɪnʌndeɪt] *vt* überschwemmen, -fluten; **in·un·da·tion** [ˌɪnʌn'deɪʃn] *s* Überschwemmung, -flutung *f*

in·ure [ɪ'njʊə(r)] *vt* gewöhnen (*to* an)

in·vade [ɪn'veɪd] *vt* **1.** (MIL) einmarschieren in **2.** (*fig*) überfallen, heimsuchen **3.** eindringen in; **in·vader** [ɪn'veɪdə(r)] *s* Eindringling *m*

in·valid[1] ['ɪnvəlɪd] **I.** *s* Invalide *m;* Körperbehinderte(r) *f m* **II.** *adj* krank; invalide **III.** *vt:* ~ **out** dienstuntauglich erklären

in·valid[2] [ɪn'vælɪd] *adj* (JUR) ungültig; nicht zulässig

in·vali·date [ɪn'vælɪdeɪt] *vt* für ungültig, nichtig erklären, annullieren; **in·val·idity** [ˌɪnvə'lɪdətɪ] *s* (JUR) Ungültigkeit, Nichtigkeit *f*

in·valu·able [ɪn'væljʊəbl] *adj* unschätzbar

in·vari·able [ɪn'veərɪəbl] *adj* unveränderlich, ständig

in·vasion [ɪn'veɪʒn] *s* **1.** Invasion *f* (*of* in), Einmarsch *m* (*of* in) **2.** (JUR) Eingriff *m* (*of* in)

in·vec·tive [ɪn'vektɪv] *s* Schmähung, Beschimpfung *f*

in·veigle [ɪnˈveɪgl] *vt* verführen, -leiten, -locken (*into doing s.th.* etw zu tun)

in·vent [ɪnˈvent] *vt* **1.** erfinden **2.** erdichten; **in·ven·tion** [ɪnˈvenʃn] *s* Erfindung *f;* **in·ven·tive** [ɪnˈventɪv] *adj* erfinderisch, einfallsreich; **in·ven·tive·ness** [ɪnˈventɪvnɪs] *s* Erfindungsgabe *f,* -reichtum *nt;* **in·ven·tor** [ɪnˈventə(r)] *s* Erfinder(in) *m(f)*

in·ven·tory [ˈɪnvəntrɪ] **I.** *s* Inventar *nt,* Bestandsaufnahme *f;* **make an ~** Inventar aufnehmen **II.** *vt* (COM) inventarisieren

in·verse [ɪnˈvɜːs] **I.** *adj* (*a.* MATH) umgekehrt, entgegengesetzt **II.** [ˈɪnvɜːs] *s* Gegenteil *nt;* **in·ver·sion** [ɪnˈvɜːʃn] *s* Umkehrung, Inversion *f*

in·vert [ɪnˈvɜːt] *vt* auf den Kopf stellen; umkehren; **~ed commas** Anführungszeichen *ntpl*

in·vert·ebrate [ɪnˈvɜːtɪbrət] **I.** *adj* (ZOO) wirbellos **II.** *s* wirbelloses Tier, Invertebrat *m*

in·vest [ɪnˈvest] **I.** *vt* **1.** (*feierlich*) in ein Amt einführen, einsetzen **2.** (*Geld*) anlegen, investieren **II.** *vi* investieren, Geld anlegen; **~ s.o. with s.th.** jdm etw verleihen

in·ves·ti·gate [ɪnˈvestɪgeɪt] **I.** *vt* **1.** erforschen, untersuchen **2.** (*Forderung*) überprüfen **II.** *vi* Ermittlungen anstellen; ermitteln; **in·ves·ti·ga·tion** [ɪnˌvestɪˈgeɪʃn] *s* **1.** Erforschung, Untersuchung *f* **2.** (JUR) Ermittlung *f* **3.** Forschung *f;* **make ~s** Nachforschungen, Erhebungen anstellen; **preliminary ~** Voruntersuchung *f;* **be under ~** überprüft werden; **in·ves·ti·ga·tive** [ɪnˈvestɪgətɪv] *adj:* **~ journalism** Enthüllungsjournalismus *m;* **in·ves·ti·ga·tor** [ɪnˈvestɪgeɪtə(r)] *s* Ermittlungsbeamte(r) *m;* Ermittler(in) *m(f)*

in·vest·ment [ɪnˈvestmənt] *s* **1.** (Amts)Einführung *f* **2.** (COM) Anlage, Investition *f;* **make an ~** investieren; **investment fund** *s* Investmentfonds *m;* **investment trust** *s* Investmentgesellschaft *f;* **in·vest·or** [ɪnˈvestə(r)] *s* Investor(in) *m(f),* Kapitalanleger(in) *m(f)*

in·vet·er·ate [ɪnˈvetərət] *adj* **1.** eingewurzelt **2.** (*Feind*) unversöhnlich **3.** (*Raucher*) Gewohnheits-; unverbesserlich

in·vidi·ous [ɪnˈvɪdɪəs] *adj* **1.** (*Bemerkung*) gehässig **2.** (*Benehmen*) gemein; ungerecht

in·vigi·late [ɪnˈvɪdʒɪleɪt] **I.** *vt* Aufsicht führen (bei) **II.** *vi* Aufsicht führen

in·vigi·la·tor [ɪnˈvɪdʒɪleɪtə(r)] *s* Aufsicht(sperson) *f*

in·vig·or·ate [ɪnˈvɪgəreɪt] *vt* stärken, kräftigen; **in·vig·or·at·ing** [ɪnˈvɪgəreɪtɪŋ] *adj* erfrischend

in·vin·cible [ɪnˈvɪnsəbl] *adj* unbesiegbar, unüberwindlich

in·vis·ible [ɪnˈvɪzəbl] *adj* unsichtbar, nicht wahrnehmbar (*to* für); **~ assets** unsichtbare Vermögenswerte *mpl;* **~ earnings** unsichtbare Einkünfte *pl;* **~ ink** Geheimtinte *f;* **~ exports/imports** (COM) unsichtbare Aus-/Einfuhren *fpl*

in·vi·ta·tion [ˌɪnvɪˈteɪʃn] *s* Einladung *f;* **in·vite** [ɪnˈvaɪt] *vt* **1.** einladen **2.** bitten, ersuchen um **3.** auffordern, ermuntern zu **4.** (*Kritik*) herausfordern; **~ s.o. to do s.th** jdn auffordern etw zu tun; **in·vit·ing** [ɪnˈvaɪtɪŋ] *adj* (ver)lockend; einladend

in vitro [ɪnˈviːtrəʊ] *adj* (MED): **~ fertilisation** In-vitro-Fertilisation *f*

in·vo·ca·tion [ˌɪnvəˈkeɪʃn] *s* Beschwörung *f*

in·voice [ˈɪnvɔɪs] **I.** *s* (Waren)Rechnung, Faktura *f* **II.** *vt* fakturieren, in Rechnung stellen

in·voke *vt* (*the Law*) anrufen; (*a treaty*) sich berufen auf

in·vol·un·tary [ɪnˈvɒləntrɪ] *adj* **1.** unbeabsichtigt, ungewollt **2.** (PHYSIOL) unwillkürlich

in·volve [ɪnˈvɒlv] *vt* **1.** einbeziehen; verwickeln **2.** mit sich bringen, bedingen, zur Folge haben, nach sich ziehen **3.** bedeuten; **~ s.o. in a quarrel** jdn in einen Streit verwickeln; **~ much expense** große Kosten verursachen; **be ~d in s.th.** in etw verwickelt sein; **get ~d in s.th.** in etw verwickelt werden, sich in einer S engagieren; **in·volved** [ɪnˈvɒlvd] *adj* **1.** verwickelt, engagiert **2.** kompliziert, schwierig; **in·volve·ment** *s* Beteiligung *f;* (*in crime*) Verwicklung *f*

in·vul·ner·able [ɪnˈvʌlnərəbl] *adj* **1.** unverwundbar **2.** (*fig*) unantastbar, unanfechtbar

in·ward [ˈɪnwəd] *adj* **1.** innere(r, s), innerlich **2.** (*Kurve*) nach innen gehend; **in·ward·ly** [-lɪ] *adv* innerlich; im Herzen; **in·ward·ness** [-nɪs] *s* Innerlichkeit *f;* **in·wards** [ˈɪnwədz] *adv* nach innen

in-word [ˈɪnwɜːd] *s* Modewort *nt*

iod·ine [ˈaɪədiːn] *s* Jod *nt*

ion [ˈaɪən] *s* (PHYS) Ion *nt*

Ionic [aɪˈɒnɪk] *adj* ionisch

iota [aɪˈəʊtə] *s* Jota *nt;* **not an ~** nicht das Geringste

IOU [ˌaɪəʊˈjuː] *Abk. von* **I owe you** Schuldschein *m*

IQ [ˌaɪˈkjuː] *s Abk. von* **intelligence quotient** IQ *m*

IRA [ˌaɪərˈeɪ] *s Abk. von* **Irish Republican Army** IRA *f*

Iran [ɪˈrɑːn] *s* Iran *m;* **Ira·nian** [ɪˈreɪnjən] **I.** *adj* iranisch **II.** *s* **1.** Iraner(in) *m(f)* **2.** (das)

Iranisch(e)
Iraq [ɪ'rɑːk] *s* Irak *m;* **Ira·qi** [ɪ'rɑːkɪ] **I.** *adj* irakisch **II.** *s* **1.** Iraker(in) *m(f)* **2.** (das) Irakisch(e)
iras·cible [ɪ'ræsəbl] *adj* jähzornig
irate [aɪ'reɪt] *adj* wütend, erzürnt, zornig
Ire·land ['aɪələnd] *s* Irland *nt;* **Northern ~** Nordirland *nt;* **Republic of ~** Republik *f* Irland
iri·des·cent [ˌɪrɪ'desnt] *adj* schillernd, irisierend
iris ['aɪərɪs] *s* **1.** (ANAT) Regenbogenhaut, Iris *f* **2.** Schwertlilie *f*
Irish ['aɪərɪʃ] **I.** *adj* irisch **II.** *s* (*Sprache*) (das) Irisch(e); **the ~** die Iren *mpl;* **Irish·man** ['aɪərɪʃmən] *s* <*pl* -men> Ire *m;* **Irish·woman** ['aɪərɪʃwʊmən, *pl* -wɪmɪn] <*pl* -women> *s* Irin *f*
irk [ɜːk] *vt* ärgern, verdrießen; **irk·some** ['ɜːksəm] *adj* lästig
iron ['aɪən] **I.** *s* **1.** Eisen *nt* **2.** (*flat ~*) Bügeleisen *nt* **3.** **~s** Ketten, Fesseln *f* **4.** (*Golf*) Eisen *ntpl;* **have too many ~s in the fire** (*fig*) zu viele Eisen im Feuer haben; **rule with a rod of ~** (*fig*) mit eiserner Faust regieren; **a man of ~** ein stahlharter Mann; **strike while the ~ is hot** (*prov*) das Eisen schmieden, solange es heiß ist; **cast ~** Gusseisen *nt;* **wrought ~** Schmiedeeisen *nt* **II.** *adj* **1.** (CHEM) eisern **2.** (*fig*) eisern; unbarmherzig, streng **III.** *vt* bügeln, plätten; **~ out** (*fig*) ausbügeln; ins Reine, in Ordnung bringen; **Iron Age** *s* (HIST) Eisenzeit *f;* **Iron Curtain** *s* (HIST) Eiserner Vorhang
ironic(al) [aɪ'rɒnɪk(el)] *adj* **1.** ironisch, spöttisch **2.** (*fig*) paradox, verrückt
iron·ing ['aɪənɪŋ] *s* Bügeln, Plätten *nt;* **ironing board** *s* Bügelbrett *nt*
iron lung [ˌaɪən'lʌŋ] *s* (MED) eiserne Lunge; **iron·monger** ['aɪənmʌŋgə(r)] *s* (*Br*) Eisenhändler(in) *m(f);* **iron·mongery** ['aɪənmʌŋgərɪ] *s* Eisenhandel *m,* -handlung *f,* -waren *fpl;* **iron ore** *s* Eisenerz *nt;* **iron rations** *s pl* eiserne Ration; **iron work** ['aɪənwɜːk] *s* Eisen *nt;* Eisenbeschläge *mpl;* **iron·works** ['aɪənwɜːks] *s pl mit sing* Eisenhütte *f*
irony ['aɪərənɪ] *s* Ironie *f*
ir·ra·di·ate [ɪ'reɪdɪeɪt] *vt* **1.** ausstrahlen **2.** bestrahlen
ir·ra·tional [ɪ'ræʃənl] *adj* **1.** unvernünftig, irrational **2.** unsinnig, absurd; **irrational number** *s* (MATH) irrationale Zahl
ir·rec·on·cil·able [ɪˌrekən'saɪləbl] *adj* **1.** unversöhnlich **2.** (*Glaube*) unvereinbar (*to, with* mit)
ir·re·cover·able [ˌɪrɪ'kʌvərəbl] *adj* **1.** nicht wiederzuerlangen **2.** unwiderruflich verloren **3.** (JUR) uneinbringlich
ir·re·deem·able [ˌɪrɪ'diːməbl] *adj* **1.** (*Währung*) nicht einlösbar; (*Wertpapiere*) untilgbar **2.** (*Verlust*) uneinbringlich **3.** (*Fehler*) unverbesserlich
ir·re·fut·able [ˌɪrɪ'fjuːtəbl] *adj* unwiderlegbar
ir·regu·lar [ɪ'regjʊlə(r)] *adj* **1.** unregelmäßig; ungleichmäßig **2.** unvorschriftsmäßig **3.** (MIL) irregulär **4.** (GRAM) unregelmäßig; **ir·regu·lar·ity** [ɪˌregjʊ'lærətɪ] *s* **1.** Unregelmäßigkeit *f;* Ungleichmäßigkeit *f;* Uneinheitlichkeit *f* **2.** Unvorschriftsmäßigkeit *f*
ir·rel·evance, ir·rel·evancy [ɪ'reləvəns, ɪ'reləvənsɪ] *s* Belanglosigkeit *f;* Nebensächlichkeit *f;* Irrelevanz *f;* **irrelevant** [ɪ'reləvənt] *adj* unerheblich, belanglos; nebensächlich; irrelevant
ir·re·medi·able [ˌɪrɪ'miːdɪəbl] *adj* (*Fehler*) nicht wieder gutzumachen(d)
ir·rep·ar·able [ɪ'repərəbl] *adj* nicht wieder gutzumachen(d); irreparabel
ir·re·place·able [ˌɪrɪ'pleɪsəbl] *adj* unersetzlich
ir·re·press·ible [ˌɪrɪ'presəbl] *adj* nicht zurückzuhalten(d); unbezähmbar; unerschütterlich
ir·re·proach·able [ˌɪrɪ'prəʊtʃəbl] *adj* untadelig, einwandfrei
ir·re·sist·ible [ˌɪrɪ'zɪstəbl] *adj* unwiderstehlich
ir·res·ol·ute [ɪ'rezəluːt] *adj* unentschlossen, unschlüssig
ir·re·spec·tive [ˌɪrɪ'spektɪv] *adj:* **~ of** ohne Rücksicht auf; unabhängig von; ungeachtet *+gen*
ir·re·spon·sible [ˌɪrɪ'spɒnsəbl] *adj* unverantwortlich; verantwortungslos
ir·re·triev·able [ˌɪrɪ'triːvəbl] *adj* nicht wiederzuerlangen(d), unwiederbringlich; unersetzlich
ir·rev·er·ence [ɪ'revərəns] *s* Respektlosigkeit *f;* **ir·rev·er·ent** [ɪ'revərənt] *adj* respektlos
ir·re·vers·ible [ˌɪrɪ'vɜːsəbl] *adj* **1.** (*Entscheidung*) unumstößlich **2.** unabänderlich, unwiderruflich
ir·revo·cable [ɪ'revəkəbl] *adj* unwiderruflich
ir·ri·gate ['ɪrɪgeɪt] *vt* **1.** bewässern **2.** (MED) ausspülen; **ir·ri·ga·tion** [ˌɪrɪ'geɪʃn] *s* **1.** Bewässerung *f* **2.** (MED) Spülung *f;* **irrigation plant** *s* Bewässerungsanlage *f*
ir·ri·table ['ɪrɪtəbl] *adj* reizbar; gereizt; **ir·ri·tant** ['ɪrɪtənt] **I.** *adj* Reiz- **II.** *s* Reizstoff *m;* **ir·ri·tate** ['ɪrɪteɪt] *vt* **1.** reizen, ärgern **2.** irritieren, nervös machen **3.** (MED) reizen; **ir·ri·ta·tion** [ˌɪrɪ'teɪʃn] *s* **1.** Ärger

m; Verärgerung *f* (*at, against* über) **2.** (MED) Reizung *f*

is [ɪz] *3. Person Singular Präsens* **be**

ISDN *s Abk. von* **Integrated Services Digital Network** (INTERNET) ISDN *f*

Is·lam [ɪz'lɑːm] *s* Islam *m;* **Is·lamic** [ɪz'læmɪk] *adj* islamisch

is·land ['aɪlənd] *s* Insel *f;* **is·lander** ['aɪləndə(r)] *s* Inselbewohner(in) *m(f);* **isle** [aɪl] *s* (*poet*) Eiland *nt;* **is·let** ['aɪlɪt] *s* Inselchen *nt*

isn't ['ɪznt] = **is not**

iso·bar ['aɪsəbɑː(r)] *s* (METE) Isobare *f*

iso·late ['aɪsəleɪt] *vt* **1.** aus-, absondern, trennen (*from* von) **2.** (*a.* TECH) isolieren **3.** (*Problem*) herauskristallisieren; **iso·lated** ['aɪsəleɪtɪd] *adj* **1.** isoliert; abgesondert; abgeschnitten **2.** einzeln; ~ **case** Einzelfall *m;* **iso·la·tion** [ˌaɪsə'leɪʃn] *s* **1.** Absonderung, Isolierung *f* **2.** Isoliertheit, Abgeschnittenheit *f;* **isolation hospital** *s* Isolierspital *nt;* **iso·la·tion·ism** [ˌaɪsə'leɪʃnɪzəm] *s* Isolationismus *m;* **isolation ward** *s* Isolierstation *f*

isos·ce·les tri·angle [aɪ'sɒsliːzˌtraɪæŋgl] *s* (MATH) gleichschenkliges Dreieck

iso·therm ['aɪsəθɜːm] *s* (METE) Isotherme *f*

iso·tope ['aɪsətəʊp] *s* (CHEM) Isotop *nt*

Is·ra·el ['ɪzreɪl] *s* Israel *nt;* **Is·rae·li** [ɪz'reɪlɪ] **I.** *adj* israelisch **II.** *s* Israeli *m f;* **Is·rael·ite** ['ɪzrɪəlaɪt] *s* Israelit(in) *m(f)*

is·sue ['ɪʃuː] **I.** *s* **1.** Frage *f;* Problem *nt,* Angelegenheit *f* **2.** Ergebnis *nt* **3.** (*von Banknoten*) Ausgabe, Emission *f* **4.** Ausgabe *f;* Lieferung *f* **5.** (*Zeitschrift*) Ausgabe, Nummer, Auflage *f* **6.** (JUR) Nachkommenschaft *f;* **at** ~ zur Debatte stehend; strittig; **be the** ~ sich handeln um; **die without** ~ kinderlos sterben; **force an** ~ eine Entscheidung erzwingen; **bring s.th. to an** ~ eine Entscheidung in etw herbeiführen; **take** ~ **with s.o. over s.th.** jdm in etw widersprechen; **make an** ~ **of s.th.** etw aufbauschen; **date of** ~ Ausgabetag *m;* **place of** ~ Ausstellungsort *m* **II.** *vi* hervorkommen, -dringen, (her)ausfließen, -strömen (*from* aus) **III.** *vt* **1.** (COM) ausgeben **2.** (*Dokument*) ausfertigen; ausstellen **3.** (*Bücher*) herausgeben, in Umlauf setzen, veröffentlichen **4.** (*Anleihe*) auflegen, begeben; emittieren; **the issuing authorities** die ausstellende Behörde; ~ **s.o. with a visa** jdm ein Visum ausstellen; ~ **s.th. to s.o.** etw an jdn ausgeben; **is·sued** *adj* (*passport*) ausgestellt; (*stamps*) herausgegeben

isth·mus ['ɪsməs] *s* Landenge *f,* Isthmus *m*

it [ɪt] **I.** *pron* **1.** er, sie, es *acc,* ihn, sie, es *dat,* ihm, ihr, ihm **2.** es *acc,* es *dat,* ihm; **of** ~ davon; **~'s me!** ich bin's!; **what is ~?** was ist das?; **~'s raining** es regnet; ~ **was him who asked her** er hat sie gefragt; **that's ~!** ja, genau! **II.** *s:* **you're ~!** du bist's!; **this is really ~!** das ist genau das Richtige; **the cat's an** ~ die Katze ist kastriert

IT [ˌaɪ'tiː] *s Abk. von* **information technology** IT *f*

Ital·ian [ɪ'tæljən] **I.** *adj* italienisch **II.** *s* **1.** Italiener(in) *m(f)* **2.** (das) Italienisch(e)

ital·ic [ɪ'tælɪk] **I.** *adj* kursiv **II.** *s pl* Kursivschrift *f;* **itali·cize** [ɪ'tælɪsaɪz] *vt* kursiv drucken

Italy ['ɪtəlɪ] *s* Italien *nt*

itch [ɪtʃ] **I.** *vi* **1.** jucken **2.** (*fig*) darauf brennen (*to do s.th.* etw zu tun); **my back ~es** mein Rücken juckt mich **II.** *s* **1.** Jucken *nt,* Juckreiz *m* **2.** Lust *f* (*for* auf); **I have an ~ to do s.th.** es reizt mich etw zu tun; **itchy** ['ɪtʃɪ] *adj* juckend; **have ~ feet** von der Reiselust gepackt sein

item ['aɪtəm] *s* **1.** Gegenstand, Artikel *m;* Punkt *m* **2.** (COM) Buchung *f,* Posten *m* **3.** (*einzelne*) Nachricht, Mitteilung, Information *f;* **a short news** ~ eine Kurzmeldung; **are those two an ~?** (*fam*) haben die beiden etwas miteinander?; **item·ize** ['aɪtəmaɪz] *vt* einzeln aufführen, aufgliedern, spezifizieren

itin·er·ant [aɪ'tɪnərənt] *adj* wandernd, umherziehend; **itin·er·ary** [aɪ'tɪnərərɪ] *s* **1.** Reiseroute *f* **2.** Wanderweg *m* **3.** Straßenkarte *f*

it'll ['ɪtl] = **it will; it shall**

ITN ['aɪtiː'en] *s Abk. von* **Independent Television News** *Nachrichtendienst der ITV*

its [ɪts] *pron* seine(r, s); ihre(r, s); seine(r, s); der, die, das Seine

it's [ɪts] = **it is**

it·self [ɪt'self] *pron* **1.** (*reflexiv*) sich *acc/dat* **2.** (*betont*) selbst; **by** ~ allein; von selbst; selbsttätig

ITV ['aɪtiː'viː] *s Abk. von* **Independent Television** *kommerzielle britische Fernsehanstalt*

IUD [ˌaɪjuː'diː] *s* (MED) *Abk. von* **intra-uterine device** Intrauterinpessar *nt*

I've [aɪv] = **I have**

IVF [ˌaɪviː'ef] *s Abk. von* **in vitro fertilization** IVF, In-vitro-Fertilisation *f*

ivory ['aɪvərɪ] *s* **1.** Elfenbein *nt* **2. ivories** Würfel *mpl* **3.** (*Am*) Billardkugeln *fpl* **4.** (Klavier)Tasten *fpl;* **Ivory Coast** *s* Elfenbeinküste *f;* **ivory tower** *s* (*fig*) Elfenbeinturm *m*

ivy ['aɪvɪ] *s* Efeu *m*

I

J

J, j [dʒeɪ] <*pl* -'s> *s* J, j *nt*

jab [dʒæb] **I.** *vt* (hinein)stechen, stecken, stoßen (*into* in) **II.** *vi* stoßen (*with* mit) **III.** *s* **1.** Stich, (kurzer) Stoß *m* **2.** (*Boxen*) (kurze) Gerade **3.** (*fam*) Spritze *f*

jabber ['dʒæbə(r)] **I.** *vi, vt* **1.** daherreden, faseln **2.** schwätzen, quasseln **II.** *s* Gefasel *nt;* Geplapper *nt;* **jabber·ing** [-ɪŋ] *s* Gefasel *nt;* Geplapper *nt*

jack [dʒæk] *s* **1.** Hebevorrichtung *f;* (AUTO) Wagenheber *m* **2.** (*Kartenspiel*) Bube *m* **3.** (MAR) Gösch *f* **4.** (*Bowling*) Zielkugel *f;* **jack around** *vt* (*fam*) für dumm verkaufen; **jack in** *vt* (*sl*) aufgeben; Schluss machen mit; **jack up** *vt* (AUTO) aufbocken; (*fam: Preise, Löhne*) in die Höhe treiben

Jack [dʒæk] *s* (*fam*) Hans; **I'm all right ~** (*fam*) das kann mich überhaupt nicht jucken; **the Union ~** die britische Nationalflagge; **~ Frost** der Winter; **every man ~** jeder Einzelne; **before you could say ~ Robinson** im Handumdrehen; **~ of all trades** Alleskönner *m;* Hansdampf *m* in allen Gassen

jackal ['dʒækɔːl] *s* Schakal *m*

jack·ass ['dʒækæs] *s* **1.** Eselhengst *m* **2.** (*fig*) blöder Kerl

jack·boot ['dʒækbuːt] *s* Schaftstiefel *m*

jack·daw ['dʒækdɔː] *s* Dohle *f*

jacket ['dʒækɪt] *s* **1.** Jacke *f;* Jackett *nt;* Schwimmweste *f* **2.** (*Kartoffel*) Pelle, Schale *f* **3.** (TECH) Mantel *m* **4.** (*Buch*) Schutzumschlag, Hülle *f;* **potatoes in their ~s** (in der Schale) gebackene Kartoffeln; **jacket potato** *s* (in der Schale) gebackene Kartoffel

jack-in-the-box ['dʒækɪnðəbɒks] *s* (*Spielzeug*) Springteufel *m;* **jack·knife** ['dʒæknaɪf] <*pl* **-knives**> **I.** *s* **1.** (großes) Taschenmesser *nt* **2.** (*obs: ~ dive*) Hechtsprung *m* **II.** *vi* (*Lastwagen*) sich quer über die Straße stellen; **jack-o'-lantern** ['dʒækəʊˌlæntən] *s* Kürbislaterne *f;* Irrlicht *nt*

jack plug ['dʒækplʌg] *s* Bananenstecker *m*

jack·pot ['dʒækpɒt] *s* (*Spiel*) (Haupt)Treffer *m;* **hit the ~** den Hauptgewinn bekommen; (*fig*) das große Los ziehen

ja·cuz·zi [dʒə'kuːzɪ] *s* Whirlpool *m*

jade [dʒeɪd] *s* (MIN) Jade *m;* Nephrit *m*

jaded ['dʒeɪdɪd] *adj* abgehetzt; erschöpft; stumpfsinnig; übersättigt; verlebt

jag [dʒæg] *s* Zacke *f;* **jag·ged, jaggy** ['dʒægɪd, 'dʒægɪ] *adj* **1.** zackig, gezahnt, gekerbt **2.** eingerissen **3.** zerklüftet; schartig

jag·uar ['dʒægjʊə(r)] *s* (*Raubkatze*) Jaguar *m*

jail, gaol [dʒeɪl] *s* Gefängnis *nt;* **in ~** im Gefängnis; **jail·bird** *s* (*fam obs*) Zuchthäusler *m;* **jail·break** *s* Ausbruch *m* aus dem Gefängnis; **jail·breaker** *s* Ausbrecher(in) *m(f);* **jailer, jailor, gaoler** ['dʒeɪlə(r)] *s* Gefangenenaufseher(in) *m(f),* -wärter(in) *m(f);* **jail·(house)** *s* (*Am*) Gefängnis *nt*

ja·lopy [dʒə'lɒpɪ] *s* (AUTO: *sl*) Kiste *f,* Klapperkasten *m;* (AVIAT) alte Mühle

jam[1] [dʒæm] **I.** *vt* **1.** ein-, festklemmen, einkeilen **2.** hinein-, durchzwängen **3.** quetschen, drücken, pressen (*against* gegen) **4.** stoßen, schieben, drängen **5.** (*Straße*) versperren, verstopfen **6.** (TECH: *Maschine*) blockieren **7.** (RADIO: *durch Störsender*) stören; **be ~med** gestopft voll sein; **~ on the brakes** mit aller Kraft bremsen **II.** *vi* **1.** klemmen; sich festfressen **2.** nicht mehr funktionieren **3.** (*sl: Jazz*) improvisieren **III.** *s* **1.** Gewühl, Gedränge *nt* **2.** Verstopfung *f;* Verkehrsstockung *f* **3.** (TECH) Verklemmung *f* **4.** (*fam*) Klemme, Patsche, schwierige Lage *f*

jam[2] [dʒæm] *s* Marmelade, Konfitüre *f*

Ja·maica [dʒə'meɪkə] *s* Jamaika *nt;* **Jamaican** [-n] **I.** *adj* jamaikanisch, jamaikisch **II.** *s* Jamaik(an)er(in) *m(f)*

jamb [dʒæm] *s* (*Tür*) Pfosten *m*

jam·boree [ˌdʒæmbə'riː] *s* **1.** Pfadfindertreffen *nt* **2.** Fest *nt* (im Freien)

jam-jar ['dʒæmdʒɑː(r)] *s* Marmelade(n)glas *nt*

jam·mer ['dʒæmə(r)] *s Dieb, der aus im Stau steckenden Autos Wertgegenstände stiehlt*

jam·my ['dʒæmɪ] *adj* (*Br sl: Examen*) leicht; **~ fellow** Glückspilz *m*

jam-packed [ˌdʒæm'pækt] *adj* (*fam*) gestopft voll

jam session *s* (*Jazzimprovisation*) Jamsession *f*

jangle ['dʒæŋgl] **I.** *vi* **1.** klimpern; klirren **2.** (*Glocken*) bimmeln **II.** *vt* **1.** klimpern mit; klirren mit **2.** bimmeln lassen

jani·tor ['dʒænɪtə(r)] *s* Hausmeister(in) *m(f),* Hauswart(in) *m(f)*

Jan·uary ['dʒænjʊərɪ] *s* Januar *m;* **in ~** im

Januar
Jap [dʒæp] *s* (*fam*) Japaner *m*
ja·pan [dʒəˈpæn] **I.** *s* Japanlack *m* **II.** *vt* lackieren
Ja·pan [dʒəˈpæn] *s* Japan *nt;* **Japa·nese** [ˌdʒæpəˈniːz] **I.** *adj* japanisch **II.** *s* **1.** (das) Japanisch(e) **2.** Japaner(in) *m(f);* **the** ~ die Japaner *mpl*
jar[1] [dʒɑː(r)] **I.** *vi* **1.** knarren, quietschen **2.** (*fig*) unangenehm berühren (*on s.o.* jdn), auf die Nerven gehen (*on s.o.* jdm) **3.** in Missklang stehen (*against, with* zu), nicht harmonieren **II.** *vt* **1.** rütteln an, erschüttern **2.** (*fig*) aufrütteln, einen Schock versetzen (*s.o.* jdm) **III.** *s* **1.** Erschütterung *f;* Ruck *m* **2.** (*fig*) Schock *m*
jar[2] [dʒɑː(r)] *s* **1.** Krug *m;* Steintopf *m* **2.** Einmachglas *nt* **3.** (*fam*) Glas *nt* Bier
jar·gon [ˈdʒɑːgən] *s* Jargon *m;* Fachsprache *f*
jas·mine [ˈdʒæsmɪn] *s* Jasmin *m*
jas·per [ˈdʒæspə(r)] *s* (MIN) Jaspis *m*
jaun·dice [ˈdʒɔːndɪs] *s* Gelbsucht *f;* **jaun·diced** [ˈdʒɔːndɪst] *adj* **1.** gelbsüchtig **2.** (*fig*) verbittert, gehässig; neidisch
jaunt [dʒɔːnt] *s* Wanderung *f,* Ausflug *m;* Spritztour *f*
jaunty [ˈdʒɔːntɪ] *adj* **1.** flott **2.** munter; übermütig; sorgenfrei
Ja·va *s* **1.** (*indonesische Insel*) Java *nt* **2.** (INTERNET: *Sprache*) Java *f;* **JavaScript** *s* (INTERNET) JavaScript *f*
javelin [ˈdʒævlɪn] *s* (SPORT) Speer *m;* (*Sportdisziplin*) Speerwerfen *nt;* **throwing the** ~ Speerwerfen *nt*
jaw [dʒɔː] **I.** *s* **1.** (ANAT) Kiefer *m* **2.** (*fig fam*) Geschwätz *nt;* Moralpredigt(en *pl*) *f* **3.** (TECH) (Klemm)Backe, Klaue *f;* **~s** Kiefer *m;* Rachen *m,* Maul *nt;* (*fig*) Öffnung *f;* (*des Todes*) Klauen *fpl* **II.** *vi* (*sl*) tratschen, schwatzen; **jaw·bone** *s* Kieferknochen *m;* **jaw·breaker** *s* (*Wort*) Zungenbrecher *m*
jay [dʒeɪ] *s* Eichelhäher *m*
jay·walk [ˈdʒeɪwɔːk] *vi* verkehrswidrig, unachtsam die Straße überqueren; **jay·walker** [ˈdʒeɪwɔːkə(r)] *s* unachtsamer Fußgänger; **jay·walk·ing** [ˈdʒeɪ wɔːkɪŋ] *s* unachtsames Überqueren der Straße
jazz [dʒæz] **I.** *s* **1.** Jazz *m* **2.** (*fig fam*) Unsinn *m;* **all that** ~ (*fam*) und der ganze Kram **II.** *vi* Jazz spielen; **jazz up** *vt* modernisieren, in Schwung bringen; **jazzy** [ˈdʒæzɪ] *adj* **1.** jazzartig **2.** (*fig*) toll **3.** (*Kleid*) auffällig
JCB® [ˌdʒeɪsiːˈbiː] *s* Erdräummaschine *f*
jeal·ous [ˈdʒeləs] *adj* **1.** eifersüchtig (*of* auf) **2.** neidisch **3.** eifrig bedacht (*of* auf); **jeal·ousy** [ˈdʒeləsɪ] *s* **1.** Eifersucht *f* (*of* auf) **2.** Neid *m* (*of* auf)
jeans [dʒiːnz] *s pl* Jeans *pl*
jeep [dʒiːp] *s* Jeep *m*
jeer [dʒɪə(r)] **I.** *vt* verhöhnen **II.** *vi* sich lustig machen (*at* über) **III.** *s* **1.** Spott, Hohn *m* **2.** höhnische Bemerkung
Je·ho·vah [dʒɪˈhəʊvə] *s* Jehova *m;* **~'s Witnesses** die Zeugen *m pl* Jehovas
jell [dʒel] *vi* **1.** (*Küche*) gelieren **2.** (*fig fam*) feste Form annehmen; sich herauskristallisieren; klappen; **jel·lied** [ˈdʒelɪd] *adj* (*Küche*) in Gelee; **jelly** [ˈdʒelɪ] **I.** *s* Gallerte, Sülze *f;* Gelee *nt* **II.** *vt* gelieren lassen **III.** *vi* gelieren; **jelly·baby** [ˈdʒelɪbeɪbɪ] *s* (*Br*) Gummibärchen *nt;* **jelly·bean** [ˈdʒelɪbiːn] *s* Geleebonbon *m od nt;* **jelly·fish** *s* Qualle *f*
jemmy [ˈdʒemɪ] *s* Brech-, Stemmeisen *nt*
jenny [ˈdʒenɪ] *s* **1.** (*spinning-~*) Spinnmaschine *f* **2.** Eselin *f;* ~ **wren** Zaunkönigweibchen *nt*
jeop·ard·ize [ˈdʒepədaɪz] *vt* gefährden; aufs Spiel setzen; **jeop·ardy** [ˈdʒepədɪ] *s* Gefahr *f;* **put s.th. in** ~ etw gefährden
jerk [dʒɜːk] **I.** *vt* (heftig) ziehen (an), reißen, stoßen **II.** *vi* ruckweise fahren **III.** *s* **1.** Ruck *m* **2.** Zusammenfahren, -zucken *nt* **3.** (MED) Zuckung *f* **4.** (*sl*) Trottel *m;* **by ~s** ruck-, stoßweise; **with a** ~ mit einem Ruck; **physical ~s** (*fam*) Leibesübungen *fpl,* Sport *m;* **jerk off** *vi* (*vulg*) sich einen runterholen; **jerk out** *vt* (*Worte*) hervorstoßen, -sprudeln
jer·kin [ˈdʒɜːkɪn] *s* Wams *nt*
jerk·water town [ˈdʒɜːkˌwɔːtə ˈtaʊn] *s* (*Am*) Kaff, (Provinz)Nest *nt*
jerky [ˈdʒɜːkɪ] *adj* sprunghaft; ruckartig
jerry-built [ˈdʒerɪˌbɪlt] *adj* billig gebaut; **jerry can** [ˈdʒerɪkæn] *s* großer Kanister
jer·sey [ˈdʒɜːzɪ] *s* **1.** Pullover *m* **2.** (SPORT) Trikot *nt* **3.** (*Stoff*) Jersey *m*
jest [dʒest] **I.** *s* Witz, Spaß *m;* **in** ~ im, zum Spaß **II.** *vi* Witze, Spaß machen (*about* über); **don't** ~ **with me!** treiben Sie mit mir keinen Spaß!; **jest·er** [ˈdʒestə(r)] *s* Witzbold *m;* Hofnarr *m;* **jest·ing** [-ɪŋ] *adj* scherzhaft
Jesuit [ˈdʒezjʊɪt] *s* Jesuit *m;* **Jesuitical** [ˌdʒezjʊˈɪtɪkl] *adj* jesuitisch, Jesuiten-
Jesus [ˈdʒiːzəs] **I.** *s* Jesus *m;* **the Society of** ~ der Jesuitenorden **II.** *interj* Menschenskind!
jet[1] [dʒet] **I.** *vi* **1.** hervor-, heraussprudeln, aus-, entströmen (*from, out of* aus) **2.** (AVIAT: *fam*) jetten **II.** *s* **1.** (*Flüssigkeit*) Strahl *m* **2.** Öffnung *f;* Düse *f* **3.** (AVIAT) Düsenflugzeug *nt*
jet[2] [dʒet] **I.** *s* Gagat *m,* Pechkohle *f* **II.** *adj* glänzend schwarz
jet en·gine [ˈdʒetˌendʒɪn] *s* Düsenmotor

m, Düsentriebwerk *nt;* **jet fighter** *s* Düsenjäger *m;* **jet·foil** ['dʒetfɔɪl] *s* Tragflügelboot *nt;* **jet lag** ['dʒetlæg] *s* Jetlag *nt* (*Anpassungsschwierigkeiten bei weiten Flugreisen*); **jet plane** *s* Düsenflugzeug *nt;* **jet-pro·pelled** [ˌdʒetprə'peld] *adj* mit Düsenantrieb; **jet propulsion** *s* Düsenantrieb *m*

jet·sam ['dʒetsəm] *s:* **flotsam and ~** Strandgut *nt*

jet set ['dʒetset] *s* Jetset *m*

jet·ti·son ['dʒetɪsn] *vt* (MAR AVIAT) über Bord werfen

jetty ['dʒetɪ] *s* **1.** Hafendamm *m,* Mole *f* **2.** Landungsbrücke *f,* Landesteg *m*

Jew [dʒuː] *s* Jude *m,* Jüdin *f*

jewel ['dʒuːəl] **I.** *s* Edelstein *m;* (*a. fig*) Juwel *nt,* Schmuckstück *nt;* (*in Uhr*) Stein *m* **II.** *vt* mit Edelsteinen besetzen; **jeweler** *s* (*Am*), **jewel·ler** ['dʒuːələ(r)] *s* Juwelier *m;* **jewel·lery** *s,* **jewelry** ['dʒuːəlrɪ] *s* (*Am*) Juwelen *ntpl,* Schmuck *m;* **jewelry case** *s* Schmuckkästchen *nt*

Jew·ess ['dʒuːes] *s* Jüdin *f*

Jew·ish ['dʒuːɪʃ] *adj* jüdisch; **Jew·ry** ['dʒuːrɪ] *s* die Juden *pl,* das jüdische Volk, Judentum *nt;* **Jew's harp** *s* (MUS) Brummeisen *nt,* Maultrommel *f*

jib¹ [dʒɪb] *s* **1.** Kranbalken, Ladebaum, Ausleger *m* **2.** (MAR) Klüver *m;* **the cut of s.o.'s ~** (*fam*) die äußere Erscheinung

jib² [dʒɪb] *vi* **1.** störrisch sein, bocken, scheuen (*at* vor) **2.** (*fig*) abgeneigt sein (*at dat*)

jibe [dʒaɪb] *s* Stichelei *f*

jiffy ['dʒɪfɪ] *s* (*fam*): **in a ~** im Nu; **just a ~** einen Augenblick bitte; **Jiffy bag®** *s* gepolsterte Versandtasche

jig [dʒɪg] **I.** *s* **1.** Gigue *f* (*Tanz*) **2.** (TECH) Montagegestell *nt;* Spannvorrichtung *f* **II.** *vi* **1.** Gigue tanzen **2.** hin u. her hüpfen

jig·ger ['dʒɪgə(r)] *s* **1.** (TECH) Schüttelsieb *nt* **2.** (*Am*) Messbecher *m* **3.** Sandfloh *m;* **jig·gered** ['dʒɪgəd] *adj* (*fam*) todmüde; **I'll be ~** mich laust der Affe; **jig·gery-po·kery** [ˌdʒɪgərɪ'pəʊkərɪ] *s* (*Br fam*) Tricks *mpl,* Schwindel *m*

jig·gle ['dʒɪgl] *vt* rütteln, schütteln; wackeln mit

jig·saw ['dʒɪgsɔː] *s* **1.** Tischlerbandsäge *f* **2.** (*~ puzzle*) Puzzle *nt*

jihad ['dʒɪhʌd] *s* **1.** Jihad *m,* heiliger Krieg (*der Moslems gegen Ungläubige*) **2.** (*fig*) Glaubenskrieg *m*

jilt [dʒɪlt] *vt* (*den Liebhaber*) sitzen lassen

Jim Crow [ˌdʒɪm'krəʊ] *s* (*Am*) **1.** (*pej: Schwarze(r)*) Nigger *m pej* **2.** (*fam*) Rassendiskriminierung *f*

jim-jams ['dʒɪmdʒæmz] *s* (*sl*) **1.** Säuferwahn *m* **2.** Angstzustände *mpl*

jimmy ['dʒɪmɪ] *s* (*Am*) Brecheisen *nt*

jingle ['dʒɪŋgl] **I.** *vi* klingeln; klirren; klimpern; bimmeln **II.** *vt* klirren lassen; klimpern mit **III.** *s* **1.** Klirren, Geklirr *nt* **2.** Werbespruch *m;* Merkvers *m*

jingo·ism ['dʒɪŋgəʊɪzəm] *s* Chauvinismus *m;* **jingo·is·tic** [ˌdʒɪŋgəʊ'ɪstɪk] *adj* chauvinistisch

jinks [dʒɪŋks] *s* (*fam*): **it's only high ~** sie sind bloß übermütig

jinx [dʒɪŋks] *s:* **put a ~ on s.th.** etw verhexen

JIT [ˌdʒeɪaɪ'tiː] *s Abk. von* **just-in-time: ~ production** JIT-Fertigung *f*

jit·ter·bug ['dʒɪtəbʌg] *s* **1.** (*Tanz*) Jitterbug *m* **2.** (*fig*) Nervenbündel *nt*

jit·ters ['dʒɪtəz] *s pl* (*sl*) Nervosität *f;* Angst *f;* **give s.o. the ~** jdn nervös machen; **have the ~** (*fam*) die Hosen voll haben; **jit·tery** ['dʒɪtərɪ] *adj* (*sl*) **1.** nervös, durchgedreht **2.** verdattert, ängstlich

jiu·jit·su [ˌdʒuː'dʒɪtsuː] *s* Jiu-Jitsu *nt*

jive [dʒaɪv] **I.** *s* (*Tanz*) Swing *m* **II.** *vi* swingen, Swing tanzen

job [dʒɒb] **I.** *s* **1.** Arbeit *f;* Beschäftigung, Tätigkeit *f* **2.** Arbeitsaufgabe *f;* (INFORM) Job *m* **3.** Arbeitsplatz *m,* Stellung *f,* Posten *m* **4.** Arbeitsvorgang *m,* Operation *f* **5.** Aufgabe, Pflicht *f* **6.** (*fam*) schwierige Sache **7.** (*sl: Straftat*) Ding *nt;* **on the ~** (*fam*) bei der Arbeit; (*sl*) am Ball; **out of a ~** arbeitslos; **just the ~** genau das Richtige; **do a good/bad ~** seine Sache gut/schlecht machen; **do a ~ of work** gute Arbeit leisten; **do odd ~s** Gelegenheitsarbeiten verrichten; **it's quite a ~** das ist ganz schön viel Arbeit; **know one's ~** sein Handwerk verstehen; **that should do the ~** das müsste hinhauen; **I had a ~ doing it** es war nicht leicht; **make the best of a bad ~** das Beste aus einer schlechten Sache machen; **pull a ~** (*sl*) ein Ding drehen; **that's a good/bad ~** das ist gut/dumm; **put-up ~** abgekartete Sache **II.** *vi* **1.** Gelegenheitsarbeiten verrichten **2.** als Makler tätig sein **3.** schieben, spekulieren **III.** *vt* vermitteln; (*Arbeit*) vergeben; **job advertisement** *s* Stellenausschreibung *f;* **job analysis** *s* Arbeitsanalyse, Arbeitsplatzbewertung *f;* **job application** *s* Stellenbewerbung *f,* Stellengesuch *nt;* **job·ber** ['dʒɒbə(r)] *s* **1.** Gelegenheitsarbeiter(in) *m(f)* **2.** (*obs*) Börsenmakler(in) *m(f)* **3.** (*fam*) Schieber *m;* **job centre** *s* Arbeitsvermittlung(sstelle) *f;* **job·club** ['dʒɒbklʌb] *s* Arbeitsloseninitiative *f,* -verein *m;* **job counsellor** *s* (*Am*) Berufsberater(in) *m(f);* **job creation** *s* Arbeitsplatzbeschaffung *f;* **job creation scheme** *s* Arbeitsbeschaffungsmaßnahme *f,* Beschäftigungsprogramm *nt;* **job cuts** *s pl* Arbeitsplatzabbau *m;* **job description** *s* Arbeitsplatz-, Stellenbeschreibung *f;* **job evaluation** *s* Arbeitsplatzbewertung *f;* **job hunt** *s* Stellensuche *f;* **job interview** *s* Bewerbungs-, Vorstellungsgespräch *nt;* **job·less** ['dʒɒblɪs] **I.** *adj* arbeitslos **II.** *s pl* Arbeitslose *pl;* **jobless figures** *s pl* Arbeitslosenzahlen *pl,* -ziffer *f;* **job lot** *s* (COM) **1.** Partieware *f* **2.** Warenposten *m;* **job market** *s* Arbeitsmarkt *m;* **job-orien·ted** ['dʒɒbˌɔːrɪəntɪd] *adj* projektorientiert; **job printer** *s* Akzidenzdrucker *m;* **job production** *s* Einzelfertigung *f;* **job rating** *s* Arbeitsplatzbewertung *f;* **job·seeker** ['dʒɒbˌsiːkə(r)] *s* Arbeitssuchende(r) *f m;* **job sharing** *s* Arbeitsplatzteilung *f,* Jobsharing *nt;* **job title** *s* Berufsbezeichnung *f*

Jock [dʒɒk] *s* (*fam*) Schotte *m,* Schottin *f*

jockey ['dʒɒkɪ] **I.** *s* Jockei, Jockey *m,* Rennreiter(in) *m(f)* **II.** *vt* **1.** zu Wege bringen, fertigbringen, dazu bringen (*into doing* zu tun) **2.** davon abhalten (*out of doing* zu tun) **III.** *vi:* ~ **for position** um eine gute Position rangeln

jo·cose [dʒəʊ'kəʊs] *adj* scherzhaft, spaßig

jocu·lar ['dʒɒkjʊlə(r)] *adj* scherzhaft, spaßig, witzig

joc·und ['dʒɒkənd] *adj* fröhlich, heiter

jodh·purs ['dʒɒdpəz] *s pl* Reithose *f*

Joe Bloggs [ˌdʒəʊ'blɒgz] *s* (*Br*) Otto Normalverbraucher *m*

jog [dʒɒg] **I.** *vt* **1.** anstoßen, antippen **2.** (*das Gedächtnis*) auffrischen **II.** *vi* dahinschlendern, -trotten; aufbrechen; (SPORT) Dauerlauf machen, joggen **III.** *s* **1.** leichtes Schütteln, Rütteln **2.** Stoß *m,* Antippen *nt* **3.** (*~-trot*) Trotten *nt;* (SPORT) Dauerlauf *m;* **jog along, jog on** *vi* sich fortschleppen; (*fig*) fort-, weiterwursteln; **jog·ger** ['dʒɒgə(r)] *s* Dauerläufer(in) *m(f),* Jogger(in) *m(f);* **jogging** ['dʒɒgɪŋ] *s* Dauerlauf *m,* Joggen, Jogging *nt*

joggle ['dʒɒgl] **I.** *vt, vi* **1.** leicht, etwas schütteln; rütteln **2.** verschränken, verzahnen **II.** *s* **1.** leichtes Schütteln, Rütteln **2.** Verschränkung, Verzahnung *f*

john [dʒɒn] *s* (*Am fam*) Klo *nt*

John [dʒɒn] *s:* ~ **the Baptist** Johannes der Täufer; ~ **Bull** England *nt;* Engländer *m;* ~ **Doe** (*Am*) Otto Normalverbraucher, der einfache Mann

john·ny, john·nie ['dʒɒnɪ] *s* **1.** Kerl, Bursche *m* **2.** (*sl: Kondom*) Pariser *m*

join [dʒɔɪn] **I.** *vt* **1.** (*a.* MATH) verbinden, vereinigen (*to, onto* mit) **2.** sich gesellen (*s.o.* zu jdm), sich anschließen (*s.o.* jdm), eintreten in (*einen Verein*) **3.** sich vereinigen, sich verbinden mit **4.** münden in; ~ **company with s.o.** sich an jdn anschließen; ~ **forces with s.o.** sich mit jdm zusammenschließen; mit jdm zusammenarbeiten; ~ **hands with s.o.** jdm die Hand geben; (*fig*) mit jdm gemeinsame Sache machen **II.** *vi* **1.** sich begegnen, sich treffen, zusammenkommen **2.** angrenzen (*to* an) **3.** (*Wege*) zusammenlaufen **4.** sich verbinden, sich vereinigen (*with, to* mit) **5.** sich beteiligen, teilnehmen (*in* an) **6.** einstimmen (*in* in); **everybody ~ in the chorus!** alle im Chor! **III.** *s* Verbindungsstelle, Fuge, Naht *f*

joiner ['dʒɔɪnə(r)] *s* (Bau)Tischler(in) *m(f),* Schreiner(in) *m(f);* **~'s bench** Hobelbank *f;* **joinery** ['dʒɔɪnərɪ] *s* **1.** Tischlerei, Schreinerei *f* **2.** Tischler-, Schreinerarbeit *f*

joint [dʒɔɪnt] **I.** *s* **1.** Berührungspunkt *m,* Verbindungsstelle *f* **2.** Naht, Fuge *f* **3.** Scharnier *nt* **4.** (ANAT) Gelenk *nt* **5.** (*Küche*) Stück Fleisch *nt,* Keule *f* **6.** (BOT) Gelenkknoten *m* **7.** (*sl*) Kneipe *f,* Spielhölle *f* **8.** (*sl: Marihuana*) Joint *m;* **out of** ~ ausgerenkt; (*fig*) aus den Fugen; **put** [*o* **throw**] **out of** ~ ausrenken; **put s.o.'s nose out of** ~ (*fig*) jdn ausstechen **II.** *adj* gemeinschaftlich, gemeinsam; Gemeinschafts-; Mit-; **during their ~ lives** zu ihren Lebzeiten; **take ~ action** gemeinsam vorgehen **III.** *vt* **1.** durch ein Gelenk miteinander verbinden **2.** (TECH) (ver)fugen; **joint account** *s* gemeinschaftliches (Bank)Konto *nt;* **joint committee** *s* gemeinsamer Ausschuss; **joint debtor** *s* Mitschuldner(in) *m(f);* **joint·ed** ['dʒɔɪntəd] *adj* gegliedert; **joint effort** *s* Gemeinschaftsarbeit *f;* **joint·ly** ['dʒɔɪntlɪ] *adv* gemeinsam, zusammen; **joint owner** *s* Miteigentümer(in) *m(f);* **joint ownership** *s* Miteigentum *nt;* **joint property** *s* Miteigentum *nt;* gemeinsames Vermögen; **joint stock** *s* Aktienkapital *nt;* **joint stock company** *s* Aktiengesellschaft *f;* (*Am: etwa*) Kommanditgesellschaft *f* auf Aktien; **joint venture** *s* (COM) Jointventure *nt;* Gemeinschaftsunternehmen *nt*

joist [dʒɔɪst] *s* Träger, Querbalken *m*

jo·jo·ba oil [həʊ'həʊbəˌɔɪl] *s* Jojobaöl *nt*

joke [dʒəʊk] **I.** *s* Spaß, Scherz *m;* **in** ~ (nur) zum Spaß, im Scherz; **carry the ~ too far** den Scherz zu weit treiben; **make a ~ of s.th.** etw ins Lächerliche ziehen; **play a ~ on s.o.** jdm einen Streich spielen; **he cannot take a** ~ er versteht keinen Spaß; **I don't see the** ~ was soll daran lustig sein?; **the ~'s on s.o.** da lacht sich jemand ins Fäustchen; **it is no** ~ das ist kein Spaß; **a practical** ~ ein Streich **II.** *vi* Spaß, Witze machen; **you must be joking** das kann

J

doch wohl nicht dein Ernst sein; **I was only joking** ich habe das nicht ernst gemeint; **joker** ['dʒəʊkə(r)] *s* **1.** Witzbold *m* **2.** (*sl*) Kerl, Bursche *m* **3.** (*Kartenspiel*) Joker *m;* **jok·ing** ['dʒəʊkɪŋ] **I.** *adj* scherzhaft; **he is not in a ~ mood** ihm ist nicht nach Scherzen zu Mute **II.** *s* Scherze, Witze *mpl;* **~ apart!** Scherz beiseite!; **jok·ing·ly** [-lɪ] *adv* im Spaß

jol·li·fi·ca·tion [ˌdʒɒlɪfɪ'keɪʃn] *s* (*fam*) Festivität *f*

jol·lity ['dʒɒlətɪ] *s* Ausgelassenheit, fröhliche Stimmung *f;* **jolly** ['dʒɒlɪ] **I.** *adj* **1.** fröhlich, lustig, heiter **2.** angeheitert **3.** (*fam*) prächtig, prachtvoll **II.** *adv* (*fam*) mächtig, sehr; **it was a ~ good evening** es war ein prima Abend; **a ~ good fellow** ein Pfundskerl; **Jolly Roger** Piratenflagge *f;* **~ well** aber todsicher **III.** *vt* (*fam:* ~ *along*) gut zureden (*s.o.* jdm), aufmuntern, aufheitern; **~ s.o. into doing s.th.** jdn dazu bringen etw zu tun

jolt [dʒəʊlt] **I.** *vt* **1.** (auf-, durch)rütteln **2.** (*fig*) erschüttern **II.** *vi* holpern **III.** *s* plötzlicher Stoß; Schock *m*

Jor·dan ['dʒɔːdn] *s* Jordanien *nt;* **Jor·dan·ian** [dʒɔː'deɪnɪən] **I.** *adj* jordanisch **II.** *s* Jordanier(in) *m(f)*

josh [dʒɒʃ] *vt* (*Am sl*) verulken

joss stick ['dʒɒsstɪk] *s* Räucherstäbchen *nt*

jostle ['dʒɒsl] **I.** *vt* schubsen, anrempeln **II.** *vi* drängeln **III.** *s* Gedränge *nt*

jot [dʒɒt] **I.** *s:* **not a ~** nicht das Geringste, nicht im Geringsten; kein Fünkchen **II.** *vt* (~ *down*) (sich) (kurz) notieren; **jot·ter** ['dʒɒtə(r)] *s* Notizbuch *nt;* **jot·tings** ['dʒɒtɪŋz] *s pl* Notizen *fpl*

joule [dʒuːl] *s* Joule *nt*

jour·nal ['dʒɜːnl] *s* **1.** Tagebuch *nt* **2.** (COM) Journal *nt* **3.** (MAR) Logbuch *nt* **4.** (Tages)Zeitung *f;* Zeitschrift *f,* Magazin *nt* **5.** (INFORM) Bericht *m* **6.** (INFORM) Protokoll *nt;* **jour·nal·ese** [ˌdʒɜːnə'liːz] *s* Zeitungsstil, Pressejargon *m;* **jour·nal·ism** ['dʒɜːnlɪzəm] *s* Journalismus *m;* **jour·nal·ist** ['dʒɜːnlɪst] *s* Journalist(in) *m(f);* **jour·nal·is·tic** [ˌdʒɜːnə'lɪstɪk] *adj* journalistisch

jour·ney ['dʒɜːnɪ] **I.** *s* Reise *f;* **break one's ~** die Reise unterbrechen; **go on a ~** verreisen; **a day's ~** eine Tagesreise **II.** *vi* reisen

jour·ney·man ['dʒɜːnɪmən] <*pl* -men> *s* Geselle *m;* **journeyman baker** *s* Bäckergeselle *m*

joust [dʒaʊst] *s* (HIST) Turnier *nt*

jov·ial ['dʒəʊvɪəl] *adj* heiter, fröhlich, jovial; **jov·ial·ity** [ˌdʒəʊvɪ'ælətɪ] *s* Heiterkeit *f;* Fröhlichkeit *f,* Frohsinn *m*

jowl [dʒaʊl] *s* Kinnbacken *m;* **cheek by ~** (ganz) dicht beieinander

joy [dʒɔɪ] *s* Freude *f* (*in, of* an, *at* über), Vergnügen *nt* (*at* an); **for** [*o* **with**] ~ vor Freude; **to the ~ of s.o.** zu jds Freude, Vergnügen; **with ~** mit Vergnügen, mit Freude; **I didn't have any ~** (*fam*) ich hatte keinen Erfolg; **joy·ful** ['dʒɔɪfl] *adj* **1.** voller Freude **2.** freudig, froh, glücklich; **joy·less** [-lɪs] *adj* freudlos, traurig, trüb; **joy·ous** ['dʒɔɪəs] *adj* freudig, froh, glücklich; **joy·ride** *s Fahrt in einem gestohlenen Auto;* **joy·stick** *s* **1.** (AVIAT) Steuerknüppel *m* **2.** (INFORM) Steuerknüppel, Joystick *m*

JP [ˌdʒeɪ'piː] *s Abk. von* **Justice of the Peace** Friedensrichter(in) *m(f)*

ju·bi·lant ['dʒuːbɪlənt] *adj* frohlockend, triumphierend; überglücklich; **ju·bi·la·tion** [ˌdʒuːbɪ'leɪʃn] *s* Jubel *m;* **ju·bi·lee** ['dʒuːbɪliː] *s* Jubiläum *nt;* **silver/diamond ~** 25-/60-jähriges Jubiläum

Ju·da·ism ['dʒuːdeɪɪzəm] *s* Judaismus *m*

jud·der ['dʒʌdə(r)] *vi* heftig schütteln; vibrieren; zucken

judge [dʒʌdʒ] **I.** *s* **1.** Richter(in) *m(f)* (*of* über) **2.** Schieds-, Preisrichter(in) *m(f)* **3.** Kenner(in) *m(f),* Sachverständige(r) *f m* (*of* in); **be a (no) ~ of s.th.** sich in etw (nicht) auskennen; **as God is my ~!** so wahr mir Gott helfe! **II.** *vt* **1.** die Verhandlung führen über; (*Fall*) verhandeln; (REL) richten **2.** (*Wettbewerb*) die Entscheidung treffen in **3.** beurteilen, urteilen über **4.** halten für, ansehen als; (ab)schätzen **III.** *vi* **1.** Recht sprechen, richten; das Urteil fällen **2.** entscheiden, urteilen (*of* über, *by, from* nach) **3.** vermuten, annehmen; **as far as I can ~** soweit ich das beurteilen kann

judg(e)·ment ['dʒʌdʒmənt] *s* **1.** Urteil *nt* (*on* über) **2.** Urteils-, Richterspruch *m* **3.** (*fig*) Meinung, Ansicht *f,* Urteil *nt* **4.** Urteilsvermögen *nt,* gesunder Menschenverstand; **according to my ~** meiner Meinung nach; **against one's better ~** gegen die eigene Überzeugung; **in my ~** meines Erachtens; meiner Ansicht nach; **to the best of my ~** soweit ich das beurteilen kann; **pass ~** ein Urteil fällen (*on* über); **sit in ~** zu Gericht sitzen (*on* über); **the Day of Judgement** das Jüngste Gericht

ju·di·ca·ture ['dʒuːdɪkətʃə(r)] *s* **1.** Rechtspflege *f* **2.** Rechtsprechung *f* **3.** Richter *mpl*

ju·di·cial [dʒuː'dɪʃl] *adj* rechtlich, richterlich; gerichtlich; **take ~ proceedings** gerichtliche Schritte unternehmen; **~ decision** Gerichtsentscheid *m;* **~ error** Justizirrtum *m;* **~ inquiry** gerichtliche Untersuchung; **~ power** richterliche Gewalt; **~ process** Rechtsweg *m;* **~ (sale)** (*Am*) Zwangsversteigerung *f;* **ju·dici·ary** [dʒuː-

'dɪʃərɪ] *s* **1.** Rechtswesen *nt* **2.** Richter *mpl*

ju·di·cious [dʒuː'dɪʃəs] *adj* urteilsfähig, verständig, einsichtig

judo ['dʒuːdəʊ] *s* Judo *nt*

jug [dʒʌg] **I.** *s* **1.** Krug *m;* Kanne *f* **2.** (*sl*) Knast *m* **II.** *vt* schmoren, dämpfen

jug·ger·naut ['dʒʌgənɔːt] *s* **1.** Moloch *m* **2.** (*Br*) Schwerlaster *m*

juggle ['dʒʌgl] **I.** *vt* **1.** manipulieren; (*Bilanz*) frisieren; (*Tatsachen*) fälschen **2.** (*mit Bällen etc*) jonglieren **II.** *vi* jonglieren; **jug·gler** ['dʒʌglə(r)] *s* **1.** Jongleur(in) *m(f)* **2.** (*fig*) Schwindler(in) *m(f)*

Ju·go·slav ['juːgəʊˌslɑːv] **I.** *adj* (HIST) jugoslawisch **II.** *s* (HIST) Jugoslawe *m,* Jugoslawin *f;* **Ju·go·sla·via** [ˌjuːgəʊ'slɑːvɪə] *s* Jugoslawien *nt*

jugu·lar ['dʒʌgjʊlə(r)] *adj:* ~ **vein** (ANAT) Hals-, Drosselvene *f*

juice [dʒuːs] *s* **1.** Saft *m* **2.** (*fig*) Gehalt *m,* Wesen *nt* **3.** (*sl*) Benzin *nt* **4.** (ELEK: *sl*) Strom *m;* **gastric** ~ (PHYSIOL) Magensaft *m;* ~ **extractor** Entsafter *m;* **juicy** ['dʒuːsɪ] *adj* **1.** saftig **2.** interessant, pikant **3.** Gewinn bringend

ju-jit·su [ˌdʒuː'dʒɪtsuː] *s* (SPORT) Jiu-Jitsu *nt*

juke·box ['dʒuːkbɒks] *s* Musikautomat *m*

ju·lep ['dʒuːlɪp] *s* (*mint* ~) Pfefferminzlikör *m*

July [dʒuː'laɪ] *s* Juli *m;* **in** ~ im Juli

jumble ['dʒʌmbl] **I.** *vt* **1.** (ver)mischen **2.** (*fig*) durcheinander bringen **II.** *s* Mischmasch *m;* Durcheinander *nt;* **jumble sale** *s* Flohmarkt *m;* Wohltätigkeitsbasar *m*

jumbo ['dʒʌmbəʊ] **I.** *adj* riesig **II.** *s* (AVIAT: ~ *jet*) Jumbo (Jet) *m*

jump [dʒʌmp] **I.** *vi* **1.** springen **2.** auf-, hochfahren; zusammenzucken **3.** (RAIL) entgleisen **4.** (*fig: Preise*) in die Höhe schnellen **5.** sich stürzen (*at* auf) **6.** eifrig ergreifen (*at s.th.* etw) **7.** anfahren, angreifen (*on, upon s.o.* jdn); ~ **to it** (*fam*) sich beeilen; ~ **to conclusions** voreilige Schlüsse ziehen **II.** *vt* **1.** (hinweg)springen über **2.** (*Buchseite*) überspringen **3.** (*fam*) sich stürzen auf; ~ **bail** seine Kaution verfallen lassen; ~ **ship** ohne Erlaubnis abheuern; ~ **the gun** (SPORT) Frühstart machen; (*fig*) vorher anfangen; ~ **the queue** sich vordrängeln; ~ **the rails** [*o* **track**] entgleisen **III.** *s* **1.** (*a.* SPORT) Sprung *m* **2.** Auffahren *nt,* Zuckung *f* **3.** (*Preise*) plötzliches Ansteigen **4.** (Gedanken)Sprung *m;* **the** ~**s** (*sl*) das große Flattern; **on the** ~ (*fam*) eifrig im Gange, sehr beschäftigt, zerfahren, nervös; **get** [*o* **have**] **the** ~ **on s.o.** (*sl*) jdm gegenüber im Vorteil sein; **long/high/triple** ~ (SPORT) Weit-/Hoch-/Dreisprung *m;* **jump about** *vi* herumhüpfen; **jump at** *vt* sich stürzen auf; (*Gelegenheit*) ergreifen; **jump down** *vi* hinab-, hinunter-, herunterspringen (*from* von); ~ **down s.o.'s throat** (*fam*) jdn anfahren, anschnauzen; **jump in** *vi* hineinspringen; **jump off** *vi* herabspringen; **jump on** *vi* **1.** aufspringen (*to* auf) **2.** anschnauzen; **jump out** *vi* hinausspringen; **jump up** *vi* auf-, hochspringen

jump cut *s* abrupter Szenenwechsel

jumped-up ['dʒʌmptʌp] *adj* (*fam*) eingebildet; hochnäsig

jumper ['dʒʌmpə(r)] *s* **1.** Springer *m* **2.** (*Br*) Pullover *m* **3.** (*Am*) Trägerkleid *nt;* **high** ~ Hochspringer(in) *m(f)*

jump·ing jack ['dʒʌmpɪŋ'dʒæk] *s* **1.** Hampelmann *m* **2.** Knallfrosch *m;* **jump·ing-off place** [ˌdʒʌmpɪŋ'ɒfpleɪs] *s* (*fig*) Ausgangspunkt *m;* (*Beruf*) Sprungbrett *nt;* (*Am*) abgelegener Ort

jump jet ['dʒʌmpdʒet] *s* (MIL) Senkrechtstarter *m;* **jump leads** ['dʒʌmpˌliːdz] *s pl* (AUTO) Starthilfekabel *nt;* **jump-off** [ˌdʒʌmp'ɒf] *s* (SPORT) Stechen *nt;* **jump seat** *s* Notsitz *m;* **jump-start** ['dʒʌmpstɑːt] *vt* (*Auto*) kurzschließen; **jump suit** *s* Overall *m*

jumpy ['dʒʌmpɪ] *adj* (*fam*) nervös; schreckhaft

junc·tion ['dʒʌŋkʃn] *s* **1.** Verbindung, Vereinigung *f* **2.** Schnittpunkt *m* **3.** (*road* ~) (Straßen)Kreuzung *f,* (Verkehrs)Knotenpunkt *m;* Treffpunkt *m* **4.** (RAIL) Eisenbahnknoten(punkt) *m* **5.** (ELEK) Anschlussstelle *f;* **junction box** *s* (ELEK) Verteiler-, Kabelkasten *m*

junc·ture ['dʒʌŋktʃə(r)] *s:* **at this** ~ bei dieser Lage der Dinge; in diesem Augenblick

June [dʒuːn] *s* Juni *m;* **in** ~ im Juni

jungle ['dʒʌŋgl] *s* Dschungel, Urwald *m*

jun·ior ['dʒuːnɪə(r)] **I.** *adj* **1.** jünger **2.** von geringerem Dienstalter; von niedrigerem Rang (*to* als) **3.** (*nach einem Namen*) junior **4.** (COM: *Hypothek*) nachrangig **II.** *s* **1.** Jüngere(r) *f m* **2.** Rangniedrigere(r) *f m* **3.** (*in den USA*) *Schüler(in), Student(in) im 3. Schul- bzw Studienjahr;* **be s.o.'s** ~ jünger als jd sein (*by two years* zwei Jahre); **junior college** *s* (*in den USA*) *College für die beiden ersten Studienjahre;* **junior high school** *s* (*in den USA*) *Schule, die das 8. und 9. Schuljahr umfasst;* **junior school** *s* (*in GB*) Grundschule *f*

ju·ni·per ['dʒuːnɪpə(r)] *s* Wacholder *m*

junk[1] [dʒʌŋk] **I.** *s* **1.** Abfall *m,* Gerümpel *nt* **2.** Ramsch, Schund *m* **3.** (*sl*) Rauschgift *nt,* Stoff *m;* Heroin *nt;* ~ **mail** (unerwünschte) Reklamesendung *f* **II.** *vt* (*fam*) ausrangieren, wegwerfen

J

junk² [dʒʌŋk] *s* Dschunke *f*
jun·ket ['dʒʌŋkɪt] *s* **1.** Sahnequark *m;* Dickmilch *f* **2.** (*~ing*) Bankett, Fest *nt* **3.** Exkursion *f* (*auf Staatskosten*)
junk bond *adj* Junkbond *m* (*niedrig eingestuftes Wertpapier mit hohen Ertragschancen bei erhöhtem Risiko*); **junk fax** [ˌdʒʌŋk'fæks] *s* Müllfax *nt;* **junk food** [ˌdʒʌŋk'fuːd] *s* minderwertige Kost
junkie ['dʒʌŋkɪ] *s* (*sl*) Rauschgiftsüchtige(r) *f m,* Junkie *m*
junk·pile, junk·yard ['dʒʌŋkpaɪl, 'dʒʌŋkjɑːd] *s* **1.** Schrottplatz *m* **2.** Autofriedhof *m;* **junk room** *s* Rumpelkammer *f;* **junk shop** *s* Trödelladen *m*
junta ['dʒʌntə, *Am* 'hʊntə] *s* (POL) (Militär)Junta *f*
ju·ridi·cal [dʒʊə'rɪdɪkl] *adj* gerichtlich; juristisch
ju·ris·dic·tion [ˌdʒʊərɪs'dɪkʃn] *s* **1.** Gerichtsbarkeit *f,* -bezirk *m* **2.** Zuständigkeit *f;* Gerichtsstand *m;* **come under the ~** unter die Zuständigkeit fallen (*of* von); **have ~ over** zuständig sein für
ju·ris·pru·dence [ˌdʒʊərɪs'pruːdns] *s* Rechtswissenschaft, Jurisprudenz *f;* **medical ~** Gerichtsmedizin *f*
jur·ist ['dʒʊərɪst] *s* Jurist(in) *m(f),* Rechtswissenschaftler(in) *m(f)*
juror ['dʒʊərə(r)] *s* **1.** Geschworene(r) *f m,* Schöffe *m,* Schöffin *f* **2.** Preisrichter(in) *m(f),* Jurymitglied *nt*
jury ['dʒʊərɪ] *s* **1.** Schwurgericht *nt* **2.** (die) Geschworenen, (die) Schöffen *mpl* **3.** Jury *f;* **trial by ~** Schwurgerichtsverhandlung *f;* **do ~ service** Schöffe *m,* Schöffin *f* sein; **jury·man** [-mən] <*pl* **-men**> *s* Geschworene(r) *m*
just¹ [dʒʌst] *adj* **1.** gerecht; redlich **2.** angemessen **3.** rechtmäßig; verdient **4.** berechtigt, begründet
just² [dʒʌst] *adv* **1.** genau, gerade **2.** gerade noch, mit knapper Not; gerade (so) eben **3.** nur (so), bloß **4.** mal **5.** (*fam*) ganz, recht, einfach, wirklich, eigentlich; **but ~, ~ now** eben erst, im Augenblick; gerade eben; **only ~** gerade noch; **~ about** beinahe; ungefähr; **~ as** ebenso, geradeso; **~ as well** auch gut; **~ then** gerade in diesem Augenblick; **that's ~ it!** das ist ja das Problem; ganz recht (so)!; **~ the same** (*fam*) macht nichts!; **~ a moment!** einen Augenblick bitte!; **~ in case** für alle Fälle; für den Fall, dass; **~ let me see!** lass doch bitte mal sehen!; **~ so** ganz richtig; genauso; **~ shut the door!** mach doch bitte die Tür zu!; **~ tell me!** sag doch mal!; **~ for that** nun gerade
jus·tice ['dʒʌstɪs] *s* **1.** Gerechtigkeit *f* **2.** Recht(swesen *nt,* -pflege *f*) *nt,* Gerichtsbarkeit *f* **3.** Richter(in) *m(f);* **administer** [*o* **dispense**] **~** Recht sprechen; **do s.o. ~** jdm Gerechtigkeit widerfahren lassen; **court of ~** Gericht(shof *m*) *nt;* **Justice of the Peace** Friedensrichter(in) *m(f)*
jus·ti·fi·able [ˌdʒʌstɪ'faɪəbl] *adj* zu rechtfertigen(d); vertretbar; **~ defence** Notwehr *f;* **jus·ti·fi·ca·tion** [ˌdʒʌstɪfɪ'keɪʃn] *s* Rechtfertigung *f;* **in ~** zur Rechtfertigung (*of* von); **jus·tify** ['dʒʌstɪfaɪ] *vt* **1.** (*a.* REL) begründen; rechtfertigen (*to* vor) **2.** (TYP) justieren; **be justified** Recht haben (*in doing s.th.* etw zu tun)
just·ly ['dʒʌstlɪ] *adv* verdientermaßen; gerechterweise
jut [dʒʌt] *vi* (*~ out, forth*) vorspringen, hervorstehen, -ragen
jute [dʒuːt] *s* Jute *f*
ju·ven·ile ['dʒuːvənaɪl] **I.** *adj* **1.** jugendlich, jung **2.** unreif **II.** *s* **1.** Jugendliche(r) *f m* **2.** (*~ book*) Jugendbuch *nt;* **juvenile court** *s* Jugendgericht *nt;* **juvenile delinquency** *s* Jugendkriminalität *f*
jux·ta·pose [ˌdʒʌkstə'pəʊz] *vt* nebeneinander stellen; **jux·ta·po·si·tion** [ˌdʒʌkstəpə'zɪʃn] *s* **1.** Nebeneinanderstellung *f* **2.** (MUS) Gegenüberstellung *f*

K

K, k [keɪ] <*pl* 's> *s* K, k *nt*
ka·jal (eye·liner) pen·cil [kəˌjel('aɪlaɪnəˌpensl)] *s* Kajalstift *m*
kale, kail [keɪl] *s* Grün-, Krauskohl *m*
ka·leido·scope [kə'laɪdəskəʊp] *s* (*a. fig*) Kaleidoskop *nt*
ka·mi·ka·ze [ˌkæmɪ'kɑːzɪ] *s* (HIST) Kamikaze(flieger) *m;* **kamikaze attack** *s* Kamikazeangriff *m*
Kam·puchea [ˌkæmpʊ'tʃɪə] *s* Kambodscha, Kamputschea *nt;* **Kam·puchean I.** *adj* kambodschanisch **II.** *s* **1.** (das) Kambodschanisch(e) **2.** Kambodschaner(in) *m(f)*
kan·ga·roo [ˌkæŋgə'ruː] <*pl* -roos> *s* **1.** Känguru *nt* **2.** (PARL: ~ *closure*) Schluss *m* der Debatte (*durch Überspringen von Anträgen*); **kangaroo court** *s* Femegericht *nt*
kao·lin ['keɪəlɪn] *s* Porzellanerde *f,* Kaolin *nt od m*
Ka·posi's sar·coma [kæ'pəʊzɪz sɑː'kəʊmə] *s* (MED) Kaposisarkom *nt*
ka·rate [kə'rɑːtɪ] *s* Karate *nt;* **karate chop** *s* Karateschlag *m*
kayak ['kaɪæk] *s* Kajak *m od nt;* **kayak·ing** [-ɪŋ] *s* Kajak fahren *nt*
KB [ˌkeɪ'biː] *s Abk. von* **kilobyte** KB, kByte *nt*
ke·bab [kə'bæb] *s* Kebab, Schaschlik *m*
keel [kiːl] *s* (MAR) Kiel *m;* **on an even ~** ohne zu schwanken; (*fig*) gleichmäßig, ruhig, *adv;* **keel over** *vi* kentern; (*fig*) umkippen; **keel·haul** ['kiːlˌhɔːl] *vt* (MAR) kielholen
keen [kiːn] *adj* **1.** (*Messer, Verstand*) scharf **2.** (*Wind*) schneidend **3.** (*Kälte*) durchdringend, streng **4.** (*Ton*) schrill **5.** (*Schmerz*) stechend, heftig **6.** (*Appetit*) stark, groß **7.** (*Interesse*) lebhaft, stark **8.** (*Wettstreit*) heftig **9.** (*Mensch*) stark interessiert (*on* an), erpicht (*on* auf) **10.** (*Preis*) günstig; **she is ~ on riding** sie ist eine leidenschaftliche Reiterin; **I am not very ~ on meeting him** ich bin nicht besonders scharf darauf, ihn kennen zu lernen
keep [kiːp] <*irr:* kept, kept> **I.** *vt* **1.** (be)halten **2.** (*Gesetz, Regeln*) einhalten, befolgen **3.** aufbewahren; für sich behalten **4.** unterhalten, versorgen **5.** (be)hüten **6.** (*Vieh*) halten **7.** (*Personal*) beschäftigen **8.** (*Waren, Tagebuch*) führen **9.** (*Fest*) feiern **10.** (*Hotel*) betreiben **11.** (*Zeitung*) halten **12.** (~ *waiting*) warten lassen **13.** (COM) vorrätig haben **14.** auf-, zurück-, festhalten; hindern, abhalten (*from* von) **15.** (*Versammlung*) abhalten, veranstalten **16.** verheimlichen, verschweigen (*from s.o.* jdm); **~ one's bed** das Bett hüten; **~ a close check on s.th.** etw scharf überwachen; **~ s.o. company** jdm Gesellschaft leisten; **~ under control** in Schranken halten; **~ cool** kühl aufbewahren; **~ (your) cool!** reg' dich nicht auf!; **~ goal** (SPORT) Torwart sein; **~ going** (*fig*) nicht einschlafen lassen; **~ one's head** die Ruhe bewahren; **~ hold of s.th.** etw festhalten; **~ early hours** früh (zu Bett) gehen; **~ house** haushalten; **~ in mind** im Auge behalten; sich merken; **~ a promise** ein Versprechen halten; **~ in (good) repair** in gutem Zustand (er)halten; **~ one's seat** sitzen bleiben; **~ a shop** einen Laden führen; **~ silence** Stillschweigen bewahren; **~ in suspense** in der Schwebe, im Ungewissen lassen; **~ one's temper** ruhig bleiben; **~ time** (*Uhr*) richtiggehen; Takt, Schritt halten; pünktlich sein; **~ track of s.th.** sich etw merken; **~ in view** (*fig*) im Auge behalten; **~ watch** aufpassen; **~ your hands off!** nehmen Sie Ihre Hände weg!; **~ your seat** bleiben Sie doch sitzen **II.** *vi* **1.** bleiben; fortfahren, weitermachen **2.** (*Lebensmittel*) sich halten **3.** sich befinden; (*Am fam*) sich aufhalten, wohnen; **~ doing s.th.** immer wieder etw tun; **~ talking!** reden Sie weiter!; **~ (to the) left** sich links halten; (AUTO) links fahren; **~ calm** [*o* **cool**] [*o* **quiet**] ruhig bleiben, still sein; **how is he ~ing?** wie geht es ihm?; **~ fit** fit bleiben; **that can ~** das kann warten; **~ smiling!** Kopf hoch! **III.** *s* **1.** (Lebens)Unterhalt *m;* Unterhaltskosten *pl* **2.** (HIST) Bergfried *m;* Burgverlies *nt;* **earn one's ~** den Lebensunterhalt verdienen; **for ~s** (*fam*) für immer; **keep ahead** *vi* vorne bleiben; **~ ahead of the others** in Führung, an der Spitze bleiben; **keep at** *vi* festhalten an; weitermachen mit; herumnörgeln an; **~ at it!** nicht aufgeben!; **keep away I.** *vi* wegbleiben **II.** *vt* fernhalten; **he can't ~ away from it** er kann die Finger nicht davon lassen; **keep back I.** *vi* zurückbleiben **II.** *vt* **1.** zurückhalten **2.** (*Geld*) zurückbehalten **3.** ver-

K

schweigen **4.** aufhalten; behindern; **keep down I.** *vt* **1.** unten lassen; (*Kopf*) einziehen **2.** (*Ausgaben*) einschränken; (*Steuern, Preise*) niedrig halten **3.** (*fig*) unterdrücken; bezähmen **4.** (*Essen*) bei sich behalten **II.** *vi* sich nicht aufrichten; **keep from I.** *vt* **1.** abhalten von; bewahren vor **2.** verschweigen **II.** *vi* sich fernhalten von; ~ **from doing s.th.** etw unterlassen, etw vermeiden; **keep in I.** *vt* **1.** zurückhalten, am Ausgehen hindern **2.** (*Feuer*) nicht ausgehen lassen **3.** (*Schüler*) nachsitzen lassen **4.** (*Kunden*) pflegen **5.** (*Gefühle*) zügeln **6.** (*Bauch*) einziehen **II.** *vi* **1.** nicht aus-, weggehen **2.** (*Feuer*) nicht ausgehen **3.** (*fam*) auf gutem Fuß stehen (*with* mit); **keep off I.** *vi* weg-, fernbleiben **II.** *vt* **1.** ab-, fernhalten **2.** (*Jacke*) auslassen; (*Hut*) abbehalten; ~ **off** (**the grass**)! Betreten (des Rasens) verboten!; **keep on I.** *vt* **1.** (*Hut*) aufbehalten **2.** (*Personen*) weiterbeschäftigen **3.** behalten **II.** *vi* **1.** fortfahren (*doing* zu tun) **2.** weitergehen, -fahren; ~ **on at s.o.** jdn nicht in Ruhe lassen; ~ **on about s.th.** dauernd von etw reden; ~ **on talking** weiterreden (*about* über); **keep out I.** *vt* **1.** nicht hereinlassen; abhalten **2.** fernhalten (*of* von) **II.** *vi* draußen bleiben; nicht betreten, sich fernhalten (*of* von); ~ **out!** Eintritt verboten!; **keep to I.** *vi* **1.** verbleiben bei **2.** sich halten an **3.** bleiben in **II.** *vt* sorgen für; ~ **o.s. to o.s.** für sich bleiben; **keep together I.** *vt* zusammenhalten; zusammenlassen **II.** *vi* zusammenbleiben; zusammenhalten; **keep under** *vt* **1.** unter Kontrolle behalten **2.** unterdrücken **3.** (MED) unter Narkose halten; **keep up I.** *vt* **1.** aufrecht halten; über Wasser halten **2.** fortfahren mit, weitermachen **3.** aufrechterhalten **4.** (*Geschäft*) fortführen **5.** (*Haus*) unterhalten; (*Straße*) in Stand halten **6.** nicht schlafen lassen **7.** auf dem Laufenden halten **II.** *vi* **1.** stehen bleiben; aufbleiben **2.** andauern; (*Wetter*) schön bleiben **3.** (*Preise*) sich behaupten **4.** ausharren; ~ **up with** Schritt halten mit; ~ **up appearances** den Schein wahren; ~ **up with the Jones's** hinter den Nachbarn nicht zurückbleiben; ~ **it up** so weitermachen; ~ **it up!** nur so weiter! nicht nachgeben!

keeper ['ki:pə(r)] *s* (Park)Wächter(in) *m(f)*; (Gefangenen-, Tier)Wärter(in) *m(f)*; Pfleger(in) *m(f)*; (*goal*~) Torwart *m*; (*shop*~) Ladeninhaber(in) *m(f)*

keep·ing ['ki:pɪŋ] *s* **1.** Einhalten, Befolgen *nt* **2.** Aufbewahrung *f*; Verwahrung *f* **3.** (COM: *Bücher*) Führung *f* **4.** (~ *of a motor vehicle*) Halten *nt* (eines Kraftfahrzeugs); **in** ~ **with** in Übereinstimmung, in Einklang mit; **for safe** ~ zur sicheren Aufbewahrung; ~ **house** Haushaltsführung *f*

keep·sake ['ki:pseɪk] *s* Andenken *nt*, Erinnerung *f* (*an den Geber*); **as** [*o* **for**] **a** ~ als Andenken

keg [keg] *s* Fässchen *nt*; **keg beer** *s* (*Br*) Bier vom Fass, Fassbier *nt*

kelp [kelp] *s* (See)Tang *m*

ken [ken] *s*: **beyond** [*o* **outside**] **our** ~ außerhalb unserer Kenntnis *f*

ken·nel ['kenl] **I.** *s* **1.** Hundehütte *f* **2.** ~**s** Hundezwinger *m*; Hundezucht *f*; Hundeheim *nt* **II.** *vt* in Pflege geben, in ein Hundeheim bringen

Ken·ya ['kenjə] *s* Kenia *nt*; **Ken·yan** ['kenjən] **I.** *adj* kenianisch **II.** *s* Kenianer(in) *m(f)*

kept [kept] **I.** *pt, pp of* **keep II.** *adj*: ~ **woman** Mätresse *f*; **she's a** ~ **woman** (*fam*) sie lässt sich aushalten

kerb [kɜ:b] *s* Bordkante *f*; **kerb drill** *s* (*Br*) Verkehrserziehung *f*; **kerb·stone** ['kɜ:bstəʊn] *s* Bordstein *m*

ker·chief ['kɜ:tʃɪf] *s* Hals-, Kopftuch *nt*

ker·fuf·fle [kə'fʌfl] *s* (*Br fam*) Durcheinander *nt*; Aufruhr *f*; Unruhe *f*

ker·nel ['kɜ:nl] *s* Kern *m*; (*fig*) Kernpunkt *m*, Hauptsache *f*

kero·sene ['kerəsi:n] *s* Kerosin *nt*

kes·trel ['kestrəl] *s* Turmfalke *m*

ketch [ketʃ] *s* (MAR) Ketsch *f*

ketch·up ['ketʃəp] *s* Ketschup *m od nt*

kettle ['ketl] *s* Kessel *m*; **put the** ~ **on** Wasser aufstellen, -setzen; **a pretty** ~ **of fish!** eine schöne Bescherung!; **kettle·drum** ['ketldrʌm] *s* (MUS) Kesselpauke *f*

key [ki:] **I.** *s* **1.** Schlüssel *m* **2.** (*fig*) Lösung *f* (*of* für) **3.** (*von Klavier, Schreibmaschine*) Taste *f* **4.** (*Blasinstrument*) Klappe *f* **5.** (MUS) Tonart *f* **6.** Ausdrucksweise *f* **7.** Zeichenerklärung *f*; **the** ~ **to the mystery** des Rätsels Lösung; **sing off** ~ falsch singen **II.** *adj attr* Schlüssel-, wichtigste(r, s); ~ **account** Hauptklient *m*, Hauptkunde *m*; ~ **industry** Schlüsselindustrie *f*; ~ **man** Schlüsselfigur *f*; ~ **point** springender Punkt; ~ **position** Schlüsselposition, -stellung *f*; ~ **role** Schlüsselrolle *f* **III.** *vt* **1.** (*fig*) abstimmen **2.** (TYP) eintasten; **key in** *vt* (*Text, Daten*) eingeben, eintasten; **key up** *vt* aufregen; **be** ~**ed up** aufgedreht sein; ~ **s.o. up for s.th.** jdn auf etw einstimmen

key·board ['ki:bɔ:d] **I.** *s* Klaviatur *f*; Manual *nt*; Tastatur *f* **II.** *vt* (INFORM: *Information*) eingeben; (TYP) setzen; **key·bo·ard·ing** [-ɪŋ] *s* Texteingabe *f*; **keyboard instrument** *s* Tasteninstrument *nt*; **key-**

board operator *s* Texterfasser(in) *m(f),* Datentypist(in) *m(f);* **key factor** *s* Schlüsselfaktor *m;* **key·hole** ['kiːhəʊl] *s* Schlüsselloch *nt;* **keyhole surgery** *s* (MED) Minimalinvasive Chirurgie (MIC) *f;* **key industry** *s* Schlüsselindustrie *f;* **keyless entry system** *s Türschloss, das man ohne einen Schlüssel öffnen kann;* **key money** *s* Kaution *f;* **key·note** ['kiːnəʊt] **I.** *s* **1.** (MUS) Grundton *m* **2.** (*fig*) Grundgedanke *m* **II.** *vt* das Programm festlegen für; nachdrücklich betonen; in den Mittelpunkt stellen; **keynote address**, **keynote speech** *s* (POL) programmatische Rede; Grundsatzreferat *nt;* **key·noter** ['kiːnəʊtə(r)] *s* (POL) Programmatiker *m;* **key·pad** ['kiːpæd] *s* Tastenfeld *nt;* **key personnel**, **key staff** *s* leitende Angestellte *pl;* **key post** *s* Schlüsselstellung, -position *f;* **key punch** *s* Tastenlocher *m;* **key ring** *s* Schlüsselring, -bund *m;* **key signature** *s* (MUS) Tonartbezeichnung *f;* **key·stone** ['kiːstəʊn] *s* **1.** (ARCH) Schlussstein *m* **2.** (*fig*) Grundlage *f,* -gedanke *m;* **key stroke** *s* Anschlag *m;* **key word** *s* Schlüsselwort *nt*

khaki ['kɑːkɪ] *adj* khakifarben

kib·butz [kɪ'bʊts, *pl* kɪbʊ'tsiːm] <*pl* -butzim> *s* Kibbuz *m*

kick [kɪk] **I.** *vt* **1.** treten, mit dem Fuß stoßen **2.** (*Fußball*) kicken; (*Tor*) schießen; **I could have ~ed myself** (*fam*) ich hätte mich selber in den Hintern treten können; **~ a habit** (*sl*) es aufgeben; **~ heroin** (*sl*) vom Heroin runterkommen **II.** *vi* **1.** (*mit den Füßen*) strampeln; treten **2.** (*Pferd*) ausschlagen **3.** (*Feuerwaffe*) zurückschlagen **4.** (*Ball*) hochfliegen **III.** *s* **1.** (Fuß)Tritt, Stoß *m* **2.** (*Fußball*) Schuss *m* **3.** (*Feuerwaffe*) Rückstoß *m* **4.** (*fam*) Schwung *m* **5.** (*fam*) Spaß, Jux *m;* **get a big ~ out of s.th.** viel Spaß an etw haben; **do s.th. for ~s** etw zum Spaß tun; **live for ~s** nur zu seinem Vergnügen leben; **kick about**, **kick around** **I.** *vt* (*fam*) **1.** schlecht behandeln **2.** (*Ball*) herumkicken **II.** *vi* herumbummeln; herumliegen; **kick against** *vi* treten gegen; sich wehren gegen; **kick at** *vi* treten gegen; **kick away** *vt* wegstoßen; **kick back** **I.** *vi* (*fam*) **1.** zurückschlagen **2.** zurückprallen **II.** *vt* wegstrampeln; zurückschießen; **kick downstairs** *vt* die Treppe hinunterwerfen; **kick in** *vt* einstoßen, -treten; **~ s.o.'s teeth in** jdm die Zähne einschlagen; **kick off** **I.** *vt* wegschleudern **II.** *vi* **1.** (*Fußball*) anspielen **2.** (*fam*) beginnen; **kick out** **I.** *vt* (*fam*) **1.** rauswerfen, -schmeißen **2.** (*Fußball*) ins Aus schießen **II.** *vi* ausschlagen; um sich treten; **kick over** *vi:* **~ over the traces** über die Stränge schlagen; **kick up** *vt* hochschleudern; **~ up a fuss** [*o* **row**] [*o* **shindy**] [*o* **stink**] (*fig*) Krach schlagen; **kick upstairs** *vt* (durch Beförderung) kaltstellen

kick-ass *adj* (*Am: sl*) super, ausgezeichnet

kick·back ['kɪkbæk] *s* (*fam*) Schmiergelder *ntpl,* Nebeneinnahme *f;* Auswirkung *f*

kick·board (**scooter**) ['kɪkbɔːd] *s* Kickboard *nt,* Kickboard-Roller *m*

kick·down ['kɪkdaʊn] *s* (AUTO) Kickdown *m*

kick·er ['kɪkə(r)] *s* **1.** Fußballspieler, Kicker *m* **2.** Schläger *m* (*Pferd*)*;* **kick-off** ['kɪkɒf] *s* **1.** (*Fußball*) Anstoß *m,* Anspiel *nt* **2.** (*fig*) Anlass *m* **3.** (*fam*) Anfang *m;* **for a ~** zunächst (einmal)

kick-starter *s* (AUTO) Kickstarter *m*

kick·turn ['kɪktɜːn] *s* (*Skilaufen*) Kehre *f*

kid [kɪd] **I.** *s* **1.** Zicklein, Kitz *nt;* (*~skin*) Ziegenleder *nt* **2.** (*fam*) Kind *nt;* **when you were a ~** als du klein warst; **that's ~'s stuff** das ist etwas für kleine Kinder; das ist kinderleicht; **listen ~** hör mal zu, Kleiner; **you are some ~** du bist toll **II.** *vi* (*fam*) Spaß machen **III.** *vt* (*fam: ~ on*) verulken; **don't ~ yourself** mach dir doch nichts vor **IV.** *adj attr* jünger, kleiner; **~ sister/brother** jüngere Schwester/jüngerer Bruder; **kid·ding** *s* (*fam*): **no ~!** ehrlich! kein Witz!; **kid·dy** ['kɪdɪ] *s* (*fam*) Kind *nt;* Kleine(r) *f m*

kid glove ['kɪdglʌv] *s* Glacéhandschuh *m;* **handle with ~s** (*fig*) mit Glacéhandschuhen anfassen

kid·nap ['kɪdnæp] *vt* entführen; **kid·nap·per** ['kɪdnæpə(r)] *s* Kidnapper(in) *m(f),* Entführer(in) *m(f);* **kid·nap·ping** [-ɪŋ] *s* Entführung *f*

kid·ney ['kɪdnɪ] *s* **1.** (ANAT) Niere *f* **2.** (*fig*) Veranlagung *f;* **of the right ~** vom rechten Schlag; **kidney bean** *s* Feuerbohne *f,* Kidneybohne *f;* **kidney dish** *s* Nierenschale *f;* **kidney donor** *s* Nierenspender(in) *m(f);* **kidney failure** *s* Nierenversagen *nt;* **kidney machine** *s* künstliche Niere; **kid·ney-shaped** ['kɪdnɪʃeɪpt] *adj* nierenförmig; **kidney stone** *s* (MED) Nierenstein *m*

kid·ol·ogy [kɪ'dɒlədʒɪ] *s* (*fam*) Bluff *m,* Bluffen *nt*

kill [kɪl] **I.** *vt* **1.** töten; totschlagen, umbringen, erschlagen **2.** schlachten; erlegen **3.** vernichten, zerstören, ruinieren **4.** vereiteln **5.** widerrufen, für ungültig erklären; (*fam*) unter den Tisch fallen lassen **6.** (*Gesetzesvorlage*) zu Fall bringen **7.** (*Motor*) abwürgen; (*Maschine*) anhalten, zum Stehen bringen; (ELEK) ausschalten **8.** (*Fußball*) stoppen **9.** erdrücken; um seine Wirkung bringen; **be ~ed in action** (MIL) im

K

Kampf fallen; ~ **two birds with one stone** (*fig*) zwei Fliegen mit einer Klappe schlagen; ~ **with kindness** vor Liebe umbringen (wollen); ~ **time** die Zeit totschlagen; **my feet are ~ing me** meine Füße tun mir (wahnsinnig) weh **II.** *vi* **1.** töten; den Tod herbeiführen **2.** (*fam*) einen tollen Eindruck machen; **be dressed to** ~ toll gekleidet sein; **thou shalt not** ~ du sollst nicht töten **III.** *s* **1.** Tötung *f* **2.** (Jagd)Beute *f* **3.** (MIL: *Schiff*) Versenkung *f;* (*Flugzeug, Rakete*) Abschuss *m;* **be in at the** ~ (*fig*) am Schluss dabei sein; **kill off** *vt* vernichten; ausrotten; abschlachten; **killer** ['kɪlə(r)] *s* **1.** Mörder(in) *m(f)* **2. he's a lady** ~ (*sl*) er ist ein Frauenheld; **it's a real** ~ (*fam*) das ist der glatte Mord; **killer cell** *s* (PHYSIOL) Killerzelle *f;* **killer disease** *s* mörderische Krankheit *f;* **killer fog** *s* lebensgefährlicher Nebel; **killer instinct** *s* Tötungsinstinkt *m;* **killer whale** *s* Schwertwal *m;* **kill·ing** ['kɪlɪŋ] **I.** *adj* **1.** tödlich **2.** mörderisch; ermüdend **3.** (*fam*) wahnsinnig komisch **II.** *s* **1.** Töten *nt;* Mord *m* **2.** (*Tiere*) Abschlachten *nt;* Erlegen *nt;* **make a** ~ (*fam*) auf einmal viel verdienen; einen Reibach machen; **kill·joy** ['kɪldʒɔɪ] *s* Spielverderber(in) *m(f)*

kiln ['kɪln] *s* (TECH) (Brenn)Ofen *m;* Röstofen *m;* Trockenofen *m;* Darre *f*

kilo ['kiːləʊ] <*pl* **kilos**> *s* Kilo(gramm) *nt;* **kilo·byte** ['kɪləbaɪt] *s* Kilobyte *nt;* **kilo-cycle** ['kɪləsaɪkl] *s* Kilohertz *nt;* **kilo·gram** *s* (*Am*), **kilo·gramme** ['kɪləgræm] *s* Kilogramm *nt;* **kilo·joule** ['kɪlədʒuːl] *s* Kilojoule *nt;* **kilo·meter** *s* (*Am*), **kilo·metre** ['kɪləmiːtə(r)] *s* Kilometer *m;* **kilo·watt** ['kɪləwɒt] *s* Kilowatt *nt;* **kilowatt hour** *s* Kilowattstunde *f*

kilt [kɪlt] *s* Kilt, Schottenrock *m*

ki·mo·no [kɪ'məʊnəʊ] *s* Kimono *m*

kin [kɪn] *s* Verwandtschaft *f;* **the next of** ~ die nächsten Angehörigen *pl*

kind[1] [kaɪnd] *s* **1.** Art, Gattung *f* **2.** Sorte, Klasse *f;* **a** ~ **of** eine Art (von); ~ **of** (*fam*) irgendwie; gewissermaßen, sozusagen; **the same** ~ von derselben Sorte; **in** ~ in gleicher, auf gleiche Weise; (COM) in natura; **payment in** ~ Natural-, Sachleistung *f;* **what** ~ **of ...?** was für ein(e) ...?; **I am not that** ~ **of person** so bin ich nicht; **they are two of a** ~ sie sind vom gleichen Schlag; **this** ~ **of thing** so etwas; **something of the** ~ so etwas Ähnliches; **it was** ~ **of funny** es war irgendwie witzig

kind[2] [kaɪnd] *adj* freundlich, nett, entgegenkommend (*to s.o.* jdm gegenüber); **with** ~ **regards** mit freundlichen Grüßen; **would you be so** ~ **as to ...?** wären Sie so freundlich und würden ...?

kin·der·gar·ten ['kɪndəgaːtn] *s* Kindergarten *m*

kind-hearted [ˌkaɪnd'haːtɪd] *adj* gutmütig, gütig

kindle ['kɪndl] **I.** *vt* **1.** anstecken, anzünden **2.** (*fig*) erwecken, erregen **II.** *vi* Feuer fangen, sich entzünden; aufleuchten (*with* vor); **kind·ling** ['kɪndlɪŋ] *s* Anmachholz *nt*

kind·ly ['kaɪndlɪ] **I.** *adj* **1.** gütig, freundlich **2.** gefällig, entgegenkommend, nett, liebenswürdig **II.** *adv* liebenswürdigerweise; gefälligst; ~ **put it back** bitte seien Sie so freundlich und stellen Sie es zurück; **take** ~ **to s.o.** jdn lieb gewinnen; **kind·ness** ['kaɪndnɪs] *s* **1.** Güte, Freundlichkeit, Liebenswürdigkeit *f* **2.** Gefälligkeit *f*

kin·dred ['kɪndrɪd] **I.** *s* (Bluts)Verwandtschaft *f;* Verwandte *pl* **II.** *adj* verwandt, ähnlich; ~ **spirit** Gleichgesinnte(r) *f m*

kin·etic [kɪ'netɪk] **I.** *adj* kinetisch **II.** *s pl mit sing* Kinetik *f*

kin·folk ['kɪnfəʊk] *s pl* Verwandte *pl*

king [kɪŋ] *s* **1.** König *m* **2.** (*Damespiel*) Dame *f;* **king·cup** ['kɪŋkʌp] *s* **1.** Hahnenfuß *m* **2.** (Sumpf)Dotterblume *f;* **king·dom** ['kɪŋdəm] *s* (König)Reich *nt;* **the animal/vegetable/mineral** ~ das Tier-/das Pflanzen-/das Mineralreich; ~ **of heaven** Himmelreich *nt;* **the United Kingdom** das Vereinigte Königreich; **king·fisher** ['kɪŋˌfɪʃə(r)] *s* Eisvogel *m;* **king·ly** ['kɪŋlɪ] *adj, adv* königlich; **king·pin** ['kɪŋpɪn] *s* **1.** (TECH) Drehzapfen *m;* (AUTO) Achsschenkelbolzen *m* **2.** (*fig*) Hauptperson, -sache *f;* **King's Bench** *s* (JUR) Erste Kammer *f* des High Court; **king-size** ['kɪŋsaɪz] *adj* (*fam*) besonders groß; (*Zigarette*) Kingsize-

kink [kɪŋk] *s* **1.** Knoten *m,* Schleife *f* **2.** Kräuselung *f;* (*Haar*) Welle *f* **3.** (*fig*) Schrulle *f,* Spleen *m;* **kinky** ['kɪŋkɪ] *adj* **1.** (*Haar*) wellig **2.** (*sl*) verrückt **3.** abartig, pervers

kins·folk ['kɪnzfəʊk] *s pl* Verwandte *pl;* **kin·ship** ['kɪnʃɪp] *s* Verwandtschaft *f;* **kins·man** ['kɪnzmən] <*pl* **-men**> *s* Verwandte(r) *m;* **kins·woman** ['kɪnzwʊmən, *pl* -wɪmɪn] <*pl* **-women**> *s* Verwandte *f*

kiosk ['kiːɒsk] *s* Kiosk *m,* Bude *f;* **telephone** ~ (*Br*) Telefonzelle *f*

kip [kɪp] **I.** *s* (*fam*) Schläfchen *nt;* **get some** ~ (*fam*) eine Runde pennen **II.** *vi* (~ *down*) schlafen

kip·per ['kɪpə(r)] *s* Räucherhering *m*

kirk [kɜːk] *s* (*schottisch*) Kirche *f*

kis·met ['kɪzmet] *s no pl* Kismet *nt* (*gottergeben hinzunehmendes Schicksal im Islam*)

kiss [kɪs] **I.** *vi* (sich) küssen **II.** *vt* **1.** küssen **2.** leicht berühren **III.** *s* Kuss *m;* ~ **of death** Todesstoß *m;* ~ **of life** Mund-zu-Mund-Beatmung *f;* **kisser** ['kɪsə(r)] *s* (*vulg*) Fresse *f;* **kiss-off** ['kɪsɒf] *s* (*Am sl*) Abfuhr *f;* **kiss-proof** *adj* kussecht

kit [kɪt] **I.** *s* **1.** Ausrüstung *f* **2.** Handwerkszeug *nt* **3.** (*fam*) Satz *m,* Kollektion *f* **4.** Gepäck *nt* **II.** *vt* (~ *up, out*) ausrüsten, ausstaffieren; **kit·bag** *s* (MIL MAR) (See)Sack *m*

kitch·en ['kɪtʃɪn] *s* Küche *f;* **kitch·en·et(te)** [ˌkɪtʃɪ'net] *s* Kochnische *f;* **kitchen foil** *s* Haushalts-, Alufolie *f;* **kitchen-garden** *s* Gemüsegarten *m;* **kitchen knife** *s* Küchenmesser *nt;* **kitchen-maid** ['kɪtʃɪnmeɪd] *s* Küchenmädchen *nt;* **kitchen range** *s* Küchen-, Kochherd *m;* **kitchen scissors** *s pl* Küchenschere *f;* **kitchen sink** *s* Spüle *f,* Ausguss *m;* **he arrived here with everything but the** ~ er kam mit Sack und Pack an; **kitchen table** *s* Küchentisch *m;* **kitchen towel** *s* Küchentuch *nt;* **kitchen unit** *s* Küchenschrank

kite [kaɪt] *s* **1.** (*Vogel*) Milan *m* **2.** (Papier)Drachen *m* **3.** (FIN) Kellerwechsel *m;* **fly a** ~ einen Drachen, *fig* einen Versuchsballon steigen lassen, einen Gefälligkeitswechsel ziehen; **kite mark** *s* (*Br*) (*dreieckiges*) *Gütezeichen*

kith [kɪθ] *s:* ~ **and kin** Blutsverwandte *pl;* **with** ~ **and kin** mit Kind und Kegel

kitsch [kɪtʃ] *s* Kitsch *m;* **kitsch(y)** [-ɪ] *adj* kitschig

kit·ten ['kɪtn] *s* Kätzchen *nt;* **have ~s** (*fig fam*) Junge, Zustände kriegen; **kit·ten·ish** [-ɪʃ] *adj* verspielt

kitty ['kɪtɪ] *s* **1.** Kätzchen *nt* **2.** gemeinsame Kasse

kiwi ['kiːwiː] *s* **1.** (*Vogel*) Kiwi *m* **2.** (*Frucht*) Kiwi *f*

KKK [ˌkeɪkeɪ'keɪ] *s Abk. von* **Ku Klux Klan** Ku-Klux-Klan *m*

klaxon ['klæksn] *s* Hupe *f*

Kleen·ex® ['kliːneks] *s* Tempotaschentuch® *nt*

klep·to·mania [ˌkleptə'meɪnɪə] *s* Kleptomanie *f;* **klep·to·maniac** [ˌkleptə'meɪnɪæk] **I.** *s* Kleptomane *m,* Kleptomanin *f* **II.** *adj* kleptomanisch

knack [næk] *s* **1.** Kniff, Trick, Kunstgriff *m* **2.** Geschicklichkeit, Fertigkeit *f* (*at, of* in); **have the** ~ **of it** (*fam*) den Bogen raushaben; **there's a** ~ **in it** man muss den Dreh kennen

knacker ['nækə(r)] *s* (*Br*) **1.** Abdecker *m* **2.** Abbruchunternehmen *nt*

knackered ['nækəd] *adj* (*sl*) geschafft, todmüde

knap·sack ['næpsæk] *s* Rucksack *m;* (MIL) Tornister *m*

knead [niːd] *vt* **1.** kneten **2.** massieren

knee [niː] **I.** *s* **1.** Knie *nt* **2.** (TECH) Kniestück, -rohr *nt;* **bring s.o. to his ~s** jdn in die Knie zwingen; **go on one's ~s** kniefällig bitten; **on one's ~s** auf den Knien; (*fig*) kniefällig; ~ **jerk** (**reflex**) (MED) Kniesehnenreflex *m;* **~-jerk reaction** (*fig pej*) spontane (Abwehr)Reaktion **II.** *vt* mit dem Knie stoßen; **knee breeches** *s pl* Kniehose *f;* **knee·cap** ['niːˌkæp] *s* **1.** (ANAT) Kniescheibe *f* **2.** Knieschützer *m;* **knee-cap·ping** [-ɪŋ] *s* Knieschuss *m;* **knee-deep, knee-high** [ˌniː'diːp, ˌniː'haɪ] *adj* knietief; **knee-joint** *s* Kniegelenk *nt*

kneel [niːl] <*irr:* **knelt, knelt**> *vi* (~ *down*) (nieder)knien (*to* vor)

knees-up ['niːzʌp] *s* (*fam*) Tanzparty *f*

knell [nel] *s* Totenglocke *f*

knelt [nelt] *s.* **kneel**

knew [njuː] *s.* **know**

knicker·bock·ers ['nɪkəbɒkəz] *s pl* Knickerbocker *pl*

knickers ['nɪkəz] **I.** *s pl* (Damen)Schlüpfer *m;* **get one's** ~ **in a twist** verärgert, aufgeregt werden **II.** *interj* (*sl*) verflixt! Quatsch!

knick-knack ['nɪknæk] *s* **1.** Kleinigkeit *f* **2.** Nippsache *f*

knife [naɪf, *pl* naɪvz] <*pl* **knives**> **I.** *s* (*a.* TECH) Messer *nt;* **knives and forks** Besteck *nt;* **get one's** ~ **into s.o.** (*fig*) jdn nicht ausstehen können; **go under the** ~ unters Messer kommen **II.** *vt* stechen; erdolchen; **knife edge** *s* (*a.* TECH) (Messer)Schneide *f;* **on a** ~ (*fig*) auf Messers Schneide; **knife-point** ['naɪfpɔɪnt] *s no pl:* **at** ~ mit vorgehaltenem Messer; **knife sharpener** *s* Messerschärfer *m;* **knif·ing** ['naɪfɪŋ] *s* Messerstecherei *f*

knight [naɪt] **I.** *s* **1.** Ritter *m* **2.** (*Schach*) Springer *m* **II.** *vt* zum Ritter schlagen; **knight-errant** [ˌnaɪt'erənt] <*pl* **knights-errant**> *s* fahrender Ritter; **knight·hood** ['naɪthʊd] *s* **1.** Ritterwürde *f,* -stand *m* **2.** Rittertum *nt;* **knight·ly** ['naɪtlɪ] *adj* ritterlich

knit [nɪt] <*irr:* **knit (knitted), knit (knitted)**> **I.** *vt* **1.** stricken **2.** (*fig*) (miteinander) verknüpfen, verbinden, zusammenfügen; ~ **one, purl one** eins rechts, eins links; ~ **one's brow** die Stirn runzeln **II.** *vi* **1.** stricken **2.** zusammenwachsen; **knit together** *vt* zusammenstricken; (miteinander) verbinden; **knit up I.** *vt* stricken; (*fig*) eng verbinden **II.** *vi* (*Knochen*) zusammenwachsen; **knit·ter** ['nɪtə(r)] *s* **1.** Stricker(in) *m(f)* **2.** Strickmaschine *f;*

K

knit·ting [-ɪŋ] *s* Strickarbeit *f,* -zeug *nt;* Stricken *nt;* **knitting-needle** *s* Stricknadel *f;* **knitting yarn** *s* Strickgarn *nt;* **knit-wear** ['nɪtweə(r)] *s* Strickwaren *fpl,* Strickkleidung *f*

knob [nɒb] *s* **1.** Schwellung, Beule *f* **2.** (Griff)Knopf *m;* Knauf *m* **3.** rundes Stück **4.** (*sl*) Kopf *m;* **with ~s on** (*sl*) allerdings!; **knob·bly** ['nɒblɪ] *adj* **1.** knorrig **2.** knopfartig, rund; **knob·by** ['nɒbɪ] *adj* knorrig

knock [nɒk] **I.** *vi* **1.** schlagen, stoßen, prallen (*on, against* gegen) **2.** klopfen, pochen (*at* an) **3.** (AUTO) klopfen **II.** *vt* **1.** schlagen, stoßen, treffen **2.** umstoßen **3.** überraschen; stark beeindrucken **4.** (*fam*) meckern über, heruntermachen; **that ~s you sideways** (*fam*) das haut dich um **III.** *s* **1.** Schlag, Stoß *m* **2.** (An)Klopfen, Pochen *nt* (*at the door* an der Tür) **3.** (AUTO) Klopfen *nt* **4.** (*fam*) Tiefschlag *m;* Kritik *f;* **take a ~** (*fam*) einen Tiefschlag erleben; erschüttert werden; einen schweren finanziellen Verlust erleiden; **knock about, knock around I.** *vi* sich herumtreiben, -reisen (*with s.o.* mit jdm), herumliegen **II.** *vt* herumstoßen, misshandeln; verprügeln; ramponieren; **knock back** *vt* (*fam*) **1.** (*Getränk*) hinunterstürzen **2.** kosten **3.** überraschen, erschüttern **4.** zurückweisen; **knock down** *vt* **1.** umstoßen, -werfen **2.** zu Boden werfen; umfahren **3.** (*Gebäude*) abbrechen **4.** (*Auktion*) zuschlagen (*to s.o.* jdm) **5.** (*im Preis*) herabsetzen; (*Person*) herunterhandeln **6.** (*Möbel, Maschine*) zerlegen; **knock into** *vt* **1.** einbläuen (*s.o.* jdm) **2.** unerwartet treffen; **~ into shape** in Form bringen; **knock off I.** *vi* (*fam*) Schluss, Feierabend machen (*with one's work* mit der Arbeit) **II.** *vt* **1.** weg-, abschlagen **2.** (*Arbeit*) einstellen **3.** (*fam*) hinhauen, rasch erledigen **4.** (*von einem Preis*) ablassen; herunterhandeln; abziehen **5.** (*sl*) stehlen **6.** (*sl: Menschen*) erledigen; **knock out** *vt* **1.** (*Pfeife*) ausklopfen **2.** (*Boxen*) k.o.-schlagen **3.** (*fam*) fertig machen **4.** (*fam*) verblüffen; schocken **5.** eliminieren; **knock over** *vt* **1.** umwerfen **2.** umfahren; überfahren; **knock together I.** *vi* aneinander stoßen **II.** *vt* **1.** aneinander schlagen **2.** (*fam: Arbeit*) schnell hinhauen; **~ people's heads together** die Leute zur Vernunft bringen; **knock up I.** *vi* **1.** (*Br:* SPORT) sich einspielen **2.** (*Am sl*) bumsen **II.** *vt* **1.** hochschlagen **2.** rasch bauen; zusammenzimmern **3.** (*Essen*) rasch zubereiten **4.** (*Br*) wecken **5.** (*Br sl*) fertig machen **6.** (*sl*) ein Kind anhängen (*a woman* einer Frau)

knock-about ['nɒkəbaʊt] *adj* **1.** (*Kleidung*) strapazierfähig **2.** lärmend; derb, rau; **~ comedy** Klamaukstück *nt;* **knock-down** ['nɒkdaʊn] **I.** *adj* **1.** (*fig*) niederschmetternd **2.** (*Preis*) Schleuder-, äußerst niedrig **II.** *s* (*Boxen*) Niederschlag *m;* **knocker** ['nɒkə(r)] *s* **1.** Türklopfer *m* **2.** (*fam*) Meckerer, Nörgler, Miesmacher *m;* **knock·ing copy** [ˌnɒkɪŋ'kɒpɪ] *s herabsetzender Werbetext;* **knocking-off time** *s* Feierabend *m;* **knock-kneed** [ˌnɒk'niːd] *adj* x-beinig; **knock-on effect** *s* Folge-, Anstoßwirkung *f;* **knock-out** ['nɒkaʊt] **I.** *adj* (*Schlag*) K.o.- **II.** *s* **1.** (*~ blow*) K.o.-Schlag *m* **2.** (*fig*) vernichtende Niederlage **3.** (*sl*) Pfundskerl *m,* -weib *nt* **4.** Ausscheidung(srunde) *f;* **knock-up** ['nɒkʌp] *s* (*Br:* SPORT) Trainingsspiel *nt*

knoll [nəʊl] *s* Hügel *m*

knot [nɒt] **I.** *s* **1.** Knoten *m;* Schleife *f* **2.** Gruppe *f* **3.** (*fig*) einigendes Band **4.** Knorren, Ast *m* (*im Holz*) **5.** (MAR) Knoten *m* (*1,853 km/h*)*;* **cut the ~** (*fig*) den Knoten durchhauen; **stand about in ~s** in Gruppen herumstehen; **tie the ~** den Bund der Ehe eingehen; **tie o.s.** (**up**) **in** [*o* **get into**] **~s** in Schwierigkeiten geraten **II.** *vt* **1.** (einen) Knoten machen in; verknoten, verschnüren **2.** miteinander verknüpfen; **get ~ted!** lass mich in Ruh(e)! **III.** *vi* sich verknoten; sich verwirren; **knotty** ['nɒtɪ] *adj* **1.** knotig, knorrig **2.** (*fig*) verwickelt, schwierig

know [nəʊ] <*irr:* knew, known> **I.** *vt* **1.** wissen, kennen **2.** sich auskennen in, vertraut sein mit; verstehen (*how to do* zu tun), können **3.** erkennen; erfahren **4.** kennen lernen; unterscheiden (*from* von); **be known** bekannt sein (*to s.o.* jdm, *as* als); **come to ~** in Erfahrung bringen; **come to be known** bekannt werden; **let s.o. ~** jdn wissen lassen, jdm Bescheid geben; **make o.s. known** sich bekannt machen; **~ one's own business** [*o* **onions**] (*fam*) Bescheid wissen; **~ how to do s.th.** etw können **II.** *vi* **1.** wissen (*about, of s.th.* über, von etw) **2.** verstehen (*about* von); **~ better** es besser wissen; **not that I ~ of** nicht, dass ich wüßte; **he wouldn't ~** er ist dafür nicht zuständig **III.** *s:* **be in the ~** im Bilde sein

know-all ['nəʊɔːl] *s* Besserwisser(in) *m(f);* **know-how** ['nəʊhaʊ] *s* Erfahrung *f,* (Fach)Wissen, Können, Know-how *nt;* **know·ing** ['nəʊɪŋ] *adj* **1.** informiert, unterrichtet **2.** wissend; klug, einsichtig **3.** schlau; verständnisvoll; **there's no ~** man kann nie wissen; **know·ing·ly** [-lɪ] *adv* **1.** mit Bewusstsein, bewusst; absichtlich; wissentlich **2.** (*Lächeln*) wissend;

know-it-all ['nəʊɪtɔːl] *s* (*Am*) Besserwisser(in) *m(f)*

knowl·edge ['nɒlɪdʒ] *s* **1.** Kenntnis *f* (*of* von) **2.** Wissen *nt;* Kenntnisse *fpl* **3.** Bekanntschaft, Vertrautheit *f* (*of* mit) **4.** Verständnis *nt;* **to** (**the best of**) **my** ~ soviel ich weiß; **to the best of my ~ and belief** nach bestem Wissen und Gewissen; **without my** ~ ohne mein Wissen; **working** ~ praktisch verwertbare Grundkenntnisse *fpl;* **knowl·edge·able** [-əbl] *adj* kenntnisreich, bewandert (*about* in), intelligent

known [nəʊn] **I.** *pp of* **know II.** *adj* bekannt; anerkannt

knuckle ['nʌkl] *s* **1.** Knöchel *m* **2.** (*Schlachtvieh*) Haxe *f;* **rap s.o.'s ~s, give s.o. a rap on** [*o* **over**] **the ~s** jdm auf die Finger klopfen; **near the** ~ an der Grenze des Anständigen; **knuckle down** *vi* sich dahinterklemmen; ~ **down to work** sich eifrig an die Arbeit machen; **knuckle under** *vi* sich fügen; **knuckle-duster** *s* Schlagring *m*

KO [ˌkeɪ'əʊ] **I.** *s* K.o.-Schlag *m* **II.** *vt* k.o.-schlagen

ko·ala [kəʊ'ɑːlə] *s* Koala(bär) *m*

kooky ['kuːkɪ] *adj* (*Am fam*) exzentrisch, verrückt

Ko·ran [kə'rɑːn] *s* Koran *m*

Ko·rea [kə'rɪə] *s* Korea *nt;* **Ko·rean** [kə'rɪən] **I.** *s* **1.** Koreaner(in) *m(f)* **2.** (das) Koreanisch(e) **II.** *adj* koreanisch

ko·sher ['kəʊʃə(r)] *adj* **1.** (REL) koscher **2.** (*sl*) in Ordnung; **there's something not quite ~ about it** da ist etwas faul dran

kow·tow [ˌkaʊ'taʊ] *vi* (*fig*) kriechen (*to s.o.* vor jdm)

Krem·lin ['kremlɪn] *s* Kreml *m*

ku·dos ['kjuːdɒs] *s* Ansehen *nt*

Ku Klux Klan ['kuː'klʌks'klæn] *s* (*in den USA*) Ku-Klux-Klan *m*

Kurd [kɜːd] *s* Kurde *m,* Kurdin *f;* **Kur·dish** [-ɪʃ] **I.** *adj* kurdisch **II.** *s* (das) Kurdisch(e)

Ku·wait [kʊ'wəɪt] *s* Kuwait *nt;* **Kuwaiti** [-ɪ] **I.** *adj* kuwaitisch **II.** *s* Kuwaiter(in) *m(f)*

kvetch [kvetʃ] *vi* (*Am: sl*) meckern

L

L, l [el] <*pl* -'s> *s* L, l *nt*

lab [læb] *s* (*fam*) Labor *nt*

label ['leɪbl] **I.** *s* **1.** Etikett(e *f*), Schildchen, Label *nt;* (Anhänge)Zettel *m* **2.** Beschriftung, Aufschrift *f;* Kennzeichnung *f* **3.** (*fig*) Bezeichnung, Klassifikation *f* **II.** *vt* **1.** etikettieren **2.** beschriften, kennzeichnen; markieren **3.** (*fig*) bezeichnen, benennen, klassifizieren; **label·ing** *s* (*Am*), **label·ling** ['leɪblɪŋ] *s* **1.** Etikettierung *f* **2.** Markierung *f* **3.** (Preis)Auszeichnung *f*

la·bor (*Am*) *s.* **labour**

lab·ora·tory [lə'bɒrətrɪ, *Am* 'læbrə,tɔ:rɪ] *s* Labor(atorium) *nt;* **laboratory assistant** *s* Laborant(in) *m(f);* **laboratory findings** *s pl* Laborbefund *m;* **laboratory results** *s pl* Laborwerte *pl;* **laboratory stage** *s* Versuchsstadium *nt;* **laboratory test** *s* Laborversuch *m*

la·bori·ous [lə'bɔ:rɪəs] *adj* **1.** (*Arbeit*) anstrengend, mühsam **2.** (*Mensch*) arbeitsam, fleißig **3.** (*Stil*) schwerfällig

la·bour ['leɪbə(r)] **I.** *s* **1.** Arbeit *f* **2.** Anstrengung, Mühe, Mühsal *f* **3.** Aufgabe *f* **4.** Arbeiter(schaft *f*) *mpl,* Arbeitskräfte *fpl,* Arbeitnehmer *mpl* **5.** (MED) Wehen *fpl;* **Labour** (*in GB*) die Labour Party; **casual** ~ Gelegenheitsarbeit *f;* **hard** ~ Zwangsarbeit *f;* **manual** ~ Handarbeit *f;* **skilled** ~ Facharbeit *f;* Facharbeiter *mpl;* **unskilled** ~ ungelernte Arbeiter *mpl;* **be in** ~ (MED) Wehen haben **II.** *vi* **1.** arbeiten (*at* an) **2.** sich anstrengen, sich (ab)mühen (*for* um) **3.** (~ *along*) sich mühsam (vorwärts) bewegen **4.** (*Schiff*) stampfen, schlingern; ~ **up a hill** sich mühsam den Berg hinaufkämpfen **III.** *vt* ausführlich eingehen auf; breitwalzen; **labo(u)r camp** *s* Arbeitslager *nt;* **labo(u)r cost** *s* Arbeitskosten *pl;* **Labo(u)r Day** *s* Tag *m* der Arbeit (*GB: 1. Mai, USA: 1. Montag im September*); **labo(u)r disputes** *s pl* Arbeitskämpfe *mpl;* **la·bo(u)rer** ['leɪbərə(r)] *s* Arbeiter(in) *m(f);* **casual** ~ Gelegenheitsarbeiter(in) *m(f);* **farm** ~ Landarbeiter(in) *m(f);* **industrial** ~ Industriearbeiter(in) *m(f);* **(un)skilled** ~ (un)gelernte(r) Arbeiter(in) *m(f);* **Labour Exchange** *s* (*Br:* HIST) Arbeitsamt *nt;* **labo(u)r force** *s* **1.** Belegschaft *f* **2.** Beschäftigte *pl;* **labour-in·ten·sive** [,leɪbərɪn'tensɪv] *adj* arbeitsintensiv; **Labour·ite** ['leɪbəraɪt] *s* (*Br*) Anhänger *m* der Labour Party; **labo(u)r market** *s* Arbeitsmarkt *m;* **labo(u)r movement** *s* Arbeiterbewegung *f;* **labo(u)r pains** *s pl* (MED) Wehen *fpl;* **Labour Party** *s* (*Br*) Labour Party *f;* **labo(u)r relations** *s pl* Arbeitgeber-Arbeitnehmer-Beziehungen *fpl;* **la·bo(u)r-sav·ing** ['leɪbə,seɪvɪŋ] *adj* arbeitssparend; **labo(u)r shortage** *s* Arbeitskräftemangel *m;* **labo(u)r troubles** *s pl* Arbeiterunruhen *fpl;* **labo(u)r ward** *s* (MED) Kreißsaal *m*

lab·ra·dor ['læbrədɔ:r] *s* Labradorhund *m*

la·bur·num [lə'bɜ:nəm] *s* (*Strauch*) Goldregen *m*

lab·y·rinth ['læbərɪnθ] *s* Labyrinth *nt*

lace [leɪs] **I.** *s* **1.** Schnur *f;* (Schnür-, Schuh)Senkel *m* **2.** Tresse, Litze, Borte *f* **3.** (*Textil*) Spitze *f* **II.** *vt* **1.** (~ *up*) (zu)schnüren **2.** (ver)flechten **3.** einen Schuss (Alkohol) zugeben (*einem Getränk*); **lace into s.o.** *vt* über jdn herfallen; jdm eine Standpauke halten; **lace up** *vt* schnüren

lac·er·ate ['læsəraɪt] *vt* **1.** zerreißen; zerfleischen **2.** (*fig: Gefühle*) verletzen; **lac·er·ation** [,læsə'reɪʃn] *s* **1.** Riss *m* **2.** (MED) Fleischwunde *f*

lace-ups ['leɪsʌps] *s pl* Schnürschuhe *mpl*

lach·ry·mal ['lækrɪml] *adj:* ~ **duct** Tränengang *m;* ~ **gland** Tränendrüse *f;* ~ **sac** Tränensack *m;* **lach·ry·mose** ['lækrɪməʊs] *adj* weinerlich; tränenreich

lack [læk] **I.** *s* Mangel *m* (*of* an); ~ **of capital** Kapitalmangel *m;* **for** ~ **of** aus Mangel an **II.** *vi* **1.** fehlen **2.** Mangel haben (*of, in* an); **they** ~ **for nothing** es fehlt ihnen an nichts **III.** *vt* nicht genug haben; brauchen, benötigen; **he** ~**s talent** ihm fehlt es an Talent; **you** ~ **confidence** Ihnen fehlt das Selbstvertrauen

lacka·daisi·cal [,lækə'deɪzɪkl] *adj* interesselos, lustlos; nachlässig

lackey ['lækɪ] *s* (*a. fig*) Lakai *m*

lack·ing ['lækɪŋ] *adj* **1.** fehlend **2.** (*fam*) dumm; **be** ~ fehlen; **lack·lustre** ['læk,lʌstə(r)] *adj* glanzlos, trübe

la·conic [lə'kɒnɪk] *adj* **1.** (*Worte*) lakonisch **2.** (*Mensch*) wortkarg **3.** (*Stil*) knapp

lac·quer ['lækə(r)] **I.** *s* **1.** (Farb)Lack, Firnis *m* **2.** Haarspray *m od nt* **3.** Nagellack *m* **II.** *vt* lackieren

la·crosse [lə'krɒs] *s* (SPORT) Lacrosse *nt*

la·cuna [lə'kju:nə, *pl* lə'kju:ni:] <*pl* lacunae> *s* Lücke *f*, Zwischenraum *m*

lad [læd] *s* Junge *m;* Bursche *m;* **a bit of a ~** ein toller Kerl; **lad·ette** *s junge Frau, die sich wie die Jungs benimmt*

lad·der ['lædə(r)] **I.** *s* **1.** Leiter *f* **2.** (*Br*) Laufmasche *f* **3.** (*fig*) Stufenleiter *f;* Weg *m* **II.** *vi* (*Br*) Laufmaschen bekommen

lad·ette ['lædet] *s* (*Br: fam*) freches, selbstbewusstes Mädchen

lad·die ['lædɪ] *s* (*schottisch*) Junge, Bub *m*

laden ['leɪdn] *adj* **1.** beladen (*with* mit) **2.** (*fig*) bedrückt (*with sorrows* von Sorgen)

la-di-da [ˌlɑ:dɪ'dɑ:] *adj* (*fam*) affektiert, geziert

lad·ing ['leɪdɪŋ] *s* Verladen *nt;* Fracht *f;* **bill of ~** Seefrachtbrief *m*, Konnossement *nt*

ladle ['leɪdl] **I.** *s* **1.** Schöpflöffel *m* **2.** Kelle *f* **3.** Baggerschaufel *f* **II.** *vt* (*fig: ~ out*) großzügig verteilen

lady ['leɪdɪ] *s* Dame *f;* Frau *f;* **Lady** Lady *f* (*Adelsprädikat*)*;* **Ladies and Gentlemen** meine Damen und Herren; **Ladies (room)** Damentoilette *f;* **the ~ of the house** die Dame des Hauses

lady·bird ['leɪdɪbɜ:d] *s* (*Br*) Marienkäfer *m;* **lady·bug** ['leɪdɪbʌg] *s* (*Am*) Marienkäfer *m;* **lady-in-waiting** [ˌleɪdɪɪn'weɪtɪŋ] *s* Hofdame *f;* **lady-killer** ['leɪdɪˌkɪlə(r)] *s* (*fam*) Schürzenjäger *m;* **lady·like** ['leɪdɪlaɪk] *adj* damenhaft; **lady·ship** ['leɪdɪʃɪp] *s* (*Br*): **your ~** Ihre Ladyschaft; **lady's man** *s* Frauenheld *m*

lag¹ [læg] **I.** *vi* **1.** bummeln **2.** (*Zeit*) langsam vergehen **3.** (*~ behind*) zurückbleiben **II.** *s* (*time ~*) Verzögerung *f;* Zeitabstand *m*

lag² [læg] *vt* (TECH) isolieren

la·ger ['lɑ:gə(r)] *s* helles (Lager)Bier; **lager-lout** ['lɑ:gə(r)ˌlaʊt] *s* betrunkener Rowdy

lag·ging ['lægɪŋ] *s* (TECH) (Wärme)Isolierung *f*

la·goon [lə'gu:n] *s* Lagune *f*

laid [leɪd] *s.* **lay¹**; **laid-off** [ˌleɪd'ɒf] *adj* (vorübergehend) arbeitslos

lain [leɪn] *s.* **lie¹**

lair [leə(r)] *s* **1.** Lager *nt* (*eines wilden Tieres*) **2.** Höhle *f;* Bau *m*

laird [leəd] *s* (*schottisch*) Gutsbesitzer *m*

laissez-faire ['leɪseɪ'feə(r)] *s* Laisser-faire *nt*

laity ['leɪətɪ] *s* Laien *mpl*

lake [leɪk] *s* See *m;* **lake dwellings** *s pl* Pfahlbauten *mpl*

lam¹ [læm] **I.** *vt* (*sl*) verdreschen, verprügeln **II.** *vi* (*sl*): **~ into s.o.** jdn fertig machen

lam² [læm] *s* (*Am sl*) eilige Flucht; **take it on the ~** (*fam*) türmen, stiften gehen; **on the ~** auf der Flucht

lama ['lɑ:mə] *s* Lama *m*

lamb [læm] **I.** *s* **1.** Lamm *nt* **2.** Lammfleisch *nt* **3.** (*fig*) Unschuldslamm *nt;* lieber Mensch **II.** *vi* (*Schaf*) lammen

lam·bast [læm'bæst] *vt*, **lam·baste** [læm'beɪst] *vt* **1.** vermöbeln, verdreschen, verprügeln **2.** den Kopf waschen (*s.o.* jdm), runterputzen

lamb chop *s* Lammkotelett *nt;* **lamb·like** ['læmlaɪk] *adj* **1.** (lamm)fromm **2.** unschuldig, sanft; **lamb·skin** ['læmskɪn] *s* Lammfell *nt;* **lamb's lettuce** *s* Feldsalat *m;* **lambs·wool** ['læmzwʊl] *s* Lammwolle *f*

lame [leɪm] **I.** *adj* **1.** lahm (*of, in* auf) **2.** (*fig*) schwach, nicht überzeugend **3.** (*Ausrede*) faul; **~ duck** Niete *f;* Versager *m;* (*Am*) nicht wiedergewählte(r) Politiker(in) **II.** *vt* lähmen; **lame·ness** [-nɪs] *s* **1.** Lahmheit *f* **2.** (*fig*) Schwäche *f*

la·ment [lə'ment] **I.** *vi* **1.** trauern, klagen (*for s.o.* um jdn) **2.** beklagen (*over s.o.'s death* jds Tod) **II.** *vt* betrauern, beklagen **III.** *s* **1.** Wehklage *f* **2.** Klagelied *nt;* **lam·en·table** ['læməntəbl] *adj* **1.** beklagens-, bejammerns-, bedauernswert **2.** erbärmlich; **lam·en·ta·tion** [ˌlæmen'teɪʃn] *s* Klagen *nt;* Wehklage *f*

lami·nate ['læmɪnət] *s* Schichtstoff *m;* **la·mi·nated** ['læmɪneɪtɪd] *adj* beschichtet; laminiert; **~ glass** Verbundglas *nt;* **~ plastic** Resopal® *nt;* **~ sheet** Schichtstoffplatte *f*

lamp [læmp] *s* **1.** Lampe *f;* Laterne *f* **2.** (*fig: Mensch*) Leuchte *f;* **rear ~** (AUTO) Rücklicht *nt;* **sun ~** Höhensonne *f*

lam·poon [læm'pu:n] **I.** *s* Schmähschrift *f* **II.** *vt* verunglimpfen, verspotten

lamp·post ['læmppəʊst] *s* Laternenpfahl *m*

lam·prey ['læmprɪ] *s* (*im Meer lebendes Neunauge*) Lamprete *f*

lamp·shade ['læmpʃeɪd] *s* Lampenschirm *m*

LAN [læn] *s Abk. von* **local area network** (INFORM) LAN *nt*

lance [lɑ:ns, *Am* læns] **I.** *s* Lanze *f;* Speer *m* **II.** *vt* (MED) aufschneiden

lan·cet ['lɑ:nsɪt, *Am* 'lænsɪt] *s* (MED) Lanzette *f;* **lancet arch** *s* (ARCH) Spitzbogen *m;* **lancet window** *s* Spitzbogenfenster *nt*

land [lænd] **I.** *s* **1.** (Fest)Land *nt* **2.** Land *nt*, Staat *m* **3.** Bereich *m*, Gebiet *nt* **4.** Landschaft *f;* Gelände *nt* **5.** (*Acker-, Wald-*) Land *nt;* Grund u. Boden *m* **6.** Ländereien *fpl*, Land-, Grundbesitz *m;* **by ~** zu Land(e); auf dem Landweg(e); **on the ~** auf dem Land; **over ~ and sea** über Land und Meer; **see how the ~ lies** sehen, wie die Dinge liegen; **pasture ~** Weideland *nt*

L

II. *vt* **1.** an(s) Land bringen; ausladen, löschen **2.** (*Fische*) fangen **3.** (*Flugzeug*) landen **4.** (*fig*) bringen (*in, at* nach, in, zu), absetzen (*in, on* in, auf) **5.** (*fam*) einheimsen, einstecken; (*Preis*) erringen; (*Stelle*) bekommen **6.** (*fam*) erreichen **7.** (*fam: Schlag*) verpassen, versetzen; ~ **o.s. in** hineingeraten in **III.** *vi* **1.** (*Schiff*) landen, anlegen; an Land gehen **2.** (AVIAT) landen **3.** ankommen, ans Ziel gelangen; **land-based** ['lændbeɪst] *adj* (MIL) landgestützt; **landed** ['lændɪd] *adj* grundbesitzend; ~ **gentry** Landadel *m;* ~ **property** Grundbesitz *m;* ~ **proprietor** Grundbesitzer(in) *m(f);* **land·fall** ['lændfɔːl] *s* Sichten *nt* von Land; **make** ~ Land sichten; **landfill site** *s* Mülldeponie *f;* **land forces** *s pl* Landstreitkräfte *pl;* **land-holder** ['lændˌhəʊldə(r)] *s* Gutsbesitzer(in) *m(f),* Grundpächter(in) *m(f);* **land·hold·ing** ['lændˌhəʊldɪŋ] *s* Grundbesitz *m*

land·ing ['lændɪŋ] *s* **1.** (MAR, AVIAT) Landen *nt,* Landung *f* **2.** (*Fracht*) Löschen *nt* **3.** Treppenabsatz *m* **4.** Flur, Korridor *m;* **make a safe** ~ glücklich landen; **emergency** [*o* **forced**] ~ Notlandung *f;* **landing card** *s* Einreisekarte *f;* **landing craft** *s* Landungsboot *nt;* **landing field** *s* Landeplatz *m;* **landing gear** *s* (AVIAT) Fahrgestell *nt;* **landing net** *s* Ke(t)scher *m;* **landing stage** *s* (MAR) Landungssteg *m,* -brücke *f;* **landing strip** *s* Landebahn *f*

land·lady ['lænˌleɪdɪ] *s* (Haus-, Gast)Wirtin *f;* **land·less** ['lændlɪs] *adj* unbegütert; **land·locked** ['lændlɒkt] *adj* (*Land*) ohne Zugang zum Meer, landumschlossen; **land·lord** ['lænlɔːd] *s* Grundbesitzer *m;* Hauseigentümer *m;* Gastwirt *m;* **land·lub·ber** ['lændˌlʌbə(r)] *s* (*pej*) Landratte *f;* **land·mark** ['lændmɑːk] *s* **1.** Grenzstein *m* **2.** (MAR) Seezeichen *nt* **3.** (*fig*) Markstein *m,* Wahrzeichen *nt;* Wendepunkt *m;* **land office** *s* (*Am*) Grundbuchamt *nt;* **land·owner** ['lændˌəʊnə(r)] *s* Grund-, Gutsbesitzer(in) *m(f);* **land reform** *s* Bodenreform *f*

land·scape ['lændskeɪp] **I.** *s* Landschaft *f* **II.** *vt* landschaftlich, gärtnerisch gestalten; **landscape architect** *s* Landschaftsarchitekt(in) *m(f);* **landscape architecture** *s* Landschaftsgestaltung *f;* **landscape format** *s* (TYP) Querformat *nt;* **landscape gardener** *s* Landschaftsgärtner(in) *m(f);* **landscape gardening** *s* Landschaftsgärtnerei *f;* **landscape painter** *s* Landschaftsmaler(in) *m(f)*

land·slide ['lændslaɪd] *s* **1.** Erdrutsch *m* **2.** (POL) überwältigender (Wahl)Sieg, Erdrutschsieg *m* **3.** Umschwung *m;* **land·slip** ['lændslɪp] *s* Erdrutsch *m;* **land tax** *s* Grundsteuer *f;* **land·ward** ['lændwəd] *adj* land(ein)wärts gerichtet; **land·ward(s)** ['lændwəd(z)] *adv* land(ein)wärts

lane [leɪn] *s* **1.** Gasse *f;* Pfad *m;* schmale Landstraße **2.** (SPORT) (Renn)Bahn *f* **3.** Schneise *f* **4.** (MAR) Fahrrinne *f* **5.** (AUTO) Spur *f;* **shipping** ~**s** Schifffahrtswege *mpl;* ~ **of approach** (AVIAT) Einflugschneise *f;* **get in** ~**!** (AUTO) bitte einordnen!

lan·guage ['læŋgwɪdʒ] *s* **1.** Sprache *f* **2.** Ausdrucks-, Redeweise *f;* **bad** ~ unanständige Ausdrücke *mpl;* **foreign** ~ Fremdsprache *f;* **language acquisition** *s* Spracherwerb *m;* **language laboratory** *s* Sprachlabor *nt;* **language learning** *s* Erlernen *nt* einer Sprache

lan·guid ['læŋgwɪd] *adj* **1.** kraftlos, matt, schwach **2.** (*fig*) lust-, interesselos

lan·guish ['læŋgwɪʃ] *vi* **1.** ermatten, schwach werden **2.** dahinsiechen **3.** sich sehnen (*for* nach); **lan·guish·ing** [-ɪŋ] *adj* sehnsüchtig

lan·guor ['læŋgə(r)] *s* **1.** Kraftlosigkeit, Mattigkeit *f* **2.** Interesselosigkeit, Gleichgültigkeit *f* **3.** Sehnsucht *f* **4.** Schwüle *f;* **lan·guor·ous** ['læŋgərəs] *adj* **1.** kraftlos, matt **2.** gleichgültig, stumpf **3.** schwül, drückend

lank [læŋk] *adj* **1.** schlank, mager **2.** (*Haar*) glatt; **lanky** ['læŋkɪ] *adj* schlacksig

lano·lin ['lænəlɪn] *s* Lanolin *nt*

lan·tern ['læntən] *s* (*a.* ARCH) Laterne *f*

lan·yard ['lænjəd] *s* (MAR) **1.** Schnur *f* **2.** kurzes Tau, Taljereep *nt*

Laos [laʊs] *s* Laos *nt*

lap¹ [læp] *s* Schoß *m;* **in the** ~ **of luxury** im Luxus; ~ **and diagonal seat belt** Dreipunktgurt *m*

lap² [læp] **I.** *s* **1.** (TECH) Überlappung *f* **2.** (*Buchbinderei*) Falz *m* **II.** *vt* **1.** falten (*on* auf, *over* über) **2.** übereinander legen; überlappen **III.** *vi* sich überlappen

lap³ [læp] **I.** *s* (SPORT) Runde *f;* (*fig*) Etappe *f;* Abschnitt *m;* ~ **of honour** Ehrenrunde *f* **II.** *vt* überrunden **III.** *vi* seine Runden drehen

lap⁴ [læp] **I.** *vt, vi* **1.** (*Hund*) saufen; schlecken **2.** plätschern (*at, against* an, *on* gegen, auf) **II.** *s* **1.** Saufen *nt;* Lecken *nt* **2.** Plätschern *nt;* **lap up** *vt* auflecken, -schlecken; (*fig*) eifrig zuhören; gedankenlos akzeptieren

lap-dog ['læpˌdɒg] *s* Schoßhund *m*

la·pel [lə'pel] *s* (*Jackett*) Aufschlag *m*

lap·is la·zuli [ˌlæpɪs'læzjʊlɪ] *s* Lapislazuli *m*

Lap·land ['læplænd] *s* Lappland *nt;* **Lap·lander, Lapp** ['læplændə(r), læp] *s* Lappländer(in) *m(f),* Lappe *m,* Lappin *f*

lapse [læps] **I.** *s* **1.** Versehen *nt,* Irrtum, Fehler *m* **2.** Entgleisung *f;* Versäumnis *nt* **3.** (*Zeit*) Vergehen, Verstreichen *nt* **4.** (~ *of time*) Zeitspanne *f,* -raum *m* **5.** (JUR) Erlöschen *nt;* Verfall *m;* Heimfall *m* **II.** *vi* **1.** (*Zeit*) vergehen, verstreichen **2.** (JUR) verfallen, erlöschen, hinfällig werden **3.** einen Fehler machen **4.** verfallen; **lapsed** [læpst] *adj* **1.** (JUR) verfallen **2.** (REL) vom Glauben abgefallen

lap·top ['æptɒp] *s* Laptop *m*

lap·wing ['læpwɪŋ] *s* Kiebitz *m*

lar·ceny ['lɑːsənɪ] *s* Diebstahl *m;* **petty** ~ Bagatelldiebstahl *m*

larch [lɑːtʃ] *s* (*Nadelbaum*) Lärche *f*

lard [lɑːd] **I.** *s* (Schweine)Schmalz *nt* **II.** *vt* **1.** einfetten, schmieren **2.** (*fig*) ausschmücken (*with* mit)

lar·der ['lɑːdə(r)] *s* Speisekammer *f;* Vorratsschrank *m*

large [lɑːdʒ] *adj* **1.** groß **2.** weit, geräumig, umfangreich **3.** ausgedehnt, umfassend, weitreichend; **at** ~ auf freiem Fuß; in der Gesamtheit; planlos, ziellos; **as** ~ **as life** wie er leibt und lebt; in voller Größe; **by and** ~ im Großen und Ganzen; **talk** ~ großspurig reden; **large-hearted** [ˌlɑːdʒ-'hɑːtɪd] *adj* (*Br*) großzügig, gutmütig; **large·ly** ['lɑːdʒlɪ] *adv* allgemein; größtenteils; **large-minded** [ˌlɑːdʒ'maɪndɪd] *adj* tolerant; **large·ness** [-nɪs] *s* **1.** Größe, Weite *f* **2.** Bedeutung *f;* Umfang *m* **3.** Großzügigkeit *f;* **large-scale** ['lɑːdʒskeɪl] *adj* in großem Maßstab; groß angelegt; Groß-; ~ **advertising** Massenwerbung *f;* ~ **order** Großauftrag *m;* ~ **production** Massenproduktion *f*

lar·gess *s* (*Am*), **lar·gesse** [lɑː'dʒes] *s* Freigebigkeit *f*

lar·iat ['lærɪət] *s* Strick *m;* Lasso *nt od m*

lark¹ [lɑːk] *s* (*Vogel*) Lerche *f*

lark² [lɑːk] **I.** *s* Spaß, Ulk, Scherz *m;* **for a** ~ zum Spaß; **what a** ~**!** zum Schießen! **II.** *vi* **1.** sich vergnügen, lustig sein **2.** (~ *about*) herumalbern

lark·spur ['lɑːkspɜː(r)] *s* (*Pflanze*) Rittersporn *m*

larva ['lɑːvə, *pl* 'lɑːviː] <*pl* larvae> *s* Larve *f*

lar·yn·gi·tis [ˌlærɪn'dʒaɪtɪs] *s* Kehlkopfentzündung *f;* **lar·ynx** ['lærɪŋks] *s* Kehlkopf *m*

las·civ·ious [lə'sɪvɪəs] *adj* wollüstig

laser ['leɪzə(r)] *s* Laser *m;* **laser beam** *s* Laserstrahl *m;* **laser printer** *s* (TYP) Laserdrucker *m;* **laser probe** *s* Lasersonde *f;* **laser show** *s* Lasershow *f;* **laser surgery** *s* Laserchirurgie *f;* **laser weapon** *s* Laserwaffe *f*

lash¹ [læʃ] *s* (Augen)Wimper *f*

lash² [læʃ] **I.** *s* **1.** Peitsche(nschnur) *f* **2.** Peitschenhieb *m* **3.** Peitschen *nt* (*of the waves* der Wellen) **II.** *vt* **1.** (aus)peitschen **2.** (heftig) schlagen (*the rocks* an die Felsen) **3.** (*fig*) heftig angreifen **4.** binden (*on, to* an); (MAR) (fest)zurren **III.** *vi* schlagen, peitschen, prasseln (*at* gegen); **lash about, lash around** *vi* um sich schlagen; **lash back** *vt* festbinden; **lash down I.** *vt* festbinden **II.** *vi* (*Regen*) niederprasseln; **lash into s.o.** *vi* jdn abkanzeln; auf jdn einschlagen; **lash out** *vi* **1.** (*Pferd*) ausschlagen **2.** (*fig*) ausfallend werden (*at* gegen) **3.** viel Geld ausgeben (*on a new car* für einen neuen Wagen); **lash·ing** ['læʃɪŋ] *s* **1.** Schlagen, Peitschen *nt;* Prügel *pl* **2.** (MAR) Laschung *f;* Verschnürung *f;* Fesseln *fpl* **3.** ~**s** (*fam*) eine Menge

lass, las·sie [læs, 'læsɪ] *s* **1.** Mädchen *nt* **2.** Freundin *f*

lassi·tude ['læsɪtjuːd] *s* Abgespanntheit, Mattigkeit, Schlaffheit *f*

lasso [læ'suː] <*pl* lassos> **I.** *s* Lasso *nt od m* **II.** *vt* mit dem Lasso (ein)fangen

last¹ [lɑːst, *Am* læst] **I.** *adj* **1.** letzte(r, s) **2.** späteste(r, s); jüngste(r, s); neueste(r, s) **3.** vorig, vergangen **4.** äußerste(r, s), höchste(r, s) **5.** geringste(r, s), niedrigste(r, s); **for the** ~ **time** zum letzten Mal; ~ **night** gestern Abend; heute Nacht; ~ **week** in der letzten, vorigen Woche; ~ **but one** vorletzte(r, s); **the week before** ~ vorletzte Woche; **I've said my** ~ **word on the matter** ich habe dem nichts mehr hinzuzufügen; **that's the** ~ **thing I should do** das wäre das Letzte, was ich täte; **the Last Judg(e)ment** das Jüngste Gericht; ~ **quarter** (*Mond*) letztes Viertel; **the Last Supper** das Abendmahl; **the** ~ **word** (*fam*) der letzte Schrei; ~ **but not least** nicht zuletzt; last, not least **II.** *adv* zuletzt, zum Schluss, am Ende; zum letzten Mal; ~ **of all** zuallerletzt **III.** *s* **1.** (der, die, das) Letzte, Jüngste, Neueste, Modernste **2.** Schluss *m;* Ende *nt;* **at** ~ schließlich, endlich, zuletzt; **at long** ~ zu guter Letzt, schließlich; **to the** ~ bis zum Letzten [*o* äußersten]; **breathe one's** ~ den letzten Atemzug tun

last² [lɑːst, *Am* læst] **I.** *vi* **1.** andauern, (an)halten **2.** (~ *out*) ausdauern, aushalten **3.** sich (gut) halten **4.** (aus)reichen (*for* für) **II.** *vt* reichen (*s.o.* jdm); **the coat has** ~**ed me five years** ich habe den Mantel schon fünf Jahre

last³ [lɑːst, *Am* læst] *s* (Schuh)Leisten *m*

last-ditch [ˌlɑːst'dɪtʃ] *adj* allerletzte(r, s); ~ **effort** letzte Anstrengung

last·ing ['lɑːstɪŋ] *adj* dauernd, bleibend; beständig

last·ly [ˈlɑːstlɪ] *adv* zuletzt, schließlich
last-minute [ˌlɑːstˈmɪnɪt] *adj* allerletzte(r,s); **we've had a ~ change of plan** wir haben unsere Pläne in letzter Minute geändert
last name *s* (*Am*) Nachname *m*
latch [lætʃ] **I.** *s* **1.** (Tür)Drücker *m;* Sperrklinke *f* **2.** Schnappschloss *nt* **3.** (Fenster)Riegel *m;* **on the ~** nur angelehnt **II.** *vt* verriegeln; **latch on** *vi* **1.** sich festhalten (*to s.th.* an einer S) **2.** sich anschließen (*to s.o.* jdm) **3.** (*fam*) kapieren (*to s.th.* etw); **latch·key** [ˈlætʃkiː] *s* Hausschlüssel *m;* **latchkey child** *s* Schlüsselkind *nt*
late [leɪt] *adj, adv* **1.** spät **2.** verspätet, zu spät **3.** jüngste(r, s), bisherig **4.** (jüngst) verstorben; **as ~ as** erst, noch; **at a ~ hour** zu später Stunde; **of ~** (erst) kürzlich; **be ~ for s.th.** zu etw zu spät kommen; **make s.o. ~** jdn aufhalten; jdn zu spät kommen lassen; **~ potatoes** Spätkartoffeln *fpl;* **~ programme** Spätprogramm *nt;* **~ shift** Spätschicht *f;* **keep ~ hours** lange aufbleiben; **~ show** Spätvorstellung *f;* **~ starter** (*fig fam*) Spätzünder *m;* **late-break·ing** [ˈleɪtˌbreɪkɪŋ] *adj* brandaktuell; **late-comer** [ˈleɪtˌkʌmə(r)] *s* Spätkommende(r) *f m,* Nachzügler(in) *m(f);* **late·ly** [ˈleɪtlɪ] *adv* neulich, kürzlich; **late·ness** [ˈleɪtnɪs] *s* Zuspätkommen *nt;* Verspätung *f;* **the ~ of the hour** die späte Stunde
latent [ˈleɪtnt] *adj* latent; **~ defect** versteckter Mangel; **~ reserves** stille Reserven *fpl*
later [ˈleɪtə(r)] *adj, adv* später; **one day ~** einen Tag darauf; **~ on** später, *adv;* **sooner or ~** früher oder später; **see you ~** bis später! auf Wiedersehen!
lat·eral [ˈlætərəl] *adj* seitlich; **~ thinking** laterales Denken; **~ view** Seitenansicht *f;* **~ wind** Seitenwind *m*
lat·est [ˈleɪtɪst] <*Superlativ von* late> **I.** *adj* späteste(r, s); neueste(r, s), letzte(r, s) **II.** *adv* zuletzt **III.** *s:* **the ~** das Allerneueste; **at the ~** spätestens
lath [lɑːθ] *s* **1.** Latte *f;* Leiste *f* **2. ~s** Lattenwerk *nt*
lathe [leɪð] *s* Drehbank *f;* **lathe operator** *s* Dreher(in) *m(f)*
lather [ˈlɑːðə(r)] **I.** *s* **1.** Schaum *m* **2.** (*Pferd*) Schweiß *m;* **in a ~** außer Atem; erregt (*about s.th.* über etw) **II.** *vt* einseifen **III.** *vi* schäumen
Lat·in [ˈlætɪn] **I.** *adj* **1.** lateinisch; römisch **2.** romanisch; südländisch **II.** *s* **1.** (das) Latein(ische) **2.** Südländer(in) *m(f);* **Latin America** *s* Lateinamerika *nt;* **Latin American** **I.** *adj* lateinamerikanisch **II.** *s* Lateinamerikaner(in) *m(f)*
lat·ish [ˈleɪtɪʃ] *adj, adv* etwas spät
lati·tude [ˈlætɪtjuːd] *s* **1.** (*fig*) Spielraum *m* **2.** (GEOG) Breite *f* **3. ~s** Breiten, Gegenden, Regionen *fpl*
la·trine [ləˈtriːn] *s* Latrine *f*
lat·ter [ˈlætə(r)] *adj* spätere(r, s), neuere(r, s); letztere(r, s); **in these ~ days** in der jüngsten Zeit; **lat·ter·ly** [-lɪ] *adv* in der letzten Zeit
lat·tice [ˈlætɪs] *s* Gitter(werk) *nt*
Latvia [ˈlætvɪə] *s* Lettland *nt;* **Latvian** [-n] **I.** *adj* lettisch **II.** *s* **1.** (das) Lettisch(e) **2.** Lette *m,* Lettin *f*
laud·able [ˈlɔːdəbl] *adj* lobenswert
lauda·num [ˈlɔːdənəm] *s* Opiumpräparat *nt*
lauda·tory [ˈlɔːdətərɪ] *adj* lobend
laugh [lɑːf, *Am* læf] **I.** *vi* **1.** lachen (*at* über, *over* bei) **2.** auslachen (*at s.o.* jdn); **~ in s.o.'s face** jdm ins Gesicht lachen; **~ on the wrong side of one's face** enttäuscht sein; **~ up one's sleeve** sich ins Fäustchen lachen **II.** *vt* lachend sagen **III.** *s* **1.** Lachen, Gelächter *nt* **2.** Spaß *m;* **have the last ~** schließlich doch gewinnen; **laugh away, laugh off** *vt* sich lachend hinwegsetzen über; **laugh·able** [-əbl] *adj* lächerlich, lachhaft; **laugh·ing** [-ɪŋ] **I.** *adj* lachend; **it's no ~ matter** das ist nicht zum Lachen; **make a ~ stock of s.o.** jdn lächerlich machen **II.** *s* Lachen *nt;* **laugh·ter** [ˈlɑːftə(r), *Am* ˈlæftə(r)] *s* Gelächter *nt;* **shake with ~** sich vor Lachen schütteln
launch [lɔːntʃ] **I.** *vt* **1.** schleudern, werfen (*at, against* gegen) **2.** (*Schiff*) vom Stapel lassen **3.** (*Boot*) aussetzen **4.** (*Rakete*) abschießen **5.** gründen; beginnen, starten; in die Wege leiten **6.** (*Menschen, Film*) lancieren; (*Buch*) herausbringen **7.** (*Produkt*) einführen, auf den Markt bringen **8.** (*Angriff*) unternehmen, starten; **~ an attack** zum Angriff übergehen **II.** *s* **1.** Stapellauf *m;* Abschuss *m* **2.** Gründung *f;* Einführung *f;* Start *m* **3.** Barkasse *f;* **launch into** *vt* sich stürzen auf; angreifen; anpacken; **launch out** *vi* **1.** sich aufmachen, starten **2.** sich verlegen (*in* auf) **3.** sich in Unkosten stürzen **4.** anfangen (*into* mit); **launch·ing** [ˈlɔːntʃɪŋ] *s* **1.** (*Anleihe*) Emission *f* **2.** (*Produkt*) Einführung *f* **3.** (MAR) Stapellauf *m* **4.** (*Rakete*) Abschuss *m;* **launching pad** *s* Start-, Abschussrampe *f;* (*fig*) Sprungbrett *nt;* **launching site** *s* Abschussbasis *f*
launder [ˈlɔːndə(r)] **I.** *vt* waschen (u. bügeln) **II.** *vi* sich waschen lassen; **~ money** Geld waschen; **laun·der·ette** [lɔːnˈdret] *s* Waschsalon *m;* **laun·dry** [ˈlɔːndrɪ] *s* **1.** Waschen *nt* **2.** Wäsche *f* **3.** Waschküche

f **4.** Wäscherei *f;* **laundry basket** *s* Wäschekorb *m;* **laundry service** *s* Waschservice *m*

laur·eate ['lɒrɪət] *s* (*poet* ~) Hofdichter(in) *m(f)*

laurel ['lɒrəl, *Am* 'lɔːrəl] *s* **1.** Lorbeer *m* **2.** Lorbeerkranz *m;* **rest on one's ~s** auf seinen Lorbeeren ausruhen

lava ['lɑːvə] *s* (GEOL) Lava *f*

lava·tory ['lævətrɪ] *s* Toilette *f;* Klosett *nt;* **lavatory seat** *s* Toilettensitz *m,* Brille *f*

lav·en·der ['lævəndə(r)] *s* Lavendel *m*

lav·ish ['lævɪʃ] **I.** *adj* **1.** verschwenderisch (*of* mit, *in doing s.th.* bei etw) **2.** reich, üppig; großzügig **II.** *vt* verschwenden (*on* für); ~ **s.th. on s.o.** jdn mit etw überschütten

law [lɔː] *s* **1.** Gesetz *nt;* Recht *nt* **2.** Jura, Rechtswissenschaft *f* **3.** Gericht *nt* **4.** Juristenberuf *m* **5.** (MATH GRAM) (Spiel)Regel *f* **6.** (*fam*) Polizei *f;* **according to** ~ nach dem Gesetz, gesetzmäßig; **at** ~ vor Gericht; **by** ~ von Rechts wegen; **contrary to** ~ rechtswidrig; **under the** ~ nach dem Gesetz; **become** ~ Gesetzeskraft erlangen; **go to** ~ den Rechtsweg beschreiten; **lay down the** ~ gebieterisch auftreten; **lay down the** ~ **to s.o.** jdm Vorschriften machen; **practise** ~ eine Rechtsanwaltspraxis haben; **read** ~ Rechtswissenschaft studieren; **industrial** ~ Arbeitsrecht *nt;* **international** ~ Völkerrecht *nt;* **private** ~ Privatrecht *nt;* **public** ~ öffentliches Recht; **maintenance of** ~ **and order** Aufrechterhaltung *f* der öffentlichen Sicherheit; ~ **of inheritance** [*o* **descent**] [*o* **succession**] (*Am*) Erbrecht *nt;* ~ **of nations** Völkerrecht *nt;* ~ **of supply and demand** Gesetz *nt* von Angebot und Nachfrage

law-abid·ing ['lɔːəˌbaɪdɪŋ] *adj* gesetzestreu; ordnungsliebend; **law-breaker** *s* Rechtsbrecher(in) *m(f);* **law court** *s* Gerichtshof *m;* **law enforcement** *s* Gesetzesvollzug *m;* **law·ful** ['lɔːfl] *adj* **1.** gesetz-, rechtmäßig **2.** legitim; **law·ful·ness** [-nɪs] *s* Recht-, Gesetzmäßigkeit *f;* **law·giver** ['lɔːˌgɪvə(r)] *s* Gesetzgeber *m;* **law·less** ['lɔːlɪs] *adj* **1.** gesetzlos, -widrig **2.** zügellos; **Law Lord** *s* (*Br*) *Mitglied des obersten Berufungsgerichts*

lawn¹ [lɔːn] *s* Rasen *m*

lawn² [lɔːn] *s* Batist *m*

lawn·mower ['lɔːnˌməʊə(r)] *s* Rasenmäher *m;* **lawn tennis** *s* (Rasen)Tennis *nt*

law school ['lɔːˌskuːl] *s* (*Am*) juristische Fakultät; **law student** *s* Jurastudent(in) *m(f);* **law·suit** ['lɔːˌs(j)uːt] *s* **1.** Rechtsstreit, (Zivil)Prozess *m* **2.** Klage *f;* **be involved** [*o* **entangled**] **in a** ~ in einen Prozess verwickelt sein; **law·yer** ['lɔːjə(r)] *s* **1.** Jurist(in) *m(f)* **2.** Rechtsanwalt *m,* -anwältin *f*

lax [læks] *adj* **1.** lose, locker, schlaff **2.** (*fig*) (nach)lässig, lax, ungenau; ~ **bowels** Durchfall *m;* **laxa·tive** ['læksətɪv] *s* Abführmittel *nt;* **lax·ity, lax·ness** ['læksətɪ, 'læksnɪs] *s* **1.** Lockerheit, Schlaffheit *f* **2.** (Nach)Lässigkeit, Ungenauigkeit, Laxheit *f*

lay¹ [leɪ] <*irr:* laid, laid> **I.** *s* Lage, Situation *f;* **the** ~ **of the land** Beschaffenheit *f* des Geländes; (*fig*) Lage *f* **II.** *vi* (*Henne*) (Eier) legen **III.** *vt* **1.** (hin-, nieder-, um)legen (*on* auf, *in* in) **2.** setzen, stellen **3.** (*Linoleum, Eier*) legen **4.** (*fig: Wert, Nachdruck*) legen (*on* auf) **5.** (*Wette*) abschließen **6.** (*den Schauplatz*) (ver)legen (*in* nach) **7.** (*fig*) mäßigen, beruhigen, befriedigen **8.** (*Furcht*) beseitigen **9.** beilegen, -messen, zuschreiben (*s.th. to s.o.* jdm etw) **10.** belasten (*s.o. with s.th.* jdn mit einer S) **11.** festlegen, festsetzen (*at* auf) **12.** (*Feuer*) herrichten **13.** (*den Tisch*) decken **14.** (*sl*) aufs Kreuz legen; ~ **bare** bloßlegen, enthüllen, zeigen; ~ **the blame on s.o.** jdm die Schuld zuschieben; ~ **claim to** Anspruch erheben auf; ~ **s.th. at s.o.'s door** jdm etw zur Last legen, in die Schuhe schieben; ~ **eyes on** erblicken, sehen; ~ **hands on** in seinen Besitz bringen; (REL) die Hände auflegen (*s.o.* jdm); ~ **hold of** ergreifen; bekommen; ~ **great/little store upon** großen/wenig Wert legen auf; ~ **stress** [*o* **emphasis**] **on** betonen, herausstellen; ~ **the table** den Tisch decken; **lay about** *vi* um sich schlagen; **lay aside, lay away** *vt* **1.** auf die Seite legen; sparen **2.** ab-, weglegen; **lay back** *vt* **1.** zurücklegen **2.** (*Ohren*) anlegen; **lay before** *vt* **1.** (*Plan*) unterbreiten (*s.o.* jdm) **2.** (*Klage*) vorbringen (*s.o.* bei jdm); **lay by** *vt* beiseite legen; **lay down** *vt* **1.** hin-, niederlegen **2.** (ein)lagern, einkellern **3.** (*Bedingung*) festlegen **4.** (*Preise*) festsetzen **5.** (*Kaution*) hinterlegen; **lay in** *vt* einen Vorrat anlegen von, einkellern, stapeln; **lay into** *vt* (*fam*) verdreschen; fertig machen; **lay off I.** *vt* **1.** (vorübergehend) entlassen, abbauen **2.** (*Arbeit*) einstellen **II.** *vi* (*fam*) aufhören; **lay on** *vt* **1.** (*Farbe*) auftragen **2.** (*fig*) sorgen für; veranstalten; (*Busse*) einsetzen; (*Wasser, Elektrizität*) anschließen; ~ **it on thick** [*o* **with a trowel**] (*fam*) übertreiben, aufschneiden; **lay open** *vt* **1.** bloß-, freilegen **2.** (*fig*) aufdecken; ~ **o.s. open** sich bloßstellen; ~ **one's heart open to s.o.** jdm sein Herz ausschütten; ~ **one's head open** sich den Kopf aufschlagen; **lay out** *vt* **1.** zurechtlegen; auslegen, ausbreiten, zur Schau stellen **2.** aufbahren **3.** entwerfen, planen; (*Gärten*) anlegen, gestalten; (*Gebäude*) aufteilen; (*Buch*) gestalten **4.** (*Geld*) ausgeben **5.** (*sl: Menschen*) erledigen; ~ **o.s. out** sich Mühe geben, sich bemühen; **lay to** *vi* (*Schiff*) beidrehen; **lay up** *vt* **1.** aufheben, aufbewahren; lagern; ansammeln **2.** (*Schiff*) auflegen **3.** (*Auto*) einmotten; **be laid up** das Bett hüten (müssen) (*with* wegen)

lay² [leɪ] *adj* weltlich; Laien-; ~ **opinion** öffentliche Meinung; **a** ~ **opinion** Meinung *f* eines Laien

lay³ [leɪ] *s.* **lie¹**

lay·about ['leɪəˌbaʊt] *s* (*Br*) Faulenzer(in) *m(f)*

lay-by ['leɪbaɪ] *s* (*Br:* AUTO) Parkbucht *f*

layer ['leɪə(r)] *s* **1.** Schicht *f;* Lage *f* **2.** (BOT) Ableger *m;* (AGR) Setzling *m* **3.** Legehenne *f;* **arrange in ~s** schichtweise anordnen; **layered** [-d] *adj:* ~ **cut** (*Haare*) Stufenschnitt *m*

lay·ette [leɪ'et] *s* Babyausstattung *f*

lay·man ['leɪmən] <*pl* -men> *s* Laie *m;* Laien(welt *f*) *mpl*

lay·off *s s.* **lay-off**

lay-off ['leɪɒf] *s* **1.** Arbeitsunterbrechung, -pause *f* **2.** Entlassung *f;* ~ **notice** Entlassungsschreiben *nt;* **lay·out** ['leɪaʊt] *s* **1.** Anlage *f;* Plan *m;* Anordnung, Ausgestaltung *f* **2.** Grundriss *m* **3.** (TYP) Layout *nt;* ~ **of rooms** Raumverteilung *f;* **lay·over** ['leɪəʊvə(r)] *s* (*Am*) Fahrtunterbrechung *f;* **lay·woman** ['leɪwʊmən] *s* Laie *m*

laze [leɪz] **I.** *vi* faulenzen, bummeln **II.** *vt* (~ *away*) verbummeln, vertrödeln **III.** *s* erholsame Pause; **have a** ~ faulenzen; **lazi·ness** ['leɪzɪnɪs] *s* Faulheit, Trägheit *f;* **lazy** ['leɪzɪ] *adj* **1.** faul, träge **2.** langsam, schwerfällig

L/C [ˌel'siː] *s Abk. von* **letter of credit** Akkreditiv *nt*

LCD [ˌelsiː'diː] *s Abk. von* **liquid crystal display** Flüssigkristallanzeige, LCD *f*

lead¹ [liːd] <*irr:* led, led> **I.** *vt* **1.** führen, leiten **2.** vorangehen (*s.o.* jdm); (*den Weg*) zeigen **3.** veranlassen (*to* zu) **4.** anführen; an der Spitze stehen (*s.th. +gen*) **5.** (MUS) dirigieren **6.** (*ein Leben*) führen **7.** (*Kartenspiel*) ausspielen; ~ **the way** vorangehen; (*fig*) führend sein; ~ **a party** Parteivorsitzende(r) sein; ~ **s.o. to do s.th.** jdn dazu bringen etw zu tun; ~ **s.o. astray** jdn auf Abwege bringen; ~ **s.o. up the garden path** jdn an der Nase herumführen, jdn betrügen; **it ~s me to think** es lässt mich meinen **II.** *vi* **1.** vorangehen, (an)führen **2.** (hin)führen (*to* zu) **3.** herbeiführen (*to s.th.* etw) **4.** führend sein, an der Spitze stehen **5.** (SPORT) in Führung sein **6.** (*Kartenspiel*) ausspielen; ~ **nowhere** zu nichts führen, keinen Sinn, Zweck haben; ~ **to trouble** zu Schwierigkeiten führen; **what will it ~ to?** wohin soll das führen? **III.** *s* **1.** Führung, Leitung *f* **2.** Beispiel *nt* **3.** Hinweis, Fingerzeig *m* **4.** erste Stelle **5.** leitende Idee, Leitbild *nt* **6.** (THEAT) Hauptrolle *f;* Hauptdarsteller(in) *m(f)* **7.** (SPORT) Vorsprung *m* **8.** (Hunde)Leine *f* **9.** (ELEK) Leitung(sdraht *m*) *f;* Kabel *nt;* **be in the** ~ führend sein; an der Spitze sein; einen Vorsprung haben (*by* von); **have the** ~ die Führung haben; den Ton angeben; **the police have a** ~ die Polizei hat eine Spur; **take the** ~ die Führung übernehmen; **it's my** ~ (*Kartenspiel*) ich spiele aus; **lead along** *vt* führen; **lead aside** *vt* beiseite nehmen; **lead away I.** *vt* wegführen; abführen **II.** *vi* wegführen; (vom Thema) abführen; **lead off I.** *vt* abführen **II.** *vi* **1.** den Anfang machen **2.** (SPORT) anspielen **3.** (*Straße*) abgehen; **lead on** *vt* **1.** weiterführen **2.** aufziehen, necken **3.** täuschen; **lead to** *vi* zur Folge haben; **lead up** *vi* **1.** hinführen, lenken (*to* auf) **2.** hinauswollen (*to* auf)

lead² [led] *s* **1.** Blei *nt* **2.** Lot *nt* **3.** (*Bleistift*) Blei(mine *f*) *nt* **4. ~s** Bleifassung *f;* **leaded** ['ledəd] *s* (*Kraftstoff*) verbleit; **leaden** ['ledn] *adj* **1.** bleiern; bleifarben **2.** drückend, schwül **3.** (*fig*) schwerfällig

leader ['liːdə(r)] *s* **1.** Führer(in) *m(f),* Leiter(in) *m(f),* Vorsitzende(r) *f m,* Anführer(in) *m(f)* **2.** (*Zeitung*) Leitartikel *m* **3.** (MUS) Konzertmeister(in) *m(f),* erste(r) Geiger(in) *m(f)* **4.** (COM) Schlager, Lockvogel *m* **5. ~s** (*Börse*) Spitzenwerte *mpl;* **industrial** ~ Wirtschaftsführer(in) *m(f);* **labo(u)r** ~ Arbeiterführer(in) *m(f);* **party** ~ Parteivorsitzende(r) *f m;* **leader·ship** [-ʃɪp] *s* Führung, Leitung *f*

lead-free ['ledfriː] *adj* (*Kraftstoff*) unverbleit, bleifrei

lead guitar ['liːdgɪˌtɑː(r)] *s* Leadgitarre *f*

lead·ing ['liːdɪŋ] *adj* **1.** führend, leitend **2.** erste(r, s), vorderste(r, s); **in a ~ position** in führender Position; **leading article** *s* Leitartikel *m;* **lead·ing-edge** [ˌliːdɪŋ'edʒ] *adj* Spitzen-, Hi-Tech-; **leading lady** *s* (THEAT) Hauptdarstellerin *f;* **leading light** *s* (*fig*) einflussreiche Persönlichkeit; **leading man** *s* (THEAT) Hauptdarsteller *m;* **leading question** *s* Suggestivfrage *f*

lead pencil ['ledˌpensl] *s* Bleistift *m;* **lead poisoning** *s* Bleivergiftung *f*

lead singer ['liːdˌsɪŋə(r)] *s* Leadsänger(in) *m(f);* **lead story** ['liːdˌstɔːrɪ] *s* Hauptartikel *m;* **lead time** *s* **1.** Vorlauf-, Entwicklungszeit *f* **2.** Beschaffungszeit *f* **3.** Lieferzeit *f*

lead-up ['li:dʌp] *s* Vorbereitungsphase *f*

leaf [li:f, *pl* li:vz] <*pl* **leaves**> **I.** *s* **1.** (BOT) Blatt *nt* **2.** (*Buch*) Blatt *nt* **3.** (Metall)Blättchen *nt;* Metallfolie *f* **4.** Tischklappe *f;* Türflügel *m;* **come into** ~ (BOT) grün werden, ausschlagen; **take a** ~ **out of s.o.'s book** jds Beispiel folgen; sich ein Beispiel an jdm nehmen; **turn over a new** ~ einen neuen Anfang machen **II.** *vi* (~ *through*) durchblättern; **leaf·less** [-lɪs] *adj* blattlos

leaf·let ['li:flɪt] *s* **1.** Blättchen *nt* **2.** Prospekt *m;* Flug-, Merk-, Faltblatt *nt*

leafy ['li:fɪ] *adj* belaubt; grün

league¹ [li:g] *s* **1.** Bund *m,* Bündnis *nt* **2.** Vereinigung, Union *f* **3.** (SPORT) Liga, Tabelle *f;* **in** ~ verbündet (*with* mit); **they are not in the same** ~ sie sind nicht gleichwertig

league² [li:g] *s* (*obs*) Wegstunde *f* (= *4,8 km*)

leak [li:k] **I.** *vi* **1.** leck, undicht sein **2.** (*Wasserhahn*) tropfen **3.** (~ *out*) durchsickern, auslaufen **4.** (*fig:* ~ *out*) bekannt werden **II.** *vt* **1.** durchlassen **2.** (*fig: Informationen*) weitergeben (*to* an); ~ **to the press** an die Presse durchsickern lassen **III.** *s* Leck *nt;* undichte Stelle; **a** ~ **to the press** Indiskretion *f* der Presse gegenüber; **spring a** ~ ein Leck bekommen, undicht werden; **leak·age** ['li:kɪdʒ] *s* **1.** Leck(-sein) *nt;* Auslaufen *nt* **2.** durchsickernde Flüssigkeit **3.** (COM) Leckage *f* **4.** (*fig*) Durchsickern *nt;* **leaky** ['li:kɪ] *adj* leck, undicht

lean¹ [li:n] <*irr:* **leant (leaned), leant (leaned)**> **I.** *vi* **1.** sich neigen **2.** sich (an)lehnen (*against* gegen, an, *on* auf) **3.** (*fig*) sich stützen (*on, upon* auf) **4.** eine Vorliebe haben (*to* für); ~ **over backward(s)** (*fig fam*) sich mächtig anstrengen; ~ **towards s.th.** (*fig*) zu etw hinneigen **II.** *vt* **1.** (~ *over*) schräg stellen **2.** lehnen (*against* an) **3.** (auf)stützen **III.** *s* Neigung *f* (*to* nach), Schrägstellung *f;* **lean back** *vi* sich zurücklehnen; **lean forward** *vi* sich vorbeugen; **lean on s.o.** *vi* **1.** sich auf jdn verlassen **2.** (*fam*) auf jdn Druck ausüben; **lean out** *vi* sich hinauslehnen; **lean over** *vi* **1.** sich neigen **2.** sich vorbeugen

lean² [li:n] **I.** *adj* **1.** mager (*a. Fleisch*) **2.** hager, dürr **II.** *s* mageres Fleisch

lean-burn en·gine ['li:nbɜ:n,endʒɪn] *s* Magermotor *m*

lean·ing ['li:nɪŋ] *s* Neigung *f;* (*fig*) Hang *m* (*towards* zu); **lean management** *s* Lean Management *nt;* **leant** [lent] *s.* **lean¹**; **lean-to** ['li:ntu:] *s* (ARCH: ~ *roof*) Pultdach *nt;* Anbau *m*

leap [li:p] <*irr:* **leapt (leaped), leapt (leaped)**> **I.** *vi* **1.** springen, hüpfen **2.** (*fig*) sich stürzen (*at* auf); ~ **for joy** Freudensprünge machen **II.** *vt* springen über; überspringen **III.** *s* **1.** Sprung(weite *f*) *m* **2.** (*fig*) Sprung *m;* **a** ~ **in the dark** (*fig*) Sprung *m* ins Ungewisse; **by** ~**s and bounds** sprunghaft, *adv;* **leap at** *vt* sich stürzen auf; ~ **at an opportunity** eine Gelegenheit (beim Schopf) ergreifen; **leap out** *vi* **1.** hinausspringen **2.** (*fig*) ins Auge springen; **leap up** *vi* **1.** hochspringen **2.** (*Preise*) in die Höhe schnellen; **leap-frog** **I.** *s* Bockspringen *nt* **II.** *vi* bockspringen; ~ **one's way to success** eine Blitzkarriere machen; **leapt** [lept] *s.* **leap**; **leap·year** *s* Schaltjahr *nt*

learn [lɜ:n] <*irr:* **learnt (learned), learnt (learned)**> **I.** *vt* **1.** (er)lernen **2.** erfahren, hören (*from* von) **3.** entnehmen (*from* aus); ~ **by heart** auswendig lernen **II.** *vi* lernen, erfahren (*of* von); **learned** ['lɜ:nɪd] *adj* gelehrt; wissenschaftlich; akademisch; **learner** ['lɜ:nə(r)] *s* **1.** Anfänger(in) *m(f),* Lernende(r) *f m,* Lerner(in) *m(f)* **2.** (AUTO: ~ *driver*) Fahrschüler(in) *m(f);* **be a slow** ~ schwer lernen; **learn·ing** ['lɜ:nɪŋ] *s* **1.** Bildung *f* **2.** Wissen *nt;* Gelehrsamkeit *f;* **learning disability** *s* Lernbehinderung *f;* **learning disabled** *adj* lernbehindert; **learnt** [lɜ:nt] *s.* **learn**

lease [li:s] **I.** *s* **1.** Pacht *f;* Miete *f* **2.** Verpachtung *f;* Vermietung *f* (*to* an) **3.** Pacht-, Mietvertrag *m;* **by way of** ~ pacht-, mietweise; **give** [*o* **let** (**out**)] **on** ~ verpachten, in Pacht geben; vermieten; **take on** ~, **take a** ~ **of** in Pacht nehmen, pachten; mieten; **a new** ~ **of life** neuer Auftrieb, Schwung **II.** *vt* **1.** (~ *out*) verpachten; vermieten (*to* an) **2.** pachten; mieten; **lease·hold** ['li:shəʊld] *s* **1.** gemietete Sache **2.** (~ *property*) Pachtgrundstück *nt;* **lease·holder** ['li:shəʊldə(r)] *s* Pächter(in) *m(f)*

leash [li:ʃ] *s* (Hunde)Leine *f;* **keep on the** ~ an der Leine führen

leasing ['li:sɪŋ] *s* Leasing *nt;* **leasing company** *s* Leasinggesellschaft *f*

least [li:st] **I.** *adj* kleinste(r, s), geringste(r, s), wenigste(r, s) **II.** *adv* am wenigsten; ~ **of all** am allerwenigsten **III.** *s* **1.** (der, die, das) Kleinste, Geringste **2.** (das) wenigste, mindeste; **at** (**the**) ~ wenigstens, mindestens; **last but not** ~ last, not least; **not in the** ~ nicht im Geringsten; **to say the** ~ gelinde gesagt

leather ['leðə(r)] **I.** *s* Leder *nt* **II.** *adj* Leder-, ledern **III.** *vt* **1.** mit Leder polieren

2. (*fam*) verdreschen; **leather·ing** [-ɪŋ] *s* Tracht *f* Prügel; **leather·neck** ['leðənek] *s* (*Am fam*) Marineinfanterist *m;* **leathery** ['leðərɪ] *adj* ledern; zäh

leave[1] [liːv] <*irr:* **left, left**> **I.** *vt* **1.** verlassen; abreisen, abfahren, abfliegen von **2.** lassen; hinterlassen **3.** (*in einem Zustand*) lassen **4.** liegenlassen, stehenlassen **5.** (*Erbe*) hinterlassen **6.** übrig lassen (*s.o.* jdm) **7.** überlassen (*up to s.o.* jdm); ~ **home** von zu Hause weggehen; ~ **one's job** seine Stelle aufgeben; **left until called for** wird abgeholt; (*Brief*) postlagernd; ~ **open** offen lassen; ~ **s.o. alone** jdn in Ruhe lassen; ~ **it at that** es dabei bewenden lassen; ~ **s.o. in the lurch** jdn im Ungewissen lassen; **it ~s much to be desired** es lässt viel zu wünschen übrig; **how much is left?** wie viel ist übrig?; **all he has left** alles, was er noch hat; **nothing was left for him but to go** da konnte er nur noch gehen; **let's ~ this for now** lassen wir das jetzt **II.** *vi* **1.** fort-, weggehen, -fahren **2.** abfahren, -reisen (*for* nach) **3.** kündigen, (die Stelle) aufgeben **4.** abgehen (*school* von der Schule); **leave behind** *vt* zurücklassen; hinter sich lassen; **leave off I.** *vi* aufhören; Schluss, ein Ende machen **II.** *vt* **1.** (*Tätigkeit*) aufgeben **2.** (*Kleidungsstück*) nicht anziehen; **leave on** *vt* **1.** (*Mantel*) anbehalten **2.** (*Radio, Licht*) anlassen; **leave out** *vt* **1.** auslassen; übersehen **2.** (dr)außen lassen; ~ **s.o. out of the picture** (*fig*) jdn ausschalten; **leave over** *vt* **1.** übriglassen **2.** verschieben

leave[2] [liːv] *s* **1.** Erlaubnis *f* **2.** (MIL) Urlaub *m* **3.** Abschied *m;* **on** ~ auf Urlaub; **beg** ~ um Erlaubnis bitten; **go on** ~ in Urlaub gehen; **take one's** ~ Abschied nehmen

leaven ['levn] **I.** *s* **1.** Treibmittel *nt;* Sauerteig *m* **2.** (*fig*) Auflockerung *f* **II.** *vt* **1.** treiben **2.** (*fig*) durchsetzen (*with* mit)

leave-tak·ing ['liːvteɪkɪŋ] *s* Abschied *m;* **leav·ing** ['liːvɪŋ] *s* Weggang *m;* **leaving certificate** *s* Abschlusszeugnis *nt;* **leaving party** *s* Abschiedsparty *f;* **leav·ings** ['liːvɪŋz] *s pl* (Über)Reste *pl*

Leba·nese [ˌlebə'niːz] **I.** *adj* libanesisch **II.** *s* Libanese *m,* Libanesin *f;* **Leba·non** ['lebənən] *s* Libanon *nt*

lecher ['letʃə(r)] *s* Lüstling, Wüstling *m;* **lech·er·ous** ['letʃərəs] *adj* geil; wollüstig; **lech·ery** ['letʃərɪ] *s* Geilheit *f*

lec·tern ['lektən] *s* Lesepult *nt*

lec·ture ['lektʃə(r)] **I.** *s* **1.** Vorlesung *f;* Vortrag *m* (*on* über, *to* vor) **2.** Strafpredigt *f;* **give a** ~ einen Vortrag halten **II.** *vi* eine Vorlesung halten; einen Vortrag halten (*on* über, *to s.o.* vor jdm) **III.** *vt* **1.** einen Vortrag halten (*s.o.* jdm) **2.** abkanzeln; **lecture note** *s* Vorlesungsnotiz *f;* **lecture room, lecture theatre** *s* Vortrags-, Hörsaal *m;* **lecture tour** *s* Vortragsreise *f;* **lec·turer** ['lektʃərə(r)] *s* **1.** Vortragende(r) *f m,* Redner(in) *m(f)* **2.** (*Universität*) Lehrbeauftragte(r) *f m,* Dozent(in) *m(f)*

led [led] *s.* **lead**[1]

LED [ˌeliː'diː] *s Abk. von* **light-emitting diode** Leuchtdiode *f;* **LED-display** *s* Leuchtdiodenanzeige *f*

ledge [ledʒ] *s* **1.** Leiste *f;* vorspringende Kante, Sims *m od nt* **2.** (Felsen)Riff *nt*

ledger ['ledʒə(r)] *s* (COM: *general* ~) Hauptbuch *nt;* **ledger line** *s* (MUS) Hilfslinie *f*

lee [liː] *s* **1.** (Wind)Schutz *m* **2.** (MAR) Lee(seite) *f*

leech [liːtʃ] *s* **1.** Blutegel *m* **2.** (*fig*) Schmarotzer(in) *m(f)*

leek [liːk] *s* Lauch, Porree *m*

leer [lɪə(r)] **I.** *s* anzüglicher Blick **II.** *vi* **1.** lüstern blicken (*at* auf) **2.** schielen (*at* nach)

lee·ward ['liːwəd] *s* Leeseite *f*

lee·way ['liːweɪ] *s* **1.** (MAR AVIAT) Abdrift *f* **2.** (*fig*) Zeitverlust, Rückstand *m* **3.** (*fig*) Spielraum *m;* **make up** ~ den Rückstand aufholen

left[1] [left] **I.** *adj* (*a.* POL) linke(r, s) **II.** *s* **1.** linke Seite **2.** (*Boxen*) Linke *f;* **the** ~ (POL) die Linke; **on the** ~ links; **to the** ~ nach links; links (*of* von); **keep to the** ~ links fahren, gehen **III.** *adv* (nach) links; **turn** ~ links abbiegen

left[2] [left] *s.* **leave**[1]

left-hand ['lefthænd] *adj* linke(r, s); ~ **drive** Linkssteuerung *f;* **take the** ~ **turn** links abbiegen; **left-handed** [ˌleft'hændɪd] *adj* **1.** linkshändig **2.** für Linkshänder **3.** unaufrichtig, zweifelhaft; **be** ~ Linkshänder(in) sein; **left-hander** *s* Linkshänder(in) *m(f);* **left·ist** ['leftɪst] **I.** *s* (POL) Anhänger *m* der Linken **II.** *adj* (POL) linksgerichtet

left-lug·gage [ˌleft'lʌgɪdʒ] *adj:* ~ **office** (RAIL) Gepäckaufbewahrung *f;* ~ **locker** Gepäckschließfach *nt;* ~ **ticket** Gepäckschein *m;* **left·overs** ['leftˌəʊvəz] *s pl* Reste, Überbleibsel *pl*

left wing [ˌleft'wɪŋ] *s* (POL SPORT) linker Flügel; **left-wing** ['leftwɪŋ] *adj* links stehend; **left-winger** [-ə(r)] *s* Anhänger *m* der Linken

leg [leg] **I.** *s* **1.** Bein *nt* **2.** (*Küche*) Keule *f* **3.** Strumpf-, Hosenbein *nt* **4.** (Stiefel)Schaft *m* **5.** Tisch-, Stuhlbein *nt* **6.** Stütze *f* **7.** (*Zirkel, a.* MATH) Schenkel *m* **8.** (AVIAT) Strecke, Etappe *f;* **on one's ~s** auf den Beinen; stehend; **be all ~s** (*Mensch*) hoch aufgeschossen sein; **be on one's last ~s** (*fam*) aus dem letzten Loch pfeifen; **give s.o. a ~ up** (*fig*) jdm unter die Arme greifen; **not to have a ~ to stand on** etw nicht belegen können; keine Ausrede haben; **pull s.o.'s ~** (*fam*) jdn auf den Arm nehmen; **shake a ~** (*fam*) sich sputen; **stand on one's own ~s** auf eigenen Füßen stehen; **stretch one's ~s** sich die Beine vertreten **II.** *vt* (*fam*): **~ it** laufen, zu Fuß gehen

leg·acy ['legəsɪ] *s* (*a. fig*) Erbe *nt*

legal ['li:gl] *adj* **1.** gesetz-, rechtmäßig **2.** rechtlich; juristisch; **take ~ action** den Rechtsweg beschreiten, prozessieren; **take ~ steps against s.o.** gerichtlich gegen jdn vorgehen; **~ advice** Rechtsberatung *f;* **~ adviser** Rechtsberater(in) *m(f)*, -beistand *m;* **~ aid** Rechtshilfe *f;* **~ charges** Anwaltsgebühren *fpl*, Gerichtskosten *pl;* **~ claim** Rechtsanspruch *m;* **~ costs** Rechtskosten *pl;* **~ currency** gesetzliches Zahlungsmittel; **~ department** Rechtsabteilung *f;* **~ entity** [*o* **person**] juristische Person; **~ force** Rechts-, Gesetzeskraft *f;* **~ expenses** Anwaltskosten *pl;* **~ holiday** gesetzlicher Feiertag; **~ proceedings** Gerichtsverfahren *nt*, Prozess *m;* **~ protection** Rechtsschutz *m;* **~ representative** gesetzlicher Vertreter; **~ tender** gesetzliches Zahlungsmittel; **~ validity** Rechtsgültigkeit *f;* **legal·ity** [li:'gælətɪ] *s* Gesetz-, Rechtmäßigkeit *f;* **legal·iz·ation** [ˌli:gəlaɪ'zeɪʃn] *s* Legalisierung *f;* **legal·ize** ['li:gəlaɪz] *vt* legalisieren; **legal·ly** ['li:gəlɪ] *adv* **1.** legal **2.** (*verheiratet*) rechtmäßig **3.** (*verankert*) gesetzlich **4.** (*beraten*) juristisch; **~ speaking** vom rechtlichen Standpunkt aus; **~ valid** rechtsgültig

leg·ate ['legɪt] *s* Legat *m*

leg·ation [lɪ'geɪʃn] *s* Gesandtschaft *f*

leg·end ['ledʒənd] *s* **1.** Legende *f* **2.** (*Münze*) Aufschrift *f* **3.** Bilderklärung *f*, Bildtext *m;* Legende *f;* **leg·end·ary** ['ledʒəndrɪ] *adj* legendär

leger·de·main [ˌledʒədə'meɪn] *s* (Taschenspieler)Kunststück *nt;* Trick *m*

leg·gings ['legɪŋz] *s pl* (lange) Gamaschen *fpl*, Leggings *pl;* **leggy** ['legɪ] *adj* langbeinig

leg·ible ['ledʒəbl] *adj* lesbar; leserlich

legion ['li:dʒən] *s* Legion *f;* **the Foreign Legion** die Fremdenlegion; **legion·ary** ['li:dʒənərɪ] *s* Legionär *m;* **leg·ion·naire's dis·ease** [li:dʒən'eəzˌdɪ'zi:z] *s* Legionärskrankheit *f*

legis·late ['ledʒɪsleɪt] *vi* Gesetze erlassen; **~ for s.th.** etw berücksichtigen; **legis·la·tion** [ˌledʒɪs'leɪʃn] *s* Gesetzgebung *f;* **legis·lat·ive** ['ledʒɪslətɪv] *adj* gesetzgebend; **~ reform** Gesetzesreform *f;* **legis·la·tor** ['ledʒɪsleɪtə(r)] *s* Gesetzgeber *m;* **legis·la·ture** ['ledʒɪsleɪtʃə(r)] *s* Legislative *f*

le·git·imacy [lɪ'dʒɪtɪməsɪ] *s* **1.** Gesetzmäßigkeit, Legitimität *f* **2.** Ehelichkeit *f;* **le·git·imate** [lɪ'dʒɪtɪmət] *adj* **1.** recht-, gesetzmäßig **2.** legitim **3.** ehelich; **le·git·imize** [lɪ'dʒɪtɪˌmaɪz] *vt* **1.** legitimieren **2.** für ehelich erklären

leg·less ['legləs] *adj* (*fam*) sternhagelvoll

leg·room ['legrʊm] *s* Beinfreiheit *f*, Platz *m* für die Beine

leg·ume ['legju:m] *s* **1.** Hülse(nfrucht) *f* **2.** **~s** Gemüse *nt;* **leg·umin·ous** [lɪ'gju:mɪnəs] *adj* Hülsen-

lei·sure ['leʒə(r)] *s* Muße, Freizeit *f* (*for* zu); **at ~** unbeschäftigt, frei; in (aller) Ruhe; **at one's ~** wenn man Zeit hat; wenn es einem passt; **gentleman of ~** Privatier *m;* **lady of ~** nicht berufstätige Frau; **leisure activities** *s pl* Freizeitgestaltung *f;* **leisure centre** *s* Freizeitzentrum *nt;* **lei·sured** ['leʒəd] *adj:* **the ~ classes** die feinen Leute; **leisure hours** *s pl* Mußestunden *fpl;* **lei·sure·ly** ['leʒəlɪ] **I.** *adj* gemächlich, ruhig **II.** *adv* ohne Eile; in (aller) Ruhe; **leisure time** *s* Freizeit *f;* **leisure wear** *s* Freizeitkleidung *f*

lem·ming ['lemɪŋ] *s* Lemming *m*

lemon ['lemən] **I.** *s* **1.** Zitrone *f* **2.** (~ *tree*) Zitronenbaum *m* **3.** (*fig*) Niete *f* **II.** *adj* zitronengelb; **lemon·ade** [ˌlemə'neɪd] *s* Limonade *f;* **lemon cheese**, **lemon curd** *s* (*Br*) Zitronencreme *f;* **lemon juice** *s* Zitronensaft *m;* **lemon peel**, **lemon rind** *s* Zitronenschale *f;* **lemon squash** *s* (*Br*) Sodawasser *nt* mit Zitrone; Zitronensirup *m;* **lemon squeezer** *s* Zitronenpresse *f*

lend [lend] <*irr:* **lent, lent**> *vt* **1.** (aus-, ver)leihen (*at interest* auf Zinsen) **2.** zur Verfügung stellen **3.** (*Eigenschaft*) geben, verleihen; **~ o.s. to s.th** sich zu etw hergeben, etw mitmachen; **~ itself to** sich eignen zu, für; **~ a (helping) hand** behilflich sein; **lender** ['lendə(r)] *s* Aus-, Verleiher *m;* **lend·ing** ['lendɪŋ] *s* **1.** (Aus-, Ver)Leihen *nt* **2.** Darlehens-, Kreditgewährung *f;* Darlehen *nt;* **~ business** Kreditgeschäft *nt;* **~-library** Leihbibliothek, -bücherei *f*

length [leŋθ] *s* **1.** Länge *f;* Strecke *f* **2.** Dauer *f* **3.** (*Stoff*) Stück *nt;* (*Tapete*) Bahn *f* **4.** (SPORT) (Pferde-, Boots)Länge *f;* **at ~** schließlich, endlich; ausführlich; ungekürzt; **by a ~** (SPORT) um eine Länge; **full ~** der Länge nach; **three feet in ~** drei Fuß lang; **go to any ~** vor nichts zurückschrecken; **go to great ~s** (*fig*) sehr weit gehen; alles Erdenkliche tun; **keep s.o. at arm's**

L

~ Abstand zu jdm wahren, jdn auf Distanz halten; **lengthen** ['leŋθən] **I.** *vt* verlängern **II.** *vi* länger werden; **length·ways, length·wise** ['leŋθweɪz, 'leŋθwaɪz] *adv* der Länge nach; **lengthy** ['leŋθɪ] *adj* weitschweifig, langatmig, langweilig; ziemlich lang

leni·ence, leni·ency ['liːnɪəns(ɪ)] *s* Milde, Nachsicht *f;* **leni·ent** ['liːnɪənt] *adj* mild(e), nachsichtig (*towards* gegen)

lens [lenz] *s* **1.** Linse *f* **2.** (Brille) Glas *nt* **3.** (PHOT) Objektiv *nt*

lent [lent] *s.* **lend**

Lent [lent] *s* Fastenzeit *f*

len·til ['lentl] *s* (*Hülsenfrucht*) Linse *f*

Leo ['liːəʊ] *s* (ASTR) Löwe *m;* **leo·nine** ['lɪənaɪn] *adj* Löwen-

leop·ard ['lepəd] *s* Leopard *m*

leo·tard ['liːətɑːd] *s* Trikot *nt;* Gymnastikanzug *m*

leper ['lepə(r)] *s* Leprakranke(r), Aussätzige(r) *f m;* **lep·rosy** ['leprəsɪ] *s* Lepra *f,* Aussatz *m;* **lep·rous** ['leprəs] *adj* leprakrank, aussätzig

les·bian ['lezbɪən] **I.** *adj* lesbisch **II.** *s* Lesbierin *f*

lese-maj·esty [ˌleɪz'mædʒɪstɪ] *s* Majestätsbeleidigung *f;* (*treason*) Hochverrat *m*

lesion ['liːʒn] *s* **1.** (MED) Verletzung *f* **2.** (JUR) Schädigung *f*

less [les] **I.** *adj* kleiner, geringer, weniger **II.** *adv* weniger, in geringerem Maße **III.** *s* (der, die das) Kleinere, Geringere, Wenigere; kleinerer Betrag **IV.** *prep* abzüglich *+gen,* weniger **V.** (*Wendungen*): **for ~** für weniger; **no** [*o* **nothing**] **~** nicht wenig (*than* als); **no ~ than** ebensogut wie; **none the ~** nichtsdestoweniger

les·sen ['lesn] **I.** *vt* **1.** vermindern **2.** herabsetzen, verkleinern **II.** *vi* **1.** weniger werden **2.** abnehmen, nachlassen

les·ser ['lesə(r)] *adj attr* kleiner, geringer; **to a ~ extent** in geringerem Maße; **the ~ crime** das weniger schlimme Verbrechen

les·son ['lesn] *s* **1.** (SCHULE) Übung, Aufgabe, Lektion *f* **2.** Schularbeit *f* **3.** Lehr-, Unterrichtsstunde *f* **4.** Lehre *f;* Denkzettel *m* **5. ~s** Kurs(us) *m;* Unterricht *m;* **give s.o. a ~** jdm eine Lehre erteilen; **give ~s** Unterricht geben; **let this be a ~ to you!** lass dir das eine Lehre sein!

lest [lest] *conj* **1.** aus Furcht, dass **2.** damit, dass nicht **3.** im Fall, dass; falls **4.** dass

let[1] [let] <*irr:* let, let> *vt* **1.** lassen **2.** zulassen, dass; erlauben, dass **3.** einweihen (*into a secret* in ein Geheimnis); **~ s.o. do s.th.** jdn etw tun lassen; **we cannot ~ that happen** wir dürfen nicht zulassen, dass das passiert; **~ me help you** kann ich Ihnen helfen?; **~ s.o. know** jdm Bescheid sagen; **~ s.o. alone** jdn in Ruhe lassen; **~ alone** geschweige denn, gar nicht zu reden von; **~ be** in Ruhe lassen; **~ blood** einen Aderlass machen; **~ drop** fallen lassen; **~ fly** werfen, feuern; schleudern; (*fig*) vom Stapel lassen; loswettern; **~ go** gehen lassen; loslassen; bleiben lassen; vernachlässigen; **~ o.s. go** sich gehen lassen; **~ it go at that** es dabei bewenden lassen; **~ pass** übersehen, nicht beachten; durchlassen; **~ slip** loslassen; (*Gelegenheit*) sich entgehen lassen, verpassen; (*Tatsache*) ausplaudern; **~'s go!** gehen wir!; **~'s talk it over** lass uns darüber reden; **~ us pray** lasset uns beten; **~ us suppose …** nehmen wir an …; **~ me know** lass es mich wissen!; **~ me think …** warte mal …; **let by** *vt* vorbeilassen; **let down** *vt* **1.** herunterlassen **2.** im Stich lassen; enttäuschen **3.** (*Reifen*) die Luft herauslassen (aus); **~ one's hair down** (*fig*) aus sich herausgehen; **let in** *vt* **1.** hinein-, hereinlassen **2.** (*Wasser*) durchlassen **3.** einweihen (*on* in) **4.** (*Nähen*) einsetzen; **~ o.s. into the house** die Haustür aufschließen; **~ o.s. in for s.th.** sich etw einbrocken; **~ s.o. in on s.th.** jdn in etw einweihen; **let off** *vt* **1.** (*Dampf*) ablassen **2.** (*Gewehr*) abfeuern; (*Pfeil*) abschießen; (*Bombe*) hochgehen lassen **3.** aus-, absteigen lassen, absetzen (*s.o.* jdn) **4.** entwischen lassen; **~ s.o. off s.th.** jdm etw erlassen; **let on** *vt* (*fam*) durchblicken lassen; **not to ~ on** sich nichts anmerken lassen; **let out** *vt* **1.** heraus-, hinauslassen **2.** (*Flüssigkeit*) auslaufen lassen **3.** (*Kleidungsstück, Saum*) auslassen **4.** aussteigen lassen; absetzen **5.** (*Gefangenen*) entlassen **6.** ausplaudern, verraten **7.** (*Schrei*) ausstoßen; **~ the cat out of the bag** die Katze aus dem Sack lassen; **that ~s him out of it** da kommt er schon mal nicht in Frage; **let up** *vi* nachlassen; aufhören; **~ up on s.o.** jdm etw nachsehen

let[2] [let] **I.** *s* Vermietung *f;* **look for a ~** eine Wohnung suchen; **have a house on a ~** ein Haus gemietet haben **II.** *vt* (*~ out*) vermieten; **to ~!** zu vermieten!

let[3] [let] *s* **1.** (*Tennis*) Netzball *m* **2. without ~ or hindrance** (JUR) ungehindert

let-down ['letdaʊn] *s* (*fam*) Enttäuschung *f*

lethal ['liːθl] *adj* tödlich

leth·argic [lɪ'θɑːdʒɪk] *adj* träge; energielos; interesselos; lethargisch; **leth·argy** ['leθədʒɪ] *s* Energielosigkeit *f;* Interesselosigkeit *f;* Lethargie *f*

let·ter ['letə(r)] **I.** *s* **1.** Buchstabe *m* **2.** (TYP) Letter, Type *f* **3.** Brief *m;* Schreiben *nt* (*to* an) **4. ~s** Literatur *f;* Schrifttum *nt;* **by ~** brieflich; **to the ~** ganz genau; **capital ~** Großbuchstabe *m;* **man of ~s** Literat, Schriftsteller *m;* **~ of application** Bewerbungsschreiben *nt;* **~ of credit, L/C** Akkreditiv *nt;* **~ of thanks** Dankschreiben *nt;* **~ to the editor** Leserbrief *m* **II.** *vt* beschriften; **letter bomb** *s* Briefbombe *f;* **letter-box** *s* (*Br*) Briefkasten *m;* **letter-card** *s* Briefkarte *f;* **let·ter·head** ['letəhed] *s* Briefkopf *m;* **let·ter·ing** ['letərɪŋ] *s* Beschriftung *f;* **let·ter·press** ['letəpres] *s* Buch-, Hochdruck *m;* **letter quality** *s* (INFORM) Briefqualität *f;* **letter quality printer** *s* Schönschreibdrucker *m*

let·tuce ['letɪs] *s* Lattich *m;* Kopfsalat *m*

let-up ['letʌp] *s* **1.** Nachlassen *nt* **2.** Pause *f*

leu·co·cyte, leu·ko·cyte ['lu:kəsaɪt] *s* weißes Blutkörperchen, Leukozyt *m;* **leu·k(a)e·mia** [lu:'ki:mɪə] *s* (MED) Leukämie *f*

lev·el ['levl] **I.** *s* **1.** Ebene *f* **2.** gleiche Höhe **3.** Pegel *m;* (Meeres)Höhe *f* **4.** Niveau *nt,* Stand *m* **5.** (*Gebäude*) Geschoss *nt* **6.** Libelle, Wasserwaage *f* **7.** Anteil *m;* Alkoholspiegel *m* **8.** (*fig*) Platz, Stand *m;* Stufe *f;* (**on a**) **~ with** auf gleicher Höhe, *fig* Stufe mit; **on the ~** (*fam*) offen und ehrlich, gerade; **on a high/low ~** auf hohem/niedrigem Niveau; **peak ~** Höhepunkt *m;* Preisspitze *f;* **price ~** Preisniveau *nt;* **salary ~** Gehaltsstufe *f;* **sea ~** Meeresspiegel *m;* **above/below sea ~** über/unter dem Meeresspiegel; **subsistence ~** Existenzminimum *nt;* **wage ~** Lohnniveau *nt;* **~ of activity** Beschäftigungsgrad *m;* **~ of employment** Beschäftigungsgrad *m;* **~ of performance** Leistungsniveau *nt;* **~ of production** Produktionsniveau *nt* **II.** *adj* **1.** eben, flach; waagerecht **2.** gleich hoch **3.** (*fig*) von gleicher Bedeutung; gleich(wertig); gleich gut **4.** ruhig, vernünftig, ausgeglichen; **be ~ with s.th.** so hoch sein wie etw; **do one's ~ best** sein Möglichstes tun; **have a ~ head** ausgeglichen sein; **he keeps a ~ head** er behält einen klaren Kopf **III.** *adv* auf gleicher Ebene (*with* wie) **IV.** *vt* **1.** planieren, ebnen **2.** (*~ off*) einebnen, nivellieren **3.** (*Gebäude*) einreißen **4.** (*Stadt*) dem Erdboden gleichmachen **5.** (*Schlag*) versetzen (*at s.o.* jdm) **6.** (*Gewehr*) anlegen, in Anschlag bringen (*at* auf) **7.** (*fig: Anklage, Blick*) richten (*at, against* gegen); **level down** *vt* **1.** einebnen **2.** (*fig*) erniedrigen **3.** (*Preis*) senken; herabsetzen **4.** nach unten ausgleichen; **level off, level out I.** *vt* **1.** einebnen, planieren **2.** (*fig*) ausgleichen **II.** *vi* **1.** (*Gelände*) eben, flach werden **2.** (*fig*) sich einpendeln **3.** (AVIAT) das Flugzeug abfangen; (*Flugzeug*) sich fangen; horizontal fliegen; **level up** *vt* erhöhen; nach oben ausgleichen; **level with** *vt* (*sl*) offen reden mit

lev·el cross·ing [ˌlevl'krɒsɪŋ] *s* (*Br*) schienengleicher Bahnübergang; **level-headed** [ˌlevl'hedɪd] *adj* ausgeglichen; vernünftig, überlegt; **lev·el-head·ed·ness** [ˌlevl'hedɪdnɪs] *s* Besonnenheit *f;* **level·ing** *s* (*Am*), **level·ling** ['levlɪŋ] *s* **1.** Planieren *nt* **2.** (*~ of incomes*) Einkommensnivellierung *f* **3.** Ausgleich *m;* **level peg·ging** [ˌlevl'pegɪŋ] *adj* **1.** (SPORT) punktgleich **2.** (*fig*) gleichgestellt

lev·er ['li:və(r), *Am* 'levə(r)] **I.** *s* **1.** Hebel *m* **2.** Brechstange *f* **3.** (*fig*) Druckmittel *nt* **II.** *vt* mit einer Brechstange, einem Hebel heben; **lever out** *vt* **1.** herausstemmen **2.** (*aus einer Stellung*) verdrängen; **lever·age** [-ɪdʒ] *s* **1.** Hebelansatz *m,* -wirkung *f* **2.** (*fig*) Macht *f,* Einfluss *m*

lev·eret ['levərɪt] *s* Häschen *nt*

lev·ia·than [lɪ'vaɪəθən] *s* Monstrum *nt*

levi·tate ['levɪteɪt] **I.** *vi* (frei) schweben **II.** *vt* zum Schweben bringen

lev·ity ['levətɪ] *s* Leichtfertigkeit *f*

levy ['levɪ] **I.** *s* **1.** Abgabe, Steuer *f* **2.** Steuereintreibung *f* **3.** (*~ of execution*) Zwangsvollstreckung *f* **4.** (FIN COM) Abschöpfung *f* **5.** (MIL) Aushebung, Rekrutierung *f* **II.** *vt* **1.** (*Steuer*) erheben **2.** (*Geldstrafe*) auferlegen (*on s.o.* jdm) **3.** (*Pfändung*) betreiben, vornehmen **4.** (MIL) ausheben, rekrutieren **5.** (*Güter*) einziehen **6.** (*Krieg*) beginnen (*on* gegen)

lewd [lju:d] *adj* geil; anzüglich; unanständig; **lewd·ness** [-nɪs] *s* Lüsternheit *f;* Anzüglichkeit *f;* Unanständigkeit *f*

lexi·cal ['leksɪkl] *adj* lexikalisch; **lexi·cogra·pher** [ˌleksɪ'kɒgrəfə(r)] *s* Lexikograph(in) *m(f);* **lexi·cogra·phy** [ˌleksɪ'kɒgrəfɪ] *s* Lexikographie *f;* **lexi·col·ogy** [ˌleksɪ'kɒlədʒɪ] *s* Lexikologie *f;* **lexi·con** ['leksɪkən] *s* **1.** Lexikon *nt* **2.** Fachwörterbuch *nt* **3.** Morpheme *pl* einer Sprache; **lexis** ['leksɪs] *s* Gesamtwortschatz *m*

lia·bil·ity [ˌlaɪə'bɪlətɪ] *s* **1.** Haftung *f* **2.** Belastung *f* **3.** Pflicht *f* **4.** Anfälligkeit *f* (*to* für) **5. liabilities** Verbindlichkeiten *fpl,* Passiva *ntpl;* **without ~** unverbindlich; **~ for tax** Steuerpflicht *f;* **assets and liabilities** Aktiva u. Passiva *pl;* **~ for damages** (Schaden)Ersatzpflicht *f;* **~ for defects** Mängelhaftung *f;* **~ insurance** Haftpflichtversicherung *f;* **li·able** ['laɪəbl] *adj* **1.** verpflichtet (*for* zu), haftbar (*for* für) **2.** ausgesetzt, unterworfen (*to s.th.* einer S) **3.** neigend (*to* zu); **be ~ for s.th.** für etw haften; einer S unterliegen; **~ for damages/tax**

L

schadenersatzpflichtig/steuerpflichtig; **he is ~ to change his mind** es kann durchaus sein, dass er es sich anders überlegt; **the car is ~ to break down** man muss mit einer Autopanne rechnen; **it's ~ to happen** das ist durchaus möglich

li·aise [lɪ'eɪz] *vi* Verbindung aufnehmen (*with* mit), Verbindungsmann sein (*with* zu); **li·aison** [lɪ'eɪzn] *s* **1.** Verbindung *f* **2.** Verbindungsmann *m* **3.** (Liebes)Verhältnis *nt,* Liaison *f* **4.** (GRAM) Bindung *f;* **liaison officer** *s* Verbindungsperson *f*

li·ana, li·ane [lɪ'ɑːnə] *s* Liane *f*

liar ['laɪə(r)] *s* Lügner(in) *m(f)*

lib [lɪb] *s:* **women's ~** (*fam*) Frauenbewegung *f*

li·bel ['laɪbl] **I.** *s* (schriftliche) Verleumdung *f;* Beleidigung *f* (*upon +gen*); **be a ~ on s.o.** für jdn beleidigend sein; **action for ~** Verleumdungsklage *f* **II.** *vt* (schriftlich) verleumden; **li·bel·lous** ['laɪbələs] *adj,* **li·bel·ous** *adj* (*Am*) verleumderisch, beleidigend

lib·eral ['lɪbərəl] **I.** *adj* **1.** freigebig, großzügig (*of* mit) **2.** aufgeschlossen, tolerant **3.** (*a.* POL) liberal **II.** *s* Liberale(r) *f m;* **liberal arts** *s pl* Geisteswissenschaften *fpl;* **liberal education** *s* Unterricht *m* in den allgemein bildenden Fächern; **lib·eral·ism** [-ɪzəm] *s* Liberalismus *m;* **lib·er·al·ity** [ˌlɪbə'rælətɪ] *s* **1.** Freigebigkeit, Großzügigkeit *f* **2.** Aufgeschlossenheit *f;* **lib·eral·iz·ation** [ˌlɪbrəlaɪ'zeɪʃn] *s* Liberalisierung *f;* **lib·eral·ize** ['lɪbrəlaɪz] *vt* liberalisieren

lib·er·ate ['lɪbəreɪt] *vt* **1.** freilassen, befreien (*from* von) **2.** emanzipieren **3.** (CHEM) freimachen; **lib·er·ation** [ˌlɪbə'reɪʃn] *s* Befreiung, Freilassung *f;* **women's ~ movement** Frauenbewegung *f;* **liberation organization** *s* Befreiungsorganisation *f;* **lib·er·ator** ['lɪbəreɪtə(r)] *s* Befreier(in) *m(f)*

lib·er·tine ['lɪbətiːn] *s* Wüstling *m*

liberty ['lɪbətɪ] *s* **1.** Freiheit *f* **2.** *oft pl* (Vor)Recht(e *pl*) *nt;* Freiheiten *fpl;* **at ~** frei; unbenützt; **be at ~** frei sein; **be at ~ to do** freie Hand haben zu tun; **set at ~** freilassen; **take the ~ of doing** [*o* **to do**] **s.th.** sich die Freiheit herausnehmen etw zu tun; **take liberties** sich Freiheiten herausnehmen (*with s.o.* gegen jdn); **I take the ~** ich erlaube mir; **you are at ~ to leave** Sie können gehen; **civil liberties** bürgerliche (Ehren)Rechte *ntpl;* **~ of action** Handlungsfreiheit *f;* **~ of conscience** Gewissensfreiheit *f;* **~ of trade** Gewerbefreiheit *f*

li·bid·in·ous [lɪ'bɪdɪnəs] *adj* wollüstig; unzüchtig, obszön; **li·bido** [lɪ'biːdəʊ] *s* Geschlechtstrieb *m,* Libido *f*

Libra ['liːbrə] *s* (ASTR) Waage *f;* **Lib·ran** ['liːbrən] *s* (ASTR) Waage(mensch *m*) *f*

li·brar·ian [laɪ'breərɪən] *s* Bibliothekar(in) *m(f);* **li·brary** ['laɪbrərɪ] *s* Bibliothek, Bücherei *f;* Sammlung *f;* **reference ~** Präsenzbibliothek *f*

li·bretto [lɪ'bretəʊ] <*pl* **-brettos**> *s* (MUS) Libretto *nt*

Lib·ya ['lɪbɪə] *s* Libyen *nt;* **Lib·yan** ['lɪbɪən] **I.** *adj* libysch **II.** *s* Libyer(in) *m(f)*

li·cence ['laɪsns] *s* **1.** Erlaubnis, Bewilligung, Genehmigung *f* **2.** Lizenz *f* **3.** Konzession *f;* Gewerbeschein *m* **4.** Führerschein *m;* Jagdschein *m;* Waffenschein *m* **5.** Rundfunk-, Fernsehgenehmigung *f* **6.** Hundemarke *f* **7.** Freiheit *f* **8.** Zügellosigkeit *f;* **under ~ from** mit Erlaubnis, Genehmigung *+gen;* **give** [*o* **grant**] **a ~** eine Lizenz, eine Konzession erteilen; **requiring** [*o* **subject to**] **a ~** genehmigungs-, konzessionspflichtig; **driver's ~** (*Am*) Führerschein *m;* **driving ~** (*Br*) Führerschein *m;* **licence number** *s* (AUTO) (Kraftfahrzeug)Kennzeichen *nt;* Zulassungsnummer *f;* **li·cense** ['laɪsəns] **I.** *s* (*Am*): **~ plate** Nummernschild *nt* **II.** *vt* **1.** erlauben, gestatten, genehmigen **2.** eine Lizenz, eine Konzession erteilen (*s.o.* jdm); **~ a car** Kraftfahrzeugsteuer bezahlen; **be ~d to do s.th** die Genehmigung haben etw zu tun; **li·censed** ['laɪsnst] *adj* konzessioniert; **fully ~** mit voller Schankerlaubnis; **~ victualler** Inhaber *m* einer Konzession zum Verkauf von Alkohol; **li·cen·see** [ˌlaɪsən'siː] *s* Lizenznehmer(in) *m(f),* Konzessionsinhaber(in) *m(f);* **license fee** *s* (TV) Fernsehgebühr *f;* **li·cens·er** ['laɪsnsə(r)] *s* Lizenz-, Konzessionsgeber(in) *m(f);* **li·cens·ing** ['laɪsənsɪŋ] *adj* Konzessions-; Lizenz-; **licensing hours** *s pl* Ausschankzeiten *fpl;* **licensing laws** *s pl* Schankgesetze *ntpl*

li·cen·tiate [laɪ'senʃɪət] *s* Lizentiat *m*

li·cen·tious [laɪ'senʃəs] *adj* ausschweifend

li·chen ['laɪkən] *s* (*Algen u. Pilzfäden*) Flechte *f*

lick [lɪk] **I.** *vt* **1.** (auf-, ab-, be)lecken **2.** (*fam*) verdreschen **3.** (*fam: Menschen*) fertig machen; besiegen; **~ one's lips** (*fig*) sich die Lippen lecken; **~ into shape** (*fam*) auf Hochglanz, in Form bringen; **~ s.o.'s boots** (*fig*) vor jdm kriechen **II.** *vi* (*Flamme*) züngeln; **~ at s.th.** an etw lecken **III.** *s* **1.** Lecken *nt* **2.** ein bisschen; Schuss, Spritzer *m* **3.** (*salt-~*) Salzlecke *f* **4.** (*fam*) tolles Tempo; **at full ~** (*sl*) mit Höchstgeschwindigkeit; **a ~ and a promise** Katzenwäsche *f;* **lick·ing** [-ɪŋ] *s* **1.** (Ab)Lecken *nt*

2. (*fam*) Niederlage *f* **3.** (*fam*) Dresche *f*

licor·ice ['lɪkərɪs] *s* **1.** (*sweet*) Lakritze *f* **2.** (*plant*) Süßholz *nt*

lid [lɪd] *s* **1.** Deckel *m* **2.** (Augen)Lid *nt* **3.** (*sl*) Deckel, Hut *m;* **take the ~ off** (*fig*) enthüllen; **with the ~ off** unverhüllt, ohne Beschönigung; **put a ~ on it!** halt die Klappe!

lido ['li:dəʊ] <*pl* **lidos**> *s* Strand-, Freibad *nt*

lie¹ [laɪ] <*irr:* **lay, lain**> **I.** *vi* **1.** liegen **2.** (*Straße*) führen, verlaufen **3.** (begraben) liegen, ruhen **4.** obliegen (*on s.o.* jdm) **5.** (*fig*) beruhen (*in* auf) **6.** bestehen (*in* in); **~ in ambush** auf der Lauer liegen; **~ at anchor** vor Anker liegen; **~ in bed** im Bett liegen; **~ idle** müßig sein, nichts tun; stillliegen, nicht benützt werden; **~ low** am Boden liegen; (*sl*) nichts verlauten lassen; **~ open to s.th.** einer S ausgesetzt sein; **take s.th. lying down** (*Beleidigung*) etw wortlos schlucken; **everything that ~s in my power** alles, was in meiner Macht steht **II.** *s* Lage *f;* **the ~ of the land** Beschaffenheit *f* des Geländes; (*fig*) Lage *f;* **lie about** *vi* herumliegen; **lie back** *vi* **1.** sich zurücklegen; sich zurücklehnen **2.** (*fig*) nichts tun; sich ausruhen; **lie behind** *vi* (*fig*) dahinterliegen; **lie down** *vi* sich hinlegen; **~ down under s.th.** etw widerspruchslos hinnehmen; **~ down on the job** (*Am fam*) eine ruhige Kugel schieben; **lie in** *vi* bis spät in den Morgen hinein im Bett bleiben; **lie off** *vi* (MAR) in geringer Entfernung liegen; **lie over** *vi* (*Am*) aufgeschoben sein; **let ~ over** aufschieben, liegenlassen; **lie to** *vi* (MAR) beiliegen; **lie under** *vi* unterstehen; **~ under an obligation** eine Verpflichtung haben; **lie up** *vi* sich zurückziehen; verschwinden; das Zimmer hüten (müssen); unbenutzt sein

lie² [laɪ] **I.** *vi* **1.** lügen **2.** einen falschen Eindruck erwecken, täuschen; **~ to s.o.** jdn anlügen; **~ through one's teeth** lügen wie gedruckt **II.** *vt:* **~ o.s.** [*o* **one's way**] **out of** sich herauslügen aus **III.** *s* Lüge, Unwahrheit *f;* **act a ~ to s.o.** falsche Vorstellungen in jdm erwecken; **give s.o. the ~** jdn Lügen strafen; **give s.th. the ~** etw widerlegen; **tell a ~** lügen; **lie-detector** *s* Lügendetektor *m*

lie-down [ˌlaɪ'daʊn] *s* (*Br*) kurze (Bett)Ruhe *f;* **lie-in** [ˌlaɪ'ɪn] *s* Bettruhe *f* bis tief in den Morgen hinein; **have a ~** ausschlafen

lieu [lu:] *s:* **in ~ of** anstatt, an Stelle +*gen*

lieu·ten·ant [lef'tenənt, *Am* lu:'tenənt] *s* **1.** Leutnant *m;* (*Br*) Oberleutnant; (*Br*) Kapitänleutnant *m* **2.** Statthalter *m;* **flight ~** (*Br:* AVIAT) Hauptmann *m*

life [laɪf, *pl* laɪvz] <*pl* **lives**> *s* **1.** Leben *nt* **2.** Lebenszeit *f* **3.** Lebensgeschichte, Biografie *f* **4.** Lebensweise, -führung *f* **5.** (*a.* TECH) Lebensdauer *f* **6.** Schwung *m,* Lebenskraft *f* **7.** (JUR) Geltungsdauer *f;* Laufzeit *f;* **as large as ~** in Lebensgröße; (*fam*) in Person; **for ~** auf Lebenszeit; lebenslänglich; **for dear ~** um sein Leben (*laufen*); **not on your ~!** todsicher nicht!; **late in ~** in vorgerücktem Alter; **in the prime of one's ~** im besten Alter, in den besten Jahren; **to the ~** lebenswahr, -echt, *adv;* **bring to ~** ins Leben rufen; beleben; (*fam*) in Schwung bringen; **bring back to ~** wieder beleben; **come to ~** in Schwung kommen; wieder zu sich kommen; **take s.o.'s/one's own ~** jdm/sich das Leben nehmen; **he had the time of his ~** er amüsierte sich bestens; **danger to ~** Lebensgefahr *f;* (**mean**) **duration of ~** (mittlere) Lebensdauer *f;* **economic ~** Nutzungsdauer *f;* **expectation of ~** Lebenserwartung *f;* **experience in ~** Lebenserfahrung *f;* **family ~** Familienleben *nt;* **this is a matter of ~ and death** hier geht es um Leben und Tod; **life annuity** *s* Leibrente *f;* **life·belt** ['laɪfbelt] *s* Rettungsring *m;* **life-blood** *s* Lebensnerv *m;* **life·boat** ['laɪfbəʊt] *s* Rettungsboot *nt;* **life·buoy** ['laɪfbɔɪ] *s* Rettungsboje *f;* **life expectancy** *s* **1.** Lebenserwartung *f* **2.** geschätzte Nutzungsdauer; **life form** *s* Lebewesen *nt;* **life·guard** ['laɪfgɑ:d] *s* **1.** Leibwache *f* **2.** Rettungsschwimmer *m* **3.** Bademeister *m;* **life history** *s* Lebensgeschichte *f;* **life imprisonment** *s* lebenslängliche Freiheitsstrafe; **life insurance, life assurance** *s* Lebensversicherung *f;* **life jacket** *s* Schwimmweste *f;* **life·less** ['laɪflɪs] *adj* **1.** leblos; unbelebt **2.** (*fig*) matt, flau, trüb; **life·like** ['laɪflaɪk] *adj* echt; naturgetreu; **life·line** ['laɪflaɪn] *s* (MAR) **1.** Rettungsleine *f* **2.** Lebenslinie *f* (*in der Hand*) **3.** lebenswichtige Versorgungs-, Verbindungslinie; **life·long** ['laɪflɒŋ] *adj* auf Lebenszeit; **life peer** *s* Peer *m* auf Lebenszeit; **life preserver** *s* **1.** (*Am*) Rettungsring, Schwimmgürtel *m,* -weste *f* **2.** (*Br*) Totschläger *m;* **lifer** ['laɪfə(r)] *s* (*sl*) Lebenslängliche(r) *f m;* **life raft** *s* Rettungsfloß *nt;* **life·saver** *s* Lebensretter(in) *m(f),* Rettungsschwimmer(in) *m(f);* (*fig*) rettender Engel; **life sentence** *s* lebenslängliche Freiheitsstrafe; **life-size(d)** ['laɪfsaɪz(d)] *adj* lebensgroß, in Lebensgröße; **life·span** *s* **1.** (COM) Lebensdauer *f* **2.** (*Mensch*) Lebenserwartung *f* **3.** Laufzeit *f;* **life·style man·ag·er** *s* *moderner Dienstleister, der für seinen vielbeschäftigten Klienten Besorgungen und Hausarbei-*

ten erledigt; **life support system** *s* (MED) Lebenserhaltungssystem *nt;* **life·time** ['laɪftaɪm] *s* Lebenszeit *f;* **the chance of a ~** einmalige Chance; **in** [*o* **during**] **s.o.'s ~** zu jds Lebzeiten; **once in a ~** einmal im Leben; einmalig; **life·work** [ˌlaɪf'wɜːk] *s* Lebenswerk *nt*

lift [lɪft] **I.** *vt* **1.** (auf-, in die Höhe) heben **2.** (*Augen*) aufschlagen; nach oben erheben **3.** hochhalten, in die Höhe halten **4.** (*Hut*) ziehen **5.** (*fig*) befördern, erhöhen (*a. Preis*) **6.** (*Stimme*) erheben **7.** (*Stimmung*) heben **8.** (*Gesicht, Busen*) liften **9.** (*Kartoffeln*) ernten, roden **10.** (*Sperre*) aufheben **11.** (*fam*) abschreiben, plagiieren; klauen **12.** (*sl*) verhaften; **not to ~ a finger** (*fig*) keinen Finger rühren, krümmen; **~ one's hand** die Hand (zum Schwur) erheben; **~ one's hand against s.o.** die Hand gegen jdn erheben **II.** *vi* **1.** sich erheben, steigen **2.** (*Rakete, Flugzeug*) abheben **3.** (*Nebel*) sich auflösen, sich heben **III.** *s* **1.** Hochheben *nt* **2.** (AVIAT) Auftrieb *m* **3.** (TECH) Hub *m* **4.** (*Br*) Aufzug, Fahrstuhl *m* **5.** Mitfahrgelegenheit *f;* **give s.o. a ~** jdn mitnehmen, mitfahren lassen; **lift down** *vt* herunterheben; **lift off** *vi* abheben; **lift up** *vt* hochheben; **lift·off** ['lɪftɒf] *s* **1.** (*Rakete*) Start *m* **2.** (AVIAT) Abheben *nt;* **have ~** abheben

liga·ment ['lɪgəmənt] *s* (ANAT) Band *nt*

liga·ture ['lɪgətʃə(r)] *s* **1.** Binden *nt;* Band *nt* **2.** (MED) Binde *f* **3.** (TYP MUS) Ligatur *f*

light¹ [laɪt] <*irr:* **lit (lighted), lit (lighted)**> **I.** *s* **1.** Licht *nt* **2.** Beleuchtung, Helligkeit *f* **3.** Lichtquelle *f,* -schein *m* **4.** (*für Zigarette*) Feuer *nt* **5.** Tag(eslicht *nt*) *m* **6.** (*fig*) Licht *nt,* Beleuchtung *f* **7.** Aspekt, Gesichtspunkt *m* **8. ~s** Geistesgaben, Fähigkeiten *fpl* **9. ~s** Erkenntnisse *fpl,* Einsicht *f;* **according to his ~s** seinen Fähigkeiten entsprechend; **in the ~ of** im Licht *+gen,* angesichts *+gen,* im Hinblick auf; **in a favo(u)rable ~** in günstigem Licht; **in a new ~** mit anderen Augen; **bring to ~** an den Tag, ans Licht bringen; **come to ~** an den Tag kommen; **see the ~ (of day)** das Licht (der Welt) erblicken; bekanntwerden; verstehen, begreifen; **shed** [*o* **throw**] **~ on s.th.** (*fig*) Licht in etw bringen; **may I trouble you for a ~?** darf ich Sie um Feuer bitten?; **that throws a different ~ on the matter** die Sache bekommt dadurch ein anderes Gesicht, erscheint dadurch in einem anderen Licht; **green ~** (*a. fig*) grünes Licht, freie Fahrt; (*fig*) freie Hand; **~ and shade** (*fig*) Licht u. Schatten **II.** *adj* **1.** licht, hell, leuchtend **2.** hell(häutig, -haarig), blond **III.** *vt* **1.** (*Feuer, Licht*) anzünden, anmachen **2.** (*mit Scheinwerfern*) anstrahlen; be-, erleuchten; (*Flugplatz*) befeuern **3.** leuchten (*s.o.* jdm); **light up I.** *vi* **1.** aufleuchten **2.** Pfeife, Zigarette anzünden **II.** *vt* **1.** beleuchten **2.** (*Lampe*) anmachen **3.** (*Zigarette*) anzünden; **light (up)on** *vi* entdecken

light² [laɪt] **I.** *adj* **1.** leicht **2.** zu leicht **3.** leichtfüßig, flink **4.** leicht(lebig, -sinnig) **5.** leicht(verdaulich) **6.** (*Erde*) locker **7.** (*Wein, Musik*) leicht; **~ opera** Operette *f;* **~ reading** Unterhaltungslektüre *f;* **make ~ of s.th.** etw nicht ernst nehmen; **~ water reactor** (ELEK) Leichtwasserreaktor *m* **II.** *adv* leicht

light bulb ['laɪtbʌlb] *s* Glühbirne *f,* elektrische Birne

light·en¹ ['laɪtn] **I.** *vt* **1.** erleuchten, erhellen **2.** (*fig*) aufhellen **II.** *vi* **1.** sich erhellen, aufleuchten **2.** blitzen

light·en² ['laɪtn] **I.** *vt* **1.** entlasten, erleichtern **2.** (*fig*) erleichtern **3.** (MAR) löschen, leichtern **II.** *vi* leichter werden

light·er ['laɪtə(r)] *s* **1.** Anzünder *m* **2.** Feuerzeug *nt* **3.** (MAR) Leichter *m*

light-fin·gered [ˌlaɪt'fɪŋgəd] *adj* **1.** diebisch **2.** fingerfertig; **light-footed** [ˌlaɪt'fʊtɪd] *adj* leichtfüßig; **light-headed** [ˌlaɪt'hedɪd] *adj* **1.** schwindelig, benommen **2.** gedankenlos; **light·hearted** [ˌlaɪt'hɑːtɪd] *adj* sorglos, unbeschwert; **light heavyweight** *s* (*Boxen*) Halbschwergewicht(ler *m*) *nt*

light·house ['laɪthaʊs] *s* Leuchtturm *m;* **light·ing** ['laɪtɪŋ] *s* Beleuchtung *f;* **emergency ~** Notbeleuchtung *f;* **~-equipment** Beleuchtungsanlage *f;* **~ up** (AUTO) Einschalten *nt* der Beleuchtung

light·ly ['laɪtlɪ] *adv* **1.** leicht **2.** unbesonnen **3.** geringschätzig

light meter ['laɪtmiːtə(r)] *s* (PHOT) Belichtungsmesser *m*

light·ness¹ ['laɪtnɪs] *s* Helligkeit *f*

light·ness² ['laɪtnɪs] *s* **1.** Leichtigkeit *f* **2.** Heiterkeit *f,* Frohsinn *m* **3.** Leichtsinn *m,* Leichtfertigkeit *f*

light·ning ['laɪtnɪŋ] *s* Blitz *m;* **flash of ~** Blitz, Blitzschlag *m;* **with ~ speed** wie der Blitz; **struck by ~** vom Blitz getroffen; **lightning attack** *s* Überraschungs-, Blitzangriff *m;* **lightning conductor** *s* (*Am*), **lightning rod** *s* Blitzableiter *m;* **lightning strike** *s* spontaner Streik

light pen ['laɪtpen] *s* (INFORM) Lichtgriffel, Lichtstift *m;* **light pol·lu·tion** *s no pl* Lichtverschmutzung *f* (*so helle Beleuchtung, dass man den Sternenhimmel nicht sehen kann*)

lights [laɪts] *s pl* Tierlunge *f*

light·ship [ˈlaɪtʃɪp] *s* Feuerschiff *nt*

light·weight [ˈlaɪtweɪt] **I.** *s* **1.** (*Boxen*) Leichtgewicht(ler *m*) *nt* **2.** (*fig*) Leichtgewicht *nt* **II.** *adj* **1.** (SPORT) Leichtgewichts- **2.** leicht; (*fig*) schwach

light year [ˈlaɪtjɜː(r), -jɪə(r)] *s* Lichtjahr *nt*

lig·neous [ˈlɪgnɪəs] *adj* holzig; **lig·nite** [ˈlɪgnaɪt] *s* Braunkohle *f;* Lignit *m*

lik·able [ˈlaɪkəbl] *adj* liebenswert, gefällig; anziehend

like[1] [laɪk] **I.** *adj* ähnlich, gleich **II.** *prep* ähnlich *+dat,* wie **III.** *adv* dergleichen; wie **IV.** *conj* (*fam*) wie; als ob **V.** *s* Gleiche(r) *f m* **VI.** (*Wendungen*): **be ~ s.o.** wie jd sein, jdm ähnlich sein; **what is he ~?** was ist er für ein Mensch?; **what is it ~?** wie ist es? wie sieht es aus?; **it was ~ him to do that** das sieht ihm ähnlich; **that's not ~ her** das ist nicht ihre Art; **they are very ~ each other** sie sehen sich sehr ähnlich; **they are as ~ as two peas** sie gleichen sich wie ein Ei dem anderen; **something ~ that** so etwas Ähnliches; **there is nothing ~ …** es geht nichts über …; **I don't feel ~ work(ing) today** ich bin heute nicht zum Arbeiten aufgelegt; **it looks ~ rain(ing)** es sieht nach Regen aus; **as ~ as not, ~ enough** (*fam*) wahrscheinlich; **~ mad** wie verrückt; **the ~s of him** seinesgleichen; **the ~s of you** (*fam*) Leute wie Sie, Ihresgleichen

like[2] [laɪk] **I.** *vt* **1.** mögen, gern haben **2.** wollen, gerne mögen; **I ~ it** das gefällt mir, das mag ich; **he ~s classical music** er mag klassische Musik; **how do you ~ Stuttgart?** wie gefällt Ihnen Stuttgart?; **would you ~ a cup of tea?** hätten Sie gerne eine Tasse Tee?; **well how do you ~ that?** wie findest du denn das?; **I should ~ a little bit more time** ich hätte gerne etwas mehr Zeit; **I should ~ to know** ich wüsste gern **II.** *vi* wollen **III.** *s* Geschmack *m;* Vorliebe *f;* **she knows his ~s and dislikes** sie weiß, was er mag und was er nicht mag; **like·able** [ˈlaɪkəbl] *adj* liebenswert; anziehend

like·li·hood [ˈlaɪklɪhʊd] *s* Wahrscheinlichkeit *f;* **in all ~** höchstwahrscheinlich

like·ly [ˈlaɪklɪ] **I.** *adj* **1.** wahrscheinlich **2.** aussichtsreich, (viel) versprechend **3.** passend, geeignet; **he is ~ to come** es ist wahrscheinlich, dass er kommt; **it's ~ to cause problems** das wird wahrscheinlich Probleme mit sich bringen; **a ~ story!** das soll mal einer glauben! **II.** *adv:* **as ~ as not** höchstwahrscheinlich; **not ~** schwerlich, kaum; **very** [*o* **most**] **~** höchstwahrscheinlich, sehr wahrscheinlich; **that's more ~** das ist eher möglich

like-minded [ˌlaɪkˈmaɪndɪd] *adj* gleichgesinnt

liken [ˈlaɪkən] *vt* vergleichen (*to* mit)

like·ness [ˈlaɪknɪs] *s* Ähnlichkeit *f;* Bild *nt;* **in the ~ of** in Gestalt *+gen*

like·wise [ˈlaɪkwaɪz] *adv* ebenso; ebenfalls, auch

lik·ing [ˈlaɪkɪŋ] *s* Zuneigung *f;* Vorliebe *f;* **have a ~ for** mögen; **to s.o.'s ~** nach jds Geschmack

li·lac [ˈlaɪlək] *s* **1.** Flieder *m* **2.** Lila *nt*

Lil·li·pu·tian [ˌlɪlɪˈpjuːʃn] *adj* winzig; sehr klein

li·lo® [ˈlaɪləʊ] <*pl* **lilos**> *s* (*Br*) Luftmatratze *f*

lilt [lɪlt] **I.** *vt, vi* trällern **II.** *s* beschwingte Melodie; singender Tonfall

lily [ˈlɪlɪ] *s* Lilie *f;* **water ~** Seerose *f;* **~ of the valley** Maiglöckchen *nt;* **lilylivered** [ˈlɪlɪˌlɪvəd] *adj* feige

limb [lɪm] *s* **1.** (Körper)Glied *nt* **2.** Ast *m* **3. ~s** Gliedmaßen *pl;* **out on a ~** isoliert; in einer prekären Lage

lim·ber [ˈlɪmbə(r)] *adj* geschmeidig; beweglich; **limber up** *vi* **1.** (SPORT) Lockerungsübungen machen **2.** (*fig*) sich vorbereiten

limbo [ˈlɪmbəʊ] <*pl* **limbos**> *s* Vorhölle *f;* (*fig*) Übergangsstadium *nt;* **be in ~** in der Schwebe sein

lime[1] [laɪm] **I.** *s* **1.** (*burnt, caustic ~*) (gebrannter) Kalk *m* **2.** (*bird~*) Vogelleim *m* **II.** *vt* mit Kalk düngen

lime[2] [laɪm] *s* (*Frucht*) Limone *f*

lime[3] [laɪm] *s* (*Laubbaum*) Linde *f*

lime·light [ˈlaɪmlaɪt] *s* Rampen-, Scheinwerferlicht *nt;* **in the ~** (*fig*) im Mittelpunkt des Interesses; **bring into the ~** (*fig*) ans Licht der Öffentlichkeit bringen

lim·er·ick [ˈlɪmərɪk] *s* Limerick *m*

lime·stone [ˈlaɪmstəʊn] *s* Kalkstein *m*

limit [ˈlɪmɪt] **I.** *s* **1.** Grenze, Beschränkung *f* **2.** Endpunkt *m;* Höchstgrenze, -zahl *f* **3.** (MATH) Grenzwert *m* **4.** (COM) Limit *nt;* Preisgrenze *f* **5.** Frist *f;* Termin *m;* **within ~s** in Grenzen; **without ~** unbegrenzt, unbeschränkt; **speed ~** Geschwindigkeitsbegrenzung *f;* **exceed the ~** (*fig*) die Grenze überschreiten; **that's the ~!** (*fam*) das ist doch die Höhe!; **you're the ~!** das ist unerhört (von Ihnen)!; **off ~s!** Zutritt verboten! (*to* für) **II.** *vt* **1.** begrenzen; be-, einschränken (*to* für) **2.** (*Preis*) limitieren; **li·mi·ta·tion** [ˌlɪmɪˈteɪʃn] *s* **1.** Begrenzung *f;* Beschränkung *f;* Einschränkung *f* **2.** (JUR) Verjährung *f* **3.** (COM) Kontingentierung *f;* **know one's ~s** seine Grenzen kennen; **~ of liability** Haftungsbeschränkung *f;* **~ period** Verjährungsfrist *f;* **limited** [ˈlɪmɪtɪd]

L

adj **1.** begrenzt **2.** (COM) beschränkt (*to* auf), limitiert; mit beschränkter Haftung; **in a ~ sense** in gewissem Sinne; **~ (liability) company (Ltd)** Gesellschaft *f* mit beschränkter Haftung (GmbH); **~ partnership** Kommanditgesellschaft (KG) *f;* (*Am*) Gesellschaft *f* mit beschränkter Haftung;

limit·less ['lɪmɪtlɪs] *adj* grenzenlos

limou·sine ['lɪməziːn] *s* (AUTO) Limousine *f*

limp[1] [lɪmp] **I.** *vi* hinken **II.** *s* Hinken *nt;* **walk with a ~** hinken, humpeln

limp[2] [lɪmp] *adj* **1.** schlaff; weich **2.** (*fig*) schwach; matt

lim·pet ['lɪmpɪt] *s* Napfschnecke *f;* **hold on** [*o* **cling**] **like a ~** (*fig*) wie eine Klette hängen (*to* an)

lim·pid ['lɪmpɪd] *adj* hell, klar, durchsichtig

limy ['laɪmɪ] *adj* kalkig

lin·ac ['lɪnæk] *s s.* **linear accelerator** Linearbeschleuniger *m*

linch·pin ['lɪntʃpɪn] *s* **1.** Splint *m;* Achsnagel *m* **2.** (*fig*) lebenswichtiger Teil, Angelpunkt *m*

lin·den ['lɪndən] *s* (*~-tree*) Linde *f*

line[1] [laɪn] **I.** *s* **1.** Leine *f* **2.** (Angel)Schnur *f* **3.** Telefon-, Telegrafenleitung *f* **4.** (*a.* SPORT) Linie *f,* Strich *m* **5.** Handlinie *f;* Falte, Runzel *f* **6.** Grenzlinie *f* **7.** Verkehrslinie *f;* Bahn-, Flugstrecke *f* **8.** Fahrbahn *f* **9.** (*Am*) (Menschen)Schlange *f* **10.** Reihe *f;* Häuserzeile *f* **11.** Zeile *f;* Vers *m* **12.** kurze Nachricht, Brief *m* **13.** Ahnenreihe *f;* Familie *f,* Geschlecht *nt* **14.** Richtung *f;* Verlauf *m;* (Gedanken)Gang *m* **15.** Vorgehen *nt;* Handlungsweise *f* **16.** Beschäftigung *f,* Beruf *m,* Fach *nt;* Geschäft(szweig *m*) *nt,* Branche *f* **17.** (Fach-, Interessen)Gebiet *nt,* Fachrichtung *f* **18.** (COM) Artikel *m,* Ware *f,* Posten *m;* Kollektion *f;* Marke *f* **19.** (GEOG) Meridian, Breitenkreis *m* **20.** (MIL) Linie *f;* Front *f* **21. ~s** Zeilen *fpl,* (kurzes) Schreiben *nt* **22. ~s** (THEAT) (Text *m* einer) Rolle *f* **23. ~s** Richtlinien *fpl,* Grundsätze *mpl;* **all along the ~** auf der ganzen Linie; **in ~** in Reih und Glied; in Linie; (*fig*) in Einklang (*with* mit); **a bad ~** (TELE) schlechte Verbindung; **be in ~ for a job** eine Stelle wahrscheinlich bekommen; **bring into ~** (*Menschen*) auf Linie bringen; zum Mitmachen bewegen; **come into** [*o* **fall in**] **~** sich anschließen, sich einfügen (*with* in); (*fam*) mitmachen (*with* mit); (*fam*) nicht aus der Reihe tanzen; **draw the ~** (*fig*) eine Grenze ziehen (*at* bei); **drop s.o. a ~** jdm ein paar Zeilen schreiben; **get a ~ on s.th.** (*fam*) etw herausfinden; **hold the ~** (TELE) am Apparat bleiben; **keep in ~** in Reih und Glied bleiben; **step out of ~** aus der Reihe tanzen; **reach the end of the ~** (*fig*) das bittere Ende erreicht haben; **read between the ~s** zwischen den Zeilen lesen; **shoot a ~** angeben, sich wichtig tun; **stand in ~** (*Am*) sich anstellen, Schlange stehen (*for* um); **take a strong ~** entschlossen vorgehen; **toe the ~** sich einfügen, sich nach den Anderen richten; **hard ~s!** Pech für Sie!; **that's not in my ~** das schlägt nicht in mein Fach; **~ engaged!** (*Am*): **~ busy!** (TELE) besetzt!; **bus ~** Buslinie *f;* **catch ~** Schlagzeile *f;* **main ~** Hauptverkehrslinie *f;* (TELE) Hauptanschluss *m;* **marriage ~s** Trauschein *m;* **party ~** (POL) Programm *nt;* (TELE) gemeinsamer Anschluss; **shipping ~** Schifffahrtslinie *f;* **~ drawing** Zeichnung *f;* **~ editor** (INFORM) Zeileneditor *m;* **~ feed** Zeilenvorschub *m;* **~ judge** Linienrichter(in) *m(f);* **~ management** Linienmanagement *nt;* **~ of action** Handlungsweise *f,* Vorgehen *nt;* **~ of argument** Beweisführung *f;* **~ of business** Geschäftszweig *m;* **~ of production** Produktionszweig *m;* **~ of vision** Blickrichtung *f;* **~-out** (*Rugby*) Gasse *f;* **~ spacing** Zeilenabstand *m* **II.** *vt* **1.** liniieren, linieren **2.** entlang stehen an, säumen; **a face ~d from worries** ein Sorgen gezeichnetes Gesicht; **~d with trees** Baum bestanden; **line up I.** *vt* **1.** aufstellen **2.** planen; sorgen für; vorhaben **II.** *vi* **1.** sich aufstellen **2.** (*Am*) Schlange stehen **3.** Stellung beziehen (*against* gegen), sich zusammentun (*with* mit); **be ~d up** anstehen (*in front of* vor)

line[2] [laɪn] *vt* **1.** (*Kleidungsstück*) füttern **2.** das Futter bilden (*s.th.* einer S) **3.** (TECH) auskleiden; **~ one's purse** [*o* **pocket**] (*fam*) Geld scheffeln

lin·eage ['lɪnɪɪdʒ] *s* Abstammung *f;* Geschlecht *nt;* **lin·eal** ['lɪnɪəl] *adj* (*Nachkomme*) in direkter Linie

lin·ea·ment ['lɪnɪəmənt] *s* Gesichtszug *m*

lin·ear ['lɪnɪə(r)] *adj* linear; **~ accelerator** Linearbeschleuniger *m;* **~ B** Linear B *f;* **~ measure** Längenmaß *nt*

lin·en ['lɪnɪn] *s* **1.** Leinen *nt* **2.** Wäsche *f;* Bett-, Tischwäsche *f;* **wash one's dirty ~ in public** (*fig*) seine schmutzige Wäsche in der Öffentlichkeit waschen; **linen basket** *s* Wäschekorb *m*

liner ['laɪnə(r)] *s* **1.** (MAR) Personen-, Passagierdampfer *m* **2.** (*air-~*) Verkehrsflugzeug *nt*

lines·man ['laɪnzmən] <*pl* -men> *s* **1.** Telefon-, Telegrafenarbeiter *m* **2.** (RAIL) Streckenwärter *m* **3.** (SPORT) Linienrichter *m;*

line-up ['laɪnʌp] *s* **1.** (*a.* SPORT) Aufstellung *f* **2.** (THEAT) Besetzung *f* **3.** (*fig*) Gruppierung *f*

lin·ger ['lɪŋgə(r)] *vi* **1.** zögern **2.** sich nicht trennen können **3.** (~ *about*) bleiben; sich (noch) herumdrücken **4.** (~ *on*) sich lange halten; sich hinschleppen; verweilen (*on, upon, over* an, bei)

linge·rie ['lænʒəriː] *s* Damenunterwäsche *f*

lin·ger·ing ['lɪŋgərɪŋ] *adj* **1.** schleppend; langwierig **2.** (*Krankheit*) schleichend **3.** (*Ton*) nachklingend

lingo ['lɪŋgəʊ] <*pl* **lingoes**> *s* (*hum pej*) Sprache *f*

lin·guist ['lɪŋgwɪst] *s* Linguist(in) *m(f),* Sprachwissenschaftler(in) *m(f);* **be a good** ~ sprachbegabt sein; **lin·guis·tic** [lɪŋ'gwɪstɪk] **I.** *adj* linguistisch **II.** *s pl mit sing* Sprachwissenschaft, Linguistik *f*

lin·iment ['lɪnɪmənt] *s* Einreibemittel *nt*

lin·ing ['laɪnɪŋ] *s* **1.** Futter *nt;* Futterstoff *m* **2.** Auskleidung *f* **3.** (Brems)Belag *m*

link [lɪŋk] **I.** *s* **1.** (Ketten)Glied *nt;* Ring *m* **2.** Lasche *f;* Verbindungsstück *nt* **3.** (*fig*) (Binde)Glied *nt;* Verbindung *f* **II.** *vt* (~ *together*) verbinden; anschließen (*to* an); (INFORM) vernetzen; ~ **hands** einander die Hände geben **III.** *vi* **1.** (~ *up*) verbunden sein **2.** sich anschließen (*to, with* an); **link·age** *s* Verbindung *f*

link·man ['lɪŋkmæn] *s* **1.** Verbindungsmann *m* **2.** (RADIO TV) Moderator *m*

links [lɪŋks] *s pl* **1.** (*Ufer*) sandiges Gelände, Dünen *fpl* **2.** Golfplatz *m* an der Küste

link-up ['lɪŋkʌp] *s* Verbindung *f;* Zusammenschluss *m;* (*Raumschiff*) Koppelung(smanöver *nt*) *f*

link·woman ['lɪŋkˌwʊmən] *s* **1.** Verbindungsfrau *f* **2.** (RADIO TV) Moderatorin *f*

lin·net ['lɪnɪt] *s* (*kleiner Singvogel*) Hänfling *m*

lin·oleum [lɪ'nəʊlɪəm] *s* Linoleum *nt*

lino·type® ['laɪnəʊtaɪp] *s* Linotype *f*

lin·seed ['lɪnsiːd] *s* Leinsamen *m;* **linseed oil** *s* Leinöl *nt*

lint [lɪnt] *s* **1.** Scharpie *f,* Mull *m* **2.** (*Am*) Fluse *f*

lin·tel ['lɪntl] *s* (ARCH) **1.** Sturz *m* **2.** Oberschwelle *f*

lion ['laɪən] *s* **1.** Löwe *m* **2.** (*fig*) Held *m* des Tages; Prominenz *f;* **lion·ess** [laɪə'nes] *s* Löwin *f;* **lion-hearted** ['laɪən'hɑːtɪd] *adj* heldenhaft; **lion·ize** ['laɪənaɪz] *vt* (als Helden des Tages) feiern; **lion's share** *s* Löwenanteil *m*

lip [lɪp] *s* **1.** (*a.* BOT) Lippe *f* **2.** Rand *m,* Schnauze *f* (*eines Gefäßes*) **3.** (*fam*) Unverschämtheit *f;* **hang on s.o.'s ~s** an jds Lippen hängen; **keep a stiff upper** ~ die Ohren steifhalten; **none of your ~!** sei nicht unverschämt!; **lip gloss** *s* Lipgloss *nt,* Lippenglanzstift *m;* **lip·liner** ['lɪpˌlaɪnə(r)] *s* Lippenkonturenstift *m*

lipo·suc·tion ['laɪpəʊˌsʌkʃn] *s* Liposuktion, Fettabsaugung *f*

lip·pie, lip·py ['lɪpɪ] *s* (*Aus, Am: fam: lipstick*) Lippenstift *m*

lip·read ['lɪpriːd] *vt, vi* vom Mund, von den Lippen ablesen; **lip salve** *s* Lippenpomade *f;* **lip service** *s* Lippenbekenntnis *nt;* **pay** ~ ein Lippenbekenntnis ablegen (*to* zu); **lip·stick** ['lɪpstɪk] *s* Lippenstift *m*

liquefy ['lɪkwəfaɪ] *vt:* **liquefied petroleum gas, LPG** Autogas *nt*

li·queur [lɪ'kjʊə(r)] *s* Likör *m*

liquid ['lɪkwɪd] **I.** *adj* **1.** (*a.* FIN) flüssig **2.** (*Töne*) perlend **3.** (*Augen*) hell u. glänzend **4.** (FIN) liquid; ~ **crystal display, LCD** Flüssigkristallanzeige *f* **II.** *s* Flüssigkeit *f*

liqui·date ['lɪkwɪdeɪt] *vt* **1.** (FIN) liquidieren **2.** (*Geschäft*) auflösen **3.** (*Schuld*) ablösen, tilgen, begleichen **4.** (*Wertpapiere*) flüssig machen **5.** (POL: *Menschen*) liquidieren, beseitigen; **liqui·da·tion** [ˌlɪkwɪ'deɪʃn] *s* **1.** Liquidation, Abwicklung *f* **2.** Abrechnung *f* **3.** Flüssigmachen n von Vermögenswerten *nt* **4.** (*Schulden*) Tilgung, Begleichung, Bezahlung *f* **5.** (POL) Liquidierung *f;* **go into** ~ Konkurs machen, anmelden

liq·uid·ity [lɪ'kwɪdətɪ] *s* (FIN) Liquidität *f;* flüssige Mittel *ntpl*

liquid·ize ['lɪkwɪdaɪz] *vt* im Mixer pürieren; **liquid·izer** ['lɪkwɪdaɪzə(r)] *s* Mixer *m*

liquor ['lɪkə(r)] *s* **1.** Saft *m;* Flüssigkeit *f* **2.** Spirituosen *pl,* Alkohol *m*

liquor·ice, licor·ice ['lɪkərɪs, *Am* 'lɪkərɪʃ] *s* Lakritze *f*

lisp [lɪsp] *vi, vt* (*speak with a* ~) lispeln

lis·som(e) ['lɪsəm] *adj* geschmeidig, gelenk(ig); gewandt, flink

list[1] [lɪst] **I.** *s* **1.** Liste *f,* Verzeichnis *nt;* Aufstellung *f* **2.** (*Börse*) Kursblatt *nt* **3.** (*shopping* ~) Einkaufszettel *m;* **be on a** ~ auf einer Liste stehen; **draw up** [*o* **make out**] **a** ~ eine Liste aufstellen; **enter in a** ~ in eine Liste eintragen; **put on a** ~ auf eine Liste setzen; **strike off** (**from**) **a** ~ von einer Liste streichen; **attendance** ~ Anwesenheitsliste *f;* **price** ~ Preisliste *f;* **wine** ~ Weinkarte *f;* ~ **of applicants** Bewerberliste *f;* ~ **of members** Mitgliederverzeichnis *nt;* ~ **price** Listenpreis *m* **II.** *vt* **1.** (*in eine Liste*) eintragen, -schreiben; verzeichnen **2.** registrieren; katalogisieren **3.** (*Posten*) aufführen **4.** (*Börse*) einführen **5.** aufführen; aufschreiben; aufzählen; **~ed building** (*Br*) Gebäude *nt* unter Denkmalschutz

list[2] [lɪst] **I.** *s* (MAR) Schlagseite *f* **II.** *vi* Schlagseite haben

lis·ten [ˈlɪsn] *vi* **1.** horchen, hören (*to* auf) **2.** aufpassen (*for* auf) **3.** zuhören (*to s.o.* jdm); ~ **to s.o.** jdm zuhören; **don't ~ to him** hören Sie nicht auf ihn!; ~ **to the radio** Radio hören; ~ **for s.th.** auf etw horchen; **listen in** *vi* (TELE) mithören (*to a conversation* ein Gespräch), Radio hören; ~ **in to a program(me)/to a speech/to London** ein Programm/eine Rede/London hören; **lis·tener** [ˈlɪsnə(r)] *s* **1.** Zuhörer(in) *m(f)* **2.** (RADIO) Hörer(in) *m(f)*; **not to be a good ~** nicht zuhören können; **lis·ten·ing** [-ɪŋ] *s* Radiohören *nt*; **good ~!** gute Unterhaltung!; ~ **post** Horchposten *m*; ~ **skills** Fähigkeit *f* zum Zuhören

lis·te·ria [lɪˈstɪərɪə] *s* Listeria *f*

list·ing [ˈlɪstɪŋ] *s* **1.** Anfertigung *f* einer Liste, Aufstellung *f* eines Verzeichnisses **2.** Katalogisierung *f* **3.** (*Börse*) Zulassung, Notierung *f*

list·less [ˈlɪstlɪs] *adj* lustlos; teilnahmslos

lists [lɪsts] *s pl* Turnier-, *fig* Kampfplatz *m*; **enter the ~** in die Schranken treten (*against* gegen)

lit [lɪt] *s.* **light¹**

lit·any [ˈlɪtənɪ] *s* Litanei *f*

li·tchi [ˈlaɪtʃiː] *s* Litschi *f*

liter [ˈliːtə(r)] *s* (*Am*) Liter *m*

lit·er·acy [ˈlɪtərəsɪ] *s* Lese- und Schreibfertigkeit *f*

lit·eral [ˈlɪtərəl] **I.** *adj* **1.** wörtlich, wortgetreu **2.** (*Sinn*) eigentlich **II.** *s* Schreib-, Druck-, Tippfehler *m*; **lit·erally** [ˈlɪtərəlɪ] *adv* **1.** wörtlich, wortgetreu, Wort für Wort **2.** buchstäblich

lit·er·ary [ˈlɪtərərɪ] *adj* literarisch; ~ **criticism** Literaturkritik *f*; ~ **editor** Feuilletonredakteur(in) *m(f)*; ~ **supplement** Literaturbeilage *f*

lit·er·ate [ˈlɪtərət] *adj* **1.** des Lesens u. Schreibens kundig **2.** gebildet

lit·er·ature [ˈlɪtrətʃə(r)] *s* **1.** Literatur *f* **2.** Schrifttum *nt*

lithe [laɪð] *adj* geschmeidig, gelenkig

lith·ium [ˈlɪθɪəm] *s* Lithium *nt*

litho·graph [ˈlɪθəgrɑːf] **I.** *s* Lithographie *f*; Steindruck *m*, -zeichnung *f* **II.** *vt* lithographieren; **lith·ogra·phy** [lɪˈθɒgrəfɪ] *s* (Kunst der) Lithographie *f*

Lithuania [ˌlɪθjʊˈeɪnɪə] *s* Litauen *nt*; **Lithuanian** [-n] **I.** *adj* litauisch **II.** *s* **1.** (das) Litauisch(e) **2.** Litauer(in) *m(f)*

liti·gant [ˈlɪtɪgənt] *s* prozessführende Partei; **liti·gate** [ˈlɪtɪgeɪt] *vi* prozessieren; **liti·ga·tion** [ˌlɪtɪˈgeɪʃn] *s* Prozess, Rechtsstreit *m*; **lit·igious** [lɪˈtɪdʒəs] *adj* prozesssüchtig

lit·mus [ˈlɪtməs] *s* (CHEM) Lackmus *m od nt*; **litmus paper** *s* Lackmuspapier *nt*

litre [ˈliːtə(r)] *s* (*Br*) Liter *m*

lit·ter¹ [ˈlɪtə(r)] *s* Sänfte *f*; Tragbahre, Trage *f*

lit·ter² [ˈlɪtə(r)] **I.** *s* **1.** Abfall *m* **2.** (*Hunde*) Wurf *m* **3.** Streu *f*; Stroh *nt* **II.** *vt* **1.** verstreuen, umherwerfen, in Unordnung bringen **2.** (*Junge*) werfen; **be ~ed** übersät sein (*with* von); **litter-bug** *s* (*Am*), **litter-lout** *s* Mensch *m*, der Papier auf der Straße wegwirft

little [ˈlɪtl] **I.** *adj* **1.** klein **2.** niedrig, gering **3.** kurz **4.** wenig **5.** gemein; **in a ~ while** in kurzer Zeit **II.** *adv, s* **1.** wenig, nicht viel; kaum **2.** schwerlich; **I go there very ~** ich gehe sehr selten dorthin **III.** *s*: **a ~** ein (klein) wenig, ein bisschen, eine Kleinigkeit; **after a ~** nach einer Weile; ~ **by ~** nach u. nach, allmählich; **for a ~** für ein Weilchen; **not a ~** nicht wenig; **make ~ of** wenig halten von; **I think ~ of it** davon halte ich nicht viel; **little·ness** [-nɪs] *s* **1.** Kleinheit *f* **2.** Geringfügigkeit *f*; ~ **of mind** Beschränktheit *f*

li·turgi·cal [lɪˈtɜːdʒɪkl] *adj* liturgisch; **lit·ur·gy** [ˈlɪtədʒɪ] *s* Liturgie *f*

liv·able, live·able [ˈlɪvəbl] *adj* **1.** (*Leben*) lebenswert **2.** auszuhalten(d); zu ertragen(d) **3.** (*Raum*) wohnlich

live¹ [lɪv] **I.** *vi* **1.** leben **2.** am Leben bleiben, über-, weiterleben **3.** dauern, bestehen, aushalten **4.** sein Leben führen **5.** sein Auskommen haben, leben (*on* von) **6.** auskommen (*on* mit) **7.** wohnen (*with* bei, *at* in); ~ **to see** erleben; ~ **beyond one's means** über seine Verhältnisse leben; **have barely enough to ~ (on)** kaum genug zum Leben haben **II.** *vt* **1.** (*ein Leben*) leben, führen **2.** vorleben, in die Tat umsetzen; **live apart** *vi* getrennt leben; **live down** *vt* wieder gutmachen; vergessen lassen; **I'll never ~ that down** das werde ich noch lange zu hören kriegen; **live for s.th.** *vt* für etw leben; ~ **for the day when …** den Tag nicht erwarten können, wenn …; **live in** *vi* im Hause schlafen; **live off** *vi* seinen Lebensunterhalt beziehen von; sich ernähren von; **live on** *vi* weiterleben; leben von; **live out** **I.** *vi* außerhalb des Hauses schlafen **II.** *vt* (das Ende +*gen*) erleben; **live through** *vt* überleben; **live together** *vi* zusammenleben; **live up to** *vt* in Einklang leben mit; gemäß einer S leben; (*Erwartungen*) erfüllen

live² [laɪv] **I.** *adj* **1.** lebend(ig) **2.** lebhaft, lebensprühend **3.** (*Thema*) aktuell **4.** (*Kohlen*) glühend **5.** (*Diskussion*) lebhaft **6.** (*Geschoss*) scharf **7.** (ELEK) stromführend **8.** (RADIO) live; direkt übertragen; **a real ~ dog** ein echter Hund; ~ **broadcast**

Originalübertragung, Live-Sendung *f* **II.** *adv* (RADIO) live, direkt
live·able [ˈlɪvəbl] *adj* **1.** (*Leben*) lebenswert **2.** auszuhalten(d); zu ertragen(d) **3.** (*Raum*) wohnlich
live·li·hood [ˈlaɪvlɪhʊd] *s* Lebensunterhalt *m;* **earn** [*o* **gain**] [*o* **make**] **a** ~ seinen Lebensunterhalt verdienen
live·li·ness [ˈlaɪvlɪnɪs] *s* Lebendigkeit, Lebhaftigkeit *f;* **live·ly** [ˈlaɪvlɪ] *adj* **1.** lebendig, lebhaft **2.** (*Beschreibung*) lebendig, lebensecht **3.** energisch, kraftvoll **4.** aufregend **5.** (*Interesse*) stark
liven up [ˈlaɪvn ˈʌp] **I.** *vt* **1.** aufmuntern, beleben **2.** in Stimmung bringen **II.** *vi* **1.** lebhaft, munter werden **2.** in Stimmung kommen
liver[1] [ˈlɪvə(r)] *s:* **fast** ~ Lebemann *m;* **loose** ~ liederlicher Mensch; **plain** ~ einfacher Mensch
liver[2] [ˈlɪvə(r)] *s* Leber *f;* **liver complaint** *s* Leberleiden *nt;* **liver·ish** [ˈlɪvərɪʃ] *adj* (*fam*) leberkrank; **liver sausage** *s* (*Am*), **liver·wurst** [ˈlɪvəwɜːst] *s* Leberwurst *f*
liv·ery [ˈlɪvrɪ] *s* Livree *f*
live·stock [ˈlaɪvstɒk] *s* Vieh *nt;* Viehbestand *m*
livid [ˈlɪvɪd] *adj* **1.** bleifarben **2.** aschgrau, leichenblass **3.** (*fam*) wütend
liv·ing [ˈlɪvɪŋ] **I.** *adj* **1.** lebend, lebendig **2.** leibhaftig **3.** (*Fels*) gewachsen; **within** ~ **memory** seit Menschengedenken; **knock the** ~ **daylights out of s.o.** jdn windelweich schlagen; **scare the** ~ **daylights out of s.o.** jdn zu Tode erschrecken **II.** *s* **1.** (Lebens)Unterhalt *m;* Auskommen *nt;* Existenz *f* **2.** Leben *nt;* **the** ~ die Lebenden *pl;* **make a** ~ sein Auskommen haben (*as* als, *out of* durch); **art of** ~ Lebenskunst *f;* **standard of** ~ Lebensstandard *m;* **loose** ~ lockerer Lebenswandel; **living conditions** *s pl* Lebensbedingungen *fpl,* Wohnverhältnisse *ntpl;* **living creature** *s* Lebewesen *nt;* **living quarters** *s pl* Wohnbereich *m;* **living room** *s* Wohnzimmer *nt;* **living space** *s* **1.** Lebensraum *m* **2.** Wohnfläche *f;* **living wage** *s* Existenzminimum *nt*
liz·ard [ˈlɪzəd] *s* Eidechse *f;* Echse *f*
llama [ˈlɑːmə] *s* Lama *nt*
load [ləʊd] **I.** *s* **1.** (Trag)Last, Ladung, Fuhre *f* **2.** Fracht *f* **3.** Belastung, Last *f* **4.** (ELEK) Leistung *f;* Spannung *f* **5.** (*fig*) Bürde *f;* **a** ~ **of nonsense** [*o* **rubbish**]**!** (*fam*) Quatsch! Blödsinn!; **get a** ~ **of s.th.** (*fam*) etw mitkriegen; etw kapieren; sich etw anhören; **that's a** ~ **off my mind** mir fällt ein Stein vom Herzen ...; **~s of** eine Menge ...; **peak** ~ Spitzenbelastung *f;* **safe** ~ zulässige Belastung **II.** *vi* **1.** laden; Ladung übernehmen **2.** (*Gewehr*) laden **3.** (*Kamera*) einen Film einlegen **4.** (*Börse*) stark kaufen **III.** *vt* **1.** (*Transportmittel*) (be)laden; (*Ladung*) verladen **2.** überladen, überlasten **3.** (*fig*) überhäufen **4.** (*Feuerwaffe*) laden **5.** (*Fotoapparat*) einen Film einlegen in **6.** (*Würfel*) fälschen **7.** (*Ofen*) beschicken **8.** (INFORM) laden; **load down** *vt* **1.** schwer beladen **2.** (*fig*) überlasten; **load up** **I.** *vi* aufladen **II.** *vt* beladen; aufladen; **loaded** [ˈləʊdɪd] *adj* **1.** beladen; belastet **2.** (*Gewehr*) geladen **3.** (*Würfel*) präpariert; **he's** ~ er hat Geld wie Heu; er ist besoffen; ~ **to capacity** voll beladen; ~ **question** Fangfrage *f;* **load line** *s* (MAR) Ladekennlinie *f;* (TECH) Belastungskennlinie *f*
load·star [ˈləʊdstɑː] *s* **1.** Leit-, Polarstern *m* **2.** (*fig*) Leitstern *m,* Vorbild *nt;* **load·stone** [ˈləʊdstəʊn] *s* (MIN) Magneteisenstein *m*
loaf[1] [ləʊf, *pl* ˈləʊvz] <*pl* **loaves**> *s* **1.** Laib *m;* Brot *nt* **2.** (*meat* ~) Hackbraten *m* **3.** (*sugar*~) (Zucker)Hut *m;* **use your** ~**!** (*sl*) streng deinen Grips an!
loaf[2] [ləʊf] *vi* herumbummeln, faulenzen; ~ **about the house** im Haus herumgammeln; **loafer** [ˈləʊfə(r)] *s* Faulenzer *m*
loam [ləʊm] *s* Lehm(boden) *m;* **loamy** [ˈləʊmɪ] *adj* lehmig
loan [ləʊn] **I.** *s* **1.** Anleihe *f;* Darlehen *nt* **2.** Leihgabe *f;* **as a** ~ als Leihgabe; **on** ~ leihweise; ausgeliehen; **ask for the** ~ **of s.th** bitten etw ausleihen zu dürfen; **give s.o. the** ~ **of s.th** jdm etw (aus)leihen; **have s.th. on** ~ etw geliehen haben; **contract a** ~ eine Anleihe aufnehmen; **grant a** ~ ein Darlehen gewähren (*to s.o.* jdm) **II.** *vt* (aus-, ver)leihen; als Darlehen geben (*to* an); **loan·word** [ˈləʊnwɜːd] *s* Lehnwort *nt*
loath, loth [ləʊθ] *adj* widerwillig; **be** ~ **to do s.th.** etw nur sehr ungern tun
loathe [ləʊð] *vt* verabscheuen, hassen; **loath·ing** [-ɪŋ] *s* Ekel *m* (*at* vor), Hass *m;* **loath·some** [-səm] *adj* ekelhaft, abscheulich
lob [lɒb] **I.** *vi, vt* (SPORT) lobben **II.** *s* (SPORT) Hochball, Lob *m*
lobby [ˈlɒbɪ] **I.** *s* **1.** (Vor)Halle *f;* Wandelhalle *f;* Foyer *nt* **2.** (POL) Lobby, Interessengruppe *f* **II.** *vt* (POL: *Abgeordnete*) beeinflussen; ~ **through** (*Gesetzesantrag*) mit Hilfe einer Lobby durchzubringen versuchen; **lobby·ist** [-ɪst] *s* Lobbyist *m*
lobe [ləʊb] *s* (ANAT) Ohrläppchen *nt;* (*von Lunge, Gehirn*) Lappen *m*
lob·ster [ˈlɒbstə(r)] *s* Hummer *m*
lo·cal [ˈləʊkl] **I.** *adj* **1.** örtlich **2.** ortsansässig; hiesig; ~ **anaesthetic** örtliche Betäubung, Lokalanästhesie *f;* ~ **people** Ortsansässige *pl;* ~ **opinion** Meinung *f* vor Ort **II.** *s*

1. Ortsansässige(r) *f m* 2. (*fam*) Lokal *nt* in der Nachbarschaft; Stammlokal *nt;* **local authorities** *s pl* Ortsbehörden *fpl;* **local branch** *s* Zweigstelle, Filiale *f;* **local call** *s* (TELE) Ortsgespräch *nt;* **local charge** *s* (TELE) Ortstarif *m;* **local colo(u)r** *s* Lokalkolorit *nt*

lo·cale [ləʊˈkɑːl] *s* Örtlichkeit *f;* Schauplatz *m*

lo·cal elec·tions [ˌləʊkl ɪˈlekʃnz] *s pl* Kommunalwahlen *fpl;* **local government** *s* Gemeinde-, Kommunalverwaltung *f*

lo·cal·ity [ləʊˈkælətɪ] *s* Örtlichkeit, Lokalität *f;* Lage *f*

lo·cal·iz·ation [ˌləʊkəlaɪˈzeɪʃn] *s* Lokalisierung *f;* **lo·cal·ize** [ˈləʊkəlaɪz] *vt* lokalisieren (*to* auf)

lo·cal news [ˌləʊkl ˈnjuːz] *s pl mit sing* Lokalnachrichten *fpl;* **local paper** *s* Lokalzeitung *f;* **local time** *s* Ortszeit *f;* **local traffic** *s* Ortsverkehr *m;* **local train** *s* Zug *m* im Nahverkehr

lo·cate [ləʊˈkeɪt, *Am* ˈləʊkeɪt] *vt* 1. (örtlich) festlegen, abstecken, abgrenzen 2. ausfindig machen, feststellen 3. (*Firma, Gebäude*) errichten; einrichten; **be ~d** liegen, sich befinden; **lo·ca·tion** [ləʊˈkeɪʃn] *s* 1. Absteckung, Abgrenzung *f* 2. Lage *f;* Standort *m* 3. Orts-, Lagebestimmung *f;* Ortsangabe *f* 4. Platz *m* (*for* für) 5. Ansiedlung *f* 6. (*Am:* JUR) Vermietung *f* 7. (FILM) Drehort *m;* Außenaufnahmen *fpl*

loch [lɒx] *s* (*schottisch*) See *m;* Meeresarm *m*

lock¹ [lɒk] *s* (Haar)Locke *f*

lock² [lɒk] I. *s* 1. (Tür)Schloss *nt* 2. Verschluss *m* (*a. einer Feuerwaffe*), Sperre *f* 3. (*Ringen*) Fesselung *f* 4. (MAR) Schleuse *f;* Staustufe *f* 5. (AUTO) Wendekreis *m;* **under ~ and key** hinter Schloss und Riegel; **~, stock, and barrel** alles zusammen II. *vt* 1. (*~ up*) ver-, zuschließen, -sperren 2. einschließen, ein-, absperren (*in, into* in) 3. (*die Arme*) verschränken 4. fest umschlingen, -fassen, -spannen 5. bremsen; versperren, abriegeln, blockieren III. *vi* 1. (*Schloss*) zuschnappen 2. verschließbar sein; ineinander greifen; **lock away** *vt* wegschließen; einsperren; **lock in** *vt* einschließen, -sperren; **lock on** *vi* gekoppelt werden; sich einstellen (*to* auf); **the missile ~s on to its target** die Rakete richtet sich auf das Ziel; **lock out** *vt* aussperren (*a. bei Streik*); **lock up** *vt* 1. zu-, verschließen, -sperren 2. einschließen, -sperren 3. (*Geld*) wegschließen 4. (*Kapital*) fest anlegen

locker [ˈlɒkə(r)] *s* Schließfach *nt;* Spind *m;* **go to Davy Jones's ~** im Meer ertrinken; **~ room** Raum *m* mit Schließfächern; (SPORT) Umkleideraum *m*

locket [ˈlɒkɪt] *s* Medaillon *nt*

lock·jaw [ˈlɒkdʒɔː] *s* (MED) Wundstarrkrampf *m*

lock-keeper [ˈlɒkˌkiːpə(r)] *s* Schleusenwärter(in) *m(f)*

lock·out [ˈlɒkaʊt] *s* Aussperrung *f* (*bei Streik*); **lock·smith** [ˈlɒksmɪθ] *s* Schlosser(in) *m(f);* **lock·up** [ˈlɒkʌp] *s* 1. Gefängnis *nt* 2. (COM) Laden *m,* Geschäft *nt* 3. (AUTO) Einzelgarage *f*

loco·mo·tion [ˌləʊkəˈməʊʃn] *s* Bewegung *f;* **loco·mo·tive** [ˌləʊkəˈməʊtɪv] I. *adj* Fortbewegungs- II. *s* Lokomotive *f*

locum tenens [ˌləʊkəmˈtiːnenz] *s* (Stell)Vertreter(in) *m(f)*

lo·cus [ˈləʊkəs, *pl* ˈləʊsaɪ] <*pl* **loci**> *s* (MATH) geometrischer Ort

lo·cust [ˈləʊkəst] *s* 1. (Wander)Heuschrecke *f* 2. (*~-tree*) Robinie *f*

loc·ution [ləˈkjuːʃn] *s* 1. Rede-, Sprechweise *f* 2. Redensart *f,* Ausdruck *m*

lode [ləʊd] *s* (MIN) Erzader *f;* **lode·star** [ˈləʊdstɑː(r)] *s* 1. Leit-, Polarstern *m* 2. (*fig*) Leitstern *m,* Vorbild *nt;* **lode·stone** [ˈləʊdstəʊn] *s s.* **loadstone**

lodge [lɒdʒ] I. *s* 1. Häuschen *nt* 2. (Pförtner-, Jagd)Haus *nt* 3. Pförtner-, Portiersloge *f* 4. (Freimaurer)Loge *f* 5. Lager *nt* (*eines wilden Tieres*), Biberbau *m* 6. Wigwam *m* II. *vt* 1. unterbringen, einquartieren; beherbergen 2. (*Wertsachen*) hinterlegen, deponieren (*with s.o.* bei jdm) 3. (JUR: *Forderung*) erheben, anmelden; (*Anspruch*) geltend machen 4. (*Berufung, Beschwerde*) einlegen, einreichen 5. (*Einwand, Klage*) erheben 6. (*Kugel*) jagen (*in* in) 7. (*Schlag*) versetzen III. *vi* 1. wohnen (*with* bei) 2. (*Kugel*) stecken bleiben (*in* in); **lodger** [ˈlɒdʒə(r)] *s* Untermieter(in) *m(f);* **lodg·ing** [ˈlɒdʒɪŋ] *s* 1. Unterbringung, Beherbergung *f* 2. Wohnung, Unterkunft *f* 3. (JUR: *Berufung*) Einlegen *nt* 4. **~s** möbliertes Zimmer, möblierte Wohnung; **board and ~** Kost und Logis; **live in ~s** möbliert wohnen; **lodging house** *s* (*Br*) Pension *f*

lo·ess [ˈləʊes] *s* (GEOL) Löß *m*

lo-fi [ˈləʊˌfaɪ] *adj* schlicht

loft [lɒft] I. *s* 1. (Dach-, Heu)Boden, Speicher *m* 2. (Orgel)Chor *m* 3. (ARCH) Empore, Galerie *f* II. *vt* hochschlagen

lofty [ˈlɒftɪ] *adj* 1. hoch(ragend) 2. edel, vornehm 3. eingebildet, arrogant

log¹ [lɒg] *s* (Holz)Klotz, Block *m;* Holzscheit *nt;* **sleep like a ~** wie ein Murmeltier schlafen; **log fire** *s* Holzfeuer *nt*

log² [lɒg] I. *s* 1. (MAR) Log *nt* 2. (*~-book*) Log-, Schiffstagebuch *nt* 3. (AUTO) Fahrtenbuch *nt* **4.** (AVIAT) Bordbuch *nt* **5.** (TECH: ~ *sheet*) (Zustands)Bericht *m;* Betriebsprotokoll *nt* **II.** *vt* **1.** Buch führen über **2.** (MAR) ins Logbuch eintragen **3.** (*Entfernung*) zurücklegen; **log in** *vi* (INTERNET) (sich) einloggen

log³ [lɒg] *s* (MATH) Logarithmus *m*

lo·gan·berry ['ləʊgənberɪ] *s* Loganbeere *f*

log·ar·ithm ['lɒgərɪðəm] *s* (MATH) Logarithmus *m;* **take ~s** logarithmieren; **loga·rith·mic** [ˌlɒgə'rɪðmɪk] *adj* logarithmisch

log book ['lɒgbʊk] *s s.* **log²**

log-cabin [ˌlɒg'kæbɪn] *s* Blockhaus *nt;* **log·ger** ['lɒgə(r)] *s* Holzfäller *m*

log·ger·heads ['lɒgəhedz] *s:* **I was at ~s with him** wir lagen uns in den Haaren; **be at ~ with s.th.** mit etw auf dem Kriegsfuß stehen

logic ['lɒdʒɪk] *s* Logik *f;* **logi·cal** ['lɒdʒɪkl] *adj* logisch; **lo·gis·tics** [lə'dʒɪstɪks] *s pl* Logistik *f*

log jam ['lɒgdʒæm] *s* (*Am*) unüberwindliche Schwierigkeit

logo ['lɒgəʊ] *s* (Firmen)Logo *nt*

log·rol·ling ['lɒgrəʊlɪŋ] *s* **1.** (PARL) gegenseitige Unterstützung (*der Parteien*) **2.** (*pej*) politischer Kuhhandel

loin [lɔɪn] *s* Lende *f;* **loin·cloth** ['lɔɪnklɒθ] *s* Lendenschurz *m*

loi·ter ['lɔɪtə(r)] **I.** *vi* (~ *about*) herumbummeln; herumlungern **II.** *vt* (*Zeit:* ~ *away*) vertrödeln; **loi·terer** ['lɔɪtərə(r)] *s* (*fam*) Herumlungerer *m;* Bummelant(in) *m(f)*

loll [lɒl] *vi* **1.** sich (bequem) ausstrecken, sich rekeln **2.** sich zurück-, sich anlehnen; ~ **out** (*Zunge*) heraushängen

lol·li·pop ['lɒlɪpɒp] *s* Lutscher *m;* Eis *nt* am Stiel; **~lady/man** (*Br*) *Lotse, der Schulkinder über die Straße führt*

lol·lop ['lɒləp] *vi* (*Br fam*) hin u. her schlenkern, watscheln, torkeln

lolly ['lɒlɪ] *s* **1.** (*fam*) Lutscher *m* **2.** (*sl*) Geld *nt;* **ice(d)** ~ Eis *nt* am Stiel

lone [ləʊn] *adj* einsam; **play a ~ hand** etw im Alleingang tun; ~ **wolf** Einzelgänger(in) *m(f);* **lone·li·ness** ['ləʊnlɪnɪs] *s* Einsamkeit *f;* **lone·ly** ['ləʊnlɪ] *adj* **1.** einsam; vereinsamt **2.** sich einsam fühlend; **lon·er** ['ləʊnə(r)] *s* Einzelgänger(in) *m(f);* **lone·some** ['ləʊnsəm] *adj* **1.** einsam **2.** verlassen, öde

long¹ [lɒŋ] **I.** *adj* **1.** lang **2.** (*Weg*) weit **3.** (FIN) langfristig; mit langer Laufzeit; **in the ~ run** auf die Dauer; **be ~ (in) doing s.th.** viel Zeit zu etw brauchen; **not to be ~ for ...** nicht lange dauern, bis ...; **take a ~ time** viel Zeit brauchen; **take the ~ view** auf lange Sicht planen; **don't be ~!** beeil dich! **II.** *adv* lange; **as** [*o* **so**] ~ **as** solange; vorausgesetzt, dass; wenn nur; **at (the) ~est** höchstens; längstens; **before ~** in kurzem; **no ~er** nicht mehr; ~ **after** lange nachher, viel später; ~ **before** lange vorher, viel früher; ~ **ago** vor langer Zeit; **so ~!** (*fam*) bis später! **III.** *s* **1.** lange Zeit **2.** (*Phonetik, Prosodie*) Länge *f;* **the ~ and the short of it** langer Rede kurzer Sinn; kurz (gesagt)

long² [lɒŋ] *vi* sich sehnen (*for* nach)

long·boat ['lɒŋbəʊt] *s* (MAR) großes Beiboot, Pinasse *f;* Wikingerboot *nt;* **long-dis·tance** *adj:* ~ **call** Ferngespräch *nt;* ~ **education** Fernstudium *nt;* (*in compulsory education*) Fernerziehung *f* (*in sehr dünn besiedelten Gebieten*); ~ **express train** Fernexpress *m;* ~ **lorry driver** Fernfahrer(in) *m(f);* ~ **flight** Langstreckenflug *m;* ~ **traffic** Fernverkehr *m;* **long drink** *s* Longdrink *m,* verdünntes alkoholisches Getränk

lon·gev·ity [lɒn'dʒevətɪ] *s* Langlebigkeit *f*

long-haired [ˌlɒŋ'heəd] *adj* langhaarig; **long·hand** ['lɒŋhænd] *s* Langschrift *f;* **long haul** *s* (*Am*) **1.** (AVIAT) Langstrecken-, Nonstopflug *m* **2.** (*fig*) schwieriger Lebensabschnitt

long·ing ['lɒŋɪŋ] **I.** *adj* sehnsüchtig; sich sehnend (*for* nach) **II.** *s* Sehnsucht *f,* Verlangen *nt* (*for* nach)

long·ish ['lɒŋgɪʃ] *adj* ziemlich lang

longi·tude ['lɒŋgɪtju:d] *s* (geographische) Länge *f;* **longi·tudi·nal** [ˌlɒŋgɪ'tju:dɪnl] *adj* längslaufend, Längs-

long johns ['lɒŋdʒɒnz] *s pl* lange Unterhosen *fpl;* **long jump** *s* (SPORT) Weitsprung *m;* **long-life milk** ['lɒŋlaɪf] *s* H-Milch *f;* **long-lived** [ˌlɒŋ'lɪvd] *adj* langlebig; dauerhaft; **long-lost** ['lɒŋlɒst] *adj* längst verloren geglaubt; **long odds** *s pl* geringe Gewinnchancen *fpl;* **long-playing record** *s* Langspielplatte *f;* **long-range** *adj* **1.** weit reichend **2.** (*Rakete, Flugzeug*) Langstrecken- **3.** weit vorausschauend; ~ **forecast** Langzeitprognose *f;* ~ **planning** langfristige Planung; **long shot** *s* riskantes Unternehmen; **not by a ~** nicht im Traum; **long-sighted** [ˌlɒŋ'saɪtɪd] *adj* weitsichtig; **long-stand·ing** [ˌlɒŋ'stændɪŋ] *adj* langdauernd, anhaltend; **long-suffering** *adj* schwer geprüft; **long-term** *adj* langfristig; ~ **care** Langzeitpflege *f;* ~ **damage** Spätschaden *m;* ~ **effect** Langzeitwirkung *f;* ~ **planning** langfristige Planung *f;* ~ **test** Dauertest *m;* ~ **unemployed (person)** Langzeit-, Dauerarbeitslose(r) *f m;* **long vac** *s* (*fam*), **long vacation** *s* große Ferien *pl,* Sommersemesterferien *pl;* **long wave**

L

s (RADIO) Langwelle *f;* **long-wave** *adj:* ~ **band** Langwellenbereich *m;* **long·ways, long·wise** ['lɒŋweɪz, -waɪz] *adv* der Länge nach; **long-winded** [ˌlɒŋ'wɪndɪd] *adj* langatmig

loo [luː] *s* (*Br fam*) Klo *nt*

loo·fa(h) ['luːfə] *s* Luffa *f*

look [lʊk] **I.** *vi* **1.** sehen, schauen, blicken (*at, on, upon* auf, nach) **2.** ansehen, -schauen (*at, on s.o., s.th.* jdn, etw) **3.** Acht geben, aufpassen (*to* auf) **4.** seinen Blick richten (*towards* auf) **5.** suchen, nachsehen **6.** (*Fenster*) gehen nach **7.** aussehen, scheinen; **it ~s like rain** es sieht nach Regen aus; ~ **sharp!** dalli, dalli!; ~ **here!** sieh her!; hör mal gut zu!; ~ **and see** nachsehen **II.** *vt* **1.** sehen (*s.o. in the face* jdm ins Gesicht) **2.** zum Ausdruck bringen, Ausdruck geben (*s.th.* einer S); **he ~s his age** man sieht ihm sein Alter an **III.** *s* **1.** Blick *m* (*at* auf, nach) **2.** **~s** Aussehen *nt;* Anblick *m;* Erscheinung *f;* **the Look** (*fam*) ein strafender Blick; **cast** [*o* **throw**] **a** ~ einen Blick werfen (*at* auf); **give s.o. a dirty** ~ jdm einen vernichtenden Blick zuwerfen; **have a ~ at s.th.** etw angucken; **I don't like the ~ of it** es gefällt mir nicht; **look about** *vi* sich umsehen, sich umschauen (*for* nach); **look after** *vt* **1.** sich kümmern um; aufpassen auf **2.** überwachen, aufpassen auf; sehen nach **3.** nachsehen *dat;* **look ahead** *vi* **1.** nach vorne sehen **2.** die Zukunft planen, vorausschauen; **look around** *vi* sich umsehen (*for* nach); **look at** *vt* **1.** ansehen; sich ansehen, überprüfen; betrachten; überlegen **2.** (*fam*) rechnen mit; **look away** *vi* wegsehen; **look back** *vi* **1.** zurückschauen, -blicken (*on, upon* auf) **2.** unsicher werden; **look down** *vi* hochmütig herabsehen (*on* auf); **look for** *vt* **1.** suchen **2.** erwarten; **look forward** *vi* sich freuen (*to* auf); **look in** *vi* einen kurzen Besuch abstatten (*on s.o.* jdm); **look into** *vt* untersuchen, nachgehen (*s.th.* einer S); **look on, upon** *vi* **1.** ansehen, betrachten (*as* als) **2.** zusehen; **look onto** *vi* hinausschauen auf; **look out I.** *vi* **1.** aufpassen, Acht geben (*for* auf) **2.** hinaussehen, -gehen (*on* auf) **II.** *vt* sich aussuchen; ~ **out!** aufpassen! Achtung! Vorsicht!; **look over** *vt* mustern; prüfen; **look round** *vi* sich umsehen; **look through** *vt* **1.** durchsehen **2.** prüfen **3.** (*fig*) durchschauen; **look to** *vi* **1.** sich kümmern um **2.** sich verlassen auf, vertrauen auf; ~ **to it that** sehen Sie zu, dass; **look up I.** *vi* **1.** aufblicken, -schauen, -sehen (*at* auf) **2.** (*Lage*) sich bessern **3.** (*Preise*) steigen **II.** *vt* **1.** (*Wort*) nachschlagen **2.** (*fam*) besuchen; ~ **up to s.o.** zu jdm aufsehen; **things are ~ing up** es geht besser, bergauf; **look up and down** *vt* genau untersuchen

look·alike ['lʊkəˌlaɪk] *s* Doppelgänger(in) *m(f)*

looker ['lʊkə(r)] *s:* **she's a real** ~ sie sieht fantastisch aus; **looker-on** ['lʊkərɒn] <*pl* **lookers-on**> *s* Zuschauer(in) *m(f)* (*at* bei); **look-in** ['lʊkɪn] *s* **1.** flüchtiger Blick **2.** kurzer Besuch; **have a** ~ (SPORT: *fam*) Aussichten, Chancen haben; **look·ing glass** ['lʊkɪŋ'glɑːs] *s* Spiegel *m;* **look·out** ['lʊkˌaʊt] *s* **1.** Ausblick *m* **2.** Ausguck *m;* (MAR) Mastkorb *m;* **be on the** ~ Ausschau halten (*for* nach); **that is his** ~ (*fam*) das ist seine Sache; **that's not my** ~ das geht mich nichts an; **look-over** ['lʊkəʊvə(r)] *s* Überprüfung *f;* **give s.th. a** ~ sich etw ansehen

loom[1] [luːm] *s* Webstuhl *m*

loom[2] [luːm] *vi* **1.** (~ *up*) allmählich, undeutlich sichtbar werden **2.** drohend aufragen; ~ **large** sehr wichtig sein

loony ['luːnɪ] *adj* (*sl*) verrückt

loop [luːp] **I.** *s* **1.** Schlinge, Schleife *f* **2.** Windung *f;* Öse *f* **3.** (MED) Spirale *f* **4.** (AVIAT) Looping *m* **5.** (RADIO) Rahmenantenne *f* **6.** (INFORM) Schleife *f* **II.** *vt* **1.** in Schleifen legen **2.** winden (*around* um); ~ **the** ~ (AVIAT) einen Looping machen **III.** *vi* **1.** Schleifen bilden **2.** sich schlingen

loop·hole ['luːphəʊl] *s* **1.** Schießscharte *f* **2.** (*fig*) Ausweg *m;* **a ~ in the law** eine Gesetzeslücke

loose [luːs] **I.** *adj* **1.** lose, frei, ungebunden **2.** (COM) lose, unverpackt **3.** lose, locker **4.** (*Kleidung*) weit **5.** locker, aufgelockert **6.** (*Bedeutung*) ungenau **7.** (*Übersetzung*) frei **8.** (*Lebenswandel*) locker; **at a ~ end** ohne Beschäftigung; ~ **change** Kleingeld *nt;* **have a ~ tongue** ein loses Mundwerk haben **II.** *adv* **1.** frei, ungebunden, ungezwungen **2.** lose, locker; **break** ~ ausbrechen; **come** ~ (*Band, Knoten*) aufgehen; (*Knopf*) abgehen; **cut** ~ (sich) losreißen; (*fig*) außer Rand u. Band geraten; **work** ~ (*Schraube*) sich lockern **III.** *vt* **1.** los-, freilassen; lockern **2.** befreien **IV.** *s:* **on the** ~ frei, ungebunden; übermütig; **be on the** ~ sich amüsieren; **loose connection** *s* (ELEK) Wackelkontakt *m;* **loose-leaf book** *s* Ringbuch *nt;* **loosely** ['luːslɪ] *adv* locker, lose; ~ **speaking** grob gesagt; **loosen** ['luːsn] **I.** *vt* **1.** befreien **2.** (*Zunge*) lösen **3.** losmachen **4.** lockern **II.** *vi* **1.** frei werden, sich lösen **2.** sich lockern; ~ **up** (SPORT) Lockerungsübungen machen; (*fig*) lockerer werden

loot [luːt] **I.** *s* Beute *f* **II.** *vt* plündern; **loot·ing** [-ɪŋ] *s* Plünderung *f*

lop [lɒp] *vt* **1.** (*Baum*) beschneiden, stutzen **2.** (~ *off*) abhacken

lope [ləʊp] **I.** *vi* **1.** galoppieren, traben **2.** (in leichten Sprüngen) rennen **II.** *s:* **at a ~** im Galopp

lop-sided [ˌlɒpˈsaɪdɪd] *adj* **1.** einseitig, unsymmetrisch; schief **2.** (MAR) mit Schlagseite

lo·qua·cious [ləˈkweɪʃəs] *adj* redselig

lord [lɔːd] **I.** *s* **1.** Herr *m;* Herrscher *m* (*of* über) **2.** (*Br*) Lord *m;* (**Our**) **Lord** der Herr (Jesus); **the Lord's Prayer** das Vaterunser; **the Lord's Supper** das heilige Abendmahl; **Lord only knows where ...** weiß der Himmel wo ...; **the House of Lords** das (brit.) Oberhaus; **as drunk as a ~** (*fam*) volltrunken **II.** *vt:* **~ it** den Herrn spielen; **Lord Chancellor** *s* (*in GB*) Lordkanzler *m;* **lord·ly** [ˈlɔːdlɪ] *adj* **1.** würdig, hoheitsvoll **2.** hochmütig **3.** stolz, gebieterisch; **Lord Mayor** *s* Oberbürgermeister *m;* **lord·ship** [ˈlɔːdʃɪp] *s:* **Your/His Lordship** Eure/Seine Lordschaft; **Lords Spiritual** *s pl* geistliche Herren *pl* (*im brit. Oberhaus*); **Lords Temporal** *s pl* weltliche Herren *pl* (*im brit. Oberhaus*)

lore [lɔː(r)] *s* Lehre, Kunde *f*

lorry [ˈlɒrɪ] *s* (*Br*) Last(kraft)wagen, Lkw, Laster *m;* **lorry driver** *s* Last(kraft)wagenfahrer(in) *m(f)*, Lkw-Fahrer(in) *m(f)*

lose [luːz] <*irr:* lost, lost> **I.** *vt* **1.** verlieren; einbüßen **2.** sich entgehen lassen, nicht mitbekommen **3.** (*Gelegenheit*) versäumen **4.** (*Verfolger*) abschütteln **5.** (*Gelerntes*) vergessen **6.** (*Uhr*) nachgehen **7.** verschwenden, vergeuden **8.** bringen (*s.o. s.th.* jdn um etw), kosten (*s.o. s.th.* jdn etw); **be lost** verloren sein; verschwunden sein; **I'm lost** ich verstehe nichts mehr; **the child got lost** das Kind hatte sich verirrt; **get lost!** verschwinde! hau ab!; **~ o.s.** sich verirren; sich verlieren (*in* in); **~ ground** den Boden unter den Füßen, den Halt verlieren; **~ one's head** (*fig*) den Kopf verlieren; **~ one's life** ums Leben kommen; **~ one's temper** die Geduld verlieren; heftig werden; **~ track of ...** jede Spur +*gen* aus den Augen verlieren; **~ one's way** sich verirren, sich verlaufen **II.** *vi* **1.** verlieren **2.** (~ *out*) verlieren, unterliegen; (COM) große Verluste erleiden (*on a deal* bei einem Geschäft) **3.** (*Uhr*) nachgehen; **loser** [ˈluːzə(r)] *s* Verlierer(in) *m(f);* **come off a** [*o* **the**] **~** den Kürzeren ziehen; **los·ing** [ˈluːzɪŋ] *adj* **1.** (COM) unrentabel; Verlust bringend **2.** (*Mannschaft*) Verlierer- **3.** (*fig*) aussichtslos; **~ business** Verlustgeschäft *nt;* **~ game** aussichtsloses Spiel

loss [lɒs] *s* **1.** Verlust *m* **2.** Einbuße *f,* Nachteil, Schaden, Ausfall *m* (*in* an), Schadensfall *m;* **at a ~** in Verlegenheit (*for* um); (COM) mit Verlust; **be at a ~ how to do s.th.** nicht wissen, wie man etw anfangen soll; **be at a ~ for s.th.** um etw verlegen sein; **be a dead ~** nutzlos, unbrauchbar sein; **sell at a ~** mit Verlust verkaufen; **suffer heavy ~es** schwere Verluste erleiden; **he is no great ~** an ihm ist nicht viel verloren; **~ of appetite** Appetitlosigkeit *f;* **~ of blood** Blutverlust *m;* **~ of confidence** Vertrauensschwund *m;* **~ of earnings** Ertragsausfall *m;* **~ on exchange** Wechselkursverlust *m;* **~ by fire** Brandschaden *m;* **~ of life** Verluste *m pl* an Menschenleben; **~ of civil rights** Aberkennung *f* der bürgerlichen Ehrenrechte; **~ of time** Zeitverlust *m;* **~ of wages** Lohnausfall *m;* **~ in weight** Gewichtsverlust *m;* **loss-leader** *s* Lockartikel *m;* **loss-making** [ˈlɒsmeɪkɪŋ] *adj* (*Transaktion*) Verlust bringend; (*Firma*) in den roten Zahlen stehend

lost [lɒst] **I.** *pt, pp of* **lose II.** *adj* **1.** verloren; (*Gewinn*) entgangen **2.** vergessen **3.** verirrt **4.** abhanden gekommen; in Verlust geraten; **be ~ upon s.o.** auf jdn keinen Eindruck machen; **be ~ in thought** in Gedanken versunken sein; **a ~ cause** eine aussichtslose Sache; **lost property** *s* Fundsachen *pl;* **lost-property office** *s* Fundbüro *nt*

lot [lɒt] *s* **1.** Los *nt,* Schicksal, Geschick *nt* **2.** (Gewinn)Anteil *m* **3.** Parzelle *f* **4.** Gruppe *f;* Leute *pl* **5.** (COM) Partie *f,* Posten *m;* **a ~ of, ~s of** viele, eine Menge; **the ~** alles; alle; **you ~** ihr (alle); **by ~** durch das Los; **cast** [*o* **throw**] **in one's ~ with s.o.** jds Schicksal teilen; **a bad ~** (*fam*) eine miese Person; **building ~** Bauplatz *m;* **parking ~** Parkplatz *m*

loth [ləʊθ] *adj* widerwillig; **be ~ to do s.th.** etw nur sehr ungern tun

lo·tion [ˈləʊʃn] *s* Lotion *f;* **shaving ~** Rasierwasser *nt*

lot·tery [ˈlɒtərɪ] *s* **1.** Lotterie, Verlosung *f* **2.** (*fig*) Glücksspiel *nt;* **lottery number** *s* Losnummer *f*

lo·tus [ˈləʊtəs] *s* Lotos(blume *f*) *m;* **lo·tus eater** [ˈləʊtəsˌiːtə(r)] *s* Lotosesser(in) *m(f);* (*fig*) Müßiggänger(in) *m(f);* **lotus position** *s* Lotossitz *m*

loud [laʊd] **I.** *adj* **1.** laut **2.** geräuschvoll **3.** (*fig*) auffallend; auffällig **II.** *adv* laut; **loud·hailer** [ˌlaʊdˈheɪlə(r)] *s* Megafon *nt;* **loud mouth** *s* (*fam*) Großmaul *nt;* **loud·ness** [-nɪs] *s* Lautstärke *f;* Auffällig-

L

keit *f;* Aufdringlichkeit *f;* **loud·speaker** [ˌlaʊd'spiːkə(r)] *s* Lautsprecher *m,* Box *f*
lounge [laʊndʒ] **I.** *vi* **1.** herumsitzen, -stehen **2.** faulenzen **II.** *s* (*Hotel*) Gesellschaftsraum *m;* (*Flughafen*) Warteraum *m;* (*Haus*) Wohnzimmer *nt;* vornehmer Teil einer Gaststätte; **lounge bar** *s* (vornehme) Bar *f;* **lounge chair** *s* Klubsessel *m;* **lounge lizard** *s* Salonlöwe *m;* **lounge suit** *s* (*Br*) Straßenanzug *m*
lour, lower ['laʊə(r)] *vi* **1.** finster blicken (*on, upon, at* auf) **2.** (*Himmel*) drohend aussehen; sich verfinstern; (*Wolken*) sich türmen
louse [laʊs, *pl* laɪs] <*pl* lice> **I.** *s* **1.** Laus *f* **2.** (*sl*) gemeiner Kerl **II.** *vt:* ~ **up** (*sl*) versauen; ruinieren; **lousy** ['laʊzɪ] *adj* **1.** verlaust **2.** (*sl*) lausig, gemein, ekelhaft; miserabel; ~ **with** (*sl*) voll von, übersät mit; ~ **with money** (*fam*) stinkreich
lout [laʊt] *s* Lümmel, Flegel *m;* **lout·ish** ['laʊtɪʃ] *adj* flegelhaft
louvre, lou·ver ['luːvə(r)] *s* **1.** Jalousie *f* **2.** Belüftungsklappe *f;* ~ **door** Lamellen-, Louvretür *f*
lov·able ['lʌvəbl] *adj* liebenswert
lovage ['lʌvɪdʒ] *s* Liebstöckel *m*
love [lʌv] **I.** *s* **1.** Liebe, Zuneigung *f* (*of, for, to, towards s.o.* zu jdm) **2.** Vorliebe *f* (*of, for s.th.* für etw) **3.** Geliebte(r), Liebste(r) *f m* **4.** (*fam*) etw Reizendes **5.** (*Anrede*) meine Liebe, mein Lieber, mein Liebes; Schätzchen *nt* **6.** Grüße *mpl* **7.** (SPORT: *Tennis*) null; **for** ~ zum Spaß, zum Vergnügen; **for the** ~ **of** aus Liebe zu, *dat* zuliebe; **not for** ~ **nor money** nicht für Geld und gute Worte; **be in** ~ **with s.o.** in jdn verliebt sein; **fall in** ~ sich verlieben; **make** ~ sich lieben; **make** ~ **to s.o.** mit jdm schlafen; **send one's** ~ **to s.o.** jdn grüßen lassen; **give him my** ~ grüßen Sie ihn von mir; **there's no** ~ **lost between them** sie können sich nicht ausstehen **II.** *vt* **1.** lieben; lieb haben, gern haben **2.** (gern) mögen (*a. Speisen*)*;* ~ **to do** gern tun; **I'd** ~ **to go** ich würde (liebend) gern gehen **III.** *vi* lieben; verliebt sein; **love affair** *s* Liebschaft *f,* Verhältnis *nt;* **love·bird** ['lʌvbɜːd] *s* Sperlingspapagei *m;* (*fig*) Turteltaube *f;* **love bunnies** *s pl* (*fam*) Turteltauben *pl;* **love game** *s* (*Tennis*) Zu-Null-Spiel *nt;* **love-hate relationship** *s* Hassliebe *f;* **love·less** [lʌvlɪs] *adj* ohne Liebe; lieblos; **love letter** *s* Liebesbrief *m;* **love life** *s* Liebesleben *nt*
love·li·ness ['lʌvlɪnɪs] *s* Liebreiz *m;* **love·ly** ['lʌvlɪ] *adj* **1.** lieblich; schön, hübsch **2.** (*fam*) herrlich, großartig
love-mak·ing ['lʌvˌmeɪkɪŋ] *s* **1.** Zärtlichkeiten *fpl* **2.** Geschlechtsverkehr *m*
lover ['lʌvə(r)] *s* Liebhaber *m,* Freund(in) *m(f),* Geliebte(r) *f m;* ~ **of horses** Pferdeliebhaber *m;* **a** ~ **of good music** Freund *m* guter Musik; **be a** ~ **of good wine** einen guten Tropfen lieben; **they are** ~**s** sie sind ein Liebespaar
love·sick ['lʌvsɪk] *adj* liebeskrank; **be** ~ Liebeskummer haben; **love song** *s* Liebeslied *nt;* **love story** *s* Liebesgeschichte *f;* **lov·ey** [lʌvɪ] *s* (*sl*) Schätzchen *nt;* **lov·ing** ['lʌvɪŋ] *adj* liebend; liebevoll, zärtlich
low[1] [ləʊ] **I.** *vi* muhen **II.** *s* Muhen *nt*
low[2] [ləʊ] **I.** *adj* **1.** niedrig **2.** tief, tief(er)liegend **3.** (*Gewässer*) flach, seicht **4.** (*Kleid, Bluse:* ~*-necked*) tief ausgeschnitten **5.** (*Verbeugung*) tief **6.** (*fig*) schwach, kraft-, energielos **7.** (*Stimmung*) gedrückt; niedergedrückt, -geschlagen **8.** klein, gering(fügig, -wertig) **9.** einfach, niedrig, nieder (*a. Herkunft, Stand, Rang*) **10.** niedrig, niederträchtig, gemein **11.** (*Meinung*) gering, schlecht **12.** (*Preis, Kosten, Kurs, Lohn, Gehalt, Temperatur*) niedrig **13.** (*Puls*) schwach **14.** (*Vorrat*) erschöpft, zusammengeschmolzen **15.** (*fam*) knapp bei Kasse **16.** (*Verpflegung*) dürftig **17.** (*Kost*) schmal **18.** (*Gesundheit*) schwach, schlecht **19.** (*Kultur*) primitiv, unentwickelt **20.** (*Stimme, Laut*) schwach, leise; tief **21.** (AUTO: *Gang*) niedrig; **as** ~ **as** so niedrig, so tief wie; hinunter bis zu; **in** ~ **water** (*fam*) knapp bei Kasse; **be** ~ (*Preise etc*) niedrig stehen; **be** [*o* **feel**] ~ sich elend fühlen; **have a** ~ **opinion of s.o.** nicht viel von jdm halten; **lay** ~ umstoßen, -werfen; umlegen, -bringen; **be laid** ~ ans Bett gefesselt sein; **lie** ~ flach, lang ausgestreckt liegen; (*fig*) sich nicht sehen lassen; **run** ~ (*Vorrat*) zu Ende gehen **II.** *adv* **1.** niedrig, tief; nach unten **2.** leise (*sprechen*) **3.** tief (*singen*) **4.** billig (*kaufen, verkaufen*) **III.** *s* **1.** (das) Niedrige **2.** (AUTO) niedriger Gang **3.** (*fam*) Tiefstand *m* **4.** (METE) Tief(druckgebiet) *nt*
low·born [ˌləʊ'bɔːn] *adj* von niederer Herkunft; **low·bred** [ˌləʊ'bred] *adj* ungebildet, roh; **low·brow** ['ləʊbraʊ] *s* kulturell Unbedarfte(r) *f m;* **low-calorie** *adj* kalorienarm; **low comedy** *s* Schwank *m,* Posse *f;* **low-cut** [ləʊ'kʌt] *adj* (*Kleid*) tief ausgeschnitten; **low demand** *s* geringe Nachfrage; **low-down** ['ləʊdaʊn] *s* (*sl*) Information *f*
lower[1] ['ləʊə(r)] *adj* **1.** tiefer, niedriger **2.** tiefer gelegen
lower[2] ['ləʊə(r)] **I.** *vt* **1.** hinunter-, herunterlassen, senken **2.** (*die Augen*) niederschlagen **3.** (*die Stimme*) senken **4.** (*Preis*) herabsetzen, ermäßigen **5.** (*Stellung,*

Rang) herabsetzen; erniedrigen, demütigen **6.** (AVIAT: *Fahrgestell*) ausfahren **II.** *vi* **1.** sich senken **2.** *(Preise)* sinken, fallen **3.** abnehmen, nachlassen; sich vermindern **III.** *vr* sich erniedrigen; sich herablassen

lower³ [laʊə(r)] *vi* **1.** finster blicken *(on, upon, at* auf) **2.** *(Himmel)* drohend aussehen; sich verfinstern; *(Wolken)* sich türmen; ~ **at s.o.** jdn finster ansehen

low-key [ˌləʊ'kiː] *adj* **1.** maßvoll; nicht übertrieben **2.** unwillig; schwach; **low-land** ['ləʊlənd] *s meist pl* Tief-, Unterland *nt;* **low level** *s* Tiefpunkt *m;* **on a** ~ auf niedriger Stufe; **low-level radiation** *s* Niedrigstrahlung *f*

low·ly ['ləʊlɪ] *adj, adv* schlicht; bescheiden

low-maintenance *adj* wartungsarm

low-minded [ˌləʊ'maɪndɪd] *adj* niedrig gesinnt, gemein; **low-necked** [ˌləʊ'nekt] *adj (Kleid)* (tief) ausgeschnitten

low·ness ['ləʊnɪs] *s* **1.** Niedrigkeit *f* **2.** Tiefe *f (a. Stimme);* ~ **of spirits** Niedergeschlagenheit *f*

low-noise [ˌləʊ'nɔɪz] *adj* rauschfrei; (AUTO) laufruhig; **low-pitched** [ˌləʊ'pɪtʃt] *adj* **1.** *(Stimme)* tief **2.** *(Dach)* mit geringer Neigung; **low-pollution** [ˌləʊpəl'uːʃn] *adj* (AUTO) schadstoffarm; **low pressure** *s* (METE) Tiefdruck *m;* **low-pressure area** *s* Tiefdruckgebiet *nt;* **low profile** *s:* **keep a** ~ *(fig)* sich im Hintergrund halten; **low season** *s* Neben-, Zwischensaison *f;* **low-spirited** [ˌləʊ'spɪrɪtɪd] *adj* niedergeschlagen, (nieder)gedrückt; **Low Sunday** *s* der Weiße Sonntag; **low tide** *s* **1.** Ebbe *f* **2.** *(fig)* Tiefstand *m;* **low water** *s* Niedrigwasser *nt;* Ebbe *f*

loyal ['lɔɪəl] *adj* treu; loyal; zuverlässig; **loyal·ist** [-ɪst] *s* Regierungstreue(r) *f m;* **loyalty** ['lɔɪəltɪ] *s* **1.** Treue *f;* Loyalität *f (to* zu, gegen) **2.** Zuverlässigkeit *f*

loz·enge ['lɒzɪndʒ] *s* **1.** (MATH) Rhombus *m,* Raute *f* **2.** *(Arznei)* Pastille *f*

LP [el'piː] *s Abk. von* **long playing** (**record**) LP *f*

LSD [eles'diː] *s Abk. von* **lysergic acid diethylamide** LSD *nt*

lu·bri·cant ['luːbrɪkənt] *s* Schmiermittel *nt;* **lu·bri·cate** ['luːbrɪkeɪt] *vt* **1.** (ein-, ab)schmieren, (ein)ölen **2.** *(fig)* schmieren; **lu·bri·ca·tion** [ˌluːbrɪ'keɪʃn] *s* (Ab-, Ein)Schmieren *nt;* (Ein)Ölen *nt;* **lu·bri·ca·tor** ['luːbrɪˌkeɪtə] *s* Schmierbüchse *f,* -nippel *m*

lu·cerne [luː'sɜːn] *s (Futterpflanze)* Luzerne *f*

lu·cid ['luːsɪd] *adj* **1.** klar, verständlich **2.** (geistig) normal; ~ **moments** lichte Momente *mpl*

luck [lʌk] *s* **1.** Glück(sfall *m*) *nt* **2.** Zufall *m,* Schicksal *nt;* **for** ~ als Glückbringer; **in** ~ glücklich; **out of** ~ unglücklich; **worse** ~ unglücklicherweise, leider; **be down on one's** ~ *(fam)* Pech haben; **try one's** ~ sein Glück versuchen; **just my** ~! **tough** ~! *(fam)* so ein Pech!; **good/bad** ~ Glück/Unglück *nt;* ~ **of the devil** *(fam)* wahnsinniges Glück; **luck·less** [-lɪs] *adj* glücklos; erfolglos; **lucky** ['lʌkɪ] *adj* **1.** glücklich **2.** Glück bringend, günstig; **be** ~ Glück haben; **that's** ~ das ist ein Glück; ~ **shot** Glückstreffer *m;* ~ **dip** Glückstopf *m;* **I should be so** ~ das möchte ich mal erleben; ~ **you!** du Glückliche(r)!

lu·cra·tive ['luːkrətɪv] *adj* einträglich, Gewinn bringend

lucre ['luːkə(r)] *s (hum)* Mammon *m*

lu·di·crous ['luːdɪkrəs] *adj* fürchterlich; grotesk; lächerlich; absurd

ludo ['luːdəʊ] *s (Spiel)* Mensch ärgere dich nicht *nt*

lug [lʌg] *vt* schleppen, (hinter sich her)ziehen, zerren *(at* an)

lug·gage ['lʌgɪdʒ] *s (Br)* (Reise)Gepäck *nt;* **have one's** ~ **registered** sein Gepäck aufgeben; **hand** ~ Handgepäck *nt;* **luggage rack** *s (Zug)* Gepäckablage *f; (Auto)* Dachgepäckträger *m;* **luggage van** *s (Br:* RAIL) Packwagen *m*

lug·ger ['lʌgə(r)] *s* (MAR) Logger, Lugger *m*

lug-hole ['lʌghəʊl] *s (Br sl)* Ohr *nt*

lu·gu·bri·ous [lə'guːbrɪəs] *adj* tieftraurig, schmerzlich

luke·warm [ˌluːk'wɔːm] *adj* **1.** *(Flüssigkeit)* lauwarm **2.** *(fig)* lau, gleichgültig

lull [lʌl] **I.** *vt* **1.** einlullen, beruhigen **2.** beschwichtigen, besänftigen; ~ **to sleep** in den Schlaf wiegen **II.** *vi* **1.** sich beruhigen *(a. die See)* **2.** *(Sturm)* sich legen **III.** *s* **1.** Windstille *f* **2.** (kurze) Ruhe(pause) *f;* (kurze) Unterbrechung *f;* Stillstand *m* **3.** (COM) Flaute *f;* **lull·aby** ['lʌləbaɪ] *s* Wiegenlied *nt*

lum·bago [lʌm'beɪgəʊ] *s* (MED) Hexenschuss *m*

lum·bar punc·ture [ˌlʌmbə'pʌŋktʃə(r)] *s* Lumbalpunktion *f*

lum·ber¹ ['lʌmbə(r)] **I.** *s* **1.** Gerümpel *nt* **2.** Bau-, Nutzholz *nt* **II.** *vt* **1.** *(mit Gerümpel)* vollstopfen, -pfropfen **2.** *(Bäume)* fällen, schlagen, zu Nutzholz sägen; ~ **s.o. with s.th.** jdm etw aufhängen; ~ **o.s. with s.th.** sich etw aufhalsen

lum·ber² ['lʌmbə(r)] *vi* schwerfällig gehen; rumpeln; trampeln; ~ **along** dahinrumpeln

lum·ber·jack ['lʌmbədʒæk] *s* **1.** Holzfäller *m* **2.** *(a. lumberjacket)* Lumberjack *m;* **lum·ber·man** ['lʌmbəmæn] <*pl* **-men**>

L

s Holzfäller *m;* **lum·ber·room** ['lʌmbərʊm] *s* Rumpelkammer *f;* **lumber-trade** *s* Holzhandel *m;* **lum·ber·yard** ['lʌmbəjɑːd] *s* (*Am*) Holzlager *nt*

lu·min·ary ['luːmɪnərɪ] *s* (*fig*) Leuchte *f;* **lu·min·os·ity** [,luːmɪ'nɒsətɪ] *s* Helligkeit *f;* **lu·mi·nous** ['luːmɪnəs] *adj* **1.** leuchtend, Leucht- **2.** (*fig*) verständlich; ~ **paint** Leuchtfarbe *f*

lump [lʌmp] **I.** *s* **1.** Klumpen *m* **2.** Stück *nt* (*Zucker*) **3.** (*fig*) Haufen *m,* Masse, Menge *f* **4.** (MED) Beule *f;* Knoten *m* **5.** (*fam*) Klotz *m;* **have a ~ in one's throat** einen Kloß im Hals haben **II.** *vt* **1.** (~ *together*) fassen (*under a title* unter einer Überschrift) **2.** (~ *in*) in einen Topf werfen (*with* mit); ~ **it** (*fam fig*) etw schlucken; sich damit abfinden; ~ **together** zusammenfassen; **if he doesn't like it he can ~ it** wenn's ihm nicht passt, kann er's ja bleiben lassen **III.** *vi* klumpen; **lump payment** *s* Pauschalbezahlung *f;* **lump sugar** *s* Würfelzucker *m;* **lump sum** *s* **1.** Pauschalbetrag *m* **2.** Kapitalabfindung *f;* **lumpy** ['lʌmpɪ] *adj* **1.** klumpig **2.** (*Figur*) pummelig

lu·nacy ['luːnəsɪ] *s* Wahnsinn *m*

lu·nar ['luːnə(r)] *adj:* ~ **vehicle** Mondfahrzeug *nt;* ~ **module** Mondfähre *f*

lu·na·tic ['luːnətɪk] **I.** *adj* blödsinnig, verrückt; ~ **fringe** (POL) Extremisten *pl* **II.** *s* Wahnsinnige(r) *f m;* **lunatic asylum** *s* (*fam pej*) Irrenhaus *nt*

lunch [lʌntʃ] **I.** *s* Mittagessen *nt;* Mittagspause *f* **II.** *vi* (zu) Mittag essen; ~ **out** auswärts zu Mittag essen; **lunch break** *s* Mittagspause *f;* **luncheon** ['lʌntʃən] *s* Mittagessen *nt;* **luncheon meat** *s* Dosenfleisch *nt;* **luncheon voucher** *s* Essensbon *m,* -marke *f;* **lunch hour** *s* Mittagspause *f;* **lunch·stop** ['lʌntʃstɑːp] *s* Lunchbar *f;* **lunch·time** ['lʌntʃtaɪm] *s* Mittag(szeit *f*) *m*

lung [lʌŋ] *s a. pl* Lunge *f;* **his right ~** sein rechter Lungenflügel; ~ **power** Stimmkraft *f;* **at the top of his ~s** aus vollem Halse; **iron ~** (MED) eiserne Lunge; **lung cancer** *s* Lungenkrebs *m*

lunge [lʌndʒ] **I.** *s* **1.** (*Fechten*) Ausfall *m* **2.** plötzlicher Satz (*nach vorn*) **II.** *vi* **1.** sich stürzen (*at* auf) **2.** (*Fechten*) einen Ausfall machen

lu·pin ['luːpɪn] *s,* **lu·pine** *s* (*Am*) Lupine *f*

lurch [lɜːtʃ] **I.** *s* **1.** Ruck *m* **2.** (MAR) Schlingern *nt;* **leave in the ~** im Stich lassen; **give a ~** rucken; schlingern; torkeln **II.** *vi* **1.** rucken; taumeln **2.** (MAR) schlingern

lure [lʊə(r)] **I.** *s* **1.** (*a. fig*) Köder *m* **2.** (*fig*) Zauber, Reiz *m* **II.** *vt* **1.** (*a. fig*) ködern **2.** (*fig*) anlocken, -ziehen **3.** verlocken (*into* zu)

lu·rid ['lʊərɪd] *adj* **1.** grell; schreiend **2.** reißerisch; grausig; sensationslüstern

lurk [lɜːk] *vi* lauern; **lurker** *s* (INTERNET) Lurker *m*

luscious ['lʌʃəs] *adj* **1.** wohlschmeckend **2.** köstlich **3.** (*Obst*) saftig **4.** (*fig*) sinnlich anziehend

lush [lʌʃ] **I.** *adj* **1.** saftig; üppig **2.** luxuriös **II.** *s* (*Am sl*) Säufer(in) *m(f)*

lust [lʌst] **I.** *s* **1.** Verlangen *nt,* Drang *m,* Gier *f* **2.** (*geschlechtliche*) Begierde *f* (*for* nach) **3.** Wollust *f* **II.** *vi* verlangen, gierig sein (*after, for* nach)

lus·ter *s* (*Am*) *s.* **lustre**

lust·ful ['lʌstfl] *adj* begehrlich; lüstern

lustre ['lʌstə] *s* **1.** Glanz, Schimmer *m* **2.** Ruhm *m;* **add ~ to s.th.** (*fig*) einer Sache Glanz verleihen; **lustre·less** [-lɪs] *adj* glanzlos, matt, stumpf

lusty ['lʌstɪ] *adj* **1.** kraftvoll, kräftig, stark **2.** jugendfrisch; vital

lute [luːt] *s* Laute *f*

Lu·theran ['luːθərən] **I.** *adj* lutherisch **II.** *s* Lutheraner(in) *m(f)*

Lux·em·bourg ['lʌksəmbɜːg] *s* Luxemburg *nt;* **Lux·em·bourg(ish)** *adj* luxemburgisch

lux·ur·iant [lʌg'ʒʊərɪənt] *adj* **1.** üppig; wuchernd **2.** (*fig*) überschwänglich; **lux·ur·iate** [lʌg'ʒʊərɪeɪt] *vi* schwelgen (*in* in); **lux·ur·ious** [lʌg'ʒʊərɪəs] *adj* luxuriös; feudal; üppig; **lux·ury** ['lʌkʃərɪ] *s* **1.** Luxus *m* **2.** Luxus(gegenstand) *m* **3.** Extravaganz *f;* ~ **flat** Luxuswohnung *f;* ~ **goods** Luxusgüter *ntpl;* **lead a life of ~** ein Luxusleben führen

ly·chee ['laɪtʃiː] *s* Litschi *f*

lye [laɪ] *s* (CHEM) Lauge *f*

ly·ing ['laɪɪŋ] **I.** *adj* lügnerisch, unaufrichtig **II.** *s* Lügen *nt;* **that would be ~** das wäre gelogen

lymph [lɪmf] *s* (ANAT) Lymphe *f;* **lym·phatic** [lɪm'fætɪk] **I.** *adj* (ANAT) lymphatisch, Lymph- **II.** *s* (ANAT) Lymphgefäß *nt;* **lymph gland** *s* Lymphdrüse *f;* **lymph node** *s* Lymphknoten *m*

lynch [lɪntʃ] *vt* lynchen

lynx [lɪŋks] *s* Luchs *m;* **lynx-eyed** [,lɪŋks'aɪd] *adj:* **be ~** Luchsaugen haben

lyre ['laɪə(r)] *s* Leier, Lyra *f*

lyric ['lɪrɪk] **I.** *adj* (*a.* MUS) lyrisch **II.** *s* **1.** lyrisches Gedicht **2. ~s** Lyrik *f* **3.** Text *m* (*eines Liedes*); **lyri·cal** ['lɪrɪkl] *adj* **1.** lyrisch **2.** (*fam*) begeistert; **become ~ over s.th.** in Begeisterung für etw geraten; **lyri·cism** ['lɪrɪ,sɪzəm] *s* **1.** Lyrik *f* **2.** Gefühlsüberschwang *m;* **lyri·cist** ['lɪrɪsɪst] *s* (MUS) Texter(in) *m(f)*

M

M, m [em] <*pl* -'s> *s* M, m *nt*

ma [mɑː] *s* (*fam*) Mama, Mutti *f*

ma'am [mæm] *s* gnädige Frau

mac [mæk] *s* (*fam*) *s.* **mackintosh** Regenmantel *m*

ma·cabre [mə'kɑːbrə] *adj* makaber

ma·cadam [mə'kædəm] *s* Schotter, Makadam *m;* **macadam road** *s* Schotterstraße *f*

maca·roni [ˌmækə'rəʊnɪ] *s* Makkaroni *pl*

mace¹ [meɪs] *s* (Amts)Stab *m;* Keule *f*

mace² [meɪs] *s* Muskatblüte *f*

Mace® [meɪs] *s* Tränengas *nt*

Mach [mɑːk] *s* (PHYS) Mach *nt;* ~ **number** Machzahl *f*

machete [mə'ʃetɪ] *s* Machete *f*

ma·chine [mə'ʃiːn] **I.** *s* **1.** Maschine *f* **2.** (*vending* ~) Automat *m* **3.** Apparat, Automat *m* **4.** (POL) Parteiapparat *m;* **operate a** ~ eine Maschine bedienen; **calculating** ~ Rechenmaschine *f;* **duplicating** ~ Vervielfältigungsmaschine *f* **II.** *vt* maschinell herstellen [*o* bearbeiten]; **machine-gun** *s* Maschinengewehr, MG *nt;* **machine language** *s* (INFORM) Maschinensprache *f;* **machine-made** *adj* maschinell hergestellt; **machine-readable** [mə'ʃiːn-'riːdəbl] *adj* (INFORM) computerlesbar, maschinenlesbar; **ma·chin·ery** [mə'ʃiːnərɪ] *s* **1.** Maschinerie *f;* Maschinen *fpl* **2.** (*fig*) Apparat *m;* **machine tool** *s* Werkzeugmaschine *f;* **ma·chin·ist** [mə'ʃiːnɪst] *s* **1.** Maschinist(in) *m(f)* **2.** Maschinenschlosser(in) *m(f)*

macho ['mætʃəʊ] **I.** *adj* (*pej*) Macho- **II.** *s* (*pej*) Macho *m*

mack·erel ['mækrəl] *s* Makrele *f*

mack·in·tosh ['mækɪntɒʃ] *s* Regenmantel *m*

mac·ro- ['mækrəʊ] *PRÄF* Makro-, makro-; **mac·ro·bi·otic** [ˌmækrəʊbaɪ'ɒtɪk] *adj* makrobiotisch

mac·ro·cosm ['mækrəʊkɒzəm] *s* Makrokosmos *m;* **mac·ro·econ·omics** [ˌmækrəʊiːkə'nɒmɪks] *s* Makroökonomie *f*

mad [mæd] **I.** *adj* **1.** wahnsinnig, verrückt **2.** böse, sauer **3.** sinnlos, unvernünftig **4.** wahnsinnig **5.** tollwütig; **go** ~ verrückt werden; **drive s.o.** ~ jdn wahnsinnig machen; **as** ~ **as a March hare** [*o* **a hatter**] total meschugge; **be** ~ **about s.th.** über etw wütend sein; **be** ~ **on s.th.** auf etw versessen sein **II.** *adv:* **like** ~ wie verrückt

Mada·gas·car [ˌmædə'gæskə(r)] *s* Madagaskar *nt*

madam ['mædəm] *s* gnädige Frau

mad·den ['mædn] *vt* verrückt machen; ärgern; **mad·den·ing** [-ɪŋ] *adj* höchst ärgerlich; unerträglich; **it is** ~ es ist zum Verrücktwerden

made [meɪd] *s.* **make**

made-to-measure [meɪdtə'meʒə(r)] *adj* maßgeschneidert; ~ **suit** Maßanzug *m;* **made-up** ['meɪdʌp] *adj* **1.** (*Geschichte*) erfunden **2.** (*Gesicht*) geschminkt

mad·house ['mædhaʊs] *s* (*fam*) Irrenhaus *nt;* **mad·ly** ['mædlɪ] *adv* **1.** wie verrückt; wild **2.** (*fam*) wahnsinnig; **it's** ~ **exciting** es ist unglaublich aufregend; **mad·man** ['mædmən] <*pl* -men> *s* Irre(r), Verrückte(r) *m;* **mad·ness** ['mædnɪs] *s* Wahnsinn *m;* **mad·woman** ['mædˌwʊmən] <*pl* -women> *s* Irre, Verrückte *f*

mael·strom ['meɪlstrəm] *s* **1.** Strudel *m* **2.** (*fig*) Wirbel, Sog *m*

Mafia ['mæfiə] *s* Mafia *f*

mag [mæg] *s* Zeitschrift *f;* Magazin *nt;* **maga·zine** [ˌmægə'ziːn, *Am* 'mægəziːn] *s* **1.** (MIL) Magazin *nt* **2.** (*im Gewehr*) Magazin *nt* **3.** Zeitschrift *f,* Magazin *nt*

mag·got ['mægət] *s* Made *f;* **mag·goty** ['mægətɪ] *adj* madig

Magi ['meɪdʒaɪ] *s:* **the** ~ die Weisen aus dem Morgenland, die Heiligen Drei Könige *mpl*

magic ['mædʒɪk] **I.** *s* **1.** Magie, Zauberei, Zauberkunst *f* **2.** (*fig*) Zauber *m;* **as if by** ~ wie durch ein Wunder **II.** *adj* Zauber-; magisch; **the** ~ **word** das Stichwort; das Zauberwort; **magi·cal** ['mædʒɪkl] *adj* magisch; **magi·cal·ly** ['mædʒɪklɪ] *adv* wunderbar; **magic carpet** *s* fliegender Teppich; **magic eye** *s* magisches Auge; **ma·gician** [mə-'dʒɪʃn] *s* Magier(in) *m(f),* Zauberer *m,* Zauberin *f*

magis·terial [ˌmædʒɪ'stɪərɪəl] *adj* **1.** (*Macht*) eines Friedensrichters **2.** gebieterisch; **magis·trate** ['mædʒɪstreɪt] *s* Friedensrichter(in) *m(f)*

mag·lev ['mæglev] *s* Magnetschwebebahn *f*

mag·na·nim·ity [ˌmægnə'nɪmətɪ] *s* Großmut *f;* **mag·nani·mous** [mæg'nænɪməs] *adj* großmütig

mag·nate ['mægneɪt] *s* Magnat *m*

mag·nesia [mæg'niːʃə] *s* (CHEM) Magnesia *f;* **mag·nesium** [mæg'niːzɪəm] *s* (CHEM) Magnesium *nt*

mag·net ['mægnɪt] *s* (*a. fig*) Magnet *m;* **mag·net·ic** [mæg'netɪk] *adj* **1.** magnetisch **2.** (*fig*) faszinierend; ~ **card** Magnetkarte *f;* ~ **disc** (INFORM) Magnetplatte *f;* ~ **field** Magnetfeld *nt;* ~ **memory** Magnetspeicher *m;* ~ **needle** Magnetnadel *f;* ~ **pole** Magnetpol *m;* ~ **railway** Magnetbahn *f;* ~ **strip** Magnetstreifen *m;* ~ **tape** Magnetband *nt;* **mag·net·ism** ['mægnɪtɪzəm] *s* **1.** Magnetismus *m* **2.** (*fig*) Faszination *f;* **mag·net·ize** ['mægnɪtaɪz] *vt* **1.** magnetisieren **2.** (*fig*) faszinieren; **mag·neto** [mæg'niːtəʊ] <*pl* -netos> *s* (AUTO) Magnetzünder *m*

mag·ni·fi·ca·tion [ˌmægnɪfɪ'keɪʃn] *s* (OPT PHOT) Vergrößerung *f*

mag·nifi·cence [mæg'nɪfɪsəns] *s* **1.** Pracht *f,* Glanz *m* **2.** Großartigkeit *f;* **mag·nifi·cent** [mæg'nɪfɪsnt] *adj* **1.** prächtig, prunkvoll **2.** großartig, glänzend

mag·nify ['mægnɪfaɪ] *vt* (OPT PHOT) vergrößern; ~**ing glass** Vergrößerungsglas *nt*

mag·ni·tude ['mægnɪtjuːd] *s* **1.** Ausmaß *nt,* Größe *f* **2.** Bedeutung, Wichtigkeit *f* **3.** (ASTR) Größenklasse *f*

mag·no·lia [mæg'nəʊlɪə] *s* Magnolie *f*

mag·num opus [ˌmægnəm'əʊpəs] *s* Hauptwerk *nt*

mag·pie ['mægpaɪ] *s* Elster *f*

Ma·ha·ra·ja(h) [ˌmɑːhə'rɑːdʒə] *s* Maharadscha *m;* **Ma·ha·ra·nee** [ˌmɑːhə'rɑːniː] *s* Maharani *f*

ma·hog·any [mə'hɒgənɪ] *s* Mahagoni *nt*

maid [meɪd] *s* **1.** Dienstmädchen *nt,* Hausangestellte *f* **2.** (*obs*) Jungfer *f;* ~ **of hono(u)r** Brautjungfer *f*

maiden ['meɪdn] **I.** *s* (*lit*) Mädchen *nt* **II.** *adj* Jungfern-; **maiden·hair** ['meɪdnheə(r)] *s* (*Polster bildendes Moos*) Frauenhaar *nt;* **maiden name** *s* Mädchenname *m;* **maiden speech** *s* Jungfernrede *f*

mail[1] [meɪl] **I.** *s* Post *f;* **send by** [*o* **via**] **air** ~ mit Luftpost verschicken **II.** *vt* mit der Post (ver)senden; abschicken, aufgeben

mail[2] [meɪl] *s* (HIST) (Ketten)Panzer *m*

mail·bag ['meɪlbæg] *s* Postsack *m;* **mail·box** ['meɪlbɒks] *s* **1.** (*Am*) Briefkasten *m* **2.** (INFORM) Mailbox *f;* **mailer** ['meɪlə(r)] *s* Briefwerbematerial *nt;* **mailing list** *s* Anschriftenliste *f;* **mailing piece** *s* Postwurfsendung *f;* **mail(ing) shot** *s* Briefwerbeaktion *f;* **mailing tube** *s* Versandrolle *f;* **mail·man** ['meɪlmæn] <*pl* -men> *s* (*Am*) Briefträger *m;* **mail-order catalogue** *s* Versandhauskatalog *m;* **mail-order house** *s* Versandhaus *nt*

maim [meɪm] *vt* verstümmeln, zum Krüppel machen

main [meɪn] **I.** *adj attr* Haupt-; ~ **idea** Hauptgedanke *m;* ~ **thing** Hauptsache *f* **II.** *s* **1.** Hauptleitung *f;* Haupthahn *m;* Hauptschalter *m* **2.** ~**s** Versorgungsnetz *nt;* Stromnetz *nt;* **in the** ~ im Großen und Ganzen; ~**s operated** für Netzbetrieb; **main·frame** ['meɪnfreɪm] *s* (~ *computer*) Groß-, Zentralrechner *m;* **main·land** ['meɪnlænd] *s* Festland *nt;* **main·line** ['meɪnlaɪn] **I.** *s* Hauptstrecke *f* **II.** *vi* (*sl*) fixen; **main·lining** [-ɪŋ] *s* (*sl*) Fixen *nt;* **main·ly** ['meɪnlɪ] *adv* hauptsächlich, in erster Linie; **main office** *s* Hauptgeschäftsstelle, Zentrale *f;* **main road** *s* Haupt(verkehrs)straße *f;* **main·sail** ['meɪnseɪl] *s* Großsegel *nt;* **main·spring** *s* (*a. fig*) Triebfeder *f;* **main·stay** ['meɪnsteɪ] *s* (MAR) Großstag *nt;* (*fig*) Hauptstütze *f;* **main·stream** ['meɪnstriːm] *s* Hauptrichtung *f*

main·tain [meɪn'teɪn] *vt* **1.** aufrechterhalten; beibehalten; erhalten **2.** (*Maschine*) in gutem Zustand (er)halten, in Stand halten, pflegen, warten **3.** (*Straße, Familie, Beziehungen*) unterhalten **4.** (*Stellung*) halten, behaupten **5.** (*mit Worten*) behaupten, stützen, verteidigen

main·ten·ance ['meɪntənəns] *s* **1.** Aufrechterhaltung *f;* Beibehaltung *f;* Erhaltung *f* **2.** Instandhaltung, Wartung *f* **3.** Unterhalt *m;* ~ **contract** Wartungsvertrag *m;* ~ **costs** Unterhaltskosten *pl;* ~ **service** Wartungsdienst *m*

mai·son·nette [ˌmeɪzə'net] *s* Apartment *nt,* Maisonette(-Wohnung) *f*

maize [meɪz] *s* Mais *m*

ma·jes·tic [mə'dʒestɪk] *adj* **1.** majestätisch **2.** (*Proportionen*) stattlich; **maj·esty** ['mædʒəstɪ] *s* Majestät *f;* **His/Her M** ~ Seine/Ihre Majestät

ma·jor ['meɪdʒə(r)] **I.** *adj* **1.** größer; Haupt-; bedeutend(er) **2.** (MUS: *nachgestellt*) Dur; ~ **road** Hauptverkehrsstraße *f;* **a** ~ **operation** eine größere Operation; ~ **third** (MUS) große Terz; **A flat** ~ As-Dur; **Smith** ~ Smith der Ältere **II.** *s* **1.** (MIL) Major *m* **2.** (MUS) Dur *nt* **3.** (*Am*) Hauptfach *nt;* **become a** ~ volljährig werden **III.** *vi* (*Am*) im Hauptfach studieren (*in s.th.* etw); **ma·jor-gen·eral** [ˌmeɪdʒə 'dʒenərəl] *s* Generalmajor *m*

ma·jor·ity [mə'dʒɒrətɪ] *s* **1.** Mehrheit *f* **2.** (JUR) Volljährigkeit, Mündigkeit *f;* **attain one's** [*o* **reach the age of**] ~ volljährig, mündig werden; **the** ~ **of cases** die Mehrzahl der Fälle; **be in a** ~ in der Mehrzahl sein; **a two-thirds** ~ eine Zweidrittelmehrheit; (**by**) ~ **of votes** (mit) Stimmenmehrheit *f;* ~ **decision** Mehrheitsbeschluss *m;* ~ **interest** Mehrheitsbeteiligung *f;* ~ (**share**)**holding** Mehrheitsbeteiligung *f*

make <*irr:* made, made> **I.** *vt* **1.** machen (*from, of* aus, *into* zu), herstellen, anfertigen **2.** (zu)bereiten, fertig machen, ausführen **3.** hervorbringen, (er)schaffen, bilden **4.** konstruieren, zusammenstellen **5.** ausdenken, formulieren **6.** (*Urkunde*) ausfertigen **7.** herbeiführen, bewirken, veranlassen, bewerkstelligen, zu Stande bringen **8.** ernennen zu **9.** machen, erscheinen lassen **10.** berühmt machen **11.** sich belaufen auf **12.** (*Distanz*) schätzen auf **13.** erwerben, verdienen **14.** (*Gewinn*) einstreichen, einstecken **15.** (*Verlust*) erleiden **16.** (*Zug*) noch erreichen **17.** (*Arbeit*) erledigen **18.** (*Entfernung*) zurücklegen **19.** (*Geschwindigkeit*) fahren **20.** (*Spiel*) gewinnen; ~ **bread** Brot backen; **made in Germany** in Deutschland hergestellt; ~ **s.o. a present of s.th.** jdm etw schenken; ~ **s.o. happy** jdn glücklich machen; **it ~s no difference to me** es ist mir gleich; ~ **s.o. laugh** jdn zum Lachen bringen; ~ **s.o. do s.th.** jdn dazu bringen etw zu tun; ~ **s.o. understand** jdm etw verständlich machen; ~ **port** in den Hafen einlaufen; ~ **it with s.o.** (*fam*) mit jdm schlafen; **we've made it!** wir haben es geschafft!; **he's a made man** er ist ein gemachter Mann; **1 plus 1 ~s 2** 1 und 1 ist 2; **she made him a good wife** sie war ihm eine gute Frau; **what time do you ~ it?** wie spät hast du es? **II.** *vi:* ~ **towards a place** auf einen Ort zuhalten; ~ **as if to do s.th.** Anstalten machen etw zu tun; ~ **on a deal** bei einem Geschäft verdienen **III.** *vr:* ~ **o.s. useful** sich nützlich machen; ~ **o.s. comfortable** es sich bequem machen; ~ **o.s. do s.th.** sich dazu zwingen etw zu tun **IV.** *s* Marke *f,* Fabrikat *nt;* **on the** ~ (*sl*) profitgierig; mit Zukunft; **make away** *vi* sich davonmachen; **make for** *vi* **1.** zuhalten auf; zuströmen auf; losgehen auf **2.** führen zu; den Grund legen für; **make of** *vi* halten von; **make off** *vi* sich aus dem Staub machen (*with* mit); **make out I.** *vt* **1.** ausfindig machen, herausbekommen, entziffern **2.** (*Liste*) aufstellen **3.** (*Formular*) ausfüllen **4.** (*Rechnung, Scheck*) ausstellen **5.** behaupten **II.** *vi* **1.** weiter-, vorwärtskommen, Erfolg haben **2.** auskommen; zurechtkommen (*with* mit); ~ **out that ...** es so hinstellen, als ob ...; ~ **s.o. out to be clever** jdn als klug hinstellen; ~ **out a case for s.th.** für etw argumentieren; **make over** *vt* **1.** (*Haus*) umbauen **2.** um-, überarbeiten **3.** (*Eigentum*) übertragen, vermachen; **make up I.** *vt* **1.** zusammenstellen, -legen, -setzen, -nähen **2.** erfinden, ausdenken **3.** vollenden, vervollständigen **4.** schminken **5.** (*Streit*) beilegen **6.** (*Schaden*) ersetzen **7.** (*Schulden*) bezahlen **8.** (*Rechnung*) begleichen **9.** (*Liste*) zusammenstellen **II.** *vi* **1.** (*Stoff*) sich verarbeiten lassen **2.** sich wieder aus-, versöhnen (*with* mit) **3.** wieder gutmachen, ersetzen **4.** (*verlorene Zeit*) wieder aufholen; ~ **up one's mind** sich entschließen; **it was all made up** alles war nur erfunden; ~ **it up to s.o.** jdn entschädigen; ~ **up for lost time** verlorene Zeit aufholen; ~ **up for s.th.** etw ausgleichen; **make up to** *vi* sich heranmachen an; **make with** *vi* loslegen, anfangen mit

make-be·lieve ['meɪkbɪˌliːv] **I.** *s* Phantasie *f* **II.** *adj attr* imaginär; Schein- **III.** *vt* sich vorstellen

maker ['meɪkə(r)] *s* Hersteller(in) *m(f);* **our Maker** unser Schöpfer

make-or-break *adj* alles entscheidend

make-ready time *s* Rüstzeit *f*

make·shift ['meɪkʃɪft] **I.** *s* Notbehelf *m,* Übergangslösung *f* **II.** *adj* behelfsmäßig; improvisiert

make-up ['meɪkʌp] *s* **1.** Make-up *nt;* Schminke *f;* Maske *f* **2.** Zusammenstellung *f;* Veranlagung *f* **3.** (TYP) Umbruch *m;* **make-up artist** *s* Visagist(in) *m(f)*

mak·ing ['meɪkɪŋ] *s* **1.** Herstellung, Fertigung, Fabrikation, Produktion *f* **2.** *oft pl* Fähigkeiten *fpl,* Talent *nt,* Anlage(n *pl*) *f;* **be in the** ~ in der Entwicklung, in der Herstellung sein; **have the ~s of** das Zeug haben zu

mal·adjusted [ˌmælə'dʒʌstɪd] *adj* (PSYCH) milieugestört; verhaltensgestört

mal·ad·min·is·tra·tion ['mæləd,mɪn ɪ's-treɪʃn] *s* schlechte Verwaltung

mal·adroit ['mælədrɔɪt] *adj* ungeschickt, unbeholfen, linkisch

mal·aise [mæ'leɪz] *s* **1.** (*fig*) Unbehagen *nt* **2.** Unwohlsein *nt*

mala·prop·ism ['mæləprɒpɪzəm] *s* (komische) Wortverwechs(e)lung *f,* Malapropismus *m*

ma·laria [mə'leərɪə] *s* Malaria *f*

Ma·lay·sia [mə'leɪzɪə] *s* Malaysia *nt;* **Ma·lay·sian** [mə'leɪzɪən] **I.** *adj* malaysisch **II.** *s* Malaysier(in) *m(f)*

mal·con·tent ['mælkəntənt] **I.** *adj* unzufrieden **II.** *s* Unzufriedene(r) *f m*

male [meɪl] **I.** *adj* **1.** männlich **2.** Mann-; ~ **chauvinism** Chauvinismus *m;* ~ **chauvi-**

M

nist pig (*fam*) Chauvi, Chauvinist *m;* ~ **child** Junge *m;* ~**-dominated** von Männern dominiert; ~ **screw** Schraube *f;* ~ **plug** Stecker *m* **II.** *s* **1.** Mann *m* **2.** (*von Tieren*) Männchen *nt*

mal·edic·tion [ˌmælɪˈdɪkʃn] *s* Verwünschung *f*

ma·levo·lent [məˈlevəlnt] *adj* boshaft (*to* gegen)

mal·for·ma·tion [ˌmælfɔːˈmeɪʃn] *s* Missbildung *f;* **mal·func·tion** [ˌmælˈfʌŋkʃn] **I.** *s* Funktionsstörung *f;* Defekt *m;* Störfall *m* **II.** *vi* nicht richtig funktionieren

mal·ice [ˈmælɪs] *s* Bosheit *f;* Böswilligkeit *f;* **with** ~ **afore-thought** in böswilliger Absicht, vorsätzlich; **bear s.o. no** ~ jdm nicht grollen; **ma·licious** [məˈlɪʃəs] *adj* böswillig; arglistig; gehässig

ma·lign [məˈlaɪn] **I.** *vt* verleumden; schlechtmachen **II.** *adj* **1.** (*Worte*) boshaft, böswillig **2.** (*Einfluss*) unheilvoll; **ma·lig·nancy** [məˈlɪgnənsɪ] *s* (*a.* MED) Bösartigkeit *f;* **ma·lig·nant** [məˈlɪgnənt] *adj* (*a.* MED) böswillig, bösartig

ma·linger [məˈlɪŋgə(r)] *vi* sich krank stellen, simulieren; **ma·lingerer** [məˈlɪŋgərə(r)] *s* Drückeberger(in) *m(f)*

mall [mɔːl] *s* Einkaufszentrum *nt*

mal·lard [ˈmælɑːd] *s* Stockente *f*

mal·leable [ˈmælɪəbl] *adj* **1.** (*Metall*) formbar **2.** (*fig*) nachgiebig, anpassungsfähig, geschmeidig

mal·let [ˈmælɪt] *s* **1.** Holzhammer *m* **2.** (Krocket-, Polo)Schläger *m*

mal·low [ˈmæləʊ] *s* Malve *f*

mal·nu·tri·tion [ˌmælnjuːˈtrɪʃn] *s* Fehl-, Unterernährung *f*

mal·odor·ous [ˌmælˈəʊdərəs] *adj* übelriechend

mal·practice [ˌmælˈpræktɪs] *s* (JUR) Berufsvergehen *nt;* Amtsvergehen *nt*

malt [mɔːlt] **I.** *s* Malz *nt* **II.** *vt* mälzen

Mal·ta [ˈmɔːltə] *s* Malta *nt;* **Mal·tese** [ˌmɔːlˈtiːz] **I.** *adj* maltesisch **II.** *s* Malteser(in) *m(f)*

mal·treat [ˌmælˈtriːt] *vt* misshandeln; **mal·treat·ment** [-mənt] *s* Misshandlung *f*

mam·mal [ˈmæml] *s* Säugetier *nt*

mam·mary gland [ˈmæmərɪˌglænd] *s* Brustdrüse *f*

mam·mog·raphy [mæˈmɒgrəfi] *s* (MED) Mammographie *f*

mam·mon [ˈmæmən] *s* Mammon *m*

mam·moth [ˈmæməθ] **I.** *s* Mammut *nt* **II.** *adj* (*fig*) gewaltig, kolossal

man [mæn, *pl* men] <*pl* men> **I.** *s* **1.** Mann *m* **2.** (*ohne Artikel*) der Mensch **3.** man **4.** (MIL) Mann *m* **5.** (*Schach*) Figur *f;* (*Damespiel*) Stein *m;* **a** ~ **of the world** ein Mann von Welt; ~ **and boy** von Kindheit an; **make a** ~ **out of s.o.** einen Mann aus jdm machen; **no** ~ niemand; **any** ~ jeder; **to a** ~ bis auf den letzten Mann; **he is not a** ~ **to …** er ist nicht der Typ, der …; **the** ~ **in the street** der Mann auf der Straße; **he's a** ~ **about town** er kennt sich aus; **hey wow,** ~**!** (*sl*) Mensch, das ist ja geil! **II.** *vt* (*Schiff*) bemannen; (*Festung*) besetzen; (*Telefon*) bedienen

man·acle [ˈmænəkl] *s* Handfesseln *fpl*

man·age [ˈmænɪdʒ] **I.** *vt* **1.** (*Betrieb*) leiten; verwalten; in Ordnung halten **2.** zurechtkommen mit **3.** (*Aufgabe*) bewältigen; schaffen; (*fam*) managen; **he** ~**d it very well** er hat das sehr gut gemacht; ~ **to do s.th.** es schaffen, etw zu tun; **can you** ~ **another slice of cake?** kannst du noch ein Stück Kuchen vertragen? **II.** *vi* es schaffen, zurechtkommen; ~ **without s.th.** ohne etw auskommen; **man·age·able** [-əbl] *adj* **1.** (*Kind*) folgsam **2.** (*Arbeit*) zu bewältigen **3.** (*Haar*) leicht frisierbar **4.** (*Auto*) leicht zu handhaben

man·age·ment [ˈmænɪdʒmənt] *s* **1.** Leitung *f;* Führung *f;* Verwaltung *f* **2.** Management *nt;* Unternehmensleitung *f;* Betriebsleitung *f;* **management buyout, MBO** *s* Management-Buy-out *nt;* **management by objectives** *s* Management *nt* nach Zielvorgaben; **crisis** ~ Krisenmanagement *nt;* **management consultant** *s* Unternehmensberater(in) *m(f);* **management studies** *s* Betriebswirtschaft *f;* **management trainee** *s* Führungsnachwuchs *m;*

man·ager [ˈmænɪdʒə(r)] *s* **1.** (COM) Geschäftsführer(in) *m(f),* Manager(in) *m(f)* **2.** Abteilungsleiter(in) *m(f)* **3.** (THEAT) Intendant(in) *m(f);* **business** ~ Verwaltungsdirektor(in) *m(f);* **department** ~ Abteilungsleiter(in) *m(f);* **sales** ~ Verkaufsleiter(in) *m(f);* **man·ager·ess** [ˌmænɪdʒəˈres] *s* Geschäftsführerin, Managerin *f;* **mana·gerial** [ˌmænɪˈdʒɪərɪəl] *adj* führend, leitend; (*Probleme etc*) Management-; **in a** ~ **capacity** in leitender Stellung; **man·aging di·rec·tor, MD** [ˈmænɪdʒɪŋdɪˈrektə(r)] *s* Geschäftsführer(in) *m(f)*

man-at-arms [ˌmænətˈɑːmz] <*pl* men-at-arms> *s* Soldat *m*

man·da·rin [ˈmændərɪn] *s* **1.** (*in China*) Mandarin *m* **2.** (*fig*) Bonze *m* **3.** (*Sprache*) (das) Hochchinesisch(e) **4.** Mandarine *f*

man·date [ˈmændeɪt] **I.** *s* **1.** Auftrag *m* **2.** (POL) Mandat *nt* **II.** *vt:* ~ **a territory to s.o.** ein Gebiet als Mandat an jdn vergeben; **man·da·tory** [ˈmændətrɪ] *adj* zwingend, verbindlich, obligatorisch; (POL) mandatorisch

man·dible ['mændɪbl] *s* **1.** (ANAT) Unterkiefer *m* **2.** (*von Insekten*) Mundwerkzeuge *ntpl*

man·do·lin(e) ['mændəlɪn] *s* Mandoline *f*

mane [meɪn] *s* Mähne *f*

man-eater ['mæniːtə(r)] *s* Menschenfresser *m*

ma·neu·ver **I.** *s* **1.** **~s** (MIL) Manöver *nt,* Truppenübung *f* **2.** (*fig*) Schachzug *m,* List *f* **II.** *vt* manövrieren; **~ s.o. into doing s.th.** jdn dazu bringen etw zu tun **III.** *vi* **1.** manövrieren; ein Manöver durchführen **2.** (*fig*) es geschickt einfädeln

ma·neu·ver·able *adj* (*Am*) manövrierfähig

man·ga·nese ['mæŋgəniːz] *s* (CHEM) Mangan *nt*

mange [meɪndʒ] *s* Räude *f*

man·gel(-wur·zel) ['mæŋgl(wɜːzl)] *s* Futterrübe *f*

manger ['meɪndʒə(r)] *s* Krippe *f*

mange·tout [mɑ̃ːʒ'tuː] *s* Zuckererbse *f*

mangle[1] ['mæŋɡl] *vt* übel zurichten

mangle[2] ['mæŋgl] **I.** *vt* (*Wäsche*) mangeln **II.** *s* (Wäsche)Mangel *f*

mango ['mæŋgəʊ] <*pl* mango(e)s> *s* **1.** Mangobaum *m* **2.** (*Frucht*) Mango *f*

man·grove ['mæŋgrəʊv] *s* Mangrove(n)baum *m*

mangy ['meɪndʒɪ] *adj* **1.** räudig **2.** (*fig*) schmutzig, schäbig

man·handle ['mænhændl] *vt* rau, derb anpacken; **man·hole** ['mænhəʊl] *s* Einsteigloch *nt;* Kanalschacht *m;* **man·hood** ['mænhʊd] *s* **1.** Mannesalter *nt* **2.** Männlichkeit *f;* **man-hour** ['mænaʊə(r)] *s* Arbeitsstunde *f;* **man·hunt** ['mænhʌnt] *s* Fahndung *f*

mania ['meɪnɪə] *s* **1.** (PSYCH) Manie *f* **2.** (*fig*) Manie, Sucht, Besessenheit *f* (*for* nach); **have a ~ for** verrückt sein auf; **maniac** ['meɪnɪæk] **I.** *s* **1.** Geisteskranke(r) *f m* **2.** (*fig*) Verrückte(r) *f m* **II.** *adj* wahnsinnig; **ma·nia·cal** [mə'naɪəkl] *adj* wahnsinnig, verrückt; **manic-de·press·ive** [ˌmænɪkdɪ'presɪv] *adj* (PSYCH) manisch-depressiv

mani·cure ['mænɪkjʊə(r)] **I.** *s* Maniküre *f* **II.** *vt* maniküren; **mani·cur·ist** ['mænɪkjʊərɪst] *s* Maniküre *f*

mani·fest ['mænɪfest] **I.** *adj* (offen)sichtlich, offenbar, -kundig **II.** *vt* offenbaren, kundtun **III.** *vr* sich zeigen, sich manifestieren **IV.** *s* (MAR) Manifest *nt;* **mani·fes·ta·tion** [ˌmænɪfe'steɪʃn] *s* **1.** Ausdruck *m,* Manifestierung *f* **2.** Anzeichen *nt* **3.** (*Geist*) Erscheinen *nt;* **mani·festly** ['mænɪfestlɪ] *adv* offenkundig

mani·festo [ˌmænɪ'festəʊ] <*pl* -festo(e)s> *s* Manifest *nt*

mani·fold ['mænɪfəʊld] **I.** *adj* mannigfaltig, verschiedenartig **II.** *s* **1.** (AUTO) Auspuffrohr *nt* **2.** (MATH) Mannigfaltigkeit *f* **III.** *vt* vervielfältigen

ma·nil·la en·vel·ope [ˌmænɪlə'envələʊp] *s* brauner Umschlag

ma·nipu·late [mə'nɪpjʊleɪt] *vt* **1.** (*Maschine*) handhaben, bedienen **2.** (*fig*) beeinflussen, manipulieren; (*Bücher*) schönen **3.** (*Daten*) bearbeiten; **ma·nipu·la·tion** [məˌnɪpjʊ'leɪʃn] *s* Manipulation, Beeinflussung *f;* **ma·nipu·la·tor** [mə'nɪpjʊleɪtə(r)] *s* Manipulator *m*

man·kind [ˌmæn'kaɪnd] *s* die Menschheit; **man·ly** ['mænlɪ] *adj* männlich; **man-made** ['mænmeɪd] *adj* künstlich (hergestellt), Kunst-

manned [mænd] *adj* (*Satellit*) bemannt; (*Telefonzentrale*) besetzt

man·ne·quin ['mænɪkɪn] *s* **1.** Mannequin *nt* **2.** Glieder-, Schneiderpuppe *f*

man·ner ['mænə(r)] *s* **1.** Art, Weise, Art und Weise *f* **2.** Benehmen *nt* **3.** **~s** Manieren *fpl,* Umgangsformen *fpl,* Sitten *fpl;* **all ~ of** jede Art *+gen;* **after this ~** auf diese Art und Weise; **no ~ of** nicht der (die, das) Geringste …, gar kein …; **a teacher as to the ~ born** der geborene Lehrer; **by all ~ of means** selbstverständlich, auf jeden Fall; **not by any ~ of means** auf keinen Fall; **in a ~** gewissermaßen; **in a ~ of speaking** sozusagen; **he has no ~s** er weiß sich nicht zu benehmen; **it's bad ~s** es schickt sich nicht

man·ner·ism ['mænərɪzəm] *s* **1.** Angewohnheit, Eigenheit *f* **2.** (*Stil*) Manieriertheit *f*

ma·noeuvr·able [mə'nuːvrəbl] *adj* manövrierfähig; **ma·noeuvre** [mə'nuːvə(r)] **I.** *s* **1.** **~s** (MIL) Manöver *nt,* Truppenübung *f* **2.** (*fig*) Schachzug *m,* List *f* **II.** *vt* manövrieren; **~ s.o. into doing s.th.** jdn dazu bringen etw zu tun **III.** *vi* **1.** manövrieren; ein Manöver durchführen **2.** (*fig*) es geschickt einfädeln

manor ['mænə(r)] *s* Landgut *nt;* **lord of the ~** Gutsherr *m;* **~house** Herrenhaus *nt*

man·power ['mænpaʊə(r)] *s* Leistungs-, Arbeitspotential *nt;* Arbeitskräfte *pl;* **manpower forecasting** *s* Personalbestandsprognose *f;* **manpower planning** *s* Personalplanung *f;* **manpower shortage** *s* Arbeitskräftemangel *m*

manse [mæns] *s* (*schottisch*) Pfarrhaus *nt*

man·ser·vant ['mænsɜːvənt] <*pl* menservants> *s* Diener *m*

man·sion ['mænʃn] *s* Villa *f;* Herren-, Landhaus *nt*

man·slaughter ['mænslɔːtə(r)] *s* Tot-

schlag *m*
man·tel·piece ['mæntlpiːs] *s* Kaminsims *m*
man·ual ['mænjʊəl] **I.** *adj* manuell; körperlich; ~ **labourer** Schwerarbeiter(in) *m(f)*; ~ **skill** Handwerk *nt*; ~ **transmission** (AUTO) Schaltgetriebe *nt*; ~ **work** manuelle Tätigkeit; ~ **worker** (Hand)Arbeiter(in) *m(f)* **II.** *s* Handbuch *nt*
manu·fac·ture [ˌmænjʊ'fæktʃə(r)] **I.** *s* **1.** Herstellung, Fabrikation, Fertigung, Produktion *f* **2.** Erzeugnis, Produkt, Fabrikat *nt* **II.** *vt* **1.** herstellen, fabrizieren, produzieren **2.** (*fig*) erfinden; **manufactured goods** *s pl* Industriegüter, Fabrik-, Fertigwaren *pl*; **manu·fac·turer** [ˌmænjʊ'fækʃərə(r)] *s* Hersteller, Produzent, Fabrikant *m*; **manufacturer's recommended price, MRP** *s* unverbindliche Preisempfehlung; **manu·fac·tur·ing** [ˌmænjʊ'fæktʃərɪŋ] **I.** *adj* Herstellungs-; ~ **capacity** Produktionskapazität *f*; ~ **costs** Herstellungskosten *pl*; ~ **industry** verarbeitende Industrie **II.** *s* Fertigung, Fabrikation *f*
ma·nure [mə'njʊə(r)] **I.** *s* Dünger *m* **II.** *vt* düngen
manu·script ['mænjʊskrɪpt] *s* **1.** (*alte*) Handschrift *f* **2.** (TYP) Manuskript *nt*; **in** ~ handschriftlich
many ['menɪ] <more, most> **I.** *adj* viele; ~ **a** manche(r, s), manch ein(e, r); ~ **a man** manch einer; ~ **a time** manchesmal; **as** ~ ebenso viele; **as** ~ **again** noch mal so viele; **as** ~ **as 100** sage und schreibe 100; **a good** [*o* **great**] ~ sehr viele; **there's one too** ~ einer ist zu viel **II.** *s* eine ganze Menge; **the** ~ die große Masse; **many-sided** [ˌmenɪ'saɪdɪd] *adj* vielseitig
map [mæp] **I.** *s* **1.** (Land)Karte *f* **2.** Stadtplan *m*; **be off the** ~ (*fam*) hinter dem Mond liegen; **put on the** ~ Bedeutung verleihen, herausstreichen; **road** ~ Straßenkarte *f* **II.** *vt* **1.** vermessen; eine Karte anfertigen von **2.** (~ *out*) entwerfen, kartieren; (*fig*) ausarbeiten
maple ['meɪpl] *s* Ahorn *m*; **maple leaf** <*pl* -leaves> *s* Ahornblatt *nt*; **maple sugar** *s* Ahornzucker *m*
map·ping *s* Abbildung *f*
mar [mɑː(r)] *vt* **1.** trüben; mindern **2.** verderben
mara·thon ['mærəθən] *s* **1.** (SPORT) Marathonlauf *m* **2.** (*fig*) Marathon *nt*
ma·raud [mə'rɔːd] *vi, vt* marodieren, plündern; **ma·rauder** [-ə(r)] *s* Plünderer *m*, Plünderin *f*
marble ['mɑːbl] **I.** *s* **1.** Marmor *m* **2.** Murmel *f* **II.** *adj* marmorartig
March [mɑːtʃ] *s* März *m*
march [mɑːtʃ] **I.** *vi* marschieren; ~ **in** einmarschieren; **time ~es on** die Zeit bleibt nicht stehen; ~ **out** abmarschieren; ~ **past s.o.** an jdm vorbeimarschieren **II.** *vt* marschieren lassen; ~ **s.o. off** jdn abführen **III.** *s* **1.** (MIL MUS) Marsch *m* **2.** Weg *m* **3.** (Ver)Lauf, Gang *m* (*der Ereignisse*); **on the** ~ auf dem Marsch; **steal a** ~ **on s.o.** jdm zuvorkommen; **forced** ~ Gewaltmarsch *m*; **march·ing or·ders** ['mɑːtʃɪŋˌɔːdəz] *s pl* **1.** (MIL) Marschbefehl *m* **2.** Entlassung *f*
mare ['meə(r)] *s* Stute *f*; **mare's nest** *s* Schwindel *m*; (Zeitungs)Ente *f*; Reinfall *m*
mar·gar·ine *s*, **marge** [ˌmɑːdʒə'riːn, mɑːdʒ] *s* (*fam*) Margarine *f*
mar·gin ['mɑːdʒɪn] *s* **1.** Rand *m* **2.** (*fig*) Spielraum *m*, Spanne *f* **3.** (COM) Gewinnspanne, Marge *f*; Verdienstspanne *f*; **in the** ~ am Rande; **allow** [*o* **reserve**] **a** ~ Spielraum lassen; **by a narrow** ~ knapp; ~ **of error** Fehlerspielraum *m*; **it's within the safety** ~ das ist noch sicher; **margin up** *vi* (*fam*): ~ **up on s.th.** etw aufstocken;
mar·ginal ['mɑːdʒɪnl] *adj* (*fig*) **1.** Rand- **2.** geringfügig, unwesentlich; ~ **land** marginaler Boden; **mar·gin·al·ize** [-aɪz] *vt* **1.** (*fig*) an den Rand drängen **2.** (*Sachverhalt*) eine niedrigere Priorität verleihen
mar·guer·ite [ˌmɑːgə'riːt] *s* Margerite *f*
mari·gold ['mærɪgəʊld] *s* Tagetes *f*
mari·juana, mari·huana [ˌmærɪ'wɑːnə] *s* Marihuana *nt*
ma·rina [mə'riːnə] *s* Jachthafen *m*
mari·nade [ˌmærɪ'neɪd] *s* Marinade *f*; **mari·nate** ['mærɪneɪt] *vt* marinieren
mar·ine [mə'riːn] **I.** *adj* See-, Meer(es)- **II.** *s* **1.** Marine *f* **2.** Marineinfanterist *m*; ~ **biologist** Meeresbiologe *m*, -biologin *f*; ~ **biology** Meeresbiologie *f*; ~ **ecosystem** marines Ökosystem; ~ **life** Meeresfauna und -flora *f*; ~ **pollution** Meeresverschmutzung *f*; **tell that to the ~s** das mach anderen weis!; **mari·ner** ['mærɪnə(r)] *s* Seemann, Matrose *m*
mari·on·ette [ˌmærɪə'net] *s* (*a. fig*) Marionette *f*
mari·tal ['mærɪtl] *adj* ehelich; **marital status** *s* Familienstand *m*
mari·time ['mærɪtaɪm] *adj* seemännisch; See-
mar·joram ['mɑːdʒərəm] *s* Majoran *m*
mark[1] [mɑːk] *s* (FIN) Mark *f*
mark[2] [mɑːk] **I.** *s* **1.** Spur *f*, Mal *nt*; Fleck *m* **2.** (Kenn)Zeichen *nt* **3.** Stempel *m*, Siegel *nt*; Etikett *nt*, Auszeichnung *f* **4.** Schutz-, Handelsmarke *f* **5.** (*fig*) Merkmal *nt* **6.** Note, Zensur *f* **7.** Abzeichen *nt* **8.** Auszeichnung *f* **9.** Eindruck, Einfluss *m*

10. Markierung *f;* **make a ~ on s.th.** einen Fleck auf etw machen; **good ~s** gute Noten *fpl;* **he gets full ~s for geography** in Geografie verdient er eine Eins; **be quick off the ~** (SPORT) einen guten Start haben; (*fig*) blitzschnell handeln; **be up to the ~** den Erwartungen entsprechen; **hit the ~** ins Schwarze treffen; **leave one's ~** einer Sache seinen Stempel aufdrücken; **make one's ~** sich einen Namen machen; es zu etwas bringen; **be wide of the ~** danebentreffen; sich verhauen; **punctuation ~** Satzzeichen *nt* **II.** *vt* **1.** bezeichnen, kennzeichnen, markieren **2.** notieren, anstreichen **3.** (auf)zeigen, herausstellen **4.** charakterisieren; heraus-, hervorheben, auszeichnen **5.** bewerten, zensieren **6.** (*Ware mit Preis*) auszeichnen **7.** auf-, verzeichnen **8.** beachten; achten, Acht geben, aufpassen auf; **his death ~ed the end of an era** mit seinem Tod ging eine Ära zu Ende; **~ed with grief** von Schmerz gezeichnet; **~ a candidate** einem Kandidaten eine Note geben; **~ my words** eins kann ich dir sagen; **~ time** auf der Stelle treten **III.** *vi* schmutzig werden; **mark down** *vt* **1.** notieren **2.** (*Preise*) herabsetzen; **mark off** *vt* kennzeichnen, markieren; abgrenzen; **mark out** *vt* **1.** abstecken **2.** (*Note*) bestimmen; vorsehen (*for* für); **mark up** *vt* (*Preise*) heraufsetzen

marked [mɑːkt] *adj* (*Unterschied*) merklich, auffällig; spürbar; deutlich; **marked·ly** ['mɑːkədlɪ] *adv* merklich

marker ['mɑːkə(r)] *s* **1.** Marke *f;* Wendepunkt *m* **2.** Schild *nt,* Wegweiser *m* **3.** Lesezeichen *nt* **4.** (Prüfung) Korrektor(in) *m(f);* **marker pen** *s* Markierstift, Textmarker *m*

mar·ket ['mɑːkɪt] **I.** *s* **1.** Markt *m* **2.** Marktplatz *m,* -halle *f* **3.** Absatzgebiet *nt;* Absatzmarkt *m* **4.** Börse *f;* **at the ~** auf dem Markt; **go to ~** zum Markt gehen; **be on the ~** auf dem Markt sein; **find a ready ~** guten Absatz finden; **play the ~** spekulieren; **put on the ~** auf den Markt bringen **II.** *vt* vertreiben **III.** *vi* sich verkaufen, Absatz finden; **mar·ket·able** ['mɑːkɪtəbl] *adj* marktfähig, gängig, absatzfähig; **market economy** *s* Marktwirtschaft *f;* **market-focused** *adj* marktorientiert; **market garden** *s* Gärtnerei *f;* **mar·ket·ing** ['mɑːkɪtɪŋ] *s* Marketing *nt;* Vertrieb, Absatz *m;* **~ agreement** Marktabsprache *f;* **market leader** *s* Markt-, Branchenführer *m;* **market niche** *s* Marktnische *f;* **market place** *s* Markt(platz) *m;* **market rate** *s* Marktpreis *m;* **market requirements** *s pl* Markterfordernisse *pl;* **market research** *s* Marktforschung *f;* **market share** *s* Marktanteil *m;* **market town** *s* Markt(flecken) *m;* **market value** *s* Marktwert *m*

mark·ing ['mɑːkɪŋ] *s* **1.** Be-, Kennzeichnung, Markierung *f* **2.** (*von Fell*) Zeichnung, Färbung *f* **3.** Korrektur *f*

marks·man ['mɑːksmən] <*pl* -men> *s* Scharfschütze *m;* **marks·man·ship** ['mɑːksmənʃɪp] *s* Treffsicherheit *f*

mark-up ['mɑːkʌp] *s* Preiserhöhung *f;* **mark-up price** *s* Verkaufspreis *m*

mar·ma·lade ['mɑːməleɪd] *s* *Marmelade aus Zitrusfrüchten*

mar·mot ['mɑːmət] *s* Murmeltier *nt*

ma·roon¹ [mə'ruːn] *vt* aussetzen

ma·roon² [mə'ruːn] **I.** *adj* kastanienbraun **II.** *s* **1.** Kastanienbraun *nt* **2.** Leuchtkugel *f*

mar·quee [mɑː'kiː] *s* Festzelt *nt*

mar·riage ['mærɪdʒ] *s* **1.** Ehe *f* **2.** Heirat, Hochzeit, Eheschließung *f* (*to* mit); **give s.o. in ~ to s.o.** jdn jdm zur Frau geben; **civil ~** standesamtliche Trauung; **mar·riage·able** [-əbl] *adj* heiratsfähig; **of ~ age** im heiratsfähigen Alter; **marriage bureau** *s* Eheanbahnungsinstitut *nt;* **marriage ceremony** *s* Trauung *f;* **marriage certificate** *s* Heiratsurkunde *f;* **marriage guidance** *s* Eheberatung *f;* **marriage lines** *s pl* Heiratsurkunde *f*

mar·ried ['mærɪd] *adj* verheiratet (*to* mit); **get ~** (sich ver)heiraten; **~ couple** Ehepaar *nt*

mar·row ['mærəʊ] *s* **1.** (Knochen)Mark *nt* **2.** (*fig*) (das) Innerste, Kern *m* **3.** Gemeiner Kürbis; **chilled to the ~** völlig durchgefroren; **mar·row·bone** ['mærəʊbəʊn] *s* Markknochen *m*

marry ['mærɪ] **I.** *vt* **1.** trauen, vermählen (*to s.o.* mit jdm) **2.** heiraten (*s.o.* jdn) **3.** (*~ off*) verheiraten (*to* an, mit) **II.** *vi* heiraten, sich verheiraten; **~ into money** reich heiraten

marsh [mɑːʃ] *s* Marsch(land *nt*) *f,* Sumpf *m*

mar·shal ['mɑːʃl] **I.** *s* **1.** (MIL) Marschall *m* **2.** (*Am*) Bezirkspolizeichef *m* **II.** *vt* **1.** (*Feier*) leiten **2.** (*fig*) (an)ordnen, arrangieren, disponieren; **mar·shal·ling yard** ['mɑːʃlɪŋjɑːd] *s* Verschiebebahnhof *m*

marsh·land ['mɑːʃlænd] *s* Feuchtgebiet, Marschland *nt;* **marshy** ['mɑːʃɪ] *adj* sumpfig, morastig

mar·su·pial [mɑː'suːpɪəl] *s* Beuteltier *nt*

mar·ten ['mɑːtɪn] *s* Marder(fell *nt*) *m*

mar·tial ['mɑːʃl] *adj* kriegerisch; tapfer; **~ arts** Kampfsportarten *pl;* **court ~** Kriegs-, Militärgericht *nt;* **martial law** *s* Kriegsrecht *nt;* **be under ~** unter dem Kriegsrecht stehen

Mar·tian ['mɑːʃn] *s* Marsbewohner(in) *m(f)*

M

mar·tin ['mɑ:tɪn] *s* Schwalbe *f*
mar·ti·net [ˌmɑ:tɪ'net] *s* Zuchtmeister *m*
mar·tyr ['mɑ:tə(r)] **I.** *s* Märtyrer(in) *m(f)*; **make a ~ of o.s.** sich opfern **II.** *vt* martern; foltern; **mar·tyr·dom** [-dəm] *s* Martyrium *nt*
mar·vel ['mɑ:vl] **I.** *s* Wunder *nt*; **she's a ~ of patience** sie ist ein Wunder an Geduld **II.** *vi* staunen (*at* über); **mar·vel·lous** ['mɑ:vələs] *adj*, **mar·vel·ous** *adj* (*Am*) wunderbar; fantastisch
Marx·ism ['mɑ:ksizm] *s* Marxismus *m*; **Marx·ist** ['mɑ:ksɪst:] **I.** *adj* marxistisch **II.** *s* Marxist(in) *m(f)*
mar·zi·pan ['mɑ:zɪpæn] *s* Marzipan *nt*
mas·cara [mæ'skɑ:rə] *s* Wimperntusche *f*
mas·cot ['mæskət] *s* Maskottchen *nt*, Talisman *m*
mas·cu·line ['mæskjʊlɪn] **I.** *adj* (*a.* GRAM) männlich **II.** *s* (GRAM) Maskulinum *nt*
mash [mæʃ] **I.** *s* **1.** (*Brauerei*) Maische *f* **2.** (AGR) Futterbrei *m* **3.** Brei *m* **II.** *vt* zerstampfen; **~ed potatoes** Kartoffelpüree *nt*
mask [mɑ:sk] **I.** *s* Maske *f*; **throw off one's ~** (*fig*) sein wahres Gesicht zeigen; **death-/gas-/oxygen ~** Toten-/Gas-/Sauerstoffmaske *f* **II.** *vt* **1.** maskieren; verdecken **2.** (*fig*) verhüllen, verschleiern
maso·chism ['mæsəkɪzəm] *s* Masochismus *m*; **maso·chist** ['mæsəkɪst] *s* Masochist(in) *m(f)*
ma·son ['meɪsn] *s* **1.** Steinmetz *m* **2.** (*free~*) Freimaurer *m*; **ma·sonic** [mə'sɒnɪk] *adj* freimaurerisch; **ma·sonry** ['meɪsnrɪ] *s* **1.** Mauerwerk *nt* **2.** Freimaurerei *f*
mas·quer·ade [ˌmɑ:skə'reɪd] **I.** *s* Maskerade *f* **II.** *vi* sich ausgeben (*as* als)
mass¹ [mæs] *s* Messe *f*; **go to ~** zur Messe gehen; **hear ~** die Messe feiern; **say ~** die Messe lesen; **high ~** Hochamt *nt*
mass² [mæs] **I.** *s* **1.** (*a.* PHYS) Masse *f* **2.** (*von Menschen*) Menge *f*; **in the ~** im ganzen; **the ~es** die Masse; **we have ~es of time** (*fam*) wir haben jede Menge Zeit **II.** *vt* massieren, anhäufen, konzentrieren **III.** *vi* **1.** sich ansammeln, sich anhäufen **2.** (*Wolken*) sich zusammenballen
mass·acre ['mæsəkə(r)] **I.** *s* Blutbad *nt* **II.** *vt* niedermetzeln, massakrieren
mas·sage ['mæsɑ:ʒ] **I.** *s* Massage *f* **II.** *vt* massieren; **massage parlour** *s* Massagesalon *m*; (*euph*) Bordell *nt*
mass cir·cu·la·tion [ˌmæssɜ:kjʊ'leɪʃn] *s* Massenauflage *f*
mas·seur [mæ'sɜ:(r)] *s* Masseur *m*; **mas·seuse** [mæ'sɜ:z] *s* **1.** Masseurin *f* **2.** (*euph: Prostituierte*) Masseuse *f*
mass·ive ['mæsɪv] *adj* **1.** massiv, massig, solide, fest **2.** (*Stirn*) wuchtig, breit **3.** (*Aufgabe*) gewichtig
mass mar·ket·ing [ˌmæs'mɑ:kɪtɪŋ] *s* Massenabsatzstrategie *f*; **mass me·dia** [ˌmæs'mi:dɪə] *s pl* Massenmedien *pl*; **mass meeting** *s* Massenversammlung *f*; **mass murderer** *s* Massenmörder(in) *m(f)*; **mass-produce** ['mæsprəˌdju:s] *vt* serienmäßig herstellen; **mass production** *s* Massenproduktion, -fertigung *f*; **mass psychology** *s* Massenpsychologie *f*; **mass unemployment** *s* Massenarbeitslosigkeit *f*
mast¹ [mɑ:st] *s* **1.** (MAR) Mast *m* **2.** Sendeturm *m*
mast² [mɑ:st] *s* (AGR) Mast *f*
mas·tec·to·my [ˌmæs'tekəmɪ] *s* Brustamputation *f*
mas·ter ['mɑ:stə(r)] **I.** *s* **1.** Herr *m*; Meister *m* **2.** Hausherr *m* **3.** Kapitän *m* **4.** (Handwerks)Meister *m* **5.** Lehrer *m* **6.** Leiter, Rektor *m* **7.** Original *nt*; **be one's own ~** sein eigener Herr sein; **be ~ in one's own house** Herr im Hause sein; **~'s certificate** Kapitänspatent *nt*; **be ~ of s.th.** etw beherrschen; **be ~ of the situation** Herr der Lage sein, die Situation im Griff haben; **dancing ~** Tanzlehrer *m* **II.** *vt* **1.** unter Kontrolle bringen **2.** (*Aufgabe*) bewältigen **3.** (*Fähigkeit*) beherrschen; **mas·ter-at-arms** [ˌmɑ:stəræt'ɑ:mz] *s* (MAR) Bootsmann *m* mit Polizeibefugnis; **master bedroom** *s* großes Schlafzimmer; **master builder** *s* Baumeister *m*; **master copy** *s* Original *nt*; **master data** *s pl* Stammdaten *pl*; **master disk** *s* (INFORM) Hauptplatte *f*; **master file** *s* (INFORM) Stammdatei *f*; **mas·ter·ful** ['mɑ:stəfl] *adj* meisterhaft; gebieterisch; **master key** *s* Hauptschlüssel *m*; **mas·ter·ly** ['mɑ:stəlɪ] *adj* meisterhaft; ausgezeichnet; **master·mind** ['mɑ:stəmaɪnd] **I.** *s* führender Kopf, Kapazität *f* **II.** *vt* geschickt lenken; **Master of Arts** *s* Magister *m* der philosophischen Fakultät; **master of ceremonies** *s* Zeremonienmeister *m*; Conférencier *m*; **Master of Science** *s* Magister *m* der naturwissenschaftlichen Fakultät; **master·piece** ['mɑ:stəpi:s] *s* Meisterstück, -werk *nt*; **mas·ter·stroke** ['mɑ:stəstrəʊk] *s* Glanzstück *nt*; **master tape** *s* (INFORM) Originalband *nt*
mas·tery ['mɑ:stərɪ] *s* **1.** (Vor)Herrschaft, Vormacht(stellung) *f* (*of, over* über) **2.** (*eines Instruments*) Beherrschung *f* (*of +gen*); **gain the ~** die Oberhand gewinnen
mas·ti·cate ['mæstɪkeɪt] *vt* (zer)kauen; **mas·ti·ca·tion** [ˌmæstɪ'keɪʃn] *s* Kauen *nt*
mas·tiff ['mæstɪf] *s* Dogge *f*

ma·sti·tis [mæ'staɪtɪs] *s* (MED) Brust(drüsen)entzündung *f*

mas·tur·bate ['mæstəbeɪt] *vi* masturbieren, onanieren; **mas·tur·ba·tion** [ˌmæstə'beɪʃn] *s* Masturbation, Onanie, Selbstbefriedigung *f*

mat[1] [mæt] **I.** *s* **1.** (*a.* SPORT) Matte *f* **2.** (*door* ~) Türvorleger *m* **3.** Untersetzer *m,* Unterlage *f* **4.** (*von Haaren*) Gewirr *nt* **II.** *vi* verfilzen

mat[2] [mæt] *adj* matt

match[1] [mætʃ] **I.** *s* **1.** dazu Passendes **2.** Gegenstück, Pendant *nt* **3.** Heirat *f* **4.** Wettkampf *m;* Match *nt;* **be a good** ~ gut zusammenpassen; **be a** ~ **for s.o.** sich mit jdm messen können; jdm gewachsen sein; **meet one's** ~ seinen Meister finden; **he's a good** ~ er ist eine gute Partie; **a boxing** ~ ein Boxkampf *m* **II.** *vt* **1.** gleichkommen, gleich(wertig), ebenbürtig sein (*s.th.* einer S) **2.** passen zu, entsprechen (*s.o.* jdm) **3.** vergleichen; (*im Wettstreit*) messen (*with, against* mit); **the two boxers were well ~ed** die beiden Boxer waren einander ebenbürtig; **no one can ~ him in geography** niemand kann ihm in Geografie das Wasser reichen; **be ~ed against s.o.** gegen jdn antreten; ~ **one's strength against s.o.** seine Kräfte mit jdm messen; **the carpets should ~ the curtains** die Teppiche sollten zu den Vorhängen passen **III.** *vi* zusammenpassen (*with* zu); **it doesn't** ~ das passt nicht zusammen

match[2] [mætʃ] *s* Streich-, Zündholz *nt;* **match·box** *s* Streich-, Zündholzschachtel *f*

match·ing ['mætʃɪŋ] *adj* passend; **match·less** ['mætʃlɪs] *adj* unerreicht, unübertroffen; **match·maker** ['mætʃmeɪkə(r)] *s* Ehestifter(in) *m(f);* (*pej*) Kuppler(in) *m(f);* **she tried to play the** ~ **between the two** sie versuchte die beiden zu verkuppeln; **match point** *s* Matchball *m;* **match·stick** ['mætʃˌstɪk] *s* Streichholz *nt;* **match·wood** ['mætʃwʊd] *s* (*fig*) Kleinholz *nt*

mate[1] [meɪt] **I.** *s* **1.** Arbeitskollege, Kumpel *m* **2.** Freund(in) *m(f),* Kamerad(in) *m(f)* **3.** (*Tiere*) Männchen, Weibchen *nt* **4.** (MAR) Maat *m* **II.** *vt* paaren **III.** *vi* sich paaren

mate[2] [meɪt] **I.** *s* (*Schach*) Matt *nt* **II.** *vt* matt setzen

ma·terial [mə'tɪərɪəl] **I.** *adj* **1.** materiell **2.** wesentlich, grundlegend **3.** (JUR) erheblich **II.** *s* **1.** Material *nt,* Stoff *m* (*for* für) **2.** Baustoff *m* **3.** Stoff *m,* Gewebe *nt;* **raw ~s** Rohstoffe *mpl;* **building ~s** Baustoffe *mpl;* **writing ~s** Schreibzeug *nt;* ~ **damage** Sachschaden *m*

ma·teri·al·ism [mə'tɪərɪəlɪzəm] *s* Materialismus *m;* **ma·teri·al·ist** [mə'tɪərɪəlɪst] *s* Materialist(in) *m(f);* **ma·teri·al·is·tic** [məˌtɪərɪə'lɪstɪk] *adj* materialistisch

ma·teri·al·ize [mə'tɪərɪəlaɪz] *vi* **1.** (*Idee*) sich verwirklichen; wahr werden **2.** (*Geist*) erscheinen; auftauchen

ma·ternal [mə'tɜːnl] *adj* mütterlich; ~ **grandfather** Großvater mütterlicherseits; ~ **instincts** Mutterinstinkte *mpl;* **ma·tern·ity** [mə'tɜːnətɪ] *s* Mutterschaft *f;* **maternity benefit** *s* Mutterschaftshilfe *f;* **maternity clinic** *s* Entbindungsklinik *f;* **maternity dress** *s* Umstandskleid *nt;* **maternity hospital, maternity home** *s* Entbindungsheim *nt;* **maternity leave** *s* Mutterschaftsurlaub *m;* **maternity ward** *s* Entbindungsstation *f*

matey ['meɪtɪ] *adj* freundlich; kameradschaftlich (*with* mit)

math [mæθ] *s* (*Am fam*) Mathe *f*

math·emat·ical [ˌmæθə'mætɪkl] *adj* mathematisch; **math·ema·tician** [ˌmæθəmə'tɪʃn] *s* Mathematiker(in) *m(f);* **math·emat·ics** [ˌmæθə'mætɪks] *s pl mit sing* Mathematik *f;* **maths** [mæθs] *s pl mit sing* (*Br fam*) Mathe *f*

mati·née ['mætɪneɪ] *s* Matinee; (*nachmittags a.*) Frühvorstellung *f*

mat·ing ['meɪtɪŋ] *s* (*von Tieren*) Paarung *f*

ma·tri·archy ['meɪtrɪɑːkɪ] *s* Matriarchat *nt*

ma·tricu·late [mə'trɪkjʊleɪt] **I.** *vi* sich immatrikulieren **II.** *vt* immatrikulieren; **ma·tricu·la·tion** [məˌtrɪkjʊ'leɪʃn] *s* Immatrikulation *f*

mat·ri·mo·nial [ˌmætrɪ'məʊnɪəl] *adj* ehelich; **mat·ri·mony** ['mætrɪmənɪ] *s* Ehe *f,* Ehestand *m*

ma·trix ['meɪtrɪks, *pl* 'meɪtrɪsiːz] <*pl* **-trices, -trixes**> *s* **1.** Matrize *f;* Mater *f* **2.** (GEOL) Matrix *f*

ma·tron ['meɪtrən] *s* **1.** Matrone *f* **2.** (*im Krankenhaus*) Oberin *f;* **ma·tronly** ['meɪtrənlɪ] *adj* matronenhaft

matt [mæt] *adj* matt, mattiert

mat·ted ['mætɪd] *adj* (*Haar*) verfilzt

mat·ter ['mætə(r)] **I.** *s* **1.** (PHYS) Materie, Substanz *f,* Stoff *m* **2.** Stoff *m* **3.** (MED) Eiter *m* **4.** (TYP) Manuskript *nt* **5.** Inhalt *m* **6.** Sache, Angelegenheit *f;* Thema *nt,* Stoff *m* **7. ~s** Angelegenheiten *fpl;* **for that** ~ eigentlich; **in the** ~ **of ...** was ... anbelangt; **that's quite another** ~ das ist etwas ganz anderes; **no** ~ **what he does** ganz gleich, einerlei, was er tut; **the** ~ **in hand** die vorliegende Angelegenheit; **as ~s stand** wie die Dinge liegen; **to make ~s worse** zu allem Unglück; **no ~!** macht nichts!; **what's the ~?** was ist (denn) los?; **it's no laugh-**

M

ing ~ das ist nicht zum Lachen; **it's a ~ of life and death** es geht um Leben und Tod; **business ~s** geschäftliche Angelegenheiten *fpl;* **printed ~** Drucksache *f;* **s.th. is the ~ with s.o.** etw ist mit jdm los **II.** *vi* von Belang, von Bedeutung, von Wichtigkeit sein (*to* für); **it doesn't ~** es macht nichts; **it doesn't ~ to me what you do** es ist mir egal, was du machst; **what does it ~?** was macht das (schon)?; **matter-of-fact** [ˌmætərəv'fækt] *adj* sachlich, nüchtern

mat·ting ['mætɪŋ] *s* Mattenbelag *m;* Matten *fpl*

mat·tock ['mætək] *s* Hacke, Haue *f*

mat·tress ['mætrɪs] *s* Matratze *f*

ma·ture [mə'tjʊə(r)] **I.** *adj* **1.** reif **2.** (*fig*) ausgereift; durchdacht **3.** (FIN) fällig **II.** *vi* **1.** reifen; reif werden **2.** (FIN) fällig werden **III.** *vt* reifen lassen; **mature economy** *s* entwickelte Volkswirtschaft; **ma·tur·ity** [mə'tjʊərətɪ] *s* **1.** Reife *f* **2.** (FIN) Fälligkeit(stermin *m*) *f;* **reach ~** erwachsen werden

maud·lin ['mɔːdlɪn] *adj* rührselig, weinerlich

maul [mɔːl] **I.** *vt* übel zurichten **II.** *s* (*Rugby*) offenes Gedränge

mau·so·leum [ˌmɔːsə'liːəm] *s* Mausoleum *nt*

mauve [məʊv] *adj* malvenfarben

mav·er·ick ['mævərɪk] *s* **1.** (*fig*) Einzelgänger(in) *m(f)* **2.** Abtrünnige(r) *f m*

mawk·ish ['mɔːkɪʃ] *adj* **1.** kitschig, rührselig **2.** (*Geschmack*) süßlich

maxi- ['mæksɪ] *PRÄF* Maxi-

maxim ['mæksɪm] *s* Grundsatz *m,* Maxime *f*

maxim·al ['mæksɪml] *adj* maximal; **maxi·mize** ['mæksɪmaɪz] *vt* maximieren; **ma·xi·mum** ['mæksɪməm, *pl* 'mæksɪmə] <*pl* -mums, -ma> **I.** *s* Maximum *nt* **II.** *adj* Höchst-; maximal; **~ load** Höchstbelastung *f;* **~ sentence** Höchststrafe *f;* **~ speed** Höchstgeschwindigkeit *f;* **maxi-racer** ['mæksɪˌreɪsə(r)] *s* Maxiracer *m*

may [meɪ] <*irr:* might> *vi* **1.** können **2.** dürfen; **it ~ [*o* might] rain** es könnte regnen; **it ~ be that …** vielleicht …; **you ~ be right** Sie könnten Recht haben; **~ I go now?** darf ich jetzt gehen?; **~ I have the pleasure of the next dance?** darf ich Sie zum nächsten Tanz auffordern?; **I hope he ~ succeed** ich hoffe, dass es ihm gelingt; **we ~ [*o* might] as well go** ich glaube, wir können gehen; **~ you both be happy!** ich wünsche euch beiden viel Glück

May [meɪ] *s* Mai *m;* **in ~** im Mai; **~ Day** der 1. Mai, Maifeiertag *m*

may·be ['meɪbiː] *adv* vielleicht

may·day ['meɪdeɪ] *s* (MAR AVIAT) Maydaysignal *nt* (*internationaler Notruf*)

may·fly ['meɪflaɪ] *s* Eintagsfliege *f*

may·hem ['meɪhem] *s* **1.** (*Am:* JUR) schwere Körperverletzung **2.** Chaos *nt*

may·on·naise [ˌmeɪə'neɪz] *s* Mayonnaise *f*

mayor [meə(r)] *s* Bürgermeister(in) *m(f);* **mayor·ess** [meə'res] *s* **1.** Bürgermeistersfrau *f* **2.** Bürgermeisterin *f*

may·pole ['meɪpəʊl] *s* Maibaum *m*

maze [meɪz] *s* **1.** Irrgarten *m,* Labyrinth *nt* **2.** (*fig*) Wirrwarr *m,* Gewirr *nt;* **be in a ~** bestürzt, ratlos, verlegen sein

MB [ˌem'biː] *s Abk. von* **megabyte** MB *nt*

MBA [ˌembiː'eɪ] *s Abk. von* **Master of Business Administration** Betriebswirt *m*

McJob *s* (*sl*) Gelegenheitsjob *m;* **McMansion** *s* (*sl*) geschmackloses, großes, neues Wohnhaus

MCP [ˌemsiː'piː] *s Abk. von* **male chauvinist pig** (*pej*) Chauvi *m*

MD [ˌem'diː] *s Abk. von* **managing director** geschäftsführende(r) Direktor(in)

me [miː] *pron* **1.** mich *acc,* mir *dat* **2.** (*fam*) ich; **its ~** ich bin's

meadow ['medəʊ] *s* Wiese *f*

mea·ger *adj* (*Am*), **meagre** ['miːgə(r)] *adj* **1.** mager, dünn, dürr **2.** (*fig*) spärlich, dürftig

meal[1] [miːl] *s* Mahl(zeit *f*) *nt;* Essen *nt;* **go for a ~** essen gehen

meal[2] [miːl] *s* Schrot(mehl *nt*) *m*

meal·time ['miːltaɪm] *s* Essenszeit *f*

mealy ['miːlɪ] *adj* mehlig; **mealy·mouthed** ['miːlɪmaʊðd] *adj* **1.** unaufrichtig **2.** schönfärberisch; **be ~** um den heißen Brei herumreden

mean[1] [miːn] <*irr:* meant, meant> *vt* **1.** meinen, denken **2.** vorhaben, beabsichtigen (*to do* zu tun) **3.** ernst meinen **4.** sagen wollen (*by* mit) **5.** (*Wort*) bedeuten; **what do you ~ by that?** was willst du damit sagen?; **~ to do s.th.** etw tun wollen; **be meant for s.o.** für jdn bestimmt sein; **I meant it as a joke** das sollte ein Witz sein; **this picture is meant for me** dieses Bild ist für mich bestimmt; **he ~s no harm** er meint es nicht böse; **~ well by s.o.** es gut mit jdm meinen

mean[2] [miːn] *adj* **1.** geizig, knauserig **2.** gemein **3.** (*Motive*) niedrig **4.** schäbig, armselig **5.** bösartig; gehässig; **feel ~** (*fam*) sich genieren, sich schämen; (*Am*) sich nicht wohl fühlen

mean[3] [miːn] **I.** *adj* mittlere(r, s) **II.** *s* (*a.* MATH) Durchschnitt *m,* Mittelwert *m,* -maß *nt*

me·ander [mɪ'ændə(r)] *vi* **1.** (*Fluss*) sich dahinwinden **2.** (*fig*) wirr sein; vom Thema abschweifen; **me·ander·ings** [mɪ'ændərɪŋz] *s pl* Windungen *fpl,* Abschweifungen *fpl*

meanie [mi:nɪ] *s* (*fam*) Geizhals *m*

mean·ing ['mi:nɪŋ] **I.** *s* Sinn *m,* Bedeutung *f;* **what's the ~ of ... ?** was ... heißt?; **mistake s.o.'s ~** jdn missverstehen; **do you get my ~?** haben Sie mich verstanden? **II.** *adj* vielsagend, bedeutsam; **mean·ing·ful** ['mi:nɪŋfl] *adj* bedeutungs-, sinnvoll; **mean·ing·less** [-lɪs] *adj* bedeutungs-, sinnlos

mean·ness ['mi:nnɪs] *s* **1.** Geiz *m* **2.** Gemeinheit *f* **3.** niedrige Gesinnung **4.** Bösartigkeit *f* **5.** Schäbigkeit *f*

means [mi:nz] *s* **1.** (*im sing*) Möglichkeit *f;* Mittel *nt* **2.** (*im pl*) Mittel *ntpl,* Gelder *ntpl;* **there is no ~ of doing it** es ist unmöglich das zu tun; **by ~ of s.th** durch etw, mittels einer S; **by this ~** dadurch; **by some ~ or other** auf irgendeine Art und Weise; **by no ~** keineswegs; **a man of ~** ein vermögender Mann; **live beyond one's ~** über seine Verhältnisse leben

meant [ment] *vt s.* **mean**[1]

mean·time ['mi:ntaɪm] **I.** *adv* inzwischen **II.** *s* Zwischenzeit *f;* **in the ~** in der Zwischenzeit

mean·while ['mi:nwaɪl] *adv* inzwischen, unterdessen

measles ['mi:zlz] *s pl mit sing* (MED) Masern *pl*

measly ['mi:zlɪ] *adj* (*fam*) lumpig, kümmerlich, schäbig

measur·able ['meʒərəbl] *adj* messbar; erkennbar

measure ['meʒə(r)] **I.** *s* **1.** Maß *nt* **2.** Maßeinheit *f,* -system *nt* **3.** (*fig*) Maßstab *m* (*of* für) **4.** Menge *f* **5.** Ausmaß *nt,* Grad, Umfang *m* **6.** Maßnahme, -regel *f,* Schritt(e *pl*) *m* **7.** Versmaß *nt* **8.** (MUS) Takt *m;* **a ~ of length** ein Längenmaß; **give s.o. full ~** richtig ausschenken; **in some ~** in gewisser Hinsicht; **to a large ~** in hohem Maße; **take ~s to do s.th.** Maßnahmen ergreifen, um etw zu tun **II.** *vt* **1.** messen **2.** (*~ off, ~ out*) ab-, aus-, vermessen **3.** Maß nehmen (*s.o.* jdm) **4.** (*fig*) abwägen, beurteilen; **~ one's length** der Länge nach hinfallen **III.** *vi* messen; **measured** ['meʒəd] *adj* (*fig*) gemessen, bedächtig, wohlüberlegt; **measure·ment** ['meʒəmənt] *s* **1.** (Ver)Messung *f* **2.** Maß *nt* **3.** (*fig*) Maßstab *m;* **take s.o.'s ~s** bei jdm Maß nehmen; **measur·ing tape** ['meʒərɪŋ,teɪp] *s* Maßband, Bandmaß *nt*

meat [mi:t] *s* **1.** Fleisch *nt* **2.** (*fig*) Inhalt *m;* Substanz *f;* **cold ~** kalter Braten; **meat·ball** ['mi:tbɔ:l] *s* Fleischklößchen *nt;* **meat·loaf** ['mi:tləʊf] *s* Hackbraten *m;* **meat products** *s pl* Fleisch- und Wurstwaren *fpl*

mech·anic [mɪ'kænɪk] *s* Mechaniker(in) *m(f);* **mech·an·ical** [mɪ'kænɪkl] *adj* **1.** mechanisch **2.** (*fig*) automatisch; **~ engineering** Maschinenbau *m*

mech·an·ism ['mekənɪzəm] *s* Mechanismus *m;* **mech·an·ize** ['mekənaɪz] *vt* mechanisieren

medal ['medl] *s* **1.** Medaille *f* **2.** Orden *m;* **me·dal·lion** [mɪ'dælɪən] *s* Medaillon *nt;* **medal·lst** ['medəlɪst] *s* Medaillengewinner(in) *m(f)*

meddle ['medl] *vi* sich einmischen (*with, in* in); **meddle·some** [-səm] *adj* aufdringlich; neugierig

me·dia ['mi:dɪə] *s pl* Medien *pl;* **media circus** *s* Medienrummel *m;* **media coverage** *s* Berichterstattung *f* durch die Medien

medi·aeval *adj* mittelalterlich

media event *s* Medienereignis *nt*

me·dia·gen·ic [,mi:dɪə'dʒenɪk] *adj* mediengen

media magnate *s* Medienmagnat *m*

me·dian ['mi:dɪən] *s* Zentralwert, Median *m*

me·diate ['mi:dɪeɪt] **I.** *vi* vermitteln (*between* zwischen) **II.** *vt* aushandeln; **me·di·ation** [,mi:dɪ'eɪʃn] *s* Vermittlung *f;* **me·di·ator** ['mi:dɪeɪtə(r)] *s* (Ver)Mittler(in) *m(f),* Schlichter(in) *m(f)*

medic ['medɪk] *s* (*fam*) Mediziner(in) *m(f);* **Medic·aid** ['medɪkeɪd] *s* (*in den USA*) *staatliche Gesundheitsfürsorge für Einkommensschwache*

medi·cal ['medɪkl] **I.** *adj* medizinisch; ärztlich; Medizin-; Gesundheits-; **~ card** Krankenversicherungskarte *f;* **~ certificate** ärztliches Attest; **~ examination** ärztliche Untersuchung; **~ history** Krankengeschichte *f;* **~ insurance** Krankenversicherung *f;* **~ ward** innere Abteilung (*einer Klinik*) **II.** *s* ärztliche Untersuchung; **medic·ament** [mɪ'dɪkəmənt] *s* Medikament *nt;* **Medi·care** ['medɪkeə(r)] *s* (*in den USA*) *staatliche Krankenversicherung für Rentner;* **medi·cate** ['medɪkeɪt] *vt* medizinisch behandeln; **medi·ca·tion** [,medɪ'keɪʃn] *s* **1.** medizinische Behandlung **2.** Arznei *f;* **med·ici·nal** [mɪ'dɪsɪnl] *adj* heilkräftig, heilend; **for ~ purposes** zu Heilzwecken; **medi·cine** ['medsn, *Am* 'medɪsn] *s* **1.** Medizin, Heilkunde *f* **2.** Arznei *f;* **practice ~** den Arztberuf ausüben; **give s.o. a taste of his own ~** (*fig*) es jdm mit gleicher Münze heimzahlen;

M

medicine ball ['medsn,bɔ:l] *s* Medizinball *m;* **medicine chest** ['medsn,tʃest] *s* Hausapotheke *f;* **medicine man** ['medsn-,mæn] *s* Medizinmann *m*

medi·eval [,medɪ'i:vl] *adj* mittelalterlich

me·di·ocre [,mi:dɪ'əʊkə(r)] *adj* mittelmäßig, durchschnittlich; **me·di·oc·rity** [,mi:dɪ'ɒkrətɪ] *s* **1.** Mittelmäßigkeit *f* **2.** Durchschnittsmensch *m*

medi·tate ['medɪteɪt] **I.** *vi* nachdenken (*on, upon* über), meditieren **II.** *vt:* ~ **revenge** auf Rache sinnen; **medi·ta·tion** [,medɪ'teɪʃn] *s* Nachdenken *nt;* Meditation *f*

Medi·ter·ra·nean [,medɪtə'reɪnɪən] **I.** *adj* mediterran; südländisch **II.** *s* Mittelmeer *nt*

me·dium ['mi:dɪəm, *pl* 'mi:dɪə] <*pl* -diums, -dia> **I.** *s* **1.** Mittel, Werkzeug *nt* **2.** Ausdrucksmittel *nt* **3.** (*Spiritismus*) Medium *nt* **4.** (PHYS) Träger *m;* Element *nt* **5.** Mitte *f;* **the happy** ~ der goldene Mittelweg; **advertising** ~ Werbeträger *m* **II.** *adj* mittlere(r, s); durchschnittlich; mittel-; **of** ~ **height** mittelgroß; **me·dium-dry** [,mi:dɪəm'draɪ] *adj* halbtrocken; **medium-rare** [,mi:dɪəm'reə(r)] *adj* rosa, englisch; **me·dium-sized** [,mi:dɪəm'saɪzd] *adj* mittelgroß; ~ **businesses** Mittelstand *m;* ~ **company** mittelständischer Betrieb; **medium term** *adj* mittelfristig; **medium wave** *s* (RADIO) Mittelwelle *f*

med·ley ['medlɪ] *s* **1.** Gemisch, Durcheinander *nt* **2.** (MUS) Potpourri *nt*

meek [mi:k] *adj* **1.** sanft(mütig), lammfromm **2.** duldsam, geduldig; **as** ~ **as a lamb** sanft wie ein Lamm

meet [mi:t] <*irr:* met, met> **I.** *vt* **1.** treffen, begegnen; stoßen auf **2.** bekannt werden mit, kennen lernen; sich treffen mit **3.** abholen **4.** treffen auf; sich vereinigen mit **5.** (*Fluss*) münden in **6.** (*Erwartung*) erfüllen; entsprechen (*s.th.* einer S); (*einer Verpflichtung*) nachkommen; (*Schuld*) bezahlen; (*Defizit*) decken; (*Wunsch*) erfüllen; ~ **the deadline** den Termin einhalten; ~ **demands** Ansprüche befriedigen; ~ **expenses** Ausgaben bestreiten; ~ **s.o.'s eye** jdm zu Gesicht kommen; mit jdm einen Blick tauschen; **arrange to** ~ **s.o.** sich mit jdm verabreden; **pleased to** ~ **you!** sehr angenehm!; **I'll** ~ **your train** ich hole dich vom Zug ab **II.** *vi* **1.** sich begegnen, sich treffen **2.** sich kennen lernen; bekannt gemacht werden **3.** (*Gesellschaft*) sich versammeln; sich vereinigen **4.** (SPORT) aufeinander treffen **5.** (*fig*) sich vereinigen; aufeinander stoßen **6.** (*Blicke*) sich treffen; ~ **half-way** einen Kompromiss schließen; **our eyes met** unsere Blicke trafen sich **III.** *s* **1.** (*Am:* SPORT) Sportfest *nt* **2.** (*Br*) Jagdgesellschaft *f;* **meet with** *vt* **1.** stoßen auf; (*Unfall*) erleiden; (*Tod*) finden **2.** (*Mensch*) zusammenkommen mit

meet·ing ['mi:tɪŋ] *s* **1.** Zusammentreffen *nt;* Begegnung *f;* Besprechung *f* **2.** Versammlung, Sitzung, Tagung *f* **3.** (SPORT) Veranstaltung *f* **4.** (*Fluss*) Zusammenfluss *m;* **at a** ~ auf einer Versammlung; ~ **place** Treffpunkt *m;* ~ **point** Schnittpunkt *m;* Zusammenfluss *m*

mega·brand ['megəbrænd] *s* Megamarke *f,* Marktführer *m*

mega·byte ['megəbaɪt] *s* (INFORM) Megabyte *nt*

mega·hertz *s* (ELEK) Megahertz *nt*

mega·lo·ma·nia [,megələ'meɪnɪə] *s* Größenwahn *m;* **mega·lo·ma·niac** [,megələ-'meɪnɪæk] *adj* größenwahnsinnig

mega·lopo·lis [,megə'lɒpəlɪs] *s* Megalopolis *f* (*Riesenstadt*)

mega·merg·er ['megəmɜ:dʒə] *s* Fusion *f* der Unternehmensriesen

mega·phone ['megəfəʊn] *s* Megafon *nt;* **mega·store** ['megəstɔ:(r)] *s* Megastore *m,* großes Geschäft

mel·an·cholia [,melən'kəʊlɪə] *s* Melancholie *f;* **mel·an·cholic** [,meləŋ'kɒlɪk] *adj* melancholisch; **mel·an·choly** ['meləŋkɒlɪ] **I.** *s* Melancholie, Schwermut *f,* Trübsinn *m* **II.** *adj* **1.** melancholisch, schwermütig **2.** düster, traurig

mela·to·nin [,melə'təʊnɪn] *s no pl* Melatonin *nt*

mel·low ['meləʊ] **I.** *adj* **1.** (*Frucht*) reif, weich, saftig, süß **2.** (*Wein*) vollmundig, ausgereift **3.** (*Farbe*) warm **4.** (*Licht*) wohltuend **5.** (*Ton*) voll **6.** (*Mensch*) abgeklärt **7.** (*fig*) angeheitert **II.** *vt* **1.** zur Reife bringen **2.** weich, süß machen **3.** (*fig*) mildern **III.** *vi* **1.** reifen; reif, weich, süß werden **2.** (*fig*) sich abklären

mel·odi·ous [mɪ'ləʊdɪəs] *adj* wohlklingend, melodiös

melo·drama ['melədrɑ:mə] *s* Melodrama *nt;* **melo·dram·atic** [,melədrə'mætɪk] *adj* melodramatisch

mel·ody ['melədɪ] *s* Melodie *f*

melon ['melən] *s* Melone *f*

melt [melt] **I.** *vt* **1.** schmelzen, auftauen; zerlassen **2.** (*Zucker*) auflösen **3.** (*fig*) erweichen; ~ **down** einschmelzen **II.** *vi* **1.** schmelzen, zergehen **2.** sich lösen **3.** (*fig*) dahinschmelzen; ~ **away** wegschmelzen; verfliegen; sich auflösen; **melt-down** ['meltdaʊn] *s* (*Atomkraftwerk*) Kernschmelze *f;* **melting point** *s* Schmelzpunkt *m;* **melting pot** ['meltɪŋpɒt] *s*

Schmelztiegel *m*

mem·ber ['membə(r)] *s* **1.** Mitglied *nt;* Angehörige(r) *f m* **2.** (POL) Abgeordnete(r) *f m* **3.** (TECH) Glied *nt;* **Member of Parliament, M.P.** (*in GB*) Abgeordnete(r) *f m* des Unterhauses; ~ **of the family** Familienmitglied *nt;* **the ~ countries** die Mitgliedsstaaten; ~ **state** Mitgliedsstaat *m;* **mem·ber·ship** [-ʃɪp] *s* **1.** Mitgliedschaft *f* **2.** Mitgliederzahl *f;* **membership card** *s* Mitgliedskarte *f;* **membership qualification** *s* Beitrittsvoraussetzung *f*

mem·brane ['membreɪn] *s* (PHYS ANAT ZOO) Membran(e) *f*

mem·ento [mɪ'mentəʊ] <*pl* -ento(e)s> *s* Andenken *nt* (*of* an)

memo ['meməʊ] <*pl* memos> *s* Notiz, Mitteilung *f*

mem·oir ['memwɑː(r)] *s* **1.** Kurzbiografie *f* **2.** **~s** Memoiren *pl*

memo pad *s* Notizblock *m*

mem·or·able ['memərəbl] *adj* **1.** denkwürdig **2.** unvergesslich

mem·or·an·dum [,memə'rændəm, *pl* -də] <*pl* -da> *s* **1.** Notiz *f,* Vermerk *m;* kurze Mitteilung **2.** (POL) Memorandum *nt*

mem·or·ial [mɪ'mɔːrɪəl] **I.** *s* **1.** Denkmal *nt,* Gedenkstätte *f* **2.** (POL) Denkschrift *f* **II.** *adj* Gedenk-; **Memorial Day** *s* (*in den USA*) Heldengedenktag *m* (*30. Mai*)

mem·or·ize ['meməraɪz] *vt* sich einprägen

mem·ory ['memərɪ] *s* **1.** Gedächtnis *nt;* Erinnerungsvermögen *nt* **2.** Andenken *nt,* Erinnerung *f* (*of* an) **3.** (INFORM) Speicher *m;* **from** [*o* **by**] ~ auswendig; **in ~ of** zur Erinnerung an; **to the best of my ~** soweit ich mich erinnern kann; **within living ~** seit Menschengedenken; **call to ~** sich ins Gedächtnis zurückrufen; **commit to ~** auswendig lernen; **memory bank** *s* Datenbank *f;* **memory capacity** *s* (INFORM) Speicherkapazität *f;* **memory chip** *s* (INFORM) Speicherchip *m;* **memory dump** *s* (INFORM) Speicherauszug *m;* **memory expansion card** *s* (INFORM) Speichererweiterungskarte *f;* **memory management** *s* (INFORM) Speicherverwaltung *f;* **memory protection** *s* (INFORM) Speicherschutz *nt*

men [men] *s pl von* **man**

men·ace ['menəs] **I.** *s* (Be)Drohung *f* (*to +gen*), drohende Gefahr **II.** *vt* bedrohen; **men·acing** [-ɪŋ] *adj,* **men·acing·ly** [-ɪŋlɪ] *adv* bedrohlich; drohend

mend [mend] **I.** *vt* **1.** ausbessern, reparieren, flicken **2.** (*Strümpfe*) stopfen **3.** verbessern, berichtigen; ~ **one's ways** sich bessern **II.** *vi* wieder gesund werden **III.** *s* ausgebesserte Stelle; Flickstelle *f;* **on the ~** auf dem Wege der Besserung

men·da·cious [men'deɪʃəs] *adj* lügnerisch, verlogen; **men·dac·ity** [men'dæsətɪ] *s* Verlogenheit, Falschheit *f*

mend·ing ['mendɪŋ] *s* Flickarbeit *f*

me·nial ['miːnɪəl] **I.** *adj* untergeordnet, niedrig **II.** *s* (*pej*) Dienstbote *m*

men·in·gi·tis [,menɪn'dʒaɪtɪs] *s* Hirnhautentzündung, Meningitis *f*

meno·pause ['menəpɔːz] *s* (PHYSIOL) Wechseljahre *pl,* Menopause *f*

men's room ['menz,ruːm] *s* (*Am*) Herrentoilette *f*

men·strual ['menstrʊəl] *adj* Menstruations-; **men·stru·ate** ['menstrʊeɪt] *vi* seine Regel haben; **men·stru·ation** [,menstrʊ'eɪʃn] *s* Menstruation *f*

men·tal ['mentl] *adj* geistig; seelisch; ~ **age** geistiger Entwicklungsstand; ~ **arithmetic** Kopfrechnen *nt;* ~ **blackout** Bewusstseinsstörung *f;* ~ **breakdown** Nervenzusammenbruch *m;* ~ **deficiency** Schwachsinn *m;* ~ **health** Geisteszustand *m;* ~ **home** Nervenheilanstalt *f;* ~ **hospital** Nervenklinik *f;* ~ **illness** Geisteskrankheit *f*

men·tal·ity [men'tælətɪ] *s* Geistesverfassung, Mentalität *f*

men·tal·ly ['mentəlɪ] *adv* geistig; ~ **handicapped** geistig behindert

men·thol ['menθɒl] *s* Menthol *nt*

men·tion ['menʃn] **I.** *s* Erwähnung *f;* **get a ~** erwähnt werden; **it's not worth a ~** es ist nicht erwähnenswert **II.** *vt* erwähnen; **not to ~, without ~ing** abgesehen von, ganz zu schweigen von; **don't ~ it!** keine Ursache! gern geschehen!; **that's not worth ~ing** das ist nicht der Rede wert

menu ['menjuː] *s* Speisekarte *f;* (INFORM) Menü *nt;* **menu-driven** ['menjuː,drɪvn] *adj* (INFORM) menügesteuert

mer·cen·ary ['mɜːsɪnərɪ] **I.** *adj* gewinnsüchtig; geldgierig **II.** *s* Söldner *m*

mer·chan·dise ['mɜːtʃəndaɪz] *s* Ware(n *pl*) *f*

mer·chant ['mɜːtʃənt] *s* **1.** (Groß)Kaufmann *m* **2.** (*sl*) auf etw versessener Kerl; **wine ~** Weinhändler(in) *m(f);* **merchant bank** *s* Handelsbank *f;* **mer·chant·man** ['mɜːtʃəntmən] <*pl* -men> *s* Handelsschiff *nt;* **merchant navy** *s* Handelsmarine *f;* **merchant ship** *s* Handelsschiff *nt*

mer·ci·ful ['mɜːsɪfl] *adj* gnädig; **mer·ci·less** ['mɜːsɪlɪs] *adj* unbarmherzig, erbarmungs-, mitleidlos (*to* gegen)

mer·cur·ial [mɜː'kjʊərɪəl] *adj* **1.** quecksilberhaltig **2.** (*fig*) lebhaft, lebendig, sprunghaft; **mer·cury** ['mɜːkjʊrɪ] *s* Quecksilber *nt*

Mer·cury ['mɜːkjʊrɪ] *s* Merkur *m*

mercy ['mɜːsɪ] *s* **1.** Gnade *f,* Erbarmen *nt;* Barmherzigkeit *f* **2.** Wohltat *f,* Segen *m,* Glück *nt;* **be at the ~ of s.o.** jdm ausgeliefert sein; **at the ~ of the elements** dem Spiel der Elemente preisgegeben; **beg for ~** um Gnade bitten; **show s.o. ~** Erbarmen mit jdm haben; **without ~** erbarmungs-, mitleidlos

mere [mɪə(r)] *adj* bloß, nichts als; rein; **she's a ~ child** sie ist bloß ein Kind; **a ~ trifle** bloß eine Lappalie; **mere·ly** ['mɪəlɪ] *adv* bloß, nur, lediglich

merge [mɜːdʒ] **I.** *vi* **1.** ineinander übergehen; verschmelzen (*in* mit) **2.** (*Straßen*) ineinander einmünden **3.** (COM) fusionieren; **~ into s.th.** in etw übergehen **II.** *vt* **1.** miteinander verbinden; ineinander übergehen lassen (*into* mit) **2.** (COM) zusammenschließen, fusionieren; **they were ~d with …** sie haben mit … fusioniert; **merger** ['mɜːdʒə(r)] *s* (COM) Fusion *f*

mer·id·ian [mə'rɪdɪən] *s* **1.** (GEOG ASTR) Meridian *m* **2.** (*fig*) Höhepunkt *m*

me·ringue [mə'ræŋ] *s* Meringe *f,* Baiser *nt*

merit ['merɪt] **I.** *s* **1.** Verdienst *nt,* Leistung *f* **2.** Vorzug *m;* **judged on ~** nach Leistung beurteilt; **on the ~s of the case** nach Lage der Dinge; **inquire into the ~s of s.th.** etw auf seine Vorzüge untersuchen **II.** *vt* verdienen, wert sein; **meri·toc·racy** [ˌmerɪ'tɒkrəsɪ] *s* Leistungsgesellschaft *f*

mer·maid ['mɜːmeɪd] *s* Nixe, Meerjungfrau *f;* **mer·man** ['mɜːmən] <*pl* -men> *s* Wassermann, Triton *m*

mer·ri·ment ['merɪmənt] *s* Fröhlichkeit, Ausgelassenheit *f;* **merry** ['merɪ] *adj* **1.** ausgelassen, fröhlich **2.** vergnügt, heiter **3.** (*fam*) beschwipst; **make ~** ausgelassen, vergnügt sein; **~ England** das gute alte England; **Merry Christmas!** Fröhliche Weihnachten!

merry-go·round ['merɪgəʊˌraʊnd] *s* Karussell *nt*

mesh [meʃ] **I.** *s* **1.** Masche *f* **2. ~es** Netz(werk) *nt;* Maschendraht *m* **3. ~es** (*fig*) Schlingen *fpl,* Falle *f* **4.** (TECH) Ineinandergreifen *nt* der Zahnräder; **in ~** (TECH) im Eingriff; **entangle s.o. in one's ~es** jdn umgarnen **II.** *vi* **1.** (TECH) eingreifen **2.** (*fig*) sich vereinen lassen

mes·meric [mez'merɪk] *adj* hypnotisch; **mes·mer·ism** ['mezmərɪzəm] *s* hypnotische Wirkung; **mes·mer·ize** ['mezməraɪz] *vt* hypnotisieren; faszinieren

meso·morph *s* mesomorph, athletisch

me·son ['miːsən] *s* (PHYS) Meson *nt*

mess[1] [mes] **I.** *s* **1.** Unordnung *f,* Durcheinander *nt* **2.** Schmutz, Dreck *m* **3.** schwierige Lage, Schlamassel *m;* **be in a ~** unordentlich sein; ein Durcheinander sein; **be a ~** chaotisch sein, ein Chaot/eine Chaotin sein; **make a ~ of** verpfuschen; durcheinander bringen; **that's a fine ~** das ist eine schöne Bescherung! **II.** *vt* **1.** (*~ about*) herumpfuschen an; durcheinander bringen; an der Nase herumführen **2.** (*~ up*) durcheinander, in Unordnung bringen; kaputtmachen; verpfuschen **III.** *vi* (*~ about, around*) herumalbern, -gammeln, -pfuschen, -basteln, -hantieren

mess[2] [mes] **I.** *s* (MIL) Kasino *nt* **II.** *vi* das Essen einnehmen

mes·sage ['mesɪdʒ] *s* **1.** Mitteilung, Nachricht, Benachrichtigung *f;* Funkspruch *m* **2.** (*moralisch*) Botschaft *f;* **take a ~ to s.o.** jdm eine Nachricht überbringen; **send a ~ to s.o.** jdn benachrichtigen; **get the ~** (*sl*) kapieren

mes·sen·ger ['mesɪndʒə(r)] *s* **1.** Bote *m,* Botin *f* **2.** (MIL) Kurier *m;* **~ boy** Laufbursche *m*

Mes·si·ah [mɪ'saɪə] *s* (der) Messias

mess-up ['mesʌp] *s* Durcheinander *nt;* **messy** ['mesɪ] *adj* **1.** unordentlich **2.** schmutzig, dreckig

met [met] *s.* **meet**

meta·bolic [ˌmetə'bɒlɪk] *adj* (BIOL) Stoffwechsel-; metabolisch; **me·tab·olism** [mɪ'tæbəlɪzəm] *s* (BIOL) Stoffwechsel, Metabolismus *m*

me·tal ['metl] **I.** *s* **1.** Metall *nt* **2.** Asphalt *m* **3. ~s** Schienen *fpl* **II.** *vt* asphaltieren; **me·tal·lic** [mɪ'tælɪk] *adj* metallisch; **me·tal·lurgy** [mɪ'tælədʒɪ] *s* Metallurgie *f;* **metal·work** *s* Metall *nt;* **metal·worker** *s* Metallarbeiter(in) *m(f)*

meta·mor·pho·sis [ˌmetə'mɔːfəsɪs, *pl* -siːz] <*pl* -ses> *s* Metamorphose *f*

meta·phor ['metəfə(r)] *s* Metapher *f;* **meta·phori·cal** [ˌmetə'fɒrɪkl] *adj* metaphorisch

meta·phys·ical [ˌmetə'fɪzɪkl] *adj* metaphysisch; **meta·phys·ics** [ˌmetə'fɪzɪks] *s pl mit sing* Metaphysik *f*

me·tas·ta·sis [mɪ'tæstəsɪs, *pl* mɪ'tæstəsiːz] <*pl* -ses> *s* Metastasenbildung *f*

mete [miːt] *vt:* **~ out** zuteil werden lassen (*to s.o.* jdm)

me·teor ['miːtɪə(r)] *s* Meteor *m;* **me·teoric** [ˌmiːtɪ'ɒrɪk] *adj* **1.** meteorisch **2.** (*fig*) kometenhaft; **me·teor·ite** ['miːtɪəraɪt] *s* Meteorit *m*

me·teoro·logi·cal [ˌmiːtɪərə'lɒdʒɪkl] *adj* meteorologisch; **~ office** Wetteramt *nt;* **me·teor·ol·ogist** [ˌmiːtɪə'rɒlədʒɪst] *s* Meteorologe *m,* Meteorologin *f;* **me·teor·ol·ogy** [ˌmiːtɪə'rɒlədʒɪ] *s* Meteorologie *f*

me·ter[1] ['mi:tə(r)] **I.** *s* Zähler *m;* **gas-~** Gasuhr *f;* **parking-~** Parkuhr *f;* **exposure-~** Belichtungsmesser *m* **II.** *vt* messen
me·ter[2] ['mi:tə(r)] *s* (*Am*) Meter *m/nt*
metha·done ['meθədəʊn] *s* (*Arznei*) Methadon *nt*
meth·ane ['mi:θeɪn] *s* (CHEM) Methan *nt*
method ['meθəd] *s* **1.** Methode *f,* Verfahren(sweise *f*) *nt,* Prozess *m* **2.** (*Essen*) Zubereitung *f;* **~ of calculation** Berechnungsart *f;* **there's ~ in his madness** sein Wahnsinn hat Methode; **methodi·cal** [mɪ'θɒdɪkl] *adj* methodisch; **method·ol·ogy** [ˌmeθə'dɒlədʒɪ] *s* Methodik *f*
Me·thuse·lah [mɪ'θju:zələ] *s* Methusalem *m;* **as old as ~** so alt wie Methusalem
methyl al·co·hol ['meθɪl'ælkəhɒl] *s* (CHEM) Methylalkohol *m;* **methyl·ated spirits** ['meθɪleɪtɪdˌspɪrɪts] *s pl mit sing* Brennspiritus *m*
me·ticu·lous [mɪ'tɪkjʊləs] *adj* peinlich genau, (äußerst) gewissenhaft
metre ['mi:tə(r)] *s* **1.** Meter *m* **2.** (*poet*) Versmaß *nt;* **met·ric** ['metrɪk] *adj* metrisch; **the ~ system** das metrische Maßsystem; das Dezimalsystem; **metri·cal** ['metrɪkl] *adj* (*poet*) metrisch
met·ro·nome ['metrənəʊm] *s* Metronom *nt*
me·trop·olis [mə'trɒpəlɪs] *s* Metropole *f;* Hauptstadt *f*
metro·poli·tan [ˌmetrə'pɒlɪtən] **I.** *adj* **1.** weltstädtisch, weltoffen **2.** der Hauptstadt **3.** erzbischöflich **II.** *s* **1.** Weltbürger(in) *m(f),* Großstädter(in) *m(f)* **2.** (*orthodoxe Kirche*) Metropolit *m*
mettle ['metl] *s* **1.** Courage *f,* Stehvermögen *nt* **2.** (*Temperament*) Feuer *nt;* **put s.o. on his ~** jdn fordern; **a man of ~** ein Mann von echtem Schrot und Korn; **be on one's ~** auf dem Posten sein; **mettle·some** [-səm] *adj* couragiert; feurig
mew [mju:] *vi* miauen
Mexi·can ['meksɪkən] **I.** *adj* mexikanisch **II.** *s* Mexikaner(in) *m(f);* **Mexi·co** ['meksɪkəʊ] *s* Mexiko *nt*
mi·aow [mi:'aʊ] *vi* miauen
mica ['maɪkə] *s* (MIN) Glimmer *m*
mice [maɪs] *s pl von* **mouse**
Michael·mas ['mɪklməs] *s* (*~ Day*) Michaelis(tag *m*) *nt* (*29. Sept.*)
mickey ['mɪkɪ] *s:* **take the ~ out of s.o.** (*sl*) jdn auf den Arm nehmen
mi·crobe ['maɪkrəʊb] *s* Mikrobe *f*
micro·brew ['maɪkrə(ʊ)bru:] *s* Bier *nt* aus einer kleinen Brauerei
micro·bi·ol·ogy [ˌmaɪkrəʊbaɪ'ɒlədʒɪ] *s* Mikrobiologie *f;* **micro·chip** ['maikrəʊˌtʃɪp] *s* Mikrochip *m;* **micro climate** *s* (METE) Mikroklima *nt;* **micro·computer** ['maikrəʊkəm'pju:tə(r)] *s* Mikrocomputer; **micro·cosm** ['maɪkrəʊkɒzəm] *s* Mikrokosmos *m;* **micro·cred·it** ['maɪkrə(ʊ)ˌkredɪt] *s* (FIN) Mikrokredit *m,* Kleinkredit *m;* **mic·ro·elec·tron·ics** [ˌmaɪkrəʊɪlek'trɒnɪks] *s pl mit sing* Mikroelektronik *f;* **micro·fiche** ['maɪkrəʊfi:ʃ] *s* Mikrofilmblatt *nt,* -fiche *m;* **micro·film** ['maɪkrəʊfɪlm] **I.** *s* Mikrofilm *m* **II.** *vt* auf Mikrofilm aufnehmen; **micro·loan** ['maɪkrə(ʊ)ləʊn] *s* (FIN) Mikrokredit *m,* Kleinkredit *m;* **mi·crom·eter** [maɪ'krɒmɪtə(r)] *s* Mikrometer *nt*
mi·cron ['maɪkrɒn] *s* Mikron, My *nt*
micro·or·gan·ism [ˌmaɪkrəʊ'ɔ:gənɪzəm] *s* Mikroorganismus *m*
micro·phone ['maɪkrəfəʊn] *s* Mikrofon *nt*
micro·pro·cess *vt:* **~ s.th.** etw mit dem Computer entwerfen; **micro·pro·cess·or** [ˌmaɪkrə'prəʊsesə(r)] *s* Mikroprozessor *m*
micro·scope ['maɪkrəskəʊp] *s* Mikroskop *nt;* **micro·scopic** [ˌmaɪkrə'skɒpɪk] *adj* mikroskopisch
micro·wave ['maɪkrəʊweɪv] *s* (ELEK) Mikrowelle *f;*
microwave oven *s* Mikrowellenherd *m*
mid [mɪd] *adj* Mittel-; **in ~ morning** am Vormittag; **from ~ May to ~ June** von Mitte Mai bis Mitte Juni; **in ~ air** in der Luft; **in ~ course** mittendrin
mid·day [ˌmɪd'deɪ] **I.** *s* Mittag *m* **II.** *adj attr* mittäglich; **~ meal** Mittagsmahlzeit *f*
middle **I.** *s* **1.** Mitte *f;* mittlerer Teil; (das) Innere **2.** Taille *f;* **in the ~ of the night** mitten in der Nacht; **in the ~ of reading** gerade beim Lesen; **down the ~** in der Mitte **II.** *adj* mittlere(r, s); Mittel-; **middle age** *s* mittleres Lebensalter; **middle-aged** [ˌmɪdl'eɪdʒd] *adj* in den mittleren Jahren, mittleren Alters; **Middle Ages** *s pl* Mittelalter *nt;* **middle·brow** ['mɪdlbraʊ] **I.** *adj* Durchschnitts- **II.** *s* (geistiger) Normalverbraucher; **middle-class** [ˌmɪdl'klɑ:s] *adj* bürgerlich, spießig; **middle class** *s pl* Mittelstand *m;* **middle ear** *s* Mittelohr *nt;* **Middle East** *s* Naher Osten; **middle·man** ['mɪdlmæn] <*pl* -men> *s* **1.** Mittelsmann *m* **2.** (COM) Zwischenhändler *m;* **middle name** *s* zweiter Vorname; **middle-of-the road** *adj* gemäßigt; **middle·weight** ['mɪdlweɪt] *s* (SPORT) Mittelgewicht *nt*
mid·dling ['mɪdlɪŋ] **I.** *adj* **1.** mittlere(r, s) **2.** (mittel)mäßig, leidlich **II.** *adv* (*fam*) einigermaßen, leidlich
midge [mɪdʒ] *s* Mücke *f*
midget ['mɪdʒɪt] **I.** *s* kleiner Mensch, Liliputaner *m* **II.** *adj* winzig

M

mid·night ['mɪdnaɪt] *s* Mitternacht *f;* **at ~** um Mitternacht; **burn the ~ oil** bis tief in die Nacht arbeiten; **~ sun** Mitternachtssonne *f*

mid·point ['mɪdpɔɪnt] *s* (MATH) Mittelpunkt *m*

mid·riff ['mɪdrɪf] *s* (ANAT) Taille *f*

mid-sen·tence *s:* **in ~** (*fam*) mitten im Satz

mid·ship·man ['mɪdʃɪpmən] <*pl* -men> *s* Fähnrich *m* zur See; **mid·ships** ['mɪdʃɪps] *adv* mittschiffs

midst [mɪdst] *s* Mitte *f;* **in the ~ of** mitten in

mid·sum·mer [ˌmɪd'sʌmə(r)] *s* Hochsommer *m;* **Midsummer Day** Johannistag *m,* Sommersonnenwende *f;* **~ madness** heller Wahnsinn; **mid-term** *adj* mitten im Trimester, mitten im Schulhalbjahr; **~ elections** Zwischenwahlen *pl;* **mid·way** [ˌmɪd'weɪ] *adv* auf halbem Weg(e) (*between* zwischen)

mid·wife ['mɪdwaɪf, *pl* -waɪvz] <*pl* -wives> *s* Hebamme *f;* **mid·wifery** ['mɪdwɪfrɪ] *s* Geburtshilfe *f*

mid·winter [ˌmɪd'wɪntə(r)] *s* tiefster Winter

might[1] [maɪt]: **how old ~ she be?** wie alt sie wohl ist?; **~ I open the window?** dürfte ich wohl das Fenster öffnen?

might[2] [maɪt] *s* Macht, Stärke, Kraft *f;* **with ~ and main** mit aller Macht; **with all one's ~** mit aller Kraft; **might·ily** ['maɪtɪlɪ] *adv* gewaltig, kräftig; mit aller Macht; **mighty** ['maɪtɪ] **I.** *adj* mächtig, gewaltig **II.** *adv* sehr, riesig, gewaltig

mi·graine ['mi:greɪn] *s* Migräne *f*

mi·grant ['maɪgrənt] *s* **1.** Zugvogel *m* **2.** Wanderarbeiter(in) *m(f),* Gastarbeiter(in) *m(f),* Saisonarbeiter(in) *m(f);* **mi·grate** [maɪ'greɪt] *vi* **1.** abwandern **2.** (*Vögel*) nach Süden ziehen; **mi·gration** [maɪ'greɪʃn] *s* **1.** (Aus-, Ab)Wanderung *f* **2.** (Vogel)Zug *m;* **mi·gra·tory** ['maɪgrətrɪ] *adj* umherziehend, nomadisch; **~ bird** Zugvogel *m;* **~ worker** Wanderarbeiter(in) *m(f)*

mike [maɪk] *s* (*fam*) Mikrofon *nt;* **miked** [maɪkt] *adj* (*fam*) mit einem Mikro ausgestattet

mild [maɪld] *adj* **1.** (*Charakter*) mild, sanft **2.** (*Geschmack*) leicht, schwach **3.** (*Klima*) mild **4.** (*Tadel*) leicht; **~ (ale)** leichtes dunkles Bier

mil·dew ['mɪldju:] **I.** *s* **1.** (BOT) Mehltau *m* **2.** Schimmel *m* **II.** *vi* verschimmeln

mild·ly ['maɪdlɪ] *adv* leicht; milde; **to put it ~** gelinde gesagt; **mild·ness** ['maɪldnɪs] *s* Milde *f;* Sanftmut *f*

mile [maɪl] *s* Meile *f* (*1,61 km*); **nautical ~** Seemeile *f* (*1,852 km*); **~s and ~s** meilenweit; **a 30 ~ journey** eine Fahrt von 30 Meilen; **feel ~s better** sich erheblich besser fühlen; **walk for ~s** meilenweit gehen; **mile·age** ['maɪlɪdʒ] *s* **1.** Entfernung *f,* zurückgelegte Strecke **2.** (*~ allowance*) Kilometergeld *nt;* **mile-om·eter** [maɪ'lɒmɪtə(r)] *s* Meilen-, Kilometerzähler *m;* **mile·post** ['maɪlpəʊst] *s* Wegweiser *m* mit Entfernungsangabe; **mile·stone** ['maɪlstəʊn] *s* (*a. fig*) Meilenstein *m*

mili·tant ['mɪlɪtənt] **I.** *adj* militant **II.** *s* militantes Mitglied

mili·tar·ism ['mɪlɪtərɪzəm] *s* Militarismus *m;* **mili·tar·ist** ['mɪlɪtərɪst] *s* Militarist(in) *m(f);* **mili·tar·istic** [ˌmɪlɪtə'rɪstɪk] *adj* militaristisch; **mili·tar·ize** ['mɪlɪtəraɪz] *vt* militarisieren; **mili·tary** ['mɪlɪtrɪ] **I.** *adj* militärisch; **~ academy** Militärakademie *f;* **~ police** Militärpolizei *f;* **~ service** Militär-, Wehrdienst *m* **II.** *s:* **the ~** das Militär

mil·itia [mɪ'lɪʃə] *s* Miliz, Bürgerwehr *f*

milk [mɪlk] **I.** *s* (*a.* BOT) Milch *f;* **no use crying over spilt ~** man soll Verlorenem nicht nachtrauern **II.** *vt* melken **III.** *vi* Milch geben; **milk·bar** ['mɪlkbɑ:(r)] *s* Milchbar *f;* **milk chocolate** *s* Milchschokolade *f;* **milk float** *s* Milchwagen *m;* **milk·ing ma·chine** ['mɪlkɪŋməʃi:n] *s* Melkmaschine *f;* **milk·maid** ['mɪlkmeɪd] *s* Milchmädchen *nt;* **milk·man** ['mɪlkmən] <*pl* -men> *s* Milchmann *m;* **milk powder** *s* Milchpulver *nt;* **milk-shake** ['mɪlkʃeɪk] *s* Milchshake *m;* **milk·sop** ['mɪlksɒp] *s* Milchgesicht *nt;* Muttersöhnchen *nt;* **milk tooth** ['mɪlktu:θ] <*pl* -teeth> *s* Milchzahn *m;* **milky** ['mɪlkɪ] *adj* (*a.* BOT) milchig; **the Milky Way** (ASTR) die Milchstraße

mill [mɪl] **I.** *s* **1.** Mühle *f* **2.** (*Textil*) Fabrik *f* **3.** (*spinning ~*) Spinnerei *f;* Weberei *f* **4.** (*rolling ~*) Walzwerk *nt;* **go through the ~** eine harte Schule durchmachen; **put s.o. through the ~** jdn durch eine harte Schule schicken; **coffee-~** Kaffeemühle *f;* **paper-~** Papierfabrik *f;* **pepper-~** Pfeffermühle *f;* **saw-~** Sägemühle *f,* Sägewerk *nt;* **water-/wind-~** Wasser-/Windmühle *f* **II.** *vt* **1.** (*Korn, Kaffee*) mahlen **2.** (TECH) walzen; fräsen **III.** *vi* (*~ about, around*) ziellos herumlaufen

mil·len·ni·um [mɪ'lenɪəm, *pl* mɪ'lenɪə] <*pl* -nia> *s* Jahrtausend *nt,* Millennium *nt*

mil·le·pede ['mɪlɪpi:d] *s* Tausendfüßler *m*

mil·ler ['mɪlə(r)] *s* Müller *m*

mil·let ['mɪlət] *s* Hirse *f*

mil·li·ard ['mɪlɪɑ:d] *s* (*Br obs*) Milliarde *f*

mil·li·bar ['mɪlɪbɑ:(r)] *s* (METE) Millibar *nt;*

mil·li·gram(me) ['mɪlɪgræm] *s* Milligramm *nt*
mil·liner ['mɪlɪnə(r)] *s* Hut-, Putzmacherin, Modistin *f;* **mil·linery** [-ɪ] *s* Modewaren *pl*
mil·lion ['mɪlɪən] *s* Million *f;* **two ~ people** zwei Millionen Menschen; **mil·lion·aire** [ˌmɪlɪə'neə(r)] *s* Millionär(in) *m(f)*
mill·pond ['mɪlpɒnd] *s* Mühlteich *m;* **mill·race** *s* Mühlbach *m;* **mill·stone** ['mɪlstəʊn] *s* Mühlstein *m;* **be a ~ round s.o.'s neck** für jdn ein Klotz am Bein sein; **mill·wheel** ['mɪlwiːl] *s* Mühlrad *nt*
milt [mɪlt] *s* (*Fisch*) Milch *f*
mime [maɪm] **I.** *s* **1.** (THEAT) Pantomime *f* **2.** Pantomime *m* **II.** *vt* pantomimisch darstellen
mimic ['mɪmɪk] **I.** *s* Imitator *m* **II.** *vt* nachahmen, nachmachen; kopieren; **mimicry** ['mɪmɪkrɪ] *s* Nachahmung *f;* (BIOL) Mimikry *f*
mim·osa [mɪ'məʊzə] *s* Mimose *f*
min·aret [ˌmɪnə'ret] *s* Minarett *nt*
mince [mɪns] **I.** *vt* (*Fleisch*) (zer)hacken, zerkleinern; **not to ~ matters** [*o* **one's words**] kein Blatt vor den Mund nehmen **II.** *vi* (*fig*) affektiert sprechen **III.** *s* (*Br*) Hackfleisch *nt;* **~meat** Pasteten-, Gebäckfüllung *f;* **make ~meat of s.o.** jdn zur Schnecke machen; **make ~meat of s.th.** keinen guten Faden an etw lassen; **mince pie** *s* gefüllte (süße) Pastete; **mincer** ['mɪnsə(r)] *s* Fleischwolf *m;* **minc·ing** ['mɪnsɪŋ] *adj* geziert, affektiert
mind [maɪnd] **I.** *s* **1.** Geist, Verstand *m* **2.** (*Mensch*) Geist, Kopf *m* **3.** Denkweise *f* **4.** Gedanken *mpl* **5.** Gedächtnis *nt* **6.** Absicht *f,* Wille, Wunsch *m,* Neigung *f* **7.** Meinung, Ansicht *f;* **in my ~'s eye** vor meinem geistigen Auge; **it's all in the ~** das ist alles Einbildung; **have a good ~** ein heller Kopf sein; **to my ~** meiner Meinung nach; **be in two ~s** nicht wissen, was man will; **be of one ~** ein Herz und eine Seele sein; **be of s.o.'s ~** jds Ansicht sein; **be of the same ~** derselben Meinung sein; **be out of one's ~** den Verstand verloren haben; von Sinnen sein; **bear** [*o* **keep**] **in ~** nicht, vergessen; **change one's ~** seine Meinung ändern; **give s.o. a piece** [*o* **a bit**] **of one's ~** jdm (gründlich) die Meinung sagen; **go** [*o* **pass**] **out of s.o.'s ~** bei jdm in Vergessenheit geraten; **have in ~ to do s.th.** vorhaben etw zu tun; **have half a ~ to do s.th.** Lust haben etw zu tun; **keep one's ~ on** achten, aufpassen auf; **know one's own ~** wissen, was man will; **make up one's ~** zu einem Entschluss kommen; **put s.o. in ~ of s.th.** jdn an etw erinnern; **set one's ~ on s.th.** sich etw in den Kopf setzen; **speak one's ~** offen seine Meinung sagen; **take one's ~ off** nicht mehr denken an, sich nicht mehr kümmern um; **that'll take your ~ off things** das wird Sie auf andere Gedanken bringen **II.** *vt* **1.** achten, aufpassen auf **2.** sich kümmern um; etw haben gegen; **~ what you're doing!** pass doch auf!; **~ your temper** nimm dich zusammen; **~ the step!** Vorsicht Stufe!; **~ the dog!** Warnung vor dem Hund!; **~ your own business!** kümmern Sie sich um Ihre (eigenen) Angelegenheiten!; **... if you don't ~ my asking ...** wenn ich fragen darf; **I don't ~ the cold** die Kälte macht mir nichts aus; **do you ~ my smoking?** macht es Ihnen etwas aus, wenn ich rauche?; **~ one's P's and Q's** (*fam*) sich anständig benehmen; **would you ~ opening the window?** würden Sie bitte das Fenster öffnen?; **I wouldn't ~ a glass of beer now** ich hätte jetzt Lust auf ein Glas Bier **III.** *vi* **1.** aufpassen, bei der Sache sein, sich Mühe geben **2.** sich kümmern um **3.** etwas dagegen haben; **~ you** allerdings; **do you ~?** macht es Ihnen etwas aus?; **never ~** macht nichts, ist doch egal, mach dir nichts draus; **never ~ about that now!** lass das doch jetzt
mind-bend·ing ['maɪndbendɪŋ] *adj* (*fam*) irre; **mind-blow·ing** ['maɪndbləʊɪŋ] *adj* (*fam*) irre; **mind-bogg·ling** ['maɪndbɒglɪŋ] *adj* (*fam*) irrsinnig
minded ['maɪndɪd] *adj* gesonnen, gewillt, geneigt (*to do* zu tun); **bloody-~** (*fam*) stur; **politically ~** politisch gesinnt
mind·ful ['maɪndfl] *adj:* **be ~ of s.th.** etw berücksichtigen, bedenken; **mind·less** ['maɪndlɪs] *adj* **1.** unverständig, hirnlos **2.** (*Verbrechen*) sinnlos **3.** geistlos, unbeseelt; **mind-reader** *s* Gedankenleser *m*
mine[1] [maɪn] *pron* meine(r, s); der, die, das Meine, Meinige; **~ is better** meine(r, s) ist besser; **this is ~** das gehört mir; **a friend of ~** einer meiner Freunde, ein Freund von mir
mine[2] [maɪn] **I.** *s* **1.** Bergwerk *nt,* Grube, Zeche *f* **2.** (*fig*) Quelle, Fundgrube *f* (*of* an) **3.** (MIL MAR) Mine *f;* **~ of information** Informationsquelle *f* **II.** *vi* Bergbau treiben; graben (*for* nach) **III.** *vt* **1.** (*Bodenschätze*) abbauen, schürfen; (*Kohle*) fördern **2.** (MIL) verminen; eine Mine befestigen an; **mine detector** *s* Minensuchgerät *nt;* **minefield** ['maɪnfiːld] *s* (*a. fig*) Minenfeld *nt;* **mine·layer** *s* Minenleger *m;* **miner** ['maɪnə(r)] *s* Bergmann, Kumpel *m;* **~'s lamp** Grubenlampe *f*
min·eral ['mɪnərəl] **I.** *s* Mineral *nt* **II.** *adj* mineralisch; **~ ores** Erze *ntpl;*

M

min·er·alog·ical [ˌmɪnərəˈlɒdʒɪkl] *adj* mineralogisch; **min·er·al·ogist** [ˌmɪnəˈrælədʒɪst] *s* Mineraloge *m,* Mineralogin *f;* **min·er·al·ogy** [ˌmɪnəˈrælədʒɪ] *s* Mineralogie *f*
mineral oil *s* Mineralöl *nt;* **mineral water** *s* Mineralwasser *nt*
mine·sweeper [ˈmaɪnˌswiːpə(r)] *s* Minensuchboot *nt*
mingle [ˈmɪŋgl] **I.** *vt* (ver)mischen, mengen **II.** *vi* **1.** sich (ver)mischen **2.** (*fig*) sich mischen (*among, with* unter)
mini- [ˈmɪnɪ] *PRÄF* Mini-
minia·ture [ˈmɪnɪtʃə(r)] *s* **1.** Miniatur(bild, -gemälde *nt*) *f* **2.** Miniaturausgabe *f;* **in ~** en miniature; im Kleinen, in kleinem Maßstab; **miniature camera** *s* Kleinbildkamera *f;* **miniature railway** *s* Modelleisenbahn *f*
mini·bus [ˈmɪnɪbʌs] *s* Klein-, Minibus *m;* **mini·cab** [ˈmɪnɪkæb] *s* Kleintaxi *nt*
minim [ˈmɪnɪm] *s* (MUS) halbe Note
mini·mal [ˈmɪnɪml] *adj* minimal, kleinste(r, s); **mini·mize** [ˈmɪnɪmaɪz] *vt* **1.** auf ein Minimum herabsetzen, reduzieren **2.** (*fig*) schlecht machen, herabsetzen
mini·mum [ˈmɪnɪməm] **I.** *s* Minimum *nt;* **reduce to a ~** auf ein Minimum reduzieren **II.** *adj attr* Mindest-; **~ income** Mindesteinkommen *nt;* **~ lending rate** (FIN) Eckzins, Mindestzinssatz *m;* **~ temperature** Tiefsttemperatur *f;* **~ wage** Mindestlohn *m*
min·ing [ˈmaɪnɪŋ] *s* Bergbau *m;* **open-cast ~** Tagebau *m;* **mining disaster** *s* Grubenunglück *nt;* **mining engineer** *s* Bergbauingenieur(in) *m(f);* **mining industry** *s* Bergbau *m*
min·ion [ˈmɪnɪən] *s* Speichellecker(in) *m(f)*
mini·skirt [ˈmɪnɪskɜːt] *s* Minirock *m*
min·ister [ˈmɪnɪstə(r)] **I.** *s* **1.** (POL) Minister(in) *m(f)* **2.** (REL) Pfarrer, Pastor *m* **II.** *vi:* **~ to s.o.** sich um jdn kümmern; **~ to s.o.'s needs** jds Bedürfnisse befriedigen
min·is·ter·ial [ˌmɪnɪˈstɪərɪəl] *adj* ministeriell; **~ crisis** Regierungskrise *f;* **~ post** Ministerposten *m*
min·is·tra·tion [ˌmɪnɪˈstreɪʃn] *s* Pflege, Fürsorge *f*
min·is·try [ˈmɪnɪstrɪ] *s* **1.** (POL) Ministerium *nt* **2.** Sendungsbewusstsein *nt* **3.** (REL) geistliches Amt; **enter the ~** Geistlicher werden; **Ministry of Commerce** Handelsministerium *nt;* **Ministry of the Environment** Umweltministerium *nt;* **Ministry of Finance** Finanzministerium *nt;* **Ministry of Foreign** [*o* **of Home**] **Affairs** Außen-/Innenministerium *nt*
mini·van [ˈmɪnɪvæn] *s* Minivan *m*
mink [mɪŋk] *s* (*Marderart u. Pelz*) Nerz *m*
mi·nor [ˈmaɪnə(r)] **I.** *adj* **1.** kleiner, gering(fügig)er; unbedeutend, unwichtig **2.** (*Zahl, Betrag*) niedriger **3.** (*Verletzung*) leicht **4.** (*Planet*) klein **5.** (*hinter Familiennamen*) der Jüngere **6.** (MUS) Moll; **a ~ role** eine Nebenrolle; **~ third** kleine Terz **II.** *s* **1.** (JUR) Minderjährige(r) *f m* **2.** (*Am*) Nebenfach *nt* **3.** (MUS) Moll *nt* **III.** *vi* (*Am*) im Nebenfach studieren (*in s.th.* etw);
mi·nor·ity [maɪˈnɒrətɪ] **I.** *s* **1.** Minderheit *f* **2.** (JUR) Minderjährigkeit, Unmündigkeit *f;* **be in a ~** in der Minderheit sein **II.** *adj attr* Minderheits-; **~ group** Minderheit *f*
min·strel [ˈmɪnstrəl] *s* (HIST) Spielmann, Minnesänger *m*
mint[1] [mɪnt] **I.** *s* Münzanstalt *f;* **in ~ condition** in tadellosem Zustand; **earn a ~ of money** (*fam*) ein Heidengeld verdienen **II.** *vt* (*Geld*) prägen, münzen
mint[2] [mɪnt] *s* **1.** Minze *f* **2.** (*fam*) Pfefferminzbonbon *nt od m*
minus [ˈmaɪnəs] **I.** *prep* **1.** weniger, minus **2.** (*fam*) ohne **II.** *adj* negativ; Minus- **III.** *s* (*~ sign*) Minuszeichen *nt*
min·us·cule [ˈmɪnəskjuːl] *adj* winzig
min·ute[1] [ˈmɪnɪt] **I.** *s* **1.** Minute *f* **2.** Augenblick *m* **3.** Note, Denkschrift *f* **4. ~s** Protokoll *nt,* Niederschrift *f;* **at this very ~** gerade jetzt; **in a ~** sofort; **any ~** jeden Augenblick; **at the last ~** in letzter Minute; **to the ~** genau, pünktlich; **take the ~s** das Protokoll führen **II.** *vt* protokollieren
mi·nute[2] [maɪˈnjuːt] *adj* **1.** winzig **2.** minuziös, ganz genau
min·ute hand [ˈmɪnɪthænd] *s* Minutenzeiger *m*
mi·nute·ly [maɪˈnjuːtlɪ] *adv* **1.** ganz geringfügig **2.** genauestens
mi·nu·tiae [maɪˈnjuːʃɪiː] *s pl* genaue Einzelheiten *fpl*
minx [mɪŋks] *s* freches Ding
mir·acle [ˈmɪrəkl] *s* Wunder *nt;* **work ~s** Wunder wirken; **by a ~** wie durch ein Wunder; **miracle play** *s* Mirakelspiel *nt,* geistliches Drama; **mir·acu·lous** [mɪˈrækjʊləs] *adj* wunderbar, übernatürlich
mi·rage [ˈmɪrɑːʒ] *s* **1.** Luftspiegelung, Fata Morgana *f* **2.** (*fig*) Illusion *f*
mire [ˈmaɪə(r)] *s* Schlamm, Morast *m;* **drag s.o. through the ~** (*fig fam*) jdn durch den Dreck ziehen
mir·ror [ˈmɪrə(r)] **I.** *s* **1.** Spiegel *m* **2.** (*fig*) Spiegelbild *nt* **II.** *vt* (wider)spiegeln; **mirror image** *s* Spiegelbild *nt*
mirth [mɜːθ] *s* Freude *f;* Heiterkeit *f;* **mirth·ful** [ˈmɜːθfl] *adj* fröhlich, heiter; **mirth·less** [-lɪs] *adj* freudlos
mis·ad·ven·ture [ˌmɪsədˈventʃə(r)] *s* Miss-

geschick *nt,* Unfall *m;* **death by ~** Tod *m* durch Unfall

mis·al·liance [ˌmɪsəˈlaɪəns] *s* Missheirat *f*

mis·an·thrope [ˈmɪsnθrəʊp] *s* Misanthrop, Menschenfeind *m;* **mis·an·thropic** [ˌmɪsnˈθrɒpɪk] *adj* menschenfeindlich; **mis·an·thropy** [mɪsˈænθrəpɪ] *s* Menschenfeindlichkeit *f*

mis·apply [ˌmɪsəˈplaɪ] *vt* **1.** falsch anwenden **2.** (*Gelder*) missbrauchen

mis·ap·pre·hend [ˌmɪsæprɪˈhend] *vt* missverstehen; **mis·ap·pre·hen·sion** [ˌmɪsæprɪˈhenʃn] *s* Missverständnis *nt;* **be under the ~ that ...** irrtümlich annehmen, dass ...

mis·ap·pro·pri·ate [ˌmɪsəˈprəʊprɪeɪt] *vt* **1.** entwenden **2.** (*Geld*) veruntreuen, unterschlagen; **mis·ap·pro·pri·ation** [ˌmɪsəˌprəʊprɪˈeɪʃn] *s* **1.** Entwendung *f* **2.** (*Geld*) Veruntreuung, Unterschlagung *f*

mis·be·have [ˌmɪsbɪˈheɪv] *vi* sich schlecht, ungebührlich benehmen; **mis·be·hav·ior** *s* (*Am*), **mis·be·hav·iour** [ˌmɪsbɪˈheɪvɪə(r)] *s* schlechtes Benehmen

mis·cal·cu·late [ˌmɪsˈkælkjʊleɪt] **I.** *vt* falsch (be)rechnen **II.** *vi* sich verrechnen; **mis·cal·cu·la·tion** [ˌmɪsˌkælkjʊˈleɪʃn] *s* Rechen-, Kalkulationsfehler *m*

mis·car·riage [ˌmɪsˈkærɪdʒ] *s* **1.** Irrtum *m* **2.** (*Post*) Fehlleitung *f* **3.** (MED) Fehlgeburt *f;* **~ of justice** Justizirrtum *m;* **mis·carry** [ˌmɪsˈkærɪ] *vi* **1.** fehlschlagen, misslingen **2.** (*Post*) fehlgeleitet werden **3.** (MED) eine Fehlgeburt haben

mis·cel·lan·eous [ˌmɪsəˈleɪnɪəs] *adj* **1.** ge-, vermischt; verschiedenerlei **2.** (*Menge*) bunt; **~** Verschiedenes; **mis·cel·lany** [mɪˈselənɪ] *s* **1.** Gemisch *nt;* Vielfalt *f* **2.** *oft pl* vermischte Schriften *fpl*

mis·chance [ˌmɪsˈtʃɑːns] *s* unglücklicher Zufall; **by ~** unglücklicherweise

mis·chief [ˈmɪstʃɪf] *s* **1.** Unheil *nt,* Schaden, Nachteil *m* **2.** Bosheit, Ungezogenheit *f,* Übermut *m* **3.** Schlawiner *m* **4.** Schalk *m,* Verschmitztheit *f;* **do s.o. a ~** jdm schaden; **make ~** Unfrieden stiften; **make ~ for s.o.** jdm Unannehmlichkeiten bereiten; **he's up to some ~** er führt etwas im Schilde; **~-maker** Unruhestifter(in) *m(f);* **~-making** Unruhestiftung *f;* **mis·chiev·ous** [ˈmɪstʃɪvəs] *adj* **1.** bösartig; boshaft; schädlich **2.** schelmisch, verschmitzt

mis·con·ceive [ˌmɪskənˈsiːv] *vt* falsch auffassen, missverstehen; **mis·con·cep·tion** [ˌmɪskənˈsepʃn] *s* falsche Annahme, Missverständnis *nt*

mis·con·duct [ˌmɪskənˈdʌkt] **I.** *vt* schlecht führen **II.** *vr* sich schlecht benehmen **III.** [ˌmɪsˈkɒndʌkt] *s* **1.** schlechtes Benehmen; Berufsvergehen *nt* **2.** Fehltritt *m* **3.** schlechte Verwaltung

mis·con·struc·tion [ˌmɪskənˈstrʌkʃn] *s* falsche Auslegung; Missdeutung *f;* **mis·con·strue** [ˌmɪskənˈstruː] *vt* falsch auslegen; missdeuten; missverstehen

mis·count [ˌmɪsˈkaʊnt] **I.** *vt* falsch zählen **II.** *vi* sich verrechnen, sich verzählen **III.** *s* Rechenfehler *m*

mis·deal [ˌmɪsˈdiːl] **I.** *vt* (*Karten*) falsch geben **II.** *vi* sich vergeben

mis·deed [ˌmɪsˈdiːd] *s* Missetat *f*

mis·de·meanor *s* (*Am*), **mis·de·mean·our** [ˌmɪsdɪˈmiːnə(r)] *s* Übertretung *f,* Vergehen *nt*

mis·di·rect [ˌmɪsdɪˈrekt] *vt* **1.** (*Brief*) falsch adressieren **2.** (*Energie*) falsch einsetzen, vergeuden **3.** (*Person*) irreleiten, -führen

mi·ser [ˈmaɪzə(r)] *s* Geizhals *m*

mis·er·able [ˈmɪzrəbl] *adj* **1.** trist; unglücklich **2.** (*Schmerzen*) fürchterlich **3.** (*Existenz*) erbärmlich, schauderhaft, miserabel **4.** jämmerlich; **make life ~ for s.o.** jdm das Leben sauer machen; **mis·er·ably** [ˈmɪzrəblɪ] *adv* **1.** unglücklich **2.** grässlich, fürchterlich; erbärmlich **3.** miserabel

miser·ly [ˈmaɪzəlɪ] *adj* geizig, knickerig, filzig

mis·ery [ˈmɪzərɪ] *s* **1.** Kummer *m,* Trauer *f* **2.** Qualen *fpl,* Elend *nt* **3.** (*fam*) Jammerlappen *m;* **put an animal out of its ~** ein Tier von seinen Qualen erlösen; **a life of ~** ein erbärmliches Leben

mis·fire [ˌmɪsˈfaɪə(r)] *vi* **1.** (*Feuerwaffe*) versagen **2.** (*fig*) fehlschlagen; danebengehen **3.** (AUTO) fehlzünden

mis·fit [ˈmɪsfɪt] *s* **1.** schlecht sitzendes Kleidungsstück **2.** Außenseiter(in) *m(f),* Nichtangepasste(r) *f m*

mis·for·tune [ˌmɪsˈfɔːtʃuːn] *s* **1.** schweres Schicksal; Missgeschick *nt* **2.** Unglück, Pech *nt;* **companion in ~** Leidensgenosse *m,* -genossin *f;* **financial ~s** finanzielle Fehlschläge *mpl*

mis·giv·ing [ˌmɪsˈgɪvɪŋ] *s* Befürchtung *f,* Bedenken *pl*

mis·gov·ern [ˌmɪsˈgʌvn] *vt* schlecht regieren [*o* verwalten]; **mis·gov·ern·ment** [-mənt] *s* Misswirtschaft *f*

mis·guided [ˌmɪsˈgaɪdɪd] *adj* **1.** töricht **2.** (*Meinung*) irrig **3.** (*Freude*) unangebracht

mis·handle [ˌmisˈhændl] *vt* falsch handhaben

mis·hap [ˈmɪshæp] *s* Missgeschick *nt;* **a slight ~** eine (kleine) Panne; **without ~** ohne Zwischenfälle

mis·hear [ˌmɪsˈhɪə(r)] **I.** *vt* falsch hören **II.**

M

vi sich verhören
mis·hit ['mɪshɪt] *s* Fehlschlag *m*
mish·mash ['mɪʃmæʃ] *s* Mischmasch *m*
mis·in·form [ˌmɪsɪn'fɔːm] *vt* falsch informieren; falsche Auskunft geben (*s.o.* jdm)
mis·in·ter·pret [ˌmɪsɪn'tɜːprɪt] *vt* falsch auslegen; missdeuten; **mis·in·ter·pre·ta·tion** [ˌmɪsɪntɜːprɪ'teɪʃn] *s* falsche Auslegung, Missdeutung *f*
mis·judge [ˌmɪs'dʒʌdʒ] *vt* falsch beurteilen, falsch einschätzen, sich verschätzen in
mis·lay [ˌmɪs'leɪ] *irr vt s.* **lay** verlegen
mis·lead [ˌmɪs'liːd] *irr vt* **1.** irreführen **2.** verleiten (*into doing s.th.* etw zu tun); **don't be misled by appearances** lassen Sie sich nicht durch Äußerlichkeiten täuschen; **mis·lead·ing** [-ɪŋ] *adj* irreführend
mis·man·age [ˌmɪs'mænɪdʒ] *vt* schlecht verwalten; **mis·man·age·ment** [-mənt] *s* Misswirtschaft *f*
mis·name [ˌmɪs'neɪm] *vt* falsch benennen; **mis·nomer** [ˌmɪs'nəʊmə(r)] *s* unzutreffender Name, Fehlbezeichnung *f*
mis·ogyn·ist [mɪ'sɒdʒɪnɪst] *s* Frauenfeind *m*
mis·place [ˌmɪs'pleɪs] *vt* an einen falschen Platz legen; verlegen; **be ~d** fehlplaziert, fehl am Platz(e) sein
mis·print [ˌmɪs'prɪnt] **I.** *vt* verdrucken **II.** ['mɪsprɪnt] *s* Druckfehler *m*
mis·pro·nounce [ˌmɪsprə'naʊns] *vt* falsch aussprechen; **mis·pro·nun·ci·ation** [ˌmɪsprəˌnʌnsɪ'eɪʃn] *s* falsche Aussprache
mis·read [ˌmɪs'riːd] *irr vt* **1.** falsch lesen **2.** missverstehen, -deuten
mis·rep·re·sent [ˌmɪsˌreprɪ'zent] *vt* **1.** falsch darstellen, ein falsches Bild geben von **2.** (*Tatsachen*) verdrehen; verfälschen; **mis·rep·re·sen·ta·tion** [ˌmɪsˌreprɪzen'teɪʃn] *s* **1.** falsche Darstellung **2.** Verdrehung *f;* Verfälschung *f;* **~ of facts** Vorspiegelung falscher Tatsachen
miss[1] [mɪs] *s* (junges) Mädchen; **Miss** (*Anrede*) Fräulein *nt;* **Miss India** Miss Indien
miss[2] [mɪs] **I.** *vt* **1.** (*Ziel*) verfehlen **2.** (*Gelegenheit, Zug*) verpassen; versäumen **3.** übersehen, -hören **4.** nicht verstehen **5.** vermeiden; ausweichen, aus dem Wege gehen (*s.th.* einer S) **6.** vermissen, (sehr) entbehren **7.** (*Hindernis*) noch ausweichen können **8.** (*Preis*) nicht bekommen; **~ the boat** [*o* **bus**] (*fig*) den Anschluss verpassen; **I ~ed that** das ist mir entgangen; **I ~ you** du fehlst mir; **~ doing s.th.** fast etw tun; **we narrowly ~ed having an accident** wir hätten um ein Haar einen Unfall gehabt; **we ~ him** wir vermissen ihn **II.** *vi* **1.** das Ziel verfehlen; fehlgehen **2.** keinen Erfolg haben, erfolg-, ergebnislos sein, missglücken; **you can't ~** da kann nichts schief gehen **III.** *s* **1.** Fehlschuss, -schlag *m;* Misserfolg *m,* Pleite *f,* Reinfall *m* **2.** Verlust *m;* **give s.th. a ~** sich etw schenken; **miss out I.** *vt* auslassen; übersehen **II.** *vi* zu kurz kommen; **~ out on s.th.** etw verpassen
mis·shapen [ˌmɪs'ʃeɪpən] *adj* missgebildet; (*Baum, Pflanze a.*) verwachsen; (*Kuchen etc*) missraten
mis·sile ['mɪsaɪl, *Am* 'mɪsl] *s* **1.** (Wurf)Geschoss *nt* **2.** Rakete *f;* **guided ~** ferngesteuerte Rakete; **intercontinental ballistic ~** Interkontinentalrakete *f;* **missile defence system** *s* Raketenabwehrsystem *nt*
miss·ing ['mɪsɪŋ] *adj* **1.** fehlend, vermisst **2.** (*Gegenstand*) verschwunden; fehlend; **be ~** fehlen; vermisst werden; **~ person** Vermisste(r) *f m;* **~ link** fehlendes Glied
mission ['mɪʃn] *s* **1.** Sendung, Mission *f;* Beruf *m,* Aufgabe *f* **2.** (REL) Mission *f* **3.** (POL) Mission *f;* Delegation *f;* **on a secret ~** in geheimem Auftrag; **commercial** [*o* **trade**] **~** Handelsmission *f*
mission·ary ['mɪʃənrɪ] *s* Missionar(in) *m(f);* **mission control** *s* (*Raumfahrt*) Kontrollzentrum *nt*
mis·spell [ˌmɪs'spel] *irr vt s.* **spell** falsch schreiben; **mis·spell·ing** [-ɪŋ] *s* falsche Schreibung
mis·spent [ˌmɪs'spent] *adj* vergeudet, verschwendet
mis·state [ˌmɪs'steɪt] *vt* falsch angeben
mis·sus, **mis·sis** ['mɪsɪz] *s* (*fam*) bessere Hälfte; **how's the ~?** wie geht es Ihrer Frau?
mist [mɪst] **I.** *s* **1.** Nebel *m;* Dunst *m* **2.** (*fig*) Nebel, Schleier *m* **3.** (*Glas*) Beschlag *m;* **it is lost in the ~s of time** das liegt im Dunkel der Vergangenheit **II.** *vt* (**~** *over*) beschlagen **III.** *vi* (**~** *up, over*) sich trüben; sich beschlagen
mis·tak·able [mɪ'steɪkəbl] *adj* leicht zu verwechseln; **mis·take** [mɪ'steɪk] <*irr:* **mistook, mistaken**> **I.** *vt* **1.** missverstehen, verkennen; falsch auffassen **2.** verwechseln (*for* mit); **~ s.o.'s meaning** jdn falsch verstehen; **there's no mistaking her writing** ihre Schrift ist unverkennbar; **be ~n** sich irren **II.** *s* **1.** Fehler *m;* Versehen *nt;* Missgriff *m* **2.** Irrtum *m,* Missverständnis *nt;* **by ~** irrtümlich, versehentlich, aus Versehen; **make a ~** einen Fehler machen; sich irren; **and no ~!** (*fam*) da kannst du Gift drauf nehmen!; **there's no ~ about it!** Irrtum ausgeschlossen!;
mis·taken [mɪ'steɪkən] **I.** *vt s.* **mistake** **II.** *adj* irrig, irrtümlich, versehentlich; falsch; **be ~ about** [*o* **in**] **s.th.** sich in einer

S täuschen; ~ **idea** falsche Vorstellung; **a case of ~ identity** eine Verwechslung

mis·ter ['mɪstə(r)] *s* **1.** Herr *m* **2.** (*nicht übersetzt*): **listen to me, ~** hören Sie mal zu

mis·time [ˌmɪs'taɪm] *vt* **1.** einen ungünstigen Zeitpunkt wählen für **2.** (*Rennen*) falsch stoppen; (*Ball*) schlecht timen

mistle·toe ['mɪsltəʊ] *s* Mistel *f;* Mistelzweig *m*

mis·took [mɪ'stʊk] *vt s.* **mistake**

mis·trans·late [ˌmɪstrænz'leɪt] *vt* falsch übersetzen

mis·treat [ˌmɪs'tri:t] *vt* schlecht behandeln

mis·tress ['mɪstrɪs] *s* **1.** Herrin *f,* Hausherrin *f* **2.** Lehrerin *f* **3.** Geliebte *f*

mis·trial [ˌmɪs'traɪəl] *s* (JUR) fehlerhaftes (Gerichts)Verfahren

mis·trust [ˌmɪs'trʌst] **I.** *vt* misstrauen (*s.o., s.th.* jdm, einer S) **II.** *s* Misstrauen *nt* (*of* gegen); **mis·trust·ful** [ˌmɪs'trʌstfl] *adj* misstrauisch (*of* gegen)

misty ['mɪstɪ] *adj* **1.** neblig; dunstig **2.** (*fig*) verschwommen; unklar **3.** (*Glas*) beschlagen; trübe

mis·un·der·stand [ˌmɪsˌʌndə'stænd] *irr vt s.* **understand** missverstehen, falsch verstehen; **mis·un·der·stand·ing** [-ɪŋ] *s* **1.** Missverständnis *nt* **2.** Meinungsverschiedenheit *f*

mis·use [ˌmɪs'ju:z] **I.** *vt* **1.** falsch anwenden; missbrauchen **2.** zweckentfremden **II.** [ˌmɪs'ju:s] *s* **1.** Missbrauch *m;* missbräuchliche Verwendung **2.** Zweckentfremdung *f;* ~ **of authority** Amtsmissbrauch *m*

mite[1] [maɪt] *s* **1.** Scherflein *nt* **2.** (*fig*) bisschen *nt* **3.** Würmchen *nt;* **contribute one's ~ to s.th.** sein Scherflein zu etw beitragen

mite[2] [maɪt] *s* (*winziges Spinnentier*) Milbe *f*

miti·gate ['mɪtɪgeɪt] *vt* **1.** mildern **2.** (*Schmerzen*) lindern; **mitigating circumstances** mildernde Umstände *mpl;* **miti·ga·tion** [ˌmɪtɪ'geɪʃn] *s* Milderung *f;* Linderung *f*

mit·ten ['mɪtn] *s* **1.** Fausthandschuh *m* **2.** Handschuh *m* ohne Finger **3.** **~s** Boxhandschuhe *mpl*

mix [mɪks] **I.** *s* Mischung *f;* **cake ~** Backmischung *f* **II.** *vt* **1.** (ver)mischen, (ver)mengen (*with* mit) **2.** (*Kuchen*) verrühren; (*Teig*) zubereiten **3.** durcheinander bringen **III.** *vi* **1.** sich mischen lassen; sich vermischen **2.** (*fig*) zusammenpassen **3.** miteinander auskommen; ~ **with s.o.** mit jdm auskommen; ~ **well** kontaktfreudig sein; **mix in** *vt* unterrühren; **mix up** *vt* **1.** vermischen; verrühren **2.** durcheinander bringen; verwechseln; ~ **s.o. up in s.th.** jdn in etw hineinziehen; ~ **s.o. up with s.o. (else)** jdn mit jdm verwechseln; **be ~ed up in s.th.** in etw verwickelt sein

mixed [mɪkst] *adj* **1.** gemischt **2.** unterschiedlich; ~ **biscuits** Keksmischung *f;* **have ~ feelings about s.o.** jdm gegenüber gemischte Gefühle haben; ~ **blessing** (*fig*) ein zweischneidiges Schwert; ~ **doubles** (*Tennis*) gemischtes Doppel; ~ **fibres** Mischgewebe *nt;* ~ **marriage** Mischehe *f;* **~-media** Multimedia-; ~ **pickles** Mixpickles *pl;* **~-up** durcheinander; konfus

mixer ['mɪksə(r)] *s* **1.** Mixer *m* **2.** (Beton)Mischmaschine *f* **3.** (RADIO) Toningenieur *m;* Mischpult *nt;* **be a good ~** kontaktfreudig sein; **mix·ture** ['mɪkstʃə(r)] *s* Mischung *f,* Gemisch *nt;* Mixtur *f;* **mix-up** ['mɪksʌp] **I.** *s* Durcheinander *nt* **II.** *adj* durcheinander; konfus

mne·monic [nɪ'mɒnɪk] **I.** *adj* mnemotechnisch; ~ **rhyme** Merkvers *m* **II.** *s* Gedächtnisstütze *f*

mo [məʊ] *s* (*fam*) Moment *m*

moan [məʊn] **I.** *s* **1.** Stöhnen, Ächzen *nt;* Raunen *nt* **2.** Gestöhn *nt* **II.** *vi* **1.** stöhnen, ächzen; raunen **2.** (*fam*) meckern **III.** *vt:* **she ~ed a sigh of relief** sie stöhnte erleichtert auf

moat [məʊt] *s* Burg-, Wassergraben *m*

mob [mɒb] **I.** *s* **1.** Pöbel, Mob *m;* Horde *f* **2.** (*sl*) Bande *f;* Haufen *m;* **the ~** die Massen *pl* **II.** *vt* sich stürzen auf; anpöbeln

mo·bile ['məʊbaɪl] **I.** *s* **1.** Mobile *nt* **2.** (*Br: Mobiltelefon*), Handy *nt* **II.** *adj* **1.** beweglich, mobil **2.** (*Gesinnung*) wendig, beweglich **3.** (*Ausdruck*) lebhaft **4.** (TECH) fahrbar; ~ **communications system** Mobilfunksystem *nt;* ~ **library** Bücherbus *m,* Fahrbücherei *f;* ~ **home** Wohnwagen *m;* ~ **phone** Handy *nt;* **mo·bil·ity** [məʊ'bɪlətɪ] *s* **1.** Beweglichkeit, Mobilität *f* **2.** Wendigkeit *f* **3.** Lebhaftigkeit *f*

mo·bi·liz·ation [ˌməʊbɪlaɪ'zeɪʃn] *s* Mobilmachung *f;* **mo·bi·lize** ['məʊbɪlaɪz] **I.** *vt* mobilisieren **II.** *vi* (MIL) mobil machen

moc·ca·sin ['mɒkəsɪn] *s* Mokassin *m*

mo·cha ['mɒkə] *s* Mokka *m*

mock [mɒk] **I.** *vt* **1.** verspotten, sich lustig machen über **2.** nachmachen, -äffen **3.** standhalten, trotzen (*s.o.* jdm) **II.** *vi:* ~ **at s.th.** sich über etw lustig machen **III.** *adj* nachgemacht, imitiert; falsch; gespielt **IV.** *s:* **make a ~ of s.th.** etw vereiteln, zunichte machen; **mock battle** *s* Scheingefecht *nt;* **mocker** ['mɒkə(r)] *s* Spötter(in) *m(f);* **mock·ery** ['mɒkərɪ] *s* **1.** Spott, Hohn *m* **2.** Gespött *nt* **3.** (*fig*) Farce *f;* **hold**

M

s.o./s.th. to ~ jdn lächerlich machen/etw ins Lächerliche ziehen; **make a ~ of s.th.** etw zunichte machen; etw als lächerlich erscheinen lassen; **mock·ing** ['mɒkɪŋ] **I.** *adj* spöttisch **II.** *s* Spott *m;* **mock·ing·bird** *s* Spottdrossel *f;* **mock-up** ['mɒkʌp] *s* Modell *nt;* Attrappe *f*

mo·dal ['məʊdl] *adj* (GRAM) modal; **mo·dal·ity** [məʊ'dælətɪ] *s* Modalität *f*

mod cons [,mɒd'kɒnz] *s Abk. von* **modern conveniences**: **with all** ~ mit allem Komfort

mode ['məʊd] *s* **1.** Art, Methode *f,* Verfahren *nt* **2.** Mode *f* **3.** (GRAM) Modus *m* **4.** (MUS) Tonart *f;* ~ **of life** Lebensweise *f;* ~ **of transport** Transportmittel *nt;* **be the** ~ Mode sein

model ['mɒdl] **I.** *s* **1.** Modell, Muster *nt* (*for* für) **2.** Model(l), Mannequin *nt,* Dressman *m* **3.** (AUTO) Typ *m,* Modell *nt* **4.** Vorlage *f,* Vorbild, Beispiel *nt* **II.** *adj* Modell-; Muster-, muster-, beispielhaft, vorbildlich **III.** *vt* **1.** als Vorlage nehmen **2.** modellieren, formen **3.** (*Kleid*) vorführen; ~ **o.s. on s.o.** sich jdn zum Vorbild nehmen **IV.** *vi* **1.** modellieren **2.** als Model(l), Mannequin, Dressman arbeiten; Modell stehen; **model husband** *s* (*fam*) Mustergatte *m*

mo·dem ['məʊdem] *s* (TELE) Modem *nt*

mod·er·ate ['mɒdərət] **I.** *adj* **1.** gemäßigt; mäßig **2.** (*Preis*) vernünftig, angemessen **3.** (*Trinken*) maßvoll **4.** (*Erfolg*) (mittel)mäßig, bescheiden **5.** (*Strafe*) mild; **~-sized** mittelgroß **II.** *s* (POL) Gemäßigte(r) *f m* **III.** ['mɒdəreɪt] *vt* mäßigen, mildern, abschwächen **IV.** ['mɒdəreɪt] *vi* nachlassen, schwächer werden, sich legen; **mod·er·ation** [,mɒdə'reɪʃn] *s* Mäßigung *f;* Milderung *f;* Abschwächung *f;* **in** ~ in Maßen

mod·ern ['mɒdn] **I.** *adj* modern; neuzeitlich; heutig; ~ **languages** moderne Fremdsprachen *fpl* **II.** *s* Anhänger(in) der Moderne; **mod·ern·ize** ['mɒdənaɪz] *vt* **1.** modernisieren **2.** (MIL: *Waffensysteme*) nachrüsten

mod·est ['mɒdɪst] *adj* **1.** bescheiden, anspruchslos **2.** (*Lebensweise*) genügsam **3.** (*Preis*) mäßig **4.** anständig, sittsam; **mod·esty** ['mɒdɪstɪ] *s* **1.** Bescheidenheit *f* **2.** Genügsamkeit *f* **3.** Mäßigkeit *f* **4.** Anstand *m,* Sittsamkeit *f;* **in all** ~ bei aller Bescheidenheit

modi·cum ['mɒdɪkəm] *s* ein bisschen, ein wenig; **a** ~ **of hope** ein Funke Hoffnung

mod·ifi·able ['mɒdɪfaɪəbl] *adj* modifizierbar; **modi·fi·ca·tion** [,mɒdɪfɪ'keɪʃn] *s* Abänderung, Abwandlung *f;* Modifikation *f;* **modi·fier** ['mɒdɪfaɪə(r)] *s* (GRAM) Bestimmungswort *nt;* **mod·ify** ['mɒdɪfaɪ] *vt* **1.** abändern, modifizieren **2.** mäßigen **3.** (GRAM) näher bestimmen

mod·ish ['məʊdɪʃ] *adj* modisch, modern

modu·lar ['mɒdjʊlə(r)] *adj* **1.** (TECH) aus Elementen zusammengesetzt **2.** (INFORM) modular, nach dem Baukastenprinzip

modu·late ['mɒdjʊleɪt] *vt, vi* (RADIO) modulieren; **modu·la·tion** [,mɒdjʊ'leɪʃn] *s* Modulation *f*

mod·ule ['mɒdjuːl] *s* **1.** (ARCH) Bauelement *nt* **2.** (*Raumfahrt*) Raumkapsel *f* **3.** (INFORM) Modul *nt;* **lunar** ~ Mondlandefähre *f;* **command** ~ Kommandokapsel *f*

mo·hair ['məʊheə(r)] *s* Mohair *m*

Mo·ham·medan [mə'hæmɪdən] **I.** *adj* mohammedanisch **II.** *s* Mohammedaner(in) *m(f)*

moist [mɔɪst] *adj* feucht, nass (*from, with* vor); **moisten** ['mɔɪsn] **I.** *vt* anfeuchten **II.** *vi* feucht werden; **moist·ure** ['mɔɪstʃə(r)] *s* Feuchtigkeit *f;* **moist·urize** ['mɔɪstʃəraɪz] *vt* (*Haut*) mit einer Feuchtigkeitscreme behandeln; **moist·uriz·er** [-ə(r)] *s* Feuchtigkeitscreme *f*

mo·lar ['məʊlə(r)] *s* (~ *tooth*) Backenzahn *m*

mo·las·ses [mə'læsɪz] *s pl mit sing* Melasse *f,* Sirup *m*

mold[1] [məʊld] **I.** *s* (*Am*) **1.** (Guss)Form *f* **2.** (TYP) Matrize, Mater *f* **3.** Pudding *m;* **be cast in the same** ~ vom gleichen Schlag sein, aus dem gleichen Holz geschnitzt sein **II.** *vt* **1.** formen (*into* zu), gießen **2.** (*fig*) formen; ~ **s.o. into s.th.** etw aus jdm machen; ~ **o.s. on s.o.** sich jdn zum Vorbild nehmen

mold[2] [məʊld] *s* (*Am*) Schimmel, Schimmelpilz *m*

molder ['məʊldə(r)] *vi* (*Am*) vermodern, verfallen; verwesen; verderben

mold·ing *s* (*Am*) **1.** Formen *nt* **2.** Abdruck *m*

moldy *adj* (*Am*) schimmelig, verschimmelt

mole[1] [məʊl] *s* Muttermal *nt,* Leberfleck *m*

mole[2] [məʊl] *s* Maulwurf *m;* **blind as a** ~ stockblind

mole[3] [məʊl] *s* (MAR) Mole *f,* Hafendamm *m*

mol·ecu·lar [mə'lekjʊlə(r)] *adj* (CHEM) molekular; ~ **biology** Molekularbiologie *f;* ~ **weight** Molekulargewicht *nt;* **mol·ecule** ['mɒlɪkjuːl] *s* Molekül *nt*

mole·hill ['məʊlhɪl] *s* Maulwurfshügel, -haufen *m;* **make a mountain out of a** ~ aus einer Mücke einen Elefanten machen; **mole·skin** *s* **1.** Maulwurfsfell *nt* **2.** (*Stoff*) Moleskin *m od nt*

mo·lest [mə'lest] *vt* belästigen; **mol·es·ta·tion** [,məʊlə'steɪʃn] *s* Belästigung *f*

moll [mɒl] *s* (*sl*) Gangsterbraut *f*
mol·lify ['mɒlɪfaɪ] *vt* besänftigen, beschwichtigen
mol·lusc *s* (*Am*), **mol·lusk** ['mɒləsk] *s* Weichtier *nt,* Molluske *f*
molly·coddle ['mɒlɪkɒdl] **I.** *s* Weichling *m* **II.** *vt* verhätscheln, verzärteln, verwöhnen
molt [məʊlt] **I.** *vi* (*Am*) sich mausern; sich häuten; Haare verlieren **II.** *vt* **1.** (*Haare*) verlieren **2.** (*die Haut*) abwerfen **III.** *s* Mauser *f;* Häutung *f*
mol·ten ['məʊltən] *adj* geschmolzen
mom-and-pop [mɒmənd'pɒp] *adj* (*Am*): ~ **business** Familienbetrieb *m*
mo·ment ['məʊmənt] *s* **1.** Augenblick, Moment *m* **2.** (*fig*) Tragweite, Bedeutung, Wichtigkeit *f* (*to* für) **3.** (PHYS PHILOS) Moment *nt;* **at the** ~ im Augenblick, momentan; **at any** ~ jederzeit, jeden Augenblick; **at this** ~ in diesem Augenblick; **at the last** ~ im letzten Augenblick; **in a** ~ gleich, sofort, auf der Stelle; **in a few** ~**s** in wenigen Augenblicken, im Nu; **not for a** ~ keinen Augenblick; nie; **please wait a** ~ warten Sie bitte einen Augenblick!; (**just**) **a** ~, **please!** einen Augenblick, bitte!; **the man of the** ~ der rechte Mann zur rechten Zeit; ~ **of inertia/of resistance** (PHYS) Trägheits-/Widerstandsmoment *nt;* ~ **of truth** Augenblick *m* der Wahrheit; **of little** ~ bedeutungslos
mo·men·tar·ily ['məʊməntrəlɪ] *adv* **1.** einen Augenblick **2.** jeden Moment; **mo·men·tary** ['məʊməntrɪ] *adj* flüchtig, von kurzer Dauer
mo·men·tous [mə'mentəs] *adj* sehr wichtig, bedeutsam, folgenschwer; von großer Tragweite
mo·men·tum [mə'mentəm] *s* **1.** (PHYS) Impuls *m* **2.** (*fig*) Schwung *m,* Wucht *f;* **gain** ~ sich beschleunigen, in Fahrt kommen
mon·arch ['mɒnək] *s* Monarch(in) *m(f),* Herrscher(in) *m(f);* **mon·ar·chic**(**al**) [mə'nɑːkɪk(l)] *adj* monarchisch; **mon·ar·chism** ['mɒnəkɪzəm] *s* Monarchismus *m;* **mon·ar·chist** ['mɒnəkɪst] *s* Monarchist(in) *m(f);* **mon·archy** ['mɒnəkɪ] *s* Monarchie *f*
mon·as·tery ['mɒnəstrɪ] *s* (Männer)Kloster *nt;* **mon·as·tic** [mə'næstɪk] *adj* klösterlich, mönchisch; Ordens-, Kloster-
Mon·day ['mʌndɪ] *s* Montag *m;* **on** ~ am Montag
mon·et·ary ['mʌnɪtrɪ] *adj* **1.** währungspolitisch, monetär **2.** Geld-, geldlich; ~ **crisis** Währungskrise *f;* ~ **policy** Währungspolitik *f;* ~ **reform** Währungsreform *f;* ~ **stability** Währungsstabilität *f;* ~ **system** Währungssystem *nt;* ~ **union** Währungsunion *f*
mon·ey ['mʌnɪ] *s* Geld *nt;* **make** ~ Geld verdienen; **lose** ~ Geld verlieren; Verluste machen; **there's** ~ **in it** das ist sehr lukrativ; **be in the** ~ (*sl*) Geld wie Heu haben; **get one's** ~**'s worth** etwas für sein Geld bekommen; **keep s.o. in** ~ jdn finanziell unterstützen; **put** ~ **into** Geld stecken in; **foreign** ~ ausländische Zahlungsmittel *ntpl;* **ready** ~ Bargeld *nt;* **mon·ey·bags** *s pl mit sing* (*fam*) Geldsack *m;* **mon·ey·box** *s* Sparbüchse *f;* **mon·ey·chang·er** ['mʌnɪˌtʃeɪndʒə(r)] *s* (Geld)Wechsler *m;* **mon·eyed** ['mʌnɪd] *adj* vermögend; **mon·ey-grub·ber** ['mʌnɪˌgrʌbə(r)] *s* geldgieriger Mensch; **mon·ey laun·der·ing** *s* Geldwäsche *f;* **mon·ey·mak·er** ['mʌnɪˌmeɪkə(r)] *s* einträgliche Sache; Verkaufserfolg *m;* **mon·ey-mak·ing** ['mʌnɪˌmeɪkɪŋ] **I.** *s* Gelderwerb *m,* -verdienen *nt* **II.** *adj* einträglich, Gewinn bringend; **mon·ey mar·ket** *s* Geld-, Kapitalmarkt *m;* **mon·ey or·der** *s* Postanweisung *f;* **money prize** *s* Geldpreis *m;* **money-spinner** ['mʌnɪˌspɪnə(r)] *s* (*fam*) Goldgrube *f*
mon·ger ['mʌŋgə(r)] *s:* **fish-/iron-~** Fisch-/Eisenhändler *m*
Mon·gol ['mɒŋgl] **I.** *adj* **1.** mongolisch **2.** (MED): **m**~ mongoloid **II.** *s:* **he's a m**~ er ist mongoloid; **Mon·golia** [mɒŋ'gəʊlɪə] *s* Mongolei *f;* **Mon·gol·ian** [mɒŋ'gəʊlɪən] **I.** *adj* mongolisch **II.** *s* **1.** Mongole *m,* Mongolin *f* **2.** (*Sprache*) (das) Mongolisch(e); **mon·gol·ism** ['mɒŋgəlɪzəm] *s* (MED) Mongolismus *m*
mon·grel ['mʌŋgrəl] *s* **1.** (ZOO) Bastard *m* **2.** (ZOO BOT) Kreuzung *f* **3.** (*fam*) Promenadenmischung *f*
moni·tor ['mɒnɪtə(r)] **I.** *s* **1.** (SCHULE) Klassensprecher(in) *m(f)* **2.** (*große Raubechse*) Waran *m* **3.** (RADIO TV) Kontrollempfänger, -lautsprecher *m;* Abhörgerät *nt;* Monitor *m* **II.** *vt* **1.** abhören **2.** überwachen, steuern, kontrollieren
monk [mʌŋk] *s* Mönch *m*
mon·key ['mʌŋkɪ] **I.** *s* **1.** Affe *m* **2.** (*Kind*) Strolch, Schlingel *m;* **make a** ~ **out of s.o.** jdn verulken **II.** *vi:* ~ **about** herumalbern; **monkey business** *s:* **be up to** ~ (*fam*) etw anstellen; **monkey nut** *s* Erdnuss *f;* **monkey tricks** *s pl* Unfug *m,* dummer Streich; **monkey wrench** *s* Engländer, Universalschraubenschlüssel *m*
mono- ['mɒnəʊ] **I.** *PRÄF* mono- **II.** *s* (~ *record*) Mono(schall)platte *f*
mono·chrome *adj* monochrom, einfarbig; (*Bildschirm a.*) schwarz-weiß
mon·ocle ['mɒnəkl] *s* Monokel *nt*

mono·cul·ti·va·tion *s* (AGR) Monokultur *f*
mon·og·amous [məˈnɒgəməs] *adj* monogam; **mon·og·amy** [məˈnɒgəmɪ] *s* Einehe, Monogamie *f*
mono·gram [ˈmɒnəgræm] *s* Monogramm *nt*
mono·lith [ˈmɒnəlɪθ] *s* Monolith *m;* **mono·lithic** [ˌmɒnəˈlɪθɪk] *adj* **1.** monolithisch **2.** (*fig*) alles beherrschend
mono·logue [ˈmɒnəlɒg] *s* Selbstgespräch *nt,* Monolog *m*
mon·op·ol·ize [məˈnɒpəlaɪz] *vt* **1.** monopolisieren, beherrschen **2.** (*fig*) an sich reißen, in Beschlag nehmen; **mon·op·oly** [məˈnɒpəlɪ] *s* Monopol *nt;* **have the ~ on s.th.** etw für sich gepachtet haben; **monopoly position** *s* Monopolstellung *f*
mono·rail [ˈmɒnəʊreɪl] *s* Einschienenbahn *f*
mono·syl·labic [ˌmɒnəsɪˈlæbɪk] *adj* einsilbig
mono·tone [ˈmɒnətəʊn] *s* monotoner Klang; **mon·ot·onous** [məˈnɒtənəs] *adj* eintönig, -förmig, monoton; **mon·ot·ony** [məˈnɒtənɪ] *s* Eintönigkeit, Einförmigkeit, Monotonie *f*
mono·type® [ˈmɒnətaɪp] *s* Monotype® *f*
mon·ox·ide [mɒˈnɒksaɪd] *s* (CHEM) Monoxyd *nt*
mon·soon [mɒnˈsuːn] *s* Monsun *m*
mon·ster [ˈmɒnstə(r)] **I.** *s* Ungeheuer, Monstrum, Scheusal *nt* **II.** *adj attr* Riesen-; Monster-; **monster film** *s* Monsterfilm *m;* **monster truck** *s* Monster Truck *m* (*Pick-up mit gewaltigen Rädern*)
mon·stros·ity [mɒnˈstrɒsətɪ] *s* **1.** Gräueltat *f* **2.** Ungeheuerlichkeit, Monstrosität *f;* **mon·strous** [ˈmɒnstrəs] *adj* **1.** ungeheuer (groß), gewaltig, riesenhaft **2.** scheußlich; schrecklich, furchtbar, abscheulich
mon·tage [mɒntˈɑːʒ] *s* Montage *f*
month [mʌnθ] *s* Monat *m;* **at the end of the ~** am Monatsende; **by the ~** monatlich; **every two ~s** alle zwei Monate; **every three ~s** jedes Vierteljahr; **once/twice a ~** einmal/zweimal im Monat; **one ~'s salary** ein Monatsgehalt; **month·ly** [ˈmʌnθlɪ] **I.** *adj* monatlich **II.** *adv* monatlich; einmal im Monat; jeden Monat; **twice ~** zweimal pro Monat **III.** *s* Monats(zeit)schrift *f*
monty [ˈmɒntɪ] *s:* **do the full ~** (*Br: do everything*) aufs Ganze gehen; (*fulfill all expectations*) alle Erwartungen erfüllen
monu·ment [ˈmɒnjʊmənt] *s* **1.** (Bau)Denkmal, Monument *nt* **2.** (*fig*) Denkmal *nt* (*to* für); **monu·men·tal** [ˌmɒnjʊˈmentl] *adj* (*fig*) riesig, gewaltig; enorm; **~ inscription** Grabinschrift *f;* **~ mason** Steinmetz *m*
moo [muː] **I.** *s* **1.** Muh(en) *nt* **2.** (*pej: Frau*) Kuh *f* **II.** *vi* muhen
mood¹ [muːd] *s* **1.** Stimmung *f;* Laune *f* **2.** (*bad ~*) schlechte Laune; **be in the ~** aufgelegt sein (*for* zu); **be in no ~** nicht aufgelegt sein; **be in a good ~** gut gelaunt sein; **he is a man of ~s** er ist sehr starken Gemütsschwankungen unterworfen
mood² [muːd] *s* (GRAM) Modus *m*
moodi·ness [ˈmuːdɪnəs] *s* Launenhaftigkeit *f;* **moody** [ˈmuːdɪ] *adj* **1.** launisch, launenhaft **2.** schlecht gelaunt, mürrisch; niedergedrückt
moon [muːn] **I.** *s* Mond *m;* **promise s.o. the ~** jdm das Blaue vom Himmel versprechen; **be over the ~** überglücklich sein; **cry for the ~** (*fig*) nach den Sternen greifen; **full /half-~** Voll-/Halbmond *m;* **new ~** Neumond *m* **II.** *vi* (*~ about, around*) herumtrödeln **III.** *vt* (*Zeit: ~ away*) vertrödeln; **moon·beam** [ˈmuːnbiːm] *s* Mondstrahl *m;* **moon·boots** [ˈmuːnbuːts] *s pl* Moonboots *pl;* **moon·calf** <*pl* **-calves**> *s* Schwachsinnige(r) *f m;* **moon·light** [ˈmuːnlaɪt] **I.** *s* Mondschein *m,* -licht *nt* **II.** *vi* (*fam*) schwarzarbeiten; **moon·lit** [ˈmuːnlɪt] *adj* mondbeschienen, -hell; **moon·shine** [ˈmuːnʃaɪn] *s* **1.** Mondschein *m* **2.** (*fig*) Unsinn *m* **3.** (*Am sl*) schwarz gebrannter Alkohol; **moon·stone** [ˈmuːnstəʊn] *s* (MIN) Mondstein *m;* **moon·struck** [ˈmuːnstrʌk] *adj* mondsüchtig; **moony** [ˈmuːnɪ] *adj* träumerisch, verträumt
moor¹ [mʊə(r)] *s* (*~land*) Heide(land *nt*) *f,* Hochmoor *nt*
moor² [mʊə(r)] *vt* (*Schiff*) vertäuen, festmachen
moor·ings [ˈmʊərɪŋz] *s pl* **1.** (MAR) Verankerung *f* **2.** Ankerplatz *m*
moose [muːs] *s* Elch *m*
moot [muːt] **I.** *adj:* **a ~ point** ein strittiger Punkt **II.** *vt* erörtern, diskutieren
mop [mɒp] **I.** *s* **1.** Mopp *m* **2.** (*fig*) Wuschelkopf *m* **II.** *vt* **1.** (*~ up*) (feucht) aufwischen **2.** (MIL) säubern, durchkämmen; **~ one's face** sich den Schweiß vom Gesicht wischen
mope [məʊp] *vi* **1.** Trübsal blasen **2.** (*~ about*) mit einer Jammermiene herumlaufen
mo·ped [ˈməʊped] *s* Moped *nt*
mo·raine [mɒˈreɪn] *s* (GEOL) Moräne *f*
moral [ˈmɒrəl] **I.** *adj* **1.** sittlich, moralisch **2.** integer, moralisch einwandfrei; tugendhaft **3.** geistig; **~ values** sittliche Werte *mpl;* **~ standards** Moral *f;* **~ sense** moralisches Bewusstsein; **~ courage** Charakter *m;* **have a ~ right to s.th.** jedes Recht auf

etw haben **II.** *s* **1.** Moral *f* **2. ~s** Moral *f;* **draw a ~ from s.th.** eine Lehre aus etw ziehen

mo·rale [mə'rɑːl] *s* Moral, Stimmung *f;* **destroy s.o.'s ~** jdn entmutigen

mor·al·ist ['mɒrəlɪst] *s* Moralist *m;* **mor·al·ity** [mə'ræləti] *s* **1.** Moralität *f* **2.** Moral, Ethik *f;* **mor·al·ize** ['mɒrəlaɪz] *vi* moralisieren (*on* über); **~ about s.o.** sich über jdn moralisch entrüsten

mo·rass [mə'ræs] *s* Morast, Sumpf *m*

mora·torium [ˌmɒrə'tɔːrɪəm] *s* Moratorium *nt;* Zahlungsaufschub *m*

mor·bid ['mɔːbɪd] *adj* **1.** krank(haft) **2.** (*Haltung*) unnatürlich **3.** (*Humor*) makaber **4.** (*Gedanken*) düster; trübsinnig **5.** (MED) morbid **6.** (*fig*) gräulich, grauenhaft; **mor·bid·ity** [mɔː'bɪdəti] *s* **1.** Krankhaftigkeit *f* **2.** Unnatürlichkeit *f* **3.** Düsterkeit *f* **4.** (MED) Morbidität *f*

more [mɔː(r)] <*Komparativ von* many> **I.** *adj* mehr; noch (mehr); **one day ~** noch ein Tag; **a few ~ friends** noch ein paar Freunde; **no ~ money** kein Geld mehr **II.** *adv* mehr, in höherem Maße; **~ and ~** immer mehr; **like s.th. ~** etw lieber mögen; **~ than** mehr als; **no ~ than** nicht mehr als; **once ~** noch einmal; **never ~** nie mehr; **not any ~** nicht mehr; **~ beautiful** schöner; **~ or less** mehr oder weniger **III.** *s* mehr; noch mehr; **a little ~** etwas mehr; **no ~** nichts mehr; **some ~** noch etwas; **even ~** noch mehr; **what ~ do you want?** was willst du denn noch?; **all the ~** umso mehr; **all the ~ so because …** umso mehr, weil …

mo·rello [mə'reləʊ] <*pl* -rellos> *s* Sauerkirsche, Morelle *f*

more·over [mɔː'rəʊvə(r)] *adv* überdies, zudem, außerdem

morgue [mɔːg] *s* **1.** Leichenschauhaus *nt* **2.** (*einer Redaktion*) Archiv *nt*

mori·bund ['mɒrɪbʌnd] *adj* **1.** aussterbend, moribund **2.** (*fig*) zum Aussterben verurteilt

Mor·mon ['mɔːmən] *s* Mormone *m,* Mormonin *f*

morn·ing ['mɔːnɪŋ] **I.** *s* **1.** Morgen *m;* Vormittag *m* **2.** (*fig*) Anfang *m,* erste Zeit; **from ~ till night** von früh bis spät; **in the ~** am Morgen, morgens; vormittags; **early in the ~** in der Frühe; **at 8 in the ~** um 8 Uhr morgens; **this ~** heute Morgen; **Friday ~** Freitag früh; **the ~ after** am nächsten Tag **II.** *adj attr* Morgen-; morgendlich; Früh-; **morning-after pill** [ˌmɔːnɪŋ-'ɑftə(r)] *s* die Pille danach; **morning coat** *s* Cut(away) *m;* **morning paper** *s* Morgenzeitung *f;* **Morning Prayer** *s* Morgenandacht *f;* **morning sickness** *s* (Schwangerschafts)Erbrechen *nt;* **morning star** *s* Morgenstern *m*

Mo·roccan [mə'rɒkən] **I.** *adj* marokkanisch **II.** *s* Marokkaner(in) *m(f)*

mo·rocco [mə'rɒkəʊ] *s* Maroquin *nt*

Mo·rocco [mə'rɒkəʊ] *s* Marokko *nt*

mo·ron ['mɔːrɒn] *s* **1.** Schwachsinnige(r) *f m* **2.** (*fam*) Trottel *m;* **mo·ronic** [mə'rɒnɪk] *adj* **1.** (MED) schwachsinnig **2.** (*fig*) idiotisch

mo·rose [mə'rəʊs] *adj* mürrisch, verdrießlich, griesgrämig

mor·pheme ['mɔːfiːm] *s* (LING) Morphem *nt*

mor·phia, mor·phine ['mɔːfɪə, 'mɔːfiːn] *s* Morphium *nt*

mor·phol·ogi·cal [ˌmɔːfə'lɒdʒɪkl] *adj* morphologisch; **mor·phol·ogy** [mɔː'fɒlədʒɪ] *s* Morphologie *f*

Morse [mɔːs] *s* (~ *code*) Morsezeichen *nt*

mor·sel ['mɔːsl] *s* **1.** Bissen, Happen *m,* Stückchen *nt* **2.** bisschen *nt*

mor·tal ['mɔːtl] **I.** *adj* **1.** sterblich **2.** (*Angst*) tödlich **3.** (*Langeweile*) endlos (lang); entsetzlich langweilig; **no ~ use** überhaupt kein Nutzen; **~ sin** Todsünde *f* **II.** *s* Sterbliche(r) *f m;* **mortal agony** *s* Todeskampf *m;* **mortal enemy** *s* Todfeind *m;* **mor·tal·ity** [mɔː'tæləti] *s* **1.** Sterblichkeit *f* **2.** Todesfälle *mpl,* Sterblichkeit(sziffer) *f;* **rate of ~** Sterbeziffer *f*

mor·tar[1] ['mɔːtə(r)] *s* **1.** Mörser *m* **2.** (MIL) Mörser, Granatwerfer *m*

mor·tar[2] ['mɔːtə(r)] **I.** *s* Mörtel *m* **II.** *vt* mörteln; **mortar·board** *s* **1.** Doktorhut *m* **2.** Mörtelbrett *nt*

mort·gage ['mɔːgɪdʒ] **I.** *s* Hypothek *f* (*on* auf); **raise a ~** eine Hypothek aufnehmen (*on* auf) **II.** *vt* (*mit einer Hypothek*) belasten

mor·tice ['mɔːtɪs] **I.** *s* Zapfenloch *nt* **II.** *vt* verzapfen (*into* mit); **mortice lock** *s* Steckschloss *nt*

mor·ti·cian [mɔː'tɪʃn] *s* (*Am*) Bestattungsunternehmer *m*

mor·ti·fi·ca·tion [ˌmɔːtɪfɪ'keɪʃn] *s* **1.** Beschämung *f;* äußerste Verlegenheit **2.** (REL) Kasteiung *f* **3.** (MED) Brand *m;* **mor·tify** ['mɔːtɪfaɪ] **I.** *vt* **1.** beschämen; äußerst peinlich sein (*s.o.* jdm) **2.** (REL) kasteien **3.** (MED) absterben lassen **II.** *vi* (MED) absterben

mor·tise *s* Zapfenloch *nt;* **~ lock** Steckschloss *nt*

mor·tu·ary ['mɔːtʃərɪ] *s* Leichenhalle *f*

mo·saic [məʊ'zeɪɪk] *s* Mosaik(arbeit *f*) *nt*

Mos·lem ['mɒzləm] **I.** *s* Moslem *m* **II.** *adj* mohammedanisch, muslimisch

M

mosque [mɒsk] *s* Moschee *f*

mos·quito [mə'ski:təʊ] <*pl* -quitoes> *s* Stechmücke *f,* Moskito *m;* **mos·quito net** *s* Moskitonetz *nt*

moss [mɒs] *s* Moos *nt;* **mossy** ['mɒsɪ] *adj* **1.** moosig **2.** moosbedeckt, bemoost

most [məʊst] <*Superlativ von* many> **I.** *adj* meiste(r, s); größte(r, s); höchste(r, s); **for the ~ part** größtenteils; ~ **people** die meisten Leute **II.** *s* das meiste, die meisten; ~ **of his friends** die meisten seiner Freunde; ~ **of the time** die meiste Zeit; **make the ~ of s.th.** etw nach Kräften genießen; **make the ~ of o.s.** das Beste aus sich machen **III.** *adv* **1.** am meisten **2.** äußerst; ~ **likely** höchstwahrscheinlich; **the ~ beautiful** der, die, das schönste; ~ **of all** am allermeisten; **most·ly** ['məʊstlɪ] *adv* meist(ens); hauptsächlich; zum größten Teil

MOT [ˌeməʊ'ti:] *s Abk. von* **Ministry of Transport** Verkehrsministerium; **MOT (test)** TÜV *m*

mo·tel [məʊ'tel] *s* (*Am*) Motel *nt*

moth [mɒθ] *s* Motte *f;* **moth·ball** *s* Mottenkugel *f;* **put in ~s** einmotten; **moth-eaten** ['mɒθˌi:tn] *adj* **1.** mottenzerfressen **2.** (*fig*) abgenutzt, veraltet

moth·er ['mʌðə(r)] **I.** *s* **1.** Mutter *f* **2.** (REL: ~ *superior*) Oberin, Äbtissin *f;* **Mother's Day** Muttertag *m* **II.** *vt* **1.** auf-, großziehen **2.** zur Welt bringen **3.** bemuttern; **mother country** *s* **1.** Vaterland *nt,* Heimat *f* **2.** Mutterland *nt;* **mother·hood** ['mʌðəhʊd] *s* Mutterschaft *f;* **mother-in-law** ['mʌðərɪnlɔ:] <*pl* mothers-in-law> *s* Schwiegermutter *f;* **mother·ly** ['mʌðəlɪ] *adj* mütterlich; **mother-of-all** *s* (*fam*) Inbegriff *m;* **mother-of-pearl** [ˌmʌðərəv'pɜ:l] *s* Perlmutter *f;* **mother tongue** *s* Muttersprache *f*

moth·proof ['mɒθˌpru:f] *adj* mottenfest

mo·tif [məʊ'ti:f] *s* **1.** (*Kunst*) Motiv *nt* **2.** (*fig*) Leitmotiv *nt,* -gedanke *m*

mo·tion ['məʊʃn] **I.** *s* **1.** Bewegung *f* **2.** Wink *m,* Zeichen *nt* **3.** (PSYCH) Antrieb *m* **4.** (PARL) Antrag *m* **5.** (PHYSIOL) Stuhlgang *m;* **be in ~** sich bewegen; laufen; **put** [*o* **set**] **s.th. in ~** etw in Gang bringen, setzen; **go through the ~s** den Anschein erwecken; etw mechanisch tun; **propose a ~** einen Antrag stellen; **have a ~** Stuhlgang haben **II.** *vi, vt:* ~ **to s.o. to do s.th.** jdm bedeuten etw zu tun; ~ **s.o. in** jdn hereinwinken; **mo·tion·less** [-lɪs] *adj* bewegungs-, reglos; **motion picture** *s* Film *m*

mo·ti·vate ['məʊtɪveɪt] *vt* motivieren; **mo·tiv·ation** [ˌməʊtɪ'veɪʃn] *s* Motivation *f*

mo·tive ['məʊtɪv] **I.** *s* Motiv *nt,* Beweggrund *m* (*for* zu) **II.** *adj* Antriebs-; Trieb-; ~ **power** (*a. fig*) Triebkraft *f*

mot·ley ['mɒtlɪ] **I.** *adj* scheckig, bunt **II.** *s* Narrenkostüm *nt*

mo·tor ['məʊtə(r)] **I.** *s* (*a. fig*) Motor *m* **II.** *adj* **1.** Motor- **2.** (PHYSIOL) motorisch **III.** *vi* Auto fahren; (*fam*) schnell vorankommen; **motor·bike** *s* Motorrad *nt;* **motor·boat** *s* Motorboot *nt;* **motor·car** *s* Auto(mobil) *nt,* Kraftwagen *m;* **motor·cycle** *s* Motor-, Kraftrad *nt;* **motor·cycling** *s* Motorradfahren *nt;* **motor·cyclist** *s* Motorradfahrer(in) *m(f);* **motor-driven** *adj* mit Motorantrieb; **mo·tor·ing** ['məʊtərɪŋ] **I.** *adj attr* Verkehrs-; Auto-; ~ **offence** Verkehrsverstoß *m* **II.** *s* Autofahren *nt;* **mo·tor·ist** ['məʊtərɪst] *s* Autofahrer(in) *m(f);* **mo·tor·iza·tion** [ˌməʊtəraɪ'zeɪʃn] *s* Motorisierung *f;* **mo·tor·ize** ['məʊtəraɪz] *vt* motorisieren; **motor racing** *s* Autorennen *nt;* **motor-road** *s* Auto-, Fahrstraße *f;* **motor scooter** *s* Motorroller *m;* **motor vehicle** *s* Kraftfahrzeug, Kfz *nt;* **motor vehicle licensing centre** *s* Kraftfahrzeug-Zulassungsstelle *f;* **mo·tor·way** ['məʊtəweɪ] *s* (*Br*) Autobahn *f*

mottled ['mɒtld] *adj* gesprenkelt; fleckig

motto ['mɒtəʊ] <*pl* motto(e)s> *s* Motto *nt;* Wahlspruch *m*

mould[1] [məʊld] **I.** *s* **1.** (Guss)Form *f* **2.** (TYP) Matrize, Mater *f* **3.** Pudding *m;* **be cast in the same ~** vom gleichen Schlag sein, aus dem gleichen Holz geschnitzt sein **II.** *vt* **1.** formen (*into* zu), gießen **2.** (*fig*) formen; ~ **s.o. into s.th.** etw aus jdm machen; ~ **o.s. on s.o.** sich jdn zum Vorbild nehmen

mould[2] [məʊld] *s* Schimmel, Schimmelpilz *m*

moulder ['məʊldə(r)] *vi* vermodern, verfallen; verwesen; verderben

mould·ing ['məʊldɪŋ] *s* **1.** Formen, Gießen *nt* **2.** Abdruck *m;* Abguss *m* **3.** Deckenfries *m*

mouldy ['məʊldɪ] *adj* **1.** mod(e)rig, schimm(e)lig, verschimmelt **2.** miserabel **3.** (*Mensch*) schäbig **4.** (*fam: Summe*) lumpig

moult [məʊlt] **I.** *vi* sich mausern; sich häuten; Haare verlieren **II.** *vt* **1.** (*Haare*) verlieren **2.** (*die Haut*) abwerfen **III.** *s* Mauser *f;* Häutung *f*

mound [maʊnd] *s* **1.** Erdhügel, -wall *m* **2.** (*fig*) Haufen *m,* Masse *f*

mount[1] [maʊnt] *s* (*poet*) Berg *m;* **Mount Etna** der Ätna

mount[2] [maʊnt] **I.** *s* **1.** Reittier *nt* **2.** Sockel *m;* Rahmen *m,* Fassung *f,* Gestell *nt;* Unterlage *f* **II.** *vt* **1.** besteigen, steigen auf **2.** montieren; rahmen **3.** (*Stück*) inszenieren, organisieren **4.** (*Wache*) aufstellen **5.** (*Tiere*) bespringen **III.** *vi* **1.** aufsteigen; aufsitzen **2.** (~ *up*) sich häufen

moun·tain ['maʊntɪn] *s* **1.** Berg *m* **2.** (*fig*) (großer) Haufen, Berg *m* **3.** **~s** Gebirge *nt;* **make a ~ out of a molehill** aus einer Mücke einen Elefanten machen; **in the ~s** im Gebirge; **mountain ash** *s* Eberesche *f;* **mountain chain** *s* Bergkette *f;* **moun·tain·eer** [ˌmaʊntɪ'nɪə(r)] *s* Bergsteiger(in) *m(f);* **moun·tain·eer·ing** [-ɪŋ] *s* Bergsteigen *nt;* **moun·tain·ous** ['maʊntɪnəs] *adj* **1.** bergig, gebirgig **2.** (*fig*) riesenhaft, ungeheuer; **mountain range** *s* Gebirgszug *m*

mounted ['maʊntɪd] *adj* beritten

mourn [mɔːn] **I.** *vi* trauern; Trauer tragen; ~ **for** [*o* **over**] **s.o.** um jdn trauern **II.** *vt* trauern um, betrauern; beklagen; nachtrauern; **mourner** ['mɔːnə(r)] *s* Trauernde(r) *f m;* **mourn·ful** ['mɔːnfl] *adj* **1.** traurig **2.** (*Stimme*) weinerlich; jammervoll **3.** (*Seufzer*) kläglich; **mourn·ing** ['mɔːnɪŋ] *s* Trauer(kleidung, -zeit) *f;* Trauern *nt;* Wehklage *f;* **be in ~ for s.o.** um jdn trauern

mouse [maʊs] <*pl* **mice**> **I.** *s* **1.** (*a. von Computer*) Maus *f* **2.** (*fig*) Angsthase *m* **II.** *vi* Mäuse fangen; **mouse·hole** *s* Mauseloch *nt;* **mouse po·ta·to** *s* (*fam: person who spends a lot of time operating a computer*) Mousepotato *f,* Vor-dem-Computer-Hocker(in) *m(f);* **mouse·trap** *s* Mausefalle

mousse [muːs] *s* **1.** Creme(speise) *f* **2.** (*Kosmetik*) Schaumfestiger *m*

mous·tache [mə'stɑːʃ] *s* Schnurrbart *m*

mousy ['maʊsɪ] *adj* **1.** schüchtern **2.** (*Farbe*) mausgrau **3.** (*fig*) unansehnlich; farblos

mouth [maʊθ] **I.** *s* **1.** Mund *m;* (*von Tier*) Maul *nt* **2.** Öffnung *f* **3.** (*Fluss*) Mündung *f* **4.** (*Hafen*) Einfahrt *f;* **by word of ~** mündlich; **down in the ~** niedergeschlagen, betrübt; **keep one's ~ shut** den Mund halten; **put s.th. into s.o.'s ~** (*fig*) jdm etw in den Mund legen; **take the words out of s.o.'s ~** (*fig*) jdm das Wort aus dem Mund nehmen; **shut your ~!** halten Sie den Mund! **II.** [maʊð] *vt* überdeutlich artikulieren; **mouth·ful** ['maʊθfʊl] *s* **1.** Mundvoll, Bissen, Happen *m* **2.** (*fam*) Zungenbrecher *m;* **mouth organ** *s* Mundharmonika *f;* **mouth·piece** ['maʊθpiːs] *s* **1.** (*Blasinstrument*) Mundstück *nt* **2.** (*fig*) Sprachrohr *nt;* **mouth-to-mouth resuscitation** *s* Mund-zu-Mund-Beatmung *f;* **mouth·wash** *s* Mundwasser *nt;* **mouth-watering** *adj* lecker, appetitlich; **mouthy** *adj* (*fam*) frech

mov·able ['muːvəbl] **I.** *adj* (*a.* JUR) beweglich, transportierbar **II.** *s pl* Mobiliar *nt,* bewegliche Habe

move [muːv] **I.** *s* **1.** Zug *m;* Schritt *m;* Maßnahme *f* **2.** Bewegung *f* **3.** Umzug *m;* Wechsel *m;* **it's my ~** ich bin am Zug, dran; **be on the ~** in Bewegung sein; auf Achse sein; **make a ~ to do s.th.** Anstalten machen etw zu tun; **get a ~ on** sich beeilen **II.** *vt* **1.** bewegen; antreiben; umstellen; rücken; wegschaffen; aus dem Weg räumen; von der Stelle bewegen **2.** (*Hand*) wegziehen **3.** (*Produktion*) verlegen **4.** transportieren; vertreiben **5.** rühren, bewegen; erschüttern **6.** (*Antrag*) stellen; **~ s.th. to a different place** etw an einen anderen Platz stellen; **~ house** umziehen; **~ s.o. from an opinion** jdn von einer Meinung abbringen; **~ s.o. to do s.th.** jdn veranlassen etw zu tun; **be ~d** gerührt sein; **~ s.o. to tears** jdn zu Tränen rühren **III.** *vi* **1.** sich bewegen **2.** (*Auto*) fahren; vorankommen **3.** umziehen (*to* nach) **4.** gehen; fahren **5.** (*fam*) ein Tempo draufhaben **6.** (*Brettspiel*) einen Zug machen **7.** (*fig*) Maßnahmen ergreifen; **keep moving** nicht stehen bleiben; **~ closer to s.th.** sich einer Sache nähern; **move about I.** *vt* umstellen, umräumen **II.** *vi* sich hin und her bewegen; **move along I.** *vt* vorfahren **II.** *vi* weitergehen; aufrücken; **move away I.** *vt* wegräumen; wegfahren **II.** *vi* **1.** aus dem Weg gehen **2.** wegziehen **3.** abkommen (*from* von); **move back I.** *vt* zurückstellen; zurückgehen **II.** *vi* zurückweichen; sich zurückziehen; **move down I.** *vt* nach unten stellen **II.** *vi* nach hinten aufrücken; **move forward I.** *vt* vorgehen lassen; vorziehen **II.** *vi* vorrücken; sich vorwärts bewegen; **move in I.** *vt* einsetzen; hineinstellen **II.** *vi* **1.** einziehen **2.** sich nähern; näher herangehen; anrücken; **move off I.** *vt* wegschicken **II.** *vi* sich in Bewegung setzen; abfahren; **move on I.** *vt* vorstellen **II.** *vi* weitergehen; **move out I.** *vt* herausfahren; abziehen **II.** *vi* ausziehen; **move over I.** *vt* herüberschieben **II.** *vi* zur Seite rücken; **move up I.** *vt* **1.** nach oben stellen; befördern **2.** (MIL) aufmarschieren lassen **II.** *vi* aufsteigen; steigen; befördert werden

move·ment ['muːvmənt] *s* **1.** Bewegung *f* **2.** Trend *m;* Entwicklung *f* **3.** (MIL) Truppenbewegung *f* **4.** (POL REL) (Massen)Bewegung *f* **5.** Preis-, Kursbewegung *f* **6.** (TECH) Mechanismus *m,* (Uhr)Werk *nt* **7.** (MUS) Satz *m* **8.** Stuhlgang *m* **9.** (*Waren*) Beförde-

M

rung *f;* **downward/upward** ~ Aufwärts-/Abwärtsbewegung *f;* **underground** ~ (POL) Untergrundbewegung *f*

movie ['mu:vɪ] *s (Am)* Film *m;* **the ~s** der Film; **go to the ~s** ins Kino gehen; **movie camera** *s* Filmkamera *f;* **movie·goer** ['mu:vɪgəʊə(r)] *s (Am fam)* Kinogänger(in) *m(f);* **movie star** *s* Filmstar *m*

mov·ing ['mu:vɪŋ] *adj* **1.** beweglich **2.** (TECH) Antriebs- **3.** *(fig)* rührend; bewegend

mow [məʊ] <*irr:* **mowed, mown (mowed)**> *vt, vi* mähen; ~ **down** *(fig)* niedermähen; **mower** ['məʊə(r)] *s* **1.** Mäher *m* **2.** Mähmaschine *f;* Rasenmäher *m;* **mown** [məʊn] *vt, vi s.* **mow**

MP [ˌem'pi:] *s Abk. von* **Member of Parliament** (Parlaments)Abgeordnete(r) *f m*

MP3 [ˌempi:'θri:] *s Abk. von* **MPEG (Motion Picture Experts Group) 1 Layer 3** MP3 *nt*

mph [ˌempi:'eɪtʃ] *s Abk. von* **miles per hour** Meilen pro Stunde

Mr ['mɪstə(r)] *s Abk. von* **Mister** Herr

Mrs ['mɪsɪz] *s Abk. von* **Mistress** Frau

Ms [məz] *s (Anredeform für alle Frauen)* Frau

much [mʌtʃ] **I.** *adj, s* viel; **how** ~ wie viel; **that** ~ so viel; **too** ~ zu viel; **be too ~ for s.o.** zu viel für jdn sein; jdm zu teuer sein; **as** ~ ebensoviel; **three times as** ~ dreimal so viel; **as ~ as you want** so viel du willst; **as ~ again** noch einmal so viel; **so** ~ so viel; **make ~ of s.th.** viel Wind um etw machen **II.** *adv* **1.** sehr; viel; oft **2.** weitaus; bei weitem **3.** beinahe; ~ **to my astonishment** zu meinem großen Erstaunen; **as ~ I should like to** so gern ich möchte; **I don't care** ~ es ist mir ziemlich egal; **too** ~ so viel; so sehr; **thank you very** ~ vielen Dank; **much·ness** [-nɪs] *s (fam)*: **much of a** ~ so ziemlich dasselbe, ungefähr das Gleiche

muck [mʌk] *s* **1.** Dung *m,* Jauche *f* **2.** Dreck, Schmutz, Unrat, Kot *m* **3.** *(fig)* Schund *m;* **muck about I.** *vi (sl)* herumalbern, -blödeln **II.** *vt (jdn)* hinhalten; *(vulg)* verarschen; **muck out** *vt* ausmisten; **muck up** *vt* **1.** dreckig machen **2.** *(fig)* vermasseln; **muck·heap** *s* Misthaufen *m;* **muck·raker** ['mʌkreɪkə(r)] *s* Sensationshai *m;* **muck-up** ['mʌkʌp] *s* Durcheinander *nt;* Katastrophe *f;* **mucky** ['mʌkɪ] *adj* **1.** schmutzig, dreckig **2.** *(Boden)* matschig

mu·cous ['mju:kəs] *adj* (PHYSIOL) schleimig; ~ **membrane** Schleimhaut *f;* **mu·cus** ['mju:kəs] *s* (PHYSIOL) Schleim *m;* **mu·cus-form·ing** *adj* schleimbildend

mud [mʌd] *s* **1.** Schlamm *m;* Matsch *m* **2.** *(fig)* üble Nachrede; **drag s.o.'s name through the** ~ jds guten Namen in den Schmutz ziehen; **sling** [*o* **throw**] ~ **at** *(fig)* mit Dreck bewerfen, verleumden; **here's ~ in your eye** zum Wohl!

muddle ['mʌdl] **I.** *vt* **1.** durcheinander bringen **2.** *(fig)* verwirrt, konfus machen; ~ **along** vor sich hin wursteln; ~ **through** sich durchwursteln **II.** *s* **1.** Durcheinander *nt* **2.** *(fig)* Verwirrung *f;* **be in a** ~ ganz verwirrt sein; **make a ~ of s.th.** etw völlig durcheinander bringen; **muddle-headed** ['mʌdlˌhedɪd] *adj* zerstreut; konfus

muddy ['mʌdɪ] **I.** *adj* **1.** schmutzig, schlammig **2.** *(Flüssigkeit)* trübe; dunkel **3.** *(fig)* verworren **II.** *vt* schmutzig machen; **mud·guard** ['mʌdgɑ:d] *s (Auto)* Kotflügel *m;* *(Fahrrad)* Schutzblech *nt;* **mud-pack** *s* Schlammpackung *f;* **mud·slinger** ['mʌdslɪŋə(r)] *s (fam)* Verleumder(in) *m(f);* **mud·sling·ing** ['mʌdslɪŋɪŋ] *s (fam)* Schlechtmacherei *f*

muesli *s* Müsli *nt*

muff [mʌf] *s* Muff *m*

muf·fin ['mʌfɪn] *s (Br) meist warm gegessenes, weiches Milchbrötchen*

muffle ['mʌfl] *vt* **1.** *(~ up)* einmumme(l)n; verhüllen **2.** *(Schall)* dämpfen; abschwächen; **muf·fler** ['mʌflə(r)] *s* **1.** dicker Schal **2.** *(Am)* Auspufftopf *m*

mufti ['mʌftɪ] *s* Zivilkleidung *f;* **in** ~ in Zivil

mug [mʌg] **I.** *s* **1.** Krug *m,* Kanne *f* **2.** Becher *m* **3.** *(sl)* Trottel *m* **4.** *(sl)* Visage *f;* **that's a ~'s game** das ist doch schwachsinnig **II.** *vt* überfallen; ~ **s.th. up** [*o* **up on s.th.**] *(fam)* etw pauken; **mug·ger** ['mʌgə(r)] *s* Straßenräuber(in) *m(f);* **mug·ging** ['mʌgɪŋ] *s* Raubüberfall *m;* **mug·gins** ['mʌgɪnz] *s pl mit sing (fam)* Tölpel *m;* **and ~ would have to do it** und ich bin dann der Blöde, der es machen muss

muggy ['mʌgɪ] *adj* schwül; drückend

mug·wump ['mʌgwʌmp] *s (Am:* POL*)* Unabhängige(r) *f m*

mul·atto [mju:'lætəʊ] *s* Mulatte *m,* Mulattin *f*

mul·berry ['mʌlbrɪ] *s* Maulbeere *f;* Maulbeerbaum *m*

mule[1] [mju:l] *s* **1.** Maulesel *m,* Maultier *nt* **2.** *(Spinnerei)* Selfaktor *m;* **as stubborn as a** ~ so störrisch wie ein Maulesel

mule[2] [mju:l] *s* Pantoffel *m*

mul·ish ['mju:lɪʃ] *adj (fig)* starrköpfig, bockig, eigensinnig

mull [mʌl] *vt* **1.** *(~ over)* sich durch den Kopf gehen lassen **2.** *(alkoholisches Getränk)* erhitzen, süßen u. würzen; **~ed wine** Glühwein *m*

mul·lion ['mʌlɪən] *s* Fensterpfosten *m*
multi·colo(u)red [ˌmʌlti'kʌləd] *adj* mehrfarbig; **multi·cul·tural** [ˌmʌltɪ'kʌltʃərəl] *adj* multikulturell; ~ **society** multikulturelle Gesellschaft; **mul·ti·far·ious** [ˌmʌltɪ'feərɪəs] *adj* vielfältig, mannigfaltig, -fach; **mul·ti·form** ['mʌltɪfɔːm] *adj* vielgestaltig; **multi·func·tional** [ˌmʌltɪ'fʌnkʃənəl] *adj* multifunktional; **multi·grade oil** ['mʌltɪˌgreɪd'ɔɪl] *s* Mehrbereichsöl *nt;* **mul·ti·lat·eral** [ˌmʌltɪ'lætərəl] *adj* (POL) multilateral; **multi·lingual** [ˌmʌltɪ'lɪŋgwəl] *adj* mehrsprachig; **multi·mil·lion·aire** [ˌmʌltɪmɪljə'neə(r)] *s* Multimillionär(in) *m(f);* **multi·na·tion·al** [ˌmʌltɪ'næʃnəl] **I.** *adj* multinational **II.** *s* multinationaler Konzern; **multi-pack** *s* Multipack *m*
multiple ['mʌltɪpl] **I.** *adj* **1.** viel-, mehrfach **2.** mehrere; ~ **choice** Multiple-Choice-Verfahren *nt;* ~ **sclerosis** (MED) multiple Sklerose **II.** *s* (MATH) (das) Vielfache; **multi·pli·ca·tion** [ˌmʌltɪplɪ'keɪʃn] *s* **1.** Vervielfachung, Vermehrung *f* **2.** (MATH) Multiplikation *f;* **multi·plic·ity** [ˌmʌltɪ'plɪsətɪ] *s* Vielfalt, -fältigkeit, Vielzahl *f;* **multi·plier** ['mʌltiplaɪə(r)] *s* Multiplikator *m;* **multi·ply** ['mʌltɪplaɪ] **I.** *vt* **1.** vervielfältigen, vermehren **2.** (MATH) multiplizieren **II.** *vi* **1.** zunehmen; sich vermehren **2.** (MATH) multiplizieren
multi·pur·pose [ˌmʌltɪ'pɜːpəs] *adj attr* Mehrzweck-; **multi·racial** [ˌmʌltɪ'reɪʃl] *adj* multikulturell; **multi·stage** *adj* mehrstufig; **multi·stor(e)y** *adj* mehrgeschossig; ~ **flats** Hochhäuser *ntpl;* ~ **car park** Parkhaus *nt*
multi-tasking *s* (INFORM) Multitasking *nt* (*mehrere Programme können gleichzeitig laufen*)
multi·tude ['mʌltɪtjuːd] *s* Menge *f;* **a** ~ **of** eine Vielzahl von, eine Menge; **the** ~ die große Masse, der große Haufen; **mul·ti·tud·in·ous** [ˌmuːltɪ'tjuːdɪnəs] *adj* zahlreich; **multi-user system** [ˌmʌltɪ'uːzə(r)] *s* (INFORM) Mehrplatzrechner *m*
mum¹ [mʌm] *adj, s:* ~**'s the word!** nichts verraten!; **keep** ~ den Mund halten
mum² [mʌm] *s* (*fam*) Mutti *f*
mumble ['mʌmbl] **I.** *vt* murmeln **II.** *vi* vor sich hin murmeln
mumbo jumbo [ˌmʌmbəʊ'dʒʌmbəʊ] *s* Mumpitz *m;* Kauderwelsch *nt*
mum·mi·fi·ca·tion [ˌmʌmɪfɪ'keɪʃn] *s* Mumifizierung, Einbalsamierung *f;* **mum·mi·fy** ['mʌmɪfaɪ] *vt* mumifizieren, einbalsamieren
mummy¹ ['mʌmɪ] *s* Mumie *f*
mummy² ['mʌmɪ] *s* (*fam*) Mutti *f*
mumps [mʌmps] *s pl mit sing* (MED) Ziegenpeter, Mumps *m*
munch [mʌntʃ] *vi, vt* mampfen
mun·dane [mʌn'deɪn] *adj* **1.** irdisch, weltlich **2.** schlicht und einfach
Munich ['mjuːnik] *s* München *nt*
mu·nici·pal [mjuː'nɪsɪpl] *adj* städtisch, kommunal; ~ **administration** Stadtverwaltung *f;* **mu·nici·pal·ity** [mjuːˌnɪsɪ'pælətɪ] *s* Stadt, Gemeinde *f*
mu·ni·tions [mjuː'nɪʃənz] *s pl* Munition *f*
mural ['mjʊərəl] **I.** *adj* Wand- **II.** *s* Wandgemälde *nt,* -malerei *f*
mur·der ['mɜːdə(r)] **I.** *s* **1.** Mord *m* (*of* an) **2.** Ermordung *f;* **commit** (**a**) ~ einen Mord begehen; **be accused of** ~ unter Mordanklage stehen; **cry blue** ~ (*fam*) Zeter und Mordio schreien; **get away with** ~ sich alles erlauben können **II.** *vt* **1.** (er)morden, umbringen **2.** (*fig*) verhunzen, verderben; **mur·derer** ['mɜːdərə(r)] *s* Mörder *m;* **mur·der·ess** ['mɜːdərɪs] *s* Mörderin *f;* **mur·der·ous** ['mɜːdərəs] *adj* **1.** mörderisch **2.** blutdürstig
murky ['mɜːkɪ] *adj* **1.** trübe; dunkel **2.** (*Foto*) unscharf **3.** (*Charakter*) finster
mur·mur ['mɜːmə(r)] **I.** *s* **1.** Murmeln *nt* **2.** Murren *nt* **3.** (*Wasser*) Rauschen *nt;* **without a** ~ ohne zu murren **II.** *vi* **1.** murmeln **2.** murren (*about, against* gegen) **III.** *vt* (vor sich hin) murmeln
muscle ['mʌsl] *s* Muskel *m;* **move a** ~ sich rühren; **muscle in** *vi* (*sl*) mitmischen (*on* bei); **muscle-bound** ['mʌslbaʊnd] *adj* (über)muskulös; **muscle·man** ['mʌslmæn] <*pl* **-men**> *s* Muskelprotz *m;* **mus·cu·lar** ['mʌskjʊlə(r)] *adj* muskulös, kräftig, stark
muse [mjuːz] *vi, vt* (nach)denken, -sinnen, -grübeln (*on, over* über)
mu·seum [mjuː'zɪəm] *s* Museum *nt;* **museum piece** *s* Museumsstück *nt*
mush [mʌʃ] *s* **1.** (*Am*) (Mais)Mehlbrei *m* **2.** Brei *m;* Mus *nt*
mush·room ['mʌʃrʊm] **I.** *s* **1.** (essbarer) Pilz *m;* Champignon *m* **2.** (*Atom*) Pilz *m* **II.** *adj* **1.** pilzartig, -förmig **2.** (*fig*) wie Pilze aus dem Boden geschossen; schlagartig **III.** *vi* **1.** Pilze sammeln **2.** (*fig*) wie Pilze aus dem Boden schießen; emporschießen **3.** (*Feuer*) sich ausbreiten
mushy ['mʌʃɪ] *adj* **1.** breiig; matschig **2.** (*fig*) rührselig, schmalzig
mu·sic ['mjuːzɪk] *s* **1.** Musik *f* **2.** Musikstück *nt;* Noten *fpl* **3.** (*Stimme*) Musikalität *f;* **face the** ~ (*fam*) dafür geradestehen; **set to** ~ vertonen; **background** ~ musikalische Untermalung; **mu·si·cal** ['mjuːzɪkl] **I.** *adj* **1.** musikalisch **2.** wohlklingend, melodisch; ~ **box** Spieluhr *f;* **play** ~ **chairs**

die Reise nach Jerusalem spielen; ~ **instrument** Musikinstrument *nt* **II.** *s* Musical *nt;* **music box** *s* (*Am*) Spieldose *f;* **music cas·sette** *s* Musikkassette *f;* **music hall** *s* (*Br*) Varietee(theater) *nt*

mu·si·cian [mjuːˈzɪʃn] *s* Musiker(in) *m(f)*

mu·sic stand [ˈmjuːzɪkˌstænd] *s* Notenständer *m*

musk [mʌsk] *s* Moschus *m*

mus·ket [ˈmʌskɪt] *s* (HIST MIL) Muskete *f*

mus·ket·eer [ˌmʌskɪˈtɪə(r)] *s* Musketier *m*

musk·rat [ˈmʌskræt] *s* Bisamratte *f*

mus·lin [ˈmʌzlɪn] *s* Musselin *m*

mus·quash [ˈmʌskwɒʃ] *s* Bisamratte *f*

muss [mʌs] **I.** *s* (*Am*) Durcheinander *nt,* Unordnung *f* **II.** *vt* (*Am:* ~ *up*) durcheinander bringen, in Unordnung bringen

mus·sel [ˈmʌsl] *s* (Mies)Muschel *f*

must [mʌst] **I.** *aux* **1.** müssen **2.** (*in verneinten Sätzen*) dürfen; **you ~ go** Sie müssen gehen; ~ **I?** ja, wirklich?; muss das sein?; **you ~n't do that** Sie dürfen das nicht tun; **I ~ have lost it** ich muss es wohl verloren haben; **you ~ be hungry** Sie haben doch bestimmt Hunger; **he ~ come just now** natürlich muss er gerade jetzt kommen **II.** *s* Notwendigkeit *f,* Muss *nt;* **this book is a ~** dieses Buch muss man gelesen haben

mus·tache [ˈmʌstæʃ] *s* (*Am*) Schnurrbart *m;* **mus·tachio** [məˈstɑːʃɪəʊ] <*pl* -tachios> *s* Schnauzbart *m*

mus·tang [ˈmʌstæŋ] *s* Mustang *m*

mus·tard [ˈmʌstəd] **I.** *s* Senf *m;* Senfgelb *nt;* **be as keen as ~** Feuer und Flamme sein **II.** *adj* senffarben

mus·ter [ˈmʌstə(r)] **I.** *vt* **1.** (MIL) antreten lassen; zusammentreiben **2.** (~ *up*) zusammenbekommen; aufbringen; aufbieten; ~ (**up**) **courage/strength** allen Mut/seine ganze Kraft zusammennehmen **II.** *vi* sich versammeln **III.** *s* (MIL) Antreten *nt,* Appell *m;* **pass ~** (*fig*) den Anforderungen genügen

mustn't [ˈmʌsnt] = **must not**

musty [ˈmʌstɪ] *adj* **1.** dumpfig, muffig **2.** (*Bücher*) moderig

mu·table [ˈmjuːtəbl] *adj* **1.** veränderlich, variabel **2.** (BIOL) mutationsfähig; **mu·ta·tion** [mjuːˈteɪʃn] *s* **1.** (Ver)Änderung *f;* Wandel *m* **2.** (BIOL) Mutation *f*

mute [mjuːt] **I.** *adj* **1.** (*a.* LING) stumm **2.** (*Wut*) sprachlos **II.** *s* **1.** Stumme(r) *f m* **2.** (GRAM) stummer Buchstabe **3.** (MUS) (Schall)Dämpfer *m* **III.** *vt* (MUS) dämpfen

mu·ti·late [ˈmjuːtɪleɪt] *vt* verstümmeln; **mu·ti·la·tion** [ˌmjuːtɪˈleɪʃn] *s* Verstümmelung *f*

mu·tin·eer [ˌmjuːtɪˈnɪə(r)] *s* Meuterer *m;* **mu·ti·nous** [ˈmjuːtɪnəs] *adj* **1.** meuternd **2.** meuterisch, aufrührerisch; **mu·tiny** [ˈmjuːtɪnɪ] **I.** *s* Meuterei *f* **II.** *vi* meutern

mut·ter [ˈmʌtə(r)] **I.** *vi* **1.** murmeln **2.** murren **II.** *vt* murmeln, brummen **III.** *s* Gemurmel *nt*

mut·ton [ˈmʌtn] *s* Hammelfleisch *nt;* **be as dead as ~** mausetot sein; **she's ~ dressed as lamb** sie macht auf jung; **mut·ton·chops** *s pl* (*Bart*) Koteletten *pl*

mu·tual [ˈmjuːtʃʊəl] *adj* gegen-, wechselseitig; gemeinsam; beiderseitig; **by ~ consent** in gegenseitigem Einverständnis; **for ~ benefit** zu beiderseitigem Nutzen; **the feeling is ~** das beruht auf Gegenseitigkeit; **mutual insurance** *s* Versicherung *f* auf Gegenseitigkeit; **mu·tual·ly** [ˈmjuːtʃʊəlɪ] *adv* gegenseitig

muzak [ˈmjuːzæk] *s* (*pej*) Berieselungsmusik *f*

muzzle [ˈmʌzl] **I.** *s* **1.** Maul *nt* **2.** Maulkorb *m* **3.** (*Gewehr*) Mündung *f;* **~-loader** Vorderlader *m* **II.** *vt* **1.** einen Maulkorb anlegen (*s.o.* jdm) **2.** (*fig: Presse*) mundtot machen; ersticken

muzzy [ˈmʌzɪ] *adj* **1.** benommen, benebelt **2.** (*Erinnerung*) verschwommen

my [maɪ] **I.** *pron* mein; **this car is ~ own** das ist mein Auto **II.** *interj* ach du Schreck!

my·opia [maɪˈəʊpɪə] *s* Kurzsichtigkeit *f;* **my·opic** [maɪˈɒpɪk] *adj* kurzsichtig

myr·iad [ˈmɪrɪəd] **I.** *s* Myriade *f;* **a ~ of** Myriaden von **II.** *adj* unzählige

myrrh [mɜː(r)] *s* Myrrhe *f*

myrtle [ˈmɜːtl] *s* Myrte *f*

my·self [maɪˈself] *pron* **1.** mich *acc,* mir *dat* **2.** (*betont*) (ich) selbst; **I said to ~** ich sagte mir; **I hurt ~** ich habe mir weh getan; **I said so ~** das habe ich auch gesagt; **I'm not ~ today** ich bin heute nicht ganz auf der Höhe; (**all**) **by ~** (ganz) allein; ohne Hilfe; **I'll do it ~** das mache ich selbst

mys·teri·ous [mɪˈstɪərɪəs] *adj* geheimnisvoll; rätselhaft, mysteriös; **mys·tery** [ˈmɪstərɪ] *s* **1.** Geheimnis, Rätsel *nt* (*to* für) **2.** (*a.* REL) Mysterium *nt;* **~ play** Mysterienspiel *nt;* **~ story** Kriminalgeschichte *f*

mys·tic [ˈmɪstɪk] **I.** *adj* **1.** mystisch **2.** (*Worte*) rätselhaft, mysteriös **II.** *s* Mystiker(in) *m(f);* **mys·ti·cal** [ˈmɪstɪkl] *adj* mystisch; **mys·ti·cism** [ˈmɪstɪsɪzəm] *s* Mystizismus *m;* Mystik *f*

mys·ti·fi·ca·tion [ˌmɪstɪfɪˈkeɪʃn] *s* **1.** Verwirrung *f* **2.** Verwunderung, Verblüffung *f;* **mys·tify** [ˈmɪstɪfaɪ] *vt* vor ein Rätsel stellen; **mys·tique** [mɪsˈtiːk] *s* geheimnisvolle Ausstrahlung, Aura *f*

myth [mɪθ] *s* **1.** Mythos, Mythus *m* **2.** (*fig*) Fabel, Fiktion *f;* **mythi·cal** [ˈmɪθɪkl] *adj*

1. mythisch **2.** (*fig*) fiktiv, erfunden

mytho·logi·cal [ˌmɪθəˈlɒdʒɪkl] *adj* mythologisch; **myth·ol·ogy** [mɪˈθɒlədʒɪ] *s* Mythologie *f*

N

N, n [en] <*pl* -'s> *s* N, n *nt*

nab [næb] *vt* (*fam*) **1.** schnappen; erwischen **2.** klauen

na·dir ['neɪdɪə(r)] *s* **1.** (ASTR) Nadir *m* **2.** (*fig*) Tiefpunkt *m;* **at the ~** (*fig*) auf dem Nullpunkt

naff [næf] *adj* (*sl*) ätzend; (*Person, Sache*) verstaubt; (*Aktivität*) verschnarcht; **~ off!** verschwinde!

NAFTA ['næftə] *s no pl Abk. von* **North American Free Trade Agreement/Area** NAFTA *f* (*Freihandelsabkommen/-zone zwischen den USA, Kanada und Mexiko*)

nag[1] [næg] **I.** *vt* (dauernd) herumnörgeln an; **~ s.o. to do s.th.** jdm die Hölle heiß machen, damit er etw tut **II.** *vi* schimpfen, meckern, keifen (*at* mit) **III.** *s* Nörgler(in) *m(f)*

nag[2] [næg] *s* Klepper *m,* Mähre *f*

nag·ger ['nægə(r)] *s* Nörgler(in) *m(f);* **nag·ging** ['nægɪŋ] *adj* **1.** nörgelnd **2.** (*Schmerz*) bohrend

nail [neɪl] **I.** *s* (ANAT TECH) Nagel *m;* **as hard as ~s** (*fig*) knallhart; zäh wie Leder; **on the ~** (*fig*) auf der Stelle; **hit the ~ on the head** (*fig*) den Nagel auf den Kopf treffen **II.** *vt* **1.** nageln **2.** (*fig*) festnageln; **~ s.th. to the wall** etw an die Wand nageln; **be ~ed to the ground** wie festgenagelt sein; **~ s.o. down** jdn festnageln (*to* auf); **~ up** an-, zunageln; **nail-bit·ing** ['neɪlbaɪtɪŋ] **I.** *s* Nägelkauen *nt* **II.** *adj* **1.** atemberaubend **2.** spannungsgeladen; **nail brush** ['neɪlbrʌʃ] *s* Nagelbürste *f;* **nail clippers** *s pl* Nagelknipser *m;* **nail enamel remover** *s* Nagellackentferner *m;* **nail file** *s* Nagelfeile *f;* **nail polish** *s* (*Am*) Nagellack *m;* **nail scissors** *s pl* Nagelschere *f;* **nail varnish** *s* (*Br*) Nagellack *m*

naïve, naive [naɪ'iːv] *adj* naiv; **naïveté, naïvety** [naɪ'iːveɪ, naɪ'iːvətɪ] *s* Naivität *f*

na·ked ['neɪkɪd] *adj* **1.** nackt, bloß, unverhüllt **2.** kahl, dürr; leer; **go ~** nackt gehen; **~ as the day he was born** splitterfasernackt; **with the ~ eye** mit bloßem Auge; **the ~ fact** nackte Tatsache; **the ~ truth** die reine Wahrheit; **naked·ness** [-nɪs] *s* Nacktheit *f;* (*fig*) Blöße *f*

namby-pamby [ˌnæmbɪ'pæmbɪ] **I.** *adj* (*pej*) **1.** verweichlicht **2.** unentschlossen **II.** *s* (*pej*) Mutterkind *nt;* (*Junge*) Muttersöhnchen *nt*

name [neɪm] **I.** *s* **1.** Name *m* **2.** Ruf *m;* **know s.o. by ~** jdn dem Namen nach kennen; **what's your ~?** wie heißen Sie?; **in ~ only** nur dem Namen nach; **in the ~ of** im Namen *+gen;* **under the ~ of ...** unter dem Namen ...; **not to have a penny to one's ~** keinen Pfennig besitzen; **call s.o. ~s** jdn beschimpfen; **have a good ~** einen guten Ruf haben; **have a ~ for** bekannt sein für; **make a ~ for o.s.** sich einen Namen machen; **put one's ~ down for** kandidieren für; sich anmelden zu; **get a bad ~** in Verruf kommen; **big ~** bedeutende Persönlichkeit; **the ~ of the game** der Zweck, das Wesentliche der Sache **II.** *vt* **1.** (be)nennen, einen Namen geben (*s.o.* jdm), taufen **2.** bezeichnen **3.** nennen **4.** ernennen (*for, to* für, zu); **a person ~d X** jd mit Namen X; **~ a child after s.o.** ein Kind nach jdm nennen; **~ s.o. director** jdn zum Direktor ernennen; **~ s.o. as s.th.** jdn als etw bezeichnen; **~ your price** nennen Sie Ihren Preis; **name check** *s* Namensnennung *f;* **name-day** *s* Namenstag *m;* **name-drop** ['neɪmdrɒp] *vi Namen von Prominenten, die man angeblich kennt, erwähnen;* **name-drop·ping** ['neɪmdrɒpɪŋ] *s* Name-dropping *nt;* **name·less** ['neɪmlɪs] *adj* **1.** namenlos; unbekannt **2.** unbenannt, ungenannt **3.** (*Verbrechen*) unaussprechlich **4.** (*Gefühl*) unsagbar, unbeschreiblich; **in ~ fear** in namenloser Angst; **name·ly** ['neɪmlɪ] *adv* nämlich; **name·plate** ['neɪmpleɪt] *s* Namensschild *nt;* **name·sake** ['neɪmseɪk] *s* Namensvetter *m*

Nami·bia [næ'mɪbɪə] *s* Namibia *nt;* **Nami·bian** [næ'mɪbɪən] **I.** *adj* namibisch **II.** *s* Namibier(in) *m(f)*

nan·ny ['nænɪ] *s* **1.** Kindermädchen *nt* **2.** (*Kindersprache*) Omi *f;* **nanny goat** ['nænɪgəʊt] *s* Ziege, Geiß *f;* **nan·ny·ish** *adj* überfürsorglich

na·no·me·tre ['nænəʊˌmiːtə] *s* Nanometer *m,* nm (*ein milliardstel Meter*)

na·no·sec·ond ['nɑːnəʊ'sekənd] *s* Nanosekunde *f,* ns (*eine milliardstel Sekunde*)

na·no·tech·nol·ogy [ˌnænəʊtek'nɒlədʒi] *s no pl* Nanotechnologie *f*

nap[1] [næp] **I.** *vi:* **catch s.o. ~ping** jdn überrumpeln **II.** *s* Schläfchen, Nickerchen *nt;* **take a ~** ein Nickerchen machen

nap² [næp] *s* (*Textil*) Flor *m*

na·palm ['neɪpɑːm] **I.** *vt* (MIL) mit Napalm bombardieren **II.** *s* Napalm *nt;* **napalm bomb** *s* Napalmbombe *f*

nape [neɪp] *s* (~ *of the neck*) Nacken *m*

nap·kin ['næpkɪn] *s* **1.** Serviette *f* **2.** Windel *f*

nappy ['næpɪ] *s* (*Br*) Windel *f;* **nappy liner** *s* Windeleinlage *f*

nar·cissus [nɑː'sɪsəs, *pl* -'sɪsaɪ] <*pl* -cissi> *s* Narzisse *f*

nar·co·sis [nɑː'kəʊsɪs] *s* Narkose *f;* **nar·cotic** [nɑː'kɒtɪk] **I.** *adj* narkotisch, betäubend **II.** *s* Rauschgift *nt;* **~s squad** Rauschgiftdezernat *nt;* **traffic in ~s** Rauschgifthandel *m*

nark [nɑːk] **I.** *s* (*sl*) Spitzel *m* **II.** *vt* (*sl*) ärgern

nar·rate [nə'reɪt] *vt* erzählen; berichten; **nar·ra·tion** [nə'reɪʃn] *s* **1.** Erzählung *f;* Bericht *m* **2.** Schilderung *f;* **nar·ra·tive** ['nærətɪv] **I.** *adj* erzählend; mitteilsam **II.** *s* **1.** Erzählung *f;* Text *m* **2.** Erzählen *nt;* Schilderung *f;* **nar·rator** [nə'reɪtə(r)] *s* Erzähler(in) *m(f)*

nar·row ['nærəʊ] **I.** *adj* **1.** eng, schmal **2.** (*Ideen*) engstirnig, beschränkt **3.** (*Verhältnisse*) dürftig, eng **4.** (*Sieg*) knapp **5.** genau, gründlich, sorgfältig; **by a ~ margin** knapp; **have a ~ mind** engstirnig sein; **in the ~est sense** im engsten Sinne (des Wortes); **with a ~ majority** mit knapper Mehrheit; **have a ~ escape** mit knapper Not davonkommen; **that was a ~ squeak** (*fam*) das war knapp **II.** *vi* sich verengen; enger, schmäler werden; **~ down to** hinauslaufen auf **III.** *vt* (~ *down*) einengen; begrenzen; **~ one's eyes** die Augen zusammenkneifen **IV.** *s pl* enge Stelle; **narrow boat** *s* Kanalboot *nt;* **narrow-gauge** *adj* Schmalspur-, schmalspurig; **nar·row·ly** [-lɪ] *adv* **1.** beinahe, fast, mit knapper Not **2.** (*untersuchen*) sehr genau; **he ~ escaped drowning** er wäre fast ertrunken; **nar·row-minded** [ˌnærəʊ'maɪndɪd] *adj* engstirnig

na·sal ['neɪzl] **I.** *adj* **1.** (LING) nasal **2.** (*Stimme*) näselnd **II.** *s* (LING) Nasallaut *m*

nasti·ness ['nɑːstɪnəs] *s* Ekelhaftigkeit, Bösartigkeit, Abscheulichkeit *f*

nas·tur·tium [nə'stɜːʃəm] *s* Kapuzinerkresse *f*

nasty ['nɑːstɪ] *adj* **1.** scheußlich; ekelhaft **2.** (*Überraschung*) böse, unangenehm **3.** (*Wetter*) abscheulich **4.** (*Verbrechen*) abscheulich **5.** (*fig*) gemein, garstig **6.** (*Bemerkung*) gehässig, übel **7.** (*Krankheit*) schwer **8.** (*Film*) anstößig; ekelhaft; **he turned ~** er wurde unangenehm; **he has a ~ temper** mit ihm ist nicht gut Kirschen essen

na·tal ['neɪtl] *adj* Geburts-; **na·tal·ity** [nə'tælɪtɪ] *s* (*Am*) Geburtenziffer *f*

na·tion ['neɪʃn] *s* Volk *nt,* Nation *f;* **address the ~** zum Volk sprechen; **member ~** Mitgliedsstaat *m;* **na·tion·al** ['næʃnəl] **I.** *adj* national; staatlich; **~ anthem** Nationalhymne *f;* **~ assembly** Nationalversammlung *f;* **~ costume** Volkstracht *f;* **~ currency** Landeswährung *f;* **~ debt** Staatsschuld *f;* **~ defence** Landesverteidigung *f;* **National Front, NF** (*in GB*) *rechtsradikale Partei;* **National Guard** (*in den USA*) Nationalgarde *f;* **National Health Service, NHS** (*in GB*) Staatlicher Gesundheitsdienst; **~ income** Volkseinkommen *nt;* **~ insurance** Sozialversicherung *f;* **~ park** Nationalpark *m;* **~ product** Sozialprodukt *nt;* **~ security** Staatssicherheit *f;* **~ service** Wehr-, Militärdienst *m;* **~ status** Staatsangehörigkeit *f;* **~ wealth** Volksvermögen *nt* **II.** *s* **1.** Staatsangehörige(r) *f m* **2.** überregionale Zeitung; **na·tion·al·ism** ['næʃnəlɪzəm] *s* Nationalismus *m;* **na·tion·al·ist** ['næʃnəlɪst] **I.** *s* Nationalist(in) *m(f)* **II.** *adj* nationalistisch; **na·tion·al·istic** [ˌnæʃnə'lɪstɪk] *adj* nationalistisch; **na·tion·al·ity** [ˌnæʃə'nælətɪ] *s* Staatsangehörigkeit, Nationalität *f;* **na·tion·al·iz·ation** [ˌnæʃnəlaɪ'zeɪʃn] *s* Verstaatlichung, Nationalisierung *f;* **na·tion·al·ize** ['næʃnəlaɪz] *vt* verstaatlichen, nationalisieren; **na·tion·wide** [ˌneɪʃn'waɪd] *adv, adj* landesweit

N

na·tive ['neɪtɪv] **I.** *adj* **1.** Heimat-; Mutter- **2.** gebürtig (*of* aus) **3.** (*Produkt*) einheimisch, inländisch **4.** angeboren; **~ country** Vaterland *nt;* **~ language** Muttersprache *f;* **~ port** Heimathafen *m;* **the ~ inhabitants** die Einheimischen; **go ~** wie die Eingeborenen leben; **~ speaker** Muttersprachler(in) *m(f)* **II.** *s* Einheimische(r), Eingeborene(r) *f m,* Ureinwohner(in) *m(f);* **a ~ of Germany** ein gebürtiger Deutscher, eine gebürtige Deutsche; **be a ~ of ...** in ... beheimatet sein

na·tiv·ity [nə'tɪvətɪ] *s* Geburt *f;* **the Nativity** die Geburt Christi; **~ play** Krippenspiel *nt*

NATO ['neɪtəʊ] *s Abk. von* **North Atlantic Treaty Organization** NATO *f;* **NATO Alliance** *s* Nordatlanisches Verteidigungsbündnis

nat·ter ['nætə(r)] **I.** *vi* (*fam*) schwätzen **II.** *s* (*fam*) Schwatz *m*

natty ['nætɪ] *adj* **1.** schick, adrett **2.** handlich

natu·ral ['nætʃrəl] **I.** *adj* **1.** (*a.* MATH) natürlich **2.** (*Rechte*) naturgegeben **3.** (*Fähigkeit*) angeboren **4.** (*Art*) natürlich **5.** (*Abbildung*) naturgetreu **6.** (*Eltern*) leiblich **7.** (MUS) ohne Vorzeichen; **die a ~ death** eines natürlichen Todes sterben; **in it's ~ state** im Naturzustand; **he's a ~ orator** er ist ein geborener Redner **II.** *s* **1.** (*Mensch*) Naturtalent *nt* **2.** (MUS) ganze Note; Auflösungszeichen *nt;* **natural childbirth** *s* natürliche Geburt; **natural cosmetics** *s* Naturkosmetik *f;* **natural gas** *s* Erdgas *nt;* **natural history** *s* Naturkunde *f;* **natu·ral·ism** ['nætʃrəlɪzəm] *s* Naturalismus *m;* **natu·ral·ist** ['nætʃrəlɪst] *s* **1.** Naturforscher(in) *m(f)* **2.** (*Kunst, Literatur*) Naturalist(in) *m(f);* **natu·ral·ize** ['nætʃrəlaɪz] *vt* **1.** einbürgern **2.** (*Tier, Pflanze*) akklimatisieren; heimisch machen; **become ~d** eingebürgert werden; heimisch werden; **natu·ral·ly** ['nætʃrəlɪ] *adv* **1.** von Natur aus **2.** natürlich, instinktiv **3.** natürlich; **s.th. comes ~ to s.o.** etw fällt jdm leicht; **natural resources** *s pl* Naturschätze *mpl;* **natural science** *s* Naturwissenschaft *f;* **natural selection** *s* natürliche Auslese; **natural sign** *s* (MUS) Auflösungszeichen *nt;* **natural wastage** *s* natürlicher Arbeitskräfteabgang

na·ture ['neɪtʃə(r)] *s* **1.** Natur *f* **2.** (*eines Menschen*) Wesen *nt,* Natur *f* **3.** (*Material*) Beschaffenheit *f;* **against ~** gegen die Natur; **by ~** von Natur aus; **from ~** nach der Natur; **it's not in my ~** es entspricht nicht meiner Art; **~ of the ground** Bodenbeschaffenheit *f;* **human ~** die menschliche Natur; **things of this ~** derartiges; **it's in the ~ of things** das liegt in der Natur der Sache; **nature conservancy** *s* Naturschutz *m;* **nature lover** *s* Naturfreund *m;* **nature reserve** *s* Naturschutzgebiet *nt;* **nature study** *s* Naturkunde *f;* **nature trail** *s* Naturlehrpfad *m;* **nature worship** *s* Naturreligion *f;* **na·tur·ist** ['neɪtʃərɪst] *s* Anhänger *m* der Freikörperkultur

naughty ['nɔ:tɪ] *adj* **1.** unartig, ungezogen, frech **2.** (*Wort*) unanständig

nausea ['nɔ:sɪə] *s* **1.** (MED) Übelkeit *f;* Brechreiz *m* **2.** (*fig*) Widerwille *m;* **a feeling of ~** ein Gefühl des Ekels; **naus·eate** ['nɔ:sɪeɪt] *vt* Übelkeit erregen (*s.o.* jdm); **naus·eat·ing** ['nɔ:sɪeɪtɪŋ] *adj* Ekel erregend; widerlich; **naus·eous** ['nɔ:sɪəs] *adj* **1.** (MED) Übelkeit erregend **2.** (*fig*) widerlich

nauti·cal ['nɔ:tɪkl] *adj* seemännisch; nautisch; See-; **a ~ nation** eine Seefahrernation; **nautical mile** *s* Seemeile *f* (*1,852 km*)

na·val ['neɪvl] *adj* Flotten-, Marine-; **naval academy** *s* Marineakademie *f;* **naval base** *s* Flottenstützpunkt *m;* **naval power** *s* Seemacht *f;* **naval warfare** *s* Seekrieg *m*

nave [neɪv] *s* (*in der Kirche*) Haupt-, Mittel-, Längsschiff *nt*

na·vel ['neɪvl] *s* **1.** (ANAT) Nabel *m* **2.** (*~ orange*) Navelorange *f;* **na·vel-gaz·ing** *s* Nabelschau *f*

navi·gable ['nævɪgəbl] *adj* **1.** schiffbar **2.** (*Ballon*) lenkbar; **navi·gate** ['nævɪgeɪt] **I.** *vi* navigieren **II.** *vt* **1.** (*Strecke*) befahren, befliegen **2.** (*Schiff, Flugzeug*) navigieren; **~ the internet** surfen; **navi·ga·tion** [ˌnævɪ'geɪʃn] *s* **1.** Schiffsverkehr *m* **2.** (AVIAT) Navigation *f;* **coastal/high-sea/inland/river ~** Küsten-/Hochsee-/Binnen-/Flussschiffahrt *f;* **~ chart** Navigationskarte *f;* **~ route** Schiffahrtsstraße *f;* **navi·gator** ['nævɪgeɪtə(r)] *s* **1.** (MAR) Navigationsoffizier *m* **2.** (AVIAT) Navigator(in) *m(f)* **3.** (AUTO) Beifahrer(in) *m(f)*

navvy ['nævɪ] *s* (*Br*) Bauarbeiter *m;* Straßenarbeiter *m*

navy ['neɪvɪ] *s* **1.** (Kriegs)Marine *f* **2.** (*~ blue*) Marineblau *nt*

nay [neɪ] *s* Neinstimme *f;* **nay·sayer** ['neɪˌseɪə(r)] *s* Schwarzmaler(in) *m(f)*

Nazi ['nɑ:tsɪ] **I.** *s* Nazi *m* **II.** *adj* Nazi-; **Naz·ism** ['nɑ:tsɪzəm] *s* Nazismus *m*

NB [en'bi:] *s Abk. von* **nota bene** NB

NCO [ˌensi:'əʊ] *s Abk. von* **non-commissioned officer** Uffz., Unteroffizier *m*

neap [ni:p] *adj:* **~ tide** Nippflut *f*

near [nɪə(r)] **I.** *adj* **1.** (*räumlich, zeitlich*) nahe **2.** (*verwandt*) nah; vertraut **3.** (*Ähnlichkeit*) groß; **a ~ and dear friend** ein lieber und teurer Freund; **a ~ accident** beinahe ein Unfall; **have a ~ escape** mit knapper Not davonkommen; **that was a ~ miss** [*o* **thing**] das war knapp **II.** *adv* **1.** (*räumlich, zeitlich*) nahe **2.** genau; exakt **3.** beinahe, fast; **be ~** in der Nähe sein; (*Ereignis*) bevorstehen; (*Ende, Hilfe*) nahe sein; **~ at hand** zur Hand; (*Ereignis*) kurz bevorstehend; **~ to tears** den Tränen nahe; **come ~er** näherkommen; **as ~ as I can guess** soweit ich es erraten kann; **they're the same height or as ~ as makes no difference** sie sind so gut wie gleich groß; **it's nowhere ~ enough** das ist bei weitem nicht genug **III.** *prep* **1.** nahe an; in der Nähe von **2.** (*zeitlich*) gegen **3.** ähnlich; **be ~ the house** in der Nähe des Hauses sein; **~ there** dort in der Nähe; **be ~est to s.th.** einer Sache am nächsten sein; **~ to death** dem Tode nahe; **be ~ doing s.th.** nahe daran sein etw zu tun **IV.** *vt* sich nähern, näherkommen (*s.th.* einer S); **it is ~ing completion** es ist beinahe fertig gestellt; **near·by** ['nɪəbaɪ] **I.** *adv* in der Nähe **II.** *adj* nahe gelegen; **Near East** *s* Naher Osten; **near·ly** ['nɪəlɪ] *adv* fast, beinahe; **not ~** (auch) nicht annähernd; **near miss** *s* Beinahezusammenstoß *m;* **near·side** ['nɪəsaɪd] *adj* auf der Beifahrerseite; **near-sighted** [ˌnɪə'saɪtɪd] *adj* kurzsichtig; **near·sighted·ness** [ˌnɪə'saɪtɪdnɪs] *s* Kurzsichtigkeit *f*

neat [niːt] *adj* **1.** ordentlich, sauber; gepflegt **2.** gefällig, angenehm, nett **3.** (*Mensch*) hübsch **4.** (*Äußerung*) kurz und bündig, treffend **5.** (*Arbeit*) gelungen; (*Stil*) gewandt **6.** (*alkoholisches Getränk*) pur, unverdünnt **7.** (*Am*) prima; tadellos; **neat·ness** ['niːtnəs] *s* **1.** Ordentlichkeit *f;* Sauberkeit *f* **2.** nettes Aussehen **3.** Gewandtheit, Eleganz *f*

nebu·lous ['nebjʊləs] *adj* **1.** (ASTR) neblig **2.** (*fig*) vag(e), unbestimmt, unklar

ne·ces·sari·ly ['nesəsərɪlɪ, ˌnesə'serɪlɪ] *adv* notwendigerweise, unbedingt; **ne·ces·sary** ['nesəsərɪ] **I.** *adj* **1.** notwendig, nötig, erforderlich, unerlässlich (*to, for* für) **2.** (*Ergebnis*) unausweichlich; **it's ~ to ...** man muss ...; **become ~ to s.o.** jdm unentbehrlich werden; **if ~** wenn nötig **II.** *s:* **the ~** das Notwendige; **ne·cessi·tate** [nɪ'sesɪteɪt] *vt* notwendig, erforderlich machen

necess·ity [nɪ'sesətɪ] *s* **1.** Notwendigkeit, Unerlässlich-, Unumgänglichkeit *f* **2.** dringendes Bedürfnis **3.** Not, Armut *f;* **in case of ~** im Notfall; **of** [*o* **by**] **~** notwendigerweise; **bow to ~** sich der Gewalt beugen; **make a virtue of ~** aus der Not eine Tugend machen; **the bare necessities of life** das Notwendigste zum Leben

neck [nek] **I.** *s* **1.** Hals *m;* Genick *nt* **2.** (*Kleidung*) Ausschnitt *m* **3.** (*einer Flasche*) Hals *m* **4.** Landenge *f;* **break one's ~** sich das Genick brechen; **risk one's ~** Kopf und Kragen riskieren; **save one's ~** seinen Hals aus der Schlinge ziehen; **win by a ~** um eine Kopflänge gewinnen; **be up to one's ~ in work** bis über die Ohren in Arbeit stecken; **get it in the ~** (*sl*) eins aufs Dach kriegen; **stick one's ~ out** Kopf und Kragen riskieren; **it's ~ or nothing** alles oder nichts; **~ and ~** Kopf an Kopf **II.** *vi* (*sl*) knutschen; **neck·lace** ['neklɪs] *s* Halskette *f;* **neck·let** ['neklɪt] *s* Halskettchen *nt;* **neck·line** ['neklaɪn] *s* (*Kleid*) Ausschnitt *m;* **with a low ~** tief ausgeschnitten; **neck·roll** ['nekrəʊl] *s* Nackenrolle *f;* **neck·tie** ['nektaɪ] *s* Krawatte *f,* Schlips *m*

nec·tar ['nektə(r)] *s* (*von Blüten*) Nektar *m*

nec·tar·ine ['nektərɪn] *s* Nektarine *f*

née [neɪ] *adj* (*vor dem Mädchennamen*) geborene

need [niːd] **I.** *s* **1.** Notwendigkeit *f* **2.** Bedürfnis *nt* **3.** Not(lage), Bedürftigkeit, Armut *f* **4.** Mangel *m* (*of* an); **if ~ be** nötigenfalls; **in case of ~** notfalls; **there is no ~ for s.th.** etw ist nicht nötig; **there is no ~ to do s.th.** etw braucht nicht getan zu werden; **have no ~ of s.th.** etw nicht brauchen; **in times of ~** in Zeiten der Not; **be in great ~** große Not leiden; **my ~s are few** ich stelle nur geringe Ansprüche **II.** *vt* **1.** nötig haben, brauchen **2.** bedürfen, bedürftig sein (*s.th.* einer S) **3.** müssen (*do, to do* tun); **~ no introduction** keine spezielle Einführung benötigen; **s.th. ~s doing** [*o* **to be done**] etw muss gemacht werden; **not to ~ to do s.th.** etw nicht zu tun brauchen **III.** *aux* brauchen, müssen, nötig sein; **~ he go?** muss er gehen?; **you ~n't wait** du brauchst nicht zu warten; **it ~ not follow that ...** daraus folgt nicht unbedingt, dass ...

needle ['niːdl] **I.** *s* Nadel *f;* **look for a ~ in a haystack** eine Stecknadel im Heuhaufen suchen; **give s.o. the ~** (*fam*) jdn reizen **II.** *vt* (*fam*) ärgern, sticheln

needle match ['niːdlmætʃ] *s* spannendes Spiel

need·less ['niːdlɪs] *adj* unnötig; überflüssig; **~ to say** natürlich

needle·work ['niːdlwɜːk] *s* Handarbeit *f*

needs [niːdz] *adv:* **if you ~ must do it** wenn du es durchaus tun willst

need-to-know [niːd'tuː'nəʊ] *s* Wissenswerte *nt*

needy ['niːdɪ] *adj* bedürftig, notleidend

ne'er-do-well ['neəduːwel] *s* Tunichtgut *m*

nef·arious [nɪ'feərɪəs] *adj* ruchlos

ne·gate [nɪ'geɪt] *vt* **1.** verneinen, (ab-, ver)leugnen **2.** zunichte machen; **ne·ga·tion** [nɪ'geɪʃn] *s* **1.** Verneinung *f* **2.** Negation *f*

nega·tive ['negətɪv] **I.** *adj* **1.** negativ **2.** (*Antwort*) verneinend **3.** (GRAM) verneint; **~ sign** Minuszeichen *nt* **II.** *s* **1.** (*a.* GRAM) Verneinung *f* **2.** (MATH) negative Größe **3.** (PHOT) Negativ *nt* **4.** (GRAM) Negation *f;* **in the ~** negativ; **answer in the ~** eine verneinende Antwort geben; mit Nein antworten

ne·glect [nɪ'glekt] **I.** *vt* **1.** vernachlässigen **2.** (*Gelegenheit*) versäumen, unterlassen (*to do, doing* zu tun) **3.** (*Versprechen*) nicht einhalten **4.** (*Rat*) nicht befolgen **II.** *s* Vernachlässigung *f;* Nachlässigkeit *f;* Versäumnis *nt;* **~ of one's duties** Pflichtvergessenheit *f;* **ne·glect·ful** [nɪ'glektfl] *adj* nachlässig (*of* gegenüber)

neg·li·gence ['neglɪdʒəns] *s* **1.** Nachlässig-

N

keit, Unachtsamkeit *f* **2.** (JUR) Fahrlässigkeit *f;* **gross ~** grobe Fahrlässigkeit; **neg·li·gent** ['neglɪdʒənt] *adj* **1.** nachlässig, unachtsam (*of* gegen) **2.** (JUR) fahrlässig; **be ~ of s.o.** jdn vernachlässigen; **neg·li·gible** ['neglɪdʒəbl] *adj* **1.** (*Summe*) geringfügig, unerheblich **2.** unwesentlich, nebensächlich

ne·go·ti·able [nɪ'gəʊʃɪəbl] *adj* **1.** (COM) übertragbar; verkäuflich **2.** (*Weg*) passierbar; befahrbar; **not ~** nicht übertragbar; **ne·go·ti·ate** [nɪ'gəʊʃɪeɪt] **I.** *vt* **1.** verhandeln (über), aus-, unterhandeln **2.** (COM) handeln mit; tätigen **3.** (*fam: Hindernis, Kurve*) nehmen, überwinden, bewältigen **II.** *vi* ver-, unterhandeln (*for, about* um, wegen); **ne·go·ti·at·ing com·mit·tee** [nə,gəʊʃɪeɪtɪŋ,kə'mɪtɪ] *s* Verhandlungsausschuss *m;* **ne·go·ti·ation** [nɪ,gəʊʃɪ'eɪʃn] *s* **1.** Verhandlung *f;* Aushandlung *f* **2.** (*fam*) Nehmen, Überwinden *nt;* **by way of ~s** auf dem Verhandlungswege; **it's a matter for ~** darüber muss verhandelt werden; **be in ~s with** in Verhandlungen stehen mit; **enter into ~s with** in Verhandlungen (ein)treten mit; **ne·go·ti·ator** [nɪ'gəʊʃɪeɪtə(r)] *s* Unterhändler(in) *m(f)*

Ne·gress ['ni:gres] *s* Negerin *f pej;* **Ne·gro** ['ni:grəʊ] <*pl* **-groes**> *s* Neger *m pej*

neigh [neɪ] **I.** *vi* wiehern **II.** *s* Wiehern *nt*

neigh·bor (*Am*) *s.* **neighbour**; **neigh·bor·hood** (*Am*) *s.* **neighbourhood**; **neigh·bor·ing** (*Am*) *s.* **neighbouring**; **neigh·bor·ly** (*Am*) *s.* **neighbourly**

neigh·bour ['neɪbə(r)] **I.** *s* Nachbar(in) *m(f)* **II.** *vt, vi* (*~ on*) angrenzen an; **neigh·bour·hood** [-hʊd] *s* **1.** Nachbarschaft *f* **2.** Viertel *nt,* Gegend *f;* **in the ~ of** in der Nähe von; **neigh·bour·ing** [-ɪŋ] *adj* benachbart, angrenzend; umliegend; **~ community** Nachbargemeinde *f;* **neigh·bour·li·ness** ['neɪbəlɪnɪs] *s* gutnachbarliches Verhalten; **neigh·bour·ly** [-lɪ] *adj* (gut)nachbarlich, freundschaftlich

nei·ther ['naɪðə(r), *Am* 'ni:ðə(r)] **I.** *pron* keine(r, s); **~ of them** keiner von beiden **II.** *adv:* **~ … nor** weder … noch **III.** *conj* auch nicht **IV.** *adj* keine(r, s) der beiden; **in ~ case** in keinem Fall

nem·esis ['neməsɪs] *s* Nemesis *f*

neo- ['ni:əʊ] *PRÄF* neo-, Neo-

neo·con, neo-con·serva·tive *adj* (*Am:* POL) neokonservativ

neo·lithic [,ni:ə'lɪθɪk] *adj* jungsteinzeitlich, neolithisch

neol·ogism [ni:'ɒlədʒɪzəm] *s* (LING) Neologismus *m*

neon ['ni:ɒn] *s* (CHEM) Neon *nt*

neo·na·tal [,ni:əʊ'neɪtl] *adj* neugeboren

neo-Nazi [,nɪ:əʊ'nɑ:tsɪ] **I.** *adj* neonazistisch **II.** *s* Neonazi *m;* **neo-Nazi(i)sm** *s* Neonazismus *m*

neon lamp *s* Neonröhre *f;* **neon light** *s* Neonlicht *nt*

Ne·pal [nɪ'pɔ:l] *s* Nepal *nt;* **Ne·pa·lese** [,nepə'li:z] **I.** *adj* nepalesisch **II.** *s* Nepalese *m,* Nepalesin *f;* **Ne·pa·li** [nɪ'pɔ:lɪ] **I.** *adj* nepalesisch **II.** *s* Nepalese *m,* Nepalesin *f*

nephew ['nevju:] *s* Neffe *m*

neph·ri·tis [nɪ'fraɪtɪs] *s* Nierenentzündung *f*

nep·ot·ism ['nepətɪzəm] *s* Vetternwirtschaft *f,* Nepotismus *m*

nerd [nɜ:d] *s* (*sl*) Schwachkopf *m*

nerve [nɜ:v] **I.** *s* **1.** (ANAT) Nerv *m* **2.** Mut *m* **3.** Frechheit, Unverschämtheit *f* **4.** (BOT) Ader *f,* Nerv *m;* **get on s.o.'s ~s** (*fam*) jdm auf die Nerven gehen; **have the ~ to do s.th.** sich trauen etw zu tun; **lose one's ~** die Nerven, den Mut verlieren; **strain every ~** alle Kraft anspannen; **be all** [*o* **a bundle of**] **~s** ein Nervenbündel sein; **suffer from ~s** nervös sein; **fit of ~s** Nervenkrise *f;* **~ cell** Nervenzelle *f;* **~ centre** [*o Am* **center**] Nervenknoten *m;* **~ gas** Nervengas *nt* **II.** *vt* stärken, kräftigen; ermutigen; **~ o.s. for s.th.** sich darauf vorbereiten etw zu tun; **nerve·less** ['nɜ:vlɪs] *adj* **1.** ohne Nerven **2.** (*Mensch*) seelenruhig; **nerve-rack·ing** ['nɜ:vrækɪŋ] *adj* nervenaufreibend

nerv·ous ['nɜ:vəs] *adj* **1.** (ANAT) Nerven-, nervös **2.** nervös, aufgeregt; **feel ~** nervös sein; **I am ~ about him** mir ist bange um ihn; **~ breakdown** Nervenzusammenbruch *m;* **~ energy** Vitalität *f;* **~ system** Nervensystem *nt;* **be** [*o* **feel**] **a ~ wreck** völlig mit den Nerven fertig sein; **ner·vous·ness** [-nɪs] *s* Nervosität *f;* Aufgeregtheit *f*

nervy ['nɜ:vɪ] *adj* (*fam*) nervös, aufgeregt

nest [nest] **I.** *s* **1.** (Vogel)Nest *nt* **2.** (*fig*) Schlupfwinkel *m* **3.** (*von Gegenständen*) Satz *m;* **feather one's ~** sein Schäfchen ins Trockene bringen; **~ of tables** Satztisch *m* **II.** *vi* nisten; **nest egg** ['nesteg] *s* (*fig*) Notpfennig, -groschen *m;* **nest·ing box** ['nestɪŋbɒks] *s* Nistkasten *m*

nestle ['nesl] *vi:* **~ down in bed** sich ins Bett kuscheln; **~ up to s.o.** sich an jdn schmiegen

nest·ling ['nestlɪŋ] *s* Nestling *m*

net [net] **I.** *s* **1.** Netz *nt* **2.** (*Textil*) Netzgewebe *nt* **3.** (SPORT) Netzball *m;* **fall into the ~** ins Garn gehen; **hair-~** Haarnetz *nt;* **mosquito-~** Moskitonetz *nt;* **the ~** (INFORM: *fam*) das Netz **II.** *vt* **1.** mit einem

Netz bedecken **2.** mit dem Netz fangen **3.** (*Tennisball*) ins Netz schlagen

net(t) ['net] **I.** *adj* netto, rein; ~ **profit** Reingewinn, Nettoertrag *m;* ~ **turnover** Nettoumsatzerlöse *pl* **II.** *vt* netto einnehmen; netto verdienen

net·ball ['netbɔːl] *s* Korbball *m;* **net curtain** *s* Tüllgardine *f*

net·cast·ing ['netkɑːstɪŋ] *s no pl* Netcasting *nt* (*Ausstrahlung von Musiksendungen übers Internet*)

Nether·lands ['neðələndz] *s pl:* **the** ~ die Niederlande *pl*

neti·quette ['netɪket] *s* (INTERNET) Netikette *f;* **neti·zen** ['netɪzn] *s* Netizen *m* (*Teilnehmer im Internet*)

net·ting ['netɪŋ] *s* Netzwerk, Geflecht *nt;* **wire** ~ Maschendraht *m*

nettle ['netl] **I.** *s* Nessel *f;* **grasp the** ~ (*fig*) in den sauren Apfel beißen; **stinging** ~ Brennnessel *f* **II.** *vt* (*fig*) ärgern; **nettle rash** ['netlræʃ] *s* (MED) Nesselausschlag *m*

net·work ['netwɜːk] **I.** *s* **1.** (ELEK) Netzwerk *nt* **2.** Netz *nt* **3.** (TV) Sendenetz *nt* **II.** *vt* (INFORM) vernetzen; (TV) im ganzen Netzbereich senden; **net·worked sys·tem** [ˌnetwɜːkt'sɪstəm] *s* Mehrplatzsystem *nt,* Rechnerverbund *m;* **net·work·ing** [-ɪŋ] *s* **1.** (INFORM) Vernetzung *f* **2.** Netzwerkbetrieb *m,* -verlegung *f*

neu·ral ['njʊərəl] *adj* Nerven-; **neu·ral·gia** [njʊə'rældʒə] *s* Neuralgie *f;* **neu·ral·gic** [njuː'rældʒɪk] *adj* neuralgisch

neur·as·thenia [ˌnjʊərəs'θiːnɪə] *s* Neurasthenie, Nervenschwäche *f*

neur·itis [njʊə'raɪtɪs] *s* Neuritis, Nervenentzündung *f*

neur·ol·ogist [njʊə'rɒlədʒɪst] *s* Neurologe *m,* -login *f,* Nervenarzt *m,* -ärztin *f;* **neur·ol·ogy** [njʊə'rɒlədʒɪ] *s* Neurologie *f*

neu·ron ['njʊərɒn] *s* Neuron *nt*

neu·ro·sci·en·tif·ic [ˌnjʊərəʊsaɪən'tɪfɪk] *adj* neurowissenschaftlich

neu·ro·sis [njʊə'rəʊsɪs, *pl* njʊə'rəʊsiːz] <*pl* -oses> *s* Neurose *f*

neu·ro·trans·mit·ter [ˌnjʊərəʊˌtræns'mɪtə] *s* Neurotransmitter *m*

neu·ro·sur·geon [ˌnjʊərəʊ'sɜːdʒən] *s* Neurochirurg(in) *m(f);* **neu·ro·sur·gery** [ˌnjʊərəʊ'sɜːdʒərɪ] *s* Neurochirurgie *f;* **neurotic** [njʊə'rɒtɪk] **I.** *adj* neurotisch **II.** *s* Neurotiker(in) *m(f)*

neu·ter ['njuːtə(r)] **I.** *adj* **1.** (BIOL) geschlechtslos **2.** (GRAM) sächlich **II.** *s* **1.** (GRAM) Neutrum *nt* **2.** geschlechtsloses Wesen **III.** *vt* kastrieren

neu·tral ['njuːtrəl] **I.** *adj* neutral **II.** *s* **1.** Neutrale(r) *f m* **2.** (AUTO) Leerlauf *m;* **be in** ~ im Leerlauf sein; **neu·tral·ity** [njuː'trælətɪ] *s* Neutralität *f;* **neu·tral·iz·ation** [ˌnjuːtrəlaɪ'zeɪʃn] *s* Neutralisierung *f;* **neu·tral·ize** ['njuːtrəlaɪz] *vt* **1.** (*a.* CHEM) neutralisieren **2.** (*fig*) kompensieren, aufheben; unwirksam machen

neu·tron ['njuːtrɒn] *s* (PHYS) Neutron *nt;* **neutron bomb** *s* Neutronenbombe *f*

never ['nevə(r)] *adv* **1.** nie, niemals **2.** durchaus nicht, ganz und gar nicht; **I have** ~ **seen him before** ich habe ihn noch nie gesehen; ~ **before** noch nie; ~ **even** nicht einmal; **that will** ~ **do!** das geht ganz und gar nicht; **well I** ~ **(did)!** nein, so was!; ~ **mind!** macht nichts!; **on the** ~-~ (*Br fam*) auf Pump; **never-end·ing** [ˌnevər'endɪŋ] *adj* endlos, unaufhörlich; **never-fail·ing** [ˌnevə'feɪlɪŋ] *adj* unfehlbar; **never·more** [ˌnevə'mɔː(r)] *adv* nimmermehr

never·the·less [ˌnevəðə'les] *adv* nichtsdestoweniger, trotzdem

new [njuː] *adj* **1.** neu (*from* aus) **2.** (*Mode*) modern, neu **3.** ungewohnt, fremd(artig) **4.** (*Brot*) frisch; **that's nothing** ~ das ist nichts Neues; **as** ~ wie neu; ~ **potatoes** neue Kartoffeln *fpl;* **the** ~ **rich** die Neureichen *pl;* ~ **moon** Neumond *m;* **new·bie** *s* (INTERNET) Newbie *nt;* **new·born** *adj* neugeboren; **new·comer** ['njuːˌkʌmə(r)] *s* Neuankömmling *m;* Neuling *m*

newel ['njuːəl] *s* (Treppen)Spindel *f;* Treppen-, Geländerpfosten *m*

new·fangled [ˌnjuː'fæŋgld] *adj* neumodisch; **new-fashioned** [ˌnjuː'fæʃnd] *adj* modisch, modern; **new·ish** ['njuːɪʃ] *adj* ziemlich neu; **new-laid** *adj* frisch; **new·ly** ['njuːlɪ] *adv* frisch; ~ **made** ganz neu; ganz frisch; ~ **married** frisch verheiratet; **newly-wed** ['njuːlɪwed] *s* Neu-, Frischvermählte(r) *f mpl,* jungverheiratetes Paar; **New Man** *s* Neuer Mann

news [njuːz] *s pl mit sing* **1.** Nachricht *f;* Neuigkeit(en *pl*) *f* **2.** (TVRADIO) Nachrichten *fpl;* **break the** ~ **to s.o.** jdm die schlimme Nachricht überbringen; **what's the** ~? was gibt's Neues?; **that's** ~ **to me** das ist mir neu; **that's no** ~ **to me** das wusste ich schon; **I've had no** ~ **from him for a long time** ich habe lange nichts von ihm gehört; **a piece of** ~ eine Neuigkeit, Nachricht; ~ **in brief** Kurznachrichten *fpl;* **news agency** *s* Nachrichtenagentur *f;* **news·agent** ['njuːzˌeɪdʒənt] *s* (*Br*) Zeitungshändler(in) *m(f);* **news·cast** ['njuːzˌkɑːst] *s* (RADIO) Nachrichten(sendung *f*) *pl;* **news·caster** ['njuːzˌkɑːstə(r)] *s* (RADIO) Nachrichten sprecher(in) *m(f);*

news·dealer ['nju:zdi:lə(r)] *s* (*Am*) Zeitungshändler(in) *m(f)*; **news·flash** ['nju:zflæʃ] *s* Kurzmeldung *f*; **news·group** *s* (INTERNET) Newsgroup *f* (*Forum für den Informationsaustausch*); **news item** *s* Nachricht *f*; **news·let·ter** ['nju:zˌletə(r)] *s* Rundschreiben *nt*; **news magazine** *s* Nachrichtenmagazin *nt*; **news·monger** ['nju:zˌmʌŋgə(r)] *s* Klatschmaul *nt*; (*in Zeitung*) Klatschspaltenschreiber(in) *m(f)*

news·paper ['nju:speɪpə(r)] *s* Zeitung *f*; **daily** ~ Tageszeitung *f*; ~ **cutting** Zeitungsausschnitt *m*; ~**man** Zeitungsmann *m*; Journalist *m*; ~ **reader** Zeitungsleser(in) *m(f)*; ~ **report** Zeitungsbericht *m*

news·print ['nju:zprɪnt] *s* Zeitungspapier *nt*; **news·reader** ['nju:zri:də(r)] *s* Nachrichtensprecher(in) *m(f)*; **news·reel** ['nju:zri:l] *s* Wochenschau *f*; **news release** *s* Pressemitteilung *f*; **news·room** ['nju:zrʊm] *s* **1.** Zeitschriftenzimmer *nt* (*einer Bibliothek*) **2.** (*Zeitung, Sendeanstalt*) Nachrichtenredaktion *f*; **news-stand** *s* Zeitungsstand, -kiosk *m*; **news·worthy** ['nju:zˌwɜ:ðɪ] *adj* berichtenswert; **newsy** ['nju:zɪ] *adj* (*fam*) voller Neuigkeiten

newt [nju:t] *s* (*Schwanzlurch*) Molch *m*; **as pissed as a** ~ (*vulg*) sturzbesoffen

New Year [ˌnju:'jɜ:(r), -'jɪə(r)] *s* neues Jahr; ~**'s Day** Neujahr(stag *m*) *nt*; **a happy** ~**!** glückliches neues Jahr!; ~**'s Eve** Silvesterabend *m*

New Zea·land [ˌnju:'zi:lənd] **I.** *s* Neuseeland *nt* **II.** *adj* neuseeländisch; **New Zea·lander** [ˌnju:'zi:ləndə(r)] *s* Neuseeländer(in) *m(f)*

next [nekst] **I.** *adj* (*zeitlich, räumlich*) nächste(r, s); ~ **time I see him** wenn ich ihn das nächste Mal sehe; **this time** ~ **week** nächste Woche um diese Zeit; **the year after** ~ übernächstes Jahr; **who's** ~**?** wer ist der Nächste?; ~ **please!** der Nächste bitte!; **the** ~ **best** der, die, das Nächstbeste **II.** *s* nächste(r) **III.** *adv* **1.** dann, darauf, nachher **2.** das nächste Mal; **what shall we do** ~**?** was sollen wir als nächstes machen?; ~ **to s.o.** neben jdm; ~ **to the skin** direkt auf der Haut; ~ **to impossible** nahezu unmöglich; **next door** [ˌneks'dɔ:(r)] *adv* nebenan; **they live** ~ **to us** sie wohnen direkt neben uns; **it's** ~ **to madness** das grenzt an Wahnsinn; **next-door** *adj*: **the** ~ **house** das Nebenhaus; **they are our** ~ **neighbours** sie wohnen direkt neben uns; **next of kin** *s* nächste Verwandte *pl*

nexus ['neksəs] *s* Verknüpfung, Verkettung *f*

NF [ˌen'ef] *s Abk. von* **National Front** (*Br*) *rechtsradikale Partei*

NGO [ˌendʒi:'əʊ] *s Abk. von* **non-governmental organization** nicht der Regierung unterstellte Organisation

NHS [ˌenəɪtʃ'es] *s Abk. von* **National Health Service** (*Br*) *staatlicher Gesundheitsdienst*

nib [nɪb] *s* Feder(spitze) *f*

nibble ['nɪbl] **I.** *vt* knabbern; nur anessen, herumnagen an **II.** *vi* **1.** knabbern (*at* an), herumnagen **2.** (*fig*) sich interessiert zeigen **III.** *s pl* (*fam*) Knabbersachen *pl*

Ni·ca·ragua [ˌnɪkə'rægjʊə] *s* Nicaragua *nt*; **Ni·ca·raguan** [-n] **I.** *adj* nicaraguanisch **II.** *s* Nicaraguaner(in) *m(f)*

nice [naɪs] *adj* **1.** nett; sympathisch; hübsch **2.** (*Essen*) gut, lecker **3.** (*Manieren*) fein (*to* gegen) **4.** (*iro*) nett, schön, sauber **5.** (*Unterschied*) fein, genau **6.** (*Mensch*) wählerisch, schwierig, schwer zu befriedigen(d); **it's** ~ **and warm** es ist angenehm warm; **take it** ~ **and easy** überanstrengen Sie sich nicht; **come** ~ **and early!** komm schön früh!; **did you have a** ~ **time?** haben Sie sich gut unterhalten?; **how** ~ **to see you!** reizend, schön Sie zu sehen!; **this is a** ~ **state of affairs!** das ist eine schöne Geschichte!; ~**-looking** gut aussehend; **nice·ly** ['naɪslɪ] *adv* **1.** angenehm, nett, liebenswürdig(erweise) **2.** (*unterscheiden*) genau, fein; **go** ~ wie geschmiert laufen; **that will do** ~ das reicht vollauf; **nicety** ['naɪsətɪ] *s* **1.** Genauigkeit, Sorgfalt *f* **2.** Feinheit *f* **3. niceties** Feinheiten, Details *pl*; **to a** ~ haargenau; **a point of some** ~ ein feiner Punkt

niche [nɪtʃ, ni:ʃ] *s* **1.** (ARCH) Nische *f* **2.** (*fig*) Plätzchen *nt* (*for* für)

nick[1] [nɪk] **I.** *s* Kerbe *f*; **in the** ~ **of time** gerade noch rechtzeitig **II.** *vt* **1.** (ein)kerben **2.** (*Kugel*) streifen; ~ **one's chin** sich am Kinn schneiden

nick[2] [nɪk] **I.** *vt* (*sl*) **1.** einsperren, einlochen **2.** klauen, stehlen **II.** *s* (*sl*) Knast *m*, Kittchen *nt*

nickel ['nɪkl] *s* **1.** (CHEM) Nickel *nt* **2.** (*Amerika, Kanada*) Fünfcentstück *nt*

nick·name ['nɪkneɪm] **I.** *s* Spitzname *m* **II.** *vt* einen Spitznamen geben (*s.o.* jdm)

nic·otine ['nɪkəti:n] *s* Nikotin *nt*

niece [ni:s] *s* Nichte *f*

nifty ['nɪftɪ] *adj* (*sl*) **1.** schick, fesch, smart **2.** (*Werkzeug*) geschickt gemacht; raffiniert

Ni·ger ['naɪdʒə(r)] *s* Niger *m*

Ni·ger·ia [naɪ'dʒɪərɪə] *s* Nigeria *nt*; **Ni·ger·ian** [naɪ'dʒɪərɪən] **I.** *adj* nigerianisch **II.** *s* Nigerianer(in) *m(f)*

Ni·ger·ien [naɪ'dʒɪərɪɑn] **I.** *adj* nigrisch **II.** *s* Nigrer(in) *m(f)*
nig·gard·ly ['nɪgədlɪ] *adj* **1.** knauserig, geizig (*of* mit) **2.** (*Betrag*) armselig, schäbig
nig·ger ['nɪgə(r)] *s* (*pej*) Neger(in) *m(f);* **that's the ~ in the woodpile** das ist der Haken an der Sache
nig·gle ['nɪgl] **I.** *vi* herumkritisieren (*about* an) **II.** *vt* plagen, quälen; **nig·gling** ['nɪglɪŋ] *adj* **1.** überkritisch; pingelig **2.** (*Zweifel*) nagend, bohrend; **nig·gly** ['nɪglɪ] *adj* **1.** nörglerisch **2.** kleinlich
night [naɪt] *s* **1.** Nacht *f* **2.** (später) Abend *m* **3.** Dunkelheit, Finsternis *f* **4.** (THEAT) Vorstellung, Aufführung *f;* **all ~ (long)** die ganze Nacht (über); **at ~** abends; bei Nacht, nachts; **far into the ~** bis spät in die Nacht; **during the ~** während der Nacht; **late at ~** spät am Abend, spät abends; **by ~** bei Nacht, in der Nacht, nachts; **on the ~ of June 3rd** am Abend des 3. Juni; **last ~** gestern Abend; **the ~ before last** vorgestern Abend; **~ and day** Tag und Nacht; ununterbrochen; **~ after ~** Nacht für Nacht, jede Nacht; **be on ~s** Nachtschicht haben; **have a good/bad ~** gut/schlecht schlafen; **have a ~ out** ausgehen; einen freien Abend haben; **make a ~ of it** durchfeiern, -zechen; **stay the ~** die Nacht verbringen (*at* in, *with* bei); **~ is falling** die Nacht bricht herein; **first ~** Erstaufführung, Premiere, Eröffnungsvorstellung *f;* **the Arabian Nights** Tausendundeine Nacht; **night-bird** *s* **1.** Nachtvogel *m* **2.** (*fig*) Nachtschwärmer *m;* **night blindness** *s* Nachtblindheit *f;* **night·cap** ['naɪtkæp] *s* **1.** Nachtmütze *f* **2.** (*fam*) Schlummertrunk *m;* **night-clothes** *s pl* Nachtzeug *nt;* **night·club** ['naɪtklʌb] *s* Nachtlokal *nt,* Nachtklub *m;* **night·dress** ['naɪtdres] *s* Nachthemd *nt;* **night·fall** ['naɪtfɔːl] *s* Einbruch *m* der Dunkelheit; **at ~** beim Dunkelwerden; **nightie** ['naɪtɪ] *s* (*fam*) Nachthemd *nt*
night·in·gale ['naɪtɪŋgeɪl] *s* Nachtigall *f*
night life ['naɪtlaɪf] *s* Nachtleben *nt;* **night·long** ['naɪtlɒŋ] *adj* die Nacht hindurch; nächtelang; **night·ly** ['naɪtlɪ] **I.** *adj* (all)nächtlich; abendlich **II.** *adv* jeden Abend, jede Nacht; **night·mare** ['naɪtmeə(r)] *s* Albtraum *m;* **night·marish** ['naɪtmeərɪʃ] *adj* beklemmend, albtraumhaft; **night-nurse** *s* Nachtschwester *f;* **night-porter** *s* Nachtportier *m;* **night safe** *s* Nachtsafe *m;* **night school** *s* Abendschule *f;* **night shift** *s* Nachtschicht *f;* **be on ~** Nachtschicht haben; **night·shirt** ['naɪtʃɜːt] *s* (Herren)Nachthemd *nt;* **night·spot** ['naɪtspɒt] *s* Nachtlokal *nt;* **night stick** *s* (*Am*) Schlagstock *m;* **night storage heater** *s* Nachtspeicherofen *m;* **night-time** *s* Nachtzeit *f;* **in the ~** bei Nacht, nachts; **at ~** nachts; **night-watch** *s* Nachtwache *f;* **night-watchman** <*pl* -men> *s* Nachtwächter *m*
ni·hil·ism ['naɪɪlɪzəm] *s* Nihilismus *m;* **ni·hil·ist** ['naɪɪlɪst] *s* Nihilist *m;* **ni·hil·is·tic** [ˌnaɪɪ'lɪstɪk] *adj* nihilistisch
nil [nɪl] *s* Nichts *nt;* Null *f;* **two (goals to) ~** (SPORT) zwei zu null
nimble ['nɪmbl] *adj* **1.** (geistig) gewandt **2.** wendig, behände, flink (*at, in* bei); **~-footed** leichtfüßig; **~-witted** schlagfertig
NIMBY ['nɪmbɪ] *Abk. von* **not in my back yard** nicht vor meiner Tür (*St.-Florians-Prinzip*)
nin·com·poop ['nɪŋkəmpuːp] *s* Einfaltspinsel *m*
nine [naɪn] **I.** *adj* neun; **~ days' wonder** Eintagsfliege *f;* **~ months** Dreivierteljahr *nt* **II.** *s* Neun *f;* **dressed up to the ~s** (*fam*) geschniegelt und gebügelt
nine·pins ['naɪnpɪnz] *s pl mit sing* Kegelspiel, Kegeln *nt;* **play at ~** kegeln
nine·teen [ˌnaɪn'tiːn] *adj* neunzehn; **talk ~ to the dozen** wie ein Wasserfall reden; **nine·teenth** [ˌnaɪn'tiːnθ] **I.** *adj* neunzehnte(r, s) **II.** *s* **1.** Neunzehntel *nt* **2.** Neunzehnte(r, s)
nine·ti·eth ['naɪntɪəθ] **I.** *adj* neunzigste(r, s) **II.** *s* **1.** Neunzigstel *nt* **2.** Neunzigste(r, s); **ninety** ['naɪntɪ] *adj* neunzig
ninny ['nɪnɪ] *s* Dummkopf *m*
ninth [naɪnθ] **I.** *adj* neunte(r, s) **II.** *s* **1.** Neuntel *nt* **2.** Neunte(r, s) **3.** (MUS) None *f*
nip[1] [nɪp] **I.** *vt* **1.** kneifen; zwicken; klemmen **2.** (*Frost, Kälte*) vernichten; angreifen; schneiden; **~ o.s.** sich in den Finger klemmen; **~ s.th. in the bud** (*fig*) etw im Keim ersticken **II.** *vi* (*fam*) rasch flitzen **III.** *s* **1.** Kniff *m,* Biss *m* **2.** schneidende Kälte; **it was ~ and tuck** (*Am*) das war eine knappe Sache; **nip along** *vi* (*fam*) dahinsausen; sich beeilen; **nip in** *vi* (*fam*) auf einen Sprung vorbeikommen; **nip off** *vt* abkneifen, abzwicken, abschneiden; **nip out** *vi* hinaussausen
nip[2] [nɪp] *s* Schlückchen *nt*
nipple ['nɪpl] *s* **1.** (ANAT) Brustwarze *f* **2.** Schnuller *m* **3.** (TECH) Nippel *m*
nippy ['nɪpɪ] *adj* **1.** (*Kälte*) schneidend **2.** (*fam*) fix, flink
Nis·sen hut ['nɪsnhʌt] *s* Wellblechbaracke *f*
nit [nɪt] *s* **1.** (*Ei einer Laus*) Nisse *f* **2.** (*fam*) Blödmann *m*

ni·ter *s* (*Am:* CHEM) Salpeter *m/nt*
nit-pick·ing ['nɪtpɪkɪŋ] *adj* kleinlich, pingelig
ni·trate ['naɪtreɪt] *s* (CHEM) Nitrat *nt*
nitre ['naɪtə(r)] *s* Salpeter *m od nt*
ni·tric ['naɪtrɪk] *adj* salpetersauer; ~ **acid** Salpetersäure *f;* ~ **oxide** Stickoxyd *nt;* **ni·trite** ['naɪtraɪt] *s* Nitrit *nt*
ni·tro·gen ['naɪtrədʒən] *s* Stickstoff *m;* **nitrogen oxide** *s* Stick(stoff)oxid *nt*
ni·tro·glycer·in(e) [ˌnaɪtrəʊ'glɪsəriːn] *s* Nitroglyzerin *nt*
ni·trous ['naɪtrəs] *adj:* ~ **acid** salpet(e)rige Säure; ~ **oxide** Lachgas *nt*
nitty-gritty [ˌnɪtɪ'grɪtɪ] *s:* **get down to the** ~ zur Sache kommen
nit·wit ['nɪtwɪt] *s* (*fam*) Dummkopf *m*
no [nəʊ] **I.** *adv* **1.** nein **2.** nicht; **answer** ~ mit Nein antworten; **whether he comes or** ~ ob er kommt oder nicht; **I have** ~ **more money** ich habe kein Geld mehr; ~ **longer ago than last week** erst letzte Woche **II.** *adj* kein; **a person of** ~ **intelligence** ein Mensch ohne jede Intelligenz; **it's** ~ **use** das hat keinen Zweck; ~ **smoking** Rauchen verboten; **there's** ~ **saying** man kann nie wissen; **there's** ~ **denying it** es lässt sich nicht leugnen; **in** ~ **time** im Nu; **there is** ~ **such thing** so etwas gibt es nicht; **I'll do** ~ **such thing** ich werde mich hüten **III.** *s* Nein *nt;* Neinstimme *f;* **the** ~**es have it** die Mehrheit ist dagegen
no. *s Abk. von* **number** Nr. *f*
nobble ['nɒbl] *vt* (*fam*) **1.** lahmlegen **2.** sich schnappen **3.** (sich) kaufen, bestechen
Nobel prize [nəʊˌbel'praɪz] *s* Nobelpreis *m;* **Nobel prize winner** *s* Nobelpreisträger(in) *m(f)*
no·bil·ity [nəʊ'bɪlətɪ] *s* **1.** Hochadel *m* **2.** (*Eigenschaft*) Adel *m,* (das) Edle
no·ble ['nəʊbl] **I.** *adj* **1.** adlig **2.** (*fig*) edel, hochherzig **3.** gütig **4.** (*Erscheinung*) vornehm, würdig, würdevoll **5.** (*Monument*) stattlich, prächtig, prachtvoll **6.** (*Metall*) edel **II.** *s* Adlige(r) *f m;* **noble·man** ['nəʊblmən] <*pl* -men> *s* Adlige(r) *m;* **noble-minded** [ˌnəʊbl'maɪndɪd] *adj* edel, vornehm; **nobly** ['nəʊblɪ] *adv* **1.** vornehm **2.** nobel, edelmütig
no·body ['nəʊbədɪ] **I.** *pron* niemand, keiner; **we saw** ~ **we knew** wir sahen niemanden, den wir kannten; ~ **else could have done it** es kann niemand anders gewesen sein **II.** *s* (*fam*) Niemand *m,* Null *f*
no-brain·er *s* (*fam*) Kinderspiel *nt*
no-claims bonus [ˌnəʊ'klɑɪmz'bəʊnəs] *s* (AUTO) Schadenfreiheitsrabatt *m*
noc·tur·nal [nɒk'tɜːnl] *adj* nächtlich
nod [nɒd] **I.** *vi* **1.** nicken; wippen **2.** einnicken (*over* über); ~ **in agreement** zustimmend nicken; **even Homer sometimes** ~**s** Irren ist menschlich **II.** *vt* nicken (*one's head* mit dem Kopf); ~ **one's agreement** zustimmend nicken **III.** *s* Nicken, Zunicken *nt;* **the land of Nod** das Land der Träume; **give s.o. a** ~ jdm zunicken; **nod·ding** ['nɒdɪŋ] *adj:* **have a** ~ **acquaintance with s.o.** jdn flüchtig kennen
node [nəʊd] *s* Knoten *m*
nod·ule ['nɒdjuːl] *s* **1.** (MED BOT) Knötchen *nt* **2.** (GEOL) Klümpchen *nt*
nog·gin ['nɒgɪn] *s* (*fam*) **1.** Gläschen *nt* **2.** (*fam: Kopf*) Birne
no-go area [nəʊgəʊ'eərɪə] *s* Sperrgebiet *nt*
no-hoper [ˌnəʊ'həʊpə(r)] *s* (*fam*) Niete *f*
no·how ['nəʊhaʊ] *adv* (*fam*) nicht im Geringsten
noise [nɔɪz] **I.** *s* **1.** Geräusch *nt* **2.** Lärm *m,* Geschrei *nt* **3.** (TELE) Rauschen *nt;* (RADIO) Nebengeräusch *nt,* Störung *f;* **make a** ~ Krach machen; **make a** ~ **in the world** Aufsehen erregen, von sich reden machen; **make a lot of** ~ **about s.th.** viel Geschrei um etw machen; **a big** ~ (*sl*) ein großes Tier **II.** *vt* (*Gerücht:* ~ *abroad, about*) verbreiten; **noise barrier** *s* Lärmschutzwand *f;* **noise·less** ['nɔɪzlɪs] *adj* **1.** geräuschlos **2.** (*Schritt*) lautlos; **noise pollution** *s* Lärmbelästigung *f;* **noise prevention** *s* Lärmschutz *m*
noi·some ['nɔɪsəm] *adj* **1.** widerlich, eklig **2.** giftig, schädlich
noisy ['nɔɪzɪ] *adj* **1.** geräuschvoll, laut, lärmend **2.** (*Debatte*) lebhaft, turbulent
no-jump [ˌnəʊ'dʒʌmp] *s* (SPORT) Fehlsprung *m*
no·mad ['nəʊmæd] *s* Nomade *m;* **nomadic** [nəʊ'mædɪk] *adj* nomadisch; wandernd, unstet
no-man's-land ['nəʊmænzlænd] *s* Niemandsland *nt*
no·men·cla·ture [nə'menklətʃə(r)] *s* Nomenklatur *f;* Terminologie *f*
nom·inal ['nɒmɪnl] *adj* **1.** nominell **2.** (*Betrag*) nominell, symbolisch **3.** (GRAM) nominal; ~ **amount** Nennbetrag *m;* ~ **income** Nominaleinkommen *nt;* ~ **interest rate** (FIN) Nominalzins *m;* ~ **ledger** Hauptbuch *nt;* ~ **value** Nennwert *m;* ~ **wages** Nominallohn *m;* **nom·inal·ly** ['nɒmɪnəlɪ] *adv* nominell
nomi·nate ['nɒmɪneɪt] *vt* **1.** ernennen **2.** nominieren, als Kandidaten aufstellen (*for* für); **nomi·na·tion** [ˌnɒmɪ'neɪʃn] *s* **1.** Ernennung *f* (*to* zu) **2.** Nominierung *f,* Kandidatenvorschlag *m*

nomi·na·tive ['nɒmɪnətɪv] **I.** *s* (GRAM) Nominativ *m* **II.** *adj:* ~ **case** der Nominativ
nom·inee [ˌnɒmɪ'niː] *s* Kandidat(in) *m(f)*
non- [ˌnɒn] *PRÄF* nicht-; **non-ac·cept·ance** *s* (COM) Nichtannahme, Annahmeverweigerung *f*
nona·gen·ar·ian [ˌnɒnədʒɪ'neərɪən] *s* Neunzigjährige(r) *f m*
non-ag·gression [ˌnɒnə'greʃn] *s* (POL) Nichtangriff *m;* ~ **pact** Nichtangriffspakt *m;* **non-al·co·hol·ic** *adj* alkoholfrei; **non-aligned** [ˌnɒnə'laɪnd] *adj* (POL) blockfrei; **non-align·ment** [ˌnɒnə'laɪnmənt] *s* (POL) Blockfreiheit *f;* **non·an·swer** [ˌnɒn'ɑːnsə(r)] *s* Antwort, die keine ist; **non-ap·pear·ance** *s* Nichterscheinen, Ausbleiben *nt;* **non-at·tend·ance** *s* Nichtteilnahme *f;* **non-bel·lig·er·ent** *adj* nicht kriegführend; **non-cash** *adj* bargeldlos; ~ **means of payment** bargeldlose Zahlungsweise
nonce word ['nɒnswɜːd] *s* Ad-hoc-Bildung *f*
non·cha·lant ['nɒnʃələnt] *adj* lässig, nonchalant
non-com ['nɒnkɒm] *s* (MIL: *sl*) Uffz *m;* **non-com·bat·ant I.** *s* (MIL) Nichtkämpfer *m* **II.** *adj* nicht am Kampf beteiligt; **non-com·bus·tible** *adj* nicht brennbar; **non-com·mis·sioned of·fic·er** *s* Unteroffizier *m;* **non-com·mit·tal** [ˌnɒnkə'mɪtəl] *adj* zurückhaltend, unverbindlich; **non-com·pli·ance** *s* Nichtbefolgung, Nichteinhaltung *f* (*with s.th.* einer S)
non compos mentis *adj* (JUR) unzurechnungsfähig
non·con·form·ist [ˌnɒnkən'fɔːmɪst] **I.** *s* Nonkonformist(in) *m(f)* **II.** *adj* non konformistisch; **non·con·form·ity** [ˌnɒnkən'fɔːmətɪ] *s* Nichteinhaltung *f,* Nichtkonformgehen *nt* (*with* mit); **non-con·tri·but·ory** [ˌnɒnkən'trɪbjʊtrɪ] *adj* beitragsfrei; **non·co·op·er·ation** [ˌnɒnkəʊɒpə'reɪʃn] *s* unkooperative Haltung
non-de·pos·it bot·tle [ˌnɒndɪ'pɒzɪtˌbɒtl] *s* Einwegflasche *f*
non·de·script ['nɒndɪskrɪpt] *adj* **1.** (*Geschmack*) unbestimmbar **2.** (*Erscheinung*) unauffällig
non-dur·ables [ˌnɒn'djʊərəblz] *s pl* kurzlebige Konsumgüter *pl*
none [nʌn] **I.** *pron* keine(r, s); keine; ~ **at all** kein Einziger; ~ **but** niemand, nichts außer; nur; **the new arrival was** ~ **other than …** der Neuankömmling war kein anderer als …; ~ **but the best** nur das Beste; ~ **of that!** lass das!, schluss damit!; ~ **other** kein anderer; **that's** ~ **of your business** das geht dich nichts an **II.** *adv:* **be** ~ **the wiser** auch nicht schlauer sein; ~ **the less** nichtsdestoweniger, trotzdem; ~ **too soon** gerade noch zur rechten Zeit; ~ **too sure** durchaus nicht sicher; **it's** ~ **too warm** es ist keineswegs zu warm
none·the·less *adv* nichtsdestoweniger, trotzdem
non·en·tity [nɒ'nentətɪ] *s* (*Mensch*) Nullität *f,* unbedeutende Figur
non-es·sen·tial [nɒnɪ'senʃl] **I.** *adj* unwesentlich; unnötig; nicht lebenswichtig **II.** *s pl* nicht lebensnotwendige Dinge *ntpl;* **non-event** *s* (*fam*) Reinfall *m,* Pleite *f;* **non-existence** *s* Nichtvorhandensein *nt;* **non-EU** *adj* Nicht-EU-; ~ **related bodies** Nicht-EU-Stellen; **non-existent** *adj* nicht existierend; **non·fic·tion** [ˌnɒn'fɪkʃn] **I.** *s* Sachbücher *ntpl* **II.** *adj* Sachbuch-; **non-flam·mable** *adj* nicht brennbar; nicht entflammbar; **non-infec·tious** *adj* nicht ansteckend; **non-iron** *adj* bügelfrei; **non-mem·ber coun·try** *s* (EU) Drittland *nt;* **non-ne·go·tiable** *adj* (COM) nicht übertragbar
non·pa·reil [ˌnɒnpə'reɪl] **I.** *adj* unerreicht **II.** *s* **1.** Nonplusultra *nt;* unerreichter Meister **2.** (TYP) Nonpareille *f*
non·plus [ˌnɒn'plʌs] *vt* verblüffen; **be** ~**sed** verdutzt sein
non-pol·lut·ing [ˌnɒnpə'luːtɪŋ] *adj* umweltfreundlich; **non-productive** *adj* unproduktiv; ~ **industries** Dienstleistungssektor *m;* **non-profit-making** *adj* nicht auf Gewinn gerichtet; gemeinnützig; **non-proliferation** *s* Nichtweitergabe *f* von Atomwaffen; **non-proliferation treaty** *s* Atomsperrvertrag *m;* **non-re·fund·able** [ˌnɒnrɪ'fʌndəbl] *adj* nicht erstattungsfähig; **non-renewable resources** *s pl* nicht erneuerbare Ressourcen; **non-resi·dent I.** *adj* nicht (orts)ansässig **II.** *s* **1.** Nichtortsansässige(r) *f m* **2.** (*im Hotel*) nicht im Haus wohnender Gast; **non-re·turn·able** [ˌnɒnrɪ'tɜːnəbl] *adj* Einweg-; **non-scheduled** *adj* außerplanmäßig
non·sense ['nɒnsns] *s* Unsinn, Quatsch *m;* dummes Zeug; **make (a)** ~ **of s.th.** etw sinnlos machen; **stand no** ~ keine Dummheiten dulden; **and no** ~**!** und keine Dummheiten!; **no more of your** ~**!** Schluss mit dem Unsinn!; **non·sen·si·cal** [nɒn'sensɪkl] *adj* un-, blödsinnig
non-shrink [ˌnɒn'ʃrɪŋk] *adj* nicht einlaufend; **non-skid** *adj* rutschsicher; **non-smoker** *s* Nichtraucher(in) *m(f);* **non-starter** *s* **1.** (*Rennen*) nicht startendes Pferd **2.** (*Mensch, Idee*) Blindgänger *m;* **non-stick** [ˌnɒn'stɪk] *adj* antihaftbeschichtet; **non-stop I.** *adj* durchgehend; ohne

N

Unterbrechung; Nonstop-; ~ **flight** Nonstopflug *m;* ~ **train** durchgehender Zug **II.** *adv* (*Flug*) nonstop; ohne Unterbrechung; **non-swim·mer** [ˌnɒn'swɪmə(r)] *s* Nichtschwimmer(in) *m(f);* **non-tax·able** [ˌnɒn'tæksəble] *adj* steuerfrei, nicht steuerpflichtig; **non-toxic** [ˌnɒn'tɒksɪk] *adj* ungiftig; **non-verbal** [ˌnɒn'vɜːbl] *adj* nonverbal; **non-vi·ol·ent** [ˌnɒn'vaɪələnt] *adj* gewaltlos; **non-vot·ing** [ˌnɒn'vəʊtɪŋ] *adj* stimmrechtslos

noodle ['nuːdl] **I.** *s* Nudel *f* **II.** *vt:* ~ **over s.th.** (*sl*) über etw nachdenken; **noodle around** *vi* (*Am: sl*) herumhängen

nook [nʊk] *s* **1.** (Zimmer)Ecke *f* **2.** (*fig*) (Schlupf)Winkel *m;* **in every** ~ **and cranny** in jedem Winkel

noon [nuːn] *s* Mittag *m;* **at** ~ um zwölf Uhr mittags

no-one ['nəʊwʌn] *pron s.* **nobody**

noose [nuːs] *s* Schlaufe, Schlinge *f;* **put one's head in the** ~ (*fig*) den Kopf in die Schlinge stecken

nope [nəʊp] *adv* (*sl*) nein

nor [nɔː(r)] *conj* **1.** noch **2.** und … auch nicht; **neither …** ~ weder … noch; ~ **I** ich auch nicht

Nor·dic ['nɔːdɪk] *adj* nordisch; **the** ~ **Council** der Nordische Rat

norm [nɔːm] *s* Richtschnur, Norm *f*

nor·mal ['nɔːml] **I.** *adj* **1.** normal; üblich **2.** (MATH) senkrecht **3.** (CHEM) Normal-; ~ **consumption** Normalverbrauch *m;* ~ **output** Normalleistung *f;* ~ **size** Normalgröße *f* **II.** *s* **1.** Normalwert, Durchschnitt *m* **2.** (MATH) Senkrechte *f;* **nor·mal·ity** [nɔː'mælətɪ] *s* Normalität *f;* **return to** ~ sich wieder normalisieren; **nor·mal·ize** ['nɔːməlaɪz] *vt* normalisieren; wiederherstellen; **nor·mally** ['nɔːməlɪ] *adv* normalerweise, gewöhnlich

north [nɔːθ] **I.** *s* Norden *m;* **in the** ~ im Norden; **to the** ~ **of** im Norden von; **face** ~ nach Norden liegen **II.** *adj* nördlich **III.** *adv* in nördlicher Richtung, nach Norden; ~ **of** nördlich von; **North Af·ri·ca** *s* Nordafrika *nt;* **North Af·ri·can** **I.** *adj* nordafrikanisch **II.** *s* Nordafrikaner(in) *m(f);* **North Ameri·ca** *s* Nordamerika *nt;* **North Ameri·can** **I.** *adj* nordamerikanisch **II.** *s* Nordamerikaner(in) *m(f);* **North American Free Trade Agreement/Area** *s no pl* NAFTA *f,* North American Free Trade Agreement/Area (*Freihandelsabkommen/-zone zwischen den USA, Kanada und Mexiko*)

north-east [ˌnɔːθ'iːst] **I.** *s* Nordost(en) *m* **II.** *adj* nordöstlich; **north-eastern** [ˌnɔːθ'iːstən] *adj* nordöstlich

north·er·ly ['nɔːðəlɪ] **I.** *adj* nördlich **II.** *adv* nach, von Norden

north·ern ['nɔːðən] *adj* nördlich; **the N~ Lights** das Nordlicht; **north·erner** ['nɔːðənə(r)] *s* **1.** Nordländer(in) *m(f)* **2.** (*in den USA*) Nordstaatler(in) *m(f)*

Northern Ireland *s* Nordirland *nt*

northern·most ['nɔːðənməʊst] *adj* nördlichste(r, s)

North Pole ['nɔːθpəʊl] *s* Nordpol *m;* **North Sea** *s* Nordsee *f;* **North-South divide** *s* Nord-Süd-Gefälle *nt*

north·west [ˌnɔːθ'west] **I.** *s* Nordwest(en) *m* **II.** *adj* nordwestlich; **north·west·erly** [ˌnɔːθ'westəlɪ] *adj* nordwestlich

Nor·way ['nɔːweɪ] *s* Norwegen *nt;* **Nor·wegian** [nɔː'wiːdʒən] **I.** *adj* norwegisch **II.** *s* **1.** Norweger(in) *m(f)* **2.** (*Sprache*) (das) Norwegisch(e)

nose [nəʊz] **I.** *s* **1.** Nase *f* **2.** Geruch(ssinn) *m,* Nase *f* (*for* für) **3.** (*Wein*) Blume *f* **4.** (TECH) Vorderteil *nt* **5.** (MAR) Bug *m* **6.** (*Rohr*) Mündung *f;* **get up s.o.'s** ~ (*sl*) jdm auf den Keks gehen; **hold one's** ~ sich die Nase zuhalten; **the tip of one's** ~ die Nasenspitze; **bleed at** [*o* **from**] **the** ~ aus der Nase bluten; **follow your** ~ immer der Nase nach; **do s.th. under s.o.'s very** ~ etw vor jds Augen tun; **by a** ~ (*Pferderennen*) um eine Nasenlänge; **pay on the** ~ sofort bezahlen; **look down one's** ~ **at s.o.** auf jdn herabsehen; **with one's** ~ **in the air** hochnäsig; **blow one's** ~ sich die Nase putzen; **cut off one's** ~ **to spite one's face** (*fig*) sich ins eigene Fleisch schneiden; **lead s.o. by the** ~ (*fig*) jdn an der Nase herumführen; **stick one's** ~ **into s.th.** (*fig*) seine Nase in etw stecken; **pay through the** ~ einen zu hohen Preis bezahlen; **put s.o.'s** ~ **out of joint** (*fig*) jdn ausstehen; **turn up one's** ~ **at** die Nase rümpfen über **II.** *vt, vi:* **the ship ~d its way through the ice** das Schiff pflügte sich durch das Eis; ~ **into s.o.'s affairs** seine Nase in jds Angelegenheiten stecken; **nose about** *vi* herumschnüffeln; **nose out** **I.** *vt* aufspüren; ausschnüffeln **II.** *vi* (*Auto*) sich vorschieben; **nose·bag** ['nəʊzbæg] *s* Futtersack *m;* **nose·bleed** ['nəʊzbliːd] *s* Nasenbluten *nt;* **nose·cone** ['nəʊzkəʊn] *s* Raketenspitze *f;* **nose·dive** ['nəʊzdaɪv] **I.** *s* (AVIAT) Sturzflug *m* **II.** *vi* einen Sturzflug machen; ~ **off s.th.** vornüber von etw stürzen

nose·gay ['nəʊzgeɪ] *s* Blumenstrauß *m*

nose job ['nəʊzdʒɒb] *s* (*sl*) Nasenkorrektur *f;* **nose ring** *s* Nasenring *m;* **nose-wheel** ['nəʊzwiːl] *s* (AVIAT) Bugrad *nt;* **nosey** ['nəʊzɪ] *adj* (*fam*) neugierig

nosh [nɒʃ] **I.** *vi* (*sl*) futtern **II.** *s* (*sl*) Futter *nt;* **let's have a quick ~** lass uns schnell einen Happen essen

no-show ['nəʊ͵ʃəʊ] *s* nicht erscheinender Gast

nosh-up ['nɒʃʌp] *s* (*sl*) Fressgelage *nt*

nos·tal·gia [nɒ'stældʒə] *s* Nostalgie *f;* **nos·tal·gic** [nɒ'stældʒɪk] *adj* nostalgisch

no-strike agree·ment [͵nəʊstraɪkə'griːmənt] *s* Streikverbotsabkommen *nt*

nos·tril ['nɒstrəl] *s* Nasenloch *nt,* Nüster *f*

nos·trum ['nɒstrəm] *s* Patentrezept *nt*

nosy ['nəʊzɪ] *adj* (*fam*) neugierig; **nosy parker** *s* (*fam*) Schnüffler(in) *m(f)*

not [nɒt] *adv* nicht; **he warned me ~ to be late** er warnte mich, nicht zu spät zu kommen; **you were wrong in ~ making a protest** es war falsch von dir nicht zu protestieren; **~ a bit** kein bisschen; **~ any more** nicht mehr; **~ yet** noch nicht; **~ at all** durchaus, überhaupt, gar nicht; keineswegs; **~ any more** nicht mehr; **~ a few** nicht wenige; **~ in the least** nicht im Geringsten; **~ to say** um nicht zu sagen; **~ so** nein; **~ to speak of** ganz zu schweigen von; **you are coming, are you ~?** Sie kommen doch, oder?; **~ at all!** überhaupt nicht!; **certainly ~** gewiss nicht; **as likely as ~** vielleicht; vielleicht auch nicht; **~ that I care, but ...** es ist mir zwar egal, aber ...; **it's ~ to be thought of** das kommt nicht in Frage

no·table ['nəʊtəbl] **I.** *adj* **1.** (*Erfolg*) bemerkenswert **2.** (*Mensch*) bedeutend **3.** (*Unterschied*) beträchtlich, beachtlich **II.** *s* bekannte Persönlichkeit; **notably** ['nəʊtəblɪ] *adv* **1.** auffallend; beträchtlich **2.** insbesondere, hauptsächlich

no·tary ['nəʊtərɪ] *adj* (~ *public*) Notar(in) *m(f)*

no·ta·tion [nəʊ'teɪʃn] *s* **1.** Zeichensystem *nt,* Zeichen *ntpl* **2.** (MUS) Notenschrift *f* **3.** Vermerk *m,* Aufzeichnung *f*

notch [nɒtʃ] **I.** *s* Kerbe *f,* Einschnitt *m;* Scharte *f* **II.** *vt* (ein)kerben, einschneiden; **~ up** (*Punkte*) erzielen; erringen; (*Erfolg*) verzeichnen können

note [nəʊt] **I.** *s* **1.** Notiz, Anmerkung *f;* Fußnote *f;* Vermerk *m* **2.** (MUS) Note *f;* Ton *m* **3.** Brief *m,* kurze Mitteilung **4.** (diplomatische) Note *f,* Memorandum *nt* **5.** (FIN) Banknote *f,* Schein *m;* **make a ~ of s.th.** sich etw aufschreiben; **speak without ~s** frei sprechen; **send s.o. a ~** jdm ein paar Zeilen schicken; **strike the right/wrong ~** (*fig*) den richtigen/falschen Ton treffen; **take ~ of s.th.** etw zur Kenntnis nehmen; **take ~s** sich Notizen machen (*of* über); **there was a ~ of self-satisfaction in his speech** in seiner Rede war ein selbstzufriedener Ton; **bank ~** Banknote *f* **II.** *vt* **1.** bemerken, beachten; zur Kenntnis nehmen **2.** (~ *down*) notieren, aufschreiben

note·book ['nəʊtbʊk] *s* **1.** Notizbuch *nt* **2.** (INFORM) Notebook *nt* **3.** (*Am*) Übungsheft *nt;* **noted** ['nəʊtɪd] *adj* berühmt (*for* wegen); **note·pad** ['nəʊtpæd] *s* Notizblock *m;* **note·paper** ['nəʊt͵peɪpə(r)] *s* Schreib-, Briefpapier *nt;* **note·worthy** ['nəʊt͵wɜːðɪ] *adj* bemerkens-, beachtenswert

noth·ing ['nʌθɪŋ] **I.** *s* **1.** Nichts *nt* **2.** (MATH) Null *f* **II.** *pron, adv* nichts; **eat ~** nichts essen; **five feet ~** genau 5 Fuß; **for ~** umsonst; **say ~ of** ganz zu schweigen von; **~ but** nur; **~ else** sonst nichts; **~ more** sonst nichts; **~ much** nicht viel; **~ less than** nur; **~ if not** äußerst, im höchsten Grade; **~ new** nichts Neues; **come to ~** zunichte werden, sich zerschlagen; **have ~ to do with** nichts zu tun haben mit; **make ~ of** sich nichts machen aus; nichts anfangen können mit; **that's ~!** das ist gar nichts!; **think ~ of** nichts halten von; **there is ~ like that** da kommt nichts mit; **~ came of it!** daraus wurde nichts!; **~ doing!** nichts zu machen!; **there is ~ for it but** es gibt keine andere Möglichkeit als; **little or ~** wenig oder (gar) nichts; **next to ~** fast nichts; **noth·ing·ness** ['nʌθɪŋnɪs] *s* Nichts *nt*

N

no-throw [͵nəʊ'θrəʊ] *s* Fehlwurf *m*

no·tice ['nəʊtɪs] **I.** *s* **1.** Bescheid *m,* Benachrichtigung *f;* Mitteilung *f* **2.** Bekanntmachung *f,* Anschlag *m* (*on the bulletin board* am schwarzen Brett), Plakat *nt;* Schild *nt* **3.** Kündigung *f* **4.** Frist *f* **5.** Kritik, Rezension *f;* **at a moment's ~** sofort, jederzeit; **at short ~** kurzfristig; **at a week's ~** innerhalb einer Woche; **until further ~** bis auf weiteres; **without ~** ohne Ankündigung; fristlos; **attract ~** Aufmerksamkeit erregen; **bring s.th. to s.o.'s ~** jdm etw zur Kenntnis bringen; **give s.o. ~** jdm kündigen; **give s.o. ~ of s.th.** jdn von etw benachrichtigen; **hand in one's ~** kündigen; **post a ~** einen Anschlag machen; **serve ~ on s.o.** (JUR) jdn vorladen; **take ~** be(ob)achten; aufpassen; **take ~ of s.th.** etw beachten, zur Kenntnis, von etw Notiz nehmen; **take no ~ of s.o.** jdn ignorieren; **make s.o. sit up and take ~** jdn aufhorchen lassen; **she gave us ~ to move** sie hat uns(ere Wohnung) gekündigt; **that's beneath my ~** das nehme ich nicht zur Kenntnis; **a month's ~** monatliche Kündigung; **official ~** amtliche Bekanntmachung; **public ~** öffentliche Bekanntmachung; ~ **of receipt** Empfangsbestätigung *f;* ~ **to pay** Zahlungsaufforderung *f;* ~ **to quit** Kündigung *f* **II.** *vt* bemerken; wahrnehmen; zur Kenntnis nehmen; merken; **no·tice·able** ['nəʊtɪsəbl] *adj* **1.** erkennbar, wahrnehmbar; sichtbar; deutlich **2.** (*Vergnügen*) sichtlich, merklich; **notice-board** *s* Anschlagbrett *nt;* schwarzes Brett

no·ti·fi·able ['nəʊtɪfaɪəbl] *adj* melde-, anzeigepflichtig; **no·ti·fi·ca·tion** [ˌnəʊtɪfɪ'keɪʃn] *s* **1.** Benachrichtigung, Mitteilung *f* **2.** (*eines Verlustes*) Meldung, Anzeige *f;* **no·tify** ['nəʊtɪfaɪ] *vt* **1.** benachrichtigen, unterrichten **2.** (*Verlust*) melden; ~ **s.o. of s.th.** jdn von etw benachrichtigen, jdm etw mitteilen; **be notified of s.th.** über etw informiert werden, von etw benachrichtigt werden

no·tion ['nəʊʃn] *s* **1.** Idee *f;* Vorstellung *f;* Ahnung *f* **2.** Ansicht, Meinung *f;* **have no ~ of s.th.** von etw keine Ahnung haben; **give s.o. ~s** jdn auf Ideen bringen; **I have a ~ that ...** ich habe den Verdacht, dass ...; **get a ~ to do s.th.** Lust bekommen etw zu tun; **no·tional** ['nəʊʃənl] *adj* **1.** fiktiv, angenommen; symbolisch **2.** (PHILOS) spekulativ

no·tor·iety [ˌnəʊtə'raɪətɪ] *s* traurige Berühmtheit; **no·tori·ous** [nəʊ'tɔːrɪəs] *adj* **1.** (*Tatsache*) berühmt-berüchtigt **2.** (*Platz*) verrufen, verschri(e)en **3.** (*Lügner*) notorisch; **be ~ for s.th.** für etw berüchtigt sein

not·with·stand·ing [ˌnɒtwɪθ'stændɪŋ] **I.** *prep* trotz, ungeachtet +*gen* **II.** *adv* trotzdem, dennoch **III.** *conj:* ~ **that** obgleich, obwohl

nou·gat ['nuːgɑː] *s* Nugat *m od nt*

nought [nɔːt] *s* **1.** Null *f* **2.** (*lit*) Nichts *nt;* **come to ~** sich zerschlagen; **bring to ~** zunichte machen; **she thinks ~ of it** sie macht das bedenkenlos

noun [naʊn] *s* (GRAM) Hauptwort, Substantiv *nt*

nour·ish ['nʌrɪʃ] **I.** *vt* **1.** (er)nähren (*on, with* von) **2.** (*fig*) nähren, hegen **II.** *vi* nahrhaft sein; **nour·ish·ing** [-ɪŋ] *adj* nahrhaft; ~ **cream** Nährcreme *f;* **nour·ish·ment** [-mənt] *s* Nahrung *f*

nous [naʊs] *s* (*fam*) Grips *m*

novel[1] ['nɒvl] *adj* neu(artig)

novel[2] ['nɒvl] *s* Roman *m;* **novel·ette** [ˌnɒvə'let] *s* Kitschroman *m;* **novel·ist** ['nɒvəlɪst] *s* Romanschriftsteller(in) *m(f)*

nov·elty ['nɒvltɪ] *s* **1.** Neuheit *f* **2.** Novum *nt* **3.** *meist pl* (COM) Neuheiten *fpl* **4.** Krimskrams *m*

No·vem·ber [nəʊ'vembə(r)] *s* November *m;* **in ~** im November

nov·ice ['nɒvɪs] *s* **1.** (REL) Novize *m* **2.** (*fig*) Anfänger(in) *m(f),* Neuling *m*

now [naʊ] **I.** *adv* **1.** jetzt, nun; gleich, sofort; (so)eben **2.** heute, heutzutage; **just ~** gerade; gleich, sofort; **I'll do it just ~** ich mache es jetzt gleich; **it's ~ or never** jetzt oder nie; **by ~** inzwischen, mittlerweile; **before ~** bis jetzt; schon früher; **for ~** im Moment, vorläufig; **from ~ on** von nun an; **from ~ until then** bis dahin; **up to** [*o* **till**] [*o* **until**] ~ bis jetzt; ~ **...** ~ bald ... bald; ~ **and then** [*o* **again**] ab und zu, von Zeit zu Zeit, gelegentlich **II.** *conj* jetzt, wo; nun, da **III.** *interj* also; **well** ~ also; ~ **then** also jetzt

now·adays ['naʊədeɪz] *adv* heute, heutzutage

no·where ['nəʊweə(r)] *adv* nirgends, nirgendwo, -wohin; **get ~** zu nichts, auf keinen grünen Zweig kommen; **come ~** (SPORT) unter ferner liefen kommen; **come from ~ and win** (SPORT) überraschend siegen; **appear from ~** ganz plötzlich auftauchen

no-win *adj* ausweglos

nowt [naʊt] *pron, adv* (*fam*) nix, nichts

noxious ['nɒkʃəs] *adj* **1.** schädlich **2.** (*Einfluss*) übel, verderblich

nozzle ['nɒzl] *s* (TECH) **1.** Düse *f* **2.** (*einer Spritze*) Kanüle *f*

nuance ['njuːɑːns] *s* Nuance, Schattierung *f*

nub [nʌb] *s* **1.** Stückchen, Klümpchen *nt* **2.** (*fam*) Pointe *f,* Kern(punkt) *m*

nu·bile ['njuːbaɪl] *adj* (*Mädchen*) heiratsfähig; gut entwickelt

nu·clear ['njuːklɪə(r)] *adj* (PHYS) Kern-; Atom-; kerntechnisch; nuklear, atomar; ~ **deterrence** nukleare Abschreckung; ~ **deterrent** nukleares Abschreckungsmittel; ~ **energy** Atom-, Kernenergie *f;* ~ **fission** Kernspaltung *f;* ~ **free zone** atomwaffenfreie Zone; ~ **fuel** Kernbrennstoff *m;* ~ **fusion** Kernverschmelzung *f;* ~ **industry** Atomindustrie *f;* ~ **medicine** Nuklearmedizin *f;* ~ **nonproliferation treaty** Atomsperrvertrag *m;* ~ **physicist** Kernphysiker(in) *m(f);* ~ **physics** *mit sing* Kernphysik *f;* ~ **pile** Atommeiler *m;* ~ **power** Kernkraft *f;* **a ~ power** (POL) eine Atommacht; ~ **power station** Kernkraftwerk *nt;* ~ **propulsion** Atomantrieb *m;* ~ **reaction** Kernreaktion *f;* ~ **reactor** Kernreaktor *m;* ~ **research** Kernforschung *f;* ~ **submarine** Atom-U-Boot *nt;* ~ **technology** Kerntechnik *f;* ~ **test** Atom(waffen)test *m;* ~ **test ban** Atomteststopp *m;* ~ **test ban treaty** Atomteststoppabkommen *nt;* ~ **warfare** Atom-, Nuklearkrieg *m;* ~ **warhead** Atomsprengkopf *m;* ~ **waste**

Atommüll *m;* ~ **weapon** Atom-, Nuklearwaffe *f;* ~ **winter** nuklearer Winter

nu·cle·ic acid [nju:'kleɪɪd'æsɪd] *s* Nukleinsäure *f*

nu·cleus ['nju:klɪəs, *pl* 'nju:klɪaɪ] <*pl* nuclei> *s* **1.** (PHYS) Kern *m* **2.** (BIOL) Zellkern *m;* **atomic** ~ Atomkern *m*

nude [nju:d] **I.** *adj* nackt, unbekleidet **II.** *s* **1.** (*Kunst*) Aktmodell *nt;* Akt *m* **2.** (*Mensch*) Nackte(r) *f m;* **paint from the** ~ einen Akt malen; **in the** ~ nackt

nudge [nʌdʒ] **I.** *vt* anstoßen; ~ **s.o.'s memory** jds Gedächtnis nachhelfen **II.** *s* Stups *m,* kleiner Stoß

nu·dism ['nju:dɪzəm] *s* Nackt-, Freikörperkultur *f;* **nu·dist** ['nju:dɪst] *s* Anhänger(in) *m(f),* der Nackt-, Freikörperkultur; **nudist beach** *s* FKK-Strand *m;* **nudist camp** *s* FKK-Platz *m;* **nu·dity** ['nju:dətɪ] *s* Nacktheit *f*

nu·ga·tory ['nju:gətərɪ] *adj* belanglos, nichtig

nug·get ['nʌgɪt] *s* (Gold)Klumpen *m*

nui·sance ['nju:sns] *s* **1.** Plage *f;* Nervensäge *f;* Quälgeist *m* **2.** Ärgernis *nt;* peinliche Situation; Missstand *m;* **make a** ~ **of o.s.** lästig werden; **what a** ~ wie ärgerlich; **public** ~ öffentliches Ärgernis

nuke [nu:k, nju:k] *vt* (*fam*) eine Atombombe (ab)werfen (auf)

null [nʌl] *adj* (JUR) ungültig, nichtig; ~ **and void** null und nichtig; **nul·li·fi·ca·tion** [ˌnʌlɪfɪ'keɪʃn] *s* Annullierung *f;* **nul·lify** ['nʌlɪfaɪ] *vt* ungültig machen, annullieren; **nul·lity** ['nʌlətɪ] *adj* Nichtigkeit, Ungültigkeit *f*

numb [nʌm] **I.** *adj* **1.** taub, empfindungslos, gefühllos **2.** (*fig*) betäubt; **fingers** ~ **with cold** Finger, die vor Kälte taub sind **II.** *vt* unempfindlich, gefühllos machen; betäuben

num·ber ['nʌmbə(r)] **I.** *s* **1.** (MATH) Zahl *f;* Ziffer *f* **2.** Anzahl *f* **3.** Nummer *f;* Seitenzahl *f;* Autonummer *f,* Autokennzeichen *nt* **4.** (GRAM) Numerus *m,* Zahl *f* **5.** (*Lied*) Nummer *f;* Ausgabe *f,* Heft *nt* **6.** ~**s** Rechnen *nt;* **a** ~ **of problems** eine Anzahl von Problemen; **on a** ~ **of occasions** des öfteren; **in equal** ~**s** ebenso viel; **in a small** ~ **of cases** in wenigen Fällen; **ten in** ~ zehn an der Zahl; **they were few in** ~ es waren nur wenige; **many in** ~ zahlreich; **a fair** ~ **of times** ziemlich oft; **win by force of** ~**s** auf Grund zahlenmäßiger Überlegenheit gewinnen; **dial a** ~ eine Nummer wählen; **get s.o.'s** ~ (*Am*) jdn durchschauen; **look after** [*o* **take care of**] ~ **one** (*fam*) an sich selbst denken; **my** ~**'s up** (*fam*) ich bin dran; **the May** ~ das Maiheft, die Maiausgabe; **one of our** ~ eine(r) aus unseren Reihen **II.** *vt* **1.** zählen (*among* zu) **2.** nummerieren; einordnen, klassifizieren **3.** zählen, rechnen; **a** ~**d account** (FIN) ein Nummernkonto *nt;* **his days are** ~**ed** seine Tage sind gezählt; **be** ~**ed** begrenzt sein **III.** *vi* (MIL: ~ *off*) abzählen; **num·ber·ing** [-ɪŋ] *s* Nummerierung *f;* **num·ber·less** [-lɪs] *adj* zahllos; **number·plate** *s* (AUTO) Nummernschild *nt*

numb·ness ['nʌmnɪs] *s* Taubheit, Starre *f;* Benommenheit *f*

nu·mer·acy ['nju:mərəsɪ] *s* Rechnen *nt*

nu·meral ['nju:mərəl] *s* Ziffer *f;* **Arabic/Roman** ~**s** arabische/römische Ziffern *fpl*

nu·mer·ate ['nju:mərət] *adj* rechenkundig

nu·mer·ation [ˌnju:mə'reɪʃn] *s* Nummerierung *f*

nu·meri·cal [nju:'merɪkl] *adj* numerisch, zahlenmäßig; ~ **order** Reihen-, Zahlenfolge *f;* ~ **value** Zahlenwert *m*

nu·mer·ic key·pad [ˌnju:merɪk'ki:pæd] *s* Zehnertastatur *f,* numerische Tastatur

nu·mer·ous ['nju:mərəs] *adj* zahlreich

nu·mis·mat·ics [ˌnju:mɪz'mætɪks] *s pl mit sing* Numismatik *f*

num·skull ['nʌmskʌl] *s* Dummkopf *m*

nun [nʌn] *s* Nonne *f*

nun·cio ['nʌnsɪəʊ] <*pl* -cios> *s* Nuntius *m*

nun·nery ['nʌnərɪ] *s* Nonnenkloster *nt*

nup·tial ['nʌpʃl] **I.** *adj* ehelich; hochzeitlich **II.** *s:* **the** ~**s** die Hochzeit

nurse [nɜ:s] **I.** *s* **1.** Schwester *f;* Krankenschwester *f* **2.** Kindermädchen *nt,* Kinderfrau *f* **3.** (*wet-*~) Amme *f;* **male** ~ Krankenpfleger *m* **II.** *vt* **1.** säugen, stillen, die Brust geben (*s.o.* jdm) **2.** pflegen **3.** (*Krankheit*) behandeln, kurieren **4.** (*Gefühl*) hegen **5.** schonend umgehen mit; ~ **s.o. back to health** jdn gesundpflegen; ~ **a cold** an einer Erkältung herumlaborieren; ~ **a business** ein Geschäft sorgsam verwalten;

nurs·ery ['nɜ:sərɪ] *s* **1.** Kinderzimmer *nt;* Säuglingssaal *m* **2.** Kindergarten *m;* Hort *m* **3.** (AGR) Baumschule *f;* Gärtnerei *f* **4.** (*fig*) Zuchtstätte *f;* **nursery rhyme** *s* Kindervers *m;* **nursery school** *s* Kindergarten *m;* ~ **teacher** Erzieher(in) *m(f);* **nursery slope** *s* (*fam: Ski*) Idiotenhügel *m;* **nursing** ['nɜ:sɪŋ] **I.** *s* **1.** Pflege *f;* Pflegen *nt* **2.** Krankenpflege *f* **3.** Stillen *nt* **II.** *adj* Pflege-; pflegerisch; ~ **home** Privatklinik *f;* ~ **mother** stillende Mutter; ~ **staff** Pflegepersonal *nt*

nur·ture ['nɜ:tʃə(r)] **I.** *s* **1.** Nahrung, Ernährung *f* **2.** Erziehung; Aufzucht *f* **II.** *vt* **1.** aufziehen **2.** hegen, fördern; ~ **s.o. on s.th.** jdn mit etw aufziehen

nut [nʌt] *s* **1.** Nuss *f* **2.** (*fig: hard* ~) harte Nuss, schweres Problem **3.** (TECH) (Schrau-

N

ben)Mutter *f* **4.** (*sl*) Birne *f,* Kopf *m* **5.** (*sl*) Spinner(in) *m(f)* **6.** **~s** (*sl*) Hoden *fpl;* **a hard** [*o* **tough**] **~ to crack** eine harte Nuss; **be off one's ~** (*sl*) nicht ganz bei Trost sein; **go off one's ~** (*sl*) durchdrehen; **nut·cracker** *s* (*a. pl*) Nussknacker *m;* **nut·hatch** [ˈnʌtˌhætʃ] *s* (*Spechtmeise*) Kleiber *m;* **nut·house** *s* (*sl*) Klapsmühle *f;* **nut·meg** [ˈnʌtmeg] *s* Muskatnuss *f*

nu·tri·ent [ˈnjuːtrɪənt] **I.** *adj* nahrhaft **II.** *s* Nährstoff *m;* **nu·tri·tion** [njuːˈtrɪʃn] *s* Ernährung *f;* **nu·tri·tion·al supple·ment** *s* Nahrungsmittelergänzung *f;* **nu·tri·tionist** [njuːˈtrɪʃənɪst] *s* Ernährungswissenschaftler(in) *m(f);* **nu·tri·tious** [njuːˈtrɪʃəs] *adj* nahrhaft

nuts [nʌts] *adj* (*sl*): **be ~** spinnen; **go ~** durchdrehen; **be ~ about s.o.** von jdm ganz weg sein

nut·shell [ˈnʌtʃel] *s* Nussschale *f;* **in a ~** kurz, mit wenigen Worten; **to put it** [*o* **the matter**] **in a ~** um es kurz zu sagen

nut·ter [ˈnʌtə] *s* (*Br: sl*) Verrückte(r) *f m*

nut·ty [ˈnʌtɪ] *adj* **1.** mit Nüssen **2.** (*sl*) bekloppt, plemplem

nuzzle [ˈnʌzl] **I.** *vt* **1.** (*Hund*) beschnüffeln **2.** (*Schwein*) aufwühlen **II.** *vi:* **~ up against** [*o* **up to s.o.**] sich an jdn schmiegen

ny·lon [ˈnaɪlɒn] *s* **1.** (*Textil*) Nylon *nt* **2.** **~s** Nylonstrümpfe *mpl*

nymph [nɪmf] *s* (*Mythologie*) Nymphe *f*

nym·pho·mania [ˌnɪmfəˈmeɪnɪə] *s* Nymphomanie, Mannstollheit *f;* **nym·pho·maniac** [ˌnɪmfəˈmeɪnɪæk] *s* Nymphomanin *f*

O

O, o [əʊ] <*pl* -'s> *s* **1.** O, o *nt* **2.** (TELE) Null *f*
o [əʊ] *interj* oh! ach!; ~ **my God!** ach du lieber Gott!; ~ **dear!** o je!
oaf [əʊf, *pl* əuvz] <*pl* **oafs, oaves**> *s* Flegel, Lümmel *m;* **oaf·ish** ['əʊfɪʃ] *adj* flegelhaft; tölpelhaft
oak [əʊk] *s* Eiche(nholz *nt*) *f*
OAP [ˌəʊeɪ'piː] *s Abk. von* **old-age pensioner** Rentner(in) *m(f)*
oar [ɔː(r)] *s* **1.** Ruder *nt,* Riemen *m* **2.** Ruderer *m,* Ruderin *f;* **put** [*o* **stick**] **one's ~ in** (*fig*) sich einmischen; **rest on one's ~s** (*fig*) langsamer treten; **oars·man** ['ɔːzmən] <*pl* -**men**> *s* Ruderer *m;* **oars·woman** ['ɔːzwʊmən, *pl* -wɪmɪn] <*pl* -**women**> *s* Ruderin *f*
oasis [əʊ'eɪsɪs, *pl* əʊ'eɪsiːz] <*pl* **oases**> *s* (*a. fig*) Oase *f*
oat [əʊt] *s meist pl* Hafer *m;* Haferflocken *fpl;* **sow one's wild ~s** sich die Hörner abstoßen; **he feels his ~s** (*Am fam*) ihn sticht der Hafer; **oat·cake** ['əʊtkeɪk] *s* salziger Haferkeks
oath [əʊθ] *s* **1.** Schwur, Eid *m* **2.** Fluch *m;* **make** [*o* **swear**] [*o* **take**] **an ~** (einen Eid) schwören; **be under ~** unter Eid stehen; **put s.o. on ~** jdn vereidigen
oat·meal ['əʊtmiːl] *s* Hafermehl *nt,* Haferschrot *m*
OATs [ˌəʊeɪ'tiːs] *s Abk. von* **Old Age Travellers** *nordeuropäische Pensionäre mit Aussteigermentalität, die ihren Lebensabend im Wohnmobil in Südeuropa verbringen*
OAU [ˌəʊeɪ'juː] *s Abk. von* **Organization of African Unity** OAU *f,* Organisation *f* für afrikanische Einheit
ob·du·racy ['ɒbdjʊərəsɪ] *s* Hartnäckigkeit *f;* Verstocktheit, Halsstarrigkeit *f;* **ob·du·rate** ['ɒbdjʊərət] *adj* hartnäckig; verstockt, halsstarrig
OBE [ˌəʊbiː'iː] *s Abk. von* **Officer of the Order of the British Empire** *britischer Verdienstorden*
obedi·ence [ə'biːdɪəns] *s* Gehorsam *m;* **in ~ to the law** dem Gesetz entsprechend; **obedi·ent** [ə'biːdɪənt] *adj* gehorsam, folgsam; **be ~** gehorchen; folgen
ob·elisk ['ɒbəlɪsk] *s* Obelisk *m*
obese [əʊ'biːs] *adj* fettleibig; **obes·ity** [əʊ'biːsətɪ] *s* Korpulenz, Fettleibigkeit *f*
obey [ə'beɪ] **I.** *vt* **1.** gehorchen (*s.o.* jdm), folgen **2.** (*Regeln*) sich halten an, befolgen **3.** (*Maschine*) reagieren auf **II.** *vi* gehorchen; folgen
obitu·ary [ə'bɪtʃʊərɪ] *s* Nachruf *m;* **obitu·ary notice** *s* Todesanzeige *f*
ob·ject¹ ['ɒbdʒɪkt] *s* **1.** Gegenstand *m;* Ding *nt* **2.** Ziel *nt,* Zweck *m* **3.** (GRAM) Objekt *nt* **4.** Hinderungsgrund *m;* **with this ~ in view** mit diesem Ziel vor Augen; **what's the ~ of staying here?** wozu bleiben wir hier?; **succeed in one's ~** sein Ziel erreichen
ob·ject² [əb'dʒekt] **I.** *vi* **1.** dagegen sein; protestieren; Einwände haben **2.** Anstoß nehmen (*to* an); ~ **to s.th.** etw ablehnen; **do you ~ to my smoking?** stört es Sie, wenn ich rauche? **II.** *vt* einwenden; **ob·jec·tion** [əb'dʒekʃn] *s* **1.** Einwand *m* (*to* gegen) **2.** (JUR) Einspruch *m* **3.** Abneigung *f;* Einspruch *m;* **I have no ~ to his going away** ich habe nichts dagegen, dass er weggeht; **raise** [*o* **make**] **an ~** einen Einwand erheben; **if he has no ~** wenn er nichts dagegen hat; **there is no ~ to it** dagegen ist nichts einzuwenden; **are there any ~s?** erhebt jemand Einspruch?; **ob·jec·tion·able** [-əbl] *adj* **1.** störend **2.** (*Verhalten*) anstößig **3.** (*Geruch*) unangenehm, übel
ob·jec·tive [əb'dʒektɪv] **I.** *adj* **1.** objektiv, sachlich **2.** wirklich, real; ~ **fact** Tatsache *f* **II.** *s* **1.** Ziel *nt;* Zielsetzung, -vorstellung *f* **2.** (OPT PHOT) Objektiv *nt;* **ob·jec·tiv·ity** [ˌɒbdʒek'tɪvətɪ] *s* Objektivität *f*
ob·ject les·son ['ɒbdʒɪktˌlesn] *s* **1.** Anschauungsunterricht *m* **2.** Paradebeispiel *nt*
ob·jec·tor [əb'dʒektə(r)] *s* Gegner(in) *m(f);* **conscientious ~** Wehrdienstverweigerer *m*
ob·li·gate ['ɒblɪgeɪt] *vt* verpflichten (*s.o. to do s.th.* jdn, etw zu tun); **ob·li·ga·tion** [ˌɒblɪ'geɪʃn] *s* Verpflichtung, Pflicht *f;* **be under an ~ to do s.th.** verpflichtet sein etw zu tun; **without ~** (COM) unverbindlich; ~ **to buy** Kaufzwang *m;* **ob·li·ga·to·ry** [ə'blɪgətrɪ] *adj* verbindlich, verpflichtend, obligatorisch (*on, upon* für); **attendance is ~** Anwesenheit ist vorgeschrieben; es besteht Anwesenheitspflicht; **make it ~ to do s.th.** vorschreiben, dass etw getan wird

ob·lige [əˈblaɪdʒ] **I.** *vt* **1.** zwingen; verpflichten (*s.o. to do s.th.* jdn, etw zu tun) **2.** gefällig sein, entgegenkommen (*s.o.* jdm); **feel ~d to do s.th.** sich zu etw verpflichtet fühlen; **you are not ~d to do it** Sie sind nicht dazu verpflichtet; **please ~ me by closing the door** würden Sie mir bitte den Gefallen tun und die Tür schließen?; **much ~d!** herzlichen Dank!; **I am much ~d to you for this!** ich bin Ihnen dafür sehr verbunden **II.** *vi:* **she is always ready to ~** sie ist immer sehr gefällig; **ob·lig·ing** [əˈblaɪdʒɪŋ] *adj* entgegenkommend, gefällig; zuvorkommend

ob·lique [əˈbliːk] **I.** *adj* **1.** schräg, schief; geneigt **2.** (*fig: Blick*) schräg; (*Methode*) indirekt **3.** (*Winkel*) schief **II.** *s* Schrägstrich *m*

ob·lit·er·ate [əˈblɪtəreɪt] *vt* **1.** auslöschen; tilgen **2.** (*Team*) vernichten **3.** (*Sonne*) verdecken; **ob·lit·er·ation** [əˌblɪtəˈreɪʃn] *s* **1.** Auslöschung *f* **2.** Vernichtung *f* **3.** Verdeckung *f*

ob·liv·ion [əˈblɪvɪən] *s* Vergessenheit *f*, Vergessen *nt;* **fall** [*o* **sink**] **into ~** in Vergessenheit geraten; **ob·livi·ous** [əˈblɪvɪəs] *adj:* **be ~ of** [*o* **to**] **s.th.** sich einer S nicht bewusst sein; **~ of** [*o* **to**] **his surroundings** ohne Notiz von seiner Umgebung zu nehmen; **~ of** [*o* **to**] **the world** weltvergessen

ob·long [ˈɒblɒŋ] **I.** *adj* rechteckig **II.** *s* Rechteck *nt*

ob·nox·ious [əbˈnɒkʃəs] *adj* **1.** widerlich, widerwärtig **2.** (*Benehmen*) unausstehlich

oboe [ˈəʊbəʊ] *s* (MUS) Oboe *f;* **obo·ist** [-ɪst] *s* Oboist(in) *m(f)*

ob·scene [əbˈsiːn] *adj* unanständig, obszön, unzüchtig; **ob·scen·ity** [əbˈsenətɪ] *s* Unanständigkeit, Obszönität *f*

ob·scure [əbˈskjʊə(r)] **I.** *adj* **1.** (*Gefühl*) trüb(e), unklar, undeutlich **2.** (*fig*) schwer verständlich, dunkel **3.** unbekannt, obskur; **is the meaning still ~ to you?** ist Ihnen die Bedeutung immer noch unklar? **II.** *vt* **1.** verdecken, verbergen **2.** (*Geist*) verwirren; **ob·scur·ity** [əbˈskjʊərətɪ] *s* **1.** Dunkelheit, Finsternis *f* **2.** (*fig*) Unklarheit, Unverständlichkeit *f;* **live in ~** zurückgezogen leben

ob·sequi·ous [əbˈsiːkwɪəs] *adj* servil, unterwürfig (*to* gegen)

ob·serv·able [əbˈzɜːvəbl] *adj* sichtbar, wahrnehmbar; **ob·serv·ance** [əbˈzɜːvəns] *s* **1.** Befolgung, Einhaltung, Beachtung *f* **2.** (REL) Einhalten *nt;* Observanz *f;* **ob·serv·ant** [əbˈzɜːvənt] *adj* aufmerksam, wachsam; **~ of the rules** die Regeln einhaltend; **ob·ser·va·tion** [ˌɒbzəˈveɪʃn] *s* **1.** Beobachtung *f;* Beobachten *nt* **2.** (*Regeln*) Einhalten *nt* **3.** Bemerkung, Äußerung *f;* **keep s.o. under ~** jdn unter Beobachtung halten; **powers of ~** Beobachtungsgabe *f;* **observation car** *s* (RAIL) Panoramawagen *m;* **observation post** *s* Beobachtungsposten *m;* **observation tower** *s* Aussichtsturm *m;* **observation ward** *s* Beobachtungsstation *f*

ob·serv·atory [əbˈzɜːvətrɪ] *s* Sternwarte *f*, Observatorium *nt;* **meteorological ~** Wetterwarte *f*

ob·serve [əbˈzɜːv] **I.** *vt* **1.** be(ob)achten, bemerken, wahrnehmen **2.** (*Feiertag*) halten; feiern **3.** feststellen, äußern **4.** (*Geburtstag*) begehen, feiern; **the thief was ~d to ...** der Dieb wurde dabei beobachtet, wie er ... **II.** *vi* **1.** zusehen; beobachten **2.** bemerken, feststellen; **ob·serv·er** [əbˈzɜːvə(r)] *s* **1.** Zuschauer(in) *m(f)* **2.** (MIL POL) Beobachter(in) *m(f)*

ob·sess [əbˈses] *vt:* **be ~ed by** [*o* **with**] **s.o.** von jdm besessen sein; **s.th. ~es s.o.** jd ist von etw besessen; **ob·sess·ion** [əbˈseʃn] *s* **1.** fixe Idee, Manie *f* **2.** (MED) Zwangsvorstellung *f* **3.** Besessenheit *f* (*with* von); **ob·sess·ive** [əbˈsesɪv] *adj* zwanghaft; **become ~** zum Zwang werden

ob·sol·escence [ˌɒbsəˈlesns] *s* Verschleiß *m;* Veralten *nt;* **ob·sol·escent** [ˌɒbsəˈlesnt] *adj* veraltend, außer Gebrauch kommend; **ob·sol·ete** [ˈɒbsəliːt] *adj* veraltet, überholt

ob·stacle [ˈɒbstəkl] *s* Hindernis *nt* (*to* für); **be an ~ to s.th.** einer S entgegenstehen; **put ~s in s.o.'s way** jdm Hindernisse in den Weg legen; **ob·stacle race** *s* (SPORT) Hindernisrennen *nt*

ob·ste·tri·cian [ˌɒbstɪˈtrɪʃn] *s* (MED) Geburtshelfer(in) *m(f);* **ob·stet·rics** [ɒbˈstetrɪks] *s pl mit sing* Geburtshilfe *f*

ob·sti·nacy [ˈɒbstɪnəsɪ] *s* Hartnäckigkeit *f*, Starrsinn *m*, Widerspenstigkeit *f;* **ob·sti·nate** [ˈɒbstɪnət] *adj* **1.** (*Person*) hartnäckig, starrsinnig **2.** (*Krankheit*) hartnäckig; **remain ~** stur bleiben

ob·strep·er·ous [əbˈstrepərəs] *adj* aufmüpfig; aufsässig

ob·struct [əbˈstrʌkt] **I.** *vt* **1.** (ver)sperren, blockieren; verstopfen **2.** (be)hindern, hemmen, sperren; **trees ~ed the road** Bäume versperrten die Straße **II.** *vi* obstruieren; **ob·struc·tion** [əbˈstrʌkʃn] *s* **1.** (*Straße*) Versperren *nt*, Blockierung *f;* Verstopfung *f* **2.** Behinderung *f;* Hemmung *f;* Hindernis *nt* (*to* für) **3.** (PARL) Obstruktion *f;* **ob·struc·tion·ism** [-ɪzəm] *s* (PARL) Obstruktionspolitik *f;* **ob·struc·tive** [əbˈstrʌktɪv] *adj* obstruktiv, behindernd

ob·tain [əbˈteɪn] **I.** *vt* **1.** erhalten, erlangen, bekommen **2.** (*Preis*) erzielen **3.** (*Wissen*) erwerben; ~ **s.th. for s.o.** jdm etw verschaffen **II.** *vi* (*Regeln*) in Kraft sein; **ob·tain·able** [-əbl] *adj* erhältlich

ob·trude [əb'truːd] **I.** *vt* hervorstehen; ~ **o.s. (up)on others** sich anderen aufdrängen; ~ **one's opinion (up)on s.o.** jdm seine Meinung aufzwingen **II.** *vi* **1.** sich aufdrängen **2.** hervorstehen; **ob·trus·ive** [əb'truːsɪv] *adj* aufdringlich; penetrant

ob·tuse [əb'tjuːs] *adj* **1.** (*Winkel*) stumpf **2.** (*Mensch*) begriffsstutzig

ob·vi·ate ['ɒbvɪeɪt] *vt* **1.** vermeiden, umgehen **2.** (*Einwand*) vorbeugen

ob·vi·ous ['ɒbvɪəs] *adj* **1.** offenbar, -sichtlich; augenfällig **2.** (*Unterschied*) offenkundig **3.** (*Lösung*) einleuchtend, nahe liegend; **an ~ truth** eine offenkundige Tatsache; **it's ~** das liegt auf der Hand; **make s.th. more ~** etw deutlicher machen; **ob·vi·ous·ly** ['ɒbvɪəslɪ] *adv* offensichtlich, offenbar; **~!** natürlich!

oc·ca·sion [ə'keɪʒn] **I.** *s* **1.** Gelegenheit *f,* Anlass *m* **2.** Ereignis *nt* **3.** Gelegenheit, Möglichkeit *f* **4.** Grund *m,* Veranlassung *f;* **on ~** gelegentlich; wenn nötig; **on the ~ of** bei Gelegenheit, aus Anlass, anlässlich *+gen;* **on that ~** damals; **on several ~s** mehrmals; **give ~ to** Anlass geben zu; **have ~ to** Gelegenheit haben zu; **rise to the ~** sich der Lage gewachsen zeigen; **take this ~ to ...** diese Gelegenheit ergreifen, um ...; **should the ~ arise** nötigenfalls **II.** *vt* Anlass, Veranlassung sein zu; **oc·ca·sional** [ə'keɪʒənl] *adj* gelegentlich, hin und wieder; ~ **purchase** Gelegenheitskauf *m;* ~ **table** Beistelltisch *m;* **oc·ca·sional·ly** [ə'keɪʒənəlɪ] *adv* gelegentlich, ab und zu

Oc·ci·dent ['ɒksɪdənt] *s:* **the ~** der Westen, das Abendland; **oc·ci·den·tal** [ˌɒksɪ'dentl] *adj* westlich, abendländisch

oc·cult [ɒ'kʌlt] *adj* okkult; geheimnisvoll; **oc·cult·ism** ['ɒkʌltɪzəm] *s* Okkultismus *m*

oc·cu·pan·cy ['ɒkjʊpənsɪ] *s* **1.** Bewohnen *nt* **2.** Belegung *f;* **with immediate ~** sofort beziehbar; **occupancy rate** *s* Zimmerbelegung *f*

oc·cu·pant ['ɒkjʊpənt] *s* **1.** Bewohner(in) *m(f)* **2.** (*einer Stelle*) Inhaber(in) *m(f);* **oc·cu·pa·tion** [ˌɒkjʊ'peɪʃn] **I.** *s* **1.** Beruf *m,* Tätigkeit *f* **2.** Beschäftigung *f* **3.** (MIL) Besetzung *f;* Besatzung *f* **4.** (*eines Hauses*) Besetzung *f;* **by ~** von Beruf; **army of ~** Besatzungsheer *nt;* **be in ~ of a house** ein Haus bewohnen **II.** *adj attr* (MIL) Besatzungs-; **oc·cu·pa·tion·al** [ˌɒkjʊ'peɪʃənl] *adj* beruflich; ~ **accident** Arbeitsunfall *m;* ~ **disease** Berufskrankheit *f;* ~ **hazard** Berufsrisiko *nt;* ~ **pension scheme** betriebliche Altersversorgung; ~ **therapy** Beschäftigungstherapie *f;* **oc·cu·pied** ['ɒkjʊpaɪd] *adj* **1.** belegt **2.** (*busy*) beschäftigt; **oc·cu·pier** ['ɒkjʊpaɪə(r)] *s* **1.** Bewohner(in) *m(f)* **2.** (*einer Stelle*) Inhaber(in) *m(f)* **3.** Besetzer(in) *m(f);* **oc·cupy** ['ɒkjʊpaɪ] *vt* **1.** bewohnen; belegen **2.** besetzen **3.** (*Zeit*) in Anspruch nehmen **4.** (*Stellung*) innehaben **5.** (*Raum*) einnehmen **6.** beschäftigen; **be occupied with** beschäftigt sein mit; ~ **o.s.** sich beschäftigen; **keep s.o. occupied** jdn beschäftigen

oc·cur [ə'kɜː(r)] *vi* **1.** vorkommen; sich ereignen, geschehen; stattfinden **2.** einfallen, in den Sinn kommen (*to s.o.* jdm); **don't let it ~ again** lassen Sie das nicht wieder vorkommen; **it ~s to me that ...** ich habe den Eindruck, dass ...; **the idea just ~red to me** es ist mir gerade eingefallen; **did it ever ~ to you that ...?** hast du eigentlich je daran gedacht, dass ...?; **oc·cur·rence** [ə'kʌrəns] *s* **1.** Ereignis, Vorkommnis *nt,* Begebenheit *f* **2.** Auftreten *nt;* Vorkommen *nt;* **an everyday ~** ein alltägliches Ereignis; **be of frequent/rare ~** häufig/selten vorkommen

ocean ['əʊʃn] *s* Ozean *m,* Meer *nt;* **~s of** (*fam*) jede Menge, massenhaft; **ocean climate** *s* Meeresklima *nt;* **ocean-going** ['əʊʃngəʊɪŋ] *adj* hochseetauglich; ~ **tug** Hochseeschlepper *m;* **Oce·an·ia** [ˌəʊʃiː'ænɪə] *s* (GEOG) Ozeanien *nt;* **ocean liner** *s* Ozeandampfer *m;* **ocean·og·raphy** [ˌəʊʃə'nɒgrəfɪ] *s* Meereskunde *f*

oce·lot ['əʊsɪlɒt] *s* Ozelot *m*

ocher (*Am*), **ochre** ['əʊkə(r)] **I.** *s* Ocker *m od nt* **II.** *adj* ockerfarben

o'clock [ə'klɒk] *adv:* **it's 2 ~** es ist 2 Uhr

OCR *s Abk. von* **optical character recognition, reader** (INFORM) optische Zeichenerkennung; (~ *reader*) OCR-Lesegerät *nt*

oc·ta·gon ['ɒktəgən] *s* Achteck *nt*

oc·tane ['ɒkteɪn] *s* (CHEM) Oktan *nt;* **octane number, octane rating** *s* Oktanzahl *f*

oc·tave ['ɒktɪv] *s* (MUS) Oktave *f;* **oc·tet** [ɒk'tet] *s* (MUS) Oktett *nt*

Oc·to·ber [ɒk'təʊbə(r)] *s* Oktober *m;* **in ~** im Oktober

oc·to·gen·arian [ˌɒktədʒɪ'neərɪən] **I.** *adj* achtzigjährig **II.** *s* Achtziger(in) *m(f)*

oc·to·pus ['ɒktəpəs] *s* Tintenfisch *m,* Krake *f*

ocu·list ['ɒkjʊlɪst] *s* Augenarzt *m,* -ärztin *f*

odd [ɒd] *adj* **1.** (*Zahl*) ung(e)rade **2.** (*Schuh*) einzeln **3.** überzählig, -schüssig, übrig **4.** gelegentlich, zeitweilig **5.** (*Mensch*) merkwürdig, eigenartig, absonderlich; **thirty-~ years** so um die dreißig (Jahre); **the ~ one left over** der, die, das Überzählige; **at ~ times** hin und wieder, dann und wann; **~ job man** Mädchen *nt* für alles; **~ man out** das fünfte Rad am Wagen; Außenseiter *m;* **odd·ball** ['ɒdbɔːl] *s* Sonderling *m;* **odd·ity** ['ɒdətɪ] *s* **1.** Ungewöhnlichkeit, Absonderlichkeit, Eigenartigkeit *f* **2.** komischer Kauz; **odd·ly** ['ɒdlɪ] *adv* eigenartig, sonderbar, merkwürdig; **~ enough** seltsamerweise; **odd·ment** ['ɒdmənt] *s* **1.** Rest *m;* Restposten *m* **2. ~s** Rest-, Einzelstücke *ntpl*

odds [ɒdz] *s pl* **1.** (*beim Wetten*) Gewinnquote *f;* Kurse *mpl* **2.** Gewinnchancen *fpl;* **the ~ are against us** alles spricht gegen uns; **what are the ~ on ...?** wie stehen die Chancen, dass ...?; **pay over the ~** einiges mehr bezahlen; **what's the ~?** was macht das schon?; **it makes no ~** es spielt keine Rolle; **the ~ are 2 to 1** die Chancen stehen 2 zu 1; **be at ~ with s.o. over s.th.** mit jdm in etw nicht einig gehen; **the ~ are in his favour** der Vorteil ist auf seiner Seite; **~ and ends** Überbleibsel *ntpl,* Reste *mpl,* Krimskrams, Kram *m;* **odds-on** [ˌɒdz'ɒn] *adv:* **it's ~ that** es ist sehr wahrscheinlich, dass

ode [əʊd] *s* Ode *f*

odi·ous ['əʊdɪəs] *adj* **1.** (*Tat*) abscheulich **2.** (*Person*) abstoßend, ekelhaft

odom·eter [ɒ'dɒmɪtə(r)] *s* (*Am*) Kilometerzähler *m*

odor (*Am*) *s.* **odour; odor·less** *adj* (*Am*) *s.* **odourless; odour** ['əʊdə(r)] *s* Geruch *m,* Wohlgeruch *m;* **be in good/bad ~ with s.o.** gut/schlecht bei jdm angeschrieben sein; **odour·less** [-lɪs] *adj* geruchlos

od·ys·sey ['ɒdɪsɪ] *s* Odyssee *f*

OECD [ˌəʊiːsiː'diː] *s Abk. von* **Organization for Economic Cooperation and Development** OECD *f,* Organisation *f* für wirtschaftliche Zusammenarbeit und Entwicklung

oecu·meni·cal [ˌiːkjuː'menɪkl] *adj* ökumenisch

oesoph·agus [iː'sɒfəgəs] *s* (ANAT) Speiseröhre *f*

of [əv, *betont* ɒv] *prep* **1.** (*Besitzverhältnis*) von; **a friend ~ mine** ein Freund von mir; **the works ~ Shakespeare** Shakespeares Werke **2.** (*zeitlich, örtlich*): **north ~ London** nördlich von London; **a quarter ~ six** (*Am*) Viertel vor sechs **3.** (*Angabe des Grundes*): **die ~ hunger** verhungern; **be proud ~ s.th.** stolz auf etw sein **4.** (*Angabe einer Entbehrung*): **cure s.o. ~ a disease** jdn von einer Krankheit heilen; **trees bare ~ leaves** Bäume ohne Blätter **5.** (*Angabe des Materials*): **table ~ wood** Holztisch *m* **6.** (*Angabe der Qualität*): **man ~ courage** mutiger Mensch; **~ no importance** bedeutungslos **7.** (*Angabe des Genitivs*): **love ~ money** Liebe zum Geld; **many ~ them came** viele kamen; **one ~ the best** einer der Besten; **today ~ all days** ausgerechnet heute; **you ~ all people ought to know** gerade Sie sollten das wissen; **what has become ~ him?** was ist aus ihm geworden?; **doctor ~ medicine** Doktor *m* der Medizin; **what do you do ~ a Sunday?** was machst du sonntags?; **~ late** seit neuestem; **~ old** einst, ehemals

off [ɒf] **I.** *adv* **1.** (*Entfernung*): **the town is five miles ~** die Stadt ist fünf Meilen entfernt; **the holidays are not far ~** es ist nicht mehr lang bis zu den Ferien **2.** (*Weggang*): **go ~** gehen; **~ with him!** fort mit ihm!; **it's time I was ~** es ist Zeit, dass ich gehe; **they're ~** (SPORT) sie sind gestartet **3.** (*Wegnehmen*): **there are two buttons ~** es fehlen zwei Knöpfe; **the lid is ~** der Deckel ist nicht drauf **4.** (*Abzug*): **1 % ~** 1 % Nachlass **5. get a day ~** einen Tag freibekommen; **~ and on, on and ~** ab und zu; **it rained ~ and on** es regnete mit Unterbrechungen **II.** *prep* **1.** (*Angabe einer Bewegung*): **fall ~ a ladder** von einer Leiter fallen; **jump ~ the roof** vom Dach springen; **she borrowed money ~ her father** (*sl*) sie lieh sich von ihrem Vater Geld **2.** (*Entfernung*) abgelegen von; **the narrow lane was ~ the main road** die enge Straße lag von der Hauptstraße ab **3.** (*fam*): **he's ~ drugs now** er ist nicht mehr rauschgiftsüchtig **III.** *adj* **1.** (*Tag*) schlecht **2.** (*Speisen*) verdorben, schlecht; (*Milch*) sauer **3.** (*Spiel, Streik*) abgesagt **4.** (*Licht*) ausgeschaltet **5.** (*Vertrag*) nicht mehr geltend; **I'm afraid veal is ~ now** das Kalbfleisch ist leider ausgegangen; **they are badly ~** sie sind nicht gut gestellt; **you're ~ there** da irrst du gewaltig; **that's a bit ~!** das ist ein dicker Hund!; **how are we ~ for time?** wie viel Zeit haben wir noch?

of·fal ['ɒfl] *s* **1.** Innereien *pl* **2.** (*fig*) Abfall *m*

off-beat [ˌɒf'biːt] *adj* (*fam*) ungewöhnlich, unkonventionell; **off-center** (*Am*), **off-centre** [ˌɒf'sentə(r)] *adj* nicht in der Mitte; asymmetrisch; **off-chance** ['ɒftʃɑːns] *s:* **do s.th. on the ~** etw auf den Verdacht hin tun; **I came on the ~ of seeing him** ich kam in der Hoffnung ihn (vielleicht) zu sehen; **off-color** (*Am*), **off-col·our** [ˌɒf'kʌlə(r)] *adj* **1.** unwohl **2.** (*Witz*) zweideutig; **off-day** ['ɒfdeɪ] *s* (*fam*) Tag *m,* an dem man sich wohlfühlt

of·fence [ə'fens] *s* **1.** (JUR) Straftat *f;* Vergehen *nt* (*against* gegen) **2.** Kränkung, Beleidigung *f;* Anstoß *m* **3.** (REL) Sünde *f* **4.** Angriff *m;* **commit an** ~ sich strafbar machen; **first** ~ erste Straftat; **it is an** ~ **to the eye** das beleidigt das Auge; **cause** [*o* **give**] ~ **to s.o.** jdn kränken; **take** ~ **at s.th.** wegen etw gekränkt sein; an etw Anstoß nehmen; ~ **is the best defence** (*prov*) Angriff ist die beste Verteidigung; **of·fend** [ə'fend] **I.** *vi* **1.** beleidigend sein **2.** Unrecht tun; ~ **against** verstoßen gegen **II.** *vt* **1.** beleidigen, verletzen **2.** Anstoß erregen bei; **of·fender** [ə'fendə(r)] *s* Täter(in) *m(f),* Verkehrssünder(in) *m(f);* **first** ~ Ersttäter(in), noch nicht Vorbestrafte(r) *f m;* **of·fense** *s* (*Am*) **1.** (JUR) Straftat *f;* Vergehen *nt* (*against* gegen) **2.** Kränkung, Beleidigung *f;* Anstoß *m* **3.** (REL) Sünde *f* **4.** Angriff *m;* **commit an** ~ sich strafbar machen; **first** ~ erste Straftat; **it is an** ~ **to the eye** das beleidigt das Auge; **cause** [*o* **give**] ~ **to s.o.** jdn kränken; **take** ~ **at s.th.** wegen etw gekränkt sein; an etw Anstoß nehmen; ~ **is the best defence** (*prov*) Angriff ist die beste Verteidigung; **of·fen·sive** [ə'fensɪv] **I.** *adj* **1.** angreifend, offensiv **2.** (*Geruch*) unangenehm, widerlich **3.** (*Film*) anstößig **4.** (*Benehmen*) beleidigend, kränkend **II.** *s* Angriff *m,* Offensive *f;* **take the** ~ in die Offensive gehen; **on the** ~ in der Offensive; ~ **weapon** Offensivwaffe *f*

of·fer ['ɒfə(r)] **I.** *vt* **1.** anbieten **2.** (*Preis*) aussetzen **3.** (*Rat*) (an)bieten **4.** (*Plan*) vorschlagen **5.** (*Trost*) spenden **6.** (*Opfer*) darbringen **7.** (*Widerstand*) bieten; ~ **to do s.th.** anbieten etw zu tun; ~ **an opinion** sich äußern; ~ **an explanation** eine Erklärung geben; ~ **a price** ein Preisangebot machen; ~ **resistance** Widerstand leisten; ~ **a reward** eine Belohnung aussetzen **II.** *vi:* **whenever the opportunity** ~**s** immer wenn sich die Gelegenheit bietet **III.** *s* **1.** Angebot *nt* **2.** (~ *of marriage*) (Heirats)Antrag *m;* **on** ~ (COM) (zum Verkauf) angeboten; verkäuflich; im Sonderangebot; **make an** ~ **of s.th. to s.o.** jdm etw anbieten; **open to** ~**s** Angebote werden entgegengenommen; **the house is under** ~ für das Haus liegt ein Kaufangebot vor; **of·fer·ing** ['ɒfərɪŋ] *s* **1.** Gabe *f* **2.** (REL) Opfer *nt;* Opfergabe *f*

off-hand [ˌɒf'hænd] **I.** *adv* so ohne weiteres, auf Anhieb **II.** *adj a. off-handed* **1.** lässig **2.** (*Benehmen*) gleichgültig

of·fice ['ɒfɪs] *s* **1.** Büro *nt;* Kanzlei *f;* Abteilung *f* **2.** Amt *nt* **3.** Aufgabe, Pflicht *f* **4.** ~**s** Dienste *mpl* **5.** (REL) Gottesdienst *m;* **at the** ~ im Büro; **take** ~ das Amt antreten; die Regierung übernehmen; **through the** ~**s of** durch Vermittlung von; **hold** ~ im Amt sein; an der Regierung sein; **be out of** ~ nicht im Amt sein; nicht mehr an der Regierung sein; **office automation** *s* (INFORM) Büroautomation *f;* **office block** *s* Bürohaus *nt;* Bürokomplex *m;* **office boy** *s* Laufbursche *m;* **office building** *s* Bürogebäude *nt;* **office equipment** *s* Büroausstattung *f;* **office hours** *s pl* Dienstzeit *f;* Geschäfts-, Öffnungszeiten *fpl;* **Office of Fair Trading, OFT** *s* Amt *nt* für Verbraucherschutz

of·fi·cer ['ɒfɪsə(r)] *s* **1.** (MIL AVIAT) Offizier *m* **2.** Beamte(r) *m,* Beamtin *f* **3.** (*Verein*) Vorstandsmitglied *nt;* **medical** ~ Amtsarzt *m,* -ärztin *f;* **police** ~ Polizeibeamte(r) *m,* -beamtin *f*

of·fice space ['ɒfɪsˌspeɪs] *s* Büroräume *mpl;* **office staff** *s* Büropersonal *nt;* **office supplies** *s pl* Bürobedarf *m;* **office worker** *s* Büroangestellte(r) *f m*

of·fi·cial [ə'fɪʃl] **I.** *adj* amtlich; dienstlich; offiziell; **through** ~ **channels** auf dem Dienstweg; **Official Secrets Act** *Gesetz über die Wahrung von Staatsgeheimnissen;* ~ **statement** amtliche Verlautbarung; ~ **style** förmlicher Stil **II.** *s* **1.** Beamte(r) *m,* Beamtin *f* **2.** (*Verein*) Funktionär(in) *m(f);* **of·fi·cial·dom** [-dəm] *s* Beamtentum *nt,* Bürokratie *f;* **of·fi·cialese** [əˌfɪʃə'liːz] *s* Beamten-, Amtsjargon *m;* **of·fi·cial·ly** [ə'fɪʃəlɪ] *adv* offiziell; **of·fi·ci·ate** [ə'fɪʃɪeɪt] *vi* amtieren, fungieren

of·fi·cious [ə'fɪʃəs] *adj* übereifrig, dienstbeflissen

off·ing ['ɒfɪŋ] *s:* **in the** ~ in Sicht

off-key [ˌɒf'kiː] *adj* (MUS) falsch; **off-licence** ['ɒflaɪsns] *s* (*Br*) **1.** Konzession *f* für den Verkauf von Alkohol **2.** Wein- und Spirituosenhandlung *f;* **offline** [ˌɒf'laɪn] **I.** *adj* (INFORM) Offline-; ~ **mode** (INFORM) Offlinebetrieb *m* **II.** *adv* offline; **off·load** [ˌɒf'ləʊd] *vt* **1.** ausladen, entladen **2.** abstoßen, abschieben; **off-peak** ['ɒfpiːk] *adj:* ~ **charges** verbilligter Tarif; **during** ~ **hours** außerhalb der Stoßzeiten; ~ **heating** Speicherheizung *f;* **off-put·ting** [ˌɒf'pʊtɪŋ] *adj* (*fam*) entmutigend; wenig einladend; unsympathisch; **off-sea·son** ['ɒfsiːzn] *s* Nebensaison *f*

off·set ['ɒfset] **I.** *s* **1.** (TYP) Offsetdruck *m* **2.** (BOT) Ableger *m* **3.** (*fig*) Ausgleich *m* **II.** *vt* **1.** ausgleichen; wettmachen, aufwiegen **2.** versetzen

off·shore [ˌɒf'ʃɔː(r)] **I.** *adv* von der Küste weg; **anchor** ~ vor der Küste ankern **II.** *adj* küstennah; Küsten-; im Meer; ~ **wind**

O

Landwind *m;* **off·side** [ˌɒfˈsaɪd] **I.** *adj* **1.** (SPORT) im Abseits **2.** (AUTO) auf der Fahrerseite **II.** *s* (AUTO) Fahrerseite *f;* **offside rule** *s* (*sport*) Abseitsregel *f*

off·spring [ˈɒfsprɪŋ] *s* **1.** (*sing*) Sprößling, Abkömmling *m* **2.** (*pl*) Nachwuchs *m;* (die) Jungen *pl*

off·stage [ˌɒfˈsteɪdʒ] *adv* hinter den Kulissen; **off-street parking** *s Parkgelegenheiten abseits der Straße;* **off-the-cuff** [ˌɒfðəˈkʌf] *adj, adv* aus dem Stegreif; **off-the-job training** *s* außerbetriebliche Ausbildung; **off-the-peg** [ˌɒfðəˈpeg] *adj* (*Br*) von der Stange, Konfektions-; **off-white** [ˌɒfˈwaɪt] *adj* gebrochen weiß

of·fy [ˈɒfɪ] *s* (*Br: fam: off-licence*) Wein- und Spirituosenladen *m*

OFT [ˌəʊefˈtiː] *s Abk. von* **Office of Fair Trading** Amt *nt* für Verbraucherschutz

of·ten [ˈɒfn] *adv* oft, häufig; **we ~ go there** wir gehen häufig dahin; **as ~ as** sooft wie; **not as ~ as twice a month** weniger als zweimal im Monat; **as ~ as not** meistens; **more ~ than not** meistens; **every so ~** öfters, von Zeit zu Zeit; **once too ~** einmal zu oft; **how ~?** wie oft?

ogle [ˈəʊgl] *vt* liebäugeln mit; kein Auge lassen von

ogre [ˈəʊgə(r)] *s* Menschenfresser *m* (*im Märchen*); **ogress** [ˈəʊgres] *s* Menschenfresserin *f*

oh [əʊ] *interj* oh! ach!; **~ well** na ja!; **~ dear!** o je!; **~ yes?** ach ja?

oik [ɔɪk] *s* (*pej sl*) Prolet *m*

oil [ɔɪl] **I.** *s* **1.** Öl *nt* **2.** Erdöl, Petroleum *nt* **3.** Ölfarbe *f,* -gemälde *nt* **4.** (*sl*) Schmeichelei *f;* **burn the midnight ~** bis spät in die Nacht (hinein) arbeiten; **pour ~ on troubled waters** die Wogen glätten; **strike ~** (*fig*) einen guten Fund machen; **paint in ~s** in Öl malen **II.** *vt* (ein)ölen, schmieren; **~ s.o.'s palm** jdn bestechen; **~ the wheels** (*fig*) die Dinge erleichtern; **oil-based paint** *s* Ölfarbe *f;* **oil cake** *s* Ölkuchen *m;* **oil·can** *s* Ölkanne *f;* **oil change** *s* (AUTO) Ölwechsel *m;* **oil·cloth** [ˈɔɪlklɒθ] *s* Wachstuch *nt;* **oil com·pa·ny** *s* Ölkonzern *m;* **oil con·sump·tion** *s* Ölverbrauch *m;* **oil cri·sis** *s* Ölkrise *f;* **oil-export·ing** [ˌɔɪlɪkˈspɔːtɪŋ] *adj* Erdöl exportierend; **~ country** Ölexportland *nt;* **oil·field** *s* Ölfeld *nt;* **oil-fired** [ˈɔɪlˌfaɪrd] *adj* mit Öl befeuert; **oili·ness** [ˈɔɪlɪnɪs] *s* **1.** ölige Beschaffenheit **2.** (*fig*) aalglatte Art; **oil lamp** *s* Öllampe *f;* **oil lev·el** *s* (TECH) Ölstand *m;* **oil paint·ing** *s* Ölgemälde *nt,* -malerei *f;* **oil pipe·line** *s* Erdölleitung *f;* **oil-pro·duc·ing** *adj* ölfördernd; **~ country** Ölförderland *nt;* **oil pro·duc·tion** *s* Ölförderung *f;* **oil rig** *s* Bohrturm *m;* -insel *f;* **oil sheik** *s* Ölscheich *m;* **oil·skin** *s* **1.** Öltuch *nt* **2. ~s** Ölzeug *nt;* **oil slick** *s* Ölteppich *m;* Öllache *f;* **oil spills** *s pl* Ölpest *f;* **oil tank·er** *s* Öltanker *m,* Tankschiff *nt;* **oil well** *s* Ölquelle *f;* **oily** [ˈɔɪlɪ] *adj* **1.** ölig; ölhaltig **2.** (*Finger*) voller Öl **3.** (*fig*) aalglatt

oint·ment [ˈɔɪntmənt] *s* Salbe *f*

OK, okay [ˌəʊˈkeɪ] **I.** *interj* okay! einverstanden! in Ordnung! **II.** *adj* in Ordnung, okay; **that's ~ with me** das ist mir recht; **be ~ for money** genug Geld haben **III.** *adv* gut; einigermaßen **IV.** *vt* (*Plan*) gutheißen, billigen **V.** *s* Zustimmung *f*

ok·ra [ˈəʊkrə] *s* Okra *nt*

old [əʊld] **I.** *adj* **1.** alt **2.** bejahrt, betagt **3.** verbraucht, abgenutzt **4.** früher, ehemalig **5.** erfahren, erprobt **6.** altertümlich; weit zurückliegend, -reichend; **~ people** alte Leute; **he's forty years ~** er ist 40; **seven-year-~** Siebenjährige(r) *f m;* **any ~ thing** irgendwas; **his ~ school** seine ehemalige Schule; **we had a great ~ time** wir haben uns prächtig amüsiert; **the Old World** die alte Welt **II.** *s:* **in days of ~** in alten Zeiten; **the men of ~** die Menschen früherer Zeiten; **old age** *s* das Alter; **reach ~** ein hohes Alter erreichen; **old-age pension** Altersrente *f;* **~ pensioner, OAP** Rentner(in) *m(f);* **Old Bill** *s* (*Br sl*) die Polizei; **old boy** *s* (*Br*) ehemaliger Schüler; **~ network** *Seilschaft von Männern;* **old-es·tab·lished** [ˌəʊldɪˈstæblɪʃt] *adj* alteingesessen; **old-fashioned** [ˌəʊldˈfæʃnd] *adj* altmodisch; **old girl** *s* (*Br*) ehemalige Schülerin; **old·ish** [ˈəʊldɪʃ] *adj* ältlich; **old lady** *s* (*fam*): **my ~** meine Alte; **old-maidish** [ˌəʊldˈmeɪdɪʃ] *adj* altjüngferlich; **old man** *s* (*fam*): **my ~** mein Alter; **old master** *s* alter Meister; **old people's home** *s* Altersheim *nt;* **old school** *s* (*fig*) alte Schule; **old stager** [ˌəʊldˈsteɪdʒə(r)] *s* alter Hase; **old-style** *adj* im alten Stil; **old-timer** [ˈəʊldtaɪmə(r)] *s* (*fam*) eine(r) von der alten Garde, Veteran(in) *m(f);* **old wives' tale** *s* Ammenmärchen *nt*

ole·an·der [ˌəʊlɪˈændə(r)] *s* Oleander *m*

ol·fac·tory [ɒlˈfæktərɪ] *adj* Geruchs-

ol·ive [ˈɒlɪv] **I.** *s* **1.** Olive *f* **2.** (*~ tree*) Olivenbaum *m* **3.** (*Farbe*) Olivgrün *nt* **II.** *adj* olivgrün; **olive branch** *s* Ölzweig *m;* **olive grove** *s* Olivenhain *m;* **olive oil** [ˈɒlɪvˌɔɪl] *s* Olivenöl *nt*

Olym·piad [əˈlɪmpɪæd] *s* Olympiade *f;* **Olym·pian** [əˈlɪmpɪən] **I.** *s* Olympier *m* **II.** *adj* olympisch; **Olym·pic** [əˈlɪmpɪk] **I.** *adj* olympisch **II.** *s:* **the ~ Games, the ~s** die Olympischen Spiele

Oman [əʊˈmɑːn] *s* Oman *m;* **Omani**

[əʊ'mɑːnɪ] **I.** *adj* omanisch **II.** *s* Omaner(in) *m(f)*

om·buds·man ['ɒmbʊdzmən] <*pl* -men> *s* (POL) Ombudsmann *m*

om·elet (*Am*), **om·elette** ['ɒmlɪt] *s* Omelett(e) *nt,* Eierkuchen *m*

omen ['əʊmen] *s* Omen, Vorzeichen *nt* (*for* für); **om·in·ous** ['ɒmɪnəs] *adj* bedrohlich, drohend; unheilverkündend

omission [ə'mɪʃn] *s* **1.** Auslassung *f* **2.** Unterlassung, Nichtbeachtung *f;* **sin of ~** Unterlassungssünde *f*

omit [ə'mɪt] *vt* **1.** auslassen (*from* aus) **2.** unterlassen, versäumen (*doing, to do* zu tun); **omit·ted** *adj* ausgelassen, weggelassen

om·ni·bus ['ɒmnɪbəs] **I.** *s* **1.** Omnibus, Autobus, Bus *m* **2.** (*Buch*) Sammelband *m* **II.** *adj* allgemein, umfassend; **~ agreement** Globalabkommen *nt*

om·nip·otence [ɒm'nɪpətəns] *s* Allmacht, Omnipotenz *f;* **om·nip·otent** [ɒm'nɪpətənt] *adj* allmächtig

om·ni·pres·ent [ˌɒmnɪ'preznt] *adj* allgegenwärtig

om·nis·cient [ɒm'nɪʃnt] *adj* allwissend

om·ni·vo·rous [ɒm'nɪvərəs] *adj* allesfressend

on [ɒn] **I.** *prep* **1.** (*Platz, Lage*) auf; an; **~ the table** auf dem Tisch; **pictures ~ the wall** Bilder an der Wand; **flies ~ the ceiling** Fliegen an der Decke; **~ the right** rechts; **~ the radio** im Radio; **he has no money ~ him** er hat kein Geld bei sich; **a house ~ the coast** ein Haus am Meer **2.** (*Transportmittel*): **go ~ the train** mit dem Zug fahren; **~ foot** zu Fuß; **~ a bicycle** mit dem Fahrrad **3.** (*Mittel*): **live ~ one's income** von seinem Einkommen leben; **live ~ bread** sich von Brot ernähren **4.** über; **a lecture ~ Shakespeare** ein Vortrag über Shakespeare **5.** (*zeitlich*) an; **~ Sunday** am Sonntag; **~ the evening of May the first** am Abend des ersten Mai; **~ the minute** auf die Minute genau **6.** bei; **~ my arrival** bei meiner Ankunft; **~ request** auf Wunsch; **~ receiving his letter** auf seinen Brief hin **7.** (*Zugehörigkeit*) in; **he is ~ the committee** er gehört dem Ausschuss an **8.** (*beschäftigt mit*): **work ~ a project** an einem Projekt arbeiten **9.** im Vergleich zu **10.** (MUS): **play ~ the violin** auf der Geige spielen **11.** nach; **~ his theory** seiner Theorie nach; **this is ~ me** das geht auf meine Kosten **II.** *adv* (*s. a. Verb mit on*): **have nothing ~** nichts anhaben, nackt sein; **I put a hat ~** ich setzte einen Hut auf; **from that day ~** von diesem Tag an; **well ~ in the morning** später am Morgen; **keep ~ talking** immer weiterreden; **~ and ~** ununterbrochen, andauernd; **be ~ at s.o.** (*fam*) auf jdm dauernd herumhacken; **what's he ~ about?** wovon redet er nun schon wieder? **III.** *adj* (*Licht*) an; **be ~** gegeben werden; gezeigt werden; **who's ~ tonight?** wer spielt heute Abend?; **I have nothing ~ tonight** ich habe heute Abend nichts vor; **it's just not ~** das gibt es einfach nicht; **what's ~ in town?** was läuft in der Stadt?

once [wʌns] **I.** *adv* einmal; früher einmal; einst; **~ a week** einmal in der Woche; **~ more** noch einmal; **~ and for all** ein für allemal; **~ or twice** ein- oder zweimal; **~ upon a time there was ...** es war einmal ...; **at ~** sofort; auf einmal; **all at ~** ganz plötzlich; **~ in a blue moon** alle Jubeljahre einmal; **~ bitten twice shy** (*prov*) ein gebranntes Kind scheut das Feuer **II.** *conj* wenn; als; **once-over** ['wʌnsˌəʊvə(r)] *s* kurze Untersuchung; **give s.o. the ~** (*fam*) jdn kurz prüfend ansehen

on·com·ing ['ɒnkʌmɪŋ] **I.** *adj* **1.** entgegenkommend **2.** (*Gefahr*) nahend, drohend; **the ~ traffic** der Gegenverkehr **II.** *s* Nahen, Kommen *nt*

on·costs ['ɒnˌkɒsts] *s pl* Fixkosten *pl*

one [wʌn] **I.** *adj* **1.** ein, eine, ein; **the baby is ~ (year old)** das Kind ist ein Jahr (alt); **it is ~ o'clock** es ist ein Uhr; **~ hundred pounds** hundert Pfund **2.** (*unbestimmt*): **~ morning** eines Morgens; **~ day next week** nächste Woche einmal; **~ Mr Smith** ein gewisser Herr Smith **3.** (*einzig*): **my ~ hope** meine einzige Hoffnung; **my ~ thought was ...** mein einziger Gedanke war ... **4.** (*ohne Unterschied*): **they are ~ and the same person** das ist ein und dieselbe Person; **it is all ~** das ist einerlei; **we are ~ on the subject** wir sind uns über das Thema einig **II.** *pron* **1.** eine(r, s); **the ~ who ...** derjenige, der ...; **a bigger ~** ein größerer; **no ~ of these people** keiner dieser Leute; **any ~** irgendeine(r, s); **every ~** jede(r, s); **this ~** diese(r, s); **the little ~s** die Kleinen *pl;* **I'm not ~ to go out often** ich bin nicht der Typ, der oft ausgeht; **I was never ~ to say no** ich sage eigentlich nie Nein; **I, for ~, think otherwise** ich, zum Beispiel, denke anders; **they came ~ and all** sie kamen alle; **~ by ~** einzeln; **~ after the other** einer nach dem anderen; **she is ~ of us** sie ist eine von uns **2.** man; einen *acc,* einem *dat;* **wash ~'s face** sich das Gesicht waschen; **~ can't always find time for reading** man hat nicht immer Zeit zum Lesen **III.** *s* Eins *f;* **in ~s and twos** in kleinen Gruppen; **they became ~**

sie wurden eins; **be at** ~ sich einig sein; **the goods are sold in** ~**s** die Waren werden einzeln verkauft; **be** ~ **up on s.o.** jdm etw voraushaben

one-armed [ˌwʌnˈɑːmd] *adj* einarmig; ~ **bandit** einarmiger Bandit (*Spielautomat*); **one-eyed** [ˌwʌnˈaɪd] *adj* einäugig; **one-handed** [ˌwʌnˈhændɪd] *adj* einhändig; **one-horse** [ˌwʌnˈhɔːs] *adj* einspännig; **a** ~ **town** (*fam*) ein Kuhdorf; **one-legged** [ˌwʌnˈlegd] *adj* einbeinig; **one-liner** [ˈwʌnˌlaɪnə(r)] *s* (*fam*) witzige Bemerkung; **one-man** [ˌwʌnˈmæn] *adj* Einmann-; ~ **band** Einmannband *f;* ~ **job** Arbeit für einen einzelnen; **one-night stand** *s* **1.** (THEAT) einmalige Aufführung **2. it was only a** ~ es war nur ein Abenteuer für eine Nacht; **one-off** [ˈwʌnɒf] **I.** *adj* (*Br*) einmalig **II.** *s* etwas Einmaliges; **one-piece** [ˌwʌnˈpiːs] *adj* einteilig; ~ **swimsuit** Einteiler *m*

on·er·ous [ˈɒnərəs] *adj* beschwerlich, drückend; schwer

one·self [wʌnˈself] *pron* **1.** sich **2.** (*betont*) (man) selbst; **wash** ~ sich waschen; **for** ~ ganz allein; ohne Hilfe; **if one doesn't do everything** ~ wenn man nicht alles selbst macht; **be** ~ sich so geben, wie man ist; **come to** ~ wieder zu sich kommen; sich fassen

one-sided [ˌwʌnˈsaɪdɪd] *adj* **1.** einseitig **2.** (*fig*) parteiisch; **one-time** [ˈwʌntaɪm] *adj* ehemalig, früher; **one-track** [ˈwʌntræk] *adj:* **he's got a** ~ **mind** der hat immer nur das eine im Kopf; **one-up·man·ship** [ˌwʌnˈʌpmənʃɪp] *s:* **the art of** ~ die Kunst, allen anderen um eine Nasenlänge voraus zu sein; **one-way** [ˈwʌnweɪ] *adj* Einbahn-; ~ **street** Einbahnstraße *f;* ~ **ticket** einfache Fahrkarte

on·go·ing [ˈɒngəʊɪŋ] *adj* im Gang befindlich, laufend; andauernd

onion [ˈʌnɪən] *s* Zwiebel *f;* **know one's** ~**s** (*sl*) sein Geschäft verstehen

on·line [ˌɒnˈlaɪn] **I.** *adj* (INFORM) Online-; ~ **mode** (INFORM) Onlinebetrieb *m;* ~ **profile** Onlineprofil *nt;* ~ **service** Onlinedienst *m* **II.** *adv* online

on·looker [ˈɒnlʊkə(r)] *s* Zuschauer(in) *m(f)*

only [ˈəʊnlɪ] **I.** *adj* einzige(r, s); **he's an** ~ **child** er ist ein Einzelkind; **the** ~ **thing** das einzige; **her** ~ **answer was a shrug** ihre Antwort bestand nur aus einem Achselzucken; **my one and** ~ **hope** meine einzige Hoffnung **II.** *adv* nur; ~ **last week** erst letzte Woche; **I** ~ **wanted ...** ich wollte weiter nichts, als ...; ~ **too true** nur zu wahr; **if** ~ wenn doch nur; **not** ~ **... but also** nicht nur ... sondern auch; **if** ~ **that hadn't happened** wenn das bloß nicht passiert wäre; ~ **just** eben erst **III.** *conj* bloß, nur

o.n.o. [ˌəʊenˈəʊ] *Abk. von* **or near**(**est**) **offer** oder gegen Höchstgebot, Verhandlungsbasis, VB *f*

on·rush [ˈɒnrʌʃ] *s* Ansturm *m;* **on·screen** [ˈɒnˌskriːn] *adj* (INFORM) am Bildschirm; **on·set** [ˈɒnset] *s* **1.** Anfang, Beginn *m* **2.** (MED) Ausbruch *m;* **at the first** ~ bei Beginn; **on·shore** [ˈɒnʃɔː(r)] **I.** *adj* Land- **II.** *adv* an Land; **on·side** *adv* (SPORT) nicht im Abseits; **on-site** [ˌɒnˈsait] **I.** *adj* Vor-Ort-; ~ **supervision** Vor-Ort-Kontrolle *f* **II.** *adv* vor Ort; **on·slaught** [ˈɒnslɔːt] *s* heftiger Angriff (*on* auf)

on-the-job training [ˌɒnðəˈjɒbˌtreɪnɪŋ] *s* betriebliche Ausbildung

onto [ˈɒntʊ, *vor Konsonanten* ˈɒntə] *prep* auf; **come** ~ **a subject** auf ein Thema zu sprechen kommen; **be** ~ **s.o.** jdm auf die Schliche kommen

on·ward [ˈɒnwəd] **I.** *adv* (*a.* ~*s*) voran, vorwärts, weiter; **from today** ~ von heute an **II.** *adj* nach vorn (gerichtet); **the** ~ **course of events** die fortschreitende Entwicklung der Dinge

onyx [ˈɒnɪks] *s* (MIN) Onyx *m*

oodles [ˈuːdlz] *s pl* (*sl*) jede Menge; ~ **of money** Geld wie Heu

oomph [ʊmf] *s* (*sl*) Schwung *m*

ooze [uːz] **I.** *s* Schlick, Schlamm *m* **II.** *vi* triefen; sickern; herausquellen; ~ **away** versickern; versiegen; ~ **out** herausquellen **III.** *vt* **1.** ausschwitzen **2.** (*fig*) triefen von; strotzen von

opac·ity [əʊˈpæsətɪ] *s* Undurchsichtigkeit *f*, Lichtundurchlässigkeit *f*

opal [ˈəʊpl] *s* (MIN) Opal *m;* **opal·escent** [ˌəʊpəˈlesnt] *adj* opalisierend, schillernd

opaque [əʊˈpeɪk] *adj* **1.** undurchsichtig, milchig, trüb **2.** (*fig*) undurchsichtig

open [ˈəʊpən] **I.** *adj* **1.** offen; geöffnet; frei **2.** (*Geschäft*) geöffnet **3.** (*Blick*) frei; offen **4.** (*Gebäude*) eingeweiht; freigegeben; eröffnet; (*Treffen*) öffentlich **5.** (*Feindschaft*) unverhohlen **6.** (*Frage*) offen, ungeklärt **7.** (*Küste*) ungeschützt **8.** (*Muster*) durchbrochen **9.** (*Charakter*) offen, aufrichtig; **keep the door** ~ die Tür offenlassen; **a shirt** ~ **at the neck** ein am Hals offenes Hemd; ~ **door policy** Politik *f* der offenen Tür; **in the** ~ **air** im Freien; ~ **note** (MUS) Grundton *m;* **road** ~ **to traffic** Durchfahrt frei; **declare s.th.** ~ etw einweihen, eröffnen; **in** ~ **court** (JUR) in öffentlicher Verhandlung; **be** ~ **to s.o.** jdm offen stehen; jdm zur Verfügung stehen; ~ **to the public**

der Öffentlichkeit zugänglich; **be ~ to advice** Ratschlägen zugänglich sein; **be ~ to attack** Angriffen ausgesetzt sein; **leave ~** (*fig*) offen lassen; **have an ~ mind on s.th.** einer S aufgeschlossen gegenüberstehen **II.** *vt* **1.** (*Mund*) öffnen, aufmachen; (*Zeitung*) aufschlagen **2.** (*Ausstellung*) eröffnen; einweihen **3.** (*Gebiet*) erschließen **4.** (*fig*) öffnen **5.** (*Diskussion*) eröffnen, beginnen; **~ one's heart to s.o.** sich jdm eröffnen; **~ fire** das Feuer eröffnen **III.** *vi* **1.** sich öffnen; aufgehen **2.** (*Laden*) öffnen, aufmachen **3.** (*Tür*) führen (*into* in) **4.** beginnen (*with* mit) **IV.** *s:* **in the ~** im Freien; **come out into the ~** (*fig*) Farbe bekennen; **force s.o. out into the ~** jdn zwingen, sich zu stellen; **force s.th. out into the ~** etw zur Sprache bringen; **open on to** *vi* (*Tür*) führen auf; **open out I.** *vi* **1.** sich verbreitern; sich weiten; sich ausfalten lassen **2.** (*fig*) aus sich herausgehen **II.** *vt* **1.** auseinander falten; vergrößern **2.** (*fig*) aus der Reserve locken; **open up I.** *vi* **1.** sich öffnen, aufgehen; sich erschließen **2.** (*fig*) gesprächiger werden **3.** (*Tür*) aufgehen **4.** (MIL) das Feuer eröffnen **II.** *vt* **1.** (*Gebiet*) erschließen; freimachen **2.** bauen; schaffen **3.** (*Tür*) aufschließen **4.** (*Geschäft*) eröffnen

open-air [ˌəʊpn'eə(r)] *adj* im Freien; **~ swimming pool** Freibad *nt;* **~ theatre** Freilichttheater *nt;* **open-cast mining** *s* (MIN) Tagebau *m;* **open cheque** *s* Barscheck *m;* **open court** *s* offene Verhandlung; **open credit** *s* Blankokredit *m;* **open-ended** [ˌəʊpn'endɪd] *adj* (*fig*) offen, zeitlich nicht begrenzt; alles offen lassend; **~ contract** unbefristeter Arbeitsvertrag; **opener** ['əʊpənə(r)] *s* (TECH) Öffner *m;* **bottle-~** Flaschenöffner *m;* **tin-~** [*o Am* **can-**] Büchsenöffner *m;* **for ~s** für den Anfang; **open-eyed** [ˌəʊpn'aɪd] *adj* mit offenen Augen; **open-heart surgery** *s* Operation *f* am offenen Herzen

open·ing ['əʊpənɪŋ] **I.** *s* **1.** Öffnung *f;* Loch *nt;* Spalt *m* **2.** Lücke *f* **3.** Eröffnung *f;* Beginn, Anfang *m* **4.** Öffnen *nt;* Aufmachen *nt* **5.** Möglichkeit, Chance *f* **6.** freie Stelle; **Opening of Parliament** Parlamentseröffnung *f;* **hours of ~** Öffnungszeiten *fpl* **II.** *adj* erste(r, s); Eröffnungs-; **opening balance** *s* Eröffnungsbilanz *f;* **opening bid** *s* Eröffnungsgebot *nt;* **opening hours** *s pl* Öffnungszeiten *fpl;* **opening night** *s* Eröffnungsvorstellung *f;* **opening time** *s* Öffnungszeit *f*

open·ly ['əʊpənlɪ] *adv* offen; freiheraus; öffentlich

open market [ˌəʊpən'mɑːkɪt] *s* freier Markt

open-minded [ˌəʊpn'maɪndɪd] *adj* aufgeschlossen; **open-mouthed** [ˌəʊpn'maʊðd] *adj* mit offenem Mund

open-necked [ˌəʊpən'nekt] *adj* mit offenem Kragen

open·ness ['əʊpənnɪs] *s* **1.** Offenheit, Aufrichtigkeit *f;* Öffentlichkeit *f* **2.** (*fig*) Aufgeschlossenheit *f* **3.** Lockerheit *f*

open-plan [ˌəʊpn'plæn] *adj* Großraum-; offen angelegt; **open prison** *s* offene Strafvollzugsanstalt; **open sandwich** *s* belegtes Brot; **open ticket** *s* offenes Ticket; **Open University, OU** *s* (*Br*) Fernuniversität *f;* **open verdict** *s richterliche Feststellung auf unbekannte Todesursache*

op·era ['ɒprə] *s* Oper *f;* **go to the ~** in die Oper gehen

op·er·able ['ɒpərəbl] *adj* **1.** (MED) operierbar **2.** durchführbar, praktikabel

op·era glasses ['ɒprəglɑːsɪz] *s pl* Opernglas *nt;* **opera house** *s* Opernhaus *nt,* Oper *f*

op·er·ate ['ɒpəreɪt] **I.** *vi* **1.** in Betrieb, in Gang sein; funktionieren; laufen **2.** (*Plan*) sich auswirken **3.** operieren; Geschäfte tätigen **4.** (MIL) operieren **5.** (MED) operieren (*on s.o.* jdn); **~ against s.o.** gegen jdn wirken; **be ~d on** operiert werden **II.** *vt* **1.** (*Maschine*) bedienen; betätigen; auslösen; betreiben **2.** (*Geschäft*) betreiben, führen **3.** (*Gesetz*) anwenden **4.** (*Route*) bedienen; unterhalten; **op·er·at·ing** ['ɒpəreɪtɪŋ] *adj* **1.** Betriebs- **2.** (MED) Operations-; **~ loss** Betriebsverlust *m,* operativer Verlust; **~ manual** Benutzerhandbuch *nt;* Bedienungsanleitung *f;* **~ profit** Betriebsgewinn *m,* operativer Gewinn; **~ system** (INFORM) Betriebssystem *nt;* **~ table** (MED) Operationstisch *m;* **~ theatre** (MED) Operationssaal *m*

op·er·ation [ˌɒpə'reɪʃn] *s* **1.** (*Maschine*) Funktionieren *nt;* Gang, Lauf *m;* Arbeitsweise *f;* Funktionsweise *f* **2.** Bedienung, Handhabung *f;* Betätigung *f* **3.** (MED) Operation *f* **4.** Unternehmen *nt,* Unternehmung *f* **5.** (MIL) Operation *f;* **be in ~** in Betrieb sein; (JUR) in Kraft sein; **be out of ~** außer Betrieb sein; **come into ~** in Gang kommen; (JUR) in Kraft treten; **have an ~** operiert werden (*for* wegen); **business ~s** Geschäfte *ntpl;* **mental ~s** Denkvorgänge *mpl;* **~s review** Betriebsanalyse *f;* **~s room** Hauptquartier *nt;* **~s research** Unternehmensforschung *f;* **op·er·ation·al** [ˌɒpə'reɪʃənl] *adj* **1.** betriebsbereit; einsatzfähig; in Betrieb **2.** (TECH) Betriebs- **3.** (MIL) Einsatz-; **~ costs** Betriebskosten *pl*

op·er·at·ive ['ɒpərətɪv] **I.** *adj* **1.** (*Gesetze*)

O

wirksam; maßgeblich, entscheidend **2.** (MED) operativ; **become ~** in Kraft treten **II.** *s* Maschinenarbeiter(in) *m(f)*

op·er·ator ['ɒpəreɪtə(r)] *s* **1.** (TELE) Vermittlung *f* **2.** Maschinenarbeiter(in) *m(f)*, Operator(in) *m(f)*; **a call through the ~** ein handvermitteltes Gespräch; **a clever** [*o* **slick**] **~** (*fam*) ein raffinierter Kerl *m*; **private ~** Privatunternehmer(in) *m(f)*

op·er·etta [ˌɒpə'retə] *s* Operette *f*

oph·thal·mic [ɒf'θælmɪk] *adj* Augen-; **oph·thal·mic op·ti·cian** [ɒpˌθælmɪk-ɒp'tɪʃn] *s* Augenoptiker(in) *m(f)*

ophthal·mo·lo·gist [ɒpθə'mɒlədʒɪst] *s* Augenarzt *m*, -ärztin *f*; **oph·thal·mo·scope** [ɒf'θælməskəʊp] *s* Augenspiegel *m*

opi·ate ['əʊpɪət] *s* **1.** Opiat *nt* **2.** (*fig*) Beruhigungsmittel *nt*

opin·ion [ə'pɪnɪən] *s* **1.** Meinung, Ansicht *f* (*about, on* zu), Anschauung *f* **2.** Stellungnahme *f*; Gutachten *nt*; Befund *m*; **in my ~** meiner Ansicht nach; **in the ~ of most people** nach Ansicht der meisten Menschen; **be of the ~ that …** der Meinung sein, dass …; **it's a matter of ~** das ist Ansichtssache; **have a good ~ of** eine gute Meinung haben von; **have a low ~ of** nichts halten von; **opin·ion·ated** [ə'pɪnɪəneɪtɪd] *adj* selbstherrlich, rechthaberisch; **opinion poll** *s* Meinungsumfrage *f*

opium ['əʊpɪəm] *s* Opium *nt*; **opium den** *s* Opiumhöhle *f*

opos·sum [ə'pɒsəm] *s* (*Beutelratte*) Opossum *nt*

op·po·nent [ə'pəʊnənt] *s* Gegner(in) *m(f)*, Gegenspieler(in) *m(f)*

op·por·tune ['ɒpətjuːn] *adj* **1.** (*Zeit*) gelegen, günstig **2.** (*Ereignis*) rechtzeitig; **an ~ remark** eine Bemerkung an passender Stelle

op·por·tun·ism [ˌɒpə'tjuːnɪzəm] *s* Opportunismus *m*; **op·por·tun·ist** [ˌɒpə'tjuːnɪst] *s* Opportunist(in) *m(f)*

op·por·tun·ity [ˌɒpə'tjuːnətɪ] *s* **1.** Gelegenheit *f* **2.** Chance, Möglichkeit *f*; **at the first ~** bei der erstbesten Gelegenheit; **take/seize the ~ to do** [*o* **of doing**] **s.th.** die Gelegenheit nutzen/ergreifen etw zu tun; **equality of ~** Chancengleichheit *f*

op·pose [ə'pəʊz] *vt* **1.** ablehnen; sich entgegenstellen (*s.th.* einer S), sich widersetzen (*s.th.* einer S) **2.** kandidieren gegen **3.** entgegensetzen; gegenüberstellen; **he ~es our coming** er ist absolut dagegen, dass wir kommen; **op·posed** [ə'pəʊzd] *adj* **1.** dagegen **2.** entgegengesetzt; **be ~ to s.th.** gegen etw sein; **I'm ~ to your going away** ich bin dagegen, dass Sie gehen; **as ~ to** im Gegensatz zu; **op·pos·ing** [-ɪŋ] *adj* gegnerisch; entgegengesetzt; **~ team** Gegenmannschaft *f*

op·po·site ['ɒpəzɪt] **I.** *adj* **1.** entgegengesetzt; gegenüberliegend **2.** gegenüber (*to* von); **be ~** gegenüberliegen, -stehen; **~ number** Pendant *nt*; **~ poles** entgegengesetzte Pole; **the ~ sex** das andere Geschlecht **II.** *s* Gegenteil *nt*, -satz *m*; **quite the ~!** ganz im Gegenteil! **III.** *adv* gegenüber; **they sat ~** sie saßen uns, sich gegenüber **IV.** *prep* gegenüber *+dat*; **~ one another** einander, sich gegenüber

op·po·si·tion [ˌɒpə'zɪʃn] *s* **1.** Gegensatz *m* (*to* zu) **2.** Widerstand *m*, Opposition *f* **3.** (POL ASTR) Opposition *f*; **offer ~ to s.o.** jdm Widerstand entgegensetzen; **without ~** widerstandslos; **be in ~ to s.o.** im Gegensatz zu jdm stehen; **Her Majesty's Opposition** (*in GB*) die Opposition

op·press [ə'pres] *vt* **1.** bedrücken; lasten auf **2.** unterdrücken; **I feel ~ed by the heat** die Hitze lastet schwer auf mir; **op·pres·sion** [ə'preʃn] *s* **1.** Bedrängnis, Bedrücktheit *f* **2.** Unterdrückung *f*; **feeling of ~** Gefühl *nt* der Beklemmung; **op·press·ive** [ə'presɪv] *adj* **1.** tyrannisch; erdrückend **2.** (*fig*) bedrückend **3.** (*Hitze*) drückend; **op·pressor** [ə'presə(r)] *s* Unterdrücker(in) *m(f)*

opt [ɒpt] *vi*: **~ for s.th.** sich für etw entscheiden; **~ to do s.th.** sich entscheiden etw zu tun; **~ out** sich anders entscheiden; abspringen; ablehnen; aussteigen; **~-out clause** (EU) Ausstiegsklausel *f*

op·tic ['ɒptɪk] *adj* Seh-; **op·ti·cal** ['ɒptɪkl] *adj* optisch; **~ bar reader** Balkencodeleser *m*; **~ character reader, OCR** optischer Zeichenleser; **~ character recognition, OCR** optische Zeichenerkennung; **~ fibre** Glasfaser *f*; **~ illusion** optische Täuschung; **op·ti·cian** [ɒp'tɪʃn] *s* Optiker(in) *m(f)*; **op·tics** ['ɒptɪks] *s pl mit sing* Optik *f*

op·ti·mal ['ɒptɪml] *adj* optimal

op·ti·mism ['ɒptɪmɪzəm] *s* Optimismus *m*; **op·ti·mist** ['ɒptɪmɪst] *s* Optimist(in) *m(f)*; **op·ti·mis·tic** [ˌɒptɪ'mɪstɪk] *adj* optimistisch

op·ti·mize ['ɒptɪmaɪz] *vt* optimieren; **op·ti·mum** ['ɒptɪməm] **I.** *adj* optimal **II.** *s* Optimum *nt*

op·tion ['ɒpʃn] *s* **1.** Wahl *f*; Möglichkeit *f* **2.** (COM) Option *f*, Vorkaufsrecht *nt* **3.** (SCHULE) Wahlfach *nt*; **I have little/no ~** mir bleibt kaum eine/keine andere Wahl; **she had no ~ but to leave** ihr blieb nichts anderes übrig als zu gehen; **leave one's ~s open** sich alle Möglichkeiten offen lassen; **with an ~ to buy** mit einer Kaufoption;

op·tional ['ɒpʃənl] *adj* freiwillig; wahlfrei, fakultativ; ~ **extras** Extras *ntpl*

opu·lence ['ɒpjʊləns] *s* Reichtum *m;* Wohlhabenheit *f;* Überfluss *m;* **opu·lent** ['ɒpjʊlənt] *adj* **1.** reich; wohlhabend **2.** (*Kleider*) prunkvoll, stattlich **3.** (*Vegetation*) üppig **4.** (*Mahl*) opulent

or [ɔː(r)] *conj* oder; **he could not read ~ write** er konnte weder lesen noch schreiben; **either ...** ~ entweder ... oder; **whether ...** ~ ob ... oder; ~ **else** sonst, andernfalls; ~ **even** oder sogar; ~ **rather** oder vielmehr; **a minute ~ two** ein paar Minuten

or·acle ['ɒrəkl] *s* **1.** (HIST) Orakel *nt* **2.** Seher(in) *m(f);* **oracu·lar** [ə'rækjʊlə(r)] *adj* orakelhaft; seherisch

oral ['ɔːrəl] **I.** *adj* **1.** mündlich **2.** (MED) oral **II.** *s* (*fam*) mündliche Prüfung

or·ange ['ɒrɪndʒ] **I.** *s* **1.** Apfelsine, Orange *f* **2.** (*Farbe*) Orange *nt* **II.** *adj* orange(farben); **or·ange·ade** [ˌɒrɪndʒ'eɪd] *s* Orangeade *f;* **orange juice** *s* Orangensaft *m;* **orange peel** *s* Orangenschale *f*

orang-outang, orang-utan [ɔː'ræŋuː'tæŋ] *s* Orang-Utan *m*

ora·tion [ɔː'reɪʃn] *s* Ansprache *f;* **funeral ~** Grabrede *f;* **ora·tor** ['ɒrətə(r)] *s* Redner(in) *m(f);* **ora·tori·cal** [ˌɒrə'tɒrɪkl] *adj* rednerisch

ora·torio [ˌɒrə'tɔːrɪəʊ] <*pl* -torios> *s* (MUS) Oratorium *nt*

orb [ɔːb] *s* **1.** Kugel *f;* Himmelskörper *m* **2.** (HIST) Reichsapfel *m*

or·bit ['ɔːbɪt] **I.** *s* **1.** (PHYS ASTR) Kreis-, Umlauf-, Planetenbahn *f;* Orbit *m* **2.** (*fig*) Kreis *m;* Machtbereich *m,* Einflusssphäre *f;* **be in ~** in der Erdumlaufbahn sein; **put a satellite into ~** einen Satelliten in die Umlaufbahn schießen **II.** *vt* umkreisen **III.** *vi* kreisen; **or·bital** ['ɔːbɪtl] *adj* orbital; ~ **velocity** Umlaufgeschwindigkeit *f;* **or·bit·er** ['ɔːbɪtə(r)] *s* Orbiter *m*

or·chard ['ɔːtʃəd] *s* Obstgarten *m;* Obstplantage *f*

or·ches·tra ['ɔːkɪstrə] *s* Orchester *nt;* **or·ches·tral** [ɔː'kestrəl] *adj* Orchester-; orchestral; **orchestra pit** *s* Orchestergraben *m;* **orchestra stalls** *s pl* Orchestersitze *mpl;* **or·ches·trate** ['ɔːkɪstreɪt] *vt* (MUS) orchestrieren; **or·ches·tra·tion** [ˌɔːkɪ'streɪʃn] *s* Orchestrierung *f*

or·chid ['ɔːkɪd] *s* Orchidee *f*

or·dain [ɔː'deɪn] *vt* **1.** (REL) zum Priester weihen; ordinieren **2.** (*Schicksal*) wollen, bestimmen **3.** (*Gesetz*) bestimmen

or·deal [ɔː'diːl] *s* **1.** Tortur *f;* Qual *f* **2.** (HIST) Gottesurteil *nt*

or·der ['ɔːdə(r)] **I.** *s* **1.** (An)Ordnung, (Reihen)Folge *f* **2.** Ordnung *f* **3.** Disziplin *f* **4.** Zustand *m* **5.** (MIL) Kommando *nt,* Befehl *m* **6.** (*im Restaurant*) Bestellung *f* **7.** (COM) Auftrag *m,* Bestellung, Order *f* **8.** (JUR) Verfügung *f;* Verfahrensregel *f* **9.** (ARCH) (Säulen)Ordnung *f* **10.** (ZOO BOT) Ordnung *f* **11.** (REL) Orden *m;* **word ~** Wortstellung *f;* **in ~ of preference** in der bevorzugten Reihenfolge; **put s.th. in ~** etw ordnen; **be out of ~** durcheinander sein; nicht funktionieren; außer Betrieb sein; **the ~ of the world** die Weltordnung; **her passport is in ~** ihr Pass ist in Ordnung; **put one's affairs in ~** Ordnung in seine Angelegenheiten bringen; **keep ~** Ordnung wahren; **~, ~!** Ruhe!; **be in good ~** in gutem Zustand sein; **~s are ~s** Befehl ist Befehl; **by ~ of the minister** auf Anordnung des Ministers; **be under ~s to do s.th.** Instruktionen haben etw zu tun; **until further ~s** bis auf weiteren Befehl; **made to ~** auf Bestellung gemacht; **put s.th. on ~** etw in Auftrag geben; **cheque to ~** Namensscheck *m;* **in ~ to do s.th.** um etw zu tun; **in ~ that** damit; **a point of ~** eine Verfahrensfrage; **call s.o. to ~** jdn zur Ordnung rufen; **be the ~ of the day** auf der Tagesordnung stehen; **of the first ~** erstklassig; **holy ~s** Weihe *f;* **take (holy) ~s** die Weihen empfangen **II.** *vt* **1.** befehlen, anordnen; verordnen (*for s.o.* jdm) **2.** (*Leben*) ordnen **3.** (COM) in Auftrag geben; bestellen; ordern; ~ **about** herumkommandieren; **the doctor ~ed me to stay in bed** der Arzt verordnete mir Bettruhe; **he was ~ed to be quiet** man befahl ihm still zu sein **III.** *vi* bestellen; **order book** *s* (COM) Auftragsbuch *nt;* **order form** *s* Bestellformular *nt*

or·der·ly ['ɔːdəlɪ] **I.** *adj* **1.** ordentlich, geordnet, systematisch **2.** (*Leben*) geregelt **3.** (*Gruppe*) gesittet, friedlich **II.** *s:* **medical ~** Pfleger(in) *m(f),* Sanitäter(in) *m(f)*

or·der pick·ing ['ɔːdəpɪkɪŋ] *s* Zusammenstellung *f* einer Bestellung; **order processing** *s* Auftragsabwicklung *f*

or·di·nal ['ɔːdɪnl] **I.** *adj* Ordnungs- **II.** *s* Ordnungszahl *f*

or·di·nance ['ɔːdənəns] *s* Bestimmung, Verordnung, Verfügung *f*

or·di·nary ['ɔːdɪnrɪ] **I.** *adj* **1.** gewöhnlich, normal **2.** durchschnittlich; alltäglich; **in the ~ way** unter gewöhnlichen Umständen; ~ **use** normaler Gebrauch; **a very ~ kind of person** ein ganz gewöhnlicher Mensch **II.** *s:* **out of the ~** außergewöhnlich; **nothing out of the ~** nichts Außergewöhnliches; **ordinary seaman, OS** <*pl* -men> *s* Leichtmatrose *m;* **ordinary**

O

share *s* (COM) Stammaktie *f*
ord·nance ['ɔːdnəns] *s* **1.** (MIL) Kriegsmaterial *nt;* Munition *f* **2.** Material *nt;* Nachschub *m;* ~ **factory** Munitionsfabrik *f;* **Ordnance Survey, OS** ≈Landesvermessungsamt *nt;* **Ordnance survey map** amtliche topographische Karte
or·dure ['ɔːdjʊə(r)] *s* Schmutz, Kot *m*
ore [ɔː(r)] *s* (MIN) Erz *nt*
oreg·ano [ˌɒrɪ'gɑːnəʊ] *s* Oregano *m*
or·gan ['ɔːgən] *s* **1.** (BIOL) Organ *nt* **2.** (*fig*) Werkzeug, Mittel *nt;* Sprachrohr *nt* **3.** (MUS) Orgel *f;* ~ **of speech** Sprechorgan *nt;* **or·gan do·nor** *s* Organspender(in) *m(f);* **or·gan-grind·er** ['ɔːgəngraɪndə(r)] *s* Leierkastenmann *m*
or·gan·ic [ɔː'gænɪk] *adj* organisch; ~ **agriculture** biologischer Landbau; ~ **chemistry** organische Chemie; ~ **disease** organisches Leiden; ~ **farming** biologisch-dynamische Landwirtschaft; **an** ~ **unity** eine organische Einheit; ~ **waste** organischer Abfall, Biomüll *m;* **or·gan·ism** ['ɔːgənɪzəm] *s* Organismus *m*
or·gan·ist ['ɔːgənɪst] *s* (MUS) Organist(in) *m(f)*
or·gan·iz·ation [ˌɔːgənaɪ'zeɪʃn] *s* **1.** Organisation *f;* Einteilung *f* **2.** (Auf)Bau *m,* Struktur *f;* Bildung, Gliederung *f;* Planung *f* **3.** Organisation *f;* Unternehmen *nt* **4.** (MUS) Strukturierung *f;* **or·gan·iz·ation·al** [-əl] *adj* organisatorisch; **organization chart** *s* Organisationsplan *m,* Organigramm *nt;* **Organization for Economic Cooperation and Development, OECD** *s* Organisation *f* für wirtschaftliche Zusammenarbeit und Entwicklung, OECD; **Organization of African Unity, OAU** *s* Organisation *f* für afrikanische Einheit, OAU; **Organization of Petroleum Exporting Countries, OPEC** *s* Organisation *f* der Erdöl exportierenden Länder, OPEC *f;*
or·gan·ize ['ɔːgənaɪz] **I.** *vt* **1.** organisieren; einrichten; aufbauen; gestalten; einteilen; planen **2.** (*Treffen*) organisieren; sorgen für **3.** (POL) organisieren **II.** *vi* (POL) sich organisieren; **or·gan·ized** ['ɔːgənaɪzd] *adj* **1.** organisiert, geregelt **2.** (POL) organisiert; **he isn't very** ~ bei ihm geht alles drunter und drüber; **or·gan·izer** ['ɔːgənaɪzə(r)] *s* Organisator(in) *m(f),* Veranstalter(in) *m(f)*
or·gasm ['ɔːgæzəm] *s* (PHYSIOL) Höhepunkt, Orgasmus *m;* **or·gas·mic** [ɔː'gæsmɪk] *adj* orgasmisch
orgy ['ɔːdʒɪ] *s* Orgie *f;* **drunken** ~ (*sl*) Sauforgie *f*
oriel ['ɔːrɪəl] *s* (~ *window*) Erker(fenster *nt*) *m*
orient ['ɔːrɪənt] **I.** *s* (GEOG) Orient *m* **II.** *adj* (*Sonne*) aufgehend **III.** *vt* ausrichten (*towards* auf), einführen **IV.** *vr* sich orientieren (*by* an), sich zurechtfinden
orien·tal [ˌɔːrɪ'entl] **I.** *adj* orientalisch; östlich **II.** *s* Orientale *m,* Orientalin *f;* ~ **studies** Orientalistik *f*
orien·tate ['ɔːrɪənteɪt] **I.** *vt* ausrichten (*towards* auf), einführen **II.** *vr* sich orientieren (*by* an), sich zurechtfinden; **orien·ta·tion** [ˌɔːrɪən'teɪʃn] *s* Orientierung *f,* Kurs *m;* Ausrichtung *f*
orien·teer·ing [ˌɔːrɪən'tɪərɪŋ] *s* Orientierungslauf *m*
ori·fice ['ɒrɪfɪs] *s* Öffnung *f*
ori·gin ['ɒrɪdʒɪn] *s* **1.** Ursprung *m,* Herkunft *f* **2.** Herkunft, Abstammung *f* **3.** (*der Welt*) Entstehung *f;* **have its** ~ **in s.th.** auf etw zurückgehen; in etw entspringen; **country of** ~ Ursprungs-, Herkunftsland *nt;* **place of** ~ Ursprungsort *m;* **proof of** ~ Herkunftsnachweis *m*
orig·inal [ə'rɪdʒənl] **I.** *adj* **1.** ursprünglich, anfänglich **2.** (*Gemälde*) original **3.** (*Idee*) originell; ~ **sin** Erbsünde *f;* ~ **inhabitants** Ureinwohner *pl;* ~ **edition** Originalausgabe *f;* ~ **document** Originaldokument *nt;* ~ **soundtrack** (FILM) Originalton *m* **II.** *s* **1.** Original *nt;* Vorlage *f* **2.** (*Mensch*) Original *nt;* **orig·inal·ity** [əˌrɪdʒə'nælətɪ] *s* Originalität *f;* **orig·inal·ly** [ə'rɪdʒənəlɪ] *adv* **1.** ursprünglich, anfänglich **2.** originell
orig·inate [ə'rɪdʒɪneɪt] **I.** *vt* hervorbringen, erfinden; ins Leben rufen **II.** *vi* **1.** entstehen, entspringen **2.** (*Bus*) ausgehen (*in* von); ~ **from a country** aus einem Land stammen; ~ **from s.o.** von jdm stammen
Ork·ney Is·lands ['ɔːknɪ'aɪləndz] *s pl,* **Ork·neys** ['ɔːknɪz] *s* Orkneyinseln *fpl*
or·na·ment ['ɔːnəmənt] **I.** *s* **1.** Schmuck *m,* Verzierung *f,* Dekor(ation *f*) *nt* **2.** (*fig*) Zierde *f;* **altar** ~**s** Altarschmuck *m;* **for** ~ zur Verzierung **II.** [ɔːnə'mənt] *vt* ausschmücken, verzieren, dekorieren; **or·na·men·tal** [ˌɔːnə'mentl] *adj* dekorativ; Zier-; schmückend; ~ **object** Ziergegenstand *m;* **or·na·men·ta·tion** [ˌɔːnəmen'teɪʃn] *s* Verzieren *nt,* Verzierung *f;* Ausschmückung *f;* Schmuck, Zierrat *m*
or·nate [ɔː'neɪt] *adj* **1.** kunstvoll; ornamentreich; prunkvoll; ausgeschmückt **2.** (*Stil*) gekünstelt; **or·nate·ness** [-nɪs] *s* Verzierungsreichtum *m;* Prunk *m,* Prachtentfaltung *f;* Reichtum *m*
or·ni·thol·ogist [ˌɔːnɪ'θɒlədʒɪst] *s* Ornithologe *m,* Ornithologin *f;* **or·ni·thol·ogy** [ˌɔːnɪ'θɒlədʒɪ] *s* Vogelkunde, Ornithologie *f*
or·phan ['ɔːfn] **I.** *s* Waise *f,* Waisenkind *nt*

II. *adj* Waisen- **III.** *vt* zur Waise machen; **be ~ed** zur Waise werden; **or·phan·age** ['ɔːfnɪdʒ] *s* Waisenhaus *nt*

or·tho·don·tist [ˌɔːθəʊ'dɒntɪst] *s* Kieferorthopäde *m,* -orthopädin *f*

or·tho·dox ['ɔːθədɒks] *adj* **1.** (REL) orthodox **2.** (*fig*) konventionell; orthodox; **or·tho·doxy** ['ɔːθədɒksɪ] *s* **1.** Orthodoxie *f* **2.** (*fig*) Konventionalität *f*

or·thog·onal [ɔː'θɒgənl] *adj* (MATH) rechtwinklig

or·tho·graphic(al) [ˌɔːθə'græfɪk(l)] *adj* orthographisch; **or·tho·gra·phy** [ɔː'θɒgrəfɪ] *s* Rechtschreibung, Orthographie *f*

or·tho·paedic [ˌɔːθə'piːdɪk] *adj* orthopädisch; **or·tho·paed·ics** [ˌɔːθə'piːdɪks] *s pl mit sing* Orthopädie *f;* **or·tho·paed·ist** [ˌɔːθə'piːdɪst] *s* Orthopäde *m,* -pädin *f*

or·tho·pedic *adj* (*Am*) orthopädisch; **or·tho·ped·ics** *s pl mit sing* (*Am*) Orthopädie *f;* **or·tho·ped·ist** *s* (*Am*) Orthopäde *m,* -pädin *f*

OS[1] [ˌəʊ'es] *s Abk. von* **Ordnance Survey** ≈Landesvermessungsamt *nt*

OS[2] [ˌəʊ'es] *s Abk. von* **outsize** Übergröße *f*

os·cil·late ['ɒsɪleɪt] *vi* **1.** (PHYS) schwingen, oszillieren **2.** (*fig*) schwanken; **os·cil·la·tion** [ˌɒsɪ'leɪʃn] *s* **1.** (PHYS) Schwingung, Oszillation *f* **2.** (*fig*) Schwankung *f*

os·cil·lo·scope [ə'sɪləskəʊp] *s* Oszilloskop *nt*

osier ['əʊzɪə(r)] *s* Korbweide *f*

os·mo·sis [ɒz'məʊsɪs] *s* (BIOL) Osmose *f;* **os·mo·tic** [ɒz'mɒtɪk] *adj* osmotisch

os·prey ['ɒsprɪ] *s* Fischadler *m*

oss·ify ['ɒsɪfaɪ] **I.** *vt* **1.** verknöchern lassen **2.** (*fig*) erstarren lassen **II.** *vi* verknöchern; erstarren

os·ten·sible [ɒ'stensəbl] *adj* angeblich, scheinbar

os·ten·ta·tion [ˌɒsten'teɪʃn] *s* **1.** Pomp *m;* Großtuerei *f* **2.** aufdringliche Deutlichkeit; **with ~** demonstrativ; **os·ten·ta·tious** [ˌɒsten'teɪʃəs] *adj* **1.** pompös; protzig **2.** ostentativ, betont auffällig

os·teo·ar·thri·tis [ˌɒstɪəʊɑː'θraɪtɪs] *s* Osteoarthrose *f*

os·teo·path ['ɒstɪəʊpɑːθ] *s* Osteopath(in) *m(f);* **os·teo·po·ro·sis** [ˌɒstɪəʊpə'rəʊsɪs] *s* Osteoporose *f*

os·tra·cism ['ɒstrəsɪzəm] *s* Ächtung *f;* **os·tra·cize** ['ɒstrəsaɪz] *vt* (*fig*) ächten

os·trich ['ɒstrɪtʃ] *s* (*großer Laufvogel*) Strauß *m*

other ['ʌðə(r)] **I.** *adj* andere(r, s); **~ people** andere Leute; **do you have any ~ questions?** haben Sie sonst noch Fragen?; **the ~ day** neulich; **the ~ world** das Jenseits; **some ~ time** ein andermal, ein anderes Mal; **every ~** jede(r, s) zweite; **~ than** außer; **some time or ~** irgendwann einmal **II.** *pron* andere(r, s); **are there any ~s there?** sind sonst noch welche da?; **someone or ~** irgendjemand; **each ~** einander, sich **III.** *adv* anders; **somehow or ~** irgendwie; **somewhere or ~** irgendwo; **other·wise** ['ʌðəwaɪz] **I.** *adv* **1.** anders **2.** sonst, ansonsten; **he was ~ engaged** er war anderweitig beschäftigt **II.** *conj* sonst, ansonsten, im Übrigen

OTT [ˌəʊtiː'tiː] *adj Abk. von* **over the top** übertrieben

ot·ter ['ɒtə(r)] *s* Otter *m*

OU [ˌəʊ'juː] *s Abk. von* **Open University** (*Br*) Fernuniversität *f*

ouch [aʊtʃ] *interj* au! autsch!

ought [ɔːt] *aux:* **I ~ to do it** ich sollte es tun; **he ~ to have come** er hätte kommen sollen; **I told him he ~ to have done it** ich sagte ihm, er hätte es tun sollen; **you ~ to see that film** den Film sollten Sie sehen; **he ~ to win the race** er müsste (eigentlich) das Rennen gewinnen; **one ~ to think** man sollte meinen; **he ~ to be here soon** er müsste bald hier sein

ounce [aʊns] *s* (*Gewicht*) Unze *f* (*= 28,35 g*)*;* **there's not an ~ of truth in it** daran ist aber auch überhaupt nichts Wahres

our ['aʊə(r)] *pron* (*adjektivisch*) unser; **Our Father** Vaterunser; **ours** ['aʊəz] *pron* unsere(r, s); der, die, das Unsere; **this house is ~** das ist unser Haus; **that is ~** das gehört uns; **a friend of ~** ein Freund von uns, einer unserer Freunde; **our·sel·ves** [aʊə'selvz] *pron* **1.** uns *acc/dat* **2.** (*betont*) (wir) selbst; (**all**) **by ~** (ganz) allein; ohne Hilfe; **we did it ~** wir haben es selbst gemacht; **we ~ said so** wir haben es selbst gesagt

oust [aʊst] *vt* **1.** herausbekommen; freibekommen **2.** (*Regierung*) absetzen, ausbooten; **~ s.o. from office** jdn aus seinem Amt entfernen; **~ s.o. from the market** jdn vom Markt verdrängen

out [aʊt] **I.** *adv* **1.** außen; hinaus, heraus **2.** draußen; aus dem Hause, nicht zu Hause, nicht daheim **3.** (*Licht*) aus **4.** aus der Mode **5.** (*Ball*) aus **6.** (*Gerät*) abgestellt **7.** ausgeschlossen; **they are ~ playing** sie spielen draußen; **he is ~ in his car** er ist mit dem Auto unterwegs; **~!** raus!; **~ with him!** hinaus mit ihm!; **he likes to be ~ and about** er ist gern unterwegs; **the journey ~** die Hinreise; **the workers are ~** die Arbeiter streiken; **he lives ~ in the country** er lebt draußen auf dem Land; **be ~** (*Sonne*) scheinen; **the best car ~** das beste Auto überhaupt; **the secret is ~** das

O

Geheimnis ist bekannt geworden; ~ **with it!** heraus mit der Sprache!; **before the day is** ~ vor Ende des Tages; **have it ~ with s.o.** (*fam*) etw mit jdm ausdiskutieren; **I am ~ in my calculations** ich liege mit meinen Berechnungen daneben; **you're not far** ~ Sie haben es fast getroffen; **my watch is five minutes** ~ meine Uhr geht fünf Minuten falsch; **speak ~ loud!** sprechen Sie laut!; **be ~ for s.th.** auf etw aus sein; **be ~ for trouble** Streit suchen; ~ **and away** weitaus, mit Abstand; **run** ~ hinauslaufen; **go** ~ hinausgehen; **throw s.o.** ~ jdn hinauswerfen **II.** *s:* **the ins and ~s** alle Einzelheiten **III.** *prep* **1.** aus; **go ~ the door** zur Tür hinausgehen **2.** ~ **of** nicht in; außerhalb *+gen,* aus; außer; **be ~ of town this week** die ganze Woche nicht in der Stadt sein; **go ~ of the country** außer Landes gehen; **he went ~ of the door** er ging zur Tür hinaus; **look ~ of the window** aus dem Fenster sehen; ~ **of sight** außer Sicht; **he feels ~ of it** er kommt sich ausgeschlossen vor; ~ **of curiosity** aus Neugier; **drink ~ of a glass** aus einem Glas trinken; **made ~ of wood** aus Holz gemacht; **in nine cases ~ of ten** in neun von zehn Fällen; ~ **of breath** außer Atem; **be ~ of money** kein Geld haben; ~ **of date** überholt, veraltet; altmodisch

out-and-out [ˌaʊtənd'aʊt] *adj* **1.** vollkommen **2.** völlig **3.** durch und durch

out·back ['aʊtbæk] **I.** *s* (*in Australien*): **the** ~ das Hinterland **II.** *adj* (*in Australien*): **an ~ farm** eine Farm im Hinterland; **out·bid** [ˌaʊt'bɪd] *vt* überbieten; **out·board** ['aʊtbɔːd] *adj:* ~ **motor** Außenbordmotor *m;* **out·break** ['aʊtbreɪk] *s* Ausbruch *m;* **an ~ of anger** ein Zornesausbruch *m;* **out·build·ing** ['aʊtbɪldɪŋ] *s* Nebengebäude *nt;* **out·burst** ['aʊtbɜːst] *s* Ausbruch *m;* ~ **of temper** Wut-, Gefühlsausbruch *m;* **out·cast** ['aʊtkɑːst] **I.** *s* Ausgestoßene(r), Geächtete(r) *f m* **II.** *adj* ausgestoßen, verbannt; **out·class** [ˌaʊt'klɑːs] *vt* überlegen sein (*s.o.* jdm), in den Schatten stellen; **out·come** ['aʊtkʌm] *s* Ergebnis, Resultat *nt;* **out·crop** ['aʊtkrɒp] *s* Felsnase *f;* **out·cry** ['aʊtkraɪ] *s* Aufschrei *m;* Protestwelle *f* (*against* gegen)

out·dated [aʊt'deɪtɪd] *adj* veraltet, überholt; **out·dis·tance** [aʊt'dɪstəns] *vt* (weit) hinter sich lassen, überholen; **out·do** [aʊt'duː] *vt* übertreffen, überragen, überbieten (*s.o. in s.th.* jdn an etw); **out·door** ['aʊtdɔː(r)] *adj:* ~ **games** Spiele *nt pl* im Freien; ~ **clothes** wärmere Kleidung; **lead an ~ life** viel im Freien sein; ~ (**swimming**) **pool** Freibad *nt;* **out·doors** [ˌaʊt'dɔːz] *adv* draußen, im Freien; **go** ~ nach draußen gehen

outer ['aʊtə(r)] *adj* äußere(r, s); Außen-; ~ **garments** Oberbekleidung *f;* ~ **man** äußere Erscheinung; ~ **space** der äußere Weltraum; **outer·most** ['aʊtəməʊst] *adj* äußerste(r, s)

out·fall ['aʊtfɔːl] *s* **1.** Ausfluss *m* **2.** Abwasser *nt;* **out·field** ['aʊtfiːld] *s* Außenfeld *nt;* **out·fit** ['aʊtfɪt] *s* **1.** Kleidung *f,* Kleider *ntpl,* Kostüm *nt* **2.** (TECH) Ausrüstung *f* **3.** (*fam*) Laden, Verein *m;* **camping** ~ Campingausrüstung *f;* **out·fitter** ['aʊtfɪtə(r)] *s* Ausrüster *m;* **gentleman's ~'s** Herrenausstatter *m,* Herrenbekleidungsgeschäft *nt*

out·flow ['aʊtfləʊ] *s* **1.** Ausfluss, Abfluss *m;* Abfließen *nt* **2.** (*Gas*) Ausströmen *nt* **3.** (*Geld*) Abfließen *nt*

out·go·ing ['aʊtgəʊɪŋ] **I.** *adj* **1.** ausziehend **2.** (*Boot*) hinausfahrend **3.** (*Beamter*) scheidend **4.** (RAIL) abfahrend **5.** (*fig*) gesellig, kontaktfreudig; ~ **tide** Ebbe *f;* ~ **mail** Postausgang *m* **II.** *s pl* Ausgaben *fpl*

out·grow [ˌaʊt'grəʊ] *vt* **1.** (*Kleider*) herauswachsen aus **2.** (*Gewohnheit*) entwachsen (*s.th.* einer S), hinauswachsen über **3.** (*fig*) über den Kopf wachsen (*s.o.* jdm); **out·growth** ['aʊtgrəʊθ] *s* **1.** Auswuchs *m* **2.** (*fig*) Folge *f*

out·house ['aʊthaʊs] *s* Nebengebäude *nt;* **out-house** *adj* extern

out·ing ['aʊtɪŋ] *s* Ausflug *m;* **go for an** ~ einen Ausflug machen

out·land·ish [aʊt'lændɪʃ] *adj* **1.** sonderbar **2.** (*Benehmen*) befremdend, befremdlich **3.** (*Name*) ausgefallen, extravagant; **out·last** [ˌaʊt'lɑːst] *vt* überdauern, überleben; **out·law** ['aʊtlɔː] **I.** *s* Vogelfreie(r) *f m* **II.** *vt* **1.** ächten; für vogelfrei erklären **2.** (*Zeitung*) für ungesetzlich erklären; **out·lay** ['aʊtleɪ] *s* (COM) Ausgaben, Aufwendungen *fpl,* Kosten *pl;* **out·let** ['aʊtlet] *s* **1.** Abfluss *m;* Abzug *m;* Ausfluss *m* **2.** (COM) Absatzmöglichkeit *f,* -markt *m;* Verkaufsstelle *f* **3.** (*fig*) Ventil *nt;* Betätigungsmöglichkeit *f*

out·line ['aʊtlaɪn] **I.** *s* **1.** Umriss *m;* Silhouette *f* **2.** (*fig*) Grundriss, Abriss *m;* **in** ~ in groben Zügen; **draw s.th. in** ~ etw im Umriss zeichnen **II.** *vt* **1.** umreißen **2.** (*fig*) skizzieren, umreißen; **outline planning permission** *s* vorläufige Baugenehmigung

out·live [ˌaʊt'lɪv] *vt* **1.** überleben, -dauern **2.** (*Sturm*) überstehen

out·look ['aʊtlʊk] *s* **1.** Ausblick *m,* -sicht *f* (*over, on to* auf) **2.** (*fig*) Ansicht, Auffassung *f,* Standpunkt *m* **3.** (*fig*) Aussicht, Erwartung *f;* **his** ~ **(up)on life** seine Einstellung zum Leben; **narrow** ~ beschränkter Horizont

out·lying ['aʊtˌlaɪɪŋ] *adj* abgelegen, Außen-

out·ma·neu·ver (*Am*), **out·man·oeuvre** [ˌaʊtmə'nuːvə(r)] *vt* ausmanövrieren; **out·moded** [ˌaʊt'məʊdɪd] *adj* altmodisch, unmodern; überholt; **out·most** ['aʊtməʊst] *adj* äußerste(r, s); **out·num·ber** [ˌaʊt'nʌmbə(r)] *vt* zahlenmäßig überlegen sein (*s.o.* jdm), in der Mehrheit sein (*s.o.* jdm gegenüber)

out-of-court [ˌaʊtəv'kɔːt] *adj* außergerichtlich; **out-of-date** [ˌaʊtəv'deɪt] *adj* veraltet; unmodern, altmodisch; **out-of-the-way** [ˌaʊtəvðə'weɪ] *adj* **1.** abgelegen, einsam **2.** (*Fakten*) ungewöhnlich; wenig bekannt; **out-of-work** [ˌaʊtəv'wɜːk] *adj* arbeitslos

out·patient ['aʊtpeɪʃnt] *s* Kranke(r) *f m* in ambulanter Behandlung; **~s' (department)** Ambulanz *f;* **out·play** [ˌaʊt'pleɪ] *vt* (SPORT) besser spielen als, überlegen sein (*s.o.* jdm); **out·post** ['aʊtpəʊst] *s* (MIL) Vorposten *m;* **out·pour·ing** ['aʊtpɔːrɪŋ] *s* (*bes. fig*) Erguss *m*

out·put ['aʊtpʊt] **I.** *s* **1.** (*einer Maschine*) Ausstoß, Ertrag *m,* Leistung *f* **2.** (Jahres)Produktion *f* **3.** Produktionsmenge, -ziffer *f,* Output *m* **4.** (MIN) Förderung *f;* Fördermenge *f* **5.** (INFORM: *Daten*) Ausgabe *f,* Output *m* **6.** (RADIO) Sendeleistung *f;* **annual** ~ Jahresertrag *m,* -produktion *f;* **daily** ~ Tagesproduktion *f;* **effective** ~ Nutzleistung *f;* **maximum** ~ Produktionsoptimum *nt* **II.** *vt* (INFORM) ausgeben; **output data** *s pl* (INFORM) Ausgabedaten *pl;* **output device** *s* (INFORM) Ausgabegerät *nt*

out·rage ['aʊtreɪdʒ] **I.** *s* **1.** Gewalttat *f;* Ausschreitung *f* **2.** Skandal *m* **3.** Empörung, Entrüstung *f;* **bomb** ~ verbrecherischer Bombenanschlag; **an** ~ **against good taste** eine unerhörte Geschmacklosigkeit **II.** [ˌaʊt'reɪdʒ] *vt* beleidigen; empören, entrüsten; **public opinion was ~d by this cruelty** die öffentliche Meinung war über diese Grausamkeit empört; **out·rage·ous** [aʊt'reɪdʒəs] *adj* **1.** abscheulich, verabscheuungswürdig **2.** empörend, unerhört; unverschämt; ungeheuerlich **3.** (*Kleider*) ausgefallen, unmöglich

out·range [ˌaʊt'reɪndʒ] *vt* eine größere Reichweite haben als

outré ['uːtreɪ] *adj* überspannt, extravagant

out·rig·ger ['aʊtrɪgə(r)] *s* (MAR) Ausleger *m*

out·right ['aʊtraɪt] **I.** *adj* **1.** ausgemacht **2.** (*Unsinn*) total, absolut, glatt, vollkommen; **that's** ~ **arrogance** das ist die reine Arroganz **II.** *adv* **1.** ganz, vollständig **2.** sofort, auf der Stelle **3.** (*fig*) geradeheraus, ohne Umschweife

out·run [ˌaʊt'rʌn] *vt* **1.** schneller laufen als **2.** (*fig*) übersteigen

out·set ['aʊtset] *s* Beginn, Anfang *m;* **at the** ~ am Anfang; **from the** ~ von Anfang an

out·shine [ˌaʊt'ʃaɪn] *vt* übertreffen, in den Schatten stellen

out·side [ˌaʊt'saɪd] **I.** *s* Außenseite *f;* **judging from the** ~ (*fig*) wenn man es als Außenstehender beurteilt; **at the (very)** ~ im äußersten Falle **II.** ['aʊtsaɪd] *adj* **1.** Außen-, äußere(r, s) **2.** (*Preis*) äußerste(r, s) **3.** extern; **at an** ~ **estimate** allerhöchstens; **an** ~ **chance** eine kleine Chance; ~ **world** Außenwelt *f* **III.** *adv* außen; draußen; außer Haus; **go** ~ nach draußen gehen **IV.** *prep* **1.** außerhalb **2.** außer, abgesehen von; **the car** ~ **the house** das Auto vor dem Haus; **it is** ~ **our agreement** das geht über unsere Vereinbarung hinaus; **outside broadcast** *s* (RADIO) nicht im Studio produzierte Sendung; **outside influences** *s pl* äußere Einflüsse *mpl;* **outside left** *s* (*Fußball*) Linksaußen *m;* **outside line** *s* Amtsleitung *f;* **out·sider** [ˌaʊt'saɪdə(r)] *s* Außenseiter(in) *m(f);* **outside right** *s* (*Fußball*) Rechtsaußen *m*

out·size ['aʊtsaɪz] **I.** *adj* übergroß; riesig **II.** *s* Übergröße *f;* **out·skirts** ['aʊtskɜːts] *s pl* **1.** Stadtrand *m;* Außengebiete *ntpl* **2.** (Wald)Rand *m;* **on the** ~ am Stadtrand

out·source *vt* **1.** (*hire*): ~ **s.o./s.th.** jdn/etw anmieten **2.** (*contract out*): ~ **s.th.** etw auslagern; **out·sourc·ing** ['aʊtˌsɔːsɪŋ] *s* Outsourcing *nt* (*Benutzung von externen Dienstleistungen aus Kostengründen*)

out·spoken [ˌaʊt'spəʊkən] *adj* **1.** freimütig **2.** (*Antwort*) unverblümt; direkt; **he is** ~ er nimmt kein Blatt vor den Mund; **out·spo·ken·ness** [aʊt'spəʊknnəs] *s no pl* Unverblümtheit *f,* Direktheit *f*

out·stand·ing [ˌaʊt'stændɪŋ] *adj* **1.** hervorragend; außerordentlich, überragend **2.** (*Schulden*) (noch) ausstehend, rückständig **3.** (*Merkmal*) hervorstechend, auffallend; **of** ~ **ability** außerordentlich begabt; **of** ~ **importance** von höchster Bedeutung; **a lot of work is still** ~ viel Arbeit ist noch unerledigt; ~ **debts** Außenstände *pl;* **out·sta·tion** ['aʊtˌsteɪʃn] *s* Vorposten *m;* **out·stay** [ˌaʊt'steɪ] *vt* länger bleiben als; ~ **one's welcome** länger bleiben als erwünscht; **out·stretched** [ˌaʊt'stretʃt] *adj* ausgestreckt; **out·strip** [ˌaʊt'strɪp] *vt* **1.** überholen **2.** (*fig*) übertreffen (*in* an); **out tray** *s* Ausgänge *mpl;* **out·turn** ['aʊtɜːn] *s* Produktionsleistung *f;* **out·vote** [ˌaʊt'vəʊt] *vt* überstimmen

O

out·ward ['aʊtwəd] **I.** *adj* **1.** äußere(r, s); äußerlich **2.** nach außen führend **3.** (*Fracht*) ausgehend **4.** (*Reise*) Hin- **II.** *adv* nach außen; ~ **bound** (*Schiff*) auslaufend; **out·ward·ly** ['aʊtwədlɪ] *adv* nach außen hin; **out·wards** ['aʊtwədz] *adv* nach außen

out·weigh [ˌaʊt'weɪ] *vt* überwiegen; **out·wit** [ˌaʊt'wɪt] *vt* überlisten; **out·work** [ˌaʊt'wɜːk] *s* Heimarbeit *f;* **out·worker** ['aʊtwɜːkə(r)] *s* Heimarbeiter(in) *m(f)*

oval ['əʊvl] **I.** *adj* oval **II.** *s* Oval *nt*

ovary ['əʊvərɪ] *s* **1.** (ANAT) Eierstock *m* **2.** (BOT) Fruchtknoten *m*

ova·tion [əʊ'veɪʃn] *s* Ovation *f,* stürmischer Beifall

oven ['ʌvn] *s* **1.** Backofen *m* **2.** (TECH) Trocken-, Brennofen *m;* **put s.th. in the** ~ etw in den Ofen tun; **in a slow** ~ mit kleiner Flamme; **it's like an** ~ **in here** hier ist eine Hitze wie im Backofen; **oven·cloth** ['ʌvnklɒθ] *s* Topflappen *m;* **oven·proof** ['ʌvnpruːf] *adj* hitzebeständig, feuerfest; **oven-ready** ['ʌvnredɪ] *adj* bratfertig

over ['əʊvə(r)] **I.** *adv* **1.** hin-, herüber; drüben **2.** vorüber, vorbei, zu Ende **3.** übermäßig, allzu **4.** übrig; **they swam** ~ **to us** sie schwammen zu uns herüber; **come** ~ **tonight** kommen Sie heute Abend vorbei; **she is** ~ **here** sie ist hier; **he has gone** ~ **to France** er ist nach Frankreich gefahren; **he went** ~ **to the enemy** er lief zum Feind über; **famous the world** ~ in der ganzen Welt berühmt; **I am aching all** ~ mir tut alles weh; **that's Smith all** ~ das ist typisch Smith; **it happens all** ~ das gibt es überall; **turn** ~ **the page** die Seite umblättern; **the rain is** ~ der Regen hat aufgehört; **it's all** ~ **with him** es ist Schluss mit ihm; **she counts them** ~ **again** sie zählt sie noch einmal; ~ **and** ~ **again** immer und immer wieder; **he hasn't done it** ~ **well** er hat es nicht gerade übermäßig gut gemacht; **there is a lot of meat (left)** ~ es ist viel Fleisch übrig; **7 into 30 goes 4 and 2** ~ 30 durch 7 ist 4 Rest 2; **children of 14 and** ~ Kinder über 14 **II.** *prep* **1.** über **2.** in **3.** (*zeitlich*) während, in; **spread a cloth** ~ **the table** ein Tischtuch auf den Tisch legen; **hit s.o.** ~ **the head** jdm auf den Kopf schlagen; **hang the picture** ~ **the desk** das Bild über dem Schreibtisch aufhängen; **look** ~ **the wall** über die Mauer schauen; **look** ~ **a house** sich ein Haus ansehen; **it's** ~ **the page** es ist auf der nächsten Seite; **the house** ~ **the way** das Haus gegenüber; **the bridge** ~ **the river** die Brücke über den Fluss; **he is famous all** ~ **the world** er ist in der ganzen Welt berühmt; **it was raining** ~ **in all England** es regnete in ganz England; **have command** ~ **s.o.** Befehlsgewalt über jdn haben; ~ **and above that** darüber hinaus; **he spoke for** ~ **an hour** er sprach über eine Stunde; **stay** ~ **the weekend** über das Wochenende bleiben; ~ **the summer** den Sommer über; **they talked** ~ **a cup of tea** sie unterhielten sich bei einer Tasse Tee; **they'll be a long time** ~ **it** sie werden dazu lange brauchen; **I heard it** ~ **the radio** ich habe es im Radio gehört

over·abun·dant [ˌəʊvərə'bʌndənt] *adj* überreichlich, sehr reichlich

over·achieve *vi* besser abschneiden als erwartet

over·act [ˌəʊvər'ækt] *vt, vi* übertreiben

over·age ['əʊvərɪdʒ] *adj* zu alt

over·all[1] [ˌəʊvər'ɔːl] **I.** *adj* **1.** gesamt **2.** allgemein; ~ **majority** absolute Mehrheit; ~ **situation** Gesamtlage *f* **II.** *adv* **1.** insgesamt **2.** im Großen und Ganzen

over·all[2] ['əʊvərɔːl] *s* **1.** (*Br*) Kittel *m* **2.** ~**s** Overall, Arbeitsanzug *m*

over·anxious [ˌəʊvər'æŋkʃəs] *adj* übertrieben besorgt; übermäßig aufgeregt; **over·awe** [ˌəʊvər'ɔː] *vt* einschüchtern; **over·bal·ance** [ˌəʊvə'bæləns] **I.** *vi* aus dem Gleichgewicht kommen **II.** *vt* aus dem Gleichgewicht bringen; **over·bear·ing** [ˌəʊvə'beərɪŋ] *adj* anmaßend; herrisch; **over·bid** [ˌəʊvə'bɪd] **I.** *vt* überbieten; überreizen **II.** *vi* mehr bieten; **over·board** ['əʊvəbɔːd] *adv* über Bord; **go** ~ **for s.o.** von jdm ganz hingerissen sein; **throw s.th.** ~ (*fig*) etw über Bord werfen; **over·bold** [ˌəʊvə'bəʊld] *adj* verwegen; **over·book** [ˌəʊvə'bʊk] *vt* überbuchen, überbelegen; **over·bor·rowed** [ˌəʊvə'bɒrəʊd] *adj* überschuldet; **over·bur·den** [ˌəʊvə'bɜːdn] *vt* (*fig*) überlasten; überbeanspruchen; **over·ca·pac·ity** [ˌəʊvɜkɜ'pæsətɪ] *s* Überkapazität *f;* **over·cast** [ˌəʊvə'kɑːst] *adj* bedeckt; bewölkt; **over·cau·tious** [ˌəʊvə'kɔːʃəs] *adj* übervorsichtig; **over·charge** [ˌəʊvə'tʃɑːdʒ] **I.** *vt* **1.** überladen, -lasten **2.** (*fig*) zu viel berechnen (*s.o.* jdm) **3.** (ELEK) überlasten **4.** (*fig*) überladen **II.** *vi* zu viel verlangen (*for* für) **III.** *s* zu viel berechneter Betrag

over·coat ['əʊvəkəʊt] *s* Überzieher, Mantel *m*

over·come [ˌəʊvə'kʌm] **I.** *vt* **1.** (*Feind*) überwältigen, bezwingen **2.** (*Angewohnheit*) sich abgewöhnen; überwinden, meistern **3.** (*Enttäuschung*) hinwegkommen über; **he was** ~ **by grief** der Schmerz übermannte ihn **II.** *vi* siegen, siegreich sein

over·con·fi·dent [ˌəʊvə'kɒnfɪdənt] *adj*

1. übertrieben selbstsicher **2.** zu optimistisch **3.** blind vertrauend (*in* auf); **he was ~ of success** er war sich seines Erfolges zu sicher; **over·crowded** [ˌəʊvəˈkraʊdɪd] *adj* **1.** (*mit Menschen*) überfüllt; übervölkert **2.** (*mit Sachen*) überladen; **over·de·vel·oped** [ˌəʊvədɪˈveləpt] *adj* überentwickelt

over·do [ˌəʊvəˈduː] *vt* **1.** übertreiben **2.** (*Essen*) verbraten; verkochen; **don't ~ the sympathy** übertreibe es nicht mit dem Mitleid; **over·done** [ˌəʊvəˈdʌn] *adj* **1.** übertrieben **2.** (*Essen*) verbraten; verkocht

over·dose [ˈəʊvədəʊs] *s* Überdosis *f;* **over·draft** [ˈəʊvədrɑːft] *s* (FIN) Kontoüberziehung *f;* ~ **facility** Überziehungskredit *m;* **have an ~ of £ 100** sein Konto um £ 100 überzogen haben; **arrange an ~** einen Kreditrahmen einrichten lassen; **over·draw** [ˌəʊvəˈdrɔː] *vt* (*Konto*) überziehen; **over·dress** [ˌəʊvəˈdres] **I.** *vt, vi* (sich) übertrieben kleiden **II.** [ˈəʊvədres] *s* Überkleid *nt;* **over·drive** [ˈəʊvədraɪv] *s* (AUTO) Schnell-, Schongang *m;* **go into ~** (*fig*) sich in fieberhafte Aktivität stürzen; **over·due** [ˌəʊvəˈdjuː] *adj* (*a.* COM) überfällig; **over easy** *s* (*Am*) *beidseitig gebratenes Spiegelei;* **over·eat** [ˌəʊvərˈiːt] *vi* sich überessen; **over·em·pha·size** [ˌəʊvərˈemfəsaɪz] *vt* überbewerten, überbetonen; **over·es·ti·mate** [ˌəʊvərˈestɪmeɪt] *vt* überschätzen; zu hoch bewerten; **over·ex·cit·ed** [ˌəʊvəɪkˈsaɪtɪd] *adj* **1.** überreizt **2.** aufgedreht; **over·exert** [ˌəʊvəɪgˈzɜːt] **I.** *vt* überanstrengen **II.** *vr* sich überanstrengen; **over·ex·pose** [ˌəʊvərɪkˈspəʊz] *vt* (PHOT) überbelichten; **over·ex·po·sure** [ˌəʊvərɪkˈspəʊʒə(r)] *s* (PHOT) Überbelichtung *f;* **over·extend** [ˌəʊvəɪkˈstend] *vi* (FIN) sich (finanziell) übernehmen

over·flow [ˌəʊvəˈfləʊ] **I.** *vt* überschwemmen; überlaufen lassen **II.** *vi* **1.** überlaufen, überfließen **2.** (*fig*) überfließen (*with* vor); **his heart was ~ing with love** sein Herz floss über vor Liebe; **full to ~ing** zum Überlaufen voll **III.** [ˈəʊvəfləʊ] *s* **1.** Überlaufen *nt* **2.** (TECH) Überlauf *m* **3.** (*fig*) Überschuss *m* (*of* an); ~ **meeting** Parallelversammlung *f;* **over·fly** [ˌəʊvɜˈflaɪ] *vt* (AVIAT) überfliegen

over·grown [ˌəʊvəˈgrəʊn] *adj* **1.** überwachsen (*with* von) **2.** (*Kind*) aufgeschossen; **over·hang** [ˌəʊvəˈhæŋ] **I.** *vt* **1.** hängen über **2.** hinausragen über **II.** *s* Überhang *m;* **over·haul** [ˌəʊvəˈhɔːl] **I.** *vt* **1.** durchsehen, genau überprüfen **2.** (TECH) überholen; in Stand setzen **3.** (MAR) einholen **II.** [ˈəʊvəhɔːl] *s* (TECH) Überholung *f*

over·head [ˌəʊvəˈhed] **I.** *adv* oben; am Himmel, in der Luft **II.** [ˈəʊvəhed] *adj* Frei-; ~ **cable** Überlandleitung *f;* Hochspannungsleitung *f;* Oberleitung *f;* ~ **lighting** Deckenbeleuchtung *f;* ~ **projector** Overhead-, Tageslichtprojektor *m;* ~ **railway** Hochbahn *f;* ~ **volley** Hochball *m* **III.** [ˈəʊvəhed] *s* (COM) Gemeinkosten *pl,* allgemeine Unkosten *pl*

over·hear [ˌəʊvəˈhɪə(r)] *vt* zufällig (mit)hören, zufällig mitbekommen; **over·heat** [ˌəʊvəˈhiːt] **I.** *vt* überhitzen **II.** *vi* (TECH) heißlaufen; **over·in·dulge** [ˌəʊvərɪnˈdʌldʒ] **I.** *vt* **1.** zu nachsichtig sein mit **2.** (*Fantasie*) allzu freien Lauf lassen (*s.th.* einer S) **II.** *vi* zu viel genießen; **over·in·dus·tri·ali·za·tion** *s* übertriebene Industrialisierung; **over·joyed** [ˌəʊvəˈdʒɔɪd] *adj* überglücklich; **over·kill** [ˈəʊvəkɪl] *s* Overkill *m,* Übermaß *nt* an Atomwaffen

over·land [ˈəʊvəlænd] **I.** *adj* auf dem Landweg **II.** [ˌəʊvəˈlænd] *adv* über Land

over·lap [ˌəʊvəˈlæp] **I.** *vt* **1.** hinüber-, hinausragen über; überlappen **2.** (*Ferien*) sich überschneiden mit **II.** *vi* **1.** einander überdecken, überlappen **2.** (*fig*) sich überschneiden **III.** [ˈəʊvəlæp] *s* Überschneidung, Überlappung *f*

over·leaf [ˌəʊvəˈliːf] *adv* umseitig; **over·load** [ˌəʊvəˈləʊd] **I.** *vt* **1.** überladen, -belasten **2.** (ELEK) überlasten **II.** [ˈəʊvələʊd] *s* Übergewicht *nt;* Überbelastung *f;* **over·look** [ˌəʊvəˈlʊk] *vt* **1.** überblicken **2.** (*Fehler*) übersehen; nicht beachten **3.** (*absichtlich*) hinwegsehen über, durchgehen lassen

over·ly [ˈəʊvəlɪ] *adv* übermäßig, allzu

over·man·ning [ˌəʊvəˈmænɪŋ] *s* Überbesetzung *f*

over·much [ˌəʊvəˈmʌtʃ] **I.** *adv* zu viel, übermäßig **II.** *adj* zu viel

over·night [ˌəʊvəˈnaɪt] **I.** *adv* **1.** über Nacht **2.** (*fig*) von heute auf morgen, über Nacht; **stay ~ with s.o.** bei jdm übernachten **II.** [ˈəʊvənaɪt] *adj* **1.** Nacht- **2.** (*fig*) ganz plötzlich; ~ **bag** Reisetasche *f*

over·pass [ˈəʊvəpɑːs] *s* Überführung *f;* **over·pay** [ˌəʊvəˈpeɪ] *vt* zu viel bezahlen (*s.o.* jdm), überbezahlen; **over·popu·lated** [ˌəʊvəˌpɒpjʊleɪtɪd] *adj* übervölkert; **over·popu·la·tion** [ˌəʊvəˌpɒpjʊˈleɪʃn] *s* Überbevölkerung *f;* **over·power** [ˌəʊvəˈpaʊə(r)] *vt* überwältigen, übermannen; **over·power·ing** [ˌəʊvəˈpaʊərɪŋ] *adj* **1.** überwältigend **2.** (*Parfüm*) aufdringlich; **over·produce**

O

[ˌəʊvəprəˈdjuːs] *vt* überproduzieren; **over·rate** [ˌəʊvəˈreɪt] *vt* **1.** überschätzen; zu hoch einschätzen **2.** (*fig*) überbewerten; **over·reach** [ˌəʊvəˈriːtʃ] *vr* sich übernehmen; **over·re·act** [ˌəʊvərɪˈækt] *vi* überreagieren; **over·re·ac·tion** [ˌəʊvərɪˈækʃən] *s* Überreaktion *f;* **over·ride** [ˌəʊvəˈraɪd] *vt* **1.** sich hinwegsetzen über; nicht berücksichtigen **2.** (*Beschluss*) außer Kraft setzen; **over·rid·ing** [ˌəʊvəˈraɪdɪŋ] *adj* vorrangig; vordringlich; dringendste(r, s); ~ **importance** ausschlaggebende Bedeutung; **over·rule** [ˌəʊvəˈruːl] *vt* **1.** ablehnen **2.** (*Urteil*) verwerfen **3.** (*Anspruch*) nicht anerkennen **4.** (*Einwand*) zurückweisen; **over·run** [ˌəʊvəˈrʌn] **I.** *vt* **1.** überwuchern, überwachsen **2.** (*Truppen*) herfallen über; einfallen in **3.** (RAIL: *Signal*) überfahren **4.** (*Zeit*) überziehen, überschreiten **5.** (*Ufer*) überfluten; **be** ~ **with** wimmeln von; überwuchert sein von **II.** *vi* (*Zeit*) überziehen

over·seas [ˌəʊvəˈsiːz] **I.** *adj* überseeisch, in Übersee; ~ **aid** Entwicklungshilfe *f;* ~ **call** Auslandsgespräch *nt;* ~ **trade** Überseehandel *m* **II.** *adv:* **be** ~ in Übersee sein; **go** ~ nach Übersee gehen

over·see [ˌəʊvəˈsiː] *vt* überwachen, beaufsichtigen; **over·seer** [ˈəʊvəsɪə(r)] *s* **1.** Aufseher(in) *m(f)* **2.** Vorarbeiter(in) *m(f)*

over·sell [ˌəʊvəˈsel] *vt* über den Bestand verkaufen; **over·shadow** [ˌəʊvəˈʃædəʊ] *vt* überschatten

over·shoe [ˈəʊvəʃuː] *s* Überschuh *m*

over·shoot [ˌəʊvəˈʃuːt] **I.** *vt* hinausgehen über, überschreiten; ~ **the mark** übers Ziel (hinaus)schießen, zu weit gehen **II.** *vi* (AVIAT) durchstarten

over·sight [ˈəʊvəsaɪt] *s* **1.** Versehen *nt* **2.** Aufsicht, Beaufsichtigung *f;* **through an** ~ aus Versehen

over·sim·plify [ˌəʊvəˈsɪmplɪfaɪ] *vt* zu sehr vereinfachen; **over·sized** [ˈəʊvəsaɪzd] *adj* übergroß; **over·skirt** [ˈəʊvəskɜːt] *s* Überkleid *nt* (*über einem anderen Kleid getragen*)*;* **over·sleep** [ˌəʊvəˈsliːp] *vi* verschlafen; **over·spend** [ˌəʊvəˈspend] **I.** *vi* zu viel ausgeben **II.** *vt* überschreiten; **over·spill** [ˈəʊvəspɪl] *s* Bevölkerungsüberschuss *m;* **over·staffed** [ˌəʊvəˈstɑːft] *adj* überbesetzt; **be** ~ zu viel Personal haben; **over·state** [ˌəʊvəˈsteɪt] *vt* übertreiben, übertrieben darstellen; **over·stay** [ˌəʊvəˈsteɪ] *vt* überschreiten; ~ **one's welcome** zu lange auf Besuch bleiben; **over·step** [ˌəʊvəˈstep] *vt* überschreiten; **over·sub·scribe** [ˌəʊvəsəbˈskraɪb] *vt* (*Aktienemission*) überzeichnen; **oversupply** [ˌəʊvəsəˈplaɪ] **I.** *vt* überbeliefern **II.** [ˈəʊvəsəˌplaɪ] *s* Überangebot *nt*

overt [ˈəʊvɜːt] *adj* offen, unverhohlen

over·take [ˌəʊvəˈteɪk] **I.** *vt* **1.** einholen; überholen **2.** (*fig*) überraschen; ~**n by fear** von Furcht befallen **II.** *vi* (*Br*) überholen; **over·tax** [ˌəʊvəˈtæks] *vt* **1.** zu hoch besteuern **2.** (*fig*) zu sehr in Anspruch nehmen; ~ **one's strength** sich übernehmen; **over-the-counter** [ˌəʊvəðəˈkaʊntə(r)] *adj* **1.** (*Medikamente*) nicht rezeptpflichtig **2.** (FIN) im Freiverkehr erhältlich

over-the-top *adj* übertrieben

over·throw [ˌəʊvəˈθrəʊ] **I.** *vt* **1.** besiegen; stürzen, zu Fall bringen **2.** (*Pläne*) umstoßen **II.** [ˈəʊvəθrəʊ] *s* Niederlage *f;* Sturz *m;* Sieg *m;* **over·time** [ˈəʊvətaɪm] **I.** *s* **1.** Überstunden *fpl* **2.** (SPORT) Verlängerung *f;* **be on** [*o* **do**] ~ Überstunden machen; ~ **pay** Überstundenvergütung *f* **II.** *adv:* **work** ~ Überstunden machen; **over·tired** [ˌəʊvəˈtaɪəd] *adj* übermüdet

over·tone [ˈəʊvətəʊn] *s* **1.** (MUS) Oberton *m* **2.** (*fig*) Unterton *m*

over·ture [ˈəʊvətjʊə(r)] *s* **1.** (MUS) Ouvertüre *f* **2.** ~**s** Annäherungsversuch *m;* **make** ~**s to s.o.** Annäherungsversuche bei jdm machen; **peace** ~**s** Friedensannäherungen *fpl*

over·turn [ˌəʊvəˈtɜːn] **I.** *vt* **1.** umwerfen, -stoßen, -stürzen **2.** (*Regierung*) stürzen **II.** *vi* umkippen; kentern **III.** [ˈəʊvətɜːn] *s* Sturz, Umsturz *m;* **over·value** [ˌəʊvəˈvæljuː] *vt* zu hoch einschätzen, überbewerten; **over·view** [ˈəʊvəvjuː] *s* Überblick *m;* **over·ween·ing** [ˌəʊvəˈwiːnɪŋ] *adj* überheblich; **over·weight** [ˌəʊvəˈweɪt] **I.** *adj* zu schwer; übergewichtig; **you're** ~ Sie haben Übergewicht **II.** [ˈəʊvəweɪt] *s* Übergewicht *nt;* **over·whelm** [ˌəʊvəˈwelm] *vt* **1.** überschütten, überfluten **2.** (*Feind*) überwältigen; besiegen **3.** (*fig*) überschütten, überhäufen; **over·whelm·ing** [ˌəʊvəˈwelmɪŋ] *adj* erschütternd; überwältigend; **an** ~ **majority** eine erdrückende Mehrheit; **over·work** [ˌəʊvəˈwɜːk] **I.** *vt* **1.** überanstrengen **2.** (*Wort*) zu häufig verwenden; ~ **o.s.** sich überarbeiten **II.** *vi* sich überarbeiten **III.** *s* Überarbeitung *f;* **overwrought** [ˌəʊvəˈrɔːt] *adj* überreizt, nervös

ovi·duct [ˈəʊvɪdʌkt] *s* (ANAT) Eileiter *m;* **ovip·ar·ous** [əʊˈvɪpərəs] *adj* (ZOO) Eier legend; **ovu·la·tion** [ˌɒvjʊˈleɪʃn] *s* (PHYSIOL) Follikelsprung *m,* Ovulation *f*

ovum [ˈəʊvəm] <*pl* **ova**> *s* Ovum *nt,* Eizelle *f*

owe [əʊ] **I.** *vt* **1.** (*Geld*) schulden, schuldig sein (*s.o.* jdm) **2.** (*fig*) verpflichtet sein zu;

verdanken (*s.o. s.th.* jdm etw); **how much do I ~ you?** was bin ich schuldig?; **I ~ my life to him** ich verdanke ihm mein Leben; **we ~ nothing to him** wir sind ihm nichts schuldig **II.** *vi:* ~ **s.o. for s.th.** jdm Geld für etw schulden; **ow·ing** ['əʊɪŋ] **I.** *adj* unbezahlt; **how much is still ~?** wie viel steht noch aus?; **pay what is ~** den ausstehenden Betrag zahlen **II.** *prep:* ~ **to** wegen, infolge *+gen;* ~ **to the circumstances** umständehalber

owl [aʊl] *s* Eule *f;* **owl·ish** ['aʊlɪʃ] *adj* eulenartig

own[1] [əʊn] **I.** *vt* **1.** besitzen, haben **2.** zugeben, zugestehen; anerkennen; **who ~s that?** wem gehört das?; **he ~ed that the claim was justified** er erkannte die Forderung als gerechtfertigt an; **he ~ed himself defeated** er gab sich geschlagen **II.** *vi:* ~ **to s.th.** etw eingestehen; etw anerkennen; ~ **up** es zugeben; ~ **up to s.th.** etw zugeben

own[2] [əʊn] **I.** *adj attr* eigen; **his ~ car** sein eigenes Auto; **he's his ~ man** er geht seinen eigenen Weg; ~ **brand goods** Eigenmarkenwaren *fpl;* ~ **goal** Eigentor *nt* **II.** *pron:* **that's my ~** das ist mein eigenes; **my time is my ~** ich kann mit meiner Zeit machen, was ich will; **these ideas were his ~** die Ideen stammten von ihm selbst; **I have money of my ~** ich habe selbst Geld; **get one's ~ back on s.o.** es jdm heimzahlen; **all on one's ~** ganz allein; selbst; **on its ~** von selbst, von allein

owner ['əʊnə(r)] *s* **1.** Besitzer(in) *m(f),* Eigentümer(in) *m(f)* **2.** (*einer Firma, eines Kontos*) Inhaber(in) *m(f)* **3.** (*eines Hauses, Fahrzeugs a.*) Eigner(in) *m(f);* **at ~'s risk** auf eigene Gefahr; **~-occupied** vom Besitzer bewohnt; **~-occupier** Hauseigentümer *m*, der selbst im Haus wohnt; **owner·less** [-lɪs] *adj* herrenlos; **owner·ship** [-ʃɪp] *s* Besitz *m;* **under new ~** unter neuer Leitung

own label goods *s pl* Eigenmarkenwaren *fpl*

ox [ɒks, *pl* 'ɒksn] <*pl* **oxen**> *s* Ochse *m*

Ox·bridge ['ɒksbrɪdʒ] *s die Universitäten von Oxford und Cambridge*

ox cart *s* Ochsenkarren *m*

Ox·ford ['ɒksfəd] *s:* ~ **English** Oxford-Englisch *nt*

ox·ida·tion [,ɒksɪ'deɪʃn] *s* (CHEM) Oxydation *f;* **ox·ide** ['ɒksaɪd] *s* (CHEM) Oxyd *nt;* **oxi·dize** ['ɒksɪdaɪz] *vt, vi* (CHEM) oxydieren

ox·tail ['ɒksteɪl] *s* Ochsenschwanz *m;* **oxtail soup** *s* Ochsenschwanzsuppe *f*

oxy·acety·lene [,ɒksɪə'setəli:n] *s* Azetylensauerstoff *m;* **oxyacetylene welding** *s* Autogenschweißen *nt*

oxy·gen ['ɒksɪdʒən] *s* Sauerstoff *m;* **oxygen cylinder** *s* Sauerstoffflasche *f;* **oxygen mask** *s* Sauerstoffmaske *f;* **oxygen tent** *s* (MED) Sauerstoffzelt *nt*

oy·ster ['ɔɪstə(r)] *s* Auster *f;* **the world's my ~** die ganze Welt liegt mir zu Füßen; **oyster-bank, oyster-bed** *s* Austernbank *f;* **oy·ster-catcher** ['ɔɪstə,kætʃə(r)] *s* (*Watvogel*) Austernfischer *m*

ozone ['əʊzəʊn] *s* (CHEM) Ozon *nt;* ~ **depleting substances** ozonschädigende Substanzen; **ozone depletion** *s* Ozonabbau *m;* **ozone layer** *s* Ozonschicht *f;* **depletion of the ~** Zerstörung *f* der Ozonschicht; **hole in the ~** Ozonloch *nt*

P

P, p [piː] <*pl* -'s> *s* P, p *nt;* **mind one's P's and Q's** sich ordentlich benehmen
PA [ˌpiːˈeɪ] *s* **1.** *Abk. von* **personal assistant** persönliche(r) Assistent(in) *m(f);* Chefsekretär(in) *m(f)* **2.** *Abk. von* **public address (system)** Lautsprecheranlage *f*
pa [pɑː] *s* (*fam*) Papa *m*
p.a. [ˌpiːˈeɪ] *Abk. von* **per annum** pro Jahr
pace [peɪs] **I.** *s* **1.** Schritt *m* **2.** Gang(art *f*) *m* **3.** Tempo *nt* **4.** (*Pferd*) Passgang *m;* **at a quick ~** raschen Schrittes; **at a slow ~** langsam; **keep ~ with** Schritt halten mit; **put s.o. through his ~s** jdn auf Herz u. Nieren prüfen; **set the ~** das Tempo angeben; (*fig*) den Ton angeben **II.** *vt* **1.** durchschreiten **2.** (*~ out*) abschreiten, (ab)messen **3.** das Tempo angeben für **III.** *vi* im Schritt gehen; **~ up and down** auf- und abgehen; **pace·maker** [ˈpeɪsˌmeɪkə(r)] *s* (SPORT MED) Schrittmacher *m;* **pace-setter** [ˈpeɪsˌsetə(r)] *s* (SPORT) Schrittmacher *m*
pachy·derm [ˈpækɪdɜːm] *s* (ZOO) Dickhäuter *m*
pa·ci·fic [pəˈsɪfɪk] *adj* friedlich, friedfertig, friedliebend; **Pa·ci·fic** [pəˈsɪfɪk] *s* (der) Pazifik; **a ~ island** eine Insel im Pazifik; **pa·ci·fi·ca·tion** [ˌpæsɪfɪˈkeɪʃn] *s* Versöhnung *f;* Befriedung *f;* **paci·fier** [ˈpæsɪfaɪə(r)] *s* **1.** Friedensstifter(in) *m(f)* **2.** (*Am*) Schnuller *m;* **paci·fism** [ˈpæsɪfɪzəm] *s* Pazifismus *m;* **paci·fist** [ˈpæsɪfɪst] **I.** *adj* pazifistisch **II.** *s* Pazifist(in) *m(f);* **pac·ify** [ˈpæsɪfaɪ] *vt* **1.** beruhigen; besänftigen **2.** (*Völker*) miteinander aussöhnen; (*Gegend*) befrieden
pack [pæk] **I.** *s* **1.** Packen, Ballen *m,* Bündel *nt* **2.** Paket *nt;* (*Am: Zigaretten*) Schachtel *f* **3.** (*Tiere*) Rudel *nt;* Meute *f* **4.** (*pej*) Bande, Meute *f* **5.** (*Karten*) Spiel *nt* **6.** (MED: *Kosmetik*) Packung *f* **7.** (Eis)Scholle *f* **8.** (*Rugby*) Sturm *m* **9.** (*back~*) Rucksack *m;* **a ~ of lies** lauter Lügen **II.** *vt* **1.** be-, ver-, einpacken **2.** (*Koffer*) packen **3.** (*Menschen*) zusammendrängen, einpferchen **4.** (*Erde*) festdrücken **5.** (TECH) abdichten **6.** (*Am*) tragen, (bei sich) haben **7.** (JUR POL) parteiisch zusammensetzen **III.** *vi* **1.** (seine Sachen) packen **2.** (*~ easily*) sich (gut) (ver)packen lassen **3.** (*Menschen*) sich drängen; sich zwängen **4.** (*Erde, Schnee*) fest werden; **that won't ~ into one case** das passt nicht in einen Koffer; **send s.o. ~ing** jdn davonjagen; **be ~ed out** gerammelt voll sein; **pack away** *vt* wegpacken, wegräumen; **pack in** *vt* **1.** einpacken **2.** (*Menschen*) hineinpferchen **3.** (*fig*) in großen Mengen anlocken **4.** (*Br fam*) aufgeben; hinschmeißen; (*Motor*) stehen bleiben; **~ it in!** hör auf!; **pack off** *vt* (weg)schicken; **pack up I.** *vt* (*Sachen*) zusammenpacken **II.** *vi* **1.** packen **2.** (*fam*) aufhören; (*Motor*) stehen bleiben
pack·age [ˈpækɪdʒ] **I.** *s* **1.** Paket *nt;* Packung *f;* Päckchen *nt* **2.** Karton *m,* Schachtel *f;* **postal ~** (*Am*) Postpaket *nt* **II.** *vt* **1.** verpacken **2.** präsentieren; **package deal** *s* Pauschalangebot *nt;* **package holiday** *s* Pauschalreise *f;* **package store** *s* (*Am*) Spirituosenhandlung *f;* **package tour** *s* Pauschalreise *f;* **packag·ing** [-ɪŋ] *s* **1.** Verpackung *f* **2.** Präsentation, Aufmachung *f;* **~ waste** Verpackungsmüll *m*
packer [ˈpækə(r)] *s* Packer(in) *m(f)*
packet [ˈpækɪt] *s* **1.** (Post)Paket *nt;* Päckchen *nt* **2.** (*Zigaretten*) Packung *f* **3.** (*Briefe*) Stoß *m* **4.** (*~-boat*) Passagier-, Postdampfer *m;* **make a ~** (*Br fam*) eine Stange Geld verdienen; **cost a ~** (*fam*) ein Heidengeld kosten
pack·ing [ˈpækɪŋ] *s* **1.** (*~ and packaging*) Verpackung *f* **2.** Packmaterial *nt* **3.** (TECH) (Ab)Dichtung *f;* **do one's ~** (*fam*) packen; **packing case** *s* Kiste *f;* Umzugskarton *m;* **packing costs** *s pl* Verpackungskosten *pl;* **packing list** *s* Versandliste *f*
pact [pækt] *s* Vertrag *m,* Abkommen *nt,* Pakt *m;* **make a ~** einen Vertrag schließen
pad[1] [pæd] *vi* trotten; **~ about** herumtapsen
pad[2] [pæd] **I.** *s* **1.** Kissen, Polster *nt* **2.** Polsterung, Wattierung *f* **3.** Füllung, Einlage *f;* Unterlage *f* **4.** (ZOO) (Fuß)Ballen *m* **5.** (*writing~*) Schreibblock *m* **6.** (*stamp ~*) Stempelkissen *nt* **7.** (SPORT) Beinschützer *m* **8.** (*Rakete*) Abschussrampe *f* **9.** (*sl*) Wohnung, Bude *f* **II.** *vt* **1.** (aus)polstern, wattieren **2.** ausstopfen **3.** (*Rede*) aufblähen; **pad out** *vt* (*fig*) auffüllen; ausdehnen; **pad·ded** [ˈpædɪd] *adj* wattiert; gepolstert; **~ cell** Gummizelle *f;* **pad·ding** [ˈpædɪŋ] *s* **1.** Polsterung, Wattierung *f* **2.** Polstermaterial *nt* **3.** (*fig*) Füller *m*
paddle [ˈpædl] **I.** *s* **1.** Paddel *nt* **2.** Rührschaufel *f,* -holz *nt* **3.** Schaufel *f;* Schaufelrad *nt;* **go for a ~** im Wasser planschen ge-

hen **II.** *vi* **1.** paddeln **2.** waten; im Wasser planschen **III.** *vt* **1.** (*Boot*) paddeln **2.** (*Am*) schlagen, (ver)prügeln; **paddle boat** *s* Raddampfer *m;* Paddelboot *nt;* **paddle steamer** *s* Raddampfer *m;* **pad·dling pool** ['pædlɪŋˌpu:l] *s* Planschbecken *nt*

pad·dock ['pædək] *s* **1.** Pferdekoppel *f* **2.** (*Pferderennen*) Sattelplatz *m;* (*Motorsport*) Fahrerlager *nt*

Paddy ['pædɪ] *s* (*fam: Spitzname*) Ire *m*

paddy[1] ['pædɪ] *s* **1.** ungeschälter Reis **2.** (~-*field*) Reisfeld *nt*

paddy[2] ['pædɪ] *s* Wut *f;* **be in a ~** einen Wutanfall haben; **paddy·wagon** *s* (*Am fam*) grüne Minna

pad·lock ['pædlɒk] **I.** *s* Vorhängeschloss *nt* **II.** *vt* mit einem Vorhängeschloss verschließen

paedia·tric [ˌpi:dɪ'ætrik] **I.** *adj* pädiatrisch **II.** *adj attr* Kinder-; **paedia·tric·ian** [ˌpi:dɪə'trɪʃn] *s* Kinderarzt *m,* -ärztin *f;* **paedi·at·rics** [ˌpi:dɪ'ætrɪks] *s pl mit sing* Kinderheilkunde, Pädiatrie *f*

pa·gan ['peɪgən] **I.** *s* Heide *m,* Heidin *f* **II.** *adj* heidnisch; **pa·gan·ism** [-ɪzəm] *s* Heidentum *nt*

page[1] [peɪdʒ] **I.** *s* (*Buch*) Seite *f,* Blatt *nt;* **~ view** (INTERNET) Seitenaufruf *m,* Seitenimpression *f* **II.** *vt* paginieren

page[2] [peɪdʒ] **I.** *s* **1.** (Hotel)Page, Boy *m* **2.** (HIST) Edelknabe, Page *m* **II.** *vt* durch einen Pagen holen lassen; über den Lautsprecher rufen lassen

pag·eant ['pædʒənt] *s* **1.** historische Aufführung **2.** Festzug *m;* **pag·eantry** ['pædʒəntrɪ] *s* Prunk *m,* Pracht *f*

page·boy ['peɪdʒbɔɪ] *s* **1.** Page *m* **2.** (*Frisur*) Pagenkopf *m;* **page proof** *s* umbrochene Korrekturfahne

pa·ger ['peɪdʒə(r)] *s* (TELE) Personenrufgerät *nt,* Piepser *m*

pagi·na·tion [ˌpædʒɪ'neɪʃn] *s* (*Buch*) Paginierung *f*

pa·goda [pə'gəʊdə] *s* Pagode *f*

paid [peɪd] **I.** *pt, pp of* **pay II.** *adj* bezahlt; **~ holidays** bezahlter Urlaub; **put ~ to s.th.** etw zunichte machen; einer S einen Riegel vorschieben; **paid-up** ['peɪd'ʌp] *adj* (*Aktie*) eingezahlt; (*Mitglieder*) zahlend; **fully ~ member** Mitglied, das alle Beiträge bezahlt hat

pail [peɪl] *s* Eimer, Kübel *m;* **pail·ful** [-fʊl] *s* Eimervoll *m*

pain [peɪn] **I.** *s* **1.** Schmerz(en *pl*) *m* **2.** Leid(en) *nt,* Qual *f* **3.** Kummer *m,* Angst, Sorge *f* **4.** **~s** Mühe *f;* **under** [*o* (**up**)**on**] **~ of** bei Strafe *+gen;* **be at ~s to do s.th.** sehr darauf bedacht sein etw zu tun; sich große Mühe geben etw zu tun; **be in ~** Schmerzen haben; **feel ~** Schmerzen empfinden; **take ~s over s.th.** sich mit etw (große) Mühe geben; **be a ~** (**in the neck**) (*fam*) jdm auf den Geist, Wecker gehen, jdn aufregen **II.** *vt* (*fig*) schmerzen, weh tun (*s.o.* jdm); **pain barrier** *s* (*a. fig*) Schmerzgrenze *f;* **pained** [peɪnd] *adj* (*Stimme, Miene*) gequält; schmerzerfüllt; **pain·ful** ['peɪnfl] *adj* **1.** schmerzhaft, schmerzend **2.** (*fig*) peinlich; unangenehm **3.** mühsam; **be ~** weh tun; **pain·killer** *s* schmerzstillendes Mittel; **pain·less** ['peɪnlɪs] *adj* **1.** schmerzlos **2.** mühelos; **pains·taking** ['peɪnzˌteɪkɪŋ] *adj* gewissenhaft, gründlich, sorgfältig

paint [peɪnt] **I.** *vt* **1.** (be)malen; anstreichen; lackieren **2.** schminken **3.** (*fig*) schildern, beschreiben; **~ the town red** (*fig*) auf den Putz hauen; **he is not as black as he is ~ed** er ist besser als sein Ruf **II.** *vi* malen **III.** *s* **1.** Farbe *f;* Anstrich *m* **2.** (AUTO) Lack *m* **3.** Schminke *f;* **wet ~!** frisch gestrichen; **oil ~s** Ölfarben *fpl;* **paint·box** *s* Malkasten *m;* **paint·brush** ['peɪntbrʌʃ] *s* Pinsel *m;* **painted** ['peɪntɪd] *adj* **1.** ge-, bemalt **2.** (*Am: Tier*) bunt, scheckig; **~ woman** Flittchen *nt;* **painter** ['peɪntə(r)] *s* **1.** Maler(in) *m(f)* **2.** (AUTO) Lackierer(in) *m(f)* **3.** (*house ~*) Anstreicher(in) *m(f)* **4.** (MAR) Vor-, Fangleine *f;* **paint·ing** ['peɪntɪŋ] *s* **1.** Malen *nt;* Anstreichen *nt* **2.** Spritzlackieren *nt* **3.** Malerei *f* **4.** Bild, Gemälde *nt;* **paint pot** *s* Farbtopf *m;* **paint roller** *s* Rolle *f;* **paint stripper** *s* Abbeizmittel *nt;* **paint·work** ['peɪnt wɜ:k] *s* Lack *m;* Anstrich *m,* Farbe *f*

pair [peə(r)] **I.** *s* **1.** Paar *nt* **2.** (*Tiere, Spielkarten*) Pärchen *nt;* **in ~s** paarweise; **a ~ of gloves/shoes** ein Paar *nt* Handschuhe/Schuhe; **a ~ of scissors/tongs/trousers** eine Schere/Zange/Hose; **that's another ~ of shoes** (*fig*) das ist eine andere Sache; **they're a fine ~!** sie sind ein sauberes Pärchen! **II.** *vt* paarweise anordnen; **pair off I.** *vt* **1.** in Zweiergruppen anordnen **2.** (*Menschen*) verkuppeln **II.** *vi* Paare bilden; **pair·ing** [-iŋ] *s* Paarung *f;* **pair-skating** *s* Paarlaufen *nt,* Paarlauf *m*

pa·ja·mas [pə'dʒɑ:məz] *s pl* (*Am*) Schlafanzug, Pyjama *m*

Pa·ki·stan [ˌpɑ:kɪ'stɑ:n] *s* Pakistan *nt;* **Pa·ki·stani** [ˌpɑ:kɪ'stɑ:nɪ] **I.** *adj* pakistanisch **II.** *s* Pakistani *m f,* Pakistaner(in) *m(f)*

pal [pæl] *s* (*sl*) Kumpel *m;* **be a ~!** sei so lieb!; **pal up** *vi* (*fam*) sich anfreunden (*with* mit)

pal·ace ['pælɪs] *s* Palast *m*

P

pal(a)eo·gra·phy [ˌpælɪ'ɒgrəfɪ] *s* Paläographie *f;* **pal(a)eo·lithic** [ˌpælɪəʊ'lɪθɪk] *adj* paläolithisch, altsteinzeitlich; **pal(a)e·on·tol·og·ist** [ˌpælɪɒn'tɒlədʒɪst] *s* Paläontologe *m;* -login *f;* **pal(a)eon·tol·ogy** [ˌpælɪɒn'tɒlədʒɪ] *s* Paläontologie *f*

pal·at·able ['pælətəbl] *adj* **1.** schmackhaft **2.** (*fig*) angenehm; **pala·tal** ['pælətl] *s* Gaumenlaut *m;* **pal·ate** ['pælət] *s* Gaumen *m;* **have no ~ for s.th.** keinen Sinn für etw haben

pa·la·tial [pə'leɪʃl] *adj* palastartig; stattlich, prächtig

pal·aver [pə'lɑːvə(r)] *s* (*fam*) (endloses) Gerede, Geschwätz *nt;* Theater *nt*

pale[1] [peɪl] **I.** *adj* **1.** bleich; blass **2.** (*Licht*) schwach **3.** (*fig*) schwach, matt, farblos; **turn ~** blass, bleich werden, erbleichen; **~ blue** blassblau; **~ face** Bleichgesicht *nt* **II.** *vi* **1.** erbleichen, erblassen, die Farbe verlieren **2.** (*fig*) verblassen (*before, beside* neben)

pale[2] [peɪl] *s* Pfahl *m;* **beyond the ~** indiskutabel; (*Verhalten*) unmöglich

pale·ness ['peɪlnɪs] *s* Blässe *f*

paleo- Paläo-, paläo-

Pal·est·ine ['pælɪstaɪn] *s* Palästina *nt;* **~ Liberation Organisation, PLO** Palästinensische Befreiungsorganisation; **Pal·es·tin·ian** [ˌpælə'stɪnɪən] **I.** *adj* palästinensisch *f* **II.** *s* Palästinenser(in) *m(f)*

pal·ette ['pælɪt] *s* **1.** Palette *f* **2.** (*fig*) Farbskala *f*

pali·mo·ny ['pælɪmənɪ] *s* (*Am*) Unterhaltszahlung *f* (*bei der Auflösung einer Ehe ohne Trauschein*)

pali·sade [ˌpælɪ'seɪd] **I.** *s* **1.** Palisade *f* **2. ~s** (*Am*) Flussklippen *fpl* **II.** *vt* einzäunen

pall[1] [pɔːl] *vi* langweilig werden (*on, upon s.o.* jdm), überdrüssig werden (*with s.th.* einer S), reizlos sein (*on* für); **his charm is beginning to ~** seine Fassade bröckelt ab; **it never ~s on you** man bekommt es nie satt

pall[2] [pɔːl] *s* **1.** Leichentuch *nt* **2.** (*Rauch*) Schleier *m;* **pall·bearer** ['pɔːlˌbeərə(r)] *s* Sargträger(in) *m(f)*

pal·let ['pælɪt] *s* **1.** (TECH) Palette *f* **2.** Strohsack *m*

pal·li·ative ['pælɪətɪv] *adj* **1.** lindernd **2.** (*fig*) beschönigend

pal·lid ['pælɪd] *adj* blass, bleich; **pal·lor** ['pælə(r)] *s* Blässe *f*

pally ['pælɪ] *adj* (*fam*) eng befreundet

palm[1] [pɑːm] *s* Palme *f;* Palmzweig *m;* **carry off the ~** den Sieg davontragen

palm[2] [pɑːm] *s* (ANAT) Handteller *m,* Handfläche *f;* (*Handschuh*) Innenfläche *f;* **grease s.o.'s ~** jdn bestechen; **read s.o.'s ~** jdm aus der Hand lesen; **palm off** *vt* abspeisen; **~ s.th. off on(to) s.o.** jdm etw andrehen; **palm·ist** ['pɑːmɪst] *s* Handleser(in) *m(f),* Handliniendeuter(in) *m(f)*

palm leaf ['pɑːmˌliːf] <*pl* -leaves> *s* Palmwedel *m*

palm-size *adj* handflächengroß; **palm-size PC** *s* Palmtop *m,* Taschencomputer *m*

palm·top ['pɑːmˌtɒp] *s* Palmtop *m,* Taschencomputer *m*

Palm Sunday *s* Palmsonntag *m*

palm·top ['pɑːmˌtɒp] *s* Palmtop *m,* Taschencomputer *m*

palm tree *s* Palme *f*

pal·pable ['pælpəbl] *adj* **1.** greifbar; (MED) tastbar **2.** (*fig: Lüge*) offensichtlich

pal·pi·tate ['pælpɪteɪt] *vi* zittern; (*Herz*) klopfen; **pal·pi·ta·tion** [ˌpælpi'teɪʃn] *s oft pl* Herzrhythmusstörung *f*

palsy ['pɔːlzɪ] *s* Lähmung *f;* **cerebral ~** zerebrale Lähmung

palsy-walsy ['pælzɪ'wælzɪ] *adj* (*sl*) scheißfreundlich

pal·try ['pɔːltrɪ] *adj* schäbig; (*Grund*) unbedeutend

pam·pas ['pæmpəs] *s pl* Pampas *pl*

pam·per ['pæmpə(r)] *vt* verwöhnen, verhätscheln

pamph·let ['pæmflɪt] *s* Broschüre *f;* Flugblatt *nt*

pan[1] [pæn] **I.** *s* **1.** Pfanne *f;* Kochtopf *m* **2.** Waagschale *f;* Goldpfanne *f* **3.** (*Toilette*) Becken *nt* **II.** *vt* **1.** (*Gold*) waschen **2.** (*fam: Aufführung*) verreißen; **pan out** *vi* sich entwickeln; **~ out well** klappen

pan[2] [pæn] **I.** *s* Kameraschwenk *m* **II.** *vt* schwenken

pana·cea [ˌpænə'sɪə] *s* Allheilmittel *nt*

pa·nache [pə'næʃ] *s* Schwung *m*

Pana·ma [ˌpænə'mɑː] *s* Panama *nt;* **~ Canal** Panamakanal *m;* **Pana·manian** [ˌpænə'meɪnɪən] **I.** *adj* panamaisch **II.** *s* Panamaer(in) *m(f),* Panamese *m,* Panamesin *f*

Pan-Ameri·can ['pænə'merɪkən] *adj* panamerikanisch

pana·tel·la [ˌpænə'telə] *s* dünne Zigarre

pan·cake ['pænkeɪk] **I.** *s* Pfannkuchen *m;* **Pancake Day** Fastnachtsdienstag *m* **II.** *vi* (*Flugzeug*) eine Bauchlandung machen

pan·creas ['pæŋkrɪəs] *s* (ANAT) Bauchspeicheldrüse *f;* **pan·cre·atic** [ˌpæŋkrɪ'ætɪk] *adj* Bauchspeicheldrüsen-, pankreatisch

panda ['pændə] *s* Panda *m;* **panda car** *s* (*Br*) Streifenwagen *m*

pan·de·mo·nium [ˌpændɪ'məʊnɪəm] *s* (*fig*) Chaos *nt;* Tumult, Höllenlärm *m*

pan·der ['pændə(r)] **I.** *s* (*obs*) Kuppler *m* **II.** *vi* nachgeben (*to s.o., s.th.* jdm, einer

S); ~ **to s.o.'s ego** jdm um den Bart gehen

p and p [ˌpiːən'piː] *s s.* **postage and packing** Porto und Verpackung

pane [peɪn] *s* Fensterscheibe *f*

panel ['pænl] **I.** *s* **1.** (ARCH) (Holz)Platte, Tafel *f* **2.** (*Wand, Tür*) Füllung *f* **3.** (*Kleid*) Bahn *f* **4.** (*Kunst*) Tafel *f;* Tafelbild *nt* **5.** (*Flugzeug*) Verschalungsteil *nt;* (*Auto*) Karosserieteil *nt* **6.** (*instrument* ~) Schalttafel *f;* (AUTO) Armaturenbrett *nt* **7.** Ausschuss *m,* Kommission *f* **8.** (JUR) Geschworenenliste *f;* Geschworene, Schöffen *mpl* **9.** (HIST) Liste *f* der Kassenärzte **10.** Diskussionsgruppe *f,* Forum *nt* **11.** (*Meinungsforschung*) Befragtengruppe *f;* **advisory** ~ beratender Ausschuss; **consumer** ~ Verbraucherpanel *nt,* Verbrauchertestgruppe *f;* ~ **of experts** Sachverständigenausschuss *m* **II.** *vt* täfeln (*with* mit); **panel beater** *s* Autoschlosser(in) *m(f);* **panel discussion** *s* Podiumsdiskussion *f;* **panel game** *s* Ratespiel *nt;* **panel·ing** *s* (*Am*) *s.* **panelling;** **panel·ist** *s* (*Am*) *s.* **panellist;** **panell·ing** [-ɪŋ] *s* Täfeln *nt;* Täfelung *f;* Verschalung *f;* **panel·list** [-ɪst] *s* Diskussionsteilnehmer(in) *m(f)*

pang [pæŋ] *s* **1.** stechender, heftiger Schmerz **2.** (*fig*) plötzliche Angst, Beklemmung *f;* ~**s of conscience** Gewissensbisse *mpl*

pan·handle ['pænhændl] **I.** *s* **1.** Pfannenstiel *m* **2.** (*Am*) Landzipfel *m* **II.** *vi* (*Am fam*) schnorren; **pan·handler** ['pænhændlə(r)] *s* Schnorrer(in) *m(f)*

pan·ic ['pænɪk] <panicking, panicked> **I.** *s* Panik *f;* panischer Schreck(en); **get into a** ~ **about s.th.** wegen etw in panische Angst geraten **II.** *vt* **1.** einen Schreck einjagen (*s.o.* jdm) **2.** (*Am sl*) zum Lachen bringen **III.** *vi* in Panik geraten; **don't** ~! keine Panik!; **pan·icky** ['pænɪkɪ] *adj* (*fam*) äußerst ängstlich; (*Reaktion, Maßnahme*) Kurzschluss-; **get** ~ in Panik geraten; **panic-stricken** ['pænɪkˌstrɪkən] *adj* in panischem Schrecken

pan·nier ['pænɪə(r)] *s* großer Korb; (*an Fahrrad*) Satteltasche *f;* (*für Maultier*) Tragkorb *m*

pan·jan·drum [pæn'dʒændrəm] *s* aufgeblasene, höher gestellte Person

pan·or·ama [ˌpænə'rɑːmə] *s* **1.** Panorama *nt,* Rundblick *m* **2.** (*fig*) Panorama *nt,* (gute) Übersicht *f* (*of* über); **pan·or·amic** [ˌpænə'ræmɪk] *adj* panoramaartig; (AUTO) Rundsicht-; ~ **shot** (PHOT) Panoramaaufnahme *f*

pan·pipes ['pænpaɪps] *s pl* Panflöte *f*

pansy ['pænzɪ] *s* **1.** (*Gartenblume*) Stiefmütterchen *nt* **2.** (*sl pej*) Schwule(r), Süße(r) *m*

pant [pænt] **I.** *vi* **1.** keuchen **2.** (~ *for breath*) nach Luft schnappen; **be ~ing to do s.th.** darauf brennen etw zu tun **II.** *vt* (keuchend) hervorstoßen **III.** *s* Keuchen *nt*

pan·tech·ni·con [pæn'teknɪkən] *s* (großer) Möbelwagen *m*

pan·the·ism ['pænθɪɪzəm] *s* Pantheismus *m;* **pan·the·ist** ['pænθɪɪst] *s* Pantheist(in) *m(f);* **pan·the·istic** [ˌpənθɪ'ɪstɪk] *adj* pantheistisch

pan·ther ['pænθə(r)] *s* Panther *m*

pan·ties ['pæntɪz] *s pl* **1.** (Damen)Schlüpfer *m* **2.** Kinderhöschen *nt*

pan·to·mime ['pæntəmaɪm] *s* (*in Großbritannien*) Weihnachtsaufführung *f*

pan·try ['pæntrɪ] *s* Vorrats-, Speisekammer *f*

pants [pænts] **I.** *s pl* **1.** (*Am*) Hose *f* **2.** (*Br*) Unterhose *f;* **wear the** ~ (*Am*) die Hosen anhaben **II.** *adj* **1.** (*sl: useless*) zu nichts zu gebrauchen, kann man vergessen **2.** (*sl: stupid*) bescheuert, behämmert; **pant·suit** ['pæntsuːt] *s* (*Am*) Hosenanzug *m*

panty girdle ['pæntɪˌgɜːdl] *s* Miederhöschen *nt;* **panty·hose** *s* (*Am*) Strumpfhose *f;* **panty liner** *s* Slipeinlage *f;* **panty set** *s* Garnitur *f* Unterwäsche

pap [pæp] *s* Brei *m*

pa·pacy ['peɪpəsɪ] *s* Papsttum *nt;* **pa·pal** ['peɪpl] *adj* päpstlich

pa·pa·ya [pə'paɪə] *s* Papaya *f*

pa·per ['peɪpə(r)] **I.** *s* **1.** Papier *nt* **2.** Zeitung *f* **3.** Aufsatz *m,* Abhandlung *f,* Vortrag *m* (*on* über) **4.** (*examination* ~) Prüfungsarbeit *f* **5.** (*wall* ~) Tapete *f* **6.** ~**s** (Ausweis-, Legitimations)Papiere *ntpl* **7.** ~**s** Akten *fpl,* Papiere *ntpl;* **on** ~ auf dem Papier; (*fig*) in der Theorie; **commit to** ~ zu Papier bringen, schriftlich niederlegen; **do a** ~ **round** Zeitungen austragen; **ballot** [*o* **voting**] ~ Stimm-, Wahlzettel *m;* **blotting** ~ Löschblatt *nt;* **brown** ~ Packpapier *nt;* **daily/evening/sports** ~ Tages-/Abend-/Sportzeitung *f;* **sheet of** ~ Blatt *nt* Papier; **Sunday** ~ Sonntagsblatt *nt;* **waste** ~ Altpapier *nt;* **weekly** ~ Wochenblatt *nt;* **white** ~ (POL) Weißbuch *nt;* **wrapping** ~ Packpapier *nt;* **writing** ~ Schreibpapier *nt* **II.** *vt* tapezieren; ~ **over** überkleben; ~ **over the cracks of s.th.** (*fig*) etw übertünchen; **pa·per·back** ['peɪpəbæk] *s* Taschenbuch *nt;* **paper bag** *s* Tüte *f;* **pa·per·boy** *s* Zeitungsjunge *m;* **paper chain** *s* Girlande *f;* **paper chase** *s* Schnitzeljagd *f;* **paper·clip** *s* Büroklammer *f;* **paper cup** *s* Pappbecher *m;* **paper feed** *s* (*Drucker*) Papiereinzug *m;* **paper jam** *s* (*Drucker*) Papierstau *m;* **paper·knife** <*pl* -knives> *s* Brieföffner *m;* **paper-mill** *s* Papierfabrik

P

f; **paper millionaire** *s* Aktienmillionär(in) *m(f);* **paper money** *s* Papiergeld *nt;* **paper plate** *s* Pappteller *m;* **paper profit** *s* Buchgewinn *m,* rechnerischer Gewinn; **paper pusher** *s* (*pej*) Bürohengst *m;* **paper tape** *s* Lochstreifen *m;* **paper-thin** *adj* hauchdünn; **paper tiger** *s* Papiertiger *m;* **paper tissue** *s* Kosmetiktuch *nt;* **paper tray** *s* (INFORM) Papierschacht *m;* **paper·weight** ['peɪpəweɪt] *s* Briefbeschwerer *m;* **paper·work** ['peɪpəwɜːk] *s* Schreibarbeit *f*

papier-mâché [ˌpæpɪeɪ'mæʃeɪ, ˌpeɪpə-mə'ʃeɪ] *s* Papier-, Pappmachee *nt*

pa·pist ['peɪpɪst] *s* (*pej*) Papist(in) *m(f)*

pa·poose [pə'puːs] *s* **1.** Indianerkind *nt* **2.** Rückentrage *f* für ein Kleinkind

pap·rika ['pæprɪkə, pə'priːkə] *s* Paprika *m*

pa·py·rus [pə'paɪərəs, *pl* -rəsɪz, -raɪ] <*pl* -ruses, -ri> *s* **1.** Papyrus *m* **2.** Papyrusstaude *f*

par [pɑː(r)] *s* **1.** (FIN) Nennwert *m* **2.** (*Golf*) Par *m;* **above ~** über pari; (*fig*) überdurchschnittlich, überragend; **at ~** al pari; zum Nennwert; **below ~** unter pari; (*fig*) unter Niveau; **on a ~ with** auf gleicher Stufe mit; ebenbürtig; **up to ~** (*fig*) auf der Höhe; **I don't feel up to ~, I feel below ~** ich fühle mich nicht wohl

par·able ['pærəbl] *s* Gleichnis *nt,* Parabel *f*

par·ab·ola [pə'ræbələ] *s* (MATH) Parabel *f*

para·bolic [ˌpærə'bɒlɪk] *adj* gleichnishaft, allegorisch; **~ mirror** Parabolspiegel *m*

para·chute ['pærəʃuːt] **I.** *s* Fallschirm *m;* **golden ~** großzügige Entlassungsabfindung **II.** *vt* (mit dem Fallschirm) abwerfen, absetzen **III.** *vi* abspringen; **parachute drop** *s* Fallschirmabwurf *m;* **parachute jump** *s* Fallschirmabsprung *m;* **parachute jumper** *s* Fallschirmspringer(in) *m(f);* **parachute regiment** *s* Fallschirmjägertruppe *f;* **para·chut·ist** ['pærəʃuːtɪst] *s* Fallschirmspringer(in) *m(f)*

par·ade [pə'reɪd] **I.** *s* **1.** (Truppen)Parade *f* **2.** (*~-ground*) Exerzier-, Paradeplatz *m* **3.** Auf-, Festzug *m;* Demonstration *f;* Prozession *f* **4.** (*fashion ~*) Modenschau *f* **5.** Promenade *f* (*am Meer*) **6.** (*fig*) Zurschaustellung *f* **II.** *vt* **1.** aufmarschieren lassen **2.** (*fig*) zur Schau stellen **III.** *vi* **1.** eine Demonstration veranstalten **2.** (MIL) aufmarschieren **3.** herumstolzieren

para·digm ['pærədaɪm] *s* (Muster)Beispiel *nt;* **para·dig·matic** [ˌpærədɪg'mætɪk] *adj* exemplarisch

para·dise ['pærədaɪs] *s* (das) Paradies; **live in a fool's ~** sich etw vormachen; **para·disiac(al)** [ˌpærə'dɪsɪæk, ˌpærə-dɪ'zaɪəkl] *adj* paradiesisch

para·dox ['pærədɒks] *s* Paradox(on) *nt;* **para·doxi·cal** [ˌpærə'dɒksɪkl] *adj* paradox, widersinnig; **para·doxi·cal·ly** [-ɪ] *adv* paradoxerweise

par·af·fin ['pærəfɪn] *s* **1.** (*Am: ~ wax*) Paraffin *nt* **2.** (*Br: ~ oil*) Paraffinöl *nt*

para·glid·ing ['pærəˌglaɪdɪŋ] *s* Paragliding *nt*

para·gon ['pærəgən, *Am* 'pærəgɒn] *s* Vorbild, Muster *nt;* **~ of virtue** Musterknabe *m*

para·graph ['pærəgrɑːf, *Am* 'pærə græf] **I.** *s* **1.** Absatz, Abschnitt *m* **2.** (kurzer) Zeitungsartikel *m* **II.** *vt* in Absätze, Paragraphen einteilen

Pa·ra·guay ['pærəgwaɪ] *s* Paraguay *nt;* **Pa·ra·gua·yan** [ˌpærə'gwaɪən] **I.** *adj* paraguayisch **II.** *s* Paraguayer(in) *m(f)*

para·keet ['pærəkiːt] *s* Sittich *m*

par·al·lel ['pærəlel] **I.** *adj* **1.** (MATH) parallel (*with, to* mit) **2.** (*fig*) gleichlaufend (*to, with* zu, mit), entsprechend (*to s.th.* einer S); **~ connection** (ELEK) Parallelschaltung *f;* **a ~ case** ein Parallelfall *m* **II.** *s* **1.** (*a. fig*) Parallele *f* (*to* zu) **2.** (*fig*) Entsprechung *f* **3.** (GEOG: *~ of latitude*) Breitenkreis *m;* **without ~** unvergleichlich; **be without (a) ~** einzig dastehen, keine Parallele haben; **draw a ~ between** eine Parallele ziehen zwischen **III.** *vt* gleichen (*s.th.* einer S); **parallel bars** *s pl* (SPORT) Barren *m;* **par·al·lel·ism** [-ɪzəm] *s* Parallelität *f;* (*fig*) Ähnlichkeit *f;* **par·al·lelo·gram** [ˌpærə-'leləgræm] *s* Parallelogramm *nt*

Para·lym·pic Games, Para·lym·pics [ˌpærəlɪmpɪk'geɪmz, ˌpærə'lɪmpɪks] *s* Behinderten-Wettspiele *f*

para·lyse ['pærəlaɪz] *vt* **1.** lähmen **2.** (*Verkehr*) lahmlegen **3.** (*fig*) zum Erliegen bringen; unwirksam machen; **~d with fear** starr vor Schrecken; **par·al·ysis** [pə'ræləsɪs] *s* Lähmung *f;* **para·lyt·ic** [ˌpærə'lɪtɪk] **I.** *adj* **1.** paralytisch; gelähmt **2.** (*fam*) volltrunken **II.** *s* Gelähmte(r) *f m,* Paralytiker(in) *m(f);* **para·lyze** (*Am*) *s.* **paralyse**

para·med·ic [ˌpærə'medɪk] *s* Sanitäter(in) *m(f)*

par·ameter [pə'ræmɪtə(r)] *s* **1.** (MATH) Parameter *m* **2. ~s** (*fig*) Rahmen *m;* **parametric programming** *s* parametrische Programmierung

para·mili·tary [ˌpærə'mɪlɪtrɪ] *adj* paramilitärisch

para·mount ['pærəmaʊnt] *adj* wichtigste(r, s), höchste(r, s), größte(r, s); **of ~ importance** von größter Wichtigkeit

para·noia [ˌpærə'nɔɪə] *s* Verfolgungswahn *m;* **para·noiac** [ˌpærə'nɔɪæk] **I.** *adj* paranoisch **II.** *s* Paranoiker(in) *m(f);* **pa-**

ra·noid ['pærənɔɪd] *adj* paranoid
para·pet ['pærəpɪt] *s* (Brücken-, Balkon)Geländer *nt*
para·pher·nalia [ˌpærəfə'neɪlɪə] *s pl* Kinkerlitzchen *ntpl,* Brimborium, Drum und Dran *nt*
para·phrase ['pærəfreɪz] **I.** *s* Umschreibung *f* **II.** *vt* umschreiben
para·plegia [ˌpærə'pliːdʒə] *s* Querschnittslähmung *f;* **para·plegic** [ˌpærə'pliːdʒɪk] **I.** *adj* querschnittsgelähmt **II.** *s* Querschnittsgelähmte(r) *f m*
para·psy·chol·ogy [ˌpærəsaɪ'kɒlədʒɪ] *s* Parapsychologie *f*
paras ['pærəz] *s pl* (*fam*) Fallschirmtruppen *fpl*
para·site ['pærəsaɪt] *s* (BIOL) Schmarotzer *m;* (*a. fig*) Parasit *m;* **para·sitic(al)** [ˌpærə'sɪtɪk(l)] *adj* **1.** (BIOL) parasitisch **2.** (MED TECH) parasitär
para·ski·ing [ˌpærə'skiːɪŋ] *s* Paraskifahren *nt*
para·sol ['pærəsɒl] *s* Sonnenschirm *m*
para·trooper ['pærətruːpə(r)] *s* Fallschirmjäger *m;* **para·troops** ['pærətruːps] *s pl* Fallschirm-, Luftlandetruppen *fpl*
para·typhoid [ˌpærə'taɪfɔɪd] *s* (MED: ~ *fever*) Paratyphus *m*
par·boil ['pɑːbɔɪl] *vt* ankochen, halbgar kochen
par·cel ['pɑːsl] *s* **1.** Paket, Päckchen *nt* **2.** (*Land*) Parzelle *f;* **part and** ~ ein wesentlicher Bestandteil; ~ **of land** Landparzelle *f;* ~ **of shares** Aktienpaket *nt;* **parcel out** *vt* aufteilen; **parcel up** *vt* als Paket verpacken; **parcel delivery** *s* Paketzustellung *f;* **parcel office** *s* Paketschalter *m;* **parcel post** *s* Paketpost *f;* **send by** ~ als Postpaket schicken
parch [pɑːtʃ] *vt* austrocknen; **be ~ed (with thirst)** vor Durst verschmachten
parch·ment ['pɑːtʃmənt] *s* Pergament *nt*
pard [pɑː(r)d] *s* (*Am sl*) Partner, Kumpel *m*
par·don ['pɑːdn] **I.** *vt* **1.** (JUR) begnadigen **2.** vergeben, verzeihen (*s.o.* jdm); ~ **me!** Entschuldigung!; ~ **me?** wie bitte? **II.** *s* **1.** Verzeihung, Vergebung *f* **2.** (JUR) Begnadigung *f;* **I beg your ~!** Entschuldigung!; **I beg your ~?** wie bitte?; **par·don·able** ['pɑːdnəbl] *adj* verzeihlich, entschuldbar
pare [peə(r)] *vt* **1.** (*Obst*) schälen **2.** (*Nägel*) schneiden **3.** (~ *down*) kürzen, reduzieren
par·ent ['peərənt] *s* **1.** Elternteil *m* **2.** (*fig*) Vorläufer *m* **3. ~s** Eltern *pl;* **~s-in-law** Schwiegereltern *pl;* **par·ent·age** ['peərəntɪdʒ] *s* Abstammung, Herkunft *f;* **par·en·tal** [pə'rentl] **I.** *adj* elterlich **II.** *adj attr, adj* Eltern-; **parental leave** *s* Mutter-/Vaterschaftsurlaub *m;* **parent company** *s* Muttergesellschaft *f*
par·enth·esis [pə'renθəsɪs, *pl* -əsiːz] <*pl* -eses> *s* **1.** Einschaltung (*im Text*), Parenthese *f;* Zwischenbemerkung *f* **2. parentheses** (*Am*) Klammern *fpl*
par·ent·hood ['peərənthʊd] *s* Elternschaft *f;* **par·ent·less** ['peərəntlɪs] *adj* elternlos; **parent ship** *s* Mutterschiff *nt*
pa·riah [pə'raɪə, 'pærɪə] *s* **1.** (REL) Paria *m* **2.** (*fig*) Ausgestoßene(r) *f m*
par·ing ['peərɪŋ] *s* **1.** Schälen *nt* **2. ~s** Abfall *m,* Schnitzel *mpl*
par·ish ['pærɪʃ] *s* **1.** (Pfarr-, Kirchen)Gemeinde *f* **2.** (*civil* ~) (Land)Gemeinde *f;* **par·ishioner** [pə'rɪʃənə(r)] *s* Gemeindemitglied *nt;* **parish(-pump) politics** *s pl* Kirchturmpolitik *f;* **parish register** *s* Kirchenbuch *nt*
par·ity ['pærətɪ] *s* **1.** Gleichheit, Gleichberechtigung *f* **2.** Gleichwertigkeit *f* **3.** (FIN) (Währungs)Parität *f;* ~ **of treatment** Gleichstellung *f;* ~ **of pay** Lohngleichheit *f;* **parity change** *s* (FIN) Wechselkursänderung *f;* **parity re·alignment** *s* (FIN) Neuordnung *f* der Wechselkursparitäten
park [pɑːk] **I.** *s* **1.** Park *m* **2.** Naturpark *m,* -schutzgebiet *nt* **3.** Sportplatz *m* **4.** (MIL) Arsenal *nt;* **national** ~ Nationalpark *m* **II.** *vt* **1.** parken; abstellen; (*Fahrrad*) abstellen **2.** (*fig fam*) abstellen; ~ **o.s.** (*fam*) sich platzieren; **I'm ~ed over there** ich habe da drüben geparkt **III.** *vi* parken; ~ **and ride system** Park-and-ride-System *nt*
parka ['pɑːkə] *s* Parka *m*
park·ing ['pɑːkɪŋ] *s* **1.** Parken *nt* **2.** Parkraum *m;* **no** ~ Parken verboten; **parking area** *s* Parkplatz *m;* **parking bay** *s* Parkbucht *f;* **parking disc** *s* Parkscheibe *f;* **parking level** *s* Parkdeck *nt;* **parking lights** *s pl* (AUTO) Standlicht *nt;* **parking lot** *s* Parkplatz *m;* **parking meter** *s* Parkuhr *f;* **parking offender** *s* Falschparker *m;* **parking ticket** *s* Strafzettel *m* (*für falsches Parken*); **park·keeper** ['pɑːkkiːpə(r)] *s* Parkwächter(in) *m(f);* **park·way** ['pɑːkweɪ] *s* (*Am*) Allee *f*
parky ['pɑːkɪ] *adj* (*Br fam*) kühl
par·lance ['pɑːləns] *s* Rede-, Sprechweise *f;* **in legal** ~ in der Rechtssprache
par·ley ['pɑːlɪ] **I.** *vi* unter-, verhandeln **II.** *s* Verhandlung *f;* **peace ~s** Friedensverhandlungen *fpl*
par·lia·ment ['pɑːləmənt] *s* Parlament *nt;* **enter** [*o* **go into**] **Parliament** ins Parlament gewählt werden; **stand for Parliament** für das Unterhaus kandidieren; **Member of Parliament** Parlamentsmitglied *nt;* **par·lia·men·tarian** [ˌpɑːləmən-

P

'teərɪən] *s* Parlamentarier(in) *m(f);* **par·lia·men·tary** [ˌpɑːlə'mentrɪ] *adj* parlamentarisch; ~ **elections** Parlamentswahl *f;* ~ **party** Fraktion *f*

par·lor (*Am*), **par·lour** ['pɑːlə(r)] *s* Salon *m,* Wohnzimmer *nt;* **beauty** ~ (*Am*) Schönheitssalon *m;* **ice-cream** ~ Eisdiele *f;* **parlo(u)r game** *s* Gesellschaftsspiel *nt;* **parlo(u)r-maid** *s* (*Br*) Dienstmädchen *nt*

par·ochial [pə'rəʊkɪəl] *adj* **1.** Gemeinde-, Pfarr- **2.** (*fig*) beschränkt, engstirnig; **par·ochial·ism** [-ɪzəm] *s* (*fig*) Engstirnigkeit *f;* **parochial school** *s* (*Am*) Konfessionsschule *f*

pa·rod·ic [pə'rɒdɪk] *adj* parodistisch

paro·dist ['pærədɪst] *s* Parodist(in) *m(f);* **par·ody** ['pærədɪ] **I.** *s* **1.** Parodie *f* (*of* auf) **2.** schwache Nachahmung, Abklatsch *m* **II.** *vt* parodieren

pa·role [pə'rəʊl] **I.** *s* (JUR) bedingte Entlassung (*aus der Strafhaft*), Bewährung *f;* **on** ~ auf Bewährung **II.** *vt* (JUR) bedingt entlassen; auf Bewährung entlassen

par·ox·ysm ['pærəksɪzəm] *s* Anfall *m;* **~s of laughter** ein Lachkrampf *m*

par·quet ['pɑːkeɪ, *Am* pɑːr'keɪ] *s* (*a.* THEAT) Parkett *nt*

par·ri·cide ['pærɪsaɪd] *s* **1.** Vater-, Muttermörder(in) *m(f)* **2.** Vater-, Muttermord *m*

par·rot ['pærət] **I.** *s* Papagei *m* **II.** *vt* nachplappern; **repeat s.th.** ~ **fashion** etw wie ein Papagei wiederholen; **parrot fever** *s* Papageienkrankheit *f*

parry ['pærɪ] **I.** *vt* **1.** abwehren, parieren **2.** (*Frage*) ausweichen (*s.th.* einer S) **II.** *s* **1.** Abwehr *f* **2.** Parade *f*

parse [pɑːz] *vt* (GRAM: *Satz*) zerlegen, analysieren, (zer)gliedern; (*Wort*) grammatisch definieren

par·si·moni·ous [ˌpɑːsɪ'məʊnɪəs] *adj* geizig, knauserig (*of* mit); **par·si·mony** ['pɑːsɪmənɪ, *Am* 'pɑːsɪməʊnɪ] *s* Geiz *m,* Knauserigkeit *f*

pars·ley ['pɑːslɪ] *s* Petersilie *f*

pars·nip ['pɑːsnɪp] *s* Pastinake *f*

par·son ['pɑːsn] *s* Pfarrer *m;* **par·son·age** ['pɑːsnɪdʒ] *s* Pfarrhaus *nt;* **parson's nose** *s* Bürzel *m*

part [pɑːt] **I.** *s* **1.** Teil *m* **2.** Stück *nt* (*eines Ganzen*) **3.** Anteil *m;* Abschnitt, Teil *m* **4.** (TECH) Teil, Bauteil *nt* **5.** (*Serie*) Folge, Fortsetzung *f* **6.** (*Buch*) Lieferung *f* **7.** (THEAT) Rolle *f* **8.** (MUS) Stimme, Partie *f* **9.** Seite, Partei *f* **10. ~s** Gegend *f,* Gebiet *nt,* Bezirk *m* **11.** (*Am*) Scheitel *m* **12. ~s** Geschlechtsteile *ntpl;* **the greater** ~ der größte Teil, die Mehrheit; **the nice** ~ **of it is** das Nette daran ist; **I lost** ~ **of it** ich habe einen Teil davon verloren; **for the most** ~ meist(ens), größten-, meistenteils; **for my** ~ meinerseits, was mich betrifft; **in** ~ **s** teilweise, teils, zum Teil; teil-; **in equal ~s** zu gleichen Teilen; **in these ~s** in dieser Gegend; **on the** ~ **of** vonseiten, seitens; **be** ~ **and parcel of s.th.** von etw ein wesentlicher Bestandteil sein; **play** [*o* **take**] **a** ~ eine Rolle spielen; **take** ~ teilnehmen; sich beteiligen (*in* an); **take s.o.'s** ~ für jdn, jds Partei ergreifen; **take s.th. in good** ~ etw nicht übelnehmen; **take in** ~ **exchange** in Zahlung nehmen; **constituent ~s** Bestandteile *mpl;* **leading** ~ Hauptrolle *f;* **a man of** (**many**) **~s** ein begabter, vielseitiger Mensch; **spare** ~ Ersatzteil *nt;* ~ **of the body** Körperteil *m;* ~ **of the country** Gegend *f;* ~ **of speech** (GRAM) Wortart *f* **II.** *adv* teils, teilweise; **she's** ~ **English** ~ **German** sie ist teils Engländerin teils Deutsche; ~ **eaten** halb aufgegessen; **offer** (**take**) **s.th. in** ~ **exchange** etw in Zahlung geben (nehmen) **III.** *vt* **1.** teilen; (*Haar*) scheiteln **2.** trennen (*from* von); ~ **company** sich trennen (*with* von); **till death us do** ~ bis dass der Tod uns scheidet **IV.** *vi* **1.** sich teilen; (*Lippen, Vorhang*) sich öffnen **2.** (*Menschen*) sich trennen; auseinandergehen; (*Dinge*) sich lösen; ~ **from s.o.** sich von jdm trennen; ~ **with s.th.** sich von etw trennen

par·the·no·gen·esis ['pɑːθɪnəʊ'dʒenɪsɪs] *s* Parthenogenese *f*

par·tial ['pɑːʃl] *adj* **1.** parteiisch, voreingenommen **2.** teilweise, partiell; **be** ~ **to s.th.** für etw eine Vorliebe haben; ~ **payment** Teilzahlung *f;* ~ **success** Teilerfolg *m;* **par·tial·ity** [ˌpɑːʃɪ'ælətɪ] *s* **1.** Voreingenommenheit, Parteilichkeit *f* **2.** Vorliebe *f* (*for, to* für); **par·tial·ly** ['pɑːʃəlɪ] *adv* teilweise

par·tici·pant [pɑː'tɪsɪpənt] *s* Teilnehmer(in) *m(f);* **par·tici·pate** [pɑː'tɪsɪpeɪt] *vi* **1.** teilnehmen, -haben, sich beteiligen (*in* an) **2.** beteiligt sein (*in* an); **par·tici·pa·tion** [pɑːˌtɪsɪ'peɪʃn] *s* **1.** Mitwirkung, Teilnahme *f* (*in* an) **2.** (COM) Beteiligung *f;* **worker** ~ Mitbestimmung *f;* ~ **in profits** Gewinnbeteiligung *f;* **par·tici·pa·tor** [pɑː'tɪsɪpeɪtə(r)] *s* **1.** Teilnehmer(in) *m(f),* -haber(in) *m(f)* **2.** Gesellschafter(in) *m(f),* Aktionär(in) *m(f)*

par·ti·ciple ['pɑːtɪsɪpl] *s* (GRAM) Partizip *nt*

par·ticle ['pɑːtɪkl] *s* **1.** (*a.* PHYS) Teilchen *nt* **2.** (*fig*) Spur *f* **3.** (GRAM) Partikel *f;* **not a** ~ **of sense** kein Fünkchen Verstand; **particle accelerator** *s* (PHYS) Teilchenbeschleuniger *m*

par·ticu·lar [pə'tɪkjʊlə(r)] **I.** *adj* **1.** besondere(r, s); (*Grund*) bestimmt **2.** (*im Gegen-*

satz zu anderen) bestimmt **3.** (*Mensch*) eigen; wählerisch; (über)genau; **be ~ about s.th.** in Bezug auf etw sehr eigen sein; es mit etw sehr genau nehmen; **in ~** insbesondere; **nothing (in) ~** nichts Besonderes; **take ~ pains** sich besonders bemühen; **~ case** besonderer Fall; Sonder-, Einzelfall *m* **II.** *s* **1.** **~s** nähere Angaben *fpl*, Näheres *nt;* Details *ntpl*, Einzelheiten *fpl* (*about, of* über) **2.** **~s** Personalangaben *fpl*, Personalien *pl;* **with full ~s** mit allen Einzelheiten; **without giving ~s, without entering ~s, without going into ~s** ohne nähere Angaben (zu machen), ohne auf Einzelheiten einzugehen; **enter** [*o* **go into**] **~s** auf Einzelheiten eingehen; ins Einzelne gehen; **furnish ~s** Einzelheiten angeben; Auskunft erteilen; **for ~s apply to ...** (nähere) Auskünfte (erhalten Sie) bei ...;
par·ticu·lar·ize [pə'tɪkjʊləraɪz] *vt* einzeln angeben, aufführen; spezifizieren; **par·ticu·lar·ly** [pə'tɪkjʊləlɪ] *adv* im Besonderen; insbesondere

part·ing ['pɑːtɪŋ] **I.** *adj* scheidend **II.** *s* **1.** Abschied *m* **2.** (*Br*) Scheitel *m;* **at ~** beim Abschied; **~ of the ways** Weggabelung *f;* (*fig*) Scheideweg *m;* **parting shot** *s* **1.** letzter Blick **2.** letzte Bemerkung

par·ti·san [ˌpɑːtɪ'zæn, *Am* 'pɑːtɪzn] **I.** *adj* **1.** parteiisch, parteilich **2.** Partisanen- **II.** *s* **1.** Parteigänger(in) *m(f)*, Anhänger(in) *m(f)* **2.** (MIL) Partisan(in) *m(f)*, Widerstandskämpfer(in) *m(f)*

par·ti·tion [pɑː'tɪʃn] **I.** *s* **1.** Teilung *f* **2.** Aufteilung *f* **3.** (*Grundstück*) Parzellierung *f* **4.** Trenn-, Zwischen-, Scheide-, Stellwand *f* **II.** *vt* **1.** (auf)teilen, verteilen **2.** (*Land*) parzellieren; **~ off** abtrennen, -teilen

part·ly ['pɑːtlɪ] *adv* teilweise, zum Teil, teils

part·ner ['pɑːtnə(r)] **I.** *s* **1.** (COM) Partner(in) *m(f)*, Teilhaber(in) *m(f)* (*in* an), Gesellschafter(in) *m(f)* **2.** (Ehe-, Tanz-, Spiel)Partner(in) *m(f)* **II.** *vt:* **~ s.o.** jds Partner sein; **part·ner·ship** ['pɑːtnəʃɪp] *s* **1.** Partnerschaft *f* **2.** (COM) Personengesellschaft *f* **3.** Mitbeteiligung *f* (*in* an); **enter ~ with s.o.** sich mit jdm geschäftlich verbinden; **general ~** offene Handelsgesellschaft; **limited ~** Kommanditgesellschaft *f;* **partnership agreement** *s* Gesellschaftsvertrag *m*

part owner [ˌpɑːt'əʊnə(r)] *s* Miteigentümer(in) *m(f);* **part ownership** *s* Miteigentum *nt;* **part payment** *s* Teilzahlung *f*

par·tridge ['pɑːtrɪdʒ] *s* Rebhuhn *nt*

part-time [ˌpɑːt'taɪm] *adj* Teilzeit-; **~ job** Teilzeitbeschäftigung *f;* **~ work** Teilzeit-, Kurz-, Halbtagsarbeit *f;* **do ~ work** einer Halbtagsarbeit nachgehen; **~ worker** Teilzeitkraft *f;* Kurzarbeiter(in) *m(f);* **he is only ~** er arbeitet nur Teilzeit

party ['pɑːtɪ] *s* **1.** (politische) Partei *f* **2.** (Arbeits-, Interessen)Gruppe *f* **3.** Einladung, Gesellschaft, Party, Veranstaltung *f* **4.** Teilnehmer(in) *m(f);* Beteiligte(r) *f m* (*to* an) **5.** (JUR) Partei *f* **6.** (COM) (Vertrags)Partei *f*, Beteiligte(r) *f m* **7.** (*fam hum*) Person *f;* **be a ~ to s.th.** an einer S beteiligt sein; bei etw mitmachen; **become a member of a ~** Parteimitglied werden; **become a ~ to s.th.** sich in eine S einlassen; **give a ~** eine Einladung geben, Gäste haben; **go to a ~** einer Einladung folgen, eingeladen sein; **adverse ~** Prozessgegner *m;* **dinner ~** Einladung *f* zum Essen; **parliamentary ~** Fraktion *f;* **the surviving ~** (JUR) der überlebende Teil; **third ~** Dritte(r), Unbeteiligte(r), Unparteiische(r) *m;* **third ~ insurance** (AUTO) Haftpflichtversicherung *f;* **the ~ concerned** der Beteiligte, der Betroffene; **party-badge** *s* Parteiabzeichen *nt;* **party-conference, party-congress, party-meeting** *s* Parteiversammlung *f*, -kongress, -tag *m;* **party donation** *s* Parteispende *f;* **party·goer** ['pɑːtɪˌgəʊə(r)] *s* Partygänger(in) *m(f);* **party headquarters** *s pl* Parteizentrale *f;* **party insured** *s* Versicherte(r) *m;* **party leader** *s* Parteiführer(in) *m(f);* **party line** *s* **1.** (TELE) Gemeinschaftsanschluss *m* **2.** (POL) Parteilinie *f;* **follow the ~** linientreu sein; **party-liner** *s* (POL) Linientreue(r) *f m;* **party list** *s* (POL) Parteiliste *f;* **party machinery** *s* Parteiapparat *m;* **party political broadcast** *s* parteipolitische Sendung; **party politics** *s pl* Parteipolitik *f;* **party pooper** [-'puːpə(r)] *s* (*Am fam*) Partymuffel *m*

par·venu ['pɑːvənjuː] *s* Emporkömmling *m*

pass [pɑːs, *Am* pæs] **I.** *vi* **1.** vorbei-, vorüber-, weitergehen, -ziehen, -fahren, -fliegen (*by* an) **2.** übergehen, -wechseln (*from ... to* von ... zu) **3.** (*Worte*) gesprochen, gewechselt werden **4.** übergehen (*into* in, *to* auf) **5.** hinausgehen (*beyond* über) **6.** überschreiten (*beyond s.th.* etw) **7.** vorbei-, vorübergehen, aufhören, ein Ende haben **8.** (*Zeit*) vergehen, verfließen, verstreichen **9.** (PARL) angenommen werden **10.** (die Prüfung) bestehen **11.** gelten, gehalten werden (*for* für) **12.** (*Kartenspiel*) passen **13.** (SPORT) den Ball weitergeben; **let s.th. ~** etw durchgehen lassen; **~ for s.th.** als etw gelten; **~ to s.o.** (SPORT) jdm zuspielen; **~ unnoticed** nicht bemerkt werden; **don't worry, it'll ~** keine Angst, das geht vorbei; **what has ~ed between them** was sich zwischen ihnen abgespielt hat **II.** *vt* **1.** vorbeigehen, -fahren an; hinausgehen über **2.** hindurchgehen durch, passieren **3.** (AUTO SPORT) überholen **4.** übergehen, -sehen; auslassen **5.** sich unterziehen (*s.th.* einer S); (*Lehrgang*) mitmachen, absolvieren **6.** (*Prüfung*) bestehen **7.** genehmigen **8.** (*bei einer Prüfung*) bestehen lassen **9.** (*Zeit*) vergehen lassen; verbringen **10.** reichen, herumreichen **11.** weiterleiten, befördern **12.** abwälzen (*on* auf) **13.** (JUR: *Urteil*) sprechen (*on* über) **14.** (PARL: *Entschließung, Antrag*) annehmen; (*Gesetz*) verabschieden; **could you ~ me the sugar, please** könnten Sie mir bitte den Zucker geben [*o* reichen]; **it ~es belief** es ist kaum zu glauben; **~ one's hand over s.th.** mit der Hand über etw fahren **III.** *s* **1.** Ausweis *m;* (MIL) Passierschein *m* **2.** Bestehen *nt* (*einer Prüfung*) **3.** (SPORT) Pass *m;* (*Fechten*) Ausfall *m* **4.** (GEOG) Pass *m* **5.** (*Taschenspieler, Hypnotiseur*) Bewegung *f* **6.** (*fam*) Annäherungsversuch *m* **7.** üble Lage, Situation, Umstände *mpl,* Verhältnisse *ntpl;* **things have come to a pretty ~** es ist schon schlimm; **this is a fine** [*o* **pretty**] **~** das ist ja eine schöne Bescherung; **make a ~ at s.o.** bei jdm Annäherungsversuche machen, jdn anmachen; **pass away I.** *vi* **1.** zu Ende gehen **2.** (*euph*) entschlafen, hinscheiden **II.** *vt* (*Zeit*) verbringen; **pass by I.** *vi* **1.** vorbeigehen, -fahren, -fließen **2.** (*Zeit*) vergehen **II.** *vt* (stillschweigend) übergehen, unbeachtet lassen; übersehen, auslassen; **he ~ed by the shops** er ging an den Läden vorbei; **pass down I.** *vt* weitergeben **II.** *vi* gelten als; **pass off** *vi* **1.** (*Ereignis*) stattfinden, vonstatten gehen **2.** vorüber-, vorbeigehen; **she could ~ off as an English girl** man könnte sie gut für eine Engländerin halten; **~ o.s. off as** sich ausgeben als; **pass on I.** *vi* **1.** weitergehen **2.** übergehen (*to* zu) **3.** (*euph*) entschlafen **II.** *vt* **1.** weitergeben, -reichen, -sagen (*to s.o.* jdm) **2.** (*Krankheit*) übertragen; **pass out I.** *vi* **1.** das Bewusstsein verlieren **2.** (*Offizier*) sein Patent bekommen **II.** *vt* aus-, verteilen; **pass over I.** *vt* übergehen **II.** *vi* sterben; **pass through I.** *vt* **1.** durchgehen, -ziehen, -reisen, -stecken **2.** (*fig*) erleben, durchmachen **II.** *vi* auf der Durchreise sein; **~ through the regular channel** den Dienstweg gehen; **you'll ~ through London** Sie werden durch London fahren; **pass up** *vt* sich entgehen lassen

pass·able ['pɑːsəbl] *adj* **1.** passierbar, begehbar, befahrbar **2.** leidlich, passabel

pas·sage ['pæsɪdʒ] *s* **1.** Durchfahrt, Durchreise *f* **2.** (*mit Schiff*) Überfahrt, Seefahrt, Passage *f* **3.** Durchgangs-, Durchfahrtsrecht *nt* **4.** (Durch)Gang, Korridor *m;* Gasse *f,* Weg *m* **5.** (Text)Stelle *f;* (MUS) Passage *f,* Stück *nt* **6.** Verabschiedung, Annahme *f* (*eines Gesetzes*)**;** **book one's ~** einen Schiffsplatz belegen (*for* nach); **secure the ~ of a bill** ein Gesetz durchbringen; **pas·sage·way** ['pæsɪdʒweɪ] *s* Durchgang *m;* Passage *f*

pass·book ['pɑːsbʊk] *s* Sparbuch *nt*

pas·sel ['pæsl] *s* (*Am: fam*): **a ~ of ...** ein Haufen ...

pas·sen·ger ['pæsɪndʒə(r)] *s* **1.** Reisende(r) *f m;* (*Bus, Taxi*) Fahrgast *m;* (*Schiff*) Passagier *m;* (*Flugzeug*) Fluggast, Passagier *m;* (*Auto*) Mitfahrer(in) *m(f),* Beifahrer(in) *m(f)* **2.** (*fam*) Drückeberger(in) *m(f);* **passenger accident insurance** *s* Insassenunfallversicherung *f;* **passenger aircraft** *s* Passagierflugzeug *nt;* **passenger cabin** *s* (AVIAT) Fluggastraum *m,* -kabine *f;* **passenger car** *s* (RAIL) Personenwagen *m;* **passenger coach** *s* (RAIL) Personenwagen *m;* **passenger flight** *s* Passagierflug *m;* **passenger list** *s* Passagierliste *f;* **passenger mile** *s* (AVIAT) Flugkilometer *m* je Fluggast; **passenger service** *s* Personenverkehr *m;* **passenger space** *s* Fahrgastraum *m;* **passenger train** *s* Personenzug *m*

passer-by [ˌpɑːsə'baɪ] <*pl* passers-by> *s* Passant(in) *m(f),* Vorübergehende(r) *f m*

pas·sing ['pɑːsɪŋ] **I.** *adj* **1.** vorübergehend; (*Fahrzeug*) vorbeifahrend; (*Wolken*) vorüberziehend **2.** (*fig*) flüchtig, kurz, beiläufig; (*Jahre*) vergehend; **~ remark** flüchtige Bemerkung **II.** *s* **1.** Vorübergehen *nt* **2.** (AUTO) Überholen *nt* **3.** (*Prüfung*) Bestehen *nt* **4.** (*Gesetz*) Annahme, Verabschiedung *f* **5.** Hinscheiden, Ableben *nt;* **in ~** beiläufig; nebenbei; **pass·ing-out (ceremony)** [ˌpɑːsɪŋ'aʊt] *s* (MIL) Abschlussfeier *f;* **passing place** *s* Ausweichstelle *f*

pas·sion ['pæʃn] *s* **1.** Leidenschaft *f;* Leidenschaftlichkeit *f* **2.** Erregung *f* **3.** Begeisterung, Vorliebe *f* (*for* für) **4.** heftige, starke Liebe, Zuneigung *f;* heftiges Verlangen (*for* nach) **5.** (REL: *Kunst*) Passion *f;* **conceive a ~ for** sich verlieben in; **be in a ~** erregt sein; **fly into a ~** aufbrausen; einen Wutanfall bekommen; **fit of ~** Wutanfall *m;* **passion·ate** ['pæʃənət] *adj* leidenschaftlich; **passion flower** *s* Passionsblume *f;* **passion fruit** *s* Passionsfrucht, Maracuja *f;* **passion·less** ['pæʃnlɪs] *adj* leidenschaftslos; **passion play** *s* (THEAT) Passionsspiel *nt;* **Passion Week** *s* Karwoche *f*

pass·ive ['pæsɪv] **I.** *adj* passiv **II.** *s* (GRAM: *~ voice*) Passiv *nt;* **~ smoking** Passivrauchen *nt;* **pass·ive·ness, pass·iv·ity**

['pæsɪvnɪs, pæ'sɪvətɪ] *s* Passivität *f*

pass-key ['pɑːskiː] *s* Hauptschlüssel *m;* **pass-mark** *s* (*Prüfungsresultat*) Ausreichend *nt*

Pass·over ['pɑːsəʊvə(r)] *s* Passah(fest) *nt*

pass·port ['pɑːspɔːt, *Am* 'pæspɔːt] *s* **1.** (Reise)Pass *m* **2.** (*fig*) Weg, Schlüssel *m* (*to* zu); **passport control**, **passport inspection** *s* Passkontrolle *f;* **passport holder** *s* Passinhaber(in) *m(f)*

pass·word ['pɑːswɜːd] *s* **1.** (INTERNET) Passwort *nt* **2.** (MIL) Kennwort *nt,* Parole, Losung(swort *nt*) *f*

past [pɑːst] **I.** *adj* **1.** beendet, vorüber, vorbei **2.** vergangen **3.** einstig, ehemalig, früher; ~ **week** letzte, vergangene Woche; **in times ~, in ~ times** in früheren Zeiten; **that's ~ history** das ist längst vorbei; **what's ~ is ~** was vorbei ist, ist vorbei; ~ **tense** Vergangenheit *f;* ~ **participle** Partizip *nt* Perfekt; ~ **perfect** Plusquamperfekt *nt* **II.** *s* (*a.* GRAM) Vergangenheit *f;* **in the ~** früher, in der Vergangenheit; **be a thing of the ~** der Vergangenheit angehören; **a woman with a ~** eine Frau mit Vergangenheit **III.** *prep* **1.** (*zeitlich*) nach, später als **2.** (*räumlich mit Bewegung*) an vorbei; (*ohne Bewegung*) hinter +*dat,* nach +*dat;* (*Steigerung, Vergleich*) über +*acc;* ~ **bearing** [*o* **endurance**] unerträglich; ~ **belief** unglaublich; ~ **cure** unheilbar; ~ **due** (FIN) überfällig; ~ **hope** hoffnungslos; **I'm ~ caring** das ist mir jetzt egal; ~ **forty** über vierzig; **be ~ s.th.** für etw zu alt sein; **I'm ~ that** ich bin darüber weg; **he is (getting) ~ it** er bringt es nicht mehr; **this machine is getting ~ it** die Maschine taugt langsam nichts mehr; **I wouldn't put it ~ him** (*fam*) das würde ich ihm zutrauen; **half ~ three** halb vier **IV.** *adv* vorbei, vorüber; **go ~** vorübergehen; **run ~** vorbeilaufen

pas·ta ['pæstə] *s* Teigwaren, Nudeln *pl*

paste [peɪst] **I.** *s* **1.** (Kuchen)Teig *m* **2.** Paste *f,* Brei *m* **3.** Brotaufstrich *m;* (*tomato* ~) Mark *nt* **4.** Kleister *m* **5.** (TECH) (Ton-, Glas)Masse *f* **6.** (*Schmuck*) Strass *m;* **anchovy ~** Sardellenpaste *f;* **tooth~** Zahnpasta *f* **II.** *vt* **1.** zukleben, -kleistern (*with* mit) **2.** kleben (*on* auf) **3.** (*sl*) verdreschen; ~ **down** aufkleben; ~ **up** [*o* **over**] zu-, ver-, aufkleben; **paste·board** ['peɪstbɔːd] *s* Pappe *f,* Karton *m*

pas·tel ['pæstl, *Am* pæ'stel] **I.** *s* **1.** Pastellkreide *f* **2.** Pastell(zeichnung *f*) *nt* **3.** Pastellton *m* **II.** *adj* pastell(farben); ~ **shades** Pastelltöne *mpl;* ~ **drawing** Pastell(zeichnung *f*) *nt*

paste-up ['peɪstʌp] *s* (TYP) Klebeumbruch *m*

pas·teur·iz·ation [ˌpæstʃəraɪ'zeɪʃn] *s* Pasteurisierung *f;* **pas·teur·ize** ['pæstʃəraɪz] *vt* pasteurisieren, keimfrei machen

pas·time ['pɑːstaɪm] *s* Zeitvertreib *m;* **as a ~** zum Zeitvertreib

pas·tor ['pɑːstə(r)] *s* Pastor, Pfarrer *m;* **pas·toral** ['pɑːstərəl] **I.** *adj* **1.** (*Kunst, Literatur, Musik*) pastoral **2.** (REL) seelsorgerisch; ~ **letter** Hirtenbrief *m* **II.** *s* **1.** Hirtengedicht *nt;* Schäferspiel *nt;* Schäferpoesie *f* **2.** (REL) Hirtenbrief *m*

pas·try ['peɪstrɪ] *s* **1.** Pasteten-, Kuchenteig *m* **2.** Backwerk, Gebäck *nt;* **pastry-cook** *s* Konditor(in) *m(f)*

pas·ture ['pɑːstʃə(r)] **I.** *s* **1.** Weide *f* **2.** Grünfutter *nt* **II.** *vt* weiden lassen **III.** *vi* grasen, weiden; **pasture land** *s* Weideland *nt*

pasty ['peɪstɪ] **I.** *adj* **1.** zähflüssig; klebrig **2.** (*fig*) bleich, blass, käsig **II.** ['pæstɪ] *s* Pastete *f*

pat[1] [pæt] **I.** *adj* (*Antwort, Erklärung*) glatt **II.** *adv:* **know** [*o* **have**] **s.th. off ~** etw in- und auswendig kennen; **have an answer ~** mit einer Antwort gleich bei der Hand sein; **stand ~** stur bleiben

pat[2] [pæt] **I.** *s* leichter Schlag, Klaps *m;* **a ~ of butter** eine Portion Butter **II.** *vt* tätscheln; (*Ball*) leicht schlagen; (*Erde*) festklopfen; (*Gesicht*) abtupfen; ~ **s.o. on the back** jdm auf die Schulter klopfen; **she ~ted her hair down** sie drückte sich die Haare zurecht

patch [pætʃ] **I.** *s* **1.** Flicken *m;* Flecken *m* **2.** (Augen)Klappe *f* **3.** Fleck *m;* (*Land*) Stück *nt;* (*Garten*) Beet *nt* **4.** Stelle *f* **5.** (*zeitlich*) Phase *f* **6.** (*fam: von Polizist, Prostituierter*) Revier *nt;* **not to be a ~ on** (*fam*) nicht herankommen an; **hit** [*o* **strike**] **a bad ~** eine Pechsträhne haben **II.** *vt* flicken; **patch up** *vt* zusammenflicken; (*Streit*) beilegen; ~ **up a relationship** eine Beziehung kitten; **I don't want to ~ things up again** ich möchte das nicht wieder so hinbiegen; **patchi·ness** ['pætʃɪnɪs] *s* unterschiedliche Qualität; (*Wissen*) Lückenhaftigkeit *f;* **patch·work** ['pætʃwɜːk] *s* **1.** Patchwork *nt* **2.** (*fig*) Stückwerk *nt;* **patchy** ['pætʃɪ] *adj* **1.** (*Qualität, Arbeit*) unregelmäßig, ungleichmäßig; (*Kenntnisse*) lückenhaft **2.** (*Stoff*) gefleckt

pâté ['pæteɪ] *s* Pastete *f*

pa·tel·la [pə'telə] *s* (ANAT) Kniescheibe *f*

pat·ent[1] ['peɪtənt] **I.** *s* Patent *nt;* **take out a ~ on s.th.** ein Patent auf etw erhalten; ~ **infringement** Patentverletzung *f* **II.** *vt* patentieren lassen

pat·ent[2] ['peɪtənt] *adj* offenkundig, offensichtlich

P

pat·ented ['peɪtəntɪd] *adj* patentiert, durch Patent geschützt; **pat·entee** [ˌpeɪtn'tiː] *s* Patentinhaber(in) *m(f)*; **patent leather** *s* Lackleder *nt*; **patent medicine** *s* patentrechtlich geschütztes Arzneimittel; (*fig*) Patentrezept *nt*; **Patent Office** *s* Patentamt *nt*

pa·ter·nal [pə'tɜːnl] *adj* väterlich; **on the ~ side** väterlicherseits; **my ~ aunt** meine Tante väterlicherseits; **pa·ter·nal·ism** [pə'tɜːnəlɪsm] *s* Bevormundung *f*; **pa·ter·na·li·stic** [pəˌtɜːnə'lɪstɪk] *adj* patriarchalisch; **pa·ter·nity** [pə'tɜːnətɪ] *s* Vaterschaft *f*; **paternity leave** *s* Vaterschaftsurlaub *m*; **paternity suit** *s* (JUR) Vaterschaftsklage *f*

path [pɑːθ] *s* **1.** Pfad *m*; (*foot~*) (Fuß)Weg *m* **2.** (ASTR) Bahn *f* **3.** (*fig*) Weg *m*; **cross s.o.'s ~** jdn zufällig treffen; **stand in s.o.'s ~** (*fig*) jdm im Wege sein

pa·thetic [pə'θetɪk] *adj* **1.** Mitleid erweckend, ergreifend, erschütternd **2.** armselig, jämmerlich; unzureichend; **that's really ~!** das ist ja zum Heulen!

path·finder ['pɑːθfaɪndə(r)] *s* **1.** Führer *m* **2.** (*fig*) Pionier *m*; **path·less** ['pɑːθlɪs] *adj* unwegsam

patho·bi·og·ra·phy [ˌpæθəʊˌbaɪ'ɒgrəfɪ] *s* Autobiographie *f* einer/s Schwerkranken

patho·logi·cal [ˌpæθə'lɒdʒɪkl] *adj* pathologisch, krankhaft; **path·ol·ogist** [pə'θɒlədʒɪst] *s* Pathologe *m*, -login *f*; **pa·thol·ogy** [pə'θɒlədʒɪ] *s* Pathologie *f*

pa·thos ['peɪθɒs] *s* Pathos *nt*

path·way ['pɑːθweɪ] *s* Pfad, Weg *m*

pa·tience ['peɪʃns] *s* **1.** Geduld *f* **2.** Patience(spiel *nt*) *f*; **have no ~ with** nicht vertragen (können), nicht (länger) aushalten (*s.o.* jdn); **lose one's ~** die Geduld verlieren; **play ~** eine Patience legen; **pa·tient** ['peɪʃnt] **I.** *adj* **1.** geduldig **2.** beharrlich, ausdauernd **II.** *s* Patient(in) *m(f)*, Kranke(r) *f m*

pat·ina ['pætɪnə] *s* Patina *f*

patio ['pætɪəʊ] <*pl* **patios**> *s* **1.** Innenhof *m* **2.** (*Haus*) Terrasse *f*

patri·arch ['peɪtrɪɑːk] *s* Patriarch *m*; **patri·archal** [ˌpeɪtrɪ'ɑːkl] *adj* patriarchalisch; **patri·archy** ['peɪtrɪɑːkɪ] *s* Patriarchat *nt*

pa·tri·cian [pə'trɪʃn] **I.** *adj* **1.** patrizisch **2.** vornehm, aristokratisch **II.** *s* **1.** (HIST) Patrizier(in) *m(f)* **2.** (*fig*) Aristokrat(in) *m(f)*

pat·ri·cide ['pætrɪsaɪd] *s* **1.** Vatermord *m* **2.** Vatermörder(in) *m(f)*

pa·triot ['pætrɪət, 'peɪtrɪət] *s* Patriot(in) *m(f)*; **pa·triotic** [ˌpætrɪ'ɒtɪk, ˌpeɪtrɪ'ɒtɪk] *adj* patriotisch; **pa·triot·ism** ['pætrɪətɪzəm, 'peɪtrɪətɪzəm] *s* Patriotismus *m*

pa·trol [pə'trəʊl] **I.** *s* **1.** (Polizei)Streife *f*; Runde *f* **2.** (MIL) Patrouille *f*; **on ~** (MIL) auf Patrouille; (*Polizei*) auf Streife **II.** *vt* (ab)patrouillieren; die Runde machen in; **patrol car** *s* Streifenwagen *m*; **patrol duty** *s* Streifendienst *m*; **pa·trol·man** [-mæn] <*pl* -men> *s* **1.** (*Am*) Streifenpolizist *m* **2.** (AUTO) Straßenwacht *f*; Pannenhilfe *f*; **patrol wagon** *s* (*Am*) Gefangenentransportwagen *m*

pa·tron ['peɪtrən] *s* **1.** Kunde *m*; Gast *m* **2.** Schirmherr *m*; Förderer *m*, Förderin *f* **3.** (*~ saint*) Schutzheilige(r) *f m*; **pa·tron·age** ['pætrənɪdʒ] *s* **1.** Schirmherrschaft, Förderung, Unterstützung *f* **2.** Kundschaft *f* **3.** Ämterpatronage *f*; **pa·tron·ess** ['peɪtrənɪs] *s* Schirmherrin *f*; **pa·tron·ize** ['pætrənaɪz] *vt* **1.** unterstützen **2.** (*pej*) gönnerhaft behandeln **3.** Stammgast, Kunde sein (*a shop* eines Geschäftes); **pat·ron·iz·ing** ['pætrənaɪzɪŋ] *adj* gönnerhaft, herablassend

pat·ter ['pætə(r)] **I.** *vi* **1.** klatschen, prasseln **2.** (*Füße*) trappeln, trippeln **II.** *s* **1.** Geprassel *nt* **2.** Getrappel *nt* **3.** (*Regen*) Plätschern *nt* **4.** Gerede *nt*, Sprüche *mpl*; **I know his ~** ich kenne seine Sprüche; **patter-merchant** *s* (*fam*) Sprücheklopfer *m*

pat·tern ['pætn] **I.** *s* **1.** Muster *nt*; Modell *nt*, Schablone, Vorlage *f* **2.** (*paper ~*) Schnittmuster *nt* **3.** (*fig*) Vorbild, Muster *nt* **4.** Schema *nt* **5.** (GRAM) Struktur *f*; **behavio(u)r ~** Verhaltensweise *f*; **on the ~ of America** nach amerikanischem Vorbild [*o* Muster]; **~ of consumption** Verbrauchsstruktur *f*; **~ of leadership** Führungsstil *m* **II.** *vt* **1.** bilden, formen, gestalten (*on, upon, after* nach) **2.** mustern, mit einem Muster versehen; **~ o.s. on** sich richten nach; **pattern book** *s* Musterbuch *nt*; **pat·terned** ['pætənd] *adj* gemustert; **pattern matching** *s* Mustervergleich *m*, Patternmatching *nt*

paunch [pɔːntʃ] *s* Bauch, (Fett)Wanst *m*; **paunchy** ['pɔːntʃɪ] *adj* fettleibig

pau·per ['pɔːpə(r)] *s* Arme(r) *f m*, Unterstützungsempfänger(in) *m(f)*

pause [pɔːz] **I.** *s* **1.** Pause *f* **2.** Schweigen *nt* **3.** (MUS) Fermate *f*; **without a ~** ununterbrochen **II.** *vi* **1.** stehen bleiben, anhalten; eine Pause machen **2.** innehalten, zögern, verweilen (*on, upon* bei); **~ for breath** eine Atempause machen; **~ for thought** eine Denkpause einlegen; **make s.o. ~** jdn zur Überlegung veranlassen

pave [peɪv] *vt* pflastern; **~ the way for s.o./s.th.** (*fig*) jdm/einer S den Weg ebnen; **~d with good intentions** mit guten Vorsätzen gepflastert; **pave·ment** ['peɪvmənt] *s* **1.** (*Am*) Fahrbahn *f* **2.** (*Br*) Bürgersteig *m,* Gehweg *m,* Trottoir *nt;* **pavement artist** *s* Pflastermaler(in) *m(f)*

pa·vil·ion [pə'vɪlɪən] *s* **1.** (*Ausstellungs-, Park-*) Pavillon *m* **2.** (SPORT) Klubhaus *nt* **3.** großes Zelt

pav·ing ['peɪvɪŋ] *s* Belag *m;* (Straßen)Pflaster *nt;* **paving stone** *s* Platte *f*

paw [pɔː] **I.** *s* **1.** Pfote, Tatze *f* **2.** (*fam*) Pfote, Hand *f* **II.** *vt* **1.** berühren; tätscheln **2.** (*fam*) betatschen; ~ **the ground** scharren; (*fig*) ungeduldig werden

pawn[1] [pɔːn] *s* **1.** (*Schach*) Bauer *m* **2.** (*fig*) Schachfigur *f,* Werkzeug *nt*

pawn[2] [pɔːn] **I.** *s* Pfand(stück) *nt;* **in** ~ verpfändet; **put in** ~ verpfänden **II.** *vt* verpfänden, versetzen; **pawn·broker** ['pɔːnˌbrəʊkə(r)] *s* Pfandleiher(in) *m(f);* **pawnbroker's shop**, **pawn·shop** ['pɔːnʃɒp] *s* Leihhaus *nt;* **pawn·brok·ing** ['pɔːnbrəʊkɪŋ] *s* Pfandleihe *f;* **pawn-ticket** *s* Pfandschein *m*

pay [peɪ] <*irr:* paid, paid> **I.** *vt* **1.** (be)zahlen **2.** (*Rechnung, Schulden*) begleichen **3.** (*Kosten*) tragen, erstatten **4.** (*fig*) sich lohnen für; sich auszahlen für; ~ **s.o. a visit** [*o* **call**] jdn besuchen, jdm einen Besuch abstatten; ~ **attention** aufpassen; **it doesn't** ~ **him to work** es lohnt sich nicht für ihn zu arbeiten; ~ **one's way** alles bezahlen **II.** *vi* **1.** (be)zahlen **2.** Gewinn abwerfen; sich lohnen **3.** büßen (*for* für); ~ **on account** auf Rechnung bezahlen; ~ **as you go** immer gleich bezahlen; ~ **through the nose** Wucherpreise bezahlen; **that doesn't** ~ das lohnt sich nicht **III.** *s* **1.** (Be)Zahlung *f* **2.** Lohn *m,* Gehalt *nt;* **without** ~ unbezahlt; ehrenamtlich; **be in s.o.'s** ~ in jds Dienst sein; **get less** ~ sich (gehaltlich, im Lohn) verschlechtern; **basic** ~ Grundgehalt *nt;* **take-home** ~ Nettogehalt *nt;* **weekly** ~ Wochenlohn *m;* **pay back** *vt* **1.** zurückzahlen **2.** (*fig: Kompliment, Besuch*) erwidern; (*Beleidigung*) sich revanchieren für; ~ **s.o. back** (*fig*) es jdm heimzahlen; **pay down** *vt* anzahlen; **pay in** *vt* ein(be)zahlen; **pay off I.** *vt* **1.** (*Schulden*) abbezahlen, tilgen **2.** (*Darlehen*) zurückzahlen **3.** (*Gläubiger*) befriedigen **4.** (*Arbeiter*) auszahlen **II.** *vi* sich rentieren; Erfolg haben; **pay out** *vt* **1.** (*Geld*) ausgeben; aus(be)zahlen **2.** abfinden **3.** (MAR: *Tau*) abrollen (lassen); **pay over** *vt* (*Gewinn*) abführen; **pay up I.** *vt* voll bezahlen; (*Schulden*) zurückzahlen; (*Aktie*) vollständig einzahlen **II.** *vi* bezahlen

pay·able ['peɪəbl] *adj* zahlbar; fällig; ~ **at sight** [*o* **on demand**] zahlbar bei Sicht; ~ **in advance** im voraus zahlbar; ~ **to bearer** zahlbar an Überbringer; ~ **to order** zahlbar an Order; **make a cheque** ~ **to s.o.** einen Scheck auf jdn ausstellen; **pay-as-you-earn, PAYE** *s* (*Br*) Quellenbesteuerung *f;* **pay award** *s* Lohn-, Gehaltserhöhung *f;* **pay·back clause** [ˌpeɪbæk'klɔːz] *s* Rückzahlungsklausel *f;* **payback period** *s* Amortisationszeit, -dauer *f;* **pay check, pay cheque** *s* Gehalts-, Lohnscheck *m;* **pay claim** *s* Gehaltsforderung *f;* **pay-day** *s* Zahltag *m;* **pay deal** *s* Tarifabschluss *m;* **pay desk** *s* Kasse *f;* **pay differential** *s* Lohngefälle *nt;* **PAYE** [ˌpiːeɪwaɪ'iː] *s Abk. von* **pay-as-you-earn** Quellenbesteuerung *f;* **payee** [peɪ'iː] *s* Zahlungsempfänger(in) *m(f);* **payer** ['peɪə(r)] *s* **1.** (Be-, Ein)Zahler(in) *m(f)* **2.** Auftraggeber(in) *m(f);* **tax-**~ Steuerzahler(in) *m(f);* **pay freeze** *s* Lohnstopp *m;* **pay hike** *s* (*Am*) Gehalts-, Lohnaufbesserung *f*

pay·ing ['peɪɪŋ] *adj* **1.** rentabel **2.** (*Gast*) zahlend **3.** (*Patient*) Privat-; ~**-back** Rückzahlung *f;* ~**-in** Einzahlung *f;* ~**-in slip** Einzahlungsbeleg *m*

pay·load ['peɪləʊd] *s* Nutzlast *f;* **payload capacity** *s* Ladefähigkeit *f;* **pay·master** ['peɪmɑːstə(r)] *s* Zahlmeister *m;* ~**'s office** Zahlmeisterei, Kasse *f*

pay·ment ['peɪmənt] *s* **1.** (Be)Zahlung *f* **2.** (*Wechsel*) Einlösung *f* **3.** (*Schulden*) Rückzahlung *f* **4.** Entlohnung *f,* Lohn *m,* Gehalt *nt* **5.** Belohnung *f;* **in** ~ **of** als Bezahlung für; **on** ~ **of** bei Bezahlung von; **demand** ~ Zahlung verlangen; **effect** [*o* **make**] **a** ~ eine Zahlung leisten; **keep up one's** ~**s** seine Zahlungsverpflichtungen einhalten; **stop** [*o* **suspend**] ~**s** die Zahlungen einstellen; ~ **received** Betrag erhalten; **advance** ~ Vorauszahlung *f;* **date** [*o* **day**] **of** ~ Zahlungstermin *m;* **dividend-**~ Dividendenausschüttung *f;* **easy** ~ Zahlungserleichterungen *fpl;* ~ **by** [*o* **in**] **instal(l)ments** Ratenzahlung *f;* ~ **in kind** Sach-, Naturalleistung *f;* ~ **terms** Zahlungsbedingungen *fpl*

pay ne·go·ti·ations ['peɪnɪgəʊʃɪˌeɪʃnz] *s pl* Tarifverhandlungen *fpl;* **pay-off** ['peɪɒf] *s* **1.** Bestechungsgeld *nt* **2.** (*fig*) Ergebnis *nt,* Erfolg, Misserfolg *m* **3.** (*fig*) Abrechnung, Quittung *f;* **pay-office** *s* **1.** Zahlstelle *f* **2.** Kasse(nschalter *m*) *f* **3.** Lohnbüro *nt,* -stelle *f;* **pay-out** ['peɪaʊt] *s* Dividendenzahlung *f;* Subvention *f;* **pay packet** *s* Lohntüte *f;* **pay·phone** *s* Münzfernsprecher *m;* **pay rise** *s* Gehalts-, Lohnerhöhung *f;* **pay·roll** *s* **1.** Lohn-, Gehaltsliste *f* **2.** Lohnsumme *f;* **be on the** ~ angestellt, beschäftigt sein; ~ **clerk** Lohnbuchhalter *m;* ~ **deductions** Lohn-, Gehaltsabzüge

P

mpl; **pay round** *s* Lohn-, Tarifrunde *f;* **pay settlement** *s* Lohnabkommen *nt;* **pay·slip** *s* Gehalts-, Lohnstreifen *m;* **pay station** *s* (*Am*) öffentlicher Fernsprecher; **pay talks** *s pl* Tarifverhandlungen *fpl;* **pay TV** *s* **1.** Münzfernseher *m* **2.** Pay-TV *nt* (*kodierte Fernsehprogramme*)

PC [piː'siː] *s* **1.** *Abk. von* **personal computer** PC *m* **2.** *Abk. von* **police constable** Polizeibeamte(r) *m,* -beamtin *f*

PCB [ˌpiːsiː'biː] *s Abk. von* **polychlorinated biphenyl** PCB *nt,* polychloriertes Biphenyl

PE [ˌpiː'iː] *s Abk. von* **physical education** (SCHULE) Sport *m*

pea [piː] *s* Erbse *f;* **as like as two ~s** gleich wie ein Ei dem anderen

peace [piːs] *s* **1.** Friede(n) *m* **2.** (JUR) Ruhe (u. Ordnung) *f* **3.** (*fig*) Ruhe, Stille *f;* **be at ~** in Frieden leben (*with* mit); **give s.o. no ~** jdn nicht in Ruhe lassen; **hold** [*o* **keep**] **one's ~** sich ruhig verhalten, still sein; **keep the ~** die öffentliche Sicherheit und Ordnung wahren; **leave s.o. in ~** jdn in Ruhe lassen; **make ~** Frieden schließen; **make one's ~ with** sich versöhnen, sich vertragen mit; **breach of the ~** Ruhestörung *f;* **~ and quiet** Ruhe und Frieden; **industrial ~** Arbeitsfrieden *m;* **peace·able** ['piːsəbl] *adj* friedlich; **peace activist** *s* Friedensbewegte(r) *f m;* **peace conference** *s* Friedenskonferenz *f;* **peace enforcement** *s* Durchführung *f* friedensstiftender Maßnahmen; **peace·ful** ['piːsfəl] *adj* **1.** friedlich **2.** friedliebend **3.** (*fig: Zeit, Schlaf*) ruhig; (*Tod*) sanft; **peace initiative** *s* Friedensinitiative *f;* **peace·keeping** ['piːskiːpɪŋ] **I.** *adj attr* Friedens-; **~ force** Friedenstruppe *f* **II.** *s* Friedenserhaltung *f;* **peace-lov·ing** ['piːsˌlʌvɪŋ] *adj* friedliebend; **peace·maker** ['piːsˌmeɪkə(r)] *s* Friedensstifter *m;* **peace·mak·ing** ['piːsˌmeɪkɪŋ] *s* Friedensstiftung *f;* **peace march** *s* Friedensmarsch *m;* **peace movement** *s* Friedensbewegung *f;* **peace negotiations** *s pl* Friedensverhandlungen *fpl;* **peace offer** *s* Friedensangebot *nt;* **peace-offering** *s* Sühneopfer *nt;* (*fig*) Geschenk *nt* zur Versöhnung; **peace-pipe** *s* Friedenspfeife *f;* **peace settlement** *s* Friedensregelung *f;* **peace·time** *s* Friedenszeit *f;* **in ~** im Frieden, in Friedenszeiten; **peace treaty** *s* Friedensvertrag *m*

peach [piːtʃ] *s* **1.** Pfirsich *m;* Pfirsichbaum *m* **2.** (*Farbe*) Pfirsichton *m* **3.** (*fam*) Pfundssache *f,* prima Sache; klasse Mensch; **a ~ of a hat** ein todschicker Hut

pea-chick ['piːtʃɪk] *s* junger Pfau; **pea·cock** ['piːkɒk] *s* Pfau *m;* **~-blue** pfauenblau; **pea·hen** *s* Pfauenhenne *f*

peak [piːk] **I.** *s* **1.** Spitze *f;* (Berg)Gipfel *m;* (*Dach*) First *m* **2.** Mützenschirm *m* **3.** Scheitelpunkt *m* **4.** (*fig*) Gipfel *m;* (*a.* ELEK) Spitze *f,* höchster Stand; (konjunktureller) Höhepunkt; (*~ value*) Höchstwert *m;* **be at the ~ of one's power** den Gipfel seiner Macht erreicht haben; **reach the ~** den höchsten Stand erreichen; **~ of production** Produktionsspitze *f* **II.** *vi* einen Höchststand erreichen **III.** *adj* Spitzen-; Höchst-; **peak capacity** *s* Höchstleistungsgrenze *f;* **peak demand** *s* Spitzenbedarf *m;* **peaked** [piːkt] *adj* **1.** spitz **2.** (*Mensch, Gesicht*) verhärmt; **peak hours** *s pl* Hauptbelastungszeit *f;* Hauptverkehrszeit *f;* **peak level** *s* Höhepunkt, Höchststand *m;* **peak load** *s* Spitzenbelastung *f;* **peak power** *s* (TECH) Leistungsspitze *f;* **peak season** *s* Hochsaison *f;* **peak-traffic hours** *s pl* Hauptverkehrszeit *f;* **peaky** ['piːkɪ] *adj* (*Br*) blass; abgehärmt; kränklich

peal [piːl] **I.** *s* **1.** (Glocken)Läuten, Geläute *nt* **2.** Glockenspiel *nt* **3.** Dröhnen *nt;* Getöse *nt;* **~s of laughter** schallendes Gelächter; **~ of thunder** Donnergrollen *nt* **II.** *vi* **1.** läuten **2.** (*Donner*) dröhnen

pea·nut ['piːnʌt] *s* **1.** Erdnuss *f* **2.** **~s** (*fam*) lächerliche Kleinigkeit; **the pay is ~s** die Bezahlung ist miserabel; **peanut butter** *s* Erdnussbutter *f*

pear [peə(r)] *s* **1.** Birne *f* **2.** (*~-tree*) Birnbaum *m*

pearl [pɜːl] **I.** *s* Perle *f;* **cast ~s before swine** Perlen vor die Säue werfen; **mother-of-~** Perlmutt *nt* **II.** *vi* (*go ~ing*) Perlen fischen; **pearl-barley** *s* Perlgraupen *fpl;* **pearl-button** *s* Perlmuttknopf *m;* **pearl-diver, pearl-fisher** *s* Perlenfischer(in) *m(f);* **pearl-fishing** *s* Perlenfischerei *f;* **pearly** ['pɜːlɪ] *adj* perlmutterartig

peas·ant ['peznt] *s* **1.** Bauer *m* **2.** (*fig pej*) Banause *m;* Bauer *m;* Prolet *m;* **peas·antry** ['pezntrɪ] *s* Landvolk *nt*

pea-souper [piː'suːpə(r)] *s* (*fam*) Waschküche *f* (*Nebel*)

peat [piːt] *s* Torf *m;* **cut ~** Torf stechen; **peat-bog** *s* Torfmoor *nt*

pebble ['pebl] *s* **1.** Kiesel(stein) *m* **2.** Linse *f* aus Bergkristall; **you are not the only ~ on the beach** man kann auch ohne dich auskommen; **peb·bly** ['peblɪ] *adj* kiesig

pe·can [pɪ'kæn, *Am* pɪ'kɑːn] *s* Pekannuss *f;* Pekanbaum *m*

pec·ca·dillo [ˌpekə'dɪləʊ] <*pl* **-dillo(e)s**> *s* kleine Sünde; Jugendsünde *f*

peck [pek] **I.** *vt* **1.** (*Loch*) picken, hacken **2.** (*Futter*) aufpicken **3.** (*fam*) flüchtig küssen **II.** *vi* **1.** picken (*at* nach) **2.** (*fam*) herumnaschen (*at* an) **III.** *s* **1.** (Schnabel)Hieb *m* **2.** flüchtiger Kuss; **pecker** ['pekə(r)] *s:* **keep one's ~ up** (*Br fam*) den Kopf oben behalten; **peck·ing** ['pekɪŋ] *adj:* ~ **order** Hackordnung *f;* **peck·ish** ['pekɪʃ] *adj* (*Br fam*) hungrig

pec·tin ['pektɪn] *s* (CHEM) Pektin *nt*

pec·toral ['pektərəl] *adj* (~ *muscle*) Brustmuskel *m*

pe·cu·liar [pɪ'kju:lɪə(r)] *adj* **1.** sonderbar, eigenartig, seltsam **2.** eigen, eigentümlich (*to* für) **3.** einzigartig, charakteristisch (*to* für); **pe·cu·liar·ity** [pɪˌkju:lɪ'ærətɪ] *s* **1.** Eigenartigkeit, Seltsamkeit *f* **2.** Eigenart, Eigentümlichkeit, Besonderheit *f;* **special peculiarities** besondere Kennzeichen *ntpl;* **pe·cu·liar·ly** [pɪ'kju:lɪəlɪ] *adv* **1.** besonders **2.** seltsam

pe·cuni·ary [pɪ'kju:nɪərɪ] *adj* pekuniär, finanziell; ~ **circumstances** Vermögensverhältnisse *ntpl;* ~ **embarrassments** Geldverlegenheit *f;* Zahlungsschwierigkeiten *fpl;* ~ **resources** Geldmittel *ntpl*

peda·gogic(al) [ˌpedə'gɒdʒɪk(l)] *adj* pädagogisch; **peda·gogue** ['pedəgɒg] *s* Pädagoge *m,* Pädagogin *f;* **peda·gogy** ['pedəgɒdʒɪ] *s* Pädagogik *f*

pedal ['pedl] **I.** *s* **1.** Pedal *nt* **2.** (MUS) Pedalton *m;* **put the ~ to the metal** (*fam*) Vollgas geben **II.** *vi* **1.** das Pedal bedienen **2.** Rad fahren **III.** *vt:* ~ **a bicycle** Rad fahren (*up the hill* den Berg hinauf); **pedal-bin** *s* Treteimer *m;* **pedal-boat, peda·lo** ['pedələʊ] <*pl* -lo(e)s> *s* Tretboot *nt*

ped·ant ['pednt] *s* Pedant(in) *m(f),* Kleinigkeitskrämer(in) *m(f);* **pe·dan·tic** [pɪ'dæntɪk] *adj* pedantisch; **ped·antry** ['pedntrɪ] *s* Pedanterie *f*

peddle ['pedl] *vt* hausieren mit; ~ **drugs** mit Drogen handeln; **peddler** ['pedlə(r)] *s* Hausierer(in) *m(f)* (*of* mit); (*drug~*) Drogenhändler(in) *m(f)*

ped·er·ast ['pedəræst] *s* Päderast *m;* **ped·er·asty** ['pedəræstɪ] *s* Päderastie *f*

ped·estal ['pedɪstl] *s* Sockel *m;* **knock s.o. off his ~** (*fig*) jdn von seinem Podest stürzen; **put s.o. on a ~** (*fig*) jdn in den Himmel heben

pe·des·trian [pɪ'destrɪən] **I.** *adj* **1.** Fußgänger- **2.** (*fig: Stil*) prosaisch, langweilig; ~ **crossing** (Fußgänger)Überweg *m;* ~ **lights** Fußgängerampel *f;* ~ **precinct** Fußgängerzone *f* **II.** *s* Fußgänger(in) *m(f);* **pe·des·tria·nize** [pɪ'destrɪənaɪz] *vt* in eine Fußgängerzone umwandeln

pedia·tric·ian [ˌpi:dɪə'trɪʃn] *s* (*Am*) Kinderarzt *m,* -ärztin *f;* **pedi·at·rics** [ˌpi:dɪ'ætrɪks] *s pl mit sing* (*Am*) Kinderheilkunde, Pädiatrie *f*

pedi·cure ['pedɪkjʊə(r)] *s* Fußpflege, Pediküre *f;* **pedi·cur·ist** ['pedɪkjʊərɪst] *s* Fußpfleger(in) *m(f)*

pedi·gree ['pedɪgri:] *s* **1.** (*a.* ZOO) Stammbaum *m* **2.** Herkunft, Abstammung *f;* **pedigree dog** *s* Rassehund *m*

ped·lar ['pedlə(r)] *s* Hausierer(in) *m(f)* (*of* mit); (*drug~*) Drogenhändler(in) *m(f)*

ped·ometer [pɪ'dɒmɪtə(r)] *s* Schrittzähler *m*

pee [pi:] *vi* (*fam: go for, have a ~*) pinkeln

peek [pi:k] **I.** *vi* gucken (*at* nach), spähen **II.** *s* kurzer Blick

peel [pi:l] **I.** *vt* **1.** schälen; die Haut abziehen (*s.th.* einer S) **2.** (*Kleider*) abstreifen; **keep one's eyes ~ed** (*fam*) ein wachsames Auge haben **II.** *vi* sich häuten; sich abschälen; abgehen, abblättern, abbröckeln **III.** *s* Schale *f;* **peel away I.** *vt* (*Tapete*) abziehen; (*Rinde*) abschälen; (*Einband*) abstreifen **II.** *vi* sich lösen; **peel back** *vt* abziehen; **peel off I.** *vt* abziehen; abschälen; abstreifen **II.** *vi* (*aus Kolonne*) ausscheren; (AVIAT) abdrehen; **peeler** ['pi:lə(r)] *s* Schäler *m;* **peel·ings** ['pi:lɪŋz] *s pl* Schalen *fpl*

peep[1] [pi:p] **I.** *vi* **1.** (verstohlen) gucken (*at* nach) **2.** allmählich sichtbar werden; zum Vorschein kommen **II.** *s* flüchtiger, heimlicher Blick; **take a ~ at s.th.** verstohlen nach etw blicken

peep[2] [pi:p] **I.** *vi* piepen; piepsen **II.** *s* **1.** Piepen *nt* **2.** (*sl*) Piepser, Ton *m,* Wort *nt*

peep·hole ['pi:phəʊl] *s* Guckloch *nt;* (*Haustür*) Spion *m;* **peep·ing Tom** [ˌpi:pɪŋ'tɒm] *s* Voyeur *m;* **peep show** *s* Peepshow *f*

peer[1] [pɪə(r)] *vi* starren; angestrengt schauen, blicken (*at* auf, *into* in, *for* nach); ~ **through** durchschauen

peer[2] [pɪə(r)] *s* **1.** Peer *m* **2.** (*fig*) Gleichgestellte(r) *f m;* (*Kind*) Gleichaltrige(r) *f m;* **his ~s** seinesgleichen

peer·age ['pɪərɪdʒ] *s* Peerswürde *f,* -stand *m;* **peer·ess** ['pɪəres] *s* Frau *f* eines Peers; weiblicher Peer; **peer group** *s* (*Soziologie*) Peergroup *f;* **peer·less** ['pɪəlɪs] *adj* unvergleichlich

peeve [pi:v] *vt* (*fam*) ärgern; **peeved** [pi:vd] *adj* (*fam*) ärgerlich, verärgert, *fam* eingeschnappt (*about, at* über, wegen); **peev·ish** ['pi:vɪʃ] *adj* reizbar, launisch

pee·wit ['pi:wɪt] *s* Kiebitz *m*

peg [peg] **I.** *s* **1.** Pflock, Dübel, Bolzen *m;* Keil *m;* (*Zelt*) Hering *m;* (*Bergsteigen*) Haken *m;* (*Holz*) Stift *m* **2.** Wirbel *m* (*eines Saiteninstruments*) **3.** (*clothes-~*) Wäscheklammer *f* **4.** (*fig*) Vorwand *m,* Gelegenheit *f;* Aufhänger *m* **5.** (*fam*) Stelze *f,* Bein *nt* **6.** (COM) Kurs-, Marktstützung *f;* **off the**

P

~ (*Kleidung*) von der Stange; **be a square ~ in a round hole** am verkehrten Platz sein; **come down a ~ or two** (*fig*) gelindere Saiten aufziehen; **take s.o. down a ~ or two** jdn demütigen; **a good ~ on which to hang a sermon** ein Grund *m* zum Reden **II.** *vt* **1.** festpflocken, -stecken; anklammern **2.** abgrenzen, markieren **3.** (COM) festsetzen; **peg away** *vi* drauflos-, weiterarbeiten (*at* an), sich anstrengen; **peg down** *vt* festpflocken; **peg out I.** *vt* **1.** abgrenzen, abstecken **2.** (*Wäsche*) aufhängen **II.** *vi* **1.** (*fam*) abkratzen **2.** (*fam: Maschine*) den Geist aufgeben; **peg-leg** *s* Stelzfuß *m*

pe·jor·at·ive [pɪ'dʒɒrətɪv] *adj* (*Wort*) abschätzig, abwertend, pejorativ

peke, **pe·kin(g)·ese** [pi:k, ˌpi:kɪ'ni:z] *s* (*Hunderasse*) Pekinese *m*

peli·can ['pelɪkən] *s* Pelikan *m*

pel·let ['pelɪt] *s* **1.** Kügelchen *nt* **2.** Pille *f* **3.** Schrotkorn *nt*

pell-mell [ˌpel'mel] *adv* **1.** durcheinander **2.** Hals über Kopf

pelt[1] [pelt] **I.** *vt* **1.** werfen (*s.o. with s.th.* etw nach jdm) **2.** verprügeln **II.** *vi* **1.** (nieder)prasseln, trommeln (*against the roof* auf das Dach) **2.** rennen, stürmen; ~ **down** nieder-, herunterprasseln; **it was ~ing with rain** es hat geschüttet; **~ing rain** Platzregen *m* **III.** *s* Schlag *m;* **at full ~** in voller Geschwindigkeit

pelt[2] [pelt] *s* Fell *nt,* Pelz *m*

pel·vic ['pelvɪk] *adj* Becken-; **pelvic floor** *s* Beckenboden *m*

pel·vis ['pelvɪs] *s* (ANAT) Becken *nt*

pen[1] [pen] **I.** *s* (Schreib)Feder *f,* Füllfederhalter, Füller *m;* Kugelschreiber *m;* **ball(-point) ~** Kugelschreiber *m;* **fountain-~** Füllfederhalter, Füller *m;* **stroke of the ~** Federstrich *m* **II.** *vt* schreiben; ver-, abfassen

pen[2] [pen] **I.** *s* **1.** Pferch *m* **2.** (*play-~*) Laufstall *m* **3.** (U-Boot)Bunker *m* **II.** *vt* (*~ up, in*) einsperren

penal ['pi:nl] *adj* strafbar; strafrechtlich; ~ **act** strafbare Handlung; ~ **code** Strafgesetzbuch *nt;* ~ **establishment** Strafanstalt *f;* ~ **law** Strafgesetz *nt;* ~ **legislation** Strafgesetzgebung *f;* ~ **reform** Strafrechtsreform *m;* ~ **servitude** Zwangsarbeit *f;* ~ **system** Strafrecht *nt;* Strafvollzug *m;*

pe·nal·iz·ation [ˌpi:nəlaɪ'zeɪʃn] *s* **1.** Bestrafung *f* **2.** Benachteiligung *f;* **pe·nal·ize** ['pi:nəlaɪz] *vt* **1.** mit Strafe belegen; bestrafen **2.** benachteiligen **3.** (SPORT) einen Strafstoß verhängen gegen

pen·alty ['penltɪ] *s* **1.** Strafe *f* **2.** Geldbuße, -strafe *f* **3.** (*fig*) Nachteil *m* **4.** (SPORT) Strafpunkt *m;* Strafstoß *m;* Elfmeter *m;* **on** [*o* **under**] ~ **of** bei Androhung einer Strafe von; **pay the ~** die Folgen tragen (*of s.th.* einer S); **death ~** Todesstrafe *f;* **mitigation of ~** Strafmilderung *f;* **remission of the ~** Straferlass *m;* **penalty area** *s* (*Fußball*) Strafraum *m;* **penalty box** *s* (*Eishockey*) Strafbank *f;* **penalty clause** *s* Strafklausel *f;* **penalty kick** *s* (*Fußball*) Strafstoß *m;* Elfmeter *m*

pen·ance ['penəns] *s* Buße *f* (*for* für); **do ~** Buße tun

pence [pens] *s* **1.** (*in GB*) Pence *m* **2.** *pl von* **penny**

pen·chant ['pɑ:nʃɑ:n, *Am* 'pentʃənt] *s* Vorliebe, Neigung *f* (*for* zu), Geschmack *m* (*for* an)

pen·cil ['pensl] **I.** *s* **1.** Bleistift *m* **2.** (*eyebrow ~*) Augenbrauenstift *m* **3.** (*~ of rays*) Strahlenbündel *nt;* **write in ~** mit Bleistift schreiben; **colo(u)red ~** Buntstift *m* **II.** *vt* **1.** (*~ in*) mit einem (Blei)Stift markieren/schreiben/zeichnen **2.** (*Augenbrauen*) (nach)ziehen; **pencil box** *s* Federkasten *m;* **pencil case** *s* Federmäppchen *nt;* **pencil sharpener** *s* Bleistiftspitzer *m*

pen·dant ['pendənt] *s* Anhänger *m*

pen·dent ['pendənt] *adj* hängend, Hänge-

pend·ing ['pendɪŋ] **I.** *adj* **1.** (*fig*) schwebend, unentschieden, unerledigt **2.** (JUR) anhängig; **be ~** anhängig sein; schweben; **still ~** noch in der Schwebe **II.** *prep* bis zu; ~ **further instructions** [*o* **notice**] bis auf weiteres; **pending tray** *s* Ablage *f* für Unerledigtes

pen·du·lous ['pendjʊləs] **I.** *adj* herabhängend **II.** *adj attr* Hänge-

pen·du·lum ['pendjʊləm] *s* Pendel *nt;* **the swing of the ~** (*fig*) das Schwanken der öffentlichen Meinung

pen·etrate ['penɪtreɪt] **I.** *vt* **1.** (*~ through, into*) dringen durch; vor-, eindringen in; (*fig*) durchdringen (*with* mit) **2.** durchstoßen **3.** (*fig*) (geistig) durchdringen, durchschauen, erkennen **II.** *vi* eindringen (*into* in), vordringen (*to* bis), durchdringen (*through* durch), durchstoßen; **pen·etrat·ing** [-ɪŋ] *adj* **1.** (*Kälte*) durchdringend **2.** (*Auge*) scharf **3.** (*fig*) scharfsinnig, verständig, einsichtig; **pen·etra·tion** [ˌpenɪ'treɪʃn] *s* **1.** Ein-, Durchbruch *m* **2.** (*fig*) Durchdringung *f* **3.** (*fig*) Scharfsinn, Verstand *m* **4.** (MED) Penetration *f*

pen·friend ['penfrend] *s* Brieffreund(in) *m(f)*

pen·guin ['peŋgwɪn] *s* Pinguin *m*

pen·holder ['penˌhəʊldə(r)] *s* Federhalter *m*

peni·cil·lin [ˌpenɪ'sɪlɪn] *s* Penizillin *nt*

pen·in·sula [pəˈnɪnsjʊlə] *s* Halbinsel *f;* **pen·in·su·lar** [pəˈnɪnsjʊlə(r)] *adj* halbinselförmig
pe·nis [ˈpiːnɪs] *s* (ANAT) Penis *m*
peni·tence [ˈpenɪtəns] *s* Reue, Bußfertigkeit *f;* **peni·tent** [ˈpenɪtənt] *adj* reu(müt)ig, bußfertig; **peni·ten·tial** [ˌpenɪˈtenʃl] *adj* bußfertig
pen·knife [ˈpennaɪf, *pl* -naɪvz] <*pl* -knives> *s* Taschenmesser *nt*
pen name [ˈpenneɪm] *s* Schriftstellername *m*
pen·nant [ˈpenənt] *s* Stander, Wimpel *m*
pen·ni·less [ˈpenɪlɪs] *adj* völlig mittellos
pen·non [ˈpenən] *s* Stander, Wimpel *m*
penny [ˈpenɪ, *pl* ˈpeniːz, pens] <*pl* pennies, pence> *s* Penny *m;* **earn an honest** ~ sein Geld redlich verdienen; **the** ~ **dropped** der Groschen ist gefallen; **a pretty** ~ eine schöne Stange Geld; **in for a** ~ **in for a pound** wer A sagt, muss auch B sagen; mitgefangen mitgehangen; **a** ~ **for your thoughts** woran denkst du?; **spend a** ~ (*fam*) mal verschwinden; **penny-pinch·ing** [ˈpenɪˌpɪntʃɪŋ] *adj* geizig; **penny share** *s* Klein-, Billigaktie *f;* **penny-wise** *adj:* ~ **and pound foolish** sparsam im Kleinen und verschwenderisch im Großen
pen pal [ˈpenpæl] *s* (*Am*) Brieffreund(in) *m(f);* **pen·pusher** [ˈpenˌpʊʃə(r)] *s* (*fam*) Schreiberling *m*
pen·sion [ˈpenʃn] *s* Altersrente *f,* Altersruhegeld *nt;* Pension *f;* **be entitled to a** ~ rentenberechtigt, pensionsberechtigt sein; **draw a** ~ eine Rente beziehen; **pension off** *vt* vorzeitig pensionieren; **pen·sion·able** [-əbl] *adj* ruhegehalts-, pensionsberechtigt; ~ **age** Rentenalter *nt;* **pension contribution** *s* Rentenversicherungsbeitrag *m;* **pension entitlement** *s* Rentenanspruch *m;* **pen·sioner** [ˈpenʃənə(r)] *s* Pensionär(in) *m(f),* Rentenempfänger(in) *m(f),* Rentner(in) *m(f);* **pension fund** *s* (FIN) Rentenfonds *m;* **pension reserves** *s pl* Pensionsrückstellungen *fpl;* **pension scheme** *s* Rentenversicherung *f*
pen·sive [ˈpensɪv] *adj* nachdenklich, gedankenvoll
pen·ta·cle [ˈpentəkl] *s* fünfeckiger Stern
pen·ta·gon [ˈpentəgən, *Am* ˈpentəgɒn] *s* Fünfeck, Pentagon *nt;* **the Pentagon** (*in den USA*) das Pentagon; **pen·tam·eter** [penˈtæmɪtə(r)] *s* Pentameter *m;* **pen·tath·lete** [penˈtæθliːt] *s* (SPORT) Fünfkämpfer(in) *m(f);* **pen·tath·lon** [penˈtæθlən] *s* (SPORT) Fünfkampf *m*
Pen·te·cost [ˈpentəkɒst] *s* Pfingsten *nt*
pent·house [ˈpenthaʊs] *s* Penthouse *nt,* Dachterrassenwohnung *f*
pent-up [ˌpentˈʌp] *adj* **1.** (*Mensch*) geladen; innerlich angespannt **2.** (*Gefühl*) unterdrückt, angestaut; (*Atmosphäre*) geladen
pen·ul·ti·mate [penˈʌltɪmət] *adj* vorletzte(r, s)
pen·uri·ous [pɪˈnjʊərɪəs] *adj* dürftig, ärmlich; **pen·ury** [ˈpenjʊərɪ] *s* (völlige) Armut *f*
peony [ˈpiːənɪ] *s* Pfingstrose *f*
peo·ple [ˈpiːpl] **I.** *s pl* **1.** Leute *pl* **2.** Be-, Einwohner *pl* **3.** (*the common* ~) gemeine Volk **4.** (*mit Possessivpronomen*) Familie *f,* Leute *pl* **5.** (*pl:* ~*s*) Volk *nt;* Nation *f;* **go to the** ~ Neuwahlen abhalten; **English** ~ Engländer *pl;* ~ **say** man sagt; **many** ~ viele Leute **II.** *vt* bevölkern (*with* mit); **people carrier** *s* Van, Kleinbus *m*
PEP [ˌpiːiːˈpiː] *s Abk. von* **personal equity plan** *auf Aktien basierendes, steuerbegünstigtes Vermögensbildungsprogramm*
pep [pep] *s* (*fam*) Schwung *m,* Kraft, Energie *f;* **pep up** *vt* in Schwung bringen, aufmöbeln; **be ~ped up** mächtig in Fahrt sein
pep·per [ˈpepə(r)] **I.** *s* **1.** Pfeffer *m* **2.** Paprika *m* **II.** *vt* **1.** pfeffern **2.** (*fig*) vollstopfen, spicken (*with* mit); **pepper-and-salt** *adj attr* Pfeffer-u.-Salz- (*Muster*)*;* **pep·per·corn** [ˈpepəkɔːn] *s* Pfefferkorn *nt;* ~ **rent** nominelle Miete; **pepper mill** *s* Pfeffermühle *f;* **pep·per·mint** [ˈpepəmɪnt] *s* **1.** Pfefferminze *f* **2.** (*Bonbon*) Pfefferminz *nt;* **pepper pot** *s* Pfefferstreuer *m;* **pep·pery** [ˈpepərɪ] *adj* **1.** gepfeffert **2.** (*fig*) hitzig
pep pill [ˈpeppɪl] *s* (*fam*) Aufmunterungspille *f;* **pep talk** *s* (*fam*) aufmunternde Rede
pep·tic [ˈpeptɪk] *adj:* ~ **ulcer** Magengeschwür *nt*
per [pɜː(r)] *prep* pro, je, für; (**as**) ~ **account** laut Rechnung; ~ **annum** pro Jahr; ~ **capita** pro Kopf; ~ **capita income** Pro-Kopf-Einkommen *nt;* ~ **hour** in der Stunde; **50 km** ~ **hour** 50 Stundenkilometer; **as** ~ **sample** gemäß dem Muster; **as** ~ **usual** (*fam*) wie gewöhnlich
per·am·bu·lator [pəˈræmbjʊleɪtə(r)] *s* (*Br*) Kinderwagen *m*
per·ceiv·able [pəˈsiːvəbl] *adj* wahrnehmbar; erkennbar; **per·ceive** [pəˈsiːv] *vt* **1.** wahrnehmen **2.** spüren, (be)merken, verstehen
per cent, per·cent [pəˈsent] *s* Prozent *nt;* (**at**) **what** ~**?** (zu) wie viel Prozent?; **per·cen·tage** [pəˈsentɪdʒ] *s* **1.** Prozentsatz *m* **2.** Anteil *m* (*of* an) **3.** (~ *of profits*) Tantieme *f* **4.** (COM) Provision *f;* **percenta-**

ge discount *s* prozentualer Rabatt; **percentage increase** *s* prozentualer Anstieg; **percentage point** *s* Prozentpunkt *m*

per·cep·tible [pə'septəbl] *adj* wahrnehmbar; spürbar, deutlich; **per·cep·tion** [pə'sepʃn] *s* **1.** Wahrnehmung *f* **2.** Einsicht *f* **3.** Auffassung *f*; **per·cep·tive** [pə'septɪv] *adj* **1.** wahrnehmend; Wahrnehmungs- **2.** scharfsichtig

perch[1] [pɜːtʃ] **I.** *s* **1.** Vogel-, Hühnerstange *f*; (*Baum*) Ast *m* **2.** (*fam*) hoch gelegener Sitzplatz **3.** Rute *f* (*Längenmaß 5,029 m*) **II.** *vi* **1.** sich niederlassen, sich setzen (*on* auf) **2.** (hoch) sitzen, stehen **III.** *vt* (hoch hinauf)stellen; ~ **s.th. on s.th.** etw auf etw stellen; **be ~ed on** sitzen, hocken auf

perch[2] [pɜːtʃ] *s* (*Fisch*) Flussbarsch *m*

per·co·late ['pɜːkəleɪt] **I.** *vt* **1.** durchseihen, filtern **2.** (*Kaffee*) in einem Filter zubereiten **II.** *vi* (~ *through, a. fig*) durchsickern; **per·co·la·tor** ['pɜːkə lərtə(r)] *s* Kaffeemaschine *f*

per·cus·sion [pə'kʌʃn] *s* **1.** Stoß, Schlag *m* **2.** Erschütterung *f* **3.** (MUS: ~ *instruments*) Schlaginstrumente *ntpl*; **per·cus·sion·ist** [-ɪst] *s* Schlagzeuger(in) *m(f)*

per·di·tion [pə'dɪʃn] *s* **1.** Ruin *m* **2.** (REL) Verdammnis *f*

per·egrine ['perɪgrɪn] *s* Wanderfalke *m*

per·emp·tori·ly [pə'remptrəlɪ] *adv* unweigerlich; ein für allemal; **per·emp·tory** [pə'remptərɪ] *adj* **1.** endgültig, definitiv **2.** zwingend

per·en·nial [pə'renɪəl] **I.** *adj* **1.** beständig, immerwährend **2.** (BOT) mehrjährig **II.** *s* mehrjährige Pflanze

per·fect ['pɜːfɪkt] **I.** *adj* **1.** vollendet, vollkommen **2.** tadellos, fehlerlos **3.** vollständig, völlig, gänzlich **4.** genau, exakt; **he is a ~ stranger to me** er ist mir völlig unbekannt **II.** [pə'fekt] *vt* vervollkommnen; **per·fect·ible** [pə'fektəbl] *adj* vervollkommnungsfähig; **per·fec·tion** [pə'fekʃn] *s* **1.** Vervollkommnung *f* **2.** Vollkommenheit *f*; **bring to** ~ vollenden; vervollkommnen; **per·fec·tion·ist** [-ɪst] *s* Perfektionist(in) *m(f)*; **per·fect·ly** ['pɜːfɪktlɪ] *adv* **1.** vollkommen **2.** völlig, durchaus, absolut **3.** tadellos; **perfect pitch** *s* absolutes Gehör

per·fidi·ous [pə'fɪdɪəs] *adj* verräterisch, treulos

per·for·ate ['pɜːfəreɪt] **I.** *vt* **1.** durchbohren, -löchern **2.** perforieren, lochen **II.** *vi* (MED) durchbrechen; **per·for·ation** [ˌpɜːfə'reɪʃn] *s* **1.** Durchbohrung, -löcherung *f* **2.** Perforieren *nt*; Perforation, Lochung *f* **3.** (MED) Perforation *f*

per·form [pə'fɔːm] **I.** *vt* **1.** (*Aufgabe*) ausführen, verrichten **2.** (*Operation*) durchführen **3.** (*Zeremonie*) vollziehen **4.** (*Stück, Konzert*) aufführen, spielen; (*Solo, Duett*) vortragen; (*Rolle*) spielen; (*Kunststück*) vorführen; (*Wunder*) vollbringen **5.** (*Handlung*) vornehmen **6.** (*Pflicht, Versprechen*) erfüllen **7.** (*Verpflichtung*) nachkommen (*s.th.* einer S) **8.** (*Aufgaben*) wahrnehmen **II.** *vi* **1.** (*öffentlich*) auftreten, spielen **2.** (TECH) funktionieren; **this car ~s well** dieses Auto leistet viel; **how did he ~?** wie war er?; **per·form·ance** [pə'fɔːməns] *s* **1.** Aus-, Durchführung *f* **2.** (*Pflicht*) Erfüllung *f* **3.** (TECH) Funktionieren *nt* **4.** (TECH) Leistung *f*; Effizienz *f* **5.** (THEAT) Aufführung, Vorstellung *f*; (*Kino*) Vorstellung *f* **6.** (*Rolle*) Darstellung *f* **7.** (*fam*) Umstand *m*; Theater *nt*; schlechtes Benehmen; **afternoon/evening** ~ Nachmittags-/Abendvorstellung *f*; **performance level** *s* Leistungsgrad *m*; **performance report**, **performance review** *s* Leistungsbericht *m*; **per·former** [pə'fɔːmə(r)] *s* Künstler(in) *m(f)*, Ausführende(r) *f m*

per·fume ['pɜːfjuːm] **I.** *s* Duft *m*; Parfüm *nt* **II.** [pə'fjuːm] *vt* parfümieren

per·func·tory [pə'fʌŋktərɪ] *adj* **1.** routinemäßig, teilnahmslos **2.** oberflächlich, flüchtig **3.** gleichgültig, (nach)lässig

per·gola ['pɜːgələ] *s* Pergola *f*

per·haps [pə'hæps] *adv* vielleicht, eventuell

peril ['perəl] *s* Gefahr *f*; **at s.o.'s** ~ auf jds Gefahr, Risiko, Verantwortung; **in ~ of one's life** in Lebensgefahr; **peril·ous** ['perələs] *adj* gefährlich

peri·meter [pə'rɪmɪtə(r)] *s* **1.** (MATH) Umfang *m* **2.** (*eines Grundstücks*) Grenze *f*; **perimeter fence** *s* Umzäunung *f*

period ['pɪərɪəd] **I.** *s* **1.** (*a.* GEOL CHEM) Periode *f*, Zeit(raum, -abschnitt *m*) *f*, Abschnitt *m*; Epoche *f* **2.** Dauer *f*; Frist *f* **3.** (*menstrual* ~) Periode *f* **4.** (GRAM) (vollständiger) Satz *m*; Satzgefüge *nt* **5.** (*Satzzeichen*) Punkt *m* **6.** (*Am*) (Unterrichts-, Schul)Stunde *f*; **for a ~ of** für die Dauer von; **I've got my** ~ ich habe meine Tage; **within a ~ of** innerhalb einer Frist von; **bright** ~ Aufklärung *f*; ~ **of office** Amtszeit *f*; ~ **under review** Berichtszeitraum *m* **II.** *adj* (*Kunst*) zeitgenössisch **III.** *interj* (*sl*) Schluss! (und damit) basta!; **period furniture** *s* Stilmöbel *ntpl*; **peri·od·ic(al)** [ˌpɪərɪ'ɒdɪk(l)] **I.** *adj* periodisch, regelmäßig auftretend **II.** *s* Zeitschrift *f*, Magazin *nt*

pe·riph·eral [pə'rɪfərəl] **I.** *adj* (*a.* ANAT) peripher(isch), nebensächlich; ~ **area** Randgebiet *nt* **II.** *s* (INFORM) Peripheriegerät *nt*;

pe·riph·ery [pəˈrɪfərɪ] *s* Peripherie *f;* Rand *m;* ~ **of the town** Stadtrand *m,* Außenbezirke *mpl*

peri·scope [ˈperɪskəʊp] *s* (MAR) Periskop, Sehrohr *nt*

per·ish [ˈperɪʃ] **I.** *vi* **1.** zu Grunde gehen, umkommen (*by* durch, *of, with* an) **2.** (*Waren*) verderben; ~ **with cold** (*fam*) erfrieren; ~ **from starvation** verhungern **II.** *vt* zerstören; ~ **the thought!** daran darf man gar nicht denken; **per·ish·able** [-əbl] **I.** *adj* (*Ware*) (leicht) verderblich, nicht haltbar **II.** *s pl* verderbliche Waren *fpl;* **per·isher** [ˈperɪʃə(r)] *s* (*Br fam*) Lümmel *m;* **per·ish·ing** [ˈperɪʃɪŋ] *adj* **1.** sehr kalt **2.** verflixt, verdammt; ~ **cold** widerliche Kälte

peri·style [ˈperɪstaɪl] *s* (ARCH) Säulenumgang *m,* -reihe *f*

per·ito·ni·tis [ˌperɪtəˈnaɪtɪs] *s* (MED) Bauchfellentzündung *f*

per·jure [ˈpɜːdʒə(r)] *vr* einen Meineid leisten, meineidig werden; **per·jured** [ˈpɜːdʒəd] *adj* meineidig; **per·jurer** [ˈpɜːdʒərə(r)] *s* Meineidige(r) *f m;* **per·ju·ry** [ˈpɜːdʒərɪ] *s* Meineid *m;* **commit** ~ einen Meineid leisten

perk [pɜːk] *s* (*Br*) Vergünstigung *f*

perk up [pɜːk ʌp] **I.** *vt* **1.** (*den Kopf*) heben **2.** (*Ohren*) spitzen **3.** (*Menschen*) aufmuntern; (*Zimmer*) verschönern; (*Fest*) in Schwung bringen **II.** *vi* **1.** aufleben; lebhaft, munter werden **2.** (*Börse*) fester tendieren

perky [ˈpɜːkɪ] *adj* **1.** unternehmungslustig **2.** keck, frech; übermütig; munter

perm¹ [pɜːm] **I.** *s* (*Toto*) Kombination *f* **II.** *vt, vi* kombinieren

perm² [pɜːm] **I.** *s* (*fam*) Dauerwelle *f* **II.** *vt:* **have one's hair ~ed** sich Dauerwellen machen lassen

per·ma·frost [ˈpɜːməfrɒst] *s* Dauerfrostboden *m*

per·ma·nence, per·ma·nency [ˈpɜːmənəns, ˈpɜːmənənsɪ] *s* Dauerhaftigkeit *f;* Beständigkeit *f;* **per·ma·nent** [ˈpɜːmənənt] **I.** *adj* **1.** (fort)dauernd, bleibend **2.** ständig; beständig, dauerhaft **3.** auf Lebenszeit **4.** (TECH) ortsfest; ~ **abode** [*o* **residence**] fester Wohnsitz; ~ **appointment** feste Anstellung; ~ **committee** ständiger Ausschuss; ~ **disability** dauernde Erwerbsunfähigkeit; dauerhafte Behinderung; ~ **establishment** ständige Einrichtung; ~ **investment** (FIN) Daueranlage *fpl,* langfristige Anlagen *fpl;* ~ **layoff** Entlassung *f;* ~ **position,** ~ **post,** ~ **situation** Lebens-, Dauerstellung *f;* ~ **staff** Stammpersonal *m;* ~ **tenure** Anstellung *f* auf Lebenszeit; ~ **wave** Dauerwelle *f* **II.** *s* (*Am*) Dauerwelle *f*

per·man·ga·nate [pəˈmæŋgəneɪt] *s* (CHEM) Permanganat *nt*

per·meable [ˈpɜːmɪəbl] *adj* durchlässig (*to* für); **per·meate** [ˈpɜːmɪeɪt] **I.** *vt* durchdringen **II.** *vi* **1.** dringen (*through* durch) **2.** (*fig*) sich verbreiten (*throughout* in)

per·mis·sible [pəˈmɪsəbl] *adj* zulässig; erlaubt; ~ **load** Höchstbelastung *f;* **per·mis·sion** [pəˈmɪʃn] *s* Zustimmung, Genehmigung, Erlaubnis *f;* **by special** ~ mit besonderer Genehmigung; **without** ~ unbefugt; **ask s.o.'s** [*o* **s.o. for**] ~ jdn um Erlaubnis bitten; **give** ~ eine Erlaubnis erteilen; **grant s.o. ~ to speak** jdm das Wort erteilen; ~ **by the authorities** behördliche Genehmigung; **per·miss·ive** [pəˈmɪsɪv] *adj* nachgiebig; sexuell freizügig; **the ~ society** die permissive Gesellschaft; **per·miss·ive·ness** [-nəs] *s* Permissivität *f;* sexuelle Freizügigkeit

per·mit [pəˈmɪt] **I.** *vt* erlauben, gestatten; zulassen, dulden; ~ **s.o. to do s.th.** jdm erlauben etw zu tun; **am I ~ted to go?** darf ich gehen? **II.** *vi* erlauben; **if you (will)** ~ wenn Sie gestatten; **weather ~ting** wenn das Wetter mitmacht; **time doesn't** ~ es ist zeitlich nicht möglich; ~ **of s.th.** etw zulassen **III.** [ˈpɜːmɪt] *s* **1.** Erlaubnis *f* **2.** Genehmigung, Bewilligung, Konzession *f* (*to* für) **3.** Durchlass-, Passierschein, Ausweis *m* **4.** Freigabe-, Zollabfertigungsschein *m;* **building** ~ Baugenehmigung *f;* **entry** ~ Einreisebewilligung *f;* **exit** ~ Ausreisebewilligung *f;* **hunting/fishing** ~ Jagd-/Angelschein *m;* **labo(u)r** ~ Arbeitserlaubnis *f;* **special** ~ Sondergenehmigung *f;* ~ **of residence, residence** ~ Aufenthaltsgenehmigung, -erlaubnis *f;* **per·mit·ted** [pəˈmɪtɪd] *adj* **1.** erlaubt, gestattet, genehmigt **2.** zulässig

per·mu·ta·tion [ˌpɜːmjuːˈteɪʃn] *s* **1.** Vertauschung *f* **2.** Veränderung *f* **3.** (MATH) Permutation *f;* **per·mute** [pəˈmjuːt] *vt* (ver)ändern; vertauschen

per·ni·cious [pəˈnɪʃəs] *adj* **1.** schädlich, verderblich (*to* für) **2.** (MED) bösartig

per·nick·ety [pəˈnɪkətɪ] *adj* (*fam*) kleinlich, genau

per·ox·ide [pəˈrɒksaɪd] *s* (*hydrogen* ~) Peroxyd *nt;* **peroxide blonde** *s* Wasserstoffblondine *f*

per·pen·dicu·lar [ˌpɜːpənˈdɪkjʊlə(r)] **I.** *adj* **1.** senk-, lotrecht (*to* zu); (*Klippe*) senkrecht abfallend **2.** (ARCH) perpendikular **II.** *s* (MATH) Senkrechte *f,* Lot *nt;* **out of the** ~ schief, schräg, aus dem Lot

per·pe·trate [ˈpɜːpɪtreɪt] *vt* **1.** (*Fehler*) ma-

P

chen, begehen **2.** (*Verbrechen*) verüben **3.** (*hum: Film, Roman*) verbrechen; **per·pe·tra·tion** [ˌpɜːpɪ'treɪʃn] *s* Begehung, Verübung *f;* **per·pe·tra·tor** ['pɜːpɪtreɪtə(r)] *s* Übeltäter(in) *m(f);* (JUR) Täter(in) *m(f)*

per·pet·ual [pə'petʃʊəl] *adj* **1.** dauernd, (be)ständig, ewig **2.** fortwährend, unaufhörlich; ~ **motion** (**machine**) Perpetuum mobile *nt;* ~ **snow** ewiger Schnee; **per·petu·ate** [pə'petʃʊeɪt] *vt* aufrechterhalten; (*Angedenken*) bewahren; **per·petu·ity** [ˌpɜːpɪ'tjuːətɪ] *s* Ewigkeit *f;* **in** ~ auf ewig; (JUR) lebenslänglich

per·plex [pə'pleks] *vt* (*Menschen*) verblüffen; **per·plexed** [pə'plekst] *adj* verdutzt, perplex; **per·plex·ity** [pə'pleksətɪ] *s* Verblüffung *f*

per·qui·sites ['pɜːkwɪzɪts] *s pl* Vergünstigungen *fpl*

per·se·cute ['pɜːsɪkjuːt] *vt* **1.** verfolgen **2.** belästigen, plagen, quälen (*with* mit); **be ~ed** Verfolgungen ausgesetzt sein; **per·se·cu·tion** [ˌpɜːsɪ'kjuːʃn] *s* Verfolgung *f;* Belästigung *f;* **persecution complex** *s* Verfolgungswahn *m;* **per·se·cu·tor** ['pɜːsɪkjuːtə(r)] *s* Verfolger(in) *m(f)*

per·se·ver·ance [ˌpɜːsɪ'vɪərəns] *s* Ausdauer, Beharrlichkeit *f;* **per·se·vere** [ˌpɜːsɪ'vɪə(r)] *vi* durchhalten, nicht aufgeben (*in, at, with s.th.* etw); **per·se·ver·ing** [-ɪŋ] *adj* beharrlich, ausdauernd

Per·sia ['pɜːʃə] *s* Persien *nt;* **Per·sian** ['pɜːʃn, *Am* 'pɜːrʒn] **I.** *adj* persisch; ~ **cat** Perser-, Angorakatze *f;* **the** ~ **Gulf** der Persische Golf; ~ **lamb** (*Pelz*) Persianer *m;* ~ **carpet** Perserteppich *m* **II.** *s* **1.** Perser(in) *m(f)* **2.** (das) Persisch(e)

per·sist [pə'sɪst] *vi* **1.** beharren (*in* auf, bei), bestehen (*in* auf) **2.** nicht nachgeben; nicht aufhören (*in doing* zu tun) **3.** fortdauern, sich hartnäckig halten; **per·sist·ence** [pə'sɪstəns] *s* **1.** (hartnäckiges) Beharren *nt* (*in* auf) **2.** Beharrlichkeit *f* **3.** Fortdauer *f;* **per·sist·ent** [pə'sɪstənt] *adj* **1.** beharrlich, unnachgiebig **2.** unentwegt, (an)dauernd, beständig

per·son ['pɜːsn] *s* **1.** (*pl: people, ~s*) Mensch *m;* Person *f* **2.** (GRAM JUR: *pl: ~s*) Person *f* **3.** (*pl: ~s*) (das) Äußere **4.** (THEAT) Rolle *f;* **in** ~ in Person, persönlich; **no** ~ kein Mensch, niemand; **there is no such** ~ so jemanden gibt es nicht; **any** ~ jeder; **on** [*o* **about**] **one's** ~ bei sich; **per** ~ pro Person; **unauthorized** ~ Unbefugte(r) *f m;* **against** ~ **or ~s unknown** (JUR) gegen Unbekannt; **per·son·able** ['pɜːsənəbl] *adj* **1.** stattlich, gut aussehend **2.** sympathisch; **per·son·age** ['pɜːsənɪdʒ] *s* Persönlichkeit *f*

per·son·al ['pɜːs(ə)nl] *adj* persönlich; (*auf Brief*) privat; (*Daten*) personenbezogen; ~ **affair** [*o* **business**] Privatangelegenheit *f;* ~ **allowance** Grundfreibetrag *m;* ~ **assets** bewegliches Privatvermögen; ~ **assistant, PA** persönliche(r) Assistent(in) *m(f),* Chefsekretär(in) *m(f);* ~ **background** [*o* **history**] Lebensgeschichte *f,* Lebenslauf *m;* ~ **call** (TELE) Gespräch *nt* mit Voranmeldung; Privatgespräch *nt;* ~**-care product** Körperpflegeprodukt *nt;* ~ **column** (*Zeitung*) Familienanzeigen *fpl;* ~ **computer, PC** Personalcomputer, PC *m;* ~ **data** Personalien *pl,* personenbezogene Daten *pl;* **Personal Digital Assistant technology** PDA-Technik *f;* ~ **exemption** (*Am: Steuer*) Freibetrag *m;* ~ **files** Personalakten *fpl;* ~ **hygiene** Körperpflege *f;* ~ **identification number, PIN** persönliche Geheimzahl; ~ **injury** (JUR) Personenschaden *m;* ~ **organizer** Terminplaner *m;* ~ **pronoun** Personalpronomen *nt,* persönliches Fürwort; ~ **property** Privateigentum *nt;* ~ **stereo** Walkman® *m;* ~ **stationery** Briefpapier *nt* mit persönlichem Briefkopf; ~ **status** Personen-, Familienstand *m;* **articles for** ~ **use** Gegenstände *m pl* des persönlichen Gebrauchs; **get** [*o* **become**] ~ persönlich werden

per·son·al·ity [ˌpɜːsə'nælətɪ] *s* **1.** Persönlichkeit *f* **2. personalities** persönliche Angelegenheiten *fpl;* ~ **cult** Personenkult *m;* **per·son·al·ly** ['pɜːsənəlɪ] *adv* persönlich; **per·son·alty** ['pɜːsənltɪ] *s* (JUR) bewegliches Privatvermögen; **per·son·if·ic·ation** [pəˌsɒnɪfɪ'keɪʃn] *s* Verkörperung *f;* **per·son·ify** [pə'sɒnɪfaɪ] *vt* verkörpern, personifizieren

per·son·nel [ˌpɜːsə'nel] *s* Personal *nt;* Belegschaft *f;* (*Flugzeug, Schiff*) Besatzung *f;* **personnel department** *s* Personalabteilung *f;* **personnel director, personnel manager** *s* Personalchef(in) *m(f),* -leiter(in) *m(f);* **personnel management** *s* Personalführung *f;* **personnel turnover** *s* Fluktuation *f*

per·spec·tive [pə'spektɪv] *s* **1.** (*Kunst*) Perspektive *f* **2.** (*fig*) Standpunkt, Blick *m;* **get s.th. out of** ~ etwas verzerrt sehen; **see** [*o* **look at**] **s.th. in its right** ~ etw vom richtigen Gesichtswinkel aus betrachten; **view in** ~ (*fig*) mit Abstand betrachten

per·spi·ca·cious [ˌpɜːspɪ'keɪʃəs] *adj* scharfsinnig, -blickend; **per·spi·cac·ity** [ˌpɜːspɪ'kæsətɪ] *s* Scharfsinn, -blick *m*

per·spi·cu·ity [ˌpɜːspɪ'kjuːətɪ] *s* Klarheit, Verständlichkeit *f;* **per·spicu·ous** [pə'spɪkjʊəs] *adj* klar, verständlich

per·spir·ation [ˌpɜːspəˈreɪʃn] *s* **1.** Schwitzen *nt;* Transpiration *f* **2.** Schweiß *m;* **per·spire** [pəˈspaɪə(r)] *vi* schwitzen

per·suade [pəˈsweɪd] *vt* **1.** überreden (*of s.th.* zu etw) **2.** verleiten, dazu bringen (*to do, into doing* zu tun) **3.** überzeugen (*of s.th.* von einer S); **be ~d of** überzeugt sein von; **per·sua·sion** [pəˈsweɪʒn] *s* **1.** Überredung *f* **2.** Überzeugung *f,* Glaube *m* **3.** Überzeugungskraft *f;* **I am not of that ~** (*Argument*) davon bin ich nicht überzeugt; (REL) ich gehöre nicht diesem Glauben an; **be of** [*o* **have**] **communist ~s** kommunistische Ansichten vertreten; **per·sua·sive** [pəˈsweɪsɪv] *adj* überzeugend

pert [pɜːt] *adj* **1.** vorlaut, keck **2.** lebhaft, munter, lustig

per·tain [pəˈteɪn] *vi* **1.** gehören (*to* zu) **2.** in Verbindung stehen (*to* mit) **3.** betreffen (*to* acc) **4.** sich beziehen (*to* auf)

per·ti·na·cious [ˌpɜːtɪˈneɪʃəs] *adj* **1.** beharrlich **2.** hartnäckig, zäh

per·ti·nent [ˈpɜːtɪnənt] *adj* sachdienlich, zur Sache (gehörig); einschlägig; relevant; **be ~ to s.th.** auf etw Bezug haben

pert·ness [ˈpɜːtnɪs] *s* Keckheit *f;* Kessheit *f*

per·turb [pəˈtɜːb] *vt* **1.** verwirren **2.** beunruhigen; **per·tur·ba·tion** [ˌpɜːtəˈbeɪʃn] *s* **1.** Verwirrung, Aufregung, Unruhe *f* **2.** Störung *f*

Peru [pəˈruː] *s* Peru *nt*

pe·rusal [pəˈruːzl] *s* **1.** Durchlesen *nt* **2.** (genaue) Durchsicht, Prüfung *f;* **for ~** zur Einsichtnahme; **pe·ruse** [pəˈruːz] *vt* (sorgfältig) durchlesen

Peru·vian [pəˈruːvɪən] **I.** *adj* peruanisch **II.** *s* Peruaner(in) *m(f)*

per·vade [pəˈveɪd] *vt* erfüllen; sich ausbreiten in; **per·va·sive** [pəˈveɪsɪv] *adj* **1.** durchdringend **2.** (*fig: Einfluss*) beherrschend

per·verse [pəˈvɜːs] *adj* **1.** pervers, widernatürlich **2.** eigensinnig; störrisch; verstockt; **per·verse·ness** [pəˈvɜːsnɪs] *s* **1.** Perversität, Widernatürlichkeit *f* **2.** Verstocktheit *f;* **per·ver·sion** [pəˈvɜːʃn] *s* **1.** Perversion *f* **2.** Abkehr *f* (*vom Glauben*) **3.** (*der Wahrheit*) Verzerrung, Verdrehung *f;* **~ of justice** Rechtsbeugung *f;* **per·ver·sity** [pəˈvɜːsətɪ] *s* **1.** Widersetzlichkeit *f,* Eigensinn *m* **2.** Perversität, Widernatürlichkeit *f;* **per·vert** [pəˈvɜːt] **I.** *vt* **1.** (*Tatsachen*) verdrehen **2.** (*Menschen*) verderben, pervertieren **3.** (REL) irreführen **4.** (*Sinn*) entstellen; **~ the course of justice** das Recht beugen **II.** [ˈpɜːvɜːt] *s* perverser Mensch

pes·sary [ˈpesərɪ] *s* (MED) Pessar *nt;* Zäpfchen *nt*

pessi·mism [ˈpesɪmɪzəm] *s* Pessimismus *m;* **pes·si·mist** [ˈpesɪmɪst] *s* Pessimist(in) *m(f);* **pessi·mis·tic** [ˌpesɪˈmɪstɪk] *adj* pessimistisch

pest [pest] *s* **1.** (*fam: Mensch*) Nervensäge *f;* Plage *f* **2.** Schädling *m;* **pest control** *s* Schädlingsbekämpfung *f*

pes·ter [ˈpestə(r)] *vt* belästigen, plagen (*with* mit)

pes·ti·cide [ˈpestɪsaɪd] *s* Schädlingsbekämpfungsmittel *nt;* **pes·tif·er·ous** [peˈstɪfərəs] *adj* (*fam*) ärgerlich; **pes·ti·lent, pes·ti·len·tial** [ˈpestɪlənt, ˌpestɪˈlenʃl] *adj* **1.** pestartig **2.** (*fig*) verderblich **3.** (*fam*) ärgerlich

pestle [ˈpesl] *s* Stößel *m*

pet[1] [pet] **I.** *s* **1.** Haustier *nt* **2.** Liebling *m;* **he's a real ~!** er ist ein Schatz!; **teacher's ~** Lehrers Liebling *m* **II.** *vt* streicheln, verwöhnen **III.** *vi* (*fam*) fummeln, Petting machen **IV.** *adj attr* Lieblings-; **~ name** Kosename *m;* **that's my ~ hate** das ist mir ein Gräuel; **~ shop** Tierhandlung *f;* **~ subject** Lieblingsthema *nt*

pet[2] [pet] *s* schlechte Laune; **be in a ~** schlechte Laune haben

petal [ˈpetl] *s* (BOT) Blütenblatt *nt*

petard [peˈtɑːd] *s:* **be hoist with one's own ~** sich in der eigenen Schlinge gefangen haben

peter [ˈpiːtə(r)] *vi:* **~ out** nachlassen, allmählich zu Ende gehen

Peter [ˈpiːtə(r)] *s:* **rob ~ to pay Paul** ein Loch aufreißen, um ein anderes zu stopfen

petite [pəˈtiːt] *adj* (*Frau*) zierlich

pe·ti·tion [pɪˈtɪʃn] **I.** *s* **1.** Bittschrift, Eingabe *f,* Gesuch *nt,* Petition *f* **2.** Unterschriftenliste *f* **3.** (JUR) Antrag *m* (*for* auf); **file a ~** einen Antrag einreichen; **~ for divorce** Scheidung(sklage) *f;* **~ for mercy** [*o* **pardon**] Gnadengesuch *nt* **II.** *vt* **1.** bitten, ersuchen (*s.o.* jdn) **2.** eine Bittschrift richten (*s.o.* an jdn) **III.** *vi* eine Unterschriftenliste einreichen (*for* um); **~ for divorce** die Scheidung einreichen; **pe·ti·tioner** [pɪˈtɪʃənə(r)] *s* **1.** Bittsteller(in) *m(f)* **2.** (JUR) Antragsteller(in) *m(f)* **3.** (*in Scheidungssachen*) Kläger(in) *m(f)*

pet·rel [ˈpetrəl] *s* (ZOO) Sturmvogel *m*

pet·ri·fac·tion [ˌpetrɪˈfækʃn] *s* **1.** Versteinerung *f* **2.** (*fig*) lähmender Schreck; **pet·rify** [ˈpetrɪfaɪ] **I.** *vt* **1.** versteinern **2.** (*fig*) erstarren lassen; **he was petrified** (**with fear**) er war starr vor Schrecken; **I am petrified of the dark** ich habe panische Angst vor der Dunkelheit **II.** *vi* versteinern; erstarren

petro·chemi·cal [ˌpetrəʊˈkemɪkl] *adj* petrochemisch; **petro·cur·rency** [ˌpetrəʊ-

P

'kʌrənsɪ] *s* Petrowährung *f;* **petro·dollar** *s* Petrodollar *m;* **pet·rol** ['petrəl] *s* (*Br*) Benzin *nt;* **fill up with** ~ auftanken; **petrol can** *s* Benzinkanister *m;* **petrol consumption** *s* Benzinverbrauch *m;* **petrol dump** *s* Benzinlager *nt;* **petrol engine** *s* Benzinmotor *m;* **pe·tro·leum** [pɪ'trəʊlɪəm] *s* Erd-, Mineralöl *nt;* ~**-exporting countries** erdölexportierende Länder; ~ **jelly** Vaseline *f;* **petrol ga(u)ge** *s* Benzinuhr, -anzeige *f;* **petrol lorry** *s* Tankwagen *m;* **petrol pipe** *s* Benzinleitung *f;* **petrol pump** *s* **1.** (*Auto*) Benzinpumpe *f* **2.** (*Tankstelle*) Tank-, Zapfsäule *f;* **petrol station** *s* Tankstelle *f;* **petrol tank** *s* Benzintank *m*

pet-sit·ter ['pet,sɪtə] *s* Haustiersitter *m* (*jemand, der ein Haustier während der Abwesenheit des Besitzers versorgt*)

pet·ti·coat ['petɪkəʊt] *s* Unterrock *m;* ~ **government** (*pej*) Weiberregiment *nt,* -herrschaft *f*

pet·ti·fog·ging ['petɪfɒgɪŋ] *adj* kleinlich; (*Einzelheit*) unwesentlich; (*Mensch*) pedantisch

pet·ti·ness ['petɪnəs] *s* Geringfügigkeit *f;* Kleinlichkeit *f*

pet·ting ['petɪŋ] *s* Petting *nt*

pet·tish ['petɪʃ] *adj* verdrießlich

petty ['petɪ] *adj* **1.** klein, geringfügig, unbedeutend, nebensächlich **2.** kleinlich, engstirnig **3.** zweitrangig; ~ **cash** (Porto)Kasse, Handkasse *f;* ~ **jury** Urteilsjury *f;* ~ **larceny** Bagatelldiebstahl *m;* ~ **officer** (MAR) Maat *m*

petu·lant ['petjʊlənt] *adj* empfindlich; launisch, verdrießlich

pe·tu·nia [pɪ'tju:nɪə] *s* (*Pflanze mit trichterförmigen Blüten*) Petunie *f*

pew [pju:] *s* **1.** Kirchenstuhl *m* **2.** (*fam*) Sitzgelegenheit *f,* Stuhl *m;* **take a ~!** (*fam*) pflanz' dich!

pe·wit ['pi:wɪt] *s* Kiebitz *m*

pew·ter ['pju:tə(r)] *s* Zinn(geschirr, -gerät) *nt*

phal·anx ['fælæŋks, *pl* fə'lændʒi:z] <*pl* -anxes, -anges> *s* **1.** (HIST) Phalanx *f* **2.** (*fig*) geschlossene Front

phal·lic ['fælɪk] *adj* phallisch; **phal·lus** ['fæləs, *pl* 'fælaɪ] <*pl* -li> *s* Phallus *m*

phan·tas·ma·goria [,fæntæzmə'gɒrɪə, -'gɔ:rɪə] *s* Blendwerk *nt;* **phan·tas·mal** [fæn'tæzməl] *adj* imaginär

phan·tom ['fæntəm] *s* **1.** Phantom, Gespenst *nt,* Geist *m* **2.** Hirngespinst, Trugbild *nt;* ~**s of the mind** Hirngespinste *ntpl;* ~ **limb pains** (MED) Phantomschmerzen *mpl;* ~ **pregnancy** Scheinschwangerschaft *f*

phari·saic(al) [,færɪ'seɪɪk(l)] *adj* pharisäisch; scheinheilig; **Phari·see** ['færɪsi:] *s* Pharisäer *m;* Heuchler *m*

phar·ma·ceutic(al) [,fɑ:mə'sju:tɪk(l)] *adj* pharmazeutisch; **phar·ma·ceutics** [,fɑ:mə'sju:tɪks] *s pl mit sing* Arzneimittel *ntpl,* Arzneimittelkunde *f;* **pharmaceutics industry** *s* Pharmaindustrie *f;* **phar·ma·cist** ['fɑ:məsɪst] *s* (*Am*) Apotheker(in) *m(f);* **phar·ma·co·ge·nom·ics** [,fɑ:məkə(ʊ)dʒɪ'nɒmɪks] *s* Pharmagenomik *f* (*Verbindung von pharmazeutischer Genetik und Bioinformatik, um maßgeschneiderte Medikamente zu erzeugen*); **phar·ma·col·ogy** [,fɑ:mə'kɒlədʒɪ] *s* Pharmakologie *f;* **phar·ma·co·poeia** [,fɑ:məkə'pi:ə] *s* amtliches Arzneibuch; **phar·macy** ['fɑ:məsɪ] *s* **1.** Pharmazie *f* **2.** Apotheke *f*

phar·yn·geal [fə'rɪndʒiəl] *adj* Rachen-, im Rachenraum; **phar·yn·gi·tis** [,færɪn'dʒaɪtɪs] *s* Rachenkatarrh *m;* **phar·ynx** ['færɪŋks] *s* (ANAT) Rachen *m*

phase [feɪz] **I.** *s* **1.** Phase *f;* Stadium *nt;* Abschnitt *m* **2.** (TECH ELEK) Phase *f;* **in** ~ phasengleich (*with* mit); **she's just going through a** ~ das geht wieder vorbei **II.** *vt* **1.** zeitlich staffeln **2.** stufenweise durchführen **3.** aufeinander abstimmen; ~**d traffic lights** grüne Welle; **phase in** *vt* stufenweise einführen; **phase out** *vt* allmählich abbauen; (*Produktion*) auslaufen lassen

phat [fæt] *adj* (*sl: cool, hip*) cool, super

PhD ['pi:eɪtʃ'di:] *s Abk. von* **Doctor of Philosophy** Dr. phil; (*thesis*) Doktorarbeit *f;* **do one's** ~ seinen Doktor machen, promovieren

pheas·ant ['feznt] *s* Fasan *m*

phe·nom·enal [fɪ'nɒmɪnl] *adj* außergewöhnlich, außerordentlich, phänomenal; **phe·nom·enon** [fɪ'nɒmɪnən, *pl* -ɪnə] <*pl* -ena> *s* Phänomen *nt*

phew [fju:] *interj* puh! pfui! ach!

phial ['faɪəl] *s* Ampulle *f;* Fläschchen *nt*

phil·an·der [fɪ'lændə(r)] *vi* (*Mann*) (herum)poussieren, flirten; **phil·an·derer** [fɪ'lændərə(r)] *s* Schürzenjäger *m*

phil·an·thropic(al) [,fɪlən'θrɒpɪk(l)] *adj* philanthropisch; **phil·an·throp·ist** [fɪ'lænθrəpɪst] *s* Philanthrop, Menschenfreund *m;* **phil·an·thropy** [fɪ'lænθrəpɪ] *s* Philanthropie, Menschenliebe *f*

phil·at·elic [fɪlə'telɪk] *adj* philatelistisch; **phil·at·el·ist** [fɪ'lætəlɪst] *s* Philatelist(in) *m(f),* Briefmarkensammler(in) *m(f);* **phil·at·ely** [fɪ'lætəlɪ] *s* Philatelie *f,* Briefmarkensammeln *nt*

phil·har·monic [,fɪlɑ:'mɒnɪk] *adj* philharmonisch; ~ **society** Philharmonie *f*

phi·lip·pic [fɪ'lɪpɪk] *s* Standpauke *f*

Phi·lip·pines ['fɪlɪpi:nz] *s pl* Philippinen *pl*

phi·lis·tine ['fɪlɪstaɪn, *Am* 'fɪlɪstiːn] **I.** *s* Philister *m;* (*fig*) Banause *m* **II.** *adj* (*fig*) kulturlos

philo·logi·cal [ˌfɪlə'lɒdʒɪkl] *adj* philologisch; **phil·ol·ogist** [fɪ'lɒlədʒɪst] *s* Philologe *m,* -login *f;* **phil·ol·ogy** [fɪ'lɒlədʒɪ] *s* Philologie *f*

phil·os·opher [fɪ'lɒsəfə(r)] *s* Philosoph(in) *m(f);* ~**'s stone** Stein *m* der Weisen; **phi·lo·sophic(al)** [ˌfɪlə'sɒfɪk(l)] *adj* philosophisch; **phil·os·ophize** [fɪ'lɒsəfaɪz] *vi* philosophieren; **phil·os·ophy** [fɪ'lɒsəfɪ] *s* **1.** Philosophie *f* **2.** (~ *of life*) Lebens-, Weltanschauung *f;* **natural** ~ Naturwissenschaft *f;* ~ **of history** Geschichtsphilosophie *f*

phil·ter (*Am*), **philtre** ['fɪltə(r)] *s* Liebestrank *m*

phle·bi·tis [flɪ'baɪtɪs] *s* Venenentzündung *f*

phlegm [flem] *s* **1.** (MED) Schleim *m* **2.** Ruhe *f,* Gleichmut *m;* Phlegma *nt;* **phleg·matic** [fleg'mætɪk] *adj* phlegmatisch; gleichmütig, unerschütterlich

pho·bia ['fəʊbɪə] *s* Phobie *f*

phoe·nix ['fiːnɪks] *s* Phönix *m*

phon [fɒn] *s* Phon *nt*

phone [fəʊn] **I.** *s* Telefon *nt* **II.** *vi* telefonieren **III.** *vt* anrufen; **phone back** *vt* zurückrufen; **phone booth** *s* (*Am*) Telefonzelle *f;* **phone call** *s* **1.** Telefongespräch *nt* **2.** Anruf *m;* **phone·card** ['fɜʊnkɑːd] *s* Telefonkarte *f;* **phone-in** ['fəʊnɪn] *s* (RADIO) Hörersendung *f*

pho·neme ['fəʊniːm] *s* Phonem *nt;* **pho·netic** [fə'netɪk] **I.** *adj* phonetisch **II.** *s pl mit sing* Phonetik *f;* **pho·neti·cian** [ˌfəʊnɪ'tɪʃn] *s* Phonetiker(in) *m(f)*

phon·ey, phony ['fəʊnɪ] *adj* (*fam*) unecht; faul; falsch; gefälscht; ~ **company** Schwindelfirma *f*

pho·nic ['fɒnɪk] *adj* lautlich; **pho·nol·ogy** [fə'nɒlədʒɪ] *s* Phonologie *f,* Lautsystem *nt*

phooey ['fuːɪ] *interj* (*fam*) unmöglich!

phos·phate ['fɒsfeɪt] *s* (CHEM) Phosphat *nt;* ~**-free** phosphatfrei; **containing** ~**s** phosphathaltig; **phos·pho·res·cence** [ˌfɒsfə'resns] *s* Phosphoreszenz *f;* **phos·pho·res·cent** [ˌfɒsfə'resnt] *adj* phosphoreszierend; **phos·phoric** [fɒs'fɒrɪk] *adj:* ~ **acid** Phosphorsäure *f;* **phos·phorus** ['fɒsfərəs] *s* Phosphor *m*

pho·to ['fəʊtəʊ] <*pl* **photos**> *s* Foto *nt,* Fotografie *f;* **photo call** *s* Fototermin *m;* **photo·cell** ['fəʊtəʊsel] *s* Fotozelle *f;* **pho·to·copier** ['fəʊtəʊˌkɒpɪə(r)] *s* Fotokopierapparat, Fotokopierer *m;* **photo·copy** ['fəʊtəʊˌkɒpɪ] **I.** *s* Fotokopie *f* **II.** *vt, vi* fotokopieren; **photocopying bureau** *s* Copyshop *m,* Kopierzentrum *nt;* **pho·to·elec·tric** [ˌfəʊtəʊɪ'lektrɪk] *adj* fotoelektrisch; ~ **cell** Fotozelle *f;* **photo finish** *s* (SPORT) Fotofinish *nt;* **photo·flash** ['fəʊtəʊˌflæʃ] *s* Blitzlicht *nt;* **photo·genic** [ˌfəʊtəʊ'dʒenɪk] *adj* fotogen; **pho·to·graph** ['fəʊtəgrɑːf, *Am* 'fəʊtəgræf] **I.** *s* Fotografie *f;* **take a** ~ eine Aufnahme machen **II.** *vt* fotografieren **III.** *vi* **1.** fotografieren **2.** sich fotografieren lassen; **photo·graph album** *s* Fotoalbum *nt;* **photo·gra·pher** [fə'tɒgrəfə(r)] *s* Fotograf(in) *m(f);* **photo·graphic** [ˌfəʊtə'græfɪk] *adj* fotografisch; ~ **equipment** Fotoausrüstung *f;* **photo·gra·phy** [fə'tɒgrəfɪ] *s* Fotografie *f;* **photo·jour·nal·ism** [ˌfəʊtəʊ'dʒɜːnlɪzəm] *s* Fotojournalismus *m;* **photo·meter** [fəʊ'tɒmɪtə(r)] *s* Belichtungsmesser *m;* **photo·mon·tage** ['fəʊtəʊmɒn'tɑːʒ] *s* Fotomontage *f*

photon ['fəʊtɒn] *s* Photon *nt*

photo op·por·tun·ity [ˌfəʊtəʊɒpə'tjuːnətɪ] *s* Fototermin *m*

photo re·porter ['fəʊtəʊrɪˌpɔːtə(r)] *s* Bildberichterstatter(in) *m(f);* **photo·sen·si·tive** [ˌfəʊtəʊ'sensɪtɪv] *adj* lichtempfindlich; **photo·sen·si·tize** [ˌfəʊtəʊ'sensɪtaɪz] *vt* lichtempfindlich machen; **pho·to·set·ting** ['fəʊtəʊˌsetɪŋ] *s* Filmsatz, Lichtsatz *m;* **photo·stat** ['fəʊtəstæt] **I.** *s* Fotokopie *f* **II.** *vt, vi* fotokopieren

photo·syn·thesis [ˌfəʊtəʊ'sɪnθɪsɪs] *s* Photosynthese *f*

photo·vol·ta·ic [ˌfəʊtə(ʊ)vɒl'teɪɪk] *adj:* ~ **technology** Photovoltaik *f* (*Teilgebiet der Elektronik*)

phras·al verb [ˌfreɪzl'vɜːb] *s* Phrasal Verb *nt, Verb mit Präposition*

phrase [freɪz] **I.** *s* **1.** Ausdruck *m;* Redewendung *f* **2.** (GRAM) Satzteil *m;* Wortgruppe *f* **3.** (MUS) Phrase *f;* **coin a** ~ einen Ausdruck prägen; **turn a** ~ einen klugen Gedanken geschickt ausdrücken **II.** *vt* **1.** in Worte kleiden; zum Ausdruck bringen **2.** (MUS) phrasieren; **phrase·book** ['freɪzbʊk] *s* Sprachführer *m;* **phras·eol·ogy** [ˌfreɪzɪ'ɒlədʒɪ] *s* Ausdrucksweise *f*

phren·etic [frə'netɪk] *adj* wild, tobend, rasend; fanatisch

phut [fʌt] *interj* fft!; **go** ~ (*fam*) futsch-, draufgehen, dran glauben müssen

pH-value [piː'eɪtʃ'væljuː] *s* pH-Wert *m*

physi·cal ['fɪzɪkl] **I.** *adj* **1.** physisch **2.** körperlich **3.** (*Untersuchung*) ärztlich **4.** physikalisch; ~ **appearance** äußere Erscheinung; ~ **condition** Gesundheitszustand *m;* ~ **education, PE** Sport(unterricht) *m;* ~ **fitness** Tauglichkeit *f;* ~ **resources** Sachmittel *ntpl;* ~ **science**(**s**) Naturwissenschaften *fpl;* ~ **training, PT** Leibes-

P

übungen *fpl* **II.** *s* ärztliche Untersuchung; **physi·cian** [fɪ'zɪʃn] *s* Arzt *m,* Ärztin *f;* **physi·cist** ['fɪzɪsɪst] *s* Physiker(in) *m(f);* **phys·ics** ['fɪzɪks] *s pl mit sing* Physik *f*

physi·og·nomy [ˌfɪzɪ'ɒnəmɪ, *Am* ˌfɪzɪ'ɒgnəʊmɪ] *s* Physiognomie *f;* Gesichtszüge *mpl,* -ausdruck *m;* **physi·ol·ogist** [ˌfɪzɪ'ɒlədʒɪst] *s* Physiologe *m,* -login *f;* **physi·ol·ogy** [ˌfɪzɪ'ɒlədʒɪ] *s* Physiologie *f;* **physio·ther·apist** [ˌfɪzɪəʊ'θerəpɪst] *s* Krankengymnast(in) *m(f),* Physiotherapeut(in) *m(f);* **physio·ther·apy** [ˌfɪzɪəʊ'θerəpɪ] *s* Krankengymnastik, Physiotherapie *f;* **phy·sique** [fɪ'zi:k] *s* Körperbau *m,* Konstitution *f*

pia·nist ['pɪənɪst] *s* Pianist(in) *m(f),* Klavierspieler(in) *m(f);* **pi·ano** ['pjɑ:nəʊ] <*pl* -anos> *s* Klavier *nt;* **play (on) the ~** Klavier spielen; **grand ~** Flügel *m;* **~ lesson** Klavierstunde *f;* **~ teacher** Klavierlehrer(in) *m(f)*

pi·azza [pɪ'ætsə] *s* (großer, viereckiger) Platz *m*

pic·ar·esque [ˌpɪkə'resk] *adj* (*lit*): **~ novel** Schelmenroman *m*

pic·ca·lilli [ˌpɪkə'lɪlɪ] *s mit scharfen Gewürzen eingemachtes Mischgemüse*

pic·ca·ninny [ˌpɪkə'nɪnɪ] *s* (*pej*) Negerkind *nt pej*

pic·colo ['pɪkələʊ] <*pl* -coloes> *s* Pikkoloflöte *f*

pick [pɪk] **I.** *vt* **1.** auswählen; (*Mannschaft*) aufstellen **2.** zupfen an; kratzen an; (*Loch*) bohren; (*mit Schnabel*) (auf)hacken **3.** (*Naht*) auftrennen **4.** (*Obst, Blumen*) pflücken **5.** (*Vogel*) (auf)picken **6.** (*Schloss*) knacken, mit einem Dietrich öffnen **7.** (*Streit*) vom Zaun brechen; **have a bone to ~ with s.o.** mit jdm ein Hühnchen zu rupfen haben; **~ s.o.'s brains** jdn um Ideen bitten; **~ holes in s.th.** an etw herumkritteln; (*Theorie*) widerlegen; **~ one's nose** sich in der Nase bohren; **~ s.th. to pieces** an etw keinen guten Faden lassen; **~ pockets** Taschendieb sein; **~ s.o.'s pockets** jdn bestehlen; **~ one's teeth** sich in den Zähnen stochern; **~ one's way** [*o* **steps**] vorsichtig gehen, sich durchschlängeln; **~ one's words** die Worte mit Bedacht wählen; **you do ~ them!** (*iro*) du gerätst auch immer an den Falschen! **II.** *vi* **1.** wählen **2.** (*Gitarre*) zupfen; **~ and choose** wählerisch sein **III.** *s* **1.** Picken, Hacken *nt* **2.** Auswahl, Auslese *f* **3. the ~ (of the bunch)** das Beste (von allem) **4.** Spitzhacke, Haue *f* **5.** Zahnstocher *m* **6.** (MUS) Plektrum *nt;* **have** [*o* **take**] **one's ~** seine Wahl treffen; **have first ~** die erste Wahl haben; **he was our ~** wir haben ihn gewählt; **pick at** *vi* herummeckern an; **~ at one's food** im Essen herumstochern; **pick off** *vt* **1.** abpflücken; wegzupfen **2.** wegnehmen **3.** abschießen; **pick on** *vt* **1.** aussuchen, auswählen **2.** herumhacken auf; **why ~ on me?** warum gerade ich?; **pick out** *vt* **1.** heraussuchen, (aus)wählen **2.** (*Schlechtes*) auslesen **3.** ausmachen; entdecken; ausfindig machen **4.** (*Farbe*) zur Geltung bringen, absetzen (*with* gegen) **5.** (*Ton*) angeben, -schlagen; **pick over** *vt* (genau) überprüfen; durchsehen; **pick up I.** *vt* **1.** aufpicken, -heben, -lesen; auf-, mitnehmen (*a. Fahrgäste*) **2.** finden, sammeln, zusammenbringen **3.** (*billig, teuer*) erstehen **4.** herausfinden, -bringen, in Erfahrung bringen; verstehen, erfassen **5.** (*Kenntnisse*) sich aneignen **6.** (*fam*) zufällig kennen lernen; (*s.o*) jds Bekanntschaft machen **7.** (*Rundfunksendung*) aufnehmen **8.** bergen, retten **II.** *vi* **1.** sich erholen, wieder zu Kräften kommen **2.** (*Börse*) anziehen; sich befestigen **3.** (*~ efficiency*) aufholen **4.** (AUTO) auf Touren kommen; **~ up with s.o.** (*fam*) mit jdm Freundschaft schließen; **~ up the bill** die Rechnung bezahlen; **~ up courage** Mut fassen; **~ up speed** an Geschwindigkeit gewinnen; **where on earth did you ~ her up?** wo hast du denn die aufgelesen?; **she ~ed me up for using the wrong word** sie korrigierte meinen Wortfehler; **~ up on s.th.** auf etw Bezug nehmen

picka·back ['pɪkəbæk] *adv* huckepack; **pick·ax(e)** *s* Spitzhacke *f;* **picker** ['pɪkə(r)] *s* Pflücker(in) *m(f)*

picket ['pɪkɪt] **I.** *s* **1.** Streikposten *m* **2.** Pflock, (Zaun)Pfahl, Pfosten *m* **3.** (MIL) (Wacht)Posten *m* **II.** *vt* durch Streikposten absperren **III.** *vi* Streikposten aufstellen; als Streikposten stehen; **picket·ing** [-ɪŋ] *s* Streikwache *f;* **picket line** *s* Streikpostenkette *f*

pick·ing ['pɪkɪŋ] *s* (TYP) Rupfen *m;* **picking list** *s* (COM) Entnahmeliste *f;* **picking resistance** *s* (TYP) Rupffestigkeit *f*

pick·ings ['pɪkɪŋz] *s pl* **1.** Abfälle, Reste *mpl,* Überbleibsel *ntpl* **2.** Diebesgut *nt* **3.** Profit, Gewinn *m*

pickle ['pɪkl] **I.** *s* **1.** Pökel *m,* (Salz)Lake *f;* Essigsoße *f* **2.** (*fam*) unangenehme, peinliche Lage, Verlegenheit *f;* schöne Bescherung **3. ~s** eingelegtes Gemüse, Pickles *pl;* **be in a nice ~** (*fam*) ganz schön in der Patsche sitzen; **mixed ~s** Mixed Pickles *pl* **II.** *vt* (ein)pökeln, einmachen; in Essig einlegen; **pickled** [pɪkld] *adj* **1.** gepökelt, eingemacht **2.** (*sl*) besoffen

pick·lock ['pɪklɒk] *s* **1.** Einbrecher *m* **2.** Dietrich *m;* **pick-me-up** ['pɪkmɪʌp] *s* (*fam*) **1.** Schnäpschen *nt* **2.** Stärkung *f;* **pick-off** ['pɪkɒf] **I.** *adj* (*Am*) abmontierbar **II.** *s* (TECH) Abgriff *m;* Geber *m;* Fühler *m;* **pick·pocket** ['pɪkpɒkɪt] *s* Taschendieb(in) *m(f);* **beware of ~s!** vor Taschendieben wird gewarnt!; **pick·up** ['pɪkʌp] *s* **1.** (*Plattenspieler*) Tonabnehmer *m* **2.** offener Kleintransporter **3.** Beschleunigung(svermögen *nt*) *f* **4.** (*fam: Vorgang*) Anmache *f;* (*Person*) Gelegenheitsbekanntschaft *f* **5.** Verbesserung *f* **6.** (*Am sl*) Verhaftung *f* **7.** Abholen *nt;* Treffpunkt *m;* ~ **in demand** gesteigerte Nachfrage; ~ **point** Treffpunkt *m;* Haltestelle *f;* **wage** ~ Lohnzuwachs *m;* **picky** ['pɪkɪ] *adj* wählerisch

pic·nic ['pɪknɪk] <-nicking, -nicked> **I.** *s* Picknick *nt;* **it's no ~ to do that** (*fig*) es ist keine Kleinigkeit, das zu tun **II.** *vi* ein Picknick veranstalten; picknicken; **pic·nicker** ['pɪknɪkə(r)] *s* Teilnehmer(in) *m(f)* an einem Picknick

picto·gram ['pɪktəgræm] *s* Piktogramm *nt*

pic·tor·ial [pɪk'tɔːrɪəl] **I.** *adj* **1.** bildlich, illustriert **2.** bildhaft **II.** *s* Illustrierte *f*

pic·ture ['pɪktʃə(r)] **I.** *s* **1.** Bild *nt;* Gemälde *nt* **2.** Abbildung *f* **3.** (PHOT) Aufnahme *f* **4.** Film *m* **5.** (*fig*) Ab-, Ebenbild *nt,* Verkörperung *f* **6.** Vorstellung *f;* Darstellung, Beschreibung, Schilderung *f;* Wiedergabe *f* **7.** (*fam: a ~*) etw Bildschönes **8.** **~s** (*Br*) Kino *nt;* **as pretty as a** ~ bildschön; **be in the** ~ im Bilde sein; **be out of the** ~ nicht mehr auf dem Laufenden sein; **not to come into the** ~ außer Betracht bleiben; **go to the ~s** (*Br*) ins Kino gehen; **look the ~ of health** wie das blühende Leben aussehen; **put s.o. in the** ~ jdn ins Bild setzen; **take a ~ of** fotografieren, aufnehmen; **get the ~?** (haben Sie) verstanden? **II.** *vt* **1.** abbilden, malen, zeichnen **2.** (*fig*) schildern, beschreiben **3.** sich vorstellen, sich einen Begriff machen von; **picture book** *s* Bilderbuch *nt;* Bildband *m;* **picture editor** *s* Bildredakteur(in) *m(f);* **picture frame** *s* Bilderrahmen *m;* **picture gallery** *s* Gemäldegalerie *f;* **pic·ture-goer** ['pɪktʃəˌgəʊə(r)] *s* Kinobesucher(in) *m(f);* **picture library** *s* Bildstelle *f,* -archiv *nt;* **picture-perfect** *adj* so perfekt wie auf einem Bild, wie gemalt; **picture postcard** *s* Ansichtskarte *f;* **picture puzzle** *s* Bilderrätsel *nt;* **picture researcher** *s* Bildredakteur(in) *m(f);* **picture show** *s* Film(vorführung *f*) *m;* Kino *nt*

pic·tur·esque [ˌpɪktʃə'resk] *adj* malerisch

pic·ture tube ['pɪktʃəˌtjuːb] *s* (TV) Bildröhre *f;* **picture window** *s* Panoramafenster *nt*

piddle ['pɪdl] *vi* (*fam*) pinkeln; ~ **around** herumhängen, herummachen; **pid·dling** ['pɪdlɪŋ] *adj* (*fam*) unbedeutend

pidgin Eng·lish ['pɪdʒɪn 'ɪŋglɪʃ] *s* Pidginenglis(c)h *nt*

pie [paɪ] *s* **1.** Pastete *f* **2.** Obstkuchen *m* **3.** (*Am*) Protektion *f;* **as easy as** ~ (*fam*) kinderleicht; **as sweet as** ~ unheimlich freundlich; **eat humble** ~ klein beigeben; **have a finger in the** ~ (*fig*) die Hand im Spiel haben; **apple** ~ Apfelkuchen *m;* **meat** ~ Fleischpastete *f;* ~ **in the sky** Luftschlösser *ntpl;* ~ **chart** Kreisdiagramm *nt*

pie·bald ['paɪbɔːld] *adj* bunt, (bunt)scheckig, gescheckt

piece [piːs] *s* **1.** Stück *nt* **2.** Bruchstück *nt;* Abschnitt *m;* Stelle *f* (*in einem Buch*) **3.** Einzelteil, -stück *nt* (*eines Services, Satzes*) **4.** (*~ of money*) Geldstück *nt,* Münze *f* **5.** (*Brettspiel*) Stein *m;* (*Schach*) Figur *f* **6.** (Musik-, Theater)Stück *nt* **7.** (*~ in the paper*) Zeitungsartikel *m;* **a nasty ~ of work** (*fam*) eine üble Person; **a nice** ~ (*sl*) ein tolles Weib; **by the** ~ stückweise; im Akkord; ~ **by** ~ Stück für Stück; **in ~s** entzwei, *fam* kaputt; **in one** ~ (*fam*) unbeschädigt; (*Person*) unverletzt; **of 20 ~s** (*Service*) 20-teilig; **of a** [*o* **one**] ~ aus einem Stück, einheitlich, übereinstimmend (*with* mit); **to ~s** in Stücke; kaputt; **be all of a** ~ (*fam*) vom selben Kaliber sein; **fall to ~s** auseinander fallen; **give s.o. a ~ of one's mind** (*fam*) jdm gehörig die Meinung sagen; **go to ~s** zerbrechen; (*fig fam*) vor die Hunde gehen; durchdrehen; **pull to ~s** (*Argument*) zerpflücken; (*Person*) bekritteln; **say one's** ~ seine Meinung sagen; **take to ~s** zerlegen, auseinander nehmen; (*Kleid*) auftrennen; **tear to ~s** zerreißen, zerpflücken; **a ~ of advice** ein Rat *m;* **a ~ of cake** (*fam*) ein Kinderspiel *nt;* ~ **of evidence** Beweisstück *nt;* Beleg *m;* **a ~ of land** ein Grundstück *nt;* **a ~ of music** ein Musikstück *nt;* **a ~ of news** eine Neuigkeit; **a fine ~ of work** eine saubere Arbeit; **piece together** *vt* zusammenstückeln; (*fig*) sich zusammenreimen; (*Beweise*) zusammenfügen; **piece cost** *s* Stückkosten *pl;* **piece·meal** ['piːsmiːl] **I.** *adv* **1.** stückweise; Stück für Stück, nach u. nach **2.** kunterbunt durcheinander **II.** *adj* **1.** nach u. nach erfolgend **2.** stückweise **3.** planlos, ohne Methode; **piece number** *s* Stückzahl *f;* **piece price** *s* Stückpreis *m;* **piece rate** *s* Akkordsatz *m;* **piece·work** *s* Stück-, Akkordarbeit *f;* **do** ~ im Akkord arbeiten; **piece·worker** *s* Akkordarbeiter(in) *m(f)*

pied [paɪd] *adj* gescheckt, fleckig; **the Pied**

P

Piper (**of Hamelin**) der Rattenfänger von Hameln
pie-eyed ['paɪ'aɪd] *adj* (*sl*) besoffen
pier [pɪə(r)] *s* **1.** Brückenpfeiler *m* **2.** Landungsbrücke *f*, Landesteg *m;* Pier *m*
pierce [pɪəs] *vt* **1.** eindringen in **2.** durchbohren **3.** (*Schall, Licht*) durchdringen **4.** brechen durch, dringen durch **5.** (*fig*) durchdringen; **pierc·ing** [-ɪŋ] *adj* **1.** durchdringend, schneidend, scharf **2.** (*Schrei*) gellend
pietà [ˌpiːe'tɑː] *s* (*Kunst*) Pietà, Schmerzensmutter *f*
piety ['paɪətɪ] *s* **1.** Frömmigkeit *f* **2.** Ehrfurcht *f* (*to* vor)
piffle ['pɪfl] *s* (*fam*) Quatsch *m;* **pif·fling** ['pɪflɪŋ] *adj* (*fam*) lächerlich
pig [pɪg] *s* **1.** Schwein *nt* **2.** (*fam pej*) (Dreck)Schwein *nt* **3.** (TECH) Massel *f*, Roheisen(barren *m*) *nt* **4.** (*sl*) Polizist, Bulle *m;* **buy a ~ in a poke** (*fig*) die Katze im Sack kaufen; **make a ~ of o.s.** zu viel essen; **make a ~'s ear of s.th.** etw vermasseln; **~s might fly** es geschehen noch Wunder; **sucking ~** Spanferkel *nt;* **pig out** [ˌpɪg'aʊt] *vi* (*sl*) sich den Bauch vollschlagen
pigeon ['pɪdʒɪn] *s* (*Vogel*) Taube *f;* **that's your ~** (*fam*) das ist Ihre Angelegenheit; **set** [*o* **put**] **the cat among the ~s** (*fig*) Aufregung verursachen; **carrier** [*o* **homing**] **~** Brieftaube *f;* **pigeon fancier** *s* Taubenzüchter(in) *m(f);* **pigeon·hole** ['pɪdʒɪnhəʊl] **I.** *s* (Ablege)Fach *nt* **II.** *vt* **1.** (*Papiere*) ablegen, einordnen **2.** klassifizieren **3.** zurückstellen, auf Eis legen; **pigeon principle** *s* (MATH) Schubfachprinzip *nt;* **pigeon-toed** ['pɪdʒɪntəʊd] *adj* mit einwärtsgekehrten Zehen
pig·gery ['pɪgərɪ] *s* **1.** Schweinezüchterei *f* **2.** (*fam*) Völlerei *f;* **pig·gish** ['pɪgɪʃ] *adj* **1.** schweinisch, säuisch **2.** gierig; **piggy** ['pɪgɪ] **I.** *s* Schweinchen *nt* **II.** *adj* (*fam*) gierig; gefräßig; **piggy·back** ['pɪgɪ bæk] *adv* huckepack; **piggy bank** *s* Sparschweinchen *nt;* **pig-headed** [ˌpɪg'hedɪd] *adj* verbohrt, halsstarrig; **pig iron** *s* Roheisen *nt;* **pig·let** ['pɪglɪt] *s* Ferkel, Schweinchen *nt*
pig·ment ['pɪgmənt] *s* Pigment *nt;* **pig·men·ta·tion** [ˌpɪgmen'teɪʃn] *s* (BIOL MED) Pigmentierung *f*
pigmy ['pɪgmɪ] *s* **1.** **P~** Pygmäe *m* **2.** (*fig*) Zwerg *m*
pig·skin ['pɪgskɪn] *s* Schweinsleder *nt;* **pig·sty** ['pɪgstaɪ] *s* **1.** Schweinestall *m* **2.** (*fig pej*) Schweine-, Saustall *m;* **pig·swill** ['pɪgswɪl] *s* **1.** Schweinefutter *nt* **2.** (*Suppe, Kaffee*) Spülwasser *nt;* (*Essen*) Schweinefraß *m;* **pig·tail** ['pɪgteɪl] *s* Zopf *m*
pike[1] [paɪk] *s* Spieß *m*
pike[2] [paɪk] *s* Hecht *m*
pike[3] [paɪk] *s* (*turn~*) Zollschranke *f*, Schlagbaum *m;* Mautstraße *f*
pike·staff ['paɪkstɑːf] *s:* **as plain as a ~** sonnenklar
pi·las·ter [pɪ'læstə(r)] *s* (ARCH) Pilaster *m*
pil·chard ['pɪltʃəd] *s* Pilchard *m*, Sardine *f*
pile[1] [paɪl] *s* Pfosten, Pfahl *m*
pile[2] [paɪl] **I.** *s* **1.** Haufen, Stoß, Stapel *m* **2.** (*funeral ~*) Scheiterhaufen *m* **3.** (*fam*) (großer) Haufen *m*, Menge, Masse *f* **4.** (*sl: ~ of money*) Haufen *m* Geld; Riesenvermögen *nt* **5.** (*atomic ~*) Kernreaktor *m;* **put in a ~** stapeln; auf einen Haufen legen; **~s of food** eine Menge Essen; **make a ~** ein Vermögen machen **II.** *vt* stapeln; **pile in** *vi* (*Menschen*) hereinströmen; hineindrängen; **pile off** *vi* hinausdrängen; **pile on** *vt* aufhäufen; **~ it on** dick auftragen; **pile up I.** *vi* **1.** sich anhäufen; sich stapeln; (*Verkehr*) sich stauen; (*Schnee, Arbeit*) sich türmen; (*Wolken*) sich zusammenballen **2.** (*Autos*) aufeinander auffahren **II.** *vt* **1.** aufhäufen; stapeln; (*Geld*) horten; (*Schulden*) anhäufen; (*Beweise*) zusammensammeln **2.** (*fam: Auto*) kaputt fahren
pile[3] [paɪl] *s* **1.** Noppe(nfläche) *f* **2.** Flor *m*
pile-driver ['paɪlˌdraɪvə(r)] *s* Pfahlramme *f*
piles [paɪlz] *s pl* (MED) Hämorrhoiden *fpl*
pile-up ['paɪlʌp] *s* Massensturz *m*, -karambolage *f*
pil·fer ['pɪlfə(r)] *vt, vi* stehlen; **pil·ferer** ['pɪlfərə(r)] *s* (kleiner) Dieb *m;* **pil·fer·ing** ['pɪlfərɪŋ] *s* Bagatelldiebstahl *m*
pil·grim ['pɪlgrɪm] *s* Pilger(in) *m(f);* **the Pilgrim Fathers** (HIST) die Pilgerväter *mpl;* **pil·grim·age** ['pɪlgrɪmɪdʒ] *s* Pilger-, Wallfahrt *f* (*to* nach); **go on a ~** auf Pilgerfahrt gehen
pill [pɪl] *s* **1.** Pille, Tablette *f* **2.** (*sl*) Ball *m;* **be on the ~** (*fam*) die Pille nehmen
pil·lage ['pɪlɪdʒ] **I.** *s* Plünderung *f* **II.** *vt, vi* plündern
pil·lar ['pɪlə(r)] *s* Säule *f;* **from ~ to post** (*fig*) von Pontius zu Pilatus; **pillar-box** *s* (*Br*) Briefkasten *m*
pill·box ['pɪlbɒks] *s* **1.** Pillenschachtel *f* **2.** Pagenkäppi *nt;* (*für Damen*) Pillbox *f*
pil·lion ['pɪlɪən] *s* (AUTO) Soziussitz *m;* **ride ~** auf dem Sozius mitfahren; **pillion passenger** *s* (*Motorrad*) Beifahrer(in) *m(f)*
pil·lory ['pɪlərɪ] **I.** *s* Pranger *m* **II.** *vt* an den Pranger stellen; (*fig*) anprangern
pil·low ['pɪləʊ] **I.** *s* Kopfkissen *nt* **II.** *vt* betten; **pillow-case**, **pillow-slip** *s* Kopfkissenbezug, -überzug *m*

pi·lot ['paɪlət] **I.** *s* **1.** (MAR) Lotse *m* **2.** (AVIAT) Pilot(in) *m(f),* Flugzeugführer(in) *m(f)* **3.** (TECH) Steuergerät *nt;* (~ *light*) Zündflamme *f* **4.** (RADIO) Probesendung *f* **5.** (*Am*) Schienenräumer *m* **II.** *vt* **1.** (*Schiff*) lotsen **2.** (*Flugzeug*) fliegen **3.** (*fig*) führen, lenken; durchbringen; **pilot boat** *s* Lotsenboot *nt;* **pilot fish** *s* Lotsen-, Pilotfisch *m;* **pilot instructor** *s* Fluglehrer(in) *m(f);* **pilot lamp** *s* Kontroll-, Signal-, Warnlampe *f;* **pi·lot·less** [-lɪs] *adj* führerlos, unbemannt; **pilot light** *s* Zündflamme *f;* Sparflamme *f;* **pilot plant** *s* Versuchsanlage *f;* **pilot scheme** *s* Pilotprojekt *nt;* **pilot's licence** *s* Flugschein *m;* **pilot study** *s* Pilotstudie *f;* **pilot survey** *s* Probeerhebung *f*

pi·mento [pɪ'mentəʊ] <*pl* **-mentos**> *s* **1.** Piment *nt,* Nelkenpfeffer *m;* Pimentbaum *m* **2.** Paprikaschote *f*

pimp [pɪmp] **I.** *s* Zuhälter *m* **II.** *vi* Zuhälter sein

pimple ['pɪmpl] *s* Pickel *m,* Pustel *f;* **pim·ply** ['pɪmplɪ] *adj* (*Haut*) pick(e)lig, unrein

PIN [pɪn] *s Abk. von* **personal identification number** persönliche Geheimzahl

pin [pɪn] **I.** *s* **1.** (Steck)Nadel *f* **2.** Anstecknadel, Brosche *f* **3.** (TECH) Stift, Dorn, Bolzen *m;* (Reiß)Zwecke *f* **4.** (*Gitarre*) Wirbel *m* **5.** (ELEK) Pol *m* **6.** **~s** (*fam*) Beine *ntpl* **7.** (*Golf*) Flaggenstock *m;* **for two ~s** beinahe; es hat wenig gefehlt (und); **I have (got) ~s and needles in my feet** mir sind die Füße eingeschlafen; **I don't care a ~** das ist mir (ganz) egal; **neat as a new ~** blitzsauber; **clothes-~** (*Am*) Wäscheklammer *f;* **drawing ~** Reißnagel *m;* **hair-~** Haarnadel *f;* **hat-~** Hutnadel *f;* **nine~s** Kegelspiel *nt;* **safety ~** Sicherheitsnadel *f;* **scarf-** [*o* **tie-**]~ Krawattennadel *f;* **~ money** Taschengeld *nt* **II.** *vt* **1.** (*Kleid*) stecken **2.** festmachen, anstecken, (an)heften (*to* an) **3.** (*fig*) drücken; klemmen (*to, against* gegen) **4.** (*fam: Schuld, Mord*) anhängen (*on s.o.* jdm); **get ~ned** (*Am fam*) sich verloben; **~ one's hopes on** seine Hoffnung setzen auf; **~ back one's ears** die Ohren spitzen; **pin down** *vt* **1.** anheften, festheften **2.** beschweren **3.** einklemmen, festklemmen **4.** (*fig*) festnageln, festlegen (*s.o. to s.th.* jdn auf etw); **pin together** *vt* zusammenheften; **pin up** *vt* anheften; (*Haare*) hochstecken; (*Rock, Kleid*) stecken

pina·fore ['pɪnəfɔ:(r)] *s* Kinder-, Kittelschürze *f;* Schürzenkleid *nt*

pin·ball ma·chine ['pɪnbɔ:lmə'ʃi:n] *s* Flipper *m*

pin·cers ['pɪnsəz] *s pl* **1.** (Kneif-, Beiß)Zange *f* **2.** (Krebs)Schere *f*

pinch [pɪntʃ] **I.** *vt* **1.** kneifen, zwicken **2.** (*Schuh, Kleidung*) zu eng sein (*s.o.* jdm), drücken **3.** (*fig*) bedrücken, beklemmen **4.** darben lassen, kurz halten **5.** (*sl*) klauen, stibitzen **6.** (*sl*) einsperren **II.** *vi* **1.** drücken, kneifen **2.** sich einschränken **III.** *s* **1.** Kneifen *nt* **2.** Prise *f* **3.** (*fig*) Klemme, Schwierigkeit *f;* **at** [*o* **in**] **a ~** (*Am*) zur Not; **feel the ~** Not leiden; **if it comes to the ~** notfalls; **a ~ of salt** eine Prise Salz

pinch·beck ['pɪntʃbek] **I.** *adj* unecht; billig, minderwertig **II.** *s* **1.** Tombak *m* **2.** (*fig*) Talmi *nt;* Plunder *m*

pinched ['pɪntʃt] *adj* **1.** verhärmt **2.** verfroren **3.** erschöpft; **be ~ for money** knapp bei Kasse sein; **we're rather ~ for space** wir haben wenig Platz

pin·cushion ['pɪn,kʊʃn] *s* Nadelkissen *nt*

pine[1] [paɪn] *s* **1.** Kiefer, Föhre *f* **2.** (*stone ~*) Pinie *f*

pine[2] [paɪn] *vi* (~ *away*) umkommen (*with hunger* vor Hunger), vergehen (*with grief* vor Kummer), schmachten, vergehen vor Sehnsucht, sich sehnen (*for, after* nach)

pin·eal ['paɪnɪəl] *adj:* **~ gland** (ANAT) Zirbeldrüse *f*

pine·apple ['paɪnæpl] *s* Ananas *f*

pine cone ['paɪnkəʊn] *s* Kiefern-, Fichtenzapfen *m;* **pine grove** *s* Pinien-, Fichtenwäldchen *nt;* **pine needle** *s* Kiefern-, Fichtennadel *f;* **pine wood** *s* Kiefernwald *m;* Kiefernholz *nt*

ping [pɪŋ] **I.** *s* **1.** Schwirren, Pfeifen *nt* (*einer Kugel*) **2.** (*Glocke*) Klingeln *nt* **II.** *vi* **1.** (*Kugel*) pfeifen; sausen, schwirren **2.** (*Glocke*) klingeln

ping·pong ['pɪŋpɒŋ] *s* (*fam*) Tischtennis *nt*

pin·head ['pɪnhed] *s* **1.** Stecknadelkopf *m* **2.** (*fam*) Dummkopf *m*

pin·ion[1] ['pɪnɪən] **I.** *s* **1.** (*von Vögeln*) Flügelspitze *f* **2.** (*poetisch*) Flügel *m,* Schwinge *f* **II.** *vt* fesseln, drücken (*to* an)

pin·ion[2] ['pɪnɪən] *s* (TECH AUTO) Ritzel *nt*

pink[1] [pɪŋk] **I.** *s* **1.** Nelke *f* **2.** (*Farbe*) Rosa *nt* **3.** (*fig*) (das) Beste, (die) Spitze, (der) Gipfel; **be in the ~** (*fam*) in bester Verfassung, in Form sein **II.** *adj* **1.** rosa; rosig **2.** (POL) rot angehaucht

pink[2] [pɪŋk] *vt* **1.** mit der Zickzackschere schneiden **2.** streifen

pink[3] *vi* (AUTO) klopfen

pinkie, pinky ['pɪŋkɪ] *s* (*schottisch*) kleiner Finger

pink·ing shears ['pɪŋkɪŋʃɪəz] *s pl* Zickzackschere *f*

pinko ['pɪŋkəʊ] <*pl* **pinkos**> *s* (*fam*) rosarot Angehauchte(r) *f m*

pin·nace ['pɪnɪs] *s* (MAR) Pinasse *f*
pin·nacle ['pɪnəkl] *s* **1.** (ARCH) Fiale *f* **2.** Bergspitze *f* **3.** (*fig*) Gipfel, Höhepunkt *m*
pin·point ['pɪnpɔɪnt] **I.** *s* Punkt *m;* **a ~ of light** ein Lichtpunkt *m* **II.** *vt* **1.** (*Ziel*) markieren; genau treffen **2.** (*fig*) genau festlegen; **pin·prick** *s* **1.** Nadelstich *m* **2.** (*fig*) Kleinigkeit *f;* **pin·stripe** *s* (*Textil*) Nadelstreifen *m;* Nadelstreifenanzug *m*
pint [paɪnt] *s* Pint *nt* (*Br 0,568 l, Am 0,473 l*)*;* **pinta** ['paɪntə] *s* (*fam*) (ein) halber Liter Milch; **pint-sized** ['paɪntsaɪzd] *adj* klein, unbedeutend
pin-up ['pɪnʌp] *s* **1.** Pin-up-Foto *nt* **2.** Pin-up-Girl *nt;* **pin·wheel** *s* **1.** (*Am: Spielzeug*) Windrädchen *nt* **2.** Feuerrad *nt*
pion·eer [ˌpaɪə'nɪə(r)] **I.** *s* **1.** (MIL) Pionier *m* **2.** (*fig*) Vorkämpfer(in) *m(f),* Bahnbrecher(in) *m(f)* **II.** *vi* (*fig*) Pionierarbeit leisten; den Weg bahnen **III.** *vt* **1.** (*einen Weg*) vorbereiten **2.** (*fig*) Pionierarbeit leisten für; **pioneer work** *s* Pionierarbeit *f*
pious ['paɪəs] *adj* fromm, gottesfürchtig; **~ hope** frommer Wunsch; **~ words** fromme Sprüche
pip¹ [pɪp] *s* **1.** (Obst)Kern *m* **2.** (*Spielkarten, Würfel, Dominosteine*) Auge *nt* **3.** (MIL: *sl*) Stern *m* (*Rangabzeichen*)
pip² [pɪp] *s* (*Tierkrankheit*) Pips *m;* **that gives me the ~** das macht mich verrückt
pip³ [pɪp] **I.** *s* **1.** Piepen *nt,* Piepton *m* **2.** (RADIO) Kurzton *m* **3.** (*Radar*) Echoanzeige *f;* **the ~s** das Zeitzeichen; (*Telefon*) das Tuten **II.** *vt* schlagen, besiegen; **be ~ped at the post** kurz vor Schluss besiegt werden
pipe [paɪp] **I.** *s* **1.** Pfeife *f* **2.** Flöte *f;* Orgel-, Signalpfeife *f* **3.** Rohr *nt;* Röhre *f;* Leitung *f;* **~s** (MUS) Dudelsack *m;* **~s of Pan** Panflöte *f;* **wind-~** Luftröhre *f;* **~ of peace** Friedenspfeife *f;* **put that in your ~ and smoke it** das kannst du dir hinter den Spiegel stecken **II.** *vi* **1.** flöten; pfeifen **2.** piepsen **III.** *vt* **1.** (*Lied*) flöten; pfeifen; piepsen **2.** (MAR) pfeifen **3.** mit Röhren versehen **4.** durch ein Rohr leiten; (RADIO) ausstrahlen **5.** (*Nähen*) paspelieren **6.** (*Torte*) spritzen; **pipe down I.** *vt* (MAR) das Schlusssignal geben für **II.** *vi* (*sl*) das Maul halten; kleinlaut werden; **pipe up** *vi* loslegen, anfangen zu sprechen; sich bemerkbar machen
pipe cleaner ['paɪpkliːnə(r)] *s* Pfeifenreiniger *m;* **pipe dream** *s* (*fam*) Wunschtraum *m;* Luftschloss *nt;* **pipe·fitter** ['paɪpfɪtə(r)] *s* Klempner(in) *m(f);* **pipe·line** ['paɪplaɪn] *s* Pipeline, Rohrleitung *f;* **in the ~** in Vorbereitung; **piper** ['paɪpə(r)] *s* Flötenspieler(in) *m(f),* Pfeifer(in) *m(f),* Dudelsackbläser(in) *m(f);* **pay the ~** (*fig*) bezahlen
pip·ing ['paɪpɪŋ] **I.** *adj* schrill, piepsend; **~ hot** siedend heiß **II.** *s* **1.** Pfeifen *nt;* Flötenspiel *nt;* Dudelsackpfeifen *nt* **2.** Rohrnetz *nt,* -leitung *f* **3.** (*Konditorei*) Zuckerguss(verzierung *f*) *m* **4.** (*Schneiderei*) Biese, Paspelierung *f*
pip·squeak ['pɪpskwiːk] *s* (*pej: unbedeutende Person*) Würstchen *nt*
pi·quant ['piːkənt] *adj* pikant
pique [piːk] **I.** *s* (heimlicher) Groll *m;* **in a fit of ~** in einem Anfall von Ärger **II.** *vt* kränken; **be ~d at s.o.** über jdn pikiert sein; **~ o.s. on s.th.** sich viel auf etw einbilden
pi·racy ['paɪərəsɪ] *s* **1.** Piraterie, Seeräuberei *f* **2.** (*fig*) Raubdruck *m;* Raubpressung *f,* Plagiat *nt;* **pi·rate** ['paɪərət] **I.** *s* **1.** Seeräuber, Pirat *m* **2.** Piratenschiff *nt* **3.** (*~ cab*) nicht konzessioniertes Taxi **4.** (*~ radio*) Piratensender *m* **5.** (COM) Plagiator *m* **II.** *vt* **1.** (unberechtigt) nachdrucken **2.** (*Idee*) stehlen; **~d version of a record** Raubpressung *f;* **~ radio** Piratensender *m*
pir·ou·ette [ˌpɪrʊ'et] *s* Pirouette *f*
Pis·ces ['pɑɪsiːz] *s pl* (ASTR) Fische *mpl*
piss [pɪs] **I.** *vi, vt* (*vulg*) **1.** pissen **2.** (*sl: rain*) in Strömen regnen; **~ off!** hau ab!; **be ~ed off** die Schnauze voll haben **II.** *s* (*vulg*) Pisse *f,* Urin *m;* **take the ~ out of s.o.** jdn verarschen; **~ artist** (*sl*) Säufer(in) *m(f);* **piss about** *vi,* **piss around** *vi* (*sl*) herummachen; **pissed** [pɪst] *adj* **1.** (*sl*) besoffen, blau, voll **2.** (*Am sl*) stinksauer; **piss-up** ['pɪsʌp] *s* (*sl*) Besäufnis *nt*
pis·ta·chio [pɪ'stɑːʃɪəʊ] <*pl* **-chios**> *s* Pistazie(nnuss) *f*
pis·til ['pɪstl] *s* (BOT) Stempel *m*
pis·tol ['pɪstl] *s* Pistole *f* (*Waffe*)*;* **pistol shot** *s* Pistolenschuss *m*
pis·ton ['pɪstən] *s* (TECH) Kolben *m;* **piston engine** *s* Kolbenmotor *m;* **piston ring** *s* Kolbenring *m;* **piston stroke** *s* Kolbenhub *m*
pit¹ [pɪt] **I.** *s* **1.** Grube *f,* (Erd)Loch *nt,* Mulde *f* **2.** (Kohlen)Grube, Zeche *f;* Steinbruch *m* **3.** Fallgrube *f* **4.** (*working ~*) Arbeitsgrube *f* **5.** (*Autorennen*) Box *f* **6.** (*Leichtathletik*) Sprunggrube *f* **7.** (*fig*) Abgrund *m,* Tiefe *f* **8.** (Bären)Zwinger *m* **9.** (*Br: im Theater*) Parkett *nt;* Orchesterraum, -graben *m* **10.** (*Am*) Maklerstand *m* (*Börse*) **11.** (MED: *~ of one's stomach*) (Magen)Grube *f* **12.** (Pocken)Narbe *f* **II.** *vt* **1.** (TECH) anfressen, angreifen **2.** ausspielen (*against* gegen) **3.** einander gegenüberstellen; **~ o.s. against** sich messen mit; **be ~ted** mit Ver-

tiefungen, Narben versehen sein
pit² [pɪt] **I.** *s* (*Am*) Stein *m* (*einer Steinfrucht*) **II.** *vt* (*Am: Frucht*) entsteinen
pit-a-pat [ˌpɪtə'pæt] **I.** *adv* (*Schritte*) klippklapp; (*Herz*) poch, poch; **go** ~ schnell schlagen; trappeln **II.** *s* Ticktack, Klippklapp *nt*
pitch¹ [pɪtʃ] **I.** *vt* **1.** (*Lager*) errichten, aufstellen; (*Zelt*) aufschlagen **2.** werfen, schleudern; (*Heu*) aufladen **3.** (MUS: *Ton*) angeben; (*Instrument*) stimmen; (*Lied*) anstimmen **4.** (*fig: Erwartungen*) hochschrauben **II.** *vi* **1.** der Länge nach hinfallen, hinschlagen **2.** (*Schiff*) stampfen **3.** (AVIAT) absacken; sich neigen **III.** *s* **1.** Wurf, Stoß *m* **2.** (MUS) Tonhöhe *f* **3.** (*fig*) Höhe *f*, Grad *m* **4.** Neigung(swinkel *m*) *f*; (Dach)Schräge *f* **5.** (TECH) Steigung, Ganghöhe *f* **6.** (*Schiff*) Stampfen *nt* **7.** Stand(platz) *m* (*eines Straßenhändlers*) **8.** (*Kricket*) (Mittel)Feld *nt* **9.** (*fam*) Gerede *nt;* Verkaufsmasche *f;* **be at a high ~ of excitement** sehr erregt sein; **have a clever sales** ~ die Ware gut anpreisen können; **queer s.o.'s** ~ jdm ins Gehege kommen; **perfect** ~ absolutes Gehör; **at its highest** ~ (*fig*) auf dem Höhepunkt; ~ **of excitement** Grad *m* der Erregung; **what's the ~?** (*Am sl*) was läuft?; **caravan** ~ Stellplatz *m* für einen Wohnwagen; **tent** ~ Zeltplatz *m;* **pitch in I.** *vt* hineinwerfen **II.** *vi* (*fam*) einspringen; ~ **in together** zusammenhelfen; **pitch into** *vt* herfallen über; **pitch on** *vt* auswählen; **pitch out** *vt* hinauswerfen; wegwerfen
pitch² [pɪtʃ] *s* Pech *nt;* **as black as** ~ pechschwarz; **pitch-black** *adj* pechschwarz; **pitch·blende** ['pɪtʃblend] *s* Pechblende *f;* **pitch-dark** *adj* stockfinster
pitched [pɪtʃt] *adj:* ~ **battle** offener Kampf
pitcher¹ ['pɪtʃə(r)] *s* Werfer *m*
pitcher² ['pɪtʃə(r)] *s* Kanne *f*, Krug *m*
pitch·fork ['pɪtʃfɔːk] **I.** *s* Heu-, Mistgabel *f* **II.** *vt* **1.** mit der Heugabel wenden **2.** (*fig: Menschen*) plötzlich versetzen (*into a position* in eine Lage), hineinlancieren (*into a job* in eine Stellung)
pitch pine ['pɪtʃpaɪn] *s* Pitchpine, Pechkiefer *f*
pit·eous ['pɪtɪəs] *adj* kläglich, jämmerlich
pit·fall ['pɪtfɔːl] *s* Falle *f*
pith [pɪθ] *s* **1.** (BOT ZOO) Mark *nt* **2.** (*Orange*) weiße Haut **3.** (*fig*) Kern *m*, Substanz, Quintessenz *f* **4.** Bedeutung *f*
pit·head ['pɪtˌhed] *s* (MIN) **1.** Schachteingang *m* **2.** Grubenhalde *f*
pith hel·met ['pɪθˌhelmɪt] *s* Tropenhelm *m*
pithy ['pɪθɪ] *adj* **1.** markig **2.** (*fig: Stil*) gedrängt; inhaltsreich, gehaltvoll
piti·able ['pɪtɪəbl] *adj* **1.** bemitleidenswert **2.** erbärmlich, jämmerlich; **piti·ful** ['pɪtɪfl] *adj* **1.** bemitleidens-, bejammernswert **2.** erbärmlich, jämmerlich; **piti·less** ['pɪtɪlɪs] *adj* **1.** mitleids-, erbarmungslos **2.** unbarmherzig
pi·ton ['piːtɒn] *s* Felshaken *m*
pit·ta bread ['pɪtəˌbred] *s* Pitta-, Fladenbrot *nt*
pit·tance ['pɪtns] *s* kleiner Betrag, Hungerlohn *m*
pi·tu·itary [pɪ'tjuːɪtərɪ] *adj* (ANAT): ~ **gland** Hypophyse *f*
pity ['pɪtɪ] **I.** *s* Mitleid *nt;* **in ~ of, out of ~** aus Mitleid; **have** [*o* **take**] ~ **on** Mitleid haben mit; **what a ~!** wie schade!; **it's a ~ that ...** es ist schade, dass ...; **the ~ is that** es ist ein Jammer, dass; **for ~'s sake!** um Himmels willen!; **more's the** ~ (*fam*) leider **II.** *vt* bemitleiden, bedauern; **I ~ you** Sie tun mir Leid; **pity·ing** [-ɪŋ] *adj* mitleidig; verächtlich
pivot ['pɪvət] **I.** *s* **1.** Drehpunkt *m* **2.** (TECH) Drehzapfen *m* **3.** (MIL) Flügelmann *m* **4.** (*fig*) Angelpunkt *m;* Schlüsselfigur *f* **II.** *vt* drehbar lagern; schwenken **III.** *vi* **1.** drehbar gelagert sein (*on* auf) **2.** (*a. fig*) sich drehen (*on, upon* um)
pix [pɪks] *s pl* (*fam*) Bilder *ntpl*
pixel [pɪksl] *s* (INFORM) Pixel *nt*, Bildpunkt *m*
pixie, pixy ['pɪksɪ] *s* Elf(e *f*) *m*
pixi·lated ['pɪksɪleɪtɪd] *adj* (*Am*) **1.** (*fam*) durchgedreht, durcheinander **2.** (*sl*) besoffen, blau
pizza ['piːtsə] *s* Pizza *f*
plac·ard ['plækɑːd] **I.** *s* Plakat *nt*, Anschlag(zettel) *m;* Transparent *nt* **II.** *vt* **1.** mit Plakaten bekleben **2.** anschlagen, plakatieren **3.** durch Anschlag Bekannt machen (*on* auf)
pla·cate [plə'keɪt, *Am* 'pleɪkeɪt] *vt* besänftigen, beruhigen, beschwichtigen; **pla·ca·tory** [plə'keɪtərɪ] *adj* besänftigend
place [pleɪs] **I.** *s* **1.** Platz, Ort *m*, Stelle *f* **2.** (GEOG) Ort *m* **3.** Stätte *f*, Ort *m* **4.** (Sitz-, Theater)Platz *m* **5.** (Buch)Stelle *f* **6.** (*fig*) Stelle *f*, Platz *m* (*in einer Ordnung, Reihenfolge*) **7.** Stelle, (An)Stellung *f* (*im Beruf*) **8.** Stand, Rang *m;* Amt *nt;* (*fig*) Aufgabe *f;* Pflicht *f* **9.** Gegend *f;* Land *nt;* Gebäude *nt;* Ort *m* **10.** Haus *nt;* Wohnung *f* **11.** (MATH) Stelle *f* **12.** (SPORT) Platz *m;* **all over the** ~ überall, an allen Orten; **any** ~ (*Am fam*) irgendwo; **at my** ~ bei mir; **at this** ~ hier; (COM) am hiesigen Platz; **every** ~ (*Am fam*) überall; **from ~ to ~** von Ort zu Ort; **from this** ~ ab hier; **go ~s** (*beruflich*) seinen/ihren Weg machen; **in** ~ an Ort u. Stelle; in Ordnung, angebracht, an-

P

gemessen; **in ~ of s.o.** an jds Stelle; (stellvertretend) für jdn; **in all ~s** überall; **in my ~** an meiner Stelle, in meiner Lage; **in the first ~** in erster Linie; **no ~** (*Am fam*) nirgendwo; **out of ~** nicht am (rechten) Platz, fehl am Platz; unangebracht; außer Dienst; stellenlos; **some ~** (*fam*) irgendwo; **be s.o.'s ~ to do s.th.** jds Sache, Aufgabe sein etw zu tun; **make ~** Platz machen (*to* für); **hold a ~** eine Stellung bekleiden; **keep one's ~** seine Stellung behaupten; die Stelle nicht verlieren; **know one's ~** (*fig*) wissen, was sich für einen ziemt; **lay** [*o* **set**] **a ~ for s.o.** für jdn decken; **put s.o. in his ~** jdn in seine Schranken verweisen; **take ~** stattfinden; **take s.o.'s ~** jds Stelle einnehmen; an jds Stelle treten; **she felt out of ~** sie fühlte sich fehl am Platz; **there is no ~ for doubt** es besteht kein Anlass zum Zweifeln; **put yourself in my ~** versetzen Sie sich in meine Lage; **meeting ~** Treffpunkt *m;* **permanent ~** Dauerstellung *f;* **~ of amusement** Vergnügungsstätte *f;* **~ of arrival** Ankunftsort *m;* **~ of origin** Ursprungs-, Herkunfts-, Heimatort *m;* **~ of work** Arbeitsplatz *m* **II.** *vt* **1.** setzen, stellen, legen; (*Wachen*) aufstellen; (*Ball*) platzieren; (*in Zeitung*) inserieren; aufgeben; (*Angelegenheit*) übergeben; (*Vertrauen*) setzen (*in* auf) **2.** (*Auftrag*) erteilen (*with s.o.* jdm); (*Vertrag*) abschließen **3.** (*Gespräch*) anmelden **4.** (*Geld*) deponieren; anlegen **5.** (COM: *Waren*) absetzen **6.** (*in Stelle*) unterbringen **7.** (*fig*) einordnen; **be ~d** liegen; **he was ~ second** er wurde Zweiter; **how are you ~d for money?** wie sieht es mit Geld aus?; **we were well ~d to see the match** wir hatten einen guten Platz, von dem wir das Spiel sehen konnten; **we are better ~d now** wir stehen jetzt besser da; **~ emphasis on s.th.** etw betonen; **~ a strain on s.o.** jdn belasten; **I can't ~ him** ich weiß nicht, woher ich ihn kenne; ich kann ihn nicht einordnen

pla·cebo [plə'siːbəʊ] <*pl* **-cebos**> *s* (MED) Placebo *nt*

place card ['pleɪsˌkɑːd] *s* Tischkarte *f;* **place kick** *s* (*Fußball*) Abschlag *m* (*vom Tor*)*;* **place mat** *s* Set *nt*

place·ment ['pleɪsmənt] *s* **1.** (*Arbeitskräfte*) Unterbringung *f* **2.** Stellenbesetzung *f* **3.** (*Anleihe*) Plazierung *f;* Anlage, Investition *f* **4.** Praktikantenstelle *f*

place name ['pleɪsˌneɪm] *s* Ortsname *m*

pla·centa [plə'sentə] *s* Plazenta *f*

pla·cid ['plæsɪd] *adj* **1.** ruhig **2.** gelassen, gesetzt **3.** sanft

pla·giar·ism ['pleɪdʒərɪzəm] *s* Plagiat *nt;* **pla·giar·ist** ['pleɪdʒərɪst] *s* Plagiator *m;* **pla·giar·ize** ['pleɪdʒəraɪz] *vt* plagiieren

plague [pleɪg] **I.** *s* **1.** Seuche *f;* Pest *f* **2.** (*fig*) Quälgeist *m;* (*fam*) Plage *f* **II.** *vt* plagen; **plagued** *adj* geplagt

plaice [pleɪs] <*pl* -> *s* Scholle *f*

plaid [plæd] *s* Plaid *nt;* **~ skirt** karierter Rock

plain [pleɪn] **I.** *adj* **1.** klar; offensichtlich; deutlich **2.** einfach; (*Kleidung*) einfach, schlicht **3.** (*Wasser*) klar **4.** (*Schokolade*) bitter **5.** (*Farbe*) uni, einfarbig **6.** (*Frage, Antwort*) klar; (*Wahrheit*) rein **7.** (*Freude, Neid, Unsinn*) rein **8.** (*Aussehen*) nicht überwältigend, alltäglich; **in ~ clothes** in Zivil; **in ~ English** geradeheraus; **be ~, use ~ language with s.o.** jdm offen seine Meinung sagen; **make ~** deutlich, verständlich machen; zu verstehen geben; **tell the ~ truth** die volle Wahrheit sagen; **that's as ~ as a pikestaff, as ~ as the nose on your face** das ist sonnenklar **II.** *s* **1.** Ebene *f* **2.** rechte Masche; **the ~s** (*Am*) die Prärie

plain·clothes ['pleɪnˌkləʊðz] *adj:* **~ policeman** Polizist *m* in Zivil, Zivilfahnder *m;* **plain country** *s* Flachland *nt;* **plain language** *s* Klartext *m;* **in ~** unmissverständlich; **plain·ly** ['pleɪnlɪ] *adv* **1.** einfach, klar **2.** offensichtlich; **to put it ~** um es klar auszudrücken; **plain·ness** ['pleɪnnɪs] *s* **1.** Offenheit *f* **2.** Einfachheit *f* **3.** Unansehnlichkeit *f;* **plain sailing** **I.** *s* eine einfache Sache **II.** *adj* (ganz) leicht, ganz einfach; **plain-spoken** [ˌpleɪn'spəʊkən] *adj* freimütig, offen

plain·tiff ['pleɪntɪf] *s* (JUR) Kläger(in) *m(f),* klagende Partei

plain·tive ['pleɪntɪv] *adj* traurig, schmerzlich, kläglich

plait [plæt] **I.** *s* Flechte *f,* Zopf *m* **II.** *vt* flechten

plan [plæn] **I.** *s* **1.** Plan, Entwurf *m* **2.** (*~ view*) Grundriss, (Lage)Plan *m;* Stadtplan *m* **3.** (*fig*) Vorhaben *nt;* Projekt *nt* **4.** (BES. POL COM) Programm *nt* **5.** Verfahren(sweise *f*) *nt,* Methode *f;* **in ~** im Grundriss; **go according to ~** planmäßig verlaufen; **five-year ~** Fünfjahresplan *m* **II.** *vi* planen; **~ for s.th.** etw einplanen; **~ on s.th.** mit etw rechnen; etw vorhaben **III.** *vt* **1.** entwerfen, skizzieren **2.** (*~ out*) ausarbeiten, vorplanen **3.** planen, vorhaben, beabsichtigen; **~ned economy** Planwirtschaft *f*

plane[1] [pleɪn] **I.** *adj* (*a.* MATH) flach, eben **II.** *s* **1.** Ebene *f* **2.** (*fig*) Niveau *nt,* Ebene, Stufe *f;* **on the same ~** auf der gleichen Ebene (*as* wie); **inclined ~** (PHYS) schiefe Ebene

plane[2] [pleɪn] **I.** *s* Hobel *m* **II.** *vt* hobeln, glätten; planieren; ~ **off,** ~ **away,** ~ **down** ab-, weghobeln

plane³ [pleɪn] (~*-tree*) Platane *f*

plane⁴ [pleɪn] *s* Flugzeug *nt;* **go by** ~ fliegen; **plane crash** *s* Flugzeugabsturz *m*

planet ['plænɪt] *s* (ASTR) Planet *m;* **plan·et·ar·ium** [ˌplænɪ'teərɪəm] *s* Planetarium *nt;* **plan·et·ary** ['plænɪtərɪ] *adj* planetarisch

plank [plæŋk] *s* **1.** Planke, Bohle *f;* Brett *nt* **2.** (POL) (Partei)Programmpunkt *m;* **plank·ing** [-ɪŋ] *s* **1.** Dielenlegen *nt* **2.** Verschalung *f* **3.** Planken *fpl*

plank·ton ['plæŋktən] *s* (BIOL) Plankton *nt*

plan·ner ['plænə(r)] *s* Planer(in) *m(f);* **plan·ning** ['plænɪŋ] *s* **1.** Planung *f* **2.** Ausarbeitung *f;* **family** ~ Geburtenkontrolle *f;* **town** [*o* **city**] ~ Städteplanung *f;* ~ **permission** Baugenehmigung *f*

plant [plɑ:nt] **I.** *s* **1.** (BOT) Pflanze *f* **2.** (TECH) Fabrik *f,* Werk(sanlage *f*) *nt* **3.** Betrieb(seinrichtung *f*) *m* **4.** Apparatur, Anlage *f,* Maschinenpark *m* **5.** (Betriebs)Gebäude *ntpl* **6.** (*sl*) Betrug(smanöver *nt*), Schwindel *m;* Irreführung *f* **7.** (*sl*) Spitzel *m;* **power** ~ Kraftwerk *nt* **II.** *vt* **1.** pflanzen **2.** (*Gelände*) bepflanzen **3.** (~ *out*) umpflanzen **4.** fest (auf)stellen; (*Fahne*) aufpflanzen; (*fig*) einprägen, -pflanzen, -impfen **5.** (*Anschauungen, Gewohnheiten*) einbürgern **6.** (*junge Fische, Austern*) setzen **7.** (*sl: Schlag*) verpassen, versetzen **8.** (*sl: Diebesgut*) verstecken **9.** unterschieben (*on s.o.* jdm) **10.** (*Bombe*) legen; ~ **o.s. in a chair** sich in einen Stuhl fallen lassen

plan·tain ['plæntɪn] *s* **1.** Wegerich *m* **2.** (Mehl)Banane *f,* Pisang *m*

plan·ta·tion [plæn'teɪʃn] *s* **1.** (An)Pflanzung, Plantage *f* **2.** (Wald)Schonung *f*

planter ['plɑ:ntə(r)] *s* **1.** Pflanzer(in) *m(f),* Plantagenbesitzer(in) *m(f)* **2.** Pflanz-, Setzmaschine *f* **3.** Übertopf *m*

plaque [plɑ:k, plæk] *s* **1.** (Gedenk)Tafel *f* **2.** (MED) Belag *m;* Zahnbelag *m*

plash [plæʃ] **I.** *s* Plätschern, Spritzen *nt* **II.** *vi* platschen; plätschern; planschen

plasm, plasma ['plæzm, 'plæzmə] *s* Plasma *nt*

plas·ter ['plɑ:stə(r), *Am* 'plæstə(r)] **I.** *s* **1.** (ARCH) (Ver)Putz, Bewurf *m* **2.** (~ *of Paris*) Gips *m* **3.** (*Br*) Pflaster *nt* **II.** *vt* **1.** verputzen; gipsen **2.** bepflastern, bekleben; **plas·ter·board** ['plɑ:stəbɔ:d] *s* Gipsplatte *f;* **plaster cast** *s* **1.** (*Kunst*) Gipsabguss *m* **2.** (MED) Gipsverband *m;* **plas·tered** ['plɑ:stəd] *adj* (*sl*) besoffen; **plas·terer** ['plɑ:stərə(r)] *s* Gipser, Stukkateur *m*

plas·tic ['plæstɪk] **I.** *adj* **1.** Plastik-, aus Plastik **2.** formbar, knetbar, plastisch **3.** (MED) plastisch; ~ **arts** gestaltende Künste *fpl* **II.** *s* Plastik *nt,* Kunststoff *m;* **plastic bag** *s* Plastikbeutel *m,* Plastiktüte *f;* **plastic bomb** *s* Plastikbombe *f;* **plastic bullet** *s* Plastikgeschoss *nt;* **plastic explosive** *s* Plastiksprengstoff *m;* **plas·ti·cine®** ['plæstɪsi:n] *s* Plastilin *nt,* Knetmasse *f;* **plas·tic·ity** [plæ'stɪsətɪ] *s* Formbarkeit *f;* **plastic money** *s* Plastikgeld *nt;* **plastics industry** *s* Kunststoffindustrie *f;* **plastic surgery** *s* plastische Chirurgie

plate [pleɪt] **I.** *s* **1.** Teller *m;* Platte *f* **2.** (TECH PHOT TYP) Platte *f* **3.** Bildseite, -tafel *f* **4.** Tafel-, Silbergeschirr *nt* **5.** vergoldetes, versilbertes Metall **6.** (SPORT) Pokal *m;* (Pokal)Rennen *nt* **7.** (MED: *dental* ~) Zahn-, Gaumenplatte *f;* **door** [*o* **name**] ~ Türschild *nt;* **hot** ~ Heizplatte *f;* **number** [*o* **licence**] ~ (AUTO) Nummernschild *nt;* **soup** [*o* **dinner**] ~ Suppenteller *m* **II.** *vt* **1.** vergolden, versilbern **2.** (*Schiff*) beplanken; panzern

pla·teau ['plætəʊ, *Am* plæ'təʊ] <*pl* **-teaus, -teaux**> *s* Hochebene *f,* Plateau *nt;* **reach a** ~ (*Preise*) sich einpendeln

plated ['pleɪtɪd] *adj* **1.** gepanzert **2.** plattiert; **chromium-**~ verchromt; **gold-**~ vergoldet; **plate·ful** ['pleɪtfʊl] *s* **1.** Tellervoll *m* **2.** (*fam*) viel Arbeit *f;* **plate glass** *s* Tafelglas *nt;* **plate·layer** ['pleɪtleɪə(r)] *s* (*Br*) Schienenleger, Streckenarbeiter *m;* **plate·let** ['pleɪlət] *s* (MED) Plättchen *nt;* **plate rack** *s* Geschirrständer *m;* **plate shears** *s pl* Blechschere *f;* **plate warmer** ['pleɪtwɔ:mə(r)] *s* Tellerwärmer *m*

plat·form ['plætfɔ:m] *s* **1.** Podium *nt,* (Redner)Tribüne *f;* Plattform *f* **2.** (RAIL) Bahnsteig *m;* Gleis *nt* **3.** (POL) Plattform *f* **4.** (*fig*) Ebene *f;* **arrival/departure** ~ Ankunfts-/Abgangsbahnsteig *m;* **lifting** ~ Hebebühne *f;* ~ **shoe** Plateauschuh *m*

plat·ing ['pleɪtɪŋ] *s* **1.** Panzerung *f* **2.** Plattierung *f*

plati·num ['plætɪnəm] *s* Platin *nt*

plati·tude ['plætɪtju:d] *s* Gemeinplatz *m,* Platitüde *f;* **plati·tudi·nous** [ˌplætɪ'tju:dɪnəs] *adj* banal, seicht

pla·tonic [plə'tɒnɪk] *adj* platonisch

pla·toon [plə'tu:n] *s* (MIL) Zug *m*

plat·ter ['plætə(r)] *s* **1.** Teller *m;* Brett *nt,* (Braten)Platte *f* **2.** (*sl*) (Schall)Platte *f*

platy·pus ['plætɪpəs] *s* Schnabeltier *nt*

plaus·ib·il·ity [ˌplɔ:zə'bɪlɪtɪ] *s* Plausibilität *f;* **plaus·ible** ['plɔ:zəbl] *adj* plausibel, überzeugend, glaubhaft

play [pleɪ] **I.** *vi* **1.** spielen (*at a game* ein Spiel) **2.** (THEAT) spielen; gespielt werden **3.** (*fig*) mitmachen, mitspielen **4.** (TECH)

Spielraum haben; **what are you ~ing at?** was soll das?; ~ **for money** um Geld spielen; ~ **for time** Zeit rausschinden wollen; **the pitch ~s badly** das Spielfeld ist schlecht bespielbar; ~ **to s.o.** jdm vorspielen; ~ **with the idea** mit dem Gedanken spielen; **he won't** ~ er spielt nicht mit **II.** *vt* **1.** (*ein Spiel*) spielen; spielen gegen **2.** (*einen Spieler*) einsetzen, verwenden (*as* als) **3.** (THEAT MUS) spielen **4.** sich benehmen, auftreten als **5.** (*Karte*) ausspielen **6.** (*Licht-, Wasserstrahl*) spielen lassen (*on, over* über) **7.** (*Fisch an der Angel*) drillen **8.** leicht, gewandt umgehen mit, handhaben; **refuse to ~ ball** (*fig*) nicht mitspielen; ~ **a joke on s.o.** jdm einen Streich spielen; ~ **a (dirty) trick on s.o.** jdn hereinlegen; ~ **the fool** herumalbern; ~ **the piano** Klavier spielen **III.** *s* **1.** Spiel *nt* **2.** (Theater)Spiel, Stück *nt* **3.** Spielen *nt* (*des Lichtes*) **4.** Bewegungsfreiheit *f;* (*a.* TECH) Spielraum *m;* **abandon** ~ das Spiel abbrechen; **at** ~ beim Spiel; **in** ~ im Spaß, Scherz; (SPORT) im Spiel; **in full** ~ in vollem Gange; **out of** ~ (*Ball*) im Aus; **allow full ~ to s.th.** einer S freien Lauf lassen; **bring into** ~ ins Spiel bringen; **come into** ~ seine Tätigkeit entfalten; in Tätigkeit treten; **give free ~ to s.th.** einer S freien Spielraum lassen, einer S freien Lauf geben; **go to the** ~ ins Theater gehen; **make a ~ for** (*Am sl*) allen Charme aufbieten; **play about, play around** *vi* spielen (*with s.th.* mit etw); **play against** *vt* ausspielen gegen; **play along I.** *vi* mitspielen **II.** *vt* **1.** warten lassen **2.** hinters Licht führen; **play down** *vt* herunterspielen; **play in** *vt* mit Musik hereinbegleiten; ~ **o.s. in** sich warm spielen; **play off** *vt* (SPORT: *Spiel*) um die Entscheidung spielen; ~ **s.o. off against s.o. else** jdn gegen jdn anderen ausspielen; **play on** *vi* **1.** weiterspielen **2.** ausnutzen; hervorheben; **play out** *vt* **1.** (THEAT) darstellen; zu Ende spielen **2.** ausbeuten **3.** mit Musik hinausbegleiten; **~ed out** ausgespielt, erledigt; überholt, veraltet; **play through** *vi* durchspielen; **play up** *vi* **1.** lauter spielen **2.** loslegen **3.** (*fam*) Ärger machen; ~ **up to s.o.** jdm schöntun; ~ **s.th. up** etw hochspielen

play·able ['pleɪəbl] *adj* (*Platz*) zum Spielen geeignet, bespielbar; (*Ball*) spielbar; (*Stück*) bühnenreif; **play-act** *vi* schauspielern; **play·back** ['pleɪbæk] *s* **1.** Abspielen *nt* **2.** Wiedergabe *f,* Playback *nt;* **play·bill** *s* Theaterprogramm *nt;* **play·boy** *s* Playboy *m;* **player** ['pleɪə(r)] *s* Spieler(in) *m(f),* Schauspieler(in) *m(f);* **chess-/football-/piano-~** Schach-/Fußball-/Klavierspieler(in) *m(f);* **record** ~ Plattenspieler *m;* **play·fellow, play·mate** ['pleɪfeləʊ, 'pleɪmeɪt] *s* Spielkamerad(in) *m(f);* **play·ful** ['pleɪfl] *adj* **1.** spielerisch **2.** verspielt **3.** spaßig, spaßhaft; **play·goer** ['pleɪgəʊə(r)] *s* Theaterbesucher(in) *m(f);* **play·ground** ['pleɪgraʊnd] *s* **1.** Spielplatz *m* **2.** Schulhof *m* **3.** (*fig*) Tummelplatz *m;* **play·group** ['pleɪgru:p] *s* Spielgruppe *f;* **play·house** ['pleɪhaʊs] *s* **1.** Theater *nt* **2.** Spielhaus für Kinder; (*Am*) Puppenstube *f;* **play·ing card** ['pleɪɪŋ'kɑ:d] *s* Spielkarte *f;* **play·ing field** ['pleɪɪŋ'fi:ld] *s* Sportplatz *m;* **play-off** ['pleɪɒf] *s* Entscheidungsspiel *nt;* Verlängerung *f;* **play·pen** *s* Laufstall *m;* **play·room** ['pleɪrʊm] *s* Spielzimmer *nt;* **play·school** ['pleɪsku:l] *s* Kindergarten *m;* **play·suit** ['pleɪsu:t] *s* Spielanzug *m;* **play·thing** ['pleɪθɪŋ] *s* **1.** (*a. fig*) Spielzeug *nt* **2. ~s** Spielsachen *pl;* **play·time** ['pleɪtaɪm] *s* (SCHULE) Pause *f;* **play·wright** ['pleɪraɪt] *s* Bühnenschriftsteller(in) *m(f),* Dramatiker(in) *m(f)*

pla·za ['plɑ:zə] *s* (*Am*) **1.** Einkaufszentrum *nt* **2.** Raststätte *f*

plc [ˌpi:el'sɪ:] *s Abk. von* **public limited company** (*etwa*) AG *f*

plea [pli:] *s* **1.** Bitte *f;* Appell *m* **2.** Entschuldigung, Begründung *f* **3.** (JUR) Plädoyer *nt* **4.** dringende Bitte, Gesuch *nt* (*for* um); **make a ~ for s.th.** zu etw aufrufen; **make a ~ for mercy** um Gnade bitten; **make a ~ of self-defence** Notwehr geltend machen; **enter a ~ of not guilty** seine Unschuld erklären; **enter a ~ of guilty** ein Geständnis ablegen; **on the ~ of illness** aus gesundheitlichen Gründen

plead [pli:d] **I.** *vi* **1.** bitten (*for* um) **2.** (JUR) das Plädoyer halten; ~ **with s.o. to do s.th.** jdn (inständig) bitten etw zu tun; ~ **guilty** sich schuldig bekennen; ~ **not guilty** seine Schuld bestreiten; ~ **for s.th.** (*fig*) für etw plädieren **II.** *vt* **1.** vertreten **2.** (*Unwissenheit, Unzurechnungsfähigkeit*) sich berufen auf, geltend machen; ~ **s.o.'s case** [*o* **the case for s.o.**] jdn vertreten; ~ **the case for the defence** die Verteidigung vertreten; ~ **the case for s.th.** (*fig*) sich für etw einsetzen; **plead·ing** [-ɪŋ] **I.** *s* **1.** Bitten *nt* **2.** (JUR) Plädoyer *nt* **II.** *adj* flehend

pleas·ant ['pleznt] *adj* **1.** angenehm; erfreulich **2.** (*Mensch*) umgänglich, liebenswürdig

pleas·ant·ry ['plezntrɪ] *s* **1.** Scherz, Spaß *m* **2.** Höflichkeit *f*

please [pli:z] **I.** *vt* **1.** gefallen, angenehm sein (*s.o.* jdm) **2.** zufrieden stellen **3.** eine Freude machen (*s.o.* jdm) **4.** (*iro*) belieben (*s.o.* jdm); **it ~s me** es gefällt mir; **to ~ you** dir zuliebe; **it ~s the senses** es ist angenehm; **you can't ~ everybody** man kann es nicht allen recht machen; **he is hard to ~** man kann es ihm schwer recht machen; **I'm ~d to help** ich helfe gern **II.** *vi* gefallen; **if you ~** bitte; **as you ~** wie du willst; **do as one ~s** tun, was man will; **we aim to ~** wir möchten, dass Sie zufrieden sind **III.** *vr* tun, was einem gefällt; **~ yourself!** wie du willst! **IV.** *interj* bitte!; **~ do!** bitte sehr! **V.** *s* Bitte *nt;* **pleased** ['pli:zd] *adj* **1.** erfreut **2.** zufrieden; **be ~ about s.th.** sich über etw freuen; **~ to meet you!** angenehm! freut mich!; **be ~ with s.th.** mit etw zufrieden sein; **be ~ with o.s.** (*pej*) selbstgefällig sein; **pleas·er** ['pli:zə] *s* jemand, der es anderen (immer) recht machen möchte; **pleas·ing** [-ɪŋ] *adj* angenehm

pleas·ur·able ['pleʒərəbl] *adj* angenehm, erfreulich; **pleas·ure** ['pleʒə(r)] *s* **1.** Vergnügen *nt,* Freude *f* **2.** Vergnügen *nt,* Vergnügung *f* **3.** Wunsch *m;* **at ~** nach Belieben; **for ~** zum Vergnügen; **with ~** mit Vergnügen; **give great ~** großes Vergnügen machen; **have the ~ of doing** das Vergnügen haben zu tun; **take ~ in** Gefallen finden an; **it gives me no ~** es ist für mich kein Vergnügen; **may I have the ~ of the next dance with you?** darf ich Sie um den nächsten Tanz bitten?; **pleasure boat** *s* Vergnügungsdampfer *m;* **pleasure ground** *s* Fest-, Spiel-, Sportplatz *m;* **pleasure principle** *s* Lustprinzip *nt;* **pleasure trip** *s* Vergnüngungsreise *f*

pleat [pli:t] **I.** *s* Falte *f* **II.** *vt* fälteln; **~ed skirt** Faltenrock *m*

pleb [pleb] *s* Prolet(in) *m(f);* **pleb·eian** [plɪ'bi:ən] **I.** *s* Plebejer(in) *m(f)* **II.** *adj* plebejisch

plebi·scite ['plebɪsɪt, *Am* 'plebɪsaɪt] *s* Volksentscheid *m,* -abstimmung *f*

pledge [pledʒ] **I.** *s* **1.** Pfand *nt* **2.** Versprechen *nt* **3.** Trinkspruch *m;* **under the ~ of secrecy** unter dem Siegel der Verschwiegenheit; **I give you my ~** ich gebe dir mein Wort; **as a ~ of** zum Zeichen *+gen;* **election ~** Wahlversprechen *nt;* **take the ~** dem Alkohol abschwören **II.** *vt* **1.** verpfänden, als Pfand geben, versetzen **2.** versprechen, geloben **3.** einen Trinkspruch ausbringen (*s.o.* auf jdn), zutrinken (*s.o.* jdm); **~ o.s.** sich verbürgen, sich verpflichten (*to do* zu tun); **~ one's word** sein (Ehren)Wort geben

ple·nary ['pli:nərɪ] *adj* Plenar-, Voll-; **~ assembly** [*o* **meeting**] Vollversammlung *f;* **~ powers** (unbeschränkte) Vollmacht *f;* **~ session** Plenarsitzung *f*

pleni·po·ten·tiary [ˌplenɪpə'tenʃərɪ] **I.** *adj* bevollmächtigt **II.** *s* Bevollmächtigte(r) *f m*

plen·ti·ful ['plentɪf(ʊ)l] *adj* reichlich, im Überfluss

plenty ['plentɪ] **I.** *s* Reichtum *m,* Fülle *f;* **~ of** eine Menge ...; reichlich ...; sehr viel ...; **~ more** viel mehr; **in ~** in Hülle u. Fülle, *fam* in rauhen Mengen; **horn of ~** Füllhorn *nt;* **land of ~** Schlaraffenland *nt* **II.** *adj* (*Am*) reichlich, im Überfluss **III.** *adv* (*fam*) reichlich; **it's ~ big enough** es ist wirklich groß genug

plenum ['pli:nəm] *s* Vollversammlung *f,* Plenum *nt*

pleo·nasm ['plɪənæzəm] *s* Pleonasmus *m;* **pleo·nastic** [plɪə'næstɪk] *adj* pleonastisch

pleur·isy ['plʊərəsɪ] *s* Brustfell-, Rippenfellentzündung *f*

plexus ['pleksəs] *s* (ANAT) (Gefäß-, Nerven)Geflecht *nt;* **solar ~** Solarplexus *m,* Magengrube *f*

pli·able ['plaɪəbl] *adj* **1.** biegsam **2.** (*fig*) leicht beeinflussbar; fügsam

pli·ers ['plaɪəz] *s pl* (Flach)Zange *f*

plight [plaɪt] *s* schwierige Lage, Not *f;* (*Währung*) Verfall *m*

plim·soll ['plɪmsəl] *s* Turnschuh *m;* **Plimsoll line** Freibordmarke *f,* Ladelinie *f*

PLO [ˌpi:el'əʊ] *s Abk. von* **Palestine Liberation Organisation** PLO *f*

plod [plɒd] **I.** *s* Trott *m* **II.** *vi* **1.** sta(m)pfen; mühsam vorwärts schreiten **2.** (*~ away at the work*) sich (ab)placken, schuften; **~ on** mühsam weitermachen; **plod·der** ['plɒdə(r)] *s* (*fam*) Arbeitstier *nt;* **plod·ding** ['plɒdɪŋ] *adj* schwerfällig

plonk[1] [plɒŋk] *s* (*Br: pej*) billiger Wein

plonk[2] [plɒŋk] **I.** *s* Plumps *m* **II.** *adv* plumps; **~ in the middle** genau in der Mitte **III.** *vt* (*~ down*) hinwerfen; **~ o.s.** (**down**) sich hinschmeißen; **~ o.s. down in a chair** sich in einen Sessel fallen lassen

plonk·er ['plɒŋkə(r)] *s* (*sl*) Depp *m*

plop [plɒp] **I.** *vi* plumpsen; platschen; **~ into a chair** sich in einen Sessel plumpsen lassen **II.** *vi* fallen lassen; hinwerfen **III.** *s* **1.** Plumps(en *nt*) *m;* Platschen *nt* **2.** (*Kork*) Knallen *nt* **IV.** *adv* mit einem Plumps

plot [plɒt] **I.** *s* **1.** Stück *nt* Land; Gartenbeet *nt;* (*building ~*) Grundstück *nt;* Parzelle *f* **2.** (*Am*) Grundriss, Plan *m* **3.** Verschwörung *f* **4.** (*lit*) Handlung *f* **II.** *vt* **1.** planen **2.** (*Position, Kurs*) feststellen **3.** (MATH MED: *Kurve*) aufzeichnen; (*in Karte*) einzeichnen **III.** *vi* sich verschwören (*against* gegen); **plot·ter** ['plɒtə(r)] *s* **1.** Verschwörer(in) *m(f)* **2.** (INFORM) Plotter *m*

plough [plaʊ] **I.** *s* Pflug *m;* **the Plough**

P

(ASTR) der Wagen; **put one's hand to the ~** sich anstrengen **II.** *vt* **1.** pflügen; (*Furche*) ziehen **2.** (*Weg*) bahnen **3.** (*Br sl*) durchfallen lassen **III.** *vi* **1.** pflügen **2.** (*Br*) durchfallen; **plough back** *vt* unterpflügen; (*Gewinne*) reinvestieren; **plough in** *vt* unterpflügen; **plough through** *vt, vi* (*Meer*) durchpflügen; (*Schnee*) sich kämpfen durch; ~ (**one's way**) **through a book** sich durch ein Buch durchkämpfen; **plough up** *vt* umpflügen; **plough·man's lunch** [ˌpləʊmənz'lʌntʃ] *s Käse mit Pickle und Brot;* **plough·share** ['plaʊʃeə(r)] *s* Pflugschar *f*

plow (*Am*) *s.* **plough**

ploy [plɔɪ] *s* List *f,* Dreh *m*

pluck [plʌk] **I.** *vt* **1.** ab-, ausreißen **2.** (*Geflügel*) rupfen **3.** (*Augenbrauen*) zupfen **4.** (*Blume*) pflücken, abreißen; ~ **up courage** Mut fassen **II.** *vi* zerren, zupfen, ziehen (*at* an) **III.** *s* **1.** Mut *m,* Tapferkeit *f* **2.** (*Tier*) Innereien *pl;* **plucky** ['plʌkɪ] *adj* mutig, kühn

plug [plʌg] **I.** *s* **1.** Stöpsel *m;* Pfropfen *m;* (*Fass*) Spund *m* **2.** (~ *of cotton*) Wattebausch *m* **3.** (ELEK) Stecker *m;* (*fam*) Steckdose *f* **4.** (AUTO: *spark-~*) Zündkerze *f* **5.** (*Am: fire-~*) Hydrant *m* **6.** (*fam*) Reklame, Schleichwerbung *f;* **give s.th. a ~** für etw Schleichwerbung machen; **pull the ~** (das Klo) spülen; **pull the ~ on s.th.** (*fam*) etw stornieren **II.** *vt* **1.** (~ *up*) zustopfen; (*Zahn*) plombieren, füllen; (*Ohren*) zuhalten; zustopfen **2.** stecken (*into* in) **3.** (*sl*) eine verpassen (*s.o.* jdm), mit der Faust bearbeiten **4.** (*fam*) Reklame machen für (*on the radio* im Rundfunk) **5.** (*Idee*) allen anbieten; ~ **s.o. full of lead** (*fam*) jdn voll Blei pumpen; **plug away at** *vi* (*fam*) schuften an; **plug in** *vt* (ELEK) einstecken, anschließen; **plug·hole** ['plʌghəʊl] *s* Abfluss *m;* **plug-in** *s* (INTERNET) Plug-in *nt;* **plug·light** ['plʌglaɪt] *s* Nachtlicht *nt;* **plug-ugly I.** *s* (*fam*) Rowdy, Schläger *m* **II.** *adj* (*fam*) potthässlich

plum [plʌm] **I.** *s* **1.** Pflaume *f;* Zwetsch(g)e *f* **2.** Pflaumenblau *nt* **II.** *adj* (*fam*) toll, hervorragend; **he got a ~ job** er hat eine tolle Stelle

plum·age ['pluːmɪdʒ] *s* Gefieder *nt*

plumb [plʌm] **I.** *s* (*~-line, -bob*) Lot, Senkblei *nt;* **out of ~, off ~** (*Am*) aus dem Lot, schief **II.** *adv* **1.** lotrecht, senkrecht **2.** (*fam*) vollkommen, total; ~ **in the middle** genau in der Mitte **III.** *vt* **1.** (aus)loten, sondieren **2.** (*fig*) erforschen, herausbekommen

plum·bago [plʌm'beɪgəʊ] *s* (MIN) Graphit *m*

plumber ['plʌmə(r)] *s* Klempner(in) *m(f),* Spengler(in) *m(f),* Installateur(in) *m(f);* **~'s (workshop)** Installationsgeschäft *nt;* **plumb·ing** ['plʌmɪŋ] *s* **1.** Klempner-, Spenglerarbeit *f* **2.** Leitungen *fpl* **3.** sanitäre Anlagen *fpl*

plumb·line ['plʌmlaɪn] *s* Senkblei *nt*

plume [pluːm] **I.** *s* **1.** Feder *f* **2.** Federbusch *m* **3.** (~ *of smoke*) Rauchfahne *f* **II.** *vr* sich putzen; ~ **o.s. on s.th.** sich mit etw brüsten

plum·met ['plʌmɪt] **I.** *s* **1.** Senkblei *nt* **2.** (*Preis*) Sturz *m* **3.** (*Vogel, Flugzeug*) Sturzflug *m* **II.** *vi* senkrecht hinunterfallen, (ab)stürzen (*down to earth* auf die Erde); **prices have ~ed** die Preise sind stark gefallen

plummy ['plʌmɪ] *adj* **1.** (*Stimme*) vornehm, geziert **2.** (*fam*) prima, ausgezeichnet

plump [plʌmp] **I.** *adj* **1.** rundlich, mollig **2.** (*Tier*) gut gefüttert **3.** (*Antwort*) unverblümt **II.** *adv* **1.** mit einem Plumps **2.** offen, unverblümt **III.** *vi* (~ *down*) plumpsen **IV.** *vt* **1.** (~ *down*) plumpsen, fallen lassen **2.** schmeißen, knallen; ~ **o.s. down into a chair** sich auf einen Stuhl fallen lassen; **plump for** *vi* sich entscheiden für; **plump up** *vt* **1.** (*Kissen*) aufschütteln **2.** (*Hühner*) mästen; **plump·ness** ['plʌmpnəs] *s* Rundlichkeit *f*

plum pudding ['plʌmpʊdɪŋ] *s* Plumpudding *m*

plun·der ['plʌndə(r)] **I.** *vt* (aus)plündern **II.** *vi* plündern **III.** *s* Plünderung *f;* Beute *f;* **plun·derer** ['plʌndərə(r)] *s* Plünderer *m*

plunge [plʌndʒ] **I.** *vt* **1.** tauchen, tunken **2.** stoßen **3.** stürzen (*in, into* in); **the room was ~d into darkness** das Zimmer lag plötzlich im Dunkeln **II.** *vi* **1.** tauchen **2.** sich werfen **3.** stürzen (*into* in) **4.** (*Hang*) steil abfallen; (*Straße*) steil hinabführen **5.** (*Preise*) fallen **6.** (*Ausschnitt am Kleid*) tiefer gehen **7.** leichtsinnig spielen **8.** wild spekulieren **III.** *s* **1.** Kopfsprung *m* **2.** Kurssturz *m;* **take a ~** einen Kopfsprung machen; **take the ~** sich zu einem Entschluss durchringen; **plunger** ['plʌndʒə(r)] *s* **1.** (*fam*) Spekulant(in) *m(f)* **2.** (TECH) Gummisauger *m;* Tauchkolben *m*

plunk [plʌŋk] *vt* **1.** (*Am: Banjo*) zupfen **2.** (~ *down*) hinwerfen; ~ **o.s.** (**down**) sich hinschmeißen; ~ **o.s. down in a chair** sich in einen Sessel fallen lassen

plu·per·fect ['pluːˌpɜːfɪkt] *s* (GRAM) Plusquamperfekt *nt*

plu·ral ['plʊərəl] **I.** *adj* (GRAM) pluralisch **II.** *s* Plural *m,* Mehrzahl *f;* **plu·ral·ism** ['plʊərəlɪzəm] *s* (PHILOS) Pluralismus *m;*

plu·ral·istic [ˌplʊərəˈlɪstɪk] *adj* (PHILOS) pluralistisch; **plu·ral·ity** [plʊəˈrælətɪ] *s* **1.** Vielfalt *f;* (*Gesellschaft*) Pluralität *f* **2.** (~ *of votes*) Stimmenmehrheit *f*

plus [plʌs] **I.** *prep* plus; und; zuzüglich +*gen* **II.** *adj* extra; plus **III.** *s* **1.** Plus, Mehr *nt;* Pluspunkt *m* **2.** (~-*sign*) Pluszeichen *nt;* **plus fours** [ˌplʌsˈfɔːz] *s pl* Knickerbocker *pl*

plush [plʌʃ] **I.** *s* Plüsch *m* **II.** *adj* (*fam*) luxuriös, schick, elegant; plüschig

plu·toc·racy [pluːˈtɒkrəsɪ] *s* Plutokratie, Geldherrschaft *f;* **plu·to·crat** [ˈpluːtəkræt] *s* Plutokrat *m;* **plu·to·cratic** [ˌpluːtəˈkrætɪk] *adj* plutokratisch

plu·to·nium [pluːˈtəʊnɪəm] *s* (CHEM) Plutonium *nt*

ply[1] [plaɪ] *s* **1.** Schicht, Lage *f* **2.** (Garn)Strähne *f*

ply[2] [plaɪ] **I.** *vt* **1.** (*fig*) bestürmen (*with questions* mit Fragen) **2.** (regelmäßig) versorgen (*with* mit) **II.** *vi* regelmäßig verkehren (*between* zwischen)

ply·wood [ˈplaɪwʊd] *s* Sperrholz *nt*

pm [piːˈem] *Abk. von* **post meridiem** nachmittags

PM [piːˈem] *s Abk. von* **Prime Minister** Premierminister(in) *m(f),* Ministerpräsident(in) *m(f)*

pneu·matic [njuːˈmætɪk] *adj* Luft-; ~ **brake** Druckluftbremse *f;* ~ **drill** Pressluftbohrer *m;* ~ **hammer** Presslufthammer *m;* ~ **tyre,** ~ **tire** (*Am*) Luftreifen *m*

pneu·monia [njuːˈməʊnɪə] *s* Lungenentzündung *f*

poach[1] [pəʊtʃ] **I.** *vt* **1.** (*Wild*) unberechtigt jagen; wildern **2.** (COM) wegstehlen **II.** *vi* wildern; ~ **on s.o.'s preserves** sich gegenüber jdm Übergriffe leisten

poach[2] [pəʊtʃ] *vt* (*Ei*) pochieren; ~**ed eggs** verlorene Eier *ntpl*

poacher [ˈpəʊtʃə(r)] *s* Wilderer, Wilddieb *m;* **poach·ing** [ˈpəʊtʃɪŋ] *s* Wildern *nt,* Wilderei *f*

PO Box [ˌpiːˈəubɒks] *s Abk. von* **Post Office Box** Postfach *nt*

pock [pɒk] *s* **1.** (Eiter)Pustel *f* **2.** (~-*mark*) Pocken-, Blatternarbe *f*

pocket [ˈpɒkɪt] **I.** *s* **1.** Tasche *f* **2.** (*Billard*) Loch *nt* **3.** (*air*~) Luftloch *nt* **4.** (*fig*) Geld *nt* **5.** (*fig*) Nest *nt,* Gruppe *f;* kleiner Bereich; **have s.th. in one's** ~ (*fig*) etw in der Tasche haben; **be in** ~ reicher sein; **be out of** ~ ärmer sein **II.** *vt* **1.** in die Tasche stecken; einstecken **2.** sich aneignen **3.** (*Beleidigung*) einstecken **4.** (*Am: Gesetz*) hinauszögern; **pocket·book** *s* **1.** Notizbuch *nt* **2.** Brieftasche *f* **3.** Handtäschchen *nt;* **pocket calculator** *s* Taschenrechner *m;* **pocket camera** *s* Pocketkamera *f;* **pocket·ful** [ˈpɒkɪtfʊl] *s* Taschevoll *f;* **pocket handkerchief** *s* Taschentuch *nt;* **pocket·knife** <*pl* -knives> *s* Taschenmesser *nt;* **pocket money** *s* Taschengeld *nt;* **pocket-size(d)** *adj* im Taschenformat

pod [pɒd] **I.** *s* **1.** (BOT) Schote, Hülse *f* **2.** (AVIAT) Gehäuse *nt* **3.** (*Raumfahrt*) Kapsel *f* **II.** *vt* enthülsen

podgy [ˈpɒdʒɪ] *adj* (*fam*) pummelig

po·dium [ˈpəʊdɪəm] *s* Podest *nt*

poem [ˈpəʊɪm] *s* Gedicht *nt;* **poet** [ˈpəʊɪt] *s* Dichter(in) *m(f),* Poet(in) *m(f);* **po·etic(al)** [pəʊˈetɪk(l)] *adj* **1.** poetisch; dichterisch **2.** fantasie-, stimmungsvoll; ~ **licence** dichterische Freiheit; **poet laureate** [ˌpəʊɪt ˈlɒrɪət] <*pl* poets laureate> *s* Hofdichter(in) *m(f);* **po·etry** [ˈpəʊɪtrɪ] *s* **1.** Dichtung, Poesie *f* **2.** Gedichte *ntpl* **3.** (*fig*) Grazie, Schönheit *f,* Gefühl *nt*

po-faced [ˈpəʊfeɪst] *adj* (*fam*) grimmig

po·grom [ˈpɒgrəm, *Am* pəˈgrɒm] *s* Pogrom *nt*

poign·ant [ˈpɔɪn(j)ənt] *adj* schmerzlich, ergreifend; wehmütig

poin·settia [pɔɪnˈsetɪə] *s* Weihnachtsstern *m*

point [pɔɪnt] **I.** *s* **1.** Punkt *m* **2.** (genaue) Stelle *f;* Platz *m* **3.** (Zeit)Punkt, Moment, Augenblick *m* **4.** (einzelner) Punkt *m* (*eines Programms*), Einzelheit *f,* Detail *nt* **5. the** ~ der Hauptpunkt, das Wesentliche, der springende Punkt **6.** (*Witz*) Pointe *f* **7.** Punkt *m* (*einer Einteilung*) **8.** (*Kompass*) Strich, Grad *m* **9.** besondere Eigenschaft, Vorzug *m* **10.** (*fig*) Sinn *m,* Absicht *f,* Zweck *m* **11.** Spitze *f,* spitzes Ende **12.** Steckdose *f;* Anschluss *m* **13.** ~**s** (AUTO) Unterbrecherkontakte *mpl* **14.** ~**s** (RAIL) Weiche *f* **15.** ~**s** (*Tanz*) (Zehen)Spitzen *fpl;* **at this** ~ an dieser Stelle; **beside the** ~ nebensächlich, irrelevant, unerheblich, belanglos; **in** ~ **of** in Hinsicht, mit Hinblick auf; **in** ~ **of fact** tatsächlich, in Wirklichkeit; **on** ~**s** (SPORT) nach Punkten; **up to a certain** ~ bis zu einem gewissen Grade; **to the** ~ zur Sache gehörig, relevant; ~ **by** ~ Punkt für Punkt; **be on the** ~ **of doing s.th.** im Begriff sein, etw zu tun; **be on the** ~ **of death** am Rande des Todes stehen; **carry** [*o* **gain**] **one's** ~ sein Ziel erreichen; **come** [*o* **get**] **to the** ~ zur Sache kommen; **get the** ~ (*fam*) verstehen; **get away from the** ~ vom Thema abschweifen; **give** ~ **to s.th.** einer S Nachdruck verleihen; **he's got a** ~ er hat nicht so unrecht; **keep to the** ~ bei der Sache bleiben; **make one's** ~ seine Auffassung überzeugend darlegen; **make a ~ of s.th.** auf etw bestehen, Wert legen; **make a ~ of doing s.th.** darauf achten etw zu tun; **make** [*o* **score**] **a ~** (*fig*) einen Punkt für sich buchen; **miss the ~** nicht verstehen, worum es wirklich geht; die Pointe nicht kapieren; **speak to the ~** zur Sache sprechen; **stretch** [*o* **strain**] **a ~** ein Zugeständnis machen, fünf gerade sein lassen; **I don't see your ~** ich weiß nicht, worauf Sie hinauswollen; **I see no ~ in** (**doing**) ich halte es für sinnlos zu (tun); **it has come to the ~ that …** es ist soweit, dass …; **there is no ~ in that** das hat keinen Sinn; **that's the ~!** genau!; **that's beside the ~** das gehört nicht zur Sache; **not to put too fine a ~ on it** rundheraus gesagt; **a case in ~** ein treffendes Beispiel; **saturation ~** Sättigungsgrad *m;* **sore ~** wunder Punkt; **starting ~** Ausgangspunkt *m;* **strong ~** starke Seite, Stärke *f;* **win on ~s** nach Punkten gewinnen; **~ of departure** Ausgangspunkt *m;* **~ of intersection** Schnittpunkt *m;* **~ of order** (PARL) Frage *f* zur Geschäftsordnung; **~ of sale, POS** Verkaufsstelle *f,* -ort *m;* **~ of time** Zeitpunkt *m;* **~ of view** Gesichtswinkel, Standpunkt *m* **II.** *vt* **1.** richten (*at* auf) **2.** zeigen **3.** (*Bleistift*) spitzen **4.** (TYP) interpunktieren; **~ the way** den Weg zeigen; (*fig*) den Weg weisen **III.** *vi* **1.** zeigen (*at* auf) **2.** hinweisen (*to* auf) **3.** (*Gebäude*) liegen; (*Waffe*) gerichtet sein; **point out** *vt* zeigen auf; (*fig*) hinweisen auf; **point up** *vt* betonen; verdeutlichen

point-blank [ˌpɔɪnt'blæŋk] **I.** *adj* **1.** direkt **2.** (*fig*) offen, direkt **II.** *adv* (*fig*) geradeheraus, unverblümt; **point duty** *s* (*Polizei*) Verkehrsdienst *m;* **constable on ~** Verkehrsschutzmann *m;* **pointed** ['pɔɪntɪd] *adj* **1.** spitz **2.** (*fig*) scharf, beißend, treffend **3.** (*Bemerkung*) anzüglich; **~ arch** Spitzbogen *m;* **pointer** ['pɔɪntə(r)] *s* **1.** Zeiger *m;* Zeigestock *m* **2.** Vorstehhund *m* **3.** (*fam*) Tip, Wink *m;* **point·less** ['pɔɪntlɪs] *adj* bedeutungs-, sinn-, witz-, zwecklos; **point man** *s* Kontaktperson *f;* **points·man** ['pɔɪntsmən] <*pl* -men> *s* (*Br*) Weichensteller *m;* **point system** *s* Punktsystem *nt;* **point-to-point** (**race**) *s* Geländejagdrennen *nt*

poise [pɔɪz] **I.** *s* **1.** Ausgeglichenheit, Gelassenheit *f* **2.** (Körper-, Kopf)Haltung *f* **3.** sicheres Auftreten **II.** *vt* balancieren; **be ~d** im Gleichgewicht sein; in der Schwebe sein; **poised** [-d] *adj* (*Mensch*) beherrscht, ausgeglichen

poi·son ['pɔɪzn] **I.** *s* (*a. fig*) Gift *nt* (*to* für); **what's your ~?** (*fam*) was trinken Sie gern? **II.** *vt* **1.** Gift geben (*s.o.* jdm), vergiften **2.** (MED) infizieren **3.** (*fig*) verderben; **~ the air** die Luft verschmutzen; **~ s.o.'s mind against** jdn aufhetzen gegen; **poison gas** *s* Giftgas *nt;* **poi·son·ing** ['pɔɪzənɪŋ] *s* Vergiftung *f;* **poi·son·ous** ['pɔɪzənəs] **I.** *adj* **1.** giftig **2.** (*fig*) zersetzend, verderblich **II.** *adj attr* Gift-

poke¹ [pəʊk] *s* (*Amerika, Schottland*) Beutel *m;* Tüte *f;* **a pig in a ~** (*fig*) die Katze im Sack

poke² [pəʊk] **I.** *vt* **1.** (an)stoßen, schubsen, knuffen **2.** (*ein Loch*) bohren **3.** stochern mit (*at* in) **4.** (*Feuer: ~ up*) schüren; **~ fun at s.o.** sich über jdn lustig machen; **~ one's nose into** seine Nase stecken in; **~ s.o. in the ribs** jdm einen Rippenstoß geben **II.** *vi* **1.** herausstehen **2.** (herum)bohren (*at* in) **3.** (*~ about, around*) herumstöbern **III.** *s* **1.** Stoß, Schubs, Knuff *m* **2.** (*Am*) Faustschlag *m;* **take a ~ at s.o.** jdm einen Schlag versetzen; **poker** ['pəʊkə(r)] *s* **1.** Feuerhaken *m* **2.** (*Spiel*) Poker *nt;* **~ face** unbewegliche Miene; **~work** Brandmalerei *f;* **pok(e)y** ['pəʊkɪ] *adj* eng

Po·land ['pəʊlənd] *s* Polen *nt*

po·lar ['pəʊlə(r)] *adj* **1.** (ASTR PHYS) polar **2.** (*fig*) einander entgegengesetzt, gegensätzlich; **polar air** *s* Polarluft *f;* **polar bear** *s* Eisbär *m;* **polar circle** *s* Polarkreis *m;* **polar front** *s* (METE) Polar-, Kaltluftfront *f;* **polar ice** *s* Polareis *nt*

po·lar·ity [pə'lærətɪ] *s* **1.** (PHYS ELEK) Polarität *f* **2.** (*fig*) Gegensätzlichkeit *f;* **po·lar·iz·ation** [ˌpəʊləraɪ'zeɪʃn] *s* (PHYS ELEK) Polarisation *f;* **po·lar·ize** ['pəʊləraɪz] *vt* polarisieren

polar lights [ˌpəʊlə'laɪts] *s pl* Nordlicht *nt;* **polar star** *s* Polarstern *m;* **polar zone** *s* Polargebiet *nt*

Pole [pəʊl] *s* Pole *m,* Polin *f*

pole¹ [pəʊl] **I.** *s* **1.** Pfahl, Pfosten, Mast *m* **2.** Deichsel *f* **3.** (SPORT) Stab *m;* (Ski)Stock *m;* (Balancier)Stange *f* **II.** *vt* (*Boot, Floß*) staken

pole² [pəʊl] *s* (GEOG ELEK) Pol *m;* **they are ~s apart** zwischen ihnen liegen Welten

pole·axe ['pəʊlæks] *vt* (*fig*) umwerfen

pole·cat ['pəʊlkæt] *s* **1.** Iltis *m* **2.** (*Am*) Skunk *m,* Stinktier *nt*

pol·emic [pə'lemɪk] **I.** *adj* polemisch **II.** *s* Polemik *f*

pole po·si·tion [ˌpəʊlpə'zɪʃn] *s* (SPORT) Innenbahn *f*

pole star ['pəʊlˌstɑː(r)] *s* Polarstern *nt*

pole-vault ['pəʊlvɔːlt] *s* Stabhochsprung *m;* **pole-vaulter** ['pəʊlvɔːltə(r)] *s* Stabhochspringer(in) *m(f)*

po·lice ['pəˈliːs] I. *s* Polizei *f* II. *vt* polizeilich überwachen; **police car** *s* Polizei-, Streifenwagen *m;* **police court** *s* Polizeigericht *nt;* **police dog** *s* Polizeihund *m;* **police escort** *s* Polizeibegleitung *f;* **police force** *s* Polizei *f;* **police intervention** *s* polizeiliches Einschreiten; **police magistrate** *s* (*Am*) Polizeirichter *m;* **po·lice·man** [-mən] <*pl* -men> *s* Polizist *m;* **police officer** *s* Polizeibeamte(r) *m,* -beamtin *f;* **police patrol** *s* Polizeistreife *f;* **police presence** *s* Polizeiaufgebot *nt;* **police raid** *s* Razzia *f;* **police record** *s* Vorstrafen *fpl;* **police state** *s* Polizeistaat *m;* **police station** *s* Polizeirevier *nt,* -wache *f;* **po·lice·woman** <*pl* -women> *s* Polizistin *f*

poli·cies ['pɒləsɪs] *s pl* politische Maßnahmen *pl*

poli·cy[1] ['pɒləsɪ] *s* 1. Politik *f;* politische Richtung, politischer Kurs 2. umsichtiges Verhalten 3. **policies** politische Maßnahmen *fpl* 4. (*fig*) Grundsatz *m;* Ziel *nt,* Plan *m;* **he makes it a ~ to ...** er hat es sich zum Grundsatz gemacht, es ist sein Prinzip zu ...; **economic/financial ~** Wirtschafts-/Finanzpolitik *f;* **population ~** Bevölkerungspolitik *f;* **wage ~** Lohnpolitik *f*

pol·icy[2] ['pɒləsɪ] *s* (Versicherungs)Police *f;* **take out a ~** eine Versicherung abschließen; **fire (insurance) ~** Feuerversicherungspolice *f;* **life (insurance) ~** Lebensversicherungspolice *f;* **policy-holder, policy-owner** *s* Versicherungsnehmer(in) *m(f);* **policy maker** *s* politische(r) Vordenker(in) *m f,* Parteiideologe *m;* -login *f;* **policy number** *s* Policennummer *f;* **policy statement** *s* (POL) Grundsatzerklärung *f*

polio(·my·eli·tis) [ˌpəʊlɪəʊ (ˌmaɪəˈlaɪtɪs)] *s* (spinale) Kinderlähmung *f*

Polish ['pəʊlɪʃ] I. *adj* polnisch II. *s* (das) Polnisch(e)

polish ['pɒlɪʃ] I. *vt* 1. polieren; blank reiben 2. verfeinern, *fam* aufpolieren 3. glätten, (ab)schleifen 4. bohnern, schmirgeln 5. (*Schuhe*) putzen, wichsen 6. vervollkommnen II. *s* 1. Politur *f,* (Hoch)Glanz *m* 2. Politur *f,* Putzmittel *nt;* Schuhcreme, -wichse *f;* Bohnerwachs *nt* 3. Eleganz, Verfeinerung *f;* (*fam*) Schliff *m;* **polish off** *vt* (*fam*) schnell erledigen; (*Essen*) verputzen; (*Getränk*) hinunterschütten; **polish up** *vt* (*fam*) aufpolieren, aufmöbeln; (*Kenntnisse*) auffrischen; **polished** ['pɒlɪʃt] *adj* 1. poliert; glatt, glänzend 2. (*fig*) fein, elegant 3. makel-, tadellos, fehlerfrei; **polisher** ['pɒlɪʃə(r)] *s* 1. Polierer(in) *m(f),* Schleifer(in) *m(f)* 2. Schleif-, Polier-, Bohnermaschine *f*

pol·ite [pəˈlaɪt] *adj* 1. höflich 2. (*Gesellschaft*) fein; **pol·ite·ness** [-nɪs] *s* Höflichkeit *f*

poli·tic ['pɒlɪtɪk] *adj* klug; diplomatisch; **body ~** Staat *m;* **pol·iti·cal** [pəˈlɪtɪkl] *adj* politisch; **~ asylum** politisches Asyl; **~ economy** Volkswirtschaft *f;* **~ offence** politische Straftat; **party ~** parteipolitisch; **~ party** politische Partei; **~ prisoner** politischer Häftling; **~ science** Politologie *f;* **poli·ti·cian** [ˌpɒlɪˈtɪʃn] *s* Politiker(in) *m(f);* **poli·tics** ['pɒlɪtɪks] *s* 1. *mit sing* Politik *f* 2. *mit pl* politische Ansichten *pl,* Politik *f;* (*Am*) Taktik *f;* **talk ~** politisieren; **engaged in ~** politisch tätig; **party ~** Parteipolitik *f*

polka ['pɒlkə, *Am* 'pəʊlkə] *s* Polka *f* (*Tanz*)

poll [pəʊl] I. *s* 1. (*politische*) Wahl, Abstimmung *f* 2. Wahlbeteiligung *f* 3. Stimmenzahl *f* 4. Umfrage, Erhebung *f;* **be defeated at the ~s** eine Wahlniederlage erleiden; **conduct a public opinion ~** eine öffentliche Meinungsumfrage durchführen; **go to the ~s** zur Wahl gehen; **heavy/light ~** hohe/niedrige Wahlbeteiligung II. *vt* 1. (*Stimmen*) erhalten, auf sich vereinigen 2. (*bei Umfrage*) befragen 3. kurz schneiden, stutzen III. *vi* bei der Wahl abschneiden

pol·lard ['pɒləd] I. *s* gekappter Baum II. *vt* (*Baum*) kappen

pol·len ['pɒlən] *s* Blütenstaub, Pollen *m;* **pollen count** *s* Pollenkonzentration, -zahl *f;* **pol·lin·ate** ['pɒlɪneɪt] *vt* (BOT) bestäuben

poll·ing ['pəʊlɪŋ] *s* Wahl, Stimmabgabe *f;* **polling booth** *s* Wahlzelle, -kabine *f;* **polling card** *s* Wahlausweis *m;* **polling day** *s* Wahltag *m;* **polling station** *s* Wahllokal *nt;* **poll·ster** ['pəʊlstə(r)] *s* Meinungsforscher(in) *m(f)*

pol·lut·ant [pəlˈuːtənt] *s* Schadstoff *m;* **pol·lute** [pəˈluːt] *vt* 1. verunreinigen, verschmutzen 2. (*sittlich*) verderben; **polluter** [pəˈluːtə(r)] *s* Umweltverschmutzer *m;* **~ pays principle** Verursacherprinzip *nt;* **pol·lu·tion** [pəˈluːʃn] *s* Verschmutzung, Verunreinigung *f;* Schadstoffbelastung *f;* (*environmental ~*) Umweltverschmutzung *f;* **~ prevention** Verhinderung *f* der Umweltverschmutzung

polo ['pəʊləʊ] *s* Polo(spiel) *nt;* **polo neck** *s* Rollkragenpullover *m;* **polo player** *s* Polospieler(in) *m(f)*

poly ['pɒlɪ] *s Abk. von* **polytechnic** Polytechnikum *nt;* Fachhochschule *f;* **poly·am·ide** ['pɒljəˌmaɪd] *s* Polyamid *nt;* **po·ly·an·dry** ['pɒlɪændrɪ] *s* Vielmännerei *f;* **poly·chlor·in·ated** [ˌpɒlɪˈklɔːrɪneɪtəd] *adj* polychloriert; **~ biphenyl, PCB** poly-

P

chloriertes Biphenyl, PCB *nt;* **poly·chrome** [ˌpɒlɪˈkrəʊm] *adj* bunt, farbig; (*Kunst*) polychrom; **poly·cli·nic** [ˈpɒlɪklɪnɪk] *s* Poliklinik *f;* **poly·ester** [ˌpɒlɪˈestə(r)] *s* (CHEM) Polyester *m;* **poly·ga·mist** [pəˈlɪgəmɪst] *s* Polygamist *m;* **poly·ga·mous** [pəˈlɪgəməs] *adj* polygam; **poly·gamy** [pəˈlɪgəmɪ] *s* Polygamie, Viel-, Mehrehe *f;* **poly·glot** [ˈpɒlɪglɒt] *adj* mehrsprachig, polyglott; **poly·gon** [ˈpɒlɪgən] *s* (MATH) Vieleck, Polygon *nt;* **poly·gonal** [pəˈlɪgənl] *adj* vieleckig; **poly·meric** [ˌpɒlɪˈmerɪk] *adj* (CHEM) polymer; **poly·mor·phic** [ˌpɒlɪˈmɔːfɪk] *adj* vielgestaltig, polymorph

Poly·nesia [ˌpɒlɪˈniːzɪə] *s* Polynesien *nt*

polyp [ˈpɒlɪp] *s* Polyp *m*

poly·phonic [ˌpɒlɪˈfɒnɪk] *adj* (MUS) polyphon, mehr-, vielstimmig; **poly·ph·ony** [pəˈlɪfənɪ] *s* Polyphonie *f*

poly·pus [ˈpɒlɪpəs, *pl* -pəsɪz, -paɪ] <*pl* -puses, -pi> *s* Polyp *m*

poly·styrene [ˌpɒlɪˈstaɪriːn] *s* (CHEM) Styropor *nt;* **poly·syl·labic** [ˌpɒlɪsɪˈlæbɪk] *adj* mehrsilbig; **poly·tech·nic** [ˌpɒlɪˈteknɪk] *s* Polytechnikum *nt,* Fachhochschule *f;* **poly·theism** [ˈpɒlɪθiːɪzəm] *s* Polytheismus *m,* Vielgötterei *f;* **poly·theis·tic** [ˌpɒlɪθiːˈɪstɪk] *adj* polytheistisch; **poly·thene** [ˈpɒlɪθiːn] *s* (CHEM) Polyäthylen *nt;* **poly·thene bag** *s* Plastiktüte *f;* **poly·un·satu·rates** [ˌpɒlɪʌnˈsætʃəreɪts] *s pl* mehrfach ungesättigte Fettsäuren; **poly·ure·thane** [ˌpɒlɪˈjʊərɪθeɪn] *s* (CHEM) Polyurethan *nt;* **poly·val·ent** [pəˈlɪvələnt] *adj* (CHEM) mehrwertig

po·made [pəˈmɑːd, *Am* pəʊˈmeɪd] *s* Pomade *f*

po·man·der [pəˈmændə(r)] *s* Duftkugel *f*

pom·egran·ate [ˈpɒmɪgrænɪt] *s* Granatapfel *m*

Pom·era·nia [ˌpɒməˈreɪnɪə] *s* Pommern *nt;* **Pom·era·nian** [ˌpɒməˈreɪnɪən] **I.** *adj* pommer(i)sch **II.** *s* **1.** Pommer(in) *m(f)* **2.** (~ *dog*) Spitz *m*

pom·mel [ˈpɒml] **I.** *s* (Degen-, Sattel)Knopf *m* **II.** *vt* puffen, knuffen

pomp [pɒmp] *s* Pracht *f;* **pom·posity** [pɒmˈpɒsətɪ] *s* **1.** Pomp, Prunk *m;* Schwulst *m* **2.** Prahlerei *f;* **pom·pous** [ˈpɒmpəs] *adj* wichtigtuerisch, aufgeblasen

ponce [pɒns] **I.** *s* (*sl*) **1.** Zuhälter *m* **2.** (*pej sl*) Schwule(r) *m* **II.** *vi* Zuhälter sein

pon·cho [ˈpɒntʃəʊ] <*pl* -chos> *s* Poncho *m*

poncy [ˈpɒnsɪ] *adj* (*sl*) schwul; tuntig

pond [pɒnd] *s* Teich, Weiher *m*

pon·der [ˈpɒndə(r)] **I.** *vt* erwägen, nachdenken über, sich überlegen **II.** *vi* nachsinnen (*on* über)

pon·der·ous [ˈpɒndərəs] *adj* **1.** schwer, massig; unhandlich **2.** (*fig*) schwerfällig; langweilig **3.** (*fig*) unbeholfen, umständlich

pone [pəʊn] *s* (*Am*) Maisbrot *nt*

pong [pɒŋ] **I.** *s* (*Br fam*) unangenehmer Geruch **II.** *vi* (*Br fam*) stinken

pon·tiff [ˈpɒntɪf] *s* Bischof *m;* Papst *m;* **pon·tifi·cal** [pɒnˈtɪfɪkl] *adj* **1.** bischöflich; päpstlich **2.** überheblich, übermäßig von sich eingenommen; **pon·tifi·cate** [pɒnˈtɪfɪkət] **I.** *s* Pontifikat *nt* **II.** [pɒnˈtɪfɪkeɪt] *vi* hochtrabend reden

pon·toon [pɒnˈtuːn] *s* Ponton *m;* **pon·toon-bridge** *s* Pontonbrücke *f*

pony [ˈpəʊnɪ] *s* **1.** Pony *nt* **2.** (*Br sl*) £ 25; **pony·tail** *s* (*Frisur*) Pferdeschwanz *m;* **pony·trek·king** [ˈpəʊnɪˌtrekɪŋ] *s* Ponytrekking, Ponyreiten *nt;* **pony up** *vi* (*Am: sl*) blechen

poodle [ˈpuːdl] *s* Pudel *m*

poof(ter) [puːf(tə)] *s* (*pej sl*) Homosexuelle(r) *m*

pooh [puː] *interj* pah! bah!; **pooh-pooh** [ˌpuːˈpuː] *vt* (mit einer Handbewegung) abtun; die Nase rümpfen (über)

pool[1] [puːl] *s* **1.** kleiner Teich **2.** Pfütze, Lache *f* **3.** (*swimming-~*) Schwimmbecken *nt* **4.** (*im Fluss*) Wasserloch *nt*

pool[2] [puːl] **I.** *s* **1.** gemeinsame Kasse **2.** Poolbillard *nt* **3.** **~s** Toto *nt od m* **4.** (COM) Kartell *nt,* Pool *m;* Interessengemeinschaft *f* **5.** (Wagen)Park *m;* Fahrgemeinschaft *f* **6.** Mitarbeiterstab *m;* Schreibzentrale *f* **II.** *vt* **1.** zusammenlegen; vereinen **2.** (*Gewinn*) teilen; ~ **expenses** sich an Unkosten anteil(s)mäßig beteiligen; **pool·room** *s* Billardzimmer *nt;* **pool selling** *s* Absatz *m* durch ein Kartell

poop [puːp] *s* **1.** (MAR) Heck *nt* **2.** (~ *deck*) Achterdeck *nt*

poop·er-scoop·er [ˌpuːpəˈskuːpə(r)] *s* *eine Schaufel um Hundekot von Gehwegen zu entfernen*

poor [pʊə(r)] **I.** *adj* **1.** arm **2.** schlecht **3.** (*Ernte*) mager **4.** (*Boden*) dürftig **5.** (*Gestein*) taub **6.** bedauernswert, arm; **be ~ in arithmetic** schwach im Rechnen sein; **have a ~ opinion of s.o.** nicht viel von jdm halten; **that is (a) ~ consolation** das ist ein schwacher Trost; **~ me!** ich Ärmster! **II.** *s pl:* **the ~** die Armen *pl;* **poor·box** *s* Opferstock *m;* **poor law** *s* Armenrecht *nt,* -gesetzgebung *f;* **poor·ly** [ˈpʊəlɪ] **I.** *adv* **1.** arm; ärmlich **2.** schlecht, mangelhaft, dürftig; **think ~ of s.o.** nicht viel von jdm halten; **they did ~ in the examination**

sie haben im Examen schlecht abgeschnitten; **be ~ off** übel dran sein **II.** *adj* (*fam*) kränklich; **feel ~** sich nicht wohl fühlen; **poor·ness** ['pʊənɪs] *s* **1.** Armut *f* **2.** Mangel *m,* Dürftigkeit *f;* (*Boden*) Unfruchtbarkeit *f;* **poor relation** *s* schlechter Ersatz; **poor-spirited** [ˌpʊər'spɪrɪtɪd] *adj* ängstlich

POP *s Abk. von* **point of presence** (INTERNET) Einwahlknoten *m*

pop¹ [pɒp] **I.** *s* **1.** Knall(en *nt*) *m* **2.** Schuss *m* **3.** (*fam*) Brause *f,* Sprudel *m* **II.** *vi* **1.** knallen **2.** (zer)springen, platzen **3.** (*Augen: ~ open, out*) groß werden **4.** (mit einem Gewehr) knallen (*at* auf); **go ~** losgehen, platzen; **his eyes ~ped out of his head** er riss die Augen weit auf **III.** *vt* **1.** zum Platzen bringen **2.** (*fam*) stecken; **~ one's head round the corner** den Kopf um die Ecke stecken; **~ a hat on** einen Hut aufsetzen; **~ the question** (*fam*) einen Heiratsantrag machen; **pop in I.** *vi* hereinplatzen **II.** *vt* (*Kopf*) hereinstrecken; **pop off** *vi* abhauen; (*sl*) abkratzen, sterben; **pop up** *vi* in die Höhe fahren, hoch-, auffahren; plötzlich auftauchen

pop² [pɒp] *s* (*Am sl*) Papa *m;* (*fam hum*) Alte *m*

pop³ [pɒp] *s* Popmusik *f;* **pop art** ['pɒpɑːt] *s* Pop-art *f;* **pop concert** ['pɒpˌkɒnsət] *s* Popkonzert *nt*

popcorn ['pɒpkɔːn] *s* Popcorn *nt*

Pope [pəʊp] *s* Papst *m;* **pop·ery** ['pəʊpərɪ] *s* (*pej*) Pfaffentum *nt*

pop-eyed [ˌpɒp'aɪd] *adj* glotzäugig

pop group ['pɒpgruːp] *s* Popgruppe *f*

pop·gun *s* Spielzeugpistole *f*

pop·in·jay ['pɒpɪndʒeɪ] *s* Fatzke *m*

pop·lar ['pɒplə(r)] *s* Pappel *f*

pop·lin ['pɒplɪn] *s* Popelin(e *f*) *m* (*Stoff*)

pop music ['pɒp'mjuːzik] *s* Popmusik *f*

pop·per ['pɒpə(r)] *s* (*Br fam*) Druckknopf *m*

pop·pet ['pɒpɪt] *s* Schätzchen *nt*

pop·py ['pɒpɪ] *s* Mohn(blume *f*) *m;* **pop·py·cock** ['pɒpɪkɒk] *s* (*fam*) Quatsch *m;* **Poppy Day** *s* ≈Volkstrauertag *m;* **poppy seeds** *s pl* Mohn(samen) *m*

pop singer ['pɒpsɪŋə(r)] *s* Popsänger(in) *m(f);* **pop song** *s* Popsong, Schlager *m;* **pop·star** *s* Popstar *m*

popu·lace ['pɒpjʊləs] *s* **1.** Volk *nt* **2.** (große) Masse *f*

popu·lar ['pɒpjʊlə(r)] *adj* **1.** beliebt; populär (*with* bei) **2.** (*Preis*) niedrig, erschwinglich **3.** (*Wissenschaft*) Populär-; populärwissenschaftlich **4.** weit verbreitet **5.** des Volkes; **be very ~** sehr gefragt sein; **make o.s. ~** sich beliebt machen (*with* bei); **~ edition** (*Buch*) Volksausgabe *f;* **~ front** Volksfront *f;* **by ~ consent** mit allgemeiner Zustimmung; **by ~ request** auf allgemeinen Wunsch; **popu·lar·ity** [ˌpɒpjʊ'lærətɪ] *s* Popularität, Beliebtheit *f* (*with* bei); **popu·lar·ize** ['pɒpjʊləraɪz] *vt* **1.** populär machen **2.** (*Wissenschaft*) popularisieren; **popu·lar·ly** ['pɒpjʊləlɪ] *adj* allgemein

popu·late ['pɒpjʊleɪt] *vt* bevölkern, besiedeln; **popu·la·tion** [ˌpɒpjʊ'leɪʃn] *s* **1.** Bevölkerung *f* **2.** Einwohnerschaft *f;* Einwohnerzahl *f* **3.** (BIOL) Population *f;* Bestand *m,* Zahl *f;* **civil(ian) ~** Zivilbevölkerung *f;* **fall/increase in ~** Bevölkerungsabnahme/-zunahme *f;* **rural/urban ~** Land-/Stadtbevölkerung *f;* **surplus ~** Bevölkerungsüberschuss *m;* **population density** *s* Bevölkerungsdichte *f;* **population policy** *s* Bevölkerungspolitik *f;* **popu·lous** ['pɒpjʊləs] *adj* dichtbesiedelt

por·ce·lain ['pɔːsəlɪn] *s* Porzellan *nt*

porch [pɔːtʃ] *s* Vorbau *m;* Veranda *f;* Vorhalle *f*

por·cu·pine ['pɔːkjʊpaɪn] *s* Stachelschwein *nt*

pore [pɔː(r)] *s* Pore *f*

pore over ['pɔː(r)] *vt* **1.** (nach)sinnen über, grübeln über **2.** eifrig studieren (*a book* ein Buch)

pork [pɔːk] *s* Schweinefleisch *nt;* **pork chop** *s* Schweinskotelett *nt;* **porker** ['pɔːkə(r)] *s* Mastschwein *nt;* **pork pie** *s* (Schweine)Fleischpastete *f;* **porky** ['pɔːkɪ] **I.** *adj* (*fam*) dick, korpulent **II.** *s* (*sl*) Lüge *f*

por·no·graph·ic [pɔːnə'græfɪk] *adj* pornografisch; **por·n(ogra·phy)** [pɔːn, pɔː'nɒgrəfɪ] *s* Pornografie *f*

po·rous ['pɔːrəs] *adj* durchlässig, porös

por·poise ['pɔːpəs] *s* (*Meeressäugetier*) Tümmler *m*

por·ridge ['pɒrɪdʒ] *s* Hafer(flocken)brei *m;* **porridge oats** *s pl* Haferflocken *fpl;* **por·rin·ger** ['pɒrɪndʒə(r)] *s* Suppennapf *m*

port¹ [pɔːt] *s* Haltung *f;* **at the ~** (MIL: *Gewehr*) zum Appell vorgezeigt

port² [pɔːt] *s* (See)Hafen *m;* Hafenstadt *f,* -platz *m;* **any ~ in a storm** in der Not frisst der Teufel Fliegen; **come into** [*o* **reach**] **~** in den Hafen einlaufen; **leave ~** auslaufen

port³ [pɔːt] *s* **1.** (MAR: *~hole*) Bullauge *nt* **2.** Ladepforte, Pfortluke *f* **3.** (MAR) Backbord *nt* **4.** (TECH) Durchlass *m* **5.** (INFORM) Port, Anschluss, Steckplatz *m*

port⁴ [pɔːt] *s* Portwein *m*

port·able ['pɔːtəbl] **I.** *adj* tragbar; **~ typewriter** Reiseschreibmaschine *f;* **~ radio** Kofferradio *nt;* **~ television (set)** tragbares Fernsehgerät **II.** *s* (INFORM) Portable *nt;*

P

porta·cab·in, **Porta·kab·in®** ['pɔːtə,kæbɪn] *s* Wohncontainer *m;* **port·age** ['pɔːtɪdʒ] *s* Transport *m;* Transportkosten *pl*

por·tal ['pɔːtl] *s* (*im Internet*) Portal *nt*

port authority *s* Hafenamt *nt*

port·cul·lis [,pɔːt'kʌlɪs] *s* Fallgitter *nt*

port dues *s pl* Hafengebühren *fpl*

por·ten·tous [pɔː'tentəs] *adj* **1.** verhängnis-, unheilvoll **2.** ungewöhnlich; unglaublich

por·ter ['pɔːtə(r)] *s* **1.** (Gepäck)Träger, Dienstmann *m* **2.** (*Am*) Schlafwagenschaffner *m* **3.** Pförtner, Portier *m* **4.** (MED) Pfleger *m* **5.** (*Am: ~-house steak*) (Rinder)Filet *nt;* **~'s lodge** Pförtnerloge *f*

port·folio [pɔːt'fəʊlɪəʊ] <*pl* -folios> *s* **1.** (Akten)Mappe *f* **2.** (Effekten)Portefeuille *nt,* Bestand *m* an Wertpapieren **3.** (POL) Geschäftsbereich *m* (*eines Ministers*)

port·ico ['pɔːtɪkəʊ] <*pl* -icos> *s* Säulenhalle *f,* -gang *m*

por·tion ['pɔːʃn] **I.** *s* **1.** Teil *m* (*of* an) **2.** (*Karte*) Abschnitt *m* **3.** (Essens)Portion *f* **4.** Schicksal, Los *nt* **II.** *vt* (*~ out*) ein-, zu-, austeilen

port·ly ['pɔːtlɪ] *adj* korpulent

por·trait ['pɔːtrɪt] *s* Porträt *nt;* **have one's ~ painted** sich malen lassen; **portrait format** *s* (TYP) Hochformat *nt;* **portraitist, portrait painter** ['pɔːtrɪtɪst] *s* Porträtmaler(in) *m(f);* **por·trait·ure** ['pɔːtrɪtʃə(r)] *s* Porträtmalerei *f;* **por·tray** [pɔː'treɪ] *vt* **1.** malen **2.** (*fig*) schildern, beschreiben **3.** (THEAT) darstellen; **por·trayal** [pɔː'treɪəl] *s* **1.** (*fig*) Schilderung, Beschreibung *f* **2.** (THEAT) Darstellung *f*

Por·tu·gal ['pɔːtjʊgəl] *s* Portugal *nt;* **Por·tu·guese** [,pɔːtjʊ'giːz] **I.** *adj* portugiesisch **II.** *s* **1.** Portugiese *m,* Portugiesin *f* **2.** (das) Portugiesisch(e)

POS [,piːəʊ'es] *s Abk. von* **point of sale** Verkaufsstelle *f,* -ort *m*

pose [pəʊz] **I.** *s* **1.** Haltung *f* **2.** (*fig pej*) Pose *f* **II.** *vt* **1.** aufstellen **2.** (*Problem*) vortragen **3.** (*Schwierigkeiten*) machen **4.** (*Frage*) formulieren **5.** (*Bedrohung*) darstellen **III.** *vi* **1.** Modell stehen (*for a photo* einem Fotografen) **2.** sich in Positur werfen **3.** eine bestimmte Haltung einnehmen **4.** sich ausgeben (*as* als), angeben; **poser** ['pəʊzə(r)] *s* **1.** schwierige Frage; schwieriges Problem **2.** affektierter Mensch, Angeber(in) *m(f)*

posh [pɒʃ] *adj* (*fam*) piekfein, vornehmen; **what a ~ car!** (was für) ein toller Wagen!

posit ['pɒzɪt] *vt* voraussetzen; postulieren

po·si·tion [pə'zɪʃn] **I.** *s* **1.** Platz *m;* Stelle *f;* Standort *m;* Lage *f* **2.** Haltung *f;* Stellung *f;* Position *f* **3.** Standpunkt *m* **4.** (SPORT) Platz *m* **5.** gesellschaftliche Stellung **6.** (feste) Stelle, Stellung *f* (*with* bei) **7.** (MUS) Umkehrung *f;* **in/out of ~** am rechten/falschen Platz; **in my ~** in meiner Lage; **in a difficult/an awkward ~** in einer schwierigen/unbequemen Lage; **be in a ~ to do** in der Lage sein zu tun; **hold** [*o* **occupy**] **a ~** eine Stelle haben; **place in a difficult ~** in eine schwierige Lage bringen; **take up a ~** (*fig*) Stellung beziehen; **permanent ~** feste Stelle; **legal ~** Rechtslage *f;* **~ for life** Lebensstellung *f* **II.** *vt* aufstellen; **he ~ed himself where he could see** er stellte sich so, dass er gut sehen konnte

posi·tive ['pɒzətɪv] **I.** *adj* **1.** positiv **2.** (*Einstellung*) positiv, bejahend; (*Kritik*) konstruktiv **3.** (*Mensch, Auftreten, Ton*) bestimmt; streng; (*Antwort*) definitiv; **be ~** ganz sicher sein (*that* dass); **~ thinking** positive Einstellung; **it's a ~ miracle** es ist ein wahres Wunder **II.** *s* (PHOT) Positiv *nt;* **posi·tive·ly** [-lɪ] *adv* absolut; ohne jeden Zweifel; ganz sicher; **state ~ that ...** eindeutig erklären, dass ...

posse ['pɒsɪ] *s* (*Am*) Aufgebot *nt*

pos·sess [pə'zes] *vt* **1.** besitzen **2.** (*Sprache*) beherrschen **3.** (*einen Menschen*) beherrschen, Besitz ergriffen haben von; **~ o.s. of s.th.** von einer S Besitz ergreifen; **be ~ed by** ergriffen, (ganz) eingenommen sein von; besessen sein von; **what ~ed you to do that?** was ist in Sie gefahren, so etwas zu tun?; **pos·sessed** [pə'zest] *adj* **1.** besessen (*by* von), erfüllt (*with* von) **2.** begabt (*of* mit); **pos·ses·sion** [pə'zeʃn] *s* **1.** Besitz *m* **2.** Eigentum *nt* **3.** **~s** Besitz *m,* Habe *f;* **be in ~ of s.th.** im Besitz einer S sein; **have s.th. in one's ~** etw in Besitz haben; **come into ~ of s.th.** in den Besitz, Genuss einer S kommen; **take ~ of** Besitz ergreifen von, in Besitz nehmen; **pos·ses·sive** [pə'zesɪv] *adj:* **be ~** sein Besitzrecht stark betonen; **~ pronoun** Possessivpronomen *nt,* besitzanzeigendes Fürwort; **pos·ses·sor** [pə'zesə(r)] *s* Besitzer(in) *m(f),* Inhaber(in) *m(f)*

pos·si·bil·ity [,pɒsə'bɪlətɪ] *s* **1.** Möglichkeit *f* (*of doing* zu tun, *of* zu, für) **2.** (*fam*) in Frage kommende Person; **pos·sible** ['pɒsəbl] **I.** *adj* **1.** möglich (*for* für, *with* bei) **2.** denkbar, geeignet **3.** (*fam*) annehmbar; **as early/as soon as ~** so früh/so bald wie möglich; **if (it is) ~** wenn möglich **II.** *s* **1.** (SPORT) höchste Punkt-, Ringzahl **2.** in Frage kommende Person/Sache; **pos·sib·ly** ['pɒsəblɪ] *adv* **1.** möglicherweise, eventuell **2.** vielleicht; **if I ~ can** wenn ich irgend kann; **I cannot ~ come** ich kann unmöglich kommen

pos·sum ['pɒsəm] *s* Opossum *nt,* Beutelratte *f;* **play ~** (*fam*) sich schlafend stellen

post¹ [pəʊst] **I.** *s* Pfosten, Pfahl, Mast *m;* **first-past-the-~ system** (POL) Mehrheitswahlrecht *nt* **II.** *vt* (*~ up*) **1.** ankleben, -schlagen **2.** durch Anschlag bekannt machen; **~ no bills** Plakate ankleben verboten!

post² [pəʊst] **I.** *s* **1.** (Arbeits)Stelle *f,* Posten *m* **2.** (MIL) Posten *m* **3.** (*trading ~*) Handelsplatz *m;* **first ~** Wecksignal *nt;* **last ~** Zapfenstreich *m* **II.** *vt* **1.** (MIL) als Posten aufstellen; (ab)kommandieren **2.** versetzen

post³ [pəʊst] **I.** *s* (*Br*) Post *f;* **by ~** mit der Post; **by return of ~** postwendend; **by the same ~** mit gleicher Post; **by today's ~** mit der heutigen Post; **by separate ~** mit getrennter Post; **is there any ~ for me?** ist Post für mich da?; **evening/letter/morning/parcel ~** Abend-/Brief-/Morgen-/Paketpost *f* **II.** *vt* **1.** in den Briefkasten werfen; auf die Post geben **2.** aufgeben, abschicken, -senden **3.** (*~ up*) eintragen

post·age ['pəʊstɪdʒ] *s* Porto *nt,* (Post)Gebühr *f;* **what is the ~ to China?** wie viel kostet ein Brief nach China?; **~ and packing** Porto und Verpackung; **postage meter** *s* (*Am*) Frankiermaschine *f;* **postage paid I.** *adj* portofrei; **~ envelope** Freiumschlag *m* **II.** *adv* portofrei; **postage rate** *s* Postgebühr *f;* **postage stamp** *s* Briefmarke *f,* Postwertzeichen *nt*

postal ['pəʊstl] *adj* Post-, postalisch; **~ address** Postanschrift *f;* **~ charge** Postgebühr *f;* **~ code** Postleitzahl *f;* **~ district** Postbezirk *m;* **~ order** (*Br*) Postanweisung *f;* **~ rate** Postgebühr *f;* **~ vote** Briefwahl *f*

post·bag ['pəʊstbæg] *s* (*Br*) Postsack *m;* **post·box** *s* (*Br*) Briefkasten *m;* **post·card** ['pəʊstkɑːd] *s* Postkarte *f;* **picture ~** Ansichtskarte *f;* **post-code** *s* (*Br*) Postleitzahl *f*

post·date [ˌpəʊst'deɪt] *vt* (*Scheck*) vordatieren

posted ['pəʊstɪd] *adj:* **keep s.o. ~** jdn auf dem Laufenden halten; **well-~** gut informiert; **~ price** (COM) Listenpreis *m;* **~ rate** (*Bank*) Devisenankaufkurs *m*

poster ['pəʊstə(r)] *s* Plakat *nt;* Poster *nt*

poste restante ['pəʊst'restɑːnt] **I.** *adv* postlagernd **II.** *s* Abteilung *f* für postlagernde Sendungen

pos·terior [pɒ'stɪərɪə(r)] **I.** *adj* **1.** später (*to* als) **2.** hinter **II.** *s* (*fam*) Hintern *m*

pos·ter·ity [pɒ'sterətɪ] *s* **1.** Nachkommen *mpl* **2.** Nachwelt *f*

pos·tern ['pɒstən] *s* (*obs*) Hintertür *f*

post-free [ˌpəʊst'friː] *adj* portofrei; frankiert

post·gradu·ate [ˌpəʊst'grædʒʊət] **I.** *adj* (*Studium*) nach dem Examen **II.** *s* Doktorand *m;* Graduierte(r) *f m*

post haste [ˌpɜʊst'heɪst] *adv* schnellstens

post·hum·ous ['pɒstjʊməs] *adj* **1.** nachgeboren **2.** post(h)um; **~ fame** Nachruhm *m*

post·ing ['pəʊstɪŋ] *s* **1.** (*Postsendung*) Aufgabe, Einlieferung *f* **2.** (*Plakat*) Anschlagen *nt* **3.** (*beruflich*) Versetzung *f*

post·lude ['pəʊstluːd] *s* (MUS) Nachspiel *nt*

post·man ['pəʊstmən] <*pl* -men> *s* Briefträger *m;* **post·mark** ['pəʊstmɑːk] **I.** *s* Poststempel *m;* **date as ~** Datum *nt* des Poststempels **II.** *vt* stempeln; **post·mas·ter** ['pəʊstˌmɑːstə(r)] *s* Postamtsvorsteher *m;* **Postmaster General** (*in GB*) Postminister *m*

post meri·diem, pm [ˌpəʊst mə'rɪdɪəm] *adv* nachmittags; **post·mod·ern** [ˌpəʊst'mɒdən] *adj* postmodern; **post·mod·ern·ism** [-ɪzm] *s* Postmoderne *f;* **post·mor·tem** [ˌpəʊst'mɔːtəm] **1.** (*~ examination*) Autopsie, Leichenöffnung *f* **2.** (*fig*) Überprüfung *f;* **post-natal** *adj* nach der Geburt (stattfindend); (MED) postnatal

post of·fice, PO ['pəʊstˌɒfɪs, ˌpiː'əʊ] *s* Postamt *nt;* **the Post Office** die Post; **~ box, PO Box** Postfach *nt;* **post-paid** [ˌpəʊst'peɪd] *adj* frankiert; **~ reply card** Werbeantwort(karte) *f*

post·pone [pə'spəʊn] *vt* **1.** auf-, verschieben, zurückstellen **2.** (*Termin*) verlegen, vertagen; **post·pone·ment** [-mənt] *s* Verschiebung *f;* Vertagung *f;* **post·room** ['pəʊstruːm] *s* Poststelle *f;* **post·script, PS** ['pəʊsskrɪp, ˌpiː'es] *s* Nachschrift *f*

post-trau·mat·ic stress syn·drome *s* posttraumatisches Belastungssyndrom

pos·tu·late ['pɒstjʊleɪt] **I.** *vt* voraussetzen, postulieren **II.** ['pɒstjʊlət] *s* (Grund)Voraussetzung *f,* Postulat *nt*

pos·ture ['pɒstʃə(r)] **I.** *s* Haltung *f* **II.** *vi* eine bestimmte Stellung, *fig* Haltung einnehmen

post·war ['pəʊstwɔː] *adj attr* Nachkriegs-; **~ Germany** Nachkriegsdeutschland *nt;* **the ~ years** die Nachkriegsjahre

posy ['pəʊzɪ] *s* Blumenstrauß *m*

pot [pɒt] **I.** *s* **1.** Topf *m;* Kanne *f;* Krug *m* **2.** (*chimney ~*) Kaminaufsatz *m* **3.** (SPORT: *sl*) Preis, (Silber)Pokal *m* **4.** (*fam*) Menge *f,* Haufen *m* **5.** (*fam: big ~*) hohes Tier **6.** (*fam*) Dickbauch *m* **7.** (*sl: marijuana*) Gras *nt* **8.** (*~-shot*) Schuss *m;* **go to ~** (*sl*) in die Brüche gehen; auf den Hund kommen; **keep the ~ boiling** sein Auskommen haben; die Sache in Gang halten; **coffee-~** Kaffeekanne *f;* **flower-~** Blumentopf *m;* **tea-**~ Teekanne *f* **II.** *vt* **1.** (*Fleisch*) einmachen **2.** (*Pflanzen*) eintopfen **3.** (*Wild*) (ab)schießen **4.** (*fam: Kind*) auf den Topf setzen **III.** *vi* **1.** (~ *away*) herumknallen **2.** (*Billard*) ins Loch spielen

pot·able ['pəʊtəbl] *adj* trinkbar

pot·ash ['pɒtæʃ] *s* (CHEM) Pottasche *f;* **caustic** ~ Ätzkali *nt*

po·tass·ium [pə'tæsɪəm] *s* (CHEM) Kalium *nt;* **potassium chloride** *s* Kaliumchlorid *nt;* **potassium cyanide** *s* Zyankali *nt;* **potassium (per)manganate** *s* Kalium(per)manganat *nt*

po·tato [pə'teɪtəʊ] <*pl* **-tatoes**> *s* Kartoffel *f;* **boiled ~es** Salzkartoffeln *fpl;* **fried ~es** Brat-, Röstkartoffeln *fpl;* **mashed** ~ Kartoffelbrei *m;* **sweet** [*o* **Spanish**] ~ Batate *f;* **~es in their jackets** (in der Schale) gebackene Kartoffeln *fpl;* **potato beetle, potato bug** *s* Kartoffelkäfer *m;* **potato chips** *s* (*Am*), **potato crisps** *s pl* (*Br*) Kartoffelchips *pl;* **potato masher** *s* Kartoffelstampfer *m;* **potato peeler** *s* Kartoffelschäler *m*

pot·bellied ['pɒt,belɪd] *adj* dickbäuchig; **pot·belly** *s* Dickbauch, Wanst *m;* **pot·boiler** ['pɒt,bɔɪlə(r)] *s* (*pej*) Fließbandprodukt *nt*

po·teen [pɒ'tiːn, pɒ'tʃiːn] *s* (*Irland*) heimlich gebrannter Whiskey

po·tency ['pəʊtənsɪ] *s* **1.** Macht, Kraft, Stärke *f* **2.** (PHYSIOL) Potenz *f;* **po·tent** ['pəʊtnt] *adj* **1.** mächtig, einflussreich **2.** wirksam **3.** überzeugend, zwingend **4.** (PHYSIOL) potent

po·ten·tate ['pəʊtnteɪt] *s* Potentat *m*

po·ten·tial [pə'tenʃl] **I.** *adj* (*a.* PHYS) potenziell, möglich **II.** *s* (*a.* PHYS) Potenzial *nt;* **show** ~ gute Anlagen haben (*as* zu); **po·ten·tial·ity** [pə,tenʃɪ'ælətɪ] *s* Möglichkeit *f;* **po·ten·tially** [pə'tenʃəlɪ] *adv* möglicherweise; potenziell

pother ['pɒðə(r)] *s* Aufregung *f*

pot·herb ['pɒthɜːb] *s* Küchenkraut *nt;* **pot·holder** ['pɒt,həʊldə(r)] *s* (*Am*) Topflappen *m;* **pot·hole** *s* **1.** Schlagloch *nt* **2.** Höhle *f;* **pot·holer** ['pɒt,həʊlə(r)] *s* Höhlenforscher(in) *m(f);* **pot·hook** *s* **1.** Kesselhaken *m* **2.** (*fam*) Krakelfuß *m;* **pot·hunter** *s* Jäger *m* der jedes Wild abknallt

po·tion ['pəʊʃn] *s* Trank *m*

pot·luck [pɒt'lʌk]: **take** ~ mit dem vorlieb nehmen, was es gerade gibt

pot·pourri [,pəʊ'pʊəriː] *s* (MUS) Potpourri *nt*

pot roast ['pɒtrəʊst] *s* Schmorbraten *m;* **pot·shot** *s* Schuss *m* aufs Geratewohl; **pot·ted** ['pɒtɪd] *adj* **1.** (*Küche*) eingemacht **2.** (*Pflanze*) Topf- **3.** (*fig*) zusammengefasst; ~ **meat** Pökelfleisch *nt*

pot·ter¹ ['pɒtə(r)] *s* Töpfer(in) *m(f);* **~'s wheel** Töpferscheibe *f*

pot·ter² ['pɒtə(r)] *vi* **1.** (~ *about*) herumtrödeln, -bummeln **2.** herumpfuschen (*at* an)

pot·tery ['pɒtərɪ] *s* **1.** Töpferei *f* **2.** Töpferwaren *fpl*

potty¹ ['pɒtɪ] *adj* (*Br fam*) verrückt; **be** ~ **about s.th.** ganz verrückt sein auf etw; **you're driving me** ~ Sie bringen mich um den Verstand

potty² ['pɒtɪ] *s* (*fam: chamber* ~) Töpfchen *nt*

pouch [paʊtʃ] *s* **1.** (*a.* ZOO) Beutel *m;* (*a.* BOT) Tasche *f* **2.** (*tobacco* ~) Tabaksbeutel *m* **3.** (MED) Tränensack *m*

pouf [puːf] *s* (*Br: sl*) Schwule(r) *m*

pouffe [puːf] *s* Sitzkissen *nt*

poul·terer ['pəʊltərə(r)] *s* Geflügelhändler(in) *m(f)*

poul·tice ['pəʊltɪs] *s* (MED) (feuchte) Packung *f*

poul·try ['pəʊltrɪ] *s* Geflügel *nt;* **poultry farm** *s* Geflügelfarm *f;* **poultry farming** *s* Hühnerzucht *f*

pounce [paʊns] **I.** *s* **1.** Herabstoßen *nt* (*eines Raubvogels*) **2.** Sprung *m* (*eines Raubtiers*) (*at* auf) **II.** *vi* **1.** herabstoßen, sich stürzen (*on, upon, at* auf) **2.** anspringen (*on, upon, at* acc) **3.** herfallen (*on, upon, at* über)

pound¹ [paʊnd] *s* **1.** Pfund *nt* (*16 Unzen = 453,592 g*) **2.** (~ *sterling*) Pfund *nt;* **by the** ~ pfundweise

pound² [paʊnd] *s* **1.** Tierasyl *nt* **2.** (*für abgeschleppte Autos*) Abstellplatz *m*

pound³ [paʊnd] **I.** *vt* **1.** (zer)stoßen, (zer)stampfen **2.** schlagen, trommeln auf [*o* gegen] **II.** *vi* **1.** schlagen, stoßen, trommeln, hämmern (*at, on* auf, gegen) **2.** (*Maschine*) stampfen **3.** (*Herz*) heftig schlagen; ~ **about** herumstapfen; ~ **along** mühsam gehen; ~ **out** darauf hämmern

pounder ['paʊndə(r)] *s* (*in Zusammensetzungen*) -pfünder *m*

pound·ing ['paʊndɪŋ] *s* Stoßen *nt;* Hämmern *nt;* Stampfen *nt;* Dröhnen *nt;* **the team took a real** ~ (SPORT) die Mannschaft bezog eine schwere Niederlage (*from* von)

pound note ['paʊndnəʊt] *s* Pfundnote *f*

pour [pɔː(r)] **I.** *vt* **1.** gießen, schütten (*out of, from* aus, *into* in, *on* auf, *over* über) **2.** (*Getränk*) eingießen, -schenken; ~ **oil on troubled waters** die erhitzten Gemüter beruhigen; ~ **cold water on s.o.** (*fig*) jdn ernüchtern **II.** *vi* **1.** fließen, strömen, sich ergießen; **~ing rain** strömender Regen **2.** (*Menschen*) sich (in Massen) stürzen; **it's ~ing** es gießt in Strömen; **pour in** **I.** *vi* **1.** hereinströmen **2.** (*Aufträge*) zahlreich eingehen **II.** *vt* eingießen, -schenken; **pour out** **I.** *vi* herausströmen **II.** *vt* **1.** ausgießen **2.** (*sein Herz*) ausschütten; **he ~ed his troubles out to me** er hat mir sein Leid geklagt

pout [paʊt] **I.** *vi* schmollen **II.** *s* Schmollen *nt;* Schmollmund *m*

pov·er·ty ['pɒvətɪ] *s* **1.** Armut *f* **2.** Mangel *m* (*of, in* an), Mangelhaftigkeit *f;* **be reduced to ~** verarmt sein; **pov·er·ty line** *s* Armutsgrenze *f,* Existenzminimum *nt;* **pov·er·ty-strick·en** ['pɒvətɪˌstrɪkən] *adj* verarmt; **pov·er·ty trap** *s* dauerhaftes Abgleiten in die Armut

pow·der ['paʊdə(r)] **I.** *s* **1.** Puder *m* **2.** Pulver *nt* **II.** *vt* **1.** (ein)pudern **2.** bestreuen (*with* mit) **3.** pulverisieren; **~ one's nose** sich die Nase pudern; (*fig*) zur Toilette gehen; **powder compact** *s* Puderdose *f;* **pow·dered** ['paʊdəd] *adj:* **~ egg** Eipulver *nt;* **~ milk** Milchpulver *nt;* **~ sugar** (*Am*) Puder-, Staubzucker *m;* **powder keg** *s* (*fig*) Pulverfass *nt;* **powder magazine** *s* Pulvermagazin *nt;* **powder puff** *s* Puderquaste *f;* **powder room** *s* Damentoilette *f;* **powder snow** *s* Pulverschnee *m;* **pow·dery** ['paʊdərɪ] *adj* **1.** pulvrig **2.** bröckelig, morsch **3.** gepudert; **~ snow** Pulverschnee *m*

pow·er ['paʊə(r)] **I.** *s* **1.** Kraft *f;* Stärke, Wucht *f;* (*fig*) Überzeugungskraft *f* **2.** Macht *f* **3.** Herrschaft *f* (*over* über) **4.** Einfluss *m* (*with* auf) **5.** Vollmacht, Berechtigung, Befugnis *f* **6.** (POL) Macht *f* **7.** (PHYS TECH ELEK) Kraft, Energie *f;* Leistung *f;* Strom *m* **8.** (MATH) Potenz *f* **9.** (*fam*) Menge, Masse *f* (*of money* Geld); **be in ~** an der Macht sein; **be in s.o.'s ~** in jds Gewalt sein; **be within (beyond) s.o.'s ~** (nicht) in jds Macht liegen; **come into ~** an die Macht gelangen; **do all in one's ~** alles in seiner Macht Stehende tun; **it did me a ~ of good** es hat mir sehr gut getan; **give s.o. full ~s** jdm Vollmacht erteilen; jdm freie Hand lassen; **have full ~s** Vollmacht haben; **he is losing his ~s** seine Kräfte lassen nach; **accession to ~, coming to ~, assumption of ~** Machtübernahme *f;* **atomic ~** Atomkraft *f;* **balance of ~** Gleichgewicht *nt* der Kräfte; **the ~ of love** die Macht der Liebe; **his ~s of hearing** sein Hörvermögen; **buying ~** Kaufkraft *f;* **display of ~** Machtentfaltung *f;* **earning ~** Ertrags-, Erwerbsfähigkeit *f;* **economic ~** Wirtschaftspotential *nt;* **electric ~** elektrische Energie; **nuclear ~** Kernkraft *f;* (POL) Atommacht *f;* **parental ~** elterliche Gewalt; **source of ~** Kraft-, Energiequelle *f;* **sphere of ~** Machtsphäre *f,* Einflussbereich *m;* **water ~** Wasserkraft *f;* **world ~** Weltmacht *f;* **the ~s above** die himmlischen Mächte *fpl,* die Obrigkeit; **~ of attorney** (Handlungs-, Prozess)Vollmacht *f;* **~ of life and death** Gewalt über Leben u. Tod; **the ~s that be** die Machthaber *mpl,* die Obrigkeit **II.** *vt* antreiben; **~ed by electricity** mit Elektroantrieb; **power-assisted steering** *s* (AUTO) Servolenkung *f;* **power·boat** *s* Rennboot *nt;* **power brakes** *s pl* Servobremsen *fpl;* **power cable** *s* Starkstromkabel *nt;* **power cut** *s* **1.** Stromsperre *f* **2.** Stromausfall *m;* **power-driven** ['paʊədrɪvn] *adj* mit Motorantrieb

power·ful ['paʊəfl] *adj* **1.** mächtig, stark, einflussreich **2.** leistungsfähig, -stark; **power·ful·ly** ['paʊəfəlɪ] *adv* (*fam*) mächtig, gewaltig; **~ built** kräftig gebaut

power·house ['paʊəˌhaʊs] *s* **1.** Kraftwerk *nt* **2.** (*fig*) treibende Kraft; dynamischer Mensch; **power·less** ['paʊəlɪs] *adj* kraft-, machtlos; **power line** *s* Starkstrom-, Hochspannungsleitung *f;* **power mower** *s* Motorrasenmäher *m;* **power output** *s* Ausgangsleistung *f;* **power pack** *s* (ELEK) Netzteil *nt;* **power plant** *s* Kraftwerk *nt;* **power player** *s* Machtmensch *m;* **power-point** *s* (ELEK) Energiequelle *f;* Steckdose *f;* **power politics** *s pl* Machtpolitik *f;* **power saw** *s* Motorsäge *f;* **power set** *s* (MATH) Potenzmenge *f;* **power station** *s* Kraftwerk *nt;* **nuclear ~** Kernkraftwerk *nt;* **power steering** *s* (AUTO) Servolenkung *f;* **power tool** *s* Elektrowerkzeug *nt;* **power transmission** *s* (TECH) Kraftübertragung *f;* **power worker** *s* Elektrizitätsarbeiter(in) *m(f)*

pow·wow ['paʊwaʊ] *s* (*fam*) Konferenz *f*

pox [pɒks] *s* **1.** Syphilis *f* **2.** (*small~*) Pocken *pl;* **poxy** ['pɒksɪ] *adj* (*sl*) lausig

PR [piː'ɑː(r)] *s Abk. von* **public relations** PR *f*

prac·ti·cable ['præktɪkəbl] *adj* **1.** aus-, durchführbar **2.** befahr-, begehbar

prac·ti·cal ['præktɪkl] *adj* praktisch; (*Mensch*) praktisch (veranlagt); (*Lösung, Idee*) praxisnah, -orientiert; **~ joke** Streich *m;* **~ knowledge** Erfahrungswissen *nt;* **prac·ti·cal·ity** [ˌpræktɪ'kælətɪ] *s* **1.** brauchbare Lösung **2.** Brauchbarkeit, Sachlichkeit *f;* **prac·ti·cal·ly** ['præktɪk(ə)lɪ] *adv* **1.** in der Praxis **2.** praktisch, so gut wie, nahezu; **it's ~ the same** es ist fast dasselbe

prac·tice ['præktɪs] **I.** *s* **1.** Gewohnheit *f;*

P

Brauch *m,* Sitte *f* **2.** (COM) Verfahrensweise, Praxis *f* **3.** (*Arzt, Anwalt*) Praxis *f* **4.** (*nicht Theorie*) Praxis *f* **5.** Übung *f;* (SPORT) Training *nt* **6.** Probe *f;* **in ~** in der Praxis; **out of ~** aus der Übung; **be in ~** (*Arzt, Anwalt*) praktizieren; **make it a ~ to do, make a ~ of doing** es sich zur Gewohnheit machen zu tun; **put in(to) ~** in die Tat umsetzen; **business ~s** Geschäftspraktiken *fpl;* **it is ~** es ist handelsüblich; **~ makes perfect** Übung macht den Meister **II.** *vt, vi* (*Am*) *s.* **practise; prac·ticed** *adj* (*Am*) *s.* **practised; prac·tise** ['præktɪs] **I.** *vt* **1.** üben; (*Lied, Stück*) proben **2.** (*Beruf*) ausüben; **~ law** als Anwalt tätig sein; **~ medicine** eine ärztliche Praxis haben; **~ what one preaches** das tun, was man immer predigt **II.** *vi* **1.** üben (*on* an, auf) **2.** praktisch tätig sein, praktizieren **3.** (SPORT) trainieren; **prac·tised** ['præktɪst] *adj* erfahren, routiniert; **prac·tis·ing** ['præktɪsɪŋ] *adj* (*Arzt*) praktizierend; (*Kommunist, Christ*) aktiv; **prac·ti·tioner** [præk'tɪʃənə(r)] *s* **1.** Praktiker(in) *m(f),* Mensch *m* der Praxis **2.** (*general ~*) praktischer Arzt, praktische Ärztin; **legal ~** (praktizierende(r)), Rechtsanwalt *m,* -anwältin *f*

prag·matic [præg'mætɪk] *adj* pragmatisch

prairie ['preərɪ] *s* Prärie *f*

praise [preɪz] **I.** *vt* loben (*for* wegen); **~ to the skies** (*fam*) in den Himmel heben **II.** *s* **1.** Lob *nt* **2.** Anerkennung *f;* **sing one's own ~s** sich selbst loben; **~ be** Gott sei Dank!; **praise·worthy** ['preɪzˌwɜːðɪ] *adj* lobenswert

pram [præm] *s* (*Br*) Kinderwagen *m;* **pram·suit** ['præmsuːt] *s* Ausfahrgarnitur *f*

prance [prɑːns] *vi* **1.** (*Pferd*) tänzeln **2.** (*fig*) einherstolzieren

prang [præŋ] **I.** *s* (*Br*) Unfall *m;* (*von Flugzeug*) Absturz *m* **II.** *vt* (*Br: Fahrzeug*) zu Bruch fahren; (*Flugzeug*) bruchlanden mit

prank [præŋk] *s* (übler) Streich *m;* **play a ~ on s.o.** jdm einen Streich spielen

prat [præt] *s* (*Br sl*) dummer Kerl

prate [preɪt] *vi* schwafeln

prattle ['prætl] **I.** *vi* (*~ on*) (daher)schwatzen; plappern **II.** *s* Geschwätz, Geplapper *nt*

prawn [prɔːn] *s* (Stein)Garnele *f;* **go ~ing** Garnelen fangen; **prawn cocktail** *s* Krabbencocktail *m*

pray [preɪ] **I.** *vt* bitten; **(I) ~ (you)** (ich) bitte (Sie) **II.** *vi* **1.** beten (*to* zu, *for* um) **2.** flehen(tlich bitten) (*for* um); **past ~ing for** in einem hoffnungslosen Zustand

prayer [preə(r)] *s* **1.** Gebet *nt* **2.** Andacht *f;* **say one's ~s** sein Gebet verrichten; **the Lord's Prayer** das Vaterunser; **morning-/evening-~** Morgen-/Abendgebet *nt;* **prayer book** *s* Gebetbuch *nt;* **prayer meeting** *s* Betstunde *f;* **prayer rug** *s* Gebetsteppich *m;* **prayer wheel** *s* Gebetsmühle *f;* **praying man·tis** ['preɪɪŋ'mæntɪs] *s* Gottesanbeterin *f*

pre-ac·ces·sion *adj* (EU) Vor-Beitritts-; **~ country** Beitrittskandidat *m;* **Pre-Accession Lending Facility** Vor-Beitritts-Fazilität *f*

preach [priːtʃ] **I.** *vi* predigen (*on, about* über); **~ to s.o.** (*fig*) jdm eine Predigt halten **II.** *vt* **1.** predigen **2.** verfechten, sich einsetzen für **3.** (*Predigt*) halten; **~ caution** zur Vorsicht raten; **preacher** ['priːtʃə(r)] *s* Prediger *m;* **preach·ify** ['priːtʃɪfaɪ] *vi* (*fam*) Moralpredigten halten

pre·ad·vice *s* Vorabbenachrichtigung *f*

pre·amble [priː'æmbl] *s* (JUR POL) Präambel *f;* Einleitung, Vorrede *f*

pre·amp(li·fier) [priː'æmp(lɪˌfaɪə(r))] *s* Vorverstärker *m*

pre·ar·range [ˌpriːə'reɪndʒ] *vt* vorher festlegen, bestimmen

preb·end ['prebənd] *s* Pfründe *f;* **preb·en·dary** ['prebəndrɪ] *s* Inhaber *m* einer Pfründe

pre·cari·ous [prɪ'keərɪəs] *adj* **1.** unsicher, ungewiss **2.** prekär, gefährlich **3.** (*Theorie*) anfechtbar

pre·cast [ˌpriː'kɑːst] *adj* vorgefertigt

pre·caution [prɪ'kɔːʃn] *s* Vorsicht(smaßnahme, -maßregel) *f;* **take the ~ of doing s.th** etw vorsichtshalber tun; **take ~s** Vorsichtsmaßnahmen treffen; empfängnisverhütende Mittel nehmen; **pre·caution·ary** [ˌprɪ'kɔːʃ(ə)nərɪ] *adj* Vorsichts-, vorbeugend

pre·cede [prɪ'siːd] *vt* **1.** voraus-, vorangehen (*s.o., s.th.* jdm, einer S) **2.** (*im Rang*) stehen über **3.** (*in Bedeutung*) den Vorrang haben vor; **pre·ced·ence** ['presɪdəns] *s* **1.** Vorrang, -tritt *m* **2.** höherer Rang, höheres Dienstalter; **give s.o. ~, yield ~ to s.o.** jdm den Vortritt lassen; **have** [*o* **take**] **~ over** den Vorrang haben vor; rangieren vor; **in order of ~** der Rangordnung nach; **pre·ced·ent** ['presɪdənt] *s* **1.** Präzedenzfall *m* **2. ~s** frühere Fälle *mpl;* **pre·ced·ing** [prɪ'sɪːdɪŋ] *adj* vorhergehend

pre·cept ['priːsept] *s* Grundsatz *m,* Maxime *f*

pre·cinct ['priːsɪŋkt] *s* **1.** (*shopping ~*) Einkaufsviertel *nt* **2.** (*pedestrian ~*) Fußgängerzone *f* **3.** Bezirk *m;* **~s** Gelände *nt;* Umgebung *f*

pre·cious ['preʃəs] *adj* wertvoll (*to* für), kostbar, preziös; **~ few** (*fam*) ganz wenige;

~ **metal** Edelmetall *nt;* ~ **stone** Edelstein *m*

preci·pice ['presɪpɪs] *s* Abgrund *m;* **stand on the edge of a** ~ (*fig*) vor einem Abgrund stehen

pre·cipi·tate [prɪ'sɪpɪteɪt] **I.** *vt* **1.** hinabstürzen **2.** stürzen (*into ruin* ins Verderben) **3.** (*fig*) überstürzen; beschleunigen **4.** (CHEM METE) niederschlagen, kondensieren, fällen **II.** *vi* **1.** sich stürzen (*into* in) **2.** (CHEM METE) sich niederschlagen **III.** [prə'sɪpɪtɪt] *adj* (*fig*) überstürzt **IV.** *s* (CHEM METE) Niederschlag *m;* **pre·cipi·ta·tion** [prɪˌsɪpɪ'teɪʃn] *s* **1.** Überstürzung *f* **2.** (CHEM) Fällung *f* **3.** (METE) Niederschlag *m,* Niederschlagsmenge *f;* **pre·cipi·tous** [prɪ'sɪpɪtəs] *adj* **1.** abschüssig, steil (abfallend), jäh **2.** überstürzt

pré·cis ['preɪsiː, *Am* preɪ'siː, *pl* 'preɪsiːz] <*pl* -cis> *s* Zusammenfassung *f;* Inhaltsangabe *f*

pre·cise [prɪ'saɪs] *adj* **1.** genau, exakt **2.** gewissenhaft; pünktlich **3.** pedantisch, umständlich; **at the** ~ **moment that …** in dem Augenblick als …; **pre·cise·ly** [-lɪ] *adv* genau; ~! stimmt! so ist es!; **pre·ci·sion** [prɪ'sɪʒn] *s* **1.** Genauigkeit, Exaktheit *f* **2.** (TECH) Präzision *f;* ~ **balance** Präzisionswaage *f;* ~ **bombing** gezielter Bombenabwurf; ~ **instrument** Präzisionsinstrument *nt;* ~ **tools** Präzisionswerkzeuge *ntpl*

pré·cis-writ·ing ['preɪsiːˌraɪtɪŋ] *s* (SCHULE) Inhaltsangabe *f*

pre·clude [prɪ'kluːd] *vt* **1.** ausschließen **2.** hindern (*from doing* etw zu tun)

pre·co·cious [prɪ'kəʊʃəs] *adj* frühreif; **pre·coc·ious·ness**, **pre·coc·ity** [prɪ'kəʊʃəsnɪs, prɪ'kɒsətɪ] *s* Frühreife *f*

pre·con·ceived ['priːkɒnsiːvd] *adj* vorgefasst; **pre·con·cep·tion** [ˌpriːkən 'sepʃn] *s* Vorurteil *nt*

pre·con·di·tion [ˌpriːkən'dɪʃn] *s* Bedingung, Voraussetzung *f*

pre·cook ['priːkʊk] *vt* vorkochen

pre·cur·sor [ˌpriː'kɜːsə(r)] *s* **1.** Vorläufer *m* **2.** Vorgänger(in) *m(f)*

pre·date [priː'deɪt] *vt* zeitlich vorangehen

preda·tor ['predətə(r)] *s* Raubtier *nt*

preda·tory ['predətrɪ] *adj* räuberisch, Raub-

pre·de·cessor ['priːdɪsesə(r)] *s* Vorgänger(in) *m(f)*

pre·des·ti·nate [ˌpriː'destɪneɪt] *vt* vorherbestimmen (*to* für); **pre·des·ti·na·tion** [ˌpriːdestɪ'neɪʃn] *s* Vorherbestimmung, Prädestination *f;* **pre·des·tine** [ˌpriː'destɪn] *vt* prädestinieren

pre·de·ter·mine [ˌpriːdɪ'tɜːmɪn] *vt* vorher festlegen

pre·dica·ment [prɪ'dɪkəmənt] *s* missliche Lage; **be in a** ~ in der Klemme sitzen

predi·cate ['predɪkeɪt] **I.** *vt* **1.** aussagen (*of* über) **2.** (be)gründen (*on, upon* auf) **3.** abhängig machen (*on a condition* von einer Bedingung) **4.** stützen **II.** ['predɪkət] *s* (GRAM) Prädikat *nt*

pre·dict [prɪ'dɪkt] *vt* vorhersagen, prophezeien; **pre·dict·able** [-əbl] *adj* vorhersehbar; **pre·dic·tion** [prɪ'dɪkʃn] *s* Vorhersage, Prognose, Prophezeiung *f*

pre·di·lec·tion [ˌpriːdɪ'lekʃn] *s* Vorliebe *f* (*for* für)

pre·dis·pose [ˌpriːdɪ'spəʊz] *vt* **1.** geneigt, empfänglich machen (*to* zu, für) **2.** günstig stimmen (*in s.o.'s favour* für jdn) **3.** (MED) prädisponieren (*to* für); **pre·dis·posi·tion** [ˌpriːdɪspə'zɪʃn] *s* **1.** (*a.* MED) Empfänglichkeit *f* **2.** (MED) Prädisposition *f* (*to* für)

pre·domi·nance [prɪ'dɒmɪnəns] *s* **1.** Überlegenheit *f,* Übergewicht *nt* (*over* über) **2.** Vorherrschaft *f* (*over* über, *in* in); **pre·domi·nant** [prɪ'dɒmɪnənt] *adj* vorherrschend, überwiegend; **pre·domi·nate** [prɪ'dɒmɪneɪt] *vi* überlegen sein, die Oberhand haben (*over* über), vorherrschen (*over* vor)

pre-emi·nence [ˌpriː'emɪnəns] *s* Vorrang(stellung *f*) *m;* Überlegenheit *f* (*over* über); **pre-emi·nent** [ˌpriː'emɪ nənt] *adj* hervor-, überragend

pre-empt [ˌpriː'empt] *vt* zuvorkommen (*s.o.* jdm); **pre-emp·tion** [ˌpriː'empʃn] *s* Zuvorkommen *nt;* **pre-emp·tive** [priː-'emptɪv] *adj* **1.** präventiv **2.** (COM) Vorkaufs-; Bezugs-

preen [priːn] *vt* (*Gefieder*) putzen, glätten; ~ **o.s.** sich fein machen; ~ **o.s. on s.th.** sich etwas auf etw einbilden

pre·fab ['priːfæb] *s* Fertigbau *m;* **pre·fab·ri·cate** [ˌpriː'fæbrɪkeɪt] *vt* vorfabrizieren; ~**d** vorgefertigt; in Fertigbauweise erstellt; ~**d house** Fertighaus *nt;* ~**d section** Fertigteil *nt*

pref·ace ['prefɪs] **I.** *s* Vorwort *nt* **II.** *vt* **1.** mit einer Einleitung versehen **2.** einleiten (*with* mit); **prefa·tory** ['prefətrɪ] *adj* einleitend

pre·fect ['priːfekt] *s* Präfekt *m;* (*Br*) Vertrauensschüler(in) *m(f)*

pre·fer [prɪ'fɜː(r)] *vt* **1.** vorziehen, bevorzugen **2.** lieber tun, lieber haben (*s.th. to s.th. else* etw als eine andere S, *rather than* als) **3.** (*im Amt*) befördern (*to* zu) **4.** (*Klage*) erheben (*against* gegen, *to* bei); **pre·fer·able** ['prefrəbl] *adj* vorzuziehen (*to dat*), wünschenswerter (*to* als); **pre·fer·ably** ['prefrəblɪ] *adv* am liebsten; **pref·er·ence** ['prefrəns] *s* **1.** Vorzug *m;* Bevorzugung *f*

P

(*over* vor) **2.** Vorliebe *f* (*for* für) **3.** Vorrecht *nt;* Präferenz *f* **4.** Meistbegünstigung *f,* Vorzugstarif *m* **5.** **~s** Präferenzen *fpl,* Vorzugsaktien *fpl;* **by ~, for ~, from ~** vorzugsweise; **in ~ to** lieber als; **of your ~** gewünscht; **give ~ to s.o.** jdm den Vorzug geben; **have a ~ for** eine Vorliebe haben für; **what are your ~s?** worauf legen Sie Wert?; was ziehen Sie vor?; **I have no ~** das ist mir einerlei; **~ share** Vorzugsaktie *f;*

pref·er·en·tial [ˌprefəˈrenʃl] *adj* bevorzugt, bevorrechtigt; **~ creditor** bevorrechtigter Konkursgläubiger; **~ duty** Vorzugszoll *m;* **~ terms** Vorzugsbedingungen *fpl;* **~ treatment** bevorzugte Behandlung, Bevorzugung *f;* **pre·ferred** [prɪˈfɜːd] *adj* **1.** bevorzugt **2.** bevorrechtigt; **~ (capital) stock** (*Am*) Vorzugsaktien *fpl*

pre·fig·ure [ˌpriːˈfɪgə(r)] *vt* **1.** andeuten **2.** sich vorher ausmalen

pre·fix [ˈpriːfɪks] **I.** *s* **1.** (GRAM) Vorsilbe *f,* Präfix *nt* **2.** (*Am*) (Telefon-)Vorwahl *f* **II.** [priːˈfɪks] *vt* **1.** als Vorsilbe setzen vor **2.** (*fig*) voranstellen, voransetzen

preg·nancy [ˈpregnənsɪ] *s* **1.** (*Frau*) Schwangerschaft *f* **2.** (*Tier*) Trächtigkeit *f* **3.** (*fig: Ereignis*) Tragweite, Bedeutung *f;* **termination of ~** Schwangerschaftsabbruch *m;* **pregnancy test** *s* Schwangerschaftstest *m;* **preg·nant** [ˈpregnənt] *adj* **1.** (*Frau*) schwanger **2.** (*Tier*) trächtig **3.** (*fig*) bedeutungsvoll, gewichtig

pre·hen·sile [prɪˈhensaɪl] *adj* Greif-

pre·his·toric [ˌpriːhɪˈstɒrɪk] *adj* prähistorisch; **pre·his·tory** [ˌpriːˈhɪstrɪ] *s* Vor-, Urgeschichte *f*

pre·judge [ˌpriːˈdʒʌdʒ] *vt* vorschnell verurteilen

preju·dice [ˈpredʒʊdɪs] **I.** *s* **1.** Vorurteil *nt,* vorgefasste Meinung (*against* gegen), Voreingenommenheit *f* (*in favo(u)r of* für) **2.** Beeinträchtigung *f,* Schaden, Nachteil *m* **II.** *vt* **1.** ungünstig beeinflussen, einnehmen (*s.o. against* jdn gegen) **2.** sich nachteilig auswirken auf, Abbruch tun (*s.th.* einer S); **preju·diced** [ˈpredʒʊdɪst] *adj* voreingenommen; **preju·di·cial** [ˌpredʒʊˈdɪʃl] *adj* nachteilig, schädlich (*to* für); **be ~ to** sich nachteilig auswirken auf

pre·limi·nary [prɪˈlɪmɪnərɪ] **I.** *adj* **1.** einleitend **2.** vorbereitend **3.** vorläufig, einstweilig; **~ advice, ~ announcement, ~ notice** Voranzeige *f;* **~ agreement** [*o* **contract**] Vorvertrag *m;* **~ discussion** Vorbesprechung *f;* **~ draft** Vorentwurf *m;* **~ examination** Aufnahme-, Vorprüfung *f;* **~ investigation** (JUR) Voruntersuchung *f;* **~ round** (SPORT) Vorrunde(nspiel *nt*) *f;* **~ talks** Vorbesprechungen *fpl;* **~ works** Vorarbeiten *fpl* **II.** *s* **1.** Einleitung *f,* Vorbereitung *f* (*to* zu) **2.** (SPORT) Vorrunde *f* **3.** **preliminaries** (POL) Vorverhandlungen *fpl,* Präliminarien *pl;* **pre·lims** [ˈpriːlɪmz] *s* **1.** (SCHULE) Vorprüfung *f* **2.** (TYP) Vorspann *m*

prel·ude [ˈpreljuːd] **I.** *s* **1.** Vorspiel *nt;* Präludium *nt* **2.** (*fig*) Auftakt *m* **II.** *vi* einleiten, eröffnen

pre·mari·tal [ˌpriːˈmærɪtl] *adj* vorehelich

prema·ture [preməˈtjʊə(r), *Am* ˌpriːməˈtʊər] *adj* **1.** vorzeitig, zu früh **2.** (*fig*) voreilig; **~ baby** Frühgeburt *f;* **prema·ture·ly** *adv* vorzeitig; (*decide*) verfrüht; (*act*) voreilig

pre·medi·ta·ted [ˌpriːˈmedɪteɪtɪd] *adj* vorsätzlich, vorbedacht; **~ murder** vorsätzlicher Mord; **pre·medi·ta·tion** [ˌpriːmedɪˈteɪʃn] *s* Vorsatz *m*

pre·mier [ˈpremɪə(r), *Am* ˈpriːmɪə(r)] **I.** *adj* führend; (*Wichtigkeit*) äußerste(r, s) **II.** *s* Premierminister(in) *m(f)*

pre·mière [ˈpremɪeə(r), *Am* prɪˈmɪər] *s* (THEAT FILM) Premiere *f*

prem·ise [ˈpremɪs] *s* Prämisse, Voraussetzung *f;* **~s** Gelände *nt;* Gebäude *nt;* Anwesen *nt;* **on the ~s** vor Ort, an Ort und Stelle; **escort s.o. off the ~s** jdn hinausbegleiten; **bank/factory ~s** Bank-/Fabrikgebäude *nt;* **business ~s** Geschäftsräume *mpl*

pre·mium [ˈpriːmɪəm] *s* **1.** (COM) Prämie *f* **2.** Zuschlag *m;* Bonus *m* **3.** (FIN) Aufgeld, Agio *nt* **4.** (Versicherungs)Prämie *f* **5.** Preis *m,* Belohnung *f* (*on* auf); **be at a ~** (FIN) über pari stehen; (*fig*) sehr geschätzt, sehr gesucht sein; **put a ~ on** (*fig*) hoch bewerten; **sell at a ~** mit Gewinn verkaufen; **~ on exports** Ausfuhr-, Exportprämie *f;* **premium bond** *s* Prämienanleihe *f;* **premium offer** *s* Werbegeschenk *nt;* **premium quality** *s* erstklassige Qualität

pre·mon·ition [ˌpriːməˈnɪʃn] *s* Vorahnung *f* (*about* von)

pre·natal [ˌpriːˈneɪtl] *adj* vor der Geburt; pränatal

pre·oc·cu·pa·tion [ˌpriːɒkjʊˈpeɪʃn] *s* **1.** Inanspruchnahme *f* **2.** Vertieftsein *nt* (*with* in); **her ~ with the children** ihre ständige Sorge um die Kinder; **pre·oc·cu·pied** [prɪːˈɒkjʊpaɪd] *adj* gedankenverloren, geistesabwesend; **be ~ with s.th.** nur an etw denken, mit etw ganz beschäftigt sein; **pre·oc·cupy** [priːˈɒkjʊpaɪ] *vt* ausschließlich beschäftigen, ganz beherrschen

pre·or·dain [ˌpriːɔːˈdeɪn] *vt* vorherbestimmen

prep [prep] *s* (*Br fam*) Hausaufgabe *f*

pre·pack(age) [priːˈpæk(ɪdʒ)] *vt* abpacken, fertig packen

pre·paid [ˌpriːˈpeɪd] *adj* (voraus)bezahlt; **postage** ~ vorfrankiert, freigemacht; **pre-paid reply** *s* bezahlte Rückantwort

prep·ara·tion [ˌprepəˈreɪʃn] *s* **1.** Vorbereitung *f* **2.** (*Br:* SCHULE) Schularbeit *f* **3.** (MED) Präparat *nt;* **make ~s** Anstalten, Vorbereitungen treffen (*for* für); **in ~ for** als Vorbereitung für; **pre·para·tory** [prɪˈpærətrɪ] *adj* vorbereitend; einführend; ~ **to** vor (zeitlich); ~ **course** Vorbereitungslehrgang *m;* ~ **period** Vorbereitungszeit *f;* (*Versicherung*) Wartezeit *f;* ~ **work** Vorarbeit *f*

pre·pare [prɪˈpeə(r)] **I.** *vt* **1.** vorbereiten (*for s.th.* auf etw, *to do* zu tun) **2.** Vorbereitungen, Vorkehrungen treffen für **3.** (*Essen*) zubereiten **4.** abfassen, ausarbeiten **5.** (*Rechnung*) aufstellen **6.** (*Vertrag*) aufsetzen, entwerfen **7.** (*Daten*) aufbereiten; ~ **yourself for a shock** mach dich auf einen Schock gefasst **II.** *vi* sich vorbereiten (*for* auf); ~ **to do s.th.** Anstalten machen, etw zu tun; **pre·pared** [prɪˈpeəd] *adj* **1.** bereit, fertig (*for* für) **2.** vorbereitet, gefasst (*for* auf, *to do* zu tun); **be ~ to acknowledge/to admit/to supply** bereit sein anzuerkennen/zuzugeben/zu liefern; **be ~ for the worst** auf das Schlimmste gefasst sein; **I'm not ~ to lend him money** ich denke nicht daran ihm Geld zu leihen; **be~!** allzeit bereit!; **pre·pared·ness** [prɪˈpeərɪdnɪs] *s* Bereitschaft *f* (*for* zu)

pre·pay [ˌpriːˈpeɪ] *vt* **1.** im voraus bezahlen, vorauszahlen **2.** (*Postsendung*) freimachen, frankieren; **pre·pay·ment** [-mənt] *s* **1.** An-, Vorauszahlung *f* **2.** Zahlung *f* vor Fälligkeit **3.** (*Postsendung*) Freimachung *f,* Frankieren *nt*

pre·pon·der·ance [prɪˈpɒndərəns] *s* Überlegenheit *f* (*over* über); **pre·pon·der·ant** [prɪˈpɒndərənt] *adj* überwiegend; **be ~** überwiegen

pre·pos·it·ion [prepəˈzɪʃn] *s* (GRAM) Präposition *f*

pre·pos·sess·ing [ˌpriːpəˈzesɪŋ] *adj* einnehmend, anziehend; sympathisch

pre·pos·ter·ous [prɪˈpɒstərəs] *adj* unsinnig; albern, lächerlich

prepped [prept] *adj* bereit, vorbereitet

preppie [ˈprepɪ] **I.** *adj* (*Am*) popperhaft **II.** *s* (*Am*) Popper *m*

pre·puce [ˈpriːpjuːs] *s* (ANAT) Vorhaut *f*

pre·requi·site [ˌpriːˈrekwɪzɪt] **I.** *adj* erforderlich, notwendig (*to* für) **II.** *s* Vorbedingung, Voraussetzung *f* (*to, for* für)

pre·roga·tive [prɪˈrɒgətɪv] *s* Vorrecht *nt*

pre·sage [ˈpresɪdʒ] **I.** *s* Vorzeichen *nt;* Vorahnung *f* **II.** *vt* **1.** ein Vorzeichen sein für **2.** vorhersagen, prophezeien

Pres·by·terian [ˌprezbɪˈtɪərɪən] **I.** *adj* presbyterianisch **II.** *s* Presbyterianer(in) *m(f);* **pres·by·tery** [ˈprezbɪtrɪ] *s* **1.** Kirchenrat *m* **2.** (*römisch-katholische Kirche*) Pfarrhaus *nt*

pre·school [ˈpriːskuːl] *adj* vorschulisch, Vorschul-

pre·scribe [prɪˈskraɪb] **I.** *vt* **1.** vorschreiben (*to s.o.* jdm) **2.** (MED) verschreiben, verordnen (*s.th. for s.o.* jdm etw) **II.** *vi* Vorschriften machen; **pre·scribed** [prɪˈskraɪbd] *adj* vorgeschrieben; **as ~, in the ~ form** vorschriftsmäßig; **in the ~ time** fristgerecht; **pre·scrip·tion** [prɪˈskrɪpʃn] *s* **1.** Vorschrift, Anordnung *f* **2.** (MED) Verordnung *f;* Rezept *nt;* **only available on ~** rezeptpflichtig; ~ **charge** Rezeptgebühr *f;* **pre·scrip·tive** [prɪˈskrɪptɪv] *adj* normativ

pres·ence [ˈprezns] *s* **1.** Gegenwart, Anwesenheit *f* **2.** Auftreten, Benehmen *nt;* **in the ~ of** in Anwesenheit +*gen;* **your ~ is requested** Sie werden gebeten sich einzufinden; ~ **of mind** Geistesgegenwart *f;* **a military ~** Militärpräsenz *f*

pres·ent[1] [ˈpreznt] **I.** *adj* **1.** (*räumlich*) anwesend, zugegen; vorhanden **2.** (*räumlich u. zeitlich*) gegenwärtig **3.** (*zeitlich*) augenblicklich, momentan **4.** vorliegend; laufend; **at the ~ time** gegenwärtig; **in the ~ case** im vorliegenden Fall; **up to the ~ time** bis zum heutigen Tage, bis heute; **all ~** alle Anwesenden *pl;* **be ~ at s.th.** bei etw (anwesend) sein; ~ **company excepted** Anwesende ausgenommen; **poisonous substances ~ in the atmosphere** in der Atmosphäre vorhandene Giftstoffe; **in the ~ circumstances** unter den gegenwärtigen [*o* gegebenen] Umständen; ~ **tense** Präsens *nt,* Gegenwart *f;* ~ **participle** Partizip *nt* Präsens; ~ **perfect (tense)** Perfekt *nt,* zweite Vergangenheit **II.** *s* **1.** Gegenwart *f* **2.** (GRAM) Gegenwart *f,* Präsens *nt;* **at ~** zurzeit, im Augenblick; **for the ~** vorerst, vorläufig

pre·sent[2] [prɪˈzent] **I.** *vt* **1.** übergeben, überreichen **2.** schenken (*s.o. with s.th.* jdm etw) **3.** vorlegen, (vor)zeigen; aufzeigen; (*Vorschlag*) unterbreiten **4.** (*Sicht, Möglichkeit, Angriffsziel*) bieten **5.** (*Menschen*) vorstellen **6.** (RADIO TV) präsentieren; moderieren; (THEAT) zeigen **7.** (*Gewehr*) zielen (*at* auf); ~ **one's apologies** sich entschuldigen; ~ **one's compliments to s.o.** jdm Grüße, ein Kompliment ausrichten lassen; **that ~s us with a problem** das stellt uns vor ein Problem; ~ **arms!** präsentiert das Gewehr! **II.** *vr* erscheinen; (*Gelegenheit, Problem*) sich ergeben; ~ **o.s. for an exam** zur Prüfung erscheinen **III.** [ˈpreznt] *s* Geschenk *nt;* **make s.o. a**

~ **of s.th.** jdm etw schenken; **birthday/ Christmas** ~ Geburtstags-/Weihnachtsgeschenk *nt*

pre·sent·able [prɪ'zentəbl] *adj* gesellschaftsfähig; ansehnlich, respektabel; **be** ~ sich sehen lassen können

pres·en·ta·tion [ˌprezn'teɪʃn, *Am* ˌpri:zen'teɪʃn] *s* **1.** (THEAT) Aufführung *f;* Darstellung *f* **2.** Überreichung *f;* Schenkung *f* **3.** Eingabe, Einreichung, Präsentation, Vorlage *f* **4.** (COM) Aufmachung, Ausstattung, Präsentation *f;* **on** ~ gegen Vorzeigung; ~ **of a claim** Anspruchserhebung *f;* ~ **copy** (*Buch*) Frei-, Widmungsexemplar *nt;* ~ **of proof** Beweisantritt *m*

pre·sent-day [ˌprezənt'deɪ] *adj* gegenwärtig, heutig, zeitgenössisch; zeitgemäß, modern

pres·en·tee·ism [ˌprezen'ti:ɪzəm] *s länger am Arbeitsplatz bleiben als nötig, um positiv aufzufallen*

pre·sen·ti·ment [prɪ'zentɪmənt] *s* Vorgefühl *nt,* (böse) (Vor)Ahnung *f*

pres·ent·ly ['prezntlɪ] *adv* **1.** bald, in kurzem, in Kürze **2.** gegenwärtig

pres·er·va·tion [ˌprezə'veɪʃn] *s* **1.** Erhaltung *f* **2.** Konservierung *f;* Einmachen, Einkochen *nt* **3.** Beibehaltung, Aufbewahrung *f;* **in a good state of** ~ gut erhalten; ~ **of evidence** Beweissicherung *f;* **pre·serv·ative** [prɪ'zɜ:vətɪv] **I.** *adj* konservierend **II.** *s* Konservierungsstoff *m* (*against, from* gegen); **pre·serve** [prɪ'zɜ:v] **I.** *vt* **1.** bewahren, schützen (*from* vor) **2.** erhalten; in Stand halten **3.** (*Nahrungsmittel*) konservieren; einmachen, einkochen **4.** beibehalten, aufrechterhalten **5.** (*Wild*) schützen **II.** *s* **1.** Ressort *nt,* Zuständigkeitsbereich *m* **2.** (*Br: game* ~) Jagdrevier *nt* **3.** ~**s** (das) Eingemachte **4.** Konfitüre *f;* **pre·served** [prɪ'zɜ:vd] *adj* konserviert; **well-**~ noch gut aussehend

pre·shrunk [ˌpri:'ʃrʌŋk] *adj* (*Textil*) nicht einlaufend, schrumpffest

pre·side [prɪ'zaɪd] *vi* vorsitzen (*over s.th.* einer S), den Vorsitz führen (*over, at* bei);

presi·dency ['prezɪdənsɪ] *s* **1.** Vorsitz *m* **2.** Amt *nt* eines Präsidenten **3.** (*Am*) Präsidentschaft *f;* **under the** ~ **of** unter dem Vorsitz von; **presi·dent** ['prezɪdənt] *s* **1.** Vorsitzende(r) *f m* **2.** (POL) Präsident(in) *m(f)* **3.** (*Am*) Rektor(in) *m(f);* **presi·den·tial** [ˌprezɪ'denʃl] *adj:* ~ **address** Ansprache *f* des Präsidenten; ~ **candidate** Präsidentschaftskandidat(in) *m(f);* ~ **election** Präsidentenwahl *f;* ~ **year** (*Am*) Jahr *nt* der Präsidentenwahl

press [pres] **I.** *vt* **1.** drücken (*the button* auf den Knopf) **2.** pressen; (*Obst oder Saft*) auspressen **3.** zusammendrücken, -pressen **4.** plätten, bügeln **5.** fest drücken (*to* an) **6.** dringend ersuchen, bestürmen, bitten (*to do* zu tun) **7.** nachdrücklich vorbringen **8.** aufdrängen, -nötigen (*s.th. on s.o.* jdm etw) **9.** (*Auffassung*) durchsetzen; Nachdruck legen auf, hervorheben, betonen **10.** drängen auf; energisch durchführen **11.** (~ *hard*) bedrängen; **be** ~**ed for** nicht genug haben von; sehr knapp sein an; **be hard** ~**ed** in großer Verlegenheit sein; ~ **one's advantage** hinter seinem Vorteil her sein; ~ **home** mit Nachdruck vertreten; energisch durchführen; ~ **one's point** seine Auffassung durchsetzen; **I won't** ~ **the matter** ich möchte in dieser Sache nicht weiter drängen **II.** *vi* **1.** drücken (*on, upon* auf) **2.** drängen (*for s.th.* auf etw) **3.** bestehen (*for* auf); **time** ~**es** die Zeit drängt, es eilt **III.** *s* **1.** Druck *m* **2.** Andrang *m,* Gedränge *nt* **3.** (Frucht-, Öl)Presse *f;* (SPORT) Spanner *m* **4.** (*printing* ~) Druckpresse *f* **5.** Presse *f,* Zeitungen *fpl,* Zeitungs-, Pressewesen *nt* **6.** (*in Schottland*) (Einbau)schrank *m;* **in the** ~ im Druck; **have a good** (**bad**) ~ eine gute (schlechte) Presse haben, gut (schlecht) aufgenommen, beurteilt werden; **press back** *vt* zurückdrängen, -drücken; **press down** *vt* niederdrücken; **press in** *vt* eindrücken; **press on, press ahead, press forward** *vi* vorwärts-, weiterdrängen; sich beeilen; vorpreschen; **press upon** *vi* lasten auf; aufdrängen; **press agency** *s* Nachrichtenbüro *nt,* Presseagentur *f;* **press-button** *s* (ELEK) (Druck)Knopf *m;* ~ **control** Druckknopfsteuerung *f;* **press campaign** *s* Pressefeldzug *m,* -kampagne *f;* **press card** *s* Presseausweis *m;* **press clipping, press cutting** *s* (*Br*) Zeitungsausschnitt *m;* **press conference** *s* Pressekonferenz *f;* **press coverage** *s* Presseberichterstattung *f;* **press deadline** *s:* **meet a** ~ einen Presseschlusstermin einhalten; **press gallery** *s* Pressetribüne *f;* **press-gang** *vt* (*fam*) zwingen; drängen

press·ing ['presɪŋ] **I.** *adj* **1.** dringend, dringlich, eilig **2.** nachdrücklich **II.** *s* (*Schallplatte*) Auflage *f;* Pressung *f*

press·man ['presmən] <*pl* **-men**> *s* Journalist *m;* **press office** *s* Pressestelle *f;* **press officer** *s* Pressereferent(in) *m(f);* **press photographer** *s* Fotoreporter(in) *m(f),* Pressefotograf(in) *m(f);* **press release** *s* Pressemitteilung *f;* **press report** *s* Presse-, Zeitungsbericht *m;* **press stud** *s* (*Br*) Druckknopf *m*

press-up ['presˌʌp] *s* (SPORT) Liegestütz *m*

pres·sure ['preʃə(r)] *s* **1.** (*a.* PHYS TECH)

Druck *m* **2.** (*fig*) Druck, Zwang *m* **3.** bedrückende Lage, Bedrängnis, Not *f;* **under ~** unter Druck; **under the ~ of necessity** notgedrungen; **under ~ of time** unter Zeitdruck; **put ~ on s.o.** jdn unter Druck setzen; **~ to succeed** Erfolgsdruck *m;* **work at high ~** mit Hochdruck arbeiten; **atmospheric ~** Luftdruck *m;* **blood ~** Blutdruck *m;* **high/low ~** (METE) Hoch-/Tiefdruck *m;* **tyre ~** Reifendruck *m;* **pressure cabin** *s* (AVIAT) Überdruckkabine *f;* **pressure cooker** *s* Schnellkochtopf *m;* **pressure ga(u)ge** *s* Druckmesser *m,* Manometer *nt;* **pressure group** *s* Interessengruppe, Pressure-group *f;* **pressure vessel** *s* (TECH) Druckbehälter *m;* **pressure wave** *s* Druckwelle *f;* **pres·sur·ize** ['preʃəraɪz] *vt* **1.** unter Druck setzen, zwingen (*s.o.* jdn) **2.** (AVIAT) mit Druckausgleich ausstatten; **~d cabin** (Über)Druckkabine *f;* **~d water reactor** Druckwasserreaktor *m*

pres·tige [pre'stiːʒ] *s* Prestige *nt;* **pres·tig·ious** [pre'stɪdʒəs] *adj* vornehm; **be ~** einen großen Prestigewert haben

pre·stressed ['priːstrest] *adj:* **~ concrete** Spannbeton *m*

pre·sum·ably [prɪ'zjuːməbli] *adv* vermutlich; **pre·sume** [prɪ'zjuːm] **I.** *vt* **1.** annehmen, vermuten **2.** schließen (*from* aus) **3.** sich herausnehmen, sich anmaßen **II.** *vi* **1.** vermuten **2.** sich zu viel herausnehmen; **~ on s.th.** etw ausnutzen; **pre·sum·ing** [prɪ'zjuːmɪŋ] *adj* anmaßend; **pre·sump·tion** [prɪ'zʌmpʃn] *s* **1.** (*a.* JUR) Vermutung *f* **2.** Anmaßung *f;* Unverschämtheit *f;* **on the ~ that …** in der Annahme, dass …; **pre·sump·tive** [prɪ'zʌmptɪv] *adj* mutmaßlich; **~ evidence** Indizienbeweis *m;* **pre·sump·tu·ous** [prɪ'zʌmptjʊəs] *adj* überheblich, anmaßend, unverschämt

pre·sup·pose [ˌpriːsə'pəʊz] *vt* voraussetzen; **pre·sup·po·si·tion** [ˌpriːsʌpə'zɪʃn] *s* Voraussetzung *f*

pre-tax [ˌpriː'tæks] *adj:* **~ income** [*o* **profit**] Gewinn *m* vor Steuern

pre·tence [prɪ'tens] *s* **1.** Anspruch *m* (*to* auf) **2.** Anschein *m,* Vorspiegelung *f,* Vorwand *m;* Ausrede, -flucht *f* **3.** Geziertheit *f;* **on** [*o* **under**] **the ~ of** unter dem Vorwand *+gen;* **under false ~s** unter Vorspiegelung falscher Tatsachen; **it's just a ~** es ist nur gespielt; **make a ~ of s.th.** etw vorschützen, -täuschen; **devoid of all ~** offen, aufrichtig; **pre·tend** [prɪ'tend] *vt* **1.** vorgeben, -schützen; vortäuschen **2.** sich ausgeben als **3.** sich verstellen **4.** (nur) so tun (*that* als ob); **he's just ~ing** er tut nur so; **pre·tended** [prɪ'tendɪd] *adj* gespielt, geheuchelt; **pre·tender** [prɪ'tendə(r)] *s* (*~ to the throne*) (Kron)Prätendent *m;* **pre·tense** *s* (*Am*) *s.* **pretence**; **pre·ten·sion** [prɪ'tenʃn] *s* **1.** Anspruch *m* (*to* auf) **2.** Prahlerei *f;* Anmaßung, Überheblichkeit *f;* **pre·ten·tious** [prɪ'tenʃəs] *adj* **1.** anmaßend, überheblich **2.** prahlerisch, prunkend **3.** bombastisch; **pre·ten·tious·ness** [-nɪs] *s* **1.** Anmaßung *f* **2.** Protzigkeit *f* **3.** Bombast *m*

pret·er·ite ['pretərɪt] (GRAM: *~ tense*) Präteritum *nt,* erste Vergangenheit

pre·ter·natu·ral [ˌpriːtə'nætʃrəl] *adj* **1.** ungewöhnlich, abnorm **2.** übernatürlich

pre·text ['priːtekst] *s* Vorwand *m,* Ausrede *f;* **under** [*o* **on**] **the ~ of** unter dem Vorwand *+gen*

pret·ti·fy ['prɪtɪfaɪ] *vt* verschönern

pretty ['prɪtɪ] **I.** *adj* nett, hübsch; **be sitting ~** sein Schäfchen im Trockenen haben; **a ~ penny** eine schöne Stange Geld; **~-~** ganz entzückend, süß **II.** *adv* ziemlich, (ganz) ordentlich; ganz schön, beachtlich; **~ bad** recht mies; **~ good** (gar) nicht (so) übel; ganz gut; **~ much** so ziemlich; **~ near finished** beinah(e), fast fertig; **I'm ~ well** es geht mir ganz gut; **I've ~ well finished** ich bin beinahe fertig; **that's ~ much the same (thing)** das läuft auf eins hinaus

pret·zel ['pretsl] *s* Brezel *f*

pre·vail [prɪ'veɪl] *vi* **1.** die Oberhand gewinnen, siegen (*over, against* über) **2.** sich durchsetzen, sich behaupten (*against* gegen) **3.** Erfolg haben, erfolgreich sein **4.** maßgebend sein, vorherrschen, überwiegen (*in* bei) **5.** dazu bewegen, überreden (*on, upon, with s.o.* jdn); **pre·vail·ing** [-ɪŋ] *adj* **1.** (vor)herrschend, maßgebend, überwiegend **2.** (COM) geltend; **under the ~ circumstances** unter den obwaltenden Umständen; **~ wind** vorherrschender Wind

preva·lence ['prevələns] *s* weite Verbreitung; Geltung *f;* Beliebtheit *f;* **preva·lent** ['prevələnt] *adj* **1.** weit verbreitet **2.** vorherrschend **3.** (*Mode*) beliebt

pre·vari·cate [prɪ'værɪkeɪt] *vi* Ausflüchte machen; **pre·vari·ca·tion** [prɪˌværɪ'keɪʃn] *s* Ausflucht *f;* Ausflüchte *fpl*

pre·vent [prɪ'vent] *vt* **1.** verhindern **2.** verhüten, vermeiden **3.** ab-, zurückhalten (*from doing s.th.* etw zu tun); **pre·ven·ti·on** [prɪ'venʃn] *s* Verhinderung, Vermeidung *f;* Vorbeugung, Verhütung *f;* **in case of ~** im Fall der Verhinderung; **~ is better than cure** Vorbeugen ist besser als Heilen; **crime ~** Verbrechensverhütung, -bekämpfung *f;* **~ of accidents** Unfallverhütung *f;* **(society for the) ~ of cruelty to animals** Tierschutz(verein) *m;* **pre·ven·tive**

P

[prɪ'ventɪv] *adj* **1.** verhütend **2.** (MED) vorbeugend, prophylaktisch; ~ **detention** Schutzhaft, Sicherungsverwahrung *f;* ~ **measures** präventive Maßnahmen; ~ **medicine** Gesundheitspflege *f;* vorbeugende Medizin, Präventivmedizin *f;* ~ **treatment** Präventivbehandlung *f;* ~ **war** Präventivkrieg *m*

pre·view ['priːvjuː] *s* (*Theaterstück*) Probeaufführung *f;* (*Ausstellung*) Vorbesichtigung *f;* (*Film*) Vorschau *f*

pre·vi·ous ['priːvɪəs] *adj* **1.** (*zeitlich*) voraus-, vorhergehend, früher **2.** (*too* ~) voreilig, -schnell; ~ **to** vor; **without** ~ **notice** ohne Vorankündigung; **previous conviction** *s* Vorstrafe *f;* **have** (**no**) **~s** (nicht) vorbestraft sein; **previous experience** *s* Vorkenntnisse *fpl,* Vorbildung *f;* **previous holder** *s* Vorbesitzer(in) *m(f);* **pre·vi·ous·ly** [-lɪ] *adv* früher; vorher; **previous month** *s* Vormonat *m;* **previous notice** *s* Vorankündigung *f;* **previous speaker** *s* Vorredner(in) *m(f);* **previous year** *s* Vorjahr *nt*

pre-war ['priːwɔː] *adj* Vorkriegs-; ~ **England** Vorkriegsengland *nt;* **the** ~ **years** die Vorkriegsjahre

prey [preɪ] **I.** *s* Beute(tier *nt*) *f;* **fall an easy** ~ **to** eine leichte Beute sein für; **beast of** ~ Raubtier *nt;* **bird of** ~ Raubvogel *m* **II.** *vi* **1.** herfallen (*on* über) **2.** nachstellen (*on, upon other animals* anderen Tieren), fangen (*on, upon* acc) **3.** (*fig*) lasten (*on, upon* auf) **4.** beeinträchtigen (*on, upon s.th.* etw), nagen, zehren (*on* an); **it is ~ing on my mind** es lastet mir auf der Seele

price [praɪs] **I.** *s* **1.** Preis *m* **2.** (*Börse*) Kurs *m,* Notierung *f* **3.** Wert *m* **4.** (*Wetten*) Quote *f;* **at all ~s** in jeder Preislage; **at any** ~ (*fig*) um jeden Preis; **at half-~** zum halben Preis; **at a low** ~ billig; **at the** ~ **of** zum Preis von; **beyond** [*o* **without**] ~ unbezahlbar; **under** ~ unter Preis; **fetch a** ~ einen Preis erzielen **II.** *vt* **1.** einen Preis festsetzen für; bewerten **2.** mit einem Preis versehen, auszeichnen **3.** nach dem Preis fragen, sich nach dem Preis erkundigen (*s.th.* einer S) **4.** (*fig*) schätzen; **price bracket** *s* Preisspanne, Preisklasse *f;* (*Börse*) Kursbildung *f;* **price calculation** *s* Preisgestaltung, Kalkulation *f;* **price ceiling** *s* Preisobergrenze *f;* Höchstpreis *m;* **price control** *s* Preiskontrolle *f;* **price-con·trol·led** ['praɪskən'trəʊld] *adj* preisgebunden; **price cut(ting)** *s* Preissenkung *f;* **price decline** *s* Preis-, Kursrückgang *m;* **price differential** *s* Preisgefälle *nt;* **price fixing** *s* Preisabsprache *f;* **price fluctuations** *s pl* Preis-, Kursschwankungen *fpl;* **price freeze** *s* Preisstopp *m;* **price index** *s* Preisindex *m;* **price-index number** *s* Preisindexzahl *f;* **price label** *s* Preisschild *nt*

price·less ['praɪslɪs] *adj* **1.** unbezahlbar, unschätzbar, unvergleichlich **2.** (*Br fam*) amüsant

price level ['praɪslevl] *s* Kurs-, Preisniveau *nt;* **price limit** *s* Kurs-, Preisgrenze *f;* **price list** *s* **1.** Preisliste *f* **2.** (*Börse*) Kurszettel *m;* **price range** *s* Preisspanne, Preisklasse *f;* (*Börse*) Kursbildung *f;* **price ring** *s* Preiskartell *m;* **price rise** *s* Preiserhöhung *f;* **price tag**, **price ticket** *s* Preisschild *nt;* **price war** *s* Preiskrieg *m;* **pricey** ['praɪsɪ] *adj* (*fam*) teuer; **pric·ing** ['praɪsɪŋ] *s* Preisfestsetzung, -kalkulation *f;* ~ **policy** Preispolitik *f*

prick [prɪk] **I.** *s* **1.** (Nadel)Stich *m* **2.** stechender Schmerz **3.** (*vulg*) Penis, Schwanz *m* **4.** (*vulg: Mensch*) Arschloch *nt;* **~s of conscience** Gewissensbisse *mpl* **II.** *vt* **1.** stechen **2.** (*Loch*) bohren **3.** sich stechen (*one's hand* in die Hand) **4.** (*Blase*) aufstechen **III.** *vi* **1.** stechen **2.** (*Augen*) brennen; **prick out** *vt* (*Pflanzen*) versetzen; (*Muster*) punktieren; ausrädeln; **prick up one's ears** die Ohren spitzen

prickle ['prɪkl] **I.** *s* **1.** Stachel, Dorn *m* **2.** Prickeln *nt* **II.** *vi* **1.** stechen **2.** prickeln; **prick·ly** ['prɪklɪ] *adj* stach(e)lig; prick(e)lig; ~ **heat** Hitzebläschen; ~ **pear** Feigenkaktus *m*

pride [praɪd] **I.** *s* **1.** Stolz *m* **2.** Hochmut *m,* Überheblichkeit *f* **3.** (*von Löwen*) Rudel *nt;* ~ **of place** der erste Platz **II.** *vr:* ~ **o.s.** (**up**)**on, take** (**a**) ~ **in** stolz sein auf, sich viel einbilden auf

priest [priːst] *s* **1.** (*katholisch*) Priester *m* **2.** (*protestantisch*) Pfarrer(in) *m(f);* **priest·hood** ['priːsthʊd] *s* **1.** Priesteramt *nt* **2.** Geistlichkeit *f;* **priest·ly** ['priːstlɪ] *adj* priesterlich

prig [prɪg] *s* Tugendbold *m;* (*pej*) Schnösel *m;* **prig·gish** ['prɪgɪʃ] *adj* tugendhaft; dünkelhaft

prim [prɪm] *adj* **1.** steif, (über)korrekt, förmlich **2.** sittsam; prüde

pri·macy ['praɪməsɪ] *s* **1.** Vorrang(stellung *f*) *m* **2.** Primat *m od nt*

prima donna [prɪːmə'dɒnə] *s* Primadonna *f*

pri·mae·val [praɪ'miːvl] *adj* urzeitlich; ~ **forest** Urwald *m;* ~ **slime** [*o* **soup**] Urschlamm *m*

pri·mal ['praɪml] *adj* ursprünglich

pri·mar·ily ['praɪmərɪlɪ] *adv* hauptsächlich

pri·mary ['praɪmərɪ] **I.** *adj* **1.** Haupt-, hauptsächlich, wesentlich **2.** Primär-, primär **3.** (*Bedarf*) vordringlich; **of** ~ **import-**

ance von größter Wichtigkeit; ~ **accent** (GRAM) Hauptton *m;* ~ **colour** Grundfarbe *f;* ~ **commodities** Grundstoffe *mpl;* ~ **concern** Hauptsorge *f;* ~ **education** Grundschulunterricht *m;* ~ **energy** Primärenergie *f;* ~ **industry** Grundstoffindustrie *f;* ~ **meaning** Grundbedeutung *f (eines Wortes);* ~ **products** Grundstoffe *mpl;* ~ **rock** Urgestein *nt;* ~ **school** Grund-, Elementarschule *f;* ~ **target** Hauptziel *nt* **II.** *s* **1.** Grundfarbe *f* **2.** (*Am: bei Wahlen*) Vorwahl *f*

pri·mate ['praɪmeɪt] *s* **1.** Primas, Erzbischof *m* **2.** **~s** (ZOO) Primaten *mpl*

prime [praɪm] **I.** *adj* **1.** wesentlich, Haupt- **2.** erstklassig; erster, bester Qualität **3.** (MATH) Prim-; **the matter is of ~ importance** die Sache ist von höchster Wichtigkeit; ~ **costs** Selbstkosten *pl,* Fertigungseinzelkosten *pl;* ~ **mourner** Hauptleidtragende(r) *m;* ~ **mover** Antriebskraft *f;* (TECH) Energie *f;* Motor *m;* Zugmaschine *f,* Schlepper *m;* (*fig*) treibende Kraft **II.** *s* **1.** Blüte(zeit) *f* **2.** (das) Beste, (die) Auslese, Spitze **3.** (MATH) Primzahl *f* **4.** (REL) Prim *f;* **in one's ~** in der Blüte des Lebens; **be in one's ~** in voller Blüte stehen **III.** *vt* **1.** vorbereiten; betriebsfertig machen; (*Malfläche*) grundieren **2.** (*Geschütz*) schussbereit machen; (*Bombe*) scharf machen; (*Pumpe*) vorpumpen; (*Vergaser*) Anlassmittel einspritzen in **3.** (vorher) informieren; **prime mer·idian** *s* Nullmeridian *m;* **prime minister** *s* Premierminister(in) *m(f),* Ministerpräsident(in) *m(f);* **prime number** *s* Primzahl *f;* **primer** ['praɪmə(r)] *s* **1.** Fibel *f;* Elementarbuch *nt* **2.** Zünddrahthütchen *nt;* Sprengkapsel *f* **3.** (TECH) Grundanstrich *m;* Grundierfarbe *f;* **prime time** *s* Hauptsendezeit *f*

pri·meval [praɪ'mi:vl] *adj* urzeitlich; ~ **forest** Urwald *m;* ~ **slime** [*o* **soup**] Urschlamm *m*

primi·tive ['prɪmɪtɪv] **I.** *adj* primitiv; (*Kunst*) naiv **II.** *s* (*Kunst*) Naive(r) *f m;* (*Werk*) naives Kunstwerk

pri·mo·geni·ture [ˌpraɪməʊ'dʒenɪtʃə(r)] *s* Erstgeburt(srecht *nt*) *f,* Primogenitur *f*

pri·mor·dial [praɪ'mɔ:dɪəl] *adj* ursprünglich; fundamental

primp [prɪmp] *vt* (*fam*) zurechtmachen

prim·rose ['prɪmrəʊz] **I.** *s* **1.** Primel, Schlüsselblume *f* **2.** Blassgelb *nt* **II.** *adj* blassgelb; **prim·ula** ['prɪmjʊlə] *s* Primel *f*

pri·mus® ['praɪməs] *s* Campingkocher *m* (*mit Paraffin betrieben*)

prince [prɪns] *s* **1.** Fürst *m* **2.** Monarch, Herrscher *m* **3.** Prinz *m;* **Prince of Wales** *Titel des britischen Thronfolgers;* **Prince Charming** (*fig*) Märchenprinz *m;* **prince consort** *s* Prinzgemahl *m;* **prince·ly** ['prɪnslɪ] *adj* fürstlich; **prin·cess** [prɪn'ses] *s* **1.** Fürstin *f* **2.** Prinzessin *f*

prin·ci·pal ['prɪnsəpl] **I.** *adj* **1.** erste(r, s), oberste(r, s) **2.** wichtigste(r, s), bedeutendste(r, s) **3.** hauptsächlich, größte(r, s) **II.** *s* **1.** Rektor(in) *m(f)* **2.** (THEAT) Hauptdarsteller(in) *m(f)* **3.** Kapital *nt;* Kreditsumme *f* **4.** (JUR) Klient(in) *m(f)* **5.** (*Orgel*) Prinzipal *nt*

prin·ci·pal·ity [ˌprɪnsɪ'pælətɪ] *s* Fürstentum *nt;* **prin·ci·pal·ly** ['prɪnsəplɪ] *adv* hauptsächlich, besonders, vor allem

prin·ciple ['prɪnsəpl] *s* **1.** Grundsatz *m,* Prinzip *nt,* (Grund-, Lebens)Regeln *fpl,* Prinzipien *ntpl* **2.** (CHEM) Element *nt;* **in ~** im Prinzip; grundsätzlich; **on ~** aus Prinzip, grundsätzlich; **make it a ~** es sich zum Grundsatz machen (*to* zu); **as a matter of ~** grundsätzlich, prinzipiell

print [prɪnt] **I.** *s* **1.** Druck *m* **2.** (TYP) Schrift *f;* (das) Gedruckte **3.** (*Foto*) Abzug *m* **4.** (*Textil*) bedruckter Stoff; Muster *nt;* Kattun *m* **5.** (*von Hand, Fuß*) Abdruck *m;* Fingerabdruck *m;* **out of ~** vergriffen; **in ~** gedruckt; **in big ~** groß gedruckt **II.** *vt* **1.** drucken; (*Stoff, Papier*) bedrucken **2.** (*Roman, Artikel*) veröffentlichen **3.** in Druckschrift schreiben **4.** (*Foto*) abziehen **III.** *vi* **1.** drucken **2.** in Druckschrift schreiben; **ready to ~** druckfertig; druckbereit; **print·able** [-əbl] *adj* druckfähig; **printed** ['prɪntɪd] *adj* gedruckt; ~ **form** Vordruck *m,* Formular *nt;* ~ **matter** Drucksache *f;* **printer** ['prɪntə(r)] *s* Drucker *m;* (*Werk*) Druckerei *f;* **~'s error** Druckfehler *m;* **~'s flower** Vignette *f;* **~'s ink** Druckerschwärze *f;* **~'s pie** (TYP) Zwiebelfische *mpl*

print·ing ['prɪntɪŋ] *s* **1.** Drucken *nt* **2.** Auflage *f* **3.** Druckschrift *f;* Schrift *f* **4.** (*Fotos*) Abziehen *nt;* **printing block** *s* Klischee *nt;* **printing ink** *s* Druckerschwärze *f;* **printing press** *s* Druckpresse *f;* **printing works** *s pl* Druckerei *f*

print-out ['prɪntˌaʊt] *s* (INFORM) Ausdruck *m;* **print run** *s* Auflage *f;* **print shop** *s* **1.** Graphikhandlung *f* **2.** Druckmaschinensaal *m*

prior¹ ['praɪə(r)] *s* Prior *m*

prior² ['praɪə(r)] **I.** *adj* voraus-, voraufgehend, früher, älter (*to* als); ~ **claim** früherer Anspruch **II.** *prep:* ~ **to** vor; ~ **to my arrival** vor meiner Ankunft; ~ **to my buying the car** ehe, bevor ich den Wagen kaufte

pri·or·ity [praɪ'ɒrətɪ] *s* Priorität *f,* Vorrang *m,* Vorrecht *nt* (*over, to* vor); **a top ~** eine äußerst wichtige [*o* dringliche] Angelegenheit; **that's my top** ~ das ist mir am wichtigsten; **of first** ~ von größter Dringlichkeit; **give** ~ **to s.th.** einer S den Vorrang geben; eine S dringlich behandeln; **have** [*o* **take**] ~ den Vorrang haben; **priority list** *s* Dringlichkeitsliste *f*

priory ['praɪərɪ] *s* Priorat *nt;* Münster *nt*

prise [praɪz] *vt* (~ *open*) aufbrechen; ~ **a secret out of s.o.** jdm ein Geheimnis entlocken

prism [prɪzəm] *s* (MATH PHYS OPT) Prisma *nt;* **pris·matic** [prɪz'mætɪk] *adj* **1.** prismatisch **2.** (*fig*) glänzend; ~ **colo(u)rs** Regenbogenfarben *fpl*

prison ['prɪzn] *s* Gefängnis *nt;* **be in** ~ eine Freiheitsstrafe verbüßen; **be sentenced to go to** ~ zu Gefängnis verurteilt werden; **go** [*o* **be sent**] **to** ~ mit Gefängnis bestraft werden; **prison camp** *s* Gefangenenlager *nt;* **prison cell** *s* Gefängniszelle *f;* **prisoner** ['prɪznə(r)] *s* **1.** Gefangene(r) *f m,* Häftling *m* **2.** (~ *at the bar, awaiting, before trial, on remand, on suspicion*) Angeklagte(r) *f m,* Untersuchungsgefangene(r) *f m;* **hold** [*o* **keep**] ~ gefangen halten; **take** ~ gefangen nehmen; ~ **of war, POW** Kriegsgefangene(r) *f m;* ~**-of-war camp** Kriegsgefangenenlager *nt;* **prison inmate** *s* Gefängnisinsasse *m;* **prison riot** *s* Gefangenenaufstand *m;* **prison yard** *s* Gefängnishof *m*

pris·tine ['prɪsti:n] *adj* ursprünglich; vormalig, früher; (*Schönheit*) makellos, unberührt

pri·va·cy ['prɪvəsɪ, *Am* 'praɪvəsɪ] *s* **1.** Individual-, Intimsphäre *f;* Privatleben *nt* **2.** Stille, Zurückgezogenheit *f;* **there is no** ~ **here** man kann hier nichts unbeobachtet tun; **invade s.o.'s** ~ in jds Intimsphäre eindringen; **live in the** ~ **of one's own home** ein ungestörtes Privatleben führen; **infringement** [*o* **invasion**] **of** ~ Eingriff *m* in die Intimsphäre; **in the strictest** ~ unter äußerster Geheimhaltung; **tell s.o. in the strictest** ~ jdm unter dem Siegel der Verschwiegenheit sagen; ~ **on the Internet** Privatsphäre im Internet

pri·vate ['praɪvɪt] **I.** *adj* **1.** privat **2.** persönlich, individuell **3.** privat, nicht öffentlich; ~ **and confidential** streng vertraulich; **for s.o.'s** ~ **ear** (ganz) im Vertrauen; vertraulich; **for** ~ **use** für den eigenen Gebrauch; **in one's** ~ **capacity** als Privatmann; **in** ~ **hands** in Privathand; **keep** ~ geheim halten; ~ **affair,** ~ **business,** ~ **concern,** ~ **matter** Privatsache, Privatangelegenheit *f;* ~ **arrangement** [*o* **settlement**] private Vereinbarung; gütliche Einigung; Privatvergleich *m;* ~ **capital** Privatvermögen *nt;* ~ **citizen** Privatperson *f;* ~ **company** offene Handelsgesellschaft (*OHG*), Gesellschaft *f* mit beschränkter Haftung (*GmbH*); ~ **conversation** Privatgespräch *nt;* ~ **detective** [*o* **eye**] Privatdetektiv(in) *m(f);* ~ **enterprise** freie Marktwirtschaft, freies Unternehmertum; ~ **house** Privathaus *nt;* ~ **information** vertrauliche Mitteilung; ~ **lessons** Privatstunden *fpl,* -unterricht *m;* ~ **letter** Privatbrief *m;* ~ **life** Privatleben *nt;* ~ **means** eigene Mittel *ntpl;* ~ **practice** Privatpraxis *f;* ~ **property** Privateigentum *nt;* ~ **road** Privatweg *m;* ~ **school** Privatschule *f;* ~ **secretary** Privatsekretär(in) *m(f);* ~ **sector** Privatbereich *m,* privater Sektor; ~ **transport** (AUTO) Individualverkehr *m;* ~ **tuition** Privatunterricht *m;* ~ **view** Vorabbesichtigung *f* **II.** *s* **1.** (einfacher) Soldat *m* **2.** ~**s** (~ *parts*) Geschlechtsteile *ntpl;* **in** ~ privat(im); unter vier Augen; ~ **first class** (*Am*) Gefreite(r) *m*

pri·va·teer [ˌpraɪvə'tɪə(r)] *s* Freibeuter *m;* Kaperschiff *nt*

pri·vate·ly ['praɪvɪtlɪ] *adv* **1.** privat; vertraulich **2.** persönlich; ~ **owned** in Privathand; ~, **I think ...** meine persönliche Meinung ist ...; **speak to s.o.** ~ mit jdm unter vier Augen sprechen

pri·va·tion [praɪ'veɪʃn] *s* **1.** Not *f,* Mangel *m* (*of* an) **2.** ~**s** Entbehrungen *fpl*

pri·vat·iz·ation [ˌpraɪvɪtaɪ'zeɪʃn] *s* Privatisierung *f;* **pri·vat·ize** ['praɪvɪtaɪz] *vt* privatisieren

privet ['prɪvɪt] *s* Liguster *m*

pri·vi·lege ['prɪvəlɪdʒ] **I.** *s* **1.** Privileg, Vorrecht *nt,* Vorrang *m* **2.** (PARL) Immunität *f* **3.** Ehre *f* **II.** *vt* privilegieren, bevorzugen, bevorrechten; **pri·vi·leged** ['prɪvəlɪdʒd] *adj* privilegiert, bevorrechtet; **be** ~ das Vorrecht genießen (*to do s.th.* etw zu tun)

privy ['prɪvɪ] **I.** *adj* **1.** (JUR) vertraut (*to* mit) **2.** beteiligt (*to* an); **be** ~ **to s.th.** in eine S eingeweiht sein; ~ **council** Geheimer Staatsrat **II.** *s* **1.** (JUR) Beteiligte(r) *f m* (*to* an) **2.** Abort *m*

prize¹ [praɪz] **I.** *s* **1.** Preis *m* **2.** (Lotterie)Gewinn *m* **3.** (*fig*) Preis, Lohn *m;* **carry off** [*o* **take**] **the** ~ den Preis davontragen; **consolation** ~ Trostpreis *m;* **distribution of** ~**s** Preisverteilung *f* **II.** *adj* **1.** preisgekrönt **2.** (*fam*) ausgemacht **3.** (*fam*) hervorragend, erstklassig **III.** *vt* (hoch)schätzen

prize² [praɪz] **I.** *s* (MAR) Prise *f* **II.** *vt* (*Schiff*) aufbringen

prize³ [praɪz] *vt* (*Am:* ~ *open*) aufbrechen; ~ **a secret out of s.o.** jdm ein Geheimnis entlocken

prize-fight ['praɪzfaɪt] *s* (*Am*) (Berufs)Boxkampf *m;* **prize-fighter** *s* Berufsboxer *m;* **prize-fighting** *s* Berufsboxen *nt;* **prize-giving** ['praiz,gɪvɪŋ] *s* Preisverteilung *f;* **prize list** *s* (*Lotterie*) Gewinnliste *f;* **prize money** *s* Geldpreis *m;* (SPORT) Siegesprämie *f;* **prize ring** *s* (Box)Ring *m;* **prize-winner** *s* Preisträger(in) *m(f),* Gewinner(in) *m(f);* **prize·winning** *adj* preisgekrönt; ~ **ticket** Gewinnlos *nt*

pro[1] [prəʊ] *s* <*pl* pros> **1.** (*fam*) Profi *m* **2.** (*sl*) Nutte *f*

pro[2] [prəʊ] **I.** *prep* für **II.** *s* Für *nt;* **the ~s and cons** das Für und Wider

pro·ac·tive [,prəʊ'æktɪv] *adj* eigenständig

prob·abil·ity [,prɒbə'bɪlətɪ] *s* Wahrscheinlichkeit *f;* **in all** ~ aller Wahrscheinlichkeit nach; **what are the probabilities?** welche Aussichten bestehen da?; **the ~ is that he will come** er wird wahrscheinlich kommen; **theory of** ~ Wahrscheinlichkeitsrechnung *f;* **prob·able** ['prɒbəbl] **I.** *adj* wahrscheinlich; mutmaßlich **II.** *s* aussichtsreichste(r) Kandidat(in); **prob·ably** *adv* wahrscheinlich

pro·bate ['prəʊbeɪt] *s* **1.** (*gerichtliche*) Testamentseröffnung (u. -bestätigung) *f;* Erblegitimation *f* **2.** (~ *court, department, division*) Nachlassgericht *nt*

pro·ba·tion [prə'beɪʃn] *s* **1.** Probe(zeit) *f* **2.** (JUR) Bewährung *f;* **on** ~ auf Probe; (JUR) mit Bewährung; ~ **officer** Bewährungshelfer(in) *m(f);* **pro·ba·tion·ary** [prə'beɪʃnrɪ] *adj* **1.** Probe- **2.** (JUR) Bewährungs-; ~ **period** Probezeit *f;* **pro·ba·tioner** [prə'beɪʃnə(r)] *s* **1.** (Probe)Kandidat(in), auf Probe Angestellte(r) *f m,* Lernschwester *f* **2.** (JUR) Strafentlassene(r) *f m* mit Bewährungsfrist

probe [prəʊb] **I.** *s* **1.** (TECH MED) Sonde *f* **2.** (JUR) Untersuchung *f* **II.** *vt* sondieren; (*All, Gewissen, Geheimnis*) erforschen **III.** *vi* **1.** suchen (*for* nach) **2.** (MED) untersuchen **3.** (*fig*) forschen (*for* nach)

prob·ity ['prəʊbətɪ] *s* Rechtschaffenheit, Redlichkeit *f*

prob·lem ['prɒbləm] *s* **1.** Problem *nt* **2.** Problematik *f* **3.** (MATH) Aufgabe *f;* **set s.o. a** ~ jdn vor eine schwierige Aufgabe stellen; **what's the ~?** (*fam*) wo fehlt's denn?; **prob·lem·atic(al)** [,prɒblə'mætɪk(l)] *adj* problematisch; **problem child** *s* schwieriges Kind

pro·bos·cis [prə'bɒsɪs, *pl* -siːz] <*pl* -ces> *s* Rüssel *m*

pro·cedur·al [prə'siːdʒərəl] *adj* verfahrensmäßig; (JUR) verfahrensrechtlich; **procedure** [prə'siːdʒə(r)] *s* Verfahren, Verhalten, Vorgehen *nt;* (**code of**) **civil** ~ Zivilprozess(ordnung *f*) *m;* (**code of**) **criminal** ~ Strafprozess(ordnung *f*) *m;* **electoral** ~ Wahlmodus *m;* **question of** ~ Verfahrensfrage *f*

pro·ceed [prə'siːd] *vi* **1.** vorwärts gehen, vorschreiten, vorrücken **2.** fortsetzen (*on a journey* eine Reise) **3.** weitergehen, -fahren, -reisen **4.** weitergehen, seinen Fortgang nehmen **5.** weitermachen, fortfahren (*with, in* mit) **6.** schreiten (*to* zu) **7.** anfangen, beginnen (*to s.th.* mit etw) **8.** übergehen (*to* zu) **9.** vorgehen, verfahren, handeln (*on a principle* nach einem Grundsatz) **10.** hervorgehen (*from* aus) **11.** gerichtlich vorgehen, einen Prozess anstrengen (*against s.o.* gegen jdn) **12.** verklagen, gerichtlich belangen (*against s.o.* jdn); ~ **to the order of the day** zur Tagesordnung übergehen; ~ **with a case** einen Prozess anstrengen; **please** ~ bitte reden, machen Sie weiter

pro·ceed·ing [prə'siːdɪŋ] *s* **1.** Vorgehen, Verfahren *nt,* Maßnahme *f* **2. ~s** Prozess *m* **3. ~s** Sitzungs-, Verhandlungsberichte *mpl,* Prozessakten *fpl* **4. ~s** Veranstaltung *f;* **take legal ~s** den Rechtsweg beschreiten, Klage erheben (*against s.o.* gegen jdn); **stop ~s** das Verfahren einstellen; **there were some peculiar ~s** es ereigneten sich merkwürdige Dinge

pro·ceeds ['prəʊsiːdz] *s pl* Ertrag, Erlös *m,* Einnahmen *fpl* (*from* aus); **annual** ~ Jahresertrag *m;* **cash** ~ Barerlös, -ertrag *m*

pro·cess ['prəʊses] **I.** *s* **1.** Prozess *m* **2.** (Arbeits)Verfahren *nt* **3.** (JUR) Verfahren *nt;* gerichtliche Verfügung; **in** ~ im Gange; **in (the)** ~ **of** im Verlauf +*gen;* **in** ~ **of completion** in Arbeit; **in** ~ **of construction** im Bau; **in** ~ **of time** im Lauf der Zeit; **serve a ~ on s.o.** jdn gerichtlich vorladen; **finishing** ~ Veredelungsverfahren *nt;* **manufacturing** ~ Produktionsprozess *m* **II.** *vt* **1.** verarbeiten; (*Nahrungsmittel*) konservieren; (*Milch*) sterilisieren; (*Film*) entwickeln **2.** (*Akte, Antrag*) bearbeiten; (*Menschen*) abfertigen **III.** [prə'ses] *vi* ziehen, schreiten; **~ed cheese,** ~ **cheese** (*Am*) Schmelzkäse *m;* **process chart** *s* Arbeitsablaufdiagramm *nt;* **process computer** *s* Prozessrechner *m;* **process costing** *s* Kostenrechnung *f* für Massenfertigung; **process engineering** *s* Verfahrenstechnik *f;* **pro·ces·sing** ['prəʊsesɪŋ] *s* **1.** (AGR TECH) Vered(e)lung *f* **2.** Verarbeitung, Behandlung *f* **3.** (TECH) Aufbereitung *f* **4.** (*fig*) Bearbeitung *f;* ~ **cost** Fertigungskosten *pl;* ~ **industry** verarbeitende Industrie; **word** ~ (INFORM) Textverarbeitung *f*

pro·cession [prə'seʃn] *s* **1.** Prozession *f* **2.** (feierlicher) Umzug *m;* (Fest)Zug *m;* **fu-**

neral ~ Leichenzug *m*

pro·claim [prəˈkleɪm] *vt* **1.** erklären; ausrufen (*s.o. king* jdn zum König) **2.** zeigen, erweisen (*o.s. master* sich als Meister); **proc·la·ma·tion** [ˌprɒkləˈmeɪʃn] *s* **1.** Proklamation, Ausrufung *f* **2.** Bekanntmachung *f* (*to* an)

pro·cliv·ity [prəˈklɪvətɪ] *s* Neigung *f,* Hang, Trieb *m* (*to, towards* zu)

pro·cras·ti·nate [prəʊˈkræstɪneɪt] *vi* zögern, zaudern; **pro·cras·ti·na·tion** [prəʊˌkræstɪˈneɪʃn] *s* Aufschub *m;* Verzögerung *f*

pro·create [ˈprəʊkrɪeɪt] **I.** *vt* (er)zeugen; hervorbringen; ins Leben rufen **II.** *vi* sich fortpflanzen; **pro·cre·ation** [ˌprəʊkrɪˈeɪʃn] *s* Fortpflanzung, Zeugung *f*

proc·tor [ˈprɒktə(r)] *s* **1.** Prokurator *m* **2.** (*Universität*) Proktor *m;* (*Am*) (Prüfungs)Aufsicht *f*

pro·cur·able [prəˈkjʊərəbl] *adj* **1.** erhältlich **2.** beschaffbar

procu·ra·tor [ˈprɒkjʊreɪtə(r)] *s* (JUR) (in Vertretung) Bevollmächtigte(r) *m;* **procurator fiscal** *s* (*Schottland*) Oberstaatsanwalt *m*

pro·cure [prəˈkjʊə(r)] **I.** *vt* **1.** ver-, beschaffen, besorgen **2.** bewirken **3.** verkuppeln (*for s.o.* mit jdm) **II.** *vi* Kuppelei betreiben; **pro·cure·ment** [-mənt] *s* Beschaffung, Besorgung *f;* Vermittlung *f;* ~ **cost** Beschaffungskosten *pl;* ~ **division** (*Am*) Beschaffungsamt *nt;* **pro·curer** [prəˈkjʊərə(r)] *s* Kuppler *m;* **pro·cur·ess** [prəˈkjʊərɪs] *s* Kupplerin *f*

prod [prɒd] **I.** *vt* **1.** stoßen, knuffen **2.** (*fig*) antreiben, anspornen (*s.o. into doing s.th.* jdn zu etw); ~ **s.th. with s.th.** mit etw in etw stechen; ~ **s.o. into action** jdm einen Stoß geben, versetzen **II.** *vi* stoßen **III.** *s* **1.** Stoß *m* **2.** (*fig*) Anstoß *m;* Stoß *m*

prodi·gal [ˈprɒdɪgl] **I.** *adj* verschwenderisch (*of* mit); **be ~ of** [*o* **with**] verschwenden; nicht sparen mit; **the ~ son** der verlorene Sohn **II.** *s* Verschwender(in) *m(f)*

pro·di·gious [prəˈdɪdʒəs] *adj* **1.** wunderbar, -voll **2.** gewaltig; ungeheuer; **prod·igy** [ˈprɒdɪdʒɪ] *s* Wunder(ding, -werk) *nt* (*of* an); **child** ~ Wunderkind *nt*

pro·duce [prəˈdjuːs] **I.** *vt* **1.** produzieren; herstellen; erzeugen; (*Kohle, Öl*) fördern; (*Buch, Artikel*) schreiben; (*Kunstwerk*) schaffen; (*Zinsen, Kapital, Ertrag*) abwerfen **2.** (*Papiere*) hervorholen, vorzeigen, -weisen, -legen; (*Zeugen*) beibringen; (*Nachweis*) erbringen, führen; (*Gründe*) anführen **3.** (AGR) tragen, liefern, hervorbringen **4.** (*fig*) bewirken, zur Folge haben; hervorrufen **5.** (THEAT) inszenieren; (FILM) drehen, produzieren; (*Aufnahme*) leiten **6.** (MATH: *Strecke*) verlängern (*to* bis); (*Fläche*) erweitern **II.** [ˈprɒdjuːs] *s nur sing* Erzeugnis, Produkt *nt;* **pro·ducer** [prəˈdjuːsə(r)] *s* **1.** Erzeuger, Hersteller, Produzent, Fabrikant *m* **2.** (THEAT) Regisseur *m;* (FILM) Produzent *m;* (RADIO) Sendeleiter(in) *m(f);* ~ **goods** Produktionsgüter *ntpl;* ~ **price** Erzeugerpreis *m*

prod·uct [ˈprɒdʌkt] *s* **1.** Erzeugnis, Produkt *nt* **2.** (*fig*) Ergebnis, Resultat *nt* **3.** (COM) Fabrikat *nt,* Ware *f* **4.** (CHEM MATH) Produkt *nt;* **food ~s** Nahrungsmittel *pl;* **manufactured ~s** Industrieerzeugnisse *ntpl;* (**gross**) **national** ~ (Brutto)Sozialprodukt *nt;* ~ **costing** Stückkalkulation *f;* ~ **cycle** Produktzyklus *m,* Lebensdauer *f* eines Produkts; ~ **engineering** *ganzheitliches Produktmanagement, das Technik und Marketing umfasst;* ~ **liability** Produkthaftung *f;* ~ **line** Produktgruppe *f;* ~ **manager** Produktmanager(in) *m(f);* ~ **mix** Produktmix *m,* -palette *f;* ~ **placement** Productplacement *nt;* ~ **range** Sortiment *nt*

pro·duc·tion [prəˈdʌkʃn] *s* **1.** Erzeugung, Herstellung, Produktion, Fabrikation, Fertigung *f* **2.** (MIN) Förderung *f* **3.** (*geistige*) Produktion *f,* Werk *nt* **4.** (THEAT) Aufführung, Inszenierung *f* **5.** (FILM) Produktion *f* **6.** (*Dokument*) Vorlage, Beibringung *f;* **go into** ~ die Produktion aufnehmen; **annual** ~ Jahresproduktion *f;* **production capacity** *s* Produktionskapazität *f;* **production costs** *s pl* Fertigungs-, Herstellungskosten *pl;* **production director** *s* (RADIO) Sendeleiter(in) *m(f);* **production engineering** *s* technische Produktionsplanung und -steuerung; **production line** *s* Fließband *nt,* Fertigungsstraße *f;* **production manager** *s* Betriebs-, Produktionsleiter(in) *m(f);* **production model** *s* (AUTO) Serienmodell *nt;* **production platform** *s* Förderplattform *f;* **production target** *s* Produktionsziel *nt;* **production time** *s* Produktionszeit *f;* **production volume** *s* Produktionsvolumen *nt*

pro·duc·tive [prəˈdʌktɪv] *adj* **1.** produktiv; (AGR MIN) ergiebig **2.** (*fig*) produktiv, schöpferisch **3.** (COM) gewinnbringend, rentabel; **be ~ of** hervorrufen, zur Folge haben, die Ursache sein *+gen,* erzeugen; ~ **capacity,** ~ **power** Produktionskapazität, Leistungsfähigkeit *f;* **it wouldn't be ~ to do that** es würde sich nicht lohnen das zu tun; **pro·duc·tiv·ity** [ˌprɒdʌkˈtɪvətɪ] *s* **1.** Produktivität *f;* Ertragfähigkeit, Ergiebigkeit *f,* Rentabilität *f* **2.** (*fig*) Produktivität *f;* **productivity agreement** *s* Produktivitätsvereinbarung *f;* **productivity bonus** *s* Leis-

tungszulage *f*
pro·fana·tion [ˌprɒfəˈneɪʃn] *s* Entweihung, Schändung, Profanation *f;* **pro·fane** [prəˈfeɪn] **I.** *adj* **1.** profan, weltlich **2.** ruchlos, gottlos **II.** *vt* (*Heiligtum*) entweihen, schänden, profanieren; **pro·fan·ity** [prəˈfænətɪ] *s* **1.** Weltlichkeit *f* **2.** Lästerung *f* **3. profanities** Flüche *mpl*
pro·fess [prəˈfes] *vt* **1.** gestehen, bekennen **2.** versichern, erklären; **pro·fessed** [prəˈfest] *adj* **1.** erklärt, ausgesprochen, offen **2.** angeblich; **pro·fess·ed·ly** [prəˈfesɪdlɪ] *adv* **1.** zugegebenermaßen **2.** angeblich
pro·fes·sion [prəˈfeʃn] *s* **1.** Beruf *m;* Berufsstand *m* **2.** Bekenntnis *nt;* (~ *of faith*) Glaubensbekenntnis *nt;* **by** ~ von Beruf; **carry on** [*o* **exercise**] **a** ~ einen Beruf ausüben; **take up a** ~ einen Beruf ergreifen; **the learned ~s** die akademischen Berufe *mpl;* **the oldest** ~ das älteste Gewerbe
pro·fes·sional [prəˈfeʃnəl] **I.** *adj* **1.** beruflich; berufsmäßig; (*Sportler, Soldat*) Berufs- **2.** fachlich; fachmännisch; professionell **3.** (*fam*) notorisch; **take ~ advice on s.th.** einen Fachmann um etw befragen; **the ~ classes** die gehobenen Berufe; **he does it on a ~ basis** er macht das (haupt)beruflich; **turn** ~ Profi werden; ~ **disease** Berufskrankheit *f;* ~ **experience** Berufserfahrung *f;* ~ **journal** [*o* **magazine**] Fachzeitschrift *f;* ~ **organization** Berufsorganisation *f;* ~ **player** Berufsspieler(in) *m(f);* ~ **secret** Berufsgeheimnis *nt;* ~ **training** Berufsausbildung *f* **II.** *s* **1.** Profi *m* **2.** Berufssportler(in) *m(f);* **pro·fes·sional·ism** [prəˈfeʃnəlɪzəm] *s* **1.** fachliche Qualifikation; Professionalismus *m* **2.** (*von Arbeit*) Professionalität *f* **3.** (SPORT) Berufssportlertum, Profitum *nt*
pro·fes·sor [prəˈfesə(r)] *s* Professor(in) *m(f),* (Hochschul)Lehrer(in) *m(f);* **assistant** ~ Dozent(in) *m(f);* **full** ~ (*Am*) ordentlicher Professor, Ordinarius *m;* **prof·es·sorial** [ˌprɒfɪˈsɔːrɪəl] *adj:* ~ **chair** Lehrstuhl *m,* -kanzel *f;* **pro·fes·sor·ship** [prəˈfesəʃɪp] *s* Professur *f,* Lehrstuhl *m;* **be appointed to a** ~ eine Professur erhalten, einen Lehrstuhl bekommen
prof·fer [ˈprɒfə(r)] *vt* anbieten; (*Dank*) aussprechen; (*Bemerkung*) machen
pro·fi·ciency [prəˈfɪʃnsɪ] *s* Tüchtigkeit, Leistung *f;* **certificate of** ~ Befähigungsnachweis *m;* **pro·fi·cient** [prəˈfɪʃnt] *adj* **1.** geübt, erfahren, fähig, tüchtig **2.** (*fam*) bewandert (*in* in)
pro·file [ˈprəʊfaɪl] **I.** *s* **1.** Profil *nt;* Seitenansicht *f* **2.** Kurzbiografie *f* **3.** (TECH) Längsschnitt *m;* Querschnitt *m* **4.** (COM) Kurzbeschreibung *f,* Profil *nt;* **in** ~ im Profil; **keep a low** ~ sich zurückhalten **II.** *vt* im Profil darstellen; ~ **s.o.** jds Lebensbild entwerfen
pro·fil·er [ˈprəʊfaɪlə] *s* Profiler(in) *m(f)* (*Experte für die Erstellung eines psychologischen Profils eines gesuchten Täters*); (*program*) Profilerprogramm *nt*
prof·it [ˈprɒfɪt] **I.** *s* **1.** Gewinn, Ertrag, Profit *m* **2.** ~**s** Erträge *mpl,* Nutzung *f;* Einkünfte *pl* **3.** (*fig*) Nutzen, Gewinn *m;* **at a** ~ mit Gewinn; vorteilhaft; **bring a ~, show a ~, yield a** ~ einen Gewinn abwerfen; **realize large ~s** große Gewinne erzielen; **sell at a** ~ mit Gewinn verkaufen; **make a ~ on s.th.** bei etw einen Gewinn erzielen; **turn to one's** ~ sich zu Nutze machen; **calculation of ~s** Rentabilitätsberechnung *f;* **clear** [*o* **net**] ~ Reingewinn *m;* **margin of** ~ Gewinnspanne *f;* **participation in ~s** Gewinnbeteiligung *f;* **share in the ~s** Gewinnanteil *m;* ~ **and loss** Gewinne u. Verluste *pl* **II.** *vi* profitieren (*by, from* von), Nutzen ziehen (*from, by* aus); **prof·it·abil·ity** [ˌprɒfɪtəˈbɪlətɪ] *s* Rentabilität *f;* **prof·it·able** [ˈprɒfɪtəbl] *adj* **1.** gewinn-, nutzbringend, vorteilhaft **2.** günstig, einträglich, lohnend, rentabel (*to* für); **be** ~ sich rentieren; **profit carried forward** *s* Gewinnvortrag *m;* **profit-earn·ing** [ˈprɒfɪtˌɜːnɪŋ] *adj* rentabel; **profi·teer** [ˌprɒfɪˈtɪə(r)] *s* Profitmacher(in) *m(f);* **war** ~ Kriegsgewinnler *m;* **profi·teer·ing** [-ɪŋ] *s* Wucher *m,* Preistreiberei *f;* **profit margin** *s* Gewinnspanne *f;* **profit maximation** *s* Gewinnmaximierung *f;* **prof·it-re·lat·ed** [ˈprɒfɪtˌrɪˈleɪtəd] *adj* erfolgsabhängig; **profit-seek·ing, profit-mak·ing, profit-ori·ented** [ˈprɒfɪtˌsiːkɪŋ, -ˌmeɪkɪŋ, -ˈɔːrɪəntəd] *adj* auf Gewinn ausgerichtet; **profit-shar·ing** [ˈprɒfɪtˌʃeərɪŋ] *s* Gewinnbeteiligung *f* (*der Arbeitnehmer*); **prof·it-tak·ing** [ˈprɒfɪtˌteɪkɪŋ] *s* Gewinnmitnahme *f*
prof·li·gate [ˈprɒflɪgət] *adj* **1.** verkommen, lasterhaft **2.** verschwenderisch; ausschweifend, liederlich
pro·forma [ˌprəʊˈfɔːmə] *s* Pro-Forma-Rechnung *f*
pro·found [prəˈfaʊnd] *adj* **1.** (*Schmerz, Schlaf, Schweigen*) tief **2.** (*Bemerkung, Gedanken*) tiefgründig, -schürfend **3.** (*Veränderung*) tiefgreifend; **pro·fun·dity** [prəˈfʌndətɪ] *s* (*fig*) Tiefgründigkeit *f*
pro·fuse [prəˈfjuːs] *adj* **1.** überreichlich, verschwenderisch (*of* an) **2.** sehr großzügig (*in, of* mit); **pro·fu·sion** [prəˈfjuːʒn] *s* Überfluss *m,* -fülle *f,* verschwenderische Fülle (*of* an); **in** ~ im Überfluss
pro·geni·tor [prəʊˈdʒenɪtə(r)] *s* **1.** Vor-

fahr, Ahn(herr) *m* **2.** (*fig*) Vorläufer *m*

pro·geny ['prəʊdʒənɪ] *s* Nachkommen *pl*

prog·no·sis [prɒg'nəʊsɪs, *pl* -siːz] <*pl* -ses> *s* Prognose *f;* **prog·nos·ti·cate** [prɒg'nɒstɪkeɪt] *vt* **1.** voraus-, vorhersagen, prophezeien **2.** (MED) prognostizieren

pro·gram ['prəʊgræm] **I.** *s* **1.** (INFORM) Programm *nt* **2.** (*Am*) *s.* **programme II.** *vt* (INFORM) programmieren; **pro·gram·mable** [-əbl] *adj* (INFORM) programmierbar; **pro·gramme** ['prəʊgræm] **I.** *s* **1.** Programm *nt* **2.** (RADIO TV) Sendung *f;* **what's on your ~?** was haben Sie vor?; **change of ~** Programmänderung *f;* **party ~** Parteiprogramm *nt* **II.** *vt* **1.** programmieren **2.** (*fig*) vorprogrammieren; **~d course** programmierter Unterricht; **what's ~d for today?** was steht für heute auf dem Programm?; **pro·gram·mer** ['prəʊgræmə(r)] *s* Programmierer(in) *m(f);* **pro·gram·ming** ['prəʊgræmɪŋ] *s* Programmierung *f;* **programming language** *s* Programmiersprache *f*

prog·ress ['prəʊgres, *Am* 'prɒgres] **I.** *s nur sing* **1.** Fortschritt *m* **2.** (*eines Menschen, von Arbeit*) Fortschritte *mpl* **3.** Fortschreiten *nt;* (MIL) Vorrücken *nt;* **in ~** im Gange; **make ~** Fortschritte machen; vorankommen; **~ chaser** Terminjäger *m;* **~ control** Terminüberwachung *f;* **~ payment** Abschlagszahlung *f;* **~ report** Lagebericht *m* **II.** [prə'gres] *vi* **1.** vorrücken (*towards* gegen) **2.** Fortschritte machen **3.** (*Zeit, Arbeit*) voranschreiten **III.** *vt:* **~ a project** ein Projekt weiterverfolgen; **pro·gres·sion** [prə'greʃn] *s* **1.** Folge *f* **2.** (MATH: *Steuern*) Progression *f* **3.** (MUS) Sequenz *f* **4.** Entwicklung *f* **5.** Steigerung, Progression *f* **6.** (MUS) Fortführung *f;* **pro·gres·sive** [prə'gresɪv] *adj* **1.** fortschreitend, zunehmend **2.** fortschrittlich, progressiv **3.** (MED: *Steuer*) progressiv; **by ~ stages** stufenweise; **~ form** (GRAM) Verlaufsform *f*

pro·hibit [prə'hɪbɪt] *vt* **1.** verbieten (*s.o. from doing s.th.* jdm etw zu tun) **2.** verhindern, unterbinden; **pro·hib·ition** [ˌprəʊɪ'bɪʃn] *s* **1.** Verbot *nt* **2.** (HIST) Prohibition *f;* **pro·hibi·tive** [prə'hɪbətɪv] *adj* **1.** verhindernd, ausschließend **2.** (*fam: Preis*) unerschwinglich; **~ duty** Prohibitivzoll *m;* **~ laws** Verbotsgesetze *ntpl;* **~ signs** Verbotsschilder *ntpl*

pro·ject ['prɒdʒekt] **I.** *s* **1.** Projekt, Vorhaben, Unternehmen *nt* **2.** (SCHULE) Projekt *nt;* **engage in a ~** ein Vorhaben in Angriff nehmen; **~ manager** Projektmanager(in) *m(f);* **~ scheduling** Projektplanung *f;* **~ work** Referat *nt* **II.** [prə'dʒekt] *vt* **1.** (*auf Leinwand*) projizieren **2.** (voraus)planen; (*Kosten*) überschlagen **3.** (MATH: *Linie*) verlängern; (*Körper*) projizieren **4.** (*Flugkörper*) abschießen **5.** (ARCH) vorspringen lassen; **~ o.s.** seine Persönlichkeit herausstellen; **~ one's problems onto s.o.** seine Probleme in jdn hineinprojizieren; **~ one's voice** seine Stimme zum Tragen bringen **III.** *vi* **1.** vorstehen **2.** planen **3.** (PSYCH) von sich auf andere schließen **4.** vernehmlich sprechen

pro·jec·tile [prə'dʒektaɪl] *s* Geschoss, Projektil *nt*

pro·jec·tion [prə'dʒekʃn] *s* **1.** Vorsprung, vorspringender Teil *m* **2.** (ARCH) Auskragung *f* **3.** Entwurf, Plan *m* **4.** (OPT FILM) Projektion *f* **5.** (FILM) Vorführung *f* **6.** Vorhersage, Prognose *f;* **~ room, ~ booth** (*Am*) Vorführraum *m;* **pro·jec·tion·ist** [prə'dʒekʃnɪst] *s* (FILM) Vorführer(in) *m(f);* **pro·jec·tor** [prə'dʒektə(r)] *s* Projektor *m,* Vorführgerät *nt*

pro·lapse ['prəʊlæps] *s* (MED) Vorfall *m*

prole [prəʊl] *s* Prolet *m*

pro·let·arian [prəʊlɪ'teərɪən] **I.** *adj* proletarisch **II.** *s* Proletarier(in) *m(f);* **pro·let·ariat** [ˌprəʊlɪ'teərɪət] *s* Proletariat *nt*

pro·lif·er·ate [prə'lɪfəreɪt] *vi* **1.** (BIOL) sich vermehren **2.** (*Unkraut, Zellen*) wuchern **3.** sich zahlenmäßig stark erhöhen **4.** (*Ideen*) um sich greifen; **pro·lif·er·ation** [prəˌlɪfə'reɪʃn] *s* **1.** starke Vermehrung **2.** Wucherung *f* **3.** starke Erhöhung **4.** (*von Ideen*) Ausbreitung *f* **5.** (*von Atomwaffen*) Weitergabe *f;* **pro·lific** [prə'lɪfɪk] *adj* **1.** (BIOL) fruchtbar **2.** (*fig*) produktiv

pro·lix ['prəʊlɪks] *adj* weitschweifig, langatmig, wortreich

pro·log ['prəʊlɔːg] (*Am*), **pro·logue** ['prəʊlɒg] *s* **1.** Prolog *m* (*to* zu) **2.** (*fig*) Auftakt *m;* **be the ~ to s.th.** zu etw den Auftakt bilden

pro·long [prə'lɒŋ] *vt* **1.** verlängern **2.** aufschieben, hinauszögern **3.** (*Wechsel*) prolongieren; **pro·lon·ga·tion** [ˌprəʊlɒŋ'geɪʃn] *s* **1.** Verlängerung *f* **2.** Hinauszögern *nt* **3.** (*Wechsel*) Prolongierung *f*

prom [prɒm] *s* **1.** Konzert *nt* in lockerem Rahmen **2.** (*Br*) Promenade *f* **3.** (*Am*) Schüler-, Klassenball *m*

prom·en·ade [ˌprɒmə'nɑːd, *Am* ˌprɒmə'neɪd] **I.** *s* **1.** Spaziergang *m* **2.** (*Am*) Schülerball *m* **3.** (*Br*) (Ufer)Promenade *f* **II.** *vi* spazieren(gehen), promenieren; **promenade concert** *s* Konzert *nt* in lockerem Rahmen; **promenade deck** *s* (MAR) Promenadendeck *nt*

promi·nence ['prɒmɪnəns] *s* **1.** Vorsprung *m;* Anhöhe *f* **2.** (*fig*) Beliebtheit *f;* Bekanntheit *f;* Bedeutung *f;* **achieve** ~ Bedeutung erlangen (*as* als); **bring s.th. into** ~ etw herausstellen; **come into** ~ (*fig*) in den Vordergrund treten; **promi·nent** ['prɒmɪnənt] *adj* **1.** vorstehend, -springend **2.** (*fig*) hervorragend, bedeutend **3.** auffällig **4.** (wohl)bekannt, prominent

prom·is·cu·ity [ˌprɒmɪ'skjuːətɪ] *s* sexuelle Freizügigkeit, Promiskuität *f,* häufiger Partnerwechsel; **pro·mis·cu·ous** [prə'mɪskjʊəs] *adj* sexuell freizügig; **be** ~ häufig den Partner wechseln

prom·ise ['prɒmɪs] **I.** *s* **1.** Versprechen *nt;* (feste) Zusage, Zusicherung *f* **2.** (feste) Aussicht, Hoffnung *f* (*of* auf); **break one's** ~ sein Wort brechen; **give** [*o* **make**] **a** ~ ein Versprechen geben; **keep one's** ~ sein Versprechen, sein Wort halten; **show great** ~ zu großen Hoffnungen berechtigen, viel versprechend sein; **breach of** ~ Wortbruch *m;* **empty** ~**s** leere Versprechungen *fpl;* ~**s,** ~**s!** nichts als Versprechen! **II.** *vt* **1.** versprechen **2.** andeuten, hindeuten auf; ~ **s.o. s.th.,** ~ **s.th. to s.o** jdm etw versprechen; **the sky** ~**s rain** es sieht nach Regen aus; **the Promised Land** das Gelobte Land **III.** *vi* versprechen; ~ **well** viel versprechend sein **IV.** *vr:* ~ **o.s. s.th** sich etw versprechen; sich etw geloben; **prom·is·ing** [-ɪŋ] *adj* **1.** viel versprechend, verheißungs-, hoffnungsvoll **2.** Erfolg versprechend; **prom·is·sory** ['prɒmɪsərɪ] *adj:* ~ **note** Schuldschein *m*

prom·on·tory ['prɒməntrɪ] *s* Kap, Vorgebirge *nt*

pro·mote [prə'məʊt] *vt* **1.** fördern, vorantreiben, unterstützen **2.** sich einsetzen für; befürworten **3.** (*Geschäft*) gründen **4.** (*Gesetzentwurf*) einbringen **5.** (*im Rang*) befördern **6.** (COM) werben für (*einen Artikel*) **7.** (*Verkauf*) steigern; **pro·mo·ter** [prə'məʊtə(r)] *s* **1.** Förderer *m,* Förderin *f,* Befürworter(in) *m(f)* **2.** (Geschäfts)Gründer(in) *m(f)* (*einer AG*) **3.** (SPORT) Veranstalter(in) *m(f);* **pro·mo·tion** [prə'məʊʃn] *s* **1.** Förderung, Unterstützung, Befürwortung *f* **2.** (COM) Gründung *f* **3.** (*beruflich*) Beförderung *f* **4.** Verkaufsförderung *f* **5.** Werbung, Reklame *f;* **get one's** ~ befördert werden; **sales** ~ Verkaufsförderung, Absatzsteigerung *f;* ~ **budget** Werbeetat *m;* ~ **chances** [*o* **prospects**] *pl* Aufstiegschancen *fpl;* ~ **manager** Werbeleiter(in) *m(f);* **promotional material** *s* Werbematerial *nt*

prompt [prɒmpt] **I.** *adj* **1.** umgehend, sofortig, unverzüglich **2.** (*Mensch*) (sofort) bereit; pünktlich **II.** *s* **1.** (THEAT) Soufflieren *nt* **2.** (INFORM) Befehlszeile *f* **3.** (INFORM) Eingabeaufforderung *f;* **give s.o. a** ~ jdm soufflieren; (*fig*) jdn erinnern **III.** *vt* **1.** anspornen; auffordern **2.** veranlassen (*to* zu) **3.** auf die Sprünge helfen (*s.o.* jdm) **4.** (THEAT) soufflieren (*s.o.* jdm) **IV.** *adv* pünktlich; **prompt box** *s* Souffleurkasten *m;* **prompter** ['prɒmptə(r)] *s* Souffleur *m,* Souffleuse *f;* **promp·ti·tude, prompt·ness** ['prɒmptɪtjuːd, 'prɒmptnɪs] *s* **1.** Bereitwilligkeit, Schnelligkeit *f* **2.** Promptheit *f;* Pünktlichkeit *f;* **prompt·ly** ['prɒmptlɪ] *adv* pünktlich; **attend to s.th.** ~ etw umgehend erledigen; **start** ~ **at eight** Punkt 8 Uhr anfangen; **prompt note** *s* Mahnschreiben *nt*

prom·ul·gate ['prɒmlgeɪt] *vt* verbreiten; (*Gesetz*) verkünden; **prom·ul·ga·tion** [ˌprɒml'geɪʃn] *s* Verbreitung *f;* Verkündung *f*

prone [prəʊn] *adj* **1.** liegend **2.** (*fig*) geneigt (*to* zu); **be** ~ **to do s.th.** zu etw neigen; **prone·ness** [-nɪs] *s* Neigung *f* (*to* zu)

prong [prɒŋ] *s* **1.** (*Gabel*) Zinke *f* **2.** Spitze, Zacke *f* **3.** (*Geweih*) Sprosse *f*

pro·nomi·nal [prəʊ'nɒmɪnl] *adj* pronominal; **pro·noun** ['prəʊnaʊn] *s* (GRAM) Pronomen, Fürwort *nt*

pro·nounce [prə'naʊns] **I.** *vt* **1.** verkünden; (*feierlich*) erklären **2.** (*Urteil*) fällen **3.** erklären (für) **4.** (*Wort*) aussprechen; ~ **o.s. for s.th.** sich für etw aussprechen **II.** *vi* Stellung nehmen; sich aussprechen (*on* über, *for, in favo(u)r of* für, *against* gegen); **she** ~**s badly** sie hat eine schlechte Aussprache; **pro·nounce·able** [-əbl] *adj* aussprechbar; **pro·nounced** [prə'naʊnst] *adj* **1.** ausgesprochen **2.** (*Becken, Knochen*) ausgeprägt **3.** (*Verbesserung*) deutlich; **have a** ~ **limp** stark hinken; **pro·nounce·ment** [prə'naʊnsmənt] *s* Erklärung *f;* (JUR) Verkündigung *f*

pronto ['prɒntəʊ] *adv* (*fam*) fix, schnell, dalli

pro·nun·ci·ation [prəˌnʌnsɪ'eɪʃn] *s* Aussprache *f*

proof [pruːf] **I.** *s* **1.** (JUR) Beweis *m* (*of* für) **2.** Nachweis, Beleg *m* **3.** Probe, Erprobung *f* **4.** (*Getränk*) Alkoholgehalt *m* **5.** (*Grafik, Fotografie*) Probeabzug *m;* (Korrektur)Fahne *f;* **by way of** ~ als Beweis; **furnish** [*o* **produce**] ~ den Beweis erbringen; **give** ~ **of s.th.** etw unter Beweis stellen; **put to (the)** ~ auf die Probe stellen; **read (the)** ~**s** Korrektur lesen; **burden** [*o* **onus**] **of** ~ Beweislast *f* **II.** *adj* **1.** fest, sicher (*against* gegen) **2.** wasserdicht, undurchlässig (*to, against* für) **3.** (*fig*) unempfindlich (*against* für) **4.** (*Alkohol*) probehaltig; **burglar**~ einbruchsicher; **crisis**~ krisen-

P

fest; **fire**~ feuerfest; **fool**~ narrensicher; **water**~ wasserdicht; **weather**~ wetterfest; ~ **against corruption** unbestechlich **III.** *vt* imprägnieren, wasserdicht machen; **proof·read** [ˈpruːfˌriːd] *vi* Korrektur lesen; **proof·reader** [ˈpruːfˌriːdə(r)] *s* (TYP) Korrektor(in) *m(f)*; ~**'s marks** Korrekturzeichen *ntpl*; **proof·read·ing** [-ɪŋ] *s* Korrekturlesen *nt*; **at the** ~ **stage** im Korrekturstadium

prop[1] [prɒp] **I.** *s* **1.** Pfosten *m*, Stütze *f* **2.** (*fig*) Stütze, Säule *f* **3.** ~**s** (THEAT) Requisiten *ntpl* **II.** *vt* **1.** (~ *up*) (mit einem Pfosten) stützen; verstreben **2.** (an)lehnen (*against* an) **3.** (AUTO) aufbocken **4.** (*fig*) (unter)stützen; ~ **o.s. against** sich lehnen gegen

prop[2] [prɒp] *s* Propeller *m*

propa·ganda [ˌprɒpəˈgændə] *s* Propaganda *f*; **propa·gan·dist** [ˌprɒpəˈgændɪst] *s* Propagandist(in) *m(f)*, Verfechter(in) *m(f)*

propa·gate [ˈprɒpəgeɪt] **I.** *vt* **1.** fortpflanzen **2.** (PHYS OPT) ausbreiten **3.** (*Sitten, Ideen*) verbreiten **II.** *vi* sich fortpflanzen, sich vermehren; (*Ideen*) sich verbreiten; **propa·ga·tion** [ˌprɒpəˈgeɪʃn] *s* Fortpflanzung *f*; Vermehrung *f*; Aus-, Verbreitung *f*

pro·pane [ˈprəʊpeɪn] *s* Propan(gas) *nt*

pro·pel [prəˈpel] *vt* antreiben; **pro·pel·lant** [prəˈpelənt] *s* Treibstoff *m*, -mittel *nt*; Treibgas *nt*; **pro·pel·ler** [prəˈpelə(r)] *s* Propeller *m*; **propeller shaft** *s* Antriebswelle *f*; (AUTO) Kardanwelle *f*; (MAR) Schraubenwelle *f*; **pro·pel·ling** [prəˈpelɪŋ] *adj* treibend; ~ **force** Triebkraft *f*; ~ **pencil** Drehbleistift *m*

pro·pen·sity [prəˈpensətɪ] *s* Neigung *f*, Hang *m* (*to, toward s.th.* zu etw, *for doing* zu tun); ~ **to invest** Investitionsneigung *f*

proper [ˈprɒpə(r)] *adj* **1.** passend, geeignet (*for* für) **2.** richtig, ordnungsgemäß **3.** ordentlich, bescheiden, höflich **4.** eigentümlich, charakteristisch (*to* für) **5.** (*oft nachgestellt*) eigentlich, im engeren Sinn **6.** (*fam*) recht, richtig, wahr, gehörig; **in** ~ **condition** in gutem Zustand; **at the** ~ **time** zur rechten Zeit; **through the** ~ **channels** auf dem Dienstweg; **in the** ~ **form** in ordnungsmäßiger Form; ~ **fraction** echter Bruch; **deem** ~ **to** es für richtig halten zu; **that's not** ~ das gehört sich nicht; **everything at the** ~ **time** alles zu seiner Zeit; **proper·ly** [-lɪ] *adv* **1.** korrekt, richtig **2.** anständig, ordentlich **3.** durch u. durch; gründlich; ~ **speaking** genaugenommen, eigentlich, in Wirklichkeit; **proper meaning** *s* eigentliche Bedeutung; **proper name**, **proper noun** *s* Eigenname *m*

prop·er·tied [ˈprɒpətɪd] *adj*: **the** ~ **classes** das Besitzbürgertum; **prop·erty** [ˈprɒpətɪ] *s* **1.** Eigentum *nt*; Besitz *m* **2.** (*landed* ~) Landbesitz *m*, Ländereien *fpl*, Immobilien *pl*, Liegenschaften *fpl*, Haus, Gebäude *nt*; Grundstück *nt*; Landbesitz *m* **3.** Eigenschaft, Eigentümlichkeit, Besonderheit *f*; Merkmal *nt* **4. properties** (THEAT) Requisiten *ntpl*; **public** ~ Eigentum *nt* der öffentlichen Hand; **property developer** *s* Bauträger *m*; **property development** *s* Grundstückserschließung *f*; **property increment tax** *s* Wertzuwachssteuer *f*; **property insurance** *s* Sachversicherung *f*; **property man**, **propman** *s* (THEAT) Requisiteur *m*; **property market** *s* Immobilienmarkt *m*; **property owner** *s* Grundstücks-, Hauseigentümer(in) *m(f)*; **prop·erty room** *s* Requisitenkammer *f*; **property speculation** *s* Immobilienspekulation *f*; **property tax** *s* Grundsteuer *f*

proph·ecy [ˈprɒfəsɪ] *s* Prophezeiung *f*; **proph·esy** [ˈprɒfɪsaɪ] *vt* prophezeien (*s.th. for s.o.* jdm etw), vorhersagen; **pro·phet** [ˈprɒfɪt] *s* Prophet *m*; **prophet·ess** [ˈprɒfɪtes] *s* Prophetin *f*; **pro·phetic** [prəˈfetɪk] *adj* prophetisch

pro·phy·lac·tic [ˌprɒfɪˈlæktɪk] **I.** *adj* (MED) vorbeugend, prophylaktisch **II.** *s* vorbeugendes Mittel; **pro·phy·lax·is** [prɒfɪˈlæksɪs] *s* (MED) Prophylaxe *f*

pro·pin·quity [prəˈpɪŋkwətɪ] *s* **1.** Nähe *f* **2.** (nahe) Verwandtschaft *f*

pro·pi·tious [prəˈpɪʃəs] *adj* günstig (*to, towards* für)

prop·jet [ˈprɒpdʒet] *s* Turboprop *m*

pro·pon·ent [prəˈpəʊnənt] *s* Befürworter(in) *m(f)*

pro·por·tion [prəˈpɔːʃn] **I.** *s* **1.** (An)Teil *m*, Quote *f* **2.** Verhältnis *nt*; (*a.* MATH) Proportion *f* **3.** Ausgeglichenheit, Ausgewogenheit *f* **4.** ~**s** Dimensionen, Proportionen *fpl*; **in** ~ verhältnismäßig, anteilig, im Verhältnis (*to* zu), in dem Maße (*as* wie); **out of** ~ unverhältnismäßig; **out of all** ~ in gar keinem Verhältnis (*to* zu); ~ **of costs/profit** Kosten-/Gewinnanteil *m* **II.** *vt* **1.** in das richtige Verhältnis bringen (*to* zu), abstimmen (*to* auf), anpassen (*to* an) **2.** verhältnismäßig verteilen; **pro·por·tional** [prəˈpɔːʃənl] *adj* (*a.* MATH) proportional, im (richtigen) Verhältnis (*to* zu), entsprechend; verhältnismäßig, relativ; ~ **representation** Verhältniswahlrecht *nt*; ~ **share** Quote *f*; ~ **voting** Verhältniswahl *f*; **pro·por·tion·al·ity** [prəˌpɔːʃənælɪtɪ] *s* (JUR) Verhältnismäßigkeit *f*; **pro·por·tion·ate** [prəˈpɔːʃənət] *adj* proportional; **be** ~ **to s.th.** im Verhältnis zu etw stehen;

pro·por·tioned [prə'pɔːʃnd] *adj:* **well-~** wohlproportioniert
pro·po·sal [prə'pəʊzl] *s* **1.** Vorschlag *m,* Anregung *f* **2.** Antrag *m;* **upon the ~ of** auf Vorschlag *+gen;* **place ~s before s.o.** jdm Vorschläge unterbreiten; **pro·pose** [prə'pəʊz] **I.** *vt* **1.** vorschlagen (*s.th. to s.o.* jdm etw, *doing s.th.* etw zu tun) **2.** anregen **3.** (*einen Antrag*) einbringen, stellen **4.** (*~ s.o.'s health*) einen Toast ausbringen auf; **~ marriage to s.o.** jdm einen Heiratsantrag machen **II.** *vi* einen Heiratsantrag machen (*to s.o.* jdm); **~ to do s.th.** etw vorhaben; **man ~s, God disposes** der Mensch denkt, Gott lenkt; **pro·poser** [prə'pəʊzə(r)] *s* Antragsteller(in) *m(f);* **prop·osi·tion** [ˌprɒpə'zɪʃn] *s* **1.** Vorschlag *m,* Anregung *f* **2.** Antrag *m* **3.** Unternehmen, Vorhaben *nt* **4.** Aussage *f;* (MATH) Lehrsatz *m;* (PHILOS) Satz *m* **5.** Aussicht *nt;* **that's an expensive ~** das ist ein teures Vergnügen; **a paying ~** ein lohnendes Geschäft
pro·pound [prə'paʊnd] *vt* darlegen
pro·pri·etary [prə'praɪətrɪ] *adj* (*Klasse*) besitzend; (*Rechte*) Besitz-; (*Gebaren*) besitzergreifend; (COM) gesetzlich geschützt, Marken-; **~ article** Markenartikel *m;* **~ capital** (*Am*) Eigenkapital *nt;* **~ company** (*Am*) Dach-, Holdinggesellschaft *f;* **~ drug** (*Am*) *patentrechtlich geschützes Arzneimittel;* **~ goods** Markenartikel *mpl;* **pro·pri·etor** [prə'praɪətə(r)] *s* **1.** Eigentümer(in) *m(f),* Besitzer(in) *m(f),* (Geschäfts)Inhaber(in) *m(f)* **2.** Einzelunternehmer(in) *m(f);* **sole ~** Alleininhaber(in) *m(f);* **pro·pri·etor·ship** [-ʃɪp] *s* Eigentum *nt,* Besitz *m;* **during his ~** während er Inhaber, Besitzer war; **pro·pri·e·tress** [prə'praɪətrɪs] *s* Eigentümerin, Besitzerin, Inhaberin *f*
pro·pri·ety [prə'praɪətɪ] *s* **1.** Richtigkeit *f* **2.** Schicklichkeit *f,* Anstand *m;* **the proprieties** die Anstandsformen *fpl,* das gute Benehmen
props [prɒps] *s pl* (*sl: Theater*) Requisiten *ntpl*
pro·pul·sion [prə'pʌlʃn] *s* (TECH) Antrieb *m;* **jet ~** Strahl-, Düsenantrieb *m*
pro rata [ˌprəʊ'rɑːtə] *adj, adv* anteilmäßig; **pro·rate** [prəʊ'reɪt] *vt* (*Am*) anteilmäßig auf-, verteilen
pro·ro·ga·tion [ˌprəʊrə'geɪʃn] *s* (PARL) Vertagung *f;* **pro·rogue** [prəʊ'rəʊg] *vt* vertagen
pro·saic [prə'zeɪɪk] *adj* (*fig*) prosaisch, nüchtern, trocken
pro·scenium [prə'siːnɪəm] *s* (THEAT: *~ arch*) Proszenium *nt*
pro·scribe [prə'skraɪb] *vt* **1.** verbieten **2.** ächten; verbannen; **pro·scrip·tion** [prə'skrɪpʃn] *s* Verbot *nt;* Ächtung *f;* Verbannung *f*
prose [prəʊz] *s* Prosa *f*
pros·ecut·able [ˌprɒsɪ'kjuːtəbl] *adj* (*Handlung, Delikt*) strafbar; **pros·ecute** ['prɒsɪkjuːt] **I.** *vt* **1.** (JUR) strafrechtlich verfolgen **2.** (*Untersuchung*) durchführen; **trespassers will be ~d** unbefugtes Betreten bei Strafe verboten **II.** *vi* Klage erheben; **pros·ecut·ing** [-ɪŋ] *adj:* **~ counsel, ~ attorney** (*Am*) Anklagevertreter(in) *m(f),* Staatsanwalt *m,* -anwältin *f;* **pros·ecu·tion** [ˌprɒsɪ'kjuːʃn] *s* **1.** Strafverfolgung *f* **2.** Durchführung *f;* **the ~** die Anklage(behörde); die Staatsanwaltschaft; **liable to ~** strafbar; **~ witness, witness for the ~** Belastungszeuge *m,* -zeugin *f;* **pros·ecu·tor** ['prɒsɪkjuːtə(r)] *s* **1.** (An)Kläger(in) *m(f)* **2.** (*public ~*) Anklagevertreter(in) *m(f),* Staatsanwalt *m,* -anwältin *f*
pros·elyte ['prɒsəlaɪt] *s* Neubekehrte(r) *f m,* Proselyt(in) *m(f);* **pros·elyt·ize** ['prɒsəlɪtaɪz] **I.** *vi* Proselyten machen **II.** *vt* bekehren
pros·ody ['prɒsədɪ] *s* Prosodie *f*
pros·pect ['prɒspekt] **I.** *s* **1.** Aussicht *f,* Ausblick *m* **2.** (*Am*) möglicher Käufer, Interessent, Kunde *m* **3.** Anwärter, Kandidat *m* **4.** (MIN) Schürfstelle *f* **5.** **~s** Aussichten *fpl;* **in ~** in Aussicht; **have no ~s** keine Zukunft haben; **he is not much of a ~ for her** er hat ihr nicht viel zu bieten; **that would be a good ~** das wäre aussichtsreich; **hold out the ~ of s.th.** etw in Aussicht stellen; **what are your ~s?** welche Aussichten haben Sie? **II.** [prə'spekt, *Am* 'prɒspekt] *vi, vt* (*Am: nach Gold*) schürfen (*for* nach); (*Öl*) bohren; **pros·pec·tive** [prə'spektɪv] *adj* voraussichtlich; in Aussicht stehend; zukünftig; **~ buyer** [*o* **customer**] Interessent(in) *m(f);* **pros·pec·tor** [prɒ'spektə(r)] *s* (MIN) Prospektor, Schürfer *m;* **pro·spec·tus** [prə'spektəs] *s* Verzeichnis *nt;* Prospekt *m*
pros·per ['prɒspə(r)] *vi* **1.** gedeihen, blühen **2.** Erfolg, Glück haben **3.** (*Geschäft*) gut gehen; **he is ~ing** es geht ihm gut; **pros·per·ity** [prɒ'sperətɪ] *s* Wohlstand *m;* (*Geschäft*) Erfolg *m;* **pros·per·ous** ['prɒspərəs] *adj* **1.** erfolgreich; (*Geschäft, Wirtschaft*) florierend **2.** wohlhabend
pros·tate (**gland**) ['prɒsteɪt (ˌglænd)] *s* (ANAT) Vorsteherdrüse, Prostata *f*
pros·ti·tute ['prɒstɪtjuːt] **I.** *vt* prostituieren **II.** *vr* sich prostituieren **III.** *s* Prostituierte, Dirne *f;* **male ~** Strichjunge *m;*
pros·ti·tu·tion [ˌprɒstɪ'tjuːʃn] *s* Prostituti-

on *f*
pros·trate ['prɒstreɪt] **I.** *adj* **1.** hingestreckt **2.** (*fig*) machtlos **3.** (*fig*) kraftlos (*with* vor) **II.** [prɒ'streɪt] *vt* **1.** niederwerfen **2.** (*fig*) entkräften, niederschmettern; ~ **o.s.** sich niederwerfen (*at a shrine* an einem Altar, *before s.o.* vor jdm); **pros·tra·tion** [prɒ'streɪʃn] *s* **1.** Fußfall *m* **2.** Entkräftung, (völlige) Erschöpfung *f*
prosy ['prəʊzɪ] *adj* prosaisch, trocken, langweilig
pro·tag·on·ist [prə'tægənɪst] *s* **1.** (*in der Literatur*) Held(in) *m(f)*, Protagonist(in) *m(f)* **2.** Hauptperson *f*, führender Kopf **3.** (*fig*) Vorkämpfer *m*
pro·tect [prə'tekt] *vt* **1.** schützen, bewahren (*from* vor) **2.** beschützen, verteidigen (*against* gegen) **3.** (*Interessen, Rechte*) wahren; ~ **o.s.** sich sichern (*against* gegen); ~ **s.o.'s interests** jds Interessen wahren; **pro·tec·tion** [prə'tekʃn] *s* **1.** Schutz *m* (*from* vor) **2.** (*von Interessen, Rechten*) Wahrung *f* **3.** Versicherungsschutz *m* **4.** (~ *money*) Schutzgeld *nt;* ~ **of consumers** Verbraucherschutz *m;* ~ **of the environment** Umweltschutz *m;* ~ **of interests** Wahrung *f* der Interessen; **protection factor** *s* (*Sonnenöl*) Licht-, Sonnenschutzfaktor *m;* **pro·tec·tion·ism** [-ɪzəm] *s* Protektionismus *m;* **pro·tec·tion·ist** [-ɪst] **I.** *adj* protektionistisch **II.** *s* Protektionist(in) *m(f);* **protection racket** *s organisierte Erpressung von Geschäftsinhabern;* **pro·tec·tive** [prə'tektɪv] *adj* schützend; Schutz-; (*Eltern*) fürsorglich, besorgt; ~ **clause** Schutzklausel *f;* ~ **clothing** Schutzkleidung *f;* ~ **coating** Schutzanstrich *m;* ~ **colo(u)ring** [*o* **coloration**] (BIOL) Tarnfarbe *f;* ~ **custody** Schutzhaft *f;* ~ **instinct** Beschützerinstinkt *m;* ~ **measure** Schutzmaßnahme *f;* ~ **tariff** Schutzzoll *m;* **over-**~ übermäßig besorgt; **pro·tec·tor** [prə'tektə(r)] *s* **1.** Beschützer(in) *m(f)* **2.** (*Gegenstand*) Schutz *m;* **pro·tec·tor·ate** [prə'tektərət] *s* Protektorat *nt*
pro·tégé, pro·tégée ['prɒtɪʒeɪ, *Am* prəʊtɪ'ʒeɪ] *s* Schützling *m*
pro·tein ['prəʊti:n] *s* (CHEM) **1.** Protein *nt* **2.** **~s** Eiweißstoffe *mpl*
pro·test [prə'test] **I.** *vt* **1.** beteuern **2.** protestieren gegen **3.** (FIN: *Wechsel*) protestieren, zu Protest gehen lassen **II.** *vi* protestieren, Einspruch, Protest erheben (*to s.o.* bei jdm), sich verwahren (*against* gegen) **III.** ['prəʊtest] *s* **1.** Einspruch, Protest *m* (*against* gegen) **2.** (COM) (Wechsel)Protest *m;* **as a ~, in ~ against** als Protest gegen; **under** ~ unter Protest; **without** ~ widerspruchs-, vorbehaltlos
Prot·es·tant ['prɒtɪstənt] **I.** *s* Protestant(in) *m(f)* **II.** *adj* protestantisch; **Prot·es·tant·ism** [-ɪzəm] *s* Protestantismus *m*
prot·esta·tion [ˌprɒte'steɪʃn] *s* **1.** Beteuerung *f* **2.** Einspruch, Protest *m;* **pro·tester** [prə'testə(r)] *s* Protestierende(r) *f m*, Demonstrant(in) *m(f)*
pro·test march *s* Protestmarsch *m;* **protest vote** *s* Proteststimme *f*
pro·to·col ['prəʊtəkɒl] *s* Protokoll *nt*
pro·ton ['prəʊtɒn] *s* (PHYS) Proton *nt*
pro·to·plasm ['prəʊtəplæzəm] *s* (BIOL) Protoplasma *nt*
pro·to·type ['prəʊtətaɪp] *s* Prototyp *m*
pro·to·zoan [ˌprəʊtə'zəʊən, *pl* -'zəʊə] <*pl* **-zoa**> *s* Protozoon, Urtierchen *nt*
pro·tract [prə'trækt] *vt* **1.** (*zeitlich*) in die Länge ziehen, verlängern, ausdehnen **2.** hinauszögern, aufschieben, verschleppen; **pro·tracted** [prə'træktɪd] *adj* langwierig, langatmig, weitschweifig; **pro·trac·tion** [prə'trækʃn] *s* (*a.* JUR) Ausdehnung, Verzögerung, Verschleppung *f;* **pro·trac·tor** [prə'træktə(r)] *s* Winkelmesser *m*
pro·trude [prə'tru:d] **I.** *vt* heraus-, hervorstoßen, -strecken **II.** *vi* vorstehen; herausragen, -treten; **pro·trud·ing, pro·trus·ive** [prə'tru:dɪŋ, prə'tru:sɪv] *adj* herausragend, vorspringend, vorstehend; **pro·tru·sion** [prə'tru:ʒn] *s* **1.** Vorsprung *m* **2.** Vorstehen *nt;* Herausragen *nt*
pro·tu·ber·ance [prə'tju:bərəns] *s* **1.** Ausbauchung, (An)Schwellung *f;* Beule *f* **2.** (ASTR) Protuberanz *f*
pro·tu·ber·ant [prə'tju:bərənt] *adj* vorstehend; ~ **eyes** Glotzaugen *ntpl*
proud [praʊd] *adj* **1.** stolz (*of* auf) **2.** hochmütig, eingebildet **3.** stolz, stattlich; prächtig; **do s.o.** ~ jdn verwöhnen; **proud flesh** *s* wildes Fleisch
prov·able ['pru:vəbl] *adj* beweisbar, nachweisbar
prove [pru:v] <*irr:* **proved, proved (proven)**> **I.** *vt* **1.** beweisen, nachweisen; unter Beweis stellen **2.** bestätigen **3.** beglaubigen, beurkunden **4.** (*Flugzeug*) erproben **5.** (*Teig*) gehen lassen; ~ **one's identity** sich ausweisen; ~ (**to be**) **false** (**true**) sich (nicht) bestätigen, sich als falsch (richtig) herausstellen **II.** *vi* **1.** sich erweisen, sich herausstellen als; (*gut, schlecht*) ausfallen **2.** (*Teig*) gehen **III.** *vr* sich erweisen (*innocent* als unschuldig)
proven ['pru:vn] *pp of* **prove**
prov·enance ['prɒvənəns] *s* Herkunft *f*, Ursprung *m*
prov·en·der ['prɒvɪndə(r)] *s* Futter *nt*
prov·erb ['prɒvɜ:b] *s* Sprichwort *nt;*

prov·erb·ial [prə'vɜːbɪəl] *adj* (*a. fig*) sprichwörtlich

pro·vide [prə'vaɪd] **I.** *vt* **1.** beschaffen, besorgen; heranschaffen, liefern **2.** zur Verfügung stellen, bereitstellen **3.** versorgen, ausstatten, beliefern (*with* mit); ~ **o.s.** sich versorgen **II.** *vi* **1.** sorgen; Vorsorge, Vorbereitungen treffen (*for* für, *against* gegen) **2.** (JUR) bestimmen, festsetzen, vorsehen; ~ **for s.o.** jdn versorgen; ~ **for s.th.** (JUR) etw vorsehen; **the Lord will** ~ der Herr wird schon für uns sorgen; **pro·vided** [prə'vaɪdɪd] *conj:* ~ (**that**) vorausgesetzt (, dass)

provi·dence ['prɒvɪdəns] *s* Vorsehung *f;* **provi·den·tial** [ˌprɒvɪ'denʃl] *adj* schicksalhaft; glücklich

pro·vider [prə'vaɪdə(r)] *s* **1.** Lieferant(in) *m(f)* **2.** (*Familie*) Ernährer(in) *m(f)* **3.** (INTERNET) Provider *m;* **pro·vid·ing** [prə'vaɪdɪŋ] *adj:* ~ (**that**) vorausgesetzt, (dass)

prov·ince ['prɒvɪns] *s* **1.** Provinz *f* **2.** (*fig*) Aufgabenkreis *m,* (Tätigkeits)Gebiet *nt;* Fach *nt;* **that question is outside my** ~ dafür bin ich nicht zuständig; **prov·in·cial** [prə'vɪnʃl] **I.** *adj* **1.** provinziell **2.** engstirnig; ~ **town** Provinzstadt *f* **II.** *s* Provinzbewohner(in) *m(f);* (*pej*) Provinzler(in) *m(f)*

prov·ing ['pruːvɪŋ] *s* Erprobung *f;* **be under the obligation of** ~ beweispflichtig sein; **proving flight** *s* Testflug *m;* **proving ground** *s* Versuchsgelände *nt;* Versuchsfeld *nt;* (*fig*) Bewährungsprobe *f*

pro·vi·sion [prə'vɪʒn] **I.** *s* **1.** Vorkehrung, Vorsorge *f* **2.** Beschaffung, Bereitstellung *f* **3.** Versorgung *f* (*of* mit) **4.** Vorrat *m* **5.** ~**s** Lebensmittel *pl,* Verpflegung *f* **6.** Vorschrift, Bestimmung *f* **7.** (*Bilanz*) Rückstellung *f;* **make** ~ **for** Vorsorge treffen für; ~ **of capital** Bereitstellung *f* von Kapital; ~ **of electricity** Versorgung *f* mit Elektrizität; ~ **for the future** Vorsorge *f* für die Zukunft; ~ **for retirement** Altersversorgung *f;* ~ **store** Lebensmittelgeschäft *nt* **II.** *vt* (*mit Lebensmitteln*) versorgen

pro·vi·sional [prə'vɪʒənl] *adj* **1.** vorläufig, einstweilig **2.** provisorisch; ~ **cover** vorläufige Deckung(szusage); ~ **driving licence** vorläufiger Führerschein für Fahrschüler; ~ **government** provisorische Regierung; **the** ~ **IRA** die provisorische Irisch-Republikanische Armee

pro·viso [prə'vaɪzəʊ] <-visos, -visoes Am> *s* Klausel *f;* **with the** ~ **that ...** unter der Bedingung, dass ...; **with the usual** ~ unter dem üblichen Vorbehalt; **make it a** ~ zur Bedingung machen; sich vorbehalten

provo·ca·tion [ˌprɒvə'keɪʃn] *s* Herausforderung, Provokation *f;* **he did it under** ~ man hat ihn dazu provoziert; **pro·voca·tive** [prə'vɒkətɪv] *adj* herausfordernd; provokativ; **look** ~ aufreizend aussehen

pro·voke [prə'vəʊk] *vt* **1.** provozieren, reizen, herausfordern **2.** aufstacheln, aufreizen **3.** (*Ärger, Kritik, Lächeln*) hervorrufen **4.** (*Diskussion etc*) bewirken; ~ **s.o. to do** [*o* **into doing**] **s.th.** jdn veranlassen etw zu tun; **pro·vok·ing** [-ɪŋ] *adj* provozierend; ärgerlich

pro·vost ['prɒvəst] *s* **1.** (*Oxford*) Leiter *m* eines College **2.** (*Schottland*) Bürgermeister *m*

prow [praʊ] *s* (MAR) Bug *m*

prow·ess ['praʊɪs] *s* **1.** Tapferkeit, Kühnheit *f* **2.** große Geschicklichkeit, überragendes Können; **sexual** ~ Potenz *f*

prowl [praʊl] **I.** *vi* herumschleichen, -streichen **II.** *vt* durchstreifen **III.** *s:* **be on the** ~ herumstreichen; ~ **car** (*Am*) Streifenwagen *m;* **prowler** ['praʊlə(r)] *s* Herumstreicher *m;* **prowl·ing** [-ɪŋ] *s* Herumlungern *nt*

prox·im·ity [prɒk'sɪmətɪ] *s* Nähe *f;* **in close** ~ in unmittelbarer Nähe (*to, with s.o.* jds); **prox·imo** ['prɒksɪməʊ] *adv* nächsten Monats

proxy ['prɒksɪ] *s* **1.** (*schriftliche*) Vollmacht *f* **2.** Vertreter(in) *m(f),* Bevollmächtigte(r) *f m;* **by** ~ in Vertretung; **stand** ~ **for s.o.** für jdn als Vertreter fungieren; **vote by** ~ sich bei einer Wahl vertreten lassen; **voting by** ~ Wahl *f* durch Stellvertreter

prude [pruːd] *s* prüde Frau, prüder Mann

pru·dence ['prudns] *s* **1.** Umsicht, Vorsicht *f* **2.** Klugheit *f;* **pru·dent** ['pruːdnt] *adj* **1.** umsichtig; vorsichtig **2.** vernünftig, einsichtig

prud·ery ['pruːdərɪ] *s* Prüderie *f;* **prud·ish** ['pruːdɪʃ] *adj* prüde, zimperlich

prune[1] [pruːn] *vt* **1.** (*Baum, Strauch*) beschneiden, ausputzen **2.** (*fig*) kürzen; reduzieren; (*Buch*) zusammenstreichen

prune[2] [pruːn] *s* **1.** Backpflaume *f* **2.** (*fig*) Muffel *m*

prun·ing ['pruːnɪŋ] *s* **1.** Beschneiden, Stutzen *nt* **2.** (*fig*) Kürzung *f;* Zusammenstreichen *nt;* **pruning hook** *s* Rebmesser *nt;* **pruning knife** <*pl* -knives> *s* Gartenmesser *nt;* **pruning saw** *s* Baumsäge *f;* **pruning shears** *s pl* Gartenschere, Rebschere *f*

pru·ri·ence ['prʊərɪəns] *s* Lüsternheit *f;* **pru·ri·ent** ['prʊərɪənt] *adj* lüstern

Prussia ['prʌʃə] *s* Preußen *nt;* **Prus·sian** ['prʌʃn] **I.** *s* Preuße *m,* Preußin *f* **II.** *adj* preußisch

prus·sic ['prʌsɪk] *adj:* ~ **acid** Blausäure *f*

pry[1] [praɪ] *vi* **1.** (~ *about*) herumspionieren, -schnüffeln, -horchen **2.** neugierig sein

P

pry² [praɪ] *vt* (*Am*) **1.** (~ *open*) aufbrechen **2.** (*fig: Geheimnis*) herauspressen (*out of s.o.* aus jdm)

pry·ing ['praɪɪŋ] *adj* neugierig

PS [ˌpiː'es] *s Abk. von* **post scriptum** PS *nt*

psalm [sɑːm] *s* Psalm *m;* **psalm·ist** ['sɑːmɪst] *s* Psalmist *m;* **psalm·ody** ['sɑːmədɪ] *s* Psalmodie *f,* Psalmengesang *m*

pse·phol·ogy [se'fɒlədʒɪ] *s* Wahlforschung *f*

pseud [sjuːd] **I.** *s* (*fam*) Angeber(in) *m(f)* **II.** *adj* hochtrabend, hochgestochen; (*Buch, Film, Mensch*) pseudointellektuell; **pseu·do** ['sjuːdəʊ] *adj* unecht; affektiert; **a ~-intellectual** ein(e) Pseudointellektuelle(r)

pseu·do·nym ['sjuːdənɪm] *s* Pseudonym *nt;* **pseud·ony·mous** [sjuː'dɒnɪməs] *adj* pseudonym

psit·ta·co·sis [ˌsɪtə'kəʊsɪs] *s* Papageienkrankheit *f*

psych(e) [saɪk] **I.** *vt* (*sl*) **1.** analysieren **2.** (~ *out*) durchschauen; ~ **o.s. up, get ~ed up** sich hochschaukeln **II.** *vi* (*sl*): ~ **out** ausflippen

psyche ['saɪkɪ] *s* Psyche *f*

psyche·delic [ˌsaɪkɪ'delɪk] **I.** *adj* psychedelisch **II.** *s* psychedelische, bewusstseinserweiternde Droge

psy·chi·atric [ˌsaɪkɪ'ætrɪk] *adj* psychiatrisch; **psy·chia·trist** [saɪ'kaɪətrɪst] *s* Psychiater(in) *m(f);* **psy·chia·try** [saɪ'kaɪətrɪ] *s* Psychiatrie *f;* **psy·chi·c(al)** ['saɪkɪk(l)] **I.** *adj* **1.** psychisch, seelisch **2.** telepathisch **II.** *s* **1.** (*Spiritismus*) (gutes) Medium *nt* **2. ~s** *mit sing* Parapsychologie *f*

psy·cho·ana·lyse [ˌsaɪkəʊ'ænəlaɪz] *vt* psychoanalytisch behandeln; **psy·cho·an·aly·sis** [ˌsaɪkəʊə'næləsɪs] *s* Psychoanalyse *f;* **psy·cho·ana·lyst** [ˌsaɪkəʊ'ænəlɪst] *s* Psychoanalytiker(in) *m(f);* **psy·cho·ana·lytic(al)** [ˌsaɪkəʊˌænə'lɪtɪk(l)] *adj* psychoanalytisch

psy·cho·logi·cal [ˌsaɪkə'lɒdʒɪkl] *adj* psychologisch; ~ **make-up** Psyche *f;* ~ **moment** psychologisch günstiger Zeitpunkt; ~ **terror** Psychoterror *m;* ~ **warfare** psychologische Kriegsführung; **it's all** ~ das ist alles Einbildung; **psy·chol·ogist** [saɪ'kɒlədʒɪst] *s* Psychologe *m,* Psychologin *f;* **psy·chol·ogy** [saɪ'kɒlədʒɪ] *s* Psychologie *f;* **child** ~ Kinderpsychologie *f;* **experimental/individual/social** ~ Experimental-/Individual-/Sozialpsychologie *f;* ~ **of the adolescent** Jugendpsychologie *f*

psy·cho·path ['saɪkəʊpæθ] *s* Psychopath(in) *m(f);* **psy·cho·pathic** [ˌsaɪkəʊ'pæθɪk] *adj* psychopathisch; **psy·cho·pa·thy** [ˌsaɪ'kɒpəθɪ] *s* Geisteskrankheit *f;* **psy·cho·sis** [saɪ'kəʊsɪs, *pl* -siːz] <*pl* -ses> *s* Psychose *f;* **psy·cho·so·matic** [ˌsaɪkəʊsə'mætɪk] *adj* psychosomatisch; **psycho·thera·pist** [ˌsaɪkə'θerəpɪst] *s* Psychotherapeut(in) *m(f);* **psy·cho·ther·apy** [ˌsaɪkəʊ'θerəpɪ] *s* Psychotherapie *f;* **psy·chotic** [saɪ'kɒtɪk] **I.** *adj* psychotisch **II.** *s* Geisteskranke(r) *f m,* Psychotiker(in) *m(f)*

PT [ˌpiː'tiː] *s Abk. von* **physical training** (SCHULE) Sport *m*

pt *s Abk. von* **pint** Pint *nt*

ptar·mi·gan ['tɑːmɪgən] *s* Schneehuhn *nt*

pto [ˌpiːtiː'əʊ] *Abk. von* **please turn over** bitte wenden

pto·maine poi·son·ing ['təʊmeɪn 'pɔɪznɪŋ] *s* (HIST) Lebensmittelvergiftung *f*

pub [pʌb] *s* (*fam*) Kneipe *f,* Wirtshaus *nt;* **pub-crawl** *s* Kneipenbummel *m*

pu·berty ['pjuːbətɪ] *s* Pubertät *f;* **pu·bic** ['pjuːbɪk] *adj:* ~ **hair** Schamhaare *ntpl;* **pu·bis** ['pjuːbɪs, *pl* -biːz] <*pl* -bes> *s* (ANAT) Schambein *nt*

pub·lic ['pʌblɪk] **I.** *adj* **1.** öffentlich **2.** staatlich; städtisch **3.** allgemein bekannt; **be in the ~ eye** im Brennpunkt des öffentlichen Lebens stehen; **become** ~ bekannt werden **II.** *s mit sing od pl* Öffentlichkeit *f;* **in** ~ öffentlich, *adv,* in der Öffentlichkeit; **the cinema-going/the theatre-going** ~ das Film-/das Theaterpublikum; **the reading** ~ die Leserschaft; **public accountant** *s* (*Am*) Wirtschaftsprüfer(in) *m(f);* **public address system** *s* Lautsprecheranlage *f;* **public affairs** *s pl* öffentliche Angelegenheiten *fpl*

pub·li·can ['pʌblɪkən] *s* Gastwirt(in) *m(f)*

pub·lic ap·pear·ance [ˌpʌblɪk ə'pɪərəns] *s* Auftreten *nt* in der Öffentlichkeit; **public appointment** *s* Staatsstellung *f;* **public assistance** *s* (*Am*) Sozialhilfe *f*

pub·li·ca·tion [ˌpʌblɪ'keɪʃn] *s* Publikation, Veröffentlichung *f;* Druckschrift *f;* **in course of** ~ im Erscheinen begriffen, im Druck; **list of ~s** Verlagskatalog *m;* **monthly/weekly** ~ Monats-/Wochenschrift *f;* **new** ~ Neuerscheinung *f;* (*Werbung*) soeben erschienen; ~ **date** Erscheinungsdatum *nt*

pub·lic auth·or·ity [ˌpʌblɪk ɔː'θɒrətɪ] *s* **1.** Staatsgewalt *f* **2.** Behörde *f;* **public bar** *s* Stehausschank *m;* **public company** *s* Aktiengesellschaft *f;* **public convenience** *s* öffentliche Bedürfnisanstalt; **public conveyance** *s* öffentliches Verkehrsmittel; **public debt** *s* Staatsverschuldung *f;* **public domain** *s* (*Am*) Staatseigentum *nt,* staatlicher Grund u. Boden; **in the** ~ (*geis-*

tiges Eigentum) frei (geworden); **public enemy** *s* Staatsfeind *m;* **public expenditure, public expense** *s* Staatsausgaben *fpl;* **public funds** *s pl* Staatsgelder, öffentliche Gelder *ntpl;* **public health** *s* Volksgesundheit *f;* **public health service** *s* staatlicher Gesundheitsdienst; **public holiday** *s* gesetzlicher Feiertag; **public house** *s* (*Br*) Wirts-, Gasthaus *nt,* Gaststätte *f;* **public information officer** *s* Presseoffizier *m;* **public interest** *s* öffentliches Interesse, Staatsinteresse *nt*

pub·li·cist ['pʌblɪsɪst] *s* Publizist(in) *m(f)*

pub·lic·ity [pʌb'lɪsətɪ] *s* **1.** Publizität, Publicity *f* **2.** Werbung, Reklame *f;* **give ~ to s.th.** etw groß herausbringen; **give s.o. ~** für jdn Reklame machen; **broadcast ~** Rundfunkwerbung *f;* **publicity agent** *s* Werbeagent(in) *m(f);* **publicity campaign** *s* Werbefeldzug *m,* -aktion *f;* **publicity department** *s* Werbeabteilung *f;* **publicity expenses, publicity costs** *s pl* Werbekosten *pl;* **publicity hound** *s* jemand, der auf Publicity aus ist; **publicity material** *s* Werbematerial *nt*

pub·lic·ize ['pʌblɪsaɪz] *vt* **1.** bekannt machen **2.** werben für, Reklame machen für

pub·lic law [ˌpʌblɪk 'lɔː] *s* öffentliches Recht; **under ~** öffentlich-rechtlich; **public library** *s* Volksbücherei *f;* **public limited company, plc** *s* (*etwa*) Aktiengesellschaft, AG *f;* **public loan** *s* Staatsanleihe *f;*

pub·lic·ly ['pʌblɪklɪ] *adv* öffentlich; **~ owned** Gemeineigentum *nt;* **public nuisance** *s* öffentliches Ärgernis; **public opinion** *s* die öffentliche Meinung; **public opinion poll** *s* Meinungsumfrage *f;* **public property** *s* Staatseigentum *nt;* **public prosecution** *s* öffentliche Anklage; **public prosecutor** *s* Staatsanwalt *m,* -anwältin *f;* **public records** *s pl* Staatsarchiv *nt;* **public relations, PR** *s pl* Öffentlichkeitsarbeit *f;* Public Relations *pl,* PR *f;* **public-relations officer** *s* Pressesprecher(in) *m(f),* PR-Referent(in) *m(f);* **public school** *s* **1.** (*in GB*) höhere Privatschule **2.** (*in den USA*) öffentliche, staatliche Schule; **public sector** *s* öffentlicher Sektor; **public servant** *s* Angestellte(r) *f m* im öffentlichen Dienst; **public service** *s* öffentlicher Dienst; öffentlicher Dienstleistungsbetrieb; **pub·lic-spirited, pub·lic-minded** [ˌpʌblɪk'spɪrɪtɪd, ˌpʌblɪk'maɪndɪd] *adj* sozial gesinnt; **public telephone** *s* Münzfernsprecher *m;* **public transport** *s* öffentliche Verkehrsmittel *ntpl;* **public trial** *s* (JUR) öffentliche Verhandlung; **public utility** *s* (öffentlicher) Versorgungsbetrieb *m,* Stadtwerke *ntpl,* Wasser-, Gas-, Elektrizitätswerk *nt;* **public wants** *s pl* öffentliche Bedürfnisse *ntpl;* **public weal** *s* Allgemeinwohl *nt;* **public works** *s pl* öffentliche Bauvorhaben *ntpl,* öffentliche Einrichtungen *fpl*

pub·lish ['pʌblɪʃ] *vt* **1.** (öffentlich) bekannt geben, machen **2.** (*Buch*) veröffentlichen; publizieren; herausgeben, -bringen, erscheinen lassen, verlegen; **be ~ed in instal(l)ments** in Lieferungen herauskommen; **about to be ~ed** im Erscheinen begriffen, im Druck; **just ~ed** soeben erschienen; **to be ~ed shortly** erscheint in Kürze; **pub·lisher** ['pʌblɪʃə(r)] *s* **1.** Verleger(in) *m(f)* **2.** (*a.* *~s*) Verlag *m;* **pub·lish·ing** ['pʌblɪʃɪŋ] *s* Verlagswesen *nt;* **~ business** [*o* **trade**] Verlagsgeschäft *nt;* **~ company** [*o* **house**] Verlag(shaus *nt*) *m*

puck [pʌk] *s* Eishockeyscheibe *f,* Puck *m*

pucker ['pʌkə(r)] **I.** *vt* **1.** (*Mund*) verziehen; (zum Küssen) spitzen; (*Stirn*) runzeln **2.** (*Stoff*) in Falten legen **II.** *vi* **1.** sich verziehen; sich spitzen; sich runzeln **2.** Falten werfen **III.** *s* Falte *f*

pud·ding ['pʊdɪŋ] *s* **1.** Süßspeise *f,* Pudding *m* **2.** Fleischpastete *f* **3.** (*fig fam*) Dummkopf *m;* Dickerchen *nt;* **black ~** Blutwurst *f;* **pudding-head** *s* (*fam*) Dummkopf *m*

puddle ['pʌdl] *s* Pfütze *f*

pu·denda [pjuː'dendə] *s pl* äußere Schamteile *pl*

pudgy [ɪ] *adj* untersetzt, plump

puer·ile ['pjʊəraɪl] *adj* kindisch; **puer·il·ity** [ˌpjʊə'rɪlətɪ] *s* **1.** kindisches Wesen **2.** Kinderei, Albernheit *f*

Puer·to Ri·can ['pwɜːtəʊ'riːkən] **I.** *adj* puertorikanisch **II.** *s* Puertorikaner(in) *m(f);* **Puer·to Ri·co** ['pwɜːtəʊ'riːkəʊ] *s* Puerto Rico *nt*

puff [pʌf] **I.** *s* **1.** Atem-, Windstoß *m* **2.** Zug *m* (*an einer Zigarette*) **3.** Atem *m* **4.** (*powder-~*) Puderquaste *f* **5.** Windbeutel *m* (*Gebäck*); **be out of ~** außer Puste sein **II.** *vi* **1.** (*Wind*) blasen **2.** (*Rauch, Dampf*) ausstoßen **3.** schnaufen, keuchen; (*Pferd*) schnauben **4.** (*Raucher*) paffen (*at* an) **III.** *vt* **1.** ausstoßen, -puffen; außer Atem bringen **2.** (*Zigarette*) paffen **3.** (über Gebühr) herausstreichen **4.** (*Haar, Kleid*) bauschen; **puff out** *vt* **1.** (*Flamme*) ausblasen **2.** (*Luft*) ausstoßen; (*Worte*) hervorstoßen **3.** außer Atem bringen; (*Backen*) aufblasen **4.** (*Brust*) herausstrecken; **puff up** **I.** *vi* (*Augen, Gesicht*) anschwellen **II.** *vt* (*Federn*) aufplustern; **~ed up** (*fig*) aufgeblasen, hochmütig; **puff adder** *s* Puffotter *f;* **puff·ball** *s* (*kugeliger Pilz*) Bofist, Bovist *m*

puffin ['pʌfɪn] *s* Papageientaucher *m*

P

puff pastry *s* Blätterteig *m;* **puffy** ['pʌfɪ] *adj* **1.** (*fig*) aufgeblasen, geschwollen **2.** (*Gesicht*) aufgedunsen **3.** (*Ärmel*) bauschig

pug [pʌg] (*~-dog*) Mops *m*

pu·gil·ism ['pju:dʒɪlɪzəm] *s* Boxen *nt;* **pu·gil·ist** ['pju:dʒɪlɪst] *s* Boxer *m*

pug·na·cious [pʌg'neɪʃəs] *adj* kampflustig; **pug·nac·ity** [pʌg'næsətɪ] *s* Kampf(es)lust *f*

pug nose ['pʌgnəʊz] *s* Stumpfnase *f*

puke [pju:k] *vi* (*sl*) kotzen

puk·ka ['pʌkə] *adj* **1.** vornehm **2.** zuverlässig **3.** wahr; echt; ursprünglich

pull [pʊl] **I.** *vt* **1.** ziehen, zerren, reißen (*by the hair* an den Haaren); (*Glocke, Seil*) ziehen an **2.** (*Zahn*) ziehen; (*Korken, Unkraut*) herausziehen **3.** (*Bier*) zapfen **4.** (*Geflügel*) ausnehmen **5.** (*Muskel*) zerren **6.** (*Ruder*) anziehen **7.** (*Boot*) rudern **8.** (*Menschen*) anziehen **9.** (*fam*) abhalten, durchführen, veranstalten **10.** (*sl: Ding*) drehen; ~ **a face** das Gesicht verziehen; ~ **a fast one on s.o.** (*sl*) jdn hereinlegen; ~ **s.o.'s leg** jdn auf den Arm nehmen; ~ **to pieces** in Stücke reißen, zerreißen; (*fig*) kein gutes Haar lassen an; ~ **a pistol on s.o.** jdn mit der Pistole bedrohen; ~ **one's punches** (*fig*) sich zurückhalten; ~ **rank on s.o.** jdm gegenüber den Vorgesetzten herauskehren; ~ **the strings** (*fig*) die Fäden in der Hand haben; ~ **strings** (*fig*) Beziehungen spielen lassen; ~ **a dirty trick on s.o.** jdm einen bösen Streich spielen; ~ **one's weight** sich ins Ruder legen; (*fig*) sich Mühe geben, sich anstrengen; ~ **the wool over s.o.'s eyes** (*fig*) jdn hereinlegen; **don't ~ any funny stuff!** machen Sie keine Geschichten! **II.** *vi* **1.** ziehen, zerren, reißen (*at* an) **2.** (*Trinken, Rauchen*) einen Zug machen **3.** sich bewegen, fahren; **the car is ~ing to the left** das Auto zieht nach links; ~ **for s.o.** (*Am*) jdn unterstützen; **the train ~ed into the station** der Zug fuhr in den Bahnhof ein **III.** *s* **1.** Zug, Ruck *m* **2.** (Zug)Kraft, Stärke, Gewalt *f* **3.** (*Trinken, Rauchen*) Zug *m* **4.** (*fig*) Anziehungskraft *f* **5.** (*Wasser, Luft*) Sog *m* **6.** (Klingel)Zug *m;* Handgriff *m* **7.** (TYP) (Probe)Abzug *m,* Fahne *f* **8.** Werbe-, Zugkraft *f* **9.** Einfluss *m* (*with* auf), Beziehungen *fpl* **10.** Anstieg *m;* **give a ~** ziehen; rudern; **have the ~** einen Vorteil haben (*of, on, over* vor); **pull about** *vt* hin u. her zerren, reißen, stoßen; **pull ahead of** *vt* überholen; **pull apart** *vt* auseinander ziehen; trennen; auseinander nehmen; (*fig*) kein gutes Haar lassen an; **pull away** *vi* sich losreißen; abfahren, hinter sich lassen; **pull back I.** *vt* zurückreißen, -stoßen **II.** *vi* einen Rückzieher machen; **pull down** *vt* **1.** nieder-, einreißen, demolieren **2.** (*Jalousie*) herunterlassen **3.** (*Person*) mitnehmen **4.** (*Gewinn*) drücken **5.** (*Am: Geld*) verdienen; ~ **menu** Pulldownmenü *nt;* **pull in I.** *vt* **1.** (*Pferd*) zügeln **2.** (*Krallen*) einziehen **3.** (*fig*) anziehen **4.** (*fam*) kassieren **5.** (*fam*) verhaften **II.** *vi* **1.** einfahren, ankommen **2.** (AUTO) anhalten; **pull off** *vt* **1.** wegziehen, -reißen, -zerren **2.** (*Hut*) abnehmen **3.** (*Handel*) abschließen **4.** (*fam*) Glück haben mit **5.** (*sl: Sache*) schmeißen; **pull out I.** *vt* **1.** (her)ausziehen, -reißen **2.** (*Tisch*) ausziehen **3.** (*fig*) zurückziehen **II.** *vi* **1.** (*Zug*) abfahren **2.** (*Mensch*) weggehen; **pull over** *vi* (*fam: Wagen*) heranfahren (*to the side* auf die Seite); **pull round I.** *vt* **1.** (*Kranken*) durchbringen **2.** herumdrehen **II.** *vi* durchkommen, die Krankheit überstehen; **pull through I.** *vt* **1.** (hin) durchziehen **2.** (*Sache*) durchbringen; durchhelfen (*s.o.* jdm) **II.** *vi* **1.** sich durchschlagen **2.** (*Kranker*) durchkommen; **pull together I.** *vi* (*fig*) am gleichen Strang ziehen, (gut) zusammenarbeiten **II.** *vt* (*fig*) zusammenbringen; ~ **o.s. together** sich zusammennehmen, sich zusammenreißen; **pull up I.** *vt* **1.** hochziehen; nach oben ziehen **2.** anhalten, zum Stehen bringen, stoppen **3.** (*fig*) zurechtweisen; korrigieren **4.** (*Pflanze*) herausreißen **5.** verbessern **II.** *vi* **1.** anhalten, stehenbleiben (*at* an, bei, vor) **2.** einholen (*with s.o.* jdn); (SPORT) aufholen **3.** (AUTO) vorfahren; ~ **up short** plötzlich bremsen; (*fig*) plötzlich unterbrechen; ~ **up stakes** (*Am*) alles hinter sich lassen

pul·let ['pʊlɪt] *s* Hühnchen *nt*

pul·ley ['pʊlɪ] *s* **1.** (TECH) Flaschenzug *m* **2.** (MAR) Talje *f* **3.** (MED) Streckapparat *m*

pull-in ['pʊlɪn] *s* (*Br*) Rastplatz *m*

Pull·man® ['pʊlmən] *s* Pullmannwagen *m*

pull-out ['pʊlaʊt] *s* **1.** (Zeitschriften)Beilage *f* **2.** Abzug *m*

pull·over ['pʊləʊvə(r)] *s* Pullover *m*

pull-up ['pʊlʌp] *s* Klimmzug *m*

pul·mon·ary ['pʌlmənərɪ] *adj:* ~ **disease** Lungenkrankheit *f*

pulp [pʌlp] **I.** *s* **1.** breiige Masse, Brei *m* **2.** (BOT) Fruchtfleisch, Mark *nt* **3.** (ANAT) Zahnmark *nt,* Pulpa *f* **4.** (*paper-~*) Papierbrei *m,* Pulpe *f* **5.** (*fam: ~ magazine*) Groschenheft *nt;* **beat s.o. to a ~** jdn windelweich prügeln; **reduce s.o. to a ~** jdn bewegungsunfähig machen **II.** *vt* zu Brei machen

pul·pit ['pʊlpɪt] *s* Kanzel *f;* **in the ~** auf der Kanzel

pul·sar ['pʌlsɑː(r)] *s* Pulsar *m*
pul·sate [pʌl'seɪt] *vi* vibrieren, pulsieren (*with* von); **pul·sa·tion** [pʌl'seɪʃn] *s* Klopfen, Schlagen *nt;* Vibrieren *nt*
pulse *s* **1.** (*a. fig*) Puls *m* **2.** (*von Musik*) Rhythmus *m;* **feel** [*o* **take**] **s.o.'s** ~ jdm den Puls fühlen
pump[1] [pʌmp] **I.** *s* Pumpe *f;* ~ **priming** Initialzündung *f* **II.** *vt* **1.** pumpen **2.** (~ *out*) aus-, leer pumpen; (*fig*) erschöpfen **3.** ausfragen; ~ **up** aufpumpen; hochpumpen, heraufpumpen; ~ **dry** leer pumpen
pump[2] [pʌmp] *s* **1.** leichter Schuh **2.** ~**s** Pumps *mpl;* **a pair of dancing ~s** ein Paar Tanzschuhe
pum·per·nickel ['pʌmpənɪkl] *s* Pumpernickel *m*
pump·ing ['pʌmpɪŋ] *s* **1.** Pumpen *nt* **2.** (*fig*) Kunst *f* des Ausfragens; ~ **plant** [*o* **station**] Wasserwerk *nt,* Pumpstation *f*
pump·kin ['pʌmpkɪn] *s* Kürbis *m*
pump-room ['pʌmprʊm] *s* (*Kurort*) Trinkhalle *f*
pun [pʌn] **I.** *s* Wortspiel *nt* **II.** *vi* ein Wortspiel machen (*on, upon* auf)
punch[1] [pʌntʃ] **I.** *s* Locheisen *nt;* Locher *m;* Lochzange *f;* Prägestempel *m;* Punze *f* **II.** *vt* lochen; stempeln; stanzen; prägen
punch[2] [pʌntʃ] **I.** *vt* mit der Faust stoßen, schlagen, knuffen **II.** *s* **1.** Faustschlag, Stoß, Knuff, Puff *m* **2.** (*fig*) Durchschlagskraft *f* **3.** (*fam*) Schmiss, Schwung *m,* Energie, Tatkraft *f;* **pull one's ~es** (*fig*) sich zurückhalten
punch[3] [pʌntʃ] *s* Punsch *m*
Punch [pʌntʃ] *s* Hanswurst, dummer August *m;* Kasperle *nt;* **pleased as** ~ hocherfreut
Punch-and-Judy show [ˌpʌntʃənd 'dʒuːdɪʃəʊ] *s* Kasperle-, Puppentheater *nt*
punch bag ['pʌntʃbæg] *s* Sandsack *m*
punch·bowl ['pʌntʃbəʊl] *s* Punschbowle *f* (*Gefäß*)
punch-card ['pʌntʃkɑːd] *s* Lochkarte *f;* Stempelkarte *f;* **punch-clock** *s* Stechuhr *f*
punch-drunk ['pʌntʃdrʌŋk] *adj* (*Boxen*) angeschlagen, (wie) benommen (*von Schlägen*); (*fig*) durcheinander; **punch·ing bag** ['pʌntʃɪŋbæg] *s* (*Am: Boxen*) Punchingball, Sandsack *m;* **punch-line** *s* Pointe *f;* **punch-tape** *s* Lochstreifen *m;* **punch-up** ['pʌntʃʌp] *s* (*fam*) Schlägerei *f;* **punc·tili·ous** [pʌŋk'tɪlɪəs] *adj* peinlich genau; pedantisch
punc·tual ['pʌŋktʃʊəl] *adj* pünktlich (*in* bei); **punc·tual·ity** [ˌpʌŋktʃʊ'ælətɪ] *s* Pünktlichkeit *f*
punc·tu·ate ['pʌŋktʃʊeɪt] *vt* **1.** mit Satzzeichen versehen **2.** (*fig*) zeitweise unterbrechen **3.** (*fig*) betonen; **punc·tu·ation** [ˌpʌŋktʃʊ'eɪʃn] *s* **1.** Interpunktion, Zeichensetzung *f* **2.** Satzzeichen *ntpl;* ~ **mark** Satzzeichen *nt*
punc·ture ['pʌŋktʃə(r)] **I.** *s* **1.** (Ein)Stich *m* **2.** Loch *nt* **3.** (AUTO) (Reifen)Panne *f* **II.** *vt* **1.** auf-, durchstechen **2.** perforieren, durchlöchern **3.** (*fig*) zum Platzen bringen; (*Hoffnungen*) vernichten
pun·dit ['pʌndɪt] *s* Pandit *m;* (*fig*) Experte *m,* Expertin *f*
pun·gent ['pʌndʒənt] *adj* **1.** (*Geruch*) scharf, beißend **2.** stechend, schmerzhaft **3.** (*Sorgen*) quälend
pun·ish ['pʌnɪʃ] *vt* (be)strafen (*for* für, *with* mit); **pun·ish·able** [-əbl] *adj* strafbar; **make** ~ unter Strafe stellen; ~ **act** strafbare Handlung; **pun·ish·ing** [-ɪŋ] **I.** *adj* **1.** mühsam **2.** (SPORT) hart schlagend **II.** *s* Schaden *m;* (SPORT) schwere Niederlage; **give a team a** ~ einer Mannschaft eine schwere Niederlage zufügen; **take a** ~ schwer mitgenommen werden; (SPORT) eine Niederlage erleben; **pun·ish·ment** [-mənt] *s* **1.** Bestrafung, Strafe *f* **2.** (*fam*) schlechte Behandlung; **as a** ~ zur Strafe; **impose** [*o* **inflict**] **a** ~ (**up**)**on s.o.** gegen jdn eine Strafe verhängen; **take a lot of** ~ viel aushalten; stark beschädigt werden; **capital** ~ Todesstrafe *f;* **corporal** ~ körperliche Züchtigung; **disciplinary** ~ Disziplinarstrafe *f;* **exemption from** ~ Straffreiheit *f;* **maximum** ~ Höchststrafe *f*
pu·ni·tive ['pjuːnɪtɪv] *adj* strafend; ~ **damages** Strafe *f* einschließlich Schadenersatz; ~ **measures** Strafmaßnahmen *fpl;* ~ **power** Strafgewalt *f*
punk [pʌŋk] **I.** *s* **1.** Punker(in) *m(f),* Punkrocker(in) *m(f);* (*Musik*) Punk(rock) *m* **2.** (*fam*) Quatsch *m* **II.** *adj* (MUS) Punk-
pun·net ['pʌnɪt] *s* (Früchte)Körbchen *nt*
pun·ster ['pʌnstə(r)] *s* Witzbold *m*
punt[1] [pʌnt] **I.** *s* (*Fußball*) Fallstoß *m* **II.** *vt* einen Fallstoß geben (*the ball* dem Ball), im Flug zurückschlagen **III.** *vi* einen Fallstoß machen
punt[2] [pʌnt] **I.** *s* Flachboot *nt,* Stechkahn *m* **II.** *vt* (*Boot*) staken **III.** *vi* stochern; Stechkahn fahren
punt[3] [pʌnt] **I.** *vi* (*auf ein Pferd*) wetten **II.** *s* Wette *f;* **punter** ['pʌntə(r)] *s* **1.** Wetter *m;* Spieler *m* **2.** (*sl*) Typ *m;* (*von Prostituierter*) Freier *m;* **average** ~ Otto Normalverbraucher
puny ['pjuːnɪ] *adj* klein, schwach, kümmerlich
pup [pʌp] **I.** *s* junger Hund/Otter/Seehund; **in** ~ trächtig; **sell s.o. a** ~ (*fam*) jdm etw andrehen **II.** *vi* (*Hündin*) (Junge)

P

werfen

pupa ['pju:pə, *pl* 'pju:pi:] <*pl* pupae> *s* (*Insektenlarve*) Puppe *f;* **pu·pate** ['pju:peɪt] *vi* sich verpuppen

pu·pil[1] ['pju:pl] *s* Schüler(in) *m(f)*

pu·pil[2] ['pju:pl] *s* (ANAT) Pupille *f*

pup·pet ['pʌpɪt] *s* Puppe *f;* Handpuppe *f;* (*a. fig*) Marionette *f;* **pup·pet·eer** [pʌpɪ'tɪə(r)] *s* Puppenspieler(in) *m(f);* **puppet government** *s* Marionettenregierung *f;* **puppet player** *s* Puppenspieler(in) *m(f);* **puppet-show** *s* Puppenspiel *nt*

puppy ['pʌpɪ] *s* junger Hund; ~ **fat** Babyspeck *m;* ~ **love** Jugendliebe *f;* **pup·py·ish** ['pʌpɪˌɪʃ] *adj* niedlich, jung aussehend

pur·chas·able ['pɜ:tʃəsəbl] *adj* käuflich; **pur·chase** ['pɜ:tʃəs] **I.** *vt* **1.** (an-, auf-, ein)kaufen; (käuflich) erwerben **2.** (*fig*) erkaufen **II.** *s* **1.** Kauf *m;* Anschaffung *f* **2.** Halt *m;* **by** (**way of**) ~ durch Kauf, käuflich; **conclude a ~, effect a ~, make a** ~ einen Kauf tätigen; ~ **book** Wareneingangsbuch *nt;* ~ **edger** Einkaufsbuch *nt;* ~ **money** Kaufgeld *nt;* ~ **order** Bestellung *f;* ~ **order number** Auftragsnummer *f;* ~ **price** Kaufpreis *m;* ~ **tax** Verbrauchssteuer *f;* **pur·chaser** ['pɜ:tʃəsə(r)] *s* **1.** (Ein)Käufer(in) *m(f),* Abnehmer(in) *m(f)* **2.** (*Auktion*) Ersteigerer *m;* **pur·chas·ing** [-ɪŋ] *s* **1.** Kauf, Erwerb *m,* Anschaffung *f* **2.** Beschaffung *f;* **purchasing agent** *s* Leiter(in) *m(f)* der Einkaufsabteilung, Einkäufer(in) *m(f);* **purchasing department** *s* Einkaufsabteilung *f;* **purchasing manager** *s* Einkaufsleiter(in) *m(f);* **purchasing order** *s* Kaufauftrag *m;* Bestellschein *m;* **purchasing power** *s* Kaufkraft *f;* **purchasing value** *s* Anschaffungswert *m*

pure [pjʊə(r)] *adj* **1.** rein; (*Motiv*) ehrlich **2.** (*fig: Unsinn, Wahnsinn*) hell, reinste(r, s); **pure blood** *s* Vollblut *nt;* **pure·bred** ['pjʊəbred] **I.** *adj* reinrassig, rasserein **II.** *s* reinrassiges Tier

purée ['pjʊəreɪ] **I.** *s* Püree *nt;* **tomato** ~ Tomatenmark *nt* **II.** *vt* pürieren

pure·ly ['pjʊəlɪ] *adv* rein; ausschließlich

pur·ga·tion [pɜ:'geɪʃn] *s* **1.** (*fig*) Reinigung *f* **2.** (MED) Abführen *nt;* **pur·ga·tive** ['pɜ:gətɪv] **I.** *adj* (MED) abführend **II.** *s* Abführmittel *nt;* **pur·ga·tory** ['pɜ:gətrɪ] *s* Fegefeuer *nt;* **purge** ['pɜ:dʒ] **I.** *vt* **1.** reinigen, säubern **2.** (*fig*) befreien, frei machen (*of, from* von) **3.** (POL) säubern **4.** (*Verbrechen*) sühnen **5.** (*Körper*) entschlacken **II.** *s* **1.** (POL) Säuberung(saktion) *f* **2.** (MED) Abführmittel *nt*

pu·ri·fi·ca·tion [ˌpjʊərɪfɪ'keɪʃn] *s* Reinigung *f* (*from* von); **pu·rify** ['pjʊərɪfaɪ] *vt* reinigen (*of, from* von)

pur·ism ['pjʊərɪzəm] *s* Purismus *m;* **pu·rist** ['pjʊərɪst] *s* Purist(in) *m(f)*

Puri·tan ['pjʊərɪtən] **I.** *s* Puritaner(in) *m(f)* **II.** *adj* puritanisch; **puri·tani·cal** [ˌpjʊərɪ'tænɪkl] *adj* (*fig*) puritanisch, sittenstreng; **Puri·tan·ism** ['pjʊərɪtənɪzəm] *s* Puritanismus *m*

pu·rity ['pjʊərətɪ] *s* Reinheit *f;* ~ **of motives** ehrliche, lautere Motive

purl [pɜ:l] **I.** *vt, vi* links stricken **II.** *s* linke Masche; ~ **two** zwei links

pur·loin [pɜ:'lɔɪn] *vt* stehlen, entwenden

purple ['pɜ:pl] **I.** *adj* violett, lila; (*Gesicht*) hochrot; (*pej: Prosa*) hochgestochen; ~ **heart** (*Br*) Amphetamintablette *f;* **Purple Heart** (*Am*) Verwundetenabzeichen *nt* **II.** *s* Violett, Lila *nt;* **the** ~ der Adel; der Kardinalstand

pur·port ['pɜ:pət] **I.** *s* **1.** Bedeutung *f,* Sinn, Inhalt *m* **2.** Zweck *m,* Absicht *f* **II.** [pɜ:'pɔ:t] *vt* den Eindruck machen, den Anschein erwecken; vorgeben

pur·pose ['pɜ:pəs] *s* **1.** Absicht *f,* Ziel *nt;* Zweck *m* **2.** Entschlossenheit *f;* **for that** ~ zu diesem Zweck; deswegen, deshalb; **for the** ~ **of** zum Zweck *+gen;* (JUR) im Sinne *+gen;* **for what ~?** weshalb?; **on** ~ absichtlich, mit Absicht; (JUR) vorsätzlich; **for advertising ~s** zu Werbezwecken; **to** ~ nach Wunsch; **to all intents and ~s** in jeder Hinsicht [*o* Beziehung]; **to good** ~ mit guter Wirkung, wirkungsvoll; **to little** ~ mit geringer Wirkung; mit wenig Erfolg; **to no** ~ ohne Erfolg, wirkungslos; vergeblich; **to some** ~ mit einigem Erfolg; zweckentsprechend; **to the** ~ im beabsichtigten Sinne; zweckdienlich; zur Sache; **answer** [*o* **serve**] **the** ~ dem Zweck entsprechen; **serve no** ~ zwecklos sein; **turn to good** ~ gut ausnützen; **business** ~ Geschäftszweck *m;* **pur·pose-built** ['pɜ:pəsˌbɪlt] *adj* speziell angefertigt, speziell gebaut; **pur·pose·ful** ['pɜ:pəsfl] *adj* entschlossen; **pur·pose·less** ['pɜ:pəslɪs] *adj* ziel-, zweck-, planlos; **pur·pose·ly** [-lɪ] *adv* absichtlich, (wohl)überlegt

purr [pɜ:(r)] **I.** *vi* **1.** (*Katze*) schnurren **2.** (TECH) surren **II.** *s* **1.** Schnurren *nt* **2.** Surren *nt*

purse [pɜ:s] **I.** *s* **1.** (*Br*) Geldbeutel *m,* Börse *f* **2.** Geldmittel *ntpl,* Finanzen *fpl* **3.** Betrag *m,* Summe *f* **4.** (*Am*) Handtasche *f;* **hold the ~ strings** die Finanzen in der Hand haben; **tighten the ~ strings** (*fam*) den Geldhahn zudrehen **II.** *vt* **1.** (~ *up*) in Falten legen **2.** (*Lippen*) schürzen; ~ **up one's mouth** den Mund verziehen; **pur·ser** ['pɜ:sə(r)] *s* (MAR) Zahlmeister *m*

pur·su·ance [pə'sju:əns] *s:* **in** ~ **of** gemäß

+*dat,* auf Grund +*gen;* **pur·su·ant** [pə'sjuːənt] *adj:* ~ **to** zufolge, entsprechend, gemäß +*dat,* in Übereinstimmung mit; **pur·sue** [pə'sjuː] *vt* **1.** verfolgen, jagen **2.** (*Weg*) einschlagen **3.** (*Plan*) verfolgen **4.** (*Tätigkeit, Beruf*) ausüben, nachgehen **5.** betreiben (*one's studies* ein Studium) **6.** fortsetzen, -führen; ~ **the subject** beim Thema bleiben; **pur·suer** [pə'sjuːə(r)] *s* Verfolger(in) *m(f);* **pur·suit** [pə'sjuːt] *s* **1.** Verfolgung, Jagd *f* (*of* auf) **2.** Streben *nt* (*of* nach) **3.** ~**s** Beschäftigung, Tätigkeit, Arbeit *f,* Geschäfte *ntpl,* Studien *fpl;* **in** ~ **of** auf der Jagd nach

puru·lent ['pjʊərələnt] *adj* eit(e)rig

pur·vey [pə'veɪ] *vt* verkaufen; ~ **s.th. to s.o.** jdm etw liefern; **pur·vey·ance** [-əns] *s* Lieferung *f;* Verkauf *m;* **pur·veyor** [pə'veɪə(r)] *s* Händler(in) *m(f),* Lieferant(in) *m(f)*

pus [pʌs] *s* Eiter *m*

push [pʊʃ] **I.** *vt* **1.** stoßen; drücken (auf); schieben **2.** drängen, (an)treiben **3.** eifrig, energisch betreiben **4.** sich verwenden für; sich einsetzen für **5.** intensiv werben für; propagieren; **be ~ed for time/money** in (Zeit)Schwierigkeiten/in (Geld)Verlegenheit sein; ~ **for s.th.** auf etw drängen; **don't ~ your luck!** treib's nicht zu weit!; **he's ~ing forty** er geht auf die vierzig zu; ~ **one's advantage** seinen Vorteil wahrnehmen; **they ~ed themselves to their limit** sie taten ihr Äußerstes **II.** *vi* **1.** drücken; schieben; stoßen (*at* an) **2.** sich (sehr) anstrengen; kämpfen **3.** sich vorwärtsschieben, sich vordrängen; **stop ~ing!** hören Sie auf zu drängeln! **III.** *s* **1.** Stoß, Druck, Schub *m* **2.** (*a.* MIL) Vorstoß *m* (*for* auf), Schubs *m* **3.** (TECH) Drücker *m* **4.** (*Werbung*) Aktion *f* **5.** Tatkraft *f;* Anstrengung *f* **6.** (*fam*) Unternehmungsgeist *m,* Angriffslust *f* **7.** Protektion *f;* **at a** ~ im Notfall; **at one** ~ mit einem Ruck; auf einmal; **get the** ~ (*sl*) entlassen werden; den Laufpass bekommen; **give s.o. the** ~ jdn auf die Straße setzen; jdm den Laufpass geben; **when it comes to the** ~ im entscheidenden Augenblick; **push along** *vi* **1.** weiter-, vorwärtskommen **2.** (*fam*) (nach Hause) gehen; **push around** *vt* herumkommandieren; schlecht behandeln; **push away** *vt* wegstoßen, -schieben; **push back** *vt* zurückstoßen, -schlagen, -drängen; **push down** *vt* hinab-, hinunter-, niederstoßen; herunterdrücken; **push forward** *vt* weiterschieben; vorantreiben, beschleunigen; ~ **o.s. forward** sich vordrängen; sich emporarbeiten; **push in I.** *vt* hineinstoßen, -drücken, -schieben; unterbrechen **II.** *vi* sich hineindrängeln; **push off I.** *vt* **1.** hinunterschieben, -stoßen **2.** (*Deckel*) wegdrücken **3.** (*Boot*) abstoßen **II.** *vi* (*fam*) abhauen; ~ **off!** hau ab!; **push on I.** *vt* **1.** darauf drücken **2.** (*fig*) antreiben; anstacheln **II.** *vi* weitergehen; weiterfahren; weitermachen; **push out** *vt* **1.** hinausschieben, -stoßen **2.** (*fig*) verdrängen **3.** (BOT) treiben; **let's ~ out the boat and order champagne!** lass uns richtig zuschlagen und Champagner bestellen!; **push over** *vt* umstoßen; **push through** *vt* **1.** durchschieben, -stoßen **2.** durchsetzen **3.** (*Gesetz*) durchbringen **4.** (*fig*) zu einem guten Ende bringen; **push up** *vt* **1.** hinaufschieben **2.** drücken (*against* gegen) **3.** (*Preise*) hochtreiben, hinaufschrauben

push·bar ['pʊʃbɑː(r)] *s* Riegel *m;* **push-bike** *s* (*Br*) Fahrrad *nt;* **push-button** *s* **1.** (ELEK) Drücker, Knopf *m* **2.** (Druck)Taste *f;* **push-button switch** *s* Druckknopfschalter *m;* **push-button telephone** *s* Tastentelefon *nt;* **push·cart** *s* Schubkarren *m;* **push·chair** ['pʊʃtʃeə(r)] *s* (Kinder)Sportwagen *m;* **pusher** ['pʊʃə(r)] *s* **1.** (*fig*) Streber(in) *m(f)* **2.** (*sl*) Drogenhändler(in) *m(f);* **push·ing** ['pʊʃɪŋ] *adj* unternehmend; **be** ~ **forty** (*fam*) um die vierzig sein; **push·over** ['pʊʃəʊvə(r)] *s* (*fam*) Kinderspiel *nt,* Kleinigkeit *f;* **be a** ~ hereinfallen (*for s.o.* auf jdn); **push·pin** ['pʊʃpɪn] *s* (*Am*) Reißzwecke *f;* **push-start** *s* (AUTO) Start *m* durch Anschieben; **push-up** ['pʊʃʌp] *s* (SPORT) Liegestütz *m;* **pushy** ['pʊʃɪ] *adj* (*pej*) aufdringlich, penetrant

puss [pʊs] *s* (Mieze)Katze *f;* **Puss in Boots** der Gestiefelte Kater; **pussy** ['pʊsɪ] (~*-cat*) Mieze(katze) *f;* **pussy·foot** ['pʊsɪfʊt] *vi* (*fam*) **1.** sich (herum)drücken **2.** (POL) keine klare Stellung beziehen; **pussy willow** *s* Salweide *f*

pus·tule ['pʌstjuːl] *s* Pustel *f,* Eiterbläschen *nt,* -pickel *m*

put [pʊt] <*irr:* put, put> **I.** *vt* **1.** setzen, stellen, legen **2.** stecken (*into* in, *at* an) **3.** anbringen (*to* an) **4.** (*fig*) (in eine Lage) bringen, versetzen **5.** einfügen, hineinlegen (*into* in) **6.** tun, geben **7.** ausdrücken, sagen; kleiden (*into words* in Worte) **8.** übersetzen (*into French* ins Französische) **9.** (*Frage*) stellen; vorlegen, unterbreiten **10.** (*Steuer*) legen (*on* auf), auferlegen (*on s.o.* jdm), festsetzen (*on* für) **11.** ansetzen, berechnen (*at* mit, zu) **12.** zur Last legen (*on s.o.* jdm) **13.** tun, hinzufügen (*to* zu) **14.** (*Unterschrift*) setzen (*to* unter, *on* auf) **15.** niederschreiben; (*Komma*) machen **16.** bestimmen (*to* für)

17. schätzen (*at* auf); ~ **out of action** außer Betrieb setzen; ~ **on airs** sich aufs hohe Ross setzen; ~ **to bed** zu Bett bringen; ~ **the blame on s.o.** jdm die Schuld zuschieben; ~ **money into a business** Geld in ein Geschäft stecken; ~ **in two cents** (*Am fam*) seinen Senf dazu beisteuern; ~ **the date on s.th.** etw datieren; ~ **to death** umbringen; hinrichten; ~ **an end to s.th.** einer S ein Ende machen; ~ **an end to o.s.** [*o* **one's life**] sich das Leben nehmen; ~ **s.o. to expense** jdm Unkosten verursachen; ~ **to flight** in die Flucht schlagen; ~ **one's foot down** (*fig*) energisch auftreten; ~ **s.th. in(to) s.o's hands** jdm etw überlassen; ~ **s.th. out of one's head** sich etw aus dem Kopf schlagen; ~ **it differently** es anders formulieren; ~ **it to s.o.** jdm vorschlagen; ~ **s.o. to it** jdm schwer zusetzen; ~ **s.th. on a list** etw auf eine Liste setzen; ~ **on the market** auf den Markt bringen; ~ **s.o. in mind of** jdn erinnern an; ~ **in motion** in Bewegung setzen; ~ **in order** in Ordnung bringen; ~ **into practice** in die Praxis umsetzen; ~ **pressure on s.o.** auf jdn Druck ausüben; ~ **the question** die Frage stellen; ~ **in writing** schriftlich machen; ~ **right** verbessern; in Ordnung bringen; ~ **a stop to** Schluss, ein Ende machen mit; ~ **to trial** vor Gericht bringen; ~ **to a good use** gut verwenden; ~ **to the vote** zur Abstimmung stellen; ~ **the weight** [*o* **shot**] (SPORT) die Kugel stoßen; ~ **wise** enttäuschen; aufklären; informieren; **she** ~ **her head round the door** sie streckte den Kopf zur Tür herein; ~ **time into s.th.** Zeit in etw stecken; ~ **s.o. in a bad mood** jdm schlechte Laune verursachen; **to** ~ **it mildly** gelinde gesagt; **I wouldn't** ~ **it past him** ich traue es ihm zu **II.** *vi:* ~ **to sea** in See stechen **III.** *adj:* **stay** ~ sich nicht von der Stelle rühren; **be** (**hard**) ~ **to it** in einer schwierigen Lage sein; **feel** ~ **upon** [*o* **out**] sich ausgenutzt fühlen; **put about** *vt* (*Nachricht*) verbreiten; ~ **a ship about,** ~ **about** den Kurs ändern; **put across** *vt* verständlich machen (*to s.o.* jdm); (*Ware*) an den Mann bringen; ~ **it** [*o* **one**] **across s.o.** jdm einen Streich spielen, jdn anführen; **put aside** *vt* **1.** zurücklegen, aufheben **2.** (*Geld*) auf die Seite legen; **put away** *vt* **1.** weglegen, an seinen Platz legen **2.** zurücklegen, sparen **3.** (*Auto*) einstellen **4.** (*fam*) einsperren **5.** (*fam: Essen*) verdrücken **6.** (*Tier*) einschläfern; **put back I.** *vt* **1.** (*an seinen Platz*) zurücklegen **2.** (*Uhr*) zurückstellen **3.** verzögern, verschieben **II.** *vi* (*Schiff*) zurückkehren; **put by** *vt* (*Geld*) zurücklegen; beiseite legen; **put down** *vt* **1.** niedersetzen, -stellen, -legen **2.** (*Antenne*) einschieben **3.** (*Lider*) zumachen **4.** (*Aufstand*) niederschlagen; unterdrücken **5.** zum Schweigen bringen **6.** tadeln; demütigen **7.** (*Ungeziefer*) vernichten; (*Haustier*) einschläfern **8.** (*in writing*) aufschreiben, eintragen **9.** vormerken (*s.o. for s.th.* jdn für etw) **10.** in Rechnung stellen (*to s.o., to s.o.'s account* jdm) **11.** zuschreiben (*s.th. to s.o.* jdm etw) **12.** halten (*as, for* für), ansehen, betrachten (*as, for* als) **13.** (*Lager, Vorrat*) anlegen **14.** (*Fahrgäste*) absetzen **15.** (*Geld*) anzahlen; **put forward I.** *vt* **1.** vorschlagen; unterbreiten, vorlegen **2.** (*Bitte*) vorbringen **3.** (*Uhr*) vorstellen **II.** *vr:* ~ **o.s. forward** sich bemerkbar machen; **put in I.** *vt* **1.** hineinbringen, einführen **2.** installieren **3.** (*Glasscheibe*) einsetzen **4.** (*Antrag*) vorlegen, unterbreiten, einreichen **5.** (*Zeit*) verwenden **6.** (*Extrastunde*) einlegen **7.** (*Bemerkung*) einwerfen **8.** (*Anzeige in die Zeitung; Geld*) setzen **9.** (*fam: Zeit*) verbringen **10.** (*Schlag*) anbringen, versetzen **II.** *vi* **1.** (MAR) anlaufen (*at* acc) **2.** sich bewerben (*for* um); ~ **in an appearance** in Erscheinung treten; ~ **in at** kurz anhalten in, bei; ~ **in a word** ein (gutes) Wort einlegen (*for* für); ~ **in a claim** Anspruch erheben; ~ **in for a job** sich um eine Stelle bewerben; **put into** *vt* **1.** (*Anstrengung*) hineinstecken **2.** (*Geld*) stecken (*into a business* in ein Geschäft) **3.** übersetzen; ~ **one's heart into s.th.** mit aller Kraft an etw arbeiten; ~ **words into s.o.'s mouth** jdm eine Äußerung in den Mund legen; ~ **money into a bank** Geld auf eine Bank legen; **put off I.** *vt* **1.** (*Licht*) abschalten **2.** auf-, hinaus-, verschieben; zurückstellen **3.** (*jdn*) vertrösten (*with fine words* mit schönen Worten) **4.** (*jdn*) abhalten, -bringen, davon zurückhalten **5.** ablegen, beiseite lassen **6.** (*Kleidungsstück*) ausziehen **II.** *vi* (MAR) auslaufen, abfahren; ~ **s.o. off** jdm den Appetit verderben; jdn abschrecken; jdm die Lust verderben; **put on** *vt* **1.** (*Licht*) anmachen **2.** (*Kleidung*) anziehen; (*Hut*) aufsetzen **3.** (*Summe*) aufschlagen (*to the price* auf den Preis) **4.** (*Zug*) zusätzlich fahren lassen **5.** (THEAT) heraus-, auf die Bühne bringen **6.** (*Darbietung*) bringen **7.** heucheln, vorgeben **8.** (*an Geschwindigkeit*) zunehmen; ~ **on weight** zunehmen; **put out I.** *vt* **1.** (*Hand*) ausstrecken **2.** (*Schulter*) ausrenken **3.** (*Licht, Feuer*) ausmachen, löschen **4.** (*Hilferuf*) aussenden **5.** herstellen, produzieren **6.** (*Geld*) verleihen **7.** verärgern, verstimmen; in Verlegenheit, in Verwirrung bringen **8.** (*Arbeit*) vergeben, außer Haus geben **II.** *vi* (MAR) auslaufen, in See stechen **III.** *vr:* ~ **o.s. out** sich Umstände machen; **put over** *vt s.* **put across, put through** *vt* **1.** (glücklich) durchführen, vollenden **2.** durchmachen lassen **3.** durchgeben, mitteilen **4.** (TELE) verbinden (*with* mit); **put together** *vt* **1.** zusammensetzen; zusammenlegen **2.** aufbauen, montieren; **better than all the others ~ together** besser als alle anderen zusammen; **put up I.** *vt* **1.** hochheben, -halten **2.** (*Flagge*) hissen **3.** (*Vorhang*) hochziehen **4.** errichten, (auf)bauen **5.** aufstellen, montieren, einrichten, installieren **6.** (*Preis*) erhöhen **7.** (*Waren*) anbieten (*for sale* zum Verkauf) **8.** (*Geld*) aufbringen **9.** (*Person*) unterbringen, beherbergen **10.** (*als Kandidaten*) vorschlagen; aufstellen **11.** (THEAT) zur Aufführung, auf die Bühne bringen **12.** vortäuschen **II.** *vi* **1.** einkehren, absteigen (*at* in), wohnen (*with* bei) **2.** sich bewerben (*for* um) **3.** sich abfinden (*with s.th.* mit einer S); ~ **s.o. up to s.th.** jdn zu etw anstiften; ~ **upon s.o.** jdn ausnützen

pu·ta·tive ['pju:tətɪv] *adj* mutmaßlich

put-off ['pʊtɒf] *s* Ausrede, -flucht *f,* Vorwand *m;* **put-on** ['pʊtɒn] **I.** *adj* angeblich, vorgetäuscht **II.** *s* **1.** Kniff *m,* Täuschungsmanöver *nt* **2.** (*Am*) Spaß *m;* **put option** *s* (COM) Verkaufsoption *f*

pu·tre·fac·tion [ˌpju:trɪ'fækʃn] *s* Verwesung *f;* **pu·trefy** ['pju:trɪfaɪ] *vi* verwesen; **pu·trid** ['pju:trɪd] *adj* **1.** faul(ig); verwest **2.** (*fig: sittlich*) verdorben, verkommen **3.** (*fam*) scheußlich, miserabel

putsch [pʊtʃ] *s* Putsch *m*

putt [pʌt] **I.** *vt, vi* (*Golfball*) putten **II.** *s* Putt *m*

put·tee ['pʌtɪ] *s* (Reit-, Leder-, Wickel)Gamasche *f*

put·ter[1] ['pʌtə(r)] *s* **1.** (*Golf*) Putter *m* **2.** Kugelstoßer(in) *m(f)*

put·ter[2] ['pʌtə(r)] *vi* (*Am*) **1.** (~ *around*) geschäftig tun **2.** (herum)trödeln (*over* mit)

put·ting ['pʊtɪŋ] *s* **1.** (*Golf*) Putten *nt* **2.** Stoß, Wurf *m;* ~ **the weight** [*o* **shot**] Kugelstoßen *nt*

putty ['pʌtɪ] **I.** *s* Kitt *m;* **be ~ in s.o.'s hands** (*fig*) Wachs in jds Händen sein **II.** *vt* (~ *up*) (ver)kitten; **putty knife** <*pl* **-knives**> *s* Spa(ch)tel *m*

put-up ['pʊtʌp] *adj* (*fam*) abgemacht, abgekartet; ~ **job** abgekartete Sache; **put-upon** ['pʊtəpɒn] *adj:* **feel** ~ sich ausgenützt fühlen

puzzle ['pʌzl] **I.** *vt* **1.** verblüffen **2.** (~ *out*) austüfteln; **be ~d about** nicht verstehen **II.** *vi* sich den Kopf zerbrechen (*about, over* über), knobeln (*over* an) **III.** *s* Rätsel *nt;* Geduldspiel *nt;* Puzzle *nt;* **puzzled** ['pʌzld] *adj* verdutzt, verblüfft; **be** ~ vor einem Rätsel stehen; **puzz·ler** ['pʌzlə(r)] *s* schwieriges Problem; **puzz·ling** ['pʌzlɪŋ] *adj* rätselhaft, verwirrend

PVC [ˌpi:vi:'si:] *s Abk. von* **polyvinyl chloride** PVC, Polyvinylchlorid *nt*

pygmy ['pɪgmɪ] *s* Pygmäe *m;* (*a. fig*) Zwerg *m*

py·ja·mas [pə'dʒɑ:məz] *s pl* Schlafanzug, Pyjama *m*

py·lon ['paɪlɒn] *s* **1.** (Licht-, Leitungs)Mast *m* **2.** (AVIAT) Turm *m*

py·or·rh(o)ea [ˌpaɪə'rɪə] *s* **1.** Eiterfluss *m* **2.** Parodontose *f*

pyra·mid ['pɪrəmɪd] *s* Pyramide *f;* **pyramid selling** *s* Vertrieb *m* nach dem Schneeballsystem

pyre ['paɪə(r)] *s* Scheiterhaufen *m*

Pyr·enees [pɪrə'ni:z] *s pl* Pyrenäen *pl*

Pyrex® ['paɪreks] *s* Jenaer Glas® *nt*

py·rites [ˌpaɪə'raɪti:z] *s* (MIN) Pyrit, Schwefel-, Eisenkies *m*

pyro·mania [ˌpaɪrəʊ'meɪnɪə] *s* Pyromanie *f;* **py·ro·tech·nic** [ˌpaɪrəʊ'teknɪk] **I.** *adj* pyrotechnisch **II.** *s pl mit sing* **1.** Feuerwerkerei *f* **2.** (~ *display*) Feuerwerk *nt*

py·thon ['paɪθn] *s* Pythonschlange *f*

Q

Q, q [kjuː] <*pl* -'s> *s* Q, q *nt*
Qa·tar [kəˈtɑː(r)] *s* Katar *nt;* **Qa·tari** [kəˈtɑːrɪ] **I.** *adj* katarisch **II.** *s* Katarer(in) *m(f)*
QC [ˌkjuːˈsiː] *s Abk. von* **Queen's Counsel** Anwalt *m,* Anwältin *f* der Krone
qua [kwɑː] *adv* (JUR) als
quack[1] [kwæk] **I.** *vi* (*Ente*) schnattern, quaken **II.** *s* Gequake *nt*
quack[2] [kwæk] *s* Quacksalber, Kurpfuscher *m*
quad [kwɒd] *s* **1.** *s.* **quadrangle** Hof *m* **2.** *s.* **quadruplet** Vierling *m* **3.** *s.* **quadrat** Quadrat *nt*
quad·rangle [ˈkwɒdræŋgl] *s* **1.** (MATH) Viereck *nt* **2.** (ARCH) viereckiger Innenhof; **quad·ran·gu·lar** [kwɒˈdræŋgjʊlə(r)] *adj* viereckig
quad·rant [ˈkwɒdrənt] *s* Quadrant *m*
quad·ra·phonic [ˌkwɒdrəˈfɒnɪk] **I.** *adj* quadrophon **II.** *s pl mit sing* Quadrophonie *f*
quad·ratic [kwɒˈdrætɪk] *adj* (MATH) quadratisch
quad·ri·lat·eral [ˌkwɒdrɪˈlætərəl] **I.** *adj* (MATH) vierseitig **II.** *s* Viereck *nt*
quad·ri·par·tite [ˈkwɒdrɪˈpɑːtaɪt] *adj* (POL) Vierer-; ~ **agreement** (HIST) Viermächteabkommen *nt*
quad·ru·ped [ˈkwɒdrʊped] *s* (ZOO) Vierfüß(l)er *m*
quad·ru·ple [ˈkwɒdruːpl] **I.** *adj* vierfach **II.** *s* (das) Vierfache **III.** [kwɒˈdruːpl] *vi, vt* (sich) vervierfachen
quad·ru·plet [ˈkwɒdruːplət] *s* Vierling *m*
quaff [kwɒf] **I.** *vt* (*obs*) trinken, schlürfen **II.** *vi* (*obs*) zechen
quag·mire [ˈkwægmaɪə(r)] *s* Sumpf, Morast *m*
quail[1] [kweɪl] *vi* (vor Angst) zittern (*before* vor)
quail[2] [kweɪl] *s* (*Vogel*) Wachtel *f*
quaint [kweɪnt] *adj* **1.** (*Dorf*) malerisch, idyllisch; reizend **2.** (*Idee*) kurios; originell; drollig; **how ~!** wie putzig!; **quaint·ness** [ˈkweɪntnɪs] *s* **1.** idyllischer Anblick **2.** Kuriosität *f;* Originalität *f;* Drolligkeit *f*
quake [kweɪk] **I.** *vi* **1.** (*Erde*) beben, schwanken **2.** zittern (*with* vor) **II.** *s* **1.** Zittern, Beben *nt* **2.** (*earth~*) Erdbeben *nt*
Quaker [ˈkweɪkə(r)] *s* Quäker(in) *m(f)*
quali·fi·ca·tion [ˌkwɒlɪfɪˈkeɪʃn] *s* **1.** Qualifikation *f;* Zeugnis *nt;* Voraussetzung *f* **2.** Abschluss *m* **3.** (SPORT) Qualifikation *f* **4.** Voraussetzung *f* **5.** Einschränkung *f,* Vorbehalt *m;* **without ~** vorbehaltlos; **prior to his ~** vor Abschluss seines Studiums;
quali·fied [ˈkwɒlɪfaɪd] *adj* **1.** ausgebildet; graduiert; qualifiziert; Diplom- **2.** berechtigt **3.** bedingt, nicht uneingeschränkt; **be ~ to do s.th.** qualifiziert sein etw zu tun; **~ to practice** (*Arzt*) zugelassen; **be ~ to vote** wahlberechtigt sein; **in a ~ sense** mit Einschränkungen; **a ~ success** kein voller Erfolg; **quali·fy** [ˈkwɒlɪfaɪ] **I.** *vt* **1.** qualifizieren; berechtigen **2.** (*Kritik*) modifizieren, be-, einschränken **3.** bezeichnen, klassifizieren **4.** (GRAM) näher bestimmen; **~ s.o. to do s.th.** jdn berechtigen etw zu tun **II.** *vi* **1.** seine Ausbildung abschließen; sich qualifizieren **2.** (SPORT) sich qualifizieren **3.** in Frage kommen (*for* für); **~ as a teacher** die Lehrbefähigung erhalten; **quali·fy·ing** [ˈkwɒlɪfaɪɪŋ] *adj* erläuternd; **~ examination** Auswahlprüfung *f;* **~ period** Karenzzeit *f;* **~ share** Pflichtaktie *f*
quali·ta·tive [ˈkwɒlɪtətɪv] *adj* qualitativ; **quali·ty** [ˈkwɒlətɪ] **I.** *s* **1.** Qualität *f;* Güteklasse *f* **2.** (*von Personen*) Charakter *m,* Wesen *nt,* Natur *f* **3.** Art *f* **4.** (*der Stimme*) Klangfarbe *f;* **of the best ~** von bester Qualität; **of bad ~** von schlechter Qualität; **they vary in ~** sie sind qualitativ verschieden; **the ~ of patience** Geduld *f* **II.** *adj attr* Qualitäts-; **~ control** Qualitätskontrolle *f;* **~ label** Qualitätskennzeichen *nt;* **~ time** *Zeit, die benutzt wird, um die Beziehungen innerhalb der eigenen Familie zu intensivieren*
qualm [kwɑːm] *s* Skrupel *m,* Bedenken *nt;* **without the slightest ~** ohne die geringsten Skrupel; **~s of conscience** Gewissensbisse *mpl*
quan·dary [ˈkwɒndərɪ] *s* Dilemma *nt,* Verlegenheit *f;* **I was in a ~ about what to do** ich wusste nicht, was ich tun sollte
quango [ˈkwæŋgəʊ] *s* (*Br*) *Abk. von* **quasi autonomous non-governmental organization** halböffentliches Gremium
quan·ti·fi·able [ˈkwɒntɪfaɪəbl] *adj* quantifizierbar
quan·ti·fi·ca·tion [ˌkwɒntɪfɪˈkeɪʃn] *s*

Quantifizierung *f;* **quan·ti·tat·ive** ['kwɒntɪtətɪv] *adj* quantitativ; **quan·tity** ['kwɒntətɪ] *s* **1.** Quantität, Menge *f;* Anteil *m* **2.** (MATH) Größe *f* **3.** *meist pl* Unmenge *f;* **prefer ~ to quality** Quantität der Qualität vorziehen; **in ~, in large quantities** in großen Mengen; **quantities of books** Unmengen von Büchern; **quantity discount** *s* Mengenrabatt *m;* **quantity surveyor** *s* Baukostenkalkulator *m*

quan·tum ['kwɒntəm, *pl* 'kwɒntə] <*pl* -ta> *s* (PHYS) Quant(um) *nt;* **the ~ of satisfaction** das Ausmaß an Befriedigung; **a ~ leap** ein Quantensprung *m;* **~ mechanics** *mit sing* Quantenmechanik *f;* **~ number** Quantenzahl *f;* **~ theory** Quantentheorie *f*

quar·an·tine ['kwɒrəntiːn] **I.** *s* (MED) Quarantäne *f;* **put s.o. in ~** jdn unter Quarantäne stellen **II.** *vt* unter Quarantäne stellen

quark [kwɑːk] *s* (*Atom*) Quark *nt*

quar·rel ['kwɒrəl] **I.** *s* **1.** Streit *m;* Auseinandersetzung *f* **2.** Einwand *m* (*with* gegen); **they have had a ~** sie haben sich gestritten; **start** [*o* **pick**] **a ~** einen Streit anfangen; **I have no ~ with him** ich habe nichts gegen ihn **II.** *vi* **1.** sich streiten (*with* mit, *about, over* über) **2.** etwas auszusetzen haben (*with* an); **I wouldn't ~ with that** das würde ich nicht bestreiten; **quar·rel·some** ['kwɒrəlsəm] *adj* streitsüchtig

quarry¹ ['kwɒrɪ] **I.** *s* **1.** Steinbruch *m* **2.** (*fig*) Fundgrube *f* **II.** *vt* brechen, hauen **III.** *vi* Steine brechen; **~ for s.th.** (*fig*) nach etw suchen

quarry² ['kwɒrɪ] *s* **1.** Beute *f* **2.** (*fig*) Ziel *nt*

quart [kwɔːt] *s* (*Maßeinheit*) Quart *nt* (*Br 1,14 l, Am 0,95 l*); (**try to**) **put a ~ into a pint pot** Unmögliches versuchen

quar·ter ['kwɔːtə(r)] **I.** *s* **1.** Viertel *nt* **2.** Vierteljahr, Quartal *nt* **3.** (*Uhr*) Viertel *nt* **4.** (*~ dollar*) Vierteldollar *m,* 25-Centstück *nt* **5.** Himmelsrichtung *f* **6.** Seite *f;* Stelle *f* **7. ~s** Quartier *nt,* Unterkunft *f* **8.** Gnade, Schonung *f* **9.** (*Mond*) Viertel *nt;* **divide s.th. into ~s** etw in vier Teile teilen; **a ~ of a mile** eine Viertelmeile; **a ~ of an hour** eine Viertelstunde; **a ~ to seven** (*Br*): **a ~ of seven** (*Am*) Viertel vor sieben; **a ~ past seven** (*Br*): **a ~ after seven** (*Am*) Viertel nach sieben; **paid by the ~** vierteljährlich bezahlt; **the Arab ~** das arabische Viertel; **they came from all ~s** sie kamen aus allen Richtungen; **in these ~s** in dieser Gegend; **in various ~s** an verschiedenen Stellen; **take up one's ~** (MIL) sein Quartier beziehen; **give no ~** keine Schonung gewähren; **ask for ~** um Schonung bitten **II.** *vt* **1.** vierteln; in vier Teile teilen **2.** unterbringen, einquartieren; **quarter day** *s* Quartalstag *m;* **quarter·deck** *s* (MAR) Quarter-, Achterdeck *nt;* **quarter·final** ['kwɔːtə(r)ˌfaɪnəl] *s* (SPORT) Viertelfinale *nt;* **quar·ter·ing** ['kwɔːtərɪŋ] *s* **1.** Vierteln *nt;* Teilung *f* in vier Teile **2.** (MIL) Einquartierung *f;* **quar·ter·ly** ['kwɔːtəlɪ] **I.** *adj, adv* vierteljährlich **II.** *s* Vierteljahresschrift *f;* **quar·ter·mas·ter** ['kwɔːtəˌmɑːstər] *s* **1.** (MIL) Quartiermeister *m* **2.** (MAR) Steuermannsmaat *m;* **quarter tone** *s* (MUS) Viertelnote *f*

quar·tet(**te**) [kwɔː'tet] *s* (MUS) Quartett *nt*

quartz [kwɔːts] *s* (MIN) Quarz *m;* **quartz clock** *s* Quarzuhr *f;* **quartz** (**iodine**) **lamp** *s* Quarzlampe *f*

quasar ['kweɪzɑː(r)] *s* (ASTR) Quasar *m*

quash [kwɒʃ] *vt* **1.** (JUR) aufheben, annullieren **2.** (*Aufstand*) niederwerfen

quasi- ['kwɑːsɪ] *PRÄF* quasi-

quat·rain ['kwɒtreɪn] *s* Vierzeiler *m*

qua·ver ['kweɪvə(r)] **I.** *vi* **1.** (*Stimme*) zittern **2.** (MUS) trillern **II.** *vt* mit bebender Stimme sagen **III.** *s* **1.** (MUS) Achtelnote *f* **2.** (*Stimme*) Beben, Zittern *nt*

quay [kiː] *s* Kai *m*

queasy ['kwiːzɪ] *adj:* **I feel ~** mir ist übel; **a ~ feeling** ein Gefühl der Übelkeit

queen [kwiːn] **I.** *s* **1.** Königin *f* **2.** (*Bienen*) Königin *f* **3.** (*Schach, Kartenspiel*) Dame *f* **4.** (*sl*) Schwule(r) *m;* **~ of the May** Maikönigin *f;* **~ of spades** Pikdame *f;* **turn Queen's evidence** als Kron-, Belastungszeuge aussagen **II.** *vt:* **~ it** die große Dame spielen; **~ it over s.o.** jdn herumkommandieren; **queen bee** *s* Bienenkönigin *f;* **queen dowager** *s* Königinwitwe *f;* **queen·ly** ['kwiːnlɪ] *adj* königlich; **queen mother** *s* Königinmutter *f;* **Queen's Counsel, QC** *s* Anwalt *m,* Anwältin *f* der Krone; **Queen's English** *s* englische Hochsprache; **Queen's speech** *s* Thronrede *f*

queer [kwɪə(r)] **I.** *adj* **1.** ungewöhnlich, sonderbar, eigenartig **2.** verdächtig **3.** (*fam*) unwohl **4.** (*sl pej*) schwul; **a ~-sounding name** ein komischer Name; **I feel ~** mir ist nicht gut **II.** *s* (*sl pej*) Schwule(r) *m* **III.** *vt* (*sl*) versauen, vermasseln; vermiesen; **~ s.o.'s pitch** jdm einen Strich durch die Rechnung machen

quell [kwel] *vt* bezwingen; bändigen; unterdrücken

quench [kwentʃ] *vt* **1.** (*Feuer*) löschen **2.** (*Durst*) stillen **3.** (*Enthusiasmus*) dämpfen

queru·lous ['kwerʊləs] *adj* nörglerisch, missmutig

query ['kwɪərɪ] **I.** *s* **1.** Frage *f* **2.** Fragezeichen *nt;* **raise a ~** eine Frage aufwerfen **II.**

vt **1.** in Frage stellen; bezweifeln **2.** mit einem Fragezeichen versehen; **I ~ whether …** ich bezweifle, ob …; **I'd ~ that** das würde ich bezweifeln; **~ s.th. with s.o.** etw mit jdm abklären

quest [kwest] **I.** *s* Suche *f* (*for* nach), Streben *nt* **II.** *vi* suchen (*for* nach)

ques·tion ['kwestʃən] **I.** *s* **1.** Frage *f* **2.** Zweifel *m* **3.** (Streit)Frage *f*, Problem *nt*, Streitpunkt *m* **4.** (PARL) Anfrage *f*; **ask s.o. a ~** jdm eine Frage stellen; **what a ~!** was für eine Frage!; **beyond (all)** [*o* **without**] **~** ohne Frage, ohne (jeden) Zweifel; **call s.th. into ~** etw in Frage stellen; **that's another ~ altogether** das ist etw völlig anderes; **that's not the ~** darum geht es nicht; **there's no ~ of a strike** von einem Streik kann keine Rede sein; **that's out of the ~** das kommt nicht in Frage; **the matter in ~** die fragliche Angelegenheit **II.** *vt* **1.** fragen (*about* nach) **2.** vernehmen, verhören; prüfen **3.** bezweifeln, zweifeln an; in Frage stellen; **I ~ whether it's worth it** ich bezweifle, dass es der Mühe wert ist; **I don't ~ your good intentions** ich zweifle nicht an Ihrer guten Absicht; **ques·tion·able** [-əbl] *adj* **1.** fragwürdig **2.** fraglich, zweifelhaft; **of ~ honesty** von zweifelhaftem Ruf; **in ~ taste** geschmacklos; **ques·tioner** ['kwestʃənə(r)] *s* Fragesteller(in) *m(f)*; **ques·tion·ing** [-ɪŋ] **I.** *adj* fragend **II.** *s* Verhör *nt*; Vernehmung *f*; **question mark** *s* Fragezeichen *nt*; **question master** *s* Quizmaster *m*; **ques·tion·naire** [ˌk(w)estʃə'neə(r)] *s* Fragebogen *m*; **question time** *s* (PARL) Fragestunde *f*

queue [kju:] **I.** *s* (*von Menschen*) Schlange *f*; **form a ~** eine Schlange bilden; **stand in a ~** Schlange stehen, anstehen; **join the ~** sich hinten anstellen; **jump the ~** sich vordrängeln **II.** *vi* (*~ up*) sich anstellen; eine Schlange bilden; **we ~d for an hour** wir haben eine Stunde angestanden

quibble ['kwɪbl] **I.** *s* Spitzfindigkeit, Haarspalterei *f* **II.** *vi* kleinlich sein (*over, about* wegen); **~ with s.o. about** [*o* **over**] **s.th.** mit jdm über etw herumstreiten; **quib·bler** ['kwɪblə(r)] *s* Wortklauber, Haarspalter *m*; **quib·bling** ['kwɪblɪŋ] **I.** *adj* spitzfindig; kleinlich **II.** *s* Haarspalterei *f*

quiche [ki:ʃ] *s* Quiche *f*

quick [kwɪk] **I.** *adj* **1.** schnell, prompt **2.** (*Kuss*) flüchtig **3.** (*Rede*) kurz **4.** gewandt, geschickt **5.** (*Kind*) aufgeweckt, schlagfertig **6.** (*Verstand*) wach **7.** (*Auge*) scharf **8.** (*Ohr*) fein; **be ~!** schnell!; **be ~ about it** aber ein bisschen dalli; **be ~ to do s.th.** etw ganz schnell tun; **he is ~ to anger** er wird leicht zornig; **what's the ~est way to the station?** wie komme ich am schnellsten zum Bahnhof?; **we had a ~ meal** wir haben schnell etwas gegessen; **he is ~ at figures** er kann schnell rechnen; **she's very ~** sie kapiert schnell **II.** *adv* schnell **III.** *s* **1.** empfindliches Fleisch **2.** ~s (*lit*): **the ~ and the dead** die Lebenden und die Toten; **be cut to the ~** tief getroffen sein; **bite one's nails to the ~** die Nägel bis zum Fleisch abkauen; **quick-acting** [ˌkwɪk'æktɪŋ] *adj* (*Medikament*) schnell wirkend; **quick-change artist** *s* Verwandlungskünstler(in) *m(f)*; **quicken** ['kwɪkən] **I.** *vt* **1.** beschleunigen **2.** (*fig*) erhöhen; anregen **II.** *vi* **1.** (*~ up*) schneller werden, beschleunigen **2.** (*Interesse*) wachsen; **quick-freeze** ['kwɪkfri:z] *vt* **1.** einfrieren **2.** schockgefrieren; **quick-frozen** ['kwɪkfrəʊzn] *adj* tiefgekühlt; **quick·ie** ['kwɪkɪ] *s* (*fam*) eine(r, s) auf die Schnelle; **quick·ly** ['kwɪklɪ] *adv* schnell, rasch; **quick·ness** ['kwɪknɪs] *s* **1.** Schnelligkeit *f* **2.** (*fig*) schnelle Auffassungsgabe; **quick·sand** ['kwɪksænd] *s* Treibsand *m*; **quick·sil·ver** ['kwɪksɪlvə(r)] *s* Quecksilber *nt*; **quick·step** ['kwɪkstep] *s* Quickstep *m*; **quick-tem·pered** [ˌkwɪk'tempəd] *adj* leicht erregbar, reizbar; **quick-witted** [ˌkwɪk'wɪtɪd] *adj* geistesgegenwärtig; schlagfertig

quid[1] [kwɪd] *s* (*Tabak*) Priem *m*

quid[2] [kwɪd] *s* (*Br sl*) Pfund *nt*

quid pro quo ['kwɪdprəʊ'kwəʊ] *s* Gegenleistung *f*

qui·esc·ent [kwɪ'esnt] *adj* ruhig, still

quiet ['kwaɪət] **I.** *adj* **1.** ruhig, still; leise **2.** (*Abend*) geruhsam **3.** (*Charakter*) sanft **4.** (*Kleidung*) unauffällig; (*Mensch*) zurückhaltend **5.** (COM) lustlos, flau; **be ~** Ruhe!; **keep ~** still sein; leise sein; **keep ~ about s.th.** nichts über etw sagen; **go ~** still werden; **business is ~** das Geschäft ist ruhig; **have a ~ mind** beruhigt sein; **he kept the matter ~** er behielt die Sache für sich **II.** *s* Ruhe, Stille *f*; **in the ~ of the night** in der Stille der Nacht; **on the ~** heimlich; **quieten** ['kwaɪətn] *vt* **1.** zum Schweigen bringen; zur Ruhe bringen **2.** (*Gewissen*) beruhigen; (*Verdacht*) zerstreuen; **quieten down** *vi* leiser werden; sich beruhigen; **quiet·ly** ['kwaɪətlɪ] *adv* leise; ruhig; **quiet·ness** ['kwaɪətnɪs] *s* **1.** Stille *f*; Geräuschlosigkeit *f* **2.** Ruhe *f*; **quiet·ude** ['kwaɪɪtju:d] *s* (*lit*) Seelenruhe, Ausgeglichenheit *f*

quiff [kwɪf] *s* (*Br*) Stirnlocke *f*

quill [kwɪl] *s* **1.** Feder *f*, Federkiel *m* **2.** (*eines Stachelschweins*) Stachel *m*

quilt [kwɪlt] **I.** *s* Steppdecke *f;* Federbett *nt* **II.** *vt* wattieren; absteppen
quin [kwɪn] *s* Fünfling *m*
quince [kwɪns] *s* Quitte *f*
quin·ine [kwɪ'ni:n, *Am* 'kwaɪnaɪn] *s* Chinin *nt*
quint·es·sence [kwɪn'tesns] *s* Quintessenz *f,* Inbegriff *m;* **quint·es·sen·tial** [ˌkwɪntə'senʃəl] *adj* fundamental; **he is the ~ artist** er ist der Inbegriff eines Künstlers
quin·tet(te) [kwɪn'tet] *s* (MUS) Quintett *nt*
quin·tuple ['kwɪntjʊpl] **I.** *adj* fünffach **II.** *vt, vi* (sich) verfünffachen; **quin·tu·plet** ['kwɪntju:plet] *s* Fünfling *m*
quip [kwɪp] **I.** *s* geistreiche Bemerkung **II.** *vi* witzeln
quirk [kwɜ:k] *s* Schrulle, Marotte *f;* Laune *f;* **a ~ of fate** eine Laune des Schicksals; **quirki·ness** ['kwɜ:kɪnəs] *s* Schrulligkeit *f*
quit [kwɪt] <*irr:* **quit/quitted, quit/quitted**> **I.** *vt* **1.** (*Stadt, Menschen*) verlassen **2.** (*Stelle*) kündigen; aufgeben **3.** aufhören mit; **~ doing s.th.** aufhören etw zu tun **II.** *vi* **1.** aufhören **2.** (*bei Stelle*) kündigen **3.** fortgehen; **notice to ~** Kündigung *f;* **I've given her notice to ~** ich habe ihr gekündigt **III.** *adj:* **be ~ of s.th.** frei von etw sein; etw los sein
quite [kwaɪt] *adv* **1.** ganz, völlig, vollständig **2.** ziemlich **3.** wirklich; **~ wrong** völlig falsch; **you're being ~ impossible** du bist völlig unmöglich; **I ~ agree with you** ich stimme völlig mit Ihnen überein; **that's ~ another matter** das ist doch etwas ganz anderes; **not ~** nicht ganz; **~ so!** genau!; **~ the thing** ganz große Mode; **~ likely** sehr wahrscheinlich; **she's ~ a beauty** sie ist wirklich eine Schönheit; **it was ~ a shock** es war ein ziemlicher Schock; **~ a few people** ziemlich viele Leute
quits [kwɪts] *adj* quitt; **be ~ with s.o.** mit jdm quitt sein; **cry ~** aufgeben
quit·tance ['kwɪtns] *s* (COM) Schuldenerlass *m*
quiver[1] ['kwɪvə(r)] **I.** *vi* **1.** zittern, beben (*with* vor) **2.** (*Augenlider*) flattern **II.** *s* Zittern *nt;* Flattern *nt*
quiver[2] ['kwɪvə(r)] *s* Köcher *m*
quix·otic [kwɪk'sɒtɪk] *adj* edelmütig; schwärmerisch
quiz [kwɪz] <*pl* **quizzes**> **I.** *s* **1.** Quiz *nt* **2.** (*Am: in der Schule*) kleiner Test **II.** *vt* **1.** ausfragen (*about* über), prüfen **2.** (*Am: Schüler*) abfragen, prüfen; **quiz·mas·ter** ['kwɪzmɑ:stə(r)] *s* Quizmaster *m;* **quiz show** *s* Quiz *nt;* **quiz·zi·cal** ['kwɪzɪkl] *adj* **1.** (*Blick*) fragend; zweifelnd **2.** eigenartig
quoit [kɔɪt, *Am* kwɔɪt] *s* **1.** (SPORT) Wurfring *m* **2. ~s** *mit sing* Wurfringspiel *nt*
quo·rate ['kwɔ:rət] *adj* beschlussfähig; **quo·rum** ['kwɔ:rəm] *s* Quorum *nt*
quota ['kwəʊtə] *s* **1.** Pensum *nt* **2.** Quantum *nt;* Anteil *m;* Kontingent *nt;* **immigration ~** Einwanderungsquote *f;* **import ~** Einfuhrkontingent *nt*
quot·able ['kwəʊtəbl] *adj* zitierbar; **quo·ta·tion** [kwəʊ'teɪʃn] *s* **1.** Zitat *nt* **2.** (FIN) Kurs-, Preisnotierung *f* **3.** (COM) Kostenanschlag *m;* **a ~ from Shakespeare** ein Shakespeare-Zitat; **quotation marks** *s pl* Anführungszeichen *ntpl;*
quote [kwəʊt] **I.** *vt* **1.** anführen, zitieren (*from* aus) **2.** (COM) notieren (*at* mit) **3.** (*Preis*) nennen, veranschlagen; **don't ~ me on that** bitte wiederholen Sie das nicht; **you can ~ me on that** Sie können das ruhig wörtlich wiedergeben; **he was ~d as saying that ...** er soll gesagt haben, dass ...; **~ s.o. as an example** jdn als Beispiel anführen; **the shares are ~d at ...** die Aktien werden mit ... notiert **II.** *vi* zitieren; **~ from an author** einen Schriftsteller zitieren **III.** *s* **1.** Zitat *nt* **2. ~s** (*fam*) Anführungszeichen *ntpl* **3.** (*fam*) (Preis)Angebot *nt*
quo·tid·ian [kwəʊ'tɪdɪən] *adj* täglich
quo·tient ['kwəʊʃnt] *s* (MATH) Quotient *m*
qwer·ty key·board [ˌkwɜ:tɪ'ki:bɔ:d] *s englische Tastatur*

R

R, r [ɑː(r)] <*pl* -'s> *s* R, r *nt;* **the three R's** Lesen, Schreiben und Rechnen

rabbi ['ræbaɪ] *s* Rabbi(ner) *m*

rab·bit ['ræbɪt] **I.** *s* Kaninchen *nt* **II.** *vi:* **go ~ing** Kaninchen jagen; **~ on** quasseln, schwätzen; **rabbit burrow, rabbit hole** *s* Kaninchenbau *m;* **rabbit hutch** *s* Kaninchenstall *m;* **rabbit punch** *s* Nackenschlag *m;* **rabbit skin** *s* Kaninchenfell *nt*

rab·ble ['ræbl] *s* lärmender Haufen; **the ~** der Mob; **rab·ble-rouser** *s* Aufwiegler, Agitator *m;* **rab·ble-rous·ing** *adj* aufhetzerisch; **~ speech** Hetzrede *f*

ra·bid ['ræbɪd] *adj* **1.** (*Hund*) tollwütig **2.** fanatisch **3.** (*Hass*) rasend, wild; **ra·bies** ['reɪbiːz] *s* Tollwut *f*

RAC [ˌɑːreɪ'siː] *s Abk. von* **Royal Automobile Club** *britischer Automobilklub*

rac·coon *s* Waschbär *m*

race[1] [reɪs] **I.** *s* **1.** (Wett)Rennen *nt,* Wettlauf *m* **2.** (*Wasser*) Strömung *f* **3.** (*lit*) Lauf *m;* **horse-~** Pferderennen *nt;* **run a ~ with s.o.** mit jdm um die Wette laufen; **a ~ against time** ein Wettlauf mit der Zeit; **his ~ is run** (*fig*) er ist erledigt **II.** *vt* **1.** um die Wette laufen mit **2.** (*Maschine*) hochjagen **3.** (*Auto*) ins Rennen schicken; **he ~d me off to the station** er raste mit mir zum Bahnhof **III.** *vi* **1.** laufen **2.** rasen, jagen, rennen **3.** (*Maschine*) durchdrehen; **~ with** [*o* **against**] **s.o.** gegen jdn laufen; **~ against time** gegen die Uhr laufen; **~ about** herumrasen; **~ after s.o.** hinter jdm herjagen

race[2] [reɪs] *s* **1.** Rasse *f* **2.** (*fig*) Kaste *f;* **the human ~** das Menschengeschlecht; **of mixed ~** gemischtrassig

race card *s* Rennprogramm *nt;* **race conflict** *s* Rassenkonflikt *m;* **race·course** *s* Rennbahn *f;* **race hatred** *s* Rassenhass *m;* **race·horse** *s* Rennpferd *nt;* **race meeting** *s* Rennveranstaltung *f*

racer ['reɪsə(r)] *s* Rennfahrer(in) *m(f),* Rennwagen *m;* Rennpferd *nt*

race relations ['reɪs rə'leɪʃns] *s pl* Beziehungen *pl* zwischen den Rassen; **race riot** *s* Rassenkrawall *m*

racial ['reɪʃl] *adj* rassisch; **~ conflict** Rassenkonflikt *m;* **~ discrimination** Rassendiskriminierung *f;* **~ disturbances** Rassenunruhen *pl;* **~ equality** *Gleichberechtigung verschiedener ethnischer Gruppen in einer Gesellschaft;* **~ segregation** Rassentrennung *f;* **~ slur** rassistische Bemerkung; **~ tension** *Spannungen zwischen den einzelnen ethnischen Gruppen einer Gesellschaft*

raci·ness ['reɪsɪnɪs] *s* **1.** Schwung *m,* Feuer *nt;* Gewagtheit *f* **2.** Rassigkeit, Feurigkeit *f*

rac·ing ['reɪsɪŋ] *s* (Pferde-, Motor)Rennen *nt;* **racing bicycle** *s* Rennrad *nt;* **racing car** *s* Rennwagen *m;* **racing driver** *s* Rennfahrer(in) *m(f);* **racing pigeon** *s* Brieftaube *f;* **racing stable** *s* Rennstall *m;* **racing yacht** *s* Rennyacht *f*

rac·ism ['reɪsɪzəm] *s* Rassismus *m;* **rac·ist** ['reɪsɪst] **I.** *s* Rassist(in) *m(f)* **II.** *adj* rassistisch

rack[1] [ræk] **I.** *s* **1.** Ständer *m;* Gestell *nt;* Regal *nt* **2.** (*luggage ~*) Gepäcknetz *nt* **3.** (*auf Fahrrädern*) Gepäckträger *m* **4.** (*für Futter*) Raufe *f* **5.** (TECH) Zahnstange *f* **6.** (HIST) Folterbank *f;* **put s.o. on the ~** (*fig*) jdn auf die Folter spannen; **be on the ~** auf der Folterbank sein; (*fig*) Folterqualen leiden **II.** *vt* **1.** quälen, plagen **2.** (HIST) auf die Folter spannen; **~ed with pain** von Schmerz gequält; **~ one's brains** sich den Kopf zerbrechen

rack[2] [ræk] *s:* **go to ~ and ruin** verkommen, vor die Hunde gehen; abwirtschaften; verfallen

rack[3] [ræk] *vt* (*Wein*) abfüllen

racket[1] ['rækɪt] *s* **1.** Lärm, Spektakel, Radau *m* **2.** (*fam*) Schiebung, Gaunerei *f;* Wucher *m* **3.** (*sl*) Geschäft *nt,* Job *m;* **be in on a ~** bei einer Gaunerei mitmischen; **make a ~** Krach schlagen; **what's his ~?** was macht er?

racket[2] ['rækɪt] *s* (SPORT) Schläger *m*

rack·et·eer [ˌrækɪ'tɪə(r)] *s* Betrüger(in) *m(f),* Gauner(in) *m(f)*

rack·ing ['rækɪŋ] *adj* (*Schmerz*) rasend, quälend

rack-rent ['rækˌrent] *s* Wuchermiete *f*

rac·oon, rac·coon [rə'kuːn] *s* Waschbär *m*

racy ['reɪsɪ] *adj* **1.** (*Rede*) lebhaft, lebendig; schwungvoll **2.** (*fig*) gewagt **3.** (*Wein*) feurig

ra·dar ['reɪdɑː(r)] *s* Radar *m od nt;* **radar scanner** *s* Rundsuchradargerät *nt;* **radar station** *s* Radarstation *f;* **radar trap** *s* Radarfalle *f*

ra·dial ['reɪdɪəl] **I.** *adj* radial; strahlenförmig; ~ **tyre** Gürtelreifen *m* **II.** *s* Gürtelreifen *m*

ra·di·ant ['reɪdɪənt] **I.** *adj* **1.** (*Sonne*) strahlend **2.** (*Farben*) (hell) scheinend, leuchtend, glühend **3.** (*Lachen*) strahlend (*with* vor) **4.** (PHYS) Strahlungs-; **be ~ with joy** vor Freude strahlen; ~ **heat** Strahlungswärme *f* **II.** *s* Heizfläche *f*

ra·di·ate ['reɪdɪeɪt] **I.** *vi* **1.** Strahlen aussenden; ausgestrahlt werden **2.** (*Linien*) strahlenförmig ausgehen **II.** *vt* (*Licht, Wärme*) ausstrahlen; **ra·di·ation** [ˌreɪdɪ'eɪʃn] *s* **1.** Ausstrahlung *f* **2.** radioaktive Strahlung **3.** Strahlenbelastung, Verstrahlung *f*; **dose of ~** Strahlendosis *f*; **expose to ~** verstrahlen; **contaminated with ~** strahlenverseucht; **radiation burn** *s* Strahlenverbrennung *f*; **radiation sickness** *s* Strahlenkrankheit *f*; **radiation therapy** *s* Strahlenbehandlung *f*; **ra·di·ator** ['reɪdɪeɪtə(r)] *s* **1.** Heizkörper *m* **2.** (AUTO) Kühler *m*; **radiator cap** *s* Kühlerverschluss *m*; **radiator grille** *s* Kühlergrill *m*

rad·ical ['rædɪkl] **I.** *adj* **1.** wesentlich, grundlegend; fundamental **2.** (POL) radikal **3.** (MATH) Wurzel-; **effect a ~ cure** eine Radikalkur machen; ~ **sign** (MATH) Wurzelzeichen *nt* **II.** *s* **1.** (POL) Radikale(r) *f m* **2.** (MATH) Wurzel *f* **3.** (CHEM) Radikal *nt*; **rad·ical·ism** ['rædɪkəlɪzəm] *s* (POL) Radikalismus *m*

rad·icle ['rædɪkl] *s* **1.** (BOT) Keimwurzel *f* **2.** (CHEM) Radikal *nt*

radio ['reɪdɪəʊ] <*pl* **radios**> **I.** *s* **1.** Rundfunk *m*; Radio(apparat *m*) *nt* **2.** Funkspruch *m*; **listen to the ~** Radio hören; **hear s.th. on the ~** etw im Radio hören; **over the** [*o* **by**] ~ über Funk; **talk over the ~** über Funk sprechen **II.** *vt* funken; über Funk verständigen **III.** *vi*: ~ **for help** per Funk einen Hilferuf durchgeben

radio·ac·tive [ˌreɪdɪəʊ'æktɪv] *adj* radioaktiv; ~ **contamination** radioaktive Verseuchung; ~ **material** Strahlenmaterial *nt*; ~ **waste** radioaktiver Müll; **make ~** verstrahlen; **radio·ac·tiv·ity** [ˌreɪdɪəʊæk'tɪvətɪ] *s* Radioaktivität *f*

radio alarm ['reɪdɪəʊ ə'lɑːm] *s* Radiowecker *m*; **radio announcer** ['reɪdɪəʊ ə'naʊnsə(r)] *s* Rundfunkansager(in) *m(f)*; **radio beacon** *s* (AVIAT MAR) Funkbake *f*, -feuer *nt*; **radio broadcast** *s* Rundfunksendung *f*; **radio·car·bon dat·ing** [ˌreɪdɪəʊkɑːbən'deɪtɪŋ] *s* Radiokohlenstoffdatierung *f*; **radio cassette recorder** *s* Radiorecorder *m*; **radio communication** *s* Funkverbindung *f*; **radio contact** *s* Funkkontakt *m*; **radio·gram** ['reɪdɪəʊgræm] *s* **1.** Funkspruch *m* **2.** Musiktruhe *f*; **radio·graph** ['reɪdɪəʊgrɑːf] *s* Radiogramm *nt*; Röntgenaufnahme *f*; **radi·ogra·pher** [ˌreɪdɪ'ɒgrəfə(r)] *s* Röntgenassistent(in) *m(f)*; **radi·ogra·phy** [ˌreɪdɪ'ɒgrəfɪ] *s* Radiographie, Röntgenaufnahme *f*; **radio ham** *s* (*fam*) Amateurfunker(in) *m(f)*; **radi·olo·gist** [ˌreɪdɪ'ɒlədʒɪst] *s* Radiologe *m*, -login *f*, Röntgenologe *m*, -login *f*; **ra·di·olo·gy** [ˌreɪdɪ'ɒlədʒɪ] *s* Radiologie *f*; Röntgenologie *f*; **radio operator** *s* Funker(in) *m(f)*; (AVIAT) Bordfunker(in) *m(f)*; **radio·pager** ['reɪdɪəʊˌpeɪdʒə(r)] *s* Personenrufgerät *nt*, Piepser *m*; **radio play** *s* Hörspiel *nt*; **radio programme** *s* Radioprogramm *nt*; **radio·sco·py** [ˌreɪdɪ'ɒskəpɪ] *s* Radioskopie, Röntgenuntersuchung *f*; **radio set** *s* Rundfunkgerät *nt*; **radio station** *s* Rundfunkstation *f*; **radio·tele·phone** [ˌreɪdɪəʊ'telɪfəʊn] *s* Funksprechgerät *nt*; **radio·tel·eph·ony** [ˌreɪdɪəʊtɪ'lefənɪ] *s* Sprechfunk *m*; **radio telescope** *s* Radioteleskop *nt*; **radio·ther·apy** [ˌreɪdɪəʊ'θerəpɪ] *s* Röntgentherapie *f*; **radio wave** *s* Radiowelle *f*

rad·ish ['rædɪʃ] *s* Rettich *m*

ra·dium ['reɪdɪəm] *s* (CHEM) Radium *nt*; **radium treatment** *s* (MED) Radiumtherapie *f*

ra·dius ['reɪdɪəs, *pl* 'reɪdɪaɪ] <*pl* **radii**> *s* **1.** (MATH) Halbmesser, Radius *m* **2.** Aktionsradius, Wirkungsbereich *m* **3.** (ANAT) Speiche *f*; **within a ... ~** in einem Umkreis von ...

RAF[1] ['ɑː(r)eɪ'ef] *s Abk. von* **Royal Air Force** britische Luftwaffe

RAF[2] [ˌɑː(r)eɪ'ef] *s Abk. von* **Red Army Faction** RAF *f*

raf·fia ['ræfɪə] *s* Raphiabast *m*

raff·ish ['ræfɪʃ] *adj* flott, verwegen

raffle ['ræfl] **I.** *s* Lotterie, Tombola *f* **II.** *vt* (~ *off*) verlosen

raft [rɑːft] *s* Floß *nt*

rafter ['rɑːftə(r)] *s* (ARCH) (Dach)Sparren *m*

raft·ing ['rɑːftɪŋ] *s* Rafting *nt*

rag[1] [ræg] *s* **1.** Lumpen, Lappen, Fetzen *m* **2.** (*Zeitung*) Schundblatt *nt*; **in ~s and tatters** zerlumpt und abgerissen; **put one's glad ~s on** sich in Schale werfen; **like a red ~ to a bull** (*fig*) wie ein rotes Tuch; **feel like a wet ~** (*fam*) total ausgelaugt sein

rag[2] [ræg] **I.** *vt* (*fam*) aufziehen, foppen; ~ **s.o.** jdm einen Streich spielen **II.** *s* Jux *m*; (Studenten)Ulk *m*

raga·muf·fin ['rægəmʌfɪn] *s* Lausejunge *m*, Göre *f*

rag·bag ['rægbæg] *s* **1.** Lumpensack *m* **2.** (*fig*) Sammelsurium *nt* **3.** (*pej: Frau*) Schlampe *f*

rage [reɪdʒ] **I.** *s* **1.** Wut *f*, Zorn *m* **2.** (*Sturm*)

R

Toben, Rasen *nt;* **fly into a** ~ einen Wutanfall bekommen; **be in a** ~ wütend sein; **be (all) the** ~ der letzte Schrei sein **II.** *vi* wüten, toben, rasen; ~ **against s.o.** gegen jdn wettern

ragged ['rægɪd] *adj* **1.** abgerissen; zerlumpt **2.** (*Haare*) zottig, strähnig **3.** (*Ränder*) ausgefranst **4.** (*Felsen*) zerklüftet **5.** (*Arbeit*) stümperhaft

rag·ing ['reɪdʒɪŋ] *adj* **1.** wütend **2.** (*Fieber*) heftig **3.** (*Schmerzen*) rasend **4.** (*Sturm*) tobend

ra·gout ['rægu:] *s* (*Küche*) Ragout *nt*

rag rug ['rægrʌg] *s* Flickenteppich *m*

rag·tag ['rægtæg] *s:* ~ **and bobtail** Hinz und Kunz; **rag·time** ['rægtaɪm] *s* (MUS) Ragtime *m;* **rag trade** *s* (*fam*) Kleiderbranche *f*

raid [reɪd] **I.** *s* **1.** Überfall *m* **2.** (MIL) Angriff *m;* (*air* ~) Luftangriff *m* **3.** Razzia *f* **4.** Einbruch *m;* **dawn** ~ Überraschungsangriff *m;* (FIN) *plötzlicher Aufkauf von Aktien* **II.** *vt* **1.** überfallen **2.** eine Razzia durchführen in **3.** einbrechen in **4.** (*fig*) plündern; **raid·er** *s* (*thief*) Einbrecher(in) *m(f)*

rail¹ [reɪl] **I.** *s* **1.** Geländer *nt* **2.** (MAR) Reling *f* **3.** Umzäunung *f* **4.** (RAIL) Gleis *nt,* Schiene *f* **5.** (*curtain* ~) Schiene *f* **6.** (*towel* ~) Handtuchhalter *m* **7.** Bahn *f;* **travel by** ~ mit der Bahn fahren; **go off the** ~**s** entgleisen; (*fig*) auf die schiefe Bahn geraten; zu spinnen anfangen **II.** *vt* mit der Bahn verschicken; **rail in** *vt* einzäunen; **rail off** *vt* abzäunen

rail² [reɪl] *vi:* ~ **at** [*o* **against**] **s.o.** jdn beschimpfen; ~ **at fate** mit dem Schicksal hadern; **rail·head** ['reɪlhed] *s* Endbahnhof *m*

rail·ing ['reɪlɪŋ] *s meist pl* **1.** Geländer *nt* **2.** (MAR) Reling *f* **3.** Zaun *m*

rail·road ['reɪlrəʊd] **I.** *s* (*Am*) Eisenbahn *f* **II.** *vt* (*Am*): ~ **a bill** eine Gesetzesvorlage durchpeitschen; **rail strike** *s* Bahnstreik *m;* **rail·way** ['reɪlweɪ] *s* **1.** (*Br*) Eisenbahn *f* **2.** Gleis *nt;* **railway bridge** *s* Eisenbahnbrücke *f;* **railway carriage** *s* Eisenbahnwagen *m;* **railway crossing** *s* Bahnübergang *m;* **railway engine** *s* Lokomotive *f;* **railway guide** *s* Kursbuch *nt;* **railway line** *s* **1.** Eisenbahnlinie *f* **2.** (Eisenbahn)Gleise *pl;* **rail·way·man** ['reɪlweɪmæn] <*pl* -men> *s* Eisenbahner *m;* **railway network** *s* Eisenbahnnetz *nt;* **railway station** *s* Bahnhof *m;* **railway timetable** *s* Zugfahrplan *m*

rain [reɪn] **I.** *s* **1.** Regen *m* **2.** (*Pfeile*) Hagel *m;* **it looks like** ~ es sieht nach Regen aus; ~ **or shine** ob es regnet oder schneit; **take a** ~ **check** (*Am*) die Sache verschieben; **the** ~**s** die Regenzeit; **she's as right as** ~ sie ist kerngesund; ~ **of ashes** Aschenregen *m* **II.** *vi, vt* regnen; **it is** ~**ing** es regnet; **it never** ~**s but it pours** (*prov*) ein Unglück kommt selten allein; **it's** ~**ing cats and dogs** es gießt wie aus Kübeln; ~ **blows on s.o.** einen Hagel von Schlägen auf jdn niedergehen lassen; **rain off** *vi* **1.** wegen Regens nicht stattfinden **2.** wegen Regens abgebrochen werden; **rain·bow** ['reɪnbəʊ] *s* Regenbogen *m;* **rain cloud** *s* Regenwolke *f;* **rain·coat** ['reɪnkəʊt] *s* Regenmantel *m;* **rain·drop** ['reɪndrɒp] *s* Regentropfen *m;* **rain·fall** ['reɪnfɔ:l] *s* Niederschlag *m;* **rain forest** *s* Regenwald *m;* **rain gauge** *s* Regenmesser *m;* **raini·ness** ['reɪnɪnɪs] *s* Regenwetter *nt;* **rain·proof** ['reɪnpru:f] **I.** *adj* wasserdicht **II.** *vt* imprägnieren; **rain·water** ['reɪnwɔ:tə(r)] *s* Regenwasser *nt;* **rainy** ['reɪnɪ] *adj* regnerisch; verregnet; regenreich; **keep s.th. for a** ~ **day** etw für Notzeiten zurücklegen; ~ **season** Regenzeit *f*

raise [reɪz] **I.** *vt* **1.** (auf-, hoch)heben; hochziehen **2.** (*Anker*) lichten **3.** (*Mauer*) errichten; erhöhen **4.** (*Gehalt*) erhöhen, anheben; heraufsetzen **5.** (*Gebäude*) errichten **6.** (*Problem*) schaffen, aufwerfen; erheben **7.** (*Kinder*) aufziehen, großziehen **8.** (*Steuern*) erheben **9.** (*Geld*) aufbringen, auftreiben **10.** (*Darlehen*) aufnehmen **11.** (*Embargo*) aufheben, beenden **12.** (*Karten*) erhöhen **13.** (TELE) Funkverbindung aufnehmen mit; ~ **one's glass to s.o.** jdm zutrinken; ~ **one's hand against s.o.** die Hand gegen jdn erheben; ~ **s.o. from the dead** jdn von den Toten erwecken; ~ **one's voice** lauter sprechen; ~ **s.o.'s hopes** jdm Hoffnung(en) machen; ~ **the roof** das Haus zum Beben bringen; ~ **a laugh** ein Lächeln hervorrufen; ~ **a protest** protestieren; ~ **crops** Getreide anbauen **II.** *s* (*Am*) Gehaltserhöhung *f,* Lohnerhöhung *f*

raisin ['reɪzn] *s* Rosine *f*

rake¹ [reɪk] **I.** *s* Rechen *m,* Harke *f* **II.** *vt* harken, rechen **III.** *vi:* ~ **about** [*o* **around**] herumwühlen, herumstöbern; **rake in** *vt* (*Geld*) kassieren; **rake out** *vt* auskundschaften, herausfinden; **rake up** *vt* **1.** zusammenharken **2.** (*fig*) auftreiben; zusammenkratzen **3.** (*Feuer*) schüren; ~ **up the past** in der Vergangenheit wühlen

rake² [reɪk] *s* Lebemann *m*

rake-off ['reɪkɒf] *s* (*sl*) Gewinnanteil *m*

rak·ish¹ ['reɪkɪʃ] *adj* (*Erscheinung*) flott, verwegen

rak·ish² *adj* (*Schiff*) schnittig

rally ['rælɪ] **I.** *vt* (*Truppen*) versammeln, zusammenrufen; ~ **one's strength** seine

Kräfte sammeln **II.** *vi* **1.** sich wieder sammeln, sich versammeln **2.** (*Kranker*) Fortschritte machen **3.** (FIN) anziehen, sich erholen; **go ~ing** eine Rallye fahren; **~ round** sich scharen um **III.** *s* **1.** Versammlung *f,* Treffen *nt* **2.** (*Gesundheit*) Erholung *f* **3.** (*Tennis*) Ballwechsel *m* **4.** (AUTO) Rallye *f* **5.** (FIN) Aufschwung *m,* Erholung *f;* **rally driver** *s* Rallyefahrer(in) *m(f)*

RAM [ræm] *s Abk. von* **random access memory** (INFORM) RAM *nt*

ram [ræm] **I.** *s* **1.** Widder *m* **2.** (TECH) Ramme *f;* Rammbock *m;* **the Ram** (ASTR) der Widder; **~ raiding** *Ladendiebstahl, bei dem ein gestohlenes Auto als Rammbock dient* **II.** *vt* **1.** rammen; stoßen (*against* gegen) **2.** (*Auto*) rammen; **~ a charge home** (MIL) laden; **~ home an argument** ein Argument durchsetzen; **~ s.th. down s.o.'s throat** jdm etw eintrichtern; **ram through** *vt* (*fam*) durchboxen

ramble ['ræmbl] **I.** *vi* **1.** umherschweifen, (umher)streifen **2.** (*fig:* ~ *on*) schwafeln; vom Hundertsten ins Tausendste kommen **3.** (*Pflanze*) ranken **II.** *s* Streifzug *m;* Wanderung *f;* **go for a ~** einen Streifzug machen; **ram·bler** ['ræmblə(r)] *s* **1.** Wanderer(in) *m(f)* **2.** Kletterrose *f*

ram·bling ['ræmblɪŋ] **I.** *adj* **1.** (*Rede*) weitschweifig, umständlich; schwafelnd **2.** (*Pflanze*) rankend **3.** (*Gebäude*) weitläufig; **~ club** Wanderverein *m* **II.** *s* (*fig*) Geschwafel *nt*

rame·kin ['reɪmkɪn] *s* Auflaufförmchen *nt*

rami·fi·ca·tion [ˌræmɪfɪ'keɪʃn] *s* Verzweigung, Verästelung *f;* **ram·ify** ['ræmɪfaɪ] *vi* sich verzweigen

ramp [ræmp] *s* **1.** Rampe *f* **2.** (AVIAT) Gangway *f*

ram·page [ræm'peɪdʒ] **I.** *vi* herumwüten **II.** *s:* **go on the ~** einen Tobsuchtsanfall bekommen

ram·pant ['ræmpənt] *adj* **1.** (*Pflanze*) üppig, wuchernd **2.** (*Ungerechtigkeit*) wild wuchernd; **be ~** wuchern

ram·part ['ræmpɑːt] *s* Wall *m*

ram·rod ['ræmrɒd] *s* Ladestock *m;* **as stiff as a ~** steif wie ein Besenstiel

ram·shackle ['ræmʃækl] *adj* wack(e)lig, altersschwach, baufällig

ran [ræn] *vi s.* **run**

ranch [rɑːntʃ] **I.** *s* Ranch *f;* **~ house** Farmhaus *nt* **II.** *vi* Viehwirtschaft betreiben; **rancher** ['rɑːntʃə(r)] *s* Rancher *m*

ran·cid ['rænsɪd] *adj* ranzig

ran·cor *s* (*Am*) *s.* **rancour**; **ran·cor·ous** ['ræŋkərəs] *adj* bitter; bösartig; **ran·cour** ['ræŋkə(r)] *s* Bitterkeit *f;* Boshaftigkeit *f*

ran·dom ['rændəm] **I.** *adj* willkürlich, Zufalls-; **~ access memory, RAM** RAM *nt;* **~ error** Zufallsfehler *m;* **make a ~ guess** auf gut Glück raten; **~ sample** Stichprobe *f;* **~ sampling** Stichproben *fpl* **II.** *s:* **at ~** aufs Geratewohl; ziellos; planlos; **hit out at ~** ziellos um sich schlagen; **talk at ~** ins Blaue hineinreden

randy ['rændɪ] *adj* (*fam*) scharf, geil

rang [ræŋ] *s.* **ring**[1]

range [reɪndʒ] **I.** *vt* **1.** aufstellen; anordnen **2.** (*Person*) zählen (*among, with* zu) **3.** durchstreifen, durchziehen **4.** (*Gewehr*) ausrichten (*on* auf); **~ o.s. with s.o.** sich auf jds Seite stellen; **~ the seas** die Meere befahren **II.** *vi* **1.** gehen (*from … to* von … bis) **2.** streifen; **the conversation ~d over …** die Unterhaltung kreiste um …; **the search ~d over the whole area** die Suche erstreckte sich auf das ganze Gebiet; **~ over the country** im Land umherstreifen; **~ over** verbreitet sein in; (*Gewehr*) eine Reichweite haben von **III.** *s* **1.** Aktionsradius *m;* Reichweite *f* **2.** Reihe *f;* Skala *f;* Angebot *nt;* Spektrum *nt* **3.** (MUS) Ton-, Stimmumfang *m* **4.** (*fig*) Kompetenz *f;* Einflussbereich *m* **5.** (*rifle ~*) Schießstand *m* **6.** Koch-, Küchenherd *m* **7.** (*mountain ~*) Kette *f* **8.** (*Am*) Weideland *nt;* **at a ~ of** in einer Entfernung von; **at close/wide ~** auf kurze/weite Entfernung; **out of ~** außer Hör-, Reich-, Schussweite; **within shouting ~** in Hörweite; **~ of vision** Gesichtsfeld *nt;* **a wide ~** eine große Auswahl; ein breites Spektrum; **in this price ~** in dieser Preislage; **a ~ of temperatures** unterschiedliche Temperaturen *fpl;* **temperature ~** Temperaturbereich *m;* **a whole ~ of sizes** eine ganze Reihe verschiedener Größen; **this is outside the ~ of …** das liegt außerhalb der Kompetenz von …; **short-/medium-/long-~** Kurz-/Mittel-/Langstrecken-; **range-finder** ['reɪndʒˌfaɪndə(r)] *s* Entfernungsmesser *m*

ranger ['reɪndʒə(r)] *s* **1.** Förster(in) *m(f)* **2.** (*Am*) Ranger *m;* Überfallkommando *nt;* **~ scout** (*Br*) Ranger *m*

rangy ['reɪndʒɪ] *adj* langgliedrig

rank[1] [ræŋk] **I.** *s* **1.** (MIL) Rang *m* **2.** Stand *m,* Schicht *f* **3.** Reihe *f* **4.** (MIL) Glied *nt* **5.** (MUS) Register *nt;* **officer of high ~** hoher Offizier; **people of all ~s** Leute *pl* aller Stände; **a person of ~** eine hochgestellte Persönlichkeit; **a second-~ painter** ein zweitklassiger Maler; **keep ~** in Reih und Glied stehen; **the ~ and file** (MIL) die Mannschaft; (*Partei*) die Basis; **reduce s.o. to the ~s** jdn degradieren; **taxi ~** Taxistand *m* **II.** *vt* einreihen, -ordnen, klassi-

R

fizieren; ~ **s.o. among the great** jdn zu den Großen zählen **III.** *vi:* ~ **among** zählen zu; ~ **above s.o.** bedeutender als jd sein; rangmäßig über jdm liegen

rank² [ræŋk] *adj* **1.** (*Pflanzenwuchs*) wuchernd, üppig; (*Boden*) überwuchert (*with* von) **2.** (*Geruch*) übel **3.** (*Fett*) stinkend, übelriechend, ranzig **4.** (*Gift*) rein; ausgesprochen **5.** (*Verräter*) übel

rank·ing of·fi·cer ['ræŋkɪŋ ˌɒfɪsə(r)] *s* (MIL) ranghöchster Offizier

rankle ['ræŋkl] *vi* (*fig fam*): ~ **with s.o.** jdn wurmen

rank·ness ['ræŋknɪs] *s* **1.** Üppigkeit *f* **2.** (*fig*) Übelkeit *f;* Gestank *m;* Derbheit *f*

ran·sack ['rænsæk] *vt* **1.** durchsuchen, -wühlen (*for* nach) **2.** (*Haus*) plündern **3.** (*Stadt*) herfallen über

ran·som ['rænsəm] **I.** *s* **1.** Lösegeld *nt* **2.** Freilassung *f* **3.** (REL) Erlösung *f;* **hold s.o. to** ~ jdn als Geisel (fest)halten; jdn erpressen **II.** *vt* **1.** auslösen, Lösegeld bezahlen für **2.** gegen ein Lösegeld freilassen **3.** (REL) erlösen

rant [rænt] *vi* Tiraden loslassen; irres Zeug reden; ~ **and rave at s.o.** mit jdm schimpfen

rap¹ [ræp] **I.** *vt* klopfen auf; klopfen an; ~ **s.o.'s knuckles** jdm auf die Finger klopfen; ~ **out** hervor-, ausstoßen **II.** *vi* klopfen; ~ **at the door** kurz an die Tür klopfen **III.** *s* Klopfen *nt;* **give s.o. a** ~ **on the knuckles** jdm auf die Finger klopfen; **take the** ~ die Schuld zugeschoben kriegen; **there was a** ~ **at the door** es hat (an der Tür) geklopft; **I don't care a** ~ das ist mir völlig egal

rap² [ræp] *s* (MUS) Rap *m*

ra·pa·cious [rə'peɪʃəs] *adj* habgierig; **ra·pac·ity** [rə'pæsətɪ] *s* Habgier *f*

rape¹ [reɪp] **I.** *s* Vergewaltigung, Notzucht *f* **II.** *vt* vergewaltigen

rape² [reɪp] *s* Raps *m*

rapid ['ræpɪd] **I.** *adj* **1.** rasch; rapide; flink **2.** (*Abstieg*) steil; ~ **eye movement (REM) sleep** REM-Schlaf *m;* **a** ~ **fire of questions** ein Feuerwerk von Fragen; ~ **fire weapon** Schnellfeuerwaffe *f;* **Rapid Reaction Force** (NATO) Schnelleingreiftruppe *f* **II.** *s pl* Stromschnellen *fpl;* **rap·id·ity** [rə'pɪdətɪ] *s* Schnelligkeit *f;* Raschheit *f;* Steilheit *f*

rapier ['reɪpɪə(r)] *s* Rapier *nt*

rap·ist ['reɪpɪst] *s* Vergewaltiger *m*

rap·per [ræpə] *s* Rapper(in) *m(f)*

rap·port [ræ'pɔː(r)] *s* enge Beziehung, enges Verhältnis; **in** ~ **with** in Harmonie mit

rap·proche·ment [ræ'prɒʃmɒŋ] *s* (POL) Annäherung *f*

rapt [ræpt] *adj* **1.** gespannt; atemlos **2.** (*Lächeln*) verzückt; **rap·ture** ['ræptʃə(r)] *s* Entzücken *nt;* Verzückung *f;* **be in ~s** entzückt sein (*over* über); **go into ~s** in Entzücken geraten; **rap·tur·ous** ['ræptʃərəs] *adj* **1.** ver-, entzückt, hingerissen **2.** (*Beifall*) stürmisch

rare [reə(r)] *adj* **1.** selten, rar **2.** (*Luft*) dünn **3.** (*Fleisch*) blutig, nicht durchgebraten **4.** (*fig*) irrsinnig

rare·bit ['reəbɪt] *s:* **Welsh** ~ überbackene Käseschnitte

rarefy ['reərɪfaɪ] **I.** *vt* **1.** (*Luft*) verdünnen **2.** (*fig*) exklusiv machen **II.** *vi* (*Luft*) dünn werden; **rare·ly** ['reəlɪ] *adv* selten; **rar·ity** ['reərətɪ] *s* Seltenheit, Rarität *f*

ras·cal ['rɑːskl] *s* (*fam hum*) Schelm, Schlingel *m*

rash¹ [ræʃ] *adj* unbesonnen; voreilig, überstürzt

rash² [ræʃ] *s* (MED) Ausschlag *m;* **rash cream** *s* Wundcreme *f*

rasher ['ræʃə(r)] *s:* ~ **of bacon** Speckstreifen *m*

rash·ness ['ræʃnɪs] *s* Unbesonnenheit *f;* Voreiligkeit, Überstürztheit *f*

rasp [rɑːsp] **I.** *vt* **1.** (TECH) raspeln **2.** (~ *out*) krächzen **II.** *vi* kratzen **III.** *s* **1.** (TECH) Raspel *f,* Reibeisen *nt* **2.** Kratzen *nt*

rasp·berry ['rɑːzbrɪ] **I.** *s* **1.** Himbeere *f* **2.** (~ *bush*) Himbeerstrauch *m;* **blow a** ~ verächtlich schnauben; **get a** ~ (*sl*) nur ein verächtliches Schnauben ernten **II.** *adj* himbeerrot

rasp·ing ['rɑːspɪŋ] *adj* **1.** kratzend, rau **2.** (*Atem*) keuchend, röchelnd

Ras·ta·fa·rian [ˌræstə'feərɪən] *s* Rastafari *m*

ras·ter ['ræstə(r)] *s* Raster *m od nt*

rat [ræt] **I.** *s* **1.** Ratte *f* **2.** (*fig*) Verräter *m;* **smell a** ~ Lunte riechen **II.** *vi* Ratten fangen; ~ **on s.o.** (*fam*) jdn sitzen lassen; jdn verpfeifen

rat·able, rate·able ['reɪtəbl] *adj* steuerpflichtig; ~ **value** steuerbarer Wert

ratch·et ['rætʃɪt] (~ *wheel*) Sperrad *nt;* **ratchet up** *vt* (*fam*) hochkurbeln

rate [reɪt] **I.** *s* **1.** Rate *f;* Tempo *nt* **2.** (COM) Satz *m;* Kurs *m* **3.** **~s** (*Br:* HIST) Gemeindesteuern *fpl;* **failure** ~ Durchfallquote *f;* **at a** ~ **of …** in einem Tempo von …; ~ **of absenteeism** Abwesenheitsquote *f;* ~ **of consumption** Verbrauch *m;* **pulse** ~ Puls *m;* ~ **of return** Rendite, Rentabilität *f;* ~ **of sales** Absatzrate *f;* **at this** ~ **of working** bei diesem Arbeitstempo; **at any** ~ auf jeden Fall; ~ **of exchange** Wechselkurs *m;* ~ **of inflation** Inflationsrate *f;* ~ **of interest** Zinssatz *m;* **insurance ~s** Versicherungsgebühren *fpl;* **unemployment** ~ Arbeitslosenquote *f* **II.** *vt* **1.** einschätzen **2.** (*Br: Steuer*) veranlagen **3.** verdienen; ~ **s.o. among …** jdn zu … zählen; ~ **s.o. as s.th.** jdn für etw halten; ~ **s.o. highly** jdn hoch einschätzen **III.** *vi:* ~ **as** gelten als; ~ **among** zählen zu

rather ['rɑːðə(r)] *adv* **1.** lieber; eher **2.** im Gegenteil, vielmehr **3.** ziemlich, nicht wenig; ~ **than wait, he went away** er ging lieber, als dass er wartete; **I'd ~ not** lieber nicht; **I would ~ you came yourself** mir wäre es lieber, Sie kämen selbst; **it's ~ too difficult for me** es ist etwas zu schwierig für mich; **I ~ think he's wrong** ich glaube fast, er hat Unrecht

rati·fi·ca·tion [ˌrætɪfɪ'keɪʃn] *s* **1.** (POL) Ratifizierung *f* **2.** (COM) Bestätigung *f;* **rat·ify** ['rætɪfaɪ] *vt* **1.** ratifizieren **2.** bestätigen

rat·ing ['reɪtɪŋ] *s* **1.** Einschätzung *f;* Veranlagung *f* **2.** Klasse *f* **3.** (FIN) Kreditfähigkeit *f* **4.** (ELEK) Leistung *f* **5.** (MAR) Rang *m* **6.** Matrose *m;* **octane ~** Oktanzahl *f;* **the popularity ~ of a TV programme** die Zuschauerzahlen eines Fernsehprogramms

ra·tio ['reɪʃɪəʊ] <*pl* -tios> *s* Verhältnis *nt;* **in the ~ of 2 to 3** im Verhältnis 2 zu 3; **in inverse ~** umgekehrt proportional; **inverse [*o* indirect] ~** umgekehrtes Verhältnis

ra·tion ['ræʃn] **I.** *s* **1.** Ration *f;* Quantum *nt* **2.** ~**s** (MIL) Verpflegung *f;* **put s.o. on short ~s** jdn auf halbe Ration setzen; ~ **card** Bezugschein *m* **II.** *vt* (*Lebensmittel*) rationieren; bewirtschaften; ~ **out** zuteilen

ra·tional ['ræʃnəl] *adj* **1.** (*Person*) vernunftbegabt, rational **2.** (*Denken*) vernünftig, rational **3.** (MATH) rational

ra·tion·ale [ˌræʃə'nɑːl] *s* Gründe *mpl,* Gedankengänge *mpl*

ra·tion·al·ism ['ræʃnəlɪzəm] *s* Rationalismus *m;* **ra·tion·al·ist** ['ræʃnəlɪst] *s* Rationalist(in) *m(f);* **ra·tion·al·is·tic** [ˌræʃnə'lɪstɪk] *adj* rationalistisch; **ra·tional·ity** [ˌræʃə'nælətɪ] *s* **1.** Vernunft *f* **2.** (MED) klarer Verstand; **ra·tion·al·iz·ation** [ˌræʃnəlaɪ'zeɪʃn] *s* Rationalisierung *f;* **ra·tion·al·ize** ['ræʃnəlaɪz] *vt* **1.** vernünftig betrachten **2.** (COM) rationalisieren; **ra·tion·ing** ['ræʃnɪŋ] *s* Rationierung *f;* Bewirtschaftung *f*

rat poi·son ['rætpɔɪzn] *s* Rattengift *nt;* **rat race** *s* ständiger Konkurrenzkampf

rattle ['rætl] **I.** *vi* **1.** klappern **2.** (*Ketten*) rasseln, klirren; ~ **at the door** an der Tür rütteln; ~ **along** entlangrattern; ~ **down** herunterprasseln; ~ **on** quasseln **II.** *vt* **1.** klappern, rasseln mit; schütteln **2.** (*Mensch*) durcheinander bringen; **the news ~d her** die Nachricht hat ihr einen Schock versetzt; ~ **off** herunterrasseln **III.** *s* **1.** Geklapper, Gerassel, Gepolter *nt* **2.** (Kinder)Klapper *f;* **rattle·brain** ['rætlbreɪn] *s* (*sl*) Spatzenhirn *nt;* **rattle·snake** ['rætlsneɪk] *s* Klapperschlange *f;* **rattle·trap** ['rætltræp] *s* Klapperkiste *f;* **rat·tling** ['rætlɪŋ] **I.** *adj* **1.** klappernd, ratternd; klirrend **2.** (*fam: Tempo*) flott, rasend, toll **II.** *adv:* ~ **good** (*sl*) verdammt gut

rat·ty ['rætɪ] *adj* (*fam*) gereizt

rau·cous ['rɔːkəs] *adj* rau, heiser

raunchy ['rɔːntʃɪ] *adj* (*sl*) geil

rav·age ['rævɪdʒ] **I.** *s* Verwüstung, Verheerung, Zerstörung *f;* **the ~s of time** die Spuren *f pl* der Zeit **II.** *vt* **1.** verwüsten, verheeren, zerstören **2.** plündern

rave [reɪv] **I.** *vi* **1.** (MED) im Fieberwahn reden, fantasieren **2.** (*fig*) schwärmen (*about, over* von) **3.** wüten, toben **4.** (*Meer*) tosen; ~ **against s.o.** gegen jdn wettern **II.** *s* **1.** Rave *m/nt* **2.** (*sl*) Fete *f* **3.** (*sl*) Schwärmerei *f;* **have a ~ about s.th.** von etw schwärmen; ~ **review** fantastische Kritik

ravel ['rævl] **I.** *vt* (~ *out*) ausfransen; (*Faden*) entwirren **II.** *vi* sich verwirren

raven ['reɪvn] *s* Rabe *m;* ~**-black** rabenschwarz; ~**-haired** schwarzhaarig

rav·en·ous ['rævənəs] *adj* **1.** ausgehungert **2.** heißhungrig

ra·vine [rə'viːn] *s* Schlucht, Klamm *f*

rav·ing ['reɪvɪŋ] **I.** *adj* fantasierend; wahnsinnig; **a ~ lunatic** ein kompletter Idiot **II.** *adv:* ~ **mad** vollkommen übergeschnappt **III.** *s oft pl* Gefasel *nt*

rav·ish ['rævɪʃ] *vt* **1.** (*fig*) hinreißen, entzücken **2.** (*obs*) vergewaltigen; rauben; **ravish·ing** [-ɪŋ] *adj* hinreißend, bezaubernd, entzückend

raw [rɔː] **I.** *adj* **1.** (*Nahrung*) roh **2.** (*Alkohol*) rein, unvermischt **3.** (*Material*) roh, unbearbeitet **4.** (*fig*) unausgebildet, unerfahren **5.** (*Haut*) wund, entzündet **6.** (*Wetter*) rau, unwirtlich, nasskalt; **it's a ~ deal** das ist eine Gemeinheit; **give s.o. a ~ deal** jdn benachteiligen; ~ **material** Rohstoff *m;* ~ **milk cheese** Rohmilchkäse *m* **II.** *s:* **touch s.o. on the ~** bei jdm einen wunden Punkt berühren; **in the ~** im Naturzustand; **raw-boned** [ˌrɔː'bəʊnd] *adj* mager, knochig; **raw·hide** ['rɔːhaɪd] *s* ungegerbtes Leder; **Rawl·plug®** ['rɔːlplʌg] *s* Dübel *m;* **raw·ness** ['rɔːnɪs] *s* **1.** Rohheit *f* **2.** Unerfahrenheit *f* **3.** Wundheit *f* **4.** (*Wetter*) Rauheit *f*

ray[1] [reɪ] *s* **1.** (Licht)Strahl *m* **2.** (*fig*) Spur *f,* Schimmer *m;* **X-~s** Röntgenstrahlen *mpl;* **a ~ of hope** ein Hoffnungsschimmer *m*

ray[2] [reɪ] *s* (*großer, scheibenförmiger Fisch*)

R

Rochen *m*

rayon ['reɪɒn] *s* Kunstseide *f*

raze [reɪz] *vt* völlig zerstören, dem Erdboden gleichmachen

razor ['reɪzə(r)] *s* Rasiermesser *nt,* Rasierapparat *m;* **razor·back** ['reɪzəbæk] *s* **1.** Finnwal *m* **2.** (*Am*) Wildschwein *nt;* **razor·bill** ['reɪzəbɪl] *s* (*Seevogel*) Tordalk *m;* **razor blade** *s* Rasierklinge *f;* **razor-edge** *s* (*Berg*) Grat *m;* **be on a ~** (*fig*) auf Messers Schneide stehen; **razor-sharp** *adj* (*a. fig*) messerscharf; **razor wire** *s* Bandstacheldraht *m*

razz [ræz] *vt* (*Am: sl*) aufziehen, ärgern

razzle ['ræzl] *s:* **go on the ~** auf die Pauke hauen

RC [ˌɑː(r)'siː] *adj Abk. von* **Roman Catholic** r.-k., römisch-katholisch

RDF [ˌɑː(r)diː'ef] *s Abk. von* **refuse-derived fuel** BRAM *m,* Brennstoff *m* aus Müll

RE [ˌɑːr'iː] *s Abk. von* **religious education** Religionsunterricht *m*

re- [ˌriː] *PRÄF* wieder-

re[1] [reɪ] (MUS) re *nt*

re[2] [riː] *prep* **1.** mit Bezug auf, betreffend **2.** (JUR) in Sachen gegen

reach [riːtʃ] **I.** *vt* **1.** erreichen; ankommen an **2.** (*Perfektion*) erlangen **3.** (*Einigung*) erzielen, gelangen zu **4.** herankommen an **5.** reichen, gehen bis zu; **~ page 100** bis Seite 100 kommen; **be able to ~ s.th.** an etw heranreichen können; **~ me (over) that book** reiche mir das Buch (herüber) **II.** *vi* (*Gebiet*) sich erstrecken, gehen, reichen; **~ for s.th.** nach etw greifen **III.** *s* **1.** (*fig*) Reichweite *f* **2.** (*Fluss*) Strecke *f;* **make a ~ for s.th.** nach etw greifen; **within s.o.'s ~** in jds Reichweite; **within arm's ~** in greifbarer Nähe; **within easy ~ of the sea** in unmittelbarer Nähe des Meers; **beyond the ~ of the law** außerhalb des Gesetzes; **reach down** *vt* hinunterreichen; **reach out** *vi* die Hände ausstrecken; **reach over** *vi* hinübergreifen; **reach up** *vt* hinaufgreifen

re·act [rɪ'ækt] *vi* **1.** reagieren (*to* auf) **2.** wirken (*on, upon* auf); **~ against** negativ reagieren auf; **re·ac·tion** [rɪ'ækʃn] *s* **1.** Reaktion *f* (*to* auf, *against* gegen) **2.** (POL) Reaktion *f* **3.** (MIL) Gegenschlag *m* **4.** (COM) Umschwung, Rückgang *m;* **action and ~** Wirkung und Gegenwirkung; **forces of ~** reaktionäre Kräfte; **re·ac·tion·ary** [rɪ'ækʃənrɪ] *adj* reaktionär

re·ac·ti·vate [riː'æktɪveɪt] *vt* reaktivieren; **re·ac·tive** [riː'æktɪv] *adj* reaktiv

re·ac·tor [rɪ'æktə(r)] *s* Reaktor *m;* **nuclear ~** Kernreaktor *m;* **reactor core** *s* Reaktorkern *m;* **reactor safety** *s* Reaktorsicherheit *f*

read [riːd, red, red] <*irr:* **read, read**> **I.** *vt* **1.** lesen **2.** vorlesen (*to s.o.* jdm) **3.** (*Buch*) aus-, durchlesen **4.** (*Traum*) deuten **5.** (*Universität*) studieren **6.** (*Thermometer*) ablesen **7.** (*Messgerät*) anzeigen; **~ s.o. a lesson** jdm eine Strafpredigt halten; **take s.th. as ~** etw als selbstverständlich voraussetzen; **~ s.o.'s thoughts** jds Gedanken lesen; **~ s.o.'s hand** jdm aus der Hand lesen; **~ s.th. into a text** etw in einen Text hineinlesen, hineininterpretieren **II.** *vi* **1.** lesen; vorlesen **2.** (*Buch*) sich lesen (lassen) **3.** (*Text*) lauten; **he ~s well** er liest gut; **~ aloud** laut lesen; **~ to o.s.** für sich lesen; **this book ~s well** das Buch liest sich gut; **~ for an examination** sich auf eine Prüfung vorbereiten **III.** *s:* **have a quiet ~** ungestört lesen; **read off** *vt* ablesen; **read on** *vi* weiterlesen; **read out** *vt* vorlesen; **read over** *vt* durchlesen; **read through** *vt* durchlesen; **read up** *vi* sich informieren (*on* über)

read·abil·ity [ˌriːdə'bɪlɪtɪ] *s* Lesbarkeit *f;* **read·able** ['riːdəbl] *adj* lesbar; lesenswert; **reader** ['riːdə(r)] *s* **1.** Leser(in) *m(f)* **2.** (*Br*) Dozent(in) *m(f)* **3.** Lesebuch *nt;* Fibel *f;* Text *m,* Lektüre *f* **4.** (INFORM) Lesegerät *nt;* **publisher's ~** Lektor(in) *m(f);* **reader·ship** [-ʃɪp] *s* **1.** Leserkreis *m,* Leserschaft *f* **2.** (*Br*) Dozentur *f;* **read head** *s* (INFORM) Lesekopf *m*

read·ies ['redɪz] *s pl* (*fam*) das Bare

read·ily ['redɪlɪ] *adv* **1.** bereitwillig **2.** gleich, sofort; **~ to hand** griffbereit; **readi·ness** ['redɪnɪs] *s* **1.** Bereitschaft *f* **2.** Leichtigkeit *f;* **be (kept) in ~** bereitgehalten werden; **her ~ to help** ihre Hilfsbereitschaft; **~ of speech** Redegewandtheit *f*

read·ing ['riːdɪŋ] *s* **1.** Lesen *nt* **2.** Lektüre *f* **3.** Lesung *f* **4.** Interpretation *f,* Verständnis *nt* **5.** Version *f* **6.** (TECH) Ablesen *nt* **7.** (*Messgerät, Zähler*) Stand *m* **8.** (PARL) Lesung *f* **9.** Belesenheit *f;* **the ~ is …** das Thermometer steht auf …; **a man of wide ~** ein sehr belesener Mann; **reading book** *s* Lesebuch *nt;* **reading glasses** *s pl* Lesebrille *f;* **reading lamp** *s* Leselampe *f;* **reading list** *s* Leseliste *f;* **reading room** *s* Lesesaal *m*

re·ad·just [ˌriːə'dʒʌst] **I.** *vt* **1.** neu einstellen; nachstellen **2.** (*Preise*) anpassen, neu regeln **3.** (*Meinung*) korrigieren **II.** *vi* sich neu anpassen (*to* an); **I have to ~ to it** ich muss mich erst wieder daran gewöhnen; **re·ad·just·ment** [-mənt] *s* **1.** Neuordnung *f;* Neueinstellung *f* **2.** Anpassung *f* **3.** Korrektur *f*

read only memory *s* (INFORM) Festwertspeicher *m*

ready ['redɪ] **I.** *adj* **1.** bereit, fertig **2.** prompt; schlagfertig **3.** (*Geld*) verfügbar, flüssig **4.** bereit, willens, geneigt (*to* zu) **5.** (*Sprecher*) gewandt; ~ **to leave** abfahrtbereit; ~ **for anything** zu allem bereit; **are you ~ to go?** sind Sie soweit?; **be ~ with an excuse** eine Entschuldigung parat haben; **get ~ to do s.th.** sich bereitmachen etw zu tun; **get ~ for s.th.** sich auf etw vorbereiten; ~ **to do s.th.** bereit etw zu tun; **he was ~ to cry** er war den Tränen nahe; **she's ~ with an answer** sie ist mit einer Antwort schnell bei der Hand; **have a ~ tongue** schlagfertig sein; ~ **money** jederzeit verfügbares Geld; ~ **when you are!** sind Sie auch soweit?; **~, steady, go!** Achtung (auf die Plätze), fertig, los! **II.** *s:* **at the ~** (MIL) mit dem Gewehr im Anschlag; (*fig*) marsch-, fahrbereit; **ready cash** *s* Bargeld *nt;* **ready-made** [ˌredɪ'meɪd] *adj* **1.** (*Kleider*) Konfektions- **2.** (*Antwort*) fertig **3.** (*Lösung*) Patent-; **ready sale** *s* schneller Absatz; **ready-to-wear** [ˌredɪtə'weə(r)] *adj* Konfektions-, von der Stange

re·af·firm [ˌriːə'fɜːm] *vt* erneut bestätigen

re·af·forest [ˌriːə'fɒrɪst] *vt* wieder aufforsten

real [rɪəl] **I.** *adj* **1.** echt; wirklich; richtig; eigentlich **2.** echt, authentisch; **in ~ life** im wirklichen Leben; **her grief is very ~** ihr Schmerz ist echt; **it's not the ~ thing** das ist nicht das Wahre; ~ **time** (INFORM) Echtzeit *f;* **it's a ~ miracle** das ist ein wahres Wunder; ~ **estate** Immobilien *pl;* ~ **income** Realeinkommen *nt;* ~ **number** (MATH) reelle Zahl; ~ **tennis** Ballhaustennis *nt;* ~ **wages** Reallohn *m;* ~ **property** Grundbesitz *m* **II.** *adv* (*Am*) echt, wirklich; **get ~!** (*fam*) machen wir uns doch nichts vor! **III.** *s:* **for ~** wirklich, echt

re·align·ment [ˌriːə'laɪnmənt] *s* (FIN) Neufestsetzung *f*

real·ism ['rɪəlɪzəm] *s* Realismus *m;* **real·ist** ['rɪəlɪst] *s* Realist *m;* **real·istic** [ˌrɪə'lɪstɪk] *adj* **1.** realistisch **2.** (*Gemälde*) naturgetreu

re·al·ity [rɪ'ælətɪ] *s* **1.** Wirklichkeit, Realität *f* **2.** Naturtreue *f;* **in ~** in Wirklichkeit; **bring s.o. back to ~** jdn auf den Boden der Tatsachen zurückbringen; **become ~** sich verwirklichen

real·iz·able ['rɪəlaɪzəbl] *adj* **1.** (*Pläne*) aus-, durchführbar, realisierbar **2.** (FIN) realisierbar, zu verflüssigen; **real·iz·ation** [ˌrɪəlaɪ'zeɪʃn] *s* **1.** Erkenntnis *f* **2.** (FIN) Realisierung, Verflüssigung *f* **3.** (*Pläne*) Realisierung *f;* **real·ize** ['rɪəlaɪz] **I.** *vt* **1.** erkennen, sich klar werden *+gen,* sich bewusst werden *+gen,* begreifen; bemerken **2.** (*Plan*) verwirklichen, realisieren **3.** (FIN) realisieren, flüssig machen, veräußern **4.** (*Gewinn*) erzielen; **I ~d what he meant** mir ist klar geworden, was er meinte; **I hadn't ~d how late it was** ich habe gar nicht gemerkt, wie spät es war **II.** *vi:* **I've just ~d** das ist mir eben klar geworden; **he'll never ~** das wird er nie merken

really ['rɪəlɪ] **I.** *adv* **1.** wirklich, tatsächlich **2.** richtig; **I ~ don't know what to think** ich weiß wirklich nicht, was ich davon halten soll; **I don't ~ think so** das glaube ich eigentlich nicht; ~ **and truly** wirklich; **I ~ must say …** ich muss schon sagen … **II.** *interj* wirklich, tatsächlich; **not ~!** ach wirklich?; **~, Peter!** also wirklich, Peter!

realm [relm] *s* **1.** Königreich *nt* **2.** (*fig*) Bereich *m,* Gebiet *nt*

re·al·tor ['rɪəltə(r)] *s* (*Am*) Grundstücksmakler(in) *m(f);* **re·alty** ['rɪəltɪ] *s* (JUR) Immobilien *pl*

reamed [riːmd] *adj* (*Am: sl*) betrogen

re·ani·mate [riː'ænɪmeɪt] *vt* **1.** wieder beleben **2.** (*fig*) in Gang bringen

reap [riːp] **I.** *vt* **1.** (*Getreide*) schneiden, mähen; ernten **2.** (*fig*) ernten; bekommen; ~ **what one has sown** ernten, was man gesät hat **II.** *vi* schneiden, mähen; **reaper** ['riːpə(r)] *s* **1.** Mähmaschine *f* **2.** Schnitter(in) *m(f);* **reap·ing hook** ['riːpɪŋˌhʊk] *s* Sichel *f*

re·ap·pear [ˌriːə'pɪə(r)] *vi* wieder erscheinen, wieder auftauchen

re·ap·ply [ˌriːə'plaɪ] *vi* erneut bewerben

re·ap·point [ˌriːə'pɔɪnt] *vt* wieder ernennen, -einstellen

re·ap·prais·al [ˌriːə'preɪzl] *s* Neueinschätzung, -beurteilung *f;* (*Lage*) Neubewertung *f*

rear[1] [rɪə(r)] **I.** *s* **1.** hinterer Teil **2.** (*fam*) Hinterteil *nt* **3.** (MIL) Ende *nt* der Truppe; **at** [*o* **in**] **the ~** hinten; **at** [*o* **to**] **the ~ of the house** hinter dem Haus; **from the ~** von hinten; **bring up the ~** die Nachhut bilden **II.** *adj* hintere(r, s); Heck-; ~ **door** hintere Tür; ~ **admiral** Konteradmiral *m;* ~ **engine** (AUTO) Heckmotor *m;* ~ **lights** Rücklichter *ntpl;* ~ **spoiler** (AUTO) Heckspoiler *m;* ~ **wheel** Hinterrad *nt;* ~ **window** (AUTO) Heckscheibe *f*

rear[2] [rɪə(r)] **I.** *vt* (*Tier*) groß-, aufziehen; ~ **its head** den Kopf zurückwerfen **II.** *vi* (*Pferd:* ~ *up*) sich aufbäumen

rear-en·gined [ˌrɪər'endʒɪnd] *adj* (AUTO) mit Heckmotor, mit Heckantrieb; **rear·guard** ['rɪəgɑːd] *s* (MIL) Nachhut *f*

re·arm [ˌriː'ɑːm] **I.** *vt* wieder bewaffnen **II.** *vi* (wieder) aufrüsten; **re·arma·ment** [riː'ɑːməmənt] *s* **1.** Wiederbewaffnung *f*

R

2. (Wieder)Aufrüstung *f;* **Moral Rearmament** Moralische Aufrüstung

rear·most ['rɪəməʊst] *adj* hinterste(r, s), letzte(r, s)

re·ar·range [ˌriːə'reɪndʒ] *vt* **1.** neu ordnen; umgruppieren **2.** (*Treffen*) erneut vereinbaren

rear-view mir·ror ['rɪəˌvjuː'mɪrə(r)] *s* (AUTO) Rückspiegel *m;* **rear·ward** ['rɪəwəd] **I.** *adj* hintere(r, s); rückwärtig **II.** *adv* (*a.* ~*s*) rückwärts; **rear-wheel drive** *s* Heckantrieb *m*

rea·son ['riːzn] **I.** *s* **1.** Grund *m* (*for* für) **2.** Verstand *m* **3.** Vernunft *f;* **the ~ for my going** weshalb ich gehe; **the ~ why** weswegen; **there is ~ to believe that ...** es gibt Grund zu der Annahme, dass ...; **for that very ~** eben deswegen; **with good ~** mit gutem Grund; **without rhyme or ~** ohne Sinn und Verstand; **without any ~** grundlos; **for no ~ at all** ohne ersichtlichen Grund; **for no particular ~** ohne einen bestimmten Grund; **by ~ of** wegen; **listen to ~** Vernunft annehmen; **lose one's ~** den Verstand verlieren; **that stands to ~** das ist logisch; **for what ~?** aus welchem Grund? **II.** *vi* **1.** logisch denken **2.** vernünftig reden (*with s.o.* mit jdm) **III.** *vt* **1.** durchdenken, überlegen **2.** folgern, schließen; **~ s.o. out of s.th.** jdm etw ausreden; **~ why ...** sich klarmachen, warum ...

rea·son·able ['riːznəbl] *adj* **1.** vernünftig **2.** (*Preis*) reell; angemessen **3.** (*Zweifel*) berechtigt **4.** ordentlich, ganz gut; **with a ~ amount of luck** mit einigem, einer Portion Glück; **rea·son·ably** ['riːznəblɪ] *adv* **1.** vernünftig **2.** einigermaßen; ziemlich

rea·son·ing ['riːznɪŋ] *s* **1.** Schlussfolgerungen *fpl* **2.** Argumentation, Beweisführung *f;* **this ~ is faulty** das Argument ist falsch

re·as·semble [ˌriːə'sembl] **I.** *vt* **1.** wieder versammeln **2.** (TECH) wieder zusammensetzen **II.** *vi* sich wieder versammeln

re·as·sess [ˌriːə'ses] *vt* neu überdenken; neu abwägen; neu veranlagen

re·as·sur·ance [ˌriːə'ʃʊərəns] *s* **1.** Beruhigung *f* **2.** Bestätigung *f* **3.** Rückversicherung *f;* **re·as·sure** [ˌriːə'ʃʊə(r)] *vt* **1.** beruhigen; das Gefühl der Sicherheit geben (*s.o.* jdm) **2.** versichern, beteuern **3.** rückversichern; **~ s.o. of s.th.** jdm etw versichern; **re·as·sur·ing** [ˌriːə'ʃʊərɪŋ] *adj* beruhigend

re·bate ['riːbeɪt] *s* **1.** (Preis)Nachlass, Rabatt *m* **2.** Rückerstattung, -vergütung, -zahlung *f*

rebel ['rebl] **I.** *s* Rebell(in) *m(f),* Aufrührer(in) *m(f)* **II.** *adj* aufrührerisch, aufständisch **III.** [rɪ'bel] *vi* rebellieren, sich erheben; **re·bel·lion** [rɪ'belɪən] *s* Rebellion *f,* Aufstand *m;* **rise in ~** einen Aufstand machen; **re·bel·li·ous** [rɪ'belɪəs] *adj* **1.** aufrührerisch, rebellisch **2.** (*Kind*) rebellisch, widerspenstig

re·birth [ˌriː'bɜːθ] *s* Wiedergeburt *f;* (*fig*) Wiederaufleben *nt*

re·boot [ˌriː'buːt] *vt* (INFORM) erneut laden

re·bound [rɪ'baʊnd] **I.** *vi* **1.** (*Ball*) ab-, zurückprallen **2.** (*fig*) zurückfallen (*on, upon s.o.* auf jdn) **3.** (*Börse*) wieder ansteigen **II.** ['riːbaʊnd] *s* **1.** Rückprall *m* **2.** (*fig*) Rückschlag, Umschwung *m;* **be on the ~** sich über eine Enttäuschung hinwegtrösten

re·buff [rɪ'bʌf] **I.** *s* Zurückweisung *f;* Abfuhr *f;* **meet with a ~** eine Zurückweisung erfahren, zurückgewiesen werden (*from* von) **II.** *vt* abweisen, zurückweisen

re·build [ˌriː'bɪld] *vt* wieder aufbauen; wiederherstellen

re·buke [rɪ'bjuːk] **I.** *vt* zurechtweisen, tadeln (*s.o. for s.th.* jdn wegen etw) **II.** *s* Zurechtweisung *f,* Tadel *m*

re·but [rɪ'bʌt] *vt* widerlegen; **re·but·tal** [rɪ'bʌtl] *s* Widerlegung *f*

rec [rek] *adj* Freizeit-

re·cal·ci·trant [rɪ'kælsɪtrənt] *adj* aufsässig

re·call [rɪ'kɔːl] **I.** *vt* **1.** zurückrufen **2.** (*Buch*) zurückfordern **3.** sich erinnern an **4.** (COM) einziehen; **~ s.o. to life** jdn ins Leben zurückrufen **II.** *s* **1.** Rückruf *m* **2.** Rückforderung *f* **3.** Erinnerung *f* **4.** (COM) Einzug *m;* **beyond** [*o* **past**] **~** für immer vorbei

re·cant [rɪ'kænt] *vi, vt* widerrufen

re·cap¹ ['riːkæp] **I.** *s* kurze Zusammenfassung **II.** *vt, vi* kurz zusammenfassen

re·cap² [ˌriː'kæp] **I.** *s* (*Am*) laufflächenerneuerter Reifen **II.** *vt* die Laufflächen erneuern von

re·cap·itu·late [ˌriːkə'pɪtʃʊleɪt] *vt, vi* rekapitulieren, kurz zusammenfassen; **re·cap·itu·la·tion** [ˌriːkəˌpɪtʃʊ'leɪʃn] *s* **1.** Wiederholung *f,* kurze Zusammenfassung **2.** (MUS) Reprise *f*

re·cap·ture [ˌriː'kæptʃə(r)] **I.** *vt* **1.** wieder einfangen; wiedererobern **2.** (*fig*) wieder wach werden lassen **II.** *s* **1.** Wiedereinfangen *nt;* Wiedereroberung *f* **2.** (*fig*) Heraufbeschwörung *f*

re·cast [ˌriː'kɑːst] *vt* **1.** umschmelzen, -gießen **2.** (*fig*) umformen, neu formulieren **3.** (THEAT) neu besetzen

re·cede [rɪ'siːd] *vi* **1.** zurückweichen, -treten **2.** (*fig*) sich entfernen **3.** (*Preis, Wasser*) zurückgehen **4.** (*Meinung*) abgehen; **re·ced·ing** [-ɪŋ] *adj* (*Stirn*) fliehend; **~ hairline** Stirnglatze *f*

re·ceipt [rɪ'siːt] **I.** *s* **1.** Empfang *m;* Annahme *f,* Erhalt *m* **2.** Quittung, Empfangsbestätigung *f;* Beleg *m* **3.** **~s** Einnahmen *fpl,* Eingänge *mpl;* **on ~ of the goods** nach Empfang der Waren **II.** *vt* quittieren, den Empfang bestätigen; **receipt book** *s* Quittungsbuch *nt;* **receipt stamp** *s* Empfangsstempel *m*

re·ceiv·able [rɪ'siːvəbl] **I.** *adj* (FIN) offen, ausstehend **II.** *s pl* (FIN) Außenstände *mpl,* Forderungen *fpl,* Debitoren *mpl*

re·ceive [rɪ'siːv] **I.** *vt* **1.** erhalten, bekommen; empfangen **2.** (*Besucher*) empfangen; aufnehmen **3.** (TELE) empfangen **4.** (*Ablehnung*) erfahren **5.** (*Eindruck*) gewinnen, bekommen **6.** (*Schock*) erleiden **7.** (JUR) hehlen **II.** *vi* **1.** Besuch empfangen **2.** (JUR) Hehlerei treiben **3.** (TELE) empfangen **4.** (SPORT) rückschlagen; **re·ceived** [rɪ'siːvd] *adj:* **~ opinion** [*o* **wisdom**] die allgemeine Meinung; **~ pronunciation, RP** hochsprachliche Aussprache (*nach Daniel Jones*); **re·ceiver** [rɪ'siːvə(r)] *s* **1.** Empfänger(in) *m(f)* **2.** (JUR) Hehler(in) *m(f)* **3.** (TELE) Hörer *m* **4.** (RADIO) Empfänger *m* **5.** (SPORT) Rückschläger(in) *m(f);* **official ~** (FIN) Konkursverwalter(in) *m(f);* **re·ceiv·ing** [rɪ'siːvɪŋ] *s* (JUR) Hehlerei *f;* **be on the ~ end** etw abkriegen; **receiving department**, **receiving office** *s* Warenannahme *f;* **receiving order** *s* Konkurseröffnungsbeschluss *m;* **receiving set** *s* Empfangsgerät *nt*

re·cent ['riːsnt] *adj* **1.** kürzlich **2.** (*Nachrichten*) neueste(r,s), letzte(r,s) **3.** (*Erfindung*) neu; **most ~** neueste(r, s); **ours is a ~ acquaintance** wir kennen uns erst seit kurzem; **in the ~ past** in jüngerer Zeit; **in ~ years** in den letzten Jahren; **of ~ date** neueren Datums; **re·cent·ly** [-lɪ] *adv* neulich, kürzlich, vor kurzem, unlängst; **until quite ~** bis vor kurzem; **as ~ as** erst

re·cep·tacle [rɪ'septəkl] *s* Behälter *m*

re·cep·tion [rɪ'sepʃn] *s* **1.** Aufnahme *f;* Empfang *m* **2.** (*offizieller*) Empfang *m* **3.** (RADIO) Empfang *m* **4.** (*Hotel*) Rezeption *f,* Empfang *m;* **give s.o. a warm ~** jdm einen warmen Empfang bereiten; **meet with a favourable ~** günstig aufgenommen werden; **reception area** *s* Empfangsbereich *m;* **reception camp** *s* Aufnahmelager *nt;* **reception centre** *s* Durchgangslager *nt;* **reception class** *s* (SCHULE) erste Grundschulklasse; **reception desk** *s* Empfang *m,* Rezeption *f;* **re·cep·tion·ist** [-ɪst] *s* **1.** Empfangschef *m,* -dame *f* **2.** (*Büro*) Empfangssekretär(in) *m(f)* **3.** (MED) Sprechstundenhilfe *f*

re·cep·tive [rɪ'septɪv] *adj* **1.** aufnahmefähig **2.** empfänglich (*to* für); **re·cep·tiv·ity** [ˌriːsep'tɪvətɪ] *s* **1.** Aufnahmefähigkeit *f* **2.** Empfänglichkeit *f*

re·cess [rɪ'ses] **I.** *s* **1.** (PARL) Sitzungspause *f;* Ferien *pl* **2.** (ARCH) Nische *f* **3.** (*fig*) Winkel *m;* **in the ~es of my heart** in den Tiefen meines Herzens **II.** *vt* **1.** in die Nische stellen **2.** (*Schrank*) einbauen; vertiefen

re·ces·sion [rɪ'seʃn] *s* **1.** Zurückweichen *nt,* Rückgang *m* **2.** (COM) Rezession *f,* Rückgang *m*

re·ces·sive [rɪ'sesɪv] *adj* (BIOL) rezessiv

re·charge [ˌriː'tʃɑːdʒ] *vt* aufladen; **re·charge·able** [ˌriː'tʃɑːdʒəbl] *adj* aufladbar

re·christen [ˌriː'krɪsən] *vt* umtaufen

re·cidi·vism [rɪ'sɪdɪvɪzəm] *s* (JUR) Rückfälligkeit *f;* **re·cidi·vist** [rɪ'sɪdɪvɪst] **I.** *s* Rückfällige(r) *f m* **II.** *adj* rückfällig

recipe ['resəpɪ] *s* **1.** Rezept *nt* **2.** (*fig*) Geheimnis *nt;* **~ for success** Erfolgsrezept *nt;* **that's a ~ for disaster** das Unglück ist vorprogrammiert

re·cipi·ent [rɪ'sɪpɪənt] *s* Empfänger(in) *m(f)*

re·cip·ro·cal [rɪ'sɪprəkl] **I.** *adj* **1.** gegenseitig **2.** (MATH) reziprok; **~ trade** Handel untereinander **II.** *s* (MATH) reziproker Wert, Kehrwert *m;* **re·cip·ro·cate** [rɪ'sɪprəkeɪt] **I.** *vt* **1.** erwidern; sich revanchieren für **2.** (TECH) hin- und herbewegen **II.** *vi* **1.** sich revanchieren **2.** (TECH) hin- und hergehen; **re·ci·proc·ity** [ˌresɪ'prɒsətɪ] *s* **1.** Gegenseitigkeit *f* **2.** Austausch *m*

re·cital [rɪ'saɪtl] *s* **1.** Vortrag *m;* Konzert *nt* **2.** Aufzählung, Schilderung *f;* **song ~** Liederabend *m;* **reci·ta·tion** [ˌresɪ'teɪʃn] *s* Deklamation *f,* Vortrag *m;* **reci·ta·tive** [ˌresɪtə'tiːv] *s* (MUS) Rezitativ *nt;* **re·cite** [rɪ'saɪt] **I.** *vt* **1.** vortragen, rezitieren **2.** (*fig*) hersagen; aufzählen **II.** *vi* vortragen

reck·less ['reklɪs] *adj* **1.** leichtsinnig **2.** (*Fahrer*) rücksichtslos, unverantwortlich **3.** (*Versuch*) gewagt; **~ of** ohne Rücksicht auf; **reck·less·ness** [-nɪs] *s* **1.** Leichtsinn *m* **2.** Leichtfertigkeit, Rücksichtslosigkeit *f* **3.** Gewagtheit *f*

reckon ['rekən] **I.** *vt* **1.** aus-, berechnen **2.** rechnen, zählen (*among* zu) **3.** glauben; schätzen; **be ~ed** gelten; **what do you ~?** was meinen Sie? **II.** *vi* rechnen; **~ing from tomorrow** ab morgen gerechnet; **reckon in** *vt* einbeziehen, mitrechnen; **reckon on** *vt* rechnen, zählen auf; **reckon up** **I.** *vt* zusammenrechnen **II.** *vi* abrechnen (*with* mit); **reckon with** *vt* rechnen mit; **reckon without** *vt* nicht rechnen mit; **reckoner** ['rekənə(r)] *s* Rechner *m;* **reckon·ing** ['rekənɪŋ] *s* (Be)Rechnung *f;* **by my ~** nach meiner Rechnung; **to the best of my**

R

~ nach meiner Schätzung; **be out in one's ~** (*fig*) sich verrechnet haben; **the day of ~** der Tag der Abrechnung

re·claim [rɪˈkleɪm] *vt* **1.** (*Land*) kultivieren; gewinnen **2.** (*Mensch*) abbringen (*from* von) **3.** wiedergewinnen **4.** (*Rechte*) zurückfordern, zurückverlangen **5.** (*Gepäck*) abholen; **rec·la·ma·tion** [ˌrekləˈmeɪʃn] *s* **1.** (*Land*) Kultivierung *f;* Gewinnung *f* **2.** Abbringung *f* **3.** Wiedergewinnung *f* **4.** Rückgewinnung *f*

re·cline [rɪˈklaɪn] **I.** *vt* zurücklegen; zurücklehnen (*on* an) **II.** *vi* zurückliegen; sich zurücklegen, -lehnen; ~ **on a sofa** auf einem Sofa ruhen; **re·clin·er** [-ə(r)] *s* Klappsportwagen *m;* **re·clin·er, re·clin·ing seat** *s* Ruhe-, Schlafsessel *m*

re·cluse [rɪˈkluːs] *s* Einsiedler(in) *m(f)*

rec·og·ni·tion [ˌrekəgˈnɪʃn] *s* **1.** Anerkennung *f* **2.** Erkennen *nt;* **in ~ of** in Anerkennung +*gen;* **change beyond ~, out of all ~** nicht wieder zu erkennen sein

rec·og·niz·able [ˈrekəgnaɪzəbl] *adj* erkennbar

re·cog·ni·zance [rɪˈkɒgnɪzns] *s* **1.** (JUR) Verpflichtung *f;* Anerkenntnis *f* **2.** (*Summe*) Sicherheitsleistung *f;* **enter into ~** Kaution stellen

rec·og·nize [ˈrekəgnaɪz] *vt* **1.** wieder erkennen; erkennen (*by* an) **2.** (POL) anerkennen (*as, to be* als), zugeben, eingestehen **3.** (*Am*) das Wort erteilen (*s.o.* jdm); **rec·og·nized** [ˈrekəgnaɪzd] *adj* anerkannt

re·coil [rɪˈkɔɪl] **I.** *vi* **1.** zurückweichen; zurückschrecken (*from* von) **2.** (*Gewehr*) zurückstoßen **3.** (*fig*) zurückfallen (*on, upon* auf) **II.** [ˈriːkɔɪl] *s* **1.** (*Gewehr*) Rückstoß *m* **2.** (*fig*) Zurückschnellen *nt*

rec·ol·lect [ˌrekəˈlekt] **I.** *vt* sich erinnern an **II.** *vi* sich erinnern; **rec·ol·lec·tion** [ˌrekəˈlekʃn] *s* Erinnerung *f* (*of* an); **to the best of my ~** soweit ich mich erinnern kann

rec·om·mend [ˌrekəˈmend] *vt* **1.** empfehlen (*as* als) **2.** sprechen für; **~ s.o. s.th.** jdm etw empfehlen; **it is not to be ~ed** es ist nicht zu empfehlen; **~ed price** empfohlener Richtpreis; **~ed retail price, RRP** empfohlener Abgabepreis; **he has much to ~ him** es spricht sehr viel für ihn; **re·com·mend·able** [-əbl] *adj* empfehlenswert; **rec·om·men·da·tion** [ˌrekəmenˈdeɪʃn] *s* Empfehlung *f;* **on the ~ of** auf Empfehlung von; **letter of ~** Empfehlungsschreiben *nt*

rec·om·pense [ˈrekəmpens] **I.** *vt* **1.** belohnen **2.** (JUR) entschädigen; wieder gutmachen **II.** *s* **1.** Belohnung *f* **2.** (JUR) Entschädigung, Wiedergutmachung *f;* **as a ~** als Belohnung; **in ~ for** als Belohnung für

rec·on·cile [ˈrekənsaɪl] *vt* **1.** versöhnen, aussöhnen (*to s.th., with s.o.* mit etw, mit jdm) **2.** (*Streit*) beilegen, schlichten **3.** (*Ideen*) in Einklang, in Übereinstimmung bringen **4.** (*Konten*) abstimmmen; **~ s.th. with s.th.** etw mit etw in Einklang bringen; **~ s.o. to s.th.** jdn mit etw versöhnen; **~ o.s. to s.th.** sich mit etw abfinden; **rec·on·cili·ation** [ˌrekənˌsɪlɪˈeɪʃn] *s* **1.** Ver-, Aussöhnung *f* (*between, with* mit) **2.** (*Streit*) Beilegung *f* **3.** (*fig*) Vereinbarung *f* **4.** (*Konten*) Abstimmung *f*

re·con·di·tion [ˌriːkənˈdɪʃn] *vt* (*Motor*) generalüberholen; **~ed engine** Austauschmotor *m*

re·con·nais·sance [rɪˈkɒnɪsns] *s* (MIL MAR AVIAT) Aufklärung, Erkundung *f;* **reconnaissance flight** *s* Aufklärungsflug *m;* **reconnaissance patrol** *s* Spähtrupp *m;* **reconnaissance plane** *s* Aufklärungsflugzeug *nt*

re·con·noi·ter (*Am*), **re·con·noi·tre** [ˌrekəˈnɔɪtə(r)] **I.** *vt* (MIL) erkunden, auskundschaften **II.** *vi* das Gelände erkunden

re·con·sider [ˌriːkənˈsɪdə(r)] *vt* **1.** wieder in Betracht ziehen, nochmals erwägen; nachprüfen **2.** (*erledigte Sache*) wieder aufnehmen

re·con·struct [ˌriːkənˈstrʌkt] *vt* rekonstruieren; wieder aufbauen; **re·con·struc·tion** [ˌriːkənˈstrʌkʃn] *s* Rekonstruktion *f;* Wiederaufbau *m*

re·cord[1] [rɪˈkɔːd] **I.** *vt* **1.** auf-, verzeichnen; dokumentieren; eintragen **2.** protokollieren; niederschreiben **3.** (*Protest*) zum Ausdruck bringen **4.** (*Thermometer*) verzeichnen, registrieren **5.** (*auf Tonband*) aufnehmen; aufzeichnen; **it's not ~ed anywhere** das ist nirgends dokumentiert; **a ~ed programme** eine Aufzeichnung **II.** *vi* Tonbandaufnahmen machen

rec·ord[2] [ˈrekɔːd] *s* **1.** Aufzeichnung *f;* Liste *f;* Protokoll *nt;* Unterlage *f* **2.** (*police ~*) Vorstrafen *fpl* **3.** Vorgeschichte *f;* Leistungen *fpl* **4.** (MUS) Schallplatte *f;* Aufnahme *f;* Aufzeichnung *f* **5.** (INFORM) Datensatz *m* **6.** (SPORT) Rekord *m;* **photographic ~** Bilddokumentation *f;* **keep a ~ of s.th.** über etw Buch führen; **it is on ~ that ...** es gibt Belege dafür, dass ...; **he's on ~ as having said ...** es ist belegt, dass er gesagt hat ...; **put s.th. on ~** etw schriftlich festhalten; **for the ~** der Ordnung halber; **off the ~** ganz im Vertrauen; **he's got a ~** er ist vorbestraft; **have an excellent ~** ausgezeichnete Leistungen vorweisen; **have a good ~ at school** ein guter Schüler sein; **make a ~** eine Schallplatte machen; **beat** [*o*

break] **the** ~ den Rekord brechen; **hold the** ~ den Rekord halten; **record breaker** ['rekɔːd,breɪkə(r)] *s* (SPORT) Rekordbrecher(in) *m(f)*; **record-break·ing** ['rekɔːd,breɪkɪŋ] *adj* rekordbrechend; **record changer** *s* Plattenwechsler *m*

re·corded [rɪ'kɔːdɪd] *adj* **1.** aufgezeichnet **2.** (*Geschehen*) schriftlich belegt; ~ **delivery** Einschreiben *nt*; **by** ~ **delivery** per Einschreiben

re·corder [rɪ'kɔːdə(r)] *s* **1.** Registriergerät *nt* **2.** (JUR) Berichterstatter(in) *m(f)* **3.** (MUS) Blockflöte *f*; **cassette** ~ Kassettenrecorder *m*; **tape** ~ Tonbandgerät *nt*

rec·ord holder ['rekɔːd,həʊldə(r)] *s* (SPORT) Rekordhalter(in *f*) *m*

re·cord·ing [rɪ'kɔːdɪŋ] *s* **1.** (*Film*) Aufzeichnung *f* **2.** (Ton)Aufnahme *f*; **recording session** *s* Aufnahme *f*; **recording studio** *s* Aufnahme-, Tonstudio *nt*

rec·ord la·bel ['rekɔːd,leɪbl] *s* Plattenlabel *nt*; **record library** ['rekɔːd,laɪbrərɪ] *s* Schallplattenarchiv *nt*; Plattenverleih *m*; **record losses** *s pl* Rekordverluste *mpl*; **record player** *s* Plattenspieler *m*; **record profits** *s pl* Höchstgewinne *mpl*; **record sales** *s pl* Spitzenumsätze *mpl*; **record token** *s* Plattengutschein *m*

re·count [rɪ'kaʊnt] *vt* erzählen, wiedergeben

re-count [,riː'kaʊnt] **I.** *vt* nachzählen **II.** ['riːkaʊnt] *s* Nachzählung *f*

re·coup [rɪ'kuːp] *vt* **1.** (*Verlust*) wieder einbringen, decken **2.** entschädigen; ~ **o.s.** sich entschädigen

re·course [rɪ'kɔːs] *s* Zuflucht *f*; **have** ~ **to s.o.** sich an jdn wenden; **without** ~ (JUR) ohne Regress

re·cover [rɪ'kʌvə(r)] **I.** *vt* **1.** wieder finden; wiedergewinnen **2.** (*Gesundheit*) wiedererlangen **3.** (*das Bewusstsein*) wiedererlangen **4.** (*Vermögen*) wiederbekommen **5.** (*Verlust*) wieder gutmachen **6.** (*Wrack*) bergen **7.** (*Ausgaben*) decken, wieder einholen **8.** (*verlorene Zeit*) wieder aufholen; ~ **one's breath** wieder zu Atem kommen; ~ **consciousness** wieder zu Bewusstsein gelangen; ~ **one's sight** wieder sehen können; ~ **one's composure** sich wieder fassen; ~ **lost ground** (*fig*) aufholen **II.** *vi* **1.** sich erholen; wieder zu sich kommen **2.** (COM: *Markt*) sich wieder beleben **3.** (JUR) den Prozess gewinnen

re-cover [,riː'kʌvə(r)] *vt* (*Stuhl*) neu beziehen

re·cover·able [rɪ'kʌvərəbl] *adj* **1.** (*Schulden*) eintreibbar **2.** (*Verluste*) ersetzbar; **re·cov·ery** [rɪ'kʌvərɪ] *s* **1.** Wiederfinden *nt*; Wiedergewinnung *f* **2.** Wiedererlangung *f* **3.** Zurückbekommen *nt* **4.** Genesung, Erholung *f* **5.** (COM) konjunktureller Aufschwung; **past** ~ nicht mehr zu retten; **be on the road to** ~ auf dem Wege der Besserung sein; **make a good** ~ sich gut erholen; **recovery service** *s* (AUTO) Abschleppdienst *m*; **recovery ship** *s* Bergungsschiff *nt*; **recovery vehicle** *s* Abschleppwagen *m*

rec·re·ation [,rekrɪ'eɪʃn] *s* **1.** Erholung, Entspannung *f*; Hobby *nt* **2.** (SCHULE) Pause *f*; **rec·re·ation·al** [,rekrɪ'eɪʃnl] *adj* Freizeit-; ~ **drug** Freizeitdroge *f*; ~ **value** Erholungswert *m*; **recreational vehicle**, **RV** *s* (*Am*) Wohnmobil *nt*; **recreation centre** *s* Freizeitzentrum *nt*; **recreation ground** *s* Freizeitgelände *nt*; **recreation room** *s* Freizeitraum *m*; **rec·re·ative** ['rekrɪ,eɪtɪv] *adj* erholsam, entspannend

re·crimi·nate [rɪ'krɪmɪneɪt] *vi* Gegenbeschuldigungen vorbringen; **re·crimi·na·tion** [rɪ,krɪmɪ'neɪʃn] *s* Gegenbeschuldigung *f*

re·cruit [rɪ'kruːt] **I.** *vt* **1.** rekrutieren **2.** (*Mitglieder*) werben **3.** (*Arbeitskräfte*) einstellen **II.** *s* **1.** (MIL) Rekrut *m* **2.** (*fig*) neues Mitglied; **rec·ruit·ing** [-ɪŋ] *s* **1.** (MIL) Rekrutierung *f* **2.** Einstellung *f*; **re·cruit·ment** [-mənt] *s* **1.** (MIL) Rekrutierung *f* **2.** (*Arbeitskräfte*) Einstellung *f*

rec·tangle ['rektæŋgl] *s* Rechteck *nt*; **rec·tangu·lar** [rek'tæŋgjʊlə(r)] *adj* rechtwinklig

rec·tifi·ca·tion [,rektɪfɪ'keɪʃn] *s* Korrektur, Verbesserung *f*; Richtigstellung *f*; Berichtigung *f*; **rec·tify** ['rektɪfaɪ] *vt* **1.** berichtigen; richtig stellen; korrigieren, verbessern **2.** (ELEK) gleichrichten

rec·ti·lin·ear [,rektɪ'lɪnɪə(r)] *adj* geradlinig

rec·ti·tude ['rektɪtjuːd] *s* Rechtschaffenheit *f*

rec·tor ['rektə(r)] *s* **1.** (REL) Pfarrer, Pastor *m* **2.** (*Schule, College*) Direktor(in) *m(f)* **3.** (*Universität*) Rektor(in) *m(f)*; **rec·tory** ['rektərɪ] *s* Pfarrhaus *nt*

rec·tum ['rektəm] *s* (ANAT) Mastdarm *m*

re·cum·bent [rɪ'kʌmbənt] *adj* liegend, ruhend

re·cu·per·ate [rɪ'kuːpəreɪt] **I.** *vt* (*Verluste*) wettmachen, wieder gutmachen **II.** *vi* sich (wieder) erholen, wieder zu Kräften kommen; **re·cu·per·ation** [rɪ,kuːpə'reɪʃn] *s* **1.** (MED) Erholung, Genesung *f* **2.** Wiedergutmachung *f*

re·cur [rɪ'kɜː(r)] *vi* **1.** wiederkehren; sich wiederholen (*to* zu) **2.** (*Problem*) wieder auftreten **3.** (*Frage*) sich wieder stellen **4.** (*Idee*) wieder auftauchen **5.** wieder einfallen (*to s.o.* jdm); **re·cur·rence**

R

[rɪ'kʌrəns] *s* Wiederkehr *f;* Wiederholung *f;* Wiederauftauchen *nt;* **re·cur·rent** [rɪ'kʌrənt] *adj* periodisch wiederkehrend, sich wiederholend; **re·cur·ring** [rɪ'kɜːrɪŋ] *adj* regelmäßig wiederkehrend; ~ **decimal** periodische Dezimalzahl

re·cycle [rɪ'saɪkl] *vt* wieder verwerten, recyceln; ~**d paper** Umwelt-, Recyclingpapier *nt;* **re·cy·cling** [-ɪŋ] *s* Wiederverwertung *f,* Recycling *nt*

red [red] **I.** *adj* rot; ~ **with anger** rot vor Zorn; **see** ~ rot sehen **II.** *s* **1.** Rot *nt* **2.** (POL) Rote(r) *f m;* **be in the** ~ in den roten Zahlen sein; **get out of the** ~ aus den roten Zahlen herauskommen; **Red Army Fraction, RAF** *s* Rote Armee-Fraktion *f;* **red-blooded** [red'blʌdɪd] *adj* heißblütig; **red·cap** ['redkæp] *s* **1.** (*Br fam*) Militärpolizist *m* **2.** (*Am*) Gepäckträger *m;* **red carpet** *s* (*fig*) roter Teppich; **a** ~ **reception** ein großer Bahnhof; **roll out the** ~ den roten Teppich ausrollen; **red cent** *s* (*Am fam*) roter Heller; **Red China** *s* Rotchina *nt;* **Red Crescent** *s* Roter Halbmond; **Red Cross** *s* Rotes Kreuz; **red currant** *s* (rote) Johannisbeere *f;* **red deer** *s* Rothirsch *mpl,* Rotwild *nt;* **red·den** ['redn] **I.** *vt* röten, rot färben **II.** *vi* rot werden, sich röten; **red·dish** ['redɪʃ] *adj* rötlich

re·dec·or·ate [ˌriː'dekəreɪt] *vt* neu tapezieren; neu streichen; **re·dec·or·ation** [ˌriːdekə'reɪʃn] *s* **1.** Neutapezieren *nt;* Neustreichen *nt* **2.** neue Tapeten *pl,* neuer Anstrich

re·deem [rɪ'diːm] *vt* **1.** (*Marken*) einlösen (*for* gegen) **2.** (*Versprechen*) einhalten, erfüllen **3.** (*Schulden*) tilgen, abtragen **4.** (*Aktien*) verkaufen **5.** (*Situation*) retten **6.** (REL) erlösen **7.** (*Fehler*) wettmachen; **re·deem·able** [-əbl] *adj* **1.** (*Schulden*) tilgbar, kündbar **2.** (*Rechnung*) einlösbar **3.** (REL) erlösbar; **Re·deemer** [rɪ'diːmə(r)] *s* (REL) Erlöser, Heiland *m;* **redeem·ing** [rɪ'diːmɪŋ] *adj* ausgleichend, aussöhnend; **re·demp·tion** [rɪ'dempʃn] *s* **1.** Einlösung *f* **2.** (*Versprechen*) Einhaltung *f* **3.** (*Schulden*) Tilgung *f* **4.** (*Aktien*) Verkauf *m* **5.** (*fig*) Rettung *f* **6.** (REL) Erlösung *f;* **beyond** [*o* **past**] ~ nicht mehr zu retten; rettungslos; ~ **date** Tilgungstermin *m;* ~ **value** Rückzahlungswert *m;* ~ **yield** Effektivverzinsung *f*

re·de·ploy [ˌriːdɪ'plɔɪ] *vt* (MIL) verlegen, umgruppieren; **re·de·ploy·ment** [-mənt] *s* (MIL) Umverlegung *f*

re·de·vel·op [ˌriːdɪ'veləp] *vt* sanieren; **re·de·vel·op·ment** [ˌriːdɪ'veləpmənt] *s* Sanierung *f*

re·dial [riː'daɪəl] *vt* nochmals wählen

red-haired [ˌred'heə(r)d] *adj* rothaarig; **red-handed** [ˌred'hændɪd] *adv:* **catch s.o.** ~ jdn auf frischer Tat ertappen; **red·head** ['redhed] *s* Rothaarige(r) *f m;* **red-headed** ['redhedɪd] *adj* rothaarig; **red herring** *s* **1.** Räucherhering *m* **2.** (*fig*) Ablenkungsmanöver *nt;* **that's a** ~ das führt vom Thema ab; **red-hot** [ˌred'hɒt] *adj* **1.** rotglühend; glühend heiß **2.** (*fig*) Feuer und Flamme **3.** (*Nachrichten*) brandaktuell; **Red Indian** *s* Indianer(in) *m(f)*

re·di·rect [ˌriːdɪ'rekt] *vt* (*Brief etc.*) umadressieren, nachsenden; (*Verkehr*) umleiten

re·dis·trib·ute [ˌriːdɪ'strɪbjuːt] *vt* neu verteilen; **re·dis·tribu·tion** [ˌriːdɪstrɪ'bjuːʃn] *s* Um-, Neuverteilung *f*

red-let·ter day [ˌred'letədeɪ] *s* (*fig*) Glückstag *m,* besonderer Tag; **red light** *s* **1.** (*Verkehr*) Rotlicht *nt* **2.** (*fig*) rotes Licht; **see the** ~ (*fig*) die Gefahr erkennen; **red light district** *s* Bordell-, Rotlichtviertel *nt*

red·line *vt:* ~ **s.o.** jdn ausgrenzen

red meat *s* Rind-, Hammelfleisch *nt;* **red·neck** ['rednek] *s* (*in den USA*) *armer weißer Südstaatler vom Land;* **red·ness** ['rednɪs] *s* Röte *f*

re·do [ˌriː'duː] *vt* neu machen

redo·lent ['redələnt] *adj* duftend (*of, with* nach); **be** ~ **of s.th.** (*fig*) an etw erinnern

re·double [rɪ'dʌbl] *vt, vi* (sich) verdoppeln

re·doubt·able [rɪ'daʊtəbl] *adj* **1.** (*Aufgabe*) furchtbar, schrecklich **2.** (*Person*) Respekt gebietend

re·dound [rɪ'daʊnd] *vi:* ~ **to s.o.'s honour** jdm zur Ehre gereichen; ~ **to s.o.'s credit** jdm hoch angerechnet werden

red pep·per [ˌred'pepə(r)] *s* roter Paprika

re·draft [ˌriː'drɑːft] **I.** *s* Neuentwurf *m,* Neufassung *f* **II.** *vt* neu entwerfen, neu abfassen

red rag [ˌred'ræg] *s* rotes Tuch; **it's like a** ~ **to a bull** das ist wie ein rotes Tuch für ihn, sie

re·dress [rɪ'dres] **I.** *vt* **1.** wieder gutmachen, Abhilfe schaffen für **2.** (*Situation*) bereinigen **3.** (*Gleichgewicht*) wiederherstellen; ~ **gender disparities** Berücksichtigung der Geschlechterperspektive **II.** *s* Wiedergutmachung, Abhilfe *f;* **seek** ~ **for** Wiedergutmachung verlangen für; **gain** ~ zu seinem Recht kommen; **legal** ~ Rechtsschutz *m*

Red Sea [red'siː] *s* Rotes Meer

red·skin ['redskɪn] *s* Rothaut *f;* **red tape** *s* (*fam*) Papierkrieg *m;* Behördenkram *m*

re·duce [rɪ'djuːs] **I.** *vt* **1.** verringern, vermindern, abbauen, herunter-, herabsetzen

2. (*Geschwindigkeit*) verlangsamen 3. (*Preis*) senken, ermäßigen 4. (*Produktion*) drosseln, reduzieren 5. (MIL) degradieren 6. (*Lohn*) kürzen 7. (CHEM) reduzieren 8. (MATH) zerlegen 9. (*Sauce*) einkochen lassen; ~ **one's weight** abnehmen; ~ **speed** langsamer fahren; ~ **an argument to its simplest form** ein Argument auf die einfachste Form bringen; ~ **s.o. to poverty** jdn an den Bettelstab bringen; ~ **to silence** zum Schweigen bringen; ~ **to tears** zum Weinen bringen **II.** *vi* abnehmen; **re·duced** [rɪ'dju:st] *adj* ermäßigt; herabgesetzt; **re·ducer** [rɪ'dju:sə(r)] *s* (PHOT) Abschwächer *m*

re·duc·tion [rɪ'dʌkʃn] *s* 1. Verringerung, Verminderung, Kürzung *f;* Reduzierung *f* 2. (*Personal*) Abbau *m* 3. (*Preise*) Herabsetzung, (Preis)Ermäßigung, Senkung *f,* Nachlass, Abbau, Rabatt *m* 4. (Lohn-, Gehalts)Kürzung *f* 5. (*Produktion*) Drosselung *f* 6. (CHEM) Reduktion *f* 7. (MATH) Zerlegung *f* 8. (*Geschwindigkeit*) Verlangsamung *f* 9. (*Kopie*) Verkleinerung *f;* **make a** ~ eine Ermäßigung einräumen; ~ **of taxes** Steuersenkung *f;* ~ **in rank** Degradierung *f;* ~ **of fare** Fahrpreisermäßigung *f;* ~ **in** [*o* **of**] **numbers** zahlenmäßige Verringerung; ~ **in prices** Preisabbau *m;* ~ **of strength** Nachlassen *nt* der Kräfte

re·dun·dancy [rɪ'dʌndənsɪ] *s* 1. Überflüssigkeit *f* 2. (*des Stiles*) Weitschweifigkeit *f* 3. Arbeitslosigkeit *f* 4. **redundancies** Entlassungen *fpl;* **redundancy payment** *s* Abfindung *f;* **re·dun·dant** [rɪ'dʌndənt] *adj* 1. überflüssig, unnötig 2. (*Stil*) weitschweifig 3. (COM) arbeitslos; **become** ~ den Arbeitsplatz verlieren

re·dupli·cate [rɪ'dju:plɪkeɪt] *vt* wiederholen; **re·dupli·ca·tion** [rɪˌdju:plɪ 'keɪʃn] *s* Wiederholung *f*

reed [ri:d] *s* 1. Schilf, Riedgras *nt* 2. (MUS) Zungenpfeife *f;* **a broken** ~ (*fig*) ein schwankendes Rohr; **reed instrument** *s* Rohrblattinstrument *nt*

re-edu·cate [ˌri:'edʒʊkeɪt] *vt* umerziehen, umschulen

reedy ['ri:dɪ] *adj* 1. schilfig 2. (*Ton*) näselnd

reef [ri:f] *s* (Felsen)Riff *nt*

reefer ['ri:fə(r)] *s* 1. (~-*jacket*) Seemannsjacke *f* 2. (*sl*) Marihuanazigarette *f,* Reefer *m;* **reef knot** *s* Reff-, Kreuzknoten *m*

reek [ri:k] **I.** *s* Gestank *m* **II.** *vi* stinken (*of* nach)

reel [ri:l] **I.** *s* Rolle, Spule *f* **II.** *vt* (TECH) aufspulen; ~ **in** einrollen; ~ **off** (*fig*) herunterleiern **III.** *vi* (sch)wanken; taumeln; **my head is ~ing** mir dreht sich der Kopf; **my brain was ~ing with all the information** mein Kopf schwirrte von den vielen Informationen

re-elect [ˌri:ɪ'lekt] *vt* wieder wählen; **re-elec·tion** [ˌri:ɪ'lekʃn] *s* Wiederwahl *f*

re-em·ploy [ˌri:ɪm'plɔɪ] *vt* wieder einstellen; **re-en·gage** [ˌri:ɪn'geɪdʒ] *vt* wieder einstellen

re-en·ter [ˌri:'entə(r)] **I.** *vi* wieder hereinkommen; wieder eintreten; wieder einreisen **II.** *vt* wieder hereinkommen in, hineingehen in; wieder eintreten in; **re-en·try** [ˌri:'entrɪ] *s* Wiedereintritt *m,* Wiedereinreise *f*

re-ex·am·ine [ri:ˌɪg'zæmɪn] *vt:* ~ **s.th.** etw nochmals untersuchen

ref[1] [ref] *s s.* **reference**: **your/our** ~ Ihr/unser Zeichen *nt*

ref[2] [ref] *s s.* **referee** Schiri *m*

re·fec·tory [rɪ'fektərɪ] *s* Mensa *f;* Refektorium *nt*

re·fer [rɪ'fɜ:(r)] **I.** *vt* 1. weiterleiten (*to* an), übergeben (*to s.th.* einer S) 2. verweisen (*to s.o.* an jdn) 3. (*Scheck*) zurückschicken; **the reader is ~red to ...** der Leser wird auf ... verwiesen; ~ **back to** zurückgehen zu; zurückgeben an **II.** *vi* 1. sich berufen, sich beziehen, Bezug nehmen (*to* auf) 2. (*Regeln*) gelten 3. (*Buch*) nachschauen, konsultieren; **the letter ~s to you all** der Brief gilt euch allen; **he ~red to his notes** er hielt sich an seine Notizen; ~ **back to** sich beziehen auf

ref·eree [ˌrefə'ri:] **I.** *s* 1. (JUR) Schiedsrichter(in) *m(f)* 2. (SPORT) Schieds-, Ringrichter(in) *m(f)* 3. (*Bewerbung*) Referenz *f* **II.** *vt, vi* Schiedsrichter sein (bei)

ref·er·ence ['refrəns] *s* 1. Erwähnung *f;* Bemerkung *f;* Anspielung *f* (*to* auf) 2. Weiterleitung *f;* Übergabe *f* 3. Referenz *f,* Zeugnis *nt* 4. (*im Buch*) Verweis *m* 5. Zuständigkeitsbereich *m* 6. Zeichen *nt;* **in** [*o* **with**] ~ **to** in Bezug auf, was ... anbetrifft; **without** ~ **to** ohne Bezug auf, unabhängig von; **give s.o. as a** ~ jdn als Referenz angeben; **have** ~ **to** in Beziehung stehen mit; **make** ~ **to** erwähnen; anspielen auf; **cross-**~ Querverweis *m;* **reference book** *s* Nachschlagewerk *nt;* **reference library** *s* Präsenzbibliothek *f;* **reference mark** *s* Verweiszeichen *nt;* **reference number** *s* Aktenzeichen *nt*

ref·er·en·dum [ˌrefə'rendəm] *s* Volksentscheid *m,* Referendum *nt*

re·fill [ˌri:'fɪl] **I.** *vt* wieder füllen, nachfüllen **II.** ['ri:fɪl] *s* Nachfüllpatrone *f;* ~ (**pack**) Nachfüllpackung *f*

re·fine [rɪ'faɪn] **I.** *vt* 1. (*Zucker, Öl*) raffinieren 2. (*fig*) verfeinern, kultivieren **II.** *vi:* ~ **upon** verfeinern, verbessern; **re·fined**

[rɪˈfaɪnd] *adj* **1.** (TECH) raffiniert **2.** (*fig*) kultiviert, fein; ~ **sugar** Raffinade *f;* **re·fine·ment** [rɪˈfaɪnmənt] *s* **1.** (TECH) Raffinierung *f* **2.** (*Stil*) Vornehmheit *f* **3.** Verfeinerung, Verbesserung *f;* **re·finery** [rɪˈfaɪnərɪ] *s* Raffinerie *f*

re·fit [ˌriːˈfɪt] **I.** *vt* neu ausrüsten; neu ausstatten **II.** *vi* neu ausgerüstet werden **III.** [ˈriːfɪt] *s* Neuausrüstung *f*

re·flate [riːˈfleɪt] *vt* (*Wirtschaft*) ankurbeln; **re·fla·tion** [ˌriːˈfleɪʃn] *s* Reflation *f*

re·flect [rɪˈflekt] **I.** *vt* **1.** zurückwerfen, -strahlen, widerspiegeln, reflektieren **2.** (*fig*) zeigen, ausdrücken; **the moon was ~ed in the lake** der Mond spiegelte sich im See; ~ **credit (up)on s.o.** ein gutes Licht auf jdn werfen; **do you ever ~ that ...?** denken Sie je darüber nach, dass ...? **II.** *vi* nachdenken (*on, upon* über); ~ **(up)on** etw aussagen über; ein gutes Licht werfen auf; sich auswirken auf; schaden (*s.th.* einer S); **re·flect·ing** [-ɪŋ] *adj* reflektierend, widerspiegelnd; **re·flec·tion, re·fle·xion** [rɪˈflekʃn] *s* **1.** Reflexion *f;* (Wider)Spiegelung *f* **2.** (*fig*) Nachdenken *nt;* Betrachtung, Überlegung *f* (*on* über) **3.** Spiegelbild *nt* **4.** Vorwurf, Tadel *m;* **see one's ~ in a mirror** sich im Spiegel sehen; **on ~** wenn man sich das recht überlegt; **a ~ on her honour** ein Schatten auf ihrer Ehre; **cast ~s on s.o.** jdn in ein schlechtes Licht setzen

re·flec·tive [rɪˈflektɪv] *adj* **1.** reflektierend **2.** (*fig*) nachdenklich, gedankenvoll

re·flec·tor [rɪˈflektə(r)] *s* (AUTO) Rückstrahler *m*

re·flex [ˈriːfleks] *s* (PHYSIOL) Reflex *m;* **re·flex action** *s* Reflexhandlung *f;* **reflex camera** *s* Spiegelreflexkamera *f*

re·flex·ion [rɪˈflekʃn] *s* **1.** Reflexion *f;* (Wider)Spiegelung *f* **2.** (*fig*) Nachdenken *nt;* Betrachtung, Überlegung *f* (*on* über) **3.** Spiegelbild *nt* **4.** Vorwurf, Tadel *m;* **see one's ~ in a mirror** sich im Spiegel sehen; **on ~** wenn man sich das recht überlegt; **a ~ on her honour** ein Schatten auf ihrer Ehre; **cast ~s on s.o.** jdn in ein schlechtes Licht setzen

re·flex·ive [rɪˈfleksɪv] *adj* (GRAM) rückbezüglich, reflexiv; **reflex zone therapy** *s* Reflexzonentherapie *f*

re·float [ˌriːˈfləʊt] *vt* wieder flottmachen

re·flux [ˌriːˈflʌks] *s* Rückfluss *m*

re·fo·cus [ˌriːˈfəʊkəs] *vt* neu einstellen

re·forest [rːˈfɒrɪst] *vt* wieder aufforsten

re·form [ˌriːˈfɔːm] *vt, vi* (MIL) neu formieren

re·form [rɪˈfɔːm] **I.** *vt* **1.** reformieren; verbessern **2.** (*Menschen*) bessern **II.** *vi* sich bessern **III.** *s* Reform *f*

ref·or·ma·tion [ˌrefəˈmeɪʃn] *s* Reformierung, Besserung *f;* **the Reformation** (HIST) die Reformation

re·forma·tory [rɪˈfɔːmətrɪ] *s* Besserungsanstalt *f*

re·former [rɪˈfɔːmə(r)] *s* Reformer(in) *m(f)*

re·form meas·ures *s pl* Reformmaßnahmen *fpl;* **reform school** *s* Besserungsanstalt *f*

re·fract [rɪˈfrækt] *vt* (*Strahlen*) brechen; **re·frac·tion** [rɪˈfrækʃn] *s* Lichtbrechung *f*

re·frac·tory [rɪˈfræktərɪ] *adj* **1.** eigensinnig, störrisch **2.** (MED) hartnäckig **3.** (CHEM) hitzebeständig

re·frain[1] [rɪˈfreɪn] *vi:* **she ~ed from comment** sie enthielt sich eines Kommentars; **please ~ from smoking** bitte unterlassen Sie das Rauchen

refrain[2] [rɪˈfreɪn] *s* (MUS) Kehrreim, Refrain *m*

re·fresh [rɪˈfreʃ] *vt* erfrischen, stärken; ~ **o.s** eine Erfrischung zu sich nehmen; ~ **one's memory** sein Gedächtnis auffrischen; **re·fresher** [rɪˈfreʃə(r)] *s* **1.** (JUR) zusätzliches Anwaltshonorar **2.** (~ *course*) Auffrischungskurs *m* **3.** Erfrischung *f;* **re·fresh·ing** [rɪˈfreʃɪŋ] *adj* erfrischend; **re·fresh·ment** [-mənt] *s* **1.** Erfrischung *f;* Stärkung *f* **2.** **~s** Erfrischungen *fpl*

re·fri·ger·ant [rɪˈfrɪdʒərənt] *s* Kälte-, Kühlmittel *nt*

re·frig·er·ate [rɪˈfrɪdʒəreɪt] *vt* kühlen; tiefkühlen; **"~ after opening"** „nach dem Öffnen kühl aufbewahren"; **re·frig·er·ation** [rɪˌfrɪdʒəˈreɪʃn] *s* Kühlung *f;* Tiefkühlung *f;* **re·frig·er·ator** [rɪˈfrɪdʒəreɪtə(r)] *s* Kühlschrank *m;* Eisschrank *m*

re·fuel [ˌriːˈfjuːəl] *vt, vi* auftanken

ref·uge [ˈrefjuːdʒ] *s* **1.** Zuflucht *f* (*from* vor) **2.** Unterstand *m;* **seek ~** Zuflucht suchen; **take ~** Zuflucht nehmen (*in* in); **place of ~** Zufluchtsort *m;* **refu·gee** [ˌrefjʊˈdʒiː] *s* Flüchtling *m;* **refugee camp** *s* Flüchtlingslager *nt*

re·fund [rɪˈfʌnd] **I.** *vt* zurückzahlen, -erstatten; rückvergüten **II.** [ˈriːfʌnd] *s* Rückvergütung, (Rück)Erstattung *f;* **re·fund·able** *adj* zurückzahlbar; **expenses are ~** Ausgaben werden erstattet

re·fur·bish [ˌriːˈfɜːbɪʃ] *vt* aufpolieren; (*Wohnung*) renovieren

re·fusal [rɪˈfjuːzl] *s* **1.** Ablehnung *f;* Zurückweisung *f* **2.** Verweigerung *f;* **give s.o. first ~ of s.th.** jdm etw als Erstem anbieten; **meet with ~** eine Absage erhalten; **give s.o. a flat ~** jdm eine glatte Absage erteilen

re·fuse[1] [reˈfjuːz] **I.** *vt* **1.** ablehnen; abweisen; abschlagen **2.** (*Antrag*) verweigern

3. (*Angebot*) ausschlagen; **be ~d s.th.** etw nicht bekommen; ~ **food** die Nahrung verweigern; ~ **to do s.th.** sich weigern etw zu tun **II.** *vi* ablehnen

ref·use² ['refju:s] *s* Müll *m;* Abfall *m;* **garden** ~ Gartenabfälle *mpl;* **household** ~ Hausmüll *m;* **refuse bin** *s* Mülleimer *m;* **refuse collection** *s* Müllabfuhr *f;* **refuse collector** *s* Müllwerker *m;* (*fam*) Müllmann *m;* **refuse-derived fuel, RDF** *s* Brennstoff *m* aus Müll, BRAM *m;* **refuse disposal** *s* Müllbeseitigung *f;* **refuse dump** *s* Müllabladeplatz *m;* **refuse incineration** *s* Müllverbrennung *f;* **refuse incineration plant** *s* Müllverbrennungsanlage *f*

ref·use·nik [re'fju:znɪk] *s* Verweigerer *m*

re·fut·able [rɪ'fju:təbl] *adj* widerlegbar; **re·fu·ta·tion** [ˌrefju:'teɪʃn] *s* Widerlegung *f;* **re·fute** [rɪ'fju:t] *vt* widerlegen

re·gain [rɪ'geɪn] *vt* **1.** zurück-, wiederbekommen, -erhalten, -erlangen **2.** (*Zeit*) aufholen **3.** (*Ort*) wieder gelangen zu; ~ **one's health** wieder gesund werden; ~ **one's footing** wieder auf die Beine kommen

re·gal ['ri:gl] *adj* königlich

re·gale [rɪ'geɪl] *vt* **1.** verwöhnen (*with, on* mit) **2.** unterhalten, erfreuen (*with* mit)

re·galia [rɪ'geɪlɪə] *s pl* Insignien *pl*

re·gard [rɪ'gɑ:d] **I.** *vt* **1.** betrachten **2.** angehen, betreffen **3.** berücksichtigen; ~ **s.o. as s.th.** jdn für etw halten; ~ **s.o. with favour** jdn wohlwollend betrachten; **be ~ed as ...** als ... angesehen werden; ~ **s.o. highly** jdn hochschätzen **II.** *s* **1.** Rücksicht *f* (*for* auf) **2.** (Hoch)Achtung, Wertschätzung *f* **3.** Bezug *m,* Beziehung *f* (*to* auf); **have some ~ for s.o.** auf jdn Rücksicht nehmen; **show little ~ for s.o.** wenig Rücksichtnahme für jdn zeigen; **in this** ~ in diesem Zusammenhang; **in** [*o* **with**] ~ **to** in Bezug auf; **hold s.o. in high** ~ jdn achten; **send s.o. one's ~s** jdn grüßen lassen; **give him my ~s** grüßen Sie ihn von mir; **re·gard·ful** [rɪ'gɑ:dfl] *adj:* **be ~ of s.o.'s feelings** jds Gefühle achten; **re·gard·ing** [-ɪŋ] *prep* in Bezug auf, bezüglich *+gen;* **re·gard·less** [-lɪs] **I.** *adj:* ~ **of** ohne Rücksicht auf, ungeachtet **II.** *adv* trotzdem

re·gards *s pl* Grüße *pl;* **with kind** ~ mit freundlichen Grüßen

re·gatta [rɪ'gætə] *s* Regatta *f*

re·gency ['ri:dʒənsɪ] *s* Regentschaft *f*

re·gen·er·ate [rɪ'dʒenəreɪt] **I.** *vt* **1.** erneuern; neu bilden, regenerieren **2.** (ELEK) rückkoppeln **II.** *vi* sich regenerieren; sich neu bilden; **re·gen·era·tion** [rɪˌdʒenə'reɪʃn] *s* **1.** Erneuerung *f;* Neubildung *f* **2.** (BIOL) Regeneration *f;* **re·gen·era·tive cream** [ri:ˌdʒenərətɪv'kri:m] *s* Aufbaucreme *f*

re·gent ['ri:dʒənt] *s* Regent *m;* **prince** ~ Prinzregent *m*

reg·gae ['regeɪ] *s* Reggae *m*

regi·cide ['redʒɪsaɪd] *s* **1.** Königsmord *m* **2.** Königsmörder(in) *m(f)*

régime, re·gime [reɪ'ʒi:m] *s* (POL) Regime *nt*

regi·men ['redʒɪmen] *s* (MED) Kur *f*

regi·ment ['redʒɪmənt] **I.** *s* **1.** (MIL) Regiment *nt* **2.** (*fig*) Kompanie *f* **II.** *vt* reglementieren; **regi·men·ta·tion** [ˌredʒɪmen'teɪʃn] *s* Reglementierung *f*

re·gion ['ri:dʒən] *s* **1.** Gebiet *nt,* Region *f* **2.** (*fig*) Bereich *m;* **the lower ~s** die Unterwelt; **in the ~ of** um, etwa; **re·gional** ['ri:dʒənl] *adj* regional, Regional-; **Re·gion·al Com·mit·tee** *s* Ausschuss *m* der Regionen; **re·gion·al·ism** ['ri:dʒənəˌlɪzəm] *s* **1.** (*Politik*) Regionalismus *m* **2.** (*Sprache*) regional verwendeter Ausdruck

reg·is·ter ['redʒɪstə(r)] **I.** *s* **1.** Register *nt;* Gästebuch *nt;* Mitgliedsbuch *nt* **2.** (TECH) Registriergerät *nt* **3.** (MUS) Register *nt* **4.** (LING) Sprachebene *f;* **take the** ~ die Namen aufrufen; **electoral** ~ Wählerverzeichnis *nt;* ~ **of births, deaths and marriages** Personenstandsbuch *nt* **II.** *vt* **1.** eintragen; registrieren **2.** (*Heirat*) anmelden; eintragen lassen **3.** (*Menge*) registrieren **4.** (*Glück*) zum Ausdruck bringen **5.** (*Brief*) einschreiben **6.** (*fig*) registrieren **III.** *vi* **1.** sich eintragen; sich einschreiben; (*Hotel*) einchecken **2.** (TECH) passen (*with* zu); ~ **with the police** sich polizeilich melden; ~ **for a course** einen Kurs belegen

reg·is·tered ['redʒɪstəd] *adj* **1.** (*amtlich*) eingetragen; amtlich zugelassen **2.** (*Brief*) eingeschrieben; ~ **trademark** eingetragenes Warenzeichen; **Registered General Nurse, RGN** (*in GB*) staatlich geprüfte Krankenschwester; ~ **letter** Einschreibebrief *m*

reg·is·trar [ˌredʒɪ'strɑ:(r)] *s* **1.** Standesbeamte(r) *m,* -beamtin *f* **2.** (*Universität*) Kanzler(in) *m(f)* **3.** (MED) Krankenhausarzt *m,* -ärztin *f;* **~'s office** (*Br*) Standesamt *nt*

reg·is·tra·tion [ˌredʒɪ'streɪʃn] *s* **1.** Einschreibung, Registrierung *f* **2.** Anmeldung *f;* Eintrag(ung *f*) *m* **3.** Registrierung *f* **4.** (*Gepäck*) Aufgeben *nt* **5.** (*Brief*) Einschreiben *nt;* **registration document** *s* (AUTO) Kraftfahrzeugbrief *m;* **registration fee** *s* Anmeldegebühr *f;* **registration number** *s* (AUTO) polizeiliches Kennzeichen

reg·is·try ['redʒɪstrɪ] *s* **1.** Sekretariat *nt* **2.** (REL) Sakristei *f* **3.** (*Br:* ~ *office*) Standesamt *nt;* **port of** ~ Heimathafen *m*

re·gress [rɪ'gres] *vi* sich zurückentwickeln; **re·gres·sion** [rɪ'greʃn] *s* rückläufige Entwicklung; **re·gres·sive** [rɪ'gresɪv] *adj* (*a.* BIOL) regressiv

re·gret [rɪ'gret] **I.** *vt* bedauern; nachtrauern (*s.th.* einer S); **I** ~ **to say that …** ich muss Ihnen leider mitteilen, dass …; **it is to be ~ted that …** es ist bedauerlich, dass … **II.** *s* Bedauern *nt* (*at* über); **much to my** ~ sehr zu meinem Bedauern; **have no ~s** nichts bereuen; **re·gret·ful** [rɪ'gretfl] *adj* bedauernd; **re·gret·ful·ly** [-fəlɪ] *adv* bedauerlicherweise; mit Bedauern; **re·gret·table** [-əbl] *adj* bedauerlich

re·group [ˌriː'gruːp] *vt* umgruppieren

regu·lar ['regjʊlə(r)] **I.** *adj* **1.** regelmäßig; gleichmäßig **2.** (*Anstellung*) fest, regulär; geregelt **3.** (*Preis*) normal **4.** (*Kunde*) Stamm- **5.** (RAIL) fahrplanmäßig **6.** (*Bewegung*) gleichförmig, -mäßig **7.** (MIL) Berufs- **8.** (GRAM) regelmäßig **9.** (*fam*) regelrecht **10.** (*Am fam*) pfundig, patent; **keep ~ hours** feste Zeiten haben; ~ **procedure demands that …** der Ordnung halber muss man …; ~ **customer** Stammkunde *m,* -kundin *f;* ~ **income** festes Einkommen; ~ **size** Standardgröße *f;* ~ **staff** festangestelltes Personal **II.** *s* **1.** (MIL) Berufssoldat *m* **2.** Stammkunde *m,* -kundin *f;* **regu·lar·ity** [ˌregjʊ'lærətɪ] *s* **1.** Regelmäßigkeit *f;* Gleichmäßigkeit *f* **2.** Geregeltheit *f;* **regu·lar·ize** ['regjʊləraɪz] *vt* **1.** regulieren **2.** (*Situation*) normalisieren

regu·late ['regjʊleɪt] *vt* **1.** steuern, regeln; (*a.* TECH) regulieren **2.** (*Uhr*) nach-, einstellen; **regu·la·tion** [ˌregjʊ'leɪʃn] **I.** *s* **1.** Regelung, Regulierung *f* **2.** Vorschrift *f;* **according to ~s** laut Vorschrift; **be contrary to ~s** gegen die Vorschrift verstoßen; **safety ~s** Sicherheitsvorschriften *fpl* **II.** *adj attr* vorgeschrieben; **regu·la·tor** ['regjʊleɪtə(r)] *s* **1.** (TECH) Regler *m* **2.** aufsichtsführende Person; **regu·lat·ory** [ˌregjʊ'leɪtrɪ] *adv* regulatorisch; ~ **power** Aufsichts- und Kontrollbefugnis *f*

re·gur·gi·tate [riː'gɜːdʒɪteɪt] *vt* **1.** wieder von sich geben **2.** (*fig*) wiederkäuen

re·ha·bili·tate [ˌriːə'bɪlɪteɪt] *vt* **1.** rehabilitieren **2.** (*Flüchtling*) eingliedern; **re·ha·bili·ta·tion** [ˌriːəˌbɪlɪ'teɪʃn] *s* **1.** Rehabilitation *f* **2.** Eingliederung *f* in die Gesellschaft; **rehabilitation centre** *s* Rehabilitationszentrum *nt*

re·hash [ˌriː'hæʃ] **I.** *vt* (*fig*) aufbereiten **II.** ['riːhæʃ] *s* Aufbereitung *f*

re·hearsal [rɪ'hɜːsl] *s* **1.** (THEAT MUS) Probe *f* **2.** (*fig*) Aufzählung *f;* **re·hearse** [rɪ'hɜːs] *vt* **1.** (THEAT) proben **2.** (*fig*) aufzählen

reign [reɪn] **I.** *s* Regentschaft *f;* Herrschaft *f;* **in the** ~ **of** während der Regierungszeit +*gen* **II.** *vi* regieren, herrschen (*over* über)

re·im·burse [ˌriːɪm'bɜːs] *vt* **1.** entschädigen **2.** (*Verlust*) ersetzen **3.** (*Kosten*) zurückerstatten, ersetzen; ~ **s.o. for his expenses** jdm seine Auslagen zurückerstatten; **re·im·burse·ment** [-mənt] *s* **1.** Entschädigung *f* **2.** Ersatz *m* **3.** Rückerstattung *f*

rein [reɪn] **I.** *s* Zügel *m;* **hold the ~s** (*fig*) die Zügel in der Hand haben; **keep a tight ~ on s.o.** bei jdm die Zügel kurz halten; **give free ~ to s.o./s.th.** jdm/einer S freien Lauf lassen **II.** *vt* (~ *back, in, up*) zügeln; (*fig*) im Zaum halten

re·in·car·na·tion [ˌriːɪnkɑː'neɪʃn] *s* Wiedergeburt, Reinkarnation *f*

rein·deer ['reɪndɪə(r)] *s* Ren(tier) *nt*

re·in·force [ˌriːɪn'fɔːs] *vt* **1.** (*a.* PSYCH MIL) verstärken **2.** (*Beton*) armieren **3.** (*Aussage*) stützen, bestätigen; **reinforced** *adj* verstärkt; ~ **concrete** Stahlbeton *m;* **re·in·force·ment** [-mənt] *s* (*a.* MIL) Verstärkung *f*

re·in·state [ˌriːɪn'steɪt] *vt* **1.** wieder einstellen (*in* in) **2.** (*Ordnung*) wiederherstellen

re·in·sure [ˌriːɪn'ʃʊə(r)] *vt* weiter versichern; (COM) rückversichern

re·in·te·grate [ˌriː'ɪntəgreɪt] *vt* wieder eingliedern; **re·in·te·gra·tion** ['riːˌɪntə'greɪʃn] *s* Wiedereingliederung, Reintegration *f*

re·in·tro·duce [ˌriːɪntrə'djuːs] *vt* wieder einführen

re·is·sue [ˌriː'ɪʃuː] **I.** *s* **1.** Neuausgabe, -auflage *f* **2.** (*Aktien*) Neuemission *f* **II.** *vt* neu (her)ausgeben

re·iter·ate [riː'ɪtəreɪt] *vt* wiederholen; **re·iter·ation** [riːˌɪtə'reɪʃn] *s* Wiederholung *f*

re·ject [rɪ'dʒekt] **I.** *vt* **1.** ablehnen, zurückweisen **2.** (*Plan*) verwerfen; ausschlagen **3.** (*Kandidaten*) durchfallen lassen **4.** (MED) nicht vertragen; abstoßen **II.** ['riːdʒekt] *s* (COM) Ausschuss *m;* ~ **shop** Laden *m* für Ausschussware; **re·jec·tion** [rɪ'dʒekʃn] *s* **1.** Ablehnung, Zurückweisung *f* **2.** Abweisung *f;* Verwerfen *nt* **3.** (MED) Abstoßung *f*

re·joice [rɪ'dʒɔɪs] **I.** *vt* erfreuen **II.** *vi* sich freuen (*at, over* über, an); **re·joic·ing** [-ɪŋ] *s* Jubel *m*

re·join[1] [ˌriː'dʒɔɪn] *vt* sich wieder anschließen an

re·join[2] [rɪ'dʒɔɪn] *vt* erwidern; **re·join·der** [-də(r)] *s* Erwiderung *f*

re·ju·ven·ate [riː'dʒuːvəneɪt] *vt* verjüngen

re·kindle [rɪː'kɪndl] *vt* **1.** (*Feuer*) wieder

anzünden **2.** (*fig*) wieder entzünden

re·lapse [rɪ'læps] **I.** *vi* **1.** (MED) einen Rückfall haben **2.** (COM) einen Rückschlag erleiden; ~ **into crime** rückfällig werden **II.** *s* **1.** (MED) Rückfall *m* **2.** (COM) Rückschlag *m* **3.** (JUR) Rückfall *m* (*into* in)

re·late [rɪ'leɪt] **I.** *vt* **1.** erzählen; aufzählen **2.** in Verbindung bringen (*to, with* mit); **strange to** ~ so unglaublich es klingt **II.** *vi* **1.** zusammenhängen (*to* mit) **2.** eine Beziehung finden (*to* zu); **re·lated** [rɪ'leɪtɪd] *adj* **1.** verwandt (*to* mit) **2.** zusammenhängend; **be** ~ **to s.th.** mit etw zusammenhängen, verwandt sein; **re·lat·ing** [-ɪŋ] *adj:* ~ **to** zusammenhängend mit, bezüglich

re·la·tion [rɪ'leɪʃn] *s* **1.** Beziehung *f;* Verhältnis *nt* **2.** Verwandte(r) *f m* **3.** ~**s** Beziehungen *fpl;* **in** ~ **to** in Bezug auf; im Verhältnis zu; **bear no** ~ **to** keinerlei Beziehung haben zu; **have business** ~**s with** Geschäftsverbindungen unterhalten, pflegen mit; **she's a** ~ **of mine** sie ist mit mir verwandt; **re·la·tion·ship** [-ʃɪp] *s* **1.** Verbindung, Beziehung *f,* Verhältnis *nt* **2.** Verwandtschaft *f* (*to* zu); **have a** ~ **with** ein Verhältnis haben mit; **friendly** ~ freundschaftliches Verhältnis

rela·tive ['relətɪv] **I.** *adj* **1.** relativ; respektiv **2.** (GRAM) Relativ-; ~ **to** sich beziehend auf; **live in** ~ **luxury** relativ luxuriös leben **II.** *s* **1.** Verwandte(r) *f m* **2.** (GRAM) Relativsatz *m;* **rela·tive·ly** [-lɪ] *adv* verhältnismäßig; **rela·tiv·ity** [ˌrelə'tɪvətɪ] *s* (PHYS) Relativität *f;* **theory of** ~ Relativitätstheorie *f*

re·launch **I.** ['riːˌlɔːntʃ] *s* Wiedereinführung *f* **II.** *vt* erneut auf den Markt bringen

re·lax [rɪ'læks] **I.** *vt* **1.** lockern **2.** (*Muskeln, Geist*) entspannen **3.** (*Aufmerksamkeit*) nachlassen in; ~ **one's grip,** ~ **hold on s.th.** den Griff bei etw lockern **II.** *vi* **1.** sich lockern **2.** sich erholen, sich entspannen; **re·lax·ation** [ˌriːlæk'seɪʃn] *s* **1.** Lockerung *f;* Entspannung *f* **2.** Erholung *f*

re·lay ['riːleɪ] **I.** *s* **1.** Ablösung *f* **2.** (SPORT) Staffel(lauf *m*) *f* **3.** (RADIO) Relais *nt;* **work in** ~ sich ablösen **II.** *vt* **1.** (RADIO) übertragen **2.** (*Nachricht*) ausrichten (*to s.o.* jdm)

re·lay [ˌriː'leɪ] *vt* (*Teppich*) neu verlegen

re·lease [rɪ'liːs] **I.** *vt* **1.** frei-, entlassen; freigeben; befreien **2.** (*von Versprechen*) entbinden **3.** (*von Schmerz*) erlösen **4.** (*Bremse*) lösen **5.** (*Bombe*) abwerfen **6.** (*Film*) herausbringen **7.** (*Nachricht*) veröffentlichen **8.** (*Gas*) freisetzen; ausströmen **9.** (*Titel*) aufgeben; ~ **s.o. on bail** jdn gegen Kaution freilassen; ~ **one's hold on s.th.** etw loslassen **II.** *s* **1.** Entlassung, Freilassung *f;* Freigabe *f* **2.** Entlastung, Befreiung, Entbindung *f* (*from* von) **3.** (TECH) Lösen *nt;* Auslösen *nt* **4.** (*Film*) Herausbringen *nt* **5.** Veröffentlichung *f* **6.** (*Gas*) Freisetzung *f* **7.** (*fig*) Verzicht *m,* Aufgabe *f*

rel·egate ['relɪgeɪt] *vt* **1.** degradieren **2.** (SPORT) absteigen lassen **3.** (*Anliegen*) weiterleiten (*to* an)

re·lent [rɪ'lent] *vi* nachgeben; nachlassen; **re·lent·less** [-lɪs] *adj* erbarmungslos; unerbittlich

rel·evance ['reləvəns] *s* Relevanz *f;* **rel·evan·cy** ['reləvənsɪ] *s* Relevanz *f*

rel·evant ['reləvənt] *adj* **1.** relevant (*to* für) **2.** (*Behörde*) zuständig **3.** (*Untersuchung*) sachbezogen

re·lia·bil·ity [rɪˌlaɪə'bɪlətɪ] *s* **1.** Zuverlässigkeit *f;* Verlässlichkeit *f* **2.** (*Firma*) Seriosität *f;* **re·liable** [rɪ'laɪəbl] *adj* **1.** zuverlässig; verlässlich **2.** (*Firma*) seriös, vertrauenswürdig; **re·li·ance** [rɪ'laɪəns] *s* Vertrauen *nt* (*on* auf); **place** ~ **on s.th.** sich auf etw verlassen; **re·li·ant** [rɪ'laɪənt] *adj* angewiesen (*on, upon* auf)

relic ['relɪk] *s* **1.** Überbleibsel, Relikt *nt* **2.** (REL) Reliquie *f*

re·lief [rɪ'liːf] *s* **1.** Erleichterung *f* (*from* von) **2.** Abwechslung *f* **3.** Hilfe *f;* Entlastung *f* **4.** (MIL) Ablösung *f* **5.** (*Kunst*) Relief *nt* **6.** (JUR) Rechtshilfe *f* (*of* bei); **bring s.o.** ~ jdm Erleichterung verschaffen; **go to s.o.'s** ~ jdm zu Hilfe eilen; ~ **of the poor** Armenfürsorge *f;* **stand out in** ~ **against s.th.** sich von etw abheben; **throw s.th. into** ~ etw hervortreten lassen; **relief driver** *s* Ablösung *f;* **relief train** *s* Entlastungszug *m;* **relief worker** *s* Katastrophenhelfer(in) *m(f)*

re·lieve [rɪ'liːv] *vt* **1.** erleichtern; helfen (*s.o.* jdm) **2.** (*Last*) befreien; abnehmen **3.** (*Schmerz*) mildern, schwächen; lindern **4.** (*Spannung*) abbauen **5.** (*Armut*) erleichtern **6.** (MIL) ablösen **7.** (*Stadt*) befreien; **he was ~d to learn that** er war erleichtert, als er das hörte; ~ **s.o.'s mind** jdn beruhigen; ~ **one's feelings** seinen Gefühlen Luft machen; ~ **o.s.** (*euph*) sich erleichtern

re·lig·ion [rɪ'lɪdʒən] *s* Religion *f;* Glaube(n) *m;* **freedom of** ~ Religionsfreiheit *f;* **war of** ~ Religionskrieg *m;* **re·lig·ious** [rɪ'lɪdʒəs] **I.** *adj* **1.** religiös **2.** gläubig, fromm **3.** gewissenhaft; ~ **instruction** Religionsunterricht *m;* ~ **leader** Religionsführer(in) *m(f);* ~ **education, RE** (SCHULE) Religionsunterricht *m* **II.** *s* Ordensmann *m,* -frau *f*

re·lin·quish [rɪ'lɪŋkwɪʃ] *vt* aufgeben, verzichten auf; ~ **one's hold on s.o.** jdn loslassen; ~ **s.th. to s.o.** jdm etw abtreten

R

reli·quary ['relɪkwərɪ] *s* (REL) Reliquienschrein *m*

rel·ish ['relɪʃ] **I.** *s* **1.** Geschmack, Gefallen *m* (*for* an) **2.** Soße *f;* Würze *f* **3.** (*fig*) Charme *m;* **do s.th. with** ~ etw mit Genuss tun; **it has lost all** ~ (**for me**) das hat für mich jeglichen Reiz verloren **II.** *vt* genießen; sich schmecken lassen; **I don't** ~ **doing that** das ist gar nicht nach meinem Geschmack

re·load [ˌriː'ləʊd] *vt* (*Gewehr*) nachladen

re·lo·cate [ˌriːləʊ'keɪt] *vt* umsiedeln, verlegen; **re·lo·ca·tion** [ˌriːləʊ'keɪʃn] *s* Umzug *m;* Umsiedlung *f*

re·luc·tance [rɪ'lʌktəns] *s* Abneigung *f,* Widerwillen *m;* **do s.th. with** ~ etw widerwillig tun; **re·luc·tant** [rɪ'lʌktənt] *adj* unwillig, widerwillig; **he was** ~ **to leave** er ging ungern

rely [rɪ'laɪ] *vi* sich verlassen, angewiesen sein (*on, upon* auf); **he can be relied on** man kann sich auf ihn verlassen

REM [ˌɑːriː'em] *s Abk. von* **rapid eye movement** REM *nt*

re·main [rɪ'meɪn] *vi* **1.** bleiben; übrigbleiben **2.** fortdauern, bestehen bleiben; **much ~s to be done** es bleibt noch viel zu tun; **nothing ~s to be said** es bleibt nichts mehr zu sagen; **that ~s to be seen** das wird sich zeigen; ~ **silent** weiterhin schweigen; **it ~s the same** das bleibt sich gleich; **re·main·der** [rɪ'meɪndə(r)] *s* **1.** (*a.* MATH) Rest *m,* Rückstand *m* **2. ~s** Restauflagen, Remittenden *fpl;* ~ **merchant** Ramschhändler *m;* **re·main·ing** [rɪ'meɪnɪŋ] *adj* übrig, restlich; **re·mains** [rɪ'meɪnz] *s pl* Reste *mpl,* Überreste *mpl,* Ruinen *fpl*

re·make [ˌriː'meɪk] **I.** *vt* noch einmal, neu machen **II.** ['riːmeɪk] *s* Neuverfilmung *f*

re·mand [rɪ'mɑːnd] **I.** *vt* (JUR) vertagen; ~ **s.o. in custody** jdn in Untersuchungshaft behalten; ~ **s.o. on bail** jdn gegen Kaution aus der Untersuchungshaft entlassen **II.** *s:* **be on** ~ in Untersuchungshaft sein; **remand centre** *s* (*Br*) Untersuchungsgefängnis *nt* für Jugendliche

re·mark [rɪ'mɑːk] **I.** *vt* bemerken; wahrnehmen **II.** *vi* eine Bemerkung machen (*on, upon* über); **nobody ~ed on it** niemand hat etwas dazu gesagt **III.** *s* Bemerkung *f;* **have a few ~s on that subject** einiges zum Thema zu sagen haben; **worthy of** ~ bemerkenswert; **re·mark·able** [-əbl] *adj* bemerkenswert; beachtlich; außergewöhnlich

re·mar·riage [ˌriː'mærɪdʒ] *s* Wiederverheiratung *f;* **re·marry** [ˌriː'mærɪ] *vi* wieder heiraten

re·medi·able [rɪ'miːdɪəbl] *adj* (*Fehler*) behebbar; **re·medial** [rɪ'miːdɪəl] *adj* heilend; Hilfs-; ~ **class** Förderklasse *f;* ~ **exercises** Heilgymnastik *f;* ~ **measure** Hilfsmaßnahme *f;* ~ **teaching** Förderunterricht *m*

re·medi·al ac·tion [rɪˌmiːdɪəl'ækʃn] *s* Heilwirkung *f*

rem·edy ['remədɪ] **I.** *s* **1.** Heilmittel *nt* (*for* gegen) **2.** (*fig*) Mittel *nt* **3.** (JUR) Rechtsmittel *nt;* **the situation is beyond** ~ die Lage ist hoffnungslos; **unless we can find a** ~ wenn wir keinen Ausweg finden **II.** *vt* **1.** (MED) heilen **2.** (*fig*) beheben; bessern; abhelfen (*s.th.* einer S)

re·mem·ber [rɪ'membə(r)] **I.** *vt* **1.** sich erinnern an; denken an; merken **2.** grüßen; ~ **to do s.th.** daran denken etw zu tun; **I** ~ **doing it** ich erinnere mich daran, dass ich es getan habe; ~ **me to your father** grüßen Sie Ihren Vater von mir **II.** *vi* sich erinnern; **if I** ~ **right** wenn ich mich recht erinnere; **re·mem·brance** [rɪ'membrəns] *s* **1.** Erinnerung *f* (*of* an) **2.** Andenken *nt* (*of* an) **3. ~s** Grüße *mpl;* **in** ~ **of** zur Erinnerung an; **to the best of my** ~ soweit ich mich erinnern kann; **Remembrance Day** *s* ≈Volkstrauertag *m;* **remembrance service** *s* Gedenkgottesdienst *m*

re·mind [rɪ'maɪnd] *vt* erinnern (*of* an); ~ **s.o. to do s.th.** jdn daran erinnern etw zu tun; **that ~s me!** dabei fällt mir etwas ein!; **re·minder** [rɪ'maɪndə(r)] *s* **1.** Gedächtnisstütze *f* **2.** (COM) Mahnung *f;* Mahnbescheid *m*

remi·nisce [ˌremɪ'nɪs] *vi* in Erinnerungen schwelgen (*about* an); **remi·nis·cence** [ˌremɪ'nɪsns] *s* **1.** Erinnerung *f* (*of* an) **2. ~s** (Lebens)Erinnerungen *fpl;* **remi·nis·cent** [ˌremɪ'nɪsnt] *adj* sich erinnernd (*of* an); **be** ~ **of s.th.** an etw erinnern; **be feeling** ~ in nostalgischer Stimmung sein

re·miss [rɪ'mɪs] *adj* nachlässig (*in s.th.* bei etw)

re·mission [rɪ'mɪʃn] *s* **1.** (JUR) Straferlass *m* **2.** (REL) Nachlass *m* **3.** (COM) Überweisung *f* **4.** (MED) Nachlassen *nt*

re·mit [rɪ'mɪt] **I.** *vt* **1.** (*Sünde*) erlassen **2.** (*Geld*) überweisen **3.** verschieben, vertagen **4.** (JUR) verweisen (*to* an) **II.** *vi* nachlassen **III.** *s* Aufgabenbereich *m;* **re·mit·tance** [rɪ'mɪtns] *s* (*Geld*) Überweisung *f* (*to* an); **remittance slip** *s* Einzahlungsschein *m*

re·mit·tent [rɪ'mɪtnt] *adj* vorübergehend nachlassend

re·mix ['riːmiks] *s* Remix *m*

rem·nant ['remnənt] *s* Rest, Überrest *m;* **remnant sale** *s* Resteverkauf *m*

re·model [ˌriː'mɒdl] *vt* umbilden, -gestalten, -formen

re·mon·strance [rɪ'mɒnstrəns] *s* Protest *m* (*with* bei, *against* gegen); **re·mon·strate** ['remənstreɪt] *vi* protestieren (*against* gegen); ~ **with s.o.** jdm Vorhaltungen machen

re·morse [rɪ'mɔːs] *s* Reue *f* (*at, over* über); **without** ~ erbarmungslos; **re·morse·ful** [rɪ'mɔːsfl] *adj* reumütig; **re·morse·less** [-lɪs] *adj* mitleids-, erbarmungslos

re·mote [rɪ'məʊt] *adj* **1.** entfernt, entlegen, abgelegen (*from* von) **2.** (*Vergangenheit, Zukunft*) fern **3.** (*fig*) entfernt **4.** unnahbar, unzulänglich **5.** (*Chance*) gering, winzig **6.** (*Ähnlichkeit, Aussichten*) schwach; **in a ~ spot** an einer abgelegenen Stelle; **I haven't the ~st idea** ich habe nicht die leiseste Ahnung; ~ **control** (TECH) Fernsteuerung *f;* (RADIO TV) Fernbedienung *f;* **remote-controlled** *adj* ferngelenkt, -gesteuert; **re·mote·ness** [-nɪs] *s* Abgelegenheit *f;* Entferntheit *f;* (*fig*) Unnahbarkeit *f*

re·mould ['riːməʊld] **I.** *vt* (*Reifen*) runderneuern **II.** *s* runderneuerter Reifen

re·mount [ˌriː'maʊnt] **I.** *vt* **1.** (*Pferd*) wieder besteigen **2.** (*Bild, Karte*) neu aufziehen **II.** *vi* wieder aufsitzen

re·mov·able [rɪ'muːvəbl] *adj* **1.** heraus-, abnehmbar **2.** (*Knopf*) abtrennbar **3.** (*Flecken*) zu entfernen; **re·moval** [rɪ'muːvl] *s* **1.** Entfernung *f;* Abnahme *f;* Beseitigung *f* **2.** Herausnehmen *nt* **3.** Aufhebung *f;* Zerstreuung *f* **4.** Umzug *m* **5.** (TECH) Ausbau *m* **6.** (*Zollschranken*) Abbau *m* **7.** Entlassung, Absetzung *f;* **removal expenses** *s pl* Umzugskosten *pl;* **removal firm** *s* Möbelspedition *f;* **removal van** *s* Möbelwagen *m;* **re·move** [rɪ'muːv] **I.** *vt* **1.** entfernen, beseitigen, wegschaffen, -nehmen **2.** forträumen, woanders hinbringen, -schaffen **3.** (TECH) ausbauen **4.** (*Steuern*) aufheben **5.** (*Zweifel*) zerstreuen **6.** (*Kleidung*) ausziehen, ablegen **7.** (*Schwierigkeiten*) beseitigen **8.** (*Missbrauch*) abstellen, beheben **9.** (*Namen*) streichen **10.** (*Beamte*) entlassen, absetzen **11.** transportieren; ~ **s.th. from s.o.** jdm etw wegnehmen; ~ **s.o. to hospital** jdn ins Krankenhaus einliefern; **be far ~d from …** weit entfernt sein von …; **a cousin once ~d** ein Cousin ersten Grades **II.** *vi* umziehen (*to* nach) **III.** *s:* **be only a few ~s from …** nicht weit entfernt sein von …; **re·mover** [rɪ'muːvə(r)] *s* **1.** Möbelpacker *m* **2.** (*Flecken, Nagellack*) Entferner *m*

re·mun·er·ate [rɪ'mjuːnəreɪt] *vt* belohnen; bezahlen, vergüten; **re·mun·er·ation** [rɪˌmjuːnə'reɪʃn] *s* Belohnung *f;* Bezahlung, Vergütung *f;* **re·mun·er·ative** [rɪ'mjuːnərətɪv] *adj* lohnend, einträglich

Re·nais·sance [rɪ'neɪsns, *Am* 'renəsɑːns] *s* Renaissance *f*

re·nal ['riːnl] *adj* Nieren-

re·name [ˌriː'neɪm] *vt* umbenennen, umtaufen

re·nas·cent [rɪ'næsnt] *adj* wieder erwachend

re·na·tion·al·iz·ation [ˌriːnæʃnəlaɪ'zeɪʃn] *s* erneute Verstaatlichung

rend [rend] <*irr:* **rent, rent**> *vt* zerreißen; ~ **s.th. from s.o.** jdm etw entreißen

ren·der ['rendə(r)] *vt* **1.** (*Hilfe*) leisten **2.** (*Erklärung*) abgeben **3.** (*Rechenschaft*) ablegen (*of* über) **4.** wiedergeben; übertragen **5.** (*einen Dienst*) erweisen **6.** (*Hilfe*) leisten **7.** machen **8.** (*Gedicht*) vortragen **9.** (*Fett*) auslassen **10.** (*Gebäude*) verputzen; ~ **assistance** Hilfe leisten; ~ **account** Rechnung vorlegen; **his accident ~ed him helpless** der Unfall hat ihn hilflos gemacht; ~ **up** (*Gefangene*) übergeben; **ren·der·ing** ['rendərɪŋ] *s* **1.** Übertragung, Übersetzung *f* (*into* in) **2.** (MUS) Wiedergabe *f* **3.** (ARCH) Putz *m*

ren·dez·vous ['rɒndɪvuː, *pl* 'rɒndɪvuːz] <*pl* -> **I.** *s* **1.** Treffpunkt *m* **2.** Rendezvous *nt* **II.** *vi* sich treffen (*with* mit)

ren·di·tion [ren'dɪʃn] *s* (MUS) Wiedergabe *f;* Interpretation *f*

ren·egade ['renɪgeɪd] *s* Abtrünnige(r) *f m*

re·nege [rɪ'neɪg] *vi* brechen, nicht halten

re·new [rɪ'njuː] *vt* **1.** erneuern **2.** (*Verhandlung*) wieder aufnehmen **3.** (*Gesundheit*) wiederherstellen **4.** (*Vorräte*) erneuern, auffrischen **5.** (*Vertrag*) verlängern **6.** (*Wechsel*) prolongieren; ~ **a library book** ein Buch verlängern lassen; **with ~ed energy** mit frischer, neuer Energie; **re·new·able** [rɪ'njuːəbl] *adj* **1.** erneuerbar **2.** rückführbar **3.** verlängerbar; **~s** *pl* erneuerbare Energiequellen; **re·new·al** [rɪ'njuːəl] *s* **1.** Erneuerung *f* **2.** Wiederaufnahme *f* **3.** Wiederherstellung *f* **4.** Auffrischung *f* **5.** (*Vertrag*) Verlängerung *f* **6.** (*Wechsel*) Prolongation *f;* ~ **premium** Folgeprämie *f;* **re·newed** [rɪ'njuːd] *adj* neu; erneut

ren·net ['renɪt] *s* (Kälber)Lab *nt*

re·nounce [rɪ'naʊns] **I.** *vt* **1.** verzichten auf, aufgeben; entsagen (*s.th.* einer S) **2.** (*Erbschaft*) ausschlagen, ablehnen **3.** (*Meinung*) abschwören, leugnen **II.** *vi* (auf sein Recht) verzichten

reno·vate ['renəveɪt] *vt* renovieren; restaurieren; **reno·va·tion** [ˌrenə'veɪʃn] *s* Renovierung, Renovation *f;* Restaurierung *f*

re·nown [rɪ'naʊn] *s* guter Ruf; Ansehen *nt;* **re·nowned** [rɪ'naʊnd] *adj* berühmt (*for*

R

für)

rent[1] [rent] **I.** *pt, pp of* **rend II.** *s* Riss *m;* Spalte *f*

rent[2] [rent] **I.** *s* Miete *f;* Pacht *f;* **for** ~ (*Am*) zu vermieten; zu verpachten **II.** *vt* **1.** mieten; pachten (*from* von) **2.** (~ *out*) vermieten; verpachten; **rental** ['rentl] *s* **1.** Miete *f;* Leihgebühr *f;* Pacht *f* **2.** ~**s** Miet- und Pachteinnahmen *fpl;* **rent ar·rears** *s pl* Mietrückstände *pl;* **rent boy** *s* (*fam*) Strichjunge *m;* **rent control** *s* Mietpreisbindung *f;* **rent-free** *adj* miet-, pachtfrei; **rent rebate** *s* Mietrückzahlung *f;* **rent review** *s* Neufestsetzung *f* der Miete; **rent subsidy** *s* Mietzuschuss *m;* **rent tribunal** *s* Mieterschiedsgericht *nt*

re·nunci·ation [rɪˌnʌnsɪ'eɪʃn] *s* **1.** Verzicht *m* (*of* auf), Aufgabe *f;* Entsagung *f* **2.** Verleugnung *f*

re·open [riː'əʊpən] *vt, vi* wieder (er)öffnen; wieder beginnen

re·order [ˌriː'ɔːdə(r)] **I.** *s* Nachbestellung *f* **II.** *vt* nachbestellen

re·or·gan·iza·tion [ˌriːɔːgənaɪ'zeɪʃn] *s* Neuorganisation *f,* Umstrukturierung *f,* Neueinteilung *f;* **re·or·gan·ize** [riː'ɔːgənaɪz] *vt* neu organisieren; umstrukturieren; neu einteilen

rep [rep] *s s.* **representative; repertory**

re·paint [riː'peɪnt] *vt* neu streichen

re·pair[1] [riː'peə(r)] **I.** *vt* **1.** ausbessern, reparieren, flicken **2.** (*Unrecht*) wieder gutmachen **II.** *s* **1.** Ausbesserung, Reparatur *f* **2.** (*fig*) Wiedergutmachung *f* **3.** ~**s** Instandsetzungsarbeiten *fpl;* **be under** ~ in Reparatur sein; **put s.th. in for** ~ etw zur Reparatur bringen; **beyond** ~ nicht mehr zu reparieren; **be in good** ~ in gutem Zustand sein; **closed for** ~**s** wegen Reparaturarbeiten geschlossen; **road** ~**s** Straßenbauarbeiten *fpl*

re·pair[2] [rɪ'peə(r)] *vi* sich begeben (*to* nach)

re·pair·able [rɪ'peərəbl] *adj* zu reparieren, reparabel; **repair kit** *s* Flickzeug *nt;* **re·pair·man** [-mən] <*pl* -men> *s* Handwerker *m;* **repair shop** *s* Reparaturwerkstatt *f*

re·pa·per [riː'peɪpə(r)] *vt* neu tapezieren

rep·ar·able ['repərəbl] *adj* wieder gutzumachen, reparabel; ersetzbar; **rep·ar·a·tion** [ˌrepə'reɪʃn] *s* **1.** Wiedergutmachung *f;* Entschädigung *f* **2.** *meist pl* Reparationen *fpl*

rep·ar·tee [ˌrepɑː'tiː] *s* schlagfertige Antwort; **be good at** ~ schlagfertig sein

re·pat·ri·ate [riː'pætrɪeɪt] *vt* repatriieren; **re·pat·ri·ation** [ˌriːpætrɪ'eɪʃn] *s* Repatriierung *f*

re·pay [rɪ'peɪ] *vt* **1.** zurückzahlen **2.** (*Ausgaben*) entschädigen (*for* für) **3.** (*Schuld*) abzahlen **4.** (*Gefälligkeit, Besuch*) erwidern **5.** (*Unrecht*) vergelten **6.** (*Mühe*) belohnen; **re·pay·able** [-əbl] *adj* rückzahlbar; **re·pay·ment** [-mənt] *s* **1.** Rückzahlung, Vergütung *f* **2.** (*fig*) Lohn *m;* **in** ~ als Rückzahlung

re·peal [rɪ'piːl] **I.** *vt* (*Gesetz*) aufheben **II.** *s* Aufhebung *f*

re·peat [rɪ'piːt] **I.** *vt* wiederholen; weitersagen **II.** *vi* **1.** (*a.* MUS) wiederholen **2.** (MATH) periodisch sein; ~ **after** nachsprechen **III.** *s* **1.** (TV) Wiederholung *f* **2.** (MUS) Wiederholungszeichen *nt;* **re·peat·ed** [rɪ'piːtɪd] *adj* wiederholt; **re·peater** [-ə(r)] *s* Repetiergewehr *nt,* Mehrlader *m;* **repeat mark** *s* (MUS) Wiederholungszeichen *nt;* **repeat order** *s* (COM) Nachbestellung *f;* **repeat performance** *s* Wiederholungsvorstellung *f*

re·pech·age [ˌræpɪ'ʃɑːʒ] *s* (SPORT) Hoffnungslauf *m*

re·pel [rɪ'pel] *vt* **1.** zurückschlagen, -stoßen, -treiben **2.** (*Insekt*) abwehren **3.** (*Flüssigkeit*) abstoßen **4.** (*fig*) anwidern; **re·pel·lent** [rɪ'pelənt] **I.** *adj* (*fig*) widerwärtig; ~ **to water** wasserabstoßend **II.** *s:* **insect** ~ Insektenschutzmittel *nt*

re·pent [rɪ'pent] **I.** *vt* bereuen **II.** *vi* Reue empfinden; **re·pent·ance** [-əns] *s* Reue *f;* **re·pent·ant** [-ənt] *adj* reuig, reuevoll

re·per·cussion [ˌriːpə'kʌʃn] *s* **1.** (*fig*) Auswirkung *f* (*on* auf) **2.** Erschütterung *f;* ~**s** Nachspiel *nt;* **have** ~**s on s.th.** sich auf etw auswirken

rep·er·toire ['repətwɑː(r)] *s* (THEAT) Repertoire *nt*

rep·er·tory ['repətrɪ] *s* **1.** (*fig*) Fundgrube, Schatzkammer *f* **2.** (THEAT) Repertoire *nt;* **repertory company** *s* Repertoire-Ensemble *nt;* **repertory theatre** *s* Repertoire-Theater *nt*

rep·eti·tion [ˌrepɪ'tɪʃn] *s* Wiederholung *f;* **re·peti·tive** [rɪ'petətɪv] *adj* sich wiederholend; ~ **strain injury, RSI** (MED) *Muskelzerrung verursacht durch andauernde Überanstrengung*

re·place [rɪ'pleɪs] *vt* **1.** zurückstellen, -legen, -setzen **2.** (*Sache*) ersetzen; die Stelle einnehmen von **3.** (*Teile*) austauschen; ~ **the receiver** den Hörer auflegen; **re·place·able** [-əbl] *adj* ersetzbar; auswechselbar; **re·place·ment** [-mənt] *s* **1.** Zurücksetzen, -stellen, -legen *nt* **2.** Ersatz *m;* Vertretung *f;* ~ **costs** Wiederbeschaffungskosten *pl;* ~ **engine** Austauschmotor *m;* ~ **part** Ersatzteil *nt;* ~ **value** Wiederbeschaffungswert *m*

re·play [ˌriː'pleɪ] **I.** *vt* (SPORT) wiederholen

II. ['riːpleɪ] *s* **1.** (SPORT) Wiederholungsspiel *nt* **2.** (TV) Wiederholung *f*

re·plen·ish [rɪ'plenɪʃ] *vt* **1.** ergänzen **2.** (*Glas*) auffüllen; **re·plen·ish·ing cream** [rɪˌplenɪʃɪŋ'kriːm] *s* Nährcreme *f;* **re·plen·ish·ment** *s* Ergänzung *f;* (*of shelves*) Nachfüllen *nt*

re·plete [rɪ'pliːt] *adj* **1.** reichlich versehen (*with* mit) **2.** gesättigt; **re·ple·tion** [rɪ'pliːʃn] *s* Sättigung *f;* **eat to ~** sich satt essen

rep·lica ['replɪkə] *s* Kopie *f;* Nachbildung *f*

re·ply [rɪ'plaɪ] **I.** *vi* antworten, entgegnen (*to* auf) **II.** *vt* beantworten, erwidern, entgegnen **III.** *s* Antwort *f;* Erwiderung *f;* **in ~ to your letter** in Beantwortung Ihres Briefes; **reply coupon** *s* Antwortschein *m;* **reply-paid envelope** *s* Freiumschlag *m*

re·point [riː'pɔɪnt] *vt* (ARCH) neu verfugen

re·port [rɪ'pɔːt] **I.** *vt* **1.** berichten über; melden **2.** (*Verbrechen*) melden; anzeigen; **~ that ...** berichten, dass ...; **he is ~ed as having said ...** er soll gesagt haben ...; **~ s.o. for s.th.** jdn wegen etw melden; **~ s.o. sick** jdn krank melden **II.** *vi* **1.** sich melden **2.** berichten, Bericht erstatten (*on* über); **~ for duty** sich zum Dienst melden; **~ sick** sich krank melden; **~ back** Bericht erstatten (*to s.o.* jdm); **~ to s.o.** jdm unterstehen **III.** *s* **1.** Bericht *m;* Gutachten *nt* (*on* über) **2.** Reportage *f* **3.** Gerücht *nt* **4.** guter Ruf **5.** Knall *m;* **give a ~ on s.th.** Bericht über etw erstatten; **chairman's ~** Bericht *m* des Vorsitzenden; **there is a ~ that ...** es wird gesagt, dass ...; **of good ~** von gutem Ruf; **report card** *s* (Schul)Zeugnis *nt;* **re·ported** [rɪ'pɔːtɪd] *adj* gemeldet; **~ speech** (GRAM) indirekte Rede; **re·port·er** [rɪ'pɔːtə(r)] *s* Reporter(in) *m(f),* Berichterstatter(in) *m(f);* **~s' gallery** Pressetribüne *f*

re·pose [rɪ'pəʊz] **I.** *vt* (*Vertrauen*) setzen (*in* in) **II.** *vr* sich ausruhen **III.** *vi* **1.** ruhen **2.** (*fig*) beruhen (*upon* auf) **IV.** *s* Ruhe *f;* Gelassenheit *f*

re·posi·tory [rɪ'pɒzɪtrɪ] *s* **1.** Lager, Magazin *nt* **2.** (*fig*) Quelle *f;* Fundgrube *f* **3.** Endlager *nt* (*für radioaktive Abfälle*)

re·pos·sess [ˌriːpə'zes] *vt* wieder in Besitz nehmen; **re·pos·session** [ˌriːpə'zeʃn] *s* Wiederinbesitznahme *f*

rep·re·hen·sible [ˌreprɪ'hensəbl] *adj* tadelnswert

rep·re·sent [ˌreprɪ'zent] *vt* **1.** darstellen; stehen für; symbolisieren **2.** (JUR) vertreten **3.** (*Bild*) darstellen, wiedergeben **4.** (*Zeichen*) bedeuten **5.** (*Risiko*) darstellen **6.** vor Augen führen **7.** (THEAT) darstellen, spielen; **~ a firm** eine Firma vertreten; **he ~ed me as a fool** er stellte mich als Narren hin; **rep·re·sen·ta·tion** [ˌreprɪzen'teɪʃn] *s* **1.** Darstellung, Symbolisierung *f;* Hinstellung *f* **2.** (THEAT) Darstellung *f* **3.** (JUR) Vertretung *f* **4. ~s** Vorstellungen, Vorhaltungen *fpl,* Proteste *mpl;* **rep·re·sen·ta·tive** [ˌreprɪ'zentətɪv] **I.** *adj* **1.** repräsentativ; typisch **2.** stellvertretend **3.** (PARL) repräsentativ **II.** *s* **1.** (COM) Vertreter(in) *m(f)* **2.** (JUR) Bevollmächtigte(r), Beauftragte(r) *f m* **3.** (POL) Abgeordnete(r) *f m*

re·press [rɪ'pres] *vt* **1.** unterdrücken; zügeln **2.** (PSYCH) verdrängen **3.** (*Lachen*) zurückhalten; **re·pressed** [rɪ'prest] *adj* verdrängt; **re·pres·sion** [rɪ'preʃn] *s* **1.** Unterdrückung *f* **2.** (PSYCH) Verdrängung *f;* **re·pres·sive** [rɪ'presɪv] *adj* repressiv

re·prieve [rɪ'priːv] **I.** *vt* (JUR) begnadigen **II.** *s* **1.** Begnadigung *f;* Strafaufschub *m* **2.** (*fig*) Gnadenfrist *f*

re·pri·mand ['reprɪmɑːnd] **I.** *s* Tadel *m;* Verweis *m* **II.** *vt* tadeln

re·print [ˌriː'prɪnt] **I.** *vt* nachdrucken; neu auflegen **II.** ['riːprɪnt] *s* Neuauflage *f;* Nachdruck *m*

re·prisal [rɪ'praɪzl] *s* Repressalie *f;* Vergeltungsmaßnahme *f;* **as a ~ for** als Vergeltung für; **by way of ~** als Vergeltungsmaßnahme

re·proach [rɪ'prəʊtʃ] **I.** *vt* Vorwürfe machen (*s.o.* jdm); **~ s.o. for his mistake** jdm einen Fehler vorwerfen; **~ s.o. for being late** jdm Vorwürfe machen, weil er,sie zu spät gekommen ist **II.** *s* **1.** Vorwurf *m,* Vorhaltung *f* **2.** Schande *f;* **above** [*o* **beyond**] **~** über jeden Vorwurf erhaben; **be a ~ to s.o.** eine Schande für jdn sein; **re·proach·ful** [rɪ'prəʊtʃfl] *adj* vorwurfsvoll

rep·ro·bate ['reprəbeɪt] **I.** *adj* verkommen; ruchlos **II.** *s* verkommenes Subjekt **III.** *vt* verdammen

re·pro·cess [ˌriː'prəʊses] *vt* wieder verwerten; (*Atommüll*) wieder aufbereiten; **re·pro·cess·ing** [-ɪŋ] *s* Wiederaufbereitung *f;* **reprocessing plant** *s* Wiederaufbereitungsanlage *f*

re·pro·duce [ˌriːprə'djuːs] **I.** *vt* **1.** wiedergeben; reproduzieren **2.** (TYP) abdrucken **3.** (THEAT) neu inszenieren; **~ its kind** (BIOL) sich fortpflanzen **II.** *vi* (BIOL) sich fortpflanzen; **re·pro·duc·tion** [ˌriːprə'dʌkʃn] *s* **1.** Reproduktion, Vervielfältigung *f* **2.** (BIOL) Fortpflanzung *f* **3.** (PHOT) Kopie *f;* **re·pro·duc·tive** [ˌriːprə'dʌktɪv] *adj* Fortpflanzungs-

re·proof [rɪ'pruːf] *s* Tadel *m,* Rüge *f*

re·proof [riː'pruːf] *vt* neu imprägnieren

re·prove [rɪ'pruːv] *vt* tadeln, rügen;

R

re·prov·ing [rɪ'pru:vɪŋ] *adj* tadelnd
rep·tile ['reptaɪl] *s* Reptil *nt;* **rep·til·ian** [rep'tɪlɪən] *adj* **1.** reptilartig **2.** (*fig*) kriecherisch
re·pub·lic [rɪ'pʌblɪk] *s* Republik *f;* **re·pub·lican** [rɪ'pʌblɪkən] **I.** *adj* republikanisch **II.** *s* Republikaner(in) *m(f)*
re·pub·li·ca·tion [ˌri:ˌpʌblɪ'keɪʃn] *s* Wieder-, Neuveröffentlichung *f*
re·pudi·ate [rɪ'pju:dɪeɪt] *vt* **1.** (*Freund*) verstoßen **2.** (*Schuld*) nicht anerkennen **3.** (*Anklage*) zurückweisen
re·pug·nance [rɪ'pʌgnəns] *s* Widerwille *m,* Abneigung *f* (*towards, for* gegen); **re·pug·nant** [rɪ'pʌgnənt] *adj* widerlich, abstoßend
re·pulse [rɪ'pʌls] **I.** *vt* **1.** (*Angriff*) zurückschlagen **2.** (*fig*) zurück-, abweisen; ablehnen **II.** *s* **1.** (MIL) Abwehr *f* **2.** (*fig*) Abweisung *f;* **meet with a ~** abgewiesen werden; **re·pul·sion** [rɪ'pʌlʃn] *s* **1.** Widerwille *m* (*for* gegen) **2.** (PHYS) Abstoßung *f;* **re·pul·sive** [rɪ'pʌlsɪv] *adj* **1.** abstoßend, widerwärtig **2.** (PHYS) abstoßend
re·pur·chase [ˌri:'pɜ:tʃəs] **I.** *vt* zurückkaufen, wiedererwerben **II.** *s* Rückkauf, Wiedererwerb *m;* **repurchase price** *s* Rücknahmepreis *m*
repu·table ['repjʊtəbl] *adj* ordentlich, anständig; seriös; **repu·ta·tion** [ˌrepjʊ'teɪʃn] *s* Ruf, Name *m;* Ansehen *nt;* **of good** [*o* **high**] **~** von gutem Ruf; **have a ~ for beauty** wegen seiner Schönheit bekannt sein; **live up to one's ~** seinem Ruf alle Ehre machen; **re·pute** [rɪ'pju:t] **I.** *s* Ruf *m,* Ansehen *nt;* **be held in high ~** in hohem Ansehen stehen; **know s.o. by ~** von jdm viel gehört haben; **a house of ill ~** ein Haus von zweifelhaftem Ruf **II.** *vt:* **she is ~d to be ...** man sagt, dass sie ... sei; **be ~d** (**to be**) **rich** als reich gelten; **re·puted** [rɪ'pju:tɪd] *adj* vermeintlich; angeblich
re·quest [rɪ'kwest] **I.** *s* Bitte *f,* Wunsch *m,* Ersuchen *nt;* **at s.o.'s ~** auf jds Bitte(n); **on** [*o* **by**] **~** auf Wunsch; **make a ~ for s.th.** um etw bitten; **record ~s** Plattenwünsche *mpl* **II.** *vt* bitten, ersuchen; **~ silence** um Ruhe bitten; **~ s.th. from s.o.** etw von jdm erbitten; **you are ~ed not to smoke** bitte nicht rauchen; **re·quest·ed** *adj* gewünscht; **request programme** *s* Wunschsendung *f;* **request stop** *s* Bedarfshaltestelle *f*
requiem ['rekwɪəm] *s* Requiem *nt*
re·quire [rɪ'kwaɪə(r)] *vt* **1.** brauchen, benötigen; nötig haben **2.** (*Arbeit*) erfordern **3.** wünschen, mögen **4.** verlangen; **the journey will ~ ...** man braucht ... für die Reise; **it ~s great care** das erfordert große Sorgfalt; **~ s.o. to do s.th.** von jdm verlangen, dass er etw tut; **re·quired** *adj* erforderlich, **as ~**, nach Bedarf; **as ~ by law** den gesetzlichen Bestimmungen gemäß; **be ~ to do s.th.** etw tun müssen; **if ~** falls notwendig; **~ reading** Pflichtlektüre *f;* **when ~** auf Wunsch; **re·quire·ment** [-mənt] *s* **1.** Bedürfnis *nt,* Bedarf *m* **2.** Wunsch, Anspruch *m* **3.** Erfordernis *nt;* **re·quire·ments** *s pl* Erfordernisse *pl,* Bedarf *m;* **meet s.o.'s ~** jds Bedürfnisse erfüllen; jds Wünschen entsprechen; **fit the ~** den Erfordernissen entsprechen
requi·site ['rekwɪzɪt] **I.** *adj* erforderlich, notwendig **II.** *s* **1.** Erfordernis *nt* (*for* für) **2.** (COM) Artikel *m;* **travel ~s** Reiseartikel *mpl*
requi·si·tion [ˌrekwɪ'zɪʃn] **I.** *s* Anforderung *f;* **make a ~ for s.th.** etw anfordern **II.** *vt* anfordern; (MIL) requirieren
re·route [ˌri:'ru:t] *vt* umleiten
re·run [ˌrɪ:'rʌn] **I.** *vt* (*Film*) wieder aufführen **II.** ['ri:rʌn] *s* Wiederaufführung *f*
re·sale ['ri:seɪl] *s* Weiterverkauf *m;* **not for ~** nicht zum Weiterverkauf bestimmt; **resale price maintenance, RPM** *s* Preisbindung *f* der zweiten Hand, vertikale Preisbindung; **resale value** *s* Wiederverkaufswert *m*
re·sched·ule [ˌri:'ʃedju:l] *vt* **1.** umplanen, verlegen **2.** (FIN) umschulden, umfinanzieren
re·scind [rɪ'sɪnd] *vt* **1.** (*Urteil*) annullieren, aufheben **2.** (*Entscheidung*) rückgängig machen; **re·scis·sion** [rɪ'sɪʃn] *s* **1.** Annullierung, Aufhebung *f* **2.** Widerruf *m*
res·cue ['reskju:] **I.** *vt* **1.** retten **2.** (*fig*) befreien; **~ s.o. from drowning** jdn vor dem Ertrinken retten **II.** *s* **1.** Rettung, Hilfe *f* **2.** (*fig*) Befreiung *f;* **come to the ~ of s.o.** jdm zu Hilfe kommen; **rescue attempt** *s* Rettungsversuch *m;* **rescue helicopter** *s* Rettungshubschrauber *m;* **rescue operation** *s* **1.** Rettungsaktion *f* **2.** (COM) Sanierung *f;* **rescue party** *s* Rettungsmannschaft *f;* **res·cuer** ['reskjʊə(r)] *s* Retter(in) *m(f)*
re·search [rɪ'sɜ:tʃ] **I.** *s* Forschung *f* (*into, on* über); **do ~** forschen; **a piece of ~** eine Forschungsarbeit **II.** *vi* forschen, Forschung betreiben (*into* über) **III.** *vt* erforschen, untersuchen; **re·searcher** [rɪ'sɜ:tʃə(r)] *s* Forscher(in) *m(f);* **research fellowship** *s* Forschungsstipendium *nt;* **research work** *s* Forschungsarbeit *f;* **research worker** *s* Forscher(in) *m(f)*
re·sem·blance [rɪ'zembləns] *s* Ähnlichkeit *f* (*between* zwischen); **bear a strong ~ to s.o.** starke Ähnlichkeit mit jdm haben;

re·semble [rɪˈzembl] *vt* ähneln, ähnlich sehen, gleichen (*s.o.* jdm)

re·sent [rɪˈzent] *vt* übelnehmen, sich ärgern über; **he ~s my being here** er nimmt es mir übel, dass ich hier bin; **re·sent·ful** [rɪˈzentfl] *adj* ärgerlich (*of s.o.* auf jdn); **re·sent·ment** [-mənt] *s* Ärger, Groll *m* (*of* über); **bear no ~ against s.o.** jdm nicht böse sein

res·er·va·tion [ˌrezəˈveɪʃn] *s* **1.** Vorbehalt *m* **2.** Reservat *nt* **3.** Reservierung *f;* **central ~** (*Br: Autobahn*) Mittelstreifen *m;* **with ~s** unter Vorbehalt; **without ~** vorbehaltlos, ohne Vorbehalt; **make a ~ at the hotel** ein Zimmer im Hotel reservieren

re·serve [rɪˈzɜːv] **I.** *vt* **1.** aufsparen, aufheben **2.** (*Buch*) reservieren lassen; **~ one's strength** seine Kräfte sparen; **~ judgement** mit seinem Urteil zurückhalten; **~ o.s. for s.th.** sich für etw schonen **II.** *s* **1.** Rücklage, Reserve *f;* (*a.* COM) Vorrat *m* **2.** Vorbehalt *m* **3.** Reservat *nt* **4.** (*fig*) Reserve, Zurückhaltung *f* **5.** (MIL) Reserve *f* **6.** (SPORT) Ersatz-, Reservespieler(in) *m(f);* **have** [*o* **keep**] **in ~** in Reserve haben, halten; **~s of energy** Kraftreserven *pl;* **without ~** ohne Vorbehalt; **with certain ~s** mit gewissen Vorbehalten; **cash ~** Barbestand *m;* **gold ~** Goldreserve *f*, -bestand *m;* **reserve currency** *s* (FIN) Leitwährung *f;* **re·served** [rɪˈzɜːvd] *adj* **1.** zurückhaltend, reserviert **2.** (*Zimmer*) reserviert, belegt; **all rights ~** alle Rechte vorbehalten; **reserve price** *s* Mindestpreis *m;* **re·serv·ist** [rɪˈzɜːvɪst] *s* (MIL) Reservist(in) *m(f)*

res·er·voir [ˈrezəvwɑː(r)] *s* **1.** Reservoir *nt* **2.** (*Gas*) Speicher *m* **3.** (*fig*) Fundgrube *f*

re·set [ˌriːˈset] *vt* **1.** (*Knochen*) wieder einrenken **2.** (*Edelstein*) neu fassen **3.** (TYP) neu setzen **4.** (*Uhr*) neu stellen; **reset button** *s* (INFORM) Rückstelltaste *f*

re·settle [ˌriːˈsetl] *vt* umsiedeln, neu ansiedeln

re·shuffle [ˌriːˈʃʌfl] **I.** *vt* **1.** (*Spielkarten*) neu mischen **2.** (*Regierung*) umbilden **II.** *s* Umstellung, -gruppierung, -bildung *f;* **Cabinet ~** Kabinettsumbildung *f*

re·side [rɪˈzaɪd] *vi* **1.** seinen Wohnsitz haben, wohnen **2.** (*fig: Eigenschaft*) innewohnen; **~ in s.th.** in etw liegen

resi·dence [ˈrezɪdəns] *s* **1.** Wohnhaus *nt;* Wohnheim *nt* **2.** Aufenthaltsort *m;* **place of ~** Wohnort *m;* **be in ~** anwesend sein; **the students are now in ~** das Semester hat angefangen; **residence permit** *s* Aufenthaltsgenehmigung *f;* **resi·dent** [ˈrezɪdənt] **I.** *adj* wohnhaft; ansässig (*in* in); **the ~ population** die (orts)ansässige Bevölkerung **II.** *s* Bewohner(in) *m(f);* (*einer Stadt*) Einwohner(in) *m(f)*, Hotelgast *m;* **~s only** Anlieger frei

resi·den·tial [ˌrezɪˈdenʃl] *adj* Wohn-; im Haus; **~ course** mehrtägiger Kurs (mit Unterkunft); **~ requirements for voting** Meldevoraussetzungen zur Ausübung des Wahlrechts; **~ area** Wohngegend *f*

re·sid·ual [rɪˈzɪdjʊəl] *adj* übrig bleibend; restlich; rückständig, Rest-; **~ risk** Restrisiko *nt*

re·sidu·ary [rɪˈzɪdjʊərɪ] *adj* übrig, restlich; **resi·due** [ˈrezɪdjuː] *s* Rest *m;* Rückstand *m*

re·sign [rɪˈzaɪn] **I.** *vt* **1.** zurücktreten von, abgeben **2.** (*Recht*) aufgeben, verzichten auf; **~ power** abtreten; **~ o.s. to s.th.** sich mit etw abfinden **II.** *vi* **1.** zurücktreten (*from* von) **2.** sein Amt niederlegen **3.** kündigen; **~ from office** sein Amt niederlegen; **res·ig·na·tion** [ˌrezɪgˈneɪʃn] *s* **1.** Rücktritt *m* **2.** Amtsniederlegung *f* **3.** Kündigung *f* **4.** (*fig*) Resignation *f;* **hand in one's ~** seinen Rücktritt einreichen; **re·signed** [rɪˈzaɪnd] *adj* ergeben, resigniert; **become ~ to s.th.** sich mit etw abfinden

re·sil·ience [rɪˈzɪlɪəns] *s* **1.** Federn *nt* **2.** (*fig*) Unverwüstlichkeit *f* **3.** Spannkraft, Elastizität *f;* **re·sil·ient** [rɪˈzɪlɪənt] *adj* **1.** elastisch, federnd **2.** (*fig*) unverwüstlich

res·in [ˈrezɪn] *s* Harz *nt;* **res·in·ous** [ˈrezɪnəs] *adj* harzig

re·sist [rɪˈzɪst] *vt, vi* **1.** sich widersetzen; Widerstand leisten **2.** (*fig*) widerstehen **3.** (*Tür*) standhalten; **~ temptation** der Versuchung widerstehen; **re·sis·tance** [rɪˈzɪstəns] *s* **1.** (*a.* ELEK PHYS) Widerstand *m* (*to* gegen) **2.** (MED) Widerstandsfähigkeit *f;* **offer no ~ to s.o.** jdm keinen Widerstand leisten; **meet with ~** auf Widerstand stoßen; **~ to heat** Hitzebeständigkeit *f;* **resistance fighter** *s* Widerstandskämpfer(in) *m(f);* **re·sis·tant** [rɪˈzɪstənt] *adj* resistent; widerstandsfähig (*to* gegen); **heat-/water-~** hitze-/wasserbeständig; **re·sis·tor** [rɪˈzɪstə(r)] *s* (ELEK) Widerstand *m*

re·sit [ˈriːsɪt] *vt* wiederholen

re·skill [riːˈskɪl] *vt* umschulen

res·ol·ute [ˈrezəluːt] *adj* entschlossen, energisch; **res·ol·ution** [ˌrezəˈluːʃn] *s* **1.** Beschluss *m* **2.** (*fig*) Entschlossenheit, Bestimmtheit *f* **3.** (POL) Resolution *f* **4.** (*einer Frage*) Lösung *f* **5.** (MUS) Auflösung *f* **6.** (CHEM) Auflösung *f* **7.** (TV) Bildauflösung *f;* **good ~s** gute Vorsätze *mpl;* **high-~** (TECH) hochauflösend

re·solv·able [rɪˈzɒlvəbl] *adj* (auf)lösbar (*into* in); **re·solve** [rɪˈzɒlv] **I.** *vt* **1.** beschließen (*on, upon s.th.* etw) **2.** (*Pro-*

R

blem) lösen **3.** (PHYS) zerlegen (*into* in) **4.** (MUS) auflösen; ~ **that …** beschließen, dass … **II.** *vi* sich auflösen (*into, to* in); ~ **on s.th.** etw beschließen **III.** *vr* sich zerlegen lassen **IV.** *s* **1.** Beschluss *m* **2.** Entschlossenheit *f;* **do s.th. with** ~ etw fest entschlossen tun; **re·solved** [rɪ'zɒlvd] *adj* entschlossen

res·on·ance ['rezənəns] *s* Resonanz *f;* **res·on·ant** ['rezənənt] *adj* **1.** (*Ton*) voll **2.** (*Stimme*) volltönend **3.** (*Raum*) voller Resonanz

re·sort [rɪ'zɔːt] **I.** *vi* **1.** (regelmäßig) gehen (*to* in, zu, nach) **2.** (*fig*) greifen, seine Zuflucht nehmen (*to* zu); ~ **to violence** Gewalt anwenden **II.** *s* **1.** Ausweg *m;* Rettung *f* **2.** Urlaubsort *m;* **in the last** ~ im schlimmsten Fall; **as a last** ~ als letztes; **health** ~ (Luft)Kurort *m;* **holiday** ~ Ferien-, Urlaubsort *m;* **mountain** ~ Höhenkurort *m;* **seaside** ~ Seebad *nt;* **summer** ~ Sommerurlaubsort *m;* **winter** ~ Winterkurort *m*

re·sound [rɪ'zaʊnd] *vi* widerhallen (*with* von); **re·sound·ing** [-ɪŋ] *adj* **1.** (*Lärm*) widerhallend **2.** (*Lachen*) schallend **3.** (*fig: Sieg*) gewaltig; durchschlagend

re·source [rɪ'sɔːs] *s* **1.** ~**s** Mittel, Ressourcen *pl* **2.** (*fig*) Ausweg *m,* Mittel *nt;* **financial ~s** Geldmittel *ntpl;* **mineral ~s** Bodenschätze *mpl;* **~s in men and materials** Reserven *f pl* an Menschen und Material; **left to his own ~s** sich selbst überlassen; **a man of ~s** ein Mensch, der sich (immer) zu helfen weiß; **as a last** ~ als letzter Ausweg; **re·source·ful** [rɪ'sɔːsfl] *adj* einfallsreich, findig

re·spect [rɪ'spekt] **I.** *vt* **1.** achten, respektieren **2.** (*Fähigkeit*) anerkennen; **as ~s …** was … anbelangt **II.** *s* **1.** Achtung *f,* Respekt *m* (*for* vor) **2.** Rücksicht *f* (*for* auf) **3.** Hinsicht, Beziehung *f* **4.** ~**s** Empfehlungen *fpl,* Grüße *mpl;* **command** ~ Respekt abnötigen; **show** ~ **for** Respekt zeigen vor; **hold s.o. in** ~ jdn achten; **treat with** ~ rücksichtsvoll behandeln; **out of** ~ **for** aus Rücksicht auf; **with** ~ **to …** was … anbetrifft; **in some ~s** in gewisser Hinsicht; **in many ~s** in vieler Hinsicht; **in this** ~ in dieser Hinsicht; **give my ~s to your wife** meine Empfehlung an Ihre Frau; **re·spect·able** [rɪ'spektəbl] *adj* **1.** ehrbar; anständig **2.** (*Mensch*) angesehen, geachtet **3.** (*Summe*) beachtlich, ansehnlich **4.** (*Vorteil*) beträchtlich; **in** ~ **society** in guter Gesellschaft; **that's not** ~ das schickt sich nicht; **re·spect·ed** [rɪ'spektɪd] *adj* angesehen; **re·specter** [rɪ'spektə(r)] *s:* **death is no** ~ **of persons** (*prov*) der Tod nimmt auf niemanden Rücksicht

re·spect·ful [rɪ'spektfl] *adj* respektvoll (*towards* gegen); **re·spect·fully** [rɪ'spektfəlɪ] *adv:* **yours** ~ (*obs*) hochachtungsvoll

re·spect·ing [rɪ'spektɪŋ] *prep* bezüglich +*gen*

re·spect·ive [rɪ'spektɪv] *adj* jeweilig; **we took our** ~ **glasses** jeder nahm sein Glas; **re·spect·ive·ly** [-lɪ] *adv* beziehungsweise

res·pir·ation [ˌrespə'reɪʃn] *s* Atmung *f;* **res·pir·ator** ['respəreɪtə(r)] *s* Atemgerät *nt;* **re·spir·atory** [rɪ'spaɪərətrɪ] *adj* Atmungs-; ~ **disorder** (MED) respiratorische Erkrankung; ~ **system** Atmungssystem *nt;* ~ **tract** Atemwege *pl*

res·pite ['respaɪt] *s* **1.** (JUR) Aufschub *m* **2.** Ruhepause *f* (*from* von) **3.** Nachlassen *nt;* **without (a)** ~ ohne Unterbrechung

re·splen·dent [rɪ'splendənt] *adj* **1.** strahlend, glänzend **2.** (*fig*) prächtig

re·spond [rɪ'spɒnd] *vi* **1.** antworten (*to* auf) **2.** reagieren, ansprechen (*to* auf); ~ **to a call** einem Ruf folgen; **the illness ~ed to treatment** die Behandlung schlug an

re·spon·dent [rɪ'spɒndənt] *s* (JUR) Scheidungsbeklagte(r) *f m*

re·sponse [rɪ'spɒns] *s* **1.** Antwort, Erwiderung *f* **2.** Reaktion *f;* **in** ~ **to** als Antwort auf; **meet with a** ~ beantwortet werden; **meet with little** ~ wenig Anklang finden

re·spon·si·bil·ity [rɪˌspɒnsə'bɪlətɪ] *s* **1.** Verantwortung *f* (*for, of* für) **2.** Verpflichtung *f* (*to* für); **lay the** ~ **for s.th. on s.o.** jdm die Verantwortung für etw übertragen; **on one's own** ~ auf eigene Verantwortung; **without** ~ ohne Gewähr; **accept [*o* assume] the** ~ **for s.th.** die Verantwortung für etw übernehmen; (JUR) für etwas haften; **sense of** ~ Verantwortungsgefühl *nt*

re·spon·sible [rɪ'spɒnsəbl] *adj* **1.** verantwortlich (*for* für) **2.** (*Haltung*) verantwortungsvoll, -bewusst **3.** (*Firma*) seriös, zuverlässig; **be** ~ **for s.th.** für etw verantwortlich sein; **be** ~ **to s.o. for s.th.** jdm gegenüber für etw verantwortlich sein; **hold s.o.** ~ **for s.th.** jdn für etw verantwortlich machen

re·spon·sive [rɪ'spɒnsɪv] *adj* **1.** (*Publikum*) interessiert, mitgehend **2.** (*Bremsen*) leicht reagierend; **be** ~ **to s.th.** auf etw reagieren

rest[1] [rest] **I.** *s* **1.** Ruhe *f;* Pause, Unterbrechung *f* **2.** Erholung *f* **3.** Rast *f,* Ausruhen *nt* **4.** (TECH) Auflage *f* **5.** (*Telefon*) Gabel *f* **6.** (*Brille*) Steg *m* **7.** (MUS) Pause *f* **8.** (*Vers*) Zäsur *f;* **need** ~ Ruhe brauchen; **have [*o* take] a** ~ sich ausruhen; **be at** ~ ruhig sein; **set at** ~ beschwichtigen; **put s.o.'s mind at** ~ jdn beruhigen; **come to** ~ zum

Stillstand kommen; sich niederlassen **II.** *vi* **1.** ruhen, (sich) ausruhen, sich erholen; Pause machen **2.** (sich aus)schlafen **3.** (*Verantwortung*) liegen (*with* bei) **4.** (*Leiter*) lehnen (*on* an) **5.** (*Augen, Blick*) ruhen (*on* auf) **6.** (*Argument*) sich stützen (*on* auf) **7.** (*Ruf*) beruhen (*on* auf); **he never ~s** er arbeitet ununterbrochen; **be ~ing** ruhen; **let a matter ~** eine S auf sich beruhen lassen; **you may ~ assured that ...** Sie können versichert sein, dass ... **III.** *vt* **1.** (*Augen*) ausruhen **2.** (*Stimme*) schonen **3.** (*Leiter*) lehnen (*against* gegen) **4.** (*Ellbogen*) stützen (*on* auf); **~ o.s.** sich ausruhen; **be ~ed** ausgeruht sein; **~ one's head on the table** den Kopf auf den Tisch legen

rest² [rest] *s:* **the ~** der Rest; **the ~ of the money** der Rest des Geldes, das übrige Geld; **and all the ~ of it** und so weiter und so fort; **for the ~** im Übrigen

re·state [ˌriːˈsteɪt] *vt* neu formulieren

res·taur·ant [ˈrestrɒnt] *s* Restaurant *nt,* Gaststätte *f;* **restaurant car** *s* (RAIL) Speisewagen *m;* **res·tau·ra·teur** [ˌrestərəˈtɜː(r)] *s* Gastwirt, Gastronom *m*

rest-cure [ˈrestkjʊə(r)] *s* Liegekur *f;* **rest-day** *s* Ruhetag *m;* **rest·ful** [ˈrestfl] *adj* **1.** (*Platz*) ruhig, friedlich **2.** (*Beschäftigung*) erholsam; **rest-home** *s* Altersheim *nt;* **rest·ing place** [ˈrestɪŋˌpleɪs] *s* Rastplatz *m*

res·ti·tu·tion [ˌrestɪˈtjuːʃn] *s* **1.** Rückerstattung *f;* Rückgabe *f* **2.** Schadenersatz *m,* Entschädigung *f;* **make ~ of s.th.** etw zurückgeben

res·tive [ˈrestɪv] *adj* **1.** (*Pferd*) störrisch, bockig **2.** unruhig, nervös **3.** (*Art*) rastlos

rest·less [ˈrestlɪs] *adj* **1.** unruhig **2.** rastlos

re·stock [ˌriːˈstɒk] *vt* (*Lager*) wieder auffüllen

res·to·ra·tion [ˌrestəˈreɪʃn] *s* **1.** (Rück)Erstattung *f;* Rückgabe *f* (*to* an) **2.** Wiederherstellung, -einsetzung *f* (*to* in) **3.** (*Bauwerk*) Restaurierung *f*

re·stora·tive [rɪˈstɔːrətɪv] **I.** *adj* heilend, stärkend, kräftigend **II.** *s* Stärkungsmittel *nt*

re·store [rɪˈstɔː(r)] *vt* **1.** zurückgeben, -erstatten **2.** (*Vertrauen*) wiederherstellen **3.** wieder einsetzen (*to an office* in ein Amt) **4.** (*Gebäude*) restaurieren; **~ s.o.'s health** jds Gesundheit wiederherstellen; **~d to health** wiederhergestellt; **~ s.o. to life** jdn ins Leben zurückrufen; **~ s.th. to its former condition** den früheren Zustand einer S wiederherstellen; **~ to power** wieder an die Macht bringen; **re·storer** [rɪˈstɔːrə(r)] *s* **1.** Restaurator(in) *m(f)* **2.** (*hair-~*) Haarwuchsmittel *nt*

re·strain [rɪˈstreɪn] *vt* **1.** ab-, zurückhalten (*from doing s.th.* etw zu tun) **2.** (*Tier*) bändigen **3.** (*Gefühl*) unterdrücken **4.** (*fig*) in Schranken halten; **~ o.s.** sich beherrschen;

re·strained [rɪˈstreɪnd] *adj* **1.** (*Gefühle*) unterdrückt **2.** (*Worte*) beherrscht **3.** (*Ton*) verhalten **4.** (*Kritik*) maßvoll; **re·straint** [rɪˈstreɪnt] *s* **1.** Be-, Einschränkung *f* **2.** Beherrschung *f;* **without ~** unbeschränkt; ungehemmt; **~ of trade** Wettbewerbsbeschränkung *f;* **place under ~** (JUR) in Haft nehmen

re·strict [rɪˈstrɪkt] *vt* **1.** (*Freiheit*) be-, einschränken **2.** (*Zeit*) begrenzen (*to* auf);

re·strict·ed [rɪˈstrɪktɪd] *adj* **1.** eingeschränkt, begrenzt **2.** (*Dokument*) geheim; **locally ~** örtlich begrenzt; **~ area** (AUTO) Gebiet *nt* mit Geschwindigkeitsbegrenzung; (MIL) Sperrgebiet *nt;* **re·stric·tion** [rɪˈstrɪkʃn] *s* Be-, Einschränkung *f;* Begrenzung *f;* **place ~s on s.th.** etw beschränken; **without ~s** uneingeschränkt; **price ~** Preisbeschränkung *f;* **speed ~** Geschwindigkeitsbegrenzung, -beschränkung *f;*

re·strict·ive [rɪˈstrɪktɪv] *adj* restriktiv; einschränkend; **~ practices** Wettbewerbsbeschränkungen *fpl*

re·string [ˌriːˈstrɪŋ] *vt* **1.** (MUS) neu besaiten **2.** (SPORT) neu bespannen

rest·room [ˈrestruːm] *s* (*Am*) (öffentliche) Toilette *f*

re·struc·tur·ing [ˌriːˈstrʌktʃərɪŋ] *s* Umstrukturierung *f*

re·sult [rɪˈzʌlt] **I.** *vi* sich ergeben, resultieren (*from* aus); **~ in** führen zu **II.** *s* **1.** Ergebnis *nt,* Ausgang *m;* (*a.* MATH) Resultat *nt* **2.** Wirkung, Folge *f;* **as a ~ of this** folglich; **be the ~ of** resultieren aus; **get ~s** Erfolge erzielen; **as a ~ of my inquiry** auf meine Anfrage hin; **without ~** ergebnislos;

re·sult·ant [rɪˈzʌltənt] *adj* sich ergebend, resultierend (*from* aus)

re·sume [rɪˈzjuːm] **I.** *vt* **1.** wieder aufnehmen, weitermachen mit **2.** (*Erzählung*) fortfahren in **3.** (*Reise*) fortsetzen **4.** (*Name*) wieder annehmen **5.** (*Inhalt*) zusammenfassen; **~ one's seat** seinen Platz wieder einnehmen **II.** *vi* wieder beginnen; **ré·su·mé** [ˈrezjuːmeɪ] *s* **1.** Resümee *nt;* Zusammenfassung *f* **2.** (*Am*) Lebenslauf *m;* **re·sump·tion** [rɪˈzʌmpʃn] *s* **1.** Wiederaufnahme *f,* -beginn *m* **2.** (*Reise*) Fortsetzung *f* **3.** (SCHULE) Wiederbeginn *m*

re·sur·face [ˌriːˈsɜːfɪs] **I.** *vt:* **~ a road** den Belag einer Straße erneuern **II.** *vi* wieder auftauchen

re·sur·gence [rɪˈsɜːdʒəns] *s* Wiederaufleben *nt;* **re·sur·gent** [rɪˈsɜːdʒənt] *adj* wieder auflebend

res·ur·rect [ˌrezəˈrekt] *vt* (*fig*) zu neuem Leben erwecken; wieder aufleben lassen, wieder beleben; **res·ur·rec·tion** [ˌrezəˈrekʃn] *s* **1.** Wiederbelebung *f;* (*a.* REL) Auferstehung *f* **2.** Wiederaufleben *nt*

re·sus·ci·tate [rɪˈsʌsɪteɪt] *vt* **1.** (MED) wieder beleben **2.** (*fig*) wieder beleben, wieder erwecken

re·tail [ˈriːteɪl] **I.** *s* Einzel-, Kleinhandel *m* **II.** *vi:* ~ **at ...** im Einzelhandel ... kosten **III.** *vt* im Einzelhandel verkaufen **IV.** *adv* im Einzelhandel; **retail business** *s* Einzelhandelsgeschäft *nt;* **retail dealer** *s* Einzelhändler(in) *m(f);* **re·tailer** [ˈriːteɪlə(r)] *s* Einzelhändler(in) *m(f);* **retail price** *s* Einzelhandelspreis *m;* ~ **index, RPI** Index *m* der Einzelhandelspreise

re·tain [rɪˈteɪn] *vt* **1.** (ein-, zurück)behalten **2.** (*Platz*) belegen **3.** (im Gedächtnis) behalten **4.** (*Gebräuche*) beibehalten **5.** (*Anwalt*) beauftragen; ~ **water** Wasser speichern; ~ **control of s.th.** etw weiterhin in der Gewalt, unter Kontrolle haben; ~**ed income** Gewinnrücklagen *fpl;* **re·tainer** [rɪˈteɪnə(r)] *s* **1.** Faktotum *nt* **2.** Vorschuss *m* **3.** Honorarpauschale *f;* **retaining wall** *s* Stützmauer *f*

re·take [ˌriːˈteɪk] **I.** *vt* **1.** (MIL) zurückerobern **2.** (PHOT) noch einmal aufnehmen **3.** (SPORT: *Freistoß*) wiederholen **4.** (*Prüfung*) wiederholen **II.** [ˈriːteɪk] *s* **1.** Neuaufnahme *f* **2.** Wiederholung(sprüfung) *f*

re·tali·ate [rɪˈtælɪeɪt] *vi* Vergeltung üben; sich revanchieren; sich rächen (*on* an); **he ~d by pointing out that ...** er konterte, indem er darauf hinwies, dass ...; **re·tali·ation** [rɪˌtælɪˈeɪʃn] *s* Vergeltung *f;* Vergeltungsschlag *m;* **in ~ for** als Vergeltung für; **re·talia·tory** [rɪˈtælɪətrɪ] *adj:* ~ **measures** Vergeltungsmaßnahmen *fpl*

re·tard [rɪˈtɑːd] *vt* **1.** verzögern, verlangsamen **2.** (BIOL PHYS) retardieren; **mentally ~ed** geistig zurückgeblieben; **re·tar·da·tion** [ˌriːtɑːˈdeɪʃn] *s* (MUS) Tempoverringerung *f;* **re·tard·er** [-ə(r)] *s* (AUTO) Retarder *m*

retch [retʃ] *vi* würgen

re·ten·tion [rɪˈtenʃn] *s* **1.** Einbehalten, Zurückhalten *nt* **2.** Beibehaltung *f* **3.** (*von Wasser*) Speicherung *f* **4.** (*Anwalt*) Beauftragung *f* **5.** Gedächtnis *nt;* **re·ten·tive** [rɪˈtentɪv] *adj* (*Gedächtnis*) aufnahmefähig

re·think [ˌriːˈθɪŋk] **I.** *vt* überdenken **II.** *s:* **have a** ~ etw noch einmal überdenken

reti·cent [ˈretɪsnt] *adj* zurückhaltend; **be ~ about s.th.** in Bezug auf etw nicht sehr gesprächig sein

ret·ina [ˈretɪnə, *pl* ˈretɪniː] <*pl* -inas, -inae> *s* (ANAT) Netzhaut *f;* **detached** ~ (MED) Netzhautablösung *f*

reti·nue [ˈretɪnjuː] *s* Gefolge *nt*

re·tire [rɪˈtaɪə(r)] **I.** *vi* **1.** aufhören zu arbeiten; in Pension gehen **2.** (*von Truppen, a. fig*) sich zurückziehen (*from* von) **3.** zu Bett, schlafen gehen **4.** ausscheiden, zurücktreten; ~ **into o.s.** sich in sich selbst zurückziehen **II.** *vt* **1.** in den Ruhestand versetzen, pensionieren **2.** (*Aktien*) aus dem Verkehr ziehen; **re·tired** [rɪˈtaɪəd] *adj* **1.** im Ruhestand, pensioniert **2.** (*Leben*) zurückgezogen; **a ~ teacher** ein pensionierter Lehrer; **re·tire·ment** [rɪˈtaɪəmənt] *s* **1.** Ausscheiden *nt;* Pensionierung *f;* Verrentung *f* **2.** Ruhestand *m* **3.** Zurückgezogenheit, Einsamkeit *f* **4.** (MIL) Rückzug *m;* **come out of ~** wieder zurückkommen; **live in ~** zurückgezogen leben; **retirement age** *s* Pensions-, Rentenalter *nt;* Altersgrenze *f;* **retirement pay, retirement pension** *s* Altersrente *f;* **re·tir·ing** [rɪˈtaɪərɪŋ] *adj* zurückhaltend, reserviert; ~ **age** Altersgrenze *f*

re·tort [rɪˈtɔːt] **I.** *vt* scharf erwidern, zurückgeben **II.** *vi* scharf erwidern **III.** *s* **1.** scharfe Erwiderung **2.** (CHEM) Retorte *f*

re·touch [ˌriːˈtʌtʃ] *vt* (PHOT) retuschieren

re·trace [riːˈtreɪs] *vt* **1.** zurückverfolgen; nachgehen (*s.th.* einer S) **2.** (*Entwicklung*) nachvollziehen; ~ **one's steps** den gleichen Weg zurückgehen

re·tract [rɪˈtrækt] **I.** *vt* **1.** zurückziehen **2.** (*Äußerung*) zurücknehmen **3.** (*Fahrgestell*) einziehen, einfahren **II.** *vi* **1.** einen Rückzieher machen **2.** eingezogen werden; **re·tract·able** [-əbl] *adj* **1.** zurück-, einziehbar **2.** (AVIAT) einfahrbar; **re·trac·tion** [rɪˈtrækʃn] *s* **1.** Zurücknahme *f;* Rückzug *m;* Rückzieher *m* **2.** Einziehen *nt*

re·train [riːˈtreɪn] *vt* umschulen

re·tread [ˌriːˈtred] **I.** *vt* (*Autoreifen*) runderneuern **II.** [ˈriːtred] *s* runderneuerter Reifen

re·treat [rɪˈtriːt] **I.** *s* **1.** (MIL) Rückzug *m* **2.** (*fig*) Zuflucht(sort *m*) *f;* **beat a ~** den Rückzug antreten; **sound the ~** zum Rückzug blasen **II.** *vi* **1.** (MIL) den Rückzug antreten **2.** (*fig*) zurückweichen

re·trench [rɪˈtrentʃ] *vt* **1.** (*Ausgaben*) einschränken, kürzen **2.** (*Personal*) abbauen; **re·trench·ment** [-mənt] *s* **1.** Einschränkung, Kürzung *f* **2.** (Personal)Abbau *m*

re·trial [ˌriːˈtraɪəl] *s* (JUR) Wiederaufnahmeverfahren *nt*

ret·ri·bu·tion [ˌretrɪˈbjuːʃn] *s* Vergeltung *f;* **re·tri·bu·tive** [rɪˈtrɪbjʊtɪv] *adj* vergeltend; ~ **action** Vergeltungsmaßnahme *f*

re·trieval [rɪˈtriːvl] *s* **1.** Wiedererlangung *f;*

Zurückholen *nt* **2.** (INFORM) Abruf *m* **3.** Rettung *f* **4.** Bergung *f* **5.** Wiedergutmachung *f* **6.** Apportieren *nt;* **beyond** [*o* **past**] ~ hoffnungslos; **re·trieve** [rɪ'tri:v] **I.** *vt* **1.** wiedererlangen, zurückerhalten, bekommen **2.** (INFORM) abfragen, abrufen, aufrufen **3.** retten (*from* aus) **4.** bergen **5.** (*Glück*) wieder finden **6.** (*Schaden*) wieder gutmachen **7.** (*Situation*) retten **8.** (*Hund*) apportieren **II.** *vi* (*Hund*) apportieren; **re·triever** [rɪ'tri:və(r)] *s* Apportierhund *m*

retro·ac·tive [ˌretrəʊ'æktɪv] *adj* rückwirkend (*on* auf); **a ~ effect** eine Rückwirkung

retro·grade ['retrəgreɪd] **I.** *adj* **1.** rückläufig; rückschrittlich; **a ~ step** ein Rückschritt *m* **2.** (BIOL) retrograd **II.** *vi* (BIOL) sich zurückentwickeln

retro·gress [ˌretrə'gres] *vi* sich rückwärts bewegen; **retro·gres·sive** [ˌretrə'gresɪv] *adj* rückläufig; rückschrittlich

retro·rocket [ˌretrəʊ'rɒkɪt] *s* Bremsrakete *f*

retro·spect ['retrəspekt]: **in ~** rückblickend, im Nachhinein; **retro·spec·tive** [ˌretrə'spektɪv] **I.** *adj* **1.** rückblickend **2.** (JUR) rückwirkend **II.** *s* (*Film*) Retrospektive *f*

re·turn [rɪ'tɜ:n] **I.** *vi* **1.** zurückkehren, zurückkommen **2.** (*fig*) wiederkehren; wiederkommen **3.** (*Fahrzeug*) zurückfahren; **~ to school** wieder in die Schule gehen; **~ to the town** in die Stadt zurückkehren **II.** *vt* **1.** zurückgeben, -bringen, -schicken, -senden (*to s.o.* jdm) **2.** zurückerstatten, -zahlen; rückvergüten **3.** erwidern, zurückgeben **4.** (*Gruß, Besuch*) erwidern **5.** (*Licht*) zurückwerfen **6.** (*Gewinn*) einbringen, abwerfen **7.** (POL) wählen; **~ a blow** zurückschlagen; **~ed empties** Leergut *nt;* **~ thanks to s.o.** jdm Dank sagen; **he was ~ed guilty** (JUR) er wurde schuldig gesprochen **III.** *s* **1.** Rückkehr, -fahrt *f* **2.** (*fig*) Wiederkehr *f* **3.** Rückgabe *f;* Zurückschicken, -senden *nt* **4.** (*~ ticket*) Rückfahrkarte *f* **5.** (COM) Einkommen *nt;* Ertrag, Gewinn *m* **6.** Verkündung *f;* Bericht *m* **7.** (POL) Wahl *f* **8.** (SPORT) Rückschlag *m* **9.** **~s** Einkünfte *pl* **10.** **~s** Rücksendungen, Remittenden *fpl;* **on my ~** bei meiner Rückkehr; **~ home** Heimkehr *f;* **~ on investment, ROI** Kapitalrendite *f,* Ertrag *m* aus Kapitalanlage; **~ to school** Schulbeginn *m;* **by ~** (**of post**) postwendend; **~ to health** Genesung *f;* **~ on capital** Kapitalertrag *m;* **in ~** dafür; **in ~ for** für; **many happy ~s** (**of the day**) herzlichen Glückwunsch zum Geburtstag; **the election ~s** das Wahlergebnis; **tax ~** Steuererklärung *f;* **re·turn·able** [rɪ'tɜ:nəbl] *adj* **1.** rückgabepflichtig **2.** mit Flaschenpfand; **~ bottle** Mehrweg-, Pfandflasche *f;* **non-~ bottle** Einwegflasche *f;* **return address** *s* Absender *m;* **return fare** *s* Preis *m* für Hin- und Rückfahrt; **return flight** *s* Rückflug *m;* **re·turn·ing of·fi·cer** [rɪ'tɜ:nɪŋ-'ɒfɪsə(r)] *s* (PARL) Wahlleiter(in) *m(f);* **return journey** *s* Rückreise *f;* **return match** *s* (SPORT) Rückspiel *nt;* **return ticket** *s* Rückfahr-, -flugkarte *f*

re·uni·fica·tion [ri:ˌju:nɪfɪ'keɪʃn] *s* (POL) Wiedervereinigung *f*

re·un·ion [ˌri:'ju:nɪən] *s* Zusammenkunft *f,* Treffen *nt;* **re·unite** [ˌri:ju:'naɪt] **I.** *vt* wieder zusammenbringen; (POL) wieder vereinigen **II.** *vi* wieder zusammenkommen; (POL) sich wieder vereinigen

re·us·able [ˌri:'ju:zəbl] *adj* wieder verwendbar; mehrfach verwendbar; Mehrweg-; **re·use** [ˌri:'ju:z] *vt* wieder verwenden

rev [rev] **I.** *s* (TECH) Drehzahl, Umdrehung *f* **II.** *vt, vi* (*fam*): **~ up** (AUTO) den Motor auf Touren bringen

re·valu·ation [ri:ˌvæljʊ'eɪʃn] *s* (FIN) Aufwertung *f;* **re·value** [ri:'vælju:] *vt* aufwerten

re·vamp [ˌri:'væmp] *vt* aufpolieren; aufmöbeln

rev counter ['revˌkaʊntə(r)] *s* (AUTO) Drehzahlmesser, Tourenzähler *m*

re·veal [rɪ'vi:l] *vt* **1.** zum Vorschein bringen **2.** (*Tatsachen*) enthüllen, aufdecken; zu erkennen geben **3.** (REL) offenbaren (*to s.o.* jdm)

re·veille [rɪ'vælɪ] *s* (MIL) Wecken *nt*

revel ['revl] *vi* feiern; **~ in one's freedom** seine Freiheit von ganzem Herzen genießen

rev·el·ation [ˌrevə'leɪʃn] *s* **1.** Enthüllung *f* **2.** (REL) Offenbarung *f*

revel·ler ['revələ(r)] *s* Feiernde(r) *f m;* **rev·elry** ['revlrɪ] *s* Festlichkeit *f*

re·venge [rɪ'vendʒ] **I.** *vt* rächen; **~ o.s., be ~d for s.th.** sich für etw rächen; **~ o.s. on s.o.** sich an jdm rächen **II.** *s* **1.** Rache *f* **2.** (SPORT) Revanche *f;* **out of ~** aus Rache; **in ~ for** als Rache für; **take ~ on s.o. for s.th.** sich an jdm wegen etw rächen; **get one's ~** sich rächen; **re·venge·ful** [rɪ'vendʒfl] *adj* rachsüchtig

rev·enue ['revənju:] *s* **1.** Einkünfte *pl,* Einnahmen *fpl,* Ertrag *m* **2.** Staatseinkünfte, öffentliche Einnahmen *pl* **3.** Finanzbehörde *f,* Fiskus *m;* **Inland Revenue** (*in GB*) Finanzamt *nt;* **tax ~** Steueraufkommen *nt;* **revenue officer** *s* Finanzbeamte(r) *m,* -beamtin *f;* **revenue stamp** *s* Steuer-, Stempelmarke, Banderole *f*

re·ver·ber·ate [rɪ'vɜ:bəreɪt] **I.** *vt* (*Schall*)

R

zurückwerfen, reflektieren **II.** *vi* **1.** (*Schall*) widerhallen **2.** (*Licht*) zurückstrahlen, reflektieren; **re·ver·ber·ation** [rɪˌvɜːbəˈreɪʃn] *s* Widerhall *m;* Zurückstrahlen *nt*

re·vere [rɪˈvɪə(r)] *vt* verehren, achten, hochschätzen; **rev·er·ence** [ˈrevərəns] **I.** *s* Verehrung *f* (*for* für), Ehrfurcht *f;* **hold s.o. in ~** jdn hochachten; **treat s.th. with ~** etw ehrfürchtig behandeln **II.** *vt* verehren

rev·er·end [ˈrevərənd] **I.** *adj:* **the Most Reverend** der Erzbischof; **the Right Reverend** der Bischof **II.** *s* Pastor, Pfarrer *m*

rev·er·ent [ˈrevərənt] *adj* ehrfürchtig

rev·er·en·tial [ˌrevəˈrenʃl] *adj* ehrerbietig, ehrfurchtsvoll

rev·erie [ˈrevərɪ] *s* (*a.* MUS) Träumerei *f*

re·ver·sal [rɪˈvɜːsl] *s* **1.** Umkehren *nt;* Umstellen *nt;* Umdrehen *nt* **2.** Zurückstellen *nt* **3.** (JUR) Aufhebung *f;* **suffer a ~** einen Rückschlag erleiden; **the ~s of fortune** Schicksalsschläge *mpl*

re·verse [rɪˈvɜːs] **I.** *adj* umgekehrt, entgegengesetzt (*to* zu); **in ~ order** in umgekehrter Reihenfolge; **~ charge call** (TELE) R-Gespräch *nt;* **~ gear** Rückwärtsgang *m;* **~ takeover** (COM) gegenläufige Fusion **II.** *s* **1.** Gegenteil *nt* **2.** Rück-, Kehrseite *f* **3.** Rückschlag, Schicksalsschlag *m;* Niederlage *f* **4.** (AUTO) Rückwärtsgang *m;* **he is the ~ of polite** er ist alles andere als höflich; **go into ~** in den Rückwärtsgang schalten **III.** *vt* **1.** umkehren, umdrehen **2.** umstellen **3.** (*Kleid*) wenden **4.** (AUTO) zurückstoßen, rückwärts fahren **5.** (JUR) aufheben, annullieren; **~ the order of s.th.** etw herumdrehen; **~ one's car into the garage** rückwärts in die Garage fahren; **~ the charges** (TEL) ein R-Gespräch führen **IV.** *vi* **1.** sich umwenden, sich rückwärts bewegen **2.** (AUTO) rückwärts fahren; **re·vers·ible** [-əbl] *adj* **1.** (*Entscheidung*) umstoßbar **2.** (CHEM) umkehrbar **3.** (*Kleidung*) Wende-; **re·ver·sion** [rɪˈvɜːʃn] *s* **1.** Umkehrung *f* (*to* zu), Rückfall *m* **2.** (JUR) Zurückfallen *nt*

re·vert [rɪˈvɜːt] *vi* **1.** zurückkehren (*to* zu) **2.** zurückkommen, -greifen (*to* auf) **3.** (JUR) zurückfallen (*to* an)

re·view [rɪˈvjuː] **I.** *s* **1.** Rückblick *m* (*of* auf), Überblick *m* **2.** nochmalige (Über)Prüfung; (*Am: von Schulstoff*) Wiederholung *f* **3.** (MIL) Inspektion *f* **4.** (*Buch*) Kritik, Rezension *f* **5.** Zeitschrift *f;* **come under ~** überprüft werden; **hold a ~** eine Inspektion vornehmen; **~ copy** Rezensionsexemplar *nt* **II.** *vt* **1.** zurückblicken auf, überdenken **2.** (*Fall*) erneut überprüfen **3.** (MIL) inspizieren, mustern **4.** (*Buch*) besprechen, rezensieren; **re·viewer** [rɪˈvjuːə(r)] *s* Rezensent(in) *m(f),* Kritiker(in) *m(f)*

re·vise [rɪˈvaɪz] *vt* **1.** (*Text*) überprüfen, revidieren **2.** (*Meinung*) überholen, revidieren **3.** (*Lernstoff*) wiederholen; **re·vised** *adj* überarbeitet, revidiert; **~d edition** überarbeitete Ausgabe; **re·vi·sion** [rɪˈvɪʒn] *s* **1.** Überarbeitung, Revision *f* **2.** (*Meinung*) Überholen *nt,* Revision *f* **3.** überarbeitete Ausgabe **4.** (*Lernstoff*) Wiederholung *f*

re·vital·ize [riːˈvaɪtəlaɪz] *vt* neu beleben

re·vival [rɪˈvaɪvl] *s* **1.** Wiedererwecken, Wiederauflebenlassen *nt* **2.** (*Idee*) Wiederaufleben, -blühen *nt;* Wiederbelebung *f* **3.** (REL) Erweckung *f* **4.** (JUR) Wiederinkrafttreten *nt* **5.** (COM) Aufschwung *m;* **~ of trade** Konjunkturaufschwung *m,* Konjunkturbelebung *f;* **re·vive** [rɪˈvaɪv] **I.** *vi* **1.** wieder zu sich kommen **2.** (*fig*) wieder aufleben, wieder aufblühen **3.** (COM) wieder aufblühen **II.** *vt* **1.** wieder beleben; munter machen **2.** (*fig*) zu neuem Leben erwecken, wieder erwecken, -beleben **3.** (*Brauch*) wieder aufleben lassen; wieder in Erinnerung bringen **4.** (*Worte*) wieder aufgreifen **5.** (THEAT) wieder aufnehmen

revo·ca·tion [ˌrevəˈkeɪʃn] *s* **1.** Aufhebung *f;* Zurückziehen *nt* **2.** Widerruf *m;* Entzug *m;*
re·voke [rɪˈvəʊk] **I.** *vt* **1.** (*Gesetz*) aufheben **2.** (*Entscheidung*) widerrufen, rückgängig machen **3.** (*Lizenz*) entziehen **II.** *vi* (*Karten*) nicht Farbe bekennen

re·volt [rɪˈvəʊlt] **I.** *s* Revolte *f,* Aufruhr, Aufstand *m* (*against* gegen); **rise in ~, break out in ~** sich erheben, einen Aufstand machen; **be in ~ against** rebellieren gegen **II.** *vi* **1.** revoltieren, rebellieren (*against* gegen) **2.** (*Gefühle*) sich empören (*at, against* bei, gegen) **III.** *vt* (*fig*) anwidern, -ekeln, abstoßen; **re·volt·ing** [rɪˈvəʊltɪŋ] *adj* (*fig*) abstoßend, widerlich, ekelhaft

rev·ol·ution [ˌrevəˈluːʃn] *s* **1.** (*a. fig*) Revolution *f;* Umwälzung *f* **2.** (PHYS) Umdrehung, Rotation *f;* **rev·ol·ution·ary** [ˌrevəˈluːʃənrɪ] **I.** *s* Revolutionär(in) *m(f)* **II.** *adj* revolutionär, umstürzlerisch; **rev·ol·ution·ize** [ˌrevəˈluːʃnaɪz] *vt* revolutionieren

re·volve [rɪˈvɒlv] **I.** *vt* drehen **II.** *vi* sich drehen; **~ on an axis/around the sun** sich um eine Achse/um die Sonne drehen

re·volver [rɪˈvɒlvə(r)] *s* Revolver *m*

re·volv·ing [rɪˈvɒlvɪŋ] *adj* Dreh-; **~ chair** Drehstuhl *m;* **~ credit** (FIN) Revolvingkredit *m;* **~ door** Drehtür *f;* **~ stage** Drehbühne *f*

re·vue [rɪˈvjuː] *s* (THEAT) Revue *f;* Kabarett *nt*

re·vul·sion [rɪˈvʌlʃn] *s* **1.** Abscheu, Ekel *m*

(*at* vor) **2.** (*fig*) Umschwung *m;* Empörung *f*

re·ward [rɪ'wɔːd] **I.** *s* Belohnung *f;* Entgelt *nt;* **as a ~ for** als Belohnung für; **~ offered for the return of ...** Finderlohn für ...; **~ system** Anreizsystem *nt* **II.** *vt* belohnen; **re·ward·ing** [-ɪŋ] *adj* lohnend, einträglich

re·wind [ˌriː'waɪnd] *vt* wieder aufwickeln; (*Uhr*) wieder aufziehen; (*Film, Tonband*) zurückspulen; **re·wire** [ˌriː'waɪə(r)] **I.** *vt* neu verkabeln **II.** *s* Neuverkabelung *f*

re·word [ˌriː'wɜːd] *vt* neu formulieren, anders ausdrücken

re·work [ˌriː'wɜːk] *vt* wieder verarbeiten; neu fassen

re·write [ˌriː'raɪt] **I.** *vt* neu schreiben; umschreiben **II.** ['riːraɪt] *s* (*fig*) Neuaufguss *m*

RGN [ˌɑː(r)dʒiː'en] *s Abk. von* **Registered General Nurse** (*Br*) staatlich geprüfte Krankenschwester

rhap·sody ['ræpsədɪ] *s* (MUS) Rhapsodie *f*

Rhe·sus fac·tor ['riːsəsˌfæktə(r)] *s* (MED) Rh-Faktor, Rhesusfaktor *m*

rhet·oric ['retərɪk] *s* Rhetorik *f;* **rhe·tori·cal** [rɪ'tɒrɪkl] *adj* rhetorisch

rheu·matic [ruː'mætɪk] **I.** *adj* rheumatisch **II.** *s* Rheumatiker(in) *m(f);* **rheu·matics** [ruː'mætɪks] *s pl mit sing* Rheuma(tismus *m*) *nt;* **rheu·ma·tism** ['ruːmətɪzəm] *s* Rheuma(tismus *m*) *nt;* **rheu·ma·toid ar·thri·tis** [ˌruːmətɔɪdˌɑː'θraɪtɪs] *s* (MED) rheumatoide Arthritis, chronische Polyarthritis

rhi·no·cer·os, rhi·no [raɪ'nɒsərəs, 'raɪnəʊ] *s* Nashorn, Rhinozeros *nt*

rhi·no·plas·ty ['raɪnəʊˌplæstɪ] *s* Rhinoplastik *f* (*chirurgische Korrektur der Nase*)

Rhodes [rəʊdz] *s* Rhodos *nt*

Rho·de·sia [rəʊ'diːʒə] *s* (HIST) Rhodesien *nt;* **Rho·de·sian** [rəʊ'diːʒən] **I.** *adj* rhodesisch **II.** *s* Rhodesier(in) *m(f)*

rho·do·den·dron [ˌrəʊdə'dendrən] *s* Rhododendron *m*

rhom·bus ['rɒmbəs] *s* Rhombus *m*

rhu·barb ['ruːbɑːb] *s* Rhabarber *m*

rhyme [raɪm] **I.** *s* **1.** Reim *m* **2.** Gedicht *nt;* **without ~ or reason** ohne Sinn und Verstand; **nursery ~** Kinderreim *m;* **put into ~** in Reime bringen **II.** *vi* **1.** sich reimen **2.** reimen, dichten **III.** *vt* reimen; **rhym·ing coup·let** [ˌraɪmɪŋ'kʌplɪt] *s* Reimpaar *nt*

rhythm ['rɪðəm] *s* Rhythmus *m;* **~ and blues** Rhythm-and-Blues *m;* **rhyth·mic(al)** ['rɪðmɪk(l)] *adj* rhythmisch

rib [rɪb] **I.** *s* **1.** (ANAT) Rippe *f* **2.** (*Schirm*) Speiche *f* **3.** (ARCH) (Gewölbe)Rippe *f;* **dig** [*o* **poke**] **s.o. in the ~s** jdn in die Rippen stoßen; **~ cage** Brustkorb *m* **II.** *vt* (*fam*) necken, foppen

rib·ald ['rɪbld] *adj* zotig, obszön

rib·bon ['rɪbən] *s* **1.** Band *nt* **2.** (*Schreibmaschine*) Farbband *nt* **3. ~s** Fetzen *mpl;* **tear s.th. to ~s** etw zerfetzen; (*fig*) etw verreißen

ri·bo·nu·cleic acid, RNA [ˌraɪbəʊnjuːkleɪɪk'æsɪd] *s* Ribonukleinsäure, RNS *f*

rice [raɪs] *s* Reis *m;* **rice·field** *s* Reisfeld *nt;* **rice grow·ing** *s* Reisanbau *m;* **rice pud·ding** *s* Milchreis *m*

rich [rɪtʃ] **I.** *adj* **1.** reich, wohlhabend **2.** (*Stil*) prächtig; großartig **3.** (*Essen, Wein*) schwer **4.** (*Erde*) fett; fruchtbar **5.** (*Farben*) satt **6.** (*Stimme*) voll, klangreich **7.** (*fig*) köstlich; **a ~ diet** eine reichhaltige Kost; **~ in minerals** reich an Bodenschätzen **II.** *s:* **the ~** die Reichen *pl;* **~es** Reichtümer *mpl;* **rich·ness** [-nɪs] *s* **1.** Reichtum *m* **2.** Pracht *f;* Üppigkeit *f;* Luxus *m* **3.** Kraft, Fülle, Sattheit *f* **4.** Fruchtbarkeit *f* **5.** Schwere *f* **6.** Fettheit *f*

rick [rɪk] **I.** *s* Schober *m* **II.** *vt* ausrenken

rick·ets ['rɪkɪts] *s pl* (MED) Rachitis *f*

rick·ety ['rɪkətɪ] *adj* (*Möbel*) wackelig

rick·shaw ['rɪkʃɔː] *s* Rikscha *f*

ri·co·chet ['rɪkəʃeɪ] *s* Abprall *m*

rid [rɪd] <*irr:* **rid, rid**> *vt:* **~ of** befreien von; säubern von; **~ o.s. of s.o./s.th.** sich jdn/etw vom Halse schaffen; **be ~ of s.o./s.th.** jdn/etw los sein; **get ~ of s.o./s.th.** jdn/etw loswerden; **rid·dance** ['rɪdns] *s:* **good ~** ein Glück, dass wir das, ihn los sind

rid·den ['rɪdn] **I.** *pp of* **ride II.** *adj:* **~ by fears, fear-~** angsterfüllt; **disease-~** von Krankheiten befallen, geplagt; **doubt-~** von Zweifeln geplagt

riddle[1] ['rɪdl] *s* Rätsel *nt;* **speak in ~s** in Rätseln sprechen

riddle[2] ['rɪdl] **I.** *s* (Schüttel)Sieb *nt* **II.** *vt* **1.** sieben **2.** durchlöchern, -bohren (*with bullets* mit Kugeln); **~d with mistakes** voller Fehler

ride [raɪd] <*irr:* **rode, ridden**> **I.** *vi* **1.** reiten (*on* auf) **2.** (*Fahrrad*) fahren **3.** sich bewegen (*on, upon* auf) **4.** (*Wolken*) schweben, dahinziehen; **~ on a bus/in a train** in einem Bus/Zug fahren; **~ away** weg-, davonfahren; **the moon was riding high in the sky** der Mond zog hoch am Himmel dahin; **~ at anchor** vor Anker liegen **II.** *vt* **1.** reiten **2.** (*Fahrrad*) fahren; fahren mit **3.** (*Am fig*) tyrannisieren, plagen; **he rode his horse away** er ritt mit seinem Pferd weg; **~ a race** bei einem Rennen reiten; **the ship rode the waves** das Schiff trieb auf den Wellen **III.** *s* **1.** Ritt *m* **2.** Fahrt *f;* Radfahrt *f* **3.** Reitweg *m;* **go for**

a ~ ausreiten; eine Fahrt machen; **go for a ~ in the car** mit dem Auto wegfahren; **have a rough ~** viel durchmachen müssen; **take s.o. for a ~** (*fig*) jdn anschmieren; **we had a ~ in a taxi** wir sind in einem Taxi gefahren; **ride down** *vt* niederreiten; einholen; **ride out I.** *vt* überstehen **II.** *vi* ausreiten; **~ out the storm** den Sturm überstehen; **ride up** *vi* (*Kleid*) hochrutschen

rider ['raɪdə(r)] *s* **1.** Reiter(in) *m(f)*, Fahrer(in) *m(f)* **2.** (JUR) Zusatz, Nachtrag *m;* Zusatzklausel *f*

ridge [rɪdʒ] **I.** *s* **1.** (*Stoff*) Rippe *f;* (*Blech*) Welle *f* **2.** Bergrücken, Kamm *m;* Grat *m* **3.** (Dach)First *m* **4.** (*Nase*) Rücken *m* **5.** Ackerfurche *f* **II.** *vt* zerfurchen; **ridge-pole** ['rɪdʒpəʊl] *s* **1.** (*Dach*) Firstbalken *m* **2.** (*Zelt*) Firststange *f;* **ridge·way** ['rɪdʒweɪ] *s* Gratweg *m*

ridi·cule ['rɪdɪkju:l] **I.** *s* Spott *m;* **lay o.s. open to ~** sich lächerlich machen; **hold s.o. up to ~** jdn lächerlich machen **II.** *vt* verspotten; **rid·icu·lous** [rɪ'dɪkjʊləs] *adj* lächerlich

rid·ing ['raɪdɪŋ] *s* Reiten *nt;* **riding breeches** *s pl* Reithose *f;* **riding crop** *s* Reitgerte *f;* **riding habit** *s* Reitkostüm *nt;* **riding light** *s* (MAR) Ankerlicht *nt;* **riding school** *s* Reitschule *f*

rif [rɪf] *vt* (*Am: sl*): **~ on s.o.** sich über jdn lustig machen

rife [raɪf] *adj* weit verbreitet; **~ with** voll von, voller; **be ~** umgehen; grassieren

riffle ['rɪfl] *vt* **1.** (*~ through*) durchblättern **2.** (*Karten*) mischen

riff-raff ['rɪfræf] *s* Pöbel *m,* Gesindel *nt*

rifle[1] ['raɪfl] *s* Gewehr *nt*

rifle[2] ['raɪfl] *vt* plündern; durchwühlen

rifle butt ['raɪflbʌt] *s* Gewehrkolben *m;* **rifle·man** [-mən] <*pl* -men> *s* Schütze *m;* **rifle range** *s* Schießstand *m;* **within/ out of ~** in/außer Schussweite; **rifle shot** *s* Gewehrschuss *m*

rift [rɪft] *s* **1.** Spalt *m* **2.** (*fig*) Spalt *m;* Riss *m;* **rift valley** *s* (GEOL) Grabenbruch *m*

rig [rɪg] **I.** *vt* **1.** (MAR) auftakeln **2.** (*fig: Wahlen*) manipulieren; **~ out** ausstaffieren; **~ up** improvisieren; arrangieren **II.** *s* **1.** (MAR) Takelage *f* **2.** (*oil-~*) Förderturm *m;* Ölbohrinsel *f* **3.** Auf-, Ausrüstung *f* **4.** (*Am fam*) Sattelschlepper *m;* **in full ~** in großer Aufmachung; **rig·ger** ['rɪgə(r)] *s* (MAR) Takler *m;* **rig·ging** ['rɪgɪŋ] *s* **1.** (MAR) Auftakeln *nt;* Tauwerk *nt* **2.** (*fig*) Manipulation *f;* Schiebung *f*

right [raɪt] **I.** *adj* **1.** recht, richtig **2.** (*Antwort, Zeit*) richtig **3.** (*Kleider*) richtig **4.** richtig, korrekt; in Ordnung **5.** rechte(r, s); **it's only ~** es ist nur recht und billig; **do the ~ thing by s.o.** sich jdm gegenüber anständig benehmen; **be ~** Recht haben; richtig sein, stimmen, zutreffen; **you're quite ~** Sie haben ganz recht; **on the ~ track** auf dem rechten, richtigen Weg; **put** [*o* **set**] **~** korrigieren; richtig stellen; **put s.o. ~** jdn berichtigen; **come at the ~ time** zur rechten Zeit kommen; **do s.th. the ~ way** etw richtig machen; **the ~ man for the job** der rechte Mann für die Stelle; **feel ~** sich wohl fühlen; **be as ~ as rain** kerngesund sein; **be in one's ~ mind** bei klarem Verstand sein; **~! ~-oh!** gut, schön, okay; **~ enough!** das stimmt!; **~ hand** rechte Hand **II.** *adv* **1.** direkt; genau **2.** ganz **3.** richtig **4.** rechts; **~ in front of you** direkt vor Ihnen; **~ away** [*o* **off**] sofort, schnurstracks; **~ off** auf Anhieb; **~ now** in diesem Augenblick; **~ here** genau hier; **rotten ~ through** durch und durch verfault; **answer ~** richtig antworten; **if I remember ~** wenn ich mich recht erinnere; **turn ~** biegen Sie rechts ab; **~, left and centre** überall; **if I get you ~** wenn ich Sie richtig verstehe **III.** *s* **1.** Recht *nt* **2.** Anrecht *nt,* Anspruch *m* **3.** rechte Seite; **be in the ~** im Recht sein; **have a ~ to s.th.** einen Anspruch auf etw haben; **~ to strike** Streikrecht *nt;* **by what ~?** mit welchem Recht?; **by ~s** rechtmäßig, von Rechts wegen; **in one's own ~** selber, selbst; **put s.th. to ~** etw in Ordnung bringen; **drive on the ~** rechts fahren; **keep to the ~** sich rechts halten; **the Right** (POL) die Rechte; **~s issue** (COM) Bezugsrechtsemission *f* **IV.** *vt* **1.** aufrichten **2.** wieder gutmachen; **the problem should ~ itself** das Problem müsste sich von selbst lösen; **right angle** *s* rechter Winkel; **at ~s** rechtwinklig (*to* zu); **right-angled** ['raɪtæŋgld] *adj* rechtwinklig

right·eous ['raɪtʃəs] *adj* **1.** rechtschaffen **2.** (*Wut*) gerecht, heilig

right·ful ['raɪtfl] *adj* **1.** rechtmäßig **2.** (*Bestrafung*) gerecht; **rightful claimant** *s* Anspruchsberechtigte(r) *f m*

right-hand ['raɪthænd] *adj* rechte(r, s); **he's my ~ man** er ist meine rechte Hand; **right-hand drive** *adj* rechtsgesteuert; **this car has ~** dieser Wagen hat das Steuer rechts; **right-handed** [ˌraɪt'hændɪd] *adj* **1.** rechtshändig **2.** (*Schlag*) mit der rechten Hand; **right-hander** [ˌraɪt'hændə(r)] *s* **1.** Rechtshänder(in) *m(f)* **2.** (*Schlag*) Rechte *f;* **right·ist** ['raɪtɪst] *s* (POL) Rechte(r) *f m*

right·ly ['raɪtlɪ] *adv* **1.** richtig **2.** mit Recht; **I don't ~ know** ich weiß nicht genau; **~ or wrongly** ob das nun richtig ist oder nicht;

and ~ so und zwar mit Recht

right-minded [ˌraɪtˈmaɪndɪd] *adj* vernünftig; **right of way** *s* (AUTO) Vorfahrt *f;* Durchgangsrecht *nt;* **right wing** *s* (POL SPORT) rechter Flügel; **right-wing** *adj* (POL) rechtsgerichtet; ~ **extremism** Rechtsextremismus *m*

ri·gid [ˈrɪdʒɪd] *adj* **1.** starr, steif **2.** (*fig*) unbeugsam, unnachgiebig **3.** (*Disziplin*) streng **4.** (*System*) starr; ~ **with fear** starr vor Angst; **ri·gid·ity** [rɪˈdʒɪdətɪ] *s* **1.** Starrheit, Steifheit *f* **2.** (*fig*) Härte, Strenge *f* **3.** (*fig*) Unnachgiebigkeit *f*

rig·ma·role [ˈrɪgmərəʊl] *s* **1.** Gerede, Geschwätz *nt* **2.** (*fig*) umständliche Prozedur

rigor *s* (*Am*) *s.* **rigour**; **ri·gor mor·tis** [ˈrɪgəˈmɔːtɪs] *s* Toten-, Leichenstarre *f;* **rig·or·ous** [ˈrɪgərəs] *adj* **1.** (*Maßnahmen*) rigoros **2.** (*Disziplin*) streng, strikt **3.** (*Test*) gründlich **4.** (*Klima*) streng; **rig·our** [ˈrɪgə(r)] *s* **1.** Strenge, Striktheit *f* **2.** **~s** Unbilden *pl*

rig·out [ˈrɪgaʊt] *s* (*fam*) Toilette *f;* Aufmachung *f;* Ausrüstung *f*

rile [raɪl] *vt* ärgern, reizen

rim [rɪm] *s* **1.** Rand *m,* Kante *f* **2.** Hutkrempe *f* **3.** (*Brille*) Fassung *f*

rime[1] [raɪm] *s* (Rau)Reif *m*

rime[2] [raɪm] **I.** *s* (*Am*) **1.** Reim *m* **2.** Gedicht *nt;* **without ~ or reason** ohne Sinn und Verstand; **nursery ~** Kinderreim *m;* **put into ~** in Reime bringen **II.** *vi* (*Am*) **1.** sich reimen **2.** reimen, dichten **III.** *vt* reimen

rim·less [ˈrɪmlɪs] *adj* randlos; **rimmed** [rɪmd] *adj* mit Rand

rind [raɪnd] *s* **1.** (Käse)Rinde *f* **2.** (*Schinken*) Schwarte *f* **3.** (*Frucht*) Schale *f*

ring[1] [rɪŋ] <*irr:* **rang, rung**> **I.** *vi* **1.** (*Glocke*) läuten; klingen; schallen **2.** (*Worte*) tönen, schallen; erklingen; **the doorbell rang** es hat geläutet; ~ **for s.o.** nach jdm läuten; ~ **at the door** an der Tür klingeln, läuten; ~ **false/true** falsch/wahr klingen; **my ears are ~ing** mir klingen die Ohren **II.** *vt* **1.** läuten **2.** (~ *up*) anrufen; ~ **the doorbell** an der Tür läuten; **that ~s a bell** das kommt mir bekannt vor; ~ **the changes** (*fig*) etwas in allen Variationen durchspielen **III.** *s* **1.** Klang *m;* Läuten *nt;* Klingeln *nt* **2.** (TELE) Anruf *m* **3.** (*fig*) Klang *m;* **there was a ~ at the door** es hat geläutet; **give s.o. a ~** jdn anrufen; **ring back** *vt, vi* (TELE) zurückrufen; **ring down** *vt* (*Vorhang*) herunterlassen; ~ **down the curtain on s.th.** (*fig*) einen Schlussstrich unter etw ziehen; **ring in** *vt* einläuten; **ring off** *vi* (TELE) aufhängen, den Hörer auflegen; **ring out I.** *vi* ertönen; laut erklingen **II.** *vt* (*Jahr*) ausläuten; **ring up** *vt* (TELE) anrufen; ~ **up the curtain** den Vorhang hochgehen lassen; (*fig*) anfangen

ring[2] [rɪŋ] **I.** *s* **1.** Ring *m;* Schwimmring *m* **2.** (*Baum*) Jahresring *m* **3.** (POL) Ring *m* **4.** (*Zirkus*) Manege *f,* Ring *m* **5.** (*Mond*) Hof *m* **6.** (Box)Ring *m;* **have ~s round one's eyes** Ringe unter den Augen haben; **stand in a ~** im Kreis stehen; **run ~s round s.o.** jdn in die Tasche stecken **II.** *vt* **1.** umringen **2.** (*Spiel*) einen Ring werfen über **3.** einkreisen **4.** (*Vogel*) beringen

ring binder [ˈrɪŋbaɪndə(r)] *s* Ringbuch *nt;* Ringordner *m*

ringer [ˈrɪŋə(r)] *s* Glöckner *m;* **be a dead ~ for s.o.** (*sl*) jdm aufs Haar gleichen

ring-fin·ger [ˈrɪŋfɪŋgə(r)] *s* Ringfinger *m*

ring·ing [ˈrɪŋɪŋ] *adj* schallend; läutend; **ringing tone** *s* (TELE) Frei-, Rufzeichen *nt*

ring·leader [ˈrɪŋliːdə(r)] *s* Rädelsführer(in) *m(f)*

ring·let [ˈrɪŋlɪt] *s* Ringellocke *f*

ring road [ˈrɪŋrəʊd] *s* Ringstraße *f;* **ring·side** [ˈrɪŋsaɪd] *s:* **at the ~** am Ring; **have a ~ seat** einen Logenplatz haben

rink [rɪŋk] *s* Eis-, Rollschuhbahn *f*

rinse [rɪns] **I.** *vt* **1.** (ab-, aus)spülen **2.** (*Haar*) tönen; ~ **one's hands** sich die Hände abspülen; ~ **down** abspülen; ~ **out** ausspülen, auswaschen **II.** *s* **1.** Spülung *f* **2.** (*Haarfarbe*) Tönung *f*

riot [ˈraɪət] **I.** *s* **1.** Aufstand, Aufruhr *m;* Krawall *m* **2.** Orgie *f;* **run ~** randalieren; (*Pflanzen*) wuchern; **read s.o. the ~ act** jdm die Leviten lesen; ~ **squad** Überfallkommando *nt;* **a ~ of flowers** ein wildes Blumenmeer; **be a ~** zum Schreien sein **II.** *vi* randalieren; **rioter** [ˈraɪətə(r)] *s* Aufrührer(in) *m(f),* Unruhestifter(in) *m(f);* **riot gear** *s* Schutzausrüstung *f;* **riot·ing** [ˈraɪətɪŋ] *s* Krawalle *mpl;* ~ **in the streets** Straßenkrawalle *mpl;* **riot·ous** [ˈraɪətəs] *adj* **1.** randalierend; wild **2.** (*fig*) urkomisch; **a ~ success** ein Riesenerfolg

rip [rɪp] **I.** *vt* einen Riss machen in; zerreißen; ~ **open** aufreißen **II.** *vi* reißen; **the car ~s along** der Wagen rast dahin; **let ~** loslegen **III.** *s* Riss, Schlitz *m;* **rip down** *vt* herunterreißen; abreißen; **rip off** *vt* **1.** abreißen **2.** (*sl*) mitgehen lassen, klauen; **rip out** *vt* herausreißen; **rip up** *vt* zer-, aufreißen

ri·par·ian [raɪˈpeərɪən] *adj* Ufer-

rip·cord [ˈrɪpkɔːd] *s* (AVIAT) Reißleine *f*

ripe [raɪp] *adj* **1.** (*Frucht, Käse*) reif **2.** (*Lippen*) voll **3.** (*fig*) reif; **live to a ~ old age** ein hohes Alter erreichen; **be ~ for s.th.** für etw reif sein; **ripen** [ˈraɪpən] **I.** *vi* reifen **II.** *vt* reifen lassen; **ripe·ness** [ˈraɪpnɪs]

R

s Reife *f*

rip-off ['rɪpɒf] *s* Wucher, Nepp *m;* Schwindel *m*

ri·poste [rɪ'pɒst] **I.** *s* schlagfertige Antwort **II.** *vi* scharf erwidern

ripple ['rɪpl] **I.** *vi* **1.** sich (leicht) kräuseln **2.** (*Wasser*) plätschern **II.** *vt* kräuseln; wogen lassen **III.** *s* **1.** Kräuseln *nt;* kleine Welle **2.** Geplätscher, Gemurmel *nt;* ~ **of laughter** kurzes Lachen; perlendes Gelächter; **ripple bed** *s* (MED) Dekubitusbett *nt*

rip-roar·ing ['rɪprɔːrɪŋ] *adj* (*fam*) sagenhaft

rip·tide ['rɪptaɪd] *s* Stromkabbelung *f*

rise [raɪz] <*irr:* **rose, risen**> **I.** *vi* **1.** aufstehen, sich erheben **2.** steigen **3.** (*Preis*) ansteigen **4.** (*Lift*) hochfahren, nach oben fahren **5.** (*Vorhang*) sich heben **6.** (*Mond*) aufgehen **7.** (*Sturm*) aufkommen **8.** (*Stimme*) höher werden **9.** (*Gebäude*) entstehen **10.** (*Hoffnung*) steigen; wachsen, zunehmen **11.** (*Berg*) sich erheben **12.** (*Tagung*) auseinander gehen, beendet sein **13.** (*Fluss*) entspringen **14.** (~ *up*) sich erheben; sich empören; ~ **from the table** vom Tisch aufstehen; ~ **on tiptoe** sich auf die Zehenspitzen stellen; ~ **from the dead** von den Toten auferstehen; ~ **to the surface** an die Oberfläche kommen; ~ **in price** im Preis steigen; ~ **in society** es zu etwas bringen; ~ **up in revolt** rebellieren; ~ **above** erhaben sein über; ~ **up** aufstehen, sich erheben **II.** *s* **1.** Anstieg *m,* Steigen *nt;* Zunahme *f;* Steigerung *f* **2.** (COM) Aufschwung *m* **3.** (*Vorhang*) Hochgehen, Heben *nt* **4.** (MUS) Erhöhung *f* **5.** (*fig*) Aufstieg *m* **6.** (*Hügel*) Erhebung *f;* Steigung *f* **7.** (*Fluss*) Ursprung *m* **8.** Gehaltserhöhung *f;* **be on the** ~ im Steigen begriffen sein; **a** ~ **in the population** ein Bevölkerungszuwachs *m;* **get a** ~ **out of s.o.** jdn zur Reaktion bringen; **the river has its** ~ **in** der Fluss entspringt in; **give** ~ **to s.th.** etw verursachen; Anlass zu etw geben; **risen** ['rɪzn] *s.* **rise**

riser ['raɪzə(r)] *s* **1.** (*Treppenstufe*) Setzstufe *f* **2.** (*Gas, Wasser*) Steigleitung *f;* **early/late** ~ Früh-/Spätaufsteher(in) *m(f)*

ri·sible ['rɪzəbl] *adj* lächerlich

ris·ing ['raɪzɪŋ] **I.** *adj* **1.** (auf-, an)steigend **2.** (*Gestirn*) aufgehend **3.** (*Wind*) aufkommend **4.** (*Wut*) wachsend **5.** (*fig*) aufstrebend; **the** ~ **generation** die kommende Generation; **a** ~ **tide** Flut *f* **II.** *s* **1.** (Auf-, An)Steigen *nt* **2.** (*Sonne*) Aufgang *m* **3.** (REL) Auferstehung *f* **4.** (*Vorhang*) Hochgehen *nt* **5.** Erhebung *f,* Aufstand *m* **III.** *adv:* **she's** ~ **twelve** sie ist fast zwölf

risk [rɪsk] **I.** *s* **1.** Gefahr *f,* Wagnis, Risiko *nt* **2.** (*Versicherung*) Risiko *nt;* **take** [*o* **run**] **a** ~ ein Risiko eingehen (*doing s.th.* etw zu tun); **at one's own** ~ auf eigene Gefahr; **at the** ~ **of his life** unter Einsatz seines Lebens; **children at** ~ gefährdete Kinder; **put s.o. at** ~ jdn gefährden; **fire** ~ Feuerrisiko *nt* **II.** *vt* **1.** riskieren, aufs Spiel setzen **2.** (*Streit*) riskieren, wagen; **risk capital** *s* Risikokapital *nt;* **risk factor** *s* Risikofaktor *m;* **risk-free** ['rɪskfriː] *adj* risikolos; **riskless** ['rɪsklɪs] *adj* (*Am*) risikolos; **risk liability** *s* (JUR) Gefährdungshaftung *f;* **risk manager** *s* Riskmanager(in) *m(f);* **risky** ['rɪskɪ] *adj* riskant, gewagt

ris·qué ['riːskeɪ] *adj* pikant, gewagt

ris·sole ['rɪsəʊl] *s* Frikadelle *f*

rite [raɪt] *s* Ritus *m;* **rit·ual** ['rɪtʃʊəl] **I.** *adj* rituell **II.** *s* Ritual, Zeremoniell *nt;* **he went through the same old** ~ er durchlief dasselbe alte Ritual

ritzy ['rɪtsɪ] *adj* (*sl*) piekfein

ri·val ['raɪvl] **I.** *s* Rivale *m,* Rivalin *f;* Konkurrent(in) *m(f)* **II.** *adj* konkurrierend **III.** *vt* **1.** rivalisieren mit **2.** (COM) konkurrieren mit; **rival brand** *s* (COM) Konkurrenzmarke *f;* **ri·valry** ['raɪvlrɪ] *s* Rivalität *f;* Konkurrenz *f*

river ['rɪvə(r)] *s* Fluss *m;* Strom *m;* **down** ~ flussabwärts; **up** ~ flussaufwärts; ~**s of blood** Blutströme *mpl;* **sell s.o. down the** ~ (*sl*) jdn hereinlegen; **river basin** *s* Flussbecken *nt;* **river bed** *s* Flussbett *nt;* **river fish** *s* Flussfisch *m;* **river navigation** *s* Flussschifffahrt *f;* **river police** *s* Wasserpolizei *f;* **river·side** ['rɪvəsaɪd] *s* Flussufer *nt;* **on the** ~ am Fluss

riv·et ['rɪvɪt] **I.** *s* (TECH) Niete *f* **II.** *vt* **1.** (ver)nieten **2.** (*Aufmerksamkeit*) fesseln; **it** ~**ed our attention** das fesselte unsere Aufmerksamkeit; **riv·et·ing** ['rɪvətɪŋ] **I.** *s* Nieten **II.** *adj* (*fig*) fesselnd

rivu·let ['rɪvjʊlɪt] *s* Flüsschen *nt,* Bach *m*

RN [ˌɑːr'en] *s Abk. von* **Royal Navy** (*Br*) Königliche Marine

RNA [ˌɑːren'eɪ] *s Abk. von* **ribonucleic acid** RNS, Ribonukleinsäure *f*

RNLI [ˌɑːrenel'aɪ] *s Abk. von* **Royal National Lifeboat Institution** ≈DLRG *f*

roach [rəʊtʃ] *s* **1.** (*Fisch*) Plötze *f* **2.** (*cock~*) Schabe *f*

road [rəʊd] *s* **1.** (Land)Straße *f* **2.** (*fig*) Weg *m* **3.** ~**s** (MAR) Reede *f;* **by** ~ (*Güter*) per Spedition; (*Menschen*) mit dem Auto/Bus; **just across the** ~ gerade gegenüber; **the car is off the** ~ das Auto wird nicht benutzt; **take a car off the** ~ ein Auto stillegen, (bei der Zulassungsstelle) abmelden; **take to the** ~ sich auf den Weg machen; **be on the** ~ unterwegs sein; auf Tournee sein; **be on the right** ~ auf dem richtigen Weg sein; **on the** ~ **to success** auf dem Weg zum Erfolg; **live across the** ~ über die, auf der anderen Seite der Straße wohnen; **is this the** ~ **to ...?** geht es hier nach ...?; **road accident** *s* Verkehrsunfall *m;* **road·block** *s* Straßensperre *f;* **road construction** *s* Straßenbau *m;* **road fund licence** *s* ≈Verkehrssteuer *f;* **road haulage** *s* Spedition *f;* **road·hog** *s* (*fam*) Verkehrsrowdy *m;* **road·house** *s* Rasthaus *nt;* **road·man** [-mæn] <*pl* -men> *s* Straßenarbeiter *m;* **road map** *s* Straßen-, Autokarte *f;* **road metal** *s* Straßenschotter *m;* **road rage** *s* aggressive Fahrweise; **road safety** *s* Verkehrssicherheit *f;* **road sense** *s* Verkehrssinn *m;* **road-side** ['rəʊdsaɪd] *s* Straßenrand *m;* **along the** ~ am Straßenrand; **road sign** *s* (Straßen)Verkehrszeichen, -schild *nt;* **road·stead** ['rəʊdsted] *s* (MAR) Reede *f;* **road surface** *s* Fahrbahn *f;* Fahrbahnbelag *m;* **road sweeper** *s* Straßenkehrer(in) *m(f);* **road-test** **I.** *vt* (*ein Fahrzeug*) testfahren **II.** *s* (AUTO) Testfahrt *f,* Straßentest *m;* **road traffic** *s* Straßenverkehr *m;* **road transport** *s* Straßengüterverkehr *m;* **road-up** ['rəʊdʌp] *s* **1.** Baustelle *f* **2.** Straßensperre *f;* **road user** *s* Verkehrsteilnehmer(in) *m(f);* **road·way** ['rəʊdweɪ] *s* Fahrbahn *f;* **road warrior** *s* Straßenrowdy *m;* **road·works** ['rəʊdwɜːks] *s pl* Straßenbauarbeiten *fpl*

roam [rəʊm] **I.** *vi* (~ *about*) umherschweifen; herumwandern **II.** *vt* wandern, ziehen durch; ~ **the streets** herumstreunen; **roamer** ['rəʊmə(r)] *s* Herumtreiber(in) *m(f)*

roan [rəʊn] **I.** *adj* (*Pferd, Kuh*) rötlich- grau **II.** *s* (*Pferd*) Rotschimmel *m*

roar [rɔː(r)] **I.** *vi* **1.** brüllen (*with* vor) **2.** (*Feuer*) prasseln **3.** (*Wind*) heulen **4.** (*Wasser*) tosen **5.** (*Donner*) toben **6.** (*Gewehr*) donnern; ~ **at s.o.** jdn anbrüllen **II.** *vt* **1.** (~ *out*) (hinaus)brüllen, schreien **2.** (*Auto*) aufheulen lassen **III.** *s* **1.** Gebrüll *nt* **2.** Prasseln *nt* **3.** Heulen *nt* **4.** Tosen *nt* **5.** (*Sturm*) Toben, Heulen *nt;* ~**s of laughter** brüllendes Gelächter

roar·ing [-ɪŋ] *adj* **1.** brüllend (*with* vor) **2.** donnernd, tosend **3.** prasselnd; tobend; **be in** ~ **health** vor Gesundheit strotzen; **a** ~ **success** ein durchschlagender Erfolg; **the** ~ **Twenties** die wilden Zwanzigerjahre; ~ **drunk** volltrunken; **a** ~ **trade** ein Riesengeschäft

roast [rəʊst] **I.** *vt* **1.** braten **2.** (*Kaffee*) rösten; ~ **o.s. by the fire** (*fam*) sich am Feuer braten lassen **II.** *vi* **1.** braten **2.** (*fig*) irrsinnig schwitzen; in der Sonne braten **III.** *s* Braten *m;* **pork** ~ Schweinebraten *m* **IV.** *adj* gebraten; **roast beef** *s* Roastbeef *nt;* **roast chicken** *s* Brathuhn *nt;* **roaster** ['rəʊstə(r)] *s* **1.** Bratofen *m* **2.** (*für Kaffee*) Röstapparat *m* **3.** Brathähnchen *nt;* Spanferkel *nt;* **roast·ing** ['rəʊstɪŋ] **I.** *s* **1.** Braten *nt* **2.** (*fig*) Verriss *m;* Standpauke *f;* **give s.o. a** ~ jdn verreißen **II.** *adj* glühend heiß

rob [rɒb] *vt* **1.** (*Sache*) rauben **2.** (*Person*) berauben; ausrauben; ~ **s.o. of s.th.** jdn einer S berauben; jdm etw ab-, wegnehmen; **rob·ber** ['rɒbə(r)] *s* Räuber(in) *m(f);* **rob·bery** ['rɒbərɪ] *s* Raub *m;* Einbruch *m;* ~ **with violence** Raubüberfall *m;* **the bank** ~ der Überfall auf die Bank

robe [rəʊb] **I.** *s* **1.** Robe *f,* Talar *m* **2.** (*Am*) Morgen-, Bademantel *m* **II.** *vt* ankleiden, die Amtsrobe anlegen (*s.o.* jdm)

robin ['rɒbɪn] *s* (*kleiner Singvogel*) Rotkehlchen *nt*

ro·bot ['rəʊbɒt] *s* Roboter *m;* **industrial** ~ Industrieroboter *m;* **ro·botics** [rəʊ'bɒtɪks] *s* (TECH) Robotik *f*

ro·bust [rəʊ'bʌst] *adj* **1.** stark, kräftig, robust **2.** (*Humor*) gesund, unverwüstlich **3.** (*Widerstand*) stark **4.** (*Struktur*) massiv, stabil; **ro·bust·ness** [-nɪs] *s* Kräftigkeit, Robustheit *f;* Unverwüstlichkeit *f;* Massivität, Stabilität *f*

rock[1] [rɒk] *s* **1.** Gestein *nt;* Fels(en) *m* **2.** Felsbrocken *m;* großer Stein **3.** Lutschstange *f,* Kandis *m;* **on the** ~**s** blank, ohne Geld; (*Getränk*) mit Eiswürfeln; (*Heirat*) kaputt; **built on** ~ auf Fels gebaut; **falling** ~**s** Steinschlag *m;* **the ship went on the** ~**s** das Schiff lief auf; **as solid as a** ~ massiv wie ein Fels; unerschütterlich

rock[2] [rɒk] **I.** *vt* **1.** schaukeln, wiegen **2.** (*fig*) einlullen **3.** rütteln, erschüttern, ins Wanken bringen; ~ **the boat** (*fig*) für Unruhe sorgen; ~ **s.o. to sleep** jdn in den Schlaf wiegen **II.** *vi* **1.** schaukeln **2.** schwanken; beben **3.** (MUS) rocken **4.** (*Schiff*) schlingern; ~ **with laughter** sich schütteln vor Lachen **III.** *s* (~ *music*) Rock *m,* Rock 'n' Roll *m;* **rock-and-roll**, **rock'n roll** [ˌrɒk ən'rəʊl] *s* Rock 'n' Roll *m;* **rock band** *s* Rockband *f*

rock-bot·tom [ˌrɒk'bɒtəm] **I.** *s* der Tiefpunkt, Nullpunkt **II.** *adj* (*Preise*) niedrigste(r, s); **rock cake** *s Hefeteilchen mit Rosinen;* **rock climber** *s* Kletterer *m,* Kletterin *f;* **rock climbing** *s* Klettern *nt,* Klettersport *m;* **rock crystal** *s* Bergkristall *m*

rocker ['rɒkə(r)] *s* **1.** Kufe *f* **2.** (*sl*) Rocker *m;* **be** [*o* **go**] **off one's** ~ (*sl*) übergeschnappt sein, überschnappen

rock·ery ['rɒkrɪ] *s* Steingarten *m*

rocket ['rɒkɪt] **I.** *s* Rakete *f;* **give s.o. a** ~

R

(*fig*) jdm einen Anschiss geben; **intercontinental** ~ Interkontinentalrakete *f* **II.** *vi* (*Preise*) rasch steigen, hochschnellen; ~ **to fame** über Nacht berühmt werden; **rocket launcher** *s* Raketenabschussrampe *f*, -gerät *nt;* **rocket-launching site** *s* Raketenabschussbasis *f;* **rocket propulsion** *s* Raketenantrieb *m*

rock face ['rɒkfeɪs] *s* Felsenwand *f*

rock fes·ti·val ['rɒk'festɪvl] *s* Rockfestival *nt*

rock gar·den ['rɒkgɑ:dn] *s* Steingarten *m*

rock·ing ['rɒkɪŋ] *adj* schaukelnd; **rocking chair** *s* Schaukelstuhl *m;* **rocking horse** *s* Schaukelpferd *nt*

rock mu·sic ['rɒk'mju:zɪk] *s* Rockmusik *f*

rock plant ['rɒkplɑ:nt] *s* Steinpflanze *f*

rock salt *s* Steinsalz *nt*

rock star ['rɒksta:(r)] *s* Rockstar *m*

rocky[1] ['rɒkɪ] *adj* felsig; steinig

rocky[2] ['rɒkɪ] *adj* (*fam*) schwankend, wackelig

ro·coco [rə'kəʊkəʊ] *s* Rokoko *nt*

rod [rɒd] *s* **1.** Rute, Gerte *f* **2.** Stab *m*, Stange *f* **3.** (*divining* ~) Wünschelrute *f* **4.** (*fishing* ~) Angelrute *f;* **make a ~ for one's own back** sich das Leben (unnötig) schwer machen; sich etw selbst einbrocken; **rod bacterium** *s* Stäbchenbakterie *f*

rode [rəʊd] *s.* **ride**

ro·dent ['rəʊdnt] *s* Nagetier *nt*

ro·deo ['rəʊdɪəʊ] <*pl* **-deos**> *s* Rodeo *nt*

roe[1] [rəʊ] *s* (Fisch)Rogen *m*

roe[2] [rəʊ] *s* (~ *deer*) Reh *nt;* **roe·buck** *s* Rehbock *m*

roger ['rɒdʒə(r)] *interj* verstanden

rogue [rəʊg] *s* **1.** Schuft, Schurke, Strolch *m;* Schlingel *m* **2.** (ZOO) Einzelgänger *m;* **~s' gallery** Verbrecheralbum *nt;* **ro·guery** ['rəʊgərɪ] *s* Gaunerei, Schurkerei *f;* **rogue satellite** *s* defekter, unkontrollierbarer Satellit; **ro·guish** ['rəʊgɪʃ] *adj* schelmisch

ROI [ˌɑ:rəʊ'aɪ] *s Abk. von* **return on investment** Kapitalrendite *f*, Ertrag *m* aus Kapitalanlage

role, rôle [rəʊl] *s* (*a. fig*) Rolle *f;* **play a ~** eine Rolle spielen; **leading ~** Hauptrolle *f;* **title ~** Titelrolle *f;* **role model** *s* Rollenbild *nt;* **role play** *s* Rollenspiel *nt;* **role reversal** *s* Rollentausch *m*

rolf·ing [rɒlfɪŋ] *s* Rolfing *nt* (*eine Art schmerzhafter Massage*)

roll [rəʊl] **I.** *vi* **1.** (*a. Augen, Wogen, Donner*) rollen **2.** (*Trommel*) wirbeln **3.** (*Schiff*) schlingern **4.** (*Donner*) grollen; ~ **down the hill** den Berg hinunterkugeln, -rugeln; **keep the show ~ing** die Show in Gang halten; ~ **in money** in Geld schwimmen **II.** *vt* **1.** rollen, wälzen **2.** (*Metall*) walzen **3.** (*Zigarette*) drehen **4.** (*Teig*) ausrollen; **~ed oats** Haferflocken *pl;* ~ **one's eyes** die Augen rollen; ~ **s.th. between one's fingers** etw zwischen den Fingern drehen; ~ **one's r's** das R rollen **III.** *s* **1.** (*Papier*) Rolle *f* **2.** (*Stoff*) Ballen *m* **3.** (*Banknoten*) Bündel *nt* **4.** (*Fett*) Wulst *m* **5.** (*bread* ~) Brötchen *nt* **6.** Rollen *nt;* Schlingern *nt;* Schaukeln *nt* **7.** (*Donner*) Rollen *nt;* Brausen *nt* **8.** (JUR) Liste *f*, Register *nt;* Anwaltsliste *f;* **a ~ of film** eine Rolle Film; **be on a ~** eine Glückssträhne haben; **do a ~** eine Rolle machen; **call the ~** die Namensliste verlesen, die Namen aufrufen; **~ of honour** Ehrenliste *f;* **strike s.o.'s name off the ~s** jds Namen von der Liste streichen; **roll back** *vt* (*Teppich*) zurückrollen; ~ **back the years** die Uhr zurückdrehen; **roll by** *vi* **1.** (*Auto*) vorbeirollen **2.** (*Wolken*) vorbeiziehen **3.** (*Jahre*) dahinziehen; **roll in** *vi* (*Briefe, Geld, Ideen*) hereinströmen; **roll on** *vi* **1.** weiterrollen **2.** (*Zeit*) verfliegen; **roll out** *vt* **1.** (*Teig*) ausrollen **2.** (*Verse*) in Mengen produzieren; ~ **out the red carpet for s.o.** (*fig*) jdn mit einem großen Bahnhof empfangen; **roll over I.** *vi* **1.** herumrollen **2.** (*Fahrzeug*) umkippen **3.** (*Person*) sich umdrehen **II.** *vt* umdrehen; ~ **a debt** umschulden; **roll up I.** *vt* **1.** auf-, zusammenrollen **2.** (*Ärmel*) hochkrempeln **II.** *vi* kommen, erscheinen **III.** *s* Selbstgedrehte *f*

roll bar *s* (AUTO) Überrollbügel *m;* **roll call** ['rəʊlkɔ:l] *s* Namensaufruf *m;* **roll collar** *s* Rollkragen *m*

roller ['rəʊlə(r)] *s* **1.** Rolle *f* **2.** (*pastry* ~) Nudelholz *nt* **3.** (*hair* ~) Lockenwickler *m* **4.** (TECH) Rollklotz *m* **5.** (*Welle*) Brecher *m;* **put one's hair in ~s** sich die Haare aufdrehen; **roller bearing** *s* (TECH) Rollenlager *nt;* **roller blind** *s* Springrollo *nt;* **roller coaster** *s* Achterbahn, Berg-und-Tal-Bahn *f;* **roller-skate I.** *s* Rollschuh *m* **II.** *vi* Rollschuh laufen; **roller towel** *s* Rollhandtuch *nt*

rol·lick·ing ['rɒlɪkɪŋ] **I.** *adj* fröhlich, lustig, ausgelassen **II.** *s* (*fam*) kräftige Standpauke

roll·ing ['rəʊlɪŋ] *adj* **1.** (*a. Ton, Donner*) rollend **2.** (MAR) schlingernd **3.** (*Wellen*) wogend **4.** (*Gelände*) wellig **5.** (*See*) rollend; **he's a ~ stone** er ist ein unsteter Bursche; **rolling mill** *s* Walzwerk *nt;* **rolling pin** *s* Nudelholz *nt*, Teigrolle *f;* **rolling stock** *s* (RAIL) rollendes Material

roll·neck ['rəʊlnek] *s* Rollkragen *m;* **roll-on** ['rəʊlɒn] *s* **1.** Elastikschlüpfer *m* **2.** (Deo)-Roller *m;* **roll-on-roll-off** *adj* (*Fährschiff*) Roll-on-roll-off-

roly-poly [ˌrəʊlɪ'pəʊlɪ] **I.** *adj* kugelrund,

pummelig **II.** *s* **1.** Marmeladepudding *m* **2.** (*fam*) Pummel *m*

ROM [rɒm] *s Abk. von* **read-only memory** (INFORM) ROM *nt*

Ro·man ['rəʊmən] **I.** *adj* **1.** römisch **2.** (~ *Catholic*) römisch-katholisch; ~ **numerals** römische Ziffern *fpl;* ~ **nose** Römernase *f* **II.** *s* (HIST) Römer(in) *m(f);* **Roman Catholic** **I.** *adj* römisch-katholisch **II.** *s* Katholik(in) *m(f);* **Roman Catholic Church** *s* römisch-katholische Kirche

ro·mance [rəʊ'mæns] **I.** *s* **1.** Ritter-, Abenteuer-, Liebesroman *m;* Liebesgeschichte *f* **2.** (*fig*) Romantik *f* **3.** (*a.* MUS) Romanze *f* **II.** *adj:* **Romance languages** romanische Sprachen *pl*

Ro·man·esque [ˌrəʊmə'nesk] *adj* romanisch

Ro·ma·nia [rə'meɪnɪə] *s* Rumänien *nt;* **Ro·ma·nian** [rə'meɪnɪən] **I.** *adj* rumänisch **II.** *s* **1.** Rumäne *m,* Rumänin *f* **2.** (*Sprache*) (das) Rumänisch(e)

ro·man·tic [rəʊ'mæntɪk] **I.** *adj* **1.** romantisch **2.** (*fig*) romantisch veranlagt **II.** *s* Romantiker(in) *m(f);* **ro·man·ti·cism** [rəʊ'mæntɪsɪzəm] *s* (MUS) Romantik *f;* **ro·man·ti·cist** [rəʊ'mæntɪsɪst] *s* (MUS) Romantiker(in) *m(f)*

Rom·any ['rɒmənɪ] *s* **1.** Zigeuner(in) *m(f)* **2.** (*Sprache*) Zigeunersprache *f*

Rome ['rəʊm] *s* Rom *nt;* **when in ~ do as the Romans (do)** (*prov*) man muss sich den Gegebenheiten anpassen; ~ **wasn't built in a day** (*prov*) Rom ist auch nicht an einem Tag erbaut worden; **the Church of ~** die römische Kirche

romp [rɒmp] **I.** *vi* herumtollen, sich austoben, ausgelassen sein; ~ **home** mühelos gewinnen; ~ **through s.th.** mit etw spielend fertig werden **II.** *s* Tollerei *f,* Klamauk *m;* **rompers** ['rɒmpə(r)z] *s* Strampelhöschen *nt,* Spielanzug *m*

Roneo® ['rəʊnɪəʊ] **I.** *s* Kopie *f* **II.** *vt* (mit Matrize) kopieren

roof [ru:f] **I.** *s* **1.** Dach *nt* **2.** (*Tunnel*) Gewölbe *nt* **3.** (AUTO) Verdeck *nt;* **the ~ of the mouth** der Gaumen; **the ~ of the world** das Dach der Welt; **without a ~ over one's head** ohne Dach über dem Kopf; **raise the ~** das Haus zum Beben bringen **II.** *vt* mit einem Dach versehen; ~ **over** überdachen; **roof garden** *s* Dachgarten *m;* **roof·ing** ['ru:fɪŋ] *s* Material *nt* zum Dachdecken; **roof rack** *s* (AUTO) Dachgepäckträger *m*

rook [rʊk] **I.** *s* **1.** Saatkrähe *f* **2.** (*Schach*) Turm *m* **3.** Betrüger *m* **II.** *vt* betrügen; übers Ohr hauen; **rook·ery** [-ərɪ] *s* (Saatkrähen)Kolonie *f*

rookie ['rʊkɪ] *s* (*Am sl*) Neuling *m;* (MIL) Grünschnabel *m*

room [ru:m] *s* **1.** Zimmer *nt,* Raum *m;* Saal *m* **2.** Büro *nt* **3.** Platz *m* **4.** (*fig*) Spielraum *m;* **~s to let** Zimmer *nt pl* zu vermieten; ~ **and board** Unterkunft mit Verpflegung; **there is ~ for two** es ist genügend Platz für zwei; **make ~ for s.o.** jdm Platz machen; **there is no ~ for doubt** es kann keinen Zweifel geben; **there is ~ for improvement** es ließe sich noch manches verbessern; **room·ful** [-fʊl]: **a ~ of people** ein Zimmer voll(er) Leute; **room·ing house** ['ru:mɪŋˌhaʊs] *s* (*Am*) Mietshaus *nt* mit möblierten Wohnungen; **room·mate** *s* Zimmergenosse *m,* -genossin *f;* **room service** *s* Zimmerservice *m;* **roomy** ['ru:mɪ] *adj* geräumig

roost [ru:st] **I.** *s* (Hühner)Stange *f,* Hühnerstall *m;* **at ~** auf der Stange; **come home to ~** (*fig*) auf den Urheber zurückfallen; **rule the ~** das Regiment führen **II.** *vi* (*Vogel*) sich auf die Stange setzen

rooster ['ru:stə(r)] *s* Hahn *m*

root [ru:t] **I.** *s* **1.** (*Pflanze, Haar, Zahn*) Wurzel *f* **2.** (*fig*) Grundlage *f;* Kern *m;* Ursache *f* **3.** (MATH) Wurzel *f* **4.** (LING) Wurzel *f,* Stamm *m* **5.** (MUS) Grundton *m;* **~s** Wurzeln *fpl;* **by the ~s** mit der Wurzel; **take ~** Wurzeln schlagen; **have no ~s** nirgends zu Hause sein; **put down ~s in a country** in einem Land Fuß fassen; **~ and branch** mit Stumpf und Stiel; **get to the ~ of the problem** dem Problem auf den Grund gehen, das Problem bei den Wurzeln packen; **the ~ of the matter** der Kern der Sache; **square/cube ~** (MATH) Quadrat-/Kubikwurzel *f* **II.** *vi* Wurzeln schlagen; **~ for** anfeuern **III.** *vt* Wurzeln schlagen lassen bei; **deeply ~ed** (*fig*) tief verwurzelt; **~ out** mit der Wurzel ausreißen; (*fig*) aufspüren; **~ up** ausgraben; **root beer** *s* (*Am*) leichtes nichtalkoholisches Getränk; **root cause** *s* (*fig*) (eigentlicher) Grund; **root·less** ['ru:tlɪs] *adj* wurzellos; **root position** *s* (MUS) Grundstellung *f;* **root sign** *s* (MATH) Wurzelzeichen *nt;* **root vegetable** *s* Wurzelgemüse *nt*

rope [rəʊp] **I.** *s* **1.** Seil, Tau *nt* **2.** Strick, Strang *m* **3.** (*Glocke*) Glockenstrang *m;* **on the ~** angeseilt; **be on the ~s** (*Boxen*) in den Seilen hängen; **give s.o. plenty of ~** jdm viel Freiheit lassen; **a ~ of climbers** eine Seilschaft; **know the ~s** sich auskennen; **show s.o. the ~s** jdn in alles einweihen; **~ of pearls** Perlenschnur *f* **II.** *vt* **1.** verschnüren **2.** mit dem Lasso fangen; **~ in** einschließen; **~ s.o. in** jdn (ein)fangen; **~ off** mit einem Seil abgrenzen; **rope-**

R

dancer, **rope·walker** *s* Seiltänzer(in) *m(f)*; **rope ladder** *s* Strickleiter *f*; **rope line** *s* Absperrung *f*; **work a ~** ein Bad in der Menge nehmen; **rope-way** ['rəʊpweɪ] *s* (Draht)Seilbahn *f*; **rop(e)y** ['rəʊpɪ] *adj* (*sl*) miserabel; mitgenommen; **I feel a bit ~** mir geht's nicht so gut, nicht besonders

ro-ro ['rəʊrəʊ] *adj* (*Fährschiff*) Roll-on-roll-off-

ro·sary ['rəʊzərɪ] *s* Rosenkranz *m*

rose[1] [rəʊz] *s.* **rise**

rose[2] [rəʊz] **I.** *s* **1.** Rose *f* **2.** (*Farbe*) Rosa *nt* **3.** (*Gießkanne*) Brause *f* **4.** (ARCH) Rosette *f*; **under the ~** unter dem Siegel der Verschwiegenheit; **my life isn't all (a bed of) ~s** ich bin auch nicht auf Rosen gebettet; **no ~ without a thorn** (*prov*) keine Rose ohne Dornen; **the Wars of the Roses** (HIST) die Rosenkriege *pl* **II.** *adj* rosa(rot); **rose·bud** *s* Rosenknospe *f*; **rose·bush** *s* Rosenstrauch *m*; **rose garden** *s* Rosengarten *m*; **rose·hip** *s* Hagebutte *f*

rose·mary ['rəʊzmərɪ] *s* Rosmarin *m*

ro·sette [rəʊ'zet] *s* (*a.* ARCH) Rosette *f*

rose-water ['rəʊzwɔːtə(r)] *s* Rosenwasser *nt*; **rose window** *s* (Fenster)Rosette *f*

rosin ['rɒzɪn] **I.** *s* (*Geige*) Harz, Kolophonium *nt* **II.** *vt* mit Kolophonium einreiben

ros·ter ['rɒstə(r)] *s* Dienstplan *m*

ros·trum ['rɒstrəm, *pl* 'rɒstrə] <*pl* **-trums, -tra**> *s* Tribüne *f*; Dirigenten-, Rednerpult *nt*

rosy ['rəʊzɪ] *adj* **1.** rosarot, rosig **2.** (*fig*) rosig

rot [rɒt] **I.** *vi* **1.** (ver)faulen, verrotten **2.** (*fig*) verkommen, verderben; **~ away** verfaulen, vermodern **II.** *vt* verfaulen lassen **III.** *s* **1.** Fäulnis *f*; Moder *m* **2.** (*sl*) Un-, Blödsinn, Quatsch *m*; **dry ~** Trockenfäule *f*; **stop the ~** den Fäulnisprozess aufhalten; **talk ~** (*sl*) Unsinn, Kohl reden

rota ['rəʊtə] *s* (*Br*) Dienstplan *m*

ro·tary ['rəʊtərɪ] *adj* rotierend, sich drehend; Rotations-; **~ engine** (AUTO) Drehkolben-, Wankelmotor *m*; **~ motion** Kreis-, Drehbewegung *f*; **~ press** (TYP) Rotationsdruckmaschine *f*

rota system *s* Rotationsprinzip *nt*

ro·tate [rəʊ'teɪt] **I.** *vi* **1.** rotieren, sich drehen **2.** (*fig*) (sich) turnusmäßig (ab)wechseln **II.** *vt* **1.** rotieren lassen **2.** (*fig*) turnusmäßig erledigen; **~ crops** im Fruchtwechsel anbauen; **ro·ta·tion** [rəʊ'teɪʃn] *s* **1.** Umdrehung, Rotation *f* **2.** (*fig*) turnusmäßiger Wechsel; **by** [*o* **in**] **~** abwechselnd, im Turnus; **~ of crops** (AGR) Fruchtwechsel *m*; **ro·ta·tory** ['rəʊtətərɪ] *adj* **1.** rotierend **2.** (*fig*) turnusmäßig wechselnd, abwechselnd

rote [rəʊt] *s*: **learn s.th. by ~** etw auswendig lernen

ro·tor ['rəʊtə(r)] *s* (AUTO) Rotor *m*

rot·ten ['rɒtn] *adj* **1.** (*Zahn, Ei*) faul **2.** (*Holz*) morsch **3.** (*Früchte*) verdorben **4.** (*fig*) korrupt, verdorben **5.** (*Wetter, Zustand*) mies **6.** (*fig*) gemein, eklig; **~ to the core** (*fig*) durch und durch verdorben; **what ~ luck!** so ein Pech!

ro·tund [rəʊ'tʌnd] *adj* **1.** rundlich **2.** (*Stimme*) voll, wohltönend **3.** (*Rede*) bombastisch

ro·tunda [rəʊ'tʌndə] *s* Rundbau *m*, Rotunde *f*

rouge [ruːʒ] **I.** *s* Rouge *nt* **II.** *vt*: **~ one's cheeks** Rouge auflegen

rough [rʌf] **I.** *adj* **1.** rau, uneben **2.** (*Straße*) holprig **3.** (*Ton*) hart **4.** (*Wein*) sauer **5.** (*Worte*) grob, hart **6.** (*Benehmen*) ungehobelt; roh **7.** (*Behandlung*) grob, hart **8.** (SPORT) hart **9.** (*See*) rau, stürmisch **10.** (*Rechnung*) grob, ungefähr; **have a ~ tongue** eine scharfe Zunge haben; **be ~ with s.o.** grob mit jdm umgehen; **he had a ~ time** (*fam*) es ging ihm ziemlich dreckig; **be ~ on s.o.** grob mit jdm umspringen; **~ book** (SCHULE) Schmierheft *nt*; **~ copy** Konzept *nt*; **~ paper** Konzeptpapier *nt*; **feel ~** sich mies fühlen **II.** *adv* wüst, wild; **sleep ~** im Freien übernachten **III.** *s* **1.** unwegsames Gelände; (*Golf*) Rauh *nt* **2.** Rohentwurf *m* **3.** (*fig*) Grobian, Rowdy *m*; **in the ~** im Rohzustand; **take the ~ with the smooth** die Dinge nehmen, wie sie kommen **IV.** *vt*: **~ it** primitiv leben; **~ out** grob entwerfen; **~ up** (*Haar*) zerzausen; **~ s.o. up** jdn zusammenschlagen

rough·age ['rʌfɪdʒ] *s* Ballaststoffe *mpl*

rough-and-ready [ˌrʌfənd'redɪ] *adj* **1.** (*Methode*) provisorisch **2.** (*Arbeit*) zusammengepfuscht **3.** (*Mensch*) raubeinig; **rough-and-tumble** *s* Balgerei, Schlägerei *f*; **rough-cast I.** *s* (ARCH) Rauputz *m* **II.** *vt* rauverputzen; **rough diamond** *s* Rohdiamant *m*; (*fig*) rauer Mensch mit gutem Kern

roughen ['rʌfn] **I.** *vt* uneben machen; rau machen **II.** *vi* **1.** (*Haut*) rau werden **2.** (*Ton*) hart werden

rough-hew ['rʌfhjuː] *vt* (*Stein*) grob behauen; **rough-hewn** [-n] *adj* (*fig*) ungehobelt; **rough·house I.** *s* (*fam*) Schlägerei *f* **II.** *vt* (*fam*) herumstoßen

rough·ly ['rʌflɪ] *adv* **1.** rau, grob; barsch **2.** ungefähr **3.** (*Stich*) grob

rough·neck ['rʌfnek] *s* (*Am sl*) Rowdy *m*

rough·ness ['rʌfnɪs] *s* Rauheit, Unebenheit *f*; Grobheit *f*; Rohheit *f*; Härte *f*

rough·shod ['rʌfʃɒd] *adv:* **ride ~ over s.o.** rücksichtslos über jdn hinweggehen; **rough-spoken** [ˌrʌf'spəʊkən] *adj:* **be ~** sich ungehobelt ausdrücken

rou·lette [ruː'let] *s* Roulett *nt*

round [raʊnd] **I.** *adj* **1.** rund **2.** (*Vokal*) gerundet **3.** (*Summe*) rund **4.** (*Gang*) flott; **~ figure** [*o* **number**] runde Zahl; **a ~ dozen** ein rundes Dutzend **II.** *s* **1.** (*Brot*) Scheibe *f* **2.** Kreis, Ring *m* **3.** (*Polizei*) Runde *f* **4.** (SPORT) Runde *f;* Durchgang *m* **5.** (MUS) Kanon *m;* **a ~ of toast** eine Scheibe Toast; **do** [*o* **make**] **one's ~s** seine Runden machen; **make the ~s** die Runde machen; **pay for a ~** (**of drinks**) eine Runde bezahlen; **the daily ~** die tägliche Arbeit; **go the ~s** reihum gehen; **~ of ammunition** Ladung *f;* **a ~ of applause** Applaus *m;* **in the ~** insgesamt; **theatre in the ~** Arenatheater *nt* **III.** *vt* **1.** runden, rund machen **2.** (*Kurve*) herumgehen, -fahren um **IV.** *adv* (rings)herum; rund(her)um; **all** [*o* **right**] **~** ganz herum; **the long way ~** der längere Weg; **~ and ~** rundherum; **be ~ at 2 o'clock** um 2 Uhr da sein; **for the second time ~** zum zweiten Mal; **all** (**the**) **year ~** das ganze Jahr über; **taking things all ~, taken all ~** insgesamt gesehen, wenn man alles zusammennimmt **V.** *prep* **1.** um ... herum **2.** ungefähr; **~ the table** um den Tisch; **all ~ the house** im ganzen Haus; **go ~ a corner** um eine Kurve, Ecke gehen; **look ~ a house** sich ein Haus ansehen; **show s.o. ~ a town** jdm eine Stadt zeigen; **~** (**about**) **2 o'clock** ungefähr um 2 Uhr; **round down** *vt* (*Preis*) abrunden; **round off** *vt* **1.** abrunden **2.** (*Serie*) voll machen; abschließen; **round on** *vt* (*fig*) anfahren; **round out** *vt* runden; **round up** *vt* **1.** zusammentrommeln **2.** (*Vieh*) zusammentreiben **3.** (*Verbrecher*) hochnehmen **4.** (*Preis*) aufrunden

round·about ['raʊndəbaʊt] **I.** *adj:* **~ route** Umweg *m;* **what a ~ way of doing things!** wie kann man nur so umständlich sein!; **by ~ means** auf Umwegen **II.** *s* **1.** Karussell *nt* **2.** (*Br*) Kreisverkehr, Kreisel *m*

roun·de·lay ['raʊndɪleɪ] *s* (MUS) Lied *nt* mit Refrain

roun·ders ['raʊndəz] *s pl mit sing* (*Br*) Schlagball *m*

round·ly ['raʊndlɪ] *adv* (*fig*) ohne Umschweife

round robin [ˌraʊnd'rɒbɪn] *s* **1.** (PARL) gemeinsamer Antrag **2.** (*Am*) *Wettkampf, in dem jeder gegen jeden spielt;* **round-shoul·dered** [ˌraʊnd'ʃəʊldəd] *adj* mit runden Schultern; **rounds·man** ['raʊndzmən] <*pl* -men> *s* Austräger *m;* **round-table discussion** *s* Diskussion *f* am runden Tisch; **round-the-clock** *adj* rund um die Uhr; **round trip** *s* Rundreise *f;* (*Am*) Hin-und-Rückfahrt *f;* **round-trip ticket** *s* (*Am*) Rückfahrkarte *f;* **round-up** ['raʊndʌp] *s* **1.** (*Vieh*) Zusammentreiben *nt;* Auftrieb *m* **2.** (*Menschen*) Zusammentrommeln *nt;* Versammlung *f* **3.** (*Verbrecher*) Hochnehmen *nt;* ausgehobene Bande; **a ~ of the news** eine Zusammenfassung der Nachrichten

rouse [raʊz] **I.** *vt* **1.** wecken **2.** (*Gefühl*) erwecken, wachrufen **3.** (*Hass*) erregen; **~ s.o.** jdn reizen; **~ s.o. to hatred** jds Hass anstacheln; **~ s.o. to action** jdn zum Handeln bewegen **II.** *vi* wach werden; **rous·ing** ['raʊzɪŋ] *adj* **1.** (*Applaus*) stürmisch **2.** (*Rede*) zündend, mitreißend **3.** (*Musik*) schwungvoll

roust·about ['raʊstəbaʊt] *s* (*Am*) Handlanger *m*

rout[1] [raʊt] **I.** *s* **1.** Schlappe *f* **2.** (JUR) Bande, Rotte *f;* **put to ~** in die Flucht schlagen **II.** *vt* in die Flucht schlagen

rout[2] [raʊt] *vt* (*~ out*) aufstöbern; herausjagen (*of* aus)

route [ruːt, *Am* raʊt] **I.** *s* **1.** Strecke, Linie, Route *f* **2.** (MIL) Marschbefehl *m;* **shipping ~, air ~** Schifffahrtsweg *m,* Flugweg *m;* **~ march** Geländemarsch *m;* **he has a paper ~** (*Am*) er trägt Zeitungen aus **II.** *vt* (*Bus, Zug*) legen; (*Gepäck*) schicken; **the train is ~d through ...** der Zug wird durch ... geführt

rou·tine [ruː'tiːn] **I.** *s* Routine *f;* **as a matter of ~** routinemäßig **II.** *adj* routine-, gewohnheitsmäßig; **be ~ procedure** Routine sein; **~ duties** tägliche Pflichten *fpl;* **~ search** Routinedurchsuchung *f*

roux [ruː] *s* Mehlschwitze *f*

rove [rəʊv] **I.** *vi* umherschweifen, -streifen **II.** *vt* durchwandern, -ziehen; **rover** ['rəʊvə(r)] *s* Vagabund *m;* **rov·ing** ['rəʊvɪŋ] *adj* wandernd; **~ commission** Reisetätigkeit *f;* **have a ~ eye** ein Auge riskieren; **~ reporter** rasender Reporter

row[1] [rəʊ] *s* Reihe *f;* **in ~s** reihenweise; **in a ~** hintereinander

row[2] [rəʊ] **I.** *vi, vt* rudern; **~ s.o. across** jdn hinüberrudern; **~ away** wegrudern **II.** *s* Ruderfahrt, -strecke *f;* **go for a ~** rudern gehen

row[3] [raʊ] **I.** *s* **1.** Lärm, Krach *m* **2.** Streit *m;* **have a ~ with s.o.** mit jdm Krach haben; **kick up a ~** Krach schlagen **II.** *vi* sich streiten

rowan ['rəʊən] *s* (*~-tree*) Eberesche *f,* Vogelbeerbaum *m;* **rowan·berry** *s* Vogelbee-

R

re *f*
row·boat ['rəʊbəʊt] *s* (*Am*) Ruderboot *nt*
rowdy ['raʊdɪ] **I.** *s* Rowdy, Krawallmacher *m* **II.** *adj* laut; randalierend; **rowdy·ism** [-ɪzəm] *s* Rowdytum *nt*
rower ['rəʊə(r)] *s* Ruderer *m,* Ruderin *f*
row·ing ['rəʊɪŋ] *s* Rudern *nt,* Rudersport *m;* **row·ing boat** ['rəʊɪŋbəʊt] *s* (*Br*) Ruderboot *nt;* **rowing club** *s* Ruderklub *m;*
row·lock ['rɒlək] *s* (Ruder)Dolle *f*
royal ['rɔɪəl] **I.** *adj* **1.** königlich **2.** (*fig*) fürstlich, prächtig, prunkvoll **II.** *s* Mitglied *nt* der königlichen Familie; **Royal Highness** *s:* **Your/His** ~ Eure/Seine Königliche Hoheit; **royal·ist** ['rɔɪəlɪst] *s* Royalist(in) *m(f);* **royal jelly** *s* Gelee Royale *f;* **roy·alty** ['rɔɪəltɪ] *s* **1.** Königtum *nt;* Königshaus *nt* **2. royalties** Tantiemen *fpl,* Patent-, Lizenzgebühren *fpl;* **symbols of** ~ Wahrzeichen *pl* der Königswürde
RP [ˌɑː(r)'piː] *s Abk. von* **received pronunciation** hochsprachliche Aussprache
RPI [ˌɑː(r)piː'aɪ] *s Abk. von* **retail price index** Index *m* der Einzelhandelspreise
rpm[1] [ˌaː(r)piː'em] *s Abk. von* **revolutions per minute** Umdrehungen *f pl* pro Minute
rpm[2] [ˌɑː(r)piː'em] *s Abk. von* **resale price maintenance** Preisbindung *f* der zweiten Hand, vertikale Preisbindung
RRP [ˌɑːrɑː'piː] *s Abk. von* **recommended retail price** empfohlener Abgabepreis, unverbindliche Preisempfehlung
RSI [ˌɑːres'aɪ] *s Abk. von* **repetitive strain injury** (MED) *Muskelzerrung verursacht durch andauernde Überanstrengung*
RSPCA [ˌɑːrespiːsiː'eɪ] *s Abk. von* **Royal Society for the Prevention of Cruelty to Animals** ≈Tierschutzverein *m*
RSVP [ˌɑːresviː'piː] *s Abk. von* **répondez s'il vous plaît** u.A.w.g.
rub [rʌb] **I.** *vt* **1.** (ab-, ein)reiben **2.** frottieren **3.** polieren; ~ **one's hands** (**together**) sich die Hände reiben; ~ **shoulders with s.o.** mit jdm in Berührung kommen; ~ **o.s. with a lotion** sich mit einer Lotion einreiben; ~ **s.th. dry** etw trockenreiben **II.** *vi* **1.** reiben (*against* an) **2.** (*Schuhe*) scheuern **III.** *s* Reiben, Scheuern *nt;* **give s.th. a** ~ etw reiben; etw polieren; **there's the** ~ (*fam*) da liegt der Hase im Pfeffer; **rub along** *vi* (*fam*) sich durchschlagen; ~ **along together** recht und schlecht miteinander auskommen; **rub down** *vt* **1.** abreiben, frottieren **2.** (*Pferd*) striegeln **3.** abschmirgeln; **rub in** *vt* **1.** (*Salbe*) einreiben **2.** (*fig*) herumreiten auf; **rub off** **I.** *vt* **1.** wegreiben, ausradieren; ~ **off on someone** (*fig*) auf jdn abfärben **2.** (*Farbe*) abreiben **II.** *vi* **1.** sich abnutzen **2.** (*Schmutz*) abgehen; **rub out** *vt* **1.** ausradieren; herausreiben **2.** (*Am sl*) abmurksen, killen; **rub up** *vt* blank reiben; (auf)polieren; ~ **s.o. up the wrong way** bei jdm anecken; ~ **up against s.o.** (*fam*) mit jdm verkehren
rub·ber ['rʌbə(r)] *s* **1.** Gummi *m;* Kautschuk *m* **2.** (*Br*) Radiergummi *m* **3.** (*fam*) Präservativ *nt* **4.** ~**s** Gummi-, Überschuhe *mpl;* **rubber band** *s* Gummiband *nt;* **rubber boots** *s pl* Gummistiefel *mpl;* **rubber bullet** *s* Gummigeschoss *nt;* **rubber check** *s* ungedeckter Scheck; **rubber glove** *s* Gummihandschuh *m;* **rubber hose** *s* Gummischlauch *m;* **rub·ber·neck** ['rʌbənek] *vi* gaffen; **rub·ber·neck·er** ['rʌbəˌnekə] *s* Gaffer(in) *m(f);* **rubber plant** *s* Gummibaum *m;* **rubber stamp** *s* Stempel *m;* **rubber-stamp** *vt* **1.** stempeln **2.** (*fig*) (vorbehaltlos) genehmigen; **rubber tree** *s* Kautschukbaum *m;* **rubber truncheon** *s* Gummiknüppel *m;* **rub·bery** ['rʌbərɪ] *adj* gummiartig; zäh
rub·bing ['rʌbɪŋ] *s* **1.** Reiben, Frottieren, Scheuern *nt* **2.** Polieren *nt;* Schmirgeln *nt*
rub·bish ['rʌbɪʃ] **I.** *s* **1.** Abfall *m,* Abfälle *mpl,* Müll *m;* Schutt *m* **2.** (*fig*) Blödsinn, Quatsch *m;* **garden** ~ Gartenabfälle *pl;* **household** ~ Hausmüll *m;* **don't talk** ~ red keinen Quatsch! **II.** *vt* (*fam*) verreißen; **rubbish bin** *s* Abfall-, Mülleimer *m;* **rubbish chute** *s* Müllschlucker *m;* **rubbish collection** *s* Müllabfuhr *f;* **rubbish container** *s* (*Br*) Müllcontainer *m;* **rubbish dump**, **rubbish tip** *s* Müllkippe *f;* **rub·bishy** ['rʌbɪʃɪ] *adj* **1.** minderwertig; wertlos **2.** (*fam*) blödsinnig
rubble ['rʌbl] *s* Trümmer *pl,* Schutt *m*
rub·down ['rʌbdaʊn] *s* Abreiben, Frottieren *nt*
rube [ruːb] *s* (*Am: pej*) Tölpel *m*
ru·bel·la [ruː'belə] *s* Röteln *pl*
ru·bi·cund ['ruːbɪkənd] *adj* rötlich
rub·out *s* (*Am: sl*) Mord *m*
ru·bric ['ruːbrɪk] *s* **1.** Rubrik, Überschrift *f,* Titel *m* **2.** (REL) liturgische, gottesdienstliche Regel
ruby ['ruːbɪ] **I.** *s* Rubin *m* **II.** *adj* rubinrot
RUC [ˌɑː(r)juː'siː] *s Abk. von* **Royal Ulster Constabulary** nordirische Polizeibehörde
ruck[1] [rʌk] *s* (*Rennen*) Pulk *m;* (*Rugby*) offenes Gedränge; **the common** ~ die breite Masse; **get out of the** ~ sich von der breiten Masse absetzen
ruck[2] [rʌk] **I.** *s* Falte *f* **II.** *vt* (~ *up*) zusammenziehen; verschieben **III.** *vi* sich zusammenziehen; sich hochschieben
ruck·sack ['rʌksæk] *s* Rucksack *m*
ruckus ['rʌkəs] *s* (*fam*) Krawall, Tumult *m*

ruc·tion ['rʌkʃn] *s meist pl* (*fam*) Krawall *m;* Krach *m;* **there'll be ~s** es gibt Krach
rud·der ['rʌdə(r)] *s* (MAR AVIAT) Ruder *nt;* **rud·der·less** [-ləs] *adj* ohne Ruder; (*fig*) führungslos
ruddi·ness ['rʌdɪnəs] *s* Röte *f;* gesunde Gesichtsfarbe; **ruddy** ['rʌdɪ] *adj* **1.** (*Gesichtsfarbe*) rot, gesund **2.** (*Himmel*) rötlich **3.** (*sl*) verdammt, verflixt
rude [ru:d] *adj* **1.** unhöflich; unverschämt; grob **2.** unanständig, unflätig **3.** (*Wetter*) wüst, rau **4.** primitiv; einfach **5.** (*Kraft*) gewaltig; **it's ~ to stare** man starrt andere Leute nicht an; **a ~ awakening** ein böses Erwachen; **be in ~ health** vor Gesundheit strotzen
ru·di·ment ['ru:dɪmənt] *s meist pl* **1.** Anfangsgründe *mpl* **2.** (BIOL) Rudiment *nt;* **ru·di·men·tary** [ˌru:dɪ'mentrɪ] *adj* **1.** (BIOL) rudimentär **2.** (*fig*) elementar
rue ['ru:] *vt* (*lit*) bereuen; **rue·ful** ['ru:fl] *adj* reuig, reuevoll
ruff [rʌf] *s* **1.** (HIST) Halskrause *f* **2.** (ZOO) Halsgefieder *nt,* Kragen *m* **3.** (*Watvogel*) Kampfläufer *m*
ruf·fian ['rʌfɪən] *s* Rüpel, Grobian *m*
ruffle ['rʌfl] **I.** *vt* **1.** (*Wasser*) kräuseln **2.** (*Haare*) zerzausen **3.** (*fig*) aufregen, aufwühlen; aus der Ruhe bringen; **the bird ~d up its feathers** der Vogel plusterte sich auf **II.** *s* **1.** Kräuseln *nt* **2.** (*Kleid*) Rüsche *f*
rug [rʌg] *s* **1.** Läufer *m;* Teppich *m* **2.** Wolldecke *f* **3.** (*bedside ~*) Bettvorleger *m*
rugby ['rʌgbɪ] *s* Rugby *nt*
rug·ged ['rʌgɪd] *adj* **1.** uneben, rau **2.** (*Fels*) zerklüftet **3.** (*Grund*) felsig **4.** (*Gesicht*) markig **5.** (*Widerstand*) verbissen
ruin ['ru:ɪn] **I.** *s* **1.** Untergang *m;* Ende *nt;* Ruin *m* **2.** Ruine *f* **3.** (*fig*) Wrack *nt* **4.** **~s** Ruinen *fpl,* Trümmer *pl;* **go to ~** verfallen **II.** *vt* **1.** verwüsten, zerstören **2.** (*Ruf*) ruinieren **3.** (*finanziell*) ruinieren, zu Grunde richten **4.** (*Kind*) verderben; **be ~d** eine Ruine sein; zerstört sein; **ruin·ation** [ˌru:ɪ'neɪʃn] *s* Zerstörung *f;* Ruinierung *f;* **ruin·ous** ['ru:ɪnəs] *adj* **1.** ruinös **2.** (*Preis*) extrem
rule [ru:l] **I.** *s* **1.** Regel *f;* Spielregel *f* **2.** (*Verwaltung*) Vorschrift, Bestimmung *f* **3.** Herrschaft *f;* Regierungszeit *f* **4.** Metermaß *nt,* Maßstab *m;* **play by the ~s** die Spielregeln einhalten; **against the ~s** regelwidrig; **it's a ~ that ...** es ist Vorschrift, dass ...; **~ of thumb** Faustregel *f;* **as a ~** in der Regel; **the ~ of law** die Rechtsstaatlichkeit; **make it a ~** es sich zur Regel machen (*to do s.th.* etw zu tun); **~ of the road** Verkehrsvorschrift *f* **II.** *vt* **1.** beherrschen, regieren; herrschen über **2.** (JUR) entscheiden **3.** (*Papier*) linieren; **be ~d by jealousy** von Eifersucht beherrscht werden **III.** *vi* **1.** herrschen, regieren (*over* über) **2.** (COM: *Preise*) notieren **3.** (JUR) entscheiden (*against* gegen); **rule off** *vt* einen Schlussstrich ziehen unter; **rule out** *vt* (durch)streichen; ausschließen
rule·book ['ru:lbʊk] *s* Regelheft *nt;* Vorschriftenbuch *nt;* **ruler** ['ru:lə(r)] *s* **1.** Herrscher *m* (*of* über) **2.** Lineal *nt;* **rul·ing** ['ru:lɪŋ] **I.** *adj* **1.** (vor)herrschend **2.** (*Faktor*) ausschlaggebend **3.** (*Preise*) notiert; **the ~ class** die herrschende Klasse; **the ~ party** die Regierungspartei **II.** *s* (JUR) Entscheidung *f*
rum[1] [rʌm] *s* Rum *m*
rum[2] [rʌm] *adj* (*fam*) komisch, kauzig
rumba ['rʌmbə] *s* Rumba *f od m*
rumble ['rʌmbl] **I.** *vi* **1.** (*Donner*) grollen; donnern **2.** (*Magen*) knurren **II.** *vt* (*fig*) durchschauen **III.** *s* **1.** Grollen *nt;* Donnern *nt;* Rumpeln *nt* **2.** (*sl*) Schlägerei *f;* **rum·bling** [-ɪŋ] *s* Grollen *nt;* Donnern *nt;* Rumpeln *nt*
rum·bus·tious [rʌm'bʌstɪəs] *adj* derb
ru·mi·nant ['ru:mɪnənt] **I.** *s* Wiederkäuer *m* **II.** *adj* wiederkäuend; **ru·mi·nate** ['ru:mɪneɪt] *vi, vt* **1.** wiederkäuen **2.** (*fig*) grübeln (*about, upon, over* über); **ru·mi·na·tive** ['ru:mɪnətɪv] *adj* (*fig*) nachdenklich, grüblerisch
rum·mage ['rʌmɪdʒ] **I.** *s* **1.** Trödel(kram), Ausschuss, Ramsch *m* **2.** Durchstöbern, -suchen *nt;* **~ sale** Ramschverkauf *m* **II.** *vi* (*~ about, ~ around*) herumstöbern, herumwühlen (*among, in* in)
rummy ['rʌmɪ] *s* (*Kartenspiel*) Rommee *nt*
ru·mor (*Am*), **ru·mour** ['ru:mə(r)] **I.** *s* Gerücht *nt* (*of* über); **there is a ~ of war** es gehen Kriegsgerüchte um **II.** *vt:* **it is ~ed that ...** es geht das Gerücht, dass ...; man munkelt, dass ...; **rumour mill** *s* Gerüchteküche *f*
rump [rʌmp] *s* **1.** (*Vieh*) Hinterbacken *fpl* **2.** (*Vogel*) Bürzel *m* **3.** (*Mensch*) Hinterteil *nt;* **~ steak** Rumpsteak *nt*
rumple ['rʌmpl] *vt* **1.** zerknittern, zerknüllen **2.** (*Haar*) zerzausen
rum·pus ['rʌmpəs] *s* (*fam*) Krawall, Krach *m;* **kick up a ~** einen Spektakel machen
run [rʌn] *<irr: ran, run>* **I.** *vi* **1.** laufen, rennen, eilen **2.** davonlaufen, weglaufen, wegrennen **3.** (*Neuigkeit*) umgehen **4.** (*Worte*) lauten **5.** kandidieren, sich aufstellen lassen **6.** (*Fahrzeug*) rollen; gleiten **7.** (*Wasser*) laufen **8.** (*Strom*) fließen **9.** (*Augen*) tränen **10.** (*Farbe*) zerfließen, ineinander fließen **11.** (*Zinsen, Wechsel*) laufen **12.** (*Verkehrsmittel*) fahren, verkeh-

R

ren 13. (*Fabrik*) arbeiten 14. (*Geschäft, Maschine*) gehen, laufen, in Betrieb sein, arbeiten; funktionieren 15. (*Straße*) führen, gehen 16. (*Berge*) sich ziehen, sich erstrecken 17. (*Strümpfe*) eine Laufmasche bekommen 18. (*Gewässer*) fließen, strömen; **he came ~ning out** er kam herausgelaufen; ~ **for the bus** zum Bus laufen; **she ran to help him** sie kam ihm schnell zur Hilfe; ~ **for one's life** um sein Leben rennen; ~ (**in**) **the 100 metres** die 100 Meter laufen; ~ **to earth** sich verkriechen; **a rumour ran through the school** ein Gerücht ging in der Schule um; ~ **down the list** die Liste durchgehen; **a shiver ran down her spine** ein Schauder lief ihr über den Rücken; **the idea ran through my head** der Gedanke ging mir durch den Kopf; **so the story ~s** die Geschichte geht so; **the wording ran as follows** es lautete folgendermaßen; ~ **for President** für die Präsidentschaft kandidieren; ~ **dry** austrocknen; **I've ~ dry of ideas** mir sind die Ideen ausgegangen; ~ **short** knapp werden; **it ~s on wheels** es fährt auf Rädern; **my skirt has ~** mein Rock hat gefärbt; **the river ~s into the sea** der Fluss mündet ins Meer; **inflation is ~ning at ...** die Inflationsrate beträgt ...; **the tide was ~ning strongly** die Gezeiten waren stark; **the floor was ~ning with water** der Fußboden schwamm vor Wasser; **his blood ran cold** das Blut gefror ihm in den Adern; **the book has ~ into two editions** das Buch hat schon zwei Auflagen erreicht; ~ **to a new car** sich ein neues Auto leisten; ~ **into (a) port** in den Hafen einlaufen; **the buses ~ once an hour** die Busse fahren stündlich; **the car is ~ning smoothly** der Wagen läuft ohne Schwierigkeiten; **the radio ~s off the mains** das Radio läuft auf Netz; **all planes are ~ning late** alle Flugzeuge haben Verspätung; **a wall ~s round the garden** um den Garten führt eine Mauer; ~ **in the family** in der Familie liegen; ~ **to seed** (*Blume*) schießen; (*Mensch*) herunterkommen; ~ **with sweat** schweißüberströmt sein **II.** *vt* 1. laufen, rennen 2. (*Fuchs*) treiben, jagen 3. (*Kandidaten*) aufstellen 4. (*Pferd*) laufen lassen 5. (*Personen*) fahren, bringen 6. (*Züge*) unterhalten; einsetzen 7. (*Maschine*) betreiben; bedienen 8. (*Test*) durchführen 9. (*Hotel*) führen, leiten 10. (*Wettbewerb*) veranstalten, durchführen 11. schmuggeln 12. (*Straße*) führen 13. (*Kabel*) verlegen 14. (*Film*) zeigen 15. (COM) verkaufen 16. (*Waffen*) schmuggeln; ~ **2 km** 2 km laufen; ~ **errands** Botengänge machen; ~ **the streets** sich auf der Straße herumtreiben; ~ **s.o. close** nur knapp von jdm geschlagen werden; ~ **its course** seinen Lauf nehmen; ~ **a fever** Fieber haben; ~ **s.o. off his feet** jdn ständig in Trab halten; ~ **o.s. out of breath** außer Atem kommen; ~ **s.o. into debt** jdn in Schulden stürzen; ~ (**water into**) **a bath** Wasser in die Badewanne einlaufen lassen; **he ran her home** er brachte sie nach Hause; **he ~s a car** er fährt, unterhält ein Auto; **a well-~ hotel** ein gut geführtes Hotel; ~ **a house** einen Haushalt führen; ~ **one's own life** sein eigenes Leben führen; ~ **one's fingers through one's hair** sich mit den Fingern durch die Haare fahren; ~ **one's eye over a page** eine Seite überfliegen; ~ **a rope round a tree** ein Seil um einen Baum legen; ~ **a sword into s.o.'s side** ein Schwert in jds Seite stoßen **III.** *s* 1. (SPORT) Lauf *m* 2. Fahrt *f;* Ausflug *m* 3. Flug *m;* Strecke *f* 4. Dauer *f* 5. Reihe, Serie *f* 6. (THEAT) Spielzeit *f* 7. (FILM) Laufzeit *f* 8. (COM) Ansturm, Run *m* 9. (*fig*) Tendenz *f* 10. (*Ski*) Bahn *f* 11. (*für Tiere*) Gehege *nt;* Hühnerhof *m* 12. (*Strümpfe*) Laufmasche *f* 13. (MUS) Lauf *m* 14. (TYP) Auflage *f;* **he came in at a ~** er kam hereingelaufen; **he took the fence at a ~** er nahm die Hürde im Lauf; **break into a ~** zu laufen anfangen; **make a ~ for it** weglaufen; **on the ~** auf der Flucht; **I've been on the ~ ever since I got up** seit ich aufgestanden bin, war ich ganz schön auf Trab; **he has had a good ~ for his money** er hat was für sein Geld bekommen; er hat einen ordentlichen Kampf bekommen; **go for a ~ in the car** eine Fahrt im Auto machen; **take a ~ up to ...** eine Fahrt nach ... machen; **on the outward/inward ~** auf der Hin-/Rückfahrt; **approach ~** Anflug *m;* **give s.o. the ~ of one's house** jdm sein Haus überlassen; **in the short ~** fürs Nächste; **a ~ of luck** eine Glückssträhne; ~ **on** Ansturm *m* auf; **the common ~ of mankind** der Durchschnittsmensch; **the ordinary ~ of things** der normale Gang der Dinge; **run about** *vi* herum-, umherlaufen; ~ **about with s.o.** sich mit jdm herumtreiben; **run across I.** *vi* hinüberlaufen **II.** *vt* zufällig treffen; **run after** *vt* hinterherlaufen; **run against** *vt* (POL) jds Gegenkandidat sein; **run along** *vi* (*fam*) laufen, rennen; **run away** *vi* 1. weglaufen, wegrennen 2. (*Wasser*) auslaufen; **run away with** *vt* 1. (*Geld*) verschlucken, verbrauchen; durchgehen mit 2. (SPORT) spielend gewinnen; ~ **away with the idea** auf den Gedanken kommen; **run back** *vi* zurücklaufen; ~ **back over the procedure** das Verfahren nochmals durchgehen; **run down I.** *vi* **1.** hinunterlaufen **2.** (*Uhr*) ablaufen **3.** (*Batterie*) leer werden **II.** *vt* **1.** überfahren **2.** (MAR) rammen; versenken **3.** (*Lager*) abbauen, auflösen **4.** (*fig*) schlecht machen **5.** (*Verbrecher*) zur Strecke bringen, fassen; **run in I.** *vi* hineinlaufen **II.** *vt* **1.** (*Auto*) einfahren **2.** (*fam*) sich schnappen; **run into** *vt* **1.** zufällig treffen **2.** (*Auto*) fahren gegen; ~ **into difficulties** Schwierigkeiten bekommen; ~ **into danger** in Gefahr geraten; **run off I.** *vi* weglaufen, -rennen **II.** *vt* **1.** (*Wasser*) ablassen **2.** (*Brief*) herunterschreiben **3.** (TYP) abziehen, Abzüge machen von **4.** (SPORT) entscheiden **5.** (*Kleid*) schnell machen; **run on** *vi* **1.** weiterlaufen, -rennen **2.** (*Gespräch*) sich hinziehen **3.** (*Worte*) laufend geschrieben sein; ohne Absatz gedruckt sein; **run out I.** *vi* **1.** hinausgehen, herauslaufen **2.** (*Ware*) ausgehen, zu Ende gehen **3.** (*Bescheinigung*) ablaufen **II.** *vt* (*Kette*) abwickeln; **run out of** *vi:* **I've** ~ **out of money** mir ist das Geld ausgegangen, ich habe kein Geld mehr; (*Vorräte*) ausgehen; **run over I.** *vi* **1.** kurz hinüberlaufen **2.** (*Flüssigkeit*) überlaufen **3.** (*Buch*) durchgehen; durchsehen **II.** *vt* überfahren; **run through I.** *vi* **1.** durchlaufen **2.** (*Geld*) durchbringen **3.** (*Stück*) durchgehen; durchspielen **II.** *vt* durchbohren; **run up I.** *vi* hinauflaufen, -eilen **II.** *vt* **1.** (*Flagge*) hissen **2.** machen **3.** schnell zusammennähen; ~ **up against difficulties** auf Schwierigkeiten stoßen; ~ **up a debt** Schulden machen

run·about ['rʌnəbaʊt] *s* kleiner Stadt-, Sportwagen; kleines Motorboot; kleines Flugzeug; **run-around** ['rʌnə'raʊnd] *s* (*sl*): **get the** ~ an der Nase herumgeführt werden; **give s.o. the** ~ jdn an der Nase herumführen; **run·away** ['rʌnəweɪ] **I.** *s* Ausreißer(in) *m(f)* **II.** *adj* **1.** durchgebrannt, entlaufen **2.** (*Inflation*) unkontrollierbar; **have a** ~ **victory** einen leichten Sieg haben; **run-down** [ˌrʌn'daʊn] **I.** *adj* **1.** (TECH) abgelaufen **2.** heruntergekommen, elend **3.** abgespannt **II.** ['rʌndaʊn] *s* **1.** Zusammenfassung *f,* Bericht *m* **2.** (*Lager*) Abbau *m;* Auflösung *f*

rune [ruːn] *s* Rune *f*

rung[1] [rʌŋ] *s.* **ring**[1]

rung[2] [rʌŋ] *s* Sprosse *f*

run-in ['rʌnˌɪn] *s* (*fam*) Streit *m*

run·ner ['rʌnə(r)] *s* **1.** Läufer(in) *m(f),* Rennpferd *nt* **2.** Bote, Laufbursche *m* **3.** Schmuggler *m* **4.** (Schlitten)Kufe *f* **5.** (Tisch)Läufer *m* **6.** (BOT) Ausläufer *m;* **do a** ~ (*sl*) eine Fliege machen; **runner bean** *s* Stangenbohne *f;* **runner-up** [ˌrʌnər'ʌp] *s* (SPORT) Zweite(r) *f m*

run·ning ['rʌnɪŋ] **I.** *s* **1.** Laufen, Rennen *nt* **2.** (*a.* TECH) Leitung, Führung *f* **3.** (JUR) Schmuggel *m* **4.** (COM) Laufzeit, Gültigkeitsdauer *f;* ~ **style** Laufstil *m;* **make the** ~ das Rennen machen; **be in the** ~ im Rennen liegen; **be out of the** ~ aus dem Rennen sein; **take up the** ~ sich an die Spitze setzen; ~ **shoe** Laufschuh *m* **II.** *adj* **1.** (*Wasser*) fließend **2.** (COM) laufend; ~ **jump** Sprung *m* mit Anlauf; **go and take a** ~ **jump** (**at yourself**)! du kannst mich mal!; ~ **commentary** fortlaufender Kommentar; ~ **account** laufendes Konto; **4 days** ~ 4 Tage hintereinander; **a** ~ **cold** ein schwerer Schnupfen; **a** ~ **tap** ein aufgedrehter Wasserhahn; **up and** ~ in Betrieb; ~ **water** fließendes Wasser; **running costs** *s pl* Betriebskosten *pl;* **running joke** *s* Witz, der ständig wiederholt wird; **running order** *s:* **in** ~ betriebsbereit

runny ['rʌnɪ] *adj* **1.** flüssig **2.** (*Nase*) laufend **3.** (*Augen*) wässrig

run-off ['rʌnɒf] *s* (SPORT) Entscheidungslauf *m,* -spiel *nt;* **run-of-the-mill** [ˌrʌnəv-ðə'mɪl] *adj* durchschnittlich, gewöhnlich

runt [rʌnt] *s* **1.** kleines Ferkel **2.** (*pej*) kleiner Teufel

run-through ['rʌnθruː] *s* Durchgehen *nt;* **run-up** ['rʌnʌp] *s* **1.** (SPORT) Anlauf *m* **2.** (*fig*) Vorbereitungszeit *f;* **run·way** ['rʌnweɪ] *s* Start- und Landebahn, Runway *f*

rup·ture ['rʌptʃə(r)] **I.** *s* **1.** Bruch *m* **2.** (POL) Abbruch *m* **II.** *vt, vi* brechen; ~ **o.s.** sich einen Bruch heben

ru·ral ['rʊərəl] *adj* ländlich; Land-; ~ **depopulation** Landflucht *f*

ruse [ruːz] *s* List *f*

rush[1] [rʌʃ] **I.** *vi* **1.** eilen, laufen, rennen; hetzen; stürmen **2.** (*Wasser*) schießen, stürzen; ~ **to help** zu Hilfe eilen; ~ **to the attack** auf etw losgehen; **the blood ~ed to his face** das Blut schoss ihm ins Gesicht **II.** *vt* **1.** (schnell, heftig) drängen, stoßen, jagen **2.** schnell befördern, transportieren, schaffen (*to the hospital* ins Krankenhaus) **3.** (*Arbeit*) hastig machen **4.** (*sl*) schröpfen; **be ~ed off one's feet** dauernd auf Trab sein; ~ **s.o. into a decision** jdn zu einer hastigen Entscheidung treiben; ~ **s.o. into doing s.th.** jdn dazu treiben, etw überstürzt zu tun; ~ **one's fences** die Sache überstürzen **III.** *s* **1.** Andrang *m,* Gedränge *nt* **2.** (MIL) Stoß *m;* Sturm *m* **3.** Eile, Hetze, Hast *f* **4.** **~es** (FILM) erste Kopie; **the**

Christmas ~ der Weihnachtsbetrieb; **a ~ job** ein eiliger Auftrag; **a ~ of orders** eine Flut von Aufträgen; **be in a** ~ in Eile sein; **rush at** *vt* losstürzen auf; **rush out** *vi* hinauseilen, -stürzen; **rush through** *vt* (*Gesetz*) durchpeitschen; **rush up** *vi* hinaufeilen

rush² [rʌʃ] *s* Binse *f*, Rohr *nt;* **not worth a ~** keinen Pfifferling wert

rush hour ['rʌʃaʊə] *s* Hauptgeschäfts-, Hauptverkehrs-, Stoßzeit *f;* **rush order** *s* (COM) Eilauftrag *m*

rusk [rʌsk] *s* Zwieback *m*

rus·set ['rʌsɪt] **I.** *adj* gelblich rotbraun **II.** *s* Boskopapfel *m*

Rus·sia ['rʌʃə] *s* Russland *nt;* **Rus·sian** ['rʌʃn] **I.** *s* **1.** Russe *m*, Russin *f* **2.** (*Sprache*) (das) Russisch(e) **II.** *adj* russisch; **~ roulette** russisches Roulett

rust [rʌst] **I.** *s* **1.** Rost *m* **2.** (BOT) Brand *m;* **~-proof** rostfrei; **~-resistant** nicht rostend **II.** *vt* rosten lassen **III.** *vi* rosten; einrosten; **~ over** verrosten; **~ through** durchrosten; **~ up** festrosten; **rust-coloured** *adj* rostfarben

rus·tic ['rʌstɪk] **I.** *adj* **1.** bäuerlich **2.** (*Stil*) rustikal **3.** (*Manieren*) bäurisch **II.** *s* Bauer *m*

rusti·ness ['rʌstɪnɪs] *s* Rostigkeit *f*

rustle ['rʌsl] **I.** *vi* **1.** rascheln **2.** (*Seide*) knistern **II.** *vt* **1.** rascheln mit **2.** (*Am fam: Vieh*) stehlen; **~ up** improvisieren **III.** *s* Geraschel, Knistern *nt;* **rust·ler** ['rʌslə(r)] *s* (*Am fam*) Viehdieb *m*

rusty ['rʌstɪ] *adj* **1.** rostig; verrostet **2.** (*fig*) eingerostet, aus der Übung; **I'm a bit ~** ich bin etwas aus der Übung

rut¹ [rʌt] *s* **1.** Spur, Furche *f* **2.** (*fig*) Trott *m;* **be in a ~** im Trott sein; **get into a ~** in einen Trott geraten

rut² [rʌt] **I.** *vi* (ZOO) brunften, brunsten **II.** *s* (*von Tier*) Brunst, Brunft *f;* **~ting season** Brunft-, Brunstzeit *f*

ruta·baga [ˌruːtəˈbeɪgə] *s* (*Am*) Steckrübe *f*

ruth·less ['ruːθlɪs] *adj* **1.** rücksichtslos **2.** (*iro*) schonungslos, unbarmherzig; **ruth·less·ness** [-nɪs] *s* **1.** Rücksichtslosigkeit *f* **2.** Unbarmherzigkeit, Schonungslosigkeit *f*

RV [ˌɑː(r)'viː] *s Abk. von* **recreational vehicle** (*Am*) Wohnmobil *nt*

Rwan·da [rʊ'ændə] *s* Ruanda *nt;* **Rwan·dan** [rʊ'ændən] **I.** *s* ruandisch **II.** *s* Ruander(in) *m(f)*

rye [raɪ] *s* **1.** Roggen *m* **2.** (*Am*) (Roggen)Whiskey *m* **3.** (*~ bread*) Roggenbrot *nt*

S

S, s [es] <*pl* -'s> *s* S, s *nt*
Sab·bath ['sæbəθ] *s* Sabbat *m;* **witches'** ~ Hexensabbat *m;* **sab·bati·cal** [sə'bætɪkl] *adj* **1.** Sabbat-; sonntäglich **2.** (*Universität*) Forschungs-; **he is on** ~ **leave** er hat akademischen Urlaub, Forschungsurlaub; ~ **year** Forschungsjahr *nt*
sa·ber ['seɪbə(r)] *s* (*Am*) Säbel *m*
sable ['seɪbl] *s* Zobel(pelz) *m*
sab·otage ['sæbətɑːʒ] **I.** *s* Sabotage *f* **II.** *vt* sabotieren; **sab·oteur** [ˌsæbə'tɜː(r)] *s* Saboteur *m*
sa·bre ['seɪbə(r)] *s* Säbel *m;* **sa·bre-rat·tling** ['seibəˌrætlɪŋ] *s* Säbelrasseln *nt*
sac [sæk] *s* **1.** (ANAT) Sack *m* **2.** (BOT) Staubbeutel *m*
sac·char·in ['sækərɪn] *s* Süßstoff *m,* Saccharin *nt;* **sac·char·ine** ['sækəriːn] *adj* Saccharin-; (*fig*) zuckersüß
sachet ['sæʃeɪ] *s* **1.** Duftkissen *nt* **2.** Beutel *m* **3.** (*Puder*) Päckchen *nt* **4.** (*Shampoo*) Briefchen *nt*
sack[1] [sæk] **I.** *s* **1.** Sack *m* **2.** (*fam*) Entlassung *f;* **get the** ~ entlassen werden; **give s.o. the** ~ jdn an die Luft setzen, entlassen, hinauswerfen; **hit the** ~ (*sl*) sich in die Falle hauen **II.** *vt* **1.** einsacken **2.** (*fam*) entlassen
sack[2] [sæk] **I.** *s* Plünderung *f* **II.** *vt* plündern
sack·cloth ['sækklɒːθ] *s* Sackleinwand *f;* **in** ~ **and ashes** (*fig*) in Sack und Asche; **sack·ful** ['sækfʊl] *s* Sackvoll *m;* **sack·ing** ['sækɪŋ] *s* **1.** Sackleinen *nt* **2.** (*fam*) Entlassung *f;* **sack race** *s* Sackhüpfen *nt*
sac·ra·ment ['sækrəmənt] *s* Sakrament *nt;* **the Blessed** (**Holy**) **Sacrament** das heilige Sakrament; **sac·ra·men·tal** [ˌsækrə'mentl] *adj* sakramental
sacred ['seɪkrɪd] *adj* **1.** heilig **2.** (*Musik*) geistlich **3.** (*Gebäude*) sakral; **nothing is** ~ **to him** ihm ist nichts heilig; ~ **to the memory of …** zum Gedenken an …; ~ **cow** heilige Kuh
sac·ri·fice ['sækrɪfaɪs] **I.** *s* **1.** Opfer *nt* **2.** Opfergabe *f;* **make a** ~ **of s.o.** jdn opfern; **make** ~**s** Opfer bringen; **sell s.th. at a** ~ etw mit Verlust verkaufen **II.** *vt* opfern (*s.th. to s.o.* jdm etw)
sac·ri·lege ['sækrɪlɪdʒ] *s* Sakrileg *nt;* Frevel *m;* **sac·ri·legious** [ˌsækrɪ'lɪdʒəs] *adj* frevlerisch; gotteslästerlich
sac·ri·sty ['sækrɪstɪ] *s* Sakristei *f*
sac·ro·sanct ['sækrəʊsæŋkt] *adj* sakrosankt
SAD [ˌeseɪ'diː] *s Abk. von* **seasonal affective disorder** SAD-Syndrom *nt*
sad [sæd] *adj* **1.** traurig, betrübt (*about* über) **2.** (*Verlust*) schmerzlich **3.** (*Fehler*) bedauerlich **4.** (*Farbe*) trist **5.** (*Ort*) düster; **feel** ~ traurig sein; **the** ~ **death of …** der schmerzliche Verlust von …; **sad·den** ['sædn] *vt* betrüben
saddle ['sædl] **I.** *s* **1.** Sattel *m* **2.** (*Tier*) Rücken *m,* Kreuz *nt* **3.** Bergsattel *m;* **be in the** ~ (*fig*) im Sattel sitzen **II.** *vt* **1.** (*Pferd*) satteln **2.** (*fig*) aufhalsen (*s.o. with s.th.* jdm etw); ~ **o.s. with s.o.** sich jdn aufhalsen; ~ **up** aufsatteln; **be** ~**d with s.th.** etw am Hals haben; **sad·dle·bag** ['sædlbæg] *s* Sattel-, Packtasche *f;* **sad·dler** ['sædlə(r)] *s* Sattler *m;* **sad·dle soap** ['sædlsəʊp] *s* Sattelseife *f;* **sad·dle-sore** ['sædlsɔː(r)] *adj* wund geritten; wund gescheuert
sa·dism ['seɪdɪzəm] *s* Sadismus *m;* **sa·dist** ['seɪdɪst] *s* Sadist(in) *m(f);* **sa·dis·tic** [sə'dɪstɪk] *adj* sadistisch
sad·ness ['sædnəs] *s* Traurigkeit *f*
s. a.e. [ˌeseɪ'iː] *s Abk. von* **stamped addressed envelope** frankierter Rückumschlag
sa·fari [sə'fɑːrɪ] *s* Safari, Großwildjagd *f;* **be on** ~ eine Safari machen; **safari park** *s* Safaripark *m*
safe[1] [seɪf] *s* Safe, Tresor, Panzerschrank *m*
safe[2] [seɪf] **I.** *adj* **1.** sicher; in Sicherheit; unverletzt **2.** ungefährlich; sicher **3.** (*Fahrer, Methode*) sicher; zuverlässig **4.** (*Politik*) vorsichtig, risikolos, realistisch; **better** ~ **than sorry** (*prov*) Vorsicht ist besser als Nachsicht; **be** ~ **from s.o.** vor jdm sicher sein; **keep s.th.** ~ etw sicher aufbewahren; ~ **and sound** gesund und wohlbehalten; **the secret is** ~ **with her** bei ihr ist das Geheimnis sicher; **the beach is** ~ **for bathing** an dem Strand kann man gefahrlos baden; **it is** ~ **to tell him** man kann es ihm ohne weiteres erzählen; **it is a** ~ **guess** es ist so gut wie sicher; **it is** ~ **to say** man kann ruhig sagen; **just to be** ~ [*o* **on the** ~ **side**] um ganz sicher zu gehen **II.** *adv:* **play** (**it**) ~ auf Nummer sicher gehen
safe-blower, safe-breaker ['seɪf bləʊə(r), -breɪkə(r)] *s* Geldschrankknacker *m;* **safe-de·posit** [ˌseɪf dɪ'pɒzɪt] *s* Tresorraum *m;* **safe-deposit box** *s* Banksafe *m,* Bankschließfach *nt;* **safe·guard**

S

['seɪfgɑːd] **I.** *s* Schutz *m;* **as a ~ against** zum Schutz gegen **II.** *vt* schützen, sichern (*against* vor); **~ interests** Interessen wahrnehmen **III.** *vi:* **~ against s.th.** sich gegen etw absichern; **safe-keeping** [ˌseɪfˈkiːpɪŋ] *s* sichere Ver-, Aufbewahrung; **safe sex** [seɪfˈseks] *s* geschützter Geschlechtsverkehr

safety [ˈseɪftɪ] *s* Sicherheit *f;* **in a place of ~** an einem sicheren Ort; **for ~'s sake** aus Sicherheitsgründen; **leap to ~** sich in Sicherheit bringen; **play for ~** sichergehen, kein Risiko eingehen wollen; **~ first** Sicherheit ist das Wichtigste; **~ first campaign** Unfallverhütungskampagne *f;* **there's ~ in numbers** zu mehreren ist man sicherer; **safety belt** *s* Sicherheitsgurt *m;* **safety binding** *s* Sicherheitsbindung *f;* **safety catch** *s* Abzugssicherung *f;* **safety curtain** *s* (THEAT) eiserner Vorhang; **safety gate** *s* Sicherheitstürgitter *nt;* **safety glass** *s* Sicherheitsglas *nt;* **safety lamp** *s* Grubenlampe *f;* **safety lock** *s* Sicherheitsschloss *nt;* **safety margin** *s* Sicherheitsspielraum *m;* **safety measure** *s* Sicherheitsmaßnahme *f;* **safety net** *s* Sicherheitsnetz *nt;* **safety pin** *s* Sicherheitsnadel *f;* **safety razor** *s* Rasierapparat *m;* **safety regulation** *s* Sicherheitsvorschrift *f;* **safety socket cover** *s* Steckdosenschutz *m;* **safety valve** *s* Sicherheitsventil *nt*

saf·fron [ˈsæfrən] *s* Safran *m*

sag [sæg] **I.** *vi* **1.** durchhängen, -sacken **2.** (*Schultern*) herabhängen **3.** (*Preis*) nachgeben, sinken **4.** (*Produktion*) zurückgehen **5.** (*fig*) abflauen **II.** *s* Durchhang *m;* **the ~ of his shoulders** seine herabhängenden Schultern

saga [ˈsɑːgə] *s* **1.** Saga *f* **2.** (*~ novel*) Familiengeschichte *f* **3.** (*fam*) Geschichte, Story *f*

sa·gacious [səˈgeɪʃəs] *adj* weise, klug; **sa·gac·ity** [səˈgæsətɪ] *s* Weisheit, Klugheit *f*

sage[1] [seɪdʒ] **I.** *adj* weise, klug **II.** *s* Weise(r) *f m*

sage[2] [seɪdʒ] *s* Salbei *m*

Sag·it·ta·rius [ˌsædʒɪˈteərɪəs] *s* (ASTR) Schütze *m*

said [sed] **I.** *pt, pp of* **say II.** *adj* besagt

sail [seɪl] **I.** *s* **1.** Segel *nt* **2.** Segelschiff *nt* **3.** Schiff-, Seefahrt *f* **4.** Törn *m* **5.** (Windmühlen)Flügel *m;* **in full ~** mit vollen Segeln; **make** [*o* **set**] **~** abfahren, absegeln; **go for a ~** segeln gehen **II.** *vi* **1.** (MAR) segeln, fahren **2.** abfahren, auslaufen (*for* nach) **3.** (*Schwan*) gleiten **4.** (*Wolken*) ziehen; **go ~ing** segeln gehen; **~ round the world** um die Welt segeln; **~ into the room** ins Zimmer rauschen; **~ in** (*fig*) sich einschalten; **~ into** (*fig*) anfahren **III.** *vt* (*Schiff*) segeln mit; **~ the seas** die Meere befahren; **sail·board** [ˈseɪlbɔːd] *s* Windsurfbrett *nt;* **sail·board·ing** [-ɪŋ] *s* Windsurfen *nt;* **sail·boat** *s* (*Am*) Segelboot *nt;* **sail·ing** [ˈseɪlɪŋ] *s* **1.** Segeln *nt;* Segelsport *m* **2.** Abfahrt *f;* **sailing boat** *s* (*Br*) Segelboot *nt;* **sailing ship**, **sailing vessel** *s* Segelschiff *nt*

sailor [ˈseɪlə(r)] *s* Seemann, Matrose *m;* **be a good** (**bad**) **~** (nicht) seefest sein; **sailor suit** *s* Matrosenanzug *m*

sail·plane [ˈseɪlpleɪn] *s* Segelflugzeug *nt*

saint [seɪnt, *vor Namen* snt] *s* Heilige(r) *f m;* **Saint Anne** die heilige Anna; **Saint Luke's** (**Church**) Sankt Lukas, die Lukaskirche; **sainted** [ˈseɪntɪd] *adj* heilig gesprochen; **saint·li·ness** [-lɪnɪs] *s* Heiligkeit *f;* **saint·ly** [ˈseɪntlɪ] *adj* heilig

sake [seɪk] *s:* **for the ~ of s.th.** um einer S willen; **for the ~ of peace and quiet** um des lieben Friedens willen; **for my ~** meinetwegen; **and all for the ~ of ...** und alles wegen ...; **for goodness** [*o* **heaven's**] **~** um Himmels willen

sal·able [ˈseɪləbl] *adj* (*Am*) verkäuflich; absatzfähig

sa·lacious [səˈleɪʃəs] *adj* obszön; anzüglich

salad [ˈsæləd] *s* Salat *m;* **fruit-~** Obstsalat *m;* **salad bowl** *s* Salatschüssel *f;* **salad cream** *s* Salatmayonnaise *f;* **salad days** *s pl* unschuldige Jugendtage *mpl;* **salad dressing** *s* Salatsoße *f,* -dressing *nt*

sa·la·mi [səˈlɑːmɪ] *s* Salami *f*

sal am·mo·ni·ac [ˌsæləˈməʊnɪæk] *s* Salmiak *m*

sal·ar·ied [ˈsælərɪd] *adj* besoldet, bezahlt; fest angestellt; **~ post** Angestelltenposten *m;* **~ employee** Gehaltsempfänger(in) *m(f);* **sal·ary** [ˈsælərɪ] *s* Gehalt *nt;* **earn a good ~** ein gutes Gehalt haben; **salary cut** *s* Gehaltskürzung *f;* **salary deduction** *s* Gehaltsabzug *mpl;* **salary earner** *s* Gehaltsempfänger(in) *m(f);* **salary increase** *s* Gehaltserhöhung *f;* **salary review** *s* Gehaltsaufbesserung *f;* **salary scale** *s* Gehaltstabelle *f*

sale [seɪl] *s* **1.** Verkauf *m* **2.** Geschäft *nt;* Abschluss *m* **3.** Ausverkauf, Schlussverkauf *m* **4. ~s** Verkaufsabteilung *f* **5. ~s** Absatz *m* **6.** Auktion *f;* **for ~** zu verkaufen; **point of ~ system** (COM) POS-System *nt* (*bargeldloses Zahlen an elektronischen Kassen*)*;* **put s.th. up for ~** etw zum Verkauf anbieten; **not for ~** nicht verkäuflich; **be on ~** verkauft werden; **~ or return** Kauf mit Rückgaberecht; **buy in** [*o* **at**] **the ~s** im Ausverkauf kaufen; **~ of work** Basar *m;* **sale·-**

able ['seɪləbl] *adj* verkäuflich; absatzfähig; **sale price** *s* (Aus)Verkaufspreis *m;* **saleroom** ['seɪlru:m] *s* Auktionsraum *m*

sales analysis [ˌseɪlzə'næləsɪs] *s* Umsatzanalyse *f;* **sales ap·peal** [ˌseɪlzə'pi:l] *s* Kaufanreiz *m;* **sales book** *s* Warenausgangsbuch *nt;* **sales campaign** *s* Verkaufskampagne *f;* **sales clerk** ['seɪlzklɜ:rk] *s* (*Am*) Verkäufer(in) *m(f);* **sales conference** *s* Verkaufskonferenz *f;* **sales department** *s* Verkaufsabteilung *f;* **sales director** *s* Verkaufsdirektor(in) *m(f);* **sales drive** *s* Verkaufsaktion *f;* **sales executive** *s* Verkaufsleiter(in) *m(f);* **sales figures** *s pl* Verkaufsziffern, Absatzzahlen *fpl;* **sales force** *s* Verkäuferstab *m;* **sales forecast** *s* Absatzprognose *f;* **sales·girl**, **sales·lady** ['seɪlzgɜ:l, 'seɪlzˌleɪdɪ] *s* Verkäuferin *f;* **sales invoice** *s* Verkaufsrechnung *f;* **sales ledger** *s* Warenausgangs-, Debitorenbuch *nt;* **sales literature** *s* Werbematerial *nt,* Verkaufsprospekte *mpl;* **sales·man** ['seɪlzmən, *pl* -men] <*pl* -men> *s* **1.** Verkäufer *m* **2.** (COM) Vertreter *m;* **sales manager** *s* Verkaufsleiter(in) *m(f);* **sales·man·ship** ['seɪlzmənʃɪp] *s* Verkaufstechnik *f;* **sales meeting** *s* Verkaufskonferenz *f;* **salesperson** *s* (*Am*) Verkäufer(in) *m(f);* **sales pitch** *s* **1.** Verkaufstechnik *f* **2.** Verkaufsgespräch *nt;* **sales receipt** *s* Kassenbeleg *m;* **sales representative** *s* Vertreter(in) *m(f);* **sales resistance** *s* Kaufunlust *f;* **sales revenue** *s* Verkaufserlös *m;* **sales·room** ['seɪlzrʊm] *s* Auktionsraum *m;* **sales talk** *s* Verkaufsgespräch *nt;* **sales tax** *s* Warenumsatzsteuer *f;* **sales·woman** ['seɪlzwʊmən, *pl* -wɪmɪn] <*pl* -women> *s* Verkäuferin *f*

sa·li·ent ['seɪlɪənt] *adj* (*fig*) in die Augen springend, hervorstechend, auffällig; ~ **points** Hauptpunkte *pl*

sa·line ['seɪlaɪn] *adj* salz(halt)ig

sal·iva [sə'laɪvə] *s* Speichel *m;* **sali·vary** ['sælɪvərɪ] *adj* Speichel-; ~ **gland** Speicheldrüse *f;* **sali·vate** ['sælɪveɪt] *vi* Speichel absondern

sal·low ['sæləʊ] *adj* fahl, gelb, blässlich

sally ['sælɪ] **I.** *s* **1.** (MIL) Ausfall *m* **2.** Ausbruch *m;* **make a** ~ (MIL) einen Ausfall machen; (*fig*) eine Tirade loslassen **II.** *vi:* ~ **forth** (MIL) einen Ausfall machen; (*fig*) sich aufmachen

salmon ['sæmən] <*pl* -> *s* **1.** Lachs *m* **2.** (*Farbe*) Lachs(rosa) *nt*

sal·mo·nel·la poi·son·ing [ˌsælmə'neləˈpɔɪzənɪŋ] *s* Salmonellenvergiftung *f*

salmon farm(**ing**) *s* Lachszucht *f;* **salmon trout** *s* Lachsforelle *f*

salon ['sælɒn] *s* Salon *m*

sa·loon [sə'lu:n] *s* **1.** Saal *m* **2.** (*Am*) Wirtschaft *f,* Saloon *m* **3.** (*Br*) Limousine *f;* ~ **car** (*Br*) Limousine *f*

sal·sify ['sælsɪfaɪ] *s* Schwarzwurzel *f*

salt [sɔ:lt] **I.** *s* **1.** (*a.* CHEM) Salz **2.** (*fig*) Würze *f* **3.** ~**s** Riechsalz *nt;* **be worth one's** ~ etw taugen; **take s.th. with a pinch of** ~ etw nicht ganz wörtlich nehmen **II.** *adj* Salz-; gesalzen **III.** *vt* salzen; einsalzen; ~ **away** (*fam*) auf die hohe Kante legen; **salt·cellar** *s* Salzstreuer *m;* **salt lake** *s* Salzsee *m;* **salt mine** *s* Salzbergwerk *nt,* Salzstock *m;* **salt·pe·ter** *s* (*Am*), **saltpetre** [sɔ:lt'pi:tə(r)] *s* Salpeter *m;* **salt·shaker** *s* Salzstreuer *m;* **salt water** *s* Salzwasser *nt;* **salt-water** *adj* Meeres-; Salz-; **salty** ['sɔ:ltɪ] *adj* salzig

sa·lu·bri·ous [sə'lu:brɪəs] *adj* (*Klima*) gesund, zuträglich

salu·tary ['sæljʊtrɪ] *adj* **1.** gesund **2.** (*Erfahrung*) heilsam **3.** (*Rat*) nützlich

salu·ta·tion [ˌsælju:'teɪʃn] *s* **1.** Begrüßung *f* **2.** (*Brief*) Anrede *f;* **in** ~ zur Begrüßung;

sa·lute [sə'lu:t] **I.** *vt* **1.** (be)grüßen **2.** (MIL) grüßen, salutieren (*s.o.* vor jdm) **3.** (*Mut*) bewundern; ~ **the arrival of s.o.** jdn begrüßen **II.** *vi* (MIL) salutieren, grüßen **III.** *s* **1.** Gruß *m,* Begrüßung *f* **2.** (MIL) Salut(schuss) *m;* **in** ~ zum Gruß; **stand at the** ~ salutieren; **take the** ~ die Parade abnehmen

Sal·va·do·ri·an [ˌsælvə'dɔ:rɪən] **I.** *adj* salvadorianisch **II.** *s* Salvadorianer(in) *m(f)*

sal·vage ['sælvɪdʒ] **I.** *s* **1.** (MAR) Bergung *f;* Bergungsgut *nt* **2.** (~ *money*) Bergelohn *m* **II.** *vt* **1.** (MAR) bergen (*from* aus) **2.** (*fig*) retten (*from* aus); ~ **s.th. from the fire** etw aus den Flammen retten; **salvage operation** *s* Bergungsaktion *f;* **salvage value** *s* Schrottwert *m;* **salvage vessel** *s* Bergungsschiff *nt*

sal·va·tion [sæl'veɪʃn] *s* **1.** Rettung *f* **2.** (REL) Heil *nt;* **work out one's own** ~ für sein eigenes Heil sorgen

Salvation Army *s* Heilsarmee *f*

salve [sælv, *Am* sæv] **I.** *s* **1.** Salbe *f* **2.** (*fig*) Balsam *m* **II.** *vt* **1.** einsalben **2.** (*fig*) beschwichtigen

sal·ver ['sælvə(r)] *s* Tablett *nt*

sal·vo ['sælvəʊ] *s* Salve *f*

sal vol·atile [ˌsælvə'lætəlɪ] *s* Riechsalz *nt*

same [seɪm] **I.** *adj:* **the** ~ der, die, das Gleiche; der-, die-, dasselbe; **they are all the** ~ sie sind alle gleich; **it's the** ~ **thing** das ist das Gleiche; **at the** ~ **time** zur selben Zeit; **this** ~ **person** eben dieser Mensch; **in the** ~ **way** genau gleich; ebenso **II.** *pron* **1.** (*substantivisch*): **the** ~ der, die, das Gleiche; der-, die-, dasselbe; **she's much**

S

the ~ sie hat sich kaum verändert; **it's always the** ~ es ist immer das Gleiche **2.** (*adverbial*): **the** ~ gleich; **it's not the** ~ **as before** es ist nicht wie früher; **it's all the** ~ **to me** es ist mir egal; **it comes to the** ~ das kommt aufs Gleiche heraus; **all** [*o* **just**] **the** ~ trotzdem; ~ **to you** eben-, gleichfalls; **same·ness** [-nɪs] *s* Eintönigkeit *f*

sample ['sɑːmpl] **I.** *s* **1.** Beispiel *nt;* Kostprobe *f* **2.** (*Statistik*) Stichprobe, Auswahl *f* **3.** (*fig*) Beispiel *nt,* Probe *f* **4.** (COM) Muster *nt;* **up to** ~ dem Muster entsprechend; **give us a** ~ **of your playing** spielen Sie uns etwas vor; **a representative** ~ **of the population** eine repräsentative Auswahl aus der Bevölkerung **II.** *vt* **1.** (*Wein*) probieren, kosten **2.** (*fig*) kosten; **sample book** *s* Mustermappe *f;* **sam·pler** ['sɑːmplə(r)] *s* **1.** Probierer(in) *m(f)* **2.** Stickmustertuch *nt* **3.** (*Schallplatte*) Auswahlplatte *f;* **sam·pling** ['sɑːmplɪŋ] *s* **1.** Kostprobe *f* **2.** Weinprobe *f* **3.** (*Statistik*) Stichprobenverfahren *nt*

sana·tor·ium [ˌsænə'tɔːrɪəm] *s* Sanatorium *nt*

sanc·tify ['sæŋktɪfaɪ] *vt* **1.** heiligen; weihen; sanktionieren **2.** (*Gelübde*) annehmen

sanc·ti·moni·ous [ˌsæŋktɪ'məʊnɪəs] *adj* scheinheilig, frömmlerisch

sanc·tion ['sæŋkʃn] **I.** *s* **1.** Zustimmung *f* **2.** Sanktion *f;* **economic** ~**s** wirtschaftliche Sanktionen; **give one's** ~ **to s.th.** etw sanktionieren **II.** *vt* sanktionieren; dulden

sanc·tity ['sæŋktətɪ] *s* Heiligkeit *f;* Unantastbarkeit *f*

sanc·tu·ary ['sæŋktʃʊərɪ] *s* **1.** Heiligtum *nt* **2.** (*fig*) Zuflucht *f* **3.** (*für Tiere*) Schutzgebiet *nt;* **seek** ~ **with** Zuflucht suchen bei

sand [sænd] **I.** *s* **1.** Sand *m* **2.** ~**s** Sandstrand *m;* **the** ~**s are running out** (*fig*) die Zeit läuft ab **II.** *vt* schmirgeln; ~ **down** abschmirgeln

san·dal ['sændl] *s* Sandale *f*

san·dal·wood ['sændlwʊd] *s* Sandelholz *nt*

sand·bag ['sændbæg] *s* Sandsack *m;* **sand·bank**, **sand·bar** ['sændbæŋk, 'sændbɑː(r)] *s* Sandbank *f;* **sand·blast** ['sændblɑːst] *vt* sandstrahlen; **sand·blast·ing** ['sændˌblɑːstɪŋ] *s* Sandstrahlen *nt;* **sand·boy** ['sændbɔɪ] *s:* **as happy as a** ~ quietschvergnügt; **sand castle** *s* Sandburg *f;* **sand dune** *s* Sanddüne *f;* **sand flea** *s* Sandfloh *m;* **sand·glass** *s* Sanduhr *f;* **sand·man** ['sændmən] <*pl* -men> *s* Sandmännchen *nt;* **sand martin** *s* Uferschwalbe *f;* **sand·paper** ['sændpeɪpə(r)] *s* Sand-, Schmirgelpapier *nt;* **sand·piper** ['sændˌpaɪpə(r)] *s* Strandläufer *m;* **sand·pit** *s* Sandkasten *m;* **sand·shoe** *s* Strandschuh *m;* **sand·stone** ['sændstəʊn] *s* Sandstein *m;* **sand·storm** ['sændstɔːm] *s* Sandsturm *m*

sand·wich ['sænwɪdʒ] **I.** *s* Sandwich *nt;* **be a** ~ **short of a picnic** (*fam*) nicht alle Tassen im Schrank haben **II.** *vt* einklemmen; einzwängen (*between* zwischen); **sandwich board** *s* Reklametafel *f;* **sandwich counter** *s* (*Am*) Imbisshalle *f;* **sandwich course** *s* *Ausbildungsgang, der Theorie und Praxis verbindet;* **sandwich man** ['sænwɪdʒmæn] <*pl* -men> *s* Plakatträger *m*

sandy ['sændɪ] *adj* **1.** sandig **2.** (*Farbe*) rötlich, rotblond

sand yacht ['sændjɒt] *s* Strandsegler *m*

sane [seɪn] *adj* **1.** geistig normal **2.** (JUR) zurechnungsfähig **3.** (*fig*) vernünftig, sinnvoll, gesund

sang [sæŋ] *s.* **sing**

san·guine ['sæŋgwɪn] *adj* **1.** optimistisch **2.** (*Gesichtsfarbe*) rot; ~ **that we shall succeed** zuversichtlich, dass wir Erfolg haben werden

sani·tarium [ˌsænɪ'teərɪəm] *s* (*Am*) Sanatorium *nt*

sani·tary ['sænɪtrɪ] *adj* **1.** hygienisch **2.** (*Installation*) sanitär **3.** (*Kommission*) Gesundheits- **4.** (*Fragen*) der Hygiene; ~ **towel** [*o* **napkin**] (*Am*) Damen-, Monatsbinde *f*

sani·ta·tion [ˌsænɪ'teɪʃn] *s* sanitäre Anlagen *fpl*

san·ity ['sænətɪ] *s* **1.** geistige Gesundheit; gesunder Menschenverstand **2.** (JUR) Zurechnungsfähigkeit *f* **3.** (*fig*) Vernünftigkeit *f;* ~ **of judgement** ein gesundes Urteilsvermögen

sank [sæŋk] *s.* **sink**[2]

Santa Claus [ˌsæntə'klɔːz] *s* Nikolaus, Weihnachtsmann *m*

sap[1] [sæp] *s* **1.** (*von Pflanzen*) Saft *m* **2.** (*fig*) Lebenskraft *f*

sap[2] [sæp] **I.** *s* (MIL) Sappe *f* **II.** *vt* **1.** (MIL) unterminieren, untergraben **2.** (*fig*) untergraben; schwächen; ~ **s.o.'s strength** jdn entkräften

sap·ling ['sæplɪŋ] *s* junger Baum

sap·per ['sæpə(r)] *s* (MIL) Pionier *m*

sap·phire ['sæfaɪə(r)] *s* (MIN) Saphir *m*

sar·casm ['sɑːkæzəm] *s* Sarkasmus *m;* **sar·cas·tic** [sɑː'kæstɪk] *adj* sarkastisch

sar·copha·gus [sɑː'kɒfəgəs, *pl* -gaɪ] <*pl* -gi> *s* Sarkophag *m*

sar·dine [sɑː'diːn] *s* Sardine *f;* **packed** (**in**) **like** ~**s** wie die Sardinen

sar·donic [sɑː'dɒnɪk] *adj* süffisant, sardonisch

sari ['sɑːrɪ] *s* Sari *m*

sar·tor·ial [sɑː'tɔːrɪəl] *adj:* ~ **elegance** Eleganz *f* der Kleidung

SAS [ˌeseɪ'es] *s Abk. von* **Special Air Service** *britisches Sonderkommando*

sash[1] [sæʃ] *s* Schärpe *f*

sash[2] [sæʃ] (~ *window*) Schiebefenster *nt*

sat [sæt] *s.* **sit**

Satan ['seɪtən] *s* Satan *m;* **sa·tan·ic** [sə'tænɪk] *adj* satanisch, teuflisch

satchel ['sætʃəl] *s* Schulranzen *m,* -tasche *f*

sate [seɪt] *vt* (*Appetit*) stillen, befriedigen

sat·el·lite ['sætəlaɪt] *s* **1.** (ASTR) Satellit *m* **2.** (*fig*) Trabant *m;* **satellite broadcasting** *s* Satellitenfernsehen *nt;* **satellite country, satellite state** *s* Satellitenstaat *m;* **satellite dish** *s* (TV) Parabolantenne *f,* -spiegel *m;* **satellite picture** *s* (TV) Satellitenbild *nt;* **satellite television** *s* Satellitenfernsehen *nt;* **satellite town** *s* Trabantenstadt *f*

sati·ate ['seɪʃɪeɪt] *vt* **1.** (*Appetit*) stillen **2.** (*Tier*) sättigen **3.** (*fig*) übersättigen; **be ~d with food** gesättigt, übersättigt sein; **sat·iety** [sə'taɪətɪ] *s* Sättigung *f;* **do s.th. to ~** etw bis zum Überdruss tun

satin ['sætɪn] **I.** *s* Satin *m* **II.** *adj* Satin-; samtig

sat·ire ['sætaɪə(r)] *s* Satire *f* (*on* auf); **sa·ti·ri·cal** [sə'tɪrɪkl] *adj* satirisch, spöttisch; **sat·ir·ist** ['sætərɪst] *s* Satiriker(in) *m(f);* **sat·ir·ize** ['sætəraɪz] *vt* satirisch darstellen

sat·is·fac·tion [ˌsætɪs'fækʃn] *s* **1.** Befriedigung *f* **2.** (*Schulden*) Begleichung *f* **3.** (*Kunde*) Zufriedenstellung *f* **4.** (*Ehrgeiz*) Verwirklichung *f* **5.** (*Vertrag*) Erfüllung *f* **6.** (*Zustand*) Zufriedenheit *f* (*at* mit) **7.** Genugtuung *f;* **feel a sense of ~ at s.th.** Genugtuung über etw empfinden; **get ~ out of s.th.** Befriedigung in etw finden; **he proved to my ~ that …** er hat überzeugend bewiesen, dass …; **it is no ~ to me to know that …** es ist kein Trost zu wissen, dass …; **demand/obtain ~ from s.o.** Genugtuung von jdm verlangen/erhalten; **sat·is·fac·tory** [ˌsætɪs'fæktərɪ] *adj* **1.** zufrieden stellend, befriedigend (*to* für) **2.** ausreichend, hinlänglich **3.** (*Grund*) triftig, einleuchtend **4.** (*Entschuldigung*) annehmbar **5.** (*Schulnote*) ausreichend; befriedigend; **your attitude is not ~** Ihre Einstellung lässt zu wünschen übrig

sat·isfy ['sætɪsfaɪ] **I.** *vt* **1.** zufrieden stellen, befriedigen **2.** (*Hunger*) stillen **3.** (*Mahl*) sättigen **4.** (*Bedingungen, Verpflichtungen*) erfüllen, nachkommen *dat* **5.** (*Regeln*) entsprechen *dat* **6.** (*Anforderungen*) genügen *dat* **7.** (*Ehrgeiz*) verwirklichen **8.** überzeugen **9.** (*Schuld*) begleichen; **be satisfied with s.th.** mit etw zufrieden sein; **nothing satisfies him** ihn kann nichts befriedigen; **if you can ~ him that …** wenn Sie ihn davon überzeugen können, dass … **II.** *vr:* ~ **o.s. about s.th.** sich von etw überzeugen **III.** *vi* (*Mahl*) sättigen; **sat·is·fy·ing** [-ɪŋ] *adj* **1.** befriedigend **2.** sättigend

sat·su·ma [sæt'suːmə] *s* Satsuma *f*

satu·rate ['sætʃəreɪt] *vt* **1.** durchtränken; durchnässen **2.** (CHEM) sättigen **3.** (*fig*) sättigen; **satu·rat·ion** [ˌsætʃə'reɪʃn] *s* Sättigung *f;* **saturation point** *s* Sättigungspunkt *m;* Sättigungsgrad *m;* **have reached ~ point** seinen Sättigungsgrad erreicht haben

Sat·ur·day ['sætədɪ] *s* Sonnabend, Samstag *m;* **on ~** am Sonnabend

Sat·urn ['sætən] *s* (ASTR) Saturn *m*

satyr ['sætə(r)] *s* (REL HIST) Satyr *m*

sauce [sɔːs] *s* **1.** Soße, Sauce *f* **2.** (*fam*) Frechheit *f;* **none of your ~!** werd' bloß nicht frech!; **sauce-boat** *s* Sauciere *f*

sauce·pan ['sɔːspən] *s* Kochtopf *m*

sau·cer ['sɔːsə(r)] *s* Untertasse *f;* **flying ~** fliegende Untertasse

saucily ['sɔːsɪlɪ] *adv* frech; **sauci·ness** ['sɔːsɪnəs] *s* Frechheit *f;* **saucy** ['sɔːsɪ] *adj* **1.** frech **2.** (*fam*) schick, kess

Sau·di A·ra·bia [ˌsaʊdɪə'reɪbɪə] *s* Saudi-Arabien *nt;* **Sau·di (A·ra·bi·an)** [ˌsaʊdɪ (ə'reɪbɪən)] **I.** *s* Saudi(araber) *m,* Saudiaraberin *f* **II.** *adj* saudisch, saudiarabisch

sauer·kraut ['saʊəkraʊt] *s* Sauerkraut *nt*

sauna ['sɔːnə] *s* Sauna *f*

saun·ter ['sɔːntə(r)] **I.** *vi* umherschlendern, -bummeln **II.** *s* Bummel *m;* **they had** [*o* **went for**] **a ~ in the park** sie gingen im Park spazieren

saus·age ['sɒsɪdʒ] *s* Wurst *f;* **not a ~** (*fam*) überhaupt nichts; **sausage dog** *s* (*fam*) Dackel *m;* **sausage meat** *s* (Wurst)Brät *nt;* **sausage roll** *s* Würstchen *nt* im Schlafrock

sav·age ['sævɪdʒ] **I.** *adj* **1.** wild **2.** (*Kampf*) brutal **3.** (*Tier*) gefährlich **4.** (*Sitte*) grausam **5.** (*Maßnahmen*) rigoros, drastisch, brutal; **make a ~ attack on s.o.** brutal über jdn herfallen; ~ **criticism** schonungslose Kritik **II.** *s* Wilde(r) *f m* **III.** *vt* (*Tier*) anfallen; zerfleischen; **sav·age·ness** [-nɪs] *s* **1.** Wildheit *f* **2.** Brutalität *f;* Grausamkeit *f* **3.** Gefährlichkeit *f;* **sav·agery** ['sævɪdʒrɪ] *s* **1.** Wildheit *f* **2.** Brutalität, Grausamkeit *f*

sa·van·na(h) [sə'vænə] *s* (GEOG) Savanne *f*

save[1] [seɪv] **I.** *vt* **1.** retten **2.** aufheben, aufbewahren, aufsparen **3.** (*Geld*) sparen

S

4. (*Briefmarken*) sammeln 5. (*Kraft*) schonen; aufsparen 6. (*Ärger*) ersparen 7. (INFORM) sichern, abspeichern; ~ **s.o. from s.th.** jdn vor etw retten; ~ **the day** jds Rettung sein; ~ **up** aufheben, aufbewahren; ~ **s.o.'s bacon** (*fam*) jds Rettung sein; ~ **the shot** (SPORT) den Ball abfangen; ~ **s.o.'s life** jdm das Leben retten; ~ **the situation** die Situation retten; ~ **one's skin** (*fig*) mit heiler Haut davonkommen; ~ **o.s. the trouble** sich die Mühe sparen; **it ~s me time** dabei spare ich Zeit **II.** *vi* **1.** (*Geld*) sparen **2.** (*Essen*) sich halten; ~ **for s.th.** auf etw sparen; ~ **up** sparen **III.** *s* (SPORT) Ballabwehr *f*

save² [seɪv] **I.** *prep* außer +*dat* **II.** *conj* es sei denn, dass; ~ **that** nur dass

save·loy ['sævəlɔɪ] *s* Zervelatwurst *f*

saver ['seɪvə(r)] *s* **1.** Retter(in) *m(f)* **2.** Sparer(in) *m(f)*; **it is a money-~** es spart Geld

sav·ing ['seɪvɪŋ] **I.** *adj* **1.** sparsam **2.** rettend; **the book's ~ sense of humour** der Humor in dem Buch, der manches wettmacht; **his ~ grace** was einen mit ihm versöhnt **II.** *s* **1.** Rettung *f* **2.** Sparen *nt* **3.** Einsparung *f*; Ersparnis *f* **4. ~s** Ersparnisse *fpl*, Spareinlagen *fpl* **III.** *prep, conj* es sei denn, dass; ~ **that** nur dass

sav·ings ac·count ['seɪvɪŋzəˌkaʊnt] *s* Sparkonto *nt*; **savings bank** *s* Sparkasse *f*; **savings bonus** *s* Sparzulage *f*; **savings book** *s* Sparbuch *nt*; **savings certificate** *s* Sparbrief *m*; **savings deposits** *s pl* Spareinlagen *fpl*

sa·vior (*Am*), **sav·iour** ['seɪvɪə(r)] *s* **1.** Retter(in) *m(f)* **2.** (REL) Erlöser, Heiland *m*

sa·vor (*Am*) *s.* **savour**; **sa·vori·ness** (*Am*) *s.* **savouriness**; **sa·vory** (*Am*) *s.* **savoury**

sa·vour ['seɪvə(r)] **I.** *s* **1.** Geschmack *m* **2.** (*fig*) Spur *f* **3.** Reiz *m*; **a ~ of garlic** ein Knoblauchgeschmack **II.** *vt* **1.** kosten; riechen **2.** (*fig*) genießen, auskosten **III.** *vi*: ~ **of s.th.** etw ahnen lassen; **sa·vouri·ness** ['seɪvərɪnɪs] *s* Schmackhaftigkeit *f*; **sa·voury** ['seɪvərɪ] **I.** *adj* **1.** wohlschmeckend, schmackhaft **2.** (*fig*) angenehm, ersprießlich **3.** pikant; ~ **biscuits** Salzgebäck *nt* **II.** *s* Appetithappen *m*

sa·voy (cabbage) [sə'vɔɪ] *s* Wirsing *m*

savvy ['sævɪ] **I.** *vt* (*sl*) kapieren, begreifen; **no ~** keine Ahnung **II.** *s* Grips *m*, Köpfchen *nt*; **he hasn't got much ~** er hat keine Ahnung

saw¹ [sɔː] <*irr:* **sawed, sawed (sawn)**> **I.** *s* Säge *f* **II.** *vt* sägen; ~ **s.th. in two** etw entzweisägen; **~n timber** Schnittholz *nt*; **he ~ed the air** er schlug wild um sich; ~ **down** umsägen; ~ **off** absägen; ~ **up** zersägen (*into* in) **III.** *vi* sägen; ~ **at the violin** auf der Geige herumkratzen

saw² [sɔː] *s.* **see**

saw³ [sɔː] *s* Spruch *m*

saw·dust ['sɔːdʌst] *s* Sägemehl *nt*; **saw-mill** *s* Sägemühle *f*

sawn [sɔːn] *s.* **saw¹**

Saxon [sæksn] **I.** *adj* sächsisch **II.** *s* **1.** (*Mensch*) Sachse *m*, Sächsin *f* **2.** (*Sprache*) (das) Sächsisch(e); **Saxony** ['sæksənɪ] *s* Sachsen *nt*

saxo·phone ['sæksəfəʊn] *s* (MUS) Saxophon *nt*; **sax·ophon·ist** [sæk'sɒfənɪst] *s* Saxophonist(in) *m(f)*

say [seɪ] <*irr:* **said, said**> **I.** *vt, vi* **1.** sagen **2.** (*Gedicht*) aufsagen **3.** (*Text*) sprechen; aussprechen **4.** (*Thermometer*) anzeigen; ~ **goodby(e) to** sich verabschieden von; ~ **mass** die Messe lesen; **it ~s in the papers that …** in den Zeitungen steht, dass …; **the weather forecast said that …** es hieß im Wetterbericht, daß …; laut Wetterbericht …; **that ~s a lot for him** das spricht für ihn; **what would you ~ to a holiday?** wie wär's mit Urlaub?; **what do you ~?** was meinen Sie?; **well, I must ~!** na, ich muss schon sagen!; **I ~!** na so was!; **it's easier said than done** das ist leichter gesagt als getan; **no sooner said than done** gesagt, getan; **she is said to be clever** sie soll klug sein; **it goes without ~ing that …** es ist selbstverständlich, dass …, es versteht sich von selbst, dass …; **I should ~** ich möchte annehmen; **he had nothing to ~ for himself** er hatte keine Entschuldigung; **there's much to be said for his suggestion** sein Vorschlag hat viel für sich; **that is to ~** das heißt, mit anderen Worten; **to ~ nothing of** ganz zu schweigen von; ~ **you need more time** angenommen, Sie brauchen mehr Zeit; ~ **the word** sagen Sie es nur; **you can ~ that again** Sie haben völlig recht! **II.** *s* Rede *f*, Wort *nt*; **let him have his ~** lass ihn mal reden; **have a ~ in s.th.** bei etw etwas zu sagen haben; **have the last ~** letztlich entscheiden; das letzte Wort haben; **say·ing** ['seɪɪŋ] *s* Redensart *f*, Sprichwort *nt*; **as the ~ goes** wie man zu sagen pflegt; **say-so** ['seɪsəʊ] *s* (*sl*) Wort *nt*; **on whose ~?** wer sagt das?

scab [skæb] *s* **1.** Schorf, Grind *m* **2.** Grätze *f* **3.** (*fig*) Streikbrecher(in) *m(f)*

scab·bard ['skæbəd] *s* (Schwert)Scheide *f*

scabby ['skæbɪ] *adj* (MED) schorfig; räudig

sca·bies ['skeɪbiːz] *s sing* Krätze *f*

sca·brous ['skeɪbrəs] *adj* **1.** rau, uneben **2.** (*fig*) geschmacklos; **sca·brous·ly** ['skeɪbrəslɪ] *adv* skandalös

sca·brous·ly ['skeɪbrəslɪ] *adv* skandalös

scaf·fold ['skæfə(ʊ)ld] *s* **1.** (Bau)Gerüst *nt* **2.** Schafott *nt;* **scaf·fold·ing** ['skæfəldɪŋ] *s* (Bau)Gerüst *nt*

scal·awag ['skæləwæg] *s* (*Am: fam*) Schlingel *m*

scald [skɔːld] **I.** *vt* **1.** verbrühen **2.** (*Gemüse, Milch*) abbrühen; abkochen **II.** *s* Verbrühung *f;* **scald·ing** ['skɔːldɪŋ] *adj* siedend; siedend heiß

scale[1] [skeɪl] *s* **1.** Skala, Gradeinteilung *f* **2.** Tabelle *f* **3.** (*fig: social ~*) Stufenleiter *f* **4.** Messgerät *nt* **5.** (MUS) Tonleiter *f* **6.** Maßstab *m* **7.** (*fig*) Umfang *m,* Ausmaß *nt;* **on the ~ of ... to ...** im Maßstab ... zu ...; **on a large/small ~** in großem/kleinem Maßstab; **the ~ of F** die F-Dur-Tonleiter; **to ~** maßstabgerecht; **on a national ~** auf nationaler Ebene; **~ of charges** Gebührentabelle *f;* **~ drawing** maßstabgerechte Zeichnung; **~ model** maßstabgetreues Modell; **scale down** *vt* verkleinern; verringern; **scale up** *vt* vergrößern; erhöhen

scale[2] [skeɪl] **I.** *s* **1.** (ZOO MED) Schuppe *f* **2.** Kessel-, Zahnstein *m;* **take the ~s from s.o.'s eyes** jdm die Augen öffnen **II.** *vt* abschuppen **III.** *vi* (*~ off*) sich schuppen

scale[3] [skeɪl] *s pl* Waage *f;* **the Scales** (ASTR) Waage; **a pair of ~s** eine Waage; **~- pan** Waagschale *f;* **turn** [*o* **tip**] **the ~s at 60 kilos** 60 Kilo auf die Waage bringen; **turn the ~s** den Ausschlag geben

scale[4] [skeɪl] *vt* erklettern

scal·lop ['skɒləp] **I.** *s* **1.** Kammuschel *f* **2.** **~s** bogenförmige Verzierung **II.** *vt* mit Bögen versehen, langettieren

scally·wag ['skælɪwæg] *s* Lausbube, Schlingel *m*

scalp [skælp] **I.** *s* **1.** Kopfhaut *f* **2.** Skalp *m;* **be out for s.o.'s ~** jdn fertig machen wollen **II.** *vt* **1.** skalpieren **2.** (*Haare*) kahlscheren

scal·pel ['skælpəl] *s* (MED) Skalpell *nt*

scaly ['skeɪlɪ] *adj* schuppig

scam [skæm] *s* (*sl*) Betrug *m*

scamp[1] [skæmp] *vt* pfuschen bei

scamp[2] [skæmp] *s* Frechdachs *m*

scam·per ['skæmpə(r)] **I.** *vi* **1.** (*Kind*) trippeln, trappeln **2.** (*Maus*) huschen **II.** *s:* **take the dog out for a ~** dem Hund Auslauf verschaffen

scan [skæn] **I.** *vt* **1.** schwenken über; seine Augen wandern lassen über **2.** (*Buch*) überfliegen **3.** (*Radar*) absuchen, abtasten **4.** (TV) rastern **5.** (*Vers*) in Versfüße zerlegen **6.** (MED) scannen, abtasten **II.** *vi* (*Vers*) das richtige Versmaß haben, sich reimen **III.** *s* (MED) Scan *m,* Ultraschalluntersuchung *f;* Ultraschallaufnahme *f*

scan·dal ['skændl] *s* **1.** Skandal *m* **2.** Skandalgeschichten *fpl;* **create a ~** einen Skandal verursachen; **the latest ~** der neueste Klatsch; **scan·dal·ize** ['skændəlaɪz] *vt* schockieren; **be ~d** empört sein (*by* über); **scan·dal·monger** ['skændlmʌŋgə(r)] *s* Lästermaul, Klatschmaul *nt;* **scan·dal·ous** ['skændələs] *adj* skandalös, anstößig

Scan·di·na·via [ˌskændɪ'neɪvɪə] *s* Skandinavien *nt;* **Scan·di·na·vian** [ˌskændɪ'neɪvɪən] **I.** *adj* skandinavisch **II.** *s* Skandinavier(in) *m(f)*

scan·ner ['skænə(r)] *s* **1.** (TECH) Scanner, Abtaster *m* **2.** (*optical ~*) Lesegerät *nt*

scant [skænt] *adj* **1.** wenig **2.** (*Erfolg*) mager **3.** (*Pflanzenwuchs*) dürftig **4.** (*Chance*) gering; **do ~ justice to s.th.** einer S kaum gerecht werden; **scan·tily** ['skæntɪlɪ] *adv* knapp; spärlich; **scanty** ['skæntɪ] *adj* **1.** knapp, dürftig, mager **2.** (*Mahl*) kärglich **3.** (*Haar*) schütter

scape·goat ['skeɪpgəʊt] *s* (*fig*) Sündenbock *m*

scap·ula ['skæpjʊlə] *s* (MED) Schulterblatt *nt*

scar [skɑː(r)] **I.** *s* **1.** Narbe *f* **2.** (*fig*) Wunde *f;* Makel *m* **II.** *vt* Narben hinterlassen auf, verunstalten; **he was ~red for life** (*fig*) er war fürs Leben gezeichnet; **his ~red face** sein narbiges Gesicht **III.** *vi* eine Narbe hinterlassen

sca·rab ['skærəb] *s* Skarabäus *m*

scarce [skeəs] *adj* **1.** selten, spärlich **2.** knapp, nicht ausreichend vorhanden; **scarce·ly** ['skeəslɪ] *adv* **1.** kaum **2.** wohl kaum; **~ anybody** kaum jemand; **~ anything** fast nichts; **~ ever** kaum jemals; **scarc·ity** ['skeəsətɪ] *s* **1.** Verknappung, Knappheit *f,* Mangel *m* (*of* an) **2.** Seltenheit *f;* **~ of labour** Mangel *m* an Arbeitskräften; **in years of ~** in schlechten Jahren; **~ value** Seltenheitswert *m*

scare [skeə(r)] **I.** *vt* **1.** einen Schrecken einjagen; Angst machen (*s.o.* jdm) **2.** er-, aufschrecken; **be easily ~d** sehr schreckhaft sein; sehr scheu sein; **be ~d out of one's wits** Todesängste ausstehen; **I'm ~d at the thought** ich habe Angst davor; **~ away** verscheuchen; verjagen **II.** *vi:* **I don't ~ easily** ich bekomme nicht so schnell Angst **III.** *s* Schreck(en) *m;* Panikstimmung *f;* **give s.o. a ~** jdm einen Schrecken einjagen; **create a ~** Panik auslösen; **scare·crow** ['skeəkrəʊ] *s* Vogelscheuche *f;* **scare·monger** ['skeəˌmʌŋgə(r)] *s* Panik-, Bangemacher(in) *m(f)*

scarf [skɑːf, *pl* skɑːvz] <*pl* **scarves**> *s* Hals-, Kopftuch *nt,* Schal *m*

scar·ify·ing ['skærɪfaɪɪŋ] *adj* beängstigend; gruselig

scar·let ['skɑːlət] **I.** *s* Scharlach *m,* Scharlachrot *nt* **II.** *adj* scharlachfarben, -rot; **scarlet fever** *s* (MED) Scharlach *m*

scarp [skɑːp] (~ *edge*) Steilhang *m*

scar·per ['skɑːpə(r)] *vi* (*Br fam*) abhauen

scary ['skeərɪ] *adj* (*fam*) unheimlich; gruselig

scat [skæt] *interj* (*sl*) verschwinde!

scath·ing ['skeɪðɪŋ] *adj* **1.** bissig **2.** (*Bemerkung*) schneidend **3.** (*Kritik*) beißend, scharf

sca·tol·ogy [skæ'tɒlədʒɪ] *s* Fäkalsprache *f*

scat·ter ['skætə(r)] **I.** *vt* **1.** auseinander treiben; zerstreuen **2.** (*Nachrichten*) verbreiten **3.** (PHYS) streuen (*on* auf) **4.** (*Geld*) verschleudern **5.** (*Stimmen*) verteilen; ~ **s.th. around** etw überall umherstreuen **II.** *vi* sich zerstreuen, sich verteilen, sich auflösen; **scat·ter·brain** ['skætəbreɪn] *s* Schussel *m;* **scatter-brained** ['skætəbreɪnd] *adj* flatterhaft, fahrig; **scatter cushion** *s* (kleines) Kissen *nt;* **scat·tered** ['skætəd] *adj* **1.** ver-, zerstreut **2.** (*Wolken, Regenschauer*) vereinzelt; **scat·ter·ing** ['skætərɪŋ] *s* **1.** vereinzeltes Häufchen **2.** (PHYS) Streuung *f;* **a ~ of snow** ein bisschen Schnee

scav·enge ['skævɪndʒ] *vi* Nahrung suchen; ~ **in the bins** die Abfalleimer plündern; **scav·en·ger** ['skævɪndʒə(r)] *s* **1.** (ZOO) Aasfresser *m* **2.** (*fig*) Aasgeier *m*

scen·ario [sɪ'nɑːrɪəʊ] <*pl* -arios> *s* **1.** Szenarium *nt* **2.** (*fig*) Szenario *nt*

scene [siːn] *s* **1.** Schauplatz *m* **2.** (THEAT) Szene *f;* (Bühnen)Bild *nt;* Auftritt *m* **3.** (*fig*) Szene *f* **4.** Anblick *m;* Landschaft *f;* **behind the ~s** hinter den Kulissen; **the ~ of the crime** der Tatort; **set the ~** den richtigen Rahmen geben; **come on the ~** auftauchen, auf der Bildfläche erscheinen; **drug ~** Drogenszene *f;* **make a ~** eine Szene machen; **make the ~** groß herauskommen; **that's not my ~** (*sl*) das interessiert mich nicht; **scene change** *s* Szenenwechsel *m;* **scene painter** *s* Bühnen-, Kulissenmaler(in) *m(f);* **scen·ery** ['siːnərɪ] *s* **1.** (THEAT) Bühnenbild *nt,* Dekoration *f* **2.** Landschaft *f;* **scene shifter** *s* Kulissenschieber(in) *m(f);* **scenic** ['siːnɪk] *adj* **1.** landschaftlich **2.** malerisch **3.** (THEAT) bühnentechnisch; ~ **effects** Bühneneffekte *mpl;* ~ **flight** Touristenrundflug *m;* ~ **highway** [*o* **route**] landschaftlich reizvolle Straße; ~ **railway** Berg-und-Tal-Bahn *f*

scent [sent] **I.** *vt* **1.** wittern **2.** (*Tee, Seife*) parfümieren; ~ **out** (*fig*) aufspüren **II.** *s* **1.** Geruch, Duft *m* **2.** Parfüm *nt* **3.** (*Tier*) Witterung, Fährte, Spur *f* **4.** (*fig*) Spürsinn *m,* gute Nase; **be on the ~** auf der Fährte sein; **put** [*o* **throw**] **s.o. off the ~** (*fig*) jdn von der richtigen Fährte ablenken; **scent bottle** *s* Riech-, Parfümflasche *f;* **scent·less** [-lɪs] *adj* geruchlos

scep·ter ['septə(r)] *s* (*Am*) Zepter *nt*

scep·tic ['skeptɪk] *s* Skeptiker(in) *m(f);* **scep·ti·cal** ['skeptɪkl] *adj* skeptisch, zweifelnd; **scep·ti·cism** ['skeptɪsɪzəm] *s* Skepsis *f*

sceptre ['septə(r)] *s* Zepter *nt*

sched·ule ['ʃedjuːl, *Am* 'skedʒʊl] **I.** *s* **1.** Programm *nt,* Zeitplan *m* **2.** (*Am:* SCHULE) Stundenplan *m* **3.** Fahr-, Flugplan *m* **4.** (*Am*) Verzeichnis *nt* **5.** (JUR) Urkunde *f;* **what's on the ~ for today?** was steht für heute auf dem Programm?; **according to ~** planmäßig; nach Plan; **the train is behind ~** der Zug hat Verspätung; **be on ~** pünktlich sein; **be up to ~** nach Zeitplan verlaufen **II.** *vt* **1.** planen **2.** (*Zeitplan*) ansetzen **3.** (*Am: Liste*) aufführen; **this is not ~d for this year** das steht für dieses Jahr nicht auf dem Programm; **the plane is ~d for …** planmäßige Ankunft, planmäßiger Abflug ist …; **sched·uled** ['ʃedjuːld, *Am* 'skedʒʊld] *adj* **1.** vorgesehen, geplant **2.** (*Abflug*) planmäßig; ~ **flight** Linienflug *m*

sche·matic [skɪ'mætɪk] *adj* schematisch

scheme [skiːm] **I.** *s* **1.** Plan *m,* Programm *nt;* Projekt *nt* **2.** (*pension ~*) Pensionsprogramm *nt* **3.** raffinierter Plan; Intrige *f;* Komplott *nt* **4.** (*Stadt*) Anlage *f;* Einrichtung *f;* **a ~ of work** ein Arbeitsprogramm; **housing ~** Siedlung *f;* **rhyme ~** Reimschema *nt* **II.** *vi* Pläne schmieden; intrigieren; ~ **for s.th.** auf etw hinarbeiten; **schemer** ['skiːmə(r)] *s* Intrigant(in) *m(f);* **schem·ing** ['skiːmɪŋ] *adj* raffiniert, durchtrieben; intrigant

schism ['sɪzəm] *s* Schisma *nt;* **schis·matic** [sɪz'mætɪk] *adj* schismatisch

schist [ʃɪst] *s* (GEOL) Schiefer *m*

schizo·phrenia [ˌskɪtsəʊ'friːnɪə] *s* Schizophrenie *f;* **schizo·phrenic** [ˌskɪtsəʊ'frenɪk] **I.** *adj* schizophren **II.** *s* Schizophrene(r) *f m*

schmooz·er ['ʃmuːzə] *s* (*Am: pej*) Radfahrer *m,* Speichellecker *m*

schnook [ʃnʊk] *s* (*Am: sl*) Blödmann *m,* Depp *m*

schnor·kel ['snɔːkl] **I.** *s* Schnorchel *m* **II.** *vi* schnorcheln

scholar ['skɒlə(r)] *s* **1.** Gelehrte(r) *f m* **2.** (*Universität*) Stipendiat(in) *m(f)* **3.** Student(in) *m(f);* **schol·ar·ly** [-lɪ] *adj* gelehrt, wissenschaftlich; **schol·ar·ship** ['skɒləʃɪp] *s* **1.** Gelehrsamkeit *f* **2.** Stipendium *nt;* **win a ~ to …** ein Stipendium für … bekommen; **on a ~** mit einem Stipendium;

scholarship holder *s* Stipendiat(in) *m(f)*
schol·as·tic [skəˈlæstɪk] *adj* **1.** schulisch; Schul-; Studien- **2.** scholastisch; ~ **profession** Lehrberuf *m;* **schol·as·ti·cism** [skəˈlæstɪsɪzəm] *s* Scholastik *f*
school[1] [skuːl] **I.** *s* **1.** Schule *f* **2.** (*Am*) College *nt,* Universität *f* **3.** (*Universität*) Fachbereich *m,* Fakultät *f* **4.** (PHILOS) Schule *f;* **at** ~ in der Schule; im College; an der Universität; **go to** ~ in die Schule, ins College, zur Universität gehen; **there is no ~ tomorrow** morgen ist schulfrei; ~ **of art** Kunstschule *f;* ~ **of dancing** Tanzschule *f* **II.** *vt* **1.** lehren **2.** (*Tier*) dressieren **3.** (*fig*) zügeln
school[2] [skuːl] *s* (*Fische*) Schwarm *m*
school age [ˈskuːleɪdʒ] *s* schulpflichtiges Alter; **of** ~ schulpflichtig; **school attendance** *s* Schulbesuch *m;* **school bag** *s* Schultasche *f;* **school board** *s* (*Am*) Schulbehörde, -aufsichtsbehörde *f;* **school·book** *s* Schulbuch *nt;* **school·boy** [ˈskuːlbɔɪ] *s* Schuljunge, Schüler *m;* **school·child** [ˈskuːltʃaɪld, *pl* -tʃɪldrən] <*pl* -children> *s* Schulkind *nt;* **school-days** *s pl* Schulzeit *f;* **school fees** *s pl* Schulgeld *nt;* **school·girl** [ˈskuːlgɜːl] *s* Schulmädchen *nt;* Schülerin *f;* **school hall** *s* Aula *f;* **school·house** [ˈskuːlhaʊs] *s* Schulhaus, -gebäude *nt*
school·ing [ˈskuːlɪŋ] *s* Ausbildung, Schulung *f;* **compulsory** ~ Schulpflicht *f*
school leaver [ˈskuːlliːvə(r)] *s* Schulabgänger(in) *m(f);* **school-leav·ing cer·ti·fi·cate** [ˌskuːlliːvɪŋsəˈtɪfɪkət] *s* Abgangszeugnis *nt;* **school magazine** *s* Schulzeitung, Schülerzeitung *f;* **school·mas·ter** [ˈskuːlˌmɑːstə(r)] *s* Lehrer *m;* **school·mate** *s* Schulkamerad(in) *m(f);* **school·mis·tress** [ˈskuːlˌmɪstrɪs] *s* Lehrerin *f;* **school report** *s* Zeugnis *nt;* **school·room** [ˈskuːlrʊm] *s* Klassenzimmer *nt;* **school·teacher** *s* Lehrer(in) *m(f)*
schoo·ner [ˈskuːnə(r)] *s* **1.** (MAR) Schoner *m* **2.** Sherryglas *nt*
sci·atic [saɪˈætɪk] *adj* (MED) Ischias-; **sciatica** [saɪˈætɪkə] *s* (MED) Ischias *m od nt*
science [ˈsaɪəns] *s* **1.** (Natur)Wissenschaft *f* **2.** Technik *f;* **study** ~ Naturwissenschaften studieren; **the ~ of cooking** die Kochkunst; **social** ~ Soziologie *f;* Sozialwissenschaft *f;* **science fiction** *s* Science-fiction *f;* **scien·tific** [ˌsaɪənˈtɪfɪk] *adj* **1.** (natur)wissenschaftlich **2.** (*Methode*) wissenschaftlich; **scien·tist** [ˈsaɪəntɪst] *s* (Natur)Wissenschaftler(in) *m(f)*
scin·til·lat·ing [ˈsɪntɪleɪtɪŋ] *adj* **1.** (*fig*) glänzend, funkelnd **2.** (*Humor*) sprühend; **be** ~ funkeln
scion [ˈsaɪən] *s* **1.** (BOT) Schössling *m* **2.** Nachkomme, Sprössling *m*
scis·sors [ˈsɪzəz] *s pl* Schere *f;* **a pair of** ~ eine Schere; ~ **kick** (SPORT) Scherenschlag *m*
scler·osis [skləˈrəʊsɪs] *s* Sklerose *f;* **multiple** ~ multiple Sklerose
scoff[1] [skɒf] **I.** *s* verächtliche Bemerkung **II.** *vi* spotten; ~ **at s.o.** jdn verachten
scoff[2] [skɒf] **I.** *s* (*sl*) Fressalien *fpl,* Fresserei *f* **II.** *vt* futtern
scold [skəʊld] **I.** *vt* ausschimpfen (*for* wegen) **II.** *vi* schelten, zanken, schimpfen; **scold·ing** [ˈskəʊldɪŋ] *s* Schelte *f;* Schimpferei *f;* **give s.o. a** ~ jdn ausschimpfen
scone [skɒn] *s brötchenartiges Gebäck*
scoop [skuːp] **I.** *s* **1.** Schaufel *f* **2.** (*Eis*) Kugel *f* **3.** (*fam*) Fang *m* **4.** (*Zeitung*) Knüller *m;* **at one** ~ auf einmal **II.** *vt* **1.** schaufeln, schöpfen **2.** (*fig*) mit einer Nachricht zuvorkommen (*s.o.* jdm), übertrumpfen; ~ **out** herausschaufeln, -schöpfen; aushöhlen; ~ **up** aufschaufeln; (*fig: Geld*) scheffeln
scoot [skuːt] *vi* (*fam*) abhauen; laufen, rennen
scooter [ˈskuːtə(r)] *s* **1.** (Tret)Roller *m* **2.** (*motor* ~) (Motor)Roller *m*
scope [skəʊp] *s* **1.** Ausmaß, Umfang *m;* Reichweite *f* **2.** Kompetenzbereich *m* **3.** Fassungsvermögen *nt* **4.** Entfaltungsmöglichkeit *f;* Spielraum *m;* **s.th. is within the ~ of s.th.** etw bleibt im Rahmen einer S; **s.th. is within the ~ of a department** etw fällt in den Kompetenzbereich einer Abteilung; **that is beyond my** ~ das übersteigt mein Fassungsvermögen; **there is ~ for improvement** es könnte noch verbessert werden; **give s.o. ~ to do s.th.** jdm den nötigen Spielraum geben etw zu tun
scorch [skɔːtʃ] **I.** *vt* versengen; **~ed earth policy** (MIL) Politik *f* der verbrannten Erde; **the sun ~ed our faces** die Sonne brannte auf unsere Gesichter **II.** *vi* (*sl*) rasen; **the sun ~ed down** die Sonne brannte herunter **III.** *s* verbrannte Stelle; **scorcher** [ˈskɔːtʃə(r)] *s* (*fam*): **yesterday was a** ~ gestern war eine Knallhitze; **scorch·ing** [ˈskɔːtʃɪŋ] *adj* **1.** sengend; glühend heiß **2.** (*fig*) rasend; rasant
score [skɔː(r)] **I.** *s* **1.** Punktestand *m;* Spielstand *m* **2.** (MUS) Noten *fpl,* Partitur *f* **3.** (*fig*) Zeche, Rechnung *f* **4.** Rille, Kerbe *f;* Kratzer *m* **5.** (*fig*) zwanzig **6.** Grund *m;* **there was no ~ at half-time** zur Halbzeit stand es 0 : 0; **keep (the)** ~ Punkte zählen; **know the** ~ (*fig*) wissen, was gespielt wird; **make a ~ off s.o.** jdm eins auswischen; **what's the ~?** was bin ich schul-

S

dig?; (SPORT) wie steht's?; (*fig*) wie sieht's aus?; **pay off old ~s** alte Schulden begleichen; **~s of …** Hunderte von …; **by the ~** massenweise; **on that ~** was das betrifft **II.** *vt* **1.** (*Punkte*) erzielen; bekommen; schießen **2.** (*Rillen*) einkerben; Kratzer machen in **3.** (MUS) schreiben; **~ an advantage** im Vorteil sein; **~ a point off s.o.** auf jds Kosten glänzen; **~ a hit with s.o.** jdn stark beeindrucken; **~ off** ausstreichen; **~ out** durchstreichen; **~ up** anschreiben **III.** *vi* **1.** einen Punkt erzielen; ein Tor schießen **2.** mitzählen **3.** (*sl*): **~ with a woman** eine Frau aufs Kreuz legen **4.** (*fam*) sich Drogen beschaffen; **~ well/badly** gut/schlecht abschneiden; **~ off s.o.** jdn als dumm hinstellen; **score·board** *s* Anzeigetafel *f;* **score·card** *s* Spielprotokoll *nt;* **scorer** ['skɔːrə(r)] *s* (SPORT) **1.** Torschütze *m* **2.** Punktrichter *m;* **scor·ing** ['skɔːrɪŋ] *s* Erzielen *nt* eines Punktes; Torschuss *m*

scorn [skɔːn] **I.** *s* Verachtung *f;* Hohn *m;* **laugh s.o. to ~** jdn höhnisch verlachen; **pour ~ on s.th.** etw verächtlich abtun **II.** *vt* **1.** verachten, geringschätzen **2.** (*Geschenk*) verschmähen, als unwürdig ablehnen; **~ to do s.th.** es für unwürdig halten etw zu tun; **scorn·ful** ['-fʊl] *adj* verächtlich, spöttisch

Scor·pio ['skɔːpɪəʊ] *s* (ASTR) Skorpion *m*

scor·pion ['skɔːpɪən] *s* Skorpion *m*

Scot [skɒt] *s* Schotte *m,* Schottin *f*

scotch [skɒtʃ] *vt* **1.** aus der Welt schaffen **2.** (*Idee*) unterbinden

Scotch [skɒtʃ] **I.** *adj* schottisch; **~ Whisky** schottischer Whisky **II.** *s* schottischer Whisky; **Scotch broth** *s* Gemüsesuppe *f* mit Hammelfleisch

scot-free [ˌskɒt'friː] *adv* ungeschoren; **get off ~** ungestraft, unverletzt davonkommen

Scot·land ['skɒtlənd] *s* Schottland *nt*

Scot·land Yard *s Londoner Polizeibehörde*

Scots [skɒts] *s:* **the ~** die Schotten *pl;* **Scots·man** [-mən] <*pl* -men> *s* Schotte *m;* **Scots·woman** [-wʊmən, *pl* -wɪmɪn] <*pl* -women> *s* Schottin *f;* **Scot·tish** ['skɒtɪʃ] **I.** *adj* schottisch **II.** *s* (*Sprache*) (das) Schottisch(e); **the ~** die Schotten *pl*

scoun·drel ['skaʊndrəl] *s* Schurke, Schuft *m*

scour[1] ['skaʊə(r)] **I.** *vt* scheuern; **~ away** [*o* **off**] abscheuern **II.** *s* Scheuern, Schrubben *nt*

scour[2] ['skaʊə(r)] *vt* durchsuchen, durchstöbern (*for* nach)

scour·er ['skaʊrə(r)] *s* Topfkratzer *m*

scourge [skɜːdʒ] **I.** *s* (*a. fig*) Geißel *f* **II.** *vt* **1.** geißeln **2.** (*fig*) peinigen, bestrafen

scout [skaʊt] **I.** *s* **1.** Späher, Kundschafter *m* **2.** (AVIAT) Aufklärer *m* **3.** (*boy ~*) Pfadfinder *m* **4.** (AUTO) Pannenhelfer *m;* **on the ~** auf Erkundung; **have a ~ about** [*o* **around**] **for s.th.** sich nach etw umsehen; **talent ~** Talentsucher *m* **II.** *vi* erkunden, auskundschaften; **~ for s.th.** nach etw Ausschau halten; **~ about** [*o* **around**] sich umsehen (*for* nach) **III.** *vt:* **~ out** auskundschaften; **scout·mas·ter** ['skaʊtmɑːstə(r)] *s* Pfadfinderführer *m*

scowl [skaʊl] **I.** *vi* finster blicken; ein böses Gesicht machen; **~ at s.o.** jdn böse ansehen **II.** *s* finsterer Blick

scrabble ['skræbl] *vi* (*~ about*) herumsuchen, herumtasten

scrag [skræg] **I.** *s* Hals *m* **II.** *vt* (*sl*) den Hals umdrehen (*s.o.* jdm); **scraggy** ['skrægɪ] *adj* mager, hager, knochig

scram [skræm] *vi* abhauen; **~!** hau ab!

scramble ['skræmbl] **I.** *vi* **1.** klettern, krabbeln **2.** sich balgen, sich reißen (*for* um); **~ out** hinausklettern **II.** *vt* **1.** durcheinander werfen **2.** (*Eier*) verrühren **3.** (TELE) chiffrieren, verschlüsseln; **~d eggs** Rührei(er *pl*) *nt* **III.** *s* **1.** Klettern *nt* **2.** Gedrängel *nt,* Balgerei *f* (*for* um) **3.** (AUTO) Moto-Cross *nt;* **scram·bler** ['skræmblə(r)] *s* (TELE) Verschlüsselungs-, Chiffriergerät *nt*

scrap[1] [skræp] **I.** *s* **1.** Stück(chen) *nt;* bisschen **2.** (*~ of paper*) (Papier)Fetzen *m* **3.** (*fig*) Fünkchen *nt,* Spur *f* **4.** **~s** Reste *mpl* **5.** Altmaterial *nt;* Altpapier *nt;* Schrott *m;* **not a ~** kein bisschen; **a few ~s of German** ein paar Brocken Deutsch; **not a ~ of evidence** nicht der geringste Beweis; **these bits are ~** diese Sachen werden nicht mehr gebraucht **II.** *vt* **1.** verschrotten; ausrangieren **2.** (*fig: Plan*) fallen lassen

scrap[2] [skræp] **I.** *s* (*fam*) Rauferei *f* **II.** *vi* (*fam*) sich raufen, sich prügeln, sich streiten, sich balgen (*with* mit)

scrap·book ['skræpbʊk] *s* Sammelalbum *nt;* **scrap dealer** *s* Schrotthändler(in) *m(f)*

scrape [skreɪp] **I.** *vt* **1.** (ab)kratzen, -bürsten **2.** (*Auto*) schrammen; streifen **3.** (*Knie*) (wund) scheuern, aufschürfen **4.** (*Loch*) scharren; **~ a living** gerade so sein Auskommen haben; **~ the bottom of the barrel** (*fig*) den letzten Rest zusammenkratzen; **~ together** zusammenharken; zusammenkratzen; **~ up** zusammenkratzen **II.** *vi* **1.** kratzen, scheuern (*on, against* an) **2.** (*fam*) knausern; **~ along** sich schlecht und recht durchschlagen; **~ away** herumkratzen (*at* an); **~ off** sich abkratzen lassen; **~ through** gerade noch durchkommen **III.** *s* **1.** Kratzen, Scharren *nt* **2.** Kratzer *m;* Schramme *f* **3.** (*fig*) Klemme, Patsche *f;* **get into a ~** (*fig*) sich in die Nesseln setzen; **scraper** ['skreɪpə(r)] *s* **1.** Spachtel *f* **2.** (*an der Tür*) Kratzeisen *nt*

scrap-heap ['skræphi:p] *s* Schrotthaufen *m*

scrap·ings ['skreɪpɪŋz] *s pl* **1.** Reste *mpl,* Schalen *fpl* **2.** (*Metall*) Späne *mpl*

scrap iron ['skræpaɪən] *s* Alteisen *nt;* **scrap merchant** *s* Schrotthändler *m*

scrappy ['skræpɪ] *adj* **1.** zusammengestückelt **2.** (*Wissen*) lückenhaft

scratch [skrætʃ] **I.** *vt* **1.** (zer)kratzen, ritzen, verschrammen **2.** (SPORT) streichen; ~ **s.th. away** etw abkratzen; ~ **s.th. in the wood** etw ins Holz ritzen; ~ **a living** sich einen kümmerlichen Lebensunterhalt verdienen; ~ **one's head** sich am Kopf kratzen; ~ **the surface of s.th.** etw oberflächlich berühren; ~ **s.th. through** etw durchstreichen **II.** *vi* **1.** kratzen **2.** (SPORT) nicht antreten **III.** *s* **1.** Kratzer *m* **2.** Kratzen, Scharren *nt;* ~ **file** (INFORM) Hilfsdatei *f;* **give s.o. a** ~ jdn kratzen; **have a** ~ sich kratzen; **start from** ~ ganz von vorne anfangen; **be** [*o* **come**] **up to** ~ die Erwartungen erfüllen; **bring s.th. up to** ~ etw auf Vordermann bringen **IV.** *adj* **1.** improvisiert **2.** (SPORT) ohne Vorgabe; **scratch about** *vi* herumscharren; sich umsehen; **scratch out** *vt* auskratzen; **scratch up** *vt* (*Geld*) zusammenkratzen

scratch card ['skrætʃkɑ:d] *s* Rubbelkarte *f;* **scratch paper** *s* Konzept-, Schmierpapier *nt*

scratchy ['skrætʃɪ] *adj* **1.** (*Stoff, Geräusch*) kratzend **2.** (*Platte*) zerkratzt **3.** (*Pullover*) kratzig

scrawl [skrɔ:l] **I.** *vt, vi* schmieren, kritzeln **II.** *s* Gekritzel *nt,* Kritzelei *f*

scrawny ['skrɔ:nɪ] *adj* dürr

scream [skri:m] **I.** *vi* **1.** schreien; kreischen **2.** (*Sirene*) heulen; ~ **at s.o.** jdn anschreien; ~ **with pain** vor Schmerzen schreien; ~ **with laughter** vor Lachen kreischen; ~ **out for s.th.** nach etw schreien **II.** *vt* **1.** schreien **2.** (*fig*) herausschreien; ~ **one's head off** sich die Lunge aus dem Leib schreien; ~ **o.s. hoarse** sich heiser brüllen **III.** *s* **1.** Schrei *m* **2.** Heulen *nt* **3.** (*Bremsen*) Kreischen *nt* **4.** (*fam*) ulkiger Kerl; **be a** ~ zum Schreien sein; **scream·ing** ['-ɪŋ] *adj* **1.** schreiend, kreischend **2.** (*Wind*) heulend **3.** (*fig*) himmelschreiend

scree [skri:] *s* (GEOL) Geröll *nt*

screech [skri:tʃ] **I.** *vt* schreien **II.** *vi* **1.** kreischen **2.** (*Fahrzeug*) quietschen; ~ **with laughter** vor Lachen kreischen **III.** *s* **1.** Schrei *m* **2.** (*Bremse*) Kreischen *nt;* **give a** ~ aufkreischen, -schreien; kreischen; **screech owl** *s* Schleiereule *f*

screed [skri:d] *s:* **write ~s** (**and ~s**) (*fam*) ganze Romane schreiben

screen [skri:n] **I.** *s* **1.** Licht-, Wand-, Bildschirm *m* **2.** Trennwand *f* **3.** (*fig*) Schutz *m* **4.** (*Bäume*) Wand *f* **5.** (MIL) Verdunklungsschutz *m* **6.** Fliegenfenster *nt* **7.** (*Kirche*) Lettner *m* **8.** (FILM) Leinwand *f* **9.** (Gitter)Sieb *nt;* **stars of the** ~ Filmstars *mpl;* **a** ~ **of indifference** eine Mauer der Gleichgültigkeit **II.** *vt* **1.** abschirmen, abdecken; verdecken, verhüllen, verschleiern; geheim halten (*from* vor) **2.** (TV) senden **3.** (*Film*) vorführen **4.** sieben **5.** (*Risiko*) überprüfen; ~ **the windows** die Fenster verhängen; Fliegenfenster an den Fenstern anbringen; ~ **s.th. from the enemy** etw vor dem Feind tarnen; **screen off** *vt* durch einen Schirm, eine Trennwand abtrennen; **screen·ing** ['-ɪŋ] *s* **1.** (*fig*) Überprüfung *f* **2.** (FILM) Vorführung *f;* **screen·play** *s* Drehbuch *nt;* **screen test** *s* Probeaufnahmen *fpl;* **screen·writer** ['skri:nˌraɪtə(r)] *s* Drehbuchautor(in) *m(f)*

screw [skru:] **I.** *s* **1.** (TECH) Schraube *f* **2.** (AVIAT) Propeller *m* **3.** Drehung *f* **4.** (*obs*) Tabaksbeutelchen *nt* **5.** (*sl*) Zaster *m* **6.** (*sl*) Gefängniswärter *m;* **he's got a** ~ **loose** (*fam*) bei dem ist eine Schraube locker; **put the ~s on s.o.** (*fam*) jdm die Daumenschrauben anlegen; **give s.th. a** ~ an etw drehen **II.** *vt* **1.** schrauben (*to* an, *onto* auf) **2.** (*fam*) in die Mangel nehmen **3.** (*sl*) bescheißen **4.** (*sl*) bumsen; ~ **one's head round** seinen Kopf herumdrehen **III.** *vi* **1.** sich schrauben lassen **2.** (*sl*) bumsen; **screw down** *vt* an-, festschrauben; **screw off** *vt* abschrauben; **screw on** *vt* anschrauben; **have one's head ~ed on the right way** ein vernünftiger Mensch sein; **screw out** *vt* herausschrauben; ~ **s.th. out of s.o.** etw aus jdm herausquetschen; **screw together** *vt* zusammenschrauben; **screw up** *vt* **1.** anziehen **2.** (*Papier*) zusammenknüllen **3.** (*Augen*) zusammenkneifen **4.** (*sl*) vermasseln **5.** (*sl*) neurotisch machen; ~ **up one's courage** seinen ganzen Mut zusammennehmen

screw·ball ['skru:bɔ:l] *s* (*sl*) komischer Kauz; **screw·driver** *s* Schraubenzieher, -dreher *m;* **Phillips** ~® Kreuzschlitzschraubenzieher *m;* **screwed** [skru:d] *adj* (*sl*) voll; ~ **up** neurotisch; **get** ~ **up about s.th.** sich in etw hineinsteigern; **screw top** *s* Schraubverschluss *m;* **screwy** ['skru:ɪ] *adj* (*sl*) verrückt, bekloppt; schrullig

scribble ['skrɪbl] **I.** *vt* hinkritzeln; ~ **s.th. on s.th.** etw auf etw kritzeln **II.** *vi* kritzeln; schreiben **III.** *s* Gekritzel *nt;*

S

scrib·bler ['skrɪblə(r)] *s* (*pej*) Schreiberling *m;* **scrib·bling block, scrib·bling pad** *s* Schreib-, Notizblock *m*

scrim·mage ['skrɪmɪdʒ] *s* **1.** Handgemenge *nt* **2.** (*Am: Fußball*) Gedränge *nt*

scrimp [skrɪmp] *vi* sparen; knausern; ~ **and save** geizen und sparen

scrip issue [ˌskrɪp'ɪʃu:] *s* (FIN) *Ausgabe von Gratisaktien*

script [skrɪpt] *s* **1.** Schrift *f;* Schreibschrift *f* **2.** (SCHULE) schriftliche Arbeit **3.** (*Dokument*) Text *m* **4.** (THEAT FILM) Textbuch, Drehbuch *nt;* **script girl** *s* (FILM) Skriptgirl *nt*

scrip·tural ['skrɪptʃərəl] *adj* biblisch; **scrip·ture** ['skrɪptʃə(r)] *s:* **the Sriptures** die Heilige Schrift; ~ **lesson** Religionsstunde *f*

script·writer ['skrɪptraɪtə(r)] *s* (FILM) Drehbuchautor(in) *m(f),* Textautor(in) *m(f)*

scroll [skrəʊl] **I.** *vi* (INFORM) blättern **II.** *s* **1.** (HIST) Schriftrolle *f* **2.** (ARCH) Spirale, Schnecke, Volute *f*

Scrooge [skru:dʒ] *s* Geizhals *m*

scrote [skrəʊt] *s* (*Br: sl*) Scheißkerl *m*

scro·tum ['skrəʊtəm] *s* (ANAT) Hodensack *m*

scrounge [skraʊndʒ] *vt, vi* (*fam*) schnorren, abstauben; ~ **around for s.th.** nach etw herumsuchen; **scrounger** ['skrəʊndʒə(r)] *s* (*fam*) Schnorrer(in) *m(f)*

scrub[1] [skrʌb] *s* Buschwerk, Gestrüpp *nt*

scrub[2] [skrʌb] **I.** *vt* **1.** (ab)schrubben, scheuern **2.** (*Gemüse*) putzen **3.** (*fam*) annullieren, streichen **4.** (*Gase*) waschen **II.** *s* Schrubben *nt;* **give s.th. a good** ~ etw sorgfältig scheuern; **scrub·ber** ['skrʌbə(r)] *s* (*sl pej*) Flittchen *nt;* **scrub·bing-brush** ['skrʌbɪŋbrʌʃ] *s* Scheuerbürste *f*

scruff [skrʌf] *s:* **by the** ~ **of the neck** am Genick

scruffy ['skrʌfɪ] *adj* (*fam*) vergammelt; verlottert

scrum(·mage) ['skrʌm(ɪdʒ)] *s* (*Rugby*) Gedränge *nt*

scrump·tious ['skrʌmpʃəs] *adj* (*fam*) prima, klasse; lecker; **scrumpy** ['skrʌmpɪ] *s* ≈Most *m*

scrunch [skrʌntʃ] **I.** *s* Knirschen *nt* **II.** *vi* knirschen

scruple ['skru:pl] *s* Skrupel *m;* ~**s** Bedenken *pl;* **have no** ~**s** keine Skrupel haben; **scru·pu·lous** ['skru:pjʊləs] *adj* gewissenhaft; genau; **he is not** ~ **in his business dealings** er hat keine Skrupel bei seinen Geschäften

scru·ti·neer [ˌskru:tɪ'nɪə(r)] *s* (POL) Wahlprüfer(in) *m(f);* **scru·ti·nize** ['skru:tɪnaɪz] *vt* **1.** genau prüfen **2.** (*Wahlstimmen*) prüfen; **scru·tiny** ['skru:tɪnɪ] *s* **1.** genaue Prüfung; Untersuchung *f;* Musterung *f* **2.** (POL) Wahlprüfung *f;* **subject s.th./s.o. to (close)** ~ etw/jdn (genau) mustern

scuba ['sku:bə] *s* Schwimmtauchgerät *nt;* **scuba diving** *s* Sporttauchen *nt*

scud [skʌd] *vi* **1.** flitzen **2.** (*Wolken*) jagen

scuff [skʌf] **I.** *vt* abwetzen **II.** *vi* schlurfen **III.** *s* (~ *mark*) abgewetzte Stelle

scuffle ['skʌfl] **I.** *vi* sich raufen; poltern; ~ **with the police** ein Handgemenge mit der Polizei haben **II.** *s* Balgerei *f;* Handgemenge *nt*

scull [skʌl] **I.** *s* **1.** (MAR) Skull *nt* **2.** (*Boot*) Skullboot *nt* **II.** *vi, vt* rudern

scul·lery ['skʌlərɪ] *s* Spülküche *f*

sculpt [skʌlpt] *vt* bildhauern; **sculp·tor** ['skʌlptə(r)] *s* Bildhauer(in) *m(f);* **sculp·tress** ['skʌlptrɪs] *s* Bildhauerin *f;* **sculp·tural** ['skʌlptʃərəl] *adj* plastisch; bildhauerisch; **sculp·ture** ['skʌlptʃə(r)] **I.** *s* **1.** Bildhauerei *f* **2.** Skulptur *f* **II.** *vt* **1.** formen, arbeiten **2.** (*in Stein*) hauen, meißeln **3.** (*in Ton*) modellieren

scum [skʌm] *s* **1.** Schaum *m;* Rand *m* **2.** (*fig*) Abschaum *m;* **the** ~ **of the earth** der Abschaum der Menschheit; **scum·my** [skʌmeɪ] *adj* **1.** schmierig, schleimig **2.** unmoralisch

scup·per ['skʌpə(r)] *vt* **1.** (MAR) versenken **2.** (*fam*) zerschlagen

scurf [skɜ:f] *s* (Kopf)Schuppen *fpl*

scur·ri·lous ['skʌrɪləs] *adj* **1.** verleumderisch **2.** unflätig, zotig

scurry ['skʌrɪ] **I.** *vi* hasten; eilig trippeln; huschen; ~ **along** entlanghasten; ~ **through one's work** seine Arbeit hastig erledigen **II.** *s* Hasten *nt;* Trippeln *nt*

scurvy ['skɜ:vɪ] **I.** *s* (MED) Skorbut *m* **II.** *adj* (*sl*) niederträchtig

scut [skʌt] *s* Stummelschwanz *m*

scuttle[1] ['skʌtl] *s* Kohleneimer, -kasten *m*

scuttle[2] ['skʌtl] **I.** *s* (MAR) Luke *f* **II.** *vt* (*Schiff*) versenken

scuttle[3] ['skʌtl] *vi* **1.** schnell laufen, rennen **2.** (*Tier*) hoppeln; krabbeln; ~ **off in a hurry** (*fam*) davonflitzen

scythe [saɪð] **I.** *s* Sense *f* **II.** *vt* (mit der Sense) mähen

SDR [ˌesdi:'ɑ:(r)] *s Abk. von* **special drawing rights** (FIN) SZR *f,* Sonderziehungsrechte *ntpl*

sea [si:] *s* **1.** See *f,* Meer *nt* **2.** (*fig*) große Menge; **beyond the** ~**s** in Übersee; **at** ~ auf (hoher) See; **by** ~ auf dem Seeweg; **travel by** ~ mit dem Schiff fahren; **be all at** ~ (*fig*) nicht durchblicken; **go to** ~ zur See gehen; sich einschiffen; **put to** ~ in See stechen; **heavy** ~**s** schwere See; **a** ~ **of faces** ein Meer von Gesichtern; **sea air** *s* Seeluft *f;* **sea anemone** *s* Seeanemone *f;* **sea animal** *s* Meerestier *nt;* **sea-based** ['siː,beɪst] *adj* (MIL) seegestützt; **sea bathing** *s* Baden *nt* im Meer; **sea·bed** ['siːbed] *s* Meeresgrund *m;* **sea bird** *s* Seevogel *m;* **sea·board** ['siːbɔːd] *s* Küste *f;* **sea-borne** ['siːbɔːn] *adj* auf dem Seeweg befördert; ~ **goods** Seefrachtgüter *ntpl;* **sea breeze** *s* Seewind *m;* **sea calf** ['siːkɑːf, *pl* -kɑːvz] <*pl* -calves> *s* Seehund *m;* **sea·coast** *s* (Meeres)Küste *f;* **sea cow** *s* Seekuh *f;* **sea dog** *s* (*fam: Matrose*) Seebär *m;* **sea·farer** ['siː,feərə(r)] *s* Seefahrer *m;* **sea·faring** ['siː,feərɪŋ] **I.** *adj* seefahrend **II.** *s* Seefahrt *f;* **sea·fish** *s* Seefisch *m;* **sea·food** ['siːfuːd] *s* Meeresfrüchte *fpl;* **sea·front** ['siːfrʌnt] *s* Strandpromenade *f;* **sea·going** ['siː,gəʊɪŋ] *adj* seefahrend; seetüchtig; **sea·gull** ['siːgʌl] *s* Seemöwe *f;* **sea-horse** *s* Seepferdchen *nt*

seal[1] [siːl] **I.** *s* **1.** Siegel *nt* **2.** Plombe *f,* Verschluss *m* **3.** Siegelring *m* **4.** (*fig*) Bekräftigung, Bestätigung *f* **5.** (TECH) Dichtung *f;* **under the ~ of secrecy** unter dem Siegel der Verschwiegenheit; **set one's ~ to s.th.** unter etw sein Siegel setzen; **give s.th. one's ~ of approval** seine Zustimmung zu etwas geben; **give s.o. one's ~ of approval** jdm seine Zustimmung geben; ~ **of quality** Gütesiegel *nt* **II.** *vt* **1.** (be-, ver)siegeln **2.** plombieren **3.** (*Brief*) verschließen, zukleben **4.** (*fig*) bekräftigen, bestätigen **5.** (TECH) luftdicht verschließen; **~ed envelope** verschlossener Briefumschlag; ~ **off** hermetisch abriegeln; ~ **up** versiegeln; fest verschließen; abdichten; ~ **s.o.'s fate** jds Schicksal besiegeln

seal[2] [siːl] *s* Seehund *m;* Seal *m*

sea legs ['siːlegs] *s pl:* **get** [*o* **find**] **one's ~** standfest werden; **sea level** *s* Meeresspiegel *m;* **above/below ~** über/unter dem Meeresspiegel

seal·ing ['siːlɪŋ] *s* Versiegeln, Plombieren *nt;* **sealing wax** *s* Siegelwachs *nt*

sea lion ['siː,laɪən] *s* Seelöwe *m*

seal ring ['siːlrɪŋ] *s* Siegelring *m*

seal·skin ['siːlskɪn] *s* Seehundfell *nt,* Seal *m*

seam [siːm] **I.** *s* **1.** Saum *m,* Naht *f* **2.** (MAR) Fuge *f* **3.** Narbe *f* **4.** (GEOL) Flöz *nt* **II.** *vt* **1.** säumen **2.** (*fig*) durchziehen; **~ed with ...** zerfurcht von ...

sea·man ['siːmən] <*pl* -men> *s* Seemann, Matrose *m;* **sea mile** *s* Seemeile *f* (*intern. = 1852 m*)

seam·less ['siːmlɪs] *s* nahtlos; **seam·stress** ['siːmstrɪs] *s* Näherin *f*

seamy ['siːmɪ] *adj* düster; **the ~ side of life** die Schattenseite des Lebens

sea·plane ['siːpleɪn] *s* Wasserflugzeug *nt;* **sea·port** ['siːpɔːt] *s* Seehafen *m;* **sea power** *s* Seemacht *f*

sear [sɪə(r)] *vt* **1.** versengen, verbrennen **2.** (*Schmerz*) durchzucken **3.** (*Fleisch*) rasch anbraten **4.** (MED) ätzen **5.** (*Sonne*) ausdörren

search [sɜːtʃ] **I.** *vt* **1.** durchsuchen, -forschen, -stöbern **2.** (*Gewissen*) erforschen; ~ **me!** was weiß ich! **II.** *vi* suchen (*for* nach) **III.** *s* **1.** Suche *f* (*for* nach) **2.** Durchsuchung *f* **3.** Nachforschung *f;* **go in ~ of s.o.** auf die Suche nach jdm gehen; **make a ~ in a house** eine Hausdurchsuchung machen; **make a ~ for s.o.** nach jdm suchen; **search out** *vt* ausfindig machen, aufspüren; **search through** *vt* durchsuchen; **search engine** *s* (*internet*) Suchmaschine *f;* **search·er** ['sɜːtʃə(r)] *s* Durchsuchungsbeamte(r) *m,* -beamtin *f;* **the ~s** die Suchmannschaft; **search function** *s* (INFORM) Suchfunktion *f;* **search·ing** ['-ɪŋ] *adj* **1.** prüfend, forschend **2.** (*Frage*) durchdringend; **search·light** ['sɜːtʃlaɪt] *s* Suchscheinwerfer *m;* **search operation** *s* **1.** Suchaktion *f* **2.** (INFORM) Suchlauf *m;* **search party** *s* Rettungs-, Bergungs-, Suchmannschaft *f;* **search tool** *s* Suchinstrument *nt;* **search warrant** *s* Durchsuchungsbefehl *m*

sear·ing ['sɪərɪŋ] *adj* **1.** glühend **2.** (*Schmerz*) scharf **3.** (*fig*) quälend

sea·scape ['siːskeɪp] *s* (*Malerei*) Seestück *nt;* **sea shanty** *s* Seemannslied *nt;* **sea·shell** *s* Muschel(schale) *f;* **sea·shore** ['siːʃɔː(r)] *s* Strand *m;* **on the ~** am Strand; **sea·sick** ['siːsɪk] *adj* seekrank; **sea·sick·ness** ['siːsɪknɪs] *s* Seekrankheit *f;* **sea·side** ['siːsaɪd] *s:* **at the ~** am Meer; **go to the ~** ans Meer fahren; ~ **holidays** Ferien am Meer

sea·son ['siːzn] **I.** *s* **1.** Jahreszeit *f* **2.** (SPORT THEAT) Saison *f;* **at the height of the ~** in der Hochsaison; **for a ~** eine Spielzeit lang; **in ~** in der Saison; (ZOO) in der Brunstzeit; (*Hündin*) läufig; **in and out of ~** andauernd, jahrein jahraus; **in due ~** zu gegebener Zeit; **in good ~** rechtzeitig; **nesting/hunting ~** Brut-/Jagdzeit *f;* **holiday ~** Ferienzeit *f* **II.** *vt* **1.** (*fig*) durchsetzen **2.** (*Speise*) würzen **3.** (*Holz*) ablagern **4.** (*Truppen*) stählen; **sea·son·able** ['siːznəbl] *adj* **1.** der Jahreszeit angemessen; zeitgemäß **2.** (*Rat*) zur rechten Zeit; **sea·sonal** ['siːzənl] *adj* jahreszeitlich; saisonbedingt; ~ **adjustment** Saisonbereinigung *f;* ~ **trade** Saisongeschäft *nt;* ~ **unemployment** saisonbedingte Arbeitslosigkeit; **sea·soned** ['siːznd] *adj* **1.** (*Essen*) gewürzt **2.** (*Holz*) abgelagert **3.** (*fig*) erfahren; **sea·son·ing** ['si:znɪŋ] *s* (*a. fig*) Würze *f;* **season ticket** *s* (*Br*) Zeit-, Dauerkarte *f;* **season ticket holder** *s* Inhaber(in) *m(f)* einer Zeit-, Dauerkarte

seat [si:t] **I.** *s* **1.** Sitz *m;* Sitzgelegenheit *f* **2.** (THEAT) (Theater)Platz *m* **3.** (PARL) Sitz *m* **4.** Sitzfläche *f;* Hinterteil, Gesäß *nt* **5.** (*fig*) Schauplatz *m* **6.** (REL) Sitz *m;* **have a front ~ at the opera** in der Oper in den vorderen Reihen sitzen; **driver's ~** Fahrersitz *m;* **keep one's ~** (*Reiten, Radfahren*) im Sattel bleiben; **lose one's ~** seinen Platz verlieren; (*Reiten, Radfahren*) aus dem Sattel fallen; (POL) sein Mandat verlieren; **a ~ in Parliament** ein Sitz im Parlament; **win a ~** ein Mandat gewinnen; **~ of learning** Stätte *f* der Gelehrsamkeit **II.** *vt* **1.** setzen **2.** (*Raum*) Sitzgelegenheit bieten für, Platz haben für, fassen **3.** (TECH) einpassen; **~ o.s.** sich (hin)setzen; **be ~ed** sitzen; **remain ~ed** sitzen bleiben; **~ 40 passengers** 40 Sitzplätze haben; **seat belt** *s* **1.** (AVIAT) Anschnallgurt *m* **2.** (AUTO) Sicherheitsgurt *m;* **fasten one's ~** sich anschnallen; **-seater** ['sɪ:tə(r)] (*in Zusammensetzungen*) -sitzer *m;* **four-~** Viersitzer *m;* **seat·ing** ['-ɪŋ] *s* Sitzplätze *mpl;* **seating arrangements** *s pl* Sitzordnung *f;* **seating plan** *s* Sitz-, Bestuhlungsplan *m;* **seating room** *s* Sitzplätze *mpl*

SEATO ['si:təʊ] *s Abk. von* **South-East Asia Treaty Organization** SEATO *f*

sea town ['si:taʊn] *s* Hafenstadt *f;* **sea urchin** *s* Seeigel *m;* **sea·ward** ['si:wəd] **I.** *adj* aufs Meer hinaus; **~ wind** Seewind *m* **II.** *adv* (*a.* **seawards**) see-, meerwärts; **sea water** *s* Seewasser *nt;* **sea·way** ['si:weɪ] *s* Seestraße *f;* Wasserweg *m;* **sea·weed** ['si:wi:d] *s* Seetang *m;* **sea·worthy** ['si:ˌwɜ:ðɪ] *adj* seetüchtig

se·ba·ceous gland [sɪ'beɪʃəsˌglænd] *s* Talgdrüse *f*

sec [sek] *s* (*sl*) Sekunde *f*

seca·teurs [ˌsekə'tɜ:z] *s pl* Gartenschere *f*

se·cede [sɪ'si:d] *vi* sich abspalten; **se·cession** [sɪ'seʃn] *s* Abspaltung *f;* Sezession *f*

se·clude [sɪ'klu:d] *vt* absondern (*from* von); **se·clud·ed** [sɪ'klu:dɪd] *adj* **1.** (*Leben*) zurückgezogen **2.** (*Haus*) abgelegen; einsam; **se·clu·sion** [sɪ'klu:ʒn] *s* Absondern *nt;* Zurückgezogenheit *f;* Abgelegenheit *f;* **live in ~** zurückgezogen, einsam leben

sec·ond[1] ['sekənd] **I.** *adj* zweite(r, s); **every ~ house** jedes zweite Haus; **be ~** Zweite(r, s) sein; **in ~ place** an zweiter Stelle; **in the ~ place** zweitens; **be ~ to none** unübertroffen sein; **for the ~ time** zum zweiten Mal; **have ~ thoughts about s.th.** sich etw anders überlegen **II.** *adv* zweit-; an zweiter Stelle; **come/lie ~** an zweiter Stelle kommen/liegen; **go** [*o* **travel**] **~** zweiter Klasse fahren **III.** *vt* (*Antrag*) unterstützen

sec·ond[2] ['sekənd] *s* **1.** Sekunde *f;* Augenblick *m* **2.** (AUTO) der zweite Gang **3.** (MUS) Sekunde *f* **4.** (SPORT) Sekundant *m* **5.** (COM) zweite Wahl **6. ~s** (COM) Waren *f pl* zweiter Wahl **7.** (*Universität*) *mittlere Note bei der Abschlussprüfung;* **just a ~!** einen Augenblick!; **at that very ~** genau in dem Augenblick; **come a good ~** einen guten zweiten Platz belegen; **drive in ~** im zweiten Gang fahren; **can I have ~s?** kann ich noch etwas nachbekommen?

se·cond[3] [sɪ'kɒnd] *vt* abordnen, abstellen

sec·ond·ary ['sekəndrɪ] *adj* **1.** zweitrangig, untergeordnet, geringer; sekundär **2.** (*Schule*) höher, Sekundar-; **of ~ importance** von sekundärer Bedeutung

secondary industry *s* verarbeitende Industrie; **secondary picketing** *s Bestreikung eines nur indirekt beteiligten Betriebes;* **secondary school** *s* (*Br*) höhere Schule (*für Schüler vom 11. bis zum 15./18. Lebensjahr*)

sec·ond-best [ˌsekənd'best] **I.** *adj* zweitbeste(r, s) **II.** *adv:* **come off ~** den Kürzeren ziehen **III.** *s* Zweitbeste(r, s); **second chamber** *s* (PARL) zweite Kammer; **second class** *s* (RAIL) zweite Klasse; **second-class** *adj, adv* zweiter Klasse; **second cousin** *s* Cousin *m,* Cousine *f* zweiten Grades; **second-degree burn** *s* Verbrennung *f* zweiten Grades; **sec·onder** ['sekəndə(r)] *s* Befürworter(in) *m(f);* **second floor** *s* zweiter, *Am* erster Stock; **on the ~** im zweiten, *Am* ersten Stock; **second-hand** *adj* **1.** (*Information*) aus zweiter Hand **2.** gebraucht; Gebraucht- **3.** (*Kleider*) getragen **4.** (*Buch*) antiquarisch; **have ~ knowledge of s.th.** etw vom Hörensagen wissen; **~ smoking** Passivrauchen *nt;* **second hand** *s* Sekundenzeiger *m;* **second-hand smoking** *s no pl* Passivrauchen *nt;* **second language** *s* erste Fremdsprache; **second lieutenant** *s* Leutnant *m*

sec·ond·ly ['sekəndlɪ] *adv* zweitens; an zweiter Stelle

sec·ond·ment [sɪ'kɒndmənt] *s* Abordnung *f*

second mortage *s* Zweithypothek *f;* **sec·ond na·ture** [ˌsekənd 'neɪtʃə(r)] *s* zweite Natur; **become ~** in Fleisch und Blut übergehen; **second-rate** *adj* zweitrangig, -klassig; **second sight** *s* zweites Gesicht

se·crecy ['si:krəsɪ] *s* Geheimhaltung *f;* Verschwiegenheit *f;* **in ~** im Geheimen; **in strict ~** ganz im Geheimen; **se·cret**

['siːkrɪt] **I.** *adj* **1.** geheim, heimlich **2.** verborgen, versteckt, abgelegen; **keep** ~ geheim halten; ~ **agent** Geheimagent(in) *m(f);* ~ **service** Geheim-, Nachrichtendienst *m* **II.** *s* Geheimnis *nt;* **in** ~ im Geheimen; **keep s.o. a** ~ **from s.o.** jdn vor jdm geheim halten; **be in on the** ~ eingeweiht sein; **keep a** ~ ein Geheimnis bewahren; **make no** ~ **of s.th.** kein Geheimnis aus etw machen

sec·re·tar·ial [ˌsekrə'teərɪəl] *adj* Sekretärs-, Sekretärinnen-; ~ **staff** Schreibkräfte *pl;* ~ **work** Büroarbeit *f;* **sec·re·tari·at** [ˌsekrə'teərɪət] *s* Sekretariat *nt*

sec·re·tary ['sekrətrɪ] *s* **1.** Sekretär(in) *m(f)* **2.** Schriftführer(in) *m(f)* **3.** (*Am*) Minister(in) *m(f);* ~**-general** Generalsekretär *m;* **Secretary of State** (*in GB*) Minister(in) *m(f);* (*in den USA*) Außenminister(in) *m(f)*

se·crete [sɪ'kriːt] *vt* **1.** verbergen **2.** (MED) absondern, ausscheiden; **se·cre·tion** [sɪ'kriːʃn] *s* **1.** Verbergen *nt* **2.** (MED) Absonderung *f;* Sekret *nt*

se·cret·ive ['siːkrətɪv] *adj* **1.** zurückhaltend, verschwiegen **2.** (*Lächeln*) geheimnisvoll; **se·cret·ly** *adv* insgeheim; (*meet*) heimlich

sect [sekt] *s* Sekte *f;* **sec·tarian** [sek'teərɪən] **I.** *adj* **1.** (*Schule*) konfessionell **2.** (*Politik*) konfessionsgebunden; Konfessions- **II.** *s* Sektierer(in) *m(f)*

sec·tion ['sekʃn] **I.** *s* **1.** Teil *m* **2.** (*Gebäude*) Trakt *m* **3.** (*Buch*) Abschnitt *m* **4.** (*Gesetz*) Absatz, Paragraph *m* **5.** (RAIL) Streckenabschnitt *m* **6.** (MIL) Abteilung *f;* Sektion *f* **7.** (*Zeichnung*) Schnitt *m* **8.** (MED) Sektion *f* **9.** (MUS) Abschnitt *m,* Passage *f;* ~ **mark** Paragraphenzeichen *nt;* **passports** ~ Passabteilung *f;* **in** ~ im Schnitt; **vertical** ~ Querschnitt *m* **II.** *vt* **1.** einen Schnitt machen durch **2.** teilen; **sec·tional** ['sekʃənl] *adj* **1.** abschnittsweise **2.** zerlegbar, zusammensetzbar **3.** (*Unterschiede*) zwischen den Gruppen; **sec·tion·al·ism** ['sekʃənlɪzəm] *s* Partikularismus *m*

sec·tor ['sektə(r)] *s* Sektor *m*

secu·lar ['sekjʊlə(r)] *adj* weltlich, säkular; profan; **secu·lar·ize** ['sekjʊləraɪz] *vt* säkularisieren

se·cure [sɪ'kjʊə(r)] **I.** *adj* **1.** sicher (*from, against* vor) **2.** (*Existenz*) gesichert **3.** (*Knoten*) fest; **be** ~ **against** [*o* **from**] **s.th.** vor etw sicher sein; **feel** ~ sich sicher fühlen; **make a door** ~ eine Tür sichern **II.** *vt* **1.** festmachen; befestigen **2.** sichern (*from, against* gegen), schützen (*from, against* vor) **3.** (*Stimmen*) erhalten **4.** (*Preise*) erzielen **5.** sichern, garantieren; ~ **s.o.'s services** jdn verpflichten; **secured creditor** *s* Vorzugsgläubiger *m;* **secured cordon** *s* Sicherheitsabsperrung *f*

se·cur·ity [sɪ'kjʊərətɪ] *s* **1.** Sicherheit *f;* Schutz *m* (*against, from* vor) **2.** Geborgenheit *f* **3.** (COM) Sicherheit *f;* Bürge *m* **4. securities** Wertpapiere *ntpl,* Effekten *pl;* **for** ~ zur Sicherheit; **lend money on** ~ Geld gegen Sicherheit leihen; **stand** ~ **for s.o.** für jdn Bürge sein, bürgen; **Security Council** *s* Sicherheitsrat *m;* **Security Force** *s* Friedenstruppe *f;* **security forces** *s pl* Streitmächte *fpl;* **security guard** *s* Wache *f,* Wächter(in) *m(f),* Sicherheitsbeamte(r) *m,* -beamtin *f;* **security of employment** *s* Sicherheit *f* des Arbeitsplatzes; **security of tenure** *s* gesetzlicher Kündigungsschutz; **security risk** *s* Sicherheitsrisiko n

se·dan [sɪ'dæn] **1.** (~*-chair*) Sänfte *f* **2.** (*obs*) Limousine *f*

se·date [sɪ'deɪt] *adj* gesetzt, ruhig; geruhsam; gemächlich; **se·da·tion** [sɪ'deɪʃn] *s* Beruhigungsmittel *nt;* **put s.o. under** ~ jdm Beruhigungsmittel geben; **seda·tive** ['sedətɪv] **I.** *adj* beruhigend, schmerzstillend **II.** *s* Beruhigungsmittel *nt*

sed·en·tary ['sedntrɪ] *adj* **1.** (*Arbeit*) sitzend **2.** (*Stamm*) sesshaft, ortsgebunden; **lead a** ~ **life** sehr viel sitzen

sedge [sedʒ] *s* Schilf-, Riedgras *nt*

sedi·ment ['sedɪmənt] *s* **1.** Niederschlag, (Boden)Satz *m* **2.** (GEOL) Ablagerung *f,* Sediment *nt;* **sedi·men·tary** [ˌsedɪ'mentrɪ] *adj:* ~ **rock** Sedimentgestein *nt*

se·di·tion [sɪ'dɪʃn] *s* Aufwiegelung, Volksverhetzung *f*

se·duce [sɪ'djuːs] *vt* verführen; ~ **s.o. into doing s.th.** jdn zu etw verleiten; **se·ducer** [sɪ'djuːsə(r)] *s* Verführer(in) *m(f);* **se·duc·tion** [sɪ'dʌkʃn] *s* Verführung *f;* **se·duc·tive** [sɪ'dʌktɪv] *adj* verführerisch; verlockend

sedu·lous ['sedjʊləs] *adj* unermüdlich

see[1] [siː] <*irr:* **saw, seen**> **I.** *vt* **1.** sehen **2.** (*Zeitung*) lesen **3.** nachsehen **4.** besuchen **5.** sprechen; empfangen **6.** begleiten, bringen **7.** sich vorstellen **8.** erleben **9.** verstehen; erkennen; **worth ~ing** sehenswert; ~ **s.o. do s.th.** sehen, wie jd etw macht; **I saw it happen** ich habe gesehen, wie es passiert ist; ~ **page 10** siehe Seite 10; **be ~ing you!** ~ **you later!** bis später! bis nachher!; **I must be ~ing things** ich sehe wohl Gespenster!; **I can't** ~ **my way to doing that** ich sehe mich nicht in der Lage das zu tun; **go and** ~ **s.o.** jdn besuchen; ~ **the doctor** zum Arzt gehen; **she refused to** ~ **us** sie wollte uns nicht empfangen; ~ **s.o. to the door** jdn zur Tür

S

bringen; **that remains to be ~n** das wird sich zeigen; **I can't ~ that working** ich kann mir kaum vorstellen, dass das klappt; **I can ~ it happening** ich sehe es kommen; **I don't ~ how it works** es ist mir nicht klar, wie das funktioniert; **I ~ what you mean** ich verstehe, was du meinst; **make s.o. ~ s.th.** jdm etw klar machen; **as I ~ it** so, wie ich es sehe **II.** *vi* **1.** sehen **2.** nachsehen **3.** verstehen; **let's ~** lassen Sie mich mal sehen; **as far as the eye can ~** so weit das Auge reicht; **~ for yourself!** sieh doch selbst!; **as far as I can ~** so wie ich das sehe; **it's too late, (you) ~** weißt du, es ist zu spät; **see about** *vi* sich kümmern um; **he came to ~ about the rent** er ist wegen der Miete gekommen; **I'll ~ about it** ich will mal sehen; **see across** *vt* hinüberbegleiten; **see in I.** *vi* hineinsehen **II.** *vt* hineinbringen; **~ the New Year in** das Neue Jahr begrüßen; **see into** *vi* **1.** hineinsehen in **2.** untersuchen, prüfen, nachgehen; **see off** *vt* **1.** verabschieden **2.** Beine machen (*s.o.* jdm); **are you coming to ~ me off?** kommt ihr mit mir?; **see out I.** *vt* **1.** hinausbegleiten; hinausbringen **2.** (*Winter*) überdauern; überleben **II.** *vi* hinaussehen; **see through** *vt* **1.** beistehen (*s.o.* jdm) **2.** (*Arbeit*) zu Ende bringen; durchbringen **3.** (*Trick*) durchschauen; **~ s.o. through a bad time** jdm über eine schwierige Zeit hinweghelfen; **see to** *vi* sich kümmern um; **~ to it that ...** sieh zu, dass ...; **see up I.** *vi* hinaufsehen **II.** *vt* hinaufbegleiten

see[2] [siː] *s* Bistum *nt;* Diözese *f*

seed [siːd] **I.** *s* **1.** Same(n) *m;* Samenkorn *nt;* Saat *f,* Saatgut *nt* **2.** (*fig*) Keim *m* (*of* zu) **3.** (SPORT) gesetzte(r) Spieler(in); **go** [*o* **run**] **to ~** schießen; (*fig*) herunterkommen; **sow the ~s of doubt** Zweifel säen **II.** *vt* **1.** säen **2.** (*Frucht*) entkernen **3.** (SPORT) setzen, plazieren **III.** *vi* Samen tragen; **seed bank** *s* Samenbank *f;* **seed bed** *s* Saatbeet *nt;* **seed bulb** *s* Samenzwiebel *f;* **seed corn** *s* **1.** Samenkorn *nt* **2.** (FIN) Startkapital *nt;* **seed·ling** ['siːdlɪŋ] *s* (BOT) Sämling *m;* **seed money** *s no pl* Startkapital *nt,* Anfangskapital *nt;* **seed potato** *s* Saatkartoffel *f;* **seed·time** ['siːdtaɪm] *s* Saatzeit *f*

seedy ['siːdɪ] *adj* **1.** (*Charakter*) zweifelhaft, zwielichtig **2.** (*Kleider*) schäbig, abgerissen **3.** (*fam*) unwohl; **look ~** schlecht aussehen

see·ing ['siːɪŋ] **I.** *conj:* **~ that** da **II.** *s* Sehen *nt;* **~ is believing** ich glaube, was ich sehe

seek [siːk] <*irr:* sought, sought> **I.** *vt* **1.** suchen; erlangen wollen, streben nach **2.** versuchen; **~ s.o.'s advice** jdn um Rat fragen; **the reason is not far to ~** der Grund liegt auf der Hand; **they sought to kill him** sie trachteten ihm nach dem Leben; **~ out** ausfindig machen **II.** *vi:* **~ after** suchen; **~ for** suchen nach; **seeker** ['siːkə(r)] *s* Suchende(r) *f m;* **~ of** [*o* **after**] **truth** Wahrheitssucher(in) *m(f)*

seem [siːm] *vi* (er)scheinen, vorkommen; **he ~s (to be) honest** er scheint ein ehrlicher Mann zu sein; **he ~s younger than he is** er wirkt jünger, als er ist; **things aren't always what they ~** vieles ist anders, als es aussieht; **there ~s to be no need** das scheint nicht nötig zu sein; **so it ~s** es sieht ganz so aus; **if it ~s right to you** wenn Sie es für richtig halten; **it only ~s like it** das kommt einem nur so vor; **seem·ing** ['-ɪŋ] *adj* scheinbar; **seem·ing·ly** ['-ɪŋlɪ] *adv* allem Anschein nach; anscheinend

seem·ly ['siːmlɪ] *adj* schicklich, anständig; **it is not ~** es gehört sich nicht

seen [siːn] *s.* **see**

seep [siːp] *vi* versickern; **~ into s.th.** in etw hineinsickern; **~ through s.th.** durch etw durchsickern; **seep·age** ['siːpɪdʒ] *s* Durchsickern *nt;* Hineinsickern *nt;* **~ tank** Sickerwassertank *m*

seer [sɪə(r)] *s* Seher *m;* **seer·ess** ['sɪəres] *s* Seherin *f*

see-safe ['siːseɪf] *s* Kauf mit Rückgaberecht

see·saw ['siːsɔː] **I.** *s* **1.** Schaukelbrett *nt,* Wippe *f* **2.** (*fig*) Hin und Her, Auf und Ab *nt* **II.** *adj* schaukelnd **III.** *vi* **1.** wippen **2.** (*fig*) auf- und abgehen; schwanken

seethe [siːð] *vi* **1.** sieden; schäumen **2.** (*fig*) wimmeln (*with* von) **3.** (*fig*) kochen; **~ with anger** vor Wut schäumen

see-through ['siːθruː] *adj* durchsichtig

seg·ment ['segmənt] **I.** *s* **1.** Teil *m;* Glied *nt;* Stück *nt* **2.** (MATH) Segment *nt* **II.** [seg'ment] *vt* zerlegen, segmentieren **III.** *vi* sich teilen; **seg·men·ta·tion** [ˌsegmən'teɪʃn] *s* Zerlegung, Segmentierung *f*

seg·re·gate ['segrɪgeɪt] *vt* isolieren, absondern; nach Rassen trennen; **~d** nur für Weiße, Schwarze; mit Rassentrennung; **seg·re·ga·tion** [ˌsegrɪ'geɪʃn] *s* Trennung *f;* **racial ~** Rassentrennung *f*

seis·mic ['saɪzmɪk] *adj* seismisch; **seis·mo·graph** ['saɪzməgrɑːf] *s* Seismograph *m;* **seis·mol·ogist** [saɪz'mɒlədʒɪst] *s* Seismologe *m,* Seismologin *f;* **seis·mol·ogy** [saɪz'mɒlədʒɪ] *s* Seismologie, Seismik, Erdbebenkunde *f*

seize [siːz] *vt* **1.** packen, ergreifen **2.** beschlagnahmen **3.** (*Pass*) einziehen **4.** (*Stadt*) einnehmen **5.** (*Gebäude*) besetzen **6.** (*Verbrecher*) fassen **7.** (*fig*) an sich reißen; ergreifen; ~ **s.o.'s arm** jdn am Arm packen; **seize on** *vt* **1.** sich stürzen auf **2.** herausgreifen; **seize up** *vi* (*Bremsen*) sich festfressen; **seiz·ure** ['siːʒə(r)] *s* **1.** Beschlagnahme *f* **2.** Einzug *m* **3.** Einnahme *f* **4.** Besetzung *f* **5.** (MED) Anfall *m*

sel·dom ['seldəm] *adv* selten; **she ~ goes out** sie geht selten aus

se·lect [sɪ'lekt] **I.** *vt* aussuchen, auslesen, auswählen (*from* aus) **II.** *adj* **1.** exklusiv, ausgewählt, auserlesen **2.** (*Publikum*) geladen **3.** (*Tabak*) auserlesen; ~ **committee** Sonderausschuss *m;* **se·lec·tion** [sɪ'lekʃn] *s* **1.** Auswahl, -lese *f* (*from* aus) **2.** Wahl *f;* **make one's ~** seine Wahl treffen; **natural ~** natürliche Auslese; **selection committee** *s* Auswahlkomitee *nt*

se·lec·tive [sɪ'lektɪv] *adj* **1.** wählerisch; selektiv **2.** (*Leser*) kritisch, anspruchsvoll **3.** (*Schule*) Elite- **4.** (RADIO) trennscharf; **we have to be ~** wir müssen eine Auswahl treffen; ~ **weedkiller** Selektivherbizid *nt;* **sel·ec·tiv·ity** [ˌsɪlek'tɪvətɪ] *s* **1.** (RADIO) Trennschärfe *f* **2.** Selektivität *f;* **show ~** anspruchsvoll sein; **se·lec·tor** [sɪ'lektə(r)] *s* (TECH) Wählschalter *m;* Programmtaste *f;* (AUTO) Schalthebel *m*

self [self, *pl* selvz] <*pl* selves> **I.** *s* Ich *nt;* **show one's worst ~** sich von der schlechtesten Seite zeigen; **one's other ~** sein anderes Ich; **be one's old ~** wieder der Alte sein; **with no thought of ~** ohne an sich selbst zu denken **II.** *adj* aus dem gleichen Material; **self abasement** *s* Selbsterniedrigung *f;* **self-abuse** [ˌselfə'bjuːs] *s* (*euph*) Selbstbefleckung *f;* **self-acting** *adj* selbsttätig; automatisch; **self-addressed** [ˌselfə'drest] *adj* (*Briefumschlag*) adressiert; **self-adhesive** [ˌselfəd'hiːsɪv] *adj* selbstklebend; **self-adhesive label** *s* Selbstklebeetikett *nt;* **self-appointed** [ˌselfə'pɔɪntəd] *adj* selbst ernannt; **self-assertion** *s* Durchsetzungsvermögen *nt;* Überheblichkeit *f;* **self-assertive** *adj* selbstbewusst; anmaßend; **self-assurance** *s* Selbstsicherheit *f;* **self-assured** [ˌselfə'ʃʊəd] *adj* selbstsicher; **self-aware** *adj* sich seiner selbst bewusst; **self-awareness** *s* Selbsterfahrung *f;* **self-catering** *adj* für Selbstversorger; **self-centered** *adj* (*Am*), **self-centred** [ˌself'sentəd] *adj* egozentrisch, ichbezogen; **self-colored** *adj* (*Am*), **self-coloured** *adj* einfarbig; **self-complacent** *adj* selbstgefällig; **self-composed** *adj* ruhig, gelassen; **self-conceited** *adj* überheblich, eingebildet; **self-confessed** [selfkən'fest] *adj* eingestanden, zugegeben; **self-confidence** *s* Selbstvertrauen *nt;* **self-conscious** *adj* **1.** befangen, gehemmt **2.** (*Stil*) bewusst **3.** (PHILOS) selbstbewusst; **self-contained** [ˌselfkən'teɪnd] *adj* **1.** (*fig*) zurückhaltend, verschlossen **2.** (*Wohnung*) separat **3.** selbstgenügsam; **self-contradictory** [ˌself kəntrə'dɪktərɪ] *adj* sich selbst widersprechend; widersprüchlich; **self control** *s* Selbstbeherrschung *f;* **self-critical** [ˌself'krɪtɪkl] *adj* selbstkritisch; **self-criticism** [ˌself'krɪtɪsɪsm] *s* Selbstkritik *f;* **self-deception** [ˌselfdɪsepʃn] *s* Selbsttäuschung *f;* **self-defeating** [ˌselfdə'fiːtɪŋ] *adj* sinnlos, unsinnig; **self-defence** *s* Selbstverteidigung *f;* **in ~** in Notwehr; **self-denial** *s* Selbstverleugnung *f;* **self-de·struct** [ˌselfdɪ'strʌkt] *vr* sich selbst zerstören; **self-determination** *s* (*a.* POL) Selbstbestimmung *f;* **self-discipline** *s* Selbstdisziplin *f;* **self-drive** *adj* (*Auto*) für Selbstfahrer; **self-educated** *adj* autodidaktisch; **be ~** Autodidakt sein; **self-ef·fac·ing** [ˌselfɪ'feɪsɪŋ] *adj* zurückhaltend; **self-employed** *adj* selbständig; (*Künstler*) freischaffend; (*Journalist*) freiberuflich; **the ~** die Selbständigen, Freischaffenden, Freiberufler *pl;* **self esteem** *s* Selbstachtung *f;* **self-evident** *adj* offensichtlich; selbstverständlich; **it is ~** es versteht sich von selbst; **self-explanatory** *adj* unmittelbar verständlich; **self-expression** [ˌselfɪk'spreʃn] *s* Selbstdarstellung *f;* **self-fulfilling** [ˌselffʊl'fɪlɪŋ] *adj:* **a ~ prophecy** eine sich selbst bewahrheitende Voraussage; **self-governing** [ˌself'gʌvənɪŋ] *adj* selbst verwaltet; **self-government** *s* Selbstverwaltung *f;* **self-help** *s* Selbsthilfe *f;* **self-help group** *s* Selbsthilfegruppe *f;* **self-importance** *s* Einbildung *f;* **self-important** *adj* eingebildet; dünkelhaft; **self-imposed** [ˌselfɪm'pəʊzd] *adj* selbst auferlegt; **self-indulgence** *s* **1.** Nachgiebigkeit *f* gegen sich selbst **2.** Zügellosigkeit, Hemmungslosigkeit *f;* **self-indulgent** *adj* **1.** nachgiebig gegen sich selbst **2.** (*essen, trinken*) ungehemmt, zügellos; **self-in·flict·ed** [ˌselfɪn'flɪktɪd] *adj* **1.** (*Wunde*) selbst zugefügt **2.** (*Strafe*) selbst auferlegt; **self-interest** *s* Eigennutz *m;* eigenes Interesse

self·ish ['selfɪʃ] *adj* selbstsüchtig, egoistisch; **self·ish·ness** [-nɪs] *s* Selbstsucht *f,* Egoismus *m*

self-jus·ti·fi·ca·tion [ˌselfdʒʌstɪfɪ'keɪʃn] *s* Rechtfertigung *f*

self·less ['selflɪs] *adj* selbstlos

self-made [ˌself'meɪd] *adj* selbst gemacht; ~ **man** Selfmademan *m;* **self-opinionated** *adj* rechthaberisch; **self-pity** *s* Selbstmitleid *nt;* **self-portrait** *s* Selbstporträt *nt;*

S

self-possessed *adj* selbstbeherrscht; **self-preservation** *s* Selbsterhaltung *f;* **instinct of ~** Selbsterhaltungstrieb *m;* **self-rais·ing flour** [ˌselfraɪzɪŋˈflaʊə(r)] *s* Mehl *nt* mit bereits beigemischtem Backpulver; **self-real·iz·ation** [ˌselfrɪəlaɪˈzeɪʃn] *s* Selbstverwirklichung *f;* **self-reliance** *s* Selbstständigkeit *f;* **self-re·li·ant** [ˌselfrɪˈlaɪənt] *adj* selbstständig; **self-respect** *s* Selbstachtung *f;* **self-respecting** [ˌselfrɪˈspektɪŋ] *adj* anständig; **no ~ man** keiner, der etwas auf sich hält; **self-righteous** *adj* selbstgerecht; **self-sacrifice** *s* Selbstaufopferung *f;* **self-sacrificing** [ˌselfˈsækrɪfaɪsɪŋ] *adj* aufopfernd; **self-satisfaction** *s* Selbstzufriedenheit *f;* **self-satisfied** *adj* selbstzufrieden; **self-seeking** [ˌselfˈsiːkɪŋ] **I.** *adj* selbstsüchtig **II.** *s* Selbstsucht *f;* **self-service I.** *adj* Selbstbedienungs-, SB- **II.** *s* Selbstbedienung *f;* **self-sufficiency** *s* **1.** Selbstständigkeit *f* **2.** Selbstgenügsamkeit *f* **3.** (*Land*) Autarkie *f;* **self-sufficient** *adj* **1.** selbstständig **2.** selbstgenügsam **3.** (*Land*) autark; **be ~ in oil** den Ölbedarf selbst decken; **~ economy** Autarkie *f;* **~ enterprise** kostendeckender Betrieb; **self-supporting** [ˌselfsəˈpɔːtɪŋ] *adj* **1.** finanziell unabhängig **2.** (COM) sich selbst tragend **3.** (TECH) freistehend, -tragend; **self-tan·ner** [ˌselfˈtænə(r)] *s* Selbstbräunungsmittel *nt;* **self-tap·ping screw** [ˌselftæpɪŋˈskruː] *s* selbstschneidene Schraube, Treibschraube *f;* **self-taught** [ˈselftɔːt] *adj* autoditaktisch erlernt; **self-willed** [ˌselfˈwɪld] *adj* eigenwillig, -sinnig; **self-wind·ing** [ˌselfˈwaɪndɪŋ] *adj* Automatik-

sell [sel] <*irr:* **sold, sold**> **I.** *vt* **1.** verkaufen (*s.o. s.th., s.th. to s.o.* jdm etw, etw an jdn) **2.** (*Waren*) absetzen **3.** handeln, Handel treiben mit, vertreiben **4.** einen guten Absatz verschaffen (*s.th.* einer S) **5.** (*fig*) schmackhaft machen, gewinnen für **6.** (*fam*) an den Mann bringen, loswerden **7.** verraten; **~ one's life dearly** sein Leben teuer verkaufen; **~ one's soul to s.o.** jdm seine Seele verschreiben; **~ o.s.** sich profilieren, sich verkaufen (*to* an); **~ s.o. on s.th.** jdn von etw überzeugen; **be sold on s.o.** von jdm begeistert sein; **~ s.o. down the river** jdn ganz schön verschaukeln **II.** *vi* **1.** verkaufen (*to s.o.* an jdn) **2.** sich verkaufen; **the book is ~ing well** das Buch verkauft sich gut; **what are they ~ing at?** wie viel kosten sie? **III.** *s* **1.** (*fam*) Zugkraft *f* **2.** (COM) Verkaufstaktik *f;* **sell forward** *vt* auf Termin verkaufen; **sell off** *vt* **1.** (*Ware*) abstoßen **2.** (*Auktion*) versteigern; **sell out I.** *vt* **1.** ausverkaufen **2.** (*Aktie*) abgeben **3.** verraten (*to* an) **II.** *vi* **1.** alles verkaufen **2.** sein Geschäft verkaufen **3.** (*fam*) sich verkaufen (*to* an); **sell up** *vt* zu Geld machen; zwangsverkaufen; **sell·able** [ˈseləbl] *adj* **1.** verkäuflich **2.** absetzbar; **sell-by date** [ˈselbaɪˌdeɪt] *s* Frischhalte-, Haltbarkeitsdatum *nt*

seller [ˈselə(r)] *s* **1.** Verkäufer(in) *m(f)* **2.** (*good ~*) (Verkaufs)Schlager *m;* **big ~** Verkaufsschlager *m;* **bad ~** Ladenhüter *m;* **sell·ing** [ˈselɪŋ] *s* Verkauf, Vertrieb, Absatz *m;* **selling point** *s* Verkaufsanreiz *m;* **selling price** *s* Verkaufspreis *m*

Sel·lo·tape® [ˈseləteɪp] *s* Tesafilm® *m*

sell·out [ˈselaʊt] *s* **1.** (SPORT) ausverkauftes Spiel **2.** (*fam*) fauler Kompromiss **3.** (COM) Verkaufsschlager *m*

selves [selvz] *s.* **self**

sem·an·tic [sɪˈmæntɪk] *adj* semantisch; **se·man·tics** [sɪˈmæntɪks] *s* Semantik *f*

sema·phore [ˈseməfɔː(r)] **I.** *s* **1.** (RAIL) Semaphor *nt* **2.** (*System*) Signalsprache *f;* Winken *nt* **II.** *vi, vt* durch Winkzeichen signalisieren

sem·blance [ˈsembləns] *s* Anschein *m* (*of* von), Anflug *m* (*of* von); **put on a ~ of gaiety** eine fröhliche Miene zur Schau tragen

se·men [ˈsiːmən] *s* (PHYSIOL) Samen *m,* Samenflüssigkeit *f*

sem·es·ter [sɪˈmestə(r)] *s* (*bes. Am*) Semester *nt*

semi- [ˈsemɪ] *PRÄF* halb-; **semi** *s s.* **semi-detached** (**house**) Doppelhaushälfte *f;* **semi·breve** [ˈsemɪbriːv] *s* (*Br*) ganze Note; **semi·circle** [ˈsemɪˌsɜːkl] *s* Halbkreis *m;* **semi·cir·cu·lar** [ˌsemɪˈsɜːkjʊlə(r)] *adj* halbkreisförmig; **semi·co·lon** [ˌsemɪˈkəʊlən] *s* Semikolon *nt,* Strichpunkt *m;* **semi·conductor** *s* (PHYS) Halbleiter *m;* **semi·conscious** *adj* halb bewusstlos; **semi·de·tached** [ˌsemɪdɪˈtætʃt] *adj:* **~ house** Doppelhaushälfte *f;* **semi·final** *s* (SPORT) Halbfinale, Semifinalspiel *nt;* **semi·finalist** *s* Teilnehmer(in) *m (f)* am Halbfinale; **semifinished product** *s* Halbfabrikat, -erzeugnis *nt*

se·minal [ˈsemɪnl] *adj* **1.** Samen- **2.** (*Idee*) ertragreich; **be present in a ~ state** im Keim vorhanden sein; **~ fluid** (PHYSIOL) Samenflüssigkeit *f*

sem·inar [ˈsemɪnɑː(r)] *s* Seminar *nt*

sem·inary [ˈsemɪnərɪ] *s* Priesterseminar *nt*

semi·of·fi·cial [ˌsemɪəˈfɪʃl] *adj* halbamtlich, offiziös; **semi·precious** *adj:* **~ stone** Halbedelstein *m;* **semi·qua·ver** [ˈsemɪˌkweɪvə(r)] *s* (*Br*) Sechzehntelnote *f;* **semi·skilled** *adj* angelernt; **~ labour** angelernte Arbeitskräfte *fpl*

Sem·ite [ˈsiːmaɪt] *s* Semit *m,* Semitin *f;*

Se·mitic [sɪ'mɪtɪk] *adj* semitisch
semi·tone ['semɪtəʊn] *s* Halbton *m;* **semi (trailer)** ['semɪtreɪlə(r)] *s* (*Am*) Sattelschlepper *m;* **semi·tropical** *adj* subtropisch; **semi·vowel** *s* Halbvokal *m*
semo·lina [ˌsemə'liːnə] *s* Grieß *m*
semp·stress ['sempstrɪs] *s* Näherin *f*
sen·ate ['senɪt] *s* Senat *m;* **sena·tor** ['senətə(r)] *s* Senator *m;* **sena·torial** [ˌsenə'tɔːrɪəl] *adj* senatorisch
send [send] <*irr:* **sent, sent**> **I.** *vt* **1.** senden, schicken **2.** (*Radio*) ausstrahlen **3.** übersenden, versenden **4.** in Bewegung setzen, stoßen, treiben, befördern; veranlassen **5.** (*sl*) hinreißen; ~ **s.o. to prison** jdn ins Gefängnis schicken; ~ **s.o. to university** jdn studieren lassen; ~ **s.o. for s.th.** jdn nach etw schicken; ~ **him best wishes** grüßen Sie ihn von mir; ~ **by post** mit der Post schicken; ~ **by fax** (tele)faxen; **the blow sent him sprawling** der Schlag schleuderte ihn zu Boden; **that tune ~s me** (*sl*) ich bin ganz weg von der Melodie **II.** *vi:* **she sent to say that …** sie ließ ausrichten, dass …; **send across** *vt* hinüberschicken; **send after** *vt:* ~ **s.o. after s.o.** jdn jdm nachschicken; **send along** *vt* hinschicken; **send away I.** *vt* wegschicken, fortschicken, abschicken **II.** *vi* schreiben; ~ **away for s.th.** etw anfordern; **send back** *vt* zurückschicken; **send down** *vt* **1.** (*Preise*) fallen lassen, senken **2.** (*Universität*) relegieren **3.** (*Gefangene*) verurteilen (*for* zu); **send for** *vi* **1.** kommen lassen; rufen; herbeiordern; zu sich bestellen **2.** (*Katalog*) anfordern; **send forth** *vt* **1.** aussenden, ausstrahlen **2.** (*Duft*) verströmen; **send in** *vt* einschicken, einsenden, einreichen; ~ **one's name in** sich anmelden; **send off** *vt* **1.** abschicken **2.** (*Kinder*) wegschicken **3.** (SPORT) vom Platz verweisen **4.** verabschieden; ~ **off for s.th.** etw bestellen, anfordern; **send on** *vt* **1.** (*Brief*) nachschicken **2.** (*Gepäck*) vorausschicken **3.** aufs Feld schicken, einsetzen; **send out** *vt* **1.** hinausschicken **2.** (*Strahlen*) aussenden, abgeben; ausstoßen **3.** (*Prospekte*) verschicken; **send out for** *vi* holen lassen; ~ **s.o. out for s.th.** jdn nach etw schicken; **send up** *vt* **1.** hochschießen; steigen lassen; in die Luft schießen **2.** (*Preise*) hochtreiben **3.** in die Luft gehen lassen **4.** (*fam*) verulken
sender ['sendə(r)] *s* Absender(in) *m(f);* **return to** ~ zurück an den Absender; **send-off** ['sendɒf] *s* Abschied *m,* Verabschiedung *f;* **give s.o. a good** ~ jdn ganz groß verabschieden; **send-up** ['sendʌp] *s* Verulkung *f*
Sene·gal [ˌsenɪ'gɔːl] *s* Senegal *m;* **Sene·gal·ese** [ˌsenɪgə'liːz] **I.** *adj* senegalesisch **II.** *s* Senegalese *m,* Senegalesin *f*
se·nes·cence [sɪ'nesns] *s* Altern *nt,* Alterungsprozess *m;* **se·nes·cent** [sɪ'nesnt] *adj* alternd
se·nile ['siːnaɪl] *adj* senil; altersschwach; ~ **dementia** (MED) Altersschwachsinn *m;* **sen·il·ity** [sɪ'nɪlətɪ] *s* **1.** Senilität *f* **2.** Altersschwäche *f*
sen·ior ['siːnɪə(r)] **I.** *adj* **1.** älter (*to* als) **2.** dienstälter; ranghöher; übergeordnet **3.** (*Position*) höher, leitend **4.** (*Schüler*) der obersten Klasse **5.** (*Student*) im letzten Studienjahr **6.** (*nach einem Namen*) der Ältere, senior; **he is ~ to me** er ist älter als ich; er ist mir übergeordnet; ~ **citizen** ältere(r) Mitbürger(in) *m f;* ~ **citizen rail pass** Seniorenpass *m;* ~ **debts** vorrangige Schulden *pl;* **the ~ management** die Geschäftsleitung; ~ **mortgage** Ersthypothek *f;* ~ **officer** höherer Beamter, Offizier; ~ **partner** Seniorpartner *m;* ~ **school,** ~ **high school** (*Am*) Oberstufe *f* **II.** *s* **1.** Senior(in) *m(f)* **2.** (*in den USA*) Student(in) *m(f)* des letzten Studienjahres **3.** (SCHULE) Oberstufenschüler(in) *m(f);* **he is my** ~ er ist älter als ich; (*Beruf*) er ist mir übergeordnet; **sen·ior·ity** [ˌsiːnɪ'ɒrətɪ] *s* **1.** höheres (Dienst)Alter **2.** höherer Rang; höherer Dienstgrad; **promotion on the basis of** ~ Beförderung *f* nach Länge der Betriebszugehörigkeit
sen·sa·tion [sen'seɪʃn] *s* **1.** Gefühl *nt;* Empfindung *f;* Sinneseindruck *m* **2.** Sensation *f,* Aufsehen *nt;* **a ~ of falling** das Gefühl zu fallen; **a ~ of hunger** ein Hungergefühl; **cause** [*o* **create**] **a** ~ Aufsehen erregen; **sen·sa·tional** [sen'seɪʃnl] *adj* sensationell, Aufsehen erregend; reißerisch
sense [sens] **I.** *s* **1.** (PHYSIOL) Sinn *m* **2.** (*fig*) Sinn *m* (*of* für) **3.** **~s** Verstand *m* **4.** Gefühl *nt* **5.** (*Wort*) Bedeutung *f;* ~ **of hearing** Gehörsinn *m;* ~ **of sight** Sehvermögen *nt;* ~ **of smell** Geruchssinn *m;* ~ **of taste** Geschmackssinn *m;* ~ **of touch** Tastsinn *m;* **be out of one's ~s** nicht ganz bei Trost sein; **frighten s.o. out of his ~s** jdn zu Tode erschrecken; **bring s.o. to his ~s** jdn zur Vernunft bringen; **come to one's ~s** zur Vernunft kommen; ~ **of duty** Pflichtbewusstsein *nt;* **have a ~ of one's own importance** sich selbst wichtig nehmen; **common** ~ gesunder Menschenverstand; **have the ~ to …** so vernünftig sein und …; **what's the ~ of doing this?** welchen Sinn hat es denn das zu tun?; **there is no ~ in doing that** es ist zwecklos das zu tun;

talk ~ vernünftig sein; **make s.o. see** ~ jdn zur Vernunft bringen; **make** ~ Sinn ergeben; sinnvoll sein; **make** ~ **of s.th.** etw verstehen; **in the full** ~ **of the word** im wahrsten Sinn des Wortes; **in a** ~ in gewisser Hinsicht; **in every** ~ in jeder Hinsicht; **in what** ~**?** inwiefern?, in welchem Sinn?; **in every** ~ **of the word** in der vollen Bedeutung des Wortes **II.** *vt* spüren, empfinden, fühlen; **sense·less** ['senslɪs] *adj* **1.** besinnungs-, bewusstlos **2.** unvernünftig, unsinnig **3.** (*Diskussion*) sinnlos; **sense organ** *s* Sinnesorgan *nt*

sen·si·bil·ity [ˌsensə'bɪlətɪ] *s* **1.** Empfindsamkeit *f;* Sensibilität *f* **2.** Empfindlichkeit *f;* **sensibilities** Zartgefühl *nt*

sen·sible ['sensəbl] *adj* **1.** vernünftig **2.** begreiflich **3.** (*obs*) spürbar, merklich; **be** ~ **of s.th.** sich einer S bewusst sein; **be** ~ **about it** seien Sie vernünftig; **sen·sibly** ['sensəblɪ] *adv* vernünftig; vernünftigerweise

sen·si·tive ['sensətɪv] *adj* **1.** sensibel, empfindsam, empfindlich **2.** (*Verständnis*) einfühlsam **3.** (*Körperteil*) empfindlich **4.** (PHOT) lichtempfindlich **5.** (*fig*) heikel, prekär; **be** ~ **about s.th.** in Bezug auf etw empfindlich sein; ~ **to cold/heat** kälte-/wärmeempfindlich; **sen·si·tiv·ity** [ˌsensə'tɪvətɪ] *s* **1.** Sensibilität, Empfindsamkeit *f* **2.** Empfindlichkeit *f* **3.** Einfühlungsvermögen *nt* **4.** Lichtempfindlichkeit *f;* **sen·si·tize** ['sensɪtaɪz] *vt* sensibilisieren

sen·sor ['sensə(r)] *s* Sensor, Fühler *m;* **sen·sory** ['sensərɪ] *adj* (PHYSIOL) sensorisch; Sinnes-

sen·sual ['senʃʊəl] *adj* **1.** sinnlich **2.** (*Leben*) sinnesfreudig, lustbetont; **sen·sual·ist** ['senʃʊəlɪst] *s* Genussmensch *m,* sinnlicher Mensch; **sen·sual·ity** [ˌsenʃʊ'ælətɪ] *s* Sinnlichkeit *f;* Sinnesfreudigkeit *f;* **sen·su·ous** ['senʃʊəs] *adj* sinnlich, sinnenhaft

sent [sent] *s.* **send**

sen·tence ['sentəns] **I.** *s* **1.** (JUR) Strafe *f* **2.** (GRAM) Satz *m;* **under** ~ **of death** zum Tode verurteilt; **pass** ~ **on s.o.** über jdn das Urteil verkünden **II.** *vt* (JUR) verurteilen (*to* zu)

sen·ten·tious [sen'tenʃəs] *adj* salbungsvoll

sen·ti·ent ['senʃnt] *adj* empfindungsfähig

sen·ti·ment ['sentɪmənt] *s* **1.** Gefühl, Empfinden *nt* **2.** Meinung, Ansicht *f* (*on* über) **3.** Gedanke *m* **4.** Sentimentalität, Gefühlsduselei *f* **5.** (*Börse*) Stimmung *f,* Klima *nt*

sen·ti·men·tal [ˌsentɪ'mentl] *adj* empfindsam; sentimental; gefühlsselig; **for** ~ **reasons** aus Sentimentalität; **sen·ti·men·tal·ism**, **sen·ti·men·tal·ity** [ˌsentɪ'mentəlɪzm, ˌsentɪmen'tælətɪ] *s* Sentimentalität *f;* **sen·ti·men·tal·ize** [ˌsentɪ'mentəlaɪz] **I.** *vt* gefühlsmäßig auffassen **II.** *vi* sentimental sein

sen·try ['sentrɪ] *s* (Wach)Posten *m,* Wache *f;* **be on** ~ **duty** auf Wache sein; **sentry box** *s* Wachhäuschen *nt*

se·pal ['sepl] *s* (BOT) Kelchblatt *nt*

sep·ar·able ['sepərəbl] *adj* trennbar; **sep·ar·ate** ['sepəreɪt] **I.** *vt* **1.** (ab)trennen **2.** aufteilen (*into* in) **3.** (CHEM) scheiden; ~ **the good from the bad** die Guten von den Schlechten trennen; ~ **out from** trennen von, absondern von **II.** *vi* **1.** sich trennen **2.** (CHEM) sich scheiden; ~ **out** getrennt werden **III.** ['seprət] *adj* **1.** (ab)getrennt, gesondert (*from* von) **2.** (*Teil*) extra; einzeln; voneinander getrennt; verschieden **3.** (*Zimmer*) separat, getrennt **4.** (*Rechnung*) gesondert **5.** (*Wohnung*) separat; **that is a** ~ **question** das ist eine andere Frage; **on a** ~ **occasion** bei einer anderen Gelegenheit; **keep two things** ~ zwei Dinge nicht zusammentun; **keep** ~ auseinander halten; **send s.th. under** ~ **cover** etw mit getrennter Post schicken; ~ **taxation** Splitting *nt* **IV.** ['seprət] *s pl* Röcke, Blusen, Hosen; **sep·ar·ated** ['sepəreɪtɪd] *adj* getrennt; getrennt lebend; **sep·ar·ation** [ˌsepə'reɪʃn] *s* **1.** Trennung *f* **2.** (CHEM) Scheidung *f* **3.** Abtrennung *f* (*from* von); ~ **allowance** Trennungsentschädigung *f;* ~ **anxiety** Trennungsangst *f;* **sep·ar·at·ism** ['sepərətɪzm] *s* Separatismus *m;* **sep·ar·at·ist** ['sepərətɪst] **I.** *adj* separatistisch **II.** *s* Separatist(in) *m(f);* **sep·ar·ator** ['sepəreɪtə(r)] *s* (TECH) Separator *m*

se·pia ['si:pɪə] **I.** *s* Sepia *f* **II.** *adj* sepiabraun

sep·sis ['sepsɪs] *s* (MED) Vereiterung *f*

Sep·tem·ber [sep'tembə(r)] *s* September *m;* **in** ~ im September

sep·tic ['septɪk] *adj* septisch; ~ **tank** Klärbecken *nt,* Klärbehälter *m;* **turn** ~ (*Wunde*) eitern

sep·ti·cae·mia [ˌseptɪ'si:mɪə] *s* (MED) Septikämie, Blutvergiftung *f*

sep·tua·gen·ar·ian [ˌseptjʊədʒɪ'n eərɪən] **I.** *adj* siebzigjährig **II.** *s* Siebzigjährige(r) *f m*

sep·ul·chral [sɪ'pʌlkrəl] *adj* (*fig*) düster; Grabes-; ~ **voice** Grabesstimme *f;* **sep·ul·cher** *s* (*Am*), **sep·ul·chre** ['sepəlkə(r)] *s* Grabstätte *f*

se·quel ['si:kwəl] *s* Folge *f* (*to* von)

se·quence ['si:kwəns] *s* **1.** Folge, Reihenfolge *f* **2.** (MATH) Folge *f* **3.** (*Kartenspiel, mus, rel*) Sequenz *f* **4.** (FILM) Szene, Episode *f;* **in** ~ der Reihe nach; ~ **of tenses** Zeitenfolge *f;* **se·quen·tial** [sɪˈkwenʃl] *adj* **1.** folgend **2.** der Reihe nach; **be ~ to s.th.** auf etw folgen

se·ques·ter [sɪˈkwestə(r)] *vt* **1.** abkapseln **2.** (JUR) sequestrieren; **se·ques·tered** [sɪˈkwestəd] *adj* abgeschieden; abgelegen; zurückgezogen

se·ques·trate [sɪˈkwestreɪt] *vt* (JUR) sequestrieren; **se·ques·tra·tion** [ˌsiːkweˈstreɪʃn] *s* (JUR) Sequestration *f*

se·quin [ˈsiːkwɪn] *s* Paillette *f*

se·quoia [sɪˈkwɔɪə] *s* Mammutbaum *m*

se·ra·glio [seˈrɑːlɪəʊ] *s* Serail *nt*

Serb [sɜːb] *s* Serbe *m,* Serbin *f;* **Ser·bia** [ˈsɜːbɪə] *s* Serbien *nt;* **Ser·bi·an** [ˈsɜːbɪən] *adj* serbisch

ser·en·ade [ˌserəˈneɪd] **I.** *s* (MUS) Serenade *f* **II.** *vt:* **~ s.o.** jdm ein Ständchen bringen

ser·ene [sɪˈriːn] *adj* **1.** gelassen **2.** (*Meer*) ruhig, still **3.** (*Himmel*) heiter, klar; **ser·en·ity** [sɪˈrenətɪ] *s* Gelassenheit *f*

serf [sɜːf] *s* Leibeigene(r) *f m;* **serf·dom** [-dəm] *s* Leibeigenschaft *f*

ser·geant [ˈsɑːdʒənt] *s* **1.** (MIL) Feldwebel *m* **2.** (*Polizei*) Polizeimeister *m;* **~ major** Oberfeldwebel *m*

ser·ial [ˈsɪərɪəl] **I.** *adj* **1.** Serien-; Fortsetzungs- **2.** (*Programm*) in Fortsetzungen **3.** (INFORM) seriell **4.** (MUS) seriell; **published in ~ form** in Fortsetzungen veröffentlicht; **~ killer** Serienmörder(in) *m(f);* **~ number** fortlaufende Nummer; Fabrikationsnummer *f;* **~ rights** Rechte *pl* für die Veröffentlichung in Fortsetzungen **II.** *s* **1.** Fortsetzungsroman *m* **2.** (RADIO) Sendefolge *f* **3.** periodisch erscheinende Zeitschrift

ser·ial·ize [ˈsɪərɪəlaɪz] *vt* **1.** in Fortsetzungen veröffentlichen **2.** (RADIO) in Fortsetzungen senden

se·ries [ˈsɪəriːz] <*pl* -> *s* **1.** Serie *f* **2.** (MATH) Reihe *f* **3.** (RADIO) Sendereihe *f* **4.** (TV) Sendefolge *f;* **in ~** der Reihe nach; (ELEK) in Reihe; (COM) serienmäßig; **a ~ of articles** eine Artikelserie; **series-wound** [ˈsɪəriːzˌwaʊnd] *adj* (ELEK) in Reihe geschaltet

serio·comic(al) [ˌsɪərɪəʊˈkɒmɪk(l)] *adj* halb ernst, halb heiter

se·ri·ous [ˈsɪərɪəs] *adj* **1.** ernst; ernsthaft **2.** (*Interesse*) seriös **3.** (*Zweifel*) ernstlich, ernsthaft **4.** (*Verlust*) schwer; schlimm **5.** (*Situation*) ernst, bedenklich; **be ~ about doing s.th.** etw im Ernst tun wollen; **I'm ~ (about it)** ich meine das ernst; **it's getting ~** es wird ernst; **se·ri·ous·ly** [-lɪ] *adv* **1.** ernst; im Ernst **2.** (*verletzt*) schwer; ernstlich; bedenklich **3.** (*sl*) sehr; **take s.o. ~** jdn ernst nehmen; **~ now** jetzt mal ganz im Ernst; **se·ri·ous·ness** [-nɪs] *s* **1.** Ernst *m* **2.** Ernsthaftigkeit, Aufrichtigkeit *f* **3.** Schwere *f;* Bedenklichkeit *f*

ser·mon [ˈsɜːmən] *s* Predigt *f;* Strafpredigt *f*

sero·to·nin [ˌserəˈtəʊnɪn] *s* Serotonin *nt*

ser·pent [ˈsɜːpənt] *s* Schlange *f*

ser·pen·tine [ˈsɜːpəntaɪn] *adj* **1.** (*Fluss*) gewunden **2.** (*Straße*) kurvenreich

ser·rated [sɪˈreɪtɪd] *adj* gezackt, gezähnt; **~ knife** Sägemesser *nt*

ser·ried [ˈserɪd] *adj:* **~ ranks** eng geschlossene Reihen *fpl*

se·rum [ˈsɪərəm] *s* Serum *nt*

ser·vant [ˈsɜːvənt] *s* Diener(in) *m(f),* Dienstmädchen *nt,* Bedienstete(r) *f m;* **civil** [*o* **public**] **~** Beamte(r) *m,* Beamtin *f*

serve [sɜːv] **I.** *vt* **1.** dienen; dienlich sein, nützen (*s.o.* jdm) **2.** abdienen, ableisten **3.** (*Lehre*) durchmachen, -laufen **4.** (*Strafe*) verbüßen **5.** (*Material*) versorgen **6.** (*Kunden*) bedienen **7.** (*Restaurant*) servieren; auftragen **8.** (*Gast*) bedienen **9.** (*Wein*) einschenken **10.** (*Messe*) ministrieren bei **11.** (SPORT: *Ball*) aufschlagen **12.** (JUR) zustellen **13.** (*obs*) behandeln **14.** (*Tier*) decken; **if my memory ~s me right** wenn ich mich recht erinnere; **~ its purpose** seinen Zweck erfüllen; **he ~d his country** er hat sich um sein Land verdient gemacht; **~ s.o. as s.th.** jdm als etw dienen; **~ s.o. with s.th.** jdm etw bringen; **dinner is ~d** das Essen ist aufgetragen; **~ a summons on s.o.** jdn vor Gericht laden; **~ s.o. ill** jdm einen schlechten Dienst erweisen; **it ~s him right** es geschieht ihm ganz recht **II.** *vi* **1.** (*a.* MIL) dienen **2.** brauchbar, dienlich sein, sich verwenden lassen **3.** (*Kellner*) bedienen **4.** (SPORT) aufschlagen; **~ in an office** ein Amt bekleiden; **~ as** [*o* **for**] dienen als; **it will ~** das tut's; **it ~s to show …** das zeigt … **III.** *s* (SPORT) Aufschlag *m;* **serve out** *vt* **1.** (*Essen*) ausgeben; verteilen **2.** (MIL) ableisten; absitzen; **serve up** *vt* **1.** servieren; verteilen **2.** (*fam*) auftischen

server [ˈsɜːvə(r)] *s* **1.** Servierbrett *nt* **2.** Servierlöffel *m* **3.** (SPORT) Aufschläger(in) *m(f)* **4.** (REL) Ministrant(in) *m(f)* **5.** (*Am*) Bedienung *f* **6.** (INTERNET) Server *m;* **salad ~s** Salatbesteck *nt*

ser·vice [ˈsɜːvɪs] **I.** *s* **1.** Dienst *m* **2.** Betrieb *m* **3.** (MIL) Militärdienst *m* **4.** (*Kunde*) Service *m;* Bedienung *f* **5.** (*Bus etc*) Busverbindung *f* **6.** Dienst *m;* Stellung *f* **7.** (REL) Gottesdienst *m* **8.** (*Maschinen*) Wartung *f;* Inspektion *f* **9.** (*Tee*) Service *nt* **10.** (SPORT) Aufschlag *m* **11.** (JUR) Zustellung *f* **12. ~s** Dienstleistungen *fpl,* Versorgungsnetz *nt;* **~s to one's country** Dienst an seinem Vaterland; **do s.o. a ~** jdm einen Dienst er-

S

weisen; **be of ~** nützlich sein; **be of ~ to s.o.** jdm nützen; **be at s.o.'s ~** jdm zur Verfügung stehen; **be out of ~** außer Betrieb sein; **come into ~** in Betrieb genommen werden; **see ~ as a soldier** beim Militär dienen; **telephone ~** Telefondienst *m;* **medical ~** ärztliche Versorgung; **be in ~ with s.o.** bei jdm in Stellung sein; **take s.o. into ~** jdn in Stellung nehmen **II.** *vt* **1.** (*Auto, Maschine*) warten **2.** (*Gegend*) bedienen, versorgen **3.** (*Betrieb, Ausschuss*) zuarbeiten (*s.o.* jdm) **4.** (ZOO) decken **5.** (FIN) bedienen; **ser·vice·able** [-əbl] *adj* **1.** strapazierfähig **2.** brauchbar, dienlich, nützlich **3.** praktisch, zweckmäßig; **service area** *s* Tankstelle *f* und Raststätte *f;* **service bus** *s* Linienbus *m;* **service centre** *s* Reparaturwerkstatt *f;* **service charge** *s* Bedienungsgeld *nt;* Bearbeitungsgebühr *f;* **service contract** *s* Wartungsvertrag *m;* **service department** *s* Kundendienstabteilung *f;* **service elevator, service lift** *s* Lastenaufzug *m;* **service entrance** *s* Dienstboteneingang *m;* **service hatch** *s* Durchreiche *f;* **service industry** *s* Dienstleistungsindustrie *f,* -sektor *m;* **ser·vice·man** ['sɜːvɪsmən] *s* Militärangehörige(r) *m;* **service manual** *s* Wartungshandbuch *nt;* **service road** *s* Zufahrtsstraße *f;* **service sector** *s* Dienstleistungssektor *m;* **service station** *s* Tankstelle *f* (mit Reparaturwerkstatt); **ser·vice·wo·man** ['sɜːvɪsˌwʊmən] <*pl* -women> *s* Militärangehörige *f*

ser·vi·ette [ˌsɜːvɪ'et] *s* Serviette *f*

ser·vile ['sɜːvaɪl] *adj* sklavisch; unterwürfig; **ser·vil·ity** [sɜː'vɪlətɪ] *s* Unterwürfigkeit *f*

serv·ing ['sɜːvɪŋ] *s* Portion *f;* **~ spoon** Vorlegelöffel *m*

ser·vi·tude ['sɜːvɪtjuːd] *s* Knechtschaft *f*

servo ['sɜːvəʊ] <*pl* servos> **I.** *s* Servomechanismus *m* **II.** *adj* Servo-; **~-assisted brakes** Servobremsen *fpl*

ses·ame ['sesəmɪ] *s* Sesam *m;* **open ~!** Sesam, öffne dich!

ses·sion ['seʃn] *s* **1.** Sitzung, Besprechung *f* **2.** (JUR PARL) Sitzungsperiode *f;* Legislaturperiode *f* **3.** (*Zahnarzt*) Sitzung *f;* Behandlung *f* **4.** (*Schule, Universität*) Semester *nt;* Studienjahr *nt;* **go into secret ~** eine Geheimsitzung abhalten; **recording ~** Aufnahme *f;* **be in ~** eine Sitzung haben, tagen; **a ~ of talks** Gespräche *ntpl*

set [set] <*irr:* set, set> **I.** *vt* **1.** setzen; stellen; legen **2.** einstellen (*at* auf), aufstellen **3.** (*Uhr*) stellen (*by* nach, *to* auf) **4.** (*Ziel*) festsetzen, festlegen **5.** (*Frage*) stellen (*s.o.* jdm) **6.** (*Platz*) bestimmen **7.** (*Edelstein*) fassen; besetzen **8.** (*Glasscheibe*) einsetzen **9.** (MED) einrenken **10.** (*Tisch*) decken **11.** (RADIO) einstellen **12.** (TECH) justieren **13.** (*Datum, Preis, Strafe*) festsetzen (*at* auf) **14.** (*die Mode*) bestimmen, einführen **15.** (*den Ton*) angeben **16.** (TYP) setzen; **be ~ fair** (METE) beständig sein; **~ an example** ein Beispiel geben; **Macbeth is ~ this year** Macbeth steht dieses Jahr auf dem Lehrplan; **~ a value on s.th.** einen Wert auf etw festsetzen; **~ s.o. a problem** jdn vor ein Problem stellen; **~ stones in concrete** Steine einzementieren; **be ~ in the valley** im Tal liegen; **the book is ~ in Paris** das Buch spielt in Paris; **~ a guard on s.th.** etw bewachen lassen; **~ a dog after s.o.** einen Hund auf jdn ansetzen; **~ s.th. to music** etw vertonen; **~ s.th. going** etw in Gang bringen; **~ s.o. doing s.th.** jdn dazu veranlassen etw zu tun; **~ s.o. to doing s.th.** jdn etw tun lassen; **~ s.o. free** jdn freilassen; **~ s.th. right** etw in Ordnung bringen; **~ s.o. right** jdn berichtigen **II.** *vi* **1.** (*Sonne*) untergehen **2.** (*Zement*) hart werden **3.** (*Hund*) vorstehen **III.** *adj* **1.** fertig, bereit **2.** (*Gesicht*) unbeweglich **3.** (*Sitten*) fest; vorgegeben **4.** (*Zeit*) festgesetzt, bestimmt **5.** entschlossen; **be all ~ for s.th.** für etw gerüstet sein; **be all ~ to do s.th.** fest entschlossen sein etw zu tun; **~ book** Pflichtlektüre *f;* **~ menu** Tageskarte *f;* **~ phrase** feststehender Ausdruck; **~ price** Fixpreis *m,* festgesetzter Preis; **be ~ in one's ways** in seinen Gewohnheiten festgefahren sein; **be dead ~ on s.th./on doing s.th.** etw auf Biegen und Brechen haben/tun wollen **IV.** *s* **1.** Satz *m;* Paar *nt;* Garnitur *f;* Service *nt* **2.** (*Nadeln*) Spiel *nt* **3.** Malkasten *m;* Baukasten *m* **4.** (*Bücher*) Reihe, Serie *f,* gesammelte Ausgabe **5.** Reihe *f* **6.** (*Menschen*) Kreis *m* **7.** (SPORT) Satz *m;* Spiel *nt* **8.** (MATH) Reihe *f;* Menge *f* **9.** (*Lied*) Programmnummer *f* **10.** (RADIO TV) Gerät *nt,* Apparat *m* **11.** (*Kleidung*) Sitz *m;* Haltung *f* **12.** (*Haare*) Frisur, Form *f* **13.** (THEAT) Bühnenbild *nt;* **a ~ of teeth** Gebiss *nt;* **a ~ of tools** Werkzeug *nt;* **a whole ~ of questions** eine ganze Reihe Fragen; **that ~ of people** dieser Personenkreis; **make a dead ~ at s.o.** sich an jdn ranmachen; **set about** *vt* sich machen an, anfangen; anfassen, anpacken; herfallen über; **~ about doing s.th.** sich dranmachen etw zu tun; **set against** *vt* **1.** einnehmen gegen **2.** gegenüberstellen **3.** (FIN) absetzen; **~ o.s. against s.th.** sich einer S entgegenstellen; **set apart** *vt* **1.** abheben, unterscheiden **2.** (*Geld*) beiseite legen; **set aside** *vt* **1.** beiseite legen **2.** (*Zeit*) einplanen **3.** (*Pläne*) aufschieben; begraben

4. (JUR) aufheben, annullieren, außer Kraft setzen; **set back** *vt* 1. zurücksetzen 2. verzögern, behindern; zurückwerfen 3. kosten; **set down** *vt* 1. absetzen 2. (*Passagier*) aussteigen lassen 3. schriftlich niederlegen 4. zuschreiben; ~ **s.o. down as s.th.** jdn für etw halten; **set forth** I. *vt* (*Plan*) darlegen II. *vi* aufbrechen, abreisen; **set in** I. *vt* einsetzen; einarbeiten II. *vi* 1. einsetzen 2. (*Dunkelheit*) anbrechen; **set off** I. *vt* 1. (*Feuerwerk*) losgehen lassen 2. führen zu; auslösen 3. hervorheben II. *vi* sich auf den Weg machen, aufbrechen; losfahren; **that ~ us all off laughing** das brachte uns alle zum Lachen; ~ **s.th. off from s.th.** etw von etw abheben; ~ **off on a journey** eine Reise antreten; **set on** I. *vt* hetzen, ansetzen auf II. *vi* überfallen; **set out** I. *vt* ausbreiten; aufstellen; anordnen; darlegen II. *vi* 1. abfahren, aufbrechen, sich auf den Weg machen 2. beabsichtigen; **set to** *vi* loslegen, reinhauen; ~ **to work** sich an die Arbeit machen; **set up** I. *vt* 1. aufstellen; aufbauen; errichten 2. (*fig*) arrangieren, vereinbaren 3. (*Raub*) planen 4. (*Schule*) einrichten 5. (*Geschäft*) eröffnen, gründen 6. (*Rekord*) aufstellen 7. (*Gesundheit*) gut tun 8. (*Protest*) anstimmen 9. (*Infektion*) auslösen II. *vi* sich niederlassen; ~ **s.th. up for s.o.** etw für jdn vorbereiten; ~ **s.o. up** (*fam*) jdm etw anhängen; ~ **s.o. up as s.th.** jdm ermöglichen etw zu werden; ~ **o.s. up as s.th.** sich als etw aufspielen; **be ~ up for life** für sein ganzes Leben ausgesorgt haben; **be well ~ up** sich gut stehen; ~ **up as a doctor** sich als Arzt niederlassen; ~ **up for o.s.** sich selbstständig machen

set-aside [set'ɑsaɪd] *s* Flächenstilllegung *f*; **set·back** ['setbæk] *s* Rückschlag *m*; **set-in** [set'ɪn] *adj* (*Ärmel*) eingesetzt; eingearbeitet; **set square** *s* Zeichendreieck *nt*

set·tee [se'tiː] *s* Sofa *nt*

set·ter ['setə(r)] *s* (*Hunderasse*) Setter *m*

set the·ory ['setˌθɪərɪ] *s* (MATH) Mengenlehre *f*

set·ting ['setɪŋ] *s* 1. (*Sonne*) Untergang *m* 2. (*fig*) Rahmen *m*, Umgebung *f*; Schauplatz *m* 3. (*Juwel*) Fassung *f* 4. (*place ~*) Gedeck *nt* 5. (TECH) Einstellung *f* 6. (MUS) Vertonung *f* 7. (*Haare*) Legen *nt*; **setting lotion** *s* Haarfestiger *m*

settle ['setl] I. *vt* 1. entscheiden; regeln 2. (*Problem*) klären 3. (*Streit*) beilegen, schlichten 4. (*Platz*) vereinbaren, festlegen, ausmachen 5. (*Vertrag*) abschließen 6. (*Preis*) sich einigen auf, aushandeln 7. (*Rechnung*) bezahlen, begleichen 8. (*Flüssigkeit*) sich setzen lassen; sich klären lassen 9. (*Kind*) versorgen; zurechtlegen 10. (*im Haus*) unterbringen; etablieren 11. (*Land*) besiedeln; ~ **one's affairs** seine Angelegenheiten in Ordnung bringen; **that ~s it** damit wäre der Fall erledigt; ~ **o.s. to doing s.th.** sich daran machen etw zu tun; ~ **s.o. into a house** jdm helfen sich häuslich einzurichten; ~ **money on s.o.** jdm Geld überschreiben; **I'll soon ~ him** dem werd' ich's geben II. *vi* 1. sesshaft werden; sich niederlassen, sich ansiedeln; sich einrichten 2. sich einleben; sich eingewöhnen (*into* in) 3. (*Wetter*) beständig werden 4. (*Kind*) sich beruhigen; zur Ruhe kommen, ruhiger werden 5. (*Vogel*) sich niederlassen; sich setzen 6. (*Gebäude*) sich senken 7. (JUR) sich vergleichen 8. bezahlen; ~ **into a habit** sich etw angewöhnen; ~ **comfortably in an armchair** es sich in einem Sessel bequem machen; **settle down** I. *vi* 1. sesshaft werden 2. sich legen II. *vt* 1. beruhigen 2. (*Baby*) hinlegen; versorgen; **marry and ~ down** heiraten und häuslich werden; ~ **down at school** sich an einer Schule eingewöhnen; ~ **down to watch TV** es sich vor dem Fernseher gemütlich machen; ~ **(o.s.) down to work** sich an die Arbeit machen; **settle for** *vt* sich zufriedengeben mit; **settle in** *vi* sich einleben, sich eingewöhnen; ~ **s.o. in** jdm helfen, sich einzuleben; **settle on**, **settle upon** *vt* sich entscheiden für; sich einigen auf; ~ **s.th. on s.o.** jdm etw vermachen; **settle up** *vt, vi* bezahlen; ~ **up with s.o.** mit jdm abrechnen; **settle with** *vt* abrechnen mit; ~ **one's account with s.o.** mit jdm abrechnen; ~ **s.th. with s.o.** sich mit jdm auf etw einigen

set·tled ['setld] *adj* 1. (*Wetter*) beständig 2. (*Leben*) geregelt 3. (*Meinung*) fest; (*Vorgang*) feststehend; **be ~** etabliert sein; festen Fuß gefasst haben; ruhiger sein; **feel ~** sich wohl fühlen

set·tle·ment ['setlmənt] *s* 1. Entscheidung *f*; Regelung *f*; Klärung *f* 2. (*Streit*) Beilegung, Schlichtung *f* 3. (*Rechnung*) Bezahlung *f* 4. (*Vertrag*) Übereinkunft *f*, Übereinkommen *nt* 5. (*Geld*) Übertragung, Überschreibung *f* (*on* auf) 6. (*Gebäude*) Senkung *f*; Absetzen *nt* 7. Siedlung, Niederlassung *f*; Ansiedlung *f* 8. Wohlfahrtseinrichtung *f*; Gemeindezentrum *nt*; **reach a ~** sich einigen, einen Vergleich schließen; **a ~ out of court** ein außergerichtlicher Vergleich; **settlement date** *s* Abrechnungstermin *m*

set·tler ['setlə(r)] *s* Siedler(in) *m(f)*

set-to [ˌset'tuː] *s* (*fam*) Krach *m*, Streiterei *f*;

S

have a ~ sich in die Haare geraten; **set·up** ['setʌp] *s* **1.** Zustände, Umstände *mpl* **2.** Organisation *f,* Arrangement *nt* **3.** Geräte *ntpl* **4.** (*sl*) Komplott *nt,* abgekartetes Spiel; **what's the** ~ **here?** wie läuft das hier?; ~ **costs** Anlaufkosten *pl*

seven ['sevn] *adj* sieben; ~**-league boots** Siebenmeilenstiefel *mpl;* **get the** ~**-year itch** im verflixten siebenten Jahr sein; **seven·fold** ['sevnfəʊld] *adj* siebenfach; **seven·teen** [ˌsevn'tiːn] *adj* siebzehn; **seven·teenth** [ˌsevn'tiːnθ] **I.** *adj* siebzehnte(r, s) **II.** *s* Siebzehntel *nt;* Siebzehnte(r, s); **sev·enth** ['sevnθ] **I.** *adj* sieb(en)te(r, s) **II.** *s* Siebtel *nt;* Siebte(r, s); **sev·en·ty** ['sevntɪ] *adj* siebzig; **the seventies** die Siebzigerjahre; **he's in his seventies** er ist (so) um die siebzig; **seventy-eight** [ˌsevntɪ'eɪt] *s* (*Schallplatte*) Achtundsiebziger (Platte) *f*

sever ['sevə(r)] **I.** *vt* **1.** durchtrennen; durchschlagen; abtrennen (*from* von) **2.** (*Land*) teilen **3.** (*Vertrag*) auflösen **4.** (*Beziehungen*) abbrechen **5.** (*Verbindungen*) lösen **II.** *vi* durchreißen

sev·eral ['sevrəl] **I.** *adj* einige, mehrere; verschiedene; ~ **times** mehrere Male; **they went their** ~ **ways** jeder ging seinen Weg **II.** *pron* einige; ~ **of us** einige von uns; **sev·eral·ly** ['sevrəlɪ] *adv* einzeln, getrennt, für sich

sever·ance ['sevərəns] *s* **1.** Durchtrennen *nt;* Durchschlagen *nt;* Abtrennen *nt* **2.** Teilung *f* **3.** (*Beziehungen*) Abbruch *m;* **severance pay** *s* Entlassungsabfindung *f*

se·vere [sɪ'vɪə(r)] *adj* **1.** streng **2.** (*Kritik*) hart; scharf **3.** (*Test*) schwer **4.** (*Ausdruck*) ernst **5.** (*Krankheit*) schwer, schlimm **6.** (*Sturm*) stark, heftig **7.** (*Wetter*) rau; **be** ~ **with s.o.** streng mit jdm sein; **se·ver·ity** [sɪ'verətɪ] *s* **1.** Strenge, Härte *f* (*on* gegen) **2.** Ernst *m,* Schärfe *f* **3.** Härte *f;* Schwere *f* **4.** Heftigkeit *f;* **the** ~ **of the cold** die große Kälte

sew [səʊ] <*irr:* **sewed, sewed (sewn)**> *vt, vi* nähen; ~ **s.th. on** etw annähen; **sew up** *vt* **1.** zunähen; nähen **2.** (*fam*) unter Dach und Fach bringen; ~ **s.th. up in s.th.** etw in etw einnähen; **it's all** ~**n up** es ist unter Dach und Fach

sew·age ['sjuːɪdʒ] *s* Abwasser *nt;* **sewage farm** ['sjuːɪdʒˌfaːm] *s* Rieselfeld *nt;* **sewage (treatment) plant** *s* Kläranlage *f*

sewer[1] ['səʊə(r)] *s* Näher(in) *m(f)*

sewer[2] ['sjuːə(r)] *s* **1.** Abwasserleitung *f;* Abwasserkanal *m* **2.** (*fig*) Kloake *f;* **sewer·age** ['sjuːərɪdʒ] *s* Kanalisation *f;* Abwässer *ntpl;* **sewer gas** *s* Faulschlammgas *nt;* **sewer rat** *s* Wanderratte *f*

sew·ing ['səʊɪŋ] *s* **1.** Nähen *nt* **2.** Näharbeit *f;* **sewing basket** *s* Nähkorb *m;* **sewing machine** *s* Nähmaschine *f*

sewn [səʊn] *s.* **sew**

sex [seks] **I.** *s* **1.** Geschlecht *nt* **2.** Sexualität *f;* Sex *m;* **of both** ~**es** beiderlei Geschlechts; **have** ~ **with** (Geschlechts)Verkehr haben mit **II.** *adj* Geschlechts-; Sexual- **III.** *vt* das Geschlecht bestimmen von

sexa·gen·ar·ian [ˌseksədʒɪ'neərɪən] **I.** *adj* sechzigjährig **II.** *s* Sechzigjährige(r) *f m*

sex ap·peal ['seksəˌpiːl] *s* Sexappeal *m;* **sex discrimination** *s* Diskriminierung *f* auf Grund des Geschlechts; **sex education** *s* Sexualerziehung *f;* Aufklärungsunterricht *m;* **sex·ism** ['seksɪsm] *s* Sexismus *m;* **sex·ist** ['seksɪst] **I.** *s* Sexist(in) *m(f)* **II.** *adj* sexistisch; **sex·less** ['sekslɪs] *adj* geschlechtslos; **sex life** *s* Geschlechtsleben *nt;* **sex symbol** *s* Sexsymbol *nt*

sex·tant ['sekstənt] *s* Sextant *m*

sex·tet(te) [seks'tet] *s* (MUS) Sextett *nt*

sex·ton ['sekstən] *s* Küster *m*

sex·ual ['sekʃʊəl] *adj* sexuell; geschlechtlich; ~ **characteristics** Geschlechtsmerkmale *ntpl;* ~ **crime** Sexualverbrechen *nt;* ~ **harrassment** sexuelle Belästigung; ~ **intercourse** Geschlechtsverkehr *m;* ~ **partner** Intimpartner(in) *m(f);* **sex·ual·ity** [ˌsekʃʊ'ælətɪ] *s* Sexualität *f;* **sex·ual·ly** ['sekʃʊəlɪ] *adv* sexuell; ~ **mature** geschlechtsreif; ~ **transmitted disease** durch Geschlechtsverkehr übertragene Krankheit; **sexy** ['seksɪ] *adj* (*fam*) sexy; aufreizend

shabby ['ʃæbɪ] *adj* schäbig

shack [ʃæk] **I.** *s* Hütte *f,* Schuppen *m* **II.** *vi:* ~ **up with s.o.** (*sl*) mit jdm zusammenziehen

shackle ['ʃækl] **I.** *s* **1.** (TECH) Bügel, Schäkel *m* **2.** *meist pl* Fessel *f* **II.** *vt* in Ketten legen; fesseln; **be** ~**d by s.th.** (*fig*) an etw gebunden sein

shade [ʃeɪd] **I.** *s* **1.** Schatten *m* **2.** (Lampen)Schirm *m;* Schild *nt* **3.** Jalousie *f;* Markise *f;* Springrollo *nt* **4.** Farbton *m;* Schattierung *f;* Nuance *f* **5.** (*fig*) Spur *f* **6.** (*lit*) Schatten *m;* **give** ~ Schatten spenden; **put s.o. in the** ~ (*fig*) jdn in den Schatten stellen; ~**s** (*fam*) Sonnenbrille *f;* **of all** ~**s and hues** (*fig*) aller Schattierungen **II.** *vt* **1.** Schatten werfen auf **2.** abschirmen (*from* gegen), abdunkeln **3.** (*Kunst*) schattieren, abtönen **4.** (SPORT) äußerst knapp gewinnen; ~ **s.th. in** etw ausmalen **III.** *vi* (*fig*) übergehen; ~ **off** allmählich blasser werden; **shad·ing** ['ʃeɪdɪŋ] *s* (*Kunst*) Schattierung, Schraffierung *f*

shad·ow ['ʃædəʊ] **I.** *s* **1.** Schatten *m* **2.** (*fig*)

Bedrohung *f* **3.** (*fig*) Andeutung, Spur *f* **4.** (*fig*) Schatten *m,* ständiger Begleiter; **in the** ~ im Schatten; **in the ~s** im Dunkel; **be in s.o.'s** ~ (*fig*) in jds Schatten stehen; **be afraid of one's own** ~ sich vor seinem eigenen Schatten fürchten; **be just a** ~ **of one's former self** nur noch ein Schatten seiner selbst sein; **catch at ~s** einem Phantom nachjagen; **a** ~ **of hope** ein Hoffnungsschimmer *m;* **put a** ~ **on s.o.** jdn beschatten lassen **II.** *adj* (POL) Schatten- **III.** *vt* **1.** Schatten werfen auf; überschatten **2.** beschatten; **shadow-boxing** *s* Schattenboxen *nt;* **shadow cabinet** *s* (POL) Schattenkabinett *nt;* **Shadow Chancellor** *s* (*in GB*) Finanzminister(in) *m (f)* des Schattenkabinetts; **shad·owy** ['ʃædəʊɪ] *adj* **1.** schattig **2.** (*fig*) unbestimmt, vage; verschwommen

shady ['ʃeɪdɪ] *adj* **1.** schattig; Schatten spendend **2.** (*fig*) zweifelhaft, anrüchig

shaft [ʃɑ:ft] *s* **1.** Schaft *m;* Stiel *m;* Deichsel *f* **2.** (Licht)Strahl *m* **3.** (*lit*) Pfeil *m* **4.** (TECH) Spindel, Welle, Achse *f* **5.** (MIN) Schacht *m* **6.** (ARCH) Säulenschaft *m* **7.** (*fig*) Spitze *f*

shag [ʃæg] **I.** *s* **1.** (*Teppich*) Flor *m* **2.** (*Kormoran*) Krähenscharbe *f* **II.** *vi, vt* (*sl*) bumsen; **shagged (out)** [ˌʃægd'aʊt] *adj* (*sl*) ausgelaugt

shaggy ['ʃægɪ] *adj* **1.** zottig, struppig **2.** (*Haare*) zottelig; **~-dog story** *langatmiger Witz mit schwacher Pointe*

shah [ʃɑ:] *s* Schah *m*

shake [ʃeɪk] <*irr:* shook, shaken> **I.** *vt* **1.** schütteln; erschüttern; durchschütteln **2.** (*Ruf*) erschüttern; ins Wanken bringen **3.** (*Schock*) erschüttern; ~ **one's fist at s.o.** jdm mit der Faust drohen; ~ **o.s. free** sich losmachen; ~ **hands** sich die Hand geben; ~ **hands with s.o.** jdm die Hand geben; ~ **a leg** (*fam*) Dampf machen; **they were badly ~n by the news** die Nachricht hatte sie sehr mitgenommen **II.** *vi* wackeln; zittern; beben; ~ **with cold** vor Kälte zittern; ~ **like a leaf** wie Espenlaub zittern; ~ **with laughter** sich vor Lachen schütteln **III.** *s* **1.** Schütteln, Zittern, Beben *nt* **2.** (*fam*) Moment, Augenblick *m* **3.** (*milk* ~) Shake *m;* **give a rug a** ~ einen Läufer ausschütteln; **give s.o. a good** ~ jdn kräftig schütteln; **in two ~s** (*fam*) in zwei Sekunden; **be no great ~s** (*sl*) nicht umwerfend sein; **shake down I.** *vt* **1.** herunterschütteln **2.** (*Am sl*) ausquetschen **II.** *vi* **1.** kampieren **2.** (*Maschine*) sich einlaufen; ~ **s.o. down for ...** (*Am sl*) jdn um ... erleichtern; **shake off** *vt* abschütteln; losbekommen; sich befreien von; ~ **the dust off one's feet** den Staub von den Füßen schütteln; **shake out** *vt* **1.** herausschütteln **2.** (*Staubtuch, Teppich*) ausschütteln **3.** (*fig*) aufrütteln; **shake up** *vt* **1.** schütteln; aufschütteln **2.** (*fig*) erschüttern **3.** (*Führung*) auf Zack bringen; **she was badly ~n up by the accident** der Unfall hat ihr einen schweren Schock versetzt

shake·down ['ʃeɪkdaʊn] *s* Lager, Notbett *nt;* **shaken** ['ʃeɪkn] *s.* **shake**; **shake-out** ['ʃeɪkaʊt] *s* Personalabbau *m;* **shaker** ['ʃeɪkə(r)] *s* **1.** (Salz)Streuer *m* **2.** (*cocktail* ~) Mixbecher *m;* **shake-up** ['ʃeɪkʌp] *s* (*fam*) Umbesetzung *f,* Umstrukturierung *f;* **shak·ily** ['ʃeɪkɪlɪ] *adv* wackelig; zitterig; **shak·ing** ['ʃeɪkɪŋ] *s* Zittern *nt;* **shaky** ['ʃeɪkɪ] *adj* **1.** (*Position*) wackelig **2.** (*Beweis*) fragwürdig, unsicher **3.** (*Hand*) zitterig; **in rather** ~ **English** in ziemlich holprigem Englisch

shale [ʃeɪl] *s* (GEOG) Schiefer *m*

shall [ʃæl] *s* <*irr:* should> **1.** (*Futur*) werden **2.** sollen; **I** ~ **arrive tomorrow** ich werde morgen ankommen; **you** ~ **pay for this!** dafür sollst du büßen!; **what** ~ **we do?** was sollen wir machen? was machen wir?

shal·lot [ʃə'lɒt] *s* Schalotte *f*

shal·low ['ʃæləʊ] **I.** *adj* **1.** flach; seicht **2.** (*fig*) oberflächlich **II.** *s pl* seichte Stelle, Untiefe *f;* **shal·low·ness** [-nɪs] *s* Flachheit, Seichtheit *f*

sham [ʃæm] **I.** *s* **1.** Heuchelei *f* **2.** Scharlatan *m;* **her life seemed a** ~ ihr Leben erschien ihr als Lug und Trug **II.** *adj* **1.** (*Diamant*) falsch, unecht **2.** (*fig*) vorgetäuscht, geheuchelt **III.** *vt* vortäuschen, -geben; simulieren **IV.** *vi* simulieren; so tun; **he's only ~ming** er tut nur so

shamble ['ʃæmbl] *vi* trotten

shambles ['ʃæmblz] *s pl meist mit sing* heilloses Durcheinander; Schlachtfeld *nt;* Chaos *nt*

S

sham·bolic [ʃæm'bɒlɪk] *adj* chaotisch

shame [ʃeɪm] **I.** *s* **1.** Schande *f* **2.** Scham *f* **3.** Schandfleck *m;* **feel** ~ **at s.th.** sich für etw schämen; **bring** ~ **upon s.o.** jdm Schande machen; **without** ~ schamlos; **put s.o. to** ~ jdm Schande machen; **to my** ~ zu meiner Schande; **cry** ~ **on s.o.** sich über jdn entrüsten; **the** ~ **of it all** die Schande; ~ **on you!** du solltest dich schämen!; **what a ~!** schade! **II.** *vt* **1.** Schande machen (*s.o.* jdm) **2.** (*fig*) in den Schatten stellen; **shame·faced** [ʃeɪm'feɪst] *adj* betreten; **shame·ful** ['ʃeɪmfl] *adj* schändlich; schamlos; schimpflich; **shame·less** ['ʃeɪmlɪs] *adj* schamlos; unverschämt

shammy ['ʃæmɪ] (~-*leather*) Fenster-, Autoleder *nt*

sham·poo [ʃæm'pu:] **I.** *vt* **1.** die Haare waschen (*s.o.* jdm) **2.** (*Haare*) waschen **3.** (*Teppich*) shampoonieren **II.** *s* Shampoo *nt;* Haarwaschmittel *nt;* **have a ~ and set** sich die Haare waschen und legen lassen

sham·rock ['ʃæmrɒk] *s* Klee *m;* Kleeblatt *nt*

shandy ['ʃændɪ] *s* (*Br*) Bier u. Limonade gemischt

shang·hai [ʃæŋ'haɪ] *vt* (*fig*) zwingen (*into doing s.th.* etw zu tun)

shank [ʃæŋk] *s* **1.** (*Vogel*) Schenkel *m* **2.** (*Schlachttier*) Haxe *f* **3.** (TECH) Griff, Stiel, Schaft *m* **4.** (ARCH) (Säulen)Schaft *m;* **on ~'s pony** (*obs*) auf Schusters Rappen

shanty ['ʃæntɪ] *s* Schuppen *m,* Hütte *f;* **shanty town** *s* Slum(vor)stadt *f*

shanty[2] ['ʃæntɪ] *s* Seemannslied *nt*

shape [ʃeɪp] **I.** *s* **1.** Form *f;* Gestalt *f* **2.** (TECH) Form *f,* Modell, Muster *nt* **3.** (*fig*) Gestalt, äußere Erscheinung *f* **4.** Zustand *m,* (gesundheitliche) Verfassung *f;* **in the ~ of** in Form, Gestalt *+gen;* **in any ~ or form** irgendwie; **in great ~** glänzend in Form; **be in bad ~** in schlechter Verfassung sein; **be out of ~** aus der Form, aus der Fasson sein; **take ~** Gestalt annehmen **II.** *vt* **1.** bearbeiten; formen, bilden, gestalten **2.** (*fig: Charakter*) formen, prägen; (*Leben*) gestalten; (*Lauf der Dinge*) bestimmen; (*Gesellschaft*) formen **III.** *vi* (*~ up*) sich entwickeln; **be shaping up well** sich gut anlassen, viel versprechend sein; **shape·less** [-lɪs] *adj* form-, gestaltlos; **shape·ly** [-lɪ] *adj* wohlgestaltet, gut proportioniert

shard [ʃɑ:d] *s* (Ton)Scherbe *f*

share[1] [ʃeə(r)] **I.** *s* **1.** Anteil, Teil *m;* Beitrag *m* **2.** Aktie *f;* Geschäftsanteil, Anteilschein *m;* Beteiligung *f* (*in* an); **in equal ~s** zu gleichen Teilen; **come in for a ~ of s.th.** seinen Anteil an etw bekommen; **give s.o. a ~ in s.th.** jdn an einer S beteiligen; **go ~s with s.o.** mit jdm teilen; **have a ~ in s.th.** an einer S teilhaben, beteiligt sein, an etw teilnehmen; **hold ~s** Aktionär sein (*in a company* einer Gesellschaft); **take a ~ in s.th.** sich an einer S beteiligen; **~ in a business** Geschäftsanteil *m* **II.** *vt* (sich) teilen (*s.th.* etw); **~ the same name** den gleichen Namen haben **III.** *vi* teilen; **~ in s.th.** sich an etw beteiligen; an etw teilhaben; **~ out** verteilen; **~ and ~ alike** brüderlich teilen

share[2] [ʃeə(r)] *s* (AGR: *plough~*) Pflugschar *f*

share capi·tal [ʃeə'kæpɪtl] *s* Aktienkapital *nt;* **share cer·ti·fi·cate** [ʃeəsə'tɪfɪkət] *s* Aktienzertifikat *nt;* **share·holder** ['ʃeə,həʊldə(r)] *s* Aktionär(in) *m(f);* **share-hold·ing** ['ʃeə,həʊldɪŋ] *s* Beteiligung *f;* **share index** *s* Aktienindex *m;* **share issue** *s* Aktienemission *f;* **share option** *s* Aktienoption *f;* **share-out** ['ʃeəraʊt] *s* Verteilung *f;* (*Aktien*) Dividendenausschüttung *f;* **share price** *s* Aktienkurs *m;* **share price index** *s* Aktienkursindex *m;* **share-ware** ['ʃeəweə(r)] *s* (INFORM) Shareware *f*

shark [ʃɑ:k] *s* **1.** Hai(fisch) *m* **2.** (*fig*) Schurke, Schuft, Wucherer *m;* **loan ~** Kredithai *m*

sharp [ʃɑ:p] **I.** *adj* **1.** scharf **2.** spitz **3.** unvermittelt, abrupt **4.** (*Kurve*) scharf **5.** (*Abhang*) steil, jäh abfallend **6.** klar, scharf umrissen, deutlich **7.** hart, streng **8.** scharfsinnig, schlau, verschlagen; (*fam*) gerissen **9.** scharf, heftig, hitzig **10.** schneidend, scharf, beißend, stechend, heftig **11.** durchdringend, schrill; **keep a ~ eye on s.o.** jdn scharf im Auge behalten; **that was pretty ~ of him** das war ziemlich clever von ihm; **be ~ about it!** mach ein bisschen schnell! **II.** *s* (MUS) Kreuz *nt* **III.** *adv* **1.** plötzlich, unvermittelt **2.** (MUS) eine halbe Note höher; zu hoch **3.** pünktlich, genau; **look ~** (*fam*) aufpassen; Acht geben; sich beeilen; **sharpen** ['ʃɑ:pən] **I.** *vt* **1.** schärfen, spitzen, schleifen, wetzen **2.** (*Appetit*) anregen **3.** (*fig: Geist*) schärfen; (*Spannung*) erhöhen **4.** (MUS) um eine halbe Note erhöhen; höher singen, spielen **II.** *vi* **1.** schärfer werden **2.** höher singen, spielen; **sharp·ener** ['ʃɑ:pnə(r)] *s* Schleifgerät *nt;* Wetzstahl *m;* (*pencil ~*) Bleistiftspitzer *m*

sharper ['ʃɑ:pə(r)] *s* Gauner(in) *m(f),* Schwindler(in) *m(f);* (*card ~*) Falschspieler(in) *m(f)*

sharp-eyed [ʃɑ:p'aɪd] *adj* scharfsichtig; **sharp-featured** [ʃɑ:p'fi:tʃəd] *adj* mit scharfen Gesichtszügen; **sharp·ness** [-nɪs] *s* Schärfe *f,* Spitzheit *f;* Gerissenheit *f;* **sharp practice** *s* **1.** unsaubere Geschäfte *ntpl* **2.** unlautere Geschäftspraktik *f;* **sharp·shooter** ['ʃɑ:pʃu:tə(r)] *s* Scharfschütze *m,* -schützin *f;* **sharp-sighted** [ʃɑ:p'saɪtɪd] *adj* scharfsichtig; **sharp-tempered** [ʃɑ:p'tempəd] *adj* jähzornig; **sharp-tongued** [ʃɑ:p'tʌŋd] *adj* scharfzüngig; **sharp-witted** [ʃɑ:p'wɪtɪd] *adj* klug; gewitzt

shat [ʃæt] *s.* **shit**[1]

shat·ter ['ʃætə(r)] **I.** *vt* **1.** zerschmettern, zerbrechen **2.** (*Knochen*) zersplittern **3.** (*fig*) zerstören, vernichten, zunichte machen; erschüttern **4.** ermüden **5.** (*Gesundheit*) untergraben **6.** (*Nerven*) zerrütten; **be absolutely ~ed** (*fam*) völlig erschöpft sein; am Boden zerstört sein; zutiefst erschüttert sein **II.** *vi* zerbrechen; **shat·ter·ing** [-ɪŋ] *adj* **1.** (*Schlag, Explosion*) gewaltig; (*Niederlage*) vernichtend **2.** erschöpfend; niederschmetternd; (*fig: Schlag*) schwer **3.** (*fam: Neuigkeit, Unkenntnis, Offenheit*) erschütternd; (*Erlebnis, Wirkung*) umwerfend; **have a ~ effect on s.th.** sich verheerend auf etw auswirken; **it must have been ~ for you** es muss entsetzlich für Sie gewesen sein; **shat·ter·proof** [ˈʃætəpruːf] *adj* splitterfrei

shave [ʃeɪv] <*irr:* **shaved, shaved (shaven)**> **I.** *vt* **1.** rasieren **2.** (*Holz*) hobeln **3.** (leicht) streifen, kaum berühren; **~ s.th. off** etw wegrasieren; (TECH) etw glätten **II.** *vi* sich rasieren **III.** *s* **1.** Rasieren *nt*, Rasur *f* **2.** knappes Entkommen; **that was a close ~** das wäre um ein Haar schief gegangen; **get a ~** sich rasieren lassen; **give a clean** [*o* **close**] **~** gut [*o* sauber] rasieren; **shaven** [ˈʃeɪvn] *adj* (*clean ~*) glatt rasiert; **shaver** [ˈʃeɪvə(r)] *s* **1.** Rasierapparat *m* **2.** (*fam*) (junger) Bengel *m*; **shav·ing** [ˈʃeɪvɪŋ] *s* **1.** Rasur *f* **2. ~s** Späne *mpl*; **shaving brush** *s* Rasierpinsel *m*; **shaving cream** *s* Rasiercreme *f*; **shaving foam** *s* Rasierschaum *m*; **shaving mirror** *s* Rasierspiegel *m*; **shaving point** *s* Steckdose *f* für Rasierapparate; **shaving soap, shaving stick** *s* Rasierseife *f*

shawl [ʃɔːl] *s* Schultertuch *nt*; Umhang *m*; Kopftuch *nt*

she [ʃiː] **I.** *pron* sie (*Singular*) **II.** *s:* **a ~** eine Sie, ein weibliches Wesen; **the baby is a ~** das Baby ist ein Mädchen

sheaf [ʃiːf, *pl* ʃiːvz] <*pl* **sheaves**> *s* **1.** Garbe *f* **2.** Bündel *nt*; Bund *m*

shear [ʃɪə(r)] <*irr:* **sheared, sheared (shorn)**> **I.** *vt* scheren **II.** *vi* (*Messer*) schneiden; **the bird ~ed through the air** der Vogel segelte durch die Luft; **the boat ~ed through the water** das Boot durchpflügte das Wasser **III.** *s* (MATH) Scherung *f*; **shear off I.** *vi* abbrechen **II.** *vt* abscheren; (*fig*) abrasieren; **shearer** [ˈʃɪərə(r)] *s* Schafscherer *m*; **shear·ing** [ˈʃɪərɪŋ] *s* Schafschur *f*; **~s** Scherwolle *f*; **shears** [ʃɪəz] *s pl* Schere *f*; Metallschere *f*; Heckenschere *f*

sheath [ʃiːθ] *s* **1.** (*a.* BOT ZOO ANAT) Scheide *f* **2.** (*Kabel*) Armierung *f* **3.** Futteral-, Schlauchkleid *nt* **4.** Kondom *nt*; **sheathe** [ʃiːð] *vt* **1.** in die Scheide stecken **2.** (*Krallen*) einziehen **3.** (TECH) umkleiden, umhüllen; (*Kabel*) armieren; **sheath·ing** [ˈʃiːðɪŋ] *s* **1.** Verkleidung, Ummantelung *f* **2.** (ARCH) Verschalung *f* **3.** (*Kabel*) Armierung *f*; **sheath knife** *s* Fahrtenmesser *nt*

she·bang [ʃɪˈbæŋ] *s:* **the whole ~** der ganze Kram

shed[1] [ʃed] <*irr:* **shed, shed**> *vt* **1.** aus-, vergießen **2.** (*fig*) ausströmen, -strahlen, verbreiten **3.** (*Licht*) werfen (*on* auf) **4.** (*Blätter, Haut*) abwerfen; (*Haare*) verlieren **5.** sich entledigen (*s.th.* einer S); **~ blood/tears** Blut/Tränen vergießen; **~ skin** sich häuten

shed[2] [ʃed] *s* Schuppen *m*; Halle *f*; Stall *m*; Unterstand *m*

sheen [ʃiːn] *s* Glanz, Schimmer *m*

sheep [ʃiːp] <*pl* -> *s* Schaf *nt*; **make ~'s eyes at s.o.** (*obs*) jdn anhimmeln; **separate the ~ from the goats** (*fig*) die Schafe von den Böcken trennen; **one may as well be hanged for a ~ as a lamb** wenn schon, denn schon; **a black/lost ~** (*fig*) ein schwarzes/verlorenes Schaf; **a wolf in ~'s clothing** (*fig*) ein Wolf im Schafspelz; **sheep-dip** *s* Desinfektionsbad *nt* für Schafe; **sheep·dog** [ˈʃiːpdɒg] *s* Schäferhund *m*; **sheep·fold** *s* Pferch *m*; **sheep·ish** [ˈʃiːpɪʃ] *adj* verlegen; **sheep·skin** [ˈʃiːpskɪn] *s* Schaffell *nt*

sheer[1] [ʃɪə(r)] **I.** *adj* **1.** unvermischt, rein **2.** (*fig*) bloß, rein **3.** (*Textil*) dünn, durchsichtig **4.** steil, senkrecht; **~ madness** heller Wahnsinn; **by ~ chance** rein zufällig **II.** *adv* steil; senkrecht

sheer[2] [ʃɪə(r)] *vi* **1.** (MAR: *~ off, away*) ausscheren **2.** (*fig: ~ away*) ausweichen (*from s.th.* einer S) **3.** (*fig: ~ off*) abhauen

sheet[1] [ʃiːt] *s* **1.** Betttuch *nt*; Tuch *nt*; Gummidecke *f* **2.** (*fam: Zeitung*) Blatt *nt*; (*Papier*) Bogen *m* **3.** (*Holz*) Platte *f*; (*Glas*) Scheibe *f*; (*~ of ice*) (Eis)Fläche *f* **4.** (*~ metal*) Blech *nt* **5. ~s** (große) Massen *fpl*; **(as) white as a ~** leichenblass; **rain fell in ~s** es regnete in Strömen; **attendance ~** Anwesenheitsliste *f*; **~ of flame** Feuermeer *nt*

sheet[2] [ʃiːt] *s* (MAR) Schot *f*

sheet anchor [ˈʃiːtˌæŋkə(r)] *s* Notanker *m*; **sheet feed** *s* (INFORM) Einzelblatteinzug *m*; **sheet light·ning** [ˈʃiːtˌlaɪtnɪŋ] *s* Wetterleuchten *nt*; **sheet metal** *s* Walzblech *nt*; **sheet music** *s* Notenblätter *ntpl*

sheik(h) [ʃeɪk, *Am* ʃiːk] *s* Scheich *m*; **sheik(h)·dom** [ˈʃeɪkdəm, *Am* ˈʃiːkdəm] *s* Scheichtum *nt*

shelf [ʃelf, *pl* ʃelvz] <*pl* **shelves**> *s* **1.** (Wand)Brett, Regal *nt* **2.** Sims *m od nt* **3.** Sandbank *f*, Riff *nt*; **on the ~** (*fig*) ausrangiert, ausgedient; (*Mädchen*) eine alte Jungfer; **be left on the ~** (*Mädchen*) sitzen geblieben sein; **continental ~** Kontinentalsockel *m*; **shelf life** *s* Lagerfähigkeit *f*; **shelf space** *s* (COM) Regalfläche *f*; **shelf wobbler** *s* (COM) Regalschild *nt*

shell [ʃel] **I.** *s* **1.** Schale *f*; (*Erbsen*) Hülse *f*;

(*Weichtier*) Muschel *f;* Schneckenhaus *nt;* Panzer *m* **2.** (*Küche*) Form *f* **3.** (*Gebäude*) Mauerwerk *nt;* Rohbau *m;* Gemäuer *nt,* Ruine *f* **4.** (*Auto*) Karosserie *f;* Wrack *nt;* (*Schiff*) Gerippe *nt,* Rumpf *m;* Wrack *nt* **5.** (MIL) Granate *f;* (*Am*) Patrone *f* **6.** (SPORT) Rennruderboot *nt;* **come out of one's** ~ (*fig*) aus sich herausgehen; **retire into one's** ~ (*fig*) sich in sein Schneckenhaus verkriechen **II.** *vt* **1.** schälen; (*Erbsen*) enthülsen **2.** (MIL) mit Granaten beschießen; **shell out** *vt* (*fam*) blechen, bezahlen

shel·lac [ʃə'læk] **I.** *s* Schellack *m* **II.** *vt* mit Schellack überziehen

shell company *s* (COM) Firmenmantel *m*

shell·fish ['ʃelfɪʃ] *s* Schaltier *nt* (*Krebs, Muschel*); (*Küche*) Meeresfrüchte *fpl;* **shell hole** *s* Granattrichter *m;* **shel·ling** ['ʃelɪŋ] *s* Granatbeschuss *m;* **shell·proof** *adj* bombensicher; **shell shock** *s* Kriegsneurose *f;* **shell-shocked** ['ʃelʃɒkt] *adj* unter Kriegsneurose leidend; (*fig*) verstört

shel·ter ['ʃeltə(r)] **I.** *s* **1.** Schuppen *m* **2.** Schutzdach *nt,* -hütte *f;* (*bus* ~) Wartehäuschen *nt* **3.** Schutz *m;* Unterschlupf *m,* Unterkunft *f,* Obdach *nt* **4.** (*air-raid* ~) (Luft)Schutzraum *m* **5.** Anlaufstelle *f;* **under** ~ geschützt; **take** ~ Schutz suchen (*from* vor); **give s.o.** ~ jdn beherbergen; **night** ~ Nachtasyl *nt* **II.** *vt* **1.** beherbergen, Unterschlupf, Obdach gewähren (*s.o.* jdm) **2.** (be)schützen, beschirmen, in Schutz nehmen (*from* vor) **III.** *vi* sich unterstellen, Schutz suchen (*under* unter); **shel·tered** ['ʃeltəd] *adj* behütet, beschützt; (*Stelle*) geschützt; ~ **housing** Wohnungen für Senioren bzw. Behinderte; ~ **workshop** Behindertenwerkstatt *f*

shelve [ʃelv] **I.** *vt* **1.** auf ein Regal stellen **2.** mit Regalen versehen **3.** zu den Akten legen; zurückstellen; (*Problem*) aufschieben; auf Eis legen **II.** *vi* **1.** sich leicht neigen **2.** (~ *down*) leicht abfallen; **shelv·ing** [-ɪŋ] *s* **1.** Material *nt* für Regale **2.** Regale *ntpl* **3.** Aufschub *m,* Zurückstellung *f*

she·nani·gans [ʃɪ'nænɪgənz] *s pl* (*fam*) **1.** Blödsinn, Quatsch *m* **2.** Tricks *mpl*

shep·herd ['ʃepəd] **I.** *s* Schäfer *m* **II.** *vt* leiten, führen; **shep·herd·ess** [ʃepə'des, *Am* 'ʃepədəs] *s* Schäferin *f;* **shepherd's pie** *s mit Kartoffelbrei überbackenes Hackfleisch*

sher·bet ['ʃɜ:bət] *s* **1.** Scherbett, Sorbett *m od nt* **2.** (Brause)Limonade *f*

sher·iff ['ʃerɪf] *s* **1.** Sheriff *m* **2.** (*schottisch*) Friedensrichter *m*

sherry ['ʃerɪ] *s* Sherry *m*

Shet·land Is·lands, **Shet·lands** ['ʃetlənd-'aɪləndz, 'ʃetləndz] *s pl* Shetlandinseln, Shetlands *fpl*

shield [ʃi:ld] **I.** *s* **1.** (HIST) Schild *m* **2.** Wappenschild *m n* **3.** Schutzschild *m* **4.** (*fig*) Schutz *m* **II.** *vt* schützen (*from* vor), (ab)schirmen, decken; **shield-bearer** *s* (HIST) Schildknappe *m*

shift [ʃɪft] **I.** *vt* **1.** wegschieben; umstellen; wegräumen **2.** (von sich) abwälzen (*on* auf) **3.** (TECH) umschalten **4.** (*Nagel etc*) entfernen **5.** (*an anderen Ort*) verlegen; (*Anlagen*) umgruppieren **6.** (*fam*) loswerden **7.** (*fam: Essen*) verdrücken; ~ **gears** einen anderen Gang einlegen, schalten; ~ **one's ground** vom Thema abschweifen; seine Meinung ändern; ~ **the responsibility onto s.o.** jdm die Verantwortung zuschieben **II.** *vi* **1.** sich verschieben; sich verlagern; sich ändern **2.** (*Wind*) umspringen, sich drehen **3.** (*von Meinung*) abgehen **4.** (AUTO) schalten **5.** (*fam*) sausen **6.** fertig werden, sich durchschlagen (*for o.s.* selbst) **III.** *s* **1.** Verschiebung *f,* Wechsel *m,* Veränderung, Verlagerung *f* **2.** (POL) Kursänderung *f* **3.** (Arbeits)Schicht *f* **4.** Ausweg, Kniff *m;* Ausflucht *f* **5.** (AUTO: *gear~*) Schaltung *f* **6.** (*Schreibmaschine*) Umschalttaste *f;* **in ~s** umschichtig; **drop ~s** Feierschichten einlegen; **late** ~ Spätschicht *f;* **make** ~ sich behelfen; **night** ~ Nachtschicht *f;* ~ **in consumption** Konsumverlagerung *f;* ~ **in demand** Nachfrageänderung *f;* ~ **of production** Produktionsverlagerung *f;* **shift·ing** ['ʃɪftɪŋ] *adj:* **be (really)** ~ (*fam*) rasen; ~ **cultivation** (AGR) Wanderfeldbau *m;* **shift key** *s* (INFORM) Umschalt-, Shifttaste *f;* **shift·less** [-lɪs] *adj* faul, träge; **shift·work** ['ʃɪftwɜ:k] *s* Schichtarbeit *f;* **shift·work·er** [-ə(r)] *s* Schichtarbeiter(in) *m(f);* **shifty** ['ʃɪftɪ] *adj* durchtrieben, hinterhältig, falsch

shil·ling ['ʃɪlɪŋ] *s* Shilling *m;* (*Österreich*) Schilling *m*

shilly-shally ['ʃɪlɪʃælɪ] *vi* (*fam*) seine Zeit verplempern; unentschlossen sein

shim·mer ['ʃɪmə(r)] **I.** *vi* schimmern **II.** *s* Schimmer *m;* Lichtschein *m*

shin [ʃɪn] **I.** *s* (~*bone*) Schienbein *nt* **II.** *vi* (~ *up*) hinaufklettern

shin·dig ['ʃɪndɪg] *s* (*fam*) **1.** Spektakel, Radau *m* **2.** Rauferei, Schlägerei *f* **3.** lautstarke Party; **kick up a** ~ Krach schlagen

shine [ʃaɪn] <*irr:* shone, shone> **I.** *vi* **1.** scheinen **2.** leuchten (*with joy* vor Freude) **3.** glänzen, funkeln **4.** (*fig*) glänzen, sich hervortun (*at* bei); ~ **on s.th.** etw anleuchten; **I didn't ~ at school** in der Schule war ich keine große Leuchte **II.** *vt* **1.** leuchten lassen; glänzend machen **2.** (*Schuhe*) putzen, wichsen; ~ **a torch**

on s.o. jdn mit einer Taschenlampe anleuchten **III.** *s* **1.** heller Schein, Glanz *m* **2.** Glanz *m,* Politur *f* **3.** (*Am*) Schuhputzen *nt;* **take the ~ off s.th.** den Glanz von einer S nehmen; **take a ~ to s.o.** (*sl*) sich in jdn vergaffen; **I'll come, rain or ~** ich komme auf jeden Fall; **shine down** *vi* herunterscheinen; **shine out** *vi* **1.** hervorleuchten **2.** (*fig*) herausragen; **shiner** ['ʃaɪnə(r)] *s* (*sl*) blaues Auge

shingle[1] ['ʃɪŋgl] **I.** *s* **1.** (Dach)Schindel *f* **2.** (*Am fam*) Schild *nt* (*eines Arztes oder Rechtsanwalts*) **3.** (*Frisur*) Bubikopf *m;* **hang out one's ~** (*Am fam: Arzt, Rechtsanwalt*) eine Praxis eröffnen **II.** *vt* mit Schindeln decken

shingle[2] ['ʃɪŋgl] *s* grober Kies; Kiesel *m*

shingles ['ʃɪŋglz] *s pl mit sing* (MED) Gürtelrose *f*

shin·ing ['ʃaɪnɪŋ] *adj* **1.** glänzend, leuchtend **2.** (*Beispiel*) glänzend; **he's no ~ light** er ist kein großes Kirchenlicht; **shiny** ['ʃaɪnɪ] *adj* glänzend; (glatt)poliert; **be ~** (*Stoff*) glänzen

ship [ʃɪp] **I.** *s* **1.** Schiff *nt* **2.** (*Am*) Raumschiff *nt;* Flugzeug *nt;* **by ~** mit dem Schiff; **on board ~** an Bord; **his ~ comes home** [*o* **in**] (*fig*) er hat sein Glück gemacht **II.** *vt* **1.** an Bord nehmen, einschiffen **2.** (*Waren*) verschiffen; (*Am*) (ver)senden; befördern, verladen; **~ oars** die Ruder einlegen; die Ruder einziehen; **~ water** Wasser übernehmen **III.** *vi* sich (an)heuern lassen; **ship off** *vt* wegschicken; verschiffen; verschicken, abtransportieren; **ship out** *vt* versenden

ship·board ['ʃɪpbɔːd] *s:* **on ~** an Bord; **ship·builder** ['ʃɪpˌbɪldə(r)] *s* Schiffsbauer *m;* **ship·build·ing** ['ʃɪpˌbɪldɪŋ] *s* Schiffbau *m;* **ship chandler** *s* Schiffslieferant *m;* **ship·load** ['ʃɪpləʊd] *s* Schiffsladung *f;* **ship·mate** ['ʃɪpmeɪt] *s* Bordkamerad *m*

ship·ment ['ʃɪpmənt] *s* **1.** Verschiffung *f* (*for* nach) **2.** Verladung *f,* Versand, Transport *m* **3.** Schiffsladung *f* **4.** Ladung, Sendung *f*

ship·owner ['ʃɪpˌəʊnə(r)] *s* Schiffseigner *m;* Reeder *m*

ship·per ['ʃɪpə(r)] *s* **1.** Spediteur *m* **2.** Absender *m* **3.** Ablader, Befrachter *m;* **ship·ping** ['ʃɪpɪŋ] **I.** *s* **1.** Verschiffung *f;* Verfrachtung *f,* Verladung *f,* Versand, Transport *m* **2.** Schifffahrt *f;* Schiffe *ntpl* **II.** *adj* Schiffs-; Schifffahrts-; **shipping agency** *s* Schiffsagentur *f;* **shipping agent** *s* Schiffsmakler *m;* **shipping company** *s* Reederei *f;* **shipping department** *s* Versandabteilung *f;* **shipping expenses** *s pl* Transport-, Frachtkosten *pl;* **shipping lane** *s* Schifffahrtsstraße *f;* **shipping line** *s* Schifffahrtslinie *f;* **shipping note** *s* Frachtbrief *m,* Konnosseement *nt;* **shipping office** *s* Reederei *f;* Heuerbüro *nt;* **shipping routes** *s pl* Schifffahrtswege *mpl*

ship·shape ['ʃɪpʃeɪp] *adj* aufgeräumt, sauber, ordentlich; **ship·way** *s* **1.** Helling *f,* Stapel *m* **2.** Schifffahrtsweg *m;* **ship·wreck** ['ʃɪprek] **I.** *s* Schiffbruch *m* **II.** *vt* scheitern lassen; (*fig*) ruinieren; **ship·wright** ['ʃɪpraɪt] *s* Schiffszimmermann *m;* Schiffbauer *m;* **ship·yard** ['ʃɪpjɑːd] *s* (Schiffs)Werft *f*

shire horse ['ʃaɪəˌhɔːs] *s* Zugpferd *nt*

shirk [ʃɜːk] **I.** *vt* sich drücken vor, aus dem Wege gehen (*s.th.* einer S) **II.** *vi* sich drücken (*from* vor); **shirker** ['ʃɜːkə(r)] *s* Drückeberger(in) *m(f)*

shirt [ʃɜːt] *s* **1.** Hemd *nt* **2.** (*von Frau*) Hemdbluse *f;* **keep one's ~ on** (*sl*) sich nicht aus der Fassung bringen lassen; **put one's ~ on** (*sl*) Hab u. Gut setzen auf; **he has lost his ~ off his back** (*sl*) er hat alles verloren; **shirt collar** *s* Hemdkragen *m;* **shirt-front** *s* Hemdbrust *f;* **shirt·ing** ['ʃɜːtɪŋ] *s* Hemdenstoff *m;* **shirt-sleeve** *s* Hemdsärmel *m;* **in one's ~s** in Hemdsärmeln; **shirty** ['ʃɜːtɪ] *adj* (*sl*) (leicht) beleidigt, eingeschnappt; wütend

shit[1] [ʃɪt] <*irr:* shit, shit (shat)> **I.** *vi* (*vulg*) scheißen **II.** *vr* (*vulg*) sich vor Angst in die Hose machen **III.** *s* (*vulg*) **1.** Scheiße *f* **2.** Angst *f,* Schiss *m*

shit[2] [ʃɪt] *s* (*sl: Drogen*) Shit *m*

shite [ʃaɪt] (*vulg*) *s.* **shit[1]**

shitty ['ʃɪtɪ] *adj* (*sl*) beschissen

shiver ['ʃɪvə(r)] **I.** *vi* zittern (*with cold, fear* vor Kälte, Angst); **I ~** mich schaudert **II.** *s* **1.** Zittern *nt;* Schauder *m* **2. ~s** Schüttelfrost, Fieberschauer *m;* **I got** [*o* **had**] **the ~s** (*fam*) es lief mir eiskalt über den Rücken; **it gave me the ~s** (*fam*) das ließ mir das Blut in den Adern erstarren; **shiv·ery** ['ʃɪvərɪ] *adj* fröstelnd; **feel ~** frösteln

shlep through ['ʃlepˌθruː] *vt* (*Am: sl*) sich durchschleppen

shoal[1] [ʃəʊl] *s* Untiefe *f;* Sandbank *f*

shoal[2] [ʃəʊl] *s* **1.** große Masse, Menge *f* **2.** (Fisch)Schwarm *m;* **in ~s** in Unmengen, haufenweise; in Scharen

shock[1] [ʃɒk] **I.** *s* **1.** Schock *m* **2.** (ELEK) (elektrischer) Schlag *m* **3.** (MED) Elektroschock *m* **4.** heftiger Stoß; Wucht *f* **5.** (*Erdbeben*) Erdstoß *m;* **get a ~** einen Schock [*o* Schlag] bekommen; **be in** (**a state of**) **~** unter Schock stehen; **it comes as a ~** das ist bestürzend; **be a great ~ for s.o.** für jdn ein schwerer Schlag sein; **it gave him a nasty ~** das hat ihm einen bösen Schrecken eingejagt; **he'll be in for a ~** der wird sein

S

blaues Wunder erleben **II.** *vt* **1.** erschüttern, bestürzen **2.** schockieren; **be ~ed** erschüttert sein; schockiert sein; **~ s.o. into doing s.th.** jdm einen solchen Schrecken einjagen, dass er etw tut **III.** *vi* schockieren

shock² [ʃɒk] *s* Garbenbündel *nt*

shock³ [ʃɒk] *s* Haarschopf *m*

shock ab·sorber [ˈʃɒkæbˌzɔːbə(r)] *s* (AUTO) Stoßdämpfer *m;* **shocker** [ˈʃɒkə(r)] *s* Horrorgeschichte *f;* Schocker *m;* **you are a ~!** du bist ja schlimm!; **I have a ~ of a hangover** ich habe einen entsetzlichen Kater

shock·headed [ˈʃɒkˌhedɪd] *adj* strubb(e)lig; **~ Peter** Struwwelpeter *m*

shock·ing [ˈʃɒkɪŋ] *adj* **1.** erschütternd; Anstoß erregend, schockierend **2.** (*fam*) schlimm, schrecklich, entsetzlich; **shock-proof** *adj* stoßfest; **shock therapy, shock treatment** *s* (MED) Schockbehandlung *f;* **shock troops** *s pl* Stoßtruppen *fpl;* **shock wave** *s* Druckwelle *f;* (*fig*) Erschütterung *f*

shod [ʃɒd] *s.* **shoe**

shoddy [ˈʃɒdɪ] **I.** *s* (*Stoff*) Shoddy *m od nt* **II.** *adj* schäbig, minderwertig; (*fig: Arbeit*) gepfuscht

shoe [ʃuː] <*irr:* shod, shod> **I.** *s* **1.** Schuh *m* **2.** (*horse ~*) Hufeisen *nt* **3.** Bremsbacke *f* **4.** (ELEK) Kontaktrolle *f,* Polschuh *m;* **be in s.o.'s ~s** in jds Haut stecken; **fill s.o.'s ~s** jds Platz, Stelle einnehmen; **know where the ~ pinches** wissen, wo der Schuh drückt; **put o.s. in s.o.'s ~s** sich in jds Lage versetzen **II.** *vt* (*Pferd*) beschlagen; **shoe·black** [ˈʃuːblæk] *s* Schuhputzer *m;* **shoe·horn** [ˈʃuːhɔːn] *s* Schuhlöffel *m;* **shoe·lace** [ˈʃuːleɪs] *s* Schnürsenkel, Schuhriemen *m;* **shoe·maker** [ˈʃuːmeɪkə(r)] *s* Schuhmacher(in) *m(f);* **shoe polish** *s* Schuhputzmittel *nt,* Schuhwichse *f;* **shoe-repair shop** *s* Schuhreparaturwerkstatt *f,* Schuster *m;* **shoe·shine** [ˈʃuːʃaɪn] *s* Schuhputzen *nt;* **shoe·shine boy** *s* Schuhputzer *m;* **shoe·shop** *s* Schuhgeschäft *nt;* **shoe size** *s* Schuhgröße *f;* **shoe·store** *s* (*Am*) Schuhgeschäft *nt;* **shoe·string** *s* Schnürsenkel *m;* **start a business on a ~** ein Geschäft mit praktisch nichts anfangen; **shoestring company** *s* finanzschwaches Unternehmen; **shoe-tree** *s* Schuhspanner *m*

shone [ʃɒn] *s.* **shine**

shoo [ʃuː] **I.** *interj* sch! fort! weg! **II.** *vt* (*~ away, off*) verscheuchen; **shoo-in** [ˈʃəʊˌɪn] *s* (*sl* POL) ein als sicher geltender Kandidat

shook [ʃʊk] *s.* **shake**

shoot [ʃuːt] <*irr:* shot, shot> **I.** *vt* **1.** schießen; (*Geschütz*) abfeuern **2.** (*Menschen*) anschießen; niederschießen; erschießen **3.** (*Gegenstände*) schleudern; (*Blick*) schleudern, werfen; (*Frage*) aufwerfen, richten (*at* an) **4.** (SPORT) schießen **5.** (FILM) drehen; (*Foto*) machen, schießen; (*Menschen, Gebäude etc*) aufnehmen **6.** (*sl: Drogen*) schießen, drücken; **~ one's bolt** (*fig*) sein Pulver verschießen; **~ s.o. dead** jdn erschießen; **~ a glance at s.o., ~ s.o. a glance** jdm einen Blick zuwerfen; **~ a line** angeben, prahlen; **~ the lights** bei Rot über die Ampel fahren; **~ rapids** Stromschnellen durchfahren; **he shot himself** er hat sich erschossen; **he shot himself in the arm** er hat sich in den Arm geschossen; **he was shot in the arm** er wurde in den Arm getroffen; **you'll get me shot** (*fig fam*) du bringst mich in Schwierigkeiten **II.** *vi* **1.** schießen; (*Jäger*) jagen **2.** schießen, sausen **3.** (SPORT) schießen (*at goal* aufs Tor) **4.** (*Schmerz*) stechen **5.** (FILM) drehen **6.** (*Pflanzen*) treiben; **~!** schieß los!; **~ past** [*o* **by**] vorbeischießen, vorbeisausen **III.** *s* **1.** Jagd *f;* Jagdgesellschaft *f;* Jagdrevier *nt;* Wettschießen *nt* **2.** (BOT) Trieb *m;* Keim *m;* Schössling *m;* **shoot ahead** *vi* vorpreschen; sich an die Spitze setzen; **shoot at** *vt* schießen auf; **shoot away I.** *vt* wegschießen **II.** *vi* **1.** (anhaltend) schießen **2.** wegrasen, davonschießen; **~ away at s.o.** jdn beschießen; **~ away!** (*fig fam*) schieß los!; **shoot down** *vt* **1.** (*Flugzeug*) abschießen **2.** (*fig fam*) fertig machen; (*Argument*) entkräften; **shoot off I.** *vt* abschießen; abfeuern **II.** *vi* davonschießen; **~ (one's mouth) off** groß reden; tratschen; ausplaudern; **shoot out I.** *vi* herausschießen (*of* aus) **II.** *vt* schnell herausstrecken; hinausschleudern; **~ it out with s.o.** sich mit jdm schießen; **shoot past** *vi, vt* vorbeischießen (*s.o.* an jdm); **shoot up I.** *vi* **1.** in die Höhe schießen; schnell wachsen; (*Gebäude*) aus dem Boden schießen **2.** (*Flammen*) herausschlagen (*from* aus) **II.** *vt* **1.** (MIL) beschießen; (*Menschen*) zusammenschießen **2.** (*sl: Drogen*) drücken; **~ up a town** in einer Stadt eine Schießerei veranstalten

shoot·ing [ˈʃuːtɪŋ] *s* **1.** Schießen *nt;* (MIL: *Artillerie*) Feuer *nt* **2.** Jagen *nt;* Jagdrecht *nt;* Jagdrevier *nt* **3.** Erschießung *f;* Schießerei *f* **4.** Filmen, Drehen *nt;* **indoor/outdoor ~** Innen-/Außenaufnahmen *fpl;* **there was a ~** es wurde geschossen; es wurde jd erschossen; **they are investigating the ~** sie untersuchen den Mord; **shooting box, shooting lodge** *s* Jagdhütte *f;* **shooting gallery, shooting range** *s* Schießstand *m;* **shooting jacket** *s* Jagdrock *m;* **shooting script** *s* Drehbuch *nt;* **shooting season** *s* Jagdzeit *f;* **shoo-**

ting star *s* Sternschnuppe *f;* **shooting stick** *s* Jagdstuhl *m;* **shooting war** *s* heißer Krieg

shop [ʃɒp] **I.** *s* **1.** Laden *m,* Geschäft *nt;* Verkaufsstelle *f* **2.** Werkstatt, -stätte *f,* Betrieb *m;* Arbeiterschaft *f;* **all over the** ~ (*fam*) überall; wild durcheinander; **come** [*o* **go**] **to the wrong** ~ (*fig*) an den Unrechten kommen; **keep a** ~ ein Geschäft, einen Laden haben; **keep** ~ das Geschäft führen; **set up** ~ ein Geschäft eröffnen; **talk** ~ fachsimpeln; **baker's** ~ Bäckerladen *m,* Bäckerei *f;* **fruit** ~ Obstgeschäft *nt;* **machine** ~ mechanische Werkstatt; **repair** ~ Reparaturwerkstatt *f* **II.** *vi* (*go* ~*ping*) einkaufen (gehen); Einkäufe, Besorgungen machen; ~ **around** sich in den Läden umsehen; ~ (**around**) **for s.th.** nach etw suchen **III.** *vt* (*sl*) verpfeifen; **shopa·ho·lic** [ʃɒpəˈhɒlɪk] *s* Kaufsüchtige(r) *f m;* **shop·around vot·er** *s* Wechselwähler *m;* **shop as·sist·ant** *s* Verkäufer(in) *m(f);* **shop-bought** *adj* gekauft (*und nicht selbstgemacht*); **shop·break·ing** [ˈʃɒpˌbreɪkɪŋ] *s* Ladeneinbruch *m;* **shop·fit·ter** [ˈʃɒpˌfɪtə(r)] *s* Geschäftsausstatter(in) *m(f);* **shop·fit·tings** [ˈʃɒpˌfɪtɪŋz] *s pl* Ladeneinrichtung *f;* **shop floor** *s* **1.** Produktionsstätte *f;* Werkstatt *f* **2.** Arbeitskräfte *fpl;* **at** ~ **level** unter den Arbeitern in der Fabrik; **shop front** *s* Ladenfront *f;* **shop·girl** *s* (*Br*) Verkäuferin *f;* **shop·keeper** [ˈʃɒpkiːpə(r)] *s* Ladenbesitzer(in) *m(f),* Geschäftsinhaber(in) *m(f),* Einzelhändler(in) *m(f);* **a nation of** ~**s** ein Volk von Krämern; **shop·keep·ing** [ˈʃɒpkiːpɪŋ] *s* Ladenbetrieb *m;* Kleinhandel *m;* **shop·lifter** [ˈʃɒplɪftə(r)] *s* Ladendieb(in) *m(f);* **shop·lift·ing** [ˈʃɒplɪftɪŋ] *s* Ladendiebstahl *m;* **shop·per** [ˈʃɒpə(r)] *s* Käufer(in) *m(f)*

shop·ping [ˈʃɒpɪŋ] *s* Einkauf(en *nt*) *m;* Besorgungen *fpl;* **do one's** ~ Einkäufe, Besorgungen machen; **window-**~ Schaufensterbummel *m;* **shopping arcade** *s* Einkaufspassage *f;* **shopping bag** *s* Einkaufstasche *f;* **shopping cart** *s* (*Am*) Einkaufswagen *m;* **shopping centre** *s* Einkaufszentrum *nt;* Geschäftsviertel *nt;* **shopping list** *s* Einkaufszettel *m;* **shopping mall** *s* **1.** (*Am*) Einkaufspassage *f* **2.** (INTERNET) virtuelles Einkaufszentrum; **shopping street** *s* Einkaufs-, Geschäftsstraße *f;* **shopping trolley** *s* Einkaufswagen *m;* **shop-soiled, shop-worn** [ˈʃɒpsɔɪld, ˈʃɒpwɔːn] *adj* (*Ware*) angestaubt; **shop steward** *s* gewerkschaftlicher Vertrauensmann *m;* **shop·talk** [ˈʃɒptɔːk] *s* Fachsimpelei *f;* **shop·walker** *s* (*Warenhaus*) Ladenaufsicht *f;* **shop win·dow** [ʃɒpˈwɪndəʊ] *s* (*a. fig*) Schaufenster *nt*

shore[1] [ʃɔː(r)] *s* **1.** Küste(nstreifen *m,* -gebiet, -land *nt*) *f* **2.** Ufer *nt* (*eines Flusses*) **3.** Strand *m* **4.** (MAR) Land *nt;* **off** ~ auf See; **on** ~ an Land

shore[2] [ʃɔː(r)] **I.** *s* Strebe *f;* Schwertlatte *f* **II.** *vt* **1.** (~ *up*) (ab)stützen **2.** stärken

shore leave [ˈʃɔːˌliːv] *s* Landurlaub *m;* **shore·line** *s* Küstenlinie *f*

shorn [ʃɔːn] *adj* geschoren; kahl geschoren; **be** ~ **of s.th.** einer Sache beraubt sein

short [ʃɔːt] **I.** *adj* **1.** kurz (*a. zeitlich*) **2.** kurzfristig **3.** knapp (*of* an), unzureichend, unzulänglich **4.** kurz angebunden; (*fig*) barsch (*with* gegen) **5.** (*Gebäck*) mürbe **6.** (*Getränk*) unverdünnt **7.** (COM) ungedeckt; **a** ~ **time ago** vor kurzem; **at** ~ **notice** kurzfristig; **for** ~ kurz; **in a** ~ **time** in kurzer Zeit; **time is getting** ~ es wird knapp; **in** ~**, the long and the** ~ **of it** kurz gesagt, in wenigen Worten; **in the** ~ **run** auf kurze Sicht; **in** ~ **order** schnell; ~ **and sweet** schön kurz; **be** ~ schlecht bei Kasse sein; **be five** ~ fünf zu wenig haben; **be** ~ **of s.th.** von etw nicht genug, zu wenig haben; **be** ~ **with s.o.** mit jdm kurz angebunden sein; **be in** ~ **supply** (*Waren*) knapp sein; **be** ~ **on** zu wenig haben an; **have a** ~ **temper** unbeherrscht sein; ~ **of breath** außer Atem; kurzatmig; ~ **of money** [*o* **cash**] knapp bei Kasse **II.** *adv* **1.** (zu) kurz **2.** knapp **3.** plötzlich, unerwartet; ~ **of** außer; beinahe; **little** ~ **of madness** fast Wahnsinn; **little** [*o* **nothing**] ~ **of** nichts außer, nur noch, nichts weniger als; **come** [*o* **fall**] ~ nicht (aus)reichen, nicht genügen; (*die Erwartungen*) enttäuschen, zurückbleiben (*of s.th.* hinter etw); **come** [*o* **fall**] ~ **of s.th.** etw nicht erreichen; **cut** ~ unter-, (vorzeitig) abbrechen; (*fig*) das Wort abschneiden (*s.o.* jdm); **make it** ~ sich kurz fassen; **run** ~ knapp sein, nicht ausreichen; **run** ~ **of ...** nicht genug ... haben; **sell** ~ ohne Deckung verkaufen; **stop** ~ plötzlich stehen bleiben; **turn** ~ plötzlich kehrtmachen; **she's a bit** ~ **on good looks** sie ist nicht gerade hübsch; **he mustn't go** ~ (**of food**) es soll ihm an nichts fehlen **III.** *s* **1.** Kurzfilm *m* **2.** (ELEK) Kurzschluss *m* **3.** Schnaps *m* **IV.** *vt* (ELEK) kurzschließen **V.** *vi* (ELEK) einen Kurzschluss haben, bekommen

short·age [ˈʃɔːtɪdʒ] *s* Mangel *m,* Knappheit, Verknappung *f* (*of* an); **housing** ~ Wohnungsknappheit *f;* ~ **of labour** Mangel *m* an Arbeitskräften; ~ **of capital** Kapitalmangel *m;* **there is always some kind of** ~ irgend etwas ist immer knapp; **there is**

no ~ of money es fehlt nicht am Geld

short·bread ['ʃɔːtbred] *s* Buttergebäck *nt;* **short-change** [ˌʃɔːt'tʃeɪndʒ] *vt* zu wenig Wechselgeld herausgeben (*s.o.* jdm); (*fig*) betrügen; **short-circuit I.** *s* (ELEK) Kurzschluss *m* **II.** *vt* **1.** (ELEK) kurzschließen **2.** (*fig*) umgehen **III.** *vi* (ELEK) einen Kurzschluss haben, bekommen; **short·com·ing** ['ʃɔːtˌkʌmɪŋ] *s* **1.** Fehler, Mangel *m* **2. ~s** Unzulänglichkeit *f;* (*Person*) Schwächen *fpl;* **short·crust pastry** *s* Mürbeteig *m;* **short cut** *s* **1.** Abkürzung *f;* Schleichweg *m* **2.** (*fig*) abgekürztes Verfahren; Patentlösung *f;* **short- dated** [ˌʃɔːt'deɪtɪd] *adj* (FIN) kurzfristig; **shorten** ['ʃɔːtn] **I.** *vt* **1.** (ab-, ver)kürzen **2.** vermindern, verringern **II.** *vi* kürzer werden; sich verringern

shorten·ing ['ʃɔːtnɪŋ] *s* Backfett *nt;* **short·fall** ['ʃɔːtfɔːl] *s* Defizit *nt,* Fehlbetrag *m;* **short·hand** ['ʃɔːthænd] *s* Kurzschrift, Stenografie *f;* **take down in ~** (mit)stenografieren; **write ~** stenografieren; **short-handed** [ˌʃɔːt'hændɪd] *adj:* **be ~** zuwenig Arbeitskräfte haben; **shorthand notebook** *s* Stenoblock *m;* **shorthand notes** *s pl* stenografierte Notizen *fpl;* **shorthand typist** *s* Stenotypist(in) *m(f);* **short haul** *s* Nahtransport *m;* **short-haul jet** *s* Kurzstreckenflugzeug *nt;* **short-list I.** *vt* in die engere (Aus)Wahl ziehen **II.** *s* Auswahlliste *f;* **short-lived** ['ʃɔːtlɪvd] *adj* kurzlebig; **short·ly** ['ʃɔːtlɪ] *adv* **1.** in kurzem, bald **2.** kurz, in Kürze, in wenigen Worten **3.** scharf; barsch; **~ after** bald danach; **short·ness** ['ʃɔːtnɪs] *s* Kürze *f;* Knappheit *f;* Schroffheit *f;* **~ of sight** Kurzsichtigkeit *f;* **short order** *s* (*Am: Restaurant*) Schnellgericht *nt;* **short-order cook** *s* Koch *m* in einem Schnellimbiss; **short-order dish** *s* Schnellgericht *nt;* **short pastry** *s* Mürbeteig *m,* -gebäck *nt;* **short-range** *adj* (MIL) Nahkampf-; Kurzstrecken-; (*fig*) kurzfristig; **~ missile** Kurzstreckenrakete *f;* **~ planning** Planung *f* auf kurze Sicht; **shorts** [ʃɔːts] *s pl* Shorts *pl,* kurze Hose; **short-sighted** [ˌʃɔːt'saɪtɪd] *adj* (*a. fig*) kurzsichtig; **short-sleeved** [ˌʃɔːt'sliːvd] *adj* kurzärmelig; **short-staffed** [ˌʃɔːt'stɑːft] *adj* unterbesetzt; **short-stay parking** *s* Kurzparken *nt;* **short story** *s* Kurzgeschichte *f;* **short-tem·pered** [ˌʃɔːt'tempəd] *adj* reizbar, leicht aufgebracht; **short-term** *adj* kurzfristig; **~ memory** Kurzzeitgedächtnis *nt;* (INFORM) Kurzzeitspeicher *m;* **short time** *s* Kurzarbeit *f;* **be on ~** kurzarbeiten; **short wave** *s* (RADIO) Kurzwelle *f;* **short-winded** [ˌʃɔːt'wɪndɪd] *adj* außer Atem; kurzatmig

shot[1] [ʃɒt] *s.* **shoot**

shot[2] [ʃɒt] *s* **1.** (*a.* SPORT) Schuss *m;* (*mit Ball*) Wurf *m;* (*Tennis, Golf*) Schlag *m;* (*~-putting*) Kugelstoßen *nt;* Kugel *f* **2.** (*fig*) Versuch *m;* Vermutung *f* **3.** Geschoss *nt,* Kugel *f;* Schrot *m* **4.** Schütze *m* **5.** (*space~*) Raumflug *m;* Start *m* **6.** (PHOT FILM) Aufnahme *f* **7.** (*fam*) Spritze, Injektion *f;* Impfung *f* **8.** (*Alkohol*) Schuss *m;* **like a ~** sofort, wie der Blitz; **have a ~ at s.th.** etw probieren, versuchen; **make a bad ~** vorbeischießen; **need a ~ in the arm** (*fig*) eine Spritze nötig haben; **put the ~** (SPORT) die Kugel stoßen; **putting the ~** Kugelstoßen *nt;* **he's a good ~** er ist ein guter Schütze; **good ~!** gut getroffen!; **his question is a ~ in the dark** er fragt aufs Geratewohl; **a big ~** (*fam*) ein hohes Tier; **not by a long ~** (*fam*) nicht im Allergeringsten; **small ~** Schrot *m*

shot[3] [ʃɒt] *adj* **1.** durchschossen, -setzt **2.** (*Seide*) changierend; **get ~ of s.o./s.th.** jdn/etw loswerden

shot·gun ['ʃɒtgʌn] *s* Schrotflinte *f;* **~ wedding** Muss-Heirat *f;* **shot-put** *s* Kugelstoßen *nt;* Wurf *m;* **shot-put·ter** ['ʃɒtˌpʊtə(r)] *s* Kugelstoßer(in) *m(f)*

should [ʃʊd] *vi* **1.** (*Pflicht, Befehl*): **he/we ~ do that** er sollte/wir sollten das tun; **I ~ have** ich hätte sollen; **I ~ think so** das will ich meinen; **how ~ I know?** wie soll ich das wissen? **2.** (*Wahrscheinlichkeit, Vermutung*): **we ~ arrive soon** wir müssten bald da sein; **this ~ be enough for you** das müsste Ihnen eigentlich reichen **3.** (*Überraschung*): **who ~ be there but Manfred** und wer war da? Manfred!; **what ~ he do next but propose to me** und dann hat er mir doch tatsächlich einen Heiratsantrag gemacht **4.** (*Konjunktiv*): **if he ~ come** wenn er kommen sollte; **I ~ say yes** ich würde ja sagen; **we ~ have been happy** wir wären glücklich gewesen; **I don't know why it shouldn't work out** ich weiß nicht, warum das nicht klappen sollte; **I shouldn't be surprised if it did** es würde mich nicht überraschen, wenn das so käme; **I ~ do it if I were you** an Ihrer Stelle würde ich das tun; **I shouldn't worry about it** darüber würde ich mir keine Sorgen machen; **unless he ~ change his mind** falls er es sich nicht anders überlegt **5.** (*Einschränkung*): **I shouldn't like to say** dazu möchte ich mich nicht äußern; **I ~ think there were about 50 people there** ich würde sagen, es waren etwa 50 Leute da; **I ~ like to know** ich wüsste gern; **I ~ like to speak to Cindy** ich würde gern mit Cindy sprechen

shoul·der ['ʃəʊldə(r)] **I.** *s* **1.** Schulter *f* **2.** (ZOO) Vorderviertel, Blatt *nt;* (*Schlachttier*) Schulterstück *nt* **3.** Vorsprung *m,* (kleine) Anhöhe *f* **4.** (*Straße: hard ~*) Seitenstreifen *m,* Bankett *nt;* Standspur *f* **5.** (*Vase, Flasche*) Ausbuchtung *f;* **straight from the ~** (*Worte*) offen, unverblümt; **~ to ~** Schulter an Schulter; **be head and ~s above s.o.** jdn beträchtlich überragen; viel tüchtiger sein als jd; **give s.o. the cold ~, cold-~ s.o.** (*fig*) jdm die kalte Schulter zeigen; **put one's ~ to the wheel** (*fig*) tüchtig zupacken, Hand anlegen; **rub ~s with** an einem Tisch sitzen, engen Umgang haben mit; **shrug one's ~s** mit den Schultern zucken; **weep** [*o* **cry**] **on s.o.'s ~** sich bei jdm ausweinen **II.** *vt* **1.** auf die Schulter nehmen; (*Gewehr*) schultern; (*fig*) auf sich nehmen **2.** mit der Schulter stoßen; **~ one's way through a crowd** seinen Weg durch eine Menge bahnen; **~ arms!** das Gewehr über!; **~ blame** die Schuld auf sich nehmen; **shoulder bag** *s* Umhängetasche *f;* **shoulder blade** *s* Schulterblatt *nt;* **shoulder pad** *s* Schulterpolster *nt;* **shoulder strap** *s* **1.** (*Kleid*) Träger *m* **2.** (*Tasche*) Riemen *m* **3.** (MIL) Schulterklappe *f;* **shoulder surfing** *s das Ausspionieren eines Passworts oder einer PIN-Nummer beim Blick über die Schulter*

shout [ʃaʊt] **I.** *s* **1.** Schrei *m* **2.** Geschrei *nt,* Lärm *m* **3.** Ruf *m* **4.** (*fam*) (zu zahlende) Runde *f;* **whose ~ is it?** wer zahlt die Runde? **II.** *vt* **1.** (hinaus)schreien; ausrufen; rufen; brüllen **2.** (*fam*) spendieren; **~ s.th. from the housetops** etw öffentlich verkündigen **III.** *vi* rufen; schreien; brüllen; **~ at s.o.** jdn anbrüllen; **~ for s.o.** nach jdm rufen; **~ for joy** vor Freude jauchzen; **~ for help** um Hilfe rufen; **~ to s.o.** jdm zurufen; **~ with laughter** vor Lachen brüllen; **nothing to ~ about** nichts Besonderes; **don't ~!** schrei nicht so! **IV.** *vr:* **~ o.s. hoarse** sich heiser brüllen; **shout down** *vt* niederbrüllen; **shout out I.** *vi* aufschreien; einen Schrei ausstoßen **II.** *vt* ausrufen; brüllen; **shout·ing** ['-ɪŋ] *s* Geschrei *nt;* Rufen *nt;* **within ~ distance** in Rufweite; **it is all over bar the ~** (*fig*) die Schlacht ist so gut wie geschlagen

shove [ʃʌv] **I.** *s* Stoß, Schubs *m;* **give s.o. a ~** jdn schubsen, stoßen; **give s.th. a ~** etw rücken; etw anstoßen; etw anschieben **II.** *vt* **1.** schieben; stoßen; schubsen; drängen **2.** (*fam*) stecken (*into* in) **III.** *vi* stoßen; schieben; drängeln; **shove about, shove around** *vt* herumschubsen; **shove away** *vt* wegschieben, wegstoßen; **shove back** *vt* zurückschieben; zurückstoßen; zurückstecken (*into* in); **shove off I.** *vt* (*Boot*) vom Ufer abstoßen **II.** *vi* **1.** (*Boot*) ablegen **2.** (*fam*) abhauen; **shove on** *vt* (*Kleidung*) anziehen; (*Hut*) aufstülpen; (*Schallplatte*) auflegen; **shove over I.** *vt* (*fam*) rübergeben **II.** *vi* (*fam: a. ~ up*) aufrücken, rutschen

shovel ['ʃʌvl] **I.** *s* **1.** Schaufel, Schippe *f* **2.** (*~ful*) Schaufel(voll) *f* **3.** (*Bagger*) Löffel *m;* Löffelbagger *m* **II.** *vt* schaufeln, schippen

show [ʃəʊ] <*irr:* showed, shown> **I.** *vt* **1.** zeigen **2.** zur Schau stellen, ausstellen **3.** sehen, durchblicken, erkennen lassen **4.** aufweisen; an den Tag legen; darlegen, klarstellen, erklären; demonstrieren **5.** beweisen; den Nachweis erbringen (*that* dass) **6.** anzeigen, registrieren; **~ one's cards** [*o* **hand**] seine Karten aufdecken; **~ o.s. in one's true colo(u)rs** sein wahres Gesicht zeigen; **~ s.o. the door** jdm die Tür weisen, jdn hinauswerfen; **~ one's face** sich blicken lassen; **~ one's gratitude** sich dankbar zeigen; **~ an improvement** einen Fortschritt aufzuweisen haben; **~ interest** Interesse zeigen [*o* bekunden] (*in* an); **~ promise** viel versprechend sein; **~ promise of s.th.** etw erwarten lassen; **~ one's teeth** die Zähne zeigen; **~ s.o. the way** jdm den Weg zeigen; **we had nothing to ~ for it** wir hatten nichts vorzuweisen; **that ~ed him!** dem habe ich's aber gezeigt!; **it all goes to ~ that** das zeigt [*o* beweist] ganz klar, dass **II.** *vi* **1.** sich zeigen, auftreten, erscheinen **2.** sichtbar sein; (*Unterrock*) (her)vorsehen; (*Film*) gezeigt werden; **go to ~** beweisen; **~ in the balance sheet** in der Bilanz ausweisen; **~ willing** guten Willen zeigen **III.** *vr* sich (in der Öffentlichkeit) zeigen, öffentlich auftreten; sich blicken lassen; **~ o.s. to be competent** sich als fähig erweisen **IV.** *s* **1.** Schau, Darbietung *f* **2.** Auslage *f* **3.** Ausstellung, Messe *f* **4.** Schau, Angabe *f,* falscher Schein **5.** (THEAT) Aufführung *f;* Show *f* **6.** (RADIO TV) Sendung *f;* (FILM) Vorführung *f* **7.** (*Am*) Darlegung *f,* Nachweis *m* **8.** (*fam*) Laden *m;* **by ~ of hands** (PARL) durch Handzeichen; **for ~** zum Schein; nur fürs Auge; **on ~** zur Besichtigung; ausgestellt; **be on ~** gezeigt werden, ausgestellt sein; **get this ~ on the road** die Arbeit in Angriff nehmen; **give s.o. a fair ~** jdm eine Chance geben; **give the (whole) ~ away** (*fig*) alles verraten; **make a ~ of doing s.th.** Miene machen etw zu tun; **make a ~ of s.th.** etw herausstellen; **make a fine ~** gut aussehen, Eindruck machen; **manage** [*o* **run**]

S

the ~ (*fam*) den Laden schmeißen; **put on a** ~ so tun als ob; heucheln; **agricultural/dog** ~ Landwirtschafts-/Hundeausstellung *f;* **flower** ~ Blumenschau *f;* **motor** ~ Autoausstellung *f;* **show around** *vt* herumführen (*s.o.* jdn); **show in** *vt* (her)einführen; **show off I.** *vi* angeben (*in front of, to* vor) **II.** *vt* **1.** angeben mit; sich brüsten mit; protzen mit **2.** zur Geltung bringen, hervorheben; ~ **s.th. off to advantage** etw vorteilhaft wirken lassen; **show out** *vt* hinausführen, -geleiten; **show up I.** *vt* **1.** hinaufführen **2.** erkennen lassen; zum Vorschein bringen; deutlich zeigen **3.** (*Gauner*) entlarven; (*Gaunerei*) aufdecken; (*Menschen*) bloßstellen; blamieren **II.** *vi* **1.** zu sehen sein; hervorstechen **2.** erscheinen, sich blicken lassen

show·boat ['ʃəʊbəʊt] *s* Theaterschiff *nt;* **show business, show biz** *s* (*fam*) Showbusiness, Showgeschäft *nt,* Vergnügungs-, Unterhaltungsindustrie *f;* **show card** *s* Werbeschild *nt;* **show·case** *s* Schaukasten *m,* Vitrine *f;* **show·down** ['ʃəʊdaʊn] *s* Kraftprobe *f,* endgültige Auseinandersetzung

shower ['ʃaʊə(r)] **I.** *s* **1.** (Regen-, Schnee)Schauer *m* **2.** (Funken)Regen *m* **3.** (*Pfeile*) Hagel *m* **4.** (*fig*) Schwall *m,* Flut, Fülle *f* **5.** (~ *bath*) Dusche *f* **6.** (*Am*) *Party, bei der jeder Gast der Gastgeberin ein Geschenk mitbringt* **7.** (*fam*) Gruppe *f* blöder Typen; **take a** ~ duschen **II.** *vt* **1.** übergießen; nass spritzen **2.** (*fig*) überschütten, überhäufen (*s.th. upon s.o., s.o. with s.th.* jdn mit etw) **III.** *vi* **1.** niederprasseln; (*fig*) hageln; herabregnen **2.** duschen; **shower bath** *s* Dusche *f;* **shower cabinet** *s* Duschkabine *f;* **shower cap** *s* Duschhaube *f;* **shower curtain** *s* Duschvorhang *m;* **shower gel** ['ʃaʊə(r)ˌdʒel] *s* Duschgel *nt;* **showery** ['ʃaʊərɪ] *adj* mit einzelnen Regenschauern

show flat ['ʃəʊflæt] *s* Musterwohnung *f;* **show·girl** *s* Varieteetänzerin *f;* **show·ground** *s* Ausstellungsgelände *nt;* Zirkusgelände *nt;* **show house** *s* Musterhaus *nt*

showi·ness ['ʃəʊɪnɪs] *s* Protzigkeit, Auffälligkeit, (äußere) Pracht *f*

show·ing ['ʃəʊɪŋ] *s* **1.** Ausstellung *f* **2.** (THEAT) Aufführung *f;* (FILM) Vorführung *f* **3.** Leistung *f;* **make a good** ~ gute Leistungen aufweisen; **on his own** ~ nach eigenen Angaben; **show·ing-off** [ʃəʊɪŋ'ɒf] *s* Angeberei *f*

show-jump·ing ['ʃəʊˌdʒʌmpɪŋ] *s* Springreiten *nt;* **show·man** ['ʃəʊmən] <*pl* **-men**> *s* Showman *m;* (*fig*) Schauspieler *m;* **show·man·ship** ['ʃəʊmənʃɪp] *s* **1.** Kunst *f* sich in Szene zu setzen **2.** effektvolle Attraktion; **shown** [ʃəʊn] *s.* **show;** **show-off** ['ʃəʊɒf] *s* (*fam*) Angeber(in) *m(f);* **show·piece** ['ʃəʊpiːs] *s* Schau-, Vorzeige-, Paradestück, Muster *nt;* **show-room** *s* Ausstellungsraum *m;* **show trial** *s* Schauprozess *m;* **showy** ['ʃəʊɪ] *adj* (*meist pej*) protzig; auffällig; (*Aufmachung, Zeremoniell*) bombastisch; (*Farbe*) grell, auffällig

shrank [ʃræŋk] *s.* **shrink**

shrap·nel ['ʃræpn(ə)l] *s* (MIL) Schrapnell *nt*

shred [ʃred] **I.** *s* **1.** Fetzen *m;* Lappen *m;* (Papier)Schnipsel *m* **2.** (*fig*) Spur *f,* Fünkchen *nt,* ein (klein) bisschen *nt;* **tear to ~s** (*fig*) keinen guten Faden lassen an **II.** *vt* **1.** zerfetzen **2.** zerteilen; zerschneiden; zerkleinern; **shred·der** ['ʃredə(r)] *s* Reißwolf *m;* (*Küche*) Reibe *f;* Gemüseschneider *m*

shrew [ʃruː] *s* **1.** (*pej*) zänkisches Weib **2.** Spitzmaus *f*

shrewd [ʃruːd] *adj* **1.** gewitzt, schlau **2.** klug, scharfsinnig; **make a** ~ **guess** der Wahrheit sehr nahe kommen

shrew·ish ['ʃruːɪʃ] *adj* boshaft, zänkisch

shriek [ʃriːk] **I.** *vi* kreischen, schreien; ~ **with laughter** schreien vor Lachen; ~ **with pain** vor Schmerz aufschreien **II.** *vt* (~ *out*) (hinaus)schreien **III.** *s* (gellender, durchdringender) Schrei *m*

shrift [ʃrɪft] *s:* **give s.o. short** ~ mit jdm kurzen Prozess machen

shrill [ʃrɪl] *adj* schrill, gellend; (*Stimme*) durchdringend

shrimp [ʃrɪmp] *s* **1.** Garnele, Krabbe *f* **2.** (*fam*) Knirps *m;* **shrimp cocktail** *s* Krabbencocktail *m*

shrine [ʃraɪn] *s* **1.** (REL) (Reliquien)Schrein *m* **2.** Weihestätte *f*

shrink [ʃrɪŋk] <*irr:* **shrank, shrunk**> **I.** *vi* **1.** schrumpfen, einlaufen, eingehen; (*Holz*) schwinden **2.** (*fig*) abnehmen, nachlassen **3.** zurückschrecken (*from* vor); ~ **from doing s.th.** etw höchst ungern tun **II.** *vt* schrumpfen lassen **III.** *s* (*sl*) Psychiater *m;* **shrink·age** ['-ɪdʒ] *s* **1.** Schrumpfung *f,* Einlaufen *nt* **2.** Schwund *m,* Abnahme *f* **3.** Nachlassen *nt,* Rückgang *m,* Schrumpfung *f* **4.** (COM) Schwund *m,* Einbuße *f* **5.** (*fam*) Ladendiebstahl *m;* ~ **of exports** Exportschrumpfung *f;* ~ **in purchasing power** Kaufkraftschwund *m;* ~ **in value** Wertminderung *f;* **shrink-wrap I.** *vt* (*Ware*) einschweißen **II.** *s* Einschweißfolie *f*

shrivel ['ʃrɪvl] **I.** *vi* **1.** schrumpfen; zusammenschrumpfen; (*Pflanze*) verwelken; austrocknen; (*Obst, Haut*) runzlig werden

2. (*fig: Sorgen*) verfliegen **II.** *vt* welk werden lassen; (*Haut, Obst*) runzlig werden lassen; **shrivel away** *vi* zusammenschrumpfen; (*Pflanzen*) verwelken; vertrocknen; (*fig*) sich verflüchtigen; **shrivel up** *vi* **1.** zusammenschrumpfen; verwelken **2.** (*fig*) sich verkriechen; kleinlaut werden

shroud [ʃraʊd] **I.** *s* **1.** Leichentuch *nt* **2.** (*fig*) Schleier *m* **3.** (MAR) Want *f* **II.** *vt* **1.** (*Leiche*) einhüllen **2.** (*fig*) bedecken, verhüllen, verbergen

Shrove·tide ['ʃrəʊvtaɪd] *s* Fastnachtstage *mpl;* **Shrove Tuesday** *s* Fastnacht(sdienstag *m*) *f*

shrub [ʃrʌb] *s* (BOT) Strauch, Busch *m;* Staude *f;* **shrub·bery** ['ʃrʌbərɪ] *s* Gebüsch, Busch-, Strauchwerk *nt*

shrug [ʃrʌg] **I.** *s* Achselzucken *nt;* **give a** ~ mit den Achseln zucken **II.** *vt* zucken mit; ~ **o.s. out of one's coat** den Mantel abschütteln; **shrug off** *vt* **1.** mit einem Achselzucken abtun **2.** (*Mantel*) abschütteln

shrunk [ʃrʌŋk] *s.* **shrink**; **shrunken** ['ʃrʌŋkən] *adj* eingeschrumpft; (*fig*) zusammengeschrumpft; ~ **head** Schrumpfkopf *m*

shuck [ʃʌk] **I.** *s* (*Am*) Schale, Hülse, Schote *f* **II.** *vt* **1.** schälen, enthülsen, entkernen **2.** abstreifen **3.** (*Auster*) öffnen **4.** (*Gewohnheit*) ablegen; ~ **one's clothes** (*hum*) sich entblättern; **shucks** [ʃʌks] *interj* (*Am*) Mist!; ~ **to you!** (b)ätsch!

shud·der ['ʃʌdə(r)] **I.** *vi* **1.** (er)schaudern (*at* bei) **2.** schlottern, zittern (*with cold, fear* vor Kälte, Angst); **I** ~ mich schaudert (*at the thought* bei dem Gedanken) **II.** *s* Schauder *m*

shuffle ['ʃʌfl] **I.** *s* **1.** Schlurfen *nt* **2.** (*Tanz*) Shuffle *m* **3.** (*Karten*) Mischen *nt* **4.** (*fig*) Umstellung *f;* Umbesetzung *f;* Umbildung *f* **II.** *vt* **1.** (*Füße*) schlurfen mit; scharren mit **2.** (*Karten*) mischen **3.** (*fig: Kabinett*) umbilden; (*Stellen*) umbesetzen **III.** *vi* **1.** schlurfen **2.** (*Karten*) mischen; ~ **out of s.th.** sich vor etw drücken; **shuffle off** *vt* (*Kleidung*) abstreifen; (*Ängste*) ablegen; (*Verantwortung*) abwälzen (*onto* auf)

shun [ʃʌn] *vt* meiden; scheuen

shunt [ʃʌnt] **I.** *vt* **1.** schieben; abschieben **2.** (RAIL) rangieren, auf ein Nebengleis schieben **II.** *vi* rangiert werden; rangieren **III.** *s* Stoß *m;* **have a** ~ (*sl*) einen Autounfall haben; **shunter** ['ʃʌntə(r)] *s* Rangierer *m;* **shunt·ing** ['-ɪŋ] *s* Rangieren *nt;* **shunting engine** *s* Rangierlok(omotive) *f;* **shunting station**, **shunting yard** *s* Verschiebebahnhof *m;* **shunt-wound** ['ʃʌnt-ˌwaʊnd] *adj* (ELEK) parallel geschaltet

shush [ʃʊʃ] **I.** *interj* sch! pst! **II.** *vt:* ~ **s.o. up** jdn zum Schweigen bringen **III.** *vi* still sein

shut [ʃʌt] <*irr:* shut, shut> **I.** *vt* **1.** schließen, zumachen **2.** ver-, zuriegeln; versperren; ~ **the door in s.o.'s face** jdm die Türe vor der Nase zuschlagen; ~ **the door on s.o.** (*fig*) jdn abweisen; ~ **one's ears to the truth** die Ohren vor der Wahrheit verschließen; ~ **one's eyes** die Augen zumachen; ~ **one's mouth** den Mund halten **II.** *vi* (*Fenster, Tür*) zugehen; (*Geschäft, Fabrik*) schließen; geschlossen werden; **when do the shops ~?** wann schließen die Geschäfte? **III.** *adj* geschlossen, zu; **we are** ~ wir haben geschlossen; **his mind is ~ to anything unfamiliar** er verschließt sich allem Fremden; **shut away** *vt* wegschließen, einschließen; ~ **o.s. away** sich einschließen; ~ **s.o. away** jdn einsperren; jdn isolieren; **shut down** **I.** *vt* **1.** herunterlassen **2.** (*Fabrik*) (vorübergehend) schließen, stilllegen, den Betrieb einstellen **3.** (*Kraftwerk, Computer*) abschalten **II.** *vi* **1.** (*Fabrik*) schließen **2.** (RADIO TV) das Programm beenden; **shut in** *vt* **1.** einschließen, -sperren **2.** ans Zimmer fesseln **3.** umgeben; einschließen; ~ **one's finger in the door** sich den Finger in der Tür klemmen; **shut off** **I.** *vt* **1.** ausschließen (*from* von) **2.** absperren, -schließen **3.** (TECH) ausschalten, zu-, abdrehen; (*Motor*) abstellen **II.** *vi* abschalten; ~ **o.s. off** sich absondern; **shut out** *vt* **1.** ausschließen, -sperren **2.** (*fig*) ausschalten **3.** (SPORT) schlagen; nicht zum Zuge kommen lassen; **shut to** *vt* zumachen; anlehnen; **shut up** **I.** *vt* **1.** verschließen, zuschließen **2.** einsperren **3.** zum Schweigen bringen **II.** *vi* den Mund halten; ~ **up shop** (*fam*) den Laden dicht machen; **that'll** ~ **her up** da wird sie nichts mehr sagen; ~ **up!** halt die Klappe!

shut·down ['ʃʌtdaʊn] *s* Stilllegung (des Betriebes), Betriebseinstellung *f;* (RADIO TV) Sendeschluss *m;* (*Kraftwerk*) Abschaltung *f;* **shut·eye** *s* (*fam*) Schläfchen *nt;* **shut-in** ['ʃʌtɪn] *s* (*Am*) ans Haus gefesselte(r) Kranke(r); **shut-off** ['ʃʌtɒf] *s* Abstellen *nt;* **shut-off cock** ['ʃʌtɒfˌkɒk] *s* Absperrhahn *m;* **shut-off switch** *s* Hauptschalter *m;* **shut·out** ['ʃʌtˌaʊt] *s* (SPORT) Sieg, bei dem die Gegner punktlos, torlos bleiben

shut·ter ['ʃʌtə(r)] **I.** *s* **1.** Fensterladen *m* **2.** (PHOT) Verschluss *m;* **put up the ~s** die Fensterläden zumachen; (*fig*) den Laden zumachen **II.** *vt* mit Fensterläden verschließen

shut·tle ['ʃʌtl] **I.** *s* **1.** Weberschiffchen *nt* **2.** (~ *traffic*) Pendelverkehr *m;* Pendelflugzeug *nt;* Pendelzug *m* **3.** (*space* ~) Raum-

S

transporter *m* **II.** *vi* pendeln; hin- und hertransportiert werden; herumgereicht werden; **shut·tle bus** *s* Autobus im Pendelverkehr, Zubringer(bus) *m;* **shut·tle·cock** ['ʃʌtlkɒk] *s* Federball *m;* **shut·tle flight** *s* (AVIAT) Pendelflug *m;* **shut·tle service** *s* Pendelverkehr *m;* **shut·tle train** *s* Pendelzug *m*

shy[1] [ʃaɪ] **I.** *adj* schüchtern; scheu; **be ~ of** [*o* **with**] **s.o.** jdm gegenüber gehemmt sein; **be ~ of doing s.th.** Hemmungen haben etw zu tun; **make s.o. ~** jdn verschüchtern; **don't be ~!** nur keine Hemmungen!; **be 5 people ~** (*Am fam*) 5 Leute zuwenig haben **II.** *vi* (*Pferd*) scheuen (*at* vor); **shy away** *vi* (*Pferd*) zurückscheuen; (*Mensch*) zurückweichen; **~ away from s.th.** vor etw zurückschrecken

shy[2] [ʃaɪ] **I.** *s* Wurf *m;* **have a ~ at s.th.** nach etw werfen; (*fig*) sich an etw versuchen **II.** *vt* werfen

shy·ness ['ʃaɪnɪs] *s* Scheu, Schüchternheit *f*

Sia·mese [ˌsaɪə'miːz] **I.** *adj* siamesisch; **~ cat** Siamkatze *f;* **~ twins** siamesische Zwillinge *pl* **II.** *s* **1.** Siamese *m,* Siamesin *f* **2.** (das) Siamesisch(e) **3.** (*Katze*) siamesische Katze, Siamkatze *f*

sib·ling ['sɪblɪŋ] *s* Bruder *m*/Schwester *f;* **~s** Geschwister *pl*

sick [sɪk] **I.** *adj* **1.** krank (*of* an, *with* vor) **2.** (*~ and tired, ~ to death*) überdrüssig (*of +gen*) **3.** (*fam*) geschmacklos; (*Witz*) makaber; (*Mensch*) abartig; **be ~** sich erbrechen; krank sein; **be ~ of s.th.** etw satt haben; **fall** [*o* **be taken**] **~** krank werden; **get ~ and tired of s.th.** etw gründlich satt, überhaben; **it makes me ~** (*fig*) das macht mich ganz krank; **I am** [*o* **feel**] **~** mir ist übel; **I'm worried ~ about it** ich bin darüber höchst beunruhigt; **I'm getting ~ and tired of it** es hängt mir zum Hals heraus **II.** *s* (das) Erbrochene; **the ~** die Kranken *mpl;* **sick bag** *s* Spucktüte *f;* **sick bay** *s* Krankenrevier *nt;* **sick·bed** ['sɪkbed] *s* Krankenbett *nt;* **sick building syndrome** *s* (MED) Sick-Building-Syndrom *nt;* **sicken** ['sɪkən] **I.** *vi* **1.** krank werden, erkranken (*for* an) **2.** sich ekeln (*at* vor); **~ of s.th.** einer S überdrüssig werden **II.** *vt* **1.** anwidern, -ekeln **2.** erschüttern; **it ~s me to see that waste** es macht mich krank, wenn ich diese Verschwendung sehe; **sicken·ing** ['sɪkənɪŋ] *adj* **1.** Ekel erregend **2.** (*fig*) entsetzlich; widerlich, ekelhaft; **sick headache** *s* Kopfschmerzen *mpl* (*mit Übelkeit*)

sickle ['sɪkl] *s* Sichel *f;* **~ cell anaemia** (MED) Sichelzellenanämie *f*

sick leave ['sɪkliːv] *s* Krankheitsurlaub *m;* **be on ~** krank geschrieben sein; **sick list** *s* Krankenliste *f;* Verletztenliste *f;* **put on the ~** krank schreiben; **sick·ly** ['sɪklɪ] *adj* **1.** kränklich, leidend, schwächlich **2.** (*Gesichtsfarbe, Klima*) ungesund **3.** (*fig*) widerlich; **sick·ness** ['sɪknɪs] *s* **1.** Krankheit *f* **2.** Übelkeit *f;* Erbrechen *nt* **3.** (*fig*) Geschmacklosigkeit *f;* **sickness benefit** *s* Krankengeld *nt;* **sick·pay** *s* Lohn *m* im Krankheitsfall; **sick-room** *s* Krankenzimmer *nt*

sicky ['sɪkɪ] *s* (*Aus: fam*): **throw a ~** blaumachen

side [saɪd] **I.** *s* **1.** Seite *f;* (Berg)Hang *m;* Wand *f* **2.** Rand *m* **3.** (*fig*) Seite *f,* Standpunkt *m,* Stellungnahme, Meinung *f* **4.** Seite, Partei *f;* (SPORT) Mannschaft *f* **5.** (väterliche, mütterliche) Seite *f* (*der Vorfahren*); (*der Familie*) Zweig *m;* **at** [*o* **by**] **my ~** an meiner Seite; **~ by ~** Seite an Seite; **from/on all ~s** von/auf allen Seiten; **on the ~** (*fam*) nebenbei, nebenher; **on every ~** auf, von allen Seiten; **on his ~** seinerseits; **on the right/wrong ~ of 50** unter/über 50 Jahre alt; **have a bit on the ~** (*fam*) einen Seitensprung machen; **to be on the safe ~** um sicher zu gehen; **earn on the ~** nebenbei verdienen; **put on** [*o* **to**] **one ~** vorübergehend zurückstellen; **split one's ~s with laughter** vor Lachen (beinahe) platzen; **take ~s** parteiisch sein, Stellung nehmen, Partei ergreifen (*with* für), sich anschließen (*with s.o.* jdm); **this ~ up!** Vorsicht, nicht stürzen!; **I've got a pain in my ~** ich habe Seitenstechen; **whose ~ are you on?** auf welcher Seite stehen Sie?; **at the ~ of the road** am Straßenrand; **on the ~ of one's plate** am Tellerrand; **this ~ of London** in diesem Teil Londons; **get on the wrong ~ of s.o.** es sich mit jdm verderben; **look on the bright ~** die positive Seite sehen; **it's on the big ~** es ist ziemlich groß **II.** *adj* Seiten-; Neben- **III.** *vi* Partei ergreifen (*with* für)

side·board ['saɪdbɔːd] *s* Büfett *nt,* Anrichte *f;* **side·boards, side·burns** ['saɪdbɔːdz, 'saɪdbɜːnz] *s pl* Koteletten *pl,* Backenbart *m;* **side·car** *s* (AUTO) Beiwagen *m;* **side dish** *s* Beilage *f;* **side effect** *s* Nebenwirkung *f;* **Side Impact Protection System, SIPS** *s* Seitenaufprallschutzsystem *nt;* **side issue** *s* Randproblem *nt;* **side·light** ['saɪdlaɪt] *s* (AUTO) Parkleuchte *f;* Standlicht *nt;* **throw a ~ on** (*fig*) ein Streiflicht werfen auf; **side·line** *s* **1.** Nebenerwerb *m,* Nebenbeschäftigung *f* **2.** (RAIL) Nebenlinie *f* **3. ~s** (SPORT) Seitenlinien *fpl,* Spielfeldrand *m;* **keep to the ~s** (*fig*) sich im Hintergrund halten; **be on the ~s** (*fig*) ein Außenseiter sein; **side·long** ['saɪdlɒŋ] *adj, adv* seitlich; seitwärts; auf der Seite; **give s.o. a ~ glance** jdn aus den Augenwinkeln heraus ansehen; **side protection barriers** *s* Seitenaufprallschutz *m;* **side·road** *s* Nebenstraße *f;* **side-saddle** *s* Damensattel *m;* **ride ~** im Damensitz reiten; **side salad** *s* Salat *m* (als Beilage); **side·show** *s* Nebenvorstellung *f;* Sonderausstellung *f;* **side-slip I.** *vi* **1.** (AUTO) schleudern **2.** (*Ski*) seitlich abrutschen **II.** *s* **1.** (AUTO) Schleudern *nt* **2.** (AVIAT) Seitenrutsch *m;* **side·step** ['saɪdstep] **I.** *s* Schritt *m* zur Seite; (*Tanzen*) Seitenschritt *m;* (SPORT) Ausfallschritt *m;* (*fig*) Ausweichmanöver *nt* **II.** *vt* seitwärts ausweichen (*s.th.* einer S); (*fig*) ausweichen (*s.o., s.th.* jdm, einer S) **III.** *vi* ausweichen; **side street** *s* Nebenstraße *f;* **side table** *s* Beistelltisch *m;* **side·track** *vt* (*fig*) ablenken; **side view** *s* Seitenansicht *f;* **side·walk** ['saɪdwɔːk] *s* (*Am*) Gehweg *m;* **side·ward(s)** ['saɪdwəd(z)] **I.** *adj* seitlich **II.** *adv* seitwärts; **side·ways** ['saɪdweɪz] **I.** *adj* seitlich **II.** *adv* seitwärts; **side whiskers** *s pl* (*Br*) Koteletten *pl,* Backenbart *m;* **side wind** *s* Seitenwind *m;* **side·winder** ['saɪd,waɪndə(r)] *s* **1.** (*Am sl*) Schlag, Haken *m* **2.** Klapperschlange *f*

sid·ing ['saɪdɪŋ] *s* (RAIL) Nebengleis *nt;* Abstellgleis *nt*

sidle ['saɪdl] *vi* sich seitlich fortbewegen; **~ away from s.o.** sich von jdm wegschleichen; **~ up to s.o.** sich an jdn heranmachen

SIDS *s Abk. von* **sudden infant death syndrome** plötzlicher Kindstod

siege [siːdʒ] *s* Belagerung *f;* **lay ~ to** belagern

Si·er·ra Le·one [sɪ'erəlɪ'əʊn] *s* Sierra Leone *f;* **Si·er·ra Le·on·ean** [sɪ'erəlɪ'əʊnɪən] **I.** *adj* sierraleonisch **II.** *s* Sierraleoner(in) *m(f)*

sieve [sɪv] **I.** *s* Sieb *nt;* **have a memory like a ~** ein Gedächtnis haben wie ein Sieb **II.** *vt, vi* sieben

sift [sɪft] **I.** *vt* **1.** (durch)sieben **2.** (*fig*) sichten, prüfen **II.** *vi* sieben; **~ out** aussieben, -sortieren (*from* aus); (*fig*) heraussuchen; absondern; aussieben; **~ through s.th.** etw durchgehen; **sifter** ['sɪftə(r)] *s* Streudose *f*

sigh [saɪ] **I.** *vi* **1.** seufzen (*with* vor) **2.** ächzen **3.** sich sehnen (*for* nach) **II.** *s* Seufzer *m;* **heave a ~ of relief** einen Seufzer der Erleichterung ausstoßen

sight [saɪt] **I.** *s* **1.** (An)Sicht *f,* (An)Blick *m* **2.** Schau(spiel *nt*) *f* **3.** Sehvermögen *nt,* Gesicht(ssinn *m*) *nt* **4.** (*fig*) Augen *ntpl,* Blickfeld *nt* **5.** (*Gewehr, Fernrohr*) Visier(einrichtung *f*) *nt* **6.** (*fam*) seltsamer Anblick **7. ~s** Sehenswürdigkeiten *fpl;* **at** [*o* **on**] **~** sofort, ohne weiteres; auf den ersten Blick; (MUS) vom Blatt; (COM) bei Sicht; **at the ~ of** beim Anblick *+gen;* **at first ~** auf den ersten Blick; **by ~** vom Ansehen; **not by a long ~** (*fam*) nicht im Entferntesten, nicht im Geringsten; **within ~** in Sicht; **in the ~ of** (*fig*) im Lichte *+gen;* **in his ~** in seinen Augen; **in the ~ of God** vor Gott; **out of ~** außer Sicht; weit weg; (*fam*) unerschwinglich; (*sl*) wunderbar, fantastisch; **it was my first ~ of the mountains** das war das Erste, was ich von den Bergen gesehen habe; das war das erste Mal, dass ich die Berge gesehen habe; **~ unseen** (COM) unbesehen; **be a ~** (*fam*) fürchterlich, verheerend aussehen; **be unable to bear the ~ of s.o.** jdn nicht ausstehen können; **catch** [*o* **get**] (**a**) **~ of s.th.** etw zu Gesicht bekommen; **know by ~** vom Sehen (her) kennen; **lose ~ of s.th.** etw aus den Augen verlieren; **lower one's ~s** seine Ansprüche zurückschrauben; **see the ~s of a town** eine Stadt besichtigen; **set one's ~s too high** zu hohe Anforderungen stellen; **take ~ of s.th.** etw anvisieren; **the end is not yet in ~** das Ende ist noch nicht abzusehen; **what a ~ you are!** wie siehst denn du aus!; **you're a ~ for sore eyes!** es ist ein Vergnügen dich zu sehen!; **long/near ~** Weit-/Kurzsichtigkeit *f;* **he has very good ~** er sieht sehr gut; **second ~** das Zweite Gesicht; **a ~ better** (*fam*) einiges besser; **out of ~, out of mind** (*prov*) aus den Augen, aus dem Sinn **II.** *vt* **1.** sichten **2.** (*Gewehr*) mit einem Visier versehen; (das Visier) richten **3.** (COM: *Wechsel*) vorlegen; **sight bill** *s* (FIN) Sichtwechsel *m;* **sighted** ['saɪtɪd] *adj:* **clear-** [*o* **far-**]~ weitblickend; **sight·less** ['saɪtlɪs] *adj* blind; **sightly** ['saɪtlɪ] *adj* ansehnlich, stattlich; **sight-read** *irr vt* vom Blatt spielen; **sight·see·ing** ['saɪt,siːɪŋ] *s* Besuch *m* von Sehenswürdigkeiten, Sightseeing *nt;* **he goes ~** er besichtigt Sehenswürdigkeiten; **sightseeing tour** *s* Stadtrundfahrt *f;* **sight·seer** ['saɪtsiːə(r)] *s* Tourist(in) *m(f)*

sign [saɪn] **I.** *s* **1.** Zeichen *nt* **2.** (An-, Vor)Zeichen, Symptom *nt* **3.** (Tür-, Aushänge-, Verkehrs)Schild *nt* **4.** (MATH MUS) Vorzeichen *nt* **5.** (ASTR) Sternzeichen *nt;* **at the ~ of the Red Lion** im Roten Löwen; **road ~** Wegweiser *m;* **traffic ~** Verkehrszeichen *nt;* **the ~ of the cross** das Kreuzeszeichen; **a ~ of life** ein Lebenszeichen *nt;* **~ of the zodiac** (ASTR) Tierkreiszeichen *nt;* **as a ~ of** zum Zeichen *+gen;* **show ~s of**

going Anstalten machen zu gehen; **there was no ~ of it** es war keine Spur davon zu entdecken **II.** *vt* unterzeichnen, -schreiben; signieren; ~ **one's name** unterschreiben; ~ **the guest book** sich ins Gästebuch eintragen; ~ **the register** sich eintragen **III.** *vi* **1.** ein Zeichen geben, winken **2.** unterschreiben **3.** Zeichensprache benutzen; **sign away** *vt* aufgeben; (schriftlich) abtreten; **sign for** *vt* den Empfang durch Unterschrift bestätigen; **sign in I.** *vi* sich einschreiben, sich eintragen **II.** *vt* eintragen; **sign off** *vi* **1.** (RADIO TV) das Programm beenden **2.** (*Brief*) Schluss machen **3.** (INFORM) sich abmelden; **sign on I.** *vi* **1.** sich verpflichten; sich melden; (*Arbeitnehmer*) den Arbeitsvertrag unterschreiben; (*Erwerbsloser*) sich arbeitslos melden; (*zu Kurs*) sich einschreiben **2.** (RADIO) sich melden **3.** (INFORM) sich anmelden **4.** (*bei Amt*) sich melden; beantragen (*for s.th.* etw) **II.** *vt* verpflichten; einstellen; anheuern; **sign out I.** *vi* **1.** sich abmelden **2.** sich austragen **II.** *vt* austragen; **sign over** *vt* überschreiben; **sign up I.** *vt* anstellen (*s.o.* jdn), verpflichten, anwerben; unter Vertrag nehmen **II.** *vi* **1.** sich verpflichten; sich melden; sich einschreiben **2.** sich zur Abnahme verpflichten (*for s.th.* von etw), bestellen (*for s.th.* etw)

sig·nal ['sɪgnəl] **I.** *s* **1.** Zeichen *nt* **2.** Wink *m* **3.** (AUTO TELE RADIO RAIL) Signal *nt* (*for* zu) **4.** Nachricht *f;* **give** [*o* **make**] **a ~** ein Zeichen geben; **engaged** [*o* **busy**] ~ (*Am*) Besetztzeichen *nt* **II.** *vt* **1.** (ein) Zeichen geben, winken (*s.o.* jdm) **2.** signalisieren; ankündigen; anzeigen **3.** (*fig*) ein Zeichen sein für **III.** *vi* (ein) Zeichen, ein Signal geben **IV.** *adj* beachtlich; bemerkenswert; **signal-box** *s* (RAIL) Stellwerk *nt;* **sig·nal·ize, sig·nal·ise** ['sɪgnəlaɪz] *vt* kennzeichnen; **signal lamp** *s* Warn-, Blinklampe *f;* **sig·nal·ler** ['sɪgnələ(r)] *s* (MIL) Fernmelder, Funker *m;* **sig·nal·ly** ['sɪgnəlɪ] *adj* eindeutig; **sig·nal·man** ['sɪgnəlmən] <*pl* -men> *s* **1.** (RAIL) Bahnwärter *m* **2.** (MAR) Signalgast *m* **3.** (MIL) Funker, Fernmelder *m;* **sig·nal·ment** [-mənt] *s* (*Am*) Steckbrief *m*

sig·na·tory ['sɪgnətrɪ, *Am* 'sɪgnətɔ:rɪ] **I.** *s* Unterzeichner *m* **II.** *adj* Signatar-; ~ **powers** [*o* **states**] *pl* Signatarmächte *fpl,* -staaten *mpl*

sig·na·ture ['sɪgnətʃə(r)] *s* **1.** Unterschrift *f* **2.** Unterzeichnung *f* **3.** (MUS) Vorzeichen *nt* **4.** (RADIO: ~ *tune*) Erkennungsmelodie *f* **5.** (TYP) Signatur *f* **6.** (INTERNET) elektronische Unterschrift; **put one's ~ to s.th.** seine Unterschrift unter etw setzen

sign·board ['saɪnbɔ:d] *s* Schild *nt,* Tafel *f*

sig·net ring ['sɪgnɪtˌrɪŋ] *s* Siegelring *m*

sig·nifi·cance [sɪg'nɪfɪkəns] *s* Bedeutung *f;* Wichtigkeit *f;* Tragweite *f;* **sig·nifi·cant** [sɪg'nɪfɪkənt] *adj* **1.** bezeichnend (*of* für) **2.** bedeutungsvoll, bedeutsam, wichtig (*for* für) **3.** (*Blick*) vielsagend; **sig·nifi·ca·tion** [ˌsɪgnɪfɪ'keɪʃn] *s* **1.** Sinn *m,* Bedeutung *f* **2.** Bezeichnung *f;* Andeutung *f;* **sig·nify** ['sɪgnɪfaɪ] **I.** *vt* **1.** andeuten, anzeigen **2.** bedeuten **II.** *vi* wichtig sein; **it doesn't ~ (anything)** es hat nichts zu bedeuten

sign lan·guage ['saɪnˌlæŋgwɪdʒ] *s* Zeichensprache *f;* **sign painter** *s* Plakatmaler(in) *m(f);* **sign·post I.** *s* Wegweiser *m* **II.** *vt* beschildern; ausschildern

si·lage ['saɪlɪdʒ] *s* Silofutter *nt*

si·lence ['saɪləns] **I.** *s* **1.** Schweigen *nt* **2.** Stille, Ruhe *f* **3.** (Ver)Schweigen (*on s.th.* einer S), Stillschweigen *nt;* **in ~** schweigend; **keep ~** Stillschweigen bewahren (*on* über); **pass over in ~** mit Stillschweigen übergehen; **reduce to ~** zum Schweigen bringen **II.** *vt* zum Schweigen bringen; **si·lencer** ['saɪlənsə(r)] *s* **1.** (*Auto, Gewehr*) Schalldämpfer *m* **2.** (AUTO) Auspufftopf *m;* **si·lent** ['saɪlənt] *adj* **1.** schweigend **2.** (*a.* GRAM) stumm **3.** schweigsam **4.** still, ruhig, geräuschlos; **be ~** schweigen (*on* über); **become ~** still werden; verstummen; **keep ~** Stillschweigen bewahren, nichts sagen; ~ **movie** Stummfilm *m;* ~ **partner** (*Am*) stiller Gesellschafter; **the ~ majority** die schweigende Mehrheit; **be ~!** sei still; **si·lent·ly** [-lɪ] *adv* lautlos; leise; schweigend

sil·hou·ette [ˌsɪlu:'et] **I.** *s* **1.** Silhouette *f* **2.** Umriss *m* **3.** Scherenschnitt, Schattenriss *m* **II.** *vt:* **be ~d** sich abheben (*against, on, upon* gegen, von)

sil·ica ['sɪlɪkə] *s* (CHEM) Kieselerde *f;* Siliziumdioxyd *nt;* **sili·cate** ['sɪlɪkeɪt] *s* (CHEM) Silikat *nt;* **sili·con** ['sɪlɪkən] *s* (CHEM) Silizium *nt;* **silicon chip** *s* Siliziumscheibe *f;* **sili·cone** ['sɪlɪkəʊn] *s* Silikon *nt;* **sili·co·sis** [ˌsɪlɪ'kəʊsɪs] *s* (MED) Staublunge, Silikose *f*

silk [sɪlk] *s* **1.** Seide(nstoff *m*) *f;* Seidengewand *nt* **2.** (*Br*) Kronanwalt *m,* -anwältin *f* **3.** **~s** (*Pferderennen*) (Renn)Farben *fpl;* **artificial ~** Kunstseide *f;* **silk dress** *s* Seidenkleid *nt;* **silken** ['sɪlkən] *adj* **1.** (*lit*) seiden **2.** (*fig*) seidig; **silk hat** *s* Zylinder *m;* **silk moth** *s* Seidenspinner *m;* **silk·worm** ['sɪlkwɜ:m] *s* Seidenraupe *f;* **silky** ['sɪlkɪ] *adj* **1.** seiden **2.** (*Haar*) seidig; weich; glänzend; (*Stimme*) samtig; (*Benehmen*) glatt

sill [sɪl] *s* **1.** (Tür)Schwelle *f* **2.** Fensterbank *f;* Sims *m od nt* **3.** (AUTO) Türleiste *f* **4.** (GEOL) Lagergang *m*

silly ['sɪlɪ] **I.** *adj* **1.** dumm **2.** töricht, albern; ~ **moo** (*pej: Frau*) blöde Ziege; ~ **season** Sauregurkenzeit *f* **II.** *s* (*fam:* ~*-billy*) Dummerchen *nt*

silo ['saɪləʊ] <*pl* silos> *s* Silo *nt od m;* (*Raketen*) unterirdische Startrampe

silt [sɪlt] **I.** *s* Schwemmsand *m;* Schlick, Schlamm *m* **II.** *vt, vi* **1.** (~ *up*) verschlammen **2.** (sich) verstopfen

sil·ver ['sɪlvə(r)] **I.** *s* **1.** Silber *nt* **2.** Silbergeld *nt* **3.** (Tafel)Silber, Silbergeschirr *nt* **II.** *adj* **1.** silbern; silberhaltig; versilbert **2.** silb(e)rig, silberglänzend; **be born with a ~ spoon in one's mouth** Kind reicher Eltern, ein Glückskind sein **III.** *vt* versilbern; **silver birch** *s* Weißbirke *f;* **silver fir** *s* Weiß-, Edeltanne *f;* **sil·ver·fish** ['sɪlvəˌfɪʃ] <*pl* -, -fishes> *s* Silberfischchen *nt;* **silver foil** *s* Alufolie *f;* **silver jubilee** *s* 25-jähriges Jubiläum; **silver lining** *s* (*fig*) Silberstreifen *m* am Horizont, Lichtblick *m;* **silver mine** *s* Silbermine *f;* **silver paper** *s* Silberpapier *nt;* **silver plate** *s* Versilberung *f;* versilberte Sachen *fpl;* **silver-plate** *vt* versilbern; **silver screen** *s* Leinwand *f;* **sil·ver·side** ['sɪlvəsaɪd] *s* (*Rind*) Schwanzstück *nt;* **sil·ver·smith** ['sɪlvəsmɪθ] *s* Silberschmied *m;* **silver standard** *s* Silberstandard *m;* **sil·ver·ware** ['sɪlvəweə(r)] *s* Silber(geschirr) *nt;* **silver wedding** *s* silberne Hochzeit; **sil·very** ['sɪlvərɪ] *adj* **1.** silb(e)rig, silberglänzend **2.** (*Ton*) silberhell

sim·ian ['sɪmɪən] **I.** *adj* affenartig **II.** *s* (Menschen)Affe *m*

simi·lar ['sɪmɪlə(r)] *adj* (*a.* MATH) ähnlich; **in a ~ way** ähnlich; genauso; **simi·lar·ity** [ˌsɪmə'lærətɪ] *s* Ähnlichkeit, Gleichartigkeit *f* (*to* mit); **sim·ile** ['sɪmɪlɪ] *s* Gleichnis *nt;* **sim·ili·tude** [sɪ'mɪlɪtjuːd] *s* Ähnlichkeit *f*

sim·mer ['sɪmə(r)] **I.** *vi* simmern, sieden; (*fig: vor Zorn*) kochen (*with* vor); (*vor Aufregung*) fiebern **II.** *vt* sieden lassen **III.** *s:* **be on the ~** sieden, simmern; (*vor Wut*) kochen; (*vor Aufregung*) fiebern; **keep on the ~** sieden lassen; (*fig*) nicht zur Ruhe kommen lassen; **simmer down** *vi* sich beruhigen

sim·per ['sɪmpə(r)] **I.** *vi* einfältig, selbstgefällig lächeln **II.** *vt* säuseln **III.** *s* einfältiges, selbstgefälliges Lächeln; affektiertes Getue; **sim·per·ing** [-ɪŋ] *adj* albern, geziert, affektiert

sim·ple ['sɪmpl] *adj* **1.** einfach **2.** unkompliziert, leicht **3.** einfach, schlicht **4.** ungekünstelt, natürlich **5.** (*Wahrheit*) rein, nackt **6.** bescheiden, gewöhnlich, unbedeutend **7.** einfältig, dumm; **pure and ~** ganz einfach; ~ **equation** Gleichung *f* ersten Grades; **the ~ fact** die bloße Tatsache; ~ **fraction** gemeiner Bruch; **sim·ple-hearted** [ˌsɪmpl'hɑːtɪd] *adj* offen(herzig), aufrichtig, grundehrlich; **sim·ple-minded** [ˌsɪmpl'maɪndɪd] *adj* einfältig; simpel; **sim·ple·ton** ['sɪmpltən] *s* Einfaltspinsel *m;* **sim·plic·ity** [sɪm'plɪsətɪ] *s* **1.** Einfachheit *f* **2.** Unkompliziertheit *f* **3.** Schlichtheit, Anspruchslosigkeit, Natürlichkeit *f* **4.** Einfalt *f;* **for the sake of ~** der Einfachheit halber; **sim·pli·fi·ca·tion** [ˌsɪmplɪfɪ'keɪʃn] *s* Vereinfachung *f;* **sim·plify** ['sɪmplɪfaɪ] *vt* vereinfachen; erleichtern; **sim·plis·tic** [sɪm'plɪstɪk] *adj* simpel, simplistisch; **sim·ply** ['sɪmplɪ] *adv* **1.** (ganz) einfach **2.** bloß, nur, rundweg, glattweg **3.** geradezu **4.** (*fam*) völlig

simu·late ['sɪmjʊleɪt] *vt* **1.** vorgeben, -täuschen, -spiegeln; (*Krankheit*) simulieren **2.** (*Bedingungen*) simulieren; **simu·la·tion** [ˌsɪmjʊ'leɪʃn] *s* **1.** Verstellung, Heuchelei *f;* Vorspiegelung *f* **2.** Simulation *f;* **simu·la·tor** ['sɪmjʊleɪtə(r)] *s* Simulator *m*

sim·ul·ta·ne·ity, sim·ul·ta·neous·ness [ˌsɪmltə'niːətɪ, ˌsɪml'teɪnɪəsnɪs, *Am* ˌsaɪm-] *s* Gleichzeitigkeit *f;* **sim·ul·ta·ne·ous** [ˌsɪml'teɪnɪəs, *Am* ˌsaɪm-] *adj* gleichzeitig (*with* mit); (*Gleichung, Dolmetschen*) Simultan-

sin [sɪn] **I.** *s* **1.** (REL) Sünde *f* **2.** (*fig*) Vergehen *nt* (*against* gegen), Versündigung *f;* **deadly** [*o* **mortal**] ~ Todsünde *f;* **original ~** Erbsünde *f;* **live in ~** in wilder Ehe leben; **it's a ~** es ist jammerschade; **isn't it a ~?** ist es nicht eine Schande?; **for my ~s** (*hum*) das geschieht mir recht **II.** *vi* **1.** sündigen, verstoßen (*against* gegen) **2.** sich versündigen (*against* an)

Si·nai ['saɪn(ɪ)aɪ] *s* Sinai *m;* **Mount ~** der Berg Sinai

since [sɪns] **I.** *adv* **1.** seitdem, seither **2.** vorher, zuvor, vordem; **ever ~** seither; **long ~** (seit) langem; **how long ~ ?** wie lange schon?; **~ when?** seit wann?; **have you seen him ~?** hast du ihn seither gesehen? **II.** *prep* seit **III.** *conj* **1.** seitdem **2.** da

sin·cere [sɪn'sɪə(r)] *adj* offen, ehrlich, aufrichtig; **be ~ about s.th.** es mit etw ehrlich meinen; **sin·cere·ly** [-lɪ] *adv* aufrichtig, ehrlich; **Yours ~** mit freundlichen Grüßen; **sin·cer·ity** [sɪn'serətɪ] *s* Aufrichtigkeit *f*

sine [saɪn] *s* (MATH) Sinus *m*

sine die ['siːneɪ 'diːeɪ] *adv* auf unbestimmte Zeit

sine qua non [ˌsɪneɪ kwɑː 'nəʊn] *s* unerlässliche Bedingung, Voraussetzung *f*

sinew ['sɪnjuː] *s* **1.** Sehne *f* **2.** ~**s** (*fig*) Kräfte *fpl;* **sin·ewy** ['sɪnjuːɪ] *adj* **1.** sehnig

2. (*Baum*) knorrig 3. (*fig*) kraftvoll
sin·ful ['sɪnfl] *adj* sündig; sündhaft
sing [sɪŋ] <*irr:* sang, sung> I. *s* Singen *nt;* **have a ~** singen II. *vi* singen; (*Ohren*) klingen, dröhnen; (*Wasser, Kessel*) summen III. *vt* singen; **~ s.o. to sleep** jdn in den Schlaf singen; **~ s.o.'s praises** ein Loblied auf jdn singen; **sing along** *vi* mitsingen; **sing away** I. *vi* dauernd singen; vor sich hin singen; (*Wasser, Kessel*) summen II. *vt* (*Sorgen*) fortsingen; **sing of** *vi* besingen; **sing out** I. *vi* 1. laut(er) singen; erklingen; summen 2. (*fam*) schreien II. *vt* singen; ausrufen; **sing up** *vi* lauter singen
Singa·pore [sɪŋə'pɔː(r)] *s* Singapur *nt*
singe [sɪndʒ] *vt* ansengen; (ver)sengen
singer ['sɪŋə(r)] *s* Sänger(in) *m(f);* **singer-songwriter** *s* Liedermacher(in) *m(f);* **sing·ing** ['sɪŋɪŋ] *s* 1. Singen *nt,* Gesang *m* 2. (*Ohren*) Dröhnen *nt* 3. (*Wasser, Kessel*) Summen *nt;* **singing bird** *s* Singvogel *m;* **singing book** *s* Liederbuch *nt;* **singing club, singing society** *s* Gesangsverein *m;* **singing lesson** *s* Sing-, Gesangstunde *f;* **singing teacher** *s* Gesangslehrer(in) *m(f);* **singing voice** *s* Singstimme *f*
sin·gle ['sɪŋgl] I. *adj* 1. einzig, alleinig 2. allein, für sich, einsam 3. einzeln; unverheiratet, allein stehend 4. einfach; **in ~ file** im Gänsemarsch; **not a ~ one** kein Einziger; **every ~ one** jeder (Einzelne); **~ bed** Einzelbett *nt;* **~ bedroom** Einzelzimmer *nt;* **~ currency** (EU) Einheitswährung *f,* einheitliche Währung; **~ mother** allein erziehende Mutter; **~ parent** Alleinerziehende(r) *f m;* **~ people** Ledige, Unverheiratete, Singles *pl;* **Single European Market** (europäische) Binnenmarkt *m;* **Single Programming Decisions, SPD** Einheitliche Programmplanungsdokumente, EPPD II. *s* 1. (*~ ticket*) einfache Fahrkarte 2. Einzelzimmer *nt* 3. (SPORT) Einzelspiel *nt* 4. (*fam*) eine Dollar-, Pfundnote *f* 5. (*Schallplatte*) Single *f* 6. (*Mensch*) Single *m;* **ladies'/men's ~(s)** (*Tennis*) Damen-/Herreneinzel *nt;* **~s club** Klub *m* der Singles; **single out** *vt* aussondern, -lesen, -wählen, herausgreifen (*from* aus), herausheben, hervorheben; den Vorzug geben (*s.o.* jdm); **single breasted** [ˌsɪŋgl'brestɪd] *adj* (*Jacke, Mantel*) einreihig; **single-decker** [ˌsɪŋl'dekə(r)] *s* einstöckiger Bus; **single entry bookkeeping** *s* einfache Buchführung; **single-figure** *adj* (*Zahl*) einstellig; **single-handed** [ˌsɪŋgl 'hændɪd] *adj* ohne Hilfe; allein, selbstständig; **~ sailor** Einhandsegler(in) *m(f);* **sin·gle·hander** [ˌsɪŋgl'hændə(r)] *s* Einhandsegler(in) *m(f);* **sin·gle·hood** ['sɪŋglˌhʊd] *s* das Leben als Single; **sing·le-lens re·flex (camera), SLR** *s* Spiegelreflexkamera *f;* **sin·gle-minded** [ˌsɪŋgl'maɪndɪd] *adj* zielstrebig; beharrlich; **sin·gle·ness** [-nɪs] *s* Alleinsein *nt;* **~ of purpose** Zielstrebigkeit *f;* **sin·gle-par·ent fam·ily** *s* Einelternfamilie *f;* **sin·gle seater** [ˌsɪŋgl'siːtə(r)] *s* Einsitzer *m;* **sin·gle-sex school** *s* reine Jungen-/Mädchenschule; **sin·gle-stage** *adj* (*Rakete*) einstufig
sin·glet ['sɪŋglɪt] *s* ärmelloses Unterhemd; (SPORT) ärmelloses Trikot
sin·gle ticket ['sɪŋglˌtɪkɪt] *s* Einzelfahrschein *m,* einfache Fahrkarte; **sin·gle-track** ['sɪŋgltræk] *adj* eingleisig; **sin·gle traveller** *s* Einzelreisende(r) *f m*
sing·ly ['sɪŋglɪ] *adv* 1. einzeln 2. einzig, nur
sing·song ['sɪŋsɒŋ] *s* 1. Gemeinschaftssingen *nt* 2. Singsang *m*
sin·gu·lar ['sɪŋgjʊlə(r)] I. *adj* 1. einzig 2. individuell, persönlich, privat 3. ungewöhnlich, seltsam, sonderbar 4. außergewöhnlich, außerordentlich, einzigartig II. *s* Singular *m,* Einzahl *f;* **sin·gu·lar·ity** [ˌsɪŋgjʊ'lærətɪ] *s* 1. Eigenheit *f* 2. Ungewöhnlichkeit, Seltenheit *f* 3. Sonderbarkeit *f;* **sin·gu·lar·ly** ['sɪŋgjʊləlɪ] *adv* 1. bemerkenswert 2. seltsam, sonderbar
sin·is·ter ['sɪnɪstə(r)] *adj* unheimlich, finster; Unheil verkündend
sink[1] [sɪŋk] *s* Ausguss *m,* Spüle *f*
sink[2] [sɪŋk] <*irr:* sank, sunk> I. *vi* 1. (ein-, ver)sinken 2. sinken, (langsam) fallen 3. (*Schiff*) sinken, untergehen 4. (*fig*) niedriger, schwächer werden, nachlassen, zurückgehen (*a. Preise*) 5. (*in einen Lehnstuhl*) sich fallen lassen (*into* in) 6. (*in Schlaf, Verzweiflung*) fallen 7. (*Sonne*) untergehen 8. (*sittlich, sozial, an Wert*) sinken, abfallen 9. (*Gebäude*) sich senken; (*Boden*) nachgeben; (*Abhang*) abfallen; **be left to ~ or swim** ganz auf sich selbst gestellt sein; **~ to one's knees** auf die Knie sinken; **~ to the ground** zu Boden sinken; (*Schiff*) versinken; **my heart sank** ich wurde mutlos; **with ~ing heart** verzagt; **he is ~ing fast** ihm geht es zunehmend schlechter II. *vt* 1. versenken, (ver)sinken lassen 2. stoßen, drücken (*in, into* in) 3. (*fam: Getränk*) hinunterstürzen 4. (*Loch*) graben, aushöhlen, bohren; (MIN: *Schacht*) abteufen 5. eingraben, (ein)ritzen, gravieren, stechen 6. (*Preise, Stimme, Kopf*) senken 7. (*Geld*) anlegen, investieren (*into* in) 8. (*Geld durch schlechte Geschäfte*) verlieren 9. (*Plan, Hoffnung*) ruinieren, zunichte machen; **we are sunk** wir sind ruiniert; **~ one's teeth/claws into s.th.** die Zähne/Klauen in etw schla-

gen; **we have to ~ our differences** wir müssen unsere Meinungsverschiedenheiten beilegen; **sunk in thought** in Gedanken versunken; **sunk in a book** in ein Buch vertieft; **sink away** *vi* (*Boden*) abfallen; **sink back** *vi* sich zurücklehnen; **sink down** *vi* sich fallen lassen (*on* auf); **sink in** **I.** *vi* **1.** einsinken **2.** (*fig fam*) kapiert werden **II.** *vt* (*Pfähle*) einlassen; **I hope it has finally sunk in** ich hoffe, der Groschen ist endlich gefallen

sink·able ['sɪŋkəbl] *adj* versenkbar; **sink estate** *s* (*pej*) Asozialenviertel *m*; **sinker** ['sɪŋkə(r)] *s* (*Angel*) Senker *m*; (*Windsurfer*) Sinker *m*; **sink·ing** ['sɪŋkɪŋ] **I.** *s* **1.** (*Schiff*) Untergang *m*; Versenken *nt* **2.** (*Schacht*) Senken, Abteufen *nt*; (*Brunnen*) Bohren *nt* **II.** *adj* (*Gefühl*) flau, ungut; ~ **fund** (Schulden)Tilgungsfonds *m*

sink unit ['siŋkˌjuːnɪt] *s* Spültisch *nt*

sin·ner ['sɪnə(r)] *s* Sünder(in) *m(f)*

sinu·ous ['sɪnjʊəs] *adj* **1.** sich windend, sich schlängelnd **2.** (*fig*) gewunden **3.** (*Bewegung*) geschmeidig, schlangenartig

sinus ['saɪnəs] *s* Sinus *m*; Neben-, Stirnhöhle *f*; **sinus·itis** [ˌsaɪnə'saɪtɪs] *s* Stirnhöhlenkatarrh *m*, Sinusitis *f*

Sioux [suː] **I.** *adj* der Sioux(indianer) **II.** *s* Sioux(indianer) *m*, Sioux(indianerin) *f*

sip [sɪp] **I.** *vi, vt* schlürfen, nippen **II.** *s* Schlückchen *nt*

si·phon ['saɪfən] **I.** *s* **1.** Siphon *m* **2.** (TECH) Heber *m* **II.** *vt* (*a.* MED) ausheben, entleeren, umfüllen; **siphon off** *vt* **1.** absaugen; (*Benzin*) abzapfen; umfüllen **2.** (*fig*) abziehen; (*Gewinn*) abschöpfen

sir [sɜː(r)] *s* Herr (*Anrede ohne Namen*); **Sir** Sir (*Titel*); **yes, ~** jawohl (mein Herr)!

sire ['saɪə(r)] **I.** *s* (*Säugetiere*) Vatertier *nt* **II.** *vt* (*Säugetier*) (er)zeugen

si·ren ['saɪərən] *s* Sirene *f*

sir·loin ['sɜːlɔɪn] *s* (*Rind*) Lendenstück *nt*

sir·occo [sɪ'rɒkəʊ] <*pl* -occos> *s* (METE) Schirokko *m*

sis [sɪs] *s* (*fam*) Schwester(chen *nt*) *f*

si·sal ['saɪsl] *s* Sisal *m*; **sisal hemp** *s* Sisalhanf *m*

sissy ['sɪsɪ] **I.** *s* (*pej*) Weichling *m* **II.** *adj* (*pej: Mann*) weibisch, verweichlicht

sis·ter ['sɪstə(r)] *s* **1.** (*a.* REL) Schwester *f* **2.** (MED) (Ober)Schwester *f*; **brothers and ~s** Geschwister *pl*; **sister company** *s* Schwestergesellschaft *f*; **sis·ter·hood** [-hʊd] *s* Schwesternschaft *f*; **sis·ter-in-law** ['sɪstərɪnlɔː] <*pl* sisters-in-law> *s* Schwägerin *f*; **sis·ter·ly** ['sɪstəlɪ] *adj* schwesterlich; **sister ship** *s* Schwesterschiff *nt*

sit [sɪt] <*irr:* sat, sat> **I.** *vi* **1.** sitzen; sich setzen **2.** (*Vogel*) brüten; (*Henne*) sitzen **3.** (*Versammlung*) tagen **4.** (*Mitglied*) einen Sitz haben, Mitglied sein; (POL) Abgeordnete(r) sein **5.** sich befinden, stehen; (*im Magen*) liegen (*on* in) **6.** (TECH) aufliegen **7.** (*Kleidungsstück*) sitzen (*on s.o.* bei jdm) **8.** (*fig*) liegen, ruhen, lasten (*on* auf) **9.** (*baby-~*) auf ein Kind aufpassen; ~ **on the bench** als Richter amtieren; ~ **bolt upright** kerzengerade dasitzen; sich plötzlich aufrichten; ~ **on a committee** einem Ausschuss angehören; ~ **for a constituency** einen Wahlkreis vertreten; ~ **an examination** eine Prüfung ablegen; ~ **on the fence** (*fig fam*) unentschlossen sein; sich zurückhalten; neutral bleiben; ~ **on one's hands** sich nicht rühren; nichts unternehmen; nicht applaudieren; ~ **in judg(e)ment** (*fig*) zu Gericht sitzen (*on* über); ~ **on a jury** Geschworene(r) sein; ~ **for a painter** sich malen lassen; ~ **pretty** (*fam*) gut dran sein; ~ **tight** sich nicht (von der Stelle) rühren; ~ **by s.o.** sich neben jdn setzen **II.** *vt* **1.** setzen; stellen **2.** (*Prüfung*) ablegen; ~ **o.s.** (**down**) sich setzen, Platz nehmen (*on* auf); **sit about, sit around** *vi* herumsitzen u. nichts tun; **sit back** *vi* sich zurücklehnen; (*fig*) abwarten; ausruhen; ~ **back and relax** sich ausruhen; **sit down** *vi* sich (hin)setzen; Platz nehmen; **take s.th. ~ting down** (*fig*) sich etw gefallen lassen; **sit in** *vi* **1.** ein Sit-in machen **2.** dabei sein (*on* bei) **3.** zu Hause sitzen; ~ **in for s.o.** jdn vertreten; **sit on** *vi* **1.** sitzen bleiben **2.** (*Versammlung, Ausschuss*) sitzen in, Mitglied sein bei **3.** (*Entscheidung*) hinauszögern, sitzen auf **4.** (*Nachricht, Erfindung*) unterdrücken **5.** (*Menschen*) den Kopf zurechtrücken (*s.o.* jdm); **sit out** **I.** *vi* im Freien sitzen **II.** *vt* **1.** bis zum Ende bleiben von; das Ende abwarten von; aussitzen **2.** (*Tanz*) auslassen; **we'd better ~ it out** wir warten besser, bis es zu Ende ist; **sit through** *vt* bis zum Ende anhören, durchhalten (*s.th.* etw); **sit up** **I.** *vi* **1.** aufrecht sitzen; sich aufsetzen **2.** aufbleiben **II.** *vt* aufrichten; hinsetzen; ~ **up for s.o.** auf jdn abends warten; ~ **up with s.o.** bei jdm wachen; ~ **up and take notice** hellhörig werden; **make s.o. ~ up** jdn aufschrecken; jdn aufhorchen lassen; ~ **up to table** sich an den Tisch setzen

sit·com ['sɪtkɒm] *s* (*fam*) Situationskomödie *f*

sit-down strike [ˌsɪtdaʊn'straɪk] *s* Sitzstreik *m*

site [saɪt] **I.** *s* **1.** Lage *f*, Platz *m*; Gelände *nt* **2.** Standort *m* (*einer Industrie*), Sitz *m* (*einer Firma*) **3.** (*building-~*) Bauplatz *m*,

S

-grundstück *nt* **4.** (*camping ~*) Campingplatz *m* **II.** *vt* legen; **be ~d** liegen; **badly ~d** ungünstig gelegen; **missile ~** Raketenbasis *f;* **site development** *s* Baulanderschließung *f;* **site engineer** *s* Bauleiter(in) *m(f);* **site office** *s* (Büro *nt* der) Bauleitung *f;* **site owner** *s* Grundstückseigentümer *m;* **site plan** *s* Lageplan *m*

sit-in ['sɪtɪn] *s* Sit-in *nt,* Sitzblockade *f*

si·ting ['saɪtɪŋ] *s* Legen *nt;* Errichtung *f*

sit·ter ['sɪtə(r)] *s* **1.** Modell *nt* (*eines Malers*) **2.** (*baby~*) Babysitter(in) *m(f)* **3.** brütender Vogel **4.** (SPORT) todsicherer Ball

sit·ting ['sɪtɪŋ] **I.** *s* **1.** Sitzung *f* **2.** (JUR) Sitzungsperiode *f* **3.** (*beim Essen*) Schicht *f;* **at one ~** (*fig*) auf einmal **II.** *adj* sitzend; (*Vogel*) brütend; (*Konferenz*) tagend; **sitting duck** *s* (*fig*) leichte Beute; **sitting member** *s* Abgeordnete(r) *f m;* **sitting-room** *s* Wohnzimmer *nt;* Aufenthaltsraum *m;* **sitting target** *s* (*fig*) leichte Beute; **sitting tenant** *s durch Mieterschutz geschütze(r) Mieter(in)*

situ·ate ['sɪtʃʊeɪt] *vt* legen; **situ·ated** ['sɪtʃʊeɪtɪd] *adj* gelegen, befindlich; (*finanziell*) gestellt; **be ~** liegen, gelegen sein; sich befinden

situ·ation [ˌsɪtʃʊ'eɪʃn] *s* **1.** Lage *f;* Stelle *f,* Platz, Ort *m* **2.** Situation *f,* Umstände *mpl,* Verhältnisse *ntpl* **3.** Stelle, Stellung *f;* **be equal to the ~** der Situation gewachsen sein; **~s offered/wanted** Stellenangebote/-gesuche *ntpl;* **~ comedy** Situationskomödie *f*

sit-up ['sɪtʌp] *s* (SPORT) Situp *nt*

six [sɪks] **I.** *adj* sechs; **be ~ foot under** (*fig*) tot und begraben sein; **it's ~ of one and half a dozen of the other** das ist Jacke wie Hose **II.** *s* Sechs *f;* (*Bus*) Linie *f* Sechs; (SPORT) Sechs(ermannschaft) *f;* **sold in ~es** zu je sechs verkauft werden; **at ~es and sevens** durcheinander; **knock s.o. for ~** jdn verblüffen; **six-footer** [ˌsɪks'fʊtə(r)] *s* (*fam*) (langer) Lulatsch *m;* **six-pack** ['sɪkspæk] *s* Sechserpack *nt;* **six·teen** [sɪk'stiːn] *adj* sechzehn; **six·teenth** [sɪk'stiːnθ] **I.** *adj* sechzehnte(r, s) **II.** *s* Sechzehntel *nt;* Sechzehnte(r, s); **sixth** [sɪksθ] **I.** *adj* sechste(r, s); **~ form** (SCHULE) Abschlussklasse *f;* **~ sense** sechster Sinn **II.** *s* Sechstel *nt;* Sechste(r, s); **six·ti·eth** ['sɪkstɪəθ] **I.** *adj* sechzigste(r, s) **II.** *s* Sechzigstel *nt;* Sechzigste(r, s); **sixty** ['sɪkstɪ] **I.** *adj* sechzig **II.** *s* Sechzig *f;* **the sixties** die Sechzigerjahre; **be in one's sixties** über sechzig sein

size¹ [saɪz] **I.** *s* **1.** Größe *f,* Umfang *m* **2.** (*Kleidung*) Größe, Nummer *f* **3.** (*fig*) Ausmaß *nt,* Bedeutung *f* **4.** (*fam*) Format *nt;* **next in ~** nächstgrößere Nummer; **of a ~** gleich groß; **arrange according to ~** der Größe nach ordnen; **be about the ~ of** ungefähr so groß sein wie; **take the ~ of** Maß nehmen von; **what ~ do you wear?** welche Größe tragen Sie?; **that's about the ~ of it** (*fam*) genau so war's; **cut s.o. down to ~** jdn runterputzen **II.** *vt* nach Größe ordnen; **size up** *vt* abschätzen; **I can't ~ her up** ich werde aus ihr nicht ganz schlau

size² [saɪz] **I.** *s* (TECH) (Auftrag-, Schlicht)Leim *m* **II.** *vt* **1.** appretieren, schlichten, leimen **2.** (*Gemälde*) grundieren

siz(e)·able ['saɪzəbl] *adj* umfangreich; beträchtlich; ansehnlich; **siz·ing** ['saɪzɪŋ] *s* **1.** Klassierung, Sortierung *f* **2.** Größeneinteilung *f* **3.** (TECH) (Auftrag-, Schlicht)Leim *m*

sizzle ['sɪzl] *vi* zischen; brutzeln; **sizzler** ['sɪzlə(r)] *s* (*fam*) glühend heißer Tag

skate¹ [skeɪt] **I.** *s* **1.** (*ice-~*) Schlittschuh *m* **2.** (*roller-~*) Rollschuh *m* **3.** Kufe *f;* **get** [*o* **put**] **one's ~s on** (*fig*) sich beeilen **II.** *vi* Schlittschuh, Rollschuh laufen; (*fig*) gleiten; rutschen; **~ on thin ice** sich aufs Glatteis begeben; **~ over s.th.** (*fig*) über etw geschickt hinweggehen

skate² [skeɪt] *s* (*Fisch*) Rochen *m*

skate·board ['skeɪtbɔːd] *s* Skateboard *nt;* **skate·board·er** [-ə(r)] *s* Skateboardfahrer(in) *m(f);* **skater** ['skeɪtə(r)] *s* Schlittschuh-, Rollschuhläufer(in) *m(f);* **skat·ing rink** ['skeɪtɪŋrɪŋk] *s* Eisbahn *f;* Rollschuhbahn *f*

ske·daddle [skɪ'dædl] *vi* (*fam*) abhauen, ausreißen

skein [skeɪn] *s* **1.** Docke, Strähne *f* (*Garn*) **2.** (*Vögel*) Zug, Schwarm, Flug *m* **3.** (*fig*) Geflecht *nt*

skel·eton ['skelɪtn] **I.** *s* **1.** Skelett, Gerippe *nt* **2.** Gestell *nt,* Rahmen *m,* Gerüst *nt* **3.** Umriss, Entwurf *m;* **~ in the cupboard, ~ in the closet** (*Am*) Familiengeheimnis *nt;* eine Leiche im Keller; **steel ~** (ARCH) Stahlskelett *nt* **II.** *adj* provisorisch; (*Belegschaft, Dienst*) Not-; **skeleton key** *s* Dietrich, Haupt-, Nachschlüssel *m;* **skeleton staff** *s* Rumpfbelegschaft *f*

skep·tic [skeptɪk] *s* (*Am*) Skeptiker(in) *m(f);* **skeptical** *adj* (*Am*) skeptisch; **skepticism** *s* (*Am*) Skepsis *f*

sketch [sketʃ] **I.** *s* **1.** Skizze *f* **2.** (THEAT) Sketch *m* **3.** Entwurf *m* **II.** *vt* skizzieren, umreißen, entwerfen **III.** *vi* Skizzen machen; **sketch in** *vt* einzeichnen; (*fig*) umreißen; **sketch out** *vt* grob skizzieren; **sketch·book** *s* Skizzenblock *m;* **sketchy**

['sketʃɪ] *adj* skizzenhaft; flüchtig; bruchstückhaft

skew [skju:] **I.** *adj* schräg; schief **II.** *s:* **be on the ~** schief sein **III.** *vt* umdrehen; krümmen; verzerren **IV.** *vi* (*Auto*) abkommen; (*Straße*) abbiegen

skew·bald ['skju:bɔ:ld] *adj* (*Pferd*) scheckig

skewer ['skjʊə(r)] **I.** *s* Fleischspieß *m* **II.** *vt* aufspießen

skew-whiff [ˌskju:'wɪf] *adj* (*fam*) krumm, schief

ski [ski:] **I.** *s* **1.** Ski, Schi *m* **2.** (AVIAT) Schneekufe *f* **II.** *vi* Ski fahren; **ski binding** *s* Skibindung *f;* **ski·bob** ['ski:bɒb] *s* (SPORT) Skibob *m;* **ski boot** *s* Skistiefel *m*

skid [skɪd] **I.** *s* **1.** Rolle *f;* Gleitkufe, -schiene *f;* (AVIAT) Schneekufe *f* **2.** Schleudern *nt;* **go into a ~** zu schleudern anfangen; **put the ~s under s.o.** jdm etw vermasseln; **hit the ~s** (*Am fam*) runterkommen **II.** *vi* (AUTO) rutschen, schleudern; **skid·ding** ['skɪdɪŋ] *s* (AUTO) Schleudern *nt;* **skid·lid** ['skɪdlɪd] *s* (*sl*) Sturzhelm *m;* **skid mark** *s* Brems-, Reifenspur *f;* **skid row** *s* (*Am fam*) schlechte Gegend; **be on ~** heruntergekommen sein

skier ['ski:ə(r)] *s* Skiläufer(in) *m(f)*, -fahrer(in) *m(f)*

skiff [skɪf] *s* Skiff *nt;* Renneiner *m*

ski fly·ing ['ski:ˌflaɪɪŋ] *s* (SPORT) Skifliegen *nt;* **ski goggles** *s pl* Skibrille *f;* **ski·ing** ['ski:ɪŋ] *s* Skifahren *nt;* **skiing holiday** *s* Skiurlaub *m,* Skiferien *pl;* **ski instructor** ['ski:ɪnˌstrʌktə(r)] *s* Skilehrer(in) *m(f);* **ski jump** *s* **1.** (*Sportart*) Skispringen *nt* **2.** (*Bauwerk*) Sprungschanze *f*

skil·ful ['skɪlfl] *adj* geschickt, gewandt; tüchtig, erfahren (*at* in)

ski lift ['ski:lɪft] *s* Skilift *m*

skill [skɪl] *s* **1.** Geschick *nt,* Geschicklichkeit *f;* Kunstfertigkeit *f* **2.** Fähigkeit, Fertigkeit *f* (*in, at* in); **skilled** [skɪld] *adj* **1.** geschickt, gewandt (*in doing s.th.* bei etw) **2.** geübt, erfahren, erprobt **3.** ausgebildet; geschult; gelernt; Fach-; **be ~ in s.th.** in etw fachlich ausgebildet sein; **~ labo(u)r** Fachkräfte, gelernte Arbeitskräfte *fpl;* **~ work** Facharbeit *f;* **~ worker** Facharbeiter(in) *m(f)*, gelernte(r) Arbeiter(in) *m(f)*

skil·let ['skɪlɪt] *s* Bratpfanne *f*

skill·ful ['skɪlfl] *adj* (*Am*) geschickt, gewandt; tüchtig, erfahren (*at* in)

skim [skɪm] **I.** *vt* **1.** (*Flüssigkeit*) abschäumen **2.** (*Milch*) entrahmen **3.** (*Schaum, Rahm*) abschöpfen **4.** (*fig*) leicht (hin)streifen, hinfahren über **5.** flüchtig berühren, flüchtig lesen, überfliegen; **~ the surface** (*fig*) an der Oberfläche bleiben (*of s.th.* einer S) **II.** *vi* **1.** gleiten, fliegen (*through* durch, *over* über, *along* an ... entlang) **2.** hinwegfliegen, -sausen (*over* über) **3.** flüchtig lesen, durchblättern (*through a book* ein Buch); **skim·med milk** ['skɪmd'mɪlk] *s* Magermilch *f;* **skim·mer** ['skɪmə(r)] *s* Schaumlöffel, Abstreifer *m;* **skim-milk** [ˌskɪm'mɪlk] *s* (*Am*) Magermilch *f*

skimp [skɪmp] **I.** *vi* knausern, geizen (*on* mit) **II.** *vt* **1.** sparen an **2.** (*Person*) knapp halten **3.** (*Arbeit*) nachlässig machen; **skimpy** ['skɪmpɪ] *adj* **1.** knapp **2.** knauserig, filzig, geizig **3.** (*Portion*) ungenügend; **be ~ with s.th.** mit etw geizig sein

skin [skɪn] **I.** *s* **1.** Haut *f* **2.** Fell *nt,* Balg *m* **3.** Schale *f;* Haut *f;* Rinde *f* **4.** Schlauch *m;* **by the ~ of one's teeth** mit knapper Not; **get under s.o.'s ~** (*fam*) jdm auf den Wecker, auf die Nerven fallen; (*positiv*) jdm unter die Haut gehen, jdm gefallen; **have a thick ~** (*fig*) ein dickes Fell haben; **have a thin ~** feinfühlig sein; **jump out of one's ~** erschrecken; **it's no ~ off my nose** (*fam*) das geht mich nichts an; **wet to the ~** nass bis auf die Haut; **nothing but ~ and bones** nur noch Haut und Knochen **II.** *vt* **1.** häuten, abziehen **2.** schälen; enthäuten; entrinden; **keep one's eyes ~ned** (*fam*) ein wachsames Auge haben; **~ s.o. alive** (*fig*) jdn fertig machen

skin cancer *s* Hautkrebs *m;* **skin-deep** *adj* oberflächlich; **skin disease** *s* Hautkrankheit *f;* **skin diving** *s* Sporttauchen *nt;* **skin eruption** *s* Hautausschlag *m;* **skin flick** *s* (*fam*) Sexfilm *m;* **skin·flint** ['skɪnflɪnt] *s* (*fam*) Geizhals *m;* **skin·ful** ['skɪnfl] *adj* (*fam*): **he must have had a ~** er muss schwer einen getrunken haben; **skin graft** *s* (MED) Hauttransplantation *f;* **skin·head** ['skɪnhed] *s* Skinhead *m;* **skinny** ['skɪnɪ] *adj* dünn, mager, knochig; **skinny-dip** *vi* (*fam*) nackt baden

skint [skɪnt] *adj* (*Br fam*) völlig abgebrannt

skin·tight [skɪn'taɪt] *adj* hauteng

skin up *vi* (*fam*) sich eine drehen

skip[1] [skɪp] **I.** *s* Sprung, Hüpfer *m;* Hüpfschritt *m* **II.** *vi* **1.** hüpfen; springen **2.** seilspringen, seilhüpfen **3.** (*fig: Thema*) springen **4.** (*fam*) abhauen **III.** *vt* **1.** (*Schule*) schwänzen **2.** (*Abschnitt, Frage*) auslassen, überspringen; (*Mahlzeit*) ausfallen lassen; (*Herzschlag*) aussetzen; **~ rope** (*Am*) seilspringen, seilhüpfen; **~ town** (*A fam*) aus der Stadt verschwinden; **~ it!** vergiss es!; **skip about** *vi* herumhüpfen; (*fig: Redner*) springen; **skip across** *vi* (*fam*) rübergehen; **skip off** *vi* (*fam*) abhauen; **skip over** *vi* rübergehen; **~ over s.th.** etw

S

überspringen; **skip through** *vt* überfliegen, durchblättern
skip[2] [skɪp] *s* Container *m;* (MIN) Förderkorb *m*
skip[3] [skɪp] *s Abk. von* **skipper** (SPORT) (Mannschafts)Kapitän, -führer *m*
ski pants ['skiː,pænts] *s pl* Skihose *f;* **ski pass** *s* Skipass *m;* **ski plane** *s* Flugzeug *nt* mit Gleitkufen; **ski pole** *s* Skistock *m*
skip·per ['skɪpə(r)] **I.** *s* **1.** (MAR, AVIAT) Kapitän *m* **2.** (SPORT) Mannschaftsführer(in) *m(f)* **II.** *vt* (*Team*) anführen
skipp·ies ['skɪpɪz] *s pl* (*schoolkids with purchasing power*) kaufkräftige Schüler
skip·ping-rope ['skɪpɪŋrəʊp] *s* Springseil *nt*
ski rack ['skiːræk] *s* (AUTO) Skiträger *m;* **ski resort** *s* Wintersportort *m*
skir·mish ['skɜːmɪʃ] **I.** *s* Gefecht *nt,* Plänkelei *f,* Zusammenstoß *m* **II.** *vi* kämpfen; zusammenstoßen
skirt [skɜːt] **I.** *s* **1.** Rock *m* **2.** (*Mantel, Jackett*) Schoß *m* **3.** (*sl: a bit of* ~) Weibsbild *nt* **II.** *vt* **1.** sich am Rande hinziehen (*s.th.* einer S), am Rand entlanggehen (*s.th.* einer S) **2.** (*fig*) herumgehen um, umgehen; ~ **around** umfahren, umschiffen
skirt·ing board ['skɜːtɪŋbɔːd] *s* (*Br*) Scheuerleiste *f*
ski run ['skiːrʌn] *s* Piste *f;* **ski school** *s* Skischule *f;* **ski stick** *s* Skistock *m;* **ski suit** ['skiːsuːt] *s* Skianzug *m*
skit [skɪt] *s satirischer Sketch*
ski touring *s* (SPORT) Skitouren *nt;* **ski tow** *s* Schlepplift *m*
skit·ter ['skɪtə(r)] *vi* über das Wasser schlittern; rutschen
skit·tish ['skɪtɪʃ] *adj* **1.** lebhaft, lustig, ausgelassen **2.** ängstlich, scheu (*a. Pferd*)
skittle ['skɪtl] *s* **1.** (*Br*) Kegel *m* **2.** ~**s** *mit sing* (*game of* ~*s*) Kegeln *nt;* **play** ~**s** kegeln; **it is not all beer and** ~**s** das ist kein reines Vergnügen; **skittle alley** *s* Kegelbahn *f;* **skittle ball** *s* Kegelkugel *f*
skive [skaɪv] **I.** *vi* sich vor der Arbeit drücken; blaumachen; (*Schule*) schwänzen **II.** *s* Blaumachen *nt;* Schwänzen *nt;* **be on the** ~ blaumachen; schwänzen; **skive off** *vi* (*sl*) sich verdrücken; **skiver** ['skaɪvə(r)] *s* Drückeberger(in) *m(f)*
skivvy ['skɪvɪ] *s* (*Br fam*) Dienstmädchen *nt*
skul(l)·dug·gery [skʌl'dʌgərɪ] *s* (*fam*) Gaunerei *f*
skulk [skʌlk] *vi* umherschleichen; lauern; (*fam*) sich (herum)drücken
skull [skʌl] *s* Schädel *m;* **the** ~ **and cross-bones** der Totenkopf (*Zeichen*); **skull bone** *s* Schädelknochen *m;* **skull-cap** *s* (Seiden)Käppchen *nt*
skunk [skʌŋk] *s* Skunk *m,* Stinktier *nt;* (*fam*) gemeiner Kerl
sky [skaɪ] *s* Himmel *m;* **in the** ~ am Himmel; **out of a clear** (**blue**) ~ (*fig*) aus heiterem Himmel; **under the open** ~ unter freiem Himmel, im Freien; **praise to the skies** (*fig*) in den Himmel heben; **the** ~**'s the limit** (*fam fig*) eine obere Grenze ist nicht gesetzt; **we expect sunny skies** wir erwarten sonniges Wetter; **sky blue** *adj* himmelblau; **sky·box** *s* (*Am*) Ehrentribüne *f;* **sky·div·ing** ['skaɪ,daɪvɪŋ] *s* Fallschirmspringen *nt* (mit einer Strecke freien Falls); **sky-high** *adj* (*a. Preise*) himmelhoch; **blow s.th.** ~ etw in die Luft jagen; (*fig: Theorie*) etw völlig zunichte machen; **sky·jack** ['skaɪdʒæk] **I.** *vt* entführen **II.** *s* Flugzeugentführung *f;* **sky·jacker** ['skaɪdʒækə(r)] *s* Luftpirat(in) *m(f),* Flugzeugentführer(in) *m(f);* **sky·lark** ['skaɪlɑːk] **I.** *s* Feldlerche *f* **II.** *vi* dumme Streiche machen; **sky·light** ['skaɪlaɪt] *s* Dachluke *f,* Oberlicht *nt;* **sky·line** ['skaɪlaɪn] *s* Horizont *m;* (Stadt)Silhouette *f;* **sky-rocket** *vi* (*Preise*) in die Höhe klettern, emporschnellen; **sky·scrap·er** ['skaɪskreɪpə(r)] *s* Wolkenkratzer *m;* **sky-surf·ing** ['skaɪsɜːfɪŋ] *s no pl* Skysurfing *nt* (*Extremsportart, bei der man mit einem an den Füßen angeschnallten Brett aus dem Flugzeug springt und damit durch die Luft reitet*); **sky·watch·ing** ['skaɪwɒtʃɪŋ] *s no pl* Himmelsbeobachtung *f*
sky·writ·ing *s* Himmelsschrift *f*
slab [slæb] *s* **1.** Platte, Tafel, Scheibe *f* **2.** (*Brot*) Scheibe *f* **3.** Stück *nt* (Kuchen, Schokolade, Käse)
slack[1] [slæk] **I.** *adj* **1.** langsam, träge, lässig (*at* bei) **2.** (*Zeit*) flau, ruhig, still; (COM) flau, lustlos; (*Geschäft*) stagnierend; ruhig **3.** (*Seil*) schlaff, locker, lose **4.** nachlässig, sorglos, gleichgültig; **be** ~ **about s.th.** etw nachlässig handhaben, tun; **keep a** ~ **rein on s.th.** bei etw die Zügel schleifen lassen **II.** *s* **1.** (MAR) (das) Lose **2.** (*a.* COM) Stillstand *m,* Flaute *f;* **take up the** ~ **on s.th.** etw straffen **III.** *vi* bummeln, trödeln; **slack off** *vi* (*Eifer*) nachlassen; (*Geschäft*) zurückgehen
slack[2] [slæk] *s* Kohlengrus *m,* Staubkohle *f*
slacken ['slækən] **I.** *vi* **1.** schwächer werden, nachlassen, abflauen **2.** sich verlangsamen **3.** schlaffer, lockerer werden **4.** (*Widerstand*) erlahmen **5.** (COM) abflauen, stagnieren; (*Kurse*) abbröckeln **II.** *vt* **1.** abschwächen, mäßigen, verringern, vermindern **2.** lockern; **slacken off** *vi* **1.** nachlassen; abflauen; abnehmen **2.** (*Mensch*) nachlassen; sich schonen; **slacken·ing**

['slækənɪŋ] *s* Abnahme *f;* Abflauen *nt;* Verlangsamung *f;* ~ **in business/demand** Rückgang *m* der Umsätze/der Nachfrage;
slack·er ['slækə(r)] *s* **1.** Faulenzer(in) *m(f)* **2.** (*fam*) junger, apathischer Zyniker;
slack·ness ['slæknɪs] *s* **1.** Trägheit *f* **2.** Flaute *f* **3.** Schlaffheit *f;* ~ **in business** Konjunkturflaute *f*
slacks [slæks] *s pl* Hose *f*
slag [slæg] *s* **1.** Schlacke *f* **2.** (*sl*) Schlampe *f;* **slag heap** *s* Schlackenhalde *f*
sla·lom ['slɑːləm] *s* Slalom *m*
slam [slæm] **I.** *vt* **1.** (*Tür*) zuschlagen **2.** scharf kritisieren; ~ **on the brake** plötzlich heftig bremsen; ~ **down** auf die Erde schleudern; (*Telefonhörer*) aufknallen; ~ **the door in s.o.'s face** jdm die Tür vor der Nase zuschlagen; ~ **the door on s.th.** (*fig*) etw unterbinden, blockieren **II.** *vi* **1.** (*Tür*) zuschlagen **2.** (*Whist*) Schlemm werden **III.** *s* **1.** Schlag *m;* Knall *m* **2.** (*Whist, Bridge*) Schlemm *m;* **slammer** ['ʃlæmə(r)] *s* (*sl*) Knast *m*
slan·der ['slɑːndə(r)] **I.** *s* Verleumdung, üble Nachrede *f* **II.** *vt* verleumden; **slander action** *s* Verleumdungsklage *f;* **slan·derer** ['slɑːndərə(r)] *s* Verleumder(in) *m(f);* **slan·der·ous** ['slɑːndərəs] *adj* verleumderisch
slang [slæŋ] **I.** *s* Slang *m;* Jargon *m* **II.** *vt* (*Br fam*) anschreien, beschimpfen, beleidigen; **slanging match** *s* gegenseitige Beschimpfung; **slangy** ['slæŋɪ] *adj* salopp
slant [slɑːnt] **I.** *vt* **1.** schräg stellen, kippen **2.** abschrägen; abböschen **3.** (*fam*) tendenziös färben **II.** *vi* schräg sein; sich neigen **III.** *s* **1.** Hang *m;* Schräge, Neigung *f* **2.** (*fam*) Blickwinkel *m;* Ansicht(ssache), Meinung, Einstellung *f;* **at** [*o* **on**] **a** ~ schräg, schief, geneigt; **slant·ing** ['-ɪŋ] *adj* schief, geneigt, schräg
slap [slæp] **I.** *s* Klaps, Schlag *m;* **a** ~ **on the back** anerkennendes Schulterklopfen; **a** ~ **in the face** eine Ohrfeige; (*fig*) ein Schlag *m* ins Gesicht; ~ **and tickle** (*fam*) Schmusen *nt* **II.** *vt* **1.** schlagen, einen Klaps geben (*s.o.* jdm, *in the face* ins Gesicht, *on the cheek* auf die Backe) **2.** klatschen, knallen; ~ **s.o. on the back** jdm auf den Rücken klopfen; ~ **s.o.'s face** jdn ohrfeigen **III.** *adv* direkt, genau; **slap down** *vt* **1.** hinknallen **2.** (*jdn*) zusammenstauchen; **slap on** *vt* (*fam*) draufklatschen; (*Steuern, Geld*) draufhauen
slap-bang [ˌslæp'bæŋ] *adv* spornstreichs; direkt, genau; **slap·dash** ['slæpdæʃ] *adj* flüchtig; (*Arbeit*) schlampig; **slap·head** ['slæphed] *s* (*sl*) Glatzkopf *m;* **slap·jack** ['slæpˌdʒæk] *s* (*Am*) Pfannkuchen *m;*
slap·per ['slæpə] *s* (*Br: sl pej*) Schlampe *f;*
slap·stick ['slæpstɪk] *s* Klamauk, Slapstick *m;* **slapstick comedy** *s* Klamaukstück *nt;*
slap-up ['slæpʌp] *adj* (*fam*) erstklassig, prima, **a** ~ **meal** (*fam*) ein Essen *nt* mit allem Drum und Dran
slash [slæʃ] **I.** *vt* **1.** (auf)schlitzen; zerschneiden **2.** (*Büsche, Unterholz*) abhauen **3.** einschlagen auf **4.** (*fam*) scharf kritisieren **5.** (*Preise*) heruntersetzen; (*fig*) (drastisch) kürzen, zusammenstreichen **II.** *vi* hauen (*at* nach), losschlagen (*at* auf) **III.** *s* **1.** Schnitt-, Hiebwunde *f* **2.** (*Kleid*) Schlitz *m* **3.** Schrägstrich *m;* **have a** ~ (*sl*) schiffen; ~**and-burn** Brandrodung *f;* **slash·ing** [-ɪŋ] *adj* erbarmungslos; (*Kritik*) vernichtend
slat [slæt] *s* Latte, Leiste *f*
slate [sleɪt] **I.** *s* **1.** Schiefer *m* **2.** Schieferplatte, -tafel *f* **3.** (*Am*) Kandidatenliste *f;* **on the** ~ (*fam*) auf Kredit; **have a clean** ~ (*fig*) eine reine Weste haben; **wipe the** ~ **clean** (*fig*) reinen Tisch machen **II.** *adj* **1.** (~*-coloured*) schiefergrau **2.** aus Schiefer, Schiefer- **III.** *vt* **1.** mit Schiefer decken **2.** (*Am*) auf die Kandidatenliste setzen, vormerken, ausersehen (*for s.th.* für etw) **3.** (*fam*) scharf kritisieren, verreißen (*s.o.* jdn); ~ **s.th. for a time/for a place** (*Am*) etw für einen Zeitpunkt festsetzen/für einen Ort planen
slat·tern ['slætən] *s* Schlampe *f;* **slat·tern·ly** ['slætənlɪ] *adj* liederlich
slaty ['sleɪtɪ] *adj* schieferartig, -haltig; schieferfarben
slaugh·ter ['slɔːtə(r)] **I.** *s* **1.** Schlachten *nt* (*von Vieh*) **2.** bestialischer Mord; Gemetzel, Blutbad *nt* **II.** *vt* **1.** (*Vieh*) schlachten **2.** (*Menschen*) niedermetzeln **3.** (SPORT) haushoch schlagen; **slaughter·house** *s* Schlachthaus *nt*
Slav [slɑːv] **I.** *s* Slawe *m,* Slawin *f* **II.** *adj* slawisch
slave [sleɪv] **I.** *s* Sklave *m,* Sklavin *f;* **be a** ~ **to duty** nur seine Pflicht kennen; **white** ~ **trade** Mädchenhandel *m;* ~**-driver** Sklavenaufseher *m;* (*fig*) Leuteschinder *m;* ~ **labo(u)r** Sklavenarbeit *f;* die Sklaven *mpl;* ~ **trade** Sklavenhandel *m* **II.** *vi* schuften, sich abplacken
slaver ['slævə(r)] **I.** *vi* sabbern **II.** *s* Geifer *m*
slav·ery ['sleɪvərɪ] *s* Sklaverei *f*
Slavic, Slav·onic ['slɑːvɪk, slə'vɒnɪk] **I.** *adj* slawisch **II.** *s* (das) Slawisch(e)
slav·ish ['sleɪvɪʃ] *adj* sklavisch
sleaze [sliːz] *s* Anstößiges; **sleaze campaign** *s* *Kampagne, bei der durch fragwürdige moralische Mittel offensiv gegen ei-*

S

nen Gegner vorgegangen wird

slea·zoid ['sli:zɔɪd] **I.** *s* (*fam*) schmierige Person **II.** *adj* schmierig

sleazy ['sli:zɪ] *adj* **1.** (*Gewebe*) dünn **2.** (*fam*) schäbig

sled, **sledge** [sled, sledʒ] **I.** *s* Schlitten *m* **II.** *vi* Schlitten fahren; **go sledging** Schlitten fahren

sledge·ham·mer ['sledʒˌhæmə(r)] *s* Schmiede-, Vorschlaghammer *m;* (*fig*) Holzhammer *m*

sleek [sli:k] **I.** *adj* **1.** (*Haar*) weich, glatt u. glänzend **2.** (*Tier*) gepflegt **3.** (*fig*) gut aussehend, elegant; (*pej*) aalglatt **II.** *vt* glätten; pflegen

sleep [sli:p] <*irr:* **slept, slept**> **I.** *s* Schlaf *m;* **go to ~** einschlafen; **get some ~** schlafen; **get** [*o* **have**] **a good night's ~** richtig gut schlafen; **put s.o. to ~** jdn zum Schlafen bringen; **put a dog to ~** einen Hund einschläfern (lassen); **walk in one's ~** schlafwandeln **II.** *vi* schlafen; **~ like a log** [*o* **top**] wie ein Murmeltier [*o* **Stein**] schlafen; **~ late** lange (aus)schlafen; **~ rough** draußen schlafen **III.** *vt* **1.** schlafen **2.** Unterkunft bieten für, unterbringen; **~ the clock round** rund um die Uhr schlafen; **he didn't ~ a wink** er hat kein Auge zugetan; **~ the ~ of the just** den Schlaf des Gerechten schlafen; **sleep around** *vi* (*fam*) mit jedem ins Bett gehen; **sleep away** *vt* verschlafen; **sleep in** *vi* **1.** ausschlafen; verschlafen **2.** im Haus wohnen; **sleep off** *vt* ausschlafen; **sleep on** *vi* **1.** weiterschlafen **2.** be-, überschlafen (*s.th.* etw); **sleep out** *vi* **1.** draußen schlafen **2.** nicht im Hause wohnen; **sleep over** *vi* (*Kinder*) bei einer Freundin/einem Freund übernachten; **sleep through** *vi* durchschlafen; **~ through s.th.** bei etw weiterschlafen; **~ through the alarm** den Wecker nicht hören; **sleep debt** *s* Schlafdefizite *pl;* **sleep together** *vi* miteinander schlafen; **sleep with** *vi* schlafen mit

sleeper ['sli:pə(r)] *s* **1.** Schläfer(in) *m(f)* **2.** (*railway ~*) Schwelle *f* **3.** Schlafwagen *m;* Platz *m* im Schlafwagen **4.** (*fam*) Geheimtipp *m;* **be a good/bad ~** gut/schlecht schlafen; **be a heavy/light/sound ~** einen festen/leisen/gesunden Schlaf haben; **sleeper plane** *s* Flugzeug *nt* mit Schlafkojen

sleepi·ness ['sli:pɪnɪs] *s* Schläfrigkeit *f;* Verschlafenheit *f*

sleep·ing ['sli:pɪŋ] **I.** *adj* schlafend; **Sleeping Beauty** Dornröschen *nt;* **let ~ dogs lie** (*prov*) schlafende Hunde soll man nicht wecken **II.** *s* Schlafen *nt;* **sleeping accommodation** *s* Schlafgelegenheit *f;* **sleeping bag** *s* Schlafsack *m;* **sleeping car** *s* (RAIL) Schlafwagen *m;* **sleeping partner** *s* (*Br*) stiller Gesellschafter; **sleeping pill**, **sleeping tablet** *s* Schlaftablette *f;* **sleeping policeman** *s* Bodenschwelle *f;* **sleeping sickness** *s* Schlafkrankheit *f*

sleep·less ['sli:plɪs] *adj* schlaflos; **sleep·walk** *vi* schlafwandeln; **sleepwalker** *s* Schlafwandler(in) *m(f);* **sleepy** ['sli:pɪ] *adj* **1.** schläfrig, müde **2.** verschlafen **3.** (*fig*) still, ruhig, tot; **sleepy·head** *s* (*fam*) Schlafmütze *f*

sleet [sli:t] **I.** *s* (METE) Schneeregen *m* **II.** *vi:* **it was ~ing** es gab Schneeregen

sleeve [sli:v] *s* **1.** Ärmel *m* **2.** (TECH) Muffe, Buchse, Hülse, Tülle *f* **3.** (AVIAT) Windsack *m* **4.** Schallplattenhülle *f;* **have s.th.** [*o* **a card**] **up one's ~** etw auf Lager [*o* in petto] haben; **laugh up one's ~** sich ins Fäustchen lachen; **roll up one's ~s** die Ärmel aufkrempeln; sich ernstlich an die Arbeit machen; **wear one's heart on one's ~** das Herz auf der Zunge haben; **sleeve·less** ['sli:vlɪs] *adj* ärmellos

sleigh [sleɪ] **I.** *s* (Pferde)Schlitten *m* **II.** *vi* Schlitten fahren; **sleigh·ing-party** ['sleɪɪŋpɑ:tɪ] *s* Schlittenfahrt, -partie *f*

sleight of hand [ˌslaɪtəv'hænd] *s* (Zauber)Kunststück *nt;* Trick *m*

slen·der ['slendə(r)] *adj* **1.** schlank; schmal **2.** (*fig*) mager, dürftig; (*Mittel*) unzureichend; (*Einkommen*) gering; **his chances of winning are extremely ~** seine Gewinnchancen sind minimal; **slen·der·ize** [-aɪz] **I.** *vt* schlank machen **II.** *vi* schlank(er) werden

slept [slept] *s.* **sleep**

slice [slaɪs] **I.** *s* **1.** Scheibe, Schnitte, Tranche *f* **2.** (*fig*) Stück *nt,* (An)Teil *m* **3.** (Torten)Schaufel *f* **4.** (SPORT) geschnittener Ball; **put a ~ on a ball** einen Ball anschneiden; **a ~ of luck** ziemliches Glück **II.** *vt* **1.** durchschneiden; aufschneiden, in Scheiben schneiden **2.** (*Ball*) anschneiden **III.** *vi* (*a.* SPORT) schneiden; **~ through s.th.** etw durchschneiden; **slice off** *vt* abschneiden; **slice up** *vt* in Scheiben schneiden, aufschneiden; aufteilen; **sliced** [slaɪst] *adj* geschnitten; aufgeschnitten; **the best thing since ~ bread** (*fig fam*) eine Wucht, eine tolle Sache; **slicer** ['slaɪsə(r)] *s* (Brot-, Wurst)Schneidemaschine *f*

slick [slɪk] **I.** *adj* **1.** (*Am*) (spiegel)glatt; schlüpfrig **2.** (*Haare*) geschniegelt **3.** (*fam*) raffiniert **4.** (*sl*) großartig **II.** *s* **1.** (*oil ~*) Ölteppich *m* **2.** (*Am*) Zeitschrift *f* auf Kunstdruckpapier; **slick back** *vt* glätten; **slick up** *vt* (*Am*) aufpolieren; herausputzen; auf

Hochglanz bringen

slicker ['slɪkə(r)] *s* (*Am*) Ölhaut *f* (*Regenmantel*)

slide [slaɪd] **I.** *s* **1.** Rutschbahn *f;* Rutsche *f* **2.** (PHOT) Dia(positiv) *nt;* (*Mikroskop*) Objektträger *m* **3.** (TECH) Schlitten, Schieber *m* **4.** (*Posaune*) Zug *m;* (*Noten*) Schleifer *m* **5.** (*Br*) Haarspange *f* **6.** (*fig*) Abfall *m* **7.** (*land~*) (Erd)Rutsch *m* **II.** *vt* schieben; gleiten lassen **III.** *vi* **1.** rutschen; schlittern **2.** sich schieben lassen **3.** (*fig: Mensch*) schleichen **4.** (FIN) absinken, nachgeben; **the day slid by** der Tag verging wie im Nu; ~ **into bad habits** schlechte Angewohnheiten annehmen; **let things** ~ alles schleifen lassen; **slide control** *s* Schieberegler *m;* **slide projector** *s* Diaprojektor *m;* **slide rule** *s* Rechenschieber *m;* **slid·ing** [-ɪŋ] *adj* gleitend; (*Tür, Dach*) Schiebe-; **a** ~ **scale** eine gleitende Skala

slight [slaɪt] **I.** *adj* **1.** schlank, dünn, schmächtig **2.** (*Person*) zart, schwach **3.** (*Erkältung*) leicht **4.** klein, geringfügig, unbedeutend, unwesentlich, belanglos **5.** (*Eindruck*) oberflächlich **6.** (*Unterschied*) klein; **not in the ~est** nicht im Geringsten **II.** *vt* kränken; geringschätzig behandeln **III.** *s* Kränkung *f;* Missachtung *f* (*on his work* seiner Arbeit); **slight·ly** ['-lɪ] *adv* ein wenig, etwas, leicht

slim [slɪm] **I.** *adj* **1.** schlank; schmächtig **2.** gering(fügig), schwach **II.** *vt* schlank machen **III.** *vi* abnehmen

slime [slaɪm] *s* Schleim *m*

slim·mer ['slɪmə(r)] *s* Kalorienzähler(in) *m(f);* **slim·ming** ['slɪmɪŋ] **I.** *s* Abnehmen *nt* **II.** *adj* schlank machend; **be** ~ schlank machen; **be on a** ~ **diet** eine Abmagerungskur machen; **black is a** ~ **colour** schwarz macht schlank

slimy ['slaɪmɪ] *adj* **1.** schleimig, glitschig; schmierig **2.** (*fig*) widerlich, ekelhaft

sling [slɪŋ] <*irr:* **slung, slung**> **I.** *s* **1.** (Stein)Schleuder *f* **2.** (MED) Schlinge *f* **3.** (*zum Tragen*) Schlinge *f;* (Gewehr-, Trag)Riemen *m* **4.** Babytragetasche *f* **II.** *vt* **1.** schleudern, werfen **2.** hochziehen **3.** (*Gewehr*) um-, überhängen; ~ **one's hook** (*fam*) abhauen; ~ **mud at s.o.** (*fam*) jdn mit Schmutz bewerfen; ~ **s.o. out** (*fam*) jdn rausschmeißen; ~ **s.th. out** (*fam*) etw wegschmeißen; **sling·shot** *s* Schleuder *f*

slink [slɪŋk] <*irr:* **slunk, slunk**> *vi* schleichen; ~ **about** umherschleichen; ~ **away** [*o* **off**] wegschleichen; sich davonstehlen

slinky ['slɪŋkɪ] *adj* (*fam*) aufreizend; katzenhaft

slip [slɪp] **I.** *vi* **1.** schlüpfen (*into a coat* in einen Mantel) **2.** schleichen **3.** gleiten (*through the water* durch das Wasser) **4.** ausgleiten, -rutschen (*on the ice* auf dem Eis) **5.** (*Geheimnis*) herausrutschen **6.** (*fig*) abgleiten, absinken, nachlassen; **let s.th.** ~ **through one's fingers** sich etw entgehen lassen; ~ **through s.o.'s fingers** jdm durch die Finger schlüpfen; jdm entgehen; **I let it** ~ das ist mir (so) entfahren; **don't let the chance** ~ lassen Sie sich die Gelegenheit nicht entgehen **II.** *vt* **1.** gleiten lassen; schieben **2.** hineinstecken (*into* in), schnell, unbemerkt stecken, drücken (*into* in) **3.** (*Geld*) zustecken (*s.o.* jdm) **4.** (*Maschen*) ungestrickt abheben **5.** (*Bemerkung*) nicht unterdrücken können **6.** übersehen, verpassen, sich entgehen lassen **7.** entschwinden, entfallen (*the mind, memory* dem Gedächtnis) **8.** sich losreißen von; losmachen; ~ **a disc** einen Bandscheibenschaden bekommen; ~ **the clutch** (AUTO) die Kupplung schleifen lassen; ~ **s.o.'s mind** jdm entfallen; ~ **s.o.'s notice** jdm entgehen **III.** *s* **1.** Ausgleiten, -rutschen *nt* **2.** Un(glücks)fall *m* **3.** Fehltritt *m;* Irrtum *m,* Versehen *nt,* Schnitzer, Fehler *m;* Versprechen *nt;* Verschreiben *nt* **4.** (AVIAT) Schlipp *m* **5.** geschlämmter Ton **6.** Unterkleid *nt,* -rock *m* **7.** (*pillow ~*) Kissenbezug *m* **8.** Spross, Trieb, Schössing *m,* Steckreis *nt* **9.** Zettel *m;* (COM) Beleg, Abschnitt *m;* (*Versicherung*) Deckungszusage *f* **10. ~s** (THEAT) Bühnenloge *f;* **give s.o. the** ~ jdm entwischen; **it was a** ~ **of the tongue** ich habe mich versprochen; (*fam*) es ist mir herausgerutscht; **a** (**mere**) ~ **of a boy/girl** ein schmächtiges Kerlchen/zartes Ding; ~ (**of paper**) Zettel *m;* ~ **of the pen** Schreibfehler *m;* **slip away** *vi* **1.** sich davonstehlen **2.** (*Zeit*) vergehen; (*Chancen*) schwinden; **slip back** *vi* sich zurückschleichen; (*Produktion*) zurückgehen; (*Patient*) einen Rückfall haben; ~ **back into old habits** in alte Gewohnheiten zurückfallen; **slip by, slip away, slip past** *vi* **1.** (*Zeit*) im Fluge, unmerklich vergehen **2.** sich vorbeischleichen (*s.o.* an jdm); **slip down** *vi* **1.** hinunterrutschen (*s.th.* über etw) **2.** sich hinunterstehlen (*s.th.* über etw); **slip from** *vi* gleiten aus (*one's hand* der Hand); **slip in I.** *vt* (*Wort*) einfließen lassen **II.** *vi* sich einschleichen; **slip into** *vi* **1.** abgleiten (*s.th.* in etw) **2.** sich einschleichen (*s.th.* in etw) **3.** (*Kleidung*) eilig schlüpfen (*s.th.* in etw) **4.** sich verwandeln (*s.th.* in etw) **5.** gleiten lassen (*s.th.* etw in etw); **slip off I.** *vt* **1.** hinausschlüpfen aus (*einem Kleidungsstück*), ausziehen **2.** herunterrutschen (*s.th.* von etw) **II.** *vi* sich davonmachen; **slip on** *vt* hineinschlüpfen in (*ein Kleidungsstück*), anziehen, überziehen; **slip out** *vi* **1.** kurz weggehen **2.** (*Geheimnis*) herausrutschen; **slip over** *vi* gleiten, rutschen (*s.th.* über etw); ~ **one over on s.o.** jdn hereinlegen, übers Ohr hauen; **slip up** *vi* einen Fehler machen

slip car·riage, **slip coach** ['slɪpˌkærɪdʒ, 'slɪpkəʊtʃ] *s* (RAIL) abhängbarer Wagen; **slip·case** *s* Schuber *m;* **slip·cover** *s* (*Am*) Überzug *m;* **slip·knot** *s* Laufknoten *m;* **slip-on**, **slip·over** ['slɪpɒn, 'slɪpˌəʊvə(r)] *s* Pullunder *m*

slip·per ['slɪpə(r)] *s* Hausschuh *m;* Pantoffel *m*

slip·pery ['slɪpərɪ] *adj* **1.** schlüpfrig, glatt, glitschig **2.** (*fig*) unsicher, unzuverlässig; **the ~ slope** (*fig*) die schiefe Bahn

slip road ['slɪprəʊd] *s* **1.** Zufahrt **2.** (*Autobahn*) Auffahrt, Ausfahrt *f;* **slip·shod** ['slɪpʃɒd] *adj* (*fig*) schlampig, nachlässig, gleichgültig; **slip·stream I.** *s* (AVIAT) Luftschraubenstrahl *m;* (AUTO) Windschatten *m* **II.** *vi* im Windschatten fahren; **slip-up** ['slɪpʌp] *s* (*fam*) Schnitzer *m;* Panne *f;* **slip·way** ['slɪpweɪ] *s* (MAR) Helling *f*

slit [slɪt] <*irr:* **slit, slit**> **I.** *vt* (auf)schlitzen, aufschneiden **II.** *s* Schlitz, Spalt *m;* Schießscharte *f;* **slit(ty)-eyed** ['slɪt(ɪ)aɪd] *adj* (*pej*) schlitzäugig

slither ['slɪðə(r)] *vi* **1.** rutschen **2.** (*Schlange*) kriechen; **slithery** ['slɪðərɪ] *adj* schlüpfrig, glatt

sliver ['slɪvə(r)] *s* Splitter, Span *m*

slob [slɒb] *s* (*fam*) Schmutzfink *m*

slob·ber ['slɒbə(r)] *vi* sabbeln; geifern; **slob·bery** ['slɒbərɪ] *adj* glitschig, nass

sloe [sləʊ] *s* Schlehe *f*

slog [slɒg] **I.** *vi* (*fam*) **1.** schuften **2.** schlagen (*at* auf) **3.** (~ *on*) schwerfällig gehen; ~ **through s.th.** durch etw stapfen; ~ **away** sich abrackern (*at* mit) **II.** *vt* hart schlagen **III.** *s* **1.** (heftiger) Schlag *m* **2.** (*fam*) Schufterei *f*

slo·gan ['sləʊgən] *s* **1.** Slogan *m;* Wahlspruch *m;* Schlagwort *nt* **2.** (COM) Werbespruch *m*

slo-mo ['sləʊˌməʊ] *s* (*Am*) Zeitlupe *f*

sloop [slu:p] *s* (MAR) Schaluppe *f;* Geleitboot *nt*

slop [slɒp] **I.** *s* **1.** (*fam*) Schmalz *m* **2.** **~s** Spülwasser, Spülicht *nt* **3.** (dünne) Brühe *f* **II.** *vi* **1.** (~ *over*) überlaufen, -fließen, -schwappen **2.** (~ *about*) herumschlurfen **III.** *vt* verschütten; vergießen; schütten; **slop basin** *s* Schale *f* für Kaffeesatz, Teeblätter

slope [sləʊp] **I.** *s* **1.** (Ab)Hang *m;* Böschung *f* **2.** Neigung *f;* Gefälle *nt;* Schräge *f;* **ski ~** Piste *f;* **on a ~** am Hang **II.** *vi* **1.** (~ *down*) schräg abfallen **2.** sich neigen **3.** (*fam*) schlendern **III.** *vt* neigen, schräg legen; **slope away** *vi* **1.** abfallen **2.** (*fam*) abhauen; **slope down** *vi* sich neigen, abfallen; **slope off** *vi* (*fam*) abhauen; **slope up** *vi* **1.** (*Straße*) ansteigen **2.** heranschlendern; ~ **up to s.o.** auf jdn zuschlendern; **slop·ing** [-ɪŋ] *adj* ansteigend; abfallend; (*Decke, Boden*) schräg; (*Schultern*) hängend; (*Garten*) am Hang (gelegen)

slop·pi·ness ['slɒpɪnəs] *s* Schlampigkeit *f;* Nachlässigkeit *f;* **sloppy** ['slɒpɪ] *adj* **1.** matschig, nass **2.** (*fam*) schlampig, liederlich; nachlässig **3.** (*fam*) schmalzig, sentimental; **do ~ work** pfuschen

slosh [slɒʃ] **I.** *vi* (*fam*) **1.** herumpatschen; herumspritzen **2.** überschwappen **II.** *vt* (*fam*) schlagen; **sloshed** [slɒʃt] *adj* (*Br sl*) besoffen

slot [slɒt] *s* **1.** Kerbe *f,* Einschnitt *m* **2.** Schlitz, (Münz)Einwurf *m* **3.** (RADIO TV) (Sende)Zeit *f*, in der ein bestimmtes Programm gesendet wird; **put money in the ~** Geld einwerfen; **have a ~ for s.th.** etw einfügen können; **slot in I.** *vt* hineinstecken; einfügen; unterbringen **II.** *vi* sich einfügen lassen; ~ **s.o. into a company** jdn bei einer Firma unterbringen; ~ **s.o. into an image** jdn in ein bestimmtes Image einordnen; ~ **commercials in** Werbespots einbauen; **slot together I.** *vi* zusammenpassen **II.** *vt* zusammenfügen

sloth [sləʊθ] *s* **1.** Faulheit, Trägheit *f* **2.** Faultier, Ai *nt;* **sloth·ful** ['sləʊθfl] *adj* faul, träge

slot ma·chine ['slɒtməˌʃi:n] *s* (Waren-, Spiel)Automat *m;* **slot meter** *s* Münzzähler *m*

slouch [slaʊtʃ] **I.** *vi* lässig, schlacksig herumsitzen, -stehen; sich hinflegeln; herumlungern **II.** *s* **1.** schlaffe, schlechte Haltung **2.** schwerfälliger Gang **3.** (~ *hat*) Schlapphut *m* **4.** (*fam*) Flasche, Niete *f;* **be no ~** (*fam*) was loshaben (*at* in)

slough[1] [slʌf] **I.** *s* (abgeworfene Schlangen)Haut *f* **II.** *vt* **1.** (~ *off*) abwerfen, -stoßen **2.** (*fig: Angewohnheit*) ablegen, loswerden **3.** (*fig*) aufgeben

slough[2] [slaʊ, *Am* slu:] *s* Sumpf, Morast *m;* **the Slough of Despond** Hoffnungs-, Mutlosigkeit *f*

Slo·vak ['sləʊvæk] **I.** *adj* slowakisch **II.** *s* **1.** Slowake *m,* Slowakin *f* **2.** (das) Slowakisch(e); **Slo·vak·ia** [sləʊ'vækɪə] *s* die Slowakei

sloven ['slʌvn] *s* Schlampe *f,* Schlamper *m*

Slo·ven·ia [sləʊ'vi:nɪə] *s* Slowenien *nt*

Slo·vene ['sləʊvi:n], **Slo·ven·ian** [sləʊ-

ˈviːnɪən] **I.** *adj* slowenisch **II.** *s* **1.** Slowene *m,* Slowenin *f* **2.** (das) Slowenisch(e)

sloven·ly [-lɪ] *adj* schlampig

slow [sləʊ] **I.** *adj* **1.** langsam **2.** schleppend, träge **3.** (*Markt*) flau **4.** schwerfällig, schwer von Begriff **5.** (*Uhr*) nachgehend **6.** (*Fieber*) schleichend **7.** (*Feuer*) schwach **8.** (COM: *Zahler*) säumig, unpünktlich **9.** (*Film*) unempfindlich **10.** (MUS) breit, gedehnt; ~ **off the mark** [*o* **on the uptake**] schwer von Begriff; **be** ~ (*Uhr*) nachgehen; **cook on a** ~ **fire** auf kleiner Flamme kochen; **he's** ~ **in catching on** er hat eine lange Leitung; **it's** ~ **work** das geht langsam (voran); **he is a** ~ **worker/reader** er arbeitet/liest langsam; **be** ~ **to do s.th.** sich bei etw Zeit lassen; **not to be** ~ **to do s.th.** etw schnell tun **II.** *adv* langsam; **go** ~ langsam fahren; (*Arbeiter*) einen Bummelstreik machen **III.** *vi:* ~ **to a stop** langsam anhalten **IV.** *vt* verlangsamen; **slow down** **I.** *vi* langsamer werden, sich verlangsamen; (*Inflation*) abnehmen **II.** *vt* verlangsamen; (*Motor*) drosseln; (*fig*) verzögern; ~ **the car down** langsamer fahren

slow·coach [ˈsləʊkəʊtʃ] *s* Schlafmütze *f;* **slow·down** [ˈsləʊdaʊn] *s* **1.** Verlangsamung *f* **2.** Konjunkturrückgang *m;* ~ (**strike**) (*Am*) Bummelstreik, Dienst *m* nach Vorschrift; **slow·ly** [ˈsləʊlɪ] *adv* langsam; **slow-motion** **I.** *adj* in Zeitlupe **II.** *s* Zeitlupe *f;* **slow-mov·ing** [ˌsləʊˈmuːvɪŋ] *adj* langsam vorankommend; (*Verkehr*) kriechend; (*Handlung*) langatmig; **slow·ness** [ˈsləʊnɪs] *s* **1.** Langsamkeit *f* **2.** Trägheit *f;* Schwerfälligkeit *f* **3.** Begriffsstutzigkeit *f;* **slow train** *s* (*Br*) Bummelzug *m;* **slow-witted** [ˌsləʊˈwɪtɪd] *adj* begriffsstutzig; **slow·worm** *s* Blindschleiche *f*

SLR [ˌeselˈɑː(r)] *s Abk. von* **single-lens reflex (camera)** Spiegelreflexkamera *f*

sludge [slʌdʒ] *s* **1.** (Schnee)Matsch *m;* Schlamm *m* **2.** (TECH) (Klär)Schlamm *m;* **sludge digestion** *s* Schlammfaulung *f;* **sludge gas** *s* Faul-, Klärgas *nt;* **sludge gulper** *s* Klärschlammabfuhrwagen *m*

slue [sluː] **I.** *vi* sich drehen **II.** *vt* drehen

slug[1] [slʌg] *s* Nacktschnecke *f*

slug[2] [slʌg] *s* **1.** (TYP) Zeilenguss *m,* Reglette *fpl,* Durchschuss *m* **2.** (*fam*) Schluck *m* **3.** Kugel *f*

slug[3] [slʌg] **I.** *vt* (*fam*) hart schlagen **II.** *s* (*fam*) harter Schlag; **give s.o. a** ~ jdm eine knallen

slug·gard [ˈslʌgəd] *s* Faulpelz *m;* **slug·gard·ly** [-lɪ] *adj* faul

slug·gish [ˈslʌgɪʃ] *adj* **1.** träge; langsam **2.** (COM) schleppend; stagnierend **3.** (TECH) zähflüssig

sluice [sluːs] **I.** *s* **1.** Schleuse *f* **2.** Rinne *f,* Graben *m* **II.** *vi* herausströmen **III.** *vt* **1.** (~ *out, down*) waschen; abspritzen; ab-, auswaschen, ausspülen **2.** (*Erz*) waschen; **sluice·gate** *s* Schleusentor *nt;* **sluice·way** *s* Schleusenkanal *m*

slum [slʌm] **I.** *s* **1.** Elendsquartier *nt* **2.** ~**s** Elendsviertel *nt* **3.** (*fig*) Saustall *m* **II.** *vt, vi:* ~ **it** primitiv leben

slum·ber [ˈslʌmbə(r)] **I.** *vi* (*lit*) schlummern, schlafen **II.** *s oft pl* (*lit*) Schlummer *m*

slum child [ˈslʌmtʃaɪld] <*pl* -children> *s* Slumkind *nt;* **slum clearance** *s* Beseitigung *f* der Slums, Stadtsanierung *f;* **slum dweller** *s* Slumbewohner(in) *m(f)*

slump [slʌmp] **I.** *vi* **1.** (~ *down*) zusammensinken, zusammensacken **2.** (*fig: Preise*) (plötzlich) fallen, sinken, nachlassen **3.** (*Absatz*) abnehmen, fallen **4.** sich fallen lassen (*into a chair* auf einen Stuhl) **II.** *s* **1.** (plötzliches) Nachlassen, Absinken *nt* **2.** (Preis-, Kurs)Sturz, Konjunktureinbruch *m;* ~ **in prices** Preisverfall *m;* ~ **in production** Produktionsrückgang *m*

slung [slʌŋ] *s.* **sling**

slunk [slʌŋk] *s.* **slink**

slur [slɜː(r)] **I.** *vt* **1.** undeutlich, nachlässig aussprechen **2.** (MUS) binden, halten **3.** (~ *over*) oberflächlich behandeln, hinweggehen über (*s.th.* etw) **II.** *s* **1.** undeutliche Aussprache **2.** (*fig*) Makel *m;* Verunglimpfung *f* **3.** (MUS) Bindung *f;* Bindebogen *m*

slurp [slɜːp] *vi, vt* (*fam*) schlürfen

slurry [ˈslʌrɪ] *s* Jauche, Gülle *f*

slush [slʌʃ] *s* Schneematsch *m;* Matsch, Morast, Schlamm *m;* (*fig*) Kitsch *m;* **slush fund** *s* Bestechungs-, Schmiergelder *ntpl;* **slushy** [ˈslʌʃɪ] *adj* matschig; (*fig*) sentimental

slut [slʌt] *s* **1.** Schlampe *f* **2.** Flittchen *nt;* **slut·tish** [-ɪʃ] *adj* liederlich

sly [slaɪ] *adj* **1.** schlau, verschlagen **2.** falsch, hinterhältig; **on the** ~ heimlich

smack[1] [smæk] **I.** *s* **1.** (leichter) Geschmack *m;* (*a. fig*) Beigeschmack *m* **2.** (*fig*) (schwache) Spur, Andeutung *f,* Anflug *m* **II.** *vi* **1.** schmecken, *fig* riechen (*of* nach) **2.** einen Anflug haben (*of* von)

smack[2] [smæk] **I.** *s* **1.** (~ *on the lips*) Schmatz *m,* lauter Kuss **2.** Schmatzen *nt* **3.** (*Peitsche*) Knallen *nt* **4.** Klaps, Schlag *m* **5.** (*sl*) Heroin *nt;* **have a** ~ **at s.th.** (*fam*) etw probieren; **a** ~ **in the eye** (*fam*) ein Schlag ins Kontor, ein Misserfolg *m* **II.** *vt* (klatschend) schlagen; ~ **s.o.'s bottom** jdm den Hintern versohlen; ~ **one's lips** schmatzen **III.** *adv* direkt; **smacker** [ˈsmækə(r)] *s* **1.** (*fam: Kuss*) Schmatzer *m*

2. Klaps *m* 3. (*sl*) Dollar *m;* Pfund (Sterling) *nt;* **smack·ing** ['smækɪŋ] *s* Tracht *f* Prügel

small [smɔːl] **I.** *adj* 1. klein 2. gering 3. (*Zahl*) niedrig 4. (*Vermögen*) bescheiden 5. (*Trost*) schwach, schlecht 6. geringfügig, unbedeutend 7. (*Mensch*) kleinlich 8. (*Stimme*) schwach 9. (*obs: Bier*) schwach, dünn; **in a ~ voice** kleinlaut; **in a ~ way** in bescheidenem Umfang; **on the ~ side** etwas zu klein; **feel ~** kleinlaut sein; **the ~est possible amount** so wenig wie möglich; **that was no ~ success** das war ein beachtlicher Erfolg; **~ and medium-sized enterprises, SMEs** Mittelstand *m* **II.** *s pl* (*Br*) Unterwäsche *f;* **the ~ of the back** das Kreuz; **small ads** *s pl* Kleinanzeigen *fpl;* **small arms** *s pl* Handfeuerwaffen *fpl;* **small beer** *s* (*obs*) Dünnbier *nt;* (*fig*) Kleinigkeit *f;* kleiner Wicht; **small business** *s* Kleinbetriebe *mpl;* **small businessman** *s* Kleinunternehmer *m;* **small change** *s* Klein-, Wechselgeld *nt;* **small claims court** *s* (*Br*) ≈Amtsgericht *nt;* **small fry** *s pl* (*a. fig*) kleine Fische *mpl;* **small·hold·er** ['smɔːlˌhəʊldə(r)] *s* Kleinbauer *m;* **small·hold·ing** ['smɔːlˌhəʊldɪŋ] *s* Kleinbesitz *m;* **small hours** *s pl* frühe Morgenstunden *fpl;* **small intestine** *s* Dünndarm *m;* **smallish** ['smɔːlɪʃ] *adj* ziemlich klein; **small loan** *s* Kleinkredit *m;* **small-minded** [ˌsmɔːl'maɪndɪd] *adj* kleinlich, engstirnig; **small·ness** ['smɔːlnɪs] *s* Kleinheit *f;* (*fig*) Bescheidenheit *f;* (*pej*) Kleinlichkeit *f;* **small·pox** ['smɔːlpɒks] *s* Pocken *pl;* **small print** *s* (das) Kleingedruckte; **small-scale** *adj* Klein-, in kleinem Maßstab; **small screen** *s* (*fam*) Bildschirm *m;* **small talk** *s* (höfliche), Konversation *f;* **small-time** *adj* (*fam*) klein; nebensächlich, belanglos, unbedeutend; **~ crooks** kleine Gauner *mpl*

smarmy ['smɑːmɪ] *adj* (*fam*) glatt, kriecherisch

smart [smɑːt] **I.** *adj* 1. schick; flott; gepflegt 2. klug, gewitzt; raffiniert; (*pej*) besonders gescheit 3. schnell, flink, fix 4. (*Am fam*) frech; **get ~** (*Am fam*) sich zusammenreißen; **get ~ with s.o.** (*fam*) jdm frech kommen; **he thinks it's ~ to do that** er kommt sich dabei toll vor; **look ~!** beeil dich! **II.** *vi* brennen; **~ under s.th.** (*fig*) unter etw leiden **III.** *s* Schmerz *m;* Brennen *nt;* **smart alec(k)** ['smɑːt'ælɪk] *s* Besserwisser(in) *m(f);* **smart·arse** ['smɑːtˌɑːs] *s,* **smart·ass** ['smɑːtˌæs] *s* (*Am*) Klugscheißer *m;* **smart card** *s* Chipkarte, Smart Card *f;* **smarten** ['smɑːtn] **I.** *vt* (**~ *up***) auffrischen, -polieren, herausputzen; **~ o.s. up** sich schön machen **II.** *vi* 1. frisch, sauber, schöner werden 2. aufleben, in Schwung kommen; **smart·ness** ['smɑːtnɪs] *s* 1. Schick *m;* Eleganz *f* 2. Schlauheit, Gerissenheit *f* 3. Gewandtheit, Tüchtigkeit *f;* **smart weapon** *s* computergesteuerte Waffe

smash [smæʃ] **I.** *vt* 1. zerschmettern (*s.th. against the wall* etw an der Wand), zerschlagen 2. (*Fenster*) einwerfen, -schlagen 3. (vernichtend) schlagen, (schwer) treffen, ruinieren 4. (*Tennis*) schmettern; **~ to bits** in tausend Stücke zerbrechen, zerschlagen **II.** *vi* 1. zerbrechen; zerschellen 2. (~ *into s.th.*) prallen (*into s.th.* gegen etw) 3. (*fig fam*) Bankrott machen, Pleite gehen **III.** *s* 1. heftiger Schlag 2. (*Tennis*) Schmetterball *m* 3. Zerbrechen, Zerkrachen *nt;* Knall *m* 4. Zusammenstoß *m* 5. Zusammenbruch, Bankrott *m;* **smash in** *vt* einschlagen; **smash up I.** *vt* zertrümmern; (*Gesicht*) übel zurichten; (*Auto*) zu Schrott fahren **II.** *vi* kaputtgehen; zerschellen; **smash-and-grab raid** [ˌsmæʃn'græbreɪd] *s* Schaufenstereinbruch *m;* **smashed** [smæʃt] *adj* (*sl: betrunken*) völlig zu; **smasher** ['smæʃə(r)] *s* 1. Knüller *m,* Bomben-, Pfundssache *f* 2. Pfundskerl *m,* Prachtmädel *nt;* **smash hit** *s* Bombenerfolg *m;* **smash·ing** ['smæʃɪŋ] *adj* (*fam*) toll, fantastisch; **smash-up** ['smæʃʌp] *s* Unfall *m;* **car ~** Autozusammenstoß *m*

smat·ter·ing ['smætərɪŋ] *s* oberflächliche Kenntnis (*in, of+gen*); **a ~ of German** ein paar Brocken Deutsch

smear [smɪə(r)] **I.** *vt* 1. schmieren; verschmieren; beschmieren; einschmieren (*with* mit) 2. verwischen 3. (*fig*) verleumden **II.** *vi* verschmieren; (*Kugelschreiber*) schmieren; (*Tinte*) verlaufen **III.** *s* 1. (Schmier-, Schmutz)Fleck *m* 2. (MED) Abstrich *m* 3. (*fig*) Verleumdung *f;* **~ of blood/paint** Blut-/Farbfleck *m;* **~ campaign** Schmutz-, Verleumdungskampagne *f;* **~ test** (MED) Abstrich *m;* **smeary** ['smɪərɪ] *adj* 1. schmierig, schmutzig 2. schmierend

smell [smel] <*irr:* smelt (smelled), smelt (smelled)> **I.** *vt* 1. riechen 2. wittern 3. beriechen, beschnuppern; **~ a rat** (*fig*) Lunte riechen **II.** *vi* 1. riechen (*at* an, *of* nach), duften; stinken 2. (*fig*) hindeuten (*of* auf), erinnern (*of* an); **~ to high heaven** zum Himmel stinken **III.** *s* 1. Geruch(ssinn) *m* 2. Geruch, Duft *m* 3. Gestank *m;* **smell out** *vt* 1. aufstöbern, aufspüren; (*Verschwörung*) aufdecken 2. verpesten; **smell·ing bottle** ['smelɪŋˌbɒtl] *s* Riechfläschchen *nt;* **smell·ing salts** ['smelɪŋsɔːlts] *s* Riechsalz *nt;* **smelly** [ˈsmelɪ] *adj* (*fam*) stinkend

smelt[1] [smelt] *vt* schmelzen, verhütten; ~ **down** einschmelzen

smelt[2] [smelt] *s.* **smell**

smile [smaɪl] **I.** *vi, vt* lächeln; ~ **at s.o.** jdn anlächeln, anlachen; ~ **at s.th.** über etw lächeln; ~ **on s.o.** (*fig*) jdm lachen; ~ **with joy/happiness** vor Freude/Glück strahlen; **keep smiling!** lass dich nicht unterkriegen!; ~ **one's thanks** dankbar lächeln; ~ **a friendly** ~ freundlich lächeln **II.** *s* Lächeln *nt;* **give s.o. a** ~ jdm zulächeln; **come on, give me a ~!** lach doch mal; **be all ~s** übers ganze Gesicht strahlen; **smil·ey-face** [ˈsmaɪlɪˌfeɪs] *adj* lächelnd; **smil·ing** [ˈ-ɪŋ] *adj* lächelnd

smirch [smɜːtʃ] **I.** *vt* (*fig*) Schande machen (*s.o.* jdm) **II.** *s* (*fig*) Schandfleck *m*

smirk [smɜːk] **I.** *vi* grinsen, hämisch lächeln **II.** *s* Grinsen *nt*

smith [smɪθ] *s* Schmied *m*

smith·er·eens [ˌsmɪðəˈriːnz] *s:* **in** ~ in tausend Stücken; **smash to** ~ in Stücke schlagen

smithy [ˈsmɪðɪ] *s* Schmiede *f*

smit·ten [ˈsmɪtn] *adj* **1.** heimgesucht (*with* von) **2.** (*fam*) verknallt, verliebt (*with* in)

smock [smɒk] *s* **1.** (Arbeits)Kittel *m* **2.** Schürzenbluse *f;* **smock·ing** [ˈ-ɪŋ] *s* Smokarbeit *f*

smog [smɒg] *s* Smog *m;* **smog alert**, **smog warning** *s* Smogalarm *m*

smoke [sməʊk] **I.** *s* Rauch, Qualm *m;* **go up in** ~ (*fig*) in Rauch aufgehen; ergebnislos verlaufen; wütend werden; **have a** ~ (eine) rauchen; Haschisch rauchen; **have you got a ~?** hast du was zu rauchen? **II.** *vi* rauchen; qualmen; Haschisch rauchen **III.** *vt* **1.** rauchen **2.** (*Lebensmittel*) räuchern; **smoke out** *vt* **1.** ausräuchern **2.** (*fam*) verräuchern, einräuchern; **smoke bomb** *s* Rauchbombe *f;* **smoked** [sməʊkt] *adj* geräuchert; Räucher-; (*Glas*) Rauch-; ~ **salmon** Räucherlachs *m;* **smoke detector** *s* Rauchmelder *m;* **smoke-dried** [ˈsməʊkdraɪd] *adj* geräuchert; **smoke-free** *adj* rauchfrei; **smoke·less** [ˈsməʊklɪs] *adj* rauchlos; (*Gebiet*) rauchfrei; **smoker** [ˈsməʊkə(r)] *s* **1.** Raucher(in) *m(f)* **2.** Raucherabteil *nt;* **smoke room** *s* Rauchsalon *m;* **smoke screen** *s* (MIL) Rauch-, Nebelwand *f;* (*fig*) Vernebelung *f;* **smoke shell** *s* Nebelgranate *f;* **smoke signal** *s* Rauchsignal *nt;* **smoke·stack** *s* Schornstein *m;* Schlot *m;* ~ **industry** Schornsteinindustrie *f;* **smoke-stained** [ˈsməʊksteɪnd] *adj* rauchgeschwärzt

smok·ing [ˈsməʊkɪŋ] *s* Rauchen *nt;* **no ~!** Rauchen verboten!; **smoking car** *s* (*Am*), **smoking compartment** *s* (RAIL) Raucherabteil *nt;* **smoking jacket** *s* Hausjacke *f*

smoky [ˈsməʊkɪ] *adj* **1.** (*Feuer*) qualmend **2.** rauchig; verräuchert **3.** rauchgeschwärzt; **smol·der** (*Am*) *s.* **smoulder**

smooch [smuːtʃ] *vi* (*fam*) schmusen, knutschen

smooth [smuːð] **I.** *adj* **1.** glatt; (*Oberfläche*) eben; (*See*) ruhig **2.** (*Haare, Haut*) weich **3.** (*Paste, Teig*) sämig; (*Soße*) glatt **4.** (*Reise, Überfahrt, Flug*) ruhig; (*Start, Landung*) glatt, weich; (*Atmung*) gleichmäßig **5.** (*Ablauf*) reibungslos, glatt **6.** (*Getränk*) mild **7.** (*Stil*) flüssig, glatt; (*Ton*) sanft; (*Redeweise*) flüssig **8.** (*Benehmen, Verkäufer*) glatt, geschliffen, aalglatt **9.** (*fam*) gepflegt, fesch **10.** (*Tennis*) glatt, weich **11.** (*Motor, Getriebe*) leichtgängig; **have a ~ manner** [*o* **tongue**] aalglatt sein; ~ **operator** Schlawiner *m,* Schlitzohr *nt;* **make things ~ for s.o.** jdm die Schwierigkeiten aus dem Weg räumen **II.** *s:* **give s.th. a** ~ etw glatt streichen; **take the rough with the** ~ das Gute wie das Schlechte hinnehmen **III.** *vt* glätten; (*fig*) besänftigen; **smooth away** *vt* glätten; (*fig*) besänftigen; **smooth down** **I.** *vt* **1.** glatt streichen; zurechtmachen **2.** (*fig*) beruhigen, beschwichtigen **II.** *vi* sich glätten; sich beruhigen; **smooth over** *vt* gerade biegen

smoothie, **smoothy** [ˈsmuːðɪ] *s* (*fam pej*) Lackaffe *m;* **smooth·ness** [ˈsmuːðnɪs] *s* **1.** Glätte *f* **2.** Geschmeidigkeit *f* **3.** Sanftheit *f* **4.** (*fig*) Eleganz *f;* **smooth-shaven** *adj* glatt rasiert; **smooth-talk** [smuːðˈtɔːk] *vi* (*fam*): ~ **s.o.** sich bei jdm einschmeicheln; **smooth-tongued** [ˈsmuːðtʌŋd] *adj* katzenfreundlich; schmeichlerisch

smother [ˈsmʌðə(r)] **I.** *vt* **1.** ersticken **2.** überschütten, überhäufen (*in, with* mit) **II.** *vi* ersticken

smoul·der [ˈsməʊldə(r)] *vi* schwelen, glimmen; **~ing look** glühender Blick

smudge [smʌdʒ] **I.** *s* **1.** Schmutzfleck *m;* Klecks *m* **2.** (*Am*) qualmendes Feuer **II.** *vt, vi* verschmieren; **smudge-proof** *adj* (*lipstick*) nicht schmierend; **smudgy** [ˈsmʌdʒɪ] *adj* schmutzig, schmierig; verwischt

smug [smʌg] *adj* **1.** selbstzufrieden, -gefällig **2.** eingebildet; blasiert

smuggle [ˈsmʌgl] *vt, vi* schmuggeln (*s.th. into England* etw nach England); **smug·gler** [ˈsmʌglə(r)] *s* Schmuggler(in) *m(f);* **smug·gling** [ˈsmʌglɪŋ] *s* Schmuggel *m*

smut [smʌt] *s* **1.** Ruß(flocke *f*) *m*

2. Schmutzfleck *m* **3.** (*fig*) Zoten *fpl;* **smutty** ['smʌtɪ] *adj* schmutzig, unanständig

snack [snæk] *s* Imbiss, Snack *m,* Kleinigkeit *f* zu essen; **snack·able** ['snækəbl] *adj* als kleiner Snack geeignet; **snack bar, snack counter** *s* Imbissstube, Schnellgaststätte, Snackbar *f*

snaffle ['snæfl] *vt* (*Br fam*) stibitzen, klauen; ~ **s.th. up** etw wegschnappen

snag [snæg] **I.** *s* **1.** Baum-, Aststumpf *m* **2.** Riss *m* (*im Strumpf*) **3.** (*fig*) Schwierigkeit *f;* Haken *m;* **hit a** ~ in Schwierigkeiten kommen; **there's a** [*o* **one**] ~ die Sache hat einen Haken **II.** *vt* (*an einem hervorstehenden Gegenstand*) aufreißen; (*Faden*) herausziehen

snail [sneɪl] *s* Schnecke *f;* **at a ~'s pace** im Schneckentempo; **snail mail** *s* (INTERNET) Schneckenpost *f;* **snail-shell** *s* Schneckenhaus *nt*

snake [sneɪk] **I.** *s* Schlange *f;* **a ~ in the grass** (*fig*) ein hinterhältiger Mensch **II.** *vi* sich schlängeln, sich winden; **snake bite** *s* Schlangenbiss *m;* **snake charmer** *s* Schlangenbeschwörer(in) *m(f);* **snake poison, snake venom** *s* Schlangengift *nt;* **snake ranch** *s* Schlangenfarm *f;* **snakeskin** *s* Schlangenhaut *f;* Schlangenleder *nt;* **snaky** ['sneɪkɪ] *adj* sich schlängelnd

snap [snæp] **I.** *vi* **1.** schnappen (*at* nach) **2.** zuschnappen; rasch zupacken **3.** (zer)springen, (zer)reißen **4.** (*Tür, Schloss:* ~ *shut*) zuschlagen, zuschnappen; **his patience ~ped** er verlor die Geduld; ~ **at s.o.** jdn anfahren; ~ **to attention** Haltung annehmen; ~ **to it!** zack, zack!; **something ~ped in me** da habe ich durchgedreht **II.** *vt* **1.** zerbrechen **2.** zuklappen, zuknallen; knallen lassen **3.** (~ *out*) herausfahren mit; (*Worte*) hervorstoßen **4.** knipsen; ~ **one's fingers** mit den Fingern schnalzen; ~ **one's fingers at s.o./s.th.** (*fig*) auf jdn/etw pfeifen **III.** *s* **1.** Schnappen *nt;* Schnalzen *nt;* Knacken *nt;* Klicken *nt;* Knallen *nt* **2.** (PHOT) Foto *nt,* Schnappschuss *m* **3.** (~ *fastener*) Druckknopf *m* **4.** (*fig fam*) Schwung, Elan *m* **5.** Keks *m;* **cold** ~ Kälteeinbruch *m* **IV.** *adj* plötzlich, spontan; ~ **decision** plötzlicher Entschluss; ~ **vote** Blitzabstimmung *f;* **go** ~ klick, schnapp, knack machen **V.** *interj* ich auch!; **snap away** *vt* **1.** wegschnappen; entreißen **2.** viel knipsen; **snap from** *vt* entreißen aus; wegreißen von; wegnehmen, stehlen von; **snap off I.** *vt* abreißen; abbrechen; abbeißen **II.** *vi* abbrechen; ~ **s.o.'s head off** (*fig*) jdn anfahren; **snap out** *vt* hervorstoßen (*his orders* seine Befehle); ~ **out of s.th.** mit etwas Schluss machen; ~ **out of it!** genug damit! Kopf hoch!; **snap up** *vt* wegschnappen

snap·dragon ['snæpˌdrægən] *s* Löwenmäulchen *nt;* **snap fastener** *s* Druckknopf *m;* **snap link** *s* Karabinerhaken *m;* **snap lock** *s* Schnappverschluss *m;* **snap·pish** [snæpɪʃ] *adj* bissig; **snappy** ['ʃnæpɪ] *adj* **1.** (*fam*) schnell, zackig **2.** bissig **3.** kurz und treffend; **make it ~!** (*fam*) fix! los, los!; **snap shackle** *s* Schnappschäkel *m;* **snap·shot** ['snæpʃɒt] *s* Schnappschuss *m*

snare [sneə(r)] **I.** *s* **1.** Schlinge, Falle *f* **2.** (*fig*) Fallstrick *m* **3.** (~ *drum*) kleine Trommel **II.** *vt* **1.** in einer Schlinge fangen **2.** (*fig*) sich unter den Nagel reißen **3.** (*fig*) eine Falle stellen (*s.o.* jdm)

snarl[1] [snɑːl] **I.** *vi* knurren; (*Motor*) dröhnen; ~ **at s.o.** jdn anknurren **II.** *vt* (~ *out*) knurrend, brummend sagen **III.** *s* Knurren *nt*

snarl[2] [snɑːl] **I.** *vt* verwirren **II.** *s* Knoten *m;* **snarl up I.** *vt* durcheinander bringen **II.** *vi* völlig durcheinander geraten; **traffic gets ~ed up** der Verkehr ist chaotisch; **get ~ed up in a traffic jam** in einem Stau stecken bleiben; **snarl-up** ['snɑːlʌp] *s* Durcheinander *nt;* (*Verkehr*) Chaos *nt*

snatch [snætʃ] **I.** *vt* **1.** greifen **2.** entreißen (*from s.o.* jdm); aus der Hand reißen **3.** (*Kuss*) rauben **4.** wegnehmen (*from* von) **5.** (*Gelegenheit*) beim Schopf ergreifen, fassen **6.** (*fam*) stehlen; kidnappen; ~ **a meal** schnell etwas essen **II.** *vi* schnappen, haschen, rasch zugreifen (*up* nach) **III.** *s* **1.** schneller Griff **2.** Stück(chen) *nt,* Brocken *m;* (Gesprächs)Fetzen *m* **3.** (SPORT) Reißen *nt* **4.** (*fam*) Raub *m;* Entführung *f;* **in ~es** stoß-, ruckweise, mit Unterbrechungen; **make a ~ at s.th.** nach etw greifen, schnappen; **snatch away** *vt* wegreißen (*s.th. from s.o.* jdm etw); (*Tod*) entreißen (*from s.o.* jdm); **snatch up** *vt* schnappen; an sich reißen; **snatchy** ['snætʃɪ] *adj* unzusammenhängend, unregelmäßig, unterbrochen

snaz·zy ['snæzɪ] *adj* (*fam*) schick, fesch, flott

sneak [sniːk] **I.** *vi* **1.** schleichen **2.** (*a. fig*) kriechen **3.** (~ *away, off*) davonschleichen; sich davonmachen **4.** (*sl*) petzen; ~ **on s.o.** (*sl*) jdn verpetzen **II.** *vt* mausen, stibitzen **III.** *s* **1.** Schleicher *m* **2.** (*sl*) Petzer *m,* Petzliese *f;* **sneak in** *vi* sich einschleichen; **sneak off, sneak past, sneak round** *vi* weg-, vorbei-, herumschleichen; **sneak out** *vi* sich herausschleichen (*of* aus); (*fig*) sich drücken (*of* vor), sich herausschwindeln (*out of* aus); **sneak up** *vi:* ~ ~ **to s.o.** sich an jdn heranschleichen; **sneak·ers** ['sni:kəz] *s pl* Freizeitschuhe *mpl,* Turnschuhe *mpl;* **sneak·ing** ['-ɪŋ] *adj* geheim; (*Verdacht*) heimlich, leise; **sneak preview** *s* Vorpremiere *f;* **sneak thief** <*pl* **thieves**> *s* Gelegenheitsdieb *m;* **sneaky** ['sni:kɪ] *adj* heimtückisch; feige; raffiniert

sneer [snɪə(r)] **I.** *vi* **1.** höhnisch lächeln **2.** höhnen, spotten (*at* über) **II.** *s* Hohn(lachen, -gelächter *nt*), Spott *m;* spöttisches Grinsen; spöttische Bemerkung; **sneer·ing** ['snɪərɪŋ] *adj* höhnisch, spöttisch

sneeze [sni:z] **I.** *vi* niesen; **it is not to be ~d at** das ist nicht ohne, das ist nicht zu verachten **II.** *s* Niesen *nt*

snick [snɪk] **I.** *s* Kerbe *f,* Ritz *m* **II.** *vt* ritzen, einkerben; zupfen

snicker ['snɪkə(r)] *s.* **snigger**

snide [snaɪd] *adj* (*fam*) abfällig, höhnisch

sniff [snɪf] **I.** *vi* **1.** schniefen **2.** schnüffeln, schnuppern (*at* an) **3.** (*fig*) die Nase rümpfen (*at* über); **not to be ~ed at** (*fig fam*) nicht zu verachten **II.** *vt* riechen, schnuppern an; (*Tabak*) schnupfen; (*fig*) wittern; ~ **glue** schnüffeln **III.** *s* Schnüffeln *nt;* Schniefen *nt;* (*fig*) Naserümpfen *nt;* **have a ~ at s.th.** an etw riechen; **sniff out** *vt* aufspüren; (*Komplott*) aufdecken; **sniffer dog** *s* Spürhund *m*

sniffle ['snɪfl] **I.** *vi* schniefen; schnüffeln **II.** *s* **1.** Schniefen *nt* **2.** **~s** (*fam*) Schnupfen *m*

snif·ter ['snɪftə(r)] *s* (*fam*) Schnäpschen *nt*

snig·ger ['snɪgə(r)] *vi* kichern (*at, about* über)

snip [snɪp] **I.** *vt* schnippen, (ab)schnippeln; schneiden; ~ **off** abschneiden; abzwicken **II.** *vi* schnippe(l)n **III.** *s* **1.** kleiner Schnitt, Einschnitt *m* **2.** Schnipsel, Schnippel *m od nt* **3.** (*fam*) Schnäppchen *nt;* **it's a ~ at only £ 100** für nur £ 100 ist es sehr günstig; **have the ~** (*fam*) sich einer Vasektomie unterziehen

snipe [snaɪp] **I.** *s* Schnepfe *f* **II.** *vi:* ~ **at s.o.** aus dem Hinterhalt auf jdn schießen; (*fig*) gegenüber jdm eine spitze Bemerkung machen; **sniper** ['snaɪpə(r)] *s* Heckenschütze *m*

snip·pet ['snɪpɪt] *s* **1.** Schnipsel *m od nt;* Stückchen *nt* **2.** **~s** Bruchstücke *ntpl*

snitch [snɪtʃ] **I.** *vt* (*sl*) stibitzen, mausen **II.** *vi* (*sl*) verpfeifen (*on s.o.* jdn)

snit fit ['snɪtˌfɪt] *s* (*Am: fam*) Wutanfall *m*

snivel ['snɪvl] *vi* heulen; **snivel·ling** ['-ɪŋ] *adj* weinerlich; wehleidig

snob [snɒb] *s* Snob *m;* **snob·bery** ['snɒbərɪ] *s* Snobismus *m;* **snob·bish** ['snɒbɪʃ] *adj* großtuerisch, snobistisch, versnobt; **snob value** *s* Imagewert *m*

snog [snɒg] **I.** *s* (*sl*) Knutscherei *f* **II.** *vi* (*sl*) (rum)knutschen

snook [snu:k] *s:* **cock a ~ at s.o.** jdm eine lange Nase machen

snooker ['snu:kə(r)] **I.** *s* Snooker *nt* (*eine Art Billard*) **II.** *vt* **1.** (*fam*) in eine schwierige Lage bringen **2.** (*Plan*) zum Scheitern bringen; **be ~ed** nicht mehr weiterkönnen

snoop [snu:p] **I.** *vi* (*fam:* ~ *around*) herumschnüffeln, -spionieren; ~ **into** herumschnüffeln in; ~ **on s.o.** jdn bespitzeln **II.** *s* **1.** Herumschnüffeln *nt* **2.** (*fam*) Schnüffler(in) *m(f);* **snooper** ['snu:pə(r)] *s* (*fam*) Schnüffler(in) *m(f)*

snooty ['snu:tɪ] *adj* (*fam*) hochnäsig

snooze [snu:z] **I.** *s* (*fam*) Nickerchen *nt* **II.** *vi* (*fam*) ein Nickerchen machen; **snooze button** *s* (*Radiowecker*) Schlummertaste *f*

snore [snɔ:(r)] **I.** *vi* schnarchen **II.** *s* Schnarchen, Geschnarche *nt*

snor·kel ['snɔ:kl] **I.** *vi* schnorcheln **II.** *s* Schnorchel *m*

snort [snɔ:t] **I.** *vi* schnauben (*with rage* vor Wut) **II.** *vt* (*sl: Kokain*) schnupfen **III.** *s* Schnauben, Schnaufen *nt*

snor·ter [snɔ:tə(r)] *s* (*fam*) Schnäpschen *nt*

snot [snɒt] *s* (*fam*) Rotz *m;* **snot-rag** ['snɒtræg] *s* (*sl*) Rotzfahne *f;* **snotty** ['snɒtɪ] *adj* (*fam*) **1.** rotzig **2.** frech; patzig

snout [snaʊt] *s* **1.** Schnauze *f,* Rüssel *m* **2.** (*sl*) Tabak *m* **3.** (*sl*) Spitzel *m*

snow [snəʊ] **I.** *s* **1.** Schnee *m,* Schneefall *m* **2.** **~s** Schneemassen *fpl* **3.** (*sl: Kokain*) Koks, Schnee *m* **II.** *vi* schneien; **snow in** *vt* einschneien; **snow off** *vt:* **be ~ed off** wegen Schnee abgesagt werden; **snow under** *vt* (*fig*) überhäufen; eindecken; **snow·ball** ['snəʊbɔ:l] **I.** *s* Schneeball *m* **II.** *vi* (*fig*) lawinenartig anwachsen; **snowball effect** *s* Schneeballeffekt *m;* **snow bank** *s* Schneeverwehung *f;* **snow-blind** ['snəʊblaɪnd] *adj* schneeblind; **snow·blind·ness** ['snəʊblaɪndnɪs] *s* Schneeblindheit *f;* **snow·board** ['snəʊbɔ:d] *s* Snowboard *nt;* **snow·bound** ['snəʊbaʊnd] *adj* eingeschneit; **snow cannon** *s* Schneekanone *f;* **snow-capped**, **snow-clad** ['snəʊkæpt, 'snəʊklæd] *adj* (*Berg*) schneebedeckt; **snow·cat** ['snəʊkæt] *s* Pistenraupe *f;* **snow-chains** *s pl* Schneeketten *pl;* **snow·drift** ['snəʊdrɪft] *s* Schneewehe *f;* **snow·drop** ['snəʊdrɒp] *s* Schneeglöckchen *nt;* **snow·fall** ['snəʊfɔ:l] *s* Schneefall *m,* -menge *f;* **there was a heavy ~** es schneite stark; **snow fence** *s* Schneezaun *m;* **snow·field** *s* Schneefläche *f,* -feld *nt;* **snow·flake** ['snəʊfleɪk] *s* Schneeflocke *f;* **snow goggles** *s pl* Schneebrille *f;* **snow**

line *s* Schneegrenze *f;* **snow·man** ['snəʊmæn] <*pl* -men> *s* Schneemann *m;* **snow·mobile** ['snəʊmə,bi:l] *s* Schneemobil *nt;* **snow-plough** ['snəʊplaʊ] *s,* **snow·plow** (*Am*) Schneepflug *m;* **snow report** *s* Schneebericht *m;* **snow·shoe** *s* Schneeschuh *m;* **snow·storm** ['snəʊstɔ:m] *s* Schneesturm *m;* **snow suit** *s* Schneeanzug *m;* **snow tire** *s* (*Am*), **snow tyre** *s* Winterreifen *m;* **snow-white** *adj* schneeweiß; **Snow White** *s* Schneewittchen *nt;* **snowy** ['snəʊɪ] *adj* **1.** verschneit **2.** schneeweiß; **it was ~** es hat geschneit

snub [snʌb] **I.** *vt* **1.** anfahren, ausschimpfen **2.** von oben herab behandeln **3.** schneiden, ignorieren **II.** *s* Brüskierung *f;* **snub nose** *s* Stupsnase *f;* **snub-nosed** ['snʌbnəʊzd] *adj* stupsnasig

snuff [snʌf] **I.** *s* Schnupftabak *m;* **take ~** schnupfen **II.** *vt* (~ *out*) auslöschen; (*Docht*) putzen; (*fig*) zerschlagen; **~ it** (*Br sl*) abkratzen, sterben; **snuff·box** *s* Schnupftabak(s)dose, Tabatiere *f*

snuffle ['snʌfl] *vi* schnauben, schnaufen; schniefen

snug [snʌg] **I.** *adj* **1.** geborgen, geschützt **2.** behaglich, gemütlich **3.** (*Kleidung*) eng (anliegend) **4.** (*Einkommen*) auskömmlich, reichlich **5.** (*Hafen*) geschützt; **it's a ~ fit** es passt gut **II.** *s* (*Br: Kneipe*) kleines Nebenzimmer

snuggle ['snʌgl] **I.** *vi* sich kuscheln, sich anschmiegen (*against* an); **~ down** es sich gemütlich machen (*into s.th.* in etw); **~ up** sich zusammenkuscheln; sich anschmiegen **II.** *vt* an sich drücken

so [səʊ] **I.** *adv* **1.** so **2.** (*ever ~, fam*) dermaßen, -art, so (sehr); **~ late/long/many (that)** so spät/so lange/so viele (, dass); **not ~ … as** nicht so … wie; **~ did I** ich auch; **~ I did** ja, das habe ich getan; **~ it was** ja, so war es; **~ they say** so heißt es; man sagt so; **and ~ on** (**and ~ forth**) und so weiter (und so fort); **is that ~?** wirklich?; **be ~ kind as to …** sei so freundlich und …; **or ~** (*nachgestellt*) oder so, etwa; **~ far** bis jetzt, bisher; soweit; **~ far from being** weit davon entfernt zu; **~ far, ~ good** so weit ganz gut; **~ long as** solange; **~ long!** (*fam*) tschüss!; **~ much nonsense** [*o* **rubbish**]**!** alles Unsinn [*o* Quatsch]!; **~ I hope, I hope ~** das hoffe ich, ich hoffe es; **~ I see** ich seh's, das sehe ich; **~ to speak** sozusagen; **you don't say ~!** wirklich?; **I told you ~** ich sagte es doch! sagte ich es nicht?; **just ~! quite ~!** ganz richtig!; **thanks ever ~ much** vielen Dank!; **~ help me God!** so wahr mir Gott helfe! **II.** *conj* **1.** damit **2.** also; **~ that** so dass, damit; **~ as** so dass; vorausgesetzt, dass; **~ as to** um zu; **~ that's that** (*fam*) so, das wär's! damit Schluss!; **~ what?** (*fam*) na und?

soak [səʊk] **I.** *vt* **1.** einweichen; tränken **2.** durchnässen **3.** (*fig fam*) schröpfen; **be ~ed** durch und durch nass sein; durchgeregnet sein; **~ o.s. in sunshine** in der Sonne braten; **~ o.s. in s.th.** (*fig*) sich in etw vertiefen **II.** *vi* **1.** einweichen; eingeweicht werden **2.** einziehen, eindringen **III.** *s* **1.** Einweichen *nt* **2.** (*fam*) Säufer(in) *m(f);* **soak in** *vi* einziehen; (*fig*) begriffen werden; **soak off I.** *vt* ablösen **II.** *vi* sich ablösen; **soak up** *vt* aufsaugen; (*Sonne*) genießen; (*fig*) in sich aufnehmen; (*Geräusch*) schlucken; **soak·away** [,səʊkə'weɪ] *s* Sickerschacht *m;* **soak·ing** ['-ɪŋ] *adj* (~ *wet*) klatschnass

so-and-so ['səʊənsəʊ] Herr/Frau Soundso; **this old ~ !** dieser gemeine Kerl!

soap [səʊp] **I.** *s* Seife *f* **II.** *vt* einseifen; **soap·box** *s* **1.** Seifenkiste *f* **2.** Rednertribüne *f;* **~ race** Seifenkistenrennen *nt;* **soap bubble** *s* Seifenblase *f;* **soap dish** *s* Seifenschale *f;* **soap dispenser** *s* Seifenspender *m;* **soap·flakes** *s pl* Seifenflocken *fpl;* **soap opera** *s* (TV) Seifenoper *f;* **soap powder** *s* Seifenpulver *nt;* **soapy** ['səʊpɪ] *adj* seifig

soar [sɔ:(r)] *vi* **1.** aufsteigen; sich in die Lüfte schwingen **2.** (*Gebäude*) hochragen **3.** (*Preise*) in die Höhe schnellen; (*Hoffnung, Ruf*) zunehmen; (*Stimmung*) sich heben; **soar·ing** [-ɪŋ] *adj* **1.** aufsteigend **2.** hochragend **3.** (*Fantasie*) blühend; (*Pläne*) hochfliegend; (*Bevölkerung*) ansteigend, schnell zunehmend **4.** (*Preise*) in die Höhe schnellend, sprunghaft steigend; (*Inflation*) unaufhaltsam

sob [sɒb] **I.** *vi* schluchzen **II.** *vt* (~ *out*) schluchzend erzählen; **~ one's heart out** herzergreifend schluchzen; **~ o.s. to sleep** sich in den Schlaf weinen **III.** *s* Schluchzen *nt*

so·ber ['səʊbə(r)] *adj* **1.** nüchtern **2.** gesetzt, ruhig, besonnen; ernst **3.** einfach, schlicht **4.** (*Farbe*) ruhig; **in ~ earnest** in vollem Ernst; **sober down** *vi* ruhiger werden; **sober up I.** *vt* nüchtern machen; (*fig*) zur Vernunft bringen **II.** *vi* nüchtern werden; (*fig*) vernünftig werden; sich beruhigen

so·ber·ness [-nɪs] *s,* **so·bri·ety** [səʊ'braɪətɪ] *s* Nüchternheit *f;* Besonnenheit *f*

so·bri·quet, sou·bri·quet ['səʊbrɪkeɪ, 'su:brɪkeɪ] *s* Spitzname *m*

sob story ['sɒb,stɔ:rɪ] *s* (*fam*) rührselige,

sentimentale Geschichte

so-called [ˌsəʊ'kɔːld] *adj* sogenannt

soc·cer ['sɒkə(r)] *s* Fußballspiel *nt;* **soccer player** *s* Fußballspieler(in) *m(f)*

so·cia·bil·ity [ˌsəʊʃə'bɪləti] *s* Geselligkeit *f;* Umgänglichkeit *f;* **so·cia·ble** ['səʊʃəbl] *adj* **1.** gesellig **2.** umgänglich, freundlich, nett

so·cial ['səʊʃl] **I.** *adj* **1.** sozial; gesellschaftlich **2.** gesellig, umgänglich; ~ **advancement** sozialer Aufstieg; ~ **climber** soziale(r) Aufsteiger(in); ~ **contract** (HIST) Gesellschaftsvertrag *m;* (POL) Tarifabkommen *nt;* ~ **costs** Sozialkosten *pl;* ~ **democrat** Sozialdemokrat(in) *m(f);* ~ **democratic** sozialdemokratisch; ~ **evening** geselliger Abend; ~ **gathering** geselliges Beisammensein; ~ **insurance** Sozialversicherung *f;* ~ **integration** soziale Integration; ~ **legislation** Sozialgesetzgebung *f;* ~ **order** [*o* **system**] Sozial-, Gesellschaftsordnung *f;* ~ **partners** *pl* Sozialpartner *pl;* ~ **policy** Sozialpolitik *f;* ~ **position,** ~ **rank,** ~ **standing,** ~ **status** soziale [*o* gesellschaftliche] Stellung; ~ **problem** soziale Frage; ~ **reformer** Sozialreformer(in) *m(f);* ~ **science** Sozialwissenschaften *fpl;* ~ **security** Sozialunterstützung *f;* Sozialamt *nt;* **be on** ~ **security** Sozialhilfe bekommen; ~ **services** soziale Einrichtungen *fpl;* ~ **studies** Gemeinschaftskunde *f;* ~ **unrest** Unruhen *fpl;* ~ **wealth** Volksvermögen *nt;* ~ **welfare** gesellschaftliche Wohlfahrt; ~ **work** Sozialarbeit *f;* ~ **worker** Sozialarbeiter(in) *m(f)* **II.** *s* geselliger Abend

so·cial·ism ['səʊʃəlɪzəm] *s* Sozialismus *m;* **so·cial·ist** ['səʊʃəlɪst] **I.** *s* Sozialist(in) *m(f)* **II.** *adj* sozialistisch; ~ **realism** (*Kunst*) sozialistischer Realismus; **so·cial·ite** ['səʊʃəlaɪt] *s* (*fam*) Angehörige(r) *f m* der oberen Gesellschaftsklasse; **so·ciali·za·ti·on** [ˌsəʊʃəlaɪ'zeɪʃn] *s* **1.** (POL) Sozialisierung, Verstaatlichung *f* **2.** (PSYCH) Sozialisation *f;* **so·cial·ize** ['səʊʃəlaɪz] **I.** *vt* sozialisieren **II.** *vi* verkehren (*with* mit), ein geselliges Leben führen; **so·cial·ly** *adv* sozial; **the** ~ **disadvantaged** die sozial Benachteiligten

so·ci·etal [sə'saɪətəl] *adj* gesellschaftlich

so·ciety [sə'saɪətɪ] *s* **1.** die Gesellschaft **2.** Gesellschaft *f,* Verein(igung *f*) *m* **3.** (COM) Gesellschaft, Genossenschaft *f;* Verband *m;* **building** ~ Baugenossenschaft *f;* **co-operative** ~ Konsumverein *m;* ~ **column** (*Zeitung*) Klatschspalte *f;* **the Society of Friends** die Quäker *mpl;* **the Society of Jesus** die Gesellschaft Jesu, der Jesuitenorden; **enjoy s.o.'s** ~ gern in jds Gesellschaft sein; **go into** ~ in die Gesellschaft eingeführt werden; **he always wanted to get into** ~ er wollte schon immer in den besseren Kreisen verkehren

so·cio- [ˌsəʊsɪəʊ] *PRÄF* sozio-; ~**cultural** soziokulturell; ~**economic** sozioökonomisch; ~**political** sozialpolitisch; **so·cio·logi·cal** [ˌsəʊsɪə'lɒdʒɪkl] *adj* soziologisch; **so·ci·ol·ogist** [ˌsəʊsɪ'ɒlədʒɪst] *s* Soziologe *m,* Soziologin *f;* **so·ci·ol·ogy** [ˌsəʊsɪ'ɒlədʒɪ] *s* Soziologie *f;* **so·cio·path** *s* Soziopath(in) *m(f)*

sock[1] [sɒk] *s* **1.** Socke *f;* Kniestrumpf *m* **2.** Einlegesohle *f* **3.** (*wind* ~) Windsack *m;* **pull one's ~s up** (*fam*) sich ins Zeug legen; **put a** ~ **in it** (*Br*) still sein; sich ruhig verhalten; **sock away** *vt* (*Am, Aus: fam: Geld*) verstecken

sock[2] [sɒk] **I.** *s* (*fam*) Schlag *m* **II.** *vt* (*fam*) schlagen, hauen; ~ **it to me!** (*sl*) leg los!

socket ['sɒkɪt] *s* **1.** (ELEK) Steckdose *f;* (*für Birne*) Fassung *f* **2.** (TECH) Sockel *m* **3.** (ANAT) (Augen)Höhle *f;* (Gelenk)Pfanne *f;* Zahnhöhle *f;* **socket wrench** *s* Steckschlüssel *m*

sod[1] [sɒd] *s* Rasen(stück *nt*) *m*

sod[2] [sɒd] **I.** *s* (*vulg*) Saukerl *m;* **the poor** ~ das arme Schwein **II.** *vt* (*vulg*): ~ **it!** zum Teufel!; ~ **you!** leck mich am Arsch!; **sod off** *vi* (*sl*) abhauen

soda ['səʊdə] *s* **1.** (CHEM) Soda *nt;* Natriumoxyd *nt;* Ätznatron *nt* **2.** (~ *water*) Soda-, Selterswasser *nt;* **soda bread** *s mit Backpulver gebackenes Brot;* **soda fountain** *s* (*Am*) Erfrischungshalle *f;* **soda siphon** *s* Siphon *m;* **soda water** *s* Sodawasser *nt;* Sprudel *m*

sod·den ['sɒdn] *adj* durchweicht, durchnässt; ~ **with drink** völlig betrunken

sod·ding ['sɒdɪŋ] *adj* (*sl*) Scheiß-

so·dium ['səʊdɪəm] *s* (CHEM) Natrium *nt;* **sodium bicarbonate** *s* doppeltkohlensaures Natrium; **sodium carbonate** *s* Natriumkarbonat *nt*

so·do·mite ['sɒdəmaɪt] *s* Päderast *m;* **so·do·my** ['sɒdəmɪ] *s* Analverkehr *m*

sod's law [ˌsɒdz'lɔː] *s* (*sl*) *Prinzip, nach dem alles, was nur schief gehen kann, auch schief gehen wird*

sofa ['səʊfə] *s* Sofa *nt;* **sofa bed** *s* Bettcouch *f,* Schlafsofa *nt*

soft [sɒft] *adj* **1.** weich, nachgebend, formbar **2.** zart, mild, sanft **3.** weichlich, schwächlich **4.** (*Arbeit*) leicht, angenehm, bequem **5.** (COM: *Markt*) nachgiebig **6.** sanft, nachgiebig, gutmütig; weichlich **7.** (~ *in the head*) einfältig, dumm **8.** (*Farbe*) matt, sanft **9.** (*Linie*) weich **10.** (*Licht*) matt **11.** (*Ton*) schwach, leise; (*Stimme*) weich **12.** (*Getränk*) alkoholfrei; **be** ~ **on s.o.** in jdn verliebt sein; **get** ~ weich wer-

S

den; verweichlichen; sich erweichen lassen; **pretty ~ for him!** (*Am fam*) er hat es gut!; ~ **cheese** Weichkäse *m;* ~ **currency** weiche Währung; ~ **drug** weiche Droge; ~ **furnishings** Vorhänge, Teppiche; ~ **landing** weiche Landung; ~ **loan** zinsloser Kredit, zinsloses Darlehen; ~ **option** Weg *m* des geringsten Widerstandes; ~ **palate** weicher Gaumen; ~ **porn** Softporno *m;* ~ **sell** Softsell *m;* ~ **toy** Plüschtier *nt;* **have a ~ spot for** eine Schwäche haben für;

soft·ball ['sɒftbɔːl] *s* (*Am*) Hallenbaseball(spiel *nt*), Softball *m;* **soft-boiled** [ˌsɒft'bɔɪld] *adj* (*Ei*) weichgekocht

sof·ten ['sɒfn, *Am* 'sɔːfn] **I.** *vt* **1.** weich machen; (*Wasser*) enthärten **2.** lindern, mildern; (*Licht*) dämpfen **3.** verweichlichen; ~ **the blow** (*fig*) den Schock mildern **II.** *vi* **1.** weich werden **2.** (*Stimme*) sanft werden **3.** nachlassen; **soften up I.** *vi* weich werden; (*Mensch*) nachgiebig werden (*on s.o.* jdm gegenüber) **II.** *vt* **1.** weich machen **2.** (*fig*) milde stimmen; (*durch Drohung*) einschüchtern, gefügig machen; (*Widerstand*) schwächen

sof·tener ['sɒfnə(r)] *s* Wasserenthärtungsmittel *nt;* Weichmacher *m;* Weichspülmittel *nt;* **sof·ten·ing** ['sɒfnɪŋ] *s:* ~ **of the brain** Gehirnerweichung *f;* **soft-headed** [ˌsɒft'hedɪd] *adj* (*fam*) doof; **soft-hearted** [ˌsɒft'hɑːtɪd] *adj* weichherzig, gutmütig; **softie** ['sɒftɪ] *s* weichlicher Typ, Softi *m*

soft·ly ['sɒftlɪ] *adv* **1.** sanft **2.** leise; leicht **3.** nachsichtig

soft·ness ['sɒftnɪs] *s* **1.** Weichheit *f;* Zartheit *f* **2.** Sanftheit *f;* (*Licht*) Gedämpftheit *f* **3.** Nachgiebigkeit *f* **4.** Verweichlichung *f* **5.** Bequemlichkeit *f*

soft-pedal [ˌsɒft'pedl] **I.** *vt* **1.** (MUS) abschwächen, dämpfen **2.** (*fig*) herunterspielen **II.** *vi* zurückstecken; **soft-soap** *vt* (*fam*) **1.** schmeicheln (*s.o.* jdm) **2.** herumkriegen (*s.o.* jdn); **soft-spoken** [ˌsɒft'spəʊkən] *adj* gewinnend, einschmeichelnd; **soft·ware** ['sɒftweə(r)] *s* (INFORM) Software *f;* **software package** *s* (INFORM) Softwarepaket *nt;* **software piracy** *s* (INFORM) Softwarepiraterie *f;* **soft·wood** ['sɒftwʊd] *s* Nadel-, Weichholz *nt;* **softy** ['sɒftɪ] *s* weichlicher Typ, Softi *m*

soggy ['sɒgɪ] *adj* durchweicht, durchnässt; sumpfig

soil[1] [sɔɪl] **I.** *vt* beschmieren, beschmutzen; ~ **one's hand with s.th.** sich die Hände bei einer S schmutzig machen **II.** *vi* fleckig, schmutzig werden

soil[2] [sɔɪl] *s* Boden *m,* Erde *f;* **native** ~ heimatlicher Boden; **on German** ~ auf deutschem (Grund und) Boden; ~ **conservation** Bodenerhaltung *f,* -schutz *m;* ~ **creep** Bodenkriechen *nt;* ~ **erosion** Bodenerosion *f;* ~ **exhaustion** Bodenerschöpfung, -ausschöpfung *f;* ~ **fertility** Bodenfruchtbarkeit *f;* **soilless gardening** *s* Hydrokultur *f*

soil pipe ['sɔɪlpaɪp] *s* Abflussrohr *nt*

soi·rée ['swɑːreɪ] *s* Soirée *f*

sol·ace ['sɒlɪs] **I.** *s* Trost *m* **II.** *vt* trösten

so·lar ['səʊlə(r)] *adj* Sonnen-, Solar-; **solar battery** *s* Solar-, Sonnenbatterie *f;* **solar cell** *s* Solarzelle *f;* **solar eclipse** *s* Sonnenfinsternis *f;* **solar energy** *s* Sonnen-, Solarenergie *f;* **solar farm** *s* Solar-, Sonnenfarm *f;* **solar heat** *s* Sonnen-, Solarwärme *f;* **solar heating** *s* Solarheizung *f;* **so·lar·ium** [səʊ'leərɪəm, *pl* -ɪə] <*pl* -ia> *s* Solarium *nt;* **solar panel** *s* Sonnenkollektor *m;* **solar plexus** [ˌsəʊlə'pleksəs] *s* (ANAT) Sonnengeflecht *nt,* Magengrube *f;* **solar power** *s* Sonnen-, Solarkraft *f;* ~ **station** Sonnen-, Solarkraftwerk *nt;* **solar radiation** *s* Sonnenstrahlung *f;* **solar system** *s* Sonnensystem *nt;* **solar thermal water heating** *s* solare Warmwasserbereitungsanlage; **solar wind** *s* Solarwind *m*

sold [səʊld] *s.* **sell**

sol·der ['sɒldə(r)] **I.** *s* Lötmittel, -zinn *nt* **II.** *vt* löten; **sol·der·ing iron** ['sɒldərɪŋaɪən] *s* Lötkolben *m*

sol·dier ['səʊldʒə(r)] **I.** *s* **1.** Soldat *m* **2.** (*fig*) Kämpfer *m;* ~ **of fortune** Glücksritter *m* **II.** *vi* (als Soldat) dienen; ~ **on** verbissen weitermachen

sold out [ˌsəʊld'aʊt] *adj* ausverkauft

sole[1] [səʊl] **I.** *s* Sohle *f* **II.** *vt* (be)sohlen

sole[2] [səʊl] *s* Seezunge, Scholle *f*

sole[3] [səʊl] *adj* **1.** einzig, alleinig **2.** ledig; **for the ~ purpose of ...** einzig u. allein um zu ...; ~ **agency** Alleinvertretung *f;* ~ **agent** Alleinvertreter(in) *m(f);* ~ **heir** Alleinerbe *m;* ~ **owner** Alleineigentümer(in) *m(f)*

sol·ecism ['sɒlɪsɪzəm] *s* **1.** Sprachschnitzer *m* **2.** Fauxpas *m*

sole·ly ['səʊlɪ] *adv* **1.** allein, nur, bloß **2.** einzig u. allein

sol·emn ['sɒləm] *adj* **1.** feierlich, festlich **2.** formell **3.** (*Ausdruck*) ernst **4.** (*Tatsache*) schwerwiegend; **sol·em·nity** [sə'lemnətɪ] *s* **1.** feierliche Handlung; Feierlichkeit *f* **2. solemnities** (JUR) Formalitäten *fpl;* **sol·em·nize** ['sɒləmnaɪz] *vt* feiern, festlich begehen

so·lenoid ['səʊlənɔɪd] *s* (ELEK) Magnetspule *f;* **solenoid switch** *s* Magnetschalter *m*

sol-fa [ˌsɒl'fɑː] *s* Tonleiter *f*

sol·icit [sə'lɪsɪt] **I.** *vt* **1.** erbitten; (*jdn*) anflehen **2.** (*Stimmen, Kunden*) werben; (*Pros-*

tituierte) ansprechen, anwerben; ~ **s.o. for s.th.** [*o* **s.th. of s.o.**] jdn um etw bitten **II.** *vi* Kunden werben; **sol·ic·it·ing** [-ɪŋ] *s* (JUR) Aufforderung *f* zur Unzucht

sol·ici·tor [sə'lɪsɪtə(r)] *s* **1.** (nicht plädieren-de(r) (Rechts)Anwalt *m*, Anwältin *f*; Rechtsbeistand *m* **2.** (*Am*) Antragsteller(in) *m(f)*, Bewerber(in) *m(f)* **3.** (*Am*) Werber(in) *m(f)*, Agent(in) *m(f)*, Handelsvertreter(in) *m(f)*; **Solicitor General** (*in GB*) Zweiter Kronanwalt; (*in den USA*) stellvertretender Justizminister

sol·ici·tous [sə'lɪsɪtəs] *adj* **1.** (eifrig) besorgt (*about, for, of* um) **2.** (eifrig) bestrebt (*to do* zu tun); **sol·ici·tude** [sə,lɪsɪ'tju:d] *s* Dienstbeflissenheit *f*

solid ['sɒlɪd] **I.** *adj* **1.** (*Körper*) fest **2.** massiv **3.** (*Nebel*) dick, dicht **4.** haltbar, dauerhaft **5.** (*fig*) zuverlässig, verlässlich **6.** (*Grund*) triftig, stichhaltig **7.** ununterbrochen, durchgehend **8.** (*Edelmetall*) rein, gediegen **9.** (*Fels*) gewachsen **10.** einmütig, -hellig **11.** räumlich, körperlich; **be frozen** ~ fest zugefroren sein; **be on** ~ **ground** festen Boden unter den Füßen haben **II.** *s* **1.** fester Stoff; (PHYS) Festkörper *m* **2.** (*Geometrie*) Körper *m* **3.** ~**s** feste Nahrung

soli·dar·ity [,sɒlɪ'dærətɪ] *s* Solidarität *f*

solid fuel ['sɒlɪd'fju:əl] *s* fester Brennstoff; (*Raketen*) Feststoff *m*; **solid geometry** *s* Stereometrie *f*

sol·id·ify [sə'lɪdɪfaɪ] **I.** *vi* fest werden; (*Lava, Planet*) erstarren; (*Blut*) gerinnen; (*fig*) sich festigen **II.** *vt* fest werden lassen; erstarren lassen; gerinnen lassen; festigen

sol·id·ity [sə'lɪdətɪ] *s* **1.** Festigkeit *f*; Massivität *f*; Haltbarkeit *f* **2.** Stabilität *f*; Zuverlässigkeit *f* **3.** (COM) Kreditfähigkeit *f* **4.** (*Grund*) Stichhaltigkeit *f* **5.** Einstimmigkeit *f*

solid·ly ['sɒlɪdlɪ] *adv* **1.** fest **2.** stichhaltig **3.** ununterbrochen **4.** (*wählen*) einstimmig; (*unterstützen*) geschlossen; ~ **built** solide gebaut; (*Mensch*) kräftig gebaut; **solid-state** *adj* (PHYS) Festkörper-; (ELEK) Halbleiter-

sol·il·oquize [sə'lɪləkwaɪz] *vi* monologisieren; Selbstgespräche führen; **sol·il·oquy** [sə'lɪləkwɪ] *s* **1.** Selbstgespräch *nt* **2.** (THEAT) Monolog *m*

soli·taire [,sɒlɪ'teə(r)] *s* **1.** Solitär *m* **2.** (*Spiel*) Solitär *nt*

soli·tary ['sɒlɪtrɪ] **I.** *adj* **1.** allein stehend **2.** einsam **3.** einzeln **4.** einzig; ~ **confinement** Einzel-, Isolationshaft *f*; **not a** ~ **one** kein Einziges **II.** *s* (*fam*) Einzel-, Isolationshaft *f*

soli·tude ['sɒlɪtju:d] *s* Einsamkeit *f*

solo ['səʊləʊ] <*pl* **solos**> **I.** *s* **1.** (MUS) Solo *nt* **2.** (AVIAT) Alleinflug *m* **II.** *adj* Solo- **III.** *adv* allein; **solo·ist** [-ɪst] *s* (MUS) Solist(in) *m(f)*

sol·stice ['sɒlstɪs] *s*: **summer/winter** ~ Sommer-/Wintersonnenwende *f*

sol·uble ['sɒljʊbl] *adj* löslich; (*Problem*) lösbar

so·lus ['səʊləs] *s* (COM) Inselanzeige *f*

sol·ution [sə'lu:ʃn] *s* **1.** (*Rätsel*) (Auf)Lösung *f*; (*Problem, Aufgabe*) Lösung *f*; (*Frage*) Klärung *f* **2.** (CHEM) Lösung *f*

solve [sɒlv] *vt* **1.** (*Rätsel, Aufgabe*) lösen **2.** (*Mord*) aufklären **3.** (*Schwierigkeit*) beseitigen

sol·vency ['sɒlvənsɪ] *s* Zahlungsfähigkeit, Solvenz *f*; **sol·vent** ['sɒlvənt] **I.** *adj* zahlungsfähig, solvent, liquid **II.** *s* (CHEM) Lösungsmittel *nt*; **solvent abuse** *s* Schnüffeln *nt*; Lösungsmittelmissbrauch *m*; **solvent-free** ['sɒlvəntfri:] *adj* lösungsmittelfrei

So·ma·li [,səʊ'ma:lɪ] **I.** *adj* somali(sch) **II.** *s* Somali *m f*, Somalier(in) *m(f)*; **So·ma·lia** [,səʊ'ma:lɪə] *s* Somalia *nt*

som·ber (*Am*), **sombre** ['sɒmbə(r)] *adj* **1.** düster, dunkel **2.** (*fig*) ernst **3.** traurig, melancholisch

some [sʌm] **I.** *adj* **1.** einige; ein paar **2.** (*mit Singular*) etwas **3.** manche(r, s) **4.** (*unbestimmt*) irgendein **5.** (*verstärkend*) ziemlich; (*in Ausrufen, iro*) vielleicht (ein); **would you like** ~ **nuts?** möchten Sie gern (ein paar) Nüsse?; ~ **more tea?** noch etwas Tee?; **do you have** ~ **money?** hast du Geld?; ~ **people say** manche Leute sagen; **to** ~ **extent** in gewisser Weise; ~ **woman phoned up** da hat irgendsoeine Frau angerufen; **in** ~ **way or another** irgendwie; (**at**) ~ **time before lunch** irgendwann vor dem Mittagessen; ~ **other time** ein andermal; ~ **time or other** irgendwann einmal; ~ **day** eines Tages; **quite** ~ **time** ganz schön lange; **that was** ~ **holiday!** das waren vielleicht Ferien!; ~ **teacher you are!** du bist vielleicht ein Lehrer! **II.** *pron* **1.** einige; manche; welche **2.** (*mit Bezug auf Singular*) etwas; manches; welche(r, s); ~ **... others** manche ..., andere; ~ **of them** einige; **try** ~ probieren Sie doch mal; **would you like** ~**?** möchten Sie welche? **III.** *adv* **1.** ungefähr, etwa **2.** (*Am fam*) etwas; viel; ~ **more** noch ein paar; noch etwas; ~ **place** irgendwo; (**at**) ~ **time** (**or other**) (irgendwann) einmal; ~ **twenty of them** etwa zwanzig von ihnen; **for** ~ **time** (für) einige Zeit, eine Zeitlang; ~ **time ago** vor einiger Zeit; **in** ~ **way or other** irgendwie

some·body ['sʌmbədɪ] *pron* (irgend)jemand, irgendwer; ~ **else** jemand anders; ~ **or other** irgendjemand; **be (a)** ~ jemand sein

some·how ['sʌmhaʊ] *adv* irgendwie; ~ **or other** irgendwie

some·one ['sʌmwʌn] *pron* (irgend)jemand

some·place ['sʌmpleɪs] *adv* (*Am*) irgendwo; irgendwohin

som·er·sault ['sʌməsɔ:lt] **I.** *s* Purzelbaum *m;* Salto *m* **II.** *vi* (*turn a* ~) einen Purzelbaum schlagen; einen Salto machen; sich überschlagen

some·thing ['sʌmθɪŋ] **I.** *pron* etwas; ~ **nice** etwas Nettes; ~ **or other** irgendetwas; **he has ~ to do with books** er hat etwas mit Büchern zu tun; **it was quite ~, it was ~ else** (*Am*) das war toll; **it's ~ to be a director at his age** das will schon etwas heißen, in seinem Alter Direktor zu sein; **or** ~ (*fam*) oder so (was); **there is ~ in that** da ist schon etwas dran **II.** *s:* **a little** ~ eine Kleinigkeit; **the certain** ~ das gewisse Etwas **III.** *adv* **1.** etwas; ungefähr **2.** irgendwie; ~ **like that** etwas Ähnliches; ~ **of a surprise** eine ziemliche Überraschung

some·time ['sʌmtaɪm] **I.** *adv* irgendwann; gelegentlich; **at ~ or other** irgendwann (ein)mal **II.** *adj* früher, ehemalig

some·times ['sʌmtaɪmz] *adv* machmal, ab und zu, gelegentlich

some·what ['sʌmwɒt] *adv* etwas, ein wenig; ~ **of a nuisance** ziemlich lästig; **be ~ of a connoisseur** ein ziemlicher Kenner sein; **more than** ~ mehr als das

some·where ['sʌmweə(r)] *adv* irgendwo; irgendwohin; ~ **else** anderswo, irgendwo anders; ~ **or other** irgendwo; **get** ~ zu positiven Ergebnissen gelangen; **or** ~ oder sonstwo; ~ **around forty** so um (die) vierzig

som·me·lier [sɒm'eliə] *s* (*wine waiter*) Sommelier *m*

som·nam·bu·lism [sɒm'næmbjʊlɪzəm] *s* Schlafwandeln *nt;* **som·nam·bu·list** [sɒm'næmbjʊlɪst] *s* Schlafwandler(in) *m(f);* **som·nol·ent** ['sɒmnələnt] *adj* **1.** schläfrig **2.** einschläfernd

son [sʌn] *s* Sohn *m;* ~ **of a bitch** (*Am sl*) gemeiner Kerl; gemeines Ding

so·nar ['səʊnɑ:(r)] *s* Sonar(gerät) *nt*

so·nata [sə'nɑ:tə] *s* (MUS) Sonate *f*

song [sɒŋ] *s* **1.** Gesang *m* **2.** Lied *nt* **3.** (kurzes) Gedicht *nt;* **for a** ~ für einen Spottpreis; spottbillig; **burst into** ~ zu singen beginnen; **make a ~ and dance about s.th.** ein Theater wegen einer S machen; **song·bird** *s* Singvogel *m;* **song·book** *s* Liederbuch *nt;* **song·ster** ['sɒŋstə(r)] *s* **1.** Sänger *m* **2.** Singvogel *m;* **song·stress** ['sɒŋstrɪs] *s* Sängerin *f*

sonic ['sɒnɪk] *adj:* ~ **bang** [*o* **boom**] Knall *m* beim Durchbrechen der Schallmauer; Überschallknall *m;* **sonic barrier** *s* Schallmauer *f;* **sonic speed** *s* Schallgeschwindigkeit *f*

son-in-law ['sʌnɪnlɔ:] <*pl* sons-in-law> *s* Schwiegersohn *m*

son·net ['sɒnɪt] *s* Sonett *nt*

son·ny ['sʌnɪ] *s* (*fam*) Kleine(r) *m*

son·or·ity [sə'nɒrətɪ] *s* Klang *m,* Klangfülle *f;* **son·or·ous** [sə'nɔ:rəs] *adj* **1.** klangvoll **2.** wohltönend **3.** (*Ton*) voll

soon [su:n] *adv* bald; früh, zeitig; rasch; gern; **as ~ as** sobald, sowie; **as ~ as possible** so bald wie möglich; **just as** ~ genauso gern; ~ **after his arrival** kurz nach seiner Ankunft; ~ **afterwards** kurz danach; **how ~ can you be here?** wann kannst du da sein?; **too** ~ zu früh; **I would as ~ not** lieber nicht; **sooner** ['su:nə(r)] *adv* (*Komparativ*) eher, früher, zeitiger; lieber; ~ **or later** früher oder später, schließlich doch einmal; **the ~ the better** je eher, desto besser; **no ~ … than** kaum …, als; **no ~ said than done** gesagt, getan; **I would ~ leave** ich möchte lieber gehen; **soon-to-be** *adj* zukünftig

soot [sʊt] *s* Ruß *m*

soothe [su:ð] *vt* **1.** beruhigen, besänftigen **2.** (*Schmerz*) lindern; **sooth·ing** ['-ɪŋ] *adj* **1.** beruhigend **2.** lindernd

sooty ['sʊtɪ] *adj* **1.** rußig, verrußt **2.** schwarz

sop [sɒp] **I.** *s* **1.** eingetunktes Stück (*Brot*) **2.** (*fig*) Beruhigungspille *f* **II.** *vt* (~ *up*) auftunken; aufwischen; aufsaugen

soph·is·ti·cated [sə'fɪstɪkeɪtɪd] *adj* **1.** weltgewandt, kultiviert **2.** intellektuell **3.** gepflegt; elegant; edel **4.** (*Publikum*) anspruchsvoll **5.** (*Maschine*) kompliziert; hochentwickelt; technisch ausgereift **6.** (*System, Ansatz*) komplex; **soph·is·ti·ca·tion** [sə,fɪstɪ'keɪʃn] *s* **1.** Kultiviertheit; Eleganz *f;* hohes Niveau **2.** hoher Entwicklungsstand **3.** Komplexität, Differenziertheit *f*

sopho·more ['sɒfəmɔ:(r)] *s* (*in den USA*) Student(in) *m(f)* im zweiten Studienjahr

sop·or·ific [,sɒpə'rɪfɪk] *adj* einschläfernd

sop·ping (wet) ['sɒpɪŋ] *adj* (*fam*) klitschnass

soppy ['sɒpɪ] *adj* (*fam*) rührselig, kitschig

so·prano [sə'prɑ:nəʊ] <*pl* -pranos> *s* (MUS) Sopran *m;* Sopranistin *f*

sor·bet ['sɔ:beɪ] *s* Fruchteis *nt,* Sorbet *m od nt*

sor·cerer ['sɔ:sərə(r)] *s* Zauberer, Hexenmeister *m;* **sor·cer·ess** ['sɔ:sərɪs] *s* Zauberin, Hexe *f;* **sor·cery** ['sɔːsərɪ] *s* Zauberei, Hexerei *f*

sor·did ['sɔːdɪd] *adj* **1.** schmutzig **2.** elend, miserabel **3.** gemein, schmutzig

sore [sɔː(r)] **I.** *adj* **1.** schmerzhaft, schmerzend **2.** wund, entzündet **3.** (*fig fam*) beleidigt, verärgert **4.** schmerzlich, betrüblich; **a ~ point** ein wunder Punkt; **have a ~ throat** Halsweh haben; **touch a ~ spot** einen wunden Punkt berühren; **be ~** weh tun; **my knee is ~** mir tut das Knie weh **II.** *s* wunde Stelle; Verletzung *f;* **open old ~s** alte Wunden aufreißen; **sore·ly** ['sɔːlɪ] *adv* äußerst; sehr; **I was ~ tempted** ich kam stark in Versuchung

sor·or·ity [sə'rɒrətɪ] *s* (*in den USA*) Studentinnenverbindung *f,* -klub *m*

sor·rel ['sɒrəl] *s* großer Sauerampfer

sor·row ['sɒrəʊ] **I.** *s* Kummer *m,* Leid *nt,* Jammer, Schmerz *m* (*at* über, *for* um); **to my ~** zu meinem Bedauern; **drown one's ~s** seine Sorgen ertränken **II.** *vi* Kummer haben, sich grämen (*at, for, over* um), klagen, trauern (*at, over, for, after* um, wegen); **sor·row·ful** ['sɒrəʊfl] *adj* bekümmert, betrübt

sorry ['sɒrɪ] *adj* **1.** betrübt, bekümmert **2.** traurig, kläglich; armselig **3.** erbärmlich, jämmerlich, elend; **I am ~ to ...** es tut mir Leid zu ..., dass ...; leider muss ich ...; **I'm really ~** es tut mir wirklich Leid; **I am ~ for you** Sie tun mir Leid; **I am ~ for it** es tut mir Leid; **I am so ~** es tut mir so Leid; entschuldigen Sie vielmals; **~!** Verzeihung! leider nicht! schade!

sort [sɔːt] **I.** *s* **1.** Sorte, Art, Gattung, Klasse *f* **2.** Charakter *m,* Natur *f,* Typ *m* **3.** Güte, Qualität *f* **4.** (AUTO) Marke *f;* **after a ~** bis zu einem gewissen Grade; **of ~s, of a ~** so was wie ...; **of all ~s** aller Art; **out of ~s** (*fam: gesundheitlich*) nicht auf dem Posten; (*fam*) schlechter Laune; **all ~s of things** alles mögliche; **nothing of the ~** nichts Derartiges, nichts dergleichen; **such ~ of thing** etwas Derartiges, so (et)was; **what ~ of ...?** was für ein ...?; **not a bad ~** (gar) nicht so übel; **a decent ~** ein anständiger Kerl **II.** *adv:* **~ of** (*fam*) gewissermaßen, eigentlich, irgendwie; **I am ~ of glad** ich bin eigentlich, im Grunde froh; **I have ~ of a hunch** ich habe so eine Ahnung; **I ~ of knew that ...** ich habe es irgendwie gewusst, dass ...; **she is ~ of interesting** sie ist nicht uninteressant **III.** *vt* sortieren **IV.** *vi* (**~** *ill, well*) (gut, schlecht) passen (*with* zu); **~ through s.th.** etw durchsehen; **sort out** *vt* **1.** (aus)sortieren **2.** (*fig*) in Ordnung bringen; (*Problem*) lösen; (*Situation*) klären; **it'll ~ itself out** das wird sich schon geben; **~ o.s. out** zur Ruhe kommen; **~ s.o. out** (*fam*) jdm etwas erzählen; **sort code** *s* Bankleitzahl *f;* **sorter** ['sɔːtə(r)] *s* Sortierer(in) *m(f),* Sortiermaschine *f*

sor·tie ['sɔːtiː] *s* **1.** Ausflug *m* (*into town* in die Stadt) **2.** (MIL) Ausfall *m;* (AVIAT) Feindflug, Einsatz *m*

sorting office *s* Sortierstelle *f*

SOS [ˌesəʊ'es] *s* SOS *nt*

so-so [ˌsəʊ'səʊ] *adv* so lala; so einigermaßen

sot [sɒt] *s* Trunkenbold *m;* **sot·tish** ['sɒtɪʃ] *adj* dem Trunk ergeben; benebelt

sou·bri·quet ['suːbrɪkeɪ] *s* Spitzname *m*

sought [sɔːt] **I.** *pt, pp of* **seek II.** *adj* (*~-after, ~-for*) gesucht, gefragt, begehrt

soul [səʊl] *s* **1.** Seele *f* **2.** Herz; (*fig*) Gemüt *nt* **3.** (das) Innerste, Wesen *nt* **4.** (MUS) Soul *m* **5. ~s** (*mit Zahlwort*) Seelen *fpl,* Menschen *mpl;* **not a ~** nicht eine lebende Seele; **with all my ~** von ganzem Herzen; **be the life and ~ of s.th.** von etw die Triebfeder sein; **keep body and ~ together** Leib u. Seele zusammenhalten; **she's in it heart and ~** sie ist mit Leib u. Seele dabei; **All Souls' Day** Allerseelen *nt;* **poor ~** armer Teufel; **poor little ~** armes Ding; **she's a nice ~** sie ist ein netter Mensch; **soul brother, soul sister** *s* Bruder *m,* Schwester *f;* **soul-de·stroy·ing** ['səʊldɪˌstrɔɪɪŋ] *adj* geisttötend; nervtötend; **soul·ful** ['səʊlfl] *adj* seelenvoll; **soul·less** ['səʊllɪs] *adj* seelenlos; **soul mate** *s* Seelenverwandte(r) *f m;* **soul music** *s* Soul *m;* **soul-scar·ring** ['səʊlˌskɑːrɪŋ] *adj* das Innerste verletzend; **soul-searching** *s* Gewissensprüfung *f;* **soul-stir·ring** ['səʊlstɜːrɪŋ] *adj* herzergreifend

sound[1] [saʊnd] *adj* **1.** gesund **2.** einwandfrei, fehlerfrei, -los **3.** unbeschädigt, unversehrt, in gutem Zustand, solide **4.** lebensfähig, kräftig, stark, widerstandsfähig **5.** (*Anspruch*) begründet; (*Grund*) stichhaltig, triftig **6.** zuverlässig, vernünftig, verständig **7.** (*Rat*) gut **8.** (*Schlaf*) tief, fest, gesund; **sleep ~ly** tief schlafen; **~ asleep** fest eingeschlafen; **~ energy management** rationeller Energieeinsatz

sound[2] [saʊnd] **I.** *s* Geräusch *nt;* (LING) Laut *m;* (PHYS) Schall *m;* (MUS) Klang *m;* (*fam*) Sound *m;* (TECH RADIO TV) Ton *m;* **not to make a ~** still sein; **within ~ of** in Hörweite *+gen;* **not a ~ was heard** es war kein Ton zu hören; **~s of laughter** Gelächter *nt;* **I don't like the ~ of it** das hört sich gar nicht gut an; **that has a familiar ~** das klingt vertraut **II.** *vi* **1.** ertönen, erschallen, erklingen **2.** sich anhören, klingen; **that ~s fishy to me** das klingt nicht ganz geheuer;

S

she ~s angry sie hört sich verärgert an; **he ~s like a nice person** er scheint ein netter Mensch zu sein **III.** *vt* **1.** ertönen, erklingen lassen; (*Ton*) spielen; (*Buchstaben*) aussprechen **2.** (MED) abhorchen, abklopfen; ~ **the alarm** Alarm schlagen; ~ **the horn** hupen; ~ **the retreat** zum Rückzug blasen; ~ **a note of warning** warnen; **sound off** *vi* (*fam*) viel reden, sich wichtig machen

sound[3] [saʊnd] *vt* (MAR) (aus)loten, sondieren; (METE) messen; **~ing line** Lot *nt;* **~ing balloon** Versuchsballon *m;* **sound out** *vt* (*jdn*) ausfragen; (*Absichten*) herausfinden

sound[4] [saʊnd] *s* Meerenge *f,* Meeresarm *m*

sound ar·chives ['saʊnd, ɑː(r)kaɪvz] *s pl* Tonarchiv *nt;* **sound bar·rier** ['saʊndbærɪə(r)] *s* **1.** Schallmauer *f* **2.** Lärmschutzwall *m;* Lärmschutzwand *f;* **sound·board** *s* Resonanzboden *m;* **use s.o. as a** ~ an jdm die Reaktion testen; **sound·box** *s* Schallkörper *m;* **sound effects** *s pl* Toneffekte *mpl;* **sound engineer** *s* Tontechniker(in) *m(f);* **sound film** *s* Tonfilm *m*

sound·ing ['saʊndɪŋ] *s* (MAR) Loten *nt,* Peilung *f;* **take ~s on s.th.** über etw Untersuchungen durchführen

sound·ing board ['saʊndɪŋˌbɔːd] *s* Resonanzboden *m;* **use s.o. as a** ~ an jdm die Reaktion testen

sound·less ['saʊndlɪs] *adj* geräusch-, lautlos, still

sound·ness ['saʊndnɪs] *s* **1.** guter Zustand **2.** Solidität *f;* (*von Argument*) Stichhaltigkeit *f;* (*von Kenntnissen*) Gründlichkeit *f;* (*von Idee, Politik*) Vernünftigkeit *f* **3.** (COM FIN) Stabilität *f* **4.** (JUR) Rechtmäßigkeit *f* **5.** (*von Schlaf*) Tiefe *f*

sound·proof ['saʊndpruːf] **I.** *adj* schalldicht **II.** *vt* schalldicht machen, schalldämmen; **sound recording** *s* Tonaufnahme *f;* **sound reproduction** *s* Tonwiedergabe *f;* **sound shift** *s* (LING) Lautverschiebung *f;* **sound·stage** ['saʊndsteɪdʒ] *s* Fernsehbühne *f;* **sound system** *s* (*einer Sprache*) Lautsystem *nt;* **soundtrack** ['saʊndtræk] *s* **1.** Tonspur *f* **2.** Soundtrack *m,* Musik *f* zu einem Film; **sound velocity** *s* Schallgeschwindigkeit *f;* **sound wave** *s* Schallwelle *f*

soup [suːp] *s* Suppe *f;* **be in the** ~ in der Tinte sitzen; **soup up** *vt* frisieren, hochzüchten

soup·çon ['suːpsɒn, *Am* suːp'sɒn] *s* Spur *f;* Andeutung *f* (*of* von)

soup kit·chen ['suːpˌkɪtʃɪn] *s* **1.** Volksküche *f;* Feldküche *f* **2.** *Essensausgabe für Obdachlose;* **soup plate** *s* Suppenteller *m;* **soup spoon** *s* Suppenlöffel *m;* **soup tureen** *s* Suppenschüssel *f*

sour ['saʊə(r)] **I.** *adj* **1.** sauer; säuerlich **2.** (*Milch*) sauer **3.** (*fig*) verärgert; missmutig; **turn** ~ sauer werden; **turn** ~ **on s.o.** jdm nicht mehr gefallen; (*Plan*) schief gehen; **it's** ~ **grapes!** die Trauben sind sauer **II.** *vt* **1.** sauer werden lassen **2.** (*fig*) verärgern, verstimmen **3.** (*Beziehung*) trüben **III.** *vi* **1.** sauer werden **2.** (*fig*) ärgerlich, missmutig werden

source [sɔːs] *s* **1.** (*a. fig*) Quelle *f* **2.** (ELEK) Strom-, Energiequelle *f* **3.** (*fig*) Ursprung *m,* Wurzel *f;* **from official ~s** aus amtlichen Quellen; **have its** ~ seinen Ursprung haben (*in* in); **take its** ~ entspringen (*from* aus); **taxation at** ~ direkte Besteuerung; ~ **code** Ausgangscode *m;* ~ **document** Originaldokument *nt;* ~ **file** (INFORM) Ursprungsdatei *f;* ~ **of energy** Energiequelle *f;* ~ **of errors** Fehlerquelle *f;* ~ **of income** Einkommensquelle *f;* ~ **of light** Lichtquelle *f;* **~s of manpower** Arbeitskräftereserven *fpl;* ~ **of supply** Bezugsquelle *f;* **sourc·ing** ['sɔːsɪŋ] *s* (COM) Erwerb *m*

sour·puss ['saʊəpʊs] *s* (*fam*) Trauerkloß *m*

sou·sa·phone ['suːzəfəʊn] *s* (MUS) Sousaphon *nt*

souse [saʊs] *vt* **1.** (ein)pökeln; in Salzlake legen **2.** ein-, untertauchen; ins Wasser werfen **3.** (völlig) durchnässen; **get ~d** (*sl*) sich besaufen

south [saʊθ] **I.** *s* **1.** Süd(en) *m* **2.** südliche Richtung **II.** *adj* südlich, Süd- **III.** *adv* im Süden; in südlicher Richtung; nach Süden; ~ **of** südlich von; **the South of France** Südfrankreich; **South Africa** *s* Südafrika *nt;* **South African I.** *adj* südafrikanisch **II.** *s* Südafrikaner(in) *m(f);* **South America** *s* Südamerika *nt;* **South American I.** *adj* südamerikanisch **II.** *s* Südamerikaner(in) *m(f);* **south·bound** ['saʊθbaʊnd] *adj* nach Süden fahrend; **south·east** [ˌsaʊθ'iːst] **I.** *adj* südöstlich **II.** *s* Südosten *m;* **south·easter** [ˌsaʊθ'iːstə(r)] *s* (starker) Südostwind *m;* **south·easter·ly** [ˌsaʊθ'iːstəlɪ] **I.** *adj, adv* südöstlich; aus Südost **II.** *s* (starker) Südostwind *m;* **south·eastern** [ˌsaʊθ'iːstən] *adj* südöstlich; aus Südost; **south-east·wards** [ˌsaʊθ'iːstwədz] *adv* nach Südosten; südostwärts; **south·er·ly** ['sʌðəlɪ] **I.** *adj* südlich; nach Süden **II.** *adv* nach Süden **III.** *s* Südwind *m;* **south·ern** ['sʌðən] *adj* südlich; aus Süden; Süd-; südländisch; ~ **hemisphere** Südhalbkugel *f;* **Southern Cross** *s* Kreuz *nt* des Südens; **south·erner** ['sʌðənə(r)] *s* Bewohner(in) *m(f)* des Südens; Südländer(in) *m(f),* Südengländer(in) *m(f),* Südstaatler(in) *m(f),* Süddeutsche(r) *f m;* **southern lights** *s pl* Südlicht *nt;* **South Ko·rea** *s* Südkorea *nt;* **South Ko·re·an** **I.** *adj* südkoreanisch **II.** *s* Südkoreaner(in) *m(f);* **south·paw** ['saʊθpɔː] *s* (SPORT) Linkshänder *m;* **South Pole** *s* Südpol *m;* **south·ward(s)** ['saʊθwəd(z)] **I.** *adj* südlich **II.** *adv* nach Süden, südwärts; **south·west** [ˌsaʊθ'west] **I.** *s* Südwesten *m* **II.** *adj* südwestlich **III.** *adv* nach Südwest; südwestwärts; ~ **of** südwestlich von; **south·wester** [ˌsaʊθ'westə(r)] *s* (starker) Südwestwind *m;* **south·wester·ly** [ˌsaʊθ'westəlɪ] **I.** *adj* südwestlich; aus Südwest **II.** *s* (starker) Südwestwind *m;* **south·western** [ˌsaʊθ'westən] *adj* südwestlich; aus Südwest; **south·west·ward(s)** [ˌsaʊθ'westwəd(z)] *adv* nach Südwesten

sou·venir [ˌsuːvə'nɪə(r)] *s* (Reise)Andenken, Souvenir *nt* (*of* an)

sou'wester [ˌsaʊ'westə(r)] *s* Südwester *m*

sov·er·eign ['sɒvrɪn] **I.** *adj* **1.** höchste(r, s), oberste(r, s); (*Verachtung*) tiefste(r, s) **2.** unumschränkt; souverän; ~ **cure** Allheilmittel *nt* **II.** *s* **1.** Monarch(in) *m(f),* Herrscher(in) *m(f)* **2.** (HIST: *Großbritannien*) Zwanzigshillingstück *nt;* (*Goldmünze*) Sovereign *m;* **sovereign rights** *s pl* Hoheitsrechte *ntpl;* **sovereign territory** *s* Hoheitsgebiet *nt;* **sov·er·eignty** ['sɒvrəntɪ] *s* Staatshoheit, Herrschaft *f;* Souveränität *f*

so·viet ['səʊvɪət] **I.** *s* (HIST) Sowjet *m* **II.** *adj* sowjetisch; **Soviet citizen** Sowjetbürger(in) *m(f);* **Soviet Union** *s* (HIST) Sowjetunion *f*

sow[1] [səʊ] <*irr:* **sowed, sowed (sown)**> *vt* **1.** (*Saat*) (aus)säen **2.** (MIL: *Minen*) legen **3.** (*fig: Nachricht*) verbreiten; ~ **one's wild oats** (*fig*) sich die Hörner abstoßen; sich ausleben; ~ **discontent/hatred** Unzufriedenheit/Hass säen

sow[2] [saʊ] *s* **1.** Sau *f;* Dächsin *f* **2.** (TECH) Massel *f;* Masselgraben *m*

sow·ing ma·chine ['səʊɪŋmə'ʃiːn] *s* Sämaschine *f;* **sown** [səʊn] *s.* **sow**[1]

sox [sɔks] *s pl* (*Am: fam*) Socken *pl*

soy [sɔɪ] (*Am*), **soya** ['sɔɪə] *s* Soja *f;* **soya bean** *s* Sojabohne *f;* **soya flour** *s* Sojamehl *nt;* **soya sauce** *s* Sojasoße *f;* **soy·bean** ['sɔɪbiːn] *s* (*Am*) Sojabohne *f*

soz·zled ['sɒzld] *adj* (*Br fam*) beschwipst

spa [spɑː] *s* **1.** Mineral-, Heilquelle *f* **2.** (Heil)Bad *nt;* Kurort *m;* **spa bath** *s* Heil-, Kurbad *nt*

space [speɪs] **I.** *s* **1.** Raum, Platz *m* **2.** (*a.* MUS) Zwischenraum, Abstand *m* **3.** Zeit(raum *m*), Frist *f* **4.** (*outer* ~) der Weltraum; **take up** ~ Platz einnehmen; **stare into** ~ Löcher in die Luft starren; **a short** ~ ein Weilchen, eine kurze Zeit; **for a** ~ eine Zeit lang; **wide open ~s** weites, offenes Land; **within the ~ of three hours** innerhalb drei Stunden; **advertising** ~ Reklamefläche *f;* **air** ~ Luftraum *m;* **blank** ~ freie Stelle; **office** ~ Bürofläche *f;* **parking** ~ Platz *m* zum Parken **II.** *vt* **1.** mit Abstand, in Abständen, in Zwischenräumen anordnen **2.** (*räumlich*) verteilen **3.** (*sl*) high machen; ~ **out** (TYP) sperren; ~ **out evenly** gleichmäßig verteilen; **~d out** (*sl*) high; **space age** *s* Weltraumzeitalter *nt;* **space agency** *s* Weltraumbehörde *f;* **space-bar** *s* (*Schreibmaschine*) Leertaste *f;* **space-based** ['speɪsbeɪst] *adj* weltraumgestützt; **space blanket** *s* Rettungsdecke, Alu-Isoliermatte *f;* **space capsule** *s* Raumkapsel *f;* **space centre** *s* Raumfahrtzentrum *nt;* **space·craft** ['speɪsˌkrɑːft] *s* Raumfahrzeug *nt;* Raumkörper *m;* **space defence** *s* Weltraumabwehr *f;* **space fiction** *s* Zukunftsromane *pl* über den Weltraum; **space-flight** *s* Raumfahrt *f;* **space heater** *s* Raumheizkörper *m;* **space lab(oratory)** *s* Weltraumlabor *nt;* **space·man** ['speɪsmən] <*pl* **-men**> *s* Raumfahrer *m;* **space medicine** *s* Raumfahrtmedizin *f;* **space probe** *s* Raumsonde *f;* **spacer** ['speɪsə(r)] *s* **1.** Leertaste *f* **2.** (TECH) Abstandsstück *nt;* **space research** *s* Raumforschung *f;* **space-saving** *adj* Platz sparend; **space·ship** ['speɪsʃɪp] *s* Raumschiff *nt;* **space shuttle** *s* Raumfähre *f,* Raumtransporter *m;* **space station** *s* Raumstation *f;* **space suit** *s* Raumanzug *m;* **space travel** *s* Raumfahrt *f;* **space traveller** *s* Raumfahrer(in) *m(f);* **space walk** *s* Spaziergang *m* im All; **space weapon** *s* Weltraumwaffe *f;* **space·woman** ['speɪsˌwʊmən] *s* Raumfahrerin *f;* **spacey** ['speɪsɪ] *adj* (*Am: sl*) weggetreten, wie in Trance; **spac·ing** ['speɪsɪŋ] *s* Zwischenraum, Abstand *m;* Intervall *nt;* **single-/double-~** (TYP) einzeiliger/zweizeiliger Abstand; **spa·cious** ['speɪʃəs] *adj* **1.** geräumig **2.** ausgedehnt, weit(läufig); **spa·cious·ness** [-nəs] *s* **1.** Geräumigkeit *f* **2.** Weitläufigkeit *f*

spade [speɪd] *s* **1.** Spaten *m* **2. ~s** (*Kartenspiel*) Pik *nt* **3.** (*pej sl*) Schwarze(r) *f m;* **call a ~ a ~** (*fig*) das Kind beim Namen nennen; **Queen of Spades** Pikdame *f;* **spade·work** *s* Vorarbeit(en *pl*) *f*

spa·ghetti [spə'getɪ] *s* Spaghetti *pl;* **spaghetti western** *s* (*fam*) Italowestern *m*

Spain [speɪn] *s* Spanien *nt*

spam [spæm] *vt:* ~ **s.o.** jdn mit E-Mails

S

überhäufen, jdn spammen

Spam® [spæm] *s* Frühstücksfleisch *nt*

span [spæn] **I.** *s* **1.** Spanne *f;* Abstand *m* **2.** (*~-length*) Spannweite *f;* (ARCH) lichte Weite **3.** (*~ of time*) Zeitspanne *f;* **~ of life** Lebensspanne *f* **II.** *vt* **1.** (über)spannen (*with* mit), überbrücken **2.** (*fig*) umfassen

spangle ['spæŋgl] **I.** *s* Flitter *m,* Paillette *f* **II.** *vt* **1.** mit Pailletten besetzen **2.** (*fig*) übersäen, schmücken (*with* mit); **span·gled** ['spæŋgld] *adj:* **the star-~ banner** das Sternenbanner (*die Flagge der USA*)

Span·iard ['spænɪəd] *s* Spanier(in) *m(f)*

span·iel ['spænɪəl] *s* (*Hunderasse*) Spaniel *m*

Span·ish ['spænɪʃ] **I.** *adj* spanisch; **~ America** spanischsprachiges Lateinamerika; **s~ chestnut** Edelkastanie *f* **II.** *s* (das) Spanisch(e); **the ~** die Spanier *mpl*

spank [spæŋk] **I.** *vt* (das Hinterteil) versohlen (*s.o.* jdm), verprügeln **II.** *vi* (*~ along*) dahinflitzen **III.** *s* Klaps *m;* **give s.o. a ~ on the bottom** jdm das Hinterteil versohlen; **spank·ing** ['-ɪŋ] **I.** *adj* schnell; **at a ~ pace** mit großer Geschwindigkeit **II.** *s:* **give s.o. a good ~** jdm das Hinterteil tüchtig versohlen

span·ner ['spænə(r)] *s* Schraubenschlüssel *m;* **a ~ in the works** Sand im Getriebe; **put a ~ in the works** jdm Knüppel zwischen die Beine werfen

spar[1] [spɑː(r)] *s* (MAR) Spiere *f,* Rundholz *nt*

spar[2] [spɑː(r)] *s* (MIN) Spat *m*

spar[3] [spɑː(r)] *vi* (*Boxen*) ein Sparring machen; (*fig*) sich zanken

spare [speə(r)] **I.** *adj* **1.** übrig, überzählig **2.** (*Teil, Reifen*) Ersatz- **3.** (*Bett, Zimmer*) Gäste- **4.** mager; dürftig **5.** (*fam*) wahnsinnig, verrückt; **do you have a ~ pen?** hast du einen Schreiber für mich?; **if you have a ~ minute** wenn du mal eine Minute Zeit hast; **there are two ~ seats** es sind zwei Plätze frei; **drive s.o. ~** jdn wahnsinnig machen; **go ~** wahnsinnig werden; **~ battery** Reservebatterie *f;* **~ capacity** freie Kapazität; **~ parts** Ersatzteile *ntpl;* **~ parts catalogue** Ersatzteilkatalog *m;* **~ -part surgery** Ersatzteilchirurgie *f;* **~ rib** Rippchen *nt;* **~ room** Gästezimmer *nt;* **~ time** Freizeit *f;* **~ tyre** Ersatzreifen *m;* (*hum*) Rettungsring *m;* **~ wheel** Ersatzrad *nt* **II.** *s* Ersatzteil *nt;* Ersatzreifen *m* **III.** *vt* **1.** übrig haben **2.** verzichten auf **3.** sparsam umgehen mit; (*Mühe, Geld*) scheuen **4.** verschonen; (*Gefühle*) schonen; **~ o.s. s.th.** sich etw ersparen; **~ s.o. s.th** jdm etw übrig lassen; **have s.th. to ~** etw übrig haben; **enough and to ~** mehr als genug; **I can't ~ her/that** ich kann auf sie/das nicht verzichten; ich brauche sie/das unbedingt; **they ~d no expense** sie haben keine Kosten gescheut; **spar·ing** ['-ɪŋ] *adj* sparsam, haushälterisch (*of* mit); **be ~ of s.th.** mit etw sparen, mit etw geizen

spark [spɑːk] **I.** *s* **1.** (*a.* ELEK) Funke(n) *m* **2.** (*fig*) Fünkchen *nt,* Spur *f;* **a ~ of interest/life** ein Fünkchen *nt* Interesse/Leben; **the ~s fly** die Funken fliegen; **a bright ~** (*fam*) ein Intelligenzbolzen **II.** *vi* **1.** Funken sprühen **2.** (AUTO) zünden **III.** *vt* **1.** entzünden; (*Explosion*) auslösen, verursachen **2.** (*fig*) auslösen; (*Begeisterung*) wecken; **spark(ing) plug** ['spɑːkɪŋplʌg] *s* Zündkerze *f*

sparkle ['spɑːkl] **I.** *vi* **1.** funkeln, glitzern (*with* vor) **2.** (*Flüssigkeit*) sprudeln, perlen, schäumen **II.** *s* Funkeln, Glitzern *nt;* **spark·ler** ['spɑːklə(r)] *s* **1.** Wunderkerze *f* **2.** (*sl*) Diamant *m;* **spar·kling** ['spɑːklɪŋ] *adj* **1.** funkelnd, glitzernd **2.** sprudelnd; (*Wein*) perlend **3.** (*Geist*) sprühend

spark plug ['spɑːkplʌg] *s* Zündkerze *f*

spar·ring ['spɑːrɪŋ] *s* (Trainings)Boxen, Sparring *nt;* **sparring match** *s* (Freundschafts-, Trainings)Boxkampf *m;* **sparring partner** *s* Trainingspartner *m* (*beim Boxen*); (*fig*) Kontrahent(in) *m(f)*

spar·row ['spærəʊ] *s* Spatz, Sperling *m;* **spar·row·hawk** ['spærəʊhɔːk] *s* (*kleiner Greifvogel*) Sperber *m*

sparse [spɑːs] *adj* **1.** dünn **2.** (weit) verstreut **3.** spärlich

Spar·tan ['spɑːtn] **I.** *s* Spartaner(in) *m(f)* **II.** *adj* (*fig: s~*) spartanisch

spasm ['spæzəm] *s* (MED) Krampf *m;* Anfall *m;* **cardiac ~** Herzkrampf *m;* **spas·modic** [spæz'mɒdɪk] *adj* **1.** krampfartig **2.** (*fig*) sporadisch

spas·tic ['spæstɪk] **I.** *adj* **1.** (MED) spastisch **2.** (*sl*) schlecht **II.** *s* Spastiker(in) *m(f)*

spat[1] [spæt] *s.* **spit**[2]

spat[2] [spæt] **I.** *vi* zanken, streiten **II.** *s* Wortwechsel *m*

spat[3] [spæt] *s* Gamasche *f*

spat[4] [spæt] *s* Muschellaich *m*

spate [speɪt] *s:* **a river in (full) ~** ein Hochwasser führender Fluss; **a ~ of** eine Menge, ein Andrang *m +gen*

spa·tial ['speɪʃl] *adj* räumlich; **~ distribution** Raumverteilung *f*

spat·ter ['spætə(r)] **I.** *vt* (be)spritzen (*with* mit) **II.** *vi* **1.** spritzen **2.** (*Regen*) (nieder)prasseln **III.** *s* Spritzer *m;* **a ~ of rain** ein paar Tropfen Regen

spat·ula ['spætjʊlə] *s* Spa(ch)tel *m*

spavin ['spævɪn] *s* (VET) Spat *m* (*bei Pferden*)

spawn [spɔːn] **I.** *vi* laichen **II.** *vt* (*fig*) produzieren **III.** *s* Laich, Rogen *m*

spay [speɪ] *vt* (*weibliches Tier*) verschneiden, sterilisieren

speak [spiːk] <*irr:* **spoke, spoken**> **I.** *vi* **1.** sprechen (*of* von, *on, about* über, *to* mit, zu, *for* für) **2.** reden (*of* von, über), sich äußern (*of* über) **3.** eine Rede, einen Vortrag halten (*to s.o.* vor jdm) **4.** zeugen (*of* von) **5.** (MUS) ertönen; **~ing!** (TELE) am Apparat!; **~ down to s.o.** mit jdm herablassend sprechen; **not to ~ of** ganz zu schweigen von; **nothing to ~ of** nicht der Rede wert; **so to ~** sozusagen, gewissermaßen; **~ to the point** zur Sache sprechen; **~ well for s.o.** zu jds Gunsten sprechen; **~ well of s.o.** Gutes von jdm sagen **II.** *vt* **1.** (aus)sprechen, sagen, äußern, ausdrücken **2.** (*Sprache*) sprechen; **~ one's mind** seine Meinung sagen; **~ volumes** (*fig*) Bände sprechen (*for* für); **speak against** *vt* sprechen gegen; sich aussprechen gegen; kritisieren; **speak for** *vt* (*Vorschlag*) unterstützen; **~ for s.o.** in jds Namen sprechen; sich für jdn einsetzen; **~ for o.s.** für sich selbst sprechen; **~ing for myself** was mich betrifft; **~ for yourself!** du vielleicht!; **that ~s well for him** das spricht für ihn; **I can ~ for his loyalty** ich kann mich für seine Loyalität verbürgen; **that ~s for itself** das sagt alles; **be spoken for** vergeben sein; **speak out** *vi* **1.** laut reden **2.** (*fig*) seine Meinung sagen; **~ out in favour of** sich einsetzen für; **~ out against** sich äußern gegen; **speak up** *vi* **1.** laut(er) reden **2.** (*fig*) seine Meinung sagen; **~ up for s.o./s.th.** für jdn/etw eintreten

speaker ['spiːkə(r)] *s* **1.** Sprecher(in) *m(f)*, Vorsitzende(r) *f m*, Redner(in) *m(f)* **2.** (*loud~*) Lautsprecher(box *f*) *m*; **Speaker** (*in GB*) Parlamentspräsident *m*; **Mr Speaker** Herr Vorsitzender; **speak·ing** ['spiːkɪŋ] **I.** *adj* **1.** sprechend **2.** sprechend ähnlich **3.** (*suffix*) -sprachig; **generally ~** im Allgemeinen; im Großen u. Ganzen; **strictly ~** genau genommen; **not to be on ~ terms with s.o.** mit jdm nicht (mehr) sprechen; jdn nicht näher kennen; **~ clock** (*Br*) telefonische Zeitansage *f*; **~ part** Sprechrolle *f*; **~ tube** Sprachrohr *nt* **II.** *s* Sprechen *nt*; Reden *fpl*; **~ voice** Sprechstimme *f*

spear [spɪə(r)] **I.** *s* **1.** Speer, Spieß *m*, Lanze *f* **2.** (BOT) Halm, Schaft *m*; (*von Spargel*) Stange *f*; (*von Brokkoli*) Spross *m* **II.** *vt* durchbohren; aufspießen; mit Speeren fangen; **spear·head I.** *s* **1.** Speer-, Lanzenspitze *f* **2.** (MIL) Angriffsspitze *f* **3.** (*fig*) führender Kopf **II.** *vt* an der Spitze stehen von; **spear·mint** ['spɪəmɪnt] *s* Grüne Minze

spec [spek] *s* **1. on ~** auf Verdacht **2.** (*fam*) Patentbeschreibung *f* **3.** (ARCH) Baubeschreibung *f* **4. ~s** (TECH) technische Daten *pl*

spe·cial ['speʃl] **I.** *adj* **1.** besondere(r, s) **2.** un-, außergewöhnlich, außerordentlich **3.** speziell; **for ~ duty** zur besonderen Verwendung; **~ agent** Agent(in) *m(f)*; **Special Air Service, SAS** *britisches Sonderkommando*; **Special Branch** (*in GB*) Sicherheitspolizei *f*; **~ bonus** Sonderzulage, -dividende *f*; **~ case** Sonder-, Spezialfall *m*; **~ committee** Sonderausschuss *m*; **~ constable** (*in GB*) Hilfspolizist(in) *m(f)*; **~ correspondent** (*Presse*) Sonderberichterstatter(in) *m(f)*; **~ delivery** Eilzustellung *f*; **~ desire** Sonderwunsch *m*; **~ discount** Sonderrabatt *m*; **~ drawing rights, SDR** (FIN) Sonderziehungsrechte *ntpl*, SZR *f*; **~ edition** Sonderausgabe *f*; **~ effects** (*Film*) Tricks *pl*; **~ issue stamp** Sondermarke *f*; **~ leave** Sonderurlaub *m*; **~ meeting** außerordentliche Versammlung; **~ mission** Sonderauftrag *m*; **~ needs** spezielle Bedürfnisse *pl*; **~ offer** (COM) Sonderangebot *nt*; **~ pleading** (JUR) Beibringung *f* neuen Beweismaterials; **~ power** Sondervollmacht *f*; **~ price** Sonder-, Vorzugspreis *m*; **~ rates** Sonderkonditionen *fpl*; **~ regulation** Sonderbestimmung *f*; **~ right** Sonder-, Vorrecht *nt*; **~ subject** (SCHULE) Leistungsfach *nt*; (*Universität*) Schwerpunktfach *nt*, Spezialisierung *f*; **~ (train)** Sonderzug *m*; **~ waste** Sondermüll *m* **II.** *s* **1.** Sonderdruck *m*, -ausgabe, -nummer *f* **2.** Extrablatt *nt* **3.** Sonderzug *m* **4.** (*television ~*) Extrasendung *f* **5.** (*Am*) Sonderangebot *nt* **6.** (*Restaurant*) Tagesspezialität *f* **7.** Hilfspolizist(in) *m (f)*; **~ of the day** Tagesgericht *nt*

spe·cial·ism ['speʃəlɪzm] *s* Spezialisierung *f*; Spezialgebiet *nt*; **spe·cial·ist** ['speʃəlɪst] **I.** *adj* Fach-; **~ supplier** (COM) Fachhändler *m*; **~ term** Fachwort *nt*; **~ text** Fachtext *m* **II.** *s* **1.** Spezialist(in) *m(f)*, Fachmann *m*, -frau *f* **2.** Facharzt *m*, -ärztin *f*; **heart ~** Facharzt *m* für Herzkrankheiten; **spe·ci·al·ity** [ˌspeʃɪ'ælətɪ] *s*, **spe·ci·al·ty** ['speʃəltɪ] (*Am*) Spezialität *f*; **spe·cial·iz·ation** [ˌspeʃəlaɪ'zeɪʃn] *s* Spezialisierung *f*; **spe·cial·ize** ['speʃəlaɪz] **I.** *vt* spezialisieren; besonders einrichten (*for* für) **II.** *vi* sich spezialisieren (*in* in, auf); **spe·cial·ly** ['speʃəlɪ] *adv* besonders; insbesondere

spe·cies ['spiːʃiːz] <*pl* -> *s* (BES. ZOO BOT) Spezies, Art *f*

spe·ci·fic [spə'sɪfɪk] **I.** *adj* **1.** genau festgelegt, begrenzt, bestimmt **2.** genau **3.** besondere(r, s), charakteristisch, typisch **4.** spezifisch; **in each ~ case** in jedem Einzelfall; **be ~** genau sein; **~ gravity** (PHYS) spezifisches Gewicht **II.** *s* **1.** (MED) Spezifikum *nt* **2. ~s** Einzelheiten *fpl;* **spe·cifi·cal·ly** [spəˈsɪfɪklɪ] *adv* **1.** besonders **2.** genau, klar **3.** insbesondere, nämlich

spec·ifi·ca·tion [ˌspesɪfɪˈkeɪʃn] *s* **1.** Spezifizierung, genaue Angabe *f* **2.** Bedingung *f;* Bestimmung *f* **3.** Patentbeschreibung *f* **4.** (ARCH) Baubeschreibung *f* **5. ~s** (TECH) technische Daten *pl;* **spec·ify** [ˈspesɪfaɪ] *vt* **1.** einzeln, genau angeben **2.** an-, aufführen, spezifizieren **3.** vorschreiben; **for a specified purpose** für einen bestimmten Zweck

speci·men [ˈspesɪmɪn] *s* **1.** Exemplar *nt;* Muster *nt* **2.** (*Blut, Harn*) Probe *f* **3.** (*fam*) Typ, Kerl, Bursche *m;* **a beautiful ~** ein Prachtexemplar; **a ~ of one's work** eine Probe seiner Arbeit; **~ copy** Belegexemplar *nt;* **~ page** Probeseite *f;* **~ signature** Unterschriftsprobe *f*

spe·cious [ˈspiːʃəs] *adj* scheinbar; trügerisch, bestechend

speck [spek] *s* Fleck(chen *nt*) *m;* **a ~ (of)** ein bisschen (...), ein (klein) wenig (...)

speckle [ˈspekl] *s* (Farb)Fleck *m,* Tüpfel *m od nt;* **speckled** [ˈspekld] *adj* getüpfelt, gesprenkelt

specs [speks] *s pl* (*fam*) Brille *f*

spec·tacle [ˈspektəkl] *s* **1.** Schauspiel *nt* **2. ~s** (*pair of ~s*) Brille *f;* **a sad ~** ein trauriger Anblick; **spectacle case** *s* Brillenetui *nt;* **spec·tacled** [ˈspektəkld] *adj* Brillen tragend

spec·tacu·lar [spekˈtækjʊlə(r)] **I.** *adj* sensationell; spektakulär; atemberaubend **II.** *s* Show *f;* Fernsehschau *f*

spec·ta·tor [spekˈteɪtə(r)] *s* Zuschauer(in) *m(f)*

spec·ter [ˈspektə(r)] *s* (*Am*) Gespenst *nt;* **spec·tral** [ˈspektrəl] *adj* gespenstisch, geisterhaft; **~ analysis** Spektralanalyse *f;* **spectre** [ˈspektə(r)] *s* Gespenst *nt*

spec·tro·scope [ˈspektrəʊskəʊp] *s* Spektroskop *nt;* **spec·tro·sco·pic analy·sis** [ˌspektrəʊskəʊpɪk əˈnæləsɪs] *s* Spektralanalyse *f*

spec·trum [ˈspektrəm, *pl* -trə] <*pl* -tra> *s* **1.** (OPT) Spektrum *nt* **2.** (*fig*) Skala *f*

specu·late [ˈspekjʊleɪt] *vi* **1.** nachdenken, (nach)sinnen, sich Gedanken machen (*on, upon, about* über) **2.** (COM) spekulieren (*in* mit, *on* an); **specu·la·tion** [ˌspekjʊˈleɪʃn] *s* **1.** Vermutung, Spekulation *f* **2.** (COM) Spekulation *f;* **specu·lat·ive** [ˈspekjʊlətɪv] *adj* **1.** (PHILOS) spekulativ; theoretisch **2.** (COM) Spekulations-; **~ builder** Bauspekulant *m;* **specu·la·tor** [ˈspekjʊleɪtə(r)] *s* Spekulant(in) *m(f)*

sped [sped] *s.* **speed**

speech [spiːtʃ] *s* **1.** Sprache *f;* Sprechen *nt;* Sprechweise *f* **2.** Ansprache *f;* Rede *f;* **deliver** [*o* **make**] **a ~** eine Rede halten (*on, about* über, *to* vor); **after-dinner ~** Tischrede *f;* **freedom of ~** Redefreiheit *f;* **power of ~** Sprachvermögen *nt;* **speech act** *s* (LING) Sprechakt *m;* **speech community** *s* Sprachgemeinschaft *f;* **speech day** *s* (Schul)Schlussfeier *f;* **speech defect** *s* Sprachfehler *m;* **speech·ify** [ˈspiːtʃɪfaɪ] *vi* (*hum*) große Reden schwingen; **speech·less** [ˈspiːtʃlɪs] *adj* sprachlos (*with* vor); **speech recognition** *s* (INFORM) Spracherkennung *f;* **speech therapist** *s* Sprachtherapeut(in) *m(f),* Logopäde *m,* Logopädin *f;* **speech therapy** *s* (MED) **1.** logopädische Behandlung, Sprachtherapie *f* **2.** Logopädie *f;* **speech·writer** [ˈspiːtʃraɪtə(r)] *s* Verfasser(in) *m(f)* von Reden; (POL) Redenschreiber(in) *m(f)*

speed [spiːd] <*irr:* **speeded (sped), speeded (sped)**> **I.** *s* **1.** Schnelligkeit *f* **2.** Geschwindigkeit *f;* Tempo *nt* **3.** (TECH) Drehzahl *f* **4.** (AUTO) Gang *m* **5.** (FILM) Empfindlichkeit *f* **6.** (*sl: Droge*) Speed *nt;* **at a ~ of** mit einer Geschwindigkeit von; **at full** [*o* **top**] **~** mit Höchstgeschwindigkeit; **cruising ~** Reisegeschwindigkeit *f* **II.** *vi* **1.** (*nicht irr*) zu schnell fahren **2.** jagen, sausen; (*Zeit*) schnell vergehen; **speed along I.** *vi* entlangsausen; (*Arbeit*) gut vorangehen **II.** *vt* beschleunigen; **speed off** *vi* davonrasen; **speed up I.** *vi* (*nicht irr*) schneller werden; (AUTO) beschleunigen **II.** *vt* beschleunigen; (*jdn*) antreiben

speed·boat [ˈspiːdbəʊt] *s* Rennboot *nt;* **speed bump** *s* Bodenschwelle *f;* **speed check, speed control** *s* Geschwindigkeitskontrolle *f;* **speed cop** *s* (*sl*) Verkehrsstreife *f* (*Polizist*); **speed-dial button** *s* Kurzwahltaste *f;* **speed·ing** [ˈspiːdɪŋ] *s* (AUTO) Tempoüberschreitung *f,* Überschreiten *nt* der Geschwindigkeitsgrenze; **speed limit** *s* Geschwindigkeitsbegrenzung *f,* Tempolimit *nt;* **speedo** [ˈspiːdəʊ] *s* (*Br fam*) Tacho *m;* **speedo·meter** [spiːˈdɒmɪtə(r)] *s* Geschwindigkeitsmesser *m,* Tachometer *m od nt;* **speed range** *s* Drehzahlbereich *m;* **speed skater** *s* Eisschnelläufer(in) *m(f);* **speed skating** *s* Eisschnelllauf *m;* **speed trap** *s* Radarfalle *f;* **speed-up** [ˈspiːdʌp] *s* **1.** Beschleunigung *f;* schnelleres Tempo **2.** Produktions-, Leistungssteigerung *f;* **speed·way** [ˈspiːdweɪ] *s* Speedwayrennen *nt;* **speedy** [ˈspiːdɪ] *adj* **1.** schnell **2.** prompt

spe·le·ol·ogist [ˌspiːlɪˈɒlədʒɪst] *s* Höhlenforscher(in) *m(f)*; **spe·le·ol·ogy** [ˌspiːlɪˈɒlədʒɪ] *s* Höhlenforschung *f*

spell[1] [spel] *s* **1.** (*a. fig*) Zauber *m* **2.** Zauberwort *nt*, -formel *f*, -spruch *m*; **be under s.o.'s** ~ von jdm verzaubert, gebannt sein; in jds Bann stehen; **cast a** ~ **on** verzaubern; ganz für sich einnehmen

spell[2] [spel] <*irr:* **spelled (spelt), spelled (spelt)**> **I.** *vt* **1.** buchstabieren **2.** (richtig) schreiben (*with* mit) **3.** bedeuten, gleichkommen (*s.th.* einer S) **II.** *vi* richtig schreiben; buchstabieren; **he can't** ~ (*fam*) er kann keine Rechtschreibung; **spell out** *vt* buchstabieren; entziffern; (*fig*) klarmachen (*s.th. for s.o.* jdm etw)

spell[3] [spel] **I.** *s* (kurze) Zeit, (Zeit)Dauer, Periode *f*; **by ~s** dann u. wann; **for a** ~ eine Weile; **take ~s** sich ablösen; **cold/hot** ~ Kälte-/Hitzewelle *f* **II.** *vt* ablösen

spell·bind [ˈspelbaɪnd] <*irr:* **-bound, -bound**> *vt s.* **bind** ver-, bezaubern, faszinieren, fesseln; **spell·bound** [ˈspelbaʊnd] *adj* verzaubert, gebannt, fasziniert; mit-, hingerissen

speller [ˈspelə(r)] *s:* **be a bad** ~ viele Rechtschreibfehler machen; **spell·ing** [ˈspelɪŋ] *s* **1.** Buchstabieren *nt* **2.** Rechtschreibung *f*; **spelling check** *s* (INFORM) Rechtschreibprüfung *f*

spelt [spelt] *s.* **spell**[2]

spend [spend] <*irr:* **spent, spent**> **I.** *vt* **1.** verbrauchen, erschöpfen **2.** (*Geld*) ausgeben **3.** auf-, verwenden (*on, upon* für) **4.** (*Zeit*) ver-, zubringen **5.** verschwenden; (*Vermögen*) durchbringen; ~ **a lot of effort on s.th.** sich für etw sehr anstrengen **II.** *vi* **1.** (sein) Geld ausgeben **2.** (sich) verbrauchen, sich verzehren; **spend·ing** [ˈ-ɪŋ] *s* Ausgaben *fpl*; **spending cut** *s* Ausgaben-, Etatkürzung *f*; **spending money** *s* Taschengeld *nt*; **spending power** *s* Kaufkraft *f*; **spending spree** *s* Großeinkauf *m*; **on a** ~ im Kaufrausch; **spend·thrift** [ˈspendθrɪft] **I.** *adj* verschwenderisch **II.** *s* Verschwender(in) *m(f)*

spent [spent] **I.** *pt, pp of* **spend II.** *adj* **1.** erschöpft, abgespannt, ermattet **2.** (TECH) verbraucht

sperm [spɜːm] *s* Sperma *nt*, männlicher Samen

sper·ma·ceti [ˌspɜːməˈsetɪ] *s* Walrat *m od nt*

sperm donor *s* Samenspender *m*; **sper·mi·cide** [ˈspɜːmɪsaɪd] *s* Spermizid *nt*

sperm whale [ˈspɜːmweɪl] *s* Pottwal *m*

spew [spjuː] **I.** *vi* **1.** (~ *forth, out*) sich ergießen; hervorsprudeln, hervorquellen **2.** (*sl*) brechen, kotzen **II.** *vt* **1.** (~ *up, sl*) ausspucken **2.** (~ *out*) speien; (*Wasser*) ablassen

sphere [sfɪə(r)] *s* **1.** (MATH) Kugel *f* **2.** (~ *of life*) Sphäre *f*, Lebensbereich *m*; Gebiet *nt*, Wirkungskreis *m*; Umwelt *f*, Milieu *nt*; ~ **of influence** (POL) Einflussbereich *m*; ~ **of interest** Interessensphäre *f*; ~ **of operation** Wirkungsbereich *m*; **spheri·cal** [ˈsferɪkl] *adj* kugelförmig

spice [spaɪs] **I.** *s* **1.** Gewürz *nt* **2.** (*fig*) Würze *f* **II.** *vt* würzen

spick and span [ˌspɪkənˈspæn] *adj* (funkel)nagelneu; wie aus dem Ei gepellt

spicy [ˈspaɪsɪ] *adj* **1.** (stark) gewürzt **2.** (*fig*) pikant, anregend

spi·der [ˈspaɪdə(r)] *s* (*a.* TECH) Spinne *f*; **spider('s)-web** *s* Spinnwebe *f*, Spinnengewebe *nt*; **spi·dery** [ˈspaɪdərɪ] *adj* krakelig; spinnwebartig; spinnenhaft

spiel [ʃpiːl] *s* (*sl*) Gequassel *nt*; Geschichte *f*

spigot [ˈspɪgət] *s* Spund *m*; (*Am*) Hahn *m*

spike [spaɪk] **I.** *s* **1.** (Metall)Spitze *f* **2.** (~ *nail*) großer Nagel **3.** **~s** Rennschuhe, Spikes *mpl* **II.** *vt* **1.** aufspießen; durchbohren **2.** (*fig: Gerüchte*) verhindern **3.** (*Am*) versetzen; einen Schuss Alkohol geben in **4.** (Abdruck) verweigern; ~ **s.o.'s guns** jdm einen Strich durch die Rechnung machen; **spiky** [ˈspaɪkɪ] *adj* **1.** (lang u.) spitz, spitzig; stachelig **2.** (*fig*) empfindlich

spill[1] [spɪl] <*irr:* **spilled (spilt), spilled (spilt)**> **I.** *vt* **1.** aus-, verschütten, vergießen **2.** (~ *out*) ver-, ausstreuen **3.** kleckern (*on* auf) **4.** gießen (*on* über) **5.** (*fam*) unter die Leute bringen, verbreiten; ~ **the beans** (*fam*) das Geheimnis verraten; ~ **blood** Blut vergießen; **there is no use crying over spilt milk** es hat keinen Sinn, Vergangenem nachzuweinen **II.** *vi* **1.** (~ *out*) herausquellen **2.** (~ *over*) überlaufen, -fließen **III.** *s* Sturz *m* (*vom Pferd, Rad*); **take** [*o* **have**] **a** ~ herunter-, hinfallen

spill[2] [spɪl] *s* **1.** (Holz)Span *m* **2.** Fidibus *m*

spill·way [ˈspɪlweɪ] *s* Überlaufrinne *f*

spilt [spɪlt] *s.* **spill**[1]

spin [spɪn] <*irr:* **spun, spun**> **I.** *vt* **1.** (*a.* ZOO) spinnen **2.** (schnell) drehen; herumwirbeln **3.** (*Wäsche*) schleudern **II.** *vi* **1.** spinnen **2.** (~ *round*) sich schnell drehen, im Kreis herumwirbeln **3.** (*Wäsche*) schleudern; **my head is ~ning** mir dreht sich alles im Kopf **III.** *s* **1.** Drehung *f* **2.** Schleudern *nt* **3.** (*Ball*) Drall *m* **4.** (AVIAT) Trudeln *nt* **5.** kurze Fahrt; **go for a** ~ (*fam*) mit dem Auto spazierenfahren; **go into a** ~ sich um die eigene Achse drehen; trudeln; **in a flat** ~ (*fam*) in Panik; **spin along** *vi* sausen, rasen; **spin off** *vt* **1.** (SPORT) wegschleudern **2.** (FIN) ausgliedern; **spin out** *vt* strecken; (*Zeit, Versammlung*) in die

S

Länge ziehen; (*Geschichte*) ausspinnen; **spin round I.** *vi* sich drehen; herumwirbeln; sich schnell umdrehen **II.** *vt* schnell drehen

spi·na bi·fi·da [ˌspaɪnəˈbɪfɪdə] *s* offene Wirbelsäule

spin·ach [ˈspɪnɪdʒ, *Am* ˈspɪnɪtʃ] *s* Spinat *m*

spi·nal [ˈspaɪnl] *adj:* ~ **column** Wirbelsäule *f;* ~ **cord,** ~ **marrow,** ~ **medulla** Rückenmark *nt;* ~ **curvature** Rückgratkrümmung *f*

spindle [ˈspɪndl] *s* (TECH) Spindel *f;* Schaft *m;* **spin·dly** [ˈspɪndlɪ] *adj* spindeldürr

spin doc·tor [ˈspɪnˌdɒktə(r)] *s* (POL) Berater(in) *m(f)*

spin-drier [ˌspɪnˈdraɪə(r)] *s* Trockenschleuder *f* (*für Wäsche*); **spin·drift** [ˈspɪndrɪft] *s* Gischt *f;* **spin-dry** *vt, vi* schleudern

spine [spaɪn] *s* **1.** (BOT ZOO) Dorn *m* **2.** Rückgrat *nt* **3.** (Buch)Rücken *m;* **spine-chilling** [ˈspaɪntʃɪlɪŋ] *adj* gruselig; unheimlich; **spine·less** [ˈ-lɪs] *adj* rückgratlos

spin·na·ker [ˈspɪnəkə(r)] *s* (MAR) Spinnaker *m*

spin·ner [ˈspɪnə(r)] *s* **1.** Spinner(in) *m(f)* **2.** Schleuder *f* **3.** (*Angeln*) Spinnköder *m*

spin·ney [ˈspɪnɪ] *s* Gehölz, Dickicht *nt*

spin·ning [ˈspɪnɪŋ] *s* Spinnen *nt;* **spinning jenny** *s* Jennymaschine *f;* **spinning mill** *s* Spinnerei *f;* **spinning top** *s* Kreisel *m;* **spinning wheel** *s* Spinnrad *nt*

spin-off [ˈspɪnɒf] *s* Nebenprodukt *nt*

spin·ster [ˈspɪnstə(r)] *s* (JUR) unverheiratete Frau; **old** ~ (*pej*) alte Jungfer

spiny [ˈspaɪnɪ] *adj* stach(e)lig, dornig

spi·ral [ˈspaɪərəl] **I.** *adj* spiralig; gewunden; in Spiralen; ~ **nebula** (ASTR) Spiralnebel *m;* ~ **staircase** Wendeltreppe *f* **II.** *s* Spirale *f;* **the** ~ **of rising prices and wages** die Lohn-Preis-Spirale **III.** *vi* sich in einer Spirale bewegen; ~ **up** sich in die Höhe schrauben

spire [ˈspaɪə(r)] *s* Turmspitze *f*

spirit [ˈspɪrɪt] **I.** *s* **1.** Geist *m* **2.** Mut *m;* Schwung *m;* Tatkraft *f* **3.** Geist *m;* Stimmung *f;* Einstellung *f* **4.** (CHEM) Spiritus *m* **5.** ~**s** Spirituosen *pl,* geistige Getränke *ntpl;* **in high** [*o* **great**] ~**s** in gehobener Stimmung; gut aufgelegt; **in poor** [*o* **low**] ~**s** niedergeschlagen; schlecht aufgelegt; **be with s.o. in** ~ in Gedanken bei jdm sein; **enter into the** ~ **of s.th.** sich an etw anpassen; **keep up one's** ~**s** sich nicht niederdrücken lassen; **community** ~ Gemeinschaftssinn *m;* **leading** ~ führender Kopf; **public** ~ Gemeinsinn *m;* ~ **of enterprise** Unternehmungsgeist *m;* **that's the** ~**!** so ist's recht! **II.** *vt* (~ *away, off*) wegzaubern; **spirited** [ˈspɪrɪtɪd] *adj* **1.** lebhaft **2.** energisch, kraftvoll; mutig; **spir·it·ism** [ˈspɪrɪtɪzəm] *s* Spiritismus *m;* **spirit·less** [ˈspɪrɪtlɪs] *adj* **1.** träge, schläfrig, schlaff **2.** niedergedrückt; **spirit level** *s* Wasserwaage *f*

spiri·tual [ˈspɪrɪtʃʊəl] **I.** *adj* **1.** geistig, seelisch, innerlich **2.** geistlich, kirchlich, religiös; ~ **heritage** geistiges Erbe **II.** *s* Spiritual *nt;* **spiri·tu·al·ism** [ˈspɪrɪtʃʊəlɪzəm] *s* Spiritismus *m;* **spiri·tu·al·is·tic** [ˌspɪrɪtʃʊəˈlɪstɪk] *adj* spiritistisch

spit[1] [spɪt] **I.** *s* **1.** Bratspieß *m* **2.** Landzunge *f;* Sandbank *f* **II.** *vt* aufspießen

spit[2] [spɪt] <*irr:* spat, spat> **I.** *vt* **1.** (~ *out*) ausspeien, -spucken **2.** ausstoßen **3.** (*Worte*) heraussprudeln; ~ **s.o. in the eye** (*fig*) auf jdn pfeifen **II.** *vi* **1.** speien, spucken (*at, on, upon* auf) **2.** (*Katze*) fauchen; **be the** ~**ting image of s.o.** (*fam*) jdm wie aus dem Gesicht geschnitten sein **III.** *s* **1.** Speichel *m* **2.** (*Insekt*) Schaum *m* **3.** (*fam:* ~*ting image*) Ebenbild *nt;* ~ **and polish** sorgfältige Reinigung; **spit at** *vt* verächtlich abtun; **spit down** *vi* herabsprühen; **spit out** *vt* ausspucken; (*Worte*) hervorstoßen; ~ **it out!** nun sag's schon!; **spit upon** *vt* verächtlich zurückweisen

spite [spaɪt] **I.** *s* Bosheit *f,* böser Wille (*against* gegen); **from** [*o* **out of**] ~ aus Bosheit; **in** ~ **of** trotz *+gen;* **in** ~ **of the fact that ...** obgleich ..., obwohl ... **II.** *vt* ärgern; **cut one's nose off to** ~ **one's face** (*fig*) sich ins eigene Fleisch schneiden; **do s.th. to** ~ **s.o.** etw jdm zum Trotz tun; **spite·ful** [ˈspaɪtfl] *adj* boshaft; schadenfroh

spit·fire [ˈspɪtˌfaɪə(r)] *s* giftiger Mensch

spittle [ˈspɪtl] *s* Speichel *m*

spit·toon [spɪˈtuːn] *s* Spucknapf *m*

splash [splæʃ] **I.** *vt* **1.** (ver)spritzen; gießen **2.** bespritzen **3.** (*Presse*) groß rausbringen; ~ **s.th. over s.o.** jdn mit etw anspritzen **II.** *vi* **1.** spritzen (*in all directions* nach allen Richtungen) **2.** (*Regen*) klatschen **3.** (*Tränen*) tropfen **4.** (*Mensch*) platschen; planschen **III.** *s* **1.** Spritzen *nt;* Platsch(en *nt*) *m* **2.** (*Wellen*) Plätschern, Klatschen *nt* **3.** Spritzer *m;* Klecks *m;* Farbfleck *m* **4.** (*fam*) Schuss *m* Sodawasser; **make a** ~ (*fig*) Furore machen, Aufsehen erregen; ~ **of mud** Dreckspritzer *m;* **with a** ~ mit einem Plumps; **splash about I.** *vt* **1.** herumspritzen **2.** (*fam: Geld*) verschleudern **3.** (*Geschichte*) groß rausbringen **II.** *vi* herumspritzen; herumplatschen; herumplanschen; **splash down** *vi* **1.** (*Raumsonde*) wassern **2.** (*Regen*) herunterprasseln; **splash out** *vi* (*fam*) viel Geld ausgeben (*on* für); **splash·board** *s* Spritzblech *nt;* **splash·down** ['splæʃdaʊn] *s* Wasserung *f*

splat [splæt] *s* Platschen *nt;* **splat·ter** ['splætə(r)] **I.** *vi* spritzen **II.** *vt* bespritzen

splay [spleɪ] **I.** *s* (ARCH) Ausschrägung, Fensterlaibung *f* **II.** *vt* **1.** ausbreiten, -dehnen, erweitern; (ARCH) ausschrägen **2.** (*Finger*) spreizen **III.** *vi* (~ *out*) nach außen gehen; sich nach außen biegen; (ARCH) ausgeschrägt sein; **splay·foot** *s* nach außen gestellter Fuß

spleen [spli:n] *s* (ANAT) Milz *f;* **vent one's ~** seinem Ärger Luft machen (*on* gegen)

splen·did ['splendɪd] *adj* **1.** prachtvoll, prächtig **2.** großartig; glanzvoll **3.** (*fam*) herrlich, ausgezeichnet, blendend; **splen·dif·er·ous** [splen'dɪfərəs] *adj* (*hum fam*) glänzend; **splen·dor** *s* (*Am*), **splen·dour** ['splendə(r)] *s* Glanz *m,* Pracht, Herrlichkeit *f*

sple·net·ic [splɪ'netɪk] *adj* **1.** mürrisch, unwirsch **2.** (ANAT) Milz-

splice [splaɪs] **I.** *vt* **1.** (MAR) spleißen, splissen **2.** verzahnen, verbinden **3.** (FILM) zusammenkleben; **get ~d** (*fam*) heiraten **II.** *s* **1.** Verbindung *f;* Splissung *f* **2.** (FILM) Klebestelle *f;* **splicer** ['splaɪsə(r)] *s* (Film)Klebegerät *nt*

splint [splɪnt] **I.** *s* (MED) Schiene *f* **II.** *vt* (MED) schienen

splin·ter ['splɪntə(r)] **I.** *vt* zersplittern; zerhacken; (*fig*) spalten **II.** *vi* (zer)splittern; (*fig*) sich spalten **III.** *s* Splitter, Span *m;* **splinter group** *s* Splittergruppe *f;* **splinter party** *s* Splitterpartei *f;* **splinter·proof** *adj* (*Glas*) splittersicher

split [splɪt] <*irr:* **split, split**> **I.** *vt* **1.** spalten, aufsplittern **2.** (*fig*) trennen, (auf)spalten, entzweien **3.** (*Kosten*) aufteilen; verteilen **4.** (CHEM PHYS) spalten **5.** (*Aktien*) splitten; **~ the difference** einen Kompromiss schließen, auf halbem Weg entgegenkommen; **~ hairs** Haarspalterei (be)treiben; **~ one's sides** (**laughing**) platzen vor Lachen **II.** *vi* **1.** sich spalten, (zer)splittern (*into* in) **2.** (zer)brechen, (zer)reißen, bersten **3.** (*fig*) uneins werden, sich entzweien **4.** (*fam*) den Gewinn teilen, Halbpart machen; **~ into s.th.** sich in etw teilen, aufsplittern; **~ open** aufplatzen; bersten; **~ with s.o.** mit jdm brechen; mit jdm teilen; **my head is ~ting** ich habe furchtbare Kopfschmerzen; **let's ~!** (*fam*) hauen wir ab! **III.** *s* **1.** (Zer)Splittern *nt* **2.** Spalt, Riss, Sprung *m* **3.** (*fig*) Entzweiung, Spaltung *f* **4.** Aufteilung, Aufspaltung *f,* Split(ting *nt*) *m* **5. ~s** (SPORT) Spagat *m;* **banana ~** Bananensplit *m* **IV.** *adj* gespalten; aufgeteilt; gesplittet; **in a ~ second** im Bruchteil einer Sekunde; **a ~ decision** (*Boxkampf*) eine nicht einstimmige Entscheidung; **~ ends** gespaltene Haarspitzen; **~ infinitive** getrennter Infinitiv; **~ payment** Teilzahlung *f;* **~ pin** Splint *m;* **~ screen** geteilter Bildschirm; **split off I.** *vt* abtrennen; abspalten; abbrechen **II.** *vi* abbrechen; sich lösen; (*fig*) sich trennen (*from* von); **split up I.** *vt* aufteilen; (*Partei*) spalten; (*Versammlung*) beenden; (*Leute*) trennen; (*Menge*) zerstreuen **II.** *vi* zerbrechen; sich teilen; (*Versammlung*) sich spalten; (*Menschen*) sich voneinander trennen

split-level [ˌsplɪt'levl] *adj:* **~ flat** Wohnung über mehrere Ebenen; **split peas** *s pl* gespaltene, halbe Erbsen; **split personality** *s* gespaltene Persönlichkeit; **split·ting** ['splɪtɪŋ] **I.** *adj* (*Kopfschmerzen*) stark, heftig, rasend; **a ~ sound** ein Geräusch, als ob etw zerrisse, zerbräche; **ear-~** ohrenbetäubend **II.** *s* **1.** (Auf)Spaltung, Teilung *f* **2.** (*Steuer*) Splitting *nt;* Aktiensplit *m;* **the ~ of the atom** die Kernspaltung; **split-up** ['splɪtʌp] *s* Bruch *m;* Trennung *f;* (*Partei*) Spaltung *f*

splodge, splotch [splɒdʒ, splɒtʃ] *s* Fleck, Klecks *m;* **splotchy** ['splɒtʃɪ] *adj* fleckig

splurge [splɜ:dʒ] **I.** *s* (*fam*) Großeinkauf *m* **II.** *vi* (*fam*) groß einkaufen gehen; **~ out on s.th.** sich etw leisten

splut·ter ['splʌtə(r)] **I.** *vi* **1.** zischen; spritzen (*over* über) **2.** (*Mensch*) prusten; stottern **3.** (AUTO) stottern **II.** *vt* (~ *out*) heraussprudeln; (*Drohung*) ausstoßen **III.** *s* **1.** Zischen *nt;* Spritzen, Sprühen *nt* **2.** Prusten *nt;* Stottern *nt* **3.** (AUTO) Stottern *nt*

spoil [spɔɪl] <*irr:* **spoilt (spoiled), spoilt (spoiled)**> **I.** *vt* **1.** vernichten, zerstören; beschädigen **2.** vereiteln **3.** verderben, (stark) beeinträchtigen **4.** verwöhnen, verziehen; **~ s.o.'s fun** jdm die Freude verderben; **be spoilt for choice** die Qual der Wahl haben **II.** *vi* verderben, verkommen, schlecht werden, (ver)faulen; **be ~ing for** (ganz) verrückt sein nach; abzielen auf **III.** *s* **1.** Beute *f* **2. ~s** Gewinn *m;* **spoiler** [-ə(r)] *s* (AUTO) Spoiler *m;* **spoil·sport** *s* Spiel-, Spaßverderber(in) *m(f);* **spoilt** [spɔɪlt] *s.* **spoil**

spoke[1] [spəʊk] *s* **1.** Speiche *f* **2.** (*Leiter*) Sprosse *f;* **put a ~ in s.o.'s wheel** (*fig*) jdm Steine in den Weg legen

spoke[2] [spəʊk] *vt s.* **speak**; **spoken** ['spəʊkən] *s.* **speak**; **spokes·man** ['spəʊksmən] <*pl* **-men**> *s* Sprecher *m,* Meinungs-, Wortführer *m;* **spokes·per·son** ['spəʊkspɜ:sn] *s* Sprecher(in) *m(f),* Meinungs-, Wortführer(in) *m(f)*

spo·li·ation [ˌspəʊlɪ'eɪʃn] *s* Plünderung *f*

S

sponge [spʌndʒ] **I.** *s* **1.** Schwamm *m* **2.** (~ *cake*) Rührkuchen *m;* Biskuit *m;* **give s.th. a** ~ etw aufwischen; etw abwaschen **II.** *vt* **1.** mit einem Schwamm abwischen; abtupfen **2.** (*fam*) schnorren; **sponge down** *vt* (ab)waschen; **sponge off** *vt* abwischen; **sponge on** *vi:* ~ **on s.o.** jdm auf der Tasche liegen; **sponge out** *vt* herausreiben; auswaschen; **sponge up** *vt* aufwischen; **sponge bag** *s* Wasch-, Kulturbeutel *m;* **sponge bath** *s* (MED) Ganzkörperwaschung *f;* **sponge cake** *s* Rührkuchen *m;* Biskuit *m;* **sponger** ['spʌndʒə(r)] *s* Schmarotzer *m;* **spongy** ['spʌndʒɪ] *adj* **1.** schwammig **2.** nachgiebig, weich **3.** (*Kuchen*) locker

spon·sor ['spɒnsə(r)] **I.** *s* **1.** Förderer *m,* Förderin *f;* Bürge *m,* Bürgin *f* **2.** (COM) Geldgeber(in) *m(f),* Sponsor(in) *m(f)* **3.** Pate *m,* Patin *f;* **stand** ~ **for s.o.** jdn fördern **II.** *vt* **1.** fördern, unterstützen **2.** garantieren; finanzieren; sponsern **3.** die Patenschaft übernehmen von; **spon·sor·ing group** ['spɒnsərɪŋ,gru:p] *s* Projektträger *m;* **spon·sor·ship** ['spɒnsəʃɪp] *s* **1.** Sponsern *nt* **2.** Förderung *f*

spon·ta·neity ['spɒntə'neɪətɪ] *s* Ungezwungenheit *f;* Spontaneität *f;* **spon·ta·neous** [spɒn'teɪnɪəs] *adj* spontan; impulsiv; von sich aus; ~ **combustion** Selbstentzündung *f*

spoof [spu:f] *s* (*fam*) **1.** Parodie *f* **2.** Scherz *m*

spook [spu:k] *s* (*hum*) Gespenst *nt;* **spooky** ['spu:kɪ] *adj* (*fam*) gespensterhaft

spool [spu:l] *s* Spule *f;* Rolle *f*

spoon [spu:n] **I.** *s* Löffel *m* **II.** *vt* löffeln; ~ **out** ausschöpfen; ~ **up** (aus)löffeln; **spoon·bill** ['spu:nbɪl] *s* (*hochbeiniger Vogel*) Löffler *m;* **spoon-feed** <*irr:* -fed, -fed> ['spu:nfi:d] *vt* **1.** (*Kind*) füttern **2.** (*fig*) gängeln; **spoon·ful** ['spu:nfʊl] *s* Löffel *m*

spor·adic [spə'rædɪk] *adj* sporadisch; gelegentlich

spore [spɔ:(r)] *s* (BOT) Spore *f*

spor·ran ['spɒrən] *s* Felltasche *f* (*über dem Schottenrock getragen*)

sport [spɔ:t] **I.** *s* **1.** Sport *m* **2.** ~**s** Sportveranstaltung *f* **3.** Zeitvertreib *m,* Vergnügen *nt,* Spaß *m* **4.** (ZOO BOT) Spielart *f* **5.** (*fam*) prima Kerl; **do s.th. for** [*o* **in**] ~ etw zum Spaß tun; **say s.th. in** ~ etw im Spaß sagen; **be good at** ~(**s**) gut im Sport sein; **be a** (**good**) ~ alles mitmachen **II.** *vi* herumtollen; herumspielen **III.** *vt* **1.** (*Kleid*) anhaben **2.** (*fam*) protzen mit; **sport·ing** ['-ɪŋ] *adj* sportlich; Sports-; fair; ~ **events** Wettkämpfe *mpl;* **a** ~ **man** ein Sportsmann; **give s.o. a** ~ **chance** jdm eine faire Chance geben

sport·ive ['spɔ:tɪv] *adj* lustig; verspielt

sports car ['spɔ:tskɑ:(r)] *s* Sport-, Rennwagen *m;* **sports·cast** ['spɔ:ts,kɑ:st] *s* Sportübertragung *f;* **sports·caster** [-ə(r)] *s* Sportreporter(in) *m(f),* Kommentator(in) *m(f);* **sports day** *s* Schulsportfest *nt;* **sports field** *s* Sportplatz *m;* **sports jacket** *s* Sportjackett *nt,* Sakko *m;* **sports·man** ['spɔ:tsmən] <*pl* -men> *s* **1.** Sportler *m* **2.** anständiger Kerl; **sports·man·like** ['spɔ:tsmənlaɪk] *adj* **1.** sportlich **2.** fair; **sports·man·ship** ['spɔ:tsmənʃɪp] *s* Sportlichkeit *f,* sportliche Haltung; **sports page** *s* (*Zeitung*) Sportseite *f;* **sports·wear** ['spɔ:tsweə(r)] *s* Sportkleidung *f;* **sports·woman** ['spɔ:tswʊmən, *pl* -wɪmɪn] <*pl* -women> *s* Sportlerin *f;* **sport writer** ['spɔ:traɪtə(r)] *s* Sportjournalist(in) *m(f)*

sporty ['spɔ:tɪ] *adj* **1.** sportbegeistert; sportlich **2.** (*fig*) flott

spot [spɒt] **I.** *s* **1.** Tupfen, Punkt *m* **2.** (*fig*) Makel *m* **3.** (MED) Fleck *m;* Pickel *m* **4.** Punkt *m;* Stelle *f* **5.** (*fig*) Klemme *f* **6.** (TV) Spot, Werbekurzfilm *m* **7.** (THEAT) Scheinwerfer *m;* ~**s of ink** Tintenkleckse *mpl;* **knock** ~**s off s.o.** jdn in den Schatten stellen; **break out in** ~**s** Pickel bekommen; **a pleasant** ~ ein schönes Fleckchen; **on the** ~ an Ort und Stelle; auf der Stelle; **an on-the-**~ **report** ein Bericht vom Ort des Geschehens; **a** ~ **of** ein bisschen; **be in a** (**tight**) ~ in der Klemme sein; **put s.o. in a** ~ jdn in Verlegenheit bringen **II.** *vt* **1.** entdecken, sehen; erkennen; ausmachen **2.** bespritzen; ~ **the winner** richtig tippen **III.** *vi* Flecken bekommen; **spot cash** *s* (COM) sofortige Bezahlung; **spot check** *s* Stichprobe *f;* **spot-check** *vt* Stichproben machen bei; **spot deal** *s* Kassageschäft *nt;* **spot goods** *s pl* Lokowaren *fpl;* **spot height** *s* Höhenangabe *f;* **spot·less** ['spɒtlɪs] *adj* **1.** tadellos **2.** (*Ruf*) makellos, untadelig; **spot·light** ['spɒtlaɪt] **I.** *s* Scheinwerfer(licht *nt*), Strahler *m;* **be in the** ~ im Rampenlicht stehen; **turn the** ~ **on s.o.** (*fig*) die Aufmerksamkeit auf jdn lenken **II.** *vt* (*fig*) aufmerksam machen auf; **spot market** *s* Spot-, Kassamarkt *m;* **spot-on** [spɒt'ɒn] *adj* (*fam*) exakt, haarscharf richtig; **spot price** *s* (FIN) Lokopreis *m;* Kassakurs *m;* **spot remover** *s* Fleckentferner *m;* **spot·ted** ['spɒtɪd] *adj* gesprenkelt, gefleckt, getüpfelt; **spot·ter** ['spɒtə(r)] *s* **1.** (MIL) Aufklärer *m* **2.** (*Am*) Detektiv *m;* **spotty** ['spɒtɪ] *adj* fleckig; pickelig

spouse [spaʊz] *s* Gatte *m,* Gattin *f*

spout [spaʊt] **I.** *s* **1.** Ausguss *m,* Tülle *f;* Ausflussrohr *nt* **2.** (*Kanne*) Schnauze *f* **3.** Fontäne *f* **4.** (*Wal*) Atemloch *nt;* **up the ~** (*sl*) im Eimer; **water ~** Wasserhose *f* **II.** *vt* **1.** (*~ out*) herausspritzen; speien **2.** (*fig*) vom Stapel lassen; hervorsprudeln; von sich geben **III.** *vi* **1.** herausschießen, -spritzen, -sprudeln **2.** (*fig*) palavern; **~ out of s.th.** aus etw hervorspritzen

sprain [spreɪn] **I.** *vt* verrenken, verstauchen; **~ one's ankle** sich den Fuß verstauchen **II.** *s* Verrenkung, Verstauchung *f*

sprang [spræŋ] *s.* **spring**

sprat [spræt] *s* (*kleiner Fisch*) Sprotte *f*

sprawl [sprɔːl] **I.** *vi* **1.** der Länge nach hinfallen; sich hinflegeln **2.** (BOT) wuchern **II.** *vt:* **be ~ed over s.th.** ausgestreckt auf etw liegen **III.** *s* Lümmeln, Flegeln *nt;* **in the urban ~** in der riesigen Stadtlandschaft; **spraw·ling** [-ɪŋ] *adj* (*Stadt*) wild wuchernd; (*Körper*) ausgestreckt; (*Handschrift*) riesig

spray¹ [spreɪ] **I.** *s* **1.** Sprüh-, Staubregen *m;* Gischt, Sprühnebel *m* **2.** (*~ can*) Sprühdose *f;* (*~ bottle*) Zerstäuber *m* **3.** Spray *nt od m* **4.** Besprühen *nt* **II.** *vt* **1.** zerstäuben, spritzen **2.** (*Pflanzen*) besprühen **3.** (*Wasser*) sprühen **4.** spritzlackieren **III.** *vi* sprühen; spritzen

spray² [spreɪ] *s* **1.** Strauß *m;* Zweig *m* **2.** Brosche *f*

spread [spred] <*irr:* **spread, spread**> **I.** *s* **1.** Spannweite, Flügelspanne *f* **2.** (*Punkte*) Verteilung, Streuung *f* **3.** (*Ideen*) Spektrum *nt* **4.** (*Größe*) Ausbreitung *f;* Ausdehnung *f* **5.** (*fam*) Festessen *nt* **6.** Decke *f* **7.** Brotaufstrich *m* **8.** (TYP) Doppelseite *f* **9.** (*Börse*) Spanne, Differenz *f;* **middle-age ~** Altersspeck *m;* **cheese ~** Streichkäse *m* **II.** *vt* **1.** ausbreiten; ausstrecken; auslegen **2.** (*Brot*) bestreichen **3.** (*Tisch*) decken **4.** (*Sand, Zahlungen, Risiko*) verteilen; streuen **5.** (*Wissen*) verbreiten; **~ a cloth on s.th.** ein Tuch über etw breiten; **~ about** [*o* **around**] verbreiten **III.** *vi* **1.** sich erstrecken, sich ausdehnen (*over, across* über), sich aus-, verbreiten **2.** (*Butter*) sich streichen lassen; **~ to s.th.** etw erreichen; auf etw übergreifen; **~ into s.th.** sich in etw erstrecken **IV.** *vr* sich ausstrecken; sich verbreiten

spread-eagle [ˌspred'iːgl] *vt:* **be ~d** mit ausgestreckten Armen daliegen; alle viere von sich strecken; **spreader** ['spredə(r)] *s* **1.** Spachtel *f* **2.** (AGR) Streugerät *nt,* Miststreuer *m* **3.** (MAR) Saling *f;* **spread·sheet** ['spredʃiːt] *s* Tabellenkalkulation *f*

spree [spriː] *s:* **buying** [*o* **shopping**] **~** Großeinkauf *m;* **be** [*o* **go out**] **on a ~** eine Zechtour machen

sprig [sprɪg] *s* (dünner) Zweig *m*

spright·ly ['spraɪtlɪ] *adj* munter, lebendig, lebhaft

spring [sprɪŋ] <*irr:* **sprang, sprung**> **I.** *s* **1.** Quelle *f* **2.** Frühling *m* **3.** Sprung, Satz *m* **4.** (MECH) Feder *f* **5.** Federung *f;* Elastizität *f;* **~s** (*fig*) Ursprung *m;* **in ~** im Frühjahr; **in the ~ of his life** im Frühling seines Lebens; **in one ~** mit einem Satz; **make a ~ at s.o.** sich auf jdn stürzen; **walk with a ~ in one's step** mit federnden Schritten gehen **II.** *adj* **1.** Frühlings- **2.** gefedert **III.** *vt* **1.** überspringen **2.** federn **3.** (*Schock*) auslösen **4.** (*Mine*) explodieren lassen **5.** (*Schloss*) zuschnappen lassen **6.** (*sl*) rausholen; **~ s.th. on s.o.** jdn mit etw konfrontieren; **~ a leak** undicht werden; ein Leck bekommen; **~ a surprise on s.o.** jdn völlig überraschen **IV.** *vi* **1.** springen; ausgelöst werden; zuschnappen **2.** (*~ forth*) hervorquellen; sprühen; hervorsprießen (*from* aus) **3.** (*Familie*) abstammen (*from* von) **4.** (*Idee*) enstehen (*from* aus) **5.** (*Interesse*) herrühren (*from* von); **~ back** zurückspringen; zurückschnellen; **~ up** hervorsprießen; aufspringen; erwachen, entstehen; auftauchen; **~ at s.o.** jdn anspringen; **~ out at s.o.** auf jdn losspringen; **~ open** aufspringen; **~ to one's feet** aufspringen; **~ into action** aktiv werden; **~ to arms** zu den Waffen eilen; **~ to mind** einem einfallen; **~ into existence** plötzlich entstehen; **~ out of bed** aus dem Bett hüpfen; **spring balance** *s* Federwaage *f;* **spring binder** *s* Klemmhefter *m;* **spring·board** *s* (SPORT) Sprungbrett *nt;* **spring-clean I.** *vt* gründlich putzen **II.** *vi* Frühjahrsputz machen; **spring-cleaning** *s* Frühjahrsputz *m;* **spring onion** *s* Lauch-, Frühlingszwiebel *f;* **spring roll** *s* Frühlingsrolle *f;* **spring tide** *s* Springflut *f;* **spring·time** ['sprɪŋtaɪm] *s* Frühlingszeit *f,* Frühjahr *nt;* **spring water** *s* Quellwasser *nt;* **spring wheat** *s* Sommerweizen *m*

springy ['sprɪŋɪ] *adj* elastisch; federnd

sprinkle ['sprɪŋkl] **I.** *vt* **1.** sprenkeln **2.** (*Rasen*) besprengen, bespritzen **3.** (*Kuchen*) bestreuen **4.** (*Salz*) streuen **II.** *s* ein paar Spritzer; Prise *f;* **a ~ of rain** ein paar Regentropfen; **sprink·ler** ['sprɪŋklə(r)] *s* **1.** Berieselungsapparat, Sprinkler *m* **2.** (*Garten*) Rasensprenger *m* **3.** Gießkannenkopf *m;* Brause *f* **4.** (REL) Weihwasserwedel *m;* **sprink·ling** ['sprɪŋklɪŋ] *s* **1.** ein paar Tropfen; Prise *f* **2.** (*fig*) Anflug *m,* Spur *f;* **a ~ of freckles** ein paar Sommersprossen

S

sprint [sprɪnt] **I.** *vi* sprinten; rennen **II.** *s* Lauf, Sprint *m;* **put on a ~** einen Sprint vorlegen; **sprinter** ['sprɪntə(r)] *s* Sprinter(in) *m(f),* Kurzstreckenläufer(in) *m(f)*

sprite [spraɪt] *s* Kobold *m*

sprocket ['sprɒkɪt] *s* (TECH) Kettenrad *nt;* Kettenzahnrad *nt*

sprog [sprɒg] **I.** *s* (*Br: sl*) Kind *nt;* Baby *nt* **II.** *vi* (*Br*) entbinden

sprout [spraʊt] **I.** *vi* **1.** sprießen; keimen; Triebe bekommen **2.** (*~ up*) emporschießen, sprießen **II.** *vt* sprießen, wachsen, keimen lassen **III.** *s* **1.** (BOT) Trieb, Spross *m;* Keim *m* **2. ~s** (*Brussels ~s*) Rosenkohl *m*

spruce[1] [spru:s] **I.** *adj* sauber; gepflegt; adrett, schmuck; flott **II.** *vt:* **~ up** herausputzen; auf Vordermann bringen; **~ o.s. up** sich in Schale werfen; sich schön machen; **all ~d up** geschniegelt und gebügelt; zurechtgemacht

spruce[2] [spru:s] *s* Fichte, Rottanne *f*

sprung [sprʌŋ] *s.* **spring**

spry [spraɪ] *adj* rüstig

spud [spʌd] *s* (*fam*) Kartoffel *f*

spume [spju:m] *s* Schaum, Gischt *m*

spun [spʌn] **I.** *pt, pp of* **spin II.** *adj* gesponnen

spunk [spʌŋk] *s* (*fam*) Mumm *m*

spur [spɜ:(r)] **I.** *s* **1.** (*a.* ZOO) Sporn *m* **2.** (*fig*) Ansporn, Antrieb *m* (*to* für) **3.** (*Gebirge*) Vorsprung *m* **4.** (RAIL) Nebengleis, Rangiergleis *nt;* **on the ~ of the moment** ganz spontan; **win one's ~s** sich die Sporen verdienen **II.** *vt* **1.** die Sporen geben (*a horse* einem Pferd) **2.** (*fig*) anspornen; **~red (on) by ambition** vom Ehrgeiz getrieben **III.** *vi* galoppieren

spu·ri·ous ['spjʊərɪəs] *adj* **1.** (*Dokument*) falsch, unecht **2.** (*Forderung*) unberechtigt

spurn [spɜ:n] *vt* verschmähen

spurt [spɜ:t] **I.** *vt:* **the wound ~ed blood** aus der Wunde spritzte Blut **II.** *vi* **1.** hervorsprudeln (*from* aus) **2.** (SPORT) spurten **III.** *s* **1.** Strahl *m* **2.** (SPORT) Spurt *m;* **final ~** Endspurt *m;* **~s of flame** Stichflammen *fpl*

sput·ter ['spʌtə(r)] **I.** *vi* **1.** zischen; spritzen (*over* über) **2.** (*Mensch*) prusten; stottern **3.** (AUTO) stottern **II.** *vt* (*~ out*) heraussprudeln; (*Drohung*) ausstoßen **III.** *s* **1.** Zischen *nt;* Spritzen, Sprühen *nt* **2.** Prusten *nt* **3.** (AUTO) Stottern *nt*

spu·tum ['spju:təm] *s* (MED) Auswurf *m*

spy [spaɪ] **I.** *vt* sehen, erspähen; **~ out** ausfindig machen; **~ out the land** (*fig*) die Lage peilen **II.** *vi* spionieren, Spionage treiben; **~ into s.th.** in etw herumspionieren; **~ on s.o.** jdn bespitzeln **III.** *s* Spion(in) *m(f),* Spitzel *m;* **spy·glass** *s* Fernglas *nt;* **spy·hole** *s* Guckloch *nt,* Spion *m;* **spy satellite** *s* Aufklärungs-, Spionagesatellit *m*

squabble ['skwɒbl] **I.** *vi* sich zanken, sich streiten **II.** *s* Zank, Streit *m*

squad [skwɒd] *s* **1.** (MIL) Korporalschaft *f* **2.** (*Polizei*) Kommando *nt;* Dezernat *nt* **3.** (SPORT) Mannschaft *f* **4.** (*Arbeiter*) Trupp *m;* **squad car** *s* (*Am*) Streifenwagen *m;* **squad·die** ['skwɔdɪ] *s* (*pej*) Gefreite(r) *m*

squad·ron ['skwɒdrən] *s* **1.** (MAR) Geschwader *nt* **2.** (*Kavallerie*) Schwadron *f* **3.** (AVIAT) Staffel *f*

squalid ['skwɒlɪd] *adj* **1.** schmutzig und verwahrlost **2.** (*Dasein*) elend, erbärmlich **3.** (*Motiv*) gemein, niederträchtig

squall [skwɔ:l] **I.** *s* **1.** Bö *f;* Gewitter *nt,* Sturm *m* **2.** Schrei *m* **II.** *vi* schreien; **squally** ['skwɔ:lɪ] *adj* böig; stürmisch

squalor ['skwɒlə(r)] *s* Schmutz *m;* Verkommenheit *f;* Verwahrlosung *f*

squan·der ['skwɒndə(r)] *vt* **1.** verschwenden, vergeuden **2.** (*Geld, fam*) durchbringen

square [skweə(r)] **I.** *s* **1.** (MATH) Quadrat *nt* **2.** Quadratzahl *f* **3.** Viereck, Rechteck *nt;* Kästchen, Karo *nt* **4.** Platz *m* **5.** (*Am*) Block *m* **6.** Winkelmaß *nt;* Zeichendreieck *nt* **7.** (*Schachbrett*) Feld *nt* **8.** (*sl*) Spießer *m;* **a 2 metre ~** 2 Meter im Quadrat; **cut in ~s** in Quadrate zuschneiden; **go back to ~ one** noch einmal von vorne anfangen; **be out of ~** nicht rechtwinklig sein; **be on the ~** (*fig*) in Ordnung sein; **be a ~** (*sl*) von gestern sein **II.** *adj* **1.** quadratisch; viereckig; vierkantig **2.** (*Winkel*) recht; rechtwinklig **3.** (*Klammer*) eckig **4.** (MATH) Quadrat- **5.** (*Essen*) anständig, ordentlich **6.** (*Spiel*) fair; ehrlich **7.** (*sl*) spießig; überholt; **2 ~ metres** 2 Quadratmeter; **be a ~ peg in a round hole** am falschen Platz sein; **give s.o. a ~ deal** jdn gerecht behandeln; **be ~** in Ordnung sein; **get ~ with s.o.** mit jdm abrechnen; **we are (all) ~** (SPORT) wir stehen alle gleich **III.** *adv* **1.** rechtwinklig **2.** direkt, genau **3.** ehrlich, fair; **fair and ~** offen und ehrlich **IV.** *vt* **1.** quadratisch, rechtwinklig machen **2.** (MATH) quadrieren **3.** (*Schulden*) begleichen; abrechnen mit **4.** (*fam*) schmieren; **~ one's shoulders** sich aufrichten; **try to ~ the circle** die Quadratur des Kreises versuchen; **3 ~d is 9** 3 hoch 2 ist 9; **~ one's accounts** abrechnen (*with* mit); **~ off** in Quadrate einteilen **V.** *vi* übereinstimmen; **~ up** abrechnen; **~ up to s.o.** jdm die Stirn bieten; **~ up to s.th.** sich einer S stellen; **square brackets** *s pl* eckige Klammern *fpl;* **square-built** [ˌskweə'bɪlt] *adj* breit gebaut, vierschrötig; stämmig; **square dance** *s* Squaredance *m;* **squared paper** *s*

Millimeterpapier *nt;* **square measure** *s* Flächenmaß *nt;* **square mile** *s* Quadratmeile *f;* **square number** *s* Quadratzahl *f;* **square-rig·ger** ['skweəˌrɪgə(r)] *s* Rahsegler *m;* **square root** *s* (MATH) Quadratwurzel *f*

squash[1] [skwɒʃ] **I.** *vt* **1.** zerdrücken, zermalmen; aus-, zerquetschen **2.** (*fig*) zum Schweigen bringen **3.** quetschen; **be ~ed to a pulp** zu Brei zerquetscht werden; **~ s.o. in** jdn einquetschen; **be ~ed together** eng zusammengepresst sein **II.** *vi* **1.** zerdrückt werden **2.** sich quetschen; **~ in** sich einquetschen **III.** *s* **1.** Fruchtsaftgetränk *nt;* Fruchtsaftkonzentrat *nt* **2.** Menschenmenge *f,* Gedränge *nt*

squash[2] [skwɒʃ] *s* Kürbis *m*

squash[3] [skwɒʃ] *s* (SPORT) Squash *nt;* **squash court** *s* Squashhalle *f;* **squash racket** *s* Squashschläger *m*

squashy ['skwɒʃɪ] *adj* weich; saftig; matschig

squat [skwɒt] **I.** *vi* **1.** hocken, kauern **2.** (*~ down*) sich hinhocken **3.** sich illegal ansiedeln; **~ in a house** ein Haus besetzt halten **II.** *adj* **1.** gedrungen, kompakt **2.** (*Stuhl*) niedrig **III.** *s* **1.** Unterschlupf *m* **2.** Hausbesetzung *f* **3.** besetztes Haus; **squat·ter** ['skwɒtə(r)] *s* Hausbesetzer(in) *m(f)*

squaw [skwɔː] *s* Squaw *f*

squawk [skwɔːk] **I.** *vi* **1.** schreien; kreischen **2.** (*fam*) protestieren **II.** *s* **1.** heiserer Schrei **2.** (*fam*) Protest *m*

squeak [skwiːk] **I.** *vi* **1.** quietschen, knarren **2.** (*Tier*) quieken **II.** *vt* quieksen **III.** *s* **1.** Quietschen, Kreischen *nt* **2.** (*Maus*) Piepsen *nt;* **have a narrow ~** mit knapper Not davonkommen; **squeaky** ['skwiːkɪ] *adj* quietschend, knarrend; **~ clean** blitzsauber

squeal [skwiːl] **I.** *vi* **1.** schreien, quieken; kreischen **2.** (*fam*) jammern **3.** (*fam*) verpfeifen, verraten (*on s.o.* jdn); **~ with pain** vor Schmerz aufheulen; **~ for s.o.** nach jdm schreien **II.** *vt* **1.** schreien, kreischen **2.** (*fam*) singen; petzen **III.** *s* Schrei *m;* Kreischen *nt;* Quieken *nt;* **squeal·er** ['skwiːlə] *s* (*sl*) **1.** (SCH) Petzer(in) *m(f)* **2.** Informant(in) *m(f)*

squeam·ish ['skwiːmɪʃ] *adj* **1.** (*Magen*) empfindlich; heikel **2.** (*fig*) überempfindlich, feinfühlig; **I felt a bit ~** mir war leicht übel; **I'm not ~** mir wird nicht so schnell übel; ich bin nicht so zimperlich

squee·gee [ˌskwiːˈdʒiː] *s* Gummiwischer *m;* (PHOT) Rollenquetscher *m*

squeeze [skwiːz] **I.** *vt* **1.** drücken; ausdrücken **2.** (*Orange*) auspressen, ausquetschen **3.** (*Hand*) einquetschen; **~ out water** Wasser herauspressen; **~ s.th. dry** etw auswringen; **~ money out of s.o.** Geld aus jdm herausquetschen; **be ~d to death** erdrückt werden **II.** *vi:* **~ in/out** sich hinein-/hinausdrängen; **~ past s.o.** sich an jdm vorbeidrücken; **~ through a hole** sich durch ein Loch zwängen **III.** *s* **1.** Drücken, Pressen *nt* **2.** Händedruck *m* **3.** Gedränge *nt* **4.** (*fig*) Spritzer *m* **5.** (FIN: *credit ~*) Kreditbeschränkung *f;* **give s.th. a ~** etw drücken; **it was a tight ~** es war fürchterlich eng; **be in a tight ~** in der Klemme sein; **put the ~ on s.o.** (*fig*) jdm die Daumenschrauben anlegen

squeezer ['skwiːzə(r)] *s* Presse *f*

squelch [skweltʃ] **I.** *vt:* **~ one's way through s.th.** durch etw platschen **II.** *vi* platschen, quatschen **III.** *s* Platschen, Glucksen *nt*

squib [skwɪb] *s* Knallfrosch *m;* **a damp ~** (*fig*) ein Reinfall

squid [skwɪd] *s* Tintenfisch *m*

squiggle ['skwɪgl] *s* Schnörkel *m*

squint [skwɪnt] **I.** *vi* **1.** schielen (*at* nach) **2.** blinzeln **II.** *s* **1.** Schielen *nt* **2.** Seitenblick *m;* **have a ~ at s.th.** einen Blick auf etw werfen **III.** *adj* schief; **squint- eyed** [ˌskwɪntˈaɪd] *adj* schielend

squire ['skwaɪə(r)] *s* **1.** (HIST) Knappe *m* **2.** (*früher*) Gutsbesitzer *m*

squirm [skwɜːm] *vi* sich winden, sich krümmen; schaudern

squir·rel ['skwɪrəl] *s* Eichhörnchen *nt*

squirt [skwɜːt] **I.** *vi* spritzen **II.** *vt* an-, bespritzen; **~ water at s.o.** jdn mit Wasser bespritzen **III.** *s* **1.** Spritzer *m* **2.** Spritze *f* **3.** (*fam*) Pimpf *m*

Sri Lan·ka [ˌsriːˈlæŋkə] *s* Sri Lanka *nt;* **Sri Lan·kan** [ˌsriːˈlæŋkən] **I.** *adj* srilankisch **II.** *s* Srilanker(in) *m(f)*

St *s Abk. von* **Saint** St., Sankt

St.[1] *s Abk. von* **Street** Str., Straße *f*

St.[2] *s s.* **Strait** Straße, Meerenge *f*

stab [stæb] **I.** *vt* **1.** einen Stich versetzen (*s.o.* jdm), einstechen auf **2.** niederstechen; **~ s.o. to death** jdn erstechen; **~ s.o. with a knife** jdn mit einem Messerstich verletzen; **~ s.o. in the back** (*fig*) jdm in den Rücken fallen **II.** *vi:* **~ at s.o.** nach jdm stechen; auf jdn zeigen **III.** *s* Stich *m;* **~ wound** Stichwunde *f;* **feel a ~ of conscience** ein schlechtes Gewissen haben; **a ~ in the back** (*fig*) ein Dolchstoß; **stab·bing** ['-ɪŋ] *adj* (*Schmerz*) stechend

sta·bil·ity [stəˈbɪlətɪ] *s* **1.** Stabilität *f* **2.** (*fig*) Beständigkeit, Dauerhaftigkeit *f;* **sta·bil·iz·ation** [ˌsteɪbəlaɪˈzeɪʃn] *s* Stabilisierung *f;* **sta·bil·ize** ['steɪbəlaɪz] **I.** *vt* stabilisieren **II.** *vi* sich stabilisieren; **sta·bil-**

S

izer ['steɪbəlaɪzə(r)] *s* Stabilisator *m;* **sta·bil·iz·ing fin** [ˌsteɪbɪlaɪzɪŋ 'fɪn] *s* (MAR, AVIAT) Stabilisierungsflosse *f*

stable[1] ['steɪbl] *adj* **1.** fest, stabil; sicher **2.** (*fig*) beständig, dauerhaft **3.** (*Charakter*) gefestigt; **his condition is** ~ sein Zustand ist stabil

stable[2] ['steɪbl] **I.** *s* Stall *m;* **be out of the same** ~ (*fig*) aus dem gleichen Stall stammen **II.** *vt* in den Stall bringen; **stable-boy, stable-lad** *s* Stallknecht *m*

stack [stæk] **I.** *s* **1.** Stapel, Stoß, Haufen *m* **2.** (Heu)Schober *m* **3.** Gewehrpyramide *f* **4.** (*fam*) Haufen *m* **5.** **~s** (*Bibliothek*) Magazin *nt* **6.** (GEOL) Felssäule *f;* **be in the** ~ (AVIAT) Warteschleifen ziehen; **have ~s of time** jede Menge Zeit haben **II.** *vt* **1.** stapeln **2.** (*Am: Karten*) packen; ~ **up** aufstapeln; **the cards are ~ed against us** wir haben keine großen Chancen **III.** *vi* sich stapeln lassen

sta·dium ['steɪdɪəm] *s* Stadion *nt*

staff [stɑːf] **I.** *s* **1.** Personal *nt;* Lehrkörper *m;* Mitarbeiterstab *m* **2.** Stab *m;* Stock *m* **3.** (*fig*) Stütze *f* **4.** (MIL) Stab *m* **5.** (*pl: staves*) Notensystem *nt;* **be on the** ~ zum Personal gehören; **administrative** ~ Verwaltungsstab *m;* **editorial** ~ Redaktion *f;* **a large** ~ viel Personal; ~ **of office** Amtsstab *m;* **the** ~ **of life** das wichtigste Nahrungsmittel **II.** *vt* Personal einstellen für; **be well ~ed** gut besetzt sein; **staff agency** *s* Personalvermittlung *f;* **staff association** *s* Personalvertretung *f;* **staff costs** *s pl* Personalkosten *pl;* **staff·ing** ['stɑːfɪŋ] *s* Stellenbesetzung *f;* ~ **levels** Personalbestand *m;* **staff nurse** *s* (*Br*) vollausgebildete Krankenschwester; **staff officer** *s* (MIL) Stabsoffizier *m;* (*Universität*) Personalbeauftragte(r) *f m;* **staff room** *s* Lehrerzimmer *nt*

stag [stæg] **I.** *s* **1.** Hirsch *m* **2.** (COM) Neuemissionsspekulant(in) *m (f)* **II.** *vt* (*mit einer Neuemission*) spekulieren

stag beetle *s* Hirschkäfer *m*

stage [steɪdʒ] **I.** *s* **1.** (THEAT) Bühne *f* **2.** Podium *nt* **3.** Stadium *nt;* Phase *f* **4.** (*Rennen*) Abschnitt *m,* Etappe *f* **5.** Teilstrecke, Zahlgrenze *f* **6.** (*~coach*) Postkutsche *f* **7.** (*Rakete*) Stufe *f;* **the** ~ das Theater, die Bühne; **be on the** ~ beim Theater sein; **go on** ~ die Bühne betreten; **come off** ~ von der Bühne abtreten; **hold the** ~ die Szene beherrschen; **at this** ~ **in the game** zu diesem Zeitpunkt; **in the early ~s** im Anfangsstadium; **experimental** ~ Versuchsstadium *nt;* **in** [*o* **by**] **~s** etappenweise **II.** *vt* **1.** (*Stück*) auf die Bühne bringen, aufführen **2.** (*fig*) inszenieren; arrangieren, veranstalten; ~ **a comeback** sein Comeback machen; **stage·coach** *s* Postkutsche *f;* **stage direction** *s* Bühnenanweisung *f;* **stage door** *s* Künstlereingang *m;* **stage effect** *s* Bühnenwirkung *f;* **stage fright** *s* Lampenfieber *nt;* **suffer from** ~ Lampenfieber haben; **stage·hand** *s* Bühnenarbeiter(in) *m(f);* **stage-manage** *vt* inszenieren, Inspizient sein bei; **stage manager** *s* Inspizient *m;* **stage name** *s* Künstlername *m;* **stager** ['steɪdʒə(r)] *s:* **be an old** ~ ein alter Hase sein; **stage-struck** ['steɪdʒstrʌk] *adj* theaterbegeistert; **stage whisper** *s* Bühnengeflüster *nt*

stag·fla·tion [ˌstæg'fleɪʃn] *s* (FIN) Stagflation *f*

stag·ger ['stægə(r)] **I.** *vi* (sch)wanken, taumeln; torkeln **II.** *vt* **1.** (*Nachrichten*) den Atem verschlagen (*s.o.* jdm) **2.** (*Ferien*) staffeln, stufen **III.** *s* Wanken, Schwanken, Taumeln *nt;* **give a** ~ taumeln, schwanken; **stag·gered** ['stægəd] *adj* **1.** gestaffelt **2.** (*fig*) überrascht, verblüfft; **stag·ger·ing** ['stægərɪŋ] *adj* **1.** (sch)wankend, torkelnd **2.** (*fig*) atemberaubend, umwerfend; **give s.o. a** ~ **blow** jdm einen Schlag versetzen

stag·ing ['steɪdʒɪŋ] *s* **1.** Inszenierung *f* **2.** Bühne *f*

stagn·ant ['stægnənt] *adj* **1.** (*Wasser*) stehend, abgestanden **2.** (*Luft*) verbraucht **3.** (*fig*) träge, untätig **4.** (COM) stagnierend; **stag·nate** [stæg'neɪt] *vi* **1.** stagnieren **2.** (*Wasser*) abstehen **3.** (*Luft*) verbraucht werden **4.** (*Handel*) stocken, stagnieren **5.** (*Geist*) einrosten; **stag·na·tion** [stæg'neɪʃn] *s* **1.** Stagnation, Stockung *f* **2.** (COM) Flaute, Lustlosigkeit *f* **3.** (*Geist*) Verlangsamung *f*

stag night, stag party ['stægnaɪt, -pɑːtɪ] *s* (*fam*) Herrengesellschaft *f,* -abend *m* (*besonders vor einer Hochzeit*)

stagy ['steɪdʒɪ] *adj* theatralisch

staid [steɪd] *adj* gesetzt, ruhig, gelassen

stain [steɪn] **I.** *vt* **1.** beflecken **2.** beizen; färben **II.** *vi* **1.** Flecken hinterlassen **2.** fleckig werden **III.** *s* **1.** Fleck *m* **2.** (*fig*) Schandfleck *m* **3.** Farbe *f,* Farbstoff *m;* Beize *f;* ~ **remover** Fleckenentferner *m;* **without a** ~ **on his character** ohne Makel; **stained** [steɪnd] *adj* **1.** (*Glas*) bunt **2.** (*Kleid*) fleckig, befleckt; **~- glass window** Buntglasfenster *nt;* **stain·less** ['-lɪs] *adj* **1.** flecken-, makellos **2.** (*Stahl*) rostfrei; ~ **steel** rostfreier (Edel)Stahl; **"~ steel"** „rostfrei"

stair [steə(r)] *s* **1.** (Treppen)Stufe *f* **2.** **~s** Treppe *f;* **at the top of the ~s** oben an der Treppe; **stair carpet** *s* Treppenläufer *m;* **stair·case** *s* Treppe *f;* Treppenhaus *nt;* **stair rail** *s* Treppengeländer *nt;* **stair·way**

['steəweɪ] *s* Treppenhaus *nt;* **stair·well** ['steəwel] *s* Teppenhaus *nt*

stake [steɪk] **I.** *s* **1.** Pfahl, Pfosten, Pflock *m* **2.** Scheiterhaufen *m* **3.** (*Spiel*) Einsatz *m* **4.** (COM) Anteil *m* **5.** ~**s** Gewinn *m;* **die at** [*o* **go to**] **the** ~ auf dem Scheiterhaufen sterben; **be at** ~ auf dem Spiel stehen; **have a** ~ **in s.th.** einen Anteil an etw haben **II.** *vt* **1.** (*Tier*) anpflocken **2.** (~ *up*) hochbinden **3.** (*Wette*) setzen (*on* auf); ~ **one's life on s.th.** seine Hand für etw ins Feuer legen; ~ **a claim to s.th.** ein Anrecht auf etw sichern; ~ **out** abstecken; (*sl*) überwachen; **stake·hold·er** *s* Teilhaber(in) *m(f)*

stake-out ['steɪkaʊt] *s* (*Am sl*) Überwachung *f*

stal·ac·tite ['stæləktaɪt] *s* (GEOL) Stalaktit *m;* **stal·ag·mite** ['stæləgmaɪt] *s* (GEOL) Stalagmit *m*

stale [steɪl] *adj* **1.** (*Bier*) schal, abgestanden **2.** (*Brot*) altbacken **3.** (*Fleisch, Ei*) nicht mehr ganz frisch **4.** (*Wasser, Luft*) verbraucht **5.** (*fig*) abgegriffen, abgedroschen

stale·mate ['steɪlmeɪt] **I.** *s* **1.** (*Schach*) Patt *nt* **2.** (*fig*) Sackgasse *f,* Patt *nt,* Pattsituation *f* **II.** *vt* **1.** (*Schach*) patt setzen **2.** (*fig*) matt setzen

stalk[1] [stɔːk] **I.** *vi* **1.** stolzieren **2.** (*Jagd*) pirschen **II.** *vt* **1.** (*Jagd*) sich heranpirschen an **2.** (*fig*) sich anschleichen an

stalk[2] [stɔːk] *s* (BOT) Stengel, Halm *m;* Strunk *m*

stalking-horse ['stɔːkɪŋˌhɔːs] *s* (POL) Strohmann *m*

stall [stɔːl] **I.** *s* **1.** Box, Bucht *f* **2.** (Markt)Bude *f,* (Verkaufs)Stand *m* **3.** (REL) Kirchenstuhl *m* **4.** ~**s** (*Br*) Theater-Parkett *nt* **5.** (AVIAT) überzogener Flug **II.** *vt* **1.** (*Kuh*) einstellen **2.** (*Flugzeug*) überziehen **3.** (AUTO) abwürgen **4.** (*fig*) aufschieben, hinhalten, vertrösten **III.** *vi* **1.** (AUTO) absterben **2.** (AVIAT) überziehen **3.** (*fig*) Zeit schinden; ~ **on a decision** eine Entscheidung hinauszögern; ~ **for time** versuchen, Zeit zu gewinnen; **stall·holder** ['stɔːlˌhəʊldə(r)] *s* Marktstandbesitzer(in) *m(f)*

stal·lion ['stælɪən] *s* (Zucht)Hengst *m*

stal·wart ['stɔːlwət] **I.** *adj* **1.** kräftig, robust **2.** (*Glaube*) unentwegt, unerschütterlich **II.** *s* treuer Anhänger

sta·men ['steɪmen] *s* (BOT) Staubfaden *m*

stam·ina ['stæmɪnə] *s* Stehvermögen, Durchhaltevermögen *nt*

stam·mer ['stæmə(r)] **I.** *vt* stammeln **II.** *vi* stottern **III.** *s* Stottern *nt;* **stam·merer** ['stæmərə(r)] *s* Stotterer *m,* Stotterin *f*

stamp [stæmp] **I.** *vt* **1.** (zer)stampfen **2.** (*Brief*) frankieren **3.** (*Papier*) stempeln; prägen; aufprägen **4.** (*fig*) ausweisen (*as* als); ~ **one's foot** mit dem Fuß aufstampfen; ~ **the ground** auf den Boden stampfen; ~ **on** aufprägen; **have** ~**ed on s.o.'s memory** sich jdm eingeprägt haben; ~ **out** austreten; ausrotten; unterdrücken; (TECH) ausstanzen; ~**ed addressed envelope, s.a.e.** frankierter Rückumschlag **II.** *vi* stampfen, trampeln; (TECH) stanzen; ~ **in** hineinstapfen **III.** *s* **1.** Briefmarke *f* **2.** (Stempel)Marke *f* **3.** (Rabatt)Marke *f* **4.** Aufkleber *m* **5.** Stempel *m;* **collect** ~**s** Briefmarken sammeln; **a man of his** ~ ein Mann seines Schlags; **bear the** ~ **of the expert** den Stempel des Experten tragen; **stamp album** *s* Briefmarkenalbum *nt;* **stamp collector** *s* Briefmarkensammler(in) *m(f);* **stamp dealer** *s* Briefmarkenhändler(in) *m(f);* **stamp duty** *s* Stempelgebühr *f*

stam·pede [stæm'piːd] **I.** *s* wilde Flucht; Massenansturm *m* (*on* auf) **II.** *vt* in Panik versetzen; ~ **s.o. into doing s.th.** jdn dazu drängen etw zu tun **III.** *vi* durchgehen; losstürmen (*for* auf)

stamp·ing ground ['stæmpɪŋˌgraʊnd] *s* (*fam*) Lieblingsaufenthalt *m*

stamp pad *s* Stempelkissen *nt*

stance [stɑːns] *s* **1.** Haltung *f,* Stand *m* **2.** Einstellung *f*

stand [stænd] <*irr:* stood, stood> **I.** *s* **1.** Platz, Standort *m* **2.** (*fig*) Standpunkt *m,* Einstellung *f* (*on* zu) **3.** (MIL) Widerstand *m* **4.** (*Taxi*) Stand *m* **5.** (THEAT) Gastspiel *nt* **6.** Ständer *m* **7.** (*Markt*) Stand *m* **8.** Podium *nt* **9.** (SPORT) Tribüne *f* **10.** (*Am: bei Gericht*) Zeugenstand *m;* **take a** ~ eine Einstellung vertreten **II.** *vt* **1.** stellen **2.** (*Druck*) standhalten; gewachsen sein (*s.th.* einer S) **3.** (*Klima*) vertragen **4.** (*Lärm*) ertragen, aushalten **5.** (*Verlust*) verkraften; **I can't** ~ **him** ich kann ihn nicht ausstehen; ~ **s.o. a drink** jdm einen Drink spendieren; ~ **a round** (*fam*) eine Runde schmeißen **III.** *vi* **1.** stehen; aufstehen **2.** (*Baum*) hoch, groß sein **3.** (*fig*) bestehen bleiben **4.** (*Versprechen*) gelten; gültig bleiben **5.** (*Rekord*) stehen **6.** (*Thermometer*) stehen (*at* auf); ~ **still** still stehen; ~ **as a candidate** kandidieren; ~ **to lose a lot** Gefahr laufen eine Menge zu verlieren; **how do we** ~**?** wie stehen wir?; **as things** ~ nach Lage der Dinge; **as it** ~**s** so wie die Sache aussieht; ~ **alone** unerreicht sein; ~**-alone terminal** (INFORM) autonome Datenstation; ~ **in the way of s.th./s.o.** (*fig*) etw verhindern/jdm im Wege stehen; **stand about** *vi* herumstehen; **stand apart** *vi* abseits stehen; sich

S

fernhalten; **stand aside** *vi* auf die Seite treten, beiseite treten; abseits stehen; zurücktreten; **stand back** *vi* **1.** zurücktreten; zurückstehen **2.** (*fig*) Abstand nehmen; **stand by** *vi* **1.** danebenstehen; herumstehen **2.** sich bereithalten; ~ **by and do nothing** tatenlos zusehen; ~ **by for further news** auf weitere Nachrichten warten; ~ **by a promise** ein Versprechen halten; **stand down** *vi* **1.** verzichten, zurücktreten **2.** (JUR) den Zeugenstand verlassen **3.** (MIL) aufgelöst werden; **stand for** *vi* **1.** kandidieren für, sich zur Wahl stellen für **2.** stehen für **3.** hinnehmen, sich gefallen lassen; ~ **for election** kandidieren; **stand in** *vi* einspringen; **stand off** *vi* (MAR) seewärts anliegen; **stand out** *vi* **1.** (her)vorstehen, vorragen **2.** (*Kontrast*) hervorstechen, auffallen; ~ **out against s.th.** sich von etw abheben; weiterhin gegen etw Widerstand leisten; ~ **out for s.th.** auf etw bestehen; **stand over** *vi* **1.** liegen bleiben **2.** (*fig*) auf die Finger sehen (*s.o.* jdm); **stand up I.** *vi* **1.** aufstehen; stehen **2.** (*Argument*) überzeugen **II.** *vt* **1.** hinstellen **2.** (*fam*) versetzen; ~ **up for s.o.** für jdn eintreten; ~ **up to s.th.** einer S standhalten; einer S gewachsen sein; ~ **up to s.o.** sich jdm gegenüber behaupten

stand-alone I. *s* (*Computer*) eigenständiges Gerät **II.** *adj:* ~ **company** unabhängiges Unternehmen

stan·dard ['stændəd] **I.** *s* **1.** Norm *f;* Maßstab *m* **2.** ~**s** sittliche Maßstäbe *mpl* **3.** Niveau *nt* **4.** (COM) Maßeinheit *f,* Standard *m;* Münzfuß *m* **5.** Mast *m* **6.** Flagge, Fahne *f;* Stander *m;* **set a good** ~ Maßstäbe setzen; **above/below** ~ über/unter der Norm; **be up to** ~ den Anforderungen genügen; **conform to society's** ~**s** den Wertvorstellungen der Gesellschaft entsprechen; ~ **of living** Lebensstandard *m;* **of high/low** ~ von hohem/niedrigem Niveau; **industry** ~ Industrienorm *f;* **monetary** ~ Währungsstandard *m* **II.** *adj* **1.** üblich; Standard-; Normal- **2.** (*Arbeit*) durchschnittlich **3.** (LING) gebräuchlich; ~ **English** korrektes Englisch; ~ **German** Hochdeutsch *nt;* ~ **agreement** [*o* **contract**] Mustervertrag *m;* ~ **letter** Standard-, Formbrief *m;* (INFORM) Serienbrief *m;* ~ **time** Normalzeit *f*

standard-bearer ['stændəd,beərə(r)] *s* Fahnenträger(in) *m(f);* **standard gauge** *s* (RAIL) Normalspur(weite) *f*

stan·dard·iz·ation [,stændədaɪ'zeɪʃn] *s* **1.** Normung, Standardisierung *f* **2.** Vereinheitlichung *f;* **stan·dard·ize** ['stændədaɪz] *vt* **1.** normen **2.** vereinheitlichen

stan·dard lamp ['stændədlæmp] *s* Stehlampe *f;* **standard quality** *s* (COM) Standard *m;* **standard size** *s* Normalgröße *f*

stand·by ['stændbaɪ] **I.** *s* **1.** Ersatzmann, Ersatz *m* **2.** (SPORT) Ersatzspieler(in) *m(f)* **3.** (AVIAT) Entlastungsflugzeug *nt* **4.** Stand-by-Ticket *nt;* **on** ~ in Bereitschaft; **be on 24-hour** ~ 24 Stunden Bereitschaftsdienst haben **II.** *adj* Reserve-, Ersatz-; Standby-;

stand-in ['stændɪn] *s* (FILM) Double *nt;* Ersatzmann *m;* Ersatz *m,* Stellvertreter(in) *m(f)*

stand·ing ['stændɪŋ] **I.** *adj* **1.** ständig; bestehend **2.** (MIL) stehend **3.** aus dem Stand **4.** (*Ticket*) Stehplatz- **5.** (*Stein*) stehend; **it's a** ~ **joke** es ist schon ein Witz geworden; ~ **order** (COM) Dauerauftrag *m;* ~ **orders** (MIL) Vorschrift *f;* ~ **room only** nur Stehplätze; **receive a** ~ **ovation** stürmischen Beifall ernten **II.** *s* **1.** Rang, Stand *m,* Stellung *f;* Position *f* **2.** Ruf *m,* Ansehen *nt* **3.** Dauer *f;* **of high** ~ von hohem Rang; von hohem Ansehen; **be in good** ~ **with s.o.** gute Beziehungen zu jdm haben; **of long** ~ alt, langjährig; von langer Dauer

stand-of·fish [,stænd'ɒfɪʃ] *adj* hochnäsig; reserviert; **stand·pipe** ['stændpaɪp] *s* Steigrohr *nt;* **stand·point** ['stændpɔɪnt] *s* Standpunkt *m;* **stand·still** ['stændstɪl] *s* Stillstand *m;* **be at a** ~ stocken; ruhen, stillstehen; **come to a** ~ stehen bleiben; ins Stocken geraten, zum Stillstand kommen; **stand trial** *vi* unter Anklage stehen; **stand-up** ['stænd,ʌp] *adj* **1.** Steh- **2.** (*Essen*) im Stehen; ~ **comedian** Alleinunterhalter(in) *m(f);* ~ **fight** Schlägerei *f*

stank [stæŋk] *s.* **stink**

stan·za ['stænzə] *s* Stanze, Strophe *f*

staple[1] ['steɪpl] **I.** *s* **1.** Klammer *f* **2.** Heftklammer *f* **II.** *vt* heften

staple[2] ['steɪpl] **I.** *s* **1.** Haupterzeugnis *nt;* Ausgangsmaterial *nt* **2.** Hauptnahrungsmittel *nt* **3.** Rohbaumwolle *f;* Rohwolle *f* **II.** *adj* Grund-; Haupt-; ~ **diet** Grundnahrung *f*

sta·pler ['steɪplə(r)] *s* Heftmaschine *f,* Hefter *m*

star [stɑː(r)] **I.** *s* **1.** Stern *m* **2.** (TYP) Sternchen *nt* **3.** (*Person*) Star *m;* **the Stars and Stripes** das Sternenbanner; **be born under a lucky** ~ unter einem glücklichen Stern geboren sein; **thank one's lucky** ~**s** von Glück sagen; **it's all in the** ~**s** es steht alles in den Sternen; **see** ~**s** Sterne sehen; **Star Wars** Krieg *m* der Sterne **II.** *adj* Haupt-; Star- **III.** *vt* **1.** mit Sternen versehen **2.** (*fig*) übersäen; ~ **s.o.** jdn in der Hauptrolle zeigen; ~**ring ...** in der Hauptrolle ... **IV.** *vi* die Hauptrolle spielen; **star bil·ling** [,stɑː'bɪlɪŋ]: **get** ~ auf Plakaten groß herausgestellt werden

star·board ['stɑːbəd] **I.** *s* (MAR) Steuerbord *nt* **II.** *adv* (nach) Steuerbord

starch [stɑːtʃ] **I.** *s* Stärke *f* **II.** *vt* (*Wäsche*) stärken; **starchy** ['stɑːtʃɪ] *adj* **1.** stärkehaltig **2.** (*fig*) steif, förmlich, formell

star·dom ['stɑːdəm] *s* (FILM) Berühmtheit *f*

stare [steə(r)] **I.** *vi* starren; große Augen machen, die Augen weit aufreißen; ~ **at s.o.** jdn anstarren; ~ **at s.o. in horror** jdn entsetzt anstarren **II.** *vt:* **the answer was staring us in the face** die Antwort lag klar auf der Hand; ~ **down** [*o* **out**] durch Anstarren aus der Fassung bringen **III.** *s* starrer Blick; **give s.o. a** ~ jdn anstarren

star·fish ['stɑːfɪʃ] <*pl* -> *s* Seestern *m;* **star·gazer** ['stɑːˌgeɪzə(r)] *s* (*hum*) Sterngucker(in) *m(f)*

star·ing ['steərɪŋ] *adj* starrend; ~ **eyes** starrer Blick

stark [stɑːk] **I.** *adj* **1.** (*Kontrast*) krass **2.** (*Armut, Wahrheit*) nackt **3.** (*Kleidung*) schlicht **4.** (*Verrücktheit*) schier, rein **5.** (*Klippen*) nackt, kahl **6.** (*Licht*) grell **7.** (*Farbe*) eintönig **II.** *adv* völlig, gänzlich; ~- **naked** splitter(faser)nackt; ~ **raving mad** (*fam*) total verrückt; **star·kers** ['stɑːkə(r)s] *adj* (*fam*) splitternackt

star·less ['stɑːlɪs] *adj* sternenlos; **star·let** ['stɑːlɪt] *s* (THEAT FILM) Filmsternchen, Starlet *nt;* **star·light** ['stɑːlaɪt] *s* Sternenlicht *nt*

star·ling ['stɑːlɪŋ] *s* (*Vogel*) Star *m*

star·lit ['stɑːˌlɪt] *adj* sternhell, -klar; **starry** ['stɑːrɪ] *adj* **1.** sternenklar **2.** (*Augen*) strahlend, leuchtend; **starry-eyed** [ˌstɑːrɪ'aɪd] *adj* romantisch; arglos; **star-spangled** ['stɑːˌspæŋgld] *adj* mit Sternen besät; **Star-Spangled Banner** (*in den USA*) Sternenbanner *m;* **star-stud·ded** [ˌstɑː'stʌdɪd] *adj* (FILM) mit zahlreichen Stars in den Hauptrollen

start[1] [stɑːt] **I.** *s* Zusammenfahren *nt;* Aufschrecken *nt;* **give s.o. a** ~ jdn erschrecken; **wake with a** ~ aus dem Schlaf hochschrecken **II.** *vi* auf-, hochschrecken; zusammenfahren; ~ **from one's chair** aus dem Stuhl hochfahren; **tears ~ed to her eyes** Tränen traten ihr in die Augen; ~ **up** auf-, hochschrecken **III.** *vt* aufscheuchen (*from* aus)

start[2] [stɑːt] **I.** *vi* **1.** beginnen, anfangen **2.** (*Maschine*) anspringen, starten **3.** anfahren **4.** (*Bus*) abfahren **5.** (*Boot*) ablegen **6.** (*Gerücht*) in Umlauf kommen; ~**ing from ...** ab ...; ~ **for home** sich auf den Heimweg machen, aufbrechen; ~ **for work** zur Arbeit gehen; **to** ~ **off with** erstens; zunächst; ~ **after s.o.** jdn verfolgen; **get ~ed** anfangen; ~ **on a journey** sich auf eine Reise machen; ~ **talking** zu sprechen beginnen **II.** *vt* **1.** anfangen mit; beginnen; antreten **2.** (SPORT) starten **3.** (*Zug*) abfahren lassen **4.** (*Gerücht*) in Umlauf setzen **5.** (*Reaktion*) auslösen **6.** (*Feuer*) anzünden **7.** (*Firma*) gründen **8.** (*Motor*) anlassen; ~ **work** anfangen zu arbeiten; ~ **smoking** mit dem Rauchen anfangen; ~ **s.o. thinking** jdn nachdenklich machen; ~ **s.o. on a career** jdm zu einer Karriere verhelfen **III.** *s* **1.** Beginn, Anfang *m* **2.** (SPORT) Start *m* **3.** (*Reise*) Aufbruch *m* **4.** (*Gerücht*) Ausgangspunkt *m* **5.** (SPORT) Vorsprung *m* (*over* vor); **at the** ~ am Anfang; **for a** ~ fürs Erste; zunächst einmal; **from the** ~ von Anfang an; **from** ~ **to finish** von Anfang bis Ende; **give s.o. a good** ~ **in life** jdm eine gute Starthilfe geben; **a head** ~ ein Vorsprung, Vorteil *m;* **make a** ~ **on s.th.** mit etw anfangen; **make an early** ~ frühzeitig aufbrechen; **start back** *vi* sich auf den Rückweg machen; **start in** *vi* (*fam*) loslegen, anfangen; ~ **in on s.th.** sich an etw machen; **start off I.** *vi* **1.** anfangen; losgehen **2.** (*Reise*) aufbrechen **3.** (SPORT) starten **II.** *vt* anfangen; ~ **s.o. off talking** jdm das Stichwort geben; ~ **s.o. off on s.th.** jdn auf etw bringen; **start out** *vi* **1.** (*fam*) aufbrechen **2.** anfangen, beginnen; ~ **out on a journey** sich auf eine Reise machen, begeben; **start up I.** *vi* **1.** anspringen; in Gang kommen **2.** anfangen **II.** *vt* (AUTO) anlassen; in Gang bringen, in Bewegung setzen, ankurbeln

starter ['stɑːtə(r)] *s* **1.** (*Rennen*) Teilnehmer(in) *m(f)* **2.** (SPORT) Starter(in) *m(f)* **3.** (AUTO) Starter, Anlasser *m* **4.** (*Essen*) Vorspeise *f;* **be under ~'s orders** auf das Startkommando warten; **be a slow** ~ langsam in Schwung kommen; **for ~s** (*sl*) für den Anfang

start·ing ['stɑːtɪŋ] *adj* Start-, Anfangs-; ~ **block** Startblock *m;* ~ **gate** (*Pferderennen*) Startmaschine *f;* ~ **grid** (*Autorennen*) Start(platz) *m;* ~ **gun** Startpistole *f;* ~ **point** Ausgangspunkt *m;* ~ **post** Startpflock *m;* ~ **salary** Anfangsgehalt *nt*

startle ['stɑːtl] **I.** *vt* erschrecken; aufschrecken **II.** *vi:* **he ~s easily** er ist sehr schreckhaft; **start·ling** ['stɑːtlɪŋ] *adj* erschreckend, überraschend; alarmierend; aufregend

start·up ['stɑːtʌp] *s* **1.** Neugründung *f* **2.** Inbetriebnahme *f;* ~ **capital** Startkapital *nt;* ~ **costs** Anlaufkosten *pl*

star·va·tion [stɑː'veɪʃn] *s* Aushungern *nt;* Hunger *m;* **die of** ~ verhungern; **live on a** ~ **diet** Hunger leiden; **starvation diet** *s*

S

Hungerkur, Nulldiät *f;* **starvation wages** *s pl* Hungerlohn *m;* **starve** [stɑːv] **I.** *vi* verhungern; hungern; ~ **to death** verhungern; **I'm starving!** (*fam*) ich sterbe vor Hunger!; ~ **for s.th.** nach etw hungern **II.** *vt* hungern lassen; aushungern; verhungern lassen; ~ **o.s.** hungern; ~ **s.o. of s.th.** jdm etw vorenthalten; **be ~d of affection** zu wenig Zuneigung erfahren; ~ **out** aushungern

stash [stæʃ] *vt* (~ *away, sl*) verschwinden lassen; beiseite schaffen

state [steɪt] **I.** *s* **1.** Zustand *m* **2.** Stand, Rang *m* **3.** Pomp, Aufwand *m* **4.** (POL) Staat *m;* ~ **of health** Gesundheitszustand *m;* **single** ~ Ledigenstand *m;* **the** ~ **of the nation** die Lage der Nation; **in a liquid** ~ im flüssigen Zustand; **in a good** ~ in gutem Zustand; **what a** ~ **of affairs!** was sind das für Zustände!; **get into a** ~ (**about s.th.**) (wegen etw) durchdrehen; **travel in** ~ pompös reisen; **lie in** ~ aufgebahrt sein; **the States** die Vereinigten Staaten *mpl;* **affairs of** ~ Staatsangelegenheiten *fpl* **II.** *vt* darlegen, vortragen; nennen; angeben; ~ **that …** feststellen, dass …; ~ **one's case** seine Sache vortragen; **unless otherwise ~d** wenn nicht ausdrücklich anders festgestellt **III.** *adj* staatlich, Staats-; bundesstaatlich; **~-aided** staatlich gefördert; ~ **bank** Staatsbank *f;* **state-con·trolled** ['steɪtkən,trəʊld] *adj* unter staatlicher Aufsicht, staatlich gelenkt; **state·craft** ['steɪtkrɑːft] *s* die Staatskunst; **stated** ['steɪtɪd] *adj* **1.** (*Summe*) angegeben, genannt **2.** (*Betrag*) festgesetzt; **at the** ~ **intervals** in den festgelegten Abständen; **on the date** ~ zum festgesetzten Termin; **State Department** *s* (*in den USA*) Außenministerium *nt;* **state education** *s* staatliche Erziehung; (*System*) staatliches Erziehungswesen; **state·less** ['steɪtlɪs] *adj* staatenlos

state·li·ness ['steɪtlɪnɪs] *s* Stattlichkeit, Würde *f;* **state·ly** ['steɪtlɪ] *adj* **1.** stattlich, würdig, würdevoll **2.** (*Schritte*) gemessen **3.** (*Schloss*) prächtig

state·ment ['steɪtmənt] *s* **1.** Darstellung *f* **2.** Feststellung *f;* Behauptung *f;* Erklärung, Stellungnahme *f;* Aussage *f* **3.** (PHILOS) Behauptung, These *f* **4.** (FIN) Rechnung *f;* Auszug *m;* **a clear** ~ **of the facts** eine klare Feststellung der Tatsachen; **make a** ~ **to the press** eine Presseerklärung abgeben; ~ **of account** Abrechnung *f;* ~ **of expenses** Spesenaufstellung *f*

state-of-the-art ['steɪtəvðiː,ɑːt] *adj:* ~ **technology** neueste Technik, Spitzentechnologie *f*

state-owned ['steɪt,əʊnd] *adj* staatseigen; **state prison** *s* Staatsgefängnis *nt;* **state·room** ['steɪtrʊm] *s* **1.** (MAR) Kabine *f* **2.** (*Am: in Zug*) Privatabteil *nt;* **state school** *s* staatliche Schule; **State's evidence** *s* (*Am: vor Gericht*) Aussage *f* eines Kronzeugen; **turn** ~ als Kronzeuge auftreten; **state·side** ['steɪtsaɪd] *adj* (*Am*) in den Staaten; aus den Staaten; **states·man** ['steɪtsmən] <*pl* **-men**> *s* Staatsmann *nt;* **states·man·ship** [-ʃɪp] *s* Staatskunst *f;* **state visit** *s* Staatsbesuch *m*

static ['stætɪk] *adj* **1.** (PHYS) statisch **2.** (*fig*) konstant; feststehend; **stat·ics** ['stætɪks] *s pl* **1.** (RADIO) atmosphärische Störungen *fpl* **2.** *mit sing* Statik *f*

sta·tion ['steɪʃn] **I.** *s* **1.** Station *f* **2.** (*Polizei*) Wache *f* **3.** (*space* ~) Raumstation *f* **4.** (RAIL) Bahnhof *m,* Station *f* **5.** (MIL) Stellung *f,* Posten *m* **6.** (*Australien*) Farm *f* **7.** (TV) Sender *m,* Sendestation *f* **8.** Platz *m* **9.** Stand, Rang *m;* **at the** ~ auf dem Bahnhof; **work** ~ Arbeitsplatz *m;* **frontier** ~ Grenzstellung *f;* **take up one's** ~ sich aufstellen, seinen Platz einnehmen; ~ **in life** Stellung *f,* Rang *m* **II.** *vt* aufstellen; stationieren

sta·tion·ary ['steɪʃənrɪ] *adj* parkend; haltend; feststehend; **be** ~ stehen; **remain** ~ sich nicht bewegen; stillstehen

sta·tioner ['steɪʃnə(r)] *s* Schreibwarenhändler(in) *m(f);* **~'s (shop)** (*Br*) Schreibwarenhandlung *f;* **sta·tion·ery** ['steɪʃənrɪ] *s* **1.** Briefpapier *nt* **2.** Schreibwaren *pl*

sta·tion house ['steɪʃn,haʊs] *s* (*Am*) Polizeiwache, -dienststelle *f;* **station-master** *s* (RAIL) Bahnhofsvorsteher *m;* **station police** *s* Bahnpolizei *f;* **station selector** *s* (*Radio*) Sendereinstellung *f;* **station wagon** *s* (*Am*) Kombi(wagen) *m*

stat·is·ti·cal [stə'tɪstɪkl] *adj* statistisch; **stat·is·ti·cian** [,stætɪ'stɪʃn] *s* Statistiker(in) *m(f);* **stat·is·tics** [stə'tɪstɪks] *s pl* **1.** Statistiken *fpl* **2.** *mit sing* Statistik *f*

statu·ary ['stætʃʊərɪ] **I.** *adj* statuarisch **II.** *s* Bildhauerei *f*

statue ['stætʃuː] *s* Standbild *nt,* Statue *f;* **statu·esque** [,stætʃʊ'esk] *adj* standbildhaft

stat·ure ['stætʃə(r)] *s* **1.** Statur *f;* Wuchs *m* **2.** (*fig*) Format *nt*

sta·tus ['steɪtəs] *s* Stellung *f;* Status *m;* **equal** ~ Gleichstellung *f;* **marital** ~ Familienstand *m;* **desire** ~ nach Prestige streben; **status inquiry** *s* Kreditauskunft *f;* **status line** *s* (INFORM) Statuszeile *f;* **status poll** *s* (INFORM) Statusabfrage *f;* **status quo** [,steɪtəs'kwəʊ] *s* Status quo *m;* **status report** *s* Zwischenbericht *m;* **status symbol** *s* Statussymbol *nt*

stat·ute ['stætʃu:t] *s* Gesetz *nt;* Satzung *f,* Statut *nt;* **by** ~ gesetzlich; satzungsgemäß; **statute book** *s* Gesetzbuch *nt;* **statute law** *s* Gesetzesrecht *nt;* **statute of limitations** *s* Verjährungsfrist *f;* **statu·tory** ['stætʃʊtrɪ] *adj* **1.** gesetzlich; gesetzlich vorgeschrieben **2.** satzungs-, bestimmungsgemäß **3.** (*Recht*) verbrieft; ~ **rape** Notzucht *f;* ~ **holiday** gesetzlicher Feiertag; ~ **sick pay** Lohnfortzahlung *f* bei Krankheit

staunch[1] [stɔ:ntʃ] *vt* (*Blut*) stillen

staunch[2] [stɔ:ntʃ] *adj* überzeugt; loyal; ergeben; zuverlässig

stave [steɪv] **I.** *s* **1.** (Fass)Daube *f* **2.** (*Leiter*) Sprosse *f* **3.** (MUS) (Noten)Linie *f* **4.** Strophe *f* **II.** *vt:* ~ **in** eindrücken; einschlagen; ~ **off** zurückschlagen; abwehren; hinhalten

staves [steɪvz] *s pl* (MUS) *s.* **staff**

stay[1] [steɪ] **I.** *vi* **1.** bleiben **2.** wohnen; übernachten **3.** stehen bleiben; ~ **for supper** zum Abendessen bleiben; **if it ~s fine** wenn es schön bleibt; ~ **at a hotel** im Hotel wohnen; **he came to** ~ er ist zu Besuch gekommen; ~ **put** an Ort und Stelle bleiben **II.** *vt* **1.** Einhalt gebieten (*s.th.* einer S) **2.** (*Hunger*) stillen **3.** (JUR) aussetzen; ~ **one's hand** sich zurückhalten; ~ **the course** durchhalten **III.** *s* **1.** Aufenthalt *m* **2.** (JUR) Aussetzung *f;* **a short** ~ **in hospital** ein kurzer Krankenhausaufenthalt; ~ **of execution** Vollstreckungsaufschub *m;* (*fig*) Galgenfrist *f;* **stay away** *vi* wegbleiben; sich fernhalten (*from* von); **stay behind** *vi* zurückbleiben; **stay down** *vi* **1.** (SCHULE) eine Klasse wiederholen **2.** (*Preise*) stabil bleiben; **stay in** *vi* **1.** zu Hause, daheim bleiben **2.** (SCHULE) nachsitzen; **stay on** *vi* **1.** (*Licht*) anbleiben **2.** (*Besuch*) noch bleiben, noch nicht fortgehen **3.** (*Deckel*) haften, kleben bleiben; **stay out** *vi* **1.** draußen bleiben **2.** (*Streik*) weiterstreiken **3.** wegbleiben; ~ **out of s.th.** sich aus etw heraushalten; **stay up** *vi* **1.** aufbleiben, nicht zu Bett gehen **2.** (*Zelt*) stehen bleiben **3.** (*Bild*) hängen bleiben **4.** an der Uni bleiben

stay[2] [steɪ] *s* **1.** Stütztau, Halteseil *nt* **2.** (MAR) Stag *nt;* **the** ~ **of one's old age** (*fig*) die Stütze seines Alters

stay-at-home ['steɪəthəʊm] *s* Stubenhocker(in) *m(f);* **stayer** ['steɪə(r)] *s* (SPORT) Steher *m;* **stay·ing-power** ['steɪɪŋ ˌpaʊə(r)] *s* Ausdauer *f;* Stehvermögen *nt*

STD[1] [ˌesti:'di:] *s Abk. von* **subscriber trunk dialling** (TELE) Selbstwählfernverkehr, Selbstwählferndienst *m;* ~ **code** Vorwahl *f*

STD[2] [ˌesti:'di:] *s Abk. von* **sexually transmitted disease** (MED) Geschlechtskrankheit *f*

stead [sted] *s:* **in s.o.'s** ~ an jds Stelle; **stand s.o. in good** ~ jdm zustatten kommen

stead·fast ['stedfɑ:st] *adj* **1.** fest **2.** (*Blick*) unverwandt **3.** (*Ablehnung*) standhaft **4.** (*Glaube*) unerschütterlich

steady ['stedɪ] **I.** *adj* **1.** ruhig; fest, unverwandt **2.** (*Wind*) ständig; ununterbrochen; beständig **3.** (*Personal*) verlässlich, zuverlässig **4.** (*Job*) fest; ~ **on one's legs** sicher auf den Beinen; **hold s.th.** ~ etw ruhig halten **II.** *adv:* **~!** vorsichtig! **III.** *s* (*sl*) fester Freund, feste Freundin **IV.** *vt* beruhigen; ausgleichen; ~ **o.s.** festen Halt finden **V.** *vi* sich beruhigen; ruhiger werden; sich festigen, sich behaupten

steak [steɪk] *s* **1.** Steak *nt* **2.** (Fisch)Filet *nt*

steal [sti:l] <*irr:* **stole, stolen**> **I.** *vt* stehlen; ~ **s.th. from s.o.** jdm etw stehlen; ~ **a march on s.o.** jdm zuvorkommen; ~ **a glance at s.o.** verstohlen zu jdm hinschauen; ~ **the show** die Schau stehlen **II.** *vi* **1.** stehlen **2.** sich stehlen, sich schleichen; ~ **away** sich wegstehlen; ~ **about** herumschleichen; ~ **up on s.o.** sich an jdn heranschleichen

stealth [stelθ] *s* List *f;* **by** ~ durch List; **stealthy** ['stelθɪ] *adj* heimlich, verstohlen

steam [sti:m] **I.** *s* **1.** Dampf *m* **2.** Dunst *m;* **~-covered windows** beschlagene Fenster; **driven by** ~ dampfgetrieben; **full** ~ **ahead!** volle Kraft voraus!; **get up** ~ (*fig*) in Schwung kommen; **let off** ~ Dampf ablassen; **run out of** ~ (*fig*) den Schwung verlieren; **under one's own** ~ (*fig*) allein, ohne Hilfe **II.** *vt* **1.** dämpfen **2.** (*Essen*) dünsten; **be all ~ed (up)** ganz beschlagen sein; (*fig*) sich aufregen **III.** *vi* **1.** dampfen **2.** (*Schiff*) fahren; **the ship ~ed into the harbour** das Schiff lief in den Hafen ein; **steam off** *vi* abfahren; **steam over** *vi* beschlagen; **steam up I.** *vi* beschlagen **II.** *vt* (*fam*) auf Touren bringen; **get ~ed up** (*fam*) sich aufregen

steam·boat ['sti:mbəʊt] *s* Dampfschiff *nt,* Dampfer *m;* **steam engine** *s* Dampfmaschine *f;* **steamer** ['sti:mə(r)] *s* **1.** Dampfer *m* **2.** Dampfkochtopf *m;* **steam iron** *s* Dampfbügeleisen *nt;* **steam-roller I.** *s* Dampfwalze *f* **II.** *vt* glatt walzen; ~ **a bill through parliament** ein Gesetz im Parlament durchpeitschen; **steam room** *s* Saunaraum *m;* **steam·ship** ['sti:mʃɪp] *s* Dampfschiff *nt,* Dampfer *m;* **steam turbine** *s* Dampfturbine *f;* **steamy** ['sti:mɪ] *adj* **1.** dampfig, dunstig **2.** (*Glas*) beschlagen

steed [sti:d] *s* (*lit*) Ross *nt*

steel [sti:l] **I.** *s* Stahl *m;* **a man of** ~ ein

S

stahlharter Mann **II.** *adj* Stahl- **III.** *vr* sich wappnen (*for* gegen); ~ **o.s. to do s.th.** allen Mut zusammennehmen um etw zu tun; **steel band** *s* Steelband *f;* **steel-clad** ['sti:lklæd] *adj* stahlgepanzert; **steel grey** *s* Stahlgrau *nt;* **steel guitar** *s* Hawaiigitarre *f;* **steel mill** *s* Stahlwalzwerk *nt;* **steel wool** *s* Stahlwolle *f;* **steel worker** *s* Stahlarbeiter(in) *m(f);* **steel works** *s pl mit sing* Stahlwerk *nt;* **steely** ['sti:lɪ] *adj* stählern

steep¹ [sti:p] *adj* **1.** steil; hoch; stark **2.** (*fam: Preis*) gesalzen, unverschämt; **it's a bit ~ that …** es ist ein starkes Stück, dass …

steep² [sti:p] *vt* **1.** eintauchen; ziehen lassen; einweichen **2.** sich vollsaugen lassen; **be ~ed in s.th.** von etw durchdrungen sein; **~ed in ignorance** durch und durch unwissend

steepen ['sti:pən] **I.** *vt* steiler machen **II.** *vi* steiler werden

steeple ['sti:pl] *s* Kirchturm *m;* **steeple·chase** [-tʃeɪs] *s* **1.** (*Pferde*) Hindernisrennen *nt,* Steeplechase *f* **2.** (*Leichtathletik*) Hindernislauf *m;* **steeple·chaser** [-ə(r)] *s* **1.** (*Pferd*) Steepler *m;* (*Jockey*) Reiter(in) *m(f)* in einem Hindernisrennen **2.** (*Leichtathletik*) Hindernisläufer(in) *m(f);* **stee·ple·jack** ['sti:pldʒæk] *s* Turmarbeiter *m*

steer¹ [stɪə(r)] **I.** *vt* **1.** steuern **2.** (*fig*) lenken, leiten, führen; ~ **a course for s.th.** (*fig*) auf etw zusteuern **II.** *vi* lenken; steuern; ~ **due south** Kurs nach Süden halten; ~ **for s.th.** etw ansteuern; auf etw zusteuern; ~ **clear of s.o.** jdm aus dem Weg gehen; ~ **clear of s.th.** etw meiden

steer² [stɪə(r)] *s* junger Ochse

steer·age ['stɪərɪdʒ] *s* (MAR) **1.** Zwischendeck *nt* **2.** Ruderwirkung *f*

steer·ing ['stɪərɪŋ] *s* Steuerung *f;* **steering committee** *s* Lenkungsausschuss *m;* **steering gear** *s* (*Flugzeug*) Leitwerk *nt;* (AUTO) Lenkung *f;* (MAR) Ruderanlage *f;* **steering lock** *s* Lenkradschloss *nt;* **steer·ing wheel** *s* Lenk-, Steuerrad *m;* **steers·man** ['stɪəzmən] <*pl* -men> *s* Steuermann *m*

stein [staɪn] *s* Maßkrug *m*

stel·lar ['stelə(r)] *adj* stellar

stem [stem] **I.** *s* **1.** (BOT) Stiel *m;* Stamm *m;* Halm *m* **2.** (*Glas*) Stiel *m* **3.** (*Pfeife*) Hals *m* **4.** (*Wort*) Stamm *m,* Wurzel *f* **5.** (MAR) Vordersteven *m* **6.** (*fig*) Hauptlinie *f,* Hauptzweig *m* **7.** (*Thermometer*) Röhre *f;* **from ~ to stern** von vorne bis achtern **II.** *vt* **1.** aufhalten **2.** (*Flut*) eindämmen **3.** (*Blut*) stillen **4.** (*fig*) Einhalt gebieten (*s.th.* einer S) **III.** *vi:* ~ **from s.th.** von etw kommen, von etw herrühren; auf etw zurückgehen; **stem turn** *s* (*Skifahren*) Stemmbogen *m*

stench [stentʃ] *s* Gestank *m*

sten·cil ['stensl] **I.** *s* **1.** Schablone *f* **2.** (TYP) Matrize *f* **II.** *vt* mit Schablone zeichnen; auf Matrize schreiben

sten·ogra·pher [stə'nɒgrəfə(r)] *s* Stenograf(in) *m(f);* **sten·ogra·phy** [stə'nɒgrəfɪ] *s* Stenografie, Kurzschrift *f*

step [step] **I.** *s* **1.** Schritt *m;* Tritt *m* **2.** kurze Strecke **3.** Takt *m* **4.** Tanzschritt *m* **5.** Stufe *f* **6.** (*fig*) Stufe *f,* Abschnitt *m* **7.** (*fig*) Maßnahme *f;* **take a ~** einen Schritt machen; **~ by ~** Schritt für Schritt; **follow in s.o.'s ~s** in jds Fußstapfen treten; **watch one's ~** Acht geben; sich vorsehen; **be in ~** im Gleichschritt sein; im Takt sein (*with* mit); **be out of ~** nicht im Tritt sein; nicht im Gleichklang sein (*with* mit); **get out of ~** aus dem Takt kommen; **break ~** aus dem Schritt kommen; **fall into ~** in den gleichen Takt kommen (*with* mit); **it's only a few ~s** es sind nur ein paar Schritte; **it's a great ~ forward** es ist ein großer Schritt nach vorn; **that would be a ~ back** das wäre ein Rückschritt; **take ~s to do s.th.** Maßnahmen ergreifen um etw zu tun; **take legal ~s** gerichtlich vorgehen; **mind the ~!** Vorsicht Stufe! **II.** *vi* gehen; ~ **into/out of s.th.** in etw/aus etw treten; ~ **on s.th.** in etw steigen; auf etw treten; ~ **on s.o.'s foot** jdm auf den Fuß treten; ~ **over s.o.** über jdn steigen; ~ **this way, please** hier entlang, bitte!; ~ **on board** an Bord gehen; ~ **inside** hineintreten; ~ **outside** hinaustreten; ~ **on it!** mach mal ein bisschen schneller; gib Gas! **III.** *vt* abstufen; **step aside** *vi* Platz machen; zur Seite treten; **step back** *vi* zurücktreten, zurückweichen; ~ **back from s.th.** von etw Abstand gewinnen; **step down** *vi* **1.** hinabsteigen **2.** (POL) zurücktreten; ~ **down in favour of s.o.** jdm Platz machen; **step in** *vi* **1.** eintreten **2.** (*fam*) eingreifen, einschreiten; **step off** *vi* **1.** aussteigen **2.** losmarschieren; **step out I.** *vi* **1.** hinausgehen **2.** schnell, zügig gehen **II.** *vt* abschreiten; **step up I.** *vi* **1.** vortreten **2.** (*fig*) ansteigen, zunehmen **II.** *vt* steigern; erhöhen; ~ **up to s.o.** auf jdn zugehen

step- [step] *PRÄF* Stief-; **step·brother** *s* Stiefbruder *m;* **step·daughter** *s* Stieftochter *f;* **step·father** *s* Stiefvater *m*

step·lad·der ['step,lædə(r)] *s* Stufen-, Trittleiter *f*

step·mother *s* Stiefmutter *f*

steppe [step] *s* Steppe *f*

step·ping stone ['stepɪŋstəʊn] *s* **1.** Trittstein *m* **2.** (*fig*) Sprungbrett *nt*

step·son *s* Stiefsohn *m*

stereo ['sterɪəʊ] *s* **1.** Stereo *nt* **2.** Stereoanlage *f;* **stereo·phonic** [ˌsterɪəʊ'fɒnɪk] *adj* stereophon; **stereo·phony** [ˌsterɪ'ɒfənɪ] *s* Stereophonie *f*

stereo·scope ['sterɪəskəʊp] *s* Stereoskop *nt;* **stereo·scopic** [ˌsterɪə'skɒpɪk] *adj* stereoskopisch

stereo·type ['sterɪətaɪp] **I.** *s* **1.** (TYP) Druckplatte *f* **2.** (*fig*) Klischee, Stereotyp *nt* **II.** *vt* **1.** (TYP) stereotypieren **2.** (*fig*) klischeehaft zeichnen, darstellen

ster·ile ['steraɪl] *adj* **1.** unfruchtbar **2.** (*Keim*) steril, keimfrei **3.** (*fig*) steril; ergebnislos, nutzlos; **ster·il·is·ing unit** [ˌsterəlaɪzɪŋ'juːnɪt] *s* Sterilisierbox *f;* **ste·ril·ity** [stə'rɪlətɪ] *s* **1.** Unfruchtbarkeit *f* **2.** Sterilität, Keimfreiheit *f* **3.** (*fig*) Ergebnislosigkeit *f;* **ster·il·iz·ation** [ˌsterəlaɪ'zeɪʃn] *s* Sterilisation, Sterilisierung *f;* **ster·il·ize** ['sterəlaɪz] *vt* sterilisieren

ster·ling ['stɜːlɪŋ] **I.** *adj* **1.** (COM) Sterling- **2.** (*fig*) gediegen **II.** *adj* aus Sterlingsilber; ~ **area** Sterlingblock *m,* Sterlingländer *ntpl;* **in (pounds) ~** in Pfund Sterling **III.** *s* das Pfund Sterling, das englische Pfund

stern¹ [stɜːn] *adj* ernst, streng, hart; **with a ~ face** mit strenger Miene

stern² [stɜːn] *s* (MAR) Heck *nt*

stern·ness ['stɜːnnɪs] *s* Ernst *m,* Strenge *f*

ster·num ['stɜːnəm] *s* (ANAT) Brustbein *nt*

ste·roid ['stɪərɔɪd] *s* Steroid *m*

stetho·scope ['steθəskəʊp] *s* (MED) Stethoskop *nt*

steve·dore ['stiːvədɔː(r)] *s* (MAR) Stauer *m*

stew [stjuː] **I.** *vt* schmoren; dünsten; **~ed apples** Apfelkompott *nt* **II.** *vi* schmoren; (*Tee*) bitter werden; **let s.o. ~ in his own juice** (*fig fam*) jdn im eigenen Saft schmoren lassen **III.** *s* Eintopf *m;* **be in a ~** ganz aufgeregt sein

stew·ard ['stjʊəd] *s* **1.** (MAR AVIAT) Steward *m* **2.** (*bei Veranstaltungen*) Ordner(in) *m (f)* **3.** (*Anwesen*) Verwalter(in) *m (f);* **shop ~** gewerkschaftlicher Vertrauensmann; **stew·ard·ess** [ˌstjʊə'des] *s* (AVIAT) Stewardess *f*

stick¹ [stɪk] **I.** *s* **1.** Stock *m;* Zweig *m* **2.** (MUS) Taktstock *m* **3.** (SPORT) Schläger *m* **4.** (*Schlagzeug*) Schlegel *m* **5.** Stange *f* **6.** (AVIAT) Steuerknüppel *m* **7.** (*Kreide*) Stück *nt* **8.** (*Deo*) Stift *m* **9.** (*fam*) Kerl *m;* **give s.o. the ~, take the ~ to s.o.** jdm eine Tracht Prügel geben; **give s.o. ~** jdn herunterputzen; **get hold of the wrong end of the ~** etw falsch verstehen; **in the ~s** in der hintersten Provinz; **take a lot of ~** viel einstecken müssen; **~ insect** Stabheuschrecke *f* **II.** *vt* (*Pflanzen*) stützen

stick² [stɪk] <*irr:* **stuck, stuck**> **I.** *vt* **1.** kleben **2.** stecken **3.** (*Dolch*) stoßen **4.** (*Schwein*) abstechen **5.** (*fam*) tun; stecken **6.** (*Perlen*) besetzen **7.** (*fam*) aushalten; durchhalten; **~ a stamp on s.th.** eine Briefmarke auf etw kleben; **~ the blame on s.o.** jdm die Schuld zuschieben; **~ one's hat on** (sich) den Hut aufsetzen; **I can't ~ it any longer!** ich halte das nicht mehr aus!; **~ s.o. with s.th.** jdm etw aufladen; jdm etw andrehen **II.** *vi* **1.** kleben (*to* an) **2.** stecken bleiben; klemmen **3.** stecken (*in* in) **4.** (*Karten*) halten **5.** bleiben; haften bleiben; **make a charge ~** genügend Beweismaterial haben; **it stuck in my foot** das ist mir im Fuß stecken geblieben; **~ in s.o.'s mind** jdm im Gedächtnis bleiben; **make s.th. ~ in one's mind** sich etw einprägen; **stick around** *vi* (*sl*) in der Nähe bleiben; **stick at** *vi* **1.** bleiben an **2.** zurückschrecken vor; **stick by** *vi* (*fam*) halten zu; stehen zu; **stick down** *vt* **1.** ankleben; zukleben **2.** aufschreiben; **stick in I.** *vt* **1.** einkleben **2.** hineinstecken **II.** *vi* stecken bleiben; **~ s.th. in s.th.** etw in etw stecken; **stick on I.** *vi* **1.** kleben, haften **2.** (*Pferd*) oben bleiben **II.** *vt* **1.** aufkleben **2.** (*Geld*) aufschlagen auf; **stick out I.** *vi* **1.** (*Nagel*) herausstehen **2.** (*Ohren*) abstehen **3.** (*fig*) auffallen **II.** *vt* hinausstrecken; **stick out for** *vi* **1.** sich stark machen für **2.** beharren auf; **stick to** *vi* **1.** bleiben bei; treu bleiben **2.** (*Aufgabe*) bleiben an; **stick together** *vi* zusammenkleben; zusammenhalten; **stick up I.** *vi* **1.** (*Kragen*) hochstehen **2.** (*Nagel*) herausstehen **II.** *vt* **1.** zukleben **2.** (*fam*) überfallen; **~ 'em up!** Hände hoch!; **stick up for** *vi* eintreten für; **~ up for o.s.** sich behaupten; **stick with** *vi* bleiben bei; halten zu

sticker ['stɪkə(r)] **I.** *s* **1.** Aufkleber *m;* Klebeschildchen *nt* **2.** (*fig*) zäher Kerl **II.** *vt* (COM) auszeichnen; **stick·ing plas·ter** ['stɪkɪŋˌplɑːstə(r)] *s* Heftpflaster *nt*

stick-in-the-mud ['stɪkɪnðəmʌd] **I.** *s* Muffel *m* **II.** *adj* rückständig

stick·ler ['stɪklə(r)] *s:* **be a ~ for s.th.** es mit etw peinlich genau nehmen

stick-on ['stɪkɒn] *adj* Aufklebe-; **stick·pin** ['stɪkˌpɪn] *s* (*Am*) Krawattennadel *f;* **stick-up** ['stɪkʌp] *s* Überfall *m*

sticky ['stɪkɪ] *adj* **1.** klebrig **2.** (*Wetter*) schwül, drückend **3.** (*Farbe*) feucht **4.** (*Hände*) verschwitzt **5.** (*Problem*) schwierig **6.** (*Situation*) heikel; **come to a ~ end** ein böses Ende nehmen; **be on a ~ wicket** in der Klemme sein

stiff [stɪf] **I.** *adj* **1.** steif, starr **2.** (*Bürste*) hart

3. (*Teig*) fest **4.** (*Kampf*) zäh, hart **5.** (*Grog*) steif **6.** (*Brise*) steif **7.** (*Examen*) schwer, schwierig **8.** (*Preis*) hoch; **that's a bit ~** (*fam*) das ist ganz schön happig; **the lock is ~** das Schloss klemmt **II.** *adv* steif **III.** *s* (*sl*) Leiche *f;* **stiffen** ['stɪfn] **I.** *vt* **1.** steif machen **2.** (*Hemd*) stärken **3.** (*fig*) verstärken **II.** *vi* **1.** steif, hart werden **2.** (*fig*) sich verhärten; **stiff·en·ing** ['stɪfnɪŋ] *s* Einlage *f;* **stiff-necked** [ˌstɪf'nekt] *adj* (*fig*) halsstarrig; **stiff-upper-lipped** *adj* beherrscht

stifle ['staɪfl] **I.** *vt* **1.** ersticken **2.** (*fig*) unterdrücken **II.** *vi* ersticken; **stifl·ing** ['staɪflɪŋ] *adj* **1.** (*Hitze*) erstickend; drückend **2.** (*fig*) beengend

stigma[1] ['stɪgmə] <*pl* -s> *s* **1.** Brandmal, Stigma *nt* **2.** (BOT) Narbe *f*

stigma[2] ['stɪgmə, *pl* stɪg'mɑːtə] <*pl* -ta> *s* **1.** Wundmal *nt* **2.** Stigmatisierung *f;* **stig·ma·tize** ['stɪgmətaɪz] *vt* brandmarken; stigmatisieren

stile [staɪl] *s* Zaunübertritt *m*

sti·letto [stɪ'letəʊ] <*pl* -letto(e)s> *s* Stilett *nt;* **stiletto heel** *s* Pfennigabsatz *m*

still[1] [stɪl] **I.** *adj* **1.** still, ruhig **2.** bewegungs-, reglos; **keep ~** still halten; **hold s.th. ~** etw ruhig halten; **be ~** still stehen; **stand ~** still stehen; **a ~ small voice** ein leises Stimmchen **II.** *adj* ohne Kohlensäure **III.** *s* **1.** Stille *f* **2.** (FILM) Standfoto *nt* **IV.** *vt* beruhigen; besänftigen; abklingen lassen

still[2] [stɪl] *adv* **1.** noch; immer noch; noch immer; nach wie vor **2.** trotzdem **3.** (*mit Komparativ*) noch; **he is ~ busy** er ist noch beschäftigt; **it ~ hasn't come** es ist immer noch nicht gekommen; **I will ~ be here** ich werde noch da sein; **~, she ist my mother** sie ist trotz allem meine Mutter; **~ better** noch besser; **~ more because …** und umso mehr, als …

still[3] [stɪl] *s* Destillierapparat *m*

still·birth ['stɪlbɜːθ] *s* Totgeburt *f;* **still-born** ['stɪlˌbɔːn] *adj* tot geboren; **still life** <*pl* -lifes> *s* (*Kunst*) Stillleben *nt;* **still·ness** ['stɪlnɪs] *s* **1.** Reglosigkeit *f* **2.** Stille, Ruhe *f*

stilt [stɪlt] *s* **1.** Stelze *f* **2.** (ARCH) Pfahl *m;* **walk on ~s** auf Stelzen laufen

stilted ['stɪltɪd] *adj* (*fig*) gespreizt, gestelzt

stimu·lant ['stɪmjʊlənt] **I.** *adj* anregend, stimulierend **II.** *s* **1.** Anregungsmittel *nt* **2.** (*fig*) Ansporn *m;* **stimu·late** ['stɪmjʊleɪt] *vt* **1.** anregen; beleben **2.** (MED) stimulieren **3.** (*Nerven*) reizen **4.** (*fig*) animieren, anspornen **5.** (COM) ankurbeln; **stimu·lation** [ˌstɪmjʊ'leɪʃn] *s* **1.** Anregung *f* **2.** (MED) Stimulation *f* **3.** (*sexuell*) Erregung *f* **4.** (*fig*) Anreiz, Ansporn *m* **5.** (COM) Ankurbelung *f;* **stimu·lus** ['stɪmjʊləs, *pl* -laɪ] <*pl* -li> *s* **1.** Ansporn *m;* Aufmunterung *f* **2.** (PSYCH) Stimulus *m;* Reiz *m;* **under the ~ of …** angespornt durch …

sting [stɪŋ] <*irr:* stung, stung> **I.** *vt* **1.** stechen; verbrennen **2.** (*fig*) treffen, schmerzen; **~ s.o. into doing s.th.** jdn antreiben etw zu tun; **~ s.o. into action** jdn aktiv werden lassen; **~ s.o. for s.th.** (*fam*) jdn bei etw ausnehmen **II.** *vi* **1.** stechen; brennen **2.** wie mit Nadeln stechen **3.** (*fig*) schmerzen; **make a ~ing remark** eine bissige Bemerkung machen **III.** *s* **1.** Stachel *m* **2.** Stich *m;* Brennen *nt* **3.** stechender Schmerz **4.** (*fig*) Stachel *m;* **a ~ of remorse** Gewissensbisse *mpl;* **take the ~ out of s.th.** etw entschärfen

stin·gi·ness ['stɪndʒɪnɪs] *s* Knauserigkeit *f,* Geiz *m*

sting·ing nettle [ˌstɪŋɪŋ'netl] *s* Brennnessel *f;* **sting·ray** ['stɪŋreɪ] *s* Stachelrochen *m*

stingy ['stɪndʒɪ] *adj* **1.** geizig, knauserig, knickerig **2.** (*Portion*) schäbig

stink [stɪŋk] <*irr:* stank, stunk> **I.** *vi* **1.** stinken **2.** (*fam*) miserabel sein; **the idea ~s** das ist eine miserable Idee **II.** *vt:* **~ out** verstänkern; ausräuchern; **~ up** verpesten **III.** *s* **1.** Gestank *m* (*of* nach) **2.** (*fam*) Stunk *m;* **kick up a ~** Stunk machen

stinker ['stɪŋkə(r)] *s* **1.** (*fam*) Ekel *nt* **2.** (*sl*) gesalzener Brief **3.** (*fam*) harter Brocken

stint [stɪnt] **I.** *vt* sparen, knausern mit; **~ o.s.** sich einschränken; **~ s.o. of s.th.** jdm gegenüber mit etw knausern **II.** *vi:* **~ on s.th.** mit etw sparen **III.** *s* Arbeit, Aufgabe *f;* **do one's ~** seine Arbeit tun; **without ~** ohne Einschränkung

stipu·late ['stɪpjʊleɪt] *vt* **1.** zur Auflage machen, verlangen **2.** (*Preis*) festsetzen; vorschreiben **3.** (*Bedingungen*) stellen; **stipu·la·tion** [ˌstɪpjʊ'leɪʃn] *s* **1.** Auflage *f* **2.** Festsetzung *f;* Stellen, Fordern *nt*

stir [stɜː(r)] **I.** *vt* **1.** umrühren; rühren **2.** (*Glieder*) bewegen; rühren **3.** (*fig*) aufwühlen; anstacheln, erregen; **~ one's tea** den Tee umrühren; **~ s.o. to do s.th.** jdn bewegen etw zu tun; **~ s.o. to pity** jds Mitleid erregen; **~ one's stumps** (*fam*) die Beine unter den Arm nehmen; **~ up** umrühren; (*fig*) anregen; wachrufen; schüren; **~ up trouble** Unruhe stiften; **~ s.o. up to do s.th.** jdn zu etw anstacheln **II.** *vi* sich regen; sich rühren; sich bewegen **III.** *s* **1.** Rühren *nt* **2.** (*fig*) Aufruhr *m;* **give s.th. a ~** etw umrühren; **cause a ~, create a ~, make a ~** Aufsehen erregen; **stir-fry** ['stɜːfraɪ] *vt* unter Rühren kurz anbraten;

stir·ring ['-ɪŋ] *adj* aufregend, bewegend, aufwühlend; bewegt

stir·rup ['stɪrəp] *s* Steigbügel *m*

stitch [stɪtʃ] **I.** *s* **1.** Stich *m;* Masche *f* **2.** (MED) Seitenstechen *ntpl* **3.** (*Stricken*) Muster *nt;* **put a few ~es in s.th.** etw mit ein paar Stichen nähen; **put ~es in a wound** eine Wunde nähen; **have not a ~ on** (*fam*) splitternackt sein; **be in ~es** (*fam*) sich schieflachen **II.** *vt* **1.** (*a.* MED) nähen **2.** (*Buch*) zusammenheften **3.** sticken; **~ on** annähen; **~ up** nähen, zunähen; hochnähen; (*fam*) reinlegen **III.** *vi* nähen (*at* an)

stoat [stəʊt] *s* (großes) Wiesel *nt*

stock [stɒk] **I.** *s* **1.** Vorrat *m;* Bestand *m* (*of* an) **2.** Viehbestand *m* **3.** (*Essen*) Brühe *f* **4.** (COM) Anleihe-, Grundkapital *nt;* Anteil *m;* Staatsanleihe *f* **5.** (BOT) Stamm *m;* Stock *m;* Wildling *m* **6.** Stamm *m;* Abstammung *f* **7.** (LING) Sprachfamilie *f* **8.** Griff *m* **9.** Halsbinde *f* **10.** (RAIL) rollendes Material **11.** (THEAT: *Am*) Repertoire *nt;* **~ of knowledge** Wissensschatz *m;* **have s.th. in ~** etw vorrätig haben; **be in/out of ~** vorrätig/nicht vorrätig sein; **keep s.th. in ~** etw auf Vorrat haben; **take ~** Inventur machen; **take ~ of s.o.** jdn abschätzen; **take ~ of s.th.** sich über etw klar werden; **surplus ~** Überschuss *m;* **~s and shares** Wertpapiere *ntpl;* **be of good ~** guter Herkunft sein; **be on the ~s** (MAR) im Bau sein **II.** *adj* Standard-; Serien-; stereotyp **III.** *vt* **1.** (*Waren*) führen **2.** ausstatten; füllen **3.** (*Farm*) mit einem Viehbestand versehen **IV.** *vi:* **~ up** sich eindecken (*on* mit), einen Vorrat, Reserven anlegen (von)

stock·ade [stɒ'keɪd] *s* Palisade *f;* Einfriedung *f*

stock·broker ['stɒk,brəʊkə(r)] *s* Börsenmakler(in) *m(f);* **stock·broking** ['stɒk,brəʊkɪŋ] *s* Börsen-, Effektenhandel *m;* **stock car** ['stɒkkɑː(r)] *s* **1.** (*Am: bei Eisenbahn*) Viehwagen *m* **2.** (AUTO) Serienwagen *m;* **~ racing** Stock-Car-Rennen *nt;* **stock code** *s* Warencode *m;* **stock company** *s* **1.** (COM) Aktiengesellschaft *f* **2.** (THEAT: *Am*) Repertoiretheater *nt;* **stock control** *s* Lagersteuerung *f;* **stock cube** *s* Suppenwürfel *m;* **stock exchange** *s* Börse *f;* Börsenplatz *m;* **~ listing** Börsenzulassung *f;* **stock farmer** *s* Viehhalter *m;* **stock·fish** ['stɒkfɪʃ] <*pl* -> *s* Stockfisch *m;* **stock·holder** ['stɒk,həʊldə(r)] *s* Aktionär(in) *m(f)*

stock·ing ['stɒkɪŋ] *s* Strumpf *m;* **in one's ~(ed) feet** in Strümpfen

stock-in-trade [,stɒkɪn'treɪd] *s* Handwerkszeug *nt;* **stock·ist** ['stɒkɪst] *s* **1.** Fachhändler *m* **2.** Fachgeschäft *nt;* **stock level** *s* Lagerbestand *m;* **stock·list** *s* **1.** (COM) Warenliste *f* **2.** (FIN) Börsenzettel *m;* **stock-market** *s* Börse *f;* **stock·pile** ['stɒkpaɪl] **I.** *s* Vorrat *m* (*of* an), Lager *nt;* **the nuclear ~** das Kernwaffenarsenal **II.** *vt* Vorräte an … anlegen; **stock price** *s* Aktienkurs *m;* **stock·room** *s* Lagerraum *m;* **stock size** *s* Standardgröße *f;* **stock-still** [,stɒk'stɪl] *adj, adv:* **stand ~** stockstill stehen; **stock-tak·ing** ['stɒkteɪkɪŋ] *s* Bestandsaufnahme, Inventur *f*

stocky ['stɒkɪ] *adj* stämmig, untersetzt

stock·yard ['stɒkjɑːd] *s* Viehhof *m*

stodge [stɒdʒ] *s* (*sl*) Pampe *f;* **stodgy** ['stɒdʒɪ] *adj* **1.** (*Essen*) schwer, pampig **2.** (*Buch*) schwer verdaulich **3.** (*Stil*) schwerfällig **4.** (*Mensch*) langweilig, fad

stoic ['stəʊɪk] *s* Stoiker *m;* **sto·ic(al)** ['stəʊɪk(l)] *adj* stoisch; **sto·icism** ['stəʊɪsɪzəm] *s* (PHILOS) Stoizismus *m*

stoke [stəʊk] **I.** *vt* (*Feuer:* **~ up**) beheizen; schüren **II.** *vi:* **~ up** sich vollschlagen; **stoker** ['stəʊkə(r)] *s* Heizer *m*

stole¹ [stəʊl] *s* Stola *f*

stole² [stəʊl] *s.* **steal**; **stolen** ['stəʊlən] **I.** *pp of* **steal II.** *adj* gestohlen

stolid ['stɒlɪd] *adj* blöd(e), stupide, stumpf(sinnig), schwerfällig

stom·ach ['stʌmək] **I.** *s* **1.** Magen *m;* Bauch *m* **2.** (*fig*) Lust *f* (*for* auf), Interesse *nt* (*for* an); **lie on one's ~** auf dem Bauch liegen; **on an empty ~** auf leeren, nüchternen Magen; **on a full ~** mit vollem Magen; **I have no ~ for that** ich habe keine Lust dazu **II.** *vt* vertragen; ausstehen; **stom·ach·ache** *s* Magenschmerzen *mpl;* **stom·ach upset** *s* Magenverstimmung *f*

stomp [stɒmp] *vi* (*fam*) stapfen

stone [stəʊn] **I.** *s* **1.** Stein *m* **2.** (*Br*) *Gewichtseinheit = 6,35 kg;* **a heart of ~** ein Herz aus Stein; **a ~'s throw from …** nur einen Katzensprung von … entfernt; **within a ~'s throw of success** den Erfolg in greifbarer Nähe; **leave no ~ unturned** nichts unversucht lassen **II.** *adj* aus Stein **III.** *vt* **1.** mit Steinen bewerfen; steinigen **2.** (*Frucht*) entsteinen; **Stone Age** *s* Steinzeit *f;* **stone-blind** *adj* stockblind; **stone-broke** *adj* (*Am fam*) völlig abgebrannt; **stone-cold** *adj* eiskalt; **~ sober** (*fam*) stocknüchtern; **stone-dead** *adj* mausetot; **stone-deaf** *adj* stocktaub; **stone fruit** *s* Steinobst *nt;* **stone·mason** ['stəʊn,meɪsən] *s* Steinmetz *m;* **stone pit** *s* Steinbruch *m;* **stone·wall** [,stəʊn'wɔːl] *vi* **1.** (PARL) obstruieren **2.** (*Frage*) ausweichen **3.** (SPORT) mauern; **stone·ware** ['stəʊnweə(r)] *s* Steingut *nt;* **stone·work**

S

['stəʊnwɜːk] *s* Mauerwerk *nt;* **stony** ['stəʊnɪ] *adj* **1.** steinig **2.** (*Substanz*) steinartig **3.** (*fig*) steinern; kalt; **~-broke** (*Br fam*) völlig abgebrannt

stood [stʊd] *s.* **stand**

stooge [stuːdʒ] *s* **1.** (THEAT) Stichwortgeber *m* **2.** (*fam*) Handlanger *m*

stool [stuːl] *s* **1.** Hocker, Schemel *m* **2.** (MED) Stuhl(gang) *m;* **fall between two ~s** (*fig*) sich zwischen zwei Stühle setzen; **stool pigeon** *s* (*fam*) Spitzel *m*

stoop [stuːp] **I.** *vi* sich bücken, sich beugen, sich neigen; **~ing shoulders** krumme Schultern *fpl;* **~ to s.th.** sich zu etw herablassen **II.** *vt* beugen; einziehen **III.** *s* gebeugte Haltung, krummer Rücken; **have a ~** einen Buckel haben

stop [stɒp] **I.** *vt* **1.** anhalten; stoppen **2.** (*Maschine*) abstellen **3.** (*Verbrecher*) aufhalten; zum Stehen bringen **4.** (*Verbrechen*) ein Ende machen (*s.th.* einer S) **5.** (*Arbeit*) beenden **6.** (*Blutung*) stillen, unterbinden **7.** (*Inflation*) aufhalten, hemmen **8.** (*Produktion*) zum Stillstand bringen **9.** aufhören mit; unterlassen **10.** (*Zahlung*) einstellen **11.** (*Scheck*) sperren **12.** (*Vertrag*) kündigen **13.** (*Zeitung*) abbestellen **14.** verhindern; unterbinden; abhalten **15.** verstopfen; zustopfen **16.** (*Zahn*) füllen **17.** (MUS: *Saite*) greifen; **~ thief!** haltet den Dieb!; **~ s.o. dead** jdn urplötzlich anhalten lassen; **~ doing s.th.** aufhören etw zu tun; etw nicht mehr tun; **~ smoking** mit dem Rauchen aufhören; **~ o.s.** sich beherrschen, sich zurückhalten; **~ s.o. (from) doing s.th.** jdn davon abhalten etw zu tun; **~ o.s. from doing s.th.** sich zurückhalten und etw nicht tun; **~ s.o.'s mouth** (*fam*) jdm den Mund stopfen; **~ one's ears with one's fingers** sich die Finger in die Ohren stecken; **don't let me ~ you** ich will Sie nicht davon abhalten **II.** *vi* **1.** anhalten; stoppen; Halt machen **2.** (*Uhr*) stehen bleiben **3.** (*Maschine*) nicht mehr laufen **4.** aufhören **5.** (*Schmerzen*) vergehen **6.** (*Herz*) aufhören zu schlagen **7.** (*Lieferung*) eingestellt werden **8.** (*Film*) zu Ende sein **9.** (*fam*) bleiben (*at* in); **~ at nothing** vor nichts Halt machen; **~ dead** plötzlich stehen bleiben; **~ doing s.th.** aufhören etw zu tun; **~ for supper** zum Abendessen bleiben **III.** *s* **1.** Halt *m,* Stoppen *nt* **2.** Aufenthalt *m* **3.** Pause *f* **4.** (AVIAT) Zwischenlandung *f* **5.** (RAIL) Station *f;* Haltestelle *f* **6.** (MAR) Anlegestelle *f* **7.** (GRAM) Punkt *m* **8.** (MUS) Griffloch *nt;* Register *nt* **9.** (TYP) Feststelltaste *f* **10.** (PHOT) Blende *f* **11.** (*Phonetik*) Verschlusslaut *m;* **be at a ~** still stehen; **bring s.th. to a ~** etw zum Stehen bringen; (*fig*) einer S ein Ende machen; **come to a ~** anhalten; eingestellt werden; **come to a dead ~** abrupt anhalten; **glottal ~** (*Phonetik*) Knacklaut *nt;* **put a ~ to s.th.** einer S einen Riegel vorschieben; **pull out all the ~s** (*fig*) alle Register ziehen; **stop away** *vi* (*fam*) wegbleiben; **stop behind** *vi* (*fam*) dableiben, länger bleiben; **stop by** *vi* kurz vorbeikommen; hereinschauen; **stop down** *vi* (PHOT) abblenden; **stop in** *vi* (*fam*) drinbleiben; **stop off** *vi* einen kurzen Halt machen, (unterwegs) kurz anhalten; **stop out** *vi* (*fam*) wegbleiben; **stop over** *vi* kurz Halt machen; Zwischenstation machen (*in* in); (*Am a.*) übernachten; **stop up I.** *vt* zu-, verstopfen **II.** *vi* aufbleiben

stop·cock ['stɒpkɒk] *s* Absperr-, Abstellhahn *m;* **stop·gap** ['stɒpgæp] *s* Lückenbüßer *m;* (Not)Behelf, Ersatz *m;* **a ~ measure** eine Überbrückungsmaßnahme, Verlegenheitslösung; **~ aid** Soforthilfe *f;* **stop-go** [ˌstɒp'gəʊ] *adj:* **~ policies** Politik *f* des ewigen Hin und Her; **stop light** *s* **1.** Bremslicht *nt* **2.** (*Am*) rotes Licht; **stop-over** ['stɒpəʊvə(r)] *s* Zwischenstation *f;* Zwischenlandung *f*

stop·page ['stɒpɪdʒ] *s* **1.** Unterbrechung *f;* Stockung *f* **2.** Stopp *m;* Streik *m* **3.** (*Scheck*) Sperrung *f* **4.** Abzug *m* **5.** Verstopfung *f,* Stau *m*

stop·per ['stɒpə(r)] **I.** *s* Stöpsel *m;* Pfropfen *m* **II.** *vt* verstöpseln

stop·ping ['stɒpɪŋ] *s* Füllung, Plombe *f;* **~ and starting** Stop-and-Go-Verkehr *m;* **~ place** Haltestelle *f;* **~ train** Personenzug *m*

stop press ['stɒppres] *s* (*Zeitung*) letzte Meldungen *fpl;* **stop sign** *s* Stoppschild *nt;* **stop·watch** ['stɒpwɒtʃ] *s* Stoppuhr *f*

stor·age ['stɔːrɪdʒ] *s* **1.** Lagerung *f;* Aufbewahrung *f* **2.** (*Wasser*) Speicherung *f,* Speichern *nt* **3.** Lagergeld *nt,* Lagerkosten *pl* **4.** (INFORM) Speicher *m;* **put s.th. into ~** etw einlagern; **storage battery** *s* Akku(mulator) *m;* **storage capacity** *s* (INFORM) Speicherkapazität *f;* **storage charge** *s* Lagergeld *nt;* **storage heater** *s* Nachtspeicherofen *m;* **storage space** *s* Lagerraum *m;* Stauraum *m;* (INFORM) Speicherplatz *m;* **storage tank** *s* Vorratstank *m*

store [stɔː(r)] **I.** *s* **1.** Vorrat *m* (*of* an) **2.** (*fig*) Fülle *f,* Reichtum *m* (*of* an) **3.** Lager *nt;* Lagerhaus *nt;* Lagerraum *m* **4.** Kaufhaus, Warenhaus *nt* **5.** (*Am*) Laden *m* **6.** (INFORM) Speicher *m;* **~s** Vorräte *mpl;* **lay in a ~ of food** einen Lebensmittelvorrat anlegen; **have** [*o* **keep**] **s.th. in ~** etw lagern; **be in ~ for s.o.** jdm bevorstehen; **that's a treat in ~ for you** da habt ihr noch was Schönes vor euch; **set great ~ by s.th.** viel von etw halten; **a fine ~ of knowledge** ein großer Wissensschatz **II.** *adj* (*Am*) von der Stange **III.** *vt* **1.** lagern; aufbewahren **2.** (*Wärme*) speichern **3.** (INFORM) abspeichern; **~ s.th. away** etw verwahren; **~ s.th. up** einen Vorrat von etw anlegen; etw anstauen **IV.** *vi* sich lagern lassen; **store card** *s* Kundenkarte *f;* **store detective** *s* Kaufhausdetektiv(in) *m(f);* **store·house** ['stɒ(r)haʊs] *s* Lagerhaus *nt;* (*fig*) Fundgrube *f;* **store-keeper** *s* Lagerverwalter(in) *m(f);* (*Am*) Ladenbesitzer(in) *m(f);* **store·room** *s* Lagerraum *m;* Vorratskammer *f*

sto·rey ['stɔːrɪ] *s* Stockwerk *nt,* Etage *f;* **on the second ~** im zweiten Stock; (*Am*) im ersten Stock; **-storeyed** ['stɔːrɪd] *adj,* **-stor·ied** (*Am*) -stöckig; **three-~** dreistöckig; **multi-~** mehrstöckig

stork [stɔːk] *s* Storch *m*

storm [stɔːm] **I.** *s* **1.** Sturm *m;* Unwetter *nt;* Gewitter *nt* **2.** (*fig*) Flut *f* (*of* von), Sturm *m;* Hagel *m;* **there is a ~ brewing** da braut sich ein Sturm zusammen; **a ~ in a teacup** ein Sturm im Wasserglas; **~ of protest** Proteststurm *m;* **a ~ of cheering** stürmischer Jubel **II.** *vi* **1.** toben, wüten (*at* gegen) **2.** stürmen **3.** (MIL) stürmen (*at* gegen) **III.** *vt* stürmen; **storm-beaten** ['stɔːmbiːtn] *adj* sturmgepeitscht; **storm-bound** ['stɔːmbaʊnd] *adj* durch Stürme festgehalten; **storm-center** *s* (*Am*), **storm-centre** *s* **1.** (METE) Sturmzentrum *nt* **2.** (*fig*) Unruheherd, -stifter *m;* **storm cloud** *s* Sturm-, Wetterwolke *f;* **storm force** *s* Sturmstärke *f;* **storm-tossed** ['stɔːmtɒst] *adj* vom Sturm umhergeworfen, -getrieben; **stormy** ['stɔːmɪ] *adj* **1.** stürmisch **2.** (*Protest*) leidenschaftlich, heftig

story¹ ['stɔːrɪ] *s* **1.** Geschichte *f;* Erzählung *f* **2.** Witz *m* **3.** (*Presse*) Artikel *m* **4.** Handlung *f* **5.** (*fam*) Märchen *nt;* **the ~ goes that ...** man erzählt sich, dass ...; **according to your ~** dir zufolge; **to cut a long ~ short** um es kurz zu machen; **tell stories** Märchen erzählen

story² ['stɔːrɪ] *s* (*Am*) Stockwerk *nt,* Etage *f;* **on the second ~** (*Am*) im ersten Stock

story·book ['stɔːrɪbʊk] **I.** *adj* märchenhaft; Märchen- **II.** *s* Geschichten-, Märchenbuch *nt;* **story line** *s* Handlung *f;* **story·teller** *s* **1.** Geschichtenerzähler(in) *m(f)* **2.** (*fig*) Lügenbold *m*

stout [staʊt] **I.** *adj* **1.** korpulent; füllig; untersetzt **2.** (*Pferd*) kräftig **3.** (*Mauer*) fest; stark **4.** mutig, tapfer; beherzt **5.** (*Ablehnung*) entschieden; **with ~ heart** tapferen Herzens **II.** *s* (dunkles) Starkbier *nt;* **stout-hearted** [ˌstaʊt'hɑːtɪd] *adj* beherzt, tapfer; **stout·ly** ['staʊtlɪ] *adv:* **~ built** (*Mensch*) kräftig; (*Haus*) solide gebaut; **~-made** solide gebaut; **~ believe** etw fest glauben; **defend s.th. ~** etw tapfer verteidigen

stove [stəʊv] *s* Ofen *m;* Herd *m;* **stove-pipe** *s* Ofenrohr *nt*

stow [stəʊ] *vt* **1.** (*Fracht*) verstauen, -packen, verladen **2.** verstauen (*in* in); **~ away** verstauen; verstecken; sich als blinder Passagier verstecken; **stow·age** ['stəʊɪdʒ] *s* **1.** (MAR) Lade-, Stauraum *m* **2.** (MAR) Verstauen *nt;* **stow·away** ['stəʊəweɪ] *s* blinder Passagier

straddle ['strædl] **I.** *vt* **1.** rittlings sitzen auf **2.** breitbeinig, mit gespreizten Beinen stehen, sitzen auf **3.** (*fig*) überbrücken; **~ the border** sich über beide Seiten der Grenze erstrecken **II.** *s* (*Turnen*) Grätsche *f;* (*Hochsprung*) Straddle(sprung) *m*

straggle ['strægl] *vi* **1.** (*Häuser*) verstreut liegen **2.** (*Haare*) unordentlich hängen **3.** (*Pflanze*) wuchern; **~ behind** zurückbleiben; **~ in** vereinzelt kommen; **strag·gler** ['stræglə(r)] *s* Nachzügler(in) *m(f);* **stragg·ling** ['stræglɪŋ] *adj* **1.** weit verteilt; zurückgeblieben **2.** (*Häuser*) zerstreut liegend **3.** (*Haar*) unordentlich **4.** (*Pflanze*) hochgeschossen

straight [streɪt] **I.** *adj* **1.** gerade; direkt **2.** (*Haar*) glatt **3.** (*Hosen*) gerade geschnitten **4.** (*Denken*) klar **5.** (*Antwort*) offen, direkt, ehrlich **6.** (*Ablehnung*) ohne Umschweife **7.** (*Drink*) pur, unverdünnt **8.** (POL) direkt **9.** ununterbrochen **10.** (THEAT) konventionell; ernsthaft **11.** (*fam: Mensch*) etabliert **12.** (*fam: Mensch*) normal, hetero; **pull s.th. ~** etw geradeziehen; **as ~ as a die** kerzengerade; **keep a ~ face** ernst bleiben, das Gesicht nicht verziehen; **be ~ with s.o.** offen und ehrlich zu jdm sein; **keep s.o. ~** dafür sorgen, dass jd ehrlich bleibt; **~ A's** (SCHULE) glatte Einsen; **a ~ play** ein reines Drama; **be all ~** in Ordnung sein; **put s.o. ~ about s.th.** jdm etw klarmachen **II.** *adv* **1.** gerade; aufrecht **2.** (*Ziel*) direkt **3.** sofort **4.** (*Denken*) klar **5.** (*fig*) offen, rundheraus **6.** (THEAT) konventionell **7.** (*Drink*) pur; **~ through s.th.** glatt durch etw; **look ~ ahead** geradeaus sehen; **drive ~ on** geradeaus weiterfahren; **go ~** keine krummen Sachen machen; **look s.o. ~ in the eye** jdm direkt in die Augen sehen; **~ after this** sofort danach; **~ away** sofort; **come ~ to the point** sofort zur Sache kommen; **give s.o. s.th. ~ from the shoulder** jdm etw unverblümt sagen **III.** *s* **1.** (SPORT) Ge-

S

rade *f* **2.** (*Linie*) Gerade *f;* **the final ~** die Zielgerade; **the ~ and narrow** der Pfad der Tugend; **keep s.o. on the ~ and narrow** dafür sorgen, dass jd ehrlich bleibt

straight·away [ˌstreɪtə'weɪ] **I.** *adv* geradewegs; sofort **II.** *s* (*Am: im Sport*) Gerade *f*

straighten ['streɪtn] **I.** *vt* **1.** gerade machen, begradigen **2.** (*Tuch*) glatt ziehen **3.** (TECH) gerade biegen **4.** (*fig*) in Ordnung bringen **5.** (*Schultern*) straffen **II.** *vi* gerade werden; glatt werden **III.** *vr* sich aufrichten; **straighten out** *vt* **1.** gerade machen; gerade biegen **2.** (*fig*) klären; in Ordnung bringen; **straighten up I.** *vi* sich aufrichten **II.** *vt* gerade machen; begradigen

straight·for·ward [ˌstreɪt'fɔːwəd] *adj* **1.** aufrichtig **2.** (*Blick*) offen, freimütig **3.** (*Problem*) einfach **4.** offen, frei, ehrlich; **straight-line depreciation** *s* lineare Abschreibung; **straight-out** [ˌstreɪt'aʊt] *adj* (*fam*) unverblümt, offen, glatt; **straight ticket** *s* (*Am*): **vote the ~** seine Stimme einer einzigen Partei geben; **vote a ~** Kandidaten nur einer Partei wählen

strain[1] [streɪn] **I.** *vt* **1.** spannen **2.** (*Freundschaft*) belasten; strapazieren **3.** (*Wort*) dehnen **4.** (MED) zerren; verrenken **5.** überanstrengen; belasten **6.** durchsieben; **~ one's ears to …** angestrengt lauschen um zu …; **~ every nerve** jeden Nerv anspannen; **~ o.s.** sich anstrengen; **~ off water** Wasser abgießen **II.** *vi* **1.** sich anstrengen, sich abmühen **2.** (*fig*) sich bemühen, streben; **~ to do s.th.** sich anstrengen etw zu tun; **~ at s.th.** sich mit etw abmühen; **~ after s.th.** nach etw streben; **~ for effect** auf Wirkung aussein; **~ against s.o.** sich an jdn drücken **III.** *s* **1.** (TECH) Belastung, Beanspruchung *f;* Spannung *f;* Druck *m* **2.** (*fig*) Belastung *f;* Anstrengung *f;* Last *f* **3.** (MED) Zerrung *f;* **the ~ on a rope** die Seilspannung; **put a ~ on s.th.** etw belasten; **take the ~ off s.th.** etw entlasten; **suffer from ~** überlastet sein, im Stress sein; **show signs of ~** Zeichen von Überlastung zeigen; **to the ~s of** zu den Klängen von

strain[2] [streɪn] *s* **1.** Hang, Zug *m,* Veranlagung *f* **2.** (*Stil*) Anflug *m* **3.** Rasse *f;* Sorte *f;* Geschlecht *nt;* **a ~ of weakness** ein Hang zur Schwäche

strained [streɪnd] *adj* **1.** durchgesiebt; abgegossen **2.** (*Muskel*) gezerrt; überanstrengt **3.** (*Stil*) unnatürlich, gekünstelt **4.** (*Lächeln*) gezwungen **5.** (*Beziehungen*) angespannt; **strainer** ['streɪnə(r)] *s* Filter *m;* Sieb *nt*

strait [streɪt] *s* **1.** (GEOG) Meerenge, Straße *f* **2.** **~s** (*fig*) Nöte, Schwierigkeiten *fpl;* **the Straits of Dover** die Straße von Dover; **be in dire ~s** in großen Nöten sein; **strait·ened** ['streɪtnd] *adj* **1.** (*Mittel*) beschränkt **2.** (*Verhältnisse*) bescheiden, dürftig; **strait·jacket** *s* Zwangsjacke *f;* **strait-laced** [ˌstreɪt'leɪst] *adj* prüde, puritanisch

strand[1] [strænd] **I.** *s* Strand *m* **II.** *vt* **1.** (*Schiff*) stranden lassen **2.** (*ohne Geld*) seinem Schicksal überlassen; **be (left) ~ed** auf dem Trockenen sitzen

strand[2] [strænd] *s* **1.** (Haar)Strähne *f* **2.** Strang *m* **3.** (*Wolle*) Faden *m* **4.** (*Draht*) Litze *f* **5.** (*Wein*) Ranke *f* **6.** (*fig*) Handlungsfaden *m* **7.** (*Perlen*) Schnur *f*

strange [streɪndʒ] *adj* **1.** seltsam, sonderbar, merkwürdig **2.** (*Umgebung*) fremd; ungewohnt; **by a ~ chance** komischerweise; **~ to say** so seltsam es klingen mag; **I am ~ to the work** die Arbeit ist mir fremd; **strange·ly** [-lɪ] *adv* seltsam, sonderbar, merkwürdig; **stran·ger** ['streɪndʒə(r)] *s* Fremde(r) *f m;* **I'm a ~ here** ich bin hier fremd; **hallo ~!** (*fam*) hallo, lange nicht gesehen!; **she's a perfect ~ to me** ich kenne sie überhaupt nicht; **you're quite a ~ here** (*fam*) man kennt dich ja gar nicht mehr; **he is no ~ to misfortune** Leid ist ihm nicht fremd

strangle ['stræŋgl] *vt* **1.** erwürgen, erdrosseln **2.** (*fig*) abwürgen, ersticken; **the collar is strangling me** der Kragen schnürt mir den Hals zu; **strangle·hold** ['strænglhəʊld] *s* Würgegriff *m;* absolute Machtposition; **stran·gu·la·tion** [ˌstræŋgjʊ'leɪʃn] *s* Ersticken *nt;* Erwürgen *nt*

strap [stræp] **I.** *s* **1.** Riemen, Gurt *m* **2.** (*Schuh*) Riemchen *nt* **3.** (*Bus*) Lasche *f* **4.** (*Kleid*) Träger *m* **II.** *vt* **1.** festschnallen (*to* an) **2.** (*Mensch*) verprügeln **3.** (*Bein*) bandagieren; **~ s.th. onto s.th.** etw auf etw schnallen; **~ s.o. down** jdn festschnallen; **~ on one's watch** sich die Uhr umbinden; **~ up a suitcase** einen Koffer zuschnallen

strap-hanger *s* Pendler(in) *m(f)*

strap·less ['stræplɪs] *adj* trägerlos; **strap·ping** ['stræpɪŋ] *adj* (*fam*) stramm, kräftig

strat·agem ['strætədʒəm] *s* (*a. fig*) Kriegslist *f*

stra·tegic [strə'tiːdʒɪk] *adj* strategisch; (*fig*) taktisch; **stra·teg·ist** ['strætədʒɪst] *s* Stratege *m,* Taktiker(in) *m(f);* **strat·egy** ['strætədʒɪ] *s* **1.** (MIL) Strategie *f* **2.** (*fig*) Taktik *f*

strat·ify ['strætɪfaɪ] **I.** *vt* schichten; **a highly stratified society** eine vielschichtige Gesellschaft **II.** *vi* Schichten bilden; in Schichten zerfallen

strato·sphere ['strætəsfɪə(r)] *s* Stratosphäre *f*
stra·tum ['strɑːtəm, *pl* -tə] <*pl* -ta> *s* (GEOL) Schicht *f*
straw [strɔː] **I.** *s* **1.** Stroh *nt* **2.** Strohhalm *m* **3.** Trinkhalm *m;* **it's the last ~!** das ist der Gipfel!; **it's a ~ in the wind** das ist ein Vorzeichen; **clutch at ~s** sich an einen Strohhalm klammern; **man of ~** Strohmann *m;* **not worth a ~** keinen Pfifferling wert **II.** *adj* Stroh-; aus Stroh
straw·berry ['strɔːbrɪ] *s* Erdbeere *f*
straw-col·oured ['strɔːkʌləd] *adj* strohfarben; strohblond; **straw man** *s* Strohmann *m;* Scheingegner *m;* **straw poll, straw vote** *s* Probeabstimmung *f*
stray [streɪ] **I.** *vi* **1.** umherschweifen, -irren; sich verirren **2.** (*fig*) abschweifen; **~ (away) from s.th.** von etw abkommen; **~ from** [*o* **off**] **a path** von einem Weg abkommen **II.** *s* streunendes Tier; herrenloses Tier **III.** *adj* **1.** verirrt, verlaufen, verloren **2.** (*Tier*) herrenlos, streunend **3.** (*Bemerkung*) einzeln **4.** gelegentlich, vereinzelt
streak [striːk] **I.** *s* **1.** Streifen *m* **2.** (*Licht*) Strahl *m* **3.** (*Haar*) Strähne *f* **4.** (*Fett*) Schicht *f* **5.** (*fig*) Spur *f;* Zug *m;* Anflug *m;* **~ of lightning** Blitzstrahl *m;* **a winning ~** eine Glückssträhne **II.** *vt* streifen; **be ~ed** gestreift sein; **~ed with dirt** schmutzverschmiert **III.** *vi* **1.** (*Blitz*) zucken **2.** blitzen, flitzen; **~ along** entlangflitzen; **streaker** [-ə(r)] *s* Blitzer(in) *m(f);* **streaky** ['striːkɪ] *adj* **1.** (*Fenster*) streifig, verschmiert **2.** (*Fleisch, Speck*) durchwachsen
stream [striːm] **I.** *s* **1.** Bach, Fluss *m* **2.** Strom *m,* Strömung *f* **3.** (*Licht*) Flut *f* **4.** (*Worte*) Schwall *m* **5.** (SCHULE) Leistungsgruppe *f;* **go with/against the ~** mit dem/gegen den Strom schwimmen; **~ of consciousness** Bewusstseinsstrom *m;* **be on ~** in Betrieb sein; **come on ~** in Betrieb genommen werden **II.** *vi* **1.** strömen, fließen, rinnen **2.** (*Augen*) tränen **3.** (*Licht*) fluten **4.** (*Fahne*) wehen; **his face was ~ing with sweat** sein Gesicht war in Schweiß gebadet; **~ down** herunterströmen; **~ in** hineinströmen; **streamer** ['striːmə(r)] *s* **1.** Wimpel *m,* Banner *nt* **2.** Band *nt* **3.** (INFORM) Magnetbandgerät *nt,* Streamer *m;* **~ headline** (*Am*) Balkenüberschrift *f;* **stream·let** ['strɪːmlɪt] *s* Bächlein *nt*
stream·line ['striːmlaɪn] *vt* (*fig*) rationalisieren; **stream·lined** ['striːmlaɪnd] *adj* **1.** (*Auto*) stromlinienförmig **2.** (*fig*) rationell, modern, zeitgemäß
street [striːt] *s* Straße *f;* **in the ~, on the ~** (*Am*) auf der Straße; **it's right up my ~** (*fam*) das ist genau mein Fall; **he's not in the same ~ as her** zwischen ihm und ihr ist ein himmelweiter Unterschied; **be ~s ahead of** [*o* **better than**] **s.o.** (*fam*) jdm haushoch überlegen sein; **go on the ~s** (*fam*) auf den Strich gehen; **street battle** *s* Straßenschlacht *f;* **street·car** ['striːtkɑː(r)] *s* (*Am*) Straßenbahn *m;* **street cred(ibility)** *s* (*fam*) Milieunähe *f;* Glaubwürdigkeit *f* (innerhalb einer Gruppe); **street directory** *s* **1.** Straßenadressbuch *nt* **2.** Stadtplan *m;* **street door** *s* Haustür *f;* **street fighter** *s* Straßenkämpfer(in) *m(f);* **street lamp** *s* Straßenlaterne *f;* **street-level dealer** *s jemand, der auf der Straße mit Drogen handelt;* **street lighting** *s* Straßenbeleuchtung *f;* **street party** *s* Straßenfest *nt;* **street-smart** *adj:* **be ~** Köpfchen haben; **street value** *s* Marktwert *m* einer Droge; **street-walker** ['striːtwɔːlkə(r)] *s* Prostituierte *f;* **street·wear** ['striːtˌweə] *s* Streetwear, Alltagskleidung *f;* **street·wise** ['striːtwaɪz] *adj* clever
strength [streŋθ] *s* **1.** Kraft, Stärke *f* **2.** (*Tisch etc*) Stabilität *f* **3.** (*Schuhe*) Festigkeit *f* **4.** (*Meinung*) Überzeugtheit *f* **5.** (*fig*) Überzeugungskraft *f* **6.** (*Maßnahme*) Drastik *f* **7.** (*Gesundheit*) Robustheit *f;* Stärke *f* **8.** (*Farbe*) Intensität *f* **9.** (MIL) Stärke *f* **10.** (*Währung*) Stärke *f;* Stabilität *f;* **~ of will** Willensstärke *f;* **on the ~ of s.th.** auf Grund einer S; **be beyond s.o.'s ~** über jds Kräfte gehen; **save one's ~** mit seinen Kräften haushalten; **be up to ~** die volle Stärke haben; **be at full ~** vollzählig sein; **strengthen** ['streŋθn] **I.** *vt* **1.** kräftigen, stärken **2.** (*fig*) bestärken **3.** (*Markt*) festigen; **~ s.o.'s hand** jdn bestärken **II.** *vi* stärker werden; sich verstärken
strenu·ous ['strenjʊəs] *adj* **1.** mühsam, anstrengend **2.** (*Versuch*) unermüdlich, energisch **3.** (*Ablehnung*) hartnäckig **4.** (*Protest*) heftig
strep·to·coc·cus [ˌstreptə'kɒkəs, *pl* -'kɒkaɪ] <*pl* -ci> *s* (MED) Streptokokkus *m*
stress [stres] **I.** *s* **1.** Stress *m;* Belastung *f* **2.** (MED) Überlastung *f* **3.** Betonung *f;* Akzent *m,* Hauptgewicht *nt* **4.** (TECH) Belastung, Beanspruchung *f;* **times of ~** Krisenzeiten *fpl;* **put** [*o* **lay**] **~ on s.th.** großen Wert auf etw legen; **put s.o. under great ~** jdn großen Belastungen aussetzen **II.** *vt* **1.** betonen; großen Wert legen auf **2.** (TECH) belasten; **stressed out** *adj* (*fam*) total gestresst; **stress fracture** *s* (MED) Belastungsfraktur *f,* Überlastungsbruch *m;* **stress-free** ['stresfriː] *adj* stressfrei; **stress·ful** ['stresfʊl] *adj* anstrengend, stressig; **stress**

S

management *s* Stressbewältigung *f*

stretch [stretʃ] **I.** *vt* **1.** strecken; dehnen; ausbreiten **2.** (*Seil*) spannen **3.** (*Reserven*) voll ausnutzen **4.** (*Arbeit*) fordern **5.** (*Bedeutung*) äußerst weit fassen **6.** (*Gesetz*) großzügig auslegen; **become ~ed** ausleiern; **~ s.th. tight** etw straffen; **~ o.s. out** sich auf den Boden legen; **~ one's legs** sich die Beine vertreten; **~ one's neck** den Hals recken; **be fully ~ed** (*fig*) voll ausgelastet sein; **~ a point** ein Auge zudrücken **II.** *vi* **1.** sich strecken, sich dehnen **2.** (*Zeit*) sich erstrecken (*to* bis) **3.** (*Geld*) reichen; **~ to reach s.th.** sich recken, um etw zu erreichen; **~ back to** zurückreichen bis; **~ out** sich hinlegen; sich ausbreiten; sich erstrecken **III.** *s* **1.** Strecken, Dehnen *nt* **2.** Elastizität, Dehnbarkeit *f* **3.** Strecke *f,* Stück *nt;* Abschnitt *m* **4.** (*zeitlich*) Zeitraum *m;* **give s.th. a ~** etw dehnen; **be at full ~** bis zum Äußersten gedehnt sein; mit aller Kraft arbeiten; **by no ~ of the imagination** beim besten Willen nicht; **for hours at a ~** stundenlang; **do a ~** (*sl*) im Knast sitzen

stretcher ['stretʃə(r)] *s* (MED) Tragbahre *f;* **stretcher-bearer** *s* Krankenträger *m*

stretch limo *s* (*fam*) Pullmanlimousine *f;* **stretch mark** *s* Schwangerschaftsstreifen *m*

strew [stru:] <*irr:* strewed, strewed (strewn)> *vt* verstreuen; streuen; bestreuen; **the floor was ~n with flowers** Blumen lagen überall auf dem Boden verstreut

stri·ated [straɪ'eɪtɪd] *adj* gestreift; gefurcht

stricken ['strɪkən] **I.** *pp of* **strike II.** *adj* verwundet; leidgeprüft; schmerzerfüllt, leidend; **~ with guilt** voller Schuldgefühle; **panic-~** von Panik ergriffen

strict [strɪkt] *adj* **1.** streng; strikt **2.** (REL) strenggläubig **3.** (*Neutralität*) absolut **4.** (*Übersetzung*) genau; **in ~ confidence** streng vertraulich; **strict·ly** ['strɪktlɪ] *adv* streng; genau; **~ speaking** genau genommen

stride [straɪd] <*irr:* strode, stridden> **I.** *vi* schreiten; **~ along** ausschreiten; **~ away** sich mit schnellen Schritten entfernen **II.** *s* Schritt *m;* Fortschritt *m;* **take s.th. in one's ~** mit etw spielend fertig werden; **put s.o. off his ~** jdn aus dem Konzept bringen

stri·dent ['straɪdnt] *adj* schrill, kreischend

strife [straɪf] *s* Unmut *m;* Zwietracht *f*

strike [straɪk] <*irr:* struck, struck (stricken)> **I.** *vt* **1.** schlagen; schlagen an **2.** (*Kugel*) treffen **3.** (*Metall*) hämmern **4.** (*Schmerz*) durchzucken **5.** (*Unglück*) treffen **6.** stoßen gegen, fahren gegen **7.** (*Auge*) treffen **8.** (*Blitz*) einschlagen in **9.** (*Instrument*) anschlagen **10.** (*Wurzeln*) schlagen **11.** (*fig*) in den Sinn kommen (*s.o.* jdm) **12.** beeindrucken **13.** (*Münze*) prägen **14.** (*Übereinkommen*) sich einigen auf, aushandeln **15.** (*Öl*) stoßen auf **16.** (*Zelt*) abbrechen **17.** (*Segel*) einholen, streichen; **~ one's fist on the table** mit der Faust auf den Tisch schlagen; **~ s.o. a blow** jdm einen Schlag versetzen; **~ a blow for s.th.** (*fig*) eine Lanze für etw brechen; **be struck by lightning** vom Blitz getroffen werden; **~ one's head against s.th.** mit dem Kopf gegen etw stoßen; **~ difficulties** in Schwierigkeiten geraten; **~ the hour** die volle Stunde schlagen; **~ s.o. as cold** jdm kalt vorkommen; **that ~s me as a good idea** das kommt mir sehr vernünftig vor; **it ~s me that ...** ich habe den Eindruck, dass ...; **a thought struck me** mir kam plötzlich ein Gedanke; **be struck by s.th.** von etw beeindruckt sein; **be struck with s.o.** von jdm begeistert sein; **be struck on s.o.** auf jdn versessen sein; **how does it ~ you?** wie finden Sie das?; **~ a light** Feuer machen; **be struck blind** blind werden; **~ fear into s.o.'s heart** jdn mit Angst erfüllen; **~ it rich** das große Geld machen; **be struck from a list** von einer Liste gestrichen werden **II.** *vi* **1.** treffen **2.** (*Blitz*) einschlagen **3.** (MIL) zuschlagen, angreifen **4.** (*Panik*) ausbrechen **5.** (*Uhr*) schlagen **6.** (*Arbeiter*) streiken **7.** (*Streichholz*) zünden **8.** (MAR) auflaufen (*on* auf) **9.** (*Fisch*) anbeißen **10.** Wurzeln schlagen; **~ against s.th.** gegen etw stoßen; **~ at s.o.** nach jdm schlagen; **~ at the roots of s.th.** etw an der Wurzel treffen; **~ on a new idea** eine neue Idee haben; **~ across country** querfeldein gehen; **~ right** sich nach rechts wenden **III.** *s* **1.** Streik, Ausstand *m* **2.** (*Gold*) Fund *m* **3.** (MIL) Angriff *m* **4.** Schlag *m;* **be on ~** streiken, im Ausstand sein; **go on ~** in den Streik treten; **make a ~** fündig werden; **a lucky ~** ein Glücksfall, Treffer *m;* **strike back** *vi* **1.** zurückschlagen **2.** (*fig*) sich wehren; **~ back at s.o.** sich gegen jdn zur Wehr setzen; **strike down** *vt* **1.** niederschlagen; vernichten **2.** (*fig*) zu Fall bringen; **be struck down** niedergeschlagen werden; getroffen werden; **strike in** *vi* sich einmischen, dazwischenplatzen; **strike off I.** *vt* **1.** abschlagen **2.** (*Geschriebenes*) (aus-, durch)streichen **3.** (*Doktor*) die Zulassung entziehen (*s.o.* jdm) **4.** (*Preis*) abziehen **5.** (TYP) drucken **II.** *vi* (*Straße*) abbiegen;

strike out I. *vi* 1. schlagen 2. (*Richtung*) zuhalten (*for* auf), sich aufmachen, losziehen II. *vt* ausstreichen; ~ **out wildly** wild um sich schlagen; ~ **out for home** sich auf den Heimweg machen; ~ **out in a new direction** neue Wege gehen; **strike through** *vt* durchstreichen; **strike up** I. *vt* 1. (*Melodie*) anstimmen 2. (*Bekanntschaft*) machen, anknüpfen 3. (*Konversation*) anfangen II. *vi* (*Musik*) einsetzen

strike ac·tion ['straɪkækʃn] *s* Streikaktion *f*; **strike ballot** *s* Urabstimmung *f*; **strike-bound** ['straɪkbaʊnd] *adj* bestreikt; **strike·breaker** ['straɪkˌbreɪkə(r)] *s* Streikbrecher(in) *m(f)*; **strike call** *s* Streikaufruf *m*; **strike committee** *s* Streikleitung *f*; **strike fund** *s* Streikkasse *f*; **strike leader** *s* Streikführer(in) *m(f)*; **strike pay** *s* Streikgeld *nt*

striker ['straɪkə(r)] *s* 1. Streikende(r) *f m* 2. (SPORT) Stürmer(in) *m (f)*

strik·ing ['straɪkɪŋ] *adj* 1. (*Ähnlichkeit*) auffallend 2. (*Unterschied*) verblüffend 3. (*Schönheit*) eindrucksvoll 4. (*Arbeiter*) streikend 5. (*Uhr*) mit Schlagwerk

string [strɪŋ] <*irr:* **strung, strung**> I. *s* 1. Schnur, Kordel *f*, Bindfaden *m* 2. Faden *m*; Draht *m* 3. (*Perlen*) Schnur *f* 4. (*Menschen*) Schlange *f* 5. (*fig*) Serie, Reihe *f* 6. (MUS SPORT) Saite *f* 7. (BOT) Faden *m*; **have s.o. on a ~** jdn am Gängelband haben; **pull ~s** (*fig*) Fäden ziehen; **without ~s** (*fig*) ohne Bedingungen; **the ~s** (MUS) die Streichinstrumente *pl*, die Streicher *pl*; **have two ~s to one's bow** zwei Eisen im Feuer haben II. *vt* 1. (*Instrument, Schläger*) besaiten, bespannen 2. (*Perlen*) aufziehen, aufreihen 3. (*Bohnen*) Fäden abziehen von 4. aufreihen; ~ **objects together** Gegenstände zusammenbinden; **string along** *vi* sich anschließen; ~ **s.o. along** jdn hinhalten; **string out** I. *vi* sich verteilen II. *vt* aufhängen; **string up** *vt* aufhängen; *fam* aufknüpfen; **be strung up** aufgeregt sein; ~ **o.s. up to do s.th.** sich seelisch und moralisch darauf vorbereiten etw zu tun

string bag ['strɪŋbæg] *s* Einkaufsnetz *nt*; **string band** *s* Streichorchester *nt*; **string bean** *s* grüne Bohne; (*Person, fam*) Bohnenstange *f*; **stringed** [strɪŋd] *adj* (MUS) Saiten-; ~ **instrument** Saiteninstrument *nt*

strin·gency ['strɪndʒənsɪ] *s* 1. Strenge, Härte *f* 2. (COM) Knappheit, Verknappung *f*; **strin·gent** ['strɪndʒənt] *adj* 1. streng 2. (*Training*) hart 3. (*Maßnahmen*) streng, energisch 4. (COM: *Markt*) angespannt; ~ **economies** schärfste Sparmaßnahmen *fpl*

stringer ['strɪŋə(r)] *s* Lokalreporter(in) *m(f)*

string player *s* (MUS) Streicher *m*; **string-puller** ['strɪŋpʊlə(r)] *s* Drahtzieher *m*; **string quartet** *s* Streichquartett *nt*; **stringy** ['strɪŋɪ] *adj* 1. (*Fleisch*) sehnig, zäh, faserig 2. (*Wurzel*) lang und dünn

strip [strɪp] I. *vt* 1. ausziehen 2. (*Bett*) abziehen 3. (*Wand*) abkratzen; die Tapeten abziehen von; (*Holzoberfläche*) abbeizen 4. (*Schrank*) ausräumen 5. (*fig*) berauben (*of+gen*) 6. (TECH) demontieren; auseinander nehmen 7. (*Schraube*) überdrehen; ~ **s.o. naked/to the skin** jdn nackt/bis auf die Haut ausziehen; ~ **s.th. off s.th.** etw von etw entfernen; ~ **the bark from the trees** die Bäume schälen, entrinden; ~ **s.th. away** etw wegnehmen; ~**ped of s.th.** ohne etw; ~ **down** zerlegen; ~ **off** abmachen; entfernen II. *vi* sich ausziehen; sich freimachen; ~ **to the waist** den Oberkörper freimachen III. *s* 1. Streifen *m*; schmales Stück 2. (SPORT) Trikot *nt*, Dress *m* 3. (AVIAT) Start- und Landebahn *f*; **do a ~** (*fam*) strippen; **tear a ~ off s.o.** jdn zur Schnecke machen; **strip cartoon** *s* Comic(strip) *m*, Bildgeschichte *f*

stripe [straɪp] *s* 1. Streifen *m* 2. (MIL) Streifen *m*; Tresse *f*; **striped** [straɪpt] *adj* gestreift; **be ~ (with) blue** blaue Streifen haben

strip light ['strɪplaɪt] *s* Neonröhre *f*; **strip light·ing** ['strɪplaɪtɪŋ] *s* Neonbeleuchtung *f*; **strip mall** *s* Einkaufsstraße *f*, Geschäftsstraße *f*; **strip mill** *s* Walzwerk *nt*; **strip mining** *s* (*Am*) Tagebau *m*

strip·per ['strɪpə(r)] *s* 1. Stripper(in) *m(f)*, Stripteasetänzer(in) *m(f)* 2. (*paint ~*) Farbentferner *m*; **strip-search** ['strɪpsɜːtʃ] *s* Leibesvisitation *f*; **strip show** *s* Stripteaseshow *f*; **strip·tease** ['strɪptiːz] *s* Striptease *m*

strive [straɪv] <*irr:* **strove, striven**> *vi* 1. sich bemühen 2. kämpfen; ~ **to do s.th.** bestrebt sein etw zu tun; ~ **for s.th.** etw anstreben; ~ **against s.th.** gegen etw kämpfen; ~ **with s.o.** mit jdm ringen

strobe [strəʊb] I. *adj* stroboskopisch II. *s* (~ *light*) Stroboskoplampe *f*; **strobo·scope** ['strəʊbəskəʊp] *s* Stroboskop *nt*; **strobo·scop·ic** [ˌstrəʊbəʊ'skɒpɪk] *adj* stroboskopisch

strode [strəʊd] *s.* **stride**

stroke [strəʊk] I. *s* 1. Schlag, Hieb, Stoß *m* 2. (SPORT) Schlag *m*; Stoß *m*; Zug *m* 3. (*Rudern*) Schlagmann *m* 4. (*Bürste*) Strich *m* 5. (*fig*) Schlag *m*; Schachzug *m* 6. (*Uhr*) Schlag *m* 7. (TECH) Hub *m* 8. (MED) Schlaganfall *m* 9. Schrägstrich *m*; **put s.o. off his ~** jdn aus dem Takt bringen; **he doesn't**

S

do a ~ er rührt keinen Finger; **a** ~ **of luck** ein Glücksfall *m;* **at a** [*o* **one**] ~ mit einem Schlag; **give s.o. a** ~ jdn streicheln; **have a** ~ einen Schlaganfall bekommen; **two-**~ **engine** Zweitaktmotor *m* **II.** *vt* streichen; ~ **one's hair down** sich das Haar glattstreichen; ~ **a boat** als Schlagmann rudern

stroll [strəʊl] **I.** *vi* spazieren, bummeln; ~ **along the road** die Straße entlangbummeln **II.** *s* Spaziergang, Bummel *m;* **take a** ~ einen Bummel machen; **stroller** ['strəʊlə(r)] *s* **1.** Spaziergänger(in) *m(f)* **2.** (*Am: Kinder-*) Sportwagen *m*

strong [strɒŋ] **I.** *adj* **1.** stark, kräftig, kraftvoll **2.** (*Wand*) stabil, solide **3.** (*Gesichtszüge*) ausgeprägt **4.** (*Konstitution*) robust **5.** (*Augen*) gut **6.** (*Charakter*) fest **7.** (*Land*) mächtig **8.** (*Einfluss*) groß, stark **9.** (*Argument*) überzeugend **10.** (*Protest*) energisch **11.** (*Maßnahme*) drastisch **12.** (*Brief*) geharnischt **13.** (*zahlenmäßig*) stark **14.** (*Anhänger*) begeistert; überzeugt; unerschütterlich **15.** (*Parfüm*) stark **16.** (*Geruch*) streng **17.** (*Butter*) ranzig **18.** (*Farbe*) kräftig **19.** (*Akzent*) stark **20.** (*Lösung*) konzentriert **21.** (*Preise*) stabil; (*Währung*) stark; **she's getting** ~**er every day** sie wird mit jedem Tag kräftiger; **have** ~ **feelings about s.th.** in Bezug auf etw stark engagiert sein; **have** ~ **feelings for s.th.** eine starke Bindung an etw haben; **his** ~ **point** seine Stärke; **he is** ~ **in s.th.** etw ist seine Stärke; ~ **breath** Mundgeruch *m;* **a** ~ **drink** ein steifer Drink; **protest in the** ~**est terms** energisch protestieren **II.** *adv:* **be going** ~ gut in Form sein; in Schwung sein; **strong-arm** ['strɒŋɑːm] *adj* gewalttätig, brutal; **strong·box** *s* Stahl-, Geldkassette *f;* **strong·hold** ['strɒŋhəʊld] *s* **1.** Festung *f* **2.** (*fig*) Bollwerk *nt,* Hochburg *f;* **strong·ly** ['strɒŋlɪ] *adv* **1.** stark; kräftig; energisch **2.** (*Interesse*) brennend **3.** (*Glaube*) fest **4.** (*Bitte*) inständig; kräftig; **I** ~ **advise you ...** ich möchte Ihnen dringendst raten ...; **strong-minded** [ˌstrɒŋ'maɪndɪd] *adj* willensstark; **strong·room** *s* Stahlkammer *f,* Tresor *m*

stron·tium ['strɒntɪəm] *s* (CHEM) Strontium *nt*

strop [strɒp] **I.** *s* Streichriemen *m* **II.** *vt* (*Rasiermesser*) abziehen

stroppy ['strɒpɪ] *adj* (*fam*) pampig

strove [strəʊv] *s.* **strive**

struck [strʌk] *s.* **strike**

struc·tural ['strʌktʃərəl] *adj* **1.** strukturell **2.** (ARCH) baulich **3.** (*Fehler*) Konstruktions- **4.** (*fig*) Struktur- **5.** (*Balken*) tragend **6.** (*fig*) essenziell, notwendig; ~ **change** Strukturwandel *m;* ~ **engineering** Bautechnik *f;* ~ **unemployment** strukturelle Arbeitslosigkeit; **struc·ture** ['strʌktʃə(r)] **I.** *s* **1.** Struktur *f,* Gefüge *nt,* Aufbau *m* **2.** (*Auto*) Konstruktion *f* **3.** Bau *m,* Gebilde, Gerüst *nt* **4.** (BIOL) Organismus *m;* **bone** ~ Knochenbau *m* **II.** *vt* strukturieren; aufbauen; gestalten; gliedern

struggle ['strʌgl] **I.** *vi* **1.** kämpfen; sich wehren **2.** (*finanziell*) in Schwierigkeiten sein **3.** (*fig*) sich abmühen; sich quälen; ~ **to do s.th.** sich sehr anstrengen etw zu tun; ~ **for s.th.** um etw kämpfen; ~ **against s.o.** gegen jdn kämpfen; ~ **with s.o.** mit jdm kämpfen; ~ **with s.th.** sich mit etw herumschlagen; mit etw ringen; ~ **to get up** sich hochquälen; ~ **along** sich durchschlagen **II.** *s* **1.** Kampf *m* (*for* um) **2.** (*fig*) Anstrengung *f;* **without a** ~ kampflos; ~ **for survival/existence** Überlebens-/Daseinskampf *m*

strum [strʌm] **I.** *vt* klimpern auf **II.** *vi* klimpern (*on* auf)

strung [strʌŋ] *s.* **string**

strut[1] [strʌt] **I.** *vi* (herum)stolzieren **II.** *s* Stolzieren *nt*

strut[2] [strʌt] *s* (ARCH) Strebe, Stütze *f*

strych·nine ['strɪkniːn] *s* Strychnin *nt*

stub [stʌb] **I.** *s* **1.** Stummel *m* **2.** (*Zigarette*) Kippe *f* **3.** (*Scheck*) Abschnitt *m* **II.** *vt:* ~ **one's toe** mit dem Zeh an etw stoßen; ~ **out a cigarette** eine Zigarette ausdrücken

stubble ['stʌbl] *s* Stoppeln *fpl;* **designer**~ Dreitagebart *m;* **stub·bly** ['stʌblɪ] *adj* stoppelig

stub·born ['stʌbən] *adj* **1.** stur; störrisch **2.** (*Ablehnung*) hartnäckig **3.** (*Material*) widerspenstig

stubby ['stʌbɪ] *adj* untersetzt, stämmig, kräftig

stucco ['stʌkəʊ] <*pl* **stucco(e)s**> **I.** *s* **1.** Stuck *m* **2.** (~ *work*) Stuckarbeit, Stukkatur *f* **II.** *vt* mit Stuck verzieren

stuck [stʌk] **I.** *pt, pp of* **stick**[2] **II.** *adj:* **be** ~ nicht zurechtkommen; **he is** ~ **for s.th.** es fehlt ihm an etw; **I was** ~ **for an answer** ich wusste nicht, was ich sagen sollte; **get** ~ **into s.o.** jdn richtig in die Mangel nehmen; **get** ~ **into s.th.** etwas in Angriff nehmen; **be** ~ **on s.o.** (*fam*) in jdn verknallt sein; **be** ~ **with s.th.** etw am Hals haben

stuck-up [ˌstʌk'ʌp] *adj* (*fam*) hochnäsig, arrogant

stud[1] [stʌd] **I.** *s* **1.** Ziernagel *m* **2.** Kragen-, Hemdknopf *m* **3.** (Ohr-, Nasen)Stecker *m;* **reflector** ~ Katzenauge *nt;* ~ **earring** Ohrstecker *m* **II.** *vt* übersäen (*with* mit)

stud[2] [stʌd] *s* **1.** Stall *m,* Gestüt *nt* **2.** (*sl*) Sexprotz *m;* **put to** ~ zur Züchtung verwenden

stu·dent ['stju:dnt] *s* **1.** Student(in) *m(f)* **2.** (*Am*) Schüler(in) *m(f);* **fellow** ~ Kommilitone *m,* Kommilitonin *f;* **medical** ~ Medizinstudent(in) *m(f);* **be a** ~ **of …** … studieren; **student teacher** *s* (Studien)Referendar(in) *m(f);* **student union** *s* Studentenvereinigung *f*

stud farm ['stʌdfɑ:m] *s* Gestüt *nt;* **stud horse** *s* Zuchthengst *m*

studied ['stʌdɪd] *adj* **1.** gut durchdacht, wohl überlegt **2.** (*Stil*) kunstvoll **3.** (*Beleidigung*) gewollt, beabsichtigt; berechnet **4.** (*Pose*) einstudiert

stu·dio ['stju:dɪəʊ] <*pl* -dios> *s* **1.** Studio *nt* **2.** (*Maler*) Atelier *nt* **3.** (RADIO) Senderaum *m;* **studio audience** *s* Publikum *nt* im Studio; **studio couch** *s* Schlafcouch *f*

stu·di·ous ['stju:dɪəs] *adj* **1.** fleißig; eifrig **2.** (*Kind*) lernbegierig **3.** (*Aufmerksamkeit*) gewissenhaft, sorgfältig **4.** (*Höflichkeit*) bewusst; gewollt **5.** (*Bemühung*) beflissen

study ['stʌdɪ] **I.** *s* **1.** Studium *nt;* Lernen *nt* **2.** (*Natur*) Beobachtung *f* **3.** Studie *f* (*of* über), Untersuchung *f* **4.** Arbeits-, Studierzimmer *nt;* **the** ~ **of cancer** die Krebsforschung; **make a** ~ **of s.th.** etw untersuchen; **during my studies** während meines Studiums; **spend one's time in** ~ seine Zeit mit Studieren verbringen **II.** *vt* **1.** studieren; lernen **2.** (*Natur*) beobachten **3.** (*Text*) sich befassen mit **4.** erforschen **III.** *vi* studieren (*for s.th.* etw); ~ **under s.o.** bei jdm studieren; **study group** *s* Arbeitsgruppe *f;* **study visit** *s* Studienreise *f*

stuff [stʌf] **I.** *s* **1.** Zeug *nt* **2.** (*sl: Drogen*) Stoff *m* **3.** (*fam*) Kram *m,* Sachen *fpl;* **green** ~ Grünzeug *nt;* **the** ~ **that heroes are made of** der Stoff, aus dem Helden gemacht sind; **it's poor** ~ das ist schlecht; **books and** ~ Bücher und so; **and** ~ **like that** und so was; **do one's** ~ (*fam*) seine Nummer abziehen; **know one's** ~ wissen, wovon man redet **II.** *vt* **1.** voll-, zustopfen **2.** (*Umschlag*) stecken (*into* in) **3.** (*Gans*) füllen **4.** (*Kissen*) füllen; ausstopfen; ~ **s.o. with food** jdn mästen; ~ **s.th. away** etw wegstecken; ~ **one's head with nonsense** sich den Kopf mit Unsinn vollstopfen; **be** ~**ed up** verschnupft sein; ~ **it!** (*sl*) Scheiß drauf; **get** ~**ed!** (*sl*) du kannst mich mal!; **stuffed shirt** *s* (*fam*) aufgeblasener Kerl; **stuf·fer** ['stʌfə(r)] *s* (*Am*) Reklamebeilage *f;* **stuff·ing** ['stʌfɪŋ] *s* **1.** (*Essen*) Füllung *f* **2.** Polstermaterial *nt;* **knock the** ~ **out of s.o.** (*fam*) jdn kleinkriegen, jdn fertig machen

stuffy ['stʌfɪ] *adj* **1.** stickig, dumpf **2.** (*fig*) spießig; prüde **3.** (*Atmosphäre*) steif, gezwungen; langweilig

stul·tify ['stʌltɪfaɪ] *vt* lähmen; verkümmern lassen

stumble ['stʌmbl] **I.** *vi* **1.** stolpern **2.** (*Rede*) stottern; ~ **against s.th.** gegen etw stoßen; ~ **on s.th.** auf etw stoßen; **she** ~**d through her speech** stockend hielt sie ihre Rede **II.** *s* **1.** Stolpern *nt* **2.** Stocken *nt;* **stum·bling block** ['stʌmblɪŋblɒk] *s* (*fig*) Hürde *f,* Hindernis *nt*

stump [stʌmp] **I.** *s* **1.** (Baum-, Zahn)Stumpf *m* **2.** (*Zigarette*) Stummel *m* **3.** (*Am*) Rednertribüne *f* **4.** (*Kricket*) Stab *m;* **stir one's** ~**s** sich rühren, sich regen **II.** *vt* **1.** (*Am*) als Wahlredner bereisen **2.** (*Kricket*) ausschalten; **you've got me** ~**ed** (*fam*) da bin ich überfragt; ~ **up money** (*sl*) Geld lockermachen **III.** *vi* stapfen; ~ **along** entlangstapfen; ~ **up** (*sl*) blechen; **stumpy** ['stʌmpɪ] *adj* stämmig, untersetzt; klein und gedrungen

stun [stʌn] *vt* **1.** betäuben; benommen machen **2.** (*fig*) aus der Fassung bringen

stung [stʌŋ] *s.* **sting**

stun gre·nade ['stʌŋgrɪˌneɪd] *s* Blendgranate *f*

stunk [stʌŋk] *s.* **stink**

stunned [stʌnd] *adj* **1.** betäubt; benommen **2.** (*fig*) fassungslos; **stun·ner** ['stʌnə(r)] *s* (*fam*) Pfundskerl *m;* tolle Frau; **stun·ning** ['stʌnɪŋ] *adj* **1.** wuchtig **2.** betäubend **3.** (*fam*) prächtig, toll, blendend

stunt[1] [stʌnt] *vt* **1.** (*Entwicklung*) hemmen **2.** (*Verstand*) verkümmern lassen

stunt[2] [stʌnt] *s* (*fam*) Stunt *m,* Kunststück *nt;* Nummer *f;* Gag *m*

stunted ['stʌntɪd] *adj* verkümmert, zurückgeblieben

stunt flying *s* Kunstflug *m*

stunt·man ['stʌntmən] <*pl* -men> *s* (FILM) Stuntman *m,* Double *nt*

stu·pe·fac·tion [ˌstju:pɪ'fækʃn] *s* Verblüffung *f;* **stu·pefy** ['stju:pɪfaɪ] *vt* **1.** benommen machen **2.** (*fig*) verblüffen

stu·pen·dous [stju:'pendəs] *adj* **1.** überwältigend **2.** (*Anstrengung*) gewaltig, ungeheuer

stu·pid ['stju:pɪd] **I.** *adj* **1.** dumm; blöd(e) **2.** benommen, benebelt; **don't be** ~ sei nicht so blöd; **drink o.s.** ~ sich sinnlos betrinken **II.** *s* Blödmann, Dummkopf *m;* **stu·pid·ity** [stju:'pɪdətɪ] *s* Dummheit, Blödheit *f*

stu·por ['stju:pə(r)] *s* Benommenheit *f;* **in a drunken** ~ im Vollrausch

sturdy ['stɜ:dɪ] *adj* **1.** kräftig, stämmig **2.** (*Material*) kräftig, robust **3.** (*Auto*) stabil **4.** (*fig*) entschlossen, unnachgiebig

stur·geon ['stɜ:dʒən] *s* Stör *m*

stut·ter ['stʌtə(r)] **I.** *vt, vi* stottern; stammeln **II.** *s* Stottern *nt;* **stut·terer** ['stʌtərə(r)] *s* Stotterer *m,* Stotterin *f*

sty [staɪ] *s* Schweinestall *m*

sty(e) [staɪ] <*pl* **sties, styes**> *s* (MED) Gerstenkorn *nt*

style [staɪl] **I.** *s* **1.** Stil *m;* Ausdrucksweise *f* **2.** (*Kunst, fig*) Stil *m* **3.** Art *f* **4.** (*Mode*) Stil *m;* Schnitt *m* **5.** Titel *m,* Anrede *f* **6.** (BOT) Griffel *m;* ~ **of painting** Malstil *m;* ~ **of life** Lebensstil *m;* **that's the** ~ (*fam*) so ist's richtig; **in** ~ stilvoll; **do things in** ~ alles im großen Stil tun; **a new** ~ **of car** ein neuer Autotyp; **all the latest ~s** die neueste Mode; ~ **sheet** Merkblatt *nt* zur Manuskriptgestaltung **II.** *vt* **1.** nennen **2.** entwerfen; gestalten **3.** (*Frisur*) stylen; **styl·ing** ['staɪlɪŋ] *s* Stylen, Styling *nt;* Design *nt;* Schnitt *m;* **styl·ish** ['staɪlɪʃ] *adj* **1.** modisch, elegant **2.** (*Haus*) vornehm **3.** (*Möbel*) stilvoll **4.** (*Lebensweise*) großartig, im großen Stil; **sty·list** ['staɪlɪst] *s* **1.** Modeschöpfer(in) *m(f)* **2.** (*hair* ~) Friseur(in) *m(f),* Friseuse *f* **3.** (*lit*) Stilist(in) *m(f);* **sty·lis·tic** [staɪ'lɪstɪk] *adj* stilistisch; **sty·lize** ['staɪəlaɪz] *vt* stilisieren

sty·lus ['staɪləs] *s* **1.** (*Plattenspieler*) Nadel *f* **2.** (HIST) Griffel *m*

sty·mie ['staɪmɪ] *vt* (*fig*) matt setzen; **be ~d** aufgeschmissen sein

styp·tic ['stɪptɪk] **I.** *s* blutstillendes Mittel **II.** *adj* blutstillend, Blutstill-

suave [swɑːv] *adj* liebenswürdig; aalglatt

sub[1] [sʌb] *s s.* **subeditor** Redakteur(in) *m(f)*

sub[2] [sʌb] *s s.* **submarine** U-Boot *nt*

sub[3] [sʌb] *s s.* **subscription** Subskription *f*

sub[4] [sʌb] *s s.* **subscription allowance** Vorschuss *m*

sub[5] [sʌb] *s s.* **substitute** Ersatzspieler(in) *m(f)*

sub- [sʌb] *PRÄF* Unter-, sub-; **sub·agency** [ˌsʌb'eɪdʒənsɪ] *s* Untervertretung *f;* **sub·agent** [ˌsʌb'eɪdʒənt] *s* Untervertreter(in) *m(f);* **sub·al·tern** ['sʌbltən] *s* (MIL) Subalternoffizier *m;* **sub·atomic** [ˌsʌbə'tɒmɪk] *adj* subatomar; **sub·class** ['sʌbklɑːs] *s* Unterabteilung *f;* **sub·com·mit·tee** ['sʌbkəˌmɪtɪ] *s* Unterausschuss *m;* **sub·con·scious** [ˌsʌb'kɒnʃəs] **I.** *adj* unterbewusst **II.** *s:* **the** ~ das Unterbewusstsein; **sub·con·ti·nent** [ˌsʌb'kɒntɪnənt] *s* (GEOG) Subkontinent *m;* **sub·con·tract** [ˌsʌb'kɒntrækt] **I.** *s* Unter-, Nebenvertrag *m* **II.** [ˌsʌbkən'trækt] *vt* vertraglich weitervergeben (*to* an); **sub·con·tractor** [ˌsʌbkən'træktə(r)] *s* Subunternehmer(in) *m(f);* **sub·cul·ture** [ˌsʌb'kʌltʃə(r)] *s* Subkultur *f;* **sub·cu·taneous** [ˌsʌbkjuː'teɪnɪəs] *adj* (MED) subkutan; **sub·di·vide** [ˌsʌbdɪ'vaɪd] **I.** *vt* unterteilen **II.** *vi* sich aufteilen; **sub·di·vi·sion** [ˌsʌbdɪ'vɪʒn] *s* **1.** Unterteilung *f* **2.** Unterabteilung *f;* (*Am*) Bauplatz *m*

sub·due [səb'djuː] *vt* **1.** besiegen, unterwerfen **2.** (*Gefühl*) unterdrücken **3.** (*Licht, Ton*) dämpfen **4.** (*Tier*) zähmen **5.** (*Schmerz*) lindern; **talk in a ~d voice** mit gedämpfter Stimme reden

sub·edit [ˌsʌb'edɪt] *vt* redigieren; **sub·edi·tor** [ˌsʌb'edɪtə(r)] *s* Redakteur(in) *m(f);* **sub·frame** [ˌsʌb'freɪm] *s* Zwischen-, Nebenrahmen *m;* **sub·group** ['sʌbgruːp] *s* Unterabteilung *f;* **sub·head·ing** [ˌsʌb'hedɪŋ] *s* Untertitel *m*

sub·ject ['sʌbdʒɪkt] **I.** *adj* **1.** unterworfen **2.** anfällig (*to* für) **3.** abhängig (*to* von); **be ~ to s.th.** einer S unterworfen sein; für etw anfällig sein; **prices are ~ to change without notice** Preisänderungen vorbehalten; **be ~ to taxation** besteuert werden; ~ **to correction** vorbehaltlich Änderungen **II.** *s* **1.** (POL) Staatsbürger(in) *m(f);* (*Monarchie*) Untertan(in) *m(f)* **2.** (GRAM) Subjekt *nt* **3.** (MUS) Thema *nt* **4.** (SCHULE) Fach *nt;* Spezialgebiet *nt* **5.** Grund, Anlass *m* (*for* zu) **6.** Gegenstand *m;* Versuchsperson *f;* **change the** ~ das Thema wechseln; **on the ~ of ...** zum Thema ...; **that's off the** ~ das gehört nicht zum Thema **III.** [səb'dʒekt] *vt* unterwerfen, -jochen; ~ **s.o. to s.th.** jdn einer S aussetzen; ~ **s.o. to insults** jdn beschimpfen; ~ **o.s. to s.th.** etw hinnehmen; sich einer S unterziehen; **subject catalogue** *s* Schlagwortkatalog *m;* **subject index** *s* Sachregister *nt*

sub·jec·tion [səb'dʒekʃn] *s* **1.** Unterwerfung *f* **2.** (POL) Abhängigkeit *f* (*of* von)

sub·jec·tive [səb'dʒektɪv] *adj* subjektiv

sub·ject mat·ter ['sʌbdzɪktˌmætə(r)] *s* Stoff *m;* Inhalt *m*

sub ju·dice [ˌsʌb'dʒuːdɪsɪ] *adj* (JUR) rechtshängig

sub·ju·gate ['sʌbdʒʊgeɪt] *vt* unterjochen, -werfen

sub·junc·tive [səb'dʒʌŋktɪv] **I.** *adj* konjunktivisch; ~ **mood** Konjunktiv *m* **II.** *s* Konjunktiv *m*

sub·lease [ˌsʌb'liːs] **I.** *s* Untervermietung *f;* Unterverpachtung *f* **II.** *vt* weiterverpachten; untervermieten

sub·let <*irr:* **-let, -let**> *vt* untervermieten

sub·lieu·ten·ant [ˌsʌblə'tenənt] *s* (*in GB*) Leutnant *m* zur See

sub·li·mate ['sʌblɪmeɪt] **I.** *vt* (CHEM PSYCH) sublimieren **II.** *s* (CHEM) Sublimat *nt*

sub·lime [sə'blaɪm] *adj* **1.** erhaben; überragend, unvergleichlich **2.** (*fam: Frechheit*) unglaublich

sub·lim·inal [ˌsʌbˈlɪmɪnl] *adj* (PSYCH) unterschwellig

sub·ma·chine gun [ˌsʌbməˈʃiːnˌɡʌn] *s* Maschinenpistole *f*

sub·mar·ine [ˌsʌbməˈriːn, ˈsʌbməˌriːn] **I.** *adj* unterseeisch, submarin **II.** *s* Unterseeboot, U-Boot *nt*

sub·menu [ˌsʌbˈmenjuː] *s* (INFORM) Untermenü *nt*

sub·merge [səbˈmɜːdʒ] **I.** *vt* **1.** untertauchen **2.** überschwemmen, -fluten; ~ **s.th. in water** etw in Wasser tauchen **II.** *vi* tauchen; **sub·merged** [səbˈmɜːdʒd] *adj* **1.** unter Wasser **2.** (*Wrack*) gesunken

sub·mer·si·ble [səbˈmɜːsɪbl] **I.** *adj* tauchfähig **II.** *s* Tauchboot *nt;* **sub·mer·sion** [səbˈmɜːʒn] *s* **1.** (Unter)Tauchen *nt* **2.** Überschwemmung *f*

sub·mis·sion [səbˈmɪʃn] *s* **1.** Unterwerfung *f* (*to* unter), Gehorsam *m* **2.** (JUR) Unterbreitung, Vorlage *f* **3.** Einwurf *m;* **force s.o. into** ~ jdn zwingen sich zu ergeben; **starve s.o. into** ~ jdn aushungern; **make a** ~ **to s.o.** jdm eine Vorlage machen; **sub·mis·sive** [səbˈmɪsɪv] *adj* demütig, gehorsam; ~ **to authority** autoritätsgläubig

sub·mit [səbˈmɪt] **I.** *vt* **1.** vorlegen, unterbreiten, einreichen (*to* bei) **2.** verweisen an; ~ **s.th. to tests** etw Tests unterziehen; ~ **s.th. to heat** etw der Hitze aussetzen **II.** *vi* **1.** sich fügen, nachgeben **2.** (MIL) sich ergeben **3.** (SPORT) aufgeben; ~ **to s.th.** sich einer S beugen; sich etw gefallen lassen **III.** *vr:* ~ **o.s. to s.th.** sich einer S unterziehen

sub·nor·mal [ˌsʌbˈnɔːml] *adj* **1.** (*Intelligenz*) unterdurchschnittlich **2.** (PSYCH) minderbegabt

sub·or·di·nate [səˈbɔːdɪnət] **I.** *adj* rangniedriger; untergeordnet; ~ **clause** Nebensatz *m;* **be** ~ **to s.o.** jdm untergeordnet sein **II.** *s* Untergebene(r) *f m* **III.** [səˈbɔːdɪneɪt] *vt* unterordnen; **sub·or·di·na·tion** [səˌbɔːdɪˈneɪʃn] *s* Unterordnung *f* (*to* unter)

sub·orn [səˈbɔːn] *vt* (JUR: *Zeugen*) beeinflussen

sub·plot [ˈsʌbplɒt] *s* Nebenhandlung *f*

sub·poena [səˈpiːnə] **I.** *s* (JUR) Vorladung *f* **II.** *vt* (JUR) vorladen

sub-post of·fice [ˌsʌbpəʊstˈɒfɪs] *s* Poststelle *f*

sub·scribe [səbˈskraɪb] **I.** *vt* **1.** (*Geld*) zeichnen **2.** spenden (*to* für); ~ **one's name to a document** ein Dokument unterzeichnen **II.** *vi* spenden, geben; ~ **to an appeal** sich an einer Spendenaktion beteiligen; ~ **to a magazine** eine Zeitschrift abonnieren; ~ **to s.th.** etw gutheißen, etw billigen; ~**d capital** gezeichnetes Kapital;

sub·scriber [səbˈskraɪbə(r)] *s* **1.** Abonnent(in) *m(f)* **2.** Spender(in) *m(f)* **3.** (TELE) Teilnehmer(in) *m(f)* **4.** (*Anleihe*) Zeichner *m;* **subscriber trunk dialling, STD** *s* (*Br*) Selbstwählferndienst, -verkehr *m;* **sub·script** [səbˈskrɪpt] *adj* tief gestellt;

sub·scrip·tion [səbˈskrɪpʃn] *s* **1.** Subskription, Zeichnung *f* **2.** Beitrag *m* **3.** Abonnement *nt;* **take out a** ~ **to s.th.** etw abonnieren; **by public** ~ mit Hilfe von Spenden; **subscription rate** *s* Abonnements-, Bezugspreis *m*

sub·sec·tion [ˈsʌbˌsekʃn] *s* Unterabschnitt *m,* -abteilung *f*

sub·se·quent [ˈsʌbsɪkwənt] *adj* **1.** folgend **2.** (*zeitlich*) später, anschließend; ~ **to** im Anschluss an; **sub·se·quent·ly** [-lɪ] *adv* später; anschließend

sub·ser·vi·ent [səbˈsɜːvɪənt] *adj* **1.** unterwürfig (*to* gegenüber) **2.** unterworfen

sub·set [ˈsʌbset] *s* (MATH) Teilmenge *f*

sub·side [səbˈsaɪd] *vi* **1.** (*Flüssigkeit*) sich setzen **2.** (*Flut*) sinken **3.** (*Boden*) sich senken **4.** (*Wind*) abflauen, nachlassen, sich legen **5.** (*Ärger*) abklingen; **sub·sid·ence** [səbˈsaɪdns] *s* (Boden)Senkung *f*

sub·sidi·ary [səbˈsɪdɪərɪ] **I.** *adj* **1.** (*Rolle*) Neben- **2.** (*Firma*) Tochter-; **be** ~ **to s.th.** einer S untergeordnet sein **II.** *s* (~ *company*) Tochtergesellschaft *f;* **indirect** ~ Enkelgesellschaft *f*

sub·si·dize [ˈsʌbsɪdaɪz] *vt* finanziell unterstützen; subventionieren; ~**d accommodation** bezuschusste Wohnung; **sub·sidy** [ˈsʌbsədɪ] *s* Zuschuss *m;* Subvention *f*

sub·sist [səbˈsɪst] *vi* leben, sich ernähren (*on* von); **sub·sis·tence** [səbˈsɪstəns] *s* **1.** Existenz *f* **2.** (Lebens)Unterhalt *m,* Auskommen *nt;* **enough for** ~ genug zum Leben; **subsistence allowance** *s* **1.** Tagegeld *nt* **2.** Vorschuss *m;* **subsistence level** *s* Existenzminimum *nt;* **subsistence wage** *s* Mindestlohn *m*

sub·sonic [ˌsʌbˈsɒnɪk] *adj* unter Schallgeschwindigkeit (fliegend)

sub·stance [ˈsʌbstəns] *s* **1.** Substanz, Materie *f,* Stoff *m* **2.** Substanz *f,* Gehalt *m;* Kern *m* **3.** Gewicht *nt;* **in** ~ im Wesentlichen; **the argument lacks** ~ das Argument hat keine Durchschlagskraft; **a man of** ~ ein vermögender Mann

sub·stan·dard [ˌsʌbˈstændəd] *adj* **1.** (*Qualität*) minderwertig; unzulänglich **2.** (GRAM) nicht korrekt

sub·stan·tial [səbˈstænʃl] *adj* **1.** kräftig **2.** (*Gebäude*) solide, fest **3.** (*Beweis*) schlüssig **4.** (*Grund*) stichhaltig **5.** (*Einkommen*) beträchtlich, bedeutend, um-

S

fangreich **6.** körperlich; **be in ~ agreement** im Wesentlichen übereinstimmen; **sub·stan·tially** [səbˈstænʃəlɪ] *adv* **1.** erheblich, beträchtlich, wesentlich **2.** im Wesentlichen

sub·stan·ti·ate [səbˈstænʃɪeɪt] *vt* erhärten, untermauern

sub·stan·tive [ˈsʌbstəntɪv] **I.** *s* (GRAM) Substantiv, Hauptwort *nt* **II.** *adj* **1.** (*Argument*) überzeugend, stichhaltig **2.** (*Fortschritt*) beträchtlich, wesentlich, bedeutend

sub·sta·tion [ˈsʌbsteɪʃn] *s* (ELEK) Umspannstation *f*

sub·sti·tute [ˈsʌbstɪtjuːt] **I.** *s* **1.** Ersatz *m;* Vertretung *f* **2.** (SPORT) Ersatzspieler(in) *m(f);* **find a ~ for s.o.** für jdn Ersatz finden **II.** *vt* ersetzen (*s.th. for s.th.* etw durch etw); **~ margarine for butter** Butter durch Margarine ersetzen **III.** *vi:* **~ for s.o.** jdn vertreten; **~ for s.th.** etw ersetzen **IV.** *adj* stellvertretend; Ersatz-; **sub·sti·tu·tion** [ˌsʌbstɪˈtjuːʃn] *s* **1.** Ersatz *m* **2.** (SPORT) Austausch *m*

sub·stra·tum [ˌsʌbˈstrɑːtəm, *pl* -tə] <*pl* -ta> *s* **1.** Substrat *nt* **2.** (GEOL) Untergrund *m*

sub·sume [səbˈsjuːm] *vt:* **~ s.th. under s.th.** etw unter etw zusammenfassen

sub·ten·ant [ˌsʌbˈtenənt] *s* Unterpächter(in) *m(f),* -mieter(in) *m(f)*

sub·ter·fuge [ˈsʌbtəfjuːdʒ] *s* Vorwand *m,* Ausflucht *f;* Trick *m*

sub·ter·ranean [ˌsʌbtəˈreɪnɪən] *adj* unterirdisch

sub·title [ˈsʌbtaɪtl] **I.** *vt* (*Film*) mit Untertiteln versehen **II.** *s* Untertitel *m;* **sub·-titling** [-ɪŋ] *s* Untertitelung *f*

subtle [ˈsʌtl] *adj* **1.** (*Parfüm, Charme*) fein, zart; unaufdringlich **2.** (*Bemerkung*) scharfsinnig; raffiniert **3.** (*Beobachter*) aufmerksam; fein; **sub·tlety** [ˈsʌtltɪ] *s* **1.** Feinheit, Zartheit *f;* Unaufdringlichkeit *f* **2.** Scharfsinn *m;* Raffiniertheit *f* **3.** Aufmerksamkeit *f*

sub·total [ˈsʌbˌtəʊtl] *s* Zwischensumme *f*

sub·tract [səbˈtrækt] *vt, vi* abziehen, subtrahieren (*from* von); **sub·trac·tion** [səbˈtrækʃn] *s* Subtraktion *f*

sub·tropi·cal [ˌsʌbˈtrɒpɪkl] *adj* subtropisch

sub·urb [ˈsʌbɜːb] *s* Vorort *m;* **in the ~s** am Stadtrand; **sub·ur·ban** [səˈbɜːbən] *adj* **1.** vorstädtisch **2.** (*pej*) kleinbürgerlich, spießig; **~ line** Vorortstrecke *f;* **sub·ur·bia** [səˈbɜːbɪə] *s* Vororte *mpl*

sub·ven·tion [səbˈvenʃn] *s* Subvention *f*

sub·ver·sion [səbˈvɜːʃn] *s* **1.** Umsturz *m* **2.** (*von Rechten*) Unterwanderung *f;* **sub·vers·ive** [səbˈvɜːsɪv] **I.** *adj* umstürzlerisch, subversiv **II.** *s* Umstürzler(in) *m(f),* Subversive(r) *f m;* **sub·vert** [sʌbˈvɜːt] *vt* **1.** (*Regierung*) zu stürzen versuchen **2.** (*Glaube*) untergraben

sub·way [ˈsʌbweɪ] *s* **1.** (Fußgänger)Unterführung *f* **2.** (*Am*) Untergrundbahn, U-Bahn *f*

sub·zero [ˌsʌbˈzɪərəʊ] *adj* unter Null, unter dem Gefrierpunkt

suc·ceed [səkˈsiːd] **I.** *vi* **1.** erfolgreich sein, Erfolg haben **2.** (*Plan*) gelingen **3.** nachfolgen; **~ in business** geschäftlich erfolgreich sein; **I ~ed in doing it** es gelang mir es zu tun; **~ to an office** in einem Amt nachfolgen; **~ to an estate** einen Besitz erben **II.** *vt* **1.** folgen auf **2.** Nachfolger(in) *m(f)* werden (*s.o.* jds); **~ s.o. in a post** jds Nachfolger(in) werden; **suc·ceed·ing** [-ɪŋ] *adj* aufeinander folgend, nachfolgend

suc·cess [səkˈses] *s* Erfolg *m;* **meet with ~** Erfolg haben, erfolgreich sein; **make a ~ of s.th.** mit etw Erfolg haben; **be a ~ with s.o.** bei jdm ankommen; **without ~** ohne Erfolg, erfolglos; **~ story** Erfolgsstory *f;* **suc·cess·ful** [səkˈsesfl] *adj* erfolgreich (*in everything* bei allem); **be entirely ~** ein voller Erfolg sein

suc·ces·sion [səkˈseʃn] *s* **1.** Folge, Serie *f;* Aufeinanderfolge *f* **2.** (JUR) Erbfolge *f;* Nachfolge *f;* **in ~** nach-, hintereinander; **in quick ~** in rascher Folge; **in ~ to s.o.** in jds Nachfolge; **~ to the throne** Thronfolge *f;* **suc·cess·ive** [səkˈsesɪv] *adj* aufeinanderfolgend; **suc·cessor** [səkˈsesə(r)] *s* Nachfolger(in) *m(f)* (*to* für); (*Produkt, Auto*) Nachfolgemodell *nt*

suc·cinct [səkˈsɪŋkt] *adj* kurz (u. bündig), knapp; prägnant

suc·cor (*Am*), **suc·cour** [ˈsʌkə(r)] *s* Beistand *m*

suc·cu·lent [ˈsʌkjʊlənt] *adj* **1.** (*Pfirsich*) saftig **2.** (BOT) fleischig

suc·cumb [səˈkʌm] *vi* **1.** erliegen (*to dat*) **2.** (*Drohungen*) sich beugen

such [sʌtʃ] **I.** *adj* solche(r, s); **~ a book** so ein Buch; **all ~ people** all solche Leute; **~ a thing** so etwas; **no ~ thing** nichts dergleichen; **in ~ a case** in einem solchen Fall; **men ~ as these** Männer wie diese; **she's ~ a beauty** sie ist solch eine Schönheit; **his behaviour was ~ that ..., ~ was his behaviour that ...** sein Verhalten war so, dass ... **II.** *adv* so, solch; **it's ~ a long time ago** es ist so lange her **III.** *pron:* **~ being the case ...** in diesem Fall ...; **~ was not my intention** das war nicht meine Absicht; **~ is life!** so ist das Leben!; **as ~** an sich; **~ as it is** so, wie es nun mal ist;

such-and-such *adj:* **~ a time** die und die

Zeit; **such·like** ['sʌtʃlaɪk] *adj* dergleichen
suck [sʌk] **I.** *vt* **1.** saugen an **2.** (*Bonbon, Eis*) lutschen an; ~ **the juice out of** [*o* **from**] **s.th.** den Saft aus etw heraussaugen; ~ **s.o. dry** jdn bis aufs Blut aussaugen **II.** *vi* **1.** saugen; nuckeln **2.** (*Pfeife*) ziehen (*at* an) **III.** *s* Saugen, Lutschen *nt;* **suck down** *vt* hinunterziehen; **suck in** *vt* **1.** auf-, ansaugen; einziehen **2.** (*Wissen*) aufsaugen; **suck under** *vt* hinunterziehen; verschlingen; **suck up** *vt* aufsaugen; ~ **up to s.o.** (*sl*) jdm schöntun; **suck·er** ['sʌkə(r)] *s* **1.** (ZOO) Saugnapf *m* **2.** (BOT) unterirdischer Ausläufer **3.** (*Am*) Lutscher *m* **4.** (*sl*) Idiot(in) *m(f);* **be a ~ for s.th.** auf etw hereinfallen; **suck·ing pig** ['sʌkɪŋpɪg] *s* Spanferkel *nt*
suckle ['sʌkl] **I.** *vt* stillen; säugen **II.** *vi* saugen; trinken
su·crose ['suːkrəʊs] *s* Saccharose *f,* pflanzlicher Zucker
suc·tion ['sʌkʃn] *s* Saugwirkung *f;* Sog *m;* Sogwirkung *f;* **suction pump** *s* Saugpumpe *f*
Sudan [suː'dæn] *s* der Sudan; **Sudan·ese** [ˌsuːdə'niːz] **I.** *adj* sudan(es)isch **II.** *s* Sudanese *m,* Sudanesin *f;* Sudaner(in) *m(f)*
sud·den ['sʌdn] **I.** *adj* **1.** plötzlich, jäh **2.** (*fig*) unerwartet, unvorhergesehen **II.** *s:* **all of a ~** (ganz) plötzlich; **sudden death** (**play-off**) *s* Stichkampf *m;* **sud·den·ly** [-lɪ] *adv* plötzlich
Su·de·ten·land [suː'deɪtənˌlænd] *s* (HIST) Sudetenland *nt*
suds [sʌdz] *s pl* Seifenwasser *nt,* -lauge *f,* -schaum *m*
sue [sjuː] **I.** *vt* **1.** (JUR) verklagen, belangen **2.** (*lit*) bitten (*for* um); ~ **s.o. for s.th.** jdn wegen etw verklagen; ~ **s.o. for damages** jdn auf Schadensersatz verklagen **II.** *vi* **1.** (JUR) klagen, einen Prozess anstrengen **2.** bitten (*to s.o. for* jdn um); ~ **for divorce** die Scheidung einreichen; ~ **for peace** um Frieden bitten
suede [sweɪd] **I.** *adj* aus Wildleder, Wildleder- **II.** *s* Wildleder *nt*
suet ['suːɪt] *s* Nierentalg *m,* -fett *nt*
suf·fer ['sʌfə(r)] **I.** *vt* **1.** erleiden **2.** (*Hunger*) leiden **3.** (*Krankheit*) leiden unter **4.** dulden, ertragen **5.** zulassen; ~ **defeat** eine Niederlage erleiden; ~ **s.th. to be done** zulassen, dass etw geschieht **II.** *vi* **1.** leiden (*from* an) **2.** büßen (*for* für); **she's still ~ing from the effects** sie leidet immer noch an den Folgen; ~ **for one's sins** für seine Sünden büßen; **he doesn't ~ fools gladly** er hat keine Geduld mit dummen Leuten; **suf·fer·ance** ['sʌfərəns] *s* Duldung *f;* **on ~** (nur) geduldet; **suf·ferer** ['sʌfərə(r)] *s* Leidende(r) *f m* (*from* an); **suf·fer·ing** ['sʌfərɪŋ] *s* Leiden *nt*
suf·fice [sə'faɪs] **I.** *vi* genügen, ausreichen **II.** *vt* genügen; zufrieden stellen; ~ **it to say …** es reicht wohl, wenn ich sage …; **suf·fi·ciency** [sə'fɪʃnsɪ] *s* Hinlänglichkeit *f;* **have a ~** genügend haben; **suf·fi·cient** [sə'fɪʃnt] *adj* genügend, aus-, hinreichend, genug; **be ~** genügen, ausreichen, genug sein
suf·fix ['sʌfɪks] *s* (GRAM) Nachsilbe *f,* Suffix *nt*
suf·fo·cate ['sʌfəkeɪt] *vt, vi* ersticken; **suf·fo·cat·ing** [-ɪŋ] *adj* erstickend; erdrückend
suf·frage ['sʌfrɪdʒ] *s* Wahlrecht *nt;* Stimme *f;* **universal ~** das allgemeine Wahlrecht; **female ~** Frauenwahlrecht *nt;* **suf·fra·gette** [ˌsʌfrə'dʒet] *s* (HIST) Frauenrechtlerin, Suffragette *f*
sugar ['ʃʊgə(r)] **I.** *s* **1.** Zucker *m* **2.** (*fam*) Liebling *m,* Schätzchen *nt* **II.** *vt* **1.** zuckern, süßen **2.** (*fig*) versüßen, mildern; ~ **the pill** die Pille versüßen; **sugar basin, sugar bowl** *s* Zuckerdose *f;* **sugar beet** *s* Zuckerrübe *f;* **sugar cane** *s* Zuckerrohr *nt;* **sugar-coated** [ˌʃʊgə'kəʊtɪd] *adj* mit Zucker überzogen; **sugar daddy** *s* (*sl*) älterer, großzügiger Liebhaber; **sugar loaf** <*pl* **loaves**> *s* Zuckerhut *m;* **sugar lump** *s* Stück *nt* Würfelzucker; **sugar tongs** *s pl* Zuckerzange *f;* **sug·ary** ['ʃʊgərɪ] *adj* **1.** süß **2.** (*fig*) zuckersüß, süßlich
sug·gest [sə'dʒest] **I.** *vt* **1.** vorschlagen; anregen **2.** (*Theorie*) vorbringen, nahelegen **3.** andeuten; unterstellen **4.** (*Gedicht*) denken lassen an; andeuten; **I ~ going** ich schlage vor zu gehen; **I ~ (to you) that …** ich möchte (Ihnen) nahelegen, dass …; **what are you trying to ~?** worauf wollen Sie hinaus?; ~ **s.th. to s.o.** jdm etw suggerieren **II.** *vr* (*Plan*) sich aufdrängen, sich anbieten, nahe liegen; **sug·gest·ible** [-əbl] *adj* beeinflussbar; **sug·ges·tion** [sə'dʒestʃən] *s* **1.** Vorschlag *m;* Anregung *f* **2.** Vermutung *f* **3.** Andeutung, Anspielung *f;* Unterstellung *f* **4.** Spur *f* **5.** Eindruck *m,* Vorstellung *f* **6.** (PSYCH) Suggestion *f;* **following his ~** auf seinen Vorschlag hin; **make the ~ that …** die Vermutung äußern, dass …; **with a ~ of irony** mit einer Spur von Ironie; ~ **box** Kummerkasten *m;* **sug·ges·tive** [sə'dʒestɪv] *adj* **1.** anregend, zu denken gebend **2.** zweideutig, pikant **3.** (PSYCH) suggestiv; **be ~ of s.th.** den Eindruck von etw erwecken; auf etw hindeuten
sui·cidal [ˌsjuːɪ'saɪdl] *adj* selbstmörderisch; selbstmordgefährdet; **have ~ tendencies**

zum Selbstmord neigen; **sui·cide** ['sju:ɪsaɪd] *s* **1.** Selbstmord, Suizid *m* **2.** Selbstmörder(in) *m(f)*; **commit ~** Selbstmord begehen; **~ pact** *Entschluss, gemeinsamen Selbstmord zu begehen;* **suicide bombing** *s* Selbstmordanschlag *m*

suit [su:t] **I.** *s* **1.** Anzug *m;* Kostüm *nt* **2.** (JUR) Prozess *m,* Verfahren *nt* **3.** (*Kartenspiel*) Farbe *f* **4.** (*lit*) Werbung *f* **5.** Anliegen *nt;* **the ~s** (*sl*) Geschäftsleute *pl;* **~ of clothes** Garnitur *f;* **~ of armour** Rüstung *f;* **bring a ~ against s.o. for s.th.** gegen jdn wegen etw Klage erheben; **follow ~** (*fig*) jds Beispiel folgen; **press one's ~** seinem Anliegen Nachdruck verleihen **II.** *vt* **1.** passen; bekommen; gefallen (*s.o.* jdm) **2.** geeignet sein für **3.** (*Kleider*) gut stehen (*s.o.* jdm) **4.** anpassen **5.** gefallen (*s.o.* jdm), zufrieden stellen; **that ~s me fine!** das ist mir recht; **they are well ~ed** (**to each other**) sie passen gut zusammen; **~ one's style to the audience** sich nach dem Publikum richten; **you can't ~ everybody** man kann es nicht jedem recht machen **III.** *vr:* **he ~s himself** er tut, was er will; **~ yourself!** wie du willst! **IV.** *vi* passen

suit·able ['su:təbl] *adj* passend, geeignet, angemessen; **be ~ for s.o.** jdm passen; für jdn geeignet sein; **be ~ for s.th.** für etw geeignet sein; **she's not ~ for him** sie passt nicht zu ihm

suit·case ['su:tkeɪs] *s* Koffer *m*

suite [swi:t] *s* **1.** Gefolge *nt* **2.** (*Möbel*) Garnitur *f* **3.** (*Zimmer*) Suite, Zimmerflucht *f* **4.** (MUS) Suite *f*

suitor ['su:tə(r)] *s* **1.** (JUR) Kläger(in) *m(f)* **2.** (*obs*) Freier *m*

sul·fate *s* (*Am:* CHEM) Sulfat *nt;* **sul·fide** *s* (*Am:* CHEM) Sulfid *nt;* **sul·fona·mide** *s* (*Am:* MED) Sulfonamid *nt;* **sul·fur** *s* (*Am:* CHEM) Schwefel *m;* **sul·fur·ic** *adj* (*Am*) Schwefel-; **~ acid** Schwefelsäure *f;* **sul·fur·ous** *adj* (*Am*) schwefel(halt)ig

sulk [sʌlk] **I.** *vi* schmollen, eingeschnappt sein **II.** *s* Schmollen *nt;* **have a ~** schmollen; **sulky** ['sʌlkɪ] *adj* eingeschnappt, beleidigt

sul·len ['sʌlən] *adj* **1.** verdrießlich, mürrisch **2.** (*Himmel*) düster, finster

sully ['sʌlɪ] *vt* (*Ruf*) beflecken

sul·phate ['sʌlfeɪt] *s* (CHEM) Sulfat *nt;* **sul·phide** ['sʌlfaɪd] *s* (CHEM) Sulfid *nt;* **sul·phona·mide** [sʌl'fɒnəmaɪd] *s* (MED) Sulfonamid *nt;* **sul·phur** ['sʌlfə(r)] *s* (CHEM) Schwefel *m;* **sulphur dioxide** ['sʌlfə(r)daɪ'ɒksaɪd] *s* (CHEM) Schwefeldioxid *nt;* **sul·phu·ric** [sʌl'fjʊərɪk] *adj* Schwefel-; **~ acid** Schwefelsäure *f;* **sul·phur·ous** ['sʌlfərəs] *adj* schwefel(halt)ig

sul·tan ['sʌltən] *s* Sultan *m;* **sul·tana** [sʌl'tɑ:nə] *s* **1.** (*Person*) Sultanin *f* **2.** (*Rosinenart*) Sultanine *f*

sul·try ['sʌltrɪ] *adj* **1.** schwül **2.** (*fig*) feurig, leidenschaftlich

sum [sʌm] **I.** *s* **1.** (Geld)Summe *f,* Betrag *m* **2.** Ergebnis, Resultat *nt* **3.** (MATH) Rechenaufgabe *f;* **the ~ total of my ambitions** das Ziel meiner Wünsche; **do ~s** (**in one's head**) (im Kopf) rechnen; **in ~** mit einem Wort **II.** *vt:* **~ up** zusammenfassen; einschätzen; **she ~med me up at a glance** sie taxierte mich mit einem Blick **III.** *vi:* **~ up** zusammenfassen; **to ~ up we can say ...** zusammenfassend können wir feststellen ...

sum·mar·ize ['sʌməraɪz] *vt* zusammenfassen; **sum·mary** ['sʌmərɪ] **I.** *adj* **1.** knapp, kurzgefasst **2.** (JUR) summarisch **II.** *s* Zusammenfassung *f;* Abriss *m;* **~ of contents** Inhaltsangabe *f*

sum·ma·tion [sʌ'meɪʃn] *s* **1.** (MATH) Addition *f* **2.** Zusammenfassung *f* **3.** (JUR: *Am*) Schlussplädoyer *nt*

sum·mer ['sʌmə(r)] **I.** *s* Sommer *m;* **in** (**the**) **~** im Sommer; **two ~s ago** im Sommer vor zwei Jahren; **a ~'s day** ein Sommertag **II.** *adj* Sommer- **III.** *vi* den Sommer verbringen; **summer holidays** *s pl* Sommerferien *pl;* **summer-house** *s* Gartenhaus *nt;* **sum·mer·time** ['sʌmətaɪm] *s* Sommer *m;* Sommerzeit *f;* **sum·mery** ['sʌmərɪ] *adj* sommerlich

sum·ming-up [ˌsʌmɪŋ'ʌp] *s* Resümee *nt*

sum·mit ['sʌmɪt] *s* **1.** Gipfel *m* **2.** (*fig*) Höhepunkt *m* **3.** (POL: *~ conference*) Gipfelkonferenz *f*

sum·mon ['sʌmən] *vt* **1.** (JUR) vor Gericht laden, vorladen **2.** (*Tagung*) einberufen, anberaumen **3.** herbeirufen, kommen lassen; **~ s.o. to do s.th.** jdn auffordern etw zu tun; **~ up one's strength** seine Kraft aufbieten; **~ up one's courage** seinen Mut zusammennehmen; **~ up arguments** Argumente einholen

sum·mons ['sʌmənz] <*pl* **-monses**> **I.** *s* **1.** (JUR) Vorladung *f* **2.** Aufruf *m,* Aufforderung *f;* **take out a ~ against s.o.** jdn vorladen lassen **II.** *vt* (JUR) vorladen

sump [sʌmp] *s* **1.** (MIN) Sumpf *m* **2.** (AUTO) Ölwanne *f*

sump·tu·ous ['sʌmptʃʊəs] *adj* **1.** kostspielig, aufwendig **2.** (*Essen*) üppig, verschwenderisch

sun [sʌn] **I.** *s* Sonne *f;* **be up with the ~** in aller Frühe aufstehen; **there is no reason under the ~ why ...** es gibt keinen Grund auf Erden, warum ...; **a place in the ~**

(*fig*) ein Platz an der Sonne **II.** *vt* der Sonne aussetzen **III.** *vr* sich sonnen; **sun·baked** ['sʌnbeɪkt] *adj* ausgedörrt; **sun bath** ['sʌnbɑːθ] *s* Sonnenbad *nt;* **sun·bathe** ['sʌnbeɪð] *vi* sonnenbaden; **sun·beam** ['sʌnbiːm] *s* Sonnenstrahl *m;* **sun·bed** ['sʌnbed] *s* Sonnenbank *f;* **sun blind** ['sʌnblaɪnd] *s* Jalousie *f;* Markise *f;* **sun block(er)** *s* Sonnenblocker *m;* **sun·burn** ['sʌnbɜːn] *s* Sonnenbrand *m;* **sun·burnt** ['sʌnbɜːnt] *adj* sonnenverbrannt; sonnengebräunt; **sun·cream** *s* Sonnenschutzcreme *f*

sun·dae ['sʌndeɪ] *s* Eisbecher *m* mit Früchten

Sun·day ['sʌndɪ] *s* Sonntag *m;* **on ~** am Sonntag; **on ~s** sonntags; **on ~ afternoon** am Sonntagnachmittag; **a month of ~s** eine Ewigkeit; **Sunday best, Sunday clothes** *s pl* (*fam*) Sonntagsstaat *m;* **Sunday school** *s* Sonntagsschule *f,* Kindergottesdienst *m*

sun deck ['sʌndek] *s* (MAR) Sonnendeck *nt;* **sun·dew** ['sʌndjuː] *s* Sonnentau *m;* **sun·dial** ['sʌndaɪəl] *s* Sonnenuhr *f;* **sun·down** ['sʌndaʊn] *s* Sonnenuntergang *m;* **sun·downer** ['sʌndaʊnə(r)] *s* (*fam*) Dämmerschoppen *m*

sun·dry ['sʌndrɪ] **I.** *adj* verschiedene **II.** *pron:* **all and ~** jedermann **III.** *s:* **sundries** Verschiedenes

sun·fast ['sʌnfæst] *adj* (*Am*) lichtecht; **sun·flower** ['sʌnˌflaʊə(r)] *s* Sonnenblume *f*

sung [sʌŋ] *s.* **sing**

sun·glasses ['sʌnˌglɑːsɪz] *s pl* Sonnenbrille *f;* **sun hat** *s* Sonnenhut *m;* **sun helmet** *s* Tropenhelm *m*

sunk [sʌŋk] *s.* **sink**[2]; **sunk·en** ['sʌŋkən] *adj* **1.** (*Schiff*) versunken, untergegangen **2.** (*Garten*) tiefliegend **3.** (*Wangen*) eingefallen **4.** (*Augen*) tiefliegend

sun lamp ['sʌnlæmp] *s* Höhensonne *f;* **sun·less** ['sʌnlɪs] *adj* ohne Sonne; **sun·light** ['sʌnlaɪt] *s* Sonnenlicht *nt;* **in the ~** in der Sonne; **sun·lit** ['sʌnlɪt] *adj* von der Sonne beschienen

sunny ['sʌnɪ] *adj* **1.** sonnig **2.** (*fig*) heiter, freundlich; **~-side up** nur auf einer Seite gebraten; **on the ~ side of 50** noch keine, noch unter 50; **sun protection factor** *s* Lichtschutzfaktor *m;* **sun·ray** *s* Sonnenstrahl *m;* **sun·ray lamp** *s* Höhensonne *f;* **sun·ray treatment** *s* Ultraviolett-/Infrarotbestrahlung *f;* **sun·rise** ['sʌnraɪz] *s* Sonnenaufgang *m;* **at ~** bei Sonnenaufgang; **~ industry** *aufstrebender, innovativer Industriezweig;* **sun·roof** *s* **1.** Sonnenterrasse *f* **2.** (AUTO) Schiebedach *nt*

sunroom *s* (*Am*) Wintergarten *m;* **sun·screen(ing agent)** ['sʌnˌskriːn] *s* Sonnenschutzmittel *nt;* **sun·set** ['sʌnset] *s* Sonnenuntergang *m;* **at ~** bei Sonnenuntergang; **~ industry** *veralteter, überholter Industriezweig;* **sun·shade** ['sʌnʃeɪd] *s* **1.** Sonnenschirm *m* **2.** Sonnendach *nt,* Markise *f;* **sun·shine** ['sʌnʃaɪn] *s* Sonnenschein *m;* **hours of ~** Sonnenstunden *fpl;* **sunshine roof** *s* (AUTO) Schiebedach *nt;* **sun·spot** ['sʌnspɒt] *s* (ASTR) Sonnenfleck *m;* **sun·stroke** ['sʌnstrəʊk] *s* Sonnenstich *m;* **sun·tan** ['sʌntæn] *s* Sonnenbräune *f;* **suntan lotion** *s* Sonnenmilch *f;* **sun·tanned** ['sʌntænd] *adj* braungebrannt; **sun·tan oil** *s* Sonnenöl *nt;* **sun·trap** *s* sehr sonniges Plätzchen; **sun·up** ['sʌnʌp] *s* Sonnenaufgang *m;* **sun visor** *s* Sonnenschild *nt;* **sun-worshipper** *s* Sonnenanbeter(in) *m(f)*

sup (up) [sʌp] *vt* (aus)trinken

su·per ['suːpə(r)] **I.** *s* **1.** (THEAT) Statist(in) *m(f)* **2.** (*fam*) Aufseher(in) *m(f)* **II.** *adj* (*fam*) super, erstklassig, prima

super·abun·dant [ˌsuːpərə'bʌndənt] *adj* (über)reichlich

super·an·nu·ate [ˌsuːpər'ænjʊeɪt] *vt* in den Ruhestand versetzen; **super·an·nu·ated** [ˌsuːpər'ænjʊeɪtɪd] *adj* **1.** pensioniert **2.** (*fig*) veraltet, altmodisch; **super·an·nu·ation** ['suːpərˌænjʊ'eɪʃn] *s* **1.** Pensionierung *f* **2.** Pension, Ruhestand **3.** Altersruhegeld, Rente *f*

su·perb [suː'pɜːb] *adj* **1.** großartig, prächtig **2.** (*Qualität*) ausgezeichnet, hervorragend

Super Bowl *s* (*NFL's championship football game*) Super Bowl *m*

super·charged ['suːpətʃɑːdʒd] *adj* **1.** aufgeladen **2.** (*fig*) gereizt; **super·charger** ['suːpəˌtʃɑːdʒə(r)] *s* Lader *m*

super·cili·ous ['suːpə'sɪlɪəs] *adj* hochnäsig, herablassend

super·ego ['suːpəregəʊ] *s* (PSYCH) Überich *nt*

super·fi·cial [ˌsuːpə'fɪʃl] *adj* **1.** oberflächlich **2.** (*Ähnlichkeit*) äußerlich, scheinbar; **super·fi·cial·ity** [ˌsuːpəˌfɪʃɪ'ælətɪ] *s* Oberflächlichkeit *f*

super·flu·ous [suː'pɜːflʊəs] *adj* überflüssig

super·glue ['suːpəgluː] *s* Sekundenkleber *m*

super·grass ['suːpəgrɑːs] *s* Superspitzel *m;* **super·hero** ['suːpəˌhɪərəʊ] *s* Superheld *m*

super·high·way [ˌsuːpə'haɪweɪ] *s* (*Am*) Autobahn *f*

super·hu·man [ˌsuːpə'hjuːmən] *adj* übermenschlich

super·im·pose [ˌsuːpərɪm'pəʊz] *vt:* **~ s.th. on s.th.** etw auf etw legen; etw mit

S

etw überlagern

super·in·tend [ˌsuːpərɪn'tend] *vt* beaufsichtigen, überwachen; **super·in·tend·ence** [-əns] *s* Oberaufsicht *f;* **super·in·tend·ent** [-ənt] *s* **1.** Aufsicht *f* **2.** Bademeister(in) *m(f)* **3.** Parkwächter(in) *m(f)* **4.** Leiter(in) *m(f);* (*Polizei*) Polizeirat *m,* -rätin *f*

su·perior [suː'pɪərɪə(r)] **I.** *adj* **1.** besser (*to* als) **2.** (*Fähigkeit*) überlegen (*to s.o.* jdm) **3.** großartig, hervorragend **4.** (*Verstand*) überragend **5.** (*im Rang*) höher **6.** (*Kraft*) überlegen; stärker **7.** (*Art*) überheblich **8.** (TYP) hochgestellt; **goods of ~ quality** Waren *f pl* bester Qualität; **~ officer** Vorgesetzte(r) *f m;* **be ~ to s.o.** jdm übergeordnet sein; **~ in number(s)** zahlenmäßig überlegen; **~ number** Hochzahl *f* **II.** *s* **1.** Vorgesetzte(r) *f m* **2.** Überlegene(r) *f m* **3.** (TYP) Hochzahl *f;* **be s.o.'s ~** jdm überlegen sein; **Father ~** Vater Superior; **Mother ~** Oberin *f;* **su·perior·ity** [suːˌpɪərɪ'ɒrətɪ] *s* **1.** bessere Qualität; Überlegenheit *f* **2.** überragende Eigenschaft **3.** (*Rang*) höhere Stellung **4.** (*zahlenmäßig*) Überlegenheit *f* **5.** Überheblichkeit *f;* **superiority complex** *s* Superioritätskomplex *m*

su·per·la·tive [suː'pɜːlətɪv] **I.** *s* (GRAM) Superlativ *m* **II.** *adj* überragend, unübertrefflich

super·man ['suːpəmæn] <*pl* -men> *s* Übermensch *m*

super·mar·ket ['suːpəmɑːkɪt] *s* Supermarkt *m;* **supermarket trolley** *s* Einkaufswagen *m*

super max(i·mum se·cur·ity prison) [ˌsuːpə'mæks] *s* Hochsicherheitsgefängnis *nt*

super·natu·ral [ˌsuːpə'nætʃrəl] *adj* übernatürlich

super·nu·mer·ary [ˌsuːpə'njuːmərərɪ] **I.** *adj* **1.** zusätzlich **2.** überzählig **II.** *s* **1.** (THEAT) Statist(in) *m(f)* **2.** Zusatzperson *f*

super·power [ˌsuːpə'paʊə(r)] *s* (POL) Welt-, Groß-, Supermacht *f*

super·script ['suːpəskrɪpt] *adj* hochgestellt

super·sede [ˌsuːpə'siːd] *vt* **1.** ablösen **2.** (*Glauben*) an die Stelle treten von

super·sonic [ˌsuːpə'sɒnɪk] *adj* Überschall-; **~ travel** Reisen *nt* mit Überschallgeschwindigkeit

super·sti·tion [ˌsuːpə'stɪʃn] *s* Aberglaube *m;* **super·sti·tious** [ˌsuːpə'stɪʃəs] *adj* abergläubisch

super·store ['suːpəstɔː(r)] *s* Verbrauchermarkt *m*

super·struc·ture ['suːpəstrʌktʃə(r)] *s* Überbau *m*

super·tanker ['suːpəˌtæŋkə(r)] *s* Supertanker *m*

super·vene [ˌsuːpə'viːn] *vi* hinzukommen, dazwischentreten

super·vise ['suːpəvaɪz] **I.** *vt* beaufsichtigen; überwachen **II.** *vi* Aufsicht führen; **super·vi·sion** [ˌsuːpə'vɪʒn] *s* **1.** Aufsicht *f;* Beaufsichtigung *f* **2.** Überwachung *f;* **under the ~ of** unter der Aufsicht von; **super·vi·sor** [ˌsuːpə'vaɪzə(r)] *s* **1.** Aufseher(in) *m(f),* Aufsicht(sperson) *f* **2.** Leiter(in) *m(f);* **super·vis·ory** [ˌsuːpə'vaɪzərɪ] *adj* beaufsichtigend, überwachend; **in a ~ post** in einer Aufsichtsposition; **~ board** Aufsichtsrat *m*

su·pine ['suːpaɪn] *adj* **1.** auf dem Rücken liegend **2.** (*fig*) passiv, lethargisch; **in a ~ position** auf dem Rücken liegend, in Rückenlage

sup·per ['sʌpə(r)] *s* Abendessen *nt;* **have ~** zu Abend essen; **the Lord's Supper** das Abendmahl; **~-time** Zeit *f* des Abendessens

sup·plant [sə'plɑːnt] *vt* ablösen, ersetzen; ausstechen; verdrängen

supple ['sʌpl] *adj* **1.** biegsam, geschmeidig, elastisch **2.** (*Geist*) beweglich, flexibel

supple·ment ['sʌplɪmənt] **I.** *s* **1.** Ergänzung *f,* Zusatz *m* (*to* zu) **2.** (*Buch*) Nachtrag, Anhang *m* **3.** Ergänzungsband *m* **4.** (*Zeitung*) Beilage *f* **5.** Zu-, Aufschlag *m* **II.** ['sʌplɪment] *vt* ergänzen; **~ one's income** sein Einkommen aufbessern; **supple·men·tary** [ˌsʌplɪ'mentərɪ] *adj* ergänzend, zusätzlich; Zusatz-; Nachtrags-; **~ angle** Ergänzungswinkel *m;* **~ benefit** (HIST) Sozialhilfe *f*

supple·ness ['sʌplnɪs] *s* Geschmeidigkeit, Elastizität *f,* Flexibilität *f*

sup·pli·ant, sup·pli·cant ['sʌplɪənt, 'sʌplɪkənt] **I.** *s* Bittsteller(in) *m(f)* **II.** *adj* flehend; **sup·pli·ca·tion** [ˌsʌplɪ'keɪʃn] *s* Flehen *nt*

sup·plier [sə'plaɪə(r)] *s* (COM) Lieferant(in) *m(f),* Anbieter(in) *m(f);* **sup·ply** [sə'plaɪ] **I.** *vt* **1.** sorgen für; liefern; stellen **2.** (COM) beliefern **3.** (*Stadt*) versorgen (*with* mit) **4.** (*Bedarf*) befriedigen, decken **5.** (*Mangel*) ausgleichen, kompensieren **II.** *s* **1.** Versorgung *f* **2.** (COM) Lieferung *f;* Angebot *nt* **3.** Vorrat *m;* Proviant *m* **4.** (*~ teacher*) Aushilfslehrer(in) *m(f)* **5.** (PARL) Etat *m;* **electricity ~** Stromversorgung *f;* **~ and demand** Angebot und Nachfrage; **cut off the ~** das Gas, Wasser abstellen; **lay in supplies** einen Vorrat anlegen; **be in short ~** knapp sein; **medical supplies** Arzneimittel *pl;* **be on ~** aushilfsweise unterrichten; **supply base** *s* Vorratslager *nt;* **supply depot** *s* Versorgungslager *nt;* **sup-**

ply industry *s* Zulieferungsindustrie *f;* **supply lines** *s pl* Versorgungslinien *fpl;* **supply-side economics** *s* angebotsorientierte Wirtschaftspolitik; **supply teacher** *s* Aushilfslehrer(in) *m(f)*

sup·port [sə'pɔːt] **I.** *vt* **1.** (ARCH) (ab)stützen; tragen **2.** (*fig*) unterstützen; fördern, begünstigen; billigen **3.** (*Grund*) eintreten für **4.** (*Theorie*) erhärten, untermauern **5.** (*Benehmen*) dulden, ertragen; **without his family to ~ him** ohne die Unterstützung seiner Familie **II.** *vr* sich stützen (*on* auf), sich unterstützen **III.** *s* **1.** Stütze *f* **2.** (*fig*) Unterstützung *f;* **give ~ to s.o.** jdn stützen; **lean on s.o. for ~** sich auf jdn stützen; **in ~ of** zur Unterstützung; **depend on s.o. for financial ~** von jdm finanziell abhängig sein; **~ price** Stützungspreis *m;* **sup·port·able** [-əbl] *adj* erträglich; **sup·porter** [sə'pɔːtə(r)] *s* **1.** Anhänger(in) *m(f)* **2.** Befürworter(in) *m(f)* **3.** (SPORT) Fan *m;* **~ of disarmament** Rüstungsgegner(in) *m(f);* **sup·port·ing** [-ɪŋ] *adj* tragend; **~ programme** (FILM) Beiprogramm *nt;* **~ role** (THEAT) Nebenrolle *f;* **~ tissue** Stützgewebe *nt;* **sup·port·ive** [sə'pɔːtɪv] *adj* stützend

sup·pose [sə'pəʊz] *vt* **1.** annehmen; sich vorstellen **2.** annehmen, denken, meinen **3.** (*in Passivkonstruktion*) sollen **4.** voraussetzen; **let's ~ that ...** angenommen, dass ..., nehmen wir einmal an, dass ...; **I ~ he'll do it** er wird es wohl [*o* vermutlich] tun; **I don't ~ he'll do it** ich glaube kaum, dass er es tut; **I ~ so** ich glaube schon; **I don't ~ so** ich glaube kaum; **I ~ not** wohl kaum; **she is ~d to be intelligent** sie soll intelligent sein; **be ~d to do s.th.** etw tun sollen; **you are not ~d to know that** das solltest du eigentlich nicht wissen; **~ we go now?** wie wär's, wenn wir jetzt gingen?; **sup·posed** [sə'pəʊzd] *adj* vermutet; mutmaßlich; **let it be ~ that** gesetzt den Fall, dass; nehmen wir den Fall an, dass; **sup·pos·ed·ly** [-ɪdlɪ] *adv* angeblich; **sup·pos·ing** [-ɪŋ] *conj* angenommen (*that* dass); **sup·po·si·tion** [ˌsʌpə'zɪʃn] *s* Vermutung, Annahme *f;* **on the ~ that ...** unter der Annahme, dass ...

sup·posi·tory [sə'pɒzɪtrɪ] *s* (MED) Zäpfchen *nt*

sup·press [sə'pres] *vt* **1.** unterdrücken **2.** (ELEK) entstören; **sup·pression** [sə'preʃn] *s* **1.** Unterdrückung *f* **2.** (ELEK) Entstörung *f*

sup·pu·rate ['sʌpjʊreɪt] *vi* eitern

su·prem·acy [sʊ'preməsɪ] *s* Vormachtstellung *f;* **air/naval ~** Luft-/Seeherrschaft *f*

su·preme [suː'priːm] *adj* **1.** höchste(r, s), oberste(r, s) **2.** größte(r, s), äußerste(r, s); **the ~ authority** die Regierungsgewalt; **~ commander** Oberbefehlshaber *m;* **Supreme Court** oberstes Gericht

sur·charge ['sɜːtʃɑːdʒ] **I.** *vt* mit Zuschlag, mit einer Strafgebühr belegen **II.** *s* Auf-, Zuschlag, Aufpreis *m;* Strafgebühr *f;* Nachporto *nt*

sure [ʃʊə(r)] **I.** *adj* sicher; (*Beweis, Tatsache*) sicher, eindeutig; (*Methode, Mittel, Freund*) zuverlässig; **be ~ of s.th.** etw sicher wissen; **be ~ of winning** sicher gewinnen; **be ~ of o.s.** sich seiner Sache sicher sein; selbstsicher sein; **make ~** nachsehen, kontrollieren, sich vergewissern; **make ~ you ...** achten Sie darauf, dass Sie ...; **make ~ of one's facts** sich der Fakten versichern; **for ~** sicher, gewiss; **to be ~** tatsächlich; **~ thing** (*Am fam*) klar, sicher; **he is ~ to come** er kommt sicher; **be ~ not to forget your book** vergessen Sie ja ihr Buch nicht; **are you ~ you won't come?** wollen Sie wirklich nicht kommen?; **I'm ~ I don't know** ich weiß es sicher nicht; **I'm not ~ why/how** ich weiß nicht genau, warum/wie **II.** *adv* sicher, klar, gewiss; **~ enough** tatsächlich; bestimmt; **as ~ as can be** todsicher; **sure-footed** [ˌʃʊə'fʊtɪd] *adj:* **be ~** einen sicheren, festen Tritt haben; **sure·ly** ['ʃʊəlɪ] *adv* sicher(lich), gewiss; **he ~ ought to know that** das müsste er doch wissen; **surety** ['ʃʊərətɪ] *s* (JUR) **1.** Garantie, Bürgschaft *f* **2.** Bürge *m,* Bürgin *f,* Garant *m;* **go** [*o* **stand**] **~** Bürgschaft leisten (*for* für)

surf [sɜːf] **I.** *s* Brandung *f* **II.** *vi* surfen, wellenreiten; **go ~ing** surfen, zum Wellenreiten gehen **III.** *vt:* **~ the net** (*fam*) durch das Netz surfen

sur·face ['sɜːfɪs] **I.** *s* **1.** Oberfläche *f* **2.** (Straßen)Belag *m* **3.** (MATH) Fläche *f;* Flächeninhalt *m* **4.** (AVIAT) Tragfläche *f;* **on the ~** oberflächlich betrachtet; nach außen hin; **at the ~, on the ~, up to the ~** (MIN) über Tage **II.** *adj* **1.** oberflächlich **2.** (MIN) über Tage **3.** (*Transport*) auf dem See-/Landweg **III.** *vt* **1.** (*Straße*) mit einem Belag versehen **2.** (*U-Boot*) auftauchen lassen **IV.** *vi* auftauchen; **surface area** *s* (MATH) Flächeninhalt *m;* **surface mail** *s* auf dem See-/Landweg beförderte Post; **surface noise** *s* (*Schallplatte*) Reibungsgeräusch *nt;* **surface tension** *s* Oberflächenspannung *f;* **surface-to-air** [ˌsɜːfɪstʊ'eə(r)] *adj:* **~ missile** Boden-Luft-Rakete *f;* **surface water** *s* Oberflächenwasser *nt*

surf·board ['sɜːfbɔːd] *s* (*Brett zum Wellenreiten*) Surfbrett *nt;* **surf·boarder** [-ə(r)] *s* Wellenreiter(in) *m(f),* Surfer(in) *m(f)*

S

sur·feit ['sɜːfɪt] **I.** *s* Übermaß *nt* (*of* an) **II.** *vt* übersättigen, überfüttern

surfer ['sɜːfə(r)] *s* Wellenreiter(in) *m(f)*; (*a.* INTERNET) Surfer(in) *m(f)*; **surf·ing, surf·rid·ing** ['sɜːfɪŋ, 'sɜːfˌraɪdɪŋ] *s* Wellenreiten, Surfen *nt*

surge [sɜːdʒ] **I.** *s* **1.** Welle, Woge *f* **2.** (*fig*) Flut *f*; (*Gefühle*) Aufwallung *f*; ~ **in demand** Nachfrageschub *m*; ~ **of adrenalin** Adrenalinstoß *m* **II.** *vi* **1.** wogen, branden **2.** (*Menschen*) drängen, strömen **3.** (*Gefühl:* ~ *up*) (auf)wallen **4.** (ELEK: *Fluss*) anschwellen; **blood ~d to his face** das Blut schoss ihm ins Gesicht

sur·geon ['sɜːdʒən] *s* **1.** Chirurg(in) *m(f)* **2.** (MIL) Stabsarzt *m*, -ärztin *f*; Marinearzt *m*, -ärztin *f*; **dental** ~ Zahnarzt *m*, -ärztin *f*; **sur·gery** ['sɜːdʒərɪ] *s* **1.** Chirurgie *f* **2.** Sprechzimmer *nt*; Sprechstunde *f*; **have** ~ operiert werden; **surgery hours** *s pl* Sprechstunde(n *pl*) *f*; **sur·gi·cal** ['sɜːdʒɪkl] *adj* operativ; chirurgisch; ~ **boot** orthopädischer Schuh; ~ **spirit** Wundalkohol *m*; ~ **stocking** Stützstrumpf *m*; ~ **ward** chirurgische Station, Chirurgie *f*

Su·ri·nam ['sʊəˌnæm] *s* Surinam *nt*; **Su·ri·nam·ese** [ˌsʊənæ'miːz] **I.** *adj* surinamisch **II.** *s* Surinamer(in) *m(f)*

sur·ly ['sɜːlɪ] *adj* schlecht gelaunt, mürrisch

sur·mise ['sɜːmaɪz] **I.** *s* Vermutung *f* **II.** [sə'maɪz] *vt* vermuten, annehmen

sur·mount [sə'maʊnt] *vt* überwinden; **be ~ed by s.th.** von etw gekrönt sein

sur·name ['sɜːneɪm] *s* Familien-, Nachname *m*

sur·pass [sə'pɑːs] *vt* **1.** übertreffen, -ragen (*in s.th.* in etw) **2.** hinausgehen über

sur·plus ['sɜːpləs] **I.** *s* **1.** Überschuss *m* (*of* an) **2.** Mehrbetrag *m*; Rest(betrag) *m* **3.** (~ *profit*) Mehrertrag *m*, -einnahme *f*, Gewinnüberschuss *m* **4.** nicht ausgeschütteter Gewinn **5.** (*Versicherung*) Exzedent *m* **II.** *adj* überschüssig, -zählig; **Army ~ goods** Stegwaren *fpl*; ~ **demand** Nachfrageüberhang *m*; ~ **goods** Überschussgüter *ntpl*; ~ **load** Mehrbelastung *f*; ~ **production** Überproduktion *f*; ~ **purchasing power** Kaufkraftüberhang *m*; ~ **revenue** Mehreinkommen *nt*; ~ **stock** Mehrbestand *m*; **sale of ~ stock** Verkauf *m* von Lagerbeständen; ~ **supply** Überangebot *nt*; ~ **value** Mehrwert *m*; ~ **weight** Über-, Mehrgewicht *nt*

sur·prise [sə'praɪz] **I.** *vt* **1.** überraschen **2.** (plötzlich) überfallen, überrumpeln **3.** in Erstaunen versetzen, verwundern, befremden; **be ~d** überrascht sein; **be ~d at s.th.** sich über etw wundern, über etw staunen; ~ **s.o. into doing s.th.** jdn so verblüffen, dass er etw tut; ~ **in the act** auf frischer Tat ertappen; **I should not be ~d** es würde mich nicht überraschen; **I'm ~d to see you here** ich bin erstaunt Sie hier zu sehen; **nothing ~s me any more** ich wundere mich über nichts mehr; **I'm ~d at you!** Sie überraschen mich! **II.** *s* **1.** Überraschung *f* **2.** plötzlicher Angriff, Überfall **3.** Erstaunen *nt*, Verwunderung *f* (*at* über); (**much**) **to my** ~ zu meiner (großen) Überraschung; **catch** [*o* **take**] **by** ~ überraschen; plötzlich überfallen; **give s.o. a** ~ jdm eine Überraschung bereiten; **you'll get the ~ of your life** Sie werden Ihr blaues Wunder erleben; ~ **attack** Überrumpelungs-, Überraschungsangriff *m*; **~, ~!** (*iro*) was du nicht sagst!; **sur·pris·ing** [-ɪŋ] *adj* erstaunlich, überraschend; **sur·pris·ing·ly** [-ɪŋlɪ] *adv* überraschenderweise

sur·real·ism [sə'rɪəlɪzəm] *s* Surrealismus *m*; **sur·real·ist** [sə'rɪəlɪst] **I.** *adj* surrealistisch **II.** *s* Surrealist(in) *m(f)*; **sur·real·is·tic** [sərɪə'lɪstɪk] *adj* surrealistisch

sur·ren·der [sə'rendə(r)] **I.** *vt* **1.** übergeben; (*Waffen*) ausliefern, aushändigen **2.** (*Hoffnung, Anspruch, Recht*) aufgeben **3.** (*Versicherungspolice*) frühzeitig einlösen **4.** (*Mietvertrag*) kündigen **II.** *vi* **1.** sich ergeben **2.** (JUR) sich stellen **3.** (MIL) kapitulieren; die Waffen strecken **III.** *vr:* ~ **o.s. to s.th.** sich einer S hingeben **IV.** *s* **1.** Übergabe *f*; Aushändigung, Auslieferung *f*; Aufgabe, Preisgabe *f*; (frühzeitiges) Einlösen *nt*; Kündigung *f* **2.** (*a. fig*) Kapitulation *f*; ~ **value** Rückkaufswert *m*; **no ~!** wir kapitulieren nicht!

sur·rep·ti·tious [ˌsʌrəp'tɪʃəs] *adj* heimlich; (*Blick*) verstohlen

sur·ro·ga·cy ['sʌrəgəsɪ] *s* Leihmutterschaft *f*; **sur·ro·gate** ['sʌrəgɪt] **I.** *s* **1.** Ersatz *m* **2.** (*Br*) Weihbischof *m* **II.** *adj* **1.** Ersatz- **2.** (REL) Weih-; ~ **mother** Leihmutter *f*

sur·round [sə'raʊnd] **I.** *vt* **1.** umgeben **2.** (*a.* MIL) einschließen, umzingeln **3.** herumstehen um; **be ~ed with** [*o* **by**] umringt sein von **II.** *s* Einfassung *f*, Rand *m*; **sur·round·ing** [-ɪŋ] **I.** *adj* umliegend **II.** *s meist pl* Umgebung *f*; **surround sound** *s* Surroundsound *m*

sur·tax ['sɜːtæks] *s* Zusatz-, Sondersteuer *f*

sur·veil·lance [sɜː'veɪləns] *s* Überwachung *f*; **be under** ~ überwacht werden

sur·vey [sə'veɪ] **I.** *vt* **1.** betrachten, sich ansehen; begutachten; mustern **2.** untersuchen; einer Prüfung unterziehen **3.** einen Überblick geben über **4.** (*Land*) vermessen; (*Gebäude*) begutachten **II.** ['sɜːveɪ] *s* **1.** Überblick *m* (*of* über), Musterung *f* **2.** Untersuchung *f*; (*Statistik*) Umfrage *f*

3. (*Land*) Vermessung *f;* Vermessungsgutachten *nt;* (*Haus*) Begutachtung *f;* Gutachten *nt;* **sur·veyor** [sə'veɪə(r)] *s* **1.** Landvermesser(in) *m(f)* **2.** Bauinspektor(in) *m(f),* -gutachter(in) *m(f);* **quantity ~** Baukostenkalkulator(in) *m(f)*

sur·vival [sə'vaɪvl] *s* **1.** Überleben *nt* **2.** Überrest *m,* -bleibsel *nt;* **on ~** im Erlebensfalle; **~ of the fittest** (BIOL) natürliche Auslese; **~ kit** Überlebensausrüstung *f;* **sur·vive** [sə'vaɪv] **I.** *vt* **1.** überleben **2.** überstehen **3.** (*fam*) aushalten **II.** *vi* **1.** überleben, am Leben bleiben **2.** weiter bestehen **3.** übrig bleiben; **sur·viv·ing** [-ɪŋ] *adj* überlebend; **sur·vivor** [sə'vaɪvə(r)] *s* Überlebende(r) *f m,* Hinterbliebene(r) *f m*

sus·cep·tible [sə'septəbl] *adj* **1.** leicht beeinflussbar **2.** (MED) anfällig (*to* für); **~ of proof** beweisbar; **~ of change** veränderbar; **be ~ to s.th.** für etw empfänglich, zugänglich sein; **be ~ to attack** Angriffen ausgesetzt sein; **she is very ~ to remarks about her figure** wenn jd etwas über ihre Figur sagt, reagiert sie empfindlich; **he was not ~ to her tears** er ließ sich von ihren Tränen nicht erweichen

sus·pect ['sʌspekt] **I.** *s* Verdächtigte(r) *f m* **II.** *adj* verdächtig **III.** [sə'spekt] *vt* **1.** (*jdn*) verdächtigen (*of s.th.* einer S); (*Betrug, Verschwörung*) vermuten **2.** (*Wahrheit*) anzweifeln **3.** vermuten; **~ s.o. of having done s.th.** jdn verdächtigen etw getan zu haben; **he is a ~ed member** er steht im Verdacht Mitglied zu sein; **I ~ed as much** das habe ich mir doch gedacht; **a ~ed case of cholera** ein Fall, bei dem Choleraverdacht besteht

sus·pend [sə'spend] *vt* **1.** (frei) (auf)hängen (*from* an) **2.** (zeitweilig) einstellen, unterbrechen **3.** (*Verhandlung, Urteil*) aussetzen **4.** (*Genehmigung*) einziehen; (*Rechte*) aussetzen **5.** (*Beamte*) suspendieren; (SPORT) (zeitweilig) ausschließen; sperren; **~ payment** die Zahlungen einstellen; **~ from duty** suspendieren; **be ~ed** hängen; (*Rechte*) ruhen; **be given a ~ed sentence** seine Strafe zur Bewährung ausgesetzt bekommen; **~ed animation** vorübergehende Leblosigkeit

sus·pender [sə'spendə(r)] *s* **1.** (*Br*) Strumpfhalter *m;* Sockenhalter *m* **2. ~s** (*Am*) Hosenträger *mpl;* **suspender belt** *s* Hüftgürtel *m*

sus·pense [sə'spens] *s* Spannung *f;* **in ~** in der Schwebe, unentschieden; **don't keep me in ~ any longer** spanne mich nicht länger auf die Folter!; **wait in ~** gespannt warten; **the ~ is killing me** ich bin wahnsinnig gespannt

sus·pen·sion [sə'spenʃn] *s* **1.** (AUTO) Federung *f;* (Rad)Aufhängung *f* **2.** (CHEM) Suspension *f* **3.** (MUS) Vorhalt *m,* Halten *nt* (*eines Tones*) **4.** (zeitweilige) Einstellung *f* **5.** (*von Verein*) (zeitweiliger) Ausschluss *m;* (SPORT) Sperren *nt* **6.** (JUR) Aussetzung *f* **7.** (*von Beamten*) (vorläufige) Suspendierung *f;* **~ of payment** Zahlungseinstellung *f;* **~ of work** Arbeitseinstellung *f;* **suspension bridge** *s* Hängebrücke *f;* **suspension points** *s pl* Auslassungspunkte *mpl;* **suspension railway** *s* Schwebebahn *f*

sus·pi·cion [sə'spɪʃn] *s* **1.** Verdacht, Argwohn *m* (*of, about* gegen) **2.** (*fig*) Andeutung, Spur *f,* Hauch *m* (*of* von); **above ~** über jeden Verdacht erhaben; **on (the) ~** unter dem Verdacht (*of having done s.th.* etw getan zu haben); **be under ~** unter Verdacht stehen; **sus·pi·cious** [sə'spɪʃəs] *adj* **1.** verdächtig (*to dat*) **2.** argwöhnisch, misstrauisch (*of s.o.* gegen jdn, *about, of s.th.* gegen etw)

suss [sʌs] *vt* (*Br fam*) dahinter kommen; **I can't ~ him out** bei ihm blicke ich nicht durch

sus·tain [sə'steɪn] *vt* **1.** (*Gewicht*) aushalten, tragen **2.** (*Familie*) sorgen für, ernähren **3.** (*Körper*) bei Kräften halten; (*Leben*) erhalten; (*Wohlfahrtsverein*) unterstützen **4.** ermutigen, trösten **5.** aufrecht erhalten **6.** (*Verlust*) erleiden **7.** (JUR: *Einspruch*) stattgeben (*s.th.* einer S) **8.** (THEAT: *Rolle*) durchhalten **9.** (MUS: *Note*) aushalten; **sus·tain·abil·ity** [səˌsteɪnə'bɪlɪtɪ] *s* Verträglichkeit *f;* **sustainable** [sə'steɪnəbl] *adj:* **~ development** nachhaltige Entwicklung; **sus·tained** [sə'steɪnd] *adj* **1.** ausdauernd **2.** anhaltend **3.** (MUS) gehalten; **sus·tain·ing** [-ɪŋ] *adj* (*Mahlzeit*) stärkend; **~ program** (*Am*) Fernsehprogramm *nt* ohne Reklameeinschaltungen; **~ wall** Stützmauer *f*

sus·ten·ance ['sʌstɪnəns] *s* **1.** Nahrung *f* **2.** Nährwert *m*

su·ture ['su:tʃə(r)] **I.** *s* (MED) Naht *f* **II.** *vt* (MED) nähen

svelte [svelt] *adj* **1.** schlank; anmutig **2.** vornehm

swab [swɒb] **I.** *s* **1.** (MAR) Mopp *m* **2.** (MED) Tupfer *m;* Abstrich *m* **II.** *vt* **1.** scheuern **2.** (MED) abtupfen

swaddle ['swɒdl] *vt* (*Säugling*) wickeln; **swad·dling clothes** ['swɒdlɪŋkləʊðz] *s pl* Windeln *fpl*

swag·ger ['swægə(r)] *vi* **1.** (*~ about*) (einher)stolzieren **2.** angeben, prahlen

swal·low¹ ['swɒləʊ] *s* Schwalbe *f*

swal·low² ['swɒləʊ] **I.** *vt* **1.** (hinunter-, ver)schlucken **2.** (*fig*) schlucken; (*Beleidi-*

S

gung) (hinunter)schlucken, einstecken; **that's hard to ~** das kann man kaum glauben; **~ one's words** nuscheln; nichts sagen; seine Worte zurücknehmen **II.** *vi* schlucken **III.** *s* Schluck *m;* **swallow down** *vt* hinunterschlucken; **swallow up** *vt* verschlingen; (*Nebel*) verschlucken, verschwinden lassen; **I wish the ground would open and ~ me up** ich könnte in den Boden versinken

swal·low dive ['swɒləʊdaɪv] *s* (*Br*) Schwalbensprung *m*

swam [swæm] *s.* **swim**

swamp [swɒmp] **I.** *s* Sumpf *m* **II.** *vt* **1.** überschwemmen, -fluten, unter Wasser setzen **2.** (MAR) volllaufen lassen **3.** (*fig*) überschwemmen; **swamp fever** *s* Sumpffieber *nt;* **swamp·land** ['swɒmpˌlænd] *s* Sumpfland *nt;* **swampy** ['swɒmpɪ] *adj* sumpfig, morastig

swan [swɒn] **I.** *s* Schwan *m* **II.** *vi* **1.** (~ *around*) sich herumtreiben **2.** (~ *off*) abhauen, abzwitschern; **a ~ning job** eine gemütliche Arbeit; **swan dive** *s* (*Am*) Schwalbensprung *m*

swank [swæŋk] **I.** *s* (*fam*) **1.** Angeberei *f* **2.** Angeber(in) *m (f)* **II.** *vi* (*fam*) protzen, angeben (*about* mit); **swanky** ['swæŋkɪ] *adj* (*fam*) großspurig; protzig

swann·ery ['swɒnərɪ] *s* Schwanenzucht *f;* **swan song** ['swɒnsɒŋ] *s* (*fig*) Schwanengesang *m*

swap, swop [swɒp] **I.** *vt* tauschen (*for* gegen); (*Geschichten, Erinnerungen*) austauschen; **~ s.th. for s.th.** etw für etw eintauschen; **~ places with s.o.** mit jdm (die Plätze) tauschen **II.** *vi* tauschen **III.** *s* Tausch(handel) *m;* **do a ~ with s.o.** mit jdm tauschen

swarm [swɔːm] **I.** *s* (Bienen-, Menschen)Schwarm *m* **II.** *vi* schwärmen; **the place was ~ing with** es wimmelte von; **~ up** hinaufklettern

swarthy ['swɔːðɪ] *adj* dunkel; dunkelhäutig

swash·buck·ling ['swɒʃˌbʌklɪŋ] *adj* draufgängerisch, verwegen

swas·tika ['swɒstɪkə] *s* Hakenkreuz *nt*

swat [swɒt] **I.** *vt* (*Fliege*) totschlagen; (*Wand*) schlagen auf; **~ at** schlagen nach **II.** *s* **1.** Schlag *m* **2.** Fliegenklatsche *f*

swatch [swɒtʃ] *s* **1.** (Textil)Muster *nt* **2.** Musterbuch *nt;* **colour ~** Farbmuster *nt*

swathe [sweɪð] *vt* wickeln

sway [sweɪ] **I.** *vi* **1.** schwanken **2.** schwingen **3.** (*fig*) (hin)neigen, tendieren (*towards* zu) **II.** *vt* **1.** schwingen, schwenken **2.** (*fig*) geneigt machen (*towards* für), beeinflussen; **~ s.o. from s.th.** jdn von etw abbringen; **be easily ~ed** leicht beeinflussbar sein **III.** *s* **1.** Schwanken *nt* **2.** (*Korn*) Wogen *nt* **3.** Macht *f;* **hold ~ over s.o.** jdn in der Gewalt haben; **under his ~** seinem Willen unterworfen

swear [sweə(r)] <*irr:* swore, sworn> **I.** *vi* **1.** schwören **2.** (JUR) unter Eid aussagen; beschwören (*to s.th.* etw, *to having done s.th.* etw getan zu haben) **3.** fluchen (*at s.th.* auf etw); **I wouldn't like to ~ to it** ich könnte es nicht beschwören **II.** *vt* **1.** schwören; (*Eid*) leisten **2.** vereidigen; **swear by** *vi* schwören auf; **swear in** *vt* vereidigen; **swear off** *vi* abschwören (*s.th.* einer S); **swear-word** *s* Fluch *m*

sweat [swet] **I.** *vi* **1.** schwitzen (*with* vor) **2.** (*Gefäß, Scheibe*) sich beschlagen **3.** (*fam*) schwer arbeiten **4.** zittern, Angst haben; **~ blood** (*fig*) Blut u. Wasser schwitzen **II.** *s* **1.** Schweiß *m* **2.** (TECH) Schwitzwasser *nt* **3.** (*fig*) Plackerei *f* **4.** Aufregung *f;* **by the ~ of his brow** im Schweiße seines Angesichts; **be in a ~** schwitzen; **in a cold ~** mit Angstschweiß auf der Stirn; **no ~!** (*fam*) kein Problem; **sweat out** *vt* **1.** herausschwitzen **2.** (*fam*) durchhalten, durchstehen; **sweat·band** ['swetbænd] *s* Schweißband *nt;* **sweated** ['swetɪd] *adj* **1.** für Hungerlöhne hergestellt **2.** (*Arbeit*) schlecht bezahlt **3.** (*Personal*) ausgebeutet; **sweater** ['swetə(r)] *s* Pullover *m;* **sweat·shirt** *s* Sweatshirt *nt;* **sweat-shop** *s* Ausbeuterbetrieb *m;* **sweaty** ['swetɪ] *adj* **1.** schwitzend; schweißbedeckt; verschwitzt **2.** (*Arbeit*) anstrengend

swede [swiːd] *s* (*Br*) Kohl-, Steckrübe *f*

Swede [swiːd] *s* Schwede *m,* Schwedin *f;* **Swe·den** ['swiːdn] *s* Schweden *nt;* **Swe·dish** ['swiːdɪʃ] **I.** *adj* schwedisch **II.** *s* (das) Schwedisch(e)

sweep [swiːp] <*irr:* swept, swept> **I.** *vt* **1.** kehren, fegen; ausfegen; wegfegen **2.** absuchen (*for* nach); (*vermintes Gebiet*) durchkämmen; (*Minen*) räumen **3.** (*Wind, Rock*) fegen über; (*Wellen*) überspülen; (*Blick*) gleiten über; (*fig*) überrollen; (*Krankheit*) sich verbreiten **4.** wegfegen; fortschwemmen; fortreißen **5.** großen Erfolg haben bei, im Sturm erobern; (*Wahl*) haushoch gewinnen; **~ all before one** (*fig*) überall Erfolg haben; **~ the board** (*fig*) einen vollen Erfolg verbuchen; **~ under the carpet** (*fig*) unter den Teppich kehren **II.** *vi* **1.** kehren, fegen **2.** vorbei-, hinausrauschen; (*Fahrzeug*) fegen **3.** (*Straße*) sich in weitem Bogen winden (*round* um); **the disease swept through the country** die Krankheit griff im Land um sich **III.** *s* **1.** Kehren, Fegen *nt* **2.** (*chimney*

~) Kaminkehrer(in) *m(f)*, Schornsteinfeger(in) *m(f)* **3.** Schwenken *nt,* Schwung *m;* (*Schwert*) Streich *m* **4.** (*Kleidung, Stoff*) Rauschen *nt* **5.** (*Radar, Licht*) Strahl *m* **6.** Bereich *m;* Schussbereich *m* **7.** (*Straße, Fluss*) Bogen *m;* (*Umriss*) Schwung *m* **8.** Ausdehnung, Fläche *f;* **give s.th. a ~** etw kehren, fegen; **make a clean ~** (*fig*) Ordnung schaffen; sehr erfolgreich sein; **at** [*o* **in**] **one ~** auf einmal; **sweep along I.** *vi* dahinrauschen; dahingleiten; dahinbrausen **II.** *vt* mitreißen; **sweep aside** *vt* wegfegen; (*fig*) vom Tisch fegen; **sweep away I.** *vi* davonrauschen; davonsausen; davongleiten **II.** *vt* wegfegen; wegreißen; wegschwemmen; (*fig*) zunichte machen; (*alte Gesetze*) abschaffen; **sweep down I.** *vi* hinunterrauschen; hinunterschießen; hinuntergleiten; (*Hang, Straße*) sanft abfallen **II.** *vt* abfegen; **~ down on s.o.** sich auf jdn stürzen; **sweep off I.** *vi* davonrauschen; davonsausen; davongleiten **II.** *vt* hinunterfegen, -werfen; **~ s.o. off to Gretna Green** jdn nach Gretna Green entführen; **he was swept off to bed/into hospital** er wurde schnell ins Bett/Krankenhaus gebracht; **~ s.o. off his feet** jdn mitreißen; **she swept him off his feet** sie hat ihm völlig den Kopf verdreht; **sweep out I.** *vi* hinausfegen; hinausrauschen; hinausgleiten **II.** *vt* ausfegen, auskehren; **sweep up I.** *vi* **1.** (zusammen)fegen, -kehren **2.** heransausen; herangleiten **3.** (*Straße*) im Bogen hinaufführen **II.** *vt* **1.** zusammenfegen, -kehren **2.** (*Gegenstände*) zusammenraffen **3.** (*jdn*) hochreißen; (*Haare*) hochstecken

sweeper ['swi:pə(r)] *s* **1.** Straßenkehrer(in) *m(f)* **2.** Kehrmaschine *f* **3.** (SPORT) Ausputzer *m;* (*Fußball*) Libero *m;* **carpet-~** Teppichkehrmaschine *f;* **sweep hand** *s* Sekundenzeiger *m;* **sweep·ing** ['-ɪŋ] **I.** *adj* **1.** (*Geste*) weitausholend; schwungvoll; (*Blick*) schweifend **2.** (*fig*) gründlich, durchgreifend, radikal; (*Urteil*) pauschal; (*Erfolg*) glänzend **II.** *s pl* Kehricht *m;* (*fig*) Abschaum *m;* **sweep·stake** ['swi:psteɪk] *s Art Lotterie* (*bei der der Gesamteinsatz an die Spieler ausgezahlt wird*)

sweet [swi:t] **I.** *adj* **1.** süß **2.** (*fig*) angenehm, lieblich, duftig **3.** anmutig, hübsch **4.** lieb, freundlich (*to* gegenüber, zu) **5.** frisch, unverbraucht **6.** (*fam*) reizend, goldig; **be ~ on s.o.** in jdn verliebt sein **II.** *s* **1.** Süßigkeit *f* **2.** Süßspeise *f,* Nachtisch *m* **3.** (*fig*) Liebling *m* **4. ~s** Süßigkeiten *fpl,* Bonbons *m od ntpl;* **sweet-and-sour** *adj* (*Küche*) süßsauer; **sweet·bread** ['swi:tbred] *s* Bries *nt;* **sweet·briar** **sweet·brier** [ˌswi:t'braɪə(r)] *s* Hecken-, Hundsrose *f;* **sweet chestnut** *s* Esskastanie *f;* **sweet corn** *s* Zuckermais *m;* **sweet·en** ['swi:tn] *vt* **1.** süßen, zuckern **2.** (*fig*) versüßen **3.** (*sl*) bestechen **4.** mildern, abschwächen **5.** besänftigen; **sweet·ener** ['swi:tnə(r)] *s* **1.** Süßstoff *m* **2.** (*sl*) Bestechungsgeld *nt;* **sweet·heart** ['swi:thɑ:t] *s* Liebchen *nt;* **sweet·ness** ['swi:tnɪs] *s* Süßigkeit, Süße *f;* **all is ~ and light** es herrscht eitel Freude und Sonnenschein; **sweet pea** *s* Gartenwicke *f;* **sweet potato** *s* Süßkartoffel, Batate *f;* **sweet-talk** ['swi:tˌtɔ:k] *s* schöne Worte, Schmeicheleien *fpl;* **sweet tooth** *s:* **have a ~** (*fam*) gerne Süßes essen; **sweet william** *s* Bartnelke *f*

swell [swel] <*irr:* swelled, swollen (swelled)> **I.** *vi* **1.** (~ *up, out*) (an)schwellen (*into* zu, *with* von) **2.** sich (auf)blähen (*with* vor), sich bauschen **3.** sich ausdehnen; zunehmen, anwachsen (*to* zu); **~ with pride** vor Stolz schwellen **II.** *vt* **1.** anschwellen lassen **2.** aufblasen, -blähen (*with* vor) **3.** erweitern, vergrößern, ausweiten; **swollen with pride** stolzgeschwellt; **swollen with rage** wutentbrannt; **~ s.o.'s head** jdm zu Kopfe steigen **III.** *s* **1.** (*Meer*) Wogen *nt;* Woge *f* **2.** feine Dame, feiner Herr **3.** (MUS) Anschwellen, Crescendo *nt;* (*Knopf*) Schweller *m* **IV.** *adj* (*fam*) prima, großartig; **swell box** *s* (MUS) Schwellwerk *nt;* **swell·head** ['swelhed] *s* (*Am*) Fatzke *m;* **swell·ing** ['-ɪŋ] *s* Schwellung, Geschwulst, Beule *f*

swel·ter ['sweltə(r)] *vi* vor Hitze umkommen; **swel·ter·ing** ['sweltrɪŋ] *adj* glühend; heiß; schwül

swept [swept] **I.** *pt, pp of* **sweep II.** *s:* **~-back wing** (AVIAT) Pfeilflügel *m*

swerve [swɜ:v] **I.** *vi* **1.** abweichen, -schweifen, -gehen (*from* von) **2.** (AUTO) rasch ausbiegen **II.** *s* (AUTO) Ausbiegen *nt*

swift [swɪft] *adj* schnell, rasch, flink; **swift·ly** [-lɪ] *adv* geschwind, schnell; **swift·ness** [-nɪs] *s* Schnelligkeit *f*

swig [swɪg] **I.** *vt, vi* (*fam*) trinken **II.** *s* (*fam*) tüchtiger Schluck (*at a bottle* aus einer Flasche)

swill [swɪl] **I.** *vt* **1.** spülen, abwaschen **2.** hinunterspülen **3.** (*fam*) trinken **II.** *s* **1.** Schweinefutter *nt* **2.** Getränk *nt*

swim [swɪm] <*irr:* swam, swum> **I.** *vi* schwimmen (*on* auf); **my head is ~ming** es schwimmt mir alles vor den Augen **II.** *vt* **1.** schwimmen **2.** durchschwimmen **III.** *s* Schwimmen *nt;* **be in** (**out of**) **the ~** (nicht) auf dem Laufenden sein; **have a ~, take a ~, go for a ~** schwimmen (gehen);

swim·mer ['swɪmə(r)] *s* Schwimmer(in) *m(f)*; **swim·ming** ['-ɪŋ] **I.** *s* Schwimmen *nt* **II.** *adj* **1.** Schwimm-; schwimmend **2.** schwind(e)lig; **swimming bath, swimming pool** *s* Schwimmbad, -becken *nt*; **swimming cap** *s* Bademütze *f*; **swimming costume** *s* Badeanzug *m*; **swim·ming·ly** ['-ɪŋlɪ] *adv* spielend, wie am Schnürchen; **everything went ~** alles ging glatt (vonstatten); **swimming match** *s* Wettschwimmen *nt*; **swimming trunks** *s pl* Badehose *f*; **swim·suit** *s* Badeanzug *m*

swindle ['swɪndl] **I.** *vt* **1.** beschwindeln, betrügen (*s.o. out of s.th., s.th. out of s.o.* jdn um etw) **2.** erschwindeln (*s.th. out of s.o.* etw von jdm) **II.** *s* Schwindel, Betrug *m*; **swin·dler** ['swɪndlə(r)] *s* Schwindler(in) *m(f)*, Betrüger(in) *m(f)*

swine [swaɪn] <*pl* swine, *fig pej* swines> *s* Schwein *nt*

swing [swɪŋ] <*irr:* swung, swung> **I.** *vi* **1.** schwingen **2.** schlenkern, baumeln, schaukeln **3.** hängen (*for* wegen) **4.** sich drehen **5.** (*aufs Pferd*) sich schwingen **6.** (*fig*) Schwung haben, auf Zack sein; **~ at anchor** schaukelnd vor Anker liegen; **~ at s.o. with s.th.** etw gegen jdn schwingen; **~ from tree to tree** sich von Baum zu Baum schwingen; **~ into action** aktiv werden; **~ to and fro** hin- und herschwingen, pendeln; **~ open** sich öffnen; **~ shut** zuschlagen; **a ~ing party** eine Party, bei der was los ist **II.** *vt* **1.** schwingen **2.** schaukeln **3.** (*Propeller*) anwerfen **4.** (*fig*) beeinflussen; (*Meinung*) umschwenken lassen; (*jdn*) umstimmen **5.** (MUS) schwungvoll machen; schwungvoll spielen **6.** (*~ round*) herumschwenken **7.** (*fam: Sache*) schaukeln, drehen; **~ one's hips** mit den Hüften wackeln, sich in den Hüften wiegen; **~ the lead** (*Br fam*) sich drücken; **~ an axe at s.o.** eine Axt gegen jdn schwingen; **~ o.s. into the saddle** sich in den Sattel schwingen; **that swung it for me** das hat für mich den Ausschlag gegeben; **there isn't room to ~ a cat** (*fam*) es ist so eng, dass man sich nicht einmal umdrehen kann; **~ a deal** ein Geschäft machen **III.** *s* **1.** Schwung *m*; Schwingen *nt*; (*Zeiger*) Ausschlag *m* **2.** (*Boxen*) Schwinger *m*; (*Golf, Skilaufen*) Schwung *m* **3.** (*fig*) (Meinungs)Umschwung *m* **4.** (*Musik*) Schwung *m*; (*Tanz*) Swing *m* **5.** (*für Kinder*) Schaukel *f* **6.** (*Am: full ~*) freier Lauf; freie Hand; **get into the ~ of things** in Fahrt kommen; **go with a ~** ein voller Erfolg sein; **be in full ~** voll im Gang sein; **give one's imagination full ~** (*Am*) seiner Fantasie freien Lauf lassen; **give s.o. full ~ to make the decisions** (*fam*) jdm bei allen Entscheidungen freie Hand lassen; **swing across** *vi* hinüberschwingen; sich hinüberhangeln; **swing back I.** *vi* zurückschwingen; (*Meinung*) umschlagen **II.** *vt* zurückschwingen; (*Meinung*) umschlagen lassen; **swing round I.** *vi* sich umdrehen; herumschwenken; (*Zeiger*) ausschlagen; (*fig*) umschwenken **II.** *vt* herumschwenken; (*fig*) umstimmen; (*Meinung*) umschlagen lassen; **swing to** *vi* (*Tür*) zuschlagen

swing bridge ['swɪŋbrɪdʒ] *s* Drehbrücke *f*; **swing door** *s* Pendeltür *f*

swinge·ing ['swɪndʒɪŋ] *adj* (*fam*) gewaltig, mächtig; extrem; (*Angriff*) scharf

swing·ing ['swɪŋɪŋ] *adj* (*fig*) beschwingt, schwungvoll; (*fam: Mensch*) flott; **~ door** Pendeltür *f*; **swing-wing** *s* (AVIAT) Schwenkflügel *m*

swin·ish ['swaɪnɪʃ] *adj* (*pej*) schweinisch; gemein

swipe [swaɪp] **I.** *s* harter Schlag, Hieb *m* **II.** *vt* **1.** einen Hieb versetzen (*s.o.* jdm) **2.** (*fam*) mopsen, klauen **3.** durch ein elektronisches Lesegerät ziehen **III.** *vi* schlagen (*at* nach)

swirl [swɜːl] **I.** *vi, vt* herumwirbeln (*about the street* auf der Straße) **II.** *s* Wirbel, Strudel *m*

swish [swɪʃ] **I.** *vi* **1.** schwirren, zischen **2.** rascheln, rauschen **II.** *vt* wedeln (*its tail* mit dem Schwanz) **III.** *s* Surren, Rascheln, Zischen *nt*

Swiss [swɪs] **I.** *adj* Schweizer, schweizerisch; **~ franc** Schweizer Franken; **~ German** Schweizerdeutsch *nt*; **~ roll** Biskuitrolle *f* **II.** *s* Schweizer(in) *m(f)*; **the ~** die Schweizer *pl*

switch [swɪtʃ] **I.** *s* **1.** Gerte, Rute *f* **2.** (Licht)Schalter *m* **3.** (RAIL) Weiche *f* **4.** (*fig*) Wechsel *m* **5.** (COM) Tauschgeschäft *nt*; **do** [*o* **make**] **a ~** tauschen **II.** *vt* **1.** wechseln; ändern **2.** (*Aufmerksamkeit*) lenken (*to* auf) **3.** (*Produktion*) verlegen; (*Gegenstand*) umstellen **4.** (*fam*) tauschen; vertauschen **5.** (ELEK) umschalten **6.** (*Schwanz, Rute*) schlagen mit **7.** (*Am: Zug*) rangieren; **~ schools** die Schule wechseln; **I ~ed trousers with him** wir haben die Hosen getauscht **III.** *vi* **1.** (*~ over*) überwechseln (*to* zu) **2.** (ELEK RADIO) umschalten (*to* auf) **3.** (*~ round, over*) tauschen **4.** (*Wind*) drehen (*to* nach) **5.** (RAIL) rangieren; **switch back I.** *vi* **1.** zu Gehabtem zurückkehren **2.** (ELEK RADIO TV) zurückschalten (*to* zu) **II.** *vt* zurückschalten (*to* auf); **switch off I.** *vt* ausschalten; abschalten; abstellen **II.** *vi* **1.** ausschalten

2. (*fig*) abschalten; **switch on I.** *vt* **1.** anschalten; anstellen **2.** (*sl*) munter machen; high machen **II.** *vi* anschalten; sich einschalten; **be ~ed on to s.th.** (*sl*) auf etw stehen; **switch over I.** *vi* umschalten; (*fig*) überwechseln (*to* zu) **II.** *vt* verlegen; umstellen (*to* auf); **~ the programme over** auf ein anderes Programm umschalten; **switch round I.** *vt* vertauschen; umstellen **II.** *vi* tauschen; **switch through** *vt* (TELE) durchstellen (*to* zu)

switch·back ['swɪtʃbæk] *s* **1.** Berg-, Gebirgsbahn *f* **2.** Berg-und-Tal-Bahn *f;* Achterbahn *f;* **switch·blade (knife)** ['swɪtʃbleɪd] *s* (*Am*) Schnappmesser *nt;* **switch·board** *s* **1.** (ELEK) Schalttafel *f* **2.** (TELE) Vermittlung *f;* Zentrale *f;* **switchboard operator** *s* Telefonist(in) *m(f);* **switch·man** <*pl* -men> *s* (*Am*) Weichenwärter *m;* **switch tower** *s* (*Am*) Stellwerk *nt;* **switch-yard** *s* (*Am*) Rangierbahnhof *m*

Swit·zer·land ['swɪtsələnd] *s* die Schweiz

swivel ['swɪvl] **I.** *s* (TECH) Drehring *m,* -lager *nt* **II.** *vt* schwenken, herumdrehen **III.** *vi* sich drehen; **swivel chair** *s* Drehstuhl *m;* **swivel joint** *s* Universalgelenk *nt*

swizzle stick ['swɪzl,stɪk] *s* Sektquirl *m*

swol·len ['swəʊlən] *s.* **swell**

swoon [swu:n] **I.** *vi* ohnmächtig werden (*with* vor) **II.** *s* Ohnmacht *f*

swoop [swu:p] **I.** *vi* **1.** (*Raubvogel: ~ down*) herabschießen (*on* auf) **2.** herfallen (*on* über) **II.** *vt* (*~ up*) (weg)schnappen; emporreißen **III.** *s* **1.** Herabschießen *nt* **2.** (*fig*) plötzlicher Angriff; Razzia *f;* **at one (fell)** ~ mit einem Schlag

swop [swɒp] *s.* **swap**

sword [sɔ:d] *s* Schwert *nt;* **cross ~s** die Klingen kreuzen (*with* mit); **sword-dance** *s* Schwerttanz *m;* **sword·fish** ['sɔ:dfɪʃ] *s* Schwertfisch *m;* **sword-play** *s* Fechten *nt;* **sword-point** *s* Schwertspitze *f;* **at ~** mit vorgehaltener Klinge; **swords·man** ['sɔ:dzmən] <*pl* -men> *s* Schwertkämpfer *m;* Fechter *m;* **swords·man·ship** ['sɔ:dzmənʃɪp] *s* Fechtkunst *f*

swore, sworn [swɔ:, swɔ:n] *s.* **swear**

swot [swɒt] **I.** *vi* (*Br fam*) ochsen, büffeln, pauken (*for an exam* auf eine Prüfung); **~ up on s.th.** sich über etw informieren **II.** *s* (*Br: pej*) Streber(in) *m(f)*

swum [swʌm] *s.* **swim**

swung [swʌŋ] *s.* **swing**

syca·more ['sɪkəmɔ:(r)] *s* **1.** (*Br*) Bergahorn *m* **2.** (*Am*) amerikanische Platane **3.** (*Holz*) Ahorn *m*

syco·phant ['sɪkəfænt] *s* Speichellecker *m*

syl·labic [sɪ'læbɪk] *adj* silbisch; **syl·lab·ifi·ca·tion** [,sɪləbɪfɪ'keɪʃn] *s* Silbentrennung *f;* **syl·lable** ['sɪləbl] *s* Silbe *f;* **don't breathe a ~ of this!** kein(en) Ton davon!

syl·la·bus ['sɪləbəs] *s* **1.** Lehrplan *m* **2.** Programm *nt*

sylph [sɪlf] *s* **1.** Sylphe, Luftgeist *m* **2.** (*fig*) schlankes Mädchen

sym·bio·sis [,sɪmbɪ'əʊsɪs] *s* Symbiose *f;* **sym·bio·tic** [,sɪmbɪ'ɒtɪk] *adj* symbiotisch

sym·bol ['sɪmbl] *s* Sinnbild, Symbol, Zeichen *nt;* **sym·bolic(al)** [sɪm'bɒlɪk(l)] *adj* symbolisch (*of* für); **sym·bol·ism** ['sɪmbəlɪzəm] *s* **1.** (*lit*) Symbolismus *m* **2.** Symbolik *f;* **sym·bol·ize** ['sɪmbəlaɪz] *vt* symbolisieren

sym·met·ri·cal [sɪ'metrɪkl] *adj* symmetrisch; **sym·me·try** ['sɪmətrɪ] *s* Symmetrie *f*

sym·path·etic [,sɪmpə'θetɪk] *adj* **1.** mitfühlend; teilnehmend **2.** empfänglich (*to* für) **3.** (*fam*) einverstanden (*to* mit), geneigt (*towards dat*); **~ strike** Solidaritäts-, Sympathiestreik *m;* **sym·path·ize** ['sɪmpəθaɪz] *vi* **1.** sympathisieren (*with* mit) **2.** mitfühlen, Mitleid haben (*with* mit) **3.** Verständnis haben (*with* für); **~ with s.o.'s views** jds Meinung teilen; **sym·path·iz·er** [-ə(r)] *s* (POL) Sympathisant(in) *m(f);* **sym·pathy** ['sɪmpəθɪ] *s* **1.** Mitleid, Mitgefühl *nt* (*for* mit); (*Tod*) Beileid *nt* **2.** Verständnis *nt;* Sympathie *f;* **feel** [*o* **have**] **~ for s.o.** mit jdm Mitleid haben; **you have my ~** (*hum*) herzliches Beileid; **be in (out of) ~ with** (nicht) einhergehen mit; **our sympathies are with you** wir sind auf Ihrer Seite; **there isn't much ~ between them** sie verstehen sich nicht; **come out** [*o* **strike**] **in ~** in Sympathiestreik treten

sym·phonic [sɪm'fɒnɪk] *adj* (MUS) sinfonisch; **sym·phony** ['sɪmfənɪ] *s* Sinfonie *f;* **symphony concert** *s* Sinfoniekonzert *nt;* **symphony orchestra** *s* Sinfonieorchester *nt*

sym·po·sium [sɪm'pəʊzɪəm, -zɪə] <*pl* -sia> *s* Symposium *nt,* Konferenz *f*

symp·tom ['sɪmptəm] *s* Symptom, Anzeichen, Merkmal *nt* (*of* für); **symp·to·matic** [,sɪmptə'mætɪk] *adj* symptomatisch, charakteristisch (*of* für)

syna·gogue ['sɪnəgɒg] *s* Synagoge *f*

syn·chro·mesh ['sɪŋkrəʊ,meʃ] *s* Synchrongetriebe *nt*

syn·chron·ize ['sɪŋkrənaɪz] **I.** *vt* **1.** (*Geräte, Uhren*) aufeinander abstimmen **2.** (FILM) synchronisieren **II.** *vi* **1.** gleichzeitig sein **2.** (*Uhren*) übereinstimmen **3.** (FILM) synchronisiert sein; **syn·chron·ous** ['sɪŋkrənəs] *adj* gleichzeitig

syn·co·pate ['sɪŋkəpeɪt] *vt* (MUS) synkopieren; **syn·cope** ['sɪŋkəpɪ] *s* Synkope *f*

syn·di·cate ['sɪndɪkət] **I.** *s* Interessengemeinschaft *f;* (COM) Syndikat *nt,* Verband *m;* (*Presse*) (Presse)Zentrale *f;* (*crime* ~) Syndikat *nt,* Ring *m* **II.** ['sɪndɪkeɪt] *vt* **1.** (*Artikel, Beitrag*) an mehrere Zeitungen verkaufen **2.** (COM) syndizieren; **syn·di·ca·tion** [ˌsɪndɪ'keɪʃn] *s* (COM) Syndizierung *f*

syn·drome ['sɪndrəʊm] *s* Syndrom *nt;* Phänomen *nt*

syn·er·gist·ic ['sɪnəˌdʒɪstɪk] *adj* synergistisch; **syn·ergy** ['sɪnədʒɪ] *s* Synergie *f*

synod ['sɪnəd] *s* Synode *f*

syn·onym ['sɪnənɪm] *s* Synonym *nt;* **syn·ony·mous** [sɪ'nɒnɪməs] *adj* synonym, sinnverwandt; gleichbedeutend

syn·op·sis [sɪ'nɒpsɪs, *pl* -si:z] <*pl* -ses> *s* Übersicht, Zusammenfassung *f,* Abriss *m*

syn·tac·tic(al) [sɪn'tæktɪk(l)] *adj* syntaktisch; **syn·tax** ['sɪntæks] *s* Syntax *f*

syn·thesis ['sɪnθɪsɪs, *pl* -θɪsi:z] <*pl* -theses> *s* (*a.* CHEM) Synthese *f;* **syn·thesize** ['sɪnθəsaɪz] *vt* **1.** (*Stoff*) synthetisch herstellen (*from* aus) **2.** (*Stoff, Theorien*) zusammenfassen; **syn·thesizer** [-ər] *s* (ELEK) Synthesizer *m;* **syn·thetic** [sɪn'θetɪk] **I.** *s* Kunststoff *m* **II.** *adj* synthetisch; Kunst-; (*fig*) künstlich; ~ **fibre** Kunstfaser *f;* ~ **material** Kunststoff *m*

syph·ilis ['sɪfɪlɪs] *s* (MED) Syphilis *f;* **syphilitic** [ˌsɪfɪ'lɪtɪk] *adj* syphilitisch

syphon ['saɪfn] **I.** *s* **1.** Syphon *m* **2.** (TECH) Heber *m* **II.** *vt* ausheben, umfüllen; **syphon off** *vt* **1.** absaugen **2.** (*Gewinn*) abschöpfen

Syria ['sɪrɪə] *s* Syrien *nt;* **Syr·ian** ['sɪrɪən] **I.** *adj* syrisch **II.** *s* Syrer(in) *m(f),* Syrier(in) *m(f)*

syr·inge [sɪ'rɪndʒ] **I.** *s* (MED TECH) Spritze *f* **II.** *vt* einspritzen, injizieren; (MED) (aus)spülen

syrup ['sɪrəp] *s* **1.** Sirup *m* **2.** (*fruit*-~) Frucht-, Obstsaft *m;* **syrupy** ['sɪrəpɪ] *adj* **1.** klebrig **2.** (*fam fig*) süßlich; sentimental

sys·tem ['sɪstəm] *s* **1.** System *nt* **2.** Methode *f;* **circulatory** ~ Kreislaufsystem *nt;* **digestive/respiratory** ~ Verdauungs-/Atmungsapparat *m;* **railway** ~ Eisenbahnnetz *nt;* **if you can't beat the ~ join it** wenn du nicht gegen das System ankommst, arrangiere dich mit ihm; **I have to get it out of my** ~ ich muss irgendwie darüber wegkommen; **it's bad for the** ~ das ist ungesund; **all ~s go!** jetzt aber voll ran!; **sys·tem·atic** [ˌsɪstə'mætɪk] *adj* systematisch; **sys·tematize** ['sɪstəmətaɪz] *vt* in ein System bringen, nach einem System (an)ordnen; **system check** *s* (INFORM) Systemprüfung *f;* **system crash** *s* (INFORM) Systemabsturz *m;* **system disk** *s* (INFORM) Systemdiskette *f;* **system error** *s* Systemfehler *m;* **systems analysis** *s* Systemanalyse *f;* **systems analyst** *s* Systemanalytiker(in) *m(f);* **system software** *s* (INFORM) Systemsoftware *f*

T

T, t [tiː] <*pl* -'s> *s* T, t *nt;* **to a ~** ganz genau, aufs Haar

ta [tɑː] *interj* (*fam*) danke

tab [tæb] *s* **1.** Aufhänger *m;* Öse *f;* Lasche *f* **2.** Etikett *nt;* Namensschild *nt* **3.** (Karten)Reiter *m* **4.** (AVIAT) Klappe *f* **5.** (*Am fam*) Rechnung *f* **6.** (*fam: Schreibmaschine*) Tabulator *m;* **keep ~s on** (*fam*) genau kontrollieren

tab·by ['tæbɪ] **I.** *adj* (*fam: Katze*) getigert **II.** *s* (weibliche) Katze

tab·er·nacle ['tæbənækl] *s* **1.** (REL) Stiftshütte *f* **2.** Gotteshaus *nt* **3.** Tabernakel *nt od m*

tab key ['tæbkiː] *s* Tabulatortaste *f*

table ['teɪbl] **I.** *s* **1.** Tisch *m* **2.** Tischgesellschaft *f* **3.** Tabelle, Liste *f,* Verzeichnis *nt;* **lay** (**clear**) **the ~** den Tisch decken (abräumen); **at the ~** am Tisch; **at ~** bei Tisch; **lay on the ~** zur Diskussion vorschlagen; (*Am*) auf die lange Bank schieben; **put on the ~** zur Sprache bringen, zur Diskussion stellen; anschneiden; **turn the ~s** (*fig*) den Spieß umkehren (*on s.o.* gegenüber jdm); **the ~s have turned** das Blatt hat sich gewendet; **~ of contents** (*Buch*) Inhaltsverzeichnis *nt;* **multiplication ~s** Einmaleins *nt* **II.** *vt* **1.** in Tabellenform zusammenstellen **2.** (*Br: Anfrage im Parlament*) einbringen; **table·cloth** *s* Tischtuch *nt;* **table land** *s* (GEOG) Tafelland, Plateau *nt;* **table-lift·ing** ['teɪbl,lɪftɪŋ] *s* Tischrücken *nt* (*der Spiritisten*); **table linen** *s* Tischwäsche *f;* **table manners** *s pl* Tischmanieren *fpl;* **table mat** *s* Set *nt od m;* **table·spoon** ['teɪblspuːn] *s* Esslöffel *m*

tab·let ['tæblɪt] *s* **1.** Gedenktafel *f* **2.** (MED) Tablette *f* **3.** (*Seife*) Stück *nt;* (*Schokolade, Wachs*) Täfelchen *nt*

table talk ['teɪbltɔːk] *s* Tischgespräch *nt;* **table tennis** *s* Tischtennis *nt;* **tableware** ['teɪblweə(r)] *s* Tafelgeschirr *nt;* **table wine** *s* Tafelwein *m*

tab·loid ['tæblɔɪd] *s* (*kleinformatige*) Boulevardzeitung *f*

ta·boo, ta·bu [tə'buː] **I.** *s* Tabu *nt* **II.** *adj* tabu, verboten **III.** *vt* für tabu erklären

tabu·lar ['tæbjʊlə(r)] *adj:* **in ~ form** in Tabellenform; **tabu·late** ['tæbjʊleɪt] *vt* in Tabellenform bringen; **tabu·la·tion** [,tæbjʊ'leɪʃn] *s* tabellarische Anordnung; **tabu·la·tor** ['tæbjʊleɪtə(r)] *s* (*Tastatur*) Tabulator *m*

tacho ['tækəʊ] *s* (*fam*) Tacho *m;* **tacho-graph** ['tækəgrɑːf] *s* Fahrtenschreiber, Tachograph *m*

tacit ['tæsɪt] *adj* stillschweigend; **taci·turn** ['tæsɪtɜːn] *adj* schweigsam, wortkarg; **taci·tur·nity** [,tæsɪ'tɜːnətɪ] *s* Schweigsamkeit *f*

tack [tæk] **I.** *s* **1.** Reißbrettstift *m,* Heftzwecke *f;* kleiner Nagel, Stift *m* **2.** Heftstich *m;* Heften *nt* **3.** (MAR) (Kreuz)Schlag *m* **4.** (*fig*) Kurs *m;* **on the wrong ~** (*fig*) auf dem Holzweg; **take** [*o* **try**] **a different ~** es anders versuchen **II.** *vt* **1.** mit Stiften befestigen **2.** heften **3.** (*fig*) hinzufügen (*on to s.th.* an etw); **~ together** zusammenfügen **III.** *vi* **1.** (MAR) aufkreuzen; wenden **2.** heften

tackle ['tækl] **I.** *s* **1.** Ausrüstung *f* **2.** (MAR) Tauwerk *nt* **3.** Flaschenzug *m* **4.** (*Fußball etc*) Angreifen, Tackling *nt;* **fishing ~** Angelsportgerät *nt;* (*fam*) Angelzeug *nt* **II.** *vt* **1.** ergreifen, packen; (SPORT) angreifen **2.** (*Problem, Arbeit*) anpacken, in Angriff nehmen **3.** angehen (*s.o. about/over s.th.* jdn wegen etw)

tacky ['tækɪ] *adj* **1.** klebrig **2.** (*fam*) schäbig, billig

tact [tækt] *s* Takt *m,* Fein-, Fingerspitzengefühl *nt;* **tact·ful** ['tæktfl] *adj* taktvoll

tac·ti·cal ['tæktɪkl] *adj* taktisch; **tac·ti·cian** [tæk'tɪʃn] *s* Taktiker(in) *m(f);* **tac·tics** ['tæktɪks] *s pl* Taktik *f*

tac·tile ['tæktaɪl] *adj:* **~ sense** Tastsinn *m*

tact·less ['tæktlɪs] *adj* taktlos; **tact-less·ness** [-nɪs] *s* Taktlosigkeit *f*

tad·pole ['tædpəʊl] *s* Kaulquappe *f*

taf·feta ['tæfɪtə] *s* Taft *m*

tag [tæg] **I.** *s* **1.** Etikett *nt,* Preiszettel *m;* Schildchen *nt* **2.** Aufhänger *m* **3.** stehende Redensart, Floskel *f,* Spruch *m* **4.** (GRAM) Bestätigungsfrage *f* **5.** (*Spiel*) Fangen *nt;* **price ~** Preisschild *nt* **II.** *vt* **1.** hinzufügen (*to* an) **2.** mit einem Anhänger, Schildchen, Etikett versehen **3.** (COM) auszeichnen **4.** (*Am fam*) einen Strafzettel verpassen *dat* **III.** *vi* hinterher-, nachlaufen (*after s.o.* jdm); **tag along** *vi* mitgehen, -kommen; **tag around with s.o.** *vi* mit jdm immer zusammen sein; **tag on I.** *vt* anhängen **II.** *vi* sich anhängen (*to* an); **tag together** *vt* zusammenheften

T

tai·ga ['taɪgə] *s* (GEOG) Taiga *f*

tail [teɪl] **I.** *s* **1.** Schwanz, Schweif *m* **2.** (*fig*) Ende *nt* **3.** Rockschoß *m;* Hemdzipfel *m* **4.** (AVIAT) Heck *nt* **5.** **~s** (*Münze*) Zahlseite *f* **6.** **~s** Frack *m* **7.** (*fig*) Schatten *m* **8.** (*sl pej*) Weibsbild; **wag its ~** mit dem Schwanz wedeln; **put a ~ on s.o.** jdn beschatten lassen; **put one's ~ between one's legs** (*fig*) den Schwanz einziehen; **turn ~** Reißaus nehmen; **I can't make head nor ~ of it** daraus werde ich nicht schlau; **heads or ~s?** Kopf oder Zahl? **II.** *vt* beschatten; folgen (*s.o.* jdm); **tail after s.o.** *vi* jdm hinterherlaufen; **tail back** *vi* (*Verkehr*) sich stauen; **tail off, tail away** *vi* **1.** abnehmen; schwächer werden **2.** schlechter werden, nachlassen

tail·back ['teɪlbæk] *s* (Auto)Schlange *f,* Stau *m;* **tail·board** *s* (Lade)Klappe *f;* **tail end** *s* hinteres Ende; Schluss *m;* **at the ~** ganz am Schluss; **tail·gate** ['teɪlgeɪt] **I.** *s* Hecktür *f;* Ladeklappe *f* **II.** *vi* dicht auffahren; **tail·less** ['teɪllɪs] *adj* schwanzlos; **tail·light** *s* (AUTO) Rücklicht *nt*

tailor ['teɪlə(r)] **I.** *s* Schneider(in) *m(f)* **II.** *vt* **1.** schneidern **2.** (*fig*) zuschneiden (*to* auf); **tailor-made** ['teɪləmeɪd] *adj* **1.** nach Maß angefertigt; maßgeschneidert **2.** (*fig*) zugeschnitten (*for* auf)

tail·piece ['teɪlpi:s] *s* **1.** Anhang *m,* Anhängsel *nt* **2.** (AVIAT) Heck *nt* **3.** (TYP) (Schluss)Vignette *f;* **tail·pipe** ['teɪlpaɪp] *s* (*Am*) Auspuffrohr *nt;* **tail·spin** *s* (AVIAT) Trudeln *nt;* **tail wind** *s* Rückenwind *m*

taint [teɪnt] **I.** *vt* **1.** verderben (*with* durch) **2.** (*fig: Ruf*) beflecken **II.** *s* **1.** Makel *m;* (Schand)Fleck *m* **2.** (krankhafte) Anlage *f* (*of* zu); **be free from ~** (*Fleisch*) (noch) nicht verdorben sein; **taint·less** [-lɪs] *adj* makel-, fleckenlos

take [teɪk] <*irr:* took, taken> **I.** *vt* **1.** nehmen **2.** an sich nehmen **3.** mitnehmen (*to* zu, nach) **4.** begleiten (*to* zu, nach) **5.** (*Verantwortung*) auf sich nehmen **6.** (*Preis*) gewinnen **7.** (*Examen*) machen **8.** (*Lehrer*) unterrichten; (*Schüler*) nehmen **9.** (*Reise, Spaziergang*) machen **10.** (*Tier*) fangen **11.** ergreifen, packen; gefangen nehmen **12.** (*Arznei*) einnehmen **13.** (*Temperatur*) messen **14.** (*Behandlung*) sich unterziehen **15.** nehmen, (aus)wählen, sich entschließen zu; (*Stelle*) annehmen **16.** auffassen, ansehen (*for* als), halten (*for* für) **17.** verstehen, begreifen **18.** (*unpersönliche Konstruktion*) brauchen **19.** (*Hindernis*) nehmen, sich hinwegsetzen über; (*fig*) überwinden **20.** (*Film, Foto*) machen **21.** sich gefallen lassen; (*Alkohol, Essen*) vertragen; (*Enttäuschung*) fertig werden mit **22.** (*Nachricht*) reagieren auf **23.** annehmen; halten (*s.o. for s.th.* jdn für etw) **24.** (MATH) abziehen **25.** (GRAM) stehen mit; **~ into account** in Betracht ziehen; **~ legal advice** zum Rechtsanwalt, zur Rechtsberatung gehen; **~ one's bearings** sich orientieren; **~ the blame** die Schuld auf sich nehmen; **~ a deep breath** tief Atem holen; **~ a chair** [*o* **seat**] sich setzen, Platz nehmen; **~ the chair** den Vorsitz übernehmen; **~ a chance** etwas wagen, riskieren; **~ charge of** sich kümmern um, Acht geben auf; die Leitung *+gen* in die Hand nehmen; **~ into confidence** ins Vertrauen ziehen; **~ into consideration** in Erwägung ziehen; **~ cover** Schutz suchen, in Deckung gehen; **~ a short cut** den Weg abkürzen; **~ a degree** ein Examen ablegen; **~ effect** wirksam werden; **~ fire** Feuer fangen; **~ for granted** für selbstverständlich halten; **~ a hint** einen Wink verstehen; **~ hold of s.th.** sich einer S bemächtigen; **~ interest in** Interesse haben an; **~ one's leave** sich verabschieden (*of* von); **~ a liking to s.o.** sich zu jdm hingezogen fühlen; **~ a look** einen Blick werfen (*at* auf); **~ measures** Maßnahmen ergreifen; **~ the mickey out of s.o.** (*fam*) jdn veräppeln; **~ a nap** ein Nickerchen machen; **~ a note of s.th.** etw notieren, *fig* bemerken; **~ notes** sich Notizen machen; **~ notice of** beachten, Notiz nehmen von; **~ an oath** einen Eid leisten; schwören; **~ offence at** sich beleidigt fühlen durch; **~ orders** gehorchen; **~ part in** teilnehmen an; **~ s.o.'s picture** jdn aufnehmen, fotografieren; **~ to pieces** auseinander nehmen; **~ pity on** Mitleid haben mit; **~ place** stattfinden; **~ s.o.'s place** an jds Stelle treten; **~ pleasure in** Vergnügen haben, finden an; **~ possession of** Besitz ergreifen von; **~ a resolution** einen Entschluss fassen; **~ a rest** sich ausruhen; **~ time** Zeit brauchen; **~ one's time** sich Zeit lassen (*to* zu); **~ the trouble** sich die Mühe machen, sich bemühen (*to* zu); **~ turns** (sich) abwechseln; **~ a turn for the better/worse** eine Wendung zum Besseren/Schlechteren nehmen; **it ~s 5 hours** man braucht 5 Stunden; **he ~s a size nine shoe** er hat (Schuh)Größe 9; **that doesn't ~ much brains** dazu gehört nicht viel Verstand; **how does that ~ you?** wie findest du das?; **~ it from me!** glaube mir!; **~ it or leave it** wie du willst; **I can't ~ it any more** ich kann nicht mehr; **I find that hard to ~** es fällt mir schwer, das hinzunehmen, zu verkraften, zu ertragen; **be ~n ill** krank werden; **be ~n with s.o.** von jdm angetan sein **II.** *vi* **1.** (*Pflanze*) anwachsen, Wurzeln schlagen; (*Feuer*) angehen; (*Farbe*) angenommen werden; (*Impfung*) anschlagen **2.** (*Fisch*) anbeißen **3.** Anklang, Beifall finden **4.** Abbruch tun, abträglich sein (*from dat*); ~ **ill** krank werden; ~ **long** lange dauern **III.** *s* **1.** (*Am*) Einnahmen *fpl* **2.** Beute *f;* Fang *m* **3.** (FILM) Aufnahme *f;* **be on the** ~ Bestechungsgeld nehmen; **take aback** *vt* überraschen; **take after** *vi* **1.** nachschlagen (*s.o.* jdm) **2.** ähnlich sein (*s.o.* jdm); **take along** *vt* mitnehmen; **take apart** *vt* auseinander nehmen; **take away** *vt* **1.** wegnehmen **2.** (MATH) abziehen **3.** (*Essen*) mitnehmen; ~ **away from s.th.** etw schmälern, mindern; **take back** *vt* **1.** zurücknehmen **2.** (*Ware*) zurückbringen **3.** erinnern (*to* an); **take down** *vt* **1.** herunternehmen; abnehmen **2.** ab-, einreißen; abbauen **3.** demütigen **4.** aufschreiben; notieren; **I took him down a peg or two** (*fig*) ich habe ihm einen Dämpfer aufgesetzt; **take for** *vt* halten für; **take home** *vt* **1.** nach Hause bringen **2.** (*Geld*) netto verdienen; **take in** *vt* **1.** annehmen **2.** (*Kleid*) enger machen **3.** einschließen **4.** wahrnehmen; verstehen, begreifen **5.** täuschen, hereinlegen **6.** zu sich nehmen, aufnehmen; (COM) in Kost nehmen **7.** (*Ernte*) einbringen **8.** (*Geld*) einnehmen; **take off I.** *vt* **1.** wegnehmen **2.** (*Telefonhörer, Deckel*) abnehmen **3.** (*Kleidung*) ausziehen; (*Hut*) abnehmen **4.** abziehen, subtrahieren; (*vom Preis*) nachlassen **5.** (*Zug*) ausfallen lassen **6.** nachmachen, -äffen **7.** (*Tag*) freinehmen **8.** (*Person*) mitnehmen; abführen **II.** *vi* **1.** sich entfernen **2.** (AVIAT) starten; ~ **o.s. off** weggehen; ~ **s.o.'s mind off s.th.** jdn von etw ablenken; ~ **s.th. off s.o.'s hands** jdm etw abnehmen; **take on I.** *vt* **1.** beschäftigen, einstellen **2.** auf sich nehmen; (*Arbeit*) annehmen **3.** spielen gegen; kämpfen gegen; sich auseinander setzen mit **4.** (*Farbe, Ausdruck*) bekommen, annehmen **II.** *vi* **1.** (*fam*) sich furchtbar ärgern **2.** (*fam*) ankommen, in Mode kommen (*among* bei); **take out** *vt* **1.** herausnehmen, entfernen **2.** hinausbringen; hinausfahren **3.** (*Geld*) abheben **4.** (*Patent*) nehmen, erwirken; (*Versicherung*) abschließen **5.** (*Am: Essen*) mitnehmen **6.** ausführen, begleiten **7.** (*euph*) zerstören; töten; ~ **it out of s.o.** jdn mitnehmen, jdn schlauchen; ~ **it out on s.o.** seinen Ärger an jdm auslassen; ~ **s.o. out of himself** jdn seine Sorgen vergessen lassen; ~ **out an annual subscription to s.th.** etw im Jahresabonnement beziehen; **take over I.** *vt* **1.** (*Geschäft, Amt*) übernehmen **2.** (*Person*) hinüberbringen; mitnehmen **II.** *vi* an die Macht, Regierung kommen; (*fam*) das Heft an sich reißen; ~ **over from s.o.** jdn ablösen; **take to** *vi* **1.** Gefallen finden an; (*Person*) sympathisch finden **2.** Zuflucht nehmen zu; ~ **to doing s.th.** anfangen, etw zu tun; **take up I.** *vt* **1.** aufnehmen; hochheben **2.** hinaufbringen **3.** aufsaugen, absorbieren **4.** (*Zeit*) in Anspruch nehmen; (*Platz*) einnehmen **5.** übernehmen **6.** (*Beschäftigung*) aufnehmen **7.** (*Kredit, Einladung*) annehmen **8.** (*Hobby*) sich zulegen **9.** (*Rock*) kürzer machen **10.** (*Angelegenheit*) besprechen; eingehen auf **11.** (*Thema*) wieder aufnehmen **12.** (*Redner*) berichtigen **13.** (*Wohnung*) beziehen **14.** (*Gedanken*) aufgreifen **15.** fördern, sich einsetzen für **16.** (FIN: *Option*) ausüben; (*Aktien*) zeichnen **II.** *vi* weitermachen; **I'll ~ you up on that** ich nehme Sie beim Wort; **be ~n up with** beschäftigt sein mit; **take up with** *vi* sich anfreunden mit

take·away ['teɪkəweɪ] *s* **1.** Essen *nt* zum Mitnehmen **2.** Imbissstube *f;* Restaurant *nt* für Außer-Haus-Verkauf; **take-home pay** ['teɪkhəʊm'peɪ] *s* Nettolohn *m;* **take-in** ['teɪkɪn] *s* (*fam*) Schwindel *m,* Gaunerei *f,* Betrug *m;* **taken** ['teɪkn] *s.* **take; take-off** ['teɪkɒf] *s* **1.** (AVIAT) Abflug, Start *m* **2.** (*fam*) Nachmachen *nt,* Karikieren *nt;* Nachahmung *f;* ~ **clearance** Startfreigabe *f;* **do a ~ of s.o.** jdn nachmachen; **take-out** ['teɪkaʊt] *s* (*Am sl*) Fertiggericht *nt* zum Mitnehmen; **take·over** ['teɪkˌəʊvə(r)] *s* Übernahme *f;* **takeover bid** *s* Übernahmeangebot *nt;* **takeover target** *s* (COM) Übernahmeobjekt *nt*

taker ['teɪkə(r)] *s* **1.** Käufer(in) *m(f),* Interessent(in) *m(f)* **2.** Wettende(r) *f m;* **any ~s?** wer wettet?; (*bei Auktion*) wer bietet?, wer ist (daran) interessiert?

take-up ['teɪkʌp] *s* **1.** Inanspruchnahme *f* **2.** (*Tonband*) Aufwickeln, Aufspulen *nt;* **take-up spool** *s* (*Tonband*) Aufwickelspule *f*

tak·ing ['teɪkɪŋ] **I.** *adj* sympathisch **II.** *s* **1.** Entnahme *f* **2.** **~s** Einnahmen *fpl* **3.** (MIL) Einnahme *f;* **on** ~ bei Entnahme; ~ **an inventory** Inventur *f;* ~ **out a policy** Abschluss *m* einer Versicherung; **tak·ing-over** [ˌteɪkɪŋ'əʊvə(r)] *s* Übernahme *f;* **tak·ing-up** [ˌteɪkɪŋ'ʌp] *s* (COM) Aufnahme *f;* ~ **of a loan** Kreditaufnahme *f*

talc [tælk] *s* (MIN) Talk *m;* **tal·cum** ['tælkəm] *s* (~ *powder*) Talkum-, Körperpuder *m*

tale [teɪl] *s* **1.** Erzählung, Geschichte *f* **2.** Lüge, Erfindung *f* **3.** Bericht *m;* Gerede

T

nt; **tell ~s** klatschen, (aus)plaudern

tal·ent ['tælənt] *s* **1.** Talent *nt,* Begabung, Fähigkeit *f* **2.** (*fam*) anziehende Frau; **to have a ~ for** begabt sein für; **talented** [-ɪd] *adj* begabt, befähigt

tal·is·man ['tælɪzmən] <*pl* -mans> *s* Talisman, Glücksbringer *m*

talk [tɔːk] **I.** *vi* **1.** sprechen, reden (*about, of, on* von, über, *to, with s.o.* mit jdm) **2.** plaudern, schwatzen; klatschen; **~ big** (*sl*) angeben, prahlen; **~ through one's hat** (*sl*) Unsinn reden; **now you are ~ing** das lässt sich hören!; **you can ~!** du hast gut reden!; **~ to me!** sag' doch was!; **~ to o.s.** Selbstgespräche führen; **~ing of holidays** da wir gerade vom Urlaub sprechen **II.** *vt* **1.** (*Sprache*) sprechen; (*Unsinn*) reden **2.** reden, sprechen über **3.** überreden (*into doing s.th.* etw zu tun); **~ s.o. into s.th.** jdm etw einreden; **~ s.o. out of s.th.** jdm etw ausreden; **be ~ed about** [*o* **of**] ins Gerede kommen; **let's ~ business** kommen wir zur Sache; **~ scandal** klatschen; **~ sense** vernünftig reden; **~ shop** fachsimpeln **III.** *s* **1.** Gespräch *nt,* Unterhaltung *f* **2.** Diskussion, Aussprache, Besprechung *f* **3.** Gerede, Geschwätz *nt* **4.** Vortrag *m;* **be all ~** immer nur reden; **be the ~ of the town** in aller Munde sein; **there is ~ of** man spricht von, man sagt; **small ~** Smalltalk *m;* **talk back** *vi* (scharf) erwidern, antworten; frech sein; **talk down** *vt* **1.** zum Schweigen bringen **2.** (AVIAT) heruntersprechen; **~ down to s.o.** mit jdm herablassend reden; **talk on** *vi* weiterreden; **talk out** *vt* **1.** (*Thema*) erschöpfen(d behandeln) **2.** (PARL) durch lange Debatten hinauszögern; **~ s.o. out of s.th.** jdn von etw abbringen; **~ one's way out of s.th.** sich aus etw herausreden; **talk over** *vt* bereden, besprechen; **talk round** *vt* umstimmen; **~ round s.th.** um etw herumreden; **talk through** *vt:* **~ s.th. through** etw diskutieren; **~ s.o. through s.th.** etw mit jdm durchsprechen

talka·tive ['tɔːkətɪv] *adj* redselig, gesprächig; **talker** ['tɔːkə(r)] *s* **1.** Sprecher(in) *m(f),* Redner(in) *m(f)* **2.** Schwätzer(in) *m(f);* **talk·ing** ['tɔːkɪŋ] **I.** *adj* sprechend; **~ picture** Tonfilm *m* **II.** *s* Reden *nt;* **talking point** *s* Gesprächsgegenstand *m;* **talking shop** *s* (*pej*) Laberrunde *f;* **talk·ing-to** ['tɔːkɪŋtuː] *s* (*fam*) Schimpfe, Schelte *f;* **talk show** *s* (TV) Talkshow *f*

tall [tɔːl] *adj* groß; hoch; lang; **a ~ order** eine Zumutung; **a ~ story** eine unglaubliche Geschichte; **tall·boy** ['tɔːlbɔɪ] *s* Aufbaukommode *f;* **tall·ness** ['tɔːlnɪs] *s* Größe *f*

tal·low ['tæləʊ] *s* Talg *m*

tally ['tælɪ] **I.** *s* **1.** Anschreibbuch *nt* **2.** (Ab)Rechnung *f;* **keep a ~ of** Buch führen über **II.** *vt* (*~ up*) zusammenrechnen, -zählen **III.** *vi* übereinstimmen, sich decken (*with* mit)

tally-ho [ˌtælɪ'həʊ] *interj* (*Jagd*) hallo

tally·man ['tælɪmən] <*pl* -men> *s* Ladungs-, Staugüterkontrolleur *m;* **tally sheet** *s* Strichliste *f*

talon ['tælən] *s* (*a. fig*) Kralle *f*

tam·able ['teɪməbl] *adj* zähmbar

tam·ar·ind ['tæmərɪnd] *s* (*tropischer Baum; Frucht*) Tamarinde *f*

tam·ar·isk ['tæmərɪsk] *s* (*Strauch*) Tamariske *f*

tam·bour ['tæmbʊə(r)] *s* **1.** (MUS) Trommel *f* **2.** (ARCH) Säulentrommel *f* **3.** Stickrahmen *m* **4.** (*Schreibtisch*) Rollo *nt;* **tam·bour·ine** [ˌtæmbə'riːn] *s* Tamburin *nt*

tame [teɪm] **I.** *adj* **1.** zahm; gezähmt **2.** matt, fade, schal **3.** langweilig, uninteressant **II.** *vt* **1.** (be)zähmen **2.** (*fig*) gefügig machen; **tamer** ['teɪmə(r)] *s* (Tier)Bändiger(in) *m(f),* Dompteur(in) *m(f)*

tam-o'-shan·ter [ˌtæmə'ʃæntə(r)] *s* (runde) Schottenmütze *f*

tamp [tæmp] *vt* **1.** ab-, verdämmen **2.** feststampfen; **tam·per** ['tæmpə(r)] *s* **1.** Ramme *f* **2.** (Pfeifen)Stopfer *m*

tam·per with ['tæmpə(r) 'wɪð] *vt* sich zu schaffen machen an; herumpfuschen an; (*Abrechnungen*) frisieren; (*Dokument*) fälschen; **tamper-proof** ['tæmpə(r) pruːf] *adj* gegen Missbrauch geschützt

tam·pon ['tæmpən] *s* (MED) Tampon *m*

tan [tæn] **I.** *s* **1.** Hellbraun *nt* **2.** Sonnenbräune *f* **II.** *adj* hellbraun **III.** *vt* **1.** gerben **2.** (*in der Sonne*) bräunen; **~ s.o.'s hide** jdn verdreschen **IV.** *vi* (*in der Sonne*) braun werden

tan·dem ['tændəm] **I.** *s* Tandem *nt* **II.** *adv* hintereinander

tang [tæŋ] *s* penetranter Geruch; scharfer Geschmack

tan·gent ['tændʒənt] *s* Tangente *f;* **fly** [*o* **go**] **off at a ~** (*fig*) vom Thema abkommen; plötzlich eine andere Richtung einschlagen; **tan·gen·tial** [tæn'dʒenʃl] *adj* (MATH) tangential; **this is only ~ to the question** das berührt die Frage nur am Rande

tan·ger·ine [ˌtændʒə'riːn, *Am* 'tændʒəriːn] *s* Mandarine *f*

tan·gible ['tændʒəbl] *adj* **1.** fühl-, greifbar **2.** (*fig: Beweis, Resultat*) greifbar; **tangible assets** *s pl* (COM) Sachanlagen *fpl*

tangle ['tæŋgl] **I.** *vt* verwirren; **get ~d (up)**

sich verwickeln, sich verwirren; (*fig*) verwickelt werden (*in* in) **II.** *s* **1.** Gewirr *nt* **2.** (*fig*) Wirrwarr *m,* Durcheinander *nt* **3.** Streit *m,* Auseinandersetzung *f*

tango ['tæŋgəʊ] <*pl* **tangos**> **I.** *s* Tango *m* **II.** *vi* Tango tanzen

tangy ['tæŋɪ] *adj* stark riechend; scharf (schmeckend)

tank [tæŋk] *s* **1.** Tank, Behälter *m;* Kessel *m* **2.** Tank, Panzer *m;* **tank up** *vt* **1.** auftanken; volltanken **2.** (*sl*) sich besaufen; **be ~ed up** besoffen sein

tank·ard ['tæŋkəd] *s* Maßkrug *m*

tanker ['tæŋkə(r)] *s* **1.** Tanker *m,* Tankschiff *nt* **2.** (*flying ~*) Tankerflugzeug *nt* **3.** (AUTO) Tankwagen, -lastzug *m*

tanned [tænd] *adj* **1.** (*Person*) braun **2.** (*Tierhäute*) gegerbt

tan·ner ['tænə(r)] *s* Gerber(in) *m(f);* **tan·nery** ['tænərɪ] *s* Gerberei *f;* **tan·nic** ['tænɪk] *adj:* ~ **acid** Gerbsäure *f;* **tan·nin** ['tænɪn] *s* Tannin *nt;* **tan·ning** ['tænɪŋ] *s* **1.** (*Prozess*) Gerben *nt;* (*Fertigkeit*) Gerberei *f* **2.** (*fam*) Dresche *f;* ~ **lotion** Bräunungslotion *f*

tan·noy® ['tænɔɪ] *s* Lautsprecheranlage *f*

tan·ta·lize ['tæntəlaɪz] *vt* **1.** auf die Folter spannen **2.** foppen; quälen; **tan·ta·liz·ing** [-ɪŋ] *adj* verlockend; verführerisch

tan·ta·mount ['tæntəmaʊnt] *adj* gleichbedeutend (*to* mit); **be ~ to s.th.** einer S gleichkommen

tan·trum ['tæntrəm] *s* Wutanfall *m*

Tan·za·nia [ˌtænzə'nɪə] *s* Tansania *nt;* **Tan·za·ni·an** [ˌtænzə'nɪən] **I.** *adj* tansanisch **II.** *s* Tansanier(in) *m(f)*

tap[1] [tæp] **I.** *s* Hahn *m;* **on ~** (*Bier*) vom Fass; (*fig*) verfügbar; **turn a ~ on/off** einen Hahn auf-/zudrehen **II.** *vt* **1.** (*a.* ELEK) anzapfen **2.** (*Telefon*) abhorchen, -hören **3.** (*Markt*) erschließen; ~ **the reserves** die Vorräte angreifen

tap[2] [tæp] **I.** *vt* klopfen (*s.o. on the shoulder* jdm auf die Schulter); ~ **s.th. against s.th.** mit einer S an etw klopfen **II.** *s* **1.** Klopfen *nt* (*on the window* an das Fenster, *at the door* an die Tür) **2.** Klaps *m* **3.** **~s** (*Am*) Zapfenstreich *m;* **tap-dance** ['tæpdɑːns] **I.** *vi* steppen **II.** *s* Stepptanz *m*

tape [teɪp] **I.** *s* **1.** Band *nt* **2.** (Papier)Streifen *m;* Klebestreifen *m* **3.** (TELE) Lochstreifen *m* **4.** Ton-, Videoband *nt* **5.** (SPORT) Zielband *nt;* **adhesive ~** Klebestreifen *m;* **red ~** Bürokratie *f;* Amtsschimmel *m* **II.** *vt* **1.** mit einem Band befestigen; mit einem Klebestreifen verkleben **2.** auf Band aufnehmen; **have s.th./s.o. ~d** (*fam*) etw/jdn gründlich kennen; **tape cassette** *s* Tonbandkassette *f;* **tape deck** *s* Tapedeck *nt;* **tape measure** *s* Bandmaß *nt*

taper ['teɪpə(r)] **I.** *s* (Wachs)Kerze *f* **II.** *vt* spitz zulaufen lassen **III.** *vi* spitz zulaufen, sich verjüngen; abnehmen; ~ **off** abklingen; auslaufen, zu Ende gehen

tape reader ['teɪpˌriːdə(r)] *s* Lochstreifenleser *m;* **tape-re·cord** ['teɪprɪ'kɔːd] *vt* auf Band aufnehmen; **tape re·corder** ['teɪprɪ'kɔːdə(r)] *s* Tonbandgerät *nt;* **tape re·cord·ing** ['teɪprɪ'kɔːdɪŋ] *s* Bandaufnahme *f*

tapered wing [ˌteɪpəd'wɪŋ] *s* (AVIAT) Trapezflügel *m*

tap·es·try ['tæpɪstrɪ] *s* Wandbehang, -teppich, Gobelin *m*

tape·worm ['teɪpwɜːm] *s* Bandwurm *m*

tapi·oca [ˌtæpɪ'əʊkə] *s* Tapioka *f,* Tapiokamehl *nt*

ta·pir ['teɪpə(r)] *s* Tapir *m*

tap·pet ['tæpət] *s* (TECH) Stößel, Mitnehmer *m*

tap·room ['tæprʊm] *s* Schankraum *m;* **tap root** *s* (BOT) Pfahlwurzel *f;* **tap stock** *s* (FIN) Staatsanleihe *f;* **tap water** *s* Leitungswasser *nt*

tar [tɑː(r)] **I.** *s* Teer *m* **II.** *vt* teeren; **they are ~red with the same brush** von ihnen ist einer nicht mehr wert als der andere

ta·ran·tula [tə'ræntjʊlə] *s* (*große, giftige Spinne*) Tarantel *f*

tardy ['tɑːdɪ] *adj* **1.** spät **2.** säumig, verspätet; **be ~ for s.th.** zu etw zu spät kommen

tare [teə(r)] *s* (COM) Tara *f*

tar·get ['tɑːgɪt] **I.** *vt* zielen auf; richten auf **II.** *s* **1.** Schieß-, Zielscheibe *f* **2.** (POL COM) Ziel *nt* **3.** (*Produktion*) Soll *nt,* Planziffer *f;* **sales ~** Verkaufsziel *nt;* **target date** *s* **1.** (COM) Fälligkeitsdatum *nt* **2.** Liefertermin *m;* **target figures** *s pl* Sollzahlen *fpl;* **target language** *s* Zielsprache *f;* **target practice** *s* (MIL) Zielschießen *nt;* **target price** *s* **1.** Richtpreis *m* **2.** angestrebter Preis; **tar·get·ted** ['tɑːgɪtəd] *adj* zielgerichtet

tar·iff ['tærɪf] *s* **1.** (Zoll-, Versicherungs)Tarif *m;* Zoll(satz) *m* **2.** Gebührensatz *m* **3.** Preisliste *f;* **tariff barrier** *s* (COM) Zollschranke *f*

tar·mac ['tɑːmæk] **I.** *vt* asphaltieren **II.** *s* **1.** Asphalt, Teermakadam *m* **2.** (AVIAT) (asphaltiertes) Rollfeld

tarn [tɑːn] *s* (kleiner) Bergsee *m*

tar·nish ['tɑːnɪʃ] **I.** *vt* **1.** (*fig*) beflecken **2.** (*Metall*) stumpf werden lassen; mattieren **II.** *vi* seinen Glanz verlieren; trübe, matt werden; anlaufen **III.** *s* **1.** Anlaufen *nt;* Beschlag *m* **2.** (*fig*) Makel *m*

tar·pau·lin [tɑː'pɔːlɪn] *s* Zeltplane *f*

tar·ra·gon ['tærəgən] *s* Estragon *m*
tarry ['tɑːrɪ] *adj* teerig
tar·sus ['tɑːsəs, *pl* 'tɑːsaɪ] <*pl* -si> *s* (ANAT) Fußwurzel *f*, Tarsus *m*
tart[1] [tɑːt] *adj* **1.** scharf, herb, sauer **2.** (*fig*) beißend, spitz
tart[2] [tɑːt] *s* **1.** Obsttorte *f* **2.** (*Am*) Törtchen *nt*; **apple-/cherry-~** Apfel-/Kirschtorte *f*
tart[3] [tɑːt] *s* (*pej*) Nutte *f*
tart up *vt* aufmachen, auftakeln, herausputzen
tar·tan ['tɑːtn] *s* Schottenmuster *nt*
tar·tar[1] ['tɑːtə(r)] *s* (*fig*) Tyrann *m*; Xanthippe *f*; **catch a ~** an den Unrechten kommen
tar·tar[2] ['tɑːtə(r)] *s* Wein-, Zahnstein *m*; **tar·taric** [tɑː'tærɪk] *adj*: **~ acid** Weinsteinsäure *f*; **tartar(e) sauce** *s* Remouladensoße *f*
task [tɑːsk] *s* Aufgabe *f*; Pflicht *f*; **take to ~** zur Rede stellen (*for, about* wegen); **task force** *s* Sondereinheit *f*; Arbeitsgruppe *f*; **task·master** *s* Zuchtmeister *m*; **a hard ~** ein strenger Meister
tas·sel ['tæsl] *s* Troddel, Quaste *f*
taste [teɪst] **I.** *vt* **1.** (*Speise*) kosten, versuchen **2.** (ab)schmecken **3.** essen **4.** (*fig*) erfahren, erleben **II.** *vi* schmecken (*of* nach) **III.** *s* **1.** Geschmackssinn *m*; Geschmack *m* (*einer Speise*) **2.** Kostprobe *f* **3.** (*fig*) Vorgeschmack *m* **4.** (guter) Geschmack *m* **5.** Vorliebe *f* (*for* für), Neigung *f* (*for* zu), Sinn *m* (*for* für); **in (good) ~** geschmack-, taktvoll; **in bad** [*o* **poor**] **~** geschmacklos; **to ~** (*Küche*) nach Geschmack; **to s.o.'s ~** nach jds Geschmack; **leave a bad ~ in one's mouth** einen schlechten Nachgeschmack haben; **taste·bud** ['teɪstbʌd] *s* Geschmacksknospe *f*; **taste·ful** ['teɪstfl] *adj* geschmackvoll; **taste·less** [-lɪs] *adj* **1.** fade, nach nichts schmeckend **2.** (*fig*) geschmacklos; **taster** ['teɪstə(r)] *s* (Wein-, Tee)Schmecker, Probierer *m*; **tasty** ['teɪstɪ] *adj* **1.** wohlschmeckend **2.** (*sl*) interessant
tat [tæt] **I.** *s*: **give tit for ~** etw mit gleicher Münze heimzahlen **II.** *vt, vi* (in) Schiffchenarbeit herstellen
tat·ter ['tætə(r)] *s* **1.** Fetzen, Lumpen *m* **2.** **~s** abgerissene Kleidung; **tear to ~s** (*fig*) zerfetzen, zerreißen; **tat·tered** ['tætəd] *adj* zerlumpt, abgerissen
tattle ['tætl] **I.** *vi* plaudern; klatschen **II.** *s* Gerede *nt*; **tat·tler** ['tætlə(r)] *s* Klatschbase *f*
tat·too[1] [tə'tuː] **I.** *vt* tätowieren **II.** *s* Tätowierung *f*
tat·too[2] [tə'tuː] *s* **1.** (MIL) Zapfenstreich *m* **2.** Trommeln *nt* **3.** Musikparade *f*; **beat** [*o* **sound**] **the ~** den Zapfenstreich blasen
tatty ['tætɪ] *adj* (*fam*) schäbig
taught [tɔːt] *s.* **teach**
taunt [tɔːnt] **I.** *vt* verspotten (*with cowardice* wegen Feigheit) **II.** *s* **1.** Spott *m* **2.** spöttische Bemerkung
Taurean [tɔː'rɪən] **I.** *adj* Stier- **II.** *s* Stier *m*; **Taurus** ['tɔːrəs] *s* (ASTR) Stier *m*
taut [tɔːt] *adj* **1.** gespannt, straff **2.** (*Gesicht*) angespannt **3.** (*Stil*) knapp
tauto·logi·cal [ˌtɔːtə'lɒdʒɪkəl], **taut·ol·ogous** [tɔː'tɒləgəs] *adj* tautologisch; **taut·ol·ogy** [tɔː'tɒlədʒɪ] *s* Tautologie *f*
tav·ern ['tævən] *s* Schenke *f*
taw·dry ['tɔːdrɪ] *adj* billig, geschmacklos; kitschig
tawny ['tɔːnɪ] *adj* gelbbraun; **~ owl** Waldkauz *m*
tax [tæks] **I.** *vt* **1.** besteuern **2.** stark in Anspruch nehmen, anstrengen **3.** schätzen (*at* auf) **4.** beschuldigen (*with* +*gen*) **II.** *s* **1.** Steuer *f*; Abgabe *f* (*on* auf) **2.** Beanspruchung, Inanspruchnahme *f* (*on* +*gen*); **after ~** netto, nach Steuern; **before ~** brutto, vor Steuern; **exempt from** [*o* **free of**] **~** steuerfrei; **collect ~es** Steuern erheben; **impose/lay/levy/put a ~ on** mit einer Steuer belegen/besteuern; **pay £100 in ~es** £ 100 Steuern zahlen; **for ~ purposes** aus steuerlichen Gründen; **~ incentive schemes** *pl* steuerliche Anreize *pl*; **tax·able** [-əbl] *adj* steuerpflichtig; **~ entity** Steuersubjekt *nt*; **~ income** zu versteuerndes Einkommen; **~ period** Veranlagungszeitraum *m*; **tax allowance** *s* Steuerfreibetrag *m*; Steuervergünstigung *f*; **tax arrears** *s pl* Steuerrückstände *mpl*; **tax assessment** *s* (*Tat*) Steuerveranlagung *f*; (*Ergebnis*) Steuerbescheid *m*; **tax·ation** [tæk'seɪʃn] *s* Besteuerung, Steuerveranlagung *f*; Steuern *fpl*; **subject to ~** steuerpflichtig; **tax avoidance** *s* Steuerumgehung *f*; **tax bracket** *s* Steuerklasse *f*; **tax collector** *s* Steuereinnehmer *m*; (*Bibel*) Zöllner *m*; **tax consultant** *s* Steuerberater(in) *m(f)*; **tax-deductible** *adj* steuerlich abzugsfähig; **tax disc** *s* (*Br*) Kraftfahrzeugsteuerplakette *f*; **tax dodging**, **tax evasion** *s* Steuerhinterziehung *f*; Steuerflucht *f*; **tax evader** *s* Steuersünder *m*; **tax exemption** *s* Steuerbefreiung *f*; **tax-free** *adj* steuerfrei; **tax haven** *s* Steueroase *f*; **tax holiday** *s steuerfreie Jahre*
taxi ['tæksɪ] **I.** *s* Taxe *f*, Taxi *nt* **II.** *vi* **1.** (*take a ~*) mit einer Taxe fahren **2.** (AVIAT) rollen; **~ to a standstill** (AVIAT) ausrollen
taxi·der·mist ['tæksɪˌdɜːmɪst] *s* (Tier)Präparator(in) *m(f)*, Taxidermist *m*; **taxi·der·my** ['tæksɪˌdɜːmɪ] *s* Taxidermie *f*

taxi-driver *s* Taxifahrer(in) *m(f)*; **taxi·me·ter** ['tæksɪmiːtə(r)] *s* Fahrpreisanzeiger, Taxameter *m*; **taxi plane** *s* (*Am*) Flugtaxe *f*; **taxi rank**, **taxi stand** *s* Taxistand *m*

tax·man ['tæksmən] <*pl* -men> *s* Steuerbeamte(r) *m*; **the ~ keeps …** das Finanzamt behält …

tax·ono·my [tæk'sɒnəmɪ] *s* Taxonomie *f*

tax·payer ['tæksˌpeɪə(r)] *s* Steuerzahler(in) *m(f)*; **tax point** *s* Besteuerungsdatum *nt*; **tax rebate** *s* Steuerrückzahlung *f*; **tax relief** *s* Steuererleichterung, -vergünstigung *f*; **tax return** *s* Steuererklärung *f*; **tax year** *s* Steuerjahr *nt*

T-bar ['tiːbɑː(r)] *s* Bügel *m*; Schlepplift *m*

tea [tiː] *s* Tee *m*; **have ~** Tee trinken; **make (the) ~** Tee zubereiten; **not my cup of ~** (*fig fam*) nicht mein Fall; **beef ~** Fleisch-, Kraftbrühe *f*; **camomile/peppermint ~** Kamillen-/Pfefferminztee *m*; **five-o'-clock ~** Fünfuhrtee *m*; **three ~s please, waiter** (Herr) Ober, dreimal Tee, bitte; **tea bag** *s* Teebeutel *m*; **tea break** *s* Teepause *f*; **tea caddy** *s* Teebüchse *f*; Teespender *m*; **tea·cake** *s* Rosinenbrötchen *nt*

teach [tiːtʃ] <*irr:* taught, taught> **I.** *vt* lehren, unterrichten; **~ s.o. to do s.th.** jdm etw beibringen; **this has taught him a lot** er hat viel daraus gelernt; **that'll ~ you!** das wird dir eine Lehre sein; **~ s.o. a lesson** jdm eine Lektion erteilen **II.** *vi* unterrichten; **teacher** ['tiːtʃə(r)] *s* Lehrer(in) *m(f)*; **teacher training** *s* Lehrerausbildung *f*; **teacher training college** *s* Lehrerseminar *nt*; pädagogische Hochschule

tea chest ['tiːtʃest] *s* Teekiste *f*

teach-in ['tiːtʃɪn] *s* Teach-in *nt*; **teach·ing** ['tiːtʃɪŋ] *s* **1.** Unterricht *m* **2.** Lehrberuf *m* **3. ~s** Lehre(n *pl*) *f*; **teaching staff** *s* Lehrkörper *m*; Lehrerschaft *f*

tea cloth ['tiːklɒθ] *s* Geschirrtuch *nt*; **tea cosy** ['tiːkəʊzɪ] *s* Teewärmer *m*; **tea·cup** ['tiːkʌp] *s* Teetasse *f*; **a storm in a ~** ein Sturm im Wasserglas; **tea garden** *s* **1.** Gartenrestaurant *nt* **2.** Teepflanzung *f*; **tea·house** ['tiːhaʊs] *s* Teehaus *nt*

teak [tiːk] *s* Teakbaum *m*, -holz *nt*

tea·leaves ['tiːliːvz] *s pl* Teesatz *m*, Teeblätter *pl*; **tell** [*o* **read**] **s.o.'s fortune from the ~** das Glück aus dem Kaffeesatz lesen

team [tiːm] *s* **1.** (SPORT) Mannschaft *f* **2.** Team *nt*, Arbeitsgruppe *f* **3.** (*Ochsen*) Gespann *nt*; **football ~** Fußballmannschaft *f*; **team up with** *vi* zusammenarbeiten mit; sich zusammentun mit; **team captain** *s* Mannschaftsführer(in) *m(f)*, -kapitän *m*; **team effort** *s* Teamarbeit *f*; **team-mate** *s* Mannschaftskamerad(in) *m(f)*; **team play** *s* Zusammenspiel *nt*; **team spirit** *s* Mannschafts-, Teamgeist *m*; **team-work** *s* Gemeinschafts-, Gruppenarbeit *f*, Teamwork *nt*

tea·pot ['tiːpɒt] *s* Teekanne *f*

tear[1] [teə(r)] <*irr:* tore, torn> **I.** *vt* **1.** zerreißen (*on a nail* an einem Nagel) **2.** (*Loch*) reißen; ein-, aufreißen **3.** (heraus)reißen (*from* aus) **4.** (*Haare*) sich raufen **5.** (*fig*) (auf)spalten; zersplittern **6.** (*innerlich*) hin- u. herreißen; **be torn between two things** zwischen zwei Dingen hin- und hergerissen sein; **be in a ~ing hurry** es sehr eilig haben; **~ to pieces** [*o* **bits**] in Stücke reißen; **that's torn it!** (*fam fig*) das hat alles verdorben! **II.** *vi* **1.** (zer)reißen **2.** zerren, reißen (*at* an) **3.** rasen, sausen **III.** *s* Riss *m*; **tear along** *vi* entlangrasen; **tear apart** *vt* **1.** zerreißen **2.** durcheinander bringen; **tear at** *vt* reißen, ziehen an; **tear away** **I.** *vt* los-, wegreißen **II.** *vi* davonrasen; **he couldn't ~ himself away from** er konnte sich nicht trennen von; **tear down** **I.** *vt* **1.** abreißen, abbrechen **2.** herunterreißen (*from* von) **II.** *vi* hinunterrasen; **tear into** *vt* ein Loch reißen in; (*Tier*) zerfleischen; **~ into the food** übers Essen herfallen; **~ into s.o.** auf jdn losgehen; **tear off** **I.** *vt* abreißen **II.** *vi* davonrasen; **~ s.o. off a strip** mit jdm schimpfen; **the button tore off** der Knopf ist ab(gerissen); **tear open** *vt* aufreißen; **tear out** *vt* (her)ausreißen; **tear up** *vt* **1.** zerreißen **2.** (*Straße*) aufreißen

tear[2] [tɪə(r)] *s* Träne *f*; **in ~s** in Tränen (aufgelöst), weinend; **burst into ~s** in Tränen ausbrechen; **shed ~s** Tränen vergießen

tear·away ['teərəweɪ] *s* Schlingel *m*

tear·drop ['tɪədrɒp] *s* Träne *f*; **tear·ful** ['tɪəfl] *adj* **1.** weinend **2.** traurig **3.** (*Gesicht*) tränenüberströmt; **tear-gas** *s* Tränengas *nt*; **tear-jer·ker** ['tɪə ˌdʒɜːkə(r)] *s* (*fam*) sentimentaler Film; Schnulze *f*; **tear·less** ['tɪəlɪs] *adj* tränenlos

tea·room ['tiːrʊm] *s* Teestube *f*

tease [tiːz] **I.** *vt* **1.** hänseln, necken (*about* wegen) **2.** (*Tier*) quälen **3.** (*fig*) auf den Arm nehmen **4.** (TECH: *Flachs*) hecheln; (*Wolle*) krempeln; (*Tuch*) kardieren **II.** *vi* sticheln, frotzeln; Spaß machen **III.** *s* Schäker(in) *m(f)*; **tease apart** *vt* entwirren; **teaser** ['tiːzə(r)] *s* **1.** Schelm *m*, Schäker(in) *m(f)* **2.** (*fam*) harte Nuss

tea ser·vice, **tea set** ['tiːˌsɜːvɪs, 'tiːset] *s* Teeservice *nt*; **tea·spoon** ['tiːspuːn] *s* Teelöffel *m*; **tea·spoon·ful** [-fʊl] *s* Teelöffel voll *m*; **tea strainer** *s* Teesieb *nt*

teat [tiːt] *s* **1.** (*von Säugetieren*) Zitze *f* **2.** Sauger *m*

tea·time ['tiːtaɪm] *s* Teestunde *f*; Abendessenszeit *f;* **tea towel** *s* Geschirrtuch *nt;* **tea tray** *s* Tablett *nt;* **tea trolley** *s* (*Am*), **tea urn** *s* Teemaschine *f;* **tea wagon** *s* Teewagen *m*

tech [tek] *s s.* **technical college** technische Fachschule

techie ['tekɪ] *s* (*sl*) Technologiefan *m*

tech·ni·cal ['teknɪkl] *adj* **1.** (*a.* SPORT) technisch **2.** fachlich; ~ **college** technische Fachschule; ~ **knowledge** Fachkenntnisse *pl,* Fachwissen *nt;* ~ **question** Verfahrensfrage *f;* ~ **school** Gewerbeschule *f;* ~ **term** Fachausdruck *m;* **that's too ~ for me** dazu fehlt mir die nötige Fachkenntnis; **tech·ni·cal·ity** [ˌteknɪ'kælətɪ] *s* **1.** technische Einzelheit **2.** (JUR) Formsache *f;* **tech·ni·cian** [tek'nɪʃn] *s* **1.** Techniker(in) *m(f)* **2.** Facharbeiter(in) *m(f);* **tech·nique** [tek'ni:k] *s* Technik *f,* Verfahren *nt;* Methode *f;* **tech·noc·racy** [tek'nɒkrəsɪ] *s* Technokratie *f;* **tech·no·logi·cal** [ˌteknə'lɒdʒɪkl] *adj* technologisch; technisch; ~ **infrastructure** technische Infrastruktur

tech·nol·ogy [tek'nɒlədʒɪ] *s* Technologie, Technik *f;* **college of ~** technische Fachschule

techno·phil·ia [ˌteknəʊ'faɪlɪə] *s* Technophilie *f;* **techno·phob·ia** [ˌteknəʊ'fəʊbɪə] *s* Technophobie *f*

techy ['tetʃɪ] *adj* (*Br: fam*) empfindlich, reizbar

ted·dy bear ['tedɪbeə(r)] *s* Teddybär *m;* **teddy-bearish** *adj* (*Aussehen*) wie ein Teddybär

tedi·ous ['ti:dɪəs] *adj* langweilig; uninteressant; **tedi·ous·ness** [-nɪs] *s* Langweiligkeit *f;* **te·dium** ['ti:dɪəm] *s* Lang(e)weile *f*

tee [ti:] *s* (*Golf*) Tee *nt;* **tee off I.** *vt* (*Golfball*) abschlagen **II.** *vi* (*fig*) anfangen

teem [ti:m] *vi* wimmeln (*with* von); **it's ~ing with rain** es gießt in Strömen; **teem·ing** [-ɪŋ] *adj* wimmelnd (*with* von)

teen·age ['ti:neɪdʒ] *adj* jugendlich; **teen·ager** ['ti:neɪdʒə(r)] *s* Teenager *m,* Jugendliche(r) *f m* (*zwischen 13 und 19 Jahren*); **teens** [ti:nz] *s pl:* **she is still in her ~** sie ist noch im Teenageralter

teeny ['ti:nɪ] *adj* winzig, klein; **tee·ny·bop·per** ['ti:nɪbɒpə(r)] *s* Teeny, Teenie *m,* Teenager und Popfan *m;* **tee·ny-wee·ny** [ˌti:nɪ'wi:nɪ] *adj* winzig

tee-shirt ['ti:ʃɜ:t] *s* T-Shirt *nt*

tee·ter ['ti:tə(r)] *vi* schwanken

teeth [ti:θ] *s s.* **tooth**; **teethe** [ti:ð] *vi* zahnen; **teether** ['ti:ðə(r)] *s* Beißring *m;* **teeth·ing troubles** ['ti:ðɪŋ 'trʌblz] *s pl* (*fig*) Kinderkrankheiten *fpl*

tee·total [ti:'təʊtl, *Am* 'ti:təʊtl] *adj* abstinent; **tee·totaler** ['ti:təʊtlə(r)] *s* (*Am*), **tee·total·ler** [ti:'təʊtlə(r)] *s* Abstinenzler(in) *m(f),* Alkoholgegner(in) *m(f)*

tef·lon ['teflɒn] *s* (*fig*) Person, an der nichts kleben bleibt

tele·cast ['telɪkɑ:st] **I.** *s* Fernsehsendung, -übertragung *f* **II.** *vt* im Fernsehen übertragen, senden; **tele·com·muni·ca·tions** ['telɪkəˌmju:nɪ'keɪʃnz] *s pl* Telekommunikation *f;* Fernmeldewesen *nt;* Fernmeldetechnik *f;* **tele·con·fer·ence** ['telɪˌkɒnfərəns] *s* Telekonferenz *f;* **tele·co·pier** ['telɪkɒpɪə] *s* Tele-, Fernkopierer *m;* **tele·copy** ['telɪkɑpɪ] *s* Tele-, Fernkopie *f,* Telefax *nt;* **tele·fax** ['telɪfæks] *s* Telefax *nt;* **tele·genic** [ˌtelɪ'dʒenɪk] *adj* telegen

tele·gram ['telɪgræm] **I.** *s* Telegramm *nt;* **by ~** telegrafisch **II.** *vi* telegrafieren; **tele·gram form** *s* Telegrammformular *nt*

tele·graph ['telɪgrɑ:f] **I.** *s* Telegraf *m* **II.** *vt, vi* telegrafieren; **tele·gra·phese** [ˌtelɪgrə'fi:z] *s* Telegrammstil *m;* **tele·graphic** [ˌtelɪ'græfɪk] *adj* telegrafisch; ~ **address** Telegrammadresse *f;* ~ **answer** Drahtantwort *f;* **telegraph pole, telegraph post** *s* Telegrafenmast *m;* **tel·egra·phy** [tɪ'legrəfɪ] *s* Telegrafie *f*

tele·mar·ket·er ['telɪˌmɑ:kɪtə] *s* Telemarketing-Berater(in) *m(f);* **tele·mar·ket·ing** *s* Telemarketing *nt* (*Verkauf über das Fernsehen*)

tele·mat·ics [ˌtelə'mætɪks] *s* Telematik *f*

tele·mess·age ['telɪˌmesɪdʒ] *s* (*Br*) Telegramm *nt;* **tele·or·der·ing** [ˌtelɪ'ɔ:dərɪŋ] *s* Teleordern *nt*

tele·pathic [ˌtelɪ'pæθɪk] *adj* telepathisch; **tel·epa·thy** [tɪ'lepəθɪ] *s* Telepathie, Gedankenübertragung *f*

tele·phone ['telɪfəʊn] **I.** *s* Fernsprecher *m,* Telefon *nt;* **by ~** telefonisch, fernmündlich; **on the ~** am Telefon; **are you on the ~?** haben Sie Telefon?; **answer the ~** ans Telefon gehen; **be on the ~** am Apparat sein; **he is wanted on the ~** er wird am Telefon verlangt **II.** *vi* telefonieren; anrufen, -läuten **III.** *vt* **1.** (*Nachricht*) telefonisch durchgeben, -sagen **2.** (*Person*) anrufen (*s.o.* jdn); **telephone booth, telephone box** *s* Telefon-, Fernsprechzelle *f;* **telephone call** *s* (Telefon)Anruf *m,* -gespräch *nt;* **telephone connection** *s* Fernsprechverbindung *f;* **telephone conversation** *s* Telefongespräch *nt;* **telephone directory, telephone book** *s* Telefonbuch, -verzeichnis *nt;* **telephone exchange** *s* Telefonvermittlung, -zentrale *f;* **telephone information service** *s* Telefonansage *f;* **telephone message** *s* telefonische Nachricht, Durchsage *f;* **telephone number** *s* Telefonnummer, Rufnummer *f;* **telephone**

operator *s* Telefonist(in) *m(f);* **telephone rates** *s pl* Fernsprechgebühren *fpl;* **tel·ephon·ist** [tɪ'lefənɪst] *s* Telefonist(in) *m(f);* **tel·eph·ony** [tɪ'lefənɪ] *s* Fernsprechwesen *nt*

tele·photo lens [ˌtelɪ'fəʊtəʊ 'lens] *s* Teleobjektiv *nt*

tele·prin·ter ['telɪprɪntə(r)] *s* Fernschreiber *m*

tele·promp·ter® ['telɪprɒmptə(r)] *s* Teleprompter *m*

tele·re·cord·ing [ˌtelɪrɪ'kɔːdɪŋ] *s* (Fernseh)Aufzeichnung *f*

tele·sales ['telɪseɪls] *s pl* Telefonverkauf *m*

tele·scope ['telɪskəʊp] **I.** *s* Fernrohr, Teleskop *nt;* **reflecting** ~ Spiegelreflektor *m* **II.** *vi* sich ineinander schieben **III.** *vt* **1.** ineinander schieben **2.** (*fig*) verkürzen; **tele·scopic** [ˌtelɪ'skɒpɪk] *adj* **1.** teleskopisch **2.** ausziehbar, ineinander schiebbar; **tele·shopp·ing** *s* (INTERNET) Online-Shopping *nt*

tele·tex ['telɪteks] *s* Teletex *nt*

tele·type® ['telɪtaɪp] **I.** *s* (*Am*) Fernschreiber *m* **II.** *vt* als Fernschreiben übermitteln; **tele·type·writer** [ˌtelɪ'taɪpraɪtə(r)] *s* (*Am*) Fernschreiber *m*

tel·evan·gel·ist [ˌtelɪ'vændʒəlɪst] *s* (*Am*) Fernsehprediger(in) *m(f)*

tele·view·er ['telɪˌvjuːə(r)] *s* Fernsehteilnehmer(in) *m(f);* **tele·vise** ['telɪvaɪz] *vt* im Fernsehen übertragen; **~d debate** Fernsehdebatte *f;* **tele·vi·sion** ['telɪˌvɪʒn] *s* **1.** Fernsehen *nt* **2.** (*fam:* ~ *set*) Fernseher *m;* **watch** ~ fernsehen; **be on** ~ im Fernsehen kommen; **see s.th. on** ~ etw im Fernsehen sehen; **television advertising** *s* Fernsehwerbung *f;* **television announcer** *s* Fernsehansager(in) *m(f);* **television camera** *s* Fernsehkamera *f;* **television program(me)** *s* Fernsehprogramm *nt;* **television receiver** *s* Fernsehempfänger *m;* **television set** *s* Fernsehapparat *m;* **television studio** *s* Fernsehstudio *nt;* **television transmitter** *s* Fernsehsender *m;* **television viewer** *s* (Fernseh)Zuschauer(in) *m(f)*

tele·work·ing ['telɪˌwɜːkɪŋ] *s* Teleheimarbeit *f*

telex ['teleks] **I.** *vt* telexen **II.** *s* Telex *nt*

tell [tel] <*irr:* **told, told**> **I.** *vt* **1.** erzählen, berichten **2.** sagen **3.** mitteilen **4.** ankündigen **5.** enthüllen, bloßlegen **6.** erkennen, feststellen **7.** unterscheiden, auseinander halten (*from* von) **8.** anweisen, beauftragen, befehlen (*s.o.* jdm) **9.** versichern (*s.o.* jdm); **all told** alles in allem, summa summarum; ~ **all** auspacken; ~ **in advance** voraussagen; ~ **fortunes from cards** aus den Karten wahrsagen; ~ **lies** lügen; ~ **s.o. the time** jdm sagen, wie spät es ist; ~ **the truth** die Wahrheit sagen; **to** ~ **the truth** ehrlich gesagt; **I told you** ich habe es Ihnen doch gesagt; **you are ~ing me!** wem sagen Sie das! **II.** *vi* **1.** erzählen, berichten (*of* von, *about* über) **2.** es sagen **3.** hinweisen, -deuten (*of* auf) **4.** Bedeutung, Gewicht haben; sich auswirken (*on* auf); **I can't** ~ das weiß ich nicht; **you never can** ~ man kann nie wissen; **who can ~?** wer weiß?; **tell against** *vt* nachteilig sein für; **tell apart** *vt* auseinander halten; **tell off** *vt* ausschimpfen, anschnauzen; **tell on s.o.** *vi* jdn verraten; sich schlecht auf jdn auswirken

tel·ler ['telə(r)] *s* **1.** Erzähler(in) *m(f)* **2.** (Aus-, Stimm)Zähler(in) *m(f)* **3.** Kassenbeamte(r) *m,* -beamtin *f;* **fortune-**~ Wahrsager(in) *m(f);* **tell·ing** ['telɪŋ] **I.** *adj* **1.** wirkungsvoll **2.** aufschlussreich **II.** *s:* **there is no** ~ **what may happen** man weiß nie, was (alles) passieren kann; **tell·ing-off** ['telɪŋ'ɒf] *s* Schimpfe *f;* **tell·tale** ['telteɪl] **I.** *s* Petze *f;* (*mar*) Windbändsel *nt* **II.** *adj* verräterisch

telly ['telɪ] *s* (*fam*) Fernsehen *nt*

te·mer·ity [tɪ'merətɪ] *s* (Toll)Kühnheit *f*

temp [temp] *s* (*fam: Büro*) Ersatzkraft, Zeitarbeitskraft *f;* **work as a** ~ als Aushilfskraft arbeiten

tem·per ['tempə(r)] **I.** *vt* **1.** mäßigen, mildern, abschwächen (*with* durch) **2.** (TECH) tempern; (*Stahl*) härten **II.** *s* **1.** Wesen *nt,* Wesensart *f* **2.** Laune, Stimmung *f;* (*bad* ~) Wut *f* **3.** (TECH) Härtegrad *m;* **be in a** ~ wütend sein; **be out of** ~ **with s.o.** jdm böse sein; **get** [*o* **fly**] **into a** ~ **about** ärgerlich werden über; **keep** [*o* **control**] **one's** ~ sich beherrschen; **lose one's** ~ die Geduld verlieren

tem·pera ['tempərə] *s* Temperamalerei *f,* -farben *fpl*

tem·pera·ment ['temprəmənt] *s* Temperament *nt;* Charakter *m;* **tem·pera·men·tal** [ˌtemprə'mentl] *adj* **1.** temperamentvoll **2.** launisch **3.** anlagemäßig; angeboren; **be** ~ Mucken haben

tem·per·ance ['tempərəns] *s* **1.** Mäßigkeit *f* **2.** Abstinenz *f;* **tem·per·ate** ['tempərət] *adj* **1.** mäßig, gemäßigt, maßvoll **2.** (*Klima*) gemäßigt

tem·pera·ture ['temprətʃə(r)] *s* Temperatur *f;* **have** [*o* **run**] **a** ~ Fieber haben; **take s.o.'s** ~ die Temperatur messen; ~ **chart** Fieberkurve *f*

tem·pest ['tempɪst] *s* (*a. fig*) Sturm *m;* **tem·pes·tu·ous** [tem'pestjʊəs] *adj* stürmisch; (*fig*) ungestüm

tem·plate, tem·plet ['templɪt] *s* Schablone

T

f

temple[1] ['templ] *s* Tempel *m*

temple[2] ['templ] *s* (ANAT) Schläfe *f;* **go grey at the ~s** an den Schläfen grau werden

tempo ['tempəʊ, 'tempi:] <*pl* tempos, tempi> *s* Tempo *nt*

tem·poral ['tempərəl] *adj* **1.** (ANAT) Schläfen- **2.** zeitlich; vergänglich **3.** weltlich **4.** (GRAM) temporal; **tem·por·ar·ily** ['temprərəlɪ, *Am* ˌtempə'rerəlɪ] *adv* vorübergehend; **tem·por·ary** ['temprərɪ, *Am* 'tempərerɪ] **I.** *adj* zeitlich begrenzt, vorübergehend, zeitweilig; provisorisch; **~ credit** Zwischenkredit *m;* **~ exit** (*Autobahn*) Behelfsausfahrt *f;* **~ injunction** (JUR) einstweilige Verfügung; **~ storage** Zwischenlagerung *f;* **~ store** Zwischenlager *nt* **II.** *s* Aushilfskraft *f;* **tem·por·ize** ['tempəraɪz] *vi* **1.** Zeit (zu) gewinnen (suchen) **2.** hinhalten (*with s.o.* jdn)

tempt [tempt] *vt* **1.** versuchen, verlocken **2.** in Versuchung führen; reizen, locken; **be ~ed to do s.th.** versucht sein etw zu tun; **~ the appetite** den Appetit anregen; **~ fate** das Schicksal herausfordern; **temp·ta·tion** [temp'teɪʃn] *s* Versuchung *f;* **lead into ~** in Versuchung führen; **temp·ter** ['temptə(r)] *s* Verführer *m;* **temp·ting** ['temptɪŋ] *adj* verführerisch; (*Angebot*) verlockend; **temp·tress** ['temptrɪs] *s* Verführerin *f*

temp-work ['tempwɜːk] *s* Zeitarbeit *f*

ten [ten] **I.** *adj* zehn; **~ to one** höchstwahrscheinlich, *adv* **II.** *s* Zehn *f;* **count in ~s** in Zehnern zählen; **buy in ~s** in Zehnerpackungen kaufen

ten·able ['tenəbl] *adj* **1.** zu halten(d) **2.** haltbar **3.** (*Amt*) verliehen (*for* für, auf)

ten·acious [tɪ'neɪʃəs] *adj* **1.** (*Griff*) fest, eisern **2.** zäh **3.** festsitzend, haftend (*of* an) **4.** (*fig*) unbeugsam, unermüdlich **5.** (*Gedächtnis*) gut; **ten·ac·ity** [tɪ'næsətɪ] *s* **1.** Festigkeit *f;* Zähigkeit *f;* Beharrlichkeit *f* **2.** (*Gedächtnis*) Zuverlässigkeit *f*

ten·ancy ['tenənsɪ] *s* Pacht-, Mietverhältnis *nt,* -dauer *f,* -besitz *m;* **during my ~** als ich Mieter, Pächter war; **ten·ant** ['tenənt] **I.** *s* Pächter(in) *m(f),* Mieter(in) *m(f)* **II.** *vt* in Pacht, Miete haben; **tenant farmer** *s* Pächter(in) *m(f)*

tench [ten(t)ʃ] *s* (*Fisch*) Schleie *f*

tend[1] [tend] *vt* sich kümmern um; (*Schafe*) hüten; (*Kranken*) pflegen; (*Land*) bestellen; (*Maschine*) bedienen

tend[2] [tend] *vi* **1.** gehen, führen, gerichtet sein (*towards* nach) **2.** (*fig*) tendieren; geneigt sein (*to, towards* zu); **it ~s to go wrong** das geht oft schief; **he ~s to come early** er kommt meist früh; **ten·dency** ['tendənsɪ] *s* (*fig*) Hang *m,* Neigung *f;* Tendenz *f* (*to, towards* zu); **ten·den·tious** [ten'denʃəs] *adj* tendenziös

ten·der[1] ['tendə(r)] **I.** *vt* **1.** anbieten **2.** (*Beweis*) erbringen **3.** (*Gesuch*) einreichen **4.** (*Dank*) aussprechen; **~ exact fare!** Fahrgeld abgezählt bereithalten! **II.** *vi* ein Angebot machen; **~ for a contract** sich an einer Ausschreibung beteiligen **III.** *s* Angebot *nt;* **by ~** in Submission; **legal ~** gesetzliches Zahlungsmittel; **invite ~s for s.th.** etw ausschreiben

ten·der[2] ['tendə(r)] *s* **1.** (Auf)Wärter(in) *m(f)* **2.** (MAR) Lichter *m,* Leichterschiff *nt* **3.** (RAIL) Tender *m;* **bar ~** Barmixer *m*

ten·der[3] ['tendə(r)] *adj* **1.** weich, zart **2.** empfindlich; anfällig **3.** schmerzempfindlich **4.** (*Alter, Farbton*) zart **5.** (*fig*) zärtlich, liebevoll **6.** feinfühlig; empfindlich; (*Herz*) weich **7.** (*Thema*) heikel; **ten·der·foot** ['tendəfʊt] <*pl* -foots> *s* Neuling, Anfänger *m;* **ten·der-hearted** [ˌtendə'hɑːtɪd] *adj* weichherzig, gutmütig; **ten·der·ize** ['tendəraɪz] *vt* (*Fleisch*) zart machen; **ten·der·iz·er** [-ə(r)] *s* Mürbesalz *nt;* **ten·der·loin** ['tendəlɔɪn] *s* (*Küche*) Filet *nt;* **ten·der·ness** ['tendənɪs] *s* **1.** Zartheit *f* **2.** Empfindlichkeit *f* **3.** Zärtlichkeit *f* (*to* gegen, zu) **4.** Mit-, Feingefühl *nt*

ten·don ['tendən] *s* (ANAT) Sehne *f*

ten·dril ['tendrəl] *s* (BOT) Ranke *f*

ten·ement ['tenəmənt] *s* **1.** (JUR) Mietbesitz *m* **2.** Miet-, Wohnhaus *nt;* **tenement house** *s* Mietshaus *nt*

Ten·erife [ˌtenə'riːf] *s* Teneriffa *nt*

ten·fold ['tenfəʊld] *adj, adv* zehnfach

ten·nis ['tenɪs] *s* (*lawn-~*) Tennis *nt;* **tennis court** *s* Tennisplatz *m;* **tennis elbow** *s* Tennisarm *m;* **tennis player** *s* Tennisspieler(in) *m(f);* **tennis racket** *s* Tennisschläger *m*

tenon ['tenən] *s* (TECH) Zapfen *m*

tenor ['tenə(r)] *s* **1.** Grundhaltung, -tendenz *f* **2.** Verlauf, Gang *m* **3.** wesentlicher Inhalt; Wortlaut *m* **4.** (MUS) Tenor *m*

ten·pin ['tenpɪn] *s* Kegel *m;* **tenpin bowling** *s* Bowling, Kegeln *nt*

tense[1] [tens] **I.** *adj* **1.** gespannt **2.** (*fig*) spannungsgeladen **3.** (*Lage*) gespannt **II.** *vt* straffen; anspannen; **be ~d up** nervös sein **III.** *vi* sich anspannen

tense[2] [tens] *s* (GRAM) Tempus *nt,* Zeit(form) *f;* **present ~** Gegenwart *f;* **past ~** Vergangenheit *f;* **future ~** Zukunft *f*

ten·sion ['tenʃn] *s* **1.** Spannung *f* **2.** (*fig*) Anspannung *f* **3.** (POL) Gespanntheit, gespannte Lage *f* **4.** (PHYS) Zug *m* **5.** (ELEK) Spannung *f* **6.** (*Dampf*) Druck *m* **7.** (*Stri-*

cken) Festigkeit *f;* **high** ~ (ELEK) Hochspannung *f;* **check the** ~ (*Stricken*) eine Maschenprobe machen

tent [tent] *s* Zelt *nt*

ten·tacle ['tentəkl] *s* (ZOO) Fühler *m,* Fangarm *m*

ten·ta·tive ['tentətɪv] *adj* **1.** vorläufig, provisorisch **2.** vorsichtig; ~ **agreement** Vorvertrag *m;* Probevereinbarung *f;* **ten·ta·tive·ly** [-lɪ] *adv* versuchsweise; vorsichtig, zögernd

ten·ter·hooks ['tentəhʊks] *s pl:* **be on** ~ wie auf glühenden Kohlen sitzen; **keep s.o. on** ~ jdn auf die Folter spannen

tenth [tenθ] **I.** *adj* zehnte(r, s) **II.** *s* Zehntel *nt;* Zehnte(r, s); (MUS) Dezime *f;* **tenth·ly** [-lɪ] *adv* zehntens

tent peg ['tentpeg] *s* Zeltpflock, Hering *m;* **tent pole** *s* Zeltstange *f*

tenu·ous ['tenjʊəs] *adj* **1.** dünn, fein; (*Gas*) flüchtig **2.** (*fig*) unbedeutend, schwach

ten·ure ['tenjʊə(r)] *s* **1.** Besitz *m* **2.** Bestallung, Anstellung *f* **3.** (~ *of office*) (Amts)Dauer *f*

tepee ['ti:pi:] *s* Tipi, Indianerzelt *nt*

tepid ['tepɪd] *adj* lau(warm); **tepid·ity, tepid·ness** [te'pɪdətɪ, 'tepɪdnɪs] *s* Lauheit *f*

ter·cen·ten·ary [ˌtɜ:sen'ti:nərɪ] *s* Dreihundertjahrfeier *f*

term [tɜ:m] **I.** *s* **1.** Dauer *f,* Zeitraum *m;* (*Vertrag*) Laufzeit *f* **2.** Frist *f* **3.** (*Schule, Universität*) Trimester, Semester *nt* **4.** (*sprachlich*) Ausdruck, Terminus, Fachbegriff *m;* Benennung *f,* Begriff *m* **5.** (MATH) Term *m,* Glied *nt;* (~ *in parentheses*) Klammerausdruck *m* **6.** ~**s** Verhältnis, Beziehung *f* **7.** ~**s** (Vertrags-, Geschäfts-, Zahlungs)Bedingungen *fpl;* **in** ~**s of** was ... betrifft; **in the long** ~ auf lange Sicht, langfristig; **in the short** ~ auf kurze Sicht, kurzfristig; **on easy** ~**s** zu günstigen Bedingungen; **be on good/bad** ~**s with s.o.** zu jdm ein gutes/schlechtes Verhältnis haben; **come to** ~**s** sich einigen (*with s.o.* mit jdm); **come to** ~**s with a situation** sich mit einer Situation abfinden; **meet s.o. on equal** ~**s** mit jdm auf gleichem Fuß verkehren; **we are not on speaking** ~**s** wir sprechen nicht miteinander; **technical** ~ Fachausdruck *m;* ~ **deposit** (FIN) Termineinlage *f;* ~ **of delivery** Lieferzeit, -frist *f;* ~ **of government** Regierungszeit *f;* ~ **of office** Amtszeit *f;* ~ **of imprisonment** Gefängnisstrafe *f;* ~ **of notice** Kündigungsfrist *f;* ~ **of notification** Anmeldefrist *f;* ~**s of payment** Zahlungsbedingungen *fpl;* ~ **of service** (MIL) Militärdienst *m,* Militärdienstzeit *f* **II.** *vt* (be)nennen;

ter·mi·na·ble ['tɜ:mənəbl] *adj* kündbar, auflösbar

ter·minal ['tɜ:mɪnl] **I.** *adj* **1.** letzte(r, s); End-, Abschluss- **2.** (MED) unheilbar; ~ **bonus** (FIN) Schlussdividende *f;* ~ **ward** Sterbestation *f;* **be a** ~ **case** unheilbar krank sein **II.** *s* **1.** (ELEK) Pol *m* **2.** (*von Buslinie etc*) Endstation *f* **3.** (TECH) Endgerät *nt* **4.** (AVIAT) Terminal *m od nt* **5.** (INFORM) Terminal *nt;* **ter·min·ate** ['tɜ:mɪneɪt] **I.** *vt* aufhören mit, beend(ig)en; (*Vertrag*) lösen; (*Schwangerschaft*) unterbrechen **II.** *vi* aufhören (*in* mit), enden (*in* auf); (*Vertrag*) ablaufen; **ter·mi·na·tion** [ˌtɜ:mɪ'neɪʃn] *s* Beendigung *f;* Ende *nt;* Schluss *m;* **bring s.th. to a** ~ etw zum Abschluss bringen; ~ **of pregnancy** Schwangerschaftsabbruch *m*

ter·mi·no·logi·cal [ˌtɜ:mɪnə'lɒdʒɪkl] *adj* terminologisch; **ter·mi·nol·ogy** [ˌtɜ:mɪ'nɒlədʒɪ] *s* Terminologie *f*

ter·mi·nus ['tɜ:mɪnəs] *s* Endstation *f*

ter·mite ['tɜ:maɪt] *s* Termite *f*

tern [tɜ:n] *s* Seeschwalbe *f*

ter·race ['terəs] **I.** *s* **1.** Terrasse *f* **2.** ~**s** (SPORT) Ränge *mpl* **3.** Häuserreihe *f* **II.** *vt* terrassenförmig anlegen; **ter·raced house** ['terəst'haʊs] *s* Reihenhaus *nt*

ter·rain [te'reɪn] *s* Gelände, Gebiet *nt*

ter·ra·pin ['terəpɪn] *s* Sumpfschildkröte *f*

ter·res·trial [tɪ'restrɪəl] *adj* **1.** irdisch, weltlich **2.** (*Tier*) Land-, auf dem Land lebend; ~ **globe** Erdkugel *f;* ~ **magnetism** Erdmagnetismus *m*

ter·rible ['terəbl] *adj* schrecklich, furchtbar, fürchterlich; **ter·ribly** ['terəblɪ] *adv* furchtbar, fürchterlich, schrecklich

ter·rier ['terɪə(r)] *s* Terrier *m*

ter·rific [tə'rɪfɪk] *adj* unheimlich; sagenhaft, toll; (*Kraft, Geschwindigkeit*) enorm, Mords-

ter·rify ['terɪfaɪ] *vt* erschrecken, in Angst und Schrecken versetzen; **be terrified** fürchterliche Angst haben; **a terrified look** ein angsterfüllter Blick; **ter·rify·ing** [-ɪŋ] *adj* erschreckend, grauenvoll

ter·ri·torial [ˌterɪ'tɔ:rɪəl] *adj* territorial, Gebiets-; (ZOO) Revier-; ~ **changes,** ~ **claims** *pl,* ~ **violation** Gebietsveränderungen *fpl,* -ansprüche *mpl,* -verletzung *f;* ~ **waters** Hoheitsgewässer *ntpl;* **ter·ri·tory** ['terɪtrɪ, *Am* 'terɪtɔ:rɪ] *s* **1.** (Hoheits)Gebiet, Revier, Territorium *nt* **2.** (COM) Vertretergebiet *nt* **3.** (*fig*) Gebiet, Revier *nt*

ter·ror ['terə(r)] *s* **1.** Entsetzen *nt,* Schreck(en) *m* **2.** Terror *m* **3.** (*fam: Mensch*) Alptraum *m;* Scheusal *nt;* **in** ~ in panischer Angst; **ter·ror·ism** ['terərɪzəm] *s* Terrorismus *m;* **act of** ~ Terrorakt *m;*

ter·ror·ist ['terərɪst] *adj* Terrorist(in) *m(f)*; **ter·ror·istic** ['terərɪstɪk] *adj* terroristisch; **ter·rori·za·tion** [ˌterəraɪ'zeɪʃn] *s* Terrorisierung *f*; **ter·ror·ize** ['terəraɪz] *vt* terrorisieren; **ter·ror-stricken**, **ter·ror-struck** ['terəstrɪkən, 'terəstrʌk] *adj* angsterfüllt, zu Tode erschrocken

terry ['terɪ] *s* (*Textil*) Frottee *nt od m*

terse [tɜːs] *adj* (*Stil*) gedrängt, knapp, kurz angebunden

ter·ti·ary ['tɜːʃərɪ] **I.** *adj* tertiär; ~ **burns** Verbrennungen dritten Grades; ~ **education** Hochschulausbildung *f*; ~ **industry** Dienstleistungsgewerbe *nt* **II.** *s:* **Tertiary** (GEOL) Tertiär *nt*

tes·sel·lated ['tesəleɪtɪd] *adj* mosaikartig ausgelegt

test [test] **I.** *s* **1.** (*a.* PSYCH) Prüfung, Probe, Untersuchung *f*, Versuch, Test *m* **2.** Prüfungsarbeit *f*; (SCHULE) Klassenarbeit *f* **3.** (*fig*) Prüfstein *m*, Probe *f*; Kriterium *nt*; **put to the** ~ auf die Probe stellen; **stand** [*o* **pass**] **a** ~ eine Prüfung, Probe bestehen; **take a** ~ eine Prüfung ablegen, sich einer Prüfung unterziehen; **aptitude** ~ Eignungsprüfung *f*; **blood** ~ Blutprobe *f*; **driving** ~ Fahrprüfung *f*; **intelligence** ~ Intelligenztest *m*; ~ **ban treaty** Teststoppabkommen *nt*; ~ **case** Präzedensfall *m* **II.** *vt* prüfen; erproben; untersuchen, testen (*for* auf … hin)

tes·ta·ment ['testəmənt] *s* (*last will and* ~) Testament *nt*, letztwillige Verfügung; **Testament** Testament *nt*; **tes·ta·men·tary** [ˌtestə'mentrɪ] *adj* testamentarisch; **tes·ta·tor** [te'steɪtə(r)] *s* Erblasser *m*; **tes·ta·trix** [te'steɪtrɪks] *s* Erblasserin *f*

test ban ['testˌbæn] *s* Versuchsverbot *nt*; **test card** *s* (TV) Testbild *nt*; **test case** *s* (JUR) Muster-, Präzedenzfall *m*; **test drive** *s* Probefahrt *f*; **tester** ['testə(r)] *s* Prüf(end)er *m*; **test flight** *s* Probe-, Testflug *m*

tes·ticle ['testɪkl] *s* Hode(n *m*) *m od f*

tes·tify ['testɪfaɪ] **I.** *vt* bezeugen **II.** *vi* aussagen (*in s.o.'s favour, on s.o.'s behalf* zu jds Gunsten, *against s.o.* gegen jdn); ~ **to s.th.** etw bezeugen; etw bestätigen; **refuse to** ~ die Aussage verweigern

tes·ti·mo·nial [ˌtestɪ'məʊnɪəl] *s* **1.** Zeugnis, Empfehlungsschreiben *nt*, Referenz *f* **2.** Geschenk *nt* als Zeichen der Wertschätzung; **tes·ti·mony** ['testɪmənɪ] *s* **1.** Zeugenaussage *f* **2.** Zeichen *nt*, Beweis *m* (*of* für); **in** ~ **whereof** urkundlich dessen; **be called in** ~ als Zeuge benannt werden; **bear** ~ Zeugnis ablegen (*to* für)

test·ing ['testɪŋ] **I.** *s* (Über)Prüfung, Erprobung *f*; ~ **of goods** Warentest *m* **II.** *adj* hart, schwierig; **testing ground** *s* Versuchsgelände *nt*; **testing plant** *s* Versuchseinrichtung, -anlage *f*; **testing stand**, **testing bench** *s* Prüfstand *m*; **test match** *s* Kricket-Testmatch *nt*; **test piece** *s* Probestück *nt*; **test pilot** *s* (AVIAT) Testpilot(in) *m(f)*; **test stage** *s* Versuchsstadium *nt*; **test tube** *s* Reagenzglas *nt*; **test-tube baby** *s* Retortenbaby *nt*

testy ['testɪ] *adj* reizbar, empfindlich; ungeduldig; launisch

teta·nus ['tetənəs] *s* (Wund)Starrkrampf, Tetanus *m*; **anti-**~ **vaccination** Tetanusimpfung *f*

tetchy ['tetʃɪ] *adj* (*Br: fam*) empfindlich, reizbar

tether ['teðə(r)] **I.** *s* Strick *m*; Kette *f*; **be at the end of one's** ~ (*fig*) am Ende seiner Kräfte sein **II.** *vt* (*Tier*) anbinden (*to* an), an die Kette legen

Teu·tonic [tjuː'tɒnɪk] *adj* (HIST) teutonisch; **the** ~ **Order** (HIST) der Deutsche Ritterorden

Tex·an ['teksən] **I.** *adj* texanisch **II.** *s* Texaner(in) *m(f)*; **Tex·as** ['teksəs] *s* Texas *nt*

text [tekst] *s* **1.** Text *m* **2.** Bibelstelle *f*; **text·book** ['tekstbʊk] *s* Lehrbuch *nt*; **textbook case** *s* Paradefall *m*; **text editor** *s* (INFORM) Texteditor *m*

tex·tile ['tekstaɪl] **I.** *adj* Textil-, textil; ~ **factory** Textilfabrik *f*; ~ **industry** Textilindustrie *f* **II.** *s* **1.** Stoff *m* **2.** ~**s** (~ *fabrics, materials*) Textilien, Textilwaren *pl*

text-mes·sage ['tekstˌmesɪdʒ] *vi* eine SMS(-Nachricht) senden; **text mes·sage·ing** [ˌtekst'mesɪdʒɪŋ] *s* das Versenden von SMS-Nachrichten

text pro·ces·sing [ˌtekst'prəʊsesɪŋ] *s* Textverarbeitung *f*

tex·tual ['tekstʃʊəl] *adj* Text-

tex·ture ['tekstʃə(r)] *s* **1.** Gewebe *nt* **2.** Struktur *f*, Gefüge *nt* **3.** Beschaffenheit *f* **4.** (MUS) Gestalt *f*, Aufbau *m*; **textured vegetable protein**, **TVP** *s* strukturiertes Pflanzeneiweiß

Thai [taɪ] **I.** *adj* thailändisch **II.** *s* **1.** Thailänder(in) *m(f)*, Thai *m f* **2.** (*Sprache*) Thai *nt*; **Thai·land** ['taɪlənd] *s* Thailand *nt*

tha·lido·mide [θə'lɪdəʊmaɪd] *s* Contergan® *nt*; **tha·lido·mide baby** *s* Contergankind *nt*

Thames [temz] *s* Themse *f*; **she won't set the** ~ **on fire** (*fig*) sie hat das Pulver nicht erfunden

than [ðən, ðæn] *conj* als; **you are taller** ~ **he** (**is**), *fam* ~ **him** du bist größer als er; **nothing else** ~ nichts anderes als; völlig; **no other** ~ kein anderer als

thank [θæŋk] **I.** *vt* **1.** danken (*s.o.* jdm)

2. sich bedanken (*s.o.* bei jdm, *for s.th.* für etw); **have o.s. to ~ for s.th.** sich etw selbst zuzuschreiben haben; ~ **you** danke; ~ **you very much!** besten Dank!; **no, ~ you,** *fam* **no ~s!** danke, nein! **II.** *s pl* Dank *m;* **~s very much** danke (schön)! vielen Dank!; **~s to** dank *+dat;* **in ~s for** zum Dank für; **thank·ful** ['θæŋkfl] *adj* dankbar (*for* für); **thank·less** [-lɪs] *adj* undankbar; **thanks·giv·ing** [ˌθæŋks'gɪvɪŋ] *s* Danksagung *f;* **Thanksgiving Day** (*in den USA*) Thanksgiving Day *m* (*letzter Donnerstag im November*); **thank-you** ['θæŋkju:] *s* Dankeschön *nt;* **without even a ~** ohne ein Wort des Dankes

that[1] [ðæt, ðət] <*pl* **those**> **I.** *pron* **1.** das **2.** (*hinweisend*) das da, jenes; **what is ~?** was ist das?; **as stupid as ~** so dumm; **and all ~** und so; **like ~** so; **~'s it!** das ist es! richtig! das wär's!; **after/before/over ~** danach/davor/darüber **II.** *adj* der, die, das; jene(r, s); **~ poor dog** der arme Hund; **what about ~ car of yours?** was ist mit deinem Auto? **III.** *adv* (*fam*) so; **I was ~ pleased** ich habe mich so gefreut

that[2] [ðæt, ðət] *pron* der, die, das; **everything/nothing ~** alles/nichts, was; **the man ~ told me** der Mann, der mir erzählte; **the minute ~ he arrived** in dem Augenblick, als er ankam; **the day ~ …** an dem Tag, als …

that[3] [ðæt, ðət] *conj* dass; **I told you ~ I couldn't come** ich habe dir gesagt, dass ich nicht kommen kann; **~ I should live to see this!** dass ich das erleben muss!

thatch [θætʃ] **I.** *s* **1.** Stroh-, Binsendach *nt;* Dachstroh *nt* **2.** (*hum*) (Haar)Schopf *m* **II.** *vt* mit Stroh decken; **~ed roof** Strohdach *nt*

thaw [θɔ:] **I.** *vi* **1.** (auf)tauen **2.** (*fig*) auftauen, warm werden; **it is ~ing** es taut **II.** *vt* (*~ out*) auftauen **III.** *s* (*a. fig*) Tauwetter *nt*

the [ðə, *vor Vokal, betont* ði:] *art* der, die, das; **~ … ~ …** je … desto …; **all ~ better/worse** umso besser/schlimmer; **~ sooner ~ better** je eher, je lieber; **play ~ piano** Klavier spielen

the·ater *s* (*Am*), **the·atre** ['θɪətə(r)] *s* **1.** Theater *nt;* Schauspielhaus *nt* **2.** Hörsaal *m* **3.** (*fig*) Schauplatz *m;* **go to the ~** ins Theater gehen; **it's good ~** es eignet sich für die Bühne; **open-air ~** Freilichtbühne *f;* **operating ~** Operationssaal *m;* **picture ~** Filmtheater *nt;* **~ of war** Kriegsschauplatz *m;* **theatre company** *s* Theaterensemble *nt;* Theater-, Schauspieltruppe *f;* **theatre critic** *s* Theaterkritiker(in) *m(f);* **theatre·goer** ['θɪətə(r)gəʊə(r)] *s* Theaterbesucher(in) *m(f)*

the·atri·cal [θɪ'ætrɪkl] **I.** *adj* **1.** bühnenmäßig; dramatisch; Theater- **2.** (*fig*) theatralisch **II.** *s pl* **1.** Theateraufführungen *fpl* **2.** Laienspiele *ntpl*

thee [ði:] *pron* (*obs poet*) dich; dir

theft [θeft] *s* Diebstahl *m*

their [ðeə(r)] *adj possessives* ihr; **everyone knows ~ duty** jeder kennt seine Pflicht; **theirs** [ðeəz] *pron* ihre(r, s); der, die, das Ihre, Ihrige; **a friend of ~** einer ihrer Freunde, ein Freund von ihnen; **it's ~** es gehört ihnen

the·ism ['θi:ɪzəm] *s* Theismus *m*

them [ðem, ðəm] *pron* **1.** sie *acc,* ihnen *dat* **2.** (*inkorrekt*) diese; **of ~** ihrer; **that's ~** das sind sie; **with their children around ~** mit ihren Kindern um sich

the·mat·ic [ˌθi:m'ætɪk] *adj* thematisch

theme [θi:m] *s* Thema *nt;* (*Musik*) Thema, Leitmotiv *nt;* (*Film*) Melodie *f;* **themed** [θi:md] *adj* (*Restaurant*) thematisch gestaltet; **theme music** *s* Titelmusik *f;* **theme park** *s* Vergnügungspark *m;* **theme song** *s* Erkennungsmelodie *f*

them·selves [ðəm'selvz] *pron* **1.** sich *acc/dat* **2.** (*betont*) (sie) selbst; (**all**) **by ~** (ganz) allein; ohne Hilfe; **they'll do it ~** sie machen es selbst; **they … ~** sie … selbst; **to ~** zu sich (selbst)

then [ðen] **I.** *adv* **1.** dann **2.** damals; da **3.** außerdem, ferner **4.** in d(ies)em Fall; folglich; **before ~** zuvor; **but ~** aber dann; **by ~** bis dahin; (**every**) **now and ~** dann u. wann; **from ~ onwards** von da an; **until ~** bis dahin; **~ and there, there and ~** auf der Stelle; **what ~?** was dann? **II.** *adj* damalig

thence [ðens] *adv* (*obs*) **1.** von dort; von da an; von dannen **2.** deshalb; **thence·forth, thence·for·ward** [ˌðens'fɔ:θ, ˌðens'fɔ:wəd] *adv* (*obs*) von da an, seitdem

the·oc·racy [θɪ'ɒkrəsɪ] *s* Theokratie *f*

the·odo·lite [θɪ'ɒdəlaɪt] *s* Theodolit *m*

theo·lo·gian [ˌθɪə'ləʊdʒən] *s* Theologe *m,* Theologin *f;* **theo·logi·cal** [ˌθɪə'lɒdʒɪkl] *adj* theologisch; **the·ol·ogy** [θɪ'ɒlədʒɪ] *s* Theologie *f*

the·orem ['θɪərəm] *s* Lehrsatz *m,* Theorem *nt*

the·or·eti·cal [θɪə'retɪkl] *adj* theoretisch; **the·or·ist** ['θɪərɪst] *s* Theoretiker(in) *m(f);* **the·or·ize** ['θɪəraɪz] *vi* theoretisieren (*about* über); **the·ory** ['θɪərɪ] *s* Theorie *f;* **in ~** in der Theorie; **~ of relativity** Relativitätstheorie *f;* **~ of sets** Mengenlehre *f*

thera·peutic(al) [ˌθerə'pju:tɪk(l)] *adj* therapeutisch; **thera·peutics** [ˌθerə'pju:tɪk(s)] *s pl mit sing* Therapeutik *f;* **thera·pist** ['θerəpɪst] *s* Therapeut(in)

T

m(f); **ther·apy** ['θerəpɪ] *s* Therapie, Behandlung *f;* **occupational** ~ Beschäftigungstherapie *f*

there [ðeə(r)] **I.** *adv* dort, da; dort-, dahin; **here and** ~ hier u. da; gelegentlich; **over** ~ dort drüben; **then and** ~ auf der Stelle; ~ **is/are** es ist/sind; es gibt; ~ **you are!** da hast du's (haben Sie's)! da sind Sie (bist du) ja!; ~ **is no one** ~ es ist niemand da **II.** *interj* nanu! na also! da haben wir es!; ~, **that's enough** so, nun ist's aber genug!; **there·about(s)** ['ðeərəbaʊt(s)] *adv* in der Gegend; so etwa; **at 3 or** ~ so um 3 Uhr herum; **there·after** [ðeər'ɑːftə(r)] *adv* danach; seither; **there·by** [ðeə'baɪ] *adv* dadurch; dabei; daran; ~ **hangs a tale** da gibt es eine Geschichte dazu; **there·fore** ['ðeəfɔː(r)] *adv* **1.** deshalb, -wegen, darum **2.** folglich; **there·in** [ðeər'ɪn] *adv* darin; in dieser Sache; **there·of** [ðeər'ɒv] *adv* davon; dessen; **there·under** [ðeər'ʌndə(r)] *adv* darunter; **there·upon** [ˌðeərə'pɒn] *adv* darauf, danach; daraufhin

therm [θɜːm] *s* (*Gas*) 100 000 Wärmeeinheiten *fpl;* **ther·mal** ['θɜːml] **I.** *adj* **1.** thermisch; (PHYS) Wärme- **2.** warm, heiß; ~ **baths** Thermalbäder *ntpl;* ~ **imaging** Thermobildgebung *f;* ~ **springs** Thermalquellen *fpl;* ~ **underwear** Thermowäsche *f;* ~ **unit** (PHYS) Wärmeeinheit *f* **II.** *s meist pl* Thermik *f;* **thermo·dynam·ic** [ˌθɜːməʊdaɪ'næmɪk] **I.** *adj* thermodynamisch **II.** *s pl mit sing* Thermodynamik *f;* **thermo·elec·tric** [ˌθɜːməʊɪ'lektrɪk] *adj* thermoelektrisch; **ther·mom·eter** [θə'mɒmɪtə(r)] *s* Thermometer *nt;* **thermometer scale** *s* Thermometerskala *f;* **ther·mo·nu·clear** [ˌθɜːməʊ'njuːklɪə(r)] *adj:* ~ **weapons** thermonukleare Waffen *fpl;* **ther·mos bottle**, **ther·mos flask**® ['θɜːməs'bɒtl, flɑːsk] *s* Thermosflasche, -kanne *f;* **thermo·stat** ['θɜːməʊstæt] *s* Thermostat *m;* **thermo·stat·ic** [ˌθɜːməʊ'stætɪk] *adj* thermostatisch; ~ **switch** Temperaturschalter *m*

the·sau·rus [θɪ'sɔːrəs] *s* Thesaurus *m*

these [ðiːz] *pron s.* **this**

the·sis ['θiːsɪs, *pl* 'θiːsiːz] <*pl* -ses> *s* **1.** These, Behauptung *f* **2.** Dissertation *f,* Doktorarbeit *f* **3.** Diplomarbeit *f* **4.** (MUS) *betonter Taktteil*

they [ðeɪ] *pron* sie *pl,* man; es; ~ **who** diejenigen, welche

they'll [ðeɪl] = **they shall; they will**

they're [ðeɪr] = **they are**

they've [ðeɪv] = **they have**

thick [θɪk] **I.** *adj* **1.** dick **2.** dicht **3.** dickflüssig **4.** (*Luft*) schlecht **5.** (*Akzent*) stark, breit **6.** (*fig*) dumm, stupide **7.** (*fam*) dick, eng befreundet (*with* mit); ~ **with** voller, voll von; **be as** ~ **as thieves** (*fam*) dicke Freunde sein; **it's a bit** ~ (*fam*) das ist ein starkes Stück; ~ **on the ground** (*fam*) wie Sand am Meer **II.** *adv* **1.** dick **2.** dicht; **lay it on** ~ (*fam fig*) dick auftragen, übertreiben **III.** *s* dickster, dichtester Teil; **in the** ~ **of** mitten in; **through** ~ **and thin** durch dick und dünn; **thicken** ['θɪkən] **I.** *vi* **1.** sich verdicken **2.** sich verdichten; dichter werden **3.** sich verwickeln, sich verwirren; **the plot** ~**s** der Knoten schürzt sich **II.** *vt* (*Sauce*) eindicken; **thick·en·ing** ['θɪkənɪŋ] *s* (*Küche*) Bindemittel *nt*

thicket ['θɪkɪt] *s* Dickicht *nt*

thick·headed [ˌθɪk'hedɪd] *adj* blöd(e), dumm; **thick·ness** ['θɪknɪs] *s* **1.** Dicke, Stärke *f* **2.** Dichte *f;* Dickflüssigkeit *f* **3.** (*fig*) Dummheit *f* **4.** Lage, Schicht *f;* **thick·set** [ˌθɪk'set] *adj* **1.** dicht gepflanzt **2.** untersetzt; **thick-skinned** [ˌθɪk'skɪnd] *adj* (*fig*) dickfellig

thief [θiːf, *pl* 'θiːvz] <*pl* thieves> *s* Dieb *m;* **stop** ~**!** haltet den Dieb!; **thieve** [θiːv] *vt, vi* stehlen; **thiev·ing** ['θiːvɪŋ] **I.** *s* Stehlen *nt* **II.** *adj* diebisch

thigh [θaɪ] *s* (Ober)Schenkel *m;* **thigh-bone** *s* Oberschenkelknochen *m*

thimble ['θɪmbl] *s* Fingerhut *m*

thin [θɪn] **I.** *adj* **1.** dünn **2.** mager, hager; (*Gesicht*) schmal **3.** fein(verteilt) **4.** spärlich, dürftig **5.** dünn, wässerig **6.** (*Gewebe*) (hauch)dünn, fein, zart **7.** (*fig: Ausrede*) schwach; fadenscheinig **8.** (COM) flau; gering; unzureichend; ~ **on the ground** (*fig*) dünn gesät; **have a** ~ **time of it** (*fam*) eine üble Zeit durchmachen **II.** *adv* dünn; schwach **III.** *vt* **1.** dünn(er) machen; verdünnen **2.** (*Wald*) lichten **3.** (*Bevölkerung*) verringern **IV.** *vi* (*Haare*) schütter werden; (*Nebel*) sich lichten; (*Menge*) sich verlaufen; **thin down I.** *vi* dünner werden; abnehmen **II.** *vt* verdünnen; **thin out I.** *vi* schwächer werden; (*Menge*) kleiner werden; (*Haare*) sich lichten **II.** *vt* (*Haare*) ausdünnen; (*Wald*) lichten; (*Pflanzen*) verziehen; (*Bevölkerung*) verkleinern

thine [ðaɪn] *pron* (*obs*) dein

thing [θɪŋ] *s* **1.** (*a.* JUR) Ding *nt,* Sache *f,* Gegenstand *m* **2.** (*fam*) Ding, Dingsda, Dingsbums *nt* **3.** ~**s** Sachen *fpl,* Kleider *ntpl;* **among other** ~**s** unter anderem; **do one's own** ~ (*fam*) tun, was man will; **first** ~ zuerst, zunächst (einmal); **first** ~ **in the morning** morgens früh als Erstes; **first** ~**s first!** immer schön der Reihe nach!; **for one** ~ einmal, vor allem; **in all** ~**s** in jeder Hinsicht; **just the** ~ genau das Richtige;

no such ~ nichts dergleichen; **no small** ~ keine Kleinigkeit; **quite the** ~ die Sache; **the real** ~ das Richtige; **the very** ~ genau das; **a** ~ **like that** so etwas; **have a** ~ **about** eine Schwäche, eine Vorliebe haben für; **he's got a** ~ **about snakes** er kann Schlangen nicht ausstehen; (*fasziniert von*) er ist verrückt auf Schlangen; **know a** ~ **or two** (*fam*) einiges loshaben; etwas können; **not to feel quite the** ~ nicht auf der Höhe sein; **it's a funny** ~**, but ...** es ist seltsam, aber ...; **make a good** ~ **of s.th.** aus etw Nutzen ziehen; **make a** ~ **of s.th.** etw wichtig nehmen; **that was a near** ~**!** das ist noch mal gut gegangen; **how are** ~**s?** wie geht's?; **I'm going to tell him a** ~ **or two** dem werde ich was erzählen!; **there is no such** ~ so was gibt es nicht; **it's a good** ~ **to ...** es ist vernünftig zu ...; **a** ~ **of beauty** etwas Schönes; **it's a peculiar** ~ es ist eigenartig; **the** ~ **is ...** die Sache ist die, ...; **the nice** ~ **about it** das Schöne daran; **another** ~ noch etwas; etwas anderes; ~**s are going well** es geht gut; **think** ~**s over** (sich) die Sache überlegen; **you poor** ~**!** du Arme(r)!; **you must be seeing** ~**s!** du siehst wohl nicht richtig!;

thing·uma·bob, **thing·uma·jig** ['θɪŋ(ə)məbɒb, 'θɪŋ(ə)mədʒɪg] *s* Dingsda *nt*

think [θɪŋk] <*irr:* thought, thought> **I.** *vt* **1.** denken **2.** glauben, meinen **3.** sich vorstellen; sich einbilden **4.** halten für, ansehen als; **I** ~ **you had better do that** ich meine, du solltest das lieber tun; **I should** ~ **not!** das will ich auch nicht hoffen!; **do you** ~ **he'll manage?** glauben Sie, er schafft es?; **you must** ~ **me rude** Sie müssen mich für unhöflich halten; **that's what you** ~**!** das meinst du wohl!; **what do you** ~**?** was meinen Sie (dazu)?; **who would have thought it!** wer hätte das gedacht!; ~ **nothing of it!** das ist nicht der Rede wert!; ~ **nothing of** nichts halten von **II.** *vi* **1.** denken (*of* an, *about* über) **2.** glauben, meinen, der Meinung sein (*that* dass) **3.** planen, beabsichtigen (*to do* zu tun) **4.** nachdenken, -sinnen (*about, on, upon* über) **5.** (sich) überlegen, sich durch den Kopf gehen lassen (*about s.th.* etw) **6.** meinen (*about* zu) **7.** halten (*of* von) **8.** sich mit dem Gedanken tragen (*of doing* zu tun) **9.** sich erinnern (*of* an), sich besinnen (*of* auf); ~ **aloud** laut denken; ~ **better of s.th.** sich etw noch mal überlegen; ~ **fit** [*o* **good**] **to do** es für gut halten zu tun; ~ **highly** [*o* **much**] **of** viel halten von; ~ **twice** (es) sich noch mal überlegen; **act without** ~**ing** unüberlegt handeln; **he wasn't** ~**ing** (*fig*) er hat geschlafen; **I** ~ **so** ich denke schon; **it makes you** ~ das stimmt einen nachdenklich; **let me** ~ lass mich überlegen; **just** ~ stell dir mal vor **III.** *s:* **have a** ~ **about s.th.** sich etw überlegen; über etw nachdenken; **think about** *vi* nachdenken über; sich überlegen; vorhaben (*doing s.th.* etw zu tun); **think ahead** *vi* vorausdenken; **think back** *vi* sich zurückversetzen (*to* in); **think of**, **think about** *vi* denken an; sich vorstellen; sich ausdenken; **what do you** ~ **of him/it?** was halten Sie von ihm/davon?; **think on** *vi* nachdenken über; planen, vorhaben; **think out** *vt* ausdenken; sich gut überlegen; **think over** *vt* überdenken, -legen; nachdenken (über); **think through** *vt* durchdenken; **think up** *vt* (sich) ausdenken

think·able ['θɪŋkəbl] *adj* denk-, vorstellbar; **thinker** ['θɪŋkə(r)] *s* Denker(in) *m(f)*; **think·ing** ['θɪŋkɪŋ] **I.** *adj* vernünftig; denkend; **put one's** ~ **cap on** (*fam*) seinen Grips anstrengen, scharf nachdenken **II.** *s* Denken *nt;* Nachdenken *nt;* Meinung *f;* **to my** ~ meiner Meinung nach; **that's wishful** ~ das ist ein frommer Wunsch; **think tank** *s* Denkfabrik *f*

thin·ner ['θɪnə(r)] *s* (TECH) Verdünner *m,* Verdünnungsmittel *nt;* **thin·ness** ['θɪnnɪs] *s* **1.** Dünnheit *f;* Dünnflüssigkeit *f* **2.** Feinheit *f* **3.** (*Mensch*) Magerkeit *f* **4.** (*Stimme*) Schwäche *f;* (*Entschuldigung*) Dürftigkeit, Fadenscheinigkeit *f;* **the** ~ **of his hair** sein spärlicher Haarwuchs; **the** ~ **of the population** die geringe Bevölkerungsdichte; **thin-skinned** ['θɪnskɪnd] *adj* (*fig*) empfindlich, leicht beleidigt

third [θɜːd] **I.** *adj* dritte(r, s); **the Third Way** (POL: *in Großbritannien*) die neue Mitte **II.** *s* **1.** Dritte(r, s) **2.** Drittel *nt* **3.** (AUTO) dritter Gang; **third-class mail** *s* (*Am*) Drucksache *f;* **third-country** *adj* Drittländer-; ~ **nationals** Staatsangehörige aus Drittländern; **third degree** *s* **1.** dritter Grad **2.** strenges Verhör *nt;* **third-degree burns** *s* Verbrennungen *f pl* dritten Grades; **third·ly** [-lɪ] *adv* drittens; **third party** *s* (JUR) Dritte(r) *m,* dritte Person; **third-party liability**, **third-party insurance** *s* Haftpflichtversicherung *f;* **third-rate** [ˌθɜːd'reɪt] *adj* drittrangig, minderwertig; **Third World** *s* Dritte Welt

thirst [θɜːst] **I.** *s* **1.** Durst *m* **2.** (*fig*) Verlangen *nt,* Sehnsucht *f* (*for* nach); ~ **for knowledge** Wissensdrang, -durst *m* **II.** *vi* nach Wissen dürsten; (*fig*) verlangen, sich sehnen (*for* nach); **thirsty** ['θɜːstɪ] *adj* **1.** durstig **2.** (*fig*) begierig (*for, after* nach)

thir·teen [ˌθɜː'tiːn] *adj* dreizehn; **thir-**

T

teenth [ˌθɜːˈtiːnθ] **I.** *adj* dreizehnte(r, s) **II.** *s* Dreizehntel *nt;* Dreizehnte(r, s); **thir·ti·eth** [ˈθɜːtɪəθ] **I.** *adj* dreißigste(r, s) **II.** *s* Dreißigstel *nt;* Dreißigste(r, s); **thirty** [ˈθɜːtɪ] *adj* dreißig

this [ðɪs] <*pl* these> **I.** *pron, adj* diese(r, s); ~ **one** (*substantivisch*) diese(r, s); **by ~ time** jetzt; schon lange; bis dahin; ~ **day** heute; ~ **day week** heute in acht Tagen; ~ **minute** augenblicklich; ~ **morning/evening/night** heute Morgen/Abend/Nacht; ~ **time** diesmal; ~ **time last month** letzten Monat um diese Zeit; **these days** heutzutage; **what are you doing these days?** was machen Sie (so) in letzter Zeit? **II.** *pron substantivisch* dies, das; **what is ~?** was ist das?; **who is ~?** wer ist das?; **these are my friends** das sind meine Freunde; ~ **is to prove ...** hiermit wird bewiesen ...; ~ **and that** dieses und jenes; **it's like** ~ es ist so; ~ **is Anna (speaking)** (hier ist) Anna **III.** *adv* so; ~ **late** so spät; ~ **much** so viel

thistle [ˈθɪsl] *s* Distel *f*

tho' [ðəʊ] **I.** *conj* obgleich; wenn auch; **as** ~ als ob; **even** ~ obwohl **II.** *adv* doch; **she did do it** ~ sie hat es aber doch getan

thong [θɒŋ] *s* Lederriemen *m*

tho·rax [ˈθɔːræks] *s* (ANAT) Brust *f,* Brustkorb *m,* Brustkasten *m*

thorn [θɔːn] *s* **1.** Dorn *m* **2.** Dornbusch, -strauch *m;* **that's a ~ in my flesh** (*fig*) das ist mir ein Dorn im Auge; **thorny** [ˈθɔːnɪ] *adj* **1.** dornig **2.** (*fig*) schwierig; heikel

thor·ough [ˈθʌrə, ˈθʌrəʊ] *adj* **1.** sorgfältig, gründlich, genau **2.** vollendet **3.** vollständig, völlig; **thor·ough·bred** [ˈθʌrəbred] **I.** *s* Vollblut(pferd) *nt,* Vollblüter *m* **II.** *adj* reinrassig; Vollblut-; **thor·ough·fare** [ˈθʌrəfeə(r)] *s* Durchfahrtsstraße *f;* **no ~!** keine Durchfahrt!; **thor·ough·go·ing** [ˈθʌrəˌgəʊɪŋ] *adj* gründlich; (*Reform, Änderung*) grundlegend; **thor·ough·ly** [-lɪ] *adv* gründlich; völlig; **thor·ough·ness** [-nɪs] *s* Sorgfalt, Gründlichkeit *f*

those [ðəʊz] *pron* diese; *s.* **that**[1]

thou [ðaʊ] *pron* (*obs poet*) du

though [ðəʊ] **I.** *conj* obgleich; wenn auch; **as** ~ als ob; **even** ~ obwohl **II.** *adv* doch; **she did do it** ~ sie hat es aber doch getan

thought [θɔːt] **I.** *pt, pp of* **think II.** *s* **1.** (Nach)Denken *nt;* Überlegung *f* **2.** Denkfähigkeit *f,* Verstand *m* **3.** Gedanke, Einfall *m* **4.** Denkweise *f* **5.** Aufmerksamkeit, Rücksicht *f;* **a** ~ (*fig*) ein bisschen, etwas, eine Idee; **after serious ~, on second ~s** nach reiflicher Überlegung; **(lost) in** ~ in Gedanken (versunken); **without** ~ gedankenlos; **have no ~ of doing s.th.** nicht daran denken etw zu tun; **have second ~s about s.th.** sich etwas noch einmal überlegen; **give ~ to** nachdenken über; **don't give it another** ~ denken Sie gar nicht daran; **thought·ful** [ˈθɔːtfl] *adj* **1.** nachdenklich; wohl überlegt **2.** aufmerksam, rücksichtsvoll; **thought·less** [-lɪs] *adj* **1.** gedankenlos, unbesonnen **2.** rücksichtslos (*of* gegen), unachtsam **3.** unbekümmert (*of* um); **thought-out** [ˌθɔːtˈaʊt] *adj:* **a well ~ plan** ein wohl durchdachter Plan; **thought-pro·vok·ing** [ˌθɔːtprəˈvəʊkɪŋ] *adj* geistige Anstöße vermittelnd; anregend; **thought read·ing** [ˈθɔːtˌriːdɪŋ] *s* Gedankenlesen *nt*

thou·sand [ˈθaʊznd] **I.** *adj* (*a* ~) tausend; **a ~ thanks** tausend Dank; **a ~ times** tausendmal **II.** *s* Tausend *nt;* **one** ~ eintausend; **thou·sandth** [ˈθaʊzntθ] **I.** *adj* tausendste(r, s) **II.** *s* Tausendstel *nt;* Tausendste(r, s)

thrash [θræʃ] **I.** *vt* **1.** verprügeln; verdreschen; einschlagen auf **2.** (*fam*) (vernichtend) besiegen, schlagen; ~ **one's arms about** (mit den Armen) um sich schlagen **II.** *vi* (~ *about*) um sich schlagen; **thrash out** *vt* (*Thema*) gründlich erörtern; (*Plan*) ausdiskutieren; **thrash·ing** [-ɪŋ] *s* **1.** Tracht *f* Prügel **2.** (*fig*) völlige Niederlage; **give s.o. a good** ~ jdm eine tüchtige Tracht Prügel verabreichen

thread [θred] **I.** *s* **1.** (*Textil*) Faden *m,* (Näh)Garn *nt* **2.** (*Licht*) Strahl *m* **3.** (TECH) Gewinde *nt* (*on a screw* an einer Schraube); **hang by a** ~ (*fig*) an einem seidenen Faden hängen; **lose the** ~ (*fig*) den Faden verlieren; **pick up the ~s** (*fig*) den Faden wieder aufnehmen **II.** *vt* **1.** einfädeln **2.** aufreihen **3.** (*fig*) sich durchwinden durch **4.** (TECH) mit einem Gewinde versehen; ~ **one's way through** sich durchschlängeln **III.** *vi* **1.** sich (hin)durchwinden **2.** sich durchziehen (*through* durch); **thread·bare** [ˈθredbeə(r)] *adj* abgewetzt; abgetragen; (*Teppich*) abgelaufen; (*fig: Argument*) fadenscheinig

threat [θret] *s* **1.** Drohung *f* (*of* mit) **2.** Bedrohung *f* (*to +gen*), Gefahr *f* (*to* für); **utter a ~ against s.o.** jdm drohen; **there's a ~ of rain** es sieht nach Regen aus; **threat·en** [ˈθretn] *vt* **1.** (*jdn*) bedrohen (*with* mit) **2.** androhen (*s.o. with s.th.* jdm etw) **3.** drohend ankündigen **4.** drohen (*s.th.* mit etw, *to do* zu tun); **threaten·ing** [-ɪŋ] *adj* drohend; ~ **letter** Drohbrief *m*

three [θriː] **I.** *adj* drei **II.** *s* Drei *f;* **three-cor·nered** [ˌθriːˈkɔːnəd] *adj* **1.** dreieckig **2.** zu dreien; ~ **hat** Dreispitz *m;* **three-di-**

mensional [ˌθrɪdaɪˈmenʃənl] *adj*, **three-D** [ˌθriːˈdiː] *adj* dreidimensional; **three·fold** [ˈθriːfəʊld] *adj, adv* dreifach; **three-part** [ˈθriːpɑːt] *adj* dreiteilig; **three·penny bit** [ˈθrepənɪbɪt] *s* Dreipennystück *nt;* **three-piece** [ˌθriːˈpiːs] *adj* dreiteilig; ~ **suite** dreiteilige Polstergarnitur; **three-ply** [ˌθriːˈplaɪ] **I.** *adj* dreifach; dreischichtig **II.** *s* **1.** Sperrholz *nt* **2.** Dreifachwolle *f;* **three-quarter** [ˌθriːˈkwɔːtə(r)] **I.** *adj* dreiviertel **II.** *s* (*Rugby*) Dreiviertelspieler *m;* **three·some** [ˈθriːsəm] *s* Dreiergruppe *f;* Dreier *m;* **in a ~** zu dritt; **three-wheeler** [θrɪˈwiːlə(r)] *s* Dreiradwagen *m*

thresh [θreʃ] *vt, vi* dreschen; **thresh·ing machine** [ˈθreʃɪŋ məˈʃiːn] *s* Dreschmaschine *f*

thresh·old [ˈθreʃhəʊld] *s* **1.** Schwelle *f* **2.** (*fig*) Anfang, Beginn *m;* **at the ~ of an era** an der Schwelle eines Zeitalters; **be on the ~ of one's career** am Anfang seiner Laufbahn stehen; ~ **of consciousness** Bewusstseinsschwelle *f;* **threshold agreement** *s* Lohnindexierung *f;* **threshold countries** *s* (COM) Schwellenländer *ntpl;* **threshold price** *s* Schwellenpreis *m*

threw [θruː] *s.* **throw**

thrice [θraɪs] *adv* dreimal, -fach

thrift [θrɪft] *s* Sparsamkeit *f;* **thrifty** [ˈθrɪftɪ] *adj* sparsam (*of, with* mit)

thrill [θrɪl] **I.** *vt* **1.** mitreißen; in Spannung versetzen; erregen **2.** erschauern lassen; **be ~ed to bits** sich fürchterlich freuen **II.** *vi* **1.** erregt, aufgewühlt sein **2.** zittern, beben (*with* vor) **III.** *s* Schauer, Nervenkitzel *m;* Sensation *f;* Erregung *f;* Reiz *m;* **a ~ of joy** eine freudige Erregung; **give us a ~!** (*fam*) lass uns mal was sehen!; **thriller** [ˈθrɪlə(r)] *s* Reißer, Krimi *m;* **thrill·ing** [ˈθrɪlɪŋ] *adj* aufregend; reißerisch; spannend, sensationell

thrive [θraɪv] <*irr:* thrived (throve), thrived (thriven)> *vi* **1.** (gut) gedeihen **2.** Erfolg haben; **thriv·ing** [-ɪŋ] *adj* (*fig*) (gut) gedeihend; blühend

throat [θrəʊt] *s* **1.** Kehle, Gurgel *f* **2.** Rachen, Schlund *m;* Hals *m;* **cancer of the ~** Kehlkopfkrebs *m;* **clear one's ~** sich räuspern; **grip s.o. by the ~** jdn an der Kehle packen; **jump down s.o.'s ~** (*fig fam*) jdm ins Gesicht springen; **thrust s.th. down s.o.'s ~** jdm etw aufzwingen; **stick in s.o.'s ~** (*fig*) für jdn nicht akzeptabel sein; (*Worte*) jdm im Halse stecken bleiben; **sore ~** Halsweh *nt;* **throaty** [ˈθrəʊtɪ] *adj* **1.** (*Stimme*) belegt, rau **2.** (*Mensch*) heiser

throb [θrɒb] **I.** *vi* (*Herz*) (heftig) schlagen, klopfen (*with* vor); (*Maschine*) klopfen; (*Trommeln*) dröhnen; (*fig*) pulsieren **II.** *s* (Herz-, Puls)Schlag *m;* (*fig*) Klopfen, Zittern, Dröhnen *nt*

throes [θrəʊz] *s:* **be in the ~ of s.th.** mitten in etw sein

throm·bo·sis [θrɒmˈbəʊsɪs] *s* (MED) Thrombose *f*

throne [θrəʊn] *s* Thron *m;* **come to the ~** den Thron besteigen

throng [θrɒŋ] **I.** *s* Gedränge, Gewühl *nt,* Andrang *m;* (Menschen)Menge *f* **II.** *vi* (sich) drängen; strömen **III.** *vt* sich drängen in, um

throttle [ˈθrɒtl] **I.** *s* (~*-valve*) Drosselventil *nt;* **at full ~** mit Vollgas **II.** *vt* **1.** erdrosseln **2.** (*fig*) unterdrücken; **throttle back, throttle down I.** *vt* drosseln **II.** *vi* Gas wegnehmen

through [θruː] **I.** *prep* **1.** (*räumlich*) durch **2.** (*zeitlich*) über **3.** (*kausal*) durch, infolge *+gen,* mit Hilfe *+gen;* ~ **the night** die Nacht über; **all ~ her life** ihr ganzes Leben lang; **Monday ~ Friday** von Montag bis (einschließlich) Freitag; ~ **the post** mit der Post **II.** *adv* durch; ~ **and ~** durch u. durch, völlig; **all day ~** den ganzen Tag über; **he knew it all ~** er wusste es die ganze Zeit; **wet ~** patschnass; **carry ~** zu Ende bringen; **get ~** durchkommen; **get ~ with** (*fam*) zu Ende kommen mit; **put ~** (TELE) verbinden (*to s.o.* mit jdm); **I didn't get ~** (TELE) ich bin nicht durchgekommen **III.** *adj* **1.** fertig **2.** (TELE) verbunden; **I'm ~ with him** der ist für mich gestorben; **I'm ~ with that job** ich habe diese Arbeit satt; **through car, through coach** *s* (RAIL) Kurswagen *m;* **through flight** *s* Direktflug *m;* **through·out** [θruːˈaʊt] **I.** *prep* **1.** überall in **2.** während; ~ **his stay** seinen ganzen Aufenthalt über; ~ **his life** sein ganzes Leben lang **II.** *adv* **1.** überall **2.** die ganze Zeit (über); **through·put** [ˈθruːpʊt] *s* Durchsatz *m;* **through ticket** *s* (RAIL) durchgehende Fahrkarte; **through traffic** *s* Durchgangsverkehr *m;* **through train** *s* durchgehender Zug; **through·way** [ˈθruːweɪ] *s* (*Am*) Schnellstraße *f*

throve [θrəʊv] *s.* **thrive**

throw [θrəʊ] <*irr:* threw, thrown> **I.** *vt* **1.** werfen (*to the ground* auf den Boden), schleudern (*at* nach) **2.** (*vom Pferd*) abwerfen **3.** (*Blick*) zuwerfen (*s.o.* jdm) **4.** (*Hebel*) ein-, ausschalten **5.** (*Brücke*) schlagen (*over, across* über) **6.** (*Junge*) werfen **7.** (*auf der Drehscheibe*) töpfern, drehen **8.** (*fam*) drausbringen, verwirren **9.** (*fam: Anfall*) bekommen **10.** (*fam: Party*) geben, schmeißen; ~ **into confusion** [*o* **disorder**] in Unordnung bringen; ~ **dice** würfeln; ~

a fit (*fam*) einen Wutanfall bekommen; ~ **s.th. open** etw weit öffnen; ~ **overboard** (*fig*) über Bord werfen; ~ **into prison** ins Gefängnis werfen; ~ **shadow**(**s**) Schatten werfen; ~ **that light this way, please** bitte, leuchten Sie hierher; ~ **o.s. at s.o.** (*fig*) sich jdm an den Hals werfen; ~ **o.s. into s.th.** (*fig*) sich auf etw stürzen; **be ~n upon o.s.** auf sich selbst angewiesen sein **II.** *vi* werfen **III.** *s* **1.** Wurf *m* **2.** (GEOL) Sprunghöhe *f*, Verwurf *m;* **throw away** *vt* **1.** fort-, wegwerfen; verschwenden **2.** (*Gelegenheit*) verpassen; **throw back I.** *vt* zurückwerfen **II.** *vi* (BIOL) zurückgehen; **be ~n back upon** angewiesen sein auf; **throw down** *vt* **1.** hinunterwerfen **2.** (*fig: Waffen*) wegwerfen; **throw in** *vt* **1.** (SPORT) einwerfen **2.** (COM) zugeben; hinzufügen **3.** (*eine Bemerkung*) einwerfen; ~ **in** (**one's lot**) **with s.o.** mit jdm gemeinsame Sache machen; ~ **in the sponge** [*o* **towel**] (*fig*) das Handtuch werfen; **throw off** *vt* **1.** abwerfen **2.** (*Funken, Geruch*) von sich geben **3.** (*Erkältung*) losbekommen **4.** (*von einer Spur*) ablenken; (*Verfolger*) abschütteln; **throw on** *vt* (*Kleidungsstück*) (schnell) überwerfen, -ziehen; **throw open** *vt* **1.** (*Tür*) aufstoßen **2.** (*Gebäude*) der Öffentlichkeit freigeben; **throw out** *vt* **1.** hinauswerfen; wegwerfen **2.** (*Gesetzesvorlage*) ablehnen, verwerfen **3.** (*Bemerkung, Gedanken*) äußern **4.** (*Schößlinge*) treiben **5.** (*Hitze*) abgeben **6.** (*Berechnungen, Pläne*) durcheinander bringen; ~ **out of work** entlassen; arbeitslos machen; **throw over** *vt* **1.** über den Haufen werfen **2.** (*Theorie*) verwerfen **3.** (*Liebhaber*) sitzen lassen; **throw together** *vt* **1.** zusammenstoppeln **2.** (*Personen*) zusammenbringen; **throw up I.** *vt* **1.** hervorbringen; an den Tag bringen **2.** hochwerfen, in die Höhe werfen **3.** (*Arbeit*) aufgeben; (*Gelegenheit*) sich entgehen lassen **4.** (*Essen*) erbrechen **5.** vorwerfen (*s.th. to s.o.* jdm etw) **6.** (*Frage*) aufwerfen **II.** *vi* sich übergeben

throw·away ['θrəʊəˌweɪ] *adj* **1.** Wegwerf-; (*Flasche*) Einweg- **2.** (*Bemerkung*) beiläufig; (*Stil*) lässig; ~ **paper cup** Papierbecher *m* zum Wegwerfen; ~ **society** Wegwerfgesellschaft *f;* ~ **prices** Schleuderpreise *mpl;* **throw·back** ['θrəʊbæk] *s* Rückfall, Atavismus *m;* (*fig*) Rückgriff *m* (*to* auf); **thrower** ['θrəʊə(r)] *s* Werfer(in) *m(f);* **throw-in** ['θrəʊɪn] *s* (SPORT) Einwurf *m;* **throw·ing** ['θrəʊɪŋ] *s* Werfen *nt;* ~ **the hammer/the javelin** (SPORT) Hammer-/Speerwerfen *nt;* **thrown** [θrəʊn] *s.* **throw**

thru [θruː] **I.** *prep* (*Am*) **1.** (*räumlich*) durch **2.** (*zeitlich*) über **3.** (*kausal*) durch, infolge +*gen*, mit Hilfe +*gen;* ~ **the night** die Nacht über; **all** ~ **her life** ihr ganzes Leben lang; **Monday** ~ **Friday** von Montag bis (einschließlich) Freitag; ~ **the post** mit der Post **II.** *adv* durch; ~ **and** ~ durch u. durch, völlig; **all day** ~ den ganzen Tag über; **he knew it all** ~ er wusste es die ganze Zeit; **wet** ~ patschnass; **carry** ~ zu Ende bringen; **get** ~ durchkommen; **get** ~ **with** (*fam*) zu Ende kommen mit; **put** ~ (TELE) verbinden (*to s.o.* mit jdm); **I didn't get** ~ (TELE) ich bin nicht durchgekommen **III.** *adj* **1.** fertig **2.** (TELE) verbunden; **I'm** ~ **with him** der ist für mich gestorben; **I'm** ~ **with that job** ich habe diese Arbeit satt

thrum [θrʌm] **I.** *vt* klimpern; (*Gitarre*) spielen; (*fig*) trommeln auf **II.** *vi* klimpern

thrush[1] [θrʌʃ] *s* (*großer Singvogel*) Drossel *f*

thrush[2] [θrʌʃ] *s* (MED) Soor *m*, Mundfäule *f*, Schwämmchen *nt;* Pilzinfektion *f* der Scheide; (*Pferde*) Strahlfäule *f*

thrust [θrʌst] <*irr:* **thrust, thrust**> **I.** *vt* **1.** (heftig, fest) stoßen; drängen **2.** durchbohren **3.** (*Nadel*) stecken (*into* in); ~ **o.s.** (**up**)**on s.o.** sich jdm aufdrängen; ~ **o.s. forward** sich in den Vordergrund drängen; ~ **one's hands into one's pockets** die Hände in die Tasche stecken; ~ **one's way through** sich einen Weg bahnen durch **II.** *vi* **1.** stoßen, stechen (*at* nach) **2.** sich drängen (*into* in, *through* durch) **III.** *s* **1.** Stoß, Stich, Hieb *m* **2.** (TECH) Schub *m;* **thrust·ful** ['θrʌstfl] *adj* resolut, energisch; **thrust·ing** ['θrʌstɪŋ] *adj* (*Mensch*) aufdringlich, unverfroren

thru·way ['θruːweɪ] *s* (*Am*) Schnellstraße *f*

thud [θʌd] **I.** *s* (dumpfer) Schlag *m*, (dumpfes) Geräusch *nt;* (*fam*) Bums *m* **II.** *vi* dumpf aufschlagen (*to* auf)

thug [θʌg] *s* Schläger(typ) *m*

thumb [θʌm] **I.** *s* Daumen *m;* **twiddle one's ~s** Däumchen drehen; **under s.o.'s** ~ unter jds Fuchtel; **he is all ~s** er hat zwei linke Hände; **~s down!** pfui!; **~s up!** bravo!; **give s.th./s.o. the ~s up** einer Sache/jdm grünes Licht geben **II.** *vt* (*Buch*) durchblättern; ~ **a lift** [*o* **ride**] (*fam*) per Anhalter fahren; **a well ~ed book** ein zerlesenes Buch; **thumb index** *s* (*Buch*) Daumenregister *nt;* **thumb·nail** ['θʌmneɪl] *s* Daumennagel *m;* **thumbnail sketch** *s* kleine Skizze; kurze Skizze; **thumb·print** *s* Daumenabdruck *m;* **thumb·screw** ['θʌmskruː] *s* **1.** (TECH) Flügelschraube *f* **2.** (*Folter*) Daumenschraube *f;* **thumb·tack** *s* (*Am*) Heftzwecke *f*, Reißnagel *m*

thump [θʌmp] **I.** *s* dumpfer Schlag **II.** *vt* schlagen; schlagen auf, an **III.** *vi* **1.** dumpf aufschlagen; stampfen **2.** heftig schlagen (*on, at* an, auf) **3.** (*Herz*) pochen (*with* vor) **IV.** *adv* bums; **thump·ing** [-ɪŋ] *adj* (*fam*) riesig

thun·der ['θʌndə(r)] **I.** *s* **1.** Donner(schlag) *m* **2.** (*fig*) Getöse *nt;* (*Applaus*) Sturm *m;* **steal s.o.'s** ~ (*fig*) jdm den Wind aus den Segeln nehmen **II.** *vi* **1.** donnern **2.** anbrüllen (*at s.o.* jdn) **III.** *vt* brüllen; **thun·der·bolt** ['θʌndəbəʊlt] *s* **1.** Blitz (u. Donnerschlag) *m* **2.** (*fig*) Blitz *m* aus heiterem Himmel; **thun·der·clap** ['θʌndəklæp] *s* Donnerschlag *m;* **thun·der·cloud** *s* Gewitterwolke *f;* **thun·der·ing** ['θʌndərɪŋ] *adj* (*fam*) verflixt; **thun·der·ous** ['θʌndərəs] *adj* stürmisch; (*fig*) donnernd; **thun·der·storm** ['θʌndəstɔːm] *s* Gewitter *nt;* **thun·der·struck** ['θʌndəstrʌk] *adj* (*fig*) wie vom Schlag getroffen; **thun·dery** ['θʌndərɪ] *adj* gewitt(e)rig

Thurs·day ['θɜːzdɪ] *s* Donnerstag *m;* **on** ~ am Donnerstag; **on ~s** donnerstags

thus [ðʌs] *adv* **1.** so, auf diese Weise **2.** folglich; ~ **far** so weit

thwart[1] [θwɔːt] *vt* **1.** (*Plan*) durchkreuzen **2.** (*Absicht*) vereiteln **3.** einen Strich durch die Rechnung machen (*s.o.* jdm)

thwart[2] [θwɔːt] *s* (MAR) Ruderbank, Ducht *f*

thy [ðaɪ] *pron* (*obs poet*) dein

thyme [taɪm] *s* Thymian *m*

thy·roid ['θaɪrɔɪd] **I.** *adj* Schilddrüsen- **II.** *s* (~ *gland*) Schilddrüse *f*

thy·rox·ine [θaɪ'rɒksiːn] *s* (MED) Thyroxin, Tetrajodthyronin *nt*

ti·ara [tɪ'ɑːrə] *s* **1.** Tiara *f* **2.** Diadem *nt*

tibia ['tɪbɪə, *pl* 'tɪbɪiː] <*pl* tibiae> *s* Schienbein *nt*

tic [tɪk] *s* (MED) Gesichts-, Muskelzucken *nt*

tick[1] [tɪk] **I.** *s* **1.** Ticken *nt* **2.** Häkchen *nt* **3.** (*fam*) Augenblick *m;* **in a** ~ gleich, sofort **II.** *vi* ticken; **I don't know what makes her** ~ ich weiß nicht, was in ihr vorgeht **III.** *vt* abhaken, anstreichen; **tick off** *vt* **1.** abhaken **2.** abkanzeln; **tick over** *vi* **1.** (AUTO) leer laufen **2.** (*fig*) ordentlich gehen

tick[2] [tɪk] *s* (*große, Blut saugende Milbe*) Zecke *f*

tick[3] [tɪk] *s* Matratzenbezug *m;* Inlett *nt*

tick[4] [tɪk] *s* (*fam*) Kredit *m;* **buy on** ~ auf Pump kaufen

ticker ['tɪkə(r)] *s* **1.** (TELE) Ticker, Börsenfernschreiber *m* **2.** (*fam*) Uhr *f* **3.** (*sl*) Herz *nt;* **ticker tape** *s* Lochstreifen *m;* **ticker-tape parade** *s* Konfettiparade *f*

ticket ['tɪkɪt] *s* **1.** (Eintritts-, Theater-, Fahr-, Flug)Karte *f;* Fahrschein *m,* Ticket *nt* **2.** (Gepäck)Schein *m;* Abschnitt, Zettel *m;* Park(Schein) *m* **3.** Etikett, Schildchen *nt;* Preiszettel *m* **4.** (*Am*) Kandidatenliste *f;* Wahlprogramm *nt* **5.** (JUR) gebührenpflichtige Verwarnung; Strafzettel *m;* **vote the straight** ~ die Parteiliste wählen; **that's the ~!** (*fam*) das ist die Sache!; **admission** ~ Eintrittskarte *f;* **airline** ~ Flugticket *nt,* Flugschein *m;* **cloakroom** ~ Garderobenmarke *f;* **lottery** ~ Lotterielos *nt;* **luggage ~, baggage** ~ (*Am*) Gepäckschein *m;* **monthly** ~ Monatskarte *f;* **return ~, round-trip** ~ (*Am*) Rückfahrkarte *f* (*to* nach); **season** ~ Dauer-, Zeitkarte *f;* **single** ~ einfache Fahrkarte; **theatre** ~ Theaterkarte *f;* **ticket agency** *s* Verkaufsstelle *f;* (THEAT) Vorverkaufsstelle *f;* **ticket collector** *s* Fahrkartenkontrolleur(in) *m(f),* Schaffner(in) *m(f);* **ticket counter** *s* Fahrkartenschalter *m;* **ticket holder** *s* Karteninhaber(in) *m(f);* **ticket machine** *s* Fahrscheinautomat *m;* **ticket number** *s* (*Lotterie*) Losnummer *f;* **ticket office** *s* Fahrkartenschalter *m;* (THEAT) Kasse *f*

tick·ing-off ['tɪkɪŋ'ɒf] *s* (*fam*) Anpfiff, Anschnauzer *m;* **give s.o. a** ~ jdn ausschimpfen

tickle ['tɪkl] **I.** *vt* **1.** kitzeln **2.** schmeicheln, gefallen, angenehm sein (*s.o.* jdm), erheitern; **be ~d pink** [*o* **to death**] sich fürchterlich freuen; ~ **s.o.'s fancy** jdm gefallen **II.** *vi* kitzeln; jucken **III.** *s* Kitzeln *nt;* **give s.o. a** ~ jdn kitzeln; **tick·lish** ['tɪklɪʃ] *adj* **1.** (*Mensch*) kitz(e)lig **2.** (*fig: Sache*) heikel

ti·dal ['taɪdl] *adj:* ~ **current** Gezeitenstrom *m;* ~ **energy,** ~ **power** Gezeitenenergie *f;* ~ **river** Tidefluss *m;* ~ **wave** Flutwelle *f*

tid·bit ['tɪdbɪt] *s* (*Am*) Leckerbissen *m*

tid·dly ['tɪdlɪ] *adj* (*fam*) **1.** angeheitert **2.** winzig

tid·dly·winks ['tɪdlɪwɪŋks] *s* Flohhüpfen *nt* (*Spiel*)

tide [taɪd] *s* **1.** Ebbe u. Flut *f,* Gezeiten *pl* **2.** (*fig*) Auf u. Ab *nt* **3.** (*fig*) Strom *m,* Strömung *f;* **the** ~ **is in/out** es ist Flut/Ebbe; **the** ~ **turns** (*fig*) das Blatt wendet sich; **ebb** [*o* **low**] ~ Ebbe *f,* Niedrigwasser *nt;* **flood** [*o* **high**] ~ Flut *f,* Hochwasser *nt;* **at high** ~ bei Flut; **go** [*o* **swim**] **against the** ~ gegen den Strom schwimmen; **tide over** *vt* über Wasser halten; **will that** ~ **you over?** wird dir das ausreichen?; **tide·land** ['taɪdlænd] *s* (*Am*) Watt *nt;* **tide·mark** *s* Flutmarke *f;* Pegelstand *m;* **tide·water** *s* Flut *f;* (*Am*) Watt *nt;* **tide-way** *s* Priel *m*

ti·di·ness ['taɪdɪnɪs] *s* Ordentlichkeit *f;* Sauberkeit *f;* **tidy** ['taɪdɪ] **I.** *adj* **1.** ordentlich; sauber **2.** (*fam: Geldsumme*) ganz nett, hübsch **II.** *vt* **1.** in Ordnung bringen;

hübsch machen **2.** (~ *up*) aufräumen

tie [taɪ] **I.** *vt* **1.** binden (*to* an) **2.** zusammenknoten; (*Paket*) zusammenschnüren **3.** (*Knoten*) machen; (*Band, Schnürsenkel*) binden **4.** verbinden, verknüpfen; **the match was ~d** das Spiel war unentschieden; **my hands are ~d** mir sind die Hände gebunden **II.** *vi* gleich stehen (*with* mit); (SPORT) punktgleich sein; unentschieden spielen **III.** *s* **1.** Band *nt* **2.** (*fig*) Bindung, Verpflichtung *f;* Belastung *f* **3.** **~s** Verbindungen *fpl* **4.** (*neck~*) Krawatte *f,* Schlips *m* **5.** (SPORT) Unentschieden *nt;* unentschiedenes Spiel **6.** (MUS) Ligatur *f;* **the game ended in a ~** das Spiel endete unentschieden; **business ~** Geschäftsverbindung *f;* **family ~s** familiäre Bindungen *fpl;* **~s of blood/of friendship** Bande *nt pl* des Blutes/der Freundschaft; **tie back** *vt* zurückbinden; **tie down** *vt* **1.** festbinden **2.** (*fig*) binden (*to* an) **3.** (*Bedeutung, Gesprächspartner*) festlegen, festnageln; **he doesn't want to ~ himself down** er möchte sich nicht binden, festlegen; **a pet really ~s you down** mit einem Haustier ist man angebunden; **tie in I.** *vi* zusammenpassen **II.** *vt* in Einklang bringen; **~ in with s.th.** zu etw passen; **tie on** *vt* anbinden; **tie up I.** *vi* **1.** zusammenpassen; zusammenhängen (*with* mit) **2.** (MAR) festmachen **II.** *vt* **1.** (*Paket*) verschnüren; (*Schnürsenkel*) binden **2.** (*Tier*) anbinden; (*Gefangene*) fesseln; (*Boot*) festmachen **3.** (*Geschäft, Pläne*) festmachen **4.** (*Kapital*) anlegen **5.** (*Menschen*) beschäftigen; (*Maschinen*) auslasten **6.** (*Produktion*) stilllegen; **I am ~d up tomorrow** morgen bin ich belegt, beschäftigt; **be ~d up with s.th.** mit etw zusammenhängen; **be ~d up with s.o.** zu jdm Verbindung haben

tie-break ['taɪbreɪk] *s* (*Tennis*) Tie Break *m od nt;* **tie clip** *s* Krawattennadel *f;* **tie-in** [ˌtaɪ'ɪn] *s* **1.** Verbindung, Beziehung *f* **2.** (*Am:* ~ *sale*) Koppelungsgeschäft *nt;* **tie-on label** [ˌtaɪ'ɒn'leɪbl] *s* Anhängeadresse *f;* **tie·pin** *s* Krawattennadel *f*

tier [tɪə(r)] **I.** *s* **1.** (Sitz)Reihe *f;* (THEAT) Rang *m* **2.** (*fig*) Stufe *f* **3.** (*Kuchen*) Etage *f* **II.** *adj:* **in ~s** stufenförmig; **three-~ed** dreigestuft; dreistöckig **III.** *adv:* **in ~s** stufenweise

tie-up ['taɪʌp] *s* **1.** (*Am*) Stockung *f,* Stillstand *m* **2.** Verbindung *f;* Zusammenschluss *m*

tiff [tɪf] *s* kleiner Streit, Krach *m*

ti·ger ['taɪgə(r)] *s* Tiger *m*

tight [taɪt] **I.** *adj* **1.** (luft-, wasser)dicht **2.** fest (sitzend); (*Umarmung*) fest **3.** eng (anliegend), zu eng, knapp **4.** (*fig: Kontrolle*) streng **5.** (*Seil, Haut*) straff **6.** (*Platz*) eng **7.** (*Zeit, Geld*) knapp **8.** (*Lage*) schwierig **9.** (SPORT) knapp **10.** (*fam: Mensch*) geizig **11.** (*sl*) blau, besoffen; **the cork is too ~** der Korken sitzt zu fest; **air-/water-~** luft-/wasserdicht **II.** *adv* **1.** fest **2.** eng **3.** straff; **hold ~** fest halten; **shut ~** fest zumachen; **sit ~** sich nicht rühren; **sleep ~!** schlafe gut!; **tighten** ['taɪtn] **I.** *vt* **1.** anziehen, straffen **2.** enger machen; (*Gürtel*) enger schnallen **3.** (*Bestimmungen*) verschärfen **II.** *vi* **1.** enger werden **2.** sich straffen **3.** (*Bestimmungen, Kontrollen*) strenger werden **4.** (*Markt*) sich versteifen; **tight-fisted** [ˌtaɪt'fɪstɪd] *adj* filzig, knauserig; **tight-fit·ting** [ˌtaɪt'fɪtɪŋ] *adj* **1.** eng anliegend **2.** (TECH) genau eingepasst; **tight-lipped** [ˌtaɪt'lɪpt] *adj* **1.** mit zusammengepressten Lippen **2.** (*fig*) verschwiegen; **tight·ness** ['taɪtnɪs] *s* **1.** Dichte *f;* Enge *f* **2.** Knappheit, Verknappung *f* **3.** Knauserigkeit *f;* **tight·rope** *s* (Draht)Seil *nt;* **walk a ~** (*fig*) einen Balanceakt vollführen, eine Gratwanderung machen; **tightrope walker** *s* Seiltänzer(in) *m(f)*

tights [taɪts] *s pl* (*Br*) Strumpfhose *f;* **tight·wad** ['taɪtwɒd] *s* (*Am: pej*) Knicker, Knauser *m*

ti·gress ['taɪgrɪs] *s* Tigerin *f*

tile [taɪl] **I.** *s* **1.** (Dach)Ziegel *m* **2.** Kachel, Fliese *f* **3.** (*Kork, Isolierung*) Platte *f;* (*Teppich*) Fliese *f;* **have a night on the ~s** (*fam*) herumsumpfen **II.** *vt* (*Fußboden*) mit Fliesen belegen; (*Dach*) mit Ziegeln decken; kacheln; **tiler** ['taɪlə(r)] *s* Dachdecker(in) *m(f)*

till[1] [tɪl] **I.** *prep* (*zeitlich*) bis (zu); **not ~** nicht vor; erst; **~ now** bis jetzt; **~ then** bis dahin **II.** *conj* bis; **~ such time as** bis

till[2] [tɪl] *vt* beackern; (*den Boden*) bearbeiten

till[3] [tɪl] *s* (Laden)Kasse *f;* **have one's fingers in the ~** Geld aus der Ladenkasse entwenden

tiller ['tɪlə(r)] *s* (MAR) (Ruder)Pinne *f*

tilt [tɪlt] **I.** *vt* **1.** kippen **2.** schräg stellen; schief halten **II.** *vi* **1.** geneigt, schräg sein **2.** sich neigen **3.** (*a. fig*) anrennen (*at* gegen) **4.** losziehen (*at* gegen); **~ at windmills** gegen Windmühlen kämpfen **III.** *s* **1.** Neigung *f,* schiefe Lage **2.** (HIST) Turnier *nt;* Stoß *m;* **(at) full ~** mit aller Gewalt; **have a ~** sich neigen; **have a ~ at s.o.** (*fig*) jdn angreifen; **tilt back I.** *vi* sich nach hinten neigen **II.** *vt* nach hinten neigen, kippen; **tilt over I.** *vi* sich neigen; umkippen **II.** *vt* neigen; kippen; **tilt up I.** *vi* (nach oben) kippen **II.** *vt* kippen; schräg nach oben halten

tilth [tɪlθ] *s* (AGR) **1.** Gare *f* **2.** bestelltes Land
tim·ber ['tɪmbə(r)] *s* **1.** Bau-, Schnitt-, Nutzholz *nt;* Balken *m* **2.** (MAR) Spant *nt* **3.** Baumbestand, Wald *m;* **4.** Baum fällt!; **a man of his** ~ (*Am*) ein Mann von seinem Schlag(e); **standing** ~ Nutzwald *m;* **tim·bered** ['tɪmbəd] *adj* baumbestanden, bewaldet; **half-**~ (*Haus*) Fachwerk-; **tim·ber·line** ['tɪmbəlaɪn] *s* Baumgrenze *f;* **timber·work** *s* Gebälk *nt;* Fachwerk *nt*
time [taɪm] **I.** *s* **1.** Zeit *f,* Zeitraum *m,* Zeitspanne *f* **2.** (Zeit)Dauer *f* **3.** Arbeitszeit *f,* -lohn *m* **4.** Zeitmaß, Tempo *nt,* Geschwindigkeit *f* **5.** (MUS) Takt, Rhythmus *m* **6.** Zeitpunkt *m,* genaue Zeit, richtiger Augenblick **7.** Frist *f,* Termin *m* **8.** Mal *nt,* Gelegenheit *f* **9.** *meist pl* Zeiten *fpl;* **against the** ~ in größter Eile; **ahead of one's** ~ seiner Zeit voraus; **ahead of** ~ zu früh; **all the** ~ die ganze Zeit (über); **another** ~ ein andermal; **any number of** ~**s** x-mal; **at** ~**s** manchmal; hin u. wieder; **at all** ~**s** immer; **at the same** ~ zur gleichen Zeit, gleichzeitig; **at that** ~ damals, zu der Zeit; **by that** ~ bis dahin, unterdessen; **every** ~ jedesmal; **for the** ~ **being** im Augenblick; zurzeit; **from** ~ **to** ~ von Zeit zu Zeit; **in half the** ~ in der halben Zeit; **in** ~ rechtzeitig; **in due** ~ termingemäß; **in no** ~ im Nu; **many** ~**s, many a** ~ oft(mals); **next** ~ das nächste Mal; **on** ~ pünktlich, *adv;* **this** ~ diesmal; **up to this** [*o* **the present**] ~ bis heute, bis zum heutigen Tage; **once upon a** ~ (**there was**) **...** es war einmal ... (*Märchenbeginn*)**;** **ask s.o. the** ~ **of day** jdn nach der Uhrzeit fragen; **be behind** ~ sich verspätet haben; **be behind the** ~**s** hinter seiner Zeit zurück sein; **beat** ~ den Takt schlagen; **bide one's** ~ auf einen günstigen Augenblick warten; **do** ~ (*fam*) (im Gefängnis) sitzen; **have no** ~ **to lose** keine Zeit zu verlieren haben; **have a good** ~ sich gut unterhalten, sich amüsieren; **keep** ~ (MUS) den Takt halten; **make good** ~ aufholen; ein hohes Tempo haben; **take** ~ Zeit erfordern; **work against the** ~ unter Zeitdruck arbeiten; **what** ~ **do we eat?** um wie viel Uhr essen wir?; ~ **is up** die Zeit ist (her)um, vorbei; **take your** ~ **over it** lassen Sie sich Zeit dazu; ~ **will tell** die Zeit wird es lehren; **local** ~ Ortszeit *f;* **loss of** ~ Zeitverlust *m;* **a matter of** ~ eine Frage der Zeit; **spare** ~ Freizeit *f;* **waste of** ~ Zeitverschwendung *f;* ~ **of arrival/of departure** Ankunftszeit/Abflug-, Abfahrtszeit *f;* **the** ~ **of day** die Tageszeit **II.** *vt* **1.** den richtigen Zeitpunkt aussuchen für **2.** (*Bombe*) einstellen **3.** (*mit Uhr*) stoppen; (*Geschwindigkeit*) messen; timen; **you** ~**d that beautifully** sie haben genau den richtigen Augenblick gewählt; ~ **yourself to see how long it takes you** sehen Sie auf die Uhr, um herauszufinden, wie lange Sie brauchen
time-and-mo·tion study ['taɪmən ˌməʊʃnstʌdɪ] *s* Zeitstudie, Bewegungsstudie *f;* **time bomb** *s* Zeitbombe *f;* **time card** *s* (*am Arbeitsplatz*) Stechkarte *f;* **time clock** *s* Stechuhr *f;* **time-con·sum·ing** ['taɪmkənˌsjuːmɪŋ] *adj* zeitraubend; **time deposits** *s pl* Termineinlagen *fpl;* **time difference** *s* Zeitunterschied *m;* **time famine** *s no pl* Zeitnot *f,* Zeitknappheit *f;* **time fuse** *s* Zeitzünder *m;* **time-keeper** ['taɪmˌkiːpə(r)] *s* (SPORT) Zeitnehmer(in) *m (f);* **time-lag** *s* Verzögerung *f;* zeitliche Verschiebung; Zeitunterschied *m;* **time-lapse** ['taɪmlæps] *adj* Zeitraffer-; im Zeitraffer; **time·less** ['taɪmlɪs] *adj* zeitlos; immerwährend; **time limit** *s* Zeitbeschränkung *f;* Frist *f;* **put a** ~ **on s.th.** etw befristen; **time lock** *s* Zeitschloss *nt;* **timely** ['taɪmlɪ] *adj* rechtzeitig, im rechten Augenblick, zur rechten Zeit (stattfindend); **time-out** [ˌtaɪm'aʊt] *s* (*Am*) **1.** (SPORT) Auszeit *f* **2.** Pause *f;* **timer** ['taɪmə(r)] *s* **1.** Zeitmesser *m;* Schaltuhr *f* **2.** (SPORT) Zeitnehmer(in) *m (f);* **time-sav·ing** ['taɪmˌseɪvɪŋ] *adj* zeitsparend; **time scale** *s* zeitlicher Rahmen; Zeitmaßstab *m;* **time-share** ['taɪmʃeə(r)] *s* Anteil *m* an einer Ferienwohnung; **time sharing** *s* (INFORM) Timesharing *nt;* Anteile *m pl* an einer Ferienwohnung; **time sheet** *s* Arbeitsnachweisbogen, Stundenzettel *m;* **time switch** *s* Zeitschalter *m;* **time·table** ['taɪmˌteɪbl] *s* **1.** (RAIL) Fahrplan *m* **2.** (AVIAT) Flugplan *m* **3.** (SCHULE) Stundenplan *m* **4.** (*Kongress*) Programm *nt* **5.** Terminkalender *m;* **time·worn** ['taɪmwɔːn] *adj* abgenutzt, verbraucht; (*Stein*) verwittert; **time zone** *s* Zeitzone *f*
timid ['tɪmɪd] *adj* **1.** furchtsam, ängstlich (*of* vor) **2.** schüchtern; **timid·ity** [tɪ'mɪdətɪ] *s* **1.** Furchtsamkeit, Ängstlichkeit *f* **2.** Schüchternheit *f*
tim·ing ['taɪmɪŋ] *s* **1.** Terminplanung *f* **2.** Wahl *f* des richtigen Zeitpunkts; Timing *nt* **3.** (AUTO) Steuerung *f;* Einstellung *f* **4.** Zeitmessung *f;* Stoppen *nt;* **that was perfect** ~ das war gerade der richtige Zeitpunkt
tim·or·ous ['tɪmərəs] *adj* ängstlich, furchtsam
tim·pani ['tɪmpənɪ] *s pl* (MUS) Kesselpauke *f*
tin [tɪn] **I.** *s* **1.** Zinn *nt* **2.** Weißblech *nt* **3.** (*Br*) (Konserven)Büchse, -Dose *f* **II.** *adj* zinnern; aus Blech, Blech- **III.** *vt* **1.** (*Br*)

eindosen; konservieren **2.** verzinnen; **tin can** *s* Blechdose *f*
tinc·ture ['tɪŋktʃə(r)] *s* Tinktur *f*
tin·der ['tɪndə(r)] *s* Zunder *m*
tin·foil ['tɪnfɔɪl] *s* Stanniol, Silberpapier *nt;* (Aluminium)Folie *f*
ting [tɪŋ] **I.** *s* heller Klang **II.** *vt* hell klingen lassen **III.** *vi* klingen
tinge [tɪndʒ] **I.** *vt* **1.** (leicht) färben, tönen (*with* mit) **2.** (*fig*) einen Anstrich, Beigeschmack geben (*s.th.* einer S, *with* von) **II.** *s* **1.** Tönung *f* **2.** (*fig*) Anflug *m* (*of* von)
tingle ['tɪŋgl] *vi* **1.** prickeln, stechen **2.** zittern (*with excitement* vor Aufregung)
tin god ['tɪngɒd] *s* (*fig*) Götze *m;* Bonze *m;* **tin hat** *s* (MIL: *fam*) Stahlhelm *m;* **tin·horn** ['tɪnhɔːn] *s* Angeber *m*
tin·ker ['tɪŋkə(r)] **I.** *s* Kesselflicker *m;* **not to be worth a ~'s cuss** keinen Pfifferling wert sein **II.** *vi* herumbasteln, -pfuschen (*with* an)
tinkle ['tɪŋkl] **I.** *vi, vt* klingeln, läuten **II.** *s* Geklingel *nt;* **give s.o. a ~** (*Br fam*) jdn anrufen
tinned [tɪnd] *adj:* **~ fruit** Obstkonserven *fpl;* **~ meat** Büchsenfleisch *nt;* **tinny** ['tɪnɪ] *adj* (*Ton*) blechern; (*Geschmack*) nach Blech; (*Ware*) billig; **tin-opener** ['tɪnəʊpənə(r)] *s* Dosen-, Büchsenöffner *m;* **Tin Pan Alley** [ˌtɪnpæn'ælɪ] *s* Schlagerindustrie *f;* **tin plate** *s* Weißblech *nt;* **tin·pot** ['tɪnpɒt] *adj* (*Br fam*) minderwertig
tin·sel ['tɪnsl] *s* **1.** Flitter *m,* Flittergold *nt;* Rauschgoldgirlande *f;* Lametta *nt* **2.** (*fig*) falscher Glanz, Kitsch *m*
tint [tɪnt] **I.** *s* **1.** Färbung, Tönung *f* **2.** Farbton *m* **II.** *vt* tönen
tiny ['taɪnɪ] *adj* winzig
tip[1] [tɪp] **I.** *s* **1.** Spitze *f* **2.** (*Zigarette*) Mundstück *nt* **3.** (*Berg*) Spitze *f;* Gipfel *m;* **from ~ to toe** vom Scheitel bis zur Sohle; **I have it on the ~ of my tongue** (*fig*) es liegt mir auf der Zunge **II.** *vt* mit einer Spitze versehen; **~ped cigarette** Filterzigarette *f*
tip[2] [tɪp] **I.** *s* **1.** Trinkgeld *nt* **2.** Tip *m;* Hinweis *m;* **give s.th. a ~** etw antippen, etw leicht berühren **II.** *vt* **1.** ein Trinkgeld geben (*s.o.* jdm) **2.** (*Rennen*) tippen auf, wetten auf, setzen auf **3.** leicht berühren; antippen **III.** *vi* Trinkgeld geben; **tip off** *vt* einen Tip geben (*s.o.* jdm)
tip[3] [tɪp] **I.** *vt* kippen, umkippen; (*Flüssigkeit, Sand*) schütten; **~ the scales at 60 kg** 60 kg auf die Waage bringen; **~ the scales in s.o.'s favour** sich zu jds Gunsten auswirken **II.** *vi* **1.** kippen **2.** Schutt abladen **III.** *s* (*Br*) **1.** Schuttabladeplatz *m;* Müllhalde *f;* Kohlenhalde *f* **2.** (*fig*) Schweinestall *m;* **tip back** *vi, vt* nach hinten kippen; **tip out I.** *vt* auskippen; ausschütten **II.** *vi* herauskippen, -laufen, -rutschen, -fallen; **tip over** *vi, vt* umkippen; **tip up** *vi, vt* (um)kippen; hochklappen
tip-off ['tɪpɒf] *s* (*fam*) Wink, Tip *m*
tipple ['tɪpl] **I.** *vi* (gewohnheitsmäßig) trinken **II.** *s* Gläschen *nt;* **she enjoys the occasional ~** ab und zu trinkt sie ganz gern mal einen; **tip·pler** ['tɪplə(r)] *s* (*fam*) *jemand, der gern ein Gläschen zu sich nimmt*
tip sheet ['tɪpʃiːt] *s* Börsenratgeber *m*
tip·ster ['tɪpstə(r)] *s* Tipgeber *m* (*bei Pferderennen*)
tipsy ['tɪpsɪ] *adj* angeheitert, beschwipst
tip·toe ['tɪptəʊ] **I.** *vi* auf Zehenspitzen gehen **II.** *s:* **on ~** auf Zehenspitzen; **tip·top** [ˌtɪp'tɒp] *adj* (*fam*) tipptopp, erstklassig, prima; **tip-up seat** ['tɪpʌp'siːt] *s* Klappsitz *m*
ti·rade [taɪ'reɪd] *s* Schimpferei *f*
tire[1] ['taɪə(r)] **I.** *vi* müde werden (*of doing s.th.* etw zu tun) **II.** *vt* ermüden; **~ out** völlig erschöpfen; **be ~d out** erschöpft sein (*from* von)
tire[2] ['taɪə(r)] *s* (*Am*) Reifen *m*
tired ['taɪəd] *adj* **1.** müde (*with* von) **2.** (*~ out*) erschöpft **3.** überdrüssig (*of s.th.* einer S); **I'm ~ of it** ich habe es satt; **tired·ness** ['taɪədnɪs] *s* Müdigkeit *f;* **tire·less** ['taɪəlɪs] *adj* unermüdlich; **tire·some** ['taɪəsəm] *adj* langweilig; lästig, ärgerlich; **tir·ing** ['taɪrɪŋ] *adj* anstrengend; ermüdend
'tis [tɪz] (*poet*) = **it is**
tis·sue ['tɪʃuː] *s* **1.** Gewebe *nt* **2.** (*~ paper*) Seidenpapier *nt* **3.** Papiertaschentuch *nt;* **~ cell** Gewebezelle *f;* **a ~ of lies** ein Lügengespinst *nt*
tit[1] [tɪt] *s:* **give ~ for tat** etw mit gleicher Münze heimzahlen
tit[2] [tɪt] *s* (*kleiner Singvogel*) Meise *f*
tit[3] [tɪt] *s* (*sl: Brust*) Titte *f*
ti·tanic [taɪ'tænɪk] *adj* titanenhaft
ti·ta·nium [taɪ'teɪnɪəm] *s* (CHEM) Titan *nt*
tit·bit ['tɪtbɪt] *s* Leckerbissen *m*
tit·il·late ['tɪtɪleɪt] *vt* erregen; anregen; (*Gaumen*) kitzeln; **tit·il·la·tion** [ˌtɪtɪ'leɪʃn] *s* Anregung *f;* Erregung *f;* (*fig*) Kitzel *m*
titi·vate ['tɪtɪveɪt] *vi* sich hübsch machen
title ['taɪtl] *s* **1.** (*Buch, Person*) Titel *m;* (*Kapitel*) Überschrift *f;* (*Film*) Untertitel *m* **2.** Recht *nt,* Rechtsanspruch *m* (*to* auf), Eigentumsurkunde *f;* **under the same ~** in der gleichen Rubrik; **title deed** *s* Eigentumsurkunde *f;* **title-holder** *s* Titelinhaber(in) *m(f);* (SPORT) Titelverteidiger(in)

m(f); **title page** *s* (*Buch*) Titelseite *f*; **title role** *s* (THEAT) Haupt-, Titelrolle *f*; **title-track** *s* (MUS) Titelstück *nt*

tit·ter ['tɪtə(r)] **I.** *vi* kichern **II.** *s* Gekicher *nt*

tittle-tattle ['tɪtltætl] **I.** *s* Geschwätz *nt*, Tratsch *m* **II.** *vi* schwatzen, klatschen

tizzy ['tɪzɪ] *s* (*fam*) tolle Aufregung; **be in a ~** sich fürchterlich aufregen

to [tu:] **I.** *prep* **1.** (*Richtung*) zu; (*Länder, Städte*) nach; **go ~ school** zur Schule gehen; **go ~ the lawyer** zum Anwalt gehen; **go ~ the theatre/cinema** ins Theater/Kino gehen; **go ~ America/New York** nach Amerika/New York fahren; **~ Switzerland** in die Schweiz; **go ~ bed** ins [*o* zu] Bett gehen; **come ~ me!** komm zu mir! **2.** (*Erstreckung*) bis; (**up**) **~ the age of 10** bis 10 Jahre; (**from**) **30 ~ 40** 30 bis 40; **10 kms ~ Stuttgart** 10 km nach Stuttgart; **~ this day** bis auf den heutigen Tag **3.** (*als Dativobjekt*) *mit Dativ*; **give s.th. ~ s.o.** jdm etw geben; **I said ~ myself** ich habe mir gesagt; **sing ~ o.s.** vor sich hin singen; **addressed ~ me** an mich adressiert **4.** (*Widmung*) an; (*Trinkspruch*) auf **5.** (*Nähe, Berührung*) an; **close ~ s.th.** dicht an etw; **nail s.th. ~ the wall** etw an die Wand nageln **6.** (*Uhrzeit*) vor; **20** (**minutes**) **~ 3** 20 (Minuten) vor 3 **7.** (*Vergleich*) als; **superior ~** besser als **8.** (*Beziehung*) zu; **3 goals ~ 1** 3 zu 1 (3 : 1); **a majority of 5 ~ 1** eine Mehrheit von 5 zu 1 **9.** pro; **one litre ~ one person** ein Liter pro Person **10.** (*Wendungen*): **~ my knowledge** meines Wissens; **~ my surprise** zu meiner Überraschung; **~ his taste** nach seinem Geschmack **II.** (*beim Infinitiv*) zu; **~ hope ~ succeed** hoffen, Erfolg zu haben; **I want you ~ do that** ich möchte, dass Sie das tun; **do you want ~ do that?** möchten Sie das tun?; **~ hear you talk one could think** wenn man dich so reden hört, könnte man meinen; **~ tell the truth** um ehrlich zu sein; **he is not the type ~ do that** er ist nicht der Typ, der so etwas tun würde; **you'll be the first ~ hear it** Sie werden der Erste sein, der das erfährt; **it's hard ~ go** es ist schwer zu gehen; **does he want ~?** will er denn?; **I would like ~ but I can't** ich würde ja gerne, aber ich kann nicht **III.** *adv*: **~ and fro** hin und her; auf und ab **IV.** *adj* (*Tür*) zu; angelehnt

toad [təʊd] *s* Kröte *f*; **toad-in-the-hole** [ˌtəʊdɪnðə'həʊl] *s* Würstchen *nt* in Pfannkuchenteig; **toad·stool** ['təʊdstu:l] *s* (Gift)Pilz *m*; **toady** ['təʊdɪ] **I.** *s* Speichellecker *m* **II.** *vi* niedrig schmeicheln; sich anbiedern (*to s.o.* jdm)

to-and-fro [ˌtu:ən'frəʊ] *s* Hin und Her *nt*

toast[1] [təʊst] **I.** *vt* toasten, rösten; **~ o.s.** sich auf-, durchwärmen **II.** *vi* braun u. knusprig werden **III.** *s* Toast *m*

toast[2] [təʊst] **I.** *s* Trinkspruch, Toast *m*; **propose** [*o* **give**] **a ~** einen Toast ausbringen (*to s.o.* auf jdn) **II.** *vt* **1.** zutrinken (*s.o.* jdm) **2.** hochleben lassen

toaster ['təʊstə(r)] *s* Brotröster, Toaster *m*

toast·master ['təʊstmɑ:stə(r)] *s* Zeremonienmeister *m*

toast·rack ['təʊstræk] *s* Toastständer *m*

to·bacco [tə'bækəʊ] *s* Tabak *m*; **to·bacco·nist** [tə'bækənɪst] *s* Tabakhändler(in) *m(f)*; **~'s** (**shop**) Tabakladen *m*

to-be [tə'bi:]: **my wife ~** meine zukünftige Frau

to·bog·gan [tə'bɒgən] **I.** *s* Rodel(schlitten) *m* **II.** *vi* rodeln; Schlitten fahren; **toboggan run** *s* Rodelbahn *f*

toby ['təʊbɪ] *s* (**~** *jug*) Bierkrug *m* (*als Figur*)

tod [tɒd] *s* (*sl*): **on one's ~** allein

to·day [tə'deɪ] **I.** *adv* heute; heutzutage **II.** *s* heutiger Tag; Gegenwart *f*; **~'s** heutig; **of ~** von heute; **~'s rate** (COM) Tageskurs *m*

toddle ['tɒdl] *vi* **1.** tappen, watscheln **2.** (*fam*) gehen **3.** (*fam*: **~ *off***) abhauen;

tod·dler ['tɒdlə(r)] *s* Kleinkind *nt*

toddy ['tɒdɪ] *s* (Whisky)Grog *m*

to-do [tə'du:] *s* Theater *nt*; **make a ~ about s.th.** viel Aufhebens von einer S machen

toe [təʊ] **I.** *s* **1.** Zehe *f* **2.** (*Schuh*) Kappe *f* **3.** (*Socken*) Spitze *f*; **from top to ~** von Kopf bis Fuß; **be on one's ~s** (*fig*) auf Draht sein; **step** [*o* **tread**] **on s.o.'s ~s** (*fig*) jdm zu nahe treten; **big/little ~** große/kleine Zehe **II.** *vt*: **~ the line** (*fig*) nicht aus der Reihe tanzen, spuren; **~ the party line** sich nach der Parteilinie richten; **toe·cap** *s* (*Schuh*) Kappe *f*; **toe·hold** *s* (*fig*) Halt *m*; **get a ~** (*fig*) festen Fuß fassen; **toe·nail** *s* Zehen-, Fußnagel *m*

toff [tɒf] *s* (*sl*) feiner Pinkel

tof·fee, **tof·fy** ['tɒfɪ, *Am* 'tɔ:fɪ] *s* Karamelbonbon *m od nt*; **tof·fee apple** *s* kandierter Apfel; **tof·fee-nosed** ['tɒfɪnəʊzd] *adj* (*Br: pej*) eingebildet

to·gether [tə'geðə(r)] *adv* **1.** zusammen (*with* mit) **2.** miteinander, gemeinsam **3.** zugleich, zu gleicher Zeit **4.** ununterbrochen; **close ~** nahe beieinander; **to·gether·ness** [-nɪs] *s* **1.** Beisammensein *nt* **2.** Zusammengehörigkeit *f*

toggle ['tɒgl] *s* Knebelknopf *m*; (TECH) Knebel *m*; **toggle switch** *s* Kippschalter *m*

Togo ['təʊgəʊ] *s* Togo *nt*; **To·go·lese**

[ˌtəʊgəʊ'liːz] **I.** *adj* togo(les)isch **II.** *s* Togoer(in) *m(f)*

toil [tɔɪl] **I.** *vi* sich abmühen, sich plagen; **he's ~ing** (*fam*) er tut sich schwer **II.** *s* Mühe, Plage *f*

toi·let ['tɔɪlɪt] *s* **1.** Toilette *f,* Klosett *nt* **2.** (Morgen)Toilette *f;* **toilet paper** *s* Toilettenpapier *nt;* **toi·let·ries** ['tɔɪlɪtrɪz] *s pl* Toilettenartikel *mpl;* **toi·let·ries bag** *s* (*Am*) Kulturbeutel *m;* **toilet roll** *s* Rolle *f* Klosettpapier; **toilet soap** *s* Toilettenseife *f;* **toilet water** *s* Toilettenwasser *nt*

to-ing and fro-ing [ˌtuːɪŋən'frəʊɪŋ] *s* Hin und Her *nt*

to·ken ['təʊkən] **I.** *adj* Schein-, Pro-forma-; **~ charge** nominelle Gebühr; **~ payment** symbolische Zahlung, Pro-forma-Bezahlung *f;* **~ strike** Warnstreik *m;* **~ woman** Vorzeige-, Alibifrau *f* **II.** *s* **1.** Zeichen *nt* **2.** Andenken *nt,* Erinnerung(sstück *nt*) *f* **3.** (Wert)Marke *f;* Gutschein, Bon *m;* **by the same ~** aus dem gleichen Grund; **as a ~ of** zum Zeichen *+gen*

told [təʊld] *s.* **tell**

tol·er·able ['tɒlərəbl] *adj* erträglich; (*fig*) annehmbar; **tol·er·ably** ['tɒlərəblɪ] *adv* leidlich, ziemlich; **tol·er·ance** ['tɒlərəns] *s* **1.** Duldung *f* **2.** (*a.* FIN TECH MED) Toleranz *f;* **~ limit** Toleranzgrenze *f;* **tol·er·ant** ['tɒlərənt] *adj* tolerant (*of* gegen); **tol·er·ate** ['tɒləreɪt] *vt* **1.** dulden, zulassen **2.** ertragen, aushalten; **tol·er·ation** [ˌtɒlə'reɪʃn] *s* Duldung *f*

toll[1] [təʊl] *s* **1.** Brücken-, Wegegeld *nt,* -zoll *m;* Maut *f;* Autobahngebühr *f* **2.** (*Am*) Fernsprechgebühr *f* **3.** (*fig*) Zoll, Tribut *m;* **it took a heavy ~ of life** es hat viele Menschenleben gekostet; **the ~ on the roads** die Straßenverkehrsopfer *ntpl*

toll[2] [təʊl] **I.** *vt* (*Glocke*) läuten **II.** *vi* läuten, schallen; **for whom the bell ~s** wem die Stunde schlägt **III.** *s* Glockengeläut *nt;* Glockenschlag *m*

toll·bar, toll·gate ['təʊlbɑː(r), 'təʊlgeɪt] *s* Schlagbaum *m,* Mautschranke *f;* **toll bridge** *s* gebührenpflichtige Brücke, Mautbrücke *f;* **toll call** *s* (*Am*) Ferngespräch *nt;* **toll-free** *adj* (*Am*) gebührenfrei; **tollhouse** *s* Maut-, Zollhaus *nt;* **toll road** *s* gebührenpflichtige Straße, Mautstraße *f*

tom [tɒm] *s* Männchen *nt* (*einiger Tiere*); (*~cat*) Kater *m;* **any Tom, Dick or Harry** Hinz und Kunz

toma·hawk ['tɒməhɔːk] *s* Tomahawk *m*

tom·ato [tə'mɑːtəʊ, *Am* tə'meɪtəʊ] <*pl* **-atoes**> *s* Tomate *f;* **tomato juice** *s* Tomatensaft *m;* **tomato ketchup** *s* (Tomaten)Ketchup *m od nt;* **tomato soup** *s* Tomatensuppe *f*

tomb [tuːm] *s* Grab(gewölbe) *nt*

tom·bola [tɒm'bəʊlə] *s* Tombola *f*

tom·boy ['tɒmbɔɪ] *s* Wildfang *m;* **be a ~** (*Mädchen*) ein richtiger Junge sein

tomb·stone ['tuːmstəʊn] *s* **1.** Grabstein *m* **2.** (*fam*) Finanzanzeige *f*

tom·cat ['tɒmkæt] *s* Kater *m*

tome [təʊm] *s* Band *m*

tom·fool·ery [tɒm'fuːlərɪ] *s* Dummheit *f*

Tommy gun ['tɒmɪgʌn] *s* (*fam obs*) Maschinenpistole *f;* **tommy·rot** [ˌtɒmɪ'rɒt] *s* (*fam obs*) Unsinn *m*

to·mo·graph ['tɒməgrɑːf] *s* (MED) Tomograph *nt;* **to·mo·graphy** [tə'mɒgrəfɪ] *s* (MED) Tomographie *f;* **computerized ~, CT** Computertomographie, CT *f*

to·mor·row [tə'mɒrəʊ] **I.** *adv* morgen; **~ morning/afternoon/night** morgen früh/Nachmittag/Abend; **~ week** morgen in acht Tagen; **the day after ~** übermorgen **II.** *s* der morgige Tag

tom·tom ['tɒmtɒm] *s* Trommel *f*

ton [tʌn] *s* **1.** Tonne *f* (*Gewichtseinheit*); (*Br: long ~*) *2240 lb. = 1016,05 kg;* (*Am: short ~*) *2000 lb. = 907,18 kg;* (*metric ~*) 1000 kg (*2204,6 lb.*) **2.** (MAR) Registertonne *f* (*100 Kubikfuß = 2,83 m*^{3}) **3.** (*sl*) Geschwindigkeit *f* von 100 Meilen pro Stunde; **~s of** eine Menge, Masse; **that/he weighs a ~** (*fig*) das/er ist wahnsinnig schwer; **do a** [*o* **the**] **~** (AUTO: *sl*) hundert Sachen fahren

tone [təʊn] **I.** *s* **1.** Ton *m;* (MUS) Klang *m* **2.** (*Malerei*) Farbton *m* **3.** (PHYSIOL) Tonus *m;* Spannkraft, Elastizität *f;* **in an angry ~** mit zorniger Stimme; **don't speak to me in that ~** (**of voice**) ich verbiete mir einen solchen Ton; **lower the ~ of the conversation** sich unfein ausdrücken; **~ quality** Klangcharakter *m* **II.** *vt* **1.** (ab)tönen **2.** (PHOT) tonen **III.** *vi* farblich harmonieren; **tone down I.** *vt* dämpfen; abschwächen; mäßigen **II.** *vi* schwächer werden; abnehmen; **tone in** *vi* harmonieren (*with* mit); **tone up** *vt* stärken; **tone arm** *s* (*Am*) Tonarm *m;* **tone control** *s* Klangregler *m;* **tone deaf** *adj* ohne musikalisches Gehör; **tone·less** [-lɪs] *adj* tonlos; (*Musik*) eintönig; (*Farbe*) stumpf; **tone poem** *s* Tongedicht *nt*

to·ner ['təʊnə(r)] *s* (*für Drucker, Kopiergerät*) Toner *m;* **toner cartridge** *s* Tonerpatrone *f*

tone row ['təʊnrəʊ] *s* (MUS) Reihe *f*

tongs [tɒŋz] *s pl* Zange *f;* Lockenstab *m;* Brennschere *f;* **a pair of ~** eine Zange; **sugar ~** Zuckerzange *f*

tongue [tʌŋ] *s* **1.** Zunge *f* **2.** (*fig*) Sprache *f* **3.** (*Schuh*) Lasche, Zunge *f* **4.** (*Glocke*)

Klöppel *m* **5.** (*Waage*) Zeiger *m* **6.** züngelnde Flamme; **find one's** ~ die Sprache wiederfinden; **get one's** ~ **around** korrekt aussprechen; **have lost one's** ~ kein Wort herausbringen; ~ **in cheek** nicht ernst (gemeint); **hold one's** ~ den Mund halten; **keep a civil** ~ **in one's head** höflich bleiben; **a slip of the** ~ ein Lapsus, Versprecher *m;* **native** ~ Muttersprache *f;* **put** [*o* **stick**] **out one's** ~ **at s.o.** jdm die Zunge herausstrecken; **tongue-tied** ['tʌŋtaɪd] *adj:* **be** ~ gehemmt sein; **tongue-twister** ['tʌŋˌtwɪstə(r)] *s* Zungenbrecher *m*

tonic ['tɒnɪk] **I.** *adj* **1.** (MED) stärkend, anregend **2.** (MUS) Grundton- **3.** (*Phonetik*) betont **II.** *s* **1.** (MED) Tonikum *nt;* (*kosmetisch*) Lotion *f;* (*Haar*) Haarwasser *nt* **2.** (~ *water*) Tonic(water) *nt* **3.** (MUS) Tonika *f;* **it was a real** ~ es hat mir richtig gut getan

to·night [tə'naɪt] **I.** *adv* heute Abend; heute Nacht **II.** *s* der heutige Abend; diese Nacht

ton·nage ['tʌnɪdʒ] *s* Tonnage *f*

ton·sil ['tɒnsl] *s* (ANAT) Mandel *f;* **ton·sil·litis** [ˌtɒnsɪ'laɪtɪs] *s* Mandelentzündung *f*

tony ['təʊnɪ] *adj* (*Am: fam*) nobel, exklusiv

too [tuː] *adv* **1.** zu, allzu, gar zu **2.** auch, gleichfalls **3.** auch noch; ~ **bad** zu schade; bedauerlich; **it's** ~ **much for him** es geht über seine Kräfte; ~ **much** zu viel; (*fam*) toll

took [tʊk] *s.* **take**

tool [tuːl] **I.** *s* **1.** Werkzeug, Gerät *nt* **2.** Instrument *nt* **3.** (*fig*) Werkzeug *nt* (*Mensch*)*;* **machine** ~ Werkzeugmaschine *f;* **down** ~**s** die Arbeit niederlegen **II.** *vt* **1.** bearbeiten **2.** (*Leder, Buch*) punzen; **tool·bag** *s* Werkzeugtasche *f;* **tool·box, tool-chest** *s* Werkzeugkasten *m;* **tool·kit** *s* Werkzeug *nt,* Werkzeugausrüstung *f;* **tool-maker** ['tuːlmeɪkə(r)] *s* Werkzeugmacher(in) *m(f);* **tool·shed** ['tuːlʃed] *s* Geräteschuppen *m*

toot [tuːt] *vi, vt* tuten, hupen

tooth [tuːθ, *pl* tiːθ] <*pl* **teeth**> *s* (*a.* TECH) Zahn *m;* **long in the** ~ alt; ~ **and nail** (*fig*) mit aller Gewalt; erbittert; **cast** [*o* **throw**] **s.th. in s.o.'s teeth** (*fig*) jdm etw ins Gesicht schleudern; **cut one's teeth** zahnen; **escape by** [*o* **with**] **the skin of one's teeth** mit knapper Not davonkommen; **have a sweet** ~ gern naschen; **have a** ~ **out, have a** ~ **pulled** (*Am*) sich einen Zahn ziehen lassen; **get one's teeth into s.th.** (*fig*) sich in etw hineinknien; (**set of**) **false teeth** Gebiss *nt;* **tooth·ache** ['tuːθeɪk] *s* Zahnschmerzen *mpl,* -weh *nt;* **tooth·brush** ['tuːθbrʌʃ] *s* Zahnbürste *f;* **tooth·comb** ['tuːθkəʊm] *s:* **go through with a fine** ~ kritisch prüfen; **toothed whale** *s* Zahnwal *m;* **tooth·paste** ['tuːθpeɪst] *s* Zahnpasta *f;* **tooth·pick** ['tuːθpɪk] *s* Zahnstocher *m;* **tooth·some** ['tuːθsəm] *adj* wohlschmeckend, schmackhaft; **toothy** [tuːθɪ] *adj* mit vorstehenden Zähnen

tootle ['tuːtl] **I.** *vi* **1.** tuten; dudeln **2.** (~ *along*) dahinschlendern; dahinzockeln; weggehen **II.** *s* Tuten *nt*

toots ['tʊts] *s* (*fam*) Schätzchen *nt*

top[1] [tɒp] **I.** *s* **1.** oberer Teil; Spitze *f;* (*Baum*) Gipfel, Wipfel *m;* (*Berg*) Gipfel *m;* (*Welle*) Kamm *m* **2.** (*Pflanzen*) Kraut *nt* **3.** (*Tisch, Bett*) Kopfende *nt;* oberes Ende **4.** (*Kleid, Bikini*) Oberteil *nt* **5.** Oberfläche *f,* obere Seite **6.** Deckel *m;* Kappe *f;* (Flaschen)Kapsel *f* **7.** (*fig*) Gipfel, Höhepunkt *m;* höchste Stellung **8.** Oberkörper *m* **9.** (*working* ~) Arbeitsfläche *f* **10.** (AUTO) höchster Gang; **at the** ~ **of the tree** (*fig*) auf der höchsten Sprosse; **at the** ~ **of one's voice** [*o* **lungs**] aus vollem Halse; **from** ~ **to bottom** von oben bis unten; von vorn bis hinten; **from** ~ **to toe** von Kopf bis Fuß; **in** ~ (**gear**) mit dem höchsten Gang; **on** ~ oben; (*fig*) obenauf; **on** ~ **of** auf, über; (*fig*) über … hinaus; **its getting on** ~ **of me** es wächst mir über den Kopf; **over the** ~ übertrieben; **come to the** ~ (*fig*) an die Spitze kommen; **you are** ~**s with me** bei mir bist du ganz groß angeschrieben; ~ **of the pops** Spitzenreiter *m* (in der Hitparade) **II.** *adj* oberste(r, s); höchste(r, s); beste(r, s) **III.** *vt* **1.** (*Pflanze*) kappen **2.** bedecken **3.** die Spitze bilden (*s.th.* einer S) **4.** maximal erreichen **5.** an der Spitze stehen (*s.th.* einer S) **6.** übersteigen; **to** ~ **it all** zur Krönung des Ganzen; ~ **o.s.** (*sl*) sich umbringen; **top off** *vt* abrunden; **top up** *vt* auffüllen

top[2] [tɒp] *s* Kreisel *m*

to·paz ['təʊpæz] *s* (MIN) Topas *m*

top·coat ['tɒpkəʊt] *s* **1.** Mantel *m* **2.** oberste Farbschicht **3.** Über(nagel)lack *m;* **top copy** *s* Original *nt;* **top dog** *s* der Boss vom Ganzen; **top drawer** *adj* erstklassig; vornehm; **top executive** *s* Spitzenkraft *f;* **top-flight** *adj* (*fam*) erstklassig; **top hat** *s* Zylinder *m;* ~ **pension** Sonderpension *f* für leitende Angestellte; **top-heavy** *adj* kopflastig

topi, topee ['təʊpɪ] *s* Tropenhelm *m*

topic ['tɒpɪk] *s* Thema *nt;* **provide a** ~ **for discussion** ein Diskussionsthema abgeben; **topi·cal** ['tɒpɪkl] *adj* aktuell; ~ **index** Sachregister *nt;* **topi·cal·ity** [ˌtɒpɪ'kælətɪ] *s* **1.** Aktualität *f* **2.** **topicalities** Gegenwartsprobleme *ntpl*

top·less ['tɒplɪs] *adj* oben ohne, Oben-oh-

ne-, topless
top-level *adj, s* Spitzen-; **on ~** auf höchster Ebene; **top loader** ['tɒpləʊdə(r)] *s* Toplader *m;* **top man·age·ment** *s* Unternehmens-, Führungsspitze *f,* Topmanagement *nt;* **top·most** ['tɒpməʊst] *adj* oberste(r, s); **top·notch** [ˌtɒp'nɒtʃ] *adj* (*fam*) großartig, fantastisch, prima
topo·gra·pher [tə'pɒgrəfə(r)] *s* Topograph(in) *m(f);* **topo·graphi·cal** [ˌtɒpə'græfɪkl] *adj* topographisch; **top·ogra·phy** [tə'pɒgrəfɪ] *s* Topographie *f*
top·per ['tɒpə(r)] *s* (*fam*) Zylinder *m*
top·ping ['tɒpɪŋ] **I.** *adj* (*fam*) prächtig, großartig **II.** *s:* **with a ~ of cream** mit einer Sahnehaube, mit Sahne
topple ['tɒpl] **I.** *vi* **1.** wackeln **2.** fallen **3.** (*fig*) gestürzt werden **II.** *vt* **1.** umwerfen; hinunterwerfen **2.** (*fig*) stürzen; **topple down** *vi* umfallen; umkippen; herunterfallen; **topple over** *vi* fallen
top price ['tɒp'praɪs] *s* Höchstpreis *m;* **top priority** *s* höchste Priorität; **top quality** *s* Spitzenqualität *f;* **top-ranking** *adj* hochrangig, Spitzen-; **top·sail** ['tɒpsl] *s* Marssegel *nt;* **top salary** *s* Spitzengehalt *nt;* **top secret** *adj* streng geheim; **top-selling** *adj* meistverkauft; **top·soil** ['tɒpsɔɪl] *s* Mutterboden, Humusboden *m,* -schicht *f;* **top speed** *s:* **at ~** mit Höchstgeschwindigkeit; **top·spin** ['tɒpspɪn] *s* (*Tennis*) Topspin *m*
topsy-turvy [ˌtɒpsɪ'tɜːvɪ] *adv, adj* kopfüber, drunter u. drüber, durcheinander; **turn ~** das Oberste zuunterst kehren
torch [tɔːtʃ] *s* **1.** (*Br*) Taschenlampe *f* **2.** Fackel *f* **3.** (*fig*) Licht *nt,* Flamme *f* **4.** (*~-lamp*) Lötlampe *f;* Schweißbrenner *m;* **carry a ~ for s.o.** in jdn verknallt sein; **torch·light** ['tɔːtʃlaɪt] *s* Fackelschein *m;* Licht *nt* der Taschenlampe; **torchlight procession** *s* Fackelzug *m*
tore [tɔː(r)] *s.* **tear**[1]
tor·ment ['tɔːment] **I.** *s* **1.** Qual, Folter, Pein *f* **2.** (*Kind*) Quälgeist *m* **II.** [tɔː'ment] *vt* quälen, martern, peinigen (*with* mit); **tor·men·tor** [tɔː'mentə(r)] *s* Peiniger(in) *m(f)*
torn [tɔːn] *s.* **tear**[1]
tor·nado [tɔː'neɪdəʊ] <*pl* **-nadoes**> *s* Wirbelsturm, Tornado *m*
tor·pedo [tɔː'piːdəʊ] <*pl* **-pedoes**> **I.** *s* (MAR) Torpedo *m* **II.** *vt* torpedieren; (*fig*) unterminieren, hintertreiben
tor·pid ['tɔːpɪd] *adj* träge; apathisch, stumpf; **tor·por** ['tɔːpə(r)] *s* **1.** Stumpfheit, Trägheit *f* **2.** (*a.* ZOO) Erstarrung, Betäubung *f*
torque [tɔːk] *s* (PHYS) Drehmoment *nt*
tor·rent ['tɒrənt] *s* **1.** Sturz-, Gießbach *m* **2.** (*fig*) Strom *m,* Flut *f;* **it rained in ~s** es goss in Strömen; **tor·ren·tial** [tə'renʃl] *adj* (*Regen*) wolkenbruchartig
tor·sion ['tɔːʃn] *s* Torsion *f*
torso ['tɔːsəʊ] <*pl* **torsos**> *s* Körper, Rumpf *m;* (*Kunst*) Torso *m*
tor·toise ['tɔːtəs] *s* (Land)Schildkröte *f;* **tor·toise·shell** ['tɔːtəsʃel] *s* Schildpatt *nt*
tor·tu·ous ['tɔːtjʊəs] *adj* **1.** gewunden, kurvenreich **2.** (*fig*) verwickelt; umständlich
tor·ture ['tɔːtʃə(r)] **I.** *s* **1.** Folter *f* **2.** (*fig*) Qual *f* **II.** *vt* foltern; quälen, peinigen; **tor·turer** ['tɔːtʃərə(r)] *s* **1.** Folterknecht *m,* Folterer *m* **2.** (*fig*) Peiniger(in) *m(f)*
Tory ['tɔːrɪ] **I.** *adj* (*in GB*) konservativ; Tory- **II.** *s* (*in GB*) Konservative(r) *f m;* **Tory·ism** [-ɪzm] *s* (*in GB*) Konservatismus *m*
tosh [tɒʃ] *s* (*fam*) Quatsch, Blödsinn *m*
toss [tɒs] **I.** *vt* **1.** werfen; (*Reiter*) abwerfen **2.** in die Höhe werfen **3.** (*Salat*) anmachen **4.** (*Kopf*) hoch-, zurückwerfen **5.** (*mit einer Münze*) auslosen (*for s.th.* etw); **~ s.o. for s.th.** mit jdm um etw losen **II.** *vi* **1.** (*~ o.s. about*) sich (unruhig) hin- und herwerfen, wälzen **2.** (*Schiff*) schlingern; (*Korn*) wogen **3.** (*~ up*) losen (*for* um) **III.** *s* **1.** Wurf *m* **2.** (Aus)Losen *nt* **3.** (*Schiff*) Schlingern *nt;* **win/lose the ~** beim Losen gewinnen/verlieren; **toss about I.** *vi* sich hin- und herwerfen **II.** *vt* hin- und herschütteln; (*Schiff*) schaukeln lassen; (*fig*) diskutieren; **toss away** *vt* wegwerfen; **toss off I.** *vt* hinunterstürzen, -spülen; (*fig*) aus dem Ärmel schütteln **II.** *vi, vr* (*sl*) sich einen runterholen; **toss out** *vt* **1.** wegwerfen **2.** hinauswerfen; **toss up I.** *vi* losen (*for* um) **II.** *vt* werfen
toss-up ['tɒsʌp] *s* Losen *nt;* **it's a ~** das hängt ganz vom Zufall ab (*whether* ob)
tot [tɒt] *s* **1.** (*Br fam*) Schluck *m* (*Schnaps*) **2.** (*fam: tiny ~*) Knirps *m;* **tot up** *vt* zusammenzählen, -rechnen
to·tal ['təʊtl] **I.** *adj* ganz, völlig, vollständig; gesamt; **~ amount** Gesamtbetrag *m;* **~ cost** Gesamtkosten *pl;* **~ eclipse** totale Finsternis; **~ loss** Totalverlust *m;* **~ spend** Gesamtausgaben *fpl* **II.** *s* Gesamtbetrag *m,* Summe *f;* Gesamtmenge *f;* **in ~** insgesamt; **what does the ~ come to?** wie hoch ist der Gesamtbetrag?; **sum ~** Gesamtsumme *f,* -betrag *m* **III.** *vt* **1.** (*~ up*) zusammenzählen, -rechnen **2.** sich belaufen auf
to·tali·tar·ian [ˌtəʊtælɪ'teərɪən] *adj* (POL) totalitär; **to·tali·tar·ian·ism** [-ɪzəm] *s* Totalitarismus *m*
to·tal·ity [təʊ'tælətɪ] *s* **1.** Gesamtheit *f* **2.** (ASTR) totale Verfinsterung; **in ~** im Ganzen, insgesamt
to·tal·iz·ator, to·tal·izer ['təʊtəl aɪˌz-

eɪtə(r), 'təʊtəlaɪzə(r)] *s* (*Pferderennen*) Totalisator *m*

to·tal·ly ['təʊtəlɪ] *adv* völlig, vollständig, ganz, gänzlich

tote¹ [təʊt] *s* (*fam: Pferderennen*) Totalisator *m*

tote² [təʊt] *vt* (*fam*) schleppen; bei sich tragen; **tote bag** *s* (*Am*) Einkaufstasche *f*

to·tem ['təʊtəm] *s* Totem *nt;* **totem pole** *s* Totempfahl *m*

tot·ter ['tɒtə(r)] *vi* **1.** schaukeln **2.** torkeln, (sch)wanken **3.** wackeln **4.** (*fig*) schwanken; **tot·tery** ['tɒtərɪ] *adj* (sch)wankend; wack(e)lig; tatterig, zitterig

tot·ty ['tɒtɪ] *s* <no pl> (*Br: sl: Frauen*) Miezen *pl*

tou·can ['tu:kæn] *s* (*Vogel*) Tukan *m*

touch [tʌtʃ] **I.** *vt* **1.** be-, anrühren, anfassen **2.** rühren, stoßen an **3.** grenzen an; streifen **4.** (*fig*) erreichen, heranreichen an **5.** benutzen, gebrauchen **6.** (*Thema*) berühren; betreffen, angehen **7.** (*seelisch*) rühren **8.** treffen (*to the quick* ins Mark) **9.** (*sl*) anhauen, -pumpen (*for* um); **don't ~ it!** fass das nicht an!; **they can't ~ me** (*fig*) sie können mir nichts anhaben; **I haven't ~ed a tennis racket for years** ich habe schon seit Jahren nicht mehr Tennis gespielt; **~ bottom** (*fig: der Sache*) auf (den Grund) kommen; auf einem Tiefpunkt ankommen **II.** *vi* sich berühren; (*Grundstücke*) aneinander stoßen **III.** *s* **1.** (leichte) Berührung *f* **2.** Pinselstrich *m* **3.** Tastsinn *m* **4.** Gefühl *nt;* Empfindung *f* **5.** Verbindung, Fühlung *f* **6.** Anflug, Hauch *m;* Idee, Spur *f* **7.** (MED) leichter Anfall **8.** (MUS) Anschlag *m;* **at a ~** bei bloßer Berührung; **be/keep in ~ with** in Verbindung stehen/bleiben mit; **be out of ~ with** nicht mehr in Verbindung stehen mit; **touch at** *vi* (MAR) anlaufen; **touch down I.** *vi* **1.** (AVIAT) aufsetzen, landen **2.** (SPORT) einen Versuch erzielen **II.** *vt* (*Ball*) hinlegen; **touch in** *vt* einfügen; **touch on** *vt* (*Thema*) berühren, anschneiden, erwähnen; **touch off** *vt* hervorrufen, auslösen; **touch up** *vt* **1.** (*Farbe*) auffrischen; (*Foto*) retuschieren; (*Aufsatz*) überarbeiten **2.** (*fam: Person*) befummeln; **touch upon** *vt* (*Thema*) kurz berühren, streifen

touch-and-go [ˌtʌtʃən'gəʊ] *adj* riskant, gewagt; **touch-down** ['tʌtʃdaʊn] *s* **1.** (AVIAT) Landung *f* **2.** (SPORT) Versuch *m;* **touched** [tʌtʃt] *adj* gerührt, ergriffen; **~ in the head** nicht ganz klar im Kopf; **touchi·ness** ['tʌtʃɪnəs] *s* Empfindlichkeit *f;* **touch·ing** ['tʌtʃɪŋ] *adj* rührend, ergreifend; **touch-screen** ['tʌtʃˌskri:n] *adj* Touchscreen-; **touch-sensitive** ['tʌtʃ'sensɪtɪv] *adj:* **~ screen** Kontaktbildschirm *m;* **touch-stone** ['tʌtʃstəʊn] *s* (*fig*) Prüfstein *m;* **touch-type** *vt, vi* blind schreiben

touchy ['tʌtʃɪ] *adj* **1.** empfindlich **2.** heikel, riskant; **touchy-feely** *adj* (*fam pej*): **~ stuff** Gefühlsduselei *f*

tough [tʌf] **I.** *adj* **1.** zäh; robust **2.** widerstandsfähig **3.** hartnäckig **4.** mitleidslos, hart **5.** schwierig, schwer **6.** rauflustig, streitsüchtig; **it is really ~ that ...** es ist wirklich hart, dass ...; **that's a ~ nut to crack** (*fig*) das ist eine harte Nuss; **have a ~ time** eine schwere Zeit durchmachen; **~ (luck)**! Pech!; **~ customer** schwieriger Patron **II.** *s* Raufbold *m;* **toughen** ['tʌfn] **I.** *vi* hart werden; zäh werden; sich verhärten **II.** *vt* **1.** (*Material*) härten **2.** (*Menschen*) stählen; hart machen **3.** (*Gesetze, Disziplin*) verschärfen; **toughness** [-nɪs] *s* Zähheit *f;* Zähigkeit *f;* Härte *f;* Schwierigkeit *f*

toupée ['tu:peɪ] *s* Toupet *nt*

tour [tʊə(r)] **I.** *s* **1.** Tour *f;* Reise, Fahrt *f;* (*im Gebäude*) Rundgang *m* **2.** Führung *f;* Rundfahrt *f* **3.** (*~ of inspection*) Runde *f,* Rundgang *m* **4.** (THEAT SPORT) Tournee *f;* **go on a ~ of France** eine Reise durch Frankreich machen; **make a ~ of the building** einen Rundgang durchs Gebäude machen; **on ~** auf Tournee; **guided ~** Führung *f;* **coach ~** Busreise *f;* **~ of inspection** Inspektionsreise *f* **II.** *vi* **1.** eine Reise machen **2.** (THEAT SPORT) eine Tournee machen; auf Tournee sein **III.** *vt* **1.** bereisen, reisen durch **2.** einen Rundgang machen durch; besichtigen **3.** (THEAT SPORT) eine Tournee machen durch; **tour·ing com·pany** [ˌtʊərɪŋ'kʌmpənɪ] *s* Tourneetheater *nt*

tour·ism ['tʊərɪzəm] *s* Fremdenverkehr, Tourismus *m;* **tour·ist** ['tʊərɪst] *s* Tourist(in) *m(f);* **travel ~** in der Touristenklasse reisen; **tourist agency** *s* (*Am*), **tourist bureau** *s* Reisebüro *nt;* **tourist class** *s* Touristenklasse *f;* **tourist guide** *s* **1.** (*Buch*) Reiseführer *m* **2.** (*Person*) Fremdenführer(in) *m(f);* **tourist industry** *s* Fremdenverkehr *m,* Fremdenverkehrsindustrie *f;* **tourist office** *s* Fremdenverkehrsbüro *nt;* **tourist season** *s* Reisezeit *f;* **tourist ticket** *s* Rundreise(fahr)karte *f;* **tourist visa** *s* Touristenvisum *nt*

tour·na·ment ['tɔ:nəmənt, *Am* 'tɜ:nəmənt] *s* (*a.* SPORT) Turnier *nt*

tour op·er·ator ['tʊə(r)'ɒpəraɪtə(r)] *s* Reiseveranstalter *m*

tousle ['taʊzl] *vt* zerzausen

tout [taʊt] **I.** *vi* **1.** (*fam*) auf Kunden-, Stimmenfang gehen (*for* für) **2.** (*~ round*) auf Pferderennen Tips verkaufen **II.** *vt* **1.** (*Pferd*) als Favoriten angeben **2.** (*Lage,*

T

Ställe) auskundschaften **3.** (*Information*) anbieten; (*Karten*) schwarz verkaufen **4.** (*fig*) anpreisen, aufschwatzen (*s.o. s.th.* jdm etw) **III.** *s* **1.** (*Person*) Schlepper *m* **2.** Tipgeber *m* **3.** Kartenschwarzhändler *m*

tow[1] [təʊ] **I.** *vt* (AUTO MAR) (ab)schleppen **II.** *s* Schleppen *nt;* (MAR) Treideln *nt;* **have** [*o* **take**] **in** ~ im Schlepptau haben; ins Schlepptau nehmen; **can we give you a ~?** können wir Sie abschleppen?

tow[2] [təʊ] *s* Werg *nt*

to·ward [tə'wɔ:d, *Am* tɔ:rd] *prep s.* **to·wards**

to·wards [tə'wɔ:d(z), *Am* tɔ:rd(z)] *prep* **1.** auf … zu, nach … zu, in Richtung auf **2.** gegenüber +*dat* **3.** (*zeitlich*) gegen

tow·bar ['təʊbɑ:(r)] *s* (AUTO) Anhängerkupplung *f;* **tow·boat** *s* Schlepper *m*

towel ['taʊəl] **I.** *s* Hand-, Badetuch *nt;* **throw in the ~** (*Boxen*) aufgeben, das Handtuch werfen; **kitchen ~** Geschirrtuch *nt;* **sanitary ~** Damenbinde *f* **II.** *vt* abtrocknen, trockenreiben; **towel·ette** [ˌtaʊə'let] *s* Erfrischungstuch *nt;* **towel·ing** *s* (*Am*), **towel·ling** [-ɪŋ] *s* Frottee *nt od m;* **towel-rail** *s* Handtuchhalter *m*

tower ['taʊə(r)] **I.** *s* **1.** Turm *m;* (AVIAT: *control ~*) Kontrollturm *m* **2.** (*fig: ~ of strength*) (sicherer) Hort *m;* Stütze *f* **II.** *vi* ragen; **tower above, tower over** *vi* emporragen über; überragen; **tower up** *vi* emporragen; **tower block** *s* Hochhaus *nt;* **tower·ing** [-ɪŋ] *adj* **1.** (*Gebäude*) alles überragend; (*Berge*) hochragend; (*Baum, Mensch*) hoch aufragend **2.** (*fig*) gewaltig, heftig

town [taʊn] *s* **1.** Stadt *f* **2.** London *nt* **3.** Stadtbevölkerung *f;* **in ~** in der Stadt; **be out of ~** verreist sein; **go to ~** in die Stadt gehen; (*fig fam*) es übertreiben (*on* mit); **paint the ~ red** die Stadt auf den Kopf stellen; **town centre** *s* Stadtzentrum *nt,* -mitte *f;* **town clerk** *s* (*Br*) Stadtdirektor *m;* **town council** *s* Stadtrat *m;* **town councillor** *s* Stadtrat *m,* Stadträtin *f,* Stadtratsmitglied *nt;* **town gas** *s* Stadtgas *nt;* **town hall** *s* Rathaus *nt;* **town house** *s* **1.** Stadthaus *nt,* -wohnung *f* **2.** Reihenhaus *nt;* **town planning** *s* Stadtplanung, Städteplanung *f;* **town·scape** ['taʊnskeɪp] *s* Stadtbild *nt,* Stadtlandschaft *f;* **towns·folk** ['taʊnzfəʊk] *s pl* Städter *mpl;* **town·ship** ['taʊnʃɪp] *s* (*Am*) (Amts)Bezirk *m;* Ortschaft *f;* (*Südafrika*) Township *f;* **towns·people** ['taʊnzˌpi:pl] *s* Städter, Bürger *mpl;* **town twinning** *s* Städtepartnerschaft *f*

tow truck *s* (*Am*) Abschleppwagen *m*

tox·aemia [tɒk'si:mɪə] *s,* **tox·emia** *s* (*Am*) Blutvergiftung *f*

toxic ['tɒksɪk] *adj* giftig; **~ agent** Gift(stoff) *nt (m);* **~ waste** Giftmüll *m;* **toxi·col·ogy** [ˌtɒksɪ'kɒlədʒɪ] *s* Toxikologie *f;* **toxin** ['tɒksɪn] *s* Gift, Toxin *nt*

toy [tɔɪ] **I.** *s* Spielzeug *nt;* **~s** *pl* Spielwaren *fpl* **II.** *adj* **1.** klein **2.** (*Hund*) Zwerg- **III.** *vi* spielen (*with* mit); **toy car** *s* Spielzeugauto *nt;* **toy·shop** *s* Spielwarenhandlung *f*

trace[1] [treɪs] **I.** *s* **1.** Spur *f* **2.** *meist pl* (*a.* CHEM) Spur, geringe Menge *f;* **without a ~** spurlos; **lose ~ of** aus den Augen verlieren; **~ element** Spurenelement *nt* **II.** *vt* **1.** folgen (*a path* einem Pfad) **2.** nachgehen, -spüren (*s.o.* jdm) **3.** (*Ereignisse: ~ back*) zurückverfolgen, zurückführen (*to* auf) **4.** aufspüren, ausfindig machen **5.** zeichnen; nachzeichnen; durchpausen **6.** (mühsam) schreiben

trace[2] [treɪs] *s:* **kick over the ~s** (*fig*) über die Stränge schlagen

trace·able ['treɪsəbl] *adj* **1.** zurückzuverfolgen(d) **2.** nachweisbar **3.** zurückführbar (*to* auf) **4.** auffindbar; **tracer** ['treɪsə(r)] *s* **1.** (*~ bullet*) Leuchtspurgeschoss *nt* **2.** (*radioactive ~*) Isotopenindikator *m* **3.** Suchzettel *m;* **~ ammunition** Leuchtspurmunition *f*

tracery ['treɪsərɪ] *s* (ARCH) Maßwerk *nt*

tra·chea [trə'kɪə, *pl* -kɪi:] <*pl* -cheae> *s* (ANAT) Luftröhre *f*

trac·ing ['treɪsɪŋ] *s* **1.** Aufspüren *nt* **2.** (Durch)Pausen *nt;* **tracing paper** *s* Pauspapier *nt*

track [træk] **I.** *s* **1.** Spur, Fährte *f* **2.** Pfad, Weg *m* **3.** (*fig*) Bahn *f,* Gang *m* **4.** (Renn-, Aschen)Bahn *f* **5.** (*fig*) (Gedanken)Gang *m* **6.** (RAIL) Gleis *nt,* Schienenstrang *m* **7.** (*Raupenfahrzeug*) Gleiskette *f;* (AUTO) Spur(weite) *f* **8.** Musikstück *nt* (*auf Band, Schallplatte*)*;* (*Band*) Spur *f;* **off the ~** auf falscher Fährte; (*fig*) auf dem Holzweg; **be born on the wrong side of the ~s** (*Am*) aus einfachen Verhältnissen stammen; **be on the ~ of s.o.** jdm auf der Spur sein; **go off the ~** entgleisen; **keep ~ of s.o.** jdn im Auge behalten; **keep ~ of s.th.** sich etw genau merken; etw verfolgen; **leave the ~s** entgleisen; **lose ~ of s.o.** jdn aus den Augen verlieren; **make ~s** (*fam*) sich auf die Socken machen **II.** *vt* **1.** (*jdn, eine Spur*) verfolgen **2.** folgen (*s.o.* jdm) **3.** aufspüren **4.** Spuren hinterlassen in, auf **III.** *vi* **1.** (AUTO) Spur halten **2.** (FILM) sich bewegen **3.** Fährten lesen; **track down** *vt* aufspüren, ausfindig machen; **track-and-field events** *s pl* Leichtathletikkämpfe *mpl;* **tracker dog** ['trækəˌdɒg] *s* Spürhund *m;* **track events** *s pl* (SPORT) Laufdisziplinen *fpl;* **track·ing sta·tion** [ˈtrækɪŋˈsteɪʃn] *s* Beobachtungsstation *f* (*Raumflug*); **track·less** [ˈtræklɪs] *adj* **1.** spur-, pfadlos **2.** (*Fahrzeug*) ohne Ketten; **track record** *s* Leistungsnachweis *m;* **what's his ~?** was hat er vorzuweisen?; **track shoe** *s* Lauf-, Turnschuh *m;* **track·suit** *s* Trainings-, Jogginganzug *m*

tract[1] [trækt] *s* **1.** (ANAT) Verdauungstrakt *m;* (Atem)Wege *mpl* **2.** (*Land*) Gebiet *nt;* **a narrow ~ of land** ein schmaler Streifen Land

tract[2] [trækt] *s* (BES. REL) Traktat *nt*

tract·able [ˈtræktəbl] *adj* folgsam, lenkbar

trac·tion [ˈtrækʃn] *s* **1.** Zug *m,* Zugkraft *f* **2.** (*Fahrzeug*) Bodenhaftung *f* **3.** (MED) Streckverband *m;* **traction engine** *s* Zugmaschine *f;* **trac·tor** [ˈtræktə(r)] *s* Traktor *m,* Zugmaschine *f*

trad [træd] *s* (*~ jazz*) Originaljazz *m*

trade [treɪd] **I.** *s* **1.** Gewerbe *nt;* Handwerk *nt* **2.** (COM) Handel *m* **3.** Beruf *m* **4.** (COM) Fachwelt *f* **5.** Wirtschafts-, Erwerbszweig *m;* Branche *f* **6.** Tauschgeschäft *nt,* -handel *m;* **the Trades** der Passat, die Passatwinde *mpl;* **by ~** von Beruf **II.** *vi* handeln, Handel treiben (*in s.th.* mit einer S, *with s.o.* mit jdm), Geschäfte machen (*with s.o.* mit jdm) **III.** *vt* eintauschen (*s.th. for s.th.* etw für etw); **trade in** *vt* in Zahlung geben (*for* für); **trade on** *vt* ausnutzen (*s.o.* jdn); **trade agreement** *s* Handelsabkommen *nt;* **trade association** *s* Fachverband *m;* **trade balance** *s* Handelsbilanz *f;* **trade barrier** *s* Handelsschranke *f;* **trade cycle** *s* Konjunkturzyklus *m;* **trade directory** *s* Branchen-, Firmenverzeichnis *nt;* **trade discount** *s* Händler-, Großhandelsrabatt *m;* **traded option** *s* handelbare Option; **trade fair** *s* (Fach)Messe *f;* **trade gap** *s* Außenhandelsdefizit *nt;* **trade-in** [ˈtreɪdɪn] *s* in Zahlung gegebener Gegenstand; **trade-in value** *s* Gebrauchtwert *m*

trade journal *s* Fachzeitschrift *f*

trade·mark *s* Warenzeichen *nt*

trade mission *s* Handelsdelegation *f*

trade name *s* Handelsname *m*

trade-off [ˈtreɪdɒf] *s* Austausch *m*

trade policy *s* Handelspolitik *f;* **trade press** *s* Fachpresse *f;* **trade price** *s* Großhandelspreis *m;* **trad·er** [ˈtreɪdə(r)] *s* **1.** Händler(in) *m(f)* **2.** (*Börse*) freie(r) Makler(in) *m (f)* **3.** (MAR) Handelsschiff *nt;* **trade reference** *s* Handels-, Kreditauskunft *f;* **trade register** *s* Handelsregister *nt;* **trade route** *s* Handelsweg *m;* **trade secret** *s* Betriebsgeheimnis *nt;* **trades·man** [ˈtreɪdzmən] <*pl* -men> *s* Lieferant *m;* **tradesmen's entrance** Eingang *m* für Lieferanten; **trades·people** [ˈtreɪdzˌpiːpl] *s pl* Geschäftsleute *pl;* **trade surplus** *s* Handelsüberschuss *m*

trade union [ˌtreɪdˈjuːnjən] *s* Gewerkschaft *f;* **form a ~** sich gewerkschaftlich organisieren, zusammenschließen; **trade unionism** *s* Gewerkschaftsbewegung *f;* **trade unionist** *s* Gewerkschafter(in) *m(f)*

trade war *s* Handelskrieg *m*

trade wind *s* Passatwind *m*

trad·ing [ˈtreɪdɪŋ] **I.** *adj* handeltreibend **II.** *s* Handel *m;* **~ area** Absatzgebiet *nt;* **~ estate** Gewerbegebiet *nt;* **~ licence** Gewerbeschein *m;* **~ relations** Handelsbeziehungen; **~ stamp** Rabattmarke *f;* **~ volume** Handelsvolumen *nt*

tra·di·tion [trəˈdɪʃn] *s* Tradition *f;* Brauch *m;* **tra·di·tional** [trəˈdɪʃənl] *adj* traditionell, herkömmlich; üblich; **tra·di·ti·on·al·ism** [trəˈdɪʃənəlɪzəm] *s* Traditionalismus *m;* **tra·di·tion·al·ist** [trəˈdɪʃənəlɪst] *s* Traditionalist(in) *m(f)*

traf·fic [ˈtræfɪk] <*ppr:* -ficking, *pp:* -ficked> **I.** *s* **1.** Verkehr *m;* Flugverkehr *m* **2.** Handel *m* (*in* in, mit) **3.** (Waren)Umschlag *m* **4.** (INTERNET) Traffic *m;* **air ~** Luftverkehr *m;* **freight ~, goods ~, merchandise ~** Fracht-, Güter-, Warenverkehr *m;* **one-way ~** Einbahnverkehr *m,* -straße *f* **II.** *vi* (Schwarz-, Schleich)Handel treiben, handeln (*in s.th.* mit etw); **~ accident** Verkehrsunfall *m;* **~ calming** *Maßnahmen zur Verkehrsberuhigung;* **~ circle** (*Am*) Kreisverkehr *m;* **~ emissions** verkehrsbedingte Emissionen; **~ in human beings** Menschenhandel *m;* **~ island** Verkehrsinsel *f;* **~ jam** Verkehrsstockung *f,* -stau(ung *f*) *m;* **traf·ficker** [ˈtræfɪkə(r)] *s* Schwarzhändler, Schieber *m;* **traffic lights** *s pl* Verkehrsampel *f;* **traffic patrol** *s* Verkehrsstreife *f;* **traffic regulation** *s* Verkehrsregelung *fpl,* Verkehrsvorschriften *fpl;* **traffic sign** *s* Verkehrszeichen, -schild *nt;* **traffic signals** *s pl* Verkehrsampel *f;* **traffic warden** *s* Verkehrspolizist(in) *m(f),* Politesse *f*

tra·gedy [ˈtrædʒədɪ] *s* Trauerspiel *nt,* Tragödie *f;* **tra·gic** [ˈtrædʒɪk] *adj* tragisch; **tra·gi-com·edy** [ˌtrædʒɪˈkɒmədɪ] *s* Tragikomödie *f*

trail [treɪl] **I.** *vt* **1.** nach-, hinter sich herschleifen **2.** nachziehen, -schleppen **3.** verfolgen **II.** *vi* **1.** schleifen **2.** (BOT) ranken, kriechen **3.** sich dahinschleppen **4.** (*fig*) weit abgeschlagen sein **III.** *s* **1.** (*Rauch*) Fahne *f;* (*Meteor*) Schweif *m* **2.** Spur, Fährte *f* **3.** Pfad *m;* (**hot**) **on s.o.'s ~** (dicht) auf jds Spur; **blaze the ~** (*fig*) den Weg bahnen; **~ of blood** Blutspur *f;* **~ of dust** Staubwolke *f;* **trail along I.** *vi* entlangtrot-

T

ten **II.** *vt* entlangschleppen; **trail away, trail off** *vi* (*Stimme*) sich verlieren; verstummen; **trail behind I.** *vi* **1.** hinterhertrotten **2.** (*fig*) zurückgefallen sein **II.** *vt* hinter sich herschleppen

trail·blazer ['treɪl'bleɪzə(r)] *s* (*fig*) Wegbereiter, Bahnbrecher, Pionier *m*

trailer ['treɪlə(r)] *s* **1.** (BOT) Kletterpflanze *f* **2.** (~ *car*) Anhänger *m* (eines Fahrzeuges) **3.** Wohnwagen *m* **4.** (Film)Vorschau *f;* **trailer camp, trailer park** *s* (*Am*) Campingplatz *m* für Wohnwagen; Wohnwagenkolonie *f*

train[1] [treɪn] *s* **1.** (Eisenbahn)Zug *m* **2.** langer Zug; Karawane *f;* Wagenkolonne *f;* (~ *of barges*) Schleppzug *m;* (*Menschen*) Schlange *f;* Gefolge *nt* **3.** (*fig*) Reihe, Serie, Kette, Folge *f* **4.** (TECH) Walzenstrecke, -straße *f* **5.** (*Kleid*) Schleppe *f;* **by** ~ mit dem Zug, mit der Bahn; **in** ~ im Gange; **get into a ~, get on a ~, board a** ~ in einen Zug einsteigen; **put in** ~ in Gang setzen; **change ~s** umsteigen; **on the** ~ im Zug; ~ **of thought** Gedankengang *m;* **it brought a drought in its** ~ es brachte eine Dürre mit sich

train[2] [treɪn] **I.** *vt* **1.** ausbilden, schulen; (*Tier*) abrichten, dressieren; (*Kind*) erziehen; (*Auszubildende, Anfänger*) einweisen, unterweisen **2.** (SPORT) trainieren; (*Gehirn*) schulen **3.** (*Gewehr, Fernglas*) richten (*on* auf) **4.** (*Pflanze*) wachsen lassen; am Spalier ziehen; ~ **o.s. to do s.th.** sich dazu erziehen etw zu tun; ~ **s.o. as s.th.** jdn zu etw ausbilden **II.** *vi* **1.** (BES. SPORT) trainieren **2.** ausgebildet werden; ~ **as a teacher** eine Lehrerausbildung machen, für das Lehramt studieren

train ac·ci·dent ['treɪnˌæksɪdənt] *s* Eisenbahnunglück *nt;* **train collision** *s* Zugzusammenstoß *m;* **train connection** *s* Zugverbindung *f;* **train driver** *s* Zug-, Lokführer(in) *m(f)*

trained ['treɪnd] *adj* gelernt; ausgebildet; (*Tier*) dressiert; (*Auge, Ohr*) geschult; ~ **workers** Fachkräfte *fpl;* **well-~ child** wohlerzogenes Kind

trainee [treɪ'niː] *s* Auszubildende(r) *f m,* Azubi *f m,* Praktikant(in) *m(f);* **he is a** ~ er befindet sich noch in der Ausbildung; **trainee·ship** [ˌtreɪ'niːʃɪp] *s* Ausbildungsplatz *m;* **trainee teacher** *s* Referendar(in) *m(f);* **trainer** ['treɪnə(r)] *s* **1.** Trainer *m* **2.** Ausbilder(in) *m(f)* **3.** (*Tier*) Dresseur(in) *m(f),* Dompteur(in) *m(f)* **4.** (AVIAT: ~ *plane*) Schulflugzeug *nt;* Simulator *m*

train ferry ['treɪnˌferɪ] *s* Eisenbahnfähre *f*

train·ing ['treɪnɪŋ] *s* **1.** Schulung, Ausbildung *f* **2.** Dressur *f* **3.** Training *nt;* **in/out of** ~ (SPORT) in/aus der Übung; **go into** ~ sich vorbereiten (*for* auf); **training camp** *s* Trainingslager *nt;* **training college** *s* Hochschule *f* für die Lehrerausbildung; **training course** *s* Ausbildungs-, Schulungskurs *m;* **training objective** *s* Ausbildungsziel *nt;* **training personnel** *s* Lehrpersonal *nt;* **training plane** *s* Schulflugzeug *nt;* **training programme** *s* Schulungsmaßnahme *f,* Ausbildungsprogramm *nt;* **training ship** *s* Schulschiff *nt*

train·man ['treɪnmən] <*pl* -men> *s* (*Am*) Eisenbahner *m;* Bremser *m;* **train schedule** *s* Fahrplan *m;* **train service** *s* Zugverkehr *m;* Zugverbindung *f;* **train·spot·ter** *s* (*Br*) *Eisenbahnfan, der die Nummern aller Lokomotiven sammelt*

traipse [treɪps] *vi* (*fam*) latschen; ~ **round the town for s.th.** sich in der Stadt die Beine nach etw ablaufen

trait [treɪt] *s* Eigenschaft *f;* (Charakter-, Wesens-, Gesichts)Zug *m*

trai·tor ['treɪtə(r)] *s* Verräter(in) *m(f)* (*to* an); **trai·tor·ous** ['treɪtərəs] *adj* verräterisch; **trai·tress** ['treɪtrɪs] *s* Verräterin *f*

tra·jec·tory [trə'dʒektərɪ] *s* Flugbahn *f*

tram [træm] *s* Straßenbahn *f;* **go by** ~ mit der Straßenbahn fahren; **tram·line** ['træmlaɪn] *s* **1.** Straßenbahnlinie *f* **2. ~s** (SPORT) Linien *pl* des Doppelspielfelds

tram·mel ['træml] **I.** *s pl* (*fig*) Fesseln *fpl* **II.** *vt* behindern, einengen, hemmen

tramp [træmp] **I.** *vi* **1.** fest auftreten, stapfen **2.** wandern, marschieren; umherziehen **II.** *vt* **1.** durchwandern, -streifen **2.** (*Schmutz*) herumtreten **III.** *s* **1.** (schwerer) Tritt *m* **2.** Fußmarsch *m,* Wanderung *f* **3.** Wohnsitzlose(r) *f m,* Landstreicher(in) *m(f)* **4.** (*pej*) Flittchen *nt* **5.** (MAR: ~ *steamer*) Trampschiff *nt;* **tramp down** *vt* (*Erde*) festtreten; (*Blumen, Gras*) niedertrampeln; **tramp in** *vt* in den Boden treten

trample ['træmpl] **I.** *vt* zertrampeln; ~ **s.o. underfoot** (*fig*) jdn überfahren; ~ **s.th. into the ground** etw in den Boden trampeln **II.** *vi* stampfen, trampeln; ~ **on s.o.** auf jdm herumtrampeln

tram·po·line ['træmpəliːn] *s* Trampolin *nt*

tram·way ['træmweɪ] *s* Straßenbahn(strecke) *f*

trance [trɑːns] *s* Trance *f,* Trancezustand *m;* **send s.o. into a** ~ jdn in Trance versetzen

tranche [trɒnʃ] *s* Tranche *f*

tranny ['trænɪ] *s* (*fam*) Transistor *m,* Kofferradio *nt*

tran·quil ['træŋkwɪl] *adj* **1.** ruhig, friedlich **2.** (*Mensch*) ruhig, gelassen; **tran·quil·ity** *s* (*Am*) *s.* **tranquillity**; **tran·quil·ize** *vt*

(*Am*) *s.* **tranquillize**; **tran·quil·izer** *s* (*Am*) *s.* **tranquillizer**; **tran·quil·lity** [træŋ'kwɪlətɪ] *s* Ruhe *f;* **tran·quil·lize** ['træŋkwɪlaɪz] *vt* beruhigen; **tran·quil·li·zer** ['træŋkwɪlaɪzə(r)] *s* Beruhigungsmittel *nt*

trans·act [træn'zækt] *vt* abwickeln; (*Geschäfte*) aus-, durchführen, abschließen, tätigen; **trans·ac·tion** [træn'zækʃn] *s* **1.** Aus-, Durchführung *f* **2.** Abschluss *m,* Tätigung *f* **3.** (*legal* ~) Rechtsgeschäft *nt* **4.** (FIN) Transaktion *f* **5.** **~s** Sitzungsbericht *m;* Verhandlungsprotokoll *nt;* **cash** ~ Barverkauf *m;* **exchange** ~ Börsengeschäft *nt*

trans·al·pine [trænz'ælpaɪn] *adj* transalpin

trans·at·lan·tic [ˌtrænzət'læntɪk] *adj* transatlantisch; ~ **liner** Überseedampfer *m*

trans·ceiver [træn'siːvə(r)] *s* (RADIO) Sende- u. Empfangsgerät *nt*

trans·cend [træn'send] *vt* (*fig*) überschreiten, -steigen, hinausgehen über; **trans·cend·ent** [træn'sendənt] *adj* (REL PHILOS) transzendent; (*fig*) überragend; **trans·cen·den·tal** [ˌtrænsen'dentl] *adj* überirdisch; (PHILOS) transzendental; (*Zahl*) transzendent

trans·con·ti·nen·tal ['trænzkɒntɪ 'nentl] *adj* transkontinental

tran·scribe [træn'skraɪb] *vt* **1.** kopieren **2.** übertragen, transkribieren **3.** (MUS) umsetzen **4.** (RADIO) auf Band aufnehmen; **tran·script** ['trænskrɪpt] *s* **1.** Kopie *f;* Protokoll *nt;* Niederschrift *f* **2.** (*Am*) (Zeugnis)Abschrift *f*

tran·scrip·tion [træn'skrɪpʃn] *s* **1.** Abschrift *f* **2.** Transkription, Umschrift *f* **3.** (MUS) Umsetzung *f* **4.** (RADIO) Ton-, Bandaufnahme *f;* **phonetic** ~ Lautschrift, phonetische Schrift *f*

trans·duc·er [ˌtræns'djuːsə(r)] *s* (TECH) Umformer *m*

trans·gen·der·ing [trænz'dʒendərɪŋ] *s no pl* Geschlechtsumwandlung *f*

trans·ge·net·ics [trænz'dʒɪnetɪks] *s pl* Transgenetik *f*

tran·sept ['trænsept] *s* (ARCH) Querschiff *nt*

trans·Euro·pean *adj* transeuropäisch; ~ **transport infrastructure network, TEN** transeuropäisches Verkehrsnetz

trans·fer [træns'fɜː] **I.** *vt* **1.** verlegen (*from … to* von … nach) **2.** versetzen (*to* nach) **3.** (*Eigentum, Recht BED….: Eigentum, Recht*) übertragen (*to* auf) **4.** (*Geld*) überweisen (*to* auf) **5.** (COM) übertragen, vortragen, umbuchen **II.** *vi* **1.** überwechseln (*to* zu), umstellen (*to* auf) **2.** (RAIL) umsteigen **III.** ['trænsfɜː(r)] *s* **1.** Verlegung *f* **2.** Versetzung *f* (*to* nach) **3.** (JUR) Übertragung *f* (*to* auf) **4.** (*Geschäft*) Umzug *m* **5.** (COM) Überweisung *f;* Transfer *m;* Umbuchung *f* **6.** Umsteigen *nt;* Umsteigefahrkarte *f* **7.** Abziehbild *nt* **8.** (SPORT) Transfer *m;* Transferspieler(in) *m(f);* **he is a** ~ **from another department** er ist von einer anderen Abteilung versetzt worden; **technology** ~ Technologietransfer *m;* **trans·fer·able** [træns'fɜːrəbl] *adj* übertragbar; **trans·fer·ence** ['trænsfərəns] *s* **1.** (*a.* PSYCH) Übertragung *f* **2.** (*Geld*) Überweisung *f,* Transfer *m;* **transferred charge call** *s* R-Gespräch *nt*

trans·fig·ure [træns'fɪgə(r)] *vt* **1.** umgestalten (*into* in) **2.** (REL) verklären

trans·fix [træns'fɪks] *vt* **1.** durchbohren **2.** (*fig*) lähmen; **be ~ed to the spot** wie gelähmt, wie angewurzelt dastehen

trans·form [træns'fɔːm] *vt* **1.** verwandeln **2.** (*a.* MATH PHYS ELEK) umformen, umwandeln (*to* in); **trans·form·ation** [ˌtrænsfə'meɪʃn] *s* Verwandlung *f;* Umgestaltung *f;* Umformung, Umwandlung *f;* **trans·for·mer** [træns'fɔːmə(r)] *s* (ELEK) Transformator, Umformer *m*

trans·fuse [træns'fjuːz] *vt* (*Blut*) übertragen; (*fig*) erfüllen; **trans·fusion** [træns'fjuːʒn] *s* (*blood* ~) Bluttransfusion, -übertragung *f;* (**blood**) ~ **service** Blutspendedienst *m*

trans·gress [trænz'gres] **I.** *vt* (*Gesetz*) übertreten, verstoßen gegen **II.** *vi* sündigen; **trans·gress·ion** [trænz'greʃn] *s* **1.** Übertretung *f,* Verstoß *m* **2.** (REL) Sünde *f;* **trans·gressor** [træns'gresə(r)] *s* **1.** Rechtsbrecher(in) *m(f),* Übel-, Missetäter(in) *m(f)* **2.** (REL) Sünder(in) *m(f)*

tran·si·ent ['trænzɪənt, *Am* 'trænʃnt] *adj* **1.** vorübergehend; kurz(lebig); flüchtig **2.** (*Am*) nichtansässig

tran·sis·tor [træn'zɪstə(r)] *s* **1.** (ELEK) Transistor *m* **2.** (~ *radio*) Kofferradio *nt;* **tran·sis·tor·ize** [træn'zɪstəraɪz] *vt* mit Transistoren bestücken

tran·sit ['trænsɪt] *s* **1.** (*a.* ASTR) Durchgang *m* **2.** Transit-, Durchgangsverkehr *m* **3.** (*Waren*) Transport *m;* **in** ~ auf dem Transport, unterwegs; **transit business** *s* Transithandel *m;* **transit camp** *s* Durchgangslager *nt;* **transit desk** *s* (AVIAT) Transitschalter *nt;* **transit duty** *s* Durchgangszoll *m;* **transit goods** *s pl* Transitwaren *fpl*

tran·si·tion [træn'zɪʃn] *s* Übergang *m;* (*period of* ~) Übergangszeit *f;* ~ **period** Übergangsphase *f;* **tran·si·tional** [træn'zɪʃənl] *adj* Übergangs-

tran·si·tive ['trænsətɪv] *adj* (GRAM) transitiv

transit lounge ['trænsɪtˌlaʊndʒ] *s* Transitraum *m*

tran·si·tory ['trænsɪtrɪ] *adj* vorübergehend;

T

kurz(lebig)

tran·sit pas·sen·ger ['trænsɪt 'pæsɪndʒə(r)] *s* Transitreisende(r) *f m;* **transit trade** *s* Transithandel *m;* **transit traffic** *s* Transitverkehr *m;* **transit visa** *s* Durchreise-, Transitvisum *nt*

trans·lat·able [trænz'leɪtəbl] *adj* übersetzbar; **trans·late** [trænz'leɪt] **I.** *vt* **1.** übersetzen, -tragen (*into German* ins Deutsche, *from* (*the*) *Italian* aus dem Italienischen) **2.** ~ **words into actions** Worte in die Tat umsetzen **II.** *vi* sich übersetzen lassen, übersetzbar sein; übersetzen; **trans·la·tion** [trænz'leɪʃn] *s* Übersetzung, -tragung *f;* **trans·la·tor** [trænz'leɪtə(r)] *s* Übersetzer(in) *m(f)*

trans·li·ter·ate [trænz'lɪtəreɪt] *vt* transliterieren; **trans·li·ter·at·ion** [ˌtrænzlɪtə'reɪʃn] *s* Transliteration *f*

trans·lu·cent, **trans·lu·cid** [trænz'lu:snt, trænz'lu:sɪd] *adj* lichtdurchlässig

trans·mi·gra·tion [ˌtrænzmaɪ'greɪʃn] *s* (~ *of the soul*) Seelenwanderung *f*

trans·mis·sible [trænz'mɪsəbl] *adj* übertragbar

trans·mis·sion [trænz' mɪʃn] *s* **1.** Übersendung, -mittlung *f* **2.** (*a.* BIOL PHYS) Übertragung *f* **3.** (TECH) Transmission *f;* (AUTO) Getriebe *nt* **4.** (RADIO) Sendung *f* **5.** (INFORM) Datenübertragung *f;* ~ **network** Übertragungsnetz *nt;* ~ **speed** Datenübertragungsrate *f;* **trans·mit** [trænz'mɪt] *vt* **1.** übersenden, -mitteln **2.** übertragen **3.** (PHYS) übertragen; leiten **4.** (RADIO) senden; **trans·mit·ter** [trænz'mɪtə(r)] *s* **1.** Übermittler *m* **2.** (RADIO) Sender *m* **3.** (*Telefon*) Mikrofon *nt;* **trans·mit·ting** [-ɪŋ] *adj:* ~ **station** Sendestelle *f;* ~ **set** Sender *m*

trans·mog·rify [trænz'mɒgrɪfaɪ] *vt* (*hum fig*) ummodeln

trans·mu·ta·tion [ˌtrænsmju:'teɪʃn] *s* **1.** (CHEM) Umwandlung *f* **2.** (BIOL) Transmutation *f;* **trans·mute** [trænz'mju:t] *vt* umwandeln (*into* in)

trans·oceanic ['trænzˌəʊʃɪ'ænɪk] *adj* überseeisch

tran·som ['trænsəm] *s* Querbalken, -träger *m;* (~ *window*) Oberlicht *nt;* (MAR) Spiegel *m*

trans·par·ency [træns'pærənsɪ] *s* **1.** Durchsichtigkeit, Transparenz *f* **2.** Diapositiv *nt* **3.** Overheadfolie *f;* **trans·par·ent** [træns'pærənt] *adj* **1.** durchsichtig **2.** (*fig*) durchschaubar; offenkundig, offensichtlich; **it became** ~ es wurde offensichtlich

tran·spi·ra·tion [ˌtrænspɪ'reɪʃn] *s* Ausdünstung, Transpiration *f;* **tran·spire** [træn'spaɪə(r)] **I.** *vt* **1.** ausdünsten, -schwitzen **2.** (BOT) verdunsten **II.** *vi* **1.** schwitzen, transpirieren **2.** (*fig*) bekannt werden; durchsickern **3.** geschehen

trans·plant [træns'plɑ:nt] **I.** *vt* **1.** umpflanzen **2.** (*Menschen*) verpflanzen (*to* nach) **3.** (MED: *Gewebe*) transplantieren, verpflanzen **II.** ['trɑ:nsplɑ:nt] *s* **1.** Transplantation *f* **2.** Transplantat *nt;* **trans·plan·ta·tion** [ˌtrænsplɑ:n'teɪʃn] *s* **1.** (BOT) Umpflanzen *nt* **2.** (MED) Transplantation *f;* (*Organ*) Transplantat *nt*

trans·port [træn'spɔ:t] **I.** *vt* befördern, transportieren; (HIST) deportieren **II.** ['trænspɔ:t] *s* **1.** Beförderung *f,* Transport *m* **2.** (MIL) Transportschiff *nt;* Transportflugzeug *nt* **3.** Beförderungsmittel *nt* **4.** (*Am*) Fracht, Ladung *f;* **in a ~, in ~s of, ~ed with** hingerissen vor; **means of** ~ Beförderungs-, Transportmittel *nt;* **passenger** ~ Personenverkehr *m;* **public** ~ öffentliche Verkehrsmittel *ntpl;* **road** ~ Güterkraftverkehr *m;* ~ **by rail** (Eisenbahn)Güterverkehr *m;* **trans·port·able** [træns'pɔ:təbl] *adj* transportierbar, versandfähig; **trans·por·ta·tion** [ˌtrænspɔ:'teɪʃn] *s* **1.** Beförderung *f* **2.** Beförderungs-, Transportmittel *nt;* Verkehrsmittel *nt* **3.** Versand-, Transportkosten *pl;* **transport café** *s* Fernfahrerlokal *nt;* **trans·porter** [træn'spɔ:tə(r)] *s* **1.** Autotransporter *m* **2.** Laufkran *m* **3.** (~ *line*) Transportband *nt*

trans·pose [træn'spəʊz] *vt* **1.** vertauschen **2.** (MATH MUS) transponieren

trans·sex·ual [træns'seksjʊəl] *s* Transsexuelle(r) *f m*

trans·verse ['trænzvɜ:s] *adj* diagonal, quer verlaufend (*to* zu); (*Lage*) horizontal; (*Motor*) querstehend

trans·ves·tite [træns'vestaɪt] *s* Transvestit *m*

trap [træp] **I.** *s* **1.** Falle *f* **2.** (*Hunderennen*) Box *f* **3.** (*Schießen*) Wurfmaschine *f* **4.** (~ *door*) Falltür *f;* (THEAT) Versenkung *f* **5.** (TECH) Siphon *m* **6.** zweirädriger Einspänner **7.** (*sl*) Schnauze *f;* **set a ~ for s.o.** jdm eine Falle stellen; **fall** [*o* **walk**] **into a** ~ in eine Falle gehen **II.** *vt* **1.** fangen **2.** (*Menschen*) in die Falle locken **3.** in die Enge treiben; einschließen; absperren **4.** (*Ball*) stoppen **5.** (*Gas, Wasser*) stauen; ~ **s.o. into doing s.th.** jdn dazu bringen, dass er etw tut; **the miners were ~ped** die Bergleute waren von der Außenwelt abgeschlossen; **I feel ~ped** ich fühle mich wie im Gefängnis; ~ **one's finger in a drawer** sich den Finger in einer Schublade einklemmen; **trap door** *s* Falltür *f*

tra·peze [trə'pi:z] *s* (SPORT) Trapez *nt;*

tra·pezium [trə'pi:zɪəm] *s* (*Br*) Trapez *nt;* (*Am*) Trapezoid *nt;* **trap·ezoid** ['træpɪzɔɪd] *s* (MATH: *Br*) Trapezoid *nt;* (*Am*) Trapez *nt*

trap·per ['træpə(r)] *s* Trapper(in) *m(f)*

trap·pings ['træpɪŋz] *s pl* **1.** (*fig*) Aufmachung *f* **2.** Abzeichen *ntpl*

Trap·pist ['træpɪst] *s* Trappist *m*

trap-shoot·ing ['træp,ʃu:tɪŋ] *s* Wurftaubenschießen *nt*

trash [træʃ] *s* **1.** (*Am*) Abfall *m* **2.** (*fig*) Schund, Plunder *m* **3.** Unsinn *m* **4.** Gesindel *nt;* **white** ~ (*in den USA*) arme Weiße *pl;* **trash can** *s* (*Am*) Abfalleimer *m;* **trash-talk·ing** *s* blödes Geschwätz; **trashy** ['træʃɪ] *adj* wertlos; minderwertig

trauma ['trɔ:mə, *Am* 'traʊmə] *s* Trauma *nt;* **trau·matic** [trɔ:'mætɪk, *Am* traʊ'mætik] *adj* traumatisch; **trau·ma·tize** ['trɔ:mətaɪz, *Am* 'traʊmətaɪz] *vt* traumatisieren

trav·el ['trævl] **I.** *vi* **1.** (*a.* COM) reisen (*in* in), fahren; eine Reise machen **2.** (TECH) sich bewegen **3.** sich ausbreiten, sich fortpflanzen **II.** *vt* **1.** bereisen **2.** (*Strecke*) zurücklegen; fahren **III.** *s* **1.** Reisen *nt,* Reise *f* **2.** **~s** Reisen *fpl* **3.** (TECH) Kolbenweg, Hub *m;* (*Instrumente*) Ausschlag *m;* **travel agency, travel bureau** *s* Reisebüro *nt;* **trav·el·card** ['trævlkɑ:d] *s* Netz-, Zeitkarte *f;* **daily** ~ Tageskarte *f;* **weekly** ~ Wochenkarte *f;* **monthly** ~ Monatskarte *f;* **travel cot** *s* Kinderreisebett *nt;* **travel expenses** *s pl* Reisekosten *pl;* **travel insurance** ['trævlɪn'ʃʊərens] *s* Reiseversicherung *f;* **traveled** *adj* (*Am*), **travel·led** ['trævld] *adj* **1.** (*Mensch*) weitgereist **2.** (*Straße*) (viel) befahren; **trave·ler** *s* (*Am*), **trav·el·ler** ['trævlə(r)] *s* (*a.* COM) Reisende(r) *f m;* **commercial** ~ Vertreter(in) *m(f);* **~'s cheque, ~'s check** (*Am*) Reisescheck *m*

travel·ing *s* (*Am*), **travel·ling** ['trævlɪŋ] *s* Reisen *nt;* **travelling allowance** *s* Reisespesen *pl;* **travelling bag** *s* Reisetasche *f;* **travelling circus** *s* Wanderzirkus *m;* **travelling clock** *s* Reisewecker *m;* **travelling crane** *s* Laufkran *m;* **travelling salesman** <*pl* -men> *s* Handelsreisende(r) *m*

trav·elog *s* (*Am*), **trav·elogue** ['trævəlɒg] *s* Reisebericht *m;* Lichtbildervortrag *m* über Reiseerlebnisse

travel-sick ['trævlsɪk] *adj* reisekrank; **trav·el-sickness** ['trævlsɪknəs] *s* Reisekrankheit *f*

tra·verse ['trævɜ:s] **I.** *vt* **1.** durch-, überqueren **2.** (*Zeit*) überdauern **3.** (*Bergsteigen*) queren **II.** *s* Querlinie *f,* -balken *m,* -gang *m*

trav·esty ['trævəstɪ] **I.** *s* **1.** Travestie *f* **2.** (*fig*) Zerrbild *nt;* **the hearing was a ~ of justice** der Prozess war eine reine Farce **II.** *vt* (*fig*) verzerren, entstellen

tra·vo·la·tor [,trævə'leɪtə(r)] *s* Rollsteg *m*

trawl [trɔ:l] **I.** *s* (~*-net*) Schleppnetz *nt* **II.** *vi, vt* mit dem Schleppnetz fischen; **trawl·er** ['trɔ:lə(r)] *s* Fischdampfer, Trawler *m*

tray [treɪ] *s* **1.** Tablett *nt* **2.** (flache) Schale *f;* Backblech *nt* **3.** (*Büro*) Ablage *f,* Ablagekorb *m* **4.** Koffereinsatz *m;* **ash-~** Aschenbecher *m;* **in-/out-~** (Ablage *f*) eingehende/ausgehende Post

treach·er·ous ['tretʃərəs] *adj* **1.** verräterisch, treulos (*to s.o.* jdm) **2.** heimtückisch; gefährlich **3.** (*Gedächtnis*) trügerisch; **treach·ery** ['tretʃərɪ] *s* Treulosigkeit *f* (*to* gegen), Verrat *m* (*to* an)

treacle ['tri:kl] *s* Sirup *m;* **treac·ly** ['tri:klɪ] *adj* **1.** sirupartig **2.** (*fig*) süßlich

tread [tred] <*irr:* trod, trodden> **I.** *vt* **1.** gehen, schreiten auf **2.** (*Weg*) machen; ~ **a risky path** einen gefährlichen Weg beschreiten; ~ **grapes** Trauben stampfen; ~ **water** Wasser treten; ~ **dirt into the carpet** Schmutz in den Teppich treten **II.** *vi* **1.** schreiten, gehen **2.** treten, trampeln (*on, upon* auf); ~ **on air** (*fig*) im Glück schwimmen; ~ **in s.o.'s (foot)steps** (*fig*) in jds Fußstapfen treten; ~ **on s.o.'s heels** (*fig*) jdm nicht von den Fersen gehen; ~ **on s.o.'s toes** (*fig*) jdm zu nahe treten; ~ **carefully** vorsichtig gehen; (*fig*) vorsichtig vorgehen **III.** *s* **1.** Tritt, Schritt *m* **2.** Tritt *m,* Trittbrett *nt;* (Treppen)Stufe *f;* (Leiter)Sprosse *f* **3.** (*Rad*) Lauffläche *f;* (*Gummireifen*) Profil *nt;* **tread down, tread in** *vt* festtreten; **tread out** *vt* austreten

treadle ['tredl] *s* (TECH) Pedal *nt*

tread·mill ['tredmɪl] *s* (*a. fig*) Tretmühle *f*

trea·son ['tri:zn] *s* Verrat *m* (*to* an); **trea·son·able** ['tri:zənəbl] *adj* verräterisch

treas·ure ['treʒə(r)] **I.** *s* (*a. fig*) Schatz *m* **II.** *vt* **1.** (~ *up*) horten, sammeln **2.** (*fig*) sehr schätzen; **treasure house** *s* Schatzkammer *f;* (*fig*) Fundgrube *f;* **treasure hunt** *s* Schatzsuche *f;* **treas·urer** ['treʒərə(r)] *s* Schatzmeister *m;* Stadtkämmerer *m;* Leiter(in) *m(f)* der Finanzabteilung; Kassenverwalter(in) *m(f),* -wart(in) *m(f);* **treasure trove** ['treʒə,trəʊv] *s* **1.** Schatz *m* **2.** Schatzgrube *f;* **treas·ury** ['treʒərɪ] *s* **1.** Schatzamt *nt,* Fiskus *m;* Finanzministerium *nt* **2.** Kasse *f* **3.** (*fig*) Schatz *m,* Sammlung *f;* Fundgrube *f;* **treasury bill** *s* kurzfristiger Schatzwechsel; **treasury bond, treasury note** *s* Schatzanweisung *f;* **Treasury Secretary** *s* (*in den USA*) Fi-

T

nanzminister(in) *m(f)*

treat ['tri:t] **I.** *vt* **1.** behandeln (*for* wegen, *with* mit), umgehen mit **2.** ansehen, betrachten (*as* als) **3.** (*Thema*) behandeln, sich befassen mit **4.** (*Material*) behandeln; (*Abwasser*) klären; (*Altpapier*) verarbeiten, recyceln **5.** bewirten, freihalten (*to s.th.* mit etw); ~ **o.s. to s.th.** sich etw gönnen; **I am going to ~ you** ich lade dich ein; ~ **lightly** auf die leichte Schulter nehmen **II.** *vi* **1.** handeln (*of* von) **2.** ver-, unterhandeln (*with* mit, *for* wegen) **III.** *s* **1.** Bewirtung *f;* Fest(essen) *nt* **2.** (Hoch)Genuss *m,* Freude *f,* Vergnügen *nt;* **it's my ~** das geht auf meine Rechnung; **give s.o. a ~** jdm eine besondere Freude machen; **it's a real ~** das ist ein wahrer Genuss; **it's coming along a ~** (*fam*) das macht sich prächtig

treat·ise ['tri:tɪz] *s* Abhandlung *f* (*upon, on* über)

treat·ment ['tri:tmənt] *s* Behandlung *f* (*for* wegen); (*Abwasser*) Klärung *f*

treaty ['tri:tɪ] *s* Vertrag *m,* Abkommen *nt,* Übereinkunft *f;* **commercial ~** Handelsabkommen *nt;* **peace ~** Friedensvertrag *m*

treble[1] ['trebl] **I.** *adj* dreifach **II.** *adv* dreimal **III.** *vt* verdreifachen **IV.** *vi* sich verdreifachen **V.** *s* (das) Dreifache

treble[2] ['trebl] *s* (MUS) Diskant, Sopran *m;* **treble clef** *s* Violinschlüssel *m;* **treble recorder** *s* Altflöte *f*

tree [tri:] **I.** *s* **1.** (*a.* TECH) Baum *m* **2.** (*shoe ~*) Leisten *m* **3.** (*family ~*) Stammbaum *m* **4.** (*clothes ~*) Kleiderständer *m;* **up a ~** (*fam*) in der Klemme; **at the top of the ~** (*fig*) ganz oben; **they don't grow on ~s** (*fig*) die fallen nicht vom Himmel **II.** *vt* auf einen Baum jagen; **tree frog** *s* Laubfrosch *m;* **tree·less** [-lɪs] *adj* baumlos; **tree·line** ['tri:laɪn] *s* Baumgrenze *f;* **tree-lined** ['tri:laɪnd] *adj* baumbestanden; **tree surgeon** *s* Baumchirurg(in) *m(f);* **tree·top** ['tri:tɒp] *s* (Baum)Wipfel *m;* **tree trunk** *s* Baumstamm *m*

tre·foil ['trefɔɪl] *s* **1.** Klee *m* **2.** (*Symbol*) Kleeblatt *nt* **3.** (ARCH) Dreipass *m*

trek [trek] **I.** *vi* ziehen; mühsam gehen **II.** *s* Treck, Zug *m;* mühsamer Weg; **trek·king** ['trekɪŋ] *s* Trekking *nt*

trel·lis ['trelɪs] *s* Spalier *nt*

tremble ['trembl] **I.** *vi* **1.** zittern (*with* vor) **2.** vibrieren, zittern **3.** sehr besorgt sein, zittern (*for* um) **II.** *s:* **be all of a ~** (*fam*) am ganzen Leibe zittern

tre·men·dous [trɪ'mendəs] *adj* **1.** gewaltig, riesig **2.** (*fig*) toll; hervorragend

trem·olo ['tremələʊ] <*pl* -olos> *s* (MUS) Tremolo *nt*

tremor ['tremə(r)] *s* Zittern, Beben *nt;* (*earth~*) Erdstoß *m,* Beben *nt;* **without a ~** gelassen, ruhig; **tremu·lous** ['tremjʊləs] *adj* **1.** zitternd, bebend **2.** ängstlich, nervös

trench [trentʃ] **I.** *vt* einen Graben ziehen in; Schützengräben ausheben in **II.** *s* Graben *m;* Schützengraben *m*

trench·ant ['trentʃənt] *adj* (*Satire*) scharf, schneidend; (*Kritik, Geist*) scharf; (*Sprache, Ausdruck*) treffend, treffsicher

trench coat ['trentʃkəʊt] *s* Regen-, Wettermantel *m*

trencher·man ['trentʃəmən] <*pl* -men> *s* guter Esser

trend [trend] **I.** *vi* (*fig*) gerichtet sein, tendieren (*towards* nach) **II.** *s* **1.** Richtung, Tendenz *f,* Trend *m* **2.** (*fig*) Verlauf *m,* Entwicklung *f* **3.** Mode *f,* Trend *m;* **trend up** *vt* (*Zahlen*) ansteigen; (*Partei*) sich verbessern; **trend-conscious** ['trend,kɒnʃəs] *adj* modebewusst; **trend·set·ter** ['trend,setə(r)] *s* Trendsetter *m;* **trendy** ['trendɪ] **I.** *adj* modisch; (*fam*) schickimicki **II.** *s* Modefan *m;* (*fam*) Schickimicki *m;* **the trendies** die Schickeria

trepi·da·tion [,trepɪ'deɪʃn] *s* **1.** Aufgeregtheit *f,* Bangen *nt* **2.** Verzagtheit *f;* **in fear and ~** mit Zittern und Bangen

tres·pass ['trespəs] **I.** *vi* **1.** widerrechtlich betreten (*on, upon s.th.* etw) **2.** zu sehr in Anspruch nehmen (*on, upon s.o.'s time* jds Zeit); (*Rechte, Bereich*) eingreifen (*on, upon* in) **3.** (*Bibel*) sündigen (*against* gegen, wider); **no ~ing!** Betreten verboten! **II.** *s* **1.** unerlaubtes Betreten **2.** (*Bibel*) Sünde *f;* **tres·passer** ['trespəsə(r)] *s:* **~s will be prosecuted!** Betreten (bei Strafe) verboten!

trestle ['tresl] *s* Bock *m,* Gestell *nt;* **trestle table** *s* Tisch *m* auf Böcken; Tapeziertisch *m*

triad ['traɪæd] *s* (MUS) Dreiklang *m*

trial ['traɪəl] *s* **1.** Versuch *m;* Probe *f* **2.** Untersuchung, Prüfung *f* **3.** (JUR) Gerichtsverfahren *nt;* (Gerichts)Verhandlung *f* **4.** **~s** (*horse ~s*) Querfeldeinrennen *nt* **5.** (*fig*) Unannehmlichkeit *f;* schwere Belastung, Last *f* (*to s.o.* für jdn); **~s and tribulations** Aufregungen, Schwierigkeiten *pl;* **by (way of) ~ and error** durch Ausprobieren; **on ~** auf, zur Probe; **bring to ~** vor Gericht bringen; **be on ~** angeklagt sein; **give s.th. a ~** etw ausprobieren; **put s.th. to the ~** etw testen; **year of ~** Probejahr *nt;* **~ by jury** Schwurgerichtsverfahren *nt;* **~ of strength** Kraftprobe *f;* **trial flight** *s* Testflug *m;* **trial marriage** *s* Ehe *f* auf Probe; **trial period** *s* Probezeit *f;* **trial run** *s* Generalprobe *f;* Probelauf *m;* Versuchs-, Pro-

befahrt *f*
tri·angle ['traɪæŋgl] *s* **1.** Dreieck *nt* **2.** (MUS) Triangel *m* **3.** (*fig*) Dreiecksbeziehung *f;* **tri·angu·lar** [traɪ'æŋgjʊlə(r)] *adj* dreieckig
tribal ['traɪbl] *adj* Stammes-; ~ **chief** Stammeshäuptling *m;* **tribal·ism** ['traɪblɪzəm] *s* Stammesstruktur *f;* **tribe** [traɪb] *s* **1.** (Volks)Stamm *m* **2.** (BOT) Gattung *f* **3.** (*pej*) Sippschaft *f;* **tribes·man** ['traɪbzmən] <*pl* -men> *s* Stammesangehörige(r) *m*
tribu·la·tion [ˌtrɪbjʊ'leɪʃn] *s* (großer) Kummer *m;* (*fig*) schwere Prüfung
tri·bu·nal [traɪ'bjuːnl] *s* Gericht *nt,* Gerichtshof *m,* Untersuchungsausschuss *m;* Tribunal *nt*
tri·bune[1] ['trɪbjuːn] *s* Tribüne *f*
tri·bune[2] ['trɪbjuːn] *s* (HIST) Tribun *m*
tribu·tary ['trɪbjʊt(ə)rɪ] **I.** *adj* tributpflichtig (*to dat*) **II.** *s* (~ *river*) Nebenfluss *m;* **trib·ute** ['trɪbjuːt] *s* Tribut *m,* Zeichen *nt* der Hochachtung; **pay** (**a**) ~ **to s.o.** jdm Anerkennung zollen
trice [traɪs] *s:* **in a** ~ im Nu
tri·chi·na [trɪ'kaɪnə, *pl* -niː] <*pl* -nae> *s* Trichine *f;* **trichi·no·sis** [ˌtrɪkɪ'nəʊsɪs] *s* (MED) Trichinose *f*
trick [trɪk] **I.** *s* **1.** List *f,* Trick *m* **2.** Kunststück *nt* **3.** Streich *m* **4.** (schlechte) Angewohnheit, Eigenheit *f* **5.** (*Kartenspiel*) Stich *m;* **that should do the** ~ so müsste es gehen; **know a** ~ **or two** sich auskennen, gewitzt sein; **I know a** ~ **worth two of that** das kann ich besser; **she never misses a** ~ ihr entgeht nichts; **play a** ~ **on s.o.** jdm einen Streich spielen; **I'm on to his** ~**s** ich kenne seine Schliche; **how's** ~**s?** (*fam*) wie geht's?; **card** ~ Kartenkunststück *nt,* -trick *m;* **a** ~ **of the light** eine Täuschung **II.** *vt* beschwindeln, betrügen; überlisten; an der Nase herumführen; ~ **s.o. into doing s.th.** jdn dazu verleiten etw zu tun; ~ **out** herausputzen, ausstaffieren; **trick·ery** ['trɪkərɪ] *s* Schwindel, Betrug *m,* Gaunerei *f*
trickle ['trɪkl] **I.** *vi* tröpfeln **II.** *vt* träufeln **III.** *s* Rinnsal *nt;* **a** ~ **of people** tröpfchenweise ankommende Leute; **trickle away** *vi* (*Menge*) sich verlaufen; **trickle out** *vi* durchsickern; (*fig*) herausströmen (*of* aus)
trick·ster ['trɪkstə(r)] *s* Schwindler(in) *m(f),* Betrüger(in) *m(f);* **tricksy** ['trɪksɪ] *adj* heimtückisch; schlau; **tricky** ['trɪkɪ] *adj* **1.** gerissen, durchtrieben **2.** kompliziert; (*Problem*) schwierig; (*Situation*) kitzlig
tri·cycle ['traɪsɪkl] *s* Dreirad *nt*
tri·dent ['traɪdnt] *s* Dreizack *m*
tried [traɪd] *adj* erprobt
tri·en·nial [traɪ'enɪəl] *adj* alle drei Jahre stattfindend; drei Jahre dauernd
trier ['traɪə(r)] *s* (*fam*) jemand, der sich Mühe gibt
trifle ['traɪfl] *s* **1.** Kleinigkeit, Bagatelle *f;* Belanglosigkeit *f* (*to* für) **2.** (*Nachspeise*) Trifle *nt;* **a** ~ ein bisschen; **trifle away** *vt* vergeuden; **trifle with** *vi* spielen mit, nachlässig umgehen mit; **he is not a person to be** ~**d with** mit ihm ist nicht zu spaßen; **trif·ling** ['traɪflɪŋ] *adj* nichtig, unbedeutend
trig·ger ['trɪgə(r)] **I.** *s* (*Gewehr*) Abzug *m;* (*Kamera*) Auslöser *m;* **be quick on the** ~ schnell abdrücken; **pull the** ~ abdrücken **II.** *vt* (~ *off*) auslösen; **trigger-happy** *adj* schießwütig
trig·on·om·etry [ˌtrɪgə'nɒmətrɪ] *s* Trigonometrie *f*
trike [traɪk] *s* Dreirad *nt*
tri·lat·eral [ˌtraɪ'lætərəl] *adj* dreiseitig
trilby ['trɪlbɪ] *s* weicher Filzhut *m*
tri·lin·gual [ˌtraɪ'lɪŋgwəl] *adj* dreisprachig
trill [trɪl] **I.** *s* Triller *m* **II.** *vt, vi* trillern; trällern
tril·lion ['trɪlɪən] *s* Billion *f*
tril·ogy ['trɪlədʒɪ] *s* Trilogie *f*
trim [trɪm] **I.** *vt* **1.** (*Hecke, Bart*) beschneiden, stutzen; (*Haare*) nachschneiden; (*Holzstück*) zurechtschneiden **2.** (*Budget, Aufsatz*) kürzen **3.** besetzen; schmücken **4.** (MAR: *Schiff*) trimmen; (*Segel*) brassen **5.** (AVIAT) (aus)trimmen; anpassen **6.** (*Am*) völlig besiegen **II.** *s* **1.** guter Zustand, gute Verfassung **2.** Ausstattung, Einrichtung *f;* Ausrüstung *f* **3.** (AUTO) Innenausstattung *f* **4.** (MAR) Trimm *m* **5.** (AVIAT) Trimmlage, Fluglage *f;* **in good** [*o* **proper**] ~ in gutem Zustand; (*fam*) in Form; **give s.th. a** ~ etw zurechtschneiden; etw stutzen **III.** *adj* sauber; gepflegt; hübsch, fesch; gut proportioniert; **trim away** *vt* wegschneiden; **trim down** *vt* kürzen; stutzen; schneiden; **trim off** *vt* abschneiden; **trim up** *vt* stutzen; **trim·ming** [-ɪŋ] *s* **1.** Besatz *m,* Verzierung *f* **2.** ~**s** Zutaten *fpl,* Zubehör *m* **3.** ~**s** Abfälle *mpl,* Papierschnitzel *pl;* **with all the** ~**s** (*fig*) mit allem Drum und Dran
Tri·ni·dad ['trɪnɪdæd] *s* Trinidad *nt*
Trin·ity ['trɪnətɪ] *s* **1.** (REL) Dreifaltigkeit *f* **2.** (*t*~) Sommertrimester *nt;* ~ (**Sunday**) Dreifaltigkeitssonntag *m*
trin·ket ['trɪŋkɪt] *s* kleines Schmuckstück
trio ['triːəʊ] <*pl* **trios**> *s* (MUS) Trio *nt*
trip [trɪp] **I.** *s* **1.** Reise *f;* Ausflug *m* **2.** (*sl: Drogen*) Trip *m* **3.** Stolpern *nt* **4.** (SPORT) Beinstellen *nt* **5.** Fehler, Lapsus *m* **6.** (TECH) Auslösung *f* **II.** *vi* **1.** trippeln **2.** stolpern (*over* über) **3.** (*fig*) einen Irrtum begehen,

T

einen Schnitzer machen **4.** (*Drogen*) auf einen Trip gehen **III.** *vt* **1.** (~ *up*) stolpern lassen; ein Bein stellen (*s.o.* jdm) **2.** (*fig*) scheitern lassen, zu Fall bringen **3.** (TECH) in Gang setzen; auslösen; betätigen; **trip over** *vi* stolpern (über); **trip up I.** *vi* **1.** stolpern **2.** (*fig*) einen Fehler machen **II.** *vt* **1.** stolpern lassen; zu Fall bringen **2.** (*fig*) eine Falle stellen (*s.o.* jdm)

tri·par·tite [ˌtraɪ'pɑːtaɪt] *adj* dreiseitig

tripe [traɪp] *s* **1.** (*Küche*) Kaldaunen, Kutteln *fpl* **2.** (*fam fig*) Schund, Kitsch *m*

tri·ple ['trɪpl] **I.** *adj* dreifach; ~ **jump** Dreisprung *m* **II.** *vt* verdreifachen **III.** *vi* sich verdreifachen; **triple sec** *s* süßer, farbloser Orangenlikör; **trip·let** ['trɪplɪt] *s* **1.** (MUS) Triole *f* **2.** *meist pl* Drilling *m;* **trip·li·cate** ['trɪplɪkət] **I.** *adj* **1.** dreifach **2.** in dreifacher Ausfertigung; **in** ~ in dreifacher Ausfertigung **II.** ['trɪplɪkeɪt] *vt* dreifach ausfertigen

tri·pod ['traɪpɒd] *s* **1.** Dreifuß *m* **2.** (PHOT) Stativ *nt*

trip·per ['trɪpə(r)] *s* Ausflügler(in) *m(f)*

trip·ping ['trɪpɪŋ] *adj* trippelnd; ~ **device** Auslösemechanismus *m*

trip·tych ['trɪptɪk] *s* Triptychon *nt*

tri·sect [traɪ'sekt] *vt* in drei gleiche Teile teilen

trite [traɪt] *adj* abgedroschen; banal

tri·umph ['traɪʌmf] **I.** *s* Triumph, Sieg *m* (*over* über) **II.** *vi* **1.** triumphieren (*over* über) **2.** einen Triumph feiern; **tri·um·phal** [traɪ'ʌmfl] *adj* triumphal; Sieges-; ~ **arch** Triumphbogen *m;* **tri·um·phant** [traɪ'ʌmfnt] *adj* **1.** triumphierend; siegreich **2.** jubelnd

trivia ['trɪvɪə] *s pl* Trivialitäten *fpl;* **triv·ial** ['trɪvɪəl] *adj* **1.** trivial **2.** belanglos, unwichtig **3.** (*Mensch*) oberflächlich; **triv·ial·ity** [ˌtrɪvɪ'ælətɪ] *s* **1.** Trivialität, Nebensächlichkeit *f* **2.** Belanglosigkeit *f;* **triv·ial·ize** ['trɪvɪəlaɪz] *vt* trivialisieren

tro·chaic [trəʊ'keɪɪk] *adj* trochäisch; **tro·chee** ['trəʊkiː] *s* (*Versfuß*) Trochäus *m*

trod, trodden [trɒd, 'trɒdn] *s.* **tread**

trog·lo·dyte ['trɒglədaɪt] *s* (HIST) Höhlenmensch *m*

Tro·jan ['trəʊdʒən] **I.** *s* Trojaner(in) *m(f),* Troer(in) *m(f);* **work like a** ~ arbeiten wie ein Pferd **II.** *adj* **1.** trojanisch **2.** (*fig*) übermenschlich; ~ **Horse** Trojanisches Pferd; ~ **War** Trojanischer Krieg

trol·ley ['trɒlɪ] *s* **1.** Handkarren *m* **2.** (RAIL) Draisine *f* **3.** (ELEK) Kontaktrolle *f* **4.** (*shopping, supermarket* ~) Einkaufswagen *m;* **~-bus** Obus *m;* **tea** ~ Teewagen *m;* **he's off his** ~ (*fam*) er hat einen Dachschaden

trol·lop ['trɒləp] *s* Schlampe *f;* Dirne *f*

trom·bone [trɒm'bəʊn] *s* Posaune *f;* **trom·bon·ist** [trɒm'bəʊnɪst] *s* Posaunist(in) *m(f)*

troop [truːp] **I.** *s* **1.** Gruppe *f* **2.** Haufe(n), Trupp *m* **3.** Schar, Herde *f* **4.** (*Pfadfinder*) Stamm *m* **5.** **~s** (MIL) Truppen *pl* **II.** *vi* strömen; ~ **out of** scharenweise herauskommen aus; ~ **into** hineinströmen in; ~ **past s.th.** an etw vorbeiziehen **III.** *vt:* ~ **the colours** eine Fahnenparade abhalten; **troop carrier** *s* (AVIAT MAR) Truppentransporter *m;* **trooper** ['truːpə(r)] *s* **1.** Kavallerist *m* **2.** (*in den USA*) Polizist *m;* **swear like a** ~ fluchen wie ein Kutscher

trophy ['trəʊfɪ] *s* Trophäe *f*

tropic ['trɒpɪk] *s* **1.** (GEOG) Wendekreis *m* **2.** **~s** Tropen *pl;* **Tropic of Cancer/Capricorn** Wendekreis *m* des Krebses/des Steinbocks; **tropi·cal** ['trɒpɪkl] *adj* tropisch; ~ **clothing** Tropenkleidung *f;* ~ **disease** Tropenkrankheit *f;* ~ **rainforest** tropischer Regenwald

tro·po·sphere ['trəʊpəsfɪə(r)] *s* (METE) Troposphäre *f*

trot [trɒt] **I.** *vi* trotten; traben; (*fam*) gehen **II.** *vt* traben lassen **III.** *s* **1.** Trab *m* **2.** **~s** (*fam*) Durchfall *m;* **go for a** ~ (*fam*) sich die Füße vertreten; **keep s.o. on the** ~ (*fig*) jdn auf Trab halten; **three weeks on the** ~ drei Wochen lang; **trot along, trot off** *vi* (*fam*) losziehen; **trot out I.** *vi* hinausgehen **II.** *vt* (*fig*) produzieren; **trot·ter** ['trɒtə(r)] *s* (*Rennpferd*) Traber *m;* **pig's ~s** Schweinsfüße *mpl*

trouble ['trʌbl] **I.** *vt* **1.** beunruhigen, bedrücken, aufregen **2.** belästigen; bemühen (*for* um) **3.** Kummer, Sorgen machen (*s.o.* jdm); **be ~d about s.th.** sich wegen etw Sorgen machen; **I am sorry to** ~ **you** es tut mir leid, dass ich Sie stören muss; ~ **to do s.th.** sich bemühen etw zu tun; **may I** ~ **you?** darf ich Sie bitten (*for* um, *to do* zu tun) **II.** *vi* sich bemühen (*to do* zu tun); **I shan't** ~ **with that** das werde ich mir ersparen **III.** *s* **1.** Schwierigkeiten *fpl,* Ärger *m,* Unannehmlichkeiten *fpl* **2.** Mühe *f,* Umstände *mpl* **3.** (MED) Krankheit *f,* Leiden *nt* **4.** Unruhe *f,* Durcheinander *nt;* (POL) Wirren *pl* **5.** (TECH) Störung *f,* Defekt *m;* **ask** [*o* **look**] **for** ~ sich Ärger einhandeln; **be in** ~ in Schwierigkeiten sein; **be a** ~ **to s.o.** jdm Ärger machen; **get into** ~ sich Unannehmlichkeiten einhandeln; **get a girl into** ~ (*euph*) ein Mädchen ins Unglück bringen; **get s.o. into** ~ jdn in Schwierigkeiten bringen; **have** ~ **with** Ärger, Scherereien haben mit; **make** ~ Ärger machen; (**it will be**) **no** ~ (**at all**) das ist nicht der Rede wert; **what's the** ~**?** was ist los?; **the ~ is that ...** das Problem ist, dass ...; **liver/heart ~** Leber-/Herzleiden *nt;* **labour ~** Arbeiterunruhen *fpl;* **troubled** ['trʌbld] *adj* beunruhigt; bekümmert; (*Zeiten*) unruhig; (*See*) aufgewühlt; **fish in ~ waters** (*fig*) im Trüben fischen; **trouble-free** ['trʌblfri:] *adj* sorglos; **trouble-maker** ['trʌbl,meɪkə(r)] *s* Unruhestifter(in) *m(f);* **trouble·shooter** ['trʌbl-ʃu:tə(r)] *s* **1.** Störungssucher(in) *m(f)* **2.** Schlichter(in) *m(f),* Vermittler(in) *m(f);* **troublesome** ['trʌblsəm] *adj* **1.** störend, lästig, unangenehm **2.** beschwerlich, mühevoll; **trouble spot** *s* Krisenherd *m*

trough [trɒf, *Am* trɔ:f] *s* **1.** Trog *m* **2.** Furche, Rille *f* **3.** Wellental *nt* **4.** (METE) Tief *nt* **5.** (FIN) Konjunkturtief *nt,* Talsohle *f;* **~ of barometric depression** Tiefdruckrinne *f*

troupe [tru:p] *s* (Schauspiel)Truppe *f;* **trouper** ['tru:pə(r)] *s* Mitglied *nt* einer Truppe *f;* **old ~** (*fig*) alter Hase

trouser clip ['traʊzə,klɪp] *s* Hosenklammer *f;* **trouser leg** *s* Hosenbein *nt;* **trousers** ['traʊzəz] *s pl* (*pair of ~*) (lange) Hose *f;* **wear the ~** (*fig*) die Hosen anhaben; **trouser suit** *s* Hosenanzug *m*

trous·seau ['tru:səʊ] *s* Aussteuer *f*

trout [traʊt] *s* Forelle *f;* **trout farm(ing)** *s* Forellenzucht *f;* **trout fishing** *s* Forellenfang *m*

trowel ['traʊəl] *s* Kelle *f;* **lay it on with a ~** (*fig*) dick auftragen

troy [trɔɪ] *s* (*~ weight*) Troy-, Juwelengewicht *nt;* **troy ounce** *s* Feinunze *f*

Troy [trɔɪ] *s* Troja *nt;* **Helen of ~** die schöne Helena

tru·ancy ['tru:ənsɪ] *s* Schulschwänzen *nt;* **tru·ant** ['tru:ənt] *s* Schulschwänzer(in) *m(f);* **play ~** (die Schule) schwänzen

truce [tru:s] *s* Waffenstillstand *m*

truck[1] [trʌk] **I.** *s* **1.** Schub-, Handkarren *m* **2.** (*Am*) Lastwagen *m,* -auto *nt* **3.** offener Güterwagen **II.** *vt* (*Am*) transportieren **III.** *vi* (*Am*) Lastwagen fahren

truck[2] [trʌk] *s* **1.** (*Am: garden ~*) Gemüse *nt* für den Markt **2.** (HIST) Tauschsystem *nt;* **have no ~ with s.o.** mit jdm nichts zu tun haben

truck driver ['trʌk,draɪvə(r)] *s* LKW-Fahrer(in) *m(f),* Last(kraft)wagenfahrer(in) *m(f);* **trucker** ['trʌkə(r)] *s* (*Am*) **1.** Lastwagenfahrer(in) *m(f),* Spediteur *m* **2.** Gemüsegärtner(in) *m(f);* **truck farming** *s* Gemüseanbau *m* für den Markt; **truck·ing** ['trʌkɪŋ] *s* (*Am*) Spedition *f;* **truck stop** *s* (*Am*) Fernfahrerlokal *nt;* **truck trailer** *s* LKW-Anhänger *m*

trucu·lence ['trʌkjʊləns] *s* Aufsässigkeit *f;* **trucu·lent** ['trʌkjʊlənt] *adj* aufsässig

trudge [trʌdʒ] **I.** *vi* sich schleppen, sta(m)pfen (*through* durch) **II.** *s* langer mühsamer Marsch

true [tru:] **I.** *adj* **1.** wahr **2.** (*Bericht, Beschreibung*) wahrheitsgemäß; (*Kopie*) getreu **3.** (*Gefühle*) wahr, echt; (*Grund*) wirklich **4.** (*Leder etc*) echt **5.** (*Eigentümer, Erbe*) rechtmäßig **6.** (*Mann, Freund*) treu **7.** (*Wand, Fläche*) gerade; (*Kreis*) rund; (MUS) rein **8.** (PHYS) tatsächlich; (**it is**) **~** allerdings, zwar **II.** *adv* wahrhaftig, wirklich; genau; **come ~** Wirklichkeit werden; **prove ~** sich bewahrheiten; **tell me ~!** sag mir die Wahrheit! **III.** *s:* **out of ~** schief, nicht gerade; **true up** *vt* genau einstellen; genau ausrichten; **true-blue I.** *adj* waschecht, echt **II.** *s* (*in GB*) echter Tory; **true-born** *adj* gebürtig; echt; rechtmäßig; **true-hearted** [,tru:'hɑ:tɪd] *adj* aufrichtig, ehrlich; (ge)treu; **true-life** *adj* lebensecht; **true-love** *s* Liebchen *nt,* Geliebte(r) *f m*

truffle ['trʌfl] *s* Trüffel *f*

tru·ism ['tru:ɪzəm] *s* Binsenwahrheit *f*

truly ['tru:lɪ] *adv* **1.** aufrichtig; wahrhaftig **2.** wirklich, tatsächlich; **Yours ~** hochachtungsvoll

trump[1] [trʌmp] **I.** *s* Trumpf *m,* Trumpfkarte *f;* **play one's ~ card** (*fig*) seine Trümpfe ausspielen; **turn up ~s** (*fig fam*) alle Erwartungen übertreffen; Glück haben **II.** *vt* übertrumpfen; **trump up** *vt* erfinden

trump[2] [trʌmp] *s* Trompete *f;* **the last ~** die Posaune des Jüngsten Gerichts

trump·ery ['trʌmpərɪ] **I.** *adj* kitschig; wertlos **II.** *s* Plunder *m;* Unsinn *m*

trum·pet ['trʌmpɪt] **I.** *s* Trompete *f;* **blow one's own ~** (*fig*) sein eigenes Lob singen **II.** *vt, vi* **1.** trompeten **2.** (*~ forth*) ausposaunen; **trum·peter** ['trʌmpɪtə(r)] *s* Trompeter(in) *m(f)*

trun·cate [trʌŋ'keɪt] **I.** *vt* **1.** stutzen, verkürzen **2.** abschneiden **3.** verstümmeln **II.** ['trʌŋkeɪt] *adj* stumpf; abgestumpft

trun·cheon ['trʌntʃən] *s* (Gummi)Knüppel *m*

trundle ['trʌndl] **I.** *vi* (dahin)rollen **II.** *vt* rollen, ziehen, schieben

trunk [trʌŋk] *s* **1.** (Baum)Stamm *m* **2.** (*Mensch*) Rumpf *m* **3.** (*Elefant*) Rüssel *m* **4.** (großer) Koffer **5.** (*Am*) Kofferraum *m* **6.** **~s** Turn-, Badehose *f;* **trunk call** *s* (*Br*) Ferngespräch *nt;* **trunk line** *s* **1.** (RAIL) Hauptlinie *f* **2.** (TELE) Fernleitung *f;* **trunk road** *s* (*Br*) Fernstraße *f*

truss [trʌs] **I.** *vt* **1.** abstützen **2.** (*Küche*) wickeln, dressieren **3.** (*Heu*) bündeln **II.** *s* **1.** Bündel *nt* **2.** (Eisen)Band *nt,* Klammer *f* **3.** (ARCH) Fachwerk *nt;* Dachsparren *mpl,* Tragbalken *m* **4.** (MED) Bruchband *nt*

T

trust [trʌst] **I.** *s* **1.** Vertrauen *nt* (*in* zu, auf), Zutrauen *nt* (*in* zu) **2.** Verantwortung *f* **3.** (FIN COM) Treuhandverhältnis *nt,* Treuhandvermögen *nt* **4.** Stiftung *f* **5.** (~ *company*) Kartell *nt,* Trust *m;* **in ~** zu treuen Händen; treuhänderisch; **on ~** auf Treu u. Glauben; **put one's ~ in s.o.** auf jdn sein Vertrauen setzen **II.** *vi* **1.** Vertrauen haben, vertrauen, bauen (*to* auf) **2.** sich verlassen (*to* auf) **III.** *vt* **1.** vertrauen (*s.o.* jdm) **2.** trauen (*s.th.* einer S) **3.** sich verlassen (*s.o. to do s.th.* darauf, dass jd etw tut, *to* auf) **4.** erwarten; hoffen; **~ s.o. to do s.th.** jdm vertrauen, dass er,sie etw tut; jdm zutrauen, dass er/sie etw tut; **~ s.o. with s.th.** jdm etw anvertrauen; **~ you!** typisch!; **I ~ not!** ich hoffe es nicht; **you are coming, I ~** Sie kommen doch hoffentlich; **trust·bust·ing** ['trʌstˌbʌstɪŋ] *s* (*Am*) Monopolzerschlagung *f;* **trusted** ['trʌstɪd] *adj* **1.** (*Methode*) bewährt **2.** (*Diener, Freund*) (ge)treu; **trustee** [trʌs'tiː] *s* **1.** Treuhänder(in) *m(f),* Vermögensverwalter(in) *m(f)* **2.** (*Institution*) Kurator, Verwalter *m;* **trust·ful** ['trʌstfl] *adj* vertrauensvoll; gutgläubig; **trust fund** *s* Treuhandvermögen *nt;* **trust·ing** ['trʌstɪŋ] *adj* vertrauensvoll; **trust·worthi·ness** ['trʌstˌwɜːðɪnɪs] *s* Vertrauenswürdigkeit *f;* Glaubhaftigkeit *f;* **trust·worthy** ['trʌstˌwɜːðɪ] *adj* vertrauenswürdig; (*Geschichte*) glaubwürdig; **trusty** ['trʌstɪ] *adj* treu, zuverlässig

truth [truːθ, *pl* truːðz] <*pl* **truths**> *s* Wahrheit *f;* **in ~** in Wirklichkeit; **to tell the ~** ehrlich gesagt; **I told him the plain ~** ich habe ihm reinen Wein eingeschenkt; **there is no ~ in it** es ist nichts Wahres daran; **home ~s** bittere Wahrheiten *fpl;* **truth·ful** ['truːθfl] *adj* ehrlich; **truth·ful·ness** [-nəs] *s* Ehrlichkeit *f;* (*einer Aussage*) Wahrheit *f*

try [traɪ] **I.** *vt* **1.** versuchen (*doing s.th.* etw zu tun) **2.** probieren **3.** auf die Probe stellen **4.** (JUR: *Menschen*) vor Gericht stellen; (*Fall*) verhandeln; **~ one's hand at s.th.** etw probieren; **~ one's luck** sein Glück versuchen; **be tried for murder** wegen Mordes vor Gericht stehen; **just you ~ it!** versuch's bloß (nicht)!; **why don't you ~ him** warum versuchst du es nicht mal mit ihm; **tried and tested** erprobt; **these things are sent to ~ us!** man ist schon gestraft! **II.** *vi* versuchen; **I'll ~** ich werde es versuchen; **~ and come** versuche zu kommen **III.** *s* Versuch *m;* **give s.th. a ~** etw versuchen; **have a ~!** versuchen Sie es mal!; **it was a good ~** das war gar nicht schlecht; **try for** *vi* sich bemühen um; **try on** *vt* **1.** anprobieren; (*Hut*) aufprobieren **2.** (*fig*): **she's ~ing it on** sie probiert, wie weit sie gehen kann; sie will nur provozieren; **~ it on with s.o.** jdn provozieren; **don't ~ it on with me** komm mir bloß nicht so; **try out** *vt* ausprobieren; (*Angestellten*) einen Versuch machen mit; **try over** *vt* (MUS) proben; **try·ing** [-ɪŋ] *adj* anstrengend, mühsam (*to* für); **how ~!** wie ärgerlich!; **try-on** ['traɪɒn] *s:* **it's just a ~** er/sie tut nur so; **try-out** ['traɪaʊt] *s* Probe *f;* Probefahrt *f;* Probespiel *nt;* Probezeit *f;* **give s.th. a ~** etw ausprobieren

tsar [zɑː(r)] *s* Zar *m;* **tsa·rina** [zɑː'riːnə] *s* Zarin *f;* **tsar·ist** ['zɑːrɪst] **I.** *s* Zarist *m* **II.** *adj* zaristisch

tsetse (fly) ['tsetsɪ] *s* Tsetsefliege *f*

T-Shirt ['tiːʃɜːt] *s* T-Shirt *nt;* **T-square** ['tiːskweə(r)] *s* Reißschiene *f*

tub [tʌb] *s* **1.** Tonne *f,* Fass *nt;* Kübel *m;* Zuber *m* **2.** Becher *m* **3.** (*fam*) (Bade)Wanne *f* **4.** (*pej fam*) Kahn *m;* **tubby** ['tʌbɪ] *adj* (*fam*) klein u. dick; mollig; pummelig; rundlich

tube [tjuːb] *s* **1.** Rohr *nt;* Schlauch *m;* Sprachrohr *nt* **2.** (*Zahnpasta etc.*) Tube *f* **3.** (ELEK TV) Röhre *f* **4.** (ANAT) Eileiter *m* **5.** (*in London*) U-Bahn *f;* **bronchial ~s** Bronchien *pl;* **tubeless** [-lɪs] *adj* (AUTO) schlauchlos

tu·ber ['tjuːbə(r)] *s* (BOT) Knolle *f*

tu·ber·cu·lar [tjuː'bɜːkjʊlə(r)] *adj* tuberkulös; **tu·ber·cu·lo·sis** [tjuːˌbɜːkjʊ'ləʊsɪs] *s* Tuberkulose, Tb(c) *f;* **tu·ber·cu·lous** [tjuː'bɜːkjʊləs] *adj* tuberkulös

tube station ['tjuːbsteɪʃn] *s* (*in London*) U-Bahn-Station *f*

tub-thumper ['tʌbθʌmpə(r)] *s* Volksredner *m*

tuck [tʌk] **I.** *vt* **1.** stecken **2.** (*Nähen*) mit Biesen versehen **II.** *s* **1.** Saum *m;* Biese *f* **2.** Süßigkeiten *fpl;* **tuck away** *vt* wegstecken; (*fam: Essen*) wegputzen; **tuck in** **I.** *vt* **1.** hineinstecken **2.** (*Kind*) zudecken **II.** *vi* (*fam*) (beim Essen) zulangen; **tuck up** *vt* hochstecken; (*Ärmel*) hochkrempeln; (*Beine*) unterschlagen; **~ up in bed** ins Bett stecken; **tucker** ['tʌkə(r)] *s:* **in one's best bib and ~** im Sonntagsstaat; **tuck-in** [ˌtʌk'ɪn] *s* (*fam*) solide Mahlzeit; **tuck shop** *s* (*fam*) Süßwarengeschäft *nt*

Tues·day ['tjuːzdɪ] *s* Dienstag *m;* **on ~** am Dienstag; **on ~s** dienstags

tuft [tʌft] *s* Büschel *nt*

tug [tʌg] **I.** *vi* fest ziehen, zerren, reißen (*at* an) **II.** *vt* **1.** zerren, heftig ziehen (an) **2.** (MAR) schleppen **III.** *s* **1.** Zerren *nt* **2.** (MAR: *~boat*) Schlepper *m;* **~ of war** (SPORT) Tauziehen *nt;* **give s.th. a ~** an etw ziehen

tu·ition [tjuːˈɪʃn] *s* Unterricht *m*
tu·lip [ˈtjuːlɪp] *s* Tulpe *f*
tumble [ˈtʌmbl] **I.** *s* **1.** Sturz *m* **2.** Durcheinander *nt;* **have** [*o* **take**] **a** ~ stürzen; (*fig*) fallen; **in a** ~ durcheinander **II.** *vi* **1.** straucheln, stolpern (*over* über) **2.** stürzen, fallen (*off a bicycle* vom Fahrrad, *out of a window* aus einem Fenster) **3.** (COM: *Preise*) fallen **4.** (*fam*) plötzlich kapieren (*to s.th.* etw) **III.** *vt* **1.** stoßen **2.** (*Haar*) zerzausen; **tumble about** *vi* durcheinander purzeln; **tumble down** *vi* **1.** hinfallen; herunterfallen; (*Gebäude*) einfallen **2.** herunter-, hinunterrennen; **tumble in** *vi* hereinpurzeln; **tumble over** *vi* umfallen; **tumble·down** [ˈtʌmblˌdaʊn] *adj* baufällig; **tumble-drier** *s* (ELEK) Wäschetrockner *m;* **tum·bler** [ˈtʌmblə(r)] *s* **1.** Akrobat(in) *m (f)* **2.** (*Spielzeug*) Stehaufmännchen *nt* **3.** Becherglas *nt* **4.** (ELEK) Wäschetrockner *m*
tu·mes·cence [tuːˈmesns] *s* Schwellung *f;* **tu·mes·cent** [tuːˈmesnt] *adj* anschwellend
tummy [ˈtʌmɪ] *s* (*fam*) Bauch *m;* **tummy-ache** *s* Bauchweh *nt*
tu·mor *s* (*Am*), **tu·mour** [ˈtjuːmə(r)] *s* (MED) Geschwulst *f,* Tumor *m*
tu·mult [ˈtjuːmʌlt] *s* **1.** Lärm, Tumult *m* **2.** Durcheinander *nt;* **tu·mul·tu·ous** [tjuːˈmʌltʃʊəs] *adj* **1.** lärmend **2.** turbulent, stürmisch
tu·mu·lus [ˈtjuːmjʊləs, *pl* -laɪ] <*pl* -li> *s* Tumulus *m,* Hügelgrab *nt*
tun [tʌn] *s* Fass *nt*
tuna [ˈtjuːnə] *s* Thunfisch *m*
tun·dra [ˈtʌndrə] *s* (GEOG) Tundra *f*
tune [tjuːn] **I.** *s* Melodie *f;* **in** ~ (MUS) (gut) gestimmt, in Harmonie (*with* mit); (*fig*) auf der gleichen Wellenlänge (*with* wie); **out of** ~ (MUS) verstimmt; (AUTO) falsch eingestellt; (*fig*) im Widerspruch (*with* zu); **to the** ~ **of** (*fam*) zum Preis, in Höhe von; **change one's** ~ (*fig*) andere Töne anschlagen **II.** *vt* **1.** (*Musikinstrument*) stimmen **2.** (TECH RADIO) einstellen **3.** (AUTO) tunen; **tune in** *vt* (RADIO) einschalten; ~ **in to s.th.** etw einschalten; **tune up I.** *vi* (MUS) die Instrumente stimmen **II.** *vt* (AUTO: *Motor*) tunen; richtig einstellen; **tuned-in** *adj* auf der richtigen Wellenlänge; **tune·ful** [ˈtjuːnfl] *adj* klangvoll, melodisch; **tune-less** [-lɪs] *adj* misstönend; **tuner** [ˈtjuːnə(r)] *s* **1.** (*piano* ~) Klavierstimmer(in) *m(f)* **2.** (RADIO) Tuner *m;* **tune-up** [ˈtjuːnʌp] *s* (TECH AUTO) Justierung *f*
tung·sten [ˈtʌŋstən] *s* (CHEM) Wolfram *nt*
tu·nic [ˈtjuːnɪk] *s* **1.** lange (Damen)Bluse *f;* Kittel *m* **2.** (MIL) Waffenrock *m*
tun·ing [ˈtjuːnɪŋ] *s* **1.** (MUS) Stimmen *nt* **2.** (RADIO) Einstellen *nt* **3.** (AUTO) Tunen, Tuning *nt;* **tuning fork** *s* Stimmgabel *f;* **tuning knob** *s* Abstimmknopf *m;* **tuning range** *s* Abstimmbereich *m*
Tu·ni·sia [tjuːˈnɪzɪə] *s* Tunesien *nt;* **Tu·ni·sian** [tjuːˈnɪzɪən] **I.** *s* Tunesier(in) *m(f)* **II.** *adj* tunesisch
tun·nel [ˈtʌnl] **I.** *s* **1.** Tunnel *m;* Unterführung *f* **2.** (MIN) Stollen *m* **3.** (*von Tieren*) Bau *m;* **Channel Tunnel** Kanaltunnel *m* **II.** *vt* untertunneln **III.** *vi* einen Tunnel anlegen (*through* durch, *into* in)
tunny [ˈtʌnɪ] *s* T(h)unfisch *m*
tup·pence [ˈtʌpəns] *s* zwei Pence *mpl;* **I don't care** ~ das ist mir egal; **tup·penny** [ˈtʌpənɪ] *adj* für zwei Pence; Zweipence-; **tup·penny-ha'penny** [ˈtʌpnɪˈheɪpnɪ] *adj* (*Br fam*) lächerlich
tur·ban [ˈtɜːbən] *s* Turban *m*
tur·bid [ˈtɜːbɪd] *adj* **1.** (*Flüssigkeit*) trüb(e), schmutzig **2.** (*fig*) wirr, konfus
tur·bine [ˈtɜːbaɪn] *s* Turbine *f;* **turbo·car** [ˌtɜːbəʊˈkɑː(r)] *s* Turbinenauto *nt;* **tur·bo·charged** [ˈtɜːbəʊˌtʃaːdʒəd] *adj* (AUTO) mit Turbolader *m;* **turbo·charger** [ˈtɜːbəʊˌtʃɑːdʒə(r)] *s* (AUTO) Turbolader *m;* **turbo·diesel** [ˈtɜːbəʊˌdiːsl] *s* (AUTO) Turbodiesel *m;* **turbo engine** [ˈtɜːbəʊ ˌendʒɪn] *s* Turbomotor *m;* **tur·bo·jet** [ˌtɜːbəʊˈdʒet] *s* Düsenflugzeug *nt;* Turbotriebwerk *nt;* **turbo·prop** [ˈtɜːbəʊˈprɒp] *s* Turboprop *f;* Turbo- Prop-Flugzeug *nt*
tur·bot [ˈtɜːbət] *s* (Stein)Butt *m*
tur·bu·lence [ˈtɜːbjʊləns] *s* **1.** Unruhe *f* **2.** (*a.* PHYS) Turbulenz *f,* Böigkeit *f;* **tur·bu·lent** [ˈtɜːbjʊlənt] *adj* **1.** unruhig, ungestüm **2.** wirr, stürmisch, aufgeregt **3.** (PHYS) turbulent **4.** (*Wetter*) böig
turd [tɜːd] *s* (*vulg*) **1.** Kacke *f,* Kot *m* **2.** Scheißkerl *m*
tu·reen [tjʊˈriːn] *s* Suppenschüssel *f*
turf [tɜːf, tɜːvz] <*pl* **turfs, turves**> **I.** *s* Grasnarbe *f,* Rasen *m;* **the Turf** die (Pferde)Rennbahn; das Pferderennen **II.** *vt* mit Rasen(stücken) bedecken; ~ **out** (*sl*) rausschmeißen; **turf accountant** *s* Buchmacher(in) *m(f)*
tur·gid [ˈtɜːdʒɪd] *adj* **1.** (MED) geschwollen **2.** (*fig*) schwülstig
Turk [tɜːk] *s* Türke *m,* Türkin *f*
tur·key [ˈtɜːkɪ] *s* Truthahn *m;* **talk** ~ kein Blatt vor den Mund nehmen
Turkey [ˈtɜːkɪ] *s* die Türkei; **Tur·kish** [ˈtɜːkɪʃ] **I.** *adj* türkisch; ~ **bath** türkisches Bad, Schwitzbad *nt;* ~ **delight** Lokum *nt* (*mit Puderzucker bestreutes Geleekonfekt*)*;* ~ **towel** Frottiertuch *nt* **II.** *s* (das) Türkisch(e)

tur·moil ['tɜːmɔɪl] *s* Aufruhr *m;* Durcheinander *nt;* **her mind was in a** ~ sie war völlig durcheinander

turn [tɜːn] **I.** *s* **1.** Drehung *f;* Umdrehung *f* **2.** (*Straße*) Kurve *f;* (SPORT) Wende *f* **3.** Reihenfolge *f* **4.** (guter) Dienst *m* **5.** (MED) Anfall *m* **6.** Tendenz *f,* Hang *m;* Neigung *f* **7.** (BES. THEAT) Nummer *f* **8.** Zweck *m* **9.** Spaziergang *m;* Spazierfahrt *f* **10.** (~ *of phrase*) Ausdruck *m* **11.** (FIN) Handelsgewinn *m;* **do s.o. a good** ~ jdm einen guten Dienst erweisen; **give s.th. a** ~ etw drehen; **give s.o. a** ~ jdm einen Schrecken einjagen; **have an analytical** ~ **of mind** analytisch begabt sein, analytisch denken; **make a** ~ **to the right** eine Rechtskurve machen; rechts ein-, abbiegen; **miss a** ~ einmal aussetzen; **serve s.o.'s** ~ jds Zwecken dienen; **take a** ~ **for the better** besser werden; **take** ~**s at doing s.th.** sich bei etw abwechseln, etw abwechselnd tun; **take a** ~ **in the park** einen Spaziergang im Park machen; **at every** ~ auf Schritt und Tritt; **by** ~**s, in** ~ abwechselnd; **in** ~ der Reihe nach; ~ **and** ~ **about** abwechselnd; **out of** ~ außer der Reihe; (*fig*) unberechtigt; **be on the** ~ (*Nahrungsmittel*) nicht mehr ganz gut sein; **the** ~ **of the century** die Jahrhundertwende; **the** ~ **of events** der Verlauf der Dinge; ~ **of the tide** Gezeitenwechsel *m;* (*fig*) Umschwung *m,* (Trend)Wende *f;* **it gave me quite a** ~ es hat mir einen schönen Schrecken eingejagt; **it's your** ~ du bist an der Reihe, du bist dran; **it has served its** ~ es hat seinen Zweck erfüllt; **whose** ~ **is it?** wer ist an der Reihe? wer ist dran? **II.** *vt* **1.** drehen; (*Rad etc*) antreiben; (*Purzelbaum*) schlagen **2.** (*Kopf*) drehen, wenden; (*Rücken*) zudrehen, zuwenden (*to s.o.* jdm); (*Magen*) umdrehen **3.** (*Heu, Kragen, Auto*) wenden; (*Seite*) umblättern; (*Schallplatte, Bild, Stuhl*) umdrehen **4.** (*Gedanken, Blicke, Aufmerksamkeit, Gewehr*) richten (*to* auf); (*Schritte*) lenken **5.** (*bestimmtes Alter*) überschreiten **6.** verwandeln (*into* in); (*Milch*) sauer werden lassen **7.** (*Holz, Gegenstand*) drechseln; (*Metall*) drehen; ~ **s.o.'s head** (*fig*) jdm den Kopf verdrehen; jdm zu Kopf steigen; ~ **s.o.'s brain** jdn verwirren; jdn verstören; ~ **one's hand to s.th.** etw versuchen; **it has** ~**ed two o'clock** es ist zwei Uhr vorbei; **the lorry** ~**ed the corner** der Lastwagen bog um die Ecke; ~ **s.o.'s hair grey** jds Haar grau werden lassen; ~ **s.th. black** etw schwarz werden lassen; **nothing will** ~ **him from his goal** nichts wird ihn von seinem Ziel abbringen; **a well-**~**ed phrase** ein gut formulierter Satz; ~ **s.o. loose** jdn freilassen **III.** *vi* **1.** sich drehen; sich drehen lassen; (*Magen*) sich umdrehen **2.** (*Fahrer, Auto*) abbiegen; wenden; (*Flugzeug, Schiff*) abdrehen; wenden; (*Mensch*) sich umdrehen; (*Wind*) drehen **3.** sich wenden (*to* an) **4.** (*Blätter*) sich färben; (*Nahrungsmittel*) schlecht werden; sauer werden; (*Wetter*) umschlagen **5.** (*Alter, Beruf*) werden; ~ **traitor** zum Verräter werden; **his hair** ~**ed grey** sein Haar wurde grau; ~ **into s.th.** zu etw werden; sich in etw verwandeln; ~ **red** rot werden; **our luck** ~**ed** das Blatt hat sich gewendet; **he didn't know which way to** ~ er wusste nicht mehr aus noch ein; **turn about I.** *vi* umdrehen; kehrtmachen **II.** *vt* (*Auto*) wenden; **turn against I.** *vi* sich wenden gegen **II.** *vt* aufbringen gegen; (*Argument*) verwenden gegen; **turn away I.** *vt* **1.** fort-, wegschicken **2.** (*Gesicht*) abwenden **II.** *vi* sich abwenden; ~ **away business** Aufträge ablehnen; **turn back I.** *vi* umkehren; sich umdrehen; (*im Buch*) zurückblättern **II.** *vt* **1.** (*Menschen*) zurückschicken; zurückweisen **2.** (*Uhr*) zurückstellen; zurückdrehen **3.** (*Bettdecke*) zurückschlagen; (*Buchseite*) umdrehen; **turn down I.** *vt* **1.** herunterklappen **2.** (*Flamme*) herunterdrehen, klein stellen **3.** (*Sache*) abschlagen, -lehnen **4.** (*Radio*) leiser stellen **5.** (*Person*) ab-, zurückweisen; einen Korb geben (*s.o.* jdm) **II.** *vi* einbiegen in (*eine Straße*); **turn in I.** *vi* **1.** (*Auto*) einbiegen **2.** (*fam*) zu Bett gehen **II.** *vt* **1.** (*fam*) zurückgeben; abgeben **2.** eintauschen (*for* gegen) **3.** (*bei Polizei*) anzeigen; **her toes** ~ **in** ihre Zehen gehen nach innen; ~ **in on o.s.** sich in sich selbst zurückziehen; ~ **it in!** (*Br sl*) hör auf!; **turn into I.** *vi* sich verwandeln in **II.** *vt* verwandeln in; **turn off I.** *vt* **1.** (*Wasser, Gas*) abstellen **2.** (*Strom*) abschalten; (*Licht*) ausschalten **II.** *vi* **1.** vom Wege abbiegen **2.** (*Straße*) abzweigen, -biegen; ~ **s.o. off** jdn abschrecken; **turn on** *vt* **1.** (*Wasser*) aufdrehen **2.** (*elektrisches Gerät*) einschalten **3.** (*Licht*) anmachen; ~ **on s.o.** sich gegen jdn wenden; ~ **on s.th.** von etw abhängen; ~ **s.o. on** (*sl*) jdn scharf machen; jdm gefallen; **turn out I.** *vt* **1.** nach außen kehren; (*Tasche*) umkehren **2.** hinauswerfen, wegjagen, entlassen **3.** (*Licht*) ausmachen **4.** produzieren, herstellen **5.** (*Saldo*) aufweisen **II.** *vi* **1.** (heraus)kommen (*for* zu) **2.** sich erweisen, sich herausstellen (*to be good* als gut) **3.** ausgehen, ausfallen; werden (*wet* regnerisch) **4.** (*well*) gut gelingen; **it** ~**ed out to**

be right es stellte sich heraus, dass es richtig war; **how did it ~ out?** wie ist es geworden?; **turn over I.** *vt* **1.** umdrehen **2.** aus-, abliefern **3.** (COM) umsetzen, verkaufen **4.** nachdenken über **5.** (AUTO) laufen lassen **II.** *vi* sich umdrehen, sich auf die andere Seite legen; umkippen; **turn round I.** *vi* **1.** sich umdrehen; umkehren **2.** (*fig*) einfach gehen **II.** *vt* **1.** umdrehen; drehen **2.** (*Schiff*) abfertigen; (*Waren*) fertig stellen **3.** (COM) sanieren, in die Gewinnzone bringen; ~ **round the corner** um die Ecke biegen; **the earth ~s round the sun** die Erde dreht sich um die Sonne; **you can't just ~ round and deny it** du kannst das nicht einfach abstreiten; **turn to** *vi* sich an die Arbeit machen; ~ **to s.o.** sich an jdn wenden; ~ **to one's work** sich an die Arbeit machen; **turn up I.** *vi* **1.** auftauchen **2.** geschehen; sich ergeben **3.** (*Nase, Seite*) nach oben gebogen sein **II.** *vt* **1.** (*Kragen*) hochschlagen; (*Ärmel*) hochkrempeln **2.** (*Gas, Heizung*) höher stellen; (*Radio*) lauter stellen; (*Lautstärke*) aufdrehen; (*Licht*) heller machen **3.** finden, entdecken; ausfindig machen **4.** (*Boden*) umpflügen; ~ **up one's nose at s.th.** die Nase über etw rümpfen; **a ~ed up nose** eine Himmelfahrtsnase; ~ **it up!** (*Br sl*) hör auf!

turn·about, turn·around ['tɜːnəˌbaʊt, 'tɜːnəˌraʊnd] *s* Kehrtwendung *f;* (COM) Tendenzwende *f;* (*fig*) Umschwung *m*

turn·coat ['tɜːnkəʊt] *s* Abtrünnige(r) *m*

turner ['tɜːnə(r)] *s* Drechsler *m;* Dreher *m*

turn·ing ['tɜːnɪŋ] *s* **1.** Biegung, Kurve *f;* Straßenecke *f;* Abzweigung *f* **2.** Drechslerei *f;* Drehen *nt;* **turning area** *s* (AUTO) Wendefläche *f;* **turning lathe** *s* Drehbank *f;* **turning point** *s* Wendepunkt *m*

tur·nip ['tɜːnɪp] *s* Rübe *f*

turn·key op·er·ation [ˌtɜːnkiːɒpə'reɪʃn] *s* schlüsselfertiges Projekt

turn-off ['tɜːnɒf] *s* (Straßen)Gabelung, Abzweigung *f;* **it's a real ~** (*fam*) da vergeht einem doch alles; **turn-out** ['tɜːnaʊt] *s* **1.** Teilnahme, Beteiligung *f;* Besucherzahl *f* **2.** Reinigung *f* **3.** Produktion *f* **4.** Aufmachung, Kleidung *f;* **give s.th. a ~** etw sauber machen; **turn·over** ['tɜːnˌəʊvə(r)] *s* (COM) Umsatz *m;* (*Kapital*) Umlauf *m;* (*Waren, Lager*) Umschlag *m;* (*Personal*) Fluktuation *f;* **turn·pike** ['tɜːnpaɪk] *s* **1.** Schlagbaum *m,* Mautschranke *f* **2.** (*Am*) (gebührenpflichtige) Autobahn *f;* **turn·round** ['tɜːnraʊnd] *s* **1.** (*Schiff, Flugzeug*) Abfertigung *f* **2.** (*Firma*) Sanierung *f* **3.** (*Firma*) Tendenzwende *f* **4.** (*Ware*) mittlerer Lagerumschlag; **turn·stile** ['tɜːnstaɪl] *s* Drehkreuz *nt;* **turn·table** *s* **1.** (RAIL) Drehscheibe *f* **2.** Plattenteller *m;* **turntable ladder** *s* Drehleiter *f;* **turn-up** ['tɜːnʌp] *s* **1.** (*Br: Hose*) Aufschlag *m* **2.** (*fam*) Überraschung *f;* **a ~ for the book** eine tolle Überraschung

tur·pen·tine ['tɜːpəntaɪn] *s* Terpentin *nt*

tur·pi·tude ['tɜːpɪtjuːd] *s* Schändlichkeit, Verderbtheit *f*

turps [tɜːps] *s* (*fam*) Terpentin *nt*

tur·quoise ['tɜːkwɔɪz] *s* **1.** (MIN) Türkis *m* **2.** (*Farbe*) Türkis *nt*

tur·ret ['tʌrɪt] *s* **1.** Türmchen *nt* **2.** (MIL) Geschütz-, Panzerturm *m* **3.** (AVIAT MIL) Kanzel *f*

turtle ['tɜːtl] *s* (Wasser)Schildkröte *f;* **turn ~** (MAR) (voll durch)kentern; **turtle·dove** *s* Turteltaube *f;* **turtle·neck** *s* (Pullover *m* mit) Stehbündchen *nt*

tusk [tʌsk] *s* Stoßzahn *m;* Eckzahn *m;* Hauer *m*

tussle ['tʌsl] **I.** *vi* **1.** sich raufen **2.** (*fig*) streiten (*with* mit) **II.** *s* Balgerei *f*

tus·sock ['tʌsək] *s* (Gras)Büschel *nt*

tut [tʌt] *interj* pfui!; **~-~!** Unsinn!

tu·te·lage ['tjuːtɪlɪdʒ] *s* **1.** Vormundschaft *f* **2.** Anleitung, Führung *f*

tu·tor ['tjuːtə(r)] **I.** *s* (*Universität*) Tutor(in) *m(f);* (*Am*) Assistent(in) *m(f),* Hauslehrer(in) *m(f)* **II.** *vt* **1.** unterrichten; Nachhilfeunterricht geben (*s.o.* jdm) **2.** (*fig: Gefühle*) beherrschen; **tu·torial** [tjuː'tɔːrɪəl] *s* Kolloquium *nt;* Seminarübung *f*

tux·edo [tʌk'siːdəʊ] <*pl* **-edos**> *s* (*Am*) Smoking *m*

TV [tiː'viː] *s* Fernsehen *nt;* Fernseher *m;* **on ~** im Fernsehen; **TV guide** *s* Fernsehzeitschrift *f;* **TV satellite** *s* Fernsehsatellit *m;* **TV star** *s* Fernsehstar *m*

TVP [ˌtiːviː'piː] *s Abk. von* **textured vegetable protein** strukturiertes Pfanzeneiweiß

twaddle ['twɒdl] *s* Geschwätz *nt*

twang [twæŋ] **I.** *s* **1.** Näseln *nt* **2.** (*Geräusch*) Ping *nt;* Doing *nt* **II.** *vt* (*Gitarre*) zupfen **III.** *vi* ping, doing machen; **~ on a guitar** auf einer Gitarre klimpern

tweak [twiːk] *vt* zwicken, kneifen

twee [twiː] *adj* (*fam*) niedlich; geziert; verniedlichend

tweed [twiːd] *s* **1.** (*Textil*) Tweed *m* **2. ~s** Kleidungsstücke *nt pl* aus Tweed; **tweedy** ['twiːdɪ] *adj* **1.** in Tweed gekleidet **2.** burschikos; formlos

tween·ag·er ['twiːneɪdʒə(r)] *s Kind, das das Teenageralter noch nicht erreicht hat, sich aber im Verhalten bereits als Teenager gibt*

tweet·er ['twiːtə(r)] *s* Hochtonlautsprecher, Hochtöner *m*

tweez·ers ['twi:zəz] *s pl* (*a pair of* ~) Pinzette *f*
twelfth [twelfθ] **I.** *adj* zwölfte(r, s) **II.** *s* Zwölftel *nt;* Zwölfte(r, s); **twelve** [twelv] **I.** *adj* zwölf **II.** *s* Zwölf *f*
twen·ti·eth ['twentɪəθ] **I.** *adj* zwanzigste(r, s) **II.** *s* Zwanzigstel *nt;* Zwanzigste(r, s); **twenty** ['twentɪ] **I.** *adj* zwanzig **II.** *s* **1.** Zwangzig *f* **2.** (*Geld*) Zwanziger *m*
24/7 [ˌtwentɪfɔ:'sevn] *adv s.* **24 hours per day, 7 days per week** rund um die Uhr (und sieben Tage die Woche)
twerp [twɜ:p] *s* (*sl*) blöder Kerl
twice [twaɪs] *adv* zweimal; doppelt, zweifach; ~ **the amount** der doppelte Betrag; ~ **as much/many** doppelt, noch einmal so viel/so viele; **twice-told** [ˌtwaɪs'təʊld] *adj* oft erzählt; abgedroschen
twiddle ['twɪdl] **I.** *vt* (herum)spielen mit; ~ **one's thumbs** Däumchen drehen **II.** *vi* herumdrehen (*with* an)
twig [twɪg] **I.** *s* Zweig *m,* Zweiglein *nt* **II.** *vt, vi* (*fam*) kapieren, begreifen
twi·light ['twaɪlaɪt] *s* (Abend)Dämmerung *f;* **at** ~ in der Dämmerung
twin [twɪn] **I.** *adj* paarig, doppelt; Zwillings-; Doppel- **II.** *s* **1.** Zwilling *m* **2.** (*Ding*) Gegenstück, Pendant *nt;* **fraternal/identical** ~**s** zwei-/eineiige Zwillinge *mpl* **III.** *vt* (*Städte*) durch Partnerschaft verbinden; **twin beds** *s pl* zwei Einzelbetten *ntpl;* **twin brother** *s* Zwillingsbruder *m;* **twin carburettors** *s pl* Doppelvergaser *m;* **twin-cylinder engine** *s* Zweizylindermotor *m*
twine [twaɪn] **I.** *s* Bindfaden *m,* Schnur *f* **II.** *vt* **1.** verflechten **2.** winden (*s.th. round s.th.* etw um etw) **3.** umfassen, umschlingen
twin-en·gined [ˌtwɪn'endʒɪnd] *adj* zweimotorig
twinge [twɪndʒ] *s* leichter Schmerz; ~**s, of conscience** Gewissensbisse *mpl;* **a** ~ **of regret** (ein) leichtes Bedauern
twin·kle ['twɪŋkl] **I.** *vi* **1.** flimmern, funkeln, glitzern **2.** (*Augen*) blitzen **3.** (*fig*) schnell hin- u. hertanzen, huschen **II.** *s* Flimmern, Flackern, Funkeln *nt;* **there was a** ~ **in his eyes** seine Augen blitzten; **when you were still a** ~ **in your father's eye** als du noch nicht auf der Welt warst; **in a** ~ im Nu; **twin·kling** ['twɪŋklɪŋ] *s* Funkeln *nt;* Aufblitzen *nt;* **in the** ~ **of an eye** im Nu
twin·ning ['twɪnɪŋ] *s* (*town* ~) Städtepartnerschaft *f;* **twin prime** *s* (MATH) Primzahlzwilling *m;* **twin·set** ['twɪnset] *s* Twinset *nt;* **twin sister** *s* Zwillingsschwester *f;* **twin town** *s* Partnerstadt *f;* **twin-tub washing machine** *s* Waschmaschine *f* mit getrennter Schleuder
twirl [twɜ:l] **I.** *vt* **1.** im Kreise drehen **2.** (*Haar*) zwirbeln, winden (*round* um) **II.** *vi* wirbeln **III.** *s* Wirbel *m,* Wirbeln *nt,* schnelle Umdrehung; **give a** ~ sich drehen; **give s.th. a** ~ etw herumdrehen
twist [twɪst] **I.** *vt* **1.** drehen; wickeln (*around* um) **2.** verbiegen; verdrehen; verrenken **3.** (*fig*) verdrehen, entstellen; ~ **s.th. out of shape** etw verbiegen; ~ **one's ankle** sich den Fuß vertreten; **his face was** ~**ed** sein Gesicht war verzerrt; ~ **s.o.'s arm** jdm den Arm verdrehen; (*fig*) jdn überreden; **she can** ~ **him round her little finger** sie kann ihn um den (kleinen) Finger wickeln **II.** *vi* **1.** sich drehen, sich winden **2.** (*Rauch*) sich ringeln **3.** (*Tanz*) twisten **III.** *s* **1.** (Bind)Faden *m* **2.** Twist *m* (*Tanz*) **3.** Tabakrolle *f* **4.** (Hefe)Zopf *m* **5.** (TECH SPORT) Drall *m;* Schraube *f* **6.** Drehung *f* **7.** Kurve, Biegung *f* **8.** (*fig: Geschichte*) Wendung *f;* **round the** ~ (*sl*) bekloppt; **twist off** *vt* (*Kappe*) abschrauben; **twist out of** *vt* herauswinden aus; **twisted** ['twɪstɪd] *adj* **1.** verdreht; verbogen **2.** (*Fuß*) verrenkt **3.** (*fig: Gedanken, Logik*) verdreht **4.** (*fam fig*) unredlich; **twister** ['twɪstə(r)] *s* **1.** (SPORT) geschnittener Ball **2.** (*Am*) Wirbelsturm *m* **3.** (*Br*) schwieriges Problem **4.** (*fam*) Schwindler *m* **5.** Twisttänzer(in) *m(f);* **twisty** ['twɪstɪ] *adj* (*Straße*) gewunden
twit [twɪt] **I.** *vt* verspotten, aufziehen (*s.o. with, about s.th.* jdn mit etw) **II.** *s* (*fam*) Depp *m*
twitch [twɪtʃ] **I.** *vt* **1.** zupfen, zerren **2.** zucken mit **II.** *vi* zucken **III.** *s* **1.** Zucken *nt;* Zuckung *f* **2.** Ruck *m*
twit·ter ['twɪtə(r)] **I.** *vi* **1.** zwitschern **2.** (*fig*) schnattern **II.** *s* **1.** Gezwitscher *nt* **2.** (*fig*) Geschnatter *nt;* **in a** ~ aufgeregt
two [tu:] *adj* zwei; **the** ~ die beiden; **by** ~**s, in** ~**s,** ~ **and** ~ zu zweit, zu zweien, paarweise; **in** ~ entzwei; **break in** ~ in zwei Teile brechen; **in a day or** ~ in ein paar Tagen; **one or** ~ ein paar; **the** ~ **of us** wir beide; **be in** ~ **minds about doing s.th.** unentschlossen sein, ob man etw tun soll; **cut in** ~ halbieren; **put** ~ **and** ~ **together** sich die Sache zusammenreimen; **that makes** ~ **of us** das betrifft auch mich; **two-bit** *adj* (*Am fam*) mies; **two-dimensional** ['tu:daɪ'menʃənl] *adj* zweidimensional; **two-door** *adj* zweitürig; **two-edged** [ˌtu:'edʒd] *adj* zweischneidig; **two-faced** [ˌtu:'feɪst] *adj* (*fig*) falsch, heuchlerisch; **two·fold** ['tu:fəʊld] *adj* zweifach, doppelt; **two-part** ['tu:pɑ:t] *adj* zweitei-

lig; **two-party system** *s* Zweiparteiensystem *nt;* **two·pence** ['tʌpəns, *Am* 'tu:pens] *s* zwei Pence; **two·penny** ['tʌp(ə)nɪ, *Am* 'tu:penɪ] *adj* **1.** Zweipence-; für zwei Pence **2.** (*fig*) billig, wertlos; **two-phase** *adj* (ELEK) Zweiphasen-; **two-piece** *adj* zweiteilig; ~ **bathing-suit** zweiteiliger Badeanzug; **two-seater** ['tu:si:tə(r)] *s* Zweisitzer *m;* **two·some** ['tu:səm] *s* Pärchen *nt;* **go out in a** ~ zu zweit ausgehen; **two-stroke** *s* (*Motor*) Zweitakter *m;* (*Kraftstoff*) Zweitaktgemisch *nt;* **two-thirds majority** *s* (PARL) Zweidrittelmehrheit *f;* **two-tiered** ['tu:tɪəd] *adj* **1.** zweistöckig **2.** zweigestuft; **two-time** ['tu:taɪm] *vt* (*fam: in der Liebe*) betrügen; **two-tim·ing** ['tu:taɪmɪŋ] *adj* falsch; **two-way** [ˌtu:'weɪ] *adj* (*Sprechverkehr*) in beide Richtungen; (*Stoff*) auf beiden Seiten tragbar; (*Straße*) mit Verkehr in beiden Richtungen; ~ **radio** Funksprechgerät *nt;* ~ **switch** Wechselschalter *m;* ~ **adaptor** Doppelstecker *m;* ~ **trade** wechselseitiger Handel

ty·coon [taɪ'ku:n] *s* Tycoon, Magnat, Großindustrielle(r) *m;* **oil** ~ Ölmagnat *m*

tyke, tike [taɪk] *s* **1.** Köter *m* **2.** Lümmel *m* **3.** (*Am*) kleines Kind

tym·pa·num ['tɪmpənəm] *s* **1.** Mittelohr *nt* **2.** Trommelfell *nt*

type[1] [taɪp] **I.** *s* **1.** Art *f;* Sorte *f;* (*Mensch, Charakter*) Typ *m* **2.** (*fam*) Typ *m;* Type *f;* **this** ~ **of car** dieser Autotyp; **a person of this** ~ ein Mensch der Art; **that** ~ **of behaviour** solches Benehmen; **she is not my** ~ sie ist nicht mein Typ; **he is not the** ~ **to do that** er ist nicht der Typ, der so etwas tut **II.** *vt* bestimmen, klassifizieren

type[2] [taɪp] **I.** *s* (TYP) Type *f;* **small** ~ kleine Buchstaben *mpl;* **bold** ~ Fettdruck *m;* **italic** ~ Kursive *f;* **Roman** ~ Antiqua *f;* **in** ~ gedruckt; maschinegeschrieben; **set s.th. up in** ~ etw setzen **II.** *vt* mit der Maschine schreiben, tippen **III.** *vi* Maschine schreiben, tippen; **type out** *vt* schreiben, tippen; (*Fehler*) ausixen; **type up** *vt* auf der Maschine schreiben

type·cast ['taɪpkɑ:st] <*irr:* -cast, -cast> *vt* für eine Rolle auswählen; (*fig*) auf eine bestimmte Rolle festlegen; **type·face** ['taɪpfeɪs] *s* Schrift *f;* **type·script** ['taɪpˌskrɪpt] *s* Schreibmaschinenmanuskript *nt;* **ty·pe·set·ter** ['taɪpsetə(r)] *s* **1.** (*Beruf*) Schriftsetzer(in) *m(f)* **2.** (*Maschine*) Setzmaschine *f;* **type·set·ting** ['taɪpˌsetɪŋ] *s* (Schrift)Setzen *nt;* **type·write** ['taɪpraɪt] <*irr:* -wrote, -written> **I.** *vi* maschineschreiben **II.** *vt* auf der Maschine schreiben; **type·writer** ['taɪpˌraɪtə(r)] *s* Schreibmaschine *f;* **typewriter ribbon** *s* Farbband *nt;* **type·writing paper** ['taɪpraɪtɪŋ'peɪpə(r)] *s* Schreibmaschinenpapier *nt;* **type·written** ['taɪpˌrɪtn] *adj* Maschinen geschrieben, getippt

ty·phoid ['taɪfɔɪd] *s* (~ *fever*) Typhus *m*

ty·phoon [taɪ'fu:n] *s* (METE) Taifun *m*

ty·phus ['taɪfəs] *s* Flecktyphus *m*

typi·cal ['tɪpɪkl] *adj* typisch, charakteristisch, kennzeichnend (*of* für); **typ·ify** ['tɪpɪfaɪ] *vt* kennzeichnend sein für

typ·ing ['taɪpɪŋ] **I.** *s* Maschineschreiben, Tippen *nt* **II.** *adj* Schreibmaschinen-; ~ **error** Tippfehler *m;* ~ **pool** Schreibzentrale *f;* ~ **speed** (Schreib)Geschwindigkeit *f,* Anschläge *m pl* pro Minute; **typ·ist** ['taɪpɪst] *s* Maschinenschreiber(in) *m(f),* Schreibkraft *f*

ty·pogra·pher [taɪ'pɒgrəfə(r)] *s* Buchdrucker(in) *m(f);* **ty·po·graphic(al)** [ˌtaɪpə'græfɪk(l)] *adj* typographisch, drucktechnisch; Druck-; ~ **error** Druckfehler *m;* **ty·pogra·phy** [taɪ'pɒgrəfɪ] *s* Buchdruck *m,* Buchdruckerkunst *f;* Typographie *f*

ty·ran·ni·cal [tɪ'rænɪkl] *adj* tyrannisch; **tyr·an·nize** ['tɪrənaɪz] **I.** *vi* eine Gewaltherrschaft ausüben (*over* über) **II.** *vt* tyrannisieren; **tyr·anny** ['tɪrənɪ] *s* Gewaltherrschaft *f;* Tyrannei *f;* **ty·rant** ['taɪərənt] *s* Tyrann(in) *m(f)*

tyre ['taɪə(r)] *s* (AUTO) Reifen *m;* **put air in the** ~ den Reifen aufpumpen; **a flat** ~ ein platter Reifen; **tyre gauge** *s* Reifendruckmesser *m;* **tyre pressure** *s* Reifendruck *m*

tzar [zɑ:(r)] *s* Zar *m*

tzetze ['tsetsɪ] *s* Tsetsefliege *f*

T

U

U, u [juː] <*pl* -'s> **I.** *s* U, u *nt* **II.** *adj* **1.** vornehm **2.** (FILM) jugendfrei

UAE [ˌjuːeɪ'iː] *s Abk. von* **United Arab Emirates** Vereinigte Arabische Emirate *pl*

ubi·qui·tous [juː'bɪkwɪtəs] *adj* allgegenwärtig; **ubi·quity** [juː'bɪkwətɪ] *s* Allgegenwart *f*

U-boat *s* U-Boot *nt*

ud·der ['ʌdə(r)] *s* Euter *nt*

UFO ['juːfəʊ] *s Abk. von* **unidentified flying object** Ufo, UFO *nt*

Ugan·da [juːgændə] *s* Uganda *nt;* **Ugan·dan I.** *adj* ugandisch **II.** *s* Ugander(in) *m(f)*

ugh [ɜːh] *interj* äh! pfui!

ug·li·ness ['ʌglɪnɪs] *s* Hässlichkeit *f;* **ugly** ['ʌglɪ] *adj* **1.** hässlich **2.** widerlich, scheußlich, grässlich **3.** (*fig*) gemein, abstoßend; ~ **customer** (*fam*) übler Patron; ~ **duckling** hässliches Entlein

UK [ˌjuː'keɪ] *s Abk. von* **United Kingdom** Vereinigtes Königreich

uke·lele [ˌjuːkə'leɪlɪ] *s* (MUS) Ukulele *f*

Ukraine [juː'kreɪn] *s:* **the** ~ die Ukraine; **Ukrain·ian** [-ɪən] **I.** *adj* ukrainisch **II.** *s* **1.** Ukrainer(in) *m(f)* **2.** (*Sprache*) Ukrainisch *nt*

ul·cer ['ʌlsə(r)] *s* (MED) Geschwür *nt;* **stomach** ~ Magengeschwür *nt;* **ul·cer·ate** ['ʌlsəreɪt] **I.** *vt* (MED) ein Geschwür verursachen; eitern lassen **II.** *vi* ein Geschwür bilden; eitern; **ul·cer·ous** ['ʌlsərəs] *adj* (MED) geschwürartig; eiternd

ul·lage ['ʌlɪdʒ] *s* Leckage *f,* Schwund *m*

ulna ['ʌlnə, *pl* 'ʌlniː] <*pl* ulnae> *s* (ANAT) Elle *f*

Ulster ['ʌlstə(r)] *s* Ulster *nt*

ul·terior [ʌl'tɪərɪə(r)] *adj* (*selten*) jenseitig; ~ **motive** Hintergedanke(n *pl*) *m*

ul·ti·mate ['ʌltɪmət] **I.** *adj* **1.** entfernteste(r, s), weiteste(r, s), äußerste(r, s) **2.** letzte(r, s); endlich, schließlich; endgültig **3.** fundamental, grundlegend, primär **4.** maximal, größte(r, s), größtmöglich **5.** vollendet, perfekt; **the** ~ **cause** die eigentliche Ursache; ~ **consumer** Endverbraucher *m* **II.** *s* (das) Beste; (das) Nonplusultra; **ul·ti·mate·ly** ['ʌltɪmətlɪ] *adv* schließlich, letzten Endes; im Grunde

ul·ti·ma·tum [ˌʌltɪ'meɪtəm, *pl* -tə] <*pl* -tums, -ta> *s* (POL) Ultimatum *nt* (*to* an); **deliver an** ~ ein Ultimatum stellen

ul·timo ['ʌltɪməʊ] *adv* letzten Monats

ultra- [ˌʌltrə] *PRÄF* ultra-; **ultrahigh frequency, UHF** *s* Ultrakurzwellenbereich *m;* **ultra·mar·ine** [ˌʌltrəmə'riːn] *adj* ultramarin; **ultra·mod·ern** [ˌʌltrə'mɒdən] *adj* supermodern; **ultra-short wave** *s* (RADIO) Ultrakurzwelle *f,* UKW; **ultra·sonic** [ˌʌltrə'sɒnɪk] *adj* Überschall-, Ultraschall-; ~ **cleaning** Ultraschallreinigung *f;* **ultrasound** ['ʌltrəsaʊnd] *s* Ultraschall *m;* **ultrasound picture** *s* (MED) Ultraschallaufnahme *f;* **ultra·vio·let** [ˌʌltrə'vaɪələt] *adj* (PHYS) ultraviolett; ~ **treatment** Ultraviolettbestrahlung *f*

umbel ['ʌmbəl] *s* (BOT) Dolde *f*

um·ber ['ʌmbə(r)] **I.** *s* Umber *m,* Umbra *f* **II.** *adj* dunkelbraun

um·bili·cal [ʌm'bɪlɪkl] *adj:* ~ **cord** (ANAT) Nabelschnur *f;* (*Raumfahrt*) Kabelschlauch *m*

um·brage ['ʌmbrɪdʒ] *s:* **take** ~ Anstoß nehmen (*at* an)

um·brella [ʌm'brelə] *s* **1.** (Regen)Schirm *m;* Sonnenschirm *m* **2.** (MIL) Abschirmung *f;* Jagdschutz *m* **3.** (*fig*) Kontrolle *f;* **under the** ~ **of** unter der Kontrolle von; **umbrella case, umbrella cover** *s* Schirmhülle *f;* **umbrella organization** *s* Dachorganisation *f,* -verband *m;* **umbrella stand** *s* Schirmständer *m*

um·pire ['ʌmpaɪə(r)] **I.** *s* Schiedsrichter(in) *m(f)* **II.** *vt* (SPORT) als Schiedsrichter leiten **III.** *vi* Schiedsrichter sein (*in a dispute* bei einem Streit)

ump·teen ['ʌmptiːn] *adj* (*fam*) zig; eine Menge, Masse …; ~ **times** x-mal; **ump·teenth** ['ʌmptiːnθ] *adj* (*fam*) zigste(r, s), soundsovielte(r, s)

UN [juː'en] *s Abk. von* **United Nations** UNO, UN *f*

un·abashed [ˌʌnə'bæʃt] *adj* nicht bange, beherzt, mutig; unverfroren; unerschrocken

un·abated [ˌʌnə'beɪtɪd] *adj* unvermindert

un·able [ʌn'eɪbl] *adj* untauglich, unfähig; **be** ~ **to do s.th.** etw nicht tun können, außer Stande sein etw zu tun; ~ **to pay** zahlungsunfähig

un·abridged [ˌʌnə'brɪdʒd] *adj* (*Text*) ungekürzt

un·ac·cept·able [ˌʌnək'septəbl] *adj* unannehmbar (*to* für)

un·ac·com·panied [ˌʌnə'kʌmpənɪd] *adj* (*a.* MUS) ohne Begleitung

un·ac·count·able [ˌʌnə'kaʊntəbl] *adj* unerklärlich; **un·ac·counted for** [ˌʌnə'kaʊntɪd'fɔː(r)] *adj* ungeklärt; (*Person*) vermisst

un·ac·cus·tomed [ˌʌnə'kʌstəmd] *adj* ungewohnt; **be ~ to s.th.** etw nicht gewohnt sein

un·acknow·ledged [ˌʌnək'nɔlɪdʒd] *adj* **1.** (*Brief*) unbeantwortet **2.** (*Fehler*) uneingestanden

un·ad·dressed [ˌʌnə'drest] *adj* ohne Anschrift

un·adorned [ˌʌnə'dɔːnd] *adj* schlicht; ungeschminkt

un·adul·terated [ˌʌnə'dʌltəreɪtɪd] *adj* unverfälscht, rein

un·ad·vent·ur·ous [ˌʌnəd'ventʃərəs] *adj* wenig abenteuerlich, ereignislos; (*Mensch*) wenig unternehmungslustig

un·ad·vis·able [ˌʌnəd'vaɪzəbl] *adj* nicht ratsam

un·af·fec·ted [ˌʌnə'fektɪd] *adj* **1.** unbeeinflusst (*by* von) **2.** ungekünstelt, natürlich

un·afraid [ˌʌnə'freɪd] *adj* unerschrocken, furchtlos

un·aid·ed [ʌn'əɪdɪd] *adv* ohne (fremde) Hilfe; selbstständig

un·alike [ˌʌnə'laɪk] *adj* unähnlich

un·al·loyed [ˌʌnə'lɔɪd] *adj* (*fig*) ungetrübt

un·al·tered [ˌʌn'ɔːltəd] *adj* unverändert

un·am·big·u·ous [ˌʌnæm'bɪgjʊəs] *adj* eindeutig, unzweideutig

un-Ameri·can [ˌʌnə'merɪkən] *adj* unamerikanisch

una·nim·ity [ˌjuːnə'nɪmətɪ] *s* Einstimmigkeit *f;* **unani·mous** [juː'nænɪməs] *adj* einstimmig, einmütig

un·an·nounced [ˌʌnə'naʊnst] *adj* ohne Ankündigung

un·an·swer·able [ˌʌn'ɑːnsərəbl] *adj* **1.** unbestreitbar, unwiderleglich **2.** nicht beantwortbar

un·an·swered [ˌʌn'ɑːnsəd] *adj* unbeantwortet

un·ap·pet·iz·ing [ˌʌn'æpɪtaɪzɪŋ] *adj* unappetitlich; (*fig*) wenig verlockend

un·ap·proach·able [ˌʌnə'prəʊtʃəbl] *adj* unzugänglich

un·armed [ˌʌn'ɑːmd] *adj* unbewaffnet; **~ combat** Nahkampf *m* ohne Waffe

un·ashamed [ˌʌnə'ʃeɪmd] *adj* schamlos; **be ~ about s.th.** sich einer S nicht schämen

un·asked [ˌʌn'ɑːskt] *adj* **1.** ungefragt **2.** ungebeten; **~-for** unerwünscht

un·as·sign·able [ˌʌnə'saɪnəbl] *adj* (JUR) nicht übertragbar

un·as·sum·ing [ˌʌnə'sjuːmɪŋ] *adj* zurückhaltend, bescheiden

un·at·tached [ˌʌnə'tætʃt] *adj* **1.** unbefestigt **2.** (MIL) nicht zugeteilt **3.** (SPORT) keinem Verein angehörend **4.** unabhängig, frei **5.** ohne Anhang **6.** parteilos

un·at·tain·able [ˌʌnə'teɪnəbl] *adj* unerreichbar

un·at·tended [ˌʌnə'tendɪd] *adj* **1.** ohne Pflege **2.** unbeaufsichtigt

un·at·trac·tive [ˌʌnə'træktɪv] *adj* unschön; unattraktiv; unsympathisch

un·au·dit·ed [ˌʌn'ɔːdɪtɪd] *adj* ungeprüft

un·auth·or·ized [ˌʌn'ɔːθəraɪzd] *adj* unbefugt, nicht ermächtigt; **no entry for ~ persons!** Zutritt für Unbefugte verboten!

un·avail·able [ˌʌnə'veɪləbl] *adj* nicht verfügbar; unerhältlich; **un·avail·ing** [ˌʌnə'veɪlɪŋ] *adj* nutzlos, unnütz, vergeblich

un·avoid·able [ˌʌnə'vɔɪdəbl] *adj* unvermeidlich; (*Folgerung*) unausweichlich

un·aware [ˌʌnə'weə(r)] *adj* nicht bewusst; **be ~ of s.th.** sich einer S nicht bewusst sein; etw nicht bemerken; etw nicht wissen; **un·awares** [ˌʌnə'weəz] *adv* unabsichtlich; versehentlich; unerwartet; **catch** [*o* **take**] **s.o. ~** jdn überraschen

un·bal·anced [ˌʌn'bælənst] *adj* **1.** unausgewogen; einseitig **2.** (*mentally ~*) verrückt, nicht normal **3.** (COM) nicht saldiert, nicht ausgeglichen

un·bar [ˌʌn'bɑː(r)] *vt* **1.** aufschließen **2.** (*fig: Weg*) eröffnen

un·bear·able [ˌʌn'beərəbl] *adj* unerträglich; unausstehlich

un·beat·able [ˌʌn'biːtəbl] *adj* unschlagbar, unbesiegbar; unübertrefflich; **un·bea·ten** [ˌʌn'biːtn] *adj* ungeschlagen; (*Rekord*) ungebrochen

un·be·com·ing [ˌʌnbɪ'kʌmɪŋ] *adj* **1.** (*fig*) unschicklich, ungehörig (*to, for* für) **2.** (*Kleidung*) unvorteilhaft

un·be·known(st) [ˌʌnbɪ'nəʊn] *adv:* **~ to us** ohne dass wir etw gewusst hätten

un·be·lief [ˌʌnbɪ'liːf] *s* Unglaube(n) *m;* **un·be·liev·able** [ˌʌnbɪ'liːvəbl] *adj* unglaublich; **un·be·liev·er** [ˌʌnbɪ'liːvə(r)] *s* Ungläubige(r) *f m;* **un·be·liev·ing** [ˌʌnbɪ'liːvɪŋ] *adj* ungläubig

un·bend [ˌʌn'bend] <*irr:* **-bent, -bent**> **I.** *vt* geradebiegen; (*Arm*) strecken **II.** *vi* **1.** sich aufrichten **2.** aus sich herausgehen; **un·bend·ing** [-ɪŋ] *adj* (*fig*) fest entschlossen

un·bias(·s)ed [ˌʌn'baɪəst] *adj* unvoreingenommen; wertfrei

un·bid·den [ˌʌn'bɪdn] *adj* ungebeten

un·bind [ˌʌn'baɪnd] <*irr:* **-bound, -bound**> *vt* **1.** losbinden, losmachen **2.** befreien

un·bleached [ˌʌnˈbliːtʃt] *adj* ungebleicht
un·blink·ing [ˌʌnˈblɪnkɪŋ] *adj* unverwandt; starr
un·blush·ing [ˌʌnˈblʌʃɪŋ] *adj* (*fig*) schamlos
un·bolt [ˌʌnˈbəʊlt] *vt* aufriegeln, -schließen, öffnen
un·born [ˌʌnˈbɔːn] *adj* **1.** ungeboren **2.** (*fig*) (zu)künftig; **generations yet** ~ kommende Generationen
un·bosom [ˌʌnˈbʊzəm] *vt* freien Lauf lassen (*one's feelings* seinen Gefühlen)
un·bounded [ˌʌnˈbaʊndɪd] *adj* **1.** unbegrenzt **2.** (*fig*) grenzen-, schrankenlos
un·bowed [ˌʌnˈbaʊd] *adj* (*fig*) ungebeugt
un·break·able [ˌʌnˈbrəɪkəbl] *adj* unzerbrechlich; (*Versprechen*) unverbrüchlich; (*Regel*) unumstößlich
un·bri·bable [ˌʌnˈbraɪbəbl] *adj* unbestechlich
un·bridled [ˌʌnˈbraɪdld] *adj* (*fig*) hemmungs-, zügellos, unbeherrscht; ~ **tongue** loses Mundwerk
un-Brit·ish [ˌʌnˈbrɪtɪʃ] *adj* unbritisch
un·bro·ken [ˌʌnˈbrəʊkən] *adj* **1.** unzerbrochen, heil, ganz **2.** (*fig*) ungebrochen; gleich bleibend; ununterbrochen
un·buckle [ˌʌnˈbʌkl] *vt* auf-, los-, abschnallen
un·bur·den [ˌʌnˈbɜːdn] *vt* **1.** entlasten **2.** (*fig*) sich befreien von, sich erleichtern um; ~ **o.s.** sein Herz ausschütten
un·busi·ness·like [ˌʌnˈbɪznɪslaɪk] *adj* **1.** im Geschäftsleben nicht üblich **2.** (*unsystematisch*) ineffizient
un·but·ton [ˌʌnˈbʌtn] *vt* aufknöpfen
un·called-for [ˌʌnˈkɔːldfɔː(r)] *adj* **1.** unangebracht, ungerechtfertigt **2.** überflüssig
un·canny [ˌʌnˈkænɪ] *adj* unheimlich
un·cared-for [ˌʌnˈkeədfɔː(r)] *adj* vernachlässigt
un·car·pet·ed [ˌʌnˈkɑːpɪtɪd] *adj* ohne Teppich
un·ceas·ing [ˌʌnˈsiːsɪŋ] *adj* unaufhörlich
un·cer·emo·ni·ous [ˌʌnˌserɪˈməʊnɪəs] *adj* **1.** zwanglos **2.** unfreundlich
un·cer·tain [ʌnˈsɜːtn] *adj* **1.** unbestimmt (*a. Wetter*) **2.** unsicher, problematisch **3.** vage, ungenau; **in no** ~ **terms** klipp u. klar; **un·cer·tainty** [ʌnˈsɜːtntɪ] *s* **1.** Ungewissheit, Unbestimmtheit *f* **2.** Unsicherheit, Fragwürdigkeit *f* **3.** Unbeständigkeit *f*
un·chal·lenged [ˌʌnˈtʃælɪndʒd] *adj* unbestritten, unangefochten
un·changed [ˌʌnˈtʃeɪndʒd] *adj* unverändert
un·char·ac·ter·is·tic [ˌʌnkærəktəˈrɪs tɪk] *adj* uncharakteristisch, untypisch
un·chari·table [ˌʌnˈtʃærɪtəbl] *adj* lieblos, kalt
un·checked [ˌʌnˈtʃekt] *adj* **1.** unbe-, ungehindert **2.** unkontrolliert, ungeprüft
un·chris·tian [ˌʌnˈkrɪstʃən] *adj* unchristlich
un·civil [ˌʌnˈsɪvl] *adj* unhöflich
un·clad [ˌʌnˈklæd] *adj* unbekleidet, nackt
un·claimed [ˌʌnˈkleɪmd] *adj* **1.** nicht bestellt, unverlangt **2.** (*Brief*) nicht abgeholt, unzustellbar **3.** (*Eigentum*) besitzerlos
un·clas·si·fied [ˌʌnˈklæsɪfaɪd] *adj* **1.** nicht geordnet **2.** nicht geheim; ~ **road** Landstraße *f*
uncle [ˈʌŋkl] *s* Onkel *m*
un·clean [ˌʌnˈkliːn] *adj* (REL) unrein; unsauber; schmutzig
un·clear [ˌʌnˈklɪə(r)] *adj* unklar; **be** ~ **about s.th.** sich über etw nicht im Klaren sein
un·clut·tered [ˌʌnˈklʌtəd] *adj* schlicht, einfach; (*Raum*) nicht überfüllt, nicht überladen
un·col·lected [ˌʌnkəˈlektɪd] *adj* **1.** (*Waren*) nicht abgeholt **2.** (*Gebühren*) nicht erhoben, nicht eingezogen
un·col·ored *adj* (*Am*), **un·col·oured** [ˌʌnˈkʌləd] *adj* (*fig*) ungeschminkt
un·com·fort·able [ʌnˈkʌmftəbl] *adj* **1.** unbehaglich **2.** verlegen; **feel** ~ sich nicht wohl fühlen
un·com·mit·ted [ˌʌnkəˈmɪtɪd] *adj* **1.** nicht gebunden (*to* an), ungebunden **2.** (POL) bündnis-, blockfrei; **remain** ~ sich nicht festlegen
un·com·mon [ˌʌnˈkɒmən] *adj* ungewöhnlich; außergewöhnlich; **un·com·mon·ly** [ʌnˈkɒmənlɪ] *adv* bemerkenswert; ungewöhnlich
un·com·muni·cat·ive [ˌʌnkəˈmjuːnɪ kətɪv] *adj* schweigsam
un·com·pro·mis·ing [ʌnˈkɒmprə maɪzɪŋ] *adj* unnachgiebig, unbeugsam; entschieden; kompromisslos
un·con·cerned [ˌʌnkənˈsɜːnd] *adj* **1.** interesselos, uninteressiert (*with* an) **2.** unbekümmert, gleichgültig, teilnahmslos (*about* an) **3.** unbeteiligt (*in* an)
un·con·di·tional [ˌʌnkənˈdɪʃənl] *adj* bedingungs-, vorbehaltlos
un·con·firmed [ˌʌnkənˈfɜːmd] *adj* unbestätigt
un·con·ge·nial [ˌʌnkənˈdʒiːnɪəl] *adj* unangenehm
un·con·nec·ted [ˌʌnkəˈnektɪd] *adj* **1.** nicht miteinander in Beziehung stehend **2.** unzusammenhängend
un·con·scion·able [ʌnˈkɒnʃ(ə)nəbl] *adj* unerhört
un·con·scious [ʌnˈkɒnʃəs] **I.** *adj* **1.** (*a.* PSYCH) unbewusst (*of s.th.* einer S), unabsichtlich **2.** bewusstlos, ohnmächtig; **be** ~ **of s.th.** sich einer S nicht bewusst sein **II.** *s*

(PSYCH) (das) Unbewusste; **un·con·scious·ly** [-lɪ] *adv* unbewusst; **un·con·scious·ness** [-nɪs] *s* **1.** (MED) Bewusstlosigkeit *f* **2.** Unkenntnis *f*

un·con·sid·ered [ˌʌnkən'sɪdəd] *adj* **1.** unbedacht, unüberlegt **2.** (*Tatsache*) unbeachtet, unberücksichtigt

un·con·sti·tu·tional ['ʌnˌkɒnstɪ'tjuːʃənl] *adj* **1.** (POL) verfassungswidrig **2.** (COM) satzungswidrig

un·con·sum·mated [ˌʌn'kɒnsjʊmeɪtɪd] *adj* unvollzogen

un·con·tested [ˌʌnkən'testɪd] *adj* **1.** unbestritten **2.** (*Wahl*) ohne Gegenkandidaten

un·con·trol·lable [ˌʌnkən'trəʊləbl] *adj* unkontrollierbar; unbezwingbar; **un·con·trolled** [ˌʌnkən'trəʊld] *adj* **1.** unbeaufsichtigt **2.** ungehindert; (*Lachen*) unkontrolliert; (*Weinen*) hemmungslos

un·con·tro·versial [ˌʌnkɒntrə'vɜːʃl] *adj* unverfänglich

un·con·vinced [ˌʌnkən'vɪnst] *adj* nicht überzeugt; **un·con·vinc·ing** [ˌʌnkən'vɪnsɪŋ] *adj* nicht überzeugend

un·cooked [ˌʌn'kʊkt] *adj* ungekocht, roh

un·co·op·er·ative [ˌʌnkəʊ'ɒpərətɪv] *adj* nicht entgegenkommend; wenig hilfsbereit; **be** ~ nicht zur Kooperation, Mithilfe bereit sein; nicht mittun

un·cork [ˌʌn'kɔːk] *vt* entkorken

un·cor·rob·or·ated [ˌʌnkə'rɒbəreɪtɪd] *adj* unbestätigt; (*Beweis*) nicht bekräftigt

un·couple [ˌʌn'kʌpl] *vt* (TECH) abkuppeln

un·couth [ʌn'kuːθ] *adj* ungehobelt, ordinär

un·cover [ʌn'kʌvə(r)] *vt* **1.** auf-, abdecken **2.** (*fig*) enthüllen, aufdecken

un·criti·cal [ˌʌn'krɪtɪkl] *adj* unkritisch

un·crowned [ˌʌn'kraʊnd] *adj* ungekrönt

un·crush·able [ʌn'krʌʃəbl] *adj* **1.** knitterfrei **2.** (*fig: Wille*) unbeugsam

unc·tion ['ʌŋkʃn] *s* Salbung *f*; **the extreme** ~ die letzte Ölung; **unc·tu·ous** ['ʌŋktʃʊəs] *adj* salbungsvoll

un·cut [ˌʌn'kʌt] *adj* **1.** (*Haare*) ungeschnitten **2.** (*Buch*) unbeschnitten **3.** (*Stein*) ungeschliffen **4.** (*fig*) ungekürzt

un·dated [ˌʌn'deɪtɪd] *adj* undatiert

un·daunted [ˌʌn'dɔːntɪd] *adj* unerschrocken, furchtlos; nicht entmutigt

un·de·ceive [ˌʌndɪ'siːv] *vt*: ~ **s.o.** jdm reinen Wein einschenken

un·de·cided [ˌʌndɪ'saɪdɪd] *adj* **1.** unentschieden **2.** unentschlossen, unschlüssig

un·de·clared [ˌʌndɪ'kleəd] *adj* **1.** (*Zoll*) nicht deklariert **2.** (*Liebe*) heimlich **3.** (*Krieg*) nicht erklärt

un·de·fined [ˌʌndɪ'faɪnd] *adj* undefiniert; undefinierbar

un·de·liv·erable [ˌʌndɪ'lɪvrəbl] *adj* (*Post*) unzustellbar; **un·de·liv·ered** [ˌʌndɪ'lɪvəd] *adj* (*Post*) nicht zugestellt

un·de·mand·ing [ˌʌndɪ'mɑːndɪŋ] *adj* anspruchslos

un·demo·cratic [ˌʌndemə'krætɪk] *adj* undemokratisch

un·de·mon·stra·tive [ˌʌndɪ'mɒnstrətɪv] *adj* reserviert, zurückhaltend

un·de·ni·able [ˌʌndɪ'naɪəbl] *adj* unleugbar, unbestreitbar; **un·de·ni·ably** [-ɪ] *adv* zweifelsohne, zweifellos; unbestreitbar

un·der ['ʌndə(r)] **I.** *prep* **1.** unter **2.** (*zeitlich*) unter, während **3.** unter, weniger als; geringer als **4.** (JUR) gemäß, laut, nach; **from** ~ unter ... hervor; ~ **an act** auf Grund eines Gesetzes; ~ **anaesthetic** in der Narkose; ~ **these circumstances/conditions** unter diesen Umständen/Bedingungen; ~ **construction** im Bau (befindlich); ~ **discussion** zur Debatte; ~ **s.o.'s** (**very**) **eyes** vor jds Augen; ~ **the impression** unter dem Eindruck; ~ **a misapprehension** irrtümlich; ~ **s.o.'s name** unter jds Namen; ~ **oath** unter Eid; ~ **repair** in Reparatur; ~ **treatment** in Behandlung; **be** ~ **control** in Ordnung sein; **be** ~ **the impression** den Eindruck haben (*that* dass); **come** ~ **s.th.** unter etw fallen **II.** *adv* **1.** unten; nach unten; (dar)unter **2.** bewusstlos **3.** (*zahlenmäßig*) darunter; **get out from** ~ langsam wieder klarkommen

under·achieve [ˌʌndərə'tʃiːv] *vi* hinter den Erwartungen zurückbleiben; **under·act** [ˌʌndər'ækt] *vt, vi* (THEAT) verhalten spielen; **under-age** [ˌʌndər'eɪdʒ] *adj* minderjährig; von Minderjährigen; **under·bid** [ˌʌndə'bɪd] <*irr:* **-bid, -bid**> *vt* (COM) unterbieten; **under·capi·tal·ized** [ˌʌndə'kæpɪtəlaɪzd] *adj* unterkapitalisiert; **under·car·riage** ['ʌndəkærɪdʒ] *s* (AVIAT) Fahrgestell, -werk *nt*; **under·charge** [ˌʌndə'tʃɑːdʒ] **I.** *vt* **1.** zu wenig berechnen (*s.o.* jdm) **2.** ungenügend belasten **II.** *s* **1.** ungenügende Ladung **2.** zu geringe Berechnung **3.** zu geringe Belastung; **under·clothes**, **under·cloth·ing** ['ʌndəkləʊðz, 'ʌndəkləʊðɪŋ] *s* Unter-, Leibwäsche *f*; **under·coat** ['ʌndəkəʊt] *s* **1.** (TECH) Grundanstrich *m* **2.** (AUTO) Unterbodenschutz *m*; **under·cover** [ˌʌndə'kʌvə(r)] *adj* geheim; ~ **agent** Spitzel *m*, Geheimagent(in) *m (f)*; **under·cur·rent** ['ʌndəkʌrənt] *s* Unterströmung *f*; **under·cut** [ˌʌndə'kʌt] <*irr:* **-cut, -cut**> *vt* (COM) unterbieten; **under·de·vel·oped** [ˌʌndədɪ'veləpt] *adj* unterentwickelt; **under·dog** ['ʌndədɒg] *s* (*fig*) Benachteiligte(r), Unterprivilegierte(r) *f m*; **under·done** [ˌʌndə'dʌn] *adj* nicht gar; nicht durchge-

U

braten; blutig; **under·em·ployed** [ˌʌndəˈɪmplɔɪd] *adj* unterbeschäftigt; **under·equipped** [ˌʌndərɪˈkwɪpt] *adj* unzulänglich ausgerüstet; **under·esti·mate** [ˌʌndərˈestɪmeɪt] **I.** *vt* unterschätzen **II.** [ˌʌndərˈestɪmət] *s* Unterbewertung, Unterschätzung *f;* **under·ex·pose** [ˌʌndərɪkˈspəʊz] *vt* (PHOT) unterbelichten; **under·expo·sure** [ˌʌndərɪkˈspəʊʒə(r)] *s* (PHOT) Unterbelichtung *f;* **under·eye circles** *s pl* Ringe unter den Augen; **under·fed** [ˌʌndəˈfed] *adj* unterernährt; **under·felt** [ˈʌndəfelt] *s* Filzunterlage *f;* **under·floor heat·ing** [ˌʌndəˈflɔːhiːtɪŋ] *s* Fußbodenheizung *f;* **under·foot** [ˌʌndəˈfʊt] *adv* **1.** am Boden **2.** im Wege; **under·fund** [ˌʌndəˈfʌnd] *vt* unterfinanzieren; **under·fund·ing** [ˌʌndəˈfʌndɪŋ] *s* Unterfinanzierung *f;* **under·gar·ment** [ˈʌndəgɑːmənt] *s* Leibwäsche *f;* **under·go** [ˌʌndəˈgəʊ] <*irr:* **-went, -gone**> *vt* **1.** erfahren **2.** durchmachen **3.** sich unterziehen (müssen) (*s.th.* einer S); **under·grad·uate** [ˌʌndəˈgrædʒʊət] *s* Student(in) *m(f)*

under·ground [ˈʌndəgraʊnd] **I.** *s* **1.** (*fig*) Untergrund-, Widerstandsbewegung *f* **2.** (*Br*) Untergrundbahn, U-Bahn *f;* **go** [*o* **travel**] **by** ~ mit der U-Bahn fahren **II.** *adj* **1.** unterirdisch **2.** (*fig*) geheim; Untergrund-; ~ **car park** Tiefgarage *f;* ~ **dump** Untertagedeponie *f* **III.** *adv* **1.** unter der Erdoberfläche **2.** (MIN) unter Tage; **go** ~ untertauchen; (POL) in den Untergrund gehen

under·growth [ˈʌndəgrəʊθ] *s* Gestrüpp, Unterholz *nt;* **under·hand** [ˈʌndəhænd] **I.** *adj* **1.** heimlich, geheim **2.** hinterhältig **3.** (SPORT) unter der Schulterhöhe ausgeführt **II.** *adv* im Geheimen; hinterhältig; **under·in·sure** [ˌʌndərɪnˈʃʊə(r)] *vt* unterversichern

under·lay [ˌʌndəˈleɪ] <*irr:* **-laid, -laid**> *vt* unterlegen (*with* mit); **under·lie** [ˌʌndəˈlaɪ] <*irr:* **-lay, -lain**> *vt* **1.** liegen unter **2.** zu Grunde liegen (*s.th.* einer S), die Grundlage bilden (*s.th.* für etw); **under·line** [ˌʌndəˈlaɪn] *vt* **1.** unterstreichen **2.** (*fig*) betonen, hervorheben

under·ling [ˈʌndəlɪŋ] *s* Untergebene(r) *f m*

under·ly·ing [ˌʌndəˈlaɪɪŋ] *adj* **1.** tiefer liegend **2.** (*Grund*) eigentlich; tiefer; (*Problem*) zu Grunde liegend; (*Ehrlichkeit*) grundlegend; **under·man·ned** [ˌʌndəˈmænd] *adj* **1.** (MAR) ungenügend bemannt **2.** unterbesetzt; **under·man·ning** [ˌʌndəˈmænɪŋ] *s* Personalmangel *m;* (*absichtlich*) Unterbesetzung *f;* **under·men·tioned** [ˌʌndəˈmenʃnd] *adj* untenerwähnt; **under·mine** [ˌʌndəˈmaɪn] *vt* **1.** unterminieren; auswaschen **2.** (*fig*) untergraben, (unmerklich) schwächen; **under·most** [ˈʌndəməʊst] *adj* unterste(r, s)

under·neath [ˌʌndəˈniːθ] **I.** *adv* darunter **II.** *prep* unter **III.** *s* Unterseite *f*

under·nour·ished [ˌʌndəˈnʌrɪʃt] *adj* unterernährt; **under·paid** [ˌʌndəˈpeɪd] *adj* unterbezahlt; **under·pants** [ˈʌndəpænts] *s pl* Unterhose *f;* **under·pass** [ˈʌndəpɑːs] *s* Unterführung *f;* **under·pay** [ˌʌndəˈpeɪ] <*irr:* **-paid, -paid**> *vt* unterbezahlen; **under·per·form** [ˌʌndəpəˈfɔːm] *vi* unterdurchschnittlich abschneiden; **under·play** [ˈʌndəpleɪ] *vt* **1.** (*Karten*) nicht voll ausspielen **2.** (*fig*) sich zurückhalten; **under·popu·lated** [ˌʌndəˈpɒpjʊleɪtɪd] *adj* unterbevölkert; **under·privi·leged** [ˌʌndəˈprɪvəlɪdʒd] *adj* unterprivilegiert, benachteiligt; **the** ~ die Unterprivilegierten *pl;* **under·rate** [ˌʌndəˈreɪt] *vt* unterbewerten, unterschätzen; **under·rep·re·sent·ed** [ˌʌndəreprɪˈzentɪd] *adj* unterrepräsentiert; **under·score** [ˌʌndəˈskɔː(r)] **I.** *vt* **1.** unterstreichen **2.** (*fig*) hervorheben, betonen **II.** *s* Unterstreichung *f;* **under·seal** [ˈʌndəsiːl] **I.** *s* (*Br: von Auto*) Unterbodenschutz *m* **II.** *vt* mit Unterbodenschutz versehen; **under·sell** [ˌʌndəˈsel] <*irr:* **-sold, -sold**> *vt* verschleudern; unter (dem) Preis verkaufen; unterbieten; **under·shirt** [ˈʌndəʃɜːt] *s* (*Am*) Unterhemd *nt;* **under·side** [ˈʌndəsaɪd] *s* Unterseite *f;* **under·signed** [ˈʌndəsaɪnd] **I.** *adj* unterzeichnet **II.** *s* Unterzeichnete(r) *f m;* **under·sized** [ˌʌndəˈsaɪzd] *adj* unter Normalgröße; **under·skirt** [ˈʌndəskɜːt] *s* Unterrock *m;* **under·staffed** [ˌʌndəˈstɑːft] *adj* unterbesetzt; **be** ~ an Personalmangel leiden

under·stand [ˌʌndəˈstænd] <*irr:* **understood, understood**> **I.** *vt* **1.** verstehen (*by* unter) **2.** begreifen, einsehen **3.** annehmen, voraussetzen **4.** entnehmen, schließen (*from* aus); **I** ~ **that…** ich habe gehört, dass …; **am I to** ~ **that …?** soll das heißen, dass …?; ~ **one another** sich, einander (gut) verstehen; **give s.o. to** ~ jdm zu verstehen geben; **make o.s. understood** sich verständlich machen; **it's understood** es ist selbstverständlich, es versteht sich von selbst (*that* dass); **is that understood?** ist das klar? **II.** *vi* **1.** Verständnis, Einsicht haben **2.** Bescheid wissen; (**so**) **I** ~ wie ich höre

under·stand·able [-əbl] *adj* verständlich

under·stand·ing [-ɪŋ] **I.** *s* **1.** Verständnis *nt* (*of* für), Einsicht *f* (*of* in) **2.** Absprache *f,* Übereinkommen *nt,* Verständigung *f,* Einvernehmen *nt* (*between* zwischen) **3.** Voraussetzung *f;* **on this** ~ unter dieser Voraussetzung; **on the** ~ **that …** unter der Voraussetzung, dass …; **come to** [*o* **reach**] **an** ~ zu einer Verständigung kommen (*with* mit), sich einigen **II.** *adj* verständnisvoll

under·state [ˌʌndəˈsteɪt] *vt* untertreiben; zu niedrig ausweisen; **under·state·ment** [ˈʌndəsteɪt mənt] *s* Untertreibung *f,* Understatement *nt;* **under·stocked** [ˌʌndəˈstɒkt] *adj:* **be** ~ zu wenig Vorrat haben (*with* an)

under·stood [ˌʌndəˈstʊd] *s.* **understand**

under·sto·rey [ˌʌndəˈstɔːrɪ] *s* (BOT) Unter(be)stand *m*

under·study [ˈʌndəstʌdɪ] **I.** *s* (THEAT) Ersatzdarsteller(in) *m(f)* **II.** *vt* einspringen für

under·take [ˌʌndəˈteɪk] <*irr:* **-took, -taken**> *vt* **1.** (*Aufgabe*) übernehmen **2.** (*Pflicht*) auf sich nehmen **3.** (*Risiko*) eingehen **4.** sich verpflichten (*to do* zu tun) **5.** sich verbürgern, garantieren **6.** (*Arbeit, Reise*) unternehmen; **under·taker** [ˈʌndəteɪkə(r)] *s* Beerdigungsunternehmer(in) *m(f),* Leichenbestatter(in) *m(f);* **under·tak·ing** [ˌʌndəˈteɪkɪŋ] *s* **1.** Unternehmen *nt;* Projekt *nt* **2.** Zusicherung *f* **3.** Beerdigungsgewerbe *nt*

under-the-counter [ˌʌndəðəˈkaʊntə(r)] *adj:* ~ **sale** Verkauf *m* unter dem Ladentisch

under·tone [ˈʌndətəʊn] *s* **1.** gedämpfter Ton **2.** (*fig*) Unterton *m;* **under·tow** *s* Unterströmung *f;* **under·uti·lized** [ˌʌndəˈjuːtɪlaɪzd] *adj* nicht voll genutzt; **under·value** [ˌʌndəˈvæljuː] *vt* zu niedrig schätzen; unterbewerten; **under·water** [ˈʌndəwɔːtə(r)] *adj:* ~ **camera** Unterwasserkamera *f;* ~ **swimming** Unterwasserschwimmen *nt;* **under·wear** [ˈʌndəweə(r)] *s* Unterwäsche *f;* **under·weight** [ˌʌndəˈweɪt] *adj* untergewichtig; **he is several pounds** ~ er hat mehrere Pfund Untergewicht; **under·worked** [ˌʌndəˈwɜːkt] *adj* nicht ausgelastet; **under·world** [ˈʌndəwɜːld] *s* Unterwelt *f;* **under·write** [ˌʌndəˈraɪt] <*irr:* **-wrote, -written**> *vt* **1.** (FIN) garantieren **2.** (*Versicherung*) übernehmen **3.** (*ein Risiko*) versichern **4.** (*Anleihe*) die Platzierung übernehmen für; **under·writer** [ˈʌndəˌraɪtə(r)] *s* **1.** Emissionsbank *f,* Konsorte *m* **2.** Versicherer *m* **3.** **~s** Konsortium *nt*

un·de·sir·able [ˌʌndɪˈzaɪərəbl] *adj* unerwünscht

un·de·tected [ˌʌndɪˈtektɪd] *adj* unentdeckt

un·de·vel·oped [ˌʌndɪˈveləpt] *adj* **1.** unentwickelt **2.** (COM) unerschlossen

un·did [ʌnˈdɪd] *s.* **undo**

un·dies [ˈʌndɪz] *s pl* (*fam*) (Unter)Wäsche *f*

un·dis·charged bank·rupt [ˌʌndɪstʃɑːdʒdˈbæŋkrʌpt] *s* nicht entlastete(r) Konkursschuldner(in) *m(f)*

un·dis·closed [ˌʌndɪsˈkləʊzd] *adj* **1.** nicht enthüllt, unbekannt **2.** verheimlicht

un·dis·covered [ˌʌndɪsˈkʌvəd] *adj* unentdeckt

un·dis·pu·ted [ˌʌndɪˈspjuːtɪd] *adj* unbestritten

un·dis·tin·guished [ˌʌndɪˈstɪŋgwɪʃt] *adj* mittelmäßig, durchschnittlich

un·di·vided [ˌʌndɪˈvaɪdɪd] *adj* **1.** ungeteilt **2.** (COM) nicht verteilt

undo [ʌnˈduː] <*irr:* **undid, undone**> *vt* **1.** aufmachen; (*Knoten*) lösen; (*Paket*) öffnen **2.** zerstören, vernichten; ruinieren **3.** (*Tat*) ungeschehen machen; **un·do·ing** [-ɪŋ] *s* Ruin *m,* Verderben, Unglück *nt;* **un·done** [ˌʌnˈdʌn] **I.** *pp of* **undo** **II.** *adj* **1.** (*Arbeit*) unerledigt **2.** (*Kleid, Paket*) offen; **leave nothing** ~ nichts unversucht lassen; **come** ~ aufgehen

un·doubted [ʌnˈdaʊtɪd] *adj* unbestritten; **un·doubted·ly** [-lɪ] *adv* zweifellos, gewiss, sicher

un·dreamed-of, **undreamt-of** [ʌnˈdriːmdɒv, ʌnˈdremtɒv] *adj* ungeahnt, unerwartet

un·dress [ʌnˈdres] **I.** *vt* entkleiden, ausziehen **II.** *vi* sich ausziehen, seine Kleider ablegen **III.** *s:* **in a state of** ~ halb bekleidet; **un·dressed** [ˌʌnˈdrest] *adj* **1.** unbekleidet **2.** (*Wunde*) unverbunden **3.** (*Häute*) ungegerbt **4.** (*Salat*) nicht angerichtet; **get** ~ sich ausziehen

un·due [ˌʌnˈdjuː] *adj* übertrieben; ungebührlich

un·du·late [ˈʌndjʊleɪt] *vi* wellig sein; wogen; **un·du·la·ting** [-ɪŋ] *adj* wellenförmig; (*Landschaft*) hügelig

un·duly [ˌʌnˈdjuːlɪ] *adv* (zu) sehr; übermäßig

un·dy·ing [ˌʌnˈdaɪɪŋ] *adj* unsterblich; unvergänglich, ewig

un·earned [ˌʌnˈɜːnd] *adj* **1.** (*Geld*) nicht verdient **2.** (*fig: Lob*) unverdient; ~ **income** Kapitaleinkommen *nt;* ~ **increment** Wertzuwachs *m*

un·earth [ʌnˈɜːθ] *vt* **1.** ausgraben **2.** (*fig*) ausfindig machen, entdecken; **un·earth·ly** [ʌnˈɜːθlɪ] *adj* **1.** unheimlich **2.** (*Schönheit*) überirdisch; **at this** ~ **hour** zu dieser unchristlichen Stunde

un·ease [ʌnˈiːz] *s* Unbehagen *nt;* Unruhe *f;* **un·easy** [-ɪ] *adj* **1.** unruhig (*about* wegen), besorgt (*about* um) **2.** unbehaglich **3.** ungeschickt; **be** ~ sich in seiner Haut nicht

U

wohl fühlen; **I feel** ~ mir ist unbehaglich (zu Mute) (*about s.th.* wegen etw)

un·econ·omic(al) [ˈʌn,iːkəˈnɒmɪk(l)] *adj* unwirtschaftlich; unrentabel, verschwenderisch

un·edu·cated [ʌnˈedʒʊkeɪtɪd] *adj* ungebildet

un·emo·tional [,ʌnɪˈməʊʃənl] *adj* nüchtern, sachlich; kühl; unbewegt

un·em·ploy·able [,ʌnɪmˈplɔɪəbl] *adj* (*Mensch*) arbeitsunfähig; **un·em·ployed** [,ʌnɪmˈplɔɪd] *adj* **1.** arbeitslos; erwerbslos **2.** unbe-, ungenutzt **3.** (*Kapital*) tot; **the** ~ die Arbeitslosen *pl;* **un·em·ploy·ment** [,ʌnɪmˈplɔɪmənt] *s* Erwerbs-, Arbeitslosigkeit *f;* ~ **among young people** Jugendarbeitslosigkeit *f;* ~ **benefit** Arbeitslosengeld *nt,* -hilfe *f;* ~ **insurance** Arbeitslosenversicherung *f;* ~ **rate** Arbeitslosenquote *f*

un·en·force·able [,ʌnɪnˈfɔːsəbl] *adj* nicht erzwingbar; nicht klagbar

un·en·light·ened [,ʌnɪnˈlaɪtnd] *adj* **1.** (*fig*) unaufgeklärt, uneingeweiht **2.** rückständig **3.** intolerant

un·en·vi·able [,ʌnˈenvɪəbl] *adj* wenig beneidenswert

un·equal [,ʌnˈiːkwəl] *adj* **1.** ungleich; unausgeglichen **2.** nicht gewachsen (*to a task* einer Aufgabe); **un·equaled** *adj* (*Am*), **un·equal·led** [,ʌnˈiːkwld] *adj* einzig(artig); beispiellos; unübertroffen; **be** ~ seinesgleichen suchen

un·equivo·cal [,ʌnɪˈkwɪvəkl] *adj* unzweideutig

un·err·ing [ʌnˈɜːrɪŋ] *adj* **1.** unfehlbar **2.** untrüglich

UNESCO [juːˈneskəʊ] *s Abk. von* **United Nations Educational, Scientific and Cultural Organisation** UNESCO *f*

un·even [,ʌnˈiːvn] *adj* **1.** uneben; ungleich **2.** unregelmäßig **3.** (*fig: Qualität*) ungleichmäßig **4.** (*fig*) uneinheitlich, unausgeglichen **5.** (*Zahl*) ungerade

un·event·ful [,ʌnɪˈventfʊl] *adj* ereignislos

un·ex·ampled [,ʌnɪgˈzɑːmpld] *adj* beispiellos, einmalig

un·ex·cep·tion·able [,ʌnɪkˈsepʃənəbl] *adj* untadelig, einwandfrei; **un·ex·cep·tional** [,ʌnɪkˈsepʃnəl] *adj* **1.** gewöhnlich **2.** ausnahmslos

un·ex·cit·ing [,ʌnɪkˈsaɪtɪŋ] *adj* nicht besonders aufregend

un·ex·pected [,ʌnɪkˈspektɪd] *adj* unerwartet, unvorhergesehen

un·ex·peri·enced [,ʌnɪkˈspɪərɪənst] *adj* unerfahren; unerprobt

un·ex·plod·ed [,ʌnɪkˈspləʊdɪd] *adj* nicht explodiert

un·ex·ploit·ed [,ʌnɪkˈsplɔɪtɪd] *adj* ungenutzt; brachliegend

un·ex·pressed [,ʌnɪkˈsprest] *adj* unausgesprochen; ungeäußert

un·ex·pres·sive [,ʌnɪkˈspresɪv] *adj* ausdruckslos

un·ex·pur·ga·ted [,ʌnˈekspɜːgeɪtɪd] *adj* (*Buch*) ungekürzt

un·fail·ing [ʌnˈfeɪlɪŋ] *adj* unerschöpflich; zuverlässig

un·fair [,ʌnˈfeə(r)] *adj* **1.** unfair, ungerecht(fertigt) **2.** unsportlich, unfair **3.** (*Wettbewerb*) unlauter (*to* gegenüber)

un·faith·ful [,ʌnˈfeɪθfʊl] *adj* **1.** untreu (*to* gegenüber) **2.** ungenau

un·fal·ter·ing [ʌnˈfɔːltərɪŋ] *adj* **1.** nicht wankend **2.** (*fig*) unerschütterlich

un·fam·il·iar [,ʌnfəˈmɪlɪə(r)] *adj* **1.** ungewohnt **2.** nicht vertraut (*with* mit); **be** ~ **with s.th.** etw nicht kennen

un·fas·ten [,ʌnˈfɑːsn] **I.** *vt* los-, aufmachen **II.** *vi* aufgehen

un·fath·om·able [ʌnˈfæðəməbl] *adj* unergründlich, unerforschlich; **un·fath·omed** [ʌnˈfæðəmd] *adj* unerforscht

un·fa·vor·able *adj* (*Am*), **un·fa·vour·able** [,ʌnˈfeɪvrəbl] *adj* ungünstig, unvorteilhaft (*for, to* für); ~ **balance of trade** passive Handelsbilanz *f*

un·feel·ing [ʌnˈfiːlɪŋ] *adj* empfindungslos, grausam

un·feigned [ʌnˈfeɪnd] *adj* aufrichtig; unverhohlen

un·filled [ʌnˈfɪld] *adj* leer; (*Stelle*) frei, offen, unbesetzt

un·fin·ished [,ʌnˈfɪnɪʃt] *adj* unvollendet; (TECH) unbearbeitet

un·fit [,ʌnˈfɪt] *adj* **1.** unfähig, untüchtig **2.** untauglich (*for* für) **3.** (SPORT) nicht in Form; ~ **for work** arbeitsunfähig

un·flag·ging [,ʌnˈflægɪŋ] *adj* unermüdlich

un·flap·pable [,ʌnˈflæpəbl] *adj* unerschütterlich

un·flinch·ing [ʌnˈflɪntʃɪŋ] *adj* unnachgiebig, entschlossen; unerschütterlich, unerschrocken

un·fold [ʌnˈfəʊld] **I.** *vt* **1.** entfalten **2.** (*fig*) offen darlegen, enthüllen **II.** *vi* **1.** sich entfalten **2.** bekannt werden **3.** (*Knospe*) sich öffnen

un·fore·see·able [,ʌnfɔːˈsiːəbl] *adj* unvorhersehbar; **un·fore·seen** [,ʌnfɔːˈsiːn] *adj* unvorhergesehen

un·for·get·table [,ʌnfəˈgetəbl] *adj* unvergesslich

un·for·giv·able [,ʌnfəˈgɪvəbl] *adj* unverzeihlich

un·for·tu·nate [ʌnˈfɔːtʃʊnət] **I.** *adj* **1.** unglücklich **2.** bedauerlich **3.** erfolg-, aussichtslos **4.** (*Bemerkungen*) unpassend **II.**

s Pechvogel *m;* **un·for·tu·nate·ly** [-lɪ] *adv* unglücklicherweise, leider

un·founded [ˌʌn'faʊndɪd] *adj* unbegründet, grundlos

un·freeze [ˌʌn'fri:z] *vt, vi* **1.** auf-, abtauen **2.** (*fig: Preisstopp*) aufheben **3.** (*Guthaben*) freigeben

un·fre·quented [ˌʌnfrɪ'kwentɪd] *adj* wenig besucht; einsam

un·friend·ly [ˌʌn'frendlɪ] *adj* **1.** unfreundlich (*to* gegen) **2.** ungünstig (*for, to* für)

un·ful·filled [ˌʌnfʊl'fɪld] *adj* **1.** unerfüllt **2.** unausgefüllt; **unfulfilled order** *s* nicht ausgeführter Auftrag

un·furl [ʌn'fɜ:l] **I.** *vt* aufrollen; entfalten **II.** *vi* sich entfalten; sich aufrollen

un·fur·nished [ˌʌn'fɜ:nɪʃt] *adj* unmöbliert, leer

un·gain·ly [ʌn'geɪnlɪ] *adj* unbeholfen, plump; ungraziös

un·geared [ˌʌn'gɪəd] *adj* (FIN) ohne Fremdmittel

un·gen·er·ous [ʌn'dʒenərəs] *adj* kleinlich

un·gentle·man·ly [ʌn'dʒentlmənlɪ] *adj* unfein, ungebildet; **that is** ~ so etwas tut ein Gentleman nicht

un·get-at-able [ˌʌnget'ætəbl] *adj* (*fam*) schwer erreichbar, unerreichbar

un·god·ly [ʌn'gɒdlɪ] *adj* **1.** gottlos **2.** (*fam*) verdammt; abscheulich **3.** (*fam*) gotteslästerlich; unmöglich; **at an ~ hour** zu nachtschlafender Zeit

un·gov·ern·able [ʌn'gʌvənəbl] *adj* unbezähmbar; zügellos; (*Volk*) nicht zu regieren(d)

un·grace·ful [ˌʌn'greɪsfl] *adj* ohne Anmut, plump

un·gra·cious [ˌʌn'greɪʃəs] *adj* unhöflich

un·grate·ful [ʌn'greɪtfl] *adj* undankbar (*to* gegen)

un·grudg·ing [ˌʌn'grʌdʒɪŋ] *adj* entgegenkommend; großzügig; **un·grudg·ing·ly** [-lɪ] *adv* gern

un·guarded [ˌʌn'gɑ:dɪd] *adj* **1.** unbewacht **2.** (SPORT) ungedeckt **3.** sorglos, nachlässig; **in an ~ moment** in einem unbedachten Augenblick

un·guent ['ʌŋgwənt] *s* Salbe *f*

un·hal·lowed [ʌn'hæləʊd] *adj* ungeweiht

un·happy [ʌn'hæpɪ] *adj* **1.** unglücklich; traurig **2.** nicht zufrieden; **feel ~ about s.th.** nicht glücklich über etw sein; ein ungutes Gefühl bei etw haben

un·harmed [ʌn'hɑ:md] *adj* wohlbehalten, unversehrt

UNHCR [ˌju:eneɪtʃsi:'ɑ:] *s Abk. von* **United Nations High Commission for Refugees** Flüchtlingshilfswerk *nt* der UN

un·healthy [ʌn'helθɪ] *adj* **1.** kränklich **2.** ungesund

un·heard [ʌn'hɜ:d] *adj* ungehört; **un·heard-of** [ʌn'hɜ:dɒv] *adj* unerhört

un·hinge [ʌn'hɪndʒ] *vt* verwirren, verstören

un·hip [ʌn'hɪp] *adj* (*sl*) nicht cool

un·holy [ʌn'həʊlɪ] *adj* **1.** ungeweiht; (*Geister*) böse **2.** (*fam*) entsetzlich, schrecklich

un·hook [ʌn'hʊk] *vt* los-, aufhaken; losmachen

un·hoped-for [ʌn'həʊptfɔ:(r)] *adj* unerwartet, unverhofft

un·horse [ˌʌn'hɔ:s] *vt* aus dem Sattel werfen

un·hurt [ʌn'hɜ:t] *adj* unverletzt

UNICEF ['ju:nɪsef] *s Abk. von* **United Nations International Children's Emergency Fund** UNICEF *f,* Weltkinderhilfswerk *nt* der UNO

uni·corn ['ju:nɪkɔ:n] *s* Einhorn *nt*

un·iden·ti·fied [ˌʌnaɪ'dentɪfaɪd] *adj* nicht identifiziert; unbekannt; ~ **flying object, UFO** unbekanntes Flugobjekt, UFO *nt*

uni·fi·ca·tion [ˌju:nɪfɪ'keɪʃn] *s* Vereinheitlichung *f;* Einigung *f;* **unification treaty** *s* (POL) Einigungsvertrag *m*

uni·form ['ju:nɪfɔ:m] **I.** *adj* **1.** gleich(bleibend), gleichförmig, -mäßig **2.** einförmig; einheitlich **3.** übereinstimmend **II.** *s* Uniform *f;* **uni·form·ity** [ˌju:nɪ'fɔ:mətɪ] *s* **1.** Gleichmäßigkeit *f* **2.** Einheitlichkeit *f* **3.** (*pej*) Eintönigkeit *f*

unify ['ju:nɪfaɪ] *vt* vereinheitlichen; einigen; vereinigen

uni·lat·eral [ˌju:nɪ'lætrəl] *adj* einseitig, unilateral

un·im·ag·in·able [ˌʌnɪ'mædʒnəbl] *adj* unvorstellbar

un·im·peach·able [ˌʌnɪm'pi:tʃəbl] *adj* unanfechtbar; einwandfrei, untadelig

un·in·formed [ˌʌnɪn'fɔ:md] *adj* nicht unterrichtet, nicht informiert (*about, on* über)

un·in·hab·it·able [ˌʌnɪn'hæbɪtəbl] *adj* unbewohnbar; **un·in·hab·ited** *adj* unbewohnt

un·in·hib·ited [ˌʌnɪn'hɪbɪtɪd] *adj* ungehemmt

un·in·jured [ˌʌn'ɪndʒəd] *adj* unverletzt

un·in·sur·able [ˌʌnɪn'ʃʊərəbl] *adj* nicht versicherungsfähig; **un·in·sured** [ˌʌnɪn'ʃʊəd] *adj* nicht versichert

un·in·tel·li·gent [ˌʌnɪn'telɪdʒənt] *adj* unintelligent; **un·in·tel·li·gible** [ˌʌnɪn'telɪdʒəbl] *adj* unverständlich

un·in·ten·tional [ˌʌnɪn'tenʃənl] *adj* unabsichtlich; **un·in·ten·tional·ly** [ˌʌnɪn'tenʃnəlɪ] *adv* unbeabsichtigt

un·in·ter·ested [ʌn'ɪntrɪstɪd] *adj* uninteressiert (*in* an); **un·in·ter·est·ing** [ʌn'ɪn-

U

trɪstɪŋ] *adj* uninteressant

un·in·ter·rupted [ˌʌnɪntəˈrʌptɪd] *adj* ununterbrochen

union [ˈjuːnɪən] *s* **1.** Vereinigung *f,* Zusammenschluss *m;* Verbindung *f* **2.** (Staaten)Bund *m,* Union *f* **3.** (*trade* ~) Gewerkschaft *f* **4.** (TECH: *pipe* ~) Rohrverbindung *f* **5.** (*Textil*) gemischtes Gewebe **6.** (MATH) Vereinigungsmenge *f* **7.** (*fig*) Eintracht *f;* **in perfect** ~ in voller Eintracht; **union agreement, union contract** *s* Tarifvertrag *m;* **union dues, union subscription(s)** *s pl* Gewerkschaftsbeiträge *mpl;* **union·ist** [-ɪst] *s* **1.** Gewerkschaft(l)er(in) *m(f)* **2.** (POL) Unionist(in) *m(f),* Unionsanhänger(in) *m(f);* **union·ize** [ˈjuːnɪənaɪz] *vt* gewerkschaftlich organisieren; **Union Jack** [ˈjuːnɪənˈdʒæk] *s* britische Nationalflagge; **union member** *s* Gewerkschaftsmitglied *nt;* **union official** *s* Gewerkschaftsfunktionär(in) *m(f);* **union representative** *s* (gewerkschaftliche) Vertrauensperson *f*

unique [juːˈniːk] *adj* **1.** einzig; einmalig **2.** einzigartig, ungewöhnlich **3.** (MATH) eindeutig; **unique·ness** [juːˈniːknɪs] *s* Einmaligkeit, Einzigartigkeit *f;* **uniqueness theorem** *s* (MATH) Eindeutigkeitssatz *m*

uni·sex [ˈjuːnɪseks] *adj* einheitlich für beide Geschlechter; Unisex-

uni·son [ˈjuːnɪsn] *s* **1.** Einklang *m* **2.** (*fig*) Übereinstimmung *f* **3.** (MUS) Gleichklang *m;* **in** ~ einstimmig; **in** ~ **with** in Einklang mit

unit [ˈjuːnɪt] *s* **1.** (*a.* MATH MIL) Einheit *f,* Stück *nt* **2.** Einzelteil, Anbauteil, Element *nt* **3.** (TECH) Anlage *f* **4.** (MATH) Einer *m* **5.** (*Organisation*) Abteilung *f* **6.** (FIN) Fondsanteil *m;* ~ **of account** Rechnungseinheit *f;* ~ **of charge** Gebühreneinheit *f;* ~ **of currency** Währungseinheit *f;* ~ **of sampling** Stichprobeneinheit *f;* ~ **of value** Wertmaßstab *m;* ~ **costs** Stückkosten *pl;* ~ **price** Stückpreis *m;* **generative** ~ Aggregat *nt;* **compressor** ~ Kompressor *m;* **kitchen** ~ Teil *nt* einer Einbauküche

unite [juːˈnaɪt] **I.** *vt* vereinigen, verbinden; (*fig*) vereinen **II.** *vi* sich vereinigen, sich zusammenschließen; ~ **in doing s.th.** etw gemeinsam tun; **united** [juːˈnaɪtɪd] *adj* **1.** vereinigt; verbunden **2.** (*Gruppe*) geschlossen **3.** (*Kräfte*) vereint; ~ **trust** offener Investmentfonds; **United Arab Emirates, UAE** *s pl* Vereinigte Arabische Emirate *ntpl;* **United Kingdom, UK** *s* Vereinigtes Königreich *nt* (*Großbritannien und Nordirland*); **United Nations (Organization), UN(O)** *s sing* Vereinte Nationen *pl;* **United States (of America), US(A)** *s sing od pl* Vereinigte Staaten *pl* (von Amerika)

unity [ˈjuːnətɪ] *s* **1.** (*a.* MATH) Einheit *f* **2.** Einigkeit, Eintracht, Solidarität, Harmonie *f* (*among* unter) **3.** Einheitlichkeit, Geschlossenheit *f;* **in** ~ **with** in Übereinstimmung mit; **economic** ~ Wirtschaftseinheit *f*

uni·ver·sal [ˌjuːnɪˈvɜːsl] *adj* allgemein, allumfassend, universal; universell; ~ **agent** Generalvertreter(in) *m (f),* bevollmächtigte(r) *f m;* ~ **education** Allgemeinbildung *f;* **he is a** ~ **favourite** er ist allgemein beliebt; ~ **heir** Alleinerbe *m;* ~ **joint** [*o* **coupling**] (TECH) Universalgelenk *nt;* **Universal Postal Union** Weltpostverein *m;* ~ **suffrage** allgemeines Wahlrecht

uni·verse [ˈjuːnɪvɜːs] *s* Weltall, Universum *nt*

uni·ver·sity [ˌjuːnɪˈvɜːsətɪ] *s* Universität *f;* **be at** ~ die Universität besuchen, studieren; **university education** *s* akademische Bildung; **university lecture** *s* Vorlesung *f;* **university lecturer** *s* Dozent(in) *m(f);* **university library** *s* Universitätsbibliothek *f;* **university town** *s* Universitätsstadt *f*

un·just [ˌʌnˈdʒʌst] *adj* ungerecht (*to* gegen); **un·jus·ti·fi·able** [ʌnˈdʒʌstɪ faɪəbl] *adj* **1.** nicht zu rechtfertigen, ungerechtfertigt **2.** unentschuldbar; **un·jus·ti·fied** [ʌnˈdʒʌstɪfaɪd] *adj* **1.** ungerechtfertigt **2.** (TYP) nicht ausgerichtet, im Flattersatz; **un·just·ly** [ˌʌnˈdʒʌstlɪ] *adv* zu Unrecht; ungerecht

un·kempt [ˌʌnˈkempt] *adj* **1.** ungekämmt, zerzaust, verwahrlost **2.** unordentlich

un·kind [ʌnˈkaɪnd] *adj* unfreundlich; **un·kind·ly** [-lɪ] *adv* herzlos; unfreundlich

un·know·ing [ˌʌnˈnəʊɪŋ] *adj* nichts wissend (*of* von); **un·known** [ˌʌnˈnəʊn] **I.** *adj* unbekannt; fremd (*to s.o.* jdm); ~ **quantity** unbekannte Größe; (MATH) Unbekannte *f;* ~ **territory** (*a. fig*) Neuland *nt;* **it's** ~ **for him to do that** das tut er sonst eigentlich nicht **II.** *s* Unbekannte(r) *f m;* (MATH) Unbekannte *f;* (*Gegend*) unerforschtes Gebiet; **the** ~ das Unbekannte; das Ungewisse

un·law·ful [ˌʌnˈlɔːfʊl] *adj* widerrechtlich, ungesetzlich, illegal

un·lead·ed [ˌʌnˈledɪd] *adj* (*Benzin*) bleifrei, unverbleit

un·learn [ˌʌnˈlɜːn] *vt* verlernen, vergessen; sich abgewöhnen

un·leash [ʌnˈliːʃ] *vt* **1.** von der Leine lassen **2.** (*fig*) entfesseln

un·leav·ened [ˌʌnˈlevnd] *adj* (*Brot*) ungesäuert

un·less [ənˈles] *conj* **1.** wenn nicht; außer wenn; es sei denn, dass **2.** vorausgesetzt, dass nicht

un·li·censed [ˌʌnˈlaɪsənst] *adj* unkonzessioniert
un·like [ˌʌnˈlaɪk] **I.** *adj* ungleich; verschieden **II.** *prep* **1.** unähnlich (*s.o.* jdm) **2.** im Gegensatz zu; **un·like·ly** [ʌnˈlaɪklɪ] *adj* unwahrscheinlich
un·limited [ʌnˈlɪmɪtɪd] *adj* unbegrenzt; unbeschränkt; grenzenlos; ~ **liability** unbeschränkte Haftung
un·listed [ʌnˈlɪstɪd] *adj* nicht verzeichnet
un·load [ʌnˈləʊd] *vt, vi* **1.** (*Ladung*) ab-, ausladen **2.** (MAR) löschen **3.** (*Fahrzeug*) entladen **4.** (*fig fam*) abladen; abwälzen **5.** (FIN) abstoßen
un·lock [ˌʌnˈlɒk] *vt* aufschließen, -sperren; **un·locked** [ˌʌnˈlɒkt] *adj* unverschlossen
un·looked-for [ʌnˈlʊktfɔː(r)] *adj* unerwartet, überraschend
un·lucky [ʌnˈlʌkɪ] *adj* **1.** unglücklich **2.** unheilvoll; **be** ~ Pech haben
un·man [ˌʌnˈmæn] *vt* mutlos machen, entmutigen; **un·manned** [ˌʌnˈmænd] *adj* unbemannt; nicht besetzt
un·man·ner·ly [ʌnˈmænəlɪ] *adj* ungesittet, unmanierlich
un·mar·ried [ˌʌnˈmærɪd] *adj* unverheiratet, ledig
un·mask [ʌnˈmɑːsk] **I.** *vt* **1.** demaskieren **2.** (*fig*) entlarven, bloßstellen **II.** *vi* **1.** sich demaskieren **2.** (*fig*) die Maske fallen lassen
un·matched [ʌnˈmætʃt] *adj* unübertroffen, unvergleichlich
un·men·tion·able [ʌnˈmenʃənəbl] *adj* unaussprechlich; **un·men·tioned** [ˌʌnˈmenʃnd] *adj* unerwähnt
un·mind·ful [ʌnˈmaɪndfl] *adj* unachtsam, unaufmerksam; **be** ~ **of s.th.** etw nicht beachten
un·mis·tak·able [ˌʌnmɪˈsteɪkəbl] *adj* unverkennbar
un·miti·gated [ʌnˈmɪtɪgeɪtɪd] *adj* **1.** ungemildert, unvermindert **2.** vollkommen, völlig; vollendet
un·moved [ʌnˈmuːvd] *adj* **1.** unbewegt **2.** (*fig*) ungerührt
un·natu·ral [ʌnˈnætʃrəl] *adj* **1.** unnatürlich **2.** widernatürlich, unnormal, abnorm; **it is** ~ **for her to do that** das tut sie normalerweise nicht
un·nec·es·sar·ily [ˌʌnˈnesəsərəlɪ] *adv* unnötigerweise; übermäßig; **un·nec·es·sary** [ʌnˈnesəsrɪ] *adj* unnötig, überflüssig
un·nerve [ˌʌnˈnɜːv] *vt* **1.** zermürben **2.** den Mut nehmen (*s.o.* jdm)
un·no·ticed [ˌʌnˈnəʊtɪst] *adj* unbemerkt
un·num·bered [ˌʌnˈnʌmbəd] *adj* **1.** ungezählt, zahllos **2.** unnummeriert
un·ob·tain·able [ˌʌnəbˈteɪnəbl] *adj* nicht erhältlich; **this number is** ~ kein Anschluss unter dieser Nummer
un·ob·trus·ive [ˌʌnəbˈtruːsɪv] *adj* **1.** (*Sache*) unaufdringlich **2.** (*Mensch*) zurückhaltend, bescheiden
un·oc·cupied [ˌʌnˈɒkjʊpaɪd] *adj* **1.** unbewohnt **2.** unbeschäftigt, müßig **3.** (MIL) unbesetzt
un·of·fi·cial [ˌʌnəˈfɪʃl] *adj* inoffiziell, nicht amtlich
un·or·gan·ized [ˌʌnˈɔːgənaɪzd] *adj* **1.** chaotisch; unmethodisch; ungeordnet **2.** (*Arbeiter*) nicht gewerkschaftlich organisiert
un·or·tho·dox [ˌʌnˈɔːθədɒks] *adj* unorthodox, unkonventionell
un·pack [ˌʌnˈpæk] *vt, vi* auspacken
un·paid [ˌʌnˈpeɪd] *adj* **1.** unbezahlt **2.** unfrankiert **3.** (*Stellung*) ehrenamtlich
un·pal·at·able [ˌʌnˈpælətəbl] *adj* ungenießbar; (*Wahrheit*) bitter
un·par·al·leled [ʌnˈpærəleld] *adj* unvergleichlich; einmalig
un·par·lia·men·tary [ˌʌnˌpɑːləˈmentrɪ] *adj* unparlamentarisch
un·per·turbed [ˌʌnpəˈtɜːbd] *adj* gelassen, nicht aus der Ruhe zu bringen
un·pick [ˌʌnˈpɪk] *vt* (*Naht*) auftrennen
un·placed [ˌʌnˈpleɪst] *adj* (SPORT) unplatziert
un·pleas·ant [ʌnˈpleznt] *adj* **1.** unangenehm **2.** ungefällig, unfreundlich; **un·pleas·ant·ness** [-nɪs] *s* **1.** Unstimmigkeit *f* **2.** Unannehmlichkeit *f*
un·plug [ˌʌnˈplʊg] *vt* den Stecker herausziehen
un·plumbed [ˌʌnˈplʌmd] *adj* unerforscht
un·polished [ˌʌnˈpɒlɪʃt] *adj* **1.** unpoliert, rau **2.** (*fig*) grob; unausgeglichen
un·pol·luted [ˌʌnpəˈluːtɪd] *adj* unverschmutzt
un·popu·lar [ˌʌnˈpɒpjʊlə(r)] *adj* unbeliebt, unpopulär; **un·popu·lar·ity** [ʌnˌpɒpjʊˈlærətɪ] *s* Unbeliebtheit *f*
un·prac·ti·cal [ˌʌnˈpræktɪkl] *adj* unpraktisch
un·prac·ticed [ʌnˈpræktɪst] *adj,* **un·prac·tised** *adj* (*Am*) ungeübt, unerfahren (*in* in)
un·prece·dented [ʌnˈpresɪdentɪd] *adj* **1.** einmalig, beispiellos; noch nie dagewesen **2.** (JUR) ohne Präzedenzfall
un·pre·dict·able [ˌʌnprɪˈdɪktəbl] *adj* **1.** unvorhersehbar **2.** (*Person*) unberechenbar
un·preju·diced [ʌnˈpredʒʊdɪst] *adj* vorurteilsfrei, unvoreingenommen
un·pre·medi·tated [ˌʌnprɪˈmedɪteɪtɪd] *adj* unüberlegt; nicht vorsätzlich
un·pre·ten·tious [ˌʌnprɪˈtenʃəs] *adj* zu-

rückhaltend, bescheiden; schlicht
un·prin·cipled [ʌnˈprɪnsəpld] *adj* ohne Grundsätze; gewissenlos
un·pro·duc·tive [ˌʌnprəˈdʌktɪv] *adj* unproduktiv, unergiebig (*of* an); ~ **capital** totes Kapital
un·pro·fes·sional [ˌʌnprəˈfeʃənl] *adj* (*Verhalten*) berufswidrig; (*Arbeit*) unfachmännisch, laienhaft
un·prof·it·able [ˌʌnˈprɒfɪtəbl] *adj* unrentabel
un·prompted [ˌʌnˈprɒmptɪd] *adj* aus eigenem Antrieb, spontan
un·pro·vided [ˌʌnprəˈvaɪdɪd] *adj:* ~ **for** unversorgt
un·pub·lished [ˌʌnˈpʌblɪʃt] *adj* unveröffentlicht
un·punc·tual [ˌʌnˈpʌŋktʃʊəl] *adj* unpünktlich
un·quali·fied [ʌnˈkwɒlɪfaɪd] *adj* **1.** unqualifiziert, ungeeignet, nicht befähigt **2.** uneingeschränkt, vorbehaltlos
un·ques·tion·able [ʌnˈkwestʃənəbl] *adj* unbestritten; fraglos; **un·ques·tion·ing** [ʌnˈkwestʃnɪŋ] *adj* (*Glaube*) bedingungslos, blind
un·quote [ʌnˈkwəʊt] *interj* Zitatende *nt;* **un·quoted** [ʌnˈkwəʊtɪd] *adj* (*Börse*) nicht notiert
un·ravel [ʌnˈrævl] *vt* **1.** auftrennen, -ziehen **2.** (*Fäden*) entwirren **3.** (*fig*) klären, lösen
un·read·able [ˌʌnˈriːdəbl] *adj* **1.** unleserlich **2.** unlesbar
un·real [ʌnˈrɪəl] *adj* unwirklich; (*sl*) unglaublich
un·real·is·tic [ˌʌnˌrɪəˈlɪstɪk] *adj* unrealistisch, realitätsfern
un·real·ized [ʌnˈrɪəlaɪzd] *adj* **1.** (COM) nicht realisiert **2.** unverwirklicht
un·reas·on·able [ʌnˈriːznəbl] *adj* **1.** unvernünftig; unsinnig **2.** unmäßig **3.** unangemessen **4.** übertrieben, exorbitant; **un·reas·on·ing** [ʌnˈriːsənɪŋ] *adj* unvernünftig
un·re·deemed [ˌʌnrɪˈdiːmd] *adj* **1.** (REL) unerlöst **2.** (*Pfand*) nicht eingelöst; (*Schuld*) ungetilgt; ~ **by** nicht aufgehoben durch
un·re·fined [ˌʌnrɪˈfaɪnd] *adj* **1.** nicht raffiniert **2.** (*Mensch*) unkultiviert
un·re·flect·ing [ˌʌnrɪˈflektɪŋ] *adj* gedankenlos; (*Handlung*) unüberlegt; (*Gefühl*) unreflektiert
un·reg·is·tered [ˌʌnˈredʒɪstəd] *adj* **1.** nicht eingetragen, nicht registriert; nicht gemeldet **2.** (*Brief*) nicht eingeschrieben **3.** (*Warenzeichen*) nicht eingetragen
un·re·lent·ing [ˌʌnrɪˈlentɪŋ] *adj* unablässig; hartnäckig, unnachgiebig; unbarmherzig
un·re·lia·bil·ity [ˈʌnrɪˌlaɪəˈbɪlətɪ] *s* Unzuverlässigkeit *f;* **un·re·li·able** [ˌʌnrɪˈlaɪəbl] *adj* unzuverlässig
un·re·lieved [ˌʌnrɪˈliːvd] *adj* **1.** ununterbrochen **2.** ungemildert
un·re·mit·ting [ˌʌnrɪˈmɪtɪŋ] *adj* unablässig, unaufhörlich, ununterbrochen
un·re·peat·able [ˌʌnrɪˈpiːtəbl] *adj* nicht zu wiederholen
un·re·quit·ed [ˌʌnrɪˈkwaɪtɪd] *adj* (*Liebe*) unerwidert
un·re·served [ˌʌnrɪˈzɜːvd] *adj* nicht reserviert; **un·re·serv·ed·ly** [ˌʌnrɪˈzɜːvɪdlɪ] *adv* rückhaltlos; frei, offen
un·rest [ʌnˈrest] *s* Unruhen *fpl,* Unzufriedenheit *f;* **focus of** ~ Unruheherd *m;* **student** ~ Studentenunruhen *fpl*
un·re·strained [ˌʌnrɪˈstreɪnd] *adj* uneingeschränkt; (*Gefühle*) ungehemmt; (*Freude, Atmosphäre*) ungezügelt; (*pej*) unbeherrscht
un·re·stricted [ˌʌnrɪˈstrɪktɪd] *adj* **1.** unbeschränkt **2.** (*Geschwindigkeit*) unbegrenzt
un·ripe [ˌʌnˈraɪp] *adj* unreif
un·ri·valed *adj* (*Am*), **un·ri·valled** [ʌnˈraɪvld] *adj* konkurrenzlos; unvergleichlich, einzigartig
un·roll [ʌnˈrəʊl] **I.** *vt* aufrollen **II.** *vi* sich entfalten
un·ruffled [ʌnˈrʌfld] *adj* unbewegt, ruhig
un·ruly [ʌnˈruːlɪ] *adj* **1.** widersetzlich, undiszipliniert **2.** ungehorsam, aufsässig **3.** (*Haar*) widerspenstig
un·saddle [ˌʌnˈsædl] *vt* **1.** (*Pferd*) absatteln **2.** aus dem Sattel werfen
un·safe [ˌʌnˈseɪf] *adj* nicht sicher, unsicher; gefährlich
un·said [ˌʌnˈsed] *adj* unausgesprochen; **leave s.th.** ~ etw ungesagt sein lassen
un·sal·aried [ˌʌnˈsælərɪd] *adj* (*Arbeit*) unbezahlt; ehrenamtlich
un·sal(e)·able [ˌʌnˈseɪləbl] *adj* unverkäuflich
un·sat·is·fac·tory [ˈʌnˌsætɪsˈfæktrɪ] *adj* unbefriedigend; **un·sat·is·fied** [ˌʌnˈsætɪsfaɪd] *adj* unbefriedigt
un·sa·vory *s* (*Am*), **un·sa·voury** [ˌʌnˈseɪvərɪ] *s* unerfreulich; widerwärtig
un·say [ʌnˈseɪ] *vt* ungesagt machen
un·scathed [ʌnˈskeɪðd] *adj* unbeschädigt, unverletzt
un·sched·uled [ˌʌnˈʃedjuːld] *adj* außerplanmäßig
un·schooled [ˌʌnˈskuːld] *adj* ungebildet; unausgebildet
un·screened [ˌʌnˈskriːnd] *adj* **1.** (*Film*) nicht gezeigt **2.** nicht abgeschirmt **3.** nicht überprüft; nicht untersucht
un·scripted [ʌnˈskrɪptɪd] *adj* improvisiert
un·scru·pu·lous [ʌnˈskruːpjʊləs] *adj* skru-

pel-, gewissenlos
un·seal [ˌʌn'siːl] *vt* öffnen; entsiegeln; **un·sealed** [ˌʌn'siːld] *adj* offen; unversiegelt
un·seat [ˌʌn'siːt] *vt* **1.** des Amtes entheben; (PARL) seinen Sitz nehmen (*s.o.* jdm) **2.** (*Reiter*) abwerfen
un·se·cured [ˌʌnsɪ'kjʊəd] *adj* **1.** ungesichert **2.** (COM) ungedeckt
un·see·ing [ˌʌn'siːɪŋ] *adj* **1.** nicht sehend **2.** (*fig*) blind; (*Blick*) leer
un·seem·ly [ʌn'siːmlɪ] *adj* unpassend, unschicklich
un·seen [ʌn'siːn] **I.** *adj* ungesehen; unbemerkt **II.** *s* (SCHULE) Herübersetzung *f*
un·self·ish [ˌʌn'selfɪʃ] *adj* selbstlos, uneigennützig
un·ser·vice·able [ˌʌn'sɜːvɪsəbl] *adj* unbrauchbar (*to* für)
un·settle [ˌʌn'setl] *vt* **1.** durcheinander bringen; aufregen; verstören **2.** beunruhigen; aufregen; verunsichern **3.** (*Fundament*) erschüttern; **un·settled** [ˌʌn'setld] *adj* **1.** (*Gebiet*) unbesiedelt **2.** (*Rechnung*) unbezahlt **3.** (*Frage*) ungeklärt; (*Zukunft*) ungewiss **4.** (*Wetter, Markt, Verhältnisse*) unbeständig; (*Leben*) unstet; **be ~** (*Mensch*) aus dem Gleichgewicht geworfen sein; **un·sett·ling** [-ɪŋ] *adj* **1.** aufreibend **2.** (*Wissen, Nachricht*) beunruhigend; **have an ~ influence on** durcheinander bringen, aus dem Gleichgewicht bringen; **have an ~ effect on** aus dem Gleis werfen; verunsichern; verstören
un·shak·able [ʌn'ʃeɪkəbl] *adj* unerschütterlich
un·sha·ven [ˌʌn'ʃeɪvn] *adj* unrasiert
un·shod [ˌʌn'ʃɒd] *adj* **1.** barfuß **2.** (*Pferd*) unbeschlagen
un·shrink·able [ˌʌn'ʃrɪŋkəbl] *adj* **1.** nicht schrumpfend **2.** (*Gewebe*) nicht einlaufend; **un·shrink·ing** [ˌʌn'ʃrɪŋkɪŋ] *adj* furchtlos
un·sight·ly [ʌn'saɪtlɪ] *adj* unansehnlich, hässlich
un·signed [ˌʌn'saɪnd] *adj* nicht unterzeichnet
un·skilled [ˌʌn'skɪld] *adj* ungelernt; ungeübt; **~ labo(u)r** [*o* **workers**] ungelernte Arbeitskräfte *fpl*, Hilfsarbeiter *mpl*
un·soci·able [ʌn'səʊʃəbl] *adj* ungesellig
un·social [ˌʌn'səʊʃl] *adj* unsozial; **work ~ hours** außerhalb der normalen Arbeitszeiten arbeiten
un·sold [ˌʌn'səʊld] *adj* unverkauft
un·sol·ici·ted [ˌʌnsə'lɪsɪtɪd] *adj* unverlangt; unaufgefordert
un·soph·is·ti·cated [ˌʌnsə'fɪstɪkeɪtɪd] *adj* **1.** einfach **2.** natürlich, ungekünstelt **3.** naiv; unkritisch
un·sound [ˌʌn'saʊnd] *adj* **1.** krank; (*Gesundheit*) schlecht **2.** (*Gebäude*) baufällig; (*Finanzen*) unsicher **3.** (*Grund*) nicht stichhaltig; (*Rat*) töricht; (*Urteil*) unzuverlässig; (*Politik*) unvernünftig **4.** (COM) finanzschwach; unsicher; **of ~ mind** (JUR) unzurechnungsfähig; **be ~ on a subject** auf einem Gebiet unsicher, schlecht bewandert sein
un·spar·ing [ʌn'speərɪŋ] *adj* **1.** verschwenderisch, freigebig (*of* mit) **2.** reichlich, großzügig (*of* mit) **3.** schonungslos (*of* gegen); **be ~ in one's efforts** keine Mühe scheuen
un·speak·able [ʌn'spiːkəbl] *adj* unaussprechlich, unsagbar; scheußlich
un·spec·ified [ˌʌn'spesɪfaɪd] *adj* nicht spezifiziert, nicht einzeln angegeben
un·stable [ˌʌn'steɪbl] *adj* **1.** labil; unsicher, schwankend **2.** (*a. fig*) unbeständig, instabil
un·stressed [ˌʌn'strest] *adj* (*Silbe*) unbetont
un·stuck [ˌʌn'stʌk] *adj* nicht fest; lose; **come ~** sich lösen; (*Plan*) schief gehen; (*Redner*) stecken bleiben; **we came ~** wir sind gescheitert
un·stud·ied [ˌʌn'stʌdɪd] *adj* ungekünstelt, natürlich
un·sub·stan·tial [ˌʌnsəb'stænʃl] *adj* **1.** dürftig, nicht solide **2.** (*Geist*) körperlos **3.** (*Essen*) leicht **4.** (*Beweis*) haltlos; (*Anspruch*) unberechtigt
un·suc·cess·ful [ˌʌnsək'sesfl] *adj* erfolglos; (*Versuch*) vergeblich; (*Ergebnis*) nicht erfolgreich; **be ~ in doing s.th.** mit etw keinen Erfolg haben
un·suit·able [ˌʌn'suːtəbl] *adj* unpassend, unangebracht; ungeeignet (*to, for* für)
un·sullied [ˌʌn'sʌlɪd] *adj* unbefleckt
un·sure [ˌʌn'ʃʊə(r)] *adj* unsicher; (*Methode*) unzuverlässig
un·sus·pect·ing [ˌʌnsə'spektɪŋ] *adj* nichtsahnend
un·swerv·ing [ˌʌn'swɜːvɪŋ] *adj* unerschütterlich, standhaft
un·tapped [ˌʌn'tæpt] *adj* ungenutzt
un·taxed [ˌʌn'tækst] *adj* unbesteuert, steuerfrei
un·ten·able [ˌʌn'tenəbl] *adj* unhaltbar
un·ten·anted [ˌʌn'tenəntɪd] *adj* unbewohnt
un·think·able [ʌn'θɪŋkəbl] *adj* undenkbar; **un·think·ing** [ʌn'θɪŋkɪŋ] *adj* gedankenlos; unbedacht; **un·thought-of** [ʌn'θɔːtɒv] *adj* ungeahnt
un·ti·di·ness [ʌn'taɪdɪnɪs] *s* Unordentlichkeit *f*; **un·tidy** [ʌn'taɪdɪ] *adj* unordentlich

U

un·tie [ˌʌnˈtaɪ] *vt* aufbinden, -knoten; losbinden

un·til [ənˈtɪl] **I.** *prep* (*zeitlich*) bis, bis zu; **not** ~ nicht vor; erst; ~ **further notice** bis auf Widerruf, bis auf weiteres **II.** *conj* bis (dass); **not** ~ nicht bevor; erst als, erst wenn

un·time·ly [ʌnˈtaɪmlɪ] *adj* **1.** ungelegen, unangebracht **2.** vorzeitig

un·told [ˌʌnˈtəʊld] *adj* **1.** nicht erzählt **2.** ungezählt, unzählig **3.** (*Reichtum*) unermesslich

un·touched [ˌʌnˈtʌtʃt] *adj* **1.** unberührt **2.** nicht erwähnt **3.** unverletzt, intakt **4.** ungerührt; unbeeinflusst **5.** (*fig*) unerreicht

un·to·ward [ˌʌntəˈwɔːd] *adj* **1.** ungünstig, unglücklich **2.** unschicklich, unziemlich; **I hope nothing** ~ **has happened** ich hoffe, dass nichts Schlimmes passiert ist

un·trans·fer·able [ˌʌntrænsˈfɜːrəbl] *adj* (COM) nicht übertragbar

un·trans·lat(e·)able [ˌʌntrænsˈleɪtəbl] *adj* unübersetzbar

un·treat·ed [ʌnˈtriːtɪd] *adj* unbehandelt

un·true [ˌʌnˈtruː] *adj* **1.** unwahr, falsch **2.** unrichtig

un·trust·worthy [ˌʌnˈtrʌstˌwɜːðɪ] *adj* unzuverlässig

un·truth [ʌnˈtruːθ] *s* Unwahrheit *f*; **un·truth·ful** [ʌnˈtruːθfl] *adj* **1.** unwahr, falsch **2.** unwahrhaft, unaufrichtig, lügnerisch

un·turned [ˌʌnˈtɜːnd] *adj*: **leave no stone** ~ (*fig*) nichts unversucht lassen

un·tu·tored [ˌʌnˈtjuːtəd] *adj* ungeschult

un·used [ʌnˈjuːzd] *adj* **1.** ungebraucht, unbenutzt **2.** (*Kredit*) nicht beansprucht **3.** nicht gewöhnt (*to* an), nicht gewohnt (*to doing* zu tun)

un·usual [ʌnˈjuːʒl] *adj* **1.** ungewöhnlich **2.** selten; **un·usually** [ʌnˈjuːʒəlɪ] *adv* ungewöhnlich; sehr; in höchstem Maße

un·ut·ter·able [ʌnˈʌtərəbl] *adj* **1.** unaussprechlich **2.** unbeschreiblich

un·var·nished [ʌnˈvɑːnɪʃt] *adj* (*Wahrheit*) ungeschminkt

un·veil [ˌʌnˈveɪl] **I.** *vt* **1.** entschleiern **2.** enthüllen, aufdecken **3.** (*fig*) ans Licht, an den Tag bringen; den Schleier lüften von **II.** *vi* den Schleier fallen lassen

un·versed [ˌʌnˈvɜːst] *adj* unerfahren (*in* in)

unwaged *s*: **the** ~ die Erwerbslosen *pl*

un·war·ranted [ˌʌnˈwɒrəntɪd] *adj* ungerechtfertigt

un·wa·ver·ing [ʌnˈweɪvərɪŋ] *adj* standhaft, unerschütterlich

un·well [ʌnˈwel] *adj* unwohl, unpässlich; **feel** ~ sich nicht wohl fühlen

un·wieldy [ʌnˈwiːldɪ] *adj* **1.** unhandlich, sperrig **2.** ungeschickt, schwerfällig

un·will·ing [ˌʌnˈwɪlɪŋ] *adj* widerwillig; **be** ~ keine Lust haben (*to do* zu tun); **un·will·ing·ly** [-lɪ] *adv* ungern

un·wind [ˌʌnˈwaɪnd] <*irr:* -wound, -wound> **I.** *vt* abwickeln **II.** *vi* **1.** (*fam*) abschalten, sich entspannen **2.** (*Rolle*) sich abwickeln; (*Handlung*) sich entwickeln, abrollen

un·wise [ʌnˈwaɪz] *adj* unklug

un·wit·ting [ʌnˈwɪtɪŋ] *adj* unbewusst; unabsichtlich; unwissentlich; **un·wit·ting·ly** [-lɪ] *adv* unwissentlich; ohne Absicht; ahnungslos

un·wonted [ʌnˈwəʊntɪd] *adj* **1.** ungewohnt (*to do* zu tun) **2.** ungewöhnlich, selten

un·work·able [ˌʌnˈwɜːkəbl] *adj* nicht durchführbar; (*Plan*) unausführbar; (*Material*) nicht bearbeitbar; (MIN) nicht abbauwürdig

un·world·ly [ˌʌnˈwɜːldlɪ] *adj* weltabgewandt; weltfremd

un·worthy [ʌnˈwɜːðɪ] *adj* unwürdig; **be** ~ **of s.th.** einer S nicht wert, würdig sein; **that's** ~ **of you** das ist unter deiner Würde

un·wrap [ˌʌnˈræp] *vt* auswickeln, -packen

un·writ·ten [ˌʌnˈrɪtn] *adj* ungeschrieben; ~ **agreement** mündliche Vereinbarung, stillschweigende Übereinkunft; ~ **law** ungeschriebenes Gesetz

un·yield·ing [ʌnˈjiːldɪŋ] *adj* **1.** nicht nachgebend, starr **2.** (*fig*) unnachgiebig

un·zip [ˌʌnˈzɪp] *vt* den Reißverschluss öffnen (*s.th.* einer S)

up [ʌp] **I.** *adv* **1.** oben; nach oben; ~ **here** hier oben; ~ **there** da oben; **on the way** ~ auf dem Weg hinauf; (*fig*) auf dem Weg nach oben; **go** ~ hinauf-, hochgehen; **jump** ~ aufspringen; hinaufspringen; **look** ~ hochsehen; **things are looking** ~ es geht bergauf; **throw** ~ hochwerfen; (*fam*) kotzen; (**stand**) ~**!** steh auf!; ~ **in Hamburg** oben in Hamburg **2.** (INFORM) laufend **3.** (*nicht im Bett*) auf; **get** ~ aufstehen **4.** (*Preise*) gestiegen **5.** (*Gebäude*) gebaut; **be** ~ stehen; (*Gerüst*) aufgestellt sein; (*Bild, Mitteilung, Tapete, Vorhänge*) hängen **6.** (*Zahlen*) aufwärts; **from £3** ~ von £3 aufwärts, ab £3; **from the age of 18** ~ ab 18 Jahren; ~ **to € 100** bis zu € 100,- **7.** (*Begrenzung*) bis; ~ **to here/now** bis hier/jetzt **8.** (SPORT) in Führung; **be one** ~ **on s.o.** (*fig*) jdm um einen Schritt voraus sein **9.** (*in Kenntnissen*) beschlagen (*in, on* in); **be well** ~ **in s.th.** sich in etw auskennen **10.** zu Ende, vorüber, um; **time's** ~ die Zeit ist um; **it's all** ~ **with her** es ist aus mit ihr **11.** (~ *to*) gewachsen; abhängig; **be** [*o* **feel**] ~ **to s.th.** einer S gewachsen sein; **it's ~ to him to do that** es hängt von ihm ab, das zu tun, es liegt bei ihm, das zu tun; **it's ~ to my boss** das ist Aufgabe meines Chefs; **it's not ~ to much** das taugt nicht viel **12.** (*mit anderen Präpositionen*): ~ **against** gegen; **be ~ against problems** Schwierigkeiten haben; **be ~ against a difficult opponent** einem schwierigen Gegner gegenüberstehen; **I know what we're ~ against** ich weiß, wie schwer das ist; ~ **and down** auf und ab; hin und her; ~ **and** ~ immer höher **13.** (*Wendungen*): **what are you ~ to?** was machst du?; was hast du vor?; **he is ~ to no good** er führt irgendetwas im Schilde; **what's ~?** (*fam*) was ist los?; **what's ~ with you?** was ist mit dir los?; **there is something ~ with him/it** irgend etwas stimmt mit ihm/damit nicht; **be ~ for sale** zu verkaufen sein, zum Verkauf stehen; **be ~ for discussion** zur Diskussion stehen; **be ~ for election** aufgestellt sein; **be ~ for trial** vor Gericht stehen **II.** *prep* hinauf; oben auf; **go ~ the hill** den Berg hinaufgehen **III.** *s* Höhepunkt *m;* **~s and downs** Höhen und Tiefen; **be on the ~ and ~** immer besser werden; (*sl*) sauber sein **IV.** *vt* (*fam*) erhöhen; (*Produktion*) ankurbeln **V.** *vi* (*fam*) aufstehen; **she ~ped and kissed him** sie gab ihm plötzlich einen Kuss

up-and-com·ing [ˈʌpənˈkʌmɪŋ] *adj* aufstrebend; im Aufstieg

up·beat [ˈʌpbiːt] **I.** *s* (MUS) Auftakt *m* **II.** *adj* (*fam*) fröhlich; optimistisch

up·braid [ˌʌpˈbreɪd] *vt* tadeln (*for, with* wegen)

up·bring·ing [ˈʌpbrɪŋɪŋ] *s* Erziehung *f*

up·com·ing [ˈʌpˌkʌmɪŋ] *adj* (*Am*) bevorstehend

up-coun·try [ˌʌpˈkʌntrɪ] *adj* landeinwärts, im Landesinneren

up·date [ˌʌpˈdeɪt] **I.** *vt* auf den neuesten Stand bringen, aktualisieren **II.** *s* Aktualisierung *f;* **up·dat·ing** [-ɪŋ] *s* Aktualisierung *f*

up·draught [ˈʌpdrɑːft] *s* Aufwind *m*

up·end [ʌpˈend] *vt* **1.** umstülpen **2.** auf den Kopf, hochkant stellen

up·front [ˈʌpfrʌnt] *adj* im voraus

up·grade [ˈʌpˌgreɪd] **I.** *s* **1.** (INFORM) Erweiterung *f* **2.** (*Am*) Steigung *f* (*im Gelände*); **be on the ~** (*fig*) auf dem Weg nach oben sein **II.** *adj* (*Am*) ansteigend **III.** *adv* (*Am*) bergauf **IV.** [ˌʌpˈgreɪd] *vt* höher einstufen; befördern; (*Image, Verdienst*) aufbessern, -werten, anheben; (INFORM) erweitern;

up·grade·able [ˌʌpˈgreɪdəbl] *adj* (INFORM) erweiterbar; **up·grad·ing** [ˌʌpˈgreɪdɪŋ] *s* **1.** Höhergruppierung *f* **2.** Beförderung *f* **3.** (INFORM) Erweiterung *f*

up·heaval [ˌʌpˈhiːvl] *s* (*fig*) Umwälzung *f,* Umsturz *m*

up·hill [ˌʌpˈhɪl] **I.** *adv* bergan, bergauf **II.** *adj* **1.** (an)steigend **2.** (*fig*) mühselig, anstrengend

up·hold [ˌʌpˈhəʊld] <*irr:* -held, -held> *vt* wahren; (*Gesetz*) hüten; (*Entscheidung, jdn*) unterstützen; (JUR) bestätigen

up·hol·ster [ʌpˈhəʊlstə(r)] *vt* polstern; **well ~ed** (*Mensch*) gut gepolstert; **up·hol·sterer** [ʌpˈhəʊlstərə(r)] *s* Polsterer *m,* Polsterin *f;* **up·hol·stery** [ˌʌpˈhəʊlstərɪ] *s* Polsterung *f;* Polstern *nt;* Polsterei *f*

up·keep [ˈʌpkiːp] *s* **1.** Instandhaltung *f* **2.** Instandhaltungs-, Unterhaltungskosten *pl*

up·land [ˈʌplənd] *s* Hochland *nt*

up·lift [ˈʌplɪft] **I.** *s* **1.** (*fig*) Erbauung *f;* Erhebung *f* **2.** (FIN) Anhebung *f* **II.** [ʌpˈlɪft] *vt* **1.** (*fig*) erheben **2.** (*schottisch*) abholen; **feel ~ed** sich erbaut fühlen

up·market [ˈʌpˈmɑːkɪt] *adj* (*Produkt*) für den anspruchsvollen Kunden; (*Haus, Hotel etc.*) luxuriös; Luxus-; (*Zeitschrift, Kunde*) anspruchsvoll

upon [əˈpɒn] *prep* auf; **once ~ a time** es war einmal; ~ **inquiry** auf Erkundigungen hin; ~ **this** hierauf, danach, dann; ~ **my word** auf mein Wort

up·per [ˈʌpə(r)] **I.** *adj* höhe(r, s), obere(r, s); ~ **arm** Oberarm *m;* ~ **jaw** Oberkiefer *m;* ~ **lip** Oberlippe *f;* **Upper Egypt** Oberägypten *nt;* ~ **income bracket** obere Einkommensgruppe; **get/have the ~ hand of** die Oberhand gewinnen/haben über; **the ~ circle** (THEAT) der erste Rang; **the Upper House** (PARL) das Oberhaus; **the ~ storey** oberes Stockwerk; (*fam*) das Oberstübchen; **the ~ crust** (*fam*) die oberen Zehntausend **II.** *s* **1.** **~s** Oberleder, -material *nt* **2.** (*sl*) Peppille *f;* **be on one's ~s** auf den Hund gekommen sein; **upper-body** *adj* Oberkörper-; **upper case** *s* (TYP) Großbuchstabe *m;* **upper class** *s* Oberschicht *f;* **upper-class** *adj* der Oberschicht; vornehm, fein; **upper·cut** *s* (*Boxen*) Kinnhaken *m;* **upper deck** *s* (MAR) Oberdeck *nt;* **up·per·most** [ˈ-məʊst] **I.** *adj* oberste(r, s), höchste(r, s) **II.** *adv* ganz oben; **say what is ~ in one's mind** sagen, was einem am wichtigsten ist

up·pish, up·pity [ˈʌpɪʃ, ˈʌpətɪ] *adj* dünkelhaft, überheblich

up·right [ˈʌpraɪt] **I.** *adj* **1.** aufrecht, senk-

U

recht **2.** aufrecht, ehrlich **II.** *adv* aufrecht, gerade; senkrecht **III.** *s* **1.** Ständer, Pfosten *m* **2.** (MUS) Klavier *nt*

up·ris·ing ['ʌpraɪzɪŋ] *s* Aufstand *m*

up·roar ['ʌprɔː(r)] *s* Lärm, Spektakel *m;* **up·roari·ous** [ʌp'rɔːrɪəs] *adj* tobend, lärmend, laut; fürchterlich komisch

up·root [ˌʌp'ruːt] *vt* **1.** entwurzeln **2.** (*fig: Übel*) ausmerzen

up·set [ˌʌp'set] <*irr:* **upset, upset**> **I.** *vt* **1.** umstoßen, umwerfen, umkippen **2.** (*jdn*) bestürzen, mitnehmen; aus der Fassung bringen; aus dem Gleichgewicht bringen; aufregen; verletzen **3.** (*Pläne, Berechnungen*) durcheinander bringen; (*Theorie*) umstoßen **4.** (*Magen*) verderben; **don't ~ yourself** regen Sie sich nicht auf; **now you've ~ him** jetzt ist er beleidigt; jetzt regt er sich auf; **what's ~ you?** was hast du denn?; **fatty food ~s my stomach** fettes Essen vertrage ich nicht **II.** *vi* umkippen **III.** *adj* **1.** mitgenommen, geknickt; bestürzt; ärgerlich; gekränkt **2.** (*Magen*) verstimmt, verdorben; **don't be ~!** nimm's nicht so schwer!; **I'd be ~ if she did that** ich würde mich aufregen, wenn sie das täte **IV.** ['ʌpset] *s* **1.** Störung *f;* böse Überraschung **2.** Aufregung *f;* Ärger *m* **3.** verdorbener Magen, Magenverstimmung *f;* **that was an ~ to our plans** das hat unsere Pläne durcheinander geworfen; **upset price** *s* Mindestpreis *m*

up·shot ['ʌpʃɒt] *s* Ergebnis, Resultat *nt*

up·side down [ˌʌpsaɪd 'daʊn] *adv* verkehrt herum; **turn s.th. ~** etw auf den Kopf stellen; **the world is ~** die Welt steht kopf

up·stage [ˌʌp'steɪdʒ] **I.** *adv* im Hintergrund der Bühne **II.** *adj* (*fam*) eingebildet, hochmütig **III.** *vt* (*fig*) an die Wand spielen, in den Hintergrund drängen

up·stairs [ˌʌp'steəz] **I.** *adv* **1.** oben, im oberen Stock **2.** (die Treppe) hinauf, in den oberen Stock; **go ~** nach oben, hinaufgehen **II.** *adj* im oberen Stockwerk **III.** *s* obere Stockwerke *ntpl*

up·stand·ing [ˌʌp'stændɪŋ] *adj* (*fig*) rechtschaffen; **be ~** (JUR) stehen; aufstehen

up·start ['ʌpstɑːt] *s* Emporkömmling *m*

up·state ['ʌpsteɪt] *adj* (*in den USA*) im Norden (des Bundesstaates); in den Norden

up·stream [ˌʌp'striːm] *adv* fluss-, stromaufwärts

up·surge ['ʌpsɜːdʒ] *s* **1.** Aufwallung *f* **2.** (*fig*) steiler Aufstieg, Anstieg

up·swing ['ʌpswɪŋ] *s* (*fig*) Anstieg, Aufschwung *m;* (COM) Konjunkturaufschwung *m*

up·take ['ʌpteɪk] *s:* **be quick on the ~** schnell begreifen; **be slow on the ~** schwer von Begriff sein

up·tick [ʌp'tɪk] *s* (*Am*) kleiner Zuwachs

up·tight [ʌp'taɪt] *adj* (*sl*) verklemmt; verärgert; nervös; **be ~ about s.th.** etw eng sehen; **get ~ about s.th.** (*fam*) wegen etw ausflippen

up-to-date [ˌʌptə'deɪt] *adj* **1.** auf dem neuesten Stand; hochaktuell **2.** modern; **keep ~** auf dem Laufenden bleiben; **bring ~** auf den neuesten Stand bringen; aktualisieren; **up-to-the-min·ute** ['ʌptəðə'mɪnɪt] *adj* modernste(r, s); (*Information*) auf dem neuesten Stand

up·town [ˌʌp'taʊn] **I.** *adv* (*in den USA*) im, in den Norden (der Stadt); im, ins Villenviertel **II.** *s* (*Am*) Villenviertel *nt*

up·trend ['ʌptrend] *s* Aufwärtstrend *m*

up·turn ['ʌptɜːn] *s* (*fig*) Besserung *f,* Aufschwung *m;* **economic ~** Konjunkturbelebung *f;* **up·turned** [ˌʌp'tɜːnd] *adj* umgedreht, -gestülpt; **~ nose** Stupsnase *f*

up·ward ['ʌpwəd] **I.** *adj* Aufwärts-, nach oben; **~ movement** Aufwärtsbewegung *f;* **~ mobility** Aufstiegsmöglichkeiten *fpl;* **~ slope** Steigung *f* **II.** *adv* (*a.* **~s**) aufwärts; **and ~s** u. mehr, u. darüber; **go ~s** in die Höhe gehen; **up·ward·ly** [-lɪ] *adv:* **~ mobile** beruflich erfolgreich, auf der Karriereleiter; **upward trend** *s* steigende Tendenz; **~ of prices/of wages** Preis-/Lohnauftrieb *m*

ur(a)e·mia [jʊə'riːmjə] *s* (MED) Urämie, Harnvergiftung *f*

ura·nium [jʊ'reɪnɪəm] *s* (CHEM) Uran *nt;* **~ deposit** Uranvorkommen *nt;* **~ fission** Uranspaltung *f;* **~ ore** Uranerz *nt*

Ura·nus [jʊ'reɪnəs] *s* (ASTR) Uranus *m*

ur·ban ['ɜːbən] *adj* städtisch; **~ and regional policy** Raumordnungspolitik *f;* **~ fringe** Umland *nt;* **~ renewal** Stadtsanierung *f;* **~ warfare** Stadtguerilla *f;* **~ wastewater** kommunales Abwasser; **~ sprawl** Ballungsgebiet *nt;* unkontrollierte Ausdehnung einer Stadt

ur·bane [ɜː'beɪn] *adj* höflich; weltmännisch; **ur·ban·ity** [ɜː'bænətɪ] *s* Kultiviertheit *f;* Höflichkeit *fpl,* gute Umgangsformen *fpl*

ur·ban·iz·ation [ˌɜːbənaɪ'zeɪʃn] *s* Verstädterung *f;* **ur·ban·ize** ['ɜːbənaɪz] *vt* verstädtern; **highly ~d region** Ballungsgebiet *nt,* -raum *m*

ur·chin ['ɜːtʃɪn] *s* **1.** Seeigel *m* **2.** Lausbub *m*

urethra [ˌjʊə'riːθrə] *s* Harnröhre *f*

urge [ɜːdʒ] **I.** *vt* **1.** inständig bitten **2.** drängen auf **3.** (*Anspruch*) betonen; (*Argument*) anführen **4.** (*~ on*) weiter-, vorantreiben; ~ **s.o. to do s.th.** jdn drängen etw zu tun; jdm zureden etw zu tun; ~ **s.th. on s.o.** jdm etw aufdrängen **II.** *s* Verlangen, Bedürfnis *nt;* Drang *m;* (*körperlich*) Trieb *m;* **urge on** *vt* vorantreiben, antreiben; anfeuern

ur·gency ['ɜːdʒənsɪ] *s* Dringlichkeit *f;* **a matter of** ~ dringend; **there is no** ~ es eilt nicht; ~ **measure** Dringlichkeitsmaßnahme *f;* **ur·gent** ['ɜːdʒənt] *adj* **1.** dringend, (vor)dringlich, eilig **2.** (*Ton, Bitte*) dringlich; **be** ~ eilen; **be in** ~ **need of s.th.** etw dringend brauchen; **be** ~ **about s.th.** etw eindringlich betonen; **give** ~ **attention to s.th.** etw vordringlich behandeln; **very** ~ eilt sehr; **ur·gent·ly** [-lɪ] *adv* dringend

uri·nal ['jʊərɪnl] *s* **1.** (MED) Harnglas *nt,* Urinflasche *f* **2.** Pissoir *nt;* **uri·nary** ['jʊərɪnrɪ] *adj* Harn-; **uri·nate** ['jʊərɪneɪt] *vi* Wasser lassen, urinieren; **urine** ['jʊərɪn] *s* Urin, Harn *m*

URL *s Abk. von* **Uniform Resource Locator** (INTERNET) URL *f*

urn [ɜːn] *s* **1.** (*funeral* ~) (Toten)Urne *f* **2.** Tee-, Kaffeemaschine *f*

Uru·guay ['jʊərəgwaɪ] *s* Uruguay *nt;* **Uru·guay·an** [ˌjʊərə'gwaɪən] **I.** *adj* uruguayisch **II.** *s* Uruguayer(in) *m(f)*

us [əs, *betont* ʌs] *pron* uns; **all of** ~ wir alle; **both of** ~ wir beide; **it's** ~ wir sind es

USA [ˌjuːes'eɪ] *s Abk. von* **United States of America** USA *pl,* Vereinigte Staaten *pl* von Amerika

usage ['juːzɪdʒ] *s* **1.** Brauch *m,* Sitte, Gewohnheit *f;* Handelsbrauch *m* **2.** (Sprach)Gebrauch *m,* Anwendung *f* **3.** Behandlung *f;* **come into** ~ üblich werden; **that's local** ~ das ist ortsüblich; das ist (so) Brauch

use [juːz] **I.** *vt* **1.** benützen, benutzen; verwenden; gebrauchen; (*Methode, Behandlung, Gewalt, Fähigkeiten*) anwenden; (*Medikamente*) nehmen **2.** (aus)nutzen, (aus)nützen; (*Vorteil*) nutzen; (*Abfallprodukte*) verwerten, nutzen **3.** (~ *for*) (ge)brauchen **4.** (~ *up*) verbrauchen **5.** (*pej*) ausnutzen; ~ **s.th. for s.th.** etw für etw verwenden; ~ **s.th. as s.th.** etw als etw verwenden; ~ **s.o.'s name** jds Namen verwenden; (*als Referenz*) jds Namen nennen, angeben; **I could** ~ **a whisky** ich könnte einen Whisky vertragen; **I could** ~ **a few pounds** ich könnte ein paar Pfund (gut) gebrauchen; **I feel ~d** ich komme mir ausgenutzt vor **II.** [juːs] *s* **1.** Verwendung *f;* Benutzung *f;* Gebrauch *m* **2.** (*Gewalt, Methode*) Anwendung *f* **3.** Nutzung *f;* (*Abfallprodukte*) Verwertung *f* **4.** Nutzen *m* **5.** Gebrauch *m,* Benutzung *f* **6.** (JUR) Nutznießung *f* **7.** Brauch *m;* **be in** ~ benutzt werden; in Betrieb sein; **be out of** ~ nicht in Gebrauch sein; nicht in Betrieb sein; **be of** ~ nützlich sein (*for s.o.* jdm); **come into** ~ in Gebrauch kommen; **fall** [*o* **go**] **out of** ~ außer Gebrauch kommen; **have the** ~ **of s.th.** etw benutzen können; **have no** ~ **for s.th.** etw nicht gebrauchen können; für etw keine Verwendung haben; **make** ~ **of s.th.** etw benutzen; etw ausnutzen; **put to** ~ Gebrauch machen von; **for the** ~ **of** für; **direction**(**s**) **for** ~ Gebrauchsanweisung *f;* **ready for** ~ gebrauchsfertig; einsatzbereit; **he/it is no** ~ er/das nützt nichts, ist nicht zu gebrauchen; **it's no** ~ **telling him** es hat keinen Zweck es ihm zu sagen; **can I be of any ~?** kann ich irgendwie helfen?; **it's no ~!** es hat keinen Zweck!; **what's the** ~ was nützt das schon; **use up** *vt* verbrauchen; aufbrauchen; verwerten; **it's ~d up** es ist alle; **feel ~d up** sich ausgelaugt fühlen

used[1] [juːzd] *adj* (*Waren, Auto*) gebraucht; Gebraucht-; (*Briefmarke*) gestempelt; (*Handtuch, Taschentuch etc*) benutzt

used[2] [juːst] *adj* gewohnt; **be** ~ **to s.th.** an etw gewöhnt sein, etw gewohnt sein; **get** ~ **to s.th.** sich an etw gewöhnen

used[3] [juːst] *aux* (*nur in der Vergangenheit*) üblicherweise getan haben; **I** ~ **to like it** früher mochte ich das; **things aren't what they** ~ **to be** es ist alles nicht mehr so wie früher; **he didn't use to smoke, he** ~ **not to smoke** er hat früher nicht geraucht

use·ful ['juːsfl] *adj* **1.** nützlich; brauchbar; praktisch **2.** (*fam*) fähig, tüchtig; **prove** (**to be**) ~ sich als nützlich erweisen; **make o.s.** ~ sich nützlich machen; **come in** ~ sich als nützlich erweisen; ~ **life** (TECH) Lebensdauer *f;* **use·ful·ness** ['juːsflnɪs] *s* Nützlichkeit, Brauchbarkeit *f;* **use·less** ['juːslɪs] *adj* **1.** nutzlos, unnütz, zwecklos **2.** unbrauchbar

user ['juːzə(r)] *s* **1.** Benutzer(in) *m(f)* **2.** (COM) Verbraucher(in) *m(f)* **3.** (INFORM) Anwender(in) *m(f),* Bediener(in) *m(f);* **~'s guide** [*o* **handbook**] Benutzerhandbuch *nt;* **road** ~ Verkehrsteilnehmer(in) *m(f);* **ultimate** ~ Letzt-, Endverbraucher *m;* **user-friendly** ['juzə'frendlɪ] *adj* benutzerfreundlich, anwenderfreundlich; **user interface** *s* (INFORM) Benutzeroberfläche *f;* **user name** *s* (INTERNET) Benutzername *m;* **user program** *s* (INFORM) Anwenderprogramm *nt;* **user software** *s* Anwendersoftware *f*

usher ['ʌʃə(r)] **I.** *s* **1.** Platzanweiser *m* **2.** (JUR) Gerichtsdiener *m* **II.** *vt* begleiten, bringen; ~ **into a room** in ein Zimmer bringen; ~ **out of a room** hinausbringen; ~ **s.o. in** jdn hineinführen; ~ **in a new era** ein neues Zeitalter einleiten; **usher·ette** [ˌʌʃəˈret] *s* Platzanweiserin *f*

USP [ˌjuːesˈpiː] *s Abk. von* **unique selling proposition** USP *m*

usual [ˈjuːʒl] *adj* gewöhnlich, üblich; **as** ~ wie gewöhnlich; **the** ~ das Übliche; wie üblich; **usu·ally** [ˈjuːʒəlɪ] *adv* gewöhnlich, im Allgemeinen

usu·fruct [ˈjuːsjuːfrʌkt] *s* (JUR) Nießbrauch *m*

us·urer [ˈjuːʒərə(r)] *s* Wucherer *m,* Wucherin *f;* **usuri·ous** [juːˈzjʊərɪəs] *adj* Wucher-

usurp [juːˈzɜːp] *vt* widerrechtlich Besitz ergreifen von; usurpieren; an sich reißen; **usurper** [juːˈzɜːpə(r)] *s* unrechtmäßiger Machthaber, Usurpator *m;* (*fig*) Eindringling *m*

us·ury [ˈjuːʒərɪ] *s* Wucher *m*

uten·sil [juːˈtensl] *s* Gerät, Utensil *nt*

uterine [ˈjuːtəraɪn] *adj* der Gebärmutter; ~ **brother** Halbbruder *m;* ~ **sister** Halbschwester *f* mütterlicherseits; **uterus** [ˈjuːtərəs] *s* Gebärmutter *f,* Uterus *m*

utili·tar·ian [juːˌtɪlɪˈteərɪən] **I.** *adj* auf Nützlichkeit ausgerichtet; utilitaristisch **II.** *s* Utilitarist *m*

util·ity [juːˈtɪlətɪ] **I.** *s* **1.** Nützlichkeit *f,* Nutzen *m* **2.** (*public* ~) (öffentlicher) Versorgungsbetrieb *m* **II.** *adj attr* Gebrauchs-; ~ **program** (INFORM) Dienstprogramm *nt;* ~ **room** Abstellraum *m*

util·iz·ation [ˌjuːtɪlaɪˈzeɪʃn] *s* Verwendung, Nutzung *f;* Auswertung *f;* **util·ize** [ˈjuːtɪlaɪz] *vt* verwenden; nutzen; verwerten

ut·most [ˈʌtməʊst] **I.** *adj* **1.** größte(r, s), höchste(r, s) **2.** äußerste(r, s), weiteste(r, s); **of the** ~ **importance** äußerst wichtig; **with the** ~ **speed** so schnell wie möglich **II.** *s* (das) Beste; (das) Äußerste; **do one's** ~ sein Möglichstes tun; **that is the** ~ **I can help** mehr kann ich nicht helfen; **to the** ~ aufs Äußerste; **at the** ~ höchstens

ut·ter¹ [ˈʌtə(r)] *vt* **1.** äußern, von sich geben; (*Schrei*) ausstoßen; (*Verleumdung*) verbreiten **2.** (JUR: *Geld*) in Umlauf bringen; (*Scheck*) ausstellen

ut·ter² [ˈʌtə(r)] *adj* **1.** völlig, total **2.** unverbesserlich; **what** ~ **nonsense!** was für ein Unsinn!

ut·ter·ance [ˈʌtərəns] *s* **1.** Äußerung *f* **2.** Sprechen *nt;* Ausdruck *m;* **give** ~ **to s.th.** einer S Ausdruck geben, etw zum Ausdruck bringen

ut·ter·ly [ˈʌtəlɪ] *adv* völlig, total; **despise s.o.** ~ jdn zutiefst verachten; ~ **beautiful** unsagbar schön

ut·ter·most [ˈʌtəməʊst] **I.** *adj* **1.** größte(r, s), höchste(r, s) **2.** äußerste(r, s), weiteste(r, s); **of the** ~ **importance** äußerst wichtig; **with the** ~ **speed** so schnell wie möglich **II.** *s* (das) Beste; (das) Äußerste; **do one's** ~ sein Möglichstes tun; **that is the** ~ **I can help** mehr kann ich nicht helfen; **to the** ~ aufs Äußerste; **at the** ~ höchstens

U-turn [ˈjuːtɜːn] *s* (*a. fig*) Kehrtwendung *f;* **no ~s!** Wenden verboten!

UVA rays [ˌjuːviːˈeɪreɪz] *s pl Abk. von* **long wavelength ultraviolet radiation** UVA-Strahlen *pl*

uvula [ˈjuːvjʊlə] *s* (ANAT) Zäpfchen *nt*

ux·ori·ous [ˌʌkˈsɔːrɪəs] *adj* (*Mann*) äußerst liebevoll, anhänglich

Uz·bek [ˈʌzˌbək] **I.** *adj* usbekisch **II.** *s* Usbeke *m,* Usbekin *f;* **Uz·be·kis·tan** [ʌzˈbekɪstən] *s* Usbekistan *nt*

V

V, v [viː] <*pl* -'s> *s* V, v *nt*
vac [væk] *s* (*fam*) Ferien *pl*
va·cancy ['veɪkənsɪ] *s* **1.** Leere *f* **2.** (*Hotel*) freies Zimmer **3.** (*Firma*) offene Stelle **4.** (*fig*) geistige Leere; **advertise a ~** eine freie Stelle ausschreiben; **fill a ~** eine Stelle besetzen; **Vacancies** (*Zeitungsrubrik*) Stellenangebote *ntpl*, Stellenmarkt *m;* (*Hotel*) Zimmer frei; **va·cant** ['veɪkənt] *adj* **1.** leer **2.** (*Raum, Wohnung, Haus*) leer stehend, unbewohnt **3.** (*Toilette, Zimmer, Platz*) frei **4.** (*Stelle*) unbesetzt, frei, vakant **5.** (*fig*) geistesabwesend; **be ~** leer stehen; **~ possession** sofort beziehbar; **va·cate** [və'keɪt, *Am* 'veɪkeɪt] *vt* **1.** (*Wohnung*) räumen **2.** (*Stelle*) aufgeben **3.** (*Amt*) niederlegen, zur Verfügung stellen **4.** (*Platz*) freimachen; **va·ca·tion** [və'keɪʃn, *Am* veɪ'keɪʃn] **I.** *s* **1.** Räumung *f* **2.** (Amts)Niederlegung *f* **3.** (Schul-, Semester-, Gerichts)Ferien *pl*, Urlaub *m;* **on ~** in Urlaub; **take a ~** (*Am*) Ferien machen; Urlaub nehmen; **summer ~** Sommerferien *pl* **II.** *vi* (*Am*) Urlaub, Ferien machen (*in, at* in); **va·ca·tioner, va·ca·tion·ist** [veɪ'keɪʃənə(r), veɪ'keɪʃənɪst] *s* (*Am*) Urlauber(in) *m(f)*
vac·ci·nate ['væksɪneɪt] *vt* impfen; **vac·ci·na·tion** [ˌvæksɪ'neɪʃn] *s* Impfung *f;* **vac·cine** ['væksiːn] *s* Impfstoff *m*
vac·il·late ['væsɪleɪt] *vi* wanken, schwanken (*between* zwischen); **vac·il·la·tion** [ˌvæsɪ'leɪʃn] *s* (*fig*) Schwanken *nt*, Unschlüssigkeit *f*
vacu·ity [və'kjuːətɪ] *s* **1.** Leere *f* **2.** (*fig*) Gedanken-, Geistlosigkeit *f;* **vacu·ous** ['vækjʊəs] *adj* **1.** leer; ausdruckslos **2.** gedanken-, geistlos; **vac·uum** ['vækjʊəm, -jʊə] <*pl* -uums, -uua> **I.** *s* (luft)leerer Raum, Vakuum *nt* **II.** *vt* mit einem Staubsauger reinigen; **vacuum bottle, vacuum flask** *s* Thermosflasche®, Isolierkanne *f;* **vacuum cleaner** *s* Staubsauger *m;* **vac·uum-packed** [ˌvækjʊəm'pækt] *adj* vakuumverpackt; **vacuum suction** *s* Vakuumsuktion *f*
vaga·bond ['vægəbɒnd] *s* Landstreicher(in) *m(f)*
va·gary ['veɪgərɪ] *s* Laune, Grille *f;* verrückte Idee; **the vagaries of life** die Wechselfälle des Lebens
va·gina [və'dʒaɪnə] *s* Scheide, Vagina *f*
va·grancy ['veɪgrənsɪ] *s* Landstreicherei *f;* **va·grant** ['veɪgrənt] **I.** *s* Landstreicher(in) *m(f)* **II.** *adj* **1.** vagabundierend **2.** (*fig*) unstet
vague [veɪg] *adj* **1.** vage, unbestimmt **2.** ungenau, unklar, verschwommen **3.** zerstreut; **not the ~st idea** nicht die leiseste Ahnung; **vague·ness** ['-nɪs] *s* Unbestimmtheit, Unklarheit, Verschwommenheit *f;* Zerstreutheit *f*
vain [veɪn] *adj* **1.** eitel; eingebildet **2.** zweck-, nutzlos, vergeblich; **in ~** umsonst, vergeblich; **take s.o.'s name in ~** respektlos, leichtfertig von jdm sprechen; **vain·glori·ous** [ˌveɪn'glɔːrɪəs] *adj* prahlerisch; (*Person*) dünkelhaft
val·ance ['væləns] *s* Volant *m*
vale [veɪl] *s* (*poet*) Tal *nt;* **this ~ of tears** dieses Jammertal
val·edic·tion [ˌvælɪ'dɪkʃn] *s* **1.** Abschied *m*, Lebewohl *nt* **2.** Abschiedsworte *ntpl;* (*Am*) Abschiedsrede *f;* **val·edic·tory** [ˌvælɪ'dɪktərɪ] *s* (*Am*) Abschiedsrede *f*
val·ence, val·ency ['væləns, 'veɪlənsɪ] *s* **1.** (CHEM) Wertigkeit *f* **2.** (LING) Valenz *f*
val·en·tine ['væləntaɪn] *s* am Valentinstag; (*14. Februar*) erwählter Schatz; **~ (card)** Karte *f* zum Valentinstag
val·erian [və'lɪərɪən] *s* Baldrian *m*
valet ['vælɪt] *s* **1.** (Kammer)Diener *m* **2.** Hoteldiener *m;* **valet service** *s* (*Hotel*) Reinigungsdienst *m*
val·etu·di·nar·ian [ˌvælɪtjuːdɪ'neərɪən] **I.** *adj* **1.** kränklich **2.** hypochondrisch **II.** *s* **1.** kränklicher Mensch **2.** Hypochonder *m*
val·iant ['vælɪənt] *adj* tapfer, mutig
valid ['vælɪd] *adj* **1.** gültig; (*Vertrag*) bindend, rechtskräftig; (*Anspruch*) berechtigt **2.** (*Grund*) stichhaltig, triftig; (*Einwand*) berechtigt; **~ for three months** drei Monate gültig; **~ until recalled** gültig bis auf Widerruf; **become ~** rechtswirksam werden; **remain ~** Geltung behalten; **vali·date** ['vælɪdeɪt] *vt* für gültig erklären, bestätigen; **valid·ity** [və'lɪdətɪ] *s* **1.** Gültigkeit *f;* Rechtswirksamkeit *f* **2.** Stichhaltigkeit *f*
val·ley ['vælɪ] *s* Tal *nt*
valor *s* (*Am*), **val·our** ['vælə(r)] *s* (*lit*) Tapferkeit *f*, Mut *m*
valu·able ['væljʊəbl] **I.** *adj* **1.** wertvoll, kostbar **2.** geschätzt **II.** *s pl* Wertgegenstän-

de *mpl,* -sachen *fpl;* **valu·ation** [ˌvæljʊ'eɪʃn] *s* **1.** (Ab)Schätzung, Wertermittlung *f* **2.** Veranschlagung, Bewertung, Wertfestsetzung *f* **3.** Schätz-, Taxwert *m* **4.** (*fig*) Beurteilung *f;* **valu·ator** ['væljʊeɪtə(r)] *s* Taxator, Schätzer *m;* **value** ['vælju:] **I.** *s* **1.** Wert *m* **2.** Nutzen *m* **3.** ~**s** sittliche Werte *mpl* **4.** (MATH) Wert *m* **5.** (MUS) Quantität *f;* **at** ~ zum Tageskurs; **of lasting** ~ von bleibendem Wert; **of no/little** ~ nichts/wenig wert; **be of** ~ **to s.o.** jdm nützen; **of great** ~ sehr wertvoll; **to the** ~ **of** im Wert von; **attach** ~ **to s.th., put a** ~ **on s.th.** einer S Wert, Bedeutung beimessen; **what's the** ~ **of it?** was ist es wert?; **go down in** ~ an Wert verlieren; **it's good** ~ das ist preiswert; **get** ~ **for money** reell bedient werden; **increase in** ~ Wertsteigerung *f;* **loss in** ~ Wertverlust *m;* **nominal** ~ Nennwert *m* **II.** *vt* **1.** (ab)schätzen, bewerten, taxieren (*at* auf) **2.** (*fig*) (wert)schätzen; **value-added tax, VAT** *s* Mehrwertsteuer, MwSt *f;* **valued** ['vælju:d] *adj* geschätzt; **value·less** ['vælju:lɪs] *adj* **1.** wertlos **2.** (*Beurteilung*) wertfrei; **valuer** ['vælju:ə(r)] *s* Schätzer, Taxator *m*

valve [vælv] *s* **1.** Ventil *nt* **2.** (RADIO TV) Röhre *f* **3.** (ANAT) Klappe *f*

vamp[1] [væmp] **I.** *s* **1.** Oberleder *nt* **2.** improvisierte Begleitmusik **II.** *vt* **1.** flicken **2.** (MUS) improvisieren; ~ **up** (*sl*) aufmotzen **III.** *vi* (MUS) improvisieren

vamp[2] [væmp] **I.** *s* (*Frau*) Vamp *m* **II.** *vi* verführerisch sein

vam·pire ['væmpaɪə(r)] *s* Vampir *m*

van[1] [væn] *s* **1.** (*Br*) Lieferwagen, Kleintransporter *m;* Möbelwagen *m* **2.** (RAIL) Güterwagen *m* **3.** (*fam*) Wohnwagen *m;* **gipsy's** ~ Zigeunerwagen *m;* **removal** ~ Möbelwagen *m;* **luggage** ~ (RAIL) Gepäckwagen *m*

van[2] [væn] *s Abk. von* **advantage** (*Tennis*) Vorteil *m*

van[3] [væn] *s Abk. von* **vanguard** Vorhut *f*

van·dal ['vændl] *s* (*fig*) Rowdy *m;* **van·dal·ism** ['vændəlɪzəm] *s* mutwillige Sachbeschädigung, Vandalismus *m;* **van·dal·ize** ['vændəlaɪz] *vt* mutwillig zerstören

vane [veɪn] *s* **1.** Wetterfahne *f* **2.** (*Propeller*) Flügel *m* **3.** (TECH) Schaufel *f*

van·guard ['vængɑ:d] *s* **1.** (MIL) Vorhut *f* **2.** (*fig*) Avantgarde *f;* **be in the** ~ **of s.th.** an der Spitze von etw stehen

va·nilla [və'nɪlə] *s* Vanille *f*

van·ish ['vænɪʃ] *vi* verschwinden; (*Angst, Sorgen*) sich legen; (*Hoffnung*) schwinden; (*Rasse, Kultur*) untergehen; ~**ing cream** Tagescreme *f;* ~**ing point** Fluchtpunkt *m;* (*fig*) Nullpunkt *m*

van·ity ['vænətɪ] *s* **1.** Eitelkeit, Selbstgefälligkeit *f;* Einbildung *f* **2.** Nichtigkeit *f;* Vergeblichkeit *f* **3.** (*Am*) Frisiertisch *m;* **vanity bag, vanity case** *s* Kosmetikkoffer *m*

van·quish ['væŋkwɪʃ] *vt* besiegen

van·tage ['vɑ:ntɪdʒ] *s* Vorteil *m* (*a. Tennis*); **vantage point** *s* günstiger Aussichtspunkt; **from a modern** ~ aus moderner Sicht

vapid ['væpɪd] *adj* (*fig*) nichts sagend; fade

va·por·iz·ation [ˌveɪpəraɪ'zeɪʃn, *Am* ˌveɪpərɪ'zeɪʃn] *s* Verdampfung *f;* Verdunstung *f;* **va·por·ize** ['veɪpəraɪz] *vt, vi* verdampfen; verdunsten; **va·por·izer** ['veɪpəraɪzə(r)] *s* Verdampfer *m;* Zerstäuber *m;* **va·por** *s* (*Am*), **va·pour** ['veɪpə(r)] *s* Dampf *m;* Dunst *m;* **water** ~ Wasserdampf *m;* **vapo(u)r pressure** *s* Dampfdruck *m;* **vapo(u)r trail** *s* (AVIAT) Kondensstreifen *m*

varia·bil·ity [ˌveərɪə'bɪlətɪ] *s* Veränderlichkeit *f;* **vari·able** ['veərɪəbl] **I.** *adj* **1.** veränderlich; variabel; (*Winde*) wechselnd **2.** (TECH) regulierbar; einstellbar **3.** (*fig: Wetter, Stimmung*) unbeständig **II.** *s* (MATH) Variable *f,* veränderliche Größe; **variable geometry wing** *s* (AVIAT) Schwenkflügel *m*

vari·ance ['veərɪəns] *s* **1.** Unterschied *m;* Abweichung *f* **2.** (*Statistik*) Streuung *f* **3.** (MATH) Varianzvial *nt,* Phiole *f;* **at** ~ (*Sachen*) im Widerspruch (*with* zu); **be at** ~ **with s.o.** anderer Meinung sein als jd

vari·ant ['veərɪənt] **I.** *adj* andere(r, s), verschiedenartig **II.** *s* Variante *f;* **vari·ation** [ˌveərɪ'eɪʃn] *s* **1.** Veränderung *f;* Variation *f;* (METE FIN) Schwankung *f* **2.** (MUS) Variation *f* (*on* zu) **3.** (*a.* BIOL) Variante *f;* ~ **in quality** unterschiedliche Qualität

vari·cose ['værɪkəʊs] *adj:* ~ **veins** Krampfadern *fpl*

var·ied ['veərɪd] *adj* **1.** mannigfach, verschiedenartig; unterschiedlich **2.** abwechslungsreich

varie·gated ['veərɪgeɪtɪd] *adj* bunt, farbenprächtig; (*Blatt*) panaschiert

var·iety [və'raɪətɪ] *s* **1.** Mannigfaltigkeit, Vielfalt *f* **2.** Abwechslung *f* **3.** Auswahl *f;* Art, Sorte *f* **4.** Spielart, Variante *f* **5.** (THEAT) Varietee *nt;* **add** [*o* **give**] ~ **to s.th.** Abwechslung in etw bringen; **there is not much** ~ es ist nicht sehr abwechslungsreich; **a** ~ **of colours** die verschiedensten Farben; **for a** ~ **of reasons** aus verschiedenen Gründen; ~ **is the spice of life** (*prov*) Abwechslung muss sein; **variety act** *s* Varieteenummer *f;* **variety show** *s* Varietee *nt;* (RADIO TV) Unterhaltungssendung *f;*

variety theatre *s* Varieteetheater *nt*
vari·ous ['veərɪəs] *adj* **1.** verschiedene **2.** (*fam*) mehrere; **at ~ times** zu verschiedenen Zeiten; **for ~ reasons** aus verschiedenen Gründen
var·mint ['vɑːmɪnt] *s* **1.** (*Am*) Halunke *m* **2.** (*Tier*) Schädling *m*
var·nish ['vɑːnɪʃ] **I.** *s* **1.** Firnis *m;* Politur *f;* Lack *m;* (*Töpferei*) Glasur *f* **2.** (*fig*) (äußerer) Schein *m* **II.** *vt* **1.** firnissen; polieren; lackieren **2.** (*fig*) beschönigen
vars·ity ['vɑːsətɪ] *s* (*fam*) Uni(versität) *f*
vary ['veərɪ] **I.** *vt* abändern; variieren **II.** *vi* **1.** sich wandeln, sich (ver)ändern, veränderlich sein; variieren **2.** sich unterscheiden (*from* von); **vary·ing** [-ɪŋ] *adj* **1.** veränderlich **2.** unterschiedlich
vas·cu·lar ['væskjʊlə(r)] *adj* (ANAT ZOO BOT): **~ system** Gefäßsystem *nt*
vase [vɑːz, *Am* veɪs] *s* (Blumen)Vase *f*
vas·sal ['væsl] *s* (HIST) Vasall, Lehensmann *m;* **vas·sal·age** ['væsəlɪdʒ] *s* (HIST) Lehenspflicht *f* (*to* gegenüber); (*fig*) Unterworfenheit *f* (*to* unter)
vas·sal state *s* Vasallenstaat *m*
vast [vɑːst] *adj* **1.** riesig **2.** enorm; beträchtlich, umfangreich; **~ majority** überwiegende Mehrheit; **vast·ly** ['-lɪ] *adv* in hohem Maße; **vast·ness** ['-nɪs] *s* **1.** Weite, Ausgedehntheit *f* **2.** gewaltige Größe
vat [væt] *s* (großes) Fass *nt,* Bottich *m*
VAT [ˌviːeɪ'tiː] *s Abk. von* **value-added tax** (FIN) Mehrwertsteuer, MwSt *f*
Vati·can ['vætɪkən] *s* Vatikan *m*
vaude·ville ['vɔːdəvɪl] *s* Varietee(vorstellung *f*) *nt*
vault[1] [vɔːlt] *s* **1.** (*a.* BIOL) Gewölbe *nt,* Wölbung *f* **2.** Keller *m* **3.** Gruft *f* **4.** Stahlkammer *f,* Tresor(raum) *m*
vault[2] [vɔːlt] **I.** *s* (SPORT) Sprung *m* **II.** *vt* überspringen, springen über **III.** *vi* springen
vaulted ['vɔːltɪd] *adj* gewölbt; **vault·ing** ['vɔːltɪŋ] *s* (ARCH) Wölbung *f;* Gewölbe *nt*
vault·ing horse ['vɔːltɪŋhɔːs] *s* (*Turnen*) Pferd *nt;* **vaulting pole** *s* Sprungstab *m*
vaunt [vɔːnt] **I.** *s* Loblied *nt* **II.** *vt* rühmen
VCR [ˌviːsiː'ɑː(r)] *s Abk. von* **video cassette recorder** Videorecorder *m*
VD [viː'diː] *s Abk. von* **venereal disease(s)** Geschlechtskrankheit(en *pl*) *f*
VDU [ˌviːdiː'juː] *s Abk. von* **visual display unit** Datensicht-, Bildschirmgerät *nt*
veal [viːl] *s* Kalbfleisch *nt;* **veal cutlet** *s* Kalbsschnitzel *nt*
vec·tor ['vektə(r)] *s* **1.** (MATH) Vektor *m* **2.** (MED) Träger *m*
vee-jay ['viːdʒeɪ] *s* (*fam*) Musikvideojockey *m*
veer [vɪə(r)] **I.** *vi* **1.** sich drehen, sich wenden **2.** (AUTO) ausscheren **3.** (*fig*) seine Meinung ändern, umschwenken (*to* zu) **II.** *s* **1.** (*Wind*) Drehung *f* **2.** (*Schiff, fig*) Kurswechsel *m* **3.** (AUTO) Ausscheren *nt* **4.** (*Straße*) Knick *m,* scharfe Kurve; **veer (a)round** *vt* (*Auto*) herumreißen; wenden
veg [vedʒ] *s* (*fam*) (gekochtes) Gemüse *nt;*
ve·gan ['viːgən] *s* Veganer(in) *m(f);*
veg·etable ['vedʒtəbl] **I.** *adj* pflanzlich **II.** *s* Gemüse *nt;* **become a mere ~** nur noch dahinvegetieren; **vegetable fat** *s* Pflanzenfett *nt;* **vegetable food** *s* Pflanzenkost *f,* pflanzliche Nahrung; **vegetable garden** *s* Gemüsegarten *m;* **vegetable kingdom** *s* Pflanzenreich *nt;* **vegetable oil** *s* Pflanzenöl *nt*
veg·etar·ian [ˌvedʒɪ'teərɪən] **I.** *s* Vegetarier(in) *m(f)* **II.** *adj* vegetarisch; **veg·etate** ['vedʒɪteɪt] *vi* (*fig*) (dahin)vegetieren; **veg·eta·tion** [ˌvedʒɪ'teɪʃn] *s* **1.** Vegetation *f* **2.** (*fig*) Dahinvegetieren *nt*
ve·he·mence ['viːəməns] *s* Heftigkeit *f;* Leidenschaftlichkeit *f;* **ve·he·ment** ['viːəmənt] *adj* **1.** heftig, stark, gewaltig **2.** (*fig*) leidenschaftlich
ve·hicle ['viːɪkl] *s* **1.** Fahrzeug *nt* **2.** (*fig*) Träger *m* **3.** Medium, Mittel *nt;* **commercial ~** Nutzfahrzeug *nt;* **motor ~** Kraftfahrzeug *nt;* **~ of** [*o* **for**] **propaganda** Propagandamittel *nt;* **vehicle currency** *s* Leitwährung *f;* **vehicle registration centre** *s* Kraftfahrzeugzulassungsstelle *f;* **vehicle registration number** *s* Kraftfahrzeugkennzeichen *nt;* **ve·hicu·lar** [vɪ'hɪkjʊlə(r)] *adj:* **~ traffic** Fahrzeugverkehr *m*
veil [veɪl] **I.** *s* **1.** Schleier **2.** (*fig*) Deckmantel *m;* **under the ~ of** (*fig*) unter dem Schleier, unter dem Deckmantel *+gen;* **draw a ~ over** (*fig*) einen Schleier ziehen über; **raise the ~** den Schleier lüften **II.** *vt* verschleiern; verhüllen, verbergen; **veiled** [veɪld] *adj* (*a.* COM) verschleiert, versteckt
vein [veɪn] *s* **1.** (ANAT) Ader *f;* Vene *f* **2.** (BOT MIN) Ader *f* **3.** (*Holz*) Faser *f* **4.** (*fig*) Ader, Anlage, Veranlagung, Neigung *f* (*of* zu) **5.** (*fig*) Stimmung *f;* **a ~ of truth** eine Spur von Wahrheit; **veined** [veɪnd] *adj* geädert
ve·lar ['viːlə(r)] **I.** *adj* velar **II.** *s* Velar(laut) *m*
Vel·cro® ['velkrəʊ] *s:* **~ fastener** Klett(en)verschluss *m*
veld(t) [velt] *s* Grasland *nt* (*in Südafrika*)
vel·oc·ity [vɪ'lɒsətɪ] *s* Geschwindigkeit *f;* **at the ~ of** mit der Geschwindigkeit von; **initial/final ~** Anfangs-/Endgeschwindigkeit *f;* **~ of light** Lichtgeschwindigkeit *f;* **~ of sound** Schallgeschwindigkeit *f*
vel·vet ['velvɪt] *s* Samt *m;* **vel·vet·een**

[ˌvelvɪ'ti:n] *s* Veloursamt *m;* **vel·vety** ['velvɪtɪ] *adj* samtweich
ve·nal ['vi:nl] *adj* käuflich; korrupt; **ve·nal·ity** [vɪ'næləti] *s* Käuflichkeit *f;* Korruption *f*
vend [vend] *vt* verkaufen
ven·det·ta [ven'detə] *s* Fehde *f;* Blutrache *f*
vend·ing ma·chine ['vendɪŋməʃi:n] *s* Verkaufs-, Warenautomat *m;* **vendor** ['vendə(r)] *s* Verkäufer(in) *m(f);* **ven·due** ['vendju:] *s* (*Am*) Auktion *f*
ve·neer [və'nɪə(r)] **I.** *vt* furnieren **II.** *s* **1.** Furnier *nt* **2.** (*fig*) Tünche *f*
ven·er·able ['venərəbl] *adj* ehrwürdig; **ven·er·ate** ['venəreɪt] *vt* verehren; (*Andenken*) ehren; **ven·er·ation** [ˌvenə'reɪʃn] *s* Verehrung *f* (*for* für); **hold s.o. in ~** jdn verehren; **hold s.o.'s memory in ~** jds Andenken ehren
ve·ner·eal [və'nɪərɪəl] *adj* Geschlechts-; **~ disease, VD** Geschlechtskrankheit *f*
ve·ne·tian blind [vəˌni:ʃn'blaɪnd] *s* Jalousie *f*
Vene·zue·la [ˌvene'zweɪlə] *s* Venezuela *nt;* **Vene·zue·lan** [ˌvene'zweɪlən] **I.** *adj* venezolanisch, venezuelisch **II.** *s* Venezolaner(in) *m(f)*
ven·geance ['vendʒəns] *s* Rache *f;* **with a ~** (*fam*) wie toll, wie verrückt; **take ~ (up)on s.o.** sich an jdm rächen
ve·nial ['vi:nɪəl] *adj* verzeihlich; **~ sin** lässliche Sünde
ven·ison ['venɪzn] *s* Reh(fleisch) *nt*
venom ['venəm] *s* **1.** Gift *nt* **2.** (*fig*) Bosheit *f;* **venom·ous** ['venəməs] *adj* **1.** giftig **2.** (*fig*) boshaft, bösartig; **~ snake** Giftschlange *f*
ve·nous ['vi:nəs] *adj* **1.** (PHYSIOL) venös **2.** (BOT) geädert
vent [vent] **I.** *s* **1.** Öffnung *f;* (*Kamin*) Abzug *m;* (*Fass*) Spundloch *nt* **2.** (*Kleidung*) Schlitz *m* **3.** (*fig*) Ventil *nt;* **give ~ to s.th.** etw ausdrücken; **give ~ to one's feelings** seinen Gefühlen freien Lauf lassen; **give ~ to one's anger** sich Luft machen **II.** *vt* (*Gefühle*) abreagieren (*on* an)
ven·ti·late ['ventɪleɪt] *vt* **1.** (ent-, be)lüften **2.** (PHYSIOL) Sauerstoff zuführen (*s.th.* einer S) **3.** (*fig: Frage*) ventilieren, erörtern; (*Beschwerde*) vorbringen; **ven·ti·la·tion** [ˌventɪ'leɪʃn] *s* **1.** Be-, Entlüftung, Ventilation *f* **2.** (PHYSIOL) Sauerstoffzufuhr *f* **3.** (*fig*) (freie) Aussprache *f;* **ventilation duct** *s* Lüftungsleitung *f;* **ven·ti·la·tor** ['ventɪleɪtə(r), *Am* 'ventəleɪtə(r)] *s* Ventilator *m*
ven·tricle ['ventrɪkl] *s* (ANAT) Herzkammer *f,* Ventrikel *m*
ven·tril·oquist [ven'trɪləkwɪst] *s* Bauchredner(in) *m(f)*
ven·ture ['ventʃə(r)] **I.** *s* Unternehmen, Unterfangen *nt;* Projekt *nt;* **that's his latest ~** darauf hat er sich neuerdings verlegt; **his first ~ at doing this** sein erster Versuch das zu tun; **business ~** Unternehmen, Projekt *nt* **II.** *vt* wagen; aufs Spiel setzen, riskieren; **may I ~ an opinion?** darf ich sagen, was ich darüber denke? **III.** *vi* sich wagen (*on, upon s.th.* an etw); **venture on s.th.** *vi* sich an etw wagen; **he ~d on a statement** er hatte den Mut, eine Erklärung abzugeben; **venture out** *vi* sich hinauswagen; **venture capital** *s* (FIN) Risikoanlagekapital *nt;* **ven·ture·some** [-səm] *adj* abenteuerlich
venue ['venju:] *s* Treffpunkt *m,* Begegnungsstätte *f;* (SPORT) Austragungsort *m;* (JUR) Verhandlungsort *m*
Venus ['vi:nəs] *s* (ASTR) Venus *f*
ver·acious [və'reɪʃəs] *adj* **1.** ehrlich **2.** wahr, richtig; **ver·ac·ity** [və'ræsətɪ] *s* **1.** Ehrlichkeit *f* **2.** Wahrheit *f*
ve·ran·da(h) [və'rændə] *s* Veranda *f*
verb [vɜ:b] *s* (GRAM) Verb, Zeitwort *nt;* **ver·bal** ['vɜ:bl] *adj* **1.** mündlich **2.** (*Übersetzung*) wörtlich; wortgetreu **3.** (*Fehler, Fähigkeit*) sprachlich **4.** (GRAM) verbal; **~ memory** Wortgedächnis *nt;* **~ note** (POL) Verbalnote *f;* **~ noun** Verbalsubstantiv *nt;* **ver·bal·ize** ['vɜ:bəlaɪz] *vt* **1.** in Worten ausdrücken **2.** (GRAM) verbal formulieren; **ver·bal·ly** ['vɜ:bəlɪ] *adv* **1.** mündlich **2.** (GRAM) verbal; **ver·ba·tim** [vɜ:'beɪtɪm] *adv, adj* wörtlich; Wort für Wort; **ver·bi·age** ['vɜ:bɪɪdʒ] *s* Wortreichtum, -schwall *m;* **ver·bose** [vɜ:'bəʊs] *adj* wortreich, langatmig; **ver·bos·ity** [vɜ:'bɒsətɪ] *s* Langatmigkeit *f*
ver·dant ['vɜ:dnt] *adj* grün, frisch
ver·dict ['vɜ:dɪkt] *s* Urteil *nt;* (*Wähler*) Entscheidung *f;* **arrive at a ~** zu einem (Urteils)Spruch kommen; **~ of guilty** Schuldspruch *m;* **~ of not guilty** Freispruch *m;* **what is the ~?** wie lautet das Urteil?; **what is your ~ on this book?** wie beurteilen Sie dieses Buch?; **give one's ~ on** [*o* **about**] **s.th.** sein Urteil über etw abgeben
ver·di·gris ['vɜ:dɪgrɪs] *s* Grünspan *m*
verge [vɜ:dʒ] *s* Rand *m;* (*Straße*) Bankett *nt,* Seitenstreifen *m;* **on the ~ of** (*fig*) am Rande *+gen,* nahe an; **be on the ~ of doing s.th.** im Begriff, nahe daran sein etw zu tun; **verge on** *vi* grenzen an; **he is verging on sixty** er ist fast sechzig
verger ['vɜ:dʒə(r)] *s* Kirchendiener, Küster *m*
veri·fi·able ['verɪfaɪəbl] *adj* nachprüfbar; **veri·fi·ca·tion** [ˌverɪfɪ'keɪʃn] *s* **1.** Nach-,

Überprüfung, Kontrolle *f* **2.** Bestätigung *f;* Nachweis *m;* Beurkundung *f;* **on ~ of this** urkundlich dessen; **ver·ify** ['verɪfaɪ] *vt* **1.** (*auf Echtheit, Richtigkeit*) (über)prüfen, kontrollieren **2.** bestätigen, (urkundlich) belegen; beglaubigen; beweisen **3.** (*Verdacht, Furcht*) bestätigen

veri·si·mili·tude [ˌverɪsɪ'mɪlɪtju:d] *s* Wahrscheinlichkeit *f*

veri·table ['verɪtəbl] *adj* wahr(haft), wirklich

ver·mi·celli [ˌvɜ:mɪ'selɪ] *s pl* Fadennudeln *fpl*

ver·mi·cide ['vɜ:mɪsaɪd] *s* Wurmmittel *nt*

ver·mi·form ['vɜ:mɪfɔ:m] *adj* wurmförmig; **~ appendix** (ANAT) Wurmfortsatz *m*

ver·mil·ion [və'mɪlɪən] *adj* zinnoberrot

ver·min ['vɜ:mɪn] *s* **1.** Ungeziefer *nt;* Schädling *m* **2.** (*fig*) Gesindel *nt;* **ver·min·ous** ['vɜ:mɪnəs] *adj* voller Ungeziefer

ver·mouth ['vɜ:məθ, *Am* vər'mu:θ] *s* Wermut *m*

ver·nacu·lar [və'nækjʊlə(r)] **I.** *adj* (*Sprache*) mundartlich; (ein)heimisch **II.** *s* Mundart *f;* Landessprache *f*

ver·nal equi·nox ['vɜ:nl'i:kwɪnɒks] *s* Frühjahrs-Tagundnachtgleiche *f* (*21. März*)

ve·ron·ica [və'rɒnɪkə] *s* Ehrenpreis *m od nt*

ver·ruca [və'ru:kə] *s* Warze *f*

ver·sa·tile ['vɜ:sətaɪl, *Am* 'vɜ:sətl] *adj* vielseitig; **ver·sa·til·ity** [ˌvɜ:sə'tɪlətɪ] *s* Vielseitigkeit *f*

verse [vɜ:s] *s* **1.** Strophe *f* **2.** Dichtung *f* **3.** (REL) Vers *m;* **in ~** in Versform; **give** [*o* **quote**] **chapter and ~ for s.th.** etw genau belegen

versed [vɜ:st] *adj* erfahren, bewandert, versiert (*in* in)

ver·sify ['vɜ:sɪfaɪ] **I.** *vi* Verse machen, dichten **II.** *vt* in Versform bringen

ver·sion ['vɜ:ʃn] *s* **1.** Version *f* **2.** Darstellung *f* **3.** (*Auto etc*) Modell *nt,* Ausführung *f* **4.** Übersetzung *f*

verso ['vɜ:səʊ] <*pl* **versos**> *s* Rückseite *f*

ver·sus ['vɜ:səs] *prep* (JUR SPORT) gegen

ver·te·bra ['vɜ:tɪbrə, *pl* -bri:] <*pl* **-brae**> *s* Rückenwirbel *m;* **ver·te·bral** ['vɜ:tɪbrl] *adj:* **~ column** Wirbelsäule *f,* Rückgrat *nt;* **ver·te·brate** ['vɜ:tɪbrət] *s* Wirbeltier *nt*

ver·tex ['vɜ:teks, *pl* -tɪsi:z] <*pl* **-tices**> *s* **1.** Spitze *f,* Gipfel *m* **2.** (MATH) Scheitel(punkt) *m* **3.** (ASTR) Zenit *m*

ver·ti·cal ['vɜ:tɪkl] **I.** *adj* senkrecht, lotrecht, vertikal; **~ clearance** lichte Höhe; **~ integration** vertikale Integration, Unternehmenskonzentration; **~ take-off aircraft** Senkrechtstarter *m* **II.** *s* Senkrechte, Vertikale *f;* **out of the ~** aus der Senkrechten

ver·ti·gin·ous [vɜ:'tɪdʒɪnəs] *adj* schwindelerregend; **ver·tigo** ['vɜ:tɪgəʊ] *s* **1.** Schwindel(gefühl *nt*) *m* **2.** (MED) Gleichgewichtsstörung *f*

verve [vɜ:v] *s* **1.** Schwung *m,* Begeisterung *f,* Feuer *nt* **2.** Ausdruckskraft, -gewalt *f*

very ['verɪ] **I.** *adv* **1.** sehr **2.** äußerst **3.** gerade, (ganz) genau; **~ much** sehr; **thank you ~ much** vielen Dank; **~ possible** gut möglich; **how ~ peculiar!** wie eigenartig!; **the ~ best** der, die, das Allerbeste; **at the ~ latest** allerspätestens; **the ~ same** genau derselbe; **the ~ next day** gleich am nächsten Tag; **the ~ same day** noch am selben Tag; **my ~ own** mein eigenes; **~ well** na, nun gut; sehr wohl; **Very Important Person, VIP** bedeutende Persönlichkeit, VIP *f* **II.** *adj* **1.** genau **2.** äußerste(r, s) **3.** bloß, allein, schon; sogar; **in the ~ act** auf frischer Tat; **to the ~ heart** tief ins Herz; **the ~ thought** der bloße Gedanke; **the ~ thing** genau das Richtige; **at the ~ end** am äußersten Ende

Very light® ['verɪˌlaɪt] *s* (MIL) Leuchtpatrone *f;* **Very pistol®** *s* Leuchtpistole *f*

ves·icle ['vesɪkl] *s* Bläschen *nt*

ves·pers ['vespəz] *s pl* Vesper *f*

vessel ['vesl] *s* **1.** (*a.* ANAT BOT) Gefäß *nt,* Behälter *m* **2.** (MAR) Schiff *nt;* **blood ~** Blutgefäß *nt*

vest¹ [vest] *s* **1.** (*Br*) Unterhemd *nt* **2.** (*Am*) Weste *f*

vest² [vest] *vt* verleihen (*s.o. with s.th., s.th. in s.o.* jdm etw); **be ~ed with the power to do s.th.** das Recht haben etw zu tun; **the authority ~ed in him** die ihm verliehene Macht; **have a ~ed interest in s.th.** finanziell an etw beteiligt sein; (*fig*) persönliches Interesse an etw haben

ves·tal ['vestl] *adj:* **~ virgin** Vestalin *f*

ves·ti·bule ['vestɪbju:l] *s* **1.** Eingang(shalle *f*) *m,* Vorraum *m* **2.** (ANAT) Vorhof *m*

ves·tige ['vestɪdʒ] *s* Spur *f;* Überrest *m;* **not a ~ of** keine Spur von

vest·ment ['vestmənt] *s* **1.** (Amts)Tracht, Robe *f* **2.** (REL) Messgewand *nt*

vest-pocket ['vestˌpɒkɪt] *adj* (*Am*): **~ edition** (*Buch*) Miniaturausgabe *f;* **~ size** Westentaschenformat *nt*

ves·try ['vestrɪ] *s* Sakristei *f*

vet [vet] **I.** *s s.* **veterinary surgeon** Tierarzt *m,* -ärztin *f* **II.** *vt* überprüfen

vet [vet] *s* (*Am fam*) *s.* **veteran** Veteran(in) *m(f)*

vetch [vetʃ] *s* Wicke *f*

vet·eran ['vetərən] *s* **1.** Veteran(in) *m(f)* **2.** (*fig*) alter Praktikus; **veteran car** *s* Oldtimer *m*

vet·eri·nar·ian [ˌvetərɪ'neərɪən] *s* (*Am*) Tierarzt *m,* -ärztin *f;* **vet·erin·ary** ['vetrɪn-

V

rɪ] *adj* tierärztlich; veterinär-; ~ **medicine** Veterinärmedizin *f;* ~ **surgeon** Tierarzt *m,* -ärztin *f*

veto ['vi:təʊ] <*pl* **vetoes**> **I.** *s* **1.** Veto *nt,* Einspruch *m* **2.** (*power, right of* ~) Veto-, Einspruchsrecht *nt* **II.** *vt* **1.** sein Veto einlegen gegen **2.** verbieten, untersagen

vex [veks] *vt* **1.** ärgern, aufregen, rasend machen **2.** plagen, quälen; **be ~ed about** verärgert sein über; **be ~ed with s.o.** auf jdn böse sein; **a ~ed question** eine schwierige, vieldiskutierte, umstrittene Frage; **vex·ation** [vek'seɪʃn] *s* **1.** Ärger *m;* Plage, Qual *f* **2.** **~s** Ärgernisse *ntpl,* Unannehmlichkeiten *fpl;* **vex·atious** [vek'seɪʃəs] *adj* **1.** lästig, ärgerlich, verdrießlich **2.** (JUR) schikanös

VHF [ˌvi:eɪtʃ'ef] *s Abk. von* **very high frequency** UKW *f*

via ['vaɪə] *prep* über; per; via

vi·abil·ity [ˌvaɪə'bɪlətɪ] *s* **1.** Lebensfähigkeit *f* **2.** Machbarkeit *f* **3.** (COM) Rentabilität *f;* **vi·able** ['vaɪəbl] *adj* **1.** lebensfähig **2.** (*Plan*) machbar **3.** (COM) rentabel; lebensfähig

vi·aduct ['vaɪədʌkt] *s* Viadukt *m od nt*

vibe [vaɪb] *s* Stimmung *f,* Atmosphäre *f;* **vibes** [vaɪbz] *s pl* **1.** (*fam*) Vibraphon *nt* **2.** (*sl*) Atmosphäre *f;* Reaktion *f;* Ausstrahlung *f;* **vi·brant** ['vaɪbrənt] *adj* **1.** vibrierend, schwingend **2.** (*fig*) pulsierend, lebhaft; **vi·bra·phone** ['vaɪbrəfəʊn] *s* (MUS) Vibraphon *nt;* **vi·brate** [vaɪ'breɪt] **I.** *vi* **1.** vibrieren **2.** zittern (*with* vor); ~ **with life** vor Leben sprühen; ~ **with activity** von regem Treiben erfüllt sein **II.** *vt* in Schwingungen versetzen; vibrieren lassen; **vibrate alert** *s* Vibrationsalarm *m;* **vi·bra·tion** [vaɪ'breɪʃn] *s* **1.** Schwingung, Vibration *f* **2.** *oft pl* (*sl*) Ausstrahlung *f;* Atmosphäre *f;* Feeling *nt;* **he got ~s from her** er spürte ihre Ausstrahlung; **vi·brator** [vaɪ'breɪtə(r)] *s* Vibrator *m*

vicar ['vɪkə(r)] *s* Pfarrer(in), Pastor(in) *m (f);* **vicar·age** ['vɪkərɪdʒ] *s* Pfarrhaus *nt*

vi·cari·ous [vɪ'keərɪəs, *Am* vaɪ'keərɪəs] *adj* **1.** stellvertretend **2.** (*fig*) nachempfunden; Ersatz-

vice¹ [vaɪs] *s* **1.** Laster *nt* **2.** (*a.* COM) Fehler *m;* ~ **squad** Sittenpolizei *f*

vice² [vaɪs] *s* Schraubstock *m;* **~-like grip** eiserner Griff

vice³ [vaɪs] **I.** *s* (*fam*) Vize(präsident(in)) *m (f)* **II.** *PRÄF* Vize-; **vice-chairman** *s* stellvertretender Vorsitzender; **vice-chancellor** *s* Vizekanzler(in) *m(f);* (*Universität*) Rektor(in) *m(f);* **vice-president** *s* Vizepräsident(in) *m(f)*

vice versa [ˌvaɪsɪ'vɜ:sə] *adv* umgekehrt

vi·cin·ity [vɪ'sɪnətɪ] *s* Nachbarschaft, Nähe *f;* **in close ~ to** ganz nahe bei; **in the immediate ~** in unmittelbarer Umgebung; **in the ~ of € 1,000** um die € 1.000 (herum), ca. € 1.000

vi·cious ['vɪʃəs] *adj* **1.** tückisch, bösartig, gefährlich **2.** (*Hund*) bissig **3.** boshaft **4.** gemein, grausam **5.** lasterhaft; **vicious circle** *s* Teufelskreis *m*

vi·ciss·itude [vɪ'sɪsɪtju:d] *s* **1.** Wechsel *m;* Unbeständigkeit *f* **2.** **~s** Wechselfälle *mpl,* Auf und Ab *nt*

vic·tim ['vɪktɪm] *s* **1.** Opfer *nt* **2.** Geschädigte(r) *f m;* **fall ~ to** das Opfer werden von; ~ **of circumstances** Opfer *nt* der Verhältnisse; **vic·tim·ize** [-aɪz] *vt* unfair behandeln; schikanieren

vic·tor ['vɪktə(r)] *s* Sieger(in), Gewinner(in) *m (f)*

Vic·tor·ian [vɪk'tɔ:rɪən] *adj* **1.** (HIST) viktorianisch **2.** (*fig*) spießbürgerlich, prüde

vic·tori·ous [vɪk'tɔ:rɪəs] *adj* siegreich (*over* über); **vic·tory** ['vɪktərɪ] *s* Sieg *m;* **gain** [*o* **win**] **a narrow ~ over** einen knappen Sieg erringen über; ~ **at the elections** Wahlsieg *m*

vict·ual ['vɪtl] **I.** *s meist pl* Lebensmittel *ntpl* **II.** *vt* verpflegen, verproviantieren **III.** *vi* sich verpflegen, sich verproviantieren; **vict·ual·ler** ['vɪtlə(r)] *s* Lebensmittelhändler(in) *m(f);* **licensed ~** *für den Verkauf von Alkohol konzessionierter Lebensmittelhändler*

vide·licet, viz [vɪ'di:lɪsət, *Am* vɪ'delɪsət, vɪz] *adv* nämlich; und zwar

video ['vɪdɪəʊ] <*pl* **videos**> **I.** *vt* auf Band aufnehmen **II.** *s* (*Am*) Fernsehen *nt;* Videogerät *nt,* -recorder *m;* **video camera** *s* Videokamera *f;* **video cassette** *s* Videokassette *f;* **video conference** *s* Videokonferenz *f;* **video·fit** ['vɪdɪəʊfɪt] *s* ein am Bildschirm erstelltes Phantombild; **video game** *s* Video-, Telespiel *nt;* **video·phone** *s* Bildtelefon *nt;* **video recorder** *s* Videorecorder *m,* -gerät *nt;* **video set** *s* Video(-Fernseh)gerät *nt;* **video show** *s* Fernsehprogramm *nt;* **video surveillance** *s* Videoüberwachung *f;* **video tape** *s* Videoband *nt;* **video·text** ['vɪdɪəʊtekst] *s* Videotext *m;* **video transmission** *s* Fernsehübertragung *f;* **video transmitter** *s* Fernsehsender *m*

vie [vaɪ] *vi* wetteifern (*with s.o.* mit jdm, *for* um)

Vi·en·na [vɪ'enə] *s* Wien *nt;* **Vi·en·nese** [ˌvɪə'ni:z] **I.** *s* Wiener(in) *m(f)* **II.** *adj* wienerisch, Wiener-

Vi·et·cong [ˌvjet'kɒŋ] *s* Vietcong *m;* **Vi·et·nam** [ˌvjet'næm] *s* Vietnam *nt;*

Vi·et·nam·ese [ˌvjetnə'mi:z] **I.** *s* **1.** Vietnamese *m,* Vietnamesin *f* **2.** (das) Vietnamesisch(e) **II.** *adj* vietnamesisch

view [vju:] **I.** *s* **1.** Sicht *f* **2.** Aussicht *f* **3.** Meinung, Ansicht *f* **4.** Absicht *f;* **at first ~** auf den ersten Blick; **in ~** zu sehen; (*fig*) in Aussicht; **in ~ of** im Hinblick auf; **in my ~** meines Erachtens, meiner Ansicht nach; **on ~** ausgestellt; (COM) zur Ansicht; **out of ~** nicht zu sehen; **with a ~ to, with the ~ of** mit der Absicht zu; **in full ~ of all these people** vor den Augen all dieser Leute; **come into ~** in Sicht kommen; **keep s.th. in ~** etw im Auge behalten; **go out of ~** außer Sicht kommen, verschwinden; **hidden from ~** nicht zu sehen; **a nice ~ of the mountains** ein schöner Blick auf die Berge; **see the ~s** die Sehenswürdigkeiten ansehen; **take the ~ that …** die Ansicht vertreten, dass …; **a general ~ of a problem** ein Überblick über ein Problem; **have s.th. in ~** etw beabsichtigen; **lose ~ of s.th.** etw aus den Augen verlieren; **take a dim** [*o* **poor**] **~ of s.th.** etw nicht gut finden **II.** *vt* **1.** ansehen, betrachten **2.** besichtigen **3.** (*fig: Problem*) sehen, beurteilen **III.** *vi* fernsehen; **viewer** ['vju:ə(r)] *s* **1.** (Fernseh)Zuschauer(in) *m(f)* **2.** Diabetrachter *m;* **view·finder** *s* (OPT PHOT) Sucher *m;* **view·ing** ['vju:ɪŋ] *s* **1.** Besichtigung *f* **2.** Fernsehen *nt;* **~ figures** Einschaltquote *f;* **peak ~ time** Haupteinschaltzeit *f;* **view·point** ['vju:pɔɪnt] *s* Gesichts-, Standpunkt *m*

vigil ['vɪdʒɪl] *s* Nachtwache *f;* **keep ~** Nachtwache halten (*over* bei)

vigi·lance ['vɪdʒɪləns] *s* Wachsamkeit *f;* **vigi·lant** ['vɪdʒɪlənt] *adj* wachsam

vi·gnette [vi:'njet] *s* **1.** Vignette *f* **2.** Charakterskizze *f*

vigor *s* (*Am*), **vig·our** ['vɪgə(r)] *s* **1.** Stärke, Kraft, Robustheit *f* **2.** Energie, Vitalität *f;* **vig·or·ous** ['vɪgərəs] *adj* **1.** stark, kräftig, kraftvoll, robust **2.** energisch, nachdrücklich

vile [vaɪl] *adj* **1.** (*sittlich*) schlecht, gemein **2.** widerlich, ekelhaft **3.** (*fam*) schlecht, abscheulich

vil·ify ['vɪlɪfaɪ] *vt* verleumden, herabwürdigen

vil·lage ['vɪlɪdʒ] *s* Dorf *nt;* **village community** *s* Dorfgemeinschaft *f;* **village green** *s* Dorfwiese *f;* **village inn** *s* Dorfgasthaus *nt;* **vil·lager** ['vɪlɪdʒə(r)] *s* Dorfbewohner(in) *m(f)*

vil·lain ['vɪlən] *s* **1.** Schuft, Schurke *m;* Bösewicht *m* **2.** (*hum*) Schelm, Schlingel *m* **3.** (*fam*) Verbrecher *m;* **vil·lain·ous** ['vɪlənəs] *adj* **1.** schurkisch **2.** (*fam*) miserabel, schlecht; **vil·lainy** ['vɪlənɪ] *s* Gemeinheit *f*

vim [vɪm] *s* (*fam*) Schwung *m*

vin·ai·grette [ˌvɪnɪ'gret] *s* Vinaigrette *f;* Salatsoße *f*

vin·di·cate ['vɪndɪkeɪt] *vt* **1.** rechtfertigen **2.** rehabilitieren; **vin·di·ca·tion** [ˌvɪndɪ'keɪʃn] *s* **1.** Rechtfertigung, Verteidigung *f* **2.** Rehabilitation *f;* **in ~ of** zur Rechtfertigung *+gen*

vin·dic·tive [vɪn'dɪktɪv] *adj* nachtragend; rachsüchtig

vine [vaɪn] *s* **1.** Weinstock *m,* Rebe *f* **2.** Kletterpflanze *f*

vin·egar ['vɪnɪgə(r)] *s* Essig *m;* **vin·egary** ['vɪnɪgərɪ] *adj* säuerlich, sauer

vine·yard ['vɪnjəd] *s* Weinberg *m*

vin·tage ['vɪntɪdʒ] **I.** *s* **1.** (Wein)Lese *f* **2.** Jahrgang *m* **II.** *adj* hervorragend; alt; **~ car** Oltimer *m;* **~ wine** Qualitätswein *m;* **~ year** guter Jahrgang; **vint·ner** ['vɪntnə(r)] *s* Weinhändler *m*

vinyl ['vaɪnɪl] *s* Vinyl, PVC *nt*

viol ['vaɪəl] *s* (HIST) Viola *f;* **bass ~** Gambe *f*

vi·ola[1] [vɪ'əʊlə] *s* Bratsche *f;* **~ da gamba** Gambe *f*

vi·ola[2] ['vaɪəʊlə] *s* Veilchen *nt*

vi·ol·ate ['vaɪəleɪt] *vt* **1.** (*Recht*) verletzen; (*Gesetz*) übertreten, verstoßen gegen; (*Vertrag, Versprechen*) brechen **2.** (*geweihten Ort*) entehren; (*Gefühl, Empfinden*) verletzen, beleidigen; (*Stille*) stören **3.** (*Frau*) vergewaltigen; **vi·ol·ation** [ˌvaɪə'leɪʃn] *s* **1.** Verletzung *f,* Verstoß *m* **2.** Entehrung *f;* Verletzung *f;* Störung *f* **3.** Vergewaltigung *f;* **~ of a treaty** Vertragsbruch *m;* **~ of human rights** Menschenrechtsverletzung *f;* **vi·ol·ence** ['vaɪələns] *s* **1.** Gewalt *f;* Gewalttätigkeit *f* **2.** Heftigkeit *f;* Stärke *f;* **do ~ to s.o.** jdm Gewalt antun; **crimes of ~** Gewaltverbrechen *ntpl;* **robbery with ~** Raubüberfall *m;* **an outbreak of ~** ein Ausbruch von Gewalttätigkeiten; **vi·ol·ent** ['vaɪələnt] *adj* **1.** gewaltsam; gewalttätig **2.** heftig, stark **3.** leidenschaftlich; **meet with a ~ death** eines gewaltsamen Todes sterben; **have a ~ temper** jähzornig sein; **by ~ means** unter Gewaltanwendung

vi·olet ['vaɪələt] **I.** *s* Veilchen *nt* **II.** *adj* violett

vi·olin [ˌvaɪə'lɪn] *s* Geige, Violine *f;* **play the ~** Geige spielen; **~ bow/case** Geigenbogen/-kasten *m;* **~ string** Geigensaite *f;* **vi·olin·ist** ['vaɪəlɪnɪst] *s* Geiger(in) *m(f);* **vi·olon·cel·list** [ˌvaɪələn'tʃelɪst] *s* Cellist(in) *m(f);* **vi·olon·cello** [ˌvaɪələn'tʃeləʊ] <*pl* -cellos> *s* Cello *nt*

V.I.P., VIP [ˌvi:aɪ'pi:] *s Abk. von* **very impor-**

tant person bedeutende Persönlichkeit, VIP *f;* **give s.o. the ~ treatment** jdn wie einen Ehrengast behandeln

vi·per ['vaɪpə(r)] *s* **1.** Viper *f* **2.** (*fig*) Schlange *f*

vir·ago [vɪ'rɑːgəʊ] <*pl* **-ago(e)s**> *s* Xanthippe *f,* Zankteufel *m*

vir·gin ['vɜːdʒɪn] **I.** *s* Jungfrau *f* **II.** *adj* **1.** jungfräulich, *a. Schnee* **2.** (*fig: Land*) unberührt; **~ birth** jungfräuliche Geburt; (BIOL) Jungfernzeugung *f;* **vir·ginal** ['vɜːdʒɪnl] *adj* jungfräulich; **vir·gin forest** *s* Urwald *m;* **vir·gin·ity** [və'dʒɪnətɪ] *s* Unschuld, Jungfräulichkeit *f*

Virgo ['vɜːgəʊ] <*pl* **Virgos**> *s* (ASTR) Jungfrau *f;* **v~ intacta** unberührte Jungfrau

vir·ile ['vɪraɪl, *Am* 'vɪrəl] *adj* **1.** männlich **2.** (*fig*) kraftvoll; **vir·il·ity** [vɪ'rɪlətɪ] *s* **1.** Männlichkeit *f;* Potenz, Manneskraft *f* **2.** Ausdruckskraft *f*

vi·rol·ogy [vaɪə'rɒlədʒɪ] *s* Virologie *f*

vir·tual ['vɜːtʃʊəl] *adj* **1.** wirklich, tatsächlich, eigentlich **2.** (PHYS) virtuell; **~ reality** virtuelle Realität; **~ value** Effektivwert *m;* **vir·tual·ly** [-lɪ] *adv* fast, praktisch, so gut wie

vir·tue ['vɜːtʃuː] *s* **1.** Tugend *f* **2.** Tugendhaftigkeit *f* **3.** Vorteil *m,* Qualität *f* **4.** Wirkung *f;* Heilkraft *f;* **by ~ of** kraft, auf Grund +*gen;* **make a ~ of necessity** (*prov*) aus der Not eine Tugend machen; **a woman of easy ~** ein Flittchen *nt;* **vir·tue·crat** ['vɜːtʃuːˌkræt] *s* Programmzensor(in) *m(f)*

vir·tu·os·ity [ˌvɜːtjʊ'ɒsətɪ] *s* Virtuosität *f;* **vir·tu·oso** [ˌvɜːtjʊ'əʊzəʊ, *pl* -əʊziː] <*pl* **-osos, -osi**> *s* (MUS) Virtuose *m*

vir·tu·ous ['vɜːtʃʊəs] *adj* tugendhaft

viru·lence ['vɪrʊləns] *s* **1.** (MED) Heftigkeit, Bösartigkeit *f* **2.** (*fig*) Boshaftigkeit *f;* **viru·lent** ['vɪrʊlənt] *adj* **1.** (MED) bösartig; (*Gift*) stark, tödlich **2.** (*fig*) boshaft, gehässig

vi·rus ['vaɪərəs] *s* (MED) Virus *m*

visa ['viːzə] **I.** *s* Visum *nt;* Sichtvermerk *m;* **entrance ~** Einreisevisum *nt;* **transit ~** Durchreisevisum *nt* **II.** *vt* mit einem Visum versehen

vis-à-vis ['viːzəviː] *prep* gegenüber

vis·cera ['vɪsərə] *s pl* (ANAT) Eingeweide *ntpl*

vis·cose ['vɪskəʊz] *s* Viskose *f*

vis·cos·ity [vɪs'kɒsətɪ] *s* Zähflüssigkeit, Viskosität *f*

vis·count ['vaɪkaʊnt] *s* Vicomte *m;* **vis·count·ess** ['vaɪkaʊntɪs] *s* Vicomtesse *f*

vis·cous ['vɪskəs] *adj* zähflüssig, viskos

vise [vaɪs] *s* (*Am*) Schraubstock *m*

visé ['viːzeɪ] **I.** *s* (*Am*) Visum *nt;* **entrance ~** Einreisevisum *nt;* **transit ~** Durchreisevisum *nt* **II.** *vt* mit einem Visum versehen

vis·ibil·ity [ˌvɪzə'bɪlətɪ] *s* **1.** Sichtbarkeit *f* **2.** Sicht(weite) *f;* Sichtverhältnisse *ntpl;* **~ was poor** die Sicht war schlecht; **vis·ible** ['vɪzəbl] *adj* **1.** sichtbar, wahrnehmbar **2.** (*fig*) offensichtlich, deutlich

vi·sion ['vɪʒn] *s* **1.** Sehen *nt;* Sehkraft *f,* -vermögen *nt* **2.** Vision *f* **3.** Vorstellung *f* **4.** Voraussicht *f,* Weitblick *m;* **~ of the future** Zukunftsvision *f;* Vorstellung *f* von der Zukunft; **field of ~** Gesichts-, Blickfeld *nt;* **have ~s of fame** von Ruhm träumen; **I had ~s of having to do it all again** ich sah mich das schon alles noch einmal machen; **vi·sion·ary** ['vɪʒənrɪ] **I.** *adj* **1.** visionär, unwirklich, fantastisch **2.** unpraktisch, undurchführbar **3.** hellseherisch **II.** *s* **1.** Hellseher(in) *m(f)* **2.** Fantast(in) *m(f)*

vis·it ['vɪzɪt] **I.** *vt* **1.** auf-, besuchen; auf Besuch sein bei **2.** besichtigen **3.** (REL) heimsuchen **II.** *vi* einen Besuch machen **III.** *s* **1.** Besuch *m* (*to* bei) **2.** Kontrolle *f* **3.** (INTERNET) Visit *m;* **pay s.o./s.th. a ~** jdn/etw besuchen; **courtesy ~** Höflichkeitsbesuch *m;* **visi·ta·tion** [ˌvɪzɪ'teɪʃn] *s* **1.** Besichtigung *f;* Visitation, Inspektion *f* **2.** (*Geist*) Erscheinung *f* **3.** (REL) Heimsuchung *f;* **visi·tation rights** *s pl* Besuchsrecht *nt;* **visit·ing** ['vɪzɪtɪŋ] *adj:* **be on ~ terms** sich (gegenseitig) besuchen; **~ card** Visitenkarte *f;* **~ hours** Besuchszeit *f;* **~ professor** Gastprofessor(in) *m (f);* **the ~ team** die Gäste *pl;* **visi·tor** ['vɪzɪtə(r)] *s* **1.** Besucher(in) *m(f)* (*to a castle* eines Schlosses) **2.** Gast *m* **3.** Inspekteur(in) *m(f);* **~s' book** Gästebuch *nt*

vi·sor ['vaɪzə(r)] *s* **1.** (HIST: *Helm*) Visier *nt* **2.** Mützenschirm *m* **3.** (AUTO: *sun-~*) Sonnenblende *f*

vista ['vɪstə] *s* **1.** Ausblick *m,* -sicht *f* **2.** (*fig*) Aussicht *f* (*of* auf); (*von Vergangenheit*) Bild *nt;* **open new ~s** (*fig*) neue Möglichkeiten eröffnen

vis·ual ['vɪʒʊəl] *adj* **1.** visuell **2.** Seh-; **~ aids** Anschauungsmaterial *nt;* **~ display unit, VDU** Datensicht-, Bildschirmgerät *nt,* Bildschirm *m;* **~ instruction** Anschauungsunterricht *m;* **~ memory** visuelles Gedächtnis; **~ nerve** Sehnerv *m;* **vis·ual·ize** ['vɪʒʊəlaɪz] *vt* **1.** sich vorstellen **2.** erwarten, rechnen mit; **vis·ual·ly** *adv* visuell; **the ~ impaired** die Sehgeschädigten

vi·tal ['vaɪtl] **I.** *adj* **1.** lebenswichtig, -notwendig; Lebens- **2.** (*fig*) wesentlich, unerlässlich (*to* für) **3.** (*Fehler*) schwerwiegend; **~ force** Lebenskraft *f;* **~ organs** lebenswichtige Organe *ntpl;* **~ parts** wichtige Teile *mpl;* **~ problem** Kernproblem *nt;* **~ statistics** Bevölkerungsstatistik *f;* (*fam*) Körpermaße *ntpl;* **at the ~ moment** im entscheidenden, kritischen Augenblick; **of ~ importance** äußerst wichtig; **it is ~ that ...** es ist unbedingt notwendig, dass ...; **how ~ is it?** wie wichtig ist es? **II.** *s pl* lebenswichtige Organe *ntpl;* (*hum*) Genitalien *pl;* **vi·tal·ity** [vaɪ'tælətɪ] *s* **1.** Lebendigkeit *f* **2.** Vitalität, Energie *f* **3.** Beständigkeit *f;* **vi·tal·ize** ['vaɪtəlaɪz] *vt* beleben

vit·amin ['vɪtəmɪn, *Am* 'vaɪtəmɪn] *s* Vitamin *nt;* **vitamin deficiency** *s* Vitaminmangel *m;* **vitamin tablets** *s pl* Vitamintabletten *fpl*

vit·reous ['vɪtrɪəs] *adj* **1.** gläsern; glas(art)ig **2.** (GEOL) glasig; **vit·rify** ['vɪtrɪfaɪ] **I.** *vt* zu Glas schmelzen, verglasen **II.** *vi* zu Glas werden

vit·riol ['vɪtrɪəl] *s* **1.** (CHEM) Vitriol *nt* **2.** Schwefelsäure *f* **3.** (*fig*) beißender Spott; **blue ~** Kupfervitriol *nt;* **vit·riolic** [ˌvɪtrɪ'ɒlɪk] *adj* (*fig*) bissig, sarkastisch

vit·uper·ate [vɪ'tju:pəreɪt] *vt* schmähen, heruntermachen, beschimpfen; **vit·uper·ation** [vɪˌtju:pə'reɪʃn] *s* Beschimpfung *f*

viva ['vaɪvə] *s* (*Br*) mündliche Prüfung

vi·va·cious [vɪ'veɪʃəs] *adj* lebhaft; (quick)lebendig, munter; **vi·vac·ity** [vɪ'væsətɪ] *s* Lebhaftigkeit *f;* Lebendigkeit, Munterkeit *f*

vi·var·ium [vaɪ'veərɪəm] *s* Vivarium, Aquarium *nt* (mit Terrarium)

viva voce [ˌvaɪvə'vəʊsɪ] **I.** *adj* mündlich **II.** *s* mündliche Prüfung

vivid ['vɪvɪd] *adj* **1.** lebhaft, lebendig **2.** (*Farbe*) kräftig, leuchtend; (*Licht*) hell **3.** (*Erinnerung*) frisch, lebhaft

vi·vipar·ous [vɪ'vɪpərəs, *Am* vaɪ'vɪpərəs] *adj* (ZOO) lebend gebärend

vivi·sect [ˌvɪvɪ'sekt] *vt* vivisezieren; **vivi·sec·tion** [ˌvɪvɪ'sekʃn] *s* Vivisektion *f*

vixen ['vɪksn] *s* **1.** Füchsin *f* **2.** (*fig*) Xanthippe *f,* Zankteufel *m*

viz [vɪz] *adv* nämlich; und zwar

vo·cabu·lary [və'kæbjʊlərɪ] *s* **1.** Wörterverzeichnis, Vokabular *nt* **2.** Wortschatz *m*

vo·cal ['vəʊkl] *adj* **1.** Stimm- **2.** mündlich **3.** (*fig*) lautstark; **become ~** sich hören lassen, seine Meinung lautstark kundtun; **~ cords** Stimmbänder *ntpl;* **~ music** Vokalmusik *f,* Gesang *m;* **~ part** Gesangspartie *f;* **vo·cal·ist** ['vəʊkəlɪst] *s* Sänger(in) *m(f);* **vo·cal·ize** ['vəʊkəlaɪz] *vt* **1.** aussprechen **2.** (*Konsonanten*) vokalisieren

vo·ca·tion [vəʊ'keɪʃn] *s* **1.** Berufung *f* **2.** Eignung *f* (*for* für) **3.** Beruf *m;* **vo·ca·tional** [vəʊ'keɪʃənl] *adj* beruflich; Berufs-; **~ adviser** [*o* **counsellor**] Berufsberater(in) *m(f);* **~ education** Berufsausbildung *f;* **~ guidance** Berufsberatung *f;* **~ retraining** Umschulung *f;* **~ school** (*Am*) Berufsschule *f;* **~ training** Berufsausbildung *f*

vo·cif·er·ate [və'sɪfəreɪt] *vt, vi* schreien, brüllen; **vo·cif·er·ation** [vəˌsɪfə'reɪʃn] *s* Geschrei, Gebrüll *nt;* **vo·cif·er·ous** [və'sɪfərəs] *adj* laut; lautstark

vogue [vəʊg] *s* Mode *f;* **all the ~** der letzte Schrei; **be in ~** Mode sein; **come into/go out of ~** in Mode/aus der Mode kommen; **have a great ~** sehr beliebt sein; in großer Mode sein

voice [vɔɪs] **I.** *s* **1.** Stimme *f* **2.** Mitspracherecht *nt* **3.** (GRAM) Aktionsart *f* **4.** (*Phonetik*) Stimmhaftigkeit *f;* **by a majority of ~s** mit Stimmenmehrheit; **in a loud ~** mit lauter Stimme; **with one ~** einstimmig; **give ~ to s.th.** etw zum Ausdruck bringen; **have a ~ in s.th.** bei einer S (ein Wörtchen) mitzureden haben; **raise one's ~** seine Stimme erheben (*against* gegen), lauter sprechen, anschreien (*to s.o.* jdn); **I have no ~ in the matter** ich habe in der Angelegenheit wenig zu sagen; **active/passive ~** (GRAM) Aktiv/Passiv *nt;* **chest/head ~** Brust-/Kopfstimme *f* **II.** *vt* **1.** äußern, zum Ausdruck bringen, ausdrücken **2.** (*Phonetik*) stimmhaft aussprechen; **voice box** *s* Kehlkopf *m;* **voiced** [vɔɪst] *adj* (*Phonetik*) stimmhaft; **voice·less** ['vɔɪslɪs] *adj* **1.** stumm **2.** (PARL) nicht stimmberechtigt **3.** (*Phonetik*) stimmlos; **voice·mail** ['vɔɪsˌmeɪl] *s* Voicemail *f* (*digitaler Anrufbeantworter für Handys*)*;* **voi·ce-over** ['vɔɪsəʊvə(r)] *s* Begleitkommentar *m*

void [vɔɪd] **I.** *adj* **1.** leer **2.** nichtig, sinnlos **3.** (JUR) ungültig, nichtig; **~ of** ohne; **null and ~** null und nichtig **II.** *s* Leere *f* **III.** *vt* **1.** (aus)leeren **2.** (JUR) ungültig machen, für ungültig, nichtig erklären

voile [vɔɪl] *s* Voile(stoff) *m*

vol·atile ['vɒlətaɪl, *Am* 'vɒlətl] *adj* **1.** (CHEM) flüchtig **2.** (*fig*) impulsiv; sprunghaft **3.** (POL) gespannt, brisant **4.** (FIN) unbeständig

vol·canic [vɒl'kænɪk] *adj* **1.** (GEOL) vulkanisch **2.** (*fig*) explosiv; **~ eruption** Vulkanausbruch *m;* **~ rock** Eruptivgestein *nt;* **vol·cano** [vɒl'keɪnəʊ] <*pl* -cano(e)s> *s* Vulkan *m*

vole [vəʊl] *s* (*field~*) Feldmaus *f;* **water-~** Wasserratte *f*

vo·li·tion [və'lɪʃn, *Am* vəʊ'lɪʃn] *s* Wille *m;* **power of ~** Willenskraft *f;* **do s.th. of one's own ~** etw aus eigenem Antrieb tun

vol·ley ['vɒlɪ] **I.** *s* **1.** (MIL) Salve *f* **2.** (*fig*) Hagel *m;* Flut *f* **3.** (SPORT) Flugball, Volley *m* **II.** *vi* **1.** eine Salve abfeuern **2.** (SPORT) einen Volley spielen **III.** *vt:* **~ the ball** einen Volley spielen; **vol·ley·ball** ['vɒlɪbɔ:l] *s* Vol-

V

leyball *m*

volt [vəʊlt] *s* (ELEK) Volt *nt;* **volt·age** ['vəʊltɪdʒ] *s* Spannung *f;* **what ~ is it?** wie viel Volt hat es?; **voltage detector** *s* (ELEK) Spannungsprüfer *m;* **voltage drop** *s* (ELEK) Spannungsabfall *m*

volte-face [ˌvɒlt'fɑːs] *s* (Meinungs-, Stimmungs)Umschwung *m,* Kehrtwendung *f*

vol·uble ['vɒljʊbl] *adj* **1.** gesprächig, redselig, geschwätzig **2.** wortreich **3.** (*Rede*) flüssig

vol·ume ['vɒljuːm] *s* **1.** Band *m,* Buch *nt* **2.** Rauminhalt *m,* Volumen *nt;* (großer) Umfang *m* **3.** Lautstärke *f;* (MUS) Klangfülle *f;* **~s of** ein Schwall *+gen;* **speak ~s** (*fig*) Bände sprechen (*for* für); **odd ~** Einzelband *m;* **~ of business** Geschäftsvolumen *nt;* **~ of goods sold** Absatzvolumen *nt;* **~ of sales** Umsatz *m;* **~ of trade** Handelsvolumen *nt;* **volume control**, **volume regulator** *s* Lautstärkeregler *m;* **volume discount** *s* Mengenrabatt *m;* **vol·umi·nous** [və'ljuːmɪnəs] *adj* **1.** voluminös; üppig **2.** (*Schriften*) umfangreich **3.** (*Rock*) bauschig

vol·un·tary ['vɒləntrɪ] **I.** *adj* **1.** freiwillig **2.** (PHYSIOL) willkürlich **3.** (PSYCH) spontan **4.** (*Verbrechen*) vorsätzlich **II.** *s* (Orgel)Solo *nt;* **~ organization** Wohltätigkeitsorganisation *f;* **~ redundancy** freiwilliges Ausscheiden aus einem Betrieb; **~ repatriation** freiwillige Rückführung; **vol·un·teer** [ˌvɒlən'tɪə(r)] **I.** *s* Freiwillige(r) *f m* **II.** *vt* **1.** (*Hilfe*) anbieten **2.** (*Vorschlag*) machen; (*Auskunft*) geben **III.** *vi* sich freiwillig melden; etw freiwillig tun; **~ for s.th.** sich für etw zur Verfügung stellen; **~ to do s.th.** anbieten etw zu tun

vo·lup·tu·ous [və'lʌptʃʊəs] *adj* **1.** sinnlich **2.** (*Leben*) ausschweifend **3.** (*Körper*) üppig

vo·lute [və'ljuːt] *s* (ARCH) Volute, Schnecke *f*

vomit ['vɒmɪt] **I.** *s* (MED) **1.** (Er)Brechen *nt* **2.** (das) Erbrochene **II.** *vi* sich erbrechen **III.** *vt* **1.** erbrechen, wieder von sich geben **2.** ausstoßen **3.** (*Feuer*) speien

voo·doo ['vuːduː] *s* Voodoo, Wodu *m*

vo·racious [və'reɪʃəs] *adj* **1.** gefräßig **2.** unersättlich; **vo·racity** [və'ræsətɪ] *s* **1.** Gefräßigkeit *f* **2.** (*fig*) Gier *f*

vor·tex ['vɔːteks, *pl* -teksəz, -tɪsiːz] <*pl* **-texes, -tices**> *s* (*a. fig*) Strudel *m*

vote [vəʊt] **I.** *s* **1.** Wahl, Abstimmung *f* **2.** Stimmabgabe *f* **3.** (Wahl)Stimme *f* **4.** Wahl-, Stimmrecht *f* **5.** Wahl-, Abstimmungsergebnis *nt* **6.** Bewilligung *f,* bewilligte Summe; **by 5 ~s to 3** mit 5 gegen 3 Stimmen; **by a majority of 2 ~s** mit einer Mehrheit von 2 Stimmen; **by a majority ~** mit Stimmenmehrheit; **bring** [*o* **put**] **to the ~** zur Abstimmung bringen; **cast one's ~** seine Stimme abgeben; **have a ~** Stimmrecht haben (*in* bei); **take a ~ on** abstimmen über; **casting ~** ausschlaggebende Stimme *f;* **casting of ~s** Stimmabgabe *f;* **counting of ~s** Stimmenzählung *f;* **final ~** Schlussabstimmung *f;* **number of ~s** Stimmenzahl *f;* **~ of confidence** Vertrauensvotum *nt;* **ask for a ~ of confidence** die Vertrauensfrage stellen; **pass a ~ of confidence in s.o.** jdm das Vertrauen aussprechen; **~ of censure** Missbilligungsvotum *nt;* **~ of no confidence** Misstrauensvotum *nt* **II.** *vi* wählen; seine Stimme abgeben (*for* für) **III.** *vt* **1.** wählen; wählen zu **2.** bewilligen, genehmigen; **vote down** *vt* überstimmen; ablehnen; **vote in** *vt* wählen (*s.o.* jdn); (*Gesetz*) beschließen; **vote on** *vi* abstimmen über; **vote out** *vt* ablehnen; abwählen; **voter** ['vəʊtə(r)] *s* Wähler(in) *m(f);* **vot·ing** ['-ɪŋ] *s* **1.** Wahl *f* **2.** Wahlbeteiligung *f;* **return a blank ~ paper** einen leeren Stimmzettel abgeben; **system of ~** Wahlsystem *nt;* **~ right** Stimmrecht *nt;* **voting booth** *s* Wahlzelle, -kabine *f;* **voting box** *s* Wahlurne *f;* **voting machine** *s* Stimmenzählmaschine *f*

vouch [vaʊtʃ] *vi* sich verbürgen, garantieren (*for* für); **voucher** ['vaʊtʃə(r)] *s* **1.** Gutschein *m* **2.** Beleg *m,* Bescheinigung *f* **3.** (JUR) Schuldschein *m;* **luncheon ~** Essen(s)marke *f,* Essensbon *m;* **credit ~** Gutschrift *f;* **gift ~** Geschenkgutschein *m;* **vouch·safe** [vaʊtʃ'seɪf] *vt* gewähren (*s.o.* jdm); **he ~d (me) no reply** er würdigte mich keiner Antwort

vow [vaʊ] **I.** *s* **1.** (REL) Gelübde *nt* **2.** Versprechen, Gelöbnis *nt;* **lover's ~** Treueschwur *m;* **make a ~ to do s.th.** geloben etw zu tun; **take one's ~s** sein Gelübde ablegen; **be under a ~ to do s.th.** verpflichtet sein etw zu tun **II.** *vt* geloben; feierlich erklären

vowel ['vaʊəl] *s* Vokal, Selbstlaut *m*

voy·age ['vɔɪɪdʒ] **I.** *s* **1.** Reise *f* **2.** (*Raumfahrt*) Flug *m;* **on the ~ out/home** auf der Hin-/Rückreise **II.** *vi* **1.** eine (See)Reise machen **2.** fliegen; **voy·ager** ['vɔɪədʒə(r)] *s* **1.** Passagier *m* **2.** Raumfahrer(in) *m(f)*

voyeur [vwaː'jɜː(r)] *s* Voyeur *m*

VTO(L) [ˌviːtiː'əʊ, ˌviːtiːəʊ'el] *s Abk. von* **vertical take-off (and landing)**: **~ aircraft** Senkrechtstarter *m*

vul·can·ite ['vʌlkənaɪt] *s* Hartgummi *m od nt,* Ebonit *nt;* **vul·can·iz·ation** [ˌvʌlkənaɪ'zeɪʃn] *s* Vulkanisierung *f;* **vul·can·ize** ['vʌlkənaɪz] *vt* vulkanisieren

vul·gar ['vʌlgə(r)] *adj* **1.** vulgär; ordinär;

geschmacklos **2.** (MATH: *Bruch*) gemein; ~ **beliefs** volkstümliche Auffassungen *fpl;* **in the ~ tongue** in der Sprache des Volkes; ~ **Latin** Vulgärlatein *nt;* **vul·gar·ity** [vʌlˈgærətɪ] *s* Vulgarität *f;* Anstößigkeit *f;* Geschmacklosigkeit *f;* **vul·gar·ize** [ˈvʌlgəraɪz] *vt* **1.** popularisieren, verbreiten **2.** vulgär werden lassen

Vul·gate [ˈvʌlgeɪt] *s* (REL) Vulgata *f*

vul·ner·able [ˈvʌlnərəbl] *adj* **1.** verwundbar **2.** ungeschützt; ~ **to the cold** kälteempfindlich; ~ **to temptation** für Versuchungen anfällig; **be ~ to criticism** der Kritik ausgesetzt sein; keine Kritik vertragen; **a ~ point** [~ pɔɪnt] eine schwache Stelle; **vul·ner·abil·ity** *s* Verwundbarkeit *f;* (*fig*) Verletzbarkeit *f*

vul·ture [ˈvʌltʃə(r)] *s* Geier *m*

vulva [ˈvʌlvə] *s* (äußere) weibliche Scham, Vulva *f*

vy·ing [ˈvaɪɪŋ] **I.** *adj* wetteifernd **II.** *s* Konkurrenzkampf *m* (*for* um)

V

W

W, w ['dʌblju:] <*pl* -'s> *s* W, w *nt*

wack [wæk] *s* (*Br: sl*) Kumpel *m;* **wacky** ['wækɪ] *adj* (*fam*) verrückt, blöd

wad [wɒd] **I.** *s* **1.** Knäuel *nt;* (*in Geschoss*) Pfropfen *m;* (*Watte*) Bausch *m* **2.** (*Geld*) Bündel *nt;* ~**s of money** ein Haufen Geld **II.** *vt* **1.** stopfen; zusammenknüllen **2.** (*Nähen*) wattieren; **wad·ding** ['wɒdɪŋ] *s* Füllsel *nt;* Wattierung, Watte *f;* (MED) Wattetupfer *m*

waddle ['wɒdl] **I.** *vi* watscheln **II.** *s* Watscheln *nt*

wade [weɪd] *vi* **1.** waten (*through* durch) **2.** (*fig*) sich (mühsam) (hin)durcharbeiten (*through* durch) **3.** (*fam fig*) sich hineinstürzen (*in, into* in); ~ **into s.o.** (*fam*) auf jdn losgehen; **wader** ['weɪdə(r)] *s* **1.** Watvogel *m* **2.** ~**s** (hohe) Gummistiefel *mpl*

wa·fer ['weɪfə(r)] *s* **1.** Waffel *f* **2.** Oblate *f* **3.** (REL) Hostie *f* **4.** (*silicone* ~, INFORM) Chip *m,* Siliziumplättchen *nt;* ~**-thin** hauchdünn

waffle[1] ['wɒfl] *s* Waffel *f*

waffle[2] ['wɒfl] **I.** *vi* (*Br: fam*) quasseln, schwafeln **II.** *s* (*Br: pej*) Gequassel, Geschwafel *nt*

waffle iron *s* Waffeleisen *nt*

waft [wɒft] **I.** *vt* (weg-, fort)wehen, -blasen **II.** *vi* wehen; schweben **III.** *s* Hauch, Luftzug *m;* Duft *m*

wag[1] [wæg] **I.** *vt* wippen mit; wedeln mit; ~ **one's finger at s.o.** jdm mit dem Finger drohen **II.** *vi* wippen; wedeln; **his tongue never stops** ~**ging** sein Mund steht nie still; **set tongues** ~**ging** Anlass zum Gerede geben **III.** *s* Wackeln, Wedeln *nt*

wag[2] [wæg] *s* Witzbold *m;* **he's a bit of a** ~ er ist ein alter Witzbold

wage[1] [weɪdʒ] *s oft pl* (Arbeits)Lohn *m;* **at a** ~ **of** bei einem Lohn von; **basic** ~ Grundlohn *m;* **weekly** ~ Wochenlohn *m;* **the** ~**s of sin** die gerechte Strafe

wage[2] [weɪdʒ] *vt:* ~ **war** Krieg führen

wage ad·just·ment [ˌweɪdʒə'dʒʌstmənt] *s* Lohnausgleich *m,* -anpassung *f;* **wage bill** *s* Lohnsumme *f;* **wage claim, wage de·mand** *s* Lohnforderung *f;* **wage costs** ['weɪdʒ kɒsts] *s pl* Lohnkosten *pl;* **wage differentials** *s pl* Lohngefälle *nt;* **wage dispute** *s* Lohnauseinandersetzung *f;* **wage earner** *s* Lohnempfänger(in) *m(f);* **wage freeze** *s* Lohnstopp *m;* **wage increase** *s* Lohnerhöhung *f;* **wage level** *s* Lohnniveau *nt;* **wage negotiation** *s* Lohn-, Tarifverhandlung *f;* **wage packet** *s* Lohntüte *f*

wa·ger ['weɪdʒə(r)] **I.** *s* Wette *f;* **lay** [*o* **make**] **a** ~ eine Wette abschließen **II.** *vt, vi* wetten

wage scale ['weɪdʒskeɪl] *s* Lohnskala *f;* **wages clerk** *s* Lohnbuchhalter(in) *m(f);* **wage settlement** *s* Tarifabschluss *m;* **wage slip** *s* Lohnstreifen *m;* **wages policy** *s* Lohnpolitik *f;* **wage worker** *s* (*Am*) Lohnarbeiter(in) *m(f)*

wag·gish ['wægɪʃ] *adj* spaßig, scherzhaft

waggle ['wægl] **I.** *vt* wackeln mit; wedeln mit; wippen mit **II.** *vi* wackeln; wedeln; wippen **III.** *s* Wackeln *nt;* Wedeln *nt;* **with a** ~ **of its tail** mit einem Schwanzwedeln;

wagg·ly ['wæglɪ] *adj* wackelnd; wackelig; (*Schwanz*) wedelnd

wag(·g)on ['wægən] *s* **1.** Wagen *m* **2.** (RAIL) Waggon *m;* **be on the** ~ (*fam*) keinen Alkohol trinken; **wag(·g)oner** ['wægənə(r)] *s* Fuhrmann *m;* **wag(g)on·load** ['wægənləʊd] *s* Waggon-, Wagenladung *f;* **wagon train** *s* (HIST) Zug *m* von Planwagen

waif [weɪf] *s* **1.** herrenloses Tier **2.** Obdachlose(r) *f m* **3.** verwahrlostes Kind; ~**s and strays** heimatlose Kinder

wail [weɪl] **I.** *vi* **1.** wimmern, schreien **2.** wehklagen, jammern (*for* um, *over* über) **3.** (*Wind*) heulen **II.** *s* Wimmern *nt;* Jammern, Klagen *nt;* Heulen *nt;* **wail·ing** ['weɪlɪŋ] *s* Wehklagen *nt;* **Wailing Wall** (*in Jerusalem*) Klagemauer *f*

wain·scot ['weɪnskət] *s* Wandverkleidung *f*

waist [weɪst] *s* **1.** Taille *f* **2.** (MAR) Mitteldeck *nt;* **strip to the** ~ den Oberkörper freimachen; **waist·band** ['weɪstbænd] *s* (Rock-, Hosen)Bund *m;* **waist·coat** ['weɪstkəʊt] *s* (*Br*) Weste *f;* **waist deep** *adj* hüfthoch; bis zur Hüfte; **waisted** ['weɪstɪd] *adj* tailliert; **waist·line** *s* Taille *f;* **watch one's** ~ auf die schlanke Linie achten

wait [weɪt] **I.** *vi* **1.** warten (*for* auf, *until* bis) **2.** unerledigt bleiben **3.** aufwarten (*on s.o.* jdm, *at table* bei Tisch), bedienen (*on s.o.* jdn) **4.** (AUTO) halten; ~ **a minute!** Augenblick!; ~ **and see** abwarten; ~ **at table** (*Am*) bei Tisch bedienen; ~ (*Verkehrsam-*

pel) warten; **I can't** ~ ich kann's kaum erwarten; ich bin gespannt; **keep ~ing** warten lassen; **~-and-see-policy** Politik *f* des Abwartens; abwartende Haltung; **what are you ~ing for?** worauf wartest du? **II.** *vt* **1.** warten auf, ab-, erwarten **2.** (*fam*) verschieben; ~ **dinner** mit dem Essen warten (*for* auf); ~ **one's turn** abwarten, bis man an der Reihe ist; ~ **at table** bei Tisch servieren **III.** *s* Warten *nt,* Wartezeit *f;* **have a long** ~ lange warten müssen; **lie in** ~ **for s.o.** jdm auflauern; **wait about, wait around** *vi* warten (*for* auf); **wait behind** *vi* zurückbleiben (und warten); **wait in** *vi* zu Hause warten; **wait on** *vi* noch länger warten; ~ **on s.o.** jdn bedienen; auf jdn warten; **wait out** *vt* das Ende abwarten von; **wait up** *vi* aufbleiben (*for* wegen); **wait-and-see** *adj* vorsichtig

waiter ['weɪtə(r)] *s* Kellner *m;* (*head* ~) Ober(kellner) *m;* ~ **the bill/check, please!** (*Br/Am*) Ober, bitte zahlen!

wait·ing ['weɪtɪŋ] *s* **1.** Warten *nt* **2.** Dienen *nt* bei Hof **3.** Servieren, Bedienen *nt;* **lady-in-~** Hofdame *f;* **no** ~ (*Schild*) Halteverbot *nt;* **waiting game** *s* Wartespiel, Warten *nt;* Geduldsprobe *f;* **waiting list** *s* Warteliste *f;* **waiting room** *s* Wartezimmer *nt* (*beim Arzt*); (RAIL) Wartesaal *m*

wait·ress ['weɪtrɪs] *s* Kellnerin *f;* (*Anrede*) Fräulein!

waive [weɪv] *vt* **1.** (JUR) verzichten auf, aufgeben, zurücktreten von **2.** (*Einwurf, Frage*) abtun; ~ **one's right to speak** (PARL) auf das Wort verzichten; **waiver** ['weɪvə(r)] *s* Verzicht(erklärung *f*) *m* (*of* auf), Außerkraftsetzung *f*

wake[1] [weɪk] <*irr:* **woke (waked), woken (waked)**> **I.** *vi* **1.** (~ *up*) auf-, erwachen, munter werden **2.** wachen, wach, munter sein **3.** (~ *up*) aufmerksam werden (*to* auf), sich klar werden (*to* über) **II.** *vt* **1.** (auf)wecken **2.** (*Gefühl*) erwecken **3.** (*Erinnerungen*) wachrufen **4.** (*Echo*) hervorrufen **III.** *s* **1.** Totenwache *f;* (*Irland*) Leichenschmaus *m* **2. ~s** (*Nordengland*) jährlicher Urlaub; **wake up I.** *vi* aufwachen **II.** *vt* aufwecken; (*fig*) wachrütteln; ~ **up to s.th.** sich einer S bewusst werden; ~ **s.o. up to s.th.** jdm etw klarmachen

wake[2] [weɪk] *s* Kielwasser *nt;* **in the** ~ **of** (*fig*) im Gefolge *+gen,* unmittelbar nach

wake·board·ing ['weɪkbɔːdɪŋ] *s* (SPORT) Wakeboarding *nt*

wake·ful ['weɪkfl] *adj* wach(sam); schlaflos; **waken** ['weɪkən] **I.** *vi* **1.** auf-, erwachen; munter werden **2.** (*fig*) sich bewusst werden (*to s.th. +gen*) **II.** *vt* **1.** (auf)wecken (*from, out of* von, aus) **2.** (*fig*) auf-, ermuntern, antreiben; **wake-up call** *s* Weckruf *m;* **wakey** ['weɪkɪ] *interj* (*fam*) aufwachen!

Wales ['weɪlz] *s* Wales *nt*

walk [wɔːk] **I.** *vi* **1.** gehen **2.** zu Fuß gehen; wandern; spazieren gehen **3.** (*Gespenst*) umgehen, spuken **4.** (*fam*) einfach verschwinden; ~ **in one's sleep** schlafwandeln; **it takes 5 minutes to** ~ **there** zu Fuß sind es 5 Minuten; **I like to go ~ing** ich gehe gerne spazieren, wandern **II.** *vt* **1.** spazieren gehen mit, spazieren führen; ausführen **2.** (*Strecke*) gehen, laufen **3.** (*Baseball*) einen Walk geben (*s.o.* jdm); ~ **s.o. home** jdn (zu Fuß) nach Hause bringen, begleiten; ~ **s.o. off his feet** jdn müde machen; **he ~ed his bicycle** er hat sein Rad geschoben; **you can** ~ **it from here** von hier aus kannst du zu Fuß gehen; ~ **the boards** beim Theater sein; ~ **the streets** durch die Straßen streifen, irren; (*Prostituierte*) auf den Strich gehen **III.** *s* **1.** Spaziergang *m;* Wanderung *f* **2.** (SPORT) Gehen *nt;* Geherwettkampf *m;* Marsch *m* **3.** Gang(art *f*) *m* **4.** Weg *m* **5.** (*Baseball*) Walk *m;* **at a** ~ im Schritt; **go for** [*o* **take**] **a** ~ einen Spaziergang machen; **it's a long** ~ es ist ein weiter Weg; **from all ~s of life** aus allen Schichten und Berufen; **it's a 5 minute** ~ es sind 5 Minuten zu Fuß; **take s.o. for a** ~ einen Spaziergang mit jdm machen; **walk about, walk around I.** *vi* herumgehen, -laufen **II.** *vt* auf- und abführen; herumführen; **walk away** *vi* weggehen; **he ~ed away unhurt** er ist unverletzt davongekommen; ~ **away with s.th.** etw mitnehmen; etw leicht gewinnen; **walk back** *vi* zurückgehen; **walk in** *vt* hineingehen; **please** ~ **in!** bitte eintreten!; **walk into** *vt* **1.** hineingehen in **2.** anrempeln; laufen gegen **3.** zufällig treffen **4.** ohne Mühe bekommen; ~ **into a trap** in eine Falle gehen; **walk off I.** *vt* ab-, herunterlaufen; (*Rausch*) an der frischen Luft loswerden **II.** *vi* weggehen; ~ **off with** einfach mitnehmen; (*Preis*) gewinnen; **walk on** *vi* **1.** weitergehen **2.** betreten **3.** (THEAT) auftreten; auf der Bühne erscheinen; **walk out** *vi* **1.** gehen **2.** verlassen (*of s.th.* etw, *on s.o.* jdn), im Stich lassen (*on s.o.* jdn) **3.** in Streik treten, die Arbeit niederlegen; **walk over** *vi* **1.** leicht besiegen **2.** auf der Nase rumtanzen (*all over s.o.* jdm), herumschikanieren (*all over s.o.* jdn); **walk through** *vt* **1.** (*fam: Examen*) spielend schaffen, mit links machen **2.** (THEAT: *Rolle*) durchgehen; **walk up** *vi* **1.** hinaufgehen; zu Fuß hinaufgehen **2.** zugehen (*to* auf); ~

W

up, ~ up! treten Sie näher!
walk·about ['wɔːkəbaʊt] *s* persönliche Fühlungnahme mit dem Volk; **walk·away** ['wɔːkəweɪ] *s* (*Am*) leichter Sieg; **walker** ['wɔːkə(r)] *s* **1.** Fuß-, Spaziergänger(in) *m(f)* **2.** (SPORT) Geher(in) *m(f)* **3.** Laufstuhl *m;* **walker-on** ['wɔːkər'ɒn] *s* (THEAT) Statist(in) *m(f);* **walkie-talkie** [ˌwɔːkɪ'tɔːkɪ] *s* Hand-, Sprechfunkgerät, Walkie Talkie *nt;*
walk-in ['wɔːkɪn] **I.** *s* (*Am*) leichter Sieg **II.** *adj:* **~ cupboard** begehbarer Schrank
walk·ing ['wɔːkɪŋ] **I.** *s* Gehen *nt;* Spazierengehen *nt;* Wandern *nt* **II.** *adj attr* **1.** (*hum*) wandelnd **2.** (*Puppe*) laufend, Lauf-; **at a ~ pace** im Schritt; **good ~** gute Wandermöglichkeiten; **the ~ wounded** die Leichtverletzten *pl;* **within ~ distance** zu Fuß erreichbar, zu erreichen; **walking frame** *s* Laufgestell *nt;* **walking shoes** *s pl* Wanderschuhe *mpl;* **walking stick** *s* Spazierstock *m;* **walking tour** *s* (Fuß)Wanderung *f*
walk·man® ['wɔːkmən] *s* Walkman *m*
walk-on ['wɔːkɒn] *s* (*~-on part,* THEAT) Statistenrolle *f;* **walk·out** ['wɔːkaʊt] *s* (*fam*) Ausstand, Streik *m;* demonstratives Verlassen des Saales; **walk·over** ['wɔːkəʊvə(r)] *s* (*~ victory*) leichter Sieg; (*fig*) Kinderspiel *nt;* **walk-through** ['wɔːkˌθruː] *s* (INFORM) Spielhinweis *m*
walk·way ['wɔːkweɪ] *s* Fußweg *m*
wall [wɔːl] **I.** *s* **1.** Wand *f;* (*a.* ANAT) Mauer *f* **2.** (Trenn-, Scheide)Wand *f;* **the Great Wall of China** die Chinesische Mauer; **the north ~ of the Eiger** die Eigernordwand; **with one's back to the ~** (*fig*) in die Enge getrieben; **drive** [*o* **push**] **s.o. to the ~** (*fig*) jdn an die Wand drücken; **drive s.o. up the ~** jdn auf die Palme bringen; **the ~s have ears** die Wände haben Ohren; **go to the ~** (*fig*) an die Wand gedrückt werden; den Kürzeren ziehen; (*Firma*) kaputtgehen; **go up the ~** wahnsinnig werden; **bang one's head against a brick ~** (*fig*) mit dem Kopf gegen die Wand rennen **II.** *vt* ummauern, mit einer Mauer umgeben; **wall in** *vt* mit Mauern umgeben; (*fig*) umgeben, einschließen; **wall off** *vt* durch eine Mauer abtrennen; unterteilen; **~ o.s. off** (*fig*) sich abriegeln; **wall up** *vt* zumauern; **wall bars** *s pl* (SPORT) Sprossenwand *f;* **wall chart** *s* Wandkarte *f;* Diagramm *nt;* **wall clock** *s* Wanduhr *f*
wal·let ['wɒlɪt] *s* **1.** (*Br*) Brieftasche *f* **2.** (*Am*) Geldbeutel *m*
wall·flower ['wɔːlˌflaʊə(r)] *s* **1.** Goldlack *m* **2.** (*fig*) Mauerblümchen *nt;* **wall hanging** *s* Wandbehang *m;* **wall map** *s* Wandkarte *f*
Walloon [wɒ'luːn] **I.** *s* **1.** Wallone *m,* Wallonin *f* **2.** (das) Wallonisch(e) **II.** *adj* wallonisch
wal·lop ['wɒləp] **I.** *vt* (*sl*) **1.** verprügeln **2.** erledigen, fertig machen **II.** *s* (*sl*) **1.** Schlag *m* **2.** Tempo *nt;* **wal·lop·ing** [-ɪŋ] *adj* (*fam*) gewaltig, enorm, riesig; (*Preise*) saftig
wal·low ['wɒləʊ] **I.** *vi* **1.** sich wälzen; sich suhlen **2.** (MAR) rollen, schlingern **3.** (*fig*) schwelgen (*in* in); **~ in money** (*fam*) im Geld schwimmen; **~ in self-pity** in Selbstmitleid schwelgen **II.** *s* Suhle *f;* Bad *nt*
wall·pa·per ['wɔːlpeɪpə(r)] **I.** *s* Tapete *f* **II.** *vt* tapezieren; **wall socket** *s* (ELEK) Steckdose *f;* **wall-to-wall** ['wɔːltə'wɔːl] *adj:* **~ carpeting** Teppichboden *m*
wal·nut ['wɔːlnʌt] *s* **1.** Walnuss *f* **2.** (Wal)Nussbaum *m* **3.** Nussbaum(holz *nt*) *m*
wal·rus ['wɔːlrəs] *s* Walross *nt;* **walrus moustache** *s* Hängeschnurrbart *m*
waltz [wɔːls] **I.** *s* Walzer *m* **II.** *vi* Walzer tanzen; herumwirbeln **III.** *vt* Walzer tanzen mit; **waltz about, waltz around** *vi* herumtanzen; **waltz in** *vi* hereintanzen; **waltz off** *vi* abtanzen; **~ off with** abziehen mit; **waltz up to** *vi* zuschlendern auf
wan [wɒn] *adj* blass, bleich; müde, schwach
wand [wɒnd] *s* Zauberstab *m*
wan·der ['wɒndə(r)] *vi* **1.** umherwandern, -streifen, -schweifen **2.** abbiegen (*from* von) **3.** (*~ away*) sich verlaufen, sich verirren **4.** (*~ off*)) abschweifen (*from* von) **5.** (*Blick*) umherschweifen, gleiten **6.** (*Fluss*) sich schlängeln, sich winden; **his mind is ~ing** er ist geistig abwesend; **wan·derer** ['wɒndərə(r)] *s* Wanderer *m,* Wanderin *f;* Herumtreiber(in) *m(f);* **wan·der·ing** ['wɒndərɪŋ] *adj* **1.** wandernd, umherstreifend; unstet; (*Sänger*) fahrend **2.** nomadisch **3.** (*fig: Gedanken*) abschweifend **4.** (*Weg*) sich schlängelnd; **wan·der·ings** ['wɒndərɪŋz] *s* Fahrten *fpl,* Wanderleben *nt;* (*fig*) wirre Gedanken *mpl;* wirres Gerede *nt*
wane [weɪn] **I.** *vi* **1.** (*Mond*) abnehmen **2.** schwächer werden, nachlassen **3.** (*fig*) vergehen, (dahin)schwinden, verfallen **II.** *s:* **be on the ~** im Abnehmen sein
wangle ['wæŋgl] **I.** *vt* (*sl*) **1.** hinkriegen, drehen, deichseln **2.** rausschlagen (*s.th. out of s.o.* etw aus jdm), ergattern **II.** *s* (*sl*) Schiebung *f*
wank [wæŋk] **I.** *vi* (*vulg*) wichsen **II.** *s* (*vulg*): **have a ~** sich einen runterholen;
wank·er *s* **1.** (*vulg*) Wichser *m* **2.** (*sl:*

idiot) Schwachkopf *m*

want [wɒnt] **I.** *vt* **1.** wollen; mögen **2.** nötig haben, brauchen **3.** sollen, müssen **4.** nicht haben; ~ **to do s.th.** etw tun wollen; **I ~ you to do it** ich möchte, dass du das machst; **I was ~ing to leave sooner** ich wäre gerne früher gegangen; **you ~ to get professional advice** Sie sollten einen Fachmann befragen; **that's all I ~ed!** das hat mir gerade noch gefehlt!; **your hair ~s cutting** du solltest zum Friseur gehen; **~ed by the police** polizeilich gesucht; **feel ~ed** das Gefühl haben, dass man gebraucht wird; **you are ~ed on the telephone** Sie werden am Telefon verlangt; **we ~ time** uns fehlt die Zeit; **all it ~s is a little paint** es braucht nur etwas Farbe **II.** *vi* **1.** wollen; mögen **2.** nicht haben (*for s.th.* etw) **3.** (*lit*) Mangel haben; in Armut leben; **if you ~ (to)** wenn Sie möchten; **as you ~** wie du willst; **they ~ for nothing** es fehlt ihnen an nichts **III.** *s* **1.** Mangel *m* (*of* an) **2.** Not, Armut *f* **3.** Bedürfnis *nt;* Wunsch *m;* **for ~ of** aus Mangel an, mangels *+gen;* **for ~ of something to do** weil ich nichts zu tun hatte; **feel the ~ of s.th.** etw vermissen; **be in ~ of s.th.** etw brauchen; **a long- felt ~** ein langgehegter Wunsch; **all s.o.'s ~s** alles, was jd braucht; **it wasn't for ~ of trying** nicht, dass er sich nicht bemüht hätte; **want in** *vi* (*fam*) hereinwollen; **want out** *vi* (*fam*) rauswollen

want ad ['wɒnt 'æd] *s* (*fam*) Kaufgesuch *nt;* Kleinanzeige *f;* **want·age** ['wɒntɪdʒ] *s* (*Am*) Fehlbetrag *m;* **want·ing** ['wɒntɪŋ] *adj* fehlend, nicht vorhanden; **be ~** fehlen, nicht enthalten sein (*in* in), es fehlen lassen (*in* an), nicht haben (*in s.th.* etw); **be found ~** (*Mensch*) für zu leicht befunden werden; sich als mangelhaft erweisen; **he's a bit ~** er ist etwas minderbemittelt

wan·ton ['wɒntən] *adj* **1.** unbeherrscht, zügellos **2.** ausschweifend, lüstern **3.** ausgelassen, mutwillig, übermütig **4.** (*Vernachlässigung, Verschwendung*) sträflich

WAP [wɒp] *s Abk. von* **Wireless Application Protocol** WAP *nt* (*Verfahren, mit dem über das Handy Informationen aus dem Internet abgerufen werden können*)

wapi·ti ['wɒpɪtɪ] *s* Wapiti, Elk *m*

war [wɔː(r)] **I.** *s* **1.** Krieg *m* **2.** (*fig*) Kampf, Streit, Konflikt *m;* **at ~** im Krieg(szustand) (*with* mit); **in case of ~ , in the event of ~** im Kriegsfall; **in time(s) of ~** in Kriegszeiten; **carry the ~ into the enemy's camp** (*fig*) zum Gegenangriff übergehen; **declare ~ (on a country)** (einem Land) den Krieg erklären; **declare ~ on s.o.** (*fig*) jdm den Kampf ansagen; **have been in the ~s** (*fig fam*) übel aussehen; **he looks as though he's been in the ~s** er sieht ziemlich mitgenommen aus; **make** [*o* **wage**] **~ (up)on** Krieg führen gegen; **civil ~** Bürgerkrieg *m;* **declaration of ~** Kriegserklärung *f;* **outbreak of ~** Kriegsausbruch *m;* **prisoner of ~** Kriegsgefangene(r) *f m;* **world ~** Weltkrieg *m;* **~ of aggression** Angriffskrieg *m;* **~ of attrition** Zermürbungskrieg *m;* **~ of independence** Unabhängigkeitskrieg *m;* **~ of nerves** Nervenkrieg *m* **II.** *vi* **1.** Krieg führen (*for* um) **2.** kämpfen, streiten (*against* gegen, *with* mit); **war atrocities** *s pl* Kriegsgreuel *mpl;* **war baby** *s* Kriegskind *nt*

warble ['wɔːbl] **I.** *vi* **1.** (*Lerche*) trillern **2.** (*Mensch*) trällern **II.** *vt* trällern; **war·bler** ['wɔːblə(r)] *s* Grasmücke *f;* Waldsänger *m*

war bond ['wɔːbɒnd] *s* Kriegsanleihe *f;* **war bulletin** *s* Kriegsbericht *m;* **war chest** *s* **1.** Kriegskasse *f* **2.** (*fig*) Wahlkampfgelder *pl;* **war correspondent** *s* Kriegsberichterstatter(in) *m(f);* **war crime** *s* Kriegsverbrechen *nt;* **war criminal** *s* Kriegsverbrecher(in) *m(f);* **war cry** *s* Kriegsruf *m;* (*fig*) Schlachtruf *m*

ward [wɔːd] *s* **1.** Mündel *nt* **2.** (Gefängnis-, Krankenhaus)Abteilung *f;* (MED) Station *f* **3.** (Stadt-, Verwaltungs)Bezirk *m;* **in ~** unter Vormundschaft; **ward off** *vt* abwehren, fern halten

war·den ['wɔːdn] *s* **1.** Herbergsvater *m*, -mutter *f;* Jagdaufseher(in) *m(f);* Feuerwart(in) *m(f);* Aufseher(in) *m(f)* **2.** Rektor(in) *m(f)*, Direktor(in) *m(f)* **3.** (*Am*) Gefängnisdirektor(in) *m(f)* **4.** Heimleiter(in) *m(f);* **air-raid ~** Luftschutzwart *m;* **traffic ~** Verkehrspolizist(in) *m(f);* (*fam*) Politesse *f*

war·der ['wɔːdə(r)] *s* Gefängniswärter(in) *m(f)*

ward·robe ['wɔːdrəʊb] *s* **1.** Garderobe *f* **2.** Kleiderschrank *m;* **~ trunk** Schrankkoffer *m*

ward·ship ['wɔːdʃɪp] *s* Vormundschaft *f* (*of, over* über)

war effort ['wɔː(r)'efət] *s* Kriegsanstrengungen *pl*

ware·house ['weəhaʊs] **I.** *s* (Waren)Lager *nt;* Lagerhaus *nt*, Speicher *m;* **~-keeper** [*o* **man**] Lagerhalter *m* **II.** *vt* einlagern

wares [weəz] *s pl* Waren *fpl*

war·fare ['wɔːfeə(r)] *s* Krieg(führung *f*) *m;* **guerilla ~** Guerillakrieg *m;* **psychological ~** Nervenkrieg *m;* **war game** *s* Kriegsspiel *nt;* **war grave** ['wɔːgreɪv] *s* Kriegs-, Soldatengrab *nt*, Kriegsgräber *ntpl;* **war·head**

W

['wɔːhed] *s* Sprengkopf *m*
wari·ly ['weərɪlɪ] *adv* vorsichtig; misstrauisch; **tread** ~ sich vorsehen, vorsichtig sein
war·like ['wɔːlaɪk] *adj* kriegerisch; **war·lord** ['wɔːlɔːd] *s* Kriegsherr *m*
warm [wɔːm] **I.** *adj* **1.** warm **2.** wärmend **3.** erhitzt **4.** (*fig*) hitzig, erregt, aufgeregt; **I feel** [*o* **am**] ~ mir ist warm; **make things** ~ **for s.o.** (*fig*) jdm einheizen **II.** *vt* **1.** (er)wärmen **2.** (*Speise:* ~ *up*) aufwärmen, warm machen **3.** (*fig*) erwärmen, begeistern (*to* für) **III.** *vi* **1.** (~ *up*) warm werden; (*fig*) sich erwärmen (*to* für) **2.** (*fig*) sich erhitzen, sich begeistern, entflammen (*to, towards* für) **IV.** *s* (*fam*) **1.** Warmwerden *nt*, Erwärmung *f* **2.** warmer Platz; **warm up I.** *vt* (er)wärmen; (*Essen*) an-, aufwärmen; (*fig*) in Schwung bringen, anfeuern, begeistern; (AUTO) warm laufen lassen **II.** *vi* warm, wärmer werden; in Schwung kommen, sich begeistern, sich erregen; (SPORT) sich in Form bringen, sich warm laufen; **warm-blooded** [ˌwɔːm'blʌdɪd] *adj* (*Tiere*) warmblütig; (*fig*) heißblütig; **warm front** *s* (METE) Warmluftfront *f*; **warm-hearted** [ˌwɔːm'hɑːtɪd] *adj* warmherzig, freundlich, mitfühlend, herzlich; **warm start** *s* (INFORM) Warmstart *m*; **warmth** [wɔːmθ] *s* **1.** Wärme *f* **2.** (*fig*) Herzlichkeit *f* **3.** Eifer *m*, Heftigkeit *f*; **warm-up** ['wɔːmʌp] *s* (SPORT) Sichwarmlaufen *nt*
warn [wɔːn] **I.** *vt* warnen (*of, about, against* vor); (JUR) verwarnen; ~ **s.o. not to do s.th.** jdn davor warnen etw zu tun; ~ **s.o. that ...** jdn darauf hinweisen, dass ...; **you might have ~ed us** du hättest (auch) vorher Bescheid sagen können **II.** *vi* warnen (*of* vor); **warn off** *vt* warnen; ~ **s.o. off doing s.th.** jdn davor warnen etw zu tun; ~ **s.o. off a certain subject/product** jdm von einem bestimmten Thema/Produkt abraten; **warn·ing** [-ɪŋ] **I.** *s* **1.** Warnung *f*; (JUR) Verwarnung *f* **2.** (Voraus)Benachrichtigung, Mitteilung *f*, Wink *m*; **at a minute's** ~ fristlos; **without any** ~ überraschend, unerwartet; **give s.o. a ~, give a ~ to s.o.** jdn verwarnen; **give me some days'** ~ sagen Sie mir einige Tage vorher Bescheid; **let that be a ~ to you!** lassen Sie sich das eine Warnung sein!; **take ~ from s.th.** sich etw als Warnung dienen lassen; **gale** ~ Sturmwarnung *f* **II.** *adj* warnend; Warn-; ~ **light** Warnlicht *nt*; ~ **shot** Warnschuss *m*; ~ **sign** Warnzeichen *nt*; (*fig*) erstes Anzeichen; ~ **triangle** (AUTO) Warndreieck *nt*
warp [wɔːp] **I.** *s* **1.** Verwerfung *f* **2.** Biegung, Verkrümmung *f* **3.** (*fig*) Verdrehung, Entstellung *f* **4.** (*Weberei*) Kette *f* **5.** Schleppleine *f* **II.** *vt* **1.** verziehen, verbiegen **2.** (*fig*) verdrehen, entstellen **III.** *vi* sich werfen, sich verziehen
war·paint ['wɔːpeɪnt] *s* Kriegsbemalung *f*; **war·path** *s* Kriegspfad *m*; **be on the** ~ (*fig*) auf dem Kriegspfad sein
warped [wɔːpt] *adj* **1.** verzogen **2.** (*fig*) verschroben, pervers; (*Urteil*) verzerrt
war·rant ['wɒrənt] **I.** *s* **1.** (COM) Garantie *f* **2.** (JUR) Haftbefehl *m*; Durchsuchungsbefehl *m*; Beschlagnahmeverfügung *f* **3.** (*death* ~) Hinrichtungsbefehl *m* **4.** (MIL) Patent *nt*, Beförderungsurkunde *f* **5.** Berechtigung *f*; Befugnis *f* **6.** (FIN) Optionsschein *m*; **take out a ~ against s.o.** einen Haftbefehl gegen jdn erwirken; **a ~ is out against him** er wird steckbrieflich gesucht; **search** ~ Durchsuchungsbefehl *m*; ~ **of arrest** Haftbefehl *m*; ~ **of attorney** Prozessvollmacht *f*; ~ **for payment** gerichtlicher Zahlungsbefehl **II.** *vt* **1.** rechtfertigen **2.** verdienen **3.** garantieren, gewährleisten
war·ran·tee [ˌwɒrən'tiː] *s* Garantienehmer *m*; **warrant officer** *s* **1.** (MIL) Stabsfeldwebel *m* **2.** (MAR) (Ober)Stabsbootsmann *m*; **war·ran·tor** ['wɒrəntɔː(r)] *s* Garant(ieber) *m*; **war·ranty** ['wɒrəntɪ] *s* Garantie *f*; **it's under** ~ darauf ist Garantie
war·ren ['wɒrən] *s* **1.** Kaninchenbau *m* **2.** (*fig*) Gewirr *nt*
war·ring ['wɔːrɪŋ] *adj* kriegführend; (*fig*) gegensätzlich; (*Parteien*) sich bekämpfend; **war·rior** ['wɒrɪə(r)] *s* Krieger(in) *m(f)*, Kämpfer(in) *m(f)*
Warsaw Pact, Treaty ['wɔːsɔː'pækt,-'triːtɪ] *s* (HIST) Warschauer Pakt, Vertrag
war·ship ['wɔːʃɪp] *s* Kriegsschiff *nt*
wart [wɔːt] *s* (BOT ZOO MED) Warze *f*; **wart·hog** ['wɔːthɒg] *s* Warzenschwein *nt*
war·time ['wɔːtaɪm] *s* Kriegszeit *f*; **in** ~ in Kriegszeiten; **war·torn** ['wɔːtɔːn] *adj* vom Krieg erschüttert; **war-weary** *adj* kriegsmüde
wary ['weərɪ] *adj* vorsichtig; umsichtig; (*Blick*) misstrauisch; **be ~ of s.th.** sich vor etw vorsehen; **be ~ about doing s.th.** seine Zweifel haben, ob man etw tun soll; **keep a ~ eye on** ein wachsames Auge haben auf
war zone ['wɔːzəʊn] *s* Kriegsgebiet *nt*
was [wɒz] *1., 3. Person Singular Präteritum* **be**
wash [wɒʃ] **I.** *vt* **1.** waschen; (*Geschirr*) abwaschen, spülen; (*Boden*) aufwischen; (*Körperteile*) sich *dat* waschen **2.** (*Wellen*) be-, umspülen; schlagen gegen **3.** (*Gestein,*

Rinne) auswaschen, ausspülen **4.** (*Fluss, See*) (weg)spülen **5.** (*Wände*) tünchen; (*Papier*) kolorieren; ~ **the dishes** abwaschen, das Geschirr spülen; ~ **one's dirty linen in public** seine schmutzige Wäsche in der Öffentlichkeit waschen; ~ **one's hands** sich die Hände waschen; ~ **one's hands of s.th.** (*fig*) mit etw nichts zu tun haben wollen; **the body was ~ed ashore** die Leiche wurde an Land gespült, geschwemmt **II.** *vi* **1.** sich waschen **2.** (die Wäsche) waschen **3.** (*Stoff*) sich waschen lassen **4.** (*Meer*) branden, schlagen (*against* gegen) **5.** (*fig*) einer Prüfung standhalten; (*Entschuldigung*) gelten; **that won't** ~ das lässt sich nicht waschen; (*fig fam*) das kauft dir keiner ab **III.** *s* **1.** Waschen *nt* **2.** Wäsche *f* **3.** (MAR) Kielwasser *nt;* (AVIAT) Luftstrudel *m* **4.** (*Wellen*) Wellenschlag *m;* Geplätscher *nt* **5.** Mundwasser *nt* **6.** (*a. fig pej*) Spülwasser *nt* **7.** Tünche *f,* Anstrich *m* **8.** (*Kunst*) Kolorierung, Tönung *f;* **be in the** ~ in der Wäsche sein; **it'll all come out in the** ~ es wird sich noch alles zeigen; **have a** ~ sich waschen; **give s.th. a** ~ etw waschen; **need a** ~ gewaschen werden müssen; **wash away** *vt* wegspülen; ~ **s.o.'s sins away** jdn von Sünden reinwaschen; **wash down** *vt* **1.** (ab)spülen **2.** (*Wagen*) waschen **3.** (*Bissen*) hinunterspülen; **wash off** *vt* weg-, abwaschen; **wash out I.** *vi* sich wegwaschen lassen **II.** *vt* **1.** auswaschen; ausspülen **2.** (*fig*) ins Wasser fallen lassen; **our party was ~ed out** unsere Party ist ins Wasser gefallen; **wash over** *vt* überstreichen, -pinseln; **it all just ~ed over him** das alles schien spurlos an ihm vorbeizugehen; **wash up I.** *vt* **1.** (*Geschirr*) ab-, aufwaschen, spülen **2.** (*Meer*) anspülen **II.** *vi* Geschirr spülen, abwaschen; **be ~ed up** (*fig*) fertig, erledigt sein

wash·able ['wɒʃəbl] *adj* waschbar; **wash-and-wear** ['wɒʃn'weə(r)] *adj* bügelfrei; **wash·basin** ['wɒʃˌbeɪsn] *s* Waschbecken *nt;* **wash·board** ['wɒʃbɔːd] *s* Waschbrett *nt;* ~ **stomach** Waschbrettbauch *m;* **wash·bowl** ['wɒʃbəʊl] *s* Waschschüssel *f;* Waschbecken *nt;* **wash·cloth** *s* (*Am*) Waschlappen *m;* **wash·day** ['wɒʃdeɪ] *s* Waschtag *m;* **wash·down** ['wɒʃdaʊn] *s* (AUTO) (Wagen)Waschen *nt;* **washed-out** [ˌwɒʃt'aʊt] *adj* **1.** (*Farbe*) verwaschen, verblasst **2.** (*fam*) ausgelaugt; **washer** ['wɒʃə(r)] *s* **1.** (*Am*) Waschmaschine *f* **2.** (TECH) Dichtungsring *m;* **dish-**~ Geschirrspülmaschine *f;* **wash-hand-basin** ['wɒʃhændˌbeɪsn] *s* Handwaschbecken *nt;* **wash-house** ['wɒʃhaʊs] *s* Waschküche *f;* -haus *nt*

wash·ing ['wɒʃɪŋ] *s* Wäsche *f;* Waschen *nt;* **do the** ~ Wäsche waschen; **he dislikes** ~ er wäscht sich nicht gern; **washing machine** *s* Waschmaschine *f;* **washing powder** *s* Waschpulver *nt;* **washing soda** *s* Bleichsoda *f;* **wash·ing-up** [ˌwɒʃɪŋ'ʌp] *s* Abwaschen, Geschirrspülen *nt;* **washing-up bowl, washing-up basin** *s* Spülschüssel *f;* **washing-up liquid** *s* (Geschirr)Spülmittel *nt*

wash-leather ['wɒʃleðə(r)] *s* Waschleder *nt;* **wash·out** ['wɒʃaʊt] *s* **1.** Reinfall *m,* Fiasko *nt* **2.** (*Mensch*) Niete *f;* **wash-rag** *s* (*Am*) Waschlappen *m;* **wash·room** ['wɒʃrʊm] *s* Waschraum *m;* **wash·stand** *s* Waschtisch *m*

wasn't [wɒznt] = **was not**

wasp [wɒsp] *s* Wespe *f*

Wasp [wɒsp] *s Abk. von* **White Anglo-Saxon Protestant** (*in den USA*) weiße(r), angelsächsische(r) Protestant(in)

wasp·ish [-ɪʃ] *adj* (*fig*) gemein, giftig; **wasp's nest** *s* Wespennest *nt;* **wasp-waisted** [ˌwɒsp'weɪstɪd] *adj* mit einer Wespentaille

wast·age ['weɪstɪdʒ] *s* **1.** Abnutzung *f,* Schwund *m,* Verschleiß *m* **2.** (Material)Verlust *m* **3.** (TECH) Abfall, Ausschuss *m;* **natural** ~ natürlicher Arbeitskräfteabgang *m*

waste [weɪst] **I.** *vt* **1.** verschwenden, vergeuden **2.** schwächen; (*Kraft*) aufzehren **3.** verwüsten; **you're wasting your time** das ist reine Zeitverschwendung; **you didn't ~ much time!** das ging ja schnell; **all our efforts were ~d** alle Mühe war umsonst, vergeblich; **you are ~d on that man** für den Mann bist du viel zu schade; **art is ~d on him** er hat keinen Sinn für Kunst; ~ **o.s. on s.o.** sich an jdn verschwenden; **you're wasting your breath** du redest vergeblich, spar dir deine Worte; **he didn't ~ any words** er hat nicht viele Worte gemacht **II.** *vi* (*Nahrung*) umkommen; (*Fähigkeiten*) verkümmern; (*Körper, Patient*) verfallen; (*Kraft, Vermögen*) schwinden **III.** *adj* **1.** überschüssig; ungenutzt **2.** Abfall-; **lay** ~ verwüsten; **lie** ~ brachliegen **IV.** *s* **1.** Verschwendung *f* **2.** Abfall *m;* Abfallstoffe *mpl* **3.** Ödland *nt,* Wildnis *f;* **go** [*o* **run to**] ~ umkommen, verkommen; (*Fähigkeiten, Geld, Land*) ungenutzt bleiben; (*Talent*) verkümmern; ~ **of energy, money, time** Kraft-, Geld-, Zeitverschwendung *f;* **what a ~!** so eine Verschwendung!; **nuclear** ~ Atommüll *m;* **toxic** ~ Giftmüll *m;* **waste away** *vi* dahinsiechen; immer weniger werden;

W

waste·basket, **waste·bin** *s* Papierkorb *m;* **waste dis·pos·al** *s* Müllbeseitigung *f;* **waste-disposal unit** *s* Müllschlucker *m;* **waste·ful** ['weɪstfl] *adj* verschwenderisch (*of* mit), unrentabel; **waste heat** *s* Abwärme *f;* **waste incineration** *s* Müllverbrennung *f;* **waste·land** ['weɪstlænd] *s* Ödland *nt;* **waste management** *s* (Ab fall)Entsorgung *f;* **waste·paper** ['weɪst-'peɪpə(r)] *s* Papierabfälle *mpl,* Makulatur *f;* (*zum Wiederverwerten*) Altpapier *nt;* **wastepaper basket** *s* Papierkorb *m;* **waste pipe** *s* Ablussrohr *nt;* **waste product** *s* Abfallprodukt *nt;* (BIOL) Ausscheidungsstoff *m;* **waster** ['weɪstə(r)] *s* Verschwender(in) *m(f);* Taugenichts *m;* **waste reprocessing** *s* Müllverwertung *f;* **waste separation** *s* Mülltrennung *f;* **waste steam** *s* Abdampf *m;* **waste water** *s* Abwasser *nt;* **wast·ing** ['weɪstɪŋ] *adj* (*Krankheit*) zehrend; **wast·rel** ['weɪstrəl] *s* Verschwender(in) *m (f)*

watch[1] [wɒtʃ] *s* (Armband)Uhr *f*

watch[2] [wɒtʃ] **I.** *s* **1.** (*a.* MAR) Wache *f* **2.** Be-, Überwachung *f* **3.** (gespannte) Aufmerksamkeit, Wachsamkeit *f* **4.** Wache, Wachmannschaft *f* **5.** Wachmann *m,* Wächter(in) *m (f);* **on ~** auf Wache; **be on the ~** auf der Hut sein; Ausschau halten (*for* nach); **keep ~** Wache halten; aufpassen (*on* auf) **II.** *vi* **1.** aufpassen, Acht geben (*over* auf) **2.** zusehen, beobachten **3.** abpassen, -warten (*for s.th.* etw) **4.** wachen; Wache halten; **~ for s.o./s.th.** nach jdm/etw Ausschau halten; **~ for certain symptoms** auf gewisse Symptome achten **III.** *vt* **1.** bewachen, aufpassen auf, Acht geben auf; nicht aus den Augen lassen **2.** achten auf **3.** abwarten; **~ one's step** vorsichtig zu Werke gehen; **~ your step!** Vorsicht, Stufe!; Seien Sie vorsichtig!; **she ~ed her chance** sie wartete auf eine günstige Gelegenheit; **~ your health** achte auf deine Gesundheit; **~ your language!** drück dich bitte etwas gepflegter aus!; **~ it** [*o* **yourself**]**!** sei vorsichtig!; **he needs close ~ing** man muss ihm auf die Finger sehen; **a ~ed pot never boils** (*prov*) wenn man daneben steht, kocht das Wasser nie; **watch out** *vi* aufpassen, Acht geben, ausschauen (*for s.o.* nach jdm), sich hüten (*for s.o.* vor jdm); **~ out!** Vorsicht!

watch·band ['wɒtʃbænd] *s* Uhrarmband *nt*

watch-dog ['wɒtʃdɒg] *s* Wachhund *m;* **watcher** ['wɒtʃə(r)] *s* Beobachter(in) *m(f);* **watch·ful** ['wɒtʃfl] *adj* wachsam, aufmerksam (*for* auf)

watch·maker ['wɒtʃˌmeɪkə(r)] *s* Uhrmacher(in) *m(f)*

watch·man ['wɒtʃmən] <*pl* -men> *s* **1.** Wachmann *m* **2.** (*night ~*) (Nacht)-Wächter *m;* **watch·strap** *s* Uhrarmband *nt;* **watch·tower** *s* Wachtturm *m;* **watch·word** ['wɒtʃwɜːd] *s* Kennwort *nt,* Parole *f*

water ['wɔːtə(r)] **I.** *s* **1.** (*a.* MED) Wasser *nt* **2.** Flüssigkeit *f* **3.** Urin *m,* Wasser *nt* **4. ~s** Gewässer *nt;* **above ~** über Wasser; **by ~** auf dem Wasserweg; **of the first** [*o* **purest**] **~** reinsten Wassers; **be in deep ~** (*fig*) in Schwierigkeiten stecken; **get into hot ~** (*fig*) in Teufels Küche kommen; **have ~ on the brain** einen Wasserkopf haben; (*fig*) den Verstand verloren haben; **hold ~** wasserdicht, *fig* stichhaltig sein; **keep one's head above ~** (*fig*) sich über Wasser halten; **make ~** (MAR) lecken; **make** [*o* **pass**] **~** (MED) Wasser lassen; **stay above ~** sich über Wasser halten; **spend money like ~** mit Geld um sich werfen; **take** [*o* **drink**] **the ~s** eine (Trink)Kur machen; **throw cold ~ on s.th.** (*fig*) die Begeisterung für etw dämpfen; **the boat draws ten feet of ~** das Schiff hat zehn Fuß Tiefgang; **drinking ~** Trinkwasser *nt;* **high ~** Hochwasser *nt;* Flut *f;* **holy ~** Weihwasser *nt;* **low ~** Niedrigwasser *nt;* Ebbe *f* **II.** *vt* **1.** (*Vieh*) tränken **2.** bewässern, begießen, sprengen **3.** (*~ down*) (mit Wasser) verdünnen **4.** (*fig*) verwässern; **~ down** (*fig*) verwässern, abschwächen, mildern **III.** *vi* **1.** (*Tier*) saufen **2.** Wasser einnehmen, tanken **3.** (*Augen*) tränen; **my mouth is watering** mir läuft das Wasser im Munde zusammen

water bird ['wɔːtəbɜːd] *s* Wasservogel *m;* **water biscuit** *s* Wasserzwieback *m;* **water boatman** *s* Wasserläufer *m;* **water·borne** ['wɔːtəbɔːn] *adj* auf dem Wasserweg befördert; (*Seuche*) durch Wasser übertragen; **water bottle** *s* Wasserflasche *f;* Feldflasche *f;* **water butt** *s* Regenwassertonne *f;* **water can·non** ['wɔːtəˌkænən] *s* Wasserwerfer *m;* **water carrier** *s* Wasserträger *m;* **the Water-carrier** (ASTR) der Wassermann; **water cart** *s* Wasser-, Sprengwagen *m;* **water closet** *s* (Spül-, Wasser)Klosett *nt;* **water·color** *s* (*Am*), **water·colour** *s* **1.** Wasserfarbe, Aquarellfarbe *f* **2.** Aquarell *nt* **3. ~s** Aquarellmalerei *f;* **water content** *s* Wassergehalt *m;* **water-cooled** ['wɔːtəkuːld] *adj* (TECH) wassergekühlt; **water-cool·ing** ['wɔːtəkuːlɪŋ] *s* (TECH) Wasserkühlung *f;* **water·course** ['wɔːtəkɔːs] *s* **1.** Wasserlauf *m* **2.** Fluss-, Kanalbett *nt;* **water·craft** ['wɔːtəkrɑːft] *s* Wasserfahrzeug(e *pl*) *nt;*

water·cress ['wɔːtəkres] *s* Brunnenkresse *f;* **water cure** *s* Wasser-, Kneippkur *f;* **water-driven** ['wɔːtəˌdrɪvn] *adj* durch Wasser angetrieben; **water·fall** ['wɔːtəfɔːl] *s* Wasserfall *m;* **water·fowl** ['wɔːtəfaʊl] *s* Wasservögel *m(pl);* **water-front** ['wɔːtəfrʌnt] *s* **1.** Uferbezirk *m* (*einer Stadt*) **2.** Hafenviertel *nt;* **water gauge** *s* Pegel *m;* Wasserstandsmesser *m;* **water heater** *s* Warmwasserbereiter *m,* Heißwassergerät *nt;* **water hole** *s* Wasserloch *nt;* **water hose** *s* Wasserschlauch *m;* **water ice** *s* Wassereis *nt* (*Speiseeis aus Wasser, Zucker und Fruchtsaft*)

water·ing ['wɔːtərɪŋ] *s* **1.** Sprengen, Begießen, (Be)Wässern *nt* **2.** (*Vieh*) Tränken *nt;* **watering can** *s* Gießkanne *f;* **watering cart** *s* Sprengwagen *m;* **watering place** *s* **1.** Kurort *m;* Badeort *m* **2.** (*Tiere*) Tränke *f*

water·less ['wɔːtəlɪs] *adj* wasserlos, trocken; **water level** *s* **1.** Wasserspiegel *m* **2.** Wasserstand *m;* Pegelstand *m;* **water lily** *s* Seerose *f;* **water·line** *s* (MAR) Wasserlinie *f;* **water·logged** ['wɔːtəlɒgd] *adj* **1.** voll(er) Wasser **2.** vollgesogen; **water main** *s* **1.** Hauptwasserrohr *nt* **2.** ~**s** Wasserleitungsnetz *nt;* **water·man** ['wɔːtəmən] <*pl* -men> *s* Fähr-, Bootsmann *m;* **water·mark** ['wɔːtəmɑːk] **I.** *s* **1.** Hochwasserstandsmarke *f* **2.** (*Papier*) Wasserzeichen *nt* **3.** ~**s** (MAR) Tiefgangsmarken *fpl* **II.** *vt* (*Papier*) mit einem Wasserzeichen versehen; **water·melon** ['wɔːtəmelən] *s* Wassermelone *f;* **water meter** *s* Wassermesser *m,* -uhr *f;* **water pipe** *s* **1.** Wasserrohr *nt* **2.** Wasserpfeife *f;* **water pistol** *s* Wasserpistole *f;* **water pollution** *s* Wasserverschmutzung, -verunreinigung *f;* **water polo** *s* Wasserball(spiel *nt*) *m;* **water power** *s* Wasserkraft *f;* **water pressure** *s* Wasserdruck *m;* **water·proof** ['wɔːtəpruːf] **I.** *adj* wasserdicht; wasserundurchlässig; wasserfest **II.** *s* Regenmantel *m* **III.** *vt* imprägnieren; **water-repellent** *adj* Wasser abstoßend; **water·shed** ['wɔːtəʃed] *s* **1.** Wasserscheide *f* **2.** (*fig*) Wendepunkt *m;* **water shortage** *s* Wassermangel *m;* **water·side** ['wɔːtəsaɪd] *s* Ufer *nt,* Strand *m;* **water-ski** **I.** *s* Wasserski *m* **II.** *vi* Wasserski fahren; **water-ski·ing** ['wɔːtəˌskiːɪŋ] *s* Wasserskilaufen *nt;* **water softener** *s* Enthärter *m;* **water-soluble** *adj* wasserlöslich; **water·spout** *s* **1.** Regenrinne *f* **2.** (METE) Wasserhose *f;* **water supply** *s* Wasserversorgung *f;* **water supply pipe** *s* Wasserleitungsrohr *nt;* **water supply point** *s* Wasserstelle *f;* **water table** ['wɔːtəteɪbl] *s* **1.** Grundwasserspiegel *m* **2.** (ARCH) Wasserabflussleiste *f;* **water tank** *s* Wasserbehälter, -tank *m;* **water·tight** ['wɔːtətaɪt] *adj* **1.** wasserdicht **2.** (*fig*) stichhaltig; **water tower** *s* Wasserturm *m;* **water vapor** *s* (*Am*), **water vapour** *s* Wasserdampf *m;* **water vole** *s* Wasserratte *f;* **water wave** *s* (*Frisur*) Wasserwelle *f;* **water·way** ['wɔːtəweɪ] *s* Wasserweg *m;* Schleppkanal *m;* Fahrrinne *f;* **water·wings** ['wɔːtəwɪŋz] *s pl* Schwimmflügel *mpl;* **water·works** ['wɔːtəwɜːks] *s pl oft mit sing* Wasserwerk *nt;* **turn on the** ~ (*fam*) auf die Tränendrüsen drücken; **have trouble with one's** ~ (*fam*) eine schwache Blase haben

wat·ery ['wɔːtərɪ] *adj* **1.** wässerig **2.** (*Augen*) tränend, feucht **3.** (*Himmel, Sonne*) blass; **a** ~ **grave** ein feuchtes Grab

watt [wɒt] *s* (ELEK) Watt *nt;* **wat·tage** ['wɒtɪdʒ] *s* Wattleistung *f;* **what** ~**?** wie viel Watt?

wave ['weɪv] **I.** *s* **1.** Welle *f* **2.** (*fig*) Woge *f* **3.** Wink(zeichen *nt*) *m;* **give s.o. a** ~ jdm (zu)winken; **in** ~**s** in (aufeinander folgenden) Wellen; ~ **of enthusiasm** Welle *f* der Begeisterung; ~ **of one's hand** Handbewegung *f;* ~ **of strikes** Streikwelle *f* **II.** *vi* **1.** winken (*to s.o.* jdm) **2.** (*Fahne*) wehen; (*Korn*) wogen; (*Äste*) sich bewegen **3.** (*Haare*) sich wellen **III.** *vt* **1.** winken mit; schwenken **2.** durch Winkzeichen zu verstehen geben (*s.o.* jdm) **3.** (*Haare*) wellen; ~ **one's hand at s.o.** jdm winken; ~ **s.o. goodbye** jdm zum Abschied winken; **he** ~**d us over to his table** er winkte uns zu sich an den Tisch herüber; **wave aside** *vt* **1.** zur Seite winken **2.** (*fig*) einfach abtun; **wave down** *vt* anhalten; **wave on** *vt* weiter winken; **wave power** *s* Wellenenergie *f;* **wave through** *vt* durchwinken; (*fig: Antrag*) ohne Einwände annehmen; **wave-band** *s* Frequenzband *nt;* **wave-length** *s* (*a. fig*) Wellenlänge *f*

wa·ver ['weɪvə(r)] *vi* **1.** (hin- u. her)schwanken, flattern **2.** (*fig*) schwanken; zaudern; (*Mut*) wanken; (*Unterstützung*) nachlassen **3.** (*Licht*) flackern

wave·range ['weɪvreɪndʒ] *s* Wellenbereich *m*

wa·verer ['weɪvərə(r)] *s* Zauderer *m;* **wa·ver·ing** ['weɪvərɪŋ] *adj* (*fig*) unentschlossen; (*Mut, Unterstützung*) wankend; nachlassend

wavy ['weɪvɪ] *adj* wellenförmig; wellig; ~ **line** Schlangenlinie *f*

wax[1] [wæks] **I.** *s* **1.** (*bees*~) (Bienen)Wachs *nt* **2.** (*ear*~) Ohrenschmalz *nt* **3.** (*sealing* ~) Siegellack *m* **II.** *vt* (ein)wachsen; bohnern

wax[2] [wæks] *vi* zunehmen; ~**ing moon** zunehmender Mond

wax paper ['wækspeɪpə(r)] *s* Wachspapier *nt;* **wax removal strip** *s* Wachsenthaarungsstreifen *m;* **wax·works** ['wæksw3:ks] *s pl* Wachsfigurenkabinett *nt;* **waxy** ['wæksɪ] *adj* wachsartig; wächsern, Wachs-

way [weɪ] **I.** *s* **1.** Weg *m* **2.** Entfernung, (Weg)Strecke *f* **3.** Richtung *f;* (MAR) Kurs *m* **4.** (*fig*) Art, Weise, Art u. Weise *f* **5.** Verhaltensweise, Art *f* **6.** Möglichkeit, Gelegenheit *f* **7.** Hinsicht, Beziehung *f* **8.** Verfassung *f,* Zustand *m* **9.** **~s** (MAR) Helling *f;* **ask the ~** nach dem Weg fragen; **be out of the ~** abgelegen sein; **be on the ~ in** im Kommen sein; **be on the ~ out** (*fig*) im Begriff sein unmodern zu werden; **do s.th. the hard ~** sich etw schwer machen; **get** [*o* **have**] **one's** (**own**) **~** seinen Willen durchsetzen; **get into the ~ of doing s.th.** sich angewöhnen etw zu tun; **give ~** nachgeben, Platz machen (*to s.o.* jdm); (AUTO) die Vorfahrt beachten; **go out of one's ~** sich große Mühe geben (*for* wegen); **go one's own ~** (*fig*) seinen eigenen Weg gehen; **have a ~ with s.o.** mit jdm umzugehen verstehen; **have it both ~s** das eine tun und das andere nicht lassen; **have it your own ~!** wie du willst!; **have right of ~** Vorfahrt haben; **lead the ~** vorangehen; (*fig*) ein Beispiel geben; **lose one's ~** sich verlaufen; sich verfahren; **lose ~** (MAR) Fahrt verlieren; **make ~** Platz machen (*for* für); **make one's ~** vorwärts-, weiter-, vorankommen; **pave the ~ for s.o.** (*fig*) jdm den Weg ebnen; **that's the ~ he wants it** so will er es haben; **no ~!** (*sl*) ich denke nicht daran!; **a long ~ from** weit entfernt von; **a long ~ off** weit weg; **he'll go a long ~** er wird es weit bringen; **he worked his ~ up** er hat sich nach oben gearbeitet; **things are in a bad ~** es steht schlecht; **~ home** Heimweg *m;* **~ in, ~ out** Ein-/Ausgang *m;* **~-out!** irre!; **~s and means** Mittel u. Wege; **across the ~** gegenüber; **any ~** auf jeden Fall; **by ~ of** über, durch; mittels, mit Hilfe *+gen;* **by the ~** übrigens; **in a ~** in gewisser Weise; gewissermaßen; **in the ~** im Wege, hinderlich, lästig; **in the ~ of** hinsichtlich *+gen;* **in no ~** durchaus nicht, keineswegs; **in the family ~** (*fam*) in anderen Umständen; **on the ~** auf dem Weg, unterwegs (*to* nach); **one ~ or another** irgendwie; **there are no two ~s about it** da gibt es gar nichts; **this/that ~** so; auf diese Weise; **this ~** hierher; hier entlang, hindurch; **this ~ or that ~** so oder so; **"this ~ up"** „hier oben"; **under ~** unterwegs, auf dem Wege; (*fig*) in Gang; **be under ~** (*fig*) vorankommen, Fortschritte machen; **get under ~** in Gang kommen; (MAR) Fahrt aufnehmen **II.** *adv* (*fam*) weit, ein tüchtiges Stück, ganz; **~ back** weit zurück; (*zeitlich*) vor langer Zeit; **~ behind/down/up** ganz hinten/unten/oben; **he was ~ out** er hat weit gefehlt; **~ out/over** weit draußen/drüben; **~ to go!** (*fam*) gut gemacht!, bravo!

way·bill ['weɪbɪl] *s* Frachtbrief *m;* **way·lay** [ˌweɪ'leɪ] *irr vt* auflauern (*s.o.* jdm); **way of thinking** *s* Denkweise *f;* **way out** [ˌweɪ'aʊt] *s* Ausgang *m;* (*Straße, Parkplatz*) Ausfahrt *f;* **way-out** [ˌweɪ'aʊt] *adj* (*sl*) irre; **way·side** ['weɪsaɪd] *s* Straßenrand *m;* **by the ~** am Weges-, Straßenrand; **fall by the ~** auf der Strecke bleiben; **wayside inn** *s* Rasthaus *nt*

way·ward ['weɪwəd] *adj* **1.** (*Mensch*) widerspenstig, eigensinnig, -willig **2.** (*Bitte, Vorstellung*) abwegig **3.** (*lit*) launisch

we [wi:] *pron* wir

weak [wi:k] *adj* **1.** (*a.* GRAM) schwach **2.** (*Spieler*) schlecht **3.** (*Flüssigkeit*) dünn **4.** (*Charakter*) labil, willenlos **5.** (*Argument*) nicht überzeugend; **weaken** ['wi:kən] **I.** *vt* **1.** schwächen **2.** verringern **II.** *vi* **1.** schwächer werden **2.** (*Mensch*) schwach werden, nachgeben; **weak·ling** ['wi:klɪŋ] *s* Schwächling *m;* **weak·ly** ['wi:klɪ] *adj, adv* schwächlich; **weak-minded** [ˌwi:k'maɪndɪd] *adj* **1.** willensschwach **2.** schwachsinnig; **weak·ness** ['wi:knɪs] *s* **1.** Schwäche *f* **2.** (*fig*) schwache Seite, Schwäche *f* (*for* für)

weal[1] [wi:l] *s* (LIT) Wohl *nt;* **the common ~, the public ~, the general ~** das Wohl der Allgemeinheit

weal[2] [wi:l] *s* Striemen *m*

wealth [welθ] *s* **1.** Reichtum *m;* Vermögen *nt* **2.** (*fig*) Fülle *f* (*of* von); **wealth creation** *s* Vermögensbildung *f;* **wealth tax** *s* Vermögenssteuer *f;* **wealthy** ['welθɪ] *adj* vermögend, wohlhabend; **the ~** die Reichen *pl*

wean [wi:n] *vt* (*Kind*) entwöhnen; **~ s.o. from s.th.** jdm etw abgewöhnen

weapon ['wepən] *s* Waffe *f;* **weap·on·ry** ['wepənrɪ] *s* Waffen *fpl;* **atomic ~s** Atomwaffen *fpl;* **~s of mass destruction** Massenvernichtungswaffen *pl*

wear [weə(r)] <*irr:* wore, worn> **I.** *vt* **1.** (*Kleidung, Schmuck, Brille*) tragen **2.** abnutzen; (*Kleidung*) abtragen; (*Ärmel*) durchwetzen; (*Stufen*) austreten; (*Reifen*) abfahren **3.** (*fig fam*) annehmen; **~ smooth** abgreifen; austreten; glatt machen; verwittern lassen; **what did she ~?**

was hatte sie an?; **what shall I ~?** was soll ich anziehen?; **he has nothing to** ~ er hat nichts anzuziehen **II.** *vi* **1.** (*Stoff, Material*) halten **2.** sich abnutzen; kaputtgehen; abgefahren werden; ~ **to its end** [*o* **close**] langsam zu Ende gehen; ~ **smooth** verwittern; abgegriffen werden, sein; glatt, stumpf werden; **my patience is ~ing thin** meine Geduld geht langsam zu Ende, ich bin mit meiner Geduld am Ende; **the excuse is ~ing thin** die Ausrede zieht langsam nicht mehr; **he has worn well** (*fig fam*) er hat sich gut gehalten **III.** *s* **1.** (*Kleidung*) Tragen *nt* **2.** Kleidung *f* **3.** Abnutzung *f,* Verschleiß *m* **4.** (*Material*) Haltbarkeit *f;* **have had a lot of ~ out of s.th.** etw oft getragen haben; **there is a lot of ~ left in this material** dieses Material hält noch lange; **for hard** ~ strapazierfähig; **for long** ~ haltbar; **be the worse for** ~ abgetragen, abgenutzt, in schlechtem Zustand sein; **I was none the worse for** ~ ich war völlig auf der Höhe; **menswear, women's ~, children's** ~ Herren-, Damen-, Kinder(be)kleidung *f;* **a dress for evening** ~ ein Kleid für den Abend; **suit for everyday** ~ Alltagsanzug *m;* **summer ~, winter** ~ Sommer-, Winterkleidung *f;* ~ **and tear** Abnutzung *f,* Verschleiß *m;* **wear away I.** *vt* **1.** (*Stein, Fels*) abtragen; aushöhlen; auswaschen; (*Stufen*) austreten; (*Inschrift*) verwischen; verwittern lassen **2.** (*fig*) schwächen; (*Geduld*) zehren an **II.** *vi* **1.** abgetragen werden; sich abschleifen; (*Inschrift*) verwittern; verwischen **2.** (*fig*) schwinden; **wear down** *vt* **1.** abnutzen **2.** ermüden **3.** (*Widerstand*) zermürben **4.** (*Geduld*) erschöpfen; **wear off** *vi* **1.** sich abnutzen **2.** vergehen; (*Aufregung*) sich legen; (*Eindruck*) sich verlieren; **wear on** *vi* (*Zeit*) (dahin)schleichen, langsam vergehen; **wear out** *vt* **1.** abtragen, abnutzen **2.** erschöpfen; ermüden

wear·able ['weərəbl] *adj* tragbar

wear·ing ['weərɪŋ] *adj* ermüdend

wear·i·some ['wɪərɪsəm] *adj* **1.** ermüdend, mühselig **2.** langweilig **3.** unangenehm, lästig

weary ['wɪərɪ] **I.** *adj* **1.** abgespannt, erschöpft (*with* von) **2.** ermüdend; lästig, unangenehm **II.** *vt* ermüden; langweilen **III.** *vi* überdrüssig werden (*of s.th.* einer S); **he never wearied of it** er wurde es nie leid

wea·sel ['wi:zl] **I.** *s* (kleines) Wiesel *nt* **II.** *vi* (*Am*) sich herausreden; **wea·sel·ing** ['wi:zlɪŋ] *s* **1.** Ausweichen *nt* **2.** zweideutige Formulierung; **weasel out** *vi* sich drücken (*of* vor)

weather ['weðə(r)] **I.** *s* Wetter *nt,* Witterung *f;* **in wet** ~ bei nassem Wetter; **in all ~s** bei jeder Witterung; **under the** ~ (*fam*) nicht auf dem Posten; nicht glücklich; in der Patsche; **keep one's ~ eye open** (*fig fam*) aufpassen; **make heavy ~ of s.th.** etw schwierig finden **II.** *vt* **1.** verwittern lassen; (*Haut*) gerben **2.** (*Holz*) (aus)trocknen, ablagern lassen **3.** (MAR) luvwärts umschiffen; vorbeifahren an **4.** (*fig:* ~ *out*) gut überstehen; **weather-beaten** ['weðə,bi:tn] *adj* **1.** durch Witterungseinflüsse beschädigt **2.** (*Haut*) wettergegerbt; **weather·board, weather boarding** *s* Holzverschalung *f;* **weather-bound** ['weðəbaʊnd] *adj* durch schlechtes Wetter gehindert; **weather bureau** *s* Wetterwarte *f;* **weather chart** *s* Wetterkarte *f;* **weather·cock** ['weðəkɒk] *s* Wetterhahn *m;* **weather conditions** *s pl* Wetterlage *f,* -verhältnisse *ntpl;* **weather forecast** *s* Wettervorhersage *f,* -bericht *m;* **weathering** ['weðərɪŋ] *s* (GEOL) Verwitterung *f;* **weather·man** ['weðəmæn] <*pl* -men> *s* Meteorologe *m;* **weather·proof** ['weðəpru:f] **I.** *adj* wetterfest **II.** *vt* wetterfest machen

weave [wi:v] <*irr:* wove, woven> **I.** *vt* **1.** weben, wirken **2.** (ein)flechten (*into* in) **3.** (*fig*) ausdenken, ersinnen **4.** verflechten (*with* mit, *into* in, zu) **5.** (AUTO) ständig Spur wechseln; ~ **one's way** sich durchlavieren (*through* durch) **II.** *vi* **1.** weben **2.** sich hin- u. herbewegen; (*Weg*) sich schlängeln; **get weaving** (*fam*) sich ins Zeug legen **III.** *s* Webart *f;* Gewebe *nt;* **weaver** ['wi:və(r)] *s* Weber(in) *m (f);* **weaver bird** *s* Webervogel *m*

Web [web] *s* (INTERNET) WWW (World Wide Web) *nt*

web [web] *s* **1.** Gewebe *nt* **2.** (*cob~*) Spinnennetz *nt* **3.** Schwimmhaut *f;* ~ **of lies** Lügengewebe, -gespinst *nt*

web browser [web'braʊzə] *s* (INTERNET) Websurfprogramm *nt;* **web·cam** ['webkæm] *s* Webcam *f* (*Kamera, deren Aufnahmen ins Internet eingespeist werden*); **web·cast** ['webkɑ:st] *s* (*internet programming*) Webcast *nt*

web-footed [,web'fʊtɪd] *adj* schwimmfüßig; **web·master** ['webmɑ:stə] *s* Web-Administrator(in) *m(f)*

web-offset *s* Rollenrotations-Offsetdruck *m*

web page *s* (INTERNET) Web-Seite *f;* **web-page designer** [web,peɪdʒ'dɪzaɪnə] *s* Webpagedesigner(in) *m(f);* **web site** *s* Web-Site *f;* **web·zine** ['webzi:n] *s* elektronische Zeitschrift im Internet

wed [wed] **I.** *vt* **1.** heiraten; (*Pfarrer*) trau-

W

en **2.** (*fig*) eng verbinden, vereinigen (*with, to* mit) **II.** *vi* sich verheiraten
we'd [wi:d] = **we had; we would**
wedded ['wedɪd] *adj* **1.** verheiratet **2.** (*fig*) (eng) verbunden (*to* mit); ~ **bliss** Eheglück *nt;* **wed·ding** ['wedɪŋ] *s* Hochzeit *f;* (*fig*) Verbindung *f;* **wedding anniversary** *s* Hochzeitstag *m;* **wedding breakfast** *s* Hochzeitsessen *nt;* **wedding cake** *s* Hochzeitskuchen *m;* **wedding day** *s* Hochzeitstag *m,* Tag *m* der Trauung; **wedding dress** *s* Hochzeitskleid *nt;* **wedding guest** *s* Hochzeitsgast *m;* **wedding night** *s* Hochzeitsnacht *f;* **wedding present** *s* Hochzeitsgeschenk *nt;* **wedding ring** *s* Trauring, Ehering *m*
wedge [wedʒ] **I.** *s* **1.** Keil *m* **2.** (*keilförmiges*) Stück *nt* (*Torte, Kuchen*) **3.** (*Schuh*) Keilabsatz *m* **4.** (*Golf*) Wedge *m* **5.** (*sl*) Bündel *nt* Scheine; **the thin end of the** ~ (*fig*) der Anfang, das Vorspiel **II.** *vt* **1.** verkeilen **2.** (~ *in*) (hinein)drücken, zusammenpferchen; ~ **o.s. in** sich hineinzwängen, -drängen; **be ~d between** eingekeilt, eingezwängt sein zwischen
wed·lock ['wedlɒk] *s* Ehe *f;* **born out of** ~ unehelich geboren
Wed·nes·day ['wenzdɪ] *s* Mittwoch *m;* **on** ~ am Mittwoch; **on ~s** mittwochs; **Ash** ~ Aschermittwoch *m*
wee [wi:] **I.** *adj* winzig (klein); **a** ~ **bit** ein bisschen, ein wenig **II.** *s* (*fam*) Pipi *nt* **III.** *vi* (*fam*) Pipi machen
weed [wi:d] **I.** *s* **1.** Unkraut *nt* **2.** (*fig*) Schwächling *m* **3.** (*fam: Tabak*) Kraut *nt* **4.** (*sl: Marihuana*) Gras *nt* **II.** *vt* **1.** (*Garten*) jäten **2.** (~ *out, fig*) aussondern; **weed·killer** ['wi:dkɪlə(r)] *s* Unkrautvertilgungsmittel *nt;* **weedy** ['wi:dɪ] *adj* **1.** voller Unkraut **2.** (*fig*) schwächlich
week [wi:k] *s* Woche *f;* **by the** ~ wochenweise; wöchentlich; **for ~s** wochenlang; **this day/yesterday/Sunday** ~ heute/gestern/Sonntag in 8 Tagen; **a** ~ **from tomorrow** morgen in 8 Tagen; **once a** ~ (einmal) wöchentlich; ~ **in,** ~ **out** Woche für Woche; **a** ~ **or two** ein paar Wochen; **a 40-hour** ~ eine 40-Stunden-Woche; **what day of the ~?** an welchem Tag?; **week·day** ['wi:kdeɪ] *s* Wochen-, Arbeitstag *m;* **work (on) ~s** werktags arbeiten; **week·end** [ˌwi:k'end] **I.** *s* Wochenende *nt;* **long** ~ verlängertes Wochenende; ~ **ticket** Sonntagsrückfahrkarte *f* **II.** *vi* das Wochenende verbringen; **week·ender** [ˌwi:k'endə(r)] *s* Wochenendausflügler *m;* **week·ly** ['wi:klɪ] **I.** *adj, adv* wöchentlich; ~ **report** Wochenbericht *m;* ~ **travelcard** Wochenkarte *f* **II.** *s* Wochenblatt *nt*
wee·nie ['wi:neɪ] *s* (*Am: pej*) Waschlappen *m pej*
wee·ny ['wi:nɪ] *adj* (*fam*) winzig
weep [wi:p] <*irr:* **wept, wept**> **I.** *vi* **1.** weinen (*for* um, *at, over* über) **2.** (*Wunde*) nässen; ~ **for joy** vor Freude weinen **II.** *vt* beweinen, beklagen; ~ **bitter tears** bittere Tränen weinen; ~ **o.s. to sleep** sich in den Schlaf weinen; **weep·ing** [-ɪŋ] **I.** *s* Weinen *nt* **II.** *adj* weinend; ~ **willow** Trauerweide *f*
weigh [weɪ] **I.** *vt* **1.** wiegen **2.** (*fig*) abwägen; (*in one's mind*) erwägen; ~ **anchor** den Anker lichten **II.** *vi* **1.** wiegen **2.** (*fig*) lasten (*on* auf) **3.** (*Wort, Meinung*) gelten, Gewicht haben; **weigh down** *vt* **1.** beugen, niederdrücken **2.** (*fig*) belasten, niederdrücken; **weigh in** *vi* **1.** (SPORT) sich wiegen lassen **2.** das Gepäck wiegen lassen **3.** (*fig fam*) beispringen, sich einmischen; ~ **in at 80 kilos** 80 Kilo wiegen; **weigh out** *vt* abwiegen; **weigh up** *vt* abwägen; (*Menschen*) einschätzen; **weigh·bridge** ['weɪbrɪdʒ] *s* Brückenwaage *f;* **weigh-in** ['weɪɪn] *s* (SPORT) Wiegen *nt*
weight [weɪt] **I.** *s* **1.** Gewicht *nt* **2.** (*fig*) (schwere) Last, Bürde *f* **3.** Wichtigkeit, Bedeutung *f,* Einfluss *m* **4.** (*Statistik*) Wertigkeit *f;* **by** ~ nach Gewicht; **of** ~ gewichtig; **over ~, under** ~ zu schwer, zu leicht; **attach** ~ **to s.th.** (*fig*) einer S Gewicht beimessen; **carry** ~ (*fig*) Gewicht, Macht, Einfluss haben (*with* auf); **lose** ~ abnehmen; **put on** ~ (*Mensch*) zunehmen; **throw one's** ~ **about** (*fam*) sich wichtig machen; **atomic** ~ (CHEM) Atomgewicht *nt;* **dead** ~ Leer-, Eigengewicht *nt;* **excess** [*o* **surplus**] ~ Übergewicht *nt* **II.** *vt* **1.** beschweren **2.** (*Statistik*) gewichten; verfälschen; ~ **in s.o.'s favour** zu jds Gunsten beeinflussen; **be ~ed against s.o.** jdn benachteiligen; **~ed average** gewogener Mittelwert; **~ed index** gewogener Index; **weight down** *vt* **1.** überladen **2.** beschweren **3.** (*fig*) belasten; **weight·ing** ['weɪtɪŋ] *s* Zulage *f;* **weight·less** [-lɪs] *adj* schwerelos; **weight·less·ness** ['weɪtlɪsnɪs] *s* Schwerelosigkeit *f;* **weight·lifter** ['weɪtlɪftə(r)] *s* (SPORT) Gewichtheber(in) *m(f);* **weight·lift·ing** ['weɪtlɪftɪŋ] *s* (SPORT) Gewichtheben *nt;* **weighty** ['weɪtɪ] *adj* **1.** schwer **2.** (*fig*) (ge)wichtig, schwierig **3.** (*Grund*) triftig
weir [wɪə(r)] *s* **1.** Wehr *nt,* Damm *m* **2.** (Fisch)Reuse *f*
weird [wɪəd] *adj* **1.** unheimlich; übernatürlich **2.** (*fam*) seltsam; **weirdie, weirdo** ['wɪədɪ, 'wɪədəʊ] *s* (*sl*) komischer Kauz
wel·come ['welkəm] **I.** *adj* **1.** willkommen,

gern gesehen **2.** erfreulich, angenehm; **you are ~ to use my car** mein Wagen steht zu Ihrer Verfügung; (**you are**) **~!** bitte sehr, nichts zu danken! gern geschehen! **II.** *s* Willkomm(en *nt*) *m;* Willkommensgruß *m;* **give s.o. a warm ~** jdm einen herzlichen Empfang bereiten **III.** *interj* herzlich willkommen! **IV.** *vt* **1.** willkommen heißen **2.** (*fig*) begrüßen, gern sehen; **I should ~ it if …** ich würde es begrüßen, wenn …; **wel·com·ing** [-ɪŋ] *adj* Begrüßungs-; (*Atmosphäre*) freundlich

weld [weld] **I.** *vt* **1.** (TECH) schweißen **2.** (*fig*) zusammenschweißen **II.** *s* Schweißstelle *f;* **welder** ['weldə(r)] *s* **1.** Schweißer(in) *m(f)* **2.** Schweißgerät *nt;* **weld·ing** [-ɪŋ] *s* Schweißen *nt;* **welding torch** *s* Schweißbrenner *m*

wel·fare ['welfeə(r)] *s* **1.** Wohlergehen *nt* **2.** Wohlfahrt, Fürsorge *f* **3.** Sozialhilfe *f;* **welfare payment** *s* Sozialhilfeleistung *f;* **welfare services** *s pl* Sozialdienste *mpl;* **welfare state** *s* Wohlfahrtsstaat *m;* **welfare work** *s* Sozialarbeit *f;* **welfare worker** *s* Sozialarbeiter(in) *m(f)*

we'll [wi:l] = **we shall; we will**

well[1] [wel] **I.** *s* **1.** Brunnen(schacht) *m* **2.** (MIN) Bohrloch *nt;* Ölquelle *f* **3.** (*a. fig*) Quelle *f* **4.** (ARCH) Treppenhaus *nt;* Fahrstuhlschacht *m* **5.** (*Br:* JUR) eingefriedeter Platz der Anwälte **6.** (THEAT) Parkett *nt* **7.** (*ink~*) Tintenfass *nt;* **drive** [*o* **sink**] **a ~** einen Brunnen bohren **II.** *vi* quellen, sprudeln, fließen (*from* aus); **well up** *vi* **1.** emporquellen **2.** (*fig*) aufsteigen; (*Geräusch*) anschwellen; **tears ~ed up in her eyes** ihr traten Tränen in die Augen

well[2] [wel] <better, best> **I.** *adv* **1.** gut **2.** durchaus, mit Recht, mit gutem Grund **3.** weit, sehr **4.** (ganz) genau; **do ~** seine Sache gut machen, gut vorankommen; **the patient is doing ~** der Patient ist wohlauf; **business is doing ~** die Geschäfte gehen gut; **do as ~ as one can** es so gut man kann machen; (*Patient*) wohlauf sein; **do ~ in an exam** in einer Prüfung gut abschneiden; **do ~ out of s.th.** bei etw profitieren; **you would do ~ to come early** es wäre gut, wenn Sie früh kämen; **you did ~ to go** es war richtig [*o* gut], dass Sie gegangen sind; **~ done!** bravo!; **do ~ by s.o.** jdm gegenüber großzügig sein; **go ~** gut gehen; **go as ~** mitgehen; **let ~ alone** die Finger davon lassen; **speak ~ of s.o.** gut von jdm sprechen; **stand ~ with s.o.** bei jdm gut angeschrieben sein; **~ past, ~ over, ~ under** weit nach, weit über, weit unter; **~ played!** gut gespielt!; **as ~** auch; **as ~ as** ebenso wie; **all** [*o* **only**] **too ~** nur zu gut; **~ and truly** wirklich; richtig; **pretty ~ enough** ziemlich genug; **you might as ~ come** du könntest eigentlich kommen; **I might as ~** warum eigentlich nicht; **I might as ~ not be there** ich könnte ebensogut nicht da sein; **he may ~ have said that** es kann gut sein, dass er das gesagt hat; **I can't very ~ not go** ich kann nicht gut nicht hingehen; **you may ~ ask!** das kann man wohl fragen!; **I am ~ content** ich bin sehr zufrieden; **he can ~ afford it** er kann es sich sehr gut leisten; **it was ~ worth it** es hat sich sehr gelohnt **II.** *adj* **1.** gesund **2.** (*Lage, Zustand*) gut; **get ~ soon!** gute Besserung!; **she is not ~** es geht ihr nicht gut; **I don't feel ~** ich fühle mich nicht wohl; **all is not ~** es steht gar nicht gut; **that's all very ~ but …** das ist ja gut und schön, aber …; **it's all very ~ for you to talk** Sie haben gut reden; **it would be just as ~ to tell him** es wäre wohl gut, wenn man es ihm sagen würde; **just as ~ you asked** nur gut, dass Sie gefragt haben; **you're ~ out of it** sei froh, dass du damit nichts zu tun hast; **all's ~ that ends ~** (*prov*) Ende gut, alles gut **III.** *interj* also; na; na ja; **~, ~!** na so etwas!; **~ now** also; **very ~** (**then**) na schön **IV.** *s* (das) Gute; **wish s.o. ~** jdm alles Gute wünschen

well-ad·vised [ˌweləd'vaɪzd] *adj* wohl überlegt; **be ~** gut beraten sein; **well-ap·pointed** [ˌwelə'pɔɪntɪd] *adj* gut ausgerüstet, gut ausgestattet; **well-bal·anced** [ˌwel'bælənst] *adj* **1.** wohl ausgewogen **2.** gut ausgeglichen, im Gleichgewicht; **well-behaved** [ˌwelbɪ'heɪvd] *adj* wohlerzogen, artig; **well·be·ing** [ˌwel'bi:ɪŋ] *s* Wohl *nt;* **well-bred** [ˌwel'bred] *adj* wohlerzogen; **well-chosen** [ˌwel'tʃəʊzn] *adj* gut (aus)gewählt, passend; **well-con·nec·ted** [ˌwelkə'nektɪd] *adj* mit guten Beziehungen; **well-de·served** [ˌweldɪ'sɜ:vd] *adj* wohlverdient; **well-devel·oped** [ˌweldɪ'veləpt] *adj* (*Mensch*) gut entwickelt; (*Wirtschaft*) hochentwickelt; **well-dis·posed** [ˌweldɪ'spəʊzd] *adj* freundlich gesonnen (*towards dat*); **well-done** [ˌwel'dʌn] *adj* (*Fleisch*) gar, gut durch; **well-dressed** [ˌwel'drest] *adj* gut angezogen, gut gekleidet; **well-earned** [ˌwel'ɜ:nd] *adj* wohlverdient; **well-educated** *adj* gebildet; **well-fed** [ˌwel'fed] *adj* wohlgenährt; **well-founded** [ˌwel'faʊndɪd] *adj* (wohl)begründet; **well-groomed** [ˌwel'gru:md] *adj* (*Pferd, Mensch*) gepflegt; **well-heeled** [ˌwel'hi:ld] *adj* (*fam*) betucht; **well-in·formed** [ˌwelɪn'fɔ:md] *adj* gut informiert, unterrichtet

W

wel·ling·ton (boot) ['welɪŋtən (bu:t)] *s* (*Br*) Gummistiefel *m*

well-intentioned [ˌwelɪn'tenʃənd] *adj* wohl meinend; **well-knit** [ˌwel'nɪt] *adj* gut gebaut; (*fig*) gut durchdacht; **well-known** [ˌwel'nəʊn] *adj* (wohl) bekannt; **well-man·nered** [ˌwel'mænəd] *adj* höflich; **well-mean·ing** [ˌwel'mi:nɪŋ] *adj* wohl meinend; **well-meant** [ˌwel'ment] *adj* gut gemeint

well·ness cen·tre ['welˌnɪsˌsentə(r)] *s* Wellness-Center *nt*

well-nigh ['welnaɪ] *adv* beinahe, fast; **well-off** [ˌwel'ɒf] *adj* **1.** reich, wohlhabend **2.** gut daran; **be ~** es gut haben; **well-oi·led** [ˌwel'ɔɪld] *adj* (*fam*) beschwipst; **well-pro·por·tioned** [ˌwelprə'pɔ:ʃnd] *adj* wohlproportioniert; **well-read** [ˌwel'red] *adj* belesen; **well-spoken** [ˌwel'spəʊkən] *adj* gepflegt sprechend; **be ~** sich gepflegt ausdrücken; **well-thought-of** [ˌwel-'θɔ:tɒv] *adj* angesehen, von gutem Ruf; **well-timed** [ˌwel'taɪmd] *adj* im rechten Augenblick; **well-to-do** [ˌweltə'du:] *adj* wohlhabend; **well-turned** [ˌwel'tɜ:nd] *adj* (*fig*) gut ausgedrückt; **well-wisher** ['wel-wɪʃə(r)] *s* Gönner(in) *m(f)*, Freund(in) *m(f)*; **well-worn** [ˌwel'wɔ:n] *adj* (*Kleidung*) abgetragen; (*Teppich*) abgelaufen; (*Weg*) ausgetreten; (*fig*) abgedroschen

welly ['welɪ] *s* (*Br: fam*) Gummistiefel *m*

Welsh [welʃ] **I.** *adj* walisisch; **~ dresser** Anrichte *f*; **~ rabbit** [*o* **rarebit**] Toast *m* mit zerlassenem Käse **II.** *s* (das) Walisisch(e); **Welsh·man** ['welʃmən, *pl* -men] <*pl* -men> *s* Waliser *m*; **Welsh·woman** ['welʃwʊmən, *pl* -wɪmɪn] <*pl* -women> *s* Waliserin *f*

welt [welt] *s* **1.** Stoßkante *f* **2.** (*Schuh*) Rahmen *m* **3.** Strieme(n *m*) *f*

wel·ter·weight ['weltəweɪt] *s* Weltergewicht(sboxer *m*) *nt*

wend [wend] *vt*: **~ one's way to** seinen Weg machen nach

went [went] *s.* **go**

wept [wept] *s.* **weep**

were [wɜ:(r)] *2. Person Singular, 1., 2., 3. Person Plural Präteritum* **be**

we're [wɪə(r)] = **we are**

weren't [wɜ:nt] = **were not**

west [west] **I.** *s* Westen *m*; **the West** der Westen; (*in den USA*) die Weststaaten *mpl*; **in the ~** im Westen; **to the ~** nach Westen; **to the ~ of** westlich von **II.** *adj* westlich **III.** *adv* nach Westen; **~ of** westlich von; **go ~** (*fig fam*) draufgehen; **west·bound** ['westbaʊnd] *adj* nach Westen gehend; **West End** *s* Westend *nt*; **west·er·ly** ['westəlɪ] *adj* westlich;

west·ern ['westən] **I.** *adj* westlich; **~ Germany** der westliche Teil Deutschlands; die alten Bundesländer *ntpl* **II.** *s* Wildwestgeschichte *f*, -roman, -film *m*, Western *m*; **west·erner** ['westənə(r)] *s* **1.** Abendländer(in) *m(f)* **2.** (*amerik.*) Weststaatler(in) *m(f)*; **west·ern·ize** ['westənaɪz] *vt* verwestlichen; **West Germany** *s* (HIST) Westdeutschland *nt*, die (alte) Bundesrepublik (Deutschland); **west·ward(s)** ['westwəd(z)] *adj, adv* westwärts, nach Westen

wet [wet] <*irr:* **wet (wetted), wet (wetted)**> **I.** *adj* **1.** nass, feucht (*with* von) **2.** regennass, feucht, regnerisch **3.** (*Farbe*) frisch **4.** (*Br: fam*) weichlich; **~ to the skin** nass bis auf die Haut; **be ~ through (and through)** durch u. durch nass sein; **~ blanket** (*fam*) Miesmacher(in) *m(f)*; **~ cell** Nasszelle *f*; **~ dock** Dock, Flutbecken *nt*; **~ paint!** frisch gestrichen! **II.** *s* **1.** Nässe, Feuchtigkeit *f* **2.** Regenzeit *f* **3.** (*Br: pej*) Waschlappen *m* **III.** *vt* nass machen; **~ one's whistle** (*fam*) sich einen hinter die Binde kippen; **~ the bed** ins Bett machen, bettnässen

weth·er ['weðə(r)] *s* Hammel, Schöps *m*

wet-nurse ['wetnɜ:s] *s* Amme *f*; **wet season** *s* Regenzeit *f*; **wet shave** *s* Nassrasur *f*; **wet·ting** ['wetɪŋ]: **get a ~** durchnässt, nass werden

we've [wi:v] = **we have**

whack [wæk] **I.** *vt, vi* schlagen **II.** *s* **1.** heftiger Schlag, Knall *m* **2.** (*fam*) Versuch *m* **3.** (*fam*) Anteil *m*; **have a ~ at s.th.** (*fam*) etw probieren; **whack around** *vt* (*sl*) schlecht machen; **whacked** [wækt] *adj* (*fam*) hundemüde; **whack·ing** ['wækɪŋ] **I.** *adj* (*fam*) gewaltig, kolossal **II.** *s* (*fam*) Tracht *f* Prügel; **get a ~** verprügelt werden; (SPORT) haushoch geschlagen werden

whacko ['wækəʊ] *adj* (*Br: sl*) ballaballa

whad·dya ['wɒdʒɑ:] *s* (*sl: what do you ...?*): **~ think?** was meinst du?, was hältst du davon?

whale [weɪl] *s* Wal(fisch) *m*; **a ~ of** (*fam*) eine wahnsinnige Menge, ein Riesen- +*gen*; **we had a ~ of time** es war fantastisch; **whal·ing** [-ɪŋ] *s* Walfang *m*; **go ~** auf Walfang gehen

wham [wæm] *s*, **whang** [wæŋ] *s* Knall, Bums *m*

wharf [wɔ:f, *pl* wɔ:vz] <*pl* **wharfs, wharves**> *s* Kai *m*; **wharf·age** ['wɔ:fɪdʒ] *s* Kaigebühr *f*

what [wɒt] **I.** *pron* **1.** (*fragend u. ausrufend*) was; wie **2.** (*relativ*) was; das, was; **and ~ not** und was nicht noch alles; **~ about, of ...?** wie steht es mit ...?; **~ for?**

warum? weshalb? wozu?; ~ **if ...** (und) was ist, wenn ...; ~ **is more** außerdem; dazu kommt noch ...; ~ **is it called?** wie heißt es?; **~'s your name?** wie heißen Sie?; ~ **does it matter?** was macht das schon?; ~ **is he like?** wie ist er?; **and ~'s more** und außerdem; ~ **next?** was nun?; **~'s up?** was ist (denn) los?; **that's just ~** gerade das; **give s.o. ~ for** es jdm tüchtig geben; **she knows ~'s ~** sie kennt sich aus; **I don't know ~'s ~ any more** ich kenne mich nicht mehr aus; **~'s that to you?** was geht Sie das an?; **so ~?** na und?; ~ **with overwork and undernourishment she fell ill** wegen Überarbeitung und Unterernährung wurde sie krank; **Mr ~-d'you-call-him, Mr ~'s-his-name** Herr Soundso **II.** *adj* **1.** (*fragend*) welche(r, s) **2.** (*relativ*) der, die, das **3.** (*ausrufend*) was für ein(e); ~ **age?** wie alt?; ~ **good would that be?** wozu sollte das gut sein?; ~ **time is it?** wie viel Uhr ist es?; ~ **sort of** was für ein(e); ~ **else** was noch; ~ **a lucky man** so ein Glückspilz; ~ **an idiot I have been!** was war ich doch für ein Idiot! **III.** *interj* was!

what·ever [wɒt'evə(r)] **I.** *pron* was (auch immer); egal was; ~ **does he want?** was will er wohl?; (*ungeduldig*) was will er denn?; ~ **does he mean?** was meint er bloß? **II.** *adj* **1.** egal welche(r, s) **2.** (*verneint*) überhaupt **3.** (*fragend*) was denn, was wohl; ~ **reason** welcher Grund auch immer; **nothing ~** überhaupt nichts; ~ **good can that be?** was kann das schon helfen?; **what·not** ['wɒtnɒt] *s* Dingsbums *nt;* **whats·it** ['wɒtsɪt] *s* Dings(da) *nt;* **what·so·ever** [ˌwɒtsəʊ'evə(r)] **I.** *pron* was (auch immer); egal was **II.** *adj* **1.** egal welche(r, s) **2.** (*verneint*) überhaupt **3.** (*fragend*) was denn, was wohl

wheat [wi:t] *s* Weizen *m;* **shredded ~** Weizenflocken *fpl;* **wheat belt** *s* (*in den USA*) Weizengürtel *m;* **wheat·germ** ['wi:tˌdʒɜ:m] *s* Weizenkeim *m*

wheel [wi:l] **I.** *s* **1.** Rad *nt* **2.** (AUTO: *steering ~*) Steuer(rad), Lenkrad *nt* **3.** (*spinning ~*) Spinnrad *nt* **4.** (*potter's ~*) Töpferscheibe *f* **5.** (MIL) Schwenkung *f* **6.** **~s** (*fig*) Mühlen *fpl;* **at the ~** am Steuer; **on ~s** auf Rädern; **put one's shoulder to the ~** (*fig*) Hand ans Werk legen; **~s within ~s** Beziehungen *fpl* **II.** *vt* **1.** schieben; ziehen; (*Rollstuhl*) fahren **2.** drehen **III.** *vi* drehen; (*Vogel, Flugzeug*) kreisen; (MIL) schwenken; **wheel in** *vt* **1.** hereinfahren **2.** (*fig fam*) vorstellen, anschleppen; **wheel round** *vi* sich schnell umdrehen; (MIL) schwenken; **wheel·bar·row** ['wi:lˌbærəʊ] *s* Schubkarren *m;* **wheel brace** *s* Kreuzschlüssel *m;* **wheel·chair** *s* Rollstuhl *m;* **wheel clamp** *s* Parkkralle *f;* **wheeler-dealer** [ˌwi:lə'di:lə(r)] *s* (*fam*) Schlitzohr *nt;* **wheel·house** ['wi:lhaʊs] *s* (MAR) Ruderhaus *nt*

wheelie ['wi:lɪ] *s* (*sl*) Wheelie *nt* (*Fahren auf dem Hinterrad*)

wheel·ing ['wi:lɪŋ] *s:* ~ **and dealing** Machenschaften *fpl*

wheeze [wi:z] **I.** *vi* keuchen **II.** *vt* (*Worte: ~ out*) pfeifend herausbringen **III.** *s* **1.** pfeifendes Geräusch, Keuchen *nt* **2.** (*Br: obs*) Scherz *m;* **wheezy** ['wi:zɪ] *adj* pfeifend; keuchend

whelp [welp] **I.** *s* junger Hund, Welpe *m* **II.** *vi* (Junge) werfen

when [wen] **I.** *adv* **1.** (*fragend*) wann **2.** (*relativ*) als, wo, da; **since ~, until ~** seit wann, bis wann? **II.** *conj* **1.** wenn; als **2.** (*mit Verlaufsform*) beim; wobei **3.** wo ... doch; ~ **singing that song** beim Singen dieses Lieds **III.** *s:* **the ~ and where of s.th.** die zeitlichen u. örtlichen Umstände einer S

whence [wens] *adv* **1.** (*obs*) woher, von wo **2.** (*fig*) woraus, wodurch

when·ever [wen'evə(r)] *adv* **1.** wann auch immer; sobald **2.** jedesmal wenn

where [weə(r)] **I.** *adv* wo; ~ (**to**) wohin; ~ (**from**) woher **II.** *conj* wo; da, wo; wohin; **this is ~ we were** da waren wir; ~ **this is concerned** was das betrifft; **where·abouts** [ˌweərə'baʊts] **I.** *adv* wo; wohin **II.** ['weərəbaʊts] *s pl mit sing* Aufenthalt(sort) *m;* **where·as** [weər'æz] *conj* **1.** während, wohingegen **2.** (JUR) da nun; mit Rücksicht darauf, dass; **where·by** [weə'baɪ] *adv* wodurch, woran; **where·in** [weər'ɪn] *adv* worin; **where·upon** [ˌweərə'pɒn] *adv* worauf; **wher·ever** [ˌweər'evə(r)] **I.** *conj* **1.** egal wo, wo auch immer **2.** wohin (auch immer) **3.** überall wo **II.** *adv* wo nur; **where·withal** ['weəwɪðɔ:l] *s:* **the ~** die (erforderlichen) Mittel *ntpl*

whet [wet] *vt* **1.** wetzen, schleifen **2.** (*den Appetit*) anregen

whether ['weðə(r)] *conj* ob; ~ **... or** (~) ob ... oder (ob); ~ **... or not** ob ... oder (ob) nicht; ~ **or not** auf jeden Fall

whet·stone ['wetstəʊn] *s* Wetz-, Schleifstein *m*

whew [fju:] *interj* puh!

whey [weɪ] *s* Molke *f*

which [wɪtʃ] **I.** *pron* **1.** (*relativ*) der, die, das; welche(r, s); was **2.** (*fragend*) welche(r, s); wer **II.** *adj* welche(r, s); **which·ever** [wɪtʃ'evə(r)] *pron, adj* welche(r, s) auch immer

W

whiff [wɪf] *s* **1.** leichter Windstoß, (Luft)Zug *m* **2.** vorüberstreichender Geruch **3.** (*fam*) Zigarillo *m od nt* **4.** Atemzug *m* **5.** (*fig*) Hauch *m;* Spur *f;* **whiffy** ['wɪfɪ] *adj* übel riechend

Whig [wɪg] *s* (HIST: *in England*) Whig *m,* Liberale(r) *f m*

while [waɪl] **I.** *s* Weile *f;* **a long ~ ago** vor langer Zeit; **all this ~** die ganze Zeit; **for a ~** eine Zeitlang; **in a little ~** bald, in Kürze; **once in a ~** gelegentlich; **a short ~** eine kleine Weile; **be worth~** der Mühe wert sein, sich lohnen **II.** *conj* **1.** während; solange **2.** zwar, obwohl **3.** (*gegenüberstellend*) während; **while away** *vt* (*Zeit*) sich vertreiben

whim [wɪm] *s* Einfall *m,* Laune *f*

whim·per ['wɪmpə(r)] **I.** *vi, vt* **1.** wimmern **2.** (*Hund*) winseln **II.** *s* **1.** Gewimmer *nt* **2.** Gewinsel *nt*

whim·si·cal ['wɪmzɪkl] *adj* launisch; schrullig, wunderlich; **whim·si·cal·ity** [ˌwɪmzɪ'kælətɪ] *s* **1.** Wunderlichkeit *f* **2.** Laune, Grille *f;* **whimsy** ['wɪmzɪ] *s* **1.** Laune, Grille *f* **2.** schrulliger Humor

whin [wɪn] *s* (Stech)Ginster *m*

whine [waɪn] **I.** *vi* wimmern; winseln; jammern **II.** *vt* weinerlich sagen **III.** *s* Gewimmer, Gejammer *nt*

whinge [wɪndʒ] *vi* (*fam*) meckern

whinny ['wɪnɪ] **I.** *vi* wiehern **II.** *s* Wiehern *nt*

whip [wɪp] **I.** *vt* **1.** peitschen, schlagen **2.** (*Sahne, Eiweiß*) (zu Schaum, Schnee) schlagen **3.** (um)säumen, überwendlich nähen **4.** (*fam fig*) abhängen, schlagen **5.** (*fam*) schnell nehmen; schnell bringen; **~ s.o. into shape** jdn auf Vordermann bringen **II.** *vi* rennen, rasen, flitzen **III.** *s* **1.** Peitsche *f* **2.** Peitschenschlag *m* **3.** (*Küche*) Creme *f* **4.** (PARL) Einpeitscher *m* **5.** (PARL) Appell *m,* Aufforderung *f* (*zur Abstimmung zu kommen*)*;* **whip away** *vt* wegreißen; **whip back** *vi* **1.** (*Zweig*) zurückschnellen **2.** (*fam*) schnell zurückgehen; **whip off** *vt* (*Kleidung*) herunterreißen; (*Tuch*) wegziehen; (*jdn*) schnell bringen; **whip on** *vt* **1.** antreiben **2.** (*Kleidung*) schnell anziehen; **whip out** *vt* herausholen; **whip up** *vt* **1.** an sich reißen **2.** (*Pferde*) antreiben **3.** (*Küche*) schlagen; verrühren; (*fam: Essen*) schnell zubereiten **4.** (*fig: Unterstützung*) auf die Beine stellen; (*Interesse*) entfachen; (*Publikum*) mitreißen

whip·cord ['wɪpkɔ:d] *s* **1.** Peitschenschnur *f* **2.** Whipcord *m* (*Gewebe*)*;* **whip hand** *s:* **have the ~** (*fig*) das Heft in der Hand haben; **have the ~ over s.o.** die Oberhand über jdn haben; **whip·lash** *s* Peitschenschnur *f;* (*~ injury,* MED) Schleudertrauma *nt;* **whipped cream** *s* Schlagsahne *f,* -rahm *m;* **whipper-in** *s* (*Jagd*) Pikör *m*

whip·per·snap·per [wɪpəsnæpə(r)] *s* (*obs*) kleiner Angeber

whip·pet ['wɪpɪt] *s* (*Rennhund*) Whippet *m*

whip·ping ['wɪpɪŋ] *s* **1.** Tracht *f* Prügel; Prügelstrafe *f* **2.** Niederlage *f;* **whipping boy** *s* Prügelknabe *m;* **whipping cream** *s* Schlagsahne *f;* **whipping top** *s* Kreisel *m;* **whip-round** ['wɪpraʊnd] *s* (*fam*) (spontane) (Geld)Sammlung *f*

whip·saw ['(h)wɪpsɔ:] *vt:* **be ~ed by s.th.** von zwei Seiten her in Bedrängnis geraten

whirl [wɜ:l] **I.** *vi* **1.** wirbeln, sich schnell drehen, rotieren **2.** (*fig: Gedanken*) durcheinander wirbeln **3.** schwindlig werden **4.** rasen, sausen; **~ about** herumwirbeln **II.** *vt* **1.** wirbeln **2.** schnell bringen **III.** *s* **1.** Wirbeln *nt* **2.** Wirbel *m* **3.** Schwindel(gefühl *nt*) *m* **4.** (*fig*) Trubel *m;* Durcheinander, geschäftiges Hin u. Her *nt;* **my head is in a ~** mir schwirrt der Kopf; **give s.th. a ~** (*fig fam*) etw versuchen; **whirli·gig** ['wɜ:lɪgɪg] *s* **1.** Kreisel *m* **2.** Karussell *nt;* **whirl·pool** *s* (*a. fig*) Strudel *m;* **whirl·wind** ['wɜ:lwɪnd] *s* **1.** Wirbelwind *m* **2.** (*fig*) Wirbel, Sturm *m;* **a ~ romance** eine stürmische Romanze; **reap the ~** Sturm ernten; **whirly·bird** ['wɜ:lɪˌbɜ:d] *s* (*fam*) Hubschrauber *m*

whirr [wɜ:(r)] *vi* surren

whisk [wɪsk] **I.** *vt* **1.** (*~ away*) (weg)wischen, fegen, kehren **2.** (*~ away*) rasch (weg)nehmen **3.** (*Sahne, Eiweiß*) schlagen; **the horse was ~ing its tail** das Pferd wedelte mit dem Schweif **II.** *vi* sausen, huschen **III.** *s* **1.** schnelle Bewegung **2.** (Staub)Wedel *m* **3.** (*egg ~*) Schneebesen *m*

whiskers ['wɪskəz] *s pl* **1.** Backenbart *m* **2.** (*von Katzen*) Schnurrhaare *ntpl;* **by a whisker** fast, um ein Haar; **he thinks he's the cat's ~s** er hält sich für wer weiß was

whis·k(e)y ['wɪskɪ] *s* Whisky *m*

whis·per ['wɪspə(r)] **I.** *vi, vt* **1.** flüstern **2.** (*Wind*) rauschen **3.** ausplaudern, weitererzählen **4.** zuflüstern (*to s.o.* jdm) **II.** *s* **1.** Geflüster *nt* **2.** Tuscheln *nt;* Gerücht *nt;* **talk in a ~** im Flüsterton reden; **whis·per·ing** ['wɪspərɪŋ] *adj:* **~ campaign** (POL) Verleumdungskampagne *f;* **~ propaganda** Flüsterpropaganda *f*

whist [wɪst] *s* (*Kartenspiel*) Whist *nt*

whistle ['wɪsl] **I.** *vi* pfeifen (*to s.o.* jdm); **he'll have to ~ for it** er wird darauf warten müssen **II.** *vt* (*Ton, Lied*) pfeifen **III.** *s* Pfeife *f;* Pfiff *m*

whit [wɪt] *s:* **not a ~ of …** nicht ein bisschen, kein Jota, keine Spur von …

white [waɪt] **I.** *adj* **1.** weiß **2.** hell **3.** blass (*with terror* vor Schrecken); **black or ~?** (*Kaffee*) mit oder ohne Milch? **II.** *s* **1.** Weiß *nt* **2.** das Weiße (*of the eye* im Auge) **3.** (*~ of egg*) Eiweiß *nt* **4.** weiße Kleidung **5.** Weiße(r) *f m;* **white ant** *s* Termite *f;* **white·bait** <*pl* -> *s* Weißfisch *m;* **white-col·lar** [ˌwaɪt'kɒlə(r)] *adj:* **~ crime** Wirtschaftsverbrechen *nt;* **~ job** Bürotätigkeit *f;* **~ union** Angestelltengewerkschaft *f;* **~ worker** Angestellte(r) *f m;* **white corpuscle** *s* weißes Blutkörperchen; **white elephant** *s* nutzloser Gegenstand; **white ensign** *s* (MAR) Fahne *f* der britischen Marine; **white feather** *s:* **show the ~** sich feige benehmen; **white flag** *s:* **hoist the ~** die weiße Fahne zeigen, sich ergeben; **white goods** *s* **1.** elektrische Haushaltsgeräte *pl* **2.** Bett- und Tischwäsche *f*

White·hall [waɪt'hɔːl] *s* (*fig*) die britische Regierung

white·head ['waɪthed] *s* entzündeter Mitesser

white heat [ˌwaɪt'hiːt] *s* Weißglut *f;* (*fig*) Feuereifer *m;* **white horse** *s* Schaumkrone *f;* **White House, the** *s* das Weiße Haus (*Regierungssitz des Präsidenten der USA*); **white lead** *s* Bleiweiß *nt;* **white lie** *s* Notlüge *f;* **white man, the** *s* der weiße Mann, die Weißen *mpl;* **white meat** *s* Geflügel, Kalb- u. Schweinefleisch *nt*

whiten ['waɪtn] **I.** *vt* weiß machen, bleichen **II.** *vi* weiß, heller werden; **whiten·ing** ['waɪtnɪŋ] *s* **1.** Weißen, Tünchen *nt* **2.** Schlämmkreide *f*

white-out ['waɪtaʊt] *s* starkes Schneegestöber; **white paper** *s* (POL) Weißbuch *nt;* **white sale** *s* (COM) Weiße Woche *f;* **white slave** *adj:* **~ trade** Mädchenhandel *m;* **white spirit** *s* Terpentinersatz *m;* **white·thorn** ['waɪtθɔːn] *s* Weißdorn *m;* **white tie** *s* weiße Fliege *f;* **a ~ -tie occasion** eine Veranstaltung mit Frackzwang; **white·wash** ['waɪtwɒʃ] **I.** *s* **1.** Tünche *f;* Kalk(anstrich) *m* **2.** (*fig*) Schönfärberei *f* **II.** *vt* **1.** tünchen, weißen **2.** (*fig*) rein waschen **3.** (*Sache*) bemänteln, beschönigen; **white·water raft·ing** [ˌwaɪtwɔːtə'rɑːftɪŋ] *s* Wildwasserrafting *nt;* **white wine** *s* Weißwein *m*

whither ['wɪðə(r)] *adv* (*poet lit*) wohin

whit·ing[1] ['waɪtɪŋ] *s* Schlämmkreide *f*

whit·ing[2] ['waɪtɪŋ] *s* (*Fisch*) Merlan, Wittling *m*

Whit Mon·day [ˌwɪt'mʌndɪ] *s* Pfingstmontag *m;* **Whit·sun** ['wɪtsn] **I.** *adj* Pfingst- **II.** *s* Pfingsten *nt;* **Whit Sun·day** [ˌwɪt'sʌndɪ] *s* Pfingstsonntag *m;* **Whit·sun·tide** ['wɪtsntaɪd] *s* Pfingsten *nt*

whittle ['wɪtl] **I.** *vt* schnitzen **II.** *vi:* **~ (away) at s.th.** an etw herumschnitzen; **whittle away** *vt* **1.** wegschneiden, -schnitzen **2.** (*fig*) verringern, reduzieren; **whittle down** *vt* **1.** zurechtschneiden **2.** (*fig*) verringern, vermindern

whiz(z) [wɪz] **I.** *vi* **1.** zischen, surren, pfeifen **2.** sausen, rasen **II.** *s* (*Am*) Kanone *f,* Könner *m;* **gee ~!** Donnerwetter!; **whiz(z) kid** ['wɪzkɪd] *s* (*fig*) Senkrechtstarter *m;* Genie *nt*

WHO ['dʌbljuːeɪtʃˌəʊ] *s Abk. von* **World Health Organisation** Weltgesundheitsorganisation *f*

who [huː] *pron* **1.** (*fragend*) wer, wem *dat,* wen *acc* **2.** (*relativ*) der, die, das; welche(r, s); **know ~'s ~** die Personen kennen; **~ would have thought it?** wer hätte das gedacht?

whoa [wəʊ] *interj* halt! brr!

who·dun·it [ˌhuː'dʌnɪt] *s* (*fam*) Krimi *m;* **who·ever** [huː'evə(r)] *pron* **1.** wer auch (immer) *dat,* wem auch immer *acc,* wen auch immer **2.** (*fragend*) wer … denn? **3.** (*ärgerlich*) wer zum Kuckuck? **4.** egal wer

whole [həʊl] **I.** *adj* **1.** ganz **2.** intakt, vollständig; **go the ~ hog** (*sl*) aufs Ganze gehen; **with one's ~ heart** von ganzem Herzen **II.** *s* das Ganze, Gesamtheit *f;* **the ~ of** der, die, das Ganze, alle(s); **(taken) as a ~** als Ganzes, im Ganzen; **on the ~** im Ganzen gesehen, alles in allem; **whole·food** ['həʊlfuːd] *s* Vollwert-, Natur-, Biokost *f;* **wholefood shop** *s* Naturkost-, Bioladen *m;* **whole·grain** ['həʊlgreɪn] *s* Vollkorn *nt;* **whole·hearted** [ˌhəʊl'hɑːtɪd] *adj* **1.** rückhaltlos **2.** aufrichtig; **whole·meal bread** ['həʊlmiːl'bred] *s* Vollkornbrot *nt*

whole·sale ['həʊlseɪl] **I.** *s* Großhandel *m* **II.** *adj* **1.** *attr* Großhandels- **2.** (*fig*) umfassend; (*Vernichtung, Entlassungen*) Massen-; (*pej*) pauschal; **~ arrests, destruction** Massenverhaftungen *fpl,* -vernichtung *f;* **~ dealer, ~ merchant, ~ trader** Großhändler, Grossist *m;* **~ insurance** Gruppenversicherung *f;* **~ price** Großhandels-, Grossistenpreis *m;* (*Börse*) Kurs *m* im Freiverkehr; **~ trade** Großhandel *m* **III.** *adv* **1.** im Großhandel **2.** (*fig*) massenweise; (*pej*) pauschal **IV.** *vt* im Großhandel vertreiben **V.** *vi* im Großhandel kosten; **whole·saler** ['həʊlseɪlə(r)] *s* Großhändler(in) *m(f)*

whole·some ['həʊlsəm] *adj* gesund

whole-tone scale [ˌhəʊltəʊn'skeɪl] *s* (MUS) Ganztonleiter *f*
who'll [huːl] = **who will; who shall**
wholly ['həʊlɪ] *adv* ganz, gänzlich, vollständig, völlig; **~-owned subsidiary** (COM) hundertprozentige Tochtergesellschaft
whom [huːm] *pron* **1.** (*fragend*) wen; (*to* ~) wem **2.** (*relativ*) den; dem
whoop [huːp] **I.** *s* **1.** (Freuden)Geschrei *nt* **2.** (MED) Keuchen *nt* **II.** *vi* schreien, brüllen **III.** *vt:* ~ **it up** ein großes Fest veranstalten; sich toll amüsieren
whoopee ['wʊpɪ] *s:* **make** ~ (*sl*) die Sau rauslassen
whoop·ing cough ['huːpɪŋkɒf] *s* Keuchhusten *m*
whoops [wuːps] *interj* hoppla!
whop [wɒp] *vt* (*sl*) **1.** verdreschen, versohlen **2.** besiegen; **whop·per** ['wɒpə(r)] *s* (*fam*) **1.** Riesenbiest, Mordsding *nt* **2.** faustdicke Lüge; **whop·ping** ['wɒpɪŋ] *adj* (*fam*) **1.** gewaltig, riesig **2.** (*Lüge*) faustdick
whore [hɔː(r)] *s* Hure *f*
whorl [wɜːl] *s* **1.** (*a.* BOT) (Spinn)Wirtel *m* **2.** (ANAT ZOO) Windung *f*, Ring *m*
whortle·berry ['wɜːtlˌberɪ] *s* Heidelbeere *f*; **red** ~ Preiselbeere *f*
who's [huːz] = **who is; who has**
whose [huːz] *pron* wessen; dessen, deren
why [waɪ] **I.** *adv* **1.** warum, weshalb, wofür **2.** wieso; aus welchem Grunde **3.** zu welchem Zweck **II.** *interj* sieh da! nun!; **~, yes!** natürlich! **III.** *s:* **the ~s and wherefores** das Warum u. Wieso
wick [wɪk] *s* Docht *m*; **get on s.o.'s** ~ (*fam*) jdm auf den Wecker gehen
wicked ['wɪkɪd] *adj* **1.** böse, schlecht **2.** (*Sache*) böse, übel **3.** (*Schlag*) schlimm **4.** (*sl*) geil
wicker ['wɪkə(r)] *s* Flechtwerk, Geflecht *nt*; **wicker basket** *s* Weidenkorb *m*; **wicker bottle** *s* Korbflasche *f*; **wicker chair** *s* Korbstuhl *m*; **wicker furniture** *s* Korbmöbel *pl*; **wicker·work** ['wɪkəwɜːk] *s* Flechtwerk *nt*; Korbwaren *fpl*
wicket ['wɪkɪt] *s* **1.** (*~-door, -gate*) Pförtchen *nt* **2.** Drehkreuz *nt* **3.** Schalterfenster *nt* **4.** (*Kricket*) Dreistab *m*; Tor *nt*; **wicket·keeper** ['wɪkɪtˌkiːpə(r)] *s* (*Kricket*) Torhüter *m*
wide [waɪd] **I.** *adj* **1.** weit **2.** breit; groß **3.** (*fig*) umfangreich, umfassend **4.** (*Kleidung*) weit, lose, locker fallend **5.** (*Auswahl*) reich **6.** (*Interessen*) vielseitig **II.** *adv* **1.** (~ *of*) weit (weg), fern; weitab **2.** daneben; **far and** ~ weit u. breit; ~ **of the mark** danebengeschossen, verfehlt; **wide-angle** *adj* (PHOT FILM) Weitwinkel-; **wide-awake** [ˌwaɪdə'weɪk] *adj* **1.** ganz, völlig wach **2.** wachsam, aufmerksam (*to* auf) **3.** (*fig*) hellwach; **wide boy** *s* (*Br: fam*) Fuchs, Gauner *m*; **wide-eyed** ['waɪdaɪd] *adj:* **look at s.o.** ~ jdn groß anschauen; **wide·ly** ['waɪdlɪ] *adv* **1.** weit; weit u. breit **2.** in hohem Maße, sehr; **differ** ~ sehr verschieden sein; sehr verschiedener Meinung sein; **widen** ['waɪdn] **I.** *vt* **1.** verbreitern **2.** (*Kluft*) vertiefen **3.** (*Interesse*) erweitern **II.** *vi* **1.** breiter werden **2.** (*Interessen*) sich ausbreiten; **wide-open** *adj* **1.** ganz offen **2.** völlig unentschieden; **wide-range filter** *s* Breitbandfilter *m*; **wide·spread** ['waɪdspred] *adj* weit verbreitet
widow ['wɪdəʊ] *s* Witwe *f*; **grass** ~ Strohwitwe *f*; **wid·owed** ['wɪdəʊd] *adj* verwitwet; **wid·ower** ['wɪdəʊə(r)] *s* Witwer *m*; **widow·hood** ['wɪdəʊhʊd] *s* Witwenschaft *f*, -stand *m*; **widow's allowance** *s* Witwengeld *nt*; **widow's peak** *s* spitzer Haaransatz; **widow's pension** *s* Witwenrente *f*
width [wɪdθ] *s* **1.** Weite *f*; Breite *f* **2.** (*fig*) Vielfalt *f* **3.** (Stoff)Breite, Bahn *f*; **be 10 feet in** ~ 10 Fuß breit sein
wield [wiːld] *vt* **1.** (*Schwert, Feder*) führen; (*Schlaginstrument*) schwingen **2.** (*Macht*) ausüben (*over* über)
wife [waɪf, *pl* waɪvz] <*pl* **wives**> *s* (Ehe)Frau, Gattin *f*; **wife·ly** [-lɪ] *adj* ehelich, der Ehefrau
wig [wɪg] *s* Perücke *f*
wiggle ['wɪgl] **I.** *vt* wackeln mit **II.** *vi* (hin- u. her)wackeln
wig·gy ['wɪgɪ] *adj* (*Am: sl*) verrückt
wig·wam ['wɪgwæm] *s* Wigwam *m*
wild [waɪld] **I.** *adj* **1.** wild **2.** unbewohnt, unbebaut, öde **3.** wild, primitiv, unzivilisiert **4.** unbändig, zügellos **5.** (*Schmerz, Wut*) rasend **6.** ausgelassen, toll; stürmisch **7.** (leidenschaftlich) begeistert **8.** wahnsinnig (*with* vor) **9.** (*fam*) wütend (*about* über) **10.** plan-, ziellos **11.** (*fam*) fetzig; **be ~ about s.th.** auf etw erpicht sein; **drive s.o.** ~ jdn zur Raserei bringen; **go** ~ kein Maß mehr kennen; **sow one's ~ oats** sich die Hörner abstoßen **II.** *s* Wildnis, (freie) Natur *f*; **in the** ~ in der Wildnis; **in the ~s of Scotland** im tiefsten Schottland; **observe an animal in the** ~ ein Tier in freier Wildbahn beobachten **III.** *adv* **1.** wild; frei **2.** aufs Geratewohl; daneben; **run** ~ (*Tier*) frei herumlaufen; (*Kind*) herumtoben; (*Garten*) verwildern; **let one's imagination run** ~ seiner Fantasie freien Lauf lassen; **wild beast** *s* wildes Tier; Raubtier *nt*; ~ **show** Raubtierschau *f*; **wild boar** *s*

Wildschwein *nt;* **wild·cat** ['waɪldkæt] **I.** *s* **1.** Wildkatze *f* **2.** (*Am: fam*) riskante Sache; (*Ölindustrie*) Probebohrung *f* **II.** *adj* **1.** unreell, schwindelhaft **2.** Probe-, Versuchs- **3.** riskant; ~ **strike** wilder Streik; **wil·der·ness** ['wɪldənɪs] *s* (*a. fig*) Wildnis *f;* **wild·fire** ['waɪld,faɪə(r)] *s:* **spread like ~** (*fig*) sich wie ein Lauffeuer verbreiten; **wild·fowl** ['waɪldfaʊl] *s* Wildvögel *mpl;* **wild goose** <*pl* -geese> *s* Wildgans *f;* **wild-goose chase** *s* (*fig*) vergebliches Bemühen; **wild·life** ['waɪldlaɪf] *s* Tierwelt *f;* **wild·ly** ['waɪldlɪ] *adv* **1.** wild, wütend, stürmisch **2.** bei weitem; erheblich; **wild·ness** ['waɪldnɪs] *s* Wildheit *f*

wile [waɪl] *s* List *f,* Trick *m*

wil·ful ['wɪlfl] *adj* **1.** absichtlich, vorsätzlich **2.** eigensinnig; ~ **homicide** vorsätzliche Tötung

wili·ness ['waɪlɪnɪs] *s* Verschlagenheit *f*

will[1] [wɪl] <*Präteritum:* would> **I.** *aux* werden; wollen; **I won't be a minute** ich bin gleich wieder da; **this window won't open** dieses Fenster lässt sich nicht öffnen; **he ~ keep interrupting me** er muss mich dauernd unterbrechen; **~ you be quiet!** sei gefälligst ruhig!; **boys ~ be boys** Jungs sind halt so **II.** *vi* wollen

will[2] [wɪl] **I.** *s* **1.** Wille *m* **2.** Wunsch *m,* Verlangen *nt* **3.** Befehl *m,* Anordnung, Anweisung *f* **4.** (*last ~ and testament*) Letzter Wille, Testament *nt;* **against s.o.'s ~** gegen jds Willen; **at ~** nach Wunsch, nach Belieben; (JUR) auf Widerruf; **by ~** letztwillig; **of one's free ~** aus freiem Willen; **do s.o.'s ~** jdm seinen Willen tun; **have a ~ of one's own** einen eigenen Willen haben; **read a ~** ein Testament eröffnen; **where there's a ~ there's a way** (*prov*) wo ein Wille ist, ist auch ein Weg **II.** *vt* **1.** (*obs*) wollen, bestimmen **2.** stark wollen; erzwingen **3.** testamentarisch vermachen **III.** *vi* wollen

will·ful *adj* (*Am*) **1.** absichtlich, vorsätzlich **2.** eigensinnig; ~ **homicide** vorsätzliche Tötung

wil·lies ['wɪlɪz] *s pl* (*sl*): **give s.o. the ~** jdn nervös machen

will·ing ['wɪlɪŋ] *adj* **1.** willig, geneigt **2.** bereitwillig; **God ~** so Gott will; **will·ing·ness** [-nɪs] *s* Bereitwilligkeit *f;* Bereitschaft *f*

will-o'-the-wisp [,wɪləðə'wɪsp] *s* **1.** Irrlicht *nt* **2.** (*fig*) Täuschung *f*

wil·low ['wɪləʊ] *s* (*~-tree*) Weide *f;* **wil·lowy** ['wɪləʊɪ] *adj* (*fig*) schlank, graziös

will·power ['wɪl,paʊə(r)] *s* Willenskraft *f*

willy-nilly [,wɪlɪ'nɪlɪ] *adv* wohl oder übel, notgedrungen

wilt [wɪlt] *vi* **1.** (ver)welken **2.** (*fig*) erschlaffen; müde werden

wily ['waɪlɪ] *adj* listig, verschlagen, schlau

win [wɪn] <*irr:* won, won> **I.** *vi* gewinnen, siegen; **~ hands down** (*fam*) leichtes Spiel haben; **you can't ~** (*fig*) man macht's doch immer falsch **II.** *vt* **1.** gewinnen; (*Sieg*) erringen **2.** (*Ruf*) erlangen; (*Vertrag, Stipendium*) bekommen **3.** (*Rohstoffe*) gewinnen; **~ a competition** ein Preisausschreiben gewinnen; **~ the day** den Sieg davontragen **III.** *s* Sieg *m;* **win back** *vt* zurückgewinnen; **win over, win round** *vt* für sich gewinnen; bekehren; **win through** *vi* (*Patient*) durchkommen; **we'll ~ through** wir werden es schaffen

wince [wɪns] **I.** *vi* zusammenzucken (*under a blow* unter einem Hieb, *at an insult* bei einer Beleidigung) **II.** *s:* **without a ~** ohne eine Miene zu verziehen

winch [wɪntʃ] **I.** *s* Winde *f* **II.** *vt:* **~ up** hochwinden

wind[1] [wɪnd] **I.** *s* **1.** Wind *m* **2.** Atem *m* **3.** (MED) Blähungen *pl* **4.** (*fig*) dummes Gerede, Unsinn *m;* Aufschneiderei *f* **5. ~s** (MUS) Blasinstrumente *ntpl;* **break ~** einen Wind streichen lassen; **get/have ~ of s.th.** von einer S Wind kriegen/haben; **get one's second ~** wieder zu Atem kommen; **know how the ~ blows** (*fig*) wissen, woher der Wind weht; **put the ~ up s.o.** (*fig sl*) jdm bange machen; **sail close to the ~** (*fig*) mit einem Fuß im Gefängnis stehen; **see which way the ~ blows** sehen, woher der Wind weht; **take the ~ out of s.o.'s sails** (*fig*) jdm den Wind aus den Segeln nehmen; **I got the ~ up** (*sl*) das Herz fiel mir in die Hose; **sound in ~ and limb** kerngesund **II.** *vt* **1.** den Atem nehmen *dat* **2.** (*Baby*) ein Bäuerchen machen lassen

wind[2] [waɪnd] <*irr:* wound, wound> **I.** *vt* **1.** drehen, kurbeln **2.** winden, (auf)wickeln, spulen **3.** umwinden, -wickeln **4.** (*~ up*) hochwinden **5.** (*Uhr*) aufziehen; **~ s.o. round one's (little) finger** (*fig*) jdn um den (kleinen) Finger wickeln; **~ one's way into s.o.'s affections** sich bei jdm einschmeicheln **II.** *vi* sich winden (*about, around* um), sich schlängeln **III.** *s* **1.** Drehung *f* **2.** Biegung, Windung, Kurve *f;* **wind back** *vt* (*Film*) zurückspulen; **wind down I.** *vt* **1.** (*Scheibe*) herunterkurbeln **2.** reduzieren **II.** *vi* **1.** (*Uhr*) ablaufen **2.** (*fig*) sich beruhigen **3.** (COM) sich mehr und mehr zurückziehen; **wind on** *vt* (*Film*) weiterspulen; **wind up I.** *vt* **1.** aufwickeln; hochwinden **2.** (*Uhr*) aufziehen

W

3. (*fig*) beschließen **4.** (*Geschäft*) abwickeln; liquidieren, auflösen **II.** *vi* **1.** (*Rede*) abschließen **2.** (*fam*) enden, landen; **he got wound up about it** er regte sich darüber auf

wind·bag ['wɪndbæg] *s* (*fam fig*) Schwätzer(in) *m(f)*; **wind·break** ['wɪndbreɪk] *s* Windschutz *m*; **wind cone** *s* Windsack *m*; **wind energy** *s* Windenergie *f*

winder ['waɪndə(r)] *s* **1.** Winde, Kurbel *f* **2.** Aufziehschraube *f* **3.** (BOT) Schlingpflanze *f*

wind·fall ['wɪndfɔːl] *s* **1.** Fallobst *nt* **2.** (*fig*) unverhoffter Glücksfall, Gewinn; ~ **profit** (COM) unerwarteter Gewinn; ~ **tax** (FIN) Sondergewinnsteuer *f*; **wind farm** *s* Windfarm *f*

wind generator ['wɪnd'dʒenəreɪtə(r)] *s* Windgenerator *m*

wind·ing ['waɪndɪŋ] **I.** *s* **1.** Drehung *f* **2.** Winden, (Auf)Wickeln *nt* **3.** (ELEK) Wickelung *f* **II.** *adj* sich windend, sich schlängelnd, gewunden; **winding rope** *s* Förderseil *nt*; **winding sheet** *s* Leichentuch *nt*; **winding staircase** *s* Wendeltreppe *f*; **wind·ing-up** [ˌwaɪndɪŋ'ʌp] *s* Aufziehen *nt*; (*fig*) Beendigung *f*, Abschluss *m*, Abwick(e)lung *f*; Liquidation *f*; **winding-up sale** *s* Verkauf *m* wegen Geschäftsaufgabe, Räumungsverkauf *m*

wind in·stru·ment ['wɪnd 'ɪnstrʊmənt] *s* (MUS) Blasinstrument *nt*; **wind·jam·mer** ['wɪndˌdʒæmə(r)] *s* Windjammer *m*

wind·lass ['wɪndləs] *s* **1.** Winde, Haspel *f* **2.** (MAR) Anker-, Gangspill *nt*

wind·mill ['wɪndmɪl] *s* Windmühle *f*

win·dow ['wɪndəʊ] *s* **1.** Fenster *nt* **2.** Schalter *m* **3.** (*shop~*) Schaufenster *nt*, Auslage *f*; **dress a** ~ ein Schaufenster dekorieren; **ticket** ~ Fahrkartenschalter *m*; **window box** *s* Blumenkasten *m*; **window cleaner** *s* Fensterputzer(in) *m(f)*; **window display** *s* (Schaufenster)Auslage *f*; **window display competition** *s* Schaufensterwettbewerb *m*; **window-dressing** *s* **1.** Schaufensterdekoration *f* **2.** (*fig*) Aufmachung, Reklame *f*; Mache *f*, Bilanzschönung *f*; **window envelope** *s* Fenster(brief)umschlag *m*; **window frame** *s* Fensterrahmen *m*; **window pane** *s* Fensterscheibe *f*; **window shopping** *s* Schaufensterbummel *m*; **go** ~ einen Schaufensterbummel machen; **window sill** *s* Fensterbank *f*; Fenstersims *m*

wind·pipe ['wɪndpaɪp] *s* (ANAT) Luftröhre *f*; **wind power** *s* Windkraft *f*; **wind·screen** ['wɪndskriːn] *s* Windschutzscheibe *f*; **windscreen wiper** *s* Scheibenwischer *m*; **wind·shield** *s* (*Am*) Windschutzscheibe *f*; **wind·sock** *s* (AVIAT) Windsack *m*; **wind·surf·er** ['wɪndsɜːfə(r)] *s* Windsurfer(in) *m(f)*; **wind·surf·ing** ['wɪndsɜːfɪŋ] *s* Windsurfen *nt*; **go** ~ windsurfen; **wind-swept** ['wɪndswept] *adj* **1.** sturmgepeitscht **2.** zerzaust; **wind tunnel** *s* (AVIAT) Windkanal *m*; **wind turbine** *s* (TECH) Windrad *nt*; **wind·ward** ['wɪndwəd] **I.** *adj* gegen den, am Wind **II.** *s* Windseite *f*; **windy** ['wɪndɪ] *adj* **1.** windig **2.** (*fig*) langatmig **3.** (*fam*) ängstlich, nervös

wine [waɪn] **I.** *s* Wein *m* **II.** *vt* mit Wein bewirten; **wine bottle** *s* Weinflasche *f*; **wine cooler** *s* Wein-, Sektkühler *m*; **wine-glass** ['waɪnglɑːs] *s* Weinglas *nt*; **wine grower** ['waɪngrəʊə(r)] *s* Winzer(in) *m(f)*; **wine grow·ing** ['waɪngrəʊɪŋ] *s* Weinbau *m*; **wine list** *s* Weinkarte *f*; **wine merchant** *s* Weinhändler(in) *m (f)*; **wine·press** ['waɪnpres] *s* Kelter *f*; **win·ery** ['waɪnərɪ] *s* (*Am*) Weinkellerei *f*; **wine tasting** *s* Weinprobe *f*; **wine waiter** *s* Weinkellner *m*

wing [wɪŋ] **I.** *s* **1.** Flügel *m* **2.** (AVIAT) Tragfläche *f* **3.** (AUTO) Kotflügel *m* **4.** (Tür-, Fenster)Flügel *m* **5.** (ARCH) (Seiten)Flügel *m* **6.** ~**s** (THEAT) Kulisse *f* **7.** (*fig*) Flügel *m* (*einer Partei*) **8.** (AVIAT) Gruppe *f*; (*Am*) Geschwader *nt*; **in the** ~**s** hinter den Kulissen; **on the** ~ im Fluge; (SPORT) auf dem Flügel; **under s.o.'s** ~ (*fig*) unter jds Fittichen; **clip s.o.'s** ~**s** (*fig*) jdm die Flügel stutzen; **give** [*o* **lend**] ~**s** (*fig*) Flügel verleihen; **take** ~ davonfliegen; (*fig*) rasch verschwinden **II.** *vt* **1.** durch-, überfliegen **2.** in den Flügel treffen **3.** (*fam*) in den Arm schießen; **wing assembly** *s* (AVIAT) Tragwerk *nt*; **wing chair** *s* Ohrensessel *m*; **wing commander** *s* (AVIAT) **1.** Oberstleutnant *m* der Luftwaffe **2.** (*Am*) Geschwaderkommodore *m*; **winged** ['wɪŋd] *adj* **1.** (*a.* BOT) geflügelt **2.** (*fig*) beflügelt, beschwingt; **winger** ['wɪŋə(r)] *s* (SPORT) Außen-, Flügelstürmer(in) *m(f)*; **wing nut** *s* Flügelmutter *f*; **wing·span**, **wing·spread** *s* Spannweite *f*

wink [wɪŋk] **I.** *vi* **1.** blinzeln **2.** mit den Augen zwinkern **3.** (*Stern*) flimmern **4.** (*Auto*) blinken; ~ **at s.o.** jdm zuzwinkern, zublinzeln; ~ **at s.th.** etw geflissentlich übersehen **II.** *vt* blinzeln, zuzwinkern (*s.o.* jdm) **III.** *s* **1.** Blinzeln, Zwinkern *nt* **2.** Augenblick *m* **3.** (AUTO) Blinken *nt*; **give s.o. a** ~ jdm einen Blick zuwerfen; **tip s.o. the** ~ (*sl*) jdm einen Wink geben; **I did not sleep a** ~**, I could not get a** ~ **of sleep** (**all night**) ich habe (die ganze Nacht) kein Auge zugetan; **winker**

['wɪŋkə(r)] *s* (*Br:* AUTO) Blinker *m*

win·ner ['wɪnə(r)] *s* **1.** Gewinner(in) *m(f)*, Sieger(in) *m(f)* **2.** (*fam*) todsichere Sache; **win·ning** ['wɪnɪŋ] **I.** *adj* (*fig*) gewinnend, einnehmend, anziehend; ~ **party** siegreiche Partei; (JUR) obsiegende Partei; ~ **post** (SPORT) Ziel *nt;* ~ **ticket** Gewinnlos *nt* **II.** *s* **1.** (MIN) Gewinnung, Förderung *f,* Abbau *m* **2.** ~**s** (Geld)Gewinn *m;* ~ **of iron** Eisengewinnung *f*

win·now ['wɪnəʊ] *vt* **1.** (*Getreide*) schwingen, worfeln **2.** (*fig*) aussortieren, -scheiden; trennen (*from* von)

win·some ['wɪnsəm] *adj* gewinnend, anziehend, reizend

win·ter ['wɪntə(r)] **I.** *s* Winter *m;* **nuclear** ~ nuklearer Winter **II.** *vi, vt* überwintern (*in, at* in); **winter coat** *s* (*Menschen*) Wintermantel *m;* (*Tiere*) Winterfell *nt;* **winter season** *s* Wintersaison *f;* **winter solstice** *s* Wintersonnenwende *f;* **winter sports** *s pl* Wintersport *m;* **win·tery, win·try** ['wɪntrɪ] *adj* winterlich

WIP [ˌdʌblju:aɪ'pi:] *s Abk. von* **work in progress** Halbfabrikate *ntpl*

wipe [waɪp] **I.** *vt* **1.** (ab)wischen, abreiben, abtrocknen (*on a towel* an einem Handtuch) **2.** säubern, reinigen **3.** putzen (*one's nose* die Nase) **4.** (*sl*) schlagen; ~ **dry** trockenwischen; ~ **the floor with s.o.** (*sl*) jdn völlig fertig machen **II.** *s* **1.** (Ab)Wischen *nt* **2.** (*sl*) Schlag, Hieb *m;* **give s.th. a** ~ etw abwischen; etw putzen; **wipe down** *vt* (nass) abwischen; **wipe off** *vt* weg-, abwischen; (COM: *Schulden*) abtragen; **wipe out** *vt* **1.** völlig vernichten, auslöschen **2.** reinigen; auswischen; **wipe up** *vt* **1.** aufwischen **2.** (*Geschirr*) abtrocknen

wiper ['waɪpə(r)] *s* (AUTO: *windscreen* ~) Scheibenwischer *m*

wire ['waɪə(r)] **I.** *s* **1.** Draht *m* **2.** (*fam*) Telegramm *nt;* **by** ~ telegrafisch; **get one's ~s crossed** missverstanden, verwirrt werden; **pull (the) ~s** (*fig*) die Fäden in der Hand haben; **live** ~ (*fig: Mensch*) Energiebündel *nt* **II.** *vt* **1.** mit Draht befestigen **2.** (ELEK) eine Leitung legen in **3.** telegrafieren, drahten; **wire cutters** *s pl* Drahtschere *f;* **wired** [waɪəd] *adj* (*programmed, designed*): **be ~ for s.th.** für etw wie gemacht sein; **be ~ like s.o.** jdm gleichen; **wire fence** *s* Drahtzaun *m;* **wire-haired terrier** ['waɪəheəd 'terɪə(r)] *s* Drahthaarterrier *m*

wire·less ['waɪəlɪs] **I.** *s* (*obs*) (Rund)Funk *m;* Radio(apparat *m*) *nt;* **by** ~ durch Funkspruch, funktelegrafisch; **on** [*o* **over**] **the** ~ im Rundfunk **II.** *vt, vi* funken; **wireless operator** *s* Funker(in) *m(f);* (AVIAT) Bordfunker(in) *m(f);* **wireless set** *s* Radioapparat *m*

wire·photo ['waɪəˌfəʊtəʊ] *s* Bildtelegramm *nt;* Bildtelegrafie *f;* **wire·puller** ['waɪəˌpʊlə(r)] *s* (*Am*) Drahtzieher *m;* **wire-pul·ling** ['waɪəˌpʊlɪŋ] *s* (*fig*) Machenschaften *fpl;* **wire-tap·ping** ['waɪəˌtæpɪŋ] *s* (TELE) Abhören *nt;* **wire transfer** *s* (*Am*) telegrafische Geldüberweisung

wir·ing ['waɪərɪŋ] *s* Leitungsnetz *nt,* Verkabelung *f;* **wiring diagram** *s* Schaltplan *m*

wiry ['waɪərɪ] *adj* (*fig*) sehnig

wis·dom ['wɪzdəm] *s* Weisheit *f;* Klugheit *f;* **wisdom tooth** <*pl* **-teeth**> *s* Weisheitszahn *m*

wise [waɪz] *adj* **1.** weise **2.** klug, vernünftig **3.** klug, intelligent; **be none the ~r for s.th.** durch etw nicht schlauer geworden sein; **be ~ to s.th.** (*fam*) über etw im Bilde sein; **get ~ to s.th.** (*fam*) von etw eine Ahnung bekommen; **put s.o. ~ to s.th.** jdm in einer S ein Licht aufstecken; **wise up I.** *vt* (*Am: sl*) aufklären, informieren **II.** *vi* dahinter kommen; **wise·acre** ['waɪzˌeɪkə(r)] *s* Neunmalkluge(r) *f m,* Angeber(in) *m(f);* **wise·crack** ['waɪzkræk] **I.** *s* (*fam*) witzige Bemerkung **II.** *vi* (*fam*) witzig reden; **wise guy** *s* (*fam*) Neunmalkluge(r), Angeber *m*

wish [wɪʃ] **I.** *vt* **1.** (sich) wünschen; wollen **2.** (*Glück*) wünschen **3.** aufhalsen (*on s.o.* jdm); ~ **s.o. (good) luck** jdm Glück wünschen; ~ **s.o. well/ill** jdm wohl/übel wollen; **I** ~ ich möchte **II.** *vi* sich etwas wünschen **III.** *s* **1.** Wunsch *m* **2.** Wille *m* **3.** Bitte *f* (*for* um), Verlangen *nt* (*for* nach) **4.** ~**s** (*good ~es*) Glückwünsche *mpl;* **with best ~es** mit herzlichen Glückwünschen; **wish·bone** *s* (*Vogel*) Gabelbein *nt;* **wish·ful** ['wɪʃfl] *adj:* ~ **thinking** Wunschdenken *nt*

wishy-washy ['wɪʃɪwɒʃɪ] *adj* **1.** wässerig, dünn **2.** (*fig*) wischiwaschi

wisp [wɪsp] *s* **1.** (kleines) Büschel, Bündel *nt* **2.** (Wolken)Fetzen *m;* (Rauch)wölkchen *nt* **3.** (*fig*) Hauch *m;* **a ~ of a girl** ein schmächtiges Ding; ~ **of hair** Haarsträhne *f;* **wispy** ['wɪspɪ] *adj* klein, dünn

wis·teria [wɪ'stɪərɪə] *s* Glyzin(i)e *f,* Blauregen *m*

wist·ful ['wɪstfl] *adj* sehnsuchtsvoll, sehnsüchtig

wit [wɪt] *s* **1.** Verstand *m,* geistige Fähigkeiten *fpl,* Intelligenz *f* **2.** Geist, Witz *m* **3.** witziger Kopf; **be at one's ~s' end** mit seiner Kunst am Ende sein; **have** [*o* **keep**] **one's ~s about one** einen klaren Kopf behalten; **live by one's ~s** sich (geschickt) durchs Leben schlagen; **scared out of**

one's ~s verrückt vor Angst

witch [wɪtʃ] *s* Hexe *f;* **witch·craft** ['wɪtʃkrɑ:ft] *s* Hexerei, Zauberei *f;* **witch doctor** *s* Medizinmann *m;* **witch·ery** ['wɪtʃərɪ] *s* **1.** Hexerei *f* **2.** Zauber, Reiz *m;* **witch-hunt** *s* Hexenverfolgung *f;* **witch·ing** ['wɪtʃɪŋ] *adj:* **the ~ hour** die Geisterstunde

with [wɪð, wɪθ] *prep* **1.** mit **2.** (*instrumental*) durch **3.** (*kausal*) durch, an, vor; nebst; bei; auf; trotz; vor; **~ the window open** bei offenem Fenster; **~ all his faults** bei all seinen Fehlern, trotz all seiner Fehler; **be ~ it** (*fam*) auf Draht sein; **be in ~** eng verbunden sein mit; **have s.th. ~ one** etw bei sich haben; **part ~** sich trennen von; **are you still ~ me?** sind Sie mitgekommen?; **~ anger, ~ love, ~ hunger** vor Ärger, Liebe, Hunger

with·draw [wɪð'drɔ:] **I.** *vt* **1.** zurückziehen, -nehmen (*from* von, aus) **2.** entziehen (*s.o. s.th.* jdm etw) **3.** (*Geld*) abheben; entnehmen **4.** widerrufen; abberufen; **~ from circulation** (*Geld*) aus dem Verkehr ziehen; **~ from school** von der Schule nehmen **II.** *vi* **1.** sich zurückziehen **2.** zurücktreten; austreten **3.** ausscheiden (*from* von) **4.** (PARL) seinen Antrag zurücknehmen; **with·drawal** [wɪð'drɔ:əl] *s* **1.** Zurücknahme, -ziehung *f* (*from* von) **2.** Entnahme *f;* Abhebung *f* (*vom Konto*) **3.** Ausscheiden *nt,* Rücktritt *m* (*from* von) **4.** Widerruf *m* **5.** (MIL) Rückzug *m* **6.** (*aus der Gesellschaft*) Ausstieg *m;* **withdrawal symptoms** *s pl* Entzugserscheinungen *fpl*

wither ['wɪðə(r)] **I.** *vi* **1.** (*~ up*) (ver)welken, verdorren, vertrocknen **2.** (*fig*) welken; schwinden **II.** *vt* **1.** vertrocknen, verdorren lassen **2.** (*fig*) einschüchtern (*with a look* mit einem Blick); **wither·ing** ['wɪðərɪŋ] *adj* (*Blick*) vernichtend

with·hold [wɪð'həʊld] *vt* **1.** zurückhalten **2.** verweigern, vorenthalten (*s.th. from s.o.* jdm etw) **3.** verhindern; versagen **4.** (*Steuern*) einbehalten

with·in [wɪð'ɪn] **I.** *adv* innen (drin), im Innern, innerlich; **from ~** von innen (her) **II.** *prep* **1.** in; innerhalb *+gen* **2.** im Bereich *+gen,* in den Grenzen, im Rahmen *+gen* **3.** (*zeitlich*) binnen; **~ one's income** im Rahmen seines Einkommens; **be ~ walking distance** zu Fuß erreichbar sein; **~ hearing, ~ reach, ~ sight** in Hör-, Reich-, Sichtweite

with·out [wɪð'aʊt] **I.** *prep* ohne; **~ saying a word** ohne ein Wort zu sagen; **~ number** (*fig*) unzählig; **~ doubt** zweifellos **II.** *adv* (*obs lit*) außen; **from ~** von draußen; von außen **III.** *adj* ohne; **be ~ s.th.** etw nicht haben

with·stand [wɪð'stænd] *vt* **1.** sich widersetzen, widerstehen (*s.o., s.th.* jdm, einer S) **2.** aus-, standhalten (*hard wear* starker Beanspruchung)

wit·ness ['wɪtnɪs] **I.** *s* **1.** Zeugnis *nt* **2.** Zeuge *m,* Zeugin *f* (*to* für) **3.** Urkundsperson *f;* Beweis(stück, -mittel *nt*) *m* (*to* für); **in ~ thereof** [*o* **whereof**] zu Urkund, zum Zeugnis dessen; **bear ~** Zeugnis ablegen (*of, to s.th.* von einer S, *against, for s.o.* gegen, für jdn); **call as** [*o* **to**] **~** als Zeugen benennen [*o* vorladen]; **hear a ~** einen Zeugen vernehmen; **hearing of ~es** Zeugenvernehmung, Beweisaufnahme *f;* **marriage ~** Trauzeuge *m,* -zeugin *f;* **principal ~** Haupt-, Kronzeuge *m,* -zeugin *f;* **~ of an accident** Unfallzeuge *m,* -zeugin *f;* **~ for the defence/the prosecution** Ent-/Belastungszeuge *m,* -zeugin *f;* **~ on oath** vereidigter Zeuge **II.** *vt* **1.** bezeugen **2.** erkennen lassen **3.** beurkunden, bestätigen, beglaubigen **4.** Augenzeuge sein *+gen* **III.** *vi* bezeugen (*to s.th.* etw); **witness box** *s* (*Am*), **witness stand** *s* Zeugenstand *m*

witty ['wɪtɪ] *adj* geistreich, witzig

wiz·ard ['wɪzəd] **I.** *s* **1.** Zauberer, Hexenmeister *m* **2.** Genie *nt* **II.** *adj* (*Br: fam*) prächtig, prima; **wiz·ardry** ['wɪzədrɪ] *s* Zauberei *f*

wiz·ened ['wɪznd] *adj* vertrocknet, verhutzelt

wobble ['wɒbl] **I.** *vi* **1.** wackeln; (sch)wanken **2.** (*Knie*) schlottern **3.** (*Stimme*) zittern **II.** *vt* zum Wackeln bringen **III.** *s* Wackeln *nt;* Zittern *nt;* **wob·bly** ['wɒblɪ] *adj* (sch)wankend, wack(e)lig

woe [wəʊ] *s* Weh, Leid *nt,* Schmerz *m,* Übel *ntpl,* Nöte *fpl;* **woe·be·gone** ['wəʊbɪgɒn] *adj* jämmerlich, erbärmlich; **woe·ful** ['wəʊfl] *adj* **1.** traurig, betrüblich **2.** jämmerlich

wog [wɒg] *s* (*Br: pej*) dunkelhäutige(r) Ausländer(in) *m* (*f*); Kanake *m pej*

woke ['wəʊk] *pt of* **wake**[1]

woken ['wəʊkn] *pp of* **wake**[1]

wolf [wʊlf, *pl* wʊlvz] <*pl* wolves> **I.** *s* **1.** Wolf *m* **2.** (*sl*) Schürzenjäger *m;* **cry ~** (*fig*) blinden Alarm schlagen; **keep the ~ from the door** (*fig*) sich über Wasser halten **II.** *vt* (*~ down*) hinunterschlingen; **wolf cub** *s* **1.** junger Wolf **2.** Jungpfadfinder, Wölfling *m;* **wolf·hound** *s* Schäfer-, Wolfshund *m;* **wolf whistle** *s* Pfiff *m* für eine Schöne

wom·an ['wʊmən, *pl* 'wɪmɪn] <*pl* women> *s* Frau *f;* **single ~** Alleinstehende *f;* **women's book** Frauenbuch *nt;* **women's group** Frauengruppe *f;* **women's magazi-**

ne Frauenzeitschrift *f;* **women's refuge** Frauenhaus *nt;* **women's representative** Frauenbeauftragte *f;* **women's rights** Frauenrechte *ntpl;* **women's liberation movement** Frauenrechtsbewegung *f;* **women's libber** (*fam*) Frauenrechtlerin *f;* **woman doctor** *s* Ärztin *f;* **woman driver** *s* (Auto)Fahrerin *f;* **woman·hood** ['wʊmənhʊd] *s* Weiblichkeit, Fraulichkeit *f;* **reach** ~ (*Mädchen*) heranwachsen; **woman·ish** ['wʊmənɪʃ] *adj* weiblich; weibisch; **woman·ize** ['wʊmənaɪz] *vi* (*fam*) es mit den Frauen haben; **woman·kind** ['wʊməkaɪnd] *s* die Frauen *fpl,* das weibliche Geschlecht; **woman·ly** [-lɪ] *adj* weiblich, fraulich

womb [wu:m] *s* (ANAT) Gebärmutter *f;* **in the** ~ im Mutterleib

women·folk ['wɪmɪnfəʊk] *s* Frauen *fpl*

women's centre ['wɪmɪnz,sentə(r)] *s* Frauenzentrum *nt;* **women's lib** *s* (*fam*) Frauenrechtsbewegung *f;* **women's shelter** *s* Frauenhaus *nt*

won [wʌn] *s.* **win**

wonder ['wʌndə(r)] **I.** *s* **1.** Verwunderung *f,* Erstaunen *nt* **2.** Wunder *nt;* **in** ~ voller Staunen; **the** ~ **of architecture** das Wunder der Architektur; **do** [*o* **work**] ~**s** Wunder wirken; **(it's) no** ~ **that ...** (es ist) kein Wunder, dass ...; **the** ~ **of it is ...** das Erstaunliche daran ist ...; ~**s will never cease!** (*prov*) es geschehen noch Zeichen und Wunder!; ~ **of the world** Weltwunder *nt* **II.** *vt* sich fragen; ~ **why** sich fragen, warum; ~ **what/how** gespannt sein, was/wie **III.** *vi* **1.** gespannt sein; sich fragen **2.** sich wundern; **it set him** ~**ing** das gab ihm zu denken; **I was just** ~**ing** das war nur so ein Gedanke; **I** ~**!** na ja, mal sehen!; ~ **about s.th.** sich über etw Gedanken machen; ~ **about doing s.th.** es sich überlegen, ob man etw tut; **I was** ~**ing if you would like one** möchten Sie vielleicht eines?; **I** ~ **that he didn't say anything** es wundert mich, dass er nichts gesagt hat; ~ **at s.th.** sich über etw wundern; **I shouldn't** ~ es würde mich nicht überraschen; **wonder drug** *s* Wundermittel *nt*

won·der·ful ['wʌndəfl] *adj* wundervoll, -bar

won·der·land ['wʌndəlænd] *s* **1.** Wunder-, Zauber-, Märchenland *nt* **2.** (*fig*) Paradies *nt;* **won·der·ment** ['wʌndəmənt] *s* Verwunderung *f,* Erstaunen *nt*

wonky ['wɒŋkɪ] *adj* (*fam*) wack(e)lig, kipp(e)lig, unsicher; schief; verschwommen

wont [wəʊnt, *Am* wɔ:nt] **I.** *s* (*obs*) Gewohnheit *f* **II.** *adj:* **be** ~ gewöhnt sein, pflegen (*to do* zu tun); **as is his** ~ wie er zu tun pflegt

won't [wəʊnt] = **will not**

woo [wu:] *vt* **1.** umwerben; (*Wähler*) zu gewinnen suchen **2.** (*fig*) streben nach, trachten nach; ~ **s.o. away** jdn abwerben

wood [wʊd] **I.** *s* **1.** Holz *nt* **2.** Wald *m* **3.** Holzfass *nt* **4.** ~**s** (MUS) Holzblasinstrumente *ntpl* **5.** (SPORT: *Golf*) Holz *nt;* (*Bowling*) Kugel *f;* **from the** ~ vom Fass; **out of the** ~**(s)** (*fig*) über den Berg; **be unable to see the** ~ **for the trees** (*fig*) den Wald vor (lauter) Bäumen nicht sehen; **touch** ~**!** unberufen! **II.** *adj* hölzern, Holz-; **wood alcohol** *s* Holzgeist *m;* **wood·bine** ['wʊdbaɪn] *s* **1.** Geißblatt *nt* **2.** (*Am*) wilder Wein; **wood·carver** *s* Holzschnitzer(in) *m(f);* **wood·craft** ['wʊdkrɑ:ft] *s* **1.** Weidmannskunst *f* **2.** Holzarbeiten *fpl;* **wood·cut** ['wʊdkʌt] *s* Holzschnitt *m;* **wood·cut·ter** ['wʊd,kʌtə(r)] *s* **1.** Holzfäller(in) *m(f)* **2.** Holzschnitzer(in) *m (f);* **wooded** ['wʊdɪd] *adj* bewaldet; **wooden** ['wʊdn] *adj* **1.** hölzern **2.** (*fig*) steif, langweilig; ~ **construction** Holzkonstruktion *f;* ~ **floor** Holzfußboden *m;* ~**-headed** dumm, doof; **wood·land** ['wʊdlænd] *s* Waldland *nt;* **wood panelling** *s* Holzvertäfelung *f;* **wood·pecker** ['wʊd,pekə(r)] *s* Specht *m;* **wood·pile** ['wʊdpaɪl] *s* Holzstoß *m;* **wood preservative** *s* Holzschutzmittel *nt;* **wood·shed** ['wʊdʃed] *s* Holzschuppen *m;* **wood·pulp** *s* Holzschliff *m;* **wood·wind** ['wʊdwɪnd] *s* (*pl*) (Holz)-Blasinstrument(e *pl*) *nt;* **wood·work** ['wʊdwɜ:k] *s* **1.** Holzarbeiten *fpl* **2.** hölzerne Bauteile *mpl,* Balkenwerk *nt;* **wood·worm** ['wʊdwɜ:m] *s* Holzwurm *m;* **woody** ['wʊdɪ] *adj* **1.** bewaldet, waldig **2.** holzig

woof [wu:f] *s* (Hunde)Gebell *nt;* **woofer** ['wu:fə(r)] *s* Tieftonlautsprecher, Tieftöner *m*

wool [wʊl] *s* (*a.* TECH) Wolle *f;* **pull the** ~ **over s.o.'s eyes** (*fig*) jdm das Fell über die Ohren ziehen

woolen *s* (*Am*), **wool·len** ['wʊlən] **I.** *adj* wollen **II.** *s pl* (~ *goods*) Wollwaren, -sachen *fpl*

wool·ly ['wʊlɪ] **I.** *adj* **1.** wollen **2.** wollig, flauschig, weich **3.** (*fig*) nebelhaft; verworren **II.** *s* wollenes Kleidungsstück

wool·sack ['wʊlsæk] *s* Wollsack *m* (*Sitz des britischen Lordkanzlers im Oberhaus*)

wool trade *s* Wollhandel *m*

wooly I. *adj* (*Am*) **1.** wollen **2.** wollig, flauschig, weich **3.** (*fig*) verworren **II.** *s* wollenes Kleidungsstück

woopie ['wʊpɪ] *s pl Abk. von* **well-off ol-**

der people wohlhabende Senioren
woozy ['wu:zɪ] *adj* (*fam*) schwindelig
wop [wɒp] *s* (*sl pej*) Itaker *m*
word [wɜ:d] **I.** *s* **1.** Wort *nt* **2.** (MIL) Befehl *m;* Kennwort *nt* **3.** (*fig*) kurze Äußerung, Bemerkung *f* (*about* über) **4.** Rede *f,* Spruch *m* **5.** Zusage *f;* (Ehren)Wort *nt* **6.** Bescheid *m,* Nachricht *f* **7. ~s** Wortwechsel, Streit *m;* **at a ~** auf einen Wink, sofort; **by ~ of mouth** mündlich; **in a** [*o* **one**] **~** mit einem Wort; **in other ~s** mit anderen Worten; **in so many ~s** ausdrücklich; **of many ~s** redselig, gesprächig; **not to be the ~ for s.th.** etw nicht richtig wiedergeben; **break/keep one's ~** sein Wort brechen/halten; **give one's ~ upon s.th.** sein Wort auf etw geben; **have a ~ with s.o.** kurz mit jdm sprechen; **have ~ from** Nachricht haben von; **have ~s with s.o.** sich mit jdm streiten; **have no ~s for s.th.** für etw keine Worte finden; **have the last ~** das letzte Wort haben; **leave ~** eine Nachricht, Bescheid hinter-, zurücklassen (*with* bei, *at the office* im Büro); **put into ~s** in Worte kleiden; **put in** [*o* **say**] **a** (**good**) **~ for s.o.** für jdn ein gutes Wort einlegen; **send ~** eine Nachricht zukommen lassen (*to s.o.* jdm); **take s.o. at his ~** jdn beim Wort nehmen; **he is as good as his ~** man kann sich auf ihn verlassen; **he didn't say a ~ about it** er hat kein Wort, keinen Ton davon gesagt **II.** *vt* in Worte kleiden, formulieren; **word break** *s* (TYP) Trennung *f;* **word division** *s* (TYP) Silbentrennung *f;* **word·ing** [-ɪŋ] *s* Formulierung, Wortwahl *f;* Wortlaut *m;* **~ of the law** Gesetzestext *m;* **~ of the oath** Eidesformel *f;* **word·less** [-lɪs] *adj* wort-, sprachlos; **word order** *s* (GRAM) Wortstellung *f;* **word-per·fect** [ˌwɜ:d'pɜ:fɪkt] *adj:* **be ~** seine Rolle auswendig können, rollensicher sein; **word·play** *s* Wortspiel *nt;* **word processing** *s* Textverarbeitung *f;* **word processor** *s* **1.** Textverarbeitungsanlage *f* **2.** Textverarbeitungsprogramm *nt;* **word·wrap** *s* **1.** (TYP) Fließsatz *m* **2.** (INFORM) automatischer Zeilenumbruch; **wordy** ['wɜ:dɪ] *adj* wortreich; weitschweifig
wore [wɔ:(r)] *s.* **wear**
work [wɜ:k] **I.** *s* **1.** Arbeit *f* **2.** Tätigkeit, Beschäftigung *f* **3.** Unternehmen *nt* **4.** Werk *nt,* (Arbeits)Leistung *f;* (Kunst)Werk *nt* **5. ~s** Werke *ntpl,* Taten *fpl,* Werke *ntpl* (*eines Dichters*) **6. ~s** *mit sing* (Werk-, Industrie)Anlage *f;* Werk(e *pl*) *nt,* Fabrik, Anstalt *f* **7. ~s** (ARCH) Baustelle *f* **8. ~s** (TECH) Getriebe *nt;* Uhrwerk *nt;* **brain ~** geistige Arbeit; **casual ~** Gelegenheitsarbeit *f;* **clerical** [*o* **office**] **~** Schreib-, Büroarbeit *f;* **gas ~s** *mit sing* Gaswerk *nt;* **iron ~s** *mit sing* Eisenhütte *f,* -werk *nt;* **public ~s** Stadt-, Versorgungswerke *ntpl;* **water ~s** Wasserwerk *nt;* **~ of art** Kunstwerk *nt;* **at ~** bei der Arbeit, beschäftigt (*upon* mit), in Betrieb, im Gange, tätig; **fit for ~** arbeitsfähig; **in ~** in Arbeit stehend; **out of ~** arbeitslos; **the ~s** (*sl*) alles Drum und Dran; **give s.o. the ~s** (*sl*) jdn fertigmachen; jdn verwöhnen; **have one's ~ cut out** schwer arbeiten müssen; **make light ~ of s.th.** mit etw leicht fertig werden; **make short** [*o* **quick**] **~ of** kurzen Prozess machen mit **II.** *vi* **1.** arbeiten (*at* an) **2.** beschäftigt, tätig sein (*at* mit) **3.** funktionieren; wirksam sein **4.** Einfluss ausüben (*on, upon* auf), zu überreden suchen (*on, upon s.o.* jdn) **5.** sich abmühen, sich plagen **6.** in Bewegung, in Erregung sein **7.** (*Pläne*) glücken, gelingen; **~ loose** lose werden, los-, abgehen; **~ towards s.th.** auf etw hinarbeiten; **it won't ~** das klappt nicht; **her face ~ed** in ihrem Gesicht arbeitete es **III.** *vt* **1.** be-, ver-, erarbeiten, ausarbeiten **2.** (*Aufgabe*) lösen, ausrechnen **3.** zu Stande bringen, bewerkstelligen; hervorbringen, -rufen, auslösen, (be)wirken **4.** arbeiten mit, betätigen, in Betrieb setzen, in Gang bringen **5.** (*Maschine*) bedienen; beanspruchen **6.** (*Betrieb*) leiten **7.** (*Gut*) bewirtschaften **8.** (*Gebiet*) bereisen, bearbeiten **9.** (*fam*) spielen lassen, ausnutzen, Gebrauch machen von; **~ o.s. hard** hart arbeiten; **~ one's way through s.th.** sich durch etw durcharbeiten; **~ it** (*sl*) es fertig bringen, es schaffen; **work away** *vi* vor sich hinarbeiten; **work in I.** *vt* einfügen, -flechten; einarbeiten **II.** *vi* sich einfügen (*with* in); **work off I.** *vi* sich losmachen **II.** *vt* abarbeiten; (*Energie*) loswerden; (*Gefühl*) abreagieren; **work on I.** *vi* weiterarbeiten **II.** *vt* **1.** arbeiten an **2.** ausgehen von **3.** bearbeiten (*s.o.* jdn); **work out I.** *vt* **1.** ausarbeiten, entwickeln **2.** aus-, zusammenrechnen **3.** lösen **4.** (*fam*) verstehen **5.** herausfinden **6.** (MIN) abbauen **II.** *vi* **1.** funktionieren, klappen **2.** (*Aufgabe, Rätsel*) aufgehen **3.** ergeben (*at* acc) **4.** (SPORT) trainieren; **things didn't ~ out for me** es ist mir schiefgegangen; **how is it ~ing out?** wie geht's damit?; **work over** *vt* überarbeiten; **~ s.o. over** jdn zusammenschlagen; **work round** *vi* **1.** sich mühsam durcharbeiten (*to* nach) **2.** (*Wind*) sich drehen; **work up I.** *vt* **1.** ausarbeiten **2.** aufstacheln **3.** (*Begeisterung*) aufbringen; (*Appetit*) sich machen; (*Geschäft*) zum Erfolg bringen **II.** *vi* (*Rock*) sich hochschieben; **~ one's way**

up sich hocharbeiten; **get ~ed up about s.th.** sich über etw aufregen; **~ o.s. up** sich aufregen; **~ up to s.th.** auf etw hinauswollen; etw im Sinn haben; **~ up to a climax** sich zu einem Höhepunkt steigern

work·able ['wɜ:kəbl] *adj* **1.** bearbeitbar; zu gebrauchen(d), brauchbar, praktizierbar, durchführbar **2.** (MIN) abbaufähig, -würdig; **work·a·day** ['wɜ:kədeɪ] *adj* **1.** werktäglich **2.** alltäglich, gewöhnlich, abgedroschen; **work·bag** *s* Nähbeutel *m;* **work·bench** ['wɜ:kbentʃ] *s* Werkbank *f;* **work·book** ['wɜ:kbʊk] *s* Arbeitsheft *nt;* **work camp** *s* Arbeitslager *nt;* **work·day** ['wɜ:kdeɪ] **I.** *s* Arbeits-, Werk-, Wochentag *m;* **on ~s** an Wochen-, Werktagen **II.** *adj* werktäglich

work·er ['wɜ:kə(r)] *s* **1.** Arbeiter(in) *m(f),* Arbeitnehmer(in) *m(f)* **2.** (*~ bee*) Arbeiterin *f;* **factory** [*o* **industrial**] **~** Fabrikarbeiter(in) *m(f);* **manual ~** Handarbeiter(in) *m(f);* **real ~** richtiges Arbeitstier; **~s' participation** Mitbestimmung *f;* **work ethic** *s* Arbeitsethos *nt;* **work·flow** *s* Arbeitsablauf *m;* **work·force** ['wɜ:kfɔ:s] *s* **1.** Belegschaft *f;* Arbeitskräfte *pl* **2.** Arbeitskräftepotential *nt;* **work·horse** *s* Arbeitspferd *nt;* **work-in** ['wɜ:kɪn] *s* Betriebsbesetzung *f* durch die Arbeitnehmer

work·ing ['wɜ:kɪŋ] **I.** *adj* **1.** arbeitend; werktätig, berufstätig; (*Partner*) aktiv **2.** betriebs-, arbeitsfähig **3.** (*Hypothese, Modell*) Arbeits-; (*Mehrheit*) arbeitsfähig **4.** (*Tag, Bedingungen, Kleidung*) Arbeits-; **~ capital** Betriebskapital *nt;* **~ committee** Arbeitsausschuss *m;* **~ condition** Arbeitsbedingung *f;* **~ day** Arbeits-, Werktag *m;* **~ dinner** Arbeitsessen *nt;* **~ girl** Berufstätige *f;* (*Am: euph*) Gunstgewerblerin *f;* **~ hours** Arbeitszeit *f;* **~ knowledge** ausreichende praktische Kenntnisse; **~ lunch** Arbeitsessen *nt;* **~ man** Arbeiter *m;* **I am a ~ man** ich arbeite den ganzen Tag; **~ model** funktionsfähiges Modell; **in ~ order** gebrauchs-, betriebsfähig; **~ paper** Arbeitsunterlage *f;* Arbeitspapier *nt;* **~ party** Arbeitsgruppe *f,* -ausschuss *m;* **~ place** Arbeitsplatz *m;* **~ population** erwerbstätige Bevölkerung; **~ process** Arbeitsprozess, -vorgang *m;* **~ week** Arbeitswoche *f;* **35-hour ~ week** 35-Stunden-Woche *f;* **~ wife** berufstätige Ehefrau; **~ woman** berufstätige Frau **II.** *s* **1.** Arbeit *f* **2. ~s** Funktion, Arbeitsweise *f* **3. ~s** (MIN) Schächte *mpl,* Grube *f;* **~s of the mind** Gedankengänge *mpl;* **working-class** *adj* der Arbeiterklasse, Arbeiter-; (*pej*) proletenhaft; **working class(es)** *s* (*pl*) Arbeiterklasse *f;* **work·ing-out** ['wɜ:kɪŋ'aʊt] *s* Ausarbeitung *f;* Berechnung *f;* (SPORT) Training *nt;* **work·ing-over** ['wɜ:kɪŋ'əʊvə(r)] *s* (*fam*) Tracht *f* Prügel

work·load ['wɜ:kləʊd] *s* Arbeit(slast), Arbeitsbelastung *f;* **work·man** ['wɜ:kmən] *s* <*pl* -men> *s* Handwerker *m;* **work·man·like** ['wɜ:kmənlaɪk] *adj* fachmännisch; **work·man·ship** ['wɜ:kmənʃɪp] *s* Arbeitsausführung *f;* Qualität *f;* **work of art** *s* Kunstwerk *nt;* **work-out** ['wɜ:kaʊt] *s* (SPORT) Training *nt;* **work permit** *s* Arbeitserlaubnis *f;* **work·place** ['wɜ:kpleɪs] *s* Arbeitsplatz *m;* **works committee, works council** *s* Betriebsrat *m;* **work-shar·ing** ['wɜ:kˌʃeərɪŋ] *s* Arbeitsplatzteilung *f,* Jobsharing *nt;* **work·shop** ['wɜ:kʃɒp] *s* **1.** Werkstatt, -stätte *f* **2.** Arbeitsgruppe *f,* -kreis, Kurs *m;* Workshop *m;* **work-shy** ['wɜ:kʃaɪ] *adj* arbeitsscheu; **works manager** *s* Betriebsleiter(in) *m(f);* **works outing** *s* Betriebsausflug *m;* **work·space** ['wɜ:kspeɪs] *s* (INFORM) Arbeitsspeicher *m;* **work station** *s* Arbeitsplatz *m;* Fertigungsstation *f;* (INFORM) Werkstation *f,* Bildschirmarbeitsplatz *m;* **work-study** *s* Arbeitsstudie *f;* **work·table** ['wɜ:kˌteɪbl] *s* Arbeitstisch *m;* **work·top** *s* Arbeitsplatte *f;* **work-to-rule** [ˌwɜ:ktə'ru:l] *s* Dienst *m* nach Vorschrift; **work·week** ['wɜ:kwi:k] *s* (*Am*) Arbeitswoche *f*

world [wɜ:ld] *s* Welt *f;* **all the ~ knows** alle wissen; **all the ~ and his wife** Gott und die Welt; **not for all the ~** um nichts in der Welt; **be all the ~ to s.o.** jds ein und alles sein; **a ~ of** eine Menge; sehr; **be ~s apart** völlig verschieden sein; **in the ~** auf der Welt; **all over the ~** in der ganzen Welt; **all the ~ over** überall; **out of this ~** (*fig sl*) sagenhaft; **round the ~** (rund) um die Welt; **bring s.o. into the ~** jdn auf die, zur Welt bringen; **bring s.th. into the ~** etw in die Welt setzen; **come into the ~** auf die, zur Welt kommen; **come** [*o* **go**] **down in the ~** herunterkommen; **go up in the ~** es zu etwas bringen; **feel on top of the ~** sich nicht besser fühlen können; **have the best of both ~s** auf nichts verzichten müssen, können; **think the ~ of s.o.** große Stücke auf jdn halten; **it's not the end of the ~** deshalb geht die Welt nicht unter; **how goes the ~ with you?** wie geht's, wie steht's?; **what in the ~?** was in aller Welt?; **the New/Old/Third World** die Neue/Alte/Dritte Welt; **a man of the ~** ein Mann von Welt

World Bank [ˌwɜ:ld'bæŋk] *s* Weltbank *f*

world-beater ['wɜ:ldˌbi:tə(r)] *s* alles überragende Person, Sache; **world clock** *s* Weltzeituhr *f;* **world congress** *s* Weltkongress *m;* **World Cup** *s* Fußballweltmeisterschaft *f,* Worldcup *m;* **World Fair** *s* Weltausstellung *f;* **world-famous** *adj* weltberühmt; von Weltrang; **world language** *s* Weltsprache *f*

world·ly ['wɜːldlɪ] *adj* **1.** weltlich, irdisch; diesseitig; weltzugewandt **2.** (~ *wise*) weltklug

world opinion ['wɜːldə'pɪnjən] *s* Weltöffentlichkeit *f;* **world population** *s* Weltbevölkerung *f;* **world power** ['wɜːld-ˌpaʊə(r)] *s* Weltmacht *f;* **world record** *s* Weltrekord *m;* **world-shattering** *adj* welterschütternd; **world view** *s* Weltbild *nt;* **world war** *s* Weltkrieg *m;* **world-weary** [ˌwɜːld'wɪərɪ] *adj* lebensmüde; **world·wide** [ˌwɜːld'waɪd] *adj, adv* weltweit; ~ **reputation** Weltruf *m;* ~ **sales** Weltumsatz *m*

worm [wɜːm] **I.** *s* **1.** Wurm *m* **2.** (Schrauben)Gewinde *nt* **II.** *vt* **1.** mit einem Wurmmittel behandeln **2.** (*fig*) herausziehen, -locken (*s.th., a secret out of s.o.* etw, ein Geheimnis aus jdm) **3.** zwängen (*into* in); ~ **o.s.** [*o* **one's way**] **in**(**to**) sich einschleichen; ~ **o.s.** [*o* **one's way**] **through** sich hindurchwinden; **worm-eaten** ['wɜːm-ˌiːtn] *adj* **1.** wurmstichig **2.** (*sl*) alt; **worm·hole** *s* Wurmloch *nt* (*in einem Möbelstück*); **wormy** ['wɜːmɪ] *adj* **1.** wurmig **2.** wurmstichig

worn [wɔːn] *pp of* **wear**; **worn-out** [ˌwɔːn'aʊt] *adj* **1.** verbraucht, abgenutzt **2.** abgetragen **3.** erschöpft; abgespannt **4.** (*fig*) abgedroschen

wor·ried ['wʌrɪd] *adj* **1.** besorgt, beunruhigt; **be** ~ **about s.o./s.th.** sich über jdn/etw Sorgen machen **2.** gequält; **worrisome** ['wʌrɪsəm] *adj* **1.** Besorgnis erregend **2.** lästig; **worry** ['wʌrɪ] **I.** *vt* **1.** beunruhigen, Sorgen machen (*s.o.* jdm) **2.** belästigen, stören **3.** (*Hund*) beißen, packen; ~ **s.o. with s.th.** jdn wegen etw stören; ~ **s.o. for s.th.** jdn um etw plagen; **I won't let that** ~ **me** darüber lasse ich mir keine grauen Haare wachsen **II.** *vi* besorgt, beunruhigt sein, sich Sorgen machen, in Ängsten sein (*about* um); **don't** ~**!** machen Sie sich keine Sorgen! seien Sie unbesorgt! **III.** *s* Sorge(n *pl*) *f;* **it's a great** ~ **to me** ich mache mir deswegen große Sorgen; **worry·ing** [-ɪŋ] **I.** *adj* beunruhigend; **it's** ~ **for me** es macht mir Sorgen **II.** *s* Sorgen *fpl;* ~ **won't help** es hilft nichts, wenn man sich Sorgen macht

worse [wɜːs] <*Komparativ von* **bad, badly**> **I.** *adj* **1.** schlechter, übler, schlimmer, ärger **2.** (~ *off*) schlechter, übler dran; kränker **II.** *adv* schlimmer, ärger **III.** *s* (das) Schlimmmere, Ärgere **IV.** (*Wendungen*): **all** [*o* **so much**] **the** ~ umso schlimmer; **from bad to** ~ immer schlimmer; ~ **and** ~ immer schlimmer; **I'm** ~ (**off**) es geht mir schlechter; **he's none the** ~ **for it** es hat ihm nichts geschadet; ~ **was to follow** es sollte noch schlimmer kommen; **my shoes are the** ~ **for wear** meine Schuhe sind ganz abgetragen; ~ **luck!** leider! unglücklicherweise!; **a change for the** ~ eine Wendung zum Schlechteren; **worsen** ['wɜːsn] **I.** *vi* sich verschlimmern, sich verschlechtern **II.** *vt* verschlechtern

wor·ship ['wɜːʃɪp] **I.** *s* **1.** (REL) Verehrung, Anbetung *f* **2.** Gottesdienst *m* **3.** tiefe Hingabe; **Your Worship** Euer Ehren; Frau/Herr Bürgermeister **II.** *vt* **1.** verehren, anbeten **2.** vergöttern **III.** *vi* den Gottesdienst abhalten; **wor·ship·per** [-ə(r)] *s* (*in einer Kirche*) Gottesdienstbesucher(in) *m(f);* (*einer Gottheit*) Anbeter(in) *m(f);* (*einer Person*) Verehrer(in) *m(f)*

worst [wɜːst] <*Superlativ von* **bad, badly**> **I.** *adj* schlechteste(r, s), übelste(r, s), schlimmste(r, s) **II.** *adv* am schlimmsten, am ärgsten **III.** *s* (das) Schlechteste, Schlimmste **IV.** (*Wendungen*): **at** (**the**) ~ schlimmstenfalls; **at his** ~**, her** ~**, its** ~ im ungünstigsten Moment; **if the** ~ **comes to the** ~ im allerschlimmsten Fall; **be** ~ **off** am schlimmsten dran sein; **be prepared for the** ~ auf das Schlimmste gefasst sein; **get the** ~ **of it** den Kürzeren ziehen; am meisten zu leiden haben; **the** ~ **of it is that ...** das Schlimmste daran ist, dass ...; **do your** ~**!** mach, was du willst!; **let him do his** ~**!** lass ihn machen, was er will!; **the** ~ **is yet to come** das dicke Ende kommt noch (nach)

wor·sted ['wʊstɪd] *s* Kammgarn(stoff *m*) *nt*

worth [wɜːθ] **I.** *s* Wert *m;* Gegenwert *m;* **a pound's** ~ **of apples** für ein Pfund Äpfel; **did you get your money's** ~**?** sind Sie auf Ihre Kosten gekommen? **II.** *adj* wert; **be** ~ wert sein; sich lohnen; **it's** ~ **a lot to me** es ist mir viel wert; (*fig*) es bedeutet mir sehr viel; **be** ~ **a million** Millionär sein; **is it** ~ **it?** lohnt es sich?; **he isn't** ~ **it** er ist es nicht wert; ~ **reading/seeing/mentioning** lesens-/sehens-/der Rede wert; **for all one is** ~ mit ganzer Kraft, so gut man kann; **it's** ~ **the trouble** die Mühe lohnt sich; **worth·less** [-lɪs] *adj* **1.** wertlos **2.** (*fig*) unwürdig; **worth·while** [ˌwɜːθ-'waɪl] *adj* lohnend; **be** ~ sich lohnen; der Mühe wert sein; **worthy** ['wɜːðɪ] *adj* **1.** würdig, wert (*of s.th.* einer S) **2.** ehrenwert; würdig; löblich; ~ **of credit** glaubwürdig; (COM) kreditwürdig

would [wʊd] *pt of* **will**[1] würde; **he ~ do it** er würde es tun; **he ~ have done it** er hätte es getan; **he said he ~ do it** er sagte, er würde es tun; **but he ~ do it** (*betont*) aber er muss es unbedingt machen; **~ he do it?** würde er es vielleicht tun?; **~ he have done it?** hätte er es getan?; **who ~ have thought it?** wer hätte das gedacht; **you ~ think ...** man sollte meinen ...; **you ~ be the one who ...** typisch, dass ausgerechnet du ...; **I ~n't know** was weiß ich?; **he ~ go there every year** er ging jedes Jahr dahin; **it ~ seem** es scheint so; **would-be** ['wʊdbiː] *adj attr* **1.** angeblich; Möchtegern- **2.** gut gemeint

wouldn't [wʊdnt] = **would not**

wound[1] [wuːnd] **I.** *s* **1.** Wunde *f* (*in the arm* am Arm), Verletzung *f* **2.** (*fig*) Kränkung, Beleidigung *f* (*to* für) **II.** *vt* verwunden, verletzen; **~ fatally** tödlich verwunden

wound[2] [waʊnd] *s.* **wind**[2]

wounded ['wuːndɪd] *adj* **1.** verwundet, verletzt **2.** (*Eitelkeit*) gekränkt

wove(n) ['wəʊv(n)] *s.* **weave**

wow [waʊ] **I.** *interj* Mensch! **II.** *s* (*sl*) **1.** Mordsspaß *m* **2.** toller Kerl, tolle Frau **3.** (THEAT) Bombenerfolg *m* **III.** *vt* (*sl*) begeistern

wrack [ræk] *s* Seetang *m*; **go to ~ and ruin** in die Brüche gehen

wraith [reɪθ] *s* Geist *m* (*bes. eines Sterbenden*)

wrangle ['ræŋgl] **I.** *vi* (sich) zanken, (sich) streiten, disputieren (*with s.o. about, over s.th.* mit jdm über etw) **II.** *s* Gerangel *nt*

wrap [ræp] **I.** *vt* **1.** (*~ up*) einwickeln, -schlagen; ein-, verpacken (*in* in) **2.** wickeln (*round* um); **be ~ped in** (*fig*) gehüllt sein in **II.** *s* Umschlagtuch *nt*; Stola *f*; Cape *nt*; Mantel *m*; **take the ~s off s.th.** etw der Öffentlichkeit vorstellen; **under ~s** versteckt, geheim; **wrap·around** ['ræpəˌraʊnd] *s* (INFORM) (automatischer) Zeilenumbruch *m*; **wrap-over vest** *s* Wickelhemdchen *nt*; **wrap up I.** *vt* **1.** einpacken **2.** (*fam*) unter Dach und Fach bringen **II.** *vi* **1.** sich warm anziehen **2.** (*sl*) den Mund halten; **be ~ped up in s.th.** ganz in etw aufgehen; von etw völlig in Anspruch genommen sein; **wrap·per** ['ræpə(r)] *s* **1.** Streif-, Kreuzband *nt* **2.** (*Buch*) Schutzumschlag *m*; (*Zigarre*) Deckblatt *nt* **3.** Verpackung(smaterial *nt*) *f*; (Bonbon)Papier *nt*; **wrapping paper** *s* Packpapier *nt*; Geschenkpapier *nt*

wrath [rɒθ] *s* Zorn *m*; **wrath·ful** ['rɒθfl] *adj* zornig

wreak [riːk] *vt* (*Schaden, Chaos*) anrichten; (*Rache*) üben (*on, upon* an); (*Ärger*) auslassen (*on* an); **~ havoc** verheerenden Schaden anrichten; sich verheerend auswirken (*on* auf)

wreath [riːθ] *s* Girlande *f*; Kranz *m*; **~ of smoke** Rauchfahne *f*; **wreathe** [riːð] **I.** *vt* **1.** winden **2.** flechten (*into a wreath* zu einem Kranz) **3.** bekränzen **4.** einhüllen **II.** *vi* **1.** sich winden, sich kräuseln **2.** sich ringeln (*round* um)

wreck [rek] **I.** *s* **1.** Wrack *nt* **2.** (MAR) Schiffbruch *m* **3.** (JUR) Strandgut *nt* **4.** (*fig*) (elendes) Wrack *nt* **5.** Verderben *nt*, Untergang, Ruin *m*, Zerstörung *f* **6.** (COM) Konkursunternehmen *nt*; **be a mere ~ of one's former self** nur noch ein Schatten seiner selbst sein **II.** *vt* **1.** zerstören, zertrümmern, zerschlagen **2.** (*fig*) ruinieren, zu Grunde richten **3.** (*Pläne*) vernichten; **wreck·age** ['rekɪdʒ] *s* Trümmer *pl*; **wrecker** ['rekə(r)] *s* **1.** (*Am*) Abbrucharbeiter, -unternehmer *m*; Schrotthändler *m* **2.** (*Am*) Bergungsdampfer *m*; Bergungsarbeiter *mpl*, Bergungsmannschaft *f*, -trupp *m* **3.** (*Am:* AUTO) Abschleppwagen *m* **4.** (*ship~*) *jd der durch falsche Signale ein Schiff zum Stranden bringt* **5.** (*fig*) Umstürzler(in) *m(f)*; **~ service** (*Am:* AUTO) Abschleppdienst *m*

wren [ren] *s* (*Vogel*) Zaunkönig *m*

Wren [ren] *s Angehörige des weiblichen Marinedienstes* (*Womens Royal Naval Service*)

wrench [rentʃ] **I.** *s* **1.** (plötzlicher) Ruck *m* **2.** (MED) Zerrung, Verrenkung, Verstauchung *f* **3.** (*fig*) Stich (*ins Herz*), Abschiedsschmerz *m* **4.** (TECH) Schraubenschlüssel *m*; **monkey ~** Universalschraubenschlüssel *m* **II.** *vt* **1.** heftig reißen, ziehen (*from* von), zerren **2.** (MED) verrenken, -stauchen; **~ away** entreißen (*from s.o.* jdm)

wrestle ['resl] **I.** *vi* **1.** ringen **2.** kämpfen (*for* um, *with* mit) **3.** sich herumschlagen, sich abquälen (*with* mit) **II.** *vt* **1.** ringen mit **2.** (*Ringkampf*) austragen **III.** *s* Ringkampf *m*; **wres·tler** ['reslə(r)] *s* Ring(kämpf)er(in) *m(f)*; **wres·tling** ['reslɪŋ] *s* Ringen *nt*; **wrestling bout**, **wrestling match** *s* Ringkampf *m*

wretch [retʃ] *s* **1.** unglücklicher Mensch **2.** (*pej*) Wicht *m*; **wretched** ['retʃɪd] *adj* **1.** unglücklich **2.** elend; erbärmlich **3.** scheußlich

wriggle ['rɪgl] **I.** *vi* **1.** sich winden **2.** sich unruhig hin- u. herbewegen **3.** (*fig*) sich (drehen u.) winden **4.** sich unbehaglich fühlen **II.** *vt* wackeln mit; **~ (o.s.)** [*o* **one's**

W

way] **out** sich herauswinden (*of s.th.* aus etw) **III.** *s* Winden *nt;* Krümmung *f*

wring [rɪŋ] <*irr:* **wrung, wrung**> *vt* **1.** (~ *out*) auswringen, -drücken, -pressen, -quetschen **2.** (~ *out*) herausdrücken, -pressen **3.** (*Bekenntnis*) erpressen (*from, out of* von) **4.** (*Hals*) umdrehen; ~ **one's hands** die Hände ringen; ~ **s.o.'s heart** jdm (großen) Kummer machen; jdm ans Herz greifen; **wringer** ['rɪŋə(r)] *s* Mangel *f*

wrinkle ['rɪŋkl] **I.** *s* **1.** Falte, Runzel *f* **2.** (*Papier*) Kniff *m* **II.** *vt* **1.** zerknittern **2.** runzlig machen **3.** (*Stirn*) runzeln; (*Nase*) rümpfen **III.** *vi* **1.** knittern **2.** Falten schlagen **3.** runzlig werden; **wrinkled**, **wrinkly** ['rɪŋkld, 'rɪŋklɪ] *adj* **1.** runz(e)lig, faltig **2.** (*Stoff*) leicht knitternd

wrist [rɪst] *s* Handgelenk *nt;* **wrist·band** *s* **1.** Armband *nt;* Schweißband *nt* **2.** Armbündchen *nt;* **wrist·let** ['rɪstlɪt] *s* Armband *nt;* **wrist·watch** ['rɪstwɒtʃ] *s* Armbanduhr *f*

writ [rɪt] *s* (JUR) Verfügung, Anweisung *f;* (~ *of summons*) Vorladung *f;* **issue a ~ against s.o., serve a ~ (up)on s.o.** jdm eine Vorladung zustellen; **Holy Writ** Heilige Schrift

write [raɪt] <*irr:* **wrote, written**> **I.** *vt* **1.** schreiben; auf-, niederschreiben, zu Papier bringen **2.** aufzeichnen, ab-, verfassen **3.** (JUR) aufsetzen **4.** (*Bescheinigung, Scheck*) ausstellen **5.** (*Scheck*) ausschreiben **6.** (*Formular*) ausfüllen **7.** (*Papier*) beschreiben **8.** (*Vertrag*) aufsetzen **9.** (schriftlich, brieflich) mitteilen (*s.th. to s.o., s.o. s.th.* jdm etw); ~ **in full** ausschreiben; ~ **shorthand** stenografieren; ~ **s.o. a letter** jdm einen Brief schreiben **II.** *vi* **1.** schreiben **2.** bestellen, kommen lassen (*for s.th.* etw); **write away** *vi* auswärts bestellen (*for s.th.* etw); **write back** *vi* zurückschreiben; **write down** *vt* nieder-, aufschreiben; (COM) (teil)abschreiben; **write in** **I.** *vt* **1.** einfügen, eintragen **2.** (*Am: Wahlschein*) ausfüllen; seine Stimme abgeben für **II.** *vi* sich schriftlich bewerben (*for* um); **write off** *vt* **1.** (COM) abschreiben **2.** (*Auto*) zu Schrott fahren; als Totalschaden abschreiben **3.** schnell hinschreiben; **write out** *vt* **1.** (voll) ausschreiben **2.** (*Scheck*) ausfüllen, -stellen; **write up** *vt* **1.** einen schriftlichen Bericht machen über, eingehend berichten; (*Aufzeichnungen*) ausarbeiten **2.** (*schriftlich*) aufs Laufende bringen **3.** eine Kritik schreiben über **4.** (*Wert*) zu hoch ansetzen

write·down ['raɪt,daʊn] *s* Teilabschreibung *f*

write-in ['raɪtɪn] *s* (*in den USA*) Stimmabgabe *f* für einen nicht aufgeführten Kandidaten; **write-off** ['raɪtɒf] *s* (COM) Abschreibung *f;* (AUTO) Totalschaden *m;* **write-pro·tec·ted** ['raɪtprə'tektəd] *adj* (INFORM) schreibgeschützt

writer ['raɪtə(r)] *s* **1.** Schreiber(in) *m(f),* Schriftsteller(in) *m(f),* Verfasser(in) *m(f)* **2.** (*Am*) Versicherer *m;* ~ **of a cheque** Scheckaussteller *m;* ~**'s cramp** Schreibkrampf *m;* **I am a poor ~** ich schreibe nicht gerne Briefe; ich schreibe schlecht

write-up ['raɪtʌp] *s* **1.** (COM) Heraufsetzung *f* des Buchwertes **2.** Pressebericht *m;* Kritik *f*

writhe [raɪð] *vi* sich krümmen, winden (*with* vor)

writ·ing ['raɪtɪŋ] *s* **1.** Schreiben *nt;* Schriftstück *nt* **2.** (Hand)Schrift *f* **3.** Buch, Werk *nt* **4.** Schriftstellerei *f;* **in ~** schriftlich; **put in ~** niederschreiben, schriftlich abfassen; **writing case** *s* Schreibmappe *f;* **writing desk** *s* Schreibtisch *m;* **writing pad** *s* Schreibunterlage *f;* Notiz-, Briefblock *m;* **writing paper** *s* Schreibpapier *nt*

writ·ten ['rɪtn] **I.** *pp of* **write** **II.** *adj* schriftlich; (*Wort*) geschrieben; ~ **language** Schriftsprache *f*

wrong [rɒŋ, *Am* rɔːŋ] **I.** *adj* **1.** unrichtig, falsch **2.** unrecht **3.** unangebracht, unpassend; ~ **side out** mit der Innenseite nach außen; **be ~** unrecht haben; sich irren, nicht in Ordnung sein, nicht stimmen; **get on the ~ side of s.o.** sich jdn zum Gegner machen; **there is s.th. ~** da stimmt etw nicht (*with* mit); **what's ~?** stimmt etw nicht?; **sorry, ~ number!** (TELE) Sie haben sich verwählt; **~-foot s.o.** jdn auf dem falschen Fuß erwischen; **I was ~-footed by the question** die Frage traf mich unvorbereitet **II.** *adv* falsch, nicht richtig, nicht recht; **do s.th. ~** etw falsch, verkehrt machen; **go ~** schief gehen, scheitern; nicht richtig funktionieren; **get it ~** sich verrechnen; es falsch verstehen; **take s.th. ~** etw übel nehmen **III.** *s* **1.** Unrecht *nt;* Ungerechtigkeit *f* **2.** (JUR) Rechtswidrigkeit *f;* **be in the ~** im Unrecht sein; **do ~** Unrecht tun (*to s.o.* jdm), sich etw zuschulden kommen lassen; **put in the ~** ins Unrecht setzen **IV.** *vt* **1.** ein Unrecht zufügen (*s.o.* jdm) **2.** ungerecht behandeln, benachteiligen, beeinträchtigen **3.** unrecht tun (*s.o.* jdm); **wrong·doer** ['rɒŋ,dʊə(r)] *s* Übel-, Missetäter(in) *m(f);* **wrong·doing** [,rɒŋ'duːɪŋ] *s* Übeltat *f;* Missetaten *fpl;* **wrong·ful** ['rɒŋfl] *adj* ungerechtfertigt, zu Unrecht; ~ **dismissal** unrechtmäßige Entlassung; **wrong-headed** [,rɒŋ'hedɪd] *adj* starrsinnig, querköpfig, halsstarrig;

wrong·ly ['rɒŋlɪ] *adv* falsch, unrichtig; zu Unrecht; fälschlicherweise
wrote [rəʊt] *s.* **write**
wrought [rɔːt] **I.** *vt Präteritum, pp von* **work** (*obs*): **great changes have been ~** es wurden große Veränderungen herbeigeführt; **the storm ~ destruction** der Sturm richtete Zerstörung an **II.** *adj* (*Eisen*) Schmiede-; (*Silber*) getrieben; **~ iron** Schmiedeeisen *nt;* **wrought-up** [rɔːt'ʌp] *adj* erregt; aufgeregt, -gewühlt
wrung [rʌŋ] *s.* **wring**
wry [raɪ] *adj* ironisch; (*Lächeln*) gezwungen; **make a ~ face** das Gesicht verziehen; **a ~ sense of humour** ein trockener Humor
wussy ['wʊsɪ] *s* (*Am: sl: wimp*) Waschlappen *m fam*
WWW *s Abk. von* **World Wide Web** (INFORM) WWW *nt*

W

X

X, x [eks] <*pl* -'s> *s* **1.** X, x *nt* **2.** (MATH) x, unbekannte Größe **3.** (*in Briefen nach Namen*) Küsschen *nt;* **x number of people** x Leute; **Mrs. X** Frau X; **x marks the spot where …** die Stelle, an der …, ist mit einem Kreuzchen bezeichnet; **x-axis** x-Achse *f;* **X-cer·ti·fi·cate** ['ekssəˌtɪfɪkət] *adj* (*Film*) nicht jugendfrei, ab 18 Jahren; **X-chromosome** ['eksˌkrəʊməsəʊm] *s* (BIOL) X-, Geschlechtschromosom *nt*

xeno·phobia [ˌzenə'fəʊbɪə] *s* Fremdenhass *m,* Xenophobie *f;* **xeno·pho·bic** [ˌzenə'fəʊbɪk] *adj* fremdenfeindlich, xenophob

Xerox® ['zɪərɒks] **I.** *s* Xerokopie *f;* Xeroxverfahren *nt* **II.** *vt* xerokopieren

Xmas ['eksməs, 'krɪsməs] *s* (*fam*) Weihnachten *nt;* *s.* **Christmas**

X-ray ['eksreɪ] **I.** *s* **1.** Röntgenaufnahme *f* **2.** **~s** Röntgenstrahlen *mpl;* **take an ~ of s.o.** jdn röntgen; **have an ~** geröntgt werden; **~ apparatus** Röntgenapparat *m;* **~ diagnosis, ~ examination, ~ test** Röntgenuntersuchung *f* **II.** *vt* röntgen, durchleuchten

xylo·phone ['zaɪləfəʊn] *s* (MUS) Xylophon *nt*

Y

Y, y [waɪ] *s* <*pl* -'s> **1.** Y, y *nt* **2.** (MATH) y, zweite Unbekannte; **y-axis** y-Achse *f*

yacht [jɒt] **I.** *s* (MAR) (Segel-, Motor)Jacht, Yacht *f* **II.** *vi* auf einer Jacht fahren, segeln; **yacht·ing** [-ɪŋ] *s* Segeln *nt;* **they go ~** sie gehen zum Segeln; **yachts·man** ['jɒtsmən] <*pl* -men> *s* Jachtfahrer, Segler *m*

yak [jæk] **I.** *s* (*wild lebendes Rind*) Jak, Yak *m* **II.** *vi* (*fam*) quasseln

yam [jæm] *s* **1.** Jamswurzel *f* **2.** (*in den USA*) Süßkartoffel *f*

yank [jæŋk] **I.** *s* Ruck *m* **II.** *vt* mit einem Ruck ziehen; **yank off** *vt* abreißen; **yank out** *vt* ausreißen; (*Zahn*) ziehen

Yank [jæŋk] *s* (*fam*) Ami *m;* **Yan·kee** ['jæŋkɪ] *s* Amerikaner, Yankee *m*

yap [jæp] **I.** *vi* **1.** kläffen **2.** (*fam*) schwätzen; (*dumm*) quatschen **II.** *s* **1.** Gekläff *nt* **2.** (*fam*) Gequatsche *nt*

yard¹ [jɑːd] *s* **1.** Yard *nt* (= *0,914 m*) **2.** (MAR) Rah(e) *f;* **square ~** Quadratyard *nt;* **by the ~** meterweise; (*fig*) unendlich viel, lang

yard² [jɑːd] *s* **1.** Hof *m* **2.** (Arbeits-, Bau-, Lager)Platz *m* **3.** (*Am*) Garten *m* (*ohne Gemüse*)*;* **in the ~** auf dem Hof; **the Yard, Scotland Yard** Londoner Polizeibehörde; **shipbuilding ~** Werft *f*

yard·stick ['jɑːdstɪk] *s* **1.** Elle *f,* Yardstock *m* **2.** (*fig*) Maßstab *m;* **~ of performance** Erfolgsmaßstab *m*

yarn [jɑːn] **I.** *s* **1.** Garn *nt,* Faden *m* **2.** (*fig*) Seemannsgarn *nt* **II.** *vi* (*spin a ~*) ein Seemannsgarn spinnen (*about* über)

yaw [jɔː] **I.** *vi* (MAR, AVIAT) gieren, vom Kurs abweichen **II.** *s* (Kurs)Abweichung *f*

yawl [jɔːl] *s* (MAR) Jolle *f;* Beiboot *nt*

yawn [jɔːn] **I.** *vi* **1.** gähnen **2.** (*fig*) klaffen, sich öffnen **II.** *s* Gähnen *nt;* **it was a ~** (*fam*) es war langweilig; **yawn·ing** [-ɪŋ] *adj* gähnend

yea [jeɪ] **I.** *adv* ja (doch) **II.** *s* **1.** Ja *nt* **2.** Jastimme *f;* **yeah** [jeə] *adv* (*fam*) ja

year [jɜː(r), jɪə(r)] *s* Jahr *nt;* Jahrgang *m;* **all the ~ round** das ganze Jahr über; **for ~s** seit Jahren, jahrelang; **for his ~s** für sein Alter; **in the ~ 1837** im Jahre 1837; **last/this/next ~** letztes/dieses/nächstes Jahr; **~s ago** vor Jahren; **~ in, ~ out** jahraus, jahrein; **difference in ~s** Altersunterschied *m;* **~ of assessment** Steuerjahr *nt;* **~ of birth** Geburtsjahr *nt;* **~ of manufacture** Baujahr *nt;* **~ under report** [*o* **review**] Berichtsjahr *nt;* **~s of service** Dienstjahre *ntpl;* **year·book** *s* Jahrbuch *nt;* **year·ling** ['jɜːlɪŋ, 'jɪəlɪŋ] *s* (ZOO) Jährling *m;* **year·long** [ˌjɜː'lɒŋ, 'jɪə'lɒŋ] *adj* ein volles Jahr dauernd; **year·ly** ['jɜːlɪ, 'jɪəlɪ] *adj, adv* jährlich; **~ income/output/subscription** Jahreseinkommen *nt,* -produktion *f,* -beitrag *m*

yearn [jɜːn] *vi* sich sehnen, verlangen (*for, after* nach, *to do* zu tun); **yearn·ing** [-ɪŋ] *s* Sehnsucht *f,* Verlangen *nt*

yeast [jiːst] *s* Hefe *f;* **yeasty** ['jiːstɪ] *adj* hefig, nach Hefe

yell [jel] **I.** *s* Schrei *m;* **give me a ~ when you're ready** sag Bescheid, wenn du fertig bist; **college ~** (*Am*) anfeuernder Zuruf eines Colleges **II.** *vi* (~ *out*) schreien; **~ at s.o.** jdn anbrüllen **III.** *vt* (~ *out*) schreien, brüllen; rufen

yel·low ['jeləʊ] **I.** *adj* **1.** gelb **2.** (*fam*) feige; **the ~ peril** die gelbe Gefahr; **he has a ~ streak in him** er ist feige; **parking on the ~ lines** Parken im Parkverbot **II.** *s* **1.** Gelb *nt* **2.** Eigelb *nt* **III.** *vt* gelb färben **IV.** *vi* **1.** gelb werden **2.** vergilben; **yellow-belly** *s* (*sl*) Feigling *m;* **yellow-dog** *adj* (*Am*) gewerkschaftsfeindlich; **yellow fever** *s* (MED) Gelbfieber *nt;* **yellow jack** *s* (gelbe) Quarantäneflagge *f;* **yellow pages** *s pl* Gelbe Seiten *pl,* Branchenverzeichnis *nt*

yelp [jelp] **I.** *vi* **1.** kläffen, jaulen **2.** aufschreien **II.** *s* **1.** kurzes Bellen, Jaulen *nt* **2.** Aufschrei *m*

Yem·en ['jemən] *s:* **the ~** der Jemen; **Yem·eni** ['jemənɪ] **I.** *adj* jemenitisch **II.** *s* Jemenit(in) *m(f)*

yen [jen] *s* **1.** (FIN) Yen *m* **2.** Sehnsucht *f;* Lust *f* (*for* auf); **he has a ~ to be alone** er möchte gar zu gerne allein sein

yeo·man ['jəʊmən] <*pl* -men> *s* (HIST) Freisasse *m;* kleiner Grundbesitzer; **Yeoman of the Guard** königlicher Leibgardist; **yeo·manry** [-rɪ] *s* bäuerlicher Mittelstand; **yeoman('s) service** *s* treue Dienste *mpl*

yep [jep] *adv* (*sl*) ja

yes [jes] **I.** *adv* ja, jawohl; doch **II.** *s* Ja *nt;* **yes man** <*pl* men> *s* Jasager *m*

yes·ter·day ['jestədɪ, 'jestədeɪ] **I.** *adv* gestern; **the day before ~** vorgestern; **~ morning/afternoon/night** gestern Morgen/Nachmittag/Nacht; **~ week** vor acht Tagen **II.** *s* der gestrige Tag

yet [jet] **I.** *adv* **1.** (*zeitlich*) noch; jetzt; schon; schon noch **2.** (*vor Komparativ*) noch, sogar; außerdem; trotzdem; **as ~** bis jetzt; **not ~** noch nicht; **I have ~ to see it myself** ich muss es selbst noch sehen **II.** *conj* (je)doch, dennoch, trotzdem

yew [juː] *s* (*a.* ~*-tree*) Eibe *f*

Yid·dish ['jɪdɪʃ] *s* Jiddisch *nt*

yield [jiːld] **I.** *vt* **1.** hervorbringen, liefern **2.** einbringen, abwerfen, (her)geben **3.** (*Zinsen*) gewähren **4.** (*fig*) aufgeben; abtreten (*to s.o.* an jdn) **II.** *vi* **1.** (AGR) tragen **2.** (COM) Zinsen tragen **3.** sich fügen; es aufgeben **4.** nachgeben **5.** (AUTO) die Vorfahrt lassen, beachten **6.** (*Am*) das Wort überlassen (*to s.o.* jdm); **~ to conditions** auf Bedingungen eingehen; **~ to force** der Gewalt weichen; **~ to no-one** niemandem nach-, hinter niemandem zurückstehen **III.** *s* **1.** Ertrag, (erzielter) Gewinn *m* **2.** Ernte *f* **3.** Ausbeute *f;* effektive Verzinsung; (COM) Rendite *f;* **yield up** *vt* abtreten (*to* an); (*Leben*) aufgeben; **~ up to one's fate** sich in sein Schicksal ergeben, fügen; **yield·ing** [-ɪŋ] *adj* **1.** nachgebend **2.** (*fig*) nachgiebig

yip·pee ['jɪpɪ] *interj* juhe! hurra!

yob, yob·bo [jɒb, 'jɒbəʊ] *s* Rüpel *m;* **yob·bish·ness** ['jɒbɪʃˌnəs] *s* (*Br: sl*) Rüpelhaftigkeit *f*

yodel, yodle ['jəʊdl] **I.** *vi* jodeln **II.** *s* Jodler *m*

yoga ['jəʊgə] *s* Yoga, Joga *nt od m*

yog·h(o)urt ['jɒgət] *s* Jogurt *m od nt*

yogi ['jəʊgɪ] *s* Yogi *m*

yoke [jəʊk] **I.** *s* **1.** (*a. fig*) Joch *nt* **2.** (*Kleid*) Passe *f;* **throw off the ~** (*fig*) das Joch abschütteln **II.** *vt* **1.** (*Zugtiere*) anjochen, anspannen (*to* an) **2.** (*fig*) koppeln, verbinden (*to* mit)

yokel ['jəʊkl] *s* (*pej*) Tölpel *m*

yolk [jəʊk] *s* Dotter *m od nt,* Eigelb *nt*

yon·der ['jɒndə(r)] *adv* dort (drüben)

yore [jɔː(r)] (LIT): **in days of ~** in alten Zeiten

you [juː] *pron* **1.** du; dich *acc,* dir *dat* **2.** (*pl*) ihr; euch *acc/dat* **3.** (*Höflichkeitsform*) Sie *a. acc,* Ihnen *dat* **4.** (*unbestimmt*) man; einen *acc,* einem *dat;* **all of ~** ihr alle; Sie alle; **if I were ~** ich an deiner, Ihrer Stelle; **it's ~** du bist es; ihr seid's; Sie sind es; **~ teachers** ihr Lehrer; **there's a nice job for ~** das ist eine nette Arbeit; **that hairstyle just isn't ~** die Frisur passt einfach nicht zu dir; **you'll** [juːl] = **you will; you shall**

young [jʌŋ] **I.** *adj* **1.** (*a.* GEOL) jung **2.** jugendlich **3.** frisch, kräftig **4.** unerfahren; **the night is still ~** der Abend hat erst angefangen **II.** *s* (ZOO) (das) Junge; **the ~** die Jungen, die jungen Leute *pl;* **with ~** (*Tier*) trächtig; **young people** *s pl* junge Leute *pl;* **young persons** *s pl* Jugendliche *pl;* **young·ster** ['jʌŋstə(r)] *s* Junge, Bursche *m*

your [jɔː(r), jʊə(r)] *pron* **1.** dein; euer *pl* **2.** (*Höflichkeitsform*) Ihr **3.** (*unbestimmt*) sein **4.** (*typisch*) der, die, das; **~ average German** der durchschnittliche Deutsche; **you register and then you get ~ form** man meldet sich an, und dann bekommt man sein Formular; **one of ~ friends** einer deiner, Ihrer Freunde

you're [jʊə(r)] = **you are**
yours [jɔːz, jʊəz] *pron* **1.** deine(r, s); der, die, das Deine **2.** (*pl*) eure(r, s); der, die, das Eure **3.** (*Höflichkeitsform*) Ihre(r, s); der, die, das Ihre; **a friend of** ~ einer deiner, eurer, Ihrer Freunde; **this book is** ~ dies Buch gehört dir, euch, Ihnen; **Yours sincerely** mit freundlichen Grüßen; **Yours truly/faithfully** hochachtungsvoll
your·self [jɔː'self, jə'self, *Am* jʊər'self] <*pl* -selves> *pron* **1.** dich *acc*, dir *dat* **2.** (*pl*) euch *acc/dat* **3.** (*Höflichkeitsform*) sich **4.** (*betont*) (du, ihr, Sie) selbst; (**all**) **by** ~ (ganz) allein; ohne Hilfe; **be ~!** (*fam*) reiß dich zusammen!; **you don't seem to be ~ today** Sie sind heute wohl nicht ganz auf der Höhe; **will you do it ~?** machst du das selbst? machen Sie das selbst?; **you ~ said it** das hast du, das habt ihr, das haben Sie selbst gesagt
youth [juːθ, *pl* juːðz] <*pl* youths> *s* **1.** Jugend *f* **2.** Jugendlichkeit, -frische *f* **3.** *mit sing od pl* Jugend *f*, junge Leute *pl* **4.** junger Mann, Jugendliche(r) *m;* **the friends of his** ~ seine Jugendfreunde *mpl;* **vigour of** ~ Jugendkraft *f;* **youth centre**, **youth club** *s* Haus *nt* der Jugend, Jugendzentrum *nt;* **youth·ful** ['juːθfl] *adj* **1.** jung **2.** jugendlich; **youth hostel** *s* Jugendherberge *f;* **youth training scheme** *s* Ausbildungsförderungsprogramm *nt;* **youth unemployment** *s* Jugendarbeitslosigkeit *f*
you've [juːv] = **you have**
yowl [jaʊl] *vi* jaulen
yo-yo ['jəʊjəʊ] *s* (*Kinderspielzeug*) Jo-Jo *nt;* **up and down like a** ~ immer auf und ab; **yo-yo diet·ing** *s* (*fam*) Abnehmen und gleich wieder Zunehmen (Jo-Jo-Effekt)
Yu·go·slav ['juːgəʊ'slɑːv] **I.** *adj* jugoslawisch **II.** *s* Jugoslawe *m*, Jugoslawin *f;* **Yu·go·sla·via** ['juːgəʊ'slɑːvɪə] *s* (HIST) Jugoslawien *nt;* **Yu·go·sla·vian** ['juːgəʊ'slɑːvɪən] *adj* jugoslawisch
yuk ['jʌk] *vi* (*sl*): ~ **it up with s.o.** mit jdm quatschen *sl*
yuk·ky ['jʌkɪ] *adj* (*fam*) ekelhaft
yule [juːl] *s* Weihnachten *nt*, Weihnacht *f;* **yule log** *s* Weihnachtsscheit *nt;* **yule·tide** *s* Weihnachtszeit *f*
yuppie ['jʌpɪ] *s s.* **young urban professional** Yuppie *m*

Z

Z, z [zed, *Am* ziː] <*pl* -'s> *s* Z, z *nt*
Zaire [zɑː'iːə] *s* Zaire *nt;* **Za·ir·ean** [zɑː'iːərən] **I.** *adj* zairisch **II.** *s* Zairer(in) *m(f)*
Zam·bia ['zæmbɪə] *s* Sambia *nt;* **Zam·bi·an** ['zæmbɪən] **I.** *adj* sambisch **II.** *s* Sambier(in) *m(f)*
zany ['zeɪnɪ] *adj* komisch, spaßig
zap [zæp] *vt* **1.** (*fam*) löschen **2.** (TV: *fam*) ständig hin- und herschalten; **zap·ping** [zæpɪŋ] *s* (*fam*) TV-Hoppen *nt,* ständiges Umschalten
zeal [ziːl] *s* Eifer *m;* **zealot** ['zelət] *s* **1.** Fanatiker(in) *m(f)* **2.** (REL) Zelot *m;* **zeal·ous** ['zeləs] *adj* eifrig; begeistert, enthusiastisch
zebra ['ziːbrə] *s* Zebra *nt;* **zebra crossing** *s* Zebrastreifen *m*
zen·ith ['zenɪθ, *Am* 'ziːnɪθ] *s* (*a. fig*) Zenit *m*
zero ['zɪərəʊ] <*pl* **zero(e)s**> **I.** *s* **1.** Null *f* **2.** Nullpunkt *m* (*einer Skala*) **3.** Gefrierpunkt *m* **4.** (*fig*) Null-, Tiefpunkt, -stand *m* **5.** Nichts *nt;* **be at** ~ auf Null stehen; **fall to** ~ auf null Grad fallen **II.** *adj* null, Null-; ~ **altitude flying** Tiefflug *m;* ~ **degrees** null Grad; ~ **emission vehicle, ZEV** abgasfreies Fahrzeug; ~ **gravity** Schwerelosigkeit *f;* ~ **growth** Nullwachstum *nt;* ~ **hour** die Stunde X; ~ **option** (POL) Nulllösung *f;* ~**-rated** von der Mehrwertsteuer befreit; **I have** ~ **interest in that** (*fam*) ich habe null Interesse daran; **zero in** *vi* (MIL) sich einschießen (*on* auf); ~ **in on s.o.** jdn einkreisen; ~ **in on s.th.** sich etw herausgreifen; sich auf etw stützen; **zero out** *vt* eliminieren, ausradieren; **zero-point engine** *s* Nullpunkt-Maschine *f*
zest [zest] *s* **1.** Begeisterung *f* **2.** (*fig*) Pfiff, Schwung *m* **3.** Zitronen-, Orangenschale *f;* ~ **for life** Lebensfreude *f;* **with** ~ mit Eifer, Begeisterung; **add** [*o* **give**] ~ **to s.th.** einer S Würze verleihen, eine S interessant machen
Zeus [zjuːs] *s* Zeus *m*
ZEV [ˌzediː'viː] *s Abk. von* **zero emission vehicle** abgasfreies Fahrzeug
zig·zag ['zɪgzæg] **I.** *s* Zickzack *m,* Zickzacklinie *f,* Zickzackweg *m* **II.** *adv* im Zickzack **III.** *adj* Zickzack-; zickzackförmig; ~ **path** Zickzackweg *m* **IV.** *vi* im Zickzack (ver)laufen
zilch [zɪltʃ] *pron* (*fam*) nichts, null
Zim·ba·bwe [zɪm'bɑːbwɪ] *s* (GEOG) Simbabwe, Zimbabwe *nt;* **Zim·bab·we·an** [zɪm'bɑːbwɪən] **I.** *adj* simbabwisch **II.** *s* Simbabwer(in) *m(f)*
zinc [zɪŋk] *s* Zink *nt*
zine [ziːn] *s* (*sl*) Zeitschrift *f*
zip [zɪp] **I.** *s* **1.** Pfeifen, Zischen, Surren *nt* **2.** (*fig fam*) Dynamik *f,* Schwung *m* **3.** (~ *fastener*) Reißverschluss *m* **II.** *vi* pfeifen, schwirren, surren **III.** *vt* **1.** (~ *shut*) mit einem Reißverschluss schließen **2.** (~ *open*) den Reißverschluss aufmachen (*s.th.* einer S); **will you** ~ **me up?** würdest du meinen Reißverschluss zumachen?; **zip code, ZIP code** *s* (*Am*) Postleitzahl *f;* **zip fas·tener** ['zɪpˌfɑːsnə(r)] *s* Reißverschluss *m;* **zip·per** ['zɪpə(r)] *s* (*Am*) Reißverschluss *m;* ~ **clause** (*Am*) Schweigepflichtklausel *f;* **zippy** ['zɪpɪ] *adj* (*fam*) schwungvoll; schnell
zither ['zɪðə(r)] *s* (MUS) Zither *f*
zo·diac ['zəʊdɪæk] *s* (ASTR) Tierkreis *m;* **sign of the** ~ Tierkreiszeichen *nt*
zom·bie ['zɒmbɪ] *s* **1.** (*Westindien*) Zombie *m* **2.** (*fam*) Trottel *m;* **like a** ~ total im Tran
zonal ['zəʊnl] *adj* Zonen-, zonal
zone [zəʊn] **I.** *s* **1.** Zone *f* **2.** Gebiet *nt,* Bereich *m* **3.** (Post)Bezirk *m;* (*Am*) Gebührenzone *f;* **danger** ~ Gefahrenzone *f,* -bereich *m;* **frigid/temperate/torrid** ~ kalte/gemäßigte/heiße Zone; **occupation** ~ Besatzungszone *f* **II.** *vt* **1.** in Zonen [*o* Bezirke] einteilen **2.** (*Gelände*) für einen bestimmten Zweck vorsehen; **zone out** *vt* (*fig*) abdriften, in Gedanken woanders sein; **zon·ing** [-ɪŋ] *s* Gebiets-, Flächenaufteilung *f;* **zoning ordinance** *s* Bebauungsplan *m,* baurechtliche Vorschriften *fpl*
zoo [zuː] *s* Zoo *m;* **zo·ol·ogi·cal** [ˌzəʊə'lɒdʒɪkl] *adj* zoologisch; ~ **gardens** zoologischer Garten, Tierpark *m;* **zo·ol·ogist** [zəʊ'ɒlədʒɪst] *s* Zoologe *m,* Zoologin *f;* **zo·ol·ogy** [zəʊ'ɒlədʒɪ] *s* Zoologie *f*
zoom [zuːm] **I.** *s* **1.** (PHOT: ~ *lens*) Zoom(objektiv) *nt* **2.** (AVIAT) Steilflug *m,* steiler Aufstieg **3.** (*Geräusch*) Surren *nt* **II.** *vt* **1.** (AVIAT) steil hochziehen **2.** (AUTO) auf Hochtouren bringen **III.** *vi* **1.** (AVIAT) steil aufsteigen **2.** (*Preise*) in die Höhe schnellen **3.** sausen, rasen; schnell arbeiten **4.** surren; **he just ~ed through it** er hatte das im Nu fertig;

zoom in *vi* **1.** (PHOT) nah herangehen **2.** (*fam*) hereinsausen; ~ **in on s.th.** (*fig fam*) etw sofort herausgreifen; **zoom out** *vi* **1.** (PHOT) aufziehen **2.** (*fam*) hinaussausen

zorb·ing ['zɔːbɪŋ] *s* (*rolling downhill while strapped inside a huge, transparent, air-cushioned ball*) Zorbing *nt*

zuc·chi·ni [zu'kiːnɪ] *s* (*Am*) Zucchini *pl*

Britische und amerikanische Abkürzungen

AA 1. *Alcoholics Anonymous;* **2.** *(Br) Automobile Association;* **3.** *antiaircraft*
AAA *Amateur Athletic Association*
AB *(Am) Artium Baccalaureus (Bachelor of Arts)*
ABC 1. *American Broadcasting Company;* **2.** *Australian Broadcasting Commission*
ABM *anti-ballistic missile*
AC *alternating current*
a/c *account*
ACAS *(Br) Advisory, Conciliation, and Arbitration Service*
ACORN *automatic checkout and recording network*
AD *anno Domini* a. D.
ad. lib. *ad libitum (aus dem Stegreif)*
Adm. *Admiral* Adm.
AEA *(Br) Atomic Energy Authority*
AEC *(Am) Atomic Energy Commission*
AGM 1. *air-to-ground missile;* **2.** *annual general meeting*
AGR *advanced gas-cooled reactor*
AI 1. *artificial insemination;* **2.** *artificial intelligence*
AID 1. *Agency for International Development;* **2.** *artificial insemination by donor*
AIDS *acquired immune deficiency syndrome*
a. k. a. *also known as*
ALGOL *algorithmic language* ALGOL
a. m. *ante meridiem* vormittags
amp. *ampere*
a. o. b. *any other business*
APA *American Psychiatric Association*
APR *annual percentage rate*
APT *advanced passenger train*
arr. *arrival*
a. s. a. p. *as soon as possible*
ASPCA *American Society for Prevention of Cruelty to Animals*
ATC *(Br) Air Training Corps*
Att-Gen *(Am) Attorney-General*
AUT *(Br) Association of University Teachers*
AV 1. *audiovisual;* **2.** *Authorized Version of the Bible*
av. *average*
Av. *avenue*
AWACS *Airborne Warning and Control System* AWACS
AWOL (MIL) *absent without (official) leave*

BA 1. *Bachelor of Arts;* **2.** *British Airways*
B & B *bed and breakfast*
BAOR *British Army on the Rhine*
BASIC *Beginner's All-purpose Symbolic Instruction Code* BASIC
BBC *British Broadcasting Corporation* BBC
BC *before Christ*
BCG *bacillus of Calmette and Guérin* BCG
BEd *Bachelor of Education*
BEM *British Empire Medal*
BFPO *British Forces Post Office*
bhp *brake horsepower*
bit *binary digit*
BM *British Museum*
BMA *British Medical Association*
BO *body odour*
BOSS (HIST) *Bureau of State Security*
BOT *Board of Trade*
Bq *becquerel*
BR *British Rail*
BSc *Bachelor of Science*
BST *British Summer Time*
Btu *British thermal unit*

c. *circa*
CCA *Civil Aviation Authority*
CAB 1. *Citizens' Advice Bureau;* **2.** *(Am) Civil Aeronautics Board*
CAD/CAM *computer-aided design and manufacture* CAD/CAM
cal. *calorie* cal.
CAP (EU) *Common Agricultural Policy*
Caps. *capitals*
CARE *Cooperative for American Relief Everywhere*
CAT *(Br) Centre for Alternative Technology*
CB *citizens' band (radio)* CB
CBI *(Br) Confederation of British Industry*
CBW *chemical and biological warfare*
cc *cubic centimetres* cc, cm^3
CCTV *closed-circuit television*
ccw. *counterclockwise*
CD *compact disc* CD
CET *Central European Time* MEZ
cf. *confer* vgl.
CFC *chlorofluorocarbon* FCKW
c/h *central heating*
chap. *chapter* Kap.
CIA *(Am) Central Intelligence Agency* CIA
CID *(Br) Criminal Investigation Department* Kripo
CIO *(Am) Congress of Industrial Organizations*
CIS *Commonwealth of Independent States* GUS
ckw. *clockwise*
cm *centimetre* cm
CND *Campaign for Nuclear Disarmament*
Co *cobalt*
CO *Commanding Officer*

COBOL *common business-oriented language* COBOL
COD *(Br)* **1.** *cash on delivery;* **2.** *chemical oxygen demand*
COI *(Br) Central Office of Information*
COL *computer-oriented language*
cols *columns*
Comecon *Council for Mutual Economic Assistance* COMECON
COMSAT *(Am) communications satellite*
CORE *(Am) Congress of Racial Equality*
cos *cosine* cos
cosec *cosecant* cosec
cot *or* **cotan** *(math) cotangent* cot
CP *Communist Party* KP
CPU *central processing unit*
CRT *cathoderay tube*
CSCE *Conference on Security and Cooperation in Europe* KSZE
CSE *(Br) Certificate of Secondary Education*
CTC *(Br) city technology college*
CV *curriculum vitae*
cwt. *hundredweight*

d. 1. *day;* **2.** *diameter;* **3.** *died*
DA *(Am) District Attorney*
DAT *digital audio tape*
dB *decibel*
DC 1. *direct current ;* **2.** *District Commissioner,* **3.** *District of Colombia*
DD *Doctor of Divinity*
DDT *Dichlorodiphenyl-trichloroethane* DDT
deg. *degree*
dep. *department* Abt.
DES *(Br) Department of Education and Science*
Det *Detective*
DEW *distant early warning*
Dip *Diploma* Dipl.
DIY *do-it-yourself*
DJ 1. *dinner jacket;* **2.** *disc jockey*
DM *Deutschmark* DM
DNA *deoxyribonucleic acid* DNS
DOA *dead on arrival*
DOD *(Am) Department of Defense*
DoE *(Br) Department of the Environment*
DOS *Disk Operating System* DOS
doz. *dozen*
DP 1. *data processing;* **2.** *displaced person*
DPhil *Doctor of Philosophy*
Dr *Doctor*
DS *Detective Sergeant*
DSc *Doctor of Science* Dr. rer. nat.
DTP *desktop publishing* DTP
dup. *duplicate*
DVLA *(Br) Driver and Vehicle Licensing Authority*

E *east*
ECG *electrocardiogram* EKG
ECT *electroconvulsive therapy* Elektroschock
ECU *European Currency Unit* ECU
ed. 1. editor; **2.** *edition;* **3.** *edited*
EDP *electronic data processing* EDV
EEC (HIST) *European Economic Community* EWG
EEG *electroencephalogram* EEG
EFTA *European Free Trade Association* EFTA
e. g. *(exempli gratia) for example* z. B.
EIS *executive information system*
ELT *English language teaching*
enc. *or* **encl.** *enclosure* Anl.
ENE *east-northeast* ONO
ENT *ear, nose and throat* HNO
EOC *(Br) Equal Opportunities Commission*
EOF *end of file*
EP *extended play* Schallplatte mit verlängerter Spieldauer
EPNS *electroplated nickel silver*
eq. *or* **equiv.** *equivalent*
ER *Elizabeth Regina*
ESE *east-southeast* OSO
ESN *educationally subnormal*
ESL *English as a second language*
ESP *extrasensory perception* ASW
Esq. *Esquire*
est. 1. *estimated;* **2.** *established*
ETA *estimated time of arrival*
et al. *et alii* et al.
etc. *et cetera* usw.
ETD *estimated time of departure*
EU *European Union* EU
Euratom *European Atomic Energy Community* EURATOM

F *Fahrenheit*
f 1. *folio;* **2.** *feminine*
FA *(Br) Football Association*
FBI *(Am) Federal Bureau of Investigation*
FCO *(Br) Foreign and Commonwealth Office*
Fed. *federal*
ff *the following* ff.
FIFA *Federation of International Football Association* FIFA
fig. 1. figure; **2.** *figurative*
FM 1. (PHYS) *frequency modulation;* **2.** *Field Marshal*
FO *(Br) Foreign Office*
fob *free-on-board*
FoE *Friends of the Earth*
foll. *followed or following* folg.
FORTRAN *formula translation* FORTRAN
FRG *Federal Republic of Germany* BRD
ft *foot or feet*

g *gram*
gall. *gallon*
GATT *General Agreement on Tariffs and Trade* GATT
GB *Great Britain*
GBH *(Br jur) grievous bodily harm*
GCE *General Certificate of Education*
GCHQ *(Br) Government Communications Headquarters*
GCSE *(Br) General Certificate of Secondary Education*
Gdns *Gardens*
GDP *Gross Domestic Product*
GDR (HIST) *German Democratic Republic* DDR
GFR *German Federal Republic* BRD
GI *government issue*
GMT *Greenwich Mean Time* WEZ
GNP *Gross National Product* BSP
Gov. *Governor*
GP *general practitioner*
GPO *General Post Office*
GT *Gran Turismo* GT

h & c *hot and cold (water)*
HGV *heavy goods vehicle*
HIV *human immunodeficiency virus* HIV
hl *hectolitre* hl
HMG *Her/His Majesty's Government*
HMI *Her/His Majesty's Inspector (of schools)*
HMSO *Her/His Majesty's Stationery Office*
HNC *Higher National Certificate*
HND *Higher National Diploma*
HMS **1.** *Her/His Majesty's Service;* **2.** *Her/His Majesty's Ship*
HO **1.** *head office;* **2.** *Home Office*
Hon. *Honorary*
hons *honours*
HP *Houses of Parliament*
HQ *headquarters*
HRH *Her/His Royal Highness*
HST *high-speed train*
ht *height*
Hz *hertz* Hz

IAEA *International Atomic Energy Agency*
IATA *International Air Transport Association* IATA
ibid. *ibidem (in the same place)*
IC *integrated circuit*
i/c *in charge(of)*
ICBM *intercontinental ballistic missile*
ICU *intensive care unit*
ID *identification*
IDDD *(Am) international direct distance dial(ling)*
IDP **1.** *integrated data processing;* **2.** *International Driving Permit*
i. e. *id est* d. h.
illus. *ilustrated or illustration* Abb.
ILO *International Labour Organisation* IAO
ILS *instrument landing system*
IMF *International Monetary Fund* IWF
in *inch*
Inc. *Incorporated*
INS *International News Service*
Interpol *International Criminal Police Commission* Interpol
I/O *input/output*
IOC *International Olympic Commitee* IOK
IOM *Isle of Man*
IOU *I owe you*
IOW *Isle of Wight*
IPA *International Phonetic Alphabet*
IQ *Intelligence Quotient* IQ
IRA *Irish Republican Army* IRA
IRBM *intermediate-range ballistic missile*
ISBN *International Standard Book Number* ISBN
ISD *international subscriber dialling*
ITA **1.** *Independent Television Authority;* **2.** *initial teaching alphabet*
ITN *(Br) Independent Television News*
ITV *(Br) Independent Television*
IUD *intrauterine device*
i. v. *intravenous*

JP *(Br) Justice of the Peace*
Jr *Junior*
jt *joint*

kbyte *kilobyte*
KC *King's Counsel*
kc *kilocycle*
kg *kilogram*
kHz *kilohertz*
KIA *killed in action* gef.
kJ *kilojoule* kJ
km *kilometre* km
km/h *kilometres per hour* km/h
KO *knockout* K. o.
kw *kilowatt* kW
kWh *kilowatt hour* kWh
KWIC *key word in context*
KWOC *key word out of context*

L **1.** *(Br) Learner;* **2.** *large*
l *litre*
lab. *laboratory* Lab.
LAN *local area network* LAN
lat. *latitude* Br.
lb *pound* lb
LCD **1.** *liquid crystal diode;* **2.** *liquid crystal display* LCD-Anzeige
LCM *London College of Music*
LED *light-emitting diode*
LEM *lunar excursion module*

LF *low frequency* LF
Lieut *Lieutenant* Lt.
loc. cit. *loco citato* l. c., a. a. O.
log *logarithm*
long. *longitude* L.
LP *long-playing (record)* LP
LPG *liquid petroleum gas*
LSD *lysergic acid diethylamide* LSD
Ltd *Limited*
LV *luncheon voucher*
LW *long wave* LW

M 1. *male;* **2.** *medium;* **3.** *mass*
m 1. *metre;* **2.** *mile;* **3.** *million;* **4.** *minutes;* **5.** *married;* **6.** *masculine*
MA *Master of Arts*
mA *milliampere* mA
MAFF *(Br) Ministry of Agricultural, Fisheries and Food*
Maj. *Major*
MASH *(Am) Mobile Army Surgical Hospital*
max. *maximum*
mb *millibar*
MC 1. *Master of Ceremonies;* **2.** *Medical Corps;* **3.** *Member of Congress;* **4.** *Military Cross*
MD 1. *managing director;* **2.** *Doctor of Medicine*
med. *medium*
MEP *Member of the European Parliament*
met. *meteorological*
Mg *magnesium*
MHR *(Am) Member of the House of Representatives*
Mhz *megahertz* mHz
MICR *magnetic-ink character recognition*
MIDAS *Missile Defence Alarm System*
min. 1. *minute* min; **2.** *minimum* min
MIRV *multiple independently targetted reentry vehicle*
MLR *minimum lending rate*
mm *millimetre* mm
MO 1. *modus operandi;* **2.** *Medical Officer;* **3.** *money order*
MOD *(Br) Minstry of Defense*
mod. *modern* mod.
MOL *manned orbiting laboratory*
MOT *Ministry of Transport* TÜV
MP 1. *Member of Parliament;* **2.** *Metropolitain Police;* **3.** *Military Police*
mpg *miles per gallon*
mph *miles per hour*
Mr *Mister* Herr
MRBM *medium-range ballistic missile*
Mrs *Mistress* Frau
Ms *Miss* Frau (auch für Unverheiratete)
MS *multiple sclerosis* MS
ms *manuscript*
MSc *Master of Science*
MSG *monosodium glutamate*
MT *(Am) Mountain Time*
Mt. *Mountain*
MW *medium wave* MW

N *north*
n 1. (MATH) n; **2.** *noun;* **3.** *neuter*
NAACP *(Am) National Association for the advancement of Colored People*
Naafi *Navy, Army and Air Force Institutes*
NALGO *(Br) National and Local Government Officers Association*
NASA *(Am) National Aeronautics and Space Administration* NASA
NATO *North Atlantic Treaty Organisation* NATO
NB *nota bene* NB
NCC *(Br) Nature Conservancy Council*
NCO *non commissioned officer*
NE *northeast* NO
NF *(Br) National Front*
NHS *(Br) National Health Service*
NNE *north-northeast* NNO
NNW *north-northwest* NNW
no *number*
NSPCC *National Society for the Prevention of Cruelty to Children*
NT 1. *New Testament;* **2.** *National Trust*
NW *northwest* NW
NY *New York*
NZ *New Zealand*

OAP *old-age pensioner*
OAS *Organization of American States* OAS
OAU *Organization of African Unity* OAU
OCR *optical character recognition* OCR
OD *overdose*
OECD *Organization for Economic Cooperation and Development* OECD
OHMS *On Her/His Majesty's Service*
ONC *Ordinary National Certificate*
o. n. o. *or nearest offer*
op. cit. *opere citato* op. cit.
OPEC *Organization of Petroleum Exporting Countries* OPEC
OS 1. *ordinary seaman;* **2.** *Ordnance Survey;* **3.** *outsize*
OT *Old Testament* AT
OU *(Br) Open University*
OXFAM *Oxford Commitee for Famine Relief*
oz *ounce*

p 1. *page;* **2.** *penny*
PA 1. *Press Association;* **2.** *public address system*
p. a. *per annum (yearly)*

PABX *private automatic branch exchange*
PACE *Police and Criminal Evidence Act*
p & p *postage and packing*
par. *paragraph* Abs.
Parl. *Parliament*
PAT *Professionel Association of Teachers*
PAYE *Pay As You Earn*
PBS *(Am) Public Broadcasting Service*
PC 1. *Police Constable;* **2.** *Privy Councillor;* **3.** *Personal Computer*
p. c. *per cent*
PE *physical education*
PEN *International Association of Poets, Playwrights, Editors, Essayists and Novelists*
per pro. *per procurationem (by proxy)*
PERT *programme evaluation and review technique*
PGCE *(Br) Postgraduate Certificate of Education*
PhD *Philosophiae Doctor (Doctor of Philosophy)*
PIN *personal identification number*
plc *public limited company*
PLO *Palestine Liberation Organization* PLO
PLP *(Br) Parliamentary Labour Party*
PM 1. *Prime Minister;* **2.** *post mortem*
p. m. *post meridiem* nachmittags
PO 1. *parole officer;* **2.** *personal officer*
POB *Post-Office Box* Postf.
POD *pay on delivery*
poss. (GRAM) *possessive*
POW 1. *Prince of Wales;* **2.** *prisoner of war*
pp *pages*
PR 1. *proportional representation;* **2.** *public relations*
Pres. *Presbyterian*
Prof. *Professor*
prog. *program*
PROM *programmable read-only memory*
PS *postscript* PS
PSV *public service vehicle*
PT 1. *physical therapy;* **2.** *physical training*
pt 1. *pint;* **2.** *point*
pto *please turn over* b. w.
PVC *polyvinyl chloride* PVC
PWR *pressurized water reactor*
PX *(Am) Post Exchange*

Q *Queen*
QC *(Br) Queen's Counsel*
QED *quod erat demonstrandum* q. e. d.
qtr *quarter*
qv *quod vide*

R 1. *resistance;* **2.** *River;* **3.** *restricted*
r. *run*
RAC *Royal Automobile Club*
RAF *Royal Air Force*
RAM *random-access memory* RAM
R & B *rhythm and blues*
RC 1. *Red Cross* DRK; **2.** *Roman Catholic* rk
RCMP *Royal Canadian Mounted Police*
Rd *road* Str.
RE 1. *religious education;* **2.** *Royal Exchange*
REM *rapid eye movement* REM
Rep. 1. *Republic* Rep; **2.** *Republican* Rep.
Revd. *Reverend* Ehrw.
RFC *(Br) Rugby Football Club*
Rh *rhesus* Rh.
RI *religious instruction*
RIP *rest in peace* R. I. P.
RN *Royal Navy*
RNA *ribonucleic acid* RNS
RNLI *Royal National Lifeboat Institution*
ROM *read-only memory* ROM
RoSPA *Royal Society for the Prevention of Accidents*
RP *received pronunciation*
rpm *revolutions per minute* Umd. p. min.
RR *(Am) Railroad*
RSPCA *Royal Society for the Prevention of Cruelty to Animals*
RSVP *répondez s'il vous plaît* u. A. w. g.
Rt Hon. *Right Honourable*
RUC *Royal Ulster Constabulary*

S 1. *south;* **2.** *small*
s *second*
SA 1. *South Africa;* **2.** *South America;* **3.** *South Australia;* **4.** *Salvation Army*
s. a. e. *stamped addressed envelope*
SALT *Strategic Arms Limitation Talks* SALT
SAM *surface-to-air missile*
SAS *(Br) Special Air Service*
SAYE *Save As You Earn*
sci-fi *science fiction*
SDI *(Am) Strategic Defense Initiative*
SE *southeast* SO
SEATO *South-East Asia Treaty Organization* SEATO
Sen. *(Am) Senator*
s. g. *specific gravity*
SHAPE *Supreme Headquarters Allied Powers Europe*
SJ *Society of Jesus*
SNP *Scottish National Party*
sonar *sound navigation and ranging*
Sq. *square* Pl.
SS 1. *steamships;* **2.** *saints*
SSE *south-southeast* SSO
SSM *surface-to-surface missile*
SSW *south-southwest* SSW
St. 1. *Strait;* **2.** *street*
st. *stone*
STD *(Br) subscriber trunk dialling*

START *Strategic Arms Reduction Talks*
STOL *short takeoff and landing*
STUC *Scottish Trades Union Congress*
SU *Scripture Union*
SUM *surface-to-underwater missile*
SW *southwest* SW
SWAPO *South West African People's Organization* SWAPO

t *tonne*
TA *(Br) Territorial Army*
tan *tangent* tan.
TB *tuberculosis* TB
tbs. *tablepoon(ful)* Essl.
TCBM *transcontinental ballistic missile*
TD 1. touchdown; **2.** (MED) *tardive dyskinesia*
tel. *telephone* Tel.
temp. 1. *temperature* Temp.; **2.** *temporary* zeitw.
TIR *International Road Transport*
TNT *trinitrotoluene*
trig. *trigonometry*
TT 1. *teetotal;* **2.** *Tourist Trophy;* **3.** *tuberculin-tested*
TUC *Trades Union Congress*
TV *television* TV
TVP *textured vegetable protein*

UAE *United Arab Emirates*
UCCA *(Br) Universities Central Council for Admissions*
UDA *Ulster Defence Association*
UDR *Ulster Defence Regiment*
UDI *unilateral declaration of independence*
UEFA *Union of European Football Associations* UEFA
UFO *unidentified flying object* UFO
UHF *ultrahigh frequency*
UHT *ultra heat treated*
UK *United Kingdom*
UN *United Nations* UN
UNA *(Br) United Nations Association*
UNCTAD *United Nations Commissions for Trade and Development* UNCTAD
UNESCO *United Nations Educational, Scientific and Cultural Organization* UNESCO
UNICEF *United Nations International Children's Emergency Fund* UNICEF
Univ. *University* Univ.
UNO *United Nations Organization* UNO
UPI *(Am) United Press International*
US *United States* US
USA 1. *United States of America;* **2.** *United States Army*
USAF *United States Air Force*
USM 1. *underwater-to-surface missile;* **2.** *United States Mail*
USS 1. *United States Ship;* **2.** *United States Senate*
USW *ultrashort waves*
UV *ultraviolett* UV
UVF *Ulster Volunteer Force*

V 1. *volume;* **2.** *volt*
vac. *vacant*
VAT *value-added tax* MwSt.
VC 1. *Victoria Cross;* **2.** *Vice-Chairman*
VCR *videocassette recorder* VCR
VD *veneral disease*
VDU *visual display unit* VDU
VE *Victory in Europe*
VERA *vision electronic recording apparatus*
v. g. *very good*
VHF *very high frequency*
VIP *very important person* VIP
viz *videlicet (namely)*
vol *volume* Bd.
VSO *very superior old*
VSOP *very superior old pale*
VTOL *vertical takeoff and landing*
VTR *videotape recorder*

W *west*
w *watt*
WAAF *Women's Auxiliary Air Force*
WAC *Women's Army Corps*
WASP *(Am) White Anglo-Saxon Protestant*
w. c. *water closet* WC
w. e. f. *with effect from*
WHO *World Health Organization* WGO
WI *(Br) Women's Institute*
WNW *west-northwest* WNW
w/o *without* o.
WPC *(Br) Woman Police Constable*
wpm *words per minute* WpM
WRAC *(Br) Women's Royal Army Corps*
WRAF *(Br) Women's Royal Air Force*
WRNS *(Br) Women's Royal Naval Service*
WSW *west-southwest* WSW
wt *weight* Gew.
WW *World War*
WWF *Worldwide Fund for Nature*
WWW *World Wide Web* WWW
WYSIWYG *what you see is what you get*

X (MATH) ×
XL *extra large* XL
Xmas *Christmas*

y. *year*
yd *yard(s)*
YHA *Youth Hostel Association*
YMCA *Young Men's Christian Association* CVJM
yr *your*

ZIP *(Am) zone improvement program*

Deutsche Abkürzungen

A *Ampere* amp.
a *Ar* are
AA *Auswärtiges Amt* Foreign Office
a. a. O. *am angegebenen od angeführten Ort* loc. cit.
Abb. *Abbildung* illus.
Abf. *Abfahrt* dep.
Abk. *Abkürzung* abbreviation
ABM *Arbeitsbeschaffungsmaßnahme* job creation scheme
Abs. *Absatz* para.
ABS *Antiblockiersystem* anti-lock braking system
Abt. *Abteilung* dep., dept.
abzgl. *abzüglich* less, minus
a. Chr. (n.) *ante Christum (natum)* B C
a. D. *außer Dienst* retd.
A. D. *anno Domini* A D
ADAC *Allgemeiner Deutscher Automobil-Club* General German Automobile Association
Add. *Addenda, Ergänzungen* addenda, additions, supplements
Adr. *Adresse* address
AG *Aktiengesellschaft* (*Br*) plc
ahd. *althochdeutsch* OHG
Aids, AIDS *Acquired Immune Deficiency Syndrome, erworbene Immunschwäche* AIDS
Akad. *Akademie* academy, *a.* college
Akt.-Nr. *Aktennummer* file no.
AKW *Atomkraftwerk* nuclear power station
allg. *allgemein* general
allj. *alljährlich* annual(ly *adv*), yearly
a. M. *am Main* on the Main
amtl. *amtlich* official
Anh. *Anhang* appendix
Ank. *Ankunft* arr.
Anm. *Anmerkung* note
anschl. *anschließend* following, subsequent(ly *adv*)
a. o. *außerordentlich* extraordinary, special
a. o. Prof. *außerordentlicher Professor (Br)* senior lecturer, *(Am)* associate professor
APO *Außerparlamentarische Opposition* extra-parliamentary opposition
App. *Apparat; Telefon* appliance, instrument; telephone
arab. *arabisch* Arab(ian), Arabic figures
a. Rh. *am Rhein* on the Rhine
Art. *Artikel* article
ASCII *American Standard Code for Information Interchange* ASCII
Assist. *Assistent, Assistenz* assistance, assistant
ASTA *Allgemeiner Studentenausschuss* general students' committee
ASU *Abgassonderuntersuchung* anti-pollution test of exhaust fumes
A. T. *Altes Testament* OT
atü *Atmosphärenüberdruck* atmosphere excess pressure
Aufl. *Auflage* ed.
Auftr.-Nr. *Auftragsnummer* order no.
Ausg. *Ausgabe, Ausgang* edition, exit
Az. *Aktenzeichen* file number

B *Bundesstraße* federal highway
b. *bei, per Adresse* c/o
BAföG *Bundesausbildungsförderungsgesetz* grant
B(au)j. *Baujahr* year of manufacture
b. a. W. *bis aus Widerruf* until recalled, unless countermanded
b. a. w. *bis auf weiteres* until further notice
Bd *Band (Buch)* vol.
Bund (Vereinigung) union, association; *Bündnis* alliance
Bde. *Bände* vols.
Bea(mt). *Beamte(r)* civil servant, official
Begl. *Beglaubigung* certification
begl. *beglaubigt* certified; *beglichen* paid
Benelux *Belgien, Niederlande, Luxemburg* Belgium, the Netherlands, and Luxemburg
bes. *besonders* esp.
Best. *Bestellung* order
Best.-Nr. *Bestellnummer* order no.
Betr. *Betreff, betrifft* re
betr. *betreffend, betreffs* re
Bez. *Bezeichnung; Bezirk* name, designation; district
bfr *beglischer Franc* Belgian franc
BGB *Bürgerliches Gesetzbuch* Civil Code
BGH *Bundesgerichtshof* Federal Supreme Court
Bhf. *Bahnhof* station
BND *Bundesnachrichtendienst* Federal Intelligence Service
B. P. a. *Bundespatent angemeldet* pat. pend.
BRD *Bundesrepublik Deutschland* FRG, GFR
BRT *Bruttoregistertonne* g. r. t.
BSE *Bovine Spongiforme Enzephalopathie* BSE
BSP *Bruttosozialprodukt* GNP
Btx *Bildschirmtext* viewdata, videotex
b. w. *bitte wenden* p. t. o.
bzgl. *bezüglich* with reference to
bzw. *beziehungsweise* respectively

C *Celsius* C
c *Cent* cent
Centime centime
ca. *circa, ungefähr* approximately
CAD *Computer Aided/Assisted Design, computergestützter Entwurf und Konstruktion* CAD
CAM *Computer Aided/Assisted Manufacture, computergestützte Fertigung* CAM
cbm *Kubikmeter* m^3
ccm *Kubikzentimeter* cm^3
CD *Compact Disc* CD
CDU *Christlich-Demokratische Union* Christian Democratic Union
cf. *confer. vergleiche* cf.
CIM *Computer Integrated Manufacture, computerintegrierte Fertigung* CIM

cl *Zentiliter* cl
cm *Zentimeter* cm
Co. *Gesellschaft* Co.
cos *Kosinus* cosine
CPU *Central Processing Unit, Zentraleinheit* CPU
ct. *Cent* ct; *Centime* centime
c. t. *cum tempore, mit akademischem Viertel* 15 minutes later
CVJM *Christlicher Verein Junger Menschen* Young Men's/Women's Christian Association YMCA/YWCA
d. Ä. *der Ältere* senior
DAAD *Deutscher Akademischer Austauschdienst* Academic Exchance Service
DAG *Deutsche Angestelltengewerkschaft* Trade Union for German Employees
DB *Deutsche Bahn* German Railway
DBP(a) *Deutsches Bundespatent (angemeldet)* German Federal Patent (pending)
DDR (HIST) *Deutsche Demokratische Republik* GDR
DGB *Deutscher Gewerkschaftsbund* Federation of German Trade Unions
dgl. *der-, desgleichen* the like
d. Gr. *der Große* the Great
d. h. *das heißt* i.e.
DIN *Deutsche Industrie-Norm* DIN
Dipl. *Diplom* Dip.
dipl. *diplomatisch* diplomatic; *diplomiert* holding a diploma
Dipl.-Ing. *Diplomingenieur* graduate engineer
Diss. *Dissertation* dissertation, (doctoral) thesis
d. J. *der Jüngere* junior
DKP *Deutsche Kommunistische Partei* German Communist Party
DLRG *Deutsche Lebensrettungsgesellschaft* RNLA
dkr *dänische Krone* Danish crown
DM *Deutsche Mark* DM
DNS *Desoxiribonukleinsäure* DNA
d. O. *der od die od das Obige* the abovementioned
dpa *Deutsche Presse-Agentur* German Press Agency
Dr. *Doktor* Dr.
dr. *Drachme* drachma
d. Red. *die Redaktion* the ed.
Dr. jur. *Doktor der Rechte* LLD
DRK *Deutsches Rotes Kreuz* German Red Cross
Dr. med. *Doktor der Medizin* MD
Dr. phil. *Doktor der Philosophie* PhD
Dr. rer. nat. *Doktor der Naturwissenschaften* DSc
Dr. theol. *Doktor der Theologie* DD
dt(sch). *deutsch* Ger.
D(t)z(d). *Dutzend* doz.
d. U. *der Unterzeichnete* the undersigned
Dupl. *Duplikat* duplicate; (*Abschrift*) copy
Durchw.(-Nr.) *Durchwahl(nummer)* STD (code)
DV *Datenverarbeitung* DP
d. V(er)f. *der Verfasser* the author
dz *Doppelzentner* metric (*od* double) centner
D-Zug *Schnellzug* express *od* through train

EAN *Europäische Artikelnummer* EAN
ebd. *ebenda* ibid.
EC *Eurocity(zug)* EC
Ecu, ECU *European Currency Unit, europäische Währungseinheit* ECU
Ed. *Edition, Ausgabe* ed.
ed. *hat herausgegeben* ed.
EDV *Elektronische Datenverarbeitung* EDP
e. G. *eingetragene Gesellschaft* registered company
eh(e)m. *ehemalig* former, *ehemals* formerly
Ehrw. *Ehrwürden* Rev.
Eing.-Nr. *Eingangsnummer* number of entry, receipt number
Einh. *Einheit* unit
EKD *Evangelische Kirche in Deutschland* Protestant Church in Germany
EKG *Elektrokardiogram* ECG
Empf. *Empfänger* adressee of letter, receiver
et al. *et alii* et. al.
EU *Europäische Union* EU
EURATOM *Europäische Atomgemeinschaft* European Atomic Community EURATOM
e. V. *eingetragener Verein* registered association *od* society
ev. *evangelisch* Protestant
ev.-luth. *evangelisch-lutherisch* Lutheran

(Protestant)
ev.-ref. *evangelisch-reformiert* Reformed
evtl. *eventuell* poss.
EWS *Europäisches Währungssystem* EMS
EWU *Europäische Währungsunion* EMU
e. Wz. *eingetragenes Warenzeichen* regd. trademark
exkl. *exklusive* excl.
Expl. *Exemplar* copy, sample
Exz. *Exzellenz* Excellency

F *Fahrenheit* F
Fa. *Firma* firm (in Briefen: Messrs)
Fahrg(est).-Nr. *Fahrgestellnummer* chassis (*od* serial) no.
F(ahr)z. *Fahrzeug* vehicle
Fam. *Familie* family
FC *Fußballclub* FC
FCKW *Fluorchlorkohlenwasserstoff* CFC
FDP *Freie Demokratische Partei* Liberal Democratic Party
FF *französischer Franc* French franc
ff. *folgende Seiten* pp.
FH *Fachhochschule* technical college
Fig. *Figur* fig.
fm *Festmeter* cubic metre, (*Am* -er)
Fr. *Frau* Mrs, Ms
Frl. *Fräulein* Miss
Frh. *Freiherr* Baron
frz. *französisch* Fr.

g *Gramm* gramme
GATT *General Argreement on Tariffs and Trade, Allgemeines Zoll- und Handelsabkommen* GATT
GAU *größter anzunehmender Unfall* MCA
geb. *geboren (geborene)* b., (née)
Gebr. *Gebrüder* Brothers, Bros.
gebr. *gebräuchlich* common, usual; *gebraucht* second(-)hand, used
gegr. *gegründet* founded
GEMA *Gesellschaft für musikalische Aufführungs- u. mechanische Vervielfältigungsrechte (Br)* Performing Rights Society PRS; Mechanical Copyright Protection Society MCPS; *(Am)* American Society of Composers, Authors and Publishers ASAP
gepr. *geprüft* certified document, tested
ger. *gerichtlich* judicial, legal
Ges. *Gesellschaft* asso.; *Gesetz* law
gez. *gezeichnet* signed
ggf. *gegebenenfalls* if need be
ggs. *gegensätzlich* opposite; *gegenseitig* mutual
GmbH *Gesellschaft mit beschränkter Haftung (Br)* Ltd.; *(Am)* Inc.
Gr. *Grad* degree
GUS *Gemeinschaft Unabhängiger Staaten* CIS

H *Haltestelle* bus stop
h *Hekto* … hecto … *hora, Stunde* hour
ha *Hektar* hectare
habil. *habilitatus, habilitiert* habilitated
Hbf. *Hauptbahnhof* central station
h. c. *honoris causa, ehrenhalber* honorary
hfl *holländischer Gulden* Dutch guilder (*od* florin)
HGB *Handelsgesetzbuch* Commercial Code
HIV *Human Immunodeficiency Virus, menschliches Immunschwächevirus* HIV
Hj. *Halbjahr* six months *pl*
hl *Hektoliter* hl.
hl. *heilig* holy, St.
Hochw. *Hochwürden* Rev.
HR(eg). *Handelsregister* Commercial Register
Hr(n). *Herr(n)* Mr
Hrsg. *Herausgeber* ed.
hrsg. *herausgegeben* ed
Hz *Hertz* cycle Hz

i. A. *im Auftrag* pp
i. Allg. *im Allgemeinen* in general
ibd. *ibidem, ebenda, -dort* ibid
IC *Intercity(zug)* IC
ICE *Intercityexpress* ICE
i. D. *im Dienst* on duty; *im Durchschnitt* on av.
i. d. M(in). *in der Minute* per Minute
i. d. Sek. *in der Sekunde* per second
i. d. St(d). *in der Stunde* per hour
IFO *Institut für Wirtschaftsforschung* Institute for Economic Research
IG *Industriegewerkschaft* industrial trade union
i. H. *im Hause* on the premises
IHK *Industrie- und Handelskammer* Chamber of Industry and Commerce
i. J. *im Jahr* p. a.
i. M. *im Monat* in (the month of); *monatlich,* monthly, per month
Ing. *Ingenieur Br* engineer, *Am* civil engineer
Inh. *Inhaber* proprietor; *Inhalt* contents *pl*
inkl. *inklusive* incl.
Interpol *Internationale Kriminalpolizei-Kommission* Interpol
i. R. *im Ruhestand* retd.
IQ *Intelligenzquotient* IQ
IRK *Internationales Rotes Kreuz* International Red Cross
ISBN *Internationale Standardbuchnummer* ISBN
ISDN *Integrated Services Digital Network, diensteintegrierendes digitales Fern-*

meldenetz ISDN
i. Tr. *in der Trockenmasse* in dry matter percentage of fat
i. V. *in Vertretung* by proxy, on behalf of; *in Vorbereitung* in preparation
IWF *Internationaler Währungsfonds* IMF

J *Joule* joule
Jh. *Jahrhundert* century
JH *Jugendherberge* YH
jhrl. *jährlich* annual
jr., jun. *junior* jun.
jur. *juristisch* legal

kath. *katholisch* catholic
kcal *Kilokalorie* kilocalorie
Kfm *Kaufmann* businessman
kfm. *kaufmännisch* commercial
Kfz. *Kraftfahrzeug* motor vehicle
KG *Kommanditgesellschaft* limited partnership
kg *Kilogramm* kg.
kgl. *königlich* royal
kHz *Kiloherz* kHz
KKW *Kernkraftwerk* nuclear power station
km *Kilometer* kilometre (*Am* -er)
km/h *Kilometer pro Stunde* kilometres per hour
KP *Kommunistische Partei* CP
kpl. *komplett* compl.
Kripo *Kriminalpolizei* Criminal Investigation Department
Krs. *Kreis* (administrative) district
KSZE *Konferenz über Sicherheit und Zusammenarbeit in Europa* CSCE
Kto. *Konto* a/c
Kto.-Nr. *Kontonummer* a/c no.
Ktr.-Nr. *Kontrollnummer* check *od* code number
KW *Kurzwelle* SW
kW *Kilowatt* kw
kWh *Kilowattstunde* kWh, kwh

l *Liter* l
LAN *Local Area Network, Lokalnetz* LAN, lan
LCD *Liquid Crystal Display, Leuchtdiodenanzeige* LCD
led. *ledig* s.
lfd. *laufend* current, running
lfd. Nr. *laufende Nummer* current number
LG *Landgericht* dictrict court
LKW, Lkw *Lastkraftwagen* HGV
LP *Langspielplatte* LP
LSD *Lysergsäurediäthylamid* LSD
lt. *laut* according to, as per
luth. *lutherisch* Lutheran
LW *Langwelle* LW

m *Meter* m.
MA *Magister Artium* MA
MA. *Mittelalter* Middle Ages *pl*
mA *Milliampere* mA
mbH, m.b.H. *mit beschränkter Haftung* with limited liability
MdB *Mitglied des Bundestages* Member of the (German) ‚Bundestag'
MdL *Mitglied des Landtags* member of the ‚Landtag'
m. E. *meines Erachtens* in my opinion
MEZ *mitteleuropäische Zeit* Central European Time
MG *Maschinengewehr* machine-gun
mg *Milligramm* mg
mhd. *mittelhochdeutsch* MHG
MHz *Megahertz* MHz
Min., min *Minute* min.
mm *Millimeter* mm
MP *Maschinenpistiole* submachine gun; *Militärpolizei* MP
Mrd. *Milliarde(n)* billion(s)
Ms *Manuskript* ms
m/sec *Meter pro Sekunde* m/sec
m. ü. M. *Meter über Meer* metres above sea-level
MW *Mittelwelle* MW
m. W. *meines Wissens* as far as I know
MwSt. *Mehrwertsteuer* VAT

N *Norden* N; *Leistung* power
N(a)chf. *Nachfolger* successor
NATO *Nordatlantikpakt-Organisation* North Atlantic Treaty Organization NATO
N. B. *nota bene* NB
n. Br. *nördlicher Breite* northern latitude
n. Chr. *nach Christus* AD
nhd. *neuhochdeutsch* NHG
NO *Nordosten* NE
Nr(n). *Nummer(n)* no(s).
N. T. *Neues Testament* NT
nto. *netto* net
NW *Nordwesten* NW

O *Osten* E
o. *oben* above; *oder* or; *ohne* without
o. ä. *oder ähnlich* or the like
O B *Oberbürgermeister* Lord Mayor
OECD *Organization for Economic Cooperation and Development, Organisation für wirtschaftliche Zusammenarbeit und Endwicklung* OECD
OEZ *osteuropäische Zeit* time of the East European zone
OHG *offene Handelsgesellschaft* general partnership
OLG *Oberlandesgericht* Higher Regional Court
Op. *Opus* composition, opus

op. cit. *opere citato, im angegebenen Werk* op. cit.
o. Prof. *ordentlicher Professor* Prof.
OP *Operationssaal* (operating) theatre (*Am* -er)
OPEC *Organization of Petroleum Exporting Countries, Organisation der Erdöl exportierenden Länder* OPEC
orth. *orthodox* orthodox

P. *Pater* father
p. Adr. *per Adresse, bei* c/o
Pat. *Patent* pat.
PC *Personalcomputer* PC
p. Chr. (n) *post Christum (natum), nach Christus (nach Christi Geburt)* A. D.
Pf *Pfennig* pfennig
PLO *Palestine Liberation Organization, Palästinensische Befreiungsorganisation* PLO
pp *per procura* pp
Prof. *Professor* Prof.
prot. *protestantisch* Protestant
PS *Pferdestärke(n)* HP
PVC *Polyvinylchlorid* PVC

qcm *Quadratzentimeter* cm^2
q. e. d. *quod erat demonstrandum, was zu beweisen war* Q. E. D.
qkm *Quadratkilometer* km^2
qm *Quadratmeter* m^2

RA *Rechtsanwalt* barrister, lawyer, solicitor, *Am* a. attorney
RAF *Rote-Armee-Fraktion* RAF
RAM *Random Access Memory, Direktzugriffsspeicher* RAM
rd. *rund* c.
Ref. *Referat (Abteilung)* department
Reg. *Regierung* govt.
Reg.-Bez. *Regierungsbezirk* administrative district
rh *Rhesusfaktor* Rh
R. I. P. *requiescat in pace* rest in peace, RIP
rk. *römisch-katholisch* RC
RNS *Ribonukleinsäure* RNA
ROM *Read Only Memory, Festwertspeicher* ROM
RT *Registertonne* registered ton

S *Süden* S;
Schilling schilling
S. *Seite* p.
s. *sieh(e)* v.
SB *Selbstbedienung* self-service
s. Br. *südlicher Breite* southern latitude
scil. *scilicet, nämlich* namely, that is (to say)
SDI *Stratetic Defense Initiative, Strategische Verteidigungsinitiative* SDI
Sek. *Sekunde* sec.
sFr., sfr *schweizer Franken* Swiss Franc
sin *Sinus* sine
SJ *Societatis Jesu, von der Gesellschaft Jesu* SJ
skr *schwedische Krone* Swedish crown
sm *Seemeile* nautical mile
S. M. S. *Seiner Majestät Schiff* HMS
SO *Südost(en)* SE
s. o. *siehe oben* see above
SOS *save our souls, Internationales Notsignal* SOS
Sr. *Senior, der Ältere* senior
SSV *Sommerschlussverkauf* summer sale
s. t. *sine tempore, ohne (akademisches) Viertel, pünktlich* sharp, on time
staatl. *staatlich* state …, government … statal
StGB *Strafgesetzbuch* Penal Code
StPO *Strafprozessordnung* Code of Criminal Procedure
Str. *Straße* St.
StVO *Straßenverkehrsordnung* road traffic regulations
s. u. *siehe unten* see below
SW *Südwest(en)* SW

t *Tonne* T
Tb(c) *Tuberkulose* TB
TEE *Trans-Europ-Express* TEE
Tel. *Telefon* tel.
TH *technische Hochschule* technical college *od* university
TU *technische Universität* technical university
TÜV *Technischer Überwachungsverein* ≈ MoT

UB *Universitätsbibliothek* University library
u. a. *und andere(s)* and others; *unter anderem* od *anderen* among others *od* among other things *od* inter alia
u. Ä. *und Ähnliche(s)* and the like
u. d. M. *unter dem Meeresspiegel* below sea level
ü. d. M. *über dem Meeresspiegel* above sea level
u. E. *unseres Erachtens* in our opinion
UFO, Ufo *unbekanntes Flugobjekt* UFO, Ufo
U-Haft *Untersuchungshaft* imprisonment (*od* period) on remand, detention (pending trial)
UKW *Ultrakurzwelle* UHF
U/min *Umdrehungen in der Minute* rpm
UN *United Nations, Vereinte Nationen* UN
UNO *United Nations Organization, Organisation der Vereinten Nationen* UNO
Unterz. *Unterzeichnete(r)* undersigned

US(A) *Vereinigte Staaten von Amerika* US(A)
usw. *und so weiter* etc.
u. U. *unter Umständen* circumstances permitting
UV *Ultraviolett* UV

V *Volt* V; *Volumen* vol.
v. Chr. *vor Christus* B. C.
v. D. *vom Dienst* in charge, on duty
vgl. *vergleiche* cf.
v. H. *von Hundert* pc
VHS *Volkshochschule* adult education centre
V. I. P. *Very Important Person* VIP
v. J. *vorigen Jahres* of last year
v. l. n. r. *von links nach rechts* from left to right
VR *Volksrepublik* People's Republic

W *Watt* w; *Westen* W
WAA *Wiederaufbereitungsanlage* reprocessing plant
WEZ *westeuropäische Zeit* GMT
WG *Wohngemeinschaft* shared flat
WM *Weltmeisterschaft* world championship
WSV *Winterschlussverkauf* winter sale
WWW *world wide web* www
Wz. *Warenzeichen* regd. trademark

z. B. *zum Beispiel* e.g.
z. H. *zu Händen* atn.
ZPO *Zivilprozessordnung* Code of Civil Procedure
z. T. *zum Teil* partly
Ztr. *Zentner* centner
z(u)zgl. *zuzüglich* plus
z. Z. *zur Zeit* at present, for the time being

United Kingdom

Capital: London

England

County (Grafschaft)	Abkürzung	Administrative centre (Hauptstadt)
Bedfordshire	Beds	Bedford
Berkshire	Berks	Reading
Buckinghamshire	Bucks	Aylesbury
Cambridgeshire	Cambs	Cambridge
Cheshire	Ches	Chester
Cornwall	Corn	Truro
Cumbria		Carlisle
Derbyshire	Derbs	Matlock
Devon		Exeter
Dorset		Dorchester
Durham	Dur	Durham
East Sussex	E. Sussex	Lewes
Essex		Chelmsford
Gloucestershire	Glos	Gloucester
Greater London		**London**
Greater Manchester		Manchester
Hampshire	Hants	Winchester
Hertfordshire	Herts	Hertford
Kent		Maidstone
Lancashire	Lancs	Preston
Leicestershire	Leics	Leicester
Lincolnshire	Lincs	Lincoln
Merseyside		Liverpool
Norfolk		Norwich
Northamptonshire	Northants	Northampton
Northumberland	Northd	Morpeth
North Yorkshire	N. Yorks	Northallerton
Nottinghamshire	Notts	Nottingham
Oxfordshire	Oxon	Oxford
Shropshire	Salop	Shrewsbury
Somerset	Som	Taunton
South Yorkshire	S. Yorks	Barnsley
Staffordshire	Staffs	Stafford
Suffolk	Suff	Ipswich
Surrey		Kingston upon Thames
Tyne and Wear		Newcastle upon Tyne
Warwickshire	Warks	Warwick
West Midlands	W. Midlands	Birmingham

West Sussex	W. Sussex	Chichester
West Yorkshire	W. Yorks	Wakefield
Wiltshire	Wilts	Trowbridge
Worcestershire	Worcs	Worcester

Wales, *Welsh:* Cymru

Unitary authority	**Administrative headquarters**
Anglesey	Llangefni
Blaenau Gwent	Ebbw Vale
Bridgend	Bridgend
Caerphilly	Hengoed
Cardiff	**Cardiff**
Carmarthenshire	Carmarthen
Ceredigion	Aberaeron
Conwy	Conwy
Denbighshire	Ruthin
Flintshire	Mold
Gwynedd	Caernarfon
Merthyr Tydfil	Merthyr Tydfil
Monmouthshire	Cwmbran
Neath Port Talbot	Port Talbot
Newport	Newport
Pembrokeshire	Haverfordwest
Powys	Llandrindod Wells
Rhondda Cynon Taff	Clydach Vale
Swansea	Swansea
Torfaen	Pontypool
Vale of Glamorgan	Barry
Wrexham	Wrexham

Scotland

Unitary authority	**Administrative headquarters**
Aberdeen City	
Aberdeenshire	Aberdeen
Angus	Forfar
Argyll and Bute	Lochgilphead
Clackmannanshire	Alloa
Dumfries and Galloway	Dumfries
Dundee City	
East Ayrshire	Kilmarnock
East Dunbartonshire	Kirkintilloch
East Lothian	Haddington

East Renfrewshire	Giffnock
Edinburgh City	
Falkirk	Falkirk
Fife	Glenrothes
Glasgow City	
Highland	Inverness
Inverclyde	Greenock
Midlothian	Dalkeith
Moray	Elgin
North Ayrshire	Irvine
North Lanarkshire	Motherwell
Orkney Islands	Kirkwall
Perth and Kinross	Perth
Renfrewshire	Paisley
Scottish Borders	Melrose
Shetland Islands	Lerwick
South Ayrshire	Ayr
South Lanarkshire	Hamilton
Stirling	Stirling
West Dunbartonshire	Dunbarton
Western Isles	Stornoway
West Lothian	Livingston

Northern Ireland

Counties	Principal town (Hauptstadt)
Antrim	**Belfast**
Armagh	Armagh
Down	Downpatrick
Fermanagh	Enniskillen
Londonderry	Londonderry
Tyrone	Omagh

Republic of Ireland *or* Irish Republic, *Gaelic:* Èire

Capital: Dublin

Provinces **Counties**	**Principal town (Hauptstadt)**
Connacht, *formerly:* **Connaught**	
Galway, *Gaelic:* Gaillimh	Galway
Leitrim, *Gaelic:* Liathdroma	Carrick-on-Shannon
Mayo, *Gaelic:* Mhuigheo	Castlebar
Roscommon, *Gaelic:* Ros Comáin	Roscommon
Sligo, *Gaelic:* Sligeach	Sligo
Leinster	
Carlow, *Gaelic:* Cheatharlach	Carlow
Dublin, *Gaelic:* Baile Átha Cliath	**Dublin**
Kildare, *Gaelic:* Chill Dara	Naas
Kilkenny, *Gaelic:* Chill Choinnigh	Kilkenny
Laois/Laoighis/Leix	Portlaoise
Longford, *Gaelic:* Longphuirt	Longford
Louth, *Gaelic:* Lughbhaidh	Dundalk
Meath, *Gaelic:* na Midhe	Navan
Offaly, *Gaelic:* Ua bhFailghe	Tullamore
Westmeath, *Gaelic:* na h-Iarmhidhe	Mullingar
Wexford, *Gaelic:* Loch Garman	Wexford
Wicklow, *Gaelic:* Cill Mhantáin	Wicklow
Munster	
Clare, *Gaelic:* An Cláir	Ennis
Cork, *Gaelic:* Chorcaigh	Cork
Kerry, *Gaelic:* Chiarraighe	Tralee
Limerick, *Gaelic:* Luimneach	Limerick
Tipperary, *Gaelic:* Thiobrad Árann	Clonmel
Waterford, *Gaelic:* Phort Láirge	Waterford
Ulster	
Cavan, *Gaelic:* Cabháin	Cavan
Donegal, *Gaelic:* Dún na nGall	Lifford
Monaghan, *Gaelic:* Mhuineachain	Monaghan

United States of America

Capital: Washington, D.C.

Federal State (Bundesstaat)	Capital (Hauptstadt)
Alabama	Montgomery
Alaska	Juneau
Arizona	Phoenix
Arkansas	Little Rock
California	Sacramento
Colorado	Denver
Connecticut	Hartford
Delaware	Dover
Florida	Tallahassee
Georgia	Atlanta
Hawaii	Honolulu
Idaho	Boise
Illinois	Springfield
Indiana	Indianapolis
Iowa	Des Moines
Kansas	Topeka
Kentucky	Frankfort
Louisiana	Baton Rouge
Maine	Augusta
Maryland	Annapolis
Massachusetts	Boston
Michigan	Lansing
Minnesota	Saint Paul
Mississippi	Jackson
Missouri	Jefferson City
Montana	Helena
Nebraska	Lincoln
Nevada	Carson City
New Hampshire	Concord
New Jersey	Trenton
New Mexico	Santa Fe
New York	Albany
North Carolina	Raleigh
North Dakota	Bismarck
Ohio	Columbus
Oklahoma	Oklahoma City
Oregon	Salem
Pennsylvania	Harrisburg
Rhode Island	Providence
South Carolina	Columbia

South Dakota	Pierre
Tennessee	Nashville
Texas	Austin
Utah	Salt Lake City
Vermont	Montpelier
Virginia	Richmond
Washington	Olympia
West Virginia	Charleston
Wisconsin	Madison
Wyoming	Cheyenne

Canada

Capital: Ottawa

Province	**Capital**
Alberta	Edmonton
British Columbia	Victoria
Manitoba	Winnipeg
New Brunswick	Fredericton
Newfoundland	Saint John's
Novia Scotia	Halifax
Ontario	Toronto
Prince Edward Island	Charlottetown
Québec	Québec
Saskatchewan	Regina
Territory	**Capital**
Northwest Territories	Yellowknife
Nunavut Territory (*since 1st April 1999*)	Iqaluit
Yukon Territory	Whitehorse

Australia

Capital: Canberra

State	Capital
New South Wales	Sydney
Queensland	Brisbane
South Australia	Adelaide
Tasmania	Hobart
Victoria	Melbourne
Western Australia	Perth

Territory	Capital
Australian Capital Territory	Canberra
Northern Territory	Darwin

New Zealand

Capital: Wellington

North Island
South Island
Stewart Island
Chatham Islands
Small outlying islands
Auckland Islands
Kermadec Islands
Campbell Island
the Antipodes
Three Kings Islands
Bounty Island
Snares Island
Solander Island
Dependencies
Tokelau Islands
Ross Dependency
Niue Island (free associate)
Cook Islands (free associates)

Bundesrepublik Deutschland
Federal Republic of Germany

Bundesländer (und ihre Hauptstädte)	Länder (and their capitals)
Baden-Württemberg (Stuttgart)	Baden-Württemberg (Stuttgart)
Bayern (München)	Bavaria (Munich)
Berlin (Berlin)	Berlin (Berlin)
Brandenburg (Potsdam)	Brandenburg (Potsdam)
Bremen (Bremen)	Bremen (Bremen)
Hamburg (Hamburg)	Hamburg (Hamburg)
Hessen (Wiesbaden)	Hesse (Wiesbaden)
Mecklenburg-Vorpommern (Schwerin)	Mecklenburg-West Pomerania (Schwerin)
Niedersachsen (Hannover)	Lower Saxony (Hanover)
Nordrhein-Westfalen (Düsseldorf)	North Rhine-Westphalia (Düsseldorf)
Rheinland-Pfalz (Mainz)	Rhineland-Palatinate (Mainz)
Saarland (Saarbrücken)	Saarland (Saarbrücken)
Sachsen (Dresden)	Saxony (Dresden)
Sachsen-Anhalt (Magdeburg)	Saxony-Anhalt (Magdeburg)
Schleswig-Holstein (Kiel)	Schleswig-Holstein (Kiel)
Thüringen (Erfurt)	Thuringia (Erfurt)

Österreich
Austria

Bundesländer (und Hauptstädte)	**Provinces (and capitals)**
Burgenland (Eisenstadt)	Burgenland (Eisenstadt)
Kärnten (Klagenfurt)	Carinthia (Klagenfurt)
Niederösterreich (St. Pölten)	Lower Austria (St. Pölten)
Oberösterreich (Linz)	Upper Austria (Linz)
Salzburg (Salzburg)	Salzburg (Salzburg)
Steiermark (Graz)	Styria (Graz)
Tirol (Innsbruck)	Tyrol (Innsbruck)
Vorarlberg (Bregenz)	Vorarlberg (Bregenz)
Wien (Wien)	Vienna (Vienna)

Die Schweiz
Switzerland

Kantone (und Hauptorte)	**Cantons (and capitals)**
Aargau (Aarau)	Aargau (Aarau)
Appenzell Außerrhoden (Herisau)	Appenzell Outer Rhodes (Herisau)
Appenzell Innerrhoden (Appenzell)	Appenzell Inner Rhodes (Appenzell)
Basel-Land (Liestal)	Basel-Land (Liestal)
Basel-Stadt (Basel)	Basel-Stadt (Basel, Basle)
Bern (Bern)	Bern (Bern)
Freiburg (Freiburg)	Fribourg (Fribourg)
Genf (Genf)	Geneva (Geneva)
Glarus (Glarus)	Glarus (Glarus)
Graubünden (Chur)	Graubünden, Grisons (Chur)

Jura (Delémont)	Jura (Delémont)
Luzern (Luzern)	Lucerne (Lucerne)
Neuenburg (Neuenburg)	Neuchâtel (Neuchâtel)
Sankt Gallen (Sankt Gallen)	St. Gall(en) (St. Gall(en)
Schaffhausen (Schaffhausen)	Schaffhausen (Schaffhausen)
Schwyz (Schwyz)	Schwyz (Schwyz)
Solothurn (Solothurn)	Solothurn (Solothurn)
Tessin (Bellinzona)	Ticino (Bellinzona)
Thurgau (Frauenfeld)	Thurgau (Frauenfeld)
Unterwalden nid dem Wald (Stans)	Nidwalden (Stans)
Unterwalden ob dem Wald (Sarnen)	Obwalden (Sarnen)
Uri (Altdorf)	Uri (Altdorf)
Waadt (Lausanne)	Vaud (Lausanne)
Wallis (Sitten)	Valais (Sion)
Zug (Zug)	Zug (Zug)
Zürich (Zürich)	Zürich (Zürich)

Britische und amerikanische Maße und Gewichte

Längenmaße – Linear measures

1 inch (in) 1″		= 2,54 cm
1 foot (ft) 1′	= 12 inches	= 30,48 cm
1 yard (yd)	= 3 feet	= 91,44 cm
1 furlong (fur)	= 220 yards	= 201,17 m
1 mile (m)	= 1760 yards	= 1,609 km
1 league	= 3 miles	= 4,828 km

Nautische Maße – Nautical measures

1 fathom	= 6 feet	= 1,829 m
1 cable	= 608 feet	= 185,31 m
1 nautical, sea mile	= 10 cables	= 1,853 km
1 sea league	= 3 nautical miles	= 5,550 km

Feldmaße – Surveyors' measures

1 link	= 7,92 inches	= 20,12 cm
1 rod, perch, pole	= 25 links	= 5,029 mb
1 chain	= 4 rods	= 20,12 m

Flächenmaße – Square measures

1 square inch		= 6,452 cm^2
1 square foot	= 144 sq inches	= 929,029 cm^2
1 square yard	= 9 sq feet	= 0,836 m^2
1 square rod	= 30,25 sq yards	= 25,29 m^2
1 acre	= 4840 sq yards	= 40,47 Ar
1 square mile	= 640 acres	= 2,59 km^2

Raummaße – Cubic measures

1 cubic inch		= 16,387 cm^3
1 cubic foot	= 1728 cu inches	= 0,028 m^3
1 cubic yard	= 27 cu feet	= 0,765 m^3
1 register ton	= 100 cu feet	= 2,83b2 m^3

Britische Hohlmaße – Measures of capacity

Flüssigkeitsmaße – Liquid measures of capacity

1 gill		= 0,142 l
1 pint (pt)	= 4 gills	= 0,568 l
1 quart (qt)	= 2 pints	= 1,136 l
1 gallon (gal)	= 4 quarts	= 4,546 l
1 barrel	= *(für Öl)* 35 gallons *(Bierbrauerei)* 36 gallons	= 159,106 l = 163,656 l

Trockenmaße – Dry measures of capacity

1 peck	= 2 gallons	= 9,092 l
1 bushel	= 4 pecks	= 36,368 l
1 quarter	= 8 bushels	= 290,935 l

Amerikanische Hohlmaße – Measures of capacity

Flüssigkeitsmaße – Liquid measures of capacity

1 gill		= 0,118 l
1 pint	= 4 gills	= 0,473 l
1 quart	= 2 pints	= 0,946 l
1 gallon	= 4 quarts	= 3,785 l
1 barrel	= *(für Öl)* 42 gallons	= 159,106 l

Handelsgewichte – Avoirdupois weights

1 grain (gr)		= 0,0648 g
1 dram (dr)	= 27,3438 grains	= 1,772 g
1 ounce (oz)	= 16 drams	= 28,35 g
1 pound (lb)	= 16 ounces	= 453,59 g
1 stone	= 14 pounds	= 6,348 kg
1 quarter	= 28 pounds	= 12,701 kg
1 hundredweight (cwt)	= *(Br long cwt)* 112 pounds *Am short cwt)* 100 pounds	= 50,8 kg = 45,36 kg
1 ton	= *(Br long ton)* 20 cwt *(Am short ton)* 2000 pounds	= 1016 kg = 907,185 kg

Temperaturumrechnung

Fahrenheit – Celsius

°F	°C
0	–17,8
32	0
50	10
70	21,1
90	32,2
98,4	37
212	100

zur Umrechnung 32 abziehen und mit $^5/_9$ multiplizieren

Celsius – Fahrenheit

°C	°F
–10	14
0	32
10	50
20	68
30	86
37	98,4
100	212

zur Umrechnung mit $^9/_5$ multiplizieren und 32 addieren

Amtliche deutsche Maße und Gewichte

Längenmaße		Zeichen	Vielfaches der Einheit
Seemeile	*nautical mile*	sm	1852 m
Kilometer	*kilometre*	km	1000 m
Meter	*metre*	m	Grundeinheit
Dezimeter	*decimetre*	dm	0,1 m
Zentimeter	*centimetre*	cm	0,01 m
Millimeter	*millimeter*	mm	0,001 m
Flächenmaße			
Quadratkilometer	*square kilometre*	km^2	1 000 000 m^2
Hektar	*hectare*	ha	10 000 m^2
Ar	*are*	a	100 m^2
Quadratmeter	*square metre*	m^2	1 m^2
Quadratdezimeter	*square decimetre*	dm^2	0,01 m^2
Quadratzentimeter	*square centimetre*	cm^2	0,0001 m^2
Quadratmillimeter	*square millimetre*	mm^2	0,000 001 m^2
Kubik- und Hohlmaße			
Kubikmeter	*cubic metre*	m^3	1 m^3
Hektoliter	*hectolitre*	hl	0,1 m^3
Kubikdezimeter	*cubic decimetre*	dm^3	0,001 m^3
Liter	*litre*	l	
Kubikzentimeter	*cubic centimetre*	cm^3	0,000 001 m^3
Gewichte			
Tonne	*ton*	t	1000 kg
Doppelzentner	–	dz	100 kg
Kilogramm	*kilogramme*	kg	1000 g
Gramm	*gramme*	g	1 g
Milligramm	*milligramme*	mg	0,001 g

Zahlwörter – numerals

1 Grundzahlen – Cardinal numbers

0 null *nought, zero*
1 eins *one*
2 zwei *two*
3 drei *three*
4 vier *four*
5 fünf *five*
6 sechs *six*
7 sieben *seven*
8 acht *eight*
9 neun *nine*
10 zehn *ten*
11 elf *eleven*
12 zwölf *twelve*
13 dreizehn *thirteen*
14 vierzehn *fourteen*
15 fünfzehn *fifteen*
16 sechzehn *sixteen*
17 siebzehn *seventeen*
18 achtzehn *eighteen*
19 neunzehn *nineteen*
20 zwanzig *twenty*
21 einundzwanzig *twenty-one*
22 zweiundzwanzig *twenty-two*
23 dreiundzwanzig *twenty-three*
30 dreißig *thirty*
31 einunddreißig *thirty-one*
32 zweiunddreißig *thirty-two*
33 dreiunddreißig *thirty-three*
40 vierzig *forty*
41 einundvierzig *forty-one*
50 fünfzig *fifty*
51 einundfünfzig *fifty-one*
60 sechzig *sixty*
61 einundsechzig *sixty-one*
70 siebzig *seventy*
71 einundsiebzig *seventy-one*
80 achtzig *eighty*
81 einundachtzig *eighty-one*
90 neunzig *ninety*
91 einundneunzig *ninety-one*
100 hundert *one hundred*
101 hundert(und)eins *hundred and one*
102 hundert(und)zwei *hundred and two*
110 hundert(und)zehn *hundred and ten*
200 zweihundert *two hundred*
300 dreihundert *three hundred*
451 vierhundert(und)einundfünfzig *four hundred and fifty-one*
1000 tausend *a (od one) thousand*
2000 zweitausend *two thousand*
10 000 zehntausend *ten thousand*
1 000 000 eine Million *a (od one) million*
2 000 000 zwei Millionen *two million*
1 000 000 000 eine Milliarde *a (od one) billion*
1 000 000 000 000 eine Billion *a (od one) trillion*

2. Ordnungszahlen – Ordinal numbers

1. erste *first*
2. zweite *second*
3. dritte *third*
4. vierte *fourth*
5. fünfte *fifth*
6. sechste *sixth*
7. siebente *seventh*
8. achte *eighth*
9. neunte *ninth*
10. zehnte *tenth*
11. elfte *eleventh*
12. zwölfte *twelfth*
13. dreizehnte *thirteenth*
14. vierzehnte *fourteenth*
15. fünfzehnte *fifteenth*
16. sechzehnte *sixteenth*
17. siebzehnte *seventeenth*
18. achtzehnte *eighteenth*
19. neunzehnte *nineteenth*
20. zwanzigste *twentieth*

Einige auf *-f* oder *-fe* endende Wörter erhalten im Plural die Endung ***-ves***:

Singular			Plural		
half	[hɑ:f]	Hälfte	hal**ves**	[hɑ:vz]	Hälften
knife	[naɪf]	Messer	kni**ves**	[naɪvz]	Messer
leaf	[li:f]	Blatt	lea**ves**	[li:vz]	Blätter
wife	[waɪf]	Ehefrau	wi**ves**	[waɪvz]	Ehefrauen

Andere ändern ihren Vokal bzw. ihre Vokale:

Singular			Plural		
foot	[fʊt]	Fuß	feet	[fi:t]	Füße
man	[mæn]	Mann	men	[men]	Männer
woman	['wʊmən]	Frau	women	['wɪmɪn]	Frauen

Unregelmäßige Pluralbildungen und solche auf ***-ves, -oes*** bzw. ***-os*** sind im englisch-deutschen Teil des Wörterbuchs angegeben.

Nominativ/Akkusativ/Dativ/Genitiv

Nominativ und Akkusativ haben dieselbe Form. Der Genitiv wird meist mit Hilfe von ***of***, der Dativ mit ***to*** ausgedrückt.

- Der **Dativ** kann auch ohne ***to*** gebildet werden, wenn das Dativobjekt unbetont ist. Das Dativobjekt steht dann direkt hinter dem Verb:

	He gives the porter the ticket.
anstelle von:	He gives the ticket to the porter.

- Im Unterschied zum Deutschen wird auch bei folgenden Ausdrücken die Form des **Genitivs** mit ***of*** gebraucht:

a cup **of** coffee	eine Tasse Kaffee
the city **of** London	London
the Isle **of** Wight	die Insel Wight

- Der **sächsische Genitiv**, der häufig bei Personen und personifizierten Begriffen zur Bezeichnung des Besitzes verwendet wird und vor dem Substantiv steht, das er näher bestimmt, ist ähnlich wie im Deutschen: „Vaters Hut". Er wird im Singular durch Apostroph und ***s*** gekennzeichnet:

my sister**'s** room	das Zimmer meiner Schwester

und im Plural durch den Apostroph allein:

my sister**s'** room	das Zimmer meiner Schwestern

Wörter wie z. B. ***shop, church, cathedral*** werden nach dem sächsischen Genitiv oft weggelassen:

at the butcher**'s**	*statt:* at the butcher's shop	beim Metzger
St. Paul**'s**	*statt:* St. Paul's Cathedral	die St.-Pauls-Kathedrale

Adjektiv

Das Adjektiv bleibt nach Geschlecht und Zahl immer unverändert.

Steigerung

Bei der **regelmäßigen Steigerung** erhalten einsilbige Adjektive im Komparativ die Endung ***-er*** [ə(r)] und im Superlativ ***-est*** [ɪst].

great	great**er** (than)	great**est**
groß	größer (als)	am größten

- Bei Adjektiven, die auf ***-e*** enden, entfällt bei der Steigerung mit ***-er, -est*** ein ***e:*** fine, fin**er**, fin**est**.
- Bei Endbuchstaben ***d, g, n*** und ***t*** werden bei der Steigerung mit ***-er, -est*** verdoppelt, wenn ihnen ein kurzes, betontes ***a, e, i*** oder ***o*** vorausgeht: big, big**ger**, big**gest**.

Zwei- und mehrsilbige Adjektive werden im Komparativ mit ***more*** [mɔː] (mehr) und im Superlativ mit ***most*** [məʊst] (meist) gesteigert.

difficult	**more** difficult (than)	**most** difficult
schwierig	schwieriger (als)	am schwierigsten

Unregelmäßige Steigerung

good gut	**better** besser	**best** am besten
bad schlecht	**worse** schlechter	**worst** am schlechtesten
much/many viel/viele	**more** mehr	**most** am meisten
little wenig	**less** weniger	**least** am wenigsten

Unregelmäßige Steigerungsformen sind im englisch-deutschen Teil des Wörterbuchs angegeben.

Adverb

Adverbien werden gebildet, indem man an ein Adjektiv ***-ly*** anhängt

slow quick	slow**ly** quick**ly**	He speaks slow**ly**. He runs quick**ly**.	Er spricht langsam. Er läuft schnell.

- Ein Sonderfall ist ***well,*** das Adverb zu *good* (gut).

He speaks English **well.**	Er spricht gut Englisch.

- Adverbien mit der Endung ***-ly*** werden mit ***more*** und ***most*** gesteigert.

slow**ly** langsam	**more** slowly langsamer	**most** slowly am langsamsten

Verb

Präsens

Infinitiv: (Grundform)		**to knock** klopfen	**to call** rufen	**to go** gehen	**to wash** waschen	**to study** studieren
I	(ich)	knock	call	go	wash	study
you	(du, Sie)	knock	call	go	wash	study
he	(er)					
she	(sie)	knock**s**	call**s**	go**es**	wash**es**	studi**es**
it	(es)	[nɒks]	[kɔ:lz]	[gəʊz]	['wɒʃɪz]	['stʌdɪz]
we	(wir)	knock	call	go	wash	study
you	(ihr, Sie)	knock	call	go	wash	study
they	(sie)	knock	call	go	wash	study

Nur die 3. Person Singular wird verändert.

Das ***-s*** ist stimmlos nach stimmlosen Konsonanten *(he knocks)* und stimmhaft nach Vokalen *(he goes)* sowie stimmhaften Konsonanten *(he calls).*

Präteritum und Partizip Perfekt

Die Vergangenheitsform wird gebildet, indem man ***-ed*** an die Grundform des Verbs anhängt.

Infinitiv: (Grundform)	**to open** öffnen	**to arrive** ankommen	**to stop** anhalten	**to carry** tragen
I	open**ed** ['əʊpənd]	arrive**d** [ə'raɪvd]	stop**ped** [stɒpt]	carr**ied** ['kærɪd]
you, he, she, it, we, you, they	open**ed**	arrive**d**	stop**ped**	carr**ied**

- Bei Verben, die auf ***-e*** enden, entfällt ein *e:* agre**ed**, arriv**ed**.
- Ein auslautendes ***-y*** verwandelt sich in ***-ied:*** hurr**ied**
- Auslautendes ***b, d, g, m, n, p, s, t*** wird verdoppelt, wenn es nach kurzem, betonten Vokal steht.
- Bei mehrsilbigen Verben, die auf ***-l*** enden, wird im britischen Englisch dieses meist verdoppelt: travel, trave**ll**ed.
- Das Partizip Perfekt ist gleich dem Präteritum:

opened geöffnet	**arrived** angekommen	**stopped** angehalten	**carried** getragen

Die Formen der **unregelmäßigen Verben** sind in einer gesonderten Liste aufgeführt.

Die Hilfsverben

Präsens und Partizip Präsens

Infinitiv: (Grundform)	**to be** sein	**to have** haben	**to do** tun, machen
I	**am** ich bin	**have** ich habe	**do** ich tue
you	**are** du bist; Sie sind	**have** du hast; Sie haben	**do** du tust; Sie tun
he, she, it	**is** er, sie, es ist	**has** er, sie, es hat	**does** er, sie, es tut
we	**are** wir sind	**have** wir haben	**do** wir tun
you	**are** ihr seid; Sie sind	**have** ihr habt; Sie haben	**do** ihr tut; Sie tun
they	**are** sie sind	**have** sie haben	**do** sie tun
Partizip:	**being** seiend	**having** habend	**doing** tuend

Im gesprochenen Englisch werden häufig Kurzformen gebraucht:

am **are** **is**	→ **'m** → **'re** → **'s**	**I'm** **you're** **he's, she's**
have **has**	→ **'ve** → **'s**	**I've** **he's, she's**

Verneinung	**Kurzform**
are not	**aren't**
is not	**isn't**
have not	**haven't**
has not	**hasn't**
do not	**don't**
does not	**doesn't**

Präteritum und Partizip Perfekt

Infinitiv: (Grundform)	**to be** sein	**ho have** haben	**to do** tun, machen
I	**was** ich war	**had** ich hatte	**did** ich tat
you	**were** du warst; Sie waren	**had** du hattest; Sie hatten	**did** du tatest; Sie taten
he, she, it	was er, sie, es war	had er, sie, es hatte	did er, sie, es tat
we	**were** wir waren	**had** wir hatten	**did** wir taten
you	**were** ihr wart; Sie waren	**had** ihr hattet; Sie hatten	**did** ihr tatet; Sie taten
they	**were** sie waren	**had** sie hatten	**did** sie taten
Partizip:	**been** gewesen	**had** gehabt	**done** getan
Kurzform:		**’d**	
Verneinung:	**wasn’t** **weren’t**	**hadn’t**	**didn’t**

Perfekt

Das Perfekt bildet man im Unterschied zum Deutschen immer mit ***have*** + Partizip Perfekt.

I have had	ich habe gehabt
I have been	ich bin gewesen
I have done	ich habe getan
I have called	ich habe gerufen
I have arrived	ich bin angekommen
I have gone	ich bin gegangen

Plusquamperfekt

Das Plusquamperfekt wird mit ***had*** + Partizip Perfekt gebildet.

I had had	ich hatte gehabt
I had been	ich war gewesen
I had done	ich hatte getan
I had called	ich hatte gerufen
I had arrived	ich war angekommen
I had gone	ich war gegangen

Unselbstständige Hilfsverben

Sie können nicht selbstständig auftreten, sondern müssen immer von einem anderen Verb (im Infinitiv ohne *to*) begleitet werden.

I **you** **he, she, it** **we** **you** **they**	**can** können	**may** dürfen	**shall** sollen	**will** wollen, werden	**must** müssen
Verneinung:	**cannot** **can't**	**must not** **mustn't**	**shall not** **shan't**	**will not** **won't**	**need not** **needn't**

Diese Verben sind bei allen Personen gleich; die dritte Person Singular hat **kein** *-s.*

Präteritum		**Ersatz**	
could	konnte	to be able (to)	können, im Stande sein (zu)
might	könnte	to be allowed (to)	mögen, dürfen, können
would	würde	to want, to wish (to)	wollen, wünschen
should	sollte	to be obliged (to)	verpflichtet sein (zu)

Verneinung:	**could not**	**might not**	**would not**	**should not**
	couldn't	**mightn't**	**wouldn't**	**shouldn't**

- Die Formen des Präteritums, die denen des Konditionals gleich sind, findet man oft in Höflichkeitswendungen:

Could you give me …?	Können sie mir … geben?
Would you …, please.	Würden Sie bitte … .
Would you like …?	Wollen/Möchten Sie …?
I should like … .	Ich möchte … .

Futur und Konditional

Das Futur wird mit Hilfe von ***shall/will*** (1. Person Singular und Plural) und ***will*** in den übrigen Personen und das Konditional mit ***should/would*** (1. Person Singular und Plural) und ***would*** in den übrigen Personen gebildet. In der gesprochenen Sprache wird fast nur die Kurzform verwendet.

Futur		**Konditional**	
I shall/will go	ich werde gehen	**I should/ would go**	ich würde gehen
you will go	du wirst gehen; Sie werden gehen	**you would go**	du würdest gehen; Sie würden gehen
he, she, it will go	er, sie, es wird gehen	**he, she, it would go**	er, sie, es würde gehen
we shall/ will go	wir werden gehen	**we should/ would go**	wir würden gehen
you will go	ihr werdet gehen; Sie werden gehen	**you would go**	ihr würdet gehen; Sie würden gehen
they will go	sie werden gehen	**they would go**	sie würden gehen
Kurzform:	**I'll go, you'll go, he'll go, we'll go, you'll go, they'll go**	**I'd go, you'd go, he'd go, we'd go, you'd go, they'd go**	

Frage und Verneinung mit do

Das Hilfsverb ***do*** wird zur Bildung der fragenden und der mit ***not*** verneinten Form der selbstständigen Verben verwendet.

Do you speak German? **Does he know?** **Did you call?**	Sprechen Sie Deutsch? Weiß er es? Haben Sie gerufen?
I do not (don't) speak German. **He does not (doesn't) know.** **I did not (didn't) call.**	Ich spreche kein Deutsch. Er weiß es nicht. Ich habe nicht gerufen.
Didn't he come? **Didn't she call?**	Ist er nicht gekommen? Hat sie nicht gerufen?

- ***do*** wird nicht verwendet in Fragesätzen, in denen ein Fragewort selbst das Subjekt ist:

Who wrote the letter?	Wer schrieb den Brief?
Which of these trains goes to London?	Welcher dieser Züge fährt nach London?

und auch nicht in Sätzen mit den Hilfsverben:

am, are, is, was, were, can, could, may, might, must, shall, should, will, would

Verlaufsform

Die Verlaufsform wird mit dem Hilfsverb ***be*** und dem Partizip Präsens ***(-ing)*** gebildet. Mit der Verlaufsform wird eine Handlung ausgedrückt, die gerade abläuft, noch andauert oder noch nicht abgeschlossen ist, war oder sein wird.

I am working.	Ich arbeite gerade.
I was working.	Ich arbeitete (gerade).
I shall be working.	Ich werde arbeiten.
It is raining.	Es regnet.

- Bei Verben, die auf ***-e*** enden, entfällt das ***e:*** **arrive, arriving.**
- Bei Verben, die auf ***-ie*** enden, verwandelt sich dies in ***y:*** **lie, lying.**
- Für die Verdoppelung der Endkonsonanten gelten dieselben Regeln wie zur Bildung des Präteritums: **stop, stopping; travel, travelling**.
- Die Form ***be going to*** wird für eine beabsichtigte Handlung, die in naher Zukunft stattfinden wird, verwendet.

I **am going to** go London next week.	Ich werde nächste Woche nach London fahren.
She **is going to** buy a new dress.	Sie wird sich ein neues Kleid kaufen.

Gerundium

Das Gerundium (Verb + *-ing*) ist die substantivierte Form des Infinitivs.

Instead of **writing** I'd rather go for a walk.	Anstatt zu schreiben würde ich lieber spazieren gehen.
Smoking is dangerous.	Rauchen ist gefährlich.

Passiv

Zur Bildung des Passivs verwendet man das Hilfsverb ***be*** und das Partizip Perfekt.

The doctor examines Peter.	Der Arzt untersucht Peter.
Peter **is examined** (by the doctor).	Peter wird (vom Arzt) untersucht.
Somebody stole my bike.	Jemand hat mein Fahrrad gestohlen.
My bike **was stolen**.	Mein Fahrrad wurde gestohlen.

Personalpronomen

Subjektsfall		Objektsfall	
I	ich	**me**	mir/mich
you	du; Sie	**you**	dir/dich; Ihnen/Sie
he	er	**him**	ihm/ihn
she	sie	**her**	ihr/sie
it	es	**it**	ihm/es
we	wir	**us**	uns/uns
you	ihr; Sie	**you**	euch/euch; Ihnen/Sie
they	sie	**them**	ihnen/sie

- Im Objektsfall steht ***to*** (Dativ), wenn das Pronomen besonders hervorgehoben werden soll:

I gave the book **to** him.	Ich gab ihm *(betont)* das Buch.
anstatt: I gave him the book.	Ich gab ihm *(unbetont)* das Buch.

Possessivpronomen

Das Possessivpronomen ist für Singular und Plural gleich. Es hat adjektivische und substantivische Formen.

Adjektivisch (verbunden)

my book	mein Buch	**my books**	meine Bücher
your book	dein/Ihr Buch	**your books**	deine/Ihre Bücher
his book	sein Buch	**his books**	seine Bücher
her book	ihr Buch	**her books**	ihre Bücher
its book	sein Buch	**its books**	seine Bücher
our car	unser Auto	**our cars**	unsere Autos
your car	euer/Ihr Auto	**your cars**	eure/Ihre Autos
their car	ihr Auto	**their cars**	ihre Autos

Substantivisch (allein stehend)

mine	meines/der, die, das meinige/die meinigen
yours	deines/Ihres; der, die, das deinige/Ihrige; die deinigen/Ihrigen
his	seines/der, die, das seinige/die seinigen
hers	ihres/der, die, das ihrige/die ihrigen
ours	unseres/der, die, das unsrige/die unsrigen
yours	eures/Ihres; der, die, das eurige/Ihrige; die eurigen/Ihrigen
theirs	ihres/der, die, das ihrige/die ihrigen

It's not my book. It's yours. Es ist nicht mein Buch. Es ist deines.

Demonstrativpronomen

Singular:	**this** dieser, diese, dieses **that** jener, jene, jenes	Plural:	**these** diese **those** jene

This is an English book and **that** is a German book. Dies hier ist ein englisches Buch und das da ist ein deutsches Buch.
These pictures are nicer than **those**. Diese Bilder sind schöner als jene.

Reflexivpronomen

myself	mich	**ourselves**	uns
yourself	dich; sich	**yourselves**	euch; sich
himself	sich	**themselves**	sich
herself	sich		
itself	sich		

I enjoy **myself.**	Ich amüsiere mich.
You enjoy **yourself.**	Du amüsierst dich./Sie amüsieren sich.
He enjoys **himself.**	Er amüsiert sich.
She enjoys **herself.**	Sie amüsiert sich.
We enjoy **ourselves.**	Wir amüsieren uns.
You enjoy **yourselves.**	Ihr amüsiert euch./Sie amüsieren sich.
They enjoy **themselves.**	Sie amüsieren sich.

Relativpronomen

	Personen	**Sachen**	**Personen und Sachen**
Nominativ (Wer? Was?)	**who**	**which**	**that**
Genitiv (Wessen)	**whose**	**of which**	
Dativ (Wem?)	**to whom**	**to which**	
Akkusativ (Wen? Was?)	**whom/who**	**which**	**that**

Das Relativpronomen hat im Singular und im Plural die gleiche Form.

- Im Akkusativ kann ***that*** auch wegfallen:

This is the strangest book **(that)** I have ever read.
Das ist das merkwürdigste Buch, das ich je gelesen habe.

Interrogativpronomen

Substantivisch (allein stehend)

who?	wer?	**Who are you?**	Wer sind Sie?
whose?	wessen?	**Whose car is this?**	Wessen Auto ist das?
whom?/who?	wem/wen?	**Who(m) did you help?** **Who(m) did you see?**	Wem hast du geholfen? Wen hast du gesehen?
what?	was?	**What is that?**	Was ist das?
which?	welche/ welcher/ welches?	**Which is the quickest way?**	Welches ist der kürzeste Weg?

who/whose/whom fragen nach Personen, ***what*** nach Sachen und ***which*** nach Sachen aus einer bestimmten Anzahl.

- **Präpositionen** im Fragesatz werden **nachgestellt**:

Where do you come **from**?	woher?
What are you looking **for**?	wonach?
What do you want this **for**?	wofür?
What are you laughing **at**?	worüber?
Who are you speaking **to**?	mit wem?

Adjektivisch (verbunden)

What book?	*Was für ein* Buch?
What English songs?	*Was für* englische Lieder?
Which book?	*Welches* Buch? (von mehreren Büchern)

Die indefinitiven Pronomen: *some* und *any*

some/somebody/someone/something

some und seine Zusammensetzungen stehen
1. in bejahenden Sätzen,
2. in Fragesätzen, wenn darauf eine bejahende Antwort erwartet wird.

1.	I'd like **some** strawberry jam. Ich hätte gern die Erdbeermarmelade.
	Somebody/Someone has stolen my purse. Jemand hat meinen Geldbeutel gestohlen.
	I'd like **something** to drink. Ich hätte gern etwas zu trinken.
2.	May I have **some** more tea, please? – Yes, of course. Kann ich noch etwas Tee haben? – Aber selbstverständlich.

any/anybody/anyone/anything

any und seine Zusammensetzungen werden verwendet in
1. verneinten Sätzen,
2. in Fragesätzen, auf welche die Antwort ungewiss ist,
3. in Bedingungssätzen.

1.	I don't have **any** friends in London. Ich habe keine Freunde in London.
2.	Is there **anybody/anyone** who speaks German? Spricht hier jemand Deutsch?
	Have you got **any** stamps? Haben Sie vielleicht ein paar Briefmarken?
	Can I do **anything** for you? Kann ich irgendetwas für Sie tun?
3.	If I had **any** stamps I would post the letter. Wenn ich Briefmarken hätte, würde ich den Brief einwerfen.

Übersicht über die wichtigsten unregelmäßigen englischen Verben

Infinitiv	Präteritum	Partizip Perfekt
abide	abode, abided	abode, abided
arise	arose	arisen
awake	awoke	awoken
be	was *sing*, were *pl*	been
bear	bore	borne
beat	beat	beaten
become	became	become
beget	begot	begotten
begin	began	begun
behold	beheld	beheld
bend	bent	bent
beseech	besought	besought
beset	beset	beset
bet	bet, betted	bet, betted
bid	bade, bid	bid, bidden
bind	bound	bound
bite	bit	bitten
bleed	bled	bled
blow	blew	blown
break	broke	broken
breed	bred	bred
bring	brought	brought
build	built	built
burn	burned, burnt	burned, burnt
burst	burst	burst
buy	bought	bought
can	could	–
cast	cast	cast
catch	caught	caught
chide	chided	chided
choose	chose	chosen
cleave[1] *(cut)*	clove, cleaved	cloven, cleaved, cleft
cleave[2] *(adhere)*	cleaved, clove	cleaved
cling	clung	clung
come	came	come
cost	cost	cost
creep	crept	crept
cut	cut	cut
deal	dealt	dealt
dig	dug	dug
do	did	done
draw	drew	drawn
dream	dreamed, dreamt	dreamed, dreamt
drink	drank	drunk

Infinitiv	Präteritum	Partizip Perfekt
drive	drove	driven
dwell	dwelt	dwelt
eat	ate	eaten
fall	fell	fallen
feed	fed	fed
feel	felt	felt
fight	fought	fought
find	found	found
flee	fled	fled
fling	flung	flung
fly	flew	flown
forbid	forbad(e)	forbidden
forget	forgot	forgotten
forsake	forsook	forsaken
freeze	froze	frozen
get	got	got, *Am* gotten
gild	gilded, gilt	gilded, gilt
gird	girded, girt	girded, girt
give	gave	given
go	went	gone
grind	ground	ground
grow	grew	grown
hang	hung, *jur* hanged	hung, *jur* hanged
have	had	had
hear	heard	heard
heave	heaved, hove	heaved, hove
hew	hewed	hewed, hewn
hide	hid	hidden
hit	hit	hit
hold	held	held
hurt	hurt	hurt
keep	kept	kept
kneel	knelt	knelt
know	knew	known
lade	laded	laden, laded
lay	laid	laid
lead	led	led
lean	leaned, leant	leaned, leant
leap	leaped, leapt	leaped, leapt
learn	learned, learnt	learned, learnt
leave	left	left
lend	lent	lent
let	let	let
lie	lay	lain

Infinitiv	Präteritum	Partizip Perfekt
light	lit, lighted	lit, lighted
lose	lost	lost
make	made	made
may	might	–
mean	meant	meant
meet	met	met
mistake	mistook	mistaken
mow	mowed	mown, mowed
pay	paid	paid
put	put	put
quit	quit, quitted	quit, quitted
read [ri:d]	read [red]	read [red]
rend	rent	rent
rid	rid	rid
ride	rode	ridden
ring	rang	rung
rise	rose	risen
run	ran	run
saw	sawed	sawed, sawn
say	said	said
see	saw	seen
seek	sought	sought
sell	sold	sold
send	sent	sent
set	set	set
sew	sewed	sewed, sewn
shake	shook	shaken
shave	shaved	shaved, shaven
shear	sheared	sheared, shorn
shed	shed	shed
shine	shone	shone
shit	shit, *hum* shat	shit, *hum* shat
shoe	shod	shod
shoot	shot	shot
show	showed	shown, showed
shrink	shrank	shrunk
shut	shut	shut
sing	sang	sung
sink	sank	sunk
sit	sat	sat
slay	slew	slain
sleep	slept	slept
slide	slid	slid
sling	slung	slung
slink	slunk	slunk
slit	slit	slit
smell	smelled, smelt	smelled, smelt

Infinitiv	Präteritum	Partizip Perfekt
smite	smote	smitten
sow	sowed	sowed, sown
speak	spoke	spoken
speed	speeded, sped	speeded, sped
spell	spelled, spelt	spelled, spelt
spend	spent	spent
spill	spilled, spilt	spilled, spilt
spin	spun	spun
spit	spat	spat
split	split	split
spoil	spoiled, spoilt	spoiled, spoilt
spread	spread	spread
spring	sprang	sprung
stand	stood	stood
stave	stove, staved	stove, staved
steal	stole	stolen
stick	stuck	stuck
sting	stung	stung
stink	stank	stunk
strew	strewed	strewed, strewn
stride	strode	stridden
strike	struck	struck
string	strung	strung
strive	strove	striven
swear	swore	sworn
sweep	swept	swept
swell	swelled	swollen
swim	swam	swum
swing	swung	swung
take	took	taken
teach	taught	taught
tear	tore	torn
tell	told	told
think	thought	thought
thrive	throve, thrived	thriven, thrived
throw	threw	thrown
thrust	thrust	thrust
tread	trod	trodden
wake	woke, waked	woken, waked
wear	wore	worn
weave	wove	woven
weep	wept	wept
win	won	won
wind	wound	wound
wring	wrung	wrung
write	wrote	written

Übersicht über die wichtigsten unregelmäßigen deutschen Verben

Ableitungen und Zusammensetzungen sind unter dem Grundverb nachzuschlagen; z. B. **ab|brechen** unter **brechen**

Infinitiv	Präteritum	Partizip Perfekt
backen	backte (buk)	gebacken
befehlen	befahl	befohlen
beginnen	begann	begonnen
beißen	biss	gebissen
bergen	barg	geborgen
bersten	barst	geborsten <sein>
bewegen	bewog	bewogen
biegen	bog	gebogen
bieten	bot	geboten
binden	band	gebunden
bitten	bat	gebeten
blasen	blies	geblasen
bleiben	blieb	geblieben <sein>
bleichen	bleichte (blich)	gebleicht (geblichen) <sein>
braten	briet	gebraten
brechen	brach	gebrochen <sein>
brennen	brannte	gebrannt
bringen	brachte	gebracht
denken	dachte	gedacht
dreschen	drosch	gedroschen
dringen	drang	gedrungen <sein>
dürfen	durfte	dürfen, gedurft
empfehlen	empfahl	empfohlen
essen	aß	gegessen
fahren	fuhr	gefahren <sein>
fallen	fiel	gefallen <sein>
fangen	fing	gefangen
fechten	focht	gefochten
finden	fand	gefunden
flechten	flocht	geflochten
fliegen	flog	geflogen <sein>
fliehen	floh	geflohen <sein>
fließen	floss	geflossen <sein>
fragen	fragte	gefragt
fressen	fraß	gefressen

Infinitiv	Präteritum	Partizip Perfekt
frieren	fror	gefroren <sein>
gären	gor (gärte)	gegoren (gegärt) <sein>
gebären	gebar	geboren
geben	gab	gegeben
gedeihen	gedieh	gediehen <sein>
gehen	ging	gegangen <sein>
gelingen	gelang	gelungen <sein>
gelten	galt	gegolten
genesen	genas	genesen <sein>
genießen	genoss	genossen
geschehen	geschah	geschehen <sein>
gewinnen	gewann	gewonnen
gießen	goss	gegossen
gleichen	glich	geglichen
gleiten	glitt (gleitete)	geglitten (gegleitet) <sein>
glimmen	glomm, glimmte	geglommen, geglimmt
graben	grub	gegraben
greifen	griff	gegriffen
haben	hatte	gehabt
hangen	hing	gehangen
hängen	hing (hängte)	gehangen (gehängt) <sein>
hängen	hängte (hing)	gehängt (gehangen)
hauen	haute	gehauen (hieb)
hauen	hieb (haute)	gehauen
heben	hob (hub)	gehoben
heißen	hieß	geheißen
helfen	half	geholfen
kennen	kannte	gekannt
klimmen	klomm	geklommen <sein>
klingen	klang	geklungen
kneifen	kniff	gekniffen

Infinitiv	Präteritum	Partizip Perfekt
kommen	kam	gekommen <sein>
können	konnte	können, gekonnt
laden	lud	geladen
lassen	ließ	lassen, gelassen
laufen	lief	gelaufen <sein>
leiden	litt	gelitten
leihen	lieh	geliehen
lesen	las	gelesen
liegen	lag	gelegen <sein>
löschen	losch	geloschen <sein>
lügen	log	gelogen
mahlen	mahlte	gemahlen
meiden	mied	gemieden
melken	molk, melkte	gemolken, gemelkt
messen	maß	gemessen
misslingen	misslang	misslungen <sein>
mögen	mochte	mögen, gemocht
müssen	musste	müssen, gemusst
nehmen	nahm	genommen
nennen	nannte	genannt
pfeifen	pfiff	gepfiffen
preisen	pries	gepriesen
quellen	quoll	gequollen <sein>
raten	riet	geraten
reiben	rieb	gerieben
reißen	riss	gerissen <sein>
reiten	ritt	geritten <sein>
rennen	rannte (rennte)	gerannt <sein>
riechen	roch	gerochen
ringen	rang	gerungen
rinnen	rann	geronnen <sein>
rufen	rief	gerufen
salzen	salzte	gesalzen (gesalzt)
saufen	soff	gesoffen
saugen	sog, saugte	gesogen, gesaugt
schaffen	schuf, schaffte	geschaffen, geschafft
schallen	schallte, scholl	geschallt

Infinitiv	Präteritum	Partizip Perfekt
scheiden	schied	geschieden <sein>
scheinen	schien	geschienen
scheißen	schiss	geschissen
schelten	schalt	gescholten
scheren	schor (scherte)	geschoren (geschert)
schieben	schob	geschoben
schießen	schoss	geschossen <sein>
schinden	schindete	geschunden
schlafen	schlief	geschlafen
schlagen	schlug	geschlagen <sein>
schleichen	schlich	geschlichen <sein>
schleifen	schliff	geschliffen
schließen	schloss	geschlossen
schlingen	schlang	geschlungen
schmeißen	schmiss	geschmissen
schmelzen	schmolz	geschmolzen <sein>
schneiden	schnitt	geschnitten
schrecken	schreckte, schrak	geschreckt <sein>
schreiben	schrieb	geschrieben
schreien	schrie	geschrie(e)n
schreiten	schritt	geschritten <sein>
schweigen	schwieg	geschwiegen
schwellen	schwoll	geschwollen <sein>
schwimmen	schwamm	geschwommen <sein>
schwinden	schwand	geschwunden <sein>
schwingen	schwang	geschwungen
schwören	schwor (schwur)	geschworen
sehen	sah	gesehen
sein	war	gewesen <sein>
senden	sandte (sendete)	gesandt (gesendet)
sieden	sott, siedete	gesotten, gesiedet
singen	sang	gesungen
sinken	sank	gesunken <sein>
sinnen	sann	gesonnen
sitzen	saß	gesessen <sein>
sollen	sollte	sollen, gesollt
spalten	spaltete	gespaltet, gespalten

Infinitiv	Präteritum	Partizip Perfekt
speien	spie	gespie(e)n
spinnen	spann	gesponnen
spleißen	spliss	gesplissen
sprechen	sprach	gesprochen
sprießen	spross	gesprossen <sein>
springen	sprang	gesprungen <sein>
stechen	stach	gestochen <sein>
stecken	steckte (stak)	gesteckt
stehen	stand	gestanden <sein>
stehlen	stahl	gestohlen
steigen	stieg	gestiegen <sein>
sterben	starb	gestorben <sein>
stieben	stob	gestoben <sein>
stinken	stank	gestunken
stoßen	stieß	gestoßen <sein>
streichen	strich	gestrichen <sein>
streiten	stritt	gestritten
tragen	trug	getragen
treffen	traf	getroffen
treiben	trieb	getrieben <sein>
treten	trat	getreten <sein>
triefen	triefte	getrieft (getroffen) <sein>
trinken	trank	getrunken
trügen	trog	getrogen
tun	tat	getan
verderben	verdarb	verdorben <sein>
verdrießen	verdross	verdrossen
vergessen	vergaß	vergessen
verlieren	verlor	verloren
wachsen	wuchs	gewachsen <sein>
wägen	wog	gewogen
waschen	wusch	gewaschen
weben	webte	gewebt (gewoben)
weichen	wich	gewichen <sein>
weisen	wies	gewiesen
wenden	wendete, wandte	gewendet, gewandt
werben	warb	geworben
werden	wurde	worden, geworden <sein>
werfen	warf	geworfen
wiegen	wog	gewogen
winden	wand	gewunden
winken	winkte	gewinkt (gewunken)
wissen	wusste	gewusst
wollen	wollte	wollen, gewollt
wringen	wrang	gewrungen
ziehen	zog	gezogen <sein>
zwingen	zwang	gezwungen

Gegenüberstellung: American English – British English – Deutsch

American English (Am)	British English (Br)	Deutsch
airplane	aeroplane	Flugzeug *nt*
antenna	aerial	Antenne *f*
apartment	flat	(Miets)wohnung *f*
apartment house	block of flats	Mietshaus *nt*
attorney	lawyer, solicitor, barrister	Rechtsanwalt, -anwältin *m, f*
baby carriage	pram	Kinderwagen *m*
baby-stroller	pushchair, buggy	(*für Babys*) Sportwagen *m*
backpack	rucksack, backpack	Rucksack *m*
baggage car	luggage van	Gepäckwagen *m*
band-aid	plaster, elastoplast	Pflaster *nt*
bangs	fringe	Pony *m* (*Frisur*)
bathroom	toilet	Toilette *f*
bill	(bank)note	Geldschein *m*
billfold	wallet	Brieftasche *f*
bleachers	uncovered stand (seats)	Zuschauersitze (*im Freien*)
blinder	blinker	Scheuklappe *f*
blow away (*sl*)	hammer (*sl*)	vernichtend schlagen
bookstore	bookshop	Buchhandlung *f*
buck (*sl: $*)	quid (*sl: £*)	Dollar *m*/Pfund *nt*
buddy (*fam*)	mate (*fam*)	Kumpel *m*
bulletin board	notice board	schwarzes Brett
burglarize	burgle	einbrechen in
busy (TELE)	engaged	besetzt (TELE)
candy, a piece of	sweet	Bonbon *nt*
candy store	sweet shop	Süßwarenladen *m*
car	carriage	Waggon *m*
car, freight car	(goods) waggon	(Güter)wagen *m*
carnival	funfair	Jahrmarkt *m*
casket, coffin	coffin	Sarg *m*
catchall	junk room	Rumpelkammer *f*

American English (Am)	British English (Br)	Deutsch
central, switchboard	switchboard	(Telefon)zentrale *f*
checkbook	cheque-book	Scheckheft *nt*
checkers	draughts	Damespiel *nt*
checking account	current account	Girokonto *nt*
chips, potato chips	crisps	Kartoffelchips *pl*
clean-up (*sl*), profit	profit	Gewinn *m*
clothes-dryer	tumble-dryer	Wäschetrockner *m*
coat check	cloakroom	Garderobe *f*
collect call	reverse-charge call	R-Gespräch *nt*
condo(minium)	owner-occupied flat	Eigentumswohnung *f*
conductor	chief guard	Zugführer(in) *m(f)*
cookie	biscuit	Keks *m*
corn	maize	Mais *m*
cot	folding bed	Klappbett *nt*
counterclockwise	anticlockwise	gegen den Uhrzeigersinn
crib	cot	Kinderbett *nt*
crossing guard	lollipop man/lady	Schülerlotse, -lotsin *m, f*
crosswalk	pedestrian crossing	Fußgängerüberweg *m*
curb(stone)	kerb(stone)	Bordstein *m*
custom-made clothes	made-to-measure clothes	Maßkleidung *f*
diaper	nappy	Windel *f*
dishtowel, tea towel	tea towel	Geschirrtuch *nt*
divided highway	dual carriageway	vierspurige Schnellstraße
dorm(itory)	hall of residence	Studentenwohnheim *nt*
downtown	city/town centre	Stadtzentrum *nt*
dresser	dressing table	(Frisier)Kommode *f*
driver's license	driving licence	Führerschein *m*
duplex	semi-detached house	Doppelhaushälfte *f*
efficiency (apartment)	bedsit	Einzimmerapartment *nt*
eggplant	aubergine	Aubergine *f*
elective	option	Wahlfach *nt*
elementary school	primary school	Grundschule *f*

American English (Am)	British English (Br)	Deutsch
elevator	lift	Aufzug *m*
emergency room	casualty	Notaufnahme *f*
exclamation point	exclamation mark	Ausrufezeichen *nt*
fall, autumn	autumn	Herbst *m*
fanny pack	bum bag	Gürteltasche *f*
faucet, tap	tap	Wasserhahn *m*
fender	wing	Kotflügel *m*
fire department	fire brigade	Feuerwehr *f*
first floor	ground floor	Erdgeschoss *nt*
flashlight	torch	Taschenlampe *f*
freeway	motorway	Autobahn *f*
french fries	chips	Pommes frites *pl*
galoshes	Wellingtons	Gummistiefel *pl*
garbage	rubbish	Müll *m*
garbage can	rubbbish bin	Mülleimer *m*
garbageman	dustman, bin man *(fam)*	Müllmann *m*
garbage truck	dustcart, bin lorry *(fam)*	Müllwagen *m*
gas(oline)	petrol	Benzin *nt*
gas station	petrol station	Tankstelle *f*
gawker (*pej*)	gawper (*fam*)	Gaffer(in) *m*(*f*)
general delivery	poste restante	postlagernd
German shepherd	Alsatian	Schäferhund *m*
girl scout	girl guide	Pfadfinderin *f*
godawful (*fam*)	terrible	fürchterlich
goddam(ned) (*sl*)	bloody awful (*sl*)	beschissen (*sl*)
gotten	got	bekommen (haben)
grade	1. class; 2. mark	1. Klasse *f*; 2. Note *f*
grade school	primary school	Grundschule *f*
green thumb	green fingers	grüner Daumen
ground	earth	Erde, erden (ELEK)
guy (*fam*)	bloke (*fam*), guy *(fam)*	Kerl *m*
high school	secondary school	weiterführende Schule

American English (Am)	British English (Br)	Deutsch
hightail it (*fam*)	clear off (*fam*)	abhauen (*fam*)
highway	motorway	Autobahn *f*
hood	bonnet	Motorhaube *f*
hooky, play hooky (*fam*)	play truant, bunk off (*fam*)	(die Schule) schwänzen (*fam*)
house-break (*an animal*)	house-train	(ein Tier) stubenrein machen
housing development	housing estate	Wohnsiedlung *f*
ice pop, popsicle	ice lolly	Eis *nt* am Stiel
John Doe	Joe Bloggs	Otto Normalverbraucher
jumper	pinafore dress	Trägerkleid *nt*
jumper cables	jump leads	Starthilfekabel *nt*
know-it-all (*fam*)	know-all (*fam*)	Besserwisser(in) *m*(*f*)
ladybug	ladybird	Marienkäfer *m*
last name	surname	Nachname *m*
layover, stopover	stopover	Zwischenlandung *f*
license plate	number plate	Autokennzeichen *nt*
life preserver	lifebelt	Rettungsring *m*
line	queue	(*Menschen-*) Schlange *f*
line up, stand in line	queue	Schlange stehen
liquor store	off-licence	Wein- und Spirituosenhandlung *f*
lunchroom	canteen	Kantine *f*
lush (*sl pej*)	piss artist (*sl pej*)	Säufer(in) *m*(*f*) (*pej*)
mailbox	letter box	Briefkasten *m*
mailman	postman	Briefträger *m*
major	main subject	Hauptfach *nt*
math	maths	Mathe *f*
men's room	Gents	Herrentoilette *f*
metermaid	traffic warden	Politesse *f*
Mother's Day	Mothering Sunday	Muttertag *m*
movie	film	Film *m*
nail polish	nail varnish	Nagellack *m*
natality, birthrate	birthrate	Geburtenziffer *f*

American English (Am)	British English (Br)	Deutsch
neat (*fam*)	ace (*fam*)	super (*fam*)
newsdealer	newsagent	Zeitungshändler(in) *m*(*f*)
nightstick	truncheon	Schlagstock *m*
notebook	exercise book	Übungsheft *nt*
odometer	mileage indicator, mileometer	Kilometerzähler *m*
on-ramp, off-ramp	slip road	Zubringer *m*; Auffahrt, Ausfahrt *f*
pacifier	dummy	Schnuller *m*
pack (*of cigarettes*)	packet	Schachtel *f* (*Zigaretten*)
panhandle	scrounge	schnorren
panhandler	scrounger	Schnorrer(in) *m*(*f*)
pants	trousers	Hose *f*
pantsuit	trouser suit	Hosenanzug *m*
pantyhose	tights	Strumpfhose *f*
parentheses	brackets	(runde) Klammern *pl*
parking lot	car park	Parkplatz *m*
parochial school	denominational school	Konfessionsschule *f*
part (*in hair*)	parting	Scheitel *m*
patrolman	policeman on patrol	Streifenpolizist *m*
pavement	road surface	Fahrbahn *f*
paycheck	pay packet	Gehalt *m*
pen pal	penfriend	Brieffreund(in) *m*(*f*)
period	full stop	Punkt *m*
pharmacist	chemist	Drogist(in) *m*(*f*)/ Apotheker(in) *m*(*f*)
phone booth	phone box, phone booth	Telefonzelle *f*
pickle	gherkin	Essigurke *f*
pinwheel	windmill, whirligig; Catherine wheel	Windrädchen *nt*; Feuerrad *nt*
plastic wrap	cling film	Frischhaltefolie *f*
principal	headteacher	Rektor(in) *m*(*f*)
pry (open)	prize (open)	aufbrechen
public school	state school	staatliche Schule

American English (Am)	British English (Br)	Deutsch
purse, pocketbook	handbag	Handtasche *f*
quiz	short test	kurze Prüfung
railroad	railway	Eisenbahn *f*
railroad crossing	level crossing	Bahnübergang *m*
realtor, real estate agent	estate agent	Grundstücksmakler(in) *m*(*f*)
recreational vehicle, RV	camper van	Wohnmobil *nt*
regular, normal	normal	normal
rent, to	rent, hire	mieten
rent (out)	rent out, let; hire out	vermieten
re-run (TV)	repeat	Wiederholung *f*
restroom	toilet	Toilette *f*
résumé	CV	Lebenslauf *m*
review	revision	Wiederholung *f* (*von Stoff*)
robe, bathrobe	dressing gown	Morgenmantel *m*
round-trip ticket	return ticket	Rückfahrkarte *f*
rowboat	rowing boat	Ruderboot *nt*
rowhouse	terraced house	Reihenhaus *nt*
rumpus room	playroom	Spielzimmer *nt*
run (*in stocking*)	ladder	Laufmasche *f*
sailboat	sailing boat	Segelschiff *nt*
sales clerk, salesperson	shop assistant	Verkäufer(in) *m*(*f*)
sales tax	value-added tax	Mehrwertsteuer *f*
schedule	timetable	Stundenplan *m*
school principal	headteacher; headmaster, headmistress	Rektor(in) *m*(*f*)
second floor	first floor	erster Stock
Secretary of the Interior	Home Secretary	Innenminister(in) *m*(*f*)
sedan	saloon	Limousine *f*
semi(trailer)	articulated lorry	Sattelschlepper *m*
shine	shoe polishing	Schuhputzen *nt*
shopping cart	shopping trolley	Einkaufswagen *m*
sick	ill	krank

American English (Am)	British English (Br)	Deutsch
sidewalk	pavement	Gehweg *m*
silent partner	sleeping partner	stiller Gesellschafter
squad car	patrol car	Streifenwagen *m*
station wagon	estate (car)	Kombi(wagen) *m*
store	shop	Laden *m*
storekeeper	shopkeeper	Ladenbesitzer(in) *m*(*f*)
strip mining	open-cast mining	Tagebau *m*
stroller	pushchair, buggy	(*für Babys*) Sportwagen *m*
student	pupil	Schüler(in) *m*(*f*)
subway	underground, tube *(fam)*	U-Bahn *f*
sunroom	conservatory	Wintergarten *m*
suspenders	braces	Hosenträger *pl*
switch	points	Weiche *f*
switchblade (knife)	flick knife	Schnappmesser *nt*
tailpipe, exhaust pipe	exhaust pipe	Auspuffrohr *nt*
third-class mail, printed matter	printed matter	Drucksache *f*
thumb-tack	drawing pin	Reißnagel *m*
tideland	mud-flats	Watt *nt*
toiletries bag	sponge bag	Kulturbeutel *m*
toll-free	free of charge	gebührenfrei
tow-truck	breakdown vehicle	Abschleppwagen *m*
tractor-trailer	articulated lorry	Sattelschlepper *m*
traffic circle	roundabout	Kreisverkehr *m*
training wheels	stabilisers	Stützräder *pl*
trainman	railway man	Eisenbahner *m*
trash	rubbish	Abfall *m*
trash can	rubbish bin	Abfalleimer *m*
Treasury Secretary	Chancellor of the Exchequer	Finanzminister(in) *m*(*f*)
truck	lorry	Lastwagen *m*
trucker	lorry driver	Lastwagenfahrer(in) *m*(*f*)
trucking	road haulage	Spedition *f*
trunk	boot	Kofferraum *m*

American English (Am)	British English (Br)	Deutsch
turn signal	indicator	Blinker *m*
tuxedo	dinner-jacket	Smoking *m*
undershirt	vest	Unterhemd *nt*
underwear	pants	Unterhose *f*
upgrade	upward slope	Steigung *f* (*im Gelände*)
vacation	holiday	Ferien *pl*
vacationer	holiday-maker	Urlauber(in) *m*(*f*)
vendue, auction	auction	Auktion *f*
vest	waistcoat	(Herren)weste *f*
vocational school	technical college	Berufsschule *f*
wallet	purse	Geldbeutel *m*
washcloth, wash-rag	flannel	Waschlappen *m*
windshield	windscreen	Windschutzscheibe *f*
workweek	working week	Arbeitswoche *f*
wrecker	breakdown vehicle	Abschleppwagen *m*
wrench	spanner	Schraubenschlüssel *m*
yard	garden	Garten *m*
yellow (*color of traffic light*)	amber	gelb (*Ampelfarbe*)
yellow jacket	wasp	Wespe *f*
zip code, ZIP code	postcode, postal code	Postleitzahl *f*
zipper	zip (fastener)	Reißverschluss *m*
zucchini	courgette	Zucchini *f*

Notizen

Notizen

Notizen

Notizen

Notizen